CÓDIGO
DAS SOCIEDADES COMERCIAIS
ANOTADO

e

REGIME JURÍDICO
DOS PROCEDIMENTOS ADMINISTRATIVOS
DE DISSOLUÇÃO E DE LIQUIDAÇÃO
DE ENTIDADES COMERCIAIS
(DLA)

CÓDIGO DAS SOCIEDADES COMERCIAIS ANOTADO

e

REGIME JURÍDICO DOS PROCEDIMENTOS ADMINISTRATIVOS DE DISSOLUÇÃO E DE LIQUIDAÇÃO DE ENTIDADES COMERCIAIS (DLA)

5.ª edição
(atualizada)

Coordenação
Prof. Doutor António Menezes Cordeiro

Comissão executiva
Prof. Doutor António Menezes Cordeiro
Prof.ª Doutora Ana Perestrelo de Oliveira
Prof. Doutor José Ferreira Gomes
Prof. Doutor Diogo Costa Gonçalves
Prof. Doutor Francisco Mendes Correia

ALMEDINA
2022

CÓDIGO DAS SOCIEDADES COMERCIAIS ANOTADO

COORDENADOR E REDATOR
Prof. Doutor ANTÓNIO MENEZES CORDEIRO

COMISSÃO EXECUTIVA
Prof. Doutor ANTÓNIO MENEZES CORDEIRO
Prof.ª. Doutora ANA PERESTRELO DE OLIVEIRA
Prof. Doutor JOSÉ FERREIRA GOMES
Prof. Doutor DIOGO COSTA GONÇALVES
Prof. Doutor FRANCISCO MENDES CORREIA

EDITOR
EDIÇÕES ALMEDINA, S.A.
Rua Fernandes Tomás, n.os 76-80
3000-167 Coimbra
Tel.: 239 851 904 · Fax: 239 851 901
www.almedina.net · editora@almedina.net

DESIGN DE CAPA
FBA

PRÉ-IMPRESSÃO
EDIÇÕES ALMEDINA, SA

IMPRESSÃO E ACABAMENTO
PAPELMUNDE

Abril, 2022

DEPÓSITO LEGAL
498089/22

Biblioteca Nacional de Portugal – Catalogação na Publicação

CÓDIGO DAS SOCIEDADES COMERCIAIS ANOTADO e Regime jurídico dos procedimentos administrativos de dissolução e de liquidação de entidades comerciais (DLA) / coord. António Menezes Cordeiro. – 5ª ed. atualizada

ISBN 978-989-40-0429-5

I – CORDEIRO, António Menezes, 1953-

CDU 347

COLABORADORES

António Menezes Cordeiro
Doutor em Direito; Professor Catedrático da Faculdade de Direito de Lisboa
Advogado e Jurisconsulto
(Direito civil e Direito comercial)

Luís de Lima Pinheiro
Doutor em Direito; Professor Catedrático da Faculdade de Direito de Lisboa
Jurisconsulto
(Direito internacional privado e Direito do comércio internacional)

Paula Costa e Silva
Doutora em Direito; Professora Catedrática da Faculdade de Direito de Lisboa
Advogada e Jurisconsulta
(Direito mobiliário e Direito processual civil)

Januário da Costa Gomes
Doutor em Direito; Professor Catedrático da Faculdade de Direito de Lisboa
Jurisconsulto
(Direito civil e Direito comercial)

Manuel Carneiro da Frada
Doutor em Direito; Professor Catedrático da Faculdade de Direito do Porto
Advogado e Jurisconsulto
(Direito civil e Direito comercial)

Pedro de Albuquerque
Doutor em Direito; Professor Catedrático da Faculdade de Direito de Lisboa
Advogado e Jurisconsulto
(Direito civil e Direito comercial)

Paulo de Sousa Mendes
Doutor em Direito; Professor Catedrático da Faculdade de Direito de Lisboa
Jurisconsulto
(Direito penal e Direito processual penal)

† Eduardo Santos Júnior
Doutor em Direito; Professor Associado da Faculdade de Direito de Lisboa
(Direito civil e Direito do comércio internacional)

Adelaide Menezes Leitão
Doutora em Direito; Professora Associada com agregação da Faculdade de Direito de Lisboa
Advogada e Jurisconsulta
(Direito civil e Direito comercial)

Rui Pinto
Doutor em Direito; Professor Associado da Faculdade de Direito de Lisboa
Jurisconsulto
(Direito processual civil)

Ana Perestrelo de Oliveira
Doutora em Direito; Professora Associada da Faculdade de Direito de Lisboa
Advogada e Jurisconsulta
(Direito civil e Direito comercial)

A. Barreto Menezes Cordeiro, LLM (King's College London)
Doutor em Direito; Professor Associado da Faculdade de Direito de Lisboa
Jurisconsulto
(Direito civil e Direito comercial)

João Espírito Santo
Doutor em Direito; Professor Auxiliar da Faculdade de Direito de Lisboa
Advogado e Jurisconsulto
(Direito civil e Direito comercial)

Rui Ataíde
Doutor em Direito; Professor Auxiliar da Faculdade de Direito de Lisboa
Jurisconsulto
(Direito civil)

José Ferreira Gomes, LLM (Columbia University)
Doutor em Direito; Professor Auxiliar da Faculdade de Direito de Lisboa
Jurisconsulto
(Direito civil e Direito comercial)

Diogo Costa Gonçalves
Doutor em Direito; Professor Auxiliar da Faculdade de Direito de Lisboa
Jurisconsulto
(Direito civil e Direito comercial)

Francisco Mendes Correia
Doutor em Direito; Professor Auxiliar da Faculdade de Direito de Lisboa
Advogado
(Direito civil e Direito comercial)

Hugo Ramos Alves
Doutor em Direito; Professor Auxiliar da Faculdade de Direito de Lisboa
Jurisconsulto
(Direito civil e Direito comercial)

Diogo Pereira Duarte
Doutor em Direito; Professor Auxiliar da Faculdade de Direito de Lisboa
Advogado e Jurisconsulto
(Direito civil e Direito comercial)

Catarina Monteiro Pires
Doutora em Direito; Professora Auxiliar da Faculdade de Direito de Lisboa
Advogada e Jurisconsulta
(Direito civil e Direito comercial)

David de Oliveira Festas
Doutor em Direito; Professor Auxiliar da Faculdade de Direito de Lisboa
Advogado e Jurisconsulto
(Direito civil e Direito comercial)

José Alves de Brito
Doutor em Direito; Professor Auxiliar da Faculdade de Direito de Lisboa
Advogado e Jurisconsulto
(Direito civil e Direito comercial)

Tiago Soares da Fonseca
Doutor em Direito; Professor Auxiliar Faculdade de Direito de Lisboa
Advogado
(Direito civil e Direito comercial)

Sofia Henriques
Doutora em Direito; Professora Auxiliar da Faculdade de Direito de Lisboa
Notária
(Direito civil, Direito comercial e Direito dos registos e notariado)

Madalena Perestrelo de Oliveira
Doutora em Direito; Professora Auxiliar da Faculdade de Direito de Lisboa
Jurisconsulta
(Direito civil e Direito comercial)

Francisco Rodrigues Rocha
Doutor em Direito; Professor Auxiliar da Faculdade de Direito de Lisboa
Advogado
(Direito comercial)

Paulo Câmara
Mestre em Direito; Professor Convidado da Faculdade de Direito da Universidade Católica Portuguesa;
Coordenador do *Governance Lab*
Advogado e Jurisconsulto
(Direito comercial e Direito mobiliário)

Florbela de Almeida Pires
Mestre em Direito; Assistente da Faculdade de Direito de Lisboa
Advogada
(Direito comercial e Direito internacional privado)

Joana Pereira Dias
Mestre em Direito; Assistente da Faculdade de Direito de Lisboa
Advogada
(Direito civil e Direito comercial)

José Marques Estaca
Mestre em Direito; Assistente da Faculdade de Direito da Universidade Católica (Lisboa)
Advogado
(Direito civil e Direito comercial)

Miguel Brito Bastos
Assistente da Faculdade de Direito de Lisboa
Advogado e Jurisconsulto
(Direito civil e Direito comercial)

Ana Alves Leal
Assistente da Faculdade de Direito de Lisboa
Advogada e Jurisconsulta
(Direito civil e Direito comercial)

Nuno Trigo dos Reis
Assistente da Faculdade de Direito de Lisboa
Jurisconsulto
(Direito civil e Direito comercial)

Maria Leonor Ruivo
Assistente da Faculdade de Direito de Lisboa
Jurisconsulta
(Direito comercial)

COORDENAÇÃO E REVISÃO GRÁFICA

José António Veloso da Cunha

Maria Antónia Portal
Secretária

ÍNDICE GERAL

Código das Sociedades Comerciais

Advertências 35
Bibliografia geral abreviada citada apenas pelo Autor e pela data 37

Introdução 39

TÍTULO I – Parte geral

Capítulo I – Âmbito de aplicação

Artigo 1.° (Âmbito geral de aplicação) 63
Artigo 2.° (Direito subsidiário) 66

Introdução aos artigos 3.° e 4.° (Direito Internacional Privado) 68

Artigo 3.° (Lei pessoal) 79
Artigo 4.° (Sociedades com atividade em Portugal) 85
Artigo 4.°-A (A forma escrita) 89

Capítulo II – Personalidade e capacidade

Introdução aos artigos 5.° e 6.° 90

Artigo 5.° (Personalidade) 107
Artigo 6.° (Capacidade) 117

Capítulo III – Contrato de sociedade

Secção I – Celebração e registo

Artigo 7.° (Forma e partes do contrato) 127
Artigo 8.° (Participação dos cônjuges em sociedades) 130
Artigo 9.° (Elementos do contrato) 134

Artigo 10.° (Requisitos da firma) . . . 137
Artigo 11.° (Objeto) . . . 143
Artigo 12.° (Sede) . . . 147
Artigo 13.° (Formas locais de representação) . . . 148
Artigo 14.° (Expressão do capital) . . . 150
Artigo 15.° (Duração) . . . 152
Artigo 16.° (Vantagens, indemnizações e retribuições) . . . 153
Artigo 17.° (Acordos parassociais) . . . 155
Artigo 18.° (Registo do contrato) . . . 164
Artigo 19.° (Assunção pela sociedade de negócios anteriores ao registo) . . . 167

Secção II – Obrigações e direitos dos sócios

Subsecção I – Obrigações e direitos dos sócios em geral

Introdução aos artigos 20.° a 24.° . . . 174

Artigo 20.° (Obrigações dos sócios) . . . 176
Artigo 21.° (Direitos dos sócios) . . . 178
Artigo 22.° (Participação nos lucros e perdas) . . . 185
Artigo 23.° (Usufruto e penhor de participações) . . . 189
Artigo 24.° (Direitos especiais) . . . 199

Subsecção II – Obrigação de entrada

Introdução aos artigos 25.° a 30.° . . . 205

Artigo 25.° (Valor da entrada e valor da participação) . . . 207
Artigo 26.° (Tempo das entradas) . . . 209
Artigo 27.° (Cumprimento da obrigação de entrada) . . . 210
Artigo 28.° (Verificação das entradas em espécie) . . . 211
Artigo 29.° (Aquisição de bens a acionistas) . . . 214
Artigo 30.° (Direitos dos credores quanto às entradas) . . . 216

Subsecção III – Conservação do capital

Artigo 31.° (Deliberação de distribuição de bens e seu cumprimento) . . . 217
Artigo 32.° (Limite da distribuição de bens aos sócios) . . . 220
Artigo 33.° (Lucros e reservas não distribuíveis) . . . 225
Artigo 34.° (Restituição de bens indevidamente recebidos) . . . 227
Artigo 35.° (Perda de metade do capital) . . . 228

Secção III – Regime da sociedade antes do registo. Invalidade do contrato

Artigo 36.° (Relações anteriores à celebração do contrato de sociedade). 238
Artigo 37.° (Relações entre os sócios antes do registo) 242
Artigo 38.° (Relações das sociedades em nome coletivo não registadas com terceiros). 245
Artigo 39.° (Relações das sociedades em comandita simples não registadas com terceiros) 247
Artigo 40.° (Relações das sociedades por quotas, anónimas e em comandita por ações não registadas com terceiros) 249
Artigo 41.° (Invalidade do contrato antes do registo). 253
Artigo 42.° (Nulidade do contrato de sociedade por quotas, anónima ou em comandita por ações registado). 256
Artigo 43.° (Invalidade do contrato de sociedade em nome coletivo e em comandita simples). . . 260
Artigo 44.° (Ação de declaração de nulidade e notificação para regularização) 262
Artigo 45.° (Vícios da vontade e incapacidade nas sociedades por quotas, anónimas e em comandita por ações). 265
Artigo 46.° (Vícios da vontade e incapacidade nas sociedades em nome coletivo e em comandita simples) 269
Artigo 47.° (Efeitos da anulação do contrato) 270
Artigo 48.° (Sócios admitidos na sociedade posteriormente à constituição) 272
Artigo 49.° (Notificação do sócio para anular ou confirmar o negócio) 273
Artigo 50.° (Satisfação por outra via do interesse do demandante) 275
Artigo 51.° (Aquisição da quota do autor) 277
Artigo 52.° (Efeitos de invalidade) 280

Capítulo IV – Deliberações dos sócios

Introdução ao Capítulo IV 285

Artigo 53.° (Formas de deliberação). 288
Artigo 54.° (Deliberações unânimes e assembleias universais). 289
Artigo 55.° (Falta de consentimento dos sócios) 292
Artigo 56.° (Deliberações nulas). 293
Artigo 57.° (Iniciativa do órgão de fiscalização quanto a deliberações nulas) 298
Artigo 58.° (Deliberações anuláveis). 300
Artigo 59.° (Ação de anulação) 307
Artigo 60.° (Disposições comuns às ações de nulidade e de anulação). 310
Artigo 61.° (Eficácia do caso julgado). 313
Artigo 62.° (Renovação da deliberação). 314
Artigo 63.° (Atas) 316

Capítulo V – Administração e fiscalização

Artigo 64.° (Deveres fundamentais) 321

Capítulo VI – Apreciação anual da situação da sociedade

Introdução aos artigos 65.° a 70.°-A . . . 325

Artigo 65.° (Dever de relatar a gestão e apresentar contas) . . . 330
Artigo 65.°-A (Adoção do período de exercício) . . . 332
Artigo 66.° (Relatório da gestão) . . . 332
Artigo 66.°-A (Anexo às contas) . . . 334
Artigo 66.°-B (Demonstração não-financeira) . . . 336
Artigo 67.° (Falta de apresentação das contas e de deliberação sobre elas) . . . 339
Artigo 68.° (Recusa de aprovação das contas) . . . 341
Artigo 69.° (Regime especial de invalidade das deliberações) . . . 342
Artigo 70.° (Prestação de contas) . . . 343
Artigo 70.°-A (Depósitos para as sociedades em nome coletivo e em comandita simples) . . . 344

Capítulo VII – Responsabilidade civil pela constituição, administração e fiscalização da sociedade

Introdução ao Capítulo VII . . . 345

Artigo 71.° (Responsabilidade quanto à constituição da sociedade) . . . 351
Artigo 72.° (Responsabilidade de membros da administração para com a sociedade) . . . 353
Artigo 73.° (Solidariedade na responsabilidade) . . . 356
Artigo 74.° (Cláusulas nulas. Renúncia e transação) . . . 357
Artigo 75.° (Ação da sociedade) . . . 359
Artigo 76.° (Representantes especiais) . . . 360
Artigo 77.° (Ação de responsabilidade proposta por sócios) . . . 361
Artigo 78.° (Responsabilidade para com os credores sociais) . . . 363
Artigo 79.° (Responsabilidade para com os sócios e terceiros) . . . 367
Artigo 80.° (Responsabilidade de outras pessoas com funções de administração) . . . 368
Artigo 81.° (Responsabilidade dos membros de órgãos de fiscalização) . . . 369
Artigo 82.° (Responsabilidade dos revisores oficiais de contas) . . . 370
Artigo 83.° (Responsabilidade solidária do sócio) . . . 371
Artigo 84.° (Responsabilidade do sócio único) . . . 372

Capítulo VIII – Alterações do contrato

Introdução ao Capítulo VIII . . . 373

Secção I – Alterações em geral

Artigo 85.° (Deliberação de alteração) . . . 377
Artigo 86.° (Proteção de sócios) . . . 382

Secção II – Aumento do capital

Artigo 87.° (Requisitos da deliberação ou decisão) 385
Artigo 88.° (Eficácia interna do aumento de capital) 389
Artigo 89.° (Entradas e aquisição de bens) 392
Artigo 90.° (Fiscalização) (Revogado.) 395
Artigo 91.° (Aumento por incorporação de reservas) 396
Artigo 92.° (Aumento das participações dos sócios) 399
Artigo 93.° (Fiscalização) 402

Secção III – Redução do capital

Artigo 94.° (Convocatória da assembleia) 403
Artigo 95.° (Deliberação de redução do capital) 406
Artigo 96.° (Tutela dos credores) 409

Capítulo IX – Fusão de sociedades

Secção I*

Artigo 97.° (Noção. Modalidades) 412
Artigo 98.° (Projeto de fusão) 425
Artigo 99.° (Fiscalização do projeto) 433
Artigo 100.° (Registo do projeto e convocação da assembleia) 441
Artigo 101.° (Consulta de documentos) 446
Artigo 101.°-A (Oposição dos credores) 453
Artigo 101.°-B (Efeitos da oposição) 459
Artigo 101.°-C (Credores obrigacionistas) 462
Artigo 101.°-D (Portadores de outros títulos) 465
Artigo 102.° (Reunião da assembleia) 468
Artigo 103.° (Deliberação) 470
Artigo 104.° (Participação de uma sociedade no capital de outra) 476
Artigo 105.° (Direito de exoneração dos sócios) 482
Artigo 106.° (Forma e disposições aplicáveis) 493
Artigo 107.° (Publicidade da fusão e oposição dos credores) (Revogado) 495
Artigo 108.° (Efeitos da oposição) (Revogado) 495
Artigo 109.° (Credores obrigacionistas) (Revogado) 496
Artigo 110.° (Portadores de outros títulos) (Revogado) 496
Artigo 111.° (Registo de fusão) 497
Artigo 112.° (Efeitos do registo) 499
Artigo 113.° (Condição ou termo) 506
Artigo 114.° (Responsabilidade emergente da fusão) 508
Artigo 115.° (Efetivação de responsabilidade no caso de extinção da sociedade) 509

Artigo 116.° (Incorporação de sociedade detida pelo menos a 90% por outra) 518
Artigo 117.° (Nulidade da fusão) 523

Secção II – Fusões transfronteiriças

Introdução aos artigos 117.°-A a 117.°-L 527

Artigo 117.°-A (Noção e âmbito) 536
Artigo 117.°-B (Direito aplicável) 540
Artigo 117.°-C (Projetos comuns de fusões transfronteiriças) 542
Artigo 117.°-D (Designação de peritos) 544
Artigo 117.°-E (Forma e publicidade) 546
Artigo 117.°-F (Aprovação do projeto de fusão) 548
Artigo 117.°-G (Certificado prévio e registo da fusão) 552
Artigo 117.°-H (Efeitos do registo da fusão transfronteiriça) 556
Artigo 117.°-I (Incorporação de sociedade totalmente pertencente a outra) 557
Artigo 117.°-J (Fusão por aquisição tendente ao domínio total) 558
Artigo 117.°-L (Validade da fusão) 562

Capítulo X – Cisão de sociedades

Artigo 118.° (Noção. Modalidades) 563
Artigo 119.° (Projeto de cisão) 571
Artigo 120.° (Disposições aplicáveis) 574
Artigo 121.° (Exclusão de novação) 578
Artigo 122.° (Responsabilidade por dívidas) 579
Artigo 123.° (Requisitos da cisão simples) 581
Artigo 124.° (Ativo e passivo destacáveis) 583
Artigo 125.° (Redução do capital da sociedade a cindir) 586
Artigo 126.° (Cisão-dissolução. Extensão) 588
Artigo 127.° (Participação na nova sociedade) 590
Artigo 127.°-A (Dispensa de requisitos de informação) 591
Artigo 128.° (Requisitos especiais da cisão-fusão) 592
Artigo 129.° (Constituição de novas sociedades) 593

Capítulo XI – Transformação de sociedades

Artigo 130.° (Noção e modalidades) 594
Artigo 131.° (Impedimentos à transformação) 600
Artigo 132.° (Relatório e convocação) 603
Artigo 133.° (Quórum deliberativo) 606
Artigo 134.° (Conteúdo das deliberações) 608
Artigo 135.° (Escritura pública de transformação) (Revogado) 609

Artigo 136.° (Participações dos sócios) 610
Artigo 137.° (Direito de exoneração dos sócios) 611
Artigo 138.° (Credores obrigacionistas) 613
Artigo 139.° (Responsabilidade ilimitada de sócios) 615
Artigo 140.° (Direitos incidentes sobre as participações) 616
Artigo 140.°-A (Registo da transformação) 616

Capítulo XII – Dissolução da sociedade

Artigo 141.° (Casos de dissolução imediata) 618
Artigo 142.° (Causas de dissolução administrativa ou por deliberação dos sócios) 625
Artigo 143.° (Causas de dissolução oficiosa) 630
Artigo 144.° (Regime do procedimento administrativo de dissolução) 633
Artigo 145.° (Forma e registo da dissolução) 634

Capítulo XIII – Liquidação da sociedade

Introdução ao Capítulo XIII 637

Artigo 146.° (Regras gerais) 639
Artigo 147.° (Partilha imediata) 641
Artigo 148.° (Liquidação por transmissão global) 641
Artigo 149.° (Operações preliminares da liquidação) 642
Artigo 150.° (Duração da liquidação) 643
Artigo 151.° (Liquidatários) 644
Artigo 152.° (Deveres, poderes e responsabilidade dos liquidatários) 647
Artigo 153.° (Exigibilidade de débitos e créditos da sociedade) 649
Artigo 154.° (Liquidação do passivo social) 650
Artigo 155.° (Contas anuais dos liquidatários) 651
Artigo 156.° (Partilha do ativo restante) 652
Artigo 157.° (Relatório, contas finais e deliberação dos sócios) 653
Artigo 158.° (Responsabilidade dos liquidatários para com os credores sociais) 655
Artigo 159.° (Entrega dos bens partilhados) 656
Artigo 160.° (Registo comercial) 657
Artigo 161.° (Regresso à atividade) 657
Artigo 162.° (Ações pendentes) 664
Artigo 163.° (Passivo superveniente) 665
Artigo 164.° (Ativo superveniente) 668
Artigo 165.° (Liquidação no caso de invalidade do contrato) 670

Capítulo XIV – Publicidade de atos sociais

Artigo 166.° (Atos sujeitos a registo) 673

Artigo 167.° (Publicações obrigatórias ... 676
Artigo 168.° (Falta de registo ou publicação) ... 678
Artigo 169.° (Responsabilidade por discordâncias de publicidade) ... 681
Artigo 170.° (Eficácia de atos para com a sociedade) ... 682
Artigo 171.° (Menções em atos externos) ... 683

Capítulo XV – Fiscalização pelo Ministério Público

Artigo 172.° (Requerimento de liquidação judicial) ... 684
Artigo 173.° (Regularização da sociedade) ... 685

Capítulo XVI – Prescrição

Artigo 174.° (Prescrição) ... 685

TÍTULO II – Sociedades em nome coletivo

Introdução ao Título II ... 691

Capítulo I – Características e contrato

Artigo 175.° (Características) ... 693
Artigo 176.° (Conteúdo do contrato) ... 695
Artigo 177.° (Firma) ... 696
Artigo 178.° (Sócios de indústria) ... 697
Artigo 179.° (Responsabilidade pelo valor das entradas) ... 698
Artigo 180.° (Proibição de concorrência e de participação noutras sociedades) ... 698
Artigo 181.° (Direito dos sócios à informação) ... 700
Artigo 182.° (Transmissão entre vivos de parte social) ... 701
Artigo 183.° (Execução sobre a parte do sócio) ... 703
Artigo 184.° (Falecimento de um sócio) ... 704
Artigo 185.° (Exoneração do sócio) ... 708
Artigo 186.° (Exclusão do sócio) ... 711
Artigo 187.° (Destino da parte social extinta) ... 713
Artigo 188.° (Liquidação da parte) ... 714
Artigo 188.°-A (Registo de partes sociais) ... 714

Capítulo II – Deliberações dos sócios e gerência

Artigo 189.° (Deliberações dos sócios) ... 714
Artigo 190.° (Direito de voto) ... 716

Artigo 191.° (Composição da gerência) 716
Artigo 192.° (Competência dos gerentes) 718
Artigo 193.° (Funcionamento da gerência) 720

Capítulo III – Alterações do contrato

Artigo 194.° (Alterações do contrato) 721

Capítulo IV – Dissolução e liquidação da sociedade

Artigo 195.° (Dissolução e liquidação) 721
Artigo 196.° (Regresso à atividade. Oposição de credores) 722

TÍTULO III – Sociedades por quotas

Introdução ao Título III 725

Capítulo I – Características e contrato

Artigo 197.° (Características da sociedade) 727
Artigo 198.° (Responsabilidade direta dos sócios para com os credores sociais) 729
Artigo 199.° (Conteúdo do contrato) 731
Artigo 200.° (Firma) 732
Artigo 201.° (Capital social livre) 734

Capítulo II – Obrigações e direitos dos sócios

Secção I – Obrigação de entrada

Artigo 202.° (Entradas) 736
Artigo 203.° (Tempo das entradas) 739
Artigo 204.° (Aviso ao sócio remisso e exclusão deste) 741
Artigo 205.° (Venda da quota do sócio excluído) 742
Artigo 206.° (Responsabilidade do sócio e dos anteriores titulares da quota) 744
Artigo 207.° (Responsabilidade dos outros sócios) 745
Artigo 208.° (Aplicação das quantias obtidas na venda da quota) 747

Secção II – Obrigações de prestações acessórias

Artigo 209.° (Obrigações de prestações acessórias) 748

Secção III – Prestações suplementares

Artigo 210.° (Obrigações de prestações suplementares) 751
Artigo 211.° (Exigibilidade da obrigação) 753
Artigo 212.° (Regime da obrigação de efetuar prestações suplementares) 754
Artigo 213.° (Restituição das prestações suplementares) 755

Secção IV – Direito à informação

Artigo 214.° (Direito dos sócios à informação) 756
Artigo 215.° (Impedimento ao exercício do direito do sócio) 762
Artigo 216.° (Inquérito judicial) 767

Secção V – Direito aos lucros

Artigo 217.° (Direito aos lucros do exercício) 770
Artigo 218.° (Reserva legal) 773

Capítulo III – Quotas

Secção I – Unidade, montante e divisão da quota

Artigo 219.° (Unidade e montante da quota) 774
Artigo 220.° (Aquisição de quotas próprias) 777
Artigo 221.° (Divisão de quotas) 779

Secção II – Contitularidade da quota

Artigo 222.° (Direitos e obrigações inerentes a quota indivisa) 782
Artigo 223.° (Representante comum) 784
Artigo 224.° (Deliberação dos contitulares) 786

Secção III – Transmissão da quota

Artigo 225.° (Transmissão por morte) 788
Artigo 226.° (Transmissão dependente da vontade dos sucessores) 791
Artigo 227.° (Pendência da amortização ou aquisição) 793
Artigo 228.° (Transmissão entre vivos e cessão de quotas) 795
Artigo 229.° (Cláusulas contratuais) 799
Artigo 230.° (Pedido e prestação do consentimento) 801
Artigo 231.° (Recusa do consentimento) 803

Secção IV – Amortização da quota

Artigo 232.° (Amortização da quota) 806
Artigo 233.° (Pressupostos da amortização) 812
Artigo 234.° (Forma e prazo de amortização) 816
Artigo 235.° (Contrapartida da amortização) 822
Artigo 236.° (Ressalva do capital) 826
Artigo 237.° (Efeitos internos e externos quanto ao capital) 829
Artigo 238.° (Contitularidade e amortização) 833

Secção V – Execução da quota

Artigo 239.° (Execução da quota) 834

Secção VI – Exoneração e exclusão de sócios

Artigo 240.° (Exoneração de sócio) 837
Artigo 241.° (Exclusão de sócio) 844
Artigo 242.° (Exclusão judicial de sócio) 848

Secção VII – Registo das quotas

Introdução aos artigos 242.°-A a 242.°-F 851

Artigo 242.°-A (Eficácia dos factos relativos a quotas) 856
Artigo 242.°-B (Promoção do registo) 857
Artigo 242.°-C (Prioridade da promoção do registo) 859
Artigo 242.°-D (Sucessão de registos) 860
Artigo 242.°-E (Deveres da sociedade) 861
Artigo 242.°-F (Responsabilidade civil) 863

Capítulo IV – Contrato de suprimento

Artigo 243.° (Contrato de suprimento) 864
Artigo 244.° (Obrigação e permissão de suprimentos) 871
Artigo 245.° (Regime do contrato de suprimento) 872

Capítulo V – Deliberações dos sócios

Artigo 246.° (Competência dos sócios) 878
Artigo 247.° (Formas de deliberação) 881

Artigo 248.° (Assembleias gerais) 883
Artigo 249.° (Representação em deliberação de sócios) 885
Artigo 250.° (Votos) 887
Artigo 251.° (Impedimento de voto) 888

Capítulo VI – Gerência e fiscalização

Artigo 252.° (Composição da gerência) 890
Artigo 253.° (Substituição de gerentes) 896
Artigo 254.° (Proibição de concorrência) 898
Artigo 255.° (Remuneração) 901
Artigo 256.° (Duração da gerência) 904
Artigo 257.° (Destituição de gerentes) 905
Artigo 258.° (Renúncia de gerentes) 908
Artigo 259.° (Competência da gerência) 910
Artigo 260.° (Vinculação da sociedade) 911
Artigo 261.° (Funcionamento da gerência plural) 916
Artigo 262.° (Fiscalização) 921
Artigo 262.°-A (Dever de prevenção) 923

Capítulo VII – Apreciação anual da situação da sociedade

Artigo 263.° (Relatório de gestão e contas do exercício) 925
Artigo 264.° (Publicidade das contas) (Revogado) 927

Capítulo VIII – Alterações do contrato

Artigo 265.° (Maioria necessária) 928
Artigo 266.° (Direito de preferência) 929
Artigo 267.° (Alienação do direito de participar no aumento de capital) 933
Artigo 268.° (Obrigações e direitos de antigos e novos sócios em aumento de capital) 935
Artigo 269.° (Aumento de capital e direito de usufruto) 936

Capítulo IX – Dissolução da sociedade

Artigo 270.° (Dissolução da sociedade) 937

Capítulo X – Sociedades unipessoais por quotas

Introdução aos artigos 270.°-A a 270.°-G 939

Artigo 270.°-A (Constituição) 944
Artigo 270.°-B (Firma) 946
Artigo 270.°-C (Efeitos da unipessoalidade) 947
Artigo 270.°-D (Pluralidade de sócios) 949
Artigo 270.°-E (Decisões do sócio) 950
Artigo 270.°-F (Contrato do sócio com a sociedade unipessoal) 952
Artigo 270.°-G (Disposições subsidiárias) 954

TÍTULO IV – Sociedades anónimas

Introdução ao Título IV 957

Capítulo I – Características e contrato

Artigo 271.° (Características) 963
Artigo 272.° (Conteúdo obrigatório do contrato) 964
Artigo 273.° (Número de acionistas) 967
Artigo 274.° (Aquisição da qualidade de sócio) 968
Artigo 275.° (Firma) 969
Artigo 276.° (Valor nominal do capital e das ações) 970
Artigo 277.° (Entradas) 974
Artigo 278.° (Estrutura da administração e da fiscalização) 976
Artigo 279.° (Constituição com apelo a subscrição pública) 979
Artigo 280.° (Subscrição incompleta) 982
Artigo 281.° (Assembleia constitutiva) 982
Artigo 282.° (Regime especial de invalidade da deliberação) 984
Artigo 283.° (Contrato de sociedade) 984
Artigo 284.° (Sociedades com subscrição pública) (Revogado) 985

Capítulo II – Obrigações e direitos dos acionistas

Secção I – Obrigação de entrada

Artigo 285.° (Realização das entradas) 985
Artigo 286.° (Responsabilidade dos antecessores) 987

Secção II – Obrigação de prestações acessórias

Artigo 287.° (Obrigação de prestações acessórias) 989

Secção III – Direito à informação

Artigo 288.° (Direito mínimo à informação) 990
Artigo 289.° (Informações preparatórias da assembleia geral) 997
Artigo 290.° (Informações em assembleia geral) 1005
Artigo 291.° (Direito coletivo à informação) 1010
Artigo 292.° (Inquérito judicial) 1015
Artigo 293.° (Outros titulares do direito à informação) 1020

Secção IV – Direito aos lucros

Artigo 294.° (Direito aos lucros do exercício) 1024
Artigo 295.° (Reserva legal) 1032
Artigo 296.° (Utilização da reserva legal) 1037
Artigo 297.° (Adiantamentos sobre lucros no decurso do exercício) 1041

Capítulo III – Ações

Secção I – Generalidades

Artigo 298.° (Valor de emissão das ações) 1049
Artigo 299.° (Ações nominativas) 1057
Artigo 300.° (Conversão) (Revogado) 1062
Artigo 301.° (Cupões) 1063
Artigo 302.° (Categorias de ações) 1064
Artigo 303.° (Contitularidade da ação) 1068
Artigo 304.° (Títulos provisórios e emissão de títulos definitivos 1071
Artigo 305.° (Livro de registo de ações) (Revogado) 1075

Secção II – Oferta pública de aquisição de ações

Introdução aos artigos 306.° a 315.° 1077

Artigo 306.° (Destinatários e condicionamentos da oferta) (Revogado) 1079
Artigo 307.° (Autoridade fiscalizadora) (Revogado) 1079
Artigo 308.° (Lançamento da oferta pública) (Revogado) 1080
Artigo 309.° (Conteúdo da oferta pública) (Revogado) 1080
Artigo 310.° (Contrapartida da oferta pública) (Revogado) 1081
Artigo 311.° (Aquisição durante o período da oferta) (Revogado) 1082
Artigo 312.° (Dever de confidencialidade) (Revogado) 1082
Artigo 313.° (Oferta pública como forma obrigatória de aquisição) (Revogado) 1083
Artigo 314.° (Ações contadas como de um oferente) (Revogado) 1083

Artigo 315.° (Ofertas públicas de aquisição de obrigações convertíveis ou obrigações com direito de subscrição de ações) (Revogado) 1084

Secção III – Ações próprias

Introdução aos artigos 316.° a 325.°-B 1084

Artigo 316.° (Subscrição. Intervenção de terceiros) 1087
Artigo 317.° (Casos de aquisição lícita de ações próprias) 1089
Artigo 318.° (Ações próprias não liberadas) 1091
Artigo 319.° (Deliberação de aquisição) 1091
Artigo 320.° (Deliberação de alienação) 1094
Artigo 321.° (Igualdade de tratamento dos acionistas) 1095
Artigo 322.° (Empréstimos e garantias para aquisição de ações próprias) 1096
Artigo 323.° (Tempo de detenção das ações) 1098
Artigo 324.° (Regime das ações próprias) 1100
Artigo 325.° (Penhor e caução de ações próprias) 1102
Artigo 325.°-A (Subscrição, aquisição e detenção de ações) 1103
Artigo 325.°-B (Regime de subscrição, aquisição e detenção de ações) 1104

Secção IV – Transmissão de ações

Introdução aos artigos 326.° a 340.° 1105

Subsecção I – Formas de transmissão

Artigo 326.° (Transmissão de ações nominativas) (Revogado) 1109
Artigo 327.° (Transmissão de ações ao portador) (Revogado) 1110

Subsecção II – Limitações à transmissão

Artigo 328.° (Limitações à transmissão de ações) 1110
Artigo 329.° (Concessão e recusa do consentimento) 1114

Subsecção III – Regime de registo e regime de depósito

Artigo 330.° (Primeiro registo) (Revogado) 1116
Artigo 331.° (Regime de registo ou de depósito) (Revogado) 1117
Artigo 332.° (Passagem do regime de registo ao de depósito) (Revogado) 1117
Artigo 333.° (Passagem do regime de depósito ao de registo) (Revogado) 1118
Artigo 334.° (Registo de transmissão) (Revogado) 1118

Artigo 335.° (Prazos e encargos) (Revogado) 1119
Artigo 336.° (Transmissão de ações nominativas) (Revogado) 1119
Artigo 337.° (Declaração de transmissão) (Revogado) 1119
Artigo 338.° (Prova da posse e data dos efeitos da transmissão) (Revogado) 1120
Artigo 339.° (Transmissão por morte) (Revogado) 1120
Artigo 340.° (Registo de ónus ou encargos) (Revogado) 1121

Secção V – Ações preferenciais sem direito de voto

Artigo 341.° (Emissão e direitos dos acionistas) 1122
Artigo 342.° (Falta de pagamento do dividendo prioritário) 1134
Artigo 343.° (Participação na assembleia geral) 1138
Artigo 344.° (Conversão de ações) 1139
Artigo 344.°-A (Ações preferenciais de outros tipos) 1142

Secção VI – Ações preferenciais remíveis

Artigo 345.° (Ações preferenciais remíveis) 1145

Secção VII – Amortização de ações

Artigo 346.° (Amortização de ações sem redução de capital) 1148
Artigo 347.° (Amortização de ações com redução do capital) 1154

Capítulo IV – Obrigações

Introdução ao Capítulo IV 1158

Secção I – Obrigações em geral

Artigo 348.° (Emissão de obrigações) 1167
Artigo 349.° (Limite de emissão de obrigações) 1171
Artigo 350.° (Deliberação) 1177
Artigo 351.° (Registo) 1181
Artigo 352.° (Denominação do valor nominal das obrigações) 1184
Artigo 353.° (Subscrição pública incompleta) 1186
Artigo 354.° (Obrigações próprias) 1187
Artigo 355.° (Assembleia de obrigacionistas) 1189
Artigo 356.° (Invalidade das deliberações) 1194
Artigo 357.° (Representante comum dos obrigacionistas) 1195
Artigo 358.° (Designação e destituição do representante comum) 1198
Artigo 359.° (Atribuições e responsabilidade do representante comum) 1200

Secção II – Modalidades de obrigações

Artigo 360.° (Modalidades de obrigações) 1203
Artigo 361.° (Juro suplementar ou prémio de reembolso) 1208
Artigo 362.° (Lucros a considerar) 1211
Artigo 363.° (Deliberação de emissão) 1212
Artigo 364.° (Pagamento do juro suplementar e do prémio de reembolso) 1215
Artigo 365.° (Obrigações convertíveis em ações ou noutros valores mobiliários) 1216
Artigo 366.° (Deliberação de emissão) 1220
Artigo 367.° (Direito de preferência dos acionistas) 1224
Artigo 368.° (Proibição de alterações na sociedade) 1226
Artigo 369.° (Atribuição de juros e de dividendos) 1232
Artigo 370.° (Formalização e registo do aumento do capital) 1234
Artigo 371.° (Emissão de ações para conversão de obrigações) 1238
Artigo 372.° (Plano de recuperação ou de insolvência e dissolução da sociedade) 1240
Artigo 372.°-A (Obrigações com *warrant*) 1242
Artigo 372.°-B (Regime) 1244

Capítulo V – Deliberações dos acionistas

Introdução ao Capítulo V 1246

Artigo 373.° (Forma e âmbito das deliberações) 1247
Artigo 374.° (Mesa da assembleia geral) 1250
Artigo 374.°-A (Independência dos membros da mesa da assembleia geral) 1255
Artigo 375.° (Assembleias gerais de acionistas) 1257
Artigo 376.° (Assembleia geral anual) 1259
Artigo 377.° (Convocação e forma de realização da assembleia) 1261
Artigo 378.° (Inclusão de assuntos na ordem do dia) 1265
Artigo 379.° (Participação na assembleia) 1267
Artigo 380.° (Representação de acionistas) 1270
Artigo 381.° (Pedido de representação) 1272
Artigo 382.° (Lista de presenças) 1274
Artigo 383.° (Quórum) 1275
Artigo 384.° (Votos) 1277
Artigo 385.° (Unidade de voto) 1284
Artigo 386.° (Maioria) 1285
Artigo 387.° (Suspensão da sessão) 1286
Artigo 388.° (Atas) 1286
Artigo 389.° (Assembleias especiais de acionistas) 1287

Capítulo VI – Administração, fiscalização e secretário da sociedade

Introdução ao Capítulo VI 1288

Secção I – Conselho de administração

Artigo 390.° (Composição) 1296
Artigo 391.° (Designação) 1299
Artigo 392.° (Regras especiais de eleição) 1301
Artigo 393.° (Substituição de administradores) 1305
Artigo 394.° (Nomeação judicial) 1307
Artigo 395.° (Presidente do conselho de administração) 1308
Artigo 396.° (Caução) 1309
Artigo 397.° (Negócios com a sociedade) 1312
Artigo 398.° (Exercício de outras atividades) 1314
Artigo 399.° (Remuneração) 1317
Artigo 400.° (Suspensão de administradores) 1318
Artigo 401.° (Incapacidade superveniente) 1319
Artigo 402.° (Reforma dos administradores) 1320
Artigo 403.° (Destituição) 1321
Artigo 404.° (Renúncia) 1325
Artigo 405.° (Competência do conselho de administração) 1326
Artigo 406.° (Poderes de gestão) 1327
Artigo 407.° (Delegação de poderes de gestão) 1329
Artigo 408.° (Representação) 1332
Artigo 409.° (Vinculação da sociedade) 1333
Artigo 410.° (Reuniões e deliberações do conselho) 1335
Artigo 411.° (Invalidade de deliberações) 1336
Artigo 412.° (Arguição da invalidade de deliberações) 1338

Secção II – Fiscalização

Artigo 413.° (Estrutura e composição quantitativa) 1340
Artigo 414.° (Composição qualitativa) 1347
Artigo 414.°-A (Incompatibilidades) 1355
Artigo 414.°-B (Presidente do conselho fiscal) 1363
Artigo 415.° (Designação e substituição) 1364
Artigo 416.° (Nomeação oficiosa do revisor oficial de contas) 1366
Artigo 417.° (Nomeação judicial a requerimento da administração ou de acionistas) 1368
Artigo 418.° (Nomeação judicial a requerimento de minorias) 1370
Artigo 418.°-A (Caução ou seguro de responsabilidade) 1375
Artigo 419.° (Destituição) 1376
Artigo 420.° (Competência do fiscal único e do conselho fiscal) 1378
Artigo 420.°-A (Dever de vigilância) 1394
Artigo 421.° (Poderes do fiscal único e dos membros do conselho fiscal) 1396
Artigo 422.° (Deveres do fiscal único e dos membros do conselho fiscal) 1400
Artigo 422.°-A (Remuneração) 1404
Artigo 423.° (Reuniões e deliberações) 1406
Artigo 423.°-A (Norma de remissão) 1408

Secção III – Comissão de auditoria

Artigo 423.°-B (Composição da comissão de auditoria) 1408
Artigo 423.°-C (Designação da comissão de auditoria) 1415
Artigo 423.°-D (Remuneração da comissão de auditoria) 1417
Artigo 423.°-E (Destituição dos membros da comissão de auditoria) 1418
Artigo 423.°-F (Competência da comissão de auditoria) 1418
Artigo 423.°-G (Deveres dos membros da comissão de auditoria) 1420
Artigo 423.°-H (Remissões) 1423

Secção IV – Conselho de administração executivo

Artigo 424.° (Composição do conselho de administração executivo) 1425
Artigo 425.° (Designação) 1426
Artigo 426.° (Nomeação judicial) 1428
Artigo 427.° (Presidente) 1429
Artigo 428.° (Exercício de outras atividades e negócios com a sociedade) 1430
Artigo 429.° (Remuneração) 1430
Artigo 430.° (Destituição e suspensão) 1431
Artigo 431.° (Competência do conselho de administração executivo) 1432
Artigo 432.° (Relações do conselho de administração executivo com o conselho geral e de supervisão) 1433
Artigo 433.° (Remissões) 1435

Secção V – Conselho geral e de supervisão

Artigo 434.° (Composição do conselho geral e de supervisão 1435
Artigo 435.° (Designação) 1441
Artigo 436.° (Presidência do conselho geral e de supervisão) 1442
Artigo 437.° (Incompatibilidade entre funções de diretor e de membro do conselho geral e de supervisão) 1443
Artigo 438.° (Substituição) 1444
Artigo 439.° (Nomeação judicial) 1445
Artigo 440.° (Remuneração) 1446
Artigo 441.° (Competência do conselho geral e de supervisão) 1447
Artigo 441.°-A (Dever de segredo) 1454
Artigo 442.° (Poderes de gestão) 1455
Artigo 443.° (Poderes de representação) 1459
Artigo 444.° (Comissões do conselho geral e de supervisão) 1460
Artigo 445.° (Remissões) 1465

Secção VI – Revisor oficial de contas

Artigo 446.° (Designação) 1466

Secção VII – Secretário da sociedade

Artigo 446.°-A (Designação) 1469
Artigo 446.°-B (Competência) 1470
Artigo 446.°-C (Período de duração das funções) 1472
Artigo 446.°-D (Regime facultativo de designação do secretário) 1473
Artigo 446.°-E (Registo do cargo) 1473
Artigo 446.°-F (Responsabilidade) 1474

Capítulo VII – Publicidade de participações e abuso de informações

Artigo 447.° (Publicidade de participações dos membros de órgãos de administração e fiscalização) 1474
Artigo 448.° (Publicidade de participações de acionistas) (Revogado) 1480
Artigo 449.° (Abuso de informação) 1483
Artigo 450.° (Inquérito judicial) 1490

Capítulo VIII – Apreciação anual da situação da sociedade

Artigo 451.° (Exame das contas nas sociedades com conselho fiscal e com comissão de auditoria) 1491
Artigo 452.° (Apreciação pelo conselho fiscal e pela comissão de auditoria) 1497
Artigo 453.° (Exame das contas nas sociedades com conselho geral e de supervisão) 1999
Artigo 454.° (Deliberação do conselho geral) (Revogado) 1501
Artigo 455.° (Apreciação geral da administração e da fiscalização) 1502

Capítulo IX – Aumento e redução do capital

Artigo 456.° (Aumento do capital deliberado pelo órgão de administração) 1508
Artigo 457.° (Subscrição incompleta) 1512
Artigo 458.° (Direito de preferência) 1513
Artigo 459.° (Aviso e prazo para o exercício da preferência) 1519
Artigo 460.° (Limitação ou supressão do direito de preferência) 1520
Artigo 461.° (Subscrição indireta) 1523
Artigo 462.° (Aumento de capital e direito de usufruto) 1526
Artigo 463.° (Redução do capital por extinção de ações próprias) 1527

Capítulo X – Dissolução da sociedade

Artigo 464.° (Dissolução) 1529

TÍTULO V – Sociedades em comandita

Introdução ao Título V 1533

Capítulo I – Disposições comuns

Artigo 465.° (Noção) 1536
Artigo 466.° (Contrato de sociedade) 1537
Artigo 467.° (Firma) 1538
Artigo 468.° (Entrada de sócio comanditário) 1539
Artigo 469.° (Transmissão de partes de sócios comanditados) 1540
Artigo 470.° (Gerência) 1540
Artigo 471.° (Destituição de sócios gerentes) 1542
Artigo 472.° (Deliberações dos sócios) 1543
Artigo 473.° (Dissolução) 1544

Capítulo II – Sociedades em comandita simples

Artigo 474.° (Direito subsidiário) 1544
Artigo 475.° (Transmissão de partes de sócios comanditários) 1545
Artigo 476.° (Alteração e outros factos relativos ao contrato) 1546
Artigo 477.° (Proibição de concorrência) 1546

Capítulo III – Sociedades em comandita por ações

Artigo 478.° (Direito subsidiário) 1548
Artigo 479.° (Número de sócios) 1548
Artigo 480.° (Direito de fiscalização e de informação) 1549

TÍTULO VI – Sociedades coligadas

Capítulo I – Disposições gerais

Artigo 481.° (Âmbito de aplicação deste título) 1551
Artigo 482.° (Sociedades coligadas) 1557

Capítulo II – Sociedades em relação de simples participação, de participações recíprocas e de domínio

Artigo 483.° (Sociedades em relação de simples participação) 1560
Artigo 484.° (Dever de comunicação) 1564

Artigo 485.° (Sociedades em relação de participações recíprocas) . . . 1567
Artigo 486.° (Sociedades em relação de domínio) . . . 1572
Artigo 487.° (Proibição de aquisição de participações) . . . 1579

Capítulo III – Sociedades em relação de grupo

Secção I – Grupos constituídos por domínio total

Artigo 488.° (Domínio total inicial) . . . 1582
Artigo 489.° (Domínio total superveniente) . . . 1588
Artigo 490.° (Aquisições tendentes ao domínio total) . . . 1594
Artigo 491.° (Remissão) . . . 1605

Secção II – Contrato de grupo paritário

Artigo 492.° (Regime do contrato) . . . 1607

Secção III – Contrato de subordinação

Artigo 493.° (Noção) . . . 1614
Artigo 494.° (Obrigações essenciais da sociedade diretora) . . . 1618
Artigo 495.° (Projeto de contrato de subordinação) . . . 1621
Artigo 496.° (Remissão) . . . 1624
Artigo 497.° (Posição dos sócios livres) . . . 1627
Artigo 498.° (Celebração e registo do contrato) . . . 1630
Artigo 499.° (Direitos dos sócios livres) . . . 1633
Artigo 500.° (Garantia de lucros) . . . 1638
Artigo 501.° (Responsabilidade para com os credores da sociedade subordinada) . . . 1641
Artigo 502.° (Responsabilidade por perdas da sociedade subordinada) . . . 1649
Artigo 503.° (Direito de dar instruções) . . . 1655
Artigo 504.° (Deveres e responsabilidades) . . . 1662
Artigo 505.° (Modificação do contrato) . . . 1669
Artigo 506.° (Termo do contrato) . . . 1671
Artigo 507.° (Aquisição do domínio total) . . . 1674
Artigo 508.° (Convenção de atribuição de lucros) . . . 1677

Capítulo IV – Apreciação anual da situação de sociedades obrigadas à consolidação de contas

Introdução ao Capítulo IV . . . 1680

Artigo 508.°-A (Obrigação de consolidação de contas) . . . 1683

Artigo 508.°-B (Princípios gerais sobre a elaboração das contas consolidadas) . . . 1686
Artigo 508.°-C (Relatório consolidado de gestão) . . . 1687
Artigo 508.°-D (Fiscalização das contas consolidadas) . . . 1689
Artigo 508.°-E (Prestação de contas consolidadas) . . . 1690
Artigo 508.°-F (Anexo às contas consolidadas) . . . 1692
Artigo 508.°-G (Demonstração não financeira consolidada) . . . 1693

TÍTULO VII – Disposições penais e de mera ordenação social

Introdução ao Título VII . . . 1695

Artigo 509.° (Falta de cobrança de entradas de capital) . . . 1705
Artigo 510.° (Aquisição ilícita de quotas ou ações) . . . 1708
Artigo 511.° (Amortização de quota não liberada) . . . 1710
Artigo 512.° (Amortização ilícita de quota dada em penhor ou que seja objeto de usufruto) . . . 1711
Artigo 513.° (Outras infrações às regras da amortização de quotas ou ações) . . . 1712
Artigo 514.° (Distribuição ilícita de bens da sociedade) . . . 1713
Artigo 515.° (Irregularidade na convocação de assembleias sociais) . . . 1717
Artigo 516.° (Perturbação de assembleia social) . . . 1718
Artigo 517.° (Participação fraudulenta em assembleia social) . . . 1719
Artigo 518.° (Recusa ilícita de informações) . . . 1720
Artigo 519.° (Informações falsas) . . . 1721
Artigo 520.° (Convocatória enganosa) . . . 1724
Artigo 521.° (Recusa ilícita de lavrar ata) . . . 1724
Artigo 522.° (Impedimento de fiscalização) . . . 1725
Artigo 523.° (Violação do dever de propor dissolução da sociedade ou redução do capital) . . . 1726
Artigo 524.° (Abuso de informações) (Revogado) . . . 1727
Artigo 525.° (Manipulação fraudulenta de cotações de títulos) (Revogado) . . . 1727
Artigo 526.° (Irregularidades na emissão de títulos) . . . 1728
Artigo 527.° (Princípios comuns) . . . 1729
Artigo 528.° (Ilícitos de mera ordenação social) . . . 1730
Artigo 529.° (Legislação subsidiária) . . . 1733

TÍTULO VIII – Disposições finais e transitórias

Introdução ao Título VIII . . . 1735

Artigo 530.° (Cláusulas contratuais não permitidas) . . . 1736
Artigo 531.° (Voto plural) . . . 1737
Artigo 532.° (Firmas e denominações) . . . 1738
Artigo 533.° (Capital mínimo) . . . 1738
Artigo 534.° (Irregularidade por falta de escritura ou de registo) . . . 1740
Artigo 535.° (Pessoas coletivas em órgãos de administração ou fiscalização) . . . 1741
Artigo 536.° (Sociedades de revisores oficiais de contas exercendo funções de conselho fiscal) . . . 1742

Artigo 537.º (Distribuição antecipada de lucros) 1742
Artigo 538.º (Quotas amortizadas. Ações próprias) 1743
Artigo 539.º (Publicidade de participações) 1743
Artigo 540.º (Participações recíprocas) 1744
Artigo 541.º (Aquisições tendentes ao domínio total) 1745
Artigo 542.º (Relatórios) 1745
Artigo 543.º (Depósitos de entradas) 1746
Artigo 544.º (Perda de metade do capital) 1746
Artigo 545.º (Equiparação ao Estado) 1747
Artigo 546.º (Sistema de Certificação de Atributos Profissionais) 1747

REGIME JURÍDICO DOS PROCEDIMENTOS ADMINISTRATIVOS DE DISSOLUÇÃO E DE LIQUIDAÇÃO DE ENTIDADES COMERCIAIS

DLA
(Dissolução e Liquidação Administrativas)

Introdução 1749

Secção I – Disposições gerais

Artigo 1.º (Objeto) 1756
Artigo 2.º (Âmbito) 1760
Artigo 3.º (Pedido de declaração de insolvência da entidade comercial) 1762

Secção II – Procedimento administrativo de dissolução

Artigo 4.º (Início voluntário do procedimento) 1762
Artigo 5.º (Início oficioso do procedimento) 1772
Artigo 6.º (Averbamento de pendência da dissolução) 1777
Artigo 7.º (Indeferimento liminar) 1778
Artigo 8.º (Notificação e participação da entidade e dos interessados) 1779
Artigo 9.º (Especificidades da notificação, participação dos interessados e solicitação de informações em procedimento oficioso) 1782
Artigo 10.º (Indicação de liquidatários em procedimento voluntário) 1786
Artigo 11.º (Decisão) 1786
Artigo 12.º (Impugnação judicial) 1788
Artigo 13.º (Registo da dissolução) 1789
Artigo 14.º (Comunicações subsequentes ao registo da dissolução) 1791

Secção III – Procedimento administrativo de liquidação

Artigo 15.° (Início do procedimento e competência) 1791
Artigo 16.° (Registo de entrada em liquidação) 1795
Artigo 17.° (Notificação e participação da entidade e dos interessados) 1796
Artigo 18.° (Nomeação dos liquidatários e fixação do prazo de liquidação) 1797
Artigo 19.° (Operações de liquidação) 1800
Artigo 20.° (Operações posteriores à liquidação) 1801
Artigo 21.° (Liquidação parcial e partilha em espécie) 1803
Artigo 22.° (Destituição de liquidatários) 1804
Artigo 23.° (Publicitação de atos referentes aos liquidatários) 1805
Artigo 24.° (Regime especial de liquidação oficiosa) 1805
Artigo 25.° (Decisão e registo de encerramento da liquidação) 1807
Artigo 26.° (Comunicações subsequentes ao registo do encerramento da liquidação) 1810

Secção IV – Procedimento especial de extinção imediata de entidades comerciais

Artigo 27.° (Pressupostos) 1810
Artigo 28.° (Documentos a apresentar e encargos) 1815
Artigo 29.° (Decisão e registos imediatos) 1816
Artigo 30.° (Comunicações subsequentes ao registo) 1816

Índice ideográfico 1819

ADVERTÊNCIAS

O Código das Sociedades Comerciais Anotado (CSC/CIDP) insere-se na atividade do Centro de Investigação de Direito Privado (CIDP) da Faculdade de Direito de Lisboa. O trabalho é levado a cabo por investigadores graduados e com experiência profissional em domínios como os da consulta jurídica, da advocacia, do notariado, do acompanhamento de empresas e da regulação mobiliária, sob a responsabilidade do coordenador. Como Código Anotado visa pôr à disposição dos práticos do Direito e de todos os estudiosos em geral, em termos sintéticos e fidedignos, a matéria relevante para a interpretação e a aplicação daquele diploma.

As abreviaturas usadas constam de António Menezes Cordeiro, *Direito das Sociedades*, 5.ª ed. (2022), 27 ss.. Omite-se a palavra "artigo", nos textos, substituindo-a por um ordinal: o artigo 1.° será, simplesmente, 1.°.

Quanto às obras citadas: a bibliografia geral consta do início do CSC/CIDP, sendo citada, ao longo da obra, apenas, pelo autor e pela data respetivos. A propósito de cada artigo indica-se a bibliografia pertinente a qual, quando não coincida com a geral, vem, na anotação subsequente, citada pelo autor e pelo título, em modo abreviado. Salvo temas específicos, evita-se citar bibliografia estrangeira, a qual poderá ser vista nas obras nacionais para que se remeta.

A jurisprudência citada apenas pelo número do processo reporta-se à base de dados ITIJ, onde pode facilmente ser consultada.

Foi posto todo o cuidado na revisão. Todavia, não se assume qualquer responsabilidade pelas indicações legislativas: os práticos são convidados a confrontar, sempre, os precisos textos em vigor.

A presente 5.ª edição da obra está atualizada com referência a escritos publicados até fevereiro de 2022. Por razões editoriais, as atualizações foram feitas de modo a não alterar a paginação.

Lisboa, fevereiro de 2022

António Menezes Cordeiro

BIBLIOGRAFIA GERAL ABREVIADA
citada apenas pelo Autor e pela data

I. *Posterior a 1888 e anterior a 1986*:

Almeida, António Pereira de – *Direito comercial,* 2.° vol., *Sociedades comerciais/Sumários desenvolvidos*, Lisboa, 1981;

Anthero, Adriano – *Commentario ao Codigo Commercial Portuguez,* 1.° vol., Porto, 1913;

Correia, António Ferrer – *Direito comercial,* 2.° vol., *Direito das sociedades,* Coimbra, 1973; há *Reprint*, da LEX;

Furtado, Jorge Pinto – *Código Comercial Anotado*, vol. I, Coimbra, 1975, vol. II, tomo 1, Coimbra, 1979 e vol. II, tomo 2, Coimbra, 1979.

Gonçalves, Luiz da Cunha – *Comentário ao Código Comercial Português*, 1.° vol., Lisboa, 1914;

Olavo, Fernando – *Direito comercial,* vol. II, apontamentos coligidos por Alberto Xavier e Martim de Albuquerque, Lisboa, 1963;

Ribeiro, Aureliano Strecht – *Código Comercial Português actualizado e anotado,* vol. I, *contendo anotada a Lei das Sociedades por Quotas*, Lisboa, 1939;

Tavares, José – *Das sociedades commerciais/Tractado theorico e pratico,* Parte I – *Das sociedades industriaes em geral*, Coimbra, 1899 e Parte II – *A disciplina jurídica commum das sociedades comerciaes,* Coimbra, 1899;

– *Sociedades e empresas comerciais,* 2.ª ed., Coimbra, 1924;

Visconde de Carnaxide (António Baptista de Sousa) – *Sociedades Anonymas/Estudo theorico e pratico de direito interno e comparado,* Coimbra, 1913.

II. *Posterior a 1986 e anterior a 2006*:

AAVV (Pedro Maia e outros) – *Estudos de Direito das sociedades,* 7.ª ed., Coimbra, 2005;

Abreu, Jorge Coutinho de – *Curso de Direito Comercial,* vol. II – *Das sociedades*, Coimbra, 2003, reimp., 2005;

Almeida, António Pereira de – *Sociedades comerciais,* 3.ª ed., Coimbra, 2003;

Ascensão, José de Oliveira – *Direito comercial,* vol. IV – *Sociedades comerciais/parte geral,* Lisboa, 2000;

Cordeiro, António Menezes – *Manual de Direito das sociedades,* I – *Das sociedades em geral,* 1.ª ed., Coimbra, 2004;

Correia, Luís Brito – *Direito comercial,* 2.° vol., *Sociedades comerciais,* Lisboa, 1989 e 3.° vol., *Deliberações dos sócios,* Lisboa, 1990;

Correia, Miguel A. J. Pupo – *Direito comercial/Direito da empresa,* 9.ª ed., Lisboa, 2005;

Cunha, Paulo Olavo – *Direito comercial* II – *Sociedades anónimas,* 2.ª ed., Lisboa, 1994;

Furtado, Jorge Pinto – *Curso de Direito das Sociedades*, com a col. de Nelson Rocha, 5.ª ed., Coimbra, 2004;

Neto, Abílio – *Código das Sociedades Comerciais/Jurisprudência e doutrina,* 3.ª ed., Lisboa, 2005;

Ramos, Maria Elisabete/Martins, Alexandre Soveral – *Código das Sociedades Comerciais*, Coimbra, 2001;

Xavier, Vasco da Gama Lobo – *Sociedades Comerciais/Lições aos alunos de Direito comercial do 4.° ano jurídico*, Coimbra, 1987.

III. *Posterior a 2006*:

AAVV (J.M. Coutinho de Abreu e outros) – *Reformas do Código das sociedades*, Coimbra, 2007;

AAVV (J.M. Coutinho de Abreu e outros) – *Código das Sociedades Comerciais em Comentário*, I-VII, 2.ª ed., Coimbra (2010-2019) (*CSC/Coimbra*);

AAVV (Pedro Maia e outros) – *Estudos de Direito das sociedades*, 12.ª ed., Coimbra, 2015;

Abreu, Jorge Manuel Coutinho de, *Curso de Direito comercial*, II – *Das sociedades*, 6.ª ed., Coimbra, 2019;

Almeida, António Pereira de – *Sociedades Comerciais*, I, 7.ª ed., Coimbra, 2013;

Câmara, Paulo – *Manual de Direito dos Valores Mobiliários*, 4.ª ed., Coimbra, 2018;

Câmara, Paulo e outros – *Código das Sociedades Comerciais e governo das sociedades*, Coimbra, 2008;

Cordeiro, A. Barreto Menezes – *Direito dos valores mobiliários*, 2.ª ed., Coimbra, 2018;

Cordeiro, António Menezes – *Direito das sociedades*, 1 – *Das sociedades em geral*, 5.ª ed, Coimbra, 2022 e 2 – *Sociedades em especial*, 2.ª ed., Coimbra, 2007, reimp., 2019;

Cordeiro, António Menezes e Câmara, Paulo (org.) – *A reforma do Código das Sociedades Comerciais*, Coimbra, 2007;

Cunha, Paulo Olavo – *Direito das sociedades comerciais*, 7.ª ed., Coimbra, 2019;

Duarte, Rui Pinto – *Escritos sobre Direito das sociedades*, Coimbra, 2008;

Furtado, Jorge Pinto – *Código das Sociedades Comerciais Anotado*, 5.ª ed., Lisboa, 2007;
– *Comentário ao Código das Sociedades Comerciais/Artigos 1.° a 19.°*, Coimbra, 2009;

Geraldes, António Santos Abrantes – *Sociedades comerciais/Jurisprudência 1997-2008*, Coimbra, 2008;

Gomes, José Ferreira/Gonçalves, Diogo Costa – *Manual de Sociedades Abertas e de Sociedades Cotadas*, I, Lisboa, 2018;

Neto, Abílio – *Código das Sociedades Comerciais/Jurisprudência e doutrina*, 4.ª ed., Lisboa, 2007;

Oliveira, Ana Perestrelo de Oliveira, *Manual de Governo das Sociedades*, 2017;

Quintas, Hélder – *Regime jurídico das sociedades por quotas*, Coimbra, 2010;

Ribeiro, Maria de Fátima (coord.) – *Jornadas/Sociedades abertas, valores mobiliários e intermediação financeira*, Coimbra, 2007;

Triunfante, Armando Manuel – *Código das sociedades comerciais anotado (Anotações a todos os preceitos alterados)*, Coimbra, 2007;

Vasconcelos, Pedro Pais de – *A participação social nas sociedades comerciais*, 2.ª ed., Coimbra, 2006.

INTRODUÇÃO

Bibliografia: António Caeiro, *As modificações ao CSC*, em *Ab uno ad omnes* (1998), 369-400; António Menezes Cordeiro 1 (2022), 127 ss.; A. Ferrer Correia, *Lei das sociedades comerciais* (*Anteprojecto*), BMJ 185 (1969), 25-81 e 191 (1969), 5-137, Rui Pinto Duarte, *(Uma) Introdução ao Direito das sociedades* (2008), 9-79 e *A evolução do Direito das sociedades português* (2008), 81-178; Pinto Furtado, *Comentário/1.° a 19.°* (2009), 9-42; Ministério da Justiça, *Código das Sociedades Comerciais* (Projecto), BMJ 327 (1983), 43-339; Fernando Olavo, *Alguns apontamentos para a reforma da legislação comercial*, BMJ 293 (1980), 5-22.

Quanto ao Direito europeu das sociedades, António Menezes Cordeiro, *Direito europeu das sociedades* (2005); Rui Pinto Duarte, *A relevância do Direito comunitário no Direito das sociedades* (2008), 179-224; Stefan Grundemann, *Europäisches Gesellschaftsrecht*, 2.ª ed. (2011); Mathias Habersack, Dirk A.Verse, *Europäisches Gesellschaftsrecht*, 5.ª ed. (2019); Klaus Hopt/Eddy Wymersch, *European Company and Financial Law*, 3.ª ed. (2003); Susanne Kalss/Christoph Klampfl, *Europäisches Gesellschaftsrecht* (2015); Michel Menjucq, *Droit international et européen des sociétés*, 5.ª ed. (2018); Günther Christian Schwarz, *Europäisches Gesellschaftsrecht* (2000).

Quanto à metodologia do Direito europeu em geral: Thomas Henninger, *Europäisches Privatrecht und Methode* (2009); Christoph U. Schmid, *Die Instrumentalisierung des Privatrechts durch Europäisches Union/Privatrecht und Privatrechtskonzeptionen in der Entwicklung der Europäischen Integrationsverfassung*, (2010).

Índice

I – A elaboração do CSC
1. As origens 1
2. Trabalhos preparatórios 5

II – O DL n.° 262/86, de 2 de setembro
3. O diploma e a sua apresentação 8
4. Legislação revogada 11

III – Aspetos gerais do CSC
5. As fontes de inspiração 12
6. O sistema e o problema da parte geral 15
7. Consequências da ordenação da matéria 25
8. Aspetos críticos subsequentes 27

IV – A evolução posterior
9. Aspetos gerais 31
10. As alterações 34

V – A grande reforma de 2006
11. Pano de fundo: características do Direito português das sociedades comerciais 77
12. O DL n.° 76-A/2006, de 29 de março 80
13. Preparação, objetivos e alcance 85
14. Apreciação 88
15. Uma nova fase? 90
16. A reforma de 2007 93
17. O Direito da crise 96

VI – O Direito europeu das sociedades
18. Objetivos, fontes e natureza 97
19. As diretrizes das sociedades comerciais e a sua transposição 104
20. Regulamentos 108
21. Jurisprudência 109
22. Interpretação e aplicação de diretrizes e de diplomas de transposição 111
23. Balanço 117

I – A elaboração do CSC

1 1. **As origens**. A discussão em torno da reforma do Direito comercial iniciou-se logo após o Código Veiga Beirão[1]: o Decreto de 26-jul.-1899, que aprovou o Código das Falências, revogou os 692.° a 749.° daquele Código Comercial, enquanto a importante Lei de 19-abr.-1901 adotou o novo tipo das sociedades por quotas.

2 Ao longo do século XX, houve iniciativas de reforma. A Comissão Permanente do Direito marítimo internacional preparou, em 1935, um projeto de novo Livro IV do Código Comercial[2]. O documento foi aperfeiçoado até 1941, não tendo seguimento.

3 A reforma do Direito comercial foi prevista pelo DL 33:908, de 4-set.-1944, que autorizou o Ministro da Justiça a promover a revisão geral do Código Civil: o projeto poderia englobar ou não o Direito comercial, consoante se achasse preferível. Mas logo a Portaria 10:756, de 10-out.-1944, que nomeou a Comissão de Reforma, remeteu para mais tarde o Direito comercial[3]. Pensou-se, apenas, no Código Civil. Este tratou as sociedades civis sob forma civil ou sociedades civis puras (Paulo Cunha), nos 980.° e seguintes, separadamente das associações e demais entidades (157.° a 201.°). Os respetivos anteprojetos couberam a Ferrer Correia, especialista em sociedades comerciais. Foi tido em conta o modelo italiano de 1942, que unificara as sociedades. Daí resultou a "comercialização" do texto civil, com uma clara aproximação, das sociedades civis puras, ao Direito das sociedades comerciais.

4 O Ministro da Justiça (Antunes Varela), por despacho de 1-ago.-1961, determinou a revisão do Código Comercial: essa tarefa não seria levada a cabo antes do projeto do Código Civil, o qual surgiria em 1966. Por despachos de 1-jun.-1966 e de 20-set.-1967, foram nomeados membros de uma comissão incumbida dos estudos preparatórios de uma revisão do Direito das sociedades comerciais[4]. A partir deste momento, ficou comprometida uma revisão geral do Código Comercial: a reforma concentrar-se-ia nas sociedades, cujo Direito ganhou definitiva autonomia.

5 2. **Trabalhos preparatórios**. As pessoas designadas em 1966 e em 1967 foram elaborando, a título individual, estudos e anteprojetos relativos a temas de sociedades comerciais. De acordo com a ordenação que a matéria veio a assumir no CSC de 1986, assinalamos: de Ferrer Correia, com a colaboração de António A. Caeiro, as disposições gerais[5], de Raúl Ventura, com a colaboração de Brito Correia, a responsabilidade dos administradores[6] e a transformação de sociedades[7], de Alberto Pimenta, a prestação de contas do exercício nas sociedades comerciais[8], de Fernando Olavo, as sociedades em nome coletivo[9], de Raúl Ventura, as sociedades por quotas[10] [11], de

[1] Aprovado pela Carta de Lei de 28-jun.-1888.

[2] Foi relator Luiz da Cunha Gonçalves; *vide* Fernando Olavo, *Alguns apontamentos*, 18-19.

[3] Menezes Cordeiro, *Manual de Direito comercial*, 2.ª ed. (2007), 132.

[4] Fernando Olavo, *Alguns apontamentos*, 19.

[5] A. Ferrer Correia, *Lei das Sociedades Comerciais (Anteprojecto)*, BMJ 185 (1969), 25-81 e 191 (1969), 5-137.

[6] Raúl Ventura/Luís Brito Correia, *Responsabilidade civil dos administradores de sociedades anónimas e dos gerentes de sociedades por quotas/Estudo comparativo dos direitos alemão, francês, italiano e português*, BMJ 192 (1970), 5-112, 193 (1970), 5-182 e 194 (1970), 5-113.

[7] Raúl Ventura/Luís Brito Correia, *Transformação de sociedades/Anteprojecto e notas justificativas*, BMJ 218 (1972), 5-129, 219 (1972), 11-69 e 220 (1972), 13-83.

[8] Alberto Pimenta, *A prestação das contas do exercício nas sociedades comerciais*, BMJ 200 (1970), 11-106, 201 (1970), 5-71, 202 (1971), 5-57, 203 (1971), 5-53, 204 (1971), 5-48, 205 (1971), 5-58, 207 (1971), 5-46 e 209 (1971), 5-36.

[9] Fernando Olavo, *Sociedade em nome colectivo – Ensaio de anteprojecto*, BMJ 179 (1968), 15-37.

[10] Raúl Ventura, *Sociedades por quotas de responsabilidade limitada/Anteprojecto – primeira redacção*, BMJ 160 (1966), 75-113 e *Segunda redacção*, BMJ 182 (1969), 25-196.

[11] Segundo informação de Fernando Olavo, este anteprojeto foi reelaborado por Vaz Serra, num trabalho que não chegou a ser publicado; cf. Fernando Olavo, *Alguns apontamentos* cit., 19.

Ferrer Correia, Lobo Xavier, Ângela Coelho e António Caeiro, também as sociedades por quotas[12], de Vaz Serra, as ações das sociedades anónimas[13] e a assembleia geral[14] e de Fernando Olavo e Gil Miranda, as sociedades em comandita[15]. 6

Restava definir a conformação dos textos relativos às sociedades: leis especializadas para certos tipos – designadamente, para as sociedades por quotas e para as anónimas – ou um código geral para as sociedades? 7

Em 1977, o Ministro da Justiça, Almeida Santos, designou diversas comissões de reforma, das quais uma para o Direito comercial. A esse propósito, acentuou a necessidade de se legislar no campo das sociedades comerciais[16], num repto aceite por Ferrer Correia, presidente da Comissão do Código Comercial[17]. Rapidamente os trabalhos se desviaram, de novo, para as sociedades comerciais. Nos princípios dos anos 80, o Ministro da Justiça, José Menéres Pimentel, consagrou definitivamente esta orientação: incumbiu Raúl Ventura de elaborar um anteprojeto de sociedades comerciais[18]. Este foi revisto, a pedido do Ministro Menéres Pimentel, por uma comissão constituída por Raúl Ventura, por Fernando Olavo e por António Caeiro[19], só não tendo sido adotado pela demora da Assembleia da República em aprovar a necessária autorização legislativa[20]. De todo o modo, foi publicado um projeto completo[21]. Uma segunda revisão foi efetuada por António Caeiro, a pedido do então Ministro da Justiça, Rui Machete. Seguiu-se, na pasta, Mário Raposo, que determinou nova revisão: numa primeira fase, por Raúl Ventura e, numa segunda, por Luís Brito Correia[22].

II – O DL n.º 262/86, de 2 de setembro 8

3. **O diploma e a sua apresentação**. Na sequência de preparatórios de mais de vinte anos, o DL 262/86, de 2-set., veio aprovar o CSC. Precedido por um lato preâmbulo justificativo e descritivo, o DL 262/86 apresenta-se como fruto da "necessidade urgente" de transpor as diretrizes comunitárias[23], com o "objetivo fundamental" de atualizar o regime das sociedades comerciais, tomadas como "principais agentes económicos de direito privado"[24].

O preâmbulo do DL declara aproveitar a rica experiência portuguesa e a evolução recente, 9
marcada pela evolução tecnológica e informática; afirma pôr termo a inúmeras dúvidas e afiança receber as diretrizes europeias, alargando-as e acolhendo, ainda, trabalhos preparatórios de futuros e eventuais instrumentos comunitários.

[12] António Ferrer Correia/Vasco Lobo Xavier/Maria Ângela Coelho/António A. Caeiro, *Sociedades por quotas de responsabilidade limitada/Anteprojecto de lei – 2.ª redacção e exposição de motivos*, RDE 3 (1977), 153-224 e 349-423 e RDE 5 (1979), 111-141 e 142-200; tratar-se-ia de uma reelaboração do anteprojeto de Vaz Serra.

[13] Adriano Paes da Silva Vaz Serra, *Acções nominativas e acções ao portador*, BMJ 175 (1968), 5-43, 176 (1968), 11-82, 177 (1968), 5-94 e 178 (1968), 17-85.

[14] Adriano Paes da Silva Vaz Serra, *Assembleia geral*, BMJ 197 (1970), 23-176.

[15] Fernando Olavo/Gil Miranda, *Sociedade em comandita/ /Notas justificativas*, BMJ 221 (1972), 11-42, 223 (1973), 15-65 e 224 (1973), 5-79.

[16] António de Almeida Santos, *Discurso na posse dos Presidentes das Comissões encarregadas de preparar a revisão dos Códigos Civil, de Processo Civil, Penal, de Processo Penal e Comercial, em 10 de Janeiro de 1977*, BMJ 263 (1977), 5-24 (21).

[17] António Ferrer Correia, *Discurso na posse dos Presidentes das Comissões encarregadas de preparar a revisão dos Códigos Civil, de Processo Civil, Penal, de Processo Penal e Comercial, em 10 de Janeiro de 1977*, BMJ 263 (1977), 25-34 (29).

[18] Cf. a nota preambular a *CSC (Projecto)*, BMJ 327 (1983), 43-44 (43).

[19] *Idem*, loc. cit..

[20] José Menéres Pimentel, *Discurso na sessão de despedida, em 8 de Junho de 1983*, BMJ 327 (1983), 5-32 (25).

[21] *Código das Sociedades (Projecto)*, BMJ 327 (1983), 45-339.

[22] Segundo o próprio: *Os administradores das sociedades anónimas* (1991), 715. *Vide* importantes informações sobre o tema em António Caeiro, *As modificações ao CSC*, 369- -370, nota 1.

[23] Cf. o ponto 2 do preâmbulo do DL 262/86.

[24] *Idem*, ponto 3.

10 O CSC pretendeu não bulir com os conceitos comerciais provenientes da tradição de Veiga Beirão. Também declarou adotar a delimitação formal das sociedades comerciais ou – melhor dizendo – do regime que lhes é aplicável[25]. O preâmbulo relatou ainda as diversas novidades de fundo: iremos encontrá-las nas anotações respetivas.

11 4. **Legislação revogada**. O CSC adotou uma feição codificadora: ele veio revogar o essencial das normas pré-vigentes sobre sociedades comerciais, ordenando o respetivo material em função de critérios jurídico-científicos. O 3.° do DL 262/86 procede, no seu n.° 1, a uma revogação genérica de toda a legislação relativa às matérias reguladas no Código. O n.° 1 especifica:

a) Os artigos 21.° a 23.° e 104.° a 206.° do Código Comercial: ficam envolvidos os preceitos mais significativos referentes às sociedades comerciais, no âmbito de Veiga Beirão;

b) A Lei de 11 de abril de 1901: trata-se da Lei das Sociedades por Quotas, absorvidas pelo novo Código;

c) O Decreto n.° 1:645, de 15 de junho de 1915: veio permitir a criação de ações privilegiadas, suscetíveis de conferir aos seus possuidores preferência sobre os lucros, até determinada percentagem;

d) O DL n.° 49 381, de 15 de novembro de 1969: regula a fiscalização das sociedades e a responsabilidade dos administradores;

e) O DL n.° 1/71, de 6 de janeiro: regula a transmissão de ações por negociação particular, no tocante a certos tipos de sociedades;

f) O DL n.° 397/71, de 22 de setembro: autoriza as sociedades anónimas a emitir obrigações que confiram aos seus titulares o direito de conversão em ações da sociedade emitente;

g) O DL n.° 154/72, de 10 de maio: dá nova redação ao artigo 183.°, quanto a limitações do direito de voto e estabelece normas quanto às divergências entre sócios;

h) O DL n.° 598/73, de 8 de novembro: estabelece normas quanto à fusão e cisão de sociedades comerciais;

i) O DL n.° 389/77, de 15 de setembro: determina a obrigatoriedade de o órgão colegial de administração das sociedades anónimas ser composto por um número ímpar de membros, não sendo obrigatória a qualidade de acionista para ser administrador.

III – **Aspetos gerais do CSC**

12 5. **As fontes de inspiração**. As fontes doutrinárias e legislativas do CSC resultam da evolução histórica que o antecedeu e dos preparatórios que o possibilitaram. Existe um importante fundo comum, constituído pelo Código Veiga Beirão e pela LSQ. Subjacente aos dois diplomas, encontramos um acervo doutrinário significativo, de feição nacional.

13 A literatura jurídica das sociedades comerciais, após a primeira metade do século XX, através de Ferrer Correia[26] e de Raúl Ventura[27], empreendeu uma significativa viragem: da área de influência franco-italiana para a alemã. Todo o sistema das sociedades foi modificado. Essa evolução não teve a amplitude do processo similar ocorrido, cinquenta anos antes, no Direito civil. Importantes elementos italianos foram retidos, particularmente nas sociedades civis puras, enquanto a reforma francesa de 1966 não deixou de exercer influência e fascínio.

14 Fontes impressivas do CSC foram a lei alemã das sociedades anónimas, de 1965, o Código francês das sociedades, de 1966 e o Código Civil italiano, de 1942: este último com uma

[25] *Idem*, ponto 4.

[26] *Sociedades fictícias e unipessoais* (1948), que marcou o início da receção da doutrina alemã.

[27] *Sociedades comerciais; dissolução e liquidação* (1960), a que se seguiram diversos títulos sobre as sociedades por quotas.

influência também marcante nos capítulos sobre pessoas coletivas e sobre sociedades, do Código Civil. O legislador português, porventura melhor do que qualquer outro, conhecia perfeitamente, a propósito de cada problema, as diversas soluções encontradas nos outros ordenamentos. Pôde escolher as melhores, aperfeiçoando-as à luz das críticas feitas nas literaturas respetivas. Por vezes, foi mesmo mais longe: ele deu guarida, em sobreposição, às soluções dos vários sistemas. Conseguiu-se, assim, um diploma único na panorâmica europeia: o seu estudo requer o permanente recurso ao Direito comparado e à Ciência jurídica universal. Esta dimensão foi agravada por sucessivas reformas, com relevo para a de 2006.

6. **O sistema e o problema da parte geral**. O CSC reparte os seus preceitos por oito títulos: 15
I – Parte geral; *II* – Sociedades em nome coletivo; *III* – Sociedades por quotas; *IV* – Sociedades anónimas; *V* – Sociedades em comandita; *VI* – Sociedades coligadas; *VII* – Disposições penais e de mera ordenação social; *VIII* – Disposições finais e transitórias.

Ilustrando as grandes dificuldades com que, há cem anos, se debatem as "partes gerais" 16
do pandectismo[28], a "Parte geral" do CSC, não obstante o mérito da ousadia, constitui um ponto controverso e duvidoso. É de estranhar que, havendo uma "Parte geral", o desenvolvimento subsequente do CSC não se limite a "partes especiais". As Partes II, III, IV e V tratam tipos especiais de sociedades: em nome coletivo, por quotas, anónimas e em comandita. Mas seguem-se-lhes nada menos de três outras partes, de conteúdo geral: sociedades coligadas, disposições penais e de mera ordenação social e disposições finais e transitórias. Pois bem: a matéria desta última deveria ter sido reconduzida ao diploma preambular, de acordo com a boa tradição do Código Civil. A das sociedades coligadas deveria ter sido inserida, como capítulo, na Parte I. E finalmente, é problemática a inclusão de "disposições penais e de mera ordenação social" num Código de Direito privado, como é o CSC e isso sem desconhecer que essa solução ocorre noutros países. Ela tem vantagens práticas para os operadores jurídicos: torna mais fácil a consulta da matéria. Em termos científicos, porém, a junção é mais compilatória do que codificadora: ainda não há instrumentos aperfeiçoados para, em conjunto, tratar matéria civil e penal, sendo pouco recomendável que se faça a experiência num Código de fôlego e, para mais, de uso corrente e alargado, com muitos não-juristas como destinatários. Em suma: a Parte VII, relativa a disposições penais e de mera ordenação social, devia constar de um diploma extravagante[29].

A Parte geral do CSC coloca sérios problemas de fundo. Essa "Parte geral" só seria pos- 17
sível se, entre as diversas partes especiais, isto é, os diversos tipos societários em si, houvesse aspetos comuns que permitissem tal teorização. Tais aspetos existem: só que se colocam num plano de abstração tão elevado que se tornam de Direito comum, isto é, de Direito civil.

[28] Menezes Cordeiro, *Teoria Geral do Direito Civil/Relatório* (1988) = separata da RFDUL, 77 ss., com bibliografia.

[29] Parecia ser essa, aliás, a intenção do legislador. De facto, o preâmbulo do DL 262/86, de 2-set., que aprovou o CSC, referia, no seu n.° 35, a remissão das disposições penais e contra-ordenacionais, para um diploma especial. A posição era, cientificamente, correta embora, porventura, tivesse sido ditada, também, por razões de oportunidade: a necessidade de obter da Assembleia da República uma autorização legislativa. Aquele propósito, porém, foi abandonado. O "diploma especial" veio, de facto, a surgir – foi o DL 184/87, de 21-abr., no uso da autorização conferida pelo artigo 1.° da Lei 41/86, de 23-set. – mas não como "especial": ele introduziu o atual Título VII no CSC, fazendo passar o antigo Título VII a VIII. Afinal, parece que o referido Título VII só não foi, *ab initio*, incluído no CSC porque, em 2 de setembro de 1986, o Governo não dispunha, ainda, da necessária autorização legislativa da Assembleia. Resta acrescentar que este episódio, porventura algo insólito, vem sufragar a imagem, propalada na época, de uma certa precipitação na aprovação e final publicação do CSC, em detrimento de uma mais completa revisão do texto do projeto. O futuro o confirmaria.

O problema é potenciado pelas circunspectas sociedades em nome coletivo que, não dispondo de uma organização elaborada, quase caem nas sociedades civis puras.

18 Em consequência da problemática assinalada, o CSC apresenta limitações sistemáticas, para que cabe chamar a atenção. Surgem, na Parte geral – ou, melhor dizendo, na Parte I – disposições que só na aparência têm aplicação aos diversos tipos de sociedades comerciais. De um modo geral, o legislador teve em vista – poderia ter feito outra coisa? –, na aludida Parte I, as sociedades de capitais; boa parte dos seus preceitos não tem alcance prático, perante as sociedades em nome coletivo. Nessas condições estarão, por exemplo, os complexos normativos relativos à fusão e à cisão de sociedades (97.° ss. e 118.° ss.). Também a matéria da transformação das sociedades (130.° ss.), apesar de conter um dispositivo claramente destinado a contemplar as sociedades de personalidade ilimitada (139.°), tem uma textura complexa, pouco adequada a sociedades mais simples. A liquidação da sociedade (146.° ss.) e a publicidade dos atos (166.° ss.) transcendem largamente, pelo cuidado regulamentativo, o *minimum* requerido por todas as sociedades a que se irão aplicar. Estes argumentos mantêm atualidade mau grado as simplificações levadas a cabo pelo legislador, em 2005-2007.

19 Nas disposições cuja aplicabilidade geral menos dúvidas suscitaria, o CSC, ao generalizar, acabou por prever esquemas de grande complexidade – assim os Capítulos III e IV relativos, respetivamente, ao contrato de sociedade e às deliberações dos sócios, ou o Capítulo VI referente à apreciação anual da situação da sociedade – que penalizam a pequena empresa. A complicação é, aliás, agravada por todo um conjunto de pesadas exigências burocráticas, exteriores ao próprio Código, que tornavam o espaço jurídico português um dos mais avessos à formação de novas sociedades[30]: uma situação que tem vindo a ser resolvida apenas nos três últimos anos.

20 O legislador de 1986 não incluiu matéria geral, no local sistematicamente apropriado, acabando por ter de se repetir três ou quatro vezes, a propósito dos diversos tipos societários. Particularmente atingidos foram, a este nível, os deveres dos administradores, gerentes ou diretores das sociedades. O CSC contentou-se com o dever de diligência, de grande generalidade (64.°). A reforma de 2006 ampliou esse preceito. Mantiveram-se, porém, muitos outros aspetos, comuns às várias sociedades, que poderiam aí ter sido incluídos e desenvolvidos a propósito dos direitos e dos deveres dos administradores.

21 Podem ser dados exemplos ilustrativos. A proibição de concorrência é básica no fenómeno societário; nas sociedades de pessoas, ele atinge os próprios sócios; em todas, ela atinge os administradores. Ora o CSC nada diz, em geral; retoma a matéria nos 180.° (sociedades em, nome coletivo), 254.° (sociedades por quotas), 398.° (sociedades anónimas) e 477.° (sociedades em comandita simples). Estes preceitos apresentam configurações nem sempre coincidentes, abrindo questões melindrosas, quanto a saber se as flutuações serão apenas formais.

22 Toda a sociedade tem uma administração; e toda a administração tem uma competência básica. A Parte geral é omissa. Nas partes especiais, a competência da administração vem tratada

[30] Vinham sendo anunciadas algumas medidas para pôr cobro a esta anomalia no espaço comunitário. Nos finais de 2003 e em Lisboa, a constituição de uma nova sociedade implicava vários meses: semanas para obter um certificado de admissibilidade de firma, dias ou semanas para fazer a escritura de constituição, dependendo das (boas) relações que se tivessem junto do notariado e meses (!) para conseguir um registo definitivo que – ele sim – faria surgir a personalidade coletiva plena. A burocracia imperante impedia ainda, na prática, a nova sociedade de iniciar imediatamente e com segurança a sua atividade, com gravíssimos danos económicos para o País. Depois de muito instados, os poderes públicos levaram a cabo, após 2005, diversas reformas simplificadoras, examinadas nos locais próprios, e nas quais são postas grandes expectativas.

nos 192.°, 259.°, 405.° e 431.° relativos, respetivamente, às sociedades em nome coletivo, às sociedades por quotas, às sociedades anónimas com conselho de administração e às sociedades anónimas com administração executiva e conselho geral e de supervisão[31]. Todos estes preceitos têm aspetos comuns e que, isoladamente tomados, se apresentam muito incompletos. Inserir, na Parte geral, a competência de qualquer administração e depois, disso sendo o caso, desenvolver o necessário, quanto aos tipos singulares, teria sido uma vantagem ao alcance de qualquer codificação. A situação, tal como resulta do Código de 1986, obriga a aproximar os artigos dispersos sobre a matéria, com as dúvidas a que isso dá azo.

O provimento dos lugares de administração levanta dúvidas, estudadas nas respetivas anotações. De todo o modo, há regras básicas paralelas nos diversos tipos sociais, uma vez que semelhantes são os valores em jogo. Também a duração do mandato e o problema da destituição, com justa causa, dos administradores, carece de uma regulamentação mínima capaz. O CSC dispensou essa regulamentação onde era esperar vê-la. A Parte geral é totalmente omissa, surgindo depois, nas partes especiais, variadas e desencontradas normas; no tocante à destituição com justa causa, vejam-se os 191.°/5, 6 e 7[32], 257.°, 403.° e 430.° relativos, respetivamente, a sociedades em nome coletivo, por quotas, anónimas com administração e anónimas com administração executiva e conselho geral e de supervisão, respetivamente. 23

As insuficiências da Parte geral prendem-se, diretamente, com as limitações científicas existentes no momento da elaboração do Código. Uma codificação, mais do que um ponto de partida, traduz o porto de chegada de toda a Ciência que a antecedeu e elaborou. Por isso, num plano estritamente científico, ela tende a limitar-se ao nível preexistente[33]. Pois bem: o CSC não tratou, em sede geral, o papel da administração e o provimento e destituição dos administradores, porque a doutrina não tinha, até à sua data, desenvolvido uma teoria geral da administração de sociedades, no Direito privado. 24

7. **Consequências na ordenação da matéria.** As limitações extrínsecas à confeção da Parte geral têm inevitáveis reflexos internos: o próprio Código Civil foi atingido – e, por vezes, com severidade – por esse tipo de refluxo. A Parte geral do CSC alarga-se por dezasseis capítulos; descontando o I, relativo ao seu âmbito de aplicação, ela versa, sucessivamente, a personalidade e capacidade (II), o contrato de sociedade (III), as deliberações dos sócios (IV), a administração (V), a apreciação anual da situação da sociedade (VI), a responsabilidade civil (VII), as alterações do contrato (VIII), a fusão (IX), a cisão (X), a transformação (XI), a dissolução (XII), a liquidação (XIII), a publicidade de atos (XIV), a fiscalização pelo MP (XV) e a prescrição (XVI). 25

Há, na parte geral, uma ondulação: passa-se, do contrato, a aspetos internos para, depois, regressar aos externos. Uma ordem alternativa seria, por hipótese, a clássica constituição, modificação – com a fusão, a cisão e a transformação – e extinção da sociedade e, então, os seus aspetos orgânicos e internos. A prescrição deveria estar no capítulo VII, a fiscalização do MP melhor pertenceria a um capítulo geral sobre fiscalização, a publicidade de atos, a um capítulo geral sobre publicidade e assim por diante. Uma boa ordenação permitiria poupar imensos preceitos. Por exemplo, a exigência de escritura pública – desaparecida em 2006 – para a celebração do contrato de sociedade e – o que é óbvio – para as suas modificações, aparecia nos 7.°/1, 85.°/3, 26

[31] Nas sociedades em comandita, o CSC remete para as sociedades em nome coletivo e para as sociedades anónimas – artigos 474.° e 478.° – conforme, respetivamente, se trate de comandita simples ou de comandita por ações.

[32] Este artigo apresenta ainda a originalidade de tratar a destituição dos gerentes das sociedades em nome coletivo, a propósito da ... composição da gerência.

[33] Menezes Cordeiro, *Teoria Geral do Direito Civil*, 1.° vol., 2.ª ed. (1989), 53 ss..

106.° e 135.°/1 e ainda, com adaptações, nos 283.°/1, 370.°/1, 492.°/2 e 498.°. Uma revisão apurada teria reduzido tudo isto a um único preceito, com algumas especificidades. Outros exemplos seriam possíveis.

27 8. **Aspetos críticos subsequentes**. As questões sistemáticas encobrem uma opção de fundo conceitualista e individualista. Os diversos institutos são, por vezes, tratados de modo isolado: independentemente da sua efetiva funcionalidade e da sua integração mais ampla: a organização societária[34]. Daí resultam inconsequências, como o facto de se pretender ignorar a "assembleia geral", a favor de meras "deliberações dos sócios". O intérprete-aplicador é obrigado, na base dos elementos legislativos, a reconstruir a "verdade" de diversos institutos. A aplicação do Código deve ser cuidada, pensando-se sempre mas consequências das decisões.

28 Em múltiplos aspetos, o CSC, dobrado, para mais, pelo Código Civil, pode parecer inadequado, perante as realidades do País. Ele apresenta uma estrutura complexa, difícil de reter pelos agentes económicos e em permanente tensão com outros diplomas, também de grande complexidade, com relevo para o CVM: ele origina o Direito das sociedades mais complexo da Europa. Todavia, em termos doutrinários, constitui um permanente e aliciante desafio.

29 Tudo visto, conclua-se. O CSC incorreu em problemas sistemáticos que não foi possível solucionar, aquando da sua elaboração, nem corrigir, no momento da revisão. Nessas condições, ele apresenta uma prolixidade marcada, com repetição de matérias. Além disso, ele articula-se com desarmonias e lacunas, dispersando, pelo seu vasto interior, matéria que poderia, com vantagens teóricas e práticas, ter sido unificada. Traduz um somatório de experiências europeias complexas, com receções de Direito comunitário. Tudo isto foi agravado por sucessivas reformas, apontadas em obediência a modelos distintos e levadas a cabo com diferentes níveis de preparação jurídico-científica.

30 Entre os seus méritos, o CSC acaba por apresentar um, do maior interesse: oferece, à doutrina, um material vasto para se intensificarem as reconstruções dos problemas, dele derivados.

IV – **A evolução posterior**

31 9. **Aspetos gerais**. O CSC conheceu, até hoje, trinta e três alterações diretas: algumas delas significativas. Foram ainda publicados importantes diplomas complementares, com um relevo especial para o CódMVM e para o subsequente CVM: estes diplomas dão corpo à mobiliarização das sociedades.

32 Mais relevante do que a evolução legislativa – a qual, nos últimos quinquénios, deixou irreconhecível toda a panorâmica das sociedades comerciais – foi o desenvolvimento doutrinário e jurisprudencial. Após uma relativa letargia causada pela publicação do Código Civil, a matéria comercial voltou a chamar a atenção dos estudiosos e dos práticos. Multiplicaram-se as lições e as monografias, as quais são da ordem das centenas.

33 Também a jurisprudência assumiu uma proporção acrescida. Desde logo a multiplicação das regras legais e a sua densificação conduziram a um inevitável acréscimo dos litígios. De seguida, a elevação geral de nível doutrinário e o maior cuidado posto pelos agentes na gestão das sociedades, provocam uma maior acuidade na interpretação e na aplicação da lei. Multi-

[34] Quanto ao individualismo do Código e às possíveis explicações, *vide* Menezes Cordeiro, *SA: assembleia geral e deliberações dos sócios* (2007, reimp., 2009), 21 ss..

plicam-se os arestos, de nível cada vez mais elevado. Neste momento, impõe-se reescrever o Direito das sociedades, à luz das novas perspetivas jurídico-científicas, disponíveis no sector. Mas a base de qualquer trabalho terá de ser constituída pelo CSC.

10. **As alterações**. O CSC sofreu quarenta e três alterações explícitas. O DL 184/87, de 21-abr.[35], aditou, ao Código, um Título VII sobre *disposições penais e de mera ordenação social* (509.° a 529.°); provocou, ainda, a alteração da numeração do anterior Título VII – *Disposições finais* – que passou a VIII – agora: 530.° a 545.°[36]. O articulado do título relativo a disposições penais e de mera ordenação social não surgiu na versão inicial do Código, por razões circunstanciais. Trata-se de matéria da reserva relativa da Assembleia da República[37], não tendo sido possível, no tempo então considerado útil, fazer aprovar a competente lei de autorização legislativa[38]. De todo o modo, o competente texto constava já do projeto inicial[39], dele sendo retirado apenas para permitir a aprovação de 1986. 34

O DL 280/87, de 8-jul., alterou cinquenta artigos do Código[40]. Segundo o seu preâmbulo, o DL 280/87 visou dar corpo a "... um compactado *feed-back* ..." (!) a que o Código dera azo. Foram atingidos preceitos dispersos por todo o Código, visando corrigir situações paradoxais, inesperadas ou, simplesmente, refletidas apenas após a aprovação do Código. Este diploma aproveitou ainda para proceder a diversas retificações: no preâmbulo do DL 262/86, nesse mesmo DL e no CSC, por ele aprovado. 35

O DL 229-B/88, de 4-jul., introduziu novas alterações no Código. Designadamente, criou a figura das "obrigações com direito de subscrição de ações" ou "obrigações com *warrants*": 372.°-A e 372.°-B, alterando ainda diversos preceitos[41]. 36

A Portaria 80-A/89, de 2-fev., que, fazendo uso dos poderes conferidos pelo 262.°/7, alterou os limites constantes do n.° 2, *a*) e *b*), do mesmo artigo e relativos ao mínimo de balanço e de verbas líquidas e outros proveitos necessários para que as sociedades por quotas devam designar um revisor oficial de contas. 37

O DL 418/99, de 30-nov., prorrogou por um ano o prazo constante do 533.°/1: prazo dado para as sociedades preexistentes atualizarem o seu capital social em função das novas exigências. 38

O DL 142-A/91, de 10-abr., aprovou o CódMVM e veio revogar os 307.°, 524.° e 525.° do CSC. 39

O DL 238/91, de 2-jul.: veio transpor, para o Direito interno, as normas de consolidação de contas fixadas na 7.ª Diretriz – a Diretriz 83/349/CEE, do Conselho – relativa ao Direito das sociedades comerciais. Este diploma introduziu, no Título VI, referente às sociedades coligadas, um capítulo IV, *Apreciação anual da situação das sociedades obrigadas à consolidação de contas* – 508.°-A a 508.°-E[42]. 40

[35] Retificado no DR I Série, de 31-jul.-1987, suplemento.

[36] A remissão para a nova numeração seria alterada pelo artigo 6.° do DL 280/87, de 8-jul.: diploma que foi aprovado antes de publicado o DL 184/87.

[37] Artigo 165.°/1, *c*) e *d*), da CR, na versão em vigor.

[38] Já Menéres Pimentel, no *Discurso na sessão de despedida*, 25, havia lamentado a demora na aprovação da lei de autorização legislativa, o que impedira a aprovação do projeto, três anos mais cedo.

[39] Cf. BMJ 327 (1983), 331-336 (artigos 500.° a 514.°).

[40] Artigos 16.°, 36.°, 59.°, 63.°, 66.°, 69.°, 89.°, 90.°, 93.°, 126.°, 142.°, 191.°, 192.°, 193.°, 202.°, 217.°, 219.°, 247.°, 248.°, 250.°, 260.°, 277.°, 285.°, 288.°, 289.°, 294.°, 297.°, 304.°, 305.°, 317.°, 322.°, 328.°, 348.°, 350.°, 352.°, 358.°, 360.°, 370.°, 371.°, 375.°, 384.°, 387.°, 405.°, 409.°, 414.°, 415.°, 416.°, 425.°, 464.° e 488.°.

[41] Os artigos 109.°, 295.°, 314.°, 315 e 360.°.

[42] Alterou, ainda, o artigo 414.° do Código.

41 A Portaria 228/92 (2.ª Série), de 25-jul.[43], conjunta dos Ministros das Finanças e da Justiça, veio, nos termos do 543.°, permitir que os depósitos das entradas nas sociedades, até então efetuados na CGD, pudessem sê-lo noutras instituições de crédito.

42 O DL 225/92, de 21-out., alterou os 66.° e 171.° do Código, com vista a "completar a transposição" da Diretriz 89/666/CEE, de 21-dez., relativa às sucursais criadas, num Estado membro, por certas formas de sociedade reguladas pelo Direito de outro Estado. O objetivo do diploma centrava-se no assegurar a proteção dos sócios e de terceiros, impondo que, no relatório de gestão da sociedade, se passe a incluir a referência às sucursais da sociedade e que, na atividade externa de sucursais da sociedade com sede no estrangeiro, se indiquem os principais elementos identificadores da sucursal.

43 O DL 20/93, de 26-jan., modificou o 10.°, relativo aos requisitos da firma. De novo estavam em causa situações relacionadas com representações de sociedades estrangeiras.

44 O DL 261/95, de 3-out., veio introduzir profundas alterações no CódMVM. De passagem, revogou os 306.° e 308.° a 315.° do CSC, tendo a respetiva matéria passado, precisamente, para o CódMVM.

45 O DL 328/95, de 9-dez., visou a transposição dos aspetos substantivos da Diretriz 90/605/CEE, do Conselho, de 8-nov., relativa a aspetos contabilísticos e da Diretriz 92/101//CEE, do Conselho, de 23-nov., quanto à constituição de sociedades anónimas, bem como quanto à conservação e às modificações do respetivo capital social. Foram alterados catorze artigos do CSC[44], tendo sido aditados mais quatro[45].

46 O DL 257/96, de 31-dez., precedido de um preâmbulo doutrinário empolgante, veio alterar cinco pontos do Direito das sociedades comerciais, pontos esses que, ele próprio, considera fundamentais[46]: (a) a criação da sociedade unipessoal por quotas; (b) o regime de fiscalização das sociedades; (c) a criação da figura do secretário da sociedade; (d) a simplificação dos dispositivos normais sobre a adoção de firmas; (e) a feitura das atas da sociedade. Para além de diversos preceitos alterados[47], foi aditado, ao Título III, um Capítulo X relativo às sociedades unipessoais por quotas – 270.°-A a 270.°-G. Ao Capítulo VI, Título IV, foi acrescentada uma secção VI, relativa ao secretário da sociedade – 446.°-A a 446.°-F. Foram ainda aditados alguns preceitos[48], revogados outros[49] e estabelecido um regime transitório para a passagem das sociedades anónimas ou por quotas, que o desejem, ao regime do fiscal único[50]. Este diploma retificou, ainda, múltiplas inexatidões do CSC.

47 A Portaria 95/97, de 12-fev., veio modificar, de novo, os limites do 262.°/2, *a*) e *b*): a partir dos quais as sociedades por quotas são obrigadas a designar um revisor oficial de contas.

[43] Publicada no DR II Série, n.° 170, de 25-jul.-1992, 6856; pela sua importância – e por alterar um Código aprovado por Decreto-Lei! – esta portaria mereceria honras de I Série; torna-se, assim, de consulta difícil.

[44] Os artigos 9.°, 65.°, 70.°, 289.°, 376.°, 451.° a 455.°, 508.°-A, 508.°-B, 508.°-D e 528.°.

[45] Os artigos 65.°-A, 70.°-A, 325.°-A e 325.°-B.

[46] No qual, designadamente, se critica ... o próprio legislador.

[47] Mais precisamente os artigos 10.°, 11.°, 63.°, 219.°, 250.°, 390.°, 413.°, 414.°, 416.°, 420.°, 421.° a 423.° e 452.°.

[48] Mais precisamente os artigos 262.°-A (Dever de prevenção), 420.°-A (Dever de vigilância) e 423.°-A (Norma de remissão).

[49] A saber: os n.°s 3 a 5 do artigo 70.°-A e o artigo 264.°.

[50] Artigo 5.°: as sociedades anónimas ou por quotas poderiam, no prazo de seis meses a contar da data da entrada em vigor do presente diploma, independentemente de escritura pública, deliberar a passagem ao regime do fiscal único, devendo inscrever a alteração no registo comercial.

O DL 343/98, de 6-nov., alterou diversos diplomas, com vista à introdução do euro. O seu 3.° ocupou-se do CSC, atingindo, nessa conformidade, dezasseis dos seus artigos[51]. 48

O DL 486/99, de 13-nov., veio aprovar o CVM, que substituiu o CódMVM. Alterou diversa legislação, entre os quais vários preceitos do CSC[52]. Revogou, ainda, o 5.° do DL 262/86, de 2-set., que considerava "diploma especial", para efeitos do 331.°/1, o DL 408/82, de 29-set.: também revogado. 49

O DL 36/2000, de 14-mar., dispensou a escritura pública para diversos atos societários que, antes, a ela estavam sujeitos[53]. 50

O DL 237/2001, de 30-ago., recordou, no seu preâmbulo, ser objetivo assumido no Programa do XIV Governo Constitucional, reduzir o número de atos sujeitos a escritura pública: passos haviam já sido dados, nesse sentido, pelo DL 36/2000, de 14-mar. e pelo DL 64-A/2000, de 22-abr.. Nessa linha e pretendendo ir mais longe, alterou diversos preceitos do CSC[54]. Além disso, esse diploma pôs, finalmente, em vigor o 35.°, relativo às medidas a tomar quando esteja perdida metade do capital social: mal. 51

O DL 162/2002, de 11-jul., veio alterar o referido 35.° e, ainda, o 141.°: no sentido de amenizar a entrada em vigor do primeiro, dando às sociedades visadas "um período inicial de adaptação a um novo regime", nas palavras do seu preâmbulo. 52

A Portaria 160/2003, de 19-fev., determinou que às sociedades submetidas à supervisão da CMVM não se aplique o estabelecido no 295.°/2 do CSC, relativamente às reservas constituídas pelos valores referidos na alínea *a)* daquele número, quando destinadas à cobertura de prejuízos ou resultados transitados negativos. Tais valores não podem, porém, ser usados para a distribuição de dividendos, nem para aquisição de ações próprias. 53

O DL 107/2003, de 4-jun., que alterou o CRCom e o CVM, modificou também o 351.° do CSC, referente ao registo de obrigações. 54

O DL 88/2004, de 20-abr.[55], que transpôs a Diretriz 2001/65/CE, de 27-set., alterou os 66.°/2 e 508.°-C/2, aditando-lhes referências atinentes à gestão de riscos financeiros. 55

O DL 19/2005, de 18-jan.[56], decidiu atacar-se ao problema das perdas equivalentes a metade do capital social. Trata-se de uma questão complexa, que obteve várias intervenções legislativas sem que se tivesse logrado obter uma solução adaptada às realidades do País. O diploma em causa, depois de um destemido preâmbulo, veio alterar os 35.°, 141.° e 171.° do CSC. 56

O DL 35/2005, de 17-fev., visou transpor a Diretriz 2003/51, de 18-jun., relativa a contas anuais e a contas consolidadas de certas sociedades (bancos e seguradoras) e previu, ainda, a possibilidade de as entidades a que não se apliquem as NIC (normas internacionais de contabilidade), optarem pela sua aplicação. Deu nova redação aos 66.°, 451.°, 453.°, 508.°-C e 508.°-D, do Código em estudo. 57

O DL 111/2005, de 8-jul., veio instituir um regime especial – dito imediato ou "empresa na hora" – de constituição de sociedades por quotas e anónimas. Alterou, entre outros diplomas, o CSC: 10.°, 100.°, 167.° e 171.°[57]. 58

[51] Os artigos 14.°, 29.°, 201.°, 204.°, 218.°, 219.°, 238.°, 250.°, 262.°, 276.°, 295.°, 352.°, 384.°, 390.°, 396.° e 424.°.

[52] Os artigos 167.°/2, 328.°/4, 346.°/5 e 371.°/1; aditou, ainda, um número 7 ao artigo 490.°.

[53] Alterou os artigos 85.°, 145.°, 270.°-A e 270.°-D.

[54] Os artigos 23.°, 182.°, 202.°, 219.°, 221.° e 277.°.

[55] Com a Retificação 52/2004, de 17-jun..

[56] Com a Retificação 7/2005, de 18-fev..

[57] O próprio DL 111/2005, de 8-jul., foi alterado pelos DL 76-A/2006, de 29-mar. e 125/2006, de 29-jun..

59 O DL 52/2006, de 15-mar., veio transpor certas diretrizes mobiliárias, alterando dezenas de preceitos do CVM. No agora em causa: modificou também os 348.°, 349.° e 351.°, do CSC.

60 O DL 76-A/2006, de 29-mar.[58], aprovou a grande reforma das sociedades comerciais. Este diploma atingiu muitas dezenas de preceitos do CSC, de tal forma que acabou por o republicar, em versão consolidada, num dos seus anexos. Pela sua importância, a "grande reforma de 2006" será objeto de uma rubrica própria.

61 O DL 8/2007, de 17-jan., prosseguiu numa linha de simplificação do Direito português das sociedades. Entre outros aspetos, ele veio facilitar as reduções de capital, modificando os 70.°, 95.°, 96.°, 100.°, 101.°, 101.°-A, 106.°, 116.°, 117.°, 132.°, 242.°-B, 242.°-F, 508.°-E e 528.°, do CSC.

62 O DL 357-A/2007, de 31-out., alterou o RGIC, o CVM (que republicou em anexo) e, entre outros diplomas, o CSC: revogou – 19.°, *c*) – os seus 265.°/2 e 374.°-A/2.

63 O DL 247-B/2008, de 30-dez., relativo ao cartão de empresa, que alterou diversos diplomas, com relevo para o DL 111/2005, de 8-jul. (Regime de Constituição Imediata de Sociedades Comerciais e Civis) e para o DL 125/2006, de 29-jun. (Regime de Constituição On-Line de Sociedades), deu nova redação ao artigo 7.°.

64 A L 19/2009, de 12-mai., que visou transpor as Diretrizes 2005/56 (fusões transfronteiriças) e 2007/63 (relatório de peritos independentes aquando da fusão ou da cisão de SA e participação de trabalhadores na sociedade resultante de fusão), alterou os 98.°, 99.° e 101.°, quanto a fusões e aditou, ao capítulo IX, uma secção II – Fusões transfronteiriças, composta por novos preceitos: 117.°-A a 117.°-L.

65 O DL 185/2009, de 12-ago., veio transpor a Diretriz 2006/46, sobre prestação de contas e aproveitou para simplificar o regime das funções: modificou onze artigos (32.°, 70.°, 98.°, 100.°, 101.°-A, 116.°, 420.°, 423.°-F, 445.°, 451.° e 508.°).

66 O DL 49/2010, de 19-mai., introduziu as ações sem valor nominal, alterando, para o efeito, vinte e dois artigos do CSC (4.°, 22.°, 25.°, 28.°, 92.°, 272.°, 276.°, 277.°, 279.°, 295.°, 298.°, 316.°, 325.°-A, 341.°, 342.°, 345.°, 349.°, 357.°, 380.°, 384.°, 397.° e 423.°).

67 O DL 33/2011, de 7-mai., adotou medidas de simplificação dos processos de constituição das sociedades por quotas: o capital social passa a ser livremente definido pelos sócios e a entrega das entradas nos cofres da sociedade pode ser efetuado até ao final do primeiro exercício económicos; alterou oito artigos do CSC (26.°, 199.°, 201.°, 202.°, 203.°, 205.°, 219.° e 238.°) e revogou os 202.°/2, 3 e 5 e 204.°/3.

68 O DL 53/2011, de 13-abr., transpôs, para o ordenamento jurídico interno, a Diretriz 2009/109, de 16-set., no que respeita aos requisitos de relatórios e documentação relativos a fusões ou a cisões; modificou cinco artigos do CSC (98.°, 100.°, 101.°, 102.° e 105.°) e aditou um novo (o 127.°-A).

69 A L 66-B/2012, de 31-dez., aprovou o OGE para 2013; alterou, no seu 180.°, o 396.°/5 do CSC, no sentido de dispensar a prestação de caução aos administradores não executivos e não remunerados.

70 O DL 26/2015, de 6-fev., estabeleceu medidas mais favoráveis à reestruturação de empresas (SIREVE) e ao processo especial de revitalização (PER), adotados pelo DL 178/2012, de 3-ago.; alterou 23 artigos do CSC (341.° a 345.°, 348.°, 349.°, 355.°, 357.° a 367.° a 369.° a 372.°-A) e acrescentou um (o 344.°-A); a secção V, do capítulo III, do título IV do CSC passou a intitular-se "ações preferenciais sem direito de voto".

[58] Com a Retificação 28-A/2006, de 26-mai..

O DL 98/2015, de 2-jun., transpôs a Diretriz 2013/34, de 26-jun., relativa às demonstrações financeiras anuais, e às consolidadas e aos relatórios conexos de certas empresas, alterando a Diretriz 2006/43 e aos relatórios conexos de certas empresas, alterando a Diretriz 2006/43 e revogando as Diretrizes 78/660 e 83/349; alterou quatro artigos do CSC (32.°, 66.°, 295.° e 451.°) 71

A L 148/2015, de 9-set., transpôs parcialmente a Diretriz 2014/56, de 16-abr., que alterou a 2006/43, sobre a revisão anual de contas anuais e consolidadas e assegurou a execução parcial do Regulamento 537/2014, de 16-abr., sobre a revisão legal das contas das entidades de interesse público, revogando a Decisão 2005/909; alterou o 413.° do CSC. 72

A L 15/2017, de 3-mai., proibiu a emissão de valores mobiliários ao portador e alterou o CVM e o CSC. Alterou, nesse sentido, os 272.°, 299.° e 301.° do mesmo CSC. Acentua-se, mesmo no coração do Direito privado, a atual tendência para o controlo estadual da vida patrimonial de cada um. 73

O DL 79/2017, de 30-jun., veio tomar medidas "para o relançamento da economia portuguesa e para a criação de emprego, a redução do elevado nível de endividamento e a melhoria das condições para o investimento das empresas". Para o efeito, o Governo ponderou 131 medidas, enquadradas em cinco eixos estratégicos de intervenção: Simplificação Administrativa e Enquadramento Sistémico, Fiscalidade, Reestruturação Empresarial, Alavancagem de Financiamento e Investimento e Dinamização do Mercado de Capitais. Isto dito (no preâmbulo), foram alterados os 4.°-A, 87.°, 88.° e 89.° do CSC e, ainda, múltiplos preceitos do CIRE, ao qual foram ainda aditados vários artigos (2.°). O DL 79/2017 foi objeto de uma extensa Declaração de Retificação: a n° 21/2017, de 25-ago.. No 87.°, foram retificados os n.ºs 4 e 5 do CSC, na nova redação. 74

O DL 89/2017, de 28-jul., transpôs a Diretriz 2014/95, de 22-out., a qual alterara a Diretriz 2013/34, de 26-jun., relativa às demonstrações financeiras consolidadas e aos relatórios conexos de certas formas de empresas. Com esse objetivo, alterou os 65.°, 451.° e 528.° do CSC e acrescentou-lhe, ainda, os novos 66.°-B, 508.°-G e 546.°. 75

A L 49/2018, de 14 de agosto, relativa ao maior acompanhado, alterou os 186.° e 414.°. 76

O DL 109-D/2021, de 9-dez., criou um regime de registo *online* de representações de sociedades com sede no estrangeiro; alterou os artigos 252.°, 391.°, 425.° e 435.°.

V – **A grande reforma de 2006**

11. Pano de fundo: características do Direito português das sociedades comerciais. O Direito das sociedades apresenta sinais de instabilidade. Torna-se difícil, em cima do acontecimento, vaticinar se se trata de uma oscilação do momento ou se, pelo contrário, se inicia uma nova fase, em quase rutura com o esquema anterior. O Direito português das sociedades apresenta-se como o mais complicado da Europa. Três aspetos básicos a tanto conduziram: (a) a prolixidade legislativa: os diversos governos assinalam a sua passagem por operosas reformas legislativas; antes confinadas a áreas administrativas, elas contaminam, na atualidade, mesmo os mais estáveis diplomas privados; (b) a natureza abstrata da generalidade das reformas: em regra, as modificações legislativas são levadas a cabo por técnicos dotados de bons conhecimentos teóricos, em especial, na área do Direito comparado; legislar cifra-se em dispor de larga panorâmica do Direito estrangeiro, de modo a escolher um (ou mais) modelos para adaptação interna; falta, porém, o conhecimento do país real; (c) as transposições comunitárias: levadas a cabo com especial entusiasmo, pelos nossos poderes, elas conduzem a um afluxo contínuo de novos e complexos elementos[59]. Torna-se difícil, mesmo para um 77 estudioso atento e permanentemente disponível, acompanhar a contínua produção legislativa, nas suas diversas implicações.

78 O cenário de complexidade adensa-se mercê da atuação dos diversos departamentos, no domínio das leis complementares. A prática de entregar aos departamentos especializados, em regra servidos por técnicos de alto nível, a preparação dos diplomas conduz a preciosismos complicados, arvorados a peças básicas do sector. Qualquer dos diplomas complementares é, disso, exemplo. E o todo é colmatado por uma burocracia zelosa e nem sempre lesta.

79 No plano das empresas e das realidades económicas que elas traduzem, o panorama jurídico torna-se sufocante. A própria lei é difícil de conhecer, de explicar e de integrar. As operações burocráticas são lentas e exigentes. Os custos de transação tornam-se elevados. Operações simples – como a constituição de uma sociedade – ou complexas – como as OPAs de 2006/2007, sobre a PT e sobre o BPI – batem, entre nós, recordes de duração e de complexidade. Os agentes económicos, a Universidade e os próprios políticos interessados têm vindo a reclamar reformas simplificadoras. É nesta dimensão que poderemos inscrever parte, pelo menos, das reformas recentes do Direito das sociedades, com especial focagem na "grande reforma" de 29-mar.-2006. Estamos, porém, no campo da cultura. Daí – e num paradoxo aparente – que as próprias leis destinadas a simplificar o nosso Direito das sociedades sejam, elas próprias, portadoras de elementos de complexidade.

80 12. **O DL 76-A/2006, de 29 de março**. A "grande reforma do Direito das sociedades" foi levada a cabo, fundamentalmente, pelo DL 76-A/2006, de 29-mar.. Este DL foi precedido e continuado por outros diplomas, que se inserem no mesmo movimento de reforma: (a) DL 35/2005, de 17-fev.: previu, entre outros aspetos, a possibilidade de certas sociedades optarem pelos NIC (normas internacionais de contabilidade); (b) DL 111/2005, de 8-jul.: instituiu um regime de constituição imediata de sociedades; (c) DL 125/2006, de 29-jun.: estabelece um regime especial de constituição *on-line* de sociedades comerciais e civis sob forma comercial, do tipo por quotas e anónima; (d) DL 8/2007, de 17-jan.: veio facilitar a redução do capital; (e) DL 318/2007, de 26-set.: cria um regime especial de aquisição imediata e de aquisição *on-line* de marca registada. O fulcro das profundas alterações introduzidas no nosso Direito das sociedades situou-se, todavia, no DL 76-A/2006, de 29-mar.[60].

81 O DL 76-A/2006, de 29-mar., foi, na folha oficial[61], sumariado nestes termos:

> Actualiza e flexibiliza os modelos de governo das sociedades anónimas, adopta medidas de simplificação e eliminação de actos e procedimentos notariais e registais e aprova o novo regime jurídico da dissolução e da liquidação de entidades comerciais.

82 Ele vem alterar trinta e um diplomas. A saber:

1. o CSC;
2. o Código do Registo Comercial;
3. o Código Comercial;
4. o Regime dos agrupamentos complementares de empresas
5. a Lei Orgânica dos Serviços dos Registos e do Notariado;

[59] Deve ter-se em conta o Plano de Ação sobre Direito das Sociedades, aprovado pela Comissão Europeia, em 21-mai.-2003; *vide* Menezes Cordeiro, *Direito europeu das sociedades* (2005), 94 ss..

[60] *Vide* uma primeira abordagem em Menezes Cordeiro, *A grande reforma das sociedades comerciais*, O Direito 2006, 445-453 e Menezes Cordeiro/Paulo Câmara, 2007.

[61] DR I Série, n.º 63, de 29-mar.-2006, suplemento.

6. o regime jurídico das cooperativas de ensino;
7. o regime jurídico das "régies cooperativas" ou cooperativas de interesse público;
8. o regime do estabelecimento individual de responsabilidade limitada;
9. o regime jurídico do crédito agrícola mútuo e das cooperativas de crédito agrícola;
10. o regime das competências atribuídas aos notários nos processos de constituição de sociedades comerciais;
11. o regime jurídico da habitação periódica;
12. o regime que permite a constituição e a manutenção de sociedades por quotas e anónimas unipessoais licenciadas para operar na Zona Franca da Madeira;
13. o Código do Notariado;
14. o Código Cooperativo;
15. o regime jurídico das sociedades desportivas;
16. o regime do acesso e exercício da atividade das agências de viagens e turismo;
17. o regime geral das empresas de seguros;
18. o Registo Nacional de Pessoas Coletivas;
19. a lei das empresas municipais, intermunicipais e regionais
20. o regime dos serviços da Direção-Geral dos Registos e do Notariado na loja do cidadão;
21. a Lei de Organização e Funcionamento dos Tribunais Judiciais;
22. o Código de Procedimento e de Processo Tributário;
23. o regime jurídico das cooperativas de habitação e construção;
24. o regime jurídico das cooperativas de comercialização;
25. a Lei Orgânica da Direção-Geral dos Registos e do Notariado;
26. o Regulamento Emolumentar dos Registos e do Notariado;
27. o Código da Insolvência e da Recuperação de Empresas;
28. o Regime Jurídico das Sociedades Anónimas Europeias;
29. o regime especial de constituição imediata de sociedades;
30. o Código de Processo Civil;
31. o Regulamento do Registo Comercial de 1989, que foi revogado.

A dimensão da reforma apreende-se, ainda, pela presença de três anexos: 83

I. Republicação do CSC;
II. Republicação do Código do Registo Comercial;
III. Regime jurídico dos procedimentos administrativos de dissolução e de liquidação de entidades comerciais.

Apesar da dispersão, fica claro que a reforma de 2006 visou, no essencial, as sociedades comerciais. 84

13. **Preparação, objetivos e alcance**. Os pormenores da preparação da reforma de 2006 não foram tornados públicos. Nos meios jurídicos, soube-se que houve duas grandes áreas de intervenção: a das sociedades em si, centrada no novo figurino das sociedades anónimas, nos temas da fiscalização e nas novidades de fundo, entregue à CMVM e a dos registo e notariado, confiada ao Ministério da Justiça e aos seus departamentos especializados. No tocante à CMVM, foi posto em discussão pública, nos princípios de 2006, um anteprojeto, acompanhado por uma justificação de motivos[62]. Foram remetidas numerosas apreciações críticas e sugestões, de mérito 85

[62] *Governo das sociedades anónimas: propostas de alteração ao CSC/Processo de Consulta Pública n.° 1/2006*, disponível no sítio da CMVM.

diverso mas, nalguns casos, indiscutível. De um modo geral, as sugestões não obtiveram acolhimento. Verificou-se mesmo, em aspetos sensíveis, que após a discussão e à margem desta, foram introduzidas novas alterações, contrárias ao sentido geral das recomendações formuladas pelo público interessado. O período de discussão foi curto e deviam ter sido ouvidas as Universidades.

86 O DL 76-A/2006, de 29-mar., vem antecedido por um preâmbulo explicativo. Aí alinham-se dez áreas de intervenção da reforma, a qual: (a) torna facultativas as escrituras públicas relativas à vida das empresas; (b) elimina a obrigatoriedade da existência dos livros de escrituração mercantil; (c) facilita a dissolução das sociedades: através da "dissolução na hora" e de um novo esquema de dissolução e de liquidação administrativas; (d) modifica substancialmente o regime da cisão e da fusão de sociedades, tornando-o "muito mais simples e barato"; (e) atua no domínio da autenticação e do reconhecimento das assinaturas em documentos, permitindo-os a advogados, solicitadores, câmaras de comércio e indústria e conservatórias; (f) prevê atos de registo *on-line*; (g) cria a certidão permanente de registo, disponível em sítio da *Internet*; (h) reduz e clarifica muitos dos custos da prática de atos da vida das empresas; (i) elimina as competências territoriais, no domínio dos registos; (j) suprime determinados atos no campo do registo comercial.

87 Além destas medidas, o preâmbulo refere quatro vetores importantes: (a) a atualização das regras relativas ao governo das sociedades; (b) a ampliação dos modelos de sociedades anónimas à disposição dos particulares; (c) a redenominação de alguns cargos e órgãos societários; (d) o afinamento da fiscalização. As alterações foram muito numerosas. Elas serão consideradas a propósito das anotações aos diversos artigos do Código[63]. Cifram-se, sumariamente, no seguinte: (a) supressão da escritura pública: 24 alterações e uma revogação; (b) redenominação de cargos em sociedades anónimas: 19 alterações; (c) alterações de ordem formal: 7 alterações, podendo ainda referir-se, aqui, 4 aditamentos e 4 revogações; (d) referir "insolvência" por "falência": 3 alterações; (e) dissolução administrativa: 5 alterações; (f) registo: 2 alterações; (g) Internet e informática: uma alteração e um aditamento; (h) alterações de fundo: 2, mais precisamente o 64.°/1 (deveres dos administradores) e o 72.°/2 (*business judgement rule*). As alterações formais podem encobrir verdadeiras modificações de fundo, num ponto a conferir caso a caso.

88 14. **Apreciação**. A apreciação da reforma é diversificada. Ela foi-se fazendo à medida que os novos textos tiveram aplicação, revelando as suas vantagens e as desvantagens. Recordamos que se tratou, em grande parte, de uma reforma virada para as sociedades anónimas e, mais especialmente, para as sociedades abertas, cujas ações estejam admitidas à negociação em mercado regulamentado.

89 No tocante a pontos gerais, temos as ponderações seguintes: (a) abolição das escrituras e outras medidas de simplificação burocrática: merece aplauso; trata-se, de resto, de medidas há muito reclamadas e sobre as quais já havia antecedentes, desde 2000; (b) redenominação dos cargos sociais das sociedades anónimas: pareceu-nos um tema de somenos mas ao qual é emprestado grande relevo; em si, surge inóquo; (c) introdução da Net e da informática: excelente; trata-se de um campo que permitiu remodelar fortemente o registo comercial[64]; (d) alterações formais: o Código de 1986, mal revisto, tinha muitos lapsos, sendo discutível a técnica de redação de múltiplos preceitos; a revisão de 2006 foi, inequivocamente, mais elegante; isto dito: as alterações formais destinadas a corrigir lapsos de gramática ou de sintaxe são bem vin-

[63] A lista das alterações à Parte Geral pode ser vista em Menezes Cordeiro 1 (2007), 200 ss..

[64] *Vide* Menezes Cordeiro, *Direito comercial*, 5.ª ed., 433 ss..

das; as melhorias estilísticas dispensam-se, pois cada diploma tem a sua época e o seu estilo; (e) alterações de fundo: cifram-se no novo 64.° e na introdução do *business judgement rule* (72.°/2): é matéria muito complexa, que não foi devidamente estudada, antes da reforma; o legislador deveria ter-se guardado para mais tarde; oportunamente veremos a problemática jurídico-científica que introduziram.

15. **Uma nova fase?** O DL 76-A/2006 traduzirá uma nova fase na evolução do Direito português das sociedades? Aparentemente, ele mantém sólidas amarras à tradição anterior: complexidade técnica; base assente no Direito comparado; multiplicação de modelos de inspiração estrangeira; elevado nível teorético; uma certa desatenção pela realidade empresarial do País. Todavia, ele contém alguns sinais de diferenciação. 90

Em primeiro lugar: procura remar corajosamente contra a tendência ancestral para a complicação do Direito das sociedades. Em conjunto com diplomas circundantes, podemos hoje proclamar que a constituição e as vicissitudes das sociedades comerciais estão substancialmente facilitadas. Seguidamente: revela uma nova frente de influência direta no nosso Direito: a do sistema anglo-saxónico. A novidade não é absoluta: o nosso primeiro Código Comercial (1833) havia sido escrito em Londres, por Ferreira Borges, bom conhecedor das realidades britânicas. E na história recente, diversos institutos e múltiplas soluções, por via direta ou através de diplomas comunitários, advieram-nos da Grã-Bretanha. Todavia, enfrentamos agora uma influência mais direta e assumida. Veremos, no futuro, a sua consistência. Tenha-se presente que a continentalização do Direito inglês passa por uma dogmatização conceitual que, em regra, o torna irreconhecível. Por fim: traduz uma intensificação de fatores já conhecidos, como a mobiliarização e a europaização. O simples facto de a CMVM ter sido o grande motor da reforma e de – com exagero – se reivindicarem diversos textos europeus, assim o confirma. 91

Apostaríamos na simplificação como o traço distintivo do que poderá ser uma nova fase. O esquema anterior, assente numa diferenciação rendilhada de situações, trufado de cautelas formais, de autorizações judiciais, de publicações e de prazos alongados, atingira o zénite. O prejuízo era geral. Estaremos, porventura, perante uma nova sensibilidade, encostada às realidades económicas e empresariais e que, ao Direito, compete servir. O futuro será loquaz. 92

16. **A reforma de 2007**. A reforma de 2006 ainda não havia sido minimamente assimilada pela doutrina: ocorre nova reforma na área das sociedades comerciais, adotada pelo DL 8/2007, de 17-jan.. Embora mais limitada do que a de 2006, ela veio atingir diversas áreas. Sem o assumir, a reforma de 2007 visou corrigir diversos aspetos derivados da grande reforma de 2006. 93

De acordo com o próprio preâmbulo, a nova reforma visou seis objetivos: (a) a eliminação da intervenção judicial obrigatória para a redução do capital social das sociedades; (b) a Informação Empresarial Simplificada (IES), de modo a agregar, num ato único, diversas obrigações legais de informação à Administração Pública, que cabiam às empresas; (c) a eliminação da necessidade de solicitar um novo certificado de admissibilidade de firma, desde que a firma da sociedade seja apenas constituída por uma expressão de fantasia, acrescida ou não de referência à atividade; (d) o tornar gratuitos os atos de registo comercial e do automóvel que decorram de alterações toponímicas; (e) o permitir que, até 30-jun.-2007, se faça gratuitamente o registo da transformação de EIRL em sociedades unipessoais; (f) o aperfeiçoamento de algumas disposições do CSC e do Código de Registo Comercial. Foram alterados treze preceitos, a considerar nos locais respetivos[65]. 94

[65] A sua lista pode ser vista em Menezes Cordeiro 1 (2007), 209.

95 O movimento simplificador mantém-se ativo e é de aplaudir. Todavia, há que refrear a instabilidade legislativa. Surgem limites para as "novidades" que os agentes económicos e os operadores jurídicos podem absorver. Menos pressa na aprovação do diploma de 2006: o essencial da reforma, ora introduzida, deveria ter saído no âmbito dele.

96 17. **O Direito da crise**, mas particularmente a de 2009/2015, que atingiu por via financeira e com severidade a economia portuguesa[66], visou, seja por iniciativa do legislador nacional, seja em execução do "Memorando da Troika" de 17-mai.-2011, facilitar a recuperação. No campo societário, ele traduziu-se no DL 49/2010, de 19-mai., que introduziu as ações sem valor nominal, no DL 26/2015, de 6-fev., com medidas favoráveis à reestruturação das empresas e, já tardiamente, no DL 79/2017, de 30-jun., com soluções destinadas ao relançamento da economia.

VI – Direito europeu das sociedades

97 18. **Objetivos, fontes e natureza**. Segundo o 50.°/2 do Tratado de Lisboa, o Conselho e a Comissão devem exercer as funções que lhes são confiadas designadamente:

> (...)
>
> *g)* Coordenando as garantias que, para proteção dos interesses dos sócios e de terceiros, são exigidas nos Estados membros às sociedades, na aceção do segundo parágrafo do artigo 58.°, na medida em que tal seja necessário, e a fim de tornar equivalentes essas garantias;

98 Por seu turno, o 54.° do mesmo Tratado vem dispor:

> As sociedades constituídas em conformidade com a legislação de um Estado-membro e que tenham a sua sede social, administração central ou estabelecimento principal na Comunidade são, para efeitos do disposto no presente Capítulo, equiparadas às pessoas singulares, nacionais dos Estados-membros.
>
> Por "sociedades" entendem-se as sociedades do direito civil ou comercial, incluindo as sociedades cooperativas, e as outras pessoas colectivas de direito público ou privado, com exceção das que não prossigam fins lucrativos.

99 Na base destes normativos, os órgãos da União têm elaborado diversos instrumentos relativos ao Direito das sociedades. Parece-nos clara a existência de uma evolução nos próprios objetivos da União Europeia.

100 Inicialmente, a Comunidade procurou aplainar as dificuldades que se antepunham perante o direito de livre estabelecimento. Passou-se, depois, a um período de harmonização dos Direitos dos Estados-membros de modo a, no terreno, não dificultar a livre implantação das empresas. Por fim, assumiu-se um papel liderante e inovador, visando conseguir que os Direitos dos Estados-membros respondam às novas exigências. Aos objetivos da harmonização correspondem as diversas diretrizes, com destaque para as 1.ª, 2.ª, 3.ª, 4.ª, 6.ª, 7.ª, 8.ª, 10.ª, 11.ª, 12.ª e 13.ª, todas do Direito das sociedades. Aos objetivos de uma inovação global equivalem os Regulamentos sobre a matéria contabilística, como exemplo. Estes objetivos liderantes foram, de resto, assumidos pela Comunicação da Comissão "modernizar o Direito das sociedades e reforçar o governo das sociedades na União Europeia", de 21-mai.-2003[67].

[66] Com indicações, *vide* o nosso *Direito bancário*, 6.ª ed. (2016), 131 ss..

[67] COM (2003) 284 final. O seu texto pode também ser confrontado em Menezes Cordeiro, *Direito europeu das sociedades* cit., 94 ss..

Para executar os objetivos apontados, os órgãos comunitários dispõem de três tipos de instrumentos: diretrizes[68], que carecem de transposição para serem aplicadas no âmbito de cada Estado; regulamentos, de aplicação imediata e convénios internacionais, diretamente acordados pelos Estados. Perante o fenómeno da integração europeia, poder-se-ia pensar que, na área sensível das sociedades comerciais, o caminho a seguir apelaria, de modo predominante, aos regulamentos: assim se conseguiria uma uniformização eficaz. Todavia, isso pressuporia uma Ciência do Direito unitária, de nível europeu: de todo inexistente. As realidades obrigaram, por isso, a privilegiar as diretrizes[69], quedando-se os regulamentos para áreas muito delimitadas. 101

O Direito europeu das sociedades, em sentido amplo, deriva de tudo isto. Ele abrange: (a) as normas comunitárias, primárias ou secundárias, relativas a sociedades; (b) as normas internas adotadas em execução das comunitárias e, em especial, as regras de transposição de diretrizes; (c) os princípios e a construção jurídico-científica elaborados em torno desses dois núcleos. 102

O Direito europeu das sociedades acaba por ser Direito interno. Trata-se de um Direito em formação, de tipo complementar e com uma especial autonomia dogmática[70]. Mais precisamente: em formação porque vai surgindo de acordo com as necessidades e ao abrigo de calendários políticos; de tipo complementar porque pressupõe sempre a existência de Direitos internos completos: só por si, o Direito europeu das sociedades é fragmentário e sem harmonia; por fim, ele assume uma clara autonomia dogmática, porque obriga a uma especial postura, no tocante às suas interpretação e aplicação. 103

19. **As diretrizes das sociedades comerciais** multiplicaram-se, desde 1968. A Primeira Diretriz (68/151, de 9-mar.), relativa às garantias que, para proteção dos sócios e de terceiros, são exigidas, nos Estados-Membros, às sociedades data dessa altura, tendo sido transposta pelo Código das Sociedades Comerciais e pelo Código do Registo Comercial. Em 2011, contávamos onze diretrizes básicas, fora algumas dezenas de alterações. Além disso, tínhamos ainda 15 diretrizes relevantes, sobre temas conexos[71]. Confrontada com a complicação crescente da legislação europeia, a Comissão fez adotar diversas diretrizes de consolidação, isto é: instrumentos que procuram reunir, num único, instrumentos antes dispersos. O estudo aprofundado do Direito europeu das sociedades reclama, todavia, que se considerem esses instrumentos. 104

Um lugar de relevo é hoje ocupado pela Diretriz 2017/1132, de 14-jun., que codificou diversos pontos do Direito das sociedades[72]. Revogou as anteriores Diretrizes 82/891 (cisões), 89/666 (publicidade de sucursais), 2005/56 (fusões transfronteiriças), 2009/101 (garantias dos sócios e de terceiros), 2011/35 (fusões) e 2012/30 (garantias). A Diretriz 2017/1132, após adequada proposta da Comissão[73], foi alterada pela Diretriz 2019/1151, de 20-jun., no tocante 105

[68] E não "diretivas", que é um dispensável galicismo. *Vide* Menezes Cordeiro, *Vernáculo jurídico: directrizes ou directivas?*, ROA 2004, 609-614.

[69] Volker Götz, *Europäische Gesetzgebung durch Richtlinien*, NJW 1992, 1849-1856.

[70] Menezes Cordeiro, *Direito europeu das sociedades* cit., 22 ss. e *Evolução do Direito europeu das sociedades*, ROA 2006, 87-118 e *Nos 20 anos do CSC/Homenagem aos Profs. Doutores A. Ferrer Correia, Orlando de Carvalho e Vasco Lobo Xavier*, 1 (2007), 61-90.

[71] A enumeração de umas e outras consta da 2.ª ed. desta obra, Introdução, anot. 93 a 95.

[72] JOUE L 169/46-127, de 30-jun.-2017; foi alterada pelas Diretrizes 2019/1023 (insolvência) e 2019/1151 (instrumentos digitais), abaixo referidas. *Vide* Mathias Habersack/Dirk A. Verse, *Europäisches Gesellschaftsrecht*, 5.ª ed. (2019), 103-214 e 341-385 e Paulo de Tarso Domingues, *Nótula sobre a Directiva codificadora do Direito societário*, DSR 18 (2017), 203-205.

[73] COM (2018), 239 final.

à utilização de ferramentas e procedimentos digitais no domínio do direito das sociedades[74]. Cumpre dar uma ideia do seu conteúdo:

Título I – Disposições gerais e constituição e funcionamento das sociedades de responsabilidade limitada:
Capítulo I – Objeto (1.º);
Capítulo II – Constituição e invalidade da sociedade e validade das suas obrigações (2.º a 12.º):
Secção 1 – Constituição da sociedade anónima (2.º a 6.º);
Secção 2 – Invalidade da sociedade de responsabilidade limitada e validade das suas obrigações (7.º a 12.º).
Capítulo III – Publicidade e interconexão dos registos centrais, comerciais e das sociedades (13.º a 43.º):
Secção 1 – Disposições gerais (13.º a 13.º-F);
Secção 1-A – Constituição em linha, apresentação e divulgação em linha de documentos e informações (13.º-G a 28.º);
Secção 2 – Regras de publicidade aplicáveis a sucursais de sociedades de outros Estados-Membros (29.º a 35.º);
Secção 3 – Regras de publicidade aplicáveis a sucursais de sociedades de países terceiros (36.º a 39.º);
Secção 4 – Normas de aplicação e de execução (40.º a 43.º).
Capítulo IV – Conservação e alterações do capital (44.º a 86.º):
Secção 1 – Requisitos de capital (44.º a 48.º);
Secção 2 – Garantias relativas ao capital social (49.º a 55.º);
Secção 3 – Regras relativas à distribuição (56.º a 58.º);
Secção 4 – Regras relativas às aquisições de ações próprias pelas sociedades (59.º a 67.º);
Secção 5 – Regras relativas ao aumento e à redução do capital (68.º a 83.º);
Secção 6 – Normas de aplicação e de execução (84.º a 86.º).
Título II – Fusão e cisão de sociedades de responsabilidade limitada
Capítulo I – Fusão de sociedades anónimas (87.º a 117.º):
Secção 1 – Disposições gerais relativas a fusões (87.º a 90.º);
Secção 2 – Fusão mediante incorporação (91.º a 108.º);
Secção 3 – Fusão mediante a constituição de uma nova sociedade (109.º)
Secção 4 – Incorporação de uma sociedade noutra que possua pelo menos 90 % das ações da primeira (110.º a 115.º);
Secção 5 – Outras operações equiparadas à fusão (116.º e 117.º).
Capítulo II – Fusões transfronteiriças de sociedades de responsabilidade limitada (118.º a 134.º).
Capítulo III – Cisões de sociedades anónimas (135.º a 160.º):
Secção 1 – Disposições Gerais (135.º);
Secção 2 – Cisão mediante incorporação (136.º a 154.º);
Secção 3 – Cisão mediante constituição de novas sociedades (155.º e 156.º);
Secção 4 – Cisões sujeitas ao controlo de uma autoridade judicial (157.º);
Secção 5 – Outras operações equiparadas à cisão (158.º e 159.º);
Secção 6 – Normas de aplicação (160.º).
Título III – Disposições finais (161.º a 168.º).

Seguem-se quatro anexos

[74] JOUE L 186/80-104, de 17-jul.-2019; esta Diretriz deve ser transposta até 1-ago.-2021.

Como se vê, estamos em face de um autêntico Código das Sociedades, de elaboração europeia. As diversas regras que o integram provêm, no essencial, de anteriores instrumentos já transpostos. Iremos encontrá-los nas rubricas pertinentes. 106

Referimos, de seguida: 107

– a Diretriz 2007/36, de 14-jul.[75], alterada pela Diretriz 2017/828, de 17-mai.[76], relativa ao exercício de certos direitos dos acionistas de sociedades cotadas;em especial, visou-se a identificação dos acionistas, a informação, a não discriminação e a política de remunerações dos administradores;
– a Diretriz 2013/34, de 26-jun.[77], modificada pela Diretriz 2014/102, de 21-nov.[78], sobre a prestação de contas;
– a Diretriz 2009/102, de 16-set.[79], referente a sociedades por quotas unipessoais;
– a Diretriz 2006/43, de 17-mai.[80], alterada pela Diretriz 2014/56, de 16-abr.[81], quanto à revisão anual de contas;
– a Diretriz 2004/25, de 21-abr.[82], alterada pela Diretriz 2014/59, de 11-mar.[83], relativa a ofertas públicas de aquisição.

20. **Regulamentos** relativos às sociedades de: 108

– o Regulamento 2137/85, de 25-jul.-1985, sobre o agrupamento europeu de interesse económico[84];
– o Regulamento 2157/2001, de 8-out.-2001, referente à sociedade anónima europeia ou *societas europaea* (SE)[85]; este Regulamento é completado pela Diretriz 2001/86, da mesma data[86];
– o Regulamento 1606/2002, de 19-jul.-2002, relativo à aplicação das normas internacionais de contabilidade[87];
– o Regulamento 1435/2003, de 22-jul.-2003, relativo ao estatuto da sociedade cooperativa europeia (SCE)[88]; este Regulamento é completado pela Diretriz 2003/72/, da mesma data, no que respeita ao envolvimento dos trabalhadores[89];
– o Regulamento 1126/2008, de 3-nov., que adota certas normas internacionais de contabilidade[90], nos termos do Regulamento n.º 1606/2002[91];
– o Regulamento 648/2012, de 4-jul., sobre derivados do mercado de balcão, às contrapartes centrais e aos repositórios de transações[92], diversas vezes alterado e, por último, neste momento, pelo Regulamento 2019/834, de 20-mai.[93];
– o Regulamento 596/2014, de 16-abr., sobre o abuso do mercado[94], alterado pelos Regulamentos 2016/1011, de 8-jun.[95] e 2016/1033, de 23-jun.[96];

[75] JOUE L 184/17-24, de 14-jul.-2007.
[76] JOUE L 132/1-25, de 25-mai.-2017.
[77] JOUE L 182/19-76, de 29-jun.-2013; *vide* Mathias Habersack/Dirk Verse, *Europäische Gesellschaftsrecht* cit., 5.ª ed., 386-428.
[78] JOUE L 334/86-87, de 21-nov.-2014.
[79] JOUE L 258/20-25, de 1-out.-2009.
[80] JOUE L 157/87-107, de 9-jun.-2006.
[81] JOUE L 158/196-206, de 27-mai.-2014.
[82] JOUE L 142/12-23, de 30-abr.-2004.
[83] JOUE L 173/190-348, de 12-jun.-2014 (resolução de instituições de crédito).
[84] JOCE N.º L 199, 1-9, de 31-jul.-1985, retificado no JOCE N.º L 124, 52, de 15-mai.-1990.
[85] JOCE N.º L 294, 1-21, de 10-nov.-2001.
[86] JOCE N.º L 294, 22-32, de 10-nov.-2001.
[87] JOCE N.º L 243, 1-4, de 11-set.-2002.
[88] JOCE N.º L 207, 1-24, de 18-ago.-2003.
[89] JOCE N.º L 207, 25-36, de 18-ago.-2003.
[90] JOUE L 320/1-481, de 29-mnov.-2008: 480 páginas!
[91] JOUE L 261/1-2, de 13-out.-2003; as normas constam, depois, de anexos que se alargam por mais de 400 pp..
[92] JOUE L 201/1-59, de 27-jul.-2012.
[93] JOUE L 141/42-63, de 28-mai.-2019.
[94] JOUE L 173/1-61, de 12-jun.-2014.
[95] JOUE L 171/1-65, de 29-jun.-2016; as oscilações na técnica de renumeração correspondem ao original.
[96] JOUE L 175/1-7, de 30-jun.-2016.

– o Regulamento 600/2014, de 15-mai., quanto aos mercados de instrumentos financeiros[97], alterado pelo Regulamento 2016/1033, já citado.

109 21. **Jurisprudência.** A jurisprudência do Tribunal de Justiça Europeu (TJE), hoje desdobrado, também, no Tribunal de Justiça de Primeira Instância (TJE/I), tem relevo nas áreas dominadas por regras funcionais e por cláusulas gerais, em especial nos domínios do princípio do livre estabelecimento. Não sufragamos a afirmação de que o papel da jurisprudência do TJE se ficaria a dever a um pano de fundo anglo-saxónico. Bastará atentar nas jurisprudências alemã e francesa e no seu papel de concretização de princípios, para verificar que o TJE assenta na tradição continental. A construção e a sistematização próprias do TJE são continentais, assim como o é a técnica de interpretação das fontes. No domínio específico do Direito europeu das sociedades, essa importância é menor.

110 O Direito europeu das sociedades é, essencialmente, Direito interno. As questões que suscita são dirimidas pelo foro nacional. O contributo da jurisprudência comunitária fica, assim, acantonado nos temas do Direito primário, que têm a ver com a interpretação e a aplicação diretas do Tratado. Todavia, ao ponderar a regularidade das transposições, a jurisprudência comunitária assume um importante papel, também nesse ponto.

111 22. **Interpretação e aplicação de diretrizes e de diplomas de transposição.** A interpretação de diretrizes constitui tarefa complexa[98]. Um dos elementos clássicos da interpretação é, sabidamente, o sistemático: os diplomas não são interpretados de modo isolado, antes devendo ser situados na lógica do ordenamento a que pertençam. As diretrizes não pertencem a uma ordem jurídica coerente. Elaboradas por técnicos formados à luz de Ciências jurídicas diversas, elas apresentam, por vezes, um mosaico de conceitos. A reconstituição do seu conteúdo normativo exige, muitas vezes, um recurso intenso ao Direito comparado.

112 Verificam-se, ainda, problemas de transposição linguística ou de tradução. O português é uma das línguas oficiais da União: os textos em vernáculo fazem fé, tal como os escritos noutras línguas. Simplesmente, as traduções levadas a cabo, perante conceitos complexos resultam, por vezes, incorretas ou incompreensíveis. Haverá então – ainda que a título de auxiliares de interpretação – que recorrer a versões escritas noutros idiomas, particularmente em inglês, francês e alemão, para melhor entender a mensagem normativa subjacente.

113 Quanto à aplicação: as diretrizes são comandos dirigidos, em primeira linha, aos Estados[99]. Estes ficam obrigados a transpô-las, de acordo com o que delas resulte. Se os diplomas de transposição não forem elaborados, os Estados poderão incorrer em responsabilidade perante as competentes instâncias comunitárias. O particular lesado pela não transposição indevida ou pela transposição tardia pode invocar diretamente as diretrizes contra os próprios Estados faltosos; não o pode, porém, fazer contra outros particulares[100].

114 A interpretação conforme com as diretrizes surge especialmente referida como tópico argumentativo na própria jurisprudência do Tribunal de Justiça Europeu. Como exemplos:

[97] JOUE L 173/84-148, de 12-jun.-2014.

[98] Para mais elementos: Menezes Cordeiro, *Direito europeu das sociedades* cit., 75 ss.. Posteriormente: Thomas Riehm, *Die überschiessende Umsetzung vollharmonisieren der EG-Richtlinien im Privatrecht*, JZ 2006, 1035-1045 (1040 ss.); quanto ao problema geral da interpretação de fontes europeias: Lars-Peter Brandt, *Die Chancen für eine einheitliche Auslegung eines Europäischen Zivilgesetzbuches*, 2009.

[99] Entre nós, ainda tem interesse confrontar Augusto Rogério Leitão, *O efeito jurídico das directivas comunitárias na ordem interna dos Estados membros*, DDC 14 (1982), 7-59.

[100] TJE 17-dez.-1970 (SACE), Proc. 33/70, TJE 5-abr.-1979 (Tullio Ratti), Proc. 148/78, TJE 19-jan.-1982 (Ursula Becker), Proc. 8/81, TJE 26-fev.-1986 (Marshall), Proc. 152/84, TJE 20-jan.-2003 (Sterbenz), Proc. 16/01, n.° 28.

23-jan.-2003 (Sterbenz)[101], 20-nov.-2003 (Unterpertinger)[102] e 7-jan.-2004 (Comissão v. Reino de Espanha)[103]. Esse mesmo tópico é usado para defender que as normas de transposição dos Estados não podem ser usadas para interpretar as diretrizes[104]. Os diplomas de transposição têm um objetivo claramente assumido: o de verter, para a ordem interna, uma orientação valorativa assumida pelo legislador comunitário. Tal orientação, a ser minimamente expressa, poderá ser complementada pela interpretação, que não poderá deixar de atender à diretriz em causa: quer a *occasio*, quer a *ratio legis* apontam para isso.

A interpretação conforme com a diretriz a transpor não pode, todavia, esquecer três pontos: (a) a diretriz admite, em regra, várias hipóteses de transposição e, ainda, um espaço de manobra dos Estados; ora nos limites da diretriz em jogo, há que procurar determinar a exata medida em que o Estado exerceu essa sua liberdade, determinação essa a fazer à luz do Direito interno; (b) as diretrizes não podem prevalecer sobre certas regras internas e, *maxime*, a Constituição; (c) o Estado pode ter decidido violar a diretriz: será (porventura) responsável, mas a norma de transposição, pelo menos perante particulares, será interpretada em si. 115

As boas interpretação e aplicação dos diplomas de transposição exigem o conhecimento e a própria interpretação das diretrizes em causa. O jurista europeu fica, assim, obrigado a manusear permanentemente o Direito comparado. Esta dimensão é particularmente atuante na área das sociedades comerciais. 116

23. **Balanço.** O Direito português, dentro da tradição da Lei da Boa Razão e do sentido que lhe foi dado pela Casa da Suplicação, é, há mais de dois séculos, um Direito aberto a experiências exteriores. No campo comercial, isso tem-lhe permitido selecionar os avanços mais adequados, adaptando-os. Recorde-se, como exemplo, que fomos dos primeiros a acolher as sociedades por quotas: a maior invenção societária, desde a descoberta das ações das sociedades anónimas. Numa área delicada como a do Direito, a transposição de institutos é, sempre, criativa. Ficava assegurada a identidade do Direito nacional, com o que isso significa, em termos de salvaguarda cultural e de especial adaptação às realidades do País. A transposição de elementos europeus, no domínio das sociedades, não se apresenta, assim, violentadora do Direito português. 117

De todo o modo, intensificam-se as implicações jurídico-científicas próprias da circulação de modelos de decisão transfronteiriços. O método comparatístico acompanha necessariamente a transposição das diretrizes e, depois a sua aplicação. Além disso, uma vez transpostas, as diretrizes tendem a acolher-se ao Direito recetor, acomodando-se entre os seus institutos e normas. Todo o sistema sofre, com isso, alterações qualitativas. Também no campo da aplicação há, muitas vezes, que procurar o sentido original da diretriz transposta. A *occasio legis* e a sua teleologia a tanto conduzem. A interpretação conforme com as diretrizes é, disso, afanoso exemplo. 118

O influxo comunitário, veículo, ele próprio, de ciências jurídicas diferenciadas, não advém, apenas, de decisões políticas integradoras. As grandes sociedades são, cada vez mais, atores em palcos transnacionais. Há que acertar o passo com a economia das instituições a reger. A concorrência é global. O mercado de capitais planetariza-se, enquanto a informação chega aos operadores, em tempo real. Tudo isto tem de ser servido por regras claras, legíveis de espaço para espaço e minimamente adequadas à realidade económica e financeira subjacente. 119

[101] TJE 20-jan.-2003 (Sterbenz), Proc. 16/01, n.° 28.

[102] TJE 20-nov.-2003 (Unterpertinger), Proc. 212/01, n.° 14.

[103] TJE 7-jan.-2004 (Comissão contra Reino de Espanha), Proc. 58/02, n.° 4; a hipótese aqui suscitada situar-se-ia mesmo na área penal.

[104] Proc. 152/02 (caso Terra Beudedarf-Handel GmbH): conclusões da advogada geral.

120 A nível de soluções europeias – particularmente de diretrizes – as dificuldades são inúmeras. O tempo de preparação de cada diretriz – da ordem dos vários anos –, a modéstia do seu conteúdo ou, muito simplesmente, o seu bloqueio ilustram as dificuldades da aproximação europeia dos Direitos nacionais das sociedades. A aposta terá de residir numa caminhada da política do Direito para uma dogmática jurídica. Os abusos de "europeismo", designadamente através de uma exagerada aplicação de liberdades fundamentais pelas instâncias europeias, é um risco: traduz retrocessos dogmáticos, perante as ciências nacionais, mediante uma jurisprudência *naïf*, que deve ser evitada.

121 Tal o caso *Centros*, decidido pelo TJE, em 9-mar.-1999. Um casal dinamarquês constitui, em Inglaterra, a sociedade Centros, Ltd.. Esta sociedade viu, na Dinamarca, ser-lhe recusado o registo: não tinha quaisquer interesses na Grã-Bretanha e visava, apenas, tornear a Lei dinamarquesa. O TJE entendeu que tal recusa violava o livre estabelecimento – 52.° e 58.° do Tratado de Roma[105]. Esta decisão, concretamente duvidosa, permite, todavia, desenvolver toda uma doutrina, relevante em termos de Direito das sociedades europeu[106]. Houve corretivos: assim o de admitir, em situações desse tipo, o recurso ao levantamento da personalidade". Coube aos anotadores, a propósito de um caso questionável, elaborar doutrina útil. De todo o modo, ele veio dar um fôlego inesperado à doutrina da constituição, no tocante à determinação da lei aplicável às sociedades[107], tanto mais que foi mantida por decisões ulteriores[108].

[105] TJE C-212/97, de 9-mar.-1999, NJW 1999, 2027, também consultável na *Eur-Lex*.

[106] Menezes Cordeiro, *Direito europeu das sociedades* cit., 56-59.

[107] Cf. *infra*, a anotação ao artigo 4.°.

[108] P. ex.: TJE 5-nov.-2002, NJW 2002, 3614-3617 (3614). Cf. Martin Weber, *Die Entwicklung des Kapitalmarktrechts 2001/2002*, NJW 2003, 18-26 (26).

Título I – Parte Geral

Capítulo I – Âmbito de aplicação

Artigo 1.° (Âmbito geral de aplicação)

1. A presente lei aplica-se às sociedades comerciais.

2. São sociedades comerciais aquelas que tenham por objeto a prática de atos de comércio e adotem o tipo de sociedade em nome coletivo, de sociedade por quotas, de sociedade anónima, de sociedade em comandita simples ou de sociedade em comandita por ações.

3. As sociedades que tenham por objeto a prática de atos de comércio devem adotar um dos tipos referidos no número anterior.

4. As sociedades que tenham exclusivamente por objeto a prática de atos não comerciais podem adotar um dos tipos referidos no n.° 2, sendo-lhes, nesse caso, aplicável a presente lei.

Bibliografia: José de Oliveira Ascensão (2000), 7 ss.; J. P. Coutinho de Abreu, *Código em comentário*, I, 2.ª ed. (2017), 33-59; António Menezes Cordeiro 1 (2022), 45 ss., 109 ss. e 271 ss.; António Ferrer Correia, *Lei das sociedades comerciais* (Anteprojecto), BMJ 185 (1969), 25-38; A. Ferrer Correia/António A. Caeiro, *Anteprojecto de lei das sociedades comerciais/Parte geral*, sep. BMJ 185 e 191 (1973), 5 ss.; Jorge Pinto Furtado (2004), 27-51 e *Comentário* (2009), 47-152; Pedro Maia, *Tipos de sociedades comerciais*, em AAVV (2015), 13-39; Filipe Cassiano dos Santos, *Estrutura associativa e participação societária capitalística* (2006), 79 ss.; Pedro Pais de Vasconcelos (2006), 15 ss..

Índice

I – **Antecedentes e aspetos europeus**
1. Ordenações e reformas pombalinas 1
2. Codificações (1833 e 1888) e Lei de 1901 2
3. Preparação........ 5
4. Aspetos europeus 6

II – **Teleologia e âmbito**
5. Teleologia geral........ 7
6. Noção de sociedade comercial........ 8
7. A prática de atos de comércio 11
8. A adoção de um tipo 12

III – **A tipicidade**
9. O encargo da adoção de um tipo 13
10. Justificação e conteúdo 14

IV – **As sociedades civis sob forma comercial**
11. O regime........ 16

I – Antecedentes e aspetos europeus

1 1. **Ordenações e reformas pombalinas**. O antigo Direito português conhecia a figura da *companhia*[1], próxima das atuais sociedades civis puras[2]. As primeiras sociedades de grande porte surgiram no século XV, com fins coloniais[3]. Não tiveram seguimento até que, no século XVIII, o Marquês de Pombal criou sociedades significativas[4], com relevo para a Companhia Geral do Grão-Pará e Maranhão, que prefigurava uma sociedade anónima. Do Marquês: também a Lei de 18-ago.-1769 (da *Boa Razão*) que, apelando para o Direito comercial estrangeiro, a título subsidiário, introduziu, entre nós, um sistema permeável às melhores influências externas.

2 2. **Codificações (1833 e 1888) e Lei de 1901**. O Código Comercial de 1833 (Ferreira Borges) fixou um quadro geral distinguindo companhias e sociedades, respetivamente equivalentes às sociedades anónimas e às sociedades em nome coletivo[5]. Seguiu-se a Lei de 22-jun.-dez-1867[6], sobre sociedades anónimas, que introduziu entre nós, antes da França e da Alemanha, o princípio da sua livre constituição.

3 O Código Comercial de 1888 fixava as duas condições essenciais da sociedade comercial (104.°): ter por objeto praticar um ou mais atos de comércio e constituir-se de harmonia com o disposto no Código[7]. De seguida (105.°), apontava três espécies: sociedades em nome coletivo, anónimas e em comandita, definindo-as em função do tipo de responsabilidade dos seus sócios.

4 A Lei de 11-abr.-1901[8], diretamente inspirada na Lei alemã de 20-abr.-1892, veio introduzir um novo tipo: o das sociedades por quotas, modalidade que, de longe, é hoje a mais praticada.

5 3. **Preparação**. O atual 1.° deriva diretamente dos 104.° e 105.° do Código Veiga Beirão. Presente no anteprojeto de Ferrer Correia[9], ele passaria ao projeto[10] e, com poucas alterações, ao Código, onde mantém a redação inicial.

6 4. **Aspetos europeus**. Os diplomas europeus fixam, país a país, o tipo de sociedades a que se aplicam. Normalmente visam, apenas, as sociedades anónimas e, casualmente, as por quotas. Não vêm bulir com o 1.° que, de resto, fixa um quadro comum nos países de Direito continental.

II – Teleologia e âmbito

7 5. **Teleologia geral**. O 1.° surge como uma norma de enquadramento, que aproveita para fixar quatro regras: define e enumera os tipos de sociedades comerciais, impõe, às sociedades que visem o comércio, o encargo de adotar um desses tipos, permite as sociedades civis sob forma comercial e define o seu próprio âmbito de aplicação.

8 6. **Noção de sociedade comercial**. O 1.° pressupõe a noção geral de sociedade do 980.° do Código Civil: duas ou mais pessoas (elemento pessoal e pluralidade) obrigam-se a contribuir com bens e serviços (elemento patrimonial) para o exercício em comum de certa atividade económica que não seja de mera fruição, a fim de repartirem o lucro (elemento teleológico)[11]. A ideia do 980.° do Código Civil só funciona, todavia, perante sociedades de pessoas.

[1] Ord. Fil. Liv. IV, tit. XLIV = Ed. Gulbenkian, 827 ss..

[2] Coelho da Rocha, *Instituições*, II (1846), § 861.

[3] Tito Augusto de Carvalho, *As companhias portuguesas de colonização* (1902), 16.

[4] Rui Figueiredo Marcos, *As companhias pombalinas* (1995).

[5] Livro II, Título XII.

[6] João Tavares de Medeiros, *Commentario* (1886).

[7] J. Pinto Furtado, *Código Comercial Anotado* I (1975), 215 ss..

[8] *Collecção Official*, 1901, 97-102.

[9] A. Ferrer Correia, *Lei das sociedades comerciais*, 25.

[10] *Código das Sociedades (Projecto)*, BMJ 327 (1983), 45-339 (56).

[11] STJ 23-nov.-1999 (Tomé de Carvalho), BMJ 491 (1999), 258-262 (261/II), com indicações na anotação do BMJ, STJ 15-mai.-2003 (Araújo de Barros), proc. 03B1255, STJ 8-nov.-2005 (Azevedo Ramos), Proc. 052740; RPt 14-set.-2015 (Carlos Querido), proc. 842/10.9TBPNF.

Um quarto elemento – a *affectio societatis* – traduziria um elemento subjetivo correspondente à específica vontade de formar uma sociedade[12]. Todavia, a doutrina atual dispensa-o, reconduzindo-o ao acordo de vontades que dá corpo ao contrato. 9

A noção material de sociedade aproxima-se das ideias de cooperação e de organização privadas. A cooperação equivale ao 980.° do Código Civil. A organização exige uma estrutura estável, com alguma diferenciação de funções, sendo de índole mais marcadamente comercial: a atividade é exercida em nome do conjunto[13]. O atual Direito das sociedades valoriza a organização, em detrimento da cooperação; basta ver que admite sociedades unipessoais e que dispensa, nas sociedades de capitais, o exercício em comum de certa atividade. 10

7. **A prática de atos de comércio**, seria visada pela sociedade comercial. Relevam os atos de comércio objetivos, isto é, aqueles que disponham de uma regulação especialmente adaptada, nas leis materialmente comerciais (2.°, do CCom)[14]. A lei não exige uma prática exclusiva: basta, para a comercialidade que, no seu objeto social, a sociedade vise a prática de um ato suscetível de ser comercial. Este elemento, embora substancial, tem escassa relevância: o Código aplicar-se-á às sociedades que adotem o tipo de sociedade comercial mesmo quando, por não visarem a prática de nenhum ato comercial, sejam civis (sob forma comercial, 1.°/4). 11

8. **A adoção de um tipo**. A sociedade comercial é, ainda, a que adote um tipo de sociedade comercial (1.°/2, 2.ª parte), isto é, um dos quatro tipos que o atual Direito português aceita: nome coletivo, por quotas, anónima e em comandita. As cooperativas, por pruridos ideológicos hoje insubsistentes, não são consideradas sociedades por, supostamente, não terem fim lucrativo[15]. Todavia, quer na tradição continental, quer na legislação europeia, as cooperativas são sociedades, dando corpo a um quinto tipo de sociedade comercial. 12

III – **A tipicidade**

9. **O encargo da adoção de um tipo**. As sociedades que tenham por objeto a prática de um ato comercial devem assumir um dos tipos de sociedades comerciais (1.°/3)[16]. Trata-se, tecnicamente, de um encargo[17]. Não há uma obrigação jurídica de adotar um tipo de sociedade comercial: a sociedade civil pura, que tenha por objeto a prática de atos de comércio, não é ilícita; e os atos que praticar serão válidos. Simplesmente: a sociedade que se queira comercial, se não adotar um dos tipos legais previstos, não chegará à comercialidade[18]. Com uma importante consequência prática: a sociedade "atípica" não permite, aos sócios, o privilégio da limitação de responsabilidade, caindo no regime geral das sociedades civis. 13

10. **Justificação e conteúdo**. A tipicidade societária visa proteger a confiança dos terceiros que, com ela, entrem em contacto: eles poderão, de antemão, saber aquilo com que irão contar, no tocante aos aspetos essenciais abaixo apontados. Além disso, ela também serve o interesse 14

[12] STJ 13-out.-1977 (Rodrigues Bastos), BMJ 270 (1977), 172-176 (174) e STJ 30-jun.-1988 (Lima Cluny), Proc. 075957; RLx 15-dez.-2011 (Carla Mendes), proc. 154/10; STJ 16-fev.-2016 (Sebastião Póvoas), proc. 17099/98.

[13] RLx 24-jun.-2003 (Maria do Rosário Morgado), Proc. 9157/2003-7, RCb 20-out.-2005 (Serra Leitão), Proc. 2029/05, STJ 8-nov.-2005 (Azevedo Ramos), Proc. 052740, RLx 10-nov.-2005 (Fátima Galante), Proc. 6557/2005-6.

[14] António Menezes Cordeiro, *Direito comercial*, 5.ª ed. (2022), 209 ss..

[15] STJ 5-fev.-2002 (Garcia Marques), CJ/Supremo X (2002) 1, 68-71 (70), STJ 5-dez.-2002 (Afonso de Melo), CJ/Supremo X (2002) 3, 156-157 (157/II), falando em concurso alargado e RPt 12-nov.-2008 (Henrique Araújo), Proc. 0824142. *Contra*, Menezes Cordeiro 1 (2022), 359 ss. (362 ss.).

[16] STJ 11-mar.-2010 (Serra Baptista), Proc. 4056/03.

[17] António Menezes Cordeiro, *Tratado de Direito civil* I, 4.ª ed. (2011), 918.

[18] António Menezes Cordeiro 1 (2022), 258 e Oliveira Ascensão (2000), 24 ss..

dos sócios, designadamente daqueles que, em momento superveniente, adquiram participações sociais. Eles não serão surpreendidos com a sua configuração, designadamente no ponto sensível da sua responsabilidade pelas dívidas sociais. Finalmente: os tipos legais de sociedades correspondem a modelos equilibrados, obtidos por sucessivas aproximações, ao longo de toda uma evolução histórica. Apresentam as soluções historicamente mais justas.

15 Na celebração de um contrato de sociedade, as partes dispõem de uma lata margem de manobra. Para além da decisão básica de contratar, de escolher os parceiros, de adotar um tipo e de eleger uma atividade, elas poderão conformar extensas áreas de organização social. Mas devem respeitar quatro pontos, que integram o núcleo de cada tipo: (a) a configuração da firma; (b) o regime da responsabilidade por dívidas; (c) a orgânica interna[19]; (d) as regras básicas quanto às participações sociais.

IV – **As sociedades civis sob forma comercial**

16 11. **O regime**. A possibilidade de as sociedades civis – portanto: aquelas que não tenham por objeto a prática de qualquer ato comercial – adotarem um tipo de sociedade comercial, presente no 1.°/4, corresponde à tradição do Código Veiga Beirão (106.°) e à da Lei das Sociedades por Quotas (1.°, § único[20]). Está, pois, na disponibilidade das partes. Todavia, se elas o fizerem, aplica-se o Código das Sociedades Comerciais.

Artigo 2.° (Direito subsidiário)

Os casos que a presente lei não preveja são regulados segundo a norma desta lei aplicável aos casos análogos e, na sua falta, segundo as normas do Código Civil sobre o contrato de sociedade no que não seja contrário nem aos princípios gerais da presente lei nem aos princípios informadores do tipo adotado.

Bibliografia: António Menezes Cordeiro 1 (2022), 229 ss.; António Ferrer Correia, *Lei das sociedades comerciais* (Anteprojecto), BMJ 185 (1969), 38-39.

Índice

1. Antecedentes e relevo 1
2. Direito europeu 3
3. Sistema de fontes 6

1 1. **Antecedentes e relevo**. O recurso explícito à ordenação de fontes e à indicação de Direitos subsidiários é uma tradição do Direito português[1]. O Código Veiga Beirão (1888) adotou-a, assim confluindo com outros diplomas europeus. Com efeito, segundo o seu 3.°, *se as questões*

[19] STJ 5-mar.-1992 (Tato Marinho), BMJ 415 (1992), 660-670.

[20] Abílio Neto, *Sociedades por quotas/Notas e comentários* (1977), 33 ss..

[1] Nuno Espinosa Gomes da Silva, *História do Direito português/Fontes de Direito*, 5.ª ed. (2011), 364 ss., 464 ss. e 510 ss..

[2] Menezes Cordeiro, *Direito comercial*, 5.ª ed. (2022), 234 ss..

sobre direitos e obrigações comerciais não puderem ser resolvidas, nem pelo texto da lei comercial, nem pelo seu espírito, nem pelos casos análogos nela prevenidos, serão decididas pelo direito civil[2]. Esta regra aplicava-se às sociedades comerciais que, na época, estavam inseridas no próprio Código Veiga Beirão. A autonomização das sociedades num código próprio levou à elaboração do 2.º, aqui comentado.

O texto do 2.º aparece no anteprojeto Ferrer Correia[3], daí passando ao projeto António Caeiro[4] e ao projeto definitivo[5]. Dada a densidade regulativa assumida pelo CSC, não têm sido detetadas muitas lacunas que obriguem a recorrer ao Direito civil. Assim, não seria possível, numa sociedade por quotas, mesmo de objeto muito limitado, recorrer ao CC, para efeitos de admitir a exoneração de sócios[6]. Mas fora do campo estrito das questões societárias, há que recorrer genericamente ao Direito civil, como sucede a propósito dos acordos parassociais[7]. 2

2. **Direito europeu**. O Direito europeu das sociedades não articula, em geral, qualquer ordenação de fontes. De acordo com o Tratado, os regulamentos são de aplicação direta enquanto as diretrizes carecem de transposição podendo, todavia, ser invocadas pelos cidadãos, para responsabilizar o Estado. 3

A determinação da origem europeia de determinadas normas, designadamente quando resultantes da transposição de diretrizes, tem importância quer como auxiliar de aplicação, quer para permitir, em certos termos, a interpretação conforme com as diretrizes[8]. Entre nós, temos ainda o fenómeno da "transposição" de textos europeus que não chegaram a ser adotados como diretrizes: tais os casos da proposta de 5.ª diretriz, sobre a estrutura das sociedades anónimas e do projeto de 9.ª diretriz, sobre grupos de sociedades. Nesses casos, os textos europeus valem como elementos complementares. 4

No plano europeu, há que relevar o Regulamento 2157/2001, de 8-out.[9], relativo ao estatuto da sociedade europeia (SE) que, no seu 9.º, dispõe sobre a articulação das fontes aplicáveis. 5

3. **Sistema de fontes**. O 2.º fixa um sistema complexo de fontes para as sociedades comerciais: deve ser ordenado, complementando-se com os estatutos sociais e, a montante, com o esquema próprio do Código Civil. Feitas as competentes operações, temos o seguinte quadro: I – Direito imperativo: (a) regras específicas sobre o tipo considerado; (b) regras da parte geral, (c) regras do Código aplicáveis aos casos análogos (2.º, 1.ª parte); princípios informadores do tipo adotado (2.º, 3.ª parte); princípios gerais do Código (*idem*); regras do Código Civil sobre o contrato de sociedade (2.º, 2.ª parte); analogia geral (10.º/1, do Código Civil); espírito do sistema (10.º/3, do mesmo Código); II – Contrato de sociedade, em matéria não regulada na lei ou tratado em meras normas supletivas; III – Deliberações dos sócios, perante questões não reguladas nem pela lei, nem pelo contrato de sociedade e, ainda, quando estando em causa normas supletivas, o contrato de sociedade admita a sua derrogação por deliberações, nos termos do 9.º/3; IV – Direito supletivo, de acordo com a sequência indicada para o Direito imperativo, na falta de norma contratual aplicável. 5

[3] BMJ 185 (1969), 38, em termos mais elegantes.
[4] RDE X/XI (1984/85), 53.
[5] BMJ 327 (1983), 56-57.
[6] STJ 19-mar.-1987 (Lima Cluny), BMJ 365 (1987), 608 (609).
[7] RCb 26-jan.-2010 (Cecília Agante), Proc. 1782/08.
[8] António Menezes Cordeiro, *Direito europeu das sociedades* (2005), 81 ss..
[9] JOCE N.º L-294, 2-21, de 10-nov.-2001. Por último alterado e republicado pelo Regulamento 517/2013, de 13-mai..

Introdução aos artigos 3.º e 4.º
(Direito Internacional Privado das sociedades)

Bibliografia: António Pereira de Almeida, *La société a responsabilité limitée en droit portugais et sa réforme*, s.l., 1981; José Engrácia Antunes, "Âmbito de aplicação do sistema das sociedades coligadas", em *Est. Isabel de Magalhães Collaço*, vol. II, 95-116, Coimbra, 2002; *id.*, *Os Grupos de Sociedades. Estrutura e Organização Jurídica da Empresa Plurissocietária*, 2.ª ed., Coimbra, 2002, 303 e segs.; José de Oliveira Ascensão, (2000), 54 e segs.; Giorgio Badiali, "Le droit international privé des Communautés européennes", *RCADI* 191 (1985-II) 9-182; Tito Ballarino, *Diritto internazionale privato*, 3.ª ed., Pádua, 1999; Henri Batiffol/Paul Lagarde, *Droit international privé*, vol. I, 8.ª ed., Paris, 1991, 329 e segs.; Peter Behrens, "Niederlassungsfreiheit und Internationales Gesellschaftsrecht", *RabelsZ.* 52 (1988) 498-529; *id.*, "Die grenzüberschreitende Sitzverlegung von Gesellschaften in der EWG", *IPRax* (1989) 354-361; *id.*, "From 'Real Seat' to 'Legal Seat': Germany's Private International Company Law Revolution", *in Liber Amicorum Tibor Várady*, 45-66, Budapeste e Nova Iorque, 2009; Alfonso-Luis Calvo Caravaca, "Personas Jurídicas", *in* Julio Gonzalez Campos et al. (org.), *Derecho Internacional Privado. Parte Especial*, 84-97, Madrid, 1995; Alfonso-Luis Calvo Caravaca/Javier Carrascosa González, *Derecho Internacional Privado*, vol. II, 18.ª ed., Granada, 2018, 853 e segs.; Isabel de Magalhães Collaço, *Direito Internacional Privado*, parte II – "Sistema de normas de conflitos portuguesas", t. I – "Direito das pessoas. § 2.º Pessoas Colectivas" (Lições proferidas ao 5.º ano jurídico de 1970-1971. Apontamentos de alunos), Lisboa, 1971; António Menezes Cordeiro, *O Levantamento da Personalidade Colectiva no Direito Civil e Comercial*, Coimbra, 2000, 164 e segs.; *id.*, (2007), 185 e segs.; António Ferrer Correia, *Lições de Direito Internacional Privado. Aditamentos. Nacionalidade. Lei reguladora do estatuto pessoal*, Coimbra, 1975, 165 e segs.; *id.*, "O Direito Internacional Privado Português e o princípio da Igualdade", *RLJ* (1987/1988) n.ºs 3755 e segs.; *id.*, *Lições de Direito Internacional Privado I*, Coimbra, 2000, 81 e segs. e 128 e seg.; Manuel Fernandes Costa, "Da nacionalidade das sociedades comerciais", *BFDC Supl.* 27 (1984) 1-223; Rui Pereira Dias, *Responsabilidade por Exercício de Influência sobre a Administração da Sociedade Anónima. Uma Análise de Direito Material e Direito de Conflitos*, Coimbra, 2007; *id.*, "O acórdão Cartesio e a liberdade de estabelecimento das sociedades", *Direito das Sociedades em Revista* 2 (2010/3) 215-236; *id.*, Anotação ao art. 3.º, *in Código das Sociedades Comerciais em Comentário*, org,. por Jorge Coutinho de Abreu, vol. I, Coimbra, 2010; Ulrich Drobnig, "Gemeinschaftsrecht und internationales Gesellschaftsrecht. 'Daily Mail' und die Folgen", em *Europäisches Gemeinschaftsrecht und Internationales Privatrecht*, 185-206, Colónia, 1990; Carsten Ebenroth/Thomas Auer, "Die Vereinbarkeit der Sitztheorie mit europäischem Recht", *GmbH-Rdsch.* (1994) 16-27; Werner Ebke, "Centros – Some Realities and Some Mysteries", *Am. J. Comp. L.* 48 (2000) 623-660; Marc Fallon, "Les conflits de lois et de juridictions dans un espace économique intégré. L'expérience de Communauté européenne", *RCADI* 253 (1995) 9-282; Bernhard Grossfeld/Thomas König, "Das Internationale Gesellschaftsrecht in der Europäischen Gemeinschaft", *RIW* 38 (1992) 433-440; Eva-Maria Kieninger, "Niederlassungsfeiheit als Rechtswahlfreiheit", *ZGR* (1999) 724-749; Yvon Loussouarn/Michel Trochu, "Conflits de lois en matière de sociétés", *Juris-Classeur de droit international*, vol. IX, Paris, 1997; João Baptista Machado, *Lições de Direito Internacional Privado*, (apontamentos das aulas teóricas do ano lectivo de 1971/1972 na Faculdade de Direito de Coimbra), 2.ª ed., Coimbra, 1982, 344 e segs.; Pierre Mayer/Vincent Heuzé/Benjamin Remy, *Droit international privé*, 12.ª ed., Paris, 2019, 723 e segs.; Ana Perestrelo de Oliveira, Manual de Grupos de Sociedades, Coimbra, 2017, 58 e segs.; Luís de Lima Pinheiro, *Contrato de Empreendimento Comum (Joint Venture) em Direito Internacional Privado*, Lisboa, 1998, 1046 e segs.; *id.*, "O Direito aplicável às sociedades. Contributo para o Direito Internacional Privado das sociedades", *ROA* 58 (1998) 673-777 (=*Estudos de Direito Internacional Privado*, 11-104, Almedina, Coimbra, 2006); *id.*, "Federalismo e Direito Internacional Privado – algumas reflexões sobre a comunitarização do Direito Internacional Privado", *Cadernos de Direito Privado* 2 (2003) 3-19 (=*Estudos de Direito Internacional Privado*, 331-356, Almedina, Coimbra, 2006); *id.*, "O Direito de Conflitos e as liberdades comunitárias de estabelecimento e de prestação de serviços", em *Est. António Marques dos Santos*, vol. I, 273-303, Coimbra, Almedina, 2005 (=*Estudos de Direito Internacional Privado*, 357-387, Almedina, Coimbra, 2006); *id.*, "Concorrência entre sistemas jurídicos na União Europeia e Direito Internacional Privado", *O Direito* 139 (2007) 255-281; *id.*, *Direito Internacional Privado*, vol. II – *Direito de Conflitos/Parte Especial*, 4.ª ed., Almedina, Coimbra, 2015, 145 e segs.; Florbela Pires, *Direitos e Organização dos Obrigacionistas em Obrigações Internacionais*, Lisboa, 2001, 193 e segs.; *id.*, *Conflitos de Leis. Comentário aos artigos 14.º a 65.º do Código Civil*, Coimbra, 2009, 78 e segs.; .Rui Moura Ramos,

Aspectos recentes do Direito Internacional Privado português (Sep. Est. Afonso Rodrigues Queiró – BFDC 1986), Coimbra, 1987; *id.*, *Da Lei Aplicável ao Contrato de Trabalho Internacional*, Coimbra, 1991, 640 e seg.; *id.*, "O Tribunal de Justiça das Comunidades Europeias e a Teoria Geral do Direito Internacional Privado. Desenvolvimentos Recentes", em *Est. Isabel de Magalhães Collaço*, vol. I, 431-467, Coimbra, 2002; *id.*, "Direito Internacional Privado e Direito Comunitário. Termos de uma interacção", em *Estudos de Direito Internacional Privado e de Direito Processual Civil Internacional*, 145-202, Coimbra, 2007, 182 e segs.; José Pinto Ribeiro, "Die verbundenen Gesellschaften im neuen portugiesischem Handelsgesellschaftsgesetzbuch", em Mestmäcker/Behrens (org.), *Das Gesellschaftsrecht der Konzerne im internationalen Vergleich*, Baden-Baden, 1990, 203-215; François Rigaux, "Droit international privé et droit communautaire", em *Mélanges Yvon Loussouarn*, 1992, 341-354; António Marques dos Santos, *Algumas reflexões sobre a nacionalidade das sociedades em Direito Internacional Privado e em Direito Internacional Público*, Coimbra, 1985; *id.*, *Direito Internacional Privado. Sumários*, 2.ª ed., Lisboa, 1987, 249 e segs.; Maria Ângela Bento Soares, "A liberdade de estabelecimento das sociedades na União Europeia", *Temas de Integração* 15/16 (2003) 283-321; *id.*, "O acórdão Inspire Art Ltd.: novo incentivo jurisprudencial à mobilidade das sociedades na União Europeia", *Temas de Integração* 17 (2004) 123-159; id., "A transferência internacional da sede social no âmbito Comunitário", *in Societárias*, org. por J. Coutinho de Abreu, 45-77, Coimbra, 2006; Hans Sonnenberger, "Europarecht und Internationales Privatrecht", *ZvglRWiss.* 95 (1996) 3-47; António Frada de Sousa, "A Company's Cross-border Transfer of Seat in the EU after *Cartesio*", *Jean Monnet Working Paper 07/09*, Nova Iorque, 2009; *id.*, – *A Europeização do Direito Internacional Privado* (tese de doutoramento polic.), Porto, 2012, 603 e segs.; Id., "Portugal", in Private International Law of Corporations in Europe, org. por Carsten Gerner-Beuerle, Federico Mucciarelli, Edmund Schuster e Mathias Siems, 625-641, Munique, 2019; Pedro Pais de Vasconcelos, "Estatuto pessoal das sociedades comerciais", em *Estruturas jurídicas da empresa*, 37-55, Lisboa, 1989; Raúl Ventura, "A sede da sociedade, no direito interno e no direito internacional privado português", *Scientia Iuridica* 26 (1977) 345-361 e 462-509; *id.*, *Novos Estudos sobre Sociedades Anónimas e Sociedades em Nome Colectivo*, Coimbra, 1994, 107 e seg.; Dário Moura Vicente, "Liberdade de estabelecimento. Lei pessoal e reconhecimento das sociedades comerciais", em *Direito Internacional Privado. Ensaios*, vol. II, 91-115, Coimbra, 2005; *id.*, "Liberdades comunitárias e Direito Internacional Privado", em *Direito Internacional Privado. Ensaios*, vol. III, 7-145, Coimbra, 2010; *id.*, Artigo 33.º, in *Código Civil Comentado*, I – *Parte Geral*, org. por António Menezes Cordeiro, 176-180, Coimbra, 2020; Herbert Wiedemann, *Gesellschaftsrecht*, vol. I – *Grundlagen*, Munique, 1980.

Índice

I – **Generalidades**
1. Enquadramento sistemático 1
2. Âmbito da lei pessoal 3

II – **Principais critérios de determinação da lei pessoal**
3. Teoria da constituição e teoria da sede 6
4. Complementaridade da teoria da sede 10
5. Solução defendida *de iure condendo* 12

III – **Determinação do lugar da sede da administração**
6. Critérios de determinação 13
7. Presunção de coincidência com a sede estatutária 16

IV – **Direito aplicável à constituição da sociedade** 18

V – **Direito aplicável ao estatuto pessoal**
8. Regra geral 20
9. "Sociedades" da União Europeia 21

VI – **Direito aplicável às coligações de sociedades**
10. Aspetos gerais 26
11. Critérios gerais de determinação do Direito aplicável 28
12. Normas unilaterais contidas no 481.º/2 32

I – Generalidades

1. **Enquadramento sistemático**. Os 3.º e 4.º contêm normas de Direito Internacional Privado que são aplicáveis às sociedades comerciais que apresentam contactos relevantes com outros Estados. A determinação da lei pessoal da sociedade é especialmente importante quando 1

a sociedade tem sede estatutária ou da administração no estrangeiro, estabelecimento principal no estrangeiro ou sócios estrangeiros ou residentes no estrangeiro.

2 Estas regras especiais das sociedades comerciais devem ser conjugadas com as regras gerais de Direito Internacional Privado das pessoas coletivas que constam dos 33.º e 38.º CC[1].

3 2. **Âmbito da lei pessoal**. As matérias regidas pela lei pessoal das pessoas coletivas são enumeradas, de forma não taxativa, pelo n.º 2 do 33.º e pelo 38.º CC.

4 Segundo esta enumeração, a lei pessoal é aplicável à capacidade; às relações internas (constituição, funcionamento e competência dos órgãos, modos de aquisição e perda da qualidade de associado e correspondentes direitos e deveres); às relações externas (termos em que a pessoa coletiva, bem como os seus órgãos e membros, respondem perante terceiros); à dita representação da pessoa coletiva pelos seus órgãos; e, à transformação, dissolução e extinção da pessoa coletiva.

5 Quando o n.º 2 do 33.º se refere à "responsabilidade" da pessoa coletiva, bem como à dos respetivos membros, perante terceiros, tem em vista os bens que respondem pelas dívidas da pessoa coletiva, designadamente se responde apenas o seu património, ou se responde também o património pessoal dos membros, e em que termos. Abrange, também, os regimes especiais de responsabilidade dos titulares de órgãos perante credores sociais e outros terceiros. O âmbito da lei pessoal não abrange obviamente a responsabilidade contratual da pessoa coletiva, que é regulada pela lei aplicável às obrigações contratuais, nem a responsabilidade extracontratual da pessoa coletiva, que é regulada pela lei aplicável a esta forma de responsabilidade.

II – **Principais critérios de determinação da lei pessoal**

6 3. **Teoria da constituição e teoria da sede**. Para a determinação do estatuto da pessoa coletiva foram formulados diversos critérios, de entre os quais avultam a teoria da constituição e a teoria da sede (da administração)[2].

7 Segundo a *teoria da constituição*, a pessoa coletiva é regida pela ordem jurídica segundo a qual se constituiu. A teoria da constituição é hoje a concepção dominante na maior parte dos sistemas jurídicos. É a concepção tradicionalmente consagrada nos sistemas da família do *Common Law*. Também se encontra acolhida em diversos sistemas da Europa continental, designadamente o suíço, holandês e liechtensteiniano[3]. A teoria da constituição, tal como é entendida nos sistemas do *Common Law*, pressupõe claramente que no processo constitutivo intervêm órgãos públicos e que estes órgãos aplicam necessariamente o Direito local. Por conseguinte, é decisivo para esta teoria *o lugar em que são praticados os atos que desencadeiam a atribuição da personalidade coletiva*.

8 De acordo com a teoria da sede, a lei pessoal da pessoa coletiva é a do Estado onde se encontra situada a sede da administração. A teoria da sede surge frequentemente associada a uma ideia de coincidência entre a sede estatutária e a sede da administração. Esta coincidência

[1] Em geral, sobre estas regras, ver Isabel de Magalhães Collaço, *Direito Internacional Privado*, parte II – "Sistema de normas de conflitos portuguesas", t. I – "Direito das pessoas. § 2.º Pessoas Colectivas", (Lições proferidas ao 5.º ano jurídico de 1970-1971. Apontamentos de alunos), Lisboa, 1971, 21 e segs.; Ferrer Correia, *Lições de Direito Internacional Privado. Aditamentos. Nacionalidade. Lei reguladora do estatuto pessoal*, Coimbra, 1975, 165 e segs.; Lima Pinheiro, *Direito Internacional Privado*, vol. II – *Direito de Conflitos/ /Parte Especial*, 4.ª ed., Almedina. Coimbra, 2015, 149 e segs.

[2] Ver Lima Pinheiro, "O Direito aplicável às sociedades. Contributo para o Direito Internacional Privado das sociedades", *ROA* 58 (1998) 673-777 (=*Estudos de Direito Internacional Privado*, 11-104, Almedina, Coimbra, 2006), I.A, com mais referências.

[3] 154.º da Lei federal de Direito Internacional Privado; 118.º do Livro X do Código Civil holandês; e 676.º ss. da L de 30-Out.-1996 sobre a Reforma do Direito das Pessoas Colectivas e das Sociedades, respectivamente.

é encarada como a hipótese normal. Quando ela se verifica a teoria da sede conduz ao mesmo resultado que a teoria da constituição, uma vez que, em regra, a pessoa coletiva tem a sede estatutária no país em que se constitui. A teoria da sede ganha assim um sentido útil quando, anomalamente, se regista uma divergência entre sede estatutária e sede da administração. Neste caso é decisiva a localização da sede da administração.

A teoria da sede é adotada por alguns sistemas de Direito Internacional Privado, desig- 9
nadamente na Europa continental e na América Latina. Mas uma parte destes sistemas vem a combiná-la com o critério da sede estatutária. Assim, por exemplo, a admitir-se que o critério da sede da administração vigora na ordem jurídica francesa – o que não é pacífico[4] –, verifica-se que este critério é combinado com o critério da sede estatutária em matéria de sociedades. É o que se verifica também com o Direito português no que toca às sociedades comerciais (3.º/1). Em resultado, é reduzido o número de sistemas que consagram plenamente a teoria da sede. Entre os poucos sistemas que consagram irrestritamente a teoria da sede contam-se o austríaco e o alemão[5]. Mesmo perante estes sistemas é controverso se, e em que medida, a teoria da sede cede perante a teoria da constituição com respeito às "sociedades" europeias (*infra* V.9).

4. **Complementaridade da teoria da sede.** As teorias em presença não são alternativas glo- 10
bais para a solução do conjunto de problemas envolvidos e não podem ser comparadas a esse nível[6]. Desde logo, não faz sentido colocar em alternativa a teoria da constituição e a teoria da sede no momento da constituição da pessoa coletiva. Neste momento não há sede da administração[7]. Do ponto de vista da teoria da sede o problema coloca-se *a posteriori*: só depois de estabelecida a sede da administração é que é examinado se a pessoa coletiva está constituída em conformidade com a lei do respetivo Estado.

No que se refere a pessoas coletivas que se constituem com a intervenção de órgãos 11
públicos, a teoria da sede não constitui um critério autónomo, mas uma qualificação da teoria da constituição. A teoria da sede exige, como a teoria da constituição, que a pessoa coletiva se constitua segundo o Direito do país da constituição, mas exige adicionalmente que tenha a sede efetiva no país da constituição[8].

5. **Solução defendida *de iure condendo*.** *De iure condendo*, a teoria da constituição serve melhor 12
os interesses da pessoa coletiva e dos membros e não apresenta desvantagens importantes, relativamente à teoria da sede, do ponto de vista dos interesses de terceiros e do comércio jurídico em geral[9]. Com base nestas considerações, é defensável uma teoria atenuada da constituição que exclui a aplicação do Direito da constituição às pessoas coletivas pseudo-estrangeiras e admite conexões especiais bem delimitadas com o Direito do Estado onde a pessoa coletiva desenvolve

[4] O 3.º/1 da L 66-537, de 24-Jul., veio consagrar o critério da sede social com respeito à aplicação da lei francesa: "As sociedades cuja sede social está situada em território francês são submetidas à lei francesa". Este preceito foi retomado pelo 210-3 do *Code de commerce* e estendido às sociedades civis pelo 1837.º/1 do *Code civil*. A bilateralização desta norma unilateral é ponto controverso. Na doutrina pronunciam-se a favor da bilateralização Loussouarn/Trochu, "Conflits de lois en matière de sociétés", *Juris-Classeur de droit international*, vol. IX, Paris, 1997, n.º 4. A jurisprudência também favorece a bilateralização, embora o seu sentido não seja sempre inequívoco. Em sentido diferente, Batiffol/Lagarde, *Droit international privé*, vol. I, 8.ª ed., Paris, 1991, 337 e seg., e Mayer/Heuzé/Remy, *Droit international privé*, 12.ª ed., Paris, 2014, 723 e segs.

[5] 10.º da L austríaca de Direito Internacional Privado e, perante o Direito alemão, na falta de disposição legal, a jurisprudência recente e a doutrina dominante.

[6] Ver Lima Pinheiro, *O Direito aplicável*, cit., II.

[7] O ponto é assinalado por Raúl Ventura, "A sede da sociedade, no direito interno e no direito internacional privado português", *Scientia Iuridica* 26 (1977) 345-361 e 462-509, 472.

[8] Ver Lima Pinheiro, *O Direito aplicável*, cit., II.C, com mais referências.

[9] Ver, com mais desenvolvimento, Lima Pinheiro, *O Direito aplicável*, cit., IV.

a sua atividade e com o Direito de outros Estados onde a pessoa coletiva celebra negócios jurídicos. Entende-se por pessoa coletiva pseudo-estrangeira aquela que exercendo toda a sua atividade num determinado Estado, se constituiu num Estado diferente[10]. Esta pessoa coletiva deve ficar submetida ao Direito do Estado em que exerce a sua atividade.

III – Determinação do lugar da sede da administração

13 6. **Critérios de determinação**. A determinação da sede da administração pode suscitar dificuldades. Segundo o entendimento mais divulgado, a sede da administração situa-se no lugar onde normalmente se forma a vontade dos órgãos de direção, i.e., o lugar onde se reúnem os administradores e onde as assembleias de membros são realizadas[11]. Se os órgãos da pessoa coletiva funcionam em diferentes países a lei competente é a do país onde se encontra o centro de decisão superior e final[12]. Relativamente a alguns tipos de pessoas coletivas é possível identificar *a priori* este centro de decisão. Assim, no caso das sociedades anónimas é o conselho de administração. Noutros casos poderá ser necessária uma avaliação das competências exercidas efetivamente pelos diferentes órgãos de direção.

14 O fenómeno dos grupos de sociedades veio, porém, questionar este modo de entender a sede da administração. Frequentemente são tomadas na sede da administração da sociedade-mãe decisões relevantes para a administração das filiais. Em certos grupos de sociedades o centro superior de decisão é, em vasta medida, deslocado da administração da filial para a administração da sociedade-mãe. O critério do centro de decisão superior e final conduziria pois à submissão da filial ao Direito da sede da sociedade-mãe, que não coincide com o Direito da constituição da filial. Isto teria assiduamente por consequência a irregularidade da filial, por não terem sido observados os requisitos de constituição estabelecidos pelo Direito da sede da sociedade-mãe. Mas, segundo a concepção mais comum, a maioria das filiais tem a sua própria sede, no sentido da teoria da sede. Ora, para se chegar a este resultado, tem de se partir de um conceito de sede da administração diferente.

15 Vem assim a entender-se por sede da administração o *lugar onde as decisões fundamentais da direção são convertidas em atos de administração corrente*. No mesmo sentido aponta o 5.º da Resolução do Instituto de Direito Internacional sobre as sociedades anónimas em Direito Internacional Privado (sessão de Varsóvia, 1965), segundo o qual "a sede real de uma sociedade é o lugar onde tem o centro principal da sua direção e da gestão dos seus negócios, mesmo se as decisões que aí são tomadas obedecem a diretivas emanadas de acionistas que residam noutro lugar"[13].

16 7. **Presunção de coincidência com a sede estatutária**. Mesmo reformulada nestes termos, a determinação da sede da administração suscita dificuldades quando as decisões da administração forem tomadas por administradores localizados em diversos países, através dos modernos meios

[10] Sobre a doutrina das sociedades pseudo-estrangeiras, ver Lima Pinheiro, *Direito aplicável*, cit., II.G.

[11] Cf. Isabel de Magalhães Collaço, op. cit., 40; Ferrer Correia, op. cit., 111, e *Lições de Direito Internacional Privado I*, Coimbra, 2000, 86 (relativamente à nacionalidade das pessoas coletivas); Marques dos Santos, *Algumas reflexões sobre a nacionalidade das sociedades em Direito Internacional Privado e em Direito Internacional Público*, Coimbra, 1985, 65 e seg. (relativamente à atribuição da nacionalidade). Para uma parte importante da doutrina devem ser tidos em conta não só os órgãos de direção mas também os órgãos de fiscalização ou de controlo – cf. Isabel de Magalhães Collaço, loc. cit.; e Ferrer Correia, loc. cit. (relativamente à nacionalidade das pessoas coletivas). Mas não parece oferecer dúvida que é mais importante o lugar onde se reúnem os órgãos de direção.

[12] Em sentido convergente, Marques dos Santos, *Direito Internacional Privado. Sumários*, 2.ª ed., Lisboa, 1987, 126.

[13] Este preceito inspirou o 40.º/3 da L romena sobre a Regulamentação das Relações de Direito Internacional Privado, de 1992.

de comunicação (designadamente videoconferência). Além disso, a sede da administração não é um elemento de conexão facilmente cognoscível por todos os interessados.

Estas dificuldades podem ser minoradas mediante uma presunção de que a sociedade tem a sede da administração no Estado da sede estatutária[14]. Esta presunção é justificada pela articulação da sede da administração e da sede estatutária pressuposta pela teoria da sede. Relativamente às pessoas coletivas que se constituem com a intervenção de órgãos públicos, a teoria da sede é, como foi atrás sublinhado, uma mera qualificação da teoria da constituição, por força da qual a pessoa coletiva deve ter a sede da administração no país em que se constituiu. Como, normalmente, a sede estatutária se situa no país da constituição, isto significa que, relativamente a estas pessoas coletivas, a teoria da sede postula que, em princípio, há coincidência entre o lugar da sede estatutária e o lugar da sede da administração. Por força desta presunção, na falta de demonstração de que a sede da administração se situe noutro Estado, é aplicável o Direito da sede estatutária que coincide, em princípio, com o Direito da constituição. 17

IV – **Direito aplicável à constituição da sociedade**

Na constituição de pessoas coletivas, os órgãos públicos aplicam o Direito local. Nos Estados que adotam a teoria da constituição, esta solução decorre naturalmente da norma de conflitos vigente. Já nos Estados que seguem a teoria da sede, não se encontra uma norma de conflitos expressamente formulada que fundamente a prática dos órgãos públicos. Mas não parece oferecer dúvida que os órgãos públicos se consideram vinculados à aplicação do Direito local. Por conseguinte, esta prática evidencia a vigência de uma norma de conflitos implícita ou consuetudinária sobre o Direito aplicável à constituição da pessoa coletiva[15]. 18

Pode pois concluir-se que vigora no Direito português uma norma de conflitos segundo a qual é aplicável à constituição das pessoas coletivas o Direito do lugar da constituição, no sentido de Direito do Estado onde são realizados os atos de constituição em que intervêm órgãos públicos. 19

V – **Direito aplicável ao estatuto pessoal**

8. **Regra geral**. O 33.º/1 CC determina que a pessoa coletiva tem como lei pessoal a lei do Estado onde se encontra situada a sede principal e efetiva da administração. Este preceito consagra plenamente a teoria da sede, embora atenuada pela possibilidade de manutenção da personalidade jurídica em caso de transferência internacional da sede (33.º/3). Com respeito às sociedades comerciais, o 3.º/1 confirma esta regra, mas introduz uma especialidade: a sociedade que tenha em Portugal a sede estatutária não pode opor a terceiros a sua sujeição a lei diferente da lei portuguesa (ver *infra* Art. 3.º n.ºs 5 e segs.). Quanto à determinação da sede principal e efetiva da administração remete-se para o anteriormente exposto (*supra* III). 20

9. **"Sociedades" da União Europeia**. Tem sido discutido se o direito de estabelecimento atribuído pelo Direito da União Europeia implica que cada Estado-Membro deve aplicar às "sociedades" europeias (na aceção ampla do 54.º do Tratado sobre o Funcionamento da União Europeia) o Direito da sua constituição. A doutrina dominante começou por responder negativamente. Dos 43.º e segs. do Tratado da Comunidade Europeia não decorria qualquer con- 21

[14] Neste sentido, Lima Pinheiro, *Direito Internacional Privado*, cit., 175, com mais referências, e Florbela Pires, *Direitos e Organização dos Obrigacionistas em Obrigações Internacionais*, Lisboa, 2001, 194.

[15] Ver Lima Pinheiro, *Direito Internacional Privado*, cit., 167 e segs.

sequência quanto ao estatuto pessoal das sociedades, porquanto, segundo o 293.º, a regulação desta matéria era reservada a uma Convenção internacional[16]. Também o TCE, no caso *Daily Mail* (1988)[17], entendeu que até à conclusão de uma Convenção de reconhecimento entre os Estados-Membros ou outra regulação comunitária desta matéria o Direito Comunitário não coloca condicionamentos aos Direitos de Conflitos nacionais na determinação do estatuto pessoal das sociedades.

22 A posição contrária teve desde o início defensores de peso[18]. Esta posição faz valer que, para reconhecer a existência de uma "sociedade" europeia, um Estado-Membro tem necessariamente de aplicar a lei do Estado-Membro segundo a qual a sociedade se constituiu. O reconhecimento de uma "sociedade" europeia que se constituiu segundo a lei de um Estado-Membro não pode ser negado com base na sua invalidade perante a lei da sede da administração, pelo menos no que toca ao direito de estabelecimento. E se é assim para este efeito, também o deve ser para outros, porque perturbaria a harmonia interna tratar a sociedade como válida para este efeito e como inválida para outros efeitos. Portanto, os Estados-Membros têm de submeter o estatuto das "sociedades" europeias à lei do Estado-Membro segundo a qual se constituíram. Quer isto dizer que a teoria da constituição é aplicável às "sociedades" europeias mesmo nos Estados que submetem as sociedades à lei do Estado em que se situa a sede da administração (teoria da sede), como se verifica, até certo ponto, em Portugal.

23 Esta argumentação não pode ser acolhida. A personalidade jurídica é uma questão prévia de Direito privado suscitada pelas normas relativas à liberdade de estabelecimento, que deve ser apreciada exclusivamente segundo a lei designada pelo Direito de Conflitos do Estado em que se pretenda exercer esta liberdade. Contrariamente ao que poderia sugerir uma primeira leitura, o 54.º do Tratado sobre o Funcionamento da União Europeia não determina o reconhecimento da personalidade jurídica das sociedades constituídas em conformidade com o Direito de um Estado-Membro[19]. O 54.º limita-se a definir a conexão entre a "sociedade" e a União pressuposta pela atribuição do direito de estabelecimento (à semelhança do que se verifica com o 49.º do Tratado, relativamente às pessoas singulares, que atende para o efeito à nacionalidade). Do 54.º não resulta a consagração da teoria da constituição em matéria de personalidade jurídica

[16] Cf. Wiedemann, *Gesellschaftsrecht*, vol. I – *Grundlagen*, Munique, 1980, 793 e seg.; Ebenroth/Auer, "Die Vereinbarkeit der Sitztheorie mit europäischem Recht", *GmbH-Rdsch.*(1994) 16-27; Badiali, "Le droit international privé des Communautés européennes", *RCADI* 191 (1985-II) 9-182, 107; Grossfeld/König, "Das Internationale Gesellschaftsrecht in der Europäischen Gemeinschaft", *RIW* 38 (1992) 433-440; Gonzalez Campos/Calvo Caravaca, "Personas Jurídicas" *in* Julio Gonzalez Campos et al. (org.), *Derecho Internacional Privado. Parte Especial*, 84-97, Madrid, 1995, 85; Sonnenberger, "Europarecht und Internationales Privatrecht", *ZvglRWiss.* 95 (1996) 3-47, 10 e 20; Ballarino, *Diritto internazionale privato*, 3.ª ed., Pádua, 1999, 358.

[17] Cf. ac. 27/9/88, *CTCE* (1988-8) 5483.

[18] Cf. Behrens, "Niederlassungsfreiheit und Internationales Gesellschaftsrecht", *RabelsZ.* 52 (1988) 498-529, 501, e "Die grenzüberschreitende Sitzverlegung von Gesellschaften in der EWG", *IPRax* (1989) 354-361; Drobnig, "Gemeinschaftsrecht und internationales Gesellschaftsrecht. 'Daily Mail' und die Folgen", *in Europäisches Gemeinschaftsrecht und Internationales Privatrecht*, 185-206, Colónia, 1990, 193 e segs.; Rigaux, "Droit international privé et droit communautaire", *in Mélanges Yvon Loussouarn*, 341-354, 1992, 346 e segs. Drobnig entende que, dado o nexo entre reconhecimento e estatuto da sociedade, a norma de reconhecimento contém a norma de conflitos (194). Ver ainda decisão TCE no caso *Ubbink Isolatie BV* v. *Dak- en Wandtechniek BV* (1988), *CTCE* (1988) 4665.

[19] Como pretendem Fallon, "Les conflits de lois et de juridictions dans un espace économique intégré. L'expérience de Communauté européenne", *RCADI* 253 (1995) 9-282, 99, e Gérard Druesne, *Droit de l'Union européenne et politiques communautaires*, 6.ª ed., Paris, 2001, 187 e seg., que parece interpretar a norma de equiparação contida no 48.º/1 do Tratado da Comunidade Europeia como um "sistema de reconhecimento implícito" da existência da personalidade jurídica da sociedade.

da sociedade, assim como do 49.º não decorre qualquer regra sobre a determinação do estatuto pessoal dos indivíduos.

Todavia, com as decisões proferidas nos casos *Centros* (1999)[20], *Überseering* (2002)[21], *Inspire Art* (2003)[22], *Cartesio* (2008)[23], *Vale* (2012)[24] e *Polbud* (2017)[25] o TCE orientou-se no sentido do estabelecimento de uma série de limites à atuação das normas de Direito Internacional Privado em conexão com o exercício do direito de estabelecimento. Estes limites atuam com respeito às regras de conflitos que vigorem na ordem jurídica do Estado-Membro em que essas sociedades exercem ou pretendem exercer o direito de estabelecimento. Podemos resumir estes limites conforme se segue[26]: 24

– um Estado-Membro não pode recusar o registo de uma dita "sucursal" de uma sociedade constituída em conformidade com a legislação de outro Estado-Membro, no qual tem a sede estatutária, mesmo quando se trate de uma sociedade que desenvolve toda a sua atividade no seu território e, mesmo, de uma sociedade interna (*Centros*);
– um Estado-Membro tem a obrigação de reconhecer a personalidade jurídica e a capacidade genérica da sociedade que se constituiu segundo o Direito de outro Estado-Membro e que pretende instalar-se para o exercício de uma atividade económica no seu território (*Überseering*);
– um Estado-Membro não pode aplicar a uma sociedade, constituída em conformidade com a legislação de outro Estado-Membro, que pretende exercer o direito de estabelecimento no seu território, determinadas condições previstas no Direito interno para a constituição de sociedades, relativas ao capital mínimo e à responsabilidade dos administradores, mesmo que a sociedade exerça as suas atividades exclusiva ou quase exclusivamente no Estado-Membro de estabelecimento (*Inspire Art*).

A ideia geral que se retira destes limites é a de que o Estado-Membro em que a "sociedade" comunitária constituída segundo o Direito de outro Estado-Membro exerce ou pretende exercer o direito de estabelecimento tem, para todos os efeitos, de reconhecer essa sociedade como uma sociedade validamente constituída no estrangeiro. É de contar com a extensão desta ideia ao exercício da liberdade de prestação de serviços[27]. Esta ideia não significa ainda a consagração geral da teoria da constituição, como foi reafirmado no caso *Cartesio* e *Polbud*[28]. Todavia, ela compromete a coerência dos sistemas que se baseiam na teoria da sede. Sublinhe-se ainda que a jurisprudência do TCE parece inspirar-se na versão mais radical da teoria da constituição, ignorando a atenuação que resulta da doutrina das sociedades pseudo-estrangeiras[29]. 25

[20] TCE 9/3/99, *CTCE* (1999-3) I – 1459.

[21] 5/11/2002, disponível em http://europa.eu.int.

[22] 30/9/2003, disponível em http://europa.eu.int.

[23] 16/12/2008, disponível em http://europa.eu.int.

[24] 12/7/2012, disponível em http://europa.eu.int.

[25] 25/10/2017, disponível em http://europa.eu.int.

[26] Ver Lima Pinheiro, "Federalismo e Direito Internacional Privado – algumas reflexões sobre a comunitarização do Direito Internacional Privado", *Cadernos de Direito Privado* 2 (2003) 3-19 (=*Estudos de Direito Internacional Privado*, 331-356, Almedina, Coimbra, 2006), 13 e segs.; "O Direito de Conflitos e as liberdades comunitárias de estabelecimento e de prestação de serviços", *in Est. António Marques dos Santos*, vol. I, 273-303, Coimbra, Almedina, 2005 (=*Estudos de Direito Internacional Privado*, 357-387, Almedina, Coimbra, 2006), 278 e segs.; e "Concorrência entre sistemas jurídicos na União Europeia e Direito Internacional Privado", *O Direito* 139 (2007) 255-281, 258 e 274 e segs., com mais referências.

[27] Cf. Considerando n.º 65 da Directiva 2006/123/ /CE Relativa aos Serviços no Mercado Interno, *JOCE* L 376/36, de 27/12/2006.

[28] Cf. n.ºs 109 e 34. respetivamente. Ver também Moura Vicente, Art. 33.º, in *Código Civil Comentado, I – Parte Geral*, org. por António Menezes Cordeiro, Coimbra, 2020, n.º 9.

[29] Ver também Kieninger, "Niederlassungsfeiheit als Rechtswahlfreiheit", *ZGR* (1999) 724-749, 745 e seg.

VI – **Direito aplicável às coligações de sociedades**

26 10. **Aspetos gerais**. As normas de Direito Internacional Privado das coligações de sociedades contidas no CSC não contêm uma regulação sistemática da matéria e adotam uma perspetiva unilateralista que dá lugar a frequentes lacunas. O 481.º/2 está inserido no t. VI, que apenas regula as relações entre sociedades por quotas, sociedades anónimas e sociedades em comandita por ações (481.º/1). O 481.º/2 começa por determinar que este título só se aplica a sociedades com sede em Portugal, salvo o disposto nas alíneas seguintes. Este preceito levanta desde logo dificuldades no caso de relações entre uma sociedade que tem sede em Portugal e outra com sede no estrangeiro. Um dos sentidos literais possíveis é a de que o t. VI, ressalvadas as exceções consagradas nas alíneas do 481.º/2, só é aplicável às relações internas. A favor desta interpretação pode invocar-se a al. *a*) do n.º 4 do 489.º, que determina que a relação de grupo termina se a sociedade dominante ou a sociedade dependente deixarem de ter a sua sede em Portugal. Assim, aparentemente, se uma das sociedades não tiver sede em Portugal não se aplica o disposto quanto à responsabilidade para com credores da sociedade subordinada, à responsabilidade por perdas da sociedade subordinada e ao direito de dar instruções. A seguir-se este entendimento, levanta-se a questão de saber qual o Direito que rege estas questões quando se trate de relações internacionais.

27 Uma primeira observação, a este respeito, é a de que nem as coligações de sociedades, em geral, nem os grupos de sociedades, mais restritamente, são tratados pelo Direito como um ente coletivo com um estatuto pessoal unitário. Em princípio, cada sociedade que integra a coligação tem o seu próprio estatuto pessoal. Com efeito, foi atrás assinalado que se deve entender por sede da administração o lugar onde as decisões fundamentais da direção são convertidas em atos de administração corrente (*supra* anot. 15).

28 11. **Critérios gerais de determinação do Direito aplicável**. Quando a sociedade dominante e a sociedade dependente estão submetidas a leis diferentes coloca-se a questão de saber qual das leis é aplicável, designadamente, aos deveres de comunicação; à proibição de aquisição de participações em sociedades dominantes; ao poder de a sociedade dominante dar instruções à dependente; à responsabilidade da sociedade dominante perante a sociedade dependente, os seus sócios livres ou os seus credores; e, à responsabilidade dos administradores da sociedade dominante para com a sociedade dependente. Deve atender-se ao critério do fim de proteção das normas em causa[30].

29 A maioria das normas que regulam as coligações de sociedades destina-se principalmente à proteção dos interesses da sociedade dependente, dos seus sócios livres e dos seus credores. Estas normas serão aplicáveis quando integrem a lei pessoal da sociedade dependente. Por exemplo, as normas que estabelecem deveres de comunicação da sociedade dominante à sociedade dependente; a responsabilidade da sociedade dominante perante a sociedade dependente, os seus sócios livres ou os seus credores; e a responsabilidade dos administradores da sociedade dominante para com a sociedade dependente. Algumas normas destinam-se principalmente à proteção dos interesses da sociedade dominante. É o caso da norma que proíbe a aquisição de participações em sociedades dominantes. Estas normas serão aplicáveis quando integrem a lei pessoal da sociedade dominante.

30 Restam as normas que se destinam principalmente à proteção dos interesses do grupo no seu conjunto ou, pelo menos, de ambas as sociedades em presença. Estas normas suscitam maiores dificuldades, podendo exigir uma articulação de ambas as leis pessoais. Isto pode conduzir

[30] Para mais indicações bibliográficas ver Lima Pinheiro, *Direito aplicável*, cit., n. 134, e Kegel/Schurig, *Internationales Privatrecht – ein Studienbuch*, 9.ª ed., Munique, 2004, 584, e 8.ª ed., 2000, 511.

a uma conexão plural. Assim, o poder de a sociedade dominante dar instruções vinculantes à administração da sociedade dependente tem de ser *permitido* pelas leis pessoais de ambas as sociedades[31]. Mas também pode traduzir-se numa aplicação distributiva. Por exemplo, a imposição de um dever de diligência ao órgão de administração da sociedade dominante, relativamente ao grupo, tanto pode resultar da lei pessoal da sociedade dominante como, no que toca às instruções dadas à administração da sociedade dependente, da lei pessoal desta última sociedade.

Se for competente a lei pessoal de uma sociedade com sede no estrangeiro aplicar-se-á o 31
regime material aí contido. Mas se a sociedade tiver a sua sede em Portugal, não há aparentemente normas aplicáveis[32], por força da limitação introduzida pelo 481.º/2[33]. Desta limitação resulta que as normas contidas nos 482.º e segs. são espacialmente autolimitadas, só se aplicando a relações internas[34]. Esta opção do legislador português suscita muitas reservas[35].

12. **Normas unilaterais contidas no 481.º/2**. Nas suas alíneas, o n.º 2 do 481.º contém 32
algumas normas de conflitos unilaterais.

A al. *a*) do n.º 2 do 481.º determina que a proibição de aquisição de participações, pela 33
sociedade dependente, de sociedades que a dominem, é aplicável quando a sociedade dominante tiver sede no estrangeiro. Esta norma é criticável, designadamente, porque a proibição de aquisição de participações da sociedade dominante não é aplicável quando a sociedade dominante tiver sede em Portugal (e a sociedade dependente sede no estrangeiro). Neste caso ficam sem proteção os interesses dos sócios livres e dos credores da sociedade dominante. Esta norma contraria o critério de delimitação entre o domínio de aplicação de cada uma das leis pessoais das sociedades em presença atrás defendido e, por conseguinte, como "norma adversa ao sistema", não deve ser bilateralizada[36].

[31] Claro que este poder também tem de ser *atribuído* seja pelo contrato de grupo seja, no grupo de facto, por uma das leis pessoais em presença.

[32] Isto sem prejuízo da aplicabilidade das normas, relevantes para o regime das coligações de sociedades, que constem de outros títulos do Código das Sociedades Comerciais (designadamente os 325.º-A e 325.º-B) ou de outros diplomas. Ver também o 21.º/3 CValMob.

[33] Quanto às consequências da inaplicabilidade do título VI do Código das Sociedades Comerciais às coligações internacionais de sociedades ver Engrácia Antunes, *Os Grupos de Sociedades. Estrutura e Organização Jurídica da Empresa Plurissocietária*, 2.ª ed., Coimbra, 2002, 311 e seg.

[34] Neste sentido, Engrácia Antunes, op. cit., 308, e António Frada de Sousa, "Portugal", in Private International Law of Corporations in Europe, org. por Carsten Gerner-Beuerle, Federico Mucciarelli, Edmund Schuster e Mathias Siems, 625-641, Munique, 2019, n.º 35. Cp. Pinto Ribeiro, "Die verbundenen Gesellschaften im neuen portugiesischem Handelsgesellschaftsgesetzbuch", *in* Mestmäcker/Behrens (org.), *Das Gesellschaftsrecht der Konzerne im internationalen Vergleich*, Baden-Baden, 1990, 206, que retira da alteração introduzida pelo DL 280/87, de 8-Jul., no texto do 488.º, um argumento no sentido da aplicação do regime do grupo por domínio total mesmo quando a sociedade dominante não tenha sede em Portugal. Mas esta alteração também pode explicar-se pela desnecessidade da referência à "sede em Portugal" da sociedade dominante perante a norma de aplicação no espaço contida no 481.º/2. Cf., neste último sentido, Engrácia Antunes, op. cit., 853 e seg., e Raúl Ventura, *Novos Estudos sobre Sociedades Anónimas e Sociedades em Nome Colectivo*, Coimbra, 1994, 108 n. 3. Cp. ainda Menezes Cordeiro 1 (2007), 989, afirmando que em resultado da introdução dos 325.º-A e 325.º-B o 481.º/2 só opera relativamente às sociedades por quotas.

[35] Ver a crítica tecida por Engrácia Antunes, op. cit., 311 e segs., e "Âmbito de aplicação do sistema das sociedades coligadas", *in Est. Isabel de Magalhães Collaço*, vol. II, 95-116, Coimbra, 2002, 107 e segs., concluindo que a diferença de tratamento entre grupos estrangeiros e nacionais é de duvidosa compatibilidade com o princípio constitucional da igualdade e com os princípios comunitários da não-discriminação em razão da nacionalidade e da liberdade de estabelecimento. Ver ainda Oliveira Ascensão (2000), 576 e seg., António Menezes Cordeiro (2005) 785, e Ana Perestrelo de Oliveira (*infra* Art. 481.º n.º 12) e Manual de Direito de Sociedades, Coimbra, 2017, 61-62.

[36] O 481.º/2, *a*) vem converter a norma do 487.º numa norma de aplicação necessária, visto que esta norma se torna aplicável mesmo quando a lei portuguesa não é competente para reger o estatuto pessoal da sociedade dominante. Mas o âmbito de aplicação do 487.º é muito restringido pelo disposto nos 325.º-A e 325.º-B com respeito às sociedades anónimas. Ver, a este respeito, o preâmbulo do DL 328/95, de 9-Dez. Por força do 325.º-A/3 o regime de subscrição, aquisição e detenção de acções da sociedade dominante por

34 A al. *b*) determina que os deveres de publicação e declaração de participações por sociedades com sede em Portugal abrangem as participações delas em sociedades com sede no estrangeiro e destas naquelas. A redação dada a este preceito suscita dúvidas. Parece que se trata de uma norma unilateral *ad hoc* que desencadeia a aplicação das normas que estabelecem deveres de publicação e declaração de participações quando a sociedade participante ou a sociedade participada têm sede em Portugal. Desta norma unilateral pode resultar que determinadas normas materiais da lei portuguesa sejam de aplicação necessária. Por exemplo, o 484.º, que segundo o critério atrás exposto seria aplicável quando a lei portuguesa fosse chamada a título de lei pessoal da sociedade participada, passa a ser aplicável também quando a sociedade participante tem sede em Portugal e a sociedade participada tem sede no estrangeiro[37]. Na medida em que representa um desvio ao critério de delimitação entre o domínio de aplicação de cada uma das leis pessoais em presença esta norma unilateral também não deve, em princípio, ser bilateralizada[38].

35 A al. *c*) estabelece que a sociedade com sede no estrangeiro, que seja considerada dominante de uma sociedade com sede em Portugal, é responsável para com esta sociedade e os seus sócios nos termos do 83.º e, se for caso disso, do 84.º CSC. Esta alínea não contém uma exceção à regra estabelecida pelo proémio do 481.º/2, uma vez que não diz respeito à aplicação de normas do Tít. VI do Código das Sociedades Comerciais[39]. A circunstância de a sociedade dominante poder não ser sócia da sociedade dependente torna claro que se trata de uma norma de Direito material especial (e não só de determinar o âmbito de aplicação no espaço dos 83.º e 84.º com respeito às coligações de sociedades)[40]. A norma de conflitos unilateral *ad hoc* encastoada nesta norma material submete à lei portuguesa a responsabilidade solidária da sociedade dominante com sede no estrangeiro com os titulares de órgãos sociais que designe, eleja ou influencie e, aparentemente, a responsabilidade ilimitada da sociedade com domínio total, em caso de falência da sociedade dependente, pelas obrigações contraídas por esta sociedade, nas circunstâncias previstas no 84.º. Esta solução é bilateralizável: estas formas de responsabilidade ficam submetidas à lei pessoal da sociedade dependente.

36 A al. *d*), introduzida pelo DL 76-A/2006, de 29-Mar., ressalva a constituição de uma sociedade anónima sob domínio total inicial de uma sociedade com sede no estrangeiro. O preceito é ambíguo, não sendo claro se visa apenas a aplicação dos n.os 1 e 2 do 488.º, por forma a permitir a constituição da sociedade, ou também a aplicação do regime dos grupos constituídos por domínio total (interpretação que colide com o disposto no 489.º/4, *a*) que seria aplicável *ex vi* 488.º/3)[41].

sociedade dela dependente aplica-se ainda que a sociedade dependente tenha sede no estrangeiro, desde que a sociedade dominante esteja sujeita à lei portuguesa. Esta norma unilateral conforma-se com o critério geral de delimitação entre o domínio de aplicação das pessoais em presença atrás justificado e, por isso, deve ser bilateralizada.

[37] Cp. Engrácia Antunes, *Os Grupos de Sociedades*, cit., 315, no sentido de esta alínea se reportar apenas aos deveres de declaração e publicação na apresentação das contas sociais. O único argumento invocado neste sentido, porém, é a distinção traçada no 484.º/1, de onde, a meu ver, nada se retira para a interpretação do 481.º/2, *b*). Cp. também Ana Perestrelo de Oliveira (*infra* Art. 481.º n.º 17) e Manual de Grupos de Sociedades, cit., 59-60, que invoca os 485.º/5 e 486.º/3.

[38] A aplicação de normas de um ordenamento que impõem deveres de publicação e declaração de participações quando este ordenamento rege o estatuto pessoal seja da sociedade participada seja da sociedade participante só se justificará quando tais normas protejam os interesses ligados a ambas as sociedades.

[39] Cf. Engrácia Antunes, op. cit., 315 e seg.

[40] Cp. Ana Perestrelo de Oliveira, Manual de Grupos de Sociedades, cit., 60.

[41] Neste segundo sentido, porém, Ana Perestrelo de Oliveira (*infra* Art. 481.º, n.os 20-22) e Manual de Grupos de Sociedades, cit., 60 e segs., considerando que a introdução da al. *d*) no 481.º/2 determinou a revogação tácita do 489.º/4, *a*), e invocando uma interpretação conforme à Constituição que também permitiria submeter às nor-

Artigo 3.º (Lei pessoal)

1. As sociedades comerciais têm como lei pessoal a lei do Estado onde se encontre situada a sede principal e efetiva da sua administração. A sociedade que tenha em Portugal a sede estatutária não pode, contudo, opor a terceiros a sua sujeição a lei diferente da lei portuguesa.

2. A sociedade que transfira a sua sede efetiva para Portugal mantém a personalidade jurídica, se a lei pela qual se regia nisso convier, mas deve conformar com a lei portuguesa o respetivo contrato social.

3. Para efeitos do disposto no número anterior, deve um representante da sociedade promover o registo do contrato pelo qual a sociedade passa a reger-se.

4. A sociedade que tenha sede efetiva em Portugal pode transferi-la para outro país, mantendo a sua personalidade jurídica, se a lei desse país nisso convier.

5. A deliberação de transferência da sede prevista no número anterior deve obedecer aos requisitos para as alterações do contrato de sociedade, não podendo em caso algum ser tomada por menos de 75% dos votos correspondentes ao capital social. Os sócios que não tenham votado a favor da deliberação podem exonerar-se da sociedade, devendo notificá-la da sua decisão no prazo de 60 dias após a publicação da referida deliberação.

Bibliografia: *vide* Introdução aos arts. 3.º e 4.º.

Índice

I – **Origem da disposição** ... 1

II – **Âmbito de aplicação** ... 4

III – **Determinação da lei pessoal**

1. Enquadramento sistemático e fundamento do preceito ... 7
2. Sentido normativo ... 9
3. Competência de princípio do Direito da sede estatutária ... 13
4. Relevância da sede estatutária situada no estrangeiro ... 15

IV – **Transferência internacional da sede** ... 17

I – Origem da disposição

O 3.º confirma a aplicação das regras gerais do 33.º/1 e 3 CC às sociedades comerciais, mas introduz um desvio à competência da lei da sede principal e efetiva da administração, mediante a atribuição de relevância à sede estatutária situada em Portugal na determinação da lei aplicável nas relações com terceiros. Este desvio é inspirado na lei francesa (3.º/2 da L 66-537, de 24-jul., retomado pelo 210-3 do *Code de commerce* e estendido às sociedades civis pelo 1837.º/2 do *Code civil*). 1

O DL 76-A/2006, de 29-mar., alterou a redação do n.º 3, que tinha a seguinte redação "Para os efeitos do número anterior deve um representante da sociedade outorgar em Portugal escritura pública onde seja declarada a transferência da sede e onde seja exarado o contrato pelo qual a sociedade passará a reger-se". O mesmo diploma suprimiu o n.º 4, que tinha a seguinte redação "Aplicam-se aos atos previstos no número anterior as disposições legais sobre o registo 2

mas do t.VI as relações de domínio total superveniente de sociedade com sede em Portugal por sociedade com sede no estrangeiro (n.º 21).

e publicação de contratos de sociedade celebrados em Portugal". Os preceitos que constavam dos n.os 5 e 6 passaram para os n.os 4 e 5.

3 O sentido da alteração foi o de suprimir a exigência de escritura pública no caso de transferência da sede da administração para Portugal, no quadro mais geral da eliminação da obrigatoriedade das escrituras públicas relativas a atos da vida das sociedades comerciais, visada pelo diploma. O novo preceito entrou em vigor em 30-Jun.-2006 (64.º/1 do DL 76-A/2006); na medida em que vem aligeirar as formalidades exigidas em caso de transferência internacional da sede de administração para Portugal deve considerar-se aplicável mesmo às transferências que tenham ocorrido antes da sua entrada em vigor sem que tenha sido outorgada escritura pública nos termos da lei antiga.

II – **Âmbito de aplicação**

4 O 3.º aplica-se às pessoas coletivas que se constituam com a intervenção de órgãos públicos, desenvolvam uma atividade que seja de qualificar como comercial perante o Direito material português e apresentem um contacto relevante com um Estado estrangeiro (ver *supra* Introdução n.º 1)[1]. No caso de pessoas coletivas que se constituíram no estrangeiro a aplicação do 3.º não pressupõe que correspondam a um dos tipos de sociedade comercial previstos pela lei portuguesa.

5 A disposição contém uma regra sobre a determinação da lei pessoal das sociedades comerciais (n.º 1) que deve ser conjugada com os n.os 1 e 2 do 33.º CC. A disposição contém ainda regras sobre a transferência internacional da sede da administração das mesmas sociedades (n.os 2 a 5) que complementam o disposto no 33.º/3 CC. O 3.º CSC não contém uma regra de conflitos sobre a fusão internacional de sociedades, que fica submetida à regra geral do 33.º/4 CC se não for aplicável regime especial.

6 Deve entender-se que o Direito Internacional Privado especial das sociedades comerciais é analogicamente aplicável a outras sociedades que, segundo o critério do Direito material português, não têm objecto comercial. Com efeito, o regime especial estabelecido no 3.º CSC apresenta-se como ajustado a todas as sociedades que sendo constituídas, como pessoas coletivas, com a intervenção de órgãos públicos, realizam uma atividade económica.

III – **Determinação da lei pessoal**

7 1. **Enquadramento sistemático e fundamento do preceito**. O 3.º/1 começa por confirmar a regra geral da competência da lei do Estado onde se encontre situada a sede principal e efetiva da administração mas, em seguida, atribui relevância à lei da sede estatutária para tutela de terceiros: nos termos da 2.ª parte, a sociedade que tenha a sua sede estatutária em Portugal (mas a sede da administração no estrangeiro) não pode opor a terceiros a lei pessoal estrangeira.

8 A solução retida pela lei portuguesa é claramente inspirada na lei francesa (*supra* n.º 1). A doutrina francesa encara esta solução como uma aplicação da "teoria da aparência": a sociedade que se tenha constituído segundo a lei francesa e fixado em França a sede estatutária não pode pretender, perante terceiros, escapar à lei francesa com base na localização da "sede real" no estrangeiro. E parece admitir que os terceiros podem optar pela lei francesa da sede estatu-

[1] Ver, com mais desenvolvimento, Lima Pinheiro, "O Direito aplicável às sociedades. Contributo para o Direito Internacional Privado das sociedades", *ROA* 58 (1998) 673-777 (=*Estudos de Direito Internacional Privado*, 11-104, Almedina, Coimbra, 2006), V.D.

[2] Cf. Batiffol/Lagarde, *Droit international privé*, vol. I, 8.ª ed., Paris, 1991, 338, e Mayer/Heuzé, *Droit international privé*, 12.ª ed., Paris, 2014, n.º 1090.

tária ou pela lei estrangeira da sede real[2]. Na falta de indicações em contrário, podemos supor que a intenção do legislador português também foi a de tutelar a confiança depositada por terceiros na competência da lei portuguesa a título de sede estatutária[3]. Já pode suscitar dúvidas que o 3.º/1 estabeleça uma verdadeira conexão optativa, por via da qual os terceiros tenham a faculdade de optar entre o Direito estrangeiro da sede da administração e o Direito português da sede estatutária[4].

2. **Sentido normativo**. Enquanto a redação dos preceitos franceses parece apontar para uma conexão optativa, o 3.º/1/2.ª parte limita-se a estabelecer que a sociedade não pode "opor a terceiros a sua sujeição a lei diferente da lei portuguesa." O sentido literal deste preceito admite a interpretação segundo a qual os terceiros podem livremente optar entre o Direito estrangeiro da sede da administração e o Direito português da sede estatutária. Mas também consente a interpretação segundo a qual o Direito português da sede estatutária é o aplicável nas relações com terceiros, a menos que estes tenham razão para contar com a aplicação do Direito da sede da administração. Esta segunda interpretação parece corresponder melhor à intenção legislativa subjacente, que é a de proteger a confiança de terceiros na competência da lei local, a título de lei da sede estatutária, e não a de criar uma vantagem para terceiros, mediante uma faculdade de opção pela lei mais conveniente para os seus interesses. 9

O ponto privilegiado de referência de terceiros para determinar o estatuto da sociedade é a sede estatutária. É a sede estatutária que consta do contrato de sociedade e dos atos externos da sociedade. Os credores que desconhecem que a sociedade é administrada noutro Estado não podem contar com a competência do Direito deste Estado. E os terceiros que, estando estabelecidos num Estado que adota a teoria da constituição, contratam aí com a sociedade, também não devem contar com a competência do Direito da sede da administração, mesmo que estejam ao corrente desta sede. A sociedade não poderá opor a estes terceiros o Direito da sede da administração. Mas estes terceiros também não poderão invocar o Direito da sede da administração, ainda que este seja mais favorável aos seus interesses. 10

A hipótese mais frequente em que terceiros deverão contar com a competência do Direito da sede da administração é a que se verifica quando a sociedade tem a sede da administração num Estado que adota a teoria da sede e, aí, contrata com terceiros que têm conhecimento desta sede. Uma outra hipótese que ocorre mencionar é a de contratos entre filiais de sociedades transnacionais, que sejam celebrados na sequência de contactos entre as sociedades-mães, quando as filiais sejam efetivamente administradas no Estado em que se situa a sede estatutária e o centro superior de decisão da sociedade-mãe, por forma reconhecível pelos outros operadores do comércio internacional. O mesmo se diga de contratos entre uma sociedade transnacional e uma filial integrada num grupo transnacional de sociedades, após contactos com a respetiva sociedade-mãe, quando se verifiquem as mesmas circunstâncias. Neste caso, o terceiro deve contar com aplicação do Direito que é, simultaneamente, o da sede da administração da sociedade-mãe e da filial. 11

Em caso de dúvida, deverá presumir-se que os terceiros em causa não devem contar com a competência do Direito da sede da administração. Esta presunção, favorável à competência do 12

[3] Nas sociedades de capitais, a proteção da confiança deve ser estendida aos sócios que não fazem parte dos órgãos de direção.

[4] No sentido de se tratar de uma conexão optativa, Marques dos Santos, *Direito Internacional Privado. Sumários*, 2.ª ed., Lisboa, 1987, 67, 128 e seg. e 253; ver também Menezes Cordeiro 1 (2007), 187; em sentido diferente, Pais de Vasconcelos, "Estatuto pessoal das sociedades comerciais", *in Estruturas jurídicas da empresa*, 37-55, Lisboa, 1989, 49 e segs.

Direito da sede estatutária, permitirá atenuar as incertezas que essa averiguação pode introduzir na determinação do Direito aplicável à sociedade nas relações externas.

13 3. **Competência de princípio do Direito da sede estatutária**. Atendendo à presunção de que a sociedade tem a sede da administração no Estado da sede estatutária (*supra* Introdução n.º 17) e à relevância concedida à sede estatutária, pode dizer-se que a sociedade está, em princípio, submetida ao Direito do Estado onde se constituiu e fixou a sede estatutária[5]. O ponto de partida é a teoria da constituição. Quando, porém, se demonstre que a sede da administração não coincide com a sede estatutária, o Direito da sede da administração é aplicável às relações internas. Nas relações externas, o Direito português da sede estatutária só é afastado caso se demonstre, adicionalmente, que os terceiros em causa devem contar com a competência do Direito da sede da administração.

14 A regra da competência do Direito da sede da administração é adicionalmente limitada, com respeito às "sociedades" europeias que pretendam exercer o direito de estabelecimento ou a liberdade de prestação de serviços em Portugal, nos termos anteriormente expostos (*supra* Introdução n.ºs 24-25).

15 4. **Relevância da sede estatutária situada no estrangeiro**. A segunda parte do 3.º/1 só confere relevância à sede estatutária em Portugal. Quererá isto dizer que se a sociedade tiver a sede estatutária no estrangeiro o Direito aplicável às relações externas é o Direito da sede da administração mesmo que os terceiros em causa não devam contar com a sua competência? A resposta a esta questão depende da posição que se tome relativamente à bilateralização da segunda parte do 3.º/1. Esta questão divide a doutrina. Moura Ramos e Marques dos Santos entendem que não é bilateralizável[6], ao passo que Ferrer Correia parece admitir a bilateralização[7]. Sendo o fundamento da solução a tutela da confiança de terceiros – e não, quiçá, uma proteção de interesses nacionais perante interesses estrangeiros – não há obstáculo à bilateralização[8].

16 Por via desta bilateralização, o Direito da sede da administração só é aplicável às relações externas nos casos em que, tendo sido demonstrado que a sede da administração está situada fora do Estado da sede estatutária, os terceiros em causa devam contar com a competência do Direito da sede da administração.

IV – **Transferência internacional da sede**

17 A transferência da sede da administração do Estado em que a pessoa coletiva se constituiu para outro Estado desencadeia uma mudança da sua lei pessoal. Trata-se, pois, de um caso de sucessão de estatutos. Nos termos do 33.º/3 CC "A transferência, de um Estado para outro, da

[5] Não temos notícia de nenhuma decisão judicial portuguesa que tenha aplicado o Direito da sede da administração em detrimento do Direito da sede estatutária. As decisões RPt, de 12/7/94, *CJ* (1994-IV) 184, e STJ, de 3/10/95, *BMJ* 450: 508, não se ocupam da determinação da sede da administração da sociedade. A RPt limita-se a verificar que a sociedade "se constituiu e sempre se regeu pela lei portuguesa", formulação que evoca a teoria da constituição. O STJ não aplica a lei portuguesa enquanto lei da sede efetiva da administração, mas, aparentemente, enquanto lei da sede estatutária, nos termos do 3.º/1/2.ª parte.

[6] Moura Ramos, *Aspectos recentes do Direito Internacional Privado português*, (Sep. Est. Afonso Rodrigues Queiró – BFDC 1986), Coimbra, 1987, 31, e Marques dos Santos, op. cit., 128 e 252.

[7] Cf. "O Direito Internacional Privado Português e o princípio da Igualdade", *RLJ* (1987/1988) n.ºs 3755 e segs., n.º 3762, n. final, p. 270.

[8] Cf. Lima Pinheiro, op. cit., 757. Esta opinião é sufragada por Florbela Pires, *Direitos e Organização dos Obrigacionistas em Obrigações Internacionais*, Lisboa, 2001, 196, e Moura Vicente, "Liberdade de estabelecimento. Lei pessoal e reconhecimento das sociedades comerciais", *in Direito Internacional Privado. Ensaios*, vol. II, 91-115, Coimbra, 2005, 108 n. 47. Este segundo autor, porém, condiciona a bilateralização à consagração de uma regra idêntica à do 3.º/1 pela lei da sede estatutária.

sede da pessoa coletiva não extingue a personalidade jurídica desta, se nisso convierem as leis de uma e outra sede". Trata-se de uma conexão cumulativa simples: a personalidade jurídica só persiste se ambas as leis estiverem de acordo nesta persistência.

18 Resulta dos n.os 2 e segs. do 3.º que o Direito português admite a manutenção da personalidade jurídica da sociedade comercial que transfira a sede da sua administração do estrangeiro para Portugal ou de Portugal para o estrangeiro. Isto é acompanhado da imposição de determinados deveres. A sociedade que transfira a sede da administração para Portugal deve conformar com a lei portuguesa o respetivo contrato (n.º 2); para o efeito, um representante da sociedade deve promover o registo do contrato pelo qual a sociedade passará a reger-se (n.º 3). A transferência da sede da administração para o estrangeiro deve ser objecto de uma deliberação que obedeça aos requisitos para as alterações do contrato de sociedade, tomada por maioria qualificada de 75% dos votos correspondentes ao capital social; os sócios que não tenham votado a favor da deliberação podem exonerar-se da sociedade (n.º 5)[9].

29 A transferência da sede da administração não tem de ser acompanhada pela transferência da sede estatutária[10]. Os n.os 2 e segs. do 3.º não o exigem. Decorre expressamente do 3.º/1/2.ª parte que a sociedade com sede principal e efetiva da sua administração no estrangeiro pode ter sede estatutária em Portugal.

20 Uma parte da doutrina infere da decisão proferida pelo TCE no caso *Überseering* uma regra de Direito Internacional Privado sobre a transferência internacional da sede da administração das "sociedades" europeias. Segundo esta regra, as "sociedades" europeias mantêm a personalidade e a capacidade jurídicas adquiridas segundo o Direito do Estado-Membro da constituição em caso de transferência internacional da sede da administração[11]. Os autores portugueses que se pronunciam neste sentido divergem sobre a compatibilidade do disposto no 3.º/2 com a obrigação de reconhecimento decorrente desta regra[12].

21 Esta orientação contradiz com a decisão do TCE no caso *Daily Mail* (*supra* Introdução n.º 21) e não tem em conta a diferença, assinalada nesta decisão, entre a localização da sede da administração e o exercício do direito de estabelecimento (que diz respeito à instalação para o exercício de uma atividade económica). O sentido da decisão proferida no caso *Überseering* foi atrás referido (Introdução n.º 24). Desta decisão não decorre que *em qualquer caso* de transferência internacional da sede da administração o Estado da nova sede, ou terceiros Estados, tenham de reconhecer a personalidade jurídica adquirida segundo o Direito do Estado de origem.

22 Isto não significa, porém, que a jurisprudência do TCE/TUE seja irrelevante para o regime da transferência internacional de sede. Ela impõe limites à atuação das regras de Direito

[9] Relativamente às sociedades por quotas, porém, o 240.º/1, *a*) só atribui a faculdade de exoneração aos sócios que tenham votado expressamente contra a transferência da sede para o estrangeiro – ver Raúl Ventura, *Sociedades por Quotas*, vol. II, 1989, 19-21; Maria Augusta França, "Direito à exoneração", *in Novas Perspectivas do Direito Comercial*, 205-227, 1988, 214-215. Cp., no sentido de o 240.º/1, *a*) se aplicar apenas à transferência da sede estatutária, J. Coutinho de Abreu, *Curso de Direito Comercial*, vol. II, *Das Sociedades*, 2002, 421-422.

[10] Ver, com mais desenvolvimento, Lima Pinheiro, op. cit., V.C. Cp. António Frada de Sousa, "Portugal", in Private International Law of Corporations in Europe, org. por Carsten Gerner-Beuerle, Federico Mucciarelli, Edmund Schuster e Mathias Siems, 625-641, Munique, 2019, n.º 61.

[11] Ver designadamente, na doutrina portuguesa, Ângela Bento Soares, "A liberdade de estabelecimento das sociedades na União Europeia", *Temas de Integração* 15/16 (2003) 283-321, 311 e segs.; *id.*, "A transferência internacional da sede social no âmbito comunitário", *in Temas Societários*, org. por J. Coutinho de Abreu, 45-77, 2006, 69 e segs.; e Moura Vicente, op. cit., 110 e segs., com mais referências.

[12] Ângela Bento Soares, *A liberdade do estabelecimento*, cit., 320 e seg., entende que a exigência de manutenção da personalidade jurídica segundo a lei que regia anteriormente a sociedade só é compatível se essa lei for a da constituição da sociedade; a exigência de conformação do contrato social com a lei portuguesa já seria de todo incompatível. Já Moura Vicente, op. cit., 111 e segs., defende a compa-

Internacional Privado do Estado de acolhimento em matéria de transferência internacional da sede. Assim, no caso de Portugal ser, simultaneamente, o Estado em que se pretende exercer o direito de estabelecimento e o Estado da nova sede da administração, a manutenção da personalidade jurídica da "sociedade" europeia só depende da sua válida constituição segundo o Direito de outro Estado-Membro. Não é necessário que a "sociedade" mantenha a personalidade jurídica segundo o Direito do Estado da anterior sede da administração se este não for o Estado de constituição. O 3.º/2 deve, por isso, sofrer uma adaptação neste caso[13]. Já o dever de conformar com a lei portuguesa o contrato social parece compatível com a obrigação de reconhecimento. Este dever é uma consequência lógica da sujeição da "sociedade" à lei portuguesa, que é desencadeada pela transferência da sede, e é justificada pelas finalidades prosseguidas pela norma de conflitos do 33.º/1 CC e do 3.º/1 CSC[14].

23 Estas soluções parecem compatíveis, e até certo ponto confirmadas, pela recente decisão nos casos *Cartesio* (2008) e *Vale* (2012) (*supra* Introdução n.º 24).

24 No caso Cartesio, o TCE entendeu que as normas europeias sobre direito de estabelecimento não se opõem a uma regulamentação de um Estado-Membro que impede que uma sociedade constituída ao abrigo do seu Direito transfira a respetiva sede para outro Estado-Membro conservando ao mesmo tempo a sua qualidade de sociedade regida pelo Direito do Estado-Membro da constituição[15].

25 Todavia, na linha da decisão proferida no caso *Überseering*, o TCE volta a não distinguir claramente o problema do exercício do direito de estabelecimento do problema da transferência da sede da administração. Isto leva o tribunal a afirmar, em *obita*, que constitui uma restrição à liberdade de estabelecimento que o Estado-Membro da constituição da sociedade, ao impor a dissolução e a liquidação dessa sociedade em caso de deslocação da sede para outro Estado-Membro, a impeça de se transformar numa sociedade de Direito nacional de outro Estado-Membro[16]. As considerações formuladas pelo tribunal tornam claro que se tem em vista casos em que a sociedade "passa a revestir uma forma prevista no Direito do Estado-Membro" para o qual desloca a sede da administração, e que o Estado da nova sede tem de permitir a transformação da sociedade numa sociedade de Direito nacional.

26 No acórdão *Vale*, o TUE, confrontado com a transferência da sede social e a reconstituição da sociedade noutro Estado-Membro, recordou que o direito de estabelecimento implica o exercício efetivo de uma atividade económica, deixando ao órgão jurisdicional de reenvio a missão de verificar se a sociedade desejava exercer esta atividade no Estado da nova sede[17]. No pressuposto de que este seria o caso, o TUE entendeu que não é compatível com o direito de estabelecimento a legislação nacional que, embora preveja que as sociedades de Direito interno têm a faculdade de se transformarem, não permite, de forma geral, a transformação de uma sociedade de Direito de outro Estado-Membro em sociedade de Direito nacional[18].

27 Decidiu ainda que, embora o Estado-Membro de acolhimento tenha o direito de determinar o Direito interno pertinente quanto a uma operação de transformação transfronteiriça e de aplicar as disposições do seu Direito nacional relativas às transformações internas que regulam a constituição e o funcionamento de uma sociedade[19], não pode recusar a menção da sociedade

tibilidade de ambas as exigências. A favor de uma diferenciação, pronuncia-se António Frada de Sousa, *A Europeização do Direito Internacional Privado* (tese de doutoramento polic.), Porto, 2012. 632 n. 1835.

[13] Ver também Ângela Bento Soares, op. cit., 320.

[14] Ver também Moura Vicente, op. cit., 112 e segs.

[15] N.º 124.

[17] N.ºs 111-113.

[17] N.ºs 34-35.

[18] N.º 41.

[19] Designadamente as exigências quanto à preparação de um balanço e de um inventário de ativos.

que solicitou a transformação como "antecessora jurídica", se tal menção da sociedade antecessora no registo comercial estiver prevista para as transformações internas, e deve ter devidamente em conta os documentos emitidos pelas autoridades do Estado-Membro de origem no procedimento de registo da sociedade[20].

A ideia geral que resulta destas decisões é a de que, no caso de uma "sociedade" constituída segundo o Direito de um Estado-Membro transferir a sede da administração para outro Estado-Membro com vista a exercer uma atividade económica neste Estado, tanto a ordem jurídica do Estado de origem como a do Estado de acolhimento têm de admitir a persistência da personalidade jurídica da "sociedade", desde que, neste segundo caso, a transformação da sociedade numa sociedade de Direito nacional seja geralmente admissível perante o Direito material comum. 28

O acórdão *Polbud* (2017) alarga esta ideia à transferência da sede estatutária mesmo que dissociada da transferência da sede da administração[21]. Assim, a lei de um Estado-Membro não pode fazer depender a transferência da sede estatutária para o território de outro Estado-Membro da liquidação da sociedade[22]. Lamentavelmente, o TUE fez uma nova inflexão no sentido de o direito de estabelecimento poder ser invocado mesmo que não esteja em causa o exercício de uma atividade económica no Estado da nova sede[23]. 29

Artigo 4.º (Sociedades com atividade em Portugal)

1. A sociedade que não tenha a sede efetiva em Portugal, mas deseje exercer aqui a sua atividade por mais de um ano, deve instituir uma representação permanente e cumprir o disposto na lei portuguesa sobre registo comercial.

2. A sociedade que não cumpra o disposto no número anterior fica, apesar disso, obrigada pelos atos praticados em seu nome em Portugal e com ela respondem solidariamente as pessoas que os tenham praticado, bem como os gerentes ou administradores da sociedade.

3. Não obstante o disposto no número anterior, o tribunal pode, a requerimento de qualquer interessado ou do Ministério Público, ordenar que a sociedade que não dê cumprimento ao disposto no n.º 1 cesse a sua atividade no País e decretar a liquidação do património situado em Portugal.

4. O disposto nos números anteriores não se aplica às sociedades que exerçam atividade em Portugal ao abrigo da liberdade de prestação de serviços conforme previsto na Diretiva n.º 2006/123/CE, do Parlamento Europeu e do Conselho, de 12 de dezembro.

Bibliografia: António Caeiro, "Algumas notas sobre o artigo 4.º do Código das Sociedades Comerciais", *RDE* 13 (1987) 333-341; *id.*, "Apostilha à resposta do Dr. Rui Moura Ramos", *RDE* 13 (1987) 361--363; Isabel de Magalhães Collaço, *Direito Internacional Privado*, parte II – "Sistema de normas de conflitos portuguesas", t. I – "Direito das pessoas. § 2.º Pessoas Colectivas" (Lições proferidas ao 5.º ano jurídico de 1970-1971. Apontamentos de alunos), Lisboa, 1971, 54 e seg.; Rui Pereira Dias, Anotação ao art. 4.º, *in Código das Sociedades Comerciais em Comentário*, org,. por Jorge Coutinho de Abreu, vol. I, Coimbra, 2010; Luís de Lima Pinheiro, "O Direito aplicável às sociedades. Contributo para o Direito Internacional Privado das sociedades", *ROA* 58 (1998) 673-777, 714 e segs. (=*Estudos de Direito Internacional Privado*, 11-104, Almedina, Coimbra, 2006); *id.*, *Direito Internacional Privado*, vol. II – *Direito de Conflitos/Parte Espe-*

[20] N.º 62.

[21] N.º 44.

[22] N.º 65.

[23] N.ºs 30 e segs. Deve sublinhar-se, porém, que neste caso não estava em causa a transferência da sede da administração mas a da sede estatutária.

cial, 2.ª ed., Almedina, Coimbra, 2002, 105 e segs.; Rui Moura Ramos, *Aspectos recentes do Direito Internacional Privado português* (Sep. Est. Afonso Rodrigues Queiró – BFDC 1986), Coimbra, 1987, 5 e segs.; *id.*, "O artigo 4.º do Código das Sociedades Comerciais revisitado", *RDE* 13 (1987) 343-359; *id.*, "Resposta à apostilha do Dr. António Caeiro", *RDE* 13 (1987) 365-370; António Frada de Sousa, "Portugal", *in Private International Law of Corporations in Europe*, org. por Carsten Gerner-Beuerle, Federico Mucciarelli, Edmund Schuster e Mathias Siems, 625-641, Munique, 2019; Pedro Leitão Pais de Vasconcelos, *Sociedades Comerciais Estrangeiras*, Coimbra, 2015.

Índice

1. Origem e enquadramento sistemático 1
2. Âmbito de aplicação 4
3. Fundamento e sentido normativo 6
4. Compatibilidade com a liberdade comunitária de prestação de serviços 10

1 1. **Origem e enquadramento sistemático.** O 4.º representa, em certa medida, uma inovação legislativa, visto que o Código Comercial não exigia o estabelecimento de uma representação permanente para o exercício da atividade da sociedade de estatuto pessoal estrangeiro em Portugal (ver 109.º CCom)[1]. O CCom já determinava que as sociedades de estatuto pessoal estrangeiro que estabelecessem em Portugal uma representação social deveriam cumprir o disposto na lei portuguesa quanto ao registo e publicação dos atos sociais e mandatos dos respetivos representantes (111.º) e estabelecia a responsabilidade pessoal e solidária dos representantes pelas obrigações sociais contraídas no exercício das suas funções em caso de incumprimento dessa prescrição (112.º CCom)[2].

2 A exigência do estabelecimento de uma representação permanente e do cumprimento de requisitos de publicidade para o exercício da atividade de sociedades de estatuto pessoal estrangeiro é conhecida de muitos ordenamentos estaduais. Nos sistemas que seguem a teoria da constituição (*supra* Introdução n.º 7) a competência atribuída ao Estado onde a sociedade desenvolve a sua atividade é vista como uma atenuação dessa teoria. Nos sistemas que adotam a teoria da sede (*supra* Introdução n.º 8), esta competência não é geralmente relacionada com a determinação da lei pessoal da sociedade. Entre nós, esta competência tem sido encarada como um problema de "reconhecimento da capacidade funcional" das sociedades de estatuto pessoal estrangeiro[3] ou como um condicionamento de Direito dos estrangeiros[4]. Deve entender-se que se trata de um *limite à competência da lei pessoal* determinada nos termos do 3.º. Com efeito, sujeita-se a sociedade de estatuto pessoal estrangeiro que desenvolva atividade em Portugal com certo grau de permanência a determinadas exigências e impõe-se, para o caso de incumprimento, um determinado regime de responsabilidade pelas dívidas sociais.

[1] Na versão original, o n.º 3 do 4.º fazia referência ao "cumprimento ao disposto nos n.ºs 1 e 2". A inclusão do n.º 2 constituía um lapso que foi rectificado pelo 13.º do DL 257/96, de 31-dez.

[2] Ver Isabel de Magalhães Collaço, *Direito Internacional Privado*, parte II – "Sistema de normas de conflitos portuguesas", t. I – "Direito das pessoas. § 2.º Pessoas Colectivas", (Lições proferidas ao 5.º ano jurídico de 1970-1971. Apontamentos de alunos), Lisboa, 1971, 54 e seg.

[3] Ver, designadamente, Isabel de Magalhães Collaço, loc. cit.

[4] Ver, designadamente, Moura Ramos, *Aspectos recentes do Direito Internacional Privado português*, (Sep. Est. Afonso Rodrigues Queiró – BFDC 1986), Coimbra, 1987, 5 e segs.; Rui Pereira Dias, Anotação ao art. 4.º, *in Código das Sociedades Comerciais em Comentário*, org,. por Jorge Coutinho de Abreu, vol. I, Coimbra, 2010, Art. 4.º n.º 1. Cp. Lima Pinheiro, "O Direito aplicável às sociedades. Contributo para o Direito Internacional Privado das sociedades", *ROA* 58 (1998) 673-777 (= *Estudos de Direito Internacional Privado*, 11-104, Almedina, Coimbra, 2006), n. 108.

O 4.º é, complementado, quanto ao registo e às publicações, pelos 10.º, *c*) e *d*), 10.º-A, 40.º/2 e 70.º/1, *e*) CRegCom[5]. 3

2. **Âmbito de aplicação**. O 4.º aplica-se às pessoas coletivas que se constituam com a intervenção de órgãos públicos, pretendam desenvolver em Portugal uma atividade com caráter duradouro que seja de qualificar como comercial perante o Direito material português e tenham a sede da administração no estrangeiro. 4

Esta disposição deve ser aplicada analogicamente aos entes de estatuto pessoal estrangeiro que exerçam atividade económica por mais de um ano em Portugal, quando não se verifique a comercialidade e (ou) a constituição, como pessoas coletivas, mediante a intervenção de órgãos públicos, pressupostas para a sua aplicação direta[6]. Com efeito, os interesses de terceiros carecem de tutela perante quaisquer entes que exerçam atividade económica em Portugal. 5

3. **Fundamento e sentido normativo**. As normas contidas no 4.º desempenham um *papel fundamental* na proteção dos interesses de terceiros no comércio jurídico local[7]. Com efeito, os interesses de terceiros têm de ser acautelados mesmo que a sociedade não tenha a sede estatutária nem a sede da administração num país onde desenvolve atividade, em especial quando esta atividade é desenvolvida por um centro local organizado. Não se deve colocar a cargo de todos aqueles que neste país contratam com a sociedade ou que são lesados mediante a violação pela sociedade dos seus direitos e interesses juridicamente protegidos o ónus de indagar em que Estado a sociedade está sedeada e de consultar as inscrições feitas no registo organizado neste Estado. Daí resultariam não só dificuldades e custos para terceiros mas também um entrave ao comércio jurídico em geral. Por acréscimo, estes terceiros devem poder contactar a sociedade através de um representante local e, se esta representação local constitui um centro organizado de atividade, devem poder propor as ações relativas à sua exploração nos tribunais locais e contra a própria representação local. 6

O disposto no 4.º vai ao encontro destas preocupações. A sociedade de estatuto pessoal estrangeiro que deseje exercer a sua atividade em Portugal por mais de um ano deve instituir uma representação permanente e cumprir o disposto na lei portuguesa sobre registo comercial (n.º 1). Por seu turno, o 10.º, *c*) e *d*), CRegCom, determina que estão sujeitos a registo a criação, alteração e encerramento das representações permanentes, bem como a designação, poderes e cessação de funções dos respetivos representantes e, ainda, a prestação de contas das sociedades representadas. Por força do 40.º/2 CRegCom o registo da representação permanente é feito em face de documento comprovativo da deliberação social que a estabeleça, do texto completo e atualizado do contrato de sociedade e de documento que prove a existência jurídica desta. 7

Em caso de não cumprimento das exigências feitas pelo n.º 1 do 4.º, estabelece-se a responsabilidade solidária com a sociedade das pessoas que tenham praticado atos em seu nome em Portugal bem como dos gerentes ou administradores da sociedade (n.º 2). 8

O 4.º contém normas de Direito material especial, visto que estabelecem um regime específico para a atividade local das sociedades de estatuto pessoal estrangeiro. Este Direito 9

[5] Os entes coletivos personalizados que exerçam habitualmente atividade em Portugal e as suas representações também estão obrigados a inscrição no ficheiro central de pessoas coletivas, nos termos do 4.º/1, *a*) e *b*) e do 7.º do DL 129/98, de 13-mai..
Com respeito às sucursais de sociedades anónimas, por quotas e em comandita por acções, ver ainda Décima Primeira Diretiva do Conselho em matéria de Direito das Sociedades, Relativa à Publicidade das Sucursais Criadas num Estado-Membro por certas Formas de Sociedades Relevando do Direito de outro Estado-Membro (89/666/CEE, de 21/12/89).

[6] O que naturalmente exigirá adaptações em alguns dos preceitos do CRegCom com que se conjuga.

[7] Ver Moura Ramos, op. cit., 6 e segs.

material especial de fonte interna é um complemento necessário do Direito de Conflitos (que consta do 33.º CC e do 3.º), para a proteção de terceiros.

10 4. **Compatibilidade com a liberdade europeia de prestação de serviços**. A compatibilidade do 4.º com a Diretiva Relativa aos Serviços no Mercado Interno (Dir. 2006/123/CE)[8], no que respeita a atividades de prestação de serviços abrangidas por esta Diretiva, pode suscitar dúvidas. A Diretiva determina que os Estados-Membros não devem condicionar o acesso ou o exercício de atividades no seu território por prestadores de serviços estabelecidos noutros Estados-Membros ao cumprimento de qualquer requisito que não respeite os princípios da não discriminação em razão do Estado-Membro em que os prestadores estão estabelecidos, da necessidade e da proporcionalidade (16.º/1). O 4.º não estabelece uma discriminação em função do país de estabelecimento dos prestadores de serviços e, por isso, não é discriminatório. Já a compatibilidade das exigências de uma representação permanente e do cumprimento do disposto na lei portuguesa sobre registo comercial com o princípio da necessidade, tal como que se encontra formulado na Diretiva, é duvidosa, visto que não parece ser justificado por "razões de ordem pública, de segurança pública, de saúde pública ou de proteção do ambiente". No entanto, o Considerando n.º 65 admite que o Estado de acolhimento exija que um representante do prestador deva estar presente no decurso do exercício de uma atividade sempre que tal se justifique por uma razão imperiosa de interesse geral. A proteção dos destinatários dos serviços é considerada uma "razão imperiosa de interesse geral" (4.º/8).

11 Mais concretamente, a Diretiva estabelece que os Estados-Membros não podem restringir a liberdade de prestar serviços de um prestador estabelecido noutro Estado-Membro através da obrigação de o prestador ter um estabelecimento no respetivo território – 16.º/2, *a*). Por "estabelecimento" entende-se "o exercício efetivo pelo prestador de uma atividade económica (...) por um período indeterminado e através de uma infraestrutura estável a partir da qual a prestação de serviços é efetivamente assegurada" (4.º/5). Uma "representação permanente" não é necessariamente um estabelecimento. Pode ser um mero escritório em que se encontre um representante de um prestador de serviços que desenvolve a sua atividade a partir de estabelecimento situado no estrangeiro. Nesta medida não é líquido que a exigência de instituição de uma representação permanente seja proibida por este preceito[9].

12 Com o aditamento do n.º 4 ao 4.º, pelo DL n.º 49/2010, o legislador português parece, todavia, ter entendido que a transposição da Diretiva implicava a inaplicabilidade do regime contido nos n.ºs 1 a 3 do 4.º às sociedades que beneficiam da liberdade de prestação de serviços ao abrigo da Diretiva.[10]

13 Em qualquer caso, é lamentável que a Diretiva não tenha salvaguardado claramente a admissibilidade de exigências como as feitas pelo 4.º/1, que são indispensáveis para uma adequada proteção de terceiros e para facilitar o comércio local.

[8] *JOCE* L 376/36, de 27/12/2006.

[9] Neste sentido, porém, António Frada de Sousa, "Portugal", *in Private International Law of Corporations in Europe*, org. por Carsten Gerner-Beuerle, Federico Mucciarelli, Edmund Schuster e Mathias Siems, 625-641, Munique, 2019, n.º 18.

[10] Ver também Rui Pereira Dias, Anotação ao art. 4.º, in Código das Sociedades Comerciais em Comentário, org. por Jorge Coutinho de Abreu, vol. I, Coimbra, 2010, n.º 3. Cp., no sentido de uma limitação do alcance do art. 4.º/4, baseada principalmente na distinção entre casos em que a atividade é exercida ao abrigo da liberdade de prestação de serviços e casos em que é exercida ao abrigo do direito de estabelecimento, Pedro Leitão Pais de Vasconcelos, *Sociedades Comerciais Estrangeiras*, Coimbra, 2015, 272 e segs..

Artigo 4.°-A (Forma escrita)

A exigência ou a previsão de forma escrita, de documento escrito ou de documento assinado, feita no presente Código em relação a qualquer ato jurídico, considera-se cumprida ou verificada ainda que o suporte em papel ou a assinatura sejam substituídos por outro suporte ou por outro meio de identificação nomeadamente através de assinatura eletrónica, e que assegurem níveis pelo menos equivalentes de inteligibilidade e de durabilidade.

Bibliografia: Menezes Cordeiro, *Direito comercial*, 5.ª ed. (2022), 646-647; Albino Matos, *Sociedades, documento autêntico ou particular?*, em AAVV, *Reformas do Código das Sociedades* (2007), 121-137; Jorge Sinde Monteiro, *Assinatura electrónica e certificação*, RLJ 133 (2001), 261-272; Libório Dias Pereira, *Comércio electrónico na sociedade de informação: da segurança jurídica à confiança jurídica* (1999).

Índice

1. A reforma de 2006 1
2. A reforma de 2017 2
3. Suportes electrónicos 3
4. Contratação electrónica 5
5. Constituição *on line* 6
6. Apreciação e prevenções 7

1. **A reforma de 2006**. O 4.°-A foi introduzido pelo 3.° do DL 76-A/2006, de 29-mar.[1]. Este diploma apresenta, no seu preâmbulo, como um dos pontos essenciais da reforma, a supressão da escritura pública. Essa supressão é prolongada pela dispensa da "forma escrita", substituível por "outro suporte", nos termos do 4.°-A. 1

2. **A reforma de 2017** derivou do 2.° do DL 79/2017, de 30-jun., que pretendeu relançar a economia portuguesa e o emprego, atuando em diversos eixos. No tocante ao 4.°-A, ela cifrou-se em acrescentar "nomeadamente através de assinatura eletrónica, e". Além disso suprimiu, no final do preceito, "autenticidade". A novidade, a haver alguma, é escassa. 2

3. **Suportes electrónicos**. O novo preceito teve em vista os denominados documentos eletrónicos, autenticados com assinatura digital. Esta foi regulada pelo DL 290-D/99, de 2-ago., alterado pelo DL 62/2003, de 3-abr., que o republicou em anexo, pelo DL 25/2004, de 15-jul. e pelo DL 88/2009, de 9-abr.. A regulamentação resulta do DR 25/2004, de 15-jul., tendo o registo das entidades certificadoras sido fixado pela P 1350/2004, de 25-out., substituída pela P 597/2009, de 4-jun.. Hoje rege o DL 12/2021, de 9-fev. 3

Por seu turno, a transmissão de documentos por telecópia e por via eletrónica, no notariado, é regulada pelo DL 66/2005, de 15-Mar.. 4

4. **Contratação eletrónica**. A contratação eletrónica foi tratada pelo DL 7/2004, de 7-jan., alterado pelo DL 62/2009, de 10-mar. e pela L 46/2012, de 29-ago.: segundo o seu 26.°/1, as declarações eletrónicas, com suporte adequado, satisfazem a exigência legal da forma escrita (26.°/1), valendo a assinatura eletrónica (26.°/2). 5

5. **Constituição *on line***. O DL 125/2006, de 29-jun., por último alterado pelo DL 109-D/2021, de 9-dez. e regulamentado pela P 657-C/2006, de 29-jun., permite a constituição de sociedades por via eletrónica (*Internet*)[2]. Temos, aqui, outra aplicação do princípio do 4.°-A. 6

[1] DR I Série-A, n.° 63 (Supl.), de 29-mar.-2006, 2328-(34).

[2] António Menezes Cordeiro 1 (2007), 256-257.

7 6. **Apreciação e prevenções**. A experiência já reunida mostra que o Direito privado, civil e comercial, lida, sem sobressaltos, com as novas tecnologias da informação. Em breve elas tenderão para a exclusividade, cabendo às várias profissões adaptarem-se ao progresso: pense-se nos antigos copistas, perante a imprensa, a partir do século XV.

8 Todavia: sabemos que os primeiros livros impressos (a Bíblia de Gutenberg!) se conservam, passados mais de quinhentos anos. Mas é pouco provável que os atuais suportes eletrónicos possam ser lidos pelo material que se irá usar dentro de alguns anos. Há, assim, informação em permanente reciclagem, sob pena de se perder: aliás, muita da inserida nos nossos primeiros computadores já se perdeu[3]. O entusiasmo do momento não nos pode levar a pensar, apenas, no curto prazo.

9 Como recomendação: os documentos importantes devem, nas sociedades, ser também conservados em papel.

Capítulo II – Personalidade e capacidade

Introdução

Bibliografia: Jorge Coutinho de Abreu, *CSC em comentário* (Coutinho de Abreu), I, 2.ª ed. (2019), 5.º; Pedro de Albuquerque, "A vinculação das sociedades comerciais por garantia de dívidas de terceiros", *ROA* 55 (1995) II, 689-711; "Da prestação de garantias por sociedades comerciais a dívidas de outras entidades", *ROA* 57 (1997) I, 69-147; Abel de Andrade, *Commentario ao Codigo Civil Portuguez (Artt. 395º e segg.)* (1895); Manuel de Andrade, *Direito Civil (Teoria Geral da Relação Jurídica)*, I (1944); *Teoria Geral da Relação Jurídica*, I (*Sujeitos e objecto*), por Ferrer Correia e Rui de Alarcão (1960, reimp. 1992); "Esboço de um anteprojecto de código das pessoas e da família na parte relativa ao começo e termo da personalidade jurídica, aos direitos de personalidade, ao domicílio", *BMJ* 102 (1961), 153-166; José de Oliveira Ascensão, *Direito Civil – Teoria Geral*, I (*Introdução. As pessoas. Os bens*), 1.ª ed. (1997) e 2.ª ed. (2000); Francisco da Veiga Beirão, *Direito Commercial Portuguez – Esboço do curso* (1912); Bruschy, *Manual do Direito Civil Portuguez segundo a novissima legislação*, I (1868); António Caeiro, *A Parte Geral do Código das Sociedades Comerciais* (1988); Diogo Leite de Campos/Stela Barbas, "O início da pessoa humana e da pessoa jurídica", *ROA* 61 (2001) III, 1257-1268; Manuel Borges Carneiro, *Direito Civil de Portugal contendo três livros: I Das pessoas: II Das cousas: III Das obrigações e acções*, I (1826) e III (1828); Osório de Castro, "Da prestação de garantias por sociedades a dívidas de outras entidades", *ROA* 56 (1996) II, 565-593; "De novo sobre a prestação de garantias por sociedades a dívidas de outras entidades: luzes e sombras, *ROA* 58 (1998) II, 823-858; "A prestação gratuita de garantias e a assistência financeira no âmbito de uma relação de grupo", *Estudos em Homenagem a Miguel Galvão Teles*, II (2012), 413-433; Mário Bigotte Chorão, "O problema da natureza e tutela jurídica do embrião humano à luz de uma concepção realista e personalista do direito", *O Direito* 123 (1991) IV, 571-598; Isabel de Magalhães Collaço, *Da legitimidade no acto jurídico* (1948); António Menezes Cordeiro, *Tratado de Direito Civil*, IV (*Parte Geral – Pessoas*), 5.ª ed. (2019); *CSC Anotado*, 2.ª ed. (2012), 5.º; "Direito bancário e alteração das circunstâncias", *I Congresso de Direito Bancário*, 2015, 27-81; Gérard Cornu, *Droit Civil. Introduction – Les personnes, les biens*, 11.ª ed. (2003); António Ferrer Correia, "Lei das Sociedades Comerciais (Anteprojecto)", *BMJ* 191 (1969), 5-137; Paulo Cunha, *Teoria Geral do Direito Civil* (1971/1972), 6.ª aula 12-Nov.-1971; Reinhard Damm, "Personenrecht – Klassik und Moderne der Rechtsperson", *AcP* 202 (2002), 841-879; Ricardo Teixeira Duarte, *Commentario ao Titulo XII, Parte I, Livro II do Codigo Commercial Portuguez* (1872); *Commentario da Lei das Sociedades Anonymas* (1886); Fritz Fabricius, *Relativität der Rechtsfähigkeit* (1963); Luís Carvalho Fernandes, *Teoria Geral do Direito Civil*, I (*Introdução. Pressupostos da relação jurídica*), 6.ª ed. (2012); José Dias Ferreira, *Codigo Civil Portuguez Annotado*, I (1870); Diogo Costa Gonçalves, *Pessoa coletiva e sociedades comer-*

[3] Neste momento, já não seria possível construir um foguetão Saturno V, que levou o Homem à Lua há cerca de meio século, por os seus numerosos suportes informáticos então usados serem, hoje, ilegíveis.

ciais – Dimensão problemática e coordenadas sistemáticas da personificação jurídico-privada (2015, reimp. 2016); Gabriel Órfão Gonçalves, "Da personalidade jurídica do nascituro", *FDUL* XLI (2000), I, 525-539; Luiz da Cunha Gonçalves, *Tratado de Direito Civil*, I (1929); Karl Haff, *Institutionen der Persönlichkeitslehre und des Körperschaftsrechts* (1918); Carl Gustav Hempel/Paul Oppenheim, *Der Typusbegriff im Licht der Neuen Logik* (1936); Heinrich Ewald Hörster, *A parte geral do Código Civil Português – Teoria Geral do Direito Civil* (1992, reimp. 2014); Mathias Lehmann, "Der Begriff der Rechtsfähigkeit", *AcP* 207 (2007), 225-255; Pires de Lima/Antunes Varela, *Código Civil Anotado*, I, 4.ª ed. (1987); Victor Marcadé, *Cours élémentaire de Droit Civil Français*, 4.ª ed. (1850); Volker Beuthien, "Zur Begriffsverwirrung im deutschen Gesellschaftsrecht", *JZ* (2003) 14, 715-722; João de Castro Mendes, *Teoria Geral do Direito Civil* (Lições 1978-1979), I (1995); Alexander Meschkowski, *Zur Rechtsfähigkeit der BGB-Gesellschaft – Die Verpflichtungs- und Vermögensfähigkeit* (2006); Luís Cabral de Moncada, *Lições e Direito Civil (Parte Geral)*, 2.ª ed. (1932); Guilherme Moreira, *Instituições do Direito Civil Português*, I (1907); Vicente Ferrer Netto Paiva, *Elementos de Direito Natural ou de Philosophia de Direito* (1844); Carlos Alberto da Mota Pinto, *Teoria Geral do Direito Civil*, 3.ª ed. (1996); *Teoria Geral do Direito Civil*, 4.ª ed. (por António Pinto Monteiro/Paulo Mota Pinto) (2005); Fritz Rittner, *Die werdende juristische Person* (1973); Manuel A. Coelho da Rocha, *Instituições de Direito Civil Portuguez*, I, 2.ª ed. (1848); João Espírito Santo, *Sociedades por Quotas e Anónimas – Vinculação: objecto social e representação plural* (2000); Santoro-Passarelli, *Teoria Geral do Direito Civil*, 8.ª ed., 1967; Uwe John, *Die organisierte Rechtsperson* (1977); Karsten Schmidt, *Verbandszweck und Rechtsfähigkeit im Vereinsrecht*, 1984; "Die BGB-Gesellschaft: rechts- und parteifähig", *NJW* 54 (2001) 14, 993-1003; "Grundlagenungewissheit der Gesetzgebung oder der Rechtsfortbildung im Gesellschaftsrecht? – Rechtsfähigkeit und Rechtspersönlichkeit als Beispiele", *Von der Sache zum Recht (FS Volker Beuthien 75. Geburtstag)* (2009), 211-233; Rabindranath Capelo de Sousa, *O direito geral de personalidade* (1995); José Tavares, *Os princípios fundamentais do Direito Civil*, II (1928); *Sociedades e Empresas Comerciais*, 2.ª ed. (1924); José Homem Corrêa Telles, *Digesto Portuguez*, 2.ª ed. (1835) (1.ª ed. 1835); Michael Timme/Fabian Hülk, "Rechts- und Parteifähigkeit der Gesellschaft bürgerlichen Rechts – BGH, NJW 2001, 1056", *JuS* (2001), 6, 536-539; Peter Tuor/Bernhard Schnyder/Jörg Schmid, *Das schweizerische Zivilgesetzbuch*, 11.ª ed. (1995); Pedro Pais de Vasconcelos, *Contratos Atípicos*, 2.ª ed. (2009); *Teoria Geral do Direito Civil*, 8.ª ed. (2015), 33 e ss.; Raúl Ventura, *Adatação do Direito português à 1.ª Directiva do Conselho da Comunidade Económica Europeia sobre Direito das Sociedades* (1981); Markus K. Weiss, *Rechtsfähigkeit, Parteifähigkeit und Haftungsordung der BGB-Gesellschaft nach dem Grundlagenurteil des Bundesgerichtshofts vom 29.01.2001*, 2005; Hans J. Wolff, *Organschaft und juristische Person*, I (*Juristische Person und Staats-person*) (1933).

Índice

I – A personificação das sociedades comerciais no Direito comercial português

1. A pré-codificação 1
2. O Código Ferreira Borges 3
3. O Código Veiga Beirão 5
4. O CSC 8

II – Sentido e alcance da personificação

5. Sequência 12
6. A pessoa coletiva como *modelo de decisão* 14
7. Pessoa-imputação 17
8. Pessoa-capacidade 20
9. Pessoa-organização 24
10. Pessoa-responsabilidade 27
11. A pessoa coletiva como conceito-síntese (*Inbegriff*) 30
12. Os núcleos jurídico-problemáticos no processo de realização do Direito 34

III – A dupla dimensão sistemática da pessoa coletiva

13. Sequência 39
14. Pessoa coletiva como *tipo* 41
15. Pessoa coletiva como *conceito classificatório* 47

IV – A releitura necessária do 5.º

16. Sequência 49
17. O *monismo* concetual 52
18. Origem da distinção entre personalidade e capacidade 54
19. A doutrina portuguesa 59
20. Revisão crítica: sobreposição concetual 63
21. Cont.: contaminação valorativa 65
22. Cont.: a relativização da personalidade e universalidade sistemática 69
23. Regresso ao monismo concetual 76
24. Recolocação do problema da aquisição da personalidade jurídica 81

V – **A capacidade de gozo das sociedades comerciais**
25. Sequência ... 84
26. A origem do princípio da especialidade ... 87
27. A perpetuação da *especialidade* no CC ... 91
28. O CSC ... 93

VI – **A superação do princípio da especialidade**
29. Superação por *via pragmática* ... 95
30. Superação por *via dogmática: deslocação do núcleo problemático* ... 100
31. Cont.: *formulação positiva do princípio* da especialidade ... 108
32. Cont.: *superação pura* ... 111

I – A personificação das sociedades comerciais no Direito comercial português

1 1. **A pré-codificação**. O Direito comercial português atribui personalidade jurídica a todas sociedades comerciais e civis sob forma comercial. Não assim noutras latitudes: em Itália e na Alemanha, por exemplo, a personificação de sociedades é um fenómeno circunscrito às ditas sociedades de capitais (SPQ e SA)[1].

2 O reconhecimento das sociedades como pessoas coletivas é anterior à codificação. Borges Carneiro – responsável por uma primeira lição de Direito pátrio sobre as *pessoas moraes*[2] – qualifica as companhias como *corporações comerciais* ou *financeiras* (consoante o seu objeto)[3]. Também Coelho da Rocha vê nas sociedades *pessoas moraes de Direito privado*, a par das heranças jacentes, massas falidas, morgadios e outras realidades de base patrimonial[4]. Em Netto Paiva – a quem se deve a introdução em Portugal do conceito *pessoa collectiva* (meio século antes da sua divulgação por Guilherme Moreira[5]) –, as sociedades comerciais surgem reconduzidas à figura das *sociedades simples, iguais e temporárias*[6].

3 2. **O Código Ferreira Borges**. Contrariamente à doutrina coeva, o autor do CCom 1833 não sustentou a personificação das sociedades comerciais. Nem na *Jurisprudência do contrato mercantil de sociedade* (1830)[7] nem no *Diccionario Juridico Comercial* (1839) encontramos qualquer referência às companhias como pessoas morais.

4 Não obstante, o articulado do Código – em particular os 541.°, 542.° e 543.° – permitiram a autores como Teixeira Duarte qualificar as companhias como pessoas morais[8]. Outras disposições favoreciam tal entendimento, como os 603.°, 607.° e 608.°, acerca da autonomia patrimonial da sociedade[9].

5 3. **O Código Veiga Beirão**. A expressa atribuição de personalidade jurídica às sociedades comerciais surge no CCom, pela pena de Veiga Beirão. Nos termos do 108.°, as sociedades comerciais gozavam de *individualidade jurídica*. O conceito devia ser interpretado à luz do disposto nos 32.° e ss. do Código Seabra, no sentido de as sociedades comerciais (todas) serem

[1] Neste sentido, veja-se António Menezes Cordeiro, *CSC Anotado*, 2.ª ed., 2012, 5.°, 3.

[2] Com desenvolvimento, Diogo Costa Gonçalves, *Pessoa coletiva e sociedades comerciais – Dimensão problemática e coordenadas sistemáticas da personificação jurídico-privada*, 2015, 441 e ss.

[3] Manuel Borges Carneiro, *Direito Civil de Portugal contendo três livros: I Das pessoas: II das cousas: III Das obrigações e acções*, III, 1828, § 296.° (261).

[4] Manuel A. Coelho da Rocha, *Instituições de Direito Civil Portuguez*, I, 2.ª ed., 1848, § 54.° (34).

[5] Diogo Costa Gonçalves, *Pessoa coletiva e sociedades comerciais* cit., 449.

[6] Por oposição às sociedades complexas, desiguais e perpétuas das quais o Estado era exemplo paradigmático. Cf. Vicente Ferrer Netto Paiva, *Elementos de Direito Natural ou de Philosophia de Direito*, 1844, § 226.° (144-145) e § 232.° (147).

[7] Temos por referência a 2.ª ed. (1844).

[8] Ricardo Teixeira Duarte, *Commentario ao Titulo XII, Parte I, Livro II do Codigo Commercial Potuguez*, 1872, 34-35. O autor desenvolveria este entendimento à luz da *Lei das Sociedades Anonymas*, de 22-jun.-1867 *in Commentario da Lei das Sociedades Anonymas*, 1886, 236-238.

[9] Diogo Costa Gonçalves, *Pessoa coletiva e sociedades comerciais* cit., 456.

pessoas moraes[10]. O mesmo 108.º viria a ser aplicado às SPQ, mercê da remissão prevista no 62.º da LSQ, de 11-abr.-1901.

O Código nada dispunha quanto ao momento aquisitivo da personalidade jurídica. 6
Como os 45.º e ss. previam a matrícula obrigatória das sociedades no registo comercial (47.º) – ao tempo regulado no Regulamento de 15-nov.-1888 –, alguma doutrina sustentava que a personalidade jurídica das sociedades apenas se adquiria com a sua matrícula no registo.

Com os DL 42 644 e 42 645, ambos de 14-nov.-1959, foi alterado o regime do registo e 7
aprovado um novo Regulamento do Registo Comercial. A incerteza quanto ao efeito constitutivo do registo não foi clarificada. Nos termos do 9.º do DL 42 644, a sociedade não matriculada não podia *"prevalecer-se da qualidade de comerciante em relação a terceiros"*; porém, tão pouco podia invocar esse facto para se subtrair *"às responsabilidades e obrigações inerentes a essa qualidade"*.

4. **O CSC** mantém a orientação herdada do CCom, fixando *ex professo* o momento aquisitivo 8
da personalidade jurídica. As legislações coevas depunham a favor do registo. O *Normativsystem* do *BGB* estava baseado no efeito constitutivo do registo e no mesmo sentido seguia o § 11 (1) *GmbH* e o § 41.º *AktG*. Também em Itália, os 2331.º/1 e 2475.º faziam depender a aquisição de personalidade jurídica do registo da sociedade.

No *Anteprojeto de 1969*, Ferrer Correia veio propor a consagração legal desta solução: 9

Artigo 4.º
(Personalidade jurídica)

> As sociedades comerciais gozam de personalidade jurídica e só existem como tais a partir da inscrição do título constitutivo no registo comercial.

A opção legislativa justificava-se por razões de segurança no tráfego jurídico e a fim de 10
garantir o controlo da legalidade do ato constitutivo da sociedade, evitando a personificação de sociedades enfermadas de algum vício que perigasse a eficácia do contrato.

No *Projeto de 1983*, o articulado proposto por Ferrer Correia surge no 6.º com redação 11
atual do 5.º

II – Sentido e alcance da personificação

5. **Sequência**. O alcance prático da personificação das sociedades comerciais depende da pró- 12
pria natureza da pessoa coletiva e das suas implicações no processo de realização do Direito. Em anotação anterior ao 5.º, Menezes Cordeiro apontou 6 consequências da personificação das sociedades: *(a)* a sociedade tem direitos e deveres próprios, irrepercutíveis nos sócios; *(b)* os atos dos administradores, praticados nessa qualidade, sejam eles lícitos ou ilícitos, são imputados, apenas, à sociedade; *(c)* pelas dívidas da sociedade respondem os bens desta; *(d)* os credores individuais do sócio não podem responsabilizar os bens da sociedade: só a participação social; *(e)* o sócio não pode dispor dos bens da sociedade: só da sua participação social; *(f)* os credores da sociedade preferem sobre os bens sociais, no confronto com os credores individuais dos sócios.[11].

E concluía: *"a personalização das sociedades significa, no fundo, que os direitos e os deveres dos* 13
sócios são tratados a modo coletivo. Ou seja: embora os seres humanos sejam sempre, em última análise,

[10] Neste sentido depunha o próprio autor material do Código, Francisco da Veiga Beirão – *Direito Commercial Portuguez – Esboço do curso*, 1912, 52-53.

[11] António Menezes Cordeiro, *CSC Anotado*, cit., 5.º, 4.

os únicos destinatários possíveis de normas jurídicas, a personalidade coletiva permite que, através de novos jogos de normas, os direitos e deveres daí resultantes sejam exercidos e acatados através de uma organização própria"[12].

14 6. **A pessoa coletiva como *modelo de decisão*.** A pessoa coletiva é um *modelo de decisão de casos concretos*[13]. Consubstancia uma construção da ciência jurídica[14] que permite ao intérprete-aplicador percecionar a textura problemática do *casus* e conferir unidade aplicativa a uma pluralidade de soluções normativas que o mesmo convoca.

15 Enquanto modelo de decisão, a pessoa coletiva é eminentemente *problemática*. Neste sentido: o uso do conceito no discurso jurídico é feito por referência a uma constelação de problemas a que a invocação do conceito visa dar resposta[15]. A um grupo ou constelação de problemas designamos *núcleo jurídico-problemático*.

16 Todavia, a textura jusproblemática da pessoa coletiva não é imediatamente percecionada no processo de aplicação do Direito. Exige-se um esforço de *desconstrução* para o qual é especialmente útil a utilização do *método analítico*[16]. Com efeito, a pessoa coletiva é, antes de mais, uma comunicação linguística (*speech act*). A identificação dos diversos sentidos possíveis da utilização do conceito no discurso jurídico permite-nos identificar a constelação de problemas a que o mesmo visa dar resposta.

17 7. **Pessoa-imputação**. O primeiro uso linguístico do conceito pessoa coletiva corresponde à sua utilização no sentido de *imputação*[17]: em causa está o primeiro núcleo jurídico-problemático da pessoa coletiva.

18 A invocação do dogma da personificação, quando reportada a este núcleo, serve para justificar que certas condutas humanas não são atribuídas aos agentes que as praticam mas a uma construção jurídica supra-individual.

19 Este núcleo problemático abrange ainda a constelação de problemas associados às *vicissitudes* da imputação, compreendidas como variações na estrutura de decisão facultada pela personalidade coletiva. Tais vicissitudes – abundantes em institutos como a fusão, cisão e transformação –, decorrem de modificações verificadas no próprio comércio jurídico ou da interceção de outros institutos, convocados no mesmo processo de decisão. Abrange ainda, por fim, situações de levantamento de imputação (*Zurechnungsdurchgriff*), em que a estrutura decisória, facultada pela personificação, cede passo a outros mecanismos de resolução de casos concretos, revelando assim as suas próprias limitações no processo de realização do Direito.

20 8. **Pessoa-capacidade**. Depois da utilização do conceito de pessoa coletiva como imputação, a aceção mais comum no discurso jurídico é a de pessoa coletiva como sinónimo de *capacidade jurídica*.

21 Na Alemanha, tendo em conta a técnica legislativa que presidiu à consagração legal da *juristische Person* no *BGB*, um exemplo claro desta utilização linguística pode ser encontrado a propósito das associações registadas e não registadas. À luz do § 21.º *BGB*, as associações

[12] António Menezes Cordeiro, *CSC Anotado*, cit., 5.º, 6.

[13] Com desenvolvimento, cf. Diogo Costa Gonçalves, *Pessoa coletiva e sociedades comerciais* cit., 41 e ss. e 985 e ss.

[14] Veja-se a evolução histórica documentado, cf. Diogo Costa Gonçalves, *Pessoa coletiva e sociedades comerciais* cit., 89-529.

[15] Com desenvolvimento, Diogo Costa Gonçalves, *Pessoa coletiva e sociedades comerciais* cit., 41 e ss.

[16] Nas condições e com os limites que apontámos, Diogo Costa Gonçalves, *Pessoa coletiva e sociedades comerciais* cit., 73-84.

[17] É, aliás, o sentido favorecido pela dimensão valorativa do próprio termo *persona* e que prevaleceu na inclusão da pessoa coletiva no *de jure personarum*. Em torno deste sentido linguístico gira muito do discurso associado à pessoa coletiva como *Identitätsausstattung*, na proposta de Uwe John, *Die organisierte Rechtsperson*, 1977, 92 e ss.

adquirem capacidade jurídica com o registo ou, no caso das associações com fins económicos, mediante concessão (§ 22.º). Daqui decorre que uma associação registada (*eingetragene Verein*) é sempre juridicamente capaz (*rechtsfähige Verein*); ao contrário, uma associação não registada (*nicht eingetragene Verein*) é uma *nicht rechtsfähige Verein* (§ 54.º).

Na formulação tradicional, a associação não registada (*nicht eingetragene Verein*) não podia ser qualificada como *juristische Person*. Em causa estava uma utilização da noção *juristische Person* com a intencionalidade problemática reservada ao conceito de capacidade jurídica: afirmar que certa associação era ou não uma pessoa coletiva, era afirmar que tinha ou não tinha capacidade. A formulação tradicional tende hoje a ser revisitada, após a decisão do *BGH* 29-jan.-2001, que reconheceu capacidade jurídica às sociedades civis[18]. 22

Um exemplo ainda da utilização do conceito de pessoa coletiva no sentido de capacidade pode ser encontrado na dogmática portuguesa a propósito das ditas *pessoas coletivas rudimentares*. 23

9. **Pessoa-organização**. O conceito de pessoa coletiva é também utilizado para ilustrar *(i)* um concreto modo de atuação no comércio jurídico; ou *(ii)* um concreto modo de realização do Direito. Em causa está o núcleo jurídico-problemático *pessoa-organização*. 24

À hipótese assinalada em *(i)* subjaz a ideia de que à pessoa coletiva corresponde um concreto (e complexo) modo de funcionamento que permite a mediação entre a realidade pessoal singular e uma estrutura jurídica comum[19]. 25

A apresentação do segundo sentido assinalado em *(ii)* é mais subtil. Em causa está o entendimento da pessoa coletiva como um concreto modo de operar o processo aplicativo do Direito. Este sentido está muito presente em Menezes Cordeiro, que vê na pessoa coletiva um regime jurídico que permite que as próprias regras jurídicas – invariavelmente dirigidas a pessoas humanas – conheçam um modo distinto de aplicação (*modo coletivo*)[20]. 26

10. **Pessoa-responsabilidade**. Por fim, a pessoa coletiva é ainda utilizada no discurso jurídico por referência a uma constelação de problemas de responsabilidade (*pessoa-responsabilidade*). Com este sentido, invoca-se o dogma da personificação para assinalar que existe um património autónomo que responde por certas dívidas ou, pelo menos, apela-se a um concreto regime jurídico, distinto do regime comum, a que obedece a satisfação dos credores. 27

O núcleo jurídico-problemático que este uso linguístico invoca é, em rigor, o mais ancestral da evolução histórico-dogmática da pessoa coletiva[21]. Está também diretamente associado ao *beneficium excussionis* das sociedades civis puras, e, com particular intensidade, ao *privilégio da limitação de responsabilidade*, associado ao efeito do registo do contrato de sociedade. 28

[18] Louvada ou criticada, a decisão consubstanciou um marco importante na jurisprudência alemã. Muitos apelidaram-na de decisão fundamental (*Grundlagenurteil*), com uma dimensão histórica (*Urteil mit historischer Dimension*) e até mesmo de decisão do século (*Jahrhundert Entscheidung*) que estaria na origem dos novos fundamentos do Direito das corporações. Com referências, Karsten Schmidt, "Die BGB-Gesellschaft: rechts- und parteifähig", *NJW* 54 (2001) 14, 993-1003 e Michael Timme/Fabian Hülk, "Rechts- und Parteifähigkeit der Gesellschaft bürgerlichen Rechts – BGH, NJW 2001, 1056", *JuS* (2001), 6, 536-539.

Os novos estudos motivados pela decisão sucederam-se quase ininterruptamente. Com referências quanto aos primeiros estudos, cf. Markus K. Weiss, *Rechtsfähigkeit, Parteifähigkeit und Haftungsordung der BGB-Gesellschaft nach dem Grundlagenurteil des Bundesgerichtshofts vom 29.01.2001*, 2005, 90 (15 e 16).

[19] Organização não se confunde aqui, portanto, com estrutura orgânica, embora inclua, naturalmente, este sentido. Tão pouco se confunde com uma realidade social, ao estilo de alguns realismos. Em causa está fundamentalmente a consideração da pessoa coletiva como *modus operandi* de certa atividade jurídica (*Handlungsorganisation*). Neste sentido, Uwe John, *Die organisierte Rechtsperson* cit., 74 e ss.

[20] António Menezes Cordeiro, *Tratado de Direito Civil*, IV (*Parte Geral – Pessoas*), 5.ª ed. (2019), *passim*.

[21] D.3.4.7.1.:"... *quid universitati debetur, singulis non debetur...*".

29 A tipicidade societária, enquanto tipologia de pessoa coletiva, encontra-se essencialmente construída sobre o problema da responsabilidade. A este núcleo problemático está ainda associado o levantamento da limitação de responsabilidade (*Haftungsdurchgriff*) onde o efeito útil reside, invariavelmente, na superação da segregação patrimonial facultada pela personificação.

30 11. **A pessoa coletiva como conceito-síntese *(Inbegriff)*.** A aceção semântica *pessoa-imputação*, de onde resulta o manuseamento do conceito no sentido de *sujeito*, surge, à vez, como *intenção problemática* e como *conceito inclusivo* ou *conceito-síntese* (*Inbegriff*).

31 Como intenção problemática, pessoa coletiva revela um problema de imputação jurídica e das vicissitudes a ela associadas, nos termos já assinalados. Pela natureza das coisas, está muito próximo do sentido pessoa-capacidade, mas apresenta intencionalidades problemáticas distintas.

32 Contudo, a utilização linguística de pessoa-imputação (sujeito) pode manifestar também a inclusão normativa e dogmática das várias intencionalidades problemáticas assinaladas. Ao identificar-se como sujeito a *pessoa coletiva* está, não poucas vezes, a apelar-se a uma síntese normativo-concetual das intencionalidades problemáticas *imputação-capacidade-organização-responsabilidade*.

33 Enquanto conceito inclusivo (*Inbegriff*), a utilização semântica de pessoa coletiva não revela uma intencionalidade problemática própria; antes revela uma articulação compreensiva das diversas dimensões problemáticas assinaladas.

34 12. **Os núcleos jurídico-problemáticos no processo de realização do Direito** apresentam três facetas distintas. Em primeiro lugar, operam como elementos da pré-compreensão jurídica, conferindo inteligibilidade de Direito ao caso concreto. Indiciam ainda, no mesmo passo, a solução normativa do caso, ao apontarem as fontes potencialmente aplicáveis, os lugares sistemáticos a ter em conta e a orientação teleológica fundamental que deverá presidir ao processo aplicativo[22].

35 Em segundo lugar, os núcleos jurídico-problemáticos operam enquanto elementos ou *fatores de personificação*[23]: a sua ponderação tipológica permite concluir pela presença ou não de uma pessoa coletiva. O mesmo é dizer: permite ao intérpre-aplicador concluir que à resolução do *casus* preside o modelo de decisão facultado pela personalidade coletiva ou, ao contrário, que deve socorrer-se de outros modelos de decisão.

36 Por fim, os núcleos jurídico-problemáticos gozam ainda de certa *autonomia normativa*. Quando a intensidade da sua presença não logre obter o preenchimento do tipo e, em consequência, não permita o recurso ao modelo de decisão facultado pela pessoa coletiva, o intérprete-aplicador pode socorrer-se, ainda que de forma mitigada, de critérios de decisão por ele indiciados[24].

37 Do mesmo modo, na presença do tipo, não se dissolve a autonomia dos núcleos jurídico-problemáticos que o integram. Tal queda, evidente na *fisionomia do levantamento* da personalidade coletiva, opera, em regra, por núcleos jurídico-problemáticos.

38 A relativa autonomia dos núcleos jurídico-problemáticos é fundamental na delimitação da parcialidade do levantamento e na conjugação, no mesmo processo decisório, dos efeitos do levantamento com a manutenção de elementos decisórios facultados pela personificação.

[22] Com desenvolvimento, cf. Diogo Costa Gonçalves, *Pessoa coletiva e sociedades comerciais* cit., 952-953.

[23] Com desenvolvimento, cf. Diogo Costa Gonçalves, *Pessoa coletiva e sociedades comerciais* cit., 951.

[24] Diogo Costa Gonçalves, *Pessoa coletiva e sociedades comerciais* cit., 953-954.

III – A dupla dimensão sistemática da pessoa coletiva

13. **Sequência**. A dimensão jurídico-problemática da pessoa coletiva não afasta a sua dimensão concetual e sistemática. O modelo de decisão de casos concretos que a mesma consubstancia é oferecido, ao intérprete-aplicador, num *conceito técnico-jurídico*. Daqui resulta que o perfil sistemático da pessoa coletiva está indelevelmente associado ao processo de apreensão intelectual, formativo do conceito. O *quid* apreendido e o modo como a sua apreensão opera no processo aplicativo do Direito ditam as coordenadas sistemáticas da pessoa coletiva. 39

Neste contexto, a pessoa coletiva surge-nos, simultaneamente, como *tipo* e *conceito classificatório*: nisto consiste a sua dupla dimensão sistemática. 40

14. **Pessoa coletiva como *tipo***. A pessoa coletiva é um *modelo tipológico* de decisão[25]. A diversa intensidade com que os fatores de personificação se manifestam no processo aplicativo indicia a sua *mobilidade sistemática*: a identificação de uma pessoa coletiva convive, assim, com a ausência de certos fatores de personificação e com a presença desses mesmos fatores com níveis de intensidade diversos. 41

Temos, portanto, que o intérprete-aplicador, ao sinalizar a presença de uma pessoa coletiva, não procede a um juízo de subsunção, mas a uma ordenação de diversos elementos problemáticos, normativos e axiológicos, relacionando-os entre si em função do processo de realização do Direito. 42

A pessoa coletiva surge, assim, como um *micro-sistema* móvel, onde nos é dado um padrão decisório simultaneamente problemático e sistemático, a partir de uma ordenação dos diversos elementos que integram o tipo, num movimento de espiral hermenêutica. 43

Na ordenação dos elementos constitutivos do tipo, a mobilidade não prejudica a maior estaticidade de alguns fatores de personificação. É possível estabelecer, portanto, um *núcleo* e uma *periferia*. 44

O núcleo corresponde ao elemento pessoa-imputação. Não é possível identificar uma pessoa coletiva se o núcleo jurídico-problemático correspondente à pessoa-imputação for absolutamente alheio ao processo aplicativo. A ausência de um fator de imputação não é suscetível de ser superada pela especial intensidade dos outros elementos de personificação, por maior que ela seja. 45

Em torno da pessoa-imputação – também ela presente com graus de intensidade diverso – gravitam depois, com maior ou menor interdependência, os restantes núcleos problemáticos que são ponderados pelo intérprete-aplicador com maior liberdade. 46

15. **Pessoa coletiva como *conceito classificatório***. A natureza tipológica da pessoa coletiva não prejudica a utilização do conceito para efeitos de enquadramento geral de fenómenos de imputação supra-individual. Sempre que tal aconteça, a pessoa coletiva surge, no discurso jurídico, como um *conceito classificatório*. 47

Enquanto conceito classificatório, a pessoa coletiva pode ser utilizada na ciência do Direito para operar o enquadramento geral de uma experiência normativa transversal, plurifacetada, mas sem unidade dogmática. É ainda um elemento concetual à disposição do legislador na conformação do *sistema externo*. 48

[25] Com desenvolvimento, cf. Diogo Costa Gonçalves, *Pessoa coletiva e sociedades comerciais* cit., 895 e ss.

IV – **A releitura necessária do 5.º**

49 16. **Sequência**. O CC distingue entre a personalidade e a capacidade jurídica das pessoas singulares, apresentando-as (ao nível das fontes) como conceitos distintos e normativamente autónomas. Ao cuidar das pessoas coletivas, o legislador reproduziu a mesma sistematização (158.º e 160.º) que o CSC veio perpetuar (5.º e 6.º).

50 A distinção entre *personalidade* e *capacidade* é muito recente na cultura jurídica continental. Se pacífica entre nós, não está isenta de críticas. Quando aplicada a realidades inumanas – como as sociedades comerciais e as pessoas coletivas em geral – gera inegáveis embaraços no processo aplicativo do Direito.

51 À semelhança do que vem sucedendo noutras latitudes, a distinção merece ser revisitada.

52 17. **O *monismo* concetual**. O conceito de capacidade jurídica foi introduzido na doutrina alemã por Thibaut, na sua obra *System des Pandektenrecht* (1803)[26]. Cedo, porém, se divulgou a sua identificação com o conceito de personalidade, orientação que perdurou ao longo do séc. XX, podendo ser encontrada em autores como Fritz Rittner[27], Karsten Schmidt[28] e Hans J. Wolff[29], por exemplo. Na escola da exegese, o cenário foi idêntico[30].

53 Em Portugal, no período da pré-codificação não é possível identificar uma utilização distinta dos conceitos de capacidade e de personalidade jurídica. O Código Seabra viria a acolhê-los como sinónimos (1.º) e os primeiros comentadores do Direito codificado perpetuaram a confusão terminológica[31].

54 18. **Origem da distinção entre personalidade e capacidade**. Durante o séc. XX, enquanto em outras latitudes se mantinha a equiparação concetual oitocentista[32], no espaço jurídico alemão começou a formar-se uma progressiva distinção entre personalidade e capacidade jurídica.

55 Em 1918, Haff distinguia entre corporações com e sem personalidade jurídica, classificando a *Gesamthand* como *Personenvereinigung* à qual faltava *Rechtspersönlichkeit*[33]: na *Gesamthand*, o sujeito de direito não era a comunidade em si mesma considerada mas sim a totalidade dos seus membros que, em mão comum, titulavam direitos e obrigações. A atuação da *Gesamthand* no comércio jurídico consistia assim numa *capacidade jurídica meramente formal*[34].

56 A distinção assinalada introduziu um *dualismo concetual* no discurso jurídico que se encontra presente em abundante literatura. O desenvolvimento progressivo desta orientação deve ser articulado com a denominada *justificação tradicional da capacidade jurídica* (*traditionelle Begründung der Rechtsfähigkeit*)[35]. A tese tradicional vê, na capacidade, a possibilidade jurídica de titulação de direitos subjetivos os quais, na orientação também ela tradicional, são entendidos como o poder da vontade juridicamente relevante. Ora, o reconhecimento de uma vontade jurídica

[26] Cf. §§ 188 e ss. Neste sentido, veja-se Fritz Fabricius, *Relativität der Rechtsfähigkeit*, 1963, 37.

[27] *Die werdende juristische Person*, 1973, 251.

[28] Por exemplo, *Verbandszweck und Rechtsfähigkeit im Vereinsrecht*, 1984, 10.

[29] *Organschaft und juristische Person*, I (*Juristische Person und Staats-person*), 1933, 128.

[30] Marcadé, *Cours élémentaire de Droit Civil Français*, I, 4.ª ed.,1850, 82 e ss.

[31] Por exemplo: Bruschy, *Manual do Direito Civil Portuguez segundo a novíssima legislação*, I, 1868, 2; Abel de Andrade, *Commentario ao Codigo Civil Portuguez (Artt. 395 e segg.)*, 1895, 3-4; José Dias Ferreira, *Codigo Civil Portuguez Annotado*, I, 1870, 7.

[32] Assim, por exemplo, em França, *personnalité juridique* continua a significar a capacidade de direitos e obrigações (cf. Gérard Cornu, *Droit Civil. Introduction – Les personnes, les biens*, 11.ª ed., 2003, 209). O mesmo acontece na Suíça: cf. Peter Tuor/Bernhard Schnyder/Jörg Schmid, *Das schweizerische Zivilgesetzbuch*, 11.ª ed., 1995, 69 e ss.

[33] Karl Haff, *Institutionen der Persönlichkeitslehre und des Körperschaftsrechts*, 1918, 61.

[34] Karl Haff, *Institutionen* cit., 66-68.

[35] Por exemplo, Alexander Meschkowski, *Zur Rechtsfähigkeit der BGB-Gesellschaft – Die Verpflichtungs- und Vermögensfähigkeit*, 2006, 34.

exige que, como condição prévia, se identifique um sujeito ou pessoa a quem tal vontade se impute. O conceito de *Rechtspersönlichkeit* indica justamente essa qualidade jurídica de pessoa, pressuposto da capacidade.

A personalidade jurídica surge, assim, como um conceito qualitativo, ou qualidade jurí- 57
dica (*rechtliche Eigenschaft*), em virtude da qual se é pessoa em Direito e que consubstancia o denominador comum a todos os sujeitos jurídicos. É-se pessoa (seja qual for a natureza) porque se possuiu a qualidade da *Rechtspersönlichkeit*. A capacidade jurídica poderá ser imanente à personalidade[36], mas surge concetualmente distinta.

Neste contexto, o legislador viria a jogar um papel decisivo ao assumir em importantes 58
diplomas a distinção concetual entre capacidade e personalidade jurídica, como, por exemplo, na *AktG* 1937[37]. A consagração de um dualismo concetual nas fontes acentuou a necessidade dogmática de cinzelar o conteúdo dos conceitos. As tentativas ficam, porém, aquém do esperado: sublinha-se o carácter teórico e tautológico da distinção e, em alguns casos, como em Mathias Lehmann, chega a assumir-se que em causa está o fim didático de ilustrar dois tipos de atribuição de capacidade[38].

19. **A doutrina portuguesa.** A distinção alemã entre capacidade e personalidade jurídica cedo 59
foi recebida em Portugal. Logo em Guilherme Moreira, os elementos essenciais da distinção surgem já identificados, tal como viriam a sedimentar-se na escola. *Personalidade*, para o autor, corresponde à qualidade jurídica de ser pessoa, à suscetibilidade de direitos e obrigações (tal como referia o 1.º Código Seabra)[39]. Já *capacidade* é entendida como a *"medida do poder jurídico"* ou a *"suscetibilidade do exercício pessoal dos poderes que por lei são attribuidos a uma pessoa"*[40].

O quadro geral definido por Guilherme Moreira foi sufragado por autores como Cabral 60
Moncada[41]. Cunha Gonçalves acolhe a distinção, mas toma por equivalentes personalidade e capacidade de gozo[42]. No mesmo sentido, José Tavares para quem capacidade de gozo e personalidade jurídica não se distinguem[43]. Também Manuel de Andrade, se distinguindo os conceitos, sublinha que personalidade e capacidade de gozo se implicam mutuamente[44].

Pese embora as variações, a distinção entre os conceitos tornou-se *communio opinio* na 61
primeira metade do séc. XX. Tal circunstância não poderia deixar de ter reflexos na codificação civil de 1966. Foi o que sucedeu: Manuel de Andrade propôs um articulado no qual se distinguia claramente *personalidade jurídica, capacidade de direitos* e *capacidade para atos jurídicos*[45]. Com ligeiras alterações de redação, a proposta de Manuel de Andrade transitou para o texto da *1.ª Revisão Ministerial* (44.º e ss). Na *2.ª Revisão Ministerial*, porém, a distinção entre *capacidade de direitos* e *capacidade para atos jurídicos* desaparece. Mantém-se apenas o articulado referente à

[36] Alexander Meschkowski, *Zur Rechtsfähigkeit* cit., 35.

[37] Com referências, cf. Karsten Schmidt, "Grundlagenungewissheit der Gesetzgebung oder der Rechtsfortbildung im Gesellschaftsrecht? – Rechtsfähigkeit und Rechtspersönlichkeit als Beispiele", *Von der Sache zum Recht (FS Volker Beuthien 75, Geburstag)*, 2009, 211-233.

[38] Mathias Lehmann, "Der Begriff der Rechtsfähigkeit", *AcP* 207 (2007), 225-255, 245.

[39] Guilherme Moreira, *Instituições do Direito Civil Português*, I, 1907,153.

[40] Guilherme Moreira, *Instituições*..., I, cit., 170 e 171. O autor acusa a receção da distinção entre capacidade de gozo e de exercício, sem que no entanto lhe dedique maior atenção.

[41] Luis Cabral de Moncada, *Lições e Direito Civil (Parte Geral)*, 2.ª ed., 1932, 263.

[42] Luiz da Cunha Gonçalves, *Tratado de Direito Civil*, I, 1929, 168-170.

[43] José Tavares, *Os princípios fundamentais do Direito Civil*, II, 1928, 5.

[44] Manuel de Andrade, *Teoria Geral da Relação Jurídica*, I (*Sujeitos e objecto*), por Ferrer Correia e Rui de Alarcão, 1960 (reimp. 1992), 30 e ss.

[45] Manuel de Andrade, "Esboço de um anteprojecto de código das pessoas e da família na parte relativa ao começo e termo da personalidade jurídica, aos direitos de personalidade, ao domicílio", *BMJ* 102 (1961), 153-166.

capacidade de direitos, sob a designação *capacidade jurídica*. O texto da 2.ª Revisão transitou para o *Projeto de 1966* e veio a conhecer força de lei.

62 Favorecida pelo novo CC, a distinção entre personalidade e capacidade e entre capacidade de gozo e de exercício tornou-se um lugar comum na cultura jurídica portuguesa das últimas décadas, não conhecendo críticas de relevo[46].

63 20. **Revisão crítica: sobreposição concetual.** A distinção entre personalidade e capacidade jurídica, se consolidada, não é isenta de dificuldades. A primeira dificuldade está associada a uma sobreposição concetual e linguística entre personalidade jurídica e capacidade de gozo.

64 Com efeito, ser suscetível de direitos e obrigações é sempre ser suscetível de *certos* direitos e obrigações. O conceito quantitativo de capacidade é, também ele, qualitativo. A atribuição a determinado sujeito de personalidade jurídica é esvaziada de sentido se não for acompanhada de uma concretização dos direitos e obrigações que, *in casu*, tal sujeito pode titular. A personalidade jurídica, enquanto suscetibilidade abstrata e conceito estritamente qualitativo, apenas *«existe»*, por si e desligada da capacidade, quando independente de um sujeito. No momento em que a personalidade *inere* a um concreto sujeito (por reconhecimento ou atribuição normativa), ela confunde-se com a noção de capacidade de gozo e perde autonomia.

65 21. **Cont.: contaminação valorativa.** O sucesso da distinção entre personalidade jurídica e capacidade de gozo apenas se justifica pela acentuada presença de uma dimensão valorativa ou ideológica associada aos conceitos.

66 O conhecimento de experiências histórico-jurídicas que negaram ao Homem a qualidade de pessoa, bem como a existência de *incapacidades*, eivaram o discurso acerca da personalidade e capacidade jurídica de uma dimensão valorativa a que deveria ser alheia a crescente tecnicização dos conceitos. Sentiu-se a necessidade, no fundo, de enfatizar a qualidade jurídica de pessoa – a mesma para todos –, ainda que *in casu* se estivesse a lidar com situações de incapacidade[47].

67 Deste modo, o conceito técnico de personalidade jurídica sofreu uma *contaminação valorativa* do universo significativo-ideológico associado à própria noção de pessoa. Os ventos do *personalismo jurídico*, largamente difundidos no séc. XX, favoreceram, aliás, tal contaminação.

68 Todavia, o reforço valorativo do conceito comprometeu a sua própria utilidade dogmática, quando aplicado a realidades inumanas e, em consequência, a sua desejada universalidade sistemática. Se, do ponto de vista axiológico, é reconhecido sentido na afirmação que a pessoa humana goza sempre de personalidade jurídica enquanto expressão da sua própria qualidade ontológica; quanto à pessoa coletiva tal não acontece: a personificação só se justifica em razão de uma medida concreta de capacidade. Não há substrato ôntico que suporte a dimensão valorativa associada ao conceito de personalidade.

69 22. **Cont.: a relativização da personalidade e universalidade sistemática.** A última crítica conduz-nos pela mão ao problema da relativização da personalidade jurídica. O entendimento

[46] Por todos, cf. João de Castro Mendes, *Teoria Geral do Direito Civil* (Lições 1978-1979), I, 1995, 119 e ss.; Carlos Alberto da Mota Pinto, *Teoria Geral do Direito Civil*, 4.ª ed. (por António Pinto Monteiro/Paulo Mota Pinto), 2005, 193 e ss.; José de Oliveira Ascensão, *Direito Civil – Teoria Geral*, I , 2.ª ed., 2000, 134 e ss. e 143 e ss.; António Menezes Cordeiro, *Tratado...*, IV, cit., 358 e ss.; Pedro Pais de Vasconcelos, *Teoria Geral do Direito Civil*, 8.ª ed., 2015, 33 e ss. e *Contratos Atípicos*, 2.ª ed., 2009, 35-37; Luis Carvalho Fernandes, *Teoria Geral do Direito Civil*, I (*Introdução. Pressupostos da relação jurídica*), 6.ª ed., 2012, 195 e ss.; Heinrich Ewald Hörster, *A parte geral do Código Civil Português – Teoria Geral do Direito Civil*, 1992 (reimp. 2014), 308 e ss.; Paulo Cunha, *Teoria Geral do Direito Civil* (1971/1972), 6.ª aula 12-nov.-1971 e Rabindranath Capelo de Sousa, *O direito geral de personalidade*, 1995, *passim*.

[47] Chamando a atenção para este facto, António Menezes Cordeiro, *Tratado...*, IV cit., 359.

da *capacidade jurídica* como um conceito relativo foi especialmente divulgado por Fabricius, a quem se atribui a paternidade da *Theorie der relativen Rechtsfähigkeit*. Segundo o autor, a capacidade não deveria ser entendida como abstração concetual mas antes conhecida a partir de um concreto regime normativo[48], tendo em conta as naturais diferenças no plano da atuação dos diversos sujeitos de direito individualmente considerados[49]. Daqui resultava que a atribuição de capacidade jurídica nunca seria absoluta (a mesma para todas as pessoas físicas), estando sempre sujeita a *certa medida*. Dever-se-ia, portanto, falar em capacidade jurídica parcial (*Teil-Rechtsfähigkeit*) ou relativa (*relative Rechtsfähigkeit*).

A ordem jurídica – a manter-se a identificação entre *Rechtsfähigkeit* e *Person* – poderia 70
operar assim personificações mitigadas, ou limitadas a certo âmbito de atividade jurígena, dando origem a uma graduação do conceito de pessoa (*Gradualisierung des Personkonzets*)[50] e à criação de pessoas jurídicas parciais (*juristische Teil-Person*)[51].

Em Portugal, o problema da relativização dos conceitos é também ele abordado mas com 71
um enquadramento distinto, determinado por dois fatores: *(i)* mercê do dualismo concetual dominante, ao conceito de *capacidade* preside já uma ideia de quantidade ou medida, de onde a relatividade da capacidade jurídica é de fácil aceitação sem que os autores tenham porque alterar os padrões dogmáticos gerais em que vêm argumentando; *(ii)* enquanto que no § 1.º *BGB* permanece a atribuição da *capacidade* com o nascimento, a opção do legislador português de 1966 foi (concetualmente) distinta: com nascimento completo e com vida adquire-se a *personalidade jurídica*, que se extinguirá com a morte natural (66.º e 68.º CC).

Daqui decorre que a tese germânica da relatividade da capacidade jurídica foi equacio- 72
nada, em Portugal, sob a égide da personalidade jurídica. Assim, o problema da situação jurídica do nascituro foi entre nós reconduzido à questão de saber se a pessoa concebida e não nascida goza de personalidade jurídica (não obstante o regime disposto no 66.º CC)[52]. Do mesmo modo, a atribuição normativa de capacidade (mormente capacidade judiciária) a realidades não personalizadas colocou a questão de saber se, afinal, a atribuição da personalidade jurídica não podia ser gradual ou relativa, conduzindo ao reconhecimento de *juristische Teil-Personen* ou, na terminologia de Paulo Cunha e entre nós difundida, *pessoas coletivas rudimentares*[53].

A relatividade da personalidade jurídica diz unicamente respeito à *personalidade jurídica* 73
coletiva. Nos nossos quadros dogmáticos, é impossível conceber a relativização da personalidade das pessoas físicas. Por esta razão se compreende que, na doutrina portuguesa, a personalidade jurídica parcial ou limitada seja sempre *personalidade coletiva limitada*, como dizia Manuel de Andrade, por oposição a uma *personalidade coletiva plena*[54].

Não obstante, a relatividade da personalidade coletiva coloca dificuldades sérias à distin- 74
ção e articulação entre os conceitos de personalidade e capacidade. Se personalidade coletiva

[48] Fritz Fabricius, *Relativität der Rechtsfähigkeit* cit., 235 e *passim*.

[49] Fritz Fabricius, *Relativität der Rechtsfähigkeit* cit., 55, superando a mera distinção entre pessoas físicas e jurídicas.

[50] Com desenvolvimento, cf. Reinhard Damm, "Personenrecht – Klassik und Moderne der Rechtsperson", *AcP* 202 (2002), 841-879, 866 e ss.

[51] Com desenvolvimento, cf. Diogo Costa Gonçalves, *Pessoa coletiva e sociedades comerciais* cit., 544 e ss.

[52] Para um enquadramento geral, Mário Bigotte Chorão, "O problema da natureza e tutela jurídica do embrião humano à luz de uma concepção realista e personalista do Direito", *O Direito* 123 (1991) IV, 571-598; Gabriel Órfão Gonçalves, "Da personalidade jurídica do nascituro", *FDUL* XLI (2000), I, 525-539; Diogo Leite de Campos/Stela Barbas, "O início da pessoa humana e da pessoa jurídica", *ROA* 61 (2001) III, 1257-1268; José de Oliveira Ascensão, *Direito Civil* cit., I, 50 e ss.; António Menezes Cordeiro, *Tratado* cit., IV, 364-365.

[53] Com maior desenvolvimento, cf. Diogo Costa Gonçalves, *Pessoa coletiva e sociedades comerciais* cit., 547 e ss.

[54] Manuel de Andrade, *Teoria Geral da Relação Jurídica*, I, cit., 52-53.

é personalidade jurídica, então as pessoas coletivas rudimentares são uma quantificação de um conceito qualitativo (que, enquanto expressão da qualidade de pessoa é inquantificável) e a manutenção da distinção entre capacidade e personalidade torna-se cada vez mais insustentável.

75 Do mesmo modo, uma *personificação relativa* de realidades supra-individuais, em oposição ao carácter absoluto da personalidade das pessoas físicas, parece comprometer a unicidade concetual em que nos movemos. Poder-se-á falar ainda em personalidade jurídica como conceito universal no discurso jurídico?

76 23. **Regresso ao monismo concetual.** A revisão crítica dos conceitos impõe uma conclusão: ou distinção entre personalidade e capacidade jurídica não é possível e dogmaticamente útil para além da dimensão axiológico-valorativa assinalada; ou deve ser abandonada[55].

77 Sucede, porém, que sem o recurso a tal dimensão valorativa a distinção entre personalidade e capacidade jurídica não é possível. O conceito-medida de capacidade comporta, por si, a suscetibilidade abstrata, suscetibilidade essa que não existe em estado puro no processo aplicativo do Direito. Os conceitos de personalidade e capacidade jurídica obtêm, portanto, *in solidum* a mesma eficácia dogmática: falha a possibilidade de distinção.

78 Basta-nos, assim, um único conceito para operar o processo aplicativo do Direito: o conceito de *capacidade jurídica*. A capacidade consiste na suscetibilidade da titularidade de direitos e obrigações. É um conceito *qualitativo* (como sublinhava Beuthien[56]) na medida em que expressa uma aptidão ou faculdade, inerente a certo sujeito. Mas é igualmente um conceito *quantitativo*, já que qualidade e quantidade não se excluem: a qualidade da capacidade jurídica é atribuída ao sujeito em certa medida de direitos e obrigações (capacidade de gozo)[57].

79 O retorno a um *monismo concetual* não é uma opção isolada na dogmática continental; antes segue acompanhada, em especial na Alemanha, por autores como Rittner[58], Karsten Schmidt[59], Wolff[60] e Mathias Lehmann[61], por exemplo.

80 A argumentação em sistema monista evita muitos dos óbices apontados à distinção dos conceitos. Em particular, evita-se a relativização da personalidade jurídica e a graduação do conceito de pessoa, inevitável tendo em conta o direito positivo vigente; e garante-se a unicidade e universalidade de um conceito com o lugar sistemático que este está destinado a ocupar.

81 24. **Recolocação do problema da aquisição da personalidade jurídica**. No âmbito do Direito societário, o regresso ao monismo concetual permite uma recolocação da problemática subjacente ao 5.º, com inegáveis vantagens dogmáticas.

82 Não se duvida que, após registo, podem ser imputadas situações jurídicas às sociedades comerciais. *E antes?*, pergunta-se. A resposta exige uma análise de regime. Se se verificarem situações de *imputação concreta* anteriores ao registo (como veremos ser o caso), então seremos obrigados a concluir no sentido da *imputabilidade abstrata*: as sociedades serão juridicamente

[55] Com desenvolvimento, cf. Diogo Costa Gonçalves, *Pessoa coletiva e sociedades comerciais* cit., 550-558.

[56] Volker Beuthien, "*Zur Begriffsverwirrung im deutschen Gesellschaftsrecht*", *JZ* (2003) 14, 718 (35): "*O conceito de* Rechtsfähigkeit *deve ser entendido como qualitativo e não quantitativo*".

[57] Neste sentido, poder-se-á entender a capacidade como um *Ordnungsbegriff* e, como tal, suscetível de gradação. Cf. Carl Gustav Hempel/Paul Oppenheim, *Der Typusbegriff im Licht der Neuen Logik*, 1936, 21 e ss.

[58] Fritz Rittner, *Die werdende juristische Person* cit., 251.

[59] Por exemplo, *in* Karsten Schmidt, *Verbandszweck und Rechtsfähigkeit im Vereinsrecht*, cit., 10.

[60] Hans J. Wolff, *Organschaft und juristische Person*, I, cit., 128.

[61] Mathias Lehmann, "Der Begriff der Rechtsfähigkeit" cit., 241-242.

capazes em momento anterior ao registo definitivo do contrato. E não caberá discutir se são pessoas coletivas ou se gozam de uma subjetividade jurídica não personalizada[62].

83 Restará, depois, determinar qual o efeito do registo. É ele referente à capacidade das sociedades ou, como melhor veremos na anotação ao 5.°, em causa está o *privilégio da responsabilidade limitada*?

V – A capacidade de gozo das sociedades comerciais

84 25. **Sequência**. Diferente de saber qual o efeito do registo do contrato de sociedade e a partir de que momento lhe são imputáveis situações jurídicas, é a questão de determinar a medida concreta de direitos e obrigações que podem ser imputados a uma sociedade comercial.

85 Naturalmente que à sociedade não podem ser imputadas situações jurídicas que reclamem a condição humana do sujeito (160.°/2 CC e 6.°/1 *in fine*). É uma limitação *ex rerum natura*[63]. Tão pouco podem ser imputadas às sociedades situações jurídicas que lhe sejam vedadas por lei (160.°/2 CC e 6.°/1 *in medio*), cabendo depois discutir se em causa está uma verdadeira limitação à capacidade de gozo das sociedades ou uma proibição legal que não permite afirmar a insuscetibilidade de imputação abstrata (incapacidade)[64].

86 Maiores dificuldades coloca a *instrumentalidade* da personificação coletiva: sendo as pessoas coletivas, em particular as sociedades, criadas para a satisfação de determinados fins, em que medida é que a sua instrumentalidade face à prossecução dos fins em presença, importa uma mitigação da capacidade de gozo?

87 26. **A origem do princípio da especialidade**. Enquanto que nos países anglo-saxónicos, a limitação da capacidade das sociedades comerciais esteve associa à doutrina *ultra vires*[65], no espaço jurídico continental foi determinante a experiência dos *corpos de mão morta*[66].

88 As pessoas jurídicas canónicas foram, ao longo dos séculos, concentrando património, sobretudo imobiliário, cujo regime estava associado aos privilégios do estamento eclesiástico. O poder secular tentou, paulatinamente, controlar esta situação, limitando a possibilidade das instituições canónicas titularem propriedade ou sujeitando a sua aquisição a um regime especialmente limitativo.

89 Entre nós, vigoraram importantes leis pátrias que limitaram a capacidade das corporações religiosas[67]. Na elaboração do Código Seabra, o tema foi revisitado[68] e regulado nos 34.° e ss. Em síntese: as corporações podiam *"exercer todos os direitos civis relativos aos interesses legítimos dos seus fins"* (34.°); porém, as *"corporações perpetuas"* viam a sua capacidade fortemente limitada, em particular no que diz respeito à propriedade imobiliária (35.° e ss.).

90 A redação do 34.° permitiu a Guilherme Moreira formular tecnicamente o princípio da especialidade como uma limitação à capacidade de gozo das pessoas coletivas[69].

[62] Proposta sustentada por Jorge Coutinho de Abreu para quem as sociedades não registadas não são pessoas coletivas, não têm personalidade jurídica, mas são uma subjetividade jurídica, já que *"os sujeitos de direitos e deveres ou de relações jurídicas não têm de ser pessoas, não há identidade entre sujeitos de direito e pessoas"* in *"CSC em comentário"*, I, 2010, 5.°, 98.

[63] António Menezes Cordeiro, *CSC (Anotado)* cit., 6.°, 12.

[64] Neste sentido, António Menezes Cordeiro, *Tratado* cit., IV, 678-679.

[65] Neste sentido, António Menezes Cordeiro, *Tratado* cit., IV, 2011, 671. Com desenvolvimento e referências, relacionando a doutrina *ultra vires* com o princípio da especialidade, veja-se João Espírito Santo, *Sociedades por quotas e anónimas – Vinculação: objecto social e representação plural,* 2000, 123 e ss

[66] Por exemplo, José Homem Corrêa Telles, *Digesto Portuguez*, 2.ª ed. (1.ª ed. 1835), 1840, 761 e ss. (120).

[67] Com referências, António Menezes Cordeiro, *Tratado* cit., IV, 672 e ss.

[68] Com desenvolvimento, cf. Diogo Costa Gonçalves, *Pessoa coletiva e sociedades comerciais* cit., 457 e ss.

[69] Guilherme Moreira, *Instituições...*, I, cit., 316.

91 27. **A perpetuação da *especialidade* no CC**. Durante a primeira metade do séc. XX, o princípio da especialidade foi conhecendo aberta resistência por importantes autores[70], e acolhimento em outros, como Manuel de Andrade, mas que, ainda assim, o formulavam com tal generosidade que o efeito limitador da capacidade de gozo surgia fortemente mitigado[71].

92 Aquando da elaboração do CC, Ferrer Coreia propôs o abandono do princípio (5.º do *Anteprojeto*)[72]. Esta orientação manteve-se na 1.ª Revisão Ministerial (122.º)[73] mas, contra o que parecia ser a evolução juscientífica até então verificada, na 2.ª Revisão Ministerial reintroduziu--se o princípio da especialidade, com a atual redação do 160.º/1.

93 28. **O CSC**. Aquando da elaboração do CSC, e tendo em conta a opção do legislador de 1966, a liberdade de modelação normativa da capacidade das sociedades era muito diminuta. O *Anteprojeto* de Ferrer Correia (1969) nada dispunha sobre a matéria[74], o que não se estranha, sabendo que o autor fora vencido na 2.ª Revisão Ministerial do CC, poucos anos antes. No *Projeto de CSC*, publicado em 1983[75], a situação é radicalmente distinta: o regime do atual 6.º CSC surge aí previsto em termos literalmente idênticos.

94 Entre 1969 e 1983, passámos de uma ausência de previsão normativa à regulamentação especial da capacidade das sociedades comerciais. O que ocorreu nesse lapso temporal não é possível documentar, porquanto não se conhecem outras redações do anteprojeto de Parte Geral. Todavia, é possível imputar a atual redação do preceito a Raúl Ventura. Com efeito, o autor, em 1981, foi encarregado de elaborar um *Anteprojeto de Lei Geral das Sociedades*[76] sendo que a este *Anteprojeto* corresponde o *Projeto de CSC*, após revisão de Fernando Olavo e António Caeiro[77]. Ecos do estudo de Raúl Ventura acerca da adaptação do Direito português à 1.ª Diretriz estão claramente presentes na redação do 6.º[78].

VI – **A superação do princípio da especialidade**

95 29. **Superação por *via pragmática***. A sorte do princípio da especialidade depende da possibilidade de identificação de um *conceito operacional* de *fim* para a pessoa coletiva, em razão do qual se possa aferir a sua capacidade jurídica.

96 Os repetidos insucessos de uma operacionalidade concetual têm levado uma parte significativa da doutrina a sufragar a *superação do princípio da especialidade* e a afirmar a plena capacidade de gozo das pessoas coletivas. Esta orientação segue suportada, ao menos em parte, por uma consistente evolução na jurisprudência (cf. *infra* 6.º). Podemos distinguir uma superação por *via pragmática* e uma superação por *via dogmática*.

97 A superação por *via pragmática* consiste na manutenção do enquadramento dogmático tradicional do princípio da especialidade, enquanto delimitação positiva da capacidade das pessoas coletivas, mas acompanhada de um esvaziamento do seu alcance limitativo[79]. O tom geral da

[70] Por exemplo: Luiz da Cunha Gonçalves, *Tratado de Direito Civil*, I, cit. 795 e José Tavares, *Sociedades e empresas comerciais*, 2.ª ed., 1924, 170.

[71] É o caso do próprio Manuel de Andrade, *Direito Civil (Teoria Geral da Relação Jurídica)*, I, 1944, 143-147.

[72] Mantendo, todavia, limitações quanto à aquisição de propriedade imobiliária, para alguns tipos de pessoas coletivas. Cf. *Anteprojeto Ferrer Correia*, BMJ 67 (1957), 247-281, 5.º e 6.º.

[73] Portugal, *Código Civil – Livro I – Parte Geral (1.ª Revisão Ministerial)*, 1961.

[74] António Ferrer Correia, "Lei das Sociedades Comerciais (Anteprojecto)", *BMJ* 185 (1969), 25-81 (com a colaboração de António Caeiro).

[75] *BMJ* 327 (1983), 43 e ss.

[76] António Caeiro, *A Parte Geral do Código das Sociedades Comerciais*, 1988, 5.

[77] António Caeiro, *A Parte Geral* cit., 5.

[78] Raúl Ventura, *Adatação do Direito português à 1.ª Directiva do Conselho da Comunidade Económica Europeia sobre o Direito das Sociedades*, 1981.

[79] Com desenvolvimento, cf. Diogo Costa Gonçalves, *Pessoa coletiva e sociedades comerciais* cit., 723 e ss.

superação pragmática é uníssono: atos necessários ou convenientes à prossecução do fim da pessoa coletiva podem ser quase todos. Para aferir da capacidade, só pode ser feita uma delimitação em abstrato de certas categorias de atos e sempre para certa categoria de pessoas coletivas, em função da sua tipologia legal: tal esforço acaba por ser impreciso e redundante.

Nesta orientação podemos enquadrar, desde logo, o autor material da 2.ª Revisão Ministerial – Antunes Varela – que sustenta, na interpretação do princípio da especialidade, uma *"larga atenuação do seu rigor"*[80]. No mesmo sentido, Carlos Mota Pinto[81], recuperando o entendimento *"menos gravoso"* do princípio, herdado da formulação de Manuel de Andrade. Carvalho Fernandes sustenta um *"entendimento liberal"* da especialidade que *"restringe significativamente o seu alcance"*[82] e o mesmo pode ser dito quanto a Heinrich Hörster[83], com maior moderação. 98

É esta também a orientação de João Espírito Santo[84] (ainda que com maiores reservas[85]). 99

30. **Superação por *via dogmática*: *deslocação do núcleo problemático*.** A inoperacionalidade pragmática do princípio da especialidade, quando constatada, conduz a tentativas de superação dogmática. A primeira delas corresponde a uma deslocação da especialidade do núcleo problemático da capacidade jurídica para um outro universo dogmático. 100

Com efeito, o primeiro fator erosivo do princípio da especialidade na dogmática civil coincide com a distinção entre *capacidade* e *legitimidade*[86]. À medida que a distinção se foi sedimentando, acentuou-se no discurso jurídico a diferença entre a possibilidade genérica da prática de certa *categoria* de atos (*capacidade*) e a possibilidade de praticar certo ato em *concreto* (*legitimidade*)[87]. Esta dicotomia concetual permitiu a recondução de clássicos problemas de *incapacidade* a situações de *legitimidade*[88]. 101

A evolução apontada possibilitou uma releitura do princípio da especialidade. O *fim* passou a ser entendido por referência aos atos concretamente praticados pela pessoa coletiva: só estes, avaliados em concreto, podiam servir ou não os seus fins. Em causa não estava, portanto, a determinação abstrata de uma categoria de atos vedados aos sujeitos de direito: o princípio da especialidade tornava-se assim *estranho* à problemática da capacidade jurídica[89]. 102

[80] Pires de Lima/Antunes Varela, *Código Civil Anotado*, I, 4.ª ed., 1987, 160.°, 165.

[81] Carlos Mota Pinto, *Teoria Geral* cit., 318-321. Não deixa de ser significativo que o autor cite, em nota, a obra de Santoro-Passarelli, *Teoria Geral do Direito Civil* (na tradução de Manuel de Alarcão, 1967) e faça referência à dificuldade prática na determinação do princípio da especialidade e à utilidade dos atos praticados fora do fim da pessoa coletiva, argumentos apresentados pelo autor italiano como justificação da inexistência de um tal princípio no Direito italiano.

[82] Luís Carvalho Fernandes, *Teoria Geral do Direito Civil*, I, cit., 605.

[83] Heinrich Ewald Hörster, *A parte geral do Código Civil Português* cit., 390-391.

[84] João Espírito Santo, *Sociedades por quotas e anónimas* cit., 169-170.

[85] Apontando as razões, Diogo Costa Gonçalves, *Pessoa coletiva e sociedades comerciais* cit., 725 (2329).

[86] Para este facto chama a atenção, Pedro de Albuquerque, "*Da prestação de garantias por sociedades comerciais a dívidas de outras entidades*", *ROA* 57 (1997) I, 69-147, 69 e ss.

[87] A noção surge no roteiro expositivo de vários autores, com variações pouco significativas. Permanece como referência o estudo de Isabel de Magalhães Collaço, *Da legitimidade no acto jurídico*, Lisboa, 1948. Veja-se ainda, a título exemplificativo, Carlos Mota Pinto, *Teoria Geral do Direito Civil*, 3.ª ed., 1996, 413-414 e, a propósito da situação jurídica dos cônjuges, 239 e ss.; José de Oliveira Ascensão, *Direito Civil – Teoria Geral*, I, 1997, 127 e ss.; Pedro Pais de Vasconcelos, *Teoria Geral do Direito Civil*, 8.ª ed., cit., 87 e ss. e Luis Carvalho Fernandes, *Teoria Geral do Direito Civil*, I, cit., 142 e ss.

[88] O exemplo paradigmático é o de *venda de bens alheios*: tradicionalmente ferida de nulidade por incapacidade do vendedor, passou a ser enquadrada como um caso de legitimidade. Neste sentido, Isabel de Magalhães Collaço, *Da legitimidade no acto jurídico* cit., 47 e ss.

[89] José de Oliveira Ascensão, *Direito Civil – Teoria Geral*, I, 2.ª ed. cit., 263-264.

103 Afastado do universo da capacidade, cumpria agora determinar qual o universo dogmático do princípio da especialidade: *se a especialidade, afinal, nada tem que ver com a capacidade, então, o que é que está em causa?; é uma questão de legitimidade?; de que fim da pessoa coletiva é que falamos e qual a consequência para a sua violação?*

104 De que fim é que falamos é questão onde frequentemente se enredam os autores. Oliveira Ascensão parece sustentar um conceito *abstrato* de fim (próximo do fim tipológico), claramente distinto de objeto[90]. Todavia, ao delinear a doutrina do *desvio do fim* – alternativa dogmática à especialidade – o autor parte, do regime, para a identificação do fim normativo relevante (que coincide com o *fim estatutário*)[91], para novamente discutir o destino dos atos contrários ao fim da pessoa coletiva à luz do 160.º/1[92].

105 Quanto à consequência jurídica dos atos que violam o fim da pessoa coletiva, Oliveira Ascensão afasta liminarmente a hipótese da nulidade[93]. O regime será antes o da anulabilidade, nunca oponível a terceiros de boa-fé. Sustenta esta posição com base no regime previsto para os vícios das deliberações da assembleia geral das associações (177.º, 178.º e 179.º CC)[94]. Admite, porém, a possibilidade de regimes especiais[95].

106 A construção de Pais de Vasconcelos é distinta. No enquadramento dogmático proposto, o autor leva a termo o caminho iniciado por Oliveira Ascensão: o 160.º/1 não trata de uma questão de capacidade mas sim de legitimidade[96], sendo o fim, aí previsto, o *fim imediato* ou *objeto social*.

107 É neste contexto que surge a proposta de Pedro de Albuquerque de ver no problema da capacidade jurídica das sociedades uma questão de vinculação do ente coletivo aos atos praticados pelos gerentes e administradores[97]. O mote lançado pelo autor deu origem a uma acesa controvérsia com Osório de Castro que, volvidos quase vinte anos, é hoje uma *querela clássica* da capacidade jurídica societária[98].

108 31. **Cont.: *formulação positiva do princípio* da especialidade.** A necessidade de determinar qual o universo dogmático do princípio da especialidade, afastado que foi o seu enquadramento no âmbito da capacidade jurídica, conduziu também a uma *formulação positiva* do princípio: *"(...) nem o n.º 1 do artigo 160.º, nem o n.º 1 do artigo 6.º CSC, consagram qualquer regra a partir da qual se poderia definir uma incapacidade de gozo dos entes colectivos* – afirma Pedro de Albuquerque –*: eles*

[90] Só assim se compreendem as críticas do autor, *(i)* quanto à impossibilidade prática de delimitar categorias de atos que violem o fim da pessoa coletiva e *(ii)* quanto ao facto de o princípio da especialidade apenas ter utilidade se no 160.º/1 estivesse previsto o objeto social (doutrina *ultra vires*). Cf. José de Oliveira Ascensão, *Direito Civil – Teoria Geral*, I, 2.ª ed. cit., 262-263.

[91] José de Oliveira Ascensão, *Direito Civil – Teoria Geral*, I, 2.ª ed. cit., 265 e ss.

[92] José de Oliveira Ascensão, *Direito Civil – Teoria Geral*, I, 2.ª ed. cit., 266 e ss., o que parece supor uma outra noção de fim, distinta da apontada anteriormente para o 160.º/1.

[93] José de Oliveira Ascensão, *Direito Civil – Teoria Geral*, I, 2.ª ed. cit., 268-269.

[94] José de Oliveira Ascensão, *Direito Civil – Teoria Geral*, I, 2.ª ed. cit., 268-269.

[95] José de Oliveira Ascensão, *Direito Civil – Teoria Geral*, I, 2.ª ed. cit., 269.

[96] Pedro Pais de Vasconcelos, *Teoria Geral do Direito Civil*, 8.ª ed. cit., 383.

[97] Com desenvolvimento, cf. Diogo Costa Gonçalves, *Pessoa coletiva e sociedades comerciais* cit., 744 e ss.

[98] A querela a que aludimos assenta, fundamentalmente, num conjunto de quatro escritos: de Pedro de Albuquerque, "*A vinculação das sociedades comerciais por garantia de dívidas de terceiros*", *ROA* 55 (1995) II, 689-771 e "*Da prestação de garantias por sociedades comerciais a dívidas de outras entidades*", *ROA* 57 (1997), I, 69-147; e de Osório de Castro, "*Da prestação de garantias por sociedades a dívidas de outras entidades*", *ROA* 56 (1996), II, 565-593 e "*De novo sobre a prestação de garantias por sociedades a dívidas de outras entidades: luzes e sombras*", *ROA* (58) II, 1998, 823-858. A posição de Osório de Castro veio a ser mais recentemente confirmado num outro estudo, "*A prestação gratuita de garantias e a assistência financeira no âmbito de uma relação de grupo*", *Estudos em Homenagem a Miguel Galvão Teles*, II, 2012, 413-433, em particular, 414.

limitam-se a afirmar, positivamente, a capacidade das colectividades para serem titulares de direitos e estarem adstritas às obrigações à prossecução dos respetivos fins (...)"[99].

Longe de consubstanciar uma rutura dogmática, a formulação positiva da especialidade acaba por recuperar a orientação consolidada durante a primeira metade do séc. XX, afastada na 2.ª Revisão Ministerial do CC. No respeito pela hermenêutica do Direito positivo – e através das limitações (práticas e doutrinais) por ele introduzidas – chega-se a uma concretização normativa semelhante à possibilitada pelo articulado proposto no *Anteprojeto de Ferrer Correia*: os *"direitos e obrigações necessários ou convenientes à prossecução dos seus fins"* (160.º/1 CC) são afinal todos aqueles que *"segundo a natureza das coisas ou a índole da sua disciplina legal, não forem inseparáveis da personalidade singular"* (5.º do *Anteprojeto*)[100]. 109

A referência à *"prossecução dos seus fins"* não visa portanto limitar a capacidade das pessoas coletivas mas antes *confirmar* a sua capacidade (tendencialmente) plena para titular os direitos e contrair as obrigações que se houver por bem, em ordem à realização do fim a que se propõem. 110

32. **Cont.: *superação pura*.** Outra via dogmática é a *superação pura* do princípio da especialidade do âmbito do Direito societário e das pessoas coletivas em geral. Encontramo-la formulada em Menezes Cordeiro: *"(...) o denominado princípio da especialidade não restringe, hoje, a capacidade das pessoas coletivas: tal como emerge do art. 160.º/1, ele diz-nos, no fundo, que todos os direitos e obrigações são, salvo exceções (...), acessíveis às pessoas coletivas."*. E conclui: *"(...) o chamado princípio da especialidade não tem, hoje, alcance dogmático."*[101]. 111

A *differentia specifica* desta via de superação é, sobretudo, de natureza histórica-dogmática. Os fundamentos originais do princípio da especialidade encontram-se superados na atualidade. A sua consagração legal, para além de anómala, é um resquício histórico, uma herança pretérita de um problema oitocentista. A este fator some-se a absoluta inoperacionalidade do preceito, já ilustrada, que compromete a sua capacidade de resolução de casos concretos. O abandono puro da especialidade torna-se, portanto, o desaguar natural da evolução dogmática apontada[102]. 112

Artigo 5.º (Personalidade)

As sociedades gozam de personalidade jurídica e existem como tais a partir da data do registo definitivo do contrato pelo qual se constituem, sem prejuízo do disposto quanto à constituição de sociedades por fusão, cisão ou transformação.

Bibliografia: Jorge Coutinho de Abreu, *Curso de Direito Comercial*, II (*Das sociedades*), 5.ª ed. (2015); António Pereira de Almeida, *Sociedades comerciais, valores mobiliários, instrumentos financeiros e mercados*, I (*As sociedades comerciais*), 7.ª ed. (2013); José de Oliveira Ascensão, *Direito Comercial*, IV (*Sociedades Comerciais*)

[99] Pedro de Albuquerque, "*Da prestação de garantias por sociedades comerciais a dívidas de outras entidades*" cit., 104.

[100] *Anteprojeto Ferrer Correia*, BMJ 67 (1957), 247-281, 5.º: "*Salvo as excepções determinadas na lei, a capacidade das pessoas colectivas estende-se a todos os direitos e obrigações que, segundo a natureza das coisas ou a índole da sua disciplina legal, não forem inseparáveis da personalidade singular.*"

[101] António Menezes Cordeiro, *Tratado*, IV, 5.ª ed., cit., 677. Veja-se ainda *CSC Anotado*, 2.ª ed., 2012, 6.º, 10.

[102] Mais recentemente, a propósito dos denominados *swaps ad nutum*, António Menezes Cordeiro veio afirmar que as sociedades comerciais (à luz do 6.º/2) careciam de capacidade jurídica para a prática de tais atos: *"A natureza tendencialmente gratuita do jogo ou aposta é tão acentuada que cai nas malhas do artigo 6.º/2 do Código das Sociedades Comerciais. Estamos perante uma liberalidade que não podemos considerar "usual". Concluímos que as sociedades – e, genericamente, as pessoas coletivas – não têm capacidade de gozo para concluir negócios tipo-casino."* – "Direito bancário e alteração das circunstâncias", *I Congresso de Direito Bancário*, 2015, 27-81, 78.

(1993); Orlando de Carvalho, *Teoria Geral do Direito Civil – Relatório* (1976); António Menezes Cordeiro, *Da boa fé no Direito civil* (1984, 6.ª reimp. 2015); *Direito da Economia*, I (1986); "Responsabilidade por informações dadas em juízo. Levantamento da personalidade colectiva. Dever de indemnizar – Anotação do STJ 9-Jan.-2003", *ROA* 64 (2004) I/II, 627-674; *Tratado de Direito Civil Português*, II (*Direito das Obrigações*), IV (2010); *Direito das Sociedades*, I (*Parte Geral*), 3.ª ed. (2011) e II (*Das sociedades em especial*), 2.ª ed. (2007); António Ferrer Correia, *Sociedades fictícias e unipessoais* (1948); "A sociedade por quotas de responsabilidade limitada segundo o Código das Sociedades Comerciais", *ROA* 47 (1987) III, 659-700; Ricardo Costa, *A sociedade por quotas unipessoal no Direito Português* (2002); Paulo Olavo Cunha, *Direito das Sociedades Comerciais*, 6.ª ed. (2016); Paulo de Tarso Domingues, "O regime jurídico das sociedades de capitais em formação", *Estudos em Comemoração dos cinco anos (1995-2000) da Faculdade de Direito da Universidade do Porto* (2001), 965-998; Eduardo Santos Júnior, *CSC anotado* (Menezes Cordeiro), 2.ª ed. (2011), 40.º; João Labareda, "Sociedades irregulares – Algumas reflexões", *Novas perspectivas do Direito Comercial* (1988), 179-204; Fazenda Martins, *Os efeitos do registo e das publicações obrigatórias na constituição das sociedades comerciais* (1994); Albino Matos, *Constituição de sociedades*, 5.ª ed. (2001); Ana Maria Peralta, "Assunção pela sociedade comercial de negócios celebrados antes do registo", *Estudos em Homenagem ao Professor Doutor Inocêncio Galvão Telles*, IV (2003), 611-636; Alexandre da Mota Pinto, *Do contrato de suprimento – O Financiamento da sociedade entre o capital social próprio e o capital alheio* (2002); Manuel António Pita, "Contributo para o estudo do regime da sociedade irregular no Direito português", *Estudos em Homenagem ao Prof. Doutor Raúl Ventura*, II (2003), 495-545; Maria Elisabete Ramos/Alexandre Soveral Martins, CSC em comentário (Coutinho de Abreu), I, 2.ª ed. (2017), 37.º; Maria Elisabete Ramos/Alexandre Soveral Martins/Ricardo Costa, *CSC em comentário* (Coutinho de Abreu), I, 2.ª ed. (2017), 40.º; Maria de Fátima Ribeiro, *A tutela dos credores da sociedade por quotas e a "desconsideração" da personalidade jurídica* (2009); Manuel Nogueira Serens, *Notas sobre a sociedade anónima* (1995); Catarina Serra, *Direito Comercial – Noções fundamentais* (2009); Inocêncio Galvão Telles, "Venda a descendentes e o problema da superação da personalidade jurídica das sociedades", *ROA* 39 (1979) III, 513-562; Raúl Ventura, *Fusão, Cisão e Transformação de Sociedades – Comentário ao Código das Sociedades Comerciais* (1990); Raúl Ventura/Brito Correia, "Transformação de sociedades (Anteprojecto e notas justificativas)", *BMJ* 218 (1972), 5-119, 219 (1972), 11-69 e 220 (1972), 13-83; Diogo Costa Gonçalves, *Pessoa coletiva e sociedades comerciais – Dimensão problemática e coordenadas sistemáticas da personificação jurídico-privada*, 2015 e "Personalidade vs. capacidade jurídica – um regresso ao monismo conceptual?", *ROA* 75 (2015) I/II, 121-150.

Índice

I – **O registo do contrato definitivo**
1. Realização do registo ... 1
2. Imputação de situações jurídicas antes do registo ... 3
3. O momento aquisitivo da capacidade jurídica ... 6

II – **O efeito do registo**
4. Sequência ... 10
5. A *assunção de direitos e obrigações* por efeito do registo: discussão ... 13
6. O *efeito liberatório* do registo: os casos de assunção *ipso jure* ... 19
7. Cont.: os casos de *não assunção potestativa* ... 30
8. A natureza do registo ... 33

III – **A ressalva da fusão, cisão ou transformação**
9. Fusão e cisão ... 36
10. A transformação extintiva ... 37
11. A transformação de sociedades civis ... 41

IV – **A cessação da sociedade**
12. A dissolução e liquidação ... 43

V – **O levantamento (ou a desconsideração) da pessoa coletiva**
13. Sequência ... 44
14. Grupos de casos ... 45
15. Subsidiariedade e conhecimento oficioso ... 50
16. Levantamento *inverso* ... 52

VI – **A *fisionomia do levantamento* (ou da desconsideração) da pessoa coletiva**
17. Parcialidade do levantamento ... 55

I – O registo do contrato definitivo

1. **Realização do registo**. A constituição de sociedades comerciais e civis sob forma comercial está sujeita a registo obrigatório – 3.º/1, *a*) e 15.º/1 CRCom. A inscrição é provisória, quando efetuada antes de titulado o contrato – 64.º/1, *a*), do CRCom. Passa a definitiva com o averbamento desse contrato. Quando a constituição da sociedade dependa de autorização especial – caso, p. ex., das instituições de crédito ou das empresas de seguros – o respetivo documento comprovativo é arquivado aquando do registo, salvo se a constituição for titulada por escritura pública que o mencione. 1

Pelo Direito anterior, a sociedade surgia com a formalização do contrato. Este, a partir do 89.º, *a*), do CNot de 1967 (DL 47 619, de 11-mar.-1967) passou a requerer escritura pública (abandonada em 2006) pelo que, de certa forma, a publicidade estava assegurada. Com a exigência do registo, pelo CSC 1986, o sistema ficou mais claro. 2

2. **Imputação de situações jurídicas antes do registo**. Antes do registo, se a sociedade inicia atividade, teremos uma sociedade irregular por incompletude, à qual se aplicam os 36.º a 40.º[1]. De tais preceitos resulta a imputação de situações jurídicas às sociedades não registadas. As sociedades irregulares previstas no 36.º surgem como titulares de direitos e obrigações autónomos e de situações jurídicas relativas que têm como *terminus* da relação os próprios sócios. Agem no comércio jurídico, demandam e são demandadas. São sujeitos de responsabilidade civil (contratual e aquiliana) e conhecem uma autonomização patrimonial. 3

No período que medeia entre a celebração do contrato de sociedade e o registo, o CSC distingue entre o regime aplicável às relações entre os sócios (37.º) e o regime aplicável às relações entre a sociedade e terceiros (38.º a 40.º). 4

Independentemente do tipo, *(a)* a sociedade está sujeita a *imputação (concreta) de situações jurídicas*: é em seu nome que se celebram negócios jurídicos (38.º/1, 39.º/1 e 40.º/1); *(b)* à sociedade aplicam-se as regras referentes à *representação*, vinculando-se assim de acordo com o previsto no contrato e nas disposições legais de cada tipo, com as limitações decorrentes da tutela de terceiros (38.º/3, 39.º/4 e 40.º/1); *(c)* a *atividade social* é, do ponto de vista material, tendencialmente idêntica à das sociedades registadas: pode haver distribuição de lucros, constituição de reservas, etc. (40.º/1 *in fine*). 5

3. **O momento aquisitivo da capacidade jurídica**. Tendo em conta as diversas manifestações concretas de imputação jurídica nas sociedades irregulares, é forçoso reconhecer que o registo não atribui capacidade (ou personalidade, se nos movermos no quadro clássico do dualismo concetual[2]): ela existe muito antes do registo do contrato[3]; existe até antes da observância dos requisitos legais do 7.º. 6

A génese da capacidade jurídica das sociedades comerciais reside na *vontade das partes*. O regime das sociedades irregulares, em particular o do 36.º, denota um aproveitamento máximo da vontade das partes por parte da ordem jurídica. Refere Menezes Cordeiro, a propósito do 36.º/1: 7

[1] António Menezes Cordeiro, *Direito das Sociedades*, I (*Parte Geral*), 3.ª ed., 2011, 525 e ss.

[2] Diogo Costa Gonçalves, "Personalidade vs. capacidade jurídica – um regresso ao monismo conceptual?", ROA 75 (2015) I/II, 121-150.

[3] Com reservas quanto ao efeito constitutivo do registo, Fazenda Martins, *Os efeitos do registo e das publicações obrigatórias na constituição das sociedades Comerciais*, 1994, 59 e ss. e Albino Matos, *Constituição de sociedades*, 5.ª ed., 2001, 121 e ss. (pese embora o autor mantenha a tese tradicional). Veja-se também António Menezes Cordeiro, *Direito das Sociedades*, I, 3.ª ed., cit., 593, rejeitando o efeito constitutivo do registo e reconduzindo-o a uma *condictio* de eficácia plena do regime societário.

Quando duas ou mais pessoas, «... pelo uso de firma comum...» ou «...por qualquer outro meio...» criem a falsa aparência de uma sociedade (comercial) há, pelo menos, um acordo, expresso ou tácito, no sentido de criar a aparência em causa. Será já, por regra, uma sociedade civil[4].

8 Tal concepção, que não pode deixar de ser sufragada em vista do regime vigente, denota bem como o CSC preconiza, no regime das sociedades irregulares, o *princípio do aproveitamento dos negócios jurídicos*: aquela manifestação de vontade que, nos termos do 7.º, não pode ser constitutiva do contrato de sociedade (comercial), o sistema jussocietário aproveita-a para nela encontrar uma sociedade civil.

9 Ora, sendo justamente tal manifestação de vontade – ainda que tacitamente expressa – o que determina a aplicação do regime do 36.º e ss., não pode deixar de se reconhecer, nessa mesma vontade, a génese da capacidade jurídica das sociedades.

II – O efeito do registo

10 4. **Sequência**. Afastado o efeito constitutivo ou aquisitivo do registo, cumpre conhecer da sua real eficácia no plano jussocietário. Para o efeito, é determinante o regime estatuído no 19.º, para cuja anotação se remete.

11 No termos do 19.º/1, com o registo *"a sociedade assume de pleno direito"* um conjunto de situações jurídicas que têm origem em momento anterior e que, de algum modo, se encontram ao abrigo do contrato de sociedade. Nos termos do n.º 2, a sociedade pode ainda, por decisão da administração, assumir direitos e obrigações decorrentes de outros negócios jurídicos celebrados em nome da sociedade, que não os constantes do n.º 1, tenham eles ocorrido antes ou depois da celebração do contrato. Em qualquer dos casos, a assunção das situações jurídicas em causa retroage à data da respetiva constituição e exonera as pessoas indicadas no 40.º da responsabilidade aí prevista, como se encontra estatuído no n.º 3. Por fim, o 19.º/4, estatui a proibição de assunção de obrigações derivadas de negócios jurídicos não mencionados no contrato de sociedade que versem sobre vantagens especiais, entradas em espécie ou aquisição de bens.

12 As situações jurídicas previstas no 19.º/1 e 2 são situações jurídicas *da* sociedade irregular, contraídas ao abrigo da capacidade jurídica de que esta goza antes do registo. Note-se, aliás, que os negócios em causa são celebrados *"em nome da sociedade"*. Em causa estão, portanto, situações jurídicas da sociedade irregular assumidas pela sociedade registada.

13 5. ***A assunção de direitos e obrigações* por efeito do registo: discussão**. Por *assunção* de direitos e obrigações entende-se, no Direito comum, o *efeito translativo* de certa situação ou posição jurídica que assim transita de uma esfera jurídica para outra, passando a produzir efeitos em relação a outro ou outros sujeitos de direito.

14 Esta construção não pode, contudo, ser acolhida no caso da assunção prevista no 19.º. Com efeito, a ser deste modo, a assunção pela sociedade dos negócios anteriores ao registo configuraria uma transmissão das situações jurídicas da esfera da sociedade irregular para a esfera jurídica da sociedade registada. Tal exigiria que se sustentasse a existência de duas subjetividades jurídicas distintas – a da sociedade irregular e a da sociedade registada – e um processo de dupla imputação, o que é manifestamente contrário ao *iter* formativo da sociedade.

15 Mais: a dupla subjetividade jurídica, necessariamente postulada, levaria a configurar o registo como um facto *criativo/extintivo* da sociedade registada e da sociedade irregular, res-

[4] António Menezes Cordeiro, *Direito das Sociedades*, I, 3.ª ed. cit., 531.

petivamente; com a assunção de direitos e obrigações por parte da primeira. Mas mesmo este enquadramento quedaria comprometido ante a verificação da não transmissão de algumas situações jurídicas imputadas à sociedade irregular. É o caso dos direitos e obrigações sujeitos a *assunção potestativa* em relação aos quais a administração não exerça a faculdade prevista 19.º/2, ou não a possa exercer, por força da proibição constante do n.º 4 do mesmo artigo.

Em tais hipótese, existiriam direitos e obrigações da sociedade irregular que não seriam 16
assumidos, com o registo, pela sociedade registada, e que, portanto, reclamariam um centro de imputação jurídica autónomo. *Reductio ad absurdum*, ante a verificação de situações jurídicas não assumidas, ter-se-ia que sustentar a manutenção de uma forma de imputação à sociedade irregular, entretanto regularizada e extinta, já que o que não se afigura de todo possível conceber é a coexistência simultânea das sociedades irregular e registada, como sujeitos jurídicos autónomos.

O enquadramento problemático ora enunciado tem encontrado resposta, no espaço ger- 17
mânico, na ponderação da *tese da identidade* (*Identitätsthese*) e do princípio da continuidade (*Prinzip der Kontinuität*)[5]. Segundo a *tese da identidade*, a sociedade irregular e a sociedade registada são uma só e a mesma realidade jurídica tal qual o é a *«crisálida e a borboleta»*. Associar ao registo um *efeito assumptivo* de direitos e obrigações, em sentido técnico-jurídico, resulta portanto numa incorreta construção dogmática, que não pode ser acolhida.

Não podendo, portanto, falar-se em assunção no sentido ilustrado, como qualificar o 18
efeito do registo quanto às situações jurídicas tituladas pela sociedade irregular? Em resposta a esta questão, surge a tese da *continuidade automática* (*automatische Fortsetzung*), que sustenta que as situações jurídicas constituídas antes do registo mantêm-se imputadas à sociedade registada que é o mesmo sujeito antes e após o processo registal.

6. **O *efeito liberatório* do registo: os casos de assunção *ipso jure*.** A verdadeira natureza da 19
assunção reside no efeito liberatório do registo (previsto no 19.º/3, para cuja anotação se remete).

Nos termos do 40.º/1, pelas obrigações emergentes dos negócios jurídicos celebrados 20
pelas SPQ, SA e SCA antes do registo (e salvo os casos excecionados no n.º 2) respondem: *(a)* a sociedade; e, esgotado o património social[6], *(b)* ilimitada e solidariamente todos os que agirem em representação da sociedade, bem como os sócios que autorizarem os negócios em causa. Os

[5] Com desenvolvimento, cf. Diogo Costa Gonçalves, *Pessoa coletiva e sociedades comerciais* cit., 577 e ss.

[6] A referência a responsabilidade ilimitada e solidária não afasta a aplicação do *beneficium excussionis*. Com desenvolvimento, António Menezes Cordeiro, *Direito das Sociedades*, I, 3.ª ed., cit., 538. Cf. ainda, a respeito da responsabilidade do património social à luz do 40.º/1, João Labareda, "Sociedades irregulares – Algumas reflexões", *Novas perspectivas do Direito Comercial*, 1988, 179-204, 196 e ss. e Jorge Coutinho de Abreu, *Curso de Direito Comercial*, II, *(Das sociedades)*, 5.ª ed., 2015, 121 e ss. (embora com limitações, 127-129); Fazenda Martins, *Os efeitos do registo* cit., 65; José de Oliveira Ascensão, *Direito Comercial*, IV *(Sociedades Comerciais)*, 1993, 146; Paulo Olavo Cunha, *Direito das Sociedades Comerciais*, 6.ª ed., 2016, 234 e ss.; Paulo de Tarso Domingues, "O regime jurídico das sociedades de capitais em formação" *Estudos em Comemoração dos cinco anos (1995-2000) da Faculdade de Direito da Universidade do Porto*, 2001, 965-998, 988; Ricardo Costa, *A sociedade por quotas unipessoal no Direito Portugês*, 2002, 495 (referindo-se a uma responsabilidade simultânea e solidária); Ana Maria Peralta, "Assunção pela sociedade comercial de negócios celebrados antes do registo", *Estudos em Homenagem ao Professor Doutor Inocêncio Galvão Telles*, IV, 2003, 611-636, 626; António Pereira de Almeida, *Sociedades Comerciais, valores mobiliários e mercados*, I (*As sociedades comerciais*), 7.ª ed., 2013, 37 e ss.; Catarina Serra, *Direito Comercial – Noções fundamentais*, 2009, 152; Eduardo Santos Júnior, *CSC anotado* (Menezes Cordeiro), 2.ª ed., 2011, 40.º, 13; Maria Elisabete Ramos/Soveral Martins/Ricardo Costa, *CSC em comentário* (Coutinho de Abreu), I, 2.ª ed., 2017, cit., 40.º, 610 e ss.
Configurando a responsabilidade em sentido inverso – primeiro os sócios e depois o património social –, cf. Manuel Nogueira Serens, *Notas sobre a sociedade anónima*, 1995, 23 e ss. e Manuel António Pita, "Contributo para o estudo do regime da sociedade irregular no Direito Português", *Estudos em Homenagem ao Prof. Doutor Raúl Ventura*, II, 2003, cit., 542 e ss. Em comentário crítico, Paulo Olavo Cunha, *Direito das Sociedades Comerciais*, 6.ª ed. cit., 236-240.

restantes sócios que não tenham autorizado o negócio, respondem até ao valor das suas entradas, acrescido dos valores percebidos a título de distribuição de lucros ou de reservas.

21 Temos, portanto, que quanto aos sócios que autorizaram o negócio, a sua responsabilidade é em tudo semelhante à resultante do regime das sociedades civis: respondem solidariamente pelas obrigações da sociedade e podem invocar o benefício da excussão. Os restantes sócios veem, porém, a sua responsabilidade limitada ao valor das entradas *agravada* no valor correspondente aos lucros e reservas distribuídos.

22 Com o registo, os representantes ficam liberados da responsabilidade emergente dos negócios celebrados em nome da sociedade. Quanto aos sócios, estes passam apenas a responder pelo valor das entradas (nos termos do respetivo tipo social), o que significa: *(a)* quanto aos que haviam aprovado os negócios em causa, ou haviam agido em representação da sociedade, a liberação da responsabilidade solidária e ilimitadamente (ainda que com o benefício da excussão); *(b)* quanto aos restantes, a limitação do valor da responsabilidade às entradas (nos termos do respetivo tipo) cessando a majoração da responsabilidade no valor correspondente aos lucros e reservas distribuídos.

23 Em síntese: no caso das sociedades de capitais, o *efeito liberatório*, previsto no 19.º/3, corresponde à introdução no regime da sociedade da *limitação da responsabilidade*, até então fortemente condicionada.

24 O mesmo não acontece no caso das SNC. Nos termos do 38.º/1, pelos negócios jurídicos imputáveis à SNC que hajam sido concluídos com o acordo (que se presume), expresso ou tácito, de todos os sócios, respondem estes solidária e ilimitadamente. O mesmo é dizer: pelas obrigações emergentes de negócios jurídicos em causa responde, à cabeça, o património social e, subsidiária e solidariamente, todos os sócios.

25 Com o registo do contrato, à responsabilidade emergente das situações jurídicas em causa passar-se-á a aplicar o regime estatuído no 175.º. A proximidade, quanto à responsabilidade dos sócios pelas obrigações da sociedade, entre o 175.º e o regime das sociedades civis é consabidamente manifesta[7]. A diferença substancial reside na configuração normativa do *beneficium excussionis*. Nos termos do 997.º CC, a responsabilidade do sócio é *pessoal*: ele pode ser demandado *ab initio*, cabendo-lhe invocar o benefício da excussão. À luz do 175.º, a construção normativa é distinta: os sócios não respondem pessoal mas *subsidiariamente*. Isto, porém, não afeta a configuração do *beneficium excussionis* como uma exceção[8]: caberá sempre ao sócio invocar a suficiência patrimonial da sociedade e, logo, a exclusão da sua responsabilidade.

26 É mister reconhecer, portanto, a irrelevância material do registo na hipótese consagrada. A diferença entre uma *subsidiariedade económica*, própria da configuração normativa da excussão no 997.º/2 CC, e uma *subsidiariedade jurídica*, prevista no 175.º/1, é de natureza técnico-formal: do ponto de vista material, *ante* e *post* registo os sócios continuam a responder solidariamente pelas obrigações contraídas pela sociedade e a gozar do *beneficium excussionis*, nos termos assinalados.

27 No caso do 38.º/2, os negócios em causa não foram autorizados por todos os sócios: apenas os sócios que aprovaram os negócios respondem nos termos previstos no n.º 1. Os restantes beneficiam de uma *exclusão de responsabilidade*. Tal exclusão não é, porém, total. Desde logo, os sócios respondem individualmente pelo valor das suas entradas (175.º/1, 1.ª parte), *ex vi* 37.º/1. Podemos ir mais longe: respondem ainda até ao montante dos valores percebidos a título de lucros e distribuição de reservas, tal qual dispõe o 40.º/1.

[7] *Vide* anotação ao 175.º.

[8] António Menezes Cordeiro, *Direito das Sociedades*, II (*Das sociedades em especial*), 2.ª ed., 2007, 172-174, antes referindo-se à diferente construção técnica do *beneficium excussionis*: 69 e ss.

O regime ora identificado quanto aos sócios das SNC aplica-se aos sócios comanditados, nos termos do 39.º/1 e 3. Aplica-se, igualmente, aos sócios comanditários que hajam consentido no início da atividade antes do registo, desde que o credor não conheça a sua qualidade (n.º 2). Quanto aos comanditários, o consentimento não se presume. 28

Os efeitos do registo são, quanto aos sócios comanditados, tão irrelevantes quanto o assinalado para as SNC. Já quanto aos sócios comanditários abrangidos pelo n.º 2, o registo importará a aplicação plena do 465.º e, consequentemente, a limitação da sua responsabilidade. 29

7. **Cont.: os casos de *não assunção potestativa*.** O efeito liberatório da assunção potestativa é o mesmo assinalado quanto à assunção *ipso jure*. Simplesmente, enquanto que esta ocorre *ope legis*, por efeito do registo, a assunção potestativa exige uma *decisão* da administração. Quando a administração se decide pelo *não exercício* da assunção potestativa, surgem, na esfera jurídica da sociedade, situações jurídicas *assumidas* e *não assumidas*. 30

O não exercício da faculdade assumptiva impede o efeito liberatório do registo. Daqui decorre que quanto às situações jurídicas não assumidas, continuar-se-á a aplicar o regime de responsabilidade resultante dos 38.º e ss. Isto significa que, na mesma sociedade, podem existir situações jurídicas em relação às quais a responsabilidade dos sócios (e outros intervenientes) é materialmente distinta. Basta que em relação a algumas delas o efeito liberatório não ocorra, pelo não exercício da faculdade atribuída nos termos do 19.º/2. 31

Em tais hipóteses, a limitação da responsabilidade preconizada pelo registo não logrará eficácia e os credores interessados poderão, mesmo após o registo, exigir a responsabilização dos sujeitos visados, em particular dos sócios, nos termos previstos para as sociedades irregulares. 32

8. **A natureza do registo**. O registo definitivo do contrato de sociedade não atribui, como vimos, capacidade jurídica às sociedades comerciais. Ao invés, a sua feição jurídica fundamental reside no *efeito liberatório* previsto no 19.º/3. Tal efeito, quando verdadeiramente relevante, outra coisa não é, porém, do que a *atribuição de uma limitação de responsabilidade* até então inexistente: a limitação própria do tipo societário em causa. 33

Temos, portanto, que o efeito do registo é, fundamentalmente, um efeito limitador da responsabilidade: a *atribuição do privilégio da responsabilidade limitada* (sempre que o regime do tipo societário em causa o admita). 34

Paralelamente a este efeito, ao registo está ainda associada uma noção de plena eficácia do regime jussocietário[9]. Expressa-o bem a ressalva constante do 37.º/1 quando manda aplicar às relações entre os sócios das sociedades irregulares as disposições respeitantes ao contrato e ao respetivo tipo social, *"salvo aquelas que pressuponham o contrato definitivamente registado"*[10]. 35

III – A ressalva da fusão, cisão ou transformação

9. **Fusão e cisão**. As novas sociedades resultantes de fusão e cisão surgem com o registo da operação, nos termos do 112.º (aplicável à cisão *ex vi* 120.º). Já a modificação e a transformação das sociedades não parecem depender do registo, produzindo os seus efeitos antes dele (88.º e 140.º-A)[11]. 36

[9] A este propósito, António Menezes Cordeiro refere-se ao registo como *"condicionante de eficácia plena"* – *Direito das Sociedades*, I, cit., 594.

[10] Eduardo Santos Júnior, *CSC anotado*, 2.ª ed. cit., 37.º, 6; Soveral Martins/Maria Elisabete Ramos, *CSC em comentário*, I, 2.ª ed., 2017, 37.º, 589-590; António Ferrer Correia, "A sociedade por quotas de responsabilidade limitada segundo o Código das Sociedades Comerciais", *ROA* 47 (1987), III, cit., 659-700 *passim* e Jorge Coutinho de Abreu, *Curso de Direito Comercial*, II (*Das sociedades*), 5.ª ed., 2015, 118-120.

[11] António Menezes Cordeiro, *CSC Anotado* cit., 5.º, 11.

37 10. **A transformação extintiva**. Na doutrina clássica, com reflexos na redação do 130.º, existiam duas modalidades de transformação: a *transformação formal*, sem modificação da identidade da sociedade antes e após a transformação (tese da identidade); e a *transformação extintiva* – também dita *transformação novatória*[12] ou *transformação translativa*[13] – na qual, deliberada a dissolução, não haveria lugar à liquidação mas sim à extinção da sociedade transformanda e à criação de uma nova sociedade (a sociedade transformada), que sucedia *"automática e globalmente à sociedade anterior"* – 130.º/5 (tese da sucessão universal)[14].

38 A transformação extintiva dava, assim, origem a uma nova sociedade que existia enquanto tal, independentemente do 5.º.

39 A transformação extintiva é reconhecidamente uma hipótese *académica*[15]. Corresponde, na verdade, a um arcaísmo dogmático. Na realidade, não existe. O 130.º não prevê duas modalidades distintas de transformação, mas tão só duas reconduções dogmáticas possíveis do mesmo instituto, sendo que a tese da *totale Universalsukession*, subjacente à transformação extintiva, há já muito se encontra ultrapassada. Isto é tanto mais verdade quanto o próprio 130.º/4 prevê o mesmo regime jurídico para ambas as figuras de transformação.

40 A transformação extintiva não é, portanto, uma hipótese de aplicação da excepção prevista no 5.º *in fine*[16].

41 11. **A transformação de sociedades civis.** Uma outra hipótese de aplicação da exeção prevista no 5.º *in fine* diz respeito à transformação de sociedades civis puras em sociedades comerciais (ou civis sob forma comercial). Para Raúl Ventura/Brito Correia, tal hipótese – prevista no 130.º/2 – nunca poderia ser uma transformação formal, porquanto para que existisse identidade ou continuidade entre as sociedades, era necessário garantir, em primeiro lugar, a existência da própria pessoa coletiva ao tempo da deliberação da transformação (o que não seria o caso). Segundo os autores, a própria transformação de sociedades civis puras em sociedades comerciais *"cria a personalidade"*[17], sem que para tal se tenha que observar o disposto no 5.º.

42 A hipótese que ora ponderamos tem que ver com a *vexata quaestio* de saber se as sociedades civis são ou não pessoas coletivas. Na atualidade, tende a haver consenso quanto à personificação das sociedades civis. Ao reconhecer que as sociedades civis são pessoas coletivas, o enquadramento dogmático da sua transformação em sociedades comerciais (ou sob forma comercial) não pode deixar de ser o da transformação formal: em causa não está, uma vez mais, a aplicação da excepção prevista no 5.º *in fine*[18].

IV – A cessação da sociedade

43 12. **A dissolução e liquidação**. Uma vez constituída, a personalidade coletiva mantém-se, até à superveniência de uma dissolução e ao término da liquidação. Com efeito, ainda que em liquidação, a sociedade mantém a sua personalidade (146.º/2): a extinção sobrevém, mesmo entre os sócios, com o registo do encerramento da liquidação (160.º/2).

[12] Por exemplo, Raúl Ventura/Brito Correia, "Transformação de sociedades (Anteprojecto e notas justificativas)", cit., *BMJ* 119 (1972).

[13] Por exemplo, Raúl Ventura, *Fusão, Cisão e Transformação de Sociedades – Comentário ao Código das Sociedades* Comerciais, 1990, cit., 453.

[14] Sobre a origem e evolução dogmática da transformação extintiva, cf. Diogo Costa Gonçalves, *Pessoa coletiva e sociedades comerciais* cit., 693 e ss.

[15] O próprio *Anteprojeto* o afirma: Raúl Ventura/Brito Correia, "Transformação de sociedades ..." cit., 119.

[16] Com melhor desenvolvimento, cf. Diogo Costa Gonçalves, *Pessoa coletiva e sociedades comerciais* cit., 700 e ss.

[17] Raúl Ventura/Brito Correia, "Transformação de sociedades ..." cit., 19.

[18] Com melhor desenvolvimento, cf. Diogo Costa Gonçalves *Pessoa coletiva e sociedades comerciais* cit., 700 e ss.

V – O levantamento (ou a desconsideração) da pessoa coletiva

13. **Sequência.** O levantamento (ou desconsideração) é o instituto pelo qual, em certas circunstâncias muito especiais, é possível não ter em conta as normas que sustentam a personalidade coletiva, de modo a imputar as obrigações da sociedade às pessoas singulares que lhe sirvam de suporte[19]: seja aos administradores, seja aos sócios, conforme as circunstâncias. O levantamento opera por exigência marcada da boa-fé, ou seja, dos valores fundamentais do ordenamento jurídico, de tal modo que a invocação, pelos sócios ou pelos administradores da sociedade considerada, da personalidade, se configure como um abuso do direito. 44

14. **Grupos de casos.** A origem marcadamente casuística do instituto levou à progressiva formação de grupos de casos típicos de levantamento: *confusão de esferas*, *subcapitalização*, *atentado a terceiro* e *abuso de personalidade*. 45

A ***confusão de esferas*** pressupõe a inobservância das regras respeitantes à segregação de patrimónios: na prática, é difícil distinguir com clareza o que é património dos sócios e o que integra a esfera patrimonial da sociedade. A hipótese não exige qualquer ilicitude: basta a objetiva confusão de esferas patrimoniais. 46

A ***subcapitalização*** está associada a uma dotação patrimonial manifestamente insuficiente da sociedade (insuficiência essa, por regra, oculta ao comércio jurídico), tendo em conta o seu objeto e atividade[20]. 47

O ***atentado a terceiros*** corresponde à utilização da sociedade com um escopo meramente emulativo das posições jurídicas de terceiros. O exemplo jurisprudencial mais ilustrativo está associado aos casos de venda de bens de pais a filhos, através de uma sociedade, para evitar o consentimento dos demais descendentes (contornando assim o previsto no art. 877.º CC[21]). Outras hipóteses podem ser apontadas, como a transmissão de ativos de uma sociedade para outra, para evitar a satisfação dos credores à custa dos bens transmitidos; ou a utilização de uma sociedade para a realização de uma atividade proibida ao sócio. 48

Por fim, o ***abuso da personalidade*** surge como um grupo de casos residual: na falta de uma textura problemática que permita a recondução a outro de grupo de casos, verifica-se que, ainda assim, a invocação do regime resultante da personalidade coletiva seria contrário ao sistema. Por regra, em causa está a contrariedade aos princípios da tutela da confiança e/ou da primazia da materialidade subjacente. 49

15. **Subsidiariedade e conhecimento oficioso.** Aos interessados no levantamento cabe invocar e fazer prova dos factos constitutivos do instituto. A recondução dogmática à figura do abuso do direito tem permitido sustentar o conhecimento oficioso do levantamento. 50

A manifesta excecionalidade do levantamento impõe, contudo, o seu uso subsidiário: apenas haverá lugar ao levantamento se a aplicação dos institutos afins ou funcionalmente conexos não permitirem assegurar a justiça material do caso concreto. 51

16. **Levantamento *inverso*.** A desconsideração não conduz sempre a uma solução que atinja aqueles sujeitos que se ocultam sob o manto da personalidade jurídica. Nalgumas hipóteses, o levantamento ocorre em sentido *inverso*: o que se visa, em tais hipóteses, é justamente atingir a sociedade que formalmente se encontra arredada do processo aplicativo do direito. 52

[19] RPt 25-out.-2005 (Henrique Araújo), Proc. 0524260 e STJ 18-mai.-2006 (Sebastião Póvoas), Proc. 06A1106.

[20] Alexandre Mota Pinto, *Do contrato de suprimentos – O financiamento da sociedade entre capital próprio e capital alheio*, 2002, 107 ss..

[21] STJ 6-jan.-1976 (Oliveira Carvalho), BMJ 253 (1976), 150-155 e RPt 13-mai.-1993 (Fernandes Magalhães), CJ XVIII (1995) 3, 199-201.

53 Soluções como aquelas que assumem que por certas dívidas do sócio responde o património da sociedade ou que certo negócio jurídico, para determinado efeito, deve ser tido como sendo celebrado pela sociedade e não pelos seus sócios, são hipótese paradigmáticas do que noutras latitudes (sobretudo no Brasil) se vem designando por *desconsideração inversa* da personalidade.

54 Em Portugal, a figura é ainda muito pouco conhecida[22].

VI – A *fisionomia do levantamento* (ou da desconsideração) da pessoa coletiva

55 17. **Parcialidade do levantamento.** Do ponto de vista estrutural, o levantamento da personalidade surge como um *instituto de enquadramento*: logra dotar de unidade compreensiva e aplicativa de um conjunto variado de manifestações de abuso, reportadas a constelações de casos muito díspares entre si[23]. Esta perspetiva merece, todavia, ser completada com um olhar sobre o levantamento a partir dos seus *efeitos*.

56 O levantamento da personalidade coletiva é sempre *parcial*: a pessoa coletiva não desaparece; o que sucede é o afastamento de um conjunto de soluções decorrentes da personificação para aquele caso concreto.

57 Neste sentido, podemos falar, por exemplo, em *levantamento de imputação*, em *levantamento da limitação de responsabilidade* e em *levantamento de organização*.

58 O ***levantamento de imputação*** ocorre sempre que o efeito jurídico que se afasta é a atribuição de situações jurídicas à pessoa coletiva (*Zurechnungsdurchgriff*).

59 O ***levantamento da limitação de responsabilidade*** é o efeito mais comum da aplicação do instituto. Ocorre sempre que a segregação patrimonial facultada pela personificação é afastada e os bens que integram o património de outra individualidade jurídica (coletiva ou singular) são abrangidos na massa patrimonial destinada a satisfazer determinada pretensão creditícia (*Haftungsdurchgriff*)[24].

60 Quando a aplicação do instituto permite afetar diretamente o património dos sócios (ou de outros atores) à satisfação das dívidas sociais, a jurisprudência refere-se com relativa frequência a *abuso da responsabilidade limitada*[25] ou *abuso da limitação de responsabilidade*[26]. Em causa está, na verdade, o afastamento (levantamento) do efeito liberatório do registo. Levantar a personalidade redunda, neste contexto, em afastar a limitação da responsabilidade decorrente do registo definitivo do contrato[27].

61 Não é de afastar a hipótese de o Tribunal, ao fixar os efeitos do levantamento, ter em conta o próprio regime de responsabilidade das sociedades irregulares[28].

[22] Ainda assim, vejam-se os acórdãos STJ 12-jun.-1997 (Sá Couto), Proc. n.º 97B268 e RCb 03-nov.-2013 (Alexandre Reis), Proc. n.º 136/14.0TBNZR.C1 (pese embora em causa estar uma ação de responsabilidade civil do Estado por erro judiciário).

[23] Neste sentido, António Menezes Cordeiro, *Tratado de Direito Civil*, IV (*Pessoas*), 5.ª ed., 2019, 729-732, *Direito das Sociedades*, I (*Parte Geral*), 3.ª ed., 2011, 446-450 e Diogo Costa Gonçalves, *Pessoa coletiva e sociedades comerciais* cit., 959 e ss.

[24] Por exemplo: RPt 31-mai.-2005 (Fernandes Magalhães), Proc. nº 05A1413; RLx 04-out.-2011 (Manuel Marques), Proc. n.º 646/11.1TVLSB-B.L1-1.; RGm 17-nov.-2011 (Manuel Bargado), Proc. n.º 798/08.8TBEPS.G1.; RPt 22-jun-2009 (Maria de Deus Correia), Proc. n.º 1201/09.1TBMAI.P1; REv 21-mai-1998 (Fernando Bento), CJ XXIII (1998), 3, 258-262; RpT 25-out.-2005 (Henrique Araújo), Proc. n.º 0524260; RLx 29-abr.-2008 (Manuel Tomé Soares Gomes), *CJ* XXXIII (2008) 2, 130-134.

[25] RPt 25-out.-2005 (Henrique Araújo), Proc. n.º 0524260.

[26] RPt 31-jan.-2007 (Gonçalo Silvano), CJ XXXII (2007), 1, 173-177.

[27] RPt 31-jan.-2007 (Gonçalo Silvano), CJ XXXII (2007), 1, 173-177: o Tribunal entende que o levantamento não é um instituto relativo à personalidade, mas sim à limitação da responsabilidade: *"A desconsideração como instituto jurídico autónomo não é um fenómeno relativo à personalidade jurídica, mas sim à responsabilidade limitada"*.

[28] Com especial interesse, veja-se Maria de Fátima Ribeiro, *A tutela dos credores da sociedade por quotas e a "desconsideração" da personalidade jurídica*, 2009, 327 e ss.

No ***levantamento de organização***, em causa estão decisões que afastam os efeitos da personificação quanto a aspetos estruturantes do núcleo jurídico-problemático pessoa-organização (*Handlungsorganisation*). Dois exemplos paradigmáticos podem ser apontados: *(i)* STJ 16-nov.-2004 (Pinto Monteiro), Proc. 04A3002: o inquérito judicial previsto no 67.º foi requerido contra o gerente da sociedade que se defendeu invocando ilegitimidade passiva, já que alguma jurisprudência havia consagrado o entendimento segundo o qual o inquérito judicial devia ser requerido contra a sociedade. O STJ entendeu que a legitimidade do gerente resulta do próprio CSC, mas admitiu que por via do levantamento sempre se poderia chegar à mesma conclusão. O levantamento permitiria, assim, assumir como posições jurídicas próprias dos membros dos órgãos sociais as recortadas para os respetivos órgãos; *(ii)* STJ 9-dez.-2006 (Pinto Monteiro), Proc. 04A3087: nos autos, surge alegada uma simulação, invocando-se conluio entre o administrador da sociedade e a contraparte no contrato, em prejuízo da própria sociedade. O levantamento da personalidade serviu, *in casu*, para afastar a *atuação orgânica* do administrador e entender que este agiu ao abrigo de uma situação geral de representação, sendo, portanto, a sociedade um *terceiro*. 62

A noção de levantamento da organização pode ainda ser útil na concretização do alcance normativo da imputação direta aos membros dos órgãos sociais de posições jurídicas estruturalmente societárias: pense-se, por exemplo, na imputação aos administradores das instituições de crédito da obrigação de comunicação prevista no 116.º-Z/3 RGICSF, sempre que a sociedade (através dos seus órgãos sociais) *«omitir ou diferir»* a comunicação em causa. 63

Artigo 6.º (Capacidade)

1. A capacidade da sociedade compreende os direitos e as obrigações necessários ou convenientes à prossecução do seu fim, excetuados aqueles que lhe sejam vedados por lei ou sejam inseparáveis da personalidade singular.

2. As liberalidades que possam ser consideradas usuais, segundo as circunstâncias da época e as condições da própria sociedade, não são havidas como contrárias ao fim desta.

3. Considera-se contrária ao fim da sociedade a prestação de garantias reais ou pessoais a dívidas de outras entidades, salvo se existir justificado interesse próprio da sociedade garante ou se se tratar de sociedade em relação de domínio ou de grupo.

4. As cláusulas contratuais e as deliberações sociais que fixem à sociedade determinado objeto ou proíbam a prática de certos atos não limitam a capacidade da sociedade, mas constituem os órgãos da sociedade no dever de não excederem esse objeto ou de não praticarem esses atos.

5. A sociedade responde civilmente pelos atos ou omissões de quem legalmente a represente, nos termos em que os comitentes respondem pelos atos ou omissões dos comissários.

Bibliografia: a referida no 5.º e ainda João Miguel Ascenso, "As sociedades não lucrativas – Breve análise do direito dos sócios aos lucros", *RDS* III (2011) 3, 811-856; Marcello Caetano, "As pessoas colectivas no novo Código civil português", *O Direito* 99 (1967), 85-110; António Menezes Cordeiro, *Direito Europeu das Sociedades* (2005); António Ferrer Correia, *Lições de Direito Comercial* (1994); Manuel Carneiro da Frada/Diogo Costa Gonçalves, "A acção ut singuli (de responsabilidade civil) e a relação do Direito Cooperativo com o Direito das Sociedades Comerciais", *RDS* I (2009) 4, 885-922; Jorge Pinto Furtado, *Curso de Direito das Sociedades*, 5.ª ed. (2004); Francisco Briosa e Gala, "As participações sociais e o conceito de lucro nas sociedades de advogados", *Estudos em Homenagem ao Professor Doutor Carlos Ferreira de Almeida*, IV (2011), 163-196; Fátima Gomes, *O direito aos lucros e o dever de participar nas perdas nas sociedades* *anónimas* (2011); João Labareda, "Nota sobre a prestação de garantias por sociedades comerciais a dívidas de outras entidades", *Direito societário português – Algumas questões* (1998); Alexandre Soveral Martins, *CSC em comentário* (Coutinho de Abreu), I, 2.ª ed. (2017), 6.º; Cassiano dos Santos, "O direito aos lucros no Código das Sociedades Comerciais (à luz de 15 anos de vigência)", *Problemas do Direito das Sociedades* (2002), 185-199; *Estrutura Associativa e Participação Societária Capitalista – Contrato de sociedade, estrutura societária e participação do sócio nas sociedades capitalistas* (2006); Miguel Teixeira de Sousa, *O que realmente se estabelece no artigo 6.º, n.º 3, CSC*, na RDS XI (2019), 251-256; Pedro Pais de Vasconcelos, *A participação social nas sociedades comerciais*, 2.ª ed. (2006); Raúl Ventura, *Sociedades por Quotas – Comentário ao Código das Sociedades Comerciais*, I, 2.ª ed. (1989, reimp. 2007); Pedro de Albuquerque, "A vinculação das sociedades comerciais por garantia de dívidas de terceiros", *ROA* 55 (1995) II, 689-711; "Da prestação de garantias por sociedades comerciais a dívidas de outras entidades", *ROA* 57 (1997) I, 69-147; *A vinculação das sociedades comerciais anónimas e por quotas*, I (2017).

Índice

I – **Origem do preceito e Direito europeu**
1. A origem díspar 1
2. O Direito europeu 2

II – **O escopo lucrativo das sociedades**
3. A *tese tradicional* 3
4. Crítica: a inoperacionalidade do conceito de lucro 4
5. Conclusão 6

III – **A capacidade das sociedades comerciais**
6. Formulação positiva do princípio da especialidade 8
7. Limitações extrínsecas 9
8. Sínteses 11

IV – **Identificação entre *fim da sociedade* e *interesse social***
9. Garantias a dívidas de outras entidades 14
10. Liberalidades 22
11. *Tautologia normativa?* 25

V – **Desenvolvimento jurisprudencial**
12. Alargamento casuístico do justificado interesse próprio 28
13. Inversão jurisprudencial do ónus da prova 30

VI – **Reconstrução normativa**
14. Deslocação dogmática para o âmbito de aplicação do 64.º 34
15. Presunção de violação do dever de boa gestão por constituição de liberalidades: *delimitação positiva* 41
16. Cont.: *delimitação negativa* 43
17. Presunção de violação do dever de boa gestão por constituição de garantias a favor de terceiros: *delimitação positiva* 47
18. Cont.: *delimitação negativa* 49
19. Síntese 58

I – Origem do preceito e Direito europeu

1 1. **A origem díspar**. O 6.º compreende normas distintas, sem equivalente no anteprojeto de Ferrer Correia. O n.º 1 proveio do 160.º CC; os n.os 2 e 3 foram elaborações autónomas; o n.º 4 adveio do anteprojeto de Raúl Ventura de transposição da 1.ª Diretriz[1]; o n.º 5 equivale ao 165.º do CC, constando também do 26.º do DL 49 381, de 15-nov.-1969. Com uma pequena alteração formal, o texto da lei surgia já no *Projecto de 1983* (7.º)[2].

2 2. **O Direito europeu**. A 1.ª Diretriz de Direito das sociedades[3], fundamentalmente assente no Direito alemão[4], ocupa-se: *(a)* da publicidade das sociedades; *(b)* das obrigações contraídas

[1] Raúl Ventura, *Adaptação do Direito português à 1.ª Directiva*, 213.

[2] *BMJ* 327 (1983), 59-60.

[3] *JOCE* n.º L-65, 8-12, de 14-mar.-1968; a designação oficial é Diretiva n.º 68/151/CEE, do Conselho, de 9-mar.-1968, tendente a coordenar as garantias que, para proteção dos interesses dos sócios e de terceiros, são exigidas nos Estados-Membros às sociedades, na aceção do segundo parágrafo do 58.º do Tratado, a fim de tornar equivalentes essas garantias em toda a Comunidade. A 1.ª Diretriz foi alterada pela Diretriz n.º 2003/58/CEE, de 15-jul.: JOCE N.º L-221, 13-16, de 4-set.-2003. O texto corrigido e atualizado da 1.ª Diretriz pode ser confrontado em António Menezes Cordeiro, *Direito europeu das sociedades* (2005), 127 ss.. A 1.ª Diretriz foi formalmente substituída pela Diretriz n.º 2009/101, de 16-jul., JOCE N.º L-258, de 1-out.-2009, que codificou a matéria.

[4] Raúl Ventura, *Adatação do Direito português à 1.ª Directiva*,

pela sociedade; *(c)* das sociedades irregulares. Releva, aqui, de modo particular, o disposto no 9.º da Diretriz, donde se retiram as seguintes conclusões: *(a)* a sociedade fica obrigada pelos seus órgãos, mesmo fora do objeto social; *(b)* ela não fica obrigada fora dos poderes legais desses órgãos; *(c)* a ultrapassagem do objeto social pode, pela legislação interna, ser oponível a terceiros de boa-fé; *(d)* as limitações estatutárias e deliberativas, mesmo publicadas, são inoponíveis a terceiros; *(e)* a legislação interna pode prever a oponibilidade a terceiros de certas cláusulas de representação.

II – **O escopo lucrativo das sociedades**

3. **A** ***tese tradicional*** vê, no princípio da especialidade, consagrado no n.º 1, uma mitigação da capacidade de gozo das sociedades. O *fim da sociedade*, a que o preceito alude, é interpretado como o *fim legal-tipológico* da figura contratual de base: em causa está, portanto, a noção de *lucro* (ou de *"repartição de lucros"*) enquanto *essentialia negotii* ou *indício tipológico* do contrato em causa[5]. 3

4. **Crítica: a inoperacionalidade do conceito de lucro**. A tese tradicional padece, todavia, da crónica dificuldade em determinar um *conceito operacional* de lucro, para efeitos de limitação da capacidade[6]. Em algumas obras, desiste-se simplesmente de uma definição concreta de lucro, limitando-se à referência sumária da existência de escopo lucrativo e tomando por adquirido o seu significado[7]. 4

Acresce que, de um modo geral, observa-se a tendência para uma matização do quadro normativo, que conduz ao progressivo abandono da relevância tipológica do lucro[8]. 5

5. **Conclusão**. A identificação do fim da sociedade com escopo lucrativo – sustentada pela tese tradicional – é, para efeitos do 6.º/1, dogmaticamente inoperante. Tratando-se, a capacidade, de um juízo *ex ante*, qualquer noção de lucro real (seja ele contabilístico, do exercício, distribuível, etc.) deve ser afastada: não é possível ajuizar acerca da capacidade jurídica para a prática de um ato à luz de um critério só verificável depois do ato praticado. 6

Tão pouco se revela útil a noção de *lucro potencial,* como fim (legal-tipológico) da sociedade. Por referência a um *lucro potencial* – a uma possível *vantagem ou proveito económico* (no sentido de Ferrer Correia[9]) –, rara ou nenhuma será a atividade que não seja permitida, já que de todas sempre se poderá dizer terem sido praticadas em ordem a um lucro expectável ou subordinadas a um genérico interesse económico. 7

III – **A capacidade das sociedades comerciais**

6. **Formulação positiva do princípio da especialidade**. O entendimento do princípio da especialidade como uma limitação à capacidade do gozo das pessoas coletivas, encontra-se superado[10]. A *especialidade* deve ser entendida num sentido *não limitativo* (ou positivo) da capacidade de gozo: ser capaz dos direitos e obrigações necessários ou convenientes à prossecução do seu fim, significa gozar de uma capacidade de gozo tendencialmente *plena.* Ou seja, não é possível 8

140 ss. e António Menezes Cordeiro, *Direito europeu das sociedades*, 2005, cit., 164 ss..

[5] Neste sentido, vendo no lucro um índice do tipo contrato de sociedade, Pedro Pais de Vasconcelos, *Contratos Atípicos*, 2.ª ed. cit., 132-133.

[6] Com referências, o nosso *Pessoa coletiva e sociedades comerciais* cit., 756 e ss.

[7] Alexandre Soveral Martins, *CSC em comentário*, I, cit., 6.º, 120-125.

[8] *Vide*, com interesse, Pedro de Albuquerque, *A vinculação das sociedades comerciais anónimas e por quotas*, I (2017), 876-890.

[9] António Ferrer Correia, *Lições de Direito Comercial*, 1994, cit., 338 e ss.

[10] Em sentido diverso, com referências, cf. Alexandre Soveral Martins, *CSC em comentário* (Coutinho de Abreu), I, 2.ª ed., 2017, 6.º, 120 e ss, em especial 124-125.

afirmar a existência de limitações *ab intra*, com exceção dos direito e obrigações que dependam da condição humana do sujeito[11].

9 7. **Limitações extrínsecas**. A atuação das sociedades conhece, outrossim, limitações *ab extra*[12]: *(i)* as decorrentes da aplicação de outros institutos jurídicos que *in casu* tolham a atuação da sociedade; e, principalmente, *(ii)* as decorrentes de proibições legais de atuação ou de previsão normativa que, por formulação positiva ou negativa do preceito, exclua expressamente do âmbito da sociedade a titularidade de certa situação jurídica.

10 Este tipo de limitações são bastante frequentes em legislação avulsa, embora não sejam, em rigor, um problema de capacidade[13]. Em causa não está uma *insuscetibilidade genética* – adveniente da estrutura da personificação – para a titularidade dos direitos e obrigações legalmente vedados; mas sim um juízo do legislador – fundado em considerações diversas e certamente mutável ao longo do tempo – que entende por bem vedar às sociedades a prática de certas categorias de atos ou a titularidade de certas situações jurídicas.

11 8. **Síntese**. Temos, portanto, que a formulação positiva do princípio da especialidade – com o seu carácter confirmatório –, na medida em que favorece a exclusão de limitações *ab intra* à atuação das sociedades, concorre igualmente para a seguinte clarificação: as limitações legais – a que alude o 6.º/1 – não são situações de incapacidade mas sim de limitações extrínsecas à atuação das sociedades no comércio jurídico.

12 A verdadeira limitação à capacidade de gozo das sociedades comerciais decorre da natureza das coisas: apenas se excetua do âmbito de imputabilidade abstrata, os direitos e obrigações inseparáveis da condição humana do sujeito.

13 Em suma, nas hipóteses de limitações *ab extra*, em caso de violação dos limites legalmente impostos, não estaremos perante situações de incapacidade mas sim diante da prática de atos jurídicos em relação aos quais a pessoa coletiva é capaz, mas praticados em violação de preceito legal imperativo e, por isso, nulos nos termos gerais (294.º e 280.º/1 CC)[14].

IV – **Identificação entre *fim da sociedade* e *interesse social***

14 9. **Garantias a dívidas de outras entidades**. Aqui chegados e superado o princípio da especialidade, como identificar a *intencionalidade problemática* que o 6.º/2 e 3, ainda assim, pode albergar?

15 Atenda-se à redação do n.º 3. O centro hermenêutico do preceito reside na possibilidade de prestação de garantias nos casos de *justificado interesse próprio* da sociedade garante[15]. Mais: muito embora o preceito seja formulado pela negativa, a sua formulação em sentido inverso (positiva) é especialmente sugestiva: *serve o fim da sociedade a prestação de garantias reais ou pessoais a dívidas de outras entidades em caso de justificado interesse próprio*.

16 Esta formulação permite-nos assinalar com clareza uma identificação normativa entre o *fim da sociedade* e o seu *justificado interesse*. Com efeito, à luz do entendimento clássico do 6.º/1,

[11] No sentido da superação veja-se Pedro de Albuquerque, *A vinculação das sociedades comerciais anónimas e por quotas*, I, cit., 870 e ss.

[12] Diogo Costa Gonçalves, *Pessoa coletiva e sociedades comerciais* cit., 761e ss.

[13] Neste sentido, António Menezes Cordeiro, *Direito das Sociedades*, I, 3.ª ed. cit., 387 e *Tratado de Direito Civil*, IV (*Pessoas*), 5.ª ed., 2019, 681.

[14] António Menezes Cordeiro, *Direito das Sociedades*, I, 3.ª ed. cit., 388 e *Tratado*, IV, 4.ª ed. cit., 682.

[15] Por duas razões: *(i)* em relação de domínio ou de grupo apenas podem estar SPQ, SA e SCA (481.º/1), sendo o justificado interesse próprio o único critério aplicável a todos os tipos societários; *(ii)* a sociedade garante que não se encontre na situação de coligação societária requerida no n.º 3, 2.ª parte, sempre pode invocar justificado interesse próprio na prestação da garantia.

sempre uma sociedade poderia prestar garantias a terceiros desde que tal ato se afigurasse necessário ou conveniente à prossecução do seu fim. Na formulação positiva do 6.º/3, surge enunciada esta mesma regra geral resultante do n.º 1 mas, desta sorte, a noção de *fim* é substituída, pelo legislador, pela noção de *interesse*. Ou seja: *fim social* e *interesse da sociedade* são assim tomados como normativamente equivalentes.

É, porém, no contexto da *vexata quaestio* acerca da admissibilidade das denominadas *garantias ascendentes* que o recurso argumentativo à identificação entre *fim* e *interesse social* surge especialmente acentuado. Questiona-se se, da estrutura de coligação societária em causa, é possível retirar que a prestação de garantias pelas sociedades dependentes às sociedades dominantes serve ainda ou não o fim daquelas sociedades (ou seja: o seu justificado interesse). 17

Parte da doutrina propõe uma interpretação restritiva do 6.º/3: no que às sociedades em relação de domínio diz respeito, apenas estariam contemplados os casos em que é garante a sociedade dominante. Sempre que a sociedade dependente prestasse uma garantia a dívidas da sociedade dominante caberia averiguar, em concreto, da existência de justificado interesse próprio, já que a situação de coligação societária, por si, não bastaria para legitimar a constituição da garantia (Soveral Martins[16], Coutinho de Abreu[17] e Osório de Castro[18]). Outra parte da doutrina segue o entendimento diverso: Pereira de Almeida[19], Pedro de Albuquerque[20] e João Labareda[21], por exemplo. 18

No que diz respeito às situações das sociedades em relação de grupo há, igualmente, divisão doutrinal. Soveral Martins – que exceciona do âmbito de aplicação do 6.º/3 a prestação de garantias pela sociedade dependente – admite já a prestação de garantias ascendentes pela sociedade dominada ou subordinada: está pressuposto que *"a sociedade totalmente dependente ou subordinada ainda terá a ganhar com a prestação de garantia"*[22]. Mais uma vez se apela à noção de interesse social[23]. 19

Já Coutinho de Abreu mantém o mesmo critério utilizado quanto às situações de relação de domínio: as sociedades totalmente dominadas ou subordinadas não gozam, pelo simples facto de o serem, de capacidade para garantir dívidas das sociedades totalmente dominantes ou subordinantes[24]. 20

A ilustração é suficiente para o que nos propomos demonstrar: os autores que reconduzem o problema da prestação de garantias gratuitas a terceiros a um problema de capacidade jurídica – e, por isso, a uma questão de prossecução do *fim da sociedade* – acabam por, no desenvolvimento normativo do preceito, recorrer reiteradamente à noção de *interesse social* acabando por adotar como critério de capacidade a prossecução desse mesmo interesse. 21

10. **Liberalidades**. Embora com menor intensidade, a mesma identificação *fim-interesse* pode ser encontrada no regime das liberalidades. A permissão normativa referente às *liberalidades usuais* 22

[16] Soveral Martins, *CSC em comentário*, I, 2.ª ed., 2017, 6.º, 130-131.

[17] Jorge Coutinho de Abreu, *Curso de Direito Comercial*, II (Das sociedades), 5.ª ed., 2015, 193.

[18] Osório de Castro, "Da prestação de garantias ..." cit., 565-593. O assunto é revisitado pelo autor, com outro enfoque, *in* "A prestação gratuita de garantias ..." cit., 413-433.

[19] Pereira de Almeida, *Sociedades comerciais, valores mobiliários, instrumentos financeiros e mercados*, I (*As sociedades comerciais*), 7.ª ed., 2013, 40.

[20] *in* "Da prestação de garantias ..." cit., 136 e ss.

[21] João Labareda, "Nota sobre a prestação de garantias por sociedades comerciais a dívidas de outras entidades", *Direito societário português – Algumas questões*, 1998, 184-185.

[22] Soveral Martins, *CSC em comentário*, I, cit., 6.º, 130-131.

[23] REv 13-jun.-2003, in CJ XXVII (2002) III, 259-261, entende ser do *"interesse de todas as sociedades do grupo"* a reestruturação do passivo dessas mesmas sociedades, justificando-se assim a prestação de garantias em sentido ascendente.

[24] Jorge Coutinho de Abreu, *Curso de Direito Comercial*, II (*Das sociedades*), 5.ª ed., 2015, 192-193.

surge como uma norma excecional. A regra geral que *a contrario* se retira do preceito é a de que as liberalidades são consideradas contrárias ao fim da sociedade.

23 A *ratio* subjacente à regra geral é vulgarmente identificada com o *escopo lucrativo* da sociedade o qual seria incompatível com atos puramente gratuitos, *maxime* eivados por um *animus donandi*. A exceção diria unicamente respeito aos atos formalmente gratuitos mas em relação aos quais se vislumbrasse uma vantagem correlativa (Coutinho de Abreu[25], Pereira de Almeida[26] e Soveral Martins[27], por exemplo).

24 Quando procuramos determinar o que sejam *liberalidades usuais* (ou seja: aquelas que servem o fim da sociedade e para as quais a sociedade é juridicamente capaz) torna-se inevitável o recurso à noção *interesse social*. Refere-se, a este propósito, a noção vaga de *doação interesseira*[28], que a jurisprudência se tem encarregado de alargar. Em causa estariam verdadeiras liberalidades mas em relação às quais seria expectável que a sociedade viesse a perceber alguma vantagem económica, *i. e.*: que servissem o seu interesse[29]. Apenas se excluiriam, portanto, as doações puramente altruísticas.

25 11. ***Tautologia normativa?*** A identificação normativa assinalada entre *fim social* e *interesse da sociedade* parece apontar no sentido da tautologia dos preceitos. Com efeito, afirmar *"considera-se contrária ao fim da sociedade a prestação de garantias reais ou pessoais a dívidas de outras entidades, salvo se existir justificado interesse próprio da sociedade garante"* é materialmente o mesmo que dizer: *"considera-se contrária ao fim da sociedade a prestação de garantias reais ou pessoais a dívidas de outras entidades… salvo quando o não for"*!

26 A identificação entre *fim* e *interesse* leva a que a exceção coincida, afinal, com a regra, nada acrescentando, por isso, ao princípio enunciado no 6.º/1. Esta tautologia normativa, embora não seja assumida, acaba por ser ilustrada pelos próprios autores quando tentam delimitar um critério objetivo para justificado interesse próprio. Coutinho de Abreu, por exemplo, propõe a seguinte formulação: há objetivamente justificado interesse próprio da sociedade garante sempre que a garantia se mostre apta a satisfazer o desejo do sócio, enquanto tal, de obter lucros da sociedade[30]. Ora, se tivermos em conta que o autor identifica o fim da sociedade com o escopo lucrativo, fácil é concluir que o mais que o autor pode dizer sobre o justificado interesse próprio da sociedade é que ele coincide, afinal, com o fim social.

27 Uma vez mais, ficamos cativos da inoperância do princípio da especialidade.

V – **Desenvolvimento jurisprudencial**

28 12. O **alargamento casuístico do justificado interesse próprio** encontra-se também documentado e em termos de tal modo abrangentes que se torna difícil formular um recorte negativo do conceito[31].

[25] Jorge Coutinho de Abreu, *Curso de Direito Comercial*, II (*Das sociedades*), 5.ª ed., 2015, 186 e ss.

[26] Pereira de Almeida, *Sociedades comerciais, valores mobiliários, instrumentos financeiros e mercados*, I (*As sociedades comerciais*), 7.ª ed., 2013, 39-40.

[27] Soveral Martins, *CSC em comentário*, I, cit., 6.º, 128-129.

[28] Coutinho de Abreu, *Curso de Direito Comercial*, II (*Das sociedades*), 5.ª ed., 2015, 187.

[29] Neste sentido, Jorge Coutinho de Abreu, *Curso de Direito Comercial*, II (*Das sociedades*), 5.ª ed., 2015, 187, admitindo o autor que na falta do 6.º/2, tais liberalidades usuais sempre seriam possíveis à luz do n.º 1 do mesmo artigo, porque convenientes ao fim da sociedade.

[30] Jorge Coutinho de Abreu, *Curso de Direito Comercial*, II (*Das sociedades*), 5.ª ed., 2015, 188.

[31] Veja-se, por exemplo, os acórdãos STJ 17-set.-2009 (Alberto Sobrinho), Processo n.º 267/09.9YFLSB.S1, já citado: *"As sociedades podem validamente praticar actos gratuitos, nomeadamente prestar garantias a dívidas de terceiros quando a esses actos presida um interesse próprio da sociedade garante, ainda que deles não decorra uma vantagem económica imediata."*; STJ, de 17-jun.-2004 (Quirino Soares), Processo n.º

Por via jurisprudencial admite-se uma noção de interesse próprio *indireto*, inserido no contexto global da atividade da sociedade, e referenciado ao seu escopo económico, ainda que de forma remota[32]. Uma tal noção de interesse próprio torna-se, na verdade, insindicável. 29

13. **Inversão jurisprudencial do ónus da prova**. No âmbito probatório, é possível documentar também uma verdadeira *inversão jurisprudencial do ónus da prova*. Decorre das regras gerais que cabe ao beneficiário da garantia provar a existência de justificado interesse, já que este se afigura um elemento constitutivo do direito que alega, contra o qual existe a regra geral da desconformidade com o fim. Neste sentido segue parte significativa da doutrina[33] e alguma jurisprudência[34]. 30

Todavia, tem vindo também a consolidar-se um orientação jurisprudencial que sustenta um entendimento diverso da repartição do *onus probandi*, fazendo recair sobre a sociedade garante o ónus da prova da *inexistência de justificado interesse*[35]. Esta orientação jurisprudencial, além de partir da identificação normativa entre fim e interesse da sociedade, leva a assumir, na prática, que a regra geral (aquela que aproveita a terceiros e beneficiários) é a *validade das garantias prestadas a dívidas de outras entidades*: é uma consequência da superação pragmática do princípio da especialidade. 31

Com efeito, outro entendimento levaria, na esmagadora maioria dos casos, a um profundo desequilíbrio na repartição do ónus da prova. O terceiro a quem aproveita o direito não está, na maioria das vezes, em condições de demonstrar o justificado interesse da sociedade garante, já que não pode nem lhe é exigível que emita um juízo qualificado acerca do que seja o interesse social de tal entidade[36]. Mais se diga que os terceiros beneficiários creem justificadamente que a sociedade, ao constituir garantias a seu favor, o pode fazer e nisso tem interesse, já que tal comportamento – agir no quadro legal e de acordo com o interesse social – corresponde ao comportamento padrão economicamente razoável, com o qual legitimamente podem contar. 32

Os argumentos da jurisprudência que sustenta a inversão do ónus estão associados a estas considerações[37]. 33

04B1773, já igualmente citado: *"I – O justificado interesse da sociedade que presta um aval há-de compreender-se por referência ao fim da sociedade, que é a obtenção e distribuição dos lucros da actividade económica correspondente ao objecto fixado no contrato ou nas deliberações sociais pertinentes. II – Para saber se determinado ato é necessário ou conveniente à prossecução daquele fim (na expressão do n.º 1, do citado art. 6.º), importa não o considerar isoladamente, mas perspectivá-lo no encadeamento de actos que fazem a vida da empresa. (...)."*; RPt 13-abr.-1999, *in* CJ XXIV (1999) III, 193-196: a Relação bastou-se com a declaração, por parte da sociedade, na escritura pública de hipoteca, da existência de justificado interesse, verificando-se, para mais, que o sócio gerente da sociedade mutuária era o sócio maioritário da sociedade garante; STJ 06-dez.-2012 (Pires da Rosa), Processo n.º 2460/07.0TBFAF.G1.S1: numa cessão de quotas entre sócios, a sociedade co-assumiu a dívida do sócio adquirente, entendendo o Tribunal que o interesse próprio da sociedade coincidia com a intenção de ter apenas como sócios o Réu (adquirente) e os seus filhos, e não o sócio alienante.

[32] Tornou-se já um exemplo de escola o Acórdão RLx 11-mar.-2004 que reconheceu que um estabelecimento comercial que garante dívidas de terceiros fá-lo com justificado interesse próprio porque tal ato se insere numa política de boas relações com a vizinhança. In CJ XXIX, (2004) II, 86-89.

[33] Jorge Coutinho de Abreu, *Curso de Direito Comercial*, II (*Das sociedades*), 5.ª ed., 2015, 189-190. Com especial ênfase, Osório de Castro, "De novo sobre a prestação de garantias ..." cit., 846-847.

[34] Por exemplo: RLx 16-dez.-2003, in CJXXVIII (2003) V, 122-126 e RLx 19-fev.-2009, in CJ XXXIV (2009) I, 136-139.

[35] Por exemplo: RLx 13-nov.-2003, in CJXXVIII (2003) V, 83-87; STJ 17-jun.-2004 (Quirino Soares), Processo n.º 04B1773; STJ 30-set.-2004 (Abílio Vasconcelos) Processo n.º 04S2540 e RGm 27-mar.-2008 (António Magalhães), Processo n.º 43/08-1.

[36] Veja-se Pedro de Albuquerque, *A vinculação das sociedades comerciais anónimas e por quotas*, I, cit., 985 e ss e 1021.

[37] Veja-se, por exemplo, REv 05-fev.-2004, *CJ* XXIX (2004) I, 249-252; RLx 11-mar.-2004, CJ XXIX, 2, 88-II.

VI – Reconstrução normativa

34 14. **Deslocação dogmática para o âmbito de aplicação do 64.º**. A superação do princípio da especialidade, a identificação normativa entre fim da sociedade e interesse social, bem como a evolução jurisprudencial apontada reclamam uma reelaboração dogmática do 6.º.

35 A compreensão da realidade económica da sociedade e dos seus fins sócio-empresarias é alheia, por regra, a uma presença sistemática de um *animus donandi*. Joga-se aqui uma dimensão compreensiva da sociedade e um apelo direto ao realismo económico: os sócios não se reúnem numa empresa social para a prática de atos beneméritos. O espírito de liberalidade é tendencialmente incompatível com a dimensão compreensiva e sócio-valorativa que a noção de lucro traduz[38]. Na concretização da gestão das sociedades os administradores devem ter este dado em conta. É-lhes especialmente exigido que na concretização do *agir social* não dissipem património mediante a realização de liberalidades. Os sócios têm uma fundada confiança em que tal não aconteça.

36 O mesmo pode dizer-se quanto à prestação de garantias a dívidas de outras entidades. Nesta última hipótese, surgem comprometidas quer a necessária tutela dos credores quer a tutela dos interesses patrimoniais dos sócios.

37 A personificação das sociedades comerciais leva à autonomização de um património que constitui, nos termos gerais, a garantia geral das obrigações assumidas pelo ente coletivo.

38 Mas para além dos credores, está em jogo a própria tutela do interesse patrimonial dos sócios. O valor real de qualquer participação social está diretamente indexado ao valor da sociedade, dos seus ativos e passivos e à realidade económica do seu negócio. É interesse direto de qualquer sócio, portanto, o incremento dos ativos sociais e a sua manutenção livre de ónus ou encargos, a diminuição da exposição ao risco e a garantia de uma boa solvabilidade.

39 Quando a sociedade presta garantias a terceiros, todas estas esferas de interesses podem ser postas em causa: é criado um desvalor na sociedade que indiretamente se reflete no valor da participação social. São aqui chamadas a intervir as valorações jurídico-materiais que em outro lugar apontámos à vertente positiva da *tutela do investimento*[39].

40 Os escopos assinalados são nucleares do ponto de vista sistémico e não há dúvidas que se encontram latentes no 6.º/2 e 3. O CSC outorgou-lhes uma solução normativa sob a égide da *capacidade jurídica* das sociedades. Em má hora. A identificação *fim da sociedade* e *interesse social* desloca a problemática subjacente do 6.º para o âmbito dos deveres gerais dos administradores: em causa está, fundamentalmente, a concretização normativa e a eventual violação do 64.º/1. A verdadeira *quaestio juris* a que a identificação entre *fim* e *interesse* conduz não é, portanto, saber se as sociedades são capazes para a prática de liberalidades e para a constituição de garantias mas, outrossim, saber quando é que a prática de tais atos consubstancia uma violação do 64.º/1.

41 15. **Presunção de violação do dever de boa gestão por constituição de liberalidades: *delimitação positiva***. Com o novo enquadramento dogmático facultado pela recondução do 6.º/2 aos deveres gerais dos administradores, o preceito goza de uma nova função normativa. Com efeito, *ao assumir como princípio geral que a constituição de liberalidades é contrária ao interesse da sociedade, o legislador está a estabelecer uma presunção de violação do 64.º/1, a)*. O CSC assume que, perante a constituição de uma liberalidade, o dever de boa gestão aí previsto foi, por princípio, violado. Ou seja: presume-se a violação do dever de uma administração cuidada.

[38] Sobre a noção de lucro como conceito-quadro, cf. Diogo Costa Gonçalves, *Pessoa coletiva e sociedades comerciais* cit., 756 e ss.

[39] Diogo Costa Gonçalves, *Fusão, Cisão e Transformação de Sociedades – A posição jurídica dos sócios e a delimitação do statuo viae*, 2008, 380 e ss.

Note-se que as *liberalidades* a que alude o 6.º/2 são as doações tal qual vêm definidas no 940.º/1 CC[40]. 42

16. **Cont.: *delimitação negativa*.** A presunção de violação do 64.º/1, *a)* não é estatuída quantos às *liberalidades usuais*. Nos termos do 6.º/2, são *usuais* aquelas liberalidades que, de acordo com as *"circunstâncias da época"* e as *"condições da sociedade"*, se possam considerar conforme aos usos[41]. 43

O perigo de um construtivismo concetual em torno da noção de *liberalidades usuais* – aliás paralelo ao observado quanto aos donativos usuais – deve ser evitado[42]. Não se trata de uma densificação normativo-concetual do que sejam usos, condições económicas ou circunstâncias da época, mas sim de uma ponderação jusproblemática: em que casos é que é absolutamente desenquadrado presumir que a constituição de certa liberalidade violou o dever de boa gestão previsto no 64.º/1, *a)*. 44

A referência a *usos do comércio* (atendendo ao momento e às condições da sociedade) são orientações de concretização normativa importantes. Por certo serão usuais aquelas liberalidades comuns no comércio jurídico, que integram a *praxis* de certo ramo ou atividade económica. 45

Com isto não se evita (nem se pretende evitar) uma densificação casuística do conceito. Mas recorde-se que tal margem de incerteza é agora suportada não em sede de capacidade das sociedades mas antes de delimitação negativa de uma presunção de violação do interesse social: local sistemático onde a incerteza se tolera muito melhor que em sede de capacidade, sem perigo para vetores fundamentais como a segurança do comércio e a tutela de terceiros, a que a jurisprudência mais recente tanto tem apelado. 46

17. **Presunção de violação do dever de boa gestão por constituição de garantias a favor de terceiros: *delimitação positiva*.** No 6.º/3, o legislador enreda-se numa fórmula tautológica: *«considera-se contrária ao fim da sociedade a prestação de garantias reais ou pessoais a dívidas de outras entidades, salvo quando o não seja»*. Ainda assim, pode-se concluir que o legislador toma por regra que a prestação de garantias gratuitas a dívidas de entidades terceiras faz perigar a tutela dos sócios e a garantia dos credores, i.e., em causa estaria uma violação dos deveres de boa gestão, previstos no 64.º/1, *a)*. 47

Donde, à semelhança do que vimos quanto às liberalidades, o sentido útil da primeira parte do preceito é, justamente, estabelecer uma presunção de violação do 64.º/1, desta sorte quando em causa está a constituição de garantias gratuitas a terceiros. 48

18. **Cont.: *delimitação negativa*.** Não está abrangida pelo âmbito da presunção a prestação de garantias entre sociedades em relação de domínio ou de grupo. De entre as hipóteses admitidas – relação de grupo e domínio – não distinguiu, porém, a posição jurídica da sociedade garante na situação de coligação. Podia tê-lo feito e não o fez. 49

Quanto às *garantias ascendentes*, nas situações de grupo constituído por domínio total, não vemos como é que a constituição de garantias pela sociedade totalmente dominada a favor da sociedade totalmente dominante pode fazer perigar o duplo escopo de tutela de credores e sócios. Na prática, a saúde e solvabilidade da sociedade totalmente dominante aproveita, por 50

[40] Note-se, contudo, que a doutrina e a jurisprudência não excluem do alcance normativo do 6.º/2 outros atos gratuitos que não possam ser juridicamente qualificados como doações.

[41] O 940.º/2 CC constitui um lugar paralelo no sistema. Cumpre, desde logo, saber se as liberalidades usuais, previstas no 6.º/2, coincidem com os donativos usuais, a que alude o 940.º/2. É que a resposta que se dê a esta pergunta tem – manifestamente – implicações de regime. *Vide*, em detalhe, o nosso *Pessoa coletiva e sociedades comerciais* cit., 782 e ss. Defendendo que se tratam de realidades distintas, Pedro de Albuquerque, *A vinculação das sociedades comerciais anónimas e por quotas*, I, cit., 969-970.

[42] Com desenvolvimento, cf. Diogo Costa Gonçalves, *Pessoa coletiva e sociedades comerciais* cit., 784 e ss.

regra, à sociedade totalmente dominada. Ainda que assim não fosse, o poder da sociedade totalmente dominante dar instruções vinculativas desvantajosas para a sociedade totalmente dominada (503.º/2 *ex vi* 491.º) é suficiente para incluir as *garantias ascendentes* na previsão do 6.º/3 (no que a este tipo de coligação societária diz respeito).

51 No caso dos grupos paritários, parece-nos de acolher sem reservas a observação de Coutinho de Abreu: a existência de uma direção unitária e comum permite que qualquer uma das sociedades preste garantias a favor da outra. Em rigor nem sequer se poderá falar, neste casos, em garantias ascendentes ou descendentes.

52 Quanto ao caso das sociedades em relação de subordinação, a cuidada ponderação do regime previsto nos 493.º e ss. garante a suficiente tutela de sócios e credores sociais da sociedade subordinada a qual – como sublinha Soveral Martins – terá, por princípio, beneficiar com a saúde e solvibilidade da sociedade diretora.

53 Em síntese: não vislumbramos razão para sustentar qualquer restrição interpretativa ao 6.º/3, no que à prestação de garantias em relação de grupo diz respeito, mesmo quando ponderada a questão jusproblemática no novo contexto dogmático assinalado.

54 Quanto às sociedades em relação de domínio, entende Coutinho de Abreu que a prestação de garantias pela sociedade dominada coloca em perigo a tutela do seu próprio interesse social e da tutela dos credores[43]. É verdade que o mecanismo de tutela de sócios e credores próprio dos grupos – e que entendemos suficiente para a garantia dos escopos jussocietários assinalados –, não se aplica em sede de sociedades em relação de domínio: existirão sócios livres a tutelar e credores da sociedade dependente que não beneficiarão da garantia geral creditícia do património da sociedade dominante.

55 Tudo isto é correto e reclama a melhor atenção do Direito. Cabe, contudo, saber, se as razões apontadas são o bastante para assumir que a prestação de uma garantia pela sociedade dominada a favor da sociedade dominante ofende – por princípio – o previsto no 64.º/1, *a*). Estamos em crer que não. Poderão existir abusos de maioria, expropriações de minorias, etc. Mas a regra da coligação societária é que a sociedade dominada beneficia da atividade económica da sociedade dominante e que – por princípio – tem interesse em garantir as dívidas desta.

56 Mantemos, assim, o que foi dito quanto aos grupos societários: quando no 6.º/3 se prevê a prestação de garantias entre sociedades em relação de domínio ou de grupo, estão englobadas quer as garantias ascendentes quer as descendentes: *ubi lex non distinguit nec nos distinguere debemus*.

57 Sublinhe-se, por fim, que a extensão interpretativa do 6.º/3 a situações de grupos de facto merece, aqui, igual acolhimento[44].

58 19. Em **síntese**, pode afirmar-se que o 6.º/2 e 3 constituem *presunções legais de violação do 64.º/1, a)*: *(i)* n.º 2, o CSC presume que a constituição de liberalidades pela sociedade viola o dever de boa gestão previsto no 64.º/1, *a*) (delimitação positiva da presunção), *(ii)* à exceção dos casos das denominadas *liberalidades usuais* (delimitação negativa da presunção); *(iii)* no n.º 3, o CSC presume que a prestação de garantias gratuitas a terceiros viola o mesmo dever previsto no 64.º/1, *a*) (delimitação positiva da presunção); *(iv)* excetuando-se do âmbito desta última presunção (delimitação negativa), as situações em que as sociedades se encontram em relação de domínio

[43] Jorge Coutinho de Abreu, *Curso de Direito Comercial*, II (*Das sociedades*), 5.ª ed., 2015, 190 e ss.

[44] Com referências, António Menezes Cordeiro, *Direito das Sociedades*, I, 3.ª ed. cit., 383 e ss. e *CSC anotado*, 2.ª ed. cit., 6.º, 21 e ss.

ou de grupo, mesmo de facto, independentemente da posição da sociedade garante na estrutura de coligação societária.

CAPÍTULO III – Contrato de sociedade

Secção I – Celebração e registo

Artigo 7.º (Forma e partes do contrato)

1. O contrato de sociedade deve ser reduzido a escrito e as assinaturas dos seus subscritores devem ser reconhecidas presencialmente, salvo se forma mais solene for exigida para a transmissão dos bens com que os sócios entram para a sociedade, devendo, neste caso, o contrato revestir essa forma, sem prejuízo do disposto em lei especial.

2. O número mínimo de partes de um contrato de sociedade é de dois, exceto quando a lei exija número superior ou permita que a sociedade seja constituída por uma só pessoa.

3. Para os efeitos do número anterior, contam como uma só parte as pessoas cuja participação social for adquirida em regime de contitularidade.

4. A constituição de sociedade por fusão, cisão ou transformação de outras sociedades rege-se pelas respetivas disposições desta lei.

Bibliografia: Coutinho de Abreu II (2019), 74; Engrácia Antunes, *Direito das sociedades/Parte geral* (2016) 170 ss.; António Menezes Cordeiro 1 (2020), 428 ss.; *id.*, *Sociedades de ninguém e sociedades sem sócios*, RDS XI (2019), 275-302; Pupo Correia (2018), 170 ss.; Paulo Olavo Cunha (2019), 201 ss.; Hugo M. R. Duarte Fonseca, *Da interpretação do contrato de sociedade na doutrina de Vasco Lobo Xavier*, em *Nos 20 anos do Código das Sociedades Comerciais*, I (2007), 525 ss.; *id.*, *Sobre a interpretação do contrato de sociedade nas sociedades por quotas* (2008), 181 ss.; Jorge Henrique Pinto Furtado (2004), 204 ss. e *Comentário ao CSC* (2009), 263 ss.; Albino Matos, *Sociedades, Documento Autêntico ou Particular?*, em *Reformas do Código das Sociedades*, IDET, Colóquios/3, 2007, 121 ss.; Pinto Monteiro, *Negócio jurídico e contrato de sociedade comercial*, RLJ 136 (2006), 90; Paulo Otero, *Da criação de sociedades comerciais por Decreto-Lei*, em *Estudos em Homenagem ao Prof. Doutor Raúl Ventura*, II (2003), 103 ss.; Maria Elisabete Ramos, *Constituição das sociedades comerciais*, em *Estudos de Direito das Sociedades* (2015), 41 ss.; *id.*, *Código das sociedades em comentário I* (2017), 137-150; Margarida Lima Rego, *O contrato de sociedade como documento, II Congresso Direito das sociedades em revista* (2012), 481 ss..

Índice

I – **O CSC e a sua evolução**
1. Versão inicial 1
2. Simplificação 3
3. Interpretação do contrato 5
4. As reformas de 2006 e de 2008 6

II – **Formas de constituição**
5. Contrato 7
6. Negócio unilateral 8
7. Fusão, cisão e transformação 9
8. Subscrição pública 10
9. Diploma legal 11
10. Decisão judicial 12

III – **Partes do contrato**
11. Número mínimo 13
12. Contitularidade 15
13. Pessoas singulares e coletivas 16
14. Representação 17

I – O CSC e a sua evolução

1 1. **Versão inicial**. Na versão do DL 262/86, de 2-set., estabelecia-se no 7.º:

> O contrato de sociedade deve ser celebrado por escritura pública.

2 A formação das sociedades comerciais não se reconduzia a um ato isolado: pressupunha uma sequência de termos em volta desses atos fundamentais, ordenados para a consecução de um fim determinado. Tratava-se de um processo de formação, cuja figura central era o contrato, o negócio jurídico unilateral ou o diploma legal[1]. Como trâmites do processo surgia o certificado de admissibilidade de firma ou denominação, a escritura pública, o registo comercial e a publicação oficial. Mesmo quando a sociedade for constituída por diploma legal, importa obter o certificado de admissibilidade da firma. Este trâmite processual estabelecido no DL 262/86, de 2-set., configurava um obstáculo a uma mais célere constituição de sociedades.

3 2. **Simplificação**. O DL 267/93, de 31-jul., pretendeu dinamizar este processo através do notário que, no contexto da sua competência para a celebração da escritura pública, podia apresentar, por telecópia, o pedido de certificado de admissibilidade da firma ou denominação, assinando o respetivo impresso, e requerer a realização dos atos sujeitos a registo comercial. Realizado o registo, deveria o conservador promover as publicações obrigatórias, a expensas do interessado, no prazo de 30 dias (DL 403/86, de 3-dez.)[2].

4 Com vista a uma maior simplificação, o DR 27/93, de 3-set., regulamentou o funcionamento das bases de dados sobre pessoas coletivas e entidades equiparadas e o DL 55/97, de 8-mar., criou o Centro de Formalidades das Empresas, dispondo de notários privativos com as mesmas competências dos titulares dos cartórios notariais em matéria de processos de constituição, modificação e extinção de empresas. O DL 78-A/98, de 31-mar., revogou o DL 55/97, e estendeu os Centros de Formalidades de Empresas a todo o território nacional. Entretanto, o DL 12/2001, de 25-jan., veio permitir o pedido de certificado de admissibilidade de firma e de certidões de atos de registo por via eletrónica[3].

5 3. **Interpretação do contrato**. A exigência de escritura pública implicava consequências ao nível da interpretação do contrato de sociedade, na medida em que, aplicando-se o 238.º do CC, não permitia a interpretação que não tivesse um mínimo de correspondência no texto do respetivo documento, ainda que imperfeitamente expresso[4], não sendo atendíveis elementos estranhos e não referidos pelos estatutos[5], designadamente elementos extrínsecos, como as negociações preliminares[6]. A jurisprudência antiga já defendeu ser a interpretação das cláusulas do contrato de sociedade uma questão-de-facto[7]. A nulidade por falta de escritura pública envolve as regras das sociedades civis[8]. A interpretação é marcadamente objetiva, com detrimento do 236.º/1 do CC[9].

[1] Jorge Henrique Pinto Furtado (2004), 204.
[2] Jorge Henrique Pinto Furtado (2004), 205.
[3] Jorge Henrique Pinto Furtado (2004), 206-207.
[4] STJ 12-jan.-1971 (Albuquerque Rocha), BMJ 203 (1971), 183.
[5] STJ 14-mar.-1991 (Moreira Mateus), BMJ 405 (1991), 496.
[6] STJ 25-nov.-1992 (Amâncio Ferreira), Proc. 082370.
[7] STJ 26-out.-1971 (Albuquerque Rocha), BMJ 210 (1971), 97 (com voto de vencido de Arala Chaves) e ainda STJ de 12-jun.-1996 (Nascimento Costa), Proc. 96B133. Contrariamente o STJ 6-dez.-1990 (Ricardo da Velha), Proc.079475, afirma que o Supremo Tribunal de Justiça tem competência para apreciar se a Relação, ao determinar o sentido jurídico da vontade negocial, violou o disposto nos 236.º e ss do Código Civil, porque a interpretação do pato social, que é um negocio jurídico, e questão de direito e não de facto. É também matéria de direito saber se a vontade real dos contraentes tem o mínimo de correspondência no texto do documento exigido para a forma do contrato, segundo STJ 17-nov.-1992 (Santos Monteiro), Proc. 082642.
[8] RCb 24-fev.-1993 (Eduardo Antunes), CJ I (1993), 54.
[9] Menezes Cordeiro 1 (2016), 494 ss.

Por fim, tem considerado que a existência de um património autónomo da sociedade comercial nula justifica a sua liquidação e partilha e não permite a restituição das entradas[10].

4. **As reformas de 2006 e de 2008**. Na redação do DL 76-A/2006, de 29-mar., requer-se apenas a forma escrita com reconhecimento presencial das assinaturas dos subscritores, salvo se forma mais solene for exigida para a transmissão dos bens com que os sócios entrem para a sociedade, deixando de se exigir a escritura pública[11]. O Decreto-Lei n.º 247-B/2008, de 30-dez., acrescentou (29.º/1, no final do 7.º/1), "sem prejuízo do disposto em lei especial". Foi inútil, como é óbvio. No que respeita aos diversos contratos de sociedade, não são retomados os requisitos de forma; dado o alcance geral do 7.º/1, apenas são referidos aspetos atinentes ao conteúdo dos contratos: 176.º, 199.º, 272.º e 466.º relativos aos diferentes tipos societários[12]. 6

II – Formas de constituição

5. **Contrato**. As sociedades comerciais estão sujeitas a um processo formal composto por três atos fundamentais: a celebração de contrato por documento escrito, o registo do contrato – 5.º e 18.º CSC e 3.º, *a*) e 35.º CRC – e a publicação do contrato de sociedade em sítio da Internet de acesso público, regulada em portaria do Ministério da Justiça – 167.º CSC e 3.º, *a*), 70.º, n.º 1, *a*) e 2, 71.º e 72.º CRC. 7

6. **Negócio unilateral**. Para além de um contrato, o ato constitutivo de uma sociedade pode ocorrer também através de um negócio jurídico unilateral, nas sociedades por quotas e anónimas unipessoais. Há uma constituição originária de sociedade unipessoal por quotas (270.º-A/1) e uma constituição originária de sociedades anónimas (488.º/1). Nestes dois últimos casos temos negócios jurídicos unilaterais[13]. 8

7. **Fusão, cisão e transformação**. A lei prevê outros modos de constituição das sociedades por negócio não contratual: fusão, cisão ou transformação (7.º/4), em que há uma "constituição derivada", uma vez que a(s) nova(s) sociedade(s) resulta(m) de transformação de sociedade(s) anterior(es), que se opera através de determinadas deliberações sociais[14]. 9

8. **Subscrição pública**. Na constituição com apelo a subscrição pública há um contrato preparatório entre os promotores, um contrato entre promotores e subscritores e uma deliberação da assembleia constitutiva (279.º e ss.). 10

9. **Diploma legal**. Algumas sociedades são constituídas por DL do Governo, lei da Assembleia da República ou diploma regional. O recurso a diploma legal é frequente no domínio da transformação de empresas públicas em sociedades anónimas de capitais públicos, como primeiro passo para a sua reprivatização. A criação de sociedade anónima *ex novo*, por diploma legislativo, tem igualmente ocorrido[15]. 11

10. **Decisão judicial.** Pode ainda ocorrer a constituição de uma sociedade por decisão judicial no domínio dos planos de insolvência nas sociedades resultantes de "saneamento por transmissão"[16]. 12

[10] RPt 28-set.-1998 (Gonçalves Ferreira), CJ IV (1998), 196.

[11] Esta "desformalização" tem sido criticada em vários quadrantes, Albino Matos, *Sociedades, Documento Autêntico ou Particular?* Reformas do Código das Sociedades, IDET, Colóquios/3, 121 ss., considerando que a forma como foi suprimida a escritura pública e reestruturado o registo abre a possibilidade de abusos graves e novos litígios, não assegurando a segurança jurídica do ato pretendido, devendo-se ponderar a celebração de escritura pública em cartório notarial. Critica a solução legislativa adotada que não foi apoiada em quaisquer estudos. Menezes Cordeiro, I (2017), 480, duvida da solução, referindo-se a uma função de aconselhamento e prevenção do notário.

[12] António Menezes Cordeiro 1 (2022), 429.

[13] António Menezes Cordeiro 1 (2022), 435.

[14] António Menezes Cordeiro 1 (2022), 436.

[15] António Menezes Cordeiro 1 (2022), 437.

[16] Coutinho de Abreu 2 (2015), 92.

III – **Partes do contrato**

13 11. **Número mínimo**. O 7.º/2 dispõe que o número mínimo de partes de um contrato de sociedade é de dois, exceto quando a lei exija número superior ou quando admita que seja instituída só por uma pessoa. O 273.º exige para as sociedades anónimas o número mínimo de cinco pessoas, salvo quando a lei o dispense. O n.º 2 deste preceito admite que, no caso de sociedades em que sejam detidas pelo Estado, bastarão dois sócios e casos há em a lei admite a unipessoalidade. A pluralidade dos sócios surge ainda no 9.º/1 que refere que devem constar do contrato de sociedade os nomes ou firmas de todos os sócios. Os sócios podem ser pessoas coletivas ou singulares.

14 A figura típica que, segundo o legislador, institui uma sociedade é um contrato, pelo que o legislador exige, pelo menos, duas partes (7.º/2).

15 12. **Contitularidade**. Quando as partes estabelecem, *ab initio*, uma posição ou participação social em regime de contitularidade, as pessoas assim envolvidas valem apenas como uma parte.

16 13. **Pessoas singulares e coletivas**. Podem ser parte em contrato de sociedade não só pessoas singulares como também pessoas coletivas, incluindo o Estado[17]. As SGPS só podem exercer a sua atividade através de outras sociedades de que detenham participações[18]. Também as pessoas rudimentares podem constituir sociedades comerciais[19].

17 14. **Representação**. Quando no contrato de sociedade intervenham representantes de pessoas coletivas e singulares, deve ser assegurada a suficiência de poderes para o ato a praticar em nome do representado, cuja menção é obrigatória no reconhecimento presencial das correspondentes assinaturas.

Artigo 8.º (Participação dos cônjuges em sociedades)

1. É permitida a constituição de sociedades entre cônjuges, bem como a participação destes em sociedades, desde que só um deles assuma responsabilidade ilimitada.

2. Quando uma participação social for, por força do regime matrimonial de bens, comum aos dois cônjuges, será considerado como sócio, nas relações com a sociedade, aquele que tenha celebrado o contrato de sociedade ou, no caso de aquisição posterior ao contrato, aquele por quem a participação tenha vindo ao casal.

3. O disposto no número anterior não impede o exercício dos poderes de administração atribuídos pela lei civil ao cônjuge do sócio que se encontrar impossibilitado, por qualquer causa, de a exercer nem prejudica os direitos que, no caso de morte daquele que figurar como sócio, o cônjuge tenha à participação.

Bibliografia: António Caeiro, *Sobre a participação dos cônjuges em sociedade por quotas*, BFDUC, 1986, 21 ss.; Francisco Pereira Coelho/Guilherme de Oliveira, *Curso de Direito da Família* I, *Introdução, direito matrimonial* (2016), 530 ss.; António Menezes Cordeiro 1 (2022), 422 ss.; Pupo Correia (2018), 165-166; Paulo Olavo Cunha (2019), 91 ss.; José Miguel Duarte, *A comunhão dos cônjuges em participação social*, ROA, 65.º, II set. 2005, 487 ss.; Jorge Henrique Pinto Furtado, *Comentário ao CSC* (2009), 299 ss.; *id.*, *Reflexões sobre*

[17] Também os municípios e as empresas municipais podem constituir sociedades comerciais após a publicação da L 58/98, de 18-ago., segundo Parecer n.º 10/2003, de 15-mai.-2003, DR, II série, de 7.8.2003, 12002 ss..

[18] 1.º/1 do DL 495/88, de 30-dez..

[19] Neste sentido, Coutinho de Abreu 2 (2019), 109.

as sociedades conjugais, em Estudos em homenagem ao Prof. Doutor Jorge de Figueiredo Dias, IV (2010) 285 ss.; J. P. Remédio Marques, *Código das sociedades em comentário I* (2017), 151-176; Jorge Manuel Lopes de Sousa, *Sociedades por quotas entre cônjuges*, RMPub, 48.º, 75 ss.; Antunes Varela, *Direito da Família* 1 (1999), 434 ss.; Maria Rita Aranha da Gama Lobo Xavier, *Limites à Autonomia Privada na Disciplina das Relações Patrimoniais entre os Cônjuges* (2000), 228 ss.; *id.*, *Sociedades entre cônjuges. Sociedades de capitais. Responsabilidade por dívidas sociais. Código das sociedades comerciais. Lei interpretativa. Comentário ao Acórdão do Supremo Tribunal de Justiça de 27 de Maio de 1990*, RDE, 1993, 239 ss..

Índice

I – **Antecedentes históricos**
1. Código de Seabra 1
2. Código Civil de 1966 2

II – **O CSC e a solução atual**
3. Admissão 6
4. A participação comum 8

III – **Casuística**
5. Admissão 9
6. Validade 10
7. Qualidade de sócio 11

I – Antecedentes

1. **Código de Seabra**. No âmbito do Código de Seabra, alguma doutrina admitia que os cônjuges podiam constituir sociedades por quotas[1]. 1

2. No **Código Civil de 1966**, o 1714.º proibia as sociedades entre cônjuges, independentemente de bulirem com o regime de bens. Estabelecia: 2

> 1. Fora dos casos previstos na lei, não é permitido alterar, depois da celebração do casamento, nem as convenções antenupciais nem os regimes de bens legalmente fixados.
>
> 2. Consideram-se abrangidos pelas proibições do número anterior os contratos de compra e venda e sociedades entre os cônjuges, excepto quando estes se encontrarem separados judicialmente de pessoas e bens.
>
> 3. É lícita, contudo, a participação dos dois cônjuges na mesma sociedade de capitais, bem como a dação em cumprimento feita pelo cônjuge devedor ao seu consorte.

A constituição de uma sociedade comercial entre cônjuges levantava questões clássicas, sobretudo abordadas nos manuais de Direito da Família[2], uma vez que ficaria em causa o regime de bens estipulado para o casamento, substituído pelas regras de funcionamento da sociedade. O poder marital, vigente antes da reforma de 77, daria lugar aos esquemas societários mais igualitários. Por fim, o sistema de responsabilidade dos bens dos cônjuges ou do casal, pelas dívidas de cada um deles ou de ambos, seria substituído pelo tipo social adotado[3]. 3

A sanção para a violação da proibição da constituição das sociedades de cônjuges era a nulidade. O n.º 3 do 1714.º levantou algumas dúvidas, tendo a jurisprudência interpretado esta disposição no sentido de admitir as sociedades por quotas pré-existentes mas já duvidando das posteriores à entrada em vigor do CC. Antunes Varela recusa as sociedades por quotas de cônjuges, uma vez em que, nestas sociedades, o sócio munido de poderes de gerência podia lesar outros sócios[4]. António Caeiro entendia que o objetivo da lei era só evitar a responsabilidade 4

[1] António Menezes Cordeiro 1 (2022), 423.
[2] Antunes Varela (1999), 434 ss. e Francisco Pereira Coelho/Guilherme de Oliveira (2016), 530 ss..
[3] António Menezes Cordeiro 1 (2022), 423-424.
[4] Antunes Varela (1999), 436.

ilimitada pelas dívidas sociais, pelo que seriam permitidas as sociedades por quotas, mas já não as sociedades em nome coletivo[5].

5 Outro problema analisado passava pela sociedade de cônjuges superveniente, quando tendo a sociedade começado com vários sócios fique reduzida a uma sociedade de cônjuges. Admitia-se que esta possibilidade contundia com o 1714.º do CC. Posteriormente veio a ser proferido assento[6] a admitir sociedades de cônjuges supervenientes[7].

II – **O CSC e a solução atual**

6 3. **Admissão**. O atual 8.º/1 veio revogar o 1714.º/2 e 3 do CC passando a admitir sociedades de cônjuges, desde que só um responda ilimitadamente[8], pondo assim de lado as criptofundamentações contra as sociedades de cônjuges, a saber: a necessidade de manter o *status* da mulher casada, o não querer mesclar Direito comercial com relações conjugais e a ideia de que as sociedades de cônjuges poderiam ser sociedades unipessoais[9].

7 Atualmente, defende-se que as sociedades de cônjuges não põem em causa, necessariamente, a imutabilidade das convenções antenupciais[10], pois se se limitarem a subscrever pequenas quotas ou um conjunto de ações, o problema nem se levanta. Daí que o 8.º tenha de ser compatibilizado com o 1714.º/1. Nos casos em que ambos os cônjuges assumam uma responsabilidade ilimitada, a sociedade é proibida. A restrição do 8.º deve ser também aplicada às sociedades civis[11].

[5] António Caeiro, *Sobre a participação dos cônjuges em sociedades por quotas*, BFD, 1986, 21 ss. Contra a solução de António Caeiro, Antunes Varela considera que a mesma é "manifestamente incompatível com a conjugação do texto dos n.os 2 e 3 o artigo 1714.º" e que "o objectivo da Lei foi mais amplo, visando nomeadamente impedir que, através da constituição da sociedade, e da escolha dos seus corpos gerentes, os cônjuges pudessem facilmente mudar, na prática, a categoria de certos bens dos cônjuges e as regras da sua administração". Foi, no entanto, a interpretação de António Caeiro que veio a ser preconizada no DL 262/86, de 2-set..

[6] STJ (P) 1-out.-1996 (Herculano Lima), BMJ 460 (1996): "As sociedades por quotas que, depois da entrada em vigor do Código Civil de 1966 e mesmo depois das alterações nele introduzidas pelo DL 496/77, de 25-nov., e antes da vigência do Código das Sociedades Comerciais, aprovado pelo DL 262/86, de 2-set., ficaram reduzidas a dois únicos sócios, marido e mulher, não separados judicialmente de pessoas e bens, não são, em consequência dessa redução, nulas". Contra esta solução veja-se a proposta de assento de Jorge Manuel Lopes de Sousa, *Sociedade por quotas entre cônjuges*, 122.

[7] António Menezes Cordeiro 1 (2020), 425.

[8] Antunes Varela (1999), 439-440: o requisito "desde que só um deles", contido na parte final do n.º 1, aplicável tanto à constituição de sociedades (apenas) entre os cônjuges, bem como à sua participação em sociedades com outros sócios, dir-se-á sem hesitações que continuam a ser proibidas as sociedades em nome coletivo entre cônjuges, bem como a sua participação em qualquer sociedade em comandita, quando ambos sejam sócios comanditados, porque nesse caso ambos assumem responsabilidade ilimitada. A intenção da norma é considerar válidas as sociedades entre cônjuges, desde que nelas não haja responsabilidade ilimitada de ambos.

[9] António Menezes Cordeiro 1 (2020), 426.

[10] Admite que o princípio da imutabilidade possa estar em causa nos casos em que se vicie o valor das entradas para que as participações sociais não correspondam ao valor real dos bens que os cônjuges levaram para a sociedade, podem ser estabelecidas cláusulas de repartição do lucros ou sobre as quotas de liquidação que não correspondam às entradas, podem ser tomados como próprios rendimentos que deveriam ser comuns ou na liquidação fazer parte dos lote de um cônjuge bens que pertenciam à entrada de outro, Rita Lobo Xavier, *Limites à Autonomia Privada na Disciplina das Relações Patrimoniais entre os Cônjuges*, 2000, 236, e *Sociedades entre cônjuges*, 259-260. A A. defende que quando os contratos, apreciados em concreto, violem a imutabilidade das convenções antenupciais, devem ser considerados inválidos. Antunes Varela e Pereira Coelho consideram que se derrogou o princípio da imutabilidade permitindo a modificação das massas patrimoniais do casal.

[11] Francisco Pereira Coelho/Guilherme de Oliveira (2016), 537, consideram que o 1714.º/2 e 3 continuam a aplicar-se às sociedades civis que não estejam abrangidas pelo 8.º/1, não valendo para as sociedades civis sob forma civil a sobreposição dos interesses do comércio e da economia em relação ao Direito patrimonial da família, mantendo-se a proibição clássica em vigor.

4. **Participação comum**. Mercê do regime de bens, pode acontecer que uma participação social seja comum a ambos os cônjuges. Neste caso, por força do 8.º/2, apenas será considerado sócio aquele que tenha celebrado o contrato de sociedade ou, sendo a participação adquirida posteriormente, aquele por quem a participação tenha vindo ao casal[12]. O 8.º/3 ressalva a administração do cônjuge do sócio que se encontrar impossibilitado e os direitos *mortis causa*. 8

III – **Casuística**

5. **Admissão**. A jurisprudência ao abrigo do 8.º/1 considera que esta disposição veio interpretar autenticamente o 1714.º/3 do CC[13], passando a admitir sociedades de cônjuges[14], desde que só um responda ilimitadamente[15], não sendo irregulares estas sociedades[16]. 9

6. **Validade**. Não são, assim, nulas as sociedades por quotas e por ações que sejam só constituídas por cônjuges, devendo esta regra ser aplicada retroativamente[17], em especial se do respetivo pato social não constar nenhuma cláusula em que a ambos os sócios seja atribuída responsabilidade ilimitada[18]. A jurisprudência tem também defendido que as sociedades de cônjuges não põem em causa a imutabilidade das convenções antenupciais[19], não estando ferido de nulidade o contrato de sociedade em que sejam únicos sócios dois cônjuges[20]. 10

7. **Qualidade de sócio**. Apenas é considerado sócio aquele que tenha celebrado o contrato de sociedade, pelo que a qualidade de sócio não se comunica ao seu cônjuge, mesmo que casados no regime de comunhão geral de bens[21], devendo esta disposição ser aplicada retroativamente[22], não se transmitindo sucessoriamente a qualidade de sócio[23]. Não se permite que o cônjuge do sócio tenha o direito de examinar a escrituração e os documentos concernentes às operações sociais[24], ou ser parte legítima para intentar uma ação especial de inquérito[25] ou ser titular do direito de participação nas deliberações sociais e de votação ou de exercício de cargos sociais[26]. Em caso de inventário subsequente a divórcio, a quota social, considerando o seu valor económico e a qualidade de sócio, pode passar ao cônjuge que não intervinha como sócio, passando este agora a exercer a qualidade de sócio[27]. Por fim, não é necessário o consentimento do cônjuge para o sócio ter legitimidade para onerar e alienar as suas participações sociais[28]. 11

[12] Uma participação social só se torna comum, em princípio, quando adquirida com o produto do trabalho de ambos – 1724.º, *a)* CC. Assim, o regime naturalmente aplicável à participação social comum deveria ser, salvo cláusula societária em contrário, o da plena contitularidade da participação. Neste sentido, Antunes Varela (1999), 440. Porém, a lei não adota esta solução, pois nas relações com a sociedade só é verdadeiramente sócio o cônjuge que levou a participação ao casal, não passando o outro de uma espécie de associado à quota.

[13] RPt 28-jun.-1988 (Castanheira da Costa), BMJ 378 (1998), 807 e RPt 20-dez.-1988 (Dionísio de Pinho), CJ V (1988), 208.

[14] A jurisprudência portuguesa tem entendido que o 8.º/1 tem aplicação retroativa, na medida em que vem interpretar autenticamente o 1714.º/3, admitindo a sua aplicação a sociedades de cônjuges anteriores ao CSC. RC 19-fev.-1991 (Pereira da Graça), BMJ 404 (1991), 521, STJ 17-jan.-1990 (Menéres Pimentel), Proc. 078294 e STJ 22-mai.-1990 (Jorge Vasconcelos), Proc.078721.

[15] RPt 15-fev.-1993 (Alves Correia), BMJ 424 (1993), 739.

[16] RPt 24-abr.-1990 (Leonel Rosa), Proc. 0223708.

[17] STJ 3-jul.-1990 (Simões Ventura), BMJ 399 (1990), 519.

[18] RPt 18-set.-1990 (Almeida e Silva), Proc. 0123762.

[19] STJ 17-jan.-1990 (Menéres Pimentel), BMJ 393 (1990), 612.

[20] RLx 12-jun.-1996 (Cruz Broco), BMJ 458 (1996), 382.

[21] RPt 25-set.-1990 (Tato Marinho) CJ 1990, 4.º, 220 e Ac. RPt 13-mar.-2000 (Caimoto Jácome), CJ II (2000), 198.

[22] REv. 8-out.-1992 (Pereira Cardigos), BMJ 420 (1992), 674.

[23] RPt 8-mar.-1993 (Pires da Rosa), Proc. 9210080, e RPt 10-mai.-1993 (Pires da Rosa), Proc. 9210080.

[24] RLx 20-mar.-1997 (Loureiro Fonseca), CJ II (1997), 86, e Ac. STJ 31-mar.-1998 (Garcia Marques), Proc. 97A791.

[25] STJ 28-nov.-2000 (Lopes Pinto), CJ/Supremo III (2000), 142.

[26] RLx 13-dez.-2000 (Salvador da Costa), Proc. 00100366.

[27] STJ 30-out.-2001 (Silva Salazar), CJ/ Supremo III (2001), 98.

[28] RPt 7-dez.-2005 (José Ferraz), Proc. 0535980.

Artigo 9.º (Elementos do contrato)

1. Do contrato de qualquer tipo de sociedade devem constar:

***a*) Os nomes ou firmas de todos os sócios fundadores e os outros dados de identificação destes;**

***b*) O tipo de sociedade;**

***c*) A firma da sociedade;**

***d*) O objeto da sociedade;**

***e*) A sede da sociedade;**

***f*) O capital social, salvo nas sociedades em nome coletivo em que todos os sócios contribuam apenas com a sua indústria;**

***g*) A quota de capital e a natureza da entrada de cada sócio, bem como os pagamentos efetuados por conta de cada quota;**

***h*) Consistindo a entrada em bens diferentes de dinheiro, a descrição destes e a especificação dos respetivos valores;**

***i*) Quando o exercício anual for diferente do ano civil, a data do respetivo encerramento, a qual deve coincidir com o último dia do mês de calendário, sem prejuízo do previsto no artigo 7.º do Código do Imposto sobre o Rendimento das Pessoas Coletivas.**

2. São ineficazes as estipulações do contrato de sociedade relativas a entradas em espécie que não satisfaçam os requisitos exigidos nas alíneas *g*) e *h*) do n.º 1.

3. Os preceitos dispositivos desta lei só podem ser derrogados pelo contrato de sociedade, a não ser que este expressamente admita a derrogação por deliberação dos sócios.

Bibliografia: Coutinho de Abreu 2 (2019), 109 ss.; António Pereira de Almeida, *Sociedades comerciais. Valores mobiliários, Instrumentos financeiros e mercados 1, As Sociedades comerciais*, 7.ª ed. (2013), 345 ss.; Engrácia Antunes, *Direito das sociedades/Parte geral* (2016) 179 ss.; António Menezes Cordeiro 1 (2020), 439 ss.; Pupo Correia (2018), 167 ss.; Paulo Olavo Cunha (2019), 130 ss.; Jorge Henrique Pinto Furtado (2004), 279 ss. *Comentário ao CSC* (2009), 353 ss.; Maria Elisabete Ramos, *Código das sociedades em comentário* I (2017), 177-191; João Calvão da Silva, *Nulidade da promessa de sociedade comercial por falta de elementos essenciais exigidos pelo artigo 9.º do CSC*, em *Estudos jurídicos [pareceres]* (2011), 253 ss.

Índice

I – **Conteúdo**
1. Menções obrigatórias e facultativas 1

II – **Menções obrigatórias**
2. Firma 2
3. Objeto social 3
4. Sede social 4
5. Capital social 5
6. Participações sociais 6
7. Entradas em espécie 7
8. Exercício anual 8
9. Outras menções obrigatórias 9
10. Falta de menções obrigatórias 12

III – **Menções facultativas**
11. Menções facultativas comuns 13
12. Menções facultativas específicas 14
13. Outras regras estatutárias 16
14. Derrogação 17

I – Conteúdo

1 1. **Menções obrigatórias e facultativas.** O contrato visa a constituição e a disciplina da atividade da sociedade, estabelecendo a firma, a sede e o objeto, o capital social, os órgãos, os

direitos fundamentais dos sócios e, eventualmente, as regras sobre o exercício social e a dissolução. Há que distinguir as menções obrigatórias das menções facultativas. A inobservância de menções obrigatórias pode pôr em causa a subsistência da própria sociedade, ao passo que a não inclusão de uma menção facultativa é irrelevante[1].

II – **Menções obrigatórias**

2. **Firma**. A primeira menção obrigatória decorre do princípio da tipicidade e corresponde à indicação do tipo social pretendido; este evidencia-se pela firma da sociedade (10.º), devendo ainda incluir a identificação das partes, i.e., a identificação dos nomes ou firmas e outros dados de identificação de todos os sócios fundadores. 2

3. **Objeto social**. Do contrato social tem de constar ainda o respetivo objeto, que consiste na atividade a desenvolver pela sociedade (11.º). 3

4. **Sede social**. A sede social constitui também uma menção essencial do contrato de sociedade, devendo corresponder ao centro da vida da sociedade, ao local onde se tem por conetada sempre que for preciso comunicar com ela, nomeadamente através de comunicações oficiais (12.º). 4

5. **Capital social**. O capital social configura igualmente uma menção obrigatória do contrato de sociedade, consistindo na cifra numérica de valor constante, em dinheiro, expressa em euros, correspondente ao património de constituição da sociedade, i.e., à soma de todas as participações dos sócios (14.º). 5

6. **Participações sociais**. Deverá ainda ser mencionado o montante da participação e a natureza da entrada de cada sócio: quotas, ações e partes sociais. Nas sociedades por quotas, os sócios são todos iguais não havendo diferentes categorias de quotas. A quota não é titulada e deve revestir o montante mínimo de 1 €. O sócio tendencialmente só deverá ser titular de uma única quota. Nas sociedades anónimas, a participação social designa-se ação podendo ser representada documentalmente em título ou ser meramente escritural. A ação deve corresponder ao montante mínimo de um cêntimo de euro (0,01 €), embora, na maior parte dos casos, o respetivo valor nominal seja de cinco euros ou de um euro, salvo o caso das ações sem valor nominal (272.º). Um sócio pode ser titular de tantas ações quantas tiver capacidade financeira para subscrever ou adquirir. As ações, consoante os direitos que as caraterizam, agrupam-se em categorias. Nas sociedades em nome coletivo, as partes sociais não são tituladas (176.º/2) e não têm valor nominal, podendo os sócios de indústria realizar a sua participação exclusivamente em trabalho. A parte social é única por sócio, distinguindo-se os sócios de capital dos sócios de indústria, embora seja possível congregar as duas qualidades[2]. 6

7. **Entradas em espécie**. As entradas de capital podem ser em dinheiro ou em espécie. No caso das entradas serem em espécie, estão sujeitas a certificação pelo ROC. 7

8. **Exercício anual**. A redação da alínea *i*) foi introduzida pelo 1.º do DL 328/95, de 9-dez.. Por fim, uma menção ao exercício anual que, em princípio, coincide com o ano civil, decorrendo de 1 de janeiro a 31 de dezembro do mesmo ano. Porém, é possível a certas sociedades, que têm sobretudo uma atividade sazonal, adotarem um exercício social diferente do ano civil, embora devam requerê-lo expressamente às autoridades fiscais (65.º-A). Sendo o exercício social diferente do ano civil, deverá coincidir com o último dia de um mês de calendário, isto é, deverá ter início no dia 1 de um determinado mês e concluir-se no último dia do décimo segundo mês subsequente, devendo este facto constar do contrato de sociedade. 8

[1] Segue-se de perto Paulo Olavo Cunha (2019), 131 ss..

[2] Paulo Olavo Cunha (2019), 146 ss..

9 9. **Outras menções obrigatórias**. O conteúdo traduz a regulação jurídica introduzida pelo contrato no âmbito delimitado pelas partes. Nas sociedades comerciais o conteúdo abrange ainda elementos que não sendo em si regulativos se tornam essenciais para o regime fixado pelo contrato.

10 Outros preceitos complementam o conteúdo do contrato dos diferentes tipos societários, a saber: 176.º quanto às sociedades em nome coletivo, 199.º quanto às sociedades por quotas[3], 272.º quanto às sociedades anónimas e 446.º quanto às sociedades em comandita.

11 Assim, a indicação da estrutura da administração e da fiscalização da sociedade anónima é outra das menções obrigatórias do contrato de sociedade – 272.º, *g)* –, uma vez que, neste tipo societário, se pode optar por uma das três estruturas alternativas previstas na lei, a saber: conselho de administração e conselho fiscal (modelo latino); conselho de administração, compreendendo uma comissão de auditoria e revisor oficial de contas (modelo anglo-saxónico); e conselho de administração executivo, conselho geral e de supervisão e revisor oficial de contas (modelo germânico). A opção por uma destas estruturas depende da dimensão da sociedade e da existência de controlo mais ou menos definido do respetivo capital e de direitos de voto ou da relativa dispersão no mercado das participações sociais. Nas sociedades por quotas não tem de haver fiscalização, podendo a sociedade constituir-se contratualmente com um único órgão: o gerente ou a gerência[4].

12 10. **Falta de menções obrigatórias**. No 9.º encontram-se elementos necessários, pelo que, na sua ausência, regista-se a invalidade do contrato nos termos dos 42.º e 43.º. O 42.º/2 distingue vícios sanáveis por deliberação dos sócios e insanáveis. A falta de firma, de sede ou do valor de entrada são sanáveis. Já a falta de objeto ou do capital social são insuscetíveis de sanação. Também a não referência ao tipo social, que não seja suprível por outros elementos contratuais, é insanável.

III – **Menções facultativas**

13 11. **Menções facultativas comuns**. As menções facultativas referem-se a faculdades que devem estar incluídas no contrato de sociedade, sob pena de impossibilidade do seu aproveitamento sem prévia alteração do contrato. As menções facultativas comuns às sociedades anónimas e às sociedades por quotas dizem respeito à participação em outras sociedades de diferente objeto social e em ACE (11.º/4 e 5), à autorização para emissão de obrigações – 272.º, *f)* e 350.º/1 –, a cláusulas sobre distribuição de lucros (217.º/1 e 294.º/1), a cláusulas que estabelecem a exigibilidade de realização de prestações acessórias (209.º a 287.º), a cláusulas sobre a alienação do direito de preferência na subscrição de aumentos de capital por entradas em dinheiro (267.º e 458.º/3), a cláusulas sobre a nomeação de gerentes, administradores, membros do conselho geral ou liquidatários (252.º/2, 391.º/1 e 435.º/1)[5], à designação do secretário, quando é facultativa (446.º-D), à atribuição de vantagens especiais aos sócios (16.º), de direitos especiais (24.º), à amortização de participações sociais.

[3] A estipulação no contrato de sociedade por quotas de uma estrutura legal próxima da sociedade anónima viola o princípio da tipicidade – RLx 18-abril-1991 (Carvalho Pinheiro), Proc. 0045962, designadamente atribuindo a administração e representação da sociedade a um conselho de administração e não a um ou mais gerentes – STJ 5-mar.-1992 (Tato Marinho), BMJ 415 (1992), 666.

[4] Paulo Olavo Cunha (2019), 152 ss..

[5] De referir que a designação de gerente no contrato de sociedade não implica a concessão de um direito especial. Neste sentido, REv 12-nov.-1992 (Geraldes Carvalho), BMJ 421 (1992), 530 e STJ 12-jun.-1996 (Nascimento Costa), CJ/Supremo, II (1996), 130-132.

12. **Menções facultativas específicas**. As menções facultativas específicas das sociedades por quotas referem-se a cláusulas relativas à responsabilidade perante credores sociais (198.º) e a obrigações de prestações suplementares (210.º a 213.º). Quanto às menções facultativas específicas das sociedades anónimas: elas reportam-se à autorização para distribuição antecipada de dividendos (297.º) e ao aumento do capital social deliberado pelo órgão de administração (85.º/1 e 456.º)[6]. 14

Os elementos constantes no 9.º podem estar implícita ou explicitamente no contrato, mas devem ser suficientemente claros perante terceiros, pelo que, no caso do contrato de sociedade, não pode valer um sentido que não tenha um mínimo de correspondência no texto da lei. 15

13. **Outras regras estatutárias**. Podem ainda integrar o contrato de sociedade todas as cláusulas que afastem normas supletivas legais, que concretizem disposições legais permissivas, ou que, simplesmente, esclareçam e pormenorizem aspetos de regime em que a lei é omissa. 16

14. **Derrogação**. De acordo com o texto inicialmente publicado, o 9.º/ 3 estabelecia que "os preceitos dispositivos desta lei só podem ser derrogados pelo contrato de sociedade, a não ser que esta expressamente admita a derrogação por deliberação dos sócios". Através da retificação constante do 4.º/l do DL 280/87, de 8-jul., no nº 3, onde se lia "esta" deveria ler-se "este". Assim, os preceitos dispositivos ou são derrogados pelo contrato de sociedade ou, para que a derrogação possa ter lugar em momento posterior, é necessário que o próprio contrato de sociedade contenha uma cláusula que autorize essa derrogação por deliberação dos sócios. Sem esta cláusula, os preceitos dispositivos tornam-se vinculativos para a sociedade. Os preceitos dispositivos referidos no 9.º/3 são aqueles que se aplicam se as partes os suscitarem, reproduzindo-os ou aproveitando a permissão normativa por eles criados, ou não afastando a sua aplicação, através da respetiva manifestação de vontade. Estas regras podem ser permissivas se concederem aos destinatários uma faculdade ou supletivas. As normas dispositivas reconduzem-se às normas supletivas, *i.e.* àquelas em que as partes não afastam a sua aplicação. Segundo o 9.º/3, as deliberações dos sócios não derrogam os preceitos dispositivos do Código, a não ser que a própria lei ou o contrato o prevejam expressamente. Admite-se que a derrogação das regras supletivas legais possa ser feita mediante previsão genérica, respeitando o quórum necessário para estas deliberações[7]. 17

Em síntese, o 9.º/3 admite que os preceitos supletivos possam ser diretamente derrogados pelo contrato de sociedade, ou por deliberação, caso o contrato de sociedade contenha uma permissão genérica para essa derrogação. Caso o contrato de sociedade não os derrogue, nem contenha uma previsão para o seu afastamento, os preceitos supletivos tornam-se injuntivos. As deliberações tomadas em violação do 9.º/3 são anuláveis – 58.º/1, *a*) –, se e situação específica não se incluir na nulidade[8]. 18

Artigo 10.º (Requisitos da firma)

1. Os elementos caraterísticos das firmas das sociedades não podem sugerir atividade diferente da que constitui o objeto social.

[6] Paulo Olavo Cunha (2019), 155 ss..
[7] Paulo Olavo Cunha (2019), 168 ss..
[8] Paulo Olavo Cunha (2019), 172-174.

2. Quando a firma da sociedade for constituída exclusivamente por nomes ou firmas de todos, algum ou alguns sócios, deve ser completamente distinta das que já se acharem registadas.

3. A firma da sociedade constituída por denominação particular ou por denominação e nome ou firma de sócio não pode ser idêntica à firma registada de outra sociedade, ou por tal forma semelhante que possa induzir em erro.

4. Não são admitidas denominações constituídas exclusivamente por vocábulos de uso corrente, que permitam identificar ou se relacionem com atividade, técnica ou produto, bem como topónimos e qualquer indicação de proveniência geográfica.

5. Da denominação das sociedades não podem fazer parte:

***a*) Expressões que possam induzir em erro quanto à caraterização jurídica da sociedade, designadamente expressões correntemente usadas na designação de organismos públicos ou de pessoas coletivas sem finalidade lucrativa;**

***b*) Expressões proibidas por lei ou ofensivas da moral ou dos bons costumes.**

Bibliografia: António Pereira de Almeida, *Sociedades comerciais. 1* (2013), 338; Emídio Ferreira de Almeida, *As denominações particulares das sociedades comerciais e a repartição do comércio*, RDES 24 (1977), 269-278; Engrácia Antunes, *Direito das sociedades/Parte geral* (2016) 229 ss.; Pinto Coelho, *As firmas e o Decreto n.º 19.638* (1943); António Menezes Cordeiro 1 (2022), 446 ss.; *id.*, *Manual de direito comercial* (2016), 357 ss.; Brito Correia, Direito Comercial 1 (1987), 236 ss.; Miguel J. A. Pupo Correia (2018), 88 ss.; Paulo Olavo Cunha (2019), 133 ss.; Jorge Pinto Furtado (2004), 279 ss. e *Comentário ao CSC* (2009), 367 ss. ; Januário Gomes, *A projecção da atividade económica da empresa na composição da firma/Considerações gerais*, SI 30 (1981), 365-380; J. P. Remédio Marques, *Código das sociedades em comentário* I (2017), 192-239; Carlos Olavo, *A firma das sociedades comerciais e civis sob forma comercial*, em *Estudos em Homenagem ao Prof. Doutor Raúl Ventura* 2 (2003), 379-419; M. Nogueira Serens, *Firma e língua portuguesa*, RNot 1994, 1-3, 97-177; *id.*, *O direito da firma nas sociedades comerciais*, em *Os quinze anos do CSC* (2003), 193 a 209, *id.*, *Os claros escuros do princípio da novidade das firmas das sociedades comerciais, II Congresso Direito das sociedades em revista* (2012), 329 ss.; *id.*, *Anotação ao STJ – Proc. 07A842/n.º convencional JSTJ000 (despublicização do risco de confusão (também) em matérias de firmas?)*, em RLJ 141 (2012), 366 ss..

Índice

I – **Antecedentes históricos**
1. O Código Comercial 1
2. A LSQ 2
3. O D 19:638, de 21-abr.-1931 3

II – **O CSC e a sua evolução**
4. Redação inicial 5
5. A reforma de 1996 6
6. A reforma de 2005 8

III – **Modalidades, princípios e âmbito de aplicação**
7. Modalidades 9
8. Princípios 10

IV – **Legislação conexa**
9. O RNPC 13
10. Legislação especial 14

V – **Casuística**
11. Novidade 16
12. Critério 19
13. Língua portuguesa 20
14. Questão-de-direito 21

I – Antecedentes históricos

1 1. **O Código Comercial**, na sua versão inicial, distinguia entre "firma" e "denominação particular": a primeira correspondia ao nome de uma pessoa singular, por ela usado no comércio, e

que podia ser adotado pelas sociedades comerciais; a segunda, a uma designação diversa, a usar pelas SA, que não podiam ter firma.

2. **A LSQ** admitiu que essas sociedades adotassem ou firma ou denominação particular (3.º): firma, sempre que elas escolhessem uma designação equivalente ao nome de algum ou alguns dos seus sócios; denominação, quando isso não sucedesse; a designação poderia, neste caso, traduzir uma atividade social ou equivaler a uma pura expressão de fantasia. 2

3. **O D 19:638, de 21-abr.-1931**[1], veio alterar o CCom, procurando equiparar a "firma" à "denominação particular", de modo a permitir que as SA adotassem nomes de sócios ou de ex-sócios nas suas firmas. Todavia, a LSQ não foi alterada, pelo que permaneceu, no Direito português, a diferença entre "firma" (nome humano) e "denominação particular" (qualquer outra). A doutrina procurou conciliar, defendendo a existência de um conceito amplo de firma, que abrangeria todas as designações comerciais: a firma em sentido estrito ou firma pessoal, composta por nomes de pessoas singulares, ainda que completados com outros elementos, e a firma-denominação, formada por referências ao tipo de atuação a desempenhar pelo ente coletivo ou por designações de fantasia. 3

A legislação sobre o registo nacional das pessoas coletivas, a partir da década de 80 do séc. XX, aclarou esta confusão terminológica, reservando a firma para comerciantes em nome individual e para as sociedades comerciais, enquanto a denominação passou a ser utilizada para as pessoas coletivas que não fossem comerciantes. Neste sentido vai a orientação do RNPC em vigor. O CSC manteve esta linha de distinção, mas com oscilações que tornaram o sistema menos claro. 4

II – O CSC e a sua evolução

4. **Redação inicial**. Na versão de 1986, o 10.º dispunha[2]: 5

> 1. Os dizeres das firmas de sociedades devem ser correctamente redigidos em língua portuguesa.
>
> 2. Do disposto no número anterior exceptua-se o uso de palavras ou de parte de palavras estrangeiras ou de feição estrangeira quando:
>
> *a*) Entrem na composição de firmas ou denominações já registadas;
> *b*) Correspondam a vocábulos comuns sem tradução adequada na língua portuguesa ou de uso generalizado;
> *c*) Correspondam, total ou parcialmente, a nomes, firmas ou denominações de associados, patronos ou instituidores;
> *d*) Constituam marca comercial ou industrial de uso legítimo, nos termos da lei respectiva;
> *e*) Resultem da fusão de palavras ou parte de palavras portuguesas ou estrangeiras admissíveis nos termos do presente número, directamente relacionadas com o objecto específico ou retiradas dos restantes elementos da firma ou dos nomes dos associados, patronos ou instituidores;
> *f*) Visem maior facilidade de penetração no mercado estrangeiro a que se dirija a actividade que constitui o objecto social;
> *g*) Resultem do emprego correto de termos das línguas latina ou grega.

[1] Quanto à polémica surgida em torno deste diploma: Menezes Cordeiro, *Direito comercial*, 5.ª ed. (2022), 371 ss.. Mais detidamente, Pinto Coelho, *As firmas e o Decreto n.º 19.638* (1943).

[2] DR I Série, n.º 201, de 2-set.-1986, 2298-2299.

3. Os elementos característicos constituídos por designações de fantasia, siglas ou outras composições devem ter feição portuguesa e não podem sugerir actividade diferente da que constitui o objecto social.

4. Quando a firma da sociedade for constituída exclusivamente por nomes ou firmas de todos, algum ou alguns sócios deve ser completamente distinta das que já se acharem registadas.

5. A firma da sociedade constituída por denominação particular ou por denominação e nome ou firma de sócio não pode ser idêntica à firma registada de outra sociedade, ou por tal forma semelhante que possa induzir em erro, e deve dar a conhecer quanto possível o objecto da sociedade.

6. Da denominação das sociedades não podem fazer parte:

a) Elementos característicos constituídos por vocábulos comuns de uso genérico ou por topónimos que representem apropriação indevida de nome de localidade, região ou país;

b) Expressões que possam induzir em erro quanto à caracterização jurídica da sociedade, designadamente expressões correntemente usadas na designação de organismos públicos ou de pessoas colectivas sem finalidade lucrativa;

c) Expressões que sugiram de forma enganadora uma capacidade técnica, financeira ou âmbito de actuação manifestamente desproporcionados relativamente aos meios disponíveis ou que correspondam a qualidades e ou excelências em detrimento de outrem;

d) Expressões proibidas por lei ou ofensivas da moral ou dos bons costumes.

6 5. **A reforma de 1996**. O DL 257/96, de 31-dez., alterou o 10.º (1.º), nos termos seguintes[3]:

1. Os elementos característicos das firmas das sociedades não podem sugerir actividade diferente da que constitui o objecto social.

2. *(Actual n.º 4.)*

3. *(Actual n.º 5.)*

4. Os vocábulos de uso corrente e os topónimos, bem como qualquer indicação de proveniência geográfica, não são considerados de uso exclusivo.

5. Da denominação das sociedades não podem fazer parte:

a) *[Actual alínea b).]*

b) *[Actual alínea c).]*

c) *[Actual alínea d).]*

7 Foi suprimida a exigência da correta redação da firma em língua portuguesa e, consequentemente, revogadas as exceções a essa regra. A justificação dada para tão grave matéria foi, simplesmente, a pretensão de simplificar o regime da firma[4]. A alteração tem como atenuante a introdução, feita nessa ocasião, no 11.º, da exigência de que o objeto da sociedade seja corretamente expresso em língua portuguesa.

8 6. **A reforma de 2005**. O DL 111/2005, de 8-jul., relativo à constituição imediata de sociedades, introduziu novas alterações no 10.º (17.º)[5]:

3. A firma da sociedade constituída por denominação particular ou por denominação e nome ou firma de sócio não pode ser idêntica à firma registada de outra sociedade, ou por tal forma semelhante que possa induzir em erro.

4. Não são admitidas denominações constituídas exclusivamente por vocábulos de uso corrente, que permitam identificar ou se relacionem com actividade, técnica ou produto, bem como topónimos e qualquer indicação de proveniência geográfica.

[3] DR I Série-A, n.º 302, de 31-dez.-1996, 4704/II.
[4] *Idem*, 4702/II.
[5] DR I Série-A, n.º 130, de 8-jul.-2005, 4200/II.

5. ....
a) ....
b) *[Anterior alínea c).]*

III – Modalidades, princípios e âmbito de aplicação

7. **Modalidades**. O 10.º contém regras diversas importantes, visto que a firma consubstancia um elemento voluntário necessário da sociedade. As firmas podem ser constituídas: (a) por nomes ou firmas de algum ou alguns sócios (firmas pessoais ou subjetivas); (b) por uma denominação particular, quando seja composta por designações materiais, atinentes à atividade social (firmas materiais ou objetivas); (c) por designações de fantasia (firma de fantasia); (d) por denominação particular e nome ou firma (ou nomes ou firmas) simultaneamente (firmas mistas). A firma pessoal deve ser completamente distinta das que já se acharem registadas: a firma material, a firma de fantasia e a firma mista não podem ser idênticas a firma registada ou por tal forma semelhantes que possam induzir em erro. Devem, ainda, dar a conhecer, quanto possível, o objeto da sociedade. 9

8. **Princípios**[6]. A firma obedece a vários princípios: (a) autonomia privada com restrições: a escolha da firma compete ao interessado nos limites do 32.º/4, *b*), *c*) e *d*), do RNPC, que vedam: expressões proibidas por lei ou ofensivas dos bons costumes, expressões incompatíveis com o respeito pela liberdade de ação política, religiosa ou ideológica e expressões que desrespeitem ou se aproximem ilegitimamente de símbolos nacionais, personalidades, épocas ou instituições, cujo nome ou atividade seja de salvaguardar por razões históricas, patrióticas, científicas, institucionais ou outras atendíveis; (b) obrigatoriedade e normalização: os comerciantes devem adotar certa firma, a qual deve ter expressão verbal, suscetível de comunicação oral e escrita, em carateres latinos; e, além disso, quando tenha significado, deve ser expressa em língua portuguesa correta; (c) verdade e exclusividade: quando tenha significado, deve retratar a realidade a que se reporte ou, pelo menos, não deve induzir em erro, devendo ainda ser própria do ente a que se refira; (d) estabilidade: a firma não muda com a alteração dos titulares do estabelecimento; e (e) novidade: a firma deve ser distinta de outras já registadas ou notoriamente conhecidas. 10

Estes mesmos princípios são aplicáveis às sociedades comerciais. Logo no 10.º/1 surge o princípio da verdade, relativo à atividade da sociedade. A proibição de firmas contrárias aos bons costumes encontra-se no 10.º/5, *b*). O 9.º/1, *c*), aponta a obrigatoriedade e a normalização da firma. A novidade e exclusividade resultam do 10.º/2 e 3. O 10.º/4 não permite a apropriação de vocábulos de uso corrente e de topónimos, bem como qualquer indicação de proveniência geográfica, que são elementos considerados de uso não exclusivo. A estabilidade é assegurada pelo RNPC, com as cautelas legais às alterações estatutárias. Por fim, a verdade encontra-se no 10.º/5, *a*). 11

A firma exprime o tipo societário em causa. O 10.º deve, assim, ser articulado com o 177.º/1 (SNC), com o 200.º (SPQ), com o 275.º (SA) e com o 467.º (SC). 12

IV – Legislação conexa

9. **O RNPC**. As regras do 10.º articulam-se com os princípios constantes dos 32.º e ss., do RNPC. Os contratos de sociedade não podem ser celebrados perante o notário sem a presença do certificado de admissibilidade da firma (54.º/1, do RNPC). Trata-se de um elemento que, 13

[6] Menezes Cordeiro, *Direito comercial*, 5.ª ed. (2022), 380 ss..

na sua ausência, pode ser sanado por uma deliberação dos sócios, nos termos prescritos para a alteração do contrato de sociedade (42.º/2). Há, entre os princípios do RNPC e as regras do 10.º, uma área de coincidência.

14 10. **Legislação especial.** Temos ainda outras regras relativas a firmas de sociedades, nomeadamente em relação às SGPS (2.º/4 do DL 495/88, de 30-dez.); às SGII (4.º do DL 135/91, de 4-abr.); às SACEG (6.º/3 do DL 237/91, de 2-jul.); às SCR/SFE (DL 433/91, de 7-nov.); às SAD (6.º do DL 67/97, de 3-abr.); às SGM (4.º do DL 211/98, de 16-jul.); aos ACE (base III da Lei 4/73, de 4-jun.); aos AEIE (5.º do R 2137/85, de 25-jul.); aos EIRL (2.º/3 do DL 248/86, de 25-ago.); e às cooperativas (14.º/1 do CCoop).

15 No domínio do Direito bancário (11.º/1, do RGIC), só entidades habilitadas como instituições de crédito ou sociedades financeiras podem usar na sua firma expressões que apontem para esse objeto social, o mesmo se aplicando às seguradoras (11.º/2 do RGES).

V – Casuística

16 11. **Novidade**. A firma tem por função essencial individualizar a sociedade, por forma a distingui-la das outras[7]; equivale à inconfundibilidade[8], com isso visando proteger o titular da firma registada e os terceiros[9], à luz da boa fé, particularmente os consumidores[10].

17 Para tanto, há que atender à globalidade da firma[11], tendo em conta todos os elementos circundantes (tipo, sede, atividades e âmbito territorial)[12]; pode haver elementos comuns entre duas firmas[13], mesmo parciais[14], desde que não seja preponderante[15], ou sugestivo[16] e atendendo-se não só as semelhanças, mas também às diferenças[17].

18 O facto de as sociedades em presença se dedicarem a objetos diferentes evoluiu: primeiro, isso não era relevante, para afastar a hipótese de confusão[18]; depois, entendeu-se que, havendo ramos diferentes, a novidade não teria aplicação[19]. De facto, há que ter o sentido das realidades: se as sociedades agirem no mesmo ramo, pode haver confusão[20]; sendo isso impossível, não há que insistir em formalismos[21].

19 12. **Critério**. O juízo de confundibilidade deve atender: aos elementos que serão fixados pelo homem médio[22]; à possibilidade de confusão por uma pessoa normal, medianamente ilustrada, atenta e diligente[23]; à diligência normal de um homem médio[24]; à perspetiva do homem comum[25]; o homem normal, ou seja, um consumidor nem muito atento e cuidadoso, nem descuidado ou distraído[26]; a comparação entre a firma e a denominação a constituir e a memória

[7] STJ 19-jun.-1984 (Silva Cura), BMJ 338 (1984), 436.
[8] STJ 19-set.-2002 (Dionísio Correia), Proc. 02B2217.
[9] RPt 11-dez.-1992 (Castro Ferreira), Proc. 9240494.
[10] STJ 15-nov.-1995 (Cardona Ferreira), Proc. 084739.
[11] RLx 29-abr.-1993 (Ferreira Girão), Proc. 0070712.
[12] STJ 20-set.-1994 (Pereira Cardigos), Proc. 085537.
[13] STJ 14-jun.-1995 (Figueiredo de Sousa), Proc. 086675 e RPt 30-mai.-2000 (Lemos Jorge), Proc. 0020541.
[14] STJ 12-dez.-1989 (Eliseu Figueira), Proc. 078393.
[15] STJ 21-jun.-2001 (Sousa Inês), Proc. 01B1713 e STJ 14-out.-2004 (Ferreira Girão), Proc. 04B2333.
[16] STJ 28-mai.-1992 (José Magalhães), BMJ 417 (1992), 652-664 (659-660).
[17] STJ 16-out.-2003 (Salvador da Costa), Proc. 03B2771.
[18] RLx 9-fev.-1988 (Beça Pereira), BMJ 374 (1988), 528.
[19] STJ 23-mai.-1991 (Pereira da Silva), BMJ 407 (1991), 571-577 (576) e STJ 26-set.-1996 (Miranda Gusmão), BMJ 459 (1996), 562-571 (571).
[20] STJ 5-dez.-1991 (Pereira da Silva), Proc. 081048.
[21] Quanto ao risco de uma das sociedades alterar o objeto social – STJ 5-mar.-1992 (Miguel Montenegro), Proc. 081418: ele há de ser real.
[22] STJ 19-jun.-1984 (Silva Cura), BMJ 338 (1984), 436-442 (440).
[23] RLx 28-set.-1989 (José da Silva Paixão), BMJ 389 (1989), 636.
[24] RLx 31-jan.-1991 (Faria de Sousa), Proc. 0013286.
[25] STJ 22-jan.-1997 (Cardona Ferreira), CJ/Supremo V (1997) 1, 67-70 (70/I).
[26] RPt 25-fev.-1997 (Emérito Soares), Proc. 9620873.

que se possa ter da firma e denominação já constituída[27]; à possibilidade de erro[28]; ao perigo de o consumidor associar a empresa aos serviços e produtos de outra[29].

13. **Língua portuguesa**. Há, ainda, larga casuística quanto ao uso da língua portuguesa nas 20
firmas de sociedades[30]: infelizmente, perdeu atualidade, após a reforma de 1996, que suprimiu essa exigência.

14. **Questão-de-direito**. As semelhanças e diferenças são questão-de-facto, da competência 21
das instâncias; a hipótese de confusão joga com regras jurídicas, sendo questão-de-direito, sindicável pelo Supremo[31].

Artigo 11.º (Objeto)

1. A indicação do objeto da sociedade deve ser corretamente redigida em língua portuguesa.

2. Como objeto da sociedade devem ser indicadas no contrato as atividades que os sócios propõem que a sociedade venha a exercer.

3. Compete aos sócios deliberar sobre as atividades compreendidas no objeto contratual que a sociedade efetivamente exercerá, bem como sobre a suspensão ou cessação de uma atividade que venha sendo exercida.

4. A aquisição pela sociedade de participações em sociedades de responsabilidade limitada abrangidas por esta lei cujo objeto seja igual àquele que a sociedade está exercendo, nos termos do número anterior, não depende de autorização no contrato de sociedade nem de deliberação dos sócios, salvo disposição diversa do contrato.

5. O contrato pode ainda autorizar, livre ou condicionalmente, a aquisição pela sociedade de participações como sócio de responsabilidade ilimitada ou de participações em sociedades com objeto diferente do acima referido, em sociedades reguladas por leis especiais e em agrupamentos complementares de empresas.

6. A gestão de carteira de títulos pertencentes à sociedade pode constituir objeto desta.

Bibliografia: Coutinho de Abreu II (2019), 188 ss.; António Pereira de Almeida, *Sociedades comerciais 1* (2013), 346-347; Engrácia Antunes, *Direito das sociedades/Parte geral* (2015) 86 ss.; António Menezes Cordeiro 1 (2022), 452 ss.; Ferrer Correia/António Caeiro, *Modificação do objeto social e sua especificação nos estatutos, aumento do capital a deliberar pelo conselho de administração; previdência dos administradores*, RDE, 6/7, 267 ss.; Miguel Pupo Correia (2018), 135 ss.; Paulo Olavo Cunha (2019), 138 s., 151 ss.; Jorge Henrique Pinto Furtado, *Comentário ao CSC* (2009), 392 ss.; Alexandre de Soveral Martins, *Código das sociedades em comentário* I (2017), 240-251; Nuno de Brito Lopes, *Os Aspetos jurídico-societários das SGPS*, em ROA, III, 1988, 1177 ss.; Albino Matos, *Constituição das sociedades* (2001), 58 ss.; João Espírito Santo, *Sociedades por quotas e anónimas* (2000), 99 ss.; Cassiano dos Santos, *Estrutura associativa e participação societária capitalística* (2006), 125 ss.; Hugo Moredo dos Santos, *SGPS, Gestão de participações sociais como forma indireta de exercício*

[27] RLx 23-out.-2001 (Azadinho Loureiro), Proc. 0051471.

[28] STJ 18-mar.-2004 (Salvador da Costa), Proc. 04B873.

[29] RLx 30-nov.-2006 (Granja da Fonseca), Proc. 9167/ /2006-6.

[30] RPt 6-jan.-1992 (Vasco Faria), Proc. 9150626 e STJ 11-mar.-1999 (Martins da Costa), BMJ 485 (1999), 429-431 (431) = CJ/Supremo VII (1999) 1, 155-156 (156/II), como exemplos.

[31] STJ 18-jun.-1985 (Solano Viana), BMJ 348(1985), 436--439 (438).

de atividades económicas, em *Direito dos Valores mobiliários*, VIII (2008), 357 ss.; *id.*, *2014: ano novo, vida nova para as SGPS, III Congresso Direito das sociedades em revista* (2014), 493-503; Raúl Ventura, *Objeto da sociedade e atos ultra vires*, ROA, 40.º, jan/abr 1980, 5 ss..

Quanto às SGPS: António Menezes Cordeiro, *Sociedades gestoras de participações sociais*, em *O Direito*, ano 133, (2001), III, 557 ss.; Nuno de Brito Lopes, *Os Aspetos jurídico-societários das SGPS*, em ROA, III, 1998, 1177 ss.; Hugo Moredo dos Santos, *SGPS, Gestão de participações sociais como forma indireta de exercício de atividades económicas*, em *Direito dos Valores mobiliários*, VIII (2008), 357 ss.; *id.*, *2014: ano novo, vida nova para as SGPS, III Congresso Direito das sociedades em revista* (2014), 493 ss.; Raúl Ventura, *Participações unilaterais de sociedades em sociedades, e sociedades gestoras de participações noutras sociedades*, em *Scientia Iuridica* XXIX, n.º 163 (1980), 19 ss. (há separata, *Scientia Iuridica*, 1980)

Índice

I – O CSC e a sua evolução
1. Redação inicial ... 1
2. A reforma de 1996 ... 2

II – Âmbito de aplicação
3. Objeto ... 4
4. Aquisição de participações sociais ... 8
5. Princípio da especialidade ... 9

III – Disposições conexas
6. Sociedade civil ... 10
7. CSC ... 11
8. Comercialidade ... 12

I – O CSC e a sua evolução

1 1. **Redação inicial**. Na versão de 1986, o 11.º dispunha[1]:

1. Como objecto da sociedade devem ser indicadas no contrato as actividades que os sócios propõem que a sociedade venha a exercer.

2. Compete aos sócios deliberar sobre as actividades compreendidas no objecto contratual que a sociedade efectivamente exercerá, bem como sobre a suspensão ou cessação de uma actividade que venha sendo exercida.

3. A aquisição pela sociedade de participações em sociedades de responsabilidade limitada abrangidas por esta lei cujo objecto seja igual àquele que a sociedade está exercendo, nos termos do número anterior, não depende de autorização no contrato de sociedade nem de deliberação dos sócios, salvo disposição diversa do contrato.

4. O contrato pode ainda autorizar, livre ou condicionalmente, a aquisição pela sociedade de participações como sócio de responsabilidade ilimitada ou de participações em sociedades com objecto diferente do acima referido em sociedades reguladas por leis especiais e em agrupamentos complementares de empresas.

5. A gestão de carteira de títulos pertencentes à sociedade pode constituir objecto desta.

2 2. **A reforma de 1996**. O DL 257/96, de 31-dez., alterou o 11.º acrescentando o n.º 1 atual[2], tendo os anteriores n.os 1 a 5.º passado a ser os n.os 2 a 6:

1. A indicação do objecto da sociedade deve ser correctamente redigida em língua portuguesa.

3 Esta alteração, como foi referido a propósito do 10.º, foi consequência da supressão da exigência da correta redação da firma em língua portuguesa e da revogação das exceções a essa regra.

[1] DR I Série, n.º 201, de 2-set.-1986, 2299.

[2] DR I Série-A, n.º 302, de 31-dez.-1996, 4704.

II – Âmbito de aplicação

3. **Objeto**. O objeto da sociedade é constituído pelas atividades a desenvolver pelo ente cole- 4
tivo, devendo ser corretamente redigido em língua portuguesa, aliás, como todo o conteúdo do contrato de sociedade, para que as assinaturas possam ser reconhecidas presencialmente.

Como objeto devem ser indicadas, em concreto, as atividades que os sócios se propõem 5
para a sociedade, permitindo-se que sejam indicadas uma série de atividades não efetivas. Compete depois aos sócios, de entre as atividades elencadas no objeto social, escolher aquela ou aquelas que a sociedade efetivamente exercerá, bem como deliberar sobre a suspensão ou a cessação de uma atividade que venha sendo exercida. A prática tem ido no sentido de alongar o objeto da sociedade com toda uma série de hipóteses de atuação[3]. Porém, atualmente, não deve ser admitida uma cláusula, outrora muito vulgar, segundo a qual a sociedade podia deliberar exercer qualquer outra atividade que os sócios acordassem e fosse legal[4].

A expressão objeto é entendida pelo legislador como um quadro amplo das atividades 56
a que a sociedade se pode dedicar, podendo algumas não ser inicialmente exercidas ou deixar de ser exercidas posteriormente. Este elemento permite distinguir as sociedades comerciais das sociedades civis[5]. Uma sociedade comercial pode praticar atos civis e uma sociedade civil praticar atos comerciais. A prática de atos comerciais por uma sociedade civil não altera a sua natureza, se for meramente ocasional. Tratando-se de uma prática habitual de atos de comércio, a sociedade civil torna-se uma sociedade comercial irregular[6]. Pode suceder que uma sociedade se constitua com um objeto misto, caso em que será uma sociedade comercial, mesmo que a atividade comercial que ela se propõe realizar seja menos relevante do que a civil. Pode também suceder que, apesar da sociedade ser constituída para o exercício de atividades civis, adote na sua constituição um dos tipos previstos no CSC para sociedades comerciais. Trata-se de uma sociedade civil sob forma comercial à qual se aplica o CSC, à exceção das normas que se relacionem com o estatuto de comerciante[7].

A sociedade vincula-se perante terceiros pelos atos realizados pelos seus órgãos, mesmo 7
que tais atos sejam alheios ao seu objeto social[8]. Por fim, o objeto social tem de ser física e legalmente possível e não contrário à ordem pública e aos bons costumes[9].

4. **Aquisição de participações sociais**. A aquisição de participações sociais noutras socieda- 8
des tem de ser facultada pelo próprio pato social. O problema surgia essencialmente nas participações em sociedades de responsabilidade ilimitada, que poderiam pôr em causa o regime de responsabilidade próprio da sociedade participante. A aquisição de participações em sociedades de responsabilidade limitada, cujo objeto seja igual àquele que a sociedade exerce, não depende de autorização no contrato de sociedade nem de deliberação dos sócios, salvo cláusula em contrário. A aquisição de participações em sociedade de responsabilidade ilimitada pode ser autorizada livre ou condicionalmente, pelo contrato social. De igual modo, a autorização pode

[3] António Menezes Cordeiro 1 (2022), 453.

[4] Admitindo a validade desta cláusula e a sua relevância no plano das relações internas dos sócios a uma vinculação recíproca a uma promessa de alteração futura do pato, M. Gonçalves Pereira, *O objecto das sociedades comerciais*, Rev. Notariado, 1987, 45 ss. No sentido de recusar a validade destas cláusulas depois da entrada em vigor do CSC, Parecer da PGR, de 9.3.1995, DR, II, de 22.6.1995. No mesmo sentido, Parecer n.º 39/99 da PGR, de 30.09.1999, DR, II, de 15.04.2000, 7042, defendendo que a lei não consente que uma sociedade se destine a toda e qualquer atividade económica, não concretamente determinada, devendo ser especificadas, em termos suficientemente precisos, todas as atividades que se pretendem prosseguir.

[5] M. Pupo Correia (2018), 135-136.

[6] M. Pupo Correia (2018), 136.

[7] M. Pupo Correia (2018), 136.

[8] 9.º da 1.º Diretriz CEE.

[9] M. Pupo Correia (2018), 169.

reportar-se à aquisição de participações em sociedades com objeto diferente do efetivamente exercido, em sociedades reguladas por leis especiais e em agrupamentos complementares de empresas. Finalmente, permite-se que a gestão de uma carteira de títulos pertencentes à sociedade possa constituir o seu objeto. Se o contrato de sociedade não autorizar a participação da sociedade noutras sociedades, com objeto social diferente, essa participação não é possível, ainda que esteja apenas em causa a pura aquisição de ações, i.e., uma mera aplicação financeira[10].

9 5. **Princípio da especialidade**. O objeto da sociedade relaciona-se com o seu próprio funcionamento e com a responsabilidade dos titulares dos seus órgãos. No entanto, deve ser abandonada a ideia de que o objeto delimita a capacidade da sociedade em virtude do princípio da especialidade[11].

III – **Disposições conexas**

10 6. **Sociedade civil**. A sociedade civil pura visa o "exercício em comum de certa atividade económica" segundo o 980.º CC. Trata-se do fator teleológico do ente societário, assente no escopo ou fim social. A sociedade visa obter lucros – 980.º CC e 21.º/1, *a*). Mesmo quando isso não aconteça em concreto, a atividade societária está articulada nesse sentido. A obtenção de lucros é o objeto mediato ou final da sociedade, sendo o objeto imediato a concreta atividade que é desenvolvida.

11 7. **CSC**. O objeto da sociedade tem de constar dos estatutos – 9.º/1, *d*) e 11.º/1 e 2. Deve manter-se durante toda a vida das sociedades. A realização completa do objeto ou a ilicitude superveniente constituem casos de dissolução imediata da sociedade – 141.º, *c*) e *d*). O objeto da sociedade condiciona as deliberações dos sócios e baliza a atuação dos administradores.

12 8. **Comercialidade**. O objeto da sociedade deve traduzir-se na prática de atos de comércio. É o que resulta do 1.º/2. A atividade comercial levada a cabo por uma sociedade comercial é subjetivamente comercial. O objeto social pode abranger: uma ou mais atividades principais; atividades secundárias e atividades acessórias. A atividade principal exprime a atividade primeira da sociedade. Salvo nos casos em que a lei exige exclusividade, os sócios são livres de adicionar várias atividades principais. No caso das instituições de crédito e das sociedades financeiras o objeto é tendencial senão mesmo obrigatoriamente, exclusivo. As atividades secundárias só existem em razão da atividade principal. Quando as atividades principais se tornam impossíveis, as secundárias deixam de fazer sentido. As atividades acessórias não estão previstas no contrato, mas resultam de uma interpretação decorrente da boa fé.

13 Em certos casos, é possível afastar a comercialidade da sociedade pelo respetivo objeto (por exemplo, sociedades agrícolas que não se podem estruturar como empresas comerciais, embora se possam constituir como sociedades civis sob forma comercial). O mesmo se aplica quando a lei impõe a forma de sociedade civil a atividades de determinada natureza, mesmo quando as mesmas se organizam empresarialmente. Casos existem em que não é possível concluir pela comercialidade ou não comercialidade da sociedade pela simples análise do seu objeto[12].

[10] Contra esta solução legislativa, Paulo Olavo Cunha (2019), 156, fazendo referência a que a generalidade das sociedades acautela a possibilidade de aquisição e subscrição de participações sociais em sociedades de diferente objeto, ainda que também de responsabilidade limitada. Segundo o A., esta cláusula deve ser inserida a propósito do objeto ou no âmbito da competência da administração ou gerência, se for o órgão competente para deliberar sobre os negócios sobre tais participações sociais.

[11] Neste sentido, António Menezes Cordeiro 1 (2022), 453-454. RPt 9-fev.-1998 (Gonçalves Ferreira), Proc. 9751140, defendeu que não é aplicável às sociedade comerciais o princípio da especialidade, devendo ter-se por válidos os negócios celebrados por tais sociedades comerciais que extravasem do seu objeto.

[12] Paulo Olavo Cunha (2019), 138.

Artigo 12.º (Sede)

1. A sede da sociedade deve ser estabelecida em local concretamente definido.

2. Salvo disposição em contrário no contrato da sociedade, a administração pode deslocar a sede da sociedade dentro do território nacional.

3. A sede da sociedade constitui o seu domicílio, sem prejuízo de no contrato se estipular domicílio particular para determinados negócios.

Bibliografia: Coutinho de Abreu II (2019), 112 ss; António Pereira de Almeida, *Sociedades comerciais 1* (2013), 347-348; Rui Pereira Dias, *Código das sociedades em comentário* I (2017), 252-255; Engrácia Antunes, *Direito das sociedades/Parte geral* (2016) 233 ss.; António Menezes Cordeiro 1 (2022), 454 ss.; Brito Correia, *Direito Comercial* 2 (1989), 282 ss.; Paulo Olavo Cunha (2019), 139 ss.; Jorge Henrique Pinto Furtado (2004), 296 ss. e *Comentário ao CSC* (2009), 406 ss.; Albino Matos, *Constituição de Sociedades,* 5.ª ed (2001), 72-80, 159; Abílio Neto, *Código das Sociedades Comerciais. Jurisprudência e Doutrina,* 4.ª ed. (2007), 112 ss.; Raúl Ventura, *A sede da sociedade no Direito interno e no Direito internacional português,* SI XXVI (1977), 345-361 e 462-509.

Índice

1. Redação original 1
2. Reforma de 2006 3
3. A sede no contrato de sociedade 4
4. Mudança de sede 5
5. Domicílio particular.................................... 7

1. **Redação original**. Na versão de 1986, o 12.º/2 tinha a seguinte redação[1]: 1

> O contrato de sociedade pode autorizar a administração, com ou sem consentimento de outros órgãos, a deslocar a sede dentro do mesmo concelho ou para concelho limítrofe.

Resultava deste dispositivo que, quando o contrato o permitisse, a administração podia deslocar a sede, nos termos indicados, sem que daí resultasse uma alteração aos estatutos[2] ou melhor: sem que se devam aplicar as regras relativas a tal alteração[3]. Também se entendeu que o "limítrofe" seria, apenas reportado ao concelho da sede inicial e, não, ao da sede já mudada[4]. 2

2. **Reforma de 2006**. O atual 12.º derivou do DL 76-A/2006, de 29-mar.[5]. Duas novidades: (a) inverteram-se os termos iniciais do papel do contrato o qual, antes, podia permitir e, agora, pode proibir; (b) ampliou-se a possibilidade de mudança da sede para todo o território nacional. Esta hipótese deve ser temperada pela boa fé[6]. 3

3. **A sede no contrato de sociedade** é um elemento essencial, de acordo com o 9.º/1/e). A sede ou domicílio[7] e o endereço postal estão sujeitos a inscrição no FCPC – 6.º, *d*), do RNPC. Por razões de polícia, comerciais e até fiscais, as sociedades devem ter um lugar preciso, onde possam efetivamente ser contactadas. Na falta de indicação da sede verificar-se-á, nas 4

[1] DR I Série-A, n.º 63 (Supl.), de 29-mar.-2006, 2328-(6).

[2] RPt 14-dez.-1995 (Moreira Camilo), CJ XX (1995) 5, 227-229 (229/I), RPt 21-dez.-1995 (Alves Velho), CJ XX (1995) 5, 244-245 (245/I) e RPt 8-fev.-1996 (Diogo Fernandes), Proc. 9431029.

[3] RPt 13-abr.-1999 (Armindo Costa), Proc. 9920245 e STJ 28-out.-1999 (Nascimento Costa), BMJ 490 (1999), 294-297 (296-297).

[4] RPt 17-jan.-2000 (Brazão de Carvalho), BMJ 493 (2000), 421 e STJ 8-jun.-2000 (Noronha Nascimento), CJ/Supremo VIII (2000) 2, 107-108 (108/I) = BMJ 498 (2000), 247-248 (248).

[5] DR I Série-A, n.º 63 (Supl.), de 29-mar.-2006, 2328-(6).

[6] António Menezes Cordeiro 1 (2022), nota 1436.

[7] Quando esse seja o caso.

sociedades por quotas, anónimas ou em comandita por ações registadas, a nulidade, nos termos do 42.º/1, *b*), ainda que sanável nos termos do n.º 2. Não se pode utilizar diretamente o 159.º do CC que permite, na falta de designação estatutária, recorrer ao lugar em que funcione normalmente a administração principal.

5 4. **Mudança de sede**. Qualquer mudança de sede para fora do território nacional exige alteração dos estatutos. O 12.º/2, na redação atual, permite que, salvo disposição em contrário, a administração possa deslocar a sede dentro do território nacional. Já a disposição em contrário no contrato de sociedade permite mais do que uma leitura. Assim, ou os estatutos proíbem a deslocação da sede pela administração em termos absolutos, entregando tal competência, na íntegra, aos sócios, ou vedam tal possibilidade em termos relativos, exigindo, para o efeito, o concurso da vontade da administração com uma posterior anuência dos sócios. A partir daí, a mudança de sede exige alteração dos estatutos. O 12.º/3 dispõe que a sede constitua o domicílio da sociedade.

6 A mudança de sede haverá, pois, que seguir o disposto no n.º 1: mudança para local concretamente definido, incluindo, portanto, ao menos o concelho, a freguesia e a localidade. À administração (o órgão de gestão – v.g., na sociedades por quotas, a gerência e, nas sociedades anónimas, o conselho de administração) competirá a execução da modificação da sede.

7 5. **Domicílio particular**. Tal como sucede com as pessoas singulares, é possível o domicílio eletivo (84.º do CC): estipulado para determinados negócios. Ademais, esse domicílio parece dever ser assinalado no contrato de sociedade, o que a letra e a sequência dos n.os 2 e 3 favorece[8].

Artigo 13.º (Formas locais de representação)

1. Sem dependência de autorização contratual, mas também sem prejuízo de diferentes disposições do contrato, a sociedade pode criar sucursais, agências, delegações ou outras formas locais de representação, no território nacional ou no estrangeiro.

2. A criação de sucursais, agências, delegações ou outras formas locais de representação depende de deliberação dos sócios, quando o contrato a não dispense.

Bibliografia: Coutinho de Abreu II (2019), 114-115; Engrácia Antunes, *Direito das sociedades/Parte geral* (2016) 236-237; António Menezes Cordeiro 1 (2022), 455; Brito Correia, *Direito Comercial* 2 (1989), 285-286; Paulo Olavo Cunha (2019), 141 ss.; Rui Pereira Dias, Código das sociedades em comentário I (2017), 256-257; Jorge Henrique Pinto Furtado (2004), 300 ss.; *id.*, *Comentário ao CSC* (2009), 411 ss.; Abílio Neto, *Código das Sociedades Comerciais. Jurisprudência e Doutrina* (2007), 115-116.

Índice

1. A criação ... 1
2. As diversas formas locais ... 3
3. Filial ... 4
4. Registo e capacidade judiciária ... 7
5. Direito europeu e publicidade ... 8

1 1. **A criação** das diversas formas de "representação" depende de deliberação dos sócios, quando o contrato a não dispense. Se a dispensar, a competência para a sua criação pertence ao órgão de gestão, nomeadamente, nas SA, ao conselho de administração (406.º).

[8] Assim, Pinto Furtado (2004), 297. Diversamente, Brito Correia 2 (1989), 284 e 285.

Em rigor, a representação só pode ser levada a cabo por pessoas e não pelas diversas formas de organização comercial referidas no 13.º/1. Há, pois, que procurar as realidades substantivas subjacentes. 2

2. **As diversas formas locais.** Temos: (a) a sucursal: traduz um centro autónomo de negócios, podendo mesmo ser personalizada; quando o não seja, estará, não obstante, apetrechada para a celebração de todos e quaisquer negócios, traduzindo como que uma sede secundária; (b) a agência exprime, apenas, um local de angariação de clientela; os negócios assim obtidos serão encaminhados para a sede propriamente dita, aí se concluindo; (c) a delegação envolve poderes delegados, incluindo a representação, ficando porém aquém da sucursal, uma vez que ela se limitará a receber as instruções da sede. Outras formas de representação poderão incluir secções, interpostos, postos de venda, postos de distribuição e lojas móveis, como meros exemplos. 3

3. **Filial.** O preceito não alude às filiais, deixando na sombra a *vexata quaestio* em torno da sua distinção quanto às sucursais. Na legislação próxima, há ao menos que contar com o RGIC[1] e o respetivo 13.º/1, que define a filial como a pessoa coletiva, relativamente à qual outra pessoa coletiva, designada por empresa mãe, se encontra em relação de domínio. Diversamente da filial, a sucursal aparece naquele regime (n.º 5) desprovida de personalidade jurídica, como o estabelecimento que efetua diretamente, no todo ou em parte, operações inerentes à atividade da empresa. 4

Conquanto omita a figura, cujo *distinguo* a doutrina tem assinalado residir na personalidade jurídica autónoma[2], e na existência de uma relação de domínio, o que convoca o 486.º e os seus pressupostos[3], certo é que não subsistem razões para afastar a filial do preceituado no 13.º. A sua criação não depende de autorização contratual, estando sujeita a deliberação dos sócios, quando o contrato a não dispense. 5

Em conclusão, para além das noções acima propostas, no CSC a disciplina das diferentes formas locais de representação aparenta ser unitária[4], não havendo, para além das distinções sinalizadas, que procurar quaisquer novas delimitações. 6

4. **Registo e capacidade judiciária.** A criação, a alteração e o encerramento de representações permanentes de sociedades, bem como a designação, poderes e cessação de funções dos respetivos representantes, são factos sujeitos a registo – 10.º, *c*), do CRCom. Segundo o 7.º/1 do CPC, as sucursais, agências, filiais, delegações ou representações têm personalidade judiciária: podem demandar ou ser demandadas, quando a ação provenha de facto por elas praticado. O 7.º/2 confere ainda essa personalidade quando essas formas de representação estejam esta- 7

[1] Aprovado pelo DL 298/92, de 31-dez., e com última alteração pelo DL 126/2008, de 21-jul..

[2] Neste sentido, Engrácia Antunes, *Os Grupos de Sociedades*, 2.ª ed. (2002), 54, nota 49. Entendendo que as sucursais, agências filiais e delegações não têm personalidade jurídica, Alberto dos Reis, *Comentário ao Código de Processo Civil* 1, 2.ª ed. (1960), 24 e "A sociedade e as agências, sucursais ou filiais", in *BFDC*, XV, 358 ss. Diversamente, baseando-se no facto de a sucursal, agência ou filial, só existir se à sua frente estiver uma pessoa e, assim, entendendo que estas têm personalidade jurídica, mas que é a mesma da sociedade, Barbosa de Magalhães, *Estudos sobre o Novo Código de Processo* Civil, 2, *Da competência internacional* (1947), 91 ss..

[3] Neste sentido depõe também a letra do 7.º e do n.º 2 do 65.º do CPC e a menção à sucursal, agência, filial ou delegação.

[4] Pinto Furtado (2004) alude a categorias empíricas e não a espécies autónomas, com regimes jurídicos próprios. Pronunciando-se quanto ao 7.º do CPC, Barbosa de Magalhães, *Do Estabelecimento Comercial. Estudo de Direito Privado* (1964), 25, nota 15, entendia que seria preferível que o CPC empregasse as expressões dos revogados 109.º e 111.º do CCom – "sucursal ou qualquer outra espécie de representação social".

belecidas em Portugal, relativamente a atos da administração praticados no estrangeiro, quando a obrigação tenha sido contraída com um português ou com um estrangeiro domiciliado em Portugal.

8 5. **Direito europeu e publicidade**. Devemos ainda ter em conta a 11.ª Diretriz do Direito das Sociedades (n.º 89/666, de 21-dez.)[5], relativa à publicidade das sucursais. O seu sistema já resultava do 10.º, *c*), do CRCom.

9 Todavia, o DL 225/92, de 21-out., completou a transposição[6], aditando o 66.º/5, *g*), pelo qual o relatório de gestão deve indicar a existência de sucursais e o 171.º/3, que manda aplicar às sucursais o dever de, nos atos externos, indicar uma série de elementos (firma, tipo, sede, convocatória, etc.).

Artigo 14.º (Expressão do capital)

O montante do capital social deve ser sempre e apenas expresso em moeda com curso legal em Portugal.

Bibliografia: Engrácia Antunes, *Direito das sociedades/Parte geral* (2016) 351 ss.; António Menezes Cordeiro 1 (2022), 455 ss.; Paulo Olavo Cunha (2019), 146 ss.; Paulo de Tarso Domingues, *Do capital social/ /Noção, princípios e funções*, 2.ª ed. (2004), 19 ss. e *Variações sobre o Capital Social* (2009);); *id.*, *Código das sociedades em comentário* I (2017), 258-289; Jorge Henrique Pinto Furtado (2004), 303 ss.; *id.*, *Comentário ao CSC* (2009), 416 ss.; Maria Ângela Coelho Bento Soares, AAVV (2002), 237-255.

Índice

1. Redação inicial 1
2. Essencialidade 3
3. Noções 4
4. Participações 7
5. Outras noções de capital social 8
6. Papel 9
7. Síntese 13

1 1. **Redação inicial**. Segundo o DL 262/86, de 2-set.:

> O montante do capital social deve ser sempre e apenas expresso em escudos.

2 A redação vigente foi introduzida pelo DL 343/98, de 6-nov., que visou adaptações decorrentes da introdução do euro em substituição do escudo[1], pelo R 1103/97, de 17-jun..

3 2. **Essencialidade**. O capital social não é um elemento essencial de todo contrato de sociedade: falta nas SNC, nas quais os sócios só contribuam com a sua indústria, bem como nas sociedades civis puras (980.º do CC). Surge como elemento próprio das restantes sociedade comerciais.

4 3. **Noções**. Em termos materiais, o capital de uma sociedade equivale ao conjunto das entradas a que os diversos sócios se obrigaram ou a que se vão obrigar. O capital diz-se subscrito ou a subscrever, consoante as pessoas interessadas se tenham já vinculado, ou não, às inerentes entradas. O capital considera-se realizado ou não em função de terem sido ou não concretizadas

[5] JOCE N.º L-395, 36-39, de 30-dez.-1989, confrontável em António Menezes Cordeiro, *Direito europeu das sociedades* (2005), 455-463.

[6] *Idem*, 465-468.

[1] António Menezes Cordeiro, *O regime jurídico do euro*, sep. RFDUL, 2002.

as entregas à sociedade dos valores que ele postule. O capital é realizado em dinheiro ou em espécie, consoante o tipo de entradas a que dê azo.

Em termos contabilísticos, o capital exprime uma cifra ideal, que representa as entradas 5
estatutárias, surgindo, como tal, nos diversos instrumentos de prestação de contas. Ele pode já nada ter a ver nem com o real património da sociedade, expresso pela relação ativo/passivo, nem com o valor de mercado da mesma sociedade, dependendo da sua aptidão para os negócios e fixado segundo as regras da oferta e da procura.

Nas SNC podem ocorrer sócios de indústria adstritos a prestações de *facere*, por oposição 6
à obrigação de entrega em dinheiro ou em bens. O valor da contribuição em indústria não é computado no capital social (178.º/1). Assim, nas SNC, em que todos os sócios contribuam apenas com indústria, não há indicação de capital social – 9.º/1, *f*). Prevalece, nestes termos, a ideia de capital social como expressão de bens penhoráveis.

4. **Participações**. O capital social é apresentado por fatores que traduzem os quinhões dos 7
sócios. Fala-se em partes do capital nas SNC – 176.º/1, *c*) –, em quotas nas SPQ (197.º/1) e em ações nas SA (271.º). Tudo isto deve ser expresso no pato social, quantificando-se a parte relativa a cada sócio e explicitando-se os pagamentos efetuados por cada um – 9.º/1, *g*).

5. **Outras noções de capital social**: o capital contabilístico, que consta do balanço, como 8
passivo, correspondendo às entradas realizadas dos sócios, as quais, quando por realizar, surgem no ativo; o capital estatutário ou nominal, que corresponde ao valor inserido nos estatutos e que traduz, de modo abstrato e formal, o conjunto das entradas dos sócios; o capital real ou financeiro, que exprime os capitais próprios ou valores de que a sociedade dispõe como seus; e o capital económico, que mostra a imagem da capacidade produtiva da sociedade enquanto empresa ou conjunto de empresas.

6. **Papel**. A noção de capital social é central do Direito societário, sendo abordada por mais 9
de uma centena de artigos do CSC. Esta noção contribui para uma diferenciação entre as sociedades de capitais, de que são paradigma as SA, nas quais releva, predominantemente, o *intuitus pecuniae* – *i.e.* para o regime jurídico destas sociedades importa sobretudo a contribuição capitalística dos sócios, que tem relevância na limitação da responsabilidade dos sócios (271.º), na atribuição do voto em função do capital (384.º) – e na livre transmissibilidade das participações sociais (326.º) – e as sociedades de pessoas, nas quais avulta sobretudo o *intuitus personae,* que impõe a não transmissibilidade das participações sociais sem o consentimento unânime dos sócios (182.º e 184.º), a obrigação de não concorrência imposta aos sócios (180.º) e a necessidade de alteração do contrato por unanimidade (194.º).

O capital social é básico nas sociedades de capitais, como a SA: em função dele deter- 10
mina-se o poder dentro da sociedade; além disso, é imprescindível para a própria existência da sociedade, uma vez que os sócios o são em virtude da sua entrada de capital. Defende-se que, para além de funcional, o capital social será também fundacional; no limite (Garrigues) as sociedades comerciais não seriam mais do que um capital com personalidade jurídica[2]. De referir que a falta de capital é um dos vícios que determina a nulidade – 42.º/1, *b*) – vício esse que não é sequer suscetível de sanação nos termos do 42.º/2.

Já referimos diferentes aceções do capital social: cifra contabilística, soma das entradas dos 11
sócios, cifra formal e abstrata e capital nominal e capital real. O capital social não deve ser visto apenas como uma cifra contabilística, ou como a soma das entradas dos sócios (não havendo

[2] Paulo de Tarso Domingues, *Do capital social*, 28.

correspondência), mas como uma cifra formal, o que o diferencia do património social, que corresponde a um "fundo real de bens e direitos, efetivo, concreto e continuamente variável na sua composição e montante"[3]. O capital social não é tangível, tendo uma existência de direito e não de facto. Acresce que é à partida invariável, ainda que possa variar sob certos condicionalismos. O capital social tem, ainda, um papel de garantia perante terceiros. Além disto, há que autonomizar diferentes realidades no capital social, atendendo às diferentes aceções referidas na lei: capital social nominal e capital social real. O próprio 35.º aponta para diferentes sentidos do capital social. No 14.º, vale o alcance de cifra formal.

12 Nesta disposição (14.º), o capital social surge utilizado no sentido de uma cifra formal que deve estar necessariamente expressa em moeda com curso legal em Portugal.

13 7. **Síntese**. Em conclusão, pode afirmar-se que o capital social é uma unidade complexa, com uma vertente formal, enquanto elemento do pato – 9.º/1, *f*) –, representativa da soma de valores nominais das participações sociais fundadas em entradas de bens avaliáveis em dinheiro (14.º), e com uma vertente real, que corresponde a uma massa de bens, que é uma fração ideal do património líquido que se destina a cobrir o valor do capital social nominal, estando os sócios obrigados a conservar intata tal quantidade de bens pois apenas poderá ser afetada pelos azares e vicissitudes da atividade empresarial[4].

Artigo 15.º (Duração)

1. A sociedade dura por tempo indeterminado se a sua duração não for estabelecida no contrato.

2. A duração da sociedade fixada no contrato só pode ser aumentada por deliberação tomada antes de esse prazo ter terminado; depois deste facto, a prorrogação da sociedade dissolvida só pode ser deliberada nos termos do artigo 161.º.

Bibliografia: António Menezes Cordeiro 1 (2022), 458 ss.; Ricardo Costa, *Código das sociedades em comentário* I (2017), 290-297; Paulo Olavo Cunha (2019), 1085-1086 ss.; Jorge Henrique Pinto Furtado, *Comentário ao CSC* (2009), 443 ss.; Albino Matos, *Constituição de sociedades*, 5.ª ed. (2001), 91-95; Abílio Neto, *Código das Sociedades Comerciais. Jurisprudência e Doutrina* (2007), 116-117; Raúl Ventura, *Duração e prorrogação da sociedade*, SI XXXVI (1977), 44-68; *id.*, *Dissolução e Liquidação de Sociedades* (1987), 174-180.

Índice

1. Duração determinada 1
2. Duração indeterminada 3
3. Termo inicial e condição suspensiva 4

1 1. **Duração determinada**. Às partes cabe, no pato social, fixar uma duração determinada para a sociedade, que só pode ser aumentada por deliberação tomada antes do prazo ter terminado (15.º/2). De outra forma, aplicar-se-ão as regras referentes ao regresso à atividade, previstas no 161.º. Não ocorrendo qualquer uma das deliberações assinaladas nesses preceitos, existe causa para a dissolução imediata da sociedade, nos termos do 14.º/1, *a*).

[3] Paulo de Tarso Domingues, *Do capital social*, 35-55.

[4] Paulo de Tarso Domingues, *Do capital social*, 55.

A fixação da duração de uma sociedade poderá ainda ser feita por remissão para termo certo ou para termo incerto quanto à sua ocorrência temporal. A duração da sociedade pode também estar subordinada a uma condição. Fixada uma duração para uma sociedade, surge um elemento objetivo suscetível de fazer concitar a confiança de terceiros. A súbita alteração dessa duração pode provocar danos. Donde a preocupação legal de só permitir a alteração desse ponto antes do prazo de duração em causa ter sido alcançado. 2

2. **Duração indeterminada**. Nada se dizendo, as sociedades fazem surgir entre os sócios relações tendencialmente perpétuas. A sociedade vai subsistir indefinidamente, até que sobrevenha uma causa de extinção. A sociedade distingue-se, por isso, da comunhão, transitória por excelência, a que os diversos interessados podem por cobro (1412.º do CC). 3

3. **Termo inicial e condição suspensiva**. O preceito nada dispõe quanto ao diferimento, certo ou incerto, da produção de efeitos pela sociedade – a sua admissibilidade resultará das regras gerais. 4

Artigo 16.º (Vantagens, indemnizações e retribuições)

1. Devem exarar-se no contrato de sociedade, com indicação dos respetivos beneficiários, as vantagens concedidas a sócios em conexão com a constituição da sociedade, bem como o montante global por esta devido a sócios ou terceiros, a título de indemnização ou de retribuição de serviços prestados durante essa fase, exceptuados os emolumentos e as taxas de serviços oficiais e os honorários de profissionais em regime de atividade liberal.

2. A falta de cumprimento do disposto no número anterior torna esses direitos e acordos ineficazes para com a sociedade, sem prejuízo de eventuais direitos contra os fundadores.

Bibliografia: Coutinho de Abreu II (2019), 117 e 203 ss.; António Pereira de Almeida, *Sociedades comerciais 1* (2013), 349; F. Martins de Carvalho, *Sociedade por quotas – Alteração do pato social quanto a vantagens especialmente concedidas a sócios*, em *O Direito*, abril de 1935, 98 ss.; Osório de Castro, *Valores mobiliários. Conceito e espécies*, 2.ª ed. (1998), 102; António Menezes Cordeiro 1 (2022), 459; Ferrer Correia/Vasco da Gama Lobo Xavier/Maria Ângela Coelho/António Caeiro, *Sociedade por quotas de responsabilidade limitada. Anteprojeto de lei – 2.ª Redacção*, sep. da RDE, 6-7; Paulo Olavo Cunha, *Os direitos especiais nas sociedades anónimas: as acções privilegiadas* (1993), 166-168; *id.*, (2007), 101; Paulo Olavo Cunha (2019), 162 ss., 341 ss.; Cristiano Dias, *Os direitos especiais dos sócios* (2015), 113 ss.; Jorge Henrique Pinto Furtado (2004), 303 ss.; *id.*, *Comentário ao CSC* (2009), 446 ss.; Albino Matos, *Constituição de sociedades*, 5.ª ed. (2001), 103-106; Maria Elisabete Ramos, *Código das sociedades em comentário* I (2017), 298-302; Armando Manuel Triunfante, *A tutela das minorias nas sociedades anónimas, Direitos individuais* (2004), 471 ss..

Índice

I – Antecedentes
1. O Código Comercial 1
2. A 2.ª Diretriz do Direito das Sociedades (77//91/CEE) 2
3. O CSC e o DL 280/87, de 8 de julho 3

II – Âmbito de aplicação
4. Vantagens especiais dos sócios 6
5. Indemnizações dos sócios e terceiros 10
6. Retribuições 11

III – Disposições conexas
7. CSC 12

I – Antecedentes

1 1. **O Código Comercial** curava da matéria sob o 114.º, § 2.º, 2 mandando especificar no contrato "Quaisquer vantagens especiais especialmente concedidas aos fundadores"; as sociedades anónimas com subscrição pública também eram objeto de atenção, devendo o programa de subscrição indicar "As vantagens especialmente atribuídas aos fundadores" (164.º, §2.º, 4).

2 2. **A 2.ª Diretriz do Direito das Sociedades (77/91/CEE)**[1] viria a ser tomada em linha de conta no projeto Raúl Ventura (16.º)[2] e também no projeto Ferrer Correia (12.º), conquanto, neste último, ainda com alusão às "vantagens *especiais*"[3] que, pese embora a sua manutenção no n.º 4 do 19.º, se perderia no decurso dos sucessivos preparatórios.

3 3. **O CSC** viria a adotar a seguinte formulação para o n.º 1 do 16.º:

> Devem exarar-se no contrato de sociedade, com indicação dos respectivos beneficiários, as vantagens especiais concedidas a sócios em conexão com a constituição da sociedade, bem como o montante global devido por esta a sócios ou terceiros, a título de indemnização ou de retribuição de serviços prestados durante essa fase.

4 A redação suscitava a dúvida quanto a certas despesas de constituição, mormente os *emolumentos, as taxas de serviços oficiais e os honorários de profissionais em regime de atividade liberal*, e se as mesmas deveriam ou não constar do contrato de sociedade, em vista das soluções desencontradas alcançadas em torno do 19.º/1, *a*) e n.º 4[4] do CSC.

5 O ponto seria solucionado pelo DL n.º 280/87, de 8-jul., deixando clara a desnecessidade de indicação, no contrato, das aludidas menções.

II – Âmbito de aplicação

6 4. **Vantagens especiais dos sócios**. Os sócios que constituem uma sociedade podem pretender reservar determinadas prerrogativas de caráter fundamentalmente patrimonial para os sócios fundadores (16.º/1) e para os chamados promotores das sociedades anónimas abertas (279.º/8). Para que os sócios fundadores tenham essas vantagens devem as mesmas ficar exaradas no próprio contrato de sociedade. Estas vantagens estão relacionadas com a constituição da sociedade e visa-se que se tornem oponíveis à própria sociedade.

7 As vantagens deixam-se documentar através de vários exemplos: a utilização das instalações sociais ou de outros meios da sociedade (carro) ou o crédito sobre o ativo de liquidação; tendencialmente, os exemplos respeitantes aos *direitos especiais* valerão também para as *vantagens*, ponto é que as mesmas se apresentem concedidas a sócios em conexão com a constituição da sociedade.

8 Merece pois destaque o confronto entre as *vantagens* do 16.º/1 e os *direitos especiais* do 24.º. Ambos podem ser consagrados em qualquer dos diferentes tipos societários (mas, em qualquer dos casos, sempre com um regime especial para as SA – respetivamente, 279.º/6 e 24.º/3), bem podendo suceder que os direitos especiais sejam atribuídos *ab initio* no contrato de sociedade (como sucede com as vantagens).

[1] JOCE N.º L -026, de 30-01-1977.

[2] Cfr., desde logo, Raúl Ventura, *Adaptação do Direito Português à Segunda Diretiva do Conselho da Comunidade Económica Europeia sobre o Direito das Sociedades*, sep. do BMJ (1980), 14.

[3] Paulo Olavo Cunha, *Os direitos especiais nas sociedades anónimas: as acções privilegiadas* (1993), 26, nota 34, entende ter sido intuito do legislador evitar que sejam criados direitos especiais sob a designação de vantagens especiais.

[4] Alertando para o problema, Albino Matos, *Constituição de Sociedades*, Coimbra (2001), 105.

A principal nota distintiva dos direitos especiais relativamente às vantagens reside na circunstância de os primeiros serem sempre de sócios; as vantagens mantêm-se, mesmo quando os seus titulares deixem de ser sócios[5]. 9

5. **Indemnizações dos sócios e terceiros**. Conquanto se possa duvidar se a expressão se configura em sentido técnico[6], também o montante global das indemnizações devidas aos sócios ou a terceiros no contexto da constituição da sociedade devem ficar especificadas no contrato de sociedade para lhe poderem ser oponíveis. No caso de não ficarem especificados estes montantes indemnizatórios, os mesmos só serão oponíveis aos fundadores. 10

6. **Retribuições**. A retribuição de serviços, excecionando-se os emolumentos e as taxas de serviços oficiais e honorários de certos profissionais liberais, necessita igualmente de ficar consagrada no contrato de sociedade sob pena de não ser oponível à sociedade e de só poder ser exigida aos fundadores. 11

III – **Disposições conexas**

7. **CSC**. Esta disposição necessita de ser articulada com 19.º/1, *a*), na medida em que a sociedade só assume, de pleno direito, os direitos e obrigações decorrentes dos negócios jurídicos com o registo definitivo do contrato. Nestes termos, esta matéria deve ser reconduzida ao tema da sociedade em formação[7]. De referir que a ineficácia, em relação à sociedade, desses direitos e acordos não isenta os fundadores da responsabilidade que lhes caiba (16.º/2). 12

Artigo 17.º (Acordos parassociais)

1. Os acordos parassociais celebrados entre todos ou entre alguns sócios pelos quais estes, nessa qualidade, se obriguem a uma conduta não proibida por lei têm efeitos entre os intervenientes, mas com base neles não podem ser impugnados atos da sociedade ou dos sócios para com a sociedade.

2. Os acordos referidos no número anterior podem respeitar ao exercício do direito de voto, mas não à conduta de intervenientes ou de outras pessoas no exercício de funções de administração ou de fiscalização.

3. São nulos os acordos pelos quais um sócio se obriga a votar:

***a*) Seguindo sempre as instruções da sociedade ou de um dos seus órgãos;**

***b*) Aprovando sempre as propostas feitas por estes;**

***c*) Exercendo o direito de voto ou abstendo-se de o exercer em contrapartida de vantagens especiais.**

Bibliografia: Rita Fialho de Almeida, *Acerca das restrições dos acordos parassociais em matéria de administração*, Scientia Iuridica 64 (2015), 370-398; Amândio de Azevedo, *Sindicato de voto* (1974); Rita Vera-Cruz Pinto Bairros, *Os acordos parassociais – Breve caracterização*, RDS 2010, 333-358; Paulo Câmara, *Parassocialidade e transmissão de valores mobiliários* (1996, diss.); *id.*, *Acordos parassociais: estrutura e delimitação*, Estudos em memória do Professor J. L. Saldanha Sanches, Vol. 2, 2011, 783-818; *id.*, *Acordos parassociais: problemas de interpretação e de conversão*, DJ – Vol. especial: *Direito comercial e das sociedades*. Estudos em memória do

[5] Assim, Coutinho de Abreu, II (2019), 211.

[6] Tendo em vista o 19.º/4 e a referência genérica às "despesas de constituição".

[7] Neste sentido, António Menezes Cordeiro 1 (2022), 514.

Professor Doutor Paulo M. Sendin, 2012, 445-472; Lucas Coelho, *Direito de voto nas assembleias gerais das sociedades anónimas* (1987), 80-100; António Menezes Cordeiro, *Acordos parassociais*, ROA 2001, 529-542; id., 1 (2020), 611-635; Carolina Cunha, *Acordos parassociais e relações dos sócios com os administradores. Análise de algumas cláusulas frequentes*, Ab Instantia 3 (2015), 45-86; idem, em J. Coutinho de Abreu, *Código em Comentário*, I, 2.ª ed. (2017), anot. artigo 17.º; Gustavo Saad Diniz, *Acordos parassociais: prestações típicas, cumprimento e incumprimento*, RDS XI (2019), 9-31; Joana Torres Ereio/Filipa de Aragão Homem, *Da aplicação do artigo 830.º do Código Civil na praxis societária – a execução específica de obrigações sociais e parassociais*, RDC 2016, 639-699; Manuel Carneiro da Frada, *Acordos parassociais "omnilaterais"/Um novo caso de "desconsideração" da personalidade jurídica?*, DSR 2 (2009), 97-135; Manuel Cavaleiro Ferreira, *Acerca do problema do sindicato de voto nas sociedades anónimas*, SI 1960, 493-509; Pinto Furtado, *Comentário/1.º a 19.º* (2009), 450-456; Ana Filipa Leal, *Algumas notas sobre a parassocialidade no Direito português*, RDS 1 (2009), 135-183; Adelaide Menezes Leitão, *Acordos parassociais e corporate governance*, Estudos em Homenagem a Miguel Galvão Teles, Vol. 2, 2012, 575-590; Alexandre Soveral Martins, *Notas sobre os acordos parassociais relativos à transmissão de acções: em especial, os acordos ditos «de bloqueio»*, Estudos em memória do Professor J. L. Saldanha Sanches, Vol. 2, 2011, 29-56; Nuno Trigo dos Reis, *As obrigações de votar segundo instruções de terceiro no direito das sociedades*, RDS, 3 (2011), 403-572; Diogo Costa Gonçalves, *Notas breves sobre a socialidade e a parassocialidade*, RDS, 5 (2013), 779-799; *id.*, *Socialidade e parassocialidade*, RDS XI (2019), 133-151; Helena Catarina Silva Morais, *Acordos parassociais – restrições em matéria de administração de sociedades*, 2014;

Índice

I – Conceito, evolução e Direito Europeu
1. Conceito ... 1
2. Evolução ... 2
3. Direito europeu ... 3

II – Reconhecimento no Direito português
4. Primórdios ... 5
5. Preparatórios ... 6
6. Regras especiais ... 8

III – Forma, objeto, duração e interpretação
7. Forma ... 11
8. Objeto ... 12
9. Duração ... 14
10. Interpretação ... 15

IV – A parassocialidade como tipo: delimitação
11. A parassocialidade como tipo ... 16
12. Qualificação ... 17
13. A "mobilidade mitigada" entre a socialidade e a parassocialidade ... 18

V – Transmissão
14. Transmissão *inter vivos* ... 20
15. Transmissão *mortis causa* ... 21

VI – Modalidades e regime
16. Modalidades ... 22
17. Confidencialidade ... 24
18. Admissibilidade e eficácia obrigacional ... 25
19. Os "acordos omnilaterais" ... 28
20. Exclusão da administração e da fiscalização ... 29
21. Proibições ... 30

VII – Incumprimento
22. Incumprimento ... 32

VIII – Relevância e grupos de problemas
23. Relevância ... 34
24. Concorrência ... 35
25. Arbitragens e cláusulas penais ... 36

I – Conceito, evolução e Direito europeu

1 1. **Conceito.** O acordo parassocial é (a) um contrato, (b) celebrado entre sócios (todos ou alguns) de uma sociedade, (c) nessa qualidade, (d) para reger situações jurídicas societárias, a ela relativas.

2 2. **Evolução.** Os acordos parassociais ocorriam nos sistemas anglo-saxónicos, no séc. XIX: o direito de voto era livremente disponível, à imagem da propriedade. O Direito alemão facilita tais acordos, base de uma estruturação empresarial adequada; no Direito francês, eles foram

vedados, sendo admitidos quando não impliquem restrições ao voto; em Itália, a reforma societária de 2003 previu uma regulamentação específica[1].

3. **Direito europeu**. A Proposta de 5.ª Diretriz do Direito das sociedades[2], relativa à estrutura das sociedades anónimas, dispunha, no seu 35.º, moldado sobre alguns preceitos da lei alemã[3]: 3

> São nulas as convenções pelas quais um accionista se compromete:
> *a)* A votar segundo instruções da sociedade ou do seu órgão de administração, direcção ou fiscalização;
> *b)* A votar aprovando sempre as propostas feitas por estes;
> *c)* Ou, em contrapartida de vantagens especiais, a exercer o direito de voto num determinado sentido ou, pelo contrário, abster-se.

A 5.ª Diretriz só foi formalmente abandonada em 2004[4]. Todavia, a sua proposta deixou marca no 17.º. 4

II – **Reconhecimento no Direito português**

4. **Primórdios**. A expressão "acordo parassocial" foi introduzida por Fernando Galvão Teles, em 1951[5]. A jurisprudência[6] e a doutrina[7] propenderam para a sua invalidade. Diversos autores, entre os quais Inocêncio Galvão Telles, Manuel de Andrade e Ferrer Correia, tomaram posições favoráveis. 5

5. **Preparatórios**. Os acordos parassociais respeitam, primordialmente, às assembleias gerais das anónimas. Na preparação do CSC, a matéria foi estudada, nesse âmbito, por Vaz Serra[8]. Este, na base do Direito alemão, propôs textos já próximos dos que, através da proposta de 5.ª Diretriz, chegariam ao 17.º[9]: (a) são nulos os acordos que obrigam o acionista a seguir instruções de órgãos sociais; (b) são válidos os sindicatos de voto que respeitem os princípios gerais; (c) os acordos de voto não comportam execução específica; (d) e não invalidam as deliberações da assembleia. 6

A redação final do 17.º surge, praticamente, no projeto de 1983[10], mas na parte geral do Código: deixou de respeitar, apenas, às anónimas. Nestas conservam, todavia, o campo de eleição. 7

6. **Regras especiais**. O 19.º do CVM contém regras especiais para os acordos parassociais das sociedades abertas: (a) quando visem adquirir, manter ou reforçar uma participação qualificada em sociedade aberta ou assegurar ou frustrar o êxito de uma OPA, devem ser comunicadas à CMVM por qualquer dos contraentes no prazo de três dias; (b) a CMVM determina a publicação, integral ou parcial, quando relevante; (c) são anuláveis as deliberações assentes em acor- 8

[1] António Menezes Cordeiro 1, 687 ss. e Graça Trigo, *Os acordos parassociais*, 45 ss..
[2] JOCE N.º C-131, 49-61, de 13-Dez.-1972: versão inicial; o CSC foi influenciado pela versão modificada de 1983: JOCE N.º C-240, 2-38, de 9-set.-1983, com alterações em 1991: JOCE N.º C-321, 9-12, de 12-Dez.-1991. Não há versão oficial em língua portuguesa; *vide*, em trad. de nossa autoria, Menezes Cordeiro, *Direito europeu das sociedades* (2005), 679 ss..
[3] António Menezes Cordeiro 1, 698-9.
[4] JOCE N.º C-5, 2-33 (20/II), de 9-jan.-2004.
[5] Fernando Galvão Teles, *União de contratos*, 73 ss..
[6] RLx 18-mai.-1955, JR 1 (1955), 506-507, STJ 31-jul.-1963 (Cura Mariano), BMJ 129 (1963), 259-268 (264), STJ 4-abr.-1967 (Carvalho Júnior), BMJ 166 (1967), 416-422 (421) e STJ 19-mar.-1980 (Santos Vítor), BMJ 295 (1980), 434-440.
[7] Barbosa de Magalhães, *Indivisibilidade e nulidade* cit.; *vide* Graça Trigo, *Os acordos parassociais*, 78-82.
[8] Adriano Vaz Serra, *Assembleia geral*, 78.
[9] *Idem*, 159.
[10] BMJ 327 (1983), 65.

dos não comunicados ou não publicados, ressalvada a "prova de resistência"[11]. Trata-se de uma norma que tem em vista assegurar a transparência do mercado, não abrangendo, contudo, todos os acordos parassociais concluídos por acionistas de uma sociedade aberta, mas somente aqueles que visem permitir ou manter a possibilidade de influência ou domínio ou adquirir uma posição qualificada[12]..

9 Os acordos parassociais entre acionistas de instituições de crédito, relativos ao voto, estão sujeitos a registo no BP, sob pena de ineficácia (111.º do RGIC); no domínio da atividade seguradora, encontramos uma regra semelhante no art. 55.º do Dec.-Lei n.º 94-B/98, de 17 de abril.

10 O sócio que, conjuntamente com outros a quem esteja ligado por acordos parassociais, tenha o direito de designar administrador, pode responder solidariamente com este (83.º/1, 3 e 4).

III – **Forma, objeto, duração e interpretação**

11 7. **Forma**. Os acordos parassociais não obedecem a uma forma legal (219.º CC). O acordo parassocial pode ser celebrado antes, depois ou concomitantemente com a celebração do contrato de sociedade e pode, de resto, constar formalmente do texto dos estatutos sociais. A modificação do acordo parassocial carece do acordo de todas as partes (406.º/1 CC): para evitar a paralisação, surgem muitas vezes cláusulas modificativas segundo a regra da maioria.

12 8. **Objeto.** Os acordos parassociais podem assumir funções diversas[13]: (i) a regulação da transmissibilidade de participações sociais; (ii) a regulação do exercício do direito de voto; (iii) a modulação de determinados aspetos relativos à organização da sociedade.

13 Os preceitos estatutários ou as deliberações sociais que contrariem as regras que lhes fixam pressupostos de validade formal ou substancial podem ser convertidos em acordos parassociais[14].

14 9. **Duração**. Nos termos gerais, os acordos parassociais podem ter um período de duração determinado ou indeterminado. Exemplo do primeiro tipo é o acordo de voto para uma deliberação específica. Na segunda categoria cabem os acordos de voto sem termo fixo, os quais podem, quanto ao objeto, cingir-se a determinadas matérias ou assumir uma feição indeterminada; geralmente destinam-se a vigorar por vários anos.

15 10. **Interpretação**. Os acordos parassociais seguem as diretrizes legais e metodológicas comuns, com a consequente primazia de um elemento subjetivo (236.º e ss. CC), residindo, aqui, outro elemento distintivo face ao contrato de sociedade, cuja interpretação se faz por apelo a critérios eminentemente objetivos[15]. O próprio acordo parassocial pode constituir um auxílio interpretativo ou integrativo do contrato de sociedade[16].

[11] Sobre a efetivação da prova de que a deliberação não teria sido aprovada sem os votos vinculados, v. Maria da Graça Trigo, *Acordos*, 180 e ss.; Carolina Cunha, *Código em Comentário*, Anot. 2 art. 17.º, 333-334.

[12] António Menezes Cordeiro 1, 706.

[13] António Menezes Cordeiro 1, 704 e ss..

[14] Ana Leal, *Algumas notas* 150 e ss.: por ex., as cláusulas estatutárias que limitem, em termos inadmissíveis, a transmissibilidade das participações sociais podem ser convertidas num acordo parassocial, desde que as partes tivessem aceitado assumir uma obrigação de não alienação caso tivessem tido conhecimento da invalidade parcial do pacto social.

[15] Com ressalva das cláusulas extrassocietárias constantes do pacto social: António Menezes Cordeiro 1, 494 e ss.. Contra, relativamente às cláusulas parassociais com significado organizacional, Paulo Câmara, *Acordos parassociais*, 461-2.

[16] Para uma visão diferenciadora, Paulo Câmara, *Acordos parassociais*, 460.

IV – **A parassocialidade como tipo: delimitação**

11. **A parassocialidade como tipo**. A parassocialidade e a socialidade não são conceitos gerais-abstratos e a distinção entre ambas não deve fazer-se em termos subsuntivos ou dedutivos. São tipos jurídicos, cuja distinção é fluída[17]. O recorte da parassocialidade perante a socialidade não é fácil de estabelecer rigorosamente, visto que ambos os tipos revelam elementos comuns: (i) são ambos negócios celebrados por pessoas que possuem a qualidade de sócio, agindo nessa qualidade; (ii) ambos têm uma referência comum nas situações jurídicas societárias; (iii) a relação de dependência funcional da parassocialidade face à socialidade implica a regulação, conjunta e coerente, dos dois tipos de situações na posição do sócio[18]. No esforço de delimitação, a nota identificativa da parassocialidade não parece poder ser encontrada no tipo de situações regulada nem no perfil subjetivo, mas na diferente *técnica jurídico-normativa da regulação de situações jurídicas societárias*, no diverso *modus* do exercício jurídico coletivo. No contrato de sociedade, a formação do consenso obedece a um procedimento mais complexo, dominado pela tipicidade legal, com separação de competências entre órgãos e, em regra, subordinado ao princípio da maioria. No acordo parassocial, pelo contrário, a técnica é a da *obrigação*, dependendo a realização do escopo das partes da necessária colaboração dos sócios vinculados e cuja omissão dá lugar às consequências gerais do não cumprimento, em especial, o dever de indemnizar. Acresce que são dominantes na parassocialidade o elemento personalístico, a ideia da igualdade com correspondência na vigência da regra (supletiva) da unanimidade, a estabilidade e a confidencialidade, a contrastar com a publicidade que caracteriza o pacto social. 16

12. **Qualificação**. A qualificação precede metodologicamente o regime aplicável e não o inverso, porquanto o aspeto determinante reside na questão de saber se o sentido da vinculação das partes é o da estipulação de um negócio obrigacional ou da atuação no modo societário. As assinaláveis diferenças de regime opõem-se à ideia de fungibilidade de planos entre a parassocialidade e a socialidade, seja no sentido de uma suposta primazia das vinculações societárias que neutralize a eficácia obrigacional, seja na direção, contrária, de uma "societarização" das relações parassocietárias desprovida de limites. 17

13. **A "mobilidade mitigada" entre a socialidade e a parassocialidade**. Não deixamos, porém, de reconhecer uma "mobilidade mitigada" entre a socialidade e a parassocialidade[19], limitada aos acordos parassociais pertencentes ao pólo da série de tipos mais próximo do contrato de sociedade. A convocação do regime do direito das sociedades para regular o acordo parassocial pressuporá uma "analogia forte" com a sociedade, alicerçada numa relação de semelhança operante a três níveis: (i) *no plano subjetivo*: a produção dos efeitos societários restringe-se, em qualquer caso, aos acordos de que façam parte todos os sócios (os «acordos parassociais omnilaterais»); (ii) no *plano funcional*: a produção de efeitos societários tenderá a justificar-se melhor quando o acordo tiver incidência societária, e, sobretudo, quando aquele se revelar instrumental para a condução dos destinos da sociedade (e menos quando incidir sobre aspetos subjetivamente conectados à situação do sócio); (iii) no *plano estrutural*: o efeito "análogo ao dos estatutos" do acordo parassocial exige uma semelhança com a sociedade quanto ao modo de atuação dos sócios. No caso dos sindicatos de voto, a eficácia societária será tão mais razoável 18

[17] Paulo Câmara, *Parassocialidade*, 62 e ss.

[18] V. Diogo Costa Gonçalves, *Notas breves*, 782, identificando os três aspetos – a derivação, a referencialidade e a integração – como as notas estruturais da parassocialidade.

[19] Vão mais longe Manuel Carneiro da Frada, *Acordos parassocias "omnilaterais"*, 121 e Diogo Costa Gonçalves, *Notas breves*, 783 e ss. (para quem «a distinção entre a socialidade e a parassocialidade baseada na dicotomia eficácia erga omnes v. inter partes deve entender-se superada»)

quanto mais próximo se estiver da regra da maioria vigente na sociedade; menos, quando a regra for a da unanimidade, devendo ser rejeitada quando o poder de decisão couber a um sócio ou conjunto de sócios, ou a um terceiro.

19 Tais elementos são, só por si, ainda *insuficientes* para fundamentar a produção de efeitos do acordo face à sociedade, dado que o sistema português afirmou expressamente a regra da relatividade estrutural da parassocialidade (17.º/1)[20]. A superação do princípio de separação carece de um quarto aspeto – um *elemento ético-jurídico* – e é nele, de resto, que encontra a sua justificação material: a invocação da relatividade estrutural do contrato parassocial deve ser paralisada quando se revelar *abusiva, por ofensa manifesta da boa-fé*[21]. Só perante a necessidade de proteção da confiança dos sócios e a proscrição das condutas disfuncionais ou em desequilíbrio perde sentido a manutenção da distinção entre os dois planos: a semelhança valorativa com o núcleo problemático do "levantamento da personalidade coletiva" é patente[22]. A partir daí, e já no plano das *consequências do abuso do direito*, o recurso aos meios de tutela societários para o cumprimento das vinculações parassocietárias (como a impugnabilidade das deliberações sociais) será de admitir quando o acordo parassocial tiver como partes todos os sócios, não atingir interesses de terceiros e se apresentar como um acordo análogo ao contrato de sociedade na sua estrutura e perfil funcional.

V – **Transmissão**

20 14. **Transmissão *inter vivos*.** A qualidade de parte do acordo parassocial é transmissível nos termos gerais (424.º e ss. CC). Por força da relação de vinculação funcional à socialidade, aquela posição não pode ser transmitida separadamente da situação do sócio (577.º/1, parte final, CC, por analogia). A transmissão da participação não envolve a transmissão da posição contratual no acordo parassocial; embora possa fundar *ex bona fide* (762.º/2 CC) um dever de o alienante promover a cessão da qualidade de parte no acordo ao adquirente da participação, sempre será necessária a aceitação desta transmissão pelo cessionário. A matéria do consentimento das restantes partes do acordo parassocial é frequentemente regulada no próprio acordo, seja no sentido da proibição da cessão (as chamadas «*convenções de bloqueio*»)[23], seja no sentido da obrigação de cessão em caso da transmissão das participações sociais, vinculando o transmitente a obter o acordo do transmissário[24]. Sendo o acordo omisso: há necessidade de prestação do consentimento pelas restantes partes (406.º/1 CC).

21 15. **Transmissão *mortis causa*.** Trantando-se de uma situação jurídica patrimonial, a qualidade de parte de um acordo parassocial é transmissível por morte (2024.º e ss. CC)[25].

[20] O acordo parassocial pode envolver todos os sócios, mas incorporar uma regra que atribua o poder de voto àqueles que, na sociedade, são a minoria (ou a um dos sócios): não se vê por que razão se deva conceder a primazia à maioria parassocietária neste conflito de legitimidades. E a titularidade do direito para emitir a instrução de voto pode, de resto, pertencer a um terceiro.

[21] A fonte dos efeitos societários não é, pois, o próprio acordo parassocial (mesmo que "omnilateral"), mas a própria lei, através de um *princípio geral*, de direito comum: a boa fé.

[22] Manuel Carneiro da Frada, *Acordos parassociais "omnilaterais"*, 130 e ss.; Carolina Cunha, *Código em Comentário*, 2, Anot. art. 17.º, 317.; Diogo Costa Gonçalves, *Notas breves*, 795.

[23] Raúl Ventura, *Estudos*, 84 e ss.

[24] Carolina Cunha, *Código em Comentário*, Anot. Art. 17.º, 292

[25] Raúl Ventura, *Estudos*, 46. Contra, Maria da Graça Trigo, *Os Acordos*, 253-4 (quanto aos acordos de natureza associativa, admitindo que os restantes membros possam deliberar a continuação da vigência do acordo com os herdeiros do *de cujus*, a manutenção do acordo sem os seus herdeiros ou a cessação do acordo).

VI – Modalidades e regime

16. **Modalidades**. Os acordos parassociais podem incidir, por exemplo: (a) sobre o voto; (b) sobre o regime das ações, prevendo opções, preferências ou outros deveres[26]; (c) sobre o futuro da sociedade, estipulando cisões, modificações ou aumentos de capital; (d) sobre a composição dos órgãos societários; (e) sobre aspetos instrumentais ou processuais, sendo frequentes as convenções de arbitragem; (f) sobre cláusulas penais. Os acordos podem ainda incidir sobre a estrutura ou sobre a condução da política societária, no respeito pelos limites da tipicidade: por ex., prevendo a criação de órgãos consultivos, a formação de maiorias qualificadas tendentes a conseguir a alteração dos estatutos, a obrigação de votar em sentido favorável ao alargamento do objeto social ou à ratificação de deliberações dos órgãos de gestão praticados fora daquele objeto. Têm também sido considerados os acordos de *joint-venture*, convenções de *pool*, acordos de voto isolados, convenções de tutela, de consórcio e de colaboração e acordos de investimento[27]. 22

Surgem, ainda, figuras mistas ou atípicas, como acordos "parassociais" que vinculam a própria sociedade: estes não são (necessariamente) nulos, antes cabendo, caso a caso, que ajuizar sobre a sua validade[28]. Em princípio, nada obsta a que terceiros (*vg.*, não sócios) figurem nos acordos parassociais como partes, contanto que esteja em causa a regulação de situações jurídicas societárias: os limites legais à admissibilidade dos acordo constantes 17.º/2 e 3 ser-lhes-ão aplicáveis, por analogia[29]. 23

17. **Confidencialidade**. Ao celebrarem um acordo parasssocial, as partes procuram tipicamente regular determinados aspetos da socialidade a salvo da publicidade que de outro modo seria imposta pelo direito societário[30]. As exceções encontram-se nos regimes especiais que sujeitam o acordo a um princípio de publicidade (como nas sociedades abertas, nas instituições de crédito ou nas empresas de seguros). Uma vez violado o dever de confidencialidade, haverá lugar a responsabilidade ou à aplicação da cláusula penal acordada para o efeito[31]. 24

18. **Admissibilidade e eficácia obrigacional** são os dois traços básicos do regime dos acordos parassociais. Na sua base (17.º/1) não podem, porém, ser impugnados atos da sociedade ou dos sócios para com a sociedade, sendo de ressalvar o regime especial das sociedades abertas (19.º do CVM, já referido). Submetem-se aos princípios gerais do Direito das obrigações[32], incluindo a sindicância pelo abuso do direito[33]. Mantêm-se formalmente autónomos em relação ao contrato de sociedade, embora com uma ligação funcional ao mesmo[34]. A presença de um sindicato de voto não invalida a deliberação daí derivada: nem mesmo pelo prisma da sua eventual abusividade[35]. 25

Os acordos de voto podem originar uma disrupção entre o controlo e a responsabilidade, e potenciar situações de conflito de interesses, impondo ao sócio um comportamento contrá- 26

[26] Por vezes, as partes atribuem eficácia real ao negócio, designadamente, quanto a preferências; a sua viabilidade decorre do regime geral dos pactos de preferência. António Menezes Cordeiro 1, 704.

[27] António Menezes Cordeiro 1, 706.

[28] Fernando Galvão Telles, *União de contratos*, 73 e ss., 76 e ss. (o sócio pode, por ex., obrigar-se perante a sociedade a não concorrer com ela, ou a garantir determinada retribuição à administração). Contra: STJ 16-mar.-1999 (Francisco Lourenço), CJ/Supremo VII (1999) 1, 160-163 (162).

[29] Maria da Graça Trigo, *Os acordos*, 147; Ana Leal, *Algumas notas*, 148.

[30] Raúl Ventura, *Estudos*, p. 21.

[31] António Menezes Cordeiro 1, 706.

[32] STJ 11-mar.-1999 (Garcia Marques), BMJ 485 (1999), 432-443 (437/II) = RLJ 132 (1999), 41-52, anot. António Pinto Monteiro, *idem*, 52-60.

[33] RCb 26-jan.-2010 (Cecília Agante), Proc. 1782/08.

[34] RLx 25-out.-2001 (Fernanda Isabel Pereira), CJ XXXI (2001) 4, 130-134.

[35] RGm 13-nov.-2002 (Rosa Tching), CJ XXVII (2002) 5, 268-272 (270/II e 271/II).

rio ao interesse da sociedade[36]. Tem sido discutida a questão de saber se a conformidade com o interesse social constitui um limite à validade do acordo parassocial[37]. A resposta é, quanto a nós, negativa: o interesse da sociedade corresponde aos interesses dos sócios, exercidos em modo coletivo. A parassocialidade pode constituir o ambiente em que aquele interesse é primeiramente modelado, antes de receber concretização em sede da assembleia geral[38]. Por outro lado, a efetivação do resultado desconforme com o interesse social é sempre mediada pela autodeterminação do sócio, ao exercer livremente o direito de voto[39]. Não parece, de resto, que a mobilização do critério do interesse social seja necessária à proteção do cumprimento das vinculações societárias[40]. As consequências podem assumir uma configuração diversificada: (i) quando tiver em vista especificamente prejudicar o interesse da sociedade, o acordo de voto é nulo, por desconformidade manifesta com as exigências da boa-fé (art. 334.º CC)[41]; (ii) nos demais casos, o contrato é válido, e a tutela jussocietária realiza-se dogmaticamente pela via dos deveres de lealdade[42]: (a) preventivamente, e nas sociedades anónimas, pela possibilidade de recusa, pelo presidente da mesa da assembleia, do voto desleal[43]; (b) ulteriormente, pela atuação das consequências da ilicitude do comportamento do sócio, seja ao nível da responsabilidade civil, seja, em última análise, da exclusão do sócio.

27 A vinculação de voto do sócio tem, ainda, de sujeitar-se a determinados limites objetivos e temporais, sob pena de se inutilizar, na prática, o princípio da unidade da participação social e da tipicidade das formas societárias.

28 19. **Os "acordos omnilaterais"**. Discutível é a questão da eficácia dos acordos em que participem todos os sócios ou do sócio único de uma sociedade unipessoal[44]: não existindo razão para questionar a sua admissibilidade, os seus efeitos restringir-se-ão, à partida, ao plano obrigacional. A superação da insensibilidade da esfera societária aos acordos parassociais poderá excecionalmente justificar-se: (a) por via da interpretação do próprio contrato, quando o significado a atribuir às declarações das partes for o da disciplina de situações jurídicas societárias *proprio sensu*; (b) ou pela aplicação dos princípios gerais, quando a separação estrita entre a socialidade e a parassocialidade conduzisse a um resultado insuportável para o sistema, designadamente, a uma proibição de comportamentos gravemente lesiva da boa-fé.

29 20. **Exclusão da administração e da fiscalização**. Os acordos parassociais não podem interferir na administração e na fiscalização (17.º/2). Novamente, está em causa o princípio da tipicidade das formas de organização e a repartição injuntiva de competências intrassocietárias: pretende-se, com isso, assegurar a proteção da confiança de credores e outros terceiros na organização consagrada na lei e nos estatutos[45] e, paralelamente, preservar a liberdade de atuação dos

[36] A quebra da congruência entre controlo e responsabilidade é mais vincada nas situações em que o sócio se obriga a respeitar as indicações de um terceiro, estranho à sociedade, por ex., um credor (tipicamente, um banco), Nuno Trigo dos Reis, *As obrigações de votar*, 408 e ss..

[37] Nesse sentido, por ex., Pereira de Almeida, *Sociedades Comerciais*, p. 296.

[38] Maria da Graça Trigo, *Os acordos*, 169 e ss. e Carolina Cunha, *Código em Comentário*, 2, Art. 17.º, 318-319; Manuel Carneiro da Frada, *Acordos parassociais "omnilaterais"*, 116 e ss..

[39] Ana Leal, *Algumas notas*,174.

[40] Nuno Trigo dos Reis, *As obrigações de votar*, 525 e ss., 531 e ss..

[41] Maria da Graça Trigo, *Os acordos*, 188-9.

[42] António Menezes Cordeiro 1, 451 e ss.

[43] Menezes Cordeiro, *SA: Assembleia Geral e Deliberações Sociais*, 2007, p. 77: o presidente deve recusar os votos ilícitos ou indevidos.

[44] Em sentido favorável à produção de efeitos na esfera societária do acordo parassocial omnilateral: Maria da Graça Trigo, *Acordos parassociais*, 178; Manuel Carneiro da Frada, *Acordos parassociais "omnilaterais"*, 100 e ss.; António Menezes Cordeiro 1, 706; contra, Paulo Olavo Cunha, *Direito das Sociedades Comerciais*, 3.ª ed., 152-3.

[45] António Menezes Cordeiro 1, 708; Ana Leal, *Algumas notas*, 162.

membros dos órgãos de administração e de fiscalização[46]. Quanto à administração, o preceito deve ser reduzido às anónimas: os acionistas não podem, à partida, nela intervir (373.º/3). Nos outros tipos, o assunto deve ser ponderado caso a caso[47]. Quanto à fiscalização: ela deve ser independente. A invalidade atinge tanto os acordos de que os membros dos órgãos de administração ou de fiscalização sejam parte quanto os acordos relativamente aos quais figurem como terceiros: o aspeto decisivo é o da inadmissibilidade da emissão, pelos sócios e fora das vias societárias admissíveis, de instruções a outros órgãos[48].

21. **Proibições.** O 17.º/3 proíbe acordos que (a) sujeitem o sócio votante, sempre, a instruções 30
da sociedade ou de um dos seus órgãos ou (b) o obriguem a aprovar, sempre, as propostas feitas por estes (b). Pretende-se evitar uma organização paralela que defraude o princípio da tipicidade. Além disso, os sócios devem exercer o direito de voto de forma isenta de condicionalismos e influências provindas de outros órgãos: por isso, e não obstante a formulação da lei, serão igualmente nulos os acordos de voto de conteúdo determinado em que as partes se obriguem a votar uma concreta proposta de deliberação no sentido determinado pelo órgão de administração ou fiscalização[49]. Uma vez que está em causa a separação de competências intra-societárias imposta pelo princípio da tipicidade, é irrelevante que a vinculação de voto seja assumida perante os membros de outros órgãos, diante de um terceiro ou pelos sócios entre si.

Veda-se, ainda, (c) o voto a troco de vantagens especiais: seria um esquema de "compra" 31
de voto que daria azo a deliberações abusivas – 58.º/1, *b)* – e que dissociaria o risco da detenção do capital: um motor essencial de equilíbrio. Abrangida pela proibição está a atribuição de vantagens, quer patrimoniais quer não patrimoniais[50], tanto ao sócio obrigado quanto a um terceiro[51]. Apenas cabem no escopo da norma as atribuições de vantagens *especiais*, *vg.*, vantagens que sejam correspetivas do cumprimento da obrigação de voto, sendo, assim, válidas as disposições que se refiram à obtenção de benefícios que, em geral, aproveitem a todos os sócios, como o direito aos dividendos[52].

VII – **Incumprimento**

22. **Incumprimento.** A ação de cumprimento como meio de tutela do credor da obrigação de 32
voto (817.º CC) terá um alcance prático diminuto, uma vez que a obtenção de uma sentença condenatória tenderá a ocorrer após a realização da assembleia geral em que deveria verificar-se o cumprimento[53]. Por outro lado, a execução específica da vinculação de voto é inconciliável com o sentido do 17.º/1[54]: o voto a emitir pelo tribunal teria efeitos societários, não meramente obrigacionais[55]. Por essa ordem de razões, a execução específica deve, em princípio, ser recu-

[46] Maria da Graça Trigo, *Os acordos*, 162 e ss.; Carolina Cunha, *Código em Comentário*, 2, Anot. art. 17.º, 325. RLx. 5-mai.-2009 (Granja da Fonseca), Proc. 686/2009-6.

[47] V. também Raúl Ventura, *Estudos*, 62 e ss..

[48] Ana Leal, *Algumas notas*, 160 e ss..

[49] António Menezes Cordeiro 1, p. 709; J. Coutinho de Abreu, *Direito Comercial*, p. 159; Ana Leal, *Algumas notas*, pp. 165-6. Contra, Raúl Ventura, *Estudos*, 66; Maria da Graça Trigo, *Os acordos*, 165,

[50] Raúl Ventura, *Estudos*, p. 81; António Menezes Cordeiro 1, 709; Ana Leal, *Algumas notas*, p. 167.

[51] Raúl Ventura, *Estudos*, p. 81; António Menezes Cordeiro 1, 710; Carolina Cunha, *Código em Comentário*, 2, Anot. art. 17.º, 312-3.

[52] Raúl Ventura, *Estudos*, p. 81; Maria da Graça Trigo, *Os acordos*, 168; Ana Leal, *Algumas notas*, p. 167; Carolina Cunha, *Código em Comentário*, 2, Anot. art. 17.º, 329-330.

[53] Maria da Graça Trigo, *Os acordos*, pp. 215-6. É, todavia, admissível o recurso a uma providência cautelar não especificada para acautelar o cumprimento de um acordo parassocial: RLx. 2-mar.-2010 (Rosa Ribeiro Coelho), Proc. 1437/03.2.

[54] Invocando outras razões: Raúl Ventura, *Estudos*, 84 e ss; Ana Leal, *Algumas notas*, 182-3.

[55] António Menezes Cordeiro 1, 702.

sada, salvo nas hipóteses excecionais em que a boa-fé imponha a superação da autonomia estrita entre a esfera societária e o acordo parassocial (v., *supra*, 13).

33 No plano da tutela do credor por via ressarcitória, tem-se discutido se o sócio devedor se pode furtar ao cumprimento da obrigação de votar invocando o dever de agir em conformidade com o interesse social, ou com outra vinculação jussocietária[56]. Por inexistir um princípio de primazia da ordem societária sobre as demais obrigações do sócio, deve seguir-se até ao fim o "princípio da separação", valorando como ilícito o não cumprimento do sócio que tiver assumido perante credores diversos obrigações que não possam ser simultaneamente cumpridas.

VIII – **Relevância e grupos de problemas**

34 23. **Relevância**: é considerável. Os acordos parassociais permitiram dar corpo a políticas empresariais coerentes, para mais em situações de dispersão do capital, subsequente às reprivatizações. Eles facultam, ainda: parcerias estratégicas, particularmente importantes dada a fraqueza económica-financeira dos participantes e a debilidade, em geral, do mercado mobiliário; formas alternativas de equilíbrio entre a maioria ou a minoria; o agrupamento de centros de interesses comuns a conjuntos de sócios; a prevenção ou a regulação de dissídios entre eles. Nas sociedades abertas ao investimento público, os parassociais são instrumentos à disposição dos sócios para preparar operações de tomada de controlo ou para formar minorias de bloqueio a ofertas públicas de aquisição.

35 24. **Concorrência**. Os acordos parassociais podem traduzir situações de concertação que impliquem os mecanismos próprios da defesa da concorrência[57].

36 25. **Arbitragens e cláusulas penais** estão associadas aos acordos. Muitas vezes, eles devem ser de pronta e eficaz execução, incompatível com o regime dos tribunais comuns: por isso, a litigiosidade em torno dos acordos não passa pelo foro do Estado, salvo incidentalmente ou em recurso[58].

37 Verifica-se, ainda, que as partes reforçam os acordos parassociais com cláusulas penais muito enérgicas. De facto, os acordos de voto não comportam execução específica, sendo problemática a determinação dos danos ocasionados por eventuais violações. As cláusulas penais, para além da dimensão compulsória, facultam a liquidação antecipada do dano. Pode impor-se a sua redução equitativa (812.º CC).

Artigo 18.º (Registo do contrato)

1. Quando não tenham convencionado entradas em espécie ou aquisições de bens pela sociedade, os interessados na constituição da sociedade podem apresentar na competente conservatória do registo comercial requerimento para registo prévio do contrato juntamente com um projeto completo do contrato de sociedade.

[56] No sentido da recondução do problema aos quadros do conflito de deveres, e considerando que o cumprimento do dever de observar o interesse social é uma causa justificativa do não cumprimento da obrigação parassocietária de voto: Maria da Graça Trigo, *Os acordos*, 191 e ss.; Leite Santos, *Contratos parassociais*, 215; contra, Ana Leal, *Algumas notas* 169 e ss.; Carolina Cunha, *Código em Comentário*, 2, Anot. art. 17.º, 331.

[57] RLx 12-jul.-2006 (Lúcia de Sousa), Proc. 5439/2006-2 e STJ 6-jul.-2006 (Oliveira Barros), Proc. 06B246.

[58] P. ex., RLx 18-mai.-2004 (Jorge Santos), Proc. 3094/2004-7, RLx (Presid.), 30-nov.-2005 (Vaz das Neves), Proc. 7373/2005-8 e RLx 29-nov.-2007 (Maria José Mouro), Proc. 5159/2007-2.

2. O contrato de sociedade deve ser redigido nos precisos termos do projeto previamente registado.

3. No prazo de 15 dias após a celebração do contrato, deve ser apresentada ao conservador, por um dos sócios subscritores ou, no caso de o contrato ter sido celebrado por escritura pública, pelo notário, cópia certificada do contrato para conversão do registo em definitivo.

4. O disposto nos números anteriores não é aplicável à constituição das sociedades anónimas, quando efetuada com apelo a subscrição pública.

5. No caso de os interessados não terem adotado o processo permitido pelos n.os 1 a 3, o contrato da sociedade, depois de celebrado na forma legal, deve ser inscrito no registo comercial, nos termos da lei respetiva.

Bibliografia: Carlos Ferreira de Almeida, *O registo comercial na Reforma do Direito das Sociedades de 2006*, em *Jornadas de Homenagem ao Prof. Doutor Raúl Ventura* (2007), 279 ss.; António Pereira de Almeida (2006), 281 ss.; António Menezes Cordeiro 1 (2007), 519 ss.; Miguel J. A. Pupo Correia (2007), 96; Paulo Olavo Cunha (2007), 186; J. de Seabra Lopes, *Direito dos registos e do notariado*, 4.ª ed. (2007), 179 ss..

Índice

1. Redação original 1
2. Registo prévio 3
3. Registo do contrato de sociedade 12
4. Formas de registo 15
5. Princípios registrais 21

1. **Redação original.** Na sua versão inicial, o 18.º/2 e 3 tinha a seguinte redação[1]: 1

> 2. A escritura pública deve ser lavrada nos precisos termos do projeto previamente registado, caso não haja motivo legal para recusa.
>
> 3. No prazo de quinze dias, o notário deve enviar ao conservador certidão da escritura para conversão do registo em definitivo.

A redação vigente foi introduzida pelo DL 76-A/2006, de 29-mar.[2], que veio suprimir a exigência de escritura pública para a celebração do contrato de sociedade (7.º). 2

2. **Registo prévio.** Nos n.os 1 a 4 deste artigo prevê-se um *iter* processual tendente a acelerar os termos da constituição da sociedade. Permite-se aos interessados requererem, na conservatória do registo comercial[3], o registo prévio do contrato de sociedade, antes de titulado o contrato, devendo para tal apresentar um projeto completo do mesmo – 35.º/2 do CRCom. 3

Esta forma de constituição, raramente utilizada – e agora menos ainda, com a possibilidade de constituição imediata ou de constituição *on line* de sociedades – visava proporcionar maior celeridade ao início da atividade, num sistema em que o registo era ou pretendia ser constitutivo (cf. 5.º). Mas sempre se verificou que os interessados preferiam constituir a sociedade pelo regime-regra, prevendo no contrato a possibilidade de iniciar imediatamente a atividade. 4

[1] DR I Série, n.º 201, de 2-set.-1986, 2300.

[2] DR I Série-A, n.º 63 (Supl.), de 29-mar.-2006, 2328-(6).

[3] Note-se que o DL 76-A/2006 eliminou a competência territorial das conservatórias do registo comercial, pelo que a menção no 18.º/1 a conservatória *competente* se deve considerar revogada tacitamente.

5 A inscrição de constituição de sociedade antes de titulado o contrato é feita provisoriamente por natureza – 64.º/1, *a)* do CRCom. O prazo de vigência dessa inscrição provisória é de um ano – 65.º/1 do CRCom.

6 O subsequente contrato de sociedade não pode introduzir alterações, nem de fundo, nem de forma, ao projeto previamente registado. Caso o contrato seja celebrado por escritura pública – que desde 2006 já não é obrigatória em nenhum caso que possa ser sujeito a registo prévio (pois nunca pode haver entradas em espécie) –, se o notário entender que o contrato contém cláusulas nulas, terá que recusar a prática do ato – 173.º/1, *a)* do CNot –, mas já não poderá lançar mão do 43.º do CNot, modificando a redação da minuta apresentada. Sendo introduzidas alterações, passa-se para o processo normal de constituição da sociedade – documento escrito, registo e publicações –, não sendo possível a conversão do registo provisório, que acabará por caducar no final do seu prazo.

7 O registo prévio do contrato de sociedade não pode ter lugar quando: (a) tenham sido convencionadas entradas em espécie; (b) haja aquisições de bens pela sociedade, e (c) haja constituição de sociedade anónima com apelo a subscrição pública (279.º e ss.). Nestes casos, é aplicável exclusivamente o processo constante do 7.º.

8 Uma vez celebrado o contrato, deve, no prazo de 15 dias, ser solicitada a conversão do registo em definitivo, pela apresentação, na conservatória, de cópia certificada do contrato – 35.º/3 do CRCom. Esta obrigação cabe ao notário, caso o contrato seja celebrado por escritura pública, ou a um dos sócios fundadores, nos restantes casos.

9 Discute-se se o certificado de admissibilidade de firma deverá ser apresentado logo no momento do registo prévio do projeto de contrato de sociedade. O 35.º/2 do CRCom, ao exigir o projeto completo do respetivo contrato, aponta para a exigência de menção nesse projeto da firma a adotar, o que pressupõe a sua admissibilidade prévia, sob pena de poder existir, no futuro, uma divergência entre o projeto e o contrato definitivo[4].

10 Na sua versão originária, as vantagens associadas ao modelo constitutivo assente num registo prévio do projeto de contrato de sociedade prendiam-se, por um lado, com a prevenção de eventuais problemas suscitados após a celebração da escritura pública (que à época era obrigatória), que implicariam uma retificação da escritura, a que estavam associados custos e dispêndio de tempo e, por outro, com a redução do tempo de imobilização das entradas em dinheiro, que só podiam ser movimentadas, em regra, depois do contrato estar definitivamente registado (202.º/3 e 277.º/3, na sua redacção primitiva).

11 Atualmente, tais vantagens perderam a sua razão de ser, uma vez que não só se permite a constituição imediata ou *on line* de sociedades, como também se permitem levantamentos dos depósitos bancários das entradas em dinheiro antes do registo definitivo, sempre que os sócios autorizem os administradores a efetuá-los para fins determinados –277.º/5, *b)*.

12 3. **Registo do contrato de sociedade.** O processo normal de constituição de sociedades, quando não seja efetuado o registo prévio do projeto de contrato de sociedade, implica a celebração do contrato, por documento escrito, com reconhecimento presencial das assinaturas (7.º), o registo (18.º/5 e 166.º) e as publicações (166.º e ss.).

13 O registo visa dar publicidade aos atos comerciais e, neste âmbito em especial, à situação jurídica das sociedades comerciais – 1.º/1 CRCom.

[4] Neste sentido, Armando Manuel Triunfante (2007), 28 e Paulo Olavo Cunha (2007), 197; contra Albino Matos, *Constituição de sociedades*, 5.ª ed. (2001), 113 e 114.

Com a reforma de 2006, foi suprimida a competência territorial, sendo possível praticar atos de registo em qualquer conservatória do registo comercial (33.º do DL 76-A/2006, de 29-mar.). 14

4. **Formas de registo.** O registo é efetuado por transcrição ou por depósito (53.º-A do CRCom). 15

O registo por transcrição consiste na extratação dos elementos que definem a situação jurídica das entidades sujeitas a registo constantes dos documentos apresentados – 53.º-A/2 CRCom. Neste registo, o conservador controla a legalidade do ato sujeito a registo, verificando em especial a legitimidade dos interessados, a regularidade formal dos títulos e a validade dos atos neles contidos – 47.º CRCom. 16

O registo por depósito consiste no mero arquivamento dos documentos que titulam factos sujeitos a registo – 53.º-A/3. O conservador limita-se a verificar se o requerimento de registo respeita o modelo aprovado, se foram pagas as quantias devidas, se a entidade objeto do registo tem número de identificação de pessoa coletiva, se o requerente tem legitimidade, se foi efetuado o primeiro registo relativo à entidade em causa e se o facto está sujeito a registo – 46.º/2 do CRCom. O depósito funciona como um mero arquivamento, não se aferindo da validade substancial do ato sujeito a registo. 17

Antes da Reforma de 2006, o registo por transcrição constituía a regra. Eram objeto de depósito os documentos de prestação de contas. Atualmente, os factos sujeitos a registo por mero depósito constam do 53.º-A/5 e são a grande maioria, estando todos os demais sujeitos a registo por transcrição. 18

Apenas o registo por transcrição definitivo constitui presunção de que existe a situação jurídica, nos precisos termos em que é definida – 11.º do CRCom. 19

O registo da constituição da sociedade é feito por transcrição – 53.º-A/5, *a contrario* – estando assim submetido ao controlo de legalidade feito pelo conservador ou pelo oficial de registos. 20

5. **Princípios registrais.** O registo comercial pauta-se, em traços muito gerais, pelos seguintes princípios: (a) princípio da instância: o registo depende de um pedido dos interessados, apenas havendo registos oficiosos em casos excecionais – 28.º do CRCom.; (b) princípio da obrigatoriedade: (i) direta: é obrigatória a inscrição dos factos enunciados no 15.º do CRCom, sob pena de coimas; (ii) indireta: os factos só produzem efeitos perante terceiros depois de registados ou publicados – 14.º do CRCom; (c) princípio da legalidade: a viabilidade do pedido deve ser aferida em face das disposições legais aplicáveis, dos documentos apresentados e dos registos anteriores (este princípio só vale no que aos registos por transcrição diz respeito). 21

Artigo 19.º (Assunção pela sociedade de negócios anteriores ao registo)

1. Com o registo definitivo do contrato, a sociedade assume de pleno direito:

***a*) Os direitos e obrigações decorrentes dos negócios jurídicos referidos no artigo 16.º, n.º 1;**

***b*) Os direitos e obrigações resultantes da exploração normal de um estabelecimento que constitua objeto de uma entrada em espécie ou que tenha sido adquirido por conta da sociedade, no cumprimento de estipulação do contrato social;**

c) **Os direitos e obrigações emergentes de negócios jurídicos concluídos antes do ato de constituição e que neste sejam especificados e expressamente ratificados;**

d) **Os direitos e obrigações decorrentes de negócios jurídicos celebrados pelos gerentes ou administradores ao abrigo de autorização dada por todos os sócios no ato de constituição.**

2. Os direitos e obrigações decorrentes de outros negócios jurídicos realizados em nome da sociedade, antes de registado o contrato, podem ser por ela assumidos mediante decisão da administração, que deve ser comunicada à contraparte nos 90 dias posteriores ao registo.

3. A assunção pela sociedade dos negócios indicados nos n.os 1 e 2 retrotrai os seus efeitos à data da respetiva celebração e libera as pessoas indicadas no artigo 40.º da responsabilidade aí prevista, a não ser que por lei estas continuem responsáveis.

4. A sociedade não pode assumir obrigações derivadas de negócios jurídicos não mencionados no contrato social que versem sobre vantagens especiais, despesas de constituição, entradas em espécie ou aquisições de bens.

Bibliografia: J. Coutinho de Abreu II (2019), 138-141; José Engrácia Antunes, *As sociedades em formação: sombras e luzes*, CDPriv 14 (2006), 25-42; António Menezes Cordeiro 1 (2011), 591-592; A. Ferrer Correia, *Lei das sociedades comerciais* (Anteprojecto), BMJ 185 (1969) 25-81 (27-40); A. Ferrer Correia/ /António A. Caeiro, *Anteprojecto de lei das sociedades comerciais/Parte Geral*, I, sep. BMJ 185 e 191 (1970), 83-96; A. Ferrer Correia/Vasco Lobo Xavier/Maria Ângela Coelho/António A. Caeiro, *Sociedade por quotas de responsabilidade limitada – Anteprojecto de lei/2.ª redacção e exposição de motivos*, RDE 3 (1977), 153-224 e 349-423 (182-184); Paulo de Tarso Domingues, *O regime jurídico das sociedades em formação*, em *Estudos em Comemoração dos Cinco Anos (1995-2000) da Faculdade de Direito da Universidade do Porto* (2001), 965-998; *Idem, Do capital social*, 2.ª ed (2004), 116-131; Ministério da Justiça, *Código das Sociedades Comerciais (Projecto)*, BMJ 327 (1983), 43-339 (67); Albino Matos, *Constituição de sociedades*, 5.ª ed. (2001), 117 ss.; Ana Maria Peralta, *Assunção pela sociedade comercial de negócios celebrados antes do registo*, em *Estudos em Homenagem ao Professor Doutor Inocêncio Galvão Telles*, IV (2003), 611-636; Manuel António Pita, *O regime da sociedade irregular e a integridade do capital social* (2004), 466 ss.; Maria Elisabete Ramos, *Constituição das sociedades comerciais*, em Pedro Maia e outros (2008), 41-97 (67-68); M. Nogueira Serens, *Notas sobre a sociedade anónima*, 2.ª ed. (1997), 30-31; Maria Elisabete Ramos/Ricardo Costa, *Código em comentário*, 1, 2.ª ed. (2017), 342-354.

Índice

I – **Trabalhos preparatórios**
1. Anteprojeto de LSC 1
2. Anteprojeto de SPQ 4
3. Projeto do CSC 6

II – **Alterações operadas pelo DL 76-A/2006, de 29-mar.** 8

III – **Âmbito geral** 9

IV – **Análise do conteúdo**
4. Assunção de pleno direito 11
5. Assunção potestativa 13
6. Efeitos da assunção 15
7. Atos que a sociedade não pode assumir 20

V – **O 19.º e a questão da eficácia do registo da sociedade** 21

I – **Trabalhos preparatórios**

1. **Anteprojeto de LSC**. Os 15.º, 16.º e 17.º versavam sobre a matéria[1]. Os 15.º e 16.º dirigiam-se, respetivamente, às SNC e em comandita simples e às SA e SPQ, diferenciando a solução de princípio nesta matéria: quanto àquelas – sociedades de pessoas –, o princípio era o de a sociedade assumir de pleno direito os negócios que se traduzissem, com o consentimento de todos os sócios, no início das operações sociais, ainda antes de a sociedade estar registada; quanto a estas – sociedades de capitais –, o registo não produzia aquela assunção ou transmissão de pleno direito, mas a sociedade podia assumir aqueles negócios, desde que, nos três meses posteriores ao registo, tal fosse por ela decidido e comunicado à respetiva contraparte. 1

No 17.º, e em exceção à regra da não-transmissibilidade de pleno direito, quanto às sociedades de capitais, ressalvavam-se os negócios ditos "necessários" – atos indispensáveis à criação da pessoa coletiva, como a aceitação e conservação de entradas, o pagamento de honorários de técnicos por estudos preliminares, o pagamento de despesas de publicidade, de correio, de emolumentos devidos pela celebração da escritura e pelo registo[2] –, estendendo-se o mesmo desvio aos casos em que, na escritura social (ou em documento separado), todos os sócios acordassem poderes especiais para os administradores realizarem certas e determinadas operações, ou procedessem à ratificação de operações levadas a cabo pelos administradores em momento anterior. 2

Finalmente, no anteprojeto, previa-se já que a assunção (de pleno direito ou potestativa), pela sociedade, seria retroativa e liberatória da responsabilidade dos sócios pelos negócios em causa. 3

2. **Anteprojeto de SPQ**. Os 30.º e 31.º do Anteprojeto em causa[3], relativo às sociedades por quotas, dispunham de modo essencialmente idêntico ao dos 16.º e 17.º do mencionado Anteprojeto de LSC. 4

Como novidade: no 31.º/1, a inclusão – no conjunto dos atos e efeitos assumidos de pleno direito pela SPQ, com o registo – dos efeitos dos atos praticados na exploração normal de uma empresa que constituísse objeto de entrada em espécie ou houvesse sido adquirida por conta da sociedade; no 30.º/3, a especificação do órgão (gerência) ao qual assiste, de princípio, a faculdade de decidir a assunção de negócios anteriores ao registo, bem como a previsão do modo de superar eventuais conflitos de interesses, quanto à tomada de tal decisão (exclusão de participação, na tomada de decisão da gerência, do gerente que, como sócio, houvesse intervindo nos negócios em causa e, no caso de a sociedade ter como único gerente sócio que se encontrasse nessas condições, atribuição aos sócios da competência para tal deliberação). 5

3. **Projeto de CSC.** No Projeto, o 20.º aglutinou o tratamento da matéria, que, no Anteprojeto de LSC, se dispersava pelos referidos 15.º, 16.º e 17.º, deixando de discriminar, para a matéria por si regulada, entre sociedades de pessoas e sociedades de capitais[4]. 6

Nos seus três números, o 20.º do projeto: – consagrava (n.º 1) o princípio da assunção de pleno direito, por parte da sociedade, de todo um conjunto vasto de negócios anteriores ao registo celebrados para a sociedade ou de início de operações sociais – negócios ou relações genericamente mencionados nos 44.º/1, *a)* e 47.º/1 –, bem como dos atos ditos "necessários" à 7

[1] A. Ferrer Correia, *Lei das Sociedades Comerciais (Anteprojecto)*, 27-40; A. Ferrer Correia/António Caeiro, *Anteprojecto de Lei das Sociedades Comerciais, Parte Geral*, 83-96.

[2] A. Ferrer Correia, *Lei das Sociedades Comerciais (Anteprojecto)*, 35-36; A. Ferrer Correia/António Caeiro, *Anteprojecto de Lei das Sociedades Comerciais/Parte Geral*, 91-92.

[3] Cf. A. Ferrer Correia/Vasco Lobo Xavier/Maria Ângela Coelho/António A. Caeiro, *Sociedade por quotas de responsabilidade limitada/Anteprojecto de Lei – 2.ª redacção e exposição de motivos*, 182-184.

[4] Cf. BMJ 327 (1983), 67.

(plena) aquisição de personalidade pelo registo; – estabelecia (n.º 2) a proibição de a sociedade assumir obrigações que proviessem de negócios jurídicos não mencionados no contrato de sociedade e que versassem sobre vantagens especiais, indemnizações ou retribuições mencionadas no 16.º/1; – consignava (n.º 3) o efeito retroativo e liberatório – em relação aos respetivos sócios, mencionados nos 44.º/1, *b*) e 47.º/2 – da assunção pela sociedade de tais negócios jurídicos. Deixou, pois, de prever-se expressamente a assunção facultativa ou potestativa, dentro de certo prazo, ainda que, naturalmente, tal pudesse ocorrer (salva a proibição referida quanto a certos atos), sem dependência de prazo, nos termos gerais de Direito.

II – **Alterações operadas pelo DL 76-A/2006, de 29-mar.**

8 Relativamente à redação originária do CSC, o DL 76-A/2006, de 29-mar., alterou o 19.º/1, *c*) e *d*), suprimindo as referências a "escritura" e a "diretores", e introduziu ainda, com acerto, uma vírgula no corpo do artigo.

III – **Âmbito geral**

9 Em termos gerais, trata-se de determinar o âmbito da assunção pela sociedade de atos ou negócios praticados *em vista* da constituição da sociedade. Tenha-se em conta que a constituição de uma sociedade resulta de um *processo* de formação, ocorre por fases, não resultando de um ato instantâneo ou imediato[5] (ainda que, atualmente, os regimes de constituição imediata de sociedades e de constituição *on line* reduzam o tempo de formação): estão em causa «situações prévias de duração alongada»[6]. Durante esse tempo, há obrigações que decorrem de atos inseridos nesse processo de formação (*v.g.*, pagamento de despesas com estudos prévios, pagamentos de emolumentos por eventual intervenção notarial – como no caso de o contrato social haver de ser reduzido a escritura pública, em razão da natureza de certos bens com que os sócios entrem para a sociedade), há negócios cuja realização pode ser determinada pela necessidade de manter em funcionamento um estabelecimento adquirido por conta da sociedade ou objeto de uma entrada para a mesma, enfim, normalmente após o contrato social, ocorre muitas vezes que os interessados iniciam logo a atividade social, como que introduzindo a sociedade em formação no giro comercial[7].

10 No n.º 1, preveem-se atos que a sociedade *assume de pleno Direito*, isto é, *ipso jure* ou automaticamente, com o registo; no n.º 2, atos que a sociedade *pode assumir*: aqui, trata-se, pois, de uma *assunção potestativa* ou dependente de outras atuações[8]; no n.º 3, os *efeitos* da assunção de tais atos pela sociedade; no n.º 4, indicam-se atos que a sociedade *não pode assumir*.

IV – **Análise do conteúdo**

11 4. **Assunção de pleno direito**. De acordo com o n.º 1, com o registo definitivo do contrato, a sociedade assume, *ipso jure*, um conjunto de direitos e obrigações previstos nas suas diversas alíneas: (i) na alínea *a*), direitos e obrigações previstos no contrato de sociedade, com indicação dos respetivos beneficiários, e dos quais resultem vantagens concedidas a sócios em conexão com a constituição da sociedade, bem como o montante global por esta devido a sócios ou a terceiros, a título de indemnização ou de retribuição dos serviços prestados nessa fase (cf. 16.º, n.º 1); (ii) na alínea *b*), está em causa um estabelecimento em funcionamento ou exploração,

[5] António Menezes Cordeiro 1 (2007), 467, José Engrácia Antunes, *As sociedades em formação: sombras e luzes*, 25.
[6] António Menezes Cordeiro 1 (2011), 514.
[7] Albino de Matos, *Constituição de sociedades*, 118.
[8] António Menezes Cordeiro 1 (2011), 591, nota 1733.

que deva passar para a sociedade (por constituir objeto da entrada de um sócio ou haver sido adquirido por conta da sociedade, no cumprimento de estipulação do contrato social): o funcionamento ou a exploração do estabelecimento implicam direitos e obrigações, decorrentes de contratos diversos, os quais serão, com o registo, assumidos *ipso jure* pela sociedade. Compreende-se, entretanto, a referência legal a exploração «normal» do estabelecimento: não seria aceitável que a sociedade fosse de pleno direito constituída nos direitos e obrigações decorrentes de uma exploração que extravasasse dos atos conservativos ou de desenvolvimento normal do estabelecimento[9], ficando, *v.g.*, vinculada por atos de investimentos vultosos relativos ao estabelecimento e entretanto realizados no período de formação da sociedade ainda não titular dele; (iii) na alínea *c*), direitos e obrigações decorrentes de negócios jurídicos concluídos antes do ato de constituição, outros que não aqueles previstos na alínea *a*), mas que, no uso de autonomia privada, sejam especificados e ratificados no contrato de sociedade; (iv) finalmente, na alínea *d*), direitos e obrigações decorrentes de negócios jurídicos celebrados pelos gerentes ou administradores, ao abrigo de autorização dada por todos os sócios no ato de constituição: de novo, a expressão de autonomia privada, manifestada no consentimento de todos os sócios à prática de tais atos por gerentes ou administradores.

Uma vez que a assunção é, de pleno direito, um efeito imediato do registo, não fica 12
dependente de qualquer comunicação ao titular do direito ou ao adstrito à vinculação. O conhecimento, por estes, daquela assunção pode resultar por qualquer modo (conhecimento próprio do registo e da lei, informação de qualquer interessado, comunicação pela própria sociedade).

5. **Assunção potestativa**. No n.º 2, estão em causa direitos e obrigações decorrentes de negó- 13
cios jurídicos, outros que não os previstos no n.º 1, celebrados, antes do registo, em nome da sociedade. A assunção desses direitos e obrigações pela sociedade não é de pleno direito, mas *facultativa* ou *potestativa*: a sociedade pode assumi-los ou não. A assunção ficará dependente de decisão ou deliberação, nesse sentido, da administração.

Cabendo a competência para a decisão em causa à administração, esta poderá ter ou terá 14
quase sempre membros com responsabilidade, nos termos dos 38.º-40.º. Não podem tomar parte na decisão os membros do órgão plural da administração que tenham intervindo nos negócios jurídicos em causa, dado existir conflito de interesse entre eles e a sociedade; no caso de se tratar de um único gerente, a matéria dependerá de deliberação dos sócios[10].

6. **Efeitos da assunção**. O n.º 3 estabelece a *regra da retroatividade* da assunção pela sociedade, 15
quer em relação aos atos previstos no n.º 1 quer em relação aos previstos no n.º 2. E também, em face da assunção pela sociedade (seja de pleno direito, seja potestativa), a correspondente *liberação* das pessoas indicadas no 40.º[11].

Há, contudo, que atentar no modo diferente por que ocorre a assunção dos negócios pela 16
sociedade, consoante se trate de assunção de pleno direito ou de assunção potestativa.

[9] Cf. J. Coutinho de Abreu II (2009), 137, nota 102.

[10] Era a solução expressamente acolhida no 30.º/3 do Anteprojeto relativo às sociedades por quotas de responsabilidade limitada, a que já aludíramos, no texto – *vide* A. Ferrer Correia/V. Lobo Xavier/M. Ângela Coelho// António Caeiro, *Sociedade por quotas de responsabilidade limitada/Anteprojecto de lei – 2.ª redacção e exposição de motivos*, 182-183. No mesmo sentido, J. Coutinho de Abreu II (2009), 138.

[11] Cf. STJ 13-mai.-1993 (Sampaio da Silva), BMJ 427 (1993), 535-538 (537), fazendo aplicação da relação entre os 40.º/1 e 19.º. Segundo J. Coutinho de Abreu II (2009), 138, nota 106 –, «a menção ao art. 40.º deve ser interpretada extensivamente de modo a abranger os casos (raros) em que, nos termos dos arts. 38.º,2 e 39.º,3, gerentes não sócios sejam responsáveis»; a ser assim, também eles ficarão, pois, liberados com a assunção dos negócios em causa pela sociedade.

17 Relativamente à assunção de pleno direito (n.º 1), por decorrente da lei, nenhuma decisão da administração é necessária, não tendo a comunicação dessa assunção efeito específico; ainda, porque de pleno direito, não requererá nem o consentimento nem admitirá a oposição do credor ou da contraparte desses atos.

18 Quanto aos direitos e obrigações previstos no n.º 2, porém, a lei exige uma decisão ou deliberação da administração, que deve ser comunicada nos noventa dias posteriores ao registo. Esta disposição suscita dúvidas e soluções divergentes na doutrina e na jurisprudência, quanto à exigência de comunicação nos noventa dias posteriores ao registo e quanto à questão da desnecessidade ou necessidade do consentimento da contraparte no respetivo negócio. Na perspetiva do Anteprojeto, se a comunicação da deliberação de assunção de tais negócios fosse feita naquele prazo, dispensaria o consentimento da contraparte (ou seja, a parte no negócio celebrado com o sócio ou agente que contratou para ou em nome da sociedade); a não ser feita nesse prazo, a assunção seria possível, contanto que houvesse a deliberação da administração e o acordo da contraparte[12] (nos termos gerais afinal). Esta posição é perfilhada por alguma doutrina, mormente quanto à desnecessidade do consentimento da contraparte, se feita a comunicação no prazo legalmente previsto[13]. Noutra posição, uma vez que não se trata de assunção de pleno direito, a deliberação é necessária, porque exprime a vontade da sociedade, mas necessário é, também, nos termos gerais, o acordo da contraparte no respetivo negócio[14]. Neste caso, porém, fica por determinar o efeito jurídico da exigência de comunicação nos noventa dias, pois parece que a possibilidade de assunção de tais negócios nos termos gerais pode dar-se sem dependência de prazo. A favor da primeira solução poderiam invocar-se, além dos trabalhos preparatórios, a atribuição de um efeito jurídico à exigência de prazo: é que, sendo compreensível, numa e noutra posição, a razão da referência legal a um prazo – evitar que se prolongue uma situação de indefinição –, parece que apenas naquela ocorre um efeito jurídico decorrente da observância desse prazo (a dispensa do consentimento da contraparte nos negócios em causa). Em contraponto, sempre se poderá dizer que uma norma não deixa de o ser por não lhe assistir sanção, no caso de ser inobservada[15] (podendo ainda questionar-se, em relação a esta segunda posição, se não haveria, ainda assim, um efeito da observância do prazo: a dispensa do consentimento do agente – que não da contraparte –, consentimento que, transcorrido esse prazo, devesse também ocorrer, tal como o da contraparte, quando as regras gerais o imponham, pese embora o agente houvesse celebrado o negócio para a sociedade ou em nome dela, pretendendo, pois, inicialmente, a assunção pela sociedade).

[12] A. Ferrer Correia, *Lei das Sociedades Comerciais (Anteprojecto)*, 38; A. Ferrer Correia/António Caeiro, *Anteprojecto de Lei das Sociedades Comerciais/Parte Geral*, 94.

[13] Assim, Paulo de Tarso Domingues, *Do capital social*, 130. Ana Maria Peralta, *Assunção pela sociedade comercial de negócios anteriores celebrados antes do registo*, 629, defende igualmente que os efeitos da assunção decorrem da mera opção da administração e da comunicação dela no prazo legal, não sendo necessário o consentimento da contraparte. Manuel António Pita (*O regime da sociedade irregular*, 467) entende que a decisão de assunção dos negócios anteriores ao registo deve ser levada ao conhecimento da respetiva contraparte, sob pena de lhe ser inoponível, não esclarecendo, porém, se a não observância do prazo legal referido acarreta ou não alguma consequência. Cf. STJ 14-dez.-1994 (Sousa Macedo), BMJ 442 (1995), 219-227 (225), que considerou nulos certos contratos de arrendamento por as sociedades tidas por arrendatárias, depois de realizado o respetivo registo do contrato de sociedade, não terem cumprido o disposto no 19.º/2.

[14] António Menezes Cordeiro 1 (2007), 542.

[15] *Vide* STJ 10-dez.-1997 (Costa Marques), BMJ 472 (1998), 501-506 (505), sustentando que o 19.º não estabelece qualquer sanção para a falta de cumprimento do dever de comunicar a assunção nos 90 dias posteriores ao registo, designadamente a de não operar a liberação. O Acórdão considera, porém, que a assunção depende apenas da decisão da administração da sociedade, mesmo que não comunicada no prazo legal, dispensando-se, em seu entender, o consentimento da contraparte no respetivo negócio.

Cabe esclarecer o sentido da parte final do n.º 3: «a não ser que por lei estas continuem responsáveis». Uma posição interpretativa parte da distinção (vinda, como referido, do Anteprojeto de LSC) entre negócios "necessários" e outros negócios. Quanto aos primeiros, que encontrariam consagração no atual 19.º/1, *a*), a liberação das pessoas aí indicadas operar-se-ia sem restrição ou ressalva alguma. Quanto aos demais negócios (previstos nas restantes alíneas do n.º 1 e no n.º 2), as pessoas em causa só ficariam liberadas se e na medida em que o património da sociedade correspondesse ao capital social: quando não, continuariam responsáveis pela diferença[16]. Contudo, para além, de ser questionável a defesa de uma necessária correspondência entre o património real da sociedade e o capital social à data do registo, pois uma tal asserção está na base da posição referida, resulta claro que o 19.º/1 não estabelece qualquer distinção entre atos "necessários" e outros: *todos* os que nele são previstos são, de pleno direito, assumidos pela sociedade, com a inerente liberação das pessoas referidas no 40.º. Parece, antes, que se visam aqui, com a exclusão ou ressalva mencionada, os sócios de sociedades por quotas que, nos termos do 198.º, respondem diretamente para com os credores sociais, os sócios comanditados nas sociedades em comandita por ações, que respondem nos termos do 465.º/1, e os sócios-sociedades totalmente dominantes ou diretoras (cf. 488.º-491.º; 493.º e ss., 501.º)[17]. 19

7. **Atos que a sociedade não pode assumir**. O n.º 4 estabelece uma delimitação negativa; referem-se obrigações que a sociedade *não pode assumir*: as derivadas de negócios jurídicos não mencionados no contrato social que versem sobre vantagens especiais, despesas de constituição, entradas em espécie ou aquisição de bens. Impõe-se uma *redução teleológica*, no que respeita às despesas de constituição: a sociedade sempre teria de suportá-las, em última análise, por via do enriquecimento sem causa[18]; quanto às demais situações, trata-se de matérias que hão de estar estatutariamente abrangidas, pelo que quaisquer estipulações fora do contrato social não poderão ser consideradas para o efeito em causa[19]. 20

V – O 19.º e a questão da eficácia do registo da sociedade

O registo da sociedade determina, como vimos, o efeito assuntivo de pleno direito, quanto a certos atos, ou a possibilidade de a sociedade assumir outros: nesse momento, com o ato do registo, completa-se o processo de formação da sociedade em si mesma (mesmo que a publicação do contrato de sociedade no sítio da Internet legalmente previsto e mais formalidades posteriores, para efeitos de oponibilidade de cláusulas do contrato a terceiros, para efeitos fiscais, de segurança social ou outros, ainda hajam de ser realizadas): uma sociedade já existente, em formação, mas com uma personalidade jurídica não plena, até ao registo; com personalidade jurídica plena, depois dele. O que se dispõe no 19.º – constituindo uma solução juridicamente justificável – não coloca em causa a identidade da sociedade em formação e da sociedade por fim registada, ou, dito de outro modo, não permite concluir pelo carácter constitutivo do registo ou pela negação do carácter declarativo do registo[20]. 21

[16] M. Nogueira Serens, *Notas sobre a sociedade anónima*, 30-31. Em sentido idêntico, mas com algumas reservas, Paulo de Tarso Domingues, *Do capital social*, 120-126, que não aceita, porém, a distinção entre atos necessários e não necessários (*idem*, 119). Cf., também deste último autor, *O regime jurídico das sociedades de capitais em formação*, 965-998 (985-991). Na posição interpretativa em causa, a respeito da parte final do 19.º/3, denota-se ainda a influência da doutrina alemã chamada da "responsabilidade pela diferença" (*Differenzhaftung*) ou da "responsabilidade pelos encargos prévios" (*Vorbelastungshaftung*).

[17] J. Coutinho de Abreu II (2009), 139-140; Maria Elisabete Ramos, *Constituição das sociedades comerciais*, 73.

[18] António Menezes Cordeiro 1 (2011), 592.

[19] António Menezes Cordeiro 1 (2011), 592.

[20] António Menezes Cordeiro 1 (2011), 593-594.

Secção II – Obrigações e direitos dos sócios

Subsecção I – Obrigações e direitos dos sócios em geral

Introdução

Bibliografia: Eduardo de Melo Lucas Coelho, *Direito de voto dos accionistas nas assembleias gerais das SA* (1987), 23-36; António Menezes Cordeiro 1, 547-553; Paulo Olavo Cunha (2019), 287-417; *id.*, *O poder dos sócios*, em *Estudos em Homenagem ao Prof. Doutor Jorge Miranda*, III, (2012), 239-262; Mathias Habersack, *Die Mietgliedschaft – subjektives und "sonstiges" Recht* (1996); Alexandre Soveral Martins/Maria Elisabete Ramos, *As participações sociais*, AAVV (2008), 131-171; Carlos Olavo, *Deveres e direitos dos sócios*, CJ XI (1986) 5, 9-14; Filipe Cassiano dos Santos, *Estrutura associativa e participação societária capitalística* (2006); Pedro Pais de Vasconcelos, *A participação social nas sociedades comerciais*, 2.ª ed. (2006), 69 ss. e 255 ss..

Índice

I – **Dogmática geral**
1. Titularidade e participação 1
2. Composição 3

II – **Direitos**
3. Enumerações 5
4. Patrimoniais 6
5. Organizacionais 7
6. Pessoais 9

III – **Obrigações**
7. Enumerações 10
8. Deveres específicos 11
9. Deveres absolutos 12

IV – **Natureza, fundamento e regime**
10. O *status* 13
11. Fundamento 16
12. Regime 17
13. Sistematização 21

I – Dogmática geral

1 1. **Titularidade e participação**. À partida, diz-se sócio a parte num contrato de sociedade: encabeça uma posição contratual complexa, com direitos e deveres (titularidade originária). Sócio é, depois, o adquirente dessa posição contratual (titularidade derivada).

2 Do contrato de sociedade não resultam, simplesmente, direitos e deveres para as partes: ele origina, ainda, uma organização que se pode desenvolver por si, para além das partes constituintes. A titularidade da posição de sócio evolui no sentido da abstração passando, de uma qualidade pessoal, à qualidade objetiva de sócio e, desta, à própria posição em si: a participação. Esta traduz o conjunto dos direitos e dos deveres do sócio, enquanto tal.

3 2. **Composição**. A participação social abrange posições ativas (direitos e poderes ou direitos potestativos e expectativas) e passivas (obrigações, deveres, sujeições, ónus ou encargos): *simpliciter*, direitos e obrigações. Não se trata de um somatório: antes de um conjunto concatenado e coerente.

4 A lei enumera alguns direitos (21.º) e obrigações (22.º). Muitas outras posições estão dispersas no CSC, podendo ainda advir dos pactos sociais. Uma ordenação mais elaborada tem origem doutrinária.

II – Direitos

5 3. **Enumerações**. Segundo a lei, temos (21.º): (a) quinhoar nos lucros; (b) participar nas deliberações sociais; (c) obter informações; (d) ser designado para os órgãos sociais. Cientificamente: (a) patrimoniais; (b) organizacionais; (c) pessoais.

4. **Patrimoniais** são, entre outros, os direitos: especiais, desse tipo (24.°/1); à contrapartida pela aquisição de bens a acionistas (29.°/1); relativos à conservação do capital (31.° a 35.°), de indemnização *ut singuli* contra os administradores (77.°/1, 1.ª parte); *ut universi*, em grupo (77.°/2, 2.ª parte); de receber de volta o valor que lhes caiba, havendo redução de capital para libertação de excesso – 94.°/1 e 95.°/4, *d*), implicitamente; de exigir que a sociedade adquira ou faça para adquirir a sua comparticipação, quando haja fusão de que discorde (105.°/1); de encabeçar as posições sociais resultantes da fusão de sociedades anteriores – 112.°, *b*) –, aplicável às cisões (120.°); de receber o valor da sua participação, no caso de haver transformação de que discorde (137.°/1); de proceder à partilha imediata dos haveres sociais, quando haja dissolução sem passivo (147.°/1); de ser inteirado em dinheiro, quando haja transmissão global do património da sociedade dissolvida (148.°/1); de participar na partilha do ativo restante, havendo liquidação (156.°/1) e, sendo o caso, em partilha adicional (164.°/1). 6

5. **Organizacionais** são os direitos que permitem aos sócios aceder ao modo coletivo de gestão dos interesses, inserindo-se na estrutura social e atuando nos esquemas de cooperação por ela previstos. Concretizam os direitos ao trabalho e à livre iniciativa, previstos na Constituição (58.° e 61.°/1). 7

Entre outros, ficam envolvidos os direitos – 21.°/1, *b*) a *d*): a participar nas deliberações dos sócios; a obter informações sobre a vida da sociedade; a ser designado para os órgãos de administração e de fiscalização. 8

6. **Pessoais** são os direitos que se exprimem em pretensões dirigidas à sociedade, à administração ou a outros sócios e que não assumam, de modo direto, um conteúdo patrimonial. Temos, entre outros, os direitos: parassociais, à lealdade e ao respeito pelo estado de sócio. 9

III – **Obrigações**

7. **Enumerações**: a lei refere duas obrigações (20.°): (a) de entrada; (b) de sujeição às perdas. Ambas têm natureza patrimonial. 10

8. **Deveres específicos**. Dispersos pelo CSC; podemos apontar: a obrigação de efetuar outras prestações, além das entradas (209.° e 287.°), bem como as prestações suplementares (210.°/1); as obrigações contrapartidas dos direitos pessoais referidos. 11

9. **Deveres absolutos**. Abrangem a necessidade jurídica de respeitar as diversas posições societárias envolvidas e, ainda, os limites advenientes do sistema (da boa fé), relativamente às atuações societárias (p. ex., não emitindo votos abusivos). 12

IV – **Natureza, fundamento e regime**

10. **O *status***. A titularidade das posições sociais suscita várias teorias. Não é um simples direito, uma vez que abrange obrigações. Não é um somatório: antes um sistema articulado. Não é estático: depende da verificação (ou não) de múltiplas previsões legais e estatutárias. Tomamo-lo como um estado ou *status*: uma qualidade que determina a aplicação de um regime; o complexo de situações jurídicas daí resultantes; o complexo de princípios e de normas que, por isso, se aplicam. 13

O *status* de sócio abrange elementos abstratos, que se consubstanciarão ou não conforme as circunstâncias (ex.: direito aos lucros) e elementos concretos, objeto já explícito de normas jurídicas (ex.: direito a um concreto lucro de exercício, depois de deliberado). 14

O *status* apresenta ainda a lógica das situações duradouras: não se extingue, em si, pelo decurso do tempo nem pela execução das suas normas e está concebido para se prolongar, indeterminadamente no tempo. 15

16 11. **Fundamento**: assenta, em geral, na lógica da apropriação privada (62.º/1) e da livre iniciativa privada (61.º/1, ambos da Constituição). A sua extinção exige, sempre, justa indemnização.

17 12. **Regime**: pressupõe a concreta determinação das normas aplicáveis a cada um dos seus elementos. Todavia, tem alguns aspetos gerais.

18 A participação social diz-se parte (SNC), quota (SPQ) ou ação (SA), conforme o tipo. Ela é transmissível, de acordo com as regras aplicáveis a cada tipo social em causa: SNC (182.º), SPQ (225.º e 231.º) e SA (80.º/1, 101.º/1 e 102.º/1, do CVM). Por essa via e em bloco, transmitem-se elementos que, isoladamente, não se poderiam transferir.

19 A participação social dispõe de tutela aquiliana: é "direito", para efeitos do 483.º/1, do CC.

20 A participação social pode ser objeto de penhor ou de usufruto aplicando-se, neste caso, os 1466.º e 1467.º, do CC.

21 13. **Sistematização**. O CSC, na secção II relativa a obrigações e direitos dos sócios em geral, trata, sucessivamente: (a) Subsecção I – Obrigações e direitos dos sócios em geral: obrigações dos sócios (20.º); direitos dos sócios (21.º); participação nos lucros e perdas (22.º); usufruto e penhor de participações (23.º); direitos especiais (24.º); (b) Subsecção II – Obrigação de entrada: valor da entrada e valor da participação (25.º); tempo das entradas (26.º); cumprimento da obrigação de entrada (27.º); verificação das entradas em espécie (28.º); aquisição de bens a acionistas (29.º); direitos dos credores quanto às entradas (30.º); (c) Subsecção III – Conservação do capital: deliberação de distribuição de bens e seu cumprimento (31.º); limite da distribuição de bens aos sócios (32.º); lucros e reservas não distribuíveis (33.º); restituição de bens indevidamente recebidos (34.º); perda de metade do capital (35.º).

22 Verifica-se um tratamento assimétrico dos aspetos envolvidos. A obrigação de entrada obtém, desde logo, todo um desenvolvimento, em preceitos que visam, no fundamental, as SA. Os outros aspetos, todavia, são pouco mais do que enquadrados, remetendo-se os competentes regimes para as partes especiais do CSC

Artigo 20.º (Obrigações dos sócios)

Todo o sócio é obrigado:

***a*) A entrar para a sociedade com bens suscetíveis de penhora ou, nos tipos de sociedade em que tal seja permitido, com indústria;**

***b*) A quinhoar nas perdas, salvo o disposto quanto a sócios de indústria.**

Bibliografia: Jorge Coutinho de Abreu, *Curso de direito comercial* , II (2019), 258-329; António Menezes Cordeiro 1, 564-570; Paulo Olavo Cunha (2012), 280-301; Paulo Olavo Cunha, Direito das sociedades comerciais (2019), 305-327; Jorge Pinto Furtado 1 (1975), 301 ss.; Fátima Gomes, *O direito aos lucros e o dever de participar nas perdas nas sociedades anónimas* (2011); José Ferreira Gomes, *Conflitos de interesses entre accionistas nos negócios celebrados entre a sociedade anónima e o seu accionista controlador*, em AAVV. *Conflito de interesses no direito societário e financeiro* (2010), 121-145; Ana Perestrelo de Oliveira, *Grupos de sociedades e deveres de lealdade* (2012); Armando Manuel Triunfante, *O regime das entradas na constituição das sociedades por quotas e anónimas* (2014); Pedro Pais de Vasconcelos (2006), 255 ss..

Índice

1. Origem 1
2. Função 2
3. Participação nas perdas 3
4. Dever de lealdade 4

1. **Origem**. O 20.º adveio do 118.º, 1.º e 2.º, do CCom. Aí, previam-se, ainda, as obrigações de exercer os cargos para que se fosse nomeado (3.º) e o de prestar contas justificadas do mandato social (4.º). A cominação de ambas estas obrigações pressupunha o exercício pelos sócios de funções de administração, não diferenciando, imprecisamente, entre a atuação dos sócios nessa qualidade e a sua atuação enquanto administradores, quando assumam essas funções. 1

2. **Função**. Trata-se de um preceito de enquadramento: o 20.º limita-se a elencar, de forma não exaustiva, as obrigações dos sócios, não constituindo, contudo, fonte das mesmas. A obrigação de entrada é desenvolvida nos 25.º a 30.º, sendo concretizada a propósito dos diversos tipos: 178.º e 179.º (SNC), 202.º a 208.º (SPQ), 277.º, 285.º e 286.º (SA), enquanto o regime de sujeição às perdas é desenvolvido no 22.º. Para além disso, encontram-se dispersas no CSC outras obrigações dos sócios, como por exemplo a obrigação de não concorrência com a sociedade que adstringe os sócios das SNC (180.º). Acrescem aqueles deveres, inferidos das valorações transversais ao sistema, que se agregam linguisticamente sob a designação de deveres de lealdade. Por fim, destaque-se: está-se aqui em pleno domínio da autonomia privada. Aos deveres legalmente previstos cumular-se-ão aqueles que os estatutos cominarem aos sócios, ou que se constituam por deliberação social (veja-se, paradigmaticamente, os referidos no 209.º, 210.º, 244.º ou 287.º, entre outros, para cujas anotações se remete). 2

3. **Participação nas perdas.** Em rigor, a participação pelos sócios nas perdas da sociedade não traduz uma obrigação em sentido técnico-jurídico (397.º do CC) perante a sociedade. Mesmo nas sociedades em que não existe limitação de responsabilidade, nomeadamente nas SNC e nas SC simples, a responsabilidade subsidiária pelas dívidas sociais traduz-se em obrigações perante os credores da sociedade e não perante esta (175.º/1 e 474.º)[1]. No que concerne às sociedades de responsabilidade limitada, a participação nas perdas cinge-se à não recuperação do montante investido em caso de liquidação da sociedade, quando o património societário não seja suficiente para saldar integralmente as entradas realizadas pelos sócios (156.º/2). Nesta medida, a participação nas perdas configura uma "sujeição fáctica" (ou um "risco económico") mas não traduz uma posição jurídica autónoma, seja de carácter obrigacional, seja de outra natureza. 3

4. **Deveres de lealdade.** Os sócios estão ainda, sujeitos a deveres de lealdade (a) entre si e (b) perante a sociedade. Isto vale para todos os tipos societários, incluindo as sociedades anónimas. O conteúdo dos deveres de lealdade dos sócios é, contudo, mutável em função das concretas características da sociedade e dos moldes da participação de cada sócio: entre outros, a sua intensidade será variável consoante o carácter mais ou menos estreito da coordenação da atuação a título individual entre sócios, e entre estes e a sociedade, bem como do efetivo poder de influência de que cada sócio disponha. 4

5 Consoante as circunstâncias que ditem o concreto preenchimento das exigências de lealdade, este poderá assumir um carácter puramente negativo (concretizando-se em proibições de comportamentos contrários ao interesse da sociedade) ou traduzir-se em exigências positivas de cooperação com os demais sócios e com a sociedade na prossecução de um fim comum[2]. Na concretização destes deveres importa, porém, ter permanentemente presente que qualquer cominação, com arrimo na lealdade devida pelo sócio à sociedade ou aos demais sócios, acarreta a compressão da liberdade (e, portanto, de uma posição juridicamente protegida) do sócio.

[1] O mesmo pode valer para as SPQ, quando estipulado (198.º).

[2] José Ferreira Gomes, *Conflitos de interesses entre accionistas nos negócios celebrados entre a sociedade anónima e o seu accionista controlador*, 128. Contra, entendendo o dever de lealdade dos sócios como um dever exclusivamente negativo, Pedro Pais de Vasconcelos, *A participação nas sociedades comerciais*, 325.

Consequentemente, a adstrição a deveres de lealdade reclama a identificação de uma razão juridicamente relevante e a demonstração de que esta é suficientemente ponderosa para justificar a compressão daquela liberdade.

6 No caso dos sócios controladores, os deveres de lealdade podem assumir um conteúdo particularmente intenso, aproximando-se, em exigência, aos deveres de lealdade que impendem sobre os administradores[3]. Sobre estes *vide* a anotação ao 64.º.

Artigo 21.º (Direitos dos sócios)

1. Todo o sócio tem direito:

***a*) A quinhoar nos lucros;**

***b*) A participar nas deliberações de sócios, sem prejuízo das restrições previstas na lei;**

***c*) A obter informações sobre a vida da sociedade, nos termos da lei e do contrato;**

***d*) A ser designado para os órgãos de administração e de fiscalização da sociedade, nos termos da lei e do contrato.**

2. É proibida toda a estipulação pela qual deva algum sócio receber juros ou outra importância certa em retribuição do seu capital ou indústria.

Bibliografia: Jorge Coutinho de Abreu, *Curso de direito comercial*, II (2019), 229-258; Pereira de Almeida, *Sociedades comerciais, valores mobiliários, instrumentos financeiros e mercados*, I, (2013), 135-190; Daniel de Andrade, *O direito à informação nas sociedades por quotas e nas sociedades anónimas. O inquérito judicial*, em AAVV, *Os quinze anos de vigência do CSC* (2001), 101-122; Margarida Costa Andrade, *A incindibilidade da participação social nas sociedades anónimas*, em *Estudos em comemoração do 10.º aniversário da licenciatura em direito da Universidade do Minho* (2004), 495-528; *id*, comentário ao art. 21, em *Código das Sociedades Comerciais em comentário*, I, 2.ª ed. (2017), 369-380; José A. Engrácia Antunes, *O direito à informação nas sociedades de capitais*, em AAVV, *Os quinze anos de vigência do CSC* (2001), 45-55; Henrique Sousa Antunes, *Algumas considerações sobre a informação nas sociedades anónimas*, DJ IX (1995) 2, 193-228; *id.*, DJ X (1996) 1, 261-304; Sofia Ribeiro Branco, *O direito dos accionistas à informação* (2008); António Menezes Cordeiro 1, 557-563 e 635-656; António Caeiro, *A exclusão estatutária do direito de voto nas sociedades por quotas*, em *Temas de direito das sociedades* (1984), 9-152, Luís Brito Correia 2 (1989), 305-331; Paulo Olavo Cunha (2019), 329-417; *O poder dos sócios*, em *Estudos em Homenagem ao Prof. Doutor Jorge Miranda*, III, (2012), 239-262; Diogo Drago, *O poder de informação dos sócios nas sociedades comerciais* (2009); João Marques Estaca, *O destaque dos direitos de voto em face do Código dos Valores Mobiliários*, em *Estudos em honra do Professor Doutor José de Oliveira Ascensão*, II, (2008), 1347-1363; Jorge Pinto Furtado 1 (1975), 308-314; Fátima Gomes, *O direito aos lucros e o dever de participar nas perdas nas sociedades anónimas* (2011); João Labareda, *Direito à informação*, AAVV (2002), 119-151; Barbosa de Magalhães, *Direitos individuais dos sócios*, ROA 1948, 1-2, 36-50; José Dias Marques, *Modificação dos pactos sociais*, ROA 1953, 170-189 (180 ss.); Alexandre Soveral Martins/Maria Elisabete Ramos, *As participações sociais*, AAVV (2008), 131-171 (141 ss.); Evaristo Mendes, *Lucros de exercício*, RDES 1996, 257-364; *id.*, *Direito ao lucro de exercício no CSC (Arts. 217/294)*, em *Estudos dedicados ao Prof. Doutor Mário Júlio de Almeida Costa* (2002), 487-543; Manuel António Pita, *Direito aos lucros* (1989); Filipe Cassiano Santos, *A posição do accionista face aos lucros de balanço – O direito do accionista ao dividendo no CSC* (1996); id., *O direito aos lucros no CSC*, AAVV (2002), 185-199; Carlos Maria Pinheiro Torres, *O direito à informação nas sociedades comerciais* (1989); Armando Manuel Triunfante, *A tutela das minorias nas sociedades anónimas. Direitos* individuais (2004); Pedro Pais de Vasconcelos, *A participação social nas sociedades comerciais*, 2.ª ed. (2006), 69-254.

[3] Ana Perestrelo de Oliveira, *Grupos de sociedades e deveres de lealdade*, 201 ss.

Índice

I – Aspetos gerais
1. Origem e projeto ... 1
2. Função ... 2

II – O direito aos lucros
3. Papel ... 3
4. Sede legal ... 4
5. Legitimidade e natureza ... 6

III – O direito à participação nas deliberações
6. Participação estrita ... 8
7. Direitos conexos ... 10
8. Direitos subsequentes ... 12

IV – O direito à informação
9. Dogmática geral ... 14
10. Aspetos evolutivos ... 19
11. O CSC ... 21
12. Quanto ao acesso
α) Pública ... 24
β) Reservada ... 25
(a) Direito mínimo à informação ... 26
(b) Informações preparatórias das assembleias gerais ... 27
(c) Informações em assembleia geral ... 28
γ) Qualificada ... 29
δ) Secreta ... 31
13. Taxatividade ... 32
14. Regime ... 33
15. Natureza ... 37
16. Abuso ... 38

V – Direito a ser designado
17. Conteúdo ... 40

VI – Autonomia estatutária e direitos sociais
18. Dispositividade e disposição antecipada de direitos ... 43

VII – A inadmissibilidade da atribuição de juros ou de outras importâncias certas
19. Razão justificativa ... 45
20. Delimitação ... 46
21. Não aplicação ao pagamento de juros não remuneratórios da participação na sociedade ... 47
22. Atribuição de remunerações certas por terceiros ... 48

I – Aspetos gerais

1. **Origem e projeto**. O CCom previa, no 119.º, os seguintes direitos dos sócios: (a) haver parte no dividendo dos lucros; (b) escolher os administradores e tomar-lhes contas; (c) examinar a escrituração; (d) fazer reclamações ou propostas. No projeto, surge uma redação próxima da definitiva (22.º)[1]. Apesar da proximidade perante o CCom, podemos constatar a modernização da linguagem e a generalização de algumas das proposições legais. 1

2. **Função**. O 21.º vale, fundamentalmente, como norma de enquadramento. Este preceito apenas elenca, e de forma não exaustiva, os direitos que integram a participação dos sócios. Contudo, o conteúdo dos direitos aí referidos, bem como as restrições a esse conteúdo, não se encontram no 21.º, mas em outros preceitos, disseminados pelo CSC, tanto na parte geral, quanto nas partes especiais. Na determinação do conteúdo destes direitos, há que contar com a assimetria regulativa da parte geral do CSC: ora são antecipados regimes alargados, ora a matéria é remetida para as partes especiais do diploma. 2

II – O direito aos lucros

3. **Papel**. O objetivo fundamental de qualquer sociedade é o de realizar lucros, repartindo-os entre os sócios (980.º do CC). O 21.º/1, *a*), inscreve, nessa linha, o direito a quinhoar nos lucros como a primeira prerrogativa dos sócios. O 22.º/1 fixa a regra supletiva quanto à repartição: proporcional ao valor nominal das participações detidas. 3

[1] BMJ 327 (1983), 68.

4 4. **Sede legal**. Na parte geral surgem as referências do 21.º/1, *a*) e do 22.º. A matéria é retomada, quanto às SPQ (217.º) e quanto às SA (294.º a 297.º). Remete-se para as correspondentes anotações. Os estatutos podem desenvolver ou afastar essas regras, mas no respeito pelas normas
5 imperativas.

Nas SPQ (217.º/1) e nas SA (294.º), salvo diferente cláusula contratual ou deliberação adotada por três quartos do capital social, não pode deixar de ser distribuído, aos sócios, metade do lucro de exercício distribuível. Além disso, a não distribuição de lucros pode ser anulável,
6 por assentar em votos abusivos[2].

5. **Legitimidade e natureza**. Os lucros dos sócios justificam-se: (a) como contrapartida das suas entradas ou do valor que hajam pago pelas suas participações; (b) como contrapartida do risco envolvido: o de perderem essas entradas ou o valor pago pelas participações, sem nada
7 receber; (c) como contrapartida do esforço e das obrigações que cumpram, no quadro social.

O direito aos lucros é um direito abstrato: traduz uma expectativa, que se concretizará: (a) com a apresentação das contas, das quais resulte um lucro distribuível; (b) com a aprovação dessas contas; (c) com a aprovação de uma proposta de distribuição de resultados. Tratando-se de SPQ e de SA, há que seguir as respetivas regras, aplicando-se, ainda, o que disponham os estatutos.

III – O direito à participação nas deliberações

8 6. **Participação estrita**. Os sócios têm o direito de intervir, conforme os casos: (a) nas deliberações unânimes por escrito (54.º/1); (b) nas assembleias gerais totalitárias (*idem*); (c) nas assembleias gerais comuns (*idem, a fortiori*); (d) nas deliberações por voto escrito (247.º/1).

9 Tratando-se de assembleias gerais, o direito à participação implica, desde logo, o de usar da palavra, o de colocar questões, o de adiantar argumentos, o de (sendo possível) formular propostas e o de votar.

10 7. **Direitos conexos**. A participação nas deliberações envolve direitos conexos, de tipo condicionante ou instrumental. Assim, os sócios têm o direito de serem convocados para a assembleia geral, de serem solicitados a intervir nas deliberações unânimes por escrito ou de emitirem o voto escrito. Podem ou não permitir assembleias totalitárias[3]. Na falta dos elementos respetivos, qualquer assembleia é nula.

11 Importante direito conexo, que a lei e a Ciência do Direito autonomizam, é o direito à informação, base de qualquer participação efetiva.

12 8. **Direitos subsequentes**. O direito à participação envolve, também, o de pedir a anulação das deliberações anuláveis, desde que, na altura ou posteriormente, as não tenham aprovado (59.º/1) e o de pedir declarações de nulidade.

13 Pode ainda e consoante o tipo social, intervir na feitura da ata, devendo assiná-la, quando conforme (63.º/3).

IV – O direito à informação

14 9. **Dogmática geral**[4]. O Direito das sociedades reporta-se a realidades imateriais: depende, assim, de teias de informações, necessárias para todos os intervenientes poderem agir, no seu seio e para o exterior.

[2] RCb 6-mar.-1990 (Castanheira da Costa), CJ XV (1990) 2, 45-47 (47/II) = RDES 1996, 269-274 e RCb 2-jul.-1991 (Herculano Namora), CJ XVI (1991) 4, 89-91 (91/I) = RDES 1996, 275-280, anot. Evaristo Mendes, *idem*, 283-364.

[3] Artigo 54.º, anotações 6-8.

[4] António Menezes Cordeiro 1, 635-639.

Os deveres de informação podem resultar: (a) de regras indeterminadas, designadamente a 15
boa fé (ex.: 227.º/1 e 762.º/2, do CC); (b) de regras estritas: comuns (ex.: 573.º CC) e especiais (ex.: 75.º/1 do RGIS e 176.º e 179.º do RGES). No CSC surgem deveres de informação, na base de regras estritas e especiais.

Os deveres de informação podem, quanto ao conteúdo, ser substanciais (o obrigado deve 16
veicular a verdade que conheça, descrevendo-a de modo compreensível e explícito) ou formais (basta comunicar elementos precisos ou "informações codificadas").

Quanto a quem os determine: pode haver autodeterminação, quando caiba ao informante 17
selecionar os elementos a comunicar; e heterodeterminação, quando essa escolha compita ao informado ou a terceiros.

O dever de informar pode ser objeto: (a) de prestações principais, quando preencham o 18
conteúdo de obrigações a tanto dirigidas; (b) de prestações secundárias, quando, explicitamente, componham obrigações mais vastas ou decorram de algum *status* (como o de sócio); (c) de deveres acessórios, quando acompanhem quaisquer outras obrigações, na base da boa fé.

10. **Aspetos evolutivos**. No CCom, o direito à informação surgia disperso: 119.º/3 (o sócio 19
tem o direito de examinar a escrituração e os documentos concernentes às operações sociais); 155.º (nas SNC, os sócios têm o direito de fiscalizar a atividade social); 189.º (nas SA, certos elementos devem ser apresentados ao conselho fiscal, ficando patentes aos acionistas).

O CSC permitiu a integração da matéria, facultando um direito à informação de base 20
geral, próprio do *status* de sócio e comportando diversas concretizações, dependentes do tipo societário considerado. A informação tem vindo a densificar-se, particularmente sob a influência do CVM e da mobiliarização geral do Direito das sociedades.

11. **O CSC**. O direito à informação surge, em geral, nas sociedades civis (988.º/1, do CC). O 21
direito geral à informação "sobre a vida da sociedade" ocorre no 21.º/1, *c*). O dever de relatar a gestão, com determinados elementos, consta dos 35.º/1, 65.º e 66.º. As operações de alteração do capital (91.º/2 e 94.º), de fusão (98.º a 101.º), de cisão (119.º e 120.º) e de transformação (132.º) implicam informações específicas. Os liquidatários encabeçam diversos deveres de informação (146.º/2, 152.º/1, 155.º e 157.º).

Nas partes especiais, temos concretizações do direito à informação, nas SNC (181.º), nas 22
SPQ (214.º a 216.º) e nas SA (288.º a 293.º). Remete-se para as competentes anotações.

A matéria pode ser ordenada: (a) informação ordinária, relativa à gestão comum e que não 23
caia sob específicas previsões; (b) extraordinária, referente a operações que exijam elementos suplementares, como fusões ou cisões. Temos, ainda, a informação permanente (sempre acessível, particularmente nas sociedades de pessoas), informação prévia (antes de cada assembleia geral) e informação em assembleia (288.º, 289.º e 290.º, quanto às SA).

12. **Quanto ao acesso**: α) **Pública**. É disponibilizada a todos os interessados, sócios ou não 24
sócios, através do registo comercial ou das publicações obrigatórias[5]. Pode, ainda, concretizar-se mediante informações simples, a quem as solicite.

β) **Reservada**. Assiste apenas aos sócios – 21.º/1, *c*): em princípio, a todos eles; nas SA, a pos- 25
sibilidade de existência de milhares de sócios levou a que alguma informação reservada ficasse acessível, apenas, aos detentores de 1% do capital (288.º/1). Com base nas SA, pode-se distinguir:
(a) o **direito mínimo à informação**, que abrange (288.º/1): os relatórios de gestão e os 26
documentos de prestação de contas dos últimos três anos; as convocatórias, as atas e as listas de

[5] António Menezes Cordeiro 1, 521 e 533 ss..

presenças nas assembleias; os montantes globais das remunerações pagas aos membros dos órgãos de administração e de fiscalização; *idem*, a determinados empregados; o livro de registo das ações.

27 (b) **Informações preparatórias das assembleias gerais** (289.º), incluem: os nomes dos membros dos órgãos sociais; as outras sociedades em que exerçam cargos sociais; as propostas de deliberação a apresentar pela administração e os elementos que as acompanhem; os *curricula* de candidatos a eleger; o relatório de gestão e outros elementos da prestação de contas, quando seja o caso.

28 (c) **Informações em assembleia geral**: verdadeiras, completas e elucidativas, a prestar quando pedidas em assembleia (290.º/1), de modo a fundamentar o voto; na falta, a deliberação pode ser anulável (290.º/3).

29 γ) **Qualificada**: reporta-se à gestão da sociedade (214.º/1) ou a assuntos sociais (291.º/2). É acessível aos quotistas (214.º/1) e aos acionistas que, sós ou agrupados, alcancem 10% do capital social (291.º/1: "direito coletivo à informação"). Tal informação pode recair sobre quaisquer assuntos, podendo, todavia, ser recusada (291.º/4) quando (não cumulativamente): (a) seja de recear que o acionista a use para fins estranhos à sociedade e com prejuízo desta ou de algum acionista; (b) a divulgação possa prejudicar relevantemente a sociedade ou os acionistas; (c) ocasione violação de sigilo legal.

30 A informação não poderá ser recusada se visar a responsabilidade de titulares de órgãos, salvo se, pelo conteúdo ou outras circunstâncias, for patente não ser esse o fim visado (291.º/2).

31 δ) **Secreta**: não pode ser concedida por envolver sigilo profissional (p. ex., segredo bancário), por visar prejudicar a sociedade ou por poder fazê-lo (291.º/4).

32 13. **Taxatividade**. A informação reservada aos sócios só deve ser prestada nos termos legais e quando a lei a preveja. Era a tradição do CCom[6], da jurisprudência[7] e da melhor doutrina[8]. Com efeito, a informação deve ser útil: não um pretexto para bloquear a vida social, acessível aos concorrentes e paralisar as atuações produtivas com litígios.

33 14. **Regime**. A informação funciona: (a) como pressuposto do voto; (b) como meio de legitimação dos investimentos e do mercado; (c) como via da fiscalização; (d) como instrumento de tutela das minorias. Perante qualquer situação informativa, há que determinar o aspeto em causa: dele dependerá a concretização do regime.

34 São sujeitos da informação a sociedade (passivo) e o sócio (ativo). O direito à informação pode ainda caber ao representante comum dos obrigacionistas, ao usufrutuário e ao credor pignoratício de posições sociais, quando, por lei ou convenção, lhes caiba exercer o voto (293.º, aplicável aos diversos tipos de sociedades).

35 Dentro da sociedade, as informações devem ser prestadas, em princípio, pelo órgão de administração: é ele que está em condições de aceder aos elementos relevantes e é ainda ele que tem a perceção da matéria eventualmente sujeita a sigilo. Todavia, em aspetos limitados, a informação pode caber ao órgão de fiscalização (p. ex., parecer sobre contas) ou ao presidente da mesa da assembleia geral (p. ex., ata ou lista de presenças), quando tenham à sua guarda os competentes elementos.

36 A recusa da informação devida pode ocasionar a anulabilidade das deliberações – 58.º/1, *c)* – o inquérito *ex* 67.º/1 ou o inquérito judicial – 292.º.

[6] Fernando Olavo, *Direito comercial* 1 (1970), 360 ss..

[7] RPt 21-jan.-1988 (Aragão Seia), CJ XIII (1988) 1, 194-196 (195-196).

[8] Raúl Ventura, *Novos estudos sobre sociedades anónimas e sociedades em nome coletivo* (1994), 136-137.

15. **Natureza**. O direito à informação é um elemento estrutural do *status* de sócio. Ele tem um regime patrimonial, na medida em que se insere nesse *status*. Pode ser tomado em abstrato ou em concreto: sempre que se verifiquem os seus pressupostos e o interessado o invoque. Não pode ser previamente renunciado. Tecnicamente, o direito abstrato à informação traduz o direito potestativo de pedir informações, fazendo, com o seu exercício, surgir um concreto direito à informação. Este, por seu turno, é um direito a uma prestação de *facere*: a de dar a informação visada. 37

16. **Abuso**. O direito à informação cessa nos casos de exclusão legal. Além disso, ele pode ser bloqueado por abuso ou deslealdade: por *venire contra factum proprium*; por *tu quoque*; por exercício desequilibrado e, designadamente, por ser dilatório, emulativo ou desproporcionado, nas suas consequências. 38

Também o uso abusivo de informação (*insider trading*) é sancionado (378.º do CVM). 39

V – **Direito a ser designado**

17. **Conteúdo**. O 21.º/1, *d)* tem, como primeira vocação, explicitar a inexistência de uma obrigação dos sócios de exercer os cargos para os quais a sociedade os nomear, conforme podia entender-se decorrer do 118.º/3 do CCom, hoje revogado[9]. 40

No demais, o direito a ser designado para os órgãos de administração e de fiscalização é abstrato, traduzindo-se numa mera expectativa: dele não decorre, em rigor, uma pretensão dos sócios a integrarem os órgãos de administração e de fiscalização. Apenas com uma concreta designação – que não é vinculada e que em nada se distingue da designação de outros sujeitos para as mesmas funções – se verificará a sua concretização[10]. 41

A profissionalização da gestão leva, de resto, a que cada vez mais os lugares sociais sejam preenchidos por não-sócios. Da norma constante do 21.º/1, *d)*, não decorre, ademais, a invalidade de cláusulas estatutárias que coloquem como requisitos à designação de um sujeito para os órgãos de administração ou de fiscalização da sociedade, a exigência de determinadas qualidades referentes à formação académica, à experiência profissional, ou outros, dos potenciais titulares desses órgãos, mesmo que nenhum sócio preencha tais requisitos. 42

VI – **Autonomia estatutária e direitos sociais**

18. **Dispositividade e disposição antecipada de direitos.** Mesmo no que concerne aos direitos designados como direitos participativos ou políticos, *i.e.* aqueles que se prendem com dimensões de controlo ou de participação na sociedade, os direitos inerentes às participações sociais são, em rigor, posições patrimoniais privadas: eles prendem-se com a participação, em modo coletivo e indireto, no exercício de uma atividade económica[11]; por outro lado, a sua atribuição não é funcionalizada a qualquer interesse que não os do sócio beneficiário do direito. Daqui resulta que, *prima facie*, se deve entender que as normas que atribuem direitos aos sócios são, no essencial, normas dispositivas: perante dúvidas de interpretação sobre o carácter injuntivo ou dispositivo de uma norma atributiva de direitos inerentes à participação social deve, por regra, prevalecer o segundo sentido. 43

[9] Jorge Coutinho de Abreu, *Curso de direito comercial*, II, 246.

[10] Importa contudo recordar o vetor da não-discriminação: havendo uma prática da sociedade de designar os sócios (rotativa ou simultaneamente) para os órgãos sociais, a discricionariedade desta pode ser restringida, sendo-lhe subtraída a liberdade de não designar um dos sócios para qualquer função, quando tal assuma carácter discriminatório. A fonte dessa restrição à discricionariedade será, nesses casos, contudo, o princípio da igualdade dos sócios e não o próprio 21.º/1, *d)*.

[11] Carlos Osório de Castro, *Valores mobiliários* (1998), 89.

44 Os sócios podem, pois, por regra, diminuir a extensão dos direitos que legalmente lhes são atribuídos ou mesmo afastar estatutariamente a sua integração nas participações da sociedade, dando lugar a participações diminuídas[12]. Isto vale, contudo, apenas como vetor interpretativo. Este cederá evidentemente sempre que os enunciados legais impuserem um sentido diferente, estabelecendo *expressis verbis* a injuntividade de alguma norma atributiva de direitos inerentes à participação ou determinando a nulidade de cláusulas que os afastem. Essa diretriz interpretativa cederá também quando o afastamento ou compressão de determinado direito inerente à participação descaracterizar o tipo societário de referência, dada a vigência de um sistema de tipicidade das sociedades comerciais (1.º/2). Por fim, a tendencial dispositividade dos direitos inerentes à participação social cede, por vezes, também perante razões de cariz paternalista, que, desde que de forma sistematicamente coerente, protejam o sócio das suas próprias decisões precipitadas que impliquem uma futura compressão da sua participação.

VII – **A inadmissibilidade da atribuição de juros ou de outras importâncias certas**

45 19. **Razão justificativa.** Do 21.º/2 decorre a nulidade das estipulações estatutárias pelas quais se atribua aos sócios juros ou outras importâncias certas em retribuição do seu capital ou indústria[13]. A razão justificativa desta restrição à autonomia estatuária dos sócios prende-se com a tutela dos credores e, em particular, com a intangibilidade do capital social[14]. Este fundamento é confirmado pelo regime das ações preferenciais sem direito de voto, onde se admite *expressis verbis* que aos sócios seja atribuído o direito a receber periodicamente quantias certas, desde que essas sejam retiradas dos lucros distribuíveis da sociedade (341.º/2). Em causa está, pois, uma concretização dos 32.º e 33.º, interpretados em conformidade com as exigências do 17.º/1 e 4, da Diretriz 2012/30/EU, do Parlamento Europeu e do Conselho, de 25-out.-2012[15].

46 20. **Delimitação.** A identificação desta razão justificativa permite demarcar o âmbito de aplicação desta restrição à autonomia estatutária. São, assim, (a) inadmissíveis todas as retribuições aos sócios (periódicas ou pagas por uma só vez) como remuneração da sua participação que não sejam condicionadas à existência de lucros distribuíveis. O vocábulo "certa", no contexto deste preceito, significa "independente da existência de lucros distribuíveis": por essa razão, vantagens aleatórias que dependam apenas de outras variáveis (por ex. juros indexados a taxas de referência ou pagamentos indexados à cotação de valores mobiliários emitidos pela sociedade) são igualmente inadmissíveis[16]. Inversamente (b) são admitidas estipulações que atribuam aos sócios direitos periódicos a quantias pecuniárias fixas, quando a constituição desses direitos esteja condicionada à existência de lucros distribuíveis[17]

[12] Sobre estas, *vide* a anotação ao 24.º.

[13] Trata-se de uma regra que remonta ao artigo 34.º da Lei de 22-jun.-1867, sobre as SA – Colp 1867, 177 – o qual proibia, igualmente, a distribuição de dividendos fictícios.

[14] Fátima Gomes, *O direito aos lucros e o dever de participar nas perdas nas sociedades anónimas*, 382

[15] Veja-se, em particular, o 17.º/4 da Diretriz 2012/30/EU, que qualifica expressamente como "distribuição" o pagamento de "juros correspondentes às ações", sujeitando, consequentemente, o seu pagamento às restrições genericamente estabelecidas para a distribuição de bens aos acionistas.

[16] Ao contrário do que era admitido pelo 192.º/2 do CCom (que estabelecia que "podem os estatutos (...), quando as sociedades necessitem de imobilizar em construções grandes capitais, conceder aos acionistas um juro determinado sobre o capital por eles subscrito e efetivamente pago por um tempo não superior a três anos e em uma média que não exceda cinco por cento"), e seus antecedentes normativos, deste preceito decorre, pois, inequivocamente a invalidade da vinculação da sociedade ao pagamento aos sócios de remunerações certas pelo período em que, já tendo a sociedade sido constituída, ainda não tenha sido iniciada a sua atividade empresarial.

[17] O que, de resto, atribui a essas prestações um carácter aleatório que as descaracteriza como juros; *vide* Miguel Brito Bastos, *O mútuo bancário* (2015), 166 ss..

21. **Não aplicação ao pagamento de juros não remuneratórios da participação na sociedade.** O 21.º/2 não invalida estipulações mediante as quais a sociedade se vincule a pagar aos sócios juros ou outras remunerações como contraprestação de atribuições que estes lhe façam sem ser na sua qualidade de sócio (*v.g.* como contraprestação pela concessão de um financiamento, ou em virtude da subscrição de obrigações emitidas pela sociedade). 47

22. **Atribuição de remunerações certas por terceiros.** Encontrando esta restrição da autonomia estatutária o seu fundamento na tutela dos credores, e não na qualificação dessas retribuições como benefícios injustificados dos sócios, segue-se que do 21.º/2 não decorre qualquer obstáculo a que terceiros, incluindo sociedades do mesmo grupo, se vinculem a pagar aos sócios de determinada sociedade quantias (certas ou variáveis) em virtude da participação daqueles nessa sociedade, sem que esse pagamento seja de alguma forma dependente dos lucros que a sociedade em causa venha a produzir: tal atribuição não atinge, de nenhuma forma, a posição dos credores dessa sociedade. 48

Artigo 22.º (Participação nos lucros e perdas)

1. Na falta de preceito especial ou convenção em contrário, os sócios participam nos lucros e nas perdas da sociedade segundo a proporção dos valores das respetivas participações no capital.

2. Se o contrato determinar somente a parte de cada sócio nos lucros, presumir-se-á ser a mesma a sua parte nas perdas.

3. É nula a cláusula que exclui um sócio da comunhão nos lucros ou que o isente de participar nas perdas da sociedade, salvo o disposto quanto a sócios de indústria.

4. É nula a cláusula pela qual a divisão de lucros ou perdas seja deixada ao critério de terceiro.

Bibliografia: Luís Vasconcelos Abreu, *A sociedade leonina*, ROA 1996, 619-665; António Menezes Cordeiro 1, 570-580; Margarida Costa Andrade, *A locação financeira de ações e o direito português* (2007), 362-378; Id. *A incindibilidade da participação social nas sociedades anónimas*, em *Estudos em comemoração do 10.º aniversário da licenciatura em direito da Universidade do Minho* (2004), 495-528; João Miguel Ascenso, *As sociedades não lucrativas: breve análise do direito dos sócios aos lucros*, RDS 3 (2011), 811-856; António Ferrer Correia, *Pacto leonino: espécies, proibição e seus fundamentos*, RLJ 115 (1982), 106-110; Paulo Olavo Cunha, *Direito das sociedades comerciais* (2019), 306-317, 354-379; Paulo de Tarso Domingues, *Variações sobre o capital social* (2009), 260-310; Fátima Gomes, *O direito aos lucros e o dever de participar nas perdas nas sociedades anónimas* (2011); Paulo Câmara, *Parassocialidade e transmissão de valores mobiliários* (1998), 280-297; Paulo de Tarso Domingues, comentário ao art. 22, em *Código das Sociedades Comerciais em comentário*, I, 2.ª ed. (2017), 381--388; Pinto Furtado, *Curso de direito das sociedades* (2004), 140-142; Alexandre Soveral Martins, *Cláusulas do contrato de sociedade que limitam a transmissibilidade das acções. Sobre os arts. 328.º e 329.º do CSC* (2006), 106-110; Evaristo Mendes, *Lucros de exercício*, RDES 1996, 257-364; *id.*, *Direito ao lucro de exercício no CSC (Arts. 217/294)*, em *Estudos dedicados ao Prof. Doutor Mário Júlio de Almeida Costa* (2002), 487-543; Manuel António Pita, *Direito aos lucros* (1989); Filipe Cassiano dos Santos, *A posição do accionista face aos lucros de balanço – O direito do accionista ao dividendo no CSC* (1996); *id.*, *O direito aos lucros no CSC (À luz de 15 anos de vigência)*, AAVV (2002), 185-199; António Garcia Rolo, *Suspensão voluntária de distribuição de dividendos em tempos de pandemia*, RDS XI (2019), 457-463; Armando Manuel Triunfante, *A tutela das minorias nas sociedades anónimas. Direitos individuais* (2004), 69-84; Paulo de Tarso Domingues, *O financiamento societário pelos sócios (e o seu reverso)* (2021), 494-499; Raúl Ventura, *Sociedades por quotas*, I (1989), 319-332.

Índice

I – Redação anterior e origem
1. Redação original e evolução 1

II – A participação nos lucros e nas perdas
2. A participação nos lucros 2
3. A participação nas perdas 4

III – A inadmissibilidade dos pactos leoninos
4. Origem e evolução 7
5. Fundamento 8
6. Desvalor 9
7. Lucros irrisórios ou subordinados a condições improváveis 10
8. Lucros de exercício e lucros de liquidação 11
9. Aplicação a outros contratos 12

IV – A inadmissibilidade do recurso ao critério de terceiro
10. Alcance 13

I – Redação anterior e origem

1 1. **Redação original e evolução**. O 22.º/1 tem hoje a redação que lhe foi dada pelo 2.º do DL 49/2010, de 19-mai.. Na redação original estabelecia-se que "na falta de preceito especial ou convenção em contrário, os sócios participam nos lucros e nas perdas da sociedade segundo a proporção dos valores nominais das respetivas participações no capital". Com a introdução da figura das ações nominais pelo DL 49/2010, o n.º 1 sofreu uma alteração: a referência originária a "valores nominais" passa simplesmente a reportar-se a "valores", de forma a acomodar aquelas ações[1].

II – A participação nos lucros e nas perdas

2 2. **A participação nos lucros**. O direito aos lucros, elencado no 21.º/1, *a*)[2], é concretizado no 22.º/1 quanto à medida da participação que, neles, cada sócio tem direito. A regra (supletiva) quantifica esse direito de forma proporcional à participação no capital da sociedade, aplicando-se à distribuição dos lucros de exercício e à partilha do lucro final de liquidação. Os sócios podem modificar essa norma nos estatutos, dentro dos limites do 22.º/3.

3 A concretização do direito abstrato a receber uma fração dos lucros (através da constituição de créditos pecuniários na esfera dos sócios) depende de todo um processo, iniciado com a prestação de contas e concluído com a competente deliberação (217.º para as SPQ e 294.º para as SA).

4 3. **A participação nas perdas** traduz-se na possibilidade de não recuperar o valor investido com as entradas, paradigmaticamente por, em sede de liquidação da sociedade, não existir um ativo remanescente bastante. A proporção de participação nas perdas releva como critério de rateio quando o ativo restante for insuficiente para reembolsar integralmente as entradas de todos os sócios (156.º/3). Nesta medida, temos a mera materialização de um risco económico: não uma posição jurídica autónoma. De resto, a "obrigação de participação nas perdas" não vincula os sócios, mesmo nos casos do 35.º, a recapitalizar a sociedade quando sejam constatadas perdas[3].

5 Ainda tradicionalmente reconduzidos à ideia de participação nas perdas, encontram-se (a) a vinculação subsidiária dos sócios pelas dívidas societárias nas sociedades de responsabilidade

[1] Quanto ao alcance desta expressão e às ações sem valores nominais, remete-se para as anotações ao 276.º.

[2] *Vide* as anotações 5 a 9 ao 21.º.

[3] Não existem, porém, obstáculos ao estabelecimento estatutário de obrigações de recapitalização da sociedade a cargo dos sócios, seja quando as contas de exercício revelarem perdas, seja em casos de perda grave do capital social.

ilimitada (175.º/1 para as SNC, aplicável às SC *ex vi* 474.º, ou nas SPQ, quando estipulado nos termos do 198.º) e (b) a vinculação solidária dos sócios das SPQ à realização das entradas dos demais sócios (207.º/1). No primeiro caso, ocorre uma vinculação (ilimitada, solidária e subsidiária) perante os credores sociais, pelas obrigações de que a sociedade seja principal devedora – não de uma obrigação dos sócios em face da sociedade. Também a solidariedade no cumprimento das entradas na SPQ não consubstancia, em rigor, um mecanismo de participação nas perdas: ela opera mesmo que o património societário seja superior ao capital social, não obstante o incumprimento por um ou vários sócios das suas obrigações de entrada.

Em ambos os casos, o sócio que cumpra a obrigação da qual não seja devedor principal adquire direito de regresso contra os demais sócios. A propósito da responsabilidade dos sócios das SNC perante terceiros é *expressis verbis* estabelecido o critério da participação nas perdas. No mesmo sentido deve ser interpretada a parte final do 207.º/1 (onde se distribui a responsabilidade dos sócios nas relações internas em proporção "às suas quotas"): o critério de participação nas perdas a que alude o 22.º/1 e 2, deve, assim, ser entendido como um critério geral de distribuição dos sacrifícios patrimoniais que impendem, a título individual, sobre a generalidade dos sócios. 6

III – A inadmissibilidade dos pactos leoninos

4. **Origem e evolução**. Remonta a Cassius, referido em Ulpiano (D. 17.2.29.2), a afirmação de que a sociedade leonina, a entender como aquela pela qual uma das partes receberia todo o lucro e a outra, todos os prejuízos[4] seria nula, pela sua iniquidade. A proibição de pactos leoninos surge nos Códigos do Sul: não ocorre nos ordenamentos europeus correspondentes a Estados maioritariamente protestantes. No CC, a inadmissibilidade do pacto leonino surge no 994.º. No CSC tem a sua concretização no 22.º/3, onde é estabelecida a nulidade das cláusulas que excluam os sócios da participação nos lucros ou que os isentem da participação nas perdas[5]. 7

5. **Fundamento**. A invalidação dos pactos leoninos assenta na proteção do sócio privado do lucro ou prejudicado como consequência da isenção de outro ou outros sócios da suportação das perdas. Visa-se evitar que o sócio renuncie ao lucro, contrapartida do risco que assume através da sua entrada na sociedade – dando, dessa forma, lugar a uma situação de desequilíbrio objetivo entre as vantagens e as desvantagens potenciais que o sócio assume em virtude da sua participação na sociedade – mediante uma decisão precipitada ou irrefletida, por deficiente ponderação das suas implicações na sua esfera em momento futuro[6,7]. Essa proibição insere-se coe- 8

[4] Sobre a origem da expressão "leonina", que remonta a uma fábula de Esopo (VI a.C.), António Menezes Cordeiro 1, 571-573.

[5] Exclui-se do âmbito de aplicação deste preceito apenas o sócio de indústria, nos termos do 178.º/2, sendo de computar as precisões dos 177.º/2, 178.º/2, *in fine* e 178.º/3; *vide* as anotações respetivas.

[6] Esta justificação vale também para a inadmissibilidade da isenção de participação nas perdas: a isenção de um sócio suportar as perdas da sociedade implica necessariamente um correlativo acréscimo desse risco para os demais sócios, sem que estes beneficiem de um simétrico incremento na participação nos lucros que lhes compete. As mesmas preocupações com a ponderação da decisão do sócio que se referem a propósito da renúncia ao lucro valem, pois, também, irrestritamente, a propósito da isenção da participação nas perdas.

[7] A justificação clássica para esta restrição da autonomia privada, que residiria na ideia de que a prossecução do lucro seria a "causa" ou a "essência" do contrato de sociedade (assim, António Ferrer Correia, *Pacto leonino*, 106 ss. ou Raúl Ventura, *Sociedades por quotas*, I, 321), deixa por demonstrar, por um lado, a necessidade de as sociedades comerciais prosseguirem um escopo lucrativo e, por outro, que esse fim seria postergado se, prosseguindo a sociedade a realização de lucros, um dos sócios fosse privado desse direito (para uma síntese das reservas quanto a estas premissas, João Miguel Ascenso, *As sociedades não lucrativas*, 828 ss.). Tal justificação assenta, na verdade, num cripto-argumento: ela não é capaz de justificar, sem

rentemente num complexo de normas, dispersas pelo ordenamento, que partilham a vocação de evitar o descontrolo e a irreflexão ao dar aquilo de que ainda se não dispõe[8]. Na base dessas normas, pode formular-se um princípio geral de irrenunciabilidade aos direitos[9].

9 6. **Desvalor.** A cláusula leonina é nula[10]. À partida, seguir-se-ia o regime da redução: o contrato de sociedade seria válido, expurgado da cláusula leonina, salvo se se demonstrasse que as partes não teriam querido a subsistência da sociedade (292.º CC). As hipóteses de tal redução sem perverter o sentido do contrato, sendo concebíveis, serão raras. A sua subsistência sem a cláusula leonina deve ser reconduzida à conversão (293.º CC). Na hipótese de um pacto leonino, todo o contrato de sociedade ficaria distorcido em função desse fim (objetivamente desequilibrado) das partes. A conversão em sociedade não-leonina só opera se o fim prosseguido pelas partes permitir supor que elas o teriam querido se tivessem previsto a invalidade.

10 7. **Lucros irrisórios ou subordinados a condições improváveis.** A norma constante do 22.º/3 não tem carácter excecional: comporta aplicação analógica. Assim, a proibição aplica-se às cláusulas que, sem privarem totalmente um sócio dos lucros ou sem o isentarem, por completo, das perdas da sociedade, lhe reservem uma parcela irrisória de lucro ou o sujeitem, também, de forma irrisória à participação nas perdas da sociedade[11]. O mesmo vale para cláusulas estatutárias que condicionem o direito aos lucros ou a participação nas perdas à verificação de eventos de improvável verificação[12].

11 8. **Lucros de exercício e lucros de liquidação.** Em face da *ratio* do 22.º/3 é irrelevante o momento em que os lucros sejam atribuídos aos sócios. Assim, à partida, inexistiria qualquer

recurso a expressões ambíguas e com referentes insindicáveis (como são "causa" ou "essência") a razão justificativa para a qualificação desse fim lucrativo como um elemento injuntivo do contrato de sociedade, o que seria necessário para a justificação da inerente compressão da autonomia privada. Precisamente neste ponto a conceção mostra-se imprecisa: a prossecução do lucro (e, *a fortiori*, a sua distribuição pelos sócios) não é um traço injuntivo das sociedades (*vide* a anotação ao artigo 6.º).

Por sua vez, as conceções que identificam o fundamento desta restrição à autonomia privada em exigências de equilíbrio material do contrato (como Jorge Pinto Furtado, *Curso de direito das sociedades*, 142) mostram-se incoerentes com a decisão de fundo do ordenamento, expressa no artigo 282.º do CC, no sentido de que o desequilíbrio entre as atribuições realizadas entre as partes não tem carácter invalidante, exceto quando for resultante de perturbações na formação da vontade da parte prejudicada.

E também sistematicamente inaceitáveis se revelam aquelas conceções que reconduzem a invalidade dos pactos leoninos à promoção de uma boa gestão societária, que poderia ser prejudicada com a distorção da correlação entre controlo e risco que as estipulações leoninas implicam (assim, desenvolvidamente, Paulo Câmara, *Parassocialidade e transmissão de valores mobiliários*, 280 ss.). O papel referencial dado à "boa gestão" da sociedade ecoa, no domínio societário, uma conceção instrumentalista da autonomia privada, que a funcionaliza à eficiência económica ou ao bom funcionamento da economia, a qual é incompatível com dados Constitucionais (*v.g* 1.º, 26.º, n.º 1 e 61.º CRP) e com os valores fundamentais que se retiram do direito do negócio jurídico: salvo em domínios muito específicos, que convocam valores que não estão presentes de forma transversal no direito societário (como a promoção da estabilidade e da aptidão funcional do sistema financeiro, nas sociedades bancárias, financeiras e seguradoras), desde que respeitadas todas as normas injuntivas aplicáveis, os únicos critérios relevantes de "boa" gestão sistematicamente aceitáveis são aqueles que se arrimem nos interesses e nas preferências subjetivas dos sócios.

[8] Entre estas pontifica o 809.º do CC, que determina a nulidade da renúncia antecipada a direitos. Outras, tais como o 942.º/1 ou o 947.º/2 do CC, entre tantas, poderiam ser elencadas no mesmo sentido. Por esta razão, o 22.º/3 não tem aplicação quando a sociedade esteja em liquidação (RCb 2-mai.-2000 (Monteiro Casimiro), Proc. 3374/99).

[9] António Menezes Cordeiro, *Tratado de Direito civil* VI, 3.ª ed. (2019), 68-69.

[10] RCb 21-dez.-2004 (Hélder Roque), CJ XXIX/2004) 5, 38-41 (39/II). A solução do 22.º/3 procurou, assim, mitigar o regime, anteriormente vigente, no 1242.º do Código de Seabra, que invalidava todo o contrato de sociedade.

[11] António Ferrer Correia, *Pacto leonino*, 109, Raúl Ventura, *Sociedades por quotas*, I, 330-331 e Paulo Olavo Cunha, *Direito das sociedades comerciais*, 329.

[12] António Ferrer Correia, *Pacto leonino*, 109 e Armando Manuel Triunfante, *A tutela das minorias nas sociedades anónimas*, 80.

obstáculo à validade das cláusulas estatutárias que privassem os sócios de lucros de exercício, remetendo-os para distribuição, aquando da liquidação da sociedade[13]. Contudo, em sociedades de duração indeterminada ou de muito longa duração – o que configura a situação mais comum e supletiva (15.º/1) – a exclusão da atribuição de lucros de exercício tem como efeito prático normal a não distribuição de quaisquer lucros aos sócios: deve, então, ser-lhe aplicada por analogia o 22.º/3[14].

9. **Aplicação a outros contratos.** A norma constante do 22.º/3 pode ser aplicada a outros 12
contratos (nomeadamente, a acordos parassociais) que ponham em vigor mecanismos jurídicos que privem um sócio dos lucros ou o isentem das perdas. Impõe-se, contudo, uma cuidadosa análise, caso a caso, quanto à procedência da razão justificativa da nulidade do pacto leonino relativamente a essas estipulações contratuais. Contratos mediante os quais o sócio aliene a título oneroso os lucros ainda não recebidos, enquanto bens futuros, não são invalidados[15]. Já os contratos que isentem das perdas alguns sócios, garantindo-lhes uma rendibilidade enquanto participarem na sociedade ou assegurando-lhes a possibilidade de alienarem a sua participação por um valor que assegure sempre que não sofram perdas, não são invalidados mediante a aplicação analógica do 22.º/3, dado que a desvantagem correlativa a essa isenção e, através desses contratos, assumida, não por outros sócios ou pela sociedade, por terceiro.

IV – **A inadmissibilidade do recurso ao critério de terceiro**

10. **Alcance**. O 22.º/4 determina a nulidade da cláusula que remeta a divisão de lucros ou 13
perdas para o critério de terceiro. Tal via, contrariando a lógica substancialista dos lucros e das perdas, permitiria a erupção de situações leoninas. Esta norma invalidante deve, todavia, ser sujeita a redução teleológica quando a estipulação da remissão para o critério de terceiro for acompanhada de um regime rigoroso que discipline o exercício do poder de distribuição dos lucros ou das perdas que a ele sejam atribuídos, de forma a que o risco de distribuições leoninas seja neutralizado.

Artigo 23.º (Usufruto e penhor de participações)

1. A constituição de usufruto sobre participações sociais, após o contrato de sociedade, está sujeita à forma exigida e às limitações estabelecidos para a transmissão destas.

2. Os direitos do usufrutuário são os indicados nos artigos 1466.º e 1467.º do Código Civil, com as modificações previstas na presente lei, e os mais direitos que nesta lhe são atribuídos.

3. O penhor de participações sociais só pode ser constituído na forma exigida e dentro das limitações estabelecidas para a transmissão entre vivos de tais participações.

[13] Luís Vasconcelos Abreu, *A sociedade leonina*, 649-650, Margarida Costa Andrade, *A incindibilidade da participação social nas sociedades anónimas*, 515 e Pedro Pais de Vasconcelos, *A participação social nas sociedades comerciais*, 86.

[14] Entendendo que o 22.º/3 determina a nulidade tanto das cláusulas que excluam os sócios dos lucros de exercício, quanto daquelas que excluam a sua participação nos lucros finais, sem distinguir em função da duração da sociedade, João Labareda, *Das acções das sociedades anónimas*, 143, Carlos Osório de Castro, *Valores mobiliários* (1998), 105 e Alexandre Soveral Martins, *Cláusulas do contrato de sociedade que limitam a transmissibilidade das acções*, 109.

[15] Já alienações gratuitas dos juros futuros, ou atribuições análogas, serão inválidas por efeito do 942.º/1 CC.

4. Os direitos inerentes à participação, em especial o direito aos lucros, só podem ser exercidos pelo credor pignoratício quando assim for convencionado pelas partes.

Bibliografia: António Miguel Arnaut, *A coisificação de participações sociais: breve reflexão*, DSR 8/15 (2015), 237-273; António Caeiro/Maria Ângela Coelho, *Proibição de cessão de quotas sem consentimento da sociedade e constituição de usufruto sobre a quota*, RDE VIII (1982), 71-82; Margarida Costa Andrade, *comentário ao 23.º*, em *Código das Sociedades Comerciais em comentário* I, 2.ª ed (2017), 389-425; E. Lucas Coelho, *Direito de voto dos accionistas* (1987), 71-79; José Gabriel Pinto Coelho, *Usufruto de acções*, RLJ 90 (1957), 49-52, 64-67, 81-83, 97-100, 129-132, 161-163, 176-179, 193-195, 209-211, 224-229 e 241-243, 90 (1958), 257-259, 273-275. 289-291, 305-307, 321-323, 337-339, 353-355 e 369-370, e 91 (1958), 33-36, 49-51 e 65-67; António Menezes Cordeiro, *Direitos reais* (1993, reimp.), 645 ss. e 741 ss.; *Id.*, *Tratado de Direito civil* X (2015), 633-684; Luís Brito Correia, *Direito comercial* 2 (1989), 360-363; Paulo Olavo Cunha, *Direito das sociedades* comerciais (2019), 492-499; Tiago Soares da Fonseca, *O penhor de acções*, 2.ª ed. (2007); João Labareda, *Das acções das sociedades anónimas* (1988), 109-131; José de Freitas/ /Jéssica Rodrigues Ferreira, *Revisitando o usufruto de ações*, DSR, vol. 20 (2018), 81-103; Fernando Pires de Lima, *Do usufruto, uso e habitação*, BMJ 79 (1958), 73-76; Barbosa de Magalhães, *Usufruto de acções, de partes e de quotas sociais*, ROA 1952, 1-2, 45-90; José Pedro Fazenda Martins, *Direitos reais de gozo e de garantia sobre valores mobiliários*, em *Direito dos valores mobiliários* (1997), 99-119; Alexandre Soveral Martins, *Cláusulas do contrato de sociedade que limitam a transmissibilidade das acções. Sobre os arts. 328.º e 329.º do CSC* (2006), 392-399; Catarina Monteiro Pires, *A execução extraprocessual do penhor: os casos particulares dos penhores de acções e de quotas*, O Direito 142 (2010), 539-570; Adriano Vaz Serra, *Títulos de crédito*, BMJ 60 (1956), 5-350 e 61 (1956), 5-354 (35 ss.); Manuel Nogueira Serens, Penhor de quota: venda de imóveis da sociedade em prejuízo do credor, CJ (1996), 5-17; Pedro Pais de Vasconcelos, *A participação social nas sociedades comerciais*, 2.ª ed. (2006), 381-387; L. Miguel Pestana de Vasconcelos, *Direito das garantias*, 3.ª ed. (2019), 348-359; Pedro Pais de Vasconcelos, *A participação social nas sociedades comerciais* (2006), 381-387; Raúl Ventura, *Sociedades por quotas* 1 (1989), 398-426.

Índice

I – **Versões anteriores e origem**
1. Redação original ... 1
2. Reforma de 2001 ... 3
3. Reforma de 2006 ... 4

II – **O usufruto de participações sociais**
4. Aspetos civis ... 5
5. Natureza ... 8
6. Constituição ... 9
7. Os direitos do usufrutuário ... 10
8. Direito aos lucros ... 11
9. Direito de voto ... 13
10. Deliberações que modifiquem a participação social objeto do usufruto ... 15
11. Direito de informação ... 16
12. Impugnação de deliberações sociais ... 17
13. Direito de usufruto sobre a quota de liquidação ... 18
14. Aumento de capital ... 19
15. Posições jurídicas passivas ... 20
16. Direitos do titular de raiz ... 21

III – **O penhor de participações sociais**
17. Aspetos civis ... 24
18. Natureza ... 26
19. Penhor financeiro de ações ... 27
20. Constituição ... 28
21. Direitos inerentes à participação empenhada ... 29
22. Direito de voto ... 32
23. Direito ao lucro ... 36
24. Aumento de capital por incorporação de reservas ... 37
25. Sub-rogação real do crédito de liquidação ... 38
26. Dever de colaboração do credor pignoratício 39
27. Posições passivas ... 40
28. A execução do penhor ... 41

I – **Versões anteriores e origem**

1. **Redação original**, segundo o DL 262/86, de 2-set.[1]: 1

> 1. A constituição de usufruto sobre participações sociais está sujeita à forma exigida e às limitações estabelecidas para a transmissão destas.

A retificação publicada em 29-nov.-1986, acrescentou, no n.º 1, "após o contrato de sociedade"[2]. Efetivamente, resultando a mesma do contrato, a norma não teria qualquer sentido útil. 2

2. **Reforma de 2001**. O DL 237/2001, de 30-ago. (1.º) procurando operar uma simplificação formal[3], veio alterar o 23.º/3, dando-lhe a seguinte redação: 3

> 3. O penhor de participações sociais só pode ser constituído dentro das limitações estabelecidas para a transmissão entre vivos de tais participações e deve constar de escrito particular.

3. **Reforma de 2006**. O DL 76-A/2006, de 29-mar., alterou de novo o 23.º/3, restituindo-o à fórmula original, de 1986[4]. Na verdade, a simplificação do "escrito particular" perdeu sentido, perante a desformalização geral encetada por esse diploma. 4

II – **O usufruto de participações sociais**

4. **Aspetos civis**. O usufruto é um direito real[5] apresentado, no 1439.º do CC, como: 5

> (...) o direito de gozar temporária e plenamente uma coisa ou direito alheio, sem alterar a sua forma ou substância.

A concreta situação jurídica de cada usufrutuário depende do título constitutivo em causa (1445.º do CC). Na base, ele pode (1446.º): 6

> (...) usar, fruir e administrar a coisa ou o direito como faria um bom pai de família, respeitando o seu destino económico.

O usufruto de direitos, como é o usufruto de participações sociais, não é, *summo rigore*, um direito real: ele não incide sobre uma coisa corpórea. Todavia, corresponde ao mesmo figurino de base pressuposto nos 1439.º ss do CC: trata-se de um direito extenso e temporalmente limitado. Consequentemente, será aplicável ao usufruto de direitos (em particular, de participações sociais), por analogia, o regime estabelecido no CC, destinado a assegurar a sua coexistência com a do direito do titular de raiz. Atendendo às dissimilitudes entre as participações sociais e as coisas corpóreas, pressupostos pelo regime do usufruto como objeto desse direito, essa aplicação reclamará pontuais adaptações. 7

5. **Natureza**. O direito do usufrutuário de participações sociais é, ele próprio, uma participação social, limitada embora pelo (lato) crivo do usufruto. O usufrutuário é, assim, sócio, tal como o titular da raiz[6]: ambas as posições são compatibilizadas perante as regras do usufruto. 8

[1] DR I Série, n.º 201, de 2-set.-1986, 2301/I.

[2] DR I Série, n.º 276 (Supl.) de 29-nov.-1986, 3602-(4)/I e II.

[3] DR I Série-A, n.º 201, de 30-ago.-2001, 5559/II.

[4] DR I Série-A, n.º 63 (Supl.), de 29-mar.-2006, 2328-(6).

[5] Quanto às suas origem e evolução, António Menezes Cordeiro, *Direitos reais* (1993, reimp.), 645 ss..

[6] RLx 13-out.-1995 (Coelho Ribeiro), CJ XX (1995) 4, 112-116 (115/II).

9 6. A **constituição** de um usufruto sobre participações sociais (partes, quotas ou ações) pode advir do próprio pacto social. Na hipótese de constituição subsequente, aplicam-se a forma e as limitações fixadas para a própria transmissão das participações (23.º/1)[7]. A razão justificativa desta solução é clara: o usufruto traduz um direito amplo sobre a participação social que abrange, na prática, o essencial do seu conteúdo. Aplicam-se, assim, à constituição de usufruto sobre participações sociais as normas relativas à forma dos negócios translativos de participações, bem como aquelas que estabelecem limites à sua transmissão[8]. Da remissão constante do 23.º/1 resulta ainda que as preferências legais de que os sócios beneficiem na aquisição de participações sociais aos demais se estendem também às situações de constituição de usufruto[9]. Já as limitações estatutárias à transmissão de participações não são diretamente abrangidas pela remissão operada pelo 23.º/1[10]: aí, saber se os limites estatutários a essa transmissão abrangem também a sua oneração será uma questão de interpretação das cláusulas que os estabelecem (e de eventual integração dos estatutos)[11].

10 7. **Os direitos do usufrutuário** de participações sociais, tal como resulta do 23.º/2, constam essencialmente dos 1467.º ss. do CC, com as modificações operadas pelo CSC[12], e ainda de

[7] STJ 16-mar.-1999 (Quirino Soares), CJ/Supremo VII (1999) 1, 158-160.

[8] Assim, a constituição de usufruto sobre partes sociais deve ser celebrado por escrito e carece do consentimento de todos os sócios (181.º/1 e 2). Também a constituição de usufruto sobre quotas depende da sua celebração por escrito e do consentimento da sociedade, salvo quando o usufrutuário seja cônjuge, ascendente ou descendente do sócio, ou também ele seja sócio da sociedade (228.º/1 e 2). A constituição de usufruto sobre participações sociais de qualquer um destes tipos está, ainda, sujeita, como condição de eficácia, a inscrição no registo comercial [3.º/1, *e*) e *f*), do CRCom e 242.º-A]. Na constituição de usufruto sobre ações, os requisitos exigíveis, em cumulação com a válida celebração do contrato constitutivo do usufruto, variam consoante as ações sejam escriturais ou tituladas e, neste último caso, consoante sejam nominativas ou ao portador. Estando em causa ações escriturais, a constituição do usufruto depende do registo na conta do respetivo titular ou do usufrutuário (81.º/1, 2 e 5, do CVM), a requerimento de qualquer um deles [66.º/2, *b*), do CVM]. O mesmo regime é também aplicável ao usufruto de ações tituladas integradas em sistema centralizado (105.º do CVM). Sendo as ações tituladas, a constituição do usufruto requer a entrega do título ao portador ou ao depositário por ele indicado, no caso de estas serem ao portador (101.º/1 do CVM), ou a declaração de oneração no título, seguida de registo junto da sociedade emitente ou do intermediário financeiro que a represente, no caso de as ações serem nominativas (102.º/1 do CVM).

[9] RLx 22-set.-2005 (Fátima Galante), Proc. 3032/2005-6: o direito de preferência funciona relativamente à constituição de usufruto.

[10] Em sentido contrário, entendendo que as limitações à transmissão de ações se aplicam à constituição de usufruto por efeito da remissão heteronomamente operada pelo 329.º veja-se Alexandre Soveral Martins, *Cláusulas do contrato de sociedade que limitam a transmissibilidade das acções*, 329.

[11] Dado que o usufruto da participação atribui ao usufrutuário grande parte dos poderes conferidos pela participação social e que, por essa razão, o usufrutuário pode intervir intensamente na vida societária, pode afirmar-se, como mera verificação de uma frequência fáctica, que tipicamente as cláusulas que obstam à transmissão de participações sociais abrangem também a sua oneração com um direito de usufruto. Assim será, pelo menos, quando a finalidade dos sócios ao estabelecerem tais limitações se prenda com o controlo do universo dos sujeitos que podem interferir na vida da sociedade, em virtude da titularidade de direitos sociais – o que, como visto, é amplamente possibilitado pela constituição de usufruto sobre a participação social.

[12] O 23.º/2 remete ainda para o 1466.º do CC, referente ao usufruto de títulos de crédito, que atribui ao usufrutuário de títulos de créditos o "direito à fruição dos prémios e outras utilidades aleatórias produzidas pelo título". Na medida em que apenas algumas participações sociais (nomeadamente, as ações tituladas) se configuram como títulos de crédito, esta remissão deve ser interpretada como atribuindo vantagens que sejam específicas das participações sociais tituladas, ou cuja atribuição ao usufrutuário apenas se justifique substancialmente em virtude da titulação da participação. Se existem direitos dos acionistas que apenas se justificam em virtude da titulação da sua participação (por ex., o direito a requerer a emissão de ações provisórias, ou a reforma do documento que titula a ação, se este se perder ou destruir), não se encontram, entre os legalmente conferidos aos sócios, direitos *aleatórios* que se reconduzam a estes requisitos. Acresce que as "utilidades aleatórias" típicas das participações sociais – os lucros – são já alocadas pelo 1467.º, *a*). A relevância da remissão do 23.º/2 para o 1466.º resulta, pois, como tendencialmente vazia.

preceitos avulsos do CSC dos quais, diretamente ou por analogia, decorrem direitos não indicados no Código.

8. O usufrutuário de participações sociais tem **direito aos lucros** distribuídos correspondentes ao tempo de duração do usufruto. A regra é a da distribuição *pro rata temporis* estabelecida pelo 213.º/2 CC. Sendo constituído o usufruto depois do início do exercício ou cessando esse direito antes do seu termo, o usufrutuário apenas terá direito à parcela dos lucros proporcional à fração do exercício durante a qual foi usufrutuário. O remanescente cabe ao sócio, titular de raiz[13]. 11

A alocação dos lucros distribuídos sem ser a título de lucros de exercício segue o regime dos lucros não distribuídos a título de lucros de exercício, o dos lucros de liquidação [1467.º/1, *c*), do CC], bem como na situação análoga do aumento de capital por incorporação de reservas (92.º/5). A titularidade, em moldes análogos ao direito de propriedade, é atribuída ao radiciário, sendo cumulativamente atribuído ao usufrutuário da participação social o direito de usufruto sobre o crédito aos lucros e sobre os bens recebidos em satisfação desse crédito[14]. 12

9. Ao usufrutuário é ainda atribuído o **direito de voto** [1467.º/1, *b*), do CC], que exercerá por conta própria (e não por conta do titular de raiz): o usufrutuário não tem de levar em conta os interesses do radiciário. Fica, porém, vinculado a deveres de lealdade para com o radiciário, dos quais pode pontualmente decorrer a ilicitude do voto que vise vantagens a auferir durante o decurso do período do usufruto, em detrimento da subsequente estabilidade da sociedade. Mesmo em tais casos, a validade do voto permanece intocada: a tutela do radiciário far-se-á por via indemnizatória e, no limite, através da resolução do contrato constitutivo do usufruto. 13

Quando se trate de deliberações que importem a alteração dos estatutos ou a dissolução da sociedade, o voto pertence conjuntamente ao usufrutuário e ao titular da raiz (1467.º/2 do CC): não há voto se não estiverem de acordo[15]. Esta delimitação negativa consubstancia uma concretização do limite ao direito do usufruto genericamente estabelecido na parte final do 1439.º CC: o usufrutuário não pode alterar a substância do objeto do usufruto. Às deliberações de alteração dos estatutos ou de dissolução da sociedade devem ser equiparadas as que produzam outro tipo de alterações estruturais na atividade económica da sociedade (como a alienação de um estabelecimento cuja exploração seja o único objeto da sociedade)[16]. 14

10. Carecem de consentimento cumulativo do usufrutuário e do titular, todas aquelas **deliberações que modifiquem a participação social objeto do usufruto**, sem que haja uma alteração do contrato de sociedade. Esta ideia aflora no 233.º/4, a propósito da amortização de quota; deve ser generalizada a todo este universo de situações[17]. 15

[13] O usufrutuário tem este direito mesmo que no momento da distribuição de lucros de exercício o usufruto já tenha cessado, conquanto que tenha sido titular do direito de usufruto parte do período ao qual se refere o exercício. Esta interpretação é reforçada pelos trabalhos preparatórios, onde se clarifica que "deve atender-se ao momento em que se auferem os lucros [...] e não ao momento da sua distribuição": Fernando Pires de Lima, *Do usufruto, uso e habitação*, 74. Neste sentido, *vide* ainda, Raúl Ventura, *Sociedades por quotas*, I, 408.

[14] Neste sentido, desenvolvidamente, Raúl Ventura, *Sociedades por quotas*, I, 408 ss. Não se deve escamotear que a intenção do legislador histórico era a de abarcar a distribuição de todos os lucros "acumulados" durante o período de usufruto, com exceção dos lucros de liquidação, ao regime do 1467.º, *a*) CC (*vide* a referência da nota anterior). Contudo, o elemento interpretativo baseado na postulada coerência valorativa do sistema [em particular, na coerência com o 1467.º, *c*), CC e com o 92.º/5 CSC] parece dever prevalecer sobre o elemento histórico de interpretação, retirado dos trabalhos preparatórios.

[15] STJ 4-jul.-2002 (Silva Paixão), CJ/Supremo X (2002) 2, 147-149 (148).

[16] Raúl Ventura, *Sociedades por quotas*, I, 418.

[17] Raúl Ventura, *Sociedades por quotas*, I, 419.

16 11. O usufrutuário tem o **direito à informação** nos mesmos termos que é atribuído aos sócios, quando disponha do direito de voto: tal resulta expressamente do 293.º para o usufruto de ações, devendo essa norma ser aplicada por analogia ao usufruto de outros tipos de participações sociais[18]

17 12. A atribuição do direito de **impugnação de deliberações sociais** é também atribuída em função do direito de voto: o usufrutuário pode impugnar as deliberações sociais nas quais tenha voto (e apenas essas)[19]. Relativamente às deliberações nas quais o voto deve ser exercido conjuntamente pelo usufrutuário e pelo titular de raiz, existe uma situação de litisconsórcio necessário ativo para a sua impugnação[20].

18 13. O usufrutuário tem o **direito de usufruto sobre a quota de liquidação**, ou sobre o produto da liquidação da quota objeto de usufruto [1467.º/1, *c*), do CC]. Com a liquidação da sociedade ou da quota, extingue-se a participação social objeto de usufruto, passando o sócio a ser credor de uma quantia pecuniária. No que concerne ao direito de usufruto, dá-se um fenómeno de sub-rogação real: o objeto deixa de ser a participação extinta, passando a ser a quantia pecuniária atribuída ao titular da participação, em virtude dessa liquidação (o que abrange, tanto a quantia correspondente ao valor nominal, quanto a quantia correspondente a um eventual lucro de liquidação[21]). O direito do usufrutuário continua a ter carácter temporário: terminado o período de usufruto a quantia pecuniária passa plenamente ao titular de raiz, devendo este ser reembolsado, caso o usufrutuário tiver disposto das unidades monetárias em causa (1451.º/1 do CC).

19 14. Em caso de **aumento de capital**, os direitos do usufrutuário são diferentes consoante este se dê por incorporação de reservas ou por novas entradas. Havendo incorporação de reservas, o titular das novas participações sociais será o radiciário da participação onerada, cabendo ao usufrutuário o usufruto sobre as participações emitidas em consequência do aumento de capital (92.º/5). Havendo novas entradas, o direito a participar no aumento de capital é alocado consoante o que for acordado pelo titular de raiz e pelo usufrutuário. Na falta de acordo, esse direito pertence ao titular de raiz (269.º/1 e 462.º/1)[22].

20 15. A constituição do usufruto não tem impacto na adstrição do titular de raiz às **posições jurídicas passivas** decorrentes da sua participação. O titular de raiz continua adstrito ao cumprimento da obrigação de entrada e à realização de prestações acessórias ou de prestações suplementares, quando deliberadas. Continua, também, vinculado a deveres de lealdade para com a sociedade, ainda que o conteúdo destes seja modificado pelo decréscimo da sua participação na vida societária decorrente da oneração da sua participação com o usufruto.

21 16. **Direitos do titular de raiz.** Mau grado o usufruto, o titular de raiz mantém alguns direitos inerentes à participação onerada: além do direito de voto, em articulação com o usufrutuário, e do direito a impugnar deliberações sociais em que possa votar, ele dispõe dos direitos de infor-

[18] A necessidade dessa aplicação analógica é demonstrada por a razão justificativa do direito de informação pelo 293.º se fundar na necessidade do acesso à informação para poder formar adequadamente a vontade expressa através do voto e por essa necessidade ser transversalmente relevante, independentemente do tipo de participação à qual é inerente o direito de voto a exercer.

[19] A propósito da deliberação de distribuição de lucros, Raúl Ventura, *Sociedades por quotas*, I, 421-422.

[20] Salientando a necessidade de um exercício conjunto pelo usufrutuário e o sócio radiciário, Raúl Ventura, *Sociedades por quotas*, I, 421.

[21] Raúl Ventura, *Sociedades por quotas*, I, 413.

[22] É, porém, atribuído ao usufrutuário quando o titular de raiz declarar que não pretende subscrever a nova quota (269.º/2) ou não exercer o seu direito de subscrever as ações emitidas (462.º/2).

mação, de participar e de tomar a palavra em todas as assembleias gerais, independentemente de nelas poder votar.

Tal justifica-se, pela positiva, por o titular de raiz não deixar de ser um dos «proprietários materiais» do património societário (repercutindo-se, consequentemente, na sua esfera, e ainda que de forma mediata, as oscilações desse património) e por, decorrido o período de usufruto, este voltar a ser titular de uma participação social plena, razões pelas quais continua a ter um interesse juridicamente relevante nos destinos da sociedade. Numa dimensão negativa, todos estes direitos são de exercício não concorrente com os direitos atribuídos ao usufrutuário: o seu exercício pelo radiciário não coloca nem o usufrutuário, nem os restantes sócios, numa posição mais desfavorável do que aquela em que estariam se o direito não lhe fosse cumulativamente atribuído. 22

O titular de raiz mantém o direito aos lucros em todas as situações não abrangidas pelo 1467.º/1, *a*), do CC, incluindo os lucros de liquidação, e o direito a receber novas participações sociais em virtude do aumento de capital por incorporação de reservas. Isso, sem prejuízo de, em todos estes casos, incidir também um direito de usufruto a favor do usufrutuário da participação[23]. 23

III – O penhor de participações sociais

17. **Aspetos civis**. O penhor é apresentado, no 666.º/1 do CC, como conferindo: 24

> (...) ao credor o direito à satisfação do seu crédito, bem como dos juros, se os houver, com preferência sobre os demais credores, pelo valor de certa coisa móvel, ou pelo valor de créditos ou outros direitos não suscetíveis de hipoteca, pertencentes ao devedor ou a terceiro.

O penhor, caracteristicamente, reporta-se a coisas móveis e exige, para se constituir, o desapossamento (669.º/1, do CC). O CC admite e regula o penhor de direitos (679.º a 685.º), determinando a aplicação das regras relativas ao penhor de móveis, com as necessárias adaptações. Necessário é que os direitos em causa se reportem a coisas móveis suscetíveis de transmissão (680.º): "coisas" abrange, aqui, as incorpóreas. 25

18. **Natureza.** O direito do credor pignoratício atinge a totalidade da participação social; todavia, ele proporciona um aproveitamento em termos de garantia e, daí, de realização pecuniária e não, propriamente, em termos societários. 26

19. **Penhor financeiro de ações**. Quando preencha os demais requisitos relativos à natureza do prestador e do beneficiário, ao carácter pecuniário da obrigação garantida, desapossamento e prova, o penhor de ações pode qualificar-se como penhor financeiro (2.º a 7.º). Consequentemente: (a) admite-se, nesses casos, a atribuição ao beneficiário da garantia do poder de alienar ou onerar as ações (9.º); (b) afasta-se a invalidade do pacto comissório e (c) acolhe-se, como solução supletiva, a admissibilidade da execução extrajudicial do penhor (11.º, todos do DL 105/2004, de 8-mai.). 27

20. A **constituição** de um penhor sobre participações sociais segue a forma e as limitações estabelecidas para a sua transmissão entre vivos (23.º/3, que reproduz o que já decorre do 681.º/1 do CC). Vale, com as devidas adaptações, o acima exposto relativamente à constituição do usu- 28

[23] Veja-se *supra* a anotação n.º 9.

fruto[24]. Na medida em que a execução do penhor opera através da sua transmissão para terceiro (ou, em casos delimitados, para o próprio credor) e que, portanto, a constituição do penhor implica uma potencial alteração da titularidade da participação empenhada, deve entender-se que as limitações estatutárias para a transmissão de ações se aplicam também ao empenhamento dessas participações[25].

29 21. **Direitos inerentes à participação empenhada.** O regime supletivo estabelecido no 23.º/4 (bem como, no que concerne ao penhor de ações, no 81.º/4 CVM) é o de que, apesar da constituição do penhor, o titular da participação continua a exercer todos os direitos inerentes à participação empenhada[26]. Podem, porém, as partes estipular que esses direitos sejam exercidos pelo credor pignoratício[27].

30 A parte final do 23.º/4 reporta-se à alocação da titularidade dos direitos inerentes à participação empenhada ao credor pignoratício e não à mera atribuição de legitimidade, a este último, de direitos que permanecem na esfera do sócio. Relativamente ao direito de voto, isso resulta do 293.º: a atribuição do direito de informação ao credor pignoratício que exerça o direito de voto apenas se justifica quando este o exerce por conta e em nome próprio[28], como, de resto, sucede com o voto do usufrutuário. Dado que o 23.º/4 não diferencia o tipo de posição jurídica atribuída ao credor pignoratício o 293.º sustenta uma conclusão que vale genericamente para todos os direitos inerentes à participação empenhada. A contraposição entre as referências à *atribuição* de direitos ao usufrutuário (no 23.º/2) e aos direitos que podem ser *exercidos* pelo credor pignoratício não permite fundar um argumento interpretativo em sentido contrário, dado que o próprio Código se refere amiúde ao *exercício* de direitos para designar fenómenos que pressupõem a atribuição da titularidade de direitos[29],[30].

[24] No que concerne ao penhor de quotas, exige-se a sua constituição por escrito, dependendo a eficácia dessa constituição do consentimento da sociedade, salvo quando o credor pignoratício se reconduza a alguma das categorias enunciadas no 228.º/2, estando ainda o ato constitutivo de penhor sujeito a registo comercial [3.º/1, *f*), do CRCom e 242.º-A].
Por seu turno, o penhor de ações não está sujeito a qualquer requisito de forma. O 7.º do DL 105/2004 exige, relativamente ao penhor financeiro, que a sua constituição seja suscetível de prova por documento escrito ou por forma equivalente. Trata-se, contudo, de um mero requisito de qualificação do penhor de ações como penhor financeiro e não de um requisito de validade. Já as formalidades exigidas para a eficácia do negócio constitutivo do penhor variam consoante estas tenham natureza escritural ou titulada e, neste último caso, consoante as ações sejam nominativas ou ao portador. A eficácia do penhor de ações escriturais (ou tituladas integradas em sistema centralizado) carece de registo em conta (do acionista ou, no caso de a este ser conferido direito de voto, do credor pignoratício) nos termos do 81.º/1 e 2 CVM. Estando em causa ações tituladas, a constituição do penhor requer a entrega do título ao portador ou ao depositário por este indicado (101.º/1 CVM), ou a inscrição da constituição de penhor no próprio título, seguida de registo junto da sociedade emitente ou do intermediário financeiro que a represente, no caso de as ações serem nominativas (102.º/1 CVM).

[25] Assim, Raúl Ventura, *Sociedades por quotas,* I, 423.

[26] Assim, a credora pignoratícia de quotas de sociedade não tem de consentir na venda de imóveis desta: REv 7-dez.-1995 (António Manuel Pereira), CJ XX (1995) 5, 292-294 (293/I) = BMJ 452 (1995), 508. Também a depositária e credora pignoratícia de ações de uma sociedade não pode negar a entrega da competente declaração comprovativa, para permitir ao titular exercer os direitos sociais: RLx 19-fev.-1998 (Palha da Silveira), CJ XXIII (1998) 1, 127-129 (128/II).

[27] Os preceitos referidos no texto não distinguem consoante a obrigação garantida esteja, ou não, vencida, nem o sistema concebe a alocação dos direitos ao sócio ou ao credor pignoratício como uma questão relativa ao risco de insatisfação do crédito garantido, razão pela qual não se adere à conceção segundo a qual, após o vencimento, os direitos inerentes à participação empenhada passam a ser exercidos pelo credor, mesmo que as partes nada tenham estipulado nesse sentido (como pretende Manuel Nogueira Serens, *Penhor de quota,* 9-10). Neste sentido, Jorge Coutinho de Abreu, *Curso de direito comercial,* II, 335 e Margarida Costa Andrade, *Comentário ao 23.º*, 413.

[28] *Vide* a anotação ao 293.º. Salientando também este aspeto, Margarida Costa Andrade, *comentário ao 23.º*. 414, ainda que conclua em sentido diferente quanto à interpretação do 23.º/4, parte final.

[29] Veja-se, a título ilustrativo, os artigos 17.º/2 e 3, *c*), 56.º/1, *b*), 58,º/1, *b*), 74.º/1, 140.º-A/2, 181.º/6, 183.º/5,

Não obstante, independente do 23.º/4, os sócios podem, no exercício da sua autonomia privada, atribuir legitimidade a outrem para o exercício de direitos cuja titularidade lhes pertence. Desta forma, a regra é a de que tanto a titularidade dos direitos inerentes à participação empenhada (o que se retira do 23.º/4), quanto a legitimidade para o seu exercício (o que decorre da natural coincidência de base entre a titularidade de um direito e a legitimidade para o exercer) são alocadas ao sócio. Na falta de estipulação negocial, ao credor pignoratício não compete nem uma, nem outra. Contudo, por via negocial, tanto a titularidade dos bens empenhados, quanto a legitimidade para os exercer pode ser atribuída ao credor pignoratício. Assim, a resposta à questão sobre se uma concreta cláusula estipulada entre sócio e credor pignoratício atribui a este último a titularidade de um direito inerente à participação empenhada ou apenas a legitimidade para o exercício da mesma (sem que esta deixe de ser da titularidade do sócio) apenas pode ser alcançada através da interpretação das declarações negociais que a constituem. 31

22. **Direito de voto.** Supletivamente, o direito de voto inerente à participação empenhada permanece na esfera do sócio. No exercício desse direito, o sócio não se encontra condicionado pelo interesse do credor. Em particular, o sócio não está vinculado a não exercer o seu direito de voto de forma que conduza a uma depreciação do valor da participação empenhada[31]. A tutela do credor pignoratício contra essa desvalorização faz-se através do mecanismo estabelecido no 670.º, *c*), do Código Civil (aplicável por remissão do 679.º do Código Civil): a deterioração do valor da participação empenhada em tal medida que se torne insuficiente para a segurança da dívida, atribui ao credor pignoratício o direito de exigir o reforço da garantia ou de exigir o cumprimento imediato da obrigação garantida. 32

Sendo o direito de voto atribuído ao credor pignoratício, ser-lhe-ão atribuídos também o direito de informação (artigo 293.º, aplicável por analogia aos demais tipos societários[32]), bem como o poder de impugnar deliberações sociais. Nestes casos, quando o direito de voto seja alocado pelas partes ao credor com a finalidade de lhe facultar um instrumento de tutela da sua posição enquanto garante (possibilitando a participação na tomada de decisões com impacto no valor económico do bem dado em garantia) – o que consubstancia a situação socialmente típica – e não com o sentido de uma atribuição autónoma, o credor pignoratício estará, *ex bona fide*, vinculado a atuar de acordo com as instruções do sócio em todas as questões que transcendam o seu interesse enquanto beneficiário de uma garantia e, se necessário, a conceder-lhe poderes para que possa exercer diretamente o direito de voto nessas questões[33]. 33

185.º/3, 214.º/2, 214.º/8, 215.º, 224.º/1, 227.º/3, 231.º/4, 239.º/1, 248.º/2 e 5, 266.º/5, 267.º/3, 269.º/1 e 4, 303.º/1, 377.º/5, *c*), 384.º/4, 8 e 9, 458.º/2, 459.º, 462.º e 485.º/3 e 5.

[30] Contra, baseando nesta contraposição linguística a interpretação da parte final do 23.º/4 como referindo-se à atribuição ao credor pignoratício de legitimidade para exercer direitos que permanecem na titularidade do sócio, veja-se Tiago Soares da Fonseca, *O penhor de acções*, 78 bem como, parcialmente, Margarida da Costa Andrade, *Comentário ao 23.º*, 397 (a propósito de todos os direitos menos o direito de voto) e José Pedro Fazenda Martins, *Direitos reais de gozo e garantia sobre valores mobiliários*, 115-116 (a propósito do direito ao dividendo).

[31] Contra o exposto em texto: Tiago Soares da Fonseca, *O penhor de acções*, 69 ss, Margarida da Costa Andrade, *Comentário ao 23.º*, 398 e L. Miguel Pestana de Vasconcelos, *Direito das garantias*, 325.

[32] *Vide* a anotação ao 293.º e bibliografia aí citada.

[33] Neste sentido, L. Miguel Pestana de Vasconcelos, *Direito das garantias*, 353 e Margarida da Costa Andrade, *comentário ao 23.º*, 414. Contra, colocando apenas como limite a atuação do credor pignoratício a atuação "in odium debitoris", Tiago Soares da Fonseca, *O penhor de acções*, 83.

34 No penhor de ações, caso o sócio seja simultaneamente titular das ações empenhadas, cuja titularidade do direito de voto seja alocada ao credor pignoratício e de ações cujo direito de voto possa exercer enquanto titular, não existe nenhum impedimento a que sócio e credor pignoratício votem em sentidos diferentes: o 385.º/1 não é aplicável a estes casos[34].

35 Importa ainda referir que, nas SPQ, o credor pignoratício deve dar o seu assentimento à amortização da quota (233.º/4). A norma não é extensível ao penhor de ações, dado que, nos 346.º e 347.º, o consentimento do próprio titular não consubstancia pressuposto da amortização.

36 23. **Direito ao lucro.** A regra supletiva do 23.º/4, de que os direitos inerentes à participação social apenas são atribuídos ao credor pignoratício quando tal for estipulado pelas partes (a qual particulariza, aliás, a sua aplicação ao direito aos lucros), prevalece sobre a regra supletiva que decorre do artigo 672.º/1 do Código Civil, o qual pressupõe que a titularidade dos frutos é atribuída ao credor pignoratício. Desta forma, se nada for estipulado, o sócio permanece o credor dos lucros distribuídos (não sendo o crédito aos lucros abrangido pelo penhor, conforme decorre do 672.º/2 do Código Civil). Caso, inversamente, a titularidade do direito aos lucros seja afeta ao credor pignoratício, será este o credor dos lucros distribuídos pela sociedade, não estando este de forma alguma constrangido quanto à aplicação das quantias a esse título recebidas. Caso, contudo, as partes atribuam ao credor pignoratício legitimidade para o exercício do direito aos lucros, permanecendo a respetiva titularidade com o sócio, as quantias recebidas a título de lucros estão sujeitas à destinação estabelecida no 672.º/1, aplicável por remissão do 679.º: o credor pignoratício terá o dever de cobrar o crédito aos lucros (683.º) e os valores dessa forma recebidos serão imputados à satisfação das obrigações de juro garantidas pelo penhor e, na hipótese de o valor dos lucros ser superior ao valor dos juros, à satisfação da obrigação de capital garantida[35].

37 24. Havendo **aumento de capital por incorporação de reservas**, as novas participações emitidas passam a ser oneradas pelo penhor: tal resulta da aplicação analógica do 92.º/5[36].

38 25. **Sub-rogação real do crédito de liquidação**. Em caso de liquidação da sociedade ou da quota empenhada, extingue-se a participação social objeto do penhor e constitui-se, na esfera do sócio, um crédito de liquidação. Economicamente, o crédito à liquidação afigura-se como um sucedâneo da participação. Aplica-se, em coerência e por analogia, o disposto no 674.º/2 do Código Civil (com paralelos nos 685.º/1 e 692.º/1 do mesmo diploma): o crédito de liquidação fica sub-rogado como objeto do penhor, passando, consequentemente, a aplicar-se a este o regime do penhor de créditos[37].

39 26. **Dever de colaboração do credor pignoratício**. No penhor de ações tituladas, sempre que para o exercício dos direitos sociais pelo sócio seja impreterível a apresentação dos documentos que titulam as ações, nomeadamente no exercício dos direitos inerentes a ações

[34] Tiago Soares da Fonseca, *O penhor de acções*, 82.

[35] Neste sentido, L. Miguel Pestana de Vasconcelos, *Direito das garantias*, 355. Saliente-se, porém, que o 679.º não pode ser lido como estabelecendo uma interferência na relação de base existente entre sócio e credor pignoratício: a afetação das quantias recebidas a título de lucros ao reembolso da obrigação garantida pressupõe cumulativamente que essa obrigação seja pagável no momento em causa e que, quando o montante em causa seja inferior ao valor total da obrigação de capital, que o seu cumprimento parcial seja admitido, em derrogação do 763.º/1 do Código Civil.

[36] L. Miguel Pestana de Vasconcelos, *Direito das garantias*, 355.

[37] Assim, Raúl Ventura, *Sociedades por quotas*, I, 424-425, Manuel Nogueira Serens, *Penhor de quota*, 11 e L. Miguel Pestana de Vasconcelos, *Direito das garantias*, 357.

tituladas ao portador não depositadas, o credor pignoratício estará obrigado *ex bona fide* a colaborar com o sócio, facultando-lhe a detenção dos títulos[38].

27. **Posições passivas.** Todas as posições passivas integrantes do conteúdo da participação 40
permanecem na esfera do sócio. O incumprimento das obrigações do sócio pode, contudo, projetar-se na posição do credor pignoratício quando lhe tenham sido atribuídos direitos: nomeadamente, o incumprimento da obrigação de entrada prejudica o direito de voto inerente à participação (384.º/4), mesmo que este tenha sido alocado pelo sócio a terceiros, como é o credor pignoratício[39].

28. **A execução do penhor.** Vencida a obrigação, pode o credor pignoratício lançar mão 41
de qualquer um dos meios de execução do penhor legalmente admitidos[40]: em particular, pode promover a execução judicial do penhor[41], a adjudicação das participações sociais por valor a fixar pelo tribunal ou a venda extrajudicial das participações, caso as partes o tenham convencionado[42].

Artigo 24.º (Direitos especiais)

1. Só por estipulação no contrato de sociedade podem ser criados direitos especiais de algum sócio.

2. Nas sociedades em nome coletivo, os direitos especiais atribuídos a sócios são intransmissíveis, salvo estipulação em contrário.

3. Nas sociedades por quotas, e salvo estipulação em contrário, os direitos especiais de natureza patrimonial são transmissíveis com a quota respetiva, sendo intransmissíveis os restantes direitos.

4. Nas sociedades anónimas, os direitos especiais só podem ser atribuídos a categorias de ações e transmitem-se com estas.

5. Os direitos especiais não podem ser suprimidos ou coartados sem o consentimento do respetivo titular, salvo regra legal ou estipulação contratual expressa em contrário.

[38] Tiago Soares da Fonseca, *O penhor de acções*, 71-72. O sócio pode recorrer à ação de cumprimento e à execução específica para obter a entrega dos títulos, bem como reclamar uma indemnização ao credor com fundamento na violação desse dever, caso da não colaboração deste tenham advindo danos.

[39] Contra, Tiago Soares da Fonseca, *O penhor de acções*, 81-82, sustenta que o 384.º/4 não se aplica a situações em que existe uma dissociação entre o devedor da obrigação de entrada e o titular do direito de voto, como seria o caso da atribuição deste direito ao credor pignoratício, o que se justificaria por a norma em questão ter uma finalidade compulsória que, nestes casos, não procederia. Contudo, a norma 384.º/4, mais do que estabelecer uma sanção compulsória, visa desenvolver os nexos de interdependência – semelhantes aos que caracterizam as relações sinalagmáticas – que existem entre o cumprimento das obrigações dos sócios e o benefício de posições jurídicas ativas inerentes à participação social (de forma semelhante ao que sucede no 27.º/4). Está-se, pois, perante um mecanismo teleologicamente próximo da exceção de não cumprimento, pelo que não deixa de ser aplicável em situações de dissociação entre a titularidade da participação social e a titularidade do direito de voto (veja-se, a este propósito, o lugar paralelo no 585.º do CC).

[40] Sobre estes, em geral, António Menezes Cordeiro, *Tratado de Direito civil* X (2015), 670-671.

[41] Na fase executiva, o penhor de participações sociais segue o previsto quanto à penhora de ações (774.º/1 CPC) ou quanto à penhora de quotas (781.º/6 CPC), observando-se a tramitação subsequente.

[42] Caso se esteja perante um penhor financeiro de ações, a possibilidade de execução extrajudicial da garantia será supletivamente admissível, bem como a possibilidade de o credor pignoratício fazer suas as participações empenhadas (11.º do DL 105/2004). Desenvolvidamente sobre a execução extrajudicial do penhor e os problemas que pode suscitar perante limitações relativas à transmissão de participações sociais, Catarina Monteiro Pires, *A execução extraprocessual do penhor*, 539-570.

6. Nas sociedades anónimas, o consentimento referido no número anterior é dado por deliberação tomada em assembleia especial dos acionistas titulares de ações da respetiva categoria.

Bibliografia: Pedro de Albuquerque, *Direito de preferência dos sócios em aumentos de capital nas sociedades anónimas e por quotas* (2004 reimpr. da 1.ª ed. de 1993); Pedro de Albuquerque/Maria de Lurdes Pereira, *As "golden shares" do Estado português em empresas privatizadas: limites à sua admissibilidade e exercício* (2006); António Pereira de Almeida, *Sociedades comerciais, valores mobiliários e mercados* 1 (2013); Manuel Poirier Braz, *Sociedades comerciais e direitos especiais* (2010); Cristiano Dias, *Os direitos especiais dos sócios* (2015); Eduardo Melo Lucas Coelho, *Exercícios vários acerca da presidência das assembleias especiais de categorias de accionistas*, em *Estudos em Homenagem ao Prof. Doutor Raúl Ventura*, II (2003), 421-466; António Menezes Cordeiro 1 (2011), 615-620; *id. SA: assembleia geral e deliberações sociais* (2009), 181-182; António Ferrer Correia 2 (1973), 350-351; Luís Brito Correia, *Direito comercial, 2.º volume – sociedades comerciais* (1989); Paulo Olavo Cunha, *Os direitos especiais nas sociedades anónimas: as acções privilegiadas* (1993), 20 ss. e (2019), 286-296; Jorge Pinto Furtado, *Deliberações dos sócios* (1993), 211 ss. (259 ss.); *id.*, (2004), 233-239; Alexandre Soveral Martins/Maria Elisabete Ramos, *As participações sociais*, em AAVV (2008), 131-171 (132-134); Madalena Perestrelo de Oliveira, *Direito de voto nas sociedades cotadas: da admissibilidade de categorias de ações com direito de voto plural às* L-shares, em *RDS VII*, 2 (2015), 435-470; Nuno Cunha Rodrigues, *"Golden-shares"/As empresas participadas e os privilégios do Estado enquanto accionista minoritário* (2004); Inocêncio Galvão Telles, *Acções privilegiadas*, O Direito 4 (1955), 301-311; Armando Manuel Triunfante, *A tutela das minorias nas sociedades anónimas – Direitos individuais* (2004); Pedro Pais de Vasconcelos (2006), 248-254; Raúl Ventura, *Direitos especiais dos sócios*, O Direito 121 (1989), 207-222.

Índice

I – **Origem e evolução**
1. Origem ... 1
2. Evolução ... 2
3. O CSC ... 5

II – **Noção e concretizações**
4. Noção ... 6
5. Concretizações ... 8

III – **Regime e natureza**
6. Criação ... 11
7. Transmissão ... 15
8. Supressão ou coartação ... 16
9. Falta de consentimento ... 21
10. Supletividade do regime ... 23
11. *Golden shares* ... 24
12. Natureza ... 26

I – Origem e evolução

1 1. **Origem**. Os direitos especiais são posições associativas que traduzem vantagens ou privilégios não consignados na lei geral. Eles surgiram no ALR prussiano tendo, daí, transitado para o § 35 do BGB, segundo o qual não podem ser coartados por deliberação da assembleia geral sem a concordância do titular[1]. Daí passaram para as sociedades civis e para as comerciais.

2 2. **Evolução**. Entre nós, os direitos especiais ocorreram nas SPQ: tratava-se de prerrogativas atribuídas, nos estatutos, a algum ou alguns sócios. Pôs-se o problema de saber se podiam ser suprimidos mediante uma alteração maioritária dos estatutos[2] ou se, pelo contrário, se deveria exigir o consentimento do próprio interessado[3].

[1] Indicações alemãs: António Menezes Cordeiro 1 (2011), 615-620.

[2] Como entendeu o STJ 29-abr.-1960 (Sousa Monteiro), BMJ 96 (1960), 374-376.

[3] Como já vinha de STJ 13-dez.-1932 (Amaral Pereira), RLx 49 (1935), 170-172.

A questão foi resolvida por assento de 26-mai.-1961[4]: 3

a. Para alteração dos direitos especiais de um sócio, concedidos no pacto de uma sociedade por quotas, não basta a maioria referido no artigo 41.° da Lei de 11 de abril de 1901, sendo ainda indispensável o consentimento do respectivo sócio.

A jurisprudência subsequente manteve esta orientação[5], prolongando-a a questões anteriores já decididas após a publicação do CSC[6]. 4

3. **O CSC** acolheu a orientação do assento, logo no projeto (26.°)[7], generalizando-a e adaptando-a aos diversos tipos de sociedades. 5

II – **Noção e concretizações**

4. **Noção**. Os direitos especiais caracterizam-se por[8]: (a) traduzirem prerrogativas ou privilégios que não equivalem ao regime geral; (b) resultarem, necessariamente, dos estatutos (24.°/1)[9]; (c) não poderem ser coartados ou limitados sem o consentimento do próprio, salvo especial permissão legal ou estatutária (24.°/5)[10]. 6

A "especialidade" deriva da diferenciação perante o regime geral e não da sua singularidade[11]. Por isso, não há obstáculo, em certos casos, a que todos os sócios sejam beneficiários destes direitos: não se perdem os seus traços característicos, desde que se continue a aplicar o regime especial do 24.°. Não se esqueça, todavia, que, nas SA, por imposição legal, os direitos especiais só podem ser atribuídos a categorias de ações. 7

Na prática, os direitos especiais não vêm referidos com essa qualidade e de modo explícito nos estatutos. Concluir por esta qualificação será sempre o resultado da interpretação do contrato de sociedade: não basta a atribuição de um direito, é necessário que seja *especial*[12], *i.e*, que lhe sejam aplicáveis as limitações legais à sua supressão ou coartação (24.°/5). Visam acautelar os interesses dos beneficiários perante outros sócios e a sociedade. Nessa medida, alguns direitos distintos do regime legal supletivo, como o dividendo ou o voto de lealdade, não são especiais: o seu escopo é proteger outros interesses, e não conceder aos seus titulares uma posição privilegiada perante os sócios ou a sociedade, pelo que poderão ser limitados ou coartados sem o consentimento dos beneficiários. O dividendo ou o voto de lealdade assentam num fator objetivo de diferenciação (o tempo de detenção das ações), que é cognoscível e acessível a todos sem exceção. Mais: o fim pretendido com a sua criação é a tutela dos interesses da sociedade (na ótica da promoção do investimento de longo prazo) e não se coaduna com a ideia de concessão 8

[4] STJ(P) 26-mai.-1961 (Sousa Monteiro, vencido nesse ponto), BMJ 107 (1961), 325-359.

[5] STJ 6-nov.-1962 (Bravo Serra), BMJ 121 (1962), 344-347 (347) e STJ 2-dez.-1975 (Rodrigues Bastos), BMJ 252 (1975), 171-173 (172).

[6] RLx 12-abr.-1984 (Garcia da Fonseca), CJ IX (1984) 2, 132-134 (133) e RLx 25-out.-1984 (Prazeres Pais), CJ IX (1984), 4, 125-126 (126/I).

[7] BMJ 327 (1983), 70.

[8] STJ 17-abr.-2008 (Oliveira Rocha), Proc. 08B864.

[9] Após adequada interpretação, não sendo necessário, para se determinar a sua presença, o qualificativo "especial": RLx 4-fev.-1999 (Jorge Santos), CJ XXIV (1999) 1, 102--104 (103/I).

[10] RLx 25-mai.-1995 (Ferreira Mesquita), Proc. 0088062; RPt 25-out.-2007 (Pinto de Almeida), Proc. 0734156.

[11] Rejeita-se uma conceção restritiva de especialidade, segundo a qual um direito é especial porque é atribuído a um ou mais sócios, conferindo-lhes uma posição de vantagem em relação aos demais. Defendendo essa posição, Pereira de Almeida (2013), 183; Paulo Olavo Cunha (1993), 311; Armando Manuel Triunfante (2004), 408 e 409; Raúl Ventura (1989), 215 e RCb 13-abr.-2010 (Barateiro Martins), Proc. 2703/05; RCb 19-out.-2010 (Barateiro Martins), Proc. 757/10.

[12] António Menezes Cordeiro 1 (2011), 619.

de privilégios aos sócios como forma de tutela dos seus interesses[13]. Não se enquadrando no regime especial do 24.º, não são direitos especiais.

9 5. **Concretizações.** Com base na jurisprudência, temos: o direito de vincular a SPQ apenas com a assinatura do titular[14]; o direito de exercer uma atividade concorrente com a da sociedade[15]; o direito de dividir ou de alienar a sua quota sem as autorizações exigidas aos demais sócios[16]; o direito de alienar quotas sem sujeição à preferência dos demais[17]; o direito à gerência, altura em que a destituição só é possível com justa causa e por via judicial[18].

10 Estas manifestações e outras, configuráveis, permitiram distinguir, nos direitos especiais: (a) direitos de participação: votos plurais, vetos, pertença à administração e possibilidade de escolha de mandatários; (b) direitos de permanência: condições mais estritas para a exclusão; (c) direitos patrimoniais: de uso de bens sociais, de preferência nos lucros ou nas quotas de liquidação.

III – **Regime e natureza**

11 6. **Criação.** Os direitos especiais só podem surgir nos estatutos (24.º/1), no momento da constituição da sociedade ou posteriormente, mediante alteração estatutária. Se a criação *ab initiio* não levanta problemas, o mesmo não se pode dizer da superveniente.

12 Nas SA a criação superveniente de direitos especiais pode seguir dois procedimentos: a previsão no contrato de sociedade de (a) um aumento de capital sendo emitidas ações privilegiadas, com o consequente direito de preferência de quem for acionista à data da deliberação de aumento (458.º) ou (b) a conversão de ações ordinárias em especiais. Porém, novos direitos especiais podem desequilibrar a balança interna de poderes, o que leva alguns autores a defender que a sua introdução depende de deliberação unânime[19]. Basta, no entanto, uma deliberação tomada por maioria qualificada, tal como exigida, nos termos gerais, para a alteração do contrato de sociedade. Nem a supressão de direitos especiais exige unanimidade[20], nem a lei consagra um regime particular para a introdução desses direitos. Acresce que não existem motivos para assumir a existência de uma lacuna[21]. Devemos, antes, concluir pela aplicação do regime geral: exigência de maioria qualificada na deliberação em que sejam introduzidos direitos especiais. A tutela dos sócios é conseguida por via do consentimento manifestado nessa deliberação e pela via do direito de preferência no aumento de capital, cuja lógica deverá ser estendida àquelas situações de conversão de ações ordinárias em especiais quando se tratar de decidir quais as ações que serão convoladas[22].

13 Problema eventualmente diferente será o da introdução de ações privilegiadas em sociedade onde já existam direitos especiais, ainda que de categorias diferentes. A emissão de ações privilegiadas numa sociedade onde até então só existiam ações ordinárias não desequilibra as

[13] *Vide* Fátima Gomes (2012), 414; Madalena Perestrelo de Oliveira (2015), 468 e 469.

[14] STJ 9-mai.-1991 (Tato Marinho), BMJ 407 (1991), 394-400 (399).

[15] RCb 5-jul.-1994 (Pires da Rosa), CJ XIX (1994) 4, 17-21 (20/I); diversamente: STJ 12-jun.-1996 (Agostinho de Sousa Inês), CJ/Supremo IV (1996) 2, 127-130 (130/I): ambas as posições podem estar corretas, dependendo da interpretação dos estatutos em causa.

[16] RCb 5-jul.-1994 cit., CJ XIX, 4, 19/II.

[17] *Idem*, loc.cit..

[18] RLx 4-fev.-1999 (Jorge Santos), CJ XXIV (1999) 1, 102-104 (103/II).

[19] Raúl Ventura (1989), 215; Brito Correia (1989), 330; Galvão Telles (1955), 302,

[20] Paulo Olavo Cunha (1993), 184.

[21] Cristiano Dias (2015), 299.

[22] À conversão serão aplicados os critérios de preferência do 458.º. Aliás, nem se justificaria um regime diferente consoante fossem criadas novas categorias de ações por via de um aumento de capital ou de uma conversão de ações ordinárias em especiais. *Vide* Madalena Perestrelo de Oliveira (2015), 457.

relações de poder existentes entre acionistas se todos os sócios gozarem de direito de preferência na mesma proporção da sua participação (458.º). Pelo contrário, nas sociedades onde já existam ações privilegiadas o direito de preferência não tutela adequadamente os sócios, na medida em que não se evita que o aumento de capital se faça em prejuízo de alguns[23]. Quando isso aconteça, os sócios privilegiados podem sofrer um prejuízo indireto, potencialmente relevante para a aplicação do 24.º/5. Nesses casos, deve aplicar-se o procedimento exigido para a supressão ou coartação de direitos especiais. Note-se que, apesar do paralelismo com o 86.º/2, mesmo nestes casos não deve ser exigida a unanimidade (mas, sim, a aplicação do 24.º/6), porque a introdução de direitos especiais de forma superveniente, desde que não seja contrária à boa-fé, é corolário do risco de participação na sociedade[24]. O que se deve retirar do 86.º/2 é um princípio de tutela dos sócios confrontados, de forma inesperada, com a obrigação de contribuir para a sociedade. Ou seja, a *ratio* da norma é assegurar a tutela dos sócios, o que já acontece no caso da introdução superveniente de direitos especiais, pela via da deliberação em assembleia especial dos acionistas privilegiados ou do direito de preferência, consoante já existissem ou não direitos especiais prévios.

São extensíveis às SPQ, com as necessárias adaptações, as considerações tecidas a propósito das SA. Já nas SNC, considerando a sua particular natureza, a deliberação em que se alterem os estatutos para introduzir direitos especiais tem de ser unânime (tal como exigido, aliás, pelo 194.º). 14

7. **Transmissão.** Tipo a tipo: nas SNC, são intransmissíveis, salvo cláusula em contrário (24.º/2); nas SPQ, os direitos patrimoniais são transmissíveis sendo intransmissíveis os restantes, salvo cláusula em contrário (24.º/3); nas SA, são atribuídos a categorias de ações, transmitindo-se com elas (24.º/4). 15

8. **Supressão ou coartação**. Os direitos especiais não podem ser suprimidos ou coartados sem o consentimento do seu titular, salvo regra legal ou estipulação contratual expressa em contrário (24.º/5). O conceito de supressão ou coartação deve ser interpretado de forma ampla, abrangendo prejuízos diretos e indiretos. É aplicável o 24.º/5 a qualquer decisão da assembleia geral que inutilize, anule, comprima, altere ou ofenda estes direitos[25]. Não é relevante que formalmente o direito permaneça intocado se materialmente foi afetado: há que considerar a materialidade subjacente. 16

Assim sendo, nas SA, para que sejam eficazmente deliberadas a supressão ou coartação de direitos especiais, incluindo a sua introdução naquelas sociedades onde já existam categorias especiais de ações, deve passar por um duplo crivo: (a) deliberação de alteração do contrato de sociedade, por maioria qualificada e (b) aprovação (por maioria qualificada: 389.º/2) em assembleia especial dos acionistas titulares de ações das categorias (indiretamente) prejudicadas pela decisão. Legalmente, a ordem cronológica das assembleias não assume relevância, mas, em termos práticos, a assembleia especial deve deliberar em primeiro lugar, de forma a que a assembleia geral se revista de efeitos práticos[26]. 17

[23] Esta é a solução italiana (2376.º do *Codice*). Em sentido contrário, Paulo Olavo Cunha (1993), 96, defende que (a) o direito de preferência, (b) o princípio da igualdade entre os sócios e (c) a anulabilidade das deliberações abusivas já são suficientes para assegurar a tutela dos sócios. Porém, em alguns casos o desequilíbrio provocado por alterações na estrutura societária não é resolvido por estes mecanismos. Assim, quando materialmente a introdução de ações privilegiadas coartar um direito especial prévio – mesmo que formalmente permaneça inalterado – deve procurar-se um mecanismo extra de tutela. *Vide* Pedro de Albuquerque (2004 reimpr. da 1.ª ed. de 1993), 280.

[24] Paulo Olavo Cunha (1993), 186.

[25] Pedro de Albuquerque (2004 reimpr. da 1.ª ed. de 1993), 289; Pinto Furtado (1993), 262; Cristiano Dias (2015), 152; Armando Manuel Triunfante (2004), 419 e 420.

[26] Paulo Olavo Cunha (1993), 191. Pergunta-se, adicionalmente, se o consentimento pode ser prestado, na

18 Nas SPQ também deve exigir-se a anuência dos sócios afetados, sendo que o consentimento não é prestado em assembleia especial, mas, sim, por cada sócio beneficiário do direito[27]. Por seu turno, nas SNC, tendo em conta a sua natureza e relação entre os sócios, é necessária unanimidade para esta deliberação (em harmonia, aliás, com o 194.º).

19 O consentimento exigido tem de ser expresso[28]. O 24.º/6, apesar de aplicável, apenas, às SA, indicia, para todos os tipos societários, o afastamento da regra geral do 219.º do CC. Porém, se um sócio titular de um direito especial atuar de forma a que, com toda a probabilidade, revele o seu consentimento quanto à derrogação do direito, não pode posteriormente valer-se da inexistência de consentimento expresso. Seria *venire contra factum proprium*.

20 O consentimento pode ser prévio ou ser prestado posteriormente, sob forma de ratificação da decisão da assembleia geral. Assim se evita a repetição desnecessária da deliberação em caso de aprovação posterior. A ratificação tem eficácia *ex nunc*. Nesse sentido aponta a letra do 55.º (a deliberação é ineficaz *enquanto o interessado não der o seu acordo)* e o princípio subjacente ao 86.º/1[29].

21 9. **Falta de consentimento**. Não sendo prestado o consentimento exigido no 24.º/5, a deliberação é ineficaz[30], nos termos do 55.º. A ineficácia é absoluta e pendente, na medida em que afeta todos os sócios, mas pode cessar mediante o acordo posterior dos interessados. Qualquer outra sanção não providenciaria tutela adequada aos sócios afetados. Assim, *v.g.*, defender a anulabilidade por violação do contrato de sociedade (58.º/1, *a), in fine*) implicaria que a deliberação produzisse efeitos até ser efetivamente aplicada a sanção recaindo sobre o sócio titular do direito especial ilegalmente afetado o ónus de defender a sua posição através da impugnação das deliberações sociais, por via de ações judiciais propostas no prazo de 30 dias, sob pena de convalidação da invalidade da deliberação. Para mais, a especialidade da norma do 55.º face à do 58.º confirma a sanção aplicável a estas situações.

22 Assim, uma deliberação que suprima, coarte ou, em termos mais amplos, desrespeite, ainda que pontualmente, um direito especial de um sócio[31] será ineficaz enquanto este não manifestar o seu consentimento.

23 10. **Supletividade do regime.** A inderrogabilidade dos direitos especiais pode ser afastada por regra legal ou estipulação contratual expressa em contrário (24.º/5, *in fine*). É o caso dos direitos de voto plural constituídos antes da entrada em vigor do CSC que podem ser extintos ou limitados por deliberação dos sócios, sem necessidade de consentimento dos seus titulares (531.º/2).

própria assembleia geral, através de uma votação separada dos acionistas que pertencem à categoria de ações afetada. Lucas Coelho (2003), 441-445 opta pela resposta negativa, baseando-se na constatação de que a discussão e votação em assembleia geral podem prejudicar a livre formação da vontade dos acionistas afetados, que estão envolvidos num ambiente hostil de outros sócios que querem suprimir ou coartar os seus direitos. Em sentido contrário, *vide* Cristiano Dias (2015), 318-320, apoiado na letra do 4.º do anteprojeto de Vaz Serra.

[27] Não deve considerar-se extensível a norma do 24.º/6 na medida em que esta visa acautelar interesses específicos das SA: sendo estas sociedades caracterizadas por uma elevada dispersão do capital social, a exigência de unanimidade inviabilizaria, materialmente, a supressão ou coartação destes direitos. A deliberação em assembleia especial é uma forma de contornar esse inconveniente. Nas SPQ, pelo contrário, a exigência de unanimidade não vem associada, pelo menos de forma tão intensa, a esse risco, pelo que o consentimento deve ser prestado por cada sócio afetado.

[28] Em sentido contrário, defendendo a possibilidade de um consentimento tácito, *vide* Pereira de Almeida (2013), 184; Poirier Braz (2010), 77; Brito Correia (1989), 331; Cristiano Dias (2015), 156 e 157.

[29] Paulo Olavo Cunha (1993), 191. Contra, Cristiano Dias (2015), 172 e 173.

[30] *Vide* Menezes Cordeiro (2009), 181 e 182, com referências. É este o entendimento unânime da doutrina e jurisprudência. RLx 1-fev.-1994 (Sousa Inês), Proc. 0077911.

[31] Em sentido contrário, *vide* Brito Correia (1989), 331: as ofensas pontuais não são abrangidas pelo regime do 24.º/5.

Também o contrato de sociedade pode prever a possibilidade de serem suprimidos ou coartados direitos especiais sem o assentimento dos seus titulares, caso em que perdem a sua especialidade.

11. ***Golden shares***. Esta é a designação dada às ações que incorporem direitos especiais (24.º/4 24
e 302.º). Podem implicar, como exemplos práticos: (a) vantagens patrimoniais; (b) o direito de vetar um certo número de administradores (391.º/2); (c) o direito de indicar ou de vetar outros membros de órgãos sociais, incluindo o presidente da mesa; (d) o direito de vetar determinadas deliberações, incluindo alterações estatutárias.

As *golden shares*, que estavam previstas em grandes SA provenientes de reprivatização: a 25
EDP – Energia de Portugal, SA, a Galp Energia, SGPS, SA e a Portugal Telecom, SGPS, SA, a favor do Estado[32] estão hoje extintas.

12. **Natureza**. Os direitos especiais integram o *status* dos respetivos sócios. Têm uma natureza 26
intuitu personae decrescente em função da natureza capitalística da sociedade considerada: SNC, SPQ e SA, sucessivamente. Esta natureza dilui-se nas SA, nas quais os direitos especiais apenas podem ser atribuídos a categorias de ações e transmitem-se com elas[33]. São, de todo o modo, disponíveis, ainda que, por vezes, intransmissíveis.

Podem ter um papel útil na captação de sócios fundamentais para a sociedade, na própria 27
viabilização da sociedade ou na preservação, em áreas críticas, do interesse público.

Subsecção II – Obrigação de entrada

Introdução

Bibliografia: António Menezes Cordeiro 1 (2007), 587-593 e *Direito europeu das sociedades* (2005), 219-231; Paulo de Tarso Domingues, *Do capital social*, 2.ª ed. (1998), 71-132; *id.*, *Garantias da consistência do capital social*, AAVV (2002), 497-547; *id.*, *O regime das entradas no CSC*, RFDUP III (2006), 672-723; *id.*, *O regime das entradas dos sócios com créditos*, em Homenagem aos Profs. Doutores A.F. Correia, O. Carvalho e V. L. Xavier, 1 (2007), 785-801; *id.*, *Variações sobre o capital social* (2009), 172 ss.; Maria Ângela Coelho Bento Soares, *Aumento de capital*, AAVV (2002), 237-280; Nuno Maria Pinheiro Torres, *A transmissão da propriedade das entradas "in natura" nas sociedades anónimas*, DJ XVII (2003), 33-113; Raúl Ventura, *Adaptação do Direito português à Segunda Directiva do Conselho da Comunidade Económica Europeia sobre o Direito das sociedades*, DDC 3 (1980), 5-152 (135-152).

Índice

I – **Sistema e Direito europeu**
1. Sistema geral ... 1
2. Direito europeu e preparatórios ... 2

II – **Tipos, âmbito e regime geral**
3. Tipos ... 6
4. Valores nominal e real ... 7
5. Regime geral ... 9

III – **Ponderação**
6. O teor geral ... 11

[32] Nuno Cunha Rodrigues (2004); Pedro de Albuquerque/Maria de Lurdes Pereira (2006).

[33] RPt 13-mar.-2012 (Maria Cecília Agante), Proc. 359/09.

I – **Sistema e Direito europeu**

1 1. **Sistema geral**. A obrigação é anunciada no 20.°, *a)*, sendo desenvolvida nos 25.° a 30.°. Ocorrem regras especiais para as SNC – 176.°/1, *a)*, 178.° e 179.° – para as SPQ – 202.° a 208.° e para as SA – 277.° e 285.° e 286.°. Tudo isto deve ser conjugado.

2 2. **Direito europeu e preparatórios**. O CCom regulava, em geral, a obrigação de entrada no 118.° e nos seus §§. O CSC desenvolveu largamente a matéria: no fundamental, através do acolhimento do prescrito na 2.ª Diretriz do Direito das Sociedades ou Diretriz 77/91/CE, de 13-dez.-1976[1].

3 Assim, o 25.°/1 do CSC equivale ao 8.°/1 da 2.ª Diretriz; o 27.°/1 ao 12.°; o 28.° ao 10.° e o 29.° ao 11.°. Toda esta matéria foi transposta para a ordem interna através do CSC, na base de um anteprojeto de Raúl Ventura[2].

4 As diversas regras foram acolhidas no projeto final[3]. Este previa, ainda, um artigo sobre a aquisição de bens aos fundadores (31.°), que desapareceu do texto aprovado.

5 O Decreto-Lei n.° 33/2011, de 7 de março, introduziu, depois, alterações relevantes ao artigo 26.°, passando este preceito a admitir uma hipótese que não constava do texto anterior: sempre que a lei o permita, as entradas podem ser realizadas até ao termo do primeiro exercício económico, a contar da data do registo definitivo do contrato de sociedade.

II – **Tipos, âmbito e regime geral**

6 3. **Tipos**. As entradas são, tecnicamente, o objeto de obrigações específicas, a cargo dos sócios e de que a sociedade é credora. Podem consistir: (a) em dinheiro, quando tenham natureza pecuniária; (b) em espécie, quando traduzam a entrega de uma coisa de outro tipo; (c) em indústria, quando equivalham a uma prestação.

7 4. **Valores nominal e real**. O valor nominal da entrada é o formalmente atribuído, pelo contrato, à participação social a que ela corresponde: pode ser uma parte social (SNC), uma quota (SPQ) ou uma ação (SA), consoante o tipo social em causa. Deve ser expresso em euros (14.°). O valor real equivale à cifra, em dinheiro, em que ela se traduza ou ao valor dos bens implicados, quando em espécie.

8 Segundo o 25.°/1, o valor nominal não pode exceder o real. O inverso é possível: a entrada abrangerá, nessa altura, além da correspondente quota de capital, um sobrevalor dito ágio ou prémio de emissão. A ação (sendo esse o caso) diz-se ao par, quando não haja ágio ou acima do par, na hipótese inversa.

9 5. **Regime geral**. As entradas são objeto de obrigações, que seguem as regras civis comuns. Ponto por ponto haverá que procurar os desvios fixados em relação ao regime: seja aos 25.° a 30.°, seja a propósito de cada tipo societário.

10 As entradas devem ser realizadas até à outorga do contrato, nos termos indicados no 26.°. sem prejuízo das hipóteses de diferimento. Quanto ao modo de efetivação: nas entradas em dinheiro, quando a SPQ (202.°/3) e a SA (277.°/3), a respetiva soma deve ser depositada em instituição de crédito, antes de celebrado o contrato, em nome da futura sociedade. Visto o 543.° e a P 228/92, de 25-jul., os depósitos já não têm de ser feitos na CGD: podem sê-lo em qualquer outro banco.

[1] JOCE N.° L-26, 1-13, de 30-jan.-1977; *vide* António Menezes Cordeiro, *Direito europeu das sociedades* (2005), 181 ss. e 221 ss..

[2] Raúl Ventura, *Adaptação do Direito português à Segunda Directiva*, 137 ss..

[3] BMJ 327 (1983), 70-74.

III – **Ponderação**

6. **O teor geral** das regras dedicadas às entradas é estrito e cuidadoso: foi pensado para as SA, o que não admira, uma vez que adveio da 5.ª Diretriz, precisamente dedicada às SA. Torna-se pesado quando se aplique a SPQ e a SNC. Nessa eventualidade, poderá, caso a caso, haver que recorrer à interpretação restrita ou, quiçá, à própria redução teleológica. 11

Artigo 25.º (Valor da entrada e valor da participação)

1. O valor nominal da parte, da quota ou das ações atribuídas a um sócio no contrato de sociedade não pode exceder o valor da sua entrada, como tal se considerando ou a respetiva importância em dinheiro ou o valor atribuído aos bens no relatório do revisor oficial de contas, exigido pelo artigo 28.º.

2. No caso de ações sem valor nominal, o valor da entrada do sócio deve ser pelo menos igual ao montante do capital social correspondentemente emitido.

3. Verificada a existência de erro na avaliação feita pelo revisor, o sócio é responsável pela diferença que porventura exista, até ao valor nominal da sua participação ou, no caso de ações sem valor nominal, até ao valor de emissão destas.

4. Se a sociedade for privada, por ato legítimo de terceiro, do bem prestado pelo sócio ou se tornar impossível a prestação, bem como se for ineficaz a estipulação relativa a uma entrada em espécie, nos termos previstos no artigo 9.º, n.º 2, deve o sócio realizar em dinheiro a sua participação, sem prejuízo da eventual dissolução da sociedade, por deliberação dos sócios ou por se verificar a hipótese prevista no artigo 142.º, n.º 1, alínea *b*).

Bibliografia: António Menezes Cordeiro 1 (2007), 587-593; Paulo de Tarso Domingues, *Garantias da consistência do património social*, AAVV (2002), 497-547; *id.*, *Do capital social*, 2.ª ed. (2004), 74-76; *id.*, *O regime das entradas no CSC*, RFDUP III (2006), 673-723; Manuel António Pita, *O uso e fruição de bens na realização do capital social*, em *Inocêncio Galvão Telles: 90 anos* (2007), 775-802; Maria Ângela Coelho Bento Soares, *Aumento de capital*, AAVV (2002), 237-280; Nuno Maria Pinheiro Torres, *A transmissão da propriedade das entradas "in natura" nas sociedades anónimas*, DJ XVII (2003), 33-113; Armando Manuel Triunfante, *O regime das entradas na constituição das sociedades por quotas e anónimas* (2014), 156 ss e 263 ss.

Índice

I – Redação original e reforma de 2010
1. Redação original 1
2. A reforma de 2010; remissão 3

II – O regime
3. Valor nominal 4
4. Erro de avaliação 6
5. Conversão em pecuniárias 10

I – Redação original e reforma de 2010

1. **Redação original**. O 25.º tem hoje a configuração que resulta do 2.º do DL 49/2010, de 19-mai.. 1

A redação original era: 2

1. O valor nominal da parte, da quota ou das acções atribuídas a um sócio no contrato de sociedade não pode exceder o valor da sua entrada, como tal se considerando ou a respectiva impor-

tância em dinheiro ou o valor atribuído aos bens no relatório do revisor oficial de contas, exigido pelo artigo 28.º.

2. Verificada a existência de erro na avaliação feita pelo revisor, o sócio é responsável pela diferença que porventura exista, até ao valor nominal da sua participação.

3. Se a sociedade for privada, por acto legítimo de terceiro, do bem prestado pelo sócio ou se tornar impossível a prestação, bem como se for ineficaz a estipulação relativa a uma entrada em espécie, nos termos previstos no artigo 9.º, n.º 2, deve o sócio realizar em dinheiro a sua participação, sem prejuízo da eventual dissolução da sociedade, por deliberação dos sócios ou por se verificar a hipótese prevista no artigo 142.º, n.º 1, alínea *b*).

3 2. **A reforma de 2010; remissão**. O DL 49/2010, entre outros aspetos, veio introduzir, no CSC, a figura das ações sem valor nominal. O 25º/2, numa aparente proibição de emissões abaixo do par (*vide infra*, anot. 4), veio limitar a entrada do sócio, havendo ações sem valor nominal, ao mínimo do "montante de capital correspondentemente emitido". Quanto ao alcance geral destas noções, remete-se para as anotações ao 276.º.

II – **O regime**

4 3. **Valor nominal**: (isto é, o valor formalmente fixado no contrato), da parte (SNC), da quota (SQ) ou da ação (SA) não pode exceder o valor (real) da entrada. *Vulgo*: não pode haver entradas abaixo do par. Por seu turno, o valor real é o da respetiva importância em dinheiro, ou, nas entradas em espécie, o valor atribuído aos bens, no relatório do ROC exigido pelo 28.º (25.º/1).

5 No caso de ações sem valor nominal, os interesses em jogo na proibição de emissões abaixo do par são assegurados através de uma formulação diferenciada. Neste caso, a lei determina uma congruência entre o valor real da entrada e o valor da emissão (valor que é considerado para efeitos de constituição do capital social), exigindo que o primeiro seja igual (ou superior) ao segundo.

6 4. **Erro de avaliação**. As entradas em espécie devem ser objeto de um relatório elaborado por um revisor oficial de contas sem interesses na sociedade (*vide* 28.º/1). Nesse relatório deve constar uma avaliação dos bens, com indicação dos critérios utilizados [28.º/3, *c*)].

7 Quando o ROC incorra em erro e o valor real fique aquém do nominal, o sócio responde pela diferença (25.º/3); a regra funciona perante as ações sem valor nominal: este é, então, substituído pelo valor da emissão (25.º/3, *in fine*).

8 O erro é inicial, não se confundindo com as alterações supervenientes previstas no 28.º/4 *in fine*. O erro exige, ainda, uma declaração, ainda que inexata, diferenciando-se, assim, da pura omissão do valor da entrada [9.º/1, *h*) e 9.º/2].

9 Às consequências previstas no 25.º podem somar-se outras, incluindo a responsabilidade profissional do ROC e a responsabilidade dos membros da administração ou dos fundadores por inexatidão ou deficiência de indicações dadas ao ROC (*vide* 71.º/1).

10 5. **Conversão em pecuniárias**. Perante entradas em espécie que se venham a frustrar, por ato legítimo de terceiro ou por impossibilidade, dá-se a conversão em entradas em dinheiro, a cargo do sócio visado (25.º/4). A impossibilidade a que alude o preceito é absoluta, não bastando uma onerosidade excessiva. A lei não distingue consoante a impossibilidade em causa seja imputável ao devedor, ao credor ou a terceiro: qualquer uma delas pode justificar a conversão, em qualquer momento, desde que a obrigação de entrada esteja constituída.

11 A lei ressalva, contudo, a dissolução por vontade dos sócios [141.º/1, *b*)] e a dissolução administrativa por impossibilidade de prossecução do objeto social [142.º/1, *b*)]. No primeiro

caso, trata-se de um opção de desinvestimento, baseada na vontade dos sócios (através de deliberação validamente aprovada). No segundo, estão em causa situações em que a frustração da própria entrada em espécie determina uma impossibilidade absoluta e objetiva de prossecução do objeto social.

Artigo 26.º (Tempo das entradas)

1. As entradas dos sócios devem ser realizadas até ao momento da celebração do contrato, sem prejuízo do disposto nos números seguintes.

2. Sempre que a lei o permita, as entradas podem ser realizadas até ao termo do primeiro exercício económico, a contar da data do registo definitivo do contrato de sociedade.

3. Nos casos e nos termos em que a lei o permita, os sócios podem estipular contratualmente o diferimento das entradas em dinheiro.

Bibliografia: Paulo de Tarso Domingues, *O regime das entradas no CSC*, RFDUP III (2006), 673-723 (689 ss.); *id.*, *O novo regime do capital social nas sociedades por quotas*, *Direito das Sociedades em Revista* (2011), vol. 6, p. 97 ss; Nuno Maria Pinheiro Torres, *A transmissão da propriedade das entradas "in natura" nas sociedades anónimas*, DJ XVII (2003), 33-113, Armando Manuel Triunfante, *O regime das entradas na constituição das sociedades por quotas e anónimas*, 2014, 185 ss. e 223 ss..

Vide a indicada na introdução aos 25.º/30.º, bem como as relativas ao 202.º e ao 277.º.

Índice

I – Redação original e reforma de 2011
1. Redação original 1
2. A reforma de 2011; remissão 2

II. Regime
3. O momento 3
4. Diferimentos 4

I – Redação original e reforma de 2011

1 **1. Redação original**. O 26.º tem hoje a redação que resulta do DL 33/2011, de 7-mar.. A redação original do preceito era a seguinte:

> As entradas dos sócios devem ser realizadas até ao momento da celebração do contrato de sociedade, sem prejuízo de estipulação contratual que preveja o diferimento da realização das entradas em dinheiro, nos casos e termos em que a lei o permita.

2 **2. A reforma de 2011; remissão**. O DL 33/2011, de 7-mar., adotou medidas gerais de simplificação dos processos de constituição de sociedades por quotas e sociedades unipessoais por quotas, prevendo, entre outras medidas, que os sócios possam proceder à entrega das suas entradas nos cofres da sociedade até ao final do primeiro exercício económico (1.º do referido DL). *Vide* também a anotação ao 199.º.

II – Regime

3 **3. O momento**. As entradas devem ser realizadas até à outorga do contrato. Quanto às entradas em espécie, deve entender-se que assim é. As entradas em indústria vão-se desenvolvendo,

conforme o acordado. Quanto a entradas em dinheiro, permitem-se desvios à regra, através de diferimentos, nas sociedades por quotas e nas sociedades anónimas.

4 4. **Diferimentos.** Apesar da liberalização da reforma de 2011, os diferimentos de entradas nas sociedades por quotas conservam limitações. Têm de constar do contrato de sociedade [199.º, *b*)] e, não se tratando do caso especial de realização até ao final do primeiro exercício económico, o pagamento das entradas diferidas pode ser exigido após cinco anos sobre a celebração do contrato de sociedade (203.º/1)[1].

5 O diferimento em causa limita-se a entradas em dinheiro. O diferimento de entradas em espécie exigiria ressalvas e garantias que a reforma de 2011 manifestamente não consagrou.

6 Nas sociedades anónimas, as entradas em dinheiro podem ser diferidas no próprio contrato de sociedade até 75% (277.º/2), mas sem incluir o prémio de emissão.

Artigo 27.º (Cumprimento da obrigação de entrada)

1. São nulos os atos da administração e as deliberações dos sócios que liberem total ou parcialmente os sócios da obrigação de efetuar entradas estipuladas, salvo no caso de redução do capital.

2. A dação em cumprimento da obrigação de liberar a entrada em dinheiro pode ser deliberada como alteração do contrato de sociedade, com observância do preceituado relativamente a entradas em espécie.

3. O contrato de sociedade pode estabelecer penalidades para a falta de cumprimento da obrigação de entrada.

4. Os lucros correspondentes a partes, quotas ou ações não liberadas não podem ser pagos aos sócios que se encontrem em mora, mas devem ser-lhes creditados para compensação da dívida de entrada, sem prejuízo da execução, nos termos gerais ou especiais, do crédito da sociedade.

5. Fora do caso previsto no número anterior, a obrigação de entrada não pode extinguir-se por compensação.

6. A falta de realização pontual de uma prestação relativa a uma entrada importa o vencimento de todas as demais prestações em dívida pelo mesmo sócio, ainda que respeitem a outras partes, quotas ou ações.

Bibliografia: António Menezes Cordeiro 1 (2007), 59; Paulo de Tarso Domingues, *O regime das entradas no CSC*, RFDUP III (2006), 673-723 (716 ss.); *id.*, *O regime das entradas dos sócios com créditos*, em Homenagem aos Profs. Doutores A.F. Correia, O. Carvalho e V.L. Xavier, 1 (2007), 785-801 (798 ss.).

Índice

1. Consistência das entradas 1
2. Garantias e sanções 2

[1] Considerando que o 26.º/2 consagra uma nova possibilidade de realização das entradas até ao final do primeiro exercício económico, distinta do diferimento com o limite temporal máximo de cinco anos, Armando Triunfante, *O regime das entradas*, 223 ss.. Em sentido diverso, Tarso Domingues, *O novo regime do capital social*, 120.

1. **Consistência das entradas**. O 27.º/1 e 2 fixa regras que mantêm as entradas. Assim: (a) são nulos os atos da administração e as deliberações dos sócios que liberem total ou parcialmente os sócios da obrigação de efetuar entradas estipuladas, salvo redução do capital – n.º 1; (b) a dação em cumprimento exige deliberação como alteração do contrato, seguindo-se o preceituado quanto a entradas em espécie – n.º 2. 1

2. **Garantias e sanções**. O mesmo preceito estabelece, depois, diversas garantias e sanções. Assim: (a) podem ser estabelecidas, no contrato, penalidades para a falta de cumprimento da obrigação de entrada – n.º 3; podem ocorrer hipóteses de pagamento de juros ou de cláusulas penais; (b) os lucros correspondentes a entradas em mora não podem ser pagos, mas podem ser compensados com elas – n.º 4; fora isso, a obrigação de entrada não pode extinguir-se por compensação – n.º 5[1]; a falta de uma prestação de entrada "... importa o vencimento de todas as demais prestações em dívida pelo mesmo sócio, ainda que respeitem a outras partes, quotas ou ações" – n.º 6; trata-se de uma versão reforçada (porquanto extensiva a outras partes, quotas ou ações) da perda do benefício do prazo, prescrita no 781.º, do CC. 2

A propósito das sociedades anónimas e das sociedades por quotas, consagram-se, depois, regras específicas sobre o incumprimento definitivo da obrigação e sobre as consequências deste incumprimento (204.º e ss. e 285.º ss., respetivamente) e outros mecanismos de sancionamento do infrator (384.º/4). 3

Artigo 28.º (Verificação das entradas em espécie)

1. As entradas em bens diferentes de dinheiro devem ser objeto de um relatório elaborado por um revisor oficial de contas sem interesses na sociedade, designado por deliberação dos sócios na qual estão impedidos de votar os sócios que efetuam as entradas.

2. O revisor que tenha elaborado o relatório exigido pelo número anterior não pode, durante dois anos contados da data do registo do contrato de sociedade, exercer quaisquer cargos ou funções profissionais nessa sociedade ou em sociedades que com ela se encontrem em relação de domínio ou de grupo.

3. O relatório do revisor deve, pelo menos:

***a*) Descrever os bens;**

***b*) Identificar os seus titulares;**

***c*) Avaliar os bens, indicando os critérios utilizados para a avaliação;**

***d*) Declarar se os valores encontrados atingem ou não o valor nominal da parte, quota ou ações atribuídas aos sócios que efetuaram tais entradas, acrescido dos prémios de emissão, se for caso disso, ou a contrapartida a pagar pela sociedade;**

***e*) No caso de ações sem valor nominal, declarar se os valores encontrados atingem ou não o montante do capital social correspondentemente emitido.**

4. O relatório deve reportar-se a uma data não anterior em 90 dias à do contrato de sociedade, mas o seu autor deve informar os fundadores da sociedade de

[1] STJ 22-out.-1998 (Roger Pinto), Proc. 98B429 (VII).
Vide Paulo de Tarso Domingues, *O regime das entradas dos sócios com créditos*, 798 ss..

alterações relevantes de valores, ocorridas durante aquele período, de que tenha conhecimento.

5. O relatório do revisor deve ser posto à disposição dos fundadores da sociedade pelo menos 15 dias antes da celebração do contrato; o mesmo se fará quanto à informação referida no n.º 4 até essa celebração.

6. O relatório do revisor, incluindo a informação referida no n.º 4, faz parte integrante da documentação sujeita às formalidades de publicidade prescritas nesta lei, podendo publicar-se apenas menção do depósito do relatório no registo comercial.

Bibliografia: António Menezes Cordeiro 1 (2007), 591-592; Paulo de Tarso Domingues, *Do capital social*, 2.ª ed. (2004), 78 ss.; *id.*, *O regime das entradas no CSC*, RFDUP III (2006), 673-723 (697 ss.); *id.*, *O regime das entradas dos sócios com créditos*, em Homenagem aos Profs. Doutores A.F. Correia, O. Carvalho e V.L. Xavier 1 (2007), 785-801 (791 ss.); Nuno Maria Pinheiro Torres, *A transmissão da propriedade das entradas "in natura" nas sociedades anónimas*, DJ XVII (2003), 33-113; Armando Manuel Triunfante, *O regime das entradas na constituição das sociedades por quotas e anónimas* (2014), 175 ss.; Raúl Ventura, *Sociedades por quotas* 1 (1989), 122-125.

Índice

I – **Alterações**
1. Redação original 1
2. DL 257/96, de 31-dez. 2
3. Reforma de 2006 3
4. Reforma de 2010 4

II – **Entradas em espécie**
5. O objeto 5

III – **A avaliação**
6. O problema 6
7. O ROC 8
8. O relatório 14
9. Erro e objetivos 16

I – Alterações

1 1. **Redação original**. O 28.º, na versão de 1986, dispunha, nos seus números 2 e 6[1]:

(...)

2. O revisor que tenha elaborado o relatório exigido pelo n.º 1 não pode, durante dois anos contados da escritura da sociedade, exercer quaisquer cargos ou funções profissionais na mesma sociedade ou em sociedades em relação de domínio ou de grupo com aquela.

(...)

6. O relatório do revisor, incluindo a informação referida no n.º 4, faz parte integrante da documentação sujeita às formalidades de publicidade prescritas nesta lei. Pode, todavia, publicar-se apenas menção do depósito do relatório no registo comercial, acompanhada de extracto donde constem as indicações referidas nas alíneas *c*) e *d*) do n.º 3.

2 2. **DL 257/96, de 31-dez.** (13.º) retificou o 28.º/3, *d*): "à contrapartida" para "a contrapartida"[2].

3 3. **Reforma de 2006**. O DL 76-A/2006, de 29-mar., alterou os transcritos números 2 e 6: suprimiu a referência à "escritura" e melhorou, formalmente, a redação.

[1] DR I Série, n.º 201, de 2-set.-1986, 2301/II e 2302/I, respetivamente.

[2] DR I Série-A, n.º 302, de 31-dez.-1986, 4710/I.

4. **Reforma de 2010**. O DL 49/2010, de 19-mai., acrescentou, ao n.º 3, a alínea *e*), de modo a abranger as ações sem valor nominal, introduzidas por esse mesmo diploma; vejam-se as anotações ao 276.º. 4

II – **Entradas em espécie**

5. **O objeto**. Nas entradas em espécie lidamos com quaisquer direitos patrimoniais suscetíveis de penhora – 20.º, *a*) – e que não consistam em dinheiro. Podem consistir: (a) na propriedade sobre móveis ou imóveis; (b) ou qualquer outro direito de gozo, real ou pessoal, sobre coisas; (c) em direitos sobre bens imateriais, como patentes, licenças, técnicas de produção, marcas, insígnias ou *know-how*. 5

III – **A avaliação**

6. **O problema**. O dinheiro vale pelo valor facial (nominalismo). Logo, não se põe aí qualquer problema quanto à sua avaliação. Já nas entradas em espécie, essa facilidade não opera, pelo que se põe o problema da sua valoração: o valor que representem não pode ser inferior ao valor formal da entrada. 6

A 2.ª Diretriz do Direito das sociedades (10.º) ocupa-se do problema impondo uma adequada avaliação de tais entradas. Tal o papel do 28.º, que veio assegurar a transposição da Diretriz, neste ponto. 7

7. **O ROC**. Como solução geral, a lei prevê, para efeitos de avaliação, um relatório de um ROC. Este é designado pela assembleia geral, mas sem que os sócios que efetuem as entradas possam votar (28.º/1). Essa restrição terá de desaparecer se todos os sócios efetuarem entradas em espécie. 8

Também não pode elaborar o relatório o ROC que tenha interesses na sociedade (28.º/1). Tais interesses são apreciados no momento da designação do ROC[3]. No caso de aumento de capital (89.º/1) nada obsta, porém, a que o ROC tenha, em momento anterior, prestado serviços à sociedade, por exemplo, através da elaboração de um relatório análogo para efeitos de constituição das entradas ou de anterior aumento de capital, desde que se possa considerar que o mesmo mantém, no momento da sua escolha, a necessária independência. 9

Apesar de o 414.º/5 não ser analogicamente aplicável aos casos previstos no 28.º[4], a independência não pode deixar de ser compreendida como "isenção de análise ou de decisão". 10

Elaborado o relatório, o ROC não pode, durante dois anos contados do registo da sociedade, exercer quaisquer cargos ou funções na sociedade em causa ou em sociedades que, com ela, estejam em relação de domínio ou de grupo. Na hipótese de aumento de capital, o prazo conta-se do registo do aumento. 11

O impedimento em causa refere-se apenas ao exercício de cargos ou funções *na sociedade*: o mesmo ROC pode, porém, nesse prazo de dois anos elaborar outro relatório que venha a ser requerido pela sociedade, em virtude de novo aumento de capital. 12

Quanto a sociedades em nome coletivo (e sociedades em comandita simples), *vide* a anotação ao 179.º 13

8. **O relatório** do ROC deve: (a) preencher os elementos indicados no 28.º/3; (b) reportar-se a uma data não anterior em 90 dias à do contrato de sociedade, devendo o seu autor informar os 14

[3] Armando Triunfante, *O regime das entradas*, nota 433, 177.

[4] Sobre este ponto, Armando Triunfante, *O regime das entradas*, nota 433, 177-178.

fundadores de quaisquer alterações ocorridas depois dele e de que tenha conhecimento (28.º/4); (c) ser posto à disposição dos fundadores pelo menos 15 dias antes da celebração do contrato (28.º/5).

15 Uma vez elaborado, o relatório fará parte da documentação sujeita a publicidade, sendo depositado no registo comercial (28.º/6).

16 9. **Erro e objetivos**. Havendo erro no relatório, o sócio responde pela diferença entre o valor aí inserido e o real (25.º/3), sem prejuízo pela responsabilidade profissional do ROC. A entrega da diferença à sociedade pode traduzir-se numa entrada em dinheiro ou numa nova entrada em espécie; neste último caso, dentro das exigências do 28.º.

17 Os objetivos da avaliação tornam-se claros: proteger os credores da sociedade, mais do que os próprios sócios.

Artigo 29.º (Aquisição de bens a acionistas)

1. A aquisição de bens por uma sociedade anónima ou em comandita por ações deve ser previamente aprovada por deliberação da assembleia geral, desde que se verifiquem cumulativamente os seguintes requisitos:

***a*) Seja efetuada, diretamente ou por interposta pessoa, a um fundador da sociedade ou a pessoa que desta se torne sócio no período referido na alínea *c*);**

***b*) O contravalor dos bens adquiridos à mesma pessoa durante o período referido na alínea *c*) exceda 2% ou 10% do capital social, consoante este for igual ou superior a € 50000, ou inferior a esta importância, no momento do contrato donde a aquisição resulte;**

***c*) O contrato de que provém a aquisição seja concluído antes da celebração do contrato de sociedade, simultaneamente com este ou nos dois anos seguintes ao registo do contrato de sociedade ou do aumento do capital.**

2. O disposto no número anterior não se aplica a aquisições feitas em bolsa ou em processo judicial executivo ou compreendidas no objeto da sociedade.

3. A deliberação da assembleia geral referida no n.º 1 deve ser precedida de verificação do valor dos bens, nos termos do artigo 28.º, e será registada e publicada; nela não votará o fundador a quem os bens sejam adquiridos.

4. Os contratos donde procedam as aquisições previstas no n.º 1 devem ser reduzidos a escrito, sob pena de nulidade.

5. São ineficazes as aquisições de bens previstas no n.º 1 quando os respetivos contratos não forem aprovados pela assembleia geral.

Bibliografia: Paulo de Tarso Domingues, *O regime das entradas no CSC*, RFDUP III (2006), 673-723 (713 ss.); Maria Ângela Coelho Bento Soares, *Aumento do capital*, em AAVV (2002), 237-255 (243 ss.); Raúl Ventura, *Adaptação do Direito português à Segunda Directiva do Conselho da Comunidade Económica Europeia sobre o Direito das sociedades*, DDC 3 (1980), 5-152 (33 ss.); *id.*, *Sociedades por quotas* 1 (1989), 125-127.

Índice

1. Reformas de 1998 e 2006 1
2. Origem: entradas aparentes 2
3. Âmbito 4
4. Regime 8
5. Sanções 9

1. **Reformas de 1998 e de 2006**. O 29.º/1, *c*), foi alterado pelo DL 76-A/2006, de 29-mar., para, dele, retirar a referência à escritura[1]. Anteriormente, a alínea *b*) do mesmo preceito fora alterada pelo DL 343/98, de 8-nov., por via da introdução do euro[2]. 1

2. **Origem: entradas aparentes**. O 29.º adveio da 2.º Diretriz de Direito das sociedades (11.º)[3]. Na origem temos uma problemática tipicamente alemã, que procura evitar "entradas aparentes" ou "dissimuladas", ainda ditas "quase entradas" (§ 52 do AktG): as que ocorreriam caso, após uma entrada em espécie, a sociedade retransmitisse para o sócio o bem em jogo, abaixo do seu valor. 2

A lei toma precauções perante tal tipo de situação. Mais particularmente: ela define um determinado âmbito para as mesmas e prevê um regime cuidadoso, quanto em termos de aquisição, quanto à publicidade envolvida. 3

3. **Âmbito**. São visadas as aquisições de bens por uma SA ou por uma SC: o 29.º surge, pois, deslocado, melhor ficando no Título IV. 4

Surgem envolvidas as aquisições: (a) efetuadas, direta ou indiretamente, por um fundador ou pessoa que se torne sócio no período de dois anos seguinte ao registo da sociedade ou do aumento de capital; (b) em que o contravalor dos bens adquiridos à mesma pessoa (da totalidade dos bens adquiridos a essa pessoa) exceda 2% ou 10% do capital social, consoante este atinja ou não os € 50.000; (c) que ocorram antes do contrato de sociedade ou nos dois anos seguintes ao seu registo ou ao do aumento de capital (29.º/1). 5

Ficam excluídas: (a) as aquisições feitas "em bolsa" (em mercado regulamentado); (b) em processo judicial executivo; (c) ou compreendidas no objeto da sociedade (29.º/2). A referência ao objeto da sociedade não se basta com uma mera compatibilidade: a aquisição deve corresponder à prossecução desse mesmo objeto. 6

A lei não alude às sociedades por quotas. O problema das "entradas aparentes" neste tipo societário resolver-se-á de acordo com coordenadas gerais. No limite, poderá envolver uma fraude à lei[4]. 7

4. **Regime**. As aquisições em jogo devem: (a) ser precedidas pela verificação do valor dos bens, nos termos do 28.º (29.º/3, 1.ª parte); (b) ser previamente autorizadas por deliberação da assembleia geral (29.º/1, corpo), sem que o alienante possa votar (29.º/3, *in fine*); (c) ser celebradas por escrito (29.º/4); (d) ser registadas e publicadas (29.º/3). Tecnicamente, a desarrumação interna do 29.º é flagrante. 8

5. **Sanções**. A não aprovação, pela assembleia geral (pressupõe-se que validamente) dos contratos em causa torna ineficazes as aquisições (29.º/5): especialmente perante os credores sociais, que a lei aqui visa proteger. 9

[1] DR I Série-A, n.º 63 (Supl.), de 29-mar.-2006, 2328-(7)/I.

[2] DR I Série-A, n.º 257, de 6-nov.-1998, 5940/II.

[3] Raúl Ventura, *Adaptação do Direito português à Segunda Directiva*, 138.

[4] Sobre a fraude à lei, António Menezes Cordeiro, *Tratado de Direito civil* II (2014), 580 ss.

10 A falta de forma escrita determina a nulidade da aquisição (29.º/4; 280.º CC). A exigência de forma visa acautelar interesses de terceiros, de outros sócios e de credores sociais. Não obstante, na relação entre as partes, a invocação da falta de forma pelo sócio pode registando-se abuso por parte do sócio, não fica em absoluto excluída a invocação de inalegabilidades formais (334.º CC).

Artigo 30.º (Direitos dos credores quanto às entradas)

1. Os credores de qualquer sociedade podem:

***a)* Exercer os direitos da sociedade relativos às entradas não realizadas, a partir do momento em que elas se tornem exigíveis;**

***b)* Promover judicialmente as entradas antes de estas se terem tornado exigíveis, nos termos do contrato, desde que isso seja necessário para a conservação ou satisfação dos seus direitos.**

2. A sociedade pode ilidir o pedido desses credores, satisfazendo-lhes os seus créditos com juros de mora, quando vencidos, ou mediante o desconto correspondente à antecipação, quando por vencer, e com as despesas acrescidas.

Bibliografia: António Menezes Cordeiro 1 (2007), 592-593; Paulo de Tarso Domingues, *O regime das entradas no CSC*, RFDUP III (2006), 673-723 (722).

Índice

1. Escopo 1
2. A sub-rogação 2
3. A exceção do pagamento 3

1 1. **Escopo**. A regular efetivação das entradas releva para a sociedade: ela carece de meios para desenvolver a sua atividade. Mas interessa, também, aos credores sociais, assegurando a cobertura patrimonial dos seus direitos. O 30.º visa, justamente, dar corpo a esta dimensão.

2 2. **A sub-rogação** do credor ao devedor, genericamente tratada nos 606.º a 609.º do CC, está prevista, a propósito das entradas, no 30.º/1: os credores sociais podem exercer os direitos da sociedade, relativos às entradas e contra os sócios[1]. A hipótese de promoção judicial de entradas não exigíveis limita-se a hipóteses em que esta via é necessária para conservar ou satisfazer o direito do credor, pressupondo o esgotamento de outras vias. Caso o credor beneficie de garantias idóneas do cumprimento, não deve poder fazer valer o disposto na alínea b).

3 3. **A exceção do pagamento**. A sociedade pode obstar ("ilidir") o pedido dos credores: (a) satisfazendo-lhes os créditos com os juros de mora, quando vencidos ou (b) operando o desconto relativo à antecipação, quando por vencer (30.º/2). Em qualquer caso, pagará as despesas acrescidas.

[1] RPt 13-nov.-2006 (Marques Pereira), Proc. 0652553.

Subsecção III – Conservação do capital

Artigo 31.º (Deliberação de distribuição de bens e seu cumprimento)

1. Salvo os casos de distribuição antecipada de lucros e outros expressamente previstos na lei, nenhuma distribuição de bens sociais, ainda que a título de distribuição de lucros de exercício ou de reservas, pode ser feita aos sócios sem ter sido objeto de deliberação destes.

2. As deliberações dos sócios referidas no número anterior não devem ser cumpridas pelos membros da administração se estes tiverem fundadas razões para crer que:

***a*) Alterações entretanto ocorridas no património social tornariam a deliberação ilícita, nos termos do artigo 32.º;**

***b*) A deliberação dos sócios viola o preceituado nos artigos 32.º e 33.º;**

***c*) A deliberação de distribuição de lucros de exercício ou de reservas se baseou em contas da sociedade aprovadas pelos sócios, mas enfermando de vícios cuja correção implicaria a alteração das contas de modo que não seria lícito deliberar a distribuição, nos termos dos artigos 32.º e 33.º.**

3. Os membros da administração que, por força do disposto no número anterior, tenham deliberado não efetuar distribuições deliberadas pela assembleia geral devem, nos oito dias seguintes à deliberação tomada, requerer, em nome da sociedade, inquérito judicial para verificação dos factos previstos nalguma das alíneas do número anterior, salvo se entretanto a sociedade tiver sido citada para a ação de invalidade de deliberação por motivos coincidentes com os da dita resolução.

4. Sem prejuízo do disposto no Código de Processo Civil sobre o procedimento cautelar de suspensão de deliberações sociais, a partir da citação da sociedade para a ação de invalidade de deliberação de aprovação do balanço ou de distribuição de reservas ou lucros de exercício não podem os membros da administração efetuar aquela distribuição com fundamento nessa deliberação.

5. Os autores da ação prevista no número anterior, em caso de improcedência desta e provando-se que litigaram temerariamente ou de má-fé, serão solidariamente responsáveis pelos prejuízos que a demora daquela distribuição tenha causado aos outros sócios.

Bibliografia: AAVV (2007), 167-227; António Menezes Cordeiro 1 (2007), 605-617; Paulo de Tarso Domingues, *Do capital social: noção, princípios e funções* (1998); *id.*, *Garantias da consistência do património social*, AAVV (2002), 497-545; *id.*, *Variações sobre o capital social* (2009), 311 ss.; Rui Cardona Ferreira, *O direito aos lucros*, em Paulo Câmara (coord.), Acionistas e Goverenação das Sociedades (2019); Evaristo Ferreira Mendes, *Lucros de exercício*, RDE (1986), 283-364; Manuel António Pita, *Direito aos lucros* (1989); Filipe Cassiano dos Santos, *A posição do accionista face aos lucros do balanço. O direito do accionista ao dividendo no CSC* (1996).

Índice

I – Competência da assembleia geral
1. Finalidade e âmbito 1
2. Exceções 5

II – Vicissitudes da deliberação
3. Incumprimento 7
4. Suspensão de execução de deliberação: pressupostos e consequências 8
5. Litigância temerária ou de má-fé 13

I – Competência da assembleia geral

1 1. **Finalidade e âmbito**. A preocupação legislativa na conservação do capital social[1] determina implicações relevantes no governo da sociedade comercial. O princípio, firmado no 31.º, segundo o qual a distribuição de bens sociais a acionistas é da competência da assembleia geral, limita claramente o âmbito de atuação da gerência ou administração societária, a quem cabe no entanto fazer a proposta de aplicação de resultados – 66.º/1, *f*). Subjacente a esta solução reside o facto de a distribuição de bens sociais ter implicações na robustez financeira da sociedade e nas opções referentes ao reinvestimento do resultado produtivo da sociedade: e prende-se, igualmente, com o tratamento conferido aos seus sócios, refletindo-se no valor das respetivas participações sociais. Tal solução é, de resto, congruente com a competência da assembleia geral para deliberar a redução do capital social, o que pode servir para atingir a libertação de excesso de capital – 94.º/1, *a*). A acrescer, a dependência de deliberação facilita o respetivo escrutínio judicial nos casos em que a deliberação seja inválida, designadamente por votos abusivos – 58.º/1, *b*), do CSC. Por fim, a deliberação cumpre uma função informativa: designadamente, se tiver por objeto a distribuição de reservas, deve indicá-lo expressamente, ao abrigo do 33.º/4.

2 A atribuição de competência decisória ao colégio de sócios para a distribuição de bens sociais é confirmada, ao longo do CSC, nos 217.º/2, 246.º/1 e 294.º/2, referentes à distribuição de dividendos[2], e no 319.º/1, que estabelece idêntico princípio para a aquisição de ações próprias[3].

3 Esta regra aplica-se a todas as distribuições de bens sociais a sócios, enquanto sócios. O mesmo vale, aliás, ainda que a distribuição surja encoberta de lucros, a sócios-gerentes, quando não revista a natureza de remuneração pelas funções gerenciais[4].

4 Este regime revela-se capital para compreender que as regras sobre distribuições de bens também visam a proteção dos acionistas. Em contraste, os credores, que também são tutelados pelas disposições constantes desta Subsecção III, não gozam de qualquer participação ativa no processo decisório ligado à distribuição de bens sociais.

5 2. **Exceções**. O princípio de competência deliberativa dos sócios, reunidos em assembleia geral, em matéria de distribuição de bens sociais, conhece exceções. A mais relevante concerne ao adiantamento de lucros no decurso do exercício, estabelecido no 297.º. A deliberação de adiantamento de lucros compete ao conselho de administração ou conselho de administração executivo, desde que recolha o consentimento do conselho fiscal, da comissão de auditoria ou do conselho geral e de supervisão, consoante os modelos de governo vigentes[5].

6 Outra das exceções vigentes prende-se com a aquisição das ações próprias, a qual pode ser decidida pelo conselho de administração ou pelo conselho de administração executivo se, por meio delas, for evitado um prejuízo grave e iminente para a sociedade, conforme decorre do 319.º/3.

[1] Sobre o conteúdo deste princípio, *vide* a anotação ao 32.º.

[2] Evaristo Ferreira Mendes, *Lucros de Exercício*, RDE (1986), 357-364.

[3] Embora com exceções: cfr art. 319.º, n.º 3, à frente referido no texto.

[4] *Vide*, nesse sentido, o RCb 16-mai.-1995 (Pereira da Graça), CJ XX (1995) 3, 28-31, sobre o qual existe anotação de Evaristo Ferreira Mendes, *Lucros de exercício* cit., 283-364.

[5] Embora o tema não possa ser aqui discutido, a literatura não tem vislumbrado óbices à aplicação deste regime, por via da analogia, às sociedades por quotas.

II – **Vicissitudes da deliberação**

3. **Incumprimento**. O 514.º pune o administrador ou o gerente que execute distribuição sem deliberação (n.º 3) e, bem assim, o que execute ou faça executar distribuição de bens em desrespeito de deliberação válida (n.º 4). A distribuição indevida pode ainda constituir os membros do órgão de administração em responsabilidade civil perante sociedade (72.º) e perante terceiros (78.º). 7

4. **Suspensão de execução de deliberação: pressupostos e consequências**. O 31.º/2 consagra um dispositivo de emergência, ao impor a suspensão da execução da deliberação social se circunstâncias, anteriores ou supervenientes (desde que detetadas em tempo), vierem a prejudicar a legalidade da distribuição de bens sociais. A suspensão opera automaticamente, *ope legis*, e de forma imediata a partir da verificação de uma de três situações: ilegalidade da deliberação, em termos originários; ilegalidade da deliberação, provocada supervenientemente por uma alteração patrimonial; vícios dos documentos de prestação de contas em termos que tornam a deliberação ilícita. A propósito desta última situação, convém advertir que o prazo de arguição de falsidade da certificação legal de contas é, entre nós, extremamente curto – 120 dias contados desde o depósito ou publicação das contas[6]. 8

A partir da verificação dos pressupostos descritos, devem os titulares do órgão de administração deliberar suspender o processo de distribuição de bens sociais e, no prazo de oito dias, requerer inquérito judicial para apuramento dos factos conducentes à suspensão. O pedido de inquérito judicial tem-se por dispensado se houver ação de invalidade da deliberação em curso por motivos coincidentes e se a sociedade tiver sido citada no âmbito da mesma. 9

A partir da citação da ação de invalidade de deliberação de aprovação do balanço ou de distribuição de reservas ou lucros de exercício, os membros da administração devem abster-se de dar execução à deliberação *sub judice*. Tal não prejudica que o dever de abstenção de execução se imponha antes da citação mencionada, se tiver sido detetada ilegalidade relevante ao abrigo da previsão do 31.º/2, como notado. 10

O dever de verificação dos pressupostos da suspensão, ao longo do processo de distribuição de bens sociais, constitui um corolário dos deveres de cuidado que se impõem aos membros da gerência ou administração, ao abrigo do 64.º/1. 11

Se a distribuição for ilícita, a deliberação subjacente será nula, nos termos do 56.º/1, *d*), o que reclama a renovação da deliberação para distribuir dividendos caso a situação de base entretanto se altere[7]. 12

5. **Litigância temerária ou de má-fé**. A litigância referente à distribuição de reservas ou de lucros pode provocar danos apreciáveis no universo de sócios. Assim, para contramotivar ações frívolas ou infundadas, a lei obriga a que os autores de ações judiciais temerárias ou de má-fé sejam solidariamente responsáveis pelos prejuízos que a demora daquela distribuição tenha causado aos outros sócios (31.º/5). 13

[6] Artigo 44.º/7 do Estatuto dos Revisores Oficiais de Contas, aprovado pelo DL 487/99, de 16-nov..

[7] Esta conclusão extrai-se com segurança do regime positivo – aparentemente contra: Filipe Cassiano dos Santos, *A posição do accionista face aos lucros do balanço. O direito do accionista ao dividendo no CSC* (1996), 26 – embora, em última análise, venha a limitar a qualificação do direito ao crédito deliberado como direito extra-social, se a deliberação violar os 31.º-33.º.

Artigo 32.º (Limite da distribuição de bens aos sócios)

1. Sem prejuízo do preceituado quanto à redução do capital social, não podem ser distribuídos aos sócios bens da sociedade quando o capital próprio desta, incluindo o resultado líquido do exercício, tal como resulta das contas elaboradas e aprovadas nos termos legais, seja inferior à soma do capital social e das reservas que a lei ou o contrato não permitem distribuir aos sócios ou se tornasse inferior a esta soma em consequência da distribuição.

2. Os incrementos decorrentes da aplicação do justo valor através de componentes do capital próprio, incluindo os da sua aplicação através do resultado líquido do exercício, apenas relevam para poderem ser distribuídos aos sócios bens da sociedade, a que se refere o número anterior, quando os elementos ou direitos que lhes deram origem sejam alienados, exercidos, extintos, liquidados ou, também quando se verifique o seu uso, no caso de ativos fixos tangíveis e intangíveis.

3. Os rendimentos e outras variações patrimoniais positivas reconhecidos em consequência da utilização do método da equivalência patrimonial, nos termos das normas contabilísticas e de relato financeiro, apenas relevam para poderem ser distribuídos aos sócios, nos termos a que se refere o n.º 1, quando sejam realizados.

Bibliografia: AAVV (2007), 167-227; António Pereira de Almeida (2007), 126-143; John Armour, *Legal Capital: An Outdated Concept?*, European Business Law Review (2006), 5-27; Holger Fleischer, *Legal Capital: A Navigation System for Corporate Law Scholarship*, European Business Law Review (2006), 29-38; António Menezes Cordeiro, *Direito europeu das sociedades* (2005), 207-231; *id.*, e 1 (2007), 605-617; Paulo de Tarso Domingues, *Do capital social: noção, princípios e funções* (1998), *id.*, *Garantias da consistência do património social*, em AAVV (2002), 497-545, *id.*, *Anotação ao artigo 32.º*, em CSC em Comentário I (2010); Janete Fernandes, A adoção do justo valor e a distribuição de bens aos sócios, Revista da OROC (out.-dez. 2014), 28-39; Rui Cardona Ferreira, *O direito aos lucros,* em Paulo Câmara (coord.), Acionistas e Goverenação das Sociedades (2019); José Rodrigues de Jesus/Susana Rodrigues de Jesus, *Alguns aspetos da aplicação do método da equivalência patrimonial*, Revista da OROC (jul.-set. 2011), 16-21; KPMG, *Feasibility Study on an alternative to the Capital Maintenance Regime established by the Second Company Law Directive 77/91/EEC of 13 December 1976 and an Examination of the Impact on Profit Distribution of the new EU Accounting Regime* (2008); Friedrich Kübler, *The Rules of Capital Under Pressure of the Capital Markets*, em Klaus Hopt/Eddy Wymeersch, *Capital Markets and Company Law* (2003), 95-114; Jonathan Macey/Luca Enriques, *Legal Capital – Is There a Case Against the European Legal Capital Rules?*, Cornell Law Review 86 (2001), 1165 ss.; Evaristo Ferreira Mendes, *Direito ao lucro de exercício no CSC (Arts 217/294)*, em *Estudos dedicados ao Professor Doutor Manuel Júlio Almeida Costa* (2002), 487-543; Peter Mülbert, *A Synthetic View of Different Concepts of Creditor Protection, or: A High-Level Framework for Corporate Creditor Protection, European Business Law Review* (2006), 357-408; Alexandre Mota Pinto, *Capital social e tutela dos credores: para acabar de vez com o capital social mínimo nas sociedades por quotas*, em *Nos 20 Anos do Código das Sociedades Comerciais: Homenagem aos Professores Doutores A. Ferrer Correia, Orlando de Carvalho e Vasco Lobo Xavier*, 1 (2008), 837-861; Manuel António Pita, *Direito aos lucros* (1989); Jonathan Rickford, *Legal Approaches to Restricting Distributions to Shareholders: Balance Sheet Tests and Solvency Tests, European Business Law Review* (2006), 135-179; Filipe Cassiano dos Santos, *A posição do accionista face aos lucros do balanço. O direito do accionista ao dividendo no CSC* (1996); Wolfgang Schön, *The Future of Legal Capital*, European Business Law Review (2004), 429-448 e *Balance Sheet Tests or Solvency Tests: or Both?*, European Business Law Review (2006), 181-198; Raúl Ventura, *Adaptação do Direito português à Segunda Directiva do Conselho da Comunidade Económica Europeia sobre o Direito das Sociedades*, DDC 3 (1980), 5-152.

Índice

I – Evolução
1. Redação original ... 1
2. Alteração promovida pelo DL 185/2009 ... 2
3. Alteração promovida pelo DL n.º 98/2015, de 2-jun. ... 3

II – Conservação do capital social: finalidade e âmbito
4. Enunciado do princípio ... 4
5. O regime comunitário ... 5
6. Âmbito ... 8

III – Apuramento do lucro de exercício
7. Lucro distribuível ... 11
8. Limitações ao lucro distribuível gerado pelo critério do justo valor ... 13
9. A extensão das limitações ao lucro distribuível gerado pelo método de equivalência patrimonial ... 15
10. Incumprimento ... 21

I – Evolução

1. **Redação original.** Na versão original do Código, o 32.º arrumava-se num único número, com o conteúdo equivalente ao atual n.º 1. 1

2. **Alteração promovida pelo DL 185/2009.** A redação atual dos n.ºs 1 e 2 do preceito resulta da preocupação em acomodar a permissão de utilização das Normas Internacionais de Relato Financeiro (IAS/IFRS) por um largo espectro de sociedades, somada à recente entrada em vigor do Sistema de Normalização Contabilístico, aprovado pelo DL 158/2009, de 13-jul., sobretudo em função do relevo central que em ambos os normativos contabilísticos manifesta o critério de mensuração pelo justo valor. Este diploma veio substituir, no agora 32.º/1, o conceito de situação líquida pelo de capital próprio (já utilizado como referência no 349.º/1) como medida do lucro distribuível. Mas a principal novidade resulta da introdução de um novo n.º 2, onde são mais visíveis as preocupações decorrentes da aplicação do justo valor (v. *infra*, nota 7). 2

3. **Alteração promovida pelo DL 98/2015, de 2-jun..** O DL 98/2015, de 2 de junho, introduziu um novo n.º 3 ao normativo em apreço. Esta nova regra vem estender limitações à distribuição de lucros em caso de aplicação do método de equivalência patrimonial (v. *infra*, nota 8). 3

II – Conservação do capital social: finalidade e âmbito

4. **Enunciado do princípio**. Vigora, no Direito societário português, o princípio da conservação do capital social. Este exprime-se no conjunto de normas que procuram favorecer uma aproximação entre a cifra do capital social (correspondendo à soma do valor nominal de todas as participações sociais subscritas) e o património social[1]. O regime contido nos 32.º e 33.º, dedicado a balizar as distribuições de bens sociais, constitui uma das suas mais relevantes manifestações. 4

5. **O regime comunitário**. O princípio de conservação do capital social tem arrimo comunitário. Com efeito, os 32.º (n.º 1) e 33.º procedem à transposição, para o nosso Direito interno, do 15.º da Segunda Diretriz comunitária de Direito das sociedades (Diretriz 77/91/CEE, de 13-dez.-1976)[2]. 5

[1] Em causa está propiciar a aproximação entre capital e património social; mas não garanti-la. Em sentido diverso, preferindo referir-se às "garantias de consistência do património social", *vide* Paulo de Tarso Domingues, *Garantias da consistência do património social*, em AAVV (2002), 497-545 (do mesmo autor, porém, provém uma explicitação clara sobre as limitações à função de garantia dos credores assinalada ao capital social: *vide* AAVV (2007), 195-200).

[2] Menezes Cordeiro, *Direito europeu das sociedades* (2005), 207-231; Raúl Ventura, *Adaptação do Direito português à segunda directiva*, 5-152.

6 Ocorre acrescentar que o regime comunitário de conservação do capital social tem estado, nos anos recentes, no epicentro de um intenso debate. A impulsionar este debate, além do desejo geral de simplificação do Direito societário europeu, somam-se a circunstância de o regime do capital social ser desconhecido em alguns sistemas jurídicos de referência (designadamente no Direito norte-americano), aliada aos estímulos provindos da jurisprudência do TJCE (v.g. através dos acórdãos *Centros, Überseering e Inspire Art*[3]) no sentido da mobilidade societária na escolha de sistemas jurídicos menos exigentes. O problema de fundo reside na determinação do grau ótimo de proteção entre os diversos sujeitos com interesses relevantes na sociedade. E coloca-se ante a alegação de que é excessiva a proteção conferida aos credores através das restrições a distribuições de bens impostas por via comunitária, comparada com a proteção conferida aos acionistas[4], o que é agravado com prescrições referentes ao capital social mínimo. Tal coloca nomeadamente embaraços ao investimento por instituições de capital de risco. Soma-se que a prática conhece mecanismos contratuais (*covenants*) que asseguram aos credores uma proteção contra erosões patrimoniais dos seus devedores, que podem mostrar-se bem mais eficaz que as decorrentes dos 32.º e 33.º. E argui-se, por fim, que o sistema poderia ser substituído por testes de solvência que assegurassem a capacidade de fazer face aos compromissos após a projetada distribuição[5].

7 Neste quadro, a Comissão Europeia, na sequência do seu Plano de Acção sobre Direito das sociedades e Governo societário de 2003, encomendou um estudo sobre a viabilidade de uma solução alternativa ao capital social. O estudo, elaborado pela KPMG, foi apresentado em 2008 e concluiu que o regime vigente não coloca embaraços de maior à distribuição de dividendos, estando ao alcance dos Estados-membros a estipulação de testes de solvência como critério adicional ao decorrente da Diretriz[6]. Não se crê que o estudo tenha colocado um ponto final à discussão do tema, que – numa perspetiva *de jure condendo* – ainda permanece fundamentalmente em aberto.

8 6. **Âmbito**. Uma vez que o diploma comunitário encerra uma harmonização mínima[7], é permitido aos Estados-membros aditar outras exigências além das ali dispostas. Tal foi aproveitado pelo legislador português: o 31.º e 33.º/2 a 4 constituem desenvolvimentos domésticos que transcendem o conteúdo do diploma comunitário. A acrescer, no direito português a remição de ações depende do cumprimento destes preceitos (345.º/5).

9 Mas mais importante, a esse propósito, é ter presente que a mencionada Segunda Diretriz comunitária de Direito das sociedades (Diretriz 77/91/CEE, de 13-dez.-1976) tem o seu

[3] Em referência estão os casos C-212/97: *Centros Ltd. v. Erhvervs- og Selskabsstyrrelsen* (1999), C-208-00: *Überseering BV v. Nordic Construction Company Baumanagement GmbH* (2002) e C-167/01: *Kamer van Koophandel en Fabrieken voor Amesterdam v. Inspire Art* (2003).

[4] John Armour, *Legal Capital: An Outdated Concept?*, European Business Law Review (2006), 5-27; Holger Fleischer, *Legal Capital: A Navigation System for Corporate Law Scholarship*, European Business Law Review (2006), 29-38; Friedrich Kübler, *The Rules of Capital Under Pressure of the Capital Markets*, em Klaus Hopt/Eddy Wymeersch, *Capital Markets and Company Law* (2003), 95 ss.; Jonathan Macey/Luca Enriques, *Legal Capital – Is There a Case Against the European Legal Capital Rules?*, Cornell Law Review 86 (2001), 1165 ss.; Peter Mülbert, *A Synthetic View of Different Concepts of Creditor Protection, or: A High-Level Framework for Corporate Creditor Protection*, European Business Law Review (2006), 357-408; Wolfgang Schön, *The Future of Legal Capital*, European Business Law Review (2004), 429-448.

[5] Jonathan Rickford, *Legal Approaches to Restricting Distributions to Shareholders: Balance Sheet Tests and Solvency Tests*, European Business Law Review (2006), 135-179; Wolfgang Schön, *Balance Sheet Tests or Solvency Tests: or Both?*, European Business Law Review (2006), 181-198.

[6] KPMG, *Feasibility Study on an alternative to the Capital Maintenance Regime established by the Second Company Law Directive 77/91/EEC of 13 December 1976 and an Examination of the Impact on Profit Distribution of the new EU Accounting Regime* (2008).

[7] Menezes Cordeiro, *Direito europeu das sociedades* cit., 209.

âmbito circunscrito às sociedades anónimas (1.º). Ora, as disposições nacionais sobre conservação do capital social são, ao invés, disposições gerais do Código, aplicáveis como tal a todos os tipos societários. A intensa discussão europeia sobre conservação do capital social oferece uma oportunidade excelente para uma discussão do ajustamento da extensão destas exigências comunitárias a todos os tipos societários, como foi opção do legislador nacional[8].

É de notar ainda que, no cálculo do lucro distribuível, a Diretriz permite deduzir capital subscrito e não realizado – 15.º/1, *b*): o que não foi acolhido, *expressis verbis*, entre nós[9]. 10

III – **Apuramento do lucro de exercício**

7. **Lucro distribuível**. A lei dispõe que apenas pode ser distribuído, a título de dividendos, o que for considerado tecnicamente como lucro: isto é, o resultado produtivo da atividade societária. Como decorre do 32.º, a medida do lucro é o capital próprio – aqui incluindo o resultado líquido – excedente do capital e das reservas. A referência ao resultado líquido obriga a abater o passivo. Em consequência, os bens que sejam necessários para solver as dívidas não podem ser distribuídos aos sócios – assim se atingindo a proteção dos credores sociais. A referência a resultados líquidos obriga ainda a deduzir ao lucro distribuível os impostos que sobre os mesmos sejam devidos[10]. 11

A delimitação do lucro distribuível é operada negativamente, sobretudo em face das previsões dos 31.º e 32.º[11]. Algumas restrições adicionais resultam do regime da reserva legal, já que alguns ganhos obtidos pela sociedade se submetem forçosamente a este regime (*vide*, para as sociedades anónimas, o 295.º/2). 12

8. **Limitações ao lucro distribuível gerado pelo critério do justo valor**. A lei societária não determina o critério contabilístico para apuramento da situação líquida da sociedade. Este critério encontrar-se-á nos normativos contabilísticos aplicáveis – seja no Sistema de Normalização Contabilística (aprovado pelo DL 158/2009, de 13-jul.), no plano contabilístico sectorial ou nas normas internacionais de contabilidade reconhecidas pela Comissão Europeia segundo o R (CE) 1606/2002, de 19-jul.-2002. O ponto é muito relevante, porquanto se verificam situações em que o resultado líquido de uma sociedade pode variar em função do critério contabilístico observado. Ganha particular significado a possibilidade de ocorrerem variações do capital próprio em função da aplicação do critério de mensuração do justo valor, que depende do valor do mercado. À apreciação dos ativos societários pode suceder-se muito rapidamente uma depreciação, em função da evolução do mercado dos ativos subjacentes. Neste quadro, a volatilidade destas possíveis variações obrigou à adoção de cautelas legislativas para que não haja distribuições de bens a que não correspondam ganhos societários definitivos. Por esse motivo, o 32.º/2 limita a possibilidade de distribuição, aos sócios, de incrementos resultantes da adoção do justo valor aos casos em que haja uma cristalização ou uma afetação definitiva dos ganhos potenciais daí decorrentes. Tal verifica-se, segundo a nova mensagem legislativa, quando os elementos ou direitos que lhes deram origem sejam alienados, exercidos, extintos, liquidados ou, também quando se verifique o seu uso, no caso de ativos fixos tangíveis e intangíveis. 13

[8] Pioneiro, neste sentido: Alexandre Mota Pinto, *Capital social e tutela dos credores*, 837-861.

[9] Refira-se que o 34.º/3 do projeto de 1983 não passou para o texto final: obrigava, neste contexto, a considerar como capital apenas o capital realizado ou o crédito de entradas exigível contra sócios.

[10] Evaristo Ferreira Mendes, *Direito ao lucro de exercício no CSC (Arts 217/294)*, 509.

[11] A ilustrar este regime: António Pereira de Almeida (2006), 126-133; António Menezes Cordeiro 1 (2007), 605-617; Manuel António Pita, *Direito aos lucros* (1989), 33-70; Filipe Cassiano dos Santos, *A posição do accionista face aos lucros do balanço*, 19-38.

14 Como lucro distribuível, em todo o caso, há de entender-se não apenas o que resulta do ano corrente como igualmente os lucros de exercício transitados de anos anteriores[12].

15 9. **A extensão das limitações ao lucro distribuível gerado pelo método de equivalência patrimonial.** O novo 32.º/3, introduzido através do DL 98/2015, de 2-jun., veio estender as limitações à distribuição de lucros aos casos de aplicação do método de equivalência patrimonial. Esta novidade foi incluída num diploma que procede à transposição da Diretriz 2013/34/UE, do Parlamento Europeu e do Conselho, de 26-jun.-2013, relativa às demonstrações financeiras anuais, às demonstrações financeiras consolidadas e aos relatórios conexos de certas formas de empresas.

16 A mencionada Diretriz contém precisamente uma regra segundo a qual caso, por força da aplicação do método contabilístico de equivalência patrimonial, o resultado atribuível à participação reconhecido na demonstração de resultados ultrapasse o montante dos dividendos já recebidos ou cujo pagamento possa ser exigido, o montante da diferença é colocado numa reserva que não possa ser distribuída aos acionistas [9.º/7, *c)* da Diretriz 2013/34/EU]. Semelhante regra constava, de resto, de texto legislativo europeu anterior que não tinha sido transposta entre nós [59.º, *f)* da Diretriz 78/660/CEE, de 25-jul.-1978).

17 Além disso, a regra do 32.º/3 representa uma resposta legislativa às reações adotadas à revisão do preceito ocorrida em 2009, que circunscrevia originariamente as limitações ao lucro distribuível quando fosse utilizado o método do justo valor (artigo 32.º/2)[13].

18 Neste contexto, o objetivo do 32.º/3 é o de estender à aplicação do método de equivalência patrimonial as restrições à distribuição de dividendos em termos simétricos às que vigoravam para a aplicação do método do justo valor. Com esta tomada de posição, coloca-se termo a alguma controvérsia gerada por este tema na vigência da versão de 2009 do 32.º/2[14].

19 Com efeito, o método de equivalência patrimonial constitui um método contabilístico que opera correções ao custo de aquisição de participações sociais por referência aos ativos líquidos da participada[15]. Tal pode igualmente determinar acréscimos patrimoniais que contribuem para o resultado da sociedade participante sem que se mostrem realizados – isto é, sem que tenha havido distribuição de dividendos pelas sociedades participadas. Fica, assim, explicada a solução do 32.º/3 que, embora plenamente integrada na lógica do método de equivalência patrimonial, assume claro caráter inovatório e não interpretativo.

20 Convém por fim aditar que o 32.º/3 merece complemento no 295.º/2, *d)*, igualmente acrescentado pelo DL 98/2015, preceito este que sujeita ao regime de reserva legal a diferença entre o resultado atribuível às participações financeiras reconhecido na demonstração de resultados e o montante dos dividendos já recebidos ou cujo pagamento possa ser exigido relativamente às mesmas participações.

21 10. **Incumprimento.** A incriminação da distribuição de dividendos fictícios tem raízes profundas no sistema jurídico-societário. Remonta, no Direito português, à L e 22-jun.-1867 (52.º, § único). Em continuação deste regime, o 514.º/1 pune o administrador ou o gerente que proponha deliberação de distribuição de bens ilícita.

[12] Evaristo Ferreira Mendes, *Direito ao lucro de exercício no CSC (Arts 217/294)*, 508.

[13] Janete Fernandes, *A adoção do justo valor e a distribuição de bens aos sócios*, Revista da OROC (out.-dez. 2014), 35-37.

[14] Janete Fernandes, *A adoção do justo valor* cit., 35-37.

[15] José Rodrigues de Jesus/ Susana Rodrigues de Jesus, *Alguns aspetos da aplicação do método da equivalência patrimonial*, Revista da OROC (jul.-set. 2011), 17-18.

Artigo 33.º (Lucros e reservas não distribuíveis)

1. Não podem ser distribuídos aos sócios os lucros do exercício que sejam necessários para cobrir prejuízos transitados ou para formar ou reconstituir reservas impostas pela lei ou pelo contrato de sociedade.

2. Não podem ser distribuídos aos sócios lucros do exercício enquanto as despesas de constituição, de investigação e de desenvolvimento não estiverem completamente amortizadas, exceto se o montante das reservas livres e dos resultados transitados for, pelo menos, igual ao dessas despesas não amortizadas.

3. As reservas cuja existência e cujo montante não figuram expressamente no balanço não podem ser utilizadas para distribuição aos sócios.

4. Devem ser expressamente mencionadas na deliberação quais as reservas distribuídas, no todo ou em parte, quer isoladamente quer juntamente com lucros de exercício.

Bibliografia: António Menezes Cordeiro 1 (2007), 605-617; *id.*, *Escrituração comercial, prestação de contas e disponibilidade do ágio nas sociedades anónimas*, em *Estudos em Homenagem ao Professor Doutor Inocêncio Galvão Teles* (2003), IV, 573-598; Paulo Olavo Cunha 7.ª edição (2019), 354-378; Paulo de Tarso Domingues, *Do capital social: noção, princípios e funções* (1998); *id.*, *Garantias da consistência do património social*, AAVV (2002), 497-545; *id.*, *Anotação ao artigo 33.º*, em *CSC em Comentário* I (2010); Rui Cardona Ferreira, *O direito aos lucros*, em Paulo Câmara (coord.), Acionistas e Goverenação das Sociedades (2019); Jorge Pinto Furtado (2004), 323-326; AAVV, *Estudos de Direito das Sociedades* (2007), 167-227; Alberto Pimenta, *A prestação das contas do exercício nas sociedades comerciais*, Sep. dos BMJ 200, 201, 202, 203, 204, 205, 207 e 209 (1972); Manuel António Pita, *Direito aos lucros* (1989); Filipe Cassiano dos Santos, *A posição do accionista face aos lucros do balanço. O direito do accionista ao dividendo no CSC* (1996); Raúl Ventura, *Sociedades por Quotas* 1, 2.ª ed. (1989, reimp. de 2004), 319-370.

Índice

I – Delimitação negativa do lucro distribuível
1. Fonte comunitária 1
2. Cobertura de prejuízos transitados ou de reservas 2
3. Despesas de constituição, investigação e de desenvolvimento 5

II – Reservas
4. Modalidades 7
5. A proibição de constituição de reservas ocultas 8

I – Delimitação negativa do lucro distribuível

1 **1. Fonte comunitária.** O 33.º/1 procede à transposição do 15.º/1, *c*), da Segunda Diretriz comunitária de Direito das sociedades (Diretriz 77/91/CEE, de 13-dez.-1976). Alguma repetição entre o 32.º e o 33.º/1 é devida ao texto da Diretriz. Relembre-se, porém, que a disciplina comunitária se limita às sociedades anónimas, ao passo que, entre nós, o regime de conservação do capital social se aplica a todos os tipos societários[1].

[1] *Vide supra*, a anotação ao 32.º.

2 2. **Cobertura de prejuízos transitados ou de reservas.** O 33.º prossegue a delimitação negativa do lucro distribuível, iniciada no artigo precedente, ao determinar no seu n.º 1, que não se contam como lucros distribuíveis os montantes necessários para cobrir prejuízos transitados ou para constituir ou reforçar reservas impostas pela lei ou pelos estatutos[2].

3 A exclusão dos prejuízos transitados já decorreria do 32.º, que manda atender ao resultado líquido. Se há dívidas pretéritas por solver, não há tecnicamente lucro. Fica no entanto reafirmado que uma sociedade geradora de receitas que excedam as despesas num dado ano, pode não estar legitimada para proceder ao pagamento de dividendos, se e na medida em que subsistam prejuízos transitados de anos anteriores.

4 A exclusão, do perímetro do lucro distribuível, dos montantes necessários para fazer face a reservas legais e estatutárias releva igualmente para inferir, *a contrario*, a plena disponibilidade sobre as reservas livres – isto é, sobre os lucros transitados de exercícios anteriores[3].

5 3. **Despesas de constituição, investigação e de desenvolvimento.** Excluem-se identicamente do lucro distribuível as despesas de constituição, de desenvolvimento e de investigação se e na medida em que não estiverem amortizadas ou cobertas por resultados transitados ou reservas livres.

6 A colocação no mesmo plano das despesas de constituição, de um lado, e de investigação e desenvolvimento, por outro lado, deve ser vista *cum grano salis*. As despesas de constituição derivam do arranque do projeto empresarial, fazendo sentido que sejam consignadas como despesas prioritárias. Já as despesas de investigação e desenvolvimento por norma são contraídas ao longo da vida da sociedade, não se divisando motivo para merecerem estatuto diferenciado em relação às restantes despesas de funcionamento.

II – **Reservas**

7 4. **Modalidades.** As reservas ocupam um espaço tradicional no regime de distribuição de bens sociais[4]. Deve distinguir-se, a propósito, as reservas legais, as estatutárias e as voluntárias. Dizem-se legais quando as reservas decorram de imposição legal, designadamente constante do 218.º (para as SPQ)[5] ou do 295.º (para as SA). São estatutárias, ao invés, quando sejam impostas pelo contrato de sociedade. Por fim, as reservas voluntárias ou livres são as constituídas por decisão da administração por razões de gestão financeira da sociedade, nomeadamente para fazer face a previsíveis investimentos futuros[6].

8 5. **A proibição de constituição de reservas ocultas.** Atento o princípio contabilístico de que todos os ativos devem ser levados ao balanço, o legislador proíbe as reservas ocultas – isto é, aquelas que não figuram expressamente no balanço. A reserva oculta não deixa de ser interditada, ao abrigo do 33.º, ainda que resulte da subavaliação dos bens societários contabilizados no balanço. Não é difícil descortinar o fundamento desta solução: a reserva oculta é adversa à transparência e implica uma subavaliação do valor da empresa societária e das participações sociais correspondentes[7].

[2] Corresponde a uma adaptação ao 35.º/2 do projeto de 1983, segundo o qual as reservas não podem ser distribuídas enquanto subsistam perdas acumuladas e não sejam formadas ou reconstituídas as reservas legais e estatutárias: BMJ 327 (1983), 39.

[3] António Menezes Cordeiro 1 (2007), 612-617, e *Escrituração comercial, prestação de contas e disponibilidade do ágio*, 573-598.

[4] Para um conspecto comparativo, v. António Menezes Cordeiro, *Escrituração comercial, prestação de contas e disponibilidade do ágio*, 587-591.

[5] Cfr. Raúl Ventura, *Sociedades por Quotas* 1, 349-370.

[6] Pinto Furtado (2004), 323-326; Paulo Olavo Cunha (2007), 422.

[7] António Menezes Cordeiro 1 (2007), 613.

Artigo 34.º (Restituição de bens indevidamente recebidos)

1. Os sócios devem restituir à sociedade os bens que dela tenham recebido com violação do disposto na lei, mas aqueles que tenham recebido a título de lucros ou reservas importâncias cuja distribuição não era permitida pela lei, designadamente pelos artigos 32.º e 33.º, só são obrigados à restituição se conheciam a irregularidade da distribuição ou, tendo em conta as circunstâncias, deviam não a ignorar.

2. O disposto no número anterior é aplicável ao transmissário do direito do sócio, quando for ele a receber as referidas importâncias.

3. Os credores sociais podem propor ação para restituição à sociedade das importâncias referidas nos números anteriores nos mesmos termos em que lhes é conferida ação contra membros da administração.

4. Cabe à sociedade ou aos credores sociais o ónus de provar o conhecimento ou o dever de não ignorar a irregularidade.

5. Ao recebimento previsto nos números anteriores é equiparado qualquer facto que faça beneficiar o património das referidas pessoas dos valores indevidamente atribuídos.

Bibliografia: António Menezes Cordeiro 1 (2007), 605-617; Paulo de Tarso Domingues, *Capital e património sociais, lucros e reservas*, AAVV (2008), 173-233 (209-212); *id.*, *Anotação ao artigo 34.º*, em *CSC em Comentário* I (2010); Luiz da Cunha Gonçalves, *Comentário ao Código Comercial Português*, 1 (1914); Santos Lourenço, *Das sociedades por cotas. Comentário à Lei de 11 de Abril de 1901*, 1 (1926), 257-264.

Índice

1. Antecedentes 1
2. Fonte comunitária 2
3. Finalidade e âmbito 3
4. Extensão ao adquirente de participações sociais 7
5. Ação de restituição proposta por credores 8

1 1. **Antecedentes**. O dever de restituição de distribuições indevidas aos sócios tem antecedentes no CCom de 1888. O diploma oitocentista consignava, no âmbito da posição dos sócios comanditários, o dever de restituição dos dividendos pagos com dolo ou fraude (204.º), o que a literatura considerava aplicável por analogia aos demais sócios e tipos societários[1]. Na LSQ de 11-abr.-1901, o tema foi consideravelmente alargado: aí foi consagrado o dever de restituição de montantes indevidamente recebidos, que onerava o sócio recetor de tais montantes e, subsidiaria e solidariamente, no que fosse necessário para a salvaguarda da garantia dos credores, os demais sócios (22.º). Tal disciplina, porém, ressalvava as quantias recebidas de boa-fé e a título de dividendos (23.º)[2]. Na preparação do CSC, o 36.º do projeto de 1983 era reservado a este instituto, em termos que foram integralmente transpostos para o atual 34.º[3].

2 2. **Fonte comunitária**. O 34.º transpõe, para a ordem jurídica interna portuguesa, o 16.º da Segunda Diretriz comunitária de Direito das sociedades (Diretriz 77/91/CEE, de 13-dez.-1976).

[1] Cunha Gonçalves, *Comentário ao Código Comercial Português*, 1 (1914), 497.

[2] Santos Lourenço, *Das sociedades por cotas. Comentário à Lei de 11 de Abril de 1901* 1 (1926), 257-264.

[3] BMJ 327 (1983), 39-40.

3 3. **Finalidade e âmbito**. O regime fixado no 34.º representa uma manifestação do instituto da repetição do indevido[4]. Recebe, porém, matizes especiais nesta sede, ao consagrar um regime dual, que visa sobretudo salvaguardar, por razões de segurança jurídica, a posição de terceiros de boa-fé na distribuição de dividendos ou de reservas. No tocante às demais distribuições de bens sociais, a restituição atinge todos os sócios, ainda que de boa-fé[5].

4 No 34.º/1 é acolhida uma aceção ampla de boa-fé – em sentido subjetivo e objetivo – porquanto se sujeitam ao dever de restituição os sócios que conheciam a irregularidade da distribuição e, bem assim, os que, tendo em conta as circunstâncias, deviam não a ignorar. O ónus da prova do conhecimento ou do dever de não ignorar a irregularidade, cabe à sociedade e aos credores sociais (34.º/4).

5 Esta solução vale para qualquer atribuição patrimonial indevida, efetuada pela sociedade aos sócios – ainda que não seja feita a título de pagamento de dividendos (34.º/5).

6 Está visto que a aplicação deste regime sofre dificuldades quando estejam em causa titulares de ações ao portador[6], dado que em relação a estes valores a sociedade não tem o direito a conhecer a identidade do acionista (52.º CVM).

7 4. **Extensão ao adquirente de participações sociais**. A lei estende a eficácia do regime de repetição de lucros fictícios a terceiros que adquiram o direito de sócio – entendendo aqui a participação social na sua globalidade. Não se quedam, assim, consideradas na previsão deste preceito as situações de transmissão isolada do crédito de dividendos, designadamente como valores mobiliários – 1.º, *f)*, 46.º/3 e 4, 55.º/3, *a)*, do CVM. Nestes casos, aliás, o regime de repetição também não é oponível ao sócio, visto que ele não recebeu os dividendos (34.º/2).

8 5. **Ação de restituição proposta por credores**. Os credores sociais podem subrogar-se na posição da sociedade para o exercício do pedido judicial de restituição de distribuições indevidas (34.º/3). Para o efeito, observa-se o disposto no 78.º/2 a 5.

Artigo 35.º (Perda de metade do capital)

1. Resultando das contas de exercício ou de contas intercalares, tal como elaboradas pelo órgão de administração, que metade do capital social se encontra perdido, ou havendo em qualquer momento fundadas razões para admitir que essa perda se verifica, devem os gerentes convocar de imediato a assembleia geral ou os administradores requerer prontamente a convocação da mesma, a fim de nela se informar os sócios da situação e de estes tomarem as medidas julgadas convenientes.

2. Considera-se estar perdida metade do capital social quando o capital próprio da sociedade for igual ou inferior a metade do capital social.

3. Do aviso convocatório da assembleia geral constarão, pelo menos, os seguintes assuntos para deliberação pelos sócios:

***a)* A dissolução da sociedade;**

***b)* A redução do capital social para montante não inferior ao capital próprio da sociedade, com respeito, se for o caso, do disposto no n.º 1 do artigo 96.º;**

***c)* A realização pelos sócios de entradas para reforço da cobertura do capital.**

[4] António Menezes Cordeiro 1 (2007), 611.

[5] Paulo de Tarso Domingues, *Capital e património sociais, lucros e reservas*, 209-212.

[6] Cunha Gonçalves considerava este um caso de repetição impossível: *Comentário ao Código Comercial Português* 1 (1914), 497.

Bibliografia: António Menezes Cordeiro, *Da perda de metade do capital social das sociedades comerciais*, ROA (1996), 157-177; *id.*, *A perda de metade do capital social e a reforma de 2005: um repto ao legislador*, ROA (2005), 45-87; *id.*, 1 (2020), 593-608; *id.*, *Introdução ao direito da prestação de contas* (2008), 113 ss.; J. G. Pinto Coelho, *Reintegração do capital social*, RLJ 92 (1959-1960), 52-56; Paulo Olavo Cunha, *A redução do capital das sociedades anónimas*, em *Estudos em homenagem ao Professor Doutor Inocêncio Galvão Telles*, vol. IV (2003), 659-693 (677 ss.); *id.*, *O novo regime da redução do capital social e o artigo 35.º do CSC*, em *Inocêncio Galvão Telles: 90 anos* (2007), 1023-1078; *Direito das sociedades comerciais* (2019), 1035-1047; Paulo de Tarso Domingues, *Garantias da consistência do património social*, AAVV (2002), 497-545 (526 ss.); *id.*, *A perda grave do capital social (A propósito da recente entrada em vigor do artigo 35.º do CSC)*, em *Estudos em homenagem ao Professor Doutor Jorge Ribeiro de Faria* (2003), 739-791; *id.*, *Do capital social/Noção, princípios e funções*, 2.ª ed. (2004), 153-198; *id.*, *Capital e património sociais, lucros e reservas*, AAVV (2008), 173-233 (212-218); *id.*, *Variações sobre o capital social* (2009); id., *Artigo 35.º*, em *Código em comentário* I (2017), 547-577; *id.*, *A figura do capital social: Cinderela ou gata borralheira?*, em Congresso comemorativo dos 30 anos do Código das sociedades comerciais (2017), 159-187; *id.*, *O financiamento societário pelos sócios (e seu reverso)* (2021), 229-257; Rui Pinto Duarte, *Subcapitalização das sociedades no direito comercial*, em *Fisco* 76/77 (1996), 55-64; *id.*, A *subcapitalização das sociedades – notas de direito privado e de direito fiscal*, em *Estudos em memória do Prof. Doutor J. L. Saldanha Sanches* – IV (2011), 1065-1085; António Gervásio Lérias, *Do capital social na sociedade ao capital próprio na empresa*, RFPDF 3/II (2009), 121-147 (132 ss.); Alexandre Mota Pinto, *O artigo 35.º do Código das Sociedades Comerciais na versão mais recente*, em *Temas societários* (IDET, n.º 12) (2006), 107-151; Catarina Pontes, *Reservas: capital social e capital próprio*, em *Temas de direito das sociedades* (2011), 239-297; Ana Pinto da Rocha, *Da perda grave do capital social nas sociedades de capitais* (2009); Pedro Pais de Vasconcelos, *A participação social nas sociedades comerciais* (2006), 297-311; Raúl Ventura, *Adaptação do Direito português à Segunda Directiva do Conselho da CEE sobre o Direito das sociedades*, DDC 6 (1981), 5-152 (62 ss.); *id.*, *Dissolução e liquidação de sociedades* (1987), 134-150.

Índice

I – **Redações anteriores e entrada em vigor**
1. Redação original 1
2. Reforma de 2002 2
3. Reforma de 2005 3
4. Reforma de 2006 4
5. Entrada em vigor 5

II – **Direito europeu**
6. A 2.ª Diretriz 9
7. Transposição 11

III – **Antecedentes e crítica de política legislativa**
8. O Código Comercial 12
9. Anteprojeto e projeto 13
10. Crítica 14

IV – **O regime**
11. Âmbito de aplicação. Regulação estatutária... 17
12. A perda de metade do capital social 18
13. Revelação da perda 19
14. Obrigações dos membros do órgão de administração 20
 a) Dever de conhecimento 21
 b) Dever de convocação 23
 c) Dever de informação 24
15. Obrigações dos membros do órgão de fiscalização 25
16. Obrigação da sociedade 26
17. Medidas de saneamento financeiro da sociedade 27
 a) As medidas referidas no 35.º/3 28
 b) Outras medidas: o aumento de capital e a operação-acordeão 29

1. **Redação original**, adotada pelo DL 262/86, de 2-set.[1]: 1

1. Os membros da administração que, pelas contas de exercício, verifiquem estar perdida metade do capital social devem propor aos sócios que a sociedade seja dissolvida ou o capital seja reduzido, a não ser que os sócios se comprometam a efectuar e efectuem, nos 60 dias seguintes à deliberação que da proposta resultar, entradas que mantenham pelo menos em dois terços a cobertura do capital.

[1] DR I Série, n.º 201, de 2-set.-1986, 2303/I e II.

2. A proposta deve ser apresentada na própria assembleia que apreciar as contas ou em assembleia convocada para os 60 dias seguintes àquela ou à aprovação judicial, nos casos previstos pelo artigo 67.º.

3. Não tendo os membros da administração cumprido o disposto nos números anteriores ou não tendo sido tomadas as deliberações ali previstas, pode qualquer sócio ou credor requerer ao tribunal, enquanto aquela situação se mantiver, a dissolução da sociedade, sem prejuízo de os sócios poderem efectuar as entradas referidas no n.º 1 até ao trânsito em julgado da sentença.

2 2. **Reforma de 2002**, adotada pelo DL 162/2002, de 11-jul.[2]:

1. Os membros da administração que, pelas contas do exercício, verifiquem estar perdida metade do capital social devem mencionar expressamente tal facto no relatório de gestão e propor aos sócios uma ou mais das seguintes medidas:

a) A dissolução da sociedade;

b) A redução do capital social;

c) A realização de entradas em dinheiro que mantenham pelo menos em dois terços a cobertura do capital social;

d) A adopção de medidas concretas tendentes a manter pelo menos em dois terços a cobertura do capital social.

2. Considera-se estar perdida metade do capital social quando o capital próprio constante do balanço do exercício for inferior a metade do capital social.

3. Os membros da administração devem apresentar a proposta prevista no n.º 1 na assembleia geral que apreciar as contas do exercício, ou em assembleia convocada para os 90 dias seguintes à data do início da assembleia, ou à aprovação judicial, nos casos previstos no artigo 67.º.

4. Mantendo-se a situação de perda de metade do capital social no final do exercício seguinte àquele a que se refere o n.º 1, considera-se a sociedade imediatamente dissolvida, desde a aprovação das contas daquele exercício, assumindo os administradores, a partir desse momento, as competências de liquidatários, nos termos do artigo 151.º.

3 3. **Reforma de 2005**, adotada pelo DL 19/2005, de 18-jan.[3]:

1. Resultando das contas de exercício ou de contas intercalares, tal como elaboradas pelo órgão de administração, que metade do capital social se encontra perdido, ou havendo em qualquer momento fundadas razões para admitir que essa perda se verifica, devem os gerentes convocar de imediato a assembleia geral ou os administradores ou directores requerer prontamente a convocação da mesma, a fim de nela se informar os sócios da situação e de estes tomarem as medidas julgadas convenientes.

2. Considera-se estar perdida metade do capital social quando o capital próprio da sociedade for igual ou inferior a metade do capital social.

3. Do aviso convocatório da assembleia geral constarão, pelo menos, os seguintes assuntos para deliberação pelos sócios:

a) A dissolução da sociedade;

b) A redução do capital social para montante não inferior ao capital próprio da sociedade, com respeito, se for o caso, do disposto no n.º 1 do artigo 96.º;

c) A realização pelos sócios de entradas para reforço da cobertura do capital.

[2] DR I Série-A, n.º 158, de 11-jul.-2002, 5316/II.

[3] DR I Série-A, n.º 12, de 18-jan.-2005, 323-324, Ret. n.º 7/2005, de 18-fev.-2005.

4. **Reforma de 2006**, derivada do DL 76-A/2006, de 29-mar., de que resulta a redação vigente: suprimiu, no n.º 1, a referência a "diretores" promovidos, por esse diploma, a administradores. 4

5. **Entrada em vigor**. O 35.º não entrou imediatamente em vigor: o 2.º/2 do DL 262/86 remeteu a sua vigência para um diploma legal ulterior; todavia, enquanto isso não sucedesse, o 544.º permitia aos credores de uma sociedade anónima requerer a dissolução, provando que, à época dos seus contratos, estava perdida metade do capital social; a sociedade podia opor-se, prestando garantias[4]. 5

O DL 184/87, de 21-abr., introduziu um novo título VII, com disposições penais; o seu 523.º punia os administradores que não dessem cumprimento ao 35.º/1; a doutrina entendeu que esse preceito não valia como "diploma" destinado a pôr em vigor o 35.º. 6

O DL 237/2001, de 30-ago., a despropósito já que visava apenas reduzir as exigências de escritura pública, veio (4.º) pôr em vigor o 35.º. Porém, o DL 162/2002, de 11-jul., que alterou o 35.º, veio considerar (2.º/2), como primeiro exercício relevante para efeitos da dissolução imediata prevista no 35.º/4, o de 2003: equivalia a remeter, para 2004, a entrada em vigor. 7

O DL 19/2005 previu (2.º) a aplicação do 35.º, agora com nova redação, reportada a 31-Dez.-2004. 8

II – Direito europeu

6. **A 2.ª Diretriz** (77/91, de 13-dez.-1976), relativa às garantias de capital (a designada "Diretriz do Capital"), previa, no 17.º (Perda grave do capital subscrito)[5]: 9

> 1. No caso de perda grave do capital subscrito, deve ser convocada uma assembleia geral no prazo fixado pelas legislações dos Estados-membros, para examinar se a sociedade deve ser dissolvida ou se deve ser adoptada qualquer outra medida.
>
> 2. Para os efeitos previstos no n.º 1, a legislação de um Estado-membro não pode fixar em mais de metade do capital subscrito o montante da perda considerada grave.

A 2.ª Diretriz foi revogada pela Diretriz 2012/30, de 25-out.[6], cujo 19.º, relativo à perda grave do capital, reproduz, na íntegra, o citado 17.º[7]. 10

7. **Transposição**. O anteprojeto de Raúl Ventura, publicado em 1981, apoiava-se no Direito tradicional português e naturalmente, no texto da 2.ª Diretriz e no que ela representava, matéria que o seu ilustre autor conhecia perfeitamente. Ele acolheu uma solução radical, mercê precisamente dessa junção e sem se indicarem especiais justificações[8]. Provavelmente, Raúl Ventura tencionaria regressar ao tema, o que não fez. Formalmente, a transposição acabaria por ser feita pelo CSC[9], que se limitou a acolher a indicação de Raúl Ventura, como veremos. 11

III – Antecedentes e crítica de política legislativa

8. **O Código Comercial** já previa, no 120.º, § 4.º, que os credores de uma sociedade anónima pudessem, salvo garantias, requerer a sua dissolução quando, depois da época dos seus contratos, 12

[4] Quanto à aplicação deste preceito: STJ 5-jul.-2001 (Barata Figueira), CJ/Supremo IX (2001) 2, 170-172 (171/II).

[5] António Menezes Cordeiro, *Direito europeu das sociedades* (2005), 181 ss. (190).

[6] JOUE n.º L-315, 74-97 (81/I), de 14-nov.-2012.

[7] Sobre os objetivos da Diretriz 2012/30, de 25-out. e reprodução, por esta, dos preceitos da 2.ª Diretriz, *vide* Paulo de Tarso Domingues, *Nótula relativa à revogação/substituição da 2.ª Diretiva sobre sociedades (a chamada "Diretiva do Capital")*, DSR, 5/9 (2013), 295.

[8] Raúl Ventura, *Adaptação do Direito português à Segunda Directiva*, 62 ss..

[9] António Menezes Cordeiro, *Direito europeu das sociedades*, 224 ss.; *idem*, 1 (2007), 680 ss..

metade do capital estivesse perdido[10]. Era uma solução enérgica, que vinha ainda do tempo da desconfiança pelas anónimas.

13 9. **Anteprojeto e projeto**. O anteprojeto de Raúl Ventura veio, algo surpreendentemente e como se disse, preconizar a versão radical que passaria à redação original do Código[11]. Solução estranha, uma vez que o próprio Raúl Ventura deixou claramente expresso que o legislador europeu pretendia, relativamente aos acionistas "... só abrir os olhos ..."[12]. Certo é que foi inserida no anteprojeto, passando, daí, ao projeto[13]. Com uma agravante: deixou de se referir "capital subscrito" a favor, apenas, de "capital social".

14 10. **Crítica**: necessária para o entendimento do 35.º e das suas reformas. A 2.ª Diretriz apenas exigia que, perante a perda de metade do capital subscrito, fosse convocada a assembleia geral para tomar medidas. A transposição feita em 1986 foi absolutamente radical, uma vez que fixava a necessidade de recapitalização em 60 dias, sob pena de dissolução. Além disso e contra a Diretriz: não se aplicava, apenas, a sociedades anónimas e passou a reportar não somente o capital subscrito, mas, em geral, o capital social. Eram atingidas numerosas empresas portuguesas e das mais significativas: por isso, o próprio DL 262/86 suspendeu a entrada em vigor do 35.º, suspensão essa que perduraria por 15 anos.

15 Inexcogitavelmente, a reforma de 2001 pô-lo em vigor; todavia, a reforma de 2002, que agravou ainda mais o dispositivo do 35.º, adiou a sua aplicação para 2005; a reforma de 2005 veio amortecer o regime, aproximando-o, finalmente, da 2.ª Diretriz e da generalidade dos restantes Direitos europeus[14].

16 As sucessivas alterações ao 35.º, bem como a sua redação inicial, documentam uma má técnica legislativa e, até, linguística. Além disso, legislou-se sem ter disponíveis números fiáveis (ou outros) sobre as consequências práticas do preceito[15]. Trata-se de um *case study* que deveria levar à revisão do modo de legislar.

IV – O regime

17 11. **Âmbito de aplicação. Regulação estatutária**. Inserido na Parte Geral do CSC, o regime do 35.º é aplicável a todos os tipos societários. Não será de admitir o afastamento, por via contratual, da parte precetiva do regime – atinente aos deveres de convocação e de informação (35.º/1) e aos deveres de publicitação do montante de capital próprio (171.º/2). Nada impede, porém, que no contrato de sociedade se combata a inação consentida pelo 35.º na sua redação atual, designadamente, mediante a imposição, aos sócios, de determinadas medidas a adotar em caso de insuficiência de capitais próprios ou mediante a cominação de um dever de apresentação de propostas de medidas de saneamento por parte dos gerentes ou administradores.

18 12. **A perda de metade do capital social**. O 35.º/2 explica estar perdida metade do capital social "quando o capital próprio da sociedade for igual ou inferior à metade do capital social". Esta explicitação carece de algumas precisões. O capital social, tratando-se de uma cifra, de caráter estável, constante dos estatutos, não é apto a "perder-se"[16]: aqui, serve tão-só de parâmetro de aferição do estado de perda relevante para a aplicação do 35.º, por esta se verificar sempre

[10] Jorge Pinto Furtado, I (1975), 352.
[11] Raúl Ventura, *Adaptação do Direito português à Segunda Directiva*, 141.
[12] *Idem*, 64.
[13] Artigo 37.º: BMJ 327 (1983), 77.
[14] António Menezes Cordeiro, *A perda de metade do capital social*, 53 ss..
[15] *Idem*, 54 e nota 17.
[16] Paulo de Tarso Domingues (2009), 53.

que o capital próprio da sociedade iguale ou seja inferior a metade da cifra correspondente ao capital social. Importa, por isso, saber o que é e qual o valor do capital próprio da sociedade. No sentido deste preceito, o capital próprio é entendido como a situação líquida da sociedade com expressão contabilística (o ativo deduzido do passivo), integrado por um conjunto de rubricas contabilísticas, como a do capital social, das reservas, dos prémios de emissão, das prestações dos sócios, dos resultados transitados, entre outras. Fora do plano contabilístico, o capital próprio materializa-se no património social líquido, *i.e.*, na concreta massa de bens e direitos, ou, mais amplamente, situações jurídicas ativas da sociedade, já subtraídos de dívidas ou outras responsabilidades. A perda prevista no 35.º ocorre, por isso, quando o valor do património líquido, representado mediante inscrição contabilística nas diversas rubricas que compõem o capital próprio, não excede metade da cifra do capital social[17]. Baseando-se no confronto destas cifras contabilísticas, o critério de aferição da perda é, portanto, estático: não se exige uma variação patrimonial com determinada amplitude, considerado um determinado intervalo temporal.[18] Em situações de fronteira, a existência do estado de perda depende da técnica contabilística usada: havendo várias vias lícitas, pode valer a mais favorável para a sociedade, isto é, a que menos conduza à aplicação do 35.º.

13. **Revelação da perda**. Sendo o capital próprio uma realidade contabilística, o estado de 19
perda revela-se, de forma objetiva, pelas contas de exercício (as previstas no 65.º/1, com referência a cada exercício anual) ou pelas intercalares (as situadas entre as contas de exercício, requeridas pelos estatutos ou por lei especial ou, simplesmente, derivadas da prática interna). Não obstante, por o capital próprio refletir o património social líquido, o estado de perda pode evidenciar-se em qualquer momento da vida da sociedade, fora dos momentos de preparação, análise e aprovação dos documentos de prestação de contas. Neste caso, para a aplicação do 35.º, requer-se a existência de "fundadas razões" – avaliadas pelo gestor normal [com a diligência de um gestor criterioso e ordenado, pelo 64.º/1, *a*)], colocado na posição do gestor real – que levem a admitir que tal perda se verifica. Atentas as pesadas consequências resultantes do regime da perda grave do capital, impõe-se exigência e rigor na apreciação das "fundadas razões": não se compadece com meras suspeitas, indícios ou iminência de um estado de perda, nem mesmo com um estado de perda contingente, imprevisto ou ocasional, cuja superação justificadamente se admita e preveja num período curto (*maxime*, num período anterior ao da aprovação das contas, que já não deverão refletir essa perda)[19]. Perante a incerteza de um efetivo estado de perda que justifique a aplicação do 35.º, devem os gerentes ou administradores requerer a elaboração de contas intercalares, para esclarecer a situação financeira da sociedade e atestar a existência da perda.

14. **Obrigações dos membros do órgão de administração** 20

a) **Dever de conhecimento**. Os membros do órgão de administração têm, no âmbito da sua 21
competência, o dever de conhecer os factos constitutivos da perda, independentemente da forma de revelação desta – o que inclui a compreensão do significado material e jurídico desses factos, designadamente, o reconhecimento de um estado de perda que determine a aplicação do 35.º. Por sua vez, o conhecimento de tais factos constitutivos é um pressuposto da cominação dos deveres elencados no 35.º/1 aos membros do órgão de administração[20]. Não ficarão,

[17] Em situações de saúde financeira da sociedade, o valor do capital próprio excederá a cifra do capital social.

[18] Ainda que se depreenda do estado de perda que, pelo menos, no momento constitutivo da sociedade (ou após a realização de entradas diferidas), o capital próprio terá igualado (ou excedido) o capital social. Neste sentido, a variação patrimonial é pressuposta, mas não exigida.

[19] Paulo de Tarso Domingues, *Artigo 35.º*, 559.

[20] As dificuldades sentidas quanto à prova deste estado subjetivo não prejudicam a consideração do mesmo enquanto

contudo, exonerados destes deveres os membros do órgão de administração que violem o seu dever de conhecimento – domínio onde a presunção de ilicitude e de culpa (72.º/1) jogará um papel preponderante.

22 Neste contexto, o modo de revelação da perda é relevante para, por um lado, determinar se esta era conhecida dos gerentes ou administradores; por outro lado, em caso de desconhecimento, para aferir o grau de censurabilidade desse desconhecimento. Diversamente do que sucede com a perda assente em "fundadas razões", sempre que o estado de perda se revele objetivamente, através das contas da sociedade preparadas pelos gerentes ou administradores, surge indiciado o conhecimento, por estes, dos factos constitutivos da perda; e ainda que se venha a provar o desconhecimento, este será, em princípio, à luz da bitola da diligência do gestor criterioso e ordenado [64.º/1, *a*)], culposo. Não resultando a perda das contas[21], as "razões" que a revelam, apesar de "fundadas", poderão não ser suficientemente fortes para justificar uma inferência de conhecimento dos factos constitutivos da perda ou para considerar culposa a violação do dever de conhecimento[22]. A distinção assim estabelecida entre a perda revelada nas contas e a perda assente em "fundadas razões" está em linha com os 171.º/2 e 523.º (referidos *infra*), cuja aplicabilidade depende da revelação da perda nos documentos de prestação de contas.

23 *b*) **Dever de convocação**. É cominado aos membros do órgão de administração, quando conheçam ou devessem conhecer a perda, relativamente à assembleia geral. A convocação é direta (SQ) ou é requerida ao presidente da mesa (SA). O 35.º/1 impõe a convocação "de imediato" ou "prontamente", conceitos indeterminados que, em linha com os ditames da boa fé, devem ser preenchidos com apelo a critérios de razoabilidade e possibilidade: após o conhecimento do estado de perda, o impulso necessário à convocação deve verificar-se assim que seja possível (sendo irrelevantes, na aferição desta possibilidade, demoras imputáveis aos gerentes ou administradores); por sua vez, a assembleia geral deve reunir no mais curto prazo que legal e/ou estatutariamente se permita[23]. Da convocatória deve constar, pelo menos, a ordem do dia descrita no 35.º/3[24], não se exigindo, contudo, a referência à situação financeira do 35.º justificativa de tal agenda[25].

24 *c*) **Dever de informação**. Os membros do órgão de administração, devem, no decurso da assembleia geral, informar os sócios do estado de perda, prestando todas as informações relevantes e conexas à perda (excedendo o alcance do 290.º), para que os sócios possam discutir e

pressuposto de constituição de deveres. O conhecimento, enquanto facto psicológico, não se prova por via imediata, mas indiciária: com recurso a regras de experiência, assenta em inferências realizadas com base em outros factos, suscetíveis de prova direta.

[21] Nem tendo a preparação e apresentação das contas (reveladoras do estado de perda) sofrido atraso imputável aos membros do órgão de administração.

[22] Contudo, assim não será, conforme exemplo referido em António Menezes Cordeiro, *A perda de metade do capital social*, 80, quando as "fundadas razões" assentem numas quaisquer contas anteriores (*v.g.*, a hipótese de as contas de exercício mostrarem uma situação muito próxima da fronteira, havendo, depois, um manifesto período de atuação em perda).

[23] Não estabelecendo o contrato de sociedade prazo mais longo, relevam os prazos mínimos de 15 dias, para as SQ (248.º/3), e de 60 dias, para as SA (375.º/4 e 377.º/4).

[24] Alexandre Mota Pinto, *O artigo 35.º do CSC*, 129 ss.. Frequentemente, os temas enunciados no 35.º/3 constam da parte final da ordem de trabalhos da convocatória para a assembleia geral anual (onde o estado de perda deverá ser confirmado no âmbito do ponto da aprovação do relatório de gestão e das contas do exercício – 376.º/1/*a*), aplicável às SQ *ex vi* 248.º/1, ressalvadas as especificidades do 263.º/2).

[25] RLx 27-jun.-2006 (Maria José Simões), Proc. 3303/2006-1; Paulo de Tarso Domingues, *Artigo 35.º*, 562, nota 60. Contra: Alexandre Mota Pinto, *O artigo 35.º do CSC*, 132. Esta solução coaduna-se com o propugnado no ponto 16, nota 26 *infra*, a propósito do 171.º/2: a publicitação da perda nos atos externos da sociedade é

deliberar sobre as medidas a adotar; os membros do órgão de administração não têm o dever de, em assembleia geral, propor ou sugerir qualquer medida de saneamento financeiro (*maxime*, alguma das medidas constantes do aviso convocatório), podendo, não obstante, fazê-lo (e até propor outras soluções para além das elencadas no 35.º/3). Quando o estado de perda resulte das contas da sociedade, o incumprimento destes deveres de convocação e de informação é sancionado pelo 523.º, na redação introduzida pelo 2.º do DL 76-A/2006, de 29-mar.: o não cumprimento do disposto no 35.º/1 e 2 (leia-se, "3", embora o lapso não tenha sido retificado) é punido com prisão até 3 meses e multa até 90 dias. Além disso, pode haver lugar a responsabilidade civil perante a sociedade, sócios (sobretudo, sócios minoritários), credores sociais e terceiros, nos termos gerais do 72.º, 78.º e 79.º.

15. **Obrigações dos membros do órgão de fiscalização**. O dever de vigilância que 25
impende sobre os membros dos órgãos de fiscalização, materializado num procedimento de alerta interno (420.º-A), determina que, verificada a perda prevista no 35.º, esta seja comunicada aos membros do conselho de administração, sob pena de os membros dos órgãos de fiscalização serem responsabilizados civilmente (81.º, 82.º e 420.º-A/5).

16. **Obrigação da sociedade**. Sempre que exista uma perda refletida nos documentos de 26
prestação de contas (mas já não quando assente tão-só em "fundadas razões"), e enquanto esta se mantiver, dispõe o 171.º/2 que deve a própria sociedade (tratando-se de uma sociedade por quotas, anónima ou em comandita por ações), publicitar *o montante do capital próprio* em todos os atos externos (os elencados no 171.º/1), um facto-índice da situação económica e financeira da sociedade[26]. Tratando-se esta de uma norma de proteção destinada à tutela de credores sociais, o incumprimento da obrigação de publicidade, gerando danos, para além da adstrição da própria sociedade a um dever de indemnizar (169.º), poderá, caso se encontrem reunidos todos os outros (exigentes) pressupostos constantes do 78.º, determinar a responsabilidade civil aquiliana dos administradores perante credores sociais.

17. **Medidas de saneamento financeiro da sociedade**. As medidas enunciadas no 35.º/3 27
(dissolução da sociedade, redução do capital social[27] e realização de novas entradas), ainda que devam constar do aviso convocatório e ser discutidas e sujeitas a deliberação em assembleia geral, não têm de ser aprovadas pelos sócios (tecnicamente, trata-se de um mero ónus dos sócios[28]); os sócios poderão tomar "outras medidas julgadas convenientes" (35.º/1, *in fine*)[29] ou até não adotar qualquer medida – salvo quando o estado de perda coincida com uma situação de insolvência (3.º CIRE), caso em que se reclama a aplicação do regime próprio desta.

a) **As medidas referidas no 35.º/3**: (i) a *dissolução da sociedade*, a solução mais drástica, obe- 28
dece aos requisitos procedimentais e às maiorias (qualificadas) a observar em caso de dissolução

devida após o registo da perda e da não adoção, pela sociedade, de qualquer medida de recuperação; por essa razão, o 377.º/5, *a*), não justificaria a menção da perda no aviso convocatório. Não obstante, revelando-se nas contas, a perda deverá surgir já reportada no relatório de gestão (66.º), que deverá ser disponibilizado aos sócios antes da assembleia geral anual [263.º/1 e 289.º/1, *e*)].

[26] Para uma crítica desta solução legal, por impor a publicitação, em papel timbrado, de situações que podem nada ter de alarmante (*v.g.*, tratando-se de empresa em início de atividade), e por promover um desincentivo dos agentes económicos a contratar com a sociedade e, assim, à sua recuperação, *vide* António Menezes Cordeiro 1, 686. Similarmente, Paulo de Tarso Domingues, *Artigo 35.º*, 561. Em linha com o defendido no ponto 14, *b*), nota 25 *supra*, a publicitação da perda apenas será devida após a sociedade ter registado a perda e não ter adotado qualquer medida para a inverter – assim, Paulo Olavo Cunha (2019), 1110.

[27] Caso em que o conteúdo da convocatória deve observar as exigências plasmadas no 94.º.

[28] O ónus de adotar uma medida de correção da situação de perda, sob pena de publicitação da subcapitalização (171.º/2) – *vide* Pedro Pais de Vasconcelos (2006), 303.

imediata ou automática por deliberação dos sócios [141.º/1, *b*)][30]; (ii) a *redução do capital social*, por via de uma alteração estatutária (que não promove qualquer aumento da garantia dos credores nem contribui para o financiamento da sociedade), tem aqui apenas a finalidade de cobertura de prejuízos, não podendo ser efetuada para montante inferior ao capital próprio da sociedade [35.º/3, *b*)][31-32], embora não se exija que seja efetuada no limite das perdas verificadas[33]; (iii) a *realização, pelos sócios, de "novas entradas"* é a única medida enunciada no 35.º/3 que promove a entrada de novos fundos para a sociedade, refletindo-se no aumento do património e deixando incólume a cifra do capital social. Esta forma de financiamento através de capitais próprios, também designada *reintegração do capital*, resulta da realização, pelos sócios, de contribuições – em dinheiro ou em espécie[34], proporcionais ou não à respetiva participação social, e de valor igual, inferior ou superior ao montante da perda[35]. Estas "novas entradas" não se confundem com as entradas realizadas no momento constitutivo da sociedade ou em aumentos de capital: na reintegração do capital, não há subscrição de capital (não se verificando um aumento deste) ou qualquer outra contrapartida, tratando-se, em princípio, de contribuições a fundo perdido que visam tão-só cobrir as perdas acumuladas[36]. Tal operação de reintegra-

[29] A reavaliação do ativo da sociedade (sobretudo quando avaliado pela base de mensuração do custo histórico) e a contabilização do acréscimo de valor daí resultante numa reserva de reavaliação é uma outra solução possível – assim, Pedro Pais de Vasconcelos (2006), 307-308.

[30] Trata-se de uma deliberação discricionária constitutiva do efeito dissolutivo, ainda que motivada pela perda prevista no 35.º, distinta da deliberação de confirmação ou reconhecimento da causa imediata de dissolução referida no 141.º/2, bem como da deliberação constitutiva vinculada a uma causa de dissolução facultativa regulada no 142.º/3. Nada impede, porém, que o estado de perda grave previsto no 35.º seja, por estipulação estatutária, causa de dissolução imediata ou de dissolução facultativa – caso em que a deliberação deverá observar, conforme aplicável, o 141.º/2 ou o 142.º/3.

[31] Veja-se que, por não ter sido atualizada a sua redação com a entrada em vigor do DL 8/2007, de 17-jan., o 35.º/3, *b*) remete para o 96.º/1, quando deveria remeter para o 95.º/2. Não podem, portanto, os sócios aprovar uma redução do capital em montante superior ao valor dos prejuízos: afasta-se a redução simultânea do capital para libertação do excesso, evitando-se efetivas alterações ao património social com a disponibilidade e subsequente distribuição de fundos da sociedade a propósito da aprovação de uma medida de recuperação financeira. É isso que justifica que, após a deliberação de redução para cobertura da perda grave, já se afigure admissível a aprovação de uma redução do capital social em montante superior ao valor dos prejuízos, desde que observado o disposto no 95.º/1 (o capital próprio tem de exceder o novo capital social em, pelo menos, 20%), e sem prejuízo da faculdade conferida aos credores sociais pelo 96.º, atinente à proibição ou limitação de distribuição de fundos aos sócios. Defendendo uma aplicação da regra prevista no 35.º/3, *b*), no sentido da inadmissibilidade da redução para cobertura de perdas e, simultaneamente, para libertação de excesso, a qualquer redução do capital social por perdas (*i.e.*, não só aos casos de perda grave do 35.º), *vide* Paulo de Tarso Domingues, *Artigo 35.º*, 567, nota 89.

[32] A cobertura total ou parcial (*i.e.*, a cobertura na medida necessária a afastar a aplicação do 171.º/2) da perda poderá implicar que o capital social, após redução, seja inferior ao capital social mínimo exigido para o tipo societário em causa – caso em que será aplicável o disposto no 95.º/2/3: a redução do capital fica condicionada à realização, nos 60 dias seguintes, de um aumento de capital para montante igual ou superior ao capital mínimo.

[33] Poderá a cifra do capital social, após redução, manter-se superior ao capital próprio, não se verificando uma cobertura total da perda; não obstante, pretendendo obviar-se a publicidade exigida pelo 171.º/2, deverá o valor do capital próprio, após a redução, exceder, pelo menos, 50% da cifra do capital social.

[34] Defendendo a aplicação, às contribuições em espécie, da verificação regulada no 28.º, dado que a correta avaliação do bem "tutela certamente um interesse relevante dos credores sociais quanto ao caráter efetivo e não meramente fictício do reforço dos capitais próprios da sociedade", *vide* Alexandre Mota Pinto, *O artigo 35.º do CSC*, 137.

[35] Pretendendo-se a não publicitação da perda (171.º/2), a reintegração deverá ser feita por um valor equivalente ao valor das perdas que excederam metade do capital social contado a partir desse limite. Sendo a reintegração feita por um valor superior à perda, o excesso será contabilisticamente destinado à constituição de reservas.

[36] Não é, portanto, uma medida aliciante para os sócios: à partida, serão os sócios maioritários a demonstrar um maior empenho no salvamento da sociedade e, por isso, a contribuir para a reintegração. Não se trata, todavia, de uma doação dos sócios à sociedade, porquanto o respetivo interesse próprio subjacente ao salvamento da sociedade (ou, no pior cenário, ao aumento do saldo de liquidação) sempre determinaria a ausência de qualquer espírito

ção deverá ser aprovada em assembleia geral, por maioria simples, apenas ficando obrigados a realizar tais contribuições os sócios que votem favoravelmente a deliberação (86.º/2, por analogia)[37]; não realizando a contribuição a que se obrigaram, não ficam os sócios sujeitos ao regime do sócio remisso[38]. O desincentivo à reintegração do capital – por esta se materializar em contribuições a fundo perdido e dispensar o sacrifício (na proporção das respetivas participações) de todos os sócios – leva a que sejam as prestações suplementares a assumir maior expressão enquanto meios de aportação de fundos para reforço do capital próprio, uma vez que estas poderão vir a ser restituídas integralmente aos sócios que as realizam se se verificar, futuramente, uma situação patrimonial favorável (213.º/1)[39-40]. Será, assim, a competente deliberação que especificará que tipo de prestações estarão em jogo e qual o ritmo da sua realização, dentro dos fins da lei.

b) **Outras medidas: o aumento de capital e a operação-acordeão**. Com o aumento de 29
capital sairá reforçado, mediante a realização de entradas, o património social. Contudo, nem sempre se sanará a situação de perda do 35.º, uma vez que as entradas serão acompanhadas de um correspondente aumento da cifra do capital social, tornando-se necessário aferir da manutenção da situação de perda face ao valor dos (novos) capitais próprios com o (novo) montante do capital social. O aumento de capital, como medida de reequilíbrio financeiro, não se afigura atrativo para sócios e investidores: sendo o valor real das participações sociais inferior ao valor nominal destas, e não podendo as novas participações ser emitidas a um valor nominal inferior ao das participações já emitidas[41], terão os seus subscritores de pagar pelas mesmas um valor superior ao real[42]. O estímulo à subscrição de capital requer, por isso, um nivelamento entre o valor nominal e o valor real das participações sociais, o que determina o recurso à designada "operação-acordeão" ou "operação-harmónio", através da qual se reduz o capital social na medida das perdas (reduzindo-se o valor nominal das participações sociais) e, posteriormente, tendo por base o novo valor nominal, se realiza um aumento de capital com novas entradas[43].

de liberalidade. Entre nós, admitindo que os sócios possam fazer contribuições que integrem uma reserva com um "específico vínculo", destinada a um futuro aumento de capital ou cobertura de perdas, *vide* Paulo de Tarso Domingues, *Artigo 35.º*, 571-572, com amplas referências à doutrina italiana.

[37] Alexandre Mota Pinto, *O artigo 35.º do CSC*, 135.

[38] Assim, não poderão os sócios, devido ao incumprimento da obrigação assumida, ser expulsos da sociedade (204.º e 285.º/4), mas poderá a sociedade [ou os credores sociais, ao abrigo do 30.º/1, *a*)] exigir judicialmente a realização da contribuição a que estes se obrigaram.

[39] As prestações suplementares – contempladas para as SQ (210.º a 213.º) e admitidas, por analogia, nas SA [*vide* Pedro Pais de Vasconcelos (2006), 278-279] – tanto poderão ter a sua fonte no contrato de sociedade [tornando-se exigíveis mediante deliberação dos sócios (211.º/1), que vinculará todos os sócios à sua realização, salvo cláusula estatutária em contrário (210.º/4)], como na deliberação tomada pelos sócios (ficando apenas obrigados à realização de prestações suplementares os sócios que votaram favoravelmente).

[40] Não se afasta a possibilidade de tais prestações suplementares resultarem da conversão de suprimentos já realizados, desde que observado o procedimento deliberativo para essa conversão.

[41] Cf. 25.º/1 e 298.º/1.

[42] Ninguém estará interessado em subscrever quotas ou ações ao par, quando, no mercado, as pode adquirir (sobretudo tratando-se de ações de sociedades cotadas) por um valor inferior (o valor real).

[43] Ao invés do que sucede na reintegração do capital, numa operação-acordeão não sairão beneficiados os sócios que não realizem qualquer contribuição: caso não concorram ao aumento de capital, verão a sua participação diminuída, não mantendo a sua posição relativa. O enfraquecimento da posição do sócio será aqui mais acentuado do que aquele resultante de um mero aumento de capital, uma vez que com a prévia redução de capital se diminui já o valor nominal das participações dos sócios. Esta consequência explica comportamentos abusivos de sócios maioritários no recurso à operação-acordeão, quando estes pretendam diminuir ou excluir a participação de sócios minoritários que não têm meios financeiros para acompanhar o aumento de capital.

Secção III – Regime da sociedade antes do registo. Invalidade do contrato

Artigo 36.º (Relações anteriores à celebração do contrato de sociedade)

1. Se dois ou mais indivíduos, quer pelo uso de uma firma comum quer por qualquer outro meio, criarem a falsa aparência de que existe entre eles um contrato de sociedade responderão solidária e ilimitadamente pelas obrigações contraídas nesses termos por qualquer deles.

2. Se for acordada a constituição de uma sociedade comercial, mas, antes da celebração do contrato de sociedade, os sócios iniciarem a sua atividade, são aplicáveis às relações estabelecidas entre eles e com terceiros as disposições sobre sociedades civis.

Bibliografia: J. Coutinho de Abreu II (2019), 122-125 ss.; José Engrácia Antunes, *As sociedades em formação: sombras e luzes*, em CDPriv, 14 (2006), 25-42; J. Oliveira Ascensão (2000), 101,105; António Menezes Cordeiro 1 (2011), 477 ss.; A. Ferrer Correia, *Lei das Sociedades Comerciais (Anteprojecto)*, BMJ 185 (1969), 25-81 (43-44, 47-49); *Idem*, *As sociedades comerciais no período da constituição* (1971), em *Estudos Vários de Direito* (1982), 507-545; *Idem*, *A sociedade por quotas de responsabilidade limitada nos projectos do futuro Código das Sociedades Comerciais*, 73-121 (88-89) e *A sociedade por quotas de responsabilidade limitada segundo o Código das Sociedades Comerciais*, 123-169 (139-140), em *Temas de Direito comercial e Direito Internacional Privado* (1989); A. Ferrer Correia/António A. Caeiro, *Anteprojecto de Lei das Sociedades Comerciais/Parte geral*, I, sep. BMJ 185 e 191 (1970), 23-24, 26-29; A. Ferrer Correia/Vasco Lobo Xavier/Maria Ângela Ribeiro/ /António Caeiro, *Sociedade por quotas de responsabilidade limitada/Anteprojecto de lei – 2.ª redacção e exposição de motivos*, RDE 3 (1977), 153-224 e 349-423; Paulo Olavo Cunha, *Direito das Sociedades Comerciais*, 4.ª ed. (2010), 231-232; Paulo de Tarso Domingues, *O regime jurídico das sociedades de capitais em formação*, em *Estudos em Comemoração dos Cinco Anos (1995-2000) da Faculdade de Direito da Universidade do Porto* (2001), 965-998 (972); *Idem*, *Do capital social. Noção, princípios e funções*, 2.ª ed. (2004), 106; Pinto Furtado (2004), 211; João Labareda, *Sociedades irregulares. Algumas reflexões*, em *Novas Perspectivas do Direito Comercial* (1988), 176-204 (191, 195, 203); Ministério da Justiça, *Código das Sociedades (Projecto)*, BMJ 327 (1983), 77-78; Manuel António Pita, *O regime da sociedade irregular e a integridade do capital social* (2004), 283 ss.; Maria Elisabete Ramos/Ricardo Costa, *Código em comentário*, 1, 2.ª ed. (2017), 578-586.

Índice

I – **Trabalhos preparatórios**
1. Anteprojeto de LSC 1
2. Anteprojeto de LSQ 3
3. Projeto de CSC 4

II – **Alterações subsequentes**
4. DL 280/87, de 8-Jul. 6
5. DL 76-A/2006, de 29-mar. 7

III – **Sistemática**
6. Âmbito geral 8

IV – **Análise do conteúdo**
7. Sociedade aparente 10
8. Pré-sociedade antes do contrato 13

I – Trabalhos preparatórios

1 1. **Anteprojeto de LSC**. O 5.º do Anteprojeto da LSC, 1.ª versão, previa o início das atividades sociais após o contrato de sociedade mas antes do registo dele e mandava aplicar, às relações entre os sócios e terceiros – tal como o 36.º/2 –, as regras das sociedades civis, "com as modificações estabelecidas" no 7.º, que regia sobre as relações das SNC com terceiros. A remissão visava, sobretudo, eliminar qualquer dúvida quanto à extensão da responsabilidade de cada um

dos sócios perante terceiros: numa SNC, tal responsabilidade é pessoal e ilimitada, e, porque era essa a extensão da responsabilidade pretendida, remetia-se para o 7.º[1].

O 5.º do Anteprojeto, na versão modificada, passou a ter dois números: o n.º 1 cor- 2
respondia à versão inicial; o n.º 2 continha uma disposição substancialmente idêntica à que hoje consta do 36.º/1. Esta modificação (ou aditamento) do 5.º do Anteprojeto ocorreu na sequência e a propósito dos comentários ao seu 28.º, que regia sobre os efeitos da invalidade do contrato de sociedade. No 28.º/1 – ver anotação ao 52.º –, seguia-se a máxima de que nulo é o contrato, não a sociedade, o que implicava a consideração de que a sociedade podia ser dissolvida, mas não invalidada[2]. Ora, explicava-se nos comentários, não se aceitava a teoria das relações contratuais de facto para justificar esse regime; defendia-se com efeito, que não bastaria que duas ou mais pessoas atuassem perante terceiros com a aparência de uma sociedade para que se recorresse à disciplina das sociedades viciadas: seria necessário, para tal, que, entre eles, tivesse havido um contrato de sociedade, mesmo tácito. Assim, quando aquela atuação meramente de aparência de sociedade houvesse ocorrido, mas não houvesse entre as pessoas que criassem essa aparência qualquer contrato, não só não se aplicaria o regime de sociedades viciadas como haveria que impor a responsabilidade solidária e ilimitada a tais pessoas pelas obrigações que contraíssem nessa situação[3]. Uma solução que, defendia-se, já resultaria do então vigente § 2 do 153.º do CCom; em todo o caso, «haveria a conveniência de se consagrar a orientação exposta na nova lei»[4]. Daí o 5.º modificado do Anteprojeto, com a orientação em causa acolhida no n.º 2.

2. **Anteprojeto de LSQ**: no seu 16.º[5], que, por sua vez, se inspirou na doutrina suíça[6], dis- 3
punha-se, sem qualquer particularidade, em termos substancialmente idênticos aos do 36.º/2.

3. **Projeto de CSC**. O seu 38.º ("Aparência de sociedade")[7] continha uma disposição seme- 4
lhante à do 36.º/1. No projeto, previa-se a falsa aparência de sociedade, não havendo contrato, «ainda que nulo»: esta expressão não passou à correspondente disposição do CSC, certamente porque, para o efeito em causa, decisivo é que as pessoas em causa, criando embora uma aparência de sociedade, não reflitam, num qualquer acordo, intenção alguma de vir a constituí-la.

O projeto continha ainda uma outra disposição, a do 44.º, que abrangia a matéria ora 5
constante do 36.º/2. Uma disposição algo complexa e extensa, que estabelecia – sem prejuízo, como se ressalvava, do disposto sobre a declaração de nulidade do contrato e subsequente liquidação – um regime de responsabilidade para o caso de existir um contrato de sociedade nulo por falta de forma e os contratantes, não obstante, atuarem como se o contrato fosse válido. Considerava-se então – n.º 1 – constituído um património no qual se integravam os efeitos ativos e passivos dos atos ou factos atribuíveis a uma sociedade, segundo as correspondentes regras do CC, a que acrescia a responsabilidade dos sócios nos termos especificados no n.º 1, *b*) a *d*)

[1] Cf. António Ferrer Correia, *Lei das Sociedades Comerciais (Anteprojecto)*, 43-44 e 47-49; A. Ferrer Correia/António Caeiro, *Anteprojecto de Lei das Sociedades Comerciais/Parte geral*, 23-24 e 26-29.

[2] Cf. António Ferrer Correia, *Lei das Sociedades Comerciais (Anteprojecto)*, 115-116; A. Ferrer Correia/António Caeiro, *Anteprojecto de Lei das Sociedades Comerciais/Parte geral*, 171-172.

[3] Cf. António Ferrer Correia, *Lei das Sociedades Comerciais (Anteprojecto)*, 116-118; A. Ferrer Correia/António Caeiro, *Anteprojecto de Lei das Sociedades Comerciais/Parte geral*, 172-174.

[4] Cf. António Ferrer Correia, *Lei das Sociedades Comerciais (Anteprojecto)*, 118; A. Ferrer Correia/António Caeiro, *Anteprojecto de Lei das Sociedades Comerciais/Parte geral*, 174.

[5] Cf. A. Ferrer Correia/Vasco Lobo Xavier/Maria Ângela Coelho/António A. Caeiro, *Sociedade por quotas de responsabilidade limitada/Anteprojecto de lei – 2.ª redacção e exposição de motivos*, 169.

[6] A. Ferrer Correia, *As sociedades comerciais no período da constituição* (1971), em *Estudos Vários de Direito* (1982), 507-545 (510 e nota 1).

[7] BMJ 327 (1983), 77-78.

do artigo em causa[8]. Este regime não passaria ao CSC, no 36.º/2, que tem por fontes diretas, como referido, o 5.º (versão inicial) ou 5.º/1 (versão modificada) do Anteprojeto de LSC e o 16.º do Anteprojeto de LSQ.

II – **Alterações subsequentes**

6 4. **DL 280/87, de 8-Jul.**: alterou a redação original do n.º 2 do 36.º, suprimindo a última frase "que não pressuponham a personalidade jurídica destas".

7 5. **DL 76-A/2006, de 29-mar.**: em consonância com a alteração que introduziu quanto à forma do contrato de sociedade (cf. 7.º/1, na redação daquele diploma) procedeu a algumas alterações formais na epígrafe e na redação anteriores do 36.º: na epígrafe, substituindo a expressão "escritura pública" por "celebração do contrato de sociedade"; na redação, substituindo, no n.º 2, a expressão "da escritura pública" por "do contrato de sociedade".

III – **Sistemática**

8 6. **Âmbito geral**. A secção III do título I do CSC, que se inicia com o presente artigo, abrange dois tipos de situações: os 36.º a 40.º estabelecem o regime do que poderemos chamar a *sociedade em formação ou sociedade irregular*[9]; os 41.º a 52.º ocupam-se de *invalidades da sociedade*: ali, está em causa uma incompletude do processo constitutivo da sociedade; aqui, invalidades do contrato de sociedade[10].

9 O 36.º rege sobre as relações *anteriores* à celebração do contrato de sociedade, abrangendo, contudo, duas situações distintas: (a) uma sociedade aparente, uma atuação plural, aparentemente societária, mas sem que os participantes tenham em vista a constituição de uma sociedade (36.º/1); (b) uma situação material, que tem a cobertura de um acordo entre os participantes em vista da constituição da sociedade, ainda que o contrato de sociedade em si, não haja ainda sido formalizado (36.º/2).

IV – **Análise do conteúdo**

10 7. **Sociedade aparente** (sem intenção de formalizar um contrato societário). No n.º 1 – sociedade aparente –, prevê-se que, se dois ou mais indivíduos, pelo uso de uma firma comum ou por qualquer outro meio, criarem a falsa aparência de que existe entre eles um contrato de sociedade, responderão solidária e ilimitadamente pelas obrigações contraídas nesses termos por qualquer deles.

11 A *ratio* do preceito[11] – mormente quanto à cominação – reside na boa-fé e na tutela da confiança perante terceiros. Mas o legislador, antes que deixar ao labor jurisprudencial a fixação das consequências da proteção da aparência, estabeleceu ele mesmo a solução. Importa, ainda assim, lembrar que têm de ocorrer outros elementos próprios da tutela da aparência, *rectius*, da tutela da confiança dos que contratem com algum dos participantes: as pessoas a tutelar devem estar de boa-fé, ou seja, devem desconhecer, sem culpa, a natureza meramente aparente da

[8] BMJ 327 (1983), 82-83. Cf. Manuel António Pita, *O regime da sociedade irregular e a integridade do capital social*, 286.

[9] Nos termos do 534.º, esse regime é aplicável às sociedades que, à data da entrada em vigor do CSC, se encontrem nas situações nele previstas, ressalvados os efeitos anteriormente produzidos.

[10] António Menezes Cordeiro 1 (2007), 477-479.

[11] Cuja colocação sistemática é questionada por J. Coutinho de Abreu II (2009), 120 e por José Engrácia Antunes, *As sociedades em formação: sombras e luzes*, 32.

sociedade[12]. Para a tutela de terceiros, a lei não exige, porém, que haja a intenção de os participantes criarem a falsa aparência: basta que, objetivamente, esta exista[13].

Na ótica dos terceiros, é discutível a diferenciação legal das situações previstas no n.º 1 12
e no n.º 2: como poderão os terceiros saber da existência ou não da intenção de celebração de um contrato de sociedade ou da existência ou não de um acordo dos participantes com vista à celebração desse contrato? Com isso e tendo em conta as relações contratuais, poderá perguntar-se se, em vez de diferenciar, quanto a estas, não seria de se aplicar, sem distinção, o n.º 2 do artigo, valendo o n.º 1 – com âmbito reduzido – para a responsabilidade aquiliana[14]. *De jure condito*, essa posição poderá confrontar-se com a possível objeção de que o n.º 1 e o n.º 2 se restringem às obrigações contratuais, as que normalmente estavam na mira do legislador[15], além de que, quanto à responsabilidade aquiliana, uma solução de responsabilidade solidária (e ilimitada, naturalmente, a não ser a limitação decorrente da extensão dos danos) já resultaria, parece, das regras gerais do CC na matéria.

8. **Pré-sociedade antes do contrato.** O processo de constituição de uma sociedade não é 13
imediato; mesmo negociado o contrato de sociedade, não é muitas vezes possível celebrá-lo imediatamente (ainda que hoje – mesmo não considerando o regime de constituição imediata de sociedades –, por comparação com o que sucedia há poucos anos atrás, tenda a ser mais reduzido o tempo de formação). Os participantes podem, pois, avançar logo com uma atuação. A lei determina, então, que, acordada a sociedade, se os sócios iniciarem a sua atividade antes da formalização do respetivo contrato social, serão aplicáveis às relações estabelecidas entre eles e com terceiros as disposições sobre sociedades civis[16].

Que tipo de acordo? (a) Um acordo que prefigure o clausulado a inserir no contrato de 14
sociedade (faltaria apenas a formalização desse acordo)? (b) A promessa de celebração do contrato de sociedade definitivo? (c) Ou um acordo simples dos participantes quanto à constituição da sociedade, com a indicação do mínimo de elementos de identificação da própria situação (a determinação das partes e do tipo de atividade em causa)? A lei não distingue: o essencial será o início da atividade societária, bastando um acordo simples, com o mínimo de elementos[17].

A remissão do 36.º/2, *in fine*, para as sociedades civis puras, não implica uma invalidade 15
de forma, com uma conversão legal de uma sociedade comercial de facto em sociedade civil[18]: trata-se, apenas, de remeter para as regras que, no regime das sociedades civis puras, se adeqúem ao caso[19].

[12] António Menezes Cordeiro 1 (2007), 483.

[13] Neste sentido, José de Oliveira Ascensão IV (2000), 101, e Paulo de Tarso Domingues, *O regime jurídico das sociedades de capitais em formação*, 972; *Idem*, *Do capital social*, 106. Entretanto, «o investimento de confiança e a imputação, da mesma, às pessoas que lhe estejam na origem podem ser dispensados: existe uma previsão legal expressa» – António Menezes Cordeiro 1 (2007), 483.

[14] Assim António Menezes Cordeiro 1 (2007), 482-483, que argumenta também com o superior nível de tutela proporcionado pelo regime da sociedade civil (*idem*, 482).

[15] Mas veja-se ainda António Menezes Cordeiro 1 (2007), 483, nota 1391.

[16] O que, em relação a terceiros, implica uma tutela superior dos credores "sociais", sobre o património societário e em relação aos credores pessoais dos sócios (997.º/2 e 999.º); por sua vez, os sócios respondem "pessoal e solidariamente" pelas dívidas sociais (997.º/1 do CC), mas gozam do benefício de excussão – 997.º/2 do CC. Cf. Paulo Olavo Cunha, *Direito das Sociedades Comerciais* (2010), 231-232.

[17] António Menezes Cordeiro 1 (2007), 484-485.

[18] Solução defendida por J. Pinto Furtado (2004), 211.

[19] António Menezes Cordeiro 1 (2007), 485; J. Coutinho de Abreu II (2009), 120. Cf. STJ 19-Nov.-1996 (Machado Soares), CJ/Supremo IV (1996) 3, 107-109 (108), STJ 27-Jun.-2000 (Aragão Seia), CJ/Supremo VIII (2000) 2, 127-129 (129), STJ 13-jan.-2005 (Ferreira Girão), Proc. 04B3799, RCb, 28-Nov.-2006 (Távora Vítor), Proc. 1325/06.7YRCBR.

16 Outro aspeto: está em causa uma questão globalmente comercial; a remissão – por uma norma comercial, aliás, – para o regime das sociedades civis puras não afasta aquela caracterização global. Noutra perspetiva: a sociedade resultante da remissão do final n.º 2 não é comercial, em face do 1.º/2[20]; mas a situação é globalmente comercial, suscitada no curso de constituição de uma sociedade comercial[21].

Artigo 37.º (Relações entre os sócios antes do registo)

1. No período compreendido entre a celebração do contrato de sociedade e o seu registo definitivo são aplicáveis às relações entre os sócios, com as necessárias adaptações, as regras estabelecidas no contrato de sociedade e na presente lei, salvo aquelas que pressuponham o contrato definitivamente registado.

2. Seja qual for o tipo de sociedade visado pelos contraentes, a transmissão por ato entre vivos das participações sociais e as modificações do contrato social requerem sempre o consentimento unânime dos sócios.

Bibliografia: J. Coutinho de Abreu II (2019), 125-135; António Menezes Cordeiro 1 (2007), 487-488; L. Brito Correia 2 (1989), 189; A. Ferrer Correia, *Lei das Sociedades Comerciais (Anteprojecto)*, BMJ 185 (1969), 25-81 (43, 49-52); *Idem*, *A sociedade por quotas de responsabilidade limitada segundo o Código das Sociedades Comerciais*, em *Temas de Direito Comercial e Direito Internacional Privado* (1989), 123-169 (140-141); *Idem*, *As sociedades comerciais no período da constituição*, 507-545 (515), em *Estudos Vários de Direito* (1982); A. Ferrer Correia/António A. Caeiro, *Anteprojecto de Lei das Sociedades Comerciais/Parte Geral*, I, sep. BMJ 185 e 191 (1970), 23, 29-32; A. Ferrer Correia/Vasco Lobo Xavier/Maria Ângela Coelho/António A. Caeiro, *Lei da sociedade por quotas de responsabilidade limitada/Anteprojecto de lei – 2.ª redacção e exposição de motivos*, RDE 3 (1977), 153-224 e 349-423 (170); Alexandre Soveral Martins/Maria Elisabete Ramos, *Código em comentário*, 1, 2.ª ed. (2017), 587-600; Ministério da Justiça, *Código das Sociedades (Projecto)*, BMJ 327 (1983), 84; M. Nogueira Serens, *Notas sobre a sociedade anónima*, 2.ª ed. (1997), 26.

Índice

I – **Trabalhos preparatórios**
1. Anteprojeto de LSC 1
2. Anteprojeto de LSQ 2
3. Projeto de CSC 3

II – **Alterações**
4. A reforma de 2006 4

III – **Regime**
5. Âmbito geral 5
6. Análise do 37.º 6

[20] Neste sentido, António Menezes Cordeiro 1 (2007), 485. Pronunciando-se em vista do CSC, António Ferrer Correia – *A sociedade por quotas de responsabilidade limitada nos projectos do Código das Sociedades* Comerciais, 73-121 (88) e *A sociedade por quotas de responsabilidade limitada segundo o Código das Sociedades Comerciais*, em *Temas de Direito Comercial e Direito Internacional Privado* (1989), 123-168 (139-140) – defendia a qualificação de sociedade civil. Contra, considerando-a comercial, J. Coutinho de Abreu II (2007), 118-119, que refere, em apoio da sua posição, o já citado STJ 27-Jun.-2000, CJ/Supremo VIII (2000) 2, 127-129 (129), o qual, na verdade, considera tratar-se de sociedade comercial irregular; no sentido da qualificação como sociedade comercial, também J. Oliveira Ascensão IV (2000), 105. Pronunciando-se antes da alteração introduzida pelo DL 280/87, de 8-Jul. (*vide supra* n.º II, 1), João Labareda – *Sociedades irregulares*, 191, 195 e, especialmente, 203 – considerava a sociedade irregular «como um património autónomo, substrato material da atividade comercial que os sócios se propuseram levar a efeito sob a forma societária».

[21] António Menezes Cordeiro 1 (2007), 486.

I – Trabalhos preparatórios

1. **Anteprojeto de LSC**: dispunha o seu 6.º (*Relações entre os sócios da sociedade irregular*) em termos muito próximos do 37.º[1]. Ao mandar aplicar às relações entre os sócios, com as necessárias adaptações, além das disposições contratuais, «as disposições legais integradoras do tipo de sociedade tido em vista»[2], o anteprojeto é elucidativo do alcance da expressão «na presente lei», que ora se contém no 37.º. 1

2. **Anteprojeto de LSQ**: o seu 17.º (*Relações entre os sócios no período anterior à inscrição da sociedade no registo*) dispunha em moldes essencialmente iguais aos do Anteprojeto de LSC[3]. Substituiu, porém a expressão as «disposições legais integradoras do tipo de sociedade tido em vista» pela expressão «na presente lei». A mudança, como se confirma no respetivo comentário, não traduz alteração quanto ao que se dispunha no Anteprojeto de LSC: visavam-se igualmente as disposições legais reguladoras do tipo de sociedade que os contratantes quiseram constituir[4]. 2

3. **Projeto de CSC**: o seu 46.º/1 (*Irregularidade por falta de registo*)[5] regia as relações entre os sócios no período compreendido entre a celebração da escritura e o registo definitivo do contrato (já o n.º 2 regia as relações externas, com terceiros). Dispondo de modo essencialmente idêntico ao do 37.º, aquela disposição ressalvava, na sua parte final, a continuação da aplicabilidade do 44.º/1, *a*). O 44.º estabelecia as consequências da nulidade por falta de forma legal, quando os seus outorgantes atuassem como se o contrato fosse válido, determinando, na alínea em causa, que se considerava constituído um património, no qual se integrariam os efeitos ativos e passivos dos atos ou factos atribuíveis a uma sociedade, segundo as correspondentes regras do CC. A ressalva não passaria ao 37.º. E bem: ela regeria mais sobre relações externas do que sobre as relações internas, estando, por isso, deslocada e afigurando-se complicativa. 3

II – Alterações

4. **A reforma de 2006**. O DL 76-A/2006, de 29-mar. introduziu apenas alterações formais à redação inicial do 37.º: a expressão «celebração da escritura» foi substituída por «celebração do contrato de sociedade» 4

III – Regime

5. **Âmbito geral**. O CSC regula, nos 37.º a 40.º, as relações internas (entre os sócios) e externas (entre os sócios e a sociedade e terceiros), após a celebração (formalização) do contrato de sociedade e antes do registo. O 37.º rege sobre as relações internas, qualquer que seja o tipo societário adotado; os 38.º a 40.º, sobre as relações externas, consoante o tipo de sociedade de que se trate. 5

[1] Cf. A Ferrer Correia, *Lei das Sociedades Comerciais (Anteprojecto)*, 43; A. Ferrer Correia/António Caeiro, *Anteprojecto de Lei das Sociedades Comerciais/Parte Geral*, 23.

[2] No Anteprojeto, aventavam-se as duas soluções possíveis, para a regulação de aspetos não previstos no contrato de sociedade: submeter a sociedade não registada às normas das sociedades civis ou submetê-la às normas integradoras do tipo tido em vista pelos contratantes. O Anteprojeto optou, pois, pela segunda solução, a mais conveniente conveniente, como se lia no respetivo comentário, sobretudo, se viesse a ser possível generalizá-la – como viria a acontecer – a todas as sociedades – cf. A. Ferrer Correia, *Lei das Sociedades Comerciais (Anteprojecto)*, 50-52; A. Ferrer Correia/António A. Caeiro, *Anteprojecto de Lei das Sociedades Comerciais, Parte Geral*, 30-32.

[3] A. Ferrer Correia/Vasco Lobo Xavier/Maria Ângela Coelho/António A. Caeiro, *Lei da sociedade por quotas de responsabilidade limitada/Anteprojecto de lei – 2.ª redacção e exposição de motivos*, RDE III-1 (1977), 153-224 e 349-423 (170).

[4] A. Ferrer Correia/Vasco Lobo Xavier/Maria Ângela Coelho/António A. Caeiro, *Sociedade por quotas de responsabilidade limitada/Anteprojecto – 2.ª redacção e exposição de motivos*, 170.

[5] BMJ 327 (1983), 84.

6 6. **Análise do 37.º**. O n.º 1 estabelece uma regra facilmente compreensível: uma vez que ocorreu já o ato constituinte, o contrato de sociedade formalizado, as relações entre os sócios regem-se pelo que nele mesmo acordaram[6]. Na falta de regulação contratual, serão aplicáveis, com as devidas adaptações, as regras legais supletivas reguladoras do tipo de sociedade que os sócios hajam manifestado constituir no contrato, além das regras legais gerais do CSC que hajam de ser consideradas. Naturalmente, as disposições contratuais hão de conformar-se com as limitações de ordem geral e, bem assim, com as estabelecidas para o tipo de sociedade em vista pelos sócios. Ressalva-se – mas trata-se de uma ressalva que, em rigor, não careceria de ser manifestada expressamente – a não aplicabilidade das disposições legais que pressuponham o registo definitivo. Quanto a estas, não parece fácil exemplificar: justamente, os melhores exemplos seriam, parece, os das regras atinentes às alterações societárias ou à transmissão de participações sociais[7], mas a estas refere-se expressamente o n.º 2 do 37.º, para impor uma regra de unanimidade.

7 O n.º 2 sujeita, com efeito, a uma regra de unanimidade as transmissões *inter vivos* de participações sociais e as modificações do contrato, qualquer que seja o tipo societário visado pelas partes no contrato de sociedade (afasta-se assim a aplicabilidade de regras legais que permitissem um aumento ou redução do capital por maioria ou a transmissão de ações por deliberação de maioria, regras essas que, de resto, como referido, parece que se deveriam considerar afastadas pela ressalva da parte final do n.º 1).

8 Compreendem-se as razões que presidiram à disposição legal em causa: (a) quanto às modificações contratuais: ainda não tendo sobrevindo o registo e, com ele, a aquisição plena de personalidade jurídica da sociedade, prevalece a tónica contratual e os princípios atinentes: nos termos do 406.º/1 do CC (princípio da vinculatividade dos contratos), só por mútuo consenso podem ocorrer modificações contratuais eficazes[8]; (b) quanto à transmissão de partes sociais: a necessidade do consentimento de todos os contratantes poderia ainda fundar-se, parece, nos mesmos princípios[9], com expressão, cremos, nas regras relativas à cessão da posição contratual, que não pode ocorrer sem o consentimento da contraparte (424.º/1 do CC), sendo certo que poderão ser várias as contrapartes (o contrato de sociedade, poderá ter mais do que duas partes); contudo, materialmente, há uma razão societária – tendo-se presente que a responsabilidade dos sócios, pelos atos praticados nesta fase, será solidária e ilimitada, a transmissão de participações sociais por maioria poderia prejudicar os credores e os próprios sócios minoritários[10].

9 Enfim, a regra de unanimidade, para os efeitos assinalados tenderá a compelir os sócios a proceder ao registo definitivo do contrato[11].

[6] Cf. A. Ferrer Correia, *Lei das Sociedades Comerciais (Anteprojecto)*, 50; A. Ferrer Correia/António A. Caeiro, *Anteprojecto de Lei das Sociedades Comerciais*, 30; A. Ferrer Correia, *As sociedades comerciais no período da constituição*, 515, em *Estudos Vários de Direito* (1982).

[7] Cf. A. Ferrer Correia, *A sociedade por quotas de responsabilidade limitada segundo o CSC*, 140-141. Cf., ainda, Coutinho de Abreu II (2009), 121, e nota 60, criticamente – cremos que com razão – em relação às disposições legais apontadas exemplificativamente por Brito Correia II (1989), 189.

[8] António Menezes Cordeiro 1 (2007), 487. Algo criticamente, cf. Coutinho de Abreu II (2009), 122, que considera a explicação contratual referida como padecendo de um «leve travo a conceitualismo».

[9] Parece ser essa a posição de António Menezes Cordeiro 1 (2007), 487 – ainda que acrescente a existência de razões societárias e, desde logo, aquela que a seguir se refere no texto.

[10] António Menezes Cordeiro 1 (2007), 487-488. Coutinho de Abreu – II (2009), 122-123 – considera esta a única ou verdadeira razão explicativa da regra da unanimidade quanto às transmissões de partes sociais. No mesmo sentido, manifestavam-se Brito Correia II (1989), 189, e M. Nogueira Serens, *Notas sobre a sociedade anónima*, 2.ª ed. (1997), 26.

[11] António Menezes Cordeiro 1 (2007), 488.

Artigo 38.º (Relações das sociedades em nome coletivo não registadas com terceiros)

1. Pelos negócios realizados em nome de uma sociedade em nome coletivo, como o acordo, expresso ou tácito, de todos os sócios, no período compreendido entre a celebração do contrato de sociedade e o seu registo definitivo, respondem solidária e ilimitadamente todos os sócios, presumindo-se o consentimento.

2. Se os negócios realizados não tiverem sido autorizados por todos os sócios, nos termos do n.º 1, respondem pessoal e solidariamente pelas obrigações resultantes dessas operações aqueles que as realizarem ou autorizarem.

3. As cláusulas do contrato que atribuam a representação apenas a alguns dos sócios ou que limitem os respetivos poderes de representação não são oponíveis a terceiros, salvo provando-se que estes as conheciam ao tempo da celebração dos seus contratos.

Bibliografia: J. Coutinho de Abreu II (2019), 127-135; António Menezes Cordeiro 1 (2007), 488-489; A. Ferrer Correia, *Lei das Sociedades Comerciais (Anteprojecto)*, BMJ 185 (1969), 25-81 (44, 53-55); A. Ferrer Correia/António A. Caeiro, *Anteprojecto de Lei das Sociedades Comerciais/Parte Geral*, I, sep. BMJ 185 e 191 (1970), (24, 33-35); Maria Elisabete Ramos/Ricardo Costa, *Código em comentário*, 1, 2.ª ed. (2017), 601-605.

Índice

I – Trabalhos preparatórios e alterações
1. Anteprojeto de LSC 1
2. Projeto de CSC 2
3. A reforma de 2006 3

II – Regime
4. Âmbito geral 4
5. Análise do conteúdo 5

I – Trabalhos preparatórios e alterações

1. **Anteprojeto de LSC**. O seu 7.º (*Relações das sociedades em nome coletivo irregulares com tercei-* 1
ros) regia sobre as relações externas decorrentes do início das atividades sociais antes do registo do ato constituinte da sociedade. Em quatro números, o 7.º: (a) determinava (n.º 1), quanto às relações da «sociedade com terceiros» estabelecidas com o consentimento, expresso ou tácito, de todos os sócios, a aplicação das regras sobre as sociedades civis, presumindo o consentimento de todos os sócios ao início das atividades sociais; (b) previa (n.º 2) a responsabilidade solidária e ilimitada dos mesmos pelas obrigações contraídas em nome da sociedade[1]; (c) estabelecia (n.º 3) a inoponibilidade a terceiros de cláusulas do pacto social que atribuíssem a representação só a alguns sócios (limitação subjetiva) ou que limitassem os poderes representativos (limitação objetiva), salvo quanto àqueles que se provasse conhecerem-nas ao tempo dos respetivos contratos; (d) limitava (n.º 4) a responsabilidade pessoal e solidária pelo início das operações sociais aos sócios que as houvessem realizado ou autorizado, quando se demonstrasse não haverem sido autorizadas por todos.

[1] Previsão estabelecida através de remissão para o artigo que definisse a responsabilidade dos sócios das sociedades em nome coletivo regulares – Cf. A. Ferrer Correia, *Lei das Sociedades Comerciais*, 44 e nota; A. Ferrer Correia/António A. Caeiro, *Anteprojecto de Lei das Sociedades Comerciais/Parte Geral*, 24 e nota.

2 2. **Projeto do CSC**. O seu 46.º/2[2] regia sobre as relações externas no período entre a celebração da escritura e o registo definitivo do contrato[3]. Estabelecia – de modo algo prolixo – que, por cada negócio celebrado em nome da sociedade, responderiam pessoal e ilimitadamente os sócios e os gerentes ou administradores não sócios que nele tivessem agido em nome da sociedade, bem como os sócios que, embora não intervindo no negócio, o houvessem autorizado, específica ou genericamente; os restantes sócios responderiam por aqueles negócios até às importâncias das entradas a que se obrigaram e ainda não efetuadas, acrescidas das importâncias que houvessem recebido a título de lucros ou de distribuição de reservas.

3 3. **A reforma de 2006**. O DL 76-A/2006, de 29-mar., introduziu uma alteração formal no n.º 1 do artigo, substituindo a expressão "celebração da escritura" por "celebração do contrato de sociedade".

II – **Regime**

4 4. **Âmbito geral**. O CSC, nos 38.º a 40.º, reportando-se ao período compreendido entre o contrato de sociedade formalizado e o registo e diferenciando, consoante o tipo de sociedade, regulou as relações dos sócios e da sociedade em relação a terceiros: as relações externas (em contraponto com as relações internas, entre os sócios, reguladas, para o mesmo período, no 37.º). O 38.º rege sobre as relações externas, no que tange às sociedades em nome coletivo. Por força do 534.º e com ressalva dos efeitos produzidos anteriormente de harmonia com a lei então em vigor, o 38.º é aplicável às sociedades que, à data de entrada em vigor do CSC, se encontrem nas situações nele previstas.

5 5. **Análise do conteúdo**. O n.º 1 estabelece que, pelos negócios realizados em nome da sociedade – no período entre a celebração do contrato de sociedade e o seu registo definitivo –, com o acordo expresso ou tácito de todos os sócios, acordo que se presume, respondem todos eles, solidária e ilimitadamente.

6 O n.º 2 vem restringir a responsabilidade prevista no n.º 1 aos sócios que hajam praticado ou autorizado tais negócios, quando se demonstre (elidindo a referida presunção) que nem todos os autorizaram.

7 A responsabilidade em causa é a responsabilidade patrimonial, gozando os sócios do benefício da excussão (997.º/2 do CC) – ainda que não expressamente referido – pois, naturalmente, antes de mais responderá a sociedade, com o património que já possa ter. O regime das sociedades civis é convocado aqui, por maioria de razão, em relação à previsão expressa do 36.º, que se aplica a sociedades que iniciem a sua atividade ainda antes da formalização do respetivo contrato[4].

[2] BMJ 327 (1983), 43-339 (84).

[3] O 46.º/1 do Projeto do CSC, como vimos em anotação ao 37.º, regia acerca das relações internas no mesmo período.

[4] António Menezes Cordeiro 1 (2007), 489. Não haverá, pois, lacuna (é desnecessário repetir um regime geral); se a houvesse, porém, «a solução seria a mesma, com apelo à analogia» (*ibidem*). Cf., referenciando também este argumento, J. Coutinho de Abreu II (2009), 126, o qual – sopesados diversos argumentos contra e a favor – conclui igualmente pela responsabilidade da própria sociedade (além da responsabilidade dos sócios), enunciando, contudo, dois limites: as sociedades não respondem por obrigações que não podem assumir depois do registo – é o caso das previstas no 19.º/4 – e, exceptuados os casos em que haja autorização dos sócios, parte do património social – o dinheiro das entradas depositado em instituição de crédito – não pode ser mobilizada (exceto por via judicial) para pagar aos credores, como resulta dos 202.º/5, *b*), 277.º/5, *b*) e 478.º (*idem*, 130-131). Há que reconhecer que, em ambos os casos, se trata de explicitar limites à responsabilidade da pré-sociedade ou sociedade irregular, que, de outro modo, sempre estariam necessariamente implícitos.

De resto, como acima mencionado, o 7.º/1 do Anteprojeto de LSC era expresso na remissão para as normas das sociedades civis[5].

Quanto ao n.º 3, numa solução que corresponde às regras gerais – já vinda, como referido, do Anteprojeto de LSC (7.º/3) –, estabelece-se que as limitações subjetivas ou objetivas aos poderes de representação só serão oponíveis aos terceiros que se prove conhecerem-nas ao tempo dos seus contratos. 8

Artigo 39.º (Relações das sociedades em comandita simples não registadas com terceiros)

1. Pelos negócios realizados em nome de uma sociedade em comandita simples, com o acordo, expresso ou tácito, de todos os sócios comanditados, no período compreendido entre a celebração do contrato de sociedade e o seu registo definitivo, respondem todos eles, pessoal e solidariamente, presumindo-se o consentimento dos sócios comanditados.

2. À mesma responsabilidade fica sujeito sócio comanditário que consentir no começo das atividades sociais, salvo provando ele que o credor conhecia a sua qualidade.

3. Se os negócios realizados não tiverem sido autorizados pelos sócios comanditados, nos termos do n.º 1, respondem pessoal e solidariamente pelas obrigações resultantes dessas operações aqueles que as realizarem ou autorizarem.

4. As cláusulas do contrato que atribuam a representação apenas a alguns dos sócios comanditados ou que limitem os respetivos poderes de representação não são oponíveis a terceiros, salvo provando-se que estes as conheciam ao tempo da celebração dos seus contratos.

Bibliografia: António Menezes Cordeiro 1 (2007), 489-490; A. Ferrer Correia, *Lei das Sociedades Comerciais (Anteprojecto)*, BMJ 185 (1969), 25-81 (44-45, 55-58); A. Ferrer Correia/António A. Caeiro, *Anteprojecto de Lei das Sociedades Comerciais/Parte Geral*, I, sep. BMJ 185 e 191 (1970), 24-25, 35-38; Ministério da Justiça, *Código das Sociedades (Projecto)*, BMJ 327 (1983), 43-339 (84); Maria Elisabete Ramos/Ricardo Costa, *Código em comentário*, 1, 2.ª ed. (2017), 606-609.

Índice

I – **Trabalhos preparatórios e alterações**
1. Anteprojeto de LSC 1
2. Projeto de CSC 2
3. Reforma de 2006 3

II – **Regime**
4. Âmbito geral 4
5. Análise do conteúdo 6

[5] A diferença entre o regime assim resultante do 38.º e o regime das sociedades regulares é, afinal, pouca e residirá, como se notava no comentário respetivo do Anteprojeto, no seguinte: – no regime do CC (997.º/2), o credor social pode demandar o sócio sem ter que excutir primeiro o património da sociedade, podendo, contudo, o sócio, invocar, por via de exceção, o benefício de excussão prévia; diferentemente, segundo o regime comercial, a prévia excussão do património social constitui pressuposto e condição necessária do exercício do poder de agressão dos bens dos sócios pelos credores da sociedade; – nas sociedades civis, o credor particular do sócio pode exigir em certos casos a liquidação da quota do devedor (999.º/2 do CC), o que não ocorre em matéria de sociedades comerciais (regulares) – cf. A. Ferrer Correia, *Lei das Sociedades Comerciais (Anteprojecto)*, 53-54; A. Ferrer Correia/António Caeiro, *Anteprojecto de Lei das Sociedades Comerciais/Parte Geral*, 33-34.

I – Trabalhos preparatórios e alterações

1 1. **Anteprojeto de LSC**. O seu 8.º (*Relações das sociedades em comandita simples irregulares com terceiros*)[1] dispunha em termos que, substancialmente, vieram a ser consagrados no 39.º. Determinava: (a) por remissão para o 7.º/1 e 3, que, iniciadas as operações sociais antes do registo e com o consentimento de todos os sócios comanditados – consentimento que se presumia –, seriam aplicáveis as regras das sociedades civis no que respeita às relações da sociedade irregular com terceiros, considerando-se ainda inoponíveis a terceiros as limitações subjetivas ou objetivas aos poderes de representação constantes de cláusula do pacto social, salvo provando-se que os terceiros as conheciam ao tempo da celebração dos seus contratos (n.º 1); (b) que os sócios comanditados responderiam sempre solidária e ilimitadamente pelas obrigações decorrentes (n.º 2); (c) que à mesma responsabilidade ficaria sujeito o sócio comanditário que consentisse no começo das atividades sociais, a menos que o mesmo provasse que o credor conhecia a sua qualidade, ressalvados, porém, os casos (a serem previstos em texto próprio[2]) em que, nas comanditas simples regulares, o sócio comanditário assume responsabilidade pessoal, como se fosse comanditado (n.º 3); (d) que, não havendo autorização de todos os sócios comanditados ao início das operações sociais, responderiam – dada a remissão para o 7.º/4 –, pessoal e solidariamente, aqueles que tais operações realizassem ou autorizassem.

2 2. **Projeto de CSC**. O seu 46.º/2 regia sobre as relações externas, no período compreendido entre a celebração da escritura e o registo, nos termos já referidos em anotação ao 38.º, para que remetemos.

3 3. **Reforma de 2006**. O DL 76/A-2006, de 29-mar., substituiu, no n.º 1, a expressão "celebração da escritura" pela expressão "celebração do contrato de sociedade".

II – Regime

4 4. **Âmbito geral**. Estando em causa as relações externas, no período compreendido entre a celebração do contrato de sociedade e o registo, os princípios que presidem ao 39.º, quanto às sociedades em comandita simples irregulares, são, com as particularidades atinentes ao tipo societário em causa, os mesmos que presidem ao 38.º, quanto às sociedades em nome coletivo irregulares, ambos cobrindo as chamadas sociedades de pessoas[3].

5 Conforme o 534.º, o 39.º também se aplica às sociedades que, à data da entrada em vigor do Código, se encontrem nas situações nele previstas, ressalvados os efeitos anteriormente produzidos.

6 5. **Análise do conteúdo**. O n.º 1, estabelece a responsabilidade pessoal e solidária dos sócios comanditados pelas obrigações decorrentes do início das atividades sociais, com o consentimento, expresso ou tácito, de todos, no período entre a celebração do contrato de sociedade e o registo. Tal consentimento é presumido (presunção *juris tantum*, elidível, pois, por prova em contrário – 350.º/2 do CC).

7 De novo, como referido em anotação ao 38.º, serão aplicáveis as regras das sociedades civis, pelo que, nos termos dessas regras, o património societário comum responderá também

[1] A. Ferrer Correia, *Lei das Sociedades Comerciais (Anteprojecto)*, 44-45; A. Ferrer Correia/António A. Caeiro, *Anteprojecto de Lei das Sociedades Comerciais/Parte Geral*, 24-25.

[2] Cf. A. Ferrer Correia, *Lei das Sociedades Comerciais (Anteprojecto)*, 45 e segunda nota de rodapé, 56, A. Ferrer Correia, *Anteprojecto de Lei das Sociedades Comerciais*, 25 e segunda nota de rodapé, 36.

[3] Cf. A. Ferrer Correia, *Lei das Sociedades Comerciais (Anteprojecto)*, 55; A. Ferrer Correia/António A. Caeiro, *Anteprojecto de Lei das Sociedades Comerciais/Parte Geral*, 35; António Menezes Cordeiro 1 (2007), 490 e, por remissão, 488-489.

pelas obrigações assim contraídas: quanto aos sócios comanditados, são patrimonialmente responsáveis – responsabilidade solidária e ilimitada –, mas gozam do benefício de excussão prévia (997.º/2 do CC).

O n.º 2 sujeita o sócio comanditário que consentir no começo das atividades sociais – mas tal consentimento, quanto aos sócios comanditários e diferentemente do que sucede quanto aos comanditados não se presume[4] – à mesma responsabilidade dos sócios comanditados, estabelecida no n.º 1, a menos que prove que o credor conhecia a sua qualidade (de sócio comanditário) à data do negócio de onde proveio o crédito[5]. 8

O n.º 3, prevendo que nem todos os sócios comanditados hajam autorizado o início das atividades sociais – o que pressupõe a elisão da presunção estabelecida no n.º 1 –, restringe a responsabilidade prevista no mesmo n.º 1 àqueles que realizarem ou autorizarem tais atividades. 9

Finalmente, em aplicação de regras gerais[6], o n.º 4 do 39.º estabelece a inoponibilidade a terceiros das limitações subjetivas ou objetivas, constantes de cláusula do pacto social, aos poderes de representação. Ressalva-se, naturalmente, a prova do conhecimento dessas limitações por parte dos terceiros: não estando em causa a proteção de uma confiança – inexistente, então –, aquelas limitações aos poderes representativos são-lhes oponíveis. 10

Artigo 40.º (Relações das sociedades por quotas, anónimas e em comandita por ações não registadas com terceiros)

1. Pelos negócios realizados em nome de uma sociedade por quotas, anónima ou em comandita por ações, no período compreendido entre a celebração do contrato de sociedade e o seu registo definitivo, respondem ilimitada e solidariamente todos os que no negócio agirem em representação dela, bem como os sócios que tais negócios autorizarem, sendo que os restantes sócios respondem até às importâncias das entradas a que se obrigaram, acrescidas das importâncias que tenham recebido a título de lucros ou de distribuição de reservas.

2. Cessa o disposto no número precedente se os negócios forem expressamente condicionados ao registo da sociedade e à assunção por esta dos respetivos efeitos.

Bibliografia: J. Coutinho de Abreu II (2019), 127-135; António Menezes Cordeiro 1 (2007), 491-494; A. Ferrer Correia, *Lei das Sociedades Comerciais (Anteprojecto)*, BMJ, 185 (1969), 25-81 (61-67); *Idem*, *As sociedades comerciais no período da constituição* (1971), em *Estudos Vários de Direito* (1982), 507-545 (527 e ss.); A. Ferrer Correia/António A. Caeiro, *Anteprojecto de Lei das Sociedades Comerciais/Parte Geral*, I, sep. do BMJ 185 e 191, 41-47; A. Ferrer Correia/Vasco Lobo Xavier/Maria Ângela Coelho/António A. Caeiro, *Sociedade por quotas de responsabilidade limitada/Anteprojecto de lei – 2.ª redacção e exposição de motivos*, RDE 3 (1977), 153-224 e 349-423 (170-172); Paulo de Tarso Domingues, *O regime jurídico das sociedades de capitais em formação*, em *Estudos em Comemoração dos Cinco Anos da Faculdade de Direito da Universidade do Porto* (2001), 965-998, *Idem*, *Do capital social*, 2.ª ed. (2004); João Labareda, *Sociedades irregulares. Algumas reflexões*, em *Novas Perspectivas do Direito Comercial* (1988), 179-204; Ministério da Justiça, *Código das Sociedades (Projecto)*, BMJ 327 (1983), 84; Maria Elisabete Ramos/Ricardo Costa, *Código em comentário*, 1, 2.ª ed. (2017), 610-629.

[4] Cf. A. Ferrer Correia, *Lei das Sociedades Comerciais (Anteprojecto)*, 58; A. Ferrer Correia/António A. Caeiro, *Anteprojecto de Lei das Sociedades Comerciais/Parte Geral*, 38.

[5] A ressalva da parte final do 8.º/4 do Anteprojeto de LSC, anteriormente referenciada (*vide supra* nota 2), não passou, pois, ao articulado do 39.º.

[6] António Menezes Cordeiro 1 (2007), 490 (cf. também 489).

Índice

I – **Trabalhos preparatórios e alterações**
1. Anteprojeto de LSC 1
2. Anteprojeto de LSQ 3
3. Projeto de CSC 5
4. Reforma de 2006 8
II – **Regime**
5. Âmbito geral 9
6. Análise do conteúdo 12

I – Trabalhos preparatórios e alterações

1 1. **Anteprojeto de LSC**. O seu 9.º (*Relações das sociedades por quotas e por ações irregulares com terceiros*)[1] ocupava-se da situação ora regulada no atual 40.º: a responsabilidade (patrimonial), em relação a terceiros, pelos atos praticados em nome da sociedade entre o período da celebração do contrato e o registo.

2 No 9.º do Anteprojeto referido: prescrevia-se a responsabilidade ilimitada e solidária de quantos houvessem agido em nome da sociedade ou houvessem autorizado os respetivos negócios (n.º 1); previa-se – numa disposição que, como tal, não passou ao projeto nem ao 40.º – que, se os negócios fossem celebrados em nome dos fundadores e com o acordo deles, se consideraria existente entre eles, no que respeita às relações com terceiros, uma sociedade civil (n.º 2)[2]; neste caso, estabelecia-se a possibilidade de os fundadores que não houvessem participado diretamente nos negócios em causa responderem apenas como sócios de responsabilidade limitada, se provassem que os credores, ao tempo da conclusão dos mesmos negócios, conheciam a intenção deles de apenas responderem até à concorrência do valor das respetivas entradas (n.º 3); determinava-se que, se os negócios em causa fossem celebrados por um não sócio, só os fundadores responderiam e solidária e ilimitadamente, não lhes aproveitando a possível limitação de responsabilidade anteriormente referida (n.º 4); finalmente, o carácter supletivo das disposições anteriores era reconhecido, uma vez que se previa a não aplicação das mesmas no caso de os negócios em causa serem expressamente condicionados à assunção pela sociedade dos efeitos dos mesmos (n.º 5)[3].

3 2. **Anteprojeto de LSQ**. Regia o 18.º[4]: as soluções aí consagradas, dirigidas à SPQ, correspondem praticamente às que, no 40.º, com âmbito alargado a todas as sociedades de capitais, vieram a ser adotadas.

4 No 18.º do anteprojeto responsabilizavam-se, ilimitada e solidariamente, todos os que, no período anterior ao registo da sociedade (mais precisamente, entre a celebração da escritura e o registo), agissem em nome de uma sociedade por quotas sem para tanto estarem legitimados, isto é, sem autorização de todos os sócios (n.º 1); tratando-se de atos praticados por gerentes com autorização todos os sócios, aqueles responderiam nos termos do n.º 1 – responsabilidade

[1] Cf. A. Ferrer Correia, *Lei das Sociedades Comerciais (Anteprojecto)*, 45-46; A. Ferrer Correia/António A. Caeiro, *Anteprojecto de Lei das Sociedades Comerciais/Parte Geral*, 25-26.

[2] Cf. A. Ferrer Correia, *Lei das Sociedades Comerciais (Anteprojecto)*, 65-67; A. Ferrer Correia/António A. Caeiro, *Anteprojecto de Lei das Sociedades Comerciais/Parte Geral*, 45-47: em regra, os negócios, no período em causa, são celebrados em nome da sociedade, mas o Anteprojeto entendeu prever a hipótese, ainda que menos frequente, de serem celebrados em nome dos próprios fundadores.

[3] Cf. A. Ferrer Correia, *Lei das Sociedades Comerciais (Anteprojecto)*, 61-67; A. Ferrer Correia/António A. Caeiro, *Anteprojecto de Lei das Sociedades Comerciais/Parte Geral*, 41-47, com as notas explicativas do mencionado 9.º do Anteprojeto.

[4] Cf. A. Ferrer Correia/Vasco Lobo Xavier/Maria Ângela Coelho/António A. Caeiro, *Sociedade por quotas de responsabilidade limitada/Anteprojecto de Lei – 2.ª redacção e exposição de motivos*, 170-171.

ilimitada e solidária – e estes até ao limite das suas entradas (n.º 2); finalmente, ressalvava-se a aplicação do regime da condição: se os negócios fossem expressamente condicionados ao registo e à assunção dos efeitos dos atos pela sociedade, a responsabilidade prevista nos números anteriores não se verificaria. A não assunção determinaria a ineficácia dos negócios; a assunção, o encabeçamento nos atos de um novo sujeito que, assim, passaria a responder (retroativamente) por eles[5].

3. **Projeto de CSC**. Os seus 46.º/2 (*Irregularidade por falta de registo*) e 47.º (*Negócios dependentes da regularidade da sociedade*) constituem os antecedentes diretos do 40.º[6]. 5

O 46.º/2, para os negócios celebrados em nome da sociedade no período compreendido entre a celebração da escritura e o registo definitivo do contrato de sociedade, estabelecia a responsabilidade pessoal e ilimitada de quantos (sócios, gerentes ou administradores) houvessem agido em nome da sociedade ou houvessem autorizado a celebração de tais negócios; quanto aos sócios que não houvessem agido nem autorizado a celebração de tais negócios, apenas responderiam até à importância das respetivas entradas que ainda não tivessem realizado, acrescidas das importâncias recebidas a título de lucros ou de distribuição de reservas. 6

O 47.º previa a não aplicação do 46.º/2 – e a não aplicação do 44.º/1, *b*), no que constituía uma referência algo deslocada, uma vez que tal disposição regia para o caso de o contrato de sociedade ser nulo por falta de forma legal – aos negócios expressamente celebrados para a sociedade a constituir ou dependentes de qualquer modo da sua regularidade (n.º 1), determinando a aplicação do regime da lei civil sobre a condição suspensiva, ainda que ressalvando a responsabilidade dos outorgantes que se tivessem obrigado «a constituir uma sociedade regular para esse negócio» (parecendo, visar-se, com a ressalva, qualquer atuação dolosa ou negligente dos sócios que conduzisse à não constituição da sociedade regular, mas que, em rigor, parece que só faria sentido como ressalva de uma atuação de má-fé dos sócios). 7

4. **Reforma de 2006**. O DL 76-A/2006, de 29-mar., limitou-se a uma alteração formal, substituindo a expressão "celebração da escritura" por "celebração do contrato de sociedade". 8

II – Regime

5. **Âmbito geral**. O 40.º é a terceira de três disposições (38.º a 40.º) que regem sobre as relações com terceiros pelos atos praticados no período compreendido entre a celebração do contrato de sociedade e o registo do mesmo: no caso do 40.º, consideram-se as sociedades ditas de capitais (sociedades anónimas, por quotas e em comandita por ações), enquanto os dois primeiros se reportavam a sociedades de pessoas (respetivamente, às sociedades em nome coletivo – 38.º – e em comandita simples – 39.º). 9

Para a compreensão do 40.º, importa atentar no 19.º, que, de resto, a ele se refere expressamente (veja-se respetiva anotação do 19.º e o que abaixo se referirá). 10

Lembre-se, ainda – aliás, como sucede em relação a todas as disposições relativas às sociedades irregulares por incompletude do processo de formação –, o que se dispõe no 534.º: o 40.º aplica-se às sociedades que, à data de entrada em vigor do CSC, se encontrassem nas situações nele previstas, ressalvados os efeitos anteriormente produzidos. 11

6. **Análise do conteúdo**. O n.º 1 determina a responsabilidade ilimitada e solidária de todos quantos tenham agido ou autorizado a celebração de negócios em nome da sociedade no 12

[5] Cf. A. Ferrer Correia/Vasco Lobo Xavier/Maria Ângela Coelho/António A. Caeiro, *Sociedade por quotas de responsabilidade limitada/Anteprojecto de Lei – 2.ª redacção e exposição de motivos*, 171-172, com a respetiva exposição de motivos do 18.º.

[6] BMJ 327 (1983), 84.

período compreendido entre a celebração do contrato de sociedade e o registo dele. Nesses "todos", cabem sócios, fundadores e gerentes.

13 Importará, contudo, atentar em que a sociedade ou o património social também responderá: se tal acontece em relação aos negócios celebrados em nome da sociedade antes da celebração do contrato de sociedade (cf. 36.º/2), não seria razoável que não acontecesse em relação a negócios realizados até depois do contrato de sociedade[7]. Desse modo, as pessoas responsáveis em causa (respondem patrimonialmente) gozam do benefício de excussão, tal como previsto no 997.º/1 e 2 do CC[8].

14 Quanto aos sócios que não tenham agido nem consentido, a sua responsabilidade é limitada: respondem apenas até ao valor das importâncias das entradas a que se obrigaram[9], acrescidas das que hajam recebido, eventualmente, a título de lucros ou distribuição de reservas[10]. Trata-se de considerar a possibilidade de os credores se pagarem com bens a que a sociedade tem direito e que eventualmente nela poderão ainda não ter entrado (na medida em que as entradas não tenham sido realizadas integralmente) e, bem assim, por bens que dela saíram[11]. Estes sócios, com responsabilidade limitada, não respondem solidariamente com aqueles outros que respondem solidária e ilimitadamente pela dívida[12].

15 Do n.º 2, resulta que o regime previsto no n.º 1 é supletivo[13]. Com efeito, ressalva-se a aplicabilidade do regime da condição ou dos negócios condicionados, se o mesmo houver sido clausulado expressamente nos respetivos negócios celebrados em nome da sociedade: a responsabilidade das pessoas previstas no número anterior cessa se os negócios forem expressamente condicionados ao registo da sociedade e à assunção por esta dos respetivos efeitos.

16 Que condição, porém? Suspensiva ou resolutiva? É sabido que o apuramento da natureza da condição depende da interpretação do contrato, em atenção à vontade das partes. Contudo, a lei fala do condicionamento "à assunção"; e o Projeto do CSC, como mencionado acima, referia expressamente, no 47.º/2, a condição suspensiva. Parece que assim será: a eficácia dos negócios fica suspensa até à verificação do registo e da assunção (de pleno direito ou potestativa – cf. 19.º/1 e 2) pela sociedade. Nesse caso, os efeitos dos negócios celebrados em nome da sociedade produzem-se, mas a assunção pela sociedade é ela própria retroativa e exonera as pessoas em causa de responsabilidade (19.º/3). No caso de a assunção não se verificar, o negócio definitivamente não produz efeitos e, consequentemente, as pessoas em causa não responderão. Em rigor, porém, não se trata, a nosso ver, de "cessar" a responsabilidade das pessoas, mas de ela "não se verificar" no caso de tal condicionamento. Não fora um tal condicionamento e, a não ocorrer a assunção ou em relação aos negócios em que não ocorresse a assunção, aquelas pes-

[7] Cf. J. Coutinho de Abreu II (2009), 126. *Vide* também João Labareda, *Sociedades irregulares*, 196 ss., defendendo a responsabilidade do fundo comum da sociedade. No sentido de que se deve aplicar o regime da sociedade civil simples, com uma explicação histórica e comparativa, cf. António Menezes Cordeiro 1 (2007), 491-493.

[8] António Menezes Cordeiro 1 (2007), 493. Cf. RLx 16-Jun.-2005 (Salazar Casanova), Proc. 2673/2006-8, referindo que o 40.º «adiciona à responsabilidade da sociedade a responsabilidade dois agentes» e que a responsabilização destes não exclui que «disponham do benefício da excussão».

[9] Sem prejuízo, no caso das sociedades por quotas, da responsabilidade de todos os sócios pela realização integral do capital (197.º/1) – cf. Paulo de Tarso Domingues, *Do capital social*, 2.ª ed. (2004), 127, nota 435. De facto, se é assim mesmo depois da sociedade estar registada, parece que tem de ser assim antes, até por maioria de razão.

[10] Cf. STJ 10-Dez.-1997 (Costa Marques), BMJ 472 (1998), 501-506 = CJ/Supremo V (1997) 3, 160-161.

[11] J. Coutinho de Abreu II (2009), 133.

[12] J. Coutinho de Abreu II (2009), 132.

[13] António Menezes Cordeiro 1 (2007), 494.

soas seriam responsáveis nos termos do 40.º/1[14]. De resto e em face do carácter assim supletivo do n.º 1, podem as partes, além da opção pelo condicionamento referido, pactuar, em vez, o afastamento do regime ali previsto, invocando, se necessário, o 602.º do CC (*limitação da responsabilidade por convenção das partes*), uma vez que não estarão em causa direitos indisponíveis[15].

Artigo 41.º (Invalidade do contrato antes do registo)

1. Enquanto o contrato de sociedade não estiver definitivamente registado, a invalidade do contrato ou de uma das declarações negociais rege-se pelas disposições aplicáveis aos negócios jurídicos nulos ou anuláveis, sem prejuízo do disposto no artigo 52.º.

2. A invalidade decorrente de incapacidade é oponível pelo contraente incapaz ou pelo seu representante legal, tanto aos outros contraentes como a terceiros; a invalidade resultante de vício da vontade ou de usura só é oponível aos demais sócios.

Bibliografia: J. Coutinho de Abreu II (2019), 146-152; António Menezes Cordeiro 1 (2007), 503-515; *Idem, Direito europeu das sociedades* (2005), 127-142; A. Ferrer Correia, *Lei das Sociedades Comerciais (Anteprojecto)*, BMJ 185 (1969), 25-81 (67-81); A. Ferrer Correia/António A. Caeiro, *Anteprojecto de Lei das Sociedades Comerciais/Parte Geral*, I, sep. BMJ 185 e 191 (1970), 47-61; A. Ferrer Correia/Vasco Lobo Xavier/Maria Ângela Coelho/António A. Caeiro, *Lei da sociedade por quotas de responsabilidade limitada/Anteprojecto de Lei – 2.ª redacção e exposição de motivos*, RDE, 3 (1977), 153-224 e 349-423 (172-174); Carolina Cunha, *Código em comentário*, 1, 2.ª ed. (2017), 630-635; Ministério da Justiça, *Código das Sociedades (Projecto)*, BMJ 327 (1983); Manuel António Pita, *O regime da sociedade irregular e a integridade do capital social* (2004), 316.

Índice

I – **Trabalhos preparatórios**
1. Anteprojeto de LSC 1
2. Anteprojeto de LSQ 3
3. Projeto de CSC 4

II – **Regime**
4. Âmbito geral 5
5. Análise do conteúdo 7

I – Trabalhos preparatórios

1 1. **Anteprojeto de LSC**. O seu 10.º[1] regia sobre a invalidade do contrato de sociedade no período anterior ao registo, em termos próximos dos consignados no 41.º.

2 O referido 10.º daquele Anteprojeto: – estabelecia, no n.º 1, a remissão para as regras relativas aos negócios jurídicos nulos ou anuláveis, por vício intrínseco do contrato de sociedade (com a expressão "vício intrínseco", visava afastar-se o regime do vício de forma, constante do mesmo Anteprojeto[2]); ressalvava-se, ainda no mesmo n.º 1, a aplicação das regras constantes dos

[14] O que dizer quanto aos atos que a sociedade não pode assumir nos termos do 19.º/4, se os mesmos fossem abrangidos na condição acordada pelas partes? Parece que a condição era legalmente impossível, o que, nos termos do 271.º/2 do CC, determinaria a nulidade de todo o negócio.

[15] Cf. António Menezes Cordeiro 1 (2007), 494.

[1] Cf. A. Ferrer Correia, *Lei das Sociedades Comerciais (Anteprojecto)*, 46; A. Ferrer Correia/António A. Caeiro, *Anteprojecto de Lei das Sociedades Comerciais/Parte Geral*, 26.

[2] Cf. o 5.º do Anteprojeto de LSC, que, determinando a aplicação das regras das sociedades civis – não sujeitas, de princípio, a qualquer forma especial –, se aplicaria quer na falta de escritura pública, quer no caso de esta ser nula

números seguintes – com desvios ao regime comum das invalidades –, no caso de as operações sociais já haverem sido iniciadas (pois, se não tivessem sido iniciadas, a aplicação do regime comum das invalidades não lesaria quaisquer interesses que devessem ser especialmente protegidos[3]); – no n.º 2 e no caso de declaração de nulidade ou de anulação do contrato de sociedade, determinava-se, como consequência ou efeito, a dissolução da sociedade (operando, pois, *ex nunc*) e a aplicação, *mutatis mutandis*, das regras predispostas no Anteprojeto para a liquidação e partilha (5.º a 9.º); – no n.º 3, ressalvava-se que, no caso de a nulidade proceder de simulação ou de o contrato ser contrário à ordem pública ou ofensivo dos bons costumes, o estabelecido no número anterior só aproveitaria a terceiros de boa-fé: queria significar-se que, nesses casos, a invalidade operaria desde a origem, com ressalva dos terceiros de boa-fé[4]; – no n.º 4, finalmente, numa disposição similar à do 41.º/2, determinava-se que a invalidade decorrente de incapacidade seria oponível pelo contraente incapaz ou pelo seu representante legal quer aos outros contraentes quer a terceiros, enquanto as invalidades resultantes de vício da vontade ou de usura só seriam oponíveis aos demais sócios[5].

3 2. **Anteprojeto de LSQ**. O seu 19.º (*Invalidade do contrato no período anterior ao registo*)[6], limitado embora, naturalmente, ao âmbito desse tipo societário, estabelecia, nos seus quatro números, uma disciplina idêntica à dos quatro números do mencionado 10.º do Anteprojeto de LSC, acima mencionado.

4 3. **Projeto de CSC**. O seu 39.º/1, 1.ª parte[7], dispunha em termos próximos dos que vieram a ser consagrados no 41.º/1, ao remeter para o regime comum dos negócios jurídicos em geral, quanto aos vícios geradores de anulabilidade ou nulidade do contrato de sociedade ou de uma das declarações negociais dos respetivos contratantes. Por sua vez, o 40.º/1, *b*) e *c*)[8] estabelecia uma remissão para o regime da redução dos negócios jurídicos em geral, para o efeito, respetivamente, da redução do contrato de sociedade, no caso de invalidade de alguma declaração negocial, e, bem assim, de redução do mesmo contrato, no caso de nulidade de alguma cláusula do próprio contrato de sociedade, tratando-se de sociedade por quotas ou anónima. O 43.º (*Consequências gerais da invalidade do contrato*) do Projeto[9], com um âmbito alargado a todos os casos de anulação ou de reconhecimento ou declaração de nulidade, abrangia, por isso, também os casos de invalidade do próprio contrato de sociedade (de qualquer tipo) no período anterior ao registo, o que encontra correspondência na ressalva feita na parte final do 41.º/1 para o 52.º (disposição esta que tem como antecedente próximo o mencionado 43.º do Projeto).

(por não conter todas as menções essenciais ou por algumas delas serem irregulares) – A. Ferrer Correia, *Lei das Sociedades Comerciais (Anteprojecto)*, 43 e 67-68; A. Ferrer Correia/António A. Caeiro, *Anteprojecto de Lei das Sociedades Comerciais/Parte Geral*, 23 e 47-48.

[3] Cf. A. Ferrer Correia, *Lei das Sociedades Comerciais (Anteprojecto)*, 78-79; A. Ferrer Correia/António A. Caeiro, *Anteprojecto de Lei das Sociedades Comerciais/Parte Geral*, 58-59.

[4] Cf. A. Ferrer Correia, *Lei das Sociedades Comerciais (Anteprojecto)*, 79-80; A. Ferrer Correia/António A. Caeiro, *Anteprojecto de Lei das Sociedades Comerciais/Parte Geral*, 59-60.

[5] Cf. A. Ferrer Correia, *Lei das Sociedades Comerciais (Anteprojecto)*, 80-81; A. Ferrer Correia/António A. Caeiro, *Anteprojecto de Lei das Sociedades Comerciais/Parte Geral*, 60-61.

[6] A. Ferrer Correia/Vasco Lobo Xavier/Maria Ângela Coelho/António A. Caeiro, *Lei da sociedade por quotas de responsabilidade limitada/Anteprojecto de Lei – 2.ª redacção e exposição de motivos*, 172-173.

[7] BMJ 327 (1983), 78.

[8] BMJ 327 (1983), 79.

[9] BMJ 327 (1983), 81-82.

II – **Regime**

4. **Âmbito geral**. Os 41.º a 52.º, numa regulação minuciosa, que transcende as exigências na 5
matéria decorrentes da 1.ª Diretriz das sociedades comerciais[10] ou Diretriz 68/151/CEE do Conselho, de 9-mar.-1968[11], regem sobre as invalidades da sociedade. O regime em causa apresenta especialidades relativamente ao regime das invalidades dos negócios jurídicos em geral, o qual, de algum modo, sai, nesta matéria, algo minimizado. Tais especialidades são manifestações de um *favor societatis* compreensível: não obstante um vício do contrato de sociedade, esta não deixou de existir, como organização, porventura em funcionamento, estabelecendo relações com terceiros. Os interesses de terceiros e a própria confiança no fenómeno societário sairiam lesados a aplicar-se pura e simplesmente o regime comum da invalidade dos negócios jurídicos[12].

No regime ora em causa, a primeira distinção a considerar é entre o regime da invalidade 6
antes do registo da sociedade e o da invalidade após o registo. Justamente, o 41.º rege sobre o regime anterior ao registo.

5. **Análise do conteúdo**. O 41.º/1 remete, no que tange à invalidade do contrato de socie- 7
dade no período anterior ao registo, para as disposições aplicáveis aos negócios jurídicos nulos ou anuláveis, ressalvando, contudo, o disposto no 52.º. Desse modo, hão de considerar-se, nos termos previstos no CC, os vícios dos negócios jurídicos que geram a nulidade ou a anulabilidade, assim como o regime dos 286.º ss. do mesmo Código, quanto à legitimidade, ao prazo de arguição de tais invalidades e ao regime da redução dos negócios jurídicos inválidos.

Tendo em conta o regime da redução previsto no CC (292.º), se o vício afetar apenas 8
a declaração negocial de um dos contratantes, o contrato de sociedade afetado por essa invalidade será, em princípio, reduzido, expurgado dessa parte (dessa declaração inválida). Quando tal não aconteça, quando se demonstre que o contrato de sociedade não teria sido celebrado sem a parte viciada, então será todo ele inválido. Neste caso – e só neste – haverá que aplicar, quanto aos efeitos da invalidade de que se trate, o 52.º, expressamente ressalvado pelo 41.º/1. Tais efeitos, como se analisará em anotação ao 52.º, afastam-se do regime geral dos efeitos da invalidade dos negócios jurídicos, desde logo, traduzindo-se, além de outros, na aplicação das regras de liquidação das sociedades comerciais (cf. 52.º/1)[13].

O 41.º/2 vem, contudo, estabelecer que apenas a invalidade decorrente da incapacidade 9
do contratante no contrato de sociedade é oponível tanto à sociedade como a terceiros, sendo lícito concluir que, quanto aos demais vícios, a invalidade decorrente apenas será oponível à sociedade. É uma solução advinda, como vimos do Anteprojeto de LSC e que, manifestamente, é predisposta para proteção do contratante incapaz, proteção essa que se revela, aliás, também em outras disposições do regime das invalidades da sociedade (45.º/2 e 47.º). Assim, no que respeita ao contrato de sociedade inválido antes do registo, o contratante incapaz que obtenha a invalidação da sua declaração por falta de capacidade poderá opô-la à sociedade, nomeadamente, para o efeito de obter a restituição do que eventualmente haja prestado a título de entrada (ou para o efeito de poder recusar realizá-la se ainda não a houver realizado), e aos credores, neste caso, para se eximir de responsabilidade patrimonial perante estes. Já os contratantes

[10] António Menezes Cordeiro 1 (2007), 505.

[11] JOCE n.º L-65, 8-12, de 14 de março de 1968. Cf. António Menezes Cordeiro, *Direito europeu das sociedades* (2005), 127-142.

[12] António Menezes Cordeiro 1 (2007), 506.

[13] O que constitui uma das manifestações do "favor societatis" anteriormente referido (cf., *supra*, anotação 4, e António Menezes Cordeiro 1 (2007), 506 e 510).

cuja declaração seja inválida por algum outro vício, apenas poderão opor a respetiva invalidade à sociedade, exigindo-lhe a restituição do eventuais entradas que hajam prestado; perante os credores, responderão ainda (por dívidas anteriores à invalidação da sua declaração), na medida do que lhes compita, sem prejuízo, bem entendido, de, depois, poderem exigir à sociedade o que hajam desembolsado junto dos credores, no âmbito dessa sua responsabilidade[14].

Artigo 42.º (Nulidade do contrato de sociedade por quotas, anónima ou em comandita por ações registado)

1. Depois de efetuado o registo definitivo do contrato de sociedade por quotas, anónima ou em comandita por ações, o contrato só pode ser declarado nulo por algum dos seguintes vícios:

a) Falta do mínimo de dois sócios fundadores, salvo quando a lei permita a constituição de uma sociedade por uma só pessoa;

b) Falta de menção da firma, da sede, do objeto ou do capital da sociedade, bem como do valor da entrada de algum sócio ou de prestações realizadas por conta desta;

c) Menção de um objeto ilícito ou contrário à ordem pública;

d) Falta de cumprimento dos preceitos legais que exigem a liberação mínima do capital social;

e) Não ter sido observada a forma legalmente exigida para o contrato de sociedade.

2. São sanáveis por deliberação dos sócios, tomada nos termos estabelecidos para as deliberações sobre alteração do contrato, os vícios decorrentes de falta ou nulidade da firma e da sede da sociedade, bem como do valor da entrada de algum sócio e das prestações realizadas por conta desta.

Bibliografia: J. Coutinho de Abreu II (2019), 146-154; António A. Caeiro, *A parte geral do Código das Sociedades Comerciais* (1988), 27; António Menezes Cordeiro 1 (2007), 507, 516-517, 724-729, *Idem, Direito europeu das sociedades* (2005), 127-134, *Idem, Tratado de Direito civil português* I/1, 3.ª ed. (2007), 677-711; A. Ferrer Correia, *Lei das Sociedades Comerciais (Anteprojecto)*, BMJ 191 (1969), 5-137 (40-41 e 63-96); A. Ferrer Correia/António A. Caeiro, *Anteprojecto de Lei das Sociedades Comerciais/Parte geral*, I, sep. BMJ 185 e 191 (1970), 96-97 e 119-152; A. Ferrer Correia/Vasco Lobo Xavier/Maria Ângela Coelho//António A. Caeiro, *Lei da sociedade por quotas de responsabilidade limitada/Anteprojecto – 2.ª redacção e exposição de motivos*, RDE 3 (1977), 153-224 e 349-423 (184-185); Carolina Cunha, *Código em comentário*, 1, 2.ª ed. (2017), 636-641; Paulo de Tarso Domingues, *Do capital social. Noção, princípios e funções*, 2.ª ed. (2004), 29-30; Ministério da Justiça, *Código das Sociedades (Projecto)*, BMJ 327 (1983), 78, 80-81; António Pinto Monteiro, *Negócio jurídico e contrato de sociedade comercial*, em *Nos 20 anos do CSC, Homenagem aos Profs. Doutores A. Ferrer Correia, Orlando de Carvalho e Vasco Lobo Xavier*, vol. I – *Congresso Empresas e Sociedades* (2007), 91-114; Manuel António Pita, *O regime da sociedade irregular e a integridade do capital social* (2004), 481 ss.; Raúl Ventura, *Adaptação do Direito português à 1.ª Directiva do Conselho da Comunidade Económica Europeia sobre Direito das sociedades*, DDC 2 (1980), 89-217 (187).

[14] J. Coutinho de Abreu II (2009), 150.

Índice

I – **Trabalhos preparatórios e alterações**
1. Anteprojeto de LSC 1
2. Anteprojeto de LSQ 2
3. Projeto de CSC 3
4. Reforma de 2006 5

II – **Regime**
5. Âmbito geral 6
6. Análise do conteúdo 7

I – Trabalhos preparatórios e alterações

1. **Anteprojeto de LSC**. O seu 18.º[1] regia sobre a invalidade do contrato de sociedade por ações ou por quotas, depois de estar efetuado o registo do mesmo. Aí se estabelecia: (a) no n.º 1, a previsão de nulidade (única forma de invalidade admitida) e apenas por três fundamentos: ser inferior a dois o número de sócios fundadores, simulação e vícios do título constitutivo; (b) no n.º 2, uma enumeração taxativa, para os efeitos do n.º 1, dos vícios considerados como vícios do título constitutivo, deixando-se em aberto, na alínea *c*), vícios do título que dependeriam da regulamentação das sociedades em causa[2] (ainda que, parece, estivessem em causa a especificação do montante da cada quota, nas sociedades por quotas, e, pelo menos, a indicação do valor nominal dos títulos, nas sociedades por ações[3]); (c) no n.º 3, a suscetibilidade de sanação, por deliberação dos sócios, dos vícios do título, com exceção da falta ou irregularidade de menção do capital, sendo assim, sanáveis, os decorrentes da falta ou nulidade da indicação do objeto, da firma e da sede, e deixando em aberto a sanação de outro vícios do título, a regulamentar, relativamente às sociedades por ações (parecendo tratar-se da sanação do vício da não indicação do valor nominal dos títulos)[4]. 1

2. **Anteprojeto de LSQ**. O seu 32.º[5] versava sobre a invalidade do contrato de sociedade por quotas, uma vez registado, e fazia-o, nos seus três números, em termos substancialmente semelhantes ou idênticos aos do 18.º do Anteprojeto de LSC, acima mencionados. 2

3. **Projeto de CSC**. O 39.º/2 do Projeto de CSC[6], determinando que o contrato de sociedade por quotas ou de sociedade anónima depois de estar registado não podia ser anulado, previa, nas suas cinco alíneas, no essencial, as causas de nulidade ora previstas no 42.º/2, *a*) a *d*). 3

O Projeto previa ainda, no 42.º, a sanação de vícios, por vício de forma ou conteúdo, exceto no caso de o objeto do contrato ser ilícito ou contrário à ordem pública[7]. 4

4. **Reforma de 2006**. O DL 76-A/2006, de 29-mar., alterou a redação do 42.º/1, *e*). Na redação original, a alínea *e*) previa como vício gerador de nulidade, "não ter sido reduzido a escritura pública o contrato de sociedade"; a nova redação da alínea – "não ter sido observada a forma legalmente exigida para o contrato de sociedade" – visa colocá-la em consonância com o mais 5

[1] A. Ferrer Correia, *Lei das Sociedades Comerciais (Anteprojecto)*, 40-41; A. Ferrer Correia/António A. Caeiro, *Anteprojecto de Lei das Sociedades Comerciais/Parte Geral*, 96-97.

[2] A. Ferrer Correia, *Lei das Sociedades Comerciais (Anteprojecto)*, 95; A. Ferrer Correia/António A. Caeiro, *Anteprojecto de Lei das Sociedades Comerciais/Parte geral*, 151.

[3] A. Ferrer Correia, *Lei das Sociedades Comerciais (Anteprojecto)*, 41, nota; A. Ferrer Correia/António A. Caeiro, *Anteprojecto de Lei das Sociedades Comerciais/Parte geral*, 97, nota.

[4] Uma vez que a sanação teria de reportar-se aos vícios indicados como geradores de nulidade, pelo que estariam em causa os vícios do título deixados em aberto no n.º 2, *c*), no caso, particularmente quanto às sociedades anónimas.

[5] A. Ferrer Correia/Vasco Lobo Xavier/Maria Ângela Coelho/António A. Caeiro, *Lei da sociedade por quotas de responsabilidade limitada/Anteprojecto – 2.ª redacção e exposição de motivos*, 184-185.

[6] BMJ 327 (1983), 78.

[7] BMJ 327 (1983), 80-81.

aligeirado regime da forma exigida para o contrato de sociedade, regime esse que, como decorre do 7.º/1, na versão mesma do DL 76-A/2006, não exige senão a redução a documento escrito e reconhecimento presencial das assinaturas dos contratantes, exceto se a natureza dos bens com que os sócios entram para a sociedade requerer forma mais exigente, que, então, deverá ser a assumida pelo contrato de sociedade.

II – **Regime**

6 5. **Âmbito geral**. O 42.º rege sobre o regime das invalidades das sociedades de capitais, depois de estar registado o respetivo contrato (para as sociedades de pessoas, rege o 43.º). A única modalidade de invalidade do contrato admitida é a nulidade e ainda esta apenas pelos vícios ali previstos, havendo, pois, um elenco taxativo das causas de nulidade. Essa taxatividade de causas de nulidade – entre as quais não se conta a simulação, que o Anteprojeto previa, e que foi abandonada no Projeto – cumpre o disposto no 11.º/2 da 1.ª Diretriz em matéria de sociedades[8]. A nulidade do contrato – de todo o contrato[9] – proveniente de algumas dessas causas é, entretanto, passível de ser sanada, mediante a competente deliberação dos sócios.

7 6. **Análise do conteúdo**. O 42.º/1, no que respeita ao contrato de sociedade por quotas, anónimas ou em comandita por ações registado, consagra, como única forma de invalidade, a nulidade e esta apenas pelas causas aí enunciadas, cumprindo, pois, como já notado, o disposto na 1.ª Diretriz em matéria de sociedade.

8 A primeira causa de nulidade – n.º 1, *a*) – é a «falta do mínimo de dois sócios fundadores, salvo quando a lei permita a constituição de sociedade por uma só pessoa». Não haverá, pois, nulidade se uma sociedade anónima, que, em regra, deve ser constituída por um mínimo de 5 sócios fundadores (273.º/1), ou uma sociedade em comandita por ações, que deve ser constituída por um mínimo de seis sócios fundadores, posto que cinco, pelo menos, hão-se ser comanditários (479.º), apenas forem constituídas com dois sócios: a situação pode originar, contudo, a dissolução administrativa ou por deliberação dos sócios, nos termos do 142.º/1, *a*)[10].

9 Constituem também causas de nulidade – n.º 1, *b*) – a falta de menção da firma, da sede, do objeto ou do capital da sociedade, bem como do valor da entrada de algum sócio ou das prestações realizadas por conta desta.

10 A menção, no contrato de sociedade, de um objeto ilícito ou contrário à ordem pública, geram igualmente a sua nulidade – n.º 1, *c*). Parece claro que também o contrato de sociedade com objeto contrário aos bons costumes ou com objeto impossível ou mesmo indeterminável (ainda que se pudesse considerar que esta última hipótese caberia na previsão de falta de menção do objeto) deverá ser nulo, pelo que o conceito de ilicitude referido nesta previsão deverá ser

[8] Diretriz n.º 68/151/CEE, do Conselho, de 9-mar.-1968, em JOCE n.º L-65, 8-12, de 14-mar.-1968; o texto da 1.ª Diretriz pode ser lido também em António Menezes Cordeiro, *Direito europeu das sociedades* (2005), 127-134. O Professor António Menezes Cordeiro faz notar que a Diretriz transposta não exige o registo da sociedade para que o contrato beneficie de "proteção", através de um regime de invalidade mais cerrado e minimizador do que o regime geral das invalidades: daí a conclusão de que terá havido uma deficiente transposição da mesma – cf. António Menezes Cordeiro 1 (2007), 516-517.

[9] António Menezes Cordeiro 1 (2007), 507.

[10] Cf. J. Coutinho de Abreu II (2009), 146-147 e nota 126. Segundo se lia nos comentários do Anteprojeto ao respetivo 18.º, entendia-se que, tendo intervindo pelo menos dois fundadores, o facto de o contrato constitutivo de sociedade ser celebrado por um número de fundadores inferior ao legalmente exigido para o respetivo tipo societário seria infração cuja gravidade não justificaria impor a nulidade – cf. A. Ferrer Correia, *Lei das Sociedades Comerciais (Anteprojecto)*, 66: A. Ferrer Correia/António A. Caeiro, *Anteprojecto de Lei das Sociedades Comerciais*, 122.

considerado de modo alargado, por modo abranger aquelas hipóteses[11]. Não se vê, porém, vantagem em não se respeitar o alcance de conceitos civilísticos que constituem um fundo comum: ao lado da previsão da ilicitude, deveria haver também – como ocorria, aliás, no Anteprojeto de LSC – 18.º 2, *b*)[12] – previsões expressas de nulidade quando o objeto do contrato atentasse contra os bons costumes ou fosse impossível ou mesmo indeterminável. Quanto ao conceito de ordem pública – que se reporta aos vetores fundamentais do sistema – já é possível remeter-nos, sem mais, para o fundo civilístico comum[13].

Também geradora de nulidade é a falta de cumprimento dos preceitos legais que exigem uma liberação mínima do capital social – n.º 1, *d*). Para o apuramento de tal exigência, impõe-se, pois, considerar os 201.º e 202.º/2, 276.º/3 e 277.º/2 e 478.º. 11

Finalmente – n.º 1, *e*) –, é causa de nulidade a inobservância da forma legalmente exigida para o contrato de sociedade. As alterações produzidas pelo DL 76-A/2006, de 29-mar., em matéria de forma do contrato de sociedade, ainda que traduzindo um aligeiramento da forma exigida, não retiraram ao contrato o seu carácter de contrato formal ou solene: na medida em que deve ser reduzido a escrito e conter o reconhecimento (presencial) das assinaturas dos sócios contratantes, quando não deva mesmo ser reduzido a escritura pública, nos casos em que tal se imponha em razão da natureza dos bens (imóveis) com que os sócios entram para a sociedade (7.º/1). 12

Há que reconhecer, contudo, que a ocorrência destas causas de nulidade em contrato registado não parece fácil ou é reduzida, dada a apreciação de legalidade feita pelo conservador, aquando do registo do contrato[14]. 13

Segundo o 42.º/2, de entre as causas de nulidade enumeradas no n.º 1, são sanáveis, por deliberação dos sócios, tomadas nos termos estabelecidos para a alteração do contrato social (194.º/1; 265.º/1, 386.º/3 e 4 e 476.º), os vícios de falta ou nulidade da firma e da sede da sociedade, bem como do valor da entrada de algum sócio e das prestações realizadas por conta dela. 14

Não se prevê, pois, como sanável o vício de falta ou nulidade da indicação do objeto, ao contrário do que sucede na previsão do 43.º/3, relativo à possibilidade de sanação da nulidade do contrato de sociedade registado, no que respeita às sociedades de pessoas[15], e ao contrário do que se previa no Anteprojeto de LSC (18.º/3). Quanto à falta ou irregularidade da menção do capital, também não é sanável: aqui sim, trata-se de solução propugnada no Anteprojeto de 15

[11] Cf. Raúl Ventura, *Adaptação do Direito português à 1.ª Directiva do Conselho da Comunidade Economia Europeia sobre Direito das sociedades*, em DDC, 1981, 187, o qual, reportando-se ao 11.º/2 da Diretriz em causa, considerava que o conceito de ilicitude ali referenciado abrangeria as hipóteses previstas no 280.º/1 do CC e a ofensa aos bons costumes, prevista no n.º 2 do mesmo 280.º do CC. Notando-o, cf. J. Coutinho de Abreu II (2009), 147, nota 129. Na verdade, como se observa no texto, a transposição deveria ser feita salvaguardando a identidade própria dos conceitos civilísticos que constituem o fundo comum do Direito Privado português.

[12] Cf. A. Ferrer Correia, *Lei das Sociedades Comerciais (Anteprojecto)*, 40-41; A. Ferrer Correia/António A. Caeiro, *Anteprojecto de Lei das Sociedades Comerciais/Parte geral*, 96-97.

[13] Sobre os conceitos envolvidos, *vide* António Menezes Cordeiro, *Tratado de Direito Civil Português* I/1, 3.ª ed. (2007), 677-711; cf. também, do mesmo autor 1 (2007), 724-729, reportando-se aos conceitos de bons costumes e de ordem pública (ainda que a propósito do regime da invalidade de deliberações sociais).

[14] Cf. António Menezes Cordeiro 1 (2007), 516, J. Coutinho de Abreu II (2009), 147, nota 131, e António Pinto Monteiro, *Negócio jurídico e contrato de sociedade comercial*, em *Nos 20 anos do CSC*, vol. I (2007), 91-114 (107). Cf., ainda, António A. Caeiro, *A parte geral do Código das Sociedades Comerciais* (1988), 27.

[15] Como observa J. Coutinho de Abreu II (2007), 149, nota 136.

LSC, por se tratar de sociedade de capitais, em que o património social é a única garantia dos credores[16] (já se compreendendo, por isso, que a nulidade decorrente dessa falta seja sanável nas sociedades de pessoas – cf. 43.º/2).

16 O n.º 2 também não se refere à possibilidade de sanação do vício de falta de forma legal (de resto, só compreende os vícios sanáveis por deliberação dos sócios): mas trata-se de um vício sanável, tido em conta o disposto nos 172.º e 173.º/1 e 2[17].

Artigo 43.º (Invalidade do contrato de sociedade em nome coletivo e em comandita simples)

1. Nas sociedades em nome coletivo e em comandita simples são fundamentos de invalidade do contrato, além dos vícios do título constitutivo, as causas gerais de invalidade dos negócios jurídicos segundo a lei civil.

2. Para efeitos do número anterior, são vícios do título constitutivo os mencionados no n.º 1 do artigo anterior e ainda a falta de menção do nome ou firma de algum dos sócios de responsabilidade ilimitada.

3. São sanáveis por deliberação dos sócios, tomada nos termos estabelecidos para as deliberações sobre alteração do contrato, os vícios resultantes de falta ou nulidade da indicação da firma, da sede, do objeto e do capital da sociedade, bem como do valor da entrada de algum sócio e das prestações realizadas por conta desta.

Bibliografia: J. Coutinho de Abreu II (2019), 146-149; António Menezes Cordeiro 1 (2007), 505-515; A. Ferrer Correia, *Lei das Sociedades Comerciais (Anteprojecto)*, BMJ 191 (1969), 5-137 (41, 61-63, 96-97); A. Ferrer Correia/António A. Caeiro, *Anteprojecto de Lei das Sociedades Comerciais/Parte geral*, I, sep. BMJ 185 e 181 (1970), 97, 117-119, 152-153; Carolina Cunha, *Código em comentário*, 1, 2.ª ed. (2017), 642-643; Ministério da Justiça, *Código das Sociedades (Projecto)*, BMJ 327 (1983), 78, 80-81.

Índice

I – Trabalhos preparatórios
1. Anteprojeto de LSC 1
2. Projeto de CSC 2

II – Regime
3. Âmbito geral 3
4. Análise do conteúdo 4

I – Trabalhos preparatórios

1 1. **Anteprojeto de LSC**. O seu 19.º[1] versava sobre a nulidade do contrato de sociedade em nome coletivo e de sociedade em comandita simples, depois do registo. E fazia-o em termos formalmente próximos e substancialmente semelhantes aos do 43.º (no 19.º/3 do Anteprojeto e em confronto com o 43.º/3, apenas não se mencionava, entre os vícios sanáveis, a falta de

[16] Cf. A. Ferrer Correia, *Lei das Sociedades Comerciais (Anteprojecto)*, 89-90 e 96; A. Ferrer Correia/António A. Caeiro, *Anteprojecto de Lei das Sociedades Comerciais/Parte geral*, 145-146 e 152. *Vide* também Paulo de Tarso Domingues, *Do capital social. Noção, princípios e funções*, 2.ª ed. (2004), 29-30.

[17] J. Coutinho de Abreu II (2009), 149, nota 137.

[1] A. Ferrer Correia, *Lei das Sociedades Comerciais (Anteprojecto)*, 41; A. Ferrer Correia/António A. Caeiro, *Anteprojecto de Lei das Sociedades Comerciais/Parte geral*, 97.

indicação do valor da entrada de algum sócio e das prestações realizadas por conta desta, que é mencionada expressamente no 43.º/3).

2. **Projeto de CSC**. O seu 39.º/1, 2.ª parte[2], reportando-se à invalidade do contrato de SNC ou em comandita simples, depois de registado, remetia para o disposto na 1.ª parte da mesma disposição: daí decorria a aplicação dos fundamentos gerais de invalidade dos negócios jurídicos. O 42.º do Projeto[3] – já mencionado na anotação ao 42.º – regia sobre a sanação de vícios de forma ou de conteúdo. 2

II – **Regime**

3. **Âmbito geral**. O 43.º dispõe sobre a invalidade do contrato de SNC ou em comandita simples – sociedades de pessoas –, no período posterior ao do registo. Tal como sucedia com o 42.º, relativo às sociedades de capitais, no 43.º, relativo às sociedades de pessoas, estabelece-se o regime da invalidade do contrato de sociedade, no seu todo. 3

4. **Análise do conteúdo**. De acordo com o 43.º/1, são fundamentos de invalidade do contrato os que o sejam nos termos das regras gerais de invalidade dos negócios jurídicos e, bem assim, os vícios do título constitutivo. A justificação da remissão para os fundamentos gerais de invalidade dos negócios jurídicos – conforme se lia nos comentários do Anteprojeto de LSC[4] – residirá em que, tratando-se de sociedades de pessoas, conservam de modo mais acentuado o seu carácter contratualista. Acresce que às sociedades em causa – sociedades de pessoas – não se aplica a 1.ª Diretriz sobre Sociedades Comerciais: sem os respetivos constrangimentos, o seu regime tenderá a aproximar-se mais do regime geral. Outrossim: aquela remissão determina a consideração das duas modalidades possíveis de invalidade – a anulabilidade ou a nulidade –, uma vez que as causas de invalidade dos negócios jurídicos, segundo a lei civil, geram, umas, a anulabilidade, outras, a nulidade. 4

Segundo o 43.º/2, entendem-se por vícios do título constitutivo os enumerados nas cinco alíneas do 42.º/1[5] [6] e, ainda – tido em conta que se trata de sociedades de pessoas com regime de responsabilidade ilimitada de todos (na sociedade em nome coletivo) ou de alguns sócios (na sociedade em comandita simples, quanto aos sócios comanditados) –, a falta de menção do nome ou da firma de algum dos sócios de responsabilidade ilimitada. 5

O 43.º/3 prevê a suscetibilidade de sanação de certos vícios do contrato. Os vícios sanáveis são os resultantes da falta ou nulidade da firma, da sede, do objeto e do capital da sociedade (quando o haja) – este último vício, insanável nas sociedades de capitais (conforme se fez notar na anotação ao 42.º), mas, compreensivelmente, sanável nas sociedades de pessoas, aqui em causa, em que existe a responsabilidade solidária e ilimitada dos sócios. São ainda sanáveis a falta ou nulidade da indicação do valor da entrada de algum sócio e das prestações realizadas por conta de tal entrada. Enfim, o 43.º/3 não se refere à possibilidade de sanação do vício do título constitutivo que se traduza na inobservância da forma legal: trata-se, contudo, de vício sanável – como referido em anotação ao 42.º –, tido em conta o disposto nos 172.º e 173.º/1 e 2. 6

[2] BMJ 327 (1983), 78.

[3] BMJ 327 (1983), 80-81.

[4] A. Ferrer Correia, *Lei das Sociedades Comerciais (Anteprojecto)*, 96 e 62-63; A. Ferrer Correia/António A. Caeiro, *Anteprojecto de Lei das Sociedades Comerciais/Parte Geral*, 152 e 118-119. J. Coutinho de Abreu II (2009), 148 e nota 133, pronuncia-se no sentido de não ver razões suficientes para o alargamento – resultante da aplicabilidade das causas de invalidade dos negócios jurídicos em geral – dos fundamentos de invalidade do contrato constituinte nas sociedades em causa.

[5] António Menezes Cordeiro 1 (2007), 513.

[6] De notar a pouca elegância resultante da repetição do termo "anterior" no 43.º/2, de resto, uma disposição curta.

7 A sanação dos vícios indicados – ou da nulidade decorrente – depende de prévia deliberação dos sócios, tomada para o efeito e nos termos estabelecidos para a alteração do contrato (o que implica a consideração dos 194.º/1 e 476.º).

8 A possibilidade de sanação da nulidade por certos vícios do título constitutivo constitui, em sede do contrato de sociedade, um desvio do regime geral: no regime geral da nulidade, não há suscetibilidade de sanação; naquele, como referido, há. Trata-se, ainda, de um dos aspetos que mostram que o regime das invalidades das sociedades tende a protegê-las (*favor societatis*), quanto possível, sem prejuízo, bem entendido, dos demais interesses e valores que por ele hão de ser preservados[7].

Artigo 44.º (Ação de declaração de nulidade e notificação para regularização)

1. A ação de declaração de nulidade pode ser intentada, dentro do prazo de três anos a contar do registo, por qualquer membro da administração, do conselho fiscal ou do conselho geral e de supervisão da sociedade ou por sócio, bem como por qualquer terceiro que tenha um interesse relevante e sério na procedência da ação, sendo que, no caso de vício sanável, a ação não pode ser proposta antes de decorridos 90 dias sobre a interpelação à sociedade para sanar o vício.

2. A mesma ação pode ser intentada a todo o tempo pelo Ministério Público.

3. Os membros da administração devem comunicar, no mais breve prazo, aos sócios de responsabilidade ilimitada, bem como aos sócios das sociedades por quotas, a propositura da ação de declaração de nulidade, devendo, nas sociedades anónimas, essa comunicação ser dirigida ao conselho fiscal ou ao conselho geral e de supervisão, conforme os casos.

Bibliografia: J. Coutinho de Abreu II (2019), 149; António Menezes Cordeiro 1 (2007), 506-508; Brito Correia, *Direito Comercial*, 2.º vol. (1997), 207; A. Ferrer Correia, *Lei das Sociedades Comerciais (Anteprojecto)*, BMJ 191 (1969), 5-137 (42, 98-99); A. Ferrer Correia/António A. Caeiro, *Anteprojecto de Lei das Sociedades Comerciais/Parte* geral, I, sep. BMJ, 185 e 191 (1970), 98, 154-155; A. Ferrer Correia//Vasco Lobo Xavier/Maria Ângela Coelho/António A. Caeiro, *Lei da sociedade por quotas de responsabilidade limitada/Anteprojecto – 2.ª redacção e exposição de motivos*, RDE 3 (1977), 153-224 e 349-423 (187); Carolina Cunha, *Código em comentário*, 1, 2.ª ed. (2017), 644-647; Ministério da Justiça, *Código das Sociedades (Projecto)*, BMJ 327 (1983), 80, 91.

Índice

I – **Trabalhos preparatórios e alterações**
1. Anteprojeto de LSC ... 1
2. Anteprojeto de LSQ ... 2
3. Projeto de CSC ... 5
4. Reforma de 2006 ... 8

II – **Regime**
5. Âmbito geral ... 9
6. Análise do conteúdo ... 11

[7] Cf. António Menezes Cordeiro 1 (2007), 505-506.

I – **Trabalhos preparatórios e alterações**

1. **Anteprojeto de LSC.** O seu 20.º regia sobre a ação de nulidade e notificação para regularização[1]. O disposto nos três números do 20.º do Anteprojeto encontra correspondência substancial, no que se estabelece, no 44.º/1 e 2: o n.º 1 do Anteprojeto, no 44.º/1, 1.ª parte; o n.º 2 do Anteprojeto, no 44.º/2; o n.º 3 do Anteprojeto, no 44.º/1, 2.ª parte. Não se continha no Anteprojeto nenhuma disposição idêntica à do 44.º/3. 1

2. **Anteprojeto de LSQ.** O seu 33.º[2] regia sobre a ação de declaração de nulidade e a notificação para regularização. 2

Os termos do n.º 1 do 33.º do Anteprojeto, ainda que respeitando à sociedade por quotas, são essencialmente idênticos aos do 44.º/1. 3

O 33.º do Anteprojeto tinha ainda um n.º 2, no qual, além de se consagrar o dever de os gerentes comunicarem aos sócios a propositura da ação de declaração de nulidade – o que é semelhante ao que se prevê no 44.º/3 –, se estabelecia ainda o dever de os gerentes promoverem os registos exigidos por lei. 4

3. **Projeto de CSC.** O seu 41.º/3[3] determinava que, sem prejuízo de a nulidade do contrato poder ser conhecida oficiosamente pelo tribunal ou arguida como exceção, em qualquer ação em que a sociedade fosse parte, a ação declarativa de nulidade poderia ser proposta: (a) por qualquer interessado, dentro de três anos a contra da data do registo definitivo, ou a todo o tempo, se a nulidade fosse resultante de o objeto ser ilícito ou contrário à ordem pública; (b) pelo MP, a todo o tempo, sem distinção do vício gerador da nulidade. 5

Por sua vez, o 42.º/2 do Projeto[4], exceptuando os casos de o objeto do contrato ser ilícito ou contrário à ordem pública, previa que o juiz da ação de nulidade do contrato deveria ordenar, juntamente com a citação, que a sociedade fosse notificada de que a instância ficaria suspensa por sessenta dias, para que o vício de forma ou do conteúdo do contrato pudesse ser sanado, contando-se o prazo da contestação, a partir do termo daqueles sessenta dias; 6

O 42.º/3 estabelecia ainda a possibilidade de os vícios sanáveis ainda poderem ser sanados até ao trânsito em julgado da sentença declarativa de nulidade. 7

4. **Reforma de 2006.** O DL 76-A/2006, de 29-mar., introduziu uma única alteração formal à redação original do artigo: substituiu a referência a "conselho geral" por "conselho geral e de supervisão", adaptando a disposição à nova nominação que veio estabelecer (cf. 40.º do mencionado DL 76-A/2006; cf., ainda, o título VI, capítulo VI, secção V do CSC – 434.º-445.º). 8

[1] A. Ferrer Correia, *Lei das Sociedades Comerciais (Anteprojecto)*, 42; A. Ferrer Correia/António A. Caeiro, *Anteprojecto de Lei das Sociedades Comerciais/Parte Geral*, 98.

[2] A. Ferrer Correia/Vasco Lobo Xavier/Maria Ângela Coelho/António A. Caeiro, *Lei da sociedade por quotas de responsabilidade limitada/Anteprojecto – 2.ª redacção e exposição de motivos*, 187.

[3] BMJ 327 (1983), 80. De notar que o 41.º/1 do Projeto de CSC previa que a nulidade do contrato de sociedade por falta de forma legal (de resto, suscetível de ser sanada nos termos do 41.º/6) pudesse ser invocada a todo o tempo por qualquer interessado e pelo Ministério Público, quanto a este, para os efeitos do 60.º (que estabelecia o dever de o Ministério Público requerer a liquidação judicial da sociedade – cf. *Idem*: 91). Como é claro, dificilmente poderia ser registado um contrato de sociedade que não respeitasse a forma legal (o Projeto exigia a escritura pública). Quanto ao n.º 2 do mesmo 41.º do Projeto, reportava-se à nulidade do contrato de sociedade por outra causa que não a falta de forma legal, mas estando o contrato ainda não registado, previsão essa que está fora do âmbito do 44.º, ora em anotação, que se reporta – ainda que não o referindo expressamente – à nulidade do contrato registado.

[4] BMJ 327 (1983), 80-81 (80).

II – **Regime**

9 5. **Âmbito geral**. O 44.º estabelece o regime da invocação de nulidade do contrato de sociedade registado[5], qualquer que seja o tipo societário[6]. O regime em causa – relativo à legitimidade para invocar a nulidade e ao prazo para a sua invocação – desvia-se do regime geral da invocação da nulidade, numa manifestação, também neste aspeto, de um *favor societatis*[7].

10 Nada se refere sobre a anulação do contrato todo, que é possível ocorrer, mormente nas sociedades de pessoas (cf. o 43.º, que se refere à invalidade, que abrange a anulabilidade e a nulidade, e o 46.º, onde se refere expressamente a possibilidade de anulação do contrato todo, nos casos em que a sua redução não possa ocorrer). A anulabilidade goza, porém, de um regime geral que assegura mais facilmente a estabilidade das situações de que se trate – parece assim que, quanto àquela, se aplicarão as regras gerais: só as pessoas em cujo interesse a lei estabelece a anulabilidade a poderão invocar e apenas no prazo de um ano a contar da cessação do vício (*v.g.*, a contar do conhecimento do erro, da cessação da coação).

11 6. **Análise do conteúdo**. Os n.os 1 e 2 regem sobre a legitimidade para invocação da nulidade e o tempo da sua invocação. Segundo o n.º 1, a ação de declaração de nulidade pode ser intentada, no prazo de três anos a contar do registo, pelos titulares de órgãos societários (membros da administração e fiscalização da sociedade) e por qualquer sócio ou ainda por terceiro que tenha um interesse relevante e sério na procedência da ação. Se, porém, o vício de que resulta a nulidade for sanável, a ação de declaração de nulidade não pode ser proposta antes de decorridos 90 dias sobre a interpelação à sociedade para sanar o vício (são vícios sanáveis os previstos no 42.º/2, para as sociedades de capitais, e no 43.º/2, para as sociedades de pessoas), não correspondendo ela, nesse prazo, à solicitação.

12 Se a ação não for intentada, no prazo de três anos, pelas pessoas que, dentro desse prazo, a podem intentar, caduca o respetivo direito de ação. É, como se dizia no Anteprojeto[8], uma ideia de estabilidade e segurança a que preside àquela limitação do prazo e que consubstancia um desvio ao regime geral da nulidade.

13 A mesma *ratio* vale para o desvio sobre a legitimidade para invocação da nulidade e para a respetiva ação: no regime geral, qualquer interessado tem legitimidade para invocar a nulidade e para a respetiva ação; no regime do 44.º, apenas as pessoas indicadas, ligadas por uma ou outra qualidade à sociedade, e ainda terceiros, mas, neste caso, só se tiverem um interessante relevante e sério na procedência da ação. Na verdade, não serão muitos os casos em que um terceiro tenha interesse relevante e sério na procedência da ação, já que, em princípio, tal não resulta em vantagem particular nem para os credores da sociedade nem mesmo para os dos sócios. Contudo, poderá haver situações excecionais em que um credor da sociedade ou um credor de sócio poderá ter tal interesse relevante e sério, razão por que o legislador entendeu, ainda assim, consagrar essa solução[9].

[5] J. Coutinho de Abreu II (2009), 149; Brito Correia, *Direito Comercial*, 2 (1997), 207, nota 93.

[6] António Menezes Cordeiro 1 (2007), 508, J. Coutinho de Abreu II (2007), 148.

[7] Cf. António Menezes Cordeiro 1 (2007), 506-507.

[8] Cf. A. Ferrer Correia, *Lei das Sociedades Comerciais (Anteprojecto)*, 99; A. Ferrer Correia/António A. Caeiro, *Anteprojecto de Lei das Sociedades Comerciais/Parte geral*, 155.

[9] Nos comentários ao 20.º do Anteprojeto de LSC, referia-se, como exemplo excecional do interesse relevante e sério de credor da sociedade, a hipótese de a sociedade estar confiada a uma gerência descuidada, que provavelmente a conduziria, mais tarde ou mais cedo, a uma ruína total e, bem assim, no que respeita aos credores dos sócios, o caso, excecional, de a parte alíquota do património social correspondente a cada ação se exprimisse por uma cifra bem superior à cotação dos títulos – cf. A. Ferrer Correia, *Lei das Sociedades Comerciais (Anteprojecto)*, 98-99; A. Ferrer Correia/António A. Caeiro, *Anteprojecto de Lei das Sociedades Comerciais/Parte Geral*, 154-155.

A necessidade de interpelação prévia da sociedade, em caso de vício sanável, para aquela, querendo, sanar o vício, justifica-se por razão evidente de eficiência e economia: visa-se evitar (quanto possível) a proposição de uma ação que, já no seu decurso, poderia vir a revelar-se inútil, se a sociedade, só então conhecedora da ação, viesse, por deliberação dos sócios, a sanar o vício. 14

O n.º 2 determina a legitimidade do MP para, a todo o tempo (sem dependência de prazo), intentar a ação de nulidade. A norma tem por fim impedir que uma sociedade não pudesse mais ser posta em causa pelo decurso do tempo, mesmo padecendo de grave irregularidade[10]. Confia-se, porém, apenas ao Ministério Público uma tal atuação, certamente considerando-se as suas atribuições legais e a sua natureza pública. Quando o MP se proponha intentar ação de declaração de nulidade, estará também obrigado a realizar a interpelação prevista no n.º 1, se o vício gerador de nulidade for sanável[11]. 15

O n.º 3 impõe aos administradores o dever de comunicar, no mais breve prazo, aos sócios de responsabilidade ilimitada e aos sócios de sociedade por quotas, a proposição da ação de declaração de nulidade; quanto às sociedades anónimas, a comunicação do conselho de administração será dirigida ao conselho fiscal ou ao conselho geral e de supervisão, consoante os casos (consoante a estrutura adotada para a sociedade de que se trate). Em rigor, a administração da sociedade deve dar a conhecer aos sócios a interpelação que, porventura, haja sido feita para sanação de vício sanável e como pressuposto de proposição de ação de declaração de nulidade, por isso que a sanação de vícios sanáveis passa por uma deliberação dos sócios para o efeito. Ainda que esse dever não esteja expressamente referido, parece ser uma decorrência implícita da norma que determina a interpelação da sociedade. Contudo, nos casos em que o vício seja insanável, a proposição da ação não está dependente de uma tal notificação (de resto, escusada ou sem sentido): nesses casos, justifica-se de pleno que a Administração dê a conhecer àqueles sócios ou órgãos da sociedade referidos a existência de uma tal ação, até pelas consequências gravosas que dela podem resultar, sendo certo que, provavelmente, só nesse momento e por aquela via é que tais sócios ou órgãos tomarão conhecimento da ação. Mas o mesmo dever de comunicação – a lei não distingue – vigora no caso de ter havido prévia interpelação da sociedade para sanação (tratando-se de vício sanável): na verdade, a interpelação prévia da sociedade não significa necessariamente – mesmo quando, no prazo de noventa dias, não ocorra a sanação do vício –, que a ação venha efetivamente a ser intentada. Nesta última hipótese, sobrevindo o conhecimento de que a ação foi efetivamente intentada, fica ainda em aberto a possibilidade de, no decurso da ação, ainda ocorrer a sanação do vício[12]. 16

Artigo 45.º (Vícios da vontade e incapacidade nas sociedades por quotas, anónimas e em comandita por ações)

1. Nas sociedades por quotas, anónimas e em comandita por ações o erro, o dolo, a coação e a usura podem ser invocados como justa causa de exoneração pelo

[10] Cf. A. Ferrer Correia, *Lei das Sociedades Comerciais (Anteprojecto)*, 99; A. Ferrer Correia/António A. Caeiro, *Anteprojecto de Lei das Sociedades Comerciais/Parte Geral*, 155.

[11] Cf. A. Ferrer Correia, *Lei das Sociedades Comerciais (Anteprojecto)*, 99; A. Ferrer Correia/António A. Caeiro, *Anteprojecto de Lei das Sociedades Comerciais/Parte Geral*, 155.

[12] Cf. António Menezes Cordeiro 1 (2007), 508, J. Coutinho de Abreu II (2009), 149, nota 139, entendendo que o disposto no 44.º/3 visa também a possível sanação de vícios.

sócio atingido ou prejudicado, desde que se verifiquem as circunstâncias, incluindo o tempo, de que, segundo a lei civil, resultaria a sua relevância para efeitos de anulação do negócio jurídico.

2. Nas mesmas sociedades, a incapacidade de um dos contraentes torna o negócio jurídico anulável relativamente ao incapaz.

Bibliografia: J. Coutinho de Abreu II (2019), 150; António Menezes Cordeiro 1 (2007), 508, 517; A. Ferrer Correia, Lições de Direito Comercial, vol. II – Sociedades Comerciais, 1968, 11-117; *Idem*, *Lei das Sociedades Comerciais (Anteprojecto)*, BMJ 191 (1969), 5-137 (42, 100-111); A. Ferrer Correia/António A. Caeiro, *Anteprojecto de Lei das Sociedades Comerciais/Parte Geral*, I, sep. BMJ 185 e 191 (1970), 98, 156-167; A. Ferrer Correia/Vasco Lobo Xavier/Maria Ângela Coelho/António A. Caeiro, *Lei das sociedades por quotas de responsabilidade limitada/Anteprojecto – 2.ª redacção e exposição de motivos*, RDE 3 (1977), 153-224 e 349-423 (188-189); M. Pupo Correia, *Direito Comercial – Direito da Empresa*, 11.ª ed. (2009), 174-175; Carolina Cunha, *Código em comentário*, 1, 2.ª ed. (2017), 648-653; Maria Augusta França, *Direito à exoneração*, em *Novas perspectivas do Direito Comercial*, 1988, 205-227; Ministério da Justiça, *Código das Sociedades (Projecto)*, BMJ 327 (1983), 78-79; António Pinto Monteiro, *Negócio jurídico e contrato de sociedade comercial*, em *Nos 20 anos do CSC, Homenagem aos Profs. Doutores A. Ferrer Correia, Orlando de Carvalho e Vasco Lobo Xavier*, vol. I – *Congresso Empresas e Sociedades* (2007), 91-114 (109-110).

Índice

I – Trabalhos preparatórios
1. Anteprojeto de LSC 1
2. Anteprojeto de LSQ 2
3. Projeto de CSC 5

II – Regime
4. Âmbito geral 10
5. Análise do conteúdo 12

I – Trabalhos preparatórios

1 1. **Anteprojeto de LSC**. O seu 21.º[1] dispunha, nos dois números, em termos praticamente idênticos, sob o ponto de vista formal[2] e substancial, aos que vieram a ser acolhidos nos dois números do 45.º. Apenas com uma diferença: no 21.º/1, 2.ª parte, do Anteprojeto, fazia-se menção expressa à hipótese de simulação de uma das participações, à qual se mandava aplicar o regime estabelecido para os vícios de erro, dolo, coação e usura, determinando, assim, a possibilidade de o sócio se exonerar por justa causa, quando, se fosse aplicável o regime geral, pudesse obter a invalidação da sua declaração negocial; já o 45.º do CSC não faz menção à simulação.

2 2. **Anteprojeto de LSQ**. O seu 34.º regulava sobre os vícios da vontade e a incapacidade de sócio parte no contrato de sociedade[3].

3 O conteúdo do 34.º/1 do Anteprojeto em causa, ainda que relativo às sociedades por quotas, correspondia, no essencial, ao conteúdo do 21.º/1, acima referenciado: assim, também o 34.º/1, 1.ª parte do Anteprojeto dispunha em termos praticamente idênticos aos que hoje se contêm no 45.º/1; já a 2.ª parte do 34.º/1 do Anteprojeto fazia menção expressa à hipótese de

[1] A. Ferrer Correia, *Lei das Sociedades Comerciais (Anteprojecto)*, 42; A. Ferrer Correia/António A. Caeiro, *Anteprojecto de Lei das Sociedades Comerciais/Parte Geral*, 98.

[2] Na verdade, formalmente, além daquela menção à simulação – que constava do 21.º do Anteprojeto de LSC e não consta do 45.º –, a única diferença reside em que o 45.º inseriu, no n.º 1, a expressão "incluindo o tempo": uma expressão desnecessária, porque, entre as circunstâncias de relevância da anulação do negócio jurídico, está, justamente, o tempo.

[3] Cf. A. Ferrer Correia/Vasco Lobo Xavier/Maria Ângela Coelho/António A. Caeiro, *Lei das sociedades por quotas de responsabilidade limitada/Anteprojecto – 2.ª redacção e exposição de motivos*, 188-189.

simulação de uma das participações, mandando aplicar-lhe o regime estatuído no n.º 1 para as hipóteses de vícios da vontade e usura.

O 34.º/2 do Anteprojeto de lei das sociedades por quotas encontra plena correspondência 4
substancial no 21.º/2 do Anteprojeto de Lei das Sociedades Comerciais e no 45.º/2[4].

3. **Projeto de CSC**: as disposições que versavam sobre a matéria acolhida no 45.º dispersavam- 5
-se pelos 39.º/3[5], 40.º/1, *a*)[6] e 40.º/3[7].

O 39.º/3 previa a regra que já se continha no 21.º/2 do Anteprojeto de LSC e se contém 6
hoje no 45.º/2: uma regra protetora do incapaz, já que determina ser a incapacidade o único vício suscetível de conduzir à anulação da respetiva declaração negocial.

O 40.º/1, *a*), considerando a anulabilidade da declaração negocial prevista no 39.º/3, por 7
incapacidade do declarante, determinava a regra de que a mesma não produziria a invalidade total do contrato, a não ser no caso previsto pelo n.º 2, *e*) do mesmo 39.º (o caso de – em consequência – faltar o mínimo de dois sócios fundadores). Nos demais casos, a anulabilidade apenas afetaria parcialmente o contrato de sociedade – justamente, a declaração negocial do incapaz –, procedendo-se à redução do contrato, expurgado daquela declaração.

O 40.º/3 do Projeto estabelecia o direito de exoneração do sócio que, se tal não lhe fosse 8
vedado, pudesse obter, segundo as regras gerais de Direito comum, a anulação da sua declaração (disposição semelhante à contida no n.º 1 do Anteprojeto de LSC e no n.º 1 do 45.º); previa-se, ainda, contudo, que, no caso de não ser possível o pagamento da parte do sócio, em face do disposto no 34.º do Projeto (que estabelecia proibições e limites à distribuição de bens aos sócios), e a sociedade não procedesse à redução do capital, o mesmo poderia requerer judicialmente a dissolução da sociedade, no mesmo prazo em que, segundo o regime geral, poderia pedir a anulação.

Aquela dispersão de disposições, fonte de confusão ou de dificuldades, não veio feliz- 9
mente a ser acolhida, retomando o 45.º a solução unitária de tratamento, bem mais clara, do Anteprojeto de LSC, a que nos referimos anteriormente.

II – Regime

4. **Âmbito geral**. O 45.º rege sobre a invalidade parcial, atinente à declaração negocial de algum 10
dos contratantes no contrato de sociedade, tratando-se de sociedades de capitais registadas.

A invalidade, salvo no caso de incapacidade do declarante, não determina, porém, a inva- 11
lidação da declaração negocial, antes lhe concedendo o direito de exoneração por justa causa, desde que, se fosse aplicável o regime geral de invalidade dos negócios jurídicos, lhe assistisse, segundo esse regime, o direito de obter a invalidação da declaração negocial.

5. **Análise do conteúdo**. Na disposição em causa, atinente às sociedades de capitais, trata-se 12
de situações de invalidade parcial: ou seja, da invalidade de alguma das declarações negociais dos contratantes no contrato de sociedade.

Expressamente vão apenas referidos vícios da vontade (erro, dolo[8] e coação) e o vício 13
complexo da usura, além da incapacidade do declarante. Na verdade, de resto, com apoio na

[4] O 34.º do Anteprojeto de lei das sociedades por quotas tinha ainda um n.º 3, que mandava aplicar, com as necessárias adaptações, o disposto nos números anteriores ao caso de o sócio visado haver ingressado na sociedade através de negócio jurídico celebrado em momento posterior ao da constituição: a esta disposição corresponde, contudo, o 48.º.

[5] BMJ 327 (1983), 78.

[6] BMJ 327 (1983), 79.

[7] BMJ 327 (1983), 79.

[8] Sobre a relevância do dolo e da coação, no contrato de sociedade, enquanto contrato plurilateral, cf. A. Ferrer Correia, II (1968), 114-117; António Pinto Monteiro, *Negócio jurídico e contrato de sociedade comercial*, em *Nos 20*

disposição que constitui a fonte histórica do 45.º – o 21.º do Anteprojeto de Lei das Sociedades Comerciais, que previa expressamente, como vimos, a hipótese de simulação – e nos respetivos comentários, parece que, além de vícios da vontade e da usura, poderão considerar-se submetidos ao regime do 21.º/1 – por analogia – os vícios de falta de vontade[9].

14 Contudo, o regime instituído perante esses vícios desvia-se do regime geral. Com efeito, apenas a incapacidade determina a suscetibilidade de invalidação (anulação) da declaração negocial; já quanto aos demais vícios, estabelece-se como sua decorrência, não a suscetibilidade de invalidação da declaração negocial, mas que os mesmos constituem uma justa causa de exoneração da parte atingida ou prejudicada, contanto que, se se aplicasse o regime geral da lei civil, essa mesma parte pudesse invocar a invalidade[10].

15 Fica clara a proteção especial do incapaz, que se entendeu sobrelevar os interesses de terceiros ou da tutela do tráfico jurídico[11]: a incapacidade, ao contrário dos demais vícios, gera a suscetibilidade de anulação, nos termos gerais, da declaração do incapaz. Assim, invalidada a declaração negocial do incapaz, que opera retroativamente, deverá ser restituído tudo o que houver sido prestado.

16 A exoneração, prevista para os vícios, outros que não a falta de capacidade, implica que o declarante terá o direito de haver uma quantia equivalente ao valor da sua quota, mas em função do estado da sociedade *ao tempo da exoneração* (não se trata de haver o que houvesse prestado, como aconteceria no regime da invalidade, que é retroativa). Visa-se, desse modo, preservar os interesses do tráfico jurídico, ainda que não chegando o legislador ao ponto de, para proteção desses interesses, impedir toda e qualquer impugnação da declaração negocial por vício que não o de incapacidade[12] – adotou-se uma *media via*: entre a suscetibilidade de invalidação e a insuscetibilidade de qualquer reação, a possibilidade de exoneração com justa causa.

17 A suscetibilidade de exoneração prevista no 45.º traduz simplesmente o direito de o sócio em causa se afastar da sociedade, desde que se verifiquem os requisitos *estabelecidos nessa mesma disposição*. Trata-se da uma consequência assinada ao vício *relevante* da declaração: aquele que, não fora a inaplicabilidade do regime geral da invalidade, fundaria a invalidade ou a invalidação da declaração. O vício relevante *funda* o direito de exoneração, é *hoc sensu*, e sem mais, "justa causa" de exoneração: por força do próprio 45.º (não se trata, pois, de qualquer determinação de um conceito indeterminado de justa causa, tal como previsto no 185.º/1, *b*) – a admitir-se que a enumeração do n.º 2 desse 185.º não é taxativa –, porque o próprio 45.º procede à qualificação)[13]. Do 45.º resulta ainda a regra de que será de um ano a contar da cessação do vício o prazo para a comunicação da intenção do sócio se exonerar (consideradas as circunstâncias,

anos do CSC, vol. I (2007), 91-114 (109/110) e M. Pupo Correia (2009), 172/173, defendendo que, no caso de o dolo ou a coação provirem de algum dos outros sócios (além do enganado ou coagido), a situação deverá ser tratada no quadro do dolo de terceiro.

[9] Cf. A. Ferrer Correia, *Lei das Sociedades Comerciais (Anteprojecto)*, 42, 101, 103 e 110; A. Ferrer Correia/António A. Caeiro, *Anteprojecto de Lei das Sociedades Comerciais/Parte geral*, 98, 157, 159 e 166. Cf., também, António Menezes Cordeiro 1 (2007), 517, considerando, quanto aos vícios não mencionados expressamente na disposição em causa, que, caso a caso, haverá que verificar se podem, por analogia, constituir justa causa de exoneração.

[10] Cf. António Menezes Cordeiro 1 (2007), 508, 517, J. Coutinho de Abreu II (2007), 150.

[11] A. Ferrer Correia, *Lei das Sociedades Comerciais (Anteprojecto)*, 100, 110; A. Ferrer Correia/António A. Caeiro, *Anteprojecto de Lei das Sociedades Comerciais/Parte Geral*, 156 e 166.

[12] A. Ferrer Correia, *Lei das Sociedades Comerciais (Anteprojecto)*, 109; A. Ferrer Correia/António A. Caeiro, *Anteprojecto de Lei das Sociedades Comerciais/Parte Geral*, 165.

[13] Cf., neste sentido, Maria Augusta França, *Direito à exoneração*, em *Novas perspectivas do Direito Comercial* (1988), 205-227 (218-219). Sem prejuízo, pode, depois, discutir-se – mas é outra questão – se a faculdade concedida

"incluindo o tempo" (287.º/1 do CC) –, como se refere no n.º 1 –, de que dependeria a relevância do vício em termos de anulação, se a mesma fosse admitida)[14].

Artigo 46.º (vícios da vontade e incapacidade nas sociedades em nome coletivo e em comandita simples)

Nas sociedades em nome coletivo e em comandita simples o erro, o dolo, a coação, a usura e a incapacidade determinam a anulabilidade do contrato em relação ao contraente incapaz ou ao que sofreu o vício da vontade ou a usura; no entanto, o negócio poderá ser anulado quanto a todos os sócios, se, tendo em conta o critério formulado no artigo 292.º do Código Civil, não for possível a sua redução às participações dos outros.

Bibliografia: J. Coutinho de Abreu II (2019), 152; António Menezes Cordeiro 1 (2007), 508, 514-515; A. Ferrer Correia, *Lei das Sociedades Comerciais (Anteprojecto)*, BMJ 191 (1969), 5-137 (42); A. Ferrer Correia/ /António A. Caeiro, *Anteprojecto de Lei das Sociedades Comerciais/Parte geral*, I, sep. BMJ 185 e 191 (1970), 98; Carolina Cunha, *Código em comentário*, 1, 2.ª ed. (2017), 654-655; Ministério da Justiça, *Código das Sociedades (Projecto)*, BMJ n.º 327 (1983), 79.

Índice

I – Trabalhos preparatórios
1. Anteprojeto de LSC 1
2. Projeto de CSC 2

II – Regime
3. Âmbito geral e análise do conteúdo 3

I – Trabalhos preparatórios

1 **1. Anteprojeto de LSC**. O seu 22.º[1] regia sobre a matéria hoje constante do 46.º. O 22.º/1 obtém correspondência, *ipsis verbis*, no 46.º. O 22.º do Anteprojeto continha, porém, um n.º 2, em que se determinava que, nas sociedades em causa (de pessoas), a simulação de uma das participações produzia os efeitos estabelecidos no n.º 1.

2 **2. Projeto de CSC**. A disposição do Projeto que se reportava à regulação hoje constante do 46.º era a do 40/1, *a*), 1.ª parte (disposição que, por interpretação, se concluía reger apenas para as sociedades de pessoas registadas)[2]: determinava-se aí que à nulidade ou anulação de declaração negocial de um sócio se aplicava o disposto no 292.º do CC.

pelo 45.º/1, materialmente, comunga da verdadeira natureza do direito de exoneração previsto em outras disposições do CSC (cf., nomeadamente, além do mencionado 185.º, os 3.º/6, 137.º, 161.º, 229 e 240.º): segundo Maria Augusta França (*ob. cit*, 226-227), justifica-se uma resposta positiva em face da heterogeneidade da figura, resultante dos diferentes fundamentos e interesses envolvidos nas várias previsões legais que a referem. Cf., também, J. Coutinho de Abreu II (2009), 418.

[14] Haverá, ainda, que ter em conta, a este respeito, o 49.º (veja-se a anotação deste artigo). Cf. J. Coutinho de Abreu II (2009), 418.

[1] A. Ferrer Correia, *Lei das Sociedades Comerciais (Anteprojecto)*, 42; A. Ferrer Correia/António A. Caeiro, *Anteprojecto de Lei das Sociedades Comerciais*, 98.

[2] BMJ 327 (1983), 79.

[3] António Menezes Cordeiro 1 (2007), 508 e 514; J. Coutinho de Abreu II (2009), 152.

II – **Regime**

3 3. **Âmbito geral e análise do conteúdo**. O 46.º rege sobre a invalidade da declaração negocial de um sócio como parte no contrato constitutivo de sociedade registada, tratando-se de sociedades de pessoas.

4 Determina-se aí a anulabilidade parcial do contrato de sociedade, em caso de erro, dolo, coação, usura e incapacidade: a declaração viciada ou emitida pelo incapaz poderá ser anulada. Ressalva-se, contudo, tendo em conta o critério do 292.º do CC, sobre o regime da redução em caso de invalidade (neste caso, do contrato de sociedade), que, se a redução não for possível – o que sucederá quando se demonstre que o contrato de sociedade não seria celebrado sem a declaração negocial em causa –, o contrato todo será afetado de invalidade, podendo ser anulado[3].

5 Em rigor, bastaria que a disposição em causa determinasse a aplicação do regime geral da invalidade ao caso de o contrato de sociedade ser celebrado por um dos contratantes com incapacidade ou com vício gerador de invalidade: do regime geral faz parte o 292.º do CC, o qual determina como que uma presunção de redução, que, no entanto, poderá ser elidida, por prova em contrário[4].

6 O 46.º – como o 45.º – refere-se expressamente apenas a vícios da vontade (erro simples ou qualificado por dolo[5] e coação), ao vício complexo da usura e à incapacidade do contratante. Pela mesma razão, apenas se refere à anulabilidade e anulação, uma vez que essa é a forma de invalidade cominada para os negócios celebrados com tais vícios. Parece, contudo, que, também em relação ao 46.º (como se notou em relação ao 45.º, embora, quanto a este, esteja em causa um direito de exoneração e não a invalidade ou invalidação, salvo o caso de incapacidade[6]), deverá entender-se, por analogia, que poderão estar sujeitos ao mesmo regime os casos de falta de vontade de declaração (mesmo quando se afigurem menos prováveis ou menos passíveis de ocorrerem neste domínio)[7].

Artigo 47.º (Efeitos da anulação do contrato)

O sócio que obtiver a anulação do contrato, nos casos do n.º 2 do artigo 45.º e do artigo 46.º, tem o direito de reaver o que prestou e não pode ser obrigado a completar a sua entrada, mas, se a anulação se fundar em vício da vontade ou usura, não ficará liberto, em face de terceiros, da responsabilidade que por lei lhe competir quanto às obrigações da sociedade anteriores ao registo da ação ou da sentença.

Bibliografia: António Menezes Cordeiro 1 (2007), 509; A. Ferrer Correia, *Lei das Sociedades Comerciais (Anteprojecto)*, BMJ 191 (1969), 5-137 (112-113); A. Ferrer Correia/António A. Caeiro, *Anteprojecto de Lei das Sociedades Comerciais/Parte Geral*, I, sep. BMJ 185 e 191 (1970), 168-169; A. Ferrer Correia/Vasco

[4] *Vide* António Menezes Cordeiro 1 (2007), 514, notando que o regime do 46.º «acaba por ser o da redução».

[5] O 45.º refere o dolo ao lado do erro, mas não é muito rigoroso, porque o dolo aí mencionado é ainda um caso de erro: o qualificado por dolo, ou seja, o erro em que se cai por indução de outrem. Sobre a relevância do dolo (e da coação) no contrato de sociedade, enquanto contrato plurilateral, *vide supra* anotação ao 45.º, nota 8.

[6] Cf. a anotação ao 45.º.

[7] Para o Professor Menezes Cordeiro, a questão poderia suscitar um «clássico confronto» entre o recurso à analogia (que determinaria a aplicação do regime geral aos vícios não previstos) e o argumento "a contrario" (que determinaria a exclusão de aplicação daquele regime aos vícios não previstos); mas nem isso, pois, defende, «uma vez que a especificidade do artigo 46.º se espraia afinal no regime comum, bastará fazer apelo a este» – cf. António Menezes Cordeiro 1 (2007), 515.

Lobo Xavier/Maria Ângela Coelho/António A. Caeiro, *Lei das sociedades por quotas de responsabilidade limitada/Anteprojecto – 2.ª redacção e exposição de motivos*, RDE 3 (1977), 153-224 e 349-423, e RDE 5 (1979), 11-141 e 142-200; Carolina Cunha, *Código em comentário*, 1, 2.ª ed. (2017), 656-657; Ministério da Justiça, *Código das Sociedades (Projecto)*, BMJ 327 (1983).

Índice

I – Trabalhos preparatórios
1. Anteprojeto de LSC 1
2. Anteprojeto de LSQ 2
3. Projeto de CSC 3

II – Regime
4. Âmbito geral 4
5. Análise do conteúdo 5

I – Trabalhos preparatórios

1. **Anteprojeto de LSC**. O seu 23.º[1] constitui a fonte do 47.º, sendo essencialmente semelhantes os respetivos conteúdos. 1

2. **Anteprojeto de LSQ**: não continha qualquer disposição semelhante à do 47.º[2]. 2

3. **Projeto de CSC**: não incluía[3] uma disposição que se possa dizer encontrar correspondência com o 47.º ou dele ser fonte imediata. 3

II – Regime

4. **Âmbito geral**. O 47.º aplica-se a todas os tipos de sociedades comerciais registadas, sempre que esteja em causa a anulação da declaração negocial de algum sócio (e, consequentemente, a invalidade parcial e redução do contrato de sociedade): é o que sucede nos casos de incapacidade do sócio em causa, tratando-se de sociedades de capitais (45.º/2), ou de incapacidade e vícios de vontade e usura, tratando-se de sociedades de pessoas (46.º). 4

5. **Análise do conteúdo**. O 47.º, como se referiu, reporta-se a casos de invalidade parcial do contrato de sociedade, com a consequente redução dele: concretamente, estabelece as consequências da anulação de declaração negocial de um sócio parte no contrato de sociedade, anulação que pode ocorrer, no caso de sociedades de capitais, só por incapacidade do sócio (47.º/2), no caso de sociedades de pessoas, por incapacidade do sócio, por vício de vontade na declaração negocial ou por a mesma haver sido emitida atingida pelo vício complexo da usura (46.º). 5

O efeito previsto no 47.º é expressão do regime geral, que manda restituir o que houver sido prestado. De facto, segundo o 47.º, o sócio em causa pode haver o que prestou e não é obrigado a completar a sua entrada. 6

Estabelece-se, contudo – é uma especialidade[4] – que, no caso de a anulação se fundar em vício da vontade ou de usura, o sócio não ficará liberto, em face de terceiros – de boa-fé, entenda-se[5] – da responsabilidade que lhe competiria (segundo o tipo societário), quanto às 7

[1] Ferrer Correia, *Lei das Sociedades Comerciais (Anteprojecto)*, 43; A. Ferrer Correia/António A. Caeiro, *Anteprojecto de Lei das Sociedades Comerciais/Parte Geral*, 99.

[2] A. Ferrer Correia/Vasco Lobo Xavier/Maria Ângela Coelho/António A. Caeiro, *Lei das sociedades por quotas de responsabilidade limitada/Anteprojecto – 2.ª redacção e exposição de motivos*, RDE 3 (1977), 153-224 e 349-423, e RDE 5 (1979), 11-141 e 142-200.

[3] BMJ 327 (1983).

[4] J. Coutinho de Abreu II (2009), 153.

[5] António Menezes Cordeiro 1 (2007), 509, nota 1481. Terceiros de boa-fé serão aqueles que não houverem provocado o vício ou dele não tenham conhecimento, ao tempo da contratação (*ibidem*).

obrigações da sociedade anteriores ao registo da ação[6] ou da sentença[7]: o mesmo é dizer que, *nessa medida* e *externamente*, não se verifica a oponibilidade da anulação (ou da retroatividade dela). Tal significa que, se o sócio vier a ter de pagar algo, no âmbito dessa sua responsabilidade perante terceiros, para liquidação do passivo social, terá direito de o reclamar depois aos outros sócios, pois, internamente, pode opor-lhes a invalidade (e o seu carácter retroativo)[8].

8 Verifica-se que a disposição em causa favorece, de novo, o incapaz, fazendo plena aplicação do regime geral e dando prevalência aos interesses do incapaz sobre os do tráfico-jurídico; já quanto ao sócio que obtenha a anulação, mas por vícios de vontade e usura, existe a especialidade referida, que denota um certo grau de proteção de terceiros e do tráfico jurídico.

9 Uma observação ainda: – Se estiverem em causa vícios da declaração negocial de um sócio que a tornem nula (mormente, vícios de falta de vontade que conduzam à nulidade, por analogia com o 46.º), *quid juris*? A nosso ver, parece que, também por analogia, se poderá aplicar o regime do 47.º: o sócio terá direito à restituição do que houver prestado, mas sem prejuízo da sua responsabilidade (de acordo com o tipo societário), para com terceiros de boa-fé, pelas obrigações contraídas pela sociedade antes do registo da ação ou da sentença de anulação.

Artigo 48.º (Sócios admitidos na sociedade posteriormente à constituição)

O disposto nos artigos 45.º a 47.º vale também, na parte aplicável e com as necessárias adaptações, se o sócio incapaz ou aquele cujo consentimento foi viciado ingressou na sociedade através de um negócio jurídico celebrado com esta em momento posterior ao da constituição.

Bibliografia: António Menezes Cordeiro 1 (2007), 509; A. Ferrer Correia, *Lei das Sociedades Comerciais (Anteprojecto)*, BMJ 191 (1969), 5-137 (43, 113); A. Ferrer Correia/António A. Caeiro, *Anteprojecto de Lei das Sociedades Comerciais/Parte Geral*, I, sep. BMJ 185 e 191 (1970), 99, 169; A. Ferrer Correia/Vasco Lobo Xavier/Maria Ângela Coelho/António A. Caeiro, *Lei da sociedade por quotas de responsabilidade limitada/ /Anteprojecto – 2.ª redacção e exposição de motivos*, RDE 3 (1977), 153-224 e 349-423 (187).

Índice

I – **Trabalhos preparatórios**
1. Anteprojeto de LSC 1
2. Anteprojeto de LSQ 2
3. Projeto de CSC 3

II – **Regime**
4. Âmbito geral e análise do conteúdo 4

I – Trabalhos preparatórios

1 1. **Anteprojeto de LSC**. O 48.º reproduz praticamente o 24.º do Anteprojeto de LSC, que constitui assim a sua fonte histórica imediata[1].

[6] Cf. 9.º, *c)* do CRCom, aprovado pelo DL 403/86, de 3-Dez., com múltiplas alterações posteriores.

[7] Cf. 9.º, *h)* do CRCom.

[8] A. Ferrer Correia, *Lei das Sociedades Comerciais (Anteprojecto)*, 112-113; A. Ferrer Correia/António A. Caeiro, *Anteprojecto de Lei das Sociedades Comerciais/Parte Geral*, 168-169.

[1] Cf. A. Ferrer Correia, *Lei das Sociedades Comerciais (Anteprojecto)*, 43 e 113; A. Ferrer Correia/António A. Caeiro, *Anteprojecto de Lei das Sociedades Comerciais/Parte geral*, 99 e 169.

2. **Anteprojeto de LSQ**. O seu 34.º/3[2] determinava a aplicação, com as devidas adaptações, do disposto nos seus n.os 1 e 2 (que encontram correspondência no 45.º)[3] ao caso de um sócio ingressar na sociedade através de negócio jurídico posterior ao da constituição. 2

3. **Projeto de CSC**: não continha qualquer disposição semelhante à que veio a ser consagrada no 48.º. 3

II – **Regime**

4. **Âmbito geral e análise do conteúdo**. O 48.º determina a aplicação, com as adaptações que se justifiquem, dos regimes estabelecidos nos 45.º a 47.º, que valem para sociedades registadas, ao caso de sócio que haja ingressado na sociedade posteriormente à sua constituição, mediante a celebração com a sociedade de um negócio jurídico[4]. 4

O negócio jurídico referenciado resulta da entrada de um novo sócio e não da transmissão de parte social de um sócio (antigo, que dela saia) a outro sócio (novo, que nela entre). Será o caso decorrente de um aumento de capital, *v.g.*, numa sociedade anónima. 5

De facto, podendo o novo sócio ser incapaz ou estar viciada a sua declaração negocial, justifica-se *mutatis mutandis* a aplicação dos regimes dos 45.º a 47.º, consoante o tipo de sociedade de que se trate. Tais regimes podem ser considerados de invalidade parcial (no caso do 45.º, determinando, contudo, o direito de exoneração, antes que a invalidade parcial, exceto no caso de incapacidade do sócio declarante[5]). Quanto à aplicação do 46.º e concretamente à hipótese de não ser possível a redução, afetando a invalidade de todo o contrato de sociedade[6], parece que se tratará de situação que praticamente não correrá na hipótese de ingresso de novo sócio posteriormente à constituição da sociedade. 6

Artigo 49.º (Notificação do sócio para anular ou confirmar o negócio)

1. Se a um dos sócios assistir o direito de anulação ou de exoneração previsto nos artigos 45.º, 46.º e 48.º, qualquer interessado poderá notificá-lo para que exerça o seu direito, sob pena de o vício ficar sanado. Esta comunicação será levada ao conhecimento da sociedade.

2. O vício considera-se sanado se o notificado não intentar a ação no prazo de 180 dias a contar do dia em que tenha recebido a notificação.

Bibliografia: António Pereira de Almeida, *Sociedades Comerciais*, 5.ª ed. (2008), 316; António Menezes Cordeiro 1 (2007), 509; *Idem*, *Tratado de Direito civil português* I/1, 3.ª ed. (2007), 549; A. Ferrer Correia, *Lei das Sociedades Comerciais (Anteprojecto)*, BMJ, 191 (1969), 5-137 (43-44 e 113); A. Ferrer Correia/ /António A. Caeiro, *Anteprojecto de Lei das Sociedades Comerciais/Parte Geral*, I, sep. BMJ, 185 e 191 (1970), 99-100, 169; A. Ferrer Correia/Vasco Lobo Xavier/Maria Ângela Coelho/António A. Caeiro, *Lei das sociedades por quotas de responsabilidade* limitada/*Anteprojecto – 2.ª redacção e exposição de motivos*, RDE 3 (1977), 153-224 e 349-423 (189); Carolina Cunha, *Código em comentário*, 1, 2.ª ed. (2017), 658-659; MInistério da justiça, *Código das Sociedades (Projecto)*, BMJ 327 (1983), 80-81.

[2] A. Ferrer Correia/Vasco Lobo Xavier/Maria Ângela Coelho/António A. Caeiro, *Lei da sociedade por quotas de responsabilidade limitada/Anteprojecto – 2.ª redacção e exposição de motivos*, 188.

[3] Cf. a anotação ao 45.º.

[4] António Menezes Cordeiro 1 (2007), 509.

[5] Cf. a anotação ao 45.º.

[6] Cf. a anotação ao 46.º.

Índice

I – **Trabalhos preparatórios**
1. Anteprojeto de LSC 1
2. Anteprojeto de LSQ 2
3. Projeto de CSC 3

II – **Regime**
4. Âmbito geral e análise do conteúdo 4

I – Trabalhos preparatórios

1 1. **Anteprojeto de LSC**. O seu 25.º[1] constitui, em termos de trabalhos preparatórios, a primeira fonte do 49.º. No 25.º do Anteprojeto, previa-se, com efeito, a possibilidade de qualquer interessado notificar o sócio com direito de exoneração ou de anulação para que este o exercesse, sob pena de se considerar sanado o vício (n.º 1), decorridos seis meses a contar do dia do recebimento da notificação (n.º 2); aquela notificação ao sócio deveria também ser levada ao conhecimento da sociedade (n.º 1).

2 2. **Anteprojeto de LSQ**. O seu 35.º[2] dispunha em termos substancialmente idênticos aos do 25.º do Anteprojeto de Lei das Sociedades Comerciais, acima mencionado[3].

3 3. **Projeto de CSC**. O seu 42.º/5[4] – artigo este subordinado à epígrafe "sanação de vícios" – constitui o antecedente mais próximo do 49.º, moldando-se substancialmente sobre o mencionado 25.º do Anteprojeto de Lei das Sociedades Comerciais (e sobre o 35.º do Anteprojeto da lei das sociedades por quotas). No 42.º/5 do Projeto, não se fazia menção alguma ao dever de a notificação ao sócio dever ser levada ao conhecimento da sociedade.

II – Regime

4 4. **Âmbito geral e análise do conteúdo**. O 49.º, subordinado à talvez discutível epígrafe "Notificação do sócio para anular ou confirmar o negócio", recorta-se no âmbito das invalidades parciais. Prevê a possibilidade de qualquer interessado notificar o sócio a que assista um direito de anulação ou de exoneração, nos termos dos 45.º, 46.º e 48.º, para que o exerça, através da respetiva ação, nos 180 dias após o recebimento da notificação, sob pena de o vício se considerar sanado (n.os 1 e 2). E determina que a notificação ao sócio deve ser levada ao conhecimento da sociedade (n.º 1, *in fine*): competirá ao notificante do sócio dar cumprimento a esta norma.

5 Como se explicava nos comentários ao 25.º do Anteprojeto, disposição inspirada no 365.º da Lei francesa de 1966, trata-se de «uma espécie de *provocatio ad agendum*: todo o interessado terá a faculdade de colocar o legitimado para agir perante o dilema de ou propor sem demora a ação que no caso couber ou perder definitivamente o seu direito»[5]. Essa possível "provocatio"

[1] A. Ferrer Correia, *Lei das Sociedades comerciais (Anteprojecto)*, 43-44; A. Ferrer Correia/António A. Caeiro, *Anteprojecto de Lei das Sociedades Comerciais/Parte Geral*, 99-100.

[2] A. Ferrer Correia/Vasco Lobo Xavier/Maria Ângela Coelho/António A. Caeiro, *Lei das sociedades por quotas de responsabilidade limitada/Anteprojecto – 2.ª redacção e exposição de motivos*, 189.

[3] Praticamente a única diferença (não substancial) residia nisto: no 25.º/2 do Anteprojeto de LSC referia-se o prazo de "seis meses"; no 35.º/2 do Anteprojeto de LSQ, o prazo de "cento e oitenta dias".

[4] BMJ 327 (1983), 80-81.

[5] A. Ferrer Correia, *Lei das Sociedades comerciais (Anteprojecto)*, 113; A. Ferrer Correia/António A. Caeiro, *Anteprojecto de Lei das Sociedades Comerciais*, 169.

visa, enfim, pôr termo a um estado de incerteza[6]. De facto, por esta via, caso ocorra uma tal notificação, o prazo geral de anulação pode ser encurtado[7].

A notificação por parte do interessado poderá ser judicial ou extrajudicial, pois nenhuma 6
especialidade se estabelece a este respeito.

O n.º 2 refere que o prazo de cento e oitenta dias se "conta do dia" do recebimento da 7
notificação. Será assim? Se nos ativermos ao 279.º, *b*) do CC, não contaríamos o dia da receção, começando a contagem no dia seguinte. Julgamos que a maior preocupação do legislador foi a de definir a *receção* como o momento relevante para a contagem[8], não se pretendendo propriamente instituir uma regra diferente da prevista no 279.º, *b*) do CC, ainda que esta regra seja até supletiva, em relação às disposições contratuais, e se insira num diploma anterior ao que aprovou o Código das Sociedades Comerciais.

Artigo 50.º (Satisfação por outra via do interesse do demandante)

1. Proposta ação para fazer valer o direito conferido pelos artigos 45.º, 46.º e 48.º, pode a sociedade ou um dos sócios requerer ao tribunal a homologação de medidas que se mostrem adequadas para satisfazer o interesse do autor, em ordem a evitar a consequência jurídica a que a ação se dirige.

2. Sem prejuízo do disposto no artigo seguinte, as medidas propostas devem ser previamente aprovadas pelos sócios; a respetiva deliberação, na qual não intervirá o autor, deve obedecer aos requisitos exigidos, na sociedade em causa, pela natureza das medidas propostas.

3. O tribunal homologa a solução que se oferecer em alternativa, se se convencer de que ela constitui, dadas as circunstâncias, uma justa composição dos interesses em conflito.

Bibliografia: António Menezes Cordeiro 1 (2007), 509; A. Ferrer Correia, *Lei das Sociedades Comerciais (Anteprojecto)*, BMJ 191 (1969), 5-137 (44-45, 113-114, 135); A. Ferrer Correia/António A. Caeiro, *Anteprojecto de Lei das Sociedades Comerciais/Parte Geral*, I, sep. BMJ 185 e 191 (1970), 100, 169-170, 190-191; A. Ferrer Correia/Vasco Lobo Xavier/Maria Ângela Coelho/António A. Caeiro, *Lei das sociedades por quotas de responsabilidade limitada/Anteprojecto – 2.ª redacção e exposição de motivos*, RDE 3 (1977), 153-224 e 349-423 (189-190); Ministério da Justiça, *Código das Sociedades (Projecto)*, BMJ n.º 327 (1983), 79.

Índice

I – Trabalhos preparatórios
1. Anteprojeto de LSC 1
2. Anteprojeto de LSQ 2
3. Projeto de CSC 3

II – Regime
4. Âmbito geral 4
5. Análise do conteúdo 5

[6] António Pereira de Almeida (2008), 316.

[7] António Menezes Cordeiro 1 (2007), 509, notando (*ibidem*, nota 1482) que se trata, no 49.º/2, de uma "fictio juris" ou presunção "juris et de jure", que deveriam ser evitadas: «melhor seria que o legislador tivesse, muito simplesmente, determinado a caducidade do direito de atuar a anulabilidade».

[8] Mesmo sendo a teoria da receção, na verdade, a que foi acolhida no regime instituído no 224.º do CC, porém, com alguma relevância dada ao conhecimento – cf. António Menezes Cordeiro, *Tratado de Direito Civil Português*, I (2007), 3.ª ed., 549.

I – **Trabalhos preparatórios**

1 1. **Anteprojeto de LSC**. O seu 26.º[1] constitui, em termos de trabalhos preparatórios, a verdadeira fonte do 50.º: são iguais as epígrafes de uma e outra disposição, há identidade substancial entre elas e são, além disso, formalmente semelhantes.

2 2. **Anteprojeto de LSQ**. O seu 36.º[2], ainda que versando no domínio do tipo societário referido, decalcava-se sobre o 26.º do Anteprojeto de LSC e, assim, o seu conteúdo é também substancialmente idêntico ao do 50.º.

3 3. **Projeto de CSC**. O 40.º/4 do Projeto de CSC[3] previa – numa disposição simplificada em relação ao 26.º do Anteprojeto de LSC, ao 36.º do Anteprojeto de LSQ e ao 50.º – a faculdade de a sociedade (e não também os sócios, diferentemente do que se estabelece no 50.º), contra a qual fosse ou pudesse ser dirigido o pedido de anulação, exoneração ou dissolução nos termos previstos em disposições anteriores, poder requerer ao tribunal a homologação de medidas adequadas para satisfazer o interesse do sócio (cuja declaração fosse inválida), incluindo a aquisição da sua participação social por pessoa por ela indicada (esta referência final constitui, no CSC, objeto do 51.º[4] e era objeto do 27.º no Anteprojeto de Lei das Sociedades Comerciais e do 37.º no Anteprojeto de LSQ).

II – **Regime**

4 4. **Âmbito geral**. O 50.º aplica-se a todos os tipos societários. Prevê que, na pendência de ação intentada por um sócio contra a sociedade, com invocação de algum direito decorrente do disposto nos 45.º, 46.º ou 48.º, esta ou algum sócio (que não o autor) poderão requerer ao tribunal a adoção de uma medida *alternativa* – depois de ter sido previamente aprovada pelos sócios (com exclusão do sócio a cuja declaração respeite a invalidade) – aos efeitos previstos naquelas disposições do CSC.

5 5. **Análise do conteúdo**. No 50.º/1 prevê-se que, se a um dos sócios assistir o direito de anulação ou de exoneração previsto nos 45.º, 46.º e 48.º, a sociedade ou algum outro sócio poderá requerer ao tribunal a homologação de medidas que se mostrem adequadas a satisfazer o interesse do autor, por modo a evitar as consequências jurídicas a que a ação se dirige.

6 O requerimento deverá, pois, oferecer uma medida *alternativa* (ou medidas alternativas) ao desencadeamento dos efeitos pretendidos pelo sócio na ação que intentou contra a sociedade[5].

7 As medidas em causa podem ser as mais diversas (modificação de pacto social, por modo a que seja satisfeito o interesse do sócio em causa, aquisição da sua participação, a que se refere o 51.º, ou outra): questão é que sejam entendidas pelo tribunal como efetivamente adequadas a satisfazer o interesse do sócio.

8 O n.º 2 estabelece que as medidas alternativas que se queira requerer ao tribunal terão de ser previamente aprovadas pelos sócios, em deliberação que obedeça aos requisitos exigidos pela natureza das medidas em causa[6]. Assim, p. ex., caso se trate de uma medida que implique a modificação do contrato do contrato de uma sociedade por quotas, a deliberação, em princípio, deve ter a aprovação de três quartos dos votos correspondentes ao capital social (cf. 265.º),

[1] A. Ferrer Correia, *Lei das Sociedades Comerciais (Anteprojecto)*, 44-45 e 135; A. Ferrer Correia/António A. Caeiro, *Anteprojecto de Lei das Sociedades Comerciais/Parte Geral*, 100 e 190-191.

[2] A. Ferrer Correia/Vasco Lobo Xavier/Maria Ângela Coelho/António A. Caeiro, *Lei das sociedades por quotas de responsabilidade limitada/Anteprojecto – 2.ª redacção e exposição de motivos*, 189-190.

[3] BMJ 327 (1983), 79.

[4] *Vide* a respetiva anotação ao 51.º.

[5] Cf. A. Menezes Cordeiro 1 (2007), 509.

[6] Cf. A. Menezes Cordeiro 1 (2007), 509, nota 1483.

excluído da deliberação o sócio que haja intentado a ação contra a sociedade, dada a existência de conflito de interesses.

Finalmente, o n.º 3 determina que o tribunal deve optar pela homologação das medidas, 9
se estiver convencido, em face das circunstâncias, de que as mesmas satisfazem adequadamente os interesses do autor[7]. Nesse caso, mesmo que o autor as impugne, o tribunal poderá e deverá impô-las.

De algum modo, e tal como sucedia com o 49.º, também aqui se pretende colocar termo 10
a algum estado de incerteza[8]: no caso, quanto ao destino da ação judicial em curso. E pretende evitar-se a produção de efeitos que se tenham por mais gravosos – para a sociedade e os sócios – do que as medidas alternativas que salvaguardem adequadamente o interesse do autor.

Artigo 51.º (Aquisição da quota do autor)

1. Se a medida proposta consistir na aquisição da participação social do autor por um dos sócios ou por terceiro indicado por algum dos sócios, este deve justificar unicamente que a sociedade não pretende apresentar ela própria outras soluções e que, além disso, estão satisfeitos os requisitos de que a lei ou o contrato de sociedade fazem depender as transmissões de participações sociais entre associados ou para terceiros, respetivamente.

2. Não havendo em tal caso acordo das partes quanto ao preço de aquisição, proceder-se-á à avaliação da participação nos termos previstos no artigo 1021.º do Código Civil.

3. Nos casos previstos nos artigos 45.º, n.º 2, e 46.º, o preço indicado pelos peritos não será homologado se for inferior ao valor nominal da quota do autor.

4. Determinado pelo tribunal o preço a pagar, a aquisição da quota deve ser homologada logo que o pagamento seja efetuado ou a respetiva quantia depositada à ordem do tribunal ou tão depressa o adquirente preste garantias bastantes de que efetuará o dito pagamento no prazo que, em seu prudente arbítrio, o juiz lhe assinar; a sentença homologatória vale como título de aquisição da participação.

Bibliografia: A. Menezes Cordeiro 1 (2007); A. Ferrer Correia, *Lei da Sociedades Comerciais (Anteprojecto)*, BMJ 191 (1969), 5-137 (42, 44-45, 114-115, 132-133, 135-136); A. Ferrer Correia/António A. Caeiro, *Anteprojecto de Lei das Sociedades Comerciais/Parte Geral*, I, sep. BMJ 185 e 191 (1970), 98, 100-101, 188-189, 191-192; A. Ferrer Correia/Vasco Lobo Xavier/Maria Ângela Coelho/António A. Caeiro, *Lei das sociedades por quotas de responsabilidade limitada/Anteprojecto – 2.ª redacção e exposição de motivos*, RDE 3 (1977),153-224 e 349-423 (190-191); Ministério da Justiça, *Código das Sociedades (Projecto)*, BMJ, n.º 327 (1983), 79.

[7] *Vide* A. Menezes Cordeiro 1 (2007), 509, nota 1483, que observa não ter conhecimento de que o 50.º e o 51.º (que regula, especialmente, uma das medidas genericamente previstas no 50.º: a medida de aquisição da participação do autor) hajam alguma vez sido aplicados.

[8] A. Ferrer Correia, *Lei das Sociedades Comerciais (Anteprojecto)*, 113-114; A. Ferrer Correia/António A. Caeiro, *Anteprojecto de Lei das Sociedades Comerciais/Parte Geral*, 169-170; A. Ferrer Correia/Vasco Lobo Xavier/Maria Ângela Coelho/António A. Caeiro, *Lei das sociedades por quotas de responsabilidade limitada/Anteprojecto – 2.ª redacção e exposição de motivos*, 190-191.

Índice

I – Trabalhos preparatórios
1. Anteprojeto de LSC 1
2. Anteprojeto de LSQ 5
3. Projeto de CSC 6

II – Regime
4. Âmbito geral 7
5. Análise do conteúdo 8

I – Trabalhos preparatórios

1 1. **Anteprojeto de LSC**. O seu 27.º (*Aquisição da quota do autor*)[1] dispunha em termos próximos dos que vieram a constar do 51.º, sendo substancialmente semelhantes as respetivas previsões.

2 Com efeito, os 51.º/1 e 4 encontram correspondência praticamente total nos correspondentes números do 27.º do Anteprojeto.

3 Como diferença meramente formal, pode notar-se que o n.º 2 do 27.º do Anteprojeto – a que corresponde o 51.º/2 – determinava que, não havendo acordo das partes quanto ao preço da aquisição da participação social, proceder-se-ia a avaliação com base na situação patrimonial da sociedade nessa altura; o 51.º/2, prevendo aquela mesma hipótese de não acordo, remete para o 1021.º do CC, que determina, de modo mais preciso, que o valor da participação social, no caso de morte, exoneração ou exclusão de um sócio é fixado com base no estado da sociedade à data em que ocorreu ou produziu efeitos o facto determinante da liquidação.

4 O n.º 3 do 27.º do Anteprojeto determinava que, fora do caso previsto no 21.º/1(a que corresponde hoje, o 45.º/1 do CSC)[2], o preço indicado pelos peritos não seria homologado se fosse inferior ao valor nominal da quota do autor ou, na hipótese de se tratar de uma entrada em espécie e de a coisa não ter sido estimada no contrato, se fosse inferior ao valor desta aquando da conclusão do negócio: com uma formulação diferente, a exceção do 27.º/3 do anteprojeto é idêntica, afinal, à do 51.º/3 – no anteprojeto, exclui-se diretamente o 21.º/1, equivalente ao 45.º/1; no 51.º/3, essa exclusão é feita indiretamente, pela expressão «nos casos previstos nos artigos 45.º, n.º 2 e 46.º», o que deixa de fora o 45.º/1[3]. Já a previsão, no 27.º/3 do Anteprojeto, quanto à hipótese de a entrada do sócio haver sido em espécie, não tendo a coisa sido estimada no contrato, não tem correspondência expressa no 51.º/3.

5 2. **Anteprojeto de LSQ**. O seu 37.º (*Aquisição da quota do autor*)[4] – limitado embora às SPQ – é substancialmente idêntico ao 51.º. Formalmente, apenas, no que respeita à hipótese de não haver acordo das partes quanto ao preço de aquisição da quota, o 37.º/2 do Anteprojeto remetia a respetiva avaliação da quota para o 63.º/1, *a)* e *b)* do próprio Anteprojeto (avaliação tendo em conta a situação patrimonial atual da sociedade), enquanto o correspondente 51.º/3 remete, como se disse, para o 1021.º do CC.

[1] A. Ferrer Correia, *Lei da Sociedades Comerciais (Anteprojecto)*, 44-45 e 135-136; A. Ferrer Correia/António A. Caeiro, *Anteprojecto de Lei das Sociedades Comerciais/Parte Geral*, 100-101 e 191-192.

[2] A. Ferrer Correia, *Lei da Sociedades Comerciais (Anteprojecto)*, 42 e 132-133; A. Ferrer Correia/António A. Caeiro, *Anteprojecto de Lei das Sociedades Comerciais/Parte geral*, 98, 188-189.

[3] *Vide infra* n.º II, sobre a justificação da mencionada exclusão relativamente ao direito de exoneração.

[4] A. Ferrer Correia/Vasco Lobo Xavier/Maria Ângela Coelho/António A. Caeiro, *Lei das sociedades por quotas de responsabilidade limitada/Anteprojecto – 2.ª redacção e exposição de motivos*, 190-191.

3. **Projeto de CSC**. De forma simplificada, a parte final do seu 40.º/4[5] aludia à aquisição da participação do autor por pessoa indicada pela sociedade, estabelecendo que a respetiva sentença homologatória valeria como título de aquisição. 6

II – **Regime**

4. **Âmbito geral**. Tal como o 50.º, o 51.º vale para todos os tipos societários (por isso, melhor seria que a sua epígrafe, antes que "aquisição da quota do autor", fosse "aquisição da participação social do autor). O 51.º traduz-se essencialmente na previsão e na regulação específica e algo minuciosa de uma das medidas genericamente previstas no 50.º como alternativas aos efeitos previstos nos 45.º, 46.º e 48.º: a medida de aquisição da participação social do sócio que, na competente ação, haja exercido algum dos direitos que lhe assistam nos termos destas últimas disposições. 7

5. **Análise do conteúdo**. Como referido, o 51.º prevê e regula com minúcia uma das medidas que, em termos genéricos, são previstas, no 50.º, como alternativas aos efeitos previstos nos 45.º, 46.º e 48.º. De acordo com o 51.º/1, se a medida proposta consistir na aquisição da participação social do autor por um dos sócios ou por terceiro indicado por algum dos sócios, o sócio em causa apenas tem que justificar que a sociedade não tenciona apresentar outras soluções e que estão satisfeitos os requisitos legais e contratuais para a transmissão de participações sociais entre associados ou para terceiros (consoante o caso de que se trate). 8

O 51.º/2 prevê que, não havendo acordo sobre o preço da aquisição, a participação será objeto de avaliação nos termos do 1021.º do CC: valor da participação social para efeitos de liquidação[6]. 9

No 51.º/3, determina-se que, nos casos previstos no 45.º/2 e 46.º, o preço indicado pelos peritos não será homologado se for inferior ao valor nominal: ao autor a que assista um direito de anulação garante-se, pois, como mínimo, o valor nominal (quando o haja, bem entendido, uma vez que o CSC, com as alterações introduzidas pelo DL 49/2010, de 19-Mai., passou a admitir a possibilidade de ações sem valor nominal – 276.º/1, na nova redação. No caso destas, parece que se deverá considerar, também para os efeitos do 51.º/3, o valor de emissão). Já quando ao autor caiba o direito de se exonerar, o legislador terá entendido que não haverá motivo para que o tribunal não homologue o preço determinado pelos peritos, porque o mesmo «já deve corresponder precisamente ao valor de liquidação da posição social em causa»[7]. 10

Finalmente, o n.º 4, estabelece que, determinado o preço pelo tribunal, a aquisição da participação social deve ser homologada logo que o pagamento seja efetuado ou seja depositada à ordem do tribunal a respetiva quantia ou o tribunal considere adequadas as garantias de pagamento atempado prestadas pelo adquirente, valendo a homologação como título de aquisição. 11

[5] BMJ 327 (1983), 79.

[6] António Menezes Cordeiro 1 (2007), 509, nota 1483.

[7] A. Ferrer Correia, *Lei das Sociedades Comerciais (Anteprojecto)*, 115; A. Ferrer Correia/António A. Caeiro, *Anteprojecto de Lei das Sociedades Comerciais/Parte Geral*, 171; A. Ferrer Correia/Vasco Lobo Xavier/Maria Ângela Coelho/António A. Caeiro, *Lei das sociedades por quotas de responsabilidade limitada/Anteprojecto – 2.ª redacção e exposição de motivos*, 191.

Artigo 52.º (Efeitos da invalidade)

1. A declaração de nulidade e a anulação do contrato de sociedade determinam a entrada em da sociedade em liquidação, nos termos do artigo 165.º, devendo este efeito ser mencionado na sentença.

2. A eficácia dos negócios jurídicos concluídos anteriormente em nome da sociedade não é afetada pela declaração de nulidade ou anulação do contrato social.

3. No entanto, se a nulidade proceder de simulação, de ilicitude do objeto ou de violação da ordem pública ou ofensa dos bons costumes, o disposto no número anterior só aproveita a terceiros de boa-fé.

4. A invalidade do contrato não exime os sócios do dever de realizar ou completar as suas entradas nem tão-pouco os exonera da responsabilidade pessoal e solidária perante terceiros que, segundo a lei, eventualmente lhes incumba.

5. O disposto no número antecedente não é aplicável ao sócio cuja incapacidade foi a causa da anulação do contrato ou que a venha opor por via de exceção à sociedade, aos outros sócios ou a terceiros.

Bibliografia: J. Coutinho de Abreu II (2019), 152-154; António Menezes Cordeiro 1 (2007), 510-513; *Id.*: *Direito europeu das sociedades* (2005), 127-134; A. Ferrer Correia, *Lei das Sociedades Comerciais (Anteprojecto)*, BMJ 191 (1969), 5-137 (45-46, 115-120, 136); A. Ferrer Correia/António A. Caeiro, *Anteprojecto de Lei das Sociedades Comerciais/Parte Geral*, I, sep. BMJ n.os 185 e 191 (1970), 101-102, 171-176, 192; A. Ferrer Correia/Vasco Lobo Xavier/António A. Caeiro, *Lei das sociedades por quotas de responsabilidade limitada/Anteprojecto – 2.ª redacção e exposição de motivos*, RDE 3 (1977), 153-224 e 349-423 (192-193); Carolina Cunha, *Código em comentário*, 1, 2.ª ed. (2017), 666-670; MInistério da Justiça, *Código das Sociedades (Projecto)*, BMJ 327 (1983), 81-82.

Índice

I – Trabalhos preparatórios
1. Anteprojeto de LSC 1
2. Anteprojeto de LSQ 6
3. Projeto de CSC 11

II – Regime
4. Âmbito geral 17
5. Análise do conteúdo 19

I – Trabalhos preparatórios

1 1. **Anteprojeto de LSC**. O seu 28.º[1] versava sobre os efeitos da invalidade do ato constitutivo da sociedade.

2 Segundo o n.º 1 do 28.º do Anteprojeto, a declaração de nulidade e a anulação do ato constitutivo determinam a dissolução da sociedade, devendo tal efeito ser proclamado na sentença: esta disposição tem correspondência com o 52.º/1, mas nota-se a diferença: ali, refere-se a dissolução (deixando a previsão de liquidação para o 28.º/2); aqui, prevê-se a entrada da sociedade em liquidação, nos termos do 165.º (disposição esta que remete para as regras dos 146.º e ss., com as especialidades nela própria previstas).

3 O n.º 2 do 28.º do Anteprojeto regia sobre a liquidação e partilha: determinava-se que à liquidação e partilha da sociedade se aplicariam as disposições do contrato, salvo se tal fosse

[1] A. Ferrer Correia, *Lei das Sociedades Comerciais (Anteprojecto)*, 45-46 e 136; A. Ferrer Correia/António A. Caeiro, *Anteprojecto de Lei das Sociedades Comerciais/Parte Geral*, 101-102 e 192.

incompatível com a natureza da causa da invalidade. E estabelecia-se ainda que, nesta última hipótese, bem como na de a aplicação das cláusulas estatutárias conduzir a um resultado flagrantemente injusto perante as circunstâncias que determinassem a invalidação do contrato, a partilha seria feita segundo juízos de equidade. Na verdade, e mais simplificadamente, o 52.º/1, como já referido, remete para as regras de liquidação previstas no 165.º: neste, e de modo semelhante, à 1.ª parte do n.º 2 do Anteprojeto em causa, prevê-se que a partilha será feita segundo as regras estipuladas no contrato, salvo se estas mesmas forem inválidas – 165.º/1, *d*). Mas o 28.º/2, 2.ª parte do Anteprojeto não obtém correspondência alguma no 52.º (nem direta, nem indiretamente, através do remetido 165.º).

Já os n.os 3, 4 e 5 do 28.º do Anteprojeto encontram correspondência, em termos substancialmente idênticos e formalmente muito semelhantes, respetivamente, no 52.º/2, 4 e 5. 4

De notar, enfim, que não se encontrava no 28.º do Anteprojeto qualquer previsão semelhante à que se contém no 52.º/3. 5

2. **Anteprojeto de LSQ**. O seu 38.º[2], naturalmente limitado ao tipo societário em causa, regia, nos seus quatro números, sobre os efeitos da invalidade do ato constitutivo. 6

Segundo o n.º 1, a declaração de nulidade ou a anulação do ato constitutivo determinam a dissolução da sociedade, devendo este efeito ser proclamado na sentença. 7

O n.º 2 determinava a aplicação à liquidação e partilha das disposições do contrato. 8

O 28.º/3 do Anteprojeto equivale – é totalmente idêntico – ao 52.º/2: estabelece-se que a eficácia dos negócios jurídicos concluídos anteriormente em nome da sociedade não é afetada pela declaração de nulidade ou anulação do contrato social. 9

Enfim, o 28.º/4, 1.ª parte do Anteprojeto tem correspondência na primeira parte do n.º 4 do 52.º: trata-se da regra segundo a qual a invalidade do contrato não exime os sócios do dever de realizar ou completar as suas entradas. Já a segunda parte do n.º 4 do 28.º do Anteprojeto encontra correspondência, não na segunda parte do n.º 4 do 52.º, pois esta contém uma regra que vale para as sociedades de pessoas, o que não é o caso das sociedades por quotas, mas na regra do n.º 5 do 52.º: trata-se da proteção do sócio incapaz quando tenha sido essa incapacidade a determinante da invalidação do contrato de sociedade: o sócio incapaz está liberado de realizar ou completar a sua entrada (e se a houver realizado, total ou parcialmente, terá o direito de exigir a sua restituição). 10

3. **Projeto de CSC**. O seu 43.º[3] regia, nos seus quatro números, sobre os efeitos da invalidade do contrato de sociedade (em rigor, da invalidação da sociedade). 11

O 43.º/1 do Projeto é substancialmente idêntico ao 52.º/1: é a prescrição de que a invalidação do contrato (por declaração de nulidade ou anulação), determina a liquidação dela, nos termos previstos para a liquidação, mas com especialidades que se encontravam previstas no 172.º do Projeto (remetido por aquela disposição do Projeto), em termos muito próximos do 165.º (remetido por aquela disposição do CSC). 12

O 43.º/2 do Projeto determinava que se mantinha a eficácia dos negócios jurídicos celebrados em nome da sociedade, o que corresponde ao disposto no 52.º/2; contudo, naquele n.º 2 do Projeto, determinava-se também que se manteria a «eficácia» «dos factos produtores de responsabilidade para com terceiros ou destes para com a sociedade»: esta referência não tem 13

[2] A. Ferrer Correia/Vasco Lobo Xavier/António A. Caeiro, *Lei das sociedades por quotas de responsabilidade limitada/Anteprojecto – 2.ª redacção e exposição de motivos*, 192.

[3] BMJ 327 (1983), 81-82.

consagração expressa no 52.º: na verdade, era desnecessária e padecia de alguma deselegância expositiva.

14 O 43.º/3 do Projeto encontra correspondência substancial no 52.º/4: como neste, também ali se estabelecia a regra de que a invalidade do contrato não exime os sócios de realizar ou completar as suas entradas (acrescentando-se, na disposição do Projeto: «até onde isso for necessário para cumprimento das obrigações decorrentes dos negócios ou factos referidos no número anterior») nem os exime da responsabilidade pessoal e solidária que eventualmente lhes decorra da lei.

15 Finalmente, o 43.º/4 do Projeto determinava que o disposto nos números anteriores não se aplicaria se a nulidade proviesse da ilicitude do objeto ou da sua contrariedade à ordem pública, ressalvando que a responsabilidade pessoal e solidária perante terceiros só seria exigível se estes provassem que desconheciam sem culpa o objeto da sociedade. Uma disposição, a nosso ver deficiente, ao determinar a não aplicação do disposto nos números anteriores, nos casos nele previstos, mas ao ater-se a um efeito – a responsabilidade pessoal e solidária (dos sócios) perante terceiros – previsto no n.º 3. Em termos tecnicamente mais perfeitos, aquela disposição do Projeto tem basicamente correspondência no 52.º/3: este, contudo, acrescenta aos casos de ilicitude do objeto e de contrariedade à ordem pública os de simulação e de ofensa aos bons costumes.

16 De notar que a regra de proteção dos incapazes, constante do 52.º/5, não tinha consagração expressa no 43.º do Projeto.

II – **Regime**

17 4. **Âmbito geral**. O 52.º rege para todos os tipos de sociedades comerciais, registadas ou não[4], sempre que ocorra a invalidação do contrato (todo) de sociedade, seja por declaração de nulidade seja por anulação.

18 No essencial e em termos gerais, o 52.º afasta as consequências ou efeitos da invalidade, determinadas no 289.º do CC: em vez, prescreve a entrada da sociedade em liquidação, no que é uma e das mais importantes manifestações do *favor societatis*, presente no regime das invalidades societárias.

19 5. **Análise do conteúdo**. O 52.º rege, como se disse, sobre os efeitos da invalidade, talvez em rigor, da invalidação do contrato de sociedade, qualquer que seja o tipo societário.

20 No n.º 1, estabelece que a declaração de nulidade e a anulação do contrato de sociedade determinam a entrada em liquidação da sociedade, nos termos do 165.º, devendo a respetiva sentença fazer menção desse efeito. O 165.º é uma disposição que prescreve, justamente, sobre a liquidação da sociedade no caso de invalidade do contrato: prevê algumas regras especiais para essa liquidação, ao mesmo tempo que determina a aplicação, no mais, das regras reguladoras da liquidação de sociedades estabelecidas nos 146.º a 164.º. De princípio, o respetivo processo de liquidação não é dispensável[5].

[4] Cf. J. Coutinho de Abreu II (2009), 153.

[5] Cf. REv 12-Mai-1988 (Faria Sousa), CJ XIII (1988) 3, 280-281: "Ressalvados os casos dos arts. 147.º e 148.º do Código das Sociedades, não pode haver nem dispensa de liquidação nem formação de processo de liquidação inteiramente diverso do prescrito na lei, mesmo nos casos em que o património da sociedade não tem passivo e o ativo é composto exclusivamente por dinheiro ou bens suscetíveis de imediata partilha entre os sócios" (281).

Na verdade, a liquidação da sociedade, afastando as restituições que normalmente decorreriam da invalidação de um contrato[6], é uma exigência da natureza das coisas[7], uma vez que a existência jurídica da sociedade não pode ser negada, nem poderão ser eliminados pura e simplesmente os contratos por ela celebrados, os direitos dela perante terceiros ou de terceiros perante ela, ou os direitos dos próprios sócios, incluindo eventuais novos sócios. A existência da sociedade no passado (de resto, ela só se extinguirá com o registo do encerramento da liquidação) «é como a existência dos seres vivos, alguma coisa de definitivo e de indelével»[8]. Acrescem exigências comunitárias: a 1.ª Diretriz sobre sociedades comerciais, no seu 12.º/2, estabelece a liquidação da sociedade como consequência da invalidade do respetivo contrato[9]. 21

O 52.º/2 determina que a eficácia dos contratos concluídos anteriormente em nome da sociedade não é afetada pela declaração de nulidade ou anulação do contrato social. A invalidação do contrato de sociedade apenas opera *ex nunc*: com isso, não são pois afetados os contratos que a sociedade haja anteriormente celebrado. Entenda-se: naturalmente, se estes mesmos (os contratos anteriores celebrados pela sociedade) padecerem de vício que implique a sua invalidade, esta poderá ser invocada nos termos gerais; porém, a invalidação da sociedade, *per se*, não afeta a eficácia de tais negócios[10]. Mais uma vez, trata-se de uma exigência que decorre da natureza das coisas, e da necessidade de preservar os diferentes interesses envolvidos. E de uma exigência que decorre do 12.º/3 da 1.ª Diretriz sobre sociedades comerciais[11]. 22

O 52.º/3, reportando-se ao número anterior, vem ressalvar os casos de nulidade do contrato de sociedade proveniente de simulação, ilicitude do objeto, contrariedade à ordem pública e ofensa dos bons costumes: nestes casos, talvez pela sua particular gravidade (e, no caso da simulação, pela consonância com o regime do 243.º/1 do CC), a regra do n.º 2 – de que a invalidação do contrato de sociedade não afeta os negócios anteriormente celebrados por esta – apenas aproveita a terceiros de boa-fé, ou seja, aos terceiros que, sem culpa, ignorassem o vício causador da nulidade[12]. 23

[6] Cf. RPt 28-Set.-1998 (Gonçalves Ferreira), CJ XXIII (1998) 4, 196-199 = BMJ 479 (1998), 710 (só o sumário): a invalidade do contrato de sociedade, por vício de forma, verificada antes do registo definitivo, "só produz efeitos para o futuro, implicando a entrada da sociedade em liquidação", não eximindo "os sócios do dever de realizar ou completar as suas entradas", as quais "haverão de ser levadas em conta na partilha do ativo" (198). Cf., ainda, STJ 27-Mai.2004 (Afonso de Melo), www.dgsi.pt, notando que são diferentes os efeitos da invalidade do contrato de sociedade e os efeitos da invalidade dos negócio jurídicos em geral"; a "invalidade do contrato de sociedade é causa de liquidação desta (52.º)".

[7] A. Menezes Cordeiro 1 (2007), 511.

[8] A. Ferrer Correia, *Lei das Sociedades Comerciais (Anteprojecto)*, 116; A. Ferrer Correia/António A. Caeiro, *Anteprojecto de Lei das Sociedades Comerciais/Parte Geral*, 172, A. Ferrer Correia/Vasco Lobo Xavier/António A. Caeiro, *Lei das sociedades por quotas de responsabilidade limitada/Anteprojecto – 2.ª redacção e exposição de motivos*, 192-193; BMJ 327 (1983), 193.

[9] Cf. JOCE n.º L-65, 8-12, de 14-mar.-1968. *Vide* também A. Menezes Cordeiro 1 (2007), 511; *Idem*: *Direito europeu das sociedades* (2005), 127-134.

[10] Cf. A. Menezes Cordeiro 1 (2007), 512. O ilustre autor defende ainda uma restrição interpretativa: exigir-se-á que o terceiro protegido esteja de boa-fé, desconhecendo, sem culpa, o vício que afeta a sociedade – um entendimento que, reconhece, à primeira vista, poderia ser perturbado pelo teor do 52.º/3 e por um argumento "a contrario" que deste se fizesse, mas que se lhes deve sobrepor, com apelo aos dados basilares da ordem jurídica e, no limite, se necessário, recorrendo à cláusula geral do abuso do direito (*Ibidem*); deste modo, em todos os casos, exigir-se-á que o terceiro a proteger esteja de boa-fé, desconhecendo sem culpa o vício que afeta a sociedade.

[11] Cf. *supra*, nota 6. Cf., ainda, J. Coutinho de Abreu II (2009), 154, nota 144, que observa que o 52.º/2 não concorda inteiramente com o 12.º/3 da 1.ª Diretriz sobre sociedades comerciais: nesta, refere-se que a invalidade da sociedade não afeta as obrigações contraídas pela sociedade ou para com ela, sem prejuízo dos efeitos do estado de liquidação, e aquela disposição do CSC refere que a invalidade da sociedade não afeta a eficácia dos negócios jurídicos: segundo o autor, as obrigações contraídas podem ter ou não origem negocial, pelo que haveria que interpretar o 52.º/2 em correspondência com o 12.º/3 da Diretriz.

[12] Cf. *supra* nota 10.

24 O 52.º/4, numa «lógica de tutela de terceiros»[13], determina que a invalidade do contrato de sociedade não exonera os sócios da realização total das suas entradas, nem os exonera de responsabilidade pessoal e solidária perante terceiros, nos casos em que a mesma decorra da lei (o que ocorre nas sociedades de pessoas). Será na liquidação que os liquidatários cobrarão aos sócios remissos as quantias em falta para a realização das respetivas entradas[14], na medida em que tal se mostre necessário para o cumprimento das obrigações contraídas para com os credores[15].

25 Finalmente, o 52.º/5 exclui da regra anterior – da obrigação de realização das entradas e da responsabilidade pessoal e solidária dos sócios, esta, nos casos de sociedades de pessoas – o sócio cuja incapacidade haja sido a causa de anulação do contrato de sociedade ou que a venha opor, por via de exceção, à sociedade ou aos outros sócios ou a terceiros. Trata-se de uma regra de proteção de incapazes, proteção esta que, aflorando noutras disposições, é também um dos fatores considerados no regime das invalidades societárias; mas trata-se ainda de uma regra natural: está-se perante alguém, que, atuando por si mesmo, é *incapaz para ser sócio, isso mesmo relevando para a anulação do contrato*: em relação a tal pessoa, não fariam sentido, pois, as cominações do 52.º/4.

26 Tudo visto, e tidos em conta os efeitos prescritos no 52.º, como, caracterizar globalmente o regime da invalidade do contrato de sociedade? Tratar-se-á de «invalidades específicas de tipo misto»[16]? Em qualquer caso, não desaparecendo (diríamos, nem "ex tunc" nem de imediato) a sociedade atingida, mas sujeitando-se à liquidação, tratar-se-á de sociedades irregulares por invalidade[17]. Ou, antes que considerar estarmos perante invalidades propriamente ditas, estaremos, afinal – como se vê dos efeitos cominados no 52.º –, em face de verdadeiras causas de liquidação da sociedade[18]?

27 Supomos que, considerando todo o regime de invalidade do contrato de sociedade (41.º a 52.º), e independentemente de várias particularidades que nele se encontram, existem aspetos que relevam efetivamente do regime de invalidade própria: em várias disposições, atende-se às causas de invalidade geral dos negócios jurídicos (mesmo que a causa de invalidade esteja fora do regime desta, aquela é considerada, em matéria societária, enquanto gere a invalidade mesma), à legitimidade ou, mesmo, a prazos para invocar a invalidade, no caso de sociedades não registadas, ou, mesmo, à redução do negócio jurídico (parcialmente) inválido; mas, no que respeita aos efeitos da invalidade do contrato de sociedade, esses não podem ser os previstos no 289.º do CC (com a ressalva de que, no caso do incapaz, cuja incapacidade releve na ação que conduza à anulação do contrato de sociedade, este terá direito à restituição do que haja prestado, *v.g.*, a título de realização da sua entrada): como se referia nos trabalhos preparatórios, colhendo de uma fórmula germânica, *o contrato de sociedade é inválido, mas não a sociedade*; esta teve uma existência que não pode ser destruída para o passado, nem pode ser destruída imediatamente, considerados também os vários interesses envolvidos, de sócios, de credores societários, do tráfico jurídico: daí o efeito da entrada da sociedade em liquidação. O carácter misto do regime parece avultar; e também parece quadrar bem à sociedade inválida a qualificação de sociedade irregular por invalidade.

[13] A. Menezes Cordeiro 1 (2007), 512.

[14] A. Menezes Cordeiro 1 (2007), 513.

[15] Como se prescreve no 12.º/5 da 1.ª Diretriz sobre sociedades comerciais (cf. supra nota 6), cf. J. Coutinho de Abreu II (2009), 154, nota 145.

[16] A. Menezes Cordeiro 1 (2007), 513.

[17] A. Menezes Cordeiro 1 (2007), 513.

[18] J. Coutinho de Abreu II (2009), 154 e, especialmente, 155.

Capítulo IV – Deliberações dos sócios

Introdução

Bibliografia: Jorge Coutinho de Abreu 2 (2019), 457-544; Eduardo de Melo Lucas Coelho, *Formas de deliberação dos sócios*, em AAVV (2002), 333-370; António Menezes Cordeiro 1 (2022), 659 ss., e *SA: assembleia geral e deliberações sociais* (2007); David de Oliveira Festas, *Das Inibições de Voto dos Sócios por Conflito de Interesses com a Sociedade nas Sociedades Anónimas e por Quotas* (2015, policop.); António Ferrer Correia/ Vasco Lobo Xavier/Maria Ângela Coelho/António A. Caeiro, *Sociedades por quotas de responsabilidade limitada/Anteprojecto de lei – 2 redacção e exposição de motivos*, RDE 3 (1977), 153-224 e 349-423 e RDE 5 (1979), 111-141 e 142-200 = separata, 115 ss.; Luís Brito Correia 3 (1990), 20-384; António Ferrer Correia 2 (1973), 339-370; Paulo Olavo Cunha (2019), 621-770; *id.*, *Impugnação de deliberações sociais* (2015), 61 ss.; *id.*, *Deliberações sociais/Formação e impugnação* (2020); José Nuno Marques Estaca, *O interesse da sociedade nas deliberações sociais* (2003); Jorge Pinto Furtado, II/2 (1979), 447-632; *id.*, *O voto nas deliberações de sociedades*, em *Estudos em Homenagem ao Prof. Doutor Raúl Ventura*, vol. II (2003), 213-273; *id.*, (2004), 391-475; *id.*, *Deliberações dos sócios* (1993); *id.*, *Deliberações de sociedades comerciais* (2005); *id.*, *Sobre a interpretação jurídica das deliberações de sociedades comerciais*, em *Estudos em memória do Professor Doutor José Dias Marques* (2007), 235-250; João Labareda, *Os direitos de participação e de voto nas assembleias gerais das sociedades cotadas*, DSR 3 (2011), 5, 89-127; Pedro Maia, *Deliberações dos sócios*, em AAVV (2015), 223-254; Adriano Vaz Serra, *Assembleia geral*, BMJ 197 (1970), 23-200 (106-113); Pedro Pais de Vasconcelos, *A participação social nas sociedades comerciais*, 2.ª ed. (2006), 112 ss.; Vasco da Gama Lobo Xavier, *Anulação de deliberação social e deliberações conexas* (1976).

Índice

I – **Natureza e evolução**
1. Natureza 1
2. Evolução 3
3. Classificações 6

II – **Direito português das sociedades comerciais**
4. Código Comercial (1888) e Lei de 1901 7

III – **O Código das Sociedades Comerciais**
5. Preparatórios 10
6. Opção individualista 11
7. Sistemática 12
8. Código dos Valores Mobiliários 14

IV – **Ineficácia e invalidade**
9. Papel e feição 17
10. Quadro geral 19
11. Deliberações aparentes e inexistentes 20

V – **Interpretação**
12. Regra geral 22

I – Natureza, evolução e classificações

1. **Natureza**. A deliberação é uma proposição imputada a um conjunto de pessoas. Com suportes psicológicos e sociológicos, ela assenta, ontologicamente, em regras de Direito. Hoje surge como um negócio plural, de tipo deliberativo[1], assente em declarações de vontade dos participantes manifestadas através do voto[2]. 1

Enquanto negócio jurídico deliberativo, a deliberação: postula declarações confluentes e não contrapostas; pode formar-se por maioria, sendo oponível aos dissonantes; é imputável ao conjunto das pessoas que deliberem; traduz, sendo esse o caso, uma posição do órgão que elas integrem, provocando efeitos na esfera da pessoa colectiva respectiva; tem um regime próprio de formação e de eficácia. 2

[1] António Menezes Cordeiro, *Tratado de Direito civil* I/1, 3.ª ed. (reimp., 2009), 462 ss..

[2] Alguma doutrina entende que o voto sobre algumas matérias (como a aprovação do relatório e contas da sociedade) poderá constituir uma declaração de ciência e não de vontade - v., *inter alia*, Lobo Xavier, *Anulação de deliberações sociais* (1976), 555, n. 14; Pedro Maia, *Deliberações dos sócios* (2015), 225-226, n. 12.

3 2. **Evolução**[3]. Desde o Direito romano, a deliberação era um dado empírico, de tipo psicológico: várias pessoas juntas manifestam uma vontade unânime ou predominante, a qual é atribuída ao ente colectivo.

4 Com o desenvolvimento da teoria da personalidade colectiva, a deliberação foi tida, pelos organicistas, como um acto conjunto, que absorveria as precedentes vontades individuais. Os ficcionistas e os realistas optaram por ver, nela, um convénio multilateral entre os participantes.

5 O tecnicismo dominante reconduz a deliberação ao universo dos negócios jurídicos, com um regime especial e desenvolvido: a realidade subjacente pode ser muito variável, sem que isso interfira no regime.

6 3. **Classificações.** A literatura enuncia diversas categorias de deliberações[4]. Avulta a distinção, em função do resultado da votação, entre deliberações positivas (de aprovação da proposta) e negativas (de não aprovação da proposta)[5]. Haverá uma deliberação negativa caso: os votos *não* excedam os votos *sim*; haja empate entre os votos *não* e os votos *sim*; ou não haja suficientes votos *sim* para aprovação da proposta.

II – Direito português das sociedades comerciais

7 4. **Código Comercial (1888) e Lei de 1901**. No CCom, a deliberação, tratada como mera declaração de vontade, suscitava regras diferenciadas a propósito da sua invalidade[6]. O seu 146.º permitia ao sócio discordante "pedir" a nulidade da deliberação, numa regra retomada pelo 46.º da LSQ[7]. O 181.º, § único, do CCom, considerava nula a deliberação fora da ordem do dia, enquanto o seu 186.º facultava, a accionistas discordantes, pedir, por violação da lei ou dos estatutos, a suspensão de certas deliberações.

8 A LSQ (1901) continha já um capítulo (o IV) sobre deliberações sociais (35.º a 40.º)[8]. Regia, no essencial, a convocação e o funcionamento da assembleia geral. O 36.º, §§ 2.º e 3.º, permitia deliberações em escrito que todos os sócios subscrevessem.

9 A matéria ficou entregue à jurisprudência. Só no final da vigência do CCom surgiu um estudo sistemático aprofundado sobre o tema[9], tendo a síntese derivado dos autores do anteprojecto do CSC.

III – O Código das Sociedades Comerciais

10 5. **Preparatórios**. Não foi, *ab initio*, configurada uma visão unitária das deliberações. Vaz Serra, quanto à assembleia geral, tratou a supressão de direitos especiais e o abuso do direito[10]. Ferrer Correia desenvolveu o tema no anteprojecto sobre sociedades por quotas[11]. No projecto final, a matéria foi condensada e generalizada, com a feição actual[12].

11 6. **Opção individualista**. O CSC optou por referir deliberações dos sócios (e não sociais) e por não prever, genericamente, a assembleia geral[13]. Temos: (a) razões históricas: na falta de uma elaboração comercialística de raiz, quedavam as técnicas civis; (b) razões significativo-i-

[3] Menezes Cordeiro 1 (2016), 740 ss..

[4] Pinto Furtado, *Deliberações de sociedades comerciais* (2005), 383 ss.

[5] Lobo Xavier, *Anulação de deliberações sociais* (1976), 324; Raúl Ventura, *Sociedades por quotas*, II (1989), 238; RCb 10-fev.-2009 (Sílvia Pires), Proc. 9/08.

[6] Sobre a assembleia geral e o direito de voto no CCom: David de Oliveira Festas, *Das Inibições de Voto dos Sócios por Conflito de Interesses com a Sociedade nas Sociedades Anónimas e por Quotas*, 175 ss.

[7] Pinto Furtado, 1 (1975), 499 ss..

[8] Pinto Furtado, II/2 (1979), 785-794.

[9] Lobo Xavier, *Anulação de deliberações sociais* (1976).

[10] Vaz Serra, *Assembleia geral*, 106-113.

[11] Ferrer Correia/Lobo Xavier/Ângela Coelho/António Caeiro, *Sociedades por quotas/2.ª redacção*, 115 ss. da separata.

[12] BMJ 327 (1983), 98 ss..

[13] Menezes Cordeiro, *SA: assembleia geral e deliberações sociais* (2007), 21 ss..

deológicas: foi feita uma opção contratualista da sociedade, por oposição a institucionalista ou a organizacional; (c) razões conceituais: dominou uma preocupação generalizadora de integração das deliberações de sócios tomadas também sem assembleia, pelo que ficou, ao intérprete, a construção da assembleia.

7. **Sistemática**. Na parte geral, o CSC trata o tema em onze artigos, por vezes densos, agrupáveis: (a) deliberações e alguns aspectos – 53.º a 55.º; (b) invalidades – 56.º a 58.º; (c) processo – 59.º a 62.º; (d) actas (63.º). 12

Nas partes especiais, temos regras nos 189.º e 190.º (SNC), 246.º a 251.º (SPQ), 373.º a 389.º (SA) e 472.º (SC). Contamos, ainda, com muitos preceitos dispersos sobre assembleias gerais. 13

8. **Código dos Valores Mobiliários**: rege, nos 22.º (Voto por correspondência), 23.º (Procuração)[14], 23.-A (Direito a requerer a convocatória), 23.º-B (Inclusão de assuntos na ordem do dia e apresentação de propostas de deliberação), 23.º-C (Participação e votação na assembleia geral), 23.º-D (Acta da assembleia geral), 24.º (Suspensão de deliberação social), 25.º (Aumento de capital social) e 26.º (Anulação da deliberação de aumento de capital), matéria relativa às deliberações sociais de sociedades abertas. 14

A disciplina das assembleias gerais das sociedades abertas foi alterada pelo Decreto-Lei n.º 49/2010, de 19 de Maio, que admitiu as acções sem valor nominal e transpôs para a ordem jurídica interna a Directiva 2007/36/CE, do Parlamento Europeu e do Conselho, de 11 de Julho. O Decreto-Lei n.º 49/2010, de 19 de Maio, modificou alguns aspectos do regime geral das SA, do regime especial das sociedades abertas (cotadas e não cotadas) e do regime "especialíssimo" das sociedades abertas cotadas[15]. 15

No Código dos Valores Mobiliários, procedeu-se à alteração do texto dos artigos 22.º e 23.º e ao aditamento dos 21.º-B, 21.º-C, 23.º-A, 23.º-B, 23.º-C e 23.º-D. As alterações mais significativas recaíram sobre a convocatória, a informação prévia à assembleia geral, a inclusão de assuntos na ordem do dia, a apresentação de propostas de deliberação e a participação e votação em assembleia geral, em particular com a introdução do sistema da data de registo (*record date*) que, com diferente alcance, é acolhido em outros ordenamentos continentais (espanhol, francês, belga e germânico) e de *common law* (britânico e, sobretudo, estado-unidense)[16]. 16

IV – **Ineficácia e invalidade**

9. **Papel e feição**. A ineficácia e a invalidade das deliberações sociais constituíram o grande motor, em torno do qual foi elaborada toda a sua teoria. À partida, foram aproveitados os quadros civis relativos à ineficácia e à invalidade dos negócios, tal como evoluíram na sequência de Savigny[17]. Todavia, o seu regime foi adaptado à realidade societária de modo, designadamente, a proteger a sociedade e os próprios sócios das incertezas ligadas à invalidação dos actos[18]. 17

Nessa linha, podemos enunciar: (a) a invalidade básica é a anulabilidade – 58.º/1, *a*) – e não a nulidade, como sucede no Direito civil; (b) o prazo da anulação é de 30 dias – 59.º/2 – e não um ano; (c) as deliberações nulas podem ser renovadas – 62.º/1. 18

[14] Redacção dada pelo 7.º do DL 357-A/2007, de 31-out..

[15] João Labareda, *Os direitos de participação e de voto nas assembleias gerais das sociedades cotadas*, DSR 3 (2011), 5, 89-127 (91).

[16] David de Oliveira Festas, *Das Inibições de Voto dos Sócios por Conflito de Interesses com a Sociedade nas Sociedades Anónimas e por Quotas*, 588 ss.

[17] Menezes Cordeiro, *Tratado*, I/1, 3.ª ed., 853 ss. e *Da confirmação no Direito civil* (2008), 81 ss..

[18] Menezes Cordeiro 1 (2016), 763 ss..

19 10. **Quadro geral**. A deliberação que não produza todos os efeitos que lhe corresponderiam é ineficaz, *lato sensu*. Abrange a ineficácia *stricto sensu*, equivalente à falta de algum requisito externo (55.º) e a invalidade. Nesta temos a nulidade (56.º) e a anulabilidade (58.º): a primeira equivale a uma permissão genérica de suprimir o deliberado; a segunda implica um direito potestativo de impugnação.

20 11. **Deliberações aparentes e inexistentes**. A deliberação aparente não ocorreu *in rerum natura*; todavia, foi levada ao registo, podendo produzir efeitos perante terceiros de boa fé (22.º/4 do CRCom)[19].

21 A inexistência não tem autonomia, enquanto vício de actos jurídicos[20]. A inexistência jurídica (há uma certa materialidade, mas faltam elementos básicos) reconduz-se à nulidade[21], enquanto a inexistência material não tem relevo, salvo se houver registo, altura em que falamos numa deliberação aparente. As situações de invalidade muito graves reconduzem-se à nulidade.

V – **Interpretação**

22 12. **Regra geral**. As deliberações devem ser interpretadas. Em princípio, aplicar-se-lhes-iam os 236.º e seguintes, do CC: teríamos de procurar o sentido do destinatário normal da declaração, colocado na posição do real declaratário. Todavia, a deliberação atinge todos os sócios e, ainda, numerosos terceiros: não há um só "declaratário real". Há, pois, que optar por uma interpretação objectivada, do tipo da que se aplica perante a lei: à semelhança do que sucede com o próprio contrato de sociedade[22].

Artigo 53.º (Formas de deliberação)

1. As deliberações dos sócios só podem ser tomadas por alguma das formas admitidas por lei para cada tipo de sociedade.

2. As disposições da lei ou do contrato de sociedade relativas a deliberações tomadas em assembleia geral compreendem qualquer forma de deliberação dos sócios prevista na lei para esse tipo de sociedade, salvo quando a sua interpretação impuser solução diversa.

Bibliografia: Eduardo Lucas Coelho, *Formas de deliberação dos sócios*, AAVV (2002), 333-370; António Menezes Cordeiro 1 (2022), 665 ss.; Jorge Coutinho de Abreu, *53.º*, *Código em Comentário* 1 (2017), 671-676; e Jorge Pinto Furtado, *Deliberações dos sócios* (1993), 7-179.

Índice

1. Forma da deliberação 1
2. Enumeração 3
3. A tipicidade 5
4. A assembleia geral 6

1 1. **Forma da deliberação** será, em rigor, o modo por que ela se manifeste. Para além de só se provarem por ata ou, quando tomadas por escrito, pelo competente documento (63.º/1), as

[19] António Menezes Cordeiro/A. Barreto Menezes Cordeiro, *Manual de Direito Comercial*, 4.ª ed. (2019), 456 ss..

[20] Menezes Cordeiro, *Tratado* cit., I/1, 3.ª ed., 864 ss..

[21] Será o caso de, por desordem ocorrida na assembleia geral, a mesa não conseguir contar corretamente os votos: RLx 7-jul.-2009 (Arnaldo Silva), Proc. 4584/06, quanto a uma associação, que fala, todavia, em inexistência.

[22] Menezes Cordeiro 1 (2016), 497 ss..

deliberações podem surgir por qualquer modo (escrito, boletins, braço no ar, nominalmente, por voto secreto, etc.) determinado nos estatutos, deliberado pelos sócios ou fixado pelo presidente da mesa da assembleia geral, nas SA (384.º/8). Admite-se, ainda, o voto tácito e a deliberação tácita[1].

O 53.º pretende reportar-se ao procedimento conducente à deliberação ou ao modo por que esta seja tomada. Está em causa a fidedignidade da deliberação e a tutela de sócios e de terceiros. As "formas" ou modos das deliberações surgem no 54.º, sendo precisadas a propósito dos vários tipos societários. 2

2. **Enumeração**. A possibilidade de várias "formas" ou modos de deliberar adveio do 36.º, §§ 2.º e 3.º da LSQ. O CSC admite as seguintes[2]: (a) deliberação comum em assembleia presencial convocada; (b) deliberação em assembleia totalitária presencial não convocada – 54.º/1, 2.ª parte; (c) deliberação unânime por escrito – 54.º/1, 1.ª parte; (d) deliberação por voto escrito – 247.º/2, para as SPQ, aplicável às SNC – 189.º/1; (e) deliberação por correspondência – 384.º/9, para as SA. 3

Na prática, é frequente que todos os sócios assinem a ata de uma pretensa reunião, dando o seu acordo, ainda que não tenham verdadeiramente reunido. Nessas hipóteses, em que não houve efetivamente assembleia (reunião) dos sócios, mas estes adotaram unanimemente uma deliberação, o ato é válido e eficaz (não obstante a tipicidade das deliberações), seja entendendo que foi tomada uma deliberação unânime por escrito (ainda que sob as vestes de uma aparente assembleia totalitária), seja considerando que se trata de uma situação análoga a uma deliberação tomada por uma (verdadeira) assembleia totalitária, sendo admissível esse modo de deliberar por interpretação extensiva do 54.º/1, 2.ª parte. 4

3. **A tipicidade** dos modos de deliberar deriva da própria tipicidade societária, que abrange os órgãos e de certas preocupações procedimentais. Os modos fixados para cada tipo societário devem ser respeitados (53.º/1), sob pena de nulidade das deliberações em causa – 56.º/1, *a)* e *b)*[3]. 5

4. **A assembleia geral** equivale ao modo matricial básico de tomar deliberações[4]. Assim, as regras a ela relativas, quer da lei quer dos estatutos, aplicam-se a todos os modos de deliberar: salvo diversa solução interpretativa (53.º/2). As decisões coletivamente tomadas pelos sócios em assembleia geral são – todas elas (ainda que recaindo sobre questões procedimentais) – deliberações de sócios, sendo, como tal, potencialmente impugnáveis[5]. 6

Artigo 54.º (Deliberações unânimes e assembleias universais)

1. Podem os sócios, em qualquer tipo de sociedade, tomar deliberações unânimes por escrito e bem assim reunir-se em assembleia geral, sem observância de formalidades prévias, desde que todos estejam presentes e todos manifestem a vontade de que a assembleia se constitua e delibere sobre determinado assunto.

2. Na hipótese prevista na parte final do número anterior, uma vez manifestada por todos os sócios a vontade de deliberar, aplicam-se todos os preceitos legais

[1] Lobo Xavier, *Anulação de deliberações sociais* (1976), 467 ss. (n. 109 a), ainda que exprimindo reservas quanto à deliberação tácita; Pinto Furtado, *Deliberações de sociedades comerciais* (2005), 389 ss.; STJ 22-nov.-1995 (Manuel Sousa Inês), BMJ 451 (1995), 460-468 (467).

[2] Pinto Furtado (1993), (n.º 24).

[3] STJ 3-abr.-2014 (Granja da Fonseca), Proc. 1352/08.

[4] António Menezes Cordeiro, *SA: assembleia geral* cit., 29 ss..

[5] STJ 10-jan.-2012 (Hélder Roque), Proc. 515/07.

e contratuais relativos ao funcionamento da assembleia, a qual, porém, só pode deliberar sobre os assuntos consentidos por todos os sócios.

3. O representante de um sócio só pode votar em deliberações tomadas nos termos do n.º 1 se para o efeito estiver expressamente autorizado.

Bibliografia: Jorge Coutinho de Abreu, *54.º*, *Código em Comentário* 1 (2017), 677-682; António Caeiro, *Assembleia totalitária ou universal*, RDE 1982, 389-406 = *Temas de Direito das sociedades* (1984), 467-492; Eduardo Lucas Coelho, *Formas de deliberação e de votação dos sócios*, AAVV 2002, 333-370; António Menezes Cordeiro 1 (2022), 668-671; Luís Brito Correia 3 (1990), 248-252; Jorge Pinto Furtado, *Deliberações dos sócios* (1993), 181-209; *id.*, *Deliberações de sociedades comerciais* (2005), 375-472; Pedro Maia, *Deliberações dos sócios*, em AAVV (2015), 223-254; Raúl Ventura, *Assembleias gerais totalitárias*, SI XXVIII (1979), 91-128.

Índice

I – **A assembleia geral**
1. Sede legal 1
2. Composição 2
3. Processo deliberativo 5

II – **Assembleias unânimes ou totalitárias**
4. Requisitos 6
5. Representação 7
6. Regime 8

III – **Deliberações unânimes por escrito**
7. Requisitos 9
8. Regime 10

I – A assembleia geral

1 1. **Sede legal**. O 54.º pressupõe a existência de um órgão: a assembleia geral. Esta vem tratada a propósito das SA (373.º ss.), em regras tendencialmente aplicáveis às SPQ (248.º/1), às SNC (189.º/1) e às SC (474.º e 478.º). Todavia, alguns dos seus aspetos condicionam as deliberações e a sua eficácia, devendo ser aqui tratados. No CSC, 160 artigos reportam-se à assembleia geral ou a deliberações dos sócios[1]: o competente comentário será feito a propósito de cada um deles.

2 2. **Composição**. Todos os sócios têm o direito de participar nas deliberações sociais – 21.º/1, *b*) – reunindo em assembleia geral (54.º/1)[2]. A regra aplica-se plenamente às SPQ (248.º/2) e às SNC (189.º/1) e, limitadamente, às SA (379.º/1), onde apenas participam os acionistas com direito a, pelo menos, um voto.

3 Devem ainda estar presentes os administradores e os membros de órgãos de fiscalização (379.º/4), podendo fazê-lo, quando os estatutos o não proíbam, os acionistas sem direito de voto e os obrigacionistas (379.º/2), bem como os representantes comuns de titulares de ações preferenciais sem voto (343.º/1) e de obrigacionistas – 359.º/1, *c*).

4 A representação em assembleia geral é diversamente regulada nas SNC (189.º/4), nas SPQ (249.º/5) e nas SA (380.º/1).

5 3. **Processo deliberativo**[3]. A deliberação exige uma coordenação de meios e de pessoas, sujeita a regras: o processo deliberativo, que visa a obtenção de um fim: a própria deliberação. Em síntese[4], ele abrange: (a) convocatória dirigida a todas as pessoas com o direito de participar e que indique o local, a data, a hora e a ordem de trabalhos; (b) uma reunião, com presidência,

[1] *Vide* a enumeração em António Menezes Cordeiro, *SA: assembleia geral*, 85 ss..

[2] David de Oliveira Festas, *Das Inibições de Voto dos Sócios por Conflito de Interesses com a Sociedade nas Sociedades Anónimas e por Quotas* (2015, policop.), 727 ss.

[3] António Menezes Cordeiro 1 (2016), 748 ss.

[4] Mais elementos a propósito da SA: 373.º e seguintes e suas anotações.

secretariado, verificação de presenças e ata; (c) uma ou mais propostas; (d) um debate; (e) uma votação, com escrutínio e proclamação de resultados; (f) uma ata; (g) eventualmente: a aprovação da ata.

II – **Assembleias unânimes ou totalitárias**

4. **Requisitos**. A assembleia unânime ou totalitária dispensa a convocatória. Ela exige (54.º/1, 6
2.ª parte): (a) a presença de todos os sócios[5]; (b) a vontade unânime de que se constitua a assembleia; (c) o acordo unânime sobre os assuntos a submeter, aí, à deliberação. Formalizada pelo CSC, já era, anteriormente, reconhecida pela jurisprudência[6].

5. **Representação**. O representante de um sócio deve ter poderes especiais para agir, em nome 7
e por conta dele, na constituição e no funcionamento de uma assembleia totalitária (54.º/3, por interpretação extensiva)[7].

6. **Regime**. Uma vez constituída, a assembleia totalitária só delibera sobre os assuntos que 8
mereceram acordo unânime; porém, a partir daí, fá-lo nos termos gerais (54.º/2), com aplicação das regras legais e estatutárias. Pode, sobre os assuntos em causa, deliberar por maioria[8]. Havendo acordo de todos quanto ao próprio sentido da deliberação, pode mesmo ser dispensada uma reunião (assembleia) formal. O livro de atas circulará para que todos o possam assinar e, conforme referimos, a deliberação será válida e eficaz: seja entendendo que foi tomada uma deliberação unânime por escrito, seja considerando que se trata de uma situação análoga a uma deliberação tomada por (verdadeira) assembleia totalitária[9].

III – **Deliberações unânimes por escrito**

7. **Requisitos**. Na deliberação unânime por escrito, os sócios manifestam a sua concordância 9
com uma proposta – o 56.º/1, *b*), fala em "convite" – que lhes seja submetida. O acordo escrito não tem de constar de um documento único: admite-se que resulte de carta assinada, emergindo a deliberação do conjunto das cartas ou, até, de um documento destinado a outro fim[10]. Fica dispensada a assembleia[11].

8. **Regime**. A exigência de unanimidade deriva da supressão da hipótese de debate: o discor- 10
dante não tem a possibilidade de dar as suas razões, procurando convencer os demais sócios. Qualquer discordância bloqueia este tipo de deliberação, só possível, na prática, nas pequenas sociedades.

[5] Esta exigência deve ser interpretada de modo a requerer participação de todos os que tenham direito: poderá ser satisfeita, por exemplo, com a presença de representantes comuns (nas hipóteses de contitularidade da participação), mas poderá reclamar a presença de não-sócios com direito de participação (*v.g.* usufrutuários ou credores pignoratícios). É de entender que a assembleia totalitária não exige a presença dos membros dos órgãos de administração e fiscalização. Neste sentido, *vide* Jorge Coutinho de Abreu 2 (2019), 478-479 ss. Em sentido diferente, Jorge Pinto Furtado, *Deliberações dos sócios*, 449 ss.

[6] STJ 14-out.-1982 (Jacinto Rodrigues Bastos), RDE VIII (1982), 385-389.

[7] Nas SQ importa conjugar o 54.º/3 com o 249.º/2 – cf. também STJ 3-abr.-2014 (Granja da Fonseca), Proc. 1352/08.

[8] STJ 18-mai.-2006 (Sebastião Póvoas), CJ/Supremo XIII (2006) 2, 93-95 (94/I).

[9] RPt 20-nov.-1995 (Bessa Pacheco), Proc. 9559218; Jorge Coutinho de Abreu 2 (2019), 458 – vendo, nestes casos uma deliberação unânime por escrito; STJ 14-jan.-1997 (Cardona Ferreira), CJ/Supremo V (1997) 1, 49-52 (51).

[10] STJ 18-mai.-2006 (Sebastião Póvoas), Proc. 06A1106: um contrato-promessa onde todos os sócios outorgaram.

[11] STJ 16-mar.-1999 (Francisco Lourenço), CJ/Supremo VII (1999) 1, 160-163 (162), num caso em que se propendeu para a negativa.

Artigo 55.º (Falta de consentimento dos sócios)

Salvo disposição legal em contrário, as deliberações tomadas sobre assunto para o qual a lei exija o consentimento de determinado sócio são ineficazes para todos enquanto o interessado não der o seu acordo, expressa ou tacitamente.

Bibliografia: Jorge Coutinho de Abreu, *55.º*, *Código em Comentário* 1 (2017), 683-687; António Menezes Cordeiro 1 (2016),769-770; Paulo Olavo Cunha, *Breve nota sobre os direitos dos sócios*, em *Novas perspetivas do Direito comercial* (1988), 239-240 e *Os direitos especiais nas sociedades anónimas: as acções privilegiadas*, 1993; Manuel A. Carneiro da Frada, *Deliberações sociais inválidas no novo CSC*, em AAVV, *Novas perspetivas do Direito comercial* (1988), 315-336 (329); Jorge Pinto Furtado, *Deliberações dos sócios* (1993), 211-280 e *Deliberações de sociedades comerciais* (2005), 508-547; Pedro Maia, *Deliberações dos sócios*, AAVV (2015), 223-254; Armando Manuel Triunfante, *A tutela das minorias nas sociedades anónimas/Direitos individuais* (2004), 183-189.

Índice

1. A ineficácia ... 1
2. Direitos especiais ... 3
3. Outras situações ... 4
4. Exceções ... 5

1 1. **A ineficácia** em sentido estrito, aqui consagrada, traduz a deliberação que, válida em si, é bloqueada nos seus efeitos por algum elemento exterior. Neste caso: a necessidade de um sócio dar o seu consentimento. Caso este sobrevenha, expressa ou tacitamente, a deliberação recupera toda a sua eficácia a partir do momento em que o consentimento seja dado (*ex nunc*)[1]. Verificados os pressupostos, os gerentes ou administradores que executem uma deliberação ineficaz responderão perante o sócio titular do direito especial pelos danos que lhe sejam causados (79.º).

2 A falta do consentimento requerido por um sócio poderia, em abstrato, dar azo à nulidade (Lobo Xavier)[2] ou à anulabilidade (Carlos Olavo)[3]. A lei resolveu dúvidas, fixando, ao caso, a ineficácia *strito sensu*[4]. À luz do quadro legal vigente e da especialidade do 55.º face ao 58.º, afigura-se infundado o entendimento de que uma deliberação que ofenda um direito especial (mas não o suprima ou coarte) seja anulável (por anti-estatutária) nos termos do 58.º/1 *a*)[5].

3 2. **Direitos especiais** dão azo à situação em que, paradigmaticamente, se exige o consentimento do seu titular para, salvo regra legal ou estatutária em contrário, poderem ser suprimidos ou coartados (24.º/5)[6].

4 3. **Outras situações**: 133.º/2 (a transformação que implique responsabilidade ilimitada deve ser aprovada pelos visados), 233.º/2 (a possibilidade de amortização de quota que não figurasse anteriormente no contrato deve ser unanimemente deliberada) e 328.º/3 (as limitações à transmissibilidade das ações só podem ser introduzidas com o consentimento dos visados)[7]. Enquanto faltar algum consentimento, a deliberação é válida, mas ineficaz.

5 4. **Exceções.** No 55.º estatui-se que, em regra, as deliberações tomadas sobre assunto para o qual a lei exija o consentimento de determinado sócio são absolutamente ineficazes (para todos

[1] Paulo Olavo Cunha, *Os direitos especiais nas sociedades anónimas*, 331. Defendendo que não há obstáculo à retroatividade da deliberação social, Cristiano Dias, *Os direitos especiais dos sócios* (2015), 172 ss.

[2] Vasco Lobo Xavier, *Invalidade e ineficácia das deliberações sociais no Projeto de Código das Sociedades* (1985), 15-16.

[3] Carlos Olavo, *Impugnação das deliberações sociais*, CJ XIII (1988) 3, 19-31 (27/I).

[4] Jorge Pinto Furtado, *Deliberações dos sócios*, 242-243; António Menezes Cordeiro 1 (2016), 770.

[5] Nesse sentido, Luís Brito Correia, Direito Comercial 2 (1989), 331.

[6] António Menezes Cordeiro 1, (2016), 615 ss.; Cristiano Dias, *Os direitos especiais dos sócios* (2015), 147 ss., 162 ss.

[7] Pedro Maia, *Deliberações dos sócios*, 245.

os sócios) enquanto o consentimento não seja dado. Todavia, conforme se ressalva na parte inicial do 55.º, há exceções em que a falta de consentimento de determinado sócio determina a ineficácia relativa da deliberação, limitada ao sócio que não deu o seu consentimento. V., a título ilustrativo, a deliberação de alteração estatutária que envolva o "aumento das prestações impostas pelo contrato aos sócios" e que é "ineficaz para os sócios que nele não tenham consentido" (86.º/2) ou a deliberação que constitua os sócios na obrigação de efetuar suprimentos, que é eficaz somente para os sócios que a votem favoravelmente e assumam a obrigação (244.º/2)[8].

Artigo 56.º (Deliberações nulas)

1. São nulas as deliberações dos sócios:

_a_) Tomadas em assembleia geral não convocada, salvo se todos os sócios tiverem estado presentes ou representados;

_b_) Tomadas mediante voto escrito sem que todos os sócios com direito de voto tenham sido convidados a exercer esse direito, a não ser que todos eles tenham dado por escrito o seu voto;

_c_) Cujo conteúdo não esteja, por natureza, sujeito a deliberação dos sócios;

_d_) Cujo conteúdo, diretamente ou por atos de outros órgãos que determine ou permita, seja ofensivo dos bons costumes ou de preceitos legais que não possam ser derrogados, nem sequer por vontade unânime dos sócios.

2. Não se consideram convocadas as assembleias cujo aviso convocatório seja assinado por quem não tenha essa competência, aquelas de cujo aviso convocatório não constem o dia, hora e local da reunião e as que reúnam em dia, hora ou local diversos dos constantes do aviso.

3. A nulidade de uma deliberação nos casos previstos nas alíneas _a_) e _b_) do n.º 1 não pode ser invocada quando os sócios ausentes e não representados ou não participantes na deliberação por escrito tiverem posteriormente dado por escrito o seu assentimento à deliberação.

Bibliografia: Jorge Coutinho de Abreu, *56.º, Código em Comentário* 1 (2017), 688-689; José de Oliveira Ascensão, *Invalidades das deliberações dos sócios*, AAVV (2002), 371-398 e em *Estudos em Homenagem ao Prof. Doutor Raúl Ventura*, II (2003), 17-44; António Menezes Cordeiro 1 (2022), 689-703; *id.*, *SA: assembleia geral e deliberações sociais* (2007), 183 ss.; Luís Brito Correia 3 (1990), 329-345; *id.*, *Regime de invalidade das deliberações sociais*, em AAVV, *Os quinze anos de vigência do CSC* (2001), 57-82; Manuel A. Carneiro da Frada, *Deliberações sociais inválidas no novo CSC*, em AAVV, *Novas perspetivas do Direito comercial* (1988), 315-336; Jorge Pinto Furtado, *Deliberações dos sócios* (1993), 281-346 e *Deliberações de sociedades comerciais* (2005), 590-631; Pedro Maia, *Invalidade de deliberação social por vício de procedimento*, ROA 2001, 699-748; *id.*, *Deliberações dos sócios*, AAVV (2015), 223-254; Filipe Cassiano dos Santos/Hugo Duarte Fonseca, *Inexistência e nulidade de deliberações sociais*, DSR 7 (2012), 49-47; Armando Manuel Triunfante, *A tutela das minorias nas sociedades anónimas/Direitos individuais* (2004), 180-183; Pedro Pais de Vasconcelos, *A participação social nas sociedades comerciais*, 2.ª ed. (2006), 177 ss.; Vasco da Gama Lobo Xavier, *Anulação de deliberação social e de deliberações conexas* (1976), 87-261; *id.*, *Invalidade e ineficácia das deliberações sociais no projeto de Código das Sociedades* (1985), separata da RLJ.

[8] Jorge Coutinho de Abreu 2 (2019), 460-461.

Índice

I – Nulidade e grupos de casos
1. A nulidade ... 1
2. Procedimento e substância ... 2
3. Outros casos de nulidade ... 4

II – Assembleias não convocadas ou deficientemente convocadas
4. Assembleias não convocadas ... 5
5. Deficientemente convocadas ... 9
6. Sanação e renovação ... 11

III – Voto escrito sem proposta dirigida a todos os sócios
7. A deliberação tomada por voto escrito ... 12
8. Sanação e renovação ... 13

IV – Não sujeição, por natureza, a deliberação dos sócios
9. Origem e teorias ... 14
10. Rejeição da incompetência ... 15
11. O relevo prático ... 16

V – Contrariedade aos bons costumes
12. Origem ... 17
13. Conceito ... 19
14. Concretização ... 21
15. Casuística ... 23

VI – Contrariedade e preceitos inderrogáveis
16. Origem ... 24
17. Delimitação ... 25
18. A natureza imperativa ... 26
19. Casuística ... 29

I – Nulidade e grupos de casos

1 1. **A nulidade** de deliberações sociais corresponde aos casos mais graves, sendo expressamente visada pela lei: quando não, caímos na mera anulabilidade[1]. Nesse sentido, os casos de nulidade são taxativos. O regime da nulidade consta, em parte, do 57.º devendo, no resto, aproximar-se do 286.º do CC.

2 2. **Procedimento e substância** permitem agrupar os casos de nulidade: há vício de procedimento perante assembleias não convocadas – 56.º/1, *a*) e 56.º/2 – ou em face de votos escritos sem que todos os sócios tenham recebido a proposta – 56.º/1, *b*); de substância quando, por natureza, o seu conteúdo não esteja sujeito a deliberação – 56.º/1, *c*) – ou sempre que haja violação dos bons costumes ou de lei inderrogável – 56.º/1, *d*). Os vícios de procedimento são sanáveis, ao contrário dos de substância – 62.º/1.

3 A violação de preceitos legais imperativos é desvalorada diferenciadamente consoante a natureza da norma: em regra (ressalvadas as hipóteses excecionais enunciadas no 56.º/1 *a*) e *b*), a violação de normas legais de procedimento determina apenas a anulabilidade da deliberação (58.º/1 *a*); ao invés, é nula a deliberação cuja substância atente contra preceitos legais imperativos (56.º/1 *d*)[2].

4 3. **Outros casos de nulidade** surgem no CSC: 27.º/1 (deliberações que liberem total ou parcialmente os sócios da obrigação de efetuar entradas estipuladas), 69.º/3 (deliberações que violem os preceitos legais atinentes à reserva legal, bem como aqueles cuja finalidade, exclusiva ou principal, seja a proteção de credores ou do interesse público) e 282.º/1 (deliberação de constituição de sociedade e deliberações complementares desta). Estes preceitos são meras concretizações do 56.º/1, *d*).

II – Assembleias não convocadas ou deficientemente convocadas

5 4. **Assembleias não convocadas** dão azo a deliberações nulas – 56.º/1, *a*). A nulidade funda-se na gravidade do vício de procedimento, impeditivo do exercício de direitos sociais (polí-

[1] STJ 13-fev.-2004 (Lopes Pinto), Proc. 04A1519; STJ 11-jan.-2011 (Sebastião Póvoas), Proc. 801/06.

[2] Carneiro da Frada, *Deliberações sociais inválidas*, 319 ss.; Pedro Maia, *Deliberações dos sócios*, 239 ss.

ticos ou administrativos) de primeira ordem, nomeadamente do direito de participar nas deliberações de sócios (21.º/1 b) – assistindo, discutindo, formulando propostas de deliberação e votando – e do direito à informação (21.º/1 c). A ressalva legal de todos os sócios terem estado presentes ou representados deve ser completada com o 54.º/1: para que haja assembleia totalitária, todos devem dar o acordo a que haja assembleia e a que se delibere sobre determinado (s) assunto (s)[3].

São nulas, pelo mesmo motivo, as deliberações tomadas sem que todos os sócios tenham 6
sido convocados[4] ou que recaiam sobre pontos ausentes da ordem do dia: sobre eles, não houve convocatória[5].

O 56.º/2 explicita que não se consideram convocadas as assembleias: (a) cuja convoca- 7
tória não tenha a assinatura competente (*v.g.* a convocatória para uma assembleia geral de uma sociedade por quotas assinada por um sócio que não seja gerente); (b) ou omita o dia, hora e local da reunião[6]; (c) ou reúna em dia, hora ou local diversos dos do aviso. Há, aqui, deficiências não retificáveis da convocatória.

As deliberações tomadas em assembleias não convocadas são tradicionalmente discutidas 8
no âmbito do debate em torno do reconhecimento de deliberações sociais "inexistentes": seja afirmando que há uma deliberação "inexistente" quando apenas na aparência existe reunião de sócios ou os fatos invocados efetivamente não ocorreram[7]; seja propugnando que se está perante uma hipótese de nulidade quando há efetivamente reunião de sócios, mas os sócios que participam na assembleia não são, afinal, os únicos sócios da sociedade[8].

5. **Deficientemente convocadas** são as assembleias cujas convocatórias não contenham os 9
elementos essenciais (56.º/2, considerando-as não convocadas), cujos termos sejam puramente genéricos[8] ou não-claros[10], que se reportem à alteração dos estatutos sem especificar os pontos a modificar[11] ou que não sejam suficientemente explícitos[12].

Meras irregularidades quanto à forma (que não omitam sócios)[13] ou a falta de informa- 10
ções, como as requeridas pelo 377.º/8[14], dão azo à anulabilidade – 58.º/1, *c*) e 4, *a*)[15].

6. **Sanação e renovação.** As deliberações nulas por ausência ou vício na convocação ficam 11
sanadas com o assentimento escrito dado pelos sócios ausentes e não-representados (56.º/3): trata-se, pois, de uma invalidade mista. Podem, ainda, ser renovadas por nova deliberação sem falhas (62.º/1). Às deliberações nulas nos termos das als. *c*) e *d*) do 56.º/1 aplica-se, sem especialidade, o regime da nulidade.

[3] STJ 3-abr.-2014 (Granja da Fonseca), Proc. 1352/08.

[4] STJ 2-jun.-1987 (Gama Prazeres), BMJ 368 (1987), 534-540 (539-540), STJ 23-mar.-1988 (Mário Afonso), BMJ 375 (1988), 403-413 (412) e STJ 12-jul.-1994 (Cura Mariano), BMJ 439 (1994), 582-587 (586). Em rigor, a não convocação de um sócio dá lugar a anulabilidade: cabe ao sócio atingido decidir se anula, ou não, o que tenha sido decidido. Repare-se que a deliberação em jogo pode ser favorável: para a sociedade e para o próprio ausente o qual, de todo o modo, poderá dar sempre o seu acordo.

[5] STJ 21-jul.-1979 (Otávio Dias Garcia), BMJ 288 (1979), 437-440.

[6] 377.º/5 *b*) e 6.

[7] RPt 19-mai.-2010 (Canelas Brás), Proc. 295/08. Identificando várias hipóteses que qualifica como deliberações "inexistentes", Jorge Coutinho de Abreu 2 (2019), 457-458.

[8] Filipe Cassiano dos Santos/Hugo Duarte Fonseca, *Inexistência e nulidade de deliberações sociais*, DSR 7 (2012), 49-47.

[9] STJ 17-fev.-1970 (Rui Guimarães), BMJ 194 (1970), 247-252 (250).

[10] STJ 29-jul.-1980 (Costa Soares), BMJ 299 (1980), 378-383.

[11] STJ 6-fev.-1986 (Góis Pinheiro), BMJ 354 (1986), 571-577 (576-577).

[12] *Vide* João Calvão da Silva, *A convocação da assembleia geral (Art. 375.º, n.º 2, do C.S.C.)*, em *Estudos de Direito comercial* (*Pareceres*) (1999), 265-274; STJ 4-mai.-2010 (Hélder Roque), Proc. 650/06.

[13] RPt 13-jan.-1994 (Sousa Leite), BMJ 433 (1994), 622.

[14] STJ 26-fev.-2004 (Pires da Rosa), CJ/Supremo XII (2004) 1, 80-82 (82/II).

[15] STJ 13-mar.-2007 (Silva Salazar), Proc. 07A88.

III – Voto escrito sem proposta dirigida a todos os sócios

12 7. **A deliberação tomada por voto escrito** abrange a unânime por escrito (54.º/1) e a tomada por voto escrito em sentido próprio (247.º/1): em ambos os casos há nulidade se nem todos os sócios com direito a voto tiverem sido adequadamente solicitados a pronunciar-se.

13 8. **Sanação e renovação** são possíveis, nos termos aplicáveis às deliberações de assembleias não convocadas (56.º/3 e 62.º/1).

IV – Não sujeição, por natureza, a deliberação dos sócios

14 9. **Origem e teorias**. O 56.º/1, *c*), muito enigmático, adveio da lei alemã que, no correspondente preceito, também levanta dúvidas[16]. Três teorias: (a) a da incompetência: os atos alheios à assembleia[17]; (b) a da impossibilidade: os atos fisicamente impossíveis[18]; (c) a da incapacidade: os atos alheios à capacidade da sociedade (6.º/1)[19].

15 10. **Rejeição da incompetência**. A assembleia que delibere sobre matéria reservada a outros órgãos não incorre em nulidade, como corolário do 6.º/4. Trata-se de meras questões estatutárias internas, que não podem prejudicar terceiros. E quando a incompetência atingisse, por si, sócios ou terceiros, cair-se-ia na ineficácia (55.º) ou na nulidade por ilicitude – 56.º/1, *d*). Já a impossibilidade – que reconduziríamos ao 56.º/1, *d*)[20] – e a incapacidade implicam nulidade, razão por que subscrevemos a terceira das teorias apontadas.

16 11. **O relevo prático** do preceito, envolvido nas apontadas dificuldades, é escasso, não tendo sido aplicado. A amplitude do 56.º/1, *d*), retira-lhe espaço próprio[21].

V – Contrariedade aos bons costumes

17 12. **Origem**. O 56.º/1, *d*), fere de nulidade os atos direta ou indiretamente (i.é: por atos de outros órgãos que determinem ou permitam) ofensivos aos bons costumes. O preceito não constava do projeto[22], tendo sido introduzido à última hora[23], por reverência para com o anteprojeto de Coimbra sobre sociedades por quotas[24] e sem que os autores desse anteprojeto tenham defendido tal introdução: antes a criticaram[25].

18 A fonte última reside na lei alemã sobre sociedades anónimas (§ 241/4).

19 13. **Conceito**. Os bons costumes referidos são os do 280.º/2 do CC[26], abrangendo duas áreas: (a) regras de conduta sexual ou familiar, que a lei civil não explicita, mas que todos conhecem e admitem; (b) regras deontológicas próprias de cada setor profissional ou do próprio comércio em geral[27].

[16] Jorge Coutinho de Abreu, *Direito comercial/Governação das sociedades* (2005), 115.

[17] Lobo Xavier, *Invalidade e ineficácia* cit., 15-16, Pedro Pais de Vasconcelos, *A participação social nas sociedades comerciais*, 2.ª ed., 179 ss., Carneiro da Frada, *Deliberações sociais inválidas*, 327-329, Brito Correia 3 (1990), 296-297, Carlos Olavo, *Impugnação das deliberações sociais*, 23, Raúl Ventura, *Alterações do contrato de sociedade* (1986), 82 e *Estudos vários sobre sociedades anónimas* (1992), 557 e Pedro Maia, *Deliberações dos sócios*, 258.

[18] Pinto Furtado, *Deliberações dos sócios*, 319 ss., *Curso de Direito comercial*, 5.ª ed. (2004), 450-451, e *Deliberações de sócios* (2005), 592-600 e (2007), 83.

[19] António Menezes Cordeiro 1, (2016), 778; contra: Pinto Furtado (2007), 83.

[20] António Menezes Cordeiro 1, (2016), 782 ss.

[21] *Vide*, porém, RLx 11-nov.-2014 (Cristina Coelho), Proc. 27/12, considerando nula a deliberação dos sócios que verse sobre a nomeação de representante comum dos contitulares com fundamento nas alíneas *c*) e *d*) do n.º 1 do art. 56.º.

[22] BMJ 327 (1983), 98.

[23] Pinto Furtado, *Deliberações dos sócios*, 328.

[24] Ferrer Correia/Lobo Xavier/Ângela Coelho/António Caeiro, *Sociedades por quotas*, 136-137, onde tinha uma redação bem mais elegante; *vide* António Menezes Cordeiro 1 (2016), 725.

[25] Vasco Lobo Xavier, *Invalidade e ineficácia*, 18-19.

[26] Menezes Cordeiro, *Tratado de Direito civil* II, 4.ª ed. (2011), 584 ss. e 1 (2011), 778 ss..

[27] RPt 12-set.-2011 (Soares de Oliveira), Proc. 650/09.

No Direito português não há que inserir, nos bons costumes, os princípios gerais injun- 20
tivos, que devem ser respeitados pelos contratantes privados: eles integram, antes, a ordem pública, autonomizada no 280.º/2, do CC[28].

14. **Concretização** passa pela sensibilidade pessoal e social do julgador, que determinará, nas 21
circunstâncias concretas, quais as normas de conduta sexual e familiar a respeitar (p.ex., não pode haver deliberações destinadas a favorecer casos amorosos) ou que deontologias estão em causa (p.ex., deliberações que pretendam bulir com o sigilo profissional, pedindo à administração do Banco que revele negócios concretos).

Torna-se mais fácil, na prática, encontrar casos cuja ordenação, perante os bons costumes, 22
suscite acordo generalizado do que fixar fronteiras abstratas. Anote-se, ainda, que o 334.º CC considera haver abuso do direito na violação dos bons costumes. Os atentados deliberativos aos bons costumes poderiam, assim, dizer-se abusivos. Haveria, contudo, uma indefinição de institutos que não beneficiaria o Direito das sociedades.

15. **Casuística**. Os tribunais têm concretizado os bons costumes sobretudo na área da deonto- 23
logia comercial, que impõe um mínimo de distribuição de lucros e de equilíbrio nos negócios. Assim, foram considerados contrários aos bons costumes: distribuir lucros por dois fundos e uma conta nova, prosseguindo uma prática de vinte e cinco anos de não-distribuição aos sócios[29]; vender a uma irmã de um sócio o único imóvel da sociedade por um preço muito inferior ao real[30]; vender por 210.000 c. o estabelecimento e sede da sociedade, quando o sócio minoritário presente ofereceu 518.000 c., equivalentes ao valor real[31]; trespassar um estabelecimento e vender terrenos por menos de metade do seu valor real[32].

VI – **Contrariedade a preceitos inderrogáveis**

16. **Origem**. O 56.º/1, *d*), impõe nulidade às deliberações cujo conteúdo, direta ou indi- 24
retamente (i.é.: por atos de outros órgãos que determinem ou permitam[33]), seja ofensivo de preceitos legais que não possam ser derrogados nem sequer por vontade unânime dos sócios. A fórmula adveio do projeto Ferrer Correia sobre sociedades por quotas[34].

17. **Delimitação**. O preceito que possa ser afastado pela vontade dos sócios é supletivo. 25
Quando, para o afastamento, se exija unanimidade, mantém-se a supletividade: a quebra dessa regra gera, apenas, anulabilidade. A nulidade ocorre perante a injuntividade: nem por unanimidade se admite o afastamento[35]. Os preceitos estatutários equivalentes a preceitos legais são havidos como legais, para efeitos de nulidade das deliberações (58.º/2).

[28] António Menezes Cordeiro, *Tratado de Direito Civil* II, 4.ª ed. (2011), 596 ss..

[29] STJ 7-jan.-1993 (Raúl Mateus), BMJ 423 (1993), 539-553 (552) = CJ/Supremo I (1993) 1, 5-10 (10/I) = RDES XXXVIII (1996), 257-268, anot. Evaristo Mendes.

[30] RPt 13-abr.-1999 (Afonso Correia), CJ XXIV (1999) 2, 196-202 (200-201).

[31] STJ 3-fev.-2000 (Miranda Gusmão), CJ/Supremo VIII (2000) 1, 59-63 (62).

[32] STJ 15-dez.-2005 (Oliveira Barros), Proc. 05B332.

[33] António Menezes Cordeiro 1, 785, quanto à contrariedade indireta.

[34] Ferrer Correia/Lobo Xavier/Ângela Coelho/António Caeiro, *Sociedades por quotas*, 139; crítico: Pinto Furtado, *Deliberações dos sócios*, 340 ss..

[35] Também não é admissível a derrogação de preceitos legais injuntivos através do contrato de sociedade. *Vide* o 9.º/3: os preceitos legais *supletivos* podem ser afastados por disposição do contrato de sociedade (na sua versão original ou através de alterações posteriores) ou por deliberação de sócios, mas apenas quando o contrato de sociedade expressamente o permita. A deliberação de sócios que derrogue um preceito legal supletivo sem a necessária permissão estatutária será, em regra, anulável – 58.º/1 *a*).

26 18. **A natureza imperativa** pode ser explícita ou implícita. Neste caso, a imperatividade pode resultar[36]: (a) da pertença à ordem pública; (b) da concretização de princípios ou subsetores injuntivos; (c) da tutela de terceiros.

27 A boa-fé é injuntiva pelo que as deliberações que envolvam abuso do direito são nulas, por violação do 334.º do CC. Esta situação não se confunde com a dos chamados votos abusivos – 58.º/1, *b*) – indutores de mera anulabilidade[37].

28 Outras violações do princípio da lealdade (boa-fé) – que não impliquem violação do 334.º do CC, nem estejam abrangidas pelo 58.º/1 *b*) (desde logo, por não estarem verificados os correspondentes requisitos) – devem ser apreciadas ponderando as circunstâncias em que a boa-fé é atingida: *(a)* se a substância da deliberação atinge o princípio da lealdade, a deliberação é nula, por violação de um princípio injuntivo (56.º/1 *d*)[38]; *(b)* se há (apenas) votos deslealmente emitidos, o vício atinge primariamente os votos (que são nulos), podendo refletir-se sobre a validade da deliberação, que será anulável caso os votos inválidos tenham sido determinantes para o respetivo resultado (v. analogamente o 58.º/1 *b*))[39].

29 19. **Casuística.** Ao abrigo deste preceito, é nula a deliberação: que limite os poderes representativos de um gerente de SPQ (260.º/1), pertencentes à ordem pública societária[40]; que vise impedir um terceiro de ser representante de uma sociedade associada[41]; que atente, em geral, contra interesses de terceiros[42]; que contunda com a distribuição de lucros pelos sócios[43]; que crie um regime de reforma dos administradores[44]; que conceda um mandato totalmente geral[45].

Artigo 57.º (Iniciativa do órgão de fiscalização quanto a deliberações nulas)

1. O órgão de fiscalização da sociedade deve dar a conhecer aos sócios, em assembleia geral, a nulidade de qualquer deliberação anterior, a fim de eles a renovarem, sendo possível, ou de promoverem, querendo, a respetiva declaração judicial.

2. Se os sócios não renovarem a deliberação ou a sociedade não for citada para a referida ação dentro do prazo de dois meses, deve o órgão de fiscalização promover sem demora a declaração judicial de nulidade da mesma deliberação.

3. O órgão de fiscalização que instaurar a referida ação judicial deve propor logo ao tribunal a nomeação de um sócio para representar a sociedade.

4. Nas sociedades que não tenham órgão de fiscalização, o disposto nos números anteriores aplica-se a qualquer gerente.

[36] RPt 19-out.-2006 (Manuel Capelo), Proc. 0635123; RGm 11-out.-2012 (Isabel Rocha), Proc. 8590/11.

[37] *Vide, infra*, 58.º, anotações 17-24.

[38] Ana Perestrelo de Oliveira, *Grupos de sociedades e deveres de lealdade*, 426. Sobre o dever de lealdade do sócio *vide, inter alia*, David de Oliveira Festas, *Das Inibições de Voto dos Sócios por Conflito de Interesses com a Sociedade nas Sociedades Anónimas e por Quotas* (2015, policop.), 748 ss.

[39] Quanto ao "limiar da relevância" da invalidade do voto sobre a validade da deliberação v. J. Oliveira Ascensão, *Invalidade das deliberações dos sócios*, em *Estudos em Homenagem ao Prof. Doutor Raúl Ventura*, II, Lisboa, 2003, 17-44 (19)

[40] STJ 15-out.-1996 (Almeida e Silva), CJ/Supremo IV (1996) 3, 62-64 (64/I).

[41] RLx 20-jan.-1994 (Tomé de Carvalho), CJ XIX (1994) 1, 102-103 (103/II).

[42] STJ 26-abr.-1995 (Raúl Mateus), CJ/Supremo III (1995) 2, 49-55 (55/I).

[43] RCb 11-mar.-1998 (Gil Roque), BMJ 475 (1998), 787.

[44] STJ 10-mai.-2000 (Francisco Lourenço), CJ/Supremo VIII (2000) 2, 52-54.

[45] STJ 25-jan.-2005 (Lopes Pinto), Proc. 04A4490.

Bibliografia: Jorge Coutinho de Abreu, *57.º*, *Código em Comentário* 1 (2017), 700-703; António Menezes Cordeiro 1 (2016), 786; Jorge Pinto Furtado, *Deliberações dos sócios* (1993), 347-358; Paulo Olavo Cunha, *Impugnação de deliberações sociais* (2015), 223 ss.; Pedro Maia, *Deliberações dos sócios*, AAVV (2015), 223-254 (265 ss.).

Índice

1. Consequências gerais da nulidade 1
2. Declaração da nulidade 3
3. Iniciativa interna do órgão de fiscalização 5
4. Iniciativa judicial do órgão de fiscalização 7
5. Falta de órgão de fiscalização 11

1. **Consequências gerais da nulidade** não são indicadas, expressamente, pelo CSC. Das regras gerais: pode ser invocada a todo o tempo e por qualquer interessado[1] (286.º do CC e 59.º/1 e 2 do CSC, *a contrario*). Faz pairar a incerteza, sobre a sociedade, pelo que são fixadas algumas adaptações. 1

O CSC desvia-se em relação ao regime geral: (a) restringindo as hipóteses de nulidade e reconduzindo as violações, por defeito, à anulabilidade – 58.º/1, *a*); (b) prevendo canais societários próprios, para o rápido esclarecimento da questão – 57.º/1 e 2; (c) ressalvando os terceiros de boa-fé – 61.º/2. 2

2. **Declaração de nulidade** pode ser feita: (a) pela própria assembleia geral, mediante iniciativa de algum sócio, da administração ou do órgão de fiscalização; (b) pelo tribunal, a pedido de algum sócio, de um terceiro ou do órgão de fiscalização. 3

Ao contrário do que acontece, em geral, com os negócios jurídicos, não se afigura aqui possível (fora o caso da própria assembleia) uma declaração extrajudicial de nulidade[2]. 4

3. **Iniciativa interna do órgão de fiscalização**. Este pode explicar em assembleia geral qualquer nulidade de uma deliberação anterior – 57.º/1. A assembleia: (a) ou declara, ela própria, essa nulidade, suprimindo a deliberação[3]; (b) ou a renova, sem o vício; (c) ou a confirma, altura em que queda aos discordantes a ação judicial; (d) ou nada faz, seguindo-se as vias normais. 5 6

Órgãos de fiscalização são o conselho fiscal ou o fiscal único (413.º), a comissão de auditoria (423.º-B) ou o conselho geral e de supervisão (434.º): todos para as SA, embora as SPQ possam adotar um conselho fiscal (262.º/1). Eles têm o dever funcional de tomar as medidas previstas, perante qualquer nulidade de deliberações.

4. **Iniciativa judicial do órgão de fiscalização**. Não sendo renovada (ou constatada nula) ou não sendo a sociedade citada para uma ação de nulidade no prazo de dois meses, deve o órgão de fiscalização promover sem demora a declaração judicial da nulidade. Sendo a sociedade simultaneamente autora e ré da ação, a capacidade judiciária do órgão de fiscalização parece limitar-se à iniciativa processual: ele deve propor logo a nomeação de um sócio para representar a sociedade (57.º/3). 7

Na prática, o esquema funcionará havendo prévio entendimento com o sócio em causa: má gestão processual vir alguém propor uma ação a seguir por outrem, com advogados diferentes e estratégias distintas. 8

Não havendo sócio disponível, cabe ao tribunal indicar um curador *ad litem*, não-sócio, seguindo-se o 1484.º-A do CPC. 9

[1] Menezes Cordeiro, *Tratado de Direito civil* I/1, 3.ª ed., 860-861 e, quanto às sociedades, RPt 26-out.-2004 (Luís Antas de Barros), Proc. 0423569 e REv 26-out.-2006 (Gaito das Neves), Proc. 1464/06.

[2] Menezes Cordeiro, *Tratado* I/1, 3.ª ed., 862 ss..

[3] Se a assembleia pode renovar deliberações nulas ou revogar deliberações válidas poderá, *a fortiori*, constatar a nulidade de deliberações.

10 O órgão de fiscalização pode intentar ações de invalidade: mas não ações de confirmação[4].

11 5. **Falta de órgão de fiscalização**: o disposto no 57.º, 1, 2 e 3 aplica-se a qualquer gerente (57.º/4); é o que sucede nas SNC e nas SPQ, sem conselho fiscal.

Artigo 58.º (Deliberações anuláveis)

1. São anuláveis as deliberações que:

***a*) Violem disposições quer da lei, quando ao caso não caiba a nulidade, nos termos do artigo 56.º, quer do contrato de sociedade;**

***b*) Sejam apropriadas para satisfazer o propósito de um dos sócios de conseguir, através do exercício do direito de voto, vantagens especiais para si ou para terceiros, em prejuízo da sociedade ou de outros sócios ou simplesmente de prejudicar aquela ou estes, a menos que se prove que as deliberações teriam sido tomadas mesmo sem os votos abusivos;**

***c*) Não tenham sido precedidas do fornecimento ao sócio de elementos mínimos de informação.**

2. Quando as estipulações contratuais se limitarem a reproduzir preceitos legais, são estes considerados diretamente violados, para os efeitos deste artigo e do artigo 56.º.

3. Os sócios que tenham formado maioria em deliberação abrangida pela alínea *b*) do n.º 1 respondem solidariamente para com a sociedade ou para com os outros sócios pelos prejuízos causados.

4. Consideram-se, para efeitos deste artigo, elementos mínimos de informação:

***a*) As menções exigidas pelo artigo 377.º, n.º 8;**

***b*) A colocação de documentos para exame dos sócios no local e durante o tempo prescritos pela lei ou pelo contrato.**

Bibliografia: Jorge Coutinho de Abreu, *Diálogos com a jurisprudência, I – Deliberações dos sócios abusivas e contrárias aos bons costumes*, DSR 1(2009), 33-47; *id. 58.º, Código em Comentário* 1 (2017), 704-718; id. *Curso de Direito Comercial 2*, 503 ss.; António Menezes Cordeiro 1 (2022), 704-721; *id.*, *SA: assembleia geral e deliberações sociais* (2007), 183 ss.; David de Oliveira Festas, *Das Inibições de Voto dos Sócios por Conflito de Interesses com a Sociedade nas Sociedades Anónimas e por Quotas* (2015, policop.), 649 ss., 675 ss. e 933 ss.; António Ferrer Correia/Vasco Lobo Xavier/Maria Ângela Coelho/António A. Caeiro, *Sociedades por quotas de responsabilidade limitada/Anteprojeto de lei – 2.ª redacção e exposição de motivos*, RDE 3 (1977), 153-224 e 349-423 e RDE 5 (1979), 111-141 e 142-200 = separata, 140 ss.; Luís Brito Correia 3 (1990), 284-289; Jorge Pinto Furtado, *Deliberações dos sócios* (1993), 359-420; *id.*, *Deliberações de sociedades comerciais* (2005), 631-707; Pedro Maia, *Invalidade de deliberação social por vício de procedimento*, ROA 2001, 699-748; *id.*, *Deliberações dos sócios*, AAVV (2015), 223-254; Manuel Carneiro da Frada, *Acordos parassociais "omnilaterais" – Um novo caso de "desconsideração" da personalidade jurídica?*, DSR 1 (2009), 2, 97-135; Maria de Fátima Ribeiro, *Responsabilidade dos sócios pelo voto*, II Congresso DSR (2012), 507-556; Pedro Pais de Vasconcelos, *A participação social nas sociedades comerciais*, 2.ª ed. (2006), 151 ss., 184-185; Vasco da Gama Lobo Xavier, *Anulação de deliberação social e de deliberações conexas* (1976), 146-261; *id.*, *Invalidade e ineficácia das deliberações sociais no projeto de Código das Sociedades* (1985).

[4] STJ 19-jan.-2004 (Silva Salazar), Proc. 03A4073.

Índice

I – **Origem e sistema geral**
1. Origem ... 1
2. Sistema ... 2

II – **Contrariedade à lei**
3. Delimitação negativa ... 3
4. Vícios de forma ou de procedimento ... 5
5. Vícios de substância ... 8
6. Princípio da igualdade (paridade) de tratamento dos sócios ... 10

III – **Contrariedade aos estatutos**
7. Anulabilidade ... 11

IV – **Votos abusivos**
8. Origem e transposição ... 14
9. Antecedentes jurisprudenciais e doutrinários. 15
10. Exegese ... 17
11. O abuso do direito ... 19
12. Alcance ... 22
13. Abuso de minoria ... 25
14. Deliberações de destituição ... 34
15. A jurisprudência ... 35
16. Responsabilidade civil ... 37

V – **Falta de elementos mínimos de informação**
17. O direito à informação ... 38
18. Elementos mínimos ... 39
19. Casos ... 41

I – Origem e sistema geral

1. **Origem**. O 58.º adveio do projeto de Coimbra sobre sociedades por quotas[1], por seu turno inspirado na lei alemã das sociedades anónimas[2]. Só no projeto final ele tomou corpo[3]. O seu estudo aprofundado obriga a uma pesquisa histórico-comparatística cuidada. 1

2. **Sistema**. O 58.º prevê dois grandes tipos de vícios: a contrariedade à lei (ampla) ou aos estatutos e o abuso – 58.º/1, *a*) e *b*). O 56.º/2 precisa a contrariedade à lei, enquanto o 56.º/1, *c*) e o 58.º/4 concretizam um especial caso desse tipo de contrariedade: a violação do dever de informação. O 58.º/3 estipula consequências pessoais, para os sócios, pela prática de abuso. Temos um sistema não-linear, que exige prática para um adequado manuseio. 2

II – Contrariedade à lei

3. **Delimitação negativa**. A contrariedade à lei provoca anulabilidade quando, por via de alguma das alíneas do 56.º/1, não implique nulidade – 58.º/1, *a*). 3

A contrariedade aos estatutos, na parte em que estes reproduzam materialmente (i.é., não tem de ser literalmente) regras legais, é havida por contrariedade à lei (58.º/2). 4

4. **Vícios de forma ou de procedimento**, quando não caiam no 56.º/1, *a*) e *b*), geram anulabilidade: mas apenas quando a falha possa interferir no sentido final da deliberação[4]. Trata-se da regra geral do processo (201.º/1, do CPC), que serve também o *favor societatis*. 5

Casos: a convocação sem antecedência conveniente[5]; a inobservância de meros procedimentos, como o aumento de capital ou a dissolução, votados sem atingirem a maioria de 3/4 do capital social[6]; a convocação por aviso postal e não por publicação no Diário da República[7]; a 6

[1] Ferrer Correia/Lobo Xavier/Ângela Coelho/António Caeiro, *Sociedades por quotas/Anteprojeto*, 140 ss..
[2] António Menezes Cordeiro 1 (2016) 787 ss..
[3] BMJ 327 (1983), 99-100.
[4] António Menezes Cordeiro 1 (2016), 787; *vide* Pedro Maia, *Invalidade de deliberação*, 702 ss..
[5] RLx 4-abr.-1989 (Afonso de Melo), CJ XIV (1989) 2, 118-119.
[6] *Vide*, respetivamente, RCb 2-dez.-1992 (Vitor Rocha), CJ XVII (1992) 5, 69-72 (71/II) e RLx 5-jul.-2012 (Ilídio Sacarrão Martins), Proc. 765/07.
[7] RPt 13-jan.-1994 (Sousa Leite), BMJ 433 (1994), 622. Atualmente as publicações obrigatórias devem ser feitas no portal da justiça (*https://publicacoes.mj.pt/*) – *vide* o 167.º.

não-inclusão, na convocatória, da destituição do gerente[8]; a presidência da assembleia geral por pessoa não autorizada[9]; a não comparência de notário tempestivamente requerida[10].

7 Os vícios de procedimento que comprometam a validade dos votos emitidos (*v.g.* contagem indevida de votos nulos)[11] só afetam a validade da deliberação quando tenham impacto sobre todo o processo: a deliberação será anulável caso os votos nulos indevidamente contados sejam indispensáveis à subsistência da maioria deliberativa[12].

8 5. **Vícios de substância.** A anulabilidade ocorre quando sejam violadas normas legais meramente dispositivas ou supletivas: no sentido de poderem ser afastadas pelos estatutos (9.º/3), não o tendo sido, no caso considerado. "Lei" abrange a norma expressa, o princípio (*v.g.* o princípio da igualdade de tratamento dos sócios), o conceito indeterminado e o costume ou uso vinculativo. *Grosso modo*: estão em causa posições disponíveis.

9 Casos: a alteração estatutária que crie direitos especiais sem unanimidade[13]; a deliberação de não-distribuição de lucros[14]; o desrespeito pelo 399.º (remuneração dos administradores)[15]; a aprovação de contas contemplando empréstimos efetuados por acionistas à sociedade sem observância do 397.º/2 e de disposições estatutárias[16].

10 6. **Princípio da igualdade (paridade) de tratamento dos sócios.** O § 53a da lei alemã das sociedades anónimas consagra genericamente o princípio da igualdade de tratamento dos acionistas. O 321.º reconhece-o na aquisição e alienação de ações próprias, mas o princípio impõe-se em outras matérias e em todos os tipos de sociedades[17]. A criação estatutária de direitos especiais (24.º) evidencia a natureza eminentemente dispositiva do princípio da igualdade de tratamento dos sócios, que tutela interesses disponíveis dos sócios. A violação do princípio da igualdade gera, em regra, a anulabilidade da deliberação (58.º/1 *a*). Exemplo: a aquisição de ações próprias que viole o princípio da igualdade de tratamento dos acionistas sem que haja justificação para o tratamento diferenciado (321.º)[18]

III – **Contrariedade aos estatutos**

11 7. **Anulabilidade**: é a sanção correspondente a qualquer contrariedade, formal ou material, aos estatutos – 58.º/1, *a*), *in fine* – desde que estes não se limitem a reproduzir (materialmente) preceitos legais (58.º/3), altura em que se seguirá o regime próprio destes. Compreende-se: a regra puramente estatutária é sempre disponível.

12 A violação de acordos parassociais não origina anulabilidade: 17.º/1, *in fine*. É também assim, em regra, ainda que os acordos sejam celebrados "entre todos" os sócios (acordos parassociais

[8] STJ 16-mai.-1995 (Oliveira Branquinho), CJ/Supremo III (1995) 2, 85-87 (86-87).

[9] RCb 10-jul.-2014 (Fonte Ramos), Proc. 1607/11.

[10] STJ 19-mai.-2015 (Fonseca Ramos), Proc. 477/03.

[11] Exemplo: contagem indevida de votos emitidos por sócio em conflito de interesses com a sociedade (251.º/1, 384.º/6). *Vide* David de Oliveira Festas, *Das Inibições de Voto dos Sócios por Conflito de Interesses com a Sociedade nas Sociedades Anónimas e por Quotas* (2015, policop.), 933 ss.

[12] Pedro Maia, *Invalidade de deliberação social por vício de procedimento*, 737-738; David de Oliveira Festas, *Das Inibições de Voto dos Sócios por Conflito de Interesses com a Sociedade nas Sociedades Anónimas e por Quotas*, 934 ss. e, antes da entrada em vigor do CSC, Lobo Xavier, *Anulação de deliberações sociais* (1976), 47, n. 20. Na jurisprudência: RCb 6-nov.-2012 (Henrique Antunes), Proc. 281/08.

[13] RCb 5-jul.-1994 (Pires da Rosa), CJ XIX (1994) 4, 17-21 (21/I).

[14] RCb 16-mai.-1995 (Pereira da Graça), CJ XX (1995) 3, 28-31 (30/II).

[15] RLx 18-dez.-2002 (Salazar Casanova), CJ XXVII (2002) 5, 106-111 (111/II).

[16] STJ 9-fev.-2012 (Abrantes Geraldes), Proc. 436-04.

[17] Nas sociedades abertas *vide* os 15.º, 112.º (ofertas públicas) e 197.º (aquisição tendente ao domínio total) do Código dos Valores Mobiliários.

[18] Raúl Ventura, *Acções*, in *Estudos*, 373; Jorge Coutinho de Abreu 2 (2019), 510 e *Diálogos com a jurisprudência, I – Deliberações dos sócios abusivas e contrárias aos bons costumes*, 47; J. Engrácia Antunes, *A igualdade de tratamento dos accionistas na OPA*, DSR 3 (2010), 87-111 (93 – ainda que, na p. 97, cite o 56.º/1 *d*)).

"omnilaterais"), sem prejuízo de, havendo uma atuação que exceda manifestamente os limites impostos pelo princípio da boa fé e estando exclusivamente em causa interesses de sócios, poder discutir-se se, num quadro de abuso do direito, será de admitir a desconsideração da personalidade coletiva para efeito de impugnação de atos da sociedade ou dos sócios para com a sociedade[19].

Casos de anulabilidade por violação de preceitos estatutários: a omissão de uma carta registada para convocar a assembleia geral, apenas requerida pelos estatutos[20] ou a preterição, na convocatória, de exigências estatutárias complementares[21]. 13

IV – **Votos abusivos**

8. **Origem e transposição**. O 58.º/1, *b*), adveio do projeto de Coimbra sobre sociedades por quotas[22], para reprimir as deliberações abusivas[23]. Para tanto usou-se, porém, o § 243(2) da lei alemã das sociedades anónimas, que não esgota o abuso e a contrariedade à boa-fé: esta é reconduzida à lei, para efeitos de invalidade das deliberações[24]. Daí passou ao projeto[25], sendo ainda alterada, na passagem para a lei final: acrescentou-se "... ou, simplesmente de prejudicar aquela ou estes ...", para integrar os atos emulativos[26]. 14

9. **Antecedentes jurisprudenciais e doutrinários**. Antes do CSC, já a jurisprudência havia sancionado os votos abusivos, no sentido próprio de envolverem abuso do direito[27]. Foram sancionadas: a amortização de quotas por um valor inferior ao real[28] e as deliberações com finalidades extra-sociais[29]. Estaria em causa o abuso do direito, como figura geral[30], tecnicamente equivalente à violação de lei[31]. 15

A doutrina reforçou e apoiou esta orientação[32], concretizando os elementos então disponíveis sobre o abuso do direito. 16

10. **Exegese**. O 58.º/1, *b*), contêm os seguintes elementos previsivos: (a) a adequação para satisfazer o propósito de um dos sócios; (b) de conseguir através do exercício do direito de voto; (c) vantagens especiais para si ou para terceiros; (d) em prejuízo da sociedade ou de outros sócios; (e) ou de prejudicar, simplesmente, a sociedade e os outros sócios; (f) a menos que se prove que as deliberações seriam tomadas sem o voto abusivo. 17

Em síntese, estes pressupostos vêm fixar duas categorias de deliberações, ambas com elementos subjetivos e objetivos: (a) as que acarretem vantagens especiais para o próprio ou para terceiros, em detrimento da sociedade ou de outros sócios; (b) as que tenham natureza emulativa, relativamente a uma ou aos outros. 18

[19] Seguindo essa orientação: Manuel Carneiro da Frada, *Acordos parassociais "omnilaterais" – Um novo caso de "desconsideração" da personalidade jurídica?*, DSR 1 (2009), 2, 97-135 (97 ss.).

[20] STJ 31-out.-1989 (Pinto Ferreira), BMJ 390 (1989), 418-424 (422).

[21] RPt 2-nov.-2000 (Moreira Alves), CJ XXV (2000) 5, 175-177.

[22] Ferrer Correia/Lobo Xavier/Ângela Coelho/António Caeiro, *Sociedades por quotas*, 140.

[23] *Idem*, 141.

[24] António Menezes Cordeiro 1 (2016), 793.

[25] BMJ 327 (1983), 99.

[26] Pinto Furtado, *Deliberações dos sócios*, 385.

[27] Pioneiro: RCb 28-mai.-1930 (Afonso de Albuquerque), GRLx 44 (1930), 103.

[28] STJ 22-fev.-1972 (J. Santos Carvalho Júnior), BMJ 214 (1972), 142-145 (145).

[29] RPt 23-jan.-1979 (Senra Malgueiro), CJ IV (1979) 1, 277-279 e REv 28-jul.-1980 (Pereira de Gouveia), CJ V (1980) 4, 255-257 (256/I).

[30] STJ 7-jul.-1977 (Rodrigues Bastos), BMJ 269 (1977), 174-178 (176-177).

[31] STJ 13-abr.-1962 (José Osório), BMJ 116 (1962), 512-516 (514) e STJ 21-abr.-1972 (Ludovico da Costa), BMJ 216 (1972), 173-180 (176).

[32] Inocêncio Galvão Telles, *Amortização de quotas*, ROA 3-4 (1946), 64-69 e Manuel de Andrade, *Sobre a validade das cláusulas de liquidação de partes sociais pelo último balanço*, RLJ 86 (1954), 369-375 e 87 (1954/55), 3-5 e *passim*. Nas vésperas do CSC: Jorge Coutinho de Abreu, *Do abuso do Direito/Ensaio de um critério em Direito civil e nas deliberações sociais* (1983). Em data mais recente: Filipe Cassiano dos Santos, *Estrutura associativa e a participação societária capitalista* (2006), 416 ss..

19 11. **O abuso do direito**. O exercício do voto pode, como em qualquer situação jurídica, incorrer em abuso do direito (334.º do CC). Para tanto, ele deverá defrontar o núcleo axiológico fundamental do sistema, expresso pela locução boa-fé[33] e concretizado através de dois princípios mediantes: (a) a tutela da confiança legítima; (b) a primazia da materialidade subjacente.

20 O abuso do direito toma corpo em grupos típicos de situações abusivas[34]: *venire contra fatum proprium*, inalegabilidades formais, *suppressio*, *tu quoque* e desequilíbrio no exercício. Todos estão profundamente radicados na jurisprudência dos últimos vinte anos.

21 As deliberações sociais podem, por essa via, incorrer em abuso, violando, através de alguma destas figuras (que não são taxativas), o 334.º do CC. Quando isso suceda, segue-se o regime da nulidade, por violação de um princípio injuntivo – 56.º/1, *d*). O 58.º/1, *b*), não pretende, objetivamente, ocupar o lugar do 334.º do CC; nem faria sentido que, violado este preceito, se seguisse a mera anulabilidade.

22 12. **Alcance**. O 58.º/1, *b*), não atinge, em si, pela origem, pela letra, pelo espírito e pelo sistema, todo o abuso do direito. Queda-se pelo exercício danoso do voto com propósitos extra-societários[35] e pelos atos emulativos, desde que reunidos os requisitos objetivos e subjetivos.

23 Em rigor temos, aí, um exercício do voto fora do objetivo para que ele foi concedido. Faltará, já, o inerente direito. E porque este é disponível, temos mera anulabilidade.

24 O vício atinge primariamente os votos abusivamente emitidos[36]. Contudo, refletir-se-á sobre a validade da deliberação social "a menos que se prove" que teria sido tomada "mesmo sem os votos abusivos"[37].

25 13. O **abuso de minoria**. Os votos abusivos podem ser emitidos por sócios maioritários e minoritários. Ressalvadas as diferenças entre o 334.º do CC e o 58.º/1, *b*), e verificados os respetivos pressupostos, o abuso de minoria poderá ser sancionado por qualquer um desses preceitos[38].

26 As respostas dogmáticas para o abuso de minoria devem ser procuradas, em primeira linha, no dever de lealdade, recorrendo aos dados, sempre impressivos, das experiências jurisprudenciais. A título ilustrativo, temos as hipóteses do sócio minoritário que bloqueia a aprovação: (a) de um plano de reestruturação e saneamento da sociedade (*vide*, na Alemanha, o caso *Girmes*)[39]; (b) ou de um aumento do capital social necessário para assegurar a observância de (novas) disposições legais referentes a capital social mínimo (*vide*, em França, o caso *Flandin*).

27 A aplicação do 334.º do CC ou do 58.º/1, *b*) ao abuso de minoria reclama considerações adicionais. O sócio minoritário que exerceu abusivamente o direito de voto poderá ficar constituído no dever de indemnizar a sociedade ou os demais sócios por prejuízos causados[40], sendo

[33] António Menezes Cordeiro, *Tratado de Direito civil* I/1, 3.ª ed. (2007, reimp.), 399 ss..

[34] *Idem*, *Tratado de Direito civil* I/4 (2005), 239 ss. e 265 ss., com indicações.

[35] STJ 19-mai.-2015 (Fonseca Ramos), Proc. 477/03. Sobre o interesse social, a teleologia do direito de voto e o dever de prossecução do fim social *vide* David de Oliveira Festas, *Das Inibições de Voto dos Sócios por Conflito de Interesses com a Sociedade nas Sociedades Anónimas e por Quotas*, 649 ss. e 675 ss.

[36] RPt 13-out.-2014 (Carlos Querido), Proc. 926/11.

[37] José de Oliveira Ascensão, *Invalidades das Deliberações dos Sócios*, in *Problemas do Direito das Sociedades*, Coimbra, 2002, pp. 371-398 (376, 396-398); Pedro Pais de Vasconcelos, *A participação social nas sociedades comerciais*, 2.ª ed., 151 ss.; Maria de Fátima Ribeiro, *Responsabilidade dos sócios pelo voto*, 533-534

[38] STJ 11-jan.-2011 (Sebastião Póvoas), Proc. 801/06.

[39] Sobre o caso Girmes: David de Oliveira Festas, *Das Inibições de Voto dos Sócios por Conflito de Interesses com a Sociedade nas Sociedades Anónimas e por Quotas*, 753.

[40] Caso os votos abusivos sejam emitidos por vários sócios minoritários, estes respondem solidariamente: deve interpretar-se extensivamente o 58.º/3, aplicando-o não apenas aos sócios que tenham formado "maioria em deliberação abrangida pela alínea b) do n.º 1", como também aos que tenham integrado uma minoria (abusiva) de bloqueio.

de admitir que, quando possível, possa ser condenado judicialmente a votar a favor da proposta que bloqueou (817.º do CC)[41].

Os votos abusivamente emitidos pelo sócio minoritário são nulos. Todavia, em cenários de abuso de minoria (contrariamente ao que sucede, por exemplo, em hipóteses de ilegitimidade por conflito de interesses com a sociedade)[42], o presidente da assembleia geral não tem competência para desconsiderar os votos invalidamente emitidos. Não havendo votos "a favor" suficientes para uma declaração de aprovação, deve o Presidente da Assembleia proclamar que a proposta submetida aos sócios não foi aprovada, tendo sido tomada uma deliberação negativa. 28

À semelhança das deliberações positivas, também as deliberações negativas são impugnáveis: não são deliberações inexistentes. Sendo os votos emitidos pelo sócio minoritário nulos e tendo esses votos sido determinantes para o resultado da votação, os demais sócios poderão pedir, em ação intentada contra a sociedade, que seja judicialmente (a) declarada a nulidade desses votos, (b) anulada a deliberação negativa tomada pelos sócios e (c) declarada a adoção de uma deliberação (positiva) de aprovação da medida bloqueada, desde que estejam reunidas as maiorias exigidas por lei e nos estatutos[43]. 29

A figura da deliberação negativa é hoje amplamente reconhecida pela literatura e jurisprudência portuguesas. Entende-se dominantemente que, em regra, da anulação de uma deliberação negativa (de rejeição de determinada proposta) não pode extrair-se liminarmente uma deliberação positiva dos sócios de sinal contrário (de aprovação da proposta rejeitada). Não pode, pois, em regra, cumular-se o pedido de anulação de determinada deliberação negativa com um pedido de declaração judicial da existência de uma deliberação positiva de sinal contrário: para que seja possível obter uma deliberação positiva dos sócios sobre a matéria (de aprovação de determinada proposta) haverá que reiniciar o procedimento deliberativo, voltando os sócios a manifestar-se sobre o assunto em apreço. 30

Todavia, essa orientação geral poderá revelar-se problemática quando esteja em causa uma deliberação negativa que seja inválida por ter sido tomada com votos decisivos para o resultado da deliberação que tenham sido ilicitamente emitidos por determinado sócio (*v.g.* por conflito de interesses, mas também por vícios de conteúdo, como o exercício abusivo do direito de voto por sócios minoritários). 31

Com efeito, existe o risco de que, em novo procedimento deliberativo sobre o tema, o sócio emitente dos votos nulos volte a exercer o direito de voto sobre a matéria, votando novamente no sentido da rejeição da proposta apresentada. Hipóteses em que, a admitir que os demais sócios votassem como anteriormente e que não houvesse qualquer alteração ao *status quo*, o resultado desse novo procedimento deliberativo não seria diferente: obter-se-ia uma nova deliberação negativa sobre o tema que, por ter sido tomada com votos nulos, seria anulável. A insistência do sócio emitente dos votos nulos seria premiada através da criação de uma situação de impasse, que obstaria a que a maioria dos demais sócios, se assim entendesse, tomasse uma deliberação positiva sobre a matéria[44]. 32

Não parece ser boa solução: em casos excecionais como esses, em que os votos invalidamente emitidos sejam determinantes para a rejeição da proposta, é de admitir a "conversão" da 33

[41] Jorge Coutinho de Abreu 2 (2019), 306.

[42] David de Oliveira Festas, *Das Inibições de Voto dos Sócios por Conflito de Interesses com a Sociedade nas Sociedades Anónimas e por Quotas*, 922 ss.

[43] Jorge Coutinho de Abreu 2 (2019), 307; *id.*, *Impugnação de deliberações sociais*, 208.

[44] David de Oliveira Festas, *Das Inibições de Voto dos Sócios por Conflito de Interesses com a Sociedade nas Sociedades Anónimas e por Quotas*, 937 ss.

deliberação negativa que foi tomada numa deliberação positiva de sinal contrário, desconsiderando-se, para esse efeito, os votos nulos[45].

34 14. As **deliberações de destituição** de gerentes ou administradores sem justa causa podem ser abusivas. Todavia, a anulação da deliberação social conduziria à recondução do gerente ou administrador destituído ao cargo que ocupava, o que ofenderia o princípio da livre destituibilidade (257.º/1 e 403.º/1). Deve, pois, entender-se que, nessas hipóteses, prevalece a livre destituibilidade: a destituição é válida, mas o destituído tem o direito a ser indemnizado[46]. Fica ressalvada a impugnabilidade da deliberação por outros motivos, nos termos gerais[47].

35 15. **A jurisprudência** aceita, por vezes e verbalmente, a ideia de que o abuso societário se cinge ao 58.º/1, *b*)[48]. Na aplicação fixa, porém, contornos mais precisos[49]: exige a intenção subjetiva[50], dispensável no abuso e condena situações de conflitos de interesses[51] e de preterição de interesses societários[52].

36 O abuso do direito, indutor de nulidade, deve manter-se disponível, com base no 334.º do CC, para assegurar a salvaguarda e a reprodução do sistema. Cai no 56.º/1, *d*)[53].

37 16. **Responsabilidade civil.** A responsabilidade civil enunciada no 58.º/3 não dispensa a verificação dos pressupostos gerais: apenas respondem solidariamente os sócios que tenham emitido votos abusivos e não (necessariamente) todos os que que tenham formado a maioria ou a minoria (de bloqueio).

V – **Falta de elementos mínimos de informação**

38 17. **O direito à informação** integra o núcleo do *status* de sócio – 21.º/1, *c*) – o qual é concretizado diversamente, quanto aos vários tipos societários: 181.º (SNC), 214.º a 216.º (SPQ)

[45] Há divergência quanto à melhor via de consecução desse resultado. Confronte-se a posição defendida por Raúl Ventura, *Sociedades por Quotas* 2 (1989), 270 ss., com a de Pinto Furtado, *Deliberações de sociedades comerciais* (2005), 127 ss. Na jurisprudência *vide* RCb 10-fev.- 2009 (Sílvia Pires), CJ 2009, I, 40-44.

[46] Jorge Coutinho de Abreu 2 (2019), 605 ss. Contra: Raúl Ventura, *Sociedades por quotas* 3 (1991), 114-115; STJ 9-out.-2003 (Santos Bernardino), Proc. 03B1816; RPt 26-nov.-2012 (António Eleutério), Proc. 2032/07 (ainda que dando como não provada a tomada de uma deliberação abusiva).

[47] Assim, por exemplo, é nula a deliberação de destituição de administrador ou gerente inquinada pelos vícios de procedimento referidos no 56.º/1, *a*) e *b*) ou a deliberação de destituição sem justa causa de um sócio-gerente que seja titular de direito especial à gerência (257.º/3, 2.ª parte).

[48] REv 27-abr.-1989 (Araújo dos Anjos), CJ XIV (1989) 2. 284-285 (284/I) e STJ 16-abr.-1996 (Pais de Sousa), CJ/Supremo IV (1996) 2, 23-25 (25/I).

[49] Consequentemente, entende em diversos arestos que não são demonstrados, ou não estão reunidos, os requisitos exigidos por lei para a anulação de deliberações sociais com fundamento em votos abusivos. A título ilustrativo, *vide*: RCb 21-dez.-2010 (Carlos Gil), Proc. 210/09; REv 5-mai.-2011 (João Gonçalves Marques), Proc. 2390/08; STJ 24-jan.-2012 (Nuno Cameira) Proc. 117/07; REv 26-jan.-2012 (João Gonçalves Marques), Proc. 13/10; STJ 31-mai.-2012 (João Trindade), Proc. 750/05; RPt 26-nov.-2012 (António Eleutério), Proc. 2032/07; Rev 17.-jan.-2013 (Paulo Amaral), Proc. 2387/08; ou RLx 31-out.-2013 (Olindo Geraldes), Proc. 1317/12.

[50] REv 27-out.-1988 (Sampaio da Silva), CJ XIII (1988) 4, 265-268 (267/II); STJ 7-jan.-1993 (Raúl Mateus), BMJ 423 (1993), 539-555 (551) = CJ/Supremo I (1993) 1, 5-10 (9/II); RLx 14-fev.-2013 (Teresa Albuquerque), Proc. 8056/12 (considerando suficiente o dolo eventual). Na doutrina: Pedro Pais de Vasconcelos *A participação social nas sociedades comerciais* (2006), 150 ss. e Filipe Cassiano dos Santos, *A posição do accionista face aos lucros do balanço* (1996), 97. Contra: Pinto Furtado (2007), 87, cuja demonstração, ajustada, mostra precisamente a necessidade de, ao lado do 58.º/1, *b*), manter independente e operacional a figura geral do abuso do direito, radicada no 334.º do CC.

[51] RPt 13-abr.-1999 (Afonso Correia), CJ XXIV (1999) 2, 196-202 (202/II).

[52] RPt 24-nov.-1997 (Azevedo Ramos), CJ XXII (1997) 5, 202-206 (205/II) e STJ 27-jun.-2002 (Oliveira Barros), CJ/Supremo X (2002) 2, 138-145 (145/I).

[53] RPt 12-set.-2011 (Soares de Oliveira), Proc. 650/09; RCb 6-nov.-2012 (Henrique Antunes), Proc. 281/08. *Vide*, porém, RPt 17-fev.-2011 (Maria de Deus Correia), Proc. 117/07, observando-se que o 58.º/1, *b*) configura uma "*modalidade de abuso de direito, subsumível aos princípios do art.º 334.º do Código Civil*", constituindo, assim, "*a consagração da figura do abuso de direito em matéria de deliberações sociais*".

e 288.º a 293.º (SA). Quando recusado queda, no limite, o inquérito judicial (181.º/6, 216.º, 292.º e 450.º).

18. **Elementos mínimos** são requeridos, independentemente do inquérito judicial ou de outras sanções, para a validade das deliberações sociais: sem informação, não há voto consciente[54]. O 58.º/4 prevê, como mínimos: (a) as menções exigidas pelo 377.º/8, relativo à convocação nas SA, aplicável às SPQ, pelo 248.º/1; (b) a colocação de documentos para exame dos sócios, no local e data fixados legal ou estatutariamente. 39

O 58.º/4 não é taxativo[55]. Temos elementos mínimos nos: 94.º (convocatória para redução do capital) e 100.º/4 (*idem*, para fusão). Quanto à colocação de documentos: 263.º (relatório de gestão e documentos de prestação de contas nas SPQ) e 289.º (SA). 40

19. **Casos**. Têm sido especialmente sancionadas a não-disponibilização dos documentos de prestação de contas[56], a não-indicação da destituição de gerente[57], dos elementos referidos nos 65.º e 68.º[58] ou do fundamento de dissolução[59], a falta de clareza da convocatória na indicação do assunto da deliberação[60] e, em geral, a falta de disponibilidade informativa[61]. 41

Artigo 59.º (Ação de anulação)

1. A anulabilidade pode ser arguida pelo órgão de fiscalização ou por qualquer sócio que não tenha votado no sentido que fez vencimento nem posteriormente tenha aprovado a deliberação, expressa ou tacitamente.

2. O prazo para a proposição da ação de anulação é de 30 dias contados a partir:

***a*) Da data em que foi encerrada a assembleia geral;**

***b*) Do 3.º dia subsequente à data do envio da ata da deliberação por voto escrito;**

***c*) Da data em que o sócio teve conhecimento da deliberação, se esta incidir sobre o assunto que não constava da convocatória.**

3. Sendo uma assembleia geral interrompida por mais de 15 dias, a ação de anulação de deliberação anterior à interrupção pode ser proposta nos 30 dias seguintes àquele em que a deliberação foi tomada.

4. A proposição da ação de anulação não depende de apresentação da respetiva ata, mas se o sócio invocar impossibilidade de a obter, o juiz mandará notificar as pessoas que, nos termos desta lei, devem assinar a ata, para a apresentarem no tribunal, no prazo que fixar, até 60 dias, suspendendo a instância até essa apresentação.

5. Embora a lei exija a assinatura da ata por todos os sócios, bastará, para o efeito do número anterior, que ela seja assinada por todos os sócios votantes no sentido que fez vencimento.

[54] A recusa injustificada de informações em assembleia geral é causa da anulabilidade da deliberação – 290.º/3 (SA), aplicável às SQ *ex vi* 214.º/7. Na jurisprudência *vide* RPt 17-dez.-2014 (José Igreja Matos), Proc. 460/11.

[55] Críticas ao preceito, introduzido à última hora: Pinto Furtado (2007), 88.

[56] RLx 2-dez.-1992 (Joaquim Dias), CJ XVII (1992) 5, 129-131 (130/II), RLx 22-mar.-1994 (Azadinho Loureiro), CJ XIX (1994) 2, 91-94 (92/II), STJ 26-abr.-1995 (Raúl Mateus), CJ/Supremo III (1995) 2, 49-55 (51) e STJ 17-abr.-2007 (Urbano Dias), Proc. 07A869.

[57] STJ 16-mai.-1995 (Oliveira Branquinho), CJ/Supremo III (1995) 2, 85-87 (87/I).

[58] RLx 13-mai.-1997 (Bettencourt Faria), CJ XXII (1997) 3, 82-85 (84-85).

[59] STJ 14-fev.-2013 (João Bernardo), Proc. 765/07.

[60] RLx 15-fev.-2011 (Manuel Marques), Proc. 674/10.

[61] STJ 17-fev.-1998 (Cardona Ferreira), CJ/Supremo VI (1998) 1, 88-90 (90/I): sem aplicação, nesse caso.

6. Tendo o voto sido secreto, considera-se que não votaram no sentido que fez vencimento apenas aqueles sócios que, na própria assembleia ou perante notário, nos cinco dias seguintes à assembleia tenham feito consignar que votaram contra a deliberação tomada.

Bibliografia: Jorge Coutinho de Abreu, *59.º*, *Código em Comentário* 1 (2017), 719-728; L. P. Moitinho de Almeida, *Anulação e suspensão de deliberações sociais*, 4.ª ed. (2003), 59 ss.; António Menezes Cordeiro 1 (2016), 802 ss.; Paulo Olavo Cunha, *Impugnação de deliberações sociais* (2015), 214 ss.; Jorge Pinto Furtado, *Deliberações de sócios* (1993), 421-452; Armando Manuel Triunfante, *A tutela das minorias nas sociedades anónimas/Direitos individuais* (2004), 167-180; Pedro Pais de Vasconcelos, *A participação social nas sociedades comerciais*, 2.ª ed. (2006), 166 ss..

Índice

I – Redação anterior
1. Texto 1
2. Sentido 2

II – Origem e sistema
3. Origem 3
4. Sistema 4

III – A ação de anulação
5. Necessidade e natureza 5
6. Legitimidade 7
7. Prazo 9
8. Suspensão da assembleia 12
9. Ata 13
10. Objeto 14

I – Redação anterior

1 1. **Texto**. O 59.º/2 foi introduzido pelo DL 280/87, de 8-jul.. A redação original dispunha[1]:

> 2. O prazo para a proposição da acção de anulação é de 30 dias, contados a partir da data:
> *a*) Em que foi encerrada a assembleia geral;
> *b*) Em que a deliberação se considera tomada, quando não o tenha sido em assembleia geral;
> *c*) Em que o sócio teve conhecimento da deliberação, se esta incidir sobre assunto que não constava do aviso convocatório.

2 2. **Sentido**. A alteração, para além de aspetos de forma, visou precisar que a contagem do prazo dos 30 dias, perante o voto escrito, se inicia a partir do terceiro dia subsequente ao envio da ata. Partiu-se do princípio que, nesse caso, poderia haver incerteza quanto à data em que a deliberação se considera tomada.

II – Origem e sistema

3 3. **Origem**. O 59.º adveio dos §§ 245 e 246 da lei alemã das SA, tendo sido fundidos, no projeto de Coimbra sobre sociedades por quotas, num único preceito: o 116.º[2]. Daí passou ao projeto[3] e ao texto final, com alterações de última hora, mal recebidas na doutrina[4]

4 4. **Sistema**. O 59.º é norma processual. Fixa: a legitimidade para a ação de anulação (n.º 1) com explicação do n.º 6; o prazo para a sua propositura e a sua contagem (n.º 2 e n.º 3); a apresentação da ata e as assinaturas na mesma (n.º 4 e n.º 5).

[1] DR I Série n.º 201, de 2-set.-1986, 2306-2307.

[2] Ferrer Correia/Lobo Xavier/Ângela Coelho/António Caeiro, *Sociedades por quotas/Anteprojeto*, 142-143.

[3] BMJ 327 (1983), 100-101.

[4] Pinto Furtado, *Deliberações de sócios*, 422 ss..

III – **A ação de anulação**

5. **Necessidade e natureza.** A ação de anulação visa atuar o direito potestativo de impugnar 5
a deliberação anulável[5]. Ao contrário do que sucede com as anulabilidades civis, a anulação da deliberação não opera extra-judicialmente: há que defender a segurança do Direito e os direitos dos envolvidos. Mas pode (tal como a nulidade) ser decidida pela assembleia geral: se pode renovar, também pode anular.

A ação de anulação é constitutiva – 4.º/2, *c*), do CPC. 6

6. **Legitimidade.** A anulabilidade pode ser arguida pelo órgão de fiscalização[6]: entenda-se que 7
perante a assembleia geral; admitir que o órgão em causa pudesse intentar uma ação judicial de anulação equivaleria a destroçar a teoria da anulabilidade que vê, na esfera do interessado, um direito potestativo à impugnação, direito que exercerá como lhe convenha. Por exemplo, o sócio não convocado poderá ficar satisfeito com o que se deliberou, ou a deliberação poderá ter sido aprovada por voto unânime de todos os sócios, não se entendendo, tanto num caso, como no outro, por que iria o órgão de fiscalização impugnar[7].

A ação propriamente dita só pode, em regra, ser intentada: (a) por sócios que tenham 8
votado contra; (b) sendo o voto secreto, por sócios que declarem na própria assembleia ou, nos cinco dias seguintes, consignem perante notário, ter votado contra – 59.º/6; (c) e que não tenham aprovado, depois, a deliberação: expressa ou tacitamente[8]. A "aprovação" é, aqui, uma confirmação (288.º do CC), podendo ser tácita[9].

7. **Prazo.** De 30 dias contados – 59.º/2: (a) do encerramento da assembleia[10]; (b) do 3.º dia 9
subsequente ao envio da ata, quando o voto seja escrito, numa regra a aplicar à deliberação unânime por escrito do 54.º/1; (c) do conhecimento da deliberação se (subentenda-se: não tendo estado presente ou não havendo convocatória[11]), a deliberação recair sobre assunto ausente da convocatória – 59.º/2.

Nesta última hipótese, a deliberação é nula – 56.º/1, *a*)[12]. O 59.º/2, *c*), tem de ser inter- 10
pretado restritivamente: aplica-se quando o sócio interessado não tenha recebido a convocatória[13] ou não a tenha recebido toda, sob pena de o preceito ser consumido pelo concurso com a nulidade.

Trata-se de um prazo civil (corre em contínuo, transferindo-se para o primeiro dia útil 11
seguinte, quando expire em dia não útil ou em férias judiciais – 279.º, *e*), do CC)[14] e de caducidade (só se suspende ou interrompe quando a lei o disponha e só é impedido por deliberação anulatória da assembleia ou pelo intentar, em tempo, da ação – 298.º/2, 328.º e 331.º/1, do CC)[15].

[5] Trata-se de um direito potestativo com destinatário: a sociedade, contra quem a ação é proposta (60.º/1) - David de Oliveira Festas, *Breves considerações sobre os poderes potestativos, in Código Civil – Livro do Cinquentenário*, 1, Coimbra, 2019, 301-368 (312 ss., 324-325).

[6] *Vide*, quanto às configurações deste, *supra*, 57.º, anotação 6.

[7] Contra: Jorge Coutinho de Abreu, *Impugnação de deliberações sociais (teses e antíteses, sem sínteses)*, I Congresso DSR (2011), 207-210 (207); Paulo Olavo Cunha, *Impugnação de deliberações sociais* (2015), 225.

[8] Em caso de contitularidade de quota ou ação, o exercício do direito potestativo de impugnação deve ser exercido (nos termos gerais dos 222.º/1 e 303.º/1) através de um representante comum – RGm 9.-jul.2015 (António Santos), Proc. 1805/13.

[9] RPt 9-jun.-1990 (Tato Marinho), CJ XV (1990) 1, 220-222 (222/I).

[10] RLx 29-nov.-2011 (Maria Amélia Ribeiro), Proc. 845/11.

[11] RPt 10-out.-2006 (Henrique Araújo), Proc. 0621942.

[12] *Supra*, artigo 56.º, anotação 5.

[13] *Vide* STJ 18-nov.-1997 (Almeida e Silva), BMJ 471 (1997), 416-423 (423) e STJ 25-mai.-1999 (Afonso de Melo), CJ/Supremo VII (1999) 2, 118-120 (119/II).

[14] RPt 10-dez.-1992 (Araújo Carneiro), BMJ 422 (1992), 434-435 (434).

[15] STJ 11-mar.-1999 (Fernandes Magalhães), BMJ 485 (1999), 352-355 (354/II); RLx 19-fev.-2013 (Tomé Gomes), Proc. 843/12.

12 8. **Suspensão da assembleia**. A ocorrer (59.º/3, que refere "interrupção) por mais de quinze dias (o 387.º/2 permite-a até 90 dias), a ação relativa a deliberações já tomadas deve ser intentada nos 30 dias posteriores à deliberação de suspensão.

13 9. **Ata**. A deliberação só se pode provar por ata (63.º/1): torna-se necessária para a decisão do tribunal. Mas como corre o prazo de 30 dias, a lei permite a entrada da ação sem ela (59.º/4). Posto isso, segue-se o prescrito nesse preceito, bem como no n.º 5.

14 10. **Objeto**. A ação de anulação visa toda a deliberação[16]. Sendo a mesma divisível – i.é: compreendendo proposições que pudessem subsistir e ser decididas independentemente umas das outras – pode-se impugnar apenas a parte viciada[17].

Artigo 60.º (Disposições comuns às ações de nulidade e de anulação)

1. Tanto a ação de declaração de nulidade como a de anulação são propostas contra a sociedade.

2. Havendo várias ações de invalidade da mesma deliberação, devem elas ser apensadas, observando-se a regra do n.º 2 do artigo 275.º do Código de Processo Civil.

3. A sociedade suportará todos os encargos das ações propostas pelo órgão de fiscalização ou, na sua falta, por qualquer gerente, ainda que sejam julgadas improcedentes.

Bibliografia: Jorge Coutinho de Abreu, *60.º*, *Código em Comentário* 1 (2017), 729-738; António Menezes Cordeiro 1 (2022), 722-731; Jorge Pinto Furtado, *Deliberações de sócios* (1993), 453-524; *id.*, *Deliberações de sociedades comerciais* (2005), 709-758.

Quanto à suspensão de deliberações sociais: L. P. Moitinho de Almeida, *Anulação e suspensão de deliberações sociais*, 4.ª ed. (2003), 179 ss.; António Menezes Cordeiro 1 (2016), 816 ss.; *id.*, *SA: assembleia geral e deliberações sociais* (2007), 239 ss.; Vasco Freitas da Costa, *O objeto da suspensão cautelar de deliberações sociais*, RDS 2009, 955-993; Rui Pinto Duarte, *A ilicitude da execução de deliberações a partir da citação para o procedimento cautelar de suspensão*, CDP 2004, 17-23; José Lebre de Freitas, *CPC anotado* 2 (2001), 83-98; Jorge Pinto Furtado, *Deliberações de sociedades comerciais* (2005), 758-802; António Abrantes Geraldes, *Temas da reforma do processo civil* IV, 6. *Procedimentos cautelares especificados* (2001), 68-97; Maria Alexandra Lopes, *O conteúdo da providência cautelar da suspensão de deliberações sociais* (s/d, mas 1996); Rui Carlos Gonçalves Pinto, *A questão do mérito na tutela cautelar/A obrigação genérica de não ingerência e os limites da responsabilidade civil* (2009); Miguel Teixeira de Sousa, *Estudos sobre o novo processo civil* (1997), 226 ss.; Armando Manuel Triunfante, *A tutela das minorias nas sociedades anónimas/Direitos individuais* (2004), 206-214; Pedro Pais de Vasconcelos, *A participação social nas sociedades comerciais*, 2.ª ed. (2006), 174 ss..

Índice

I – As disposições comuns
1. Origem e alcance 1
2. Legitimidade passiva 2
3. Ónus da prova 3
4. Valor da causa 4
5. Apensação 5
6. Encargos 6
7. Outros efeitos 7

II – Excurso: a suspensão das deliberações sociais
8. O texto legal 8

[16] RPt 19-fev.-1987 (Aragão Seia), CJ XII (1987) 1, 237-238 (238).

[17] RLx 5-jan.-1982 (Flamino Martins), CJ VII (1982) 2, 149-151.

9. Requisitos 10
10. Processo 12
11. Pré-suspensão *ex citatione* 14
12. Decisão 15
13. Caducidade 16

I – As disposições comuns

1. **Origem e alcance**. O 60.º adveio do 117.º do projeto de Coimbra sobre sociedades por quotas[1] o qual recolheu a prática anterior. Ele fixa: (a) a legitimidade passiva nas ações de nulidade e de anulação; (b) a apensação das ações relativas à mesma deliberação; (c) os encargos pelas ações interpostas pelo órgão de fiscalização ou sucedâneos. 1

2. **Legitimidade passiva**. As ações são propostas contra a sociedade[2]. A regra pode ser alargada, por interpretação extensiva, às ações de declaração de ineficácia e de inexistência (figura contestada, que rejeitamos[3]). Corre, pois, pelas sociedades, o risco de serem intentadas tais ações. 2

3. **O ónus da prova**. Funcionam as regras gerais (342º e ss. do CC)[4]. Cabe ao autor provar a qualidade de sócio, a sua não intervenção na deliberação ou o seu voto contrário à mesma e apresentar os fatos de onde pretende deduzir o vício invocado. A sociedade ré, por seu turno, fará a prova da regularidade do decidido, se assim o entender. 3

4. **Valor da causa**. Aplicam-se as regras dos 296º a 310º do CPC. Quando estejam em causa ações puramente atinentes ao funcionamento da sociedade, como as atinentes a invalidações destinadas a promover novos atos eleitorais, estão em jogo interesses imateriais: têm (303º CPC) o valor equivalente à alçada da Relação e mais € 0,01[5]. 4

5. **Apensação**. O 60.º/2, que manda apensar as ações de invalidade relativas à mesma deliberação[6]: visa-se evitar o aparecimento de decisões judiciais desencontradas. O 267.º/2 CPC determina a ordem de apensação: (a) ao primeiro instaurado, se independentes; (b) por ordem de dependência, na hipótese inversa; (c) aos pendentes nas (hoje) varas cíveis. 5

6. **Encargos**. Ficam (60.º/3) a cargo da sociedade, quanto a ações propostas por órgãos de fiscalização ou, na sua falta, por qualquer gerente, mesmo quando improcedam[7]. Todavia, se se mostrar que foram dolosa ou negligentemente intentadas, as pessoas em causa podem ser responsabilizadas, nos termos gerais. Também a eventual condenação por litigância de má-fé vai recair sobre as pessoas singulares que tenham tomado a iniciativa (544.º do CPC)[8]. 6

7. **Outros efeitos**. Sendo a sociedade citada para uma ação de invalidade da deliberação de aprovação do balanço ou de distribuição de reservas ou lucros de exercício, não podem os membros da administração efetuar tal distribuição (31.º/4). Os autores da ação, quando esta improceda e se verifique que litigaram temerariamente ou de má-fé, são solidariamente responsáveis pelos prejuízos que a demora da distribuição cause aos outros sócios (31.º/5). 7

II – Excurso: a suspensão das deliberações sociais

8. **O texto legal** relativo à suspensão das deliberações não consta do CSC, que a refere, por vezes (p. ex., 31.º/4 e 282.º/3). Antes resulta dos 380.º e 381.º do CPC, na redação dada pelo DL 329-A/95, de 12-dez., renumerada e alterada pela L 41/2013, de 26-jun.. 8

[1] Ferrer Correia/Lobo Xavier/Ângela Coelho/António Caeiro, *Sociedades por quotas* cit., 143-144. No projeto: BMJ 327 (1983), 101.

[2] STJ 10-mai.-2011 (Garcia Calejo), Proc. 1179/08; Rev 9-set.-2011 (João Gonçalves Marques), Proc. 885/09.

[3] António Menezes Cordeiro, *Tratado de Direito civil* I/1, 3.ª ed. (2007, reimp.), 864 ss..

[4] REv 26-mai.-2010 (Isoleta Costa), Proc. 280/09.

[5] REv 21-out.-2009 (Sílvio Sousa), Proc. 112/06.

[6] *Vide* RLx 28-fev.-1991 (Mesquita e Mota), CJ XVI (1991) 1, 165-166.

[7] RPt 13-jan.-2000 (Leonel Serôdio), BMJ 493 (2000), 421/II. Quanto ao valor de uma ação relativa ao relatório, balanço e contas: é o do balanço: RPt 23-nov.-2000 (Pires Condesso), Proc. 0031340.

[8] António Menezes Cordeiro, *Litigância de má fé, abuso do direito de acção e culpa "in agendo"* (2006), 27.

9 Dispõem esses preceitos:

Artigo 380.º
Pressupostos e formalidades

1. Se alguma associação ou sociedade, seja qual for a sua espécie, tomar deliberações contrárias à lei, aos estatutos ou ao contrato, qualquer sócio pode requerer, no prazo de 10 dias, que a execução dessas deliberações seja suspensa, justificando a qualidade de sócio e mostrando que essa execução pode causar dano apreciável.

2. O sócio instrui o requerimento com cópia da ata em que as deliberações foram tomadas e que a direção deve fornecer ao requerente dentro de vinte e quatro horas; quando a lei dispense reunião de assembleia, a cópia da ata será substituída por documento comprovativo da deliberação.

3. O prazo fixado para o requerimento da suspensão conta-se da data da assembleia em que as deliberações foram tomadas ou, se o requerente não tiver sido regularmente convocado para a assembleia, da data em que ele teve conhecimento das deliberações.

Artigo 381.º
Contestação e decisão

1. Se o requerente alegar que lhe não foi fornecida cópia da ata ou o documento correspondente, dentro do prazo fixado no artigo anterior, a citação da associação ou sociedade é feita com a cominação. de que a contestação não será recebida sem vir acompanhada da cópia ou do documento em falta.

2. Ainda que a deliberação seja contrária à lei, aos estatutos ou ao contrato, o juiz pode deixar de suspendê-la, desde que o prejuízo resultante da suspensão seja superior ao que pode derivar da execução.

3. A partir da citação, e enquanto não for julgado em 1.ª instância o pedido de suspensão, não é lícito à associação ou sociedade executar a deliberação impugnada.

10 9. **Requisitos**. A suspensão depende: (a) de uma deliberação ineficaz, nula ou anulável; (b) de um sócio com legitimidade; (c) da demonstração que a sua execução pode causar um dano apreciável – 380.º/1, do CPC[9] – inferior ao que possa resultar da suspensão – 381.º/2, do CPC.

11 Problema autónomo é o de saber se a suspensão de deliberações em curso de execução é possível: se já executadas totalmente, não é possível, por imperativo lógico. No tocante à designação e à destituição de administradores, a jurisprudência dividiu-se[10]. Distinguimos: se se tratar de destituição, a suspensão é possível: a execução é continuada. Perante a designação, não é: havendo aceitação (e registo), a situação já não depende das deliberações; seria necessário outro tipo de procedimento.

12 10. **Processo**. A suspensão deve ser requerida no prazo de 10 dias (380.º/1, do CPC) a contar dos fatos referidos no 59.º/2, do CSC (380.º/3, do CPC). Pode ser instaurada, apenas, por quem possa intentar a ação de fundo (59.º/1 e 6, do CSC) e no tribunal para o efeito competente.

[9] "Irreparável" não deve ser tomado à letra: exige-se um dano apreciável, como explica REv 9-jul.-2009 (Rui Machado e Moura), CJ XXXIV (2009) 3, 274-275 (274/II) e RCb 16-mar.-2010 (Artur Dias), Proc. 2033/09.

[10] Contra a suspensão: RCb 1-jun.-1982 (Marques Cordeiro), CJ VII (1982) 3, 45-46 (46/I), RCb 10-out.-1987 (Costa Marques), CJ XII (1987) 4, 82-85 (84/I); a favor: STJ 29-jun.-1993 (Martins da Fonseca), CJ/Supremo I (1993) 2, 169-170 (169/II) e RCb 18-mai.-2010 (Artur Dias), Proc. 158/10 (mal sumariado). Jurisprudência anterior: Pinto Duarte, *Ilicitude da execução*, 20-21.

[11] STJ 23-abr.-2002 (Lopes Pinto), Proc. 02A1053.

O requerimento deve ser instruído com a ata ou documento equivalente, a fornecer pela administração em 24 horas (380.º/2, do CPC); mas se o requerente alegar que não lhe foi fornecida, a citação da sociedade é feita com a comunicação de que a contestação não será recebida sem a sua cópia (381.º/1). 13

11. **Pré-suspensão *ex citatione*.** O 381.º/3 do CPC prevê que, a partir da citação e enquanto não for julgado, em 1.ª instância, o pedido de suspensão, a sociedade não possa executar a deliberação impugnada. Deve entender-se, todavia, que em casos de manifesta improcedência ou malquerença, os administradores devem prosseguir com a execução, designadamente sendo os danos provocados pela suspensão muito superiores aos que ela possa evitar (*vide* 381.º/2, do CPC). 14

12. **Decisão**. Na decisão, o juiz procede à *summaria cognitio* (apreciação da questão de fundo em termos preliminares de razoável probabilidade), pondera o *periculum in mora* (os danos que possam advir de se aguardar a ação de fundo) e estima a proporcionalidade dos danos causados pela suspensão perante os que ela vá evitar. 15

13. **Caducidade**. O procedimento extingue-se ou, sendo decretada, a providência extingue-se quando (373.º/1, do CPC): (a) o requerente não proponha a ação de que dependa a providência dentro de 30 dias contados da notificação da decisão que a tenha ordenado; (b) o processo pare por mais de 30 dias, por negligência do requerente; (c) a ação de fundo improceda, com trânsito; (d) o réu for absolvido da instância e não for proposta, em tempo, nova ação; (e) se o direito a acautelar se tiver extinguido. 16

As ações de anulação devem ser intentadas no prazo de 30 dias (59.º/2, do CSC), prazo esse que não se suspende com o requerimento da suspensão[11]. Logo e em regra, elas devem ser intentadas antes de decorridos 30 dias sobre o pedido de suspensão. 17

Artigo 61.º (Eficácia do caso julgado)

1. A sentença que declarar nula ou anular uma deliberação é eficaz contra e a favor de todos os sócios e órgãos da sociedade, mesmo que não tenham sido parte ou não tenham intervindo na ação.

2. A declaração de nulidade ou a anulação não prejudica os direitos adquiridos de boa-fé por terceiros, com fundamento em atos praticados em execução da deliberação; o conhecimento da nulidade ou da anulabilidade exclui a boa-fé.

Bibliografia: Jorge Coutinho de Abreu, *61.º*, *Código em Comentário* 1 (2017), 739-741; António Menezes Cordeiro 1 (2022), 725-727; Paulo Olavo Cunha, *Impugnação de deliberações sociais* (2015), 220-221; Jorge Pinto Furtado, *Deliberações dos sócios* (1993), 525-564; *id.*, *Deliberações de sociedades comerciais* (2005), 802-835.

Índice

1. A sentença 1
2. Eficácia interna 2
3. Eficácia externa 3

1. **A sentença** aqui em jogo é, precisamente, a que declare nula ou a que anule uma deliberação. Trata-se, no fundamental, de uma decisão de legalidade e não de mérito. 1

2 2. **Eficácia interna**: a que se reporta aos sócios e órgãos da sociedade e é total, ainda que não tenham sido parte ou não tenham intervindo na ação (61.º/1)[1]. O caso julgado aqui formado não opera perante uma causa de invalidação (causa de pedir) diferente; mas vale para fundamentações distintas[2]. Trata-se de uma consequência do funcionamento em modo coletivo, próprio da personalização jurídica.

3 3. **Eficácia externa**: a que tem a ver com terceiros (61.º/2), não operando perante aqueles que estejam de boa-fé. O preceito visa, em termos gerais, proteger a confiança[3], ainda que com prejuízo para a justiça.

4 Nos termos gerais, estará de boa-fé aquele que, sem culpa, ignore a nulidade ou a anulabilidade (61.º/2, *in fine*) ou, melhor: desconheça as respetivas causas e o fato de se suscitar o problema.

5 A boa-fé aqui referida é a subjetiva ética: desconhecimento não-culposo[4]. Não faria sentido tutelar a "confiança" de quem, apenas com violação de deveres de cuidado e de informação e com culpa, se tenha colocado em situação de desconhecimento.

Artigo 62.º (Renovação da deliberação)

1. Uma deliberação nula por força das alíneas *a*) e *b*) do n.º 1 do artigo 56.º pode ser renovada por outra deliberação e a esta pode ser atribuída eficácia retroativa, ressalvados os direitos de terceiros.

2. A anulabilidade cessa quando os sócios renovem a deliberação anulável mediante outra deliberação, desde que esta não enferme do vício da precedente. O sócio, porém, que nisso tiver um interesse atendível pode obter anulação da primeira deliberação, relativamente ao período anterior à deliberação renovatória.

3. O tribunal em que tenha sido impugnada uma deliberação pode conceder prazo à sociedade, a requerimento desta, para renovar a deliberação.

Bibliografia: Jorge Coutinho de Abreu, *62.º*, *Código em Comentário* 1 (2017), 742-746; António Menezes Cordeiro 1 (2016) 812 ss.; Paulo Olavo Cunha, *Impugnação de deliberações sociais* (2015), 226 ss.; Manuel Carneiro da Frada, *Renovação de deliberações sociais/O artigo 62.º do Cód. das Sociedades Comerciais*, BFD LXI (1985), 285-336; Jorge Pinto Furtado, *Deliberações dos sócios* (1993), 565-645; *Idem*, *Deliberações de sociedades comerciais* (2005), 837-904.

Índice

1. Fim da norma 1
2. Deliberações nulas 3
3. Deliberações anuláveis 6
4. Eficácia e direitos de terceiros 7
5. Iniciativa e aspetos subsequentes 8
6. Impugnação e renovação da deliberação 10

1 1. **Fim da norma**. A possibilidade de renovação das deliberações inválidas visa prevenir os inconvenientes de, perante certas decisões societárias, se poder prolongar um ambiente de incer-

[1] RCb 16-jun.-2009 (Graça Santos Silva), 1718/08; Rev 9-set.-2011 (João Gonçalves Marques), Proc. 885/09 (recusando a intervenção principal de sócios como terceiros, mas admitindo que os que votam a deliberação no sentido que fez vencimento possam intervir na causa como assistentes).

[2] RCb 31-jan.-1989 (António Pires de Lima), CJ XIV (1989) 1, 54-57 (55/II).

[3] STJ 9-fev.-1999 (Machado Soares), Proc. 98A1192.

[4] António Menezes Cordeiro, *Tratado de Direito civil* I, 4.ª ed. (2012), 964 ss.; a fundamentação aí apresentada é, aqui, plenamente aplicável.

teza e de dúvida quanto à sua subsistência. A renovação é, muitas vezes, levada a cabo independentemente de concretas ações de nulidade ou de anulação e apenas para evitar dúvidas. Trata-se de figura frequente e muito documentada, na jurisprudência[1].

Antes de 1986, a possibilidade e o alcance da renovação eram discutidas[2]. O 62.º pretendeu esclarecer o tema. 2

2. **Deliberações nulas**. O 62.º/1 admite a renovação apenas das deliberações nulas por vícios de procedimento – os contemplados no 56.º/1, *a)* e *b)*: desde que removidos os vícios em causa[3]. *A contrario* e pela natureza das coisas, não é possível a renovação de deliberações nulas por vícios de fundo – 56.º/1, *c)* e *d)*: a remoção do vício implicaria já deliberações diferentes[4]. 3

É viável a renovação de uma deliberação declarada nula com trânsito em julgado: desde que sem o vício[5]. 4

Não é logicamente possível a renovação de deliberação inexistente (e isso para quem admita tal vício)[6]. 5

3. **Deliberações anuláveis** são sempre renováveis, desde que afastado o vício[7]. Em rigor, se o vício for material, a nova deliberação já terá um conteúdo diferente, não sendo puramente renovatória. 6

4. **Eficácia e direitos de terceiros**. À renovação de deliberações nulas pode ser atribuída eficácia retroativa, ressalvados os direitos de terceiros (62.º/1). Já a renovação de deliberações anuláveis tem sempre eficácia retroativa, uma vez que estas produzem efeitos, enquanto não forem anuladas. Aqui, para proteger os terceiros, é possível uma ação (62.º/2, *in fine*). Intentada uma ação de anulação, a renovação da deliberação atacada determina não a absolvição do pedido, mas a extinção da instância por impossibilidade da lide[8]. 7

5. **Iniciativa e aspetos subsequentes**. A sociedade pode pedir prazo, ao tribunal em que tenha sido impugnada uma deliberação, para proceder à sua renovação (62.º/3). A ação cessará, então, por falta de objeto. Não há prazo para a renovação[9]. 8

A deliberação pode ser, em simultâneo, renovatória e interpretativa de deliberação anterior[10]. 9

6. **Impugnação e renovação da deliberação**. A própria deliberação renovatória pode ser impugnada, por novos e distintos vícios[11] e pode, ainda, ser ela própria renovada[12], salvo se a primeira renovação for nula por prejudicar terceiros[13]. 10

[1] RPt 22-out.-2012 (Carlos Querido), Proc. 512/07; STJ 17-jun.-2014 (Nuno Cameira), Proc. 70/10. Quanto às suas finalidades: RPt 14-fev.-2007 (Fernando Baptista), Proc. 0730577; RPt 15-mar.-2011 (Maria do Carmo Domingues), Proc. 798/10.

[2] Jorge Pinto Furtado, *Deliberações dos sócios*, 592 ss..

[3] Assim, é possível a renovação da deliberação que apenas verbalmente tenha fixado a remuneração de um gerente: RCb 7-abr.-1994 (Francisco Lourenço), CJ XIX (1994) 2, 24-27 (27/II).

[4] STJ 6-mai.-1997 (Pais de Sousa), CJ/Supremo V (1997) 2, 77-79 (78).

[5] RPt 8-jul.-1999 (Salreiro de Abreu), CJ XXIV (1999) 4, 194-198 (197/I).

[6] RPt 21-dez.-1993 (Emérico Soares), CJ XVIII (1993) 5, 246-250 (248/I) e, de certo modo, RPt 8-jun.-2000 (Custódio Montes), CJ XXV (2000) 3, 206-211 (209/II).

[7] A renovação de uma deliberação que excluíra um sócio exige a regular convocação deste: RPt 11-mai.-2000 (Mário Fernandes), Proc. 0030316. A renovação consolida a anterior, desde que não retome os seus vícios: RLx 8-mar.-2001 (Maria Manuela Gomes), Proc. 0078246.

[8] RCb 16-dez.-2009 (Freitas Neto), CJ XXXIV (2009) 5, 30-32.

[9] RCb 21-set.-2004 (Tomás Barateiro), Proc. 1466/04.

[10] STJ 4-dez.-1996 (Martins da Costa), CJ/Supremo IV (1996) 3, 34-36 (36/I) = BMJ 462 (1997), 441-447 (445).

[11] RPt 2-fev.-1998 (Azevedo Ramos), CJ XXIII (1998) 1, 201-203 (203/I).

[12] *Idem*, 202/II.

[13] RCb 17-fev.-1998 (Bordalo Lema), CJ XXIII (1998) 1, 36-38 (38/I).

Artigo 63.º (Atas)

1. As deliberações dos sócios só podem ser provadas pelas atas das assembleias ou, quando sejam admitidas deliberações por escrito, pelos documentos donde elas constem.

2. A ata deve conter, pelo menos:

***a*) A identificação da sociedade, o lugar, o dia e a hora da reunião;**

***b*) O nome do presidente e, se os houver, dos secretários;**

***c*) Os nomes dos sócios presentes ou representados e o valor nominal das partes sociais, quotas ou ações de cada um, salvo nos casos em que a lei mande organizar lista de presenças, que deve ser anexada à ata;**

***d*) A ordem do dia constante da convocatória, salvo quando esta seja anexada à ata;**

***e*) Referência aos documentos e relatórios submetidos à assembleia;**

***f*) O teor das deliberações tomadas;**

***g*) Os resultados das votações;**

***h*) O sentido das declarações dos sócios, se estes o requererem.**

3. Quando a ata deva ser assinada por todos os sócios que tomaram parte na assembleia e algum deles não o faça, podendo fazê-lo, deve a sociedade notificá-lo judicialmente para que, em prazo não inferior a oito dias, a assine; decorrido esse prazo, a ata tem a força probatória referida no n.º 1, desde que esteja assinada pela maioria dos sócios que tomaram parte na assembleia, sem prejuízo do direito dos que a não assinaram de invocarem em juízo a falsidade da ata.

4. Quando as deliberações dos sócios constem de escritura pública, de instrumento fora das notas ou de documento particular avulso, deve a gerência, o conselho de administração ou o conselho de administração executivo inscrever no respetivo livro a menção da sua existência.

5. Sempre que as atas sejam registadas em folhas soltas, deve a gerência ou a administração, o presidente da mesa da assembleia geral e o secretário, quando os houver, tomar as precauções e as medidas necessárias para impedir a sua falsificação.

6. As atas são lavradas por notário, em instrumento avulso, quando, no início da reunião, a assembleia assim o delibere ou ainda quando algum sócio o requeira em escrito dirigido à gerência, ao conselho de administração ou ao conselho de administração executivo da sociedade e entregue na sede social com cinco dias úteis de antecedência em relação à data da assembleia geral, suportando o sócio requerente as despesas notariais.

7. As atas apenas constantes de documentos particulares avulsos constituem princípio de prova embora estejam assinadas por todos os sócios que participaram na assembleia.

8. Nenhum sócio tem o dever de assinar as atas que não estejam consignadas no respetivo livro ou nas folhas soltas, devidamente numeradas e rubricadas.

Bibliografia: Jorge Coutinho de Abreu, *63.º*, *Código em Comentário* 1 (2017), 747-756; António Menezes Cordeiro 1 (2022), 671-679; Luís Brito Correia 3 (1990), 239-247; Paulo Olavo Cunha (2019), 711-722; Jorge Pinto Furtado, *Deliberações dos sócios* (1993), 647 a 753; *Idem*, *Deliberações de sociedades comerciais* (2005), 282-358; Albino Matos, *A documentação das deliberações sociais no projeto de Código das Sociedades*, RNot 1986, 43-91.

Índice

I – **Redações anteriores**
1. Texto original ... 1
2. Reforma de 1987 ... 2
3. Reformas de 1996 ... 4
4. Reforma de 2006 ... 6

II – **Antecedentes**
5. O Código Comercial (1888) ... 8
6. Direito comparado ... 10
7. Preparatórios ... 11

III – **Caraterísticas e processamento**
8. Conteúdo mínimo ... 12
9. Modalidades ... 13
10. Intervenção notarial ... 17

IV – **O dever de lavrar e assinar a ata e a aprovação**
11. O dever e as sanções ... 21
12. A falta de assinatura ... 22
13. Aprovação ... 25

V – **Função e natureza**
14. Função ... 26
15. Natureza ... 29

VI – **Deliberação por escrito**
16. Estrutura e regime ... 31

I – Redações anteriores

1 **1. Texto original**. O 63.º, na versão aprovada pelo DL 262/86, de 2-set.[1], dispunha:

1. As deliberações dos sócios só podem ser provadas pelas atas das assembleias ou, quando sejam admitidas deliberações por escrito, pelos documentos donde elas constem.

2. A ata deve conter, pelo menos:

a) O lugar, o dia e a hora da reunião;

b) O nome do presidente e, se os houver, dos secretários;

c) Os nomes dos sócios presentes ou representados e o valor nominal das partes sociais, quotas ou acções de cada um, salvo nos casos em que a lei mande organizar lista de presenças, que deve ser anexada à ata;

d) A ordem do dia constante da convocatória, salvo quando esta seja anexada à ata;

e) Os documentos e relatórios submetidos à assembleia;

f) O teor das deliberações tomadas;

g) Os resultados das votações;

h) O sentido das declarações dos sócios, se estes o requererem.

3. Quando a ata deva ser assinada por todos os sócios que tomaram parte na assembleia e algum deles não o faça, podendo fazê-lo, deve a sociedade notificá-lo judicialmente para que, em prazo não inferior a oito dias, a assine; decorrido esse prazo, a ata tem a força probatória referida no número anterior, desde que esteja assinada pela maioria dos sócios que tornaram parte na assembleia sem prejuízo do direito dos que a não assinaram de invocarem em juízo a falsidade da ata.

4. As atas devem ser lavradas no respetivo livro; neste livro devem ser também consignadas, pela forma estabelecida na lei, as deliberações tomadas sem reunião da assembleia geral. Quando essas deliberações constem de escritura pública ou de instrumento fora das notas, deve a gerência, o conselho de administração ou a direcção inscrever no livro menção da sua existência.

5. As atas serão lavradas por notário, em instrumento avulso, quando a lei o determine, quando, no início da reunião, a assembleia assim o delibere ou ainda quando algum sócio o exija, suportando as respetivas despesas.

6. Nos casos em que a lei permita escolher entre a forma notarial da ata e a posterior consignação da deliberação em escritura pública, a escolha pertence a quem presidir à reunião, mas a assembleia pode sempre deliberar que seja usada a forma notarial da ata.

[1] DR I Série, n.º 201, de 2-set.-1986, 2307/II.

7. As atas apenas constantes de documentos particulares avulsos constituem princípio de prova, embora estejam assinadas por todos os sócios que participaram na assembleia.

8. Nenhum sócio tem o dever de assinar atas que não estejam consignadas no respetivo livro.

2 2. **Reforma de 1987**. O DL 280/87, de 8-jul., alterou o n.º 5[2], dando-lhe a seguinte redação:

5. As atas serão lavradas por notário, em instrumento avulso, quando a lei o determine, quando, no início da reunião, a assembleia assim o delibere ou ainda quando algum sócio o requeira em escrito dirigido à gerência, ao conselho de administração ou à direcção da sociedade e entregue na sede social com cinco dias úteis de antecedência em relação à data da assembleia geral; neste caso, o sócio requerente suportará as despesas notariais.

3 No fundamental, tratou-se de evitar que algum (ou alguns) sócio(s) possa, no início da reunião, surpreender a assembleia com um pedido inesperado de intervenção do notário: deveria fazer o pedido com antecedência de cinco dias.

4 3. **Reforma de 1996**. O DL 257/96, de 31-dez., alterou o n.º 2, *a)* e o n.º 4; aditou novos números 5 e 6, passando os anteriores 5, 6 e 7 a 7, 8 e 9 e aditou um n.º 10[3]. Nos termos seguintes:

(...)

2. (...)

a) A identificação da sociedade, o lugar, o dia e a hora da reunião;

(...)

4. As atas devem ser lavradas no respetivo livro ou em folhas soltas; no livro ou nas folhas devem ser também consignadas, pela forma estabelecida na lei, as deliberações tomadas em reunião da assembleia geral. Quando essas deliberações constem de escritura pública ou de instrumento fora das notas, deve a gerência, o conselho de administração ou a direcção inscrever no livro ou nas folhas menção da sua existência.

5. Na sociedade são arquivadas todas as folhas; as folhas devem ser encadernadas depois de utilizadas e podem, decorridos 10 exercícios após aquele a que se reportam, ser substituídas por microfilmes ou por outra forma adequada de suporte.

6. Sempre que as atas sejam registadas em folhas soltas, deve a gerência ou a administração, o presidente da mesa da assembleia geral e o secretário, quando os houver, tomar as precauções e as medidas necessárias para impedir a sua falsificação.

(...)

10. Nenhum sócio tem o dever de assinar as atas que não estejam consignadas no respetivo livro ou nas folhas soltas, devidamente numeradas e rubricadas.

5 De novo se procurou acudir a questões práticas. As atas são, muitas vezes, redigidas em folhas datilografadas soltas e não, como era hábito, em livros manuscritos. Houve que providenciar quanto à sua salvaguarda.

6 4. **Reforma de 2006**. O DL 76-A/2006, de 29-mar., alterou o n.º 4, suprimiu o n.º 5 e o n.º 6 e alterou o n.º 7[4], dando-lhe a redação atual.

7 No essencial, tratou-se de suprimir a referência a imposições legais de recurso ao notário e de introduzir a referência a conselho de administração executivo, que substitui a direção, nas SA dualistas.

[2] DR I Série, n.º 154, de 8-jul.-1987, 2659/II.

[3] DR I Série, n.º 302, de 31-dez.-1996, 1701/II-1702/I.

[4] DR I Série-A, n.º 63 (Suplemento), de 29-mar.-2006, 2328-(8)/I; *vide* 2328-(78)-2328-(79), para a versão consolidada.

II – **Antecedentes**

5. **O Código Comercial (1888)**, no tocante à escrituração mercantil, obrigava as sociedades 8
comerciais a possuir livros de atas (31.º/1 e 37.º do CCom). O 183.º, § 6.º, sobre o funcionamento da assembleia geral da SA, determinava que as atas das diferentes sessões fossem assinadas pelo presidente e pelo secretário e lavradas no registo respetivo.

A jurisprudência tomou a ata como requisito formal: a deliberação não lançada seria 9
nula[5], por falta de forma *ad substantiam*. Nas sociedades por quotas, defendeu-se que ela o fosse *ad probationem*[6].

6. **Direito comparado**. No sistema alemão, as deliberações da assembleia geral devem ser titu- 10
ladas por notário, sob pena de nulidade; no latino, apenas se exigem (nas assembleias ordinárias) documentos assinados pelo presidente e pelo secretário, podendo a deliberação ser provada por qualquer modo.

7. **Preparatórios**. No anteprojeto sobre a assembleia geral, Vaz Serra propôs uma solução pró- 11
xima da alemã: a nulidade por falta da formalização prescrita[7]. Houve outras fontes inspiradoras[8], tendo o conjunto levado à redação atual.

III – **Caraterísticas e processamento**

8. **Conteúdo mínimo**. A ata é um documento escrito que deve exarar o conteúdo mínimo 12
elencado nas 8 alíneas do 63.º/2. Outros elementos podem ser acrescentados, com relevo para o teor das intervenções ocorridas.

9. **Modalidades**. Podemos distinguir: (a) a ata particular (b) a ata notarial. A ata particular é 13
feita pelo secretário da mesa, quando o haja, pelo secretário da sociedade, também quando o haja – 446.º-B/1, *b)* –, ou pelo presidente da assembleia geral ou alguém a seu mando. Pode ser (a) assinada por todos os sócios presentes, o que é de regra (189.º/5, para as SNC, 248.º/6, para as SPQ e 270.º-E/2, para as SPQ unipessoais) ou (b) assinada pelo presidente e pelo secretário, nas SA (388.º/2).

A ata particular pode (a) estar consignada em livro de atas, devidamente numerado e 14
rubricado ou (b) constar de folhas soltas, altura em que as pessoas enumeradas no 63.º/5 devem tomar precauções para evitar a sua falsificação. Em regra, as folhas soltas devem ser numeradas e rubricadas, procedendo-se a uma encadernação condigna, em livro de atas. Não o sendo: o próprio livro deve consignar a sua existência (63.º/4).

A ata notarial pode constar de (a) escritura pública e (b) de instrumento avulso fora de 15
notas.

Após a reforma de 2006, a ata notarial perdeu reflexos práticos[9].

10. **Intervenção notarial**. A intervenção notarial está na disponibilidade (a) da assembleia, 16
mediante deliberação no início da reunião ou (b) de cada sócio, desde que o requeira em escrito 17
dirigido à administração, com 5 dias úteis de antecedência, suportando ele as despesas.

Na hipótese de vários sócios o requererem, indicando notários diferentes, cabe ao pre- 18
sidente da mesa decidir, optando, nada havendo em contrário, pela prioridade da entrada dos pedidos.

[5] STJ 15-jun.-1962 (Ricardo Lopes), BMJ 118 (1962), 639-647 (643); no BMJ 118, 647, pode ver-se jurisprudência anterior.

[6] RLJ 78 (1946), 389 e 390. *Vide* Pinto Furtado II/2 (1979), 577.

[7] Adriano Vaz Serra, *Assembleia geral*, BMJ 197 (1970), 23-200 (176).

[8] Jorge Pinto Furtado, *Deliberações dos sócios* cit., 649-651 e *Deliberações de sociedades comerciais* cit., 286 ss..

[9] *Vide* o esquema anterior em Menezes Cordeiro 1 (2016), 755-756.

19 Das atas elaboradas com intervenção notarial deve ser dada conta no livro de atas, propriamente dito.

20 A intervenção notarial é limitada pela finalidade a que se destina (lavrar a ata): não compete ao notário controlar a legalidade da assembleia ou dos atos nela praticados[10].

IV – O dever de lavrar e assinar a ata e a aprovação

21 11. **O dever e as sanções.** A ata é lavrada por quem tenha essa incumbência, devendo ser assinada, nos termos apontados, ou por todos os sócios ou pelo presidente da mesa e o secretário. Trata-se de um dever penalmente sancionado pelo 521.º. Além disso, a sua violação acarreta responsabilidade civil obrigacional (798.º do CC) devendo ser ressarcidas todas as maiores despesas.

22 12. **A falta de assinatura** de algum sócio que deva e possa assinar leva a sociedade a notificá-lo judicialmente (261.º do CPC) para que assine em prazo não inferior a oito dias; decorrido esse prazo, a ata tem a força probatória do 63.º/1, desde que esteja assinada pela maioria dos sócios que participaram na assembleia (63.º/3)[11].

23 Todavia, os que não assinaram podem invocar, em juízo, a sua falsidade.

24 Para efeitos de ação de anulação, bastará que, seguidos certos trâmites, a ata seja assinada por todos os sócios votantes no sentido que fez vencimento (59.º/4 e 5).

25 13. **Aprovação**. Nas SA, a assembleia pode determinar que a ata seja submetida à sua aprovação, antes de assinada (388.º/3): o preceito pode ser generalizado. Não se trata de nova deliberação mas, tão-só, de uma constatação ou de um controlo de fidelidade do texto da ata. Na prática e nas grandes anónimas, a aprovação pela assembleia é impossível[12].

V – Função e natureza

26 14. **Função**. A ata não corresponde a uma forma de deliberação mas, antes, a um meio exclusivo de prova[13]. A força probatória plena da ata abrange apenas as deliberações dos sócios[14]. Faltando requisitos, o seu poder probatório é livremente apreciado pelo tribunal.

27 Numa assembleia participam várias (ou muitas) pessoas; mesmo de boa-fé, cada uma terá a sua versão dos acontecimentos. A ata visa fixar a verdade jurídica do que lá se passou, mais do que a verdade histórica. Uma vez lavrada, formalizada e lançada, ela constituirá, salvo impugnação fundada, o suporte de quanto se tenha decidido, para efeitos internos e externos.

28 A ata constitui a base da confiança para efeitos de proteção de terceiros de boa-fé, perante a invalidação de deliberações (61.º/2).

29 15. **Natureza**. A ata é uma formalidade *ad probationem* que completa as deliberações, dando-lhes eficácia[15]. Pode ser afastada por falsidade sem que, para tanto, o Direito limite os meios de prova.

[10] STJ 19-mai.-2015 (Fonseca Ramos), Proc. 477/03.

[11] STJ 16-abr.-1996 (Pais de Sousa), CJ/Supremo IV (1996) 2, 23-25 (25/I), admite que, na falta deste procedimento, haja mera ineficácia, convalidável se a ata não-assinada pelo interessado não for impugnada como falsa. Quanto à crítica do preceito: Pinto Furtado, *Deliberações dos sócios*, 698-699.

[12] *Vide* 388.º, anotação 3.

[13] RCb 31-mar.-1992 (Vitor Rocha), CJ XVII (1992) 2, 61-64 (64/I), RCb 16-mar.-1993 (Nuno Pedro Cameira), CJ XVIII (1993) 2, 19-22 (21/II), RCb 1-jul.-1997 (Rui Dias), BMJ 469 (1997), 666-667 e STA 1-out.-1997 (Correia de Lima), BMJ 470 (1997), 651-652, RLx 17-fev.-1998 (Pais do Amaral), CJ XXIII (1998) 1, 125-126 (126/II) e RPt 19-mai.-2014 (Soares de Oliveira), Proc. 502/10.

[14] Rev 17-jan.-2013 (António M. Ribeiro Cardoso), Proc. 252/09; RCb 21-mai.-2013 (José Avelino Gonçalves), Proc. 160/08.

[15] Contra: Jorge Coutinho de Abreu, *Impugnação de deliberações sociais*, 209-210; *id.*, *63.º*, 717 ss.

As "atas" sem requisitos legais, designadamente as constantes de documentos particulares avulsos (63.º/7) constituem (mero) princípio de prova. 30

VI – **Deliberações por escrito**

16. **Estrutura e regime.** Nas deliberações por escrito, os documentos de que resultem fazem a função de ata (63.º/1). Com as devidas adaptações, o regime da ata é-lhes aplicável. 31

Capítulo V – Administração e fiscalização

Artigo 64.º (Deveres fundamentais)

1. Os gerentes ou administradores da sociedade devem observar:

a) Deveres de cuidado, revelando a disponibilidade, a competência técnica e o conhecimento da atividade da sociedade adequados às suas funções e empregando nesse âmbito a diligência de um gestor criterioso e ordenado; e

b) Deveres de lealdade, no interesse da sociedade, atendendo aos interesses de longo prazo dos sócios e ponderando os interesses dos outros sujeitos relevantes para a sustentabilidade da sociedade, tais como os seus trabalhadores, clientes e credores.

2. Os titulares de órgãos sociais com funções de fiscalização devem observar deveres de cuidado, empregando para o efeito elevados padrões de diligência profissional e deveres de lealdade, no interesse da sociedade.

Bibliografia: J. M. Coutinho de Abreu, *Responsabilidade civil dos administradores das sociedades*, 2.ª ed. (2007), 14 ss.; *id.*, *Deveres de cuidado e de lealdade dos administradores e interesse social*, em *Reformas do Código das Sociedades* (2007), 15-47; *id.*, *Corporate governance em Portugal*, IDET/Miscelânea, 6 (2010), 7-47; Paulo Câmara, *O governo das sociedades e os deveres fiduciários dos administradores*, em *Jornadas/Sociedades abertas, valores mobiliários e intermediação financeira* (2007), 163-179; CMVM, *Governo das sociedades anónimas: propostas de alteração ao Código das Sociedades Comerciais/Processo de consulta pública n.º 1/2006*; António Menezes Cordeiro 1 (2022), 753-798; *id.*, *Os deveres fundamentais dos administradores das sociedades (artigo 64.º/1 do CSC)*, ROA 66 (2006), 443-488; *id.*, *A lealdade no Direito das sociedades*, ROA 66 (2006), 1033-1065; A. Barreto Menezes Cordeiro, *Doutrina das oportunidades societárias* (Corporate opportunities doctrine), RDS 1/2 (2013), 603-632 e 741-778; *id.*, *Deveres fiduciários de cuidado: imprecisão linguística, histórica e conceitual*, RDS 2015, 617-640; Ricardo Costa/Gabriela Figueiredo Dias, *Anotação ao artigo 64.º do CSC* em *Código em Comentário* (2017), 757-808; Bruno Ferreira, *Os deveres de cuidado dos administradores e gerentes*, RDS 3 (2009), 681-737; Augusto Teixeira Garcia, *O (re)surgimento do dever de lealdade no direito alemão da sociedade por ações*, DSR 23 (2020), 99-123; Fátima Gomes, *Reflexões em torno dos deveres fundamentais dos membros dos órgãos de gestão (e fiscalização) das sociedades comerciais à luz da nova redacção do artigo 64.º do CSC*, em CSC/20 anos, 2 (2007), 551-569; Manuel dos Santos Machado/João Carlos Godinho, *Novo regime de fiscalização das sociedades anotado* (1970); Tiago João Estêvão Marques, *Responsabilidade civil dos membros dos órgãos de fiscalização das SA* (2009); Pedro Caetano Nunes, *Corporate Governance* (2006); *id.*, *Dever de gestão dos administradores de sociedades anónimas* (2012); Ana Perestrelo de Oliveira, *Os credores e o governo societário: deveres de lealdade para os credores controladores?*, RDS 1 (2009), 95-133; Armando Manuel Triunfante, *A tutela das minorias nas sociedades anónimas/direitos da minoria qualificada/abuso de direito* (2004), 224-243 *id.*, (2007), 59-66; Pedro Pais de Vasconcelos, *Responsabilidade civil dos gestores das sociedades comerciais*, DSR 2009, 11-32; *id.*, *Business judgement rule, deveres de cuidado e de lealdade, ilicitude e culpa e o artigo 64.º do CSC*, DSR 2009, 41-81; Raúl Ventura/Luís Brito Correia, *Nota explicativa do Capítulo II do Decreto-Lei n.º 49.381, de 15 de Novembro de 1969*, BMJ 195 (1970), 21-90.

Índice

I – **Redações anteriores e origem**
1. Redação original 1
2. A reforma de 1969 3
3. Preparatórios 4
4. Objetivo da reforma de 2006 7
5. Componentes 8

II – **Os deveres fundamentais**
6. Gestão e representação 9

III – **A bitola da diligência**
7. O esforço requerido 11
8. O gestor criterioso e ordenado 12

IV – **Os interesses a acautelar**
9. Os valores protegidos 13
10. Enumeração 14

V – **Os deveres de lealdade**
11. Noção e aplicações 16
12. Concretizações negativas 18
13. Concretizações positivas 20

VI – **Os deveres de cuidado**
14. Noção 21
15. Modalidades 22
16. Concretização 23

VII – **Natureza e regime geral**
17. Natureza 24
18. Regime geral 25

VIII – **Titulares de órgãos sociais com funções de fiscalização**
19. Sujeitos visados 27
20. Conteúdo 28

I – Redações anteriores e origem

1 1. **Redação original**. O 64.º tem, hoje, a redação que lhe foi dada pelo DL 76-A/2006, de 29-mar., diploma que também alterou a sua epígrafe bem como a do próprio capítulo V.

2 A redação original era[1]: Capítulo V – Administração:

> Artigo 64.º
> **Dever de diligência**
>
> Os gerentes, administradores ou directores de uma sociedade devem actuar com a diligência de um gestor criterioso e ordenado, no interesse da sociedade, tendo em conta os interesses dos sócios e dos trabalhadores.

3 2. **A reforma de 1969**. Na origem, temos o 17.º/1 do DL 49381, de 15-nov.-1969, inspirado por Raúl Ventura na base do § 93/I da lei alemã das sociedades anónimas e que, a abrir um capítulo sobre a responsabilidade civil dos administradores, dispunha[2]:

> Os administradores da sociedade são obrigados a empregar a diligência de um gestor criterioso e ordenado.

4 3. **Preparatórios**. O projeto[3] acolheu essa redação, apenas substituindo "administradores" por "gerentes, administradores ou diretores", como modo de generalizar o preceito a todos os tipos de sociedades. Na revisão final, por indicação de Brito Correia, inspirado na proposta de 5.ª Diretriz das sociedades, foi acrescentado "no interesse da sociedade, tendo em conta os interesses dos sócios e dos trabalhadores"[4].

[1] DR I Série, n.º 201, de 2-set.-1986, 2303/II.
[2] DR I Série, n.º 268, de 15-nov.-1969, 1610/I.
[3] BMJ 327 (1983), 107. O preceito surgia no então 92.º/1, integrado no preceito capítulo à responsabilidade dos administradores para com a sociedade, hoje correspondente ao 72.º.
[4] Luís Brito Correia 1 (1990), 49 e *Os administradores das sociedades anónimas* (1991), 602, nota 17.

Esclareça-se que a compatibilização dos interesses em presença visava, na proposta de 5.ª 5
Diretriz e por influência alemã, enfrentar a realidade da co-gestão que pressupunha um conselho de vigilância com membros eleitos pelos acionistas e pelos trabalhadores. Em Portugal nunca houve co-gestão, pelo que o preceito perdia o sentido de origem.

No primeiro projeto de 2006, da CMVM, discutido publicamente, manteve-se a redação 6
original do CSC, como n.º 1, apenas se acrescentando, após "ordenado": "e com lealdade". A iniciativa foi criticada. Na versão final, hoje lei, surgiu a redação vigente, bastante mais complicada e sem qualquer discussão prévia.

4. **Objetivo da reforma de 2006.** A atual redação do 64.º visou, segundo o preâmbulo do DL 7
76-A/2006, fixar um núcleo mínimo de deveres dos administradores e densificá-los, em prol de uma maior transparência e eficiência das SA portuguesas.

5. **Componentes.** Na prática, porém, o preceito resultou muito complexo, agregando: (a) ele- 8
mentos tradicionais, como a bitola da diligência; (b) elementos alemães, como o dever de lealdade; (c) elementos europeus, como a referência aos diversos interesses; (d) elementos anglo-saxónicos, como a menção ao dever de cuidado, contraposto à lealdade; (e) um pano de fundo conectado com o governo das sociedades (*corporate governance*). Há que ordenar tudo isto em função do Direito pátrio e por forma a alcançar uma construção harmónica.

II – Os deveres fundamentais

6. **Gestão e representação.** Os administradores[5] das sociedades têm, no essencial, dois deveres 9
ou poderes-deveres: o de gestão e o de representação. O 64.º reporta-se, antes, ao modo de concretização desses dois deveres e, ainda, de todas as restantes obrigações que lhes advenham da lei ou dos estatutos.

O 64.º usa uma linguagem técnica que apenas pela História e pelo Direito comparado 10
pode ser explicada. Há, pois, que prevenir entendimentos literais ou imediatistas: trata-se da área mais delicada do atual Direito das sociedades. Os interessados são remetidos para a bibliografia acima indicada, onde podem ser confrontadas maiores referências.

III – A bitola da diligência

7. **O esforço requerido.** Na tradição nacional, a diligência traduz a medida de esforço exigível 11
ao devedor, no cumprimento das obrigações. Tal medida pode ser determinada em concreto ou em abstrato, remetendo para um bom cidadão comum (*bonus pater familias*) ou para critérios mais exigentes.

8. **O gestor criterioso e ordenado** surge como uma bitola mais exigente do que a comum: 12
requer um esforço acrescido, por se dirigir a especialistas fiduciários, que gerem bens alheios. Apesar de inserida no final do 64.º/1, *a*), a diligência dá corpo a todos os deveres dos administradores, explicando a intensidade requerida na sua execução.

IV – Os interesses a acautelar

9. **Os valores protegidos.** A noção de interesse é plurivalente[6]. Tomá-lo-emos como expri- 13
mindo um círculo de valores protegidos por determinada norma ou conjunto de normas.

10. **Enumeração.** No desempenho das suas funções, os administradores devem ter em conta 14
as normas ou conjuntos de normas relativas: (a) à própria sociedade; (b) aos sócios, mas na glo-

[5] Expressão geral que abrange os gerentes, os administradores e os administradores executivos; antes de 2006: diretores.

[6] Paulo Mota Pinto, *Interesse contratual negativo e interesse contratual positivo*, 1 (2007), 73 ss., 405 ss. e *passim*.

balidade dos valores que se lhe reportem ("a longo prazo"); (c) aos *stakeholders* ou pessoas que sustentam a sociedade: trabalhadores, clientes e credores, a título exemplificativo.

15 Também os conceitos indeterminados que surjam serão concretizados tendo em conta esses pólos valorativos, procurando-se resolver os conflitos que surjam entre eles à luz dos interesses da sociedade, mas sem violar normas imperativas.

V – **Os deveres de lealdade**

16 11. **Noção e aplicações**. No Direito das sociedades, a lealdade exprime o conjunto dos valores básicos do sistema que, em cada situação concreta, devam ser acatados pelos diversos intervenientes. Equivale, de certo modo, à ideia civil de boa fé.

17 A lealdade aplica-se: (a) nas relações dos sócios com a sociedade e entre si, integrando a ideia básica de *status* do sócio; (b) nas relações da sociedade para com os sócios, implicando um alargamento *ex bona fide* da competência da assembleia geral; (c) nas relações dos administradores com a sociedade e com os próprios sócios, as quais estão, agora, em causa.

18 12. **Concretizações negativas**. Por exigência da lealdade, é vedado aos administradores: (a) a concorrência em relação à própria sociedade; (b) a divulgação dos segredos societários.

19 Além disso, podem ainda surgir, com diversas modelações, proibições ou restrições quanto a: (a) aceitar crédito da própria sociedade (b) aproveitar oportunidades de negócio da sociedade (*corporate opportunities* subjetiva); (c) utilizar o património da sociedade na prossecução de interesses pessoais ou de terceiros (*corporate opportunities* objetiva)[7]; (d) decidir em conflito de interesses próprios e da sociedade; (e) negociar com a própria sociedade; (f) discriminar sócios; (g) empatar ilegalmente OPAS com que não concorde; (h) negociar, sem informar, com os títulos da sociedade; (i) usar informação privilegiada (*insider trading*).

20 13. **Concretizações positivas**. Pela positiva, a lealdade obriga a seguir as regras do bom governo das sociedades (*corporate governance*). A lei portuguesa, objetivamente tomada, remeteu essa matéria para os deveres de cuidado.

VI – **Os deveres de cuidado**

21 14. **Noção**. No Direito português, os deveres de cuidado devem ser tomados como normas de conduta que densificam, à luz dos ditames do bom governo das sociedades, os deveres gerais de gestão. Afastam-se dos *duties of care*, próprios do *negligence law*, de onde foram retirados, em 2006, configurando-se como normas de procedimento.

22 15. **Modalidades**. A lei especifica: (a) disponibilidade; (b) competência técnica; (c) conhecimento da atividade da sociedade: outros tantos deveres, não-taxativos, que dão um colorido geral a toda a atuação, essencialmente fiduciária, dos administradores.

23 16. **Concretização**. Opera caso a caso: "adequados às suas funções". Relevam a dimensão da sociedade, a atividade social, o pelouro, os objetivos fixados e os condicionamentos externos, jurídicos, económicos e sociais.

VII – **Natureza e regime geral**

24 17. **Natureza**. Os deveres prescritos no 64.º têm natureza legal. Embora moldáveis em função de diversos fatores, como os estatutos e as deliberações sociais, eles são impostos pela lei, visando

[7] STJ 6-mar.-2014 (Lopes do Rego), Proc. 2296/10. *Anotação de* A. Barreto Menezes Cordeiro, RDS 2 (2014), 281-301.

defender os sócios, as sociedades e a própria comunidade jurídica que, no dia-à-dia, confia nos entes societários. Quando estejam em jogo esses valores fundamentais, os deveres prevalecem sobre a autonomia privada.

18. **Regime geral**. Os deveres fundamentais do 64.º carecem de uma concretização caso a caso. 25
Em termos gerais, eles seguem a dogmática civil dos deveres acessórios[8], sendo de salientar: (a) visam os efeitos "substancialização" e "integralidade"; (b) são tendencialmente indisponíveis; (c) podem ser pré e pós-eficazes, isto é: surgem antes mesmo de formalizada a situação de administração, adstringindo o visado, p. ex., a sigilo, a verdade e a não-concorrência e mantêm-se, depois de cessada essa situação, obrigando o ex-administrador, sendo esse o caso, a segredo, a não-concorrência e a prestar todas as informações necessárias; (d) mantêm-se mesmo quando a situação de base falte ou seja nula ou anulada: o "administrador de facto" cai, formalmente, no 64.º; (e) alargam-se aos colaboradores dos administradores.

Os deveres dos administradores, tanto mais que operam paredes-meias com a responsabi- 26
lidade civil, devem assentar numa cuidada dogmática obrigacional. Os societaristas, mau grado a especial necessidade de especialização que sobre eles recai, não devem obnubilar essa vertente da sua preparação.

VIII – **Titulares de órgãos sociais com funções de fiscalização**

19. **Sujeitos visados**. São fundamentalmente os membros do conselho fiscal, da comissão de 27
auditoria e do conselho geral e de supervisão. Os deveres constituem-se com a designação, intensificam-se com o início das funções e mantêm-se, sendo o caso, após a cessação do vínculo (pós-eficácia).

20. **Conteúdo**. O 64.º/2 seria, em clara remissão para o 64.º/1: (a) diligência; (b) interesses a 28
proteger; (c) lealdade; (d) unidade.

A diligência é reportada a "elevados padrões": traduz a intensidade do esforço reque- 29
rido aos titulares dos órgãos, no cumprimento dos seus deveres de fiscalização (420.º, 423.º-F, 423.º-G e 441.º). É mais exigente do que a requerida ao profissional comum.

Os interesses são limitados à sociedade: abrangem todos os valores que a ela se acolham 30
incluindo, por essa via, os relativos aos sócios.

A lealdade exprime os vetores básicos do ordenamento, patentes no campo da fiscaliza- 31
ção. Com adaptações, funcionam aqui os subdeveres indicados a propósito da administração (*supra*, anotação 19).

O cuidado apela para as regras do bom governo das sociedades, agora na sua dimensão 32
fiscalizadora.

Capítulo VI – Apreciação anual da situação da sociedade

Introdução

Bibliografia: António Menezes Cordeiro 1 (2011), 132-137 e 1001-1005; *id.*, *Direito comercial*, 34.ª ed. (2016), 405-417; *id.*, *Introdução ao Direito da prestação de contas* (2008); Maria A. Ramalho Croca, *As contas do exercício – perspectiva civilística*, ROA 1997, 629-667; Gabriela Figueiredo Dias, *Fiscalização das sociedades e responsabilidade civil (após a reforma das sociedades comerciais)*, 2006; *id.*, *Controlo de contas e responsabilidade dos*

[8] Menezes Cordeiro, *Tratado* VI, 2.ª ed. (2012), 498 ss..

ROC, em *Temas societários* (2006), 153-207; *id.*, *A fiscalização societária redesenhada: independência, exclusão da responsabilidade e caução obrigatória dos fiscalizadores*, em AAVV, *Reforma do Código das Sociedades* (2007), 277-334; José Ferreira Gomes, *A responsabilidade civil dos auditores*, em *Código das Sociedades Comerciais e governo das sociedades* (2008), 343-424; José Carlos Soares Machado, *A recusa de assinatura do relatório anual nas sociedades anónimas*, ROA 1994, 935-956; *id.*, *Sobre a justificação da recusa de assinatura do relatório e contas da sociedade*, ROA 1996, 353-366; Alberto Pimenta, *A prestação das contas de exercício nas sociedades comerciais*, BMJ 200 (1970), 11-106, 201 (1970), 5-71, 202 (1971), 5-57, 203 (1971), 5-53, 204 (1971), 5-48, 205 (1971), 5-58, 207 (1971), 5-46 e 209 (1971), 5-36; Ana Maria Gomes Rodrigues, *Prestação de contas e o regime especial de invalidade das deliberações previstas no art. 69.º do CSC*, IDET/Miscelânea, 6 (2010), 95-183; Ruy Ulrich, *Sociedades anónimas e sua fiscalização*, ROA 1941, 14-27.

Índice

I – **A prestação de contas**
1. O Direito da prestação de contas 1
2. A importância 3

II – **Origem e evolução históricas da contabilidade**
3. A contabilidade 5
4. As partidas dobradas 6
5. As leis 9
6. A experiência anglo-saxónica 10

III – **As regras internacionais (Diretrizes, IAS/IFRS e NIC)**
7. A origem 12
8. Diretrizes 13
9. Regulamentos 14
10. Os IAS 15
11. Os IFRS 16
12. As NIC 18
13. Os GAAP 20

IV – **O Direito português**
14. Evolução 23
15. Codificação 25
16. A fiscalização 28
17. O CSC 30
18. Leis complementares 32
19. Aplicabilidade das NIC 36
20. Regras fiscais 37

I – A prestação de contas

1 1. **O Direito da prestação de contas** abrange as normas e os princípios que regem: (a) a contabilidade; (b) a elaboração, a apresentação, a confirmação e a certificação das contas; (c) o relato da gestão; (d) a fiscalização. Além disso, ele traduz também a disciplina jurídico-científica relativa a esse acervo normativo.

2 Direito da prestação de contas é a expressão consagrada, entre nós, desde o séc. XVIII, sendo usada nos países latinos e anglo-saxónicos: preferível ao germanismo "Direito do balanço" (*Bilanzrecht*).

3 2. **A importância** deste sector normativo é marcada: a prestação de contas condiciona todas as decisões empresariais e dita o destino dos mais diversos interesses, numa economia de mercado. Ela engloba os mecanismos da fiscalização os quais, após diversos escândalos (Barings, Enron, Parmalat e Société Générale, como exemplos), têm sido reforçados.

4 O tema da prestação de contas tem sofrido por não ser cultivado por juristas e por, entre nós, se situar fora dos roteiros habituais do Direito comercial e do Direito das sociedades comerciais.

II – Origem e evolução históricas da contabilidade

5 3. **A contabilidade** está na origem da escrita, a maior invenção da Humanidade. A escrita surgiu na Suméria, há mais de seis mil anos, justamente para permitir o registo de operações

comerciais. Também no Egito, desde o primeiro faraó (Menas, 3623 a.C.) se atesta a escrituração comercial. O Antigo Testamento (Livro dos Números) pressupõe suportes contabilísticos. Na Grécia Antiga documentam-se registos de santuários e de banqueiros, em moldes desenvolvidos. E em Roma, o próprio Cícero (106-43 a.C.) relata os diversos livros de contabilidade em uso, incluindo o *codex accepti et expensi*, antecessor das partidas dobradas, redescobertas em Itália, no séc. XIV.

4. **As partidas dobradas**. Na retoma medieval foi decisiva a divulgação, na Europa, da numeração árabe (Leonardo Fibonacci ou Pisano, 1202). O monge franciscano Luca de Pacioli fixou e divulgou a técnica das partidas dobradas, base da contabilidade moderna. 6

As partidas dobradas assentam nos postulados seguintes: (a) o parceiro de negócios como uma entidade contabilística; (b) para cada débito há igual crédito; (c) uma unidade monetária simples; (d) uma conta de propriedade em capital; (e) lucros e perdas em pontos separados; (f) um período contabilístico. 7

Na prática: quando venda um bem, o comerciante credita a conta "mercadorias" e debita a do comprador; quando este pague, a sua conta é creditada e debitada a da caixa; quando compre, é debitada a conta "mercadorias" e creditada a do fornecedor; quando revenda por um preço superior, este é dividido entre o preço da compra, creditado em "mercadorias" e a mais-valia, creditada em resultados. A experiência torna este esquema lógico e acessível. 8

5. **As leis**. A contabilidade estava na livre disposição dos comerciantes. A partir de certo momento (séc. XVIII), os Estados, visando (a) a defesa dos credores e (b) a função tributária, impuseram regras contabilísticas. O Código de Comércio francês (1807) passou a exigir diversos livros de contabilidade, tendo sido seguido pelos códigos comerciais do séc. XIX. 9

6. **A experiência anglo-saxónica** iniciou-se com algum atraso (Hugh Oldcastle, 1543), tendo seguido vias próprias. Desenvolveu-se nas empresas visando a eficácia destas, mais do que a simples fiscalização pelo Estado. Comunicou-se aos EUA, permitindo uma gestão racional dos grandes conglomerados. 10

Pode-se falar numa dualidade de modelos: (a) o continental, assente no património e visando a tutela dos credores; (b) o anglo-saxónico, baseado nos negócios, e destinado a servir os investidores, atuais e futuros. 11

III – **As regras internacionais (Diretrizes, IAS/IFRS e NIC)**

7. **A origem** das regras internacionais sobre prestação de contas filia-se na internacionalização do mercado: (a) a integração europeia exigiu uma comparabilidade entre as contas das diversas empresas, só possível se adotassem o mesmo sistema; (b) a globalização alargou essa necessidade a um nível planetário implicando, a partir dos finais do séc. XX, uma progressão do sistema anglo-saxónico. 12

8. **Diretrizes**. O Direito da prestação de contas europeu encontra as suas raízes na 1.ª Diretriz (68/151), que fixou o dever de as sociedades de capitais publicarem o balanço e as contas. Atualmente, o sistema comunitário surge sustentado na Diretriz 2006/43, de 17-mai.[1], e na Diretriz 2013/34, de 26-jun.. 13

9. **Regulamentos**: o 1606/2002, de 19-jul.[2] e o 1725/2003, de 21-set.[3], vieram conduzir à aplicação dos IAS/IFRS, no espaço comunitário[4]. No final de 2008, o Regulamento 1725/2003 14

[1] Por último alterada pela Diretriz 2014/56, de 16-abr..

[2] Alterado pelo Regulamento 297/2008, de 11-mar..

[3] Por último alterado pelo Regulamento 1004/2008, de 15-out..

[4] António Menezes Cordeiro, *Direito europeu das sociedades* (2005), 386-397.

seria revogado pelo Regulamento 1126/2008, de 3-nov., tendo em vista a simplificação e resistematização da matéria.

15 10. **Os IAS** (*International Accounting Standards*) são diretrizes contabilísticas internacionais elaboradas pelo IASC (*International Accounting Standards Commitee*), entidade privada independente, criada em 1973. Visam (a) a apresentação de contas em termos de reconhecimento e de aceitação internacionais e (b) a melhoria e a harmonização das regras de prestação de contas.

16 11. **Os IFRS** (*International Financial Reporting Standards*) são as diretrizes contabilísticas internacionais elaboradas pelo IASB (*International Accounting Standards Board*), entidade privada independente, criada em 2001 e que substituiu o IASC. Os IAS foram adotados, sem exceção, pelo IASB. Eles visam: (a) desenvolver normas de prestação de contas de alta qualidade, orientadas para bolsas de valores mundiais e que sejam úteis para a tomada de decisões; (b) promover a aplicação rigorosa das normas; (c) cooperar com vista à normalização contabilística.

17 A natureza e os propósitos dos IAS e dos IFRS são idênticos. A distinção reside na entidade que os elaborou: as diretrizes contabilísticas internacionais elaboradas antes da criação da IASB denominam-se de IAS, e as subsequentemente elaboradas de IFRS. Os IAS têm sido, paulatinamente, revogados por IFRS.

18 12. **As NIC** (normas internacionais de contabilidade) são IAS/IFRS e suas interpretações (SIC/IFRIC), recebidas no Direito europeu nos termos do Regulamento 1606/2002, de 19-jul.. Segundo este Regulamento, tais normas têm aplicação na Comunidade, mediante decisão da Comissão (3.º/1), desde que: (a) sejam conformes com o 2.º/3 da 4.ª Diretriz e o 16.º/3 da 7.ª Diretriz, segundo os quais devem dar azo a imagens fiéis; (b) correspondam ao interesse público europeu; (c) satisfaçam critérios de inteligibilidade, de relevância, de fiabilidade e de comparabilidade, requeridos para a tomada de decisões e para a apreciação da eficácia da gestão.

19 O Regulamento 1126/2008, de 3-nov., que revogou o Regulamento 1725/2003, de 21-set., veio, em anexo, adotar várias NIC.

20 13. **Os GAAP** (*Generally Accepted Accounting Principles*) são preparados e revistos pelo FASB (*Federal Accounting Standard Board*). Assentam no princípio da abertura ou do pleno conhecimento (*full disclosure principle*), de modo a tornar acessível, ao público, a realidade subjacente. São adotados pelas empresas que pretendam cotar-se em *Wall Street*.

21 Os GAAP eram essencialmente constituídos por princípios, contrapondo-se às NIC, mais minuciosas. Após o *Sarbanes-Oxley Act*, de 2002, subsequente ao escândalo Enron, foram diversificados, orientando-se teleologicamente: de modo a melhor alcançar os objetivos, para além de formalidades.

22 Os últimos anos têm sido marcados por uma aproximação entre a FASB e a IASB.

IV – **O Direito português**

23 14. **Evolução**. No séc. XII encontramos registos contabilísticos nos grandes mosteiros (Alcobaça e Lorvão). As Ordenações (séc. XV a XVII) preveem os contadores e o contador-mor: este incumbido das contas do Rei[5]. O Conselho da Fazenda (1591) permitiu medidas contabilísticas relevantes.

24 A contabilidade moderna impôs-se com as reformas do Marquês. Bonavie (1758)[6] divulga as partidas dobradas, adotadas nos *Estatutos da Aula de Commercio* (1759) e na Lei da Fazenda Pública (1761).

[5] António Menezes Cordeiro, *Introdução ao Direito da prestação de contas*, n.º 16.

[6] João Baptista Bonavie, *Mercador exacto nos seus livros de contas* (1758).

15. **Codificação**. O Código Ferreira Borges (1833) obrigava todos os comerciantes a manter 25
a escrituração e a ter livros de contabilidade (218.º). Os livros arrumados faziam prova entre comerciantes. A Lei de 22-jul.-1867, sobre SA, continha uma secção (VI) sobre inventários, balanços e contas, fundos de reserva e dividendos.

O Código Veiga Beirão (1888) previa quatro livros obrigatórios (31.º): (a) inventário e 26
balanços; (b) diário; (c) razão; (d) copiador. As sociedades: livros de atas (37.º).

A escrita era obrigatória (29.º) podendo, salvo os livros obrigatórios, ser organizada livre- 27
mente (30.º). Levada a cabo pelo próprio ou a mando (38.º), não devia ter intervalos em branco, entrelinhas, rasuras ou transportes para as margens (39.º), sendo arquivada por 10 anos (40.º). Era de acesso reservado (42.º), tendo força probatória regulada (44.º).

16. **A fiscalização** das sociedades foi-se incrementando, após o *crash* de 1891. Havia dois esque- 28
mas possíveis: (a) a fiscalização exterior, pelo Estado (Visconde de Carnaxide); (b) a fiscalização interna, dobrada pela responsabilidade (José Benevides). Em sectores sensíveis, como a banca e os seguros, impôs-se a fiscalização exterior.

No Estado Novo houve várias iniciativas, tendo culminado com o DL 49.381, de 29
15-nov.-1969. Aí ocorre um capítulo III (30.º a 38.º) relativo ao balanço, conta de resultados ou de ganhos ou perdas, relatório da administração e relatório e parecer do conselho fiscal[7]. Estas normas constituem o cerne do capítulo VI da parte I do CSC, ora em anotação.

17. **O CSC** recebeu as regras inseridas no DL 49.381, de 15-nov.-1969. Além disso, ele preo- 30
cupou-se, nos 65.º a 70.º, em geral, nos 263.º e 264.º, quanto a SPQ e nos 445.º a 450.º, quanto a SA, em transpor a 4.ª Diretriz.

A matéria foi muito alterada pelo DL 76-A/2006, de 29-mar. o qual: (a) pôs termo à 31
prestação de contas como obrigação geral de todo o comerciante[8]; (b) consolidou essa disciplina no âmbito das sociedades.

18. **Leis complementares**. O DL 410/89, de 21-nov., aprovou o plano oficial de contabi- 32
lidade (POC), transpondo a 4.ª Diretriz. O POC foi alterado pelo DL 238/91, de 2-jul. (7.ª Diretriz), pelo DL 127/95, de 1-jun. e pelo DL 35/2005, de 17-fev. (Diretriz 2003/51, sobre NIC)[9], tendo sido substituído pelo SNC (Sistemas de Normalização Contabilística), aprovado pelo DL 158/2009, de 13-jul., alterado, por último, pelo DL 98/2015, de 2-jun., que transpôs a Diretriz 2013/34, de 26-jun. e o republicou em anexo.

O SNS contém os princípios contabilísticos que devem ser observados na prestação de 33
contas, designadamente: (a) continuidade; (b) consistência; (c) especialização; (d) custo histórico; (e) prudência; (f) substância sobre a forma; (g) materialidade[10].

A revisão de contas resulta da L 140/2015, de 7-set.. 34

O DL 8/2007, de 17-jan., alterado, por último, pelo DL 8/2007, de 17-jan., veio esta- 353
belecer a informação empresarial simplificada (IES): agrega num único ato diversas obrigações legais de informação relativas a contas e que, antes, se encontravam dispersas[11].

19. **Aplicabilidade das NIC**, fixada pelo DL 158/2009, de 13-jul..[12], nos termos seguintes: 36
(a) entidades cotadas devem adotar as NIC, segundo o Regulamento n.º 1606/2002, ficando dispensadas do SNC (4.º/1); (b) as restantes podem optar pelas NIC, desde que sujeitas a certificação legal (4.º/1), numa opção integral e por três exercícios (4.º/6).

[7] DG n.º 268, de 15-nov.-1969, 1611-1612.

[8] Menezes Cordeiro, *Direito comercial*, 5.ª ed., 414 ss..

[9] Menezes Cordeiro, *Introdução ao Direito da prestação de contas*, n.º 34.

[10] *Idem*, n.os 43 a 49.

[11] Menezes Cordeiro 1 (2011), 1087-1088.

[12] Menezes Cordeiro, *Introdução ao Direito da prestação de contas*, n.º 36, à luz do anterior DL 35/2005, de 13-jul..

37 20. **Regras fiscais**, mantêm uma vigência paralela, obrigando a uma contabilidade específica: 17.º, 123.º e 125.º do CIRC e 44.º do CIVA[13].

Artigo 65.º (Dever de relatar a gestão e apresentar contas)

1. Os membros da administração devem elaborar e submeter aos órgãos competentes da sociedade o relatório de gestão, incluindo a demonstração não financeira ou o relatório separado com essa informação, ambos referidos nos artigos 66.º-B e 508.º-G, quando aplicáveis, as contas do exercício, bem como os demais documentos de prestação de contas previstos na lei, relativos a cada exercício anual.

2. A elaboração do relatório de gestão, incluindo a demonstração não financeira ou do relatório separado, quando aplicáveis, e das contas de exercício, bem como dos demais documentos de prestação de contas deve obedecer ao disposto na lei; o contrato de sociedade pode complementar, mas não derrogar, essas disposições legais.

3. O relatório de gestão, o relatório separado com a informação não financeira, quando aplicável, e as contas do exercício devem ser assinados por todos os membros da administração; a recusa de assinatura por qualquer deles deve ser justificada no documento a que respeita e explicada pelo próprio perante o órgão competente para a aprovação, ainda que já tenha cessado as suas funções.

4. O relatório de gestão, o relatório separado com a informação não financeira, quando aplicável, e as contas do exercício são elaborados e assinados pelos gerentes ou administradores que estiverem em funções ao tempo da apresentação, mas os antigos membros da administração devem prestar todas as informações que para esse efeito lhes forem solicitadas, relativamente ao período em que exerceram aquelas funções.

5. O relatório de gestão, o relatório separado com a informação não financeira, quando aplicável, as contas do exercício e demais documentos de prestação de contas devem ser apresentados ao órgão competente e por este apreciados, salvo casos particulares previstos na lei, no prazo de três meses a contar da data do encerramento de cada exercício anual, ou no prazo de cinco meses a contar da mesma data quando se trate de sociedades que devam apresentar contas consolidadas ou que apliquem o método da equivalência patrimonial.

Bibliografia: indicada em Introdução/artigos 65.º a 70.º-A.

Índice

1. Origem e redações anteriores ... 1
2. Deveres da administração ... 5
3. A recusa de assinar ... 8
4. Formato da prestação de contas ... 9
5. Apresentação ... 11
6. Prazos ... 12
7. Finalidade ... 14
8. Sanções ... 15

[13] *Idem*, n.ºs 50 a 54.

1. **Origem e redações anteriores**. O 65.º remonta ao 30.º do DL 49.381, de 15-nov.-1969: no fim de cada ano, a administração da sociedade deve organizar o balanço, a conta de resultados ou de ganhos e perdas, o relatório respeitante ao exercício desse ano e a proposta de aplicação dos resultados. Corresponde, ainda, à regra prevista na 4.ª Diretriz (2.º). 1

O 65.º foi alterado pelo DL 328/95, de 9-dez.: n.º 1 e n.º 5[1]. Na versão original[2], o 65.º/1 referia, no final, "exercício civil", em vez de "exercício anual". O 65.º/5 mencionava "devem ser apresentados e apreciados" em vez de "devem ser apresentados ao órgão competente e por este apreciados". 2

O DL 76-A/2006, de 29-mar., alterou o 65.º/4, suprimindo a referência a "diretores"[3]. 3

O DL 88/2017, de 28-jul., mexeu nos diversos números do preceito de modo a acrescentar-lhes "a demonstração não financeira" ou o "relatório separado com essa demonstração". Pretendeu-se, com isso, dar corpo ao novo 66.º-B, acrescentado na mesma ocasião, para cujas anotações se remete. 4

2. São **deveres da administração**: (a) a elaboração do relatório, das contas e demais documentos previstos na lei, incluindo, quando aplicável, a demonstração não-financeira, prevista no 66.º-B; (b) relativamente a cada exercício anual; (c) a sua submissão aos órgãos competentes (65.º/1). Individualmente, assinam todos os administradores, devendo qualquer recusa ser justificada e explicada (65.º/3). 5

Elaboram e assinam os administradores em funções ao tempo da apresentação; mas os antigos administradores devem prestar todas as informações solicitadas, relativamente ao seu período em funções (65.º/4)[4]. 6

A tramitação é especialmente regulada no 263.º (SPQ) e nos 451.º a 455.º (SA). 7

3. **A recusa de assinar** equivale a uma rutura com a colegiabilidade. Ela exige motivos sérios e objetivos, designadamente: infidelidade ou grosseira incorreção. Quando exista conselho de administração, ela deve corresponder a um voto contrário à aprovação das contas. 8

4. **Formato da prestação de contas**: o relatório, as contas de exercício e os demais instrumentos devem obedecer ao previsto na lei; esta funciona, todavia, como lei de mínimos: o pacto social pode complementá-la, mas não derrogá-la (65.º/2). Há que ter presente o tipo de sociedade e o regime a que esteja sujeita: aligeirado (3.º/1, do DL 410/89, de 21-nov.), bem como o POC, as NIC e as regras especiais para a banca, os seguros e outras áreas reguladas. Exige-se a consulta a um especialista. 9

O IES respeita apenas a obrigação de comunicação (DL 8/2007, de 17-jan.): não à prestação de contas em si. 10

5. **Apresentação**: o relatório e as contas devem ser: prestadas perante todos os sócios (189.º/3, SNC); disponibilizadas aquando da convocação de assembleia geral e submetidas a esta (263.º/1, SPQ), salvo se todos os sócios forem gerentes e as assinarem sem reserva (263.º/2, SPQ); apresentadas ao conselho fiscal e ao ROC 30 dias antes da assembleia (451.º/1, SA; 452.º e 453.º quanto aos conselhos de auditoria e geral e de supervisão, respetivamente), sendo apreciados pela assembleia geral (455.º). 11

6. **Prazos**. O 65.º/5 fixa, a contar da data do encerramento de cada exercício anual: (a) três meses, como prazo geral; (b) cinco meses, quando haja consolidação de contas ou equivalência patrimonial; (c) outros, previstos por lei (65.º/5). 12

[1] DR I Série-A, n.º 283, de 9-dez.-1995, 7692-7696.
[2] DR I Série n.º 201, de 2-set.-1986, 2308/I.
[3] DR I Série-A, n.º 63, de 29-mar.-1986, 2328-(8)/II.
[4] RCb 1-fev.-2000 (António Geraldes), CJ XXV (2000) 1, 15-17 = BMJ 494 (2000), 406/II.

13 O exercício anual corresponde, supletivamente, ao ano civil, quando o pacto social não disponha de outro modo – 9.º/1, *i*), com o limite aí previsto.

14 7. **Finalidade**. As normas relativas à prestação de contas visam defender os interesses da própria sociedade, dos sócios, dos credores sociais, de terceiros relacionados com a sociedade, especialmente os trabalhadores e do Estado. Fazem-no em vários planos, incluindo o da comodidade da consulta. Caso a caso há que ponderar a gravidade do sucedido.

15 8. **Sanções**. A violação das normas de proteção de contas envolve a anulabilidade das deliberações que a sancionem (69.º/1). A não-aprovação obriga a novas contas ou à reforma destas (68.º). Além disso, pode seguir-se a responsabilidade civil dos administradores (72.º e ss.).

Artigo 65.º-A (Adoção do período de exercício)

O primeiro exercício económico das sociedades que adotem um exercício anual diferente do correspondente ao ano civil não poderá ter uma duração inferior a 6 meses, nem superior a 18, sem prejuízo do previsto no artigo 7.º do Código do Imposto sobre o Rendimento das Pessoas Coletivas.

Bibliografia: indicada em Introdução/artigos 65.º a 70.º-A.

1 O preceito foi aditado pelo DL 328/95, de 9-dez., devendo ainda ter-se em conta o 9.º/1, *i*), na redação dada por esse mesmo diploma.

2 Atualmente, o período de tributação surge no 8.º do CIRC, cujo n.º 1 dispõe:

> O IRC, salvo o disposto no n.º 10, é devido por cada exercício económico, que coincide com o ano civil, sem prejuízo das exceções previstas neste artigo.

Artigo 66.º (Relatório da gestão)

1. O relatório da gestão deve conter, pelo menos, uma exposição fiel e clara sobre a evolução dos negócios, do desempenho e da posição da sociedade, bem como uma descrição dos principais riscos e incertezas com que a mesma se defronta.

2. A exposição prevista no número anterior deve consistir numa análise equilibrada e global da evolução dos negócios, dos resultados e da posição da sociedade, em conformidade com a dimensão e complexidade da sua atividade.

3. Na medida do necessário à compreensão da evolução dos negócios, do desempenho ou da posição da sociedade, a análise prevista no número anterior deve abranger tanto os aspetos financeiros como, quando adequado, referências de desempenho não financeiras relevantes para as atividades específicas da sociedade, incluindo informações sobre questões ambientais e questões relativas aos trabalhadores.

4. Na apresentação da análise prevista no n.º 2, o relatório da gestão deve, quando adequado, incluir uma referência aos montantes inscritos nas contas do exercício e explicações adicionais relativas a esses montantes.

5. O relatório deve indicar, em especial:

a) A evolução da gestão nos diferentes sectores em que a sociedade exerceu atividade, designadamente no que respeita a condições do mercado, investimentos, custos, proveitos e atividades de investigação e desenvolvimento;
b) Os factos relevantes ocorridos após o termo do exercício;
c) A evolução previsível da sociedade;
d) O número e o valor nominal ou, na falta de valor nominal, o valor contabilístico das quotas ou ações próprias adquiridas ou alienadas durante o período, a fração do capital subscrito que representam, os motivos desses atos e o respetivo preço, bem como o número e valor nominal ou contabilístico de todas as quotas e ações próprias detidas no fim do período;
e) As autorizações concedidas a negócios entre a sociedade e os seus administradores, nos termos do artigo 397.º;
f) Uma proposta de aplicação de resultados devidamente fundamentada;
g) A existência de sucursais da sociedade;
h) Os objetivos e as políticas da sociedade em matéria de gestão dos riscos financeiros, incluindo as políticas de cobertura de cada uma das principais categorias de transações previstas para as quais seja utilizada a contabilização de cobertura, e a exposição por parte da sociedade aos riscos de preço, de crédito, de liquidez e de fluxos de caixa, quando materialmente relevantes para a avaliação dos elementos do ativo e do passivo, da posição financeira e dos resultados, em relação com a utilização dos instrumentos financeiros.

6. Ficam dispensadas da obrigação de elaborar o relatório de gestão as microentidades, tal como definidas no n.º 1 do artigo 9.º do Decreto-Lei n.º 158/2009, de 13 de julho, alterado pela Lei n.º 20/2010, de 23 de agosto, pelo Decreto-Lei n.º 36-A/2011, de 9 de março, e pelas Leis n.os 66-B/2012, de 31 de dezembro, e 83-C/2013, de 31 de dezembro, desde que procedam à divulgação, quando aplicável, no final do balanço, das informações mencionadas na alínea *d*) do n.º 5 do presente artigo.

Bibliografia: indicada em Introdução/artigos 65.º a 70.º-A.

Índice

1. Redação original 1
2. Alterações subsequentes 2
3. Objetivos 5
4. Sanções 6

1. **Redação original**. Na versão de 1986, o 66.º dispunha simplesmente[1]: 1

Artigo 66.º (Relatório da gestão)

1. O relatório da gestão deve conter, pelo menos, uma exposição fiel e clara sobre a evolução dos negócios e a situação da sociedade.

2. O relatório deve indicar, em especial:

[1] DR I Série, n.º 201, de 2-set.-1986, 2308/I.

a) A evolução da gestão nos diferentes sectores em que a sociedade exerceu actividade, designadamente no que respeita a condições do mercado, investimentos, custos, proveitos e actividades de investigação e desenvolvimento;
b) Os factos relevantes ocorridos após o termo do exercício;
c) A evolução previsível da sociedade;
d) As aquisições de acções próprias, referindo os motivos de cada aquisição, o número e valor nominal das acções e o preço de aquisição, bem como o número e valor nominal de todas as acções próprias em carteira e a fracção da capital subscrito que representam;
e) As autorizações concedidas a negócios entre a sociedade e os seus administradores, nos termos do artigo 397.º;
f) Uma proposta de aplicação de resultados devidamente fundamentada.

2 2. **Alterações subsequentes**. O DL 280/87, de 8-jul.[2] alterou o 66.º/2, *d*), de modo a incluir, também, as quotas próprias; no fundo, visou-se corrigir um erro de revisão.

3 O DL 225/92, de 21-out.[3], acrescentou, ao mesmo preceito, uma alínea *g*), relativa à existência de sucursais. O DL 88/2004, de 20-abr.[4], aditou uma alínea *h*), sobre os objetivos e políticas da sociedade, hoje constantes do 66.º/5, *h*). O DL 35/2005, de 17-fev.[5], renumerou o anterior n.º 2 como n.º 5.

4 Finalmente, o DL 98/2015, de 2-jun.[6], alterou a alínea *d*) e introduziu o novo n.º 6.

5 3. **Objetivos**. Na redação atual, o 66.º reflete a preocupação do conhecimento dinâmico da sociedade, denotando, através do acolhimento comunitário dos IAS/IFRS, a influência anglo-saxónica. Também resultam (n.º 3, *in fine*) preocupações ambientais e sociais que, assim, podem ser ponderadas pelos sócios.

6 4. **Sanções**. A falta dos elementos exigidos neste preceito, conduz à anulabilidade do deliberado[7], para além das sanções penais que possam caber.

Artigo 66.º-A (Anexo às contas)

1. As sociedades devem prestar informação, no anexo às contas:

***a*) Sobre a natureza e o objetivo comercial das operações não incluídas no balanço e o respetivo impacte financeiro, quando os riscos ou os benefícios resultantes de tais operações sejam relevantes e na medida em que a divulgação de tais riscos ou benefícios seja necessária para efeitos de avaliação da situação financeira da sociedade;**

***b*) Separadamente, sobre os honorários totais faturados durante o exercício financeiro pelo revisor oficial de contas ou pela sociedade de revisores oficiais de contas relativamente à revisão legal das contas anuais, e os honorários totais faturados relativamente a outros serviços de garantia de fiabilidade, os honorários totais faturados a título de consultoria fiscal e os honorários totais faturados a título de outros serviços que não sejam de revisão ou auditoria.**

[2] DR I Série, n.º 154, de 8-jul.-1987, 2660/I.
[3] DR I Série-A, n.º 243, de 21-out.-1992, 4898/I.
[4] DR I Série-A, n.º 93, de 20-abr.-2004, 2376/II.
[5] DR I Série-A, n.º 34, de 17-fev.-2005, 1189/II.
[6] DR I Série-A, n.º 106, de 2-jun.-2015, 3476/I.
[7] RLx 13-mai.-1997 (Bettencourt Faria), CJ XXII (1997) 3, 82-84; RPt 5-mai.-2009 (Maria Eiró), Proc. 0825097.

2. As sociedades que não elaboram as suas contas de acordo com as normas internacionais de contabilidade adotadas nos termos de regulamento comunitário devem ainda proceder à divulgação, no anexo às contas, de informações sobre as operações realizadas com partes relacionadas, incluindo, nomeadamente, os montantes dessas operações, a natureza da relação com a parte relacionada e outras informações necessárias à avaliação da situação financeira da sociedade, se tais operações forem relevantes e não tiverem sido realizadas em condições normais de mercado.

3. Para efeitos do disposto no número anterior:

***a*) A expressão 'partes relacionadas' tem o significado definido nas normas internacionais de contabilidade adotadas nos termos de regulamento comunitário;**

***b*) As informações sobre as diferentes operações podem ser agregadas em função da sua natureza, exceto quando sejam necessárias informações separadas para compreender os efeitos das operações com partes relacionadas sobre a situação financeira da sociedade.**

Bibliografia: indicada em Introdução/Artigos 65.º a 70.º-A.

Índice

1. A reforma de 2009 1
2. O anexo às contas 4
3. A Portaria 986/2009, de 7-set. 6
4. Sociedades sem NIC 8
5. As "partes relacionadas" 9
6. O anexo simplificado 10
7. Consideração geral 12

1. **A reforma de 2009**. O 66º-A foi introduzido pelo DL 185/2009, de 12-ago.. Trata-se do diploma que transpôs a D 2006/46, de 14-jun., que alterou a D 78/660, sobre contas anuais, a D 83/349, sobre contas consolidadas, a D 86/635, sobre contas dos bancos e outras instituições financeiras e a D 91/674, sobre contas de seguradoras. 1

O DL 185/2009 apresentou-se, ainda, como visando simplificar as regras aplicáveis às sociedades, alterando os Códigos do RP, das SC e do RC, o EBF, o Regulamento ERN, o CIRE e o Regulamento RA. No caso do CSC, ele alterou os 32.º, 70.º, 98.º, 100.º, 101.º, 101.º-A, 116.º, 420.º, 423.º-F, 441.º, 451.º e 508.º-C, aditando-lhe os 66.º-A e 508.º-F. Algumas destas novidades nada têm a ver com simplificações. 2

A introdução do 66.º-A correspondeu à preocupação de verter no CSC a decorrência do SNC, introduzido pelo DL 158/2009, de 13-jul.. Este, no seu 11.º/1, inseriu o "anexo" como um dos elementos das demonstrações financeiras. 3

2. **O anexo às contas**. O DL 158/2009, de 13-jul., refere o anexo como a divulgação das bases de preparação e políticas contabilísticas adotadas e divulgações exigidas pelas NCRF – ponto 2.1.4, *e*). 4

O 66.º-A/1 veio alargar este papel do anexo. Passa, agora, a incluir também: (a) informação sobre a natureza e o objetivo comercial das operações não incluídas no balanço e o respetivo impacte financeiro, na medida do necessário para avaliar a situação da sociedade; (b) informação sobre os honorários faturados a ROCs, a SROCs e a outros títulos. A autonomização solene 5 destes elementos pode contundir com segredos legítimos da empresa: deve ceder perante regras ou princípios concretamente mais ponderosos.

6 3. **A Portaria 986/2009, de 7-set.**, veio aprovar os modelos para as diversas demonstrações financeiras; o seu anexo 6 dedica-se ao "anexo" aqui em causa (anexo 6). Abrange: (1) a identificação da sociedade; (2) referencial contabilístico da preparação das demonstrações financeiras e, designadamente, a extensão da aplicação do SNC; (3) políticas contabilísticas; (4) fluxos de caixa; (5) aplicação inicial de uma NCRF; 28 outros pontos considerados relevantes.

7 A matéria é particularmente extensa e demonstra a especial atenção com que foi distinguida pelo SNC. Como foi dito, ela foi alargada pelo atual 66.º-A.

8 4. **As sociedades sem NIC** devem, segundo o 66.º-A/2, proceder à divulgação, no anexo, de informações realizadas com as partes relacionadas, incluindo, quando relevantes e realizadas fora de condições normais de mercado: (a) os seus montantes; (b) a natureza da relação; (c) outras informações necessárias à avaliação da situação financeira da sociedade.

9 5. **As "partes relacionadas"** são as definidas nas NIC; mais concretamente, na NCRF n.º 5, abrangendo aquelas que, direta ou indiretamente, tenham controlo ou influência significativa na sociedade, seja qual for o esquema. Além disso, as informações sobre as diversas operações podem ser agregadas, exceto quando a sua separação seja exigível para melhor entender a situação financeira da sociedade.

10 6. **O anexo simplificado**. As pequenas entidades são definidas no 9º do DL 158/2009, de 13-jul., como as que não ultrapassem três dos seguintes limites: (a) total do balanço, € 4.000.00; (b) total de vendas líquidas e outros rendimentos, € 8.000.000; (c) número médio de trabalhadores durante o exercício, 50. Aplica-se-lhes a NCRF-PE (norma contabilística e de relato financeiro para pequenas entidades.

11 Para as "pequenas entidades", a P 987/2009, de 7-set., prevê um anexo (modelo reduzido) (anexo n.º 10), que apenas insere 18 pontos.

12 7. **Consideração geral**. O 66.º-A corresponde à inclusão, no CSC, de regras contabilísticas, desinseridas do local próprio: o SNC e o DL 158/2009, de 13-jul.. Aparentemente, o legislador não quis, passado nem de um mês, alterar este último diploma: recorreu à técnica de inserir, no CSC, as regras em falta.

13 Mesmo pelo estilo, verifica-se uma grave e desnecessária disfunção. Esperemos que não faça escola.

Artigo 66.º-B (Demonstração não-financeira)

1. As grandes empresas que sejam entidades de interesse público, que à data de encerramento do seu balanço excedam um número médio de 500 trabalhadores durante o exercício anual, devem incluir no seu relatório de gestão uma demonstração não financeira, nos termos do presente artigo.

2. A demonstração não financeira a que se refere o número anterior deve conter as informações bastantes para uma compreensão da evolução, do desempenho, da posição e do impacto das suas atividades, referentes, no mínimo, às questões ambientais, sociais e relativas aos trabalhadores, à igualdade entre mulheres e homens, à não discriminação, ao respeito dos direitos humanos, ao combate à corrupção e às tentativas de suborno, incluindo:

***a*) Uma breve descrição do modelo empresarial da empresa;**

b) **Uma descrição das políticas seguidas pela empresa em relação a essas questões, incluindo os processos de diligência devida aplicados;**

c) **Os resultados dessas políticas;**

d) **Os principais riscos associados a essas questões, ligados às atividades da empresa, incluindo, se relevante e proporcionado, as suas relações empresariais, os seus produtos ou serviços suscetíveis de ter impactos negativos nesses domínios e a forma como esses riscos são geridos pela empresa;**

e) **Indicadores-chave de desempenho relevantes para a sua atividade específica.**

3. Caso uma empresa não aplique políticas em relação a uma ou mais questões referidas no número anterior, a demonstração não financeira deve apresentar uma explicação clara e fundamentada para esse facto.

4. A demonstração não financeira referida no n.º 1 deve incluir também, se adequado, uma referência aos montantes inscritos nas demonstrações financeiras anuais e explicações adicionais relativas a esses montantes.

5. Em casos excecionais, podem ser omitidas informações relativas a factos iminentes ou a assuntos em curso de negociação, se existir um parecer dos membros do órgão de administração, de direção e de fiscalização devidamente fundamentado e assinado nos termos dos n.os 3 e 4 do artigo 65.º, considerando que a divulgação de tais informações é suscetível de prejudicar gravemente a posição comercial da empresa e desde que essa omissão não constitua obstáculo à compreensão correta e equilibrada da evolução, do desempenho, da posição e do impacto das atividades da empresa.

6. Para cumprimento do presente artigo, as empresas podem recorrer a sistemas nacionais, da União Europeia ou internacionais, devendo nesse caso ser especificado o sistema utilizado.

7. Uma empresa que seja uma filial fica isenta da obrigação prevista no n.º 1, desde que a informação não financeira sobre essa empresa e as respetivas filiais seja incluída no relatório de gestão consolidado, elaborado nos termos do artigo 508.º-C e do presente artigo, ou em disposições equivalentes previstas em ordenamentos jurídicos de outros Estados-Membros da União Europeia.

8. Uma empresa que elabore um relatório separado do relatório de gestão, correspondente ao mesmo exercício anual, que inclua as informações exigidas para a demonstração não financeira previstas no n.º 2 e seja elaborado nos termos previstos nos n.os 3 a 6, fica isenta da obrigação de elaborar a demonstração não financeira prevista no n.º 1.

9. O relatório separado referido no número anterior deve ser:

a) **Publicado juntamente com o relatório de gestão; ou**

b) **Disponibilizado ao público no sítio na Internet da empresa, num prazo não superior a seis meses após a data de encerramento do balanço, e ser referido no relatório de gestão.**

10. Uma empresa que apresente a demonstração não financeira referida no n.º 1 ou o relatório separado referido no n.º 8 fica dispensada da apresentação das referências de desempenho não financeiro previstas no n.º 3 do artigo 66.º

11. Para efeitos do presente artigo, considera-se:

a) Entidades de interesse público, as assim qualificadas pelo artigo 3.º do Regime Jurídico de Supervisão de Auditoria, aprovado nos termos do artigo 2.º da Lei n.º 148/2015, de 9 de setembro;

b) Grandes empresas, aquelas que excedam pelo menos dois dos três limites definidos no n.º 3 do artigo 9.º, apurados nos termos do artigo 9.º-A, ambos do Decreto-Lei n.º 158/2009, de 13 de julho, com a redação dada pelo Decreto-Lei n.º 98/2015, de 2 de junho.

Índice

1. A reforma de 2017 1
2. As entidades de interesse público 2
3. As grandes empresas 3
4. O regime 5

1 1. **A reforma de 2017.** O presente preceito foi aditado ao CSC pelo DL 89/2017, de 28-jul., que transpôs a Diretriz 2014/95, de 22-out., a qual alterara a Diretriz 2013/34, no que se refere à divulgação de informações não-financeiras e de informações sobre a diversidade, por parte de certas grandes empresas e grupos. A iniciativa invoca a responsabilidade social das empresas, a análise do seu desempenho e do seu impacto na sociedade, a identificação dos riscos de sustentabilidade e a confiança dos consumidores. Pretende-se, ainda, a comparabilidade entre todos os Estados-Membros, a transparência e a coerência da informação.

2 2. **As entidades de interesse público** vêm definidas no 3.º do Regime Jurídico de Supervisão de Auditoria, adotado pelo 2.º da L 148/2015, de 13-jul.. Dispõe esse preceito:

Artigo 3.º Entidades de interesse público

Para efeitos do presente regime jurídico e do Regulamento (UE) n.º 537/2014, do Parlamento Europeu e do Conselho, de 16 de abril de 2014, são qualificadas como entidade de interesse público as seguintes entidades:

a) Os emitentes de valores mobiliários admitidos à negociação num mercado regulamentado;
b) As instituições de crédito;
c) As empresas de investimento;
d) Os organismos de investimento coletivo sob forma contratual e societária, previstos no regime geral dos organismos de investimento coletivo, aprovado pela Lei n.º 16/2015, de 24 de fevereiro;
e) As sociedades de capital de risco, as sociedades de investimento em capital de risco e os fundos de capital de risco, previstos no Regime Jurídico do Capital de Risco, Empreendedorismo Social e Investimento Especializado, aprovado pela Lei n.º 18/2015, de 4 de março;
f) As sociedades de investimento alternativo especializado e os fundos de investimento alternativo especializado, previstos no Regime Jurídico do Capital de Risco, Empreendedorismo Social e Investimento Especializado, aprovado pela Lei n.º 18/2015, de 4 de março;
g) As sociedades de titularização de créditos e os fundos de titularização de créditos;
h) As empresas de seguros e de resseguros;
i) As sociedades gestoras de participações sociais, quando as participações detidas, direta ou indiretamente, lhes confiram a maioria dos direitos de voto nas instituições de crédito referidas na alínea *b)*;
j) As sociedades gestoras de participações sociais no sector dos seguros e as sociedades gestoras de participação de seguros mistas;

k) Os fundos de pensões;

l) As empresas públicas que, durante dois anos consecutivos, apresentem um volume de negócios superior a (euro) 50 000 000, ou um ativo líquido total superior a (euro) 300 000 000.

3. **As grandes empresas**, por seu turno, segundo o n.º 11, *b*), que remete para o DL 158/2009, de 13-jul. (sistema de normalização contabilística ou SNC), com a redação dada pelo DL 98/2015, de 2-jun., que o republicou em anexo. Dispõem os n.os 2 e 3 do SNC: 3

2. Consideram-se pequenas entidades aquelas que, de entre as referidas no artigo 3.º, excluindo as situações referidas no número anterior, à data do balanço, não ultrapassem dois dos três limites seguintes:

a) Total do balanço: (euro) 4 000 000;

b) Volume de negócios líquido: (euro) 8 000 000;

c) Número médio de empregados durante o período: 50.

3. Consideram-se médias entidades aquelas que, de entre as referidas no artigo 3.º, excluindo as situações referidas nos números anteriores, à data do balanço, não ultrapassem dois dos três limites seguintes:

a) Total do balanço: (euro) 20 000 000;

b) Volume de negócios líquido: (euro) 40 000 000;

c) Número médio de empregados durante o período: 250.

Por seu turno, o 9.º-A do mesmo SNC dispõe: 4

Os limites previstos no artigo anterior reportam-se ao período imediatamente anterior, devendo, quando aplicável, observar-se as seguintes regras:

a) Sempre que em dois períodos consecutivos imediatamente anteriores sejam ultrapassados dois dos três limites enunciados nos n.os 1 a 3 do artigo anterior, as entidades deixam de poder ser consideradas na respetiva categoria, a partir do terceiro período, inclusive, para efeitos do presente decreto-lei;

b) As entidades podem novamente ser consideradas nessa categoria, para efeitos do presente decreto-lei, caso deixem de ultrapassar dois dos três limites enunciados para a respetiva categoria nos dois períodos consecutivos imediatamente anteriores.

4. **O regime** resultante do artigo 66.º-B é descritivo e autoexplicativo: torna-se mais fácil remeter para o seu teor do que proceder a resumos. Notamos, apenas, pelo seu estilo como pelo seu conteúdo, que ele melhor ficaria no diploma sobre a Supervisão de Auditoria ou no próprio SNC, do que num CSC. 5

Artigo 67.º (Falta de apresentação das contas e de deliberação sobre elas)

1. Se o relatório de gestão, as contas do exercício e os demais documentos de prestação de contas não forem apresentados nos dois meses seguintes ao termo do prazo fixado no artigo 65.º, n.º 5, pode qualquer sócio requerer ao tribunal que se proceda a inquérito.

2. O juiz, ouvidos os gerentes ou administradores e considerando procedentes as razões invocadas por estes para a falta de apresentação das contas, fixa um prazo adequado, segundo as circunstâncias, para que eles as apresentem, nomeando, no

caso contrário, um gerente ou administrador exclusivamente encarregado de, no prazo que lhe for fixado, elaborar o relatório de gestão, as contas do exercício e os demais documentos de prestação de contas previstos na lei e de os submeter ao órgão competente da sociedade, podendo a pessoa judicialmente nomeada convocar a assembleia geral, se este for o órgão em causa.

3. Se as contas do exercício e os demais documentos elaborados pelo gerente ou administrador nomeado pelo tribunal não forem aprovados pelo órgão competente da sociedade, pode aquele, ainda nos autos de inquérito, submeter a divergência ao juiz, para decisão final.

4. Quando, sem culpa dos gerentes ou administradores, nada tenha sido deliberado, no prazo referido no n.º 1, sobre as contas e os demais documentos por eles apresentados, pode um deles ou qualquer sócio requerer ao tribunal a convocação da assembleia geral para aquele efeito.

5. Se na assembleia convocada judicialmente as contas não forem aprovadas ou rejeitadas pelos sócios, pode qualquer interessado requerer que sejam examinadas por um revisor oficial de contas independente; o juiz, não havendo motivos para indeferir o requerimento, nomeará esse revisor e, em face do relatório deste, do mais que dos autos constar e das diligências que ordenar, aprovará as contas ou recusará a sua aprovação.

Bibliografia: indicada em Introdução/artigos 65.º a 70.º-A.

Índice

1. Redação original 1
2. Falta de apresentação 2
3. O inquérito às contas 4
4. Falta de aprovação 7
5. Aspetos processuais 9

1 1. **Redação original**. A redação atual foi introduzida pelo DL 76-A/2006, de 29-mar. (2.º)[1]. Em relação ao original[2], este diploma alterou os números 2, 3 e 4: suprimiu a referência a "diretores" e, no n.º 2, melhorou, no final, a forma.

2 2. **Falta de apresentação** das contas constitui a primeira previsão do diploma: é puramente objetiva, uma vez que funciona independentemente da causa e, designadamente, da culpa dos administradores. Ela exige que, para além do prazo legal (65.º/5), sejam ultrapassados, ainda, dois meses. Nessa eventualidade pode qualquer dos sócios requerer ao tribunal que se proceda ao inquérito (67.º/1)[3].

3 A falta de apresentação de contas constitui fundamento de destituição do gerente/administrador[4].

4 3. **O inquérito às contas**, aqui previsto não equivale ao inquérito judicial[5], previsto no 292.º (SA) e no 216.º, por remissão (SPQ) e desenvolvido nos 1479.º e ss. do CPC, perante a recusa de informação e com um alcance e consequências bem mais pronunciadas.

[1] DR I Série-A, n.º 63 (Supl.), de 29-mar.-2006, 2328/II.
[2] DR I Série, n.º 201, de 2-set.-1986, 2308/I e II.
[3] O pedido é deduzido contra a sociedade: REv 25-jun.-1992 (Raúl Mateus), BMJ 418 (1992), 891.
[4] RCb 6-jul.-2016 (Moreira do Carmo), Proc. 2315/ /13.9TBLRA.
[5] RLx 17-dez.-1992 (Almeida Valadas), CJ XVII (1992) 5, 148-150 (150/I).

O inquérito às contas tem o seguinte desenvolvimento (67.º/2)[6]: (a) o juiz ouve os admi- 5
nistradores; (b) considerando procedentes as razões por eles invocadas, fixa um prazo adequado para a apresentação das contas em causa; (c) não o considerando, nomeia um administrador para, no prazo fixado, elaborar os elementos em falta e submetê-las ao órgão competente, podendo convocar a assembleia; (d) caso (67.º/3) o órgão competente não aprove as contas, pode o administrador nomeado, nos autos de inquérito, submeter a divergência ao juiz.

Um esquema similar será seguido no caso da falta parcial na apresentação das contas. 6

4. **Falta de aprovação**. Caso ela se verifique, no prazo do 67.º/1, "sem culpa dos gerentes ou 7
administradores", pode um deles ou qualquer sócio requerer a convocação judicial da assembleia, para a aprovação (67.º/4). "Sem culpa" significa, aqui: quando haja contas elaboradas para a aprovação; na falta destas, não faria sentido convocar a assembleia.

Se, na assembleia judicialmente convocada, não forem aprovadas as contas, pode qualquer 8
interessado (sócio, administrador ou terceiro) requerer: (a) que sejam examinadas por ROC independente; (b) nomeado pelo juiz, quando nada obste; (c) juiz esse que, perante o relatório do ROC, do mais que constar dos autos e das diligências que determine, aprovará as contas ou recusará a sua aprovação (67.º/5).

5. **Aspetos processuais**. O inquérito é requerido contra a sociedade[7], cabendo ao requerente 9
o ónus de provar os seus pressupostos[8]. Qualquer sócio pode fazê-lo, desacompanhado dos restantes[9] e independentemente do capital detido[10].

O inquérito às contas, segundo a tramitação do 67.º é, após o CSC, a única forma de rea- 10
gir à falta das mesmas[11]. Ele não pode ser usado perante a não-aprovação delas[12]. Além disso, está à disposição do sócio-gerente impedido de tomar posse do cargo: poderia pedir a investidura no cargo; mas sendo sócio, pode usar o inquérito, à sua escolha[13].

Artigo 68.º (Recusa de aprovação das contas)

1. Não sendo aprovada a proposta dos membros da administração relativa à aprovação das contas, deve a assembleia geral deliberar motivadamente que se proceda à elaboração total de novas contas ou à reforma, em pontos concretos, das apresentadas.

2. Os membros da administração, nos oito dias seguintes à deliberação que mande elaborar novas contas ou reformar as apresentadas, podem requerer inquérito judicial, em que se decida sobre a reforma das contas apresentadas, a não ser que a reforma deliberada incida sobre juízos para os quais a lei não imponha critérios.

[6] E não o do 941.º ss do CPC (antigo 1014.º ss. do CPC): STJ 22-nov.-1995 (Herculano Lima), CJ/Supremo III (1991) 3, 113-114 e REv 6-abr.-1995 (Manuel Pereira), BMJ 446 (1995), 382-383 = CJ XX (1995) 2, 261-263 (262/II); RGm 23-jan.-2014 (Helena Melo), Proc. 114/12.

[7] REv 25-jun.-1992, sup. cit..

[8] REv 28-jan.-1993 (Geraldes de Carvalho), CJ XVIII (1993) 1, 270-271.

[9] STJ 28-mar.-1995 (Pereira Cardigos), BMJ 445 (1995), 569-571 e STJ 16-mai.-2000 (Ribeiro Coelho), BMJ 497 (2000), 406-410 (409-410).

[10] RCb 1-fev.-2000 (António Geraldes), CJ XXV (2000) 1, 15-17 = BMJ 494 (2000), 406/II.

[11] STJ 22-nov.-1991, sup. cit., RCb 28-mai.-1996 (Cardoso de Albuquerque), BMJ 457 (1996), 459, RCb 1-out.-1996 (Nuno Cameira), BMJ 460 (1996), 822, STJ 16-mai.-2000 (Ribeiro Coelho), CJ/Supremo VIII (2000) 2, 61-62.

[12] RLx 12-out.-2000 (Fernando Sousa Pereira), CJ XXV (2000) 4, 111-113.

[13] RLx 20-nov.-2009 (Aveiro Pereira), Proc. 130/80 = RDS 2009, 1053-1058, anot. Menezes Cordeiro, favorável.

Bibliografia: indicada em Introdução/artigos 65.º a 70.º-A.

Índice

1. Redação anterior 1
2. Consequências da não-aprovação 2
3. Inquérito 4

1 1. **Redação anterior**: referia, no n.º 1, "assembleia geral ou conselho superior"; este último foi suprimido pelo DL 76-A/2006, de 29-mar. (2.º)[1].

2 2. **Consequências da não-aprovação**: (a) quando haja elementos bastantes pode a assembleia alterar a proposta de contas da administração (68.º/1, *a fortiori*); (b) não os havendo, pode deliberar "motivadamente" a elaboração total de novas contas; (c) ou a reforma, em pontos concretos, da apresentada (68.º/1).

3 Na hipótese de rejeição *ad nutum* deverá seguir-se, com adaptações, o esquema do 67.º e, designadamente, o do 67.º/5, sob pena de bloqueio do sistema: pode qualquer interessado requerer a nomeação de um ROC independente, seguindo-se o aí previsto.

4 3. **Inquérito**. Havendo deliberação justificada pode a administração, nos oito dias seguintes, requerer inquérito judicial em que se decida sobre a reforma, salvo se esta incidir sobre juízos desprovidos de critério legal.

Artigo 69.º (Regime especial de invalidade das deliberações)

1. A violação dos preceitos legais relativos à elaboração do relatório de gestão, das contas do exercício e de demais documentos de prestação de contas torna anuláveis as deliberações tomadas pelos sócios.

2. É igualmente anulável a deliberação que aprove contas em si mesmas irregulares, mas o juiz, em casos de pouca gravidade ou fácil correção, só decretará a anulação se as contas não forem reformadas no prazo que fixar.

3. Produz, contudo, nulidade a violação dos preceitos legais relativos à constituição, reforço ou utilização da reserva legal, bem como de preceitos cuja finalidade, exclusiva ou principal, seja a proteção dos credores ou do interesse público.

Bibliografia: Carlos Osório de Castro, *Sobre o artigo 89.º, n.º 2, do Projecto de Código das Sociedades*, RDE X/ /XI (1984), 227-250; Manuel Carneiro da Frada, *Deliberações sociais inválidas*, em *Novas perspectivas de Direito Comercial* (1988), 315-336; Ana Maria Gomes Rodrigues, *Prestação de contas e o regime especial de invalidade das deliberações previstas no art. 69.º do CSC*, IDET/Miscelâneas, 6 (2010), 95-183 (148 ss.); Ana Maria Gomes Rodrigues/Rui Pereira Dias, anot. 69.º do CSC em *Código em Comentário* 1 (2010), 810-820.

Vide a bibliografia indicada na introdução aos artigos 53.º a 63.º.

Índice

1. Redação anterior 1
2. Anulabilidade 2
3. Possibilidade de reforma 4
4. Nulidade 5

[1] DR I Série-A, n.º 63 (Supl.), de 29-mar.-2006, 2328-(8)/II.

1. **Redação anterior**: a presente resulta do DL 20/87, de 8-jul., o qual corrigiu diversas anomalias formais do 69.º/1, vítima da má revisão do CSC. 5

2. **Anulabilidade** é a sanção de base prevista, no 69.º/1, para a violação dos preceitos legais quanto à aprovação de contas[1]. Esta norma alarga o âmbito da anulabilidade em geral (58.º/1), em detrimento da nulidade: só funciona dentro da sua estrita previsão[2]. 6

A finalidade da lei foi a de limitar a margem de incerteza subsequente a qualquer aprovação de contas, tendo em mente os problemas que ela pode levantar à sociedade. 7

3. **Possibilidade de reforma** ocorre quando a anulabilidade surja perante a aprovação de contas irregulares, mas em casos de pouca gravidade ou de fácil correção: o juiz fixa um prazo para a reforma, só decretando a anulação se ele for ultrapassado (69.º/2): mais uma manifestação de *favor societatis*. 8

4. **Nulidade**: mantém-se, como sanção: (a) na violação de preceitos legais relativos à constituição, ao reforço ou à utilização da reserva legal; (b) na de preceitos que visem, exclusiva ou principalmente, a proteção dos credores ou do interesse público. Não basta, pois, o critério do 56.º/1, *d*): inderrogabilidade por vontade unânime dos sócios. 9

Artigo 70.º (Prestação de contas)

1. A informação respeitante às contas do exercício e aos demais documentos de prestação de contas, devidamente aprovados, está sujeita a registo comercial, nos termos da lei respetiva.

2. A sociedade deve disponibilizar aos interessados, sem encargos, no respetivo sítio da Internet, quando exista, e na sua sede cópia integral dos seguintes documentos:

***a*) Relatório de gestão;**

***b*) Relatório sobre a estrutura e as práticas de governo societário, quando não faça parte integrante do documento referido na alínea anterior;**

***c*) Certificação legal das contas;**

***d*) Parecer do órgão de fiscalização, quando exista.**

Índice

1. Redação original 1
2. Reforma de 1995 2
3. Reforma de 2007 3
4. Reforma de 2009 5
5. Registo da prestação de contas 6

1. **Redação original**, de 1986, sob a epígrafe "depósitos": 1

> Salvo quanto a sociedades em nome colectivo, o relatório de gestão e os documentos de prestação de contas devidamente aprovados devem ser depositados na conservatória do registo comercial, nos termos da lei respectiva.

[1] Assim, no caso de, na falta de relatório, serem aprovados o balanço, as contas de exercício e a distribuição de resultados: RLx 22-mai.-1994 (Azadinho Loureiro), CJ XIX (1994) 2, 91-94 ou de ser aprovado um relatório de gestão que não contenha as informações e a declaração de conformidade exigidas pelos 65.º e 66.º: RLx 13-mai.-1995 (Bettencourt Faria), CJ XXII (1997) 3, 82-85.

[2] STJ 26-abr.-1995 (Raúl Mateus), BMJ 446 (1995), 302-319 (308-309) = CJ/Supremo III (1995) 2, 49-55.

2 2. **Reforma de 1995**. O 70.º foi modificado pelo DL 328/95, de 9-dez.: este diploma suprimiu a referência às SNC por ter passado a regulá-las, no tocante ao depósito, no 70.º-A.

3 3. **Reforma de 2007**. A redação vigente foi adotada pelo DL 8/2007, de 17-jan.: diploma que veio aprovar a informação empresarial simplificada (IES), aproveitando para facilitar diversos atos, com alterações no CSC.

4 O 70.º/1 recebeu uma redação mais ampla e genérica, remetendo para o CRCom a determinação do tipo de registo em causa. O 70.º/2 veio facilitar a publicitação das contas através da Internet, englobando: (a) relatório de gestão; (b) certificação legal de contas; (c) parecer do órgão de fiscalização, quando exista.

5 4. **Reforma de 2009**. O DL 185/2009, de 12-ago., introduziu a atual alínea *b*) do n.º 1, alterando a designação das alíneas subsequentes.

6 5. **Registo da prestação de contas**. Segundo o 42.º/1, do CRCom, na redação também resultante do DL 8/2007, de 17-jan.:

> O registo da prestação de contas consiste no depósito, por transmissão electrónica de dados e de acordo com os modelos oficiais previstos em legislação especial, da informação constante dos seguintes documentos:
>
> *a*) Acta de aprovação das contas do exercício e da aplicação dos resultados;
> *b*) Balanço, demonstração de resultados e anexo ao balanço e demonstração de resultados;
> *c*) Certificação legal das contas;
> *d*) Parecer do órgão de fiscalização, quando exista.

Artigo 70.º-A (Depósitos para as sociedades em nome coletivo e em comandita simples)

1. As sociedades em nome coletivo e as sociedades em comandita simples só estão sujeitas à obrigação prevista no artigo anterior quando:

a) Todos os sócios de responsabilidade ilimitada sejam sociedades de responsabilidade limitada ou sociedades não sujeitas à legislação de um Estado membro da União Europeia, mas cuja forma jurídica seja igual ou equiparável à das sociedades de responsabilidade limitada;

b) Todos os sócios de responsabilidade ilimitada se encontrem eles próprios organizados sob a forma de sociedade de responsabilidade limitada ou segundo uma das formas previstas na alínea anterior.

2. A obrigação referida no número anterior é dispensada quando as sociedades nela mencionadas não ultrapassem dois dos limites fixados pelo n.º 2 do artigo 262.º.

Índice

1. Origem 1
2. Alterações 2

1 1. **Origem**. O preceito foi aditado pelo DL 328/95, de 9-dez. (2.º). Veio tratar as SNC, após ter suprimido a referência que lhes era feita no 70.º[1]. Com isso visou-se transpor uma alteração introduzida na 4.ª Diretriz pela Diretriz n.º 90/605, de 8-nov..

[1] DR I Série-A, n.º 283, de 9-dez.-1995, 7695/I.

2. **Alterações**. O DL 257/96, de 31-dez., revogou os números 3 a 5 do 70.º-A (6.º)[2]. Dispunham: 2

3. Beneficiam ainda da dispensa de das sociedades que, ultrapassando dois dos limites fixados pelo n.º 2 do artigo 262.º, ponham à disposição do público, na sua sede social, o relatório de gestão e os documentos de contas devidamente aprovados e cumpram um dos seguintes requisitos:

a) Todos os sócios de responsabilidade ilimitada da sociedade abrangida sejam sociedades de responsabilidade limitada, regidas pela legislação de um Estado membro da União Europeia diferente daquele por cuja legislação se rege essa sociedade e nenhuma delas publicar as contas da sociedade abrangida, juntamente com as suas próprias contas;

b) Todos os sócios de responsabilidade ilimitada sejam sociedades não sujeitas à legislação de um Estado membro da União Europeia, mas cuja forma jurídica seja igual ou equiparável à das sociedades de responsabilidade limitada.

4. As sociedades que beneficiem da dispensa referida no número anterior devem facultar cópia do relatório de gestão e dos documentos de prestação de contas a pedido de qualquer interessado com interesse atendível.

5. É aplicável o disposto nos n.os 2 e 6 do artigo 528.º à falta de disponibilização dos elementos na sede social durante os 15 dias anteriores à data da assembleia geral convocada para apreciar os documentos de prestação de contas, bem como à falta de entrega da cópia referida no número anterior, no prazo de 10 dias a contar do pedido.

De facto, estes números correspondiam a uma complicação inexcogitável. 3

O legislador de 1996 esqueceu-se de corrigir o 70.º-A/2, *in fine*, suprimindo a referência 4
a "sem prejuízo do disposto no número seguinte", prejudicada pela revogação deste: tarefa levada a cabo pelo DL 76-A/2006, de 29-mar. (2.º)[3].

Capítulo VII – Responsabilidade civil pela constituição, administração e fiscalização da sociedade

Introdução

Bibliografia: Jorge Coutinho de Abreu, *A governação das sociedades/Relatório* (2005); *id.*, *Responsabilidade civil dos administradores de sociedades* 2.ª ed. (2010); *id.*, *Diálogos com a jurisprudência*, II – *Responsabilidade dos administradores para com os credores sociais*, DSR 2010, 49-65; Jorge Coutinho de Abreu/Maria Elizabete Ramos, anot. 71.º a 79.º do CSC em *Código em Comentário* 1 (2017), 882-978; Ruy de Albuquerque/ /António Menezes Cordeiro, *A responsabilidade fiscal solidária: a imputação aos gestores dos débitos à previdência*, CTF 1987, 147-190; António Pereira de Almeida, *Os administradores independentes*, em *A reforma do CSC* (2006), 153-172; José A. Costa Alves, *A responsabilidade tributária dos corpos sociais e dos responsáveis técnicos*, RFDUP III (2006), 377-400; João da Costa Andrade, *Responsabilidade fiscal dos gerentes e administradores: a culpa jurídico-tributária*, BFD 80 (2004), 821-851; João Botelho, *Formulários de responsabilidade dos gerentes e desconsideração jurídica da personalidade* (2010); Pedro Caeiro, *A responsabilidade dos gerentes e administradores por crimes falenciais na insolvência de uma sociedade comercial*, em AAVV, *Os quinze anos de vigência do CSC* (2001), 85-99; Diogo Leite de Campos, *A responsabilidade subsidiária*, em *Direito tributário dos gerentes e administradores das sociedades*, ROA 1996, 477-497; Sofia de Vasconcelos Casimiro, *A responsabilidade dos gerentes, administradores e directores pelas dívidas tributárias das sociedades comerciais* (2000); António Menezes Cordeiro, *Da responsabilidade dos administradores das sociedades comerciais*, em *Estruturas jurídicas da empresa* (1989), 83-105; *id.*, *Da responsabilidade civil dos administradores das sociedades comerciais* (1996); *id.*, 1 (2020),

[2] DR I Série-A, n.º 302, de 31-dez.-1996, 4708/II.

[3] DR I Série-A, n.º 63 (Supl.), de 29-mar.-2006, 2328-(9)/I.

867-906; Catarina Pires Nunes Cordeiro, *Algumas considerações críticas sobre responsabilidade civil dos administradores perante os accionistas no ordenamento jurídico português* (2004); Luís Brito Correia, *Os administradores das sociedades anónimas* (1991); Ricardo Costa, *Responsabilidade civil societária dos administradores de facto*, em *Temas societários* (2006), 23-43; *id.*, *Responsabilidade dos administradores e business judgement rule*, em *Reformas do Código das Sociedades* (2007), 49-86; *id.*, *Os administradores de facto das sociedades comerciais* (2014); Tânia S. P. R. Meirelles da Cunha, *A culpa dos gerentes, administradores e directores na responsabilidade por dívidas de impostos*, BFD 77 (2001), 787-831; Paulo Olavo Cunha (2016), 848-850; Paulo de Pitta e Cunha/Jorge Costa Santos, *Responsabilidade tributária dos administradores ou gerentes* (1999); Gabriela Figueiredo Dias, *Fiscalização de sociedades e responsabilidade civil (Após a reforma do CSC)* (2006); *id.*, *Estruturas de fiscalização de sociedades e responsabioidade civil*, em CSC/20 anos (2007), 803-836; J. A. Seabra de Figueiredo, *A responsabilidade subsidiária dos gerentes ou administradores na lei fiscal: as novas tendências no direito tributário* (1997); Manuel A. Carneiro da Frada, *A responsabilidade dos administradores na insolvência*, ROA 2006, 653-702 e, com alterações, em *A reforma do CSC* (2007), 61-102; *id.*, *A business judgement rule no quadro dos deveres gerais dos administradores*, em *Jornadas/sociedades abertas, valores mobiliários e intermediação financeira* (2007), 201-242; Manuel Carneiro da Frada/Diogo Costa Gonçalves, *A acção ut singuli (de responsabilidade civil) e a relação do Direito cooperativo com o Direito das sociedades comerciais*, RDS 2009, 885-992; João Labareda, *A cessação da relação de administração*, em *Direito societário português – Algumas questões* (1998), 65-166; Adelaide Menezes Leitão, *Responsabilidade dos administradores para com a sociedade e os credores sociais por violação das normas de protecção*, RDS 2009, 647-679; Nuno B. M. Lumbrales, *Breves reflexões sobre alguns aspectos da responsabilidade penal dos administradores e gerentes das empresas em caso de insolvência*, Est. Pitta e Cunha III (2010), 269-285; Manuel dos Santos Machado/João Carlos Godinho, *Novo regime de fiscalização das sociedades anotado* (1970); Alexandre Soveral Martins, *A responsabilidade dos membros do conselho de administração por actos ou omissões dos administradores delegados ou dos membros da comissão executiva*, BFD 78 (2002), 365-380; António Carvalho Martins, *Responsabilidade dos administradores ou gerentes por dívidas de impostos* (1994); Pedro Caetano Nunes, *Responsabilidade civil dos administradores perante os accionistas* (2001); António Fernandes de Oliveira, *Responsabilidade civil dos administradores em CSC e governo das sociedades* (2008), 257-341; Ramiro Cristóvão Pereira, *Da responsabilidade dos administradores pelas dívidas fiscais das sociedades: responsabilidade tributária subsidiária* (2000); Ângela Cristina Pelicioli, *Responsabilidade dos administradores para com a sociedade anónima* (1989); Filipe Vaz Pinto/Marcos Pereira, *A responsabilidade civil dos administradores de sociedades comerciais* (2001); Maria Elisabete Ramos, *Aspectos substantivos da responsabilidade civil dos membros do órgão de administração perante a sociedade*, BFD 73 (1997), 211-250; *id.*, *A responsabilidade dos membros da administração*, em AAVV (2002), 71-92; *id.*, *Responsabilidade civil dos administradores e directores de sociedades anónimas perante os credores sociais* (2002); *id.*, *Debates actuais em torno da responsabilidade e da protecção dos administradores/Surtos de influência anglo-saxónica*, BFD LXXXIV (2008), 591-636; Lélia Guimarães Carvalho Ribeiro, *Responsabilidade dos administradores pelas dívidas laborais da sociedade comercial* (2005); Ilídio Duarte Rodrigues, *Administração das sociedades por quotas e anónimas – organização e estatuto dos administradores* (1990); Catarina Serra, *Responsabilidade tributária dos administradores de empresas em contexto de insolvência – reflexões*, DSR 21 (2019), 89-115; Germano Marques da Silva, *Responsabilidade penal das sociedades e dos seus administradores e representantes* (2009), 284 ss.; Isabel Marques da Silva, *Responsabilidade fiscal penal cumulativa: das sociedades e dos seus administradores e representantes* (2000); João Calvão da Silva, *Responsabilidade civil dos administradores não executivos, da comissão de auditoria e do conselho geral e de supervisão*, em *A reforma do CSC* (2007), 103-151 e RLJ 136 (2006), 31-59; João Soares da Silva, *Responsabilidade civil dos administradores de sociedades: os deveres gerais e os princípios da corporate governance*, ROA 1997, 605-628; Armando Manuel Triunfante (2007), 74-87; Raúl Ventura/Luís Brito Correia, *Responsabilidade civil dos administradores de sociedades anónimas e dos gerentes de sociedades por quotas/Estudo comparativo dos direitos alemão, francês, italiano e português*, BMJ 192 (1970), 5-112, 193 (1970), 5-182 e 194 (1970), 5-113; *id.*, *Nota explicativa do Capítulo II do Decreto-Lei n.º 49.381, de 15 de Novembro de 1969*, BMJ 195 (1970), 21-90; João Jorge Vieira, *Responsabilidade dos administradores perante a sociedade* (2004).

Índice

I – **Coordenadas dogmáticas**
1. Núcleo normativo 1
2. Responsabilidade civil 2
3. Os administradores 6
4. O privilégio da irresponsabilidade 8
5. O predomínio da responsabilidade 9

II – **Aspetos atuais da responsabilidade civil**
6. Os fins 10
7. A ilicitude 11

8. A culpa 13
9. A causalidade 16
10. O dano 18
11. A indemnização 19

III – **Natureza e regime da administração**
12. As teorias 20
13. A administração como *status* 23
14. A constituição e o termo 25
15. Direitos e deveres 26

IV – **Responsabilidade dos administradores**
16. Sistemas francês e alemão 27
17. Evolução do sistema português 29
18. O DL 49 381, de 15-nov.-1969 32
19. O CSC 34
20. Aplicação e valoração 36

V – **O administrador de facto**
21. Situações 39
22. Responsabilidade 43
23. Responsabilidade tributária e insolvência 45

I – Coordenadas dogmáticas

1. **Núcleo normativo**. O capítulo VII da Parte geral versa a responsabilidade civil dos fundadores, dos administradores, de outras pessoas com funções de administração, de membros dos órgãos de fiscalização, dos ROC e de certos sócios. O sistema forma-se, todavia, em torno dos administradores, sendo depois alargado, com ou sem adaptações, aos outros figurantes referidos. 1

2. **A responsabilidade civil**: o instituto civil geral que permite repercutir um dano numa esfera jurídica diferente daquela que, inicialmente, o tenha suportado, através de uma obrigação específica: a de indemnizar. 2

A responsabilidade civil integra regras distintas consoante seja obrigacional ou aquiliana. A obrigacional postula uma ideia ampla de culpa, que absorve os demais pressupostos da responsabilidade civil, designadamente a culpa e a ilicitude; deriva da violação de deveres específicos entre os intervenientes; assume uma presunção de culpa, a ilidir pelo obrigado inadimplente (799.º/1, do CC). A responsabilidade aquiliana assenta na distinção entre pressupostos: culpa (*stricto sensu*), ilicitude e nexo causal; implica a violação de deveres genéricos; obriga o interessado nas indemnizações a provar os seus elementos constitutivos (483.º/1 e 487.º/1, do CC)[1]. 3

A responsabilidade civil aquiliana pode ocorrer por facto ilícito, pelo risco, quando a lei o repercuta numa esfera jurídica diversa da que sofra inicialmente o dano e pelo sacrifício ou ato lícito, ao qual a lei associe o dever de indemnizar. 4

A responsabilidade civil não se confunde com a responsabilidade patrimonial: esta abrange as regras pelas quais uma pessoa garante, com os seus bens, o cumprimento de determinada obrigação. 5

3. **Os administradores** não obtiveram, na parte geral do CSC, um tratamento genérico. O termo abrange gerentes de SNC e SPQ, administradores *stricto sensu* e administradores executivos de SA. A sua construção impõe-se, por via doutrinária: a natureza da administração implicará com a dogmática da sua responsabilidade. 6

As normas dirigidas às sociedades são, em grande parte, normas dirigidas aos administradores: a estes cabe, em meios detidos fiduciariamente, agir pela sociedade. A natureza jurídica da sua posição torna-se relevante para determinar os contornos da responsabilidade em que incorram. 7

4. **O privilégio da irresponsabilidade**. Mercê da técnica da personalidade coletiva, a sociedade responde pelos atos dos administradores: mesmo quando ilícitos (6.º/5). Apenas circuns- 8

[1] Menezes Cordeiro, *Tratado* VIII (2010), 397 ss., com indicações.

tâncias especiais poderão quebrar o privilégio, levando à responsabilização direta dos próprios administradores. E há razões para isso: a permanente responsabilização dos administradores iria enfraquecer qualquer iniciativa económica; além disso, impediria um recrutamento de qualidade.

9 5. **O predomínio da responsabilidade**. Em termos jurídico-científicos, o capítulo da responsabilidade civil pela constituição, administração e fiscalização da sociedade pertence ao Direito civil: é uma variante da responsabilidade civil. Pressupõe-se a aplicabilidade dos conceitos gerais de facto ilícito, culpa, dano e causalidade. Além disso, funcionam as grandes divisões da responsabilidade civil, com relevo para a contraposição entre a contratual e a aquiliana, acima referida. Os vetores atuais da responsabilidade civil devem estar presentes.

II – **Aspetos atuais da responsabilidade civil**

10 6. **Os fins**. Tradicionalmente, a responsabilidade civil visaria suprimir os danos; contrapor-se-ia à penal, que assumiria fins de retribuição e de prevenção geral e especial. Na atualidade, este ponto foi revisto. A responsabilidade civil visa, também, retribuir o mal feito e, ainda, prevenir novos danos, quer de terceiros, quer do agente.

11 7. **A ilicitude**, entendida como a violação de normas de conduta, vê alargar-se ao desrespeito a princípios e valores suportados por conceitos indeterminados. Deteta-se, ainda, uma ilicitude indireta, sempre que o Direito obrigue a indemnizar objetivamente, isto é, independentemente de culpa (e, *prima facie*) de ilicitude: no fundo, o Ordenamento pretende sempre, antes do mais, que não haja danos.

12 A ilicitude pode ser contraditada pela presença de causas de justificação (ação direta, legítima defesa, estado de necessidade ou conflito de deveres). No domínio da administração, as causas de justificação tendem a ocorrer na presença de deveres contraditórios ou em oposição, tendo o administrador optado pelo que, concretamente, se mostre mais ponderoso.

13 8. **A culpa**, na sua dupla forma de dolo e de negligência, implica uma censura da Ordem Jurídica perante quem tenha violado regras jurídicas. Na responsabilidade aquiliana, ela diferencia-se claramente da ilicitude; na obrigacional, ela é usada em termos amplos, abrangendo a ilicitude e a própria causalidade, sendo todo esse conjunto abrangido pela "presunção de culpa". A demonstração é histórico-dogmática, não podendo ser rejeitada sem um aturado estudo de base que consiga invalidar os pressupostos em jogo.

14 A culpa é uma questão-de-direito, uma vez que a sua determinação envolve sempre a interpretação e a aplicação de normas jurídicas. Pode, por isso, ser apreciada pelo Supremo, em revista.

15 A culpa é ilidida pela presença de causas de excusa ou de desculpabilidade as quais poderão, por razões valorativas, tornar concretamente inexigível a conduta devida.

16 9. **A causalidade** retrata uma relação entre o facto e o dano, que permite imputar este àquele. Das muitas teorias historicamente surgidas releva, particularmente na responsabilidade dos administradores, a de causalidade normativa: vai ser imputado ao facto o dano correspondente à supressão das vantagens asseguradas pela norma jurídica violada pelo facto em causa.

17 Esta leitura permite isolar danos imputáveis em processos complexos, com danos sucessivos ou em bola de neve que escapem, em muito, à previsibilidade do agente: um administrador pode, com um pequeno erro censurável, causar danos infinitos; todo o instituto aqui em causa depende de racionalizar o tema, delimitando danos imputáveis.

18 10. **O dano** equivale à supressão de vantagens asseguradas pelo Direito. Todas as classificações civis são utilizáveis: danos patrimoniais e morais; emergentes e lucros cessantes; positivos e negativos; diretos e indiretos; imediatos e diferidos.

11. **A indemnização** deve, dentro da causalidade adotada, cobrir todo o dano. A tendência miserabilista da jurisprudência, até há pouco dominante, deve, em definitivo, ser contraditada. 19

III – **Natureza e regime da administração**

12. **As teorias**. Inicialmente, o administrador foi assimilado a um mandatário: responderia perante a sociedade pela violação do mandato. Verificou-se, então, que o mandato, só por si, não explicava os poderes de representação; além disso, as regras aplicáveis à administração transcenderiam, em muito, as do simples mandato. Passou-se, então, a **teorias contratuais** mais amplas: haveria um contrato de administração, tipo prestação de serviço, que explicaria a relação. Tais teorias soçobraram perante situações de administração claramente não contratuais e em face da fraqueza dogmática de um mero contrato, para explicar regimes legais complexos. 20

Seguiram-se **teorias institucionais**: o administrador seria posicionado por uma decisão dos sócios, de tipo unilateral, próxima de um fenómeno paralelo habitual no Direito público. Mais realista, esta orientação não explica a liberdade dos intervenientes, nem aclara o regime, pelo menos em todas as circunstâncias. 21

Na Alemanha predominam **teorias dualistas**: na administração há uma relação de designação (*Bestellung*), de tipo unilateral, levada a cabo pelos sócios e uma relação de colocação (*Anstellung*), contratual, fechada entre a sociedade e o administrador. A primeira seria livremente revogável; a segunda, a sê-lo sem justo motivo, obrigaria a uma indemnização. 22

13. **A administração como *status***. Perante o Direito português, não é possível formular uma teoria unitária: temos administradores designados por contrato (o próprio pacto social), automáticos (os próprios sócios), por eleição dos sócios, por designação de minoritários, por indicação do conselho fiscal, por cooptação pelos outros administradores, por designação do Estado e por nomeação judicial. 23

A situação jurídica da administração deve-se, antes, qualificar como estado ou *status*: equivale a uma qualidade pessoal, acessível por diversas vias e que, quando concretizada, determina a aplicação de regras complexas. 24

14. **A constituição e o termo**. O CSC não contém regras gerais: encontramo-las nos 191.º (SNC), 252.º, 253.º e 257.º (SPQ), 391.º a 394.º, 403.º e 404.º (SA monistas) e 425.º, 426.º e 430.º (SA dualistas). Toda esta matéria será vista nas anotações respetivas. 25

15. **Direitos e deveres**. Ao administrador assistem direitos funcionais (o de representar a sociedade e o de a gerir) e pessoais (remuneração e prestações acessórias, incluindo eventualmente a reforma). Cabem-lhe, ainda, deveres: gerais (64.º, bem como deveres comuns de conduta) e específicos derivados da lei, do pacto social ou de deliberações dos sócios. 26

IV – **Responsabilidade dos administradores**

16. **Sistemas francês e alemão**. O sistema francês, na falta de base legal, desenvolveu-se judicialmente, a partir de meados do século XIX. No essencial, ele deriva de um sistema de ações contra os administradores: da própria sociedade ou de um sócio, o qual pode agir em nome da sociedade (*ut universi*) ou em nome próprio (*ut singuli*). 27

O alemão manteve-se firme nos pressupostos da responsabilidade civil: exige-se que o administrador, com dolo ou negligência, tenha violado normas jurídicas, causando danos. 28

17. **Evolução do sistema português**. A Lei das SA de 22-jun.-1867 (16.º)[2] previa que os "mandatários das sociedades anónimas" só respondessem pela execução do mandato, sendo: 29

[2] Tavares de Medeiros (1886), 123 ss..

(...) pessoal e solidariamente responsáveis, consoante as regras de direito comum, para com a sociedade e para com terceiros, pela falta de execução do seu mandato, violação dos estatutos e preceitos desta lei.

30 O 47.º permitia a todo o acionista, individual ou coletivamente, intentar qualquer ação contra a gerência da sociedades pelos factos de que a julgar responsável. O sistema era avançado mas, falho de divulgação universitária, não teve aplicação prática.

31 O CCom (173.º) retomou o dispositivo transcrito da Lei de 1867. Em quatro parágrafos, procedia a precisões importantes. Designadamente: isentava de responsabilidade os administradores que não tivessem tomado parte na deliberação ou tivessem protestado contra ela. O preceito também não teve concretização.

32 18. **O DL 49 381, de 15-nov.-1969**. Assente em cuidados trabalhos preparatórios de tipo comparatístico, de Raúl Ventura e de Luís Brito Correia, este diploma veio regular: (I) conselho fiscal e figuras afins; (II) responsabilidade civil dos administradores e das entidades fiscalizadoras; (III) balanço, conta de resultados ou penhor e perdas, relatório da administração e relatório e parecer do conselho fiscal.

33 No tocante à responsabilidade dos administradores, a matéria foi versada nos 17.º a 26.º: preceitos que seriam, depois, acolhidos no CSC, com algumas alterações. Materialmente, foram retomadas as melhores soluções das leis alemã, francesa e italiana, dotando o País de um sistema muito denso. Nessa linha, vem jogar, em simultâneo, com as ações e com as violações de normas jurídicas, tornando-se complexo. Em toda a sua vigência, o DL 49381 conheceu pouca aplicação[3].

34 19. **O CSC**. Tratou o tema nos 71.º a 84.º, alargando-se a aspetos conexos. Em síntese: principia pela constituição (71.º); passa aos administradores (72.º), fixando os aspetos de solidariedade (73.º) e das cláusulas de exclusão nulas (74.º); ocupa-se, então, de aspetos processuais: ação social e representantes especiais (75.º e 76.º) e ação social (77.º), num conjunto que cobre a responsabilidade obrigacional; segue-se a responsabilidade aquiliana: credores sociais (78.º) e sócios e terceiros (79.º).

35 Subsequentemente e por contágio, o CSC ocupa-se da responsabilidade: de outras pessoas com funções de administração (80.º), dos membros de órgãos de fiscalização (81.º) e do ROC (82.º). Surgem, ainda, previsões de responsabilidade solidária do sócio (83.º) e do sócio único (84.º): simples situações de responsabilidade patrimonial.

36 20. **Aplicação e valoração**. O CSC tem vindo a conhecer, neste capítulo, alguma aplicação, ainda modesta. Na verdade, as previsões de responsabilidade dos administradores, patentes no CSC, confluem ainda com numerosas outras previsões, constantes de leis fiscais, de leis da segurança social e de leis do trabalho. Uma aplicação efetiva de todos esses diplomas tornaria inviável a posição dos administradores em Portugal, muito mais sobrecarregada do que nos outros países da União Europeia.

37 Na prática, as sociedades descontentes com os seus administradores recorrem à destituição, com ou sem justa causa: solução preferível, em termos de mercado, a ações de responsabilidade que obrigam a discutir publicamente, sob o signo da inépcia, os negócios sociais.

38 A reforma de 2006, apesar da heterogeneidade que traduz, ao inserir uma versão nacional do *business judgement rule* no 72.º, procurou atenuar as agruras formais do sistema. Assinale-se,

[3] STJ 19-nov.-1987 (Menéres Pimentel), BMJ 371 (1987), 473-489 = CJ XIII (1988) 1, 7-13 (onde o acórdão vem identificado como de 13-nov.-1987).

por fim, que após muitos anos de quietude, se veio a assistir, a partir dos finais do séc. XX, a uma autêntica explosão doutrinária sobre a respnsabilidade dos administradores.

V – **O administrador de facto**

21. **Situações.** Administrador de facto traduz a situação na qual uma pessoa, sem decorrência de 39
uma qualquer designação legítima, exerce as funções de administração. Engloba: (a) o administrador ilegítimo; (b) o administrador aparente; (c) o administrador de facto *stricto sensu*.

O administrador ilegítimo encontra-se em funções por via de um ato nulo ou anulado. 40
Os atos que pratique vinculam normalmente a sociedade, perante terceiros de boa fé e quando haja registo da designação – e enquanto não seja registada a ação de nulidade ou a de anulação[4]. Independentemente do registo, a sociedade poderá ser vinculada nos termos que regem a representação institucional[5].

O administrador aparente nunca foi designado: todavia, entrou em funções, agindo em 42
nome e por conta da sociedade. Também os seus atos vinculam a sociedade, nos termos que regem a representação institucional, verificados os requisitos[6].

O administrador de facto *stricto sensu* corresponde à pessoa que, por razões objetivas 42
e/ou subjetivas, exerça o poder na sociedade, dando ordens aos administradores de direito: *vide*, de resto, o 83.º/4. Não representa a sociedade uma vez que não age por ela; todavia, assume, de facto, a sua gestão.

22. **Responsabilidade**. Ao administrador de facto aplicam-se as regras sobre responsabilidade 43
dos administradores: ora diretamente (administrador ilegítimo e administrador aparente) ora por analogia (administrador de facto *stricto sensu*). Nas duas primeiras hipóteses, a associação dos poderes de gestão e de representação preenchem a previsão "administrador"; na terceira, opera a mesma *ratio*, com as coordenadas da responsabilidade civil. O 80.º dá, ainda, um argumento suplementar, no sentido da responsabilidade do administrador de facto: outras pessoas com funções de administração.

Quando o administrador de facto (*stricto sensu*) aja através de administrador comum, 44
há solidariedade: *ex* 800.º/1, nos casos da responsabilidade obrigacional e *ex* 497.º/1, nos da aquiliana.

23. **Responsabilidade tributária e insolvência**. O 24.º/1 da LGT[7] fixa-a, em relação ao 45
administrador de facto, numa locução a tomar, aqui, em sentido amplo: abrange as três referidas modalidades. O 82.º/2 do CIRE confere, ao administrador da insolvência, legitimidade exclusiva para propor ações de responsabilidade contra, entre outros, os administradores de direito e de facto.

Artigo 71.º (Responsabilidade quanto à constituição da sociedade)

1. Os fundadores, gerentes ou administradores respondem solidariamente para com a sociedade pela inexatidão e deficiência das indicações e declarações prestadas com vista à constituição daquela, designadamente pelo que respeita à realização das entradas, aquisição de bens pela sociedade, vantagens especiais e indemnizações ou retribuições devidas pela constituição da sociedade.

[4] 22.º/4 do CRCom.

[5] 23.º do DL 178/86, de 3-jul., por analogia; Menezes Cordeiro, *Direito comercial*, 5.ª ed. (2022), 786-787.

[6] RPt 23-fev.-2015 (Rui Penha), Proc. 20/12.

[7] Infra, 78.º, anotação 19.

2. Ficam exonerados da responsabilidade prevista no número anterior os fundadores, gerentes ou administradores que ignorem, sem culpa, os factos que lhe deram origem.

3. Os fundadores respondem também solidariamente por todos os danos causados à sociedade com a realização das entradas, as aquisições de bens efetuadas antes do registo do contrato de sociedade ou nos termos do artigo 29.º e as despesas de constituição, contanto que tenham procedido com dolo ou culpa grave.

Bibliografia: António Menezes Cordeiro, *Da responsabilidade civil dos administradores das sociedades comerciais* (1996), 34-36; *id.*, 1 (2011), 976-978; Albino de Matos, *Constituição de sociedades*, 5.ª ed. (2001), 133-136; António Fernandes de Oliveira, *Responsabilidade civil dos administradores*, AAVV, *CSC e governo das sociedades* (2008), 257-341 (280 ss.).

Índice

1. Redação atual 1
2. Os deveres dos fundadores 2
3. Natureza e solidariedade 5
4. Extensão à instalação 6

1 1. **Redação atual** advém do DL 76-A/2006, de 29 de março[1]: visou este diploma suprimir, nos n.ºs 1 e 2, a referência a "diretores".

2 2. **Os deveres dos fundadores**, gerentes e administradores, no domínio da constituição resultam, indiretamente, do 71.º/1: eles devem efetuar as indicações e declarações para tanto necessárias com exatidão e sem deficiências.

3 Com efeito, na falta de tal regra, teríamos de construir a responsabilidade por informações na base do 485.º/1 do CC, que exige dolo; ora o 71.º/1, tal como está formulado, pressupõe (logo: impõe) o referido dever de exatidão, violável com mera negligência. Nesse sentido, *vide*, ainda, o 71.º/3, *a contrario*.

4 As indicações relativas à constituição abrangem, a título exemplificativo (71.º/1, 2.ª parte): entradas (25.º), aquisição de bens pela sociedade (28.º); vantagens, indemnizações e retribuições (16.º).

5 3. **Natureza e solidariedade**. A responsabilidade prevista é obrigacional: advém da violação de deveres específicos. Cessa quando não haja culpa (71.º/2), o que deve ser provado pelos interessados na exoneração da responsabilidade (799.º/1, do CC). O 71.º/2 impõe uma padrão de conduta: os fundadores, gerentes e administradores devem inteirar-se do andamento e do teor das indicações e declarações prestadas[2].

6 4. **Extensão à instalação**. O 71.º/3 alarga a responsabilidade solidária dos fundadores a danos causados à sociedade antes do registo com as entradas, as aquisições de bens e com as despesas de constituição. Deve entender-se que existem deveres específicos de proceder a todas essas operações, com cuidado.

7 O final do 71.º/3 exige, contudo, que tenha havido dolo ou culpa grave: trata-se de uma distorção, já que no Direito português da responsabilidade civil, não se distingue entre a negligência (culpa) grave e a ligeira. Inferimos, daqui, que na instalação da sociedade, antes do registo, os visados apenas devem desenvolver um esforço razoável.

[1] DR I Série n.º 63 (Supl.), de 29-mar.-2006, 2328-(9)/I.

[2] Menezes Cordeiro, *Da responsabilidade civil dos administradores*, cit., 35.

Artigo 72.º (Responsabilidade de membros da administração para com a sociedade)

1. Os gerentes ou administradores respondem para com a sociedade pelos danos a esta causados por atos ou omissões praticados com preterição dos deveres legais ou contratuais, salvo se provarem que procederam sem culpa.

2. A responsabilidade é excluída se alguma das pessoas referidas no número anterior provar que atuou em termos informados, livre de qualquer interesse pessoal e segundo critérios de racionalidade empresarial.

3. Não são igualmente responsáveis pelos danos resultantes de uma deliberação colegial os gerentes ou administradores que nela não tenham participado ou hajam votado vencidos, podendo neste caso fazer lavrar no prazo de cinco dias a sua declaração de voto, quer no respetivo livro de atas, quer em escrito dirigido ao órgão de fiscalização, se o houver, quer perante notário ou conservador.

4. O gerente ou administrador que não tenha exercido o direito de oposição conferido por lei, quando estava em condições de o exercer, responde solidariamente pelos atos a que poderia ter-se oposto.

5. A responsabilidade dos gerentes ou administradores para com a sociedade não tem lugar quando o ato ou omissão assente em deliberação dos sócios, ainda que anulável.

6. Nas sociedades que tenham órgão de fiscalização, o parecer favorável ou o consentimento deste não exoneram de responsabilidade os membros da administração.

Bibliografia: Jorge Coutinho de Abreu/Maria Elisabete Ramos, anot. ao 72.º do CSC em *Código em Comentário* 1 (2017), 892-914; António Menezes Cordeiro 1 (2022), 887-892; Ricardo Costa, *Responsabilidade dos administradores e business judgement rule*, em *Reformas do Código das Sociedades* (2007), 49-86; Manuel Carneiro da Frada, *A business judgement rule no quadro dos deveres gerais dos admistradores*, em *A reforma do CSC* (2006), 61-102 e, com algumas alterações, em AAVV, *Jornadas/Sociedades abertas, valores mobiliários e intermediação financeira* (2007), 201-242; José Ferreira Gomes, *Da administração à fiscalização das sociedades* (2015), 821-921; Adelaide Menezes Leitão, *Responsabilidade dos administradores para com a sociedade e os credores sociais por violação de normas de protecção*, RDS 2009, 647-679; António Fernandes de Oliveira, *Responsabilidade civil dos administradores*, em AAVV, *CSC e governo das sociedades* (2008), 257-341 (283 ss.); Pedro Pais de Vasconcelos, *Business judgement rule, deveres de cuidado e de lealdade, ilícito e culpa e artigo 64.º do CSC*, DSR 2009, 41-81; Raúl Ventura/Luís Brito Correia, *Responsabilidade civil dos administradores*, BMJ 195 (1970), 21-90 (33 ss.).

Vide a bibliografia indicada em Artigos 71.º a 84.º/Introdução.

Índice

I – **Origem e alterações**
1. Origem 1
2. Reforma de 2006 2

II – **Responsabilidade obrigacional para com a sociedade**
3. A previsão 3
4. Deveres específicos 5
5. A medida da culpa 6
6. A causalidade 7

III – **A atuação informada, isenta e racional (*business judgement rule*)**
7. Origem e evolução 8
8. Alcance dogmático 11
9. Transposição 13

IV – **Fatores de exoneração e de não-exoneração**
10. Não-participação ... 15
11. Deliberação dos sócios ... 17
12. Não-exoneração ... 18

V – **A sindicância de mérito**
13. Exclusão de princípio ... 20
14. A aplicação das regras ... 21
15. O erro grosseiro ... 22

I – Origem e alteração

1 1. **Origem**. O 72.º/1, 3 e 5 resulta do 17.º/2 a 4 do DL 49 381, de 15-nov.-1969[1]. Na versão original[2], o 72.º tinha apenas cinco números: faltava o atual n.º 2, acrescentado em 2006, com alteração da numeração subsequente.

2 2. **Reforma de 2006**. O DL 76-A/2006, de 29-mar.[3], veio: (a) suprimir a referência a "diretores"; (b) inserir, num novo n.º 2, a *business judgement rule*; (c) permitir, no atual n.º 3, *in fine*, que a declaração de voto em contrário, antes possível perante o notário, o seja, também, perante o conservador.

II – Responsabilidade obrigacional para com a sociedade

3 3. **A previsão**. Do 72.º/1 resulta uma situação de responsabilidade, nos termos seguintes: (a) prática de danos ilícitos; (b) por inobservância de deveres específicos; (c) com presunção de culpa. Trata-se de responsabilidade obrigacional[4], pela violação das obrigações funcionais do administrador. A inobservância de outros deveres, mesmo específicos (p. ex., o administrador é arrendatário da sociedade e não paga a renda) e os atentados a direitos absolutos (p. ex., o administrador danifica um automóvel da sociedade ou põe em causa o seu bom nome e reputação), seguem o regime geral aplicável.

4 A presunção de culpa envolve a de ilicitude[5]: trata-se de uma implicação lógica irrefutável, a menos que se abdique do conceito ético-normativo de culpa, hoje dominante. A presunção de ilicitude não dispensa o interessado de provar o não-cumprimento do dever em causa, base do desenvolvimento subsequente; perante tal não-cumprimento, presumem-se a ilicitude e a culpa, nos termos próprios da responsabilidade obrigacional.

5 4. **Deveres específicos**, cuja violação culposa é capaz de gerar a responsabilidade *ex* 72.º/1, são, exemplificativamente: (a) cláusulas contratuais ou deliberações sociais que fixem à sociedade determinado objeto ou que proíbam a prática de certos atos (6.º/4); (b) execução de deliberações relativas à distribuição de bens aos sócios, quando ilícitas ou com vício (31.º/2); (c) não-convocação ou não-requerimento de convocação, perante a perda de metade do capital social (35.º/1); (d) incumprimento do dever de relatar a gestão e de apresentar contas (65.º/1); (e) ou de proceder aos competentes depósitos (70.º); (f) omissão de declarar, por escrito, que, havendo aumento de capital, não têm conhecimento de determinadas diminuições patrimoniais (93.º/1); ou efetivação de uma declaração falsa (*idem*, *a fortiori*).

[1] DG I Série, n.º 268, de 15-nov.-1969, 1610/I.
[2] DR I Série, n.º 201, de 2-set.-1986, 2309/I e II.
[3] DR I Série-A, n.º 63 (Supl.), de 29-mar.-2006, 2328-9)/I.
[4] STJ 13-nov.-1987 (Menéres Pimentel), CJ/Supremo VI (1988) 1, 7-13, RLx 23-mar.-1995 (Antunes Pina), Proc. 0099032, STJ 3-mai.-2000 (Francisco Lourenço), CJ/Supremo VIII (2000) 2, 41-44 = BMJ 497 (2000), 389-395; STJ 28-abr.-2009 (Moreira Alves), Proc. 09A0346; RLx 31-jan.-2013 (Ondina Carmo Alves), Proc. 1300/10; STJ 26-jun.-2012 (Fonseca Ramos), Proc. 9398/10.
[5] STJ 17-set.-2009 (Fonseca Ramos), Proc. 94/07; RPt 23-fev.-2012 (Fernando Simões), Proc. 9398/10. Contra STJ 23-mai.-2002 (Ferreira de Almeida), Proc. 02B1117, por desconhecimento da competente construção jurídico-científica.
[6] RLx 2-out.-2008 (Sousa Pinto), Proc. 2254/2008-2.

5. **A medida da culpa** não é, aqui, apenas a do *bonus pater familias* (487.º/2, do CC); mais exigente, ela reporta-se à diligência do gestor criterioso e ordenado – 64.º/1, *a*); essa diligência comporta, todavia, também elementos de ilicitude (o esforço exigível), o que é natural, uma vez que culpa e ilicitude são, na responsabilidade obrigacional, incindíveis[6]. 6

6. **A causalidade** abrange os danos correspondentes aos valores jurídicos atingidos e que estivessem protegidos pelo dever violado. Há, caso a caso, que proceder a uma cuidada interpretação deste, de modo a poder delimitar hipóteses de danos em bola de neve que escapem à intenção normativa. 7

III – A atuação informada, isenta e racional (*business judgement rule*)

7. **Origem e evolução**. O dispositivo do 72.º/2, introduzido na reforma de 2006, equivale ao chamado *business judgement rule* norte-americano. Na origem: na base de um enérgico sistema de responsabilidade civil, a dos administradores era transferida para seguradoras, que negociavam, depois, com os queixosos; o incremento das indemnizações levou as seguradoras a retraírem-se, excluindo hipóteses de cobertura; o sistema reagiu: não seriam demandáveis os administradores que mostrassem ter agido, com os elementos disponíveis, nas margens que lhes caberiam, em termos de negócios. 8

Na Alemanha operava um sistema de responsabilidade dos administradores (§ 93 do AktG) semelhante ao nosso e pouco explorado, na prática. Em 1998 surge o KonTraG (ou lei da transparência) que veio incentivar a responsabilidade pelos seguros D&O (*directors and officers*). Os *lobbies* dos seguros movimentaram-se levando à introdução, pelo UMAG de 22-set.-2005, do *business judgement rule*, tanto mais oportuno quanto é certo que esta última lei veio, também, incentivar a responsabilidade dos administradores. 9

O UMAG de 2005, inseriu, no § 93/I do AktG, a seguinte fórmula: 10

> Não há uma violação do dever quando o membro da direcção, na base de informação adequada, devesse razoavelmente aceitar que, aquando da decisão empresarial, agia em prol da sociedade.

8. **Alcance dogmático**. No Direito norte-americano, o *business judgement rule* opera como exceção que isenta de responsabilidade, não cabendo discernir se como causa de justificação ou de excusa: não se faz, aí, a distinção entre culpa e ilicitude. 11

No Direito alemão, a forma legal logo inculca estarmos perante uma causa de justificação e, portanto: de exclusão de ilicitude e não de culpa. 12

9. **Transposição**. No Direito português, mercê das características da responsabilidade obrigacional, o 72.º/2 opera, em primeira linha, como uma exclusão de culpa[7]. Na verdade, a observância da racionalidade empresarial, com conhecimento e isenção, não pode dispensar o cumprimento de quaisquer deveres. 13

Apenas caso a caso poderemos julgar, perante esse preceito e verificados os pressupostos da sua aplicação se, ao administrador, era inexigível outra conduta. O *business judgement rule* já era, assim, praticável mesmo antes da reforma de 2006[8]. Todavia, é útil: recorda que a atuação do administrador deve ser ponderada em bloco e serve de válvula de escape a um sistema demasiado denso de deveres dos administradores. 14

[7] Contra, Gabriela Figueiredo Dias, *Fiscalização das sociedades e responsabilidade civil (após a reforma das sociedades comerciais)* (2006), 75.

[8] 3.ª Vara Cível LX (Pedro Caetano Nunes), CJ/Supremo XI (2003) 3, 17-27, de excelente nível doutrinário.

IV – **Fatores de exoneração e de não-exoneração**

15 10. **Não-participação**. A responsabilidade exige ações ou omissões. A mera pertença à administração não é fonte de responsabilidade[9]. Assim (72.º/3, 1.ª parte): (a) não responde o administrador que, não sendo exigida a colegiabilidade, não tenha causado o dano; (b) não responde o que, em sede própria, tenha votado vencido.

16 Para facilidade da prova da oposição, o 72.º/3, 2.ª parte, permite que o interessado faça lavrar voto de vencido, no prazo de cinco dias, no livro de atas ou que o comunique por escrito ao órgão de fiscalização, se o houver ou perante notário ou conservador. Importante é, aqui, demonstrar a oposição, antes de se terem concretizado os danos.

17 11. **Deliberação dos sócios**. Os administradores não respondem perante a sociedade quando o ato ou a omissão danosa assentem em deliberação dos sócios, ainda que anulável (72.º/5).

18 12. **Não-exoneração** ocorre quando o administrador, podendo opor-se à atuação ilícita e danosa, o não tenha feito (72.º/4).

19 Também se verifica quando haja parecer favorável ou consentimento do órgão de fiscalização (72.º/6). Fica, nessa hipótese, em aberto a possibilidade de se ilidir, por essa via, a presunção de culpa.

V – **A sindicância de mérito**

20 13. **Exclusão de princípio**. Não cabe ao juiz valorar o mérito substancial de qualquer gestão, com vista à responsabilização dos administradores. Três razões: (a) os tribunais não estão apetrechados, em termos de gestão e de concorrência, para encetar essa tarefa, que não lhes cabe; (b) não há regras objetivas de gestão, que possam ser impostas; (c) o julgamento *ex post* de decisões, na altura aceitáveis, iria coartar gravemente qualquer novidade empresarial.

21 14. **A aplicação das regras**. Algumas regras de (boa) gestão estão positivadas: pense-se nas atinentes à prestação de contas. Aí, a sindicância é possível. Também os códigos deontológicos aplicáveis são fontes de ilicitude, através da cláusula dos bons costumes. Finalmente: é sindicável a lealdade. O 64.º, na medida em que forneça normas de conduta, representa a área mais avançada a que o julgador pode atender.

22 15. **O erro grosseiro**. Pelas vias indicadas, particularmente o cuidado e a lealdade (boa fé), pode o juiz sindicar o erro grosseiro de gestão. O sistema é compensado pelo 72.º/2 (*business judgement rule*).

Artigo 73.º (Solidariedade na responsabilidade)

1. A responsabilidade dos fundadores, gerentes ou administradores é solidária.

2. O direito de regresso existe na medida das respetivas culpas e das consequências que delas advierem, presumindo-se iguais as culpas das pessoas responsáveis.

Bibliografia: António Fernandes de Oliveira, *Responsabilidade civil dos administradores*, em AAVV, *CSC e governo das sociedades* (2008), 257-341 (307-308).

[9] RPt 10-out.-2005 (Cunha Barbosa), CJ XXX (2005) 4, 210-215 (214); STJ 14-mai.-2009 (Oliveira Rocha), Proc. 09B0563.

Índice

1. Origem 1
2. Justificação 2
3. Constituição 4
4. Funcionamento 5

1. **Origem**. O 73.º deriva do 18.º do DL 49 381, de 15-nov.-1969[1]. A versão original[2] foi alterada pelo DL 76-A/2006, de 29-mar.[3], no sentido de suprimir a referência aos diretores. 1
2. **Justificação**. Estamos perante obrigações comerciais, pelo que a solidariedade sempre teria lugar (100.º do CCom). Além disso, ela já fora prefigurada no 72.º/4. 2

Para além das razões técnicas, funciona um valor fundamental: a solidariedade dá corpo ao princípio da colegiabilidade, pedra de toque de qualquer órgão coletivo. Quer isso dizer que cada administrador tem o direito e o dever de acompanhar, com cuidado, os negócios sociais. 3

3. **Constituição**. A solidariedade depende de, em momento prévio, se poder afirmar que os envolvidos são responsáveis[3]. Ela não funciona como fonte autónoma de responsabilidade. 4

4. **Funcionamento**. Sendo demandado algum administrador, este pode defender-se, nos termos gerais, quer com os meios pessoais, quer com os comuns (514.º/1, do CC). O administrador demandado pode deduzir incidente de intervenção principal dos demais administradores[4]. 5

Quando satisfaça a indemnização para além do que lhe compita, tem direito de regresso (73.º/2 e 524.º do CC). Este existe na medida das respetivas culpas e suas consequências; à partida, as culpas presumem-se iguais (73.º/2). Esta regra, retirada do 497.º/2, do CC, é útil: este último preceito, típico da responsabilidade aquiliana, não teria, aqui, aplicação direta. 6

Artigo 74.º (Cláusulas nulas. Renúncia e transação)

1. É nula a cláusula, inserta ou não em contrato de sociedade, que exclua ou limite a responsabilidade dos fundadores, gerentes ou administradores, ou que subordine o exercício da ação social de responsabilidade, quando intentada nos termos do artigo 77.º, a prévio parecer ou deliberação dos sócios, ou que torne o exercício da ação social dependente de prévia decisão judicial sobre a existência de causa da responsabilidade ou de destituição do responsável.

2. A sociedade só pode renunciar ao seu direito de indemnização ou transigir sobre ele mediante deliberação expressa dos sócios, sem voto contrário de uma minoria que represente pelo menos 10% do capital social; os possíveis responsáveis não podem votar nessa deliberação.

3. A deliberação pela qual a assembleia geral aprove as contas ou a gestão dos gerentes ou administradores não implica renúncia aos direitos de indemnização da sociedade contra estes, salvo se os factos constitutivos de responsabilidade houverem sido expressamente levados ao conhecimento dos sócios antes da aprovação e esta tiver obedecido aos requisitos de voto exigidos pelo número anterior.

[1] DG I Série, n.º 268, de 15-nov.-1969, 1610/II.
[1] DR I Série, n.º 201, de 2-set.-1986, 2309/II.
[2] DR I Série-A, n.º 63 (Supl.), de 29-mar.-2006, 2328-(9)/I.
[3] RPt 10-out.-2005 (Cunha Barbosa), CJ XXX (2005) 4, 210-215 (214).
[4] RLx 12-jun.-2008 (Jorge Leal), Proc. 3308/2008-2.

Bibliografia: António Fernandes de Oliveira, *Responsabilidade civil dos administradores*, em AAVV, *CSC e governo das sociedades* (2008), 257-341 (309); Raúl Ventura/Luís Brito Correia, *Responsabilidade civil dos administradores das sociedade*, BMJ 195 (1970), 21-90 (45).

Índice

1. Origem	1	4. A subordinação	4
2. Cláusulas nulas	2	5. Renúncia e transação	5
3. Cláusulas de exclusão	3	6. A aprovação de contas	7

1 1. **Origem**. O 74.º provém do 19.º/1, 2 e 3 do DL 49 381, de 15-nov.-1969[1]. A versão original de 1986[2] foi alterada pelo DL 76-A/2006, de 29-mar.[3], no sentido de suprimir, nos n.º 1 e n.º 3, a referência aos diretores.

2 2. **Cláusulas nulas**, segundo o 74.º/1, e estejam ou não insertas, no contrato de sociedade, as que, relativamente à responsabilidade de fundadores, gerentes ou administradores: (a) a excluam ou limitem; (b) subordinem a ação social *ex* 77.º a parecer ou deliberação dos sócios; (c) tornem o seu exercício dependente de prévia decisão judicial sobre a existência de causa de responsabilidade ou de destituição do responsável. A enumeração é exemplificativa: todavia, o ponto (a) é tão amplo que absorve todas as demais hipóteses.

3 3. As **cláusulas de exclusão** são nulas, ao abrigo do princípio geral do 809.º do CC[4]: é nula a renúncia antecipada aos direitos. Na altura, ninguém pode estar consciente do que venha a suceder, pelo que tal renúncia seria um salto no escuro, totalmente aleatório. Além disso, pelo prisma do Direito das sociedades, seria um grave perigo *erga omnes* permitir atuações irresponsáveis, em qualquer pessoa coletiva.

4 4. **A subordinação** da ação *ex* 77.º a um parecer ou a uma deliberação dos sócios seria a própria negação dessa via, reservada ao grupo aí indicado: convolá-la-ia para uma ação social.

Também a sua subordinação a prévias decisões judiciais ou à destituição envolvem restrições, podendo reconduzir-se ao ponto (a). De resto, as delongas judiciais daí resultantes tirariam consistência à ação.

5 5. **Renúncia e transação** são possíveis apenas depois de constituído o direito à indemnização[5]: assim se respeita a não-renúncia a direitos futuros. Exige-se deliberação da assembleia, sem que os responsáveis possam votar – de resto: 384.º/6, *a*) e *b*) – e na qual uma minoria de 10% tem o poder de bloqueio (74.º/2).

6 6. **A aprovação das contas** ou da gestão, levada a cabo pela assembleia, não implica, só por si, renúncia aos direitos da sociedade, salvo se: (a) os factos constitutivos tiverem sido levados ao conhecimento dos sócios antes da aprovação; (b) e a assembleia assim deliberar, sem os votos dos responsáveis e sem os 10% da minoria de bloqueio (74.º/3).

[1] DG I Série, n.º 268, de 15-nov.-1969, 1610/II.

[2] DR I Série, n.º 201, de 2-set.-1986, 2309/II, ret. DR I Série, n.º 276, de 29-nov.-1986, 3602-(4)/II.

[3] DR I Série-A, n.º 63 (Supl.), de 29-mar.-2006, 2328-(9)/II.

[4] Menezes Cordeiro, *Tratado* VI (2012), 69: sobre o princípio geral da irrenunciabilidade antecipada a direitos.

[5] A desistência de uma ação de responsabilidade contra o gerente, proposta por uma sociedade, só é válida e poderá ser homologada, se for precedida de assembleia geral que autorize os gerentes a confessar ou a desistir: RPt 10-nov.-1994 (Augusto Alves), BMJ 441 (1994), 402.

Artigo 75.º (Ação da sociedade)

1. A ação de responsabilidade proposta pela sociedade depende de deliberação dos sócios, tomada por simples maioria, e deve ser proposta no prazo de seis meses a contar da referida deliberação; para o exercício do direito de indemnização podem os sócios designar representantes especiais.

2. Na assembleia que aprecie as contas de exercício e embora tais assuntos não constem da convocatória, podem ser tomadas deliberações sobre a ação de responsabilidade e sobre a destituição dos gerentes ou administradores que a assembleia considere responsáveis, os quais não podem voltar a ser designados durante a pendência daquela ação.

3. Aqueles cuja responsabilidade estiver em causa não podem votar nas deliberações previstas nos números anteriores.

Bibliografia: J. M. Coutinho de Abreu, *Responsabilidade civil dos administradores de sociedades*, 2.ª ed. (2010), 60 ss.; Raúl Ventura/Luís Brito Correia, *Responsabilidade civil dos administradores das sociedade*, BMJ 195 (1970), 21-90 (45 ss.).

Índice

1. Origem ... 1
2. Ação social ... 2
3. Representantes especiais ... 3
4. Convocatória e contas ... 4
5. Inibições ... 6

1. **Origem**. O preceito corresponde ao 20.º do DL 49 381, de 15-nov.-1969[1], remontando ao 173.º do CCom. Ele assenta na ideia da relação administrador/sociedade, pelo que a esta compete a responsabilização. 1

2. **Ação social** é a figura aqui patente: a sociedade é a autora. Requisitos[2]: (a) depende de deliberação dos sócios[3]; (b) tomada por simples maioria; (c) e deve ser proposta no prazo de seis meses a contar da deliberação. Estas exigências só se aplicam perante as ocorrências de responsabilidade previstas no 72.º. Perante quaisquer outras, designadamente por violações extrafuncionais de obrigações (p. ex., o administrador-locatário não paga a renda) ou aquilianas (p. ex., o administrador danifica bens da sociedade), funcionam as regras gerais: cabe ao próprio conselho de administração, em representação da sociedade, intentar as ações competentes. Se o não fizer, os diversos administradores podem incorrer no 72.º. 2

3. **Representantes especiais** podem ser designados pelos sócios, para seguir a ação (75.º/1, *in fine*, regulada no 76.º). De facto, a representação deveria ser assegurada pela administração, a qual pode ser parte interessada. 3

4. **Convocatória e contas**. Nos termos gerais, a deliberação relativa a uma eventual ação social deve ser incluída na ordem do dia, sob pena de nulidade: 56.º/1, *a*), sendo que em relação ao ponto ausente, a assembleia não foi convocada. 4

[1] DG I Série, n.º 268, de 15-nov.-1969, 1610/II.

[2] STJ 10-fev.-2005 (Neves Ribeiro), Proc. 04B4575; RPt 23-fev.-2012 (Fernando Samões), Proc. 9398/10; RLx 17-abr.-2012 (Ana Resende), Proc. 5737/09.

[3] Sob pena de se aplicar o 29.º do CPC (falta de autorização ou de deliberação): prevê-se prazo para que seja obtida a deliberação em falta, suspendendo-se a causa; passado o prazo, há absolvição da instância: RPt 23-mar.-1992 (Lúcio Teixeira), Proc. 9210035.

5 Excecionalmente[4], o 75.º/2 permite que, na assembleia que aprecie as contas do exercício, possam sempre ser tomadas deliberações sobre a ação de responsabilidade e sobre a destituição dos administradores.

6 5. **Inibições**. Na pendência da ação de responsabilidade, os administradores demandados e que tenham sido destituídos não podem voltar a ser designados (75.º/2, *in fine*): poderiam sempre, com ou sem reforço da sua posição social, perturbar o andamento da ação, além da grave suspeição que deixariam pairar nos assuntos sociais.

7 Não podem, nos termos gerais – 74.º/2, *in fine* e 384.º/6, *a*) e *b*) – votar aqueles cuja responsabilidade estiver em causa.

Artigo 76.º (Representantes especiais)

1. Se a sociedade deliberar o exercício do direito de indemnização, o tribunal, a requerimento de um ou mais sócios que possuam, pelo menos, 5% do capital social, nomeará, no respetivo processo, como representante da sociedade pessoa ou pessoas diferentes daquelas a quem cabe normalmente a sua representação, quando os sócios não tenham procedido a tal nomeação ou se justifique a substituição do representante nomeado pelos sócios.

2. Os representantes judiciais nomeados nos termos do número anterior podem exigir da sociedade no mesmo processo, se necessário, o reembolso das despesas que hajam feito e uma remuneração, fixada pelo tribunal.

3. Tendo a sociedade decaído totalmente na ação, a minoria que requerer a nomeação de representantes judiciais é obrigada a reembolsar a sociedade das custas judiciais e das outras despesas provocadas pela referida nomeação.

Índice

1. Origem 1
2. Justificação 2
3. Despesas e custas 4

1 1. **Origem**: corresponde ao 21.º do DL 49 381, de 15-nov.-1969[1]: apenas baixou o limite mínimo de sócios requerentes para 5%, quando no diploma de origem era 10%.

2 2. **Justificação**: a representação caberia à administração que pode ser parte interessada; os sócios podem nomear, por isso, representantes especiais (75.º/1, *in fine*).

3 Todavia, podem os sócios não ter exercido essa prerrogativa ou ter a mesma sido exercida por uma maioria afeta à administração; nessas eventualidades podem sócios que traduzam pelo menos 5% do capital social requerer, no respetivo processo, ao juiz, a indicação de pessoa ou pessoas diversas (76.º/1).

4 3. **Despesas e custas**. Esses representantes podem exigir da sociedade o reembolso das despesas e uma remuneração, fixada pelo Tribunal (76.º/2). Se a sociedade decair totalmente, cabe à minoria requerente reembolsar a sociedade (76.º/3).

[4] STJ 26-abr.-1988 (Gama Prazeres), Proc. 976221, ainda a propósito do 20.º/2 do DL 49 381, de 15-nov.-1969.

[1] DG I Série, n.º 268, de 15-nov.-1969, 1610/II.

Artigo 77.º (Ação de responsabilidade proposta por sócios)

1. Independentemente do pedido de indemnização dos danos individuais que lhes tenham causado, podem um ou vários sócios que possuam, pelo menos, 5% do capital social, ou 2% no caso de sociedade emitente de ações admitidas à negociação em mercado regulamentado, propor ação social de responsabilidade contra gerentes ou administradores, com vista à reparação, a favor da sociedade, do prejuízo que esta tenha sofrido, quando a mesma a não haja solicitado.

2. Os sócios podem, no interesse comum, encarregar, à sua custa, um ou alguns deles de os representar para o efeito do exercício do direito social previsto no número anterior.

3. O facto de um ou vários sócios referidos nos números anteriores perderem tal qualidade ou desistirem, no decurso da instância, não obsta ao prosseguimento desta.

4. Quando a ação social de responsabilidade for proposta por um ou vários sócios nos termos dos números anteriores, deve a sociedade ser chamada à causa por intermédio dos seus representantes.

5. Se o réu alegar que o autor propôs a ação prevista neste artigo para prosseguir fundamentalmente interesses diversos dos protegidos por lei, pode requerer que sobre a questão assim suscitada recaia decisão prévia ou que o autor preste caução.

Bibliografia: J. M. Coutinho de Abreu, *Responsabilidade civil dos administradores de sociedades*, 2.ª ed. (2010), 61 ss.; António Menezes Cordeiro, *Da responsabilidade civil dos administradores das sociedades comerciais* (1996), 106 ss.; Tiago Soares da Fonseca/A. Barreto Menezes Cordeiro, *A natureza subsidiária da acção ut singuli*, RDS 2 (2011), 369-393; António Fernandes de Oliveira, *Responsabilidade civil dos administradores*, em AAVV, *CSC e governo das sociedades* (2008), 257-341 (311 ss.); Raúl Ventura/Luís Brito Correia, *Responsabilidade civil dos administradores das sociedade*, BMJ 195 (1970), 21-90 (49).

Índice

1. Origem e alterações 1
2. Ação social de grupo 4
3. Procedimentos cautelares 6
4. Assistente em processo-crime 7
5. Requisitos 8
6. Tramitação 10

1. **Origem e alterações**. O 79.º equivale, com alterações, ao 22.º do DL 49381, de 15-nov.-1969[1], o qual remontava aos 47.º e 48.º da Lei de 22-jun.-1867, das SA. 1

Na versão original de 1986, dispunha o seu n.º 1[2]: 2

> Independentemente do pedido de indemnização dos danos individuais que lhe tenham causado, podem um ou vários sócios que possuam, pelo menos, 5% do capital social propor ação social de responsabilidade contra gerentes, administradores ou directores, com vista à reparação, a favor da sociedade, do prejuízo que esta tenha sofrido, quando a mesma a não haja solicitado.

[85] DG I Série, n.º 268, de 15-nov.-1969, 1610/II-1611/I; este diploma exigia a posse de pelo menos um décimo do capital social.

[2] DR I Série, n.º 201, de 2-set.-1986, 2310/I.

3 O DL 76-A/2006, de 29-mar., introduziu duas modificações: (a) suprimiu a referência a diretores; (b) permitiu que, nas sociedades emitentes de ações admitidas à negociação em mercado regulamentado, a ação fosse intentada por apenas 2% do capital social: um fenómeno de mobiliarização do Direito das sociedades.

4 2. **Ação social de grupo** é a figura prefigurada no 77.º. Também se lhe tem chamado uma ação social *ut singuli*; para tanto, seria necessário, porém, que ela pudesse ser intentada por qualquer sócio, independentemente do seu capital, o que só é possível em França; será, então, e quando muito, uma ação social *ut singuli* imprópria, cabendo à ação *ex* 75.º o epíteto de social *ut universi*.

5 Como ação social (de grupo), os interessados fazem valer não um direito próprio, mas um direito da própria sociedade, à qual se sub-rogam[3] (*derivative action*): tal ação não se confunde com a do 79.º, que é uma ação individual do sócio[4]. Todavia, a ação social de grupo e a ação individual podem ser cumuladas na mesma ação processual[5].

6 3. **Procedimentos cautelares**. Podendo intentar a ação de fundo, o grupo pode, sempre em nome e por conta da sociedade, intentar os correspondentes procedimentos cautelares, designadamente o arresto preventivo[6].

7 4. **Assistente em processo-crime**. Na falta de base legal, a jurisprudência não admitiu uma intervenção social de grupo, como assistente, em processo-crime, por alegados furto, *furtum usus*, infidelidade e abuso de confiança[7]. Como, em processo-crime, podem ser feitas valer indemnizações, propenderíamos para a solução inversa.

8 5. **Requisitos**. Exige-se, para a ação social de grupo: (a) uma iniciativa de 5% (ou 2% nas sociedades cotadas) do capital social; (b) quando a própria sociedade não tenha deliberado a ação *ut universi ex* 75.º[8]. Os putativos proponentes não estão obrigados a requerer, previamente à propositura da ação, a convocação de assembleia geral ou a inclusão do ponto na ordem de trabalho da assembleia geral já convocada ou a convocar. O recurso à ação social é ainda admitido em face da desadequação material do pedido ou de patrocínios manifestamente imprudentes, aparentes ou simulados e que não salvaguardes os interesses sociais em jogo[9].

9 A ação é intentada no tribunal de comércio[10], podendo os sócios encarregar à sua custa um ou alguns deles de os representar (77.º/2).

10 6. **Tramitação**. A ação prossegue mesmo quando algum ou alguns dos interessados percam a qualidade de sócios ou desistam da instância (77.º/3): na valoração legal, visa-se a defesa do interesse da sociedade e não (diretamente) dos sócios.

11 Proposta a ação de grupo, a sociedade deve ser chamada à causa através dos seus representantes (77.º/4).

[3] STJ 19-nov.-1987 (Menéres Pimentel), CJ XIII (1988) 1, 7-13 (8/II) = BMJ 371 (1987), 473-489 (476-477), STJ 25-nov.-1998 (Armando Lourenço), Proc. 98A1026 e STJ 14-mar.-2006 (Azevedo Ramos), CJ/ Supremo XIV (2006) 1, 126-128 (127/II).

[4] RPt 2-jun.-1998 (Mário Cruz), Proc. 9820546 e RLx 17-jun.-1999 (Menezes Louro), Proc. 0002662.

[5] STJ 3-mai.-2000 (Francisco Lourenço), CJ/Supremo VIII (2000) 2, 41-44 (43/II) = BMJ 497 (2000), 389-395 (393).

[6] RPt 6-mar.-1995 (Guimarães Dias), BMJ 445 (1995), 620-621 e STJ 9-jan.-1996 (Cardona Ferreira), BMJ 453 (1996), 369-375 (374).

[7] RLx 6-abr.-2000 (Nuno Gomes da Silva), Proc. 0015199.

[8] STJ 3-fev.-2009 (Paulo Sá), Proc. 08A3991.

[9] Soares da Fonseca/A. Barreto Menezes Cordeiro, *A natureza subsidiária*, cit., 393.

[10] RPt 11-mar.-2000 (Durval Morais), Proc. 02211583.

Pode o réu demandar, em reconvenção, os autores da iniciativa, alegando ofensa ao bom nome e reputação[11]. Além disso, pode invocar que o autor propôs a ação para prosseguir interesses diversos dos previstos na lei, pedindo decisão prévia ou a prestação de caução[12]. 12

A indemnização que venha a ser arbitrada ingressa no património da sociedade[13]. 13

Artigo 78.º (Responsabilidade para com os credores sociais)

1. Os gerentes ou administradores respondem para com os credores da sociedade quando, pela inobservância culposa das disposições legais ou contratuais destinadas à proteção destes, o património social se torne insuficiente para a satisfação dos respetivos créditos.

2. Sempre que a sociedade ou os sócios o não façam, os credores sociais podem exercer, nos termos dos artigos 606.º a 609.º do Código Civil, o direito de indemnização de que a sociedade seja titular.

3. A obrigação de indemnização referida no n.º 1 não é, relativamente aos credores, excluída pela renúncia ou pela transação da sociedade nem pelo facto de o ato ou omissão assentar em deliberação da assembleia geral.

4. No caso de falência da sociedade, os direitos dos credores podem ser exercidos, durante o processo de falência, pela administração da massa falida.

5. Ao direito de indemnização previsto neste artigo é aplicável o disposto nos n.os 3 a 6 do artigo 72.º, no artigo 73.º e no n.º 1 do artigo 74.º.

Bibliografia: J. M. Coutinho de Abreu, *Responsabilidade civil dos administradores de sociedades* 2.ª ed. (2010), 71 ss.; António Menezes Cordeiro 1 (2011), 994-996; Miguel Pupo Correia, *Sobre a responsabilidade por dívidas sociais dos membros dos órgãos da sociedade*, ROA 2001, 667-698; Tânia Meireles da Cunha, *Da responsabilidade dos gestores de sociedades perante os credores sociais: a culpa nas responsabilidades civil e tributária* (2004); António Fernandes de Oliveira, *Responsabilidade civil dos administradores*, em AAVV, *CSC e governo das sociedades* (2008), 257-341 (315 ss.); Maria Elisabete Gomes Ramos, *Da responsabilidade civil dos membros da administração para com os credores sociais*, BFD LXXVI (2000), 251-288; *id.*, *Responsabilidade civil dos administradores e directores das sociedades anónimas perante os credores sociais* (2002); *id.*, *A responsabilidade dos membros da administração*, AAVV (2002), 71-92; Raúl Ventura/Luís Brito Correia, *Responsabilidade civil dos administradores das sociedade*, BMJ 195 (1970), 21-90 (61 ss.).

Quanto à responsabilidade tributária: Ruy de Albuquerque/António Menezes Cordeiro, *A imputação aos gestores dos débitos à previdência*, CTF 334/336 (1986),147-190; José A. Costa Alves, *A responsabilidade tributária dos corpos sociais e dos responsáveis técnicos*, RFDUP III (2006), 377-400; Diogo Leite de Campos, *A responsabilidade subsidiária em Direito tributário, dos gerentes e administradores das sociedades*, ROA 1996, 477-497; Sofia de Vasconcelos Casimiro, *A responsabilidade dos gerentes, administradores e directores pelas dívidas tributárias das socidades comerciais* (2001); Paulo de Pitta e Cunha/Jorge Costa Santos, *Responsabilidade tributária dos administradores e gerentes* (1999);Tânia Meireles da Cunha, *Da responsabilidade dos gestores de sociedades perante os credores sociais: a culpa nas responsabilidades civil e tributária* (2004); *id.*, *O momento da reversão da execução fiscal contra os responsáveis subsidiários*, CTF 416 (2005), 127-162; Abílio Morgado, *Responsabilidaden tributária: ensaio sobre o regime do artigo 21.º da Lei Geral Tributária*, CTF 415 (2005), 67-150; Pedro Sousa e Silva, *A responsabilidade tributária dos administradores e gerentes na Lei Geral Tributária e no novo CPPT*, ROA 2000, 1445-1457.

[11] RPt 7-mar.-2005 (Caimoto Jácome), Proc. 0550572.

[12] Em alternativa: REv 27-abr.-1995 (Mário Pereira), BMJ 446 (1995), 382.

[13] RPt 13-jul.-2006 (Deolinda Borges Varão), ROA 2006, 875-899 (886), anot. Pedro de Albuquerque, *idem*, 901-913.

Índice

I – Regime geral
1. Origem e alterações 1
2. Ação aquiliana de credores 2
3. Indemnização e levantamento 6
4. Renúncia ou transação 8
5. Insolvência 10
6. Ação sub-rogatória 11
7. Remissões 12

II – Excurso: responsabilidade tributária e pela segurança social
8. Origem e evolução 13
9. O Código de Processo Tributário (1991) 18
10. A Lei Geral Tributária (1998) 19
11. Funcionamento e natureza 22
12. Âmbito 26

I – Regime geral

1 1. **Origem e alterações**. O 78.º adveio do 23.º do DL 49 381, de 15-nov.-1969[1]. A versão original de 1986[2] foi alterada pelo DL 76-A/2006, de 29-mar.[3]: no n.º 1, suprimiram-se os diretores; no n.º 3, aclarou-se que a obrigação de indemnização ressalvada é a "referida no n.º 1" e no n.º 5, adaptou-se o texto à nova numeração interna do 72.º[4].

2 2. **Ação aquiliana dos credores**. Qualquer violação de preceitos destinados a tutelar os credores e que, a estes, provoque danos, dá azo a indemnização; todavia, mercê dos nexos de organicidade e do privilégio da personalidade coletiva, é à própria sociedade (e não aos administradores) que cabe, em princípio, indemnizar.

3 Esclareça-se que estão em causa disposições legais ou contratuais de proteção, genericamente previstas no final do 483.º/1, do CC; não se jogam obrigações específicas, pelo que a responsabilidade aqui em causa é aquiliana[5].

4 O 78.º/1 prefigura uma situação muito particular: a de, pela força da violação de normas de proteção, destinadas à tutela dos credores, o património social se tornar insuficiente para a satisfação dos créditos[6]. Os administradores respondem, então, perante os credores da sociedade.

5 Quando o problema se ponha em tribunal de trabalho, a aplicação do 78.º deve ser vista no tribunal comum[7]. Todavia, o 379.º/2 do CT de 2003 (335.º/2 do CT de 2009) refere, de modo expresso, a responsabilidade dos administradores para com os trabalhadores, remetendo-a para os 78.º e 79.º: beneficiaria a matéria no foro laboral.

6 3. **Indemnização e levantamento**. A indemnização deve equivaler à medida da insuficiência patrimonial verificada[8]. Quando a atuação dos administradores tenha causado danos inferiores, estes já não serão sentidos pelos credores, mas pela sociedade e pelos sócios: a estes caberá agir.

7 Verifica-se que a conduta dos administradores, pela contrariedade à boa fé, pode dar azo ao levantamento da personalidade[9]. Nessa eventualidade, os credores podem demandar os administradores – em regra, também sócios – sem quaisquer limitações.

[1] DG I Série, n.º 268, de 15-nov.-1969, 1611/I.
[2] DR I Série, n.º 201, de 2-set.-1986, 2310/I.
[3] DR I Série-A, n.º 63 (Supl.), de 29-mar.-2006, 2328-(9)/II.
[4] A redação em vigor diz, de facto, "… o disposto nos n.os 3 a 6 do artigo 72.º …" e, não, 2 a 6, como, por lapso, se lê em diversas edições publicadas do CSC: e das melhores.
[5] REv 21-mai.-1998 (Fernando Bento), CJ XXIII (1998) 3, 258-262 (260/II); RPt 25-out.-1999 (Paiva Gonçalves), Proc. 99509925; RPt 1-jun.-2000 (Viriato Bernardo), CJ XXV (2000) 3, 204-206 (205/I); RLx 14-dez.-2004 (Carlos Valverde), Proc. 9209/2004-6; RLx 24-fev.-2005 (António Valente), Proc. 10351/2004-8; STJ 17-nov.-2005 (Custódio Montes), Proc. 05B3016; RLx 13-jan.-2011 (Ezagüy Martins), Proc. 26108/09; RGm 19-nov.-2015 (Sérgio Almeida), Proc. 865/13.
[6] RLx 13-jan.-2011 (Ezagüy Martins), Proc. 26108/09.
[7] RPt 4-mai.-2000 (Pires Condesso), Proc. 0030518.
[8] STJ 12-fev.-2004 (Ferreira Girão), Proc. 03B4113.
[9] REv 21-mai.-1998 (Fernando Bento), CJ XXIII (1998)

4. **Renúncia ou transação** da sociedade não afetam a obrigação de indemnização do 78.º/1, assim como não afeta o facto de a ação ou a omissão assentarem em deliberação da assembleia geral (78.º/3). Como é lógico: estão em causa direitos dos credores, sobre os quais a assembleia não tem poderes de disposição. 8

Caso a atuação da assembleia provoque novos danos, podem, por estes, os credores demandar a própria sociedade. Tal via, agravando a insuficiência patrimonial da sociedade, pode determinar o agravamento da responsabilidade dos administradores. 9

5. **Insolvência**: pode o administrador da massa exercer, no competente processo, os direitos dos credores (78.º/4). 10

6. **Ação sub-rogatória**: quando a sociedade ou os sócios o não façam, podem os credores, por via dos 606.º a 609.º do CC, exercer o direito de indemnização de que a sociedade seja titular (78.º/2). Trata-se de uma hipótese que sempre resultaria da lei civil e que, de facto, concretiza as ações sociais. 11

7. **Remissões**: feitas pelo 78.º/5 para os: 72.º/3 (não-responsabilidade dos que não tenham participado nas deliberações ou se tenham oposto); 72.º/4 (responsabilidade dos que, podendo, não se tenham oposto); 72.º/5 (responsabilidade não tem lugar quando a conduta assente em deliberação social, ainda que anulável; esta remissão contraria o final do 78.º/3, que não admite expressamente tal exoneração: uma vez que se trata de um direito próprio dos credores, este último preceito prevalece); 72.º/6 (a responsabilidade não cessa por haver consentimento ou parecer favorável do órgão de fiscalização); 73.º (solidariedade dos administradores responsáveis); 74.º/1 (nulidade das cláusulas de limitação ou de exclusão de responsabilidade). 12

II – **Excurso: responsabilidade tributária e pela segurança social**

8. **Origem e evolução**. O D 17:730, de 7-dez.-1929 (Oliveira Salazar) dispõe, no 1.º[10]: 13

> Por todas as contribuições, impostos, multas e quaisquer outras dívidas ao Estado que forem liquidadas ou impostas a empresas ou sociedades de responsabilidade limitada (...) são pessoal e solidariamente responsáveis, pelo período da sua gerência, os respectivos administradores ou gerentes, e ainda os membros do conselho fiscal nas sociedades em que o houver, se este expressamente sancionou o acto de que deriva a responsabilidade.

Tratou-se de um dispositivo de emergência, destinado a enfrentar a crise financeira e que visava limitar o privilégio da personalidade coletiva. Seria, todavia, acolhido no CPCI, aprovado pelo DL 45 005, de 27-abr.-1963 (16.º)[11]. A jurisprudência e a doutrina entenderam que apenas eram responsáveis os gerentes e administradores em funções efetivas; além disso, seriam visados apenas aqueles que se relacionassem, de facto, com os débitos fiscais e o seu pagamento; a boa doutrina exigia ainda que, para a responsabilização, os administradores visados tivessem, de facto, culpa: a qual não se poderia presumir. 14

Um esquema semelhante vigorava para as contribuições à segurança social, nos termos do 13.º do DL 103/80, de 9-mai.. 15

A publicação do CSC permitiu um melhor afinamento das questões. Assim, o DL 68/87, de 9-fev., claramente interpretativo[12], dispôs (artigo único)[13]: 16

3, 258-262 (260) e RPt 15-out.-2001 (Fonseca Ramos), CJ XXVI (2001) 4, 215-218 (217/II). *Vide* 5.º, anotações 14 e ss..

[10] COLP 1929, II, 633/I.

[11] DG I Série, n.º 100, de 27-abr.-1963, 437/I.

[12] Diogo Leite de Campos, *A responsabilidade subsidiária*, 480 ss..

[13] DR I Série, n.º 33, de 9-fev.-1987, 500/I.

À responsabilidade dos gerentes ou administradores de sociedades de responsabilidade limitada prevista no artigo 16.º do Código de Processo de Contribuições e Impostos, aprovado pelo Decreto-Lei n.º 45005, de 27 de Abril de 1963 e no artigo 13.º do Decreto-Lei n.º 103/80, de 9 de Maio, é aplicável o regime do artigo 78.º do Código das Sociedades Comerciais, aprovado pelo Decreto-Lei n.º 262/86, de 2 de Setembro.

17 Não havia qualquer presunção de culpa, dada a natureza aquiliana do 78.º.

18 9. **O Código de Processo Tributário (1991)** (DL 154/91, de 23-abr.), veio, todavia, alterar esse dispositivo enquadrando uma presunção de culpa. Segundo o 13.º[14]:

1. Os administradores, gerentes e outras pessoas que exerçam funções de administração nas empresas e sociedades de responsabilidade limitada são subsidiariamente responsáveis em relação àquelas e solidariamente entre si por todas as contribuições e impostos relativos ao período de exercício do seu cargo, salvo se provarem que não foi por culpa sua que o património da empresa ou sociedade de responsabilidade limitada se tornou insuficiente para a satisfação dos créditos fiscais.

2. A responsabilidade prevista neste artigo aplica-se aos membros dos órgãos de fiscalização e revisores oficiais de contas, nas sociedades em que os houver, desde que se demonstre que a violação dos deveres tributários das sociedades resultou do incumprimento das suas funções de fiscalização.

Este preceito foi considerado inconstitucional pela doutrina[15]: mas não pelo TC[16].

19 10. **A Lei Geral Tributária (1998)** (DL 398/98, de 17-dez., alterado pelo 13.º da L 30-G//2000, de 29-dez. e pelo 57.º da L 60-A/2005, de 30-dez.) e, quanto à LGT, por último, pela L 82-E/2014, de 31-dez., fixou um esquema de compromisso (24.º)[17]:

1. Os administradores, directores e gerentes e outras pessoas que exerçam, ainda que somente de facto, funções de administração ou gestão em pessoas colectivas e entes fiscalmente equiparados são subsidiariamente subsidiariamente responsáveis em relação a estas e solidariamente entre si:

a) Pelas dívidas tributárias cujo facto constitutivo se tenha verificado no período de exercício do seu cargo ou cujo prazo legal de pagamento ou entrega tenha terminado depois deste, quando, em qualquer dos casos, tiver sido por culpa sua que o património da pessoa colectiva ou ente fiscalmente equiparado se tornou insuficiente para a sua satisfação;

b) Pelas dívidas tributárias cujo prazo legal de pagamento ou entrega tenha terminado no período do exercício do seu cargo, quando não provem que não lhes foi imputável a falta de pagamento.

2. A responsabilidade prevista neste artigo aplica-se aos membros dos órgãos de fiscalização e revisores oficiais de contas nas pessoas colectivas em que os houver, desde que se demonstre que a violação dos deveres tributários destas resultou do incumprimento das suas funções de fiscalização.

3. A responsabilidade prevista neste artigo aplica-se aos técnicos oficiais de contas desde que se demonstre a violação dos deveres de assunção de responsabilidade pela regularização técnica nas áreas contabilística e fiscal ou de assinatura de declarações fiscais, demonstrações financeiras e seus anexos.

[14] DR I Série-A, n.º 94, de 23-abr.-1991, 2293/I.

[15] Diogo Leite de Campos, *A responsabilidade subsidiária*, 487 ss..

[16] TC n.º 467/2001, de 24-out.-2001 (Paulo Mota Pinto), DR II Série, n.º 276, de 28-nov.-2001, 19782-19784 e TC n.º 286/2005, de 25-mai.-2005 (Mário Torres), DR II Série, n.º 129, de 7-jul.-2005, 9921-9923. O funcionamento desta presunção de culpa é muito gravoso para os administradores; cf., p. ex., TCAN 22-set.-2005 (Dulce Conceição Neto), CTF 416 (2005), 364-370, anot. Sónia Reis, *idem*, 371-381 (374), sublinhando o retrocesso representado pelo CPT.

[17] DR I Série-A, n.º 290, de 17-dez.-1998, 6877/I e II, n.º 299 (Supl.), de 29-dez.-2000, 7492-(687)/I e II e n.º 250 (Supl.), de 30-dez.-2005, 7506-(26)/II. O legislador visou, em 2000, ampliar o campo de aplicação do preceito; cf. STA 11-abr.-2007 (Jorge Lino), Proc. 0134/07.

Ou seja: a responsabilidade tributária dos administradores, por dívidas constituídas no período de exercício a seu cargo, opera nos termos gerais do 78.º: culpa na insuficiência patrimonial. Por dívidas incumpridas nesse período, respondem com presunção de culpa. 20

A responsabilidade dos ROC exigia dolo, na versão original da LGT; foi reconduzida aos termos comuns pela reforma de 2005. 21

11. **Funcionamento e natureza.** A responsabilidade tributária efetiva-se nos termos do 153.º/2 do CPPT, aprovado pelo DL 433/99, de 26-out., e alterado, por último, pela L 82-E/2014, de 31-dez.. Os responsáveis subsidiários são chamados à execução quando: (a) faltem bens penhoráveis do devedor e seus sucessores; ou (b) fundada insuficiência, segundo o auto de penhora ou outros elementos, do património do devedor. Tudo isto pressupõe que, num momento anterior, a responsabilidade fiscal tenha sido estabelecida. 22

A responsabilidade tributária atua, sempre, subsidiariamente (e não solidariamente): na linha do 78.º/1, ela só opera quando o património do devedor principal se mostre insuficiente. Havendo vários responsáveis subsidiários opera, entre eles, a solidariedade. 23

No que tange aos administradores e quanto a factos tributários ocorridos durante o mandato, a responsabilidade é aquiliana, à imagem do 78.º/1 – 24.º/1, *a*), da LGT. Quanto a dívidas tributárias a cumprir durante o mandato, o 24.º/1, *b*), da LGT, fixa, indiretamente e através da presunção de culpa, um dever específico de pagamento. 24

Os membros dos órgãos de fiscalização respondem, em termos aquilianos, pela violação de normas de proteção. Não há, pois, presunção de culpa – 24.º/2 da LGT. Os ROC respondem nesses mesmos termos. 25

12. **Âmbito.** A aplicabilidade do 24.º da LGT às prestações à segurança social é controversa[18]. Pela nossa parte, mantemos a aplicabilidade do DL 68/87, de 9-fev.. 26

Artigo 79.º (Responsabilidade para com os sócios e terceiros)

1. Os gerentes ou administradores respondem também, nos termos gerais, para com os sócios e terceiros pelos danos que diretamente lhes causarem no exercício das suas funções.

2. Aos direitos de indemnização previstos neste artigo é aplicável o disposto nos n.os 3 a 6 do artigo 72.º, no artigo 73.º e no n.º 1 do artigo 74.º.

Bibliografia: J. M. Coutinho de Abreu, *Responsabilidade civil dos administradores de sociedades* (2007), 81 ss.; António Menezes Cordeiro 1 (2011), 996-997; Catarina Pires Cordeiro, *Algumas considerações críticas sobre a responsabilidade civil dos administradores perante os accionistas no ordenamento jurídico português*, O Direito 137 (2005), 81-135; Pedro Caetano Nunes, *Responsabilidade civil dos administradores perante os accionistas* (2001), 35 ss.; António Fernandes de Oliveira, *Responsabilidade civil dos administradores*, em AAVV, *CSC e governo das sociedades* (2008), 257-341 (327 ss.); Maria Elisabete Ramos, *A responsabilidade dos membros da administração*, AAVV (2002), 71-92 (88 ss.); Raúl Ventura/Luís Brito Correia, *Responsabilidade civil dos administradores das sociedade*, BMJ 195 (1970), 21-90 (70 ss.).

[18] A favor, Tânia Meireles da Cunha, *Da responsabilidade dos gestores*, 155 ss.; contra, Pedro Sousa e Silva, *A responsabilidade tributária*, 1454.

Índice

1. Origem e alterações ... 1
2. Responsabilidade aquiliana ... 2
3. Os danos diretos ... 4
4. Remissões ... 7

1 1. **Origem e alterações**. O 79.º deriva do 24.º do DL 49 381, de 15-nov.-1969[1]. A versão original, de 1986[2], foi alterada pelo DL 76-A/2006, de 29-mar.[3], de modo a suprimir-se a referência aos diretores e a atualizar a remissão para a numeração interna do 72.º.

2 2. **Responsabilidade aquiliana**. O 79.º prefigura hipóteses de responsabilidade delitual ou aquiliana. Com efeito, entre os administradores e os sócios ou terceiros não há qualquer obrigação específica que permita configurar responsabilidades de tipo contratual ou obrigacional. Por isso, cabe ao interessado fazer prova dos diversos pressupostos do 483.º/1, do CC[4].

3 Como exemplos, temos o atentado a direitos de personalidade[5], a prática de um crime[6] ou o fornecimento direto de falsas informações[7].

4 3. **Os danos diretos**. A responsabilidade aquiliana dos administradores para com os sócios ou terceiros seria sempre possível, por via do 483.º/1, do CC. O problema reside no 79.º/1 se reportar a danos causados "no exercício das suas funções". Tais danos são, automaticamente, imputados à própria sociedade, a qual seria, então, responsável.

5 Assim não será se se tratar de danos diretamente causados, isto é, causados sem a interferência da sociedade[8]: ficam excluídos os danos derivados de má gestão[9]. Os danos diretos advirão de práticas dolosas dirigidas à consecução do prejuízo verificado ou de atuações negligentes grosseiras cujo resultado seja inelutável.

6 O 79.º/1 é de difícil verificação o que se compreende: a assim não ser, ficaria em causa a própria ideia de personalidade coletiva.

7 4. **Remissões**. O 79.º/2 procede a uma teia de remissões semelhante às do 78.º/5[10].

Artigo 80.º (Responsabilidade de outras pessoas com funções de administração)

As disposições respeitantes à responsabilidade dos gerentes ou administradores aplicam-se a outras pessoas a quem sejam confiadas funções de administração.

Bibliografia: J. M. Coutinho de Abreu/Elisabete Ramos, *Responsabilidade civil de administradores e de sócios controladores*, IDET, Miscelânea, n.º 3 (2004), 7-55 (44-45); Ricardo Costa, *Anotação ao artigo 80.º do CSC* em *CSC/Coimbra*, 979-1002; *id.*, *Os administradores de facto das sociedades comerciais* (2014); António Fernandes de Oliveira, *Responsabilidade civil dos administradores*, em AAVV, *CSC e governo das sociedades* (2008), 257-

[1] DG I Série, n.º 268, de 15-nov.-1969, 1611/I.
[2] DR I Série, n.º 201, de 2-set.-1986, 2310/II.
[3] DR I Série-A, n.º 63 (Supl.), de 29-mar.-2006, 2328-(9)/ /II-2328-(10)/I.
[4] STJ 25-nov.-1997 (Machado Soares), CJ/Supremo V (1997) 3, 140-143 (141/II) e STJ 29-out.-2002 (Ferreira Ramos), Proc. 02A2277; RLx 13-jan.-2011 (Ezagüy Martins), Proc. 26108/09.
[5] RLx 30-mar.-1995 (Almeida Valadas), CJ XX (1995) 2, 98-100 (99-100).
[6] RPt 16-out.-1996 (Marques Salgueiro), Proc. 9510489.
[7] RPt 13-jan.-2005 (Pinto de Almeida), CJ XXX (2005) 1, 165-168 (167/II).
[8] RPt 5-nov.-2001 (Caimoto Jácome), Proc. 0151236.
[9] STJ 23-mai.-2002 (Abel Freire), CJ/Supremo X (2002) 2, 88-92 (91), de modo implícito.
[10] *Vide* 75.º, anotação 12.

-341 (335); Raúl Ventura/Luís Brito Correia, *Responsabilidade civil dos administradores das sociedade*, BMJ 195 (1970), 21-90 (24-26).

Índice

1. Origem e alterações 1
2. Âmbito 2
3. Administração de facto 5

1. **Origem e alterações**. O 80.º adveio do 25.º do DL 49 381, de 15-nov.-1969[1]. A versão original, de 1986[2], foi alterada pelo DL 76-A/2006, de 29-mar.[3], no sentido de, dela, ser retirada a referência a "diretores". 1

2. **Âmbito**. O 80.º reporta-se a outras pessoas a quem sejam confiadas funções de administração. Trata-se, genericamente, de pessoas que, com delegação da administração, exerçam poderes de gestão e de representação, agindo em nome e por conta da sociedade. 2

Em princípio, os atos de tais pessoas caem sob o 800.º/1, do CC: trata-se de representantes ou auxiliares da sociedade, pelo que esta responderia, sempre, por eles. Se, todavia, não estivermos perante meros representantes mas, antes, de pessoas com poderes (delegados) de gestão e de representação, próprios dos administradores, justifica-se um regime reforçado de responsabilidade própria. 3

Por força da colegiabilidade, os administradores que hajam delegado poderes são, igualmente, responsáveis, desde que se verifiquem os requisitos legais. 4

3. **Administradores de facto**. O 80.º pode ainda ser usado para apoiar a responsabilidade do administrador de facto. 5

Artigo 81.º (Responsabilidade dos membros de órgãos de fiscalização)

1. Os membros de órgãos de fiscalização respondem nos termos aplicáveis das disposições anteriores.

2. Os membros de órgãos de fiscalização respondem solidariamente com os gerentes ou administradores da sociedade por atos ou omissões destes no desempenho dos respetivos cargos quando o dano se não teria produzido se houvessem cumprido as suas obrigações de fiscalização.

Bibliografia: Gabriela Figueiredo Dias, *Fiscalização de sociedades e responsabilidade civil (Após a reforma do CSC)* (2006), 37 ss.; *id.*, *Controlo de contas e responsabilidade dos ROC*, IDET, Colóquios 2 (2006), 153-207; *id.*, *A fiscalização societária: independência, exclusão de responsabilidade e caução obrigatória dos fiscalizadores*, em AAVV, *Reformas do Código das Sociedades* (2007), 277-334; *id.*, *Estruturas de fiscalização de sociedades e responsabilidade civil*, CSC/20 anos 1 (2007); Tiago João Estêvão Marques, *Responsabilidade civil dos membros dos órgãos de fiscalização das SA* (2009); João Calvão da Silva, *Responsabilidade civil dos administradores não executivos, da comissão de auditoria e do conselho geral e de supervisão*, em AAVV, *A reforma do CSC* (2006), 103-151.

[1] DG I Série, n.º 268, de 15-nov.-1969, 1611/I.
[2] DR I Série, n.º 201, de 2-set.-1986, 2310/II.
[3] DR I Série-A, n.º 63 (Supl.), de 29-mar.-2006, 2328-(9)/ /II-2328-(10)/I.

Índice

1. Origem e alterações 1
2. Remissão 2
3. A solidariedade 3
4. Responsabilidade tributária 4

1 1. **Origem e alterações**. O 81.º provém do 27.º do DL 49 381, de 15-nov.-1969[1], preceito esse que referia, apenas, os membros do conselho fiscal. A versão original, de 1986[2], foi modificada pelo DL 76-A/2006, de 29-mar.[3], no sentido de remover a referência a "diretores".

2 2. **Remissão**. O 81.º/1 faz uma remissão geral: toda a matéria relativa à responsabilidade dos administradores é aplicável aos membros de órgãos de fiscalização, com as competentes adaptações.

3 3. **A solidariedade** resulta do 81.º/2: opera entre os membros dos órgãos de fiscalização e os administradores quando os danos a todos sejam imputáveis.

4 4. **Responsabilidade tributária**: segundo o 24.º/2 da LGT opera desde que se demonstre que o inadimplemento fiscal resultou do não-cumprimento dos seus deveres de fiscalização[4].

Artigo 82.º (Responsabilidade dos revisores oficiais de contas)

1. Os revisores oficiais de contas respondem para com a sociedade e os sócios pelos danos que lhes causarem com a sua conduta culposa, sendo-lhes aplicável o artigo 73.º.

2. Os revisores oficiais de contas respondem para com os credores da sociedade nos termos previstos no artigo 78.º.

Bibliografia: Gabriela Ferreira Dias, *Controlo de contas e responsabilidade dos ROC*, em *Temas societários* (2006), 153-207; José Ferreira Gomes, *A responsabilidade civil dos auditores*, em *CSC e governo das sociedades* (2008), 343-424; Luís Menezes Leitão, *A responsabilidade civil do auditor de uma sociedade cotada*, em *Estudos em Honra de Ruy de Albuquerque* I (2006), 819-828.

Índice

1. Os serviços dos ROC 1
2. Responsabilidade profissional 3
3. Responsabilidade aquiliana 4
4. Solidariedade 6
5. Prescrição 7

1 1. **Os serviços dos ROC**. Os ROC prestam serviços à sociedade. O CSC prevê, designadamente: a avaliação das entradas em espécie (25.º e 28.º); o exame de contas (67.º/5, 262.º/2 a 6, 446.º, 451.º e 452.º/3); a determinação do exame dos projetos de fusão (99.º/2 a 5); contrapartida da participação social do sócio discordante da fusão (105.º/2), aplicável à amortização (235.º/1), à exoneração (240.º/5) e à exclusão do sócio (242.º/4); o exame dos projetos de cisão (120.º) e de transformação (123.º/3); o dever de prevenção (262.º-A); a presidência, por nomeação judicial, da assembleia geral (263.º/3); a determinação do lucro a considerar para os obrigacionistas (362.º/2).

[1] DG I Série, n.º 268, de 15-nov.-1969, 1611/I.
[2] DR I Série, n.º 201, de 2-set.-1986, 2310/II.
[3] DR I Série-A, n.º 63 (Supl.), de 29-mar.-2006, 2328-(9)/II-2328-(10)/I.
[4] Artigo 78.º, anotação 20.

Os RO,C prestam, ainda, serviços aos sócios: o apoio à obtenção de informações (181.º/3, 2
214.º/4 e 288.º/3).

2. **Responsabilidade profissional**: em todas estas situações ou noutras similares em que se 3
encontre, o ROC é obrigacionalmente responsável pelas tarefas que leve a cabo; responderá pelos danos que cause em incumprimentos culposos (798.º e 799.º do CC), presumindo-se a culpa. Além disso, sobre os ROC recaem específicos deveres profissionais, cuja violação segue o mesmo regime; *vide* a L 148/2015, de 9-set..

3. **Responsabilidade aquiliana**: podem os ROC, perante a sociedade e/ou os sócios, atingir, 4
com dolo ou mera culpa, ilicitamente, direitos ou interesses protegidos: há responsabilidade, agora sem presunção de culpa.

O 82.º/2 prevê, ainda, uma responsabilidade perante os credores, por danos diretos (via 5
78.º). Todavia, este preceito só faz sentido perante situações ocorridas no âmbito da prestação de serviço à sociedade. Quanto à responsabilidade tributária: aplica-se o 24.º/3 da LGT[1].

4. **Solidariedade** é imposta pelo 82.º/1, *in fine* (remissão para o 73.º). Caso a caso se verificará se 6
se trata de uma solidariedade com os administradores, com os membros de órgãos de fiscalização, com outros ROC ou com todos. 7

5. **Prescrição**: opera nos termos do 174.º.

Artigo 83.º (Responsabilidade solidária do sócio)

1. O sócio que, só por si ou juntamente com outros a quem esteja ligado por acordos parassociais, tenha, por força de disposições do contrato de sociedade, o direito de designar gerente sem que todos os sócios deliberem sobre essa designação responde solidariamente com a pessoa por ele designada, sempre que esta for responsável, nos termos desta lei, para com a sociedade ou os sócios e se verifique culpa na escolha da pessoa designada.

2. O disposto no número anterior é aplicável também às pessoas coletivas eleitas para cargos sociais, relativamente às pessoas por elas designadas ou que as representem.

3. O sócio que, pelo número de votos de que dispõe, só por si ou por outros a quem esteja ligado por acordos parassociais, tenha a possibilidade de fazer eleger gerente, administrador ou membro do órgão de fiscalização responde solidariamente com a pessoa eleita, havendo culpa na escolha desta, sempre que ela for responsável, nos termos desta lei, para com a sociedade ou os sócios, contanto que a deliberação tenha sido tomada pelos votos desse sócio e dos acima referidos e de menos de metade dos votos dos outros sócios presentes ou representados na assembleia.

4. O sócio que tenha possibilidade, ou por força de disposições contratuais ou pelo número de votos de que dispõe, só por si ou juntamente com pessoas a quem esteja ligado por acordos parassociais de destituir ou fazer destituir gerente, administrador ou membro do órgão de fiscalização e pelo uso da sua influência determine essa pessoa a praticar ou omitir um ato responde solidariamente com ela,

[1] Artigo 78.º, anotação 20.

caso esta, por tal ato ou omissão, incorra em responsabilidade para com a sociedade ou sócios, nos termos desta lei.

Bibliografia: J. M. Coutinho de Abreu/Elisabete Ramos, *Responsabilidade civil de administradores e de sócios controladores*, IDET, Miscelânea, n.º 3 (2004), 7-55 (54-55); Luís Brito Correia 2 (1997), 303-304; Teresa Anselmo Vaz, *Responsabilidade do accionista controlador*, O Direito, 1996, 329-405 (372 ss.).

Índice

1. Âmbito 1
2. *Culpa in eligendo* 2
3. Influência determinante 5

1 1. **Âmbito**. O 83.º prevê dois grupos de situações: (a) a do sócio que, por si ou com outros, tenha o direito de designar titulares de órgãos (83.º/1 a 3); (b) a do sócio que, tendo o poder de destituir tais titulares, use a sua influência para os determinar a alguma ação ou omissão (84.º/4)[1].

2 2. ***Culpa in eligendo***: o primeiro grupo responsabiliza o sócio que tenha culpa na escolha do administrador que tenha o direito de designar (83.º/1), na do representante de pessoa coletiva (83.º/2) ou na do administrador ou titular do órgão de fiscalização que tenha a possibilidade de fazer eleger e a exerça (83.º/3).

3 O sócio nessas circunstâncias responde solidariamente com o titular em causa, caso este seja responsável para com a sociedade ou os sócios.

4 O preceito visa cominar um dever criterioso de escolha, fazendo-o, todavia, pela via oblíqua da responsabilização. Não há qualquer presunção de *culpa in eligendo*, pelo que esta sempre deverá ser provada por quem a invoque.

5 3. **Influência determinante**: o 83.º/4 responsabiliza solidariamente com o titular do órgão o sócio que, por via de um poder de destituição, determine a ação ou omissão que envolva responsabilidade. É óbvio que, juridicamente, não deve adotar tal atitude. Também aqui, tal anómala ocorrência deve ser provada por quem dela se queira prevalecer.

Artigo 84.º (Responsabilidade do sócio único)

1. Sem prejuízo da aplicação do disposto no artigo anterior e também do disposto quanto a sociedades coligadas, se for declarada falida uma sociedade reduzida a um único sócio, este responde ilimitadamente pelas obrigações sociais contraídas no período posterior à concentração das quotas ou das ações, contanto que se prove que nesse período não foram observados os preceitos da lei que estabelecem a afetação do património da sociedade ao cumprimento das respetivas obrigações.

2. O disposto no número anterior é aplicável ao período de duração da referida concentração, caso a falência ocorra depois de ter sido reconstituída a pluralidade de sócios.

[1] Ver 30-abr.-2015 (Paula do Paço), Proc. 437/12.2TTE-VR-A.E1.

Bibliografia: António Menezes Cordeiro 1 (2011), 291-295 e 2 (2007), 461-476; António Ferrer Correia, *Sociedades fictícias e unipessoais* (1948), 299 ss.; *id.*, *O problema das sociedades unipessoais*, BMJ 166 (1967), 183-217 e 2 (1973), 146 ss.; Luís Brito Correia 2 (1997), 304-305; Ricardo dos Santos Costa, *Algumas considerações a propósito do regime jurídico da sociedade por quotas unipessoal*, em *Estudos dedicados ao Prof. Doutor Mário Júlio de Almeida Costa* (2001), 1227-1298; *id.*, *As sociedades unipessoais*, AAVV (2002), 25-63; *id.*, *A sociedade por quotas unipessoal no Direito português* (2002); Ana Maria Peralta, *Sociedades unipessoais*, em *Novas perspectivas do Direito comercial* (1988), 249-267 (265-266); Maria de Fátima Ribeiro, *O âmbito de aplicação do artigo 270.º-F, n.º 4, do CSC e a responsabilidade "ilimitada" do sócio único*, DSR 2009, 201-235 (225 ss.); Teresa Anselmo Vaz, *A responsabilidade do accionista controlador*, O Direito 1996, 329-405 (377 ss.).

Índice

1. Previsão 1
2. Confusão de esferas 3
3. Natureza 4

1. **Previsão**. O 84.º funciona (n.º 1): (a) quando haja um sócio único; (b) seja declarada a insolvência da sociedade; (c) e não sejam cumpridas as regras legais sobre a separação dos patrimónios. 1

O preceito opera relativamente ao período da concentração, caso a insolvência ocorra depois de reconstruída a pluralidade de sócios. 2

2. **Confusão de esferas**. Os "preceitos" da lei que estabelecem a afetação do património ao cumprimento das respetivas obrigações são os que previnem a confusão de esferas: estão em causa todos os que tenham esse efeito. 3

3. **Natureza**. O 84.º não prefigura responsabilidade civil: apenas patrimonial e a título subsidiário. Não exige, assim, culpa do responsável: apenas requer o facto da confusão de esferas. No fundo, temos aqui uma concretização legal de uma das modalidades clássicas de levantamento de personalidade[1]. 4

Capítulo VIII – Alterações do contrato

Introdução

Bibliografia: Pedro de Albuquerque, *Direito de preferência dos sócios em aumentos de capital nas sociedades anónimas e por quotas* (1993); António Menezes Cordeiro, *Direito europeu das sociedades* (2005), 181 ss.; *id.*, 1 (2022), 1009 ss.; Francisco Mendes Correia, *Transformação de sociedades comerciais/Delimitação do âmbito de aplicação no Direito privado português* (2009); Paulo Olavo Cunha, *A redução do capital das sociedades anónimas*, AAVV, *Estudos em Homenagem ao Professor Doutor Inocêncio Galvão Telles*, IV (2003), 659-693; *id.*, (2007), 445 ss.; Paulo de Tarso Domingues, *O aumento do capital social com créditos*, em J. L. Saldanha Sanches e outros, *O Direito do balanço e as normas internacionais de relato financeiro* (2007), 119-137; *id.*, *Variações sobre o capital social* (2009); Jorge Pinto Furtado (2004), 513 ss.; Diogo da Costa Gonçalves; *Fusão, cisão e transformação de sociedades comerciais/Configuração e delimitação do statuo viae* (2008); Nogueira Serens, *Notas sobre a sociedade anónima* (1997), 116-127; Maria Ângela Bento Soares, *Aumento do capital*, em AAVV (2002), 237-255; Raúl Ventura, *Adaptação do Direito Português à Segunda Directiva do Conselho da Comunidade Económica Europeia sobre o Direito das Sociedades* (1980), 67 e ss.; *id.*, *Alterações do contrato de sociedade*, 2.ª ed. (1998, reimp., 2003), 93 e ss..

[1] Artigo 5.º, anotação 18.

Índice

I – **Antecedentes e aspetos europeus**
1. Companhias pombalinas (séc. XVIII) 1
2. Codificações (1833 e 1888) e Lei de 1901 3
3. Preparatórios 6
4. Aspetos Europeus 7

II – **Enquadramento geral**
5. O aumento e a redução como alterações do contrato de sociedade 9
6. Modalidades de aumento e redução 11
7. Funções gerais 13
α) Função de garantia 14
β) Função de auxiliar na determinação das posições dos sócios 16
8. Autonomia privada 18

I – **Antecedentes e aspetos europeus**

1 1. **Companhias Pombalinas (séc. XVIII)**: segundo a prática consuetudinária dos seus órgãos dirigentes, uma parte dos lucros distribuíveis pelos sócios – o denominado *principal acrescentado* –, era retida, sem norma jurídica que o sustentasse, incrementando o fundo social[1]. Estará aqui, porventura, o antecedente da modalidade de aumento de capital por incorporação de reservas. No que às Companhias Pombalinas se refere, no entanto também o aumento do capital social por novas entradas dos sócios era conhecido[2].

2 Pelo contrário, a redução do capital, segundo Rui Marcos, "nunca terá cruzado a mente do legislador" da época, sendo certo que tampouco nos escritos das Companhias Pombalinas se encontram referências a esta vicissitude, quer por excesso de capital, quer pela ocorrência mais frequente, na altura, de situações patrimoniais deficitárias[3].

3 2. **Codificações (1833 e 1888) e Lei de 1901**. No CCom de 1833 (Ferreira Borges) apenas se encontram referências indiretas ao aumento do capital social, sem terminologia técnica. Por um lado, era exigida a unanimidade para que se desse *mais extensão aos negócios da sociedade por novas entradas* (649.º, CXXIV); por outro, esclarecia-se que os sócios, *augmentando as entradas, não podem obrigar os recusantes a contribuir proporcionalmente, nem expulsal-os por isso da sociedade* (646.º, CXXI). O Código Ferreira Borges disciplinava, ainda, uma figura curiosa: a alteração do contrato, por extensão do *fim da sociedade a um objeto novo*, emparelhada com um aumento de capital: se existissem sócios discordantes, considerava-se que a reunião de novos fundos com vista a um objeto diferente do inicialmente delineado consubstanciava a constituição de uma nova sociedade, limitada aos sócios concordantes (648.º, CXXIII)[4].

4 O CCom de 1888 introduziu um avanço sistemático, ao tratar o aumento (*reforço*) e a redução do capital como modalidades de alteração do contrato, ao lado da mudança de forma, objeto e sede social, entre outras vicissitudes (116.º). A doutrina distinguia já entre aumento por meio de novas entradas de dinheiro ou em espécie, por um lado, e o aumento por incorporação de reservas, por outro, embora o CCom não fosse conclusivo, quanto a esta última possibilidade[5].

5 Na LSQ, o aumento e a redução do capital continuaram a ser enquadrados como modalidades de alteração ao contrato de sociedade. Desta feita, porém, fixou-se a terminologia que chegou até nós, e foi introduzida uma regulação mais extensa, sujeitando a correspondente

[1] Rui Figueiredo Marcos, *As companhias pombalinas* (1995), 496-500.
[2] *Idem*, 500-515.
[3] *Idem*, 516-517.
[4] Todos os artigos referidos do Livro II, Título XII.
[5] Visconde de Carnaxide, *Sociedades Anonymas* (1913), 207-209.

deliberação a uma maioria de $^3/_4$ do capital da sociedade (41.º, § 1.º). O aumento e a redução do capital passaram a ser encarados como vicissitudes especialmente graves, uma vez que aos sócios discordantes assistia o direito de exoneração (41.º, § 3.º). Já então era proibido o aumento do capital enquanto as quotas já subscritas não estivessem liberadas (41.º, § 7.º). Eram tidas como distintas a quota primitiva de um sócio e a quota que posteriormente viesse a adquirir num aumento do capital (6.º, § 1.º). Na redução, a escritura apenas podia ser outorgada após o registo provisório e publicação da respetiva deliberação (116.º, § único do CCom de 1888). Embora a lei não distinguisse, a doutrina intuía a diferença entre a redução por excesso do capital, para reembolso aos sócios, e a redução por perda ou depreciação de valores do ativo, que consistia "na declaração honesta de ter diminuído o capital"[6].

3. **Preparatórios**. A fonte remota dos atuais artigos relativos ao aumento e redução do capital é a 2.ª Diretriz do Conselho, de 13-dez.-1976, sobre o Direito das Sociedades (25.º a 29.º para o aumento; 30.º a 39.º para a redução). Em 1980, Raúl Ventura apresentou um estudo de adaptação do Direito português à referida diretriz[7]. As disposições atuais baseiam-se, remotamente, nas *sugestões de alterações do direito português* que acompanhavam o referido estudo e, mais proximamente, no Anteprojeto de Código das Sociedades do mesmo autor, já referido (ver *supra*, Introdução, 5 ss.) e revisto por Fernando Olavo e António Caeiro[8] num primeiro momento e, depois, por Luís Brito Correia[9]. 6

4. **Aspetos europeus**. A 2.ª Diretriz veio regular as garantias exigíveis pelos Estados-membros para proteção de sócios e de terceiros, tendo natural incidência na matéria de formação e conservação do capital social, bem como nas medidas que o modificam (aumento e redução). A transposição desta Diretriz foi precedida pelo referido estudo de Raúl Ventura, acompanhado por um anteprojeto, a ser usado na adaptação das leis em vigor (CCom) ou na elaboração no novo CSC: a solução adotada. Embora a 2.ª Diretriz (e o articulado de Raúl Ventura) se limitasse às SA (1.º/1 da Diretriz), as matérias aí tratadas relativas ao aumento e redução do capital, foram acolhidas na Parte Geral, aplicando-se a todas as sociedades. Esta opção, que onera as pequenas e médias empresas, predominantemente SPQ, não é isenta de críticas. 7

Advém da 2.ª Diretriz a generalidade com que o direito de preferência dos sócios em aumentos do capital por novas entradas em dinheiro foi consagrado (266.º para as SPQ; 458.º para as SA): um direito não consagrado, em termos gerais, no ordenamento jurídico-societário português, antes da respetiva transposição. Pode assim afirmar-se que o direito de preferência dos sócios em aumentos de capital é, em grande parte, de origem comunitária. 8

II – **Enquadramento geral**

5. **O aumento e a redução como alterações do contrato de sociedade.** Pelo 9.º/1, *f*), o capital social é elemento necessário do contrato de sociedade (salvo nas SNC em que todos os sócios contribuam com a sua indústria) sob pena de nulidade do contrato – 42.º/1, *b*). Assim sendo, o aumento e a redução de capital devem ser enquadrados como vicissitudes de alteração do contrato. Assim o fez o legislador, integrando as secções consagradas ao aumento (II) e redução do capital (III) no Capítulo VIII da Parte Geral, que trata das alterações (não estruturais) do contrato, fazendo-as ainda preceder de uma secção I, consagrada às *alterações em geral*. 9

[6] *Idem*, 216-218 (217).

[7] Raúl Ventura, *Adaptação do Direito Português à Segunda Directiva do Conselho da Comunidade Económica Europeia sobre o Direito das Sociedades* (1980).

[8] BMJ 327 (1983), 43-339.

[9] Segundo informação do próprio: *Os administradores das sociedades anónimas* (1991), 715.

10 Na secção I (85.º e 86.º), alterações do contrato em geral, o intérprete encontra as regras sobre a deliberação de aumento e redução do capital, no que se refere à respetiva forma, registo e maioria deliberativa (85.º), bem como sobre a proteção dos sócios (86.º). Estas regras devem ser devidamente articuladas com as normas constantes da parte especial, estabelecidas para cada tipo social (265.º ss., para SPQ; 456.º ss., para SA), até porque assim o obriga a remissão constante do artigo 85.º/2.

11 6. **Modalidades de aumento e redução.** A doutrina tem distinguido entre aumento de capital por novas entradas e por incorporação de reservas: novas entradas quando ocorre um "*reforço quantitativo* do património da sociedade"[10]; incorporação de reservas quando apenas se dê "uma alteração *qualitativa* da composição dos capitais próprios, sem acréscimo do património"[11].

12 Em matéria de redução, a distinção tem sido feita, sobretudo, com base na finalidade com que a operação se realiza: redução para cobertura de prejuízos, redução para libertação de excesso de capital e redução para finalidades especiais – artigo 94.º/1, *a*). As necessidades de tutela são diferentes e nessa medida são distintos os âmbitos de aplicação das normas dos artigos 94.º a 96.º: enquanto a redução para cobertura de prejuízos ajusta a cifra ideal do capital à situação líquida da sociedade (reconhecendo perdas que já foram apuradas), a redução para libertação pode causar *novas* lesões aos credores, na medida em que viabilize distribuições aos sócios que anteriormente seriam ilícitas.

13 7. **Funções gerais**[12]. Externamente, a função primordial é a de garantia, se bem que modernamente se discuta a verdadeira dimensão e conformação da tutela dos credores através das regras de formação e conservação do capital social[13]. Internamente, o capital social é importante auxiliar na determinação da posição jurídica do sócio, perante os demais, quer em termos económicos, quer na participação na vida societária, através do exercício do direito de voto, por exemplo, ou do direito à informação.

14 α) **Função de garantia**: o artigo 87.º/1, *d*) exige menção expressa à natureza das novas entradas, no aumento do capital correspondente, o 89.º/1 manda aplicar às novas entradas o disposto em sede de formação do capital, a propósito da constituição da sociedade (25.º a 30.º); e o 96.º estabelece um mecanismo de tutela dos credores, perante o perigo de distribuições de bens aos sócios, viabilizadas por reduções do capital.

15 No mesmo sentido, o 91.º/1 e 2 garante que no aumento do capital por incorporação de reservas, os meios económicos que passam a ser regulados pelas regras da conservação do capital correspondem a meios existentes e efetivamente disponíveis. Regem aqui, como se verifica, entre outros, os princípios da determinação, da publicidade, da exata formação e da efetividade do capital social[14].

16 β) **Função de auxiliar na determinação da posição jurídica do sócio**: a proteção das posições relativas dos sócios, que se concretiza na existência de direito de preferência nos

[10] Maria Ângela Bento Soares, *Aumento do capital*, cit., 239 (itálico da Autora).

[11] *Idem*, 239.

[12] Sobre as funções do capital social, por todos, Paulo de Tarso Domingues, *Do capital social*, 199-264.

[13] São atual exemplo desta discussão, no sentido da defesa da utilidade das regras do capital social, o primeiro, e do respetivo carácter supérfluo e dispendioso, o segundo, Marcus Lutter (ed.), *Legal Capital in Europe*, Special Volume 1 (2006); Jonathan Rickford, *Reforming Capital (Report of the Interdisciplinary Group on Capital Maintenance*, EBLR (2004). Em Portugal é possível encontrar um eco recente desta discussão, em sentido próximo do segundo posicionamento, em Alexandre Mota Pinto, *Capital social e tutela dos credores para acabar de vez com o capital social mínimo nas sociedades por quotas*, em AAVV, *Nos 20 Anos do Código das Sociedades Comerciais*, Volume I (2007), 837-861.

[14] Sobre estes princípios, por todos, Paulo de Tarso Domingues, *Do capital social*, 57 e ss.

aumentos em dinheiro nas sociedades de capitais[15], e na regra subsidiária da proporcionalidade nos aumentos por incorporação de reservas (92.º/1) e na redução do capital (94.º/2). O direito de preferência nos aumentos em dinheiro tem ainda por consequência, se bem que indireta, a proteção contra a entrada de terceiros, estranhos à sociedade.

A proteção das posições relativas dos sócios, que atravessa outros institutos societários do direito português, como o da transformação (136.º/1), não é absoluta. Basta pensar que a maioria necessária para deliberar o aumento pode decidir que este se realize por novas entradas em espécie, que alguns dos sócios não possam realizar. Neste caso, a opinião quase unânime na doutrina portuguesa é a de que não vigora qualquer princípio de preferência, pelo que tudo se resolverá em sede de formação da maioria qualificada necessária para a aprovação de um aumento segundo a modalidade descrita. 17

8. **Autonomia privada**. Não podem ser impostas novas prestações, através da vicissitude modificativa, sem o acordo dos sócios afetados. Assim sendo, muito embora todos os sócios – com direito de voto –, tenham o direito de *deliberar* sobre o aumento, não lhes pode ser imposta a contribuição de novos meios económicos sem o seu acordo: não se constitui, na esfera jurídica do sócio discordante, a obrigação de contribuir com novas entradas, se este tiver votado desfavoravelmente. 18

Se estiverem determinadas as pessoas que vão participar no aumento (ex. apenas terceiros; um sócio que detenha um bem determinado a entregar mediante uma nova entrada em espécie), o sócio até poderá deliberar favoravelmente no aumento, sem que isso implique, para o próprio, a constituição de uma nova obrigação. 19

Esta tutela *negativa* não protege o sócio da entrada de terceiros na sociedade, caso o aumento do capital tenha sido aprovado pela maioria aplicável. Nos tipos societários de cariz mais pessoal, o problema da entrada de terceiros na sociedade foi resolvido pelo legislador, que exige a unanimidade para o efeito, nas SNC, e que atribui ao sócio de uma SPQ o direito de exoneração, quando o aumento for parcial ou integralmente subscrito por terceiros e o sócio tiver votado desfavoravelmente (240.º/1)[16]. Nas SA o legislador entendeu que a natureza eminentemente *capitalística* da participação social tornava desnecessária a tutela contra a entrada de terceiros. 20

Secção I – Alterações em geral

Artigo 85.º (Deliberação de alteração)

1. A alteração do contrato de sociedade, quer por modificação ou supressão de alguma das suas cláusulas quer por introdução de nova cláusula, só pode ser deliberada pelos sócios, salvo quando a lei permita atribuir cumulativamente essa competência a algum outro órgão.

[15] O direito de preferência, segundo alguns Autores, pode também desempenhar importantes funções na preservação do valor económico da participação social, por ocasião de aumentos de capital em que participem terceiros, quando o ativo societário exceda o capital social. No entanto, esta função pode ser mais fácil e transparentemente desempenhada pelo prémio de emissão, que corresponderá, precisamente, a esse ativo societário subjacente – 87.º/1, *a*). Contra, sublinhando a prevalência dos fins patrimoniais sobre os fins de preservação da posição relativa dos sócios, Pedro de Albuquerque, *Direito de preferência*, cit., 20-66, em especial, 40-42.

[16] Tiago Soares da Fonseca, *O direito de exoneração do sócio no Código das Sociedades Comerciais* (2008), 234 e ss.

2. A deliberação de alteração do contrato de sociedade será tomada em conformidade com o disposto para cada tipo de sociedade.

3. A alteração do contrato deve ser reduzida a escrito.

4. Para efeitos do disposto no número anterior, é suficiente a ata da respetiva deliberação, salvo se esta, a lei ou o contrato de sociedade exigirem outro documento.

5. No caso previsto na parte final do número anterior, qualquer membro da administração tem o dever de, com a maior brevidade e sem dependência de especial designação pelos sócios, praticar os atos necessários à alteração do contrato.

Bibliografia: António Menezes Cordeiro 1 (2011), 1120-1124; Paulo Olavo Cunha, *Direito das sociedades comerciais* (2007), 736 ss.; Paulo de Tarso Domingues, *Anotação ao artigo 85.º* em *Código em Comentário* (2011), 13-25; Jorge Pinto Furtado (2004), 493-511; Filipe Cassiano dos Santos, *Estrutura associativa e participação societária capitalística* (2006), 349 s.; Raúl Ventura, *Alterações do contrato de sociedade*, 2.ª ed. (1998, reimp., 2003), 7 ss..

Índice

I – **Antecedentes**
1. Codificações (1833 e 1888), *Lei das Sociedades Anonymas* e Lei de 1901 1
2. Preparação 5
3. Redações anteriores 6

II – **Teleologia e âmbito**
4. Inserção sistemática 9
5. Princípio da alterabilidade 13

III – **Deliberação da alteração**
6. Competência 21
7. Quórum 23
8. Forma e publicidade 26

I – Antecedentes

1 1. **Codificações (1833 e 1888), *Lei das Sociedades Anonymas* e Lei de 1901**. O CCom de 1833 (Ferreira Borges) oferecia escassas referências à modificação do contrato de sociedade. Fazia, no 602.º (LXXVII), referência a *alterações no contracto primitivo*. Sempre que a alteração pudesse afetar terceiros, o Código exigia a forma escrita e a inscrição no registo, não prevendo qualquer formalidade para a alteração do pacto social, nos restantes casos. Além disso, tipificava algumas modificações do contrato de sociedade, como por exemplo a alteração do objeto de sociedade (648.º, CXXIII), o aumento do capital mediante realização de novas entradas (649.º, CXXIV), e a prorrogação do termo do contrato social (595.º, LXX; 602.º, LXXVII). Tampouco os códigos da primeira geração dedicavam maior atenção à alteração do contrato de sociedade.

2 A *Lei das Sociedades Anonymas* de 22-jun.-1867 não alterou significativamente o panorama existente. Contudo, lançou bases para uma incipiente dogmática da alterabilidade do contrato de sociedade, através da distinção entre assembleias gerais ordinárias e extraordinárias (26.º a 28.º). Ante a parca distinção normativa entre os dois tipos de assembleias, a doutrina veio propor, como critério distintivo, o exercício do poder modificativo da sociedade. O regime especial das assembleias extraordinárias estava associado a este último.

3 O CCom de 1888 seguiu quanto à alteração do contrato de sociedade o modelo italiano do Código Comercial de 1882. Assim, o 116.º consagrava uma cláusula geral de alteração do pacto social, seguido depois de algumas alterações típicas do contrato: a prorrogação da sociedade, a alteração da firma, do objeto, da sede e/ou domicílio, da gerência, o aumento e a redução do capital, a dissolução e por fim a fusão de sociedades.

A L de 11-abr.-1901 introduziu algumas alterações significativas em sede de modificação do contrato social. Em primeiro lugar, esbateu-se a equiparação, ainda presente na legislação anterior, entre o ato constitutivo e o ato modificativo da sociedade; a regra da unanimidade cede passo à regra da maioria; é introduzido o direito de exoneração dos sócios discordantes para algumas vicissitudes de alteração; e, com especial relevo, acolhe-se pela primeira vez, no direito positivo, a figura da transformação. 4

2. **Preparação.** A fonte direta dos atuais artigos 85.º e 86.º apenas pode ser encontrada nos trabalhos preparatórios encomendados em 1977, pelo então Ministro da Justiça, Almeida Santos, à comissão de reforma para o Direito comercial, que se desviou para as sociedades comerciais (ver *supra*, Introdução, 5 ss.). Com efeito, no Anteprojeto de Raúl Ventura, revisto depois por Fernando Olavo e António Caeiro[1] e, numa segunda fase, por Luís Brito Correia[2] aparecem já os artigos 48.º e 49.º, relativos respetivamente, à deliberação de alteração e proteção de sócios, numa forma muito próxima da que viria a ser adotada na aprovação do Código, em 1986[3]. Como este Anteprojeto não foi acompanhado por notas justificativas, e o articulado aí constante difere substancialmente do que foi tornado público nas primeira e segunda versões do *Anteprojecto para a Sociedade por Quotas de Responsabilidade Limitada*[4] – essas sim acompanhadas de extensas notas justificativas –, não é possível conhecer com certeza as razões subjacentes às opções do legislador. 5

3. **Redações anteriores.** Os n.ᵒˢ 1 e 2 do preceito mantêm-se inalterados desde a aprovação do Código, com o DL 262/86, de 2-set.. A redação original do n.º 3 exigia a escritura pública para titular a alteração, a menos que a deliberação constasse de ata lavrada por notário e não respeitasse a aumento do capital. O n.º 4, na sua versão original, referia-se ao dever dos membros da administração de outorgar a escritura de alteração. 6

O DL 36/2000, de 14-mar. (1.º), iniciando um processo de simplificação de atos societários, alterou o n.º 3 do artigo em apreço, introduzindo a seguinte redação: 7

> A alteração do contrato de sociedade deliberada nos termos dos números anteriores deve ser consignada em escritura pública, a não ser que:
> *a)* A deliberação conste de acta lavrada por notário e não respeite a aumento de capital;
> *b)* A deliberação conste de acta lavrada pelo secretário da sociedade e não respeite a alteração do montante do capital ou do objecto da sociedade.

O DL 76-A/2006, de 29-mar., continuando na senda da simplificação de atos societários, introduziu a atual versão dos n.ᵒˢ 3 e 4 e acrescentou um novo n.º 5 ao artigo em apreço. 8

II – Teleologia e âmbito

4. **Inserção sistemática.** O capítulo VIII do Título I do CSC, consagrado às alterações do contrato, é composto por três secções, respeitantes a alterações em geral (Secção I), ao aumento e à redução do capital (Secção II e Secção III, respetivamente). Esta composição, a par da inserção 9

[1] BMJ 327 (1983).

[2] Segundo informação do próprio: *Os administradores das sociedades anónimas* (1991), 715.

[3] BMJ 327 (1983), 85.

[4] Raúl Ventura, *Sociedades por quotas de responsabilidade limitada/Anteprojecto – primeira redacção*, BMJ 160 (1966), 75-113 e *Segunda redacção*, BMJ 182 (1969), 25-196. É de referir, aliás, a maior proximidade dos 85.º e 86.º com o articulado proposto por António Ferrer Correia/Vasco Lobo Xavier/Maria Ângela Coelho/António A. Caeiro, *Sociedades por quotas de responsabilidade limitada/Anteprojecto de lei – 2.ª redacção e exposição de motivos*, RDE 5 (1979), 118-120.

sistemática autónoma em relação à fusão, cisão e transformação, coloca a questão de saber se estes últimos fenómenos são também eles modalidades de alteração do contrato de sociedade.

10 Apesar desta aparente autonomia, adiante se verá que são mais as afinidades entre a alteração, por um lado e a fusão, cisão e transformação, por outro, do que as diferenças. Testemunha-o, por exemplo, o 103.º/1, que manda aplicar à deliberação de fusão as regras estabelecidas para a alteração do contrato de sociedade.

11 Não obstante a proximidade dogmática assinalada, os três institutos referidos revelam especificidades de regime, por envolverem alterações verdadeiramente estruturais, que justificam a sua autonomia normativa. São alterações ao contrato, *mas não são apenas alterações ao contrato:* envolvem uma modificação da estrutura societária que transcende a mera alteração do contrato.

12 Paralelamente, a doutrina portuguesa tem excluído, do conceito de alteração, as modificações ao elemento subjetivo da sociedade[5]. Esta opção dogmática não dispensa, no entanto, que naquelas sociedades em que a identidade dos sócios conste do conteúdo obrigatório do contrato – SNC, 176.º; SPQ, 199.º, *a*); SCS, 176.º *ex vi* 474.º –, a transmissão da participação social seja acompanhada de uma modificação do contrato.

13 5. **Princípio da alterabilidade**: envolveria a proibição de cláusulas de rigidez do contrato de sociedade, ou de outras que tornem demasiado onerosa a referida alteração, como por exemplo a cláusula que sujeitasse a alteração do contrato a deliberação unânime dos sócios.

14 A doutrina tradicional, entre nós defendida por Raúl Ventura[6], sustenta a alterabilidade, entendida como princípio cogente, na esteira da doutrina italiana maioritária, assente na necessidade de adaptação da sociedade ao meio sócio-económico onde está inserida. Parte, por isso, do paradigma constituído por uma sociedade destinada a durar por tempo indeterminado.

15 Nessa linha, o princípio da alterabilidade, a existir, sustenta-se na dogmática das relações contratuais duradouras enquadrando-se entre os mecanismos contratuais, concebidos à luz dessa dogmática, que se destinam a assegurar a possibilidade de as partes se desvincularem das obrigações assumidas.

16 A proibição de vínculos obrigacionais perpétuos reflete os valores jurídicos da liberdade pessoal e da liberdade económica, nas respetivas vertentes negativas, i.e. "enquanto poderes de fazer cessar limitações de liberdade voluntariamente assumidas"[7]. Em bom rigor, a proibição não incide sobre o vínculo, mas antes sobre a impossibilidade jurídica de o sujeito se desvincular da relação duradoura[8].

17 Para possibilitar a desvinculação, vários mecanismos têm sido utilizados pelo legislador: uns, como a denúncia ou a transmissibilidade irrenunciável da posição contratual, podem agrupar-se como *remédios extintivos,* e outros, como a alteração do contrato, integram-se nos *remédios modificativos.*

18 Perante o princípio do aproveitamento dos negócios jurídicos, nos casos em que a lei não forneça remédios *modificativos,* ou quando os mesmos não tutelem suficientemente a liberdade pessoal e económica do sócio, na sua vertente negativa, cabe reconhecer o carácter imperativo da alterabilidade.

[5] Raúl Ventura, *Alterações ao contrato de sociedade,* 17; Pinto Furtado, *Curso de Direito das Sociedades,* 495.

[6] Raúl Ventura, *Alterações ao contrato de sociedade,* 15.

[7] Paulo Videira Henriques, *A desvinculação unilateral* ad nutum *nos contratos civis de sociedade e de mandato* (2001), 210-213.

[8] Segue-se, quanto a esta questão, a apreciação crítica proposta por Paulo Videira Henriques, ob. cit., 213-218.

Mas nas SNC, prevendo já o 185.º/1, *a)* a exoneração do sócio *ad nutum,* não parece que a alterabilidade se imponha com carácter imperativo. Nas SPQ, atendendo ao carácter pessoal das vinculações societárias, a possibilidade de transmissão da parte social não assegura cabalmente a posição do sócio. Pode, por isso, sustentar-se o carácter imperativo da alteração. Nas SA, numa primeira abordagem, o regime de transmissão das ações asseguraria a liberdade dos sócios. Mas no domínio das SA não é possível desconsiderar o princípio da maioria, que sempre imporia que a cláusula de inalterabilidade pudesse ser substituída pelos sócios[9]. Assim sendo, apenas se admite uma cláusula de inalterabilidade ou de sujeição de alterações a unanimidade nas SNC. 19

Esta fundamentação da alterabilidade do contrato de sociedade na dogmática das relações contratuais de duração prolongada revela, igualmente, os limites do princípio. Com efeito, não parece sustentável que em contratos de sociedade de duração limitada ou cuja realização do objeto social se consuma num curto período de tempo, os sócios fiquem impedidos de fixar a inalterabilidade do pacto. Prevalecerá, então, o princípio da autonomia privada. 20

III – **Deliberação da alteração**

6. **Competência**. Nos termos do n.º 1, e tendo em conta o 406.º do CC, cabe aos sócios a deliberação das alterações ao contrato de sociedade. No entanto, o legislador permitiu que em casos especialmente previstos, a competência para a deliberação das alterações ao contrato fosse *cumulativamente* atribuída a outro órgão. Tais são os casos previstos nos 12.º/2 (atribuição supletiva de competência ao órgão de administração para a alteração da sede social dentro do território nacional) e 456.º/1 (possibilidade do contrato de sociedade autorizar o órgão da administração a aumentar o capital por entradas em dinheiro). 21

O âmbito limitado e excecional da atribuição de competência para a alteração do contrato ao órgão de administração[10] e o facto do n.º 1 referir expressamente que essa atribuição é cumulativa, depõe a favor da imperatividade da norma que atribui aos sócios a competência para a deliberação da alteração. Fica, por isso, excluída a possibilidade do contrato de sociedade retirar dos sócios esta competência. 22

7. **Quórum**. Nos termos do n.º 2, a deliberação da alteração é tomada em conformidade com o disposto para cada tipo de sociedade. Assim, nas SNC, a deliberação é tomada por unanimidade, sem prejuízo de o contrato de sociedade poder autorizar a deliberação de alteração por maioria, não inferior a três quartos dos votos de todos os sócios (194.º). 23

Nas SPQ, a regra supletiva é a da deliberação de alteração por maioria de três quartos dos votos correspondentes ao capital social (265.º/1). O legislador permitiu, no entanto, que os sócios tornassem mais exigente a maioria necessária. 24

Para as SA, o Código distingue entre *quórum constitutivo* e *quórum deliberativo*. Em primeira convocação, a assembleia geral não pode deliberar sem que estejam presentes ou representados acionistas que detenham, pelo menos, 1/3 do capital social (383.º/2). Em segunda convocação, a assembleia geral pode sempre deliberar, independentemente do número de acionistas presentes ou representados (383.º/3). Em ambos os casos, o *quórum deliberativo,* foi fixado em 2/3 dos votos emitidos (386.º/3). Porém, em segunda convocação, se se encontrar presente ou 25

[9] A propósito do princípio maioritário na alteração do contrato nas sociedades de capitais, Filipe Cassiano dos Santos, *Estrutura associativa e participação societária capitalística,* 349 ss.

[10] Vejam-se, por exemplo, as exigências constantes do 456.º/2 para a possibilidade do contrato de sociedade prever a deliberação do aumento de capital pelo órgão de administração.

representado pelo menos metade do capital social, a deliberação de alteração pode ser tomada por maioria simples (386.º/4).

26 8. **Forma e publicidade.** A redação original do 86.º/3 sujeitava a alteração do contrato de sociedade a escritura pública, admitindo, porém, o legislador que a mesma pudesse constar de ata lavrada notarialmente, salvo tratando-se de aumento de capital.

27 Com o DL 36/2000, de 14-mar., foi acrescentada a possibilidade de dispensar a escritura pública desde que a deliberação de alteração constasse de ata lavrada pelo secretário da sociedade e não respeitasse a alteração do montante do capital ou do objeto da sociedade.

28 A reforma de 2006 veio alterar substancialmente o regime no sentido da desformalização dos atos societários[11], passando a exigir unicamente para a alteração que esta seja reduzida a escrito. Para o efeito bastará a ata da respetiva deliberação (cf. 63.º), salvo quando a lei ou o contrato exigirem outro documento (n.º 4). Será o caso, por exemplo, de um aumento de capital em que um dos sócios realize a sua entrada com um bem imóvel. No respeito pelo disposto no 875.º do CC, a alteração do contrato estaria sujeita a escritura pública ou documento particular autenticado. Nesta última hipótese, uma vez deliberada a alteração, incumbiria a qualquer membro da administração, e sem necessidade de especial mandato, o dever de promover, com a maior celeridade possível, a adoção da forma mais solene ali prevista (n.º 5).

29 A alteração do contrato está sujeita a registo por transcrição, nos termos do 3.º/1, *r*), do CRCom e do 10.º, *j*) do respetivo Regulamento, o qual deve ser promovido no prazo de dois meses a contar da data em que o mesmo tiver sido titulado (15.º/2 do CRCom). O 59.º/2, do CRCom exige que, de entre os documentos apresentados a registo, conste uma versão completa e atualizada do contrato de sociedade. A alteração do contrato de sociedade é depois oficiosamente publicada pela conservatória que tenha procedido ao registo – 70.º/1, *a*), do CRCom e 71.º/1 –, através da disponibilização em sítio na Internet de acesso público (70.º/2, do CRCom).

Artigo 86.º (Proteção de sócios)

1. Só por unanimidade pode ser atribuído efeito retroativo à alteração do contrato de sociedade e apenas nas relações entre sócios.

2. Se a alteração envolver o aumento das prestações impostas pelo contrato aos sócios, esse aumento é ineficaz para os sócios que nele não tenham consentido.

Bibliografia: António Menezes Cordeiro 1 (2011), 1120-1125; Paulo Olavo Cunha, *Direito das sociedades comerciais* (2007), 736 ss.; Paulo de Tarso Domingues, *Anotação ao artigo 86.º* em *Código em Comentário* (2011), 26-32; Jorge Pinto Furtado (2004), 493-511; Raúl Ventura, *Alterações do contrato de sociedade*, 2.ª ed. (1998, reimp., 2003), 75-91.

Índice

I – **Enquadramento geral**
1. História do preceito 1

II – **Eficácia da alteração do contrato**
2. Regime geral 2
3. Atribuição de eficácia retroativa à alteração 3

[11] Para uma crítica à extensão que foi dada à desformalização, Albino Matos, *Sociedades, documento autêntico ou particular?*, AAVV, *Reformas do Código das Sociedades* (2007), 121 ss.

III – **O aumento das prestações impostas pelo contrato**
4. Âmbito de aplicação 7
5. *Ratio* do consentimento 10
6. A forma do consentimento 11
7. O consentimento do sócio e o seu comportamento em assembleia geral 12
8. Efeitos do não consentimento 19

I – Enquadramento geral

1 **1. História do preceito.** A redação do preceito mantém-se inalterada desde a sua aprovação, através do DL 262/86, de 2-set..

II – Eficácia da alteração do contrato

2 **2. Regime geral.** A alteração do contrato é eficaz entre os sócios, regra geral, logo a partir da respetiva deliberação e oponível a terceiros a partir do correspondente registo e publicação (14.º/2, do CRCom). No que às relações internas se refere, podem no entanto encontrar-se exceções, como as constantes, para o aumento do capital, do 88.º/2 (ver *infra,* comentário).

3 **3. Atribuição de eficácia retroativa à alteração.** Os sócios podem, no entanto, por unanimidade, e quanto às relações internas, atribuir eficácia retroativa à alteração do contrato.

4 Com a desformalização operada pela Reforma de 2006, a alteração do contrato passou a bastar-se com a redução a escrito da respetiva deliberação, salvo os casos previstos na última parte do 85.º/4. Assim, nas relações internas a regra geral será a da coincidência temporal entre a deliberação de alteração e a respetiva eficácia interna. Perde importância, portanto, um dos casos em que a atribuição de eficácia retroativa revelava utilidade na *praxis*, e que era o de fazer coincidir a eficácia da alteração com a respetiva deliberação, porquanto a primeira estava dependente de escritura pública, criando-se assim um hiato temporal entre deliberação e eficácia (85.º/3, versão original).

5 A norma mantém utilidade. Nas matérias que não contendam com interesses de terceiros, os sócios podem querer atribuir eficácia retroativa a uma alteração tendente a clarificar uma prática societária pretérita, como acontecerá, por exemplo, se na ausência de estipulação contratual, os sócios de uma sociedade por quotas tiverem deliberado a realização de prestações suplementares (210.º). Atribuída eficácia retroativa à permissão contratual introduzida pela alteração do pacto, alcança-se, nas relações internas, segurança jurídica e paz societária.

6 A interpretação *a contrario* do 86.º/1 permite concluir pela inadmissibilidade da atribuição de eficácia retroativa à alteração do contrato nas relações com terceiros, *vide* o 14.º do CRCom. A *ratio* parece clara: apenas podem ser opostas a terceiros as cláusulas contratuais cujo conhecimento lhes seja exigível, i.e. as que constem do registo à data da constituição da relação jurídica com a sociedade. Se assim é, os limites à proibição também parecem desenhar-se: quando a alteração do contrato seja benéfica para *todos* os terceiros que com a sociedade se possam cruzar, os sócios poderão, por unanimidade, atribuir-lhe eficácia retroativa[1].

[1] Contra, Raúl Ventura, *Alterações do contrato de sociedade,* 77. O exemplo citado, não é, no entanto, conclusivo, já que a mudança de representação conjunta da sociedade para representação individual, se bem que benéfica para os terceiros que contaram com a vinculação da sociedade na segunda forma, é prejudicial para os restantes credores sociais, que beneficiam da eventual inoponibilidade à sociedade do negócio celebrado por representante individual. Uma alteração retroativa inequivocamente benéfica para terceiros seria a assunção pelos sócios de responsabilidade direta para com os credores da sociedade, nos termos do artigo 198.º/1 que abrangesse as obrigações constituída antes da alteração.

III – **O aumento das prestações impostas pelo contrato**

7 4. **Âmbito de aplicação**. O 86.º/2 exige o consentimento dos sócios que vejam aumentadas as prestações impostas pelo contrato de sociedade.

8 A presente limitação aplica-se a qualquer prestação, seja qual for a sua natureza, a que os sócios se encontrem adstritos por força do contrato de sociedade: (a) as obrigações de entrada; (b) as prestações acessórias; (c) as prestações suplementares; (d) a obrigação de realização de suprimentos; (e) outras prestações que, ao abrigo da autonomia privada, os sócios tenham convencionado no contrato de sociedade.

9 Fica, ainda, abrangida a modificação do regime das prestações já contratualmente previstas, em sentido mais gravoso para os sócios: algum ou alguns, ou, todos.

10 5. ***Ratio* do consentimento**: decorre dos princípios do Direito das obrigações. Não é juridicamente admissível que a vontade maioritária possa impor, a algum sócio e contra a sua vontade, o aumento das obrigações por este livremente assumidas. Todavia, o concreto meio técnico-formal eleito pelo legislador para a concretizar pode suscitar algumas questões. Com efeito, ao passo que, para a atribuição de efeitos retroativos à modificação, o legislador exigiu a unanimidade (n.º 1), para o aumento das prestações bastou-se com o consentimento dos sócios.

11 6. **A forma do consentimento**. Nos termos do 55.º, o consentimento dos sócios pode ser prestado expressa ou tacitamente (217.º/1, do CC). O expresso é, normalmente, prestado por documento particular exarado antes ou depois da data da deliberação, como prevê, por exemplo, o 233.º/3, para a amortização. Esta *praxis* não é, todavia, uma exigência legal.

12 7. **O consentimento do sócio e o seu comportamento em assembleia geral**. O sócio cujo consentimento se exige, se presente em assembleia geral, pode adotar um de três comportamentos: (a) vota a favor; (b) rejeita a deliberação; (c) abstém-se.

13 Votando favoravelmente, o sócio consente o aumento das suas prestações, já que não é possível querer a deliberação e não consentir no aumento que a mesma consubstancia: há consentimento expresso.

14 Verificando-se um voto negativo, nada obsta a que o sócio venha, posteriormente, a consentir na deliberação[2], já que tendo votado vencido a proposta pode, contudo, querer sujeitar-se à vontade maioritária e aceitar o aumento das prestações que a deliberação lhe acarreta[3].

15 Maiores dúvidas se colocam quanto à abstenção do sócio. Para Pinto Furtado, a abstenção representa um comportamento de indiferença perante o resultado da votação devendo daí retirar-se que o sócio aceita, de ânimo igual, tanto a rejeição da proposta como a sua aprovação. Nessa *indiferença* vê o autor uma manifestação tácita da vontade do sócio consentir na deliberação[4].

16 Temos sérias reservas quanto a este entendimento. Em primeiro lugar, o CSC, ao exigir o consentimento, requer uma manifestação de vontade efetiva dos sócios. A lei não se basta com a indiferença. Tal decorre do enquadramento teleológico desta matéria nos princípios gerais da modificação das obrigações. A abstenção em assembleia geral não revela, "*com toda a probabilidade*" (217.º/1, do CC), a vontade do sócio consentir na deliberação.

[2] Em sentido diverso, cf. Pinto Furtado, *Deliberações de sociedades comerciais*, 522, para quem o voto negativo tem o valor axiológico inverso ao voto positivo, implicando, assim, a rejeição do consentimento. Em crítica, cf. Diogo Costa Gonçalves, "Direitos Especiais e o Direito de Exoneração em sede de Fusão, Cisão e Transformação de Sociedades Comerciais", *cit.*, pp. 328 e ss.

[3] Neste sentido segue Raúl Ventura, a propósito do voto contrário à amortização. Cf., *Sociedades por quotas,* I (1999), 679 e ss.

[4] Cf. *Deliberações de sociedades comerciais*, 521.

Em segundo lugar, tal entendimento implicaria tomar por equivalente a abstenção do sócio e o voto favorável, já que àquele se lhe reconhece o mesmo efeito deste. Ora, tal determinaria, por exemplo, que o sócio em causa não pudesse intentar a ação de anulação da deliberação, nos termos do 59.º/1, por haver aprovado tacitamente a deliberação, o que não nos parece aceitável[5]. 17

O silêncio do sócio em assembleia geral não importa, assim, o consentimento na deliberação. 18

8. **Efeitos do não consentimento**. Diferentemente do n.º 1, ao abrigo do qual a falta de unanimidade determina a invalidade da deliberação[6], a ausência do consentimento do sócio implica a ineficácia da alteração. Contra o 55.º, a ineficácia do 86.º/2 não é um caso de ineficácia total: a deliberação de alteração apenas não produz efeitos quanto aos sócios que nela não hajam consentido. Em relação a todos os outros, a deliberação é eficaz. Assim, por exemplo, a deliberação de alteração do contrato que inclua a modificação do valor nominal das prestações suplementares devidas por todos os sócios exige, nos termos do n.º 2, o consentimento de todos eles. Se determinado sócio não consentir na deliberação, o valor nominal das prestações suplementares será, efetivamente, aumentado, mas não poderá ser exigido contra ele. 19

Secção II – Aumento do capital

Artigo 87.º (Requisitos da deliberação ou decisão)

1. A deliberação de aumento do capital deve mencionar expressamente:

***a*) A modalidade do aumento do capital;**

***b*) O montante do aumento do capital;**

***c*) O montante nominal das novas participações;**

***d*) A natureza das novas entradas;**

***e*) O ágio, se o houver;**

***f*) Os prazos dentro dos quais as entradas devem ser efetuadas, sem prejuízo do disposto no artigo 89.º;**

***g*) As pessoas que participarão nesse aumento.**

2. Para cumprimento do disposto na alínea *g*) do número anterior, bastará, conforme os casos, mencionar que participarão os sócios que exerçam o seu direito de preferência, ou que participarão só os sócios, embora sem aquele direito, ou que será efetuada subscrição pública.

3. Não pode ser deliberado aumento de capital na modalidade de novas entradas enquanto não estiver definitivamente registado um aumento anterior nem estiverem vencidas todas as prestações de capital, inicial ou proveniente de anterior aumento.

[5] Esta hipótese é rejeitada por Pinto Furtado, em argumentação que não sufragamos. Cf. *ibidem*.

[6] Paulo de Tarso Domingues, *Anotação ao artigo 86.º*, cit., sugere que é aqui aplicável o regime da ineficácia previsto no artigo 55.º: a deliberação apenas ganharia eficácia após o consentimento de *todos* os sócios. Não se vislumbra porém qualquer vantagem no regime da ineficácia, uma vez que o que se pretende com a atribuição de retroatividade é a paz societária e a segurança jurídica nas relações societárias, objetivos que não são alcançados numa situação de pendência, potencialmente perpétua.

4. O sócio de sociedade por quotas que por si ou juntamente com outros reunir a maioria de votos necessária para deliberar a alteração do contrato de sociedade pode comunicar à gerência o aumento do capital social por conversão de suprimentos registados no último balanço aprovado de que seja titular.

5. O órgão de administração procede à comunicação por escrito, no prazo máximo de 10 dias, aos sócios que não hajam participado no aumento referido no número anterior, com a advertência de que a eficácia do aumento depende da não oposição expressa de qualquer um daqueles, manifestada por escrito, no prazo de 10 dias, contados da comunicação de conversão.

Bibliografia: Pedro de Albuquerque, *Direito de preferência dos sócios em aumentos de capital nas sociedades anónimas e por quotas* (1993); António Menezes Cordeiro, *Direito europeu das sociedades* (2005), 181 ss.; *id.*, 1 (2011), 1121 ss.; Paulo Olavo Cunha, *Direito das sociedades comerciais* (2007), 445 ss.; Paulo de Tarso Domingues, *O aumento do capital social com créditos*, em J. L. Saldanha Sanches e outros, *O Direito do balanço e as normas internacionais de relato financeiro* (2007), 119-137; *id.*, *Anotação ao artigo 87.º* em *Código em Comentário* (2011), 61-66; Jorge Pinto Furtado (2004), 513 ss.; José Ferreira Gomes, *Alterações aos artigos 97.º e 88.º do Código das Sociedades Comerciais – Conversão de créditos de suprimentos em capital*, RDS IX (2017), 1, 25-31; Fernando Oliveira e Sá, *A transformação de créditos em capital e o problema das entradas em espécie ocultas*, em CSC/20 anos, II (2007), 671-703; Nogueira Serens, *Notas sobre a sociedade anónima* (1997), 116-123; Maria Ângela Bento Soares, *Aumento do capital*, em AAVV (2002), 237-255; Raúl Ventura, *Adaptação do Direito Português à Segunda Directiva do Conselho da Comunidade Económica Europeia sobre o Direito das Sociedades* (1980), 67 e ss.; *id.*, *Alterações do contrato de sociedade*, 2.ª ed. (1998, reimp., 2003), 93 e ss..

Índice

I – **Origem, âmbito e sentido material**
1. Origem e reforma de 2017 1
2. Âmbito 2
3. Sentido material 3

II – **A deliberação de aumento**
4. Competência 4
5. Quórum e maioria 6
6. Conteúdo mínimo 7
7. Forma 8
8. Publicidade 9
9. Momento 10

III – **O regime especial para as sociedades por quotas**
10. A dispensa de assembleia 14
11. Comentário 16

I – Origem, âmbito e sentido material

1 1. **Origem**. O artigo mantém-se inalterado desde a aprovação do Código, em 1986, quanto aos seus três primeiros números. Os 4 e 5 foram acrescentados pelo 2.º do DL 79/2017, de 30-jun.. Recorde-se que este diploma visou relançar a economia e o emprego, atuando, entre outros aspetos, no campo da simplificação. A retificação 21/2017, de 25-ago., alterou a epígrafe do preceito acrescentando, depois de "deliberação", "ou decisão". Além disso, ela alterou o n.º 4, substituindo "gerentes ou administradores" por "gerência" e o n.º 5, trocando "administração" por "órgão de administração". Fica claro que o novo preceito se aplica a SPQ, tendo havido pouco cuidado na preparação da reforma e na sua revisão.

2 2. **Âmbito**. Apesar da aparente generalidade, basta uma leitura atenta para verificar que as normas constantes do 87.º não se aplicam a *todos* os aumentos de capital (comparem-se, por exemplo, as normas constantes do 87.º/1 e 3 com as normas *espelho*, para o aumento de capital por incorporação de reservas, constantes respetivamente do 91.º/3 e 4). Com efeito, pode concluir-se que enquanto os 87.º a 89.º são aplicáveis aos aumentos de capital por novas entradas, os 91.º a 93.º aplicam-se aos aumentos de capital por incorporação de reservas.

3. **Sentido material.** O preceito comentado enumera, nos n.os 1 e 2, as menções que devem constar na deliberação de aumento. O n.º 3 regula o *momento* a partir do qual o aumento do capital pode ser deliberado pelos sócios, proibindo que o aumento por novas entradas tenha lugar antes de registado um aumento anterior, ou antes de vencidas as obrigações de realização do capital, decorrentes da constituição da sociedade ou de um aumento anterior. O n.º 4 e o n.º 5 regulam a nova modalidade simplificada de aumento, através da impropriamente designada "conversão" de suprimentos em capital, aplicável às sociedades por quotas. 3

II – A deliberação de aumento

4. **Competência**: rege para todos os tipos sociais, a norma geral constante do 85.º/1: cabe aos sócios deliberar sobre esta alteração ao contrato, salvo quando a lei permita atribuir cumulativamente essa competência a algum outro órgão. Esta possibilidade apenas acontece, atualmente, nas SA: o 456.º permite a competência cumulativa do órgão de administração, dentro de limites estreitos[1]. O 25.º da 2.ª Diretriz era claro no sentido de atribuir a competência para a deliberação de aumento de capital à assembleia geral de forma principal, sendo a competência de outro órgão da sociedade meramente cumulativa, e balizada por limites estreitos[2]. 4

Tendo em conta a letra do 25.º da 2.ª Diretriz, deve questionar-se a compatibilidade da norma constante do 198/2.º, *b*) do CIRE, quando prevê como providência específica do plano de insolvência, a aprovar pelos credores societários, *um aumento do capital social, em dinheiro ou em espécie, a subscrever por terceiros ou por credores, nomeadamente mediante a conversão de créditos em participações sociais, com ou sem respeito pelo direito de preferência dos sócios legal ou estatutariamente previsto*. Independentemente das questões derivadas da exclusão, pelos credores, do direito de preferência em que estariam investidos os sócios[3], a norma do CIRE contradiz o 25.º da 2.ª Diretriz, que prevê como única exceção à competência dos sócios a atribuição de competência cumulativa ao órgão de administração, em termos muito restritos (25.º/2). O TJCE afirmou, repetidamente, a desconformidade da legislação grega da insolvência com o Direito comunitário, na medida em que retirava a competência para deliberar o aumento do capital aos sócios, entregando-a a entidades públicas ou aos credores[4]. 5

5. **Quórum e maioria**[5] para a aprovação da deliberação de aumento de capital: rege como norma geral o 85.º/2, que manda aplicar o disposto para cada tipo social. 6

6. **Conteúdo mínimo**: rege o 87.º/1. A alínea *a*) refere a modalidade do aumento do capital, devendo ficar claro, na deliberação, se o mesmo se processa através de **novas entradas** ou através da incorporação de reservas. Caso seja deliberado um aumento do capital social por novas entradas, deve também ser discriminada a natureza das mesmas (entradas em dinheiro ou em espécie). A deliberação deve também conter: o montante do aumento do capital – *b*); o valor nominal das novas participações *c*); a natureza das novas entradas – *d*); o ágio, se tiver sido exigido – *e*); os prazos de realização das entradas – *f*); a identificação das pessoas que participam 7

[1] *Vide* as anotações ao 456.º.

[2] Neste sentido, RLx 26-mar.-1998 (Quirino Soares), CJ XXIII (1998) 2, 117-122: é nula uma deliberação, ainda que unânime, dos sócios (em AG), que delegue, incondicional e genericamente, no conselho de administração a sua competência para aumentar o capital social.

[3] *Vide* as anotações ao 458.º.

[4] Com referências, a este propósito, por todos, Maria Ângela Bento Soares, *Aumento do capital*, cit., 242-243; Habersack, *Europäisches Gesellschaftsrecht* (2003), 133-137.

[5] RCb 2-dez.-1992 (Victor Rocha), CJ XVII (1992) 5, 69-72: o facto de uma deliberação para aumento de capital não ter sido votada pela maioria de 3/4 dos votos correspondentes ao capital social, implica a simples anulabilidade daquela.

no aumento[6] – *g*), considerando-se esta última exigência verificada quando se faça uma de três menções (87.º/2): (a) que participam os sócios que exercerem o direito de preferência; (b) que participam apenas os sócios, sem que possam deitar mão daquele direito; (c) que o aumento se realizará através de subscrição pública.

8 7. **Forma**: regia a antiga versão do 85.º/3, segundo a qual o aumento de capital, por novas entradas ou por incorporação de reservas, deveria sempre ser consignado em escritura pública. O DL 76-A/2006, de 29-mar., adotando *medidas de simplificação e eliminação de actos e procedimentos registrais e notariais* em matéria de Direito das sociedades, veio eliminar este requisito de forma, bastando-se com a forma escrita (85.º/3), que se considera verificada, de modo geral, com a ata da deliberação de aumento (85.º/4). Apenas assim não será quando a lei exigir forma mais solene, por virtude da transmissão de bens pelos sócios que a exijam, a título de entradas em espécie (cf. entrada em bens imóveis e o 875.º do CC), ou quando forem exigidos documentos adicionais, que acrescem à ata (ex. relatório do ROC nas entradas em espécie).

9 8. **Publicidade**: o aumento do capital social está sujeito a registo comercial – 3.º/1, *r*) do CRCom –, que deve ser pedido no prazo de dois meses a contar da data da deliberação (15.º/3, do CRCom), bem como a publicação obrigatória (70.º/1 do CRCom), que, hoje, se processa oficiosamente, através de disponibilização em sítio da Internet (70.º/2, do CRCom).

10 9. **Momento** a partir do qual o aumento do capital pode ser deliberado: a norma do 87.º/3 visa proteger os credores da sociedade, por um lado, e os participantes no aumento, quer já tenham a qualidade de sócio, quer venham a obtê-la através desta alteração contratual. Fixando como requisito temporal mínimo, para o aumento, o registo de aumento anterior, é tutelada a *transparência* nas relações entre a sociedade e terceiros.

11 Acrescentando como requisito temporal adicional o vencimento das obrigações de entrada anteriormente assumidas, o legislador pretendeu tutelar sobretudo os participantes no novo aumento. Antes deste momento, não é possível determinar com segurança a necessidade de financiamento adicional e a correspondente extensão. Por outro lado, na ausência desta norma, os antigos sócios seriam beneficiados em relação aos participantes do aumento, já que as necessidades de financiamento anteriormente detetadas seriam satisfeitas à custa dos recursos aportados por estes últimos, quando o poderiam ter sido mediante o cumprimento das obrigações dos primeiros.

12 Pode no entanto sustentar-se que o legislador português não utilizou o mecanismo técnico mais eficiente para tutelar o interesse referido, já que se bastou com o vencimento das obrigações de entrada – não exigindo então o respetivo cumprimento –, para viabilizar o aumento do capital. Esta última solução colocaria a viabilidade do aumento na boa vontade dos anteriores sócios ou na eficácia da sociedade no cobrar dos respetivos créditos[7]. Mas ao facilitar o aumento, o legislador limitou a efetividade da norma: os antigos sócios, sem que tenham contribuído com bens para a sociedade, podem beneficiar dos lucros resultantes do emprego das contribuições realizadas pelos novos participantes, por exemplo através do cumprimento das respetivas obrigações de entrada por compensação (27.º/4)[8].

13 A doutrina tem apontado, como exceções à norma constante do 87.º/3, o caso de ações próprias não liberadas (cuja aquisição, de qualquer modo, é excecional, 318.º/1) e o caso de as

[6] REv 13-fev.-1992 (Matos Canas), CJ XVII (1992) 1, 280-282: I – O CSC determina que se deve mencionar expressamente as pessoas que participam no aumento do capital social; II – Assim, não é nula a deliberação social que onerou um único sócio com o aumento de capital social acordado na reunião.

[7] Raúl Ventura, *Alterações*, 118-119.

[8] Para uma crítica a esta opção do legislador, por todos, Pinto Furtado (2004), 514-516.

obrigações não vencidas corresponderem a um aumento do capital cuja aprovação tenha sido deliberada para viabilizar a emissão de obrigações convertíveis (366.º/3)[9].

III – **O regime especial para as sociedades por quotas**

10. **A dispensa de assembleia**, nas sociedades por quotas, foi facultada pelo DL 79/2017. Tal 14
sucede quando um sócio que, por si ou conjuntamente com outros, reúna a maioria de votos necessária para deliberar a alteração, opte por comunicar à administração o aumento por conversão de suprimentos registados no último balanço, de que seja titular (n.º 4).

A gerência comunica no prazo máximo de 10 dias, aos demais sócios, o aumento, adver- 15
tindo-os de que a sua eficácia depende da não-oposição expressa de qualquer deles, no prazo de 10 dias, contados da comunicação da conversão (n.º 5). Aliás: da receção da comunicação em causa, nos termos gerais do 224.º/1 do CC.

11. **Comentário**. Este esquema pode, nalguns casos, ser mais simples do que o da convocação 16
dos sócios para uma assembleia geral. Noutros, pelo contrário, só complica: mas os interessados escolherão. Já parece de estranhar a inserção de uma regra especial para as sociedades por quotas, na parte geral do CSC. Além disso, as diversas comunicações só podem ser eficazes depois de recebidas: um ponto menos claro na pena do legislador de 2017. Quanto às retificações resultantes da Declaração 21/2017: falam por si.

Artigo 88.º (Eficácia interna do aumento de capital)

1. Excetuando o disposto no n.º 5 do artigo anterior, considera-se, para todos os efeitos internos, que o capital é aumentado e as participações constituídas na data da deliberação, se da respetiva ata constar quais as entradas já realizadas e que não é exigida por aquela, pela lei ou pelo contrato a realização de outras entradas.

2. Caso a deliberação não faça referência aos factos mencionados na parte final do número anterior, e no caso do disposto no n.º 5 do artigo anterior, o capital considera-se aumentado e as participações consideram-se constituídas na data em que qualquer membro da administração declarar, por escrito e sob sua responsabilidade, quais as entradas já realizadas e que não é exigida pela lei, pelo contrato ou pela deliberação a realização de outras entradas.

Bibliografia: Pedro de Albuquerque, *Direito de preferência dos sócios em aumentos de capital nas sociedades anónimas e por quotas* (2004), 147-162; António Pereira de Almeida (2008), 737-739; Osório de Castro, *Valores mobiliários – Conceito e espécies* (1998), 213-214; António Menezes Cordeiro 1 (2011), 1121-1122; Paulo Olavo Cunha, *Direito das sociedades comerciais* (2007), 445 e ss.; Paulo de Tarso Domingues, *Anotação ao artigo 88.º – Código em Comentário*, (2011), 67-72; João Labareda, *Das acções das sociedades anónimas* (1988); Maria Ângela Bento Soares, *Aumento do capital*, em AAVV (2002), 245-248; Armando Manuel Triunfante, *Código das Sociedades Comerciais Anotado* (2007), 90-96; Raúl Ventura, *Alterações do contrato de sociedade* (1986), 129-134.

[9] Raúl Ventura, *Alterações*, 119-120.

Índice

I – **Origem e reforma**
1. Versão original 1
2. Reforma de 2006 3
3. Reforma de 2017 4

II – **Regime**
4. Âmbito de aplicação 5
5. Sentido material 6

III – **Questões suscitadas na aplicação**
6. A transmissão de participações antes do registo 9
7. A revogação da deliberação de aumento 12

I – Origem e reforma

1 1. **Versão original**, derivada do DL 262/86, de 2-set., dispunha[1]:

> Para todos os efeitos internos, o capital considera-se aumentado e as participações consideram-se constituídas a partir da celebração da escritura pública.

2 Trata-se de uma fórmula derivada do projeto de Raúl Ventura, sem trabalhos preparatórios conhecidos.

3 2. **Reforma de 2006**. O DL 76-A/2006, de 29-mar., visando remover a escritura, alterou em profundidade o preceito, dando-lhe a redação atual[2]. O preceito foi retificado em 24-mai.-2006: no final do n.º 1, foi acrescentado "por aquela"[3].

4 3. **Reforma de 2017**. O DL 79/2017, de 30-jun., fez mexidas no preceito para ressalvar o 87.º/5, relativo a sociedades por quotas, introduzido nessa ocasião. A alteração seria dispensável se (como se impunha) os números 4 e 5 do 87.º tivessem sido colocados na parte relativa às SPQ. Além disso, repete-se, na mesma proposição, "anterior", o que não é bom português.

II – Regime

5 4. **Âmbito de aplicação.** Ao contrário do 87.º, que dispõe de uma norma *espelho* para a disciplina do aumento por incorporação de reservas, o 88.º não encontra paralelo no regime dos 91.º a 93.º. Assim sendo, aplica-se ao aumento do capital por novas entradas, de forma direta e deve aplicar-se analogicamente ao aumento do capital por incorporação de reservas, na parte que atribui eficácia interna à deliberação de aumento.

6 5. **Sentido material.** Dispensada a escritura pública, o 88.º/1 reporta a eficácia *interna* do aumento à respetiva data da deliberação: mas apenas se, na ata que titula a deliberação, constarem quais as entradas já realizadas e que o capital subscrito se encontra integralmente realizado. Caso contrário, a eficácia *interna* do aumento é postergada para a data em que qualquer membro da administração declarar quais as entradas realizadas e que o capital subscrito foi integralmente realizado (88.º/2).

7 O 88.º gerou alguma perplexidade por parecer desconsiderar a possibilidade genérica de diferimento da realização das entradas em dinheiro (26.º), concretizada nos 202.º/2 (SPQ) e 277.º/2 e 285.º/1 (SA). Mas pode-se compatibilizar: entendendo que a deliberação de aumento deve identificar as entradas já realizadas, bastando-se com a afirmação adicional que não são

[1] DR I Série, n.º 201, de 2-set.-1986, 2311/II.

[2] DR I Série-A, n.º 63 (Supl.), de 26-mar.-2006, 2328-(10)/I e II.

[3] Retificação n.º 28-A/2006, n.º 5, DR I Série-A, n.º 102 (Supl.), de 26-mai.-2006, 3572-(2)-3572-(3), 3572-(2)/I.

exigíveis, naquele momento, novas entradas, por virtude da deliberação, da lei ou dos estatutos. As entradas diferidas, embora tenham ainda que ser realizadas, ainda não são *exigíveis*.

Como acima foi referido – a propósito do 85.º – a eficácia *externa* do aumento tem como termo inicial o registo na Conservatória do Registo Comercial –3.º/1, *r*); 15.º/1 e 14.º CRCom). 8

III – **Questões suscitadas na aplicação**

6. **A transmissão de participações antes do registo**. Quanto à delimitação do conceito de *efeitos internos*, a doutrina clássica, pronunciando-se na vigência do 304.º/6 (*os títulos provisórios ou definitivos não podem ser emitidos ou negociados antes da inscrição definitiva do contrato de sociedade ou do ato de aumento de capital no registo comercial*), configurava a transmissão de participações a terceiros como um *efeito externo*, posterior ao registo[4]. 9

Esta posição esquecia a integração do 88.º na parte geral – pelo que o argumento extraído do 304.º/6 não poderia valer para a transmissão de quotas –, e dificilmente se compatibilizava com a letra do 88.º/1, na parte em que refere que *as participações consideram-se constituídas na data da deliberação*. Com efeito, se a participação social existe logo a partir da deliberação "seria estranho se não pudesse ser transaccionada"[5]. 10

Assim, antes do registo, mas após a deliberação de aumento (88.º/1) ou a declaração de qualquer membro da administração (88.º/2), já estão constituídas as participações, podendo a respetiva transmissão realizar-se por vias extra-cartulares, enquanto não forem emitidos os títulos correspondentes[6]. 11

7. **A revogação da deliberação de aumento**. A irrevogabilidade da deliberação de aumento, uma vez tomada, foi sustentada entre nós por Pedro de Albuquerque: a deliberação tornar-se-ia irrevogável por criar, na esfera jurídica do sócio, o direito de participar preferencialmente no aumento. Uma eventual revogação equivaleria a uma disposição, "por sua única vontade, dos chamados direitos adquiridos"[7]. 12

Posição discordante é a de Osório de Castro, que reconduz o processo de subscrição a uma figura negocial *sui generis* – o contrato de subscrição –, que está condicionada à realização do aumento, e, consequentemente, à sua não-revogação. 13

Independentemente da configuração dogmática da subscrição, cumpre assinalar que a obrigação de preferência da sociedade parece corresponder, como aliás a moderna dogmática civilista reconhece em matéria de pacto de preferência, a uma obrigação de conteúdo negativo[8]: a sociedade apenas violaria a obrigação de preferência caso aceitasse a subscrição por terceiros ou por outros sócios desconsiderando a subscrição preferencial de um sócio que tivesse exer- 14

[4] Raúl Ventura, *Alterações*, 133; em sentido comparável, João Labareda, *Das acções das sociedades anónimas* (1988), cit., 221. Após a reforma de 2006, parece ainda perfilhar este entendimento Armando Manuel Triunfante, *Código das Sociedades Comerciais Anotado*, 96.

[5] Osório de Castro, *Valores mobiliários*, 86.

[6] Osório de Castro, *Valores mobiliários*, 86; No mesmo sentido, Maria Ângela Bento Soares, *Aumento do capital*, 246. Em sentido comparável, Coutinho de Abreu 2 (2006), 372-376.

[7] Pedro de Albuquerque, *Direito de preferência*, cit., 147-162. Em sentido comparável, Maria Ângela Bento Soares, *Aumento do capital*, cit., 246-248, distingue entre os casos em que tenha sido suprimido o direito de subscrição preferencial, em que apenas o disposto em sede de ofertas públicas de subscrição limita a revogabilidade, e os casos em que os sócios possam exercer o direito de preferência. Nestes últimos, como o direito abstrato de preferência se concretizou "no momento da deliberação de aumento", ele "não mais pode ser beliscado e qualquer deliberação social que o ponha em causa deve ter-se por nula ou ineficaz".

[8] Por todos, Menezes Leitão, *Direito das obrigações*, I, cit., 248-249; Carlos Lacerda Barata, *Da obrigação de preferência*, cit., 150-160.

cido o seu direito. Mas o sócio não tem, mesmo quando exerça a preferência, um direito à participação social, limitando-se a titular um direito a uma prestação de conteúdo negativo, de que é devedora a sociedade. Parece assim difícil construir através do 88.º um limite específico à revogabilidade da deliberação de aumento, que encontrará apenas, por isso, os limites gerais.

A deliberação de aumento realizada por ocasião da emissão de obrigações convertíveis em ações (366.º/3) é, ela sim, intangível. Neste caso, com efeito, admitir a revogação corresponderia a reconfigurar as obrigações convertíveis em obrigações simples, de forma unilateral. O obrigacionista tem direito à conversão[9].

Artigo 89.º (Entradas e aquisição de bens)

1. Aplica-se às entradas nos aumentos de capital o preceituado quanto a entradas da mesma natureza na constituição da sociedade, salvo o disposto nos números seguintes.

2. Se a deliberação for omissa quanto à exigibilidade das entradas em dinheiro que a lei permite diferir, são elas exigíveis a partir do registo definitivo do aumento de capital.

3. A deliberação de aumento de capital caduca no prazo de um ano, caso a declaração referida no n.º 2 do artigo 88.º não possa ser emitida nesse prazo por falta de realização das entradas, sem prejuízo da indemnização que for devida pelos subscritores faltosos.

4. Para efeitos de verificação das entradas, no caso de conversão de suprimentos, é suficiente declaração do contabilista certificado ou do revisor oficial de contas, sempre que a revisão de contas seja legalmente exigida, mencionando que a quantia consta dos regimes contabilísticos bem como a proveniência e a data.

5. A declaração prevista no número anterior faz parte integrante da documentação sujeita às formalidades de publicidade prescritas no presente Código, podendo publicar-se apenas menção do respetivo depósito no registo comercial.

Bibliografia: António Pereira de Almeida, *Sociedades Comerciais,* cit., 737-739; José de Oliveira Ascensão (2000), 135-148; António Menezes Cordeiro, *Direito europeu das sociedades* (2005), 181 ss.; *id.*, 1 (2011), 1121-1122; Paulo Olavo Cunha, *Direito das sociedades comerciais* (2007), 445 e ss.; Jorge Pinto Furtado (2004), 514-519; Paulo de Tarso Domingues, *O aumento do capital com créditos,* em Saldanha Sanches (org.), *O Direito do balanço e as normas internacionais de relato financeiro* (2007), 119-137; *id., Comentário ao Artigo 89.º – Código em Comentário* (2011), 73-79; José Ferreira Gomes, Alterações aos artigos 97.º e 88.º do Código das Sociedades Comerciais - Conversão de créditos de suprimentos em capital, RDS IX (2017), 1, 25-31; Fernando Oliveira e Sá, *A transformação de créditos em capital e o problema das entradas em espécie ocultas*, em CSC/20 anos, II (2007), 671-703; Nogueira Serens, *Notas sobre a sociedade anónima*, cit., 119-123; Maria Ângela Bento Soares, *Aumento do capital,* em AAVV (2002), 243-245; Armando Manuel Triunfante, *Código das Sociedades Comerciais Anotado,* cit., 96-97; *id., O Regime das Entradas na Constituição das Sociedades por Quotas e Anónimas* (2014); Raúl Ventura, *Adaptação do Direito Português à Segunda Directiva do Conselho da Comunidade Económica Europeia sobre o Direito das Sociedades* (1980), 73-74; *id., Alterações do contrato de sociedade* (1986), 87 ss..

[9] Maria Ângela Bento Soares, *Aumento do capital*, 247; Osório de Castro, *Valores mobiliários*, 183.

Índice

I – Origem, evolução e Direito europeu
1. Redação inicial 1
2. Reformas de 1987 e de 2006 3
3. Direito europeu 5
4. Reforma de 2017 6

II – Regime
5. Âmbito de aplicação e conexões relevantes 7
6. Sentido material 10

III – Questões suscitadas pela aplicação das normas
7. Obrigação de entrada e compensação 14
8. Aquisição de bens a acionistas 18

IV – O regime das sociedades por quotas (n.º 4 e n.º 5)
9. O Decreto-Lei n.º 79/2017 19

I – Origem, evolução e Direito europeu

1. **Redação inicial**. O 89.º advém, segundo Raúl Ventura, do 52.º do Projeto da sua autoria, que foi objeto de algumas alterações na 3.ª revisão ministerial (cf., *supra*, introdução ao Capítulo VIII). 1

A redação original, aprovada pelo DL 262/86, de 2-set., continha um n.º 5, com a seguinte redação: 2

> Para os efeitos de escritura e registo, as entradas provam-se por recibo da sociedade ou de representante desta, salvo se forem exigidas formalidades especiais para a transmissão dos bens respetivos.

2. **Reformas de 1987 e de 2006**. O n.º 5 da versão original foi revogado pelo DL 270/87, de 8-jul.. 3

Dispensada a necessidade de titular a alteração estatutária por escritura pública, o DL 76-A/2006, de 29-mar. revogou o n.º 2 da versão inicial, onde se podia ler que *as entradas em espécie devem ser totalmente efectuadas até à celebração da escritura pública ou nesta, se tal forma for necessária para a transmissão dos bens; neste segundo caso, o transmitente outorgará também a escritura*. O anterior n.º 3 passou a n.º 2, incólume, e o anterior n.º 4 passou a n.º 3, com ligeiras alterações. 4

3. **Direito europeu**. A aplicabilidade ao aumento das regras que disciplinam as entradas por ocasião da constituição da sociedade resulta do 27.º/2, 3 e 4 da 2.ª Diretriz[1]. 5

4. **Reforma de 2017**. O DL 79/2017, de 30-jun., dentro da intenção legislativa de introduzir simplificações, acrescentou os atuais n.º 4 e n.º 5. Assim, a referência a "suprimentos" sem mais não é correta, já que eles são admitidos quanto às SA[2]. 6

II – Regime

5. **Âmbito de aplicação e conexões relevantes.** As normas do 89.º apenas se aplicam, como resulta da sua própria epígrafe, ao aumento de capital por novas entradas. 7

A aplicação do regime das entradas na constituição da sociedade aos aumentos do capital, estabelecida pelo 89.º/1, obriga o intérprete a articular o regime do aumento com o disposto nos 25.º a 30.º, bem como com as normas especiais em matéria de entradas, de cada tipo societário. De entre estas normas, cabe destacar, em sede de aumento do capital, o 27.º/5, que proíbe a compensação como forma de extinção da obrigação de entrada (fora os casos de compensação com os lucros a distribuir ao sócio em mora) e o 29.º, que disciplina as relações entre aquisições 8

[1] Cf. António Menezes Cordeiro, *Direito europeu das sociedades* (2005), 196-197.

[2] Menezes Cordeiro, *Direito das sociedades*, 2, 298-300, com indicações.

de bens a acionistas e cumprimento da obrigação de entrada, quando entre ambas exista uma proximidade pessoal e temporal relevante.

9 Deve ainda assinalar-se a possibilidade criada pelos 198.º/2, *b*) e 203.º do CIRE, que consiste no aumento do capital da sociedade objeto de plano de insolvência, mediante a conversão de créditos em participações sociais, com o seu respeito pelo direito de preferência dos sócios legal ou estatutariamente previsto.

10 6. **Sentido material.** O sentido normativo do n.º 1 é claro, operando uma remissão para o regime geral aplicável à obrigação de entrada, compreendido entre os 25.º a 30.º, na parte geral, que devem ser complementados pelo disposto quanto a cada tipo societário. Remete-se, por isso, para o comentário a esses artigos.

11 O n.º 2 estabelece uma regra supletiva em relação à exigibilidade das entradas em dinheiro, quando a lei permita o respetivo diferimento, e a deliberação seja omissa: a sociedade pode interpelar o sócio para cumprir a obrigação de entrada a partir do registo definitivo do aumento.

12 O n.º 3 fixa uma regra de caducidade (1 ano), que fará cessar os efeitos do aumento, caso não sejam realizadas integralmente as entradas a que os sócios se comprometeram por ocasião da subscrição das novas participações. Este preceito deve ser articulado com a possibilidade, *lícita*, de diferimento da realização de entradas em dinheiro. Assim sendo, a caducidade apenas verterá os seus efeitos sob o aumento do capital quando não for possível, no prazo de um ano a contar da deliberação, fazer realizar todas as entradas dos sócios que *já* sejam exigíveis.

13 Para efeitos de aplicação deste artigo, deve assimilar-se à realização da entrada a venda da quota do sócio excluído por incumprimento da respetiva obrigação, bem como o cumprimento da obrigação de entrada pelos restantes sócios (203.º e seguintes). Os mecanismos previstos no 203.º devem, no entanto, iniciar-se e terminar no prazo de 1 ano a contar da data da deliberação.

14 O n.º 4 e o n.º 5 estabelecem regras especiais para verificação dos pressupostos da modalidade - também ela especial –, de aumento do capital prevista nos novos n.º 4 e n.º 5 do artigo 87.º

III – **Questões suscitadas pela aplicação das normas**

15 7. **Obrigação de entrada e compensação**. A doutrina nacional e estrangeira tem prestado atenção cuidada às formas engendradas para contornar as regras imperativas que regulam a obrigação de entrada. O objetivo de quase todas é o de conseguir que, através de pretensas entradas em dinheiro, sejam contornadas as regras que impõem, nas entradas em espécie, a avaliação por parte de revisor oficial de contas. Suscitam-se, aí, vários problemas, dos quais destacamos dois.

16 O primeiro refere-se aos casos em que o participante num aumento por novas entradas em dinheiro detém um crédito sobre a sociedade anterior a esta operação. Os riscos para a efetividade do capital social são evidentes, e o problema consequente fácil de enunciar: "numa situação de aumento de capital em dinheiro, a conversão de um crédito do subscritor sobre a sociedade em capital social é conseguido através de um *efeito extintivo* entre o crédito de entrada da sociedade e o crédito do subscritor sobre a sociedade. Nestas situações, o problema está em saber o que verdadeiramente o sócio *prestou* à sociedade, se uma entrada em dinheiro, ou um crédito suscetível de constituir o objeto de uma entrada em espécie, sem a observância do regime imperativo aplicável a esta forma de entradas"[3]. Numa primeira análise o 27.º/5 pareceria resolver esta questão de forma categórica, ao proibir que a obrigação de entrada fosse extinta por compensação.

[3] Fernando Oliveira e Sá, *A transformação de créditos em capital e o problema das entradas em espécie ocultas*, 672-673.

No entanto, o participante no aumento, através de um esforço financeiro adicional, pode tentar contornar esta proibição: cumpre a obrigação de entrada em dinheiro e subsequentemente a sociedade paga a dívida titulada pelo sócio[4]. O problema não fica diretamente resolvido pelo 29.º, porque a letra do n.º 3 parece apenas resolver os casos em que a aquisição de bens aos participantes no aumento ocorra nos dois anos seguintes aos do aumento: no caso configurado, a aquisição de bens ao participante, da qual resultou o crédito, ocorreu *antes* do aumento. A 2.ª Diretriz não parece auxiliar neste caso, já que nem sequer obriga a que o disposto no seu 11.º (aquisição de bens a sócios) seja aplicado aos aumentos do capital. Além do mais, este artigo apenas se aplica às SA e às SCA. 17

8. **Aquisição de bens a acionistas**. O segundo reporta-se aos casos em que o participante no aumento é, subsequentemente, parte em negócio translativo com a sociedade, alienando um bem que poderia ter entregado em espécie, por ocasião do aumento. Nesses casos, já se poderá aplicar o 29.º/1, *c*), que estende o regime aí previsto às aquisições de bens pela sociedade aos sócios realizadas nos dois anos seguintes ao registo do aumento do capital, desde que os restantes requisitos estejam verificados. No entanto, cumpre relembrar que o referido preceito apenas se aplica às sociedades anónimas e às sociedades em comandita por ações[5], o que não deixará de causar algumas perplexidades e dificuldades na resolução de problemas concretos. Fica em aberto a possibilidade de aplicação da dogmática da fraude à lei[6]. 18

IV – O regime das sociedades por quotas (n.º 4 e n.º 5)

9. **O Decreto-Lei nº 79/2017**, de 30-jun., aditou, como referido, os atuais n.º 4 e n.º 5. Vimos que, por razões sistemáticas e de fundo, esses preceitos só se aplicam a SPQ. Com efeito, o DL 79/2017 contenta-se com uma declaração do contabilista certificado ou do ROC, quando a revisão seja legalmente exigida. Deve então ser mencionado: (a) que a quantia consta dos "regimes" (deve ser "registos", mas este ponto não foi retificado) contabilísticos; (b) qual a proveniência das quantias (dos suprimentos); (c) qual a sua data. 19

A declaração prevista no nº 4, com os seus elementos, faz parte integrante da documentação a publicitar, bastando publicar a menção do respetivo depósito no registo comercial (n.º 5). A simplificação é meritória: mas como temos vindo a alertar, as facilidades conferidas às SPQ tiram-lhes credibilidade. Por isso, a banca exige sempre garantias pessoais dos sócios, aquando da concessão de crédito, pelo que a limitação de responsabilidade nas SPQ é cada vez mais ténue. 20

Artigo 90.º (Fiscalização)

1. O notário que lavrar a escritura deve verificar, pela acta da deliberação e documentos posteriores, se o aumento de capital foi legalmente deliberado e está a ser executado regularmente.

2. O membro da administração que representar a sociedade na escritura deve declarar, sob sua responsabilidade, quais as entradas já realizadas e que não é exigida pela lei, pelo contrato ou pela deliberação a realização de novas entradas.

[4] Paulo de Tarso Domingues, *O aumento do capital social com créditos*, 134, aceita que também esta operação viola a proibição de extinção de entrada por compensação, pelo que sócio deve repetir o pagamento a que estava obrigado. Maria Ângela Bento Soares, *Aumento do capital*, 244-245, sustenta que este tipo de operações estará, em princípio, abrangido pela proibição do 29.º.

[5] Contra, sugerindo a aplicação analógica do preceito às sociedades por quotas, Fernando Oliveira e Sá, *A transformação de créditos em capital e o problema das entradas*, 685.

[6] *Idem*, 686-701.

Bibliografia: Raúl Ventura, *Alterações do contrato de sociedade*, 2.ª ed. (1998, reimp., 2003), 149-152.

1 Revogado pelo 61.º, *b*), do DL 76-A/2006, de 29-mar., com vista à supressão da escritura.

Artigo 91.º (Aumento por incorporação de reservas)

1. A sociedade pode aumentar o seu capital por incorporação de reservas disponíveis para o efeito.

2. Este aumento de capital só pode ser realizado depois de aprovadas as contas do exercício anterior à deliberação, mas, se já tiverem decorrido mais de seis meses sobre essa aprovação, a existência de reservas a incorporar só pode ser provada por um balanço especial, organizado e aprovado nos termos prescritos para o balanço anual.

3. O capital da sociedade não pode ser aumentado por incorporação de reservas enquanto não estiverem vencidas todas as prestações do capital, inicial ou aumentado.

4. A deliberação deve mencionar expressamente:

***a*) A modalidade do aumento do capital;**

***b*) O montante do aumento do capital;**

***c*) As reservas que serão incorporadas no capital.**

Bibliografia: António Menezes Cordeiro 1 (2011), 1121-1122; Paulo Olavo Cunha, *Direito das Sociedades Comerciais* (2007), 445 e ss.; Paulo de Tarso Domingues, *Comentário ao Artigo 91.º – Código em Comentário* (2011), 81-97; Jorge Pinto Furtado (2004), 526-527; Nogueira Serens, *Notas sobre a sociedade anónima* (1997), 117-119; Maria Ângela Bento Soares, *Aumento do capital*, em AAVV (2002), 237-255; Raúl Ventura, *Alterações do contrato de sociedade* (1996), 257-286.

Índice

I – **Enquadramento geral**
1. Origem 1
2. Sistemática 2

II – **Regime**
3. Requisitos 3
4. Natureza 5
5. Momento 7

III – **Questões suscitadas pela aplicação**
6. Conceito de "reservas disponíveis para o efeito" 8
7. Deliberação de aumento 14

I – Enquadramento geral

1 1. **Origem**. A redação do preceito mantém-se inalterada desde a sua aprovação, em 1986. Remete-se para as anotações ao 87.º.

2 2. **Sistemática**. Os 87.º a 89.º aplicam-se, apenas, ao aumento do capital *por novas entradas*, enquanto os 91.º a 93.º parecem regular, exclusivamente, o aumento do capital por incorporação de reservas.

II – Regime

3 3. **Requisitos**. O 91.º/1 autoriza genericamente o aumento do capital por incorporação das *reservas disponíveis para o efeito.*

A competência para o aumento de capital por incorporação de reservas reside (85.º/1), sempre, nos sócios. As exceções antevistas pelo 85.º/1, última parte (*salvo quando a lei permita atribuir cumulativamente essa competência a algum outro órgão*) apenas se referem ao aumento do capital por entradas em dinheiro (456.º/1). 4

4. **Natureza**. Ao contrário do que sucede no aumento de capital *por novas entradas,* o reforço do capital no aumento *por incorporação de reservas* faz-se através da mera alteração das regras jurídicas aplicáveis a determinadas verbas, *já existentes* no património da sociedade. Ainda assim, o principal objetivo de um aumento de capital *por incorporação de reservas* é o de reforçar a capacidade patrimonial da sociedade, já que as novas regras a aplicar – as regras relativas ao capital social – oferecem mais garantias para credores e sócios do que as anteriormente aplicáveis, que permitiam a livre distribuição dos meios económicos então existentes. 5

A incorporação de reservas é muitas vezes apelidada de "mera operação contabilística", sem que, no entanto, existam razões para tal. Os sócios, em lugar de decidirem a distribuição de meios disponíveis, sob a forma de dividendos (ou a sua manutenção como reservas livres) decidem sujeitar esses ativos ao regime do capital social, o que resultará, nomeadamente, na perda da respetiva disponibilidade (32.º). As razões que podem motivar esta decisão são as mais variadas[1] e não precisam de constar da deliberação societária: assim como era discricionária a decisão de distribuição daqueles proveitos e reservas livres como dividendos, também o é a sua incorporação no capital social. Esta modalidade de aumento apenas se aproximará de uma mera operação contabilística quando as *reservas disponíveis para o efeito* consistam na reserva legal. Mas, mesmo nesses casos, os sócios tomam uma decisão de natureza jurídica. Está claro que a mesma tem, obviamente, repercussões contabilísticas, mas também é certo que nelas não se esgota. Com efeito, nestes casos, os sócios decidem aplicar a determinados montantes o regime do capital social (que apenas lhes poderá ser devolvido através de redução) quando anteriormente eram regidos pelas normas da reserva legal (com a limitação de destinos possíveis constante do 296.º). 6

5. **Momento**. Os n.os 2 e 3 regulam o *momento* a partir do qual e as *condições* que devem estar reunidas para que o aumento do capital por incorporação de reservas possa ser deliberado pelos sócios. Neste sentido, proíbe-se o aumento do capital antes da aprovação das contas do exercício anterior, bem como a deliberação de aumento após decorridos seis meses sobre essa aprovação, a menos que seja aprovado especialmente novo balanço para o efeito. É também proibida a deliberação de aumento antes de vencidas todas as prestações de capital, inicial ou aumentado. Constam do n.º 4 (e à imagem das funções desempenhadas pelo 87.º/1 e 2 quanto ao aumento do capital *por novas entradas*) as menções que devem constar na deliberação de aumento. 7

III – **Questões suscitadas pela aplicação**

6. **Conceito de "reservas disponíveis para o efeito".** Numa primeira análise, pareceria equivalente ao de reservas chamadas *livres* ou mesmo ao de lucro do exercício distribuível. Ambos os sentidos, no entanto, não são absolutamente rigorosos. As *reservas disponíveis para o efeito*, abrangem quer os montantes expressamente contabilizados como reservas, e dentro destes mesmo a reserva legal, quer os montantes que, não estando contabilizados como reservas, sejam suscetíveis de distribuição por vontade dos sócios. O conceito é mais jurídico-societário do que contabilístico. 8

[1] Pode ser consultada uma lista considerável em Raúl Ventura, *Alterações*, cit., 259-261.

9 Basta compulsar o 296.º, *c)* para o verificar: ao contrário do que sucede noutros ordenamentos, como o italiano, os sócios podem decidir alterar o regime aplicável a montantes anteriormente regidos pelas normas aplicáveis à reserva legal, passando os mesmos a ser regidos pelas regras relativas ao capital social. Para este efeito, equivalem a reservas legais, por virtude do 295.º/2, os ágios obtidos na emissão de ações e obrigações, os saldos de reavaliação monetária que não sejam necessários para cobrir prejuízos já acusados no balanço e as importâncias correspondentes a bens obtidos a título gratuito – alíneas *a)* a *c)*.

10 Por maioria de razão, as chamadas reservas *estatutárias* podem também ser incorporadas no capital. Mesmo que os sócios lhes tenham atribuído fim específico, bastará que a deliberação de aumento do capital por incorporação destes montantes seja precedida da alteração da cláusula estatutária onde os fins específicos sejam enunciados. Apenas assim não será, ou não o será com tanta facilidade, quando a reserva estatutária possa ser configurada como um *direito especial* de um ou mais sócios, cuja limitação deva ser por estes consentida (24.º/5). O mesmo se diga – no sentido da incorporação no capital –, por maioria de razão, das reservas extraordinárias, constituídas por deliberação da assembleia geral que se tenha debruçado sobre a aplicação dos resultados do exercício. Nesse caso, e não se podendo falar de *direitos especiais,* que são sempre criados por estipulação no contrato, bastará a maioria necessária ao aumento.

11 O mesmo acontece com algumas reservas especiais, em relação às quais o legislador societário permitiu expressamente a respetiva incorporação (345.º/6 – reserva especial de montante equivalente ao valor nominal de ações preferenciais remidas; 347.º/7, *b)* – reserva especial de montante equivalente à soma do valor nominal das ações amortizadas com redução do capital). Mas também sucede o mesmo com lucros transitados de exercícios anteriores, que não tenham sido necessários para a constituição da reserva legal ou de reservas estatutárias. No fundo, as *reservas disponíveis para o efeito* correspondem àquelas verbas, contabilizadas ou não como reservas, em relação às quais a lei não impeça a aplicação das normas relativas ao capital social.

12 Este obstáculo legal resultará, as mais das vezes, de fins específicos atribuídos legalmente a determinadas modalidades de reservas ou verbas. Exemplo claro é oferecido pelos lucros do exercício que, nos termos do 33.º/1 e 2, sejam necessários para a cobertura de prejuízos transitados, ou pelas reservas de montante igual ao valor pelo qual as ações próprias estejam contabilizadas, enquanto pertencerem à sociedade – 324.º/1, *b)*[2]. Os lucros necessários para a reconstituição de reservas apenas serão insuscetíveis de incorporação no capital quando as reservas a que se referem, uma vez constituídas, também o fossem.

13 A insuscetibilidade de incorporação no capital também pode resultar da *natureza* das reservas. Encontram-se nesta situação, sendo, portanto, insuscetíveis de incorporação as reservas *cuja existência e montante não figuram expressamente no balanço* (33.º/3).

14 7. **Deliberação de aumento**. Quanto ao quórum e à maioria, há que conjugar com o direito aos lucros. Nas SPQ, a maioria necessária para a alteração é mais exigente do que a necessária para bloquear a distribuição de metade do lucro do exercício, cf. 265.º/1 e 217.º/1, não havendo

[2] Sublinhe-se porém que é duvidosa a necessidade de constituir esta reserva quando a sociedade tenha debitado a conta 521 (uma conta de capital) pelo valor nominal das ações adquiridas, em obediência ao disposto no SNC. Nestes casos, já está refletida no balanço a aquisição de ações próprias pela redução do valor do capital próprio, não parecendo assim necessário constituir uma reserva (que servia para compensar o valor atribuído às participações próprias, caso estivessem contabilizadas no ativo). No mesmo sentido, Paulo de Tarso Domingues, *Comentário ao Artigo 91.º*, cit., 95-96. Caso a sociedade tenha constituído a reserva especial da alínea *b)* do artigo 324.º/1 *e* tenha debitado a conta 521 pelo montante nominal das participações, não parece estar vedada a incorporação das reservas através de um aumento do capital.

problemas. Nas SA não se pode permitir que, na ausência de estipulação estatutária em contrário, uma maioria de dois terços dos votos emitidos (386.º) delibere a incorporação de *todo* o lucro do exercício, quando a constituição de reservas livres teria que ultrapassar um patamar deliberativo de três quartos do capital reunido em assembleia geral (294.º).

No silêncio dos estatutos, e a menos que sejam atingidas as maiorias exigidas pelo 294.º/1, 15
só podem ser incorporados no capital social metade dos lucros do exercício que sejam distribuíveis (já que a outra metade tem de ser distribuída aos sócios sob a forma de dividendos).

O *momento* da deliberação de aumento *nominal* é particularmente sensível, já que esta 16
vicissitude depende da existência (e materialidade) de reservas distribuíveis. Só pode ser deliberado um aumento nesta modalidade quando as contas do exercício anterior tenham sido aprovadas há menos de seis meses; decorridos estes, deverá ser aprovado um balanço especial (organizado e aprovado como se de um balanço do exercício se tratasse), que evidencie que as reservas anteriormente apuradas ainda subsistem e não são necessárias para cobrir prejuízos entretanto determinados[3].

O legislador optou por condicionar a possibilidade de deliberar o aumento do capital 17
por incorporação de reservas ao vencimento *de todas as prestações do capital, inicial ou aumentado*. Expõe-se, assim, às mesmas críticas *supra* assinaladas, com intensidade adicional. O sócio que tenha subscrito, mas não tenha realizado, a sua prestação de capital irá beneficiar de um aumento que resulta da incorporação de proventos para cuja obtenção em pouco ou nada contribuiu. Muito embora o 27.º/3 possibilite que sejam associadas à mora do sócio penalidades, estas últimas devem ser especialmente previstas. No silêncio dos estatutos, o sócio em mora beneficia de forma integral do aumento do capital por incorporação de reservas.

Artigo 92.º (Aumento das participações dos sócios)

1. Ao aumento do capital social por incorporação de reservas corresponde o aumento da participação de cada sócio, proporcionalmente ao seu valor nominal ou ao respetivo valor contabilístico, salvo se, estando convencionado um critério diverso de atribuição de lucros, o contrato o mandar aplicar à incorporação de reservas ou para esta estipular algum critério especial.

2. Se estiverem em causa ações sem valor nominal, o aumento de capital pode realizar-se sem alteração do número de ações.

3. As quotas ou ações próprias da sociedade participam nesta modalidade de aumento de capital, salvo deliberação dos sócios em contrário.

4. A deliberação de aumento de capital deve indicar se são criadas novas quotas ou ações ou se é aumentado o valor nominal das existentes, caso exista, sendo que na falta de indicação, se mantém inalterado o número de ações.

[3] A jurisprudência tem analisado repetidamente a consequência na deliberação de aumento por incorporação de reservas de vícios no processo de aprovação das contas do exercício. É exemplo o acórdão STJ 26-abr.-1995 (Raúl Mateus), BMJ 446 (1995), 302-319, que decidira anular a deliberação de aprovação de contas do exercício por falta de elaboração do relatório de gestão, e que, em consequência, anulou a deliberação de aumento por incorporação de reservas, em atenção aos 289.º/1, *e*) e 58.º/1, *a*). No mesmo sentido, determinando a anulabilidade da deliberação de aumento por incorporação quanto as contas do exercício subjacentes tenham sido aprovadas sem elaboração e/ou colocação à disposição dos sócios do relatório de gestão, STJ 26-abr.-1995 (Raúl Mateus), CJ/Supremo III (1995) 2, 49-55.

5. Havendo participações sociais sujeitas a usufruto, este deve incidir nos mesmos termos sobre as novas participações ou sobre as existentes.

Bibliografia: António Menezes Cordeiro 1 (2011), 1121-1122; Paulo Olavo Cunha, *Direito das Sociedades Comerciais* (2007), 445 e ss.; Paulo de Tarso Domingues, *Comentário ao Artigo 92.º – Código em Comentário* (2011), 98-106; Jorge Pinto Furtado (2004), 513 e ss.; João Labareda, *Das acções das sociedades anónimas* (1988); Nogueira Serens, *Notas sobre a sociedade anónima* (1997), 116-127; Maria Ângela Bento Soares, *Aumento do capital*, em AAVV (2002), 237-255; Raúl Ventura, *Alterações do contrato de sociedade* (1996), 287-307.

Índice

I – Enquadramento geral
1. História do preceito ... 1
2. Âmbito de aplicação ... 2
3. Sentido material do preceito ... 3

II – Questões suscitadas pela aplicação das normas
4. Proporcionalidade e exceções ... 4
5. Ações próprias ... 7

I – Enquadramento geral

1 1. **História do preceito**. O texto da norma comentada ficou fixado na 2.ª revisão ministerial, não estando disponíveis quaisquer estudos ou trabalhos preparatórios[1]. A redação do artigo manteve-se inalterada até 2010. O DL 49/2010, de 19-mai., introduziu o atual n.º 2, alterando as numerações subsequentes, de modo a contemplar as ações sem valor nominal. *Vide* as anotações ao 276.º. Além disso, o mesmo DL 49/2010 modificou o n.º 1 atual, introduzindo "ou ao respetivo valor contabilístico", para contemplar as ações sem valor nominal e, nos atuais n.º 4 e n.º 5, corrigiu (bem) os tempos dos verbos e melhorou a sintaxe.

2 2. **Âmbito de aplicação**. A norma aplica-se, exclusivamente, ao aumento do capital por incorporação de reservas. No aumento do capital por novas entradas, a regra geral é a de que o valor do aumento das participações dos sócios (ou das novas participações) será proporcional *às entradas realizadas*.

3 3. **Sentido material do preceito**. A norma constante do 92.º/1 estabelece uma regra geral de proporcionalidade: aumentado o capital por incorporação de reservas, o aumento da participação de cada sócio será proporcional ao valor nominal da participação detida. O n.º 2 estabelece a regra aplicável às anónimas com ações sem valor nominal. O n.º 3 permite que as ações próprias, detidas pela sociedade, participem no aumento, salvo deliberação em contrário. O n.º 4 estabelece também a norma supletiva segundo a qual nesta modalidade de aumento é aumentado o valor nominal das ações existentes. O n.º 5 clarifica o regime a aplicar a participações sujeitas a usufruto.

II – Questões suscitadas pela aplicação das normas

4 4. **Proporcionalidade e exceções**. A proporcionalidade é intuitiva: como os sócios iriam comungar dos dividendos e do saldo de liquidação na proporção do valor nominal das respetivas participações, o aumento do capital *nominal* também tem de ser regido pelo mesmo princípio. A norma aplica-se quer o aumento seja consubstanciado nas quotas ou ações detidas pelos sócios, quer sejam criadas novas quotas ou ações (92.º/4).

[1] Segundo informa Raúl Ventura, *Alterações*, 287 ss..

5 A primeira das exceções resulta de cláusula estatutária que, aproveitando a margem de liberdade concedida pelo legislador no 27.º/3, associe a mora no cumprimento da obrigação de entrada a limitações no direito de participar no aumento do capital por incorporação de reservas. Fundando-se esta regra no princípio da igualdade, a penalidade deve ser, ela própria, proporcional.

6 A segunda refere-se a cláusulas estatutárias que derroguem o princípio, quer diretamente, quer através de normas remissivas que façam aplicar em matéria de aumento do capital por incorporação de reservas, critérios não proporcionais que rejam a distribuição de lucros (92.º/1, 2.ª parte). Não basta um direito especial a uma distribuição preferencial de lucros: antes deve estar expressamente estabelecida a aplicação desse critério em matéria de aumento do capital por incorporação de reservas. O *consentimento estatutário* para a criação de direitos especiais – de natureza eminentemente económica –, é substancialmente distinto do *consentimento estatutário* para a aplicação de critérios não proporcionais no aumento por incorporação de reservas – com repercussões eminentemente políticas. Será, por isso, seguramente, um dos pontos que o titular de um direito especial deverá analisar com mais atenção: a deliberação de aumento do capital por incorporação de reservas pode adiar repetidamente o exercício do seu direito *especial*.

7 5. **Ações próprias**[2]. O princípio geral a considerar (220.º e 316.º), desdobra-se em duas regras: (a) a proibição absoluta de subscrição de ações próprias por novas entradas; (b) a proibição genérica de aquisição de ações próprias, excecionada por um catálogo que as partes podem restringir, mas nunca aumentar. A proibição absoluta de subscrição de ações próprias por novas entradas visa sobretudo tutelar a efetividade da *formação* do capital social: se a sociedade figurasse simultaneamente como devedor e credor das referidas entradas – em dinheiro ou em espécie – não haveria, em bom rigor, uma *nova* contribuição. A proibição genérica e relativa de aquisição de ações próprias visa sobretudo tutelar a *conservação* do capital social. Se a sociedade pudesse adquirir ações próprias como se de outra operação comercial se tratasse, estaria aberta a porta para que os sócios retirassem ativos da sociedade sem necessidade de respeitar as regras de distribuição de dividendos.

8 O 92.º/3 estipula um princípio geral – o de que as quotas ou ações próprias participam no aumento do capital por incorporação de reservas – salvo deliberação dos sócios em contrário e está articulado com o 324.º/1, *a*), última parte (*Enquanto as ações pertencerem à sociedade devem considerar-se suspensos todos os direitos inerentes às ações, exceto o de o seu titular receber novas ações no caso de aumento de capital por incorporação de reservas*). Mas a subscrição de ações pela própria *sociedade,* no aumento de capital por incorporação de reservas, está limitada aos limites *quantitativos* do 317.º/2, i.e. a participação das ações próprias no aumento de capital por incorporação de reservas está limitada a um máximo, agregado, de 10% do respetivo capital (317.º/2)?

9 Dois principais argumentos depõem em sentido negativo. O primeiro, é de ordem literal, mas apoiado na *ratio* das normas relativas às ações próprias. A proibição de *aquisição* de ações próprias destina-se a impedir, sobretudo, a distribuição encapotada de meios económicos da sociedade, ao contrário do que sucede com a proibição de *subscrição* de ações próprias, que se destina a assegurar uma efetiva formação do capital. Ora a limitação do 317.º/2 apenas se aplica, compreensivelmente, à aquisição de ações próprias e não à subscrição. Por um lado, porque, em termos gerais, a subscrição é inadmissível. Por outro lado porque a exceção – a da admissibilidade *expressa* de subscrição em aumento de capital por incorporação de reservas – se

[2] João Gomes da Silva, ROA, 60.º, III (2000), 1221-1296;
Raúl Ventura, *Estudos vários* (1992).

refere a casos em que os meios económicos subjacentes ao aumento passam a ser regulados por regras *mais eficientes e protetoras* da conservação do capital (i.e. não há o risco de distribuições encapotadas).

10 O segundo argumento, menos impressionante, não deixa de ser utilizado: o 317.º/3, *d*) permite que seja ultrapassado o limite dos 10% quando a aquisição seja feita a título gratuito. Se bem que os sócios que participem no aumento não adquiram as ações a título gratuito (porque tomam uma decisão de não distribuir dividendos ou de passar a regular determinadas reservas pelas regras relativas ao capital, e essas decisões têm um impacto que corresponde a um esforço económico), o mesmo não se pode dizer da própria sociedade, já que as ações por si detidas não conferiam qualquer direito (até porque este seria exercível contra si própria). Assim, ainda que não se aplique diretamente a estas situações, pode afirmar-se que a aquisição e detenção pela sociedade de ações emitidas no contexto de um aumento por incorporação de reservas, por virtude da detenção de participações próprias, configura também, para efeitos de aplicação da norma constante do 317.º/3, *d*), uma aquisição a título gratuito.

Artigo 93.º (Fiscalização)

1. O pedido de registo de aumento do capital por incorporação de reservas deve ser acompanhado do balanço que serviu de base à deliberação, caso este não se encontre já depositado na conservatória.

2. O órgão de administração e, quando deva existir, o órgão de fiscalização devem declarar por escrito não ter conhecimento de que, no período compreendido entre o dia a que se reporta o balanço que serviu de base à deliberação e a data em que esta foi tomada, haja ocorrido diminuição patrimonial que obste ao aumento de capital.

Bibliografia: António Menezes Cordeiro 1 (2007), 956-957; Paulo Olavo Cunha (2007), 445 e ss.; Paulo de Tarso Domingues, *Comentário ao Artigo 93.º – Código em Comentário* (2011), 107-109; Jorge Pinto Furtado (2004), 513 e ss.; João Labareda, *Das acções das sociedades anónimas* (1988); Nogueira Serens, *Notas sobre a sociedade anónima* (1997), 116-127; Maria Ângela Bento Soares, *Aumento do capital*, em AAVV (2002), 237-255; Raúl Ventura, *Alterações do contrato de sociedade*, 2.ª ed. (1998, reimp., 2003), 287-307.

Índice

I – **Enquadramento geral**
1. História do preceito 1
2. Âmbito de aplicação 2
3. Sentido material do preceito 3
4. Articulação com a IES 5

I – Enquadramento geral

1 1. **História do preceito**. A redação inicial do preceito, dada pelo DL 262/86, de 2-set., foi logo depois alterada pelo DL 280/87, de 8-jul., e mais recentemente pelo DL 76-A/2006, de 29-mar. (2.º). Segundo a redação original, a fiscalização no aumento por incorporação de reservas deveria ser feita por ocasião da escritura pública, onerando assim o notário com este encargo. Tendo sido alterada a forma exigida para a alteração dos estatutos, e sendo o aumento de capital uma espécie desta vicissitude, o 93.º foi adaptado em conformidade, transferindo os

deveres de fiscalização, em exclusivo, para o conservador e órgãos societários de administração e fiscalização.

2. **Âmbito de aplicação.** A norma aplica-se, exclusivamente, ao aumento do capital por incorporação de reservas. A norma *espelho* aplicável ao aumento do capital *por novas entradas* consta do 89.º, que manda aplicar às entradas neste tipo de aumentos o preceituado quanto às entradas por ocasião da constituição da sociedade (mormente o 28.º). 2

3. **Sentido material do preceito.** O 93.º encontra lugares paralelos nos 102.º/1 (manutenção dos elementos de facto em que se baseou o projeto de fusão) e 133.º/2 (manutenção da situação patrimonial em sede de transformação). Baseando-se o aumento de capital *por incorporação de reservas* na existência de verbas disponíveis para o efeito, a manutenção desse pressuposto de facto ao longo de todo o processo de alteração estatutária é uma preocupação do legislador. A norma comentada destina-se a assegurar, muito simplesmente, que no momento do registo seja renovada a declaração de existência de *reservas disponíveis*, e que este facto seja suscetível de comprovação pelo conservador. 3

Deste modo, a acompanhar o pedido de registo do aumento deve seguir o balanço que serviu de base à aprovação da deliberação, a menos que este já esteja depositado na Conservatória (n.º 1). Além disso, o pedido de registo será também acompanhado por declaração escrita do órgão de administração e – caso exista – do órgão de fiscalização, que ateste não ser do conhecimento destes órgãos qualquer facto que indique que a situação patrimonial em que se baseou a decisão de incorporação de reservas já não se mantém (n.º 2) ou, por outras palavras, que continuam reunidas as condições económicas que alicerçaram a decisão de aumentar o capital. 4

4. **Articulação com a IES**. O DL 8/2007, de 17-jan., veio criar a Informação Empresarial Simplificada (IES), permitindo que informação de natureza fiscal, contabilística e estatística fosse prestada pelas sociedades através de uma única declaração transmitida por via eletrónica. 5

Segundo o 2.º/1, *c*) do referido DL 8/2007, de 17-jan., a IES compreende *o registo da prestação de contas, nos termos previstos na legislação do registo comercial,* sendo certo que esta, como as demais obrigações abrangidas pela IES, são exclusivamente cumpridas através do modo elencado no diploma legal já referido (2.º/3). Como o registo da prestação de contas consiste no depósito do balanço, demonstração de resultados e anexo ao balanço e demonstração de resultados, entre outros documentos – 42.º/1, *b*) do CRCom –, a maior parte das sociedades comerciais poderá beneficiar do disposto no 93.º/1, última parte, já que o balanço do exercício, que serviu de base à deliberação, poderá ter sido já depositado através do envio da IES. 6

Secção III – Redução do capital

Artigo 94.º (Convocatória da assembleia)

1. A convocatória da assembleia geral para redução do capital deve mencionar:

***a*) A finalidade da redução, indicando, pelo menos, se esta se destina à cobertura de prejuízos, a libertação de excesso de capital ou a finalidade especial;**

***b*) A forma da redução, mencionando se será reduzido o valor nominal das participações ou se haverá reagrupamento ou extinção das participações.**

2. Devem também ser especificadas as participações sobre as quais a operação incidirá, no caso de ela não incidir igualmente sobre todas.

Bibliografia: António Menezes Cordeiro 1 (2011), 1123-1124; Paulo de Tarso Domingues, *Comentário ao Artigo 94.º – Código em Comentário* (2011), 117-140; Paulo Olavo Cunha, *A redução do capital das sociedades anónimas*, em AAVV, *Estudos em Homenagem ao Professor Doutor Inocêncio Galvão Telles*, IV (2003), 659-693; Jorge Pinto Furtado (2004), 513 e ss.; Raúl Ventura, *Alterações do contrato de sociedade*, 2.ª ed. (1998, reimp., 2003), 313-351.

Índice

I – Enquadramento geral
1. Sistema inicial e reforma de 2007 1
2. Âmbito de aplicação 6
3. Sentido material do preceito 7

II – Questões suscitadas pela aplicação das normas constantes do artigo
4. A finalidade da redução 8
5. A forma da redução 12

I – Enquadramento geral

1 1. **Sistema inicial e reforma de 2007**. O aumento e a redução do capital social integram as vicissitudes de alteração do contrato de sociedade; remete-se para as anotações aos 85.º, 86.º e 87.º.

2 No sistema inicial do Código, dos três artigos que se consagram à redução do capital – 94.º, 95.º e 96.º –, podiam extrair-se duas regras fundamentais: (a) a decisão de reduzir o capital era sempre vinculada a um objetivo; (b) apenas era dispensada a autorização judicial para a redução quando o fim proposto fosse o da cobertura de prejuízos. Este sistema inicial veio revelar-se extremamente rígido, já que os sócios apenas podiam libertar excedentes, por *exuberância do capital social,* através de um demorado processo judicial.

3 Durante a vigência deste sistema tornou-se raro o recurso à redução do capital para outros fins que não a cobertura de prejuízos, sendo certo que esta última não necessitava de autorização judicial. Por outro lado, a rigidez do sistema teve um efeito pernicioso: os sócios, na constituição da sociedade, recorriam muitas vezes a outras formas de financiamento da atividade societária, cujo reembolso se afigurava mais flexível, em lugar de contribuições para o capital. É de crer que, outra fosse a conformação do sistema, não teriam sido tantas as discussões em torno, por exemplo, das prestações suplementares e da sua aplicabilidade às sociedades anónimas.

4 O DL 8/2007, de 17-jan., através do seu 11.º, visando a simplificação do regime, eliminou a necessidade de intervenção judicial em caso de redução por exuberância ou por outra finalidade especial, alterando os 95.º e 96.º.

5 No sistema em vigor, as duas regras *supra* referidas foram alteradas: permanece a primeira, já que a redução é sempre vinculada (94.º), mas deixa de ser necessária a intervenção judicial em qualquer dos casos (95.º), a menos que os credores assim o requeiram (96.º).

6 2. **Âmbito de aplicação**. A norma aplica-se a todas as modalidades de redução do capital, i.e.: quer esta vicissitude se destine a cobrir prejuízos apurados, quer se destine a libertar e distribuir capital *exuberante,* quer prossiga uma finalidade especial. O regime composto pelos 94.º a 96.º deve depois ser complementado com as regras constantes da secção consagrada às alterações estatutárias, bem como as regras da parte especial, relativas ao mesmo tema (194.º – SNC; 265.º – SPQ; 463.º – SA).

7 3. **Sentido material do preceito**. O 94.º/1, *a*) contém o primeiro princípio: esta operação é vinculada a um fim, que deve ficar expresso logo na convocatória. O 94.º/1, *b*) e 2 regem a forma como a redução do capital se repercute nas participações sociais. A convocatória explicita

se a redução se processará por redução do valor nominal das participações ou por extinção ou reagrupamento das mesmas, e identifica quais as participações que serão objeto de redução, se esta vicissitude não incidir sobre todas elas.

II – Questões suscitadas pela aplicação das normas constantes do artigo

4. **A finalidade da redução**. A amplitude do 94.º/1, *a*) quanto à finalidade da redução do capital é aparente. Apesar de a *finalidade especial* figurar ao lado da cobertura de prejuízos e da libertação de excesso de capital, como objetivo possível, não deve deixar de ser exigida uma enunciação precisa, sob pena de se retirar efeito útil à necessidade da sua menção expressa. 8

Na *redução por excesso de capital*, a comparação não deve ser feita entre o montante do capital e as necessidades decorrentes do exercício da atividade social[1]: tal adequação nunca ocorre no CSC. Basta atentar nos montantes mínimos do capital social, e na patente desadequação entre os mesmos e as necessidades dos agentes económicos, na atualidade, para o concluir. Assim, a comparação na *redução por excesso de capital* deve ser feita entre o capital social e a situação líquida existente. Se esta for superior ao capital social e à reserva legal, pode ser realizada uma operação de redução *por excesso de capital*. O 95.º/1 reforça esta conclusão, ao exigir, como pressuposto quase exclusivo para a operação, que a situação líquida da sociedade fique a exceder o novo capital em, pelo menos, 20%. 9

Nada impede, no entanto, que os sócios introduzam, nos estatutos, cláusulas que densifiquem o conceito de *excesso de capital*, através de critérios objetivos que entendam adequados. 10

Caso claro de *redução para finalidade especial* é o da redução necessária para a amortização de ações prevista no 347.º, imposta ou expressamente prevista pelo contrato. Esta amortização opera sem consentimento dos titulares das ações, tipicamente (mas não necessariamente) como forma de sancionar comportamentos dos sócios ou reagir perante uma degradação da sua situação patrimonial.

5. **A forma da redução**. A redução do capital é uma "deslocação da linha ideal em que o capital consiste"[2]. Descida a fasquia do capital social, não podiam deixar de se sentir os efeitos sobre as participações dos sócios, já que a soma dos respetivos valores nominais coincide necessariamente com aquele primeiro. Daí que os sócios devam decidir se a redução se processa: (a) por redução do valor nominal de todas ou algumas participações; (b) por reagrupamento; ou (c) por extinção de participações. No reagrupamento, a única forma que levanta dificuldades ao intérprete, as participações de cada sócio são substituídas por um número inferior, com valor nominal agregado também ele inferior. Qualquer uma destas formas deverá respeitar o valor mínimo das participações de cada tipo societário (219.º/3 – SQ; 276.º/3 – SA), bem como a regra que obriga todas as ações a terem o mesmo valor nominal (276.º/4). 11

[1] Em sentido contrário, Raúl Ventura, *Alterações*, 318; Paulo de Tarso Domingues, *Anotação ao Artigo 94.º*, cit., 123-126, sem no entanto enunciar qualquer norma que fundamente a pretensa tutela jurídica da expectativa dos credores na manutenção de um capital adequado "à atividade concretamente desenvolvida pela sociedade". No ordenamento italiano anterior à reforma do direito societário de 2006, discutia-se também qual a forma adequada para aferir do excesso de capital em relação às necessidades impostas pelo objeto social. A nova redação do 2445 do *Codice Civile* parece ter diminuído a margem para esta posição. Por todos, Lo Cascio (org), *La Riforma del Diritto Societario (Obbligazioni, Deposito, Iscrizione e Publicazione delle Modificazioni, Recesso, Operazioni sul Capitale)*, 305-312.

[2] Raúl Ventura, *Alterações*, 314.

Artigo 95.º (Deliberação de redução do capital)

1. A redução do capital não pode ser deliberada se a situação líquida da sociedade não ficar a exceder o novo capital em, pelo menos, 20%.

2. É permitido deliberar a redução do capital a um montante inferior ao mínimo estabelecido nesta lei para o respetivo tipo de sociedade se tal redução ficar expressamente condicionada à efetivação de aumento do capital para montante igual ou superior àquele mínimo, a realizar nos 60 dias seguintes àquela deliberação.

3. O disposto nesta lei sobre o capital mínimo não obsta a que a deliberação de redução seja válida se, simultaneamente, for deliberada a transformação da sociedade para um tipo que possa legalmente ter um capital do montante reduzido.

4. A redução do capital não exonera os sócios das suas obrigações de liberação do capital.

Bibliografia: Paulo Câmara, *O Decreto-Lei n.º 64/2009: diminuição extraordinária do valor nominal das acções*, RDS 1 (2009), 327-338; António Menezes Cordeiro 1 (2011), 1123-1124; Paulo de Tarso Domingues, *Comentário ao Artigo 95.º – Código em Comentário* (2011), 141-148; Paulo Olavo Cunha, *A redução do capital das sociedades anónimas*, em AAVV, *Estudos em Homenagem ao Professor Doutor Inocêncio Galvão Telles*, IV (2003), 659-693; Paulo de Tarso Domigues, *Variações sobre o capital social* (2009); *id.*, *O capital social como entrave ao financiamento das sociedades. Os novos conceitos e regime de capital social introduzidos pelo DL 64/2009 são solução?*, DSR 1 (2009), 175-200; Jorge Pinto Furtado (2004), 513 e ss.; Armando Manuel Triunfante (2007), 100-101; Raúl Ventura, *Alterações do contrato de sociedade*, 2.ª ed. (1998, reimp., 2003), 353-362.

Índice

I – **Origem e evolução**
1. Versão original ... 1
2. Reforma de 2006 ... 2
3. Reforma de 2007 ... 3

II – **Regime**
4. Âmbito de aplicação e conexões relevantes ... 5
5. Sentido material ... 8

III – **Questões suscitadas pela aplicação das normas**
6. A operação acordeão ... 11
7. A redução simultânea com a transformação ... 13
8. Diminuição extraordinária do valor nominal das ações ... 15

I – Origem e evolução

1 1. **Versão original**, resultante do DL 262/86, de 2-set., sujeitava a redução do capital a autorização judicial (n.º 1), a menos que a mesma se destinasse a cobrir perdas (n.º 3). A autorização judicial apenas deveria ser concedida se a situação líquida da sociedade, posterior à redução, excedesse o novo capital em, pelo menos, 20% (n.º 2).

2 2. **Reforma de 2006**. O DL 76-A/2006, de 29-mar., veio alterar a redação do n.º 1, proibindo não a redução, mas antes o correspondente registo enquanto não fosse obtida a autorização judicial. Já era uma tentativa de simplificação.

3 3. **Reforma de 2007**. A necessidade de alteração judicial foi totalmente eliminada através das alterações introduzidas aos 94.º a 96.º, pelo DL 8/2007, de 17-jan. (11.º). Da redação original dos três primeiros números do artigo, apenas subsiste, agora como regra geral, a anterior norma do n.º 2, que impedia a autorização judicial da redução do capital quando a situação líquida da sociedade não excedesse em pelo menos 20% o novo capital, após a realização da operação.

O n.º 4 do artigo, na sua versão inicial, estabelecia ainda a obrigação de registar e publicar a deliberação de redução – alínea *a*) –, que foi eliminada, e esclarecia que a redução não exonerava os sócios das respetivas obrigações de liberação do capital – alínea *b*) –, sendo certo que esta última regra transitou, como regra única, para o atual n.º 4 deste artigo. As alíneas *c*) e *d*) da anterior redação do n.º 4 transitaram para a nova redação do 96.º, com ligeiríssimas alterações, como n.ºs 1 e 3, respetivamente. 4

II – **Regime**

4. **Âmbito de aplicação e conexões relevantes**. O 95.º/1 não se aplica à redução do capital para cobertura de prejuízos, apenas se aplicando à redução que se destine a libertar e distribuir capital *exuberante*. É apenas neste último caso que os credores carecem da tutela concedida pela norma. No caso de redução para cobertura de prejuízos, a lesão da expectativa dos credores já existe (os prejuízos apurados pela sociedade), pelo que se trata apenas de adequar a cifra ideal do capital à situação líquida real da sociedade. Obviamente que nada impede que, numa mesma operação, os sócios deliberem cobrir prejuízos acumulados *e* reduzir o capital em montante superior ao que resultaria da mera cobertura. Nesses casos, a almofada de 20% terá aplicação ao montante da redução que exceda o necessário para cobertura de prejuízos[1]. 5

A desnecessidade de criação de uma situação líquida excedentária de 20% tampouco se aplica, por maioria de razão, aos casos de perda de metade do capital. A norma é aliás expressa nesse sentido, já que estabelece que *para cobertura de prejuízos,* a redução não exceder o necessário para ajustar o capital à situação líquida da sociedade. Assim, nestes casos, os sócios podem deliberar uma redução para cobertura da totalidade ou de parte das perdas, não estando obrigados à criação da referida almofada. A remissão do artigo 35.º/3, alínea *b)* deve ser lida como referindo-se ao artigo 95.º/2[2]. 6

O 95.º/2 só fará sentido, as mais das vezes, quando existam perdas na sociedade, que serão primeiro eliminadas através de uma redução do capital, que é depois seguida de um aumento (operação acordeão). 7

5. **Sentido material**. Como se referiu, o 95.º/1 estabelece uma condição para a redução para libertação de capital excessivo: após esta operação, a situação líquida da sociedade deve exceder em, pelo menos, 20% o novo montante do capital[3]. 8

O 95.º/2 permite contrariar, parcial e temporariamente, as regras que estabelecem cifras mínimas para determinados tipos sociais (276.º/3 para as SA): faculta reduções para montante inferior ao mínimo legalmente determinado para o tipo, desde que condicionadas à efetivação de um aumento do capital que iguale ou exceda o mínimo em causa. Este aumento subsequente deve ser realizado nos 60 dias seguintes à deliberação de redução. 9

O 95.º/3 esclarece que a redução pode preterir os montantes mínimos do tipo social adotado, desde que seja simultânea com uma deliberação de transformação em tipo social que 10

[1] Neste sentido, Paulo de Tarso Domingues, *Anotação ao Artigo 95.º*, cit., 144.

[2] Neste sentido, Paulo de Tarso Domingues, *Anotação ao Artigo 95.º*, cit., 143.

[3] Em edições anteriores deste Código, defendeu-se a aplicação desta norma também aos casos de redução para cobertura de perdas, atendendo à sua letra e inserção sistemática. Revê-se agora essa posição, reconhecendo-se os fundamentos invocados em sentido contrário pela maioria da doutrina nacional: Paulo Olavo Cunha, *A novo regime de redução do capital social e o artigo 35.º do Código das Sociedades Comerciais*, em *Homenagem da Faculdade de Direito de Lisboa ao Professor Doutor Inocêncio Galvão Telles: 90 Anos* (2007), 1060; Paulo de Tarso Domingues, *Variações sobre o Capital Social* (2009), 361-367; *id.*, *Anotação ao Artigo 95.º*, 142.

admita o novo montante do capital. O n.º 4 estabelece que os sócios não ficam exonerados da sua obrigação de liberação do capital pela realização de uma redução do capital. Esta norma não tem no entanto aplicação aos casos de redução para libertação de capital excessivo, uma vez que não ofereceria qualquer proteção adicional aos credores (os sócios sempre poderiam realizar as entradas e reduzir o capital na mesma medida, sendo-lhes devolvidos os bens recém entregues à sociedade)[4]. A não aplicação da norma do n.º 4 à redução para libertação de capital permite ainda dar sentido útil ao disposto no artigo 27.º/1, última parte.

III – **Questões suscitadas pela aplicação das normas**

11 6. **A operação acordeão**. O 95.º/2 advém do 34.º da 2.ª Diretriz[5]. A redução do capital que contrarie os montantes mínimos é ilícita, devendo ser sancionada com a nulidade, nos termos do 56.º/1, *d*). No entanto, é admissível, desde que, nos 60 dias seguintes, seja realizado um aumento do capital, que reponha os montantes mínimos.

12 A validade da redução do capital não se basta com a deliberação simultânea de um aumento do capital, embora esta articulação entre as duas operações deva ser expressa pelos sócios: ela requer que o aumento do capital seja efetivamente realizado, repondo os limites mínimos legais no prazo dos 60 dias.

13 7. **A redução simultânea com a transformação**. A redução do capital abaixo dos limites mínimos pode também ser admitida se, em simultâneo, for deliberada uma transformação para um tipo social que admita o montante de capital alterado. Atualmente, apenas será o caso da transformação de uma SA ou em comandita por ações em SPQ.

14 Esta hipótese de redução e transformação simultâneas representa uma exceção ao disposto no 131.º/1, *b*), que impede, em termos gerais, que uma sociedade em situação patrimonial deficitária (i.e. cuja situação líquida seja inferior ao capital e reserva legal) seja transformada.

15 8. **Diminuição extraordinária do valor nominal das ações**. Entre 21-mar. e 31-dez.-2009, vigorou entre nós o regime de diminuição extraordinária do valor nominal das ações das sociedades anónimas, previsto no DL 64/2009, de 20-mar.. Este regime assumidamente temporário inscreveu-se nas medidas legislativas destinadas a combater a crise financeira então em curso, e muito embora estabelecesse mecanismos de diminuição do valor nominal das ações, visava agilizar operações de capitalização e, por isso, em última análise, o aumento do capital das sociedades anónimas.

16 Um primeiro mecanismo, aplicável a todas as sociedades anónimas, permitia que a assembleia geral deliberasse a redução do valor nominal das ações sem respeito pelos limites estabelecidos no 95.º/1 e 3 (situação líquida pós-redução; capital mínimo), desde que uma importância igual ao montante da redução fosse levada a uma reserva legal, à qual seria aplicável o regime do capital social (2.º do DL 64/2009)[6]. Muito embora a sociedade ficasse dispensada de apresentar após a redução uma situação líquida que excedesse, em pelo menos 20% o novo capital, as importâncias libertadas pela redução do valor nominal das ações continuavam a atrair a aplicação das regras do capital social, agora sob a forma de reserva especial, razão pela qual eram legítimas as dúvidas sobre a utilidade do mecanismo.

[4] Neste sentido, Paulo de Tarso Domingues, *Anotação ao Artigo 95.º*, cit., 146-148.

[5] *Vide* António Menezes Cordeiro, *Direito europeu das sociedades* (2005), 199-200.

[6] Paulo Câmara, *O Decreto-Lei n.º 64/2009: diminuição extraordinária do valor nominal das acções*, RDS 1 (2009), 329-333; Paulo de Tarso Domingues, *O capital social como entrave ao financiamento das sociedades. Os novos conceitos e regime do capital social introduzidos pelo DL 64/2009 são solução?* DSR, 1 (2009), 175-200.

O segundo mecanismo apenas se aplicava às sociedades cujas ações estivessem admitidas à negociação em mercado regulamentado, e era necessariamente vinculado a uma posterior operação de aumento do capital – 3.º/1, *b*) do DL 64/2009. Esta diminuição extraordinária não se processava por redução do capital, mas antes através da decomposição de duas cifras no capital social: uma componente representada pelo novo valor nominal das ações, e uma outra correspondente ao diferencial resultante da diminuição (3.º/1 e 3 do DL 64/2009). Esta última *componente,* invulgar, apenas poderia ser utilizada para aumento do valor nominal das ações ou para emissão de novas ações a atribuir aos acionistas (3.º/5 do DL 64/2009)[7]. 17

Artigo 96.º (Tutela dos credores)

1. Sem prejuízo do disposto no número seguinte, qualquer credor social pode, no prazo de um mês após a publicação do registo da redução do capital, requerer ao tribunal que a distribuição de reservas disponíveis ou dos lucros de exercício seja proibida ou limitada, durante um período a fixar, a não ser que o crédito do requerente seja satisfeito, se já for exigível, ou adequadamente garantido, nos restantes casos.

2. A faculdade conferida aos credores no número anterior apenas pode ser exercida se estes tiverem solicitado à sociedade a satisfação do seu crédito ou a prestação de garantia adequada, há pelo menos 15 dias, sem que o seu pedido tenha sido atendido.

3. Antes de decorrido o prazo concedido aos credores sociais nos números anteriores, não pode a sociedade efetuar as distribuições nele mencionadas, valendo a mesma proibição a partir do conhecimento pela sociedade do requerimento de algum credor.

Bibliografia: António Menezes Cordeiro 1 (2011), 1123-1124; Paulo Olavo Cunha, *A redução do capital das sociedades anónimas*, em AAVV, *Estudos em Homenagem ao Professor Doutor Inocêncio Galvão Telles,* IV (2003), 659-693; Paulo de Tarso Domingues, *Anotação ao Artigo 96.º – Código em Comentário*, 149-154; Jorge Pinto Furtado (2004), 513 e ss.; Armando Manuel Triunfante (2007), 101-103; Raúl Ventura, *Alterações do contrato de sociedade*, 2.ª ed. (1998, reimp., 2003), 363-372.

Índice

I – Enquadramento geral
1. História do preceito ... 1
2. Âmbito de aplicação ... 2
3. Sentido material ... 3

II – Questões suscitadas pela aplicação das normas constantes do artigo
4. A articulação do regime com a impugnação pauliana ... 10

I – Enquadramento geral

1 **1. História do preceito**. A redação original correspondia aos atuais 95.º/2 e 3. O texto vigente adveio do DL 8/2007, de 17-jan. (11.º): o n.º 1 corresponde, com ligeiras alterações, ao

[7] Paulo Câmara, *O Decreto-Lei n.º 64/2009: diminuição extraordinária do valor nominal das acções,* RDS 1 (2009), 333-338; Paulo de Tarso Domingues, *O capital social como entrave ao financiamento das sociedades. Os novos conceitos e regime do capital social introduzidos pelo DL 64/2009 são solução?*, DSR 1 (2009), 175-200.

anterior 95.º/4, *c*); o n.º 3 equivale, com poucas modificações, ao 95.º/4, *d*). Apenas o 95.º/2 é realmente inovador.

2 2. **Âmbito de aplicação**. Esta norma apenas se aplica à redução para libertação de capital excessivo. Na medida em que a redução para cobertura de perdas se limite a ajustar a cifra ideal do capital à situação líquida da sociedade, não gera quaisquer "reservas disponíveis" ou "lucros" cuja distribuição seja possível. Não está então nestes casos preenchida a previsão do n.º 1, que é depois pressuposta nas normas instrumentais do n.º 2 e do n.º 3. Como acima se disse, é porém possível que os sócios deliberem cobrir prejuízos acumulados *e* ir mais além, reduzindo o capital num montante superior ao que resultaria do ajustamento à situação líquida. Na medida em que o façam, o artigo 96.º recupera aplicabilidade.

3 3. **Sentido material do preceito**. Os credores sociais que tenham interpelado a sociedade para satisfazer o respetivo crédito ou para prestar garantia adequada, e não tenham visto a sua pretensão atendida (n.º 2) podem requerer ao tribunal a *proibição* ou *limitação*, durante um período a fixar, da distribuição de reservas disponíveis ou de lucros do exercício (n.º 1).

4 O pedido judicial deve ser formulado no prazo de um mês após a publicação do registo da redução do capital (n.º 1)[1]. Exige-se – 96.º/2: (a) a prévia interpelação da sociedade, sem sucesso, pelo credor; (b) apresentada há pelo menos 15 dias. Este prazo visa assegurar que existe um risco sério de diminuição de garantia do crédito que impeça a sua satisfação, pelo que pode começar a correr antes da publicação do registo da redução do capital: o credor assistiria, indefeso, à diminuição da sua garantia patrimonial.

5 O n.º 1 do artigo comentado estabelece duas formas de tutela dos credores sociais: a *proibição* absoluta de distribuições e a simples limitação. Mas estas formas de tutela não serão concedidas se o crédito do requerente for satisfeito, se já for exigível, ou adequadamente garantido, se ainda não se tiver vencido. Como o pressuposto estabelecido no n.º 2 é o da não satisfação do crédito, entende-se que esta possibilidade de *paralisar* o pedido do credor social se refere ao cumprimento ou prestação de garantia, por parte da sociedade, na pendência do processo judicial. Não se trata de cumprimento anterior à respetiva interposição – ou o n.º 2 do artigo comentado não faria sentido –, nem de cumprimento imposto pelo tribunal, pois o pedido formulado nos termos do n.º 1 é relativo à *proibição* ou *limitação* de distribuições.

6 O n.º 3 vem limitar a possibilidade de a sociedade realizar a distribuição de reservas ou lucros no mês seguinte ao do registo da redução do capital (1.ª parte) e a partir do conhecimento, pela sociedade, do requerimento judicial apresentado por algum credor, nos termos do n.º 1 (2.ª parte).

7 As distribuições proibidas reportam-se, apenas, a meios económicos viabilizados pela redução do capital. De outro modo, teríamos no Direito português, de modo inesperado, um poder do tribunal ajuizar a adequação dos meios económicos à prossecução da atividade social.

8 Os credores sociais que podem acolher-se a esta forma de tutela são aqueles cujo crédito fosse *anterior* à publicação do registo da redução, embora esta limitação não resulte *expressamente* do preceito. O credor que tenha deixado de cumprir o ónus de verificação da cifra do capital social, antes da formação do seu crédito, não pode, depois, invocar que a redução veio permitir distribuições de meios económicos inesperadas, ainda que consiga verificar os prazos dos

[1] O mesmo DL 8/2007, de 17-jan., que veio reformar o regime da redução do capital alterou a redação do 1487.º do CPC, que regula o meio processual ao dispor dos credores societários que pretenderem exercer os direitos conferidos pelo 96.º. Raúl Ventura, *Alterações*, 360.

n.os 1 e 2. Esta era também a opinião de Raúl Ventura, face à redação anteriormente em vigor do 95.º[2], *c)* e *d)*.

A proibição ou limitação de distribuições, quando decidida, beneficiará todos os credores, anteriores ou posteriores ao registo da redução, já que as medidas judiciais são de ordem geral, não visando introduzir diferenciações entre eles. 9

II – **Questões suscitadas pela aplicação das normas constantes do artigo**

4. **A articulação do regime com a impugnação pauliana**. Antes da reforma operada pelo DL 8/2007, parte da doutrina portuguesa sugeria que a impugnação pauliana poderia ser instrumento de tutela de credores em alguns casos de redução do capital que operassem em seu prejuízo. Assim, Raúl Ventura admitia que os credores pudessem "invocar o prejuízo causado por uma redução com o fim de retirar à sociedade os meios para cumprir compromissos que devia contrair ulteriormente", para recorrer ao 610.º/1, *a)* do CC. Embora esta proposta tenha sido formulada antes da introdução da nova redação do 96.º, já existia, na altura, um sistema de proteção semelhante – composto pelos atuais n.os 1 e 3 do artigo comentado –, aplicável porém apenas à redução para cobertura de perdas. 10

Interessa agora saber se perante a nova redação das normas aplicáveis à redução, o problema se mantém, i.e., se ainda se deve problematizar sobre a aplicação combinada das medidas de proteção constantes do 96.º e da impugnação pauliana. 11

A discussão tem utilidade, quer para quem entenda que a introdução de um regime *geral (especificamente) societário* não veio impedir o recurso ao regime *geral civil* da impugnação pauliana, quer sobretudo para quem defenda que os credores não protegidos pelo 96.º devem ter meios de tutela alternativos. 12

Embora diferentes, existem argumentos consideráveis para negar, atualmente, o recurso ao regime da impugnação pauliana, em ambos os casos. Quanto ao primeiro grupo de credores – aqueles cujo crédito é contemporâneo da redução – admitir o recurso à impugnação pauliana significaria desconsiderar a *especialidade* do regime societário, com o que isso implica na desconsideração dos *requisitos específicos* estabelecidos pelo 96.º. Com efeito, o legislador societário decidiu preservar sempre a alteração estatutária, limitando depois os seus efeitos, em sede de distribuição de meios económicos na sociedade, durante um período de tempo suficiente para acautelar os interesses dos credores. Foi uma decisão *especial*, que teve em conta interesses *especiais societários*. Ora a impugnação pauliana incidiria sempre sobre a própria redução, pois é esta que *envolve a diminuição da garantia patrimonial do crédito*, já que os credores não podem contar com a manutenção de meios económicos da sociedade *em excesso da soma do capital e das reservas*. 13

Por outro lado, ao admitir-se a cumulação de meios de tutela, permitir-se-ia que um credor menos diligente ficasse depois em posição idêntica a outro, mais diligente, que teve de tomar a opção de recurso ao tribunal em prazo exíguo (um mês). Acresce que esta hipótese implicaria uma séria lesão ao princípio da segurança jurídica, que certamente esteve presente no espírito do legislador, quando estabeleceu um prazo tão curto para a reação dos credores. Com efeito, ao defender-se a cumulação, estar-se-ia a admitir que o legislador, após ter dado apenas um mês para os credores reagirem, toleraria a pendência de uma situação incerta quanto à redução, durante os cinco anos da caducidade da ação pauliana (618.º do CC). 14

[2] Raúl Ventura, *Alterações*, 360.

15 Os credores futuros, no entanto, podem invocar que não encontram forma de tutela no artigo 96.º, e que, por isso, devem poder recorrer à ação pauliana quando a distribuição possibilitada por uma redução do capital resulte na impossibilidade (ou no respetivo agravamento) de satisfação do crédito e tenha sido realizada com consciência, por parte da sociedade e dos sócios, do prejuízo causado (610.º e 612.º do CC). Mas a resposta deve ser a mesma. Impende sobre o credor o ónus de se informar sobre o capital social da sociedade com quem projete iniciar relações comerciais. O legislador societário não foi sensível aos interesses dos credores futuros, perante uma redução que permita distribuir meios económicos que, a serem mantidos na sociedade, poderiam servir para satisfazer os correspondentes créditos. Não parece, por outro lado, que o legislador tenha querido atribuir um regime mais favorável aos futuros credores do que aos credores contemporâneos da redução, que podem invocar legitimamente que contaram com o funcionamento das regras de conservação de *determinado montante do capital da sociedade devedora*. Acresce, por último, a preocupação pela segurança jurídica, que deve nortear esta discussão.

Capítulo IX – Fusão de sociedades

Secção I*

Artigo 97.º (Noção – Modalidades)

1. Duas ou mais sociedades, ainda que de tipo diverso, podem fundir-se mediante a sua reunião numa só.

2. As sociedades dissolvidas podem fundir-se com outras sociedades, dissolvidas ou não, ainda que a liquidação seja feita judicialmente, se preencherem os requisitos de que depende o regresso ao exercício da atividade social.

3. Não é permitido a uma sociedade fundir-se a partir da data da petição de apresentação à insolvência ou do pedido de declaração desta.

4. A fusão pode realizar-se:

***a*) Mediante a transferência global do património de uma ou mais sociedades para outra e a atribuição aos sócios daquelas de partes, ações ou quotas desta;**

***b*) Mediante a constituição de uma nova sociedade, para a qual se transferem globalmente os patrimónios das sociedades fundidas, sendo aos sócios destas atribuídas partes, ações ou quotas da nova sociedade.**

5. Além das partes, ações ou quotas da sociedade incorporante ou da nova sociedade referidas no número anterior, podem ser atribuídas aos sócios da sociedade incorporada ou das sociedades fundidas quantias em dinheiro que não excedam 10% do valor nominal das participações que lhes forem atribuídas.

* O 28.º da L 19/2009, de 12-mai., adita uma secção I ao capítulo IX, que abrange os 97.º a 117.º, mas não lhe dá qualquer epígrafe.

Bibliografia: António Pereira de Almeida, *Sociedades comerciais, valores mobiliários, instrumentos financeiros e mercados*, I (*As sociedades comerciais*), 7.ª ed. (2013), 693 e ss.; José Engrácia Antunes, *Direito das sociedades comerciais*, 6.ª ed. (2016), 429 e ss.; *id.*, *Os grupos de sociedades – Estrutura e organização jurídica da empresa plurissocietária* (2002), 40 ss.; António Menezes Cordeiro 1, 1125 e ss.; *id.*, *Direito europeu das sociedades* (2005), 233 ss., 787 ss., 855 ss.; Miguel Pupo Correia, *Direito comercial – Direito da empresa*, 12.ª ed. (2011), 292 ss.; Paulo Olavo Cunha, *Direito das Sociedades Comerciais*, 5.ª ed. (2012), 896 ss.; Jorge Pinto Furtado (2004), 545 ss.; Diogo Costa Gonçalves, *Fusão, cisão e transformação de sociedades comerciais/A posição jurídica dos sócios e a delimitação do* statuo viae (2008); *id.*, *Pessoa coletiva e sociedades comerciais – Dimensão problemática e coordenadas sistemáticas da personificação jurídico-privada* (2015), 633 e ss.; Elda Marques, em *Código em comentário* 2 (2011), 155-175; Ministério da Justiça, *Código das Sociedades Comerciais* (Projecto), BMJ 327 (1983), 113-126; Karsten Schmidt, *Gesellschaftsrecht*, 4. Auflage (2002), 384 ss.; Simonetto, *Delle società – Trasformazione e fusione delle società, società costituite all'estero od operanti all'estero* (1965); Raúl Ventura, *Fusão e cisão de sociedades*, RFDUL, XXIV (1972), 23-50; *id.*, *Adaptação do Direito Português à Terceira Directiva do Conselho da Comunidade Económica Europeia relativa à fusão de sociedades por acções*, DDC 4 (1980), 183-252; *id.*, *Fusão, cisão, transformação de sociedades – Comentário ao CSC* (1990, 3.ª reimp., 2006), 5-55.

Índice

I – **Antecedentes normativos e Direito europeu**
1. O Código Comercial de 1888 ... 1
2. As primeiras décadas do séc. XX ... 4
3. O DL 598/73, de 8-nov. ... 6
4. A 3.ª Diretriz ... 9
5. O Regulamento (CE) 2157/2001 ... 15
6. A 10.ª Diretriz ... 18
7. As alterações de 2009 ... 21
8. A Diretriz 2009/109/CE, de 16-set. ... 23

II – **Teleologia e natureza do instituto**
9. Teleologia geral ... 24
10. Noção de fusão ... 27
11. Natureza ... 30

III – **Modalidades**
12. A fusão por incorporação ... 35
13. A fusão por concentração ... 37
14. A fusão heterogénea ... 40
15. A fusão de sociedades dissolvidas ... 45
16. A fusão interna e a fusão internacional ... 49
17. A fusão transfronteiriça ... 51
18. A fusão de sociedades cooperativas ... 53

IV – **A contrapartida em dinheiro por efeito da fusão**
19. Admissibilidade ... 59
20. A solução germânica ... 61
21. A 3.ª Diretriz ... 63
22. Limitação teleológica do preceito ... 64
23. O cálculo da contrapartida ... 68
24. A posição jurídica do sócio ... 72
25. Regime e natureza da contrapartida ... 81

I – Antecedentes normativos e Direito europeu

1. O Código Comercial de 1888. Até 1888, o instituto da fusão era desconhecido na legislação nacional. O Código de 1833 não previa qualquer processo de concentração semelhante, o mesmo ocorrendo com os restantes códigos da primeira geração, em especial com o *Code de Commerce* de 1807[1]. 1

O CCom de 1888, teve em especial atenção a revisão das disposições sobre sociedades e companhias do Código de Ferreira Borges, tidas ao tempo como especialmente desadequadas à realidade e necessidades do comércio jurídico[2]. No *Relatório* do *Projecto de Codigo Commercial*, 2

[1] Código que tão largamente marcou o movimento da primeira codificação, dando origem à matriz francesa da codificação comercial. Cf. Anthoine de Saint-Joseph, *Concordance entre les Codes de Commerce Étrangers et le Code de Commerce Français* (1844), XXI-XXII, com tabela comparativa dos diversos códigos comerciais.

[2] O D de 13-jul.-1859, que nomeou uma comissão destinada a rever a legislação comercial e a reformar o direito mercantil português, assinalava a revisão das disposições sobre as sociedades comerciais como um dos aspetos mais necessitados de reforma.

apresentado por Veiga Beirão à Câmara dos Senhores Deputados, em 1887[3], a criação de um regime jurídico especial para a fusão de sociedades aparecia como uma das marcas mais relevantes da reforma.

3 A fusão de sociedades surge regulada no CCom nos 124.º a 127.º. O legislador não consagrava quaisquer modalidades de fusão, nem definia em que consistia o instituto. Não existia, na verdade, qualquer construção dogmática da figura. Limitava-se a determinar que a fusão devia ser deliberada em cada uma das sociedades envolvidas, obrigando à publicação de uma deliberação final e conjunta (124.º), e, sobretudo, a atender à tutela dos credores, regulando o direito de oposição dos credores sociais, cujo exercício inviabilizava o processo em curso até decisão judicial (125.º, 126.º e 127.º). A origem do regime da fusão no CCom encontra-se nos 193.º a 196.º do CCom italiano de 1882, dos quais o articulado português é quase uma mera reprodução.

4 2. **As primeiras décadas do séc. XX**. O regime da fusão do CCom de 1888 cedo se revelou limitativo. A preocupação com a tutela dos credores condenava a utilidade sócio-empresarial da operação ao fracasso, paralisando os processos durante anos até à decisão judicial da oposição dos credores.

5 Assim, nas primeiras décadas do séc. XX surgiu legislação excecional que dispensava a aplicação dos 124.º a 127.º do Código para a realização de determinadas fusões[4]. Exemplo paradigmático de como a tutela dos credores começava a ceder perante o interesse objetivo sócio-económico da fusão foi a L 1:894, de 11-abr.-1935, conhecida como a Lei da Reforma do Crédito (LRC). O 9.º da LRC concedia autorização ao Governo para, até 1940, permitir a fusão de bancos e casas bancárias com isenção de sisa e dispensa de observância dos 124.º a 127.º e 195.º a 198.º do CCom. O § único do mesmo artigo, garantia ainda que, até à mesma data, o Governo podia autorizar a fusão de bancos e casas bancárias concedendo privilégios aos credores no novo capital e podendo mesmo obrigar os credores nacionais a *"participar do novo organismo, com os seus créditos reduzidos ao valor real e sem privilégio"*.

6 3. **O DL 598/73, de 8-nov.**. A experiência das primeiras décadas do séc. XX criou, na comunidade jurídica portuguesa, a clara convicção da necessidade de reforma do regime da fusão de sociedades[5]. No entanto, o mesmo não veio a acontecer até 1973. Em parte, o facto explica-se com a elaboração do Código Civil cuja preparação, iniciada em 1944, durou uma vintena de anos e envolveu a quase totalidade da comunidade académica.

7 O DL 598/73 constituiu o antecedente normativo mais próximo do regime vertido no 97.º e seguintes. Teve por base os trabalhos preparatórios do CSC[6]; no entanto, dada a urgência, acabou por conhecer força de lei e apenas foi revogado com o próprio Código, em 1986. Não obstante a precocidade, o DL 598/73 denotava uma clara aproximação ao Direito europeu das sociedades. Em 1970, aquilo que viria a ser a 3.ª Diretriz conhecia já um projeto, publicado no JOCE, a 14-jul.. O legislador português teve-o em conta, preconizando o regime que viria mais tarde a ser partilhado pelos países do espaço europeu.

8 O 97.º reproduz, na sua normatividade essencial, o 1.º do DL 598/73.

[3] Veiga Beirão, *Codigo Commercial – Projecto apresentado à Camara dos Senhores Deputados* (1887), 27-34.

[4] Veja-se, por exemplo, o D 18:315, de 13-mai.-1930 e o D 19:193, de 3-jan.-1931.

[5] E do Direito Comercial em geral, como o atesta o D 33:908, de 4-set.-1944, no qual o Governo anunciou a intenção de proceder a uma reforma da lei civil e à elaboração de um novo Código Civil, admitindo a hipótese de o Direito Comercial (reformado) vir a integrar a codificação civil, à semelhança da experiência italiana de 1942.

[6] Raúl Ventura, *Fusão e cisão de sociedades*, RFDUL (1972), 23-50.

4. **A 3.ª Diretriz**. Em 1978, a 3.ª Diretriz, de 9-out., veio a ocupar-se da fusão das sociedades anónimas[7]. Surgindo num tempo em que muitas ordens jurídicas continentais ignoravam ainda o instituto ou apenas o disciplinavam parcelarmente, o primeiro objetivo do legislador comunitário foi promover a sua introdução nos diversos ordenamentos, harmonizando a disciplina da tutela dos credores e da proteção dos acionistas[8]. 9

O primeiro estudo português da 3.ª Diretriz, direcionado para a adaptação do nosso direito interno aos preceitos consagrados na legislação comunitária, deve-se a Raúl Ventura[9]. 10

Do confronto entre a 3.ª Diretriz e o DL 598/73, de 8-nov., Raúl Ventura não via a necessidade de introduzir grandes alterações à legislação nacional. Não só a legislação, ao tempo, satisfazia as exigências comunitárias como, em alguns casos, as superava[10]. 11

Nos termos do 1.º da 3.ª Diretriz, o regime da fusão tinha por âmbito de aplicação as sociedades anónimas. No entanto, em Portugal vigorava um regime geral de fusão para todos os tipos societários. O confronto entre a 3.ª Diretriz e o DL 598/73 pareceu ignorar este pormenor[11]: nascia, assim, uma tradição maximalista na codificação societária portuguesa marcada pela aplicação a todos os tipos societários de regimes especialmente nascidos no contexto das sociedades anónimas. Esta tendência veio a confirmar-se com o CSC: o regime de fusão ficou vertido na Parte geral, não obstante grande parte da sua feição material ter origem comunitária e justificando-se em razão do tipo social sociedade anónima[12]. 12

A 3.ª Diretriz trouxe, entre muitos aspetos, dois marcos relevantes para a construção da figura da fusão. O primeiro prendeu-se com a tutela dispensada aos sócios, cuja garantia ganhou foros de primeira importância[13]. Tal objetivo viria a ter duas consequências no universo dos diversos direitos nacionais: (a) acentuou o abandono da exagerada tónica colocada na tutela de credores e terceiros; (b) chamou a atenção para a fusão não apenas como um fenómeno de concentração patrimonial mas, igualmente, como um processo de unificação dos diversos substratos pessoais das sociedades envolvidas. 13

O segundo marco prendeu-se com a reconstrução dogmática da figura da fusão por recurso à técnica da *"dissolução sem liquidação"*, cuja importância a seu tempo analisaremos. 14

[7] JOCE N.º L-295, 36-43, de 20-out.-1978; *vide* António Menezes Cordeiro, *Direito europeu das sociedades* (2005), 233-247. A 3.ª Diretriz tem origem num projeto de 1970, publicado no JOCE a 14-jul., projeto esse que veio a influenciar o legislador português na elaboração do DL 598/73.

[8] Menezes Cordeiro, *Direito europeu das sociedades*, 263.

[9] Do autor, *Adaptação do Direito Português à Terceira Directiva do Conselho da Comunidade Económica Europeia relativa às fusões de sociedades por acções* (1972).

[10] Em alguns passos, a legislação nacional era mais exigente que o disposto na 3.ª Diretriz e, para Raúl Ventura, preferível. Tal é, por exemplo, o caso dos elementos constantes do projeto de fusão, onde o DL 598/73 acrescentava face à 3.ª Diretriz. O mesmo se diga, também, quanto à informação prestada aos sócios. Cf., do autor, *Adaptação do Direito Português à Terceira Directiva do Conselho da Comunidade Económica Europeia relativa às fusões de Sociedades por Acções*, s/d, 198-200 e 209-212.

[11] Raúl Ventura, *Adaptação do Direito Português à Terceira Directiva do Conselho da Comunidade Económica Europeia relativa às fusões de sociedades por acções*, s/d, 188 ss.

[12] A mesma experiência ocorreu na Alemanha. A 3.ª Diretriz foi transposta pelo *Verschmelzungsrichtlinie-Gesetz*, de 25-out.-1982, o qual se aplicava a todos os tipos societários. A *UmwG*, em 1994, segiu o mesmo mote, transpondo igualmente a 6.ª Diretriz. A experiência italiana é, neste aspeto, paradoxalmente diferente: a 3.ª Diretriz aparece transposta para o *codice civile* em sede de sociedades anónimas e não quanto aos restantes tipos societários.

[13] No *terceiro considerando*, a proteção dos interesses dos sócios é referida como fundamento justificativo da harmonização da legislação nacional referente a fusões societárias. O *quarto considerando* faz referência expressa ao direito à informação dos sócios e à sua importância no âmbito de uma fusão, como instrumento de garantia e tutela da sua posição social. Por fim, o *oitavo considerando* assume como necessidade imperiosa o alargamento das garantias previstas a favor dos sócios.

15 5. **O Regulamento (CE) 2157/2001.** O Regulamento (CE) 2157/2001, de 8-out.[14], adotou o regime jurídico da *Societas Europaea* (SE) que prevê a fusão como um dos modos de constituição da uma SE. No caso de fusão por incorporação, é a sociedade incorporante que assume a forma de SE; no caso de fusão por concentração, a nova sociedade.

16 O Regulamento desenvolve o regime da fusão nos 17.º e seguintes, em moldes muito semelhantes aos da 3.ª Diretriz.

17 Aproveitando a liberdade conferida no Regulamento, o legislador nacional instituiu, pelo DL 2/2005, de 4-jan., o Regime Jurídico das Sociedades Anónimas Europeias, alterado, posteriormente, com a Reforma de 2006. Aí se disciplinou, novamente, a fusão para efeitos de constituição de uma SE em alguns aspetos de forma frontalmente oposta ao CSC como, por exemplo, em sede de exoneração de sócios[15].

18 6. **A 10.ª Diretriz**. A realidade do mercado único favorece a concentração de empresas localizadas em diversos Estados-Membros e, por isso, sujeitas a diversas legislações nacionais. A necessidade de dotar tal operação económica de um regime jurídico unitário levou a que o Direito europeu das sociedades se ocupasse das fusões transfronteiriças.

19 Assim, foi adotada a 10.ª Diretriz, de 26-out.-2005, relativa às fusões transfronteiriças de sociedades de responsabilidade limitada[16].

20 7. **As alterações de 2009**. Durante o ano de 2009, o regime da fusão de sociedades sofreu duas alterações de relevo, preconizadas pela L 19/2009, de 12-mai. e pelo DL 185/2009, de 10-ago.

21 A L 19/2009 transpôs para a ordem jurídica interna a 10.ª Diretriz e a Diretriz 2007/63/ /CE, de 13-nov. Foram, assim, aditados os 117.º-A a 117.º-L ao CSC e alterado, pontualmente, o regime das *fusões internas*. O DL 185/2009 – profundamente marcado pelo confessado intuito de combater a conhecida crise económica e financeira[17] – introduziu profundas alterações no regime da fusão, em ordem à simplificação do processo e à diminuição dos encargos a ele associados.

22 Estas alterações de regime não induzem, no entanto, repercussões dogmáticas assinaláveis.

23 8. **A Diretriz 2009/109/CE, de 16-set.**. Já após a publicação do DL 185/2009, foi aprovado um novo diploma comunitário – a Diretriz 2009/109/CE, do Parlamento e do Conselho, de 16-set., que alterou a redação das 3.ª, 6.ª e 10.ª Diretrizes. As alterações introduzidas visam sobretudo a simplificação das exigências de publicidade associadas às operações de fusão e cisão, aproveitando as virtualidades dos meios disponíveis na *internet*. A Diretriz foi transposta pelo DL 53/2011, de 13-abr., que alterou os 98.º, 100.º, 101.º, 102.º e 105.º e aditou o 127.º-A.

II – **Teleologia e natureza do instituto**

24 9. **Teleologia geral**. O 97.º surge como norma de enquadramento, destinada a facultar ao intérprete aplicador o perfil geral do instituto e as modalidades de fusão admitidas.

25 Tem igualmente a utilidade de estabelecer algumas permissões cuja ausência deixaria na incerteza o intérprete. A saber: (a) a possibilidade da fusão ocorrer entre sociedades de tipo diverso e (b) a possibilidade da fusão ocorrer entre sociedades já dissolvidas.

[14] Completado pela Diretriz 2001/86/CE, do Conselho, de 8-out.-2001, relativa ao envolvimento dos trabalhadores na SE.

[15] Comparem-se o 105.º do CSC com o 7.º do DL 2/2005, de 4-jan..

[16] Diretriz 2005/56/CE, publicada no JOCE N.º L-310, 1-9, de 25-nov.-2005, em discussão desde 1972: *vide* António Menezes Cordeiro, *Direito europeu das sociedades* (2005), 787 ss.. e 802 ss..

[17] Cf. António Menezes Cordeiro, "A crise planetária 2007/2010 e o governo das sociedades", RDS I (2009), 2, 263-286.

O 97.º/3 esclarece, também, que a fusão não pode ocorrer depois da data da petição da apresentação à insolvência ou do pedido de declaração desta. 26

10. **Noção de fusão**. O 97.º não nos dá qualquer definição de fusão; mas assinala os seus elementos essenciais. A fusão corresponde assim, na letra do artigo, (a) à *reunião de duas ou mais sociedades em uma só*; (b) à *transmissão global do património* da sociedade fundida ou incorporada para a nova sociedade ou para a sociedade incorporante e (c) à *aquisição da qualidade de sócio* nesta última por parte dos sócios das sociedades que se extinguem[18]. Estes elementos constam igualmente de outros textos legais, por exemplo, do 109.º do CCoop, dos 3.º e 4.º da 3.ª Diretriz e do 2.º/2 da Diretriz 2005/56/CE. 27

Assim delineada, a fusão compreende uma *dimensão objetiva*: a reunião de uma ou mais sociedades em uma única estrutura societária, com a transmissão global do património; e uma *dimensão subjetiva*: a aquisição da qualidade de sócio da sociedade beneficiária do processo[19]. 28

Podemos definir o instituto como um processo de concentração de sociedades que opera a reunião dos seus elementos pessoais e patrimoniais em uma única e mesma estrutura societária. 29

11. **Natureza**. Há duas grandes orientações dogmáticas na Europa Continental: (a) teoria da sucessão universal, em tudo semelhante às sucessões *mortis causa*; (b) teoria do ato modificativo das sociedades envolvidas, semelhante à transformação. 30

A tese da sucessão foi largamente difundida em Itália, tendo-se entendido a fusão como um caso de *estinzione-creazione-sucessione universale*[20]. No entanto, tal tese cedo se mostrou insuficiente para explicar toda a realidade da fusão e, sobretudo, a sua dimensão subjetiva e o real escopo dos sócios que a deliberam, com exceção da doutrina germânica. Aí, a evolução dogmática da fusão e da cisão construiu-se em torno da distinção entre as figuras da *totale Universalsukzession* e da *partielle Universalsukzession*. Esta técnica foi acolhida na *UmwG* de 1994, onde a fusão, prevista no § 2, é explicada como sendo um negócio jurídico que opera uma sucessão universal do património de uma ou várias sociedades para outra sociedade já existente ou a constituir[21]. 31

A tese da fusão como um ato transformador das sociedades comerciais prevalece, atualmente, em Itália, França e Portugal. Com efeito, a fusão mais que operar uma extinção de sociedades com a transmissão do seu património envolve, sobretudo, uma modificação das sociedades envolvidas e a sua transformação mediante processos de concentração económica. A fusão de sociedades é, assim, um ato modificativo de sociedades as quais, alterando o seu contrato de sociedade, surgem reunidas numa mesma estrutura, sem modificação das situações jurídicas envolvidas as quais permanecem durante o processo e reaparecem, naturalmente, na sociedade beneficiária, no final do mesmo. 32

O entendimento da fusão como um ato modificativo das sociedades é favorecido pela própria sistemática do Código. A fusão e a cisão de sociedades surgem imediatamente a seguir 33

[18] *Vide* as anotações ao 112.º.

[19] Cf. RLx 1-jul.-2003 (Pimentel Marcos), Proc. 4381/2003-7: *"(...) a essência da fusão de sociedades consiste em juntar os elementos pessoais e patrimoniais de duas ou mais sociedades preexistentes, de tal modo que passe a existir uma só sociedade"*.

[20] Simonetto, *Delle società – Trasformazione e fusione delle società, società costituite all'estero od operanti all'estero* (1965), 112 e Francesco Ferrara Jr./Francesco Corsi, *Gli imprenditori e le società*, 13.ª ed. (2006), 989 ss..

[21] Com desenvolvimento e referências, Karsten Schmidt, *Gesellschaftsrecht*, 4. Auflage (2002), 356; "Universalsukzession kraft Rechtsgeschäfts – Bewährungsproben eines zivilrechtsdogmatischen Rechtsinstituts im Unternehmensrecht", *in AcP*, 191 (1991), 495-525 e Marcus Lutter, *Umwandlungsgesetz – Kommentar*, I (§ 1-137), 3. Auflage (2004), *passim*.

ao Capítulo VIII sobre a alteração do contrato e antes da transformação. O seu enquadramento sistemático é, efetivamente, o mais correto: a modificação das sociedades[22]. No 103.º/1 dispõe--se que a deliberação da fusão seja tomada nos termos previstos para a alteração do contrato de sociedade: vejam-se as anotações a esse preceito.

34 Também na jurisprudência – não obstante as parcas decisões sobre este instituto – se tem vindo a sedimentar o entendimento da fusão como um ato transformador das sociedades, com consequências relevantes em outros pontos do ordenamento como, por exemplo, o arrendamento urbano[23].

III – **Modalidades**

35 12. **A fusão por incorporação**: 97.º/4, *a*). Uma ou mais sociedades, denominadas incorporadas, transferem a totalidade do seu património para outra sociedade preexistente, denominada incorporante. Esta última mantém a sua individualidade jurídica, absorvendo o património transferido e acolhendo na sua estrutura os sócios das sociedades incorporadas os quais nela adquirem uma participação social.

36 Esta modalidade de fusão é universalmente conhecida. Encontrava-se já prevista no 1.º/4 do DL 598/73 e está presente um pouco por toda a legislação continental.

37 13. **A fusão por concentração**: 97.º/4, *b*). Também denominada «fusão mediante a constituição de uma nova sociedade», na fusão por concentração, a sociedade beneficiária é constituída no próprio processo. Enquanto que na incorporação, a fusão aparece-nos como um processo translativo dos elementos pessoais e patrimoniais de uma sociedade para outra, na concentração, ela é constitutiva da sociedade beneficiária: há um momento jurídico de criação de uma nova sociedade.

38 A letra do n.º 4, *b*) poderia fazer supor a existência de dois momentos distintos: um primeiro em que se procederia à constituição da nova sociedade e um segundo, de fusão *stricto sensu*, em que a sociedade para o efeito constituída receberia os elementos pessoais e patrimoniais das sociedades fundidas: construção incorreta. A constituição ocorre no próprio processo da fusão e por efeito da mesma, sendo constitutivo o próprio processo de reestruturação das sociedades envolvidas. A constituição de uma nova sociedade, em momento anterior à fusão, ainda que unicamente destinada ao processo em causa, configuraria um caso de fusão por incorporação e não de fusão por concentração.

39 Por esta razão se justifica o previsto no 106.º/2, para cuja anotação se remete: as disposições acerca da constituição de sociedades não se aplicam sempre que à natureza e particularidades do processo previsto no 97.º/4, *b*), convier a sua dispensa.

40 14. **A fusão heterogénea**. O n.º 1 admite a possibilidade de fusão entre sociedades de tipo diverso: são as denominadas, em uma expressão largamente difundida na doutrina italiana[24], *fusões heterogéneas*.

[22] De salientar que no Projeto do CSC, publicado no BMJ 327 (1983), 43-339, a fusão aparecia sistematicamente distante da alteração do contrato de sociedade, e só depois da apreciação anual da sociedade, das deliberações sociais, da publicidade dos atos, etc.

[23] Cf., por exemplo, RPt 14-mar.-1994 (Alves Correia), Proc. 9310737; RCb 21-fev.-1995 (Virgílio de Oliveira), CJ XX (1995) 1, 46-49; RCb 24-jun.-1997 (Gil Roque), CJ XXII (1997) 3, 36-39; STJ 4-mai.-1999 (Pais de Sousa), Proc. 99A163; RGm 8-jan.-2003 (Leonel Serôdio), Proc. 1474/02; STJ 22-jan.-2004 (Salvador da Costa), Proc. 03B4387; RLx 18-mai.-2006 (Ferreira Lopes), Proc. 305/2006; e STJ 6-dez.-2006 (Oliveira Barros), Proc. 06B3458. Confrontar ainda, com interesse, por exemplo, RCb 18-mai.-1999 (Serra Batista), Proc. 1731/98; RLx 6-fev.-2001 (Azadinho Loureiro), Proc. 0021291; e RLx 1-jul.-2003 (Pimentel Marcos), Proc. 4381/2003.

[24] Francesco Ferrara Jr./Francesco Corsi, *Gli imprenditori e le società*, 13.ª ed. (2006), 990 ss.

As fusões heterogéneas, sejam elas por incorporação ou por concentração, envolvem sempre, para as sociedades incorporadas ou fundidas, uma modificação do seu tipo social, isto é, uma transformação. Para além desta modificação, outras podem estar igualmente presentes como, por exemplo, a modificação do objeto social, da sede, etc. Em tais casos, coloca-se o problema jurídico de saber se devem ser aplicadas à fusão as disposições que regem essas outras modificações societárias que a mesma envolva. 41

O 8.º do DL 598/73 resolvia o problema dispondo: 42

> Quando a fusão for acompanhada de mudanças do objecto ou do tipo de sociedade ou de outras alterações do pacto social, devem ser observados os requisitos que a lei ou os estatutos exijam para as respectivas deliberações, salvo na medida em que os interesses que pretendem tutelar se mostrem já acautelados pela disciplina da fusão.

O CSC não conhece qualquer disposição semelhante. No entanto, o princípio de 1973 pode ser defendido na atualidade[25]. Deve entender-se que no caso das fusões heterogéneas, são aplicáveis as disposições legais e contratuais acerca da transformação ou da outra modificação em causa, sempre que o regime da fusão não assegure os interesses tutelados. 43

O princípio ora enunciado, para além da sua clara dimensão heurística na solução de casos concretos, tem igualmente uma dimensão dogmática: a possível aplicação das disposições da alteração do contrato de sociedade ao processo de fusão reafirma a natureza transformadora do instituto. Na fusão em causa está, essencialmente, um processo de modificação de sociedades. 44

15. **A fusão de sociedades dissolvidas**. A dissolução não é um facto extintivo da sociedade mas antes modificativo, que altera a relação jurídica societária dando início à fase de liquidação (146.º)[26]. Já dissolvida e durante a fase de liquidação, a sociedade continua a sua existência jurídica. O facto extintivo é o registo do encerramento da liquidação. Só aí, nos termos do 160.º/2, a sociedade termina a sua existência. 45

Assim se compreende a possibilidade de fusão de sociedades dissolvidas, prevista no n.º 2. A mesma solução podia ser encontrada no 1.º/3 do DL 598/73. Também a 3.ª Diretriz, nos 3.º/2 e 4.º/2, permite aos Estados-Membros consagrar a possibilidade da fusão de sociedades em fase de liquidação, desde que não se tivesse iniciado ainda a partilha de ativos entre os acionistas. 46

O CSC, no cumprimento da 3.ª Diretriz, fixa como requisito da fusão de sociedades dissolvidas a verificação dos pressupostos do regresso à atividade, previstos no 161.º[27]. Com efeito, a deliberação de fusão de sociedades dissolvidas consome a deliberação de regresso à atividade das mesmas. Quer isto dizer: deliberada a fusão de sociedades dissolvidas, deve ter-se por igualmente deliberado o regresso à atividade das sociedades em causa, inviabilizando-se assim, definitivamente, a partilha de ativos pelos sócios[28]. 47

Por esta última razão apontada, a deliberação de fusão de sociedades dissolvidas deve observar os requisitos legais e contratuais da deliberação do regresso à atividade, sempre que mais exigentes que a deliberação da fusão. 48

16. **A fusão interna e a fusão internacional**. Entende-se por fusão *interna* aquela que ocorre entre sociedades comerciais sujeitas à mesma lei pessoal portuguesa e por *internacional* aquela que 49

[25] Raúl Ventura, *Fusão*, 36-40.

[26] Raúl Ventura, *Dissolução e Liquidação de Sociedades – Comentário ao Código das Sociedades Comerciais* (1987), 16 ss..

[27] *Vide* as anotações ao 161.º.

[28] Raúl Ventura, *Fusão*, 28-29.

ocorre entre sociedades de direito português e outras sociedades sujeitas à lei pessoal de outros Estados.

50 As fusões internas seguem o disposto nos 97.º a 117.º do CSC. Às fusões internacionais aplica-se o regime que resultar do disposto no direito internacional privado das pessoas coletivas (33.ºdo CC) e do direito internacional privado das sociedades comerciais (3.º e 4.º), à exceção das fusões transfronteiriças que conhecem um regime especial.

51 17. **A fusão transfronteiriça**. Entende-se por *fusão transfronteiriça* aquela que ocorre entre sociedades portuguesas e outras sociedades em que pelo menos uma delas se encontra sujeita à lei pessoal de outro Estado-Membro da União Europeia, nos termos definidos no 117.º-A/1 e 1.º da 10.ª Diretriz.

52 Uma *fusão transfronteiriça* é, também ela, uma fusão internacional. A *differentia specifica* reside no facto de as sociedades envolvidas na fusão não sujeitas à lei portuguesa serem, também elas, sociedades nacionais de outros Estados-Membros da Comunidade. A esta particular *species* de fusão internacional está associado o regime especial previsto nos 117.º-A a 117.º-L, que resulta da transposição da 10.ª Diretriz para a ordem jurídica interna, pela pela L 19/2009, de 12-mai.

53 18. **A fusão de sociedades cooperativas**. O 97.º não acolheu o 1.º/2 do DL 598/73 que rezava: *"Tratando-se de cooperativas, a fusão apenas pode ter lugar com sociedades do mesmo tipo"*. Este n.º 2 assumia que as cooperativas eram sociedades e, como tal, se podiam fundir com sociedades de tipo diverso (1.º/1 do mesmo diploma). A utilidade do n.º 2 era, justamente, excecionar tal faculdade, permitindo apenas, quanto às cooperativas, a fusão com outras cooperativas.

54 Ante o silêncio do 97.º, surge a questão de saber se é hoje possível a fusão de sociedades e cooperativas. A fusão de cooperativas encontra-se prevista no 109° do CCoop (L 119/2015, de 31-ago.), mas apenas quanto à fusão de cooperativas entre si. Não existe qualquer previsão legal que permita a fusão de sociedades e cooperativas; mas também não existe disposição que a proíba. Resta saber se, no silêncio da lei, o Direito societário compreende ainda essa proibição.

55 A questão ora levantada entronca diretamente em um problema mais amplo: o da natureza jurídica das cooperativas, e do princípio da tipicidade consagrado no 1.º/2. A nossa tradição comercialista, até 1974-1975, entendia as cooperativas como sendo sociedades comerciais. Assim apareciam no CCom de 1888 e no anteprojeto do CSC de 1970, da autoria de Ferrer Correia e António Caeiro. Após 1974, dá-se uma inversão ideológica e as cooperativas são redescobertas como um instrumento económico popular contra um suposto capitalismo presente nas sociedades comerciais. Esta inversão foi consagrada no CCoop, que adota uma posição não-societária quanto à natureza das cooperativas, pelo menos ao nível da linguagem[29].

56 Não há, contudo, razões jurídico-científicas para negar a natureza societária das cooperativas. Apenas razões de contexto político-ideológico o justificam. Mais: a dogmática fundamental das cooperativas é societária, pelo que não é possível encontrar qualquer autonomia nesta matéria. O próprio 9.º do CCoop manda aplicar, subsidiariamente, o CSC, em especial os preceitos das sociedades anónimas. A jurisprudência, no entanto, tem mantido muitas reservas em reafirmar a natureza societária das cooperativas. Nos tribunais de comércio, por exemplo, predomina o entendimento da sua incompetência em razão da matéria para decidir de causas a elas relativas[30].

[29] *Vide* António Menezes Cordeiro 1, 409 e ss.

[30] Por exemplo: RPt 24-mai.-2001 (Teles de Menezes), CJ XXXI (2001) 3, 204-205 (205/I); STJ 5-fev.-2002 (Garcia Marques), CJ/Supremo X (2002) 1, 68-71 (70), e STJ 5-dez.-2002 (Afonso de Melo), CJ/Supremo X (2002) 3, 156-157 (157II).

Não vemos, portanto, qualquer razão dogmática para rejeitar a possibilidade de fusão de sociedades e cooperativas. Estamos, no fundo, ante entes jurídicos da mesma natureza cuja concentração não só é dogmaticamente possível como, na *praxis*, desejável[31]. 57

No entanto, sem uma alteração legislativa não é possível defender, *de jure condito*, a possibilidade de fusão de sociedades e cooperativas. O princípio da tipicidade obriga a entender por sociedades, no 97.º/1, apenas aquelas que adotem um dos tipos previstos no 1.º/2. A fusão de sociedades e cooperativas encontra-se, assim, proibida. 58

IV – **A contrapartida em dinheiro por efeito da fusão**

19. **Admissibilidade**. A *dimensão subjetiva* da fusão caracteriza-se pela aquisição de partes, ações ou quotas na sociedade incorporante ou na nova sociedade, por parte dos sócios das sociedades incorporadas ou fundidas. A aquisição de participações sociais é assim – quanto aos sócios das sociedades envolvidas – a contrapartida própria da fusão. Mais se diga: uma transmissão global do património de uma sociedade seguida da sua extinção, sem que os sócios daquela adquiram nesta participações sociais em equivalência às anteriormente detidas não pode ser qualificada de fusão. A dimensão subjetiva da fusão é, assim, constitutiva do instituto: sem troca de participações sociais não há fusão. 59

Porém, se é certo que a atribuição de participações sociais aos sócios das sociedades incorporadas ou fundidas é essencial à fusão, também não deixa de ser verdade que, na prática, podem existir dificuldades em fazer refletir na participação social da sociedade beneficiária o valor real da participação originária dos sócios visados. Surgiu, assim, na *praxis* jurídico-económica, a necessidade de realizar alguns "acertos de contas" permitindo que os sócios das sociedades incorporadas ou fundidas pudessem receber outras contrapartidas pela fusão que não só participações sociais. 60

20. **A solução germânica**. O problema da admissibilidade de outras contrapartidas para os sócios que não participações sociais, em sede de fusão, foi resolvido na Alemanha com a consagração legal dos *zehnten Teil des Gesamtnennbetrags der gewährten Aktien*, prevista no § 344 (2) da *AktG*[32]. Nos casos de fusão de sociedades anónimas, para além das novas ações da sociedade beneficiária, os sócios poderiam receber também um montante não superior a 10% do valor das ações recebidas. 61

Esta possibilidade, consagrada no § 344 (2), foi sendo entendida no sentido de apenas poder ser utilizada quando não fosse possível um acerto total na razão de proporcionalidade entre o valor real das participações sociais das sociedades incorporadas ou fundidas e o valor da nova participação social detida na sociedade beneficiária[33]. A razão deste entendimento era simples: o elemento essencial da fusão é a troca das participações sociais; a admissibilidade de outras contrapartidas para os sócios só podia revestir natureza residual (10% do valor das ações recebidas) e nunca poderia aparecer como um sucedâneo da participação social, mas tão só como um corretivo da proporcionalidade. 62

21. **A 3.ª Diretriz**. O § 344 da *AktG* serviu de fonte aos 3.º/1 e 4.º/1 da 3.ª Diretriz que consagraram a possibilidade de a fusão envolver a atribuição *"eventualmente, de uma quantia em dinheiro não superior a 10% do valor nominal das ações assim atribuídas ou, na falta de valor nominal, do* 63

[31] Veja-se o 2500 *septies* do *Codice Civile* italiano que consagra a figura da transformação heterogénea, i. e., da possibilidade de uma sociedade se transformar em uma cooperativa, por exemplo.

[32] Em comentário, veja-se Gessler/Hefermehl/Eckardt/Kroff, *AktienGesetz – Kommentar*, (1991), 182-189.

[33] Cf. *Ibidem*, 188-189.

seu valor contabilístico". Contudo, não se consagrou qualquer entendimento quanto à limitação teleológica desta possibilidade. O legislador comunitário limitou-se a referir que a contrapartida em dinheiro poderia ser atribuída *"eventualmente"*... cabendo ao intérprete definir as circunstâncias dessa eventualidade.

64 22. **Limitação teleológica do preceito**. O n.º 5 não existia na nossa legislação anterior. Corresponde a uma exigência de harmonização do CSC com a 3.ª Diretriz. No entanto, à semelhança desta, o legislador nacional tampouco fixou qualquer limitação à atribuição dos 10% em dinheiro. Este silêncio da lei não nos permite afirmar que esteja na liberdade das administrações a atribuição de quantias em dinheiro aos sócios – no limite dos 10% – sem qualquer fundamentação para além de uma decisão empresarial. Neste caso, a faculdade prevista no n.º 5 encontra-se largamente condicionada pelo âmbito teleológico do preceito.

65 Ora, a contrapartida monetária tem uma orientação teleológica precisa: destina-se a suprir aquelas situações em que a atribuição de participações sociais não consegue garantir – pela sua ligação proporcional ao capital social realizado – o valor real da participação originária. Em tais casos, encontra a contrapartida em dinheiro o seu campo de aplicação próprio. Sempre que tal se não verifique, o recurso à contrapartida prevista no n.º 5 extrapola o âmbito teleológico da figura, redundando numa aplicação normativa incorreta da permissão legal[34].

66 Impõe-se, portanto, uma restrição interpretativa da permissão prevista no 97.º/5, no sentido de limitar o âmbito de aplicação da atribuição de uma contrapartida em dinheiro aos sócios das sociedades incorporadas ou fundidas, aos casos em que tal se revele necessário para um «acerto de contas» entre as participações sociais recebidas e o valor real das suas participações originárias[35].

67 Se outra fosse a solução, estaríamos a permitir que a fusão se tornasse em um instrumento de diminuição dos direitos sociais dos sócios por mera decisão da administração e da maioria deliberativa; ou, na visão inversa, em uma solução que permitiria aos sócios a redução do seu investimento social sem que para o efeito tivessem que invocar, por exemplo, qualquer direito de exoneração.

68 23. **O cálculo da contrapartida**. Quanto ao cálculo da contrapartida em dinheiro, o n.º 5 apenas refere que os 10% têm por referência *"o valor nominal das participações que lhes forem atribuídas"*. Serão as participações sociais atribuídas àquele sócio que irá receber uma quantia em dinheiro ou, ao contrário, para o cômputo interessam todas as participações atribuídas a todos os sócios da sociedade extinta?

69 No primeiro sentido segue alguma doutrina, nomeadamente italiana[36], que deseja restringir ao máximo a contrapartida em dinheiro por efeito da fusão, salvaguardando assim o denominado direito à qualidade de sócio. Segundo este entendimento, se o sócio *A* recebe participações sociais com o valor nominal de 10 euros poderá receber uma contrapartida em dinheiro no valor de 1 euro por cada unidade de participação que lhe seja atribuída.

[34] É este, aliás, o entendimento dominante em Itália, por exemplo, que, como nós, no seu 2501 *ter* do *Codice Civile* não fixou qualquer limite à aplicação da figura. No entanto, a doutrina tem afirmado diversas vezes o âmbito restritivo da aplicação da figura aos casos de acerto de contas, entendendo que só nesses casos pode ser aplicado o *conguaglio in danaro*. Cf., por todos, Francesco Ferrara Jr./Francesco Corsi, *Gli imprenditori e le società*, 13.ª ed. (2006), 994-995 e Bonfante/Corapi/Marziale/Rordorf/Salafia, *Codice commentato delle nuove società* (2004), 1290 ss.

[35] Em sentido contrário, Elda Marques, em *Código em comentário* 2 (2011), 167.

[36] Francesco Ferrara Jr./Francesco Corsi, *Gli imprenditori e le società*, 13.ª ed. (2006), 995.

O segundo sentido foi entre nós defendido por Raúl Ventura[37], em nome de uma maior utilidade prática do preceito. Assim, se aos sócios da sociedade fundida vierem a ser atribuídas 1000 participações sociais com o valor nominal de 10 euros cada, o sócio *A* poderá receber uma contrapartida em dinheiro até 1000 euros, ainda que só lhe sejam atribuídas, por exemplo, 200 participações sociais. 70

A preocupação ostentada na doutrina italiana não merece acolhimento. A tutela do direito à qualidade de sócio encontra-se garantida pela limitação teleológica do preceito. Deve, portanto, entender-se, como em outros passos do regime, que a ambiguidade da lei confere liberdade às administrações para fixarem qual o critério a adotar quanto ao cálculo dos 10%. Nada obsta, portanto, que em razão de uma maior eficácia sócio-empresarial se opte por achar a base de incidência dos 10% a partir da totalidade das participações atribuídas na nova sociedade ou na sociedade incorporante à totalidade dos sócios da sociedade fundida ou incorporada. 71

24. **A posição jurídica do sócio**. Questão diversa do âmbito de aplicação do preceito e da base de cálculo da contrapartida é saber qual a posição jurídica do sócio ante a possibilidade de atribuição de uma contrapartida em dinheiro por efeito da fusão: ver-se-á este na sujeição de sofrer uma diminuição da sua participação social na sociedade beneficiária ou, ao contrário, a atribuição de uma quantia em dinheiro encontra-se dependente do assentimento do sócio visado. 72

No sentido da exigibilidade do assentimento pesa o direito à intangibilidade da participação social e a tutela dos sócios quanto a uma possível expropriação por vontade da maioria. Com efeito, sendo o projeto de fusão elaborado pelas administrações e votado por uma vontade maioritária, poder-se-ia estar a permitir que a vontade da maioria (e eventualmente da administração) afastasse da sociedade determinado sócio, diminuindo os seus direitos sociais ou, em última instância, extinguindo a sua participação na sociedade beneficiária da fusão. 73

Por outro lado, no sentido da não exigibilidade do assentimento, advogam o interesse sócio-empresarial da fusão, a limitação teleológica do instituto e a inviabilidade prática de um consenso alargado sobre esta matéria, para já não falar nos possíveis abusos de minoria. 74

O entendimento tradicional tem passado por reconhecer a prevalência do direito à intangibilidade da participação social, com o recurso técnico a duas soluções: (a) o *consentimento do sócio* quanto à atribuição de uma quantia em dinheiro e (b) a adoção da figura germânica do *Teilrecht*[38]. 75

Segundo este entendimento, é exigido do sócio visado o consentimento na deliberação da fusão para que a sua participação social na sociedade beneficiária seja diminuída em razão da contrapartida em dinheiro recebida. Sem esse consentimento, o sócio continuará a ter direito a receber só e apenas participações sociais da nova sociedade ou da sociedade incorporante 76

Sempre que as participações sociais não perfaçam a unidade mínima legal ou contratualmente exigida, será atribuído ao sócio um *direito parcial*. A figura corresponde à germânica *Teilrecht*. Este direito parcial esperará a reunião de outras «partes de direito» até que goze da unidade mínima para poder ser exercido[39]. 77

O consentimento do sócio exige um ato positivo da vontade: consentir é, neste caso, *querer* a atribuição de uma contrapartida em dinheiro. Uma manifestação positiva de vontade não será fácil de obter, se atendermos especialmente ao facto de os sócios visados poderem não ter estado presentes na assembleia geral que deliberou a fusão ou a sociedade ser composta por uma 78

[37] Raúl Ventura, *Fusão*, 87-88.

[38] Raúl Ventura, *Fusão*, 87 ss..

[39] Cf. Raúl Ventura, *Fusão*, 87-88.

larga estrutura acionista. É preferível que a tutela dos sócios se obtenha pelo reconhecimento de um *direito de oposição à atribuição da contrapartida em dinheiro*, semelhante ao previsto no 131.º, *c*), e não pela exigibilidade do consentimento.

79 Opondo-se à atribuição de uma contrapartida em dinheiro, o sócio receberá um direito parcial de participação social.

80 Em qualquer dos casos, a atribuição de uma contrapartida em dinheiro nunca poderá substituir, em absoluto, a titularidade de participações sociais ou de direitos parciais na sociedade beneficiária da fusão: por mero efeito da fusão, um sócio da sociedade fundida ou incorporada nunca poderá deixar de ser sócio da nova sociedade ou da sociedade incorporante.

81 25. **Regime e natureza da contrapartida**. Existe uma *dependência absoluta* da contrapartida em dinheiro por efeito da fusão do direito à aquisição de participações sociais na sociedade beneficiária. Deve, assim, entender-se que é com o registo da fusão previsto no 112.º que a contrapartida em dinheiro se torna exigível, pois é também neste momento que o sócio visado adquire as participações sociais na sociedade incorporante ou na nova sociedade – 112.º, *b*).

82 A contrapartida em dinheiro é exigível à nova sociedade ou à sociedade incorporante. Constitui, assim, um crédito do sócio sobre essa sociedade que se vence com o registo da fusão.

83 Dada a absoluta dependência da contrapartida em dinheiro face ao direito à aquisição de participações sociais por efeito da fusão, até ao momento do registo, o crédito em causa é inseparável da participação social originária do sócio: não pode ser destacado do *status socii* e apenas se transmite mediante a transmissão da própria participação social.

84 Porém, após o registo, em que por efeito do 112.º, *b*) o sócio adquire uma participação social na sociedade incorporante ou na nova sociedade, o direito à contrapartida em dinheiro (já vencido) autonomiza-se da participação social, ficando assim sujeito ao regime geral dos direitos de crédito. Nada obsta, portanto, a que seja cedido, onerado, convertido em suprimentos, etc. Segue o regime de um normal crédito do sócio sobre a sociedade.

85 A natureza da contrapartida em dinheiro por efeito da fusão deve ser compreendida por dois ângulos: a situação jurídica do sócio e o ato de atribuição do dinheiro por parte da sociedade beneficiária.

86 Partindo da situação jurídica do sócio, a contrapartida em dinheiro corresponde a uma *situação jurídica creditícia* em que sócio se constitui, por efeito da fusão, credor da sociedade beneficiária no valor previsto e votado no projeto de fusão. Tal situação jurídica aparece integrada em uma outra mais complexa: o direito do sócio a participar na sociedade beneficiária da fusão. Por tal razão, o crédito em causa vence-se com o registo da fusão, como já se referiu.

87 Com o registo da fusão, esta situação jurídica creditícia autonomiza-se da participação social. É esta uma relevante diferença entre *crédito* e o *Teilrecht*. Na verdade, porque o *Teilrecht* corresponde a um direito parcial sobre uma participação social, tal direito goza da mesma natureza e regime das participações sociais. Entre outros aspetos, os limites legais ou estatutários à livre transmissão de participações sociais aplicam-se, igualmente, à transmissão dos direitos parciais. No caso do *crédito* a uma contrapartida em dinheiro em análise, este encontra-se dependente do *status socii* até ao momento do registo da fusão; a partir desse momento tal situação jurídica deixa de ser um substituto às participações sociais não recebidas. Perdendo essa dependência, segue o regime próprio dos direitos de crédito.

88 Tomando em perspetiva a contrapartida em dinheiro enquanto atribuição da sociedade ao sócio visado, há que atender aos seguintes aspetos: (a) o título pelo qual o crédito é devido não é outro senão a qualidade de sócio do credor e o processo modificativo da fusão; (b) essa qualidade mantém-se na sociedade beneficiária; e (c) a situação jurídica alternativa ao crédito seria

a participação social ou um direito parcial sobre ela (*Teilrecht*). Quer isto dizer que a satisfação do valor em causa importa, para a sociedade beneficiária, a atribuição de um determinado bem a um sócio, por força da deliberação da assembleia geral e devido nessa qualidade social. Há, portanto, uma significativa proximidade entre o cumprimento desta obrigação nascida na fusão e a *distribuição de bens a sócios*.

Assim, deve entender-se aplicável o disposto quanto às limitações da distribuição de bens 89
a sócios nos 31.º a 34.º, ao cumprimento por parte da sociedade beneficiária do pagamento da contrapartida em dinheiro por efeito da fusão. Nomeadamente, serão aplicáveis à administração da nova sociedade ou da sociedade incorporante as limitações constantes do 31.º/2 e, aos sócios visados, o disposto no 34.º.

Nada parece obstar a possibilidade de a *quantia em dinheiro* prevista no 97.º/5 poder ser 90
realizada em qualquer bem suscetível de distribuição aos sócios.

Artigo 98.º (Projeto de fusão)

1. As administrações das sociedades que pretendam fundir-se elaboram, em conjunto, um projeto de fusão donde constem, além de outros elementos necessários ou convenientes para o perfeito conhecimento da operação visada, tanto no aspeto jurídico, como no aspeto económico, os seguintes elementos:

_a_) A modalidade, os motivos, as condições e os objetivos da fusão, relativamente a todas as sociedades participantes;

_b_) O tipo, a firma, a sede, o montante do capital social e o número de matricula no registo comercial de cada uma das sociedades, bem como a sede e a firma resultante da fusão;

_c_) A participação que alguma das sociedades tenha no capital de outra;

_d_) O balanço de cada uma das sociedades intervenientes, donde conste designadamente o valor dos elementos do ativo e do passivo a transferir para a sociedade incorporante ou para a nova sociedade;

_e_) As partes, ações ou quotas a atribuir aos sócios da sociedade a incorporar nos termos da alínea _a_) do n.º 4 do artigo anterior ou das sociedades a fundir nos termos da alínea _b_) desse número e, se as houver, as quantias em dinheiro a atribuir aos mesmos sócios, especificando-se a relação de troca das participações sociais;

_f_) O projeto de alteração a introduzir no contrato da sociedade incorporante ou o projeto de contrato da nova sociedade;

_g_) As medidas de proteção dos direitos de terceiros não sócios a participar nos lucros da sociedade;

_h_) As modalidades de proteção dos direitos dos credores;

_i_) A data a partir da qual as operações da sociedade incorporada ou das sociedades a fundir são consideradas, do ponto de vista contabilístico, como efetuadas por conta da sociedade incorporante ou da nova sociedade;

_j_) Os direitos assegurados pela sociedade incorporante ou pela nova sociedade a sócios da sociedade incorporada ou das sociedades a fundir que possuem direitos especiais;

***l*) Quaisquer vantagens especiais atribuídas aos peritos que intervenham na fusão e aos membros dos órgãos de administração ou de fiscalização das sociedades participantes na fusão;**

***m*) Nas fusões em que seja anónima a sociedade incorporante ou a nova sociedade, as modalidades de entrega das ações dessas sociedades e a data a partir da qual estas ações dão direito a lucros, bem como as modalidades desse direito.**

2. O balanço referido na alínea *d*) do número anterior pode ser:

***a*) O balanço do último exercício, desde que tenha sido encerrado nos seis meses anteriores à data do projeto de fusão;**

***b*) Um balanço reportado a uma data que não anteceda o trimestre anterior à data do projeto de fusão; ou**

***c*) O balanço do primeiro semestre do exercício em curso à data do projeto de fusão, caso a sociedade esteja obrigada a divulgar contas semestrais nos termos do n.º 1 do artigo 246.º do Código dos Valores Mobiliários.**

3. O projeto ou um anexo a este indicará os critérios de avaliação adotados, bem como a base de relação de troca referida na alínea *e*) do n.º 1.

4. O projeto de fusão pode ser elaborado através de modelo eletrónico disponível em página na Internet que permita a entrega de todos os documentos necessários e a promoção imediata do registo do projeto, nos termos a definir por portaria do membro do Governo responsável pela área da justiça.

5. Quando a atribuição de valores mobiliários, por ocasião de uma fusão, seja qualificada como oferta pública, o conteúdo do projeto de fusão deve ainda obedecer ao disposto no Regulamento (CE) n.º 809/2004, da Comissão, de 29 de abril, ou, em alternativa, conter informações consideradas pela CMVM equivalentes às de um prospeto, para efeitos do disposto na alínea *a*) do n.º 2 do artigo 134.º do Código dos Valores Mobiliários.

Bibliografia: António Pereira de Almeida, *Sociedades comerciais, valores mobiliários, instrumentos financeiros e mercados*, I (*As sociedades comerciais*), 7.ª ed. (2013), 696 e ss.; José Engrácia Antunes, *Direito das sociedades comerciais*, 6.ª ed. (2016), 429 e ss.; António Menezes Cordeiro 1, 1125 e ss..; *id.*, *Direito europeu das sociedades* (2005), 233 ss., 787 ss., 855 ss.; Miguel Pupo Correia, *Direito comercial – Direito da empresa*, 12.ª ed. (2011), 292 ss.; Paulo Olavo Cunha, *Direito das Sociedades Comerciais*, 5.ª ed. (2012), 900 e ss.; Jorge Pinto Furtado (2004), 545 ss.; Diogo Costa Gonçalves, *As recentes alterações ao regime da fusão de sociedades – A Lei n.º 19/2009, de 12 de Maio e o Decreto-Lei n.º 185/2009, de 12 de Agosto*, RDS I (2009), 3, 553-581; *id.*, *Pessoa coletiva e sociedades comerciais – Dimensão problemática e coordenadas sistemáticas da personificação jurídico-privada* (2015), 633 e ss.; Elda Marques, em *Código em comentário* 2 (2011), 175-192; Raúl Ventura, *Adaptação do Direito Português à Terceira Directiva do Conselho da Comunidade Económica Europeia relativa às fusões de sociedades por acções*, DDC 4 (1980), 183-252; *id.*, *Fusão, cisão, transformação de sociedades – Comentário ao CSC* (1990, 3.ª reimp., 2006), 57-90.

Índice

I – **Antecedentes e Direito europeu**
1. Antecedentes normativos 1
2. As alterações de 2009 3
3. O DL 53/2011, de 13-abr. 4

II – **A primeira fase da fusão**
4. Generalidades 5
5. O papel das administrações 7

6. As negociações ... 10

III – **Forma e conteúdo do projeto da fusão**

7. Forma ... 17
8. Elaboração eletrónica ... 19
9. Formalidades ... 23
10. Modalidades, motivos, condições e objetivos da fusão – alínea *a*) ... 25
11. Identificação das sociedades e participações recíprocas – alíneas *b*) e *c*) ... 29
12. O balanço social – alínea *d*) e n.º 2 ... 35
13. A relação de troca de participações sociais – alínea *e*) e n.º 3. Remissão ... 40
14. O novo contrato de sociedade – alínea *f*) ... 41
15. Medidas de proteção de terceiros e credores – alíneas *g*) e *h*) ... 44
16. Imputação contabilística de operações à sociedade incorporante ou à nova sociedade – alínea *i*) ... 47
17. Direitos especiais assegurados – alínea *j*). Remissão ... 48
18. Vantagens especiais atribuídas aos peritos – alínea *l*) ... 49
19. Modalidades de entrega de ações e direito a lucros – alínea *m*) ... 50
20. Oferta pública de distribuição – n.º 5 ... 51

I – Antecedentes e Direito europeu

1. **Antecedentes normativos**. O atual 98.º tem origem no 2.º do DL 598/73, de 8-nov., com as adaptações impostas pelo 5.º da 3.ª Diretriz. O 105.º do Projeto de CSC[1] compreendia já a totalidade das alíneas do n.º 1 e a redação do atual n.º 3, tendo passado, depois, para a versão originária do 98.º. 1

Com a Reforma de 2006, o n.º 2 passou a n.º 3, com uma ligeira alteração de redação na parte final, e foi introduzido o atual n.º 2, dando-se assim fim à obrigação de existência de balanços especialmente elaborados para a fusão, como obrigava a anterior redação do n.º 1, *d*). 2

2. **As alterações de 2009**. A atual redação da alínea *b*) ficou a dever-se às modificações introduzidas pela L 19/2009, de 12-mai., aquando da criação do regime das fusões transfronteiriças[2]. Já o n.º 4 foi criado pelo DL 185/2009, de 12-ago., que surge – confessa o preâmbulo – como um diploma destinado a contribuir para a *"renovação do dinamismo da economia"* mediante a simplificação do regime da fusão que se pretende mais célere e menos dispendioso. 3

3. **O DL 53/2011, de 13-abr.** A transposição da Diretriz 2009/109/CE, de 16-set., ditou a nova redação do n.º 2 e aditou o atual n.º 5, procurando-se uma maior harmonização normativa com os aspetos mobiliários da operação. 4

II – A primeira fase da fusão

4. **Generalidades**. O processo jurídico de fusão inicia-se com a elaboração de um projeto de fusão. A elaboração do projeto cabe às administrações das sociedades envolvidas e integra o conteúdo dos seus poderes de gestão – *vide*, por exemplo, 406.º, *m*). O projeto de fusão materializa o acordo das diversas administrações quanto aos elementos essenciais da fusão projetada. É, por isso, precedido de uma fase mais ou menos relevante de negociações, na qual as administrações das diversas sociedades se põem em contacto em ordem à apreciação do possível interesse em uma fusão. 5

Esta primeira fase da fusão caracteriza-se por ser, sobretudo, uma *fase negocial* que culmina com a elaboração de um documento comum, merecedor da concordância de todos, o qual será apresentado aos sócios em ordem à deliberação da fusão projetada. 6

5. **O papel das administrações**. O facto de caber às administrações a elaboração do projeto de fusão coloca a primeira fase do processo sob os auspícios do dever dos administradores prosseguirem o interesse da sociedade e atenderem aos interesses dos *shareholders* e dos *stakeholders* – 64.º/1, *b*). 7

[1] BMJ 327 (1983), 113-114.

[2] Cf. 117.º-A ss.

8 A iniciativa da fusão nasce, com efeito, da decisão empresarial de uma administração que vê nesse processo de concentração de empresas uma criação de valor para os titulares das participações sociais e uma promessa de sustentabilidade da própria sociedade. As administrações reunidas aparecem como partes em um processo negocial. Cada uma prossegue o interesse da sociedade que representa e dos seus sócios; e não o interesse da nova sociedade ou da sociedade incorporante.

9 Esta primeira fase é dominada pelas administrações. Os sócios só são chamados a intervir após a elaboração do projeto, em moldes muitos próximos da dicotomia aceitação/rejeição da proposta da administração.

10 6. **As negociações**. O projeto de fusão consubstancia o acordo das administrações quanto ao modelo de concentração empresarial a apresentar às assembleias gerais. É, por isso, fruto de um importante processo de negociações, tão variado quanto a realidade das sociedades envolvidas. Durante as negociações as sociedades poderão praticar os atos jurídicos da mais diversa natureza: protocolos de negociações, memorandos de entendimento, acordos parcelares, acordos quanto ao tratamento e confidencialidade das informações prestadas, quando à nomeação do ROC que procederá à fiscalização do projeto, etc.

11 Nenhum destes atos jurídicos pode ser equiparado à própria fusão, a um projeto parcial de fusão ou a uma promessa de fusão. São tão-só negócios jurídicos celebrados entre sociedades comerciais, ao abrigo da autonomia privada, e cuja responsabilidade decorre da natureza das prestações a que se obrigaram e da modalidade do incumprimento.

12 Pode, também, dar-se o caso de as sociedades não celebrarem qualquer ato para além do próprio projeto de fusão. Cumpre então perguntar qual a sua natureza, pois desta resposta depende, em parte, a responsabilidade pelas consequências da frustração da operação.

13 A natureza do projeto pode ser encontrada em algumas características deste instrumento. A saber: (a) ele resulta do *acordo* das administrações que o elaboram em conjunto; (b) o projeto é *único* e o mesmo para todas as sociedades, pelo que foi subscrito sem possibilidade de condição ou reserva por parte das administrações; e, por fim (c) a sua outorga constitui as administrações na *obrigação de o submeter a deliberação* das assembleias gerais (*vide* 100.º/2)[3]. Pode, portanto, afirmar-se com segurança que constituindo o projeto de fusão o acordo das administrações envolvidas e nascendo dele a obrigação de o submeter a deliberação da assembleia geral, o projeto tem a natureza de um *negócio* jurídico: corresponde ao acordo firmado entre as diversas administrações em submeter à assembleia geral aquele projeto de reestruturação sócio-empresarial.

14 Em toda a fase das negociações têm plena aplicação as exigências decorrentes da *culpa in contrahendo*. Nomeadamente, as sociedades respondem por eventuais danos de confiança por violação de deveres de lealdade, pelo rompimento injustificado das negociações, por subtração de informação relevante para a elaboração do projeto ou a sua utilização para fins diversos, etc. Os ditames da boa-fé contratual têm aqui plena aplicação.

15 De entre os deveres decorrentes da boa-fé, cumpre realçar o dever de confidencialidade que no contexto da fusão ganha especial relevo. Com efeito, as negociações tendentes à elaboração do projeto de fusão envolvem, em regra, a partilha de informação não publicitada acerca da vida e da estrutura da sociedade, da sua performance empresarial e do seu *business* próprio. A divulgação desta informação ou a sua utilização para fins estranhos à fusão pode ser especialmente danosa para as sociedades envolvidas. Cumpre, portanto, ponderar com especial exigência o comportamento das administrações nesta matéria.

[3] Neste sentido, Raúl Ventura, *Fusão*, 62.

Não é de estranhar, assim, que o 449.º/3, em sede de *abuso de informação*, preveja autonomamente os casos de fusão: vejam-se as respetivas anotações. 16

III – Forma e conteúdo do projeto de fusão

7. **Forma**. O 98.º não fixa qualquer forma legal para o projeto de fusão; no entanto, ela não 17
pode ser outra que não a forma escrita. Para tanto basta atender à obrigação de registo do projeto (100.º/1) e ao 32.º do CRCom que sujeita os atos de registo a documento que legalmente os prove. No mesmo sentido a possibilidade de sócios e credores obterem, sem encargos, cópia integral do projeto de fusão. O projeto de fusão consubstancia, portanto, um documento particular (363.º CC).

A elaboração, em conjunto, pelas administrações exige que o projeto seja assinado por 18
todos os órgãos de administração intervenientes.

8. **Elaboração eletrónica**. Com o DL 185/2009, o legislador veio permitir a elaboração 19
eletrónica do projeto de fusão (n.º 4) nos termos previstos na Portaria 1256/2009, de 14-out.

A medida é de louvar e veio dar solução a uma necessidade há muito sentida: a possibi- 20
lidade de as administrações lançarem mão de uma forma simplificada de elaboração do projeto de fusão, quando em causa estejam sociedads que pela sua dimensão, estrutura societária e de governo, etc., desenvolvem já, na prática, uma única e mesma atividade económica[4].

Note-se que o n.º 4 permite a elaboração eletrónica, não a impõe. Fica à liberdade das 21
administrações das sociedades recorrer ou não a este modo de elaboração.

A elaboração do projeto de fusão em modelo eletrónico importa a promoção automática 22
do registo do projeto, nos termos do 2.º da Portaria 1416-A/2006[5], de 19-dez., aplicável *ex vi* 4.º da Portaria 1256/2009.

9. **Formalidades**. Ao longo das alíneas do n.º 1 vêm enumerados os elementos que devem 23
constar do projeto de fusão. Nem todos têm a mesma relevância para a identificação do projeto e para a sua completude. Cabe aqui também a distinção entre formalidades *ad substantiam* e *ad probationem*.

Devem entender-se formalidades *ad substantiam*, sem as quais não se pode afirmar que o 24
documento outorgado pelas diversas administrações consubstancia um verdadeiro projeto de fusão, as constantes das alíneas *a*), *b*), *d*), *e*), *f*) e *j*). Os elementos constantes das restantes alíneas, se omitidos, não impedem a conclusão do projeto, apenas determinam a sua incompletude.

10. **Modalidades, motivos, condições e objetivos da fusão – alínea *a*)**. Do projeto deve 25
constar a que modalidade prevista no 97.º/4 corresponde a fusão projetada. A identificação da modalidade da fusão exige, igualmente, a identificação da posição jurídica das sociedades envolvidas no processo (incorporante, incorporadas ou fundidas). Não se exige que o projeto faça menção a outras classificações da fusão como, por exemplo, a fusão heterogénea. No entanto, sempre que alguma destas classificações importe a aplicação de especificidades quanto ao regime da fusão, deve ser feita alguma menção no projeto.

Os motivos da fusão são estritamente empresariais. Do projeto deve constar, com exaus- 26
tão, a referência às razões que levaram as administrações a entender que o interesse dos sócios e sustentabilidade da empresa social passa pela deliberação da fusão projetada. Os motivos em

[4] Cf. o nosso *As recentes alterações ao regime da fusão de sociedades – A Lei n.º 19/2009, de 12 de Maio e o Decreto-Lei n.º 185/2009, de 12 de Agosto*, RDS I (2009), 3, 553-581, 557.

[5] Alterada pelas Portarias 562/2007, de 30-abr., 1256//2009, de 14-out. e 286/2012, de 20-set.

causa são de natureza diversa. O importante é que se garanta que aos sócios serão dadas todas as informações relevantes para que possam ajuizar da bondade da opção dos órgãos de gestão.

27 As condições e objetivos da fusão completam a referência aos motivos. Trata-se de uma descrição completa da operação projetada e do efeito empresarial que a mesma visa obter. A descrição em causa engloba todos os aspetos jurídicos, económicos, financeiros, de política de governo social, etc., que possam ser considerados relevantes para o perfeito conhecimento da operação.

28 As referências mencionadas na alínea *a*) devem dizer respeito a todas e a cada uma das sociedades envolvidas. Não basta uma consideração geral acerca da fusão e dos seus benefícios para as sociedades em causa; é necessário que para cada sociedade se estabeleça, com clareza, a razão empresarial da operação projetada. Tal exigência não obsta, no entanto, que do projeto possa constar uma contextualização geral válida para todas as sociedades.

29 11. **Identificação das sociedades e participações recíprocas – alíneas *b*) e *c*).** Até à entrada em vigor da L 19/2009, as sociedades envolvidas no processo de fusão deviam ser identificadas quanto à sua (a) denominação social, (b) ao montante do capital social e (c) ao número de matrícula na Conservatória do Registo Comercial. Com a entrada em vigor do referido diploma, o legislador passou também a exigir a menção ao *tipo* de cada uma das sociedades e ainda à *sede e denominação social da sociedade resultante da fusão*.

30 De notar que a alínea *b*) do 98.º é alterada por um diploma que transpõe para a ordem jurídica interna a 10.ª Diretriz, criando assim o regime nacional das fusões transfronteiriças. A *ratio* desta alteração está, assim, diretamente relacionada com a possibilidade de o projeto de fusão consubstanciar uma operação transnacional[6].

31 Sucede, porém, que mesmo em atenção à possível transnacionalidade da operação, as alterações introduzidas na alínea *b*) são totalmente despiciendas: (a) o tipo social consta da firma da sociedade (*vide* 10.º, 117.º/1, 200.º, 275.º e 467.º e ainda 32.º ss. do RNPC), pelo que basta a identificação da firma para que se conheça o tipo societário das sociedades envolvidas no processo de fusão; (b) ainda que em causa estejam sociedades estrangeiras cuja denominação social não permita conhecer o tipo societário, tal indicação sempre corresponderá a um elemento necessário para o *"perfeito conhecimento da operação visada"*, cuja menção é obrigatória nos termos do corpo do próprio 98.º/1; e, por fim, (c) se a fusão se dá por incorporação, a *sede* e a *firma* da sociedade resultante da fusão (*i.e.* da sociedade incorporante) já consta, naturalmente, da identificação das sociedades participantes, e se a fusão se dá por concentração, então a sociedade resultante da fusão corresponde à *nova sociedade* cujo projeto de contrato integra o projeto de fusão [alínea *f*)] e do qual consta, necessariamente, a sede e firma da nova sociedade [*vide* 9.º/1, *c*) e *e*)].

32 Embora a alínea *b*) o não preveja, a identificação das sociedades deve fazer menção ao facto da sociedade se encontrar em liquidação, se for o caso (*vide* 171.º).

33 Recorde-se, por fim, que o que se visa neste preceito é garantir a completa identificação das sociedades envolvidas na fusão: deve entender-se cumprida a presente formalidade sempre que do projeto de fusão seja possível identificar, sem perigo de confusão, quais as sociedades envolvidas, mesmo que em falta esteja alguma das referências exigidas.

34 A obrigatoriedade de referência às participações sociais recíprocas visa identificar a aplicabilidade à fusão projetada do 104.º e, se for o caso, do 116.º.

[6] Com desenvolvimento, cf. o nosso *As recentes alterações ao regime da fusão de sociedades – A Lei n.º 19/2009, de 12 de Maio e o Decreto-Lei n.º 185/2009, de 12 de Agosto, RDS* I (2009), 3, 553-581 e ss.

12. **O balanço social – alínea *d*) e n.º 2.** Do projeto de fusão deve constar o balanço de 35
cada uma das sociedades intervenientes. A anexação do balanço serve uma dupla finalidade. Em primeiro lugar, tem por objetivo permitir aos sócios das sociedades envolvidas um juízo acerca do estado de cada uma das sociedades em fusão. Em segundo lugar, permite a identificação e a determinação do valor contabilístico dos passivos e ativos a transferir para a sociedade incorporante ou para a nova sociedade.

Este segunda finalidade está intimamente ligada com a *dimensão objetiva da fusão*. Cons- 36
tituindo esta operação a transmissão global do património de uma sociedade para outra, o balanço apresenta-se como o principal instrumento económico de identificação e avaliação do património em trânsito. Diferentemente da avaliação das participações sociais, a transmissão dos ativos e passivos das sociedades incorporadas ou fundidas é feita, em princípio, pelo seu valor contabilístico.

Antes da Reforma de 2006, a alínea *d*) exigia balanços *"especialmente organizados"*. A ex- 37
pressão legal era ambígua mas visava, sobretudo, afastar o aproveitamento para a fusão do balanço anual do exercício[7]. Com a reforma, foi introduzido o n.º 2 permitindo-se que o balanço exigido seja ou (a) o balanço do último exercício encerrado nos seis meses anteriores à data da fusão; ou (b) um balanço que se reporte *"a uma data que não anteceda o primeiro dia do terceiro mês anterior à data do projeto de fusão"*. A origem deste n.º 2 encontra-se no 11.º/1, *c*) da 3.ª Diretriz, a qual, refira-se, nunca obrigou à elaboração de um balanço especialmente organizado.

A redação do n.º 2, *b*) não podia ser mais confusa. Crê-se, no entanto, que o fito legal é 38
permitir considerar qualquer balanço que tenha sido elaborado durante o terceiro mês anterior ao projeto de fusão. Assim, por exemplo, se um projeto de fusão data de 15 de outubro e o legislador tivesse exigido um balanço reportado a *uma data que não antecedesse o terceiro mês anterior* ao projeto só poderiam ser considerados balanços elaborados a partir 15 de julho. Porém, com a redação que foi dada, permitem-se os balanços elaborados nos primeiros quinze dias do mês de julho: é este o sentido útil da referência legal ao *primeiro dia do terceiro mês*.

Por fim, a DL 53/2011 veio prever a hipótese de o balanço da fusão ser o do primeiro 39
semestre do exercício em curso à data do projeto, para as sociedades que divulguem informação semestral, nos termos do 246.º CVM.

13. **A relação de troca de participações sociais – alínea *e*) e n.º 3. Remissão.** A relação 40
de troca de participações sociais corresponde ao núcleo fundamental da *dimensão subjetiva* da fusão.

14. **O novo contrato de sociedade – alínea *f*).** No caso de fusão por incorporação, o con- 41
trato de sociedade da sociedade incorporante será, naturalmente, modificado no sentido de se tornar o pacto social de todas as sociedades envolvidas. Surgirão, assim, alterações substantivas, desde logo quanto ao valor e distribuição do capital social, e, eventualmente, quanto à sede e objeto, quanto ao modelo de governação, etc. Todas essas alterações a introduzir no contrato da sociedade incorporante devem vir mencionadas no projeto. Poderá acontecer, contudo, que o contrato social da sociedade incorporante não tenha que ser alterado por força da fusão. Tal será o caso, por exemplo, em que existam ações próprias da sociedade incorporante que permitam a troca de participações sem modificação do capital social... no entanto, serão raras estas hipóteses.

[7] Neste sentido, Raúl Ventura, *Fusão*, 74.

42 De notar que o contrato de sociedade da sociedade incorporante é o mesmo antes e após a fusão, como a mesma é a pessoa coletiva em causa. A fusão não envolve, neste caso, qualquer criação. Daí a alínea *f*) começar por referir o *projeto de alteração ao contrato* contra o *projeto de contrato*.

43 No caso de fusão por concentração, o processo de reestruturação empresarial envolve a criação de uma nova sociedade que irá receber os ativos e passivos das sociedades envolvidas. Em tal caso não se tratará do projeto de alteração ao contrato de sociedade mas antes do próprio projeto de contrato de sociedade que, com a constituição da nova sociedade passará a ser o pacto social de todas as sociedades envolvidas.

44 15. **Medidas de proteção de terceiros e credores – alíneas *g*) e *h*).** É escassa a utilidade normativa destas alíneas. No que aos credores diz respeito, a sua proteção encontra-se consagrada no mecanismo de oposição previsto no 101.º-A e 101.º-B, não cabendo às sociedades fixar a modalidade da sua proteção nem podendo as sociedades limitar o recurso ao direito de oposição. Não tem, assim, qualquer utilidade a alínea *h*) que, aliás, não é exigida pela 3.ª Diretriz nem conhece paralelo nas restantes ordens jurídicas continentais.

45 Quanto ao direito de terceiros a participar nos lucros da sociedade deve ter-se em conta que o âmbito de aplicação da alínea *g*) diz unicamente respeito àqueles cuja relação jurídica com a sociedade (e não com os sócios) constitui no direito a participar nos lucros. Duas modalidades possíveis desta situação encontram também uma proteção autónoma no regime da fusão: os credores obrigacionistas titulares de obrigações com juro suplementar ou prémio de reembolso, nos termos do 361.º, encontram tutela na aplicação do 101.º-A e 101.º-B, *ex vi* 101.º-C; e os portadores de títulos que não ações cujo direito especial seja a participação nos lucros da sociedade, conhecem proteção no 101.º-D.

46 Excluindo estes casos, a modalidade de proteção deve vir fixada no projeto de fusão. A reter: a fusão não extingue o direito de terceiros a participar nos lucros da sociedade; este direito deve ser assegurado na sociedade incorporante ou na nova sociedade.

47 16. **Imputação contabilística de operações à sociedade incorporante ou à nova sociedade – alínea *i*).** Permite-se, nesta alínea, que as administrações das sociedades elejam uma data anterior à fusão para a imputação de determinadas operações das sociedades incorporadas ou fundidas à sociedade incorporante ou à nova sociedade. Nesta possibilidade reside, não poucas vezes, o escopo económico da operação.

48 17. **Direitos especiais assegurados – alínea *j*). Remissão.** A alínea *j*) obriga a que o projeto de fusão faça referência aos direitos assegurados aos sócios titulares de direitos especiais. O 103.º/2, *b*) exige o consentido dos sócios que vejam os seus direitos especiais afetados. *Direitos* (especiais) *assegurados* e *direitos afetados* compreendem a mesma normatividade essencial: trata-se, apenas, da definição pela positiva ou pela negativa da mesma previsão.

49 18. **Vantagens especiais atribuídas aos peritos – alínea *l*).** Dispensa comentários. A menção no projeto de fusão tem por única vantagem uma maior transparência nas atribuições em causa. Recorde-se, apenas, que em causa estão *vantagens especiais* e não os normais custos ou honorários referentes à intervenção dos peritos.

50 19. **Modalidades de entrega de ações e direito a lucros – alínea *m*).** Aplica-se unicamente quando a sociedade incorporante ou a nova sociedade são sociedades anónimas. A modalidade de entrega de ações está intimamente ligada com a troca de participações sociais.

51 20. **Oferta pública de distribuição – n.º 5.** Quando a sociedade incorporante ou a nova sociedade são sociedades anónimas, a troca de participações sociais redunda na atribuição de valores mobiliários [ações – 1.º, *a*) CVM] aos sócios das sociedades incorporadas ou fundidas.

Sempre que à luz do 109.º CVM, a troca de participações sociais, por efeito da fusão, possa ser qualificada como uma oferta pública[8], o projeto de fusão deve ainda obedecer ao disposto no Regulamento (CE) 809/2004, de 29-abr. Havendo dispensa de prospeto, nos termos do 134.º/2, *a*) CVM, o projeto deve conter as informações consideradas pela CMVM equivalentes às de um prospeto.

Artigo 99.º (Fiscalização do projeto)

1. A administração de cada sociedade participante na fusão que tenha um órgão de fiscalização deve comunicar-lhe o projeto de fusão e seus anexos, para que sobre eles seja emitido parecer.

2. Além da comunicação referida no número anterior, ou em substituição dela, se se tratar de sociedade que não tenha órgão de fiscalização, a administração de cada sociedade participante na fusão deve promover o exame do projeto de fusão por um revisor oficial de contas ou por uma sociedade de revisores independente de todas as sociedades intervenientes.

3. Se todas ou algumas das sociedades participantes na fusão assim o desejarem, os exames referidos no número anterior poderão ser feitos, quanto a todas elas ou quanto às que nisso tiverem acordado, pelo mesmo revisor ou sociedade de revisores; neste caso, o revisor ou a sociedade deve ser designado, a solicitação conjunta das sociedades interessadas, pela Câmara dos Revisores Oficiais de Contas.

4. Os revisores elaborarão relatórios donde constará o seu parecer fundamentado sobre a adequação e razoabilidade da relação de troca das participações sociais, indicando, pelo menos:

***a*) Os métodos seguidos na definição da relação de troca proposta;**

***b*) A justificação da aplicação ao caso concreto dos métodos utilizados pelo órgão da administração das sociedades ou pelos próprios revisores, os valores encontrados através de cada um dos métodos, a importância relativa que lhes foi conferida na determinação dos valores propostos e as dificuldades especiais com que tenham deparado nas avaliações a que procederam.**

5. Cada um dos revisores pode exigir das sociedades participantes as informações e documentos que julgue necessários, bem como proceder aos exames indispensáveis ao cumprimento das suas funções.

6. Não são exigidos o exame do projeto e fusão referido no n.º 2 e os relatórios previstos no n.º 4 se todos os sócios e portadores de outros títulos que confiram direito de voto de todas as sociedades que participam na fusão os dispensarem.

Bibliografia: António Pereira de Almeida, *Sociedades comerciais, valores mobiliários, instrumentos financeiros e mercados*, I (*As sociedades comerciais*), 7.ª ed. (2013), 698 e ss.; José Engrácia Antunes, *Direito das sociedades comerciais*, 6.ª ed. (2016), 429 e ss.; António Menezes Cordeiro 1, 1125 e ss..; *id.*, *Introdução ao Direito da prestação de contas* (2008), *passim*; Miguel Pupo Correia, *Direito comercial – Direito da empresa*, 12.ª ed. (2011), 292 ss.; Paulo Olavo Cunha, *Direito das Sociedades Comerciais*, 5.ª ed. (2012), 900 e ss.; Gabriela Figueiredo Dias, "Controlo de contas e responsabilidade dos ROC", em Temas societários, (2006), 154-207; Jorge

[8] Quanto às dissemilhanças das figuras, veja-se Elda Marques, em *Código em comentário* 2 (2011), 189.

Pinto Furtado (2004), 545 ss.; Diogo Costa Gonçalves, *As recentes alterações ao regime da fusão de sociedades – A Lei n.º 19/2009, de 12 de Maio e o Decreto-Lei n.º 185/2009, de 12 de Agosto*, RDS I (2009), 3, 553-581; Elda Marques, em *Código em comentário* 2 (2011), 193-200; Raúl Ventura, *Adaptação do Direito Português à Terceira Directiva do Conselho da Comunidade Económica Europeia relativa às fusões de sociedades por acções*, DDC 4 (1980), 183-252; *id.*, *Fusão, cisão, transformação de sociedades – Comentário ao CSC* (1990, 3.ª reimp., 2006), 91-96.

Índice

I – Antecedentes e Direito europeu
1. Antecedentes normativos ... 1
2. A 10.ª Diretriz e a reforma de 2006 ... 4
3. A Diretriz 2007/63/CE ... 5

II – O sistema de dupla fiscalização
4. Enquadramento geral ... 7
5. A intervenção do órgão de fiscalização da sociedade ... 10
6. A intervenção do perito independente ... 13

III – Os relatórios dos revisores
7. Teleologia geral ... 16
8. A informação das sociedades ... 18
9. A relação de troca de participações sociais ... 22
10. Os sócios de indústria ... 28

IV – A dispensa da fiscalização
11. Enquadramento geral ... 32
12. Âmbito da dispensa ... 35
13. As sociedades sem órgão de fiscalização ... 38
14. A referência a "*portadores de outros títulos que confiram direito de voto*" ... 45

I – Antecedentes e Direito europeu

1 1. **Antecedentes normativos**. A fiscalização do projeto de fusão já se encontrava prevista no 3.º do DL 598/73, de 8-nov.. Aí se exigia que o órgão de fiscalização da sociedade ou, na sua falta, um ROC, examinasse o projeto de fusão e sobre ele emitisse parecer.

2 Com a 3.ª Diretriz, as exigências de fiscalização do projeto foram muito acentuadas. Nomeadamente, o 10.º veio exigir: (a) a intervenção de um perito independente; (b) a menção expressa no relatório acerca do método utilizado na relação de troca de ações; e (c) as especiais dificuldades encontradas na avaliação das ações. De notar que a 3.ª Diretriz exige, ainda, que os peritos independentes que fiscalizam o projeto sejam *"designados ou reconhecidos por uma autoridade judicial ou administrativa"* (10.º/1).

3 A redação do 99.º resulta, portanto, da conjugação entre o regime de fiscalização já existente em 1973 e as exigências do 10.º da 3.ª Diretriz.

4 2. **A 10.ª Diretriz e a reforma de 2006**. A 10.ª Diretriz veio dispensar, em caso de fusões transfronteiriças, o exame do projeto de fusão por peritos independentes se nisso acordarem todos os sócios das sociedades envolvidas. Atendendo a esta permissão comunitária, o legislador da reforma de 2006 veio introduzir uma significativa modificação no regime, passando a dispensar a fiscalização do projeto por entidade independente, nos termos do n.º 6.

5 3. **A Diretriz 2007/63/CE**. Já após a reforma de 2007, foi adotada a Diretriz 2007/63/CE, de 13-nov., que altera a redação das 3.ª e 6.ª Diretrizes. Ao 10.º da 3.ª Diretriz foi aditado um n.º 4 com a seguinte redação:

> Não é exigida a análise do projecto de fusão nem é exigido um relatório de peritos se todos os acionistas e os portadores de outros títulos que confiram direito de voto das sociedades que participam na fusão a isso tiverem renunciado.

A L 19/2009, de 12-mai., transpôs para a ordem jurídica interna este Diretriz, alterando, para o efeito, a redação no n.º 6. 6

II – **O sistema de dupla fiscalização**

4. **Enquadramento geral**. A conjugação do regime de fiscalização herdado do DL 598/73 com as exigências da 3.ª Diretriz deu origem a um regime de *dupla fiscalização* do projeto de fusão, assente na intervenção do *órgão de fiscalização da sociedade* e de um *perito independente*. 7

A intervenção do órgão de fiscalização da sociedade (n.º 1) corresponde à transposição para o CSC do disposto no 3.º/1 do DL 598/73. Não é, portanto uma exigência do Direito Europeu das Sociedades. Trata-se de uma particularidade do nosso direito interno. Daqui decorre que tal intervenção (a) está *exclusivamente* à mercê do legislador nacional e (b) não conhece juízo de conformidade com o Direito europeu. As alterações ao 10.º da 3.ª Diretriz não se aplicam diretamente a este âmbito de fiscalização. 8

Ao contrário, a *intervenção de um ROC independente* é uma exigência do Direito Europeu das Sociedades. Não existia no sistema de fiscalização de 1973. Os n.os 2 e 4 correspondem, portanto, à transposição para a ordem jurídica interna do 10.º/1 e 2 da 3.ª Diretriz. Daqui resulta que a intervenção do ROC independente (a) deve ser interpretada e aplicada de acordo com os cânones de uma interpretação conforme ao Direito europeu; e que (b) o legislador nacional apenas se encontra vinculado a harmonizar o nosso direito interno com o disposto no 10.º da 3.ª Diretriz no que a este âmbito de fiscalização diz respeito. 9

5. **A intervenção do órgão de fiscalização da sociedade**. Nos termos do n.º 1, a fiscalização do projeto de fusão cabe, em primeiro lugar, ao órgão de fiscalização da sociedade. Em causa está o conselho fiscal ou fiscal único – 278.º/1, *a*) e 413.º – e o revisor oficial de contas da sociedade – 278.º/1, *b*) e *c*) e 413.º/1, *b*) –, no caso das sociedades anónimas e das sociedades por quotas, nos termos do 262.º. 10

Cabe à administração comunicar ao órgão de fiscalização o projeto de fusão e seus anexos. Esta comunicação é sempre indispensável, mesmo quando o órgão de fiscalização em causa possa não existir, como é o caso das sociedades por quotas que, nos termos do contrato de sociedade, tenham um conselho fiscal. 11

Ao órgão de fiscalização cabe *emitir parecer* sobre o projeto de fusão, pronunciando-se sobre o que entender oportuno quanto à operação. De notar que o previsto no n.º 4 não se aplica à intervenção do órgão de fiscalização da sociedade: apenas à intervenção do ROC independente. O órgão de fiscalização não está, portanto, especialmente obrigado a pronunciar-se sobre a relação de troca de participações sociais. Nada impede, no entanto, que o órgão de fiscalização da sociedade paute a sua intervenção pelo disposto quanto à intervenção do ROC independente, observando assim o disposto no n.º 4. 12

6. **A intervenção do perito independente**. Para além da fiscalização pelos órgãos da sociedade, o projeto de fusão deve ainda ser examinado por um perito independente de todas as sociedades intervenientes. O legislador português entendeu que um ROC ou uma SROC preenchiam os requisitos constantes do 10.º/1 da 3.ª Diretriz. A independência exigida consiste, em primeiro lugar, no facto de nenhum dos revisores ou sociedades de revisores em causa pertencer aos órgãos de fiscalização das sociedades intervenientes. Deve no entanto ponderar-se, igualmente, os requisitos constantes dos 414.º e 414.º-A sempre que a sua *ratio* se mostre justificada em razão dos fins da fiscalização prevista no 99.º/2. 13

O perito independente pode ser o mesmo para todas ou algumas das sociedades intervenientes. Para tanto basta que as administrações acordem no sentido de submeter a fiscalização do 14 projeto ao mesmo ROC ou SROC, designados pela Câmara de ROC, por solicitação conjunta das sociedades interessadas.

15 Aos revisores cabe a elaboração de um relatório sobre o projeto de fusão, nos termos do n.º 4.

III – **Os relatórios dos revisores**

16 7. **Teleologia geral.** A intervenção dos revisores tem por fim a fiscalização do projeto de fusão, nomeadamente a sua correção económica e financeira, em especial, da base da relação de trocas de participações sociais.

17 Sendo a fusão um processo de concentração empresarial, fácil é de compreender que uma das principais preocupações do legislador passe por garantir que a decisão dos sócios em assembleia geral tem por base uma apreciação verdadeira da realidade sócio-económica da sociedade. Os sócios são, com efeito, os verdadeiros destinatários dos relatórios elaborados, como o 10.º/1 da 3.ª Diretriz bem sublinha.

18 8. **A informação das sociedades.** A função fiscalizadora dos revisores sai reforçada com o previsto no n.º 5. Com efeito, permite-se que os revisores que elaboram os relatórios possam exigir toda a informação e consultar todos os documentos que entendam convenientes para a formulação do seu parecer, e não só acerca da sociedade para a qual elaboram o relatório como de todas as outras intervenientes na fusão.

19 Esta faculdade encontra-se prevista no 10.º/3 da 3.ª Diretriz. O 3.º do DL 598/73 continha, também, igual disposição. A dúvida coloca-se quanto a saber se a faculdade prevista no atual n.º 5 – no que diz respeito à possibilidade de exigir informação acerca de outra sociedade que não aquela para a qual se elabora o relatório – diz respeito apenas à atividade do revisor ou sociedade de revisores independente (99.º/2) ou, ao contrário, se aplica também à intervenção do órgão de fiscalização da sociedade (99.º/1).

20 Raúl Ventura advogou no sentido de o n.º 5 se aplicar quer à fiscalização do revisor independente quer à fiscalização do órgão da sociedade, argumentando que essa era já uma possibilidade prevista em 1973 e que não havia qualquer razão para entender que o CSC a tinha afastado, já que o próprio CSC acolhia o modelo de fiscalização anterior[1].

21 Não entendemos do mesmo modo. Tal justificava-se em um sistema que não conhecia a intervenção de um perito independente, como era o caso da legislação de 1973. Havendo a intervenção de um revisor ou sociedade de revisores independente de cada uma das sociedades, não nos parece que se mantenha o fundamento para afirmar que o previsto no n.º 5 se aplica à fiscalização realizada pelo órgão social. Somos, assim, do entendimento de que o n.º 5 se aplica apenas ao revisor ou revisores independentes, que exerçam a sua fiscalização nos termos do 99.º/2 e 3.

22 9. **A relação de troca de participações sociais.** O parecer dos revisores recai sobre o projeto de fusão e seus anexos. É, pois, todo o projeto de fusão, e não apenas algum dos seus aspetos, que está sujeito ao parecer dos revisores. Contudo, o 99.º/4 fixa como conteúdo obrigatório do relatório o parecer dos revisores acerca da *«adequação e razoabilidade da relação de troca das participações sociais»*. Tal exigência decorre do 10.º/2 da 3.ª Diretriz. Temos, portanto, que o núcleo fundamental dos relatórios há de ser a apreciação do previsto no 98.º/1, *e)* e 3.

23 A relação de troca exige uma avaliação das participações sociais. O legislador não fixou qualquer método para tal avaliação. No entanto, a inexistência de um critério legal para a rela-

[1] Raúl Ventura, *Fusão*, 94-95.

ção de troca de participações não significa que não existam alguns critérios normativos a ter em conta. São eles: (a) a *natureza objetiva da avaliação*; (b) a necessidade da *tutela dos credores*; e (c) a necessidade da *tutela dos sócios*.

A *natureza objetiva da avaliação* traduz o facto de as participações sociais serem avaliadas pelas sociedades intervenientes e não pelos seus titulares ou uma possível contraparte num negócio jurídico. Quer isto dizer: o valor das participações é aferido face à sua relação com o universo societário e independentemente da sua titularidade subjetiva. Assim, as restantes situações jurídicas inscritas na esfera dos sócios e as representações subjetivas dos mesmos, se poderiam determinar em larga medida o valor das participações numa possível compra e venda, por exemplo, não são aqui tidas em conta. 24

A necessidade de assegurar a *tutela dos credores* exige que na avaliação das participações se observem as normas referentes à formação do capital social das sociedades[2]. Esta conclusão, quanto à fusão por concentração, decorre do próprio 106.º/1 que manda serem observadas as disposições gerais quanto à constituição da nova sociedade, nas quais se incluem as respeitantes ao capital social. No caso da fusão por incorporação, e seguindo Raúl Ventura, a tutela dos credores e o respeito pelas normas referentes à formação do capital social determina, concretamente: (a) a impossibilidade da fusão sempre que o valor aportado pela sociedade incorporada à sociedade incorporante seja negativo, pois, em tal caso, a sociedade incorporada veria os seus ativos diminuídos e os sócios receberiam um valor nominal pela sua participação superior ao seu valor real; (b) a aplicação da figura dos prémios de fusão ou *ágio da fusão*, para os casos em que o ativo incorporado seja superior ao passivo da sociedade incorporante e que, por isso, o correspondente aumento de capital seja inferior ao valor incorporado. 25

No caso das *fusões heterogéneas*, deve ter-se em conta que se aplica o previsto no 131.º/1, *a*) e *b*). Em causa está, igualmente, a tutela de terceiros e o respeito pelas normas atinentes à formação e conservação do capital social. 26

A *tutela dos sócios* passa por reconhecer que a *adequação* e *razoabilidade* das relações de troca, a necessidade de justificação do método aplicado e as das suas especiais dificuldades de aplicação a cada caso apenas visam garantir que o valor atribuído às participações corresponde ao seu *valor real*, a que a jurisprudência vai fazendo referência[3]. 27

10. **Os sócios de indústria**. Particular dificuldade pode resultar na relação de troca das participações de indústria, admitidas nas SNC (176.º) e nas sociedades em comandita, quanto à participação social dos sócios comanditados (468.º). No caso da sociedade incorporante ou da nova sociedade serem do mesmo tipo social ou, ainda que de tipo diverso, admitirem participações de indústria, o problema parece resolver-se com simplicidade: os sócios de indústria deverão receber na sociedade incorporante ou na nova sociedade uma participação social da mesma natureza, cuja avaliação, para efeitos de repartição de lucros e perdas – 176.º/1, *b*) –, respeite a proporcionalidade do valor que foi atribuído a essa participação na sociedade extinta. 28

Nos casos das *fusões heterogéneas*, a questão é mais complexa, já que a participação de indústria deverá corresponder sempre a uma participação de capital na sociedade resultante da fusão. Ora, em sede de transformação, o 136.º/2 dispõe que aos sócios de indústria seja atribuída uma participação de capital, reduzindo-se proporcionalmente a participação dos restantes. 29

[2] Neste sentido, com desenvolvimento, Raúl Ventura, *Fusão*, 79 ss.

[3] Este critério tem sido acolhido na jurisprudência. Cf., por exemplo, RPt 25-out.-2005 (Marques de Castilho), Proc. 0422142: "*No processo especial de liquidação de participação social, como no de exclusão do sócio, o que está em causa é o valor real da quota do sócio na participação social e não o valor contabilístico.*".

O montante da «conversão» da indústria em capital é livremente convencionado, no contrato de sociedade ou ao tempo da transformação. Julgamos aplicável este artigo aos casos das fusões heterogéneas.

30 Contudo, a aplicação do 136.º/2 em sede de fusão revela algumas dificuldades. Em primeiro lugar, surge a questão de saber como obter, no contexto da fusão, o acordo dos sócios quanto à conversão da indústria em capital, caso o contrato de sociedade nada preveja. Em segundo lugar, a avaliação das participações sociais não se nos afigura que possa ser feita sem a conversão prévia da participação de indústria em capital, tanto mais que tal conversão importa uma redução proporcional da participação dos restantes sócios que não pode deixar de ser tida em conta na avaliação conducente à troca de participações.

31 Em nossa opinião, a aplicação do 136.º/2 deve ser prévia à elaboração do projeto de fusão. Aos sócios de indústria devem ser atribuídas participações de capital antes da elaboração do projeto de fusão e a avaliação das suas participações sociais deve recair sobre essas participações «convertidas». Não obstante, e como é evidente, a eficácia da referida conversão encontra-se dependente da eficácia da própria fusão, pelo que malograda a fusão, os sócios de indústria permanecem sócios de indústria.

IV – **A dispensa da fiscalização**

32 11. **Enquadramento geral.** Com a Reforma de 2006, o legislador passou a permitir a dispensa da intervenção do revisor independente por acordo de todos os sócios de cada uma das sociedades. Rezava assim o 99.º/6:

> O exame do projecto referido no n.º 2 pode ser dispensado por acordo de todos os sócios de cada uma das sociedades que participam na fusão.

33 Da comparação da anterior redação com a introduzida pela L 19/2009, podem assinalar-se duas diferenças: (a) a referência aos relatórios previstos no n.º 4; e (b) a referência a *"portadores de outros títulos que confiram direito de voto"*.

34 Aparentemente, a L 19/2009 teria alterado o âmbito objetivo da dispensa da fiscalização, ao incluir a referência ao n.º 4.º, e o âmbito subjetivo, ao exigir o acordo de outros sujeitos que não apenas os sócios das sociedades envolvidas. Tal não corresponde, no entanto, à verdade.

35 12. **Âmbito da dispensa**. Como já vimos, o n.º 4 do 99.º corresponde à transposição (quase literal) do 10.º/2 da 3.ª Diretriz. Aplica-se, portanto, à intervenção do ROC independente, prevista no n.º 2.

36 Ora, a anterior redação do n.º 6 já permitia a dispensa do exame do projeto de fusão pelo ROC independente. Como o n.º 2 e o n.º 4 do 99.º têm por âmbito de aplicação o mesmo ato de fiscalização, é forçoso concluir que a inclusão pela L 19/2009 na redação do n.º 6 da referência ao n.º 4 *não consubstancia qualquer alteração de regime*. O que agora se permite é exatamente o que já se permitia em 2006: a dispensa da intervenção do ROC independente, prevista nos n.os 2 e 4.

37 É pois forçoso concluir que, quanto a este aspeto, a alteração preconizada pela L 19/2009 foi verdadeiramente despicienda e causa mais confusão que clareza no regime da fiscalização do projeto de fusão[4].

[4] Com maior desenvolvimento, cf. o nosso *As recentes alterações ao regime da fusão de sociedades – A Lei n.º 19/2009, de 12 de Maio e o Decreto-Lei n.º 185/2009, de 12 de Agosto*, RDS I (2009), 3, 553-581.

13. **As sociedades sem órgão de fiscalização**. Nos termos do n.º 2, a intervenção do ROC independente surge *"em substituição"* da fiscalização prevista no n.º 1 *"se se tratar de sociedade que não tenha órgão de fiscalização"*. Pergunta-se: a dispensa da fiscalização prevista no n.º 6 permite afastar a intervenção do ROC independente nos casos em que as sociedades envolvidas não possuem órgão fiscalização? 38

A resposta a esta questão depende do alcance a dar à *"substituição"* do órgão de fiscalização pelo ROC independente, a que alude o n.º 2, e de um correto enquadramento do sistema de dupla fiscalização que o 99.º preconiza. 39

Para levar a cabo a conjugação do regime previsto no DL 598/73 com as exigências da 3.ª Diretriz, o legislador – quanto às *sociedades sem órgão de fiscalização* – tinha duas opções: (a) ou obrigava a sociedade a nomear dois revisores, um para elaborar o parecer previsto para os órgãos de fiscalização e outro para elaborar o relatório exigido pela 3.ª Diretriz; (b) ou se bastava com a intervenção do ROC independente, entendendo que a sua atuação consumia a necessidade de uma fiscalização semelhante à realizada pelos órgãos das sociedades. 40

A primeira hipótese seria uma duplicação absurda de atos, pelo que a opção do legislador não pode deixar de ser a segunda. Daqui resultou o seguinte regime: (a) nas sociedades com órgão de fiscalização, o projeto de fusão é examinado pelo órgão da sociedade e por um ROC independente; e (b) nas sociedades sem órgão de fiscalização, o projeto de fusão é examinado (apenas) por um ROC independente, bastando, para estes casos, a fiscalização exigida pela 3.ª Diretriz. 41

A redação do n.º 2 – ao aludir a um fenómeno de *substituição* do órgão de fiscalização da sociedade – não foi contudo a mais feliz. No entanto deve ser interpretada no sentido atrás apontado: por *substituição* entenda-se que a fiscalização do projeto de fusão, quanto às sociedades sem órgão de fiscalização, é apenas feita pela intervenção do ROC independente, exigida nos termos do 10.º da 3.ª Diretriz. 42

Ora, sempre que a fiscalização preconizada no texto da diretriz for dispensada, então, também a fiscalização do projeto de fusão de sociedades sem órgão de fiscalização deixará de existir. Temos, portanto, que a *dispensa do exame do projeto previsto no n.º 2 se aplica igualmente às sociedades sem órgão de fiscalização*[5]. 43

Se outra era a intenção do legislador ao aludir à *substituição* no 99.º/2, então deveria ter expressamente excluído da dispensa da intervenção do ROC independente, prevista no n.º 6, o caso das sociedades sem órgão de fiscalização. Não o fez, todavia[6]. 44

14. **A referência a *"portadores de outros títulos que confiram direito de voto"***. Até à entrada em vigor da L 19/2009, a dispensa da intervenção do ROC independente dependia do *"acordo de todos os sócios de cada uma das sociedade"*. A lei não especificava em que consistia o acordo, mas sublinhava que ele era de *todos os sócios*. O requisito estaria naturalmente verificado se, por exemplo, existisse uma deliberação unânime em que todos os sócios estivessem presentes ou, quando tal não acontecesse, se todos prestassem o seu consentimento na deliberação. 45

Com a entrada em vigor da L 19/2009, o regime fundamental manteve-se, mas ao acordo de todos os sócios soma-se agora também o acordo dos *portadores de outros títulos que confiram direito de voto*. Cumpre saber quais os títulos que conferem direito de voto em assembleia geral (para além – naturalmente – de partes, quotas ou ações) tem o legislador em mente. 46

[5] Assim, por exemplo, o projeto de fusão de duas sociedades por quotas sem órgão de fiscalização, em que os sócios lançam mão da dispensa prevista no n.º 6, não será assim examinado por nenhuma entidade fiscalizadora.

[6] Com maior desenvolvimento, cf. o nosso *As recentes alterações ao regime da fusão de sociedades – A Lei n.º 19/2009, de 12 de Maio e o Decreto-Lei n.º 185/2009, de 12 de Agosto*, RDS I (2009), 3, 553-581.

47 A referência a *"portadores de outros títulos que confiram direito de voto"* é decalcada do 10.º/4 da 3.ª Diretriz que, no texto em causa, surge contraposta a *acionistas*. Na transposição deste preceito para a ordem jurídica interna o legislador, mais do que reproduzir o texto da Diretriz, deveria ter procurado saber a que realidades jurídicas o diploma comunitário se refere e quais as suas congéneres nacionais.

48 Se analisarmos a origem e os precedentes normativos do 10.º/4 da 3.ª Diretriz[7], chegamos à conclusão que a presença da referência a *"portadores de outros títulos que confiram direito de voto"* no texto da Diretriz tem origem numa variação linguística associada à alternância dos termos *sócio/acionistas*, que o legislador português ingenuamente ignorou.

49 Com efeito, se compararmos a redação do 10.º/4 da 3.ª Diretriz, com o 10.º da 6.ª Diretriz e com o 8.º/4 da 10.ª Diretriz, é fácil observar que o legislador europeu apenas utiliza a expressão *"portadores de outros títulos que confiram direito de voto"* quando, no mesmo preceito, os contrapõe a *acionistas*. É o que acontece nas 3.ª e 6.ª Diretrizes. Quando, em vez de acionista, o legislador utiliza a expressão *sócio*, a referência a portadores de outros títulos já não aparece – 8.º/4 da 10.ª Diretriz.

50 Se atendermos a outras versões dos diplomas em causa, podemos constatar a mesma divergência de vocabulário. Assim, por exemplo, ao passo que na 10.ª Diretriz aparecem as expressões *"alle Gesellschafter"* e *"all the members"*, na Diretriz 2007/63/CE que adita o n.º 4 ao 10.º da 3.ª Diretriz as suas correspondentes são *"alle Aktionäre und Inhaber anderer mit einem Stimmrecht verbundener Wertpapier"* e *"all the shareholders and the holders of other securities conferring the right to vote"*.

51 Quer isto dizer: se tivermos em conta as diversas sociedades nacionais a que se aplicam as 3.ª e 6.ª Diretrizes, pode o legislador europeu, quando utilizou a noção *acionista*, ter temido estar a excluir outras formas de titulação de participações sociais que, naturalmente, granjeiam para os seus portadores a qualidade de sócio. A ser assim, é defensável afirmar que os *portadores de outros títulos que conferem direito de voto* mais são, na realidade, que sócios[8]. Como nem todos os sócios são necessariamente acionistas, o legislador europeu, quando preferiu a expressão *acionista* a *sócio*, teve por bem esclarecer que não pretendia excluir outras formas de titulação de participações sociais.

52 Acrescente-se, em abono desta hipótese, que não se encontra nos considerandos das Diretrizes nem no Parecer do Comité Económico e Social[9], o mais pálido indício de o legislador comunitário pretender exigir a concordância de outros sujeitos que não apenas os sócios para a dispensa da fiscalização dos projetos de fusão ou cisão. Pelo contrário, se atendermos que

[7] Com desenvolvimento, cf. o nosso *As recentes alterações ao regime da fusão de sociedades – A Lei n.º 19/2009, de 12 de Maio e o Decreto-Lei n.º 185/2009, de 12 de Agosto*, RDS I (2009), 3, 553-581, 558 ss..

[8] Parece ser esta a interpretação de Raúl Ventura quando, a propósito da 6.ª Diretriz, pondera a conveniência de o legislador nacional lançar mão, no CSC (ao tempo em elaboração), da possibilidade de dispensa da fiscalização do projeto de cisão. Aí refere o autor que o relatório dos peritos não interessa apenas aos acionistas mas também aos credores sociais, razão pela qual não deve ser dispensado. Daqui retiramos nós que Raúl Ventura entende que a dispensa permitida no 10.º da 6.ª Diretriz fica nas mãos dos *sócios*. Com efeito, na medida em que o relatório serve o interesse dos sócios, não parece que o autor tenha algo a opor à sua dispensa já que são os próprios interessados que prescindem de tutela. Porém, na medida em que o relatório dos peritos tutela igualmente os credores sociais, já não vê Raúl Ventura com bons olhos a sua dispensa: estaria a tutela dos credores a ser afastada por exclusiva decisão dos sócios. Cf. *Adaptação de Direito Português à Sexta Directiva do Conselho da Comunidade Económica Europeia relativa às Cisões de Sociedades por Acções*, Lisboa, s/d, p. 39.

[9] Publicado *in* Jornal Oficial da União Europeia, 27/07/2007 (C175).

os relatórios dos peritos se devem debruçar, sobretudo, sobre a relação de troca de participações sociais, fácil será concluir que a sua dispensa só pode ficar à mercê dos titulares de tais participações.

53 Em suma: cremos estar perante um típico caso de uma incorreta e precipitada transposição de direito europeu. O legislador nacional limitou-se a reproduzir textualmente no 99.º/6 a nova redação do 10.º das 3.ª e 6.ª Diretrizes, sem procurar sequer averiguar da existência na ordem jurídica portuguesa de realidades que permitiam dar conteúdo útil ao preceito transposto. Mais: o legislador português, diferentemente do legislador europeu, reuniu no mesmo preceito legal, a noção *sócio* e a locução *portadores de outros títulos que conferem direito de voto*. Ao utilizar a expressão *sócio* – justamente por querer englobar todos os titulares de participações sociais e não só os sócios das sociedades anónimas – o legislador português inviabilizou a possibilidade de entender "*portadores de outros títulos que confiram direito de voto*" como os titulares de quotas e partes sociais. A expressão fica, portanto, sem sentido útil.

Artigo 100.º (Registo e publicação do projeto e convocação da assembleia)

1. O projeto de fusão deve ser registado, sendo de imediato publicado.

2. O projeto de fusão deve ser submetido a deliberação dos sócios de cada uma das sociedades participantes, em assembleia geral, seja qual for o tipo de sociedade, sendo as assembleias convocadas, depois de efetuado o registo, para se reunirem decorrido, pelo menos, um mês sobre a data da publicação da convocatória.

3. A convocatória deve mencionar que o projeto e a documentação anexa podem ser consultados, na sede de cada sociedade, pelos respetivos sócios e credores sociais e qual a data designada para a assembleia.

4. A convocatória é automática e gratuitamente publicada em simultâneo com a publicação do registo do projeto, se os elementos referidos no número anterior forem indicados no pedido do registo do projeto.

5. A publicação do registo do projeto é promovida de forma oficiosa e automática pelo serviço de registo e contém a indicação de que os credores se podem opor à fusão nos termos do artigo 101.º-A.

6. O disposto nos n.ºs 2 e 3 não obsta à utilização de outras formas de comunicação aos sócios, nos termos previstos para cada tipo de sociedade, bem como à tomada de deliberação nos termos previstos no artigo 54.º.

Bibliografia: António Pereira de Almeida, *Sociedades comerciais, valores mobiliários, instrumentos financeiros e mercados*, I (*As sociedades comerciais*), 7.ª ed. (2013), 699 e ss.; José Engrácia Antunes, *Direito das sociedades comerciais*, 6.ª ed. (2016), 429 e ss.; António Menezes Cordeiro 1, 1125 e ss.; Miguel Pupo Correia, *Direito comercial – Direito da empresa*, 12.ª ed. (2011), 292 ss.; Paulo Olavo Cunha, *Direito das Sociedades Comerciais*, 5.ª ed. (2012), 900 e ss.; Jorge Pinto Furtado (2004), 545 ss.; Diogo Costa Gonçalves, *As recentes alterações ao regime da fusão de sociedades – A Lei n.º 19/2009, de 12 de Maio e o Decreto-Lei n.º 185/2009, de 12 de Agosto*, RDS I (2009), 3, 553-581; Elda Marques, em *Código em comentário* 2 (2011), 201-204; Raúl Ventura, *Adaptação do Direito Português à Terceira Directiva do Conselho da Comunidade Económica Europeia relativa às fusões de sociedades por acções*, DDC 4 (1980), 183-252; *id.*, *Fusão, cisão, transformação de sociedades – Comentário ao CSC* (1990, 3.ª reimp., 2006), 97-103.

Índice

I – **Antecedentes e Direito europeu**
1. O DL 598/73, de 8-nov. 1
2. A 3.ª Diretriz 4
3. A versão original do Código 6
4. A Reforma de 2006 10
5. A Reforma de 2007 11
6. O DL185/2009, de 12-ago. 13
7. A Diretriz 2009/109/CE, de 16-set. 15

II – **O registo do projeto**
8. Promoção 18

III – **A convocação das assembleias**
9. Reserva de competência 21
10. Reunião e convocatória 25
11. O aviso aos credores 29

I – Antecedentes e Direito europeu

1 1. **O DL 598/73, de 8-nov.**. O registo do projeto de fusão não se encontrava previsto no DL 598/73. Ao abrigo deste diploma, a assembleia geral que deliberava a fusão devia ser convocada com uma antecedência mínima de 30 dias e sempre após a elaboração do parecer dos fiscais das sociedades (4.º/1).

2 Se a convocatória da assembleia fosse publicada em DG e em um dos jornais mais lidos na localidade da sede social, então, deveriam ser publicados, juntamente com a convocatória, o projeto de fusão e o parecer do órgão de fiscalização ou, em alternativa, a notícia de que tais documentos podiam ser consultados na sede social, pelos sócios e credores, até ao dia da assembleia geral (4.º/2).

3 Se, porém, a lei ou estatutos não obrigassem à publicação da convocatória nos termos supra referidos, o 4.º/3 obrigava à publicação em DG e em um dos jornais mais lidos na localidade da sede social de um *aviso social* destinado a informar acerca da operação visada e anunciando que o projeto de fusão e o parecer do órgão de fiscalização podiam ser consultados por sócios e credores até ao dia da realização da assembleia.

4 2. **A 3.ª Diretriz**. O 6.º da 3.ª Diretriz veio introduzir a obrigação de dar publicidade ao projeto de fusão, com uma antecedência mínima de um mês sobre a data da reunião da assembleia geral que o aprecie, nos termos previstos no 3.º da 1.ª Diretriz.

5 Também o 11.º veio regular o direito à informação dos acionistas prevendo a possibilidade de estes consultarem na sede da sociedade, com uma antecedência mínima de um mês sobre a data da reunião da assembleia, a documentação ali enumerada e, bem assim, obter cópias da mesma, a expensas da sociedade.

6 3. **A versão original do Código**. A versão original do 100.º teve origem no 4.º do DL 598/73, com as adaptações exigidas pela 3.ª Diretriz. A obrigação de publicidade deu origem ao registo do projeto de fusão, nos termos do 100.º/1. No entanto, o regime subsequente ao registo tornou-se mais complexo que o de 1973, passando a existir sempre convocatória da assembleia geral e anúncios sociais.

7 Da convocatória, por força do 100.º/4[1], devia constar referência à realização do registo do projeto de fusão; ao direito de consulta do projeto e da documentação pelos sócios e credores, na sede social; e às datas previstas para as assembleias gerais. Os anúncios sociais, por sua vez, duplicavam as informações contidas na convocatória.

8 A assembleia geral deveria ter lugar num prazo nunca inferior a 30 dias a contar da publicação da convocatória ou do anúncio legal, conforme o que tivesse lugar posteriormente.

[1] Que viria a conhecer nova redação, com a alteração introduzida pelo DL 111/2005, de 8-jul..

O regime era marcadamente complexo e repetitivo. Na falta de normas que regulassem os anúncios dirigidos aos sócios e credores, a doutrina mandava aplicar, a todos os tipos sociais, o 167.º/2, hoje revogado[2]. 9

4. **A Reforma de 2006**. Com a reforma de 2006, o legislador procurou simplificar o regime do 100.º e eliminou a publicação dos anúncios sociais prevista no n.º 3. Desta sorte, passaram a existir apenas dois atos relevantes: o registo do projeto de fusão e a convocatória da assembleia geral. A convocatória da assembleia geral deve conter as seguintes menções, de acordo com os n.os 3 e 4: (a) o direito de consulta de sócios e credores; (b) as datas designadas para a realização da assembleia geral; (c) o direito de oposição dos credores, a ser exercido nos termos do 101.º-A; e (d) a referência a que a convocatória constitui, simultaneamente, *aviso de credores*. Desaparecidos os anúncios sociais, a assembleia geral passa a realizar-se decorridos, pelos menos, um mês sobre a publicação da convocatória. 10

5. **A Reforma de 2007**. A reforma de 2007 introduziu o n.º 5 que constitui uma alteração substantiva do regime até então em vigor. Em primeiro lugar, o n.º 5 veio esclarecer que a convocatória prevista nos n.os 2 e 3 não excluiu outras formas de comunicação aos sócios, nos termos previstos para cada tipo social. Em segundo lugar, e com maior relevância, veio expressamente permitir que a assembleia geral deliberasse nos termos do 54.º, desde que seja publicado um aviso de credores, possibilidade essa que era afastada nos termos da legislação anterior[3]. 11

A alteração introduzida anda próxima do 2501-*septies* do *Codice Civile*, após a reforma italiana de 2003, e do § 8 (3) da *UmwG*, embora com diferenças de regime significativas. 12

6. **O DL 185/2009, de 12-ago.** Com o DL 185/2009, o 100.º conheceu uma nova redação. O n.º 5 passou a n.º 6 e os n.os 1 e 2 mantiveram-se inalterados. Do n.º 3 retirou-se a menção à oposição à fusão e passou ao singular a referência no plural a *"datas designadas para as assembleias"*. Na nova redação dos n.os 4 e 5 reside a verdadeira inovação do regime. 13

O escopo fundamental das alterações introduzidas reside na simplificação do processo e na obtenção de uma maior celeridade na fusão. Para o efeito, o legislador aproveitou a existência de uma publicação oficiosa do registo do projeto para a ela associar a convocação da assembleia geral e a aproveitar como aviso de credores. 14

7. **A Diretriz 2009/109/CE, de 16-set.** Já após as alterações introduzidas pelo DL 185/2009, foi adotada a Diretriz 2009/109/CE, do Parlamento e do Conselho, de 16-set.[4], que alterou as 2.ª, 3.ª, 6.ª e 10.ª Diretrizes. Em causa está, fundamentalmente, a redução dos encargos sociais associados às exigências de publicidade dos atos das sociedades, aproveitando as potencialidades dos sítios *web* das próprias sociedades e/ou os sítios *web* de controlo administrativo central como meios seguros de publicitação dos atos sociais. 15

Ao 6.º da 3.ª Diretriz foram aditados os seguintes parágrafos: 16

> *(...)*
>
> *O requisito de publicação estabelecido no artigo 3.º da Directiva 68/151/CEE não é aplicável a nenhuma das sociedades participantes na fusão que, num prazo contínuo, com uma antecedência mínima de um mês sobre a data da reunião da assembleia-geral em que será decidido o projecto de fusão e até à conclusão dessa reunião, coloque o projecto de fusão em causa à disposição no seu próprio sítio web ou no sítio web de outra entidade, de forma gratuita para o público. Os Estados-Membros não sujeitam essa isenção a requisitos ou condições para além dos que sejam necessários para garantir a segurança do sítio web e a autenticidade dos*

[2] Cf. Raúl Ventura, *Fusão*, 98-99.

[3] Neste sentido, Raúl Ventura, *Fusão*, 100.

[4] JOCE L259, de 2-out.-2009. Prazo limite de transposição: 30 de junho de 2011 (6.º).

documentos, e podem impor tais requisitos ou condições apenas na medida em que forem proporcionais à concretização desses objectivos.

Não obstante o disposto no segundo parágrafo, os Estados-Membros podem exigir que a publicação seja concretizada através da plataforma electrónica central a que se refere o n.º 4 do artigo 3.º da Directiva 68/151//CEE. Em alternativa, os Estados-Membros podem exigir que essa publicação seja feita em qualquer outro sítio web para o efeito designado pelo Estado-Membro. Quando recorrerem a uma dessas possibilidades, os Estados--Membros devem garantir que não seja cobrada às sociedades uma taxa específica por tal publicação.

Quando for utilizado um sítio web distinto da plataforma electrónica central, deve ser publicada na plataforma electrónica central uma menção que dê acesso a esse sítio web pelo menos um mês antes da data fixada para a assembleia geral. A referida menção deve incluir a data de publicação do projecto de fusão no sítio web e ser acessível ao público de forma gratuita. Não deve ser cobrada às sociedades uma taxa específica por tal publicação.

A proibição prevista nos terceiro e quarto parágrafos, de cobrança às sociedades de uma taxa específica pela publicação, não afecta o direito dos Estados-Membros de repercutirem sobre as sociedades os custos relacionados com a plataforma electrónica central.

Os Estados-Membros podem exigir que as sociedades mantenham a informação durante um período específico após a assembleia-geral no respectivo sítio web ou, se for o caso, na plataforma electrónica central designada pelo Estado-Membro interessado. Os Estados-Membros podem determinar as consequências da indisponibilidade temporária do acesso ao sítio web ou à plataforma electrónica central, por razões técnicas ou de outra natureza.

17 As recentes experiências de simplificação no societário português, inclusivamente a possibilidade introduzida pelo DL 185/2009 de uma elaboração *on line* do projeto de fusão, faziam esperar uma transposição tranquila da Diretriz, o que veio a suceder com a DL 53/2011, de 13-abr., que deu ao n.º1 a atual redação, aditando a locução *"sendo de imediato publicado"*.

II – **O registo do projeto**

18 8. **Promoção**. O registo do projeto de fusão vem igualmente previsto no 3.º/1, *p)* do CRC e é feito por depósito, nos termos do 14.º do Regulamento do Registo Comercial, devendo constar a menção especial da modalidade da fusão, e da firma e sede das sociedades participantes.

19 O registo é promovido por cada uma das sociedades intervenientes e autonomamente. Se o projeto de fusão for elaborado eletronicamente, nos termos do 98.º/4, a promoção do registo é *imediata*, isto é: concomitantemente com a elaboração do projeto, as administrações promoverão o seu registo.

20 Nos termos do 70.º/1, *a)*, do CRC, o registo do projeto de fusão é de *publicação obrigatória,* a qual é promovida oficiosamente pelas respetivas conservatórias, nos termos do 2.º da Portaria 590-A/2005, de 14-jul.. A alteração introduzida com o DL 53/2011 nada acrescentou.

III – **A convocação das assembleias**

21 9. **Reserva de competência**. O 100.º/2 começa por enunciar dois dados normativos relevantes: (a) o projeto de fusão é deliberado pelos sócios de cada uma das sociedades; e (b) os sócios deliberam em assembleia geral, seja qual for o tipo social.

22 A deliberação em cada uma das sociedades já se encontrava no 4.º do DL 598/73 e é especialmente prevista no 7.º da 3.ª Diretriz. Tem especial interesse para a aplicação do 102.º/3, para cujas anotações se remete.

23 O enunciado em (a) revela uma *reserva de competência da assembleia geral* para a deliberação do projeto de fusão. Excluem-se, portanto, as outras formas de deliberação que não em

assembleia geral, nomeadamente as deliberações por voto escrito, previstas no 247.º, quanto às SPQ[5].

Com a Reforma de 2007 foi introduzido o atual n.º 6, passando a entender-se que a reserva de competência da assembleia geral não excluiu a possibilidade de *deliberações unânimes por escrito* nem de *assembleias universais*, previstas no 54.º. 24

10. **Reunião e convocatória**. A assembleia geral é convocada para se reunir decorrido, pelo menos, um mês sobre a publicação da convocatória, aplicando-se, à contagem do prazo, o disposto no 279.º, *c)* do CC *ex vi* 296.º do mesmo Código. 25

Até 2009, e à exceção das hipóteses previstas no n.º 6, cabia às sociedades envolvidas na fusão promover o registo do projeto e, em momento posterior, a convocatória das assembleias gerais. Com o DL 185/2009, o legislador veio permitir que a convocação das assembleias gerais ocorra de forma automática e gratuita, conjuntamente com a publicação obrigatória do registo do projeto (n.º 4). Basta para o efeito, que no pedido de registo seja requerida a convocatória da assembleia e dele conste a informação prevista no n.º 3, a saber: (a) a menção ao direito dos sócios e credores a consultar o projeto de fusão e a documentação anexa na sede da sociedade; e (b) a indicação da data da assembleia. 26

A publicação oficiosa do registo do projeto de fusão é assim aproveitada para convocar as assembleias gerais. Trata-se de uma significativa simplificação do regime. De notar apenas que o n.º 4 não impõe que a convocatória da assembleia geral se dê com a publicação oficiosa do registo do projeto. Tal hipótese fica à liberdade dos órgãos sociais que, por razões várias, podem preferir convocar a assembleia geral nos termos gerais. 27

A convocação da assembleia tal como resulta dos n.ºs 2 e 3 não impede a utilização de outras formas de comunicação aos sócios, nos termos previstos para cada tipo social. Em causa está, por exemplo, o previsto no 377.º/3, para cujas anotações se remete. 28

11. **O aviso aos credores**. Nos termos do n.º 5, a publicação oficiosa do registo do projeto de fusão constitui aviso de credores e contém a menção de que estes se podem opor à fusão nos termos do 101.º-A. 29

Esta constitui a principal alteração introduzida pelo DL 185/2009 no presente artigo. Até 2009, e mesmo após a Reforma de 2006, a publicação de um aviso de credores era um encargo da sociedade. Havendo convocação da assembleia geral, a própria publicação da convocatória servia de aviso de credores; caso contrário, a sociedade deveria publicar um aviso autónomo. 30

O regime assim delineado dava lugar a uma duplicação desnecessária da publicidade do projeto de fusão. A publicidade inerente ao registo do projeto servia suficientemente o interesse dos credores. Não se justificava, portanto, que as sociedades houvessem que publicar um novo aviso a eles destinado. 31

O DL 185/2009 veio pôr fim, e bem, a esta duplicação, transformando a publicidade oficiosa do registo do projeto em aviso de credores. 32

[5] Cf. a distinção entre *deliberações por voto escrito* e *deliberações unânimes por escrito* em Pinto Furtado, *Deliberações de sociedades comerciais* (2005), 462-463. Em sentido diverso, parecendo aproximar as figuras, Brito Correia, *Direito Comercial – Deliberações dos Sócios* (1990), 256-257.

Artigo 101.º (Consulta de documentos)

1. A partir da publicação do registo do projeto, os sócios, credores e representantes dos trabalhadores, ou, quando estes não existirem, os trabalhadores de qualquer das sociedades participantes na fusão têm o direito de consultar, na sede de cada uma delas, os seguintes documentos e obter, sem encargos, cópia integral destes:

a) Projeto de fusão;

b) Relatório e pareceres elaborados por órgãos da sociedade e por peritos;

c) Contas, relatórios dos órgãos de administração, relatórios e pareceres dos órgãos de fiscalização e deliberações de assembleias gerais sobre essas contas, relativamente aos três últimos exercícios.

2. Se até à data fixada para a reunião da assembleia geral, nos termos do artigo anterior, a sociedade receber um parecer dos representantes dos trabalhadores relativamente ao processo de fusão, este parecer deve ser anexado ao relatório elaborado pelos órgãos da sociedade e pelos peritos.

3. As cópias a que se refere o n.º 1 podem ser facultadas por correio eletrónico aos sócios que tenham comunicado previamente à sociedade o seu consentimento para a utilização de meios eletrónicos para a comunicação de informações respeitantes à sociedade.

4. A sociedade não está obrigada a facultar cópias dos documentos a que se refere o n.º 1, nem ao respetivo envio por correio eletrónico nos termos do número anterior, caso disponibilize os mesmos no seu sítio da Internet a partir do momento do registo do projeto de fusão e até um ano após a realização da assembleia geral de apreciação da fusão, em formato eletrónico que permita a sua consulta, gravação e impressão fidedignas.

5. O disposto no número anterior não prejudica o direito de as pessoas referidas no n.º 1 consultarem os documentos aí referidos na sede da sociedade.

6. Em caso de indisponibilidade de acesso à documentação através do sítio da Internet por motivos técnicos, deve a sociedade, sem prejuízo do direito de consulta prevista no número anterior, facultar cópias dos documentos nos termos do n.º 1.

Bibliografia: António Pereira de Almeida, *Sociedades comerciais, valores mobiliários, instrumentos financeiros e mercados*, I (*As sociedades comerciais*), 7.ª ed. (2013), 700 e ss.; José Engrácia Antunes, *Direito das sociedades comerciais*, 6.ª ed. (2016), 429 e ss.; António Menezes Cordeiro 1, 2011, 1125 e ss.; *id.*, *SA: Assembleia geral e deliberações sociais* (2007), 213 ss.; Miguel Pupo Correia, *Direito comercial – Direito da empresa*, 12.ª ed. (2011), 292 ss.; Paulo Olavo Cunha, *Direito das Sociedades Comerciais*, 5.ª ed. (2012), 900 e ss.; Jorge Pinto Furtado (2004), 545 ss.; João Labareda, *O direito à informação*, em *Problemas do Direito das sociedades* (2003), 119-152; Diogo Costa Gonçalves, *As recentes alterações ao regime da fusão de sociedades – A Lei n.º 19/2009, de 12 de Maio e o Decreto-Lei n.º 185/2009, de 12 de Agosto*, RDS I (2009), 3, 553-581; Elda Marques, em *Código em comentário* 2 (2011), 205-212; Pedro Pais Vasconcelos (2006), 186 ss.; Raúl Ventura, *Fusão, cisão, transformação de sociedades – Comentário ao CSC* (1990, 3.ª reimp., 2006), 105-107.

Índice

I – **Antecedentes e Direito europeu**
1. Antecedentes normativos ... 1
2. A L 19/2009, de 12-mai ... 4
3. O DL 185/2009, de 12-ago ... 7
4. A L 53/2011, de 12-abr ... 8

II – **Teleologia geral**
5. Enquadramenteo normativo 9
6. Âmbito e exercício 14

III – **O direito à informação dos *sócios reais***
7. Enquadramento geral 18
8. Limitações extrínsecas 20
9. Limitações intrínsecas 23
10. Limitações *ex bona fide* 27

IV – **O direito à informação dos *sócios não sócios***
11. Enquadramenteo geral e recondução dogmática 28
12. O princípio da equiparação 34

V – **A participação dos trabalhadores**
13. Titularidade do direito 37
14. O parecer dos trabalhadores 39

VI – **O modo de consulta**
15. Consulta na sede social 43
16. Obtenção de cópias a expensas da sociedade . 45

I – Antecedentes e Direito europeu

1. Antecedentes normativos. O 101.º não conhece paralelo no DL 598/73, de 8-nov., que se limitava, no 4.º, a prever um direito de consulta dos documentos referentes à fusão. 1

Ficou a dever-se ao 11.º da 3.ª Diretriz a origem do atual 101.º, nomeadamente a consulta dos documentos de prestação de contas referentes aos três últimos exercícios – alínea *c*). 2

Com a Reforma de 2007, e na sequência do aditamento do n.º 5 ao 100.º, foi alterada a redação do 101.º de modo a harmonizar o exercício do direito aí previsto com a possibilidade de não existir convocatória da assembleia geral mas sim outra forma de comunicação aos sócios e publicação de aviso de credores. O corpo do artigo, com a redação que lhe foi dada pela Reforma de 2007, rezava assim: 3

> *A partir da publicação da convocatória, da comunicação aos sócios ou do aviso aos credores exigidos pelo artigo anterior, os sócios e credores e qualquer das sociedades participantes na fusão têm o direito de consultar, na sede de cada uma delas, os seguintes documentos e obter, sem encargos, cópia integral destes:*

2. A L 19/2009, de 12-mai. Com a transposição da 10.ª Diretriz, e tendo em conta a atenção aí conferida à tutela dos trabalhadores[1], o legislador nacional teve por bem criar um regime nacional de tutela dos trabalhadores, aplicável às *fusões internas*. Tal regime assenta (a) na atribuição aos trabalhadores de um direito de consulta semelhante ao direito dos sócios e credores sociais, e (b) na possibilidade dos trabalhadores emitirem parecer sobre a fusão projetada. 4

Com a L 19/2009, foi aditado o atual n.º 2 ao 101.º e alterada a redação do corpo do artigo, que passou a n.º 1. A redação do n.º 1 resultante da L 19/2009 foi a seguinte: 5

> *A partir da publicação da convocatória, da comunicação aos sócios ou do aviso aos credores exigidos pelo artigo anterior, os sócios e credores* ***ou, quando estes não existirem, os trabalhadores*** *de qualquer das sociedades participantes na fusão têm o direito de consultar, na sede de cada uma delas, os seguintes documentos e obter, sem encargos, cópia integral destes:*

A redação não podia ser mais infeliz e levantava sérias dúvidas à *praxis* jurídica. Em concreto, duvidava-se se o direito dos trabalhadores era um direito individual ou coletivo e, sobretudo, se tal direito só se constituía, de facto, ante a inexistência de credores sociais o que 6

[1] Cf. o nosso, *Fusões Transfronteiriças. A transposição da 10.ª Diretriz e a Proposta de Lei n.º 236/X*, RDS I (2009), 2, 339-377, 343 ss.

parecia ser de todo injustificável...[2]. Saltava à vista tratar-se de uma revisão pouco cuidado do texto legal publicado.

7 3. **O DL 185/2009, de 12-ago.** Com o DL 185/2009, o legislador introduziu duas alterações ao n.º 1: (a) suprimiu a referência a convocatória, comunicação aos sócios e aviso de credores elegendo a publicação do registo do projeto de fusão como o momento a partir do qual pode ser exercido o direito de consulta previsto no 101.º e (b) corrigiu a redação referente à intervenção dos trabalhadores, dissipando as dúvidas lançadas pela L 19/2009.

8 4. **A L 53/2011, de 12-abr.** Em transposição da Diretriz 2009/109/CE, de 16-set., a DL 53/2011 veio aditar os n.ºs 3 a 6. Em causa está a redução dos encargos com o cumprimento dos deveres de informação a cargo das sociedades envolvidas.

II – **Teleologia geral**

9 5. **Enquadramento normativo.** Sobre a epígrafe *"consulta de documentos"*, o atual 101.º regula duas situações diferentes e dogmaticamente distintas: o direito à informação dos sócios e aquilo que só impropriamente poderíamos denominar «direito à informação» dos credores sociais e dos trabalhadores das sociedades envolvidas.

10 Na primeira hipótese, em causa está o mesmo direito consagrado no 21.º/1, *c*) do sócio a *"obter informações sobre a vida da sociedade, nos termos da lei e do contrato"*. Trata-se de uma especificação do *direito de consulta preparatória da assembleia geral*, destinado ao esclarecimento acerca da fusão projetada em ordem à formação do sentido de voto na assembleia convocada. A concretização normativa deste direito deve, assim, ser reconduzida à dogmática geral do direito à informação dos sócios.

11 No caso dos credores, o contexto dogmático é diverso. O «direito à informação» não se destina ao exercício de qualquer posição jurídica social; serve antes de tutela dos credores para quem a operação projetada pode surgir como uma diminuição das suas garantias creditícias. Encontra-se, portanto, teleologicamente orientado ao exercício do direito de oposição, previsto no 101.º-A.

12 O mesmo vale para os trabalhadores. O seu «direito à informação» está sobretudo orientado à possibilidade das estruturas representativas dos trabalhadores avaliarem as repercussões da fusão na manutenção dos seus postos de trabalho e na eventual alteração dos regimes laborais aplicáveis.

13 O direito à informação dos sócios consagrado no 101.º revela uma especificidade própria do regime da fusão: a sua abrangência subjetiva. Com efeito, nos termos deste artigo, a *consulta preparatória da assembleia geral* é um direito dos sócios de qualquer uma das sociedades participantes. Quer isto dizer: qualquer sócio de uma das sociedades envolvidas na fusão pode exercer o direito de consulta sobre qualquer uma das sociedades, mesmo daquelas de que não é sócio. Podemos assim delimitar, em razão desta abrangência subjetiva, duas situações normativas distintas: o direito à informação dos *sócios reais* – isto é: dos sócios quanto à sociedade na qual concorrem para a composição do capital social – e o direito à informação dos *sócios não-sócios* – ou seja: dos sócios quanto às sociedades nas quais não detêm qualquer participação social.

[2] Cf. o nosso *As recentes alterações ao regime da fusão de sociedades – A Lei n.º 19/2009, de 12 de Maio e o Decreto-Lei n.º 185/2009, de 12 de Agosto*, RDS I (2009), 3, 553-581, 570 ss..

6. **Âmbito e exercício**. O direito de consulta incide sobre os documentos enumerados no 101.º/1: (a) projeto de fusão; (b) os relatórios e pareceres elaborados pelos órgãos da sociedade e por peritos; e (c) as contas e demais documentação sujeita a apreciação anual e as deliberações sociais que as aprovaram, relativas aos três últimos exercícios. 14

Com a redação introduzida em 2009, o direito de consulta passou a poder ser exercido *"a partir da publicação do registo do projeto"*. Isto, mesmo quanto às sociedades que não tenham feito uso da possibilidade prevista no 100.º/4, isto é: mesmo quanto às sociedades para as quais a publicação do registo do projeto de fusão não consista, simultaneamente, na convocatória da assembleia geral. 15

Assim, a partir da publicação do registo do projeto quer os *sócios reais*, quer os *sócios não-sócios*, quer os credores e trabalhadores das sociedades poderão exercer o seu «direito de informação». Quer isto dizer, portanto, que a partir desse momento – e independentemente da data da convocatória da assembleia geral (se a houver) – as sociedades envolvidas no projeto de fusão devem disponibilizar nas respetivas sedes sociais os documentos previsto em 101.º/1 bem como facultar a sua cópia, se solicitada. 16

Tendo em conta este aspeto do regime, julgamos que a redação do 100.º deveria ter sido outra. Em concreto: (a) o legislador, para além de transformar a publicação do registo do projeto em aviso de credores (n.º 5), deveria ter fixado que em tal publicação se fizesse menção à possibilidade dos sócios, credores e trabalhadores, a partir dessa data, poderem consultar na sede da sociedade o projeto de fusão e seus anexos; e (b) uma vez que a sociedade que opte por convocar a assembleia geral nos termos gerais está, ainda assim, obrigada a disponibilizar aos seus sócios, aos sócios *não-sócios*, aos credores e trabalhadores a documentação prevista em 101.º/1 a partir da publicação do registo (*i. e.*: antes da convocatória), não se vislumbra utilidade em que a convocatória prevista em 100.º/3 tenha outra qualquer menção obrigatória para além da data da realização da assembleia geral. 17

III – O direito à informação dos *sócios reais*

7. **Enquadramento geral**. Quanto ao *sócios reais*, o 101.º não importa qualquer alteração quanto ao seu normal direito à informação preparatória da assembleia geral. Apenas especifica os documentos mais relevantes cujo conhecimento pode ser determinante na formação do sentido de voto. O 101.º não prejudica, portanto, a aplicação das disposições referentes ao direito à informação dos sócios previstas na parte especial, nem tampouco exclui outras formas de exercício do mesmo direito, como seja, por exemplo, o poder de questionar diretamente os órgãos da administração acerca do conteúdo da fusão projetada. 18

Questão diversa é saber se o direito à informação dos *sócios reais*, em sede de fusão, conhece limitações intrínsecas e extrínsecas diversas das existentes para cada tipo social. 19

8. **Limitações extrínsecas**. O problema coloca-se, especialmente, quanto às limitações constantes dos 288.º e 291.º, face ao previsto no 101.º. Na verdade, o previsto no 101.º/1, *c)* é subsumível ao conteúdo do 288.º/1, *a)* e *b)*. Ora, a este conteúdo – *contas, relatórios dos órgãos de administração, relatórios e pareceres dos órgãos de fiscalização e deliberações das assembleias gerais sobre essas contas, relativamente aos três últimos exercícios* – apenas podem aceder, nos termos do 288.º/1, os sócios que detenham, pelo menos, ações representativas de 1% do capital social da sociedade. Coloca-se a questão de saber se um acionista que não detenha 1% do capital poderá consultar estes documentos ao abrigo dos 100.º e 101.º ou, ao contrário, dever-se-á entender aplicável a limitação constante do 288.º/1. 20

21 As limitações extrínsecas ao direito à informação são estranhas à fisionomia interna do próprio direito; advêm por uma imposição normativa exterior, que delimita o direito à informação independentemente do seu escopo normativo[3]. Correspondem a critérios objetivos fixados pelo legislador em ordem à facilitação da vida social, nomeadamente quando a estrutura acionista for excessivamente alargada, e à prevenção de possíveis exercícios abusivos. Não devem, portanto, prevalecer absolutamente, sem que a lei especificamente o preveja; especialmente quando em causa está uma reestruturação societária tão profunda e que envolve (ou pode envolver) uma modificação tão substantiva da posição jurídica dos sócios.

22 Parece-nos, portanto, de concluir que sempre que o direito à informação consagrado em sede de fusão tenha um âmbito de aplicação mais lato que o resultante de alguma limitação extrínseca de cada tipo social, deve prevalecer o regime previsto quanto à fusão, considerando-se inaplicáveis as limitações em causa. Acrescente-se que este entendimento parece o preferível, tendo em conta o 11.º da 3.ª Diretriz.

23 9. **Limitações intrínsecas**. O direito à informação dos sócios conhece também *limitações intrínsecas*, decorrentes da própria estrutura teleológica do direito. São, sobretudo, limitações negativas que identificam as finalidades para as quais o direito à informação não pode ser exercido. Exemplo disso é o previsto no 291.º/4, *a*) e *b*). Aí se prevê a recusa da informação sempre que seja de recear que o sócio a utilize para fins estranhos à sociedade, com prejuízo desta ou de outros acionistas – alínea *a*) –, e ainda quando da divulgação possam advir prejuízos relevantes para a sociedade ou para os sócios – alínea *b*).

24 O § 8 (2) da *UmwG* consagra, expressamente, estes limites quanto à fusão, permitindo que as administrações, na elaboração do *Versmelzungsbericht*, possam omitir informação relevante desde que a sua divulgação possa causar uma séria desvantagem para alguma das sociedades envolvidas ou para outra sociedade com elas conectadas. Não obstante, a mesma norma exige que, em caso de omissão de informação, conste do *Versmelzungsbericht* referência às razões justificativas da omissão.

25 No caso da fusão, os *limites intrínsecos* do direito à informação devem ser especialmente ponderados e ganham matizes próprios. Em concreto, deve ter-se em atenção dois critérios orientadores: (a) dada a alteração na esfera dos sócios que a fusão envolve, a informação prestada serve, principalmente, a avaliação por parte dos sócios da sua posição social durante e após o processo de fusão; e (b) o interesse social na fusão, atendendo à sua realidade sócio-económica, deve ser especialmente tido em conta, já que em poucos processos como a fusão, a divulgação de informação pode fazer perigar tanto o interesse das sociedades como o interesse da generalidade dos sócios.

26 Fora desta limitação teleológica ou ferido o equilíbrio desejado, o exercício do direito à informação não deve ser admitido.

27 10. **Limitações *ex bona fide***. Para além da delimitação negativa do direito à informação, o seu exercício por parte dos sócios encontra-se ainda genericamente limitado pela figura do abuso de direito, especificamente pelas sub-hipóteses do *venire contra factum proprium*, do *tu quoque* e do *desequilíbrio no exercício*[4]. Esta última concretização de abuso deve ser especialmente ponderada, especialmente quando o regime da fusão afastar a aplicação de limitações extrínsecas ao direito à informação. Deve ter-se por critério que é inadmissível o exercício do direito à informação

[3] João Labareda, "Direito à informação", em *Problemas do Direito das Sociedades* (2003), 137.

[4] Menezes Cordeiro, *SA: assembleia geral e deliberações sociais* (2007), 217. No mesmo sentido, Karsten Schmidt, *Gesellschaftsrecht*, 4. Auflage (2004), 845.

quando, para granjear uma vantagem mínima para o sócio, se exige um esforço máximo à sociedade[5].

IV – O direito à informação dos *sócios não-sócios*

11. **Enquadramento geral e recondução dogmática.** Uma vez publicado o registo do projeto de fusão, os *sócios não-sócios* gozam do direito de consultar e obter cópias, a expensas da sociedade, dos mesmos documentos a que têm acesso os *sócios reais*. 28

De notar que o direito à informação dos *sócios não-sócios* pode ser exercido a partir do momento da publicação do registo do projeto de fusão referente à sociedade cuja informação se pretende obter – não a sociedade de que se é sócio. Isto porque, como o registo do projeto é promovido para cada uma das sociedades envolvidas, pode ocorrer que a publicação do registo ocorra em datas diferentes quanto à sociedade de que se é sócio e quanto à sociedade cuja informação se pretende obter. 29

A possibilidade dos *sócios não-sócios* gozarem de um especial direito de informação não se encontra claramente prevista na 3.ª Diretriz. O 11.º consagra o direito de qualquer acionista consultar e obter cópia dos documentos da fusão mas não especifica se *qualquer acionista* engloba também os acionistas das outras sociedades envolvidas. Por influência do § 340 da *AktG*, o 5.º/4 do DL 598/73 veio prever a possibilidade de todos os sócios obterem informações, na assembleia geral, acerca de todas as sociedades participantes. O CSC, posteriormente, alargou esta situação ao direito de consulta dos preparatórios da assembleia geral. 30

O direito à informação dos *sócios não-sócios* encontra a sua fonte primeira no próprio *status socii*. Quer isto dizer: o facto constitutivo do direito em causa é a *qualidade jurídica de sócio* de uma das sociedades envolvidas no processo. Assim, o *sócio não-sócio* que exerce o direito de informação consagrado no 101.º exerce uma posição jurídica própria do seu *status* e orientada, em última análise, ao exercício do seu direito de voto. 31

Contudo, é na *dimensão subjetiva* da fusão que a posição jurídica dos *sócios não-sócios* colhe completo fundamento. Durante o processo de fusão, começa já a delinear-se o estado futuro e final em que todos os sócios das sociedades envolvidos serão sócios entre si. Na verdade, se a fusão é deliberada em cada sociedade, convém não esquecer que o projeto de fusão é único e que a proposta de deliberação é exatamente idêntica em todas as sociedades, como decorre do 102.º/3. A autonomia das assembleias e a multiplicidade de deliberações esconde, portanto, um mesmo *movimento social*: os sócios estão, em última análise, a decidir tornarem-se sócios uns dos outros sob a égide de um mesmo ente societário, no qual se reunirão as diversas empresas sociais. 32

Assim, os *sócios não-sócios* não são estranhos às sociedades participantes; antes mantêm como elas, no processo de fusão, uma íntima conexão que prepara a realidade final da reestruturação empresarial em curso e que de alguma forma antecipa, no plano da sua subjetividade jurídica, o resultado final da compenetração pessoal que a fusão consubstancia. Só assim se justifica plenamente que o direito à informação dos *sócios não-sócios* apareça nas suas esferas, como situação jurídica integrante do seu próprio *status*. 33

12. **O princípio da equiparação.** Do previsto no 101.º/1 e atendendo, igualmente, ao disposto no 102.º/4, é possível formular, quanto ao exercício e modalidades do direito à informação, um *princípio de equiparação* entre *sócios reais* e *sócios não-sócios*: os *sócios não-sócios* podem 34

[5] Menezes Cordeiro, SA: assembleia geral e deliberações sociais (2007), 217.

exercer sobre as sociedades participantes o direito à informação em termos equivalentes aos que exercem os *sócios reais*.

35 No plano da concretização normativa, o *princípio da equiparação* determina, nomeadamente, a aplicação aos *sócios não-sócios* as mesmas limitações que aos sócios reais das sociedades sobre as quais a informação é pedida. Os *sócios não-sócios* são deste modo tratados, ante as sociedades participantes, como sócios reais. Este entendimento é especialmente válido quanto às limitações contratuais do direito à informação, que possam existir nos termos do 21.º/1, *c*): aos *sócios não-sócios* deve aplicar-se, nesse caso, o que vigorar no pacto social da sociedade participante sobre a qual a informação é requerida, tendo por referência, quando tal for necessário, a posição jurídica que o sócio gozará na sociedade incorporante ou na nova sociedade, após a fusão.

36 O direito à informação dos *sócios não-sócios* está igualmente condicionado pelas limitações intrínsecas e pelas limitações *ex bona fide*, a que já se fez referência.

V – **A participação dos trabalhadores**

37 13. **Titularidade do direito**. Com a L 19/2009, a participação dos trabalhadores nas fusões internas passou a estar prevista no 101.º. Tal participação consiste na extensão aos trabalhadores do «direito de informação» dos sócios e credores sociais regulado neste artigo e na possibilidade dos trabalhadores elaborarem um parecer sobre a fusão projetada.

38 A participação dos trabalhadores na fusão é assegurada, em primeira linha, pelas estruturas representativas dos trabalhadores existentes nas sociedades envolvidas. Apenas quando estas não existam é que tal direito assistirá a cada trabalhador.

39 14. **O parecer dos trabalhadores**. Nos termos do n.º 2, as estruturas representativas dos trabalhadores podem emitir parecer relativamente ao processo de fusão. A origem deste parecer encontra-se no terceiro parágrafo do 7.º da 10.ª Diretriz.

40 O parecer a emitir pelos trabalhadores limitar-se-á, naturalmente, aos aspetos laborais da operação (manutenção de postos de trabalho, alteração de IRCT aplicável, direitos e garantias dos trabalhadores, etc.). De notar que nos termos do n.º 2, o parecer é sempre e só elaborado pelos representantes dos trabalhadores. Isto significa que quando na sociedade não existir nenhuma estrutura representativa dos trabalhadores, estes têm o direito individual de consultar a documentação prevista no n.º 1, mas já não lhes assiste o direito de se pronunciarem sobre a fusão, emitindo parecer. O que se compreende: caso contrário existiriam tantos pareceres quanto trabalhadores das sociedades!

41 O parecer dos trabalhadores deve ser elaborado até à data da realização da assembleia geral prevista em 100.º e anexado aos relatórios dos órgãos sociais e dos peritos (se os houver). O mesmo é dizer: o parecer dos trabalhadores deve ser tido em conta pelos sócios aquando da deliberação da fusão, como mais um elemento informativo destinado à formação da vontade social.

42 Na hipótese do parecer dos trabalhadores ser elaborado antes da realização da assembleia geral, deve igualmente a administração anexá-lo aos relatórios dos órgãos sociais e dos peritos, permitindo a sua consulta nos mesmos termos do 101.º/1, *b*).

VI – **O modo de consulta**

43 15. **Consulta na sede social**. Os sócios, credores e trabalhadores (ou seus representantes) consultam a documentação prevista no n.º 1 na sede da sociedade. Tal faculdade não pode ser afastada, ainda que se encontrem previstos outros meios de consulta: é o que resulta do n.º 5.

Sublinhe-se, todavia, que a consulta na sede social, como modo intangível do exercício do direito à informação, corresponde a uma opção do legislador nacional. Com efeito, a redação do 11.º/4 da 3.ª Diretriz (aditado pela Diretriz 2009/109/CE) não obriga à previsão deste modo de consulta, se a informação em causa se encontrar disponível em sítio da internet. O atual n.º 4, prevendo tal hipótese, não dispensa todavia a consulta na sede social. 44

16. **Obtenção de cópias a expensas da sociedade**. Para além da consulta (presencial) na sede da sociedade, o n.º 1 prevê ainda a hipótese de os sócios, credores e trabalhadores (ou seus representantes) obterem, sem encargos, cópia integral dos documentos sob consulta. A fim de facilitar a obtenção de tais documentos e a redução dos encargos, para a sociedade, a ela associados, o DL 53/2011 veio prever a hipótese de remessa por correio eletrónico das cópias dos documentos previstos no n.º 1, desde que os sócios tenham comunicado previamente à sociedade o consentimento para a utilização de meios eletrónicos para a comunicação de informações a ela respeitantes (n.º 3). Esta hipótese diz unicamente respeito aos *sócios* e decorre das alterações introduzidas ao n.º 3 do 11.º da 3.ª Diretriz, pela Diretriz 2009/109/CE. 45

A obtenção de cópias a expensas da sociedade (bem como o seu envio por correio eletrónico) é dispensada, nos termos do n.º 4, se os documentos previstos no n.º 1 se encontrarem disponíveis no sítio da internet da sociedade – em formato eletrónico que permita a sua consulta, gravação e impressão fidedignas – a partir do momento do registo do projeto (e respetiva publicação oficiosa) e até um ano após a realização da assembleia geral que conhece da fusão. A obrigação de facultar cópias físicas renasce em caso de indisponibilidade de acesso à documentação no sítio da internet (n.º 6). 46

Artigo 101.º-A (Oposição dos credores)

No prazo de um mês após a publicação do registo do projeto, os credores das sociedades participantes cujos créditos sejam anteriores a essa publicação podem deduzir oposição judicial à fusão, com fundamento no prejuízo que dela derive para a realização do seus direitos, desde que tenham solicitado à sociedade a satisfação do seu crédito ou a prestação de garantia adequada, há pelo menos 15 dias, sem que o seu pedido tenha sido atendido.

Bibliografia: António Pereira de Almeida, *Sociedades comerciais, valores mobiliários, instrumentos financeiros e mercados*, I (*As sociedades comerciais*), 7.ª ed. (2013), 703 e ss.; José Engrácia Antunes, *Direito das sociedades comerciais*, 6.ª ed. (2016), 429 e ss.; António Menezes Cordeiro 1, 1125 e ss.; Miguel Pupo Correia, *Direito comercial – Direito da empresa*, 12.ª ed. (2011), 292 ss.; Paulo Olavo Cunha, *Direito das Sociedades Comerciais*, 5.ª ed. (2012), 900 e ss.; Jorge Pinto Furtado (2004), 545 ss.; Diogo Costa Gonçalves, *As recentes alterações ao regime da fusão de sociedades – A Lei n.º 19/2009, de 12 de Maio e o Decreto-Lei n.º 185/2009, de 12 de Agosto*, RDS I (2009), 3, 553-581; João Labareda, *O direito à informação*, em *Problemas do Direito das sociedades* (2003), 119-152; Elda Marques, em *Código em comentário* 2 (2011), 213-217; Pedro Pais Vasconcelos (2006), 186 ss.; Raúl Ventura, *Protecção dos credores na fusão de sociedades comerciais*, CTF 161 (1972); *id.*, *Adaptação do Direito Português à Terceira Directiva do Conselho da Comunidade Económica Europeia relativa às fusões de sociedades por acções*, DDC 4 (1980), 183-252; *id.*, *Fusão, cisão, transformação de sociedades – Comentário ao CSC* (1990, 3.ª reimp., 2006), 167-201.

Índice

I – **Antecedentes e Direito europeu**
1. O Código Comercial de 1888 1
2. Da 3.ª Diretriz à Diretriz (UE) 2017/1132, de 14-jun. 3
4. O CSC e as Reformas de 2006 e 2007 6
5. O DL 185/2009, de 12-ago 11

II – **Teleologia geral**
6. A necessidade de tutela de credores 12
7. Modelos de tutela de credores 14

III – **Concretização normativa**
8. Prazo para a oposição 20
9. Anterioridade do crédito 22
10. O prejuízo do credor 26
11. A solicitação da satisfação do crédito: os *créditos vencidos* 32
12. A solicitação da constituição de garantia: os *créditos vincendos* 39
13. A posição da sociedade devedora 43
14. Processo 47

I – Antecedentes e Direito europeu

1 1. **O Código Comercial de 1888**. A oposição dos credores surge no 126.º do Código de Veiga Beirão, configurando o principal meio de tutela dos credores que, como vimos[1], correspondia ao principal escopo da consagração legal da fusão na legislação comercial portuguesa. É clara a inspiração no 195.º do Código Comercial Italiano de 1882.

2 Nos termos do 126.º, qualquer credor podia, no prazo de três meses a contar da publicação da deliberação conjunta ordenada no 124.º, opor-se à fusão, tendo como efeito a suspensão do processo enquanto a oposição não fosse judicialmente resolvida.

3 2. **Da 3.ª Diretriz à Diretriz (UE) 2017/1132, de 14-jun.** O Direito alemão veio preconizar a distinção entre credores que, ao tempo da fusão, podem solicitar a satisfação do seu crédito e aqueles que não. Os primeiros não gozam de qualquer proteção especial; aos segundos (credores de créditos vincendos) é conferido o direito de exigir à sociedade a prestação de garantias (desde que não gozem de qualquer privilégio em sede de insolvência). Em nenhum dos casos existe direito de oposição.

4 Este regime encontrava-se previsto no § 347.º da *AktG* de 1965 e transitou, depois, para o § 22.º da *UmwG*. Por influência germânica, comunicou-se ao Direito Europeu. Com efeito, o 13.º da 3.ª Diretriz previa o dever das legislações nacionais criarem um sistema adequado de proteção dos credores de *"créditos anteriores à publicação do projeto de fusão e ainda não vencidos"*. Tal proteção deveria passar, no mínimo, pela possibilidade de exigir a prestação de garantias adequadas sempre que a situação financeira das sociedades participantes na fusão o aconselhasse.

5 A distinção entre credores de *créditos vencidos* e *não vencidos* manteve-se, depois, na Diretriz 2009/109/CE, de 16-set. e na Diretriz 2011/35/UE, de 05-abr. A mesma distinção encontra-se hoje prevista no 99.º da Diretriz (UE) 2017/1132, de 14-jun.

6 4. **O CSC e as Reformas de 2006 e 2007**. Nos trabalhos preparatórios do CSC[2], Raúl Ventura ponderou o abandono do direito de oposição e a criação de sistema de tutela de credores baseado num regime de preferência sobre massas patrimoniais originadas nas sociedades inicialmente devedoras. A hipótese, contudo, foi afastada: o DL 598/73 manteve o direito de oposição dos credores herdado da legislação anterior, embora limitando o seu âmbito de aplicação. O regime vertido no 11.º consistia no seguinte: (a) cada sociedade participante na fusão devia promover o registo da deliberação e a sua publicação nos jornais de maior divulgação no local

[1] *Vide* anotação ao 97.º.

[2] *RFDUL* 49 (1972), 23-50 (artigos 13.º e 14.º, por exemplo).

da sua sede social; (b) nos 30 dias a contar da última das publicações, os credores das sociedades cujos créditos fossem anteriores à publicação podiam deduzir oposição com fundamento nos prejuízos que dela derivassem para os seus direitos; (c) os credores sociais deveriam ser avisados do seu direito de oposição na publicação da deliberação e, sendo os seus créditos conhecidos da sociedade, por carta registada com aviso de receção.

O direito de oposição dos credores foi inicialmente regulado no 107.º do CSC. O preceito em causa correspondia à reprodução do 11.º do DL 598/73, eliminando-se apenas o n.º 4 deste artigo. 7

Com a Reforma de 2006, foram introduzidas duas significativas alterações: (a) desapareceu o registo e consequente publicação das deliberações sociais; e (b) o exercício do direito de oposição passou a estar subordinado à solicitação prévia da satisfação do crédito ou da prestação de garantia adequada. 8

Na sequência da alteração assinalada em (a), o prazo para a dedução de oposição deixou de poder contar-se após a publicação da deliberação. Tal modificação exigiu um reajustamento sistemático: o 107.º foi revogado e a oposição de credores passou a estar regulada num novo artigo: o atual 101.º-A. 9

Com a Reforma de 2007, foi aditado o n.º 5 do 100.º que permite a dispensa da convocatória da assembleia geral e a sua substituição pela publicação de um aviso de credores. Na sequência desta alteração, o 101.º-A foi modificado passando a incluir no seu texto a referência alternativa à publicação do aviso de credores, previsto no 100.º/5. Aproveitou-se ainda para substituir a locução *«nos 15 dias anteriores»* por *«há pelo menos 15 dias»*. 10

5. **O DL 185/2009, de 12-ago.** Com o DL 185/2009, a publicação do registo do projeto de fusão tornou-se, simultaneamente, aviso de credores (100.º/5). Desta sorte, da redação do 101.º-A desapareceu a referência à convocatória da assembleia geral e ao aviso de credores, contando-se o prazo para a dedução da oposição a partir da publicação do registo do projeto. 11

II – **Teleologia geral**

6. **A necessidade de tutela de credores.** A extinção da sociedade devedora e a transmissão das suas obrigações para outra sociedade, sem necessidade da intervenção dos credores, são motivos suficientes para que o legislador se ocupe da tutela dos credores sociais no processo de fusão. 12

Com efeito, olhando a fusão sob a ótica dos credores não é possível deixar de ver nela uma substituição do devedor sem o consentimento do credor e a alteração da garantia geral do seu crédito. Tendo em conta esta perspetiva, facilmente se compreende que a tutela dos credores tenha sido ao longo da evolução histórico-dogmática do instituto um especial centro de relevância normativa. 13

7. **Modelos de tutela de credores.** Se a preocupação pela tutela dos credores é sentida na generalidade das ordens jurídicas, o seu *modus operandi* não é idêntico e deu lugar a diferentes sistemas ou modelos de tutela e consequentes experiências históricas[3]. 14

Atendendo às experiências francesa, italiana e germânica, podemos identificar três modelos de tutela a que o legislador nacional não foi indiferente. 15

Em França, o L. 236-14 do *Code de Commerce*, na sequência do 381.º da *L. 66-537 du 24-juill.-1966*, consagra o seguinte regime de tutela dos credores das sociedades anónimas: (a) os credores cujos créditos sejam anteriores à publicação do projeto de fusão podem deduzir 16

[3] Raúl Ventura, *Protecção dos credores na fusão de sociedades comerciais*, CTF 161 (1972).

oposição judicial; (b) o tribunal rejeita a oposição ou decide o reembolso do crédito; (c) em alternativa ao reembolso, o tribunal pode ordenar a constituição de garantias, desde que a sociedade as ofereça e este as julgue suficientes; (d) a oposição dos credores não impede a continuação do processo de fusão, porém, o incumprimento pela sociedade devedora da decisão judicial de reembolso do crédito ou constituição de garantias determina a inoponibilidade da fusão aos credores opoentes.

17 Em Itália, a tutela dos credores vem consagrada no 2503 do *Codice Civile*. Após a Reforma de 2003, o regime é o seguinte: (a) a fusão de sociedades só pode ser realizada após a última inscrição no registo da deliberação da fusão; (b) a fusão pode, todavia, ser realizada desde que os credores cujos créditos sejam anteriores à publicação do projeto de fusão nisso consintam ou o valor dos seus créditos tenham sido depositados em instituição bancária, salvo se a *relazione degli esperti* (a que corresponde o nosso relatório do revisor oficial de contas do 99.º) tiver sido feita quanto a todas as sociedades por um único revisor que assegure que a situação patrimonial e financeira da sociedade não exige medidas tutelares da garantia do crédito. Não ocorrendo nenhum das exceções, (c) os credores podem, no prazo de 60 dias, deduzir oposição à fusão.

18 A experiência germânica, já assinalada *supra*, é diferente e tornou-se, como vimos, o paradigma normativo do legislador europeu.

19 Os três modelos apontados foram tidos em conta pelo legislador português em 1973 e 1986 e, posteriormente, na Reforma de 2006.

III – **Concretização normativa**

20 8. **Prazo para a oposição.** A oposição de credores pode ser deduzida nos 30 dias subsequentes à publicação do aviso de credores. Como, com a entrada em vigor do DL 185/2009, a publicação do registo do projeto passou a indicar obrigatoriamente que os credores sociais se podem opor à fusão nos termos do 101.º-A (100.º/5), o prazo de um mês para a dedução da oposição passou a contar-se a partir da publicação deste registo.

21 É este o único prazo de caducidade previsto no 101.º-A. Como o registo do projeto de fusão é promovido quanto a cada uma das sociedades, a sua publicação pode ocorrer em momentos distintos, donde o prazo para a dedução da oposição é diferente para os credores das diversas sociedades envolvidas.

22 9. **Anterioridade do crédito.** A oposição à fusão pode ser deduzida pelos credores sociais cujos créditos sejam anteriores à publicação do aviso de credores, isto é: à publicação do registo do projeto de fusão.

23 Até 2009, o aviso de credores correspondia ou à publicação da convocatória da assembleia geral ou a uma publicação autónoma, promovida pela sociedade, donde o direito de oposição assistia aos credores cujos créditos fossem anteriores a essa data. Daqui, o 101.º-A admitir a oposição de credores cujos créditos se houvessem constituído entre o registo do projeto de fusão e a publicação da convocatório ou do aviso.

24 Na primeira edição do CSC Anotado tivemos oportunidade de criticar esta opção legislativa[4]. Defendemos então que, com o desaparecimento do registo da deliberação da fusão (previsto no 107.º/1, revogado na Reforma de 2006), o legislador – à semelhança da experiência italiana e francesa – deveria ter adotado o registo do projeto como o momento para delimitar

[4] Cf., igualmente, o nosso *As recentes alterações ao regime da fusão de sociedades – A Lei n.º 19/2009, de 12 de Maio e o Decreto-Lei n.º 185/2009, de 12 de Agosto*, RDS I (2009), 3, 553-581, 569 ss..

a legitimidade dos credores para a dedução da oposição à fusão em razão da anterioridade do crédito.

Com o DL 185/2009, foi esta a solução acolhida pelo legislador. Ao transformar a publi- 25
cação do registo do projeto em aviso de credores, o 101.º-A passou a só admitir a dedução de oposição por aqueles credores cujos créditos sejam anteriores à publicação do registo. Com efeito, nenhuma razão de tutela assiste àqueles credores cujos créditos tenham sido constituídos num momento em que a fusão projetada já é conhecida para que se lhes possa atribuir um direito de oposição.

10. **O prejuízo do credor**. O fundamento da oposição judicial à fusão é a existência de pre- 26
juízo que dela derive para a realização dos direitos do credor. Tal prejuízo está necessariamente relacionado com a situação patrimonial e financeira da nova sociedade devedora, a qual pode resultar numa diminuição da garantia da satisfação do crédito.

O 2503 do *Codice Civile* impede a oposição de credores se na *relazione degli esperti* se 27
assegurar que a situação patrimonial das sociedades participantes na fusão não exige tomada de garantias adicionais. Isto é: se garantir que não existe prejuízo do direito dos credores. Note-se, contudo, que, nos termos do 2501 *sexies*, os *esperti* são responsáveis pelos danos causados às sociedades, aos sócios e a terceiros (incluindo os credores sociais).

A Reforma de 2006 poderia ter adotado uma solução semelhante, desonerando o tribu- 28
nal de apreciar a existência ou não de prejuízo para decidir da procedência da oposição. Não o fez, nem clarificou a responsabilidade do revisor oficial de contas independente na intervenção prevista no 99.º. Nada impede, contudo, que o relatório do revisor faça referência à situação dos credores quanto à garantia da satisfação do seu crédito. Será um indício seguro da existência ou não de prejuízo.

Sem uma solução semelhante à italiana, cabe ao tribunal, e só a este, o encargo de aferir 29
a existência ou não de prejuízo. Um critério, ainda que genérico, pode ajudar a concretização normativa: existe prejuízo sempre que por efeito da fusão o credor veja diminuída a probabilidade concreta de obter, por meio do património do devedor, a satisfação do seu crédito. No fundo, o tribunal deverá proceder a uma comparação entre a relação do crédito com a massa patrimonial da sociedade devedora e a mesma relação que existirá entre tal crédito e a massa patrimonial da sociedade incorporante ou da nova sociedade. Se o desequilíbrio for significativo, existe prejuízo do credor.

Note-se, contudo, que não basta uma mera comparação numérica. A fusão importa uma 30
reunião de diversas empresas comerciais cujas sinergias nem sempre se traduzem em frias relações numéricas e que exigem uma especial sensibilidade comercial e económica para a realidade em apreço.

Outros dois critérios podem igualmente ajudar: a existência de garantia real e o momento 31
do vencimento do crédito. Se o crédito se encontra provido de uma garantia real, não se vislumbra a possibilidade de existir prejuízo do credor e, em consequência, não há lugar ao direito de oposição. Por outro lado, e porque a fusão deve respeitar as normas da formação e conservação do capital social, os créditos que se vencem em primeiro lugar não são, em princípio, prejudicados pela fusão.

11. **A solicitação da satisfação do crédito: os *créditos vencidos***. Para além da anterioridade 32
do crédito e da existência de prejuízo resultante da fusão, a Reforma de 2006 passou também a exigir que os credores oponentes tenham solicitado à sociedade, há pelo menos 15 dias, a satisfação do seu crédito ou a constituição de garantia adequada, sem que o seu pedido tenha sido atendido.

33 A alteração legislativa é relevante e traduz, na prática, uma limitação ao exercício do direito de oposição, fundada na distinção germânica entre credores de *créditos vencidos* e *não vencidos*.

34 A satisfação do crédito só pode ser solicitada pelos credores de *créditos vencidos* (ou de obrigações puras). Como efeito, o registo do projeto de fusão não determina o vencimento antecipado das obrigações. Os credores de créditos vincendos não podem, portanto, solicitar o cumprimento de obrigações juridicamente inexigíveis.

35 A solicitação da satisfação do crédito corresponde, assim, à interpelação do devedor para o cumprimento, prevista no Direito comum. No caso das obrigações puras, a interpelação determina o vencimento da obrigação (777.º/1 e 805.º/1 CC). Nos demais casos, a solicitação prevista no 101.º-A corresponde a uma regular interpelação para cumprir (obtendo, por regra, o efeito admonitório, para o previsto no 808.º/1 CC)

36 A Reforma de 2006 veio, assim, afastar a hipótese de um credor de um crédito já vencido (ou de uma obrigação pura) vir deduzir oposição à fusão sem nunca ter promovido a satisfação do seu crédito (o que até 2006 era possível).

37 Nada impede, portanto, que a solicitação para a satisfação do crédito ocorra em momento anterior ao registo do projeto de fusão. Nestes casos, o 101.º-A não obriga à repetição da interpelação: para efeitos do 101.º-A, o credor que já tenha interpelado a sociedade para cumprir não tem porque repetir a interpelação, voltando a comunicar ao devedor a mesma pretensão e quanto ao mesmo crédito.

38 A antecedência mínima de 15 dias conta-se, assim, a partir da data da interpelação. Como esta pode ocorrer em momento anterior à publicação do registo do projeto, o cômputo do prazo não corre, necessariamente, dentro do prazo de caducidade.

39 12. **A solicitação da constituição de garantia: os *créditos vincendos*.** Até 2006, os credores de créditos vincendos podiam deduzir oposição à fusão, sem qualquer outro requisito que não a antiguidade e a existência de prejuízo resultante da fusão. Com a Reforma de 2006, o registo do projeto é constitutivo de uma nova situação jurídica: o direito de exigir à sociedade devedora a solicitação de garantia adequada.

40 Ao contrário do que sucede na Alemanha e do preconizado no Direito europeu, este direito não afasta a oposição: condiciona, outrossim, o seu exercício.

41 Para que o credor de um crédito vincendo possa deduzir oposição à fusão deve ter exercido previamente o direito de exigir à sociedade a prestação de uma garantia adequada, com uma antecedência mínima de 15 dias sobre o exercício da oposição.

42 Na medida em que o registo é constitutivo deste *novo direito*, o prazo mínimo de 15 dias previsto no 101.º-A, para estes casos, só pode ser contado a partir da publicação do registo do projeto: não pode ser exercido, em momento anterior, o direito que ainda se não constituiu.

43 13. **A posição da sociedade devedora.** Para que a sociedade devedora possa impedir o direito de oposição, deve *atender ao pedido* do credor. Se o credor solicita a satisfação do crédito, a sociedade atende o pedido cumprindo a prestação a que se encontrava adstrita. Porém, se o credor solicita a constituição de garantia adequada, «atender ao pedido» significará, necessariamente, a constituição da garantia solicitada?

44 Como, nestes casos, o cômputo dos 15 dias ocorre dentro do prazo de caducidade do direito de oposição, o tempo efetivo para a constituição das garantias solicitadas à sociedade é, na generalidade das hipóteses, manifestamente insuficiente. À *ratio* da Reforma de 2006 não é alheio o desejo de dificultar o recurso à oposição e o consequente efeito impeditivo da fusão.

Somo levados, assim, a concluir que nos casos em que a *praxis* do comércio jurídico demonstrar ser inviável a constituição da garantia solicitada no prazo mínimo de 15 dias fixado no 101.º-A, bastará que a sociedade devedora assuma a obrigação de constituir as garantias solicitadas pelo devedor no tempo razoável para o efeito para que se entenda que a sociedade devedora atendeu ao pedido do credor. 45

Note-se que a obrigação de constituir as garantias solicitadas não se confunde com o próprio crédito nem com as eventuais garantias já existentes, podendo ser exigida autonomamente. 46

14. **Processo**. A oposição judicial dos credores à fusão corresponde a um processo especial, previsto nos 1059.º e 1060.º CPC. 47

Artigo 101.º-B (Efeitos da oposição)

1. A oposição judicial deduzida por qualquer credor impede a inscrição definitiva da fusão no registo comercial até que se verifique algum dos seguintes factos:

a) **Haver sido julgada improcedente, por decisão com trânsito em julgado, ou, no caso de absolvição da instância, não ter o oponente intentado nova ação no prazo de 30 dias;**

b) **Ter havido desistência do oponente;**

c) **Ter a sociedade satisfeito o oponente ou prestado a caução fixada por acordo ou por decisão judicial;**

d) **Haver o oponente consentido na inscrição;**

e) **Ter sido consignada em depósito a importância devida ao oponente.**

2. Se julgar procedente a oposição, o tribunal determina o reembolso do crédito do oponente ou, não podendo este exigi-lo, a prestação de caução.

3. O disposto no artigo anterior e nos n.os 1 e 2 do presente artigo não obsta à aplicação das cláusulas contratuais que atribuam ao credor o direito à imediata satisfação do seu crédito, se a sociedade devedora se fundir.

Bibliografia: António Pereira de Almeida, *Sociedades comerciais, valores mobiliários, instrumentos financeiros e mercados*, I (*As sociedades comerciais*), 7.ª ed. (2013), 703 e ss.; José Engrácia Antunes, *Direito das sociedades comerciais*, 6.ª ed. (2016), 429 e ss.; António Menezes Cordeiro 1, 1125 e ss.; Miguel Pupo Correia, *Direito comercial – Direito da empresa*, 12.ª ed. (2011), 292 ss.; Paulo Olavo Cunha, *Direito das Sociedades Comerciais*, 5.ª ed. (2012), 900 e ss.; Jorge Pinto Furtado (2004), 545 ss.; Elda Marques, em *Código em comentário* 2 (2011), 218-220; Raúl Ventura, *Protecção dos credores na fusão de sociedades comerciais*, CTF 161 (1972); *id.*, *Adaptação do Direito Português à Terceira Directiva do Conselho da Comunidade Económica Europeia relativa às fusões de sociedades por acções*, DDC 4 (1980), 183-252; *id.*, *Fusão, cisão, transformação de sociedades – Comentário ao CSC* (1990, 3.ª reimp., 2006), 167-201;

Índice

I – **Antecedentes normativos**
1. O regime anterior ao CSC 1
2. O CSC e a Reforma de 2006 3

II – **Concretização normativa**
3. O efeito impeditivo da fusão 4
4. Cessação do impedimento 7
5. Procedência da oposição 13
6. O direito à satisfação imediata do crédito 17

I – **Antecedentes normativos**

1 1. **O regime anterior ao CSC**. No 126.º do CCom 1888, a oposição dos credores determinava a suspensão da fusão até à resolução judicial da oposição. Como já assinalámos[1], as primeiras décadas do séc. XX revelaram a inconveniência de uma tutela tão absoluta dos credores e viram surgir abundante legislação excecional que dispensava a aplicação dos 124.º a 127.º do Código para a realização de determinadas fusões.

2 Com o DL 598/73, de 8-nov., o legislador português reviu profundamente a matéria. Daí resultou um regime de tutela de credores que, optando pela manutenção da figura do direito de oposição, limitou os seus efeitos, procurando que a oposição de credores, como confessa o preâmbulo, *"não compromet[esse] na prática, além do razoável, a efectivação de fusões de sociedades"*.

3 2. **O CSC e a Reforma de 2006**. O 108.º do CSC correspondia, com ligeiras alterações de redação, ao 12.º do DL 598/73. Neste aspeto, a codificação das sociedades não trouxe qualquer novidade substantiva. A localização sistemática do direito de oposição de credores (101.º-A) decorrente da Reforma de 2006 levou à revogação do 108.º e à criação do atual 101.º-B. O preceito corresponde, contudo, ao anterior 108.º; o legislador apenas substituiu o termo *"opoente"* do articulado legal por *"oponente"*.

II – **Concretização normativa**

4 3. **O efeito impeditivo da fusão**. A dedução da oposição de credores impede a inscrição definitiva da fusão no registo comercial, prevista no 111.º. Se atendermos ao efeito constitutivo do registo (112.º), o verdadeiro efeito da oposição de credores é *impedir a própria fusão* das sociedades participantes.

5 Note-se que o efeito impeditivo da fusão resulta da dedução de oposição por qualquer credor de qualquer sociedade participante, seja qual for o montante do seu crédito.

6 O efeito da oposição ocorre *ope legis*. O oponente não requer a suspensão da fusão nem o impedimento da sua inscrição definitiva no registo. Tão pouco o tribunal profere qualquer decisão nesse sentido.

7 4. **Cessação do impedimento**. No 101.º-B/1, *a*) a *e*), vêm enunciados os factos que determinam a cessação do efeito impeditivo da fusão. Têm que ver com factos ocorridos no âmbito do processo, sejam decisões judiciais, atos do oponente ou atos da sociedade devedora.

8 As decisões judiciais que determinam a cessação do efeito impeditivo da fusão, e a consequente possibilidade de promover o registo definitivo nos termos do 111.º, são (a) a decisão, com trânsito em julgado, de improcedência da ação; e (b) a absolvição da instância, desde que o oponente não deduza nova oposição no prazo de 30 dias. *Infra* analisaremos a situação de procedência da oposição e os modos de cessação do efeito impeditivo da fusão.

9 Para além das decisões *supra* indicadas, o oponente pode (a) desistir da oposição e, ainda, (b) consentir na inscrição da fusão no registo comercial. Note-se que o consentimento é prestado no âmbito do processo, já após a dedução da oposição.

10 Se é verdade que o efeito impeditivo da fusão ocorre *ope legis*, também não deixa de ser verdade que este se encontra na disponibilidade do credor oponente. Com efeito, é concebível a consagração de um direito de oposição sem efeito impeditivo da fusão. Tal é o que ocorre em França, onde o L. 236-14 do *Code de Commerce* esclarece que a oposição não impede o processo de fusão.

[1] *Vide* 97.º.

Sempre que o oponente consentir na inscrição, nos termos do 101.º-B/1, *d*), o efeito da oposição consistirá apenas na obtenção do cumprimento da obrigação ou na prestação de caução, nos termos do n.º 2. 11

O impedimento à fusão cessa, igualmente, se, durante o processo, a sociedade devedora (a) satisfizer o crédito do oponente; (b) consignar em depósito a importância devida, nos termos do 841.º CC; ou (c) prestar caução fixada por acordo. 12

5. **Procedência da oposição**. Sendo julgada procedente a oposição, o tribunal pode proferir duas decisões: se o crédito do oponente for exigível, o tribunal condena a sociedade devedora na satisfação do crédito; se, ao contrário, o crédito não puder ser exigido pelo credor, o tribunal condena a sociedade devedora na prestação de caução. 13

Como a dedução de oposição à fusão não altera a exigibilidade dos créditos, o crédito do oponente é exigível caso a obrigação se encontre vencida. Assim, o tribunal deverá condenar a sociedade devedora no pagamento dos créditos vencidos e na prestação de caução como garantia dos créditos vincendos. 14

Proferida decisão judicial, a inscrição definitiva da fusão no registo comercial fica pendente do efetivo pagamento da dívida ou da efetiva prestação da caução judicialmente fixada. É o que decorre do n.º 1, *c*), onde se prevê a cessação do impedimento à fusão nos casos em que a sociedade devedora *"houver satisfeito o oponente ou prestado a caução fixada por acordo ou por decisão judicial"*. A referência a *"decisão judicial"* estende a aplicação do preceito para fora do âmbito do processo judicial. Assim, o impedimento à fusão cessa, no âmbito do processo, quando a sociedade devedora satisfaz o crédito ou presta a caução fixada por acordo e, fora do processo, após a decisão judicial prevista no n.º 2, quando a sociedade devedora cumpre a condenação judicial ao pagamento da dívida ou à prestação da caução fixada pelo tribunal. Outro entendimento, aliás, não garantiria eficazmente a tutela dos credores. 15

O L. 236-14 do *Code de Commerce* consagra uma solução diferente. O incumprimento da decisão judicial de reembolso do crédito ou de prestação de garantia não impede a fusão (como, aliás, não impede a própria dedução de oposição) mas a fusão torna-se inoponível ao credor oponente. 16

6. **O direito à satisfação imediata do crédito**. O 101.º-B/3 esclarece que o direito de oposição dos credores não prejudica as disposições contratuais que atribuam ao credor o direito à imediata satisfação do crédito em caso de fusão. O mesmo dispunha já o 12.º/3 do DL 598/73. Uma disposição semelhante pode ser também encontrada no L. 316-14 do *Code de Commerce*, herdada igualmente da legislação anterior, em concreto do 381.º da anterior *L 66-537 du 24-juill.-1966*. 17

O n.º 3 não cria qualquer direito, apenas pretende salvaguardar a eficácia da disposição contratual que acorde o vencimento antecipado do crédito em caso de fusão. A utilidade do preceito é escassa. Reside sobretudo em esclarecer que o facto de o credor poder deduzir oposição e, em última instância, obter uma sentença que condene a sociedade devedora à prestação de caução, não preclude o direito ao vencimento antecipado do crédito com o registo da fusão. Isto porque sempre se poderia entender que, uma vez que a oposição impede a fusão e com ela a satisfação antecipada do crédito, o credor deveria optar entre deduzir oposição e perder o benefício do vencimento antecipado ou permitir a fusão e obter a satisfação imediata do crédito. 18

Sublinhe-se, ainda, que o direito à imediata satisfação do crédito em caso de fusão, previsto no 101.º-B/3, está associado à verificação dos efeitos previstos no 112.º. Quando o credor que goza de tal direito deduz oposição à fusão o seu crédito ainda não é exigível. Esta situação é diferente das eventuais cláusulas contratuais que prevejam o direito à imediata satisfação do 19 crédito em caso de fusão, mas associem o vencimento a um momento anterior ao registo definitivo da fusão como, por exemplo, o registo do projeto.

Artigo 101.º-C (Credores obrigacionistas)

1. O disposto nos artigos 101.º-A e 101.º-B é aplicável aos credores obrigacionistas, com as alterações estabelecidas nos números seguintes.

2. Devem efetuar-se assembleias dos credores obrigacionistas de cada sociedade para se pronunciarem sobre a fusão, relativamente aos possíveis prejuízos para esses credores, sendo as deliberações tomadas por maioria absoluta dos obrigacionistas presentes e representados.

3. Se a assembleia não aprovar a fusão, o direito de oposição deve ser exercido coletivamente através de um representante por ela eleito.

4. Os portadores de obrigações ou outros títulos convertíveis em ações ou obrigações com direito de subscrição de ações gozam, relativamente à fusão, dos direitos que lhes tiverem sido atribuídos para essa hipótese, gozando do direito de oposição, nos termos deste artigo, se nenhum direito específico lhes tiver sido atribuído.

Bibliografia: António Pereira de Almeida, *Sociedades comerciais, valores mobiliários, instrumentos financeiros e mercados*, I (*As sociedades comerciais*), 7.ª ed. (2013), 703 e ss.; José Engrácia Antunes, *Direito das sociedades comerciais*, 6.ª ed. (2016), 429 e ss.; Nuno Barbosa, *Competência das Assembleias de Obrigacionistas* (2002), 161-169; António Menezes Cordeiro 1, 1125 e ss.; Miguel Pupo Correia, *Direito comercial – Direito da empresa*, 12.ª ed. (2011), 292 ss.; Paulo Olavo Cunha, *Direito das Sociedades Comerciais*, 5.ª ed. (2012), 900 e ss.; Jorge Pinto Furtado (2004), 545 ss.; Elda Marques, em *Código em comentário* 2 (2011), 221-224; Raúl Ventura, *Protecção dos credores na fusão de sociedades comerciais*, CTF 161 (1972); *id.*, *Adaptação do Direito Português à Terceira Directiva do Conselho da Comunidade Económica Europeia relativa às fusões de sociedades por acções*, DDC 4 (1980), 183-252; *id.*, *Fusão, cisão, transformação de sociedades – Comentário ao CSC* (1990, 3.ª reimp., 2006), 203-208.

Índice

I – **Antecedentes e Direito europeu**
1. A 3.ª Diretriz 1
2. O CSC e a Reforma de 2006 2

II – **Concretização normativa**
3. Âmbito de aplicação e teleologia geral 3
4. O direito de oposição dos credores obrigacionistas 5
5. A aprovação da fusão pela assembleia de obrigacionistas 7
6. Portadores de títulos convertíveis em ações ... 18

I – Antecedentes e Direito europeu

1 1. **A 3.ª Diretriz**. O 14.º da 3.ª Diretriz manda aplicar o regime da tutela de credores aos obrigacionistas das sociedades participantes. Prevê, contudo, uma exceção: a aprovação da fusão pela assembleia de obrigacionistas ou, nos casos em que a lei nacional a não preveja, por cada obrigacionista individualmente. Nestes casos, as legislações nacionais não estão vinculadas à aplicação do regime da tutela de credores.

2 2. **O CSC e a Reforma de 2006**. A existência de um preceito legal que consagrasse tutela própria aos credores obrigacionistas em sede de fusão era desconhecida na legislação de 1973

(DL 598/73, de 8-nov.). Por força do 14.º da 3.ª Diretriz, o legislador de 1986 consagrou, no 109.º CSC, um regime próprio de tutela dos credores obrigacionistas, nos termos exigidos pela legislação comunitária. Com a Reforma de 2006, o 109.º foi revogado e criado o 101.º-C, com idêntico conteúdo normativo.

II – **Concretização normativa**

3. **Âmbito de aplicação e teleologia geral.** O 101.º-C aplica-se aos credores obrigacionistas das sociedades anónimas e das sociedades em comandita por ações que hajam recorrido à emissão de obrigações, nos termos do 348.º. 3

A opção normativa consagrada no CSC, na sequência do 14.º da 3.ª Diretriz, passa por aplicar o regime da tutela dos credores dos 101.º-A e 101.º-B aos titulares de obrigações. Não obstante as obrigações serem valores mobiliários – 1.º, *b*) do CVM –, a posição jurídica substantiva dos seus titulares é creditícia: a subscrição de obrigações confere ao obrigacionista um direito de crédito sobre a sociedade. Neste medida, a posição jurídica dos obrigacionistas aproxima-se da posição dos demais credores sociais. Justifica-se, assim, a equiparação de regime. 4

4. **O direito de oposição dos credores obrigacionistas.** Do 101.º-C/1 resulta que os obrigacionistas beneficiam de direito de oposição à fusão, direito esse que, uma vez exercido, goza do mesmo efeito impeditivo já comentado a propósito do 101.º-B. 5

O prazo para deduzir oposição é o mesmo do 101.º-A. A convocatória da assembleia geral ou o aviso de credores dá igual conhecimento aos credores obrigacionistas do seu direito de opor-se à fusão. Os requisitos enunciados no 101.º-A para o exercício do direito são igualmente aplicáveis. O fundamento do direito de oposição é, portanto, o mesmo para os credores obrigacionistas e para os restantes credores. 6

5. **A aprovação da fusão pela assembleia de obrigacionistas.** Nos termos dos n.ºs 2 e 3, o direito de oposição é excluído se os credores obrigacionistas deliberarem, em assembleia, a aprovação da fusão. Tal corresponde, como se disse, ao previsto no 14.º da 3.ª Diretriz que manda aplicar o regime da tutela de credores *"(...) salvo se a fusão tiver sido aprovada por uma assembleia de obrigacionistas, quando a lei nacional preveja uma tal assembleia, ou pelos obrigacionistas individualmente"*. 7

À reunião da assembleia de obrigacionistas aplica-se o disposto no 355.º. Haverá tantas assembleias quantas as emissões de obrigações. A assembleia delibera por maioria absoluta dos obrigacionistas presentes e representados. 8

A redação dos n.ºs 2 e 3 do 101.º-C pode levantar dúvidas quanto ao conteúdo da deliberação da assembleia de obrigacionistas. No n.º 2 refere-se que as assembleias se reúnem para que os obrigacionistas se *"pronunciem sobre a fusão, relativamente aos possíveis prejuízos (...)"*. No n.º 3 refere-se a hipótese de a assembleia não *"aprovar a fusão"*. 9

A redação surge imperfeita, por força do 14.º da 3.ª Diretriz que menciona, especificamente, a aprovação da fusão. Não se trata, contudo, de uma aprovação da fusão, enquanto ato societário, mas tão-só de conhecer da existência de prejuízo para os credores obrigacionistas e, em consequência, de deliberar o exercício do direito à oposição. Assim se compreende que a consequência legal para a não aprovação da fusão seja, precisamente, a dedução de oposição à fusão (n.º 3). 10

A oposição à fusão é deduzida por um representante comum eleito. Nada impede que a assembleia de obrigacionistas que não aprove a fusão eleja um representante para o exercício do direito de oposição, desde que este satisfaça os requisitos do 357.º; contudo, deve entender-se que tal representante já existe, sempre que designado nos termos do 358.º. 11

12 Resta-nos uma última questão: a obrigatoriedade de reunião da assembleia de obrigacionistas. Pergunta-se: iniciado um processo de fusão em que seja participante uma sociedade que haja recorrido à emissão de obrigações, é obrigatória a convocação da assembleia de obrigacionistas para que estes se pronunciem acerca da fusão, ou, ao contrário, tal convocação fica na disponibilidade do representante comum, do presidente da mesa da assembleia geral ou, em última instância, de 5% dos obrigacionistas (355.º/2 e 3)?

13 Raúl Ventura, a este propósito, defende a seguinte tese: (a) o dever de realizar assembleias gerais de obrigacionistas só existe quando também exista direito de oposição[1], isto é, quando exista prejuízo dos credores. Daqui retira o autor que nos casos dos créditos obrigacionistas se encontrarem providos de garantia real não há lugar a assembleia de obrigacionistas. Porém, (b) nos casos em que existe um dever de reunir a assembleia de obrigacionistas, a sua não convocação impede a inscrição definitiva da fusão no registo comercial, por falta de realização de uma assembleia que a lei manda reunir[2].

14 Não nos parece de acolher a opinião do autor. Com efeito, se um dos fundamentos da existência de direito de oposição é a verificação de prejuízo dos credores e a assembleia de obrigacionistas se reúne, justamente, para que estes se pronunciem acerca da verificação de tal prejuízo, não se vislumbra como se pode afirmar a existência ou não de direito de oposição sem que a assembleia de obrigacionistas se reúna para apreciar a fusão. Logo, fazer depender o dever de reunir a assembleia de obrigacionistas da existência de um direito de oposição cujos fundamentos são apreciados na mesma assembleia, é tautológico. Também não colhe a argumentação referente aos créditos obrigacionistas que gozem de garantia real. Tal situação é um indício doutrinal para que o tribunal aprecie a (não) existência de prejuízo para os obrigacionistas e não uma delimitação legal do direito de oposição. Deve ser deixada ao tribunal.

15 Temos, portanto, que a reunião da assembleia geral de obrigacionistas é sempre obrigatória, como, aliás, aponta a letra do 101.º-C/2. O representante comum dos obrigacionistas, uma vez registado o projeto de fusão ou publicada a convocatória da assembleia geral ou o aviso de credores, deve sempre convocar a assembleia de obrigacionistas para que esta delibere nos termos do 101.º-C.

16 Contra o que sustenta Raúl Ventura, não cremos que a falta de convocatória da assembleia de obrigacionistas impeça a inscrição definitiva da fusão no registo comercial[3]. Desde logo, tal impossibilidade é de difícil controlo prático. Se o registo da fusão é promovido por qualquer administrador quanto à sociedade incorporante ou quanto à nova sociedade (111.º) e oficiosamente quanto às restantes sociedades (67.º-A do CRC), não é exigível o conhecimento da ausência de convocatória da assembleia de obrigacionista por parte de quem promove o registo.

17 Mais: não cremos que a falta de convocatória da assembleia de obrigacionistas tenha qualquer repercussão na fusão. Com efeito, tal assembleia não é um ato próprio do processo de fusão, mas tão só um ato necessário ao possível exercício coletivo do direito de oposição. Se, o representante comum não convocar a assembleia de obrigacionistas, nem tão pouco o presidente da mesa da assembleia geral, resta a iniciativa a 5% dos credores, nos termos do 355.º/3. Se ainda assim a assembleia não for convocada, ao tempo da inscrição definitiva da fusão no registo verificar-se-á que a oposição à fusão não foi deduzida, e a fusão foi levada a registo, nos termos do 111.º.

[1] Cf., do autor, *Fusão*, 205.
[2] Cf., *ibidem*, 207.
[3] No mesmo sentido de Raúl Ventura, Elda Marques, em *Código em comentário* 2 (2011), 223.

6. **Portadores de títulos convertíveis em ações.** Para os portadores de títulos convertíveis em ações, o direito de oposição é subsidiário: apenas se aplica se nada for previsto como modo de tutela em sede de fusão. 18

Note-se, contudo, que os direitos atribuídos para a hipótese de fusão, são direitos convencionais – criados na emissão – e não eventuais direitos legais associados a tais títulos. 19

Artigo 101.º-D (Portadores de outros títulos)

Os portadores de títulos que não sejam ações, mas aos quais sejam inerentes direitos especiais, devem continuar a gozar de direitos pelo menos equivalentes na sociedade incorporante ou na nova sociedade, salvo se:

***a*) For deliberado em assembleia especial dos portadores de títulos e por maioria absoluta do número de cada espécie de títulos que os referidos direitos podem ser alterados;**

***b*) Todos os portadores de cada espécie de títulos consentirem individualmente na modificação dos seus direitos, caso não esteja prevista, na lei ou no contrato social, a existência de assembleia especial;**

***c*) O projeto de fusão previr a aquisição desses títulos pela sociedade incorporante ou pela nova sociedade e as condições dessa aquisição forem aprovadas, em assembleia especial, pela maioria dos portadores presentes e representados.**

Bibliografia: António Pereira de Almeida, *Sociedades comerciais, valores mobiliários, instrumentos financeiros e mercados*, I (*As sociedades comerciais*), 7.ª ed. (2013), 703 e ss.; José Engrácia Antunes, *Direito das sociedades comerciais*, 6.ª ed. (2016), 429 e ss.; Nuno Barbosa, *Competência das Assembleias de Obrigacionistas* (2002), 161-169; António Menezes Cordeiro 1, 1125 e ss.; Miguel Pupo Correia, *Direito comercial – Direito da empresa*, 12.ª ed. (2011), 292 ss.; Paulo Olavo Cunha, *Direito das Sociedades Comerciais*, 5.ª ed. (2012), 900 e ss.; Jorge Pinto Furtado (2004), 545 ss.; Elda Marques, em *Código em comentário* 2 (2011), 224-231; Raúl Ventura, *Protecção dos credores na fusão de sociedades comerciais*, CTF 161 (1972); *id.*, *Adaptação do Direito Português à Terceira Directiva do Conselho da Comunidade Económica Europeia relativa às fusões de sociedades por acções*, DDC 4 (1980), 183-252; *id.*, *Fusão, cisão, transformação de sociedades – Comentário ao CSC* (1990, 3.ª reimp., 2006), 209-214.

Índice

I – Antecedentes e Direito europeu
1. A 3.ª Diretriz 1
2. O CSC e a Reforma de 2006 3

II – Concretização normativa
3. Âmbito de aplicação 4
4. Direitos equivalentes 7
5. Exceções 9

I – Antecedentes e Direito europeu

1. **A 3.ª Diretriz.** O 15.º da 3.ª Diretriz ocupa-se da tutela dos portadores de títulos que não sejam ações mas que gozem de direitos especiais. Manda a 3.ª Diretriz que, em tais casos, os titulares mantenham na nova estrutura societária direitos equivalentes aos titulados nas sociedades incorporadas ou fundidas. 1

Admitem-se, contudo, duas exceções: (a) a aprovação da modificação dos direitos pela assembleia dos seus titulares, ou, quando a legislação nacional a não preveja, pelos titulares, 2 individualmente; e (b) a existência do direito dos titulares a obter da sociedade o resgate dos seus títulos.

3 2. **O CSC e a Reforma de 2006**. O atual 101.º-D era inexistente na legislação de 1973 (DL 598/73, de 8-nov.). Por força do 15.º da 3.ª Diretriz, o legislador de 1986 consagrou, no 110.º, o regime da tutela dos portadores de títulos, que não ações, com direitos especiais. Com a Reforma de 2006, o 110.º foi revogado e criado o 101.º-D, com idêntico conteúdo normativo.

II – **Concretização normativa**

4 3. **Âmbito de aplicação**. Não é claro o âmbito de aplicação do 101.º-D. Concretamente, é de difícil delimitação o que sejam títulos, que não ações, mas aos quais são inerentes direitos especiais. A opinião mais divulgada entre nós faz coincidir a previsão deste artigo com diversas modalidades de obrigações previstas no 360.º[1]. Acolhendo esta posição, e quanto aos credores obrigacionistas, haverá então que reconhecer uma relação de especialidade entre os 101.º-D e 101.º-C. O direito de oposição, previsto no 101.º-C, caberá apenas aos obrigacionistas originários, os quais são plenamente equiparados aos credores sociais. Já os portadores de outras modalidades de obrigações – agraciadas com algum direito especial – serão tutelados nos termos do 101.º-D, não havendo lugar a direito de oposição, pois o tipo de proteção dispensada pela lei – continuar a gozar de direitos especiais equivalentes aos detidos nas sociedades incorporadas ou fundidas – é tutela bastante e a mais adequada.

5 De notar ainda que, para além da relação de especialidade entre o 101.º-D e o 101.º-C, há ainda especialidade entre o 101.º-D e o 101.º-C/4. À partida, as obrigações convertíveis em ações ou com direito de subscrição de ações são obrigações às quais estão associados direitos especiais. Integrariam, assim, a previsão do 101.º-D, não fora tais *direitos especiais* estarem especialmente previstos no 101.º-C/4, subtraindo assim ao campo de aplicação do 101.º-D as situações nele previstas.

6 Em suma: gozam de direito de oposição à fusão os obrigacionistas ordinários e ainda os portadores de títulos convertíveis em ações ou com o direito de subscrição de ações, nos termos e pressupostos do 101.º-C/1 e 4; os obrigacionistas que gozem de outros direitos especiais que não a conversão em ações ou o direito de subscrição de ações, não gozam de direito de oposição, mas são tutelados nos termos do 101.º-D.

7 4. **Direitos equivalentes**. A tutela dispensada no 101.º-D consiste em que os portadores de títulos que não sejam ações mas aos quais são inerentes direitos especiais gozem, na sociedade incorporante ou na nova sociedade, de direitos equivalentes aos titulados nas sociedades incorporadas ou fundidas.

8 A noção de equivalência entre direitos será abordada *infra*, a propósito do que sejam *direitos especiais afetados* para efeitos do 103.º/2, *b*). Tem aplicação, nesta sede, o critério da *equivalência material* aí apontado, com as devidas adaptações.

9 5. **Exceções**. Na esteira do 15.º da 3.ª Diretriz, o 101.º-D dispensa a exigibilidade da consagração de direitos equivalentes na sociedade incorporante ou na nova sociedade, em 3 casos excecionais: (a) a aprovação da alteração dos direitos especiais em causa pela assembleia dos portadores dos títulos; não sendo legal ou contratualmente possível tal assembleia, (b) o consentimento individual de cada titular na afetação dos seus direitos; e (c) a previsão no projeto de fusão da aquisição de tais títulos pela sociedade incorporante ou pela nova sociedade, desde que as condições da aquisição hajam sido aprovadas pela *supra* referida assembleia.

[1] Neste sentido, Raúl Ventura, *Fusão*, 210-211.

As exceções assinaladas em (a) e (b) são, no fundo, uma única exceção: a exigibilidade do consentimento dos titulares. Nenhum direito especial associado a títulos que não ações pode ser alterado sem a aprovação dos seus titulares. A diferença reside no exercício coletivo ou singular dos direitos em causa. Se a lei ou o contrato de sociedade prever o exercício coletivo dos direitos inerentes aos títulos em causa, os direitos especiais podem ser alterados se tal alteração for aprovada em assembleia especial dos portadores dos títulos. No caso dos credores obrigacionistas abrangidos pelo 101.º-D, tal aprovação deverá ser deliberada em sede de assembleia de obrigacionistas, nos termos do 355.º/4, *b*). Porém, na ausência de previsão legal ou contratual de uma assembleia desta natureza, a aprovação é exigida a cada titular que deverá prestar o seu consentimento. 10

A exceção assinalada em (c) vai mais além do previsto no 15.º da 3.ª Diretriz. Na 3.ª Diretriz apenas se prevê a hipótese de os titulares gozarem do *"direito de obter da sociedade incorporante o resgate dos seus títulos"*. Nada se diz quanto ao título constitutivo de tal direito (contrato de sociedade, deliberação dos sócios, exigência, legal, etc.) nem quanto às condições de tal *"resgate"*. 11

Ante o silêncio da 3.ª Diretriz, o 101.º-D, *c*) elegeu o projeto de fusão como fonte do *direito de regaste* dos portadores dos títulos em causa. Com efeito, não se vislumbra que outra pudesse ser a fonte. Não o seria, com certeza, o contrato de sociedade, já que a obrigação de aquisição é da sociedade incorporante ou da nova sociedade e não das sociedades incorporadas e fundidas as quais, no seu contrato social, não poderiam criar um direito que tivesse por sujeito passivo uma sociedade terceira. Pela mesma razão, não parece que a fonte pudesse residir na própria emissão dos títulos em causa. 12

Não basta, contudo, que o projeto de fusão preveja a aquisição dos títulos. O 101.º-D exige que a assembleia especial dos portadores aprove as condições da aquisição. A *ratio* é evidente: se bastasse a mera previsão da aquisição dos títulos, fosse quais fossem as condições, os titulares ficariam à mercê das administrações que elaboram o projeto, não gozando sequer de direito de oposição. Exige-se, portanto, que os titulares aprovem as condições da aquisição dos seus títulos, na mesma assembleia prevista na alínea *a*). A alínea *c*) não o afirma, mas nos casos da assembleia de portadores não se encontrar legal ou contratualmente prevista, as condições de aquisição deverão ser aprovadas por cada titular, individualmente, nos termos previstos na alínea *b*). 13

A exigência final do 101.º-D, se compreensível, pode revelar-se excessiva. Com efeito, é possível que os portadores não aprovem as condições de aquisição dos seus títulos por razões absolutamente alheias aos termos e vantagens patrimoniais de tal aquisição. Nestes casos, a fusão pode ficar à mercê de tais sujeitos, ao manter-se a exigência de concessão de direitos equivalentes (eventualmente impossível), não obstante as sociedades envolvidas no processo haverem oferecido condições de aquisição vantajosas. Convém lembrar, a este propósito, que a *ratio* fundamental do 15.º da 3.ª Diretriz e do 101.º-D é dispensar a manutenção de direitos equivalentes por contrapartida do direito de aquisição dos títulos. A exigibilidade da aprovação das condições de aquisição visa apenas evitar que sejam as administrações das sociedades a fixar unilateralmente os termos da aquisição e não conferir aos titulares o direito de impedir a própria aquisição. *De jure condendo*, melhor seria que, à semelhança do 105.º em sede de exoneração de sócios, o CSC estabelecesse um critério legal para aferir, pelo menos, o valor da aquisição, na falta de acordo dos interessados. 14

Artigo 102.º (Reunião da assembleia)

1. Reunida a assembleia, a administração começará por declarar expressamente se desde a elaboração do projeto de fusão houve mudança relevante nos elementos de facto em que ele se baseou e, no caso afirmativo, quais as modificações do projeto que se tornam necessárias.

2. Tendo havido mudança relevante, nos termos do número anterior, a assembleia delibera se o processo de fusão deve ser renovado ou se se prossegue na apreciação da proposta.

3. A proposta apresentada às várias assembleias deve ser rigorosamente idêntica; qualquer modificação introduzida pela assembleia considera-se rejeição da proposta, sem prejuízo da renovação desta.

4. Qualquer sócio pode, na assembleia, exigir as informações sobre as sociedades participantes que forem indispensáveis para se esclarecer acerca da proposta de fusão.

5. Os órgãos de administração das sociedades participantes prestam informações, reciprocamente, antes da data da respetiva assembleia geral, acerca de qualquer mudança relevante nos elementos de facto em que se baseou o projeto de fusão.

Bibliografia: António Pereira de Almeida, *Sociedades comerciais, valores mobiliários, instrumentos financeiros e mercados*, I (*As sociedades comerciais*), 7.ª ed. (2013), 700 e ss.; José Engrácia Antunes, *Direito das sociedades comerciais*, 6.ª ed. (2016), 429 e ss.; Nuno Barbosa, *Competência das Assembleias de Obrigacionistas* (2002), 161-169; António Menezes Cordeiro 1, 1125 e ss.; *id.*, *SA: Assembleia geral e deliberações sociais*, (2007), 213 e ss.; Miguel Pupo Correia, *Direito comercial – Direito da empresa*, 12.ª ed. (2011), 292 ss.; Paulo Olavo Cunha, *Direito das Sociedades Comerciais*, 5.ª ed. (2012), 900 e ss.; Jorge Pinto Furtado (2004), 545 ss.; João Labareda, *O direito à informação*, em *Problemas do Direito das Sociedades* (2003), 119-152; Elda Marques, em *Código em comentário* 2 (2011), 232-235; Pedro Pais Vasconcelos (2006), 186 ss.; Raúl Ventura, *Fusão, cisão, transformação de sociedades – Comentário ao CSC* (1990, 3.ª reimp., 2006), 109-113.

Índice

I – **Antecedentes e Direito europeu**
1. Antecedentes normativos 1

II – **A posição da administração**
2. A declaração inicial e expressa 3
3. Mudança relevante dos elementos de facto 7

III – **A deliberação da proposta**
4. A deliberação de prosseguir ou não na apreciação da proposta 9
5. Identidade da proposta de fusão 12

IV – **Direito à informação**
6. Direito à informação na assembleia geral 13

I – Antecedentes e Direito europeu

1 1. **Antecedentes normativos**. O atual 102.º corresponde ao 5.º do DL 598/73, de 8 de novembro. Segundo o 7.º/3 da 3.ª Diretriz, a deliberação da fusão conhece, pelo menos, dois conteúdos: (a) a aprovação do projeto de fusão; e (b) a alteração do contrato de sociedade, se for caso disso.

2 O DL 53/2011, de 13-abr., veio aditar o n.º 5, esclarecendo um dever de mútua cooperação entre as sociedades envolvidas na fusão: a fusão é um processo unitário, mas procedi-

mentalmente disperso pelas diversas sociedades, pelo que qualquer alteração respeitante a uma sociedade afeta a operação globalmente considerada.

II – **A posição da administração**

2. **A declaração inicial e expressa**. Não obstante as Reformas de 2006 e de 2007, a fusão continua a ser um processo longo. Entre a elaboração do projeto e a deliberação da fusão podem decorrer alguns meses, durante os quais as sociedades envolvidas continuam a sua atividade com perfeita independência jurídica. Assim, o primeiro passo para a deliberação da fusão, consiste na expressa declaração da administração se desde a elaboração do projeto até ao momento da reunião ocorreu alguma mudança relevante dos elementos de facto em que o projeto se baseou. 3

A declaração em causa é *inicial* e *expressa*. Com efeito, iniciada a sessão ou, sendo múltipla a ordem de trabalhos, o ponto da ordem do dia referente à deliberação da fusão, o Presidente da Mesa deve, antes de tudo, começar por dar a palavra à administração da sociedade para que esta declare a verificação ou não da mudança relevante a que alude o n.º 1, e prestar as informações que houver por bem. Sem esta declaração inicial não é possível deliberar a proposta de fusão. 4

O 102.º não se basta, contudo, com uma mera pronúncia da administração acerca das alterações verificadas entre a elaboração do projeto e a reunião da assembleia. Exige, antes, uma declaração *expressa,* isto é: exige que a administração afirme, sem reservas ou condição, que, em seu juízo, se verificou ou não uma mudança relevante. 5

Verificada uma mudança, a administração deve ainda declarar expressamente quais as modificações que julga convenientes introduzir no projeto de fusão para sustentar a proposta ou, em alternativa, declarar que, não obstante a mudança verificada, não entende necessária a introdução de quaisquer modificações. 6

3. **Mudança relevante dos elementos de facto**. A declaração da administração diz respeito a uma *"mudança relevante"* ocorrida entre a elaboração do projeto e a reunião da assembleia. A *relevância* da mudança é um juízo exclusivo da administração. Cabe-lhe determinar se as múltiplas modificações verificadas nas sociedades envolvidas devem ou não ser consideradas relevantes para a fusão projetada. Em uma tentativa de concretização, podemos afirmar que são relevantes (a) todas as mudanças que, se ocorridas ao tempo da elaboração do projeto, tivessem levado a administração a não desejar a fusão ou a introduzir alterações no projeto elaborado; e ainda aquelas que – sem implicar qualquer modificação do projeto – (b) devam, *ex bona fides*, ser conhecidas dos sócios no momento em que estes são chamados a decidir acerca da fusão. Não serão relevantes as modificações ocorridas no normal desenvolvimento da objeto social das sociedades envolvidas. 7

O n.º 1 reporta a mudança aos *elementos de facto* em que se baseou o projeto de fusão. Em causa está toda e qualquer circunstância (patrimonial, jurídica, legislativa, estrutura societária, identidade dos sócios, etc.) que possa ser relevante nos termos já identificados. 8

III – **A deliberação da proposta**

4. **A deliberação de prosseguir ou não na apreciação da proposta**. Se a administração declarar que se verificou uma mudança relevante, dispõe o n.º 2 que a assembleia delibere (a) ou a renovação do processo; (b) ou a continuação da apreciação da proposta de fusão. 9

A deliberação a que alude o n.º 2 é distinta da aprovação ou rejeição da proposta de fusão. Em rigor, o que aqui se delibera é tão só conhecer ou não daquele ponto da ordem do dia. A hipótese assinalada em (a) implica que a proposta de fusão nunca chegue a ser votada, devendo a administração proceder à elaboração de um novo (ou modificado) projeto de fusão, reinician- 10 do-se, assim, todo o processo. Do mesmo modo, a deliberação assinalada em (b) não importa a aprovação da proposta de fusão, mas tão-só a decisão de continuar a ordem de trabalhos. Nada impede, portanto, que a proposta de fusão, em momento posterior, venha a ser rejeitada.

11 Do ponto de vista técnico-formal, a declaração de verificação de mudança relevante e a proposta de renovação do projeto ou de continuação da apreciação da proposta de fusão (sobre a qual incide a deliberação do n.º 2) são realidades distintas. Em si, a declaração inicial e expressa da administração não é uma proposta de deliberação. Atendendo a esta distinção, Raúl Ventura defendeu a necessidade de, uma vez verificada a declaração da administração, surgir uma proposta, nos termos gerais, para que a assembleia pudesse deliberar o previsto no n.º 2[1]. Cremos, contudo, desnecessária a formalização de tal proposta. O n.º 2 importa uma inclusão, por força de lei, desta deliberação na ordem do dia, podendo assim a assembleia deliberar acerca da renovação do processo ou da continuação da apreciação sem que seja formulada qualquer proposta neste sentido[2].

12 5. **Identidade da proposta de fusão.** A proposta de fusão apresentada nas diversas assembleias é rigorosamente a mesma. Com efeito, para que exista fusão é necessário que os sócios de todas as sociedades envolvidas deliberem exatamente a mesma proposta, isto é, aprovem o mesmo processo modificativo, nos mesmos termos e condições. Por esta razão se compreende que qualquer modificação introduzida importe a rejeição da proposta e a inviabilização da fusão, sem prejuízo de uma reapreciação da mesma.

IV – **Direito à informação**

13 6. **Direito à informação na assembleia geral.** O n.º 4 aflora, uma vez mais, o direito à informação dos *sócios não-sócios*, permitindo que, na assembleia geral onde deliberam a fusão, os sócios possam obter informação acerca das sociedades intervenientes das quais não são sócios. Tem aqui aplicação o *princípio da equiparação*, já nosso conhecido.

14 A parte final do n.º 4 dá nota de uma *limitação intrínseca* do direito à informação, ao restringi-lo ao que for indispensável para o esclarecimento da proposta de fusão. Acentua-se, assim, a ligação funcional ao exercício do direito de voto.

Artigo 103.º (Deliberação)

1. A deliberação é tomada, na falta de disposição especial, nos termos previstos para a alteração do contrato de sociedade.

2. A fusão apenas pode ser registada depois de obtido o consentimento dos sócios prejudicados quando:

***a*) Aumentar as obrigações de todos ou alguns dos sócios;**

***b*) Afetar direitos especiais de que sejam titulares alguns sócios;**

***c*) Alterar a proporção das suas participações sociais em face dos restantes sócios da mesma sociedade, salvo na medida em que tal alteração resulte de pagamentos que lhes sejam exigidos para respeitar disposições legais que imponham valor mínimo ou certo de cada unidade de participação.**

[1] Cf., *Fusão*... (2006), 111.

[2] Veja-se, por exemplo, o 75.º/2, no qual se permite a deliberação sobre a ação *pro societate*, mesmo quando tal não conste da convocatória.

3. Se alguma das sociedades participantes tiver várias categorias de ações, a deliberação de fusão da respetiva assembleia só é eficaz depois de aprovada pela assembleia especial de cada categoria.

Bibliografia: António Pereira de Almeida, *Sociedades comerciais, valores mobiliários, instrumentos financeiros e mercados*, I (*As sociedades comerciais*), 7.ª ed. (2013), 700 e ss.; José Engrácia Antunes, *Direito das sociedades comerciais*, 6.ª ed. (2016), 429 e ss.; António Menezes Cordeiro 1, 1125 e ss.; Miguel Pupo Correia, *Direito comercial – Direito da empresa*, 12.ª ed. (2011), 292 ss.; Paulo Olavo Cunha, *Direito das Sociedades Comerciais*, 5.ª ed. (2012), 900 e ss.; Jorge Pinto Furtado (2004), 545 ss.; Diogo Costa Gonçalves, *Direitos especiais e direito de exoneração em sede de fusão, cisão e transformação de sociedades comerciais*, O Direito 138.º (2006), II, 313-362; Elda Marques, em *Código em comentário* 2 (2011), 236-250; Raúl Ventura, *Fusão, cisão, transformação de sociedades – Comentário ao CSC* (1990, 3.ª reimp., 2006), 115-122.

Índice

I – **Antecedentes e Direito europeu**
1. Antecedentes normativos 1

II – **A remissão para a modificação do contrato**
2. Enquadramento geral e alcance dogmático 4
3. Supletividade do regime 6

III – **O consentimento dos sócios prejudicados**
4. Enquadramento geral 9
5. Forma do consentimento 11

IV – **Os sócios prejudicados**
6. O aumento das obrigações de todos ou alguns dos sócios – n.º 2, *a*) 16
7. A afetação de direitos especiais – n.º 2, *b*) 20
8. A alteração da proporção das participações sociais dos sócios – n.º 2, *c*) 34

I – Antecedentes e Direito europeu

1. **Antecedentes normativos**. O atual 103.º corresponde aos n.os 1, 3 e 4 do 6.º do DL 598/73, de 8-nov.. Não obstante as modificações, o regime substantivo permanece idêntico: (a) equiparação da fusão à alteração do contrato de sociedade; (b) exigibilidade do consentimento dos sócios prejudicados; e (c) a ineficácia da deliberação da fusão sem a deliberação da assembleia especial de cada categoria de ações. 1

O 7.º da 3.ª Diretriz, não dispõe diretamente acerca da deliberação da fusão mas estabelece algumas balizas ao legislador nacional. Assim, as legislações nacionais não podem permitir a aprovação da fusão por deliberação inferior a dois terços dos votos correspondentes quer aos títulos representados quer ao capital subscrito. Admite-se, contudo, que estando representado metade do capital subscrito, a deliberação possa ser tomada por maioria simples. Por fim, refere-se a oportunidade de aplicar as normas referentes à modificação do contrato de sociedade. 2

Na concretização das exigências comunitárias, o legislador nacional bastou-se com a remissão para as regras da modificação do contrato de sociedade, mantendo o essencial do regime de 1973. Igual técnica pode ser encontrada no *codice civile*, quanto à *società di capitali* (2502), e no *code de commerce* (L. 236-2). 3

II – A remissão para a modificação do contrato

2. **Enquadramento geral e alcance dogmático**. A remissão do n.º 1 para as regras respeitantes à alteração do contrato de sociedade consagra, no plano positivo, o entendimento da fusão como um ato modificativo das sociedades. Neste sentido, o 103.º/1 não contém uma pura remissão normativa mas, igualmente, uma remissão valorativa: a deliberação social em causa é de natureza *modificativa da sociedade*, e não outra. Esta valoração é sucessivamente repetida na parte 4

especial, na justa medida em que a fusão segue enunciada a par de outras modificações do contrato e inserida no mesmo contexto sistemático fundamental.

5 Da articulação entre o n.º 1 e a parte especial do código resulta que, para as sociedades em nome coletivo, a deliberação de fusão deve ser tomada por unanimidade (194.º); para as sociedades por quotas, por maioria de três quartos (265.º/1 e 3); para as sociedades anónimas e em comandita por ações (478.º), por maioria de três quartos quer a assembleia reúna em primeira ou segunda convocatória (386.º/3), salvo se na assembleia, reunida em segunda convocatória, se encontrarem presentes ou representados acionistas detentores de, pelo menos, metade do capital social, situação em que a deliberação pode ser tomada por maioria simples (386.º/4); e, por fim, para as sociedades em comandita simples, por unanimidade dos sócios comanditados e pelo voto dos sócios comanditários que representem, pelo menos, dois terços do capital (476.º).

6 3. **Supletividade do regime.** As regras respeitantes à alteração do contrato de sociedade apenas se aplicam na *"falta de disposição especial"*. Assim, sempre que a lei ou contrato de sociedade disponham especificamente acerca da deliberação da fusão, será esse o regime observado.

7 Coloca-se, contudo, a questão de saber se a remissão constante do n.º 1 diz apenas respeito ao regime legal da alteração do contrato ou, ao contrário, deve ser entendida como remetendo para as disposições do pacto social respeitantes à modificação do contrato de sociedade. Com efeito, pode verificar-se a situação de o contrato de sociedade nada dispor quanto à deliberação da fusão, mas conter uma regime específico para a alteração do pacto social, fixando, por exemplo, uma maioria diferente da exigida por lei. Em tais casos, a aplicação do n.º 1 levanta a seguinte dúvida: a deliberação de fusão deve obedecer ao previsto no CSC quanto à alteração do contrato de sociedade ou, ao contrário, a deliberação da fusão deve seguir as disposições contratuais referentes à modificação do contrato de sociedade?

8 Salvo se da interpretação do contrato de sociedade resultar que a *ratio* das disposições referentes à modificação do pacto social não procedem para os casos de fusão, julgamos preferível a segunda hipótese. Assim, a remissão constante do n.º 1 manda aplicar, na falta de disposição especial para a deliberação da fusão, (a) o regime contratualmente previsto para a modificação do contrato de sociedade e, na sua falta, (b) o regime que resultar do CSC.

III – O consentimento dos sócios prejudicados

9 4. **Enquadramento geral.** Antes da Reforma de 2006, a primeira parte do n.º 2 conhecia a seguinte redação: *"A deliberação só pode ser executada depois de…"*. Colocava-se, então, a questão de saber o que se devia entender por *"ser executada"*: a falta de consentimento obstava apenas a realização da escritura e o consequente registo ou obstava também ao averbamento da deliberação ao registo do projeto, nos termos do 107.º, hoje revogado[1]? Com a simplificação do regime, a normatividade do n.º 2 resulta bem mais escorreita. A falta do consentimento dos sócios prejudicados impede a promoção do registo da fusão, prevista no 111.º, e os consequentes efeitos vertidos no 112.º.

10 Temos, portanto, que na falta do consentimento, a deliberação da fusão é ineficaz[2], não produzindo quaisquer efeitos. Trata-se de uma *ineficácia total (em sentido estrito)*.

11 5. **Forma do consentimento.** O consentimento dos sócios prejudicados pode ser expresso ou tácito, como prevê o 55.º. O consentimento expresso resulta de uma manifestação direta da

[1] Raúl Ventura, seguida neste último sentido. Cf. *Fusão*, 118. Em crítica, o nosso *Direitos especiais e o direito de exoneração em sede de fusão, cisão e transformação de sociedades comerciais*, 326-327.

[2] *Vide* as anotações ao 55.º.

vontade do sócio; o consentimento tácito de factos que, com toda a probabilidade, revelem a vontade do sócio consentir na deliberação.

Os sócios que participam na assembleia geral que delibera a fusão, prestam o seu consentimento de acordo com o seu comportamento na assembleia e o sentido de voto expresso. 12

Os sócios que não hajam participado na assembleia geral e ainda aqueles cujo comportamento e sentido de voto na deliberação não permitir concluir no sentido do consentimento, podem prestar o seu contimento fora da assembleia geral, expressa ou tacitamente. 13

O consentimento expresso, fora da assembleia geral, será normalmente prestado por documento particular exarado antes ou posteriormente à data da deliberação, como prevê o 233.º/3 para a amortização[3]. Note-se, contudo, que nada no 103.º obriga a esta forma. 14

Mais difícil é conceber, nestes casos, um consentimento tácito. Um exemplo pode ser encontrado nos casos em que o sócio vota contra a fusão[4] e, mercê de previsão legal ou contratual, vê constituir-se na sua esfera jurídica o direito de exoneração previsto no 105.º. Em tais casos, julgamos que aquele sócio que podendo abandonar a sociedade – mediante o exercício do direito de exoneração – o não faz, consente tacitamente na fusão. Com efeito, não parece admissível a situação em que uma sociedade fica manietada ao capricho de um sócio que nem a abandona nem permite que esta prossiga o processo de reestruturação em curso. 15

IV – Os sócios prejudicados

6. **O aumento das obrigações de todos ou alguns dos sócios – n.º 2, *a*).** O aumento das obrigações previsto na alínea *a*) diz respeito a situações de *fusões heterogéneas*, em que a nova sociedade ou a sociedade incorporante são de um tipo societário diverso da sociedade extinta, resultando daí para os sócios uma responsabilidade mais gravosa do que aquela que sobre eles pendia na sociedade originária. São exemplos, a incorporação de uma sociedade anónima em uma sociedade em nome coletivo, ou de uma sociedade por quotas em uma sociedade em comandita na qual os sócios da extinta sociedade por quotas assumam a responsabilidade de sócios comanditados. 16

Em sede de transformação, o problema da modificação da responsabilidade dos sócios encontra-se previsto nos 133.º/2 e 139.º em moldes bem distintos. No 133.º/2 exige-se que a deliberação da transformação seja aprovada pelos sócios interessados, ao passo que no 103.º/2, *a*) resulta a exigência do consentimento, mas não da aprovação da deliberação. Com maior perplexidade, no 133.º/2 estatui-se a *nulidade* da deliberação[5], ao passo que para a ausência do consentimento previsto no 103.º/2, *a*) se reserva a *ineficácia*. 17

Não se vislumbra qual a *ratio* que justifica uma disparidade de regimes tão marcada, tendo em conta que se trata, substancialmente, da mesma situação jurídica. A justificação parece encontrar-se, apenas, na origem histórica dos preceitos: o 103.º/2, *a*) corresponde ao 6.º/3, *a*) do DL 598/73, de 8-nov., ao passo que o 139.º tem a sua origem num dos estudos que integram os trabalhos preparatórios do CSC[6], elaborados pela primeira comissão nomeada (cujos 18

[3] *Vide* as anotações ao 233.º.

[4] Em nosso entender, o voto contra a deliberação da fusão não impede que o sócio possa, posteriormente, consentir na deliberação, sujeitando-se assim à vontade da maioria.

[5] Neste sentido, Raúl Ventura, *Fusão*, 498. Em sentido contrário parece seguir Pinto Furtado, que entende a enumeração do 56.º/1 taxativa, pelo que a invalidade prevista no 133.º – já que não se afirma expressamente tratar-se de uma nulidade – deve ser entendida como anulabilidade. Cf., do autor, *Deliberação dos Sócios – Comentário ao Código das Sociedades Comerciais*, reimp. (2003), 253.

[6] Raúl Ventura/Brito Correia, *Transformação de sociedades (Anteprojecto e notas justificativas)*, BMJ 218 a 220 (1973).

trabalhos foram interrompidos em abril de 1974), e que, já 1986, foi recuperado e colocado nos 130.º e seguintes, sem que fosse conseguida uma harmonização cabal entre os preceitos.

19 O previsto na alínea *a*) deve, igualmente, ser conjugado com o 86.º/2. Aí se prevê que nos casos em que a modificação do pacto social envolva o aumento das prestações impostas pelo contrato aos sócios, esse aumento é ineficaz para aqueles que nele não tenham consentido. As prestações impostas pelo contrato de sociedade não se confundem com as obrigações de todos ou alguns sócios, pelo que se deve entender que o aumento das prestações previstas no 86.º/2 está igualmente sujeito ao consentimento dos sócios interessados. Todavia, os efeitos da falta de consentimento são diferentes: em sede do 103.º/2, *a*) a fusão pura e simplesmente não se verifica, já que a falta de consentimento impede o registo; em sede do 86.º/2, o aumento das prestações é apenas ineficaz quanto ao sócio que não haja consentido, mas a fusão continua a verificar-se, pela sua inscrição no registo comercial.

20 7. **A afetação de direitos especiais – n.º 2, *b*)**. O n.º 2, *b*) exige o consentimento dos sócios que virem os seus direitos especiais afetados. Este preceito deve ser conjugado com o 98.º, *j*) nos termos do qual o projeto de fusão deve fazer menção aos direitos assegurados aos sócios titulares de direitos especiais. Temos, portanto, uma delimitação de regime em torno dos conceitos *direitos especiais assegurados* e *direitos especiais afetados*. Trata-se, todavia, de uma única realidade, neste n.º 2, *b*) delimitada pela negativa: os *direitos especiais afetados* são aqueles que não se encontram assegurados na sociedade incorporante ou na nova sociedade.

21 Cumpre, portanto, perguntar o que se entende por *direitos especiais assegurados*, nos termos do 98.º/1, *j*), já que a exigibilidade do consentimento, prevista no 103.º/2, *b*), surge apenas quanto àqueles sócios cujos direitos especiais não possam ser assegurados em sede de fusão.

22 Num entendimento preconizado por Raúl Ventura, os *direitos assegurados* aos sócios titulares de direitos especiais têm sido entendidos como (a) os *direitos equivalentes*, depois da fusão, àqueles que os sócios gozavam na sociedade extinta ou fundida, por um lado; e, por outro, (b) como aqueles outros direitos, que não equivalentes aos seus direitos especiais, que tenham sido especialmente convencionados com os sócios para obtenção do seu consentimento[7].

23 Esta orientação merece-nos um reparo: não cremos que possam ser considerados *direitos assegurados* aqueles que hajam sido convencionados para garantir o consentimento dos sócios, como pretende Raúl Ventura. Na verdade, tais direitos visam substituir um direito especial por outra qualquer situação jurídica, sem necessária conexão com o direito existente. Nestes casos, não se pode falar em direito assegurado; mas antes em *direito substituído*. Claro está que os sócios podem anuir nessa substituição e as administrações utilizá-la como «moeda de troca» para obter o sucesso da fusão... no entanto, em tais casos, não estamos perante direitos assegurados. Esses *direitos substitutivos* de direitos especiais encontrarão a sua provisão no 98.º/1, *f*) – a propósito do contrato de sociedade – mas não na alínea *j*).

24 Acrescente-se ainda, e este reparo parece-nos mais determinante, que o fundamento da substituição está, como Raúl Ventura reconhece, no objetivo de garantir o consentimento do sócio em causa[8]. Ora, o consentimento do sócio apenas é exigível quando, nos termos do 103.º/2, *b*), os seus direitos especiais forem *afetados*, isto é, quando não forem *assegurados*. Não podemos, por isso, dizer – sem incorrer em contradição insanável – que são *direitos assegurados* aqueles cujo único critério de aferição se prende com o exercício, por parte do seu titular, de uma situação jurídica que apenas surge na sua esfera quando os mesmos direitos não são assegurados!

[7] Raúl Ventura, *Fusão*, 66.

[8] Raúl Ventura, *Fusão*, 66.

Temos, portanto, que *direitos assegurados*, para efeitos do 98.º/1, *j*), são unicamente os *direitos equivalentes* aos direitos especiais titulados pelos sócios na sociedade onde deliberam a fusão. 25

Todavia, este primeiro escrutínio não nos permite atingir inteiramente o sentido normativo em causa. Resta, com efeito, saber como concretizar o *critério da equivalência* cuja aplicação nos permitirá identificar quais os direitos especiais que se encontram assegurados e, pela negativa, quais os direitos especiais afetados. 26

A equivalência entre direitos especiais pode ser *formal* ou *material*. Verificar-se-á uma mera *equivalência formal* sempre que exista uma identidade total ou uma correspondência jurídico-formal entre os direitos, sem manutenção, na nova estrutura societária, do interesse próprio que a titularidade do direito especial granjeia ao sócio visado. 27

Ao contrário, estaremos perante uma *equivalência material* sempre que a nova posição atribuída ao sócio visado, ainda que configurando uma situação jurídica diversa da anteriormente titulada, permita a manutenção do mesmo interesse próprio consagrado pelo direito especial em causa. 28

Ora, os *direitos assegurados* a que o legislador se refere nos 98.º/1, *j*) não são outros que os *direitos materialmente equivalentes*; isto é: *aqueles que, embora podendo concretizar uma situação jurídica diversa, garantem, no seio da nova estrutura societária resultante da fusão, a presença e a prossecução do mesmo interesse próprio do sócio.* 29

Encontrando-se os direitos especiais dos sócios *assegurados*, nos termos do 98.º/1, *j*), não há lugar à aplicação do 103.º/2, *b*). Ao contrário, se os sócios titulares de direitos especiais não vierem a gozar na sociedade incorporante ou na nova sociedade de uma situação jurídica *materialmente equivalente* à detida na sociedade extinta, tais sócios veem os seus *direitos especiais afetados* e, em consequência, o 103.º/2, *b*) exige o seu consentimento para a eficácia da fusão. 30

Do confronto entre o 103.º/2, *b*) e o 24.º/5 resulta que o âmbito de aplicação normativa não é exatamente coincidente. Com efeito, da aplicação do critério da *equivalência material* pode resultar a existência de *direitos assegurados*, mesmo quando os tais direitos especiais sejam suprimidos ou coartados. A supressão ou coartação de um determinado direito não implica que o interesse próprio do sócio, que o mesmo consubstancia, não se encontre assegurado na nova estrutura societária. 31

O 103.º/2, *b*) não é, assim, uma mera reafirmação do previsto no 24.º/5. O regime aí previsto, quando articulado com o 98.º/1, *j*), introduz uma razão de especialidade: reduz o âmbito da exigibilidade do consentimento aos casos de verificação de direitos especiais não assegurados permitindo, portanto, que se dispense o consentimento nos casos em que a supressão ou coartação de direitos esteja ainda abrangida pelo *critério da equivalência material*. 32

No caso das sociedades anónimas, os direitos especiais só podem ser atribuídos a categorias de ações. Por esta razão, o 103.º/3 sujeita a eficácia da fusão à deliberação da assembleia especial de cada categoria. 33

8. **A alteração da proporção das participações sociais dos sócios – n.º 2, *c*)**. O último caso previsto no 103.º/2 no qual o legislador exige o consentimento do sócio para a eficácia da fusão prende-se com a alteração da proporcionalidade entre participações sociais dos sócios da mesma sociedade. Exige-se, portanto, que na sociedade incorporante ou na nova sociedade, os sócios das sociedades extintas mantenham – para além do valor real da sua participação social – a mesma razão de proporcionalidade entre as participações sociais dos seus sócios congéneres. 34

Idêntica previsão normativa pode ser encontrada no 136.º/1, em sede de transformação. Também aí se prevê que, salvo acordo dos sócios, da transformação da sociedade não pode 35 resultar uma modificação da proporcionalidade das participações sociais entre os sócios. Com redação diversa, a solução normativa é a mesma.

36 O 103.º/2, *c*) prevê, como exceção, as situações em que o desequilíbrio proporcional se fica a dever a pagamentos exigidos aos sócios para garantir o valor mínimo de unidade de participação social. O desequilíbrio encontra-se, então, justificado pelo esforço patrimonial exigido aos sócios. No entanto, a exceção criada na segunda parte do 103.º/2, *c*) não abrange as situações em que os sócios hajam recebido dinheiro como contrapartida das suas participações sociais nem aquelas em que hajam conservado *direitos parciais*, nos termos já ilustrados. Em tais casos, a razão de proporcionalidade não pode manter-se. Se na sociedade *A*, por exemplo, cada sócio detinha 25% do capital social e, em sede de fusão, um deles veio a receber 7% do capital da sociedade incorporante e ainda determinada quantia em dinheiro, os 7% desse sócio nunca poderão equivaler – face aos restantes sócios da extinta sociedade *A* – a 25%.

37 Contudo, não nos parece de entender estendível a estes casos a exceção prevista na segunda parte do 103.º/2, *c*). A manutenção da proporcionalidade visa, sobretudo, garantir a igualdade entre sócios no contexto da nova sociedade, igualdade essa que a atribuição em dinheiro ou a manutenção de direitos parciais não pode afetar.

38 Assim, julgamos que nos casos em apreço, as somas em dinheiro e os direitos parciais devem concorrer para o cálculo da proporcionalidade. No caso dos *direitos parciais*, não levanta dúvidas a sua inclusão no cálculo, dado que tais direitos gozam da mesma natureza e se sujeitam ao mesmo regime das participações sociais. Maior dificuldade se coloca nos casos das atribuições em dinheiro, nomeadamente nos casos em que as administrações optem por aferir os 10% sobre a totalidade das participações atribuídas aos sócios. Ainda assim, para efeitos de cálculo, deve ficcionar-se que os montantes em dinheiro atribuídos aos sócios correspondem a participações sociais ou direitos parciais e assim achar a razão de proporcionalidade.

Artigo 104.º (Participação de uma sociedade no capital de outra)

1. No caso de alguma das sociedades possuir participação no capital de outra, não pode dispor de número de votos superior à soma dos que competem a todos os outros sócios.

2. Para os efeitos do número anterior, aos votos da sociedade somam-se os votos de outras sociedades que com aquela se encontrem em relação de domínio ou de grupo, bem como os votos de pessoas que atuem em nome próprio, mas por conta de alguma dessas sociedades.

3. Por efeito de fusão por incorporação, a sociedade incorporante não recebe partes, ações ou quotas de si própria em troca de partes, ações ou quotas na sociedade incorporada de que sejam titulares aquela ou esta sociedade ou ainda pessoas que atuem em nome próprio, mas por conta de uma ou de outra dessas sociedades.

Bibliografia: José Engrácia Antunes, *Direito das sociedades comerciais*, 6.ª ed. (2016), 429 e ss.; António Menezes Cordeiro 1, 1125 e ss.; Miguel Pupo Correia, *Direito comercial – Direito da empresa*, 12.ª ed. (2011), 292 ss.; Paulo Olavo Cunha, *Direito das Sociedades Comerciais*, 5.ª ed. (2012), 900 e ss.; Jorge Pinto Furtado (2004), 545 ss.; Elda Marques, em *Código em comentário* 2 (2011), 251-272; Raúl Ventura, *Adaptação do Direito Português à Terceira Directiva do Conselho da Comunidade Económica Europeia relativa às fusões de sociedades por acções*, DDC 4 (1980), 183-252; *id.*, *Fusão, cisão, transformação de sociedades – Comentário ao CSC* (1990, 3.ª reimp., 2006), 123-135.

Índice

I – **Antecedentes e Direito europeu**
1. Antecedentes normativos 1
2. A 3.ª Diretriz 3

II – **Teleologia geral**
3. Enquadramento sistemático 6
4. *Ratio* fundamental 11

III – **O direito de voto da sociedade dominante**
5. Âmbito de aplicação 17
6. Limitação do direito de voto 19
7. O cômputo dos votos da sociedade dominante 23

IV – **A atribuição de participações sociais próprias à sociedade incorporante**
8. Enquadramento geral 26
9. *Ratio* da proibição 30
10. Âmbito de aplicação 32

I – Antecedentes e Direito europeu

1. **Antecedentes normativos**. O atual 104.º/1 e 2 corresponde ao 7.º do DL 598/73, de 8-nov., com alterações de redação exigidas pela necessária coordenação com outros preceitos do código, em particular com o Título VI acerca das sociedades coligadas. 1

O n.º 3 era desconhecido da legislação de 1973; foi introduzido pelo legislador de 1986 na elaboração do CSC. 2

2. **A 3.ª Diretriz**. O 19.º/2 da 3.ª Diretriz, ao regular os efeitos da fusão, veio afastar a atribuição de ações da sociedade incorporante, prevista no n.º 1, *b*) do mesmo artigo, em dois casos distintos. No primeiro caso, proíbe-se a atribuição de ações da sociedade incorporante em troca de ações da sociedade incorporada que fossem detidas pela sociedade incorporante. No segundo caso, proíbe-se a atribuição de ações da sociedade incorporante em troca de ações da sociedade incorporada que fossem detidas pela própria sociedade incorporada. 3

Em ambos os casos, o que se proíbe é a atribuição, em sede de fusão por incorporação, de ações própria da sociedade incorporante. No primeiro caso, tal atribuição seria devida pelo facto da sociedade incorporante ser acionista da sociedade incorporada; no segundo, por suceder nos direitos e obrigações da sociedade incorporada que tinha ações no seu próprio capital. 4

O 104.º/3 transpõe para a ordem jurídica portuguesa o 19.º/2 da 3.ª Diretriz. 5

II – Teleologia geral

3. **Enquadramento sistemático**. No CSC, a fusão de sociedades em situação de coligação societária encontra-se especialmente regulada nos 104.º e 116.º. 6

No 104.º/1 e 2, em causa está a participação de uma sociedade no capital de outra em moldes que lhe permitem dispor de mais de 50% dos votos em assembleia geral. A solução normativa passou, nestes casos, por limitar os direitos sociais da sociedade dominante. 7

No 116.º, em causa está a circunstância de uma sociedade deter todo o capital social de outra. Para estes casos, a solução normativa passou por abreviar o processo de fusão, dispensando a troca de participações sociais e a deliberação das diversas assembleias gerais. 8

Diferente é a situação regulada no 104.º/3, quer quanto ao âmbito da sua previsão quer quanto à estatuição. No 104.º/3 em causa não está o exercício do direito de voto em assembleia geral mas antes a proibição de atribuição de participações sociais próprias à sociedade incorporante que participe no capital social da sociedade incorporada e, bem assim, em substituição das participações sociais que a sociedade incorporada detém no seu próprio capital. 9

Sob a égide de um mesmo artigo, reúne-se assim no 104.º a regulamentação de problemáticas jurídicas distintas, quer do ponto de vista da incidência prática, quer da recondução 10 dogmática. A melhor técnica legislativa aconselharia a autonomizar o 104.º/3 em um único artigo.

11 4. ***Ratio* fundamental.** A participação de uma sociedade no capital de outra levanta, no âmbito da fusão, dois problemas: (a) o indesejável domínio do processo de fusão por uma única sociedade; e (b) a possível expropriação dos sócios minoritários por parte da sociedade participante.

12 Com efeito, é sabido que a participação de uma sociedade no capital de outra pode transformar as deliberações da assembleia geral da sociedade participada em meras reproduções das deliberações da assembleia geral da sociedade participante. Esta realidade será tanto mais evidente quanto maior a percentagem de capital social detido. Ora, no âmbito da fusão, tal circunstância poderia redundar numa situação em que, ainda que formalmente se mantivessem as deliberações de cada uma das sociedades envolvidas no processo, a decisão acerca da fusão ficasse nas mãos de uma única sociedade, por exemplo, a incorporante.

13 Associada a esta circunstância, a participação de uma sociedade no capital de outra com o controlo do processo de fusão poderia redundar numa expropriação dos restantes sócios, nomeadamente pelo controlo das condições da relação de troca entre participações sociais.

14 O legislador procurou evitar estas situações, limitando o direito de voto das sociedades participantes, retirando-lhe assim o possível controlo do processo de fusão.

15 Já a troca de participações sociais em casos de participação de um sociedade no capital de outra coloca o problema de saber em que medida a sociedade incorporante ou a nova sociedade pode receber participações sociais próprias em troca de participações sociais das sociedades incorporadas ou fundidas. Desde logo porque a atribuição de participações próprias pode permitir uma multiplicação fictícia do património transmitido, o que não é desejável.

16 A opção legislativa neste caso consistiu em proibir a atribuição de participações sociais próprias.

III – **O direito de voto da sociedade dominante**

17 5. **Âmbito de aplicação.** O 104.º/1 aplica-se às situações em que alguma das sociedades participantes na fusão detém mais de 50% do número de votos na assembleia geral da sociedade participante[1]. Tratar-se-ão, normalmente, de sociedades em relação de domínio, nos termos previstos no 486.º/2, *a*) e *b*): detenção maioritária do capital social ou, ainda que tal não aconteça, detenção da maioria dos votos.

18 Para a aplicação do 104.º, não importa qual a posição que as sociedades ocupam no processo de fusão. Basta, portanto, que uma sociedade (seja ela incorporante, incorporada ou fundida) detenha mais de 50% do direito de voto em outra sociedade (seja ela incorporante, incorporada ou fundida).

29 6. **Limitação do direito de voto.** As sociedades que se encontrem na situação prevista no 104.º/1 não poderão exercer o seu direito de voto em número superior à soma do número de votos que competem a todos os outros sócios da sociedade dominada.

20 A aplicação desta disposição exige uma operação aritmética por parte do intérprete, reduzindo o número de votos atribuídos à sociedade dominante e aumentando, proporcionalmente, a percentagem dos restantes sócios para a formação da deliberação social.

21 Imaginemos, por exemplo, que a sociedade *A* tem um capital social de € 50.000,00, representado em 50.000 ações com o valor nominal de € 1,00 cada uma, sendo que a cada

[1] Com interpretação divergente, Elda Marques, em *Código em comentário* 2 (2011), 254.

1.000 ações corresponde um voto. A sociedade *B* detém 70% do capital social, isto é: detém 35.000 ações às quais correspondem 35 votos. Os restantes 30% do capital social encontram-se repartidos, em partes iguais, por 3 outros acionistas, detendo cada um 5.000 ações, às quais correspondem 5 votos.

Da aplicação do 104.º/1 resultará que a sociedade *B* não poderá exercer os seus 35 votos porquanto tal valor é superior à soma dos votos atribuídos aos restantes sócios (15). Assim, a sociedade *B* apenas poderá exercer um direito de voto correspondente a 15 votos. Daqui resulta que, não obstante a sociedade *B* dominar 70% da sociedade *A*, na deliberação da fusão ela apenas concorrerá com 50% para a formação da vontade social. E os restantes sócios, que normalmente concorrem com 30% para a formação da deliberação, verão a sua posição empolgada na deliberação da fusão. 22

7. **O cômputo dos votos da sociedade dominante**. Nos termos do 104.º/2, para cômputo do número de votos que devem ser considerados votos da sociedade dominante, concorrem: (a) os votos atribuídos à própria sociedade, enquanto sócia da sociedade dominada; (b) os votos atribuídos a outras sociedades sócias da sociedade dominada, mas que se encontrem em relação de domínio ou grupo com a sociedade dominante; e ainda (c) os votos das pessoas que atuem em nome próprio, mas por conta de alguma dessas sociedades. 23

A hipótese enunciada em (a) dispensa comentários. Nos casos previstos em (b), em causa está uma forma de domínio indireto da sociedade. A sociedade dominante detém mais de 50% do número de votos da sociedade dominada não diretamente através do número de votos inerentes à sua participação no capital social, que pode até ser reduzida, mas conjuntamente com o número de votos atribuídos a outras sociedades que consigo se encontram em relação de domínio ou de grupo. 24

De mais complexa delimitação é o que sejam *"pessoas que atuem em nome próprio, mas por conta de alguma dessas sociedades"*, que conferem igualmente uma forma de domínio indireto. No 483.º/2, a lei prevê uma hipótese semelhante. Para efeitos de cômputo da participação de uma sociedade noutra, manda o 483.º/2 atender às ações de que uma pessoa seja titular por conta de qualquer das sociedades previstas nessa disposição. O 104.º/3 contém uma previsão idêntica, assim como o 116.º, em sede de incorporação de uma sociedade totalmente pertencente a outra. Vale aqui a mesma interpretação[2]. 25

IV – **A atribuição de participações sociais próprias à sociedade incorporante**

8. **Enquadramento geral**. O 104.º/3 contém uma disposição específica quanto à troca de participações sociais, aplicável a duas hipóteses de fusão por incorporação. Na primeira hipótese, a sociedade incorporante participa no capital social da sociedade incorporada; na segunda hipótese, a sociedade incorporada detém participações sociais próprias. 26

A disposição contida no 104.º/3 é de natureza excecional. Com efeito, como é regra geral, os sócios da sociedade incorporada recebem participações sociais da sociedade incorporante. Ora, sendo a sociedade incorporante sócia da sociedade incorporada, a regra geral determinaria que à sociedade incorporante fossem atribuídas participações sociais próprias, em troca das participações que esta detinha na sociedade incorporada. 27

Do mesmo modo, se a sociedade incorporada detinha participações sociais próprias, por efeito da fusão, à própria sociedade incorporada deveriam ser atribuídas participações sociais da 28

[2] *Vide* as anotações aos 116.º e 483.º.

sociedade incorporante. Contudo, como a sociedade incorporada se extingue com a fusão e os seus direitos e obrigações se transmitem para a sociedade incorporante, a existir alguma troca das participações sociais próprias da sociedade incorporada por participações sociais da sociedade incorporante, seria sempre a sociedade incorporante a receber participações sociais no seu próprio capital social[3].

29 Em ambas as hipóteses, a fusão determinaria a atribuição à sociedade incorporante de participações sociais próprias. Contudo, não é essa a solução prevista no 104.º/3. Ao contrário do que resultaria da aplicação da regra geral, o n.º 3 do 104.º proíbe, em tais casos, a atribuição de participações sociais próprias à sociedade incorporante.

30 9. ***Ratio* da proibição**. Como já ficou dito, a legislação de 1973 não continha qualquer disposição semelhante ao 104.º/3. Fica a dever-se ao 19.º/2 da 3.ª Diretriz a proibição de atribuição de ações próprias à sociedade incorporante, nas hipóteses já indicadas.

31 A *ratio* da proibição comunitária, depois transposta para as legislações nacionais, tem sobretudo que ver com a majoração fictícia do património da sociedade incorporante que a atribuição de participações sociais próprias em troca de participações sociais da sociedade incorporada permitiria. Com efeito, se para além do património da sociedade incorporada, a sociedade incorporante somasse nos seus ativos participações sociais próprias em troca de participações sociais da sociedade incorporada, parte do património da sociedade incorporada estaria a ser sobrevalorado quando integrado na sociedade incorporante; isto é: a situação patrimonial da sociedade incorporante não corresponderia apenas à reunião dos elementos patrimoniais das diversas sociedades incorporadas mas somaria ainda o valor patrimonial de participações sociais próprias por conta da fusão. Evitar esta sobrevalorização fictícia do património societário é, justamente, a razão que justifica a proibição do 104.º/3.

32 10. **Âmbito de aplicação**. O 23.º da 3.ª Diretriz manda aplicar à fusão, mediante a constituição de uma nova sociedade, os 9.º a 22.º do mesmo diploma, onde se inclui, naturalmente, o 19.º/2. Daqui resulta que a proibição de atribuição de participações sociais próprias não se aplica apenas à sociedade incorporante mas também à nova sociedade.

33 Na transposição da 3.ª Diretriz para as diversas legislações nacionais, esta orientação foi mantida sem grande variante. O § 20.º (1) 3 *UmwG*, por exemplo, que em sede de fusão por incorporação proíbe a atribuição de participações sociais próprias à sociedade incorporante nos casos já apontados, é igualmente aplicável à fusão mediante a constituição de uma nova sociedade *(Verschmelzung durch Neugründung)*, nos termos do § 36.º.

34 Do mesmo modo, o L. 236-3 II *Code de Commerce*, que reproduz textualmente o 19.º/2 da 3.ª Diretriz, prevê a aplicação da proibição a todos os casos de fusão, na medida em que se encontra sistematicamente inserido nas disposições gerais (Secção I, Capítulo VI).

Já o *Codice Civile* distingue os casos de fusão por incorporação dos casos de fusão mediante
35 a constituição de uma nova sociedade. No entanto, para esta última, dispõe o 2504 *ter* que a nova sociedade resultante da fusão não pode receber participações sociais próprias em substituição das participações sociais próprias detidas pelas sociedades fundidas.

36 O legislador português, ao contrário das experiências apontadas, limitou a aplicação do 104.º/3 à fusão por incorporação. Cumpre, pois, perguntar: em sede de fusão mediante a constituição de uma nova sociedade, pode a nova sociedade receber participações sociais próprias

[3] Em sentido diverso, levantando dúvidas acerca se da regra geral resultaria a atribuição de participações sociais próprias da sociedade incorporante, Raúl Ventura, *Fusão*, 131-132. Cf. infra, o que se diz acerca da aplicação do 104.º/3 à fusão mediante a constituição de uma nova sociedade.

em substituição das participações sociais que as sociedades fundidas detinham no seu próprio capital?

A resposta é negativa. Admitem-se, contudo, duas argumentações distintas. A primeira, preconizada por Raúl Ventura, sustenta que em sede de fusão mediante a constituição de uma nova sociedade o problema de atribuição de participações sociais próprias *não se coloca*, porquanto, ao se extinguirem as sociedades fundidas, extinguem-se com elas as participações sociais que as titulam. Assim, as participações sociais que as sociedades fundidas detêm no seu próprio capital social não integram o património que se transmite para a nova sociedade. Por esta mesma razão, o autor vê com perplexidade a consagração no 104.º/3 da proibição de atribuição à sociedade incorporante de participações sociais próprias em troca das partes, quotas ou ações detidas pela sociedade incorporada no seu próprio capital social. Também aqui – sustenta o autor – o problema se não colocaria, uma vez que tais participações sociais não integrariam o património da sociedade incorporada que se transmite para a incorporante[4]. 37

Foi este entendimento que esteve na origem da limitação da aplicação do 104.º/3 aos casos de fusão por incorporação. 38

Esta argumentação não procede. Desde logo, se esta fosse a razão, exigir-se-ia que o legislador português houvesse sido coerente e tivesse limitado a previsão do 104.º/3 à participação da sociedade incorporante no capital da sociedade incorporada, já que o problema jurídico subjacente à solução legal apontada não se colocaria no caso das participações sociais das sociedades incorporadas no seu próprio capital social. Não o fez, todavia. Em segundo lugar, não se vislumbra qual a razão para sustentar que existe uma impossibilidade lógica de conceber que as participações próprias da sociedade incorporada ou da sociedade fundida integram o património que se transmite para a sociedade incorporante ou para a nova sociedade e, como tal, devam ser substituídas por participações próprias da sociedade beneficiária. O mero efeito extintivo da fusão parece-nos frágil, tanto mais se atendermos às limitações dogmáticas com que deve ser tratado. 39

Cremos, portanto, que se coloca na fusão mediante a constituição de uma nova sociedade o mesmo problema fundamental subjacente à fusão por incorporação: o perigo de uma majoração fictícia do património transmitido. Com efeito, assim como na fusão por incorporação, a atribuição de participações sociais próprias à nova sociedade resultante da fusão pode permitir um efeito multiplicador de parte do património da sociedade fundida. 40

Para obviar este efeito multiplicador, em sede de fusão por incorporação, o legislador português optou por proibir a atribuição de participações próprias[5]. Como a *ratio* do 104.º/3 se aplica, igualmente, aos casos de fusão mediante a constituição de uma nova sociedade, julgamos que a proibição dele constante se deve entender aplicável, igualmente, a esta última hipótese de fusão. 41

Fora do âmbito de aplicação do 104.º/3, encontram-se as situações em que a sociedade incorporada detém participações sociais da sociedade incorporante as quais, naturalmente, integram o património que se transmite por incorporação. Nestes casos, as normas da fusão deverão ser articuladas com o disposto na lei e no contrato de sociedade acerca da titularidade de participações sociais próprias. No caso das sociedades anónimas, a situação encontra-se sempre resolvida, em última instância, nos termos do 317.º/3, *c*). 42

[4] Raúl Ventura, *Fusão*, 127 e 131 ss..

[5] Outra solução poderia ter sido adotada como, por exemplo, permitir a atribuição de participações próprias mas impor uma correspondente diminuição no valor patrimonial imputado à sociedade incorporante.

Artigo 105.º (Direito de exoneração dos sócios)

1. Se a lei ou o contrato de sociedade atribuir ao sócio que tenha votado contra o projeto de fusão o direito de se exonerar, pode o sócio exigir, no prazo de um mês a contar da data da deliberação, que a sociedade adquira ou faça adquirir a sua participação social.

2. Salvo disposição diversa do contrato de sociedade ou acordo das partes, a contrapartida da aquisição deve ser calculada nos termos do artigo 1021.º do Código Civil, com referência ao momento da deliberação de fusão, por um revisor oficial de contas designado por mútuo acordo ou, na falta deste, por um revisor oficial de contas independente designado pela respetiva Ordem, a solicitação de qualquer dos interessados.

3. É lícito a qualquer das partes requerer segunda avaliação para o cálculo da contrapartida da aquisição referida no número anterior, nos termos do Código de Processo Civil.

4. O disposto na parte final do número anterior é também aplicável quando a sociedade não tiver oferecido uma contrapartida ou não a tiver oferecido regularmente; o prazo começará a contar-se, nestas hipóteses, depois de decorridos 20 dias sobre a data em que o sócio exigir à sociedade a aquisição da sua participação social.

5. O direito de o sócio alienar por outro modo a sua participação social não é afetado pelo estatuído nos números anteriores nem a essa alienação, quando efetuada no prazo aí fixado, obstam as limitações prescritas pelo contrato de sociedade.

Bibliografia: Jorge Manuel Coutinho de Abreu (2015, reimp. 2016), 381 ss.; António Pereira de Almeida 1 (2013), 708 e 709; António Menezes Cordeiro 1 (2011; reimp. 2016), 1125 ss.; Luís Brito Correia (1989), 453 ss.; Tiago Soares da Fonseca, *O direito de exoneração do sócio no CSC* (2008), 262 ss.; Maria Augusta França, "Direito à exoneração", *in Novas Perspetivas do Direito Comercial*, AA.VV. (1988), 207-227; Jorge Pinto Furtado (2004), 545 ss.; Diogo Costa Gonçalves, *Direitos especiais e direito de exoneração em sede de fusão, cisão e transformação de sociedades comerciais*, O Direito 138.º (2006), II, 313-362; Paulo A. Videira Henriques, *A desvinculação unilateral* ad nutum *nos contratos civis de sociedade e de mandato* (2001), 59 ss.; João Cura Mariano, *Direito de exoneração nas sociedades por quotas* (2005), 86 ss.; Elda Marques, em *Código em comentário* 2 (2011), 301-306; João Espírito Santo, *Exoneração do sócio no direito societário-mercantil português* (2014), 55-57, 514 ss., 815 ss., 829 ss., 845 ss., 868 ss., 875 ss., 909 ss., 921 ss., 945 ss. e 1041 ss.; Armando Manuel Triunfante, *A tutela das minorias nas sociedades anónimas. Direitos individuais* (2004), 314 ss.; Pedro Pais Vasconcelos (2006; reimp. 2104), 217 ss.; *id.* "Concertação de acionistas, exoneração e OPA obrigatória", *in* DSR, 3 (2010), 11-48; Raúl Ventura, *Adaptação do Direito Português à Terceira Diretiva do Conselho da Comunidade Económica Europeia relativa às fusões de sociedades por ações*, DDC 4 (1980), 183-252; *id.*, *Fusão, cisão, transformação de sociedades – Comentário ao CSC* (1990, reimp., 2006), 137-148; *id.*, *Sociedades por quotas – Comentário ao Código das Sociedades Comerciais* II (1989, reimp., 2005), 26 ss..

Índice

I – **Antecedentes e Direito europeu**
1. Antecedentes normativos 1
2. A 3.ª Diretriz 2

II – **O direito de exoneração**
3. Natureza jurídica e função jussocietária 3
4. Coordenação do regime da exoneração do sócio do 105.º com os regimes de exoneração particulares dos tipos societários (185.º/187.º e 240.º) 9
5. Titularidade do direito 10

6. Meios técnicos de execução da exoneração do sócio ... 16
7. Exercício do direito ... 19
8. O *status* do sócio exonerando ... 25

III – **A obrigação de aquisição**
9. A titularidade da obrigação ... 29
10. Prazo para a aquisição ... 33
11. A aquisição por terceiro ... 37

IV – **A contrapartida pela exoneração**
12. Critério de determinação ... 38
13. A segunda avaliação ... 43
14. Omissão da oferta da contrapartida ou oferta irregular ... 45

V – **A inoponibilidade das limitações à transmissão de participações sociais**
15. Enquadramento geral ... 48
16. A posição do transmissário da participação ... 52
17. Fundamentação teleológica e âmbito da inoponibilidade ... 53
18. Autonomia da figura ... 55

I – Antecedentes e Direito europeu

1 **1. Antecedentes normativos**. O atual 105.º corresponde, na sua normatividade essencial, ao 9.º do DL 598/73, de 8-nov.. A grande diferença prende-se com a possibilidade de a exoneração se verificar mediante aquisição da participação social por terceiro, o que não existia na legislação de 1973, e com a ausência de referência ao 830.º do CC.

2 **2. A 3.ª Diretriz**. A 3.ª Diretriz não consagra o direito de exoneração dos sócios. Contudo, no 28.º vem permitir a não aplicação dos 9.º, 10.º e 11.º aos casos de fusão por incorporação previstos no 27.º, desde que se verifiquem os seguintes requisitos quanto aos sócios minoritários: (a) possam estes exigir à sociedade incorporante a aquisição das suas ações; (b) mediante uma contrapartida correspondente ao seu valor; (c) contrapartida essa fixada, na falta de acordo, por decisão judicial. Encontra-se, assim, desenhado o regime fundamental do direito de exoneração.

II – O direito de exoneração

3 **3. Natureza jurídica e função jussocietária**. Na doutrina portuguesa encontram-se tentativas várias de construir uma noção de exoneração do sócio, procurando captar a sua natureza jurídica[1], apesentando-se, exemplificativamente, as seguintes duas: (i) *direito concedido ao sócio de, querendo, poder abandonar a sociedade mediante a aquisição, por esta ou por terceiro, da sua participação social* (Diogo Costa Gonçalves[2]); (ii) *poder correspondente a um meio de autotutela, de carácter organizativo, que integra a situação jurídica complexa do sócio, destinado a provocar, por decisão do mesmo e no termo de um procedimento legalmente disciplinado, a desvinculação do ordenamento organizativo-societário ou a redução da proporção da participação nesse ordenamento, mediante contrapartida legalmente determinada* (João Espírito Santo[3]).

4 No enquadramento de um autónomo direito subjetivo (*lato sensu*), a maioria da doutrina tem a exoneração como direito potestativo[4], cujo exercício constitui na esfera jurídica da sociedade a obrigação de liquidar ao sócio a participação social, empregando meios técnico-execu-

[1] Para um elenco das mesmas, João Espírito Santo, *Exoneração do sócio no direito societário-mercantil português* (2014), 55-57.

[2] Diogo Costa Gonçalves, *Código das sociedades comerciais anotado* (2012), AA. VV., 399.

[3] João Espírito Santo, *Exoneração do sócio no direito societário-mercantil português* (2014), 1051.

[4] Entre outros, Tiago Soares da Fonseca, *O direito de exoneração do sócio no CSC* (2008), 375-376; Diogo Costa Gonçalves, *Código das sociedades comerciais anotado* (2012), AA. VV., 400; contra, João Espírito Santo, *Exoneração do sócio no direito societário-mercantil português* (2014), 1045-1047, entendimento que assenta na negação de que o contrato de sociedade seja de execução continuada.

tivos, legalmente dispostos, em gama mais ou menos extensa, avultando entre estes a obrigação de adquirir as próprias participações[5].

5 No seu primeiro enquadramento histórico, a exoneração corresponde a um meio de tutela dos sócios que integram uma minoria dissidente de certa deliberação contra a vontade da maioria, que vota favoravelmente a proposta de deliberação, aprovando-a; trata-se de uma solução de compatibilização do princípio da maioria com certos redutos de proteção da autonomia do sócio dissidente. Esta ligação do direito de exoneração à prevalência do princípio da maioria é largamente conhecida na experiência comparada latina. Disso é exemplo a reforma italiana de 2003, que multiplicou os casos de exoneração na mesma medida em que reforçou o princípio da maioria na formação da vontade societária. Não obstante esse seu enquadramento tradicional, as codificações civis de segunda geração abriram ao expediente da exoneração, em nome do *favor societatis*, a área antes ocupada, no âmbito da sociedade civil, pelo *dissensus sociorum*, que deixou de constituir causa de dissolução da sociedade para passar a constituir causa de exoneração do sócio, ao que se seguiu a mesma solução relativamente às sociedades comerciais de matriz medieval, ditas, na doutrina, *sociedades de pessoas*.

6 Sem prejuízo da identificação tradicional com a tutela das minorias, a doutrina tradicional tem reconduzido a fundamentação dogmática do direito de exoneração a um paradigma obrigacional, vendo nele uma causa de resolução (exoneração causal ou motivada) ou de denúncia (exoneração *ad nutum*), não obstante a própria lei fazer utilização desse expediente como sucedâneo da invalidade da declaração negocial do sócio viciada por erro, dolo, coação ou usura, nas sociedades por quotas, anónimas e em comandita por ações (45.º/1 e 47.º).

7 Atualmente, a fundamentação do direito de exoneração passa por outras coordenadas: (a) a dogmática das *relações jurídicas duradouras*; (b) a aproximação à dimensão negativa da *liberdade fundamental de associação*, prevista no 46.º da CRP; e (c) *a tutela da liberdade de desinvestimento como manifestação negativa da liberdade de iniciativa económica*.

8 A última aproximação dogmática é especialmente frutífera. Com efeito, a reserva e as restrições com que o legislador português consagra o instituto mal se compreendem se considerarmos que a titularidade de uma participação social corresponde a uma forma de investimento económico e empresarial; a partir deste entendimento, a exoneração ganha contornos de uma verdadeira tutela desse mesmo investimento: ao permitir-se que o sócio desinvista (tutela do desinvestimento) está, sobretudo, a garantir-se um menor risco na realização da atividade económica, pela facilitação da recuperação do investimento, e, consequentemente, uma maior facilitação na sua captação. É esse, aliás, o principal enquadramento do equivalente funcional da exoneração no direito norte-americano, o *appraisal right*.

9 4. **Coordenação do regime da exoneração do sócio do 105.º com os regimes de exoneração particulares dos tipos societários (185.º/187.º e 240.º)**. Não é pacífica na doutrina portuguesa a solução de eventuais conflitos normativos entre os regimes do exercício e dos efeitos da exoneração do sócio permitida pelo 105.º, por um lado, e pelos 185.º/187.º e 240.º, por outro, muito embora o recorte da questão raramente surja com a precisão indicada. O regime do 105.º é materialmente especial relativamente aos regimes dos 185.º/187.º e 240.º e foi concebido com independência em relação a estes, prevalecendo, portanto, sobre eles, quando, tratando-se de sociedade em nome coletivo ou por quotas, a causa da exoneração seja o decai-

[5] Tiago Soares da Fonseca, *O direito de exoneração do sócio no CSC* (2008), 375-376; João Espírito Santo, *Exoneração do sócio no direito societário-mercantil português* (2014), 868 ss..

mento em proposta de deliberação de fusão da sociedade, podendo, todavia, recorrer-se aos regimes particulares dos tipos para completude do regime do 105.º, exceto naquilo que possa ter-se como intencionada omissão, como é o caso do direito de requerer a dissolução da sociedade em caso de incumprimento da obrigação de liquidação da participação social (240.º/6)[6]; na sociedade em nome coletivo, a hipótese só é concebível se for afastada a regra da deliberação unanimitária (194.º/1).

5. **Titularidade do direito**. O 105.º/1 não confere qualquer direito de exoneração conse- 10
quente à aprovação da proposta de fusão pela assembleia geral, o que, de facto, "[...] equivale a dizer que o legislador não considerou que a fusão, em si mesma e em qualquer tipo de sociedade, justifique o voluntário afastamento de sócios"[7]. Não conferindo um direito de exoneração consequente à aprovação da proposta de fusão pela assembleia geral, o 105.º/1 determina-lhe contudo o regime, para o caso de a lei – designadamente, para certo tipo societário – ou o contrato de sociedade o atribuírem aos sócios que tenham votado contra aquela proposta: estes podem exigir, no prazo de um mês após a data da deliberação, que a sociedade adquira ou faça adquirir a sua participação social.

São titulares de um direito de exoneração, nos termos do 105.º/1, os (a) sócios que vota- 11
ram contra o projeto de fusão; (b) aos quais a lei ou o contrato de sociedade atribuam tal direito.

A referência à *lei* no 105.º/1 tem sido alvo da crítica negativa de alguma doutrina, que 12
a tem como *vazia de conteúdo*, em razão de nenhum preceito da parte especial atribuir ao sócio dissidente de deliberação de fusão o direito de se exonerar[8], mas uma tal visão não recolhe unanimidade[9], sendo que, desde 2009, existe no CSC uma atribuição legal de um direito de exoneração aos sócios que tenham votado conta o projeto de fusão no 116.º/4 (redação do DL n.º 185/2009, de 12-ago.).

Nos termos do n.º 1, o contrato de sociedade apenas pode atribuir o direito de exone- 13
ração aos sócios que hajam votado contra a deliberação. Trata-se de uma inusitada limitação à autonomia privada, sem fundamentação dogmática que a justifique; na verdade, essa limitação parece constituir uma solução de compromisso do legislador do DL 598/73, de 8-nov., entre a manutenção da solução que, no ordenamento português, podia extrair-se do 41.º/§ 3, da LSQ, por um lado, e a recusa da deliberação maioritária de fusão como causa de exoneração do sócio, inspirada na solução do *Codice Civile* de 1942, por outro.

Não sendo de excluir a possibilidade abstrata de a lei, fora do âmbito do direito societário 14
comum – atribuindo aos sócios de certas sociedades o direito de se exonerarem em consequência da aprovação de um projeto de fusão –, derrogar o 105.º/1, alargando o seu âmbito subjetivo, a construção deste preceito demonstra uma intenção do legislador de delimitar a titularidade do direito de exoneração atribuído pela estipulação contratual que o permite[10]. A norma tem, portanto, carácter injuntivo quanto à determinação da referida titularidade. Assim sendo, não podem os sócios, sob pena de nulidade (294.º do CC), estipular no contrato de sociedade o alargamento do âmbito subjetivo da atribuição do direito de exoneração, designadamente aos sócios que se tenham abstido na deliberação ou que não tenham participado da assembleia[11].

[6] João Espírito Santo, *Exoneração do sócio no direito societário-mercantil português* (2014), 829 ss.

[7] Raúl Ventura, *Fusão, cisão, transformação de sociedades* (1990), 140.

[8] Tiago Soares da Fonseca, *O direito de exoneração do sócio no CSC* (2008), 262-265; Diogo Costa Gonçalves, *Código das Sociedades Comerciais Anotado* (2012), AA. VV., 400 e 401.

[9] João Espírito Santo, *Exoneração do sócio no direito societário-mercantil português* (2014), 525, n. 1769.

[10] Raúl Ventura, *Fusão, cisão, transformação de sociedade* (1990), 143.

[11] Contra, admitindo a licitude da cláusula contratual que atribua um direito de exoneração aos sócios que, não tendo votado contra o projeto de fusão, *o não tenham apro-*

15 A norma do 105.º/1, tem igualmente carácter injuntivo quanto à fonte não legal do direito de exoneração que admite, *o contrato de sociedade*, o que produz a nulidade da deliberação social que o atribua [56.º/1, *d*)].

16 6. **Meios técnicos de execução da exoneração do sócio**. Nos termos do 105.º/1, a exoneração do sócio pode ser executada pela aquisição da participação, pela própria sociedade ou por terceiro, promovida pela sociedade. O meio executivo que corresponde à aquisição das próprias participações pela sociedade sofre o influxo dos regimes particulares do 220.º/2 e 3, 316.º/1, 317.º e 318.º, que limitam a sua admissibilidade. A possibilidade de a participação ser feita adquirir pela sociedade tanto compreende que os adquirentes sejam sócios como terceiros, o que assenta em analogia interpretativa a partir do lugar paralelo do 240.º/4; do regime particular de certos tipos societários resulta que a transmissão *inter vivos* de participações sociais pode ser proibida (229.º/1) ou estar sujeita a limitações, legais ou contratuais (182.º/1, 229.º/3, e 328.º/ 2), o que pode impedir ou limitar a efetivação da exoneração através desse meio técnico. A sociedade em nome coletivo conhece um particularismo de regulação dos meios de execução da exoneração do sócio (187.º), que é globalmente incompatível com os previstos no 105.º/1.

17 Apesar de o 105.º/1, no enunciado dos meios técnicos de obtenção da exoneração, se limitar à aquisição da participação, pela própria sociedade ou por outrem, nada impede, contudo, que ao invés da aquisição, a sociedade cumpra a sua obrigação mediante amortização da participação social em causa, quanto aos tipos societários que comportam esse instituto; nesse sentido advoga o 240.º/4, no qual a amortização da quota aparece a par da obrigação de adquirir ou fazer adquirir a participação social[12].

18 A lei tutela o sócio exonerando quanto à obtenção do fim que corresponde à perceção da contrapartida, mas não quanto ao meio da sua consecução, tendo-o tipicamente como indiferente na perspetiva do sócio que quer deixar de o ser; ao exonerando não assiste um direito de escolha do meio de satisfação do seu direito nem, tão-pouco, de se opor à escolha feita pela sociedade[13].

19 7. **Exercício do direito**. O sócio que goze do direito de exoneração deve exercê-lo no prazo de um mês a contar da deliberação da fusão. A deliberação em causa é a da sociedade, relativamente à qual o sócio exerce o seu direito de voto.

20 A vontade formada pelo sócio de exonerar-se da sociedade só pode produzir os efeitos legalmente previstos na medida em que seja exteriorizada numa declaração – ato dirigido a outrem, de conteúdo comunicativo. A doutrina divide-se, todavia, quanto à natureza negocial, ou não, desse ato declarativo: se há quem se pronuncie pela qualificação do mesmo como *negócio jurídico*[14], também não falta quem lhe negue essa natureza, com fundamento na circunstância de os seus efeitos serem legalmente fixados e, portanto, na inexistência de *liberdade de estipulação* do declarante dos efeitos do ato, determinando-lhe, pois, a natureza de ato jurídico simples ou não negocial[15]. Afigura-se-nos que a declaração de exoneração do sócio não tem, efetivamente,

vado, o que inclui os abstencionistas e os que não tenham participado da assembleia respetiva, Tiago Soares da Fonseca, *O direito de exoneração do sócio no Código das Sociedades Comerciais* (2008), 263, n. 882; Armando Manuel Triunfante, *A tutela das minorias nas sociedades anónimas. Direitos individuais* (2004), 316.

[12] João Espírito Santo, *Exoneração do sócio no direito societário-mercantil português* (2014), 873-875.

[13] Raúl Ventura, *Sociedades por quotas* II (1989), 30; João Cura Mariano, *Direito de exoneração dos sócios nas sociedades por quotas* (2005), 100; João Espírito Santo, *Exoneração do sócio no direito societário-mercantil português* (2014), 872.

[14] Paulo A. Videira Henriques, *A desvinculação unilateral* ad nutum *nos contratos civis de sociedade e de mandato* (2001), 70.

[15] João Cura Mariano, *Direito de exoneração dos sócios nas sociedades por quotas* (2005), 98; Tiago Soares da Fonseca, *O direito de exoneração do sócio no Código das Sociedades Comerciais* (2008), 305, n. 1034.

natureza negocial; na verdade, o declarante não tem liberdade de estipulação dos essenciais efeitos da mesma, que resultam de determinação legal: para si próprio, a perda (em sentido técnico) da(s) participação(ões) e a aquisição do direito à contrapartida; para a sociedade, o dever de liquidação da(s) participação(ões) do declarante.

A declaração do sócio é recipienda, uma vez que tem um destinatário: a sociedade, tornando-se eficaz logo que chegue ao seu poder ou dela seja conhecida (224.º/1 CC), não necessitando, assim, de ser por ela aceite para a produção dos seus efeitos[16]. 21

Não se verifica unanimidade doutrinária quanto à exigência da forma escrita para o exercício da exoneração[17]: se é certo que a mesma é exigida, para a sociedade por quotas, no 240.º/3, manifesta-se também a opinião de que o direito comum (219.º CC) não deixa espaço para lacuna quanto aos tipos societários relativamente aos quais a forma escrita não é expressamente exigida[18]. 22

Antes da Reforma de 2006, o direito de exoneração deveria ser exercido no prazo de 30 dias a contar da publicação da deliberação que aprovasse o projeto de fusão, nos termos do, hoje revogado, 107.º. A doutrina sustentava que também aqui tinha aplicação o n.º 2 do mesmo artigo: o prazo para a exoneração, à semelhança do prazo para a oposição de credores, contava-se a partir da última publicação ordenada no 107.º/1[19]. Garantia-se, assim, que o prazo para a exoneração só começasse a contar quando fosse certo que todas as sociedades haviam aprovado a fusão, não fosse algum sócio exonerar-se por causa de uma fusão que, afinal, nunca viria a existir. 23

Com a Reforma de 2006, o averbamento e publicação da deliberação deixaram de existir e o prazo para o exercício do direito de exoneração passou a contar-se a partir da deliberação da fusão na qual o sócio votou contra. O regime é mais célere; porém, se atendermos às exigências do 102.º e à ausência de publicidade das deliberações não será de afastar as hipóteses em que os sócios exerçam o seu direito de exoneração mas a fusão nunca venha a verificar-se porque, por exemplo, não foi deliberada em uma das sociedades participantes. 24

8. **O *status* do sócio exonerando.** O exercício do direito de exoneração não se confunde com a efetivação da exoneração enquanto perda da participação. Com efeito, a eficácia própria da declaração de exoneração consiste na constituição da sociedade na obrigação de adquirir ou fazer adquirir a participação social em causa e não no termo da qualidade de sócio. Uma vez manifestada a vontade de se exonerar, o sócio mantém essa sua qualidade, quanto à participação em causa, até ao momento em que a contrapartida pela exoneração seja satisfeita, e que corresponde ao da efetivação da exoneração[20]. 25

[16] Raúl Ventura, *Sociedades por quotas* II (1989), 30; Paulo A. Videira Henriques, *A desvinculação unilateral* ad nutum *nos contratos civis de sociedade e de mandato* (2001), 69; João Cura Mariano, *Direito de exoneração dos sócios nas sociedades por quotas* (2005), 101; Tiago Soares da Fonseca, *O direito de exoneração do sócio no Código das Sociedades Comerciais* (2008), 304; João Espírito Santo, *Exoneração do sócio no direito societário-mercantil português* (2014), 846.

[17] Em sentido positivo: Raúl Ventura, *Fusão, cisão, transformação de sociedades* (1990), 143, e Diogo Costa Gonçalves, *Código das Sociedades Comerciais Anotado* (2012), AA. VV., 400 e 401

[18] Maria Augusta França, "Direito à exoneração", *in Novas Perspectivas do Direito Comercial* (1988), AA. VV., 222; Jorge Coutinho de Abreu, *Curso de Direito Comercial* II (2015), 385; Paulo A. Videira Henriques, *A desvinculação unilateral* ad nutum *nos contratos civis de sociedade e de mandato* (2001), 69; Tiago Soares da Fonseca, *O direito de exoneração do sócio no Código das Sociedades Comerciais* (2008), 305; João Espírito Santo, *Exoneração do sócio no direito societário-mercantil português* (2014), 850.

[19] Raúl Ventura, *Fusão, cisão, transformação de sociedades* (1990), 143.

[20] João Espírito Santo, *Exoneração do sócio no direito societário-mercantil português* (2014), 924 ss.

26 Temos, portanto, que entre o exercício do direito de exoneração e a sua efetivação medeia certo período de tempo: ante esta circunstância, coloca-se a questão de saber qual a posição jurídica do exonerando entre o momento do exercício do direito e o do efetivo momento da exoneração. Duas teses extremas se têm confrontado a este propósito, nomeadamente na doutrina italiana: a *tese da intangibilidade* e a *tese da modificabilidade* da participação social, não sem que, todavia, se divisem entendimentos intermédios. A doutrina portuguesa evidencia igual diversidade[21].

27 Segundo a *tese da intangibilidade*, o *status socii* mantém-se inalterado entre o exercício do direito de exoneração e o momento da sua efetivação. O sócio exonerando goza, assim, dos mesmos direitos e mantém as obrigações que detinha antes do exercício do direito.

28 Ao contrário, a *tese da modificabilidade* chama a atenção para a função jussocietária do direito de exoneração enquanto mecanismo da tutela das minorias contra a vontade maioritária, com a consequente manifestação de uma rutura da *affectio societatis*, mas não é imune a críticas, como a de comportar a possibilidade de os sócios *removerem* a deliberação causal da exoneração, extinguindo supervenientemente o direito do sócio sem que o mesmo tenha sido admitido a contribuir para a formação da vontade da sociedade e, nesse pressuposto, de haverem entretanto os restantes sócios deliberado modificações ao ato constitutivo da sociedade que o exonerando não pôde votar e, designadamente, modificações que poderiam ter constituído (outra) causa de exoneração para o sócio que contra as mesmas tivesse votado, *condenando-o* à permanência na sociedade[22].

III – A obrigação de aquisição

29 9. **A titularidade da obrigação.** Se é certo que o direito de exoneração deve ser exercido no prazo de um mês a contar da assembleia geral da sociedade na qual o sócio votou contra a fusão, menos certo é saber qual das sociedades (a sociedade beneficiária ou a sociedade fundida ou incorporada) deve satisfazer ao sócio a respetiva contrapartida.

30 Com efeito, durante o prazo para o exercício do direito de exoneração, a fusão pode ser levada a registo, nos termos do 111.º, sem que tenha expirado o prazo para o exercício do direito ou, uma vez exercido, sem que o sócio tenha recebido a respetiva contrapartida. Cumpre, pois, determinar, qual o sujeito da obrigação de adquirir ou fazer adquirir a participação social em causa.

31 A resposta a esta questão resulta de saber em que esfera jurídica se constituiu a obrigação de aquisição, como efeito do exercício de direito de exoneração. Se o sócio declara a sua vontade de se exonerar antes da fusão ter sido levada a registo, não cabe dúvida de que a obrigação de aquisição se constituiu na esfera jurídica da sociedade fundida ou incorporada. Caso os efeitos previstos no 112.º se verifiquem antes de satisfeita a contrapartida, a obrigação de aquisição transmite-se para a nova sociedade ou para a sociedade incorporante – 112.º, *a*). O sócio exonerando receberá, portanto, uma participação social na sociedade beneficiária destinada a ser adquirida pela própria sociedade, por terceiro, ou, eventualmente, a ser amortizada. Neste

[21] No sentido da intangibilidade, Raúl Ventura, *Sociedades por quotas* II (1989), 34, e João Espírito Santo, *Exoneração do sócio no direito societário-mercantil português* (2014), 923; no sentido da modificabilidade ou suspensão, Tiago Soares da Fonseca, *O direito de exoneração do sócio no Código das Sociedades Comerciais* (2008), 323, e Diogo Costa Gonçalves, *Código das Sociedades Comerciais Anotado* (2012), AA.VV., 400 e 401; com posição mitigada, João Cura Mariano, *Direito de exoneração dos sócios nas sociedades por quotas* (2005), 110, 143 e 144.

[22] João Espírito Santo, *Exoneração do sócio no direito societário-mercantil português* (2014), 923.

sentido dispõe, aliás, o 7.º/7 do DL 2/2005, de 4-jan., que estabelece o regime jurídico da sociedade anónima europeia.

Ao contrário, caso o registo da fusão ocorra antes de exercido o direito de exoneração, o sócio receberá uma participação na sociedade beneficiária, devendo depois exercer contra esta o respetivo direito de exoneração. 32

10. **Prazo para a aquisição**. O 105.º não fixa qualquer prazo para a sociedade adquirir ou fazer adquirir a participação social. A doutrina tem sugerido a aplicação do prazo de 30 dias, fixado no 240.º/4, como limite temporal para a sociedade satisfazer a contrapartida devida pela exoneração[23]. Este entendimento saiu reforçado pelo regime da constituição de uma sociedade anónima europeia por fusão: no 7.º/5 do DL 2/2005, vem expressamente previsto o prazo de 30 dias para a aquisição da participação social do sócio exonerando. 33

Ao contrário do que sucedia no DL 598/73, no qual se previa o recurso ao 830.º do CC (9.º/2), o 105.º é omisso quanto ao incumprimento, por parte da sociedade, da obrigação de aquisição da participação social no prazo supra referido. Alguma doutrina defende a aplicação analógica da cominação prevista no 240.º/6 e 7, em sede de sociedades por quotas, para todos os tipos sociais. Assim, a sanção para o incumprimento da obrigação de aquisição por parte da sociedade, no prazo fixado, seria a *dissolução* por via administrativa[24]. Manifesta-se, igualmente, a opinião, mitigada, de que o particularismo material do regime da exoneração consequente à deliberação de fusão não admite a dissolução prevista no 240.º/6[25]. 34

O 7.º/6 do DL 2/2005 consagrou uma solução equilibrada: se a não satisfação da contrapartida devida pela exoneração se ficar a dever a motivo imputável ao sócio, dispõe o 7.º/6 que este perde o direito à exoneração; ao contrário, se o motivo é imputável à sociedade, a fusão não pode realizar-se. Esclarece ainda o 7.º/7 que, se, apesar de tudo, a fusão for levada a registo, a sociedade beneficiária fica obrigada a adquirir a participação e a indemnizar o sócio pelos prejuízos sofridos, sendo os administradores da sociedade fundida ou incorporada solidariamente responsáveis com os administradores da sociedade beneficiária pelos danos causados ao sócio (7.º/8). 35

Consideramos que tal regime previsto no DL 2/2005 é analogicamente aplicável às situação de incumprimento pela sociedade da obrigação de aquisição da participação ao exonerando, no prazo devido[26]. 36

11. **A aquisição por terceiro**. Constitui entendimento da maioria da doutrina que a aquisição por terceiro da participação social do sócio exonerando corresponde a um negócio jurídico celebrado entre a sociedade e o terceiro adquirente, que tem por objeto a participação social do sócio que exerce o direito de exoneração[27], mas o ponto não é pacífico, verificando-se, também, a opinião de que se trata antes de negócio jurídico bilateral que não prescinde da colaboração do exonerando, como único detentor da necessária legitimação[28]. O primeiro entendimento carece de complementação quanto ao enquadramento dogmático da solução da transmissão da participação a terceiro que prescinde da vontade do seu titular, manifestando-se 37

[23] Raúl Ventura, *Fusão, cisão, transformação de sociedades* (1990), 143-144; João Espírito Santo, *Exoneração do sócio no direito societário-mercantil português* (2014), 953.

[24] Raúl Ventura, *Fusão, cisão, transformação de sociedades* (1990), 145.

[25] João Espírito Santo, *Exoneração do sócio no direito societário-mercantil português* (2014), 837.

[26] *Idem, ibidem*, 838.

[27] João Cura Mariano, *Direito de exoneração dos sócios nas sociedades por quotas* (2008), 126; Tiago Soares da Fonseca, *O direito de exoneração do sócio no Código das Sociedades Comerciais* (2005), 333 e 337; Diogo Costa Gonçalves, *Código das Sociedades Comerciais Anotado* (2012), AA.VV., 403

[28] João Espírito Santo, *Exoneração do sócio no direito societário-mercantil português* (2014), 880 ss.

a opinião – quando admitido que existe negócio translativo bilateral – de que a sociedade detém uma legitimação *ex lege* para dispor de bem alheio, cedendo-o a terceiro[29].

VI – A contrapartida pela exoneração

38 12. **Critério de determinação.** A contrapartida pela aquisição da participação social do sócio exonerando é fixada no contrato de sociedade ou por acordo entre o exonerando e a sociedade.

39 Na falta de estipulação ou de acordo, a contrapartida é fixada por um ROC, nos termos previstos no 1021.º do CC.

40 O ROC é designado por acordo entre a sociedade e o sócio exonerando; na falta de acordo, a designação cabe à respetiva Ordem, por solicitação de qualquer dos interessados.

41 O 105.º nada dispõe quanto ao prazo de que dispõe o ROC designado para proceder à determinação da contrapartida. O 7.º/4 do DL 2/2005 estabelece, contudo, um prazo de 30 dias para o efeito, norma que se tem por integradora, por analogia, do regime do 105.º.

42 A determinação da contrapartida segue o disposto no 1021.º do CC, com a remissão para o 1018.º/1 a 3 do CC. O *estado da sociedade*, a que manda atender o 1021.º/1 do CC, tem por momento referencial a deliberação da fusão. É esse o momento que deve ser tido em conta, mesmo quando o direito de exoneração é exercido na nova sociedade ou na sociedade incorporante, circunstância em que a "sociedade" a que se refere o 1021.º/1 do CC já se extinguiu.

43 13. **A segunda avaliação**. Quer a sociedade quer o sócio exonerando podem requerer uma segunda avaliação da participação social para efeitos da fixação do valor da contrapartida. Esta segunda avaliação consubstancia um processo especial de exercício de direitos sociais e segue o disposto no 1068.º do CPC.

44 A lei não estabelece o prazo no qual deve ser requerida a avaliação judicial, manifestando-se na doutrina a opinião de que o mesmo pode ser extraído, por analogia, do 487.º/1 do CPC: 10 dias, contados da notificação aos interessados da avaliação realizada pelo ROC[30].

45 14. **Omissão da oferta da contrapartida ou oferta irregular**. Se, exercido o direito de exoneração do sócio, a sociedade não oferecer uma contrapartida ou não a oferecer regularmente, pode o exonerando requerer a sua determinação judicial (105.º/4); a norma esclarece, portanto, que, exercido o direito, a sociedade tem que oferecer uma contrapartida e tem que a oferecer *regularmente*, e isto independentemente de o sócio ter acompanhado a exigência de aquisição da(s) sua(s) participação(ões) social(is) de uma proposta quanto à natureza e/ou ao montante da(s) contrapartida(s), a que não está obrigado.

46 A redação atual do 105.º resulta do DL 53/2011, de 13-abr., que separou, pelos números 2 e 3, normas que antes se encontravam no mesmo número (n.º 2); o número 4 (anterior n.º 3) não foi, todavia, acompanhado de uma alteração necessária: continuando a reportar-se ao *disposto na parte final do número anterior*, a norma refere-se agora, mais exatamente, ao *disposto no número anterior* (atual 105.º/3).

47 O 105.º não esclarece o que seja contrapartida *regular*, terminologia que provém do 9.º/4 do DL 598/73, que também o não explicitava; os antecedentes comparativos da norma, certas

[29] Tiago Soares da Fonseca, *O direito de exoneração do sócio no Código das Sociedades Comerciais* (2008), 333 e 337; Diogo Costa Gonçalves, *Código das Sociedades Comerciais Anotado* (2012), AA.VV., 403.

[30] João Espírito Santo, *Exoneração do sócio no direito societário-mercantil português* (2014), 946 e 947; João Cura Mariano, *Direito de exoneração dos sócios nas sociedades por quotas* (2005), 134, n. 251.

normas da lei alemã das sociedades por ações de 1965, em particular o revogado § 375 (2), permitem concluir que é irregular a contrapartida oferecida que não tenha natureza pecuniária[31].

IV – A inoponibilidade das limitações à transmissão de participações sociais

15. **Enquadramento geral**. Situação jurídica diversa do direito de exoneração é a *inoponibilidade das limitações à transmissão de participações sociais*, prevista no 105.º/5. A redação da norma não é clara quanto ao que, realmente, permite. Em causa está a possibilidade de o sócio, em alternativa ao exercício do direito de exoneração, poder alienar a sua participação sem que se lhe oponham as limitações contratuais; ou, ao contrário, em causa está permitir que o sócio, uma vez exercido o direito de exoneração e sem que a sociedade tenha ainda adquirido ou feito adquirir a sua participação social, possa ainda alienar livremente a sua participação?[32] 48

Na primeira hipótese, defendida, por exemplo, por Raúl Ventura[33], a alienação prevista no 105.º/5 corresponde a uma *solução alternativa* ao direito de exoneração: no prazo fixado no n.º 1, o sócio decide ou exercer o direito de exoneração ou alienar a sua participação social nos termos aí facilitados. 49

Tal entendimento, na perspetiva de que o prévio exercício do direito de exoneração inviabilizaria a alienação agora prevista no 105.º/1, não nos parece inteiramente correto. Com efeito, não vemos qualquer razão para afirmar que, no tempo que medeia o exercício do direito de exoneração e a aquisição da participação social, o sócio exonerando não possa alienar livremente a sua participação. Na verdade, o exercício do direito de exoneração não importa a transmissão imediata da participação. O sócio continua titular da sua participação social, pelo que não há obstáculo quanto à legitimidade para a alienação... e na justa medida em que tal alienação liberta a sociedade do encargo da aquisição pode até ser benquista por esta. Questão diversa será a situação em que a sociedade (e, eventualmente, terceiros) haja(m) realizado um investimento de confiança digno de tutela em ordem à aquisição a que por lei está obrigada, mas tais casos encontram solução no direito comum. 50

Assim, nos termos do 105.º/5, o sócio que haja votado contra a fusão e goze de direito de exoneração, pode, no prazo de um mês após a deliberação, alienar a sua participação social sem que lhe sejam oponíveis as limitações à transmissibilidade, quando tenha efetuado a exigência a que se reporta o n.º 1. Para além deste entendimento, que assenta numa conexão necessária entre as normas do n.º 1 e do n.º 5, e restringe o sentido do último a um dos literalmente possíveis, manifesta-se ainda na doutrina um entendimento amplo da norma do n.º 5, que faculta ao sócio alienar a sua participação social sem limitações à transmissibilidade mesmo quando não tenha exercido o direito de exoneração que, efetivamente, detivesse na sua esfera[34]. 51

16. **A posição do transmissário da participação**. Há na doutrina nacional opiniões no sentido de que, alienando o sócio a sua participação nos termos do 105.º/5 antes do exercício do direito de exoneração, tal direito não se transmite ao adquirente[35]. Esses entendimentos filiam-se nos argumentos de que o adquirente ingressou voluntariamente na sociedade *após a* 52

[31] João Espírito Santo, *Exoneração do sócio no direito societário-mercantil português* (2014), 948 e 949.

[32] Com este último entendimento, por exemplo, João Espírito Santo, *Exoneração do sócio no direito societário-mercantil português* (2014), 910.

[33] Raúl Ventura, *Fusão, cisão, transformação de sociedades* (1990), 147.

[34] Diogo Costa Gonçalves, *Código das Sociedades Comerciais Anotado* (2012), AA.VV., 403; contra, João Espírito Santo, *Exoneração do sócio no direito societário-mercantil português* (2014), 910.

[35] Entre outros, Diogo Costa Gonçalves, *Código das Sociedades Comerciais Anotado* (2012), AA.VV., 404.

verificação do facto que a permitiu[36] e de que o direito *pertencia* ao cedente, sendo-lhe conferido para se afastar da sociedade, o que fez com a alienação da participação ao cessionário[37]; essas opiniões correspondem, igualmente, ao entendimento da generalidade da doutrina italiana, que reclama como requisito da aquisição do direito *a titularidade da qualidade de sócio no momento da verificação do facto causal*. Nenhum dos argumentos avançados é, na sua singeleza, convincente[38]. Na verdade, o direito de exoneração é elemento de conteúdo da participação social e, por ser assim, é, em tese geral, transmissível ao cessionário[39]. Sendo transmissível, o direito de exoneração é, todavia, disponível pelo transmissário, que pode renunciar-lhe, expressa ou tacitamente. Se o transmissário, à data da transmissão, conhecia a causa de exoneração ou a desconhecia com culpa, deve o direito ter-se por tacitamente renunciado[40]; na verdade, o conhecimento da causa ou a sua ignorância culposa pelo transmissário revelam que o mesmo lhes não atribui relevância impeditiva da aquisição da participação. Porém, se o transmissário desconhecia sem culpa a causa exonerativa, não pode ter-se o direito respetivo por renunciado, razão pela qual poderá, tendo interesse na exoneração, exercer o direito, se o mesmo não tiver ainda caducado.

53 17. **Fundamentação teleológica e âmbito da inoponibilidade**. A *ratio* do 105.º/5, como vimos, é clara: facilitar o afastamento voluntário ou proporcionar a liquidação da participação do sócio que goza do direito de exoneração, diminuindo assim, potencialmente, o encargo da sociedade na satisfação da contrapartida devida.

54 Ora, tendo em conta a fundamentação teleológica apresentada, alguma doutrina tem defendido que a inoponibilidade das limitações à livre transmissão das participações sociais prevista no 105.º/4 abrange quer as *limitações contratuais* quer as *limitações legais*[41], mas o ponto não é pacífico, argumentando-se, em contraditório, que entre a tutela expressa do n.º 5 e a conferida pelo n.º 1 ao sócio dissidente da fusão, que se tem por suficiente, é excessivo o sacrifício de uma tutela contra a intromissão de estranhos na sociedade, que a própria lei julgou absoluta ou genericamente necessária[42].

55 18. **Autonomia da figura**. O facto de, nos termos do 105.º/5, os sócios que podem alienar as suas participações sociais sem a oponibilidade de (pelo menos) limitações contratuais coincidirem com os sócios que gozam do direito de exoneração, levanta a questão de saber qual a liberdade conformadora do contrato de sociedade quanto à previsão da *inoponibilidade*. Isto é: para que os sócios, em sede de fusão, possam alienar livremente as suas participações sociais sem oponibilidade das limitações a tal alienação, é necessário que o contrato de sociedade consagre sempre a existência de direito de exoneração ou, ao contrário, pode este direito não ser concedido e, ainda assim, ser possível que o contrato de sociedade preveja a inoponibilidade das limitações à alienação?

56 Na verdade, a *inoponibilidade das limitações* à transmissibilidade das participações sociais está teleologicamente dependente do poder do sócio de se libertar da participação, fazendo-a

[36] João Cura Mariano, *Direito de exoneração dos sócios nas sociedades por quotas* (2005), 90; Tiago Soares da Fonseca, *O direito de exoneração do sócio no Código das Sociedades Comerciais* (2008), 289.

[37] Raúl Ventura, *Fusão, cisão, transformação de sociedades* (1990), 147.

[38] João Espírito Santo, *Exoneração do sócio no direito societário-mercantil português* (2014), 816 ss.

[39] Tiago Soares da Fonseca, *O direito de exoneração do sócio no Código das Sociedades Comerciais* (2008), 41.

[40] João Espírito Santo, *Exoneração do sócio no direito societário-mercantil português* (2014), 816 ss.; Tiago Soares da Fonseca, *O direito de exoneração do sócio no Código das Sociedades Comerciais* (2008), 289, entende que se "alguém decide ingressar na sociedade" após a verificação do facto exonerativo "presume-se que o faz consciente da situação", *presunção* que, todavia, não tem apoio na letra da lei.

[41] Por exemplo, Diogo Costa Gonçalves, *Código das Sociedades Comerciais Anotado* (2012), AA.VV., 405.

[42] João Espírito Santo, *Exoneração do sócio no direito societário-mercantil português* (2014), 911 e 912

adquirir à sociedade ou por terceiro. Tanto assim é que tal inoponibilidade se encontra temporalmente condicionada ao mês previsto no 105.º/1.Não obstante isso, se esta dependência teleológica marca o escopo normativo da figura, não nos parece de rejeitar a hipótese de o contrato de sociedade prever esta possibilidade independentemente do direito de exoneração, desde que respeite os limites previstos no 105.º. A exoneração importa sempre um esforço económico para a sociedade, cuja realização pode resultar nefasta para a própria empresa social. Podem os sócios, no contrato de sociedade, entender que o direito de exoneração é um meio tutelar excessivo para o sócio dissidente – dado o esforço que impõe à sociedade – mas entender, igualmente, que a *media via* da *inoponibilidade das limitações* consiste numa solução equilibrada para os interesses em conflito.

Ora, não nos parece que aqueles que podiam conceder aos sócios que votassem contra a fusão o poder de liquidarem a sua participação social, estejam inibidos, em sentido menos gravoso para a sociedade, de permitir que os mesmos sócios possam alienar as suas participações sem que lhes sejam oponíveis as limitações (pelo menos) contratuais a tal alienação. 57

Em suma: não vemos qualquer obstáculo a que o contrato de sociedade não conceda direito de exoneração mas preveja para os sócios que votem contra a fusão (e só para estes) a possibilidade de, no mês seguinte à deliberação (e só neste prazo), alienarem a sua participação social sem que a tal alienação sejam oponíveis as limitações contratuais. 58

Artigo 106.º (Forma e disposições aplicáveis)

1. O ato de fusão deve revestir a forma exigida para a transmissão dos bens das sociedades incorporadas ou, no caso de constituição de uma nova sociedade, das sociedades participantes nessa fusão.

2. Sem prejuízo do disposto no número anterior, se a fusão se realizar mediante a constituição de uma nova sociedade, devem observar-se as disposições que regem essa constituição, salvo se outra coisa resultar da própria razão de ser.

Bibliografia: António Pereira de Almeida, *Sociedades comerciais, valores mobiliários, instrumentos financeiros e mercados*, I (*As sociedades comerciais*), 7.ª ed. (2013), 702 e ss.; António Menezes Cordeiro 1, 1125 e ss.; Miguel Pupo Correia, *Direito comercial – Direito da empresa*, 12.ª ed. (2011), 292 ss.; Paulo Olavo Cunha, *Direito das Sociedades Comerciais*, 5.ª ed. (2012), 900 e ss.; Jorge Pinto Furtado (2004), 545 ss.; Elda Marques, em *Código em comentário* 2 (2011), 279- 281; Albino Matos, *"Sociedades, documento autêntico ou particular?"*, em *Reformas do Código das Sociedades* (2007), 123-137; Raúl Ventura, *Adaptação do Direito Português à Terceira Directiva do Conselho da Comunidade Económica Europeia relativa às fusões de sociedades por acções*, DDC 4 (1980), 183-252; *id.*, *Fusão, cisão, transformação de sociedades – Comentário ao CSC* (1990, 3.ª reimp., 2006), 149-165.

Índice

I – **Antecedentes e Direito europeu**
1. A versão original 1
2. A reforma de 2006 4
3. A reforma de 2007 6
4. A 3.ª Diretriz 8

II – **Concretização normativa**
5. A forma da fusão 10
6. A constituição de uma nova sociedade 12

I – **Antecedentes e Direito europeu**

1 1. **A versão original**. A redação do 106.º aquando da aprovação do CSC, era a seguinte:

> 1. Aprovada a fusão pelas várias assembleias, compete às administrações das sociedades participantes outorgarem a escritura de fusão.
> 2. Se a fusão se realizar mediante a constituição de uma nova sociedade, devem observar-se as disposições que regem essa constituição, salvo se outra coisa resultar da sua própria razão de ser.

2 Esta redação correspondia ao 10.º/1 e 2 do DL 598/73, de 8-nov.. A aplicação normativa era escorreita: (a) o ato de fusão deveria ser exarado em documento autêntico; e, para além desta exigência de forma, (b) nos casos de fusão mediante constituição de nova sociedade, deveria ainda respeitar-se as disposições referentes à constituição de sociedades.

3 Nas hipóteses vertidas no n.º 2, o 106.º consagrava uma enigmática ressalva que se mantém na atual redação: *"salvo se outra coisa resultar da sua própria razão de ser"*. Em causa está, sobretudo, dispensar a aplicação das disposições referentes à constituição das sociedades sempre que as mesmas colidam com o processo de fusão ou sempre que o seu escopo se encontre assegurado pelas próprias disposições aplicáveis ao processo de reestruturação em causa.

4 2. **A Reforma de 2006**. Com a Reforma de 2006, a redação do 106.º passou a ser a seguinte: *"1. Se a fusão se realizar mediante a constituição de uma nova sociedade, devem observar-se as disposições que regem essa constituição, salvo se outra coisa resultar da sua própria razão de ser. 2. Se a fusão se realizar mediante a transferência global do património de uma ou mais sociedades para outra, o acto de fusão deve revestir a forma exigida para a transmissão dos bens da sociedade incorporada"*.

5 Desaparecia, assim, a escritura pública de fusão, em harmonia com o escopo reformador de desformalização dos atos societários, confessado, aliás, no preâmbulo do DL 76-A/2006, de 29-mar..

6 3. **A Reforma de 2007**. A redação introduzida pela Reforma de 2006 não podia ter sido mais infeliz. Com efeito, nos termos do n.º 2, a obrigação de observar a forma para a transmissão dos bens que integram o património das sociedades apenas se aplicava às fusões por incorporação. Ficava em aberto saber se nos casos de fusão mediante constituição de uma nova sociedade, a escritura pública era ou não exigida nos mesmos termos do n.º 2. A solução, contudo, não poderia ser outra senão estender a previsão do n.º 2 aos casos de fusão previstos no 97.º/4, *b*).

7 Atento a esta circunstância, o legislador de 2007 alterou a redação do 106.º, clarificando o âmbito de aplicação da forma para transmissão de bens em sede de fusão.

8 4. **A 3.ª Diretriz**. A 3.ª Diretriz é omissa quanto à forma da fusão. Preocupou-se em regular o processo e os efeitos da fusão, mas deixou liberdade aos diversos estados para fixarem qual a forma que a mesma deveria revestir.

9 A tradição continental conhece experiências relevantes de exigibilidade de forma solene para a fusão. É o caso, por exemplo, de Itália, onde o 2504 *Codice Civile* fixa que *"la fusione deve risultare da atto pubblico"* e da Alemanha, onde o § 6.º *UmwG* dispõe que o contrato de fusão deve conhecer certificação notarial. Até 2006, era esta a nossa experiência.

II – **Concretização normativa**

10 5. **A forma da fusão**. A forma da fusão é aquela que e a lei estabelecer para a transmissão de bens do património das sociedades fundidas ou incorporadas. Assim, por exemplo, se o património da sociedade fundida ou incorporada for integrado por bens imóveis, a fusão deverá ser reduzida a escritura pública, *ex vi* 875.º do CC.

Contudo, dada a prevalência do princípio da liberdade de forma (219.º do CC), a transmissão de bens, na sua esmagadora maioria, não se encontra sujeita a qualquer forma legal. Para estes casos, a fusão encontra-se completa com a deliberação em assembleia geral das diversas sociedades intervenientes. 11

6. **A constituição de uma nova sociedade**. Nos casos de fusão previstos no 97.º/4, *b*), prevalece a obrigação de respeitar as disposições referentes à constituição das sociedades. Em causa está, sobretudo, a observância do disposto nos 7.º a 19.º e as disposições de cada tipo social como, por exemplo, o número mínimo de sócios (*vide* 273.º/1). 12

Quanto à forma para esta modalidade de fusão, a dúvida surge ante a exigência do 7.º/1 de o contrato de sociedade ser reduzido a escrito e as assinaturas dos seus subscritores serem reconhecidas presencialmente. Implicará esta disposição que a fusão, uma vez deliberada nas sociedades intervenientes, deverá ainda ser reduzida a escrito nos termos do 7.º/1? Cremos que não. Com efeito, nos termos do 85.º/4, à obrigação de redução a escrito das alterações ao contrato de sociedade basta a ata da respetiva deliberação. Esta disposição é aplicável à fusão *ex vi* 103.º. Julgamos, portanto, que a exigência de forma do 7.º/1 se encontra satisfeita com as atas das deliberações que aprovaram a fusão, sem ser necessário qualquer documento posterior cujas assinaturas sejam reconhecidas presencialmente. Neste sentido aponta, igualmente, o 111.º que permite que o registo da fusão seja promovido pela administração da nova sociedade constituída logo após as diversas deliberações em assembleia geral. 13

O 106.º/2 mantém a ressalva *"salvo se outra coisa resultar da sua própria razão de ser"* da versão original do Código. 14

Artigo 107.º (Publicidade da fusão e oposição dos credores)

1. A administração de cada uma das sociedades participantes deve promover o averbamento ao registo do projecto da deliberação que o aprovar, bem como as publicações desta.

2. Dentro dos 30 dias seguintes à última das publicações ordenadas no número anterior, os credores das sociedades participantes cujos créditos sejam anteriores a essa publicação podem deduzir oposição judicial à fusão, com fundamento no prejuízo que dela derive para a realização dos seus direitos.

3. Os credores referidos no número anterior devem ser avisados do seu direito de oposição na publicação prevista no n.º 1 e, se os seus créditos constarem de livros ou documentos da sociedade ou forem por esta de outro modo conhecidos, por carta registada com aviso de recepção.

Artigo 108.º (Efeitos da oposição)

1. A oposição judicial deduzida por qualquer credor impede a inscrição definitiva da fusão no registo comercial até que se verifique algum dos seguintes factos:

- ***a) Haver sido julgada improcedente, por decisão com trânsito em julgado, ou, no caso de absolvição da instância, não ter o opoente intentado nova acção no prazo de 30 dias;***
- ***b) Ter havido desistência do opoente;***
- ***c) Ter a sociedade satisfeito o opoente ou prestado a caução fixada por acordo ou por decisão judicial;***
- ***d) Haverem os opoentes consentido na inscrição;***

e) Terem sido consignadas em depósito as importâncias devidas aos opoentes.

2. Se julgar procedente a oposição, o tribunal determinará o reembolso do crédito do opoente ou, não podendo este exigi-lo, a prestação de caução.

3. O disposto no artigo anterior e nos n.os 1 e 2 do presente artigo não obsta à aplicação das cláusulas contratuais que atribuam ao credor o direito à imediata satisfação do seu crédito, se a sociedade devedora se fundir com outra.

Artigo 109.º (Credores obrigacionistas)

1. O disposto nos artigos 107.º e 108.º é aplicável aos credores obrigacionistas, com as alterações estabelecidas nos números seguintes.

2. Deverão efectuar-se assembleias dos credores obrigacionistas de cada sociedade para se pronunciarem sobre a fusão, relativamente aos possíveis prejuízos para esses credores; as deliberações devem ser tomadas por maioria absoluta dos obrigacionistas presentes e representados.

3. Se a assembleia não aprovar a fusão, o direito de oposição deve ser exercido colectivamente através de um representante por ela eleito.

4. Os portadores de obrigações ou outros títulos convertíveis em acções ou obrigações com direito de subscrição de acções gozam, relativamente à fusão, dos direitos que lhes tiverem sido atribuídos para essa hipótese; se nenhum direito específico lhes tiver sido atribuído, gozam do direito de oposição, nos termos deste artigo.

Artigo 110.º (Portadores de outros títulos)

Os portadores de títulos que não sejam acções, mas aos quais sejam inerentes direitos especiais, devem continuar a gozar de direitos pelo menos equivalentes na sociedade incorporante ou na nova sociedade, salvo se:

a) For deliberado em assembleia especial dos portadores de títulos e por maioria absoluta do número de cada espécie de títulos que os referidos direitos podem ser alterados;

b) Todos os portadores de cada espécie de títulos consentirem individualmente na modificação dos seus direitos, caso não esteja prevista, na lei ou no contrato social, a existência de assembleia especial;

c) O projecto de fusão previr a aquisição desses títulos pela sociedade incorporante ou pela nova sociedade e as condições dessa aquisição forem aprovadas, em assembleia especial, pela maioria dos portadores presentes e representados.

Bibliografia: Raúl Ventura, *Fusão, cisão, transformação de sociedades – Comentário ao CSC* (1990, 3.ª reimp., 2006), 168-214.

1 O 109.º/4 fora alterado pelo DL 229-B/88, de 4-jul., que introduziu as obrigações com direito de subscrição de ações ou obrigações com *warrants*[1]. Os 107.º a 110.º foram revogados pelo 61.º, *b*) do DL 76-A/2006, de 29-mar., dentro da lógica de simplificação assumida por esse diploma.

[1] DR n.º 152 (Supl.), de 4-jul.-1988, 2732-(3)/I.

Artigo 111.º (Registo da fusão)

Deliberada a fusão por todas as sociedades participantes sem que tenha sido deduzida oposição no prazo previsto no artigo 101.º-A ou, tendo sido deduzida, se tenha verificado algum dos factos referidos no n.º 1 do artigo 101.º-B, deve ser requerida a inscrição da fusão no registo comercial por qualquer dos administradores das sociedades participantes na fusão ou da nova sociedade.

Bibliografia: António Pereira de Almeida, *Sociedades comerciais, valores mobiliários, instrumentos financeiros e mercados*, I (*As sociedades comerciais*), 7.ª ed. (2013), 703; Carlos Ferreira de Almeida, *O registo comercial na reforma do direito das sociedades de 2006*, em AAVV (2007), 279-288; António Menezes Cordeiro 1, 1125 e ss.; Miguel Pupo Correia, *Direito comercial – Direito da empresa*, 12.ª ed. (2011), 292 ss.; Paulo Olavo Cunha, *Direito das Sociedades Comerciais*, 5.ª ed. (2012), 900 e ss.; Jorge Pinto Furtado (2004), 545 ss.; Elda Marques, em *Código em comentário* 2 (2011), 286- 287; Raúl Ventura, *Fusão, cisão, transformação de sociedades – Comentário ao CSC* (1990, 3.ª reimp., 2006), 215-220.

Índice

I – **Antecedentes normativos**
1. A versão original 1
2. A reforma de 2006 2

II – **Concretização normativa**
3. O momento do registo 3
4. A promoção do registo 6
5. Promoção oficiosa do registo 7

I – Antecedentes normativos

1. **A versão original**. Na redação original do 111.º, muito criticada pela sua manifesta incorreção lógica[1], a fusão, depois de realizada a escritura pública, era levada a registo decorrido o prazo de 30 dias a contar do averbamento da sua deliberação (107.º/2, hoje revogado) sem que tivesse havido oposição de credores; ou, tendo esta existido, após a verificação de alguns dos factos previsto no 108.º/1, hoje revogado. O regime então em vigor tinha origem no 13.º/1 do DL 598/73, de 8-nov.. 1

2. **A Reforma de 2006**. Desaparecida a escritura pública, com a Reforma de 2006, o 111.º adotou a deliberação da fusão como momento fundamental a partir do qual pode haver lugar ao registo. A reforma aproveitou, também, para corrigir a infeliz redação do 111.º e distinguir claramente os casos em que o registo da fusão se dá com e sem oposição de credores. 2

II – Concretização normativa

3. **O momento do registo**. Nos termos do 111.º, o registo pode ser requerido após a deliberação da fusão em todas as sociedades. A exigência de deliberação *em todas as sociedades* compreende-se se atendermos ao disposto no 102.º: sem a deliberação do mesmo projeto em todas as sociedades intervenientes a fusão não se realiza. 3

Para além da deliberação, é necessário ainda que se verifique a inexistência de oposição dos credores, nos termos do 101.º-A, já que a oposição impede o registo (101.º-B). 4

Caso tenha havido oposição, a fusão só pode ser levada a registo uma vez verificado algum dos factos previstos no 101.º-B/1. 5

[1] Raúl Ventura, *Fusão*, 215 ss.

6 4. **A promoção do registo**. O registo pode ser promovido por qualquer administrador das sociedades participantes ou da nova sociedade. Já assim era na versão original do 111.º. O registo da fusão é feito por transcrição, nos termos do 53.º-A CRCom e do 10.º, *m)* do Regulamento do Registo Comercial.

7 5. **Promoção oficiosa do registo**. Até à Reforma de 2007, o legislador ignorou uma relevante questão acerca da promoção do registo da fusão: a multiplicidade de registos e necessidade de assegurar a produção simultânea, em todas as sociedades intervenientes, dos efeitos da fusão, sob pena de esta se tornar *res absurda*.

8 Da versão original do CSC resultava que o registo podia ser promovido por todas as administrações e quanto a todas as sociedades mas nada se dispunha acerca da falta de promoção do registo em algumas delas. Esta situação levantava sérios problemas práticos. Pense-se, por exemplo, na hipótese de não ser promovido o registo em uma das sociedades incorporadas a qual, não obstante, se havia extinguido, nos termos do 112.º, embora a sua situação registal – na qual os terceiras fazem fé – continuasse a permitir a sua aparente existência jurídica e a sua atuação no comércio.

9 O 13.º/1 e 3 do DL 598/73 continha, a este propósito, o seguinte regime: (a) o registo da fusão era promovido quanto à sociedade incorporante ou quanto à nova sociedade, conforme os casos; e (b) cabia ao conservador do registo promover, oficiosamente, o cancelamento da inscrição das sociedades extintas por efeito da fusão.

10 O Projeto do CSC acolheu o regime de 1973; porém, a versão final do Código afastou estas disposições de natureza registal, considerando, com certeza, que a sua inserção sistemática não pertencia a uma codificação exclusivamente societária. Contudo, tais disposições não transitaram nem para o Código nem para o Regulamento do Registo Comercial.

11 Com a Reforma de 2007, o legislador emendou a mão e veio recriar o regime de 1973. Dispunha o 67.º-A CRCom: *"O registo da fusão ou da nova entidade resultante da fusão determina a realização oficiosa do registo da fusão nas entidades incorporadas ou fundidas na nova entidade"*.

12 A L 19/2009, de 12-mai., alterou o 67.º-A: o legislador aditou três novos números ao preceito e o corpo do artigo passou a n.º 1, com a seguinte redação: *"O registo da fusão interna na entidade incorporante ou o registo da nova entidade resultante da fusão interna determina a realização oficiosa do registo da fusão nas entidades incorporadas ou fundidas na nova entidade"*.

13 Assim, ainda que a redação do 111.º não seja clara, deve hoje entender-se que o registo da fusão pode ser promovido por qualquer administrador das sociedades intervenientes *apenas quanto à sociedade incorporante ou quanto à nova sociedade*. É nas sociedades beneficiárias da fusão que o registo deve ser promovido e é com ele que a fusão produz efeitos. O registo nas sociedades que se extinguem, isto é, nas sociedades incorporadas ou fundidas, é promovido oficiosamente, nos termos do 67.º-A do CRCom. Só assim se garante a produção simultânea dos efeitos da fusão e a segurança jurídica desejada.

14 O sistema português de promoção oficiosa do registo é bastante mais simples e eficaz que o regime consagrado, por exemplo, na *UmwG*. A lei alemã criou, na sequência, aliás, do que já dispunha a *AktG*, um sistema complexo que passa, sumariamente, pelo seguinte: (a) os efeitos da fusão apenas se verificam com o registo na sociedade incorporante (§ 20.º); e (b) o registo na sociedade incorporante apenas pode ser promovido após a realização do registo em todas as sociedades incorporadas (§ 19.º). Acrescente-se ainda: (c) o registo nas sociedades incorporadas deverá conter a menção ao facto da eficácia da fusão apenas se verificar com o registo na sociedade incorporante (§ 19.º); e (d) o tribunal da sede da sociedade incorporante deverá comunicar oficiosamente ao tribunal da sede das sociedades incorporadas o registo da fusão e a produção dos seus efeitos.

O sistema adotado na *UmwG* garante igualmente a eficácia simultânea da fusão em todas sociedades. Porém, cria um pesado mecanismo de intervenção oficiosa do *Gericht* que pode ser indesejado. O regime do CSC é mais escorreito e mais célere. 15

Artigo 112.º (Efeitos do registo)

Com a inscrição da fusão no registo comercial:

a) Extinguem-se as sociedades incorporadas ou, no caso de constituição de nova sociedade, todas as sociedades fundidas, transmitindo-se os seus direitos e obrigações para a sociedade incorporante ou para a nova sociedade;

b) Os sócios das sociedades extintas tornam-se sócios da sociedade incorporante ou da nova sociedade.

Bibliografia: António Pereira de Almeida, *Sociedades comerciais, valores mobiliários, instrumentos financeiros e mercados*, I (*As sociedades comerciais*), 7.ª ed. (2013), 703; Carlos Ferreira de Almeida, *O registo comercial na reforma do direito das sociedades de 2006*, em AAVV (2007), 279-288; António Menezes Cordeiro 1, 1125 e ss.; Miguel Pupo Correia, *Direito comercial – Direito da empresa*, 12.ª ed. (2011), 292 ss.; Paulo Olavo Cunha, *Direito das Sociedades Comerciais*, 5.ª ed. (2012), 900 e ss.; Jorge Pinto Furtado (2004), 545 ss.; Diogo Costa Gonçalves, *Pessoa coletiva e sociedades comerciais – Dimensão problemática e coordenadas sistemáticas da personificação jurídico-privada*, 2015, 643 e ss.; Elda Marques, em *Código em comentário* 2 (2011), 288-309; Raúl Ventura, *Adaptação do Direito Português à Terceira Directiva do Conselho da Comunidade Económica Europeia relativa às fusões de sociedades por acções*, DDC 4 (1980), 183-252; *id.*, *Fusão, cisão, transformação de sociedades – Comentário ao CSC* (1990, 3.ª reimp., 2006), 221-275.

Índice

I – **Antecedentes e Direito europeu**
1. Antecedentes normativos ... 1
2. A 3.ª Diretriz ... 2

II – **Teleologia e natureza do registo**
3. Teleologia geral ... 5
4. Natureza do registo ... 7

III – **Efeitos patrimoniais da fusão**
5. Transmissão de direitos e obrigações ... 11
6. A construção germânica: *totale Universalsukzession* ... 15
7. Posição adotada: unidade interna dos efeitos translativo e extintivo ... 19

IV – **Efeitos pessoais da fusão**
8. A aquisição da qualidade de sócio ... 25
9. Posição adotada ... 31

V – **O efeito extintivo fusão**
10. Reenquadramento normativo ... 36
11. A natureza do efeito extintivo ... 42
12. Limitações ao efeito extintivo ... 43

I – Antecedentes e Direito europeu

1 **1. Antecedentes normativos**. O 112.º corresponde, com ligeiras alterações de redação, ao 14.º/1 do DL 598/73, de 8-nov.. O n.º 2 do mesmo 14.º, que regulava a obrigação de as conservatórias do registo comercial das sociedades extintas remeterem os documentos nelas conservados para a conservatória da nova sociedade ou da sociedade incorporante, não veio a ser acolhido no 112.º apenas por razões que se prendem com as opções consagradas no 111.º.

2 **2. A 3.ª Diretriz**. O 19.º/1 da 3.ª Diretriz regula os efeitos da fusão, dispondo no seguinte sentido:

1. A fusão produz *ipso jure* e simultaneamente os seguintes efeitos:

a) A transmissão universal do conjunto do património activo e passivo da sociedade incorporada para a sociedade incorporante, tanto no que a esta respeita como relativamente a terceiros;

b) os accionistas da sociedade incorporada tornam-se accionistas da sociedade incorporante;

c) a sociedade incorporada extingue-se.

3 De notar que a redação da 3.ª Diretriz autonomiza o efeito extintivo das sociedades incorporadas da transmissão global do património e da aquisição da qualidade de sócio na sociedade incorporante. Esta diferença, que parece de pequena monta, talvez se revele importante no entendimento dos efeitos da fusão, como adiante se verá.

4 Se a 3.ª Diretriz fixa quais os efeitos da fusão, o momento em que tais efeitos se produzem é deixado à liberdade das ordens jurídicas nacionais (17.º), sem prejuízo da obrigação de publicidade, prevista no 18.º.

II – Teleologia e natureza do registo

5 3. **Teleologia geral**. No comentário ao 97.º, assinalámos que a fusão compreendia uma dimensão objetiva e uma dimensão subjetiva; a primeira associada à transmissão global do património, a segunda à reunião do substrato pessoal das sociedades envolvidas. Os efeitos do registo delineados no 112.º dizem diretamente respeito a essas duas dimensões assinaladas: se a fusão é a reunião dos elementos pessoais e patrimoniais de duas ou mais sociedades em uma única e mesma estrutura societária, resulta claro que os efeitos jurídicos da fusão não podem ser outros que a transmissão global de património e a aquisição da qualidade de sócio na sociedade incorporante ou na nova sociedade.

6 No 112.º assinala-se ainda um outro efeito do registo: a *extinção das sociedades* incorporadas ou fundidas. Este efeito extintivo não decorre necessariamente das dimensões objetiva e subjetiva da fusão. Mais: a evolução histórico-dogmática demonstra como o efeito extintivo da fusão nem sempre foi aceite na doutrina continental. Em Itália, por exemplo, Simonetto defendeu a tese da manutenção da existência das sociedades incorporadas ou fundidas, com *perda de individualidade jurídica*[1]. Se atendermos ao disposto, por exemplo, no 114.º/2, veremos que a solução preconizada não é assim tão insustentável. Talvez por esta razão o 19.º/1 da 3.ª Diretriz prefira autonomizar o efeito extintivo da fusão dos outros efeitos patrimoniais e pessoais.

7 4. **Natureza do registo**. O registo da fusão tem *natureza constitutiva*. É com a inscrição do registo que verdadeiramente ocorre a fusão. No caso de constituição de nova sociedade, a mesma solução era exigida pelo 5.º. A liberdade conferida pelo 17.º da 3.ª Diretriz, foi pelo legislador português exercida no sentido de eleger a inscrição no registo como o momento para a verificação dos efeitos da fusão.

8 A natureza constitutiva do registo é solução consagrada em outros ordenamentos jurídicos continentais, especialmente na Alemanha, onde § 20.º *UmwG* fixa claramente que o

[1] Simonetto vê na perda da individualidade jurídica uma consequência necessária e desejada da fusão. A fusão não extingue a sociedade, porque é um ato modificativo do contrato, mas impede a individualidade jurídica da sociedade fundida. Para o autor, a manutenção absoluta da individualidade da sociedade fundida é um excesso de reação contra a tese da *estinzione-creazione-sucessione universale*. À natureza transformadora da fusão basta a manutenção da existência jurídica da sociedade fundida mas não é necessário garantir a sua individualidade, o que manifestamente a realidade da fusão não deseja. Cf., do autor, *Delle società – Trasformazione e fusione delle società, società costituite all'estero od operanti all'estero* (1965), 115.

momento para a produção dos efeitos da fusão é aquele em que ocorre a inscrição no registo da entidade beneficiária da fusão. 9

O L. 236-4 *Code de Commerce* distingue entre os casos de fusão mediante constituição de uma nova sociedade dos casos de fusão por incorporação. No primeiro, o registo tem natureza constitutiva; no segundo, a fusão produz efeitos no momento da realização da última assembleia geral que delibera a fusão. Já em Itália, a natureza do registo tem sido questão clássica na doutrina. O 2504 *bis Codice Civile* estipula que os efeitos da fusão ocorrem no momento da última inscrição no registo da fusão, embora nos casos de fusão por incorporação, possam as sociedades estabelecer uma data posterior. 10

A determinação do momento em que a fusão produz os seus efeitos não é só importante em direito societário. Para efeitos fiscais a determinação do momento em que a fusão produz os seus efeitos pode ser especialmente relevante. Veja-se, por exemplo, o que dispõe o 68.º/7 do CIRC. Sempre que o projeto de fusão fixe um momento a partir do qual as operações societárias devam ser contabilisticamente consideradas como realizadas pela sociedade incorporante ou pela nova sociedade, tal data apenas terá relevância fiscal se se situar no mesmo período de tributação em que a fusão *produz os seus efeitos*.

III – **Efeitos patrimoniais da fusão** 11

5. **Transmissão de direitos e obrigações**. A transferência global do património prevista no 97.º consubstancia-se na transmissão dos direitos e obrigações das sociedades incorporadas ou fundidas para a sociedade incorporante ou para a nova sociedade – 112.º, *a*)). Sob a designação de *direitos e obrigações*, em causa estão todas as situações jurídicas anteriormente tituladas pelas sociedades incorporadas ou fundidas, seja qual for a sua classificação técnico-formal.

O 3.º/1 da 3.ª Diretriz identifica a transmissão de património em sede de fusão como um caso de *dissolução sem liquidação* das sociedades incorporadas ou fundidas; técnica, aliás, muito grata à doutrina francesa. Entre nós, o recurso à *dissolução sem liquidação* não vingou nos textos legais e muito menos na doutrina. A razão é simples. A dissolução de uma sociedade é entendida, no nosso ordenamento, como um efeito modificativo da relação jurídica constituída pelo contrato de sociedade; e não como um facto extintivo[2]. Enquanto efeito, a dissolução está dependente da verificação dos factos jurídicos que a produzem. Tais factos são as causas legais e contratuais de dissolução, previstas no 141.º. A modificação na relação jurídica societária que a dissolução introduz, concretiza-se pela entrada da sociedade em *fase de liquidação*. 12

Totalmente diferente é a *extinção* das sociedades. Tal como a dissolução, a extinção é, igualmente um efeito jurídico; mas enquanto que a dissolução opera a passagem de uma sociedade *"em fase ativa à fase da liquidação"*[3], a extinção produz o fim da pessoa coletiva e da relação jurídica societária. É um *efeito jurídico extintivo*, causado pelos factos jurídicos previsto na lei, nomeadamente, pelo registo do encerramento da liquidação, nos termos do 160.º/2. 13

Face ao exposto, o legislador português não poderia ter adotado a expressão *"dissolução sem liquidação"* da 3.ª Diretriz. Tal seria tautológico, já que o efeito da dissolução é produzir a liquidação e, sem esta, a eficácia própria da dissolução não existe: ou há dissolução e liquidação ou, sem liquidação, não há dissolução. 14

[2] Neste sentido, por todos, Raúl Ventura, *Fusão*, 227-228 e, do mesmo autor, *Dissolução e Liquidação de Sociedades* (1987), 16 ss..

[3] Raúl Ventura, *Fusão*, 228.

15 6. **A construção germânica: *totale Universalsukzession*.** A transmissão do património em sede de fusão é vista na doutrina alemã como um caso de *totale Universalsukzession*: uma sucessão universal da sociedade incorporante ou da nova sociedade fundida às sociedades incorporadas ou fundidas.

16 O recurso à figura jurídica da *Universalsukzession* permitiu à doutrina alemã explicar a fusão como um modo de transferência de todo o património de uma sociedade para a outra, sem recurso ao princípio da especialidade[4].

17 Não obstante a permeabilidade da nossa ordem jurídica aos ventos germânicos, a verdade é que a doutrina da sucessão universal não vigou entre nós, como também não vigou em França e nem na Itália, onde a doutrina da *estinzione-creazione-sucessione universale* há muito foi abandonada.

18 Com efeito, a prevalência do entendimento da fusão como um *ato modificativo das sociedades* é pouco concordante com a tese da sucessão universal. Acrescente-se ainda que a sucessão universal poderia ser apta para explicar a dimensão objetiva da fusão, mas torna-se inoperante quando a tentamos integrar em uma dogmática unificadora dos diversos aspetos envolvidos na modificação societária em curso.

19 7. **Posição adotada: unidade interna dos efeitos translativo e extintivo.** Terminologicamente, a redação do 112.º, *a*), é infeliz ao assumir que o património das sociedades incorporadas ou fundidas *se transmite* para a sociedade incorporante ou para a nova sociedade. É infeliz porque *transmissão* não é o conceito que melhor exprime o que ocorre na fusão[5]. Tão pouco existe unidade quanto à estrutura do efeito translativo. Quando analiticamente considerado, chegamos à seguinte conclusão: *(i)* quanto a algumas situações jurídicas, a transmissão surge acompanhada de uma modificação estrutural das situações jurídicas em causa (por exemplo, quanto à posição dos credores, quando a fusão envolva medidas de proteção – 98.º/1, *g*) e *h*); *(ii)* quanto a outras, a transmissão parece quadrar uma hipótese de sub-rogação pessoal da nova sociedade ou da sociedade incorporante; *(iii)* por fim, hipóteses existem ainda em relação às quais as situações jurídicas subsistem, deixando de produzir efeitos quanto às sociedades extintas, sem que de transmissão, em sentido próprio, se possa falar (por exemplo, num negócio conjunto em que as sociedades incorporante e incorporada surjam a titular a mesma posição contratual).

20 Impõe-se, portanto, uma correção no ângulo de perceção normativa. A noção de "transmissão" deve ser entendida como uma modificação do centro de imputação jurídica em relação ao qual certa situação produz os seus efeitos.

21 A fusão é um ato de concentração primária[6], marcado pela unificação de recursos patrimoniais e financeiros em ordem a uma máxima otimização económica. As unidades económicas individualmente consideradas encontram-se, na fusão, destinadas a perder a sua individualidade originária e a confundir-se numa única e mesma estrutura empresarial.

22 Ora, por regra, a personificação das sociedades comerciais consubstancia uma personificação de unidades económicas (mais ou menos complexas). Quando observamos a transmissão de direitos e obrigações, prevista no 112.º, *a*), sob esta ótica, é fácil entender que tal locução nor-

[4] Karsten Schmidt, *Gesellschaftsrecht*, 4. Auflage (2002), 356. Cf., igualmente, em uma construção doutrinal mais antiga, Jürg Suter, *Die fusion von Aktiengesellschaften im Privatrecht und im Steuerrecht* (1966), 11-15.

[5] Com desenvolvimento, cf. o nosso *Pessoa coletiva e sociedades comerciais* cit., 645 e ss.

[6] Engrácia Antunes, *Os Grupos de Sociedades – Estrutura e organização da empresa plurissocietária*, 2.ª ed., 2002, 48 e ss. Sobre a fusão como concentração e os seus motivos, cf., com abundantes referências, Brend Sagasser/Thomas Bula/Thomas R. Brünger, *Umwandlungen*, 2011, 132 e ss.

mativa outra coisa não expressa que a perda da individualidade originária das situações jurídicas que integram as unidades económicas objeto de concentração. Tal perda de individualidade traduz-se, normativamente, num único fenómeno de imputação jurídica.

O que fica dito permite uma formulação positiva do efeito extintivo: o que ocorre na fusão não é uma extinção de centros de imputação mas sim uma unificação do fenómeno de imputação jurídica. A fusão de sociedades corresponde, portanto, a uma unicidade do fenómeno de imputação, enquanto expressão jurídica da perda de individualidade económico empresarial das diversas sociedades envolvidas. 23

Tal unicidade de imputação jurídica é normativamente revelada sob o binómio: *(i)* transmissão de direitos e obrigações e *(ii)* extinção das sociedades fundidas ou incorporadas. Porém, os efeitos translativo e extintivo não são propriamente dois efeitos autónomos da fusão e, por isso, de difícil articulação dogmática. Pelo contrário: gozam antes de uma acentuada unidade interna na medida em que traduzem normativamente o mesmo fenómeno fundamental: uma vicissitude de imputação jurídica. 24

IV – Efeitos pessoais da fusão

8. **A aquisição da qualidade de sócio** na sociedade incorporante ou na nova sociedade: com a fusão, os sócios das sociedades incorporadas ou fundidas tornam-se sócios da sociedade incorporante ou da nova sociedade. O efeito previsto no 112.º, *b*), tem sido entendido como um modo de aquisição de uma participação social na sociedade resultante da fusão. Tal *aquisição* levanta sérias dificuldades quanto à determinação da sua natureza jurídica. Trata-se de uma aquisição originária ou, ao invés, de uma aquisição derivada? E sendo uma aquisição, como justificar toda a realidade normativa que aponta para uma continuidade do *status socii* antes e após a fusão? 25

A tese da *aquisição derivada* tem sido rejeitada. Com efeito, a fusão não corresponde a um negócio jurídico referente a participações sociais dando origem a formas derivadas de aquisição da sua titularidade. 26

Já a tese da *aquisição originária* conheceu entre nós defensores, nomeadamente em Raúl Ventura. Segundo esta tese, a troca de participações sociais mais não seria que a verificação do duplo efeito extintivo/constitutivo da fusão. Com a extinção das sociedades incorporadas ou fundidas dar-se-ia igualmente a extinção das participações sociais dos seus sócios e, simultaneamente, a aquisição, a título originário, de novas participações sociais na sociedade incorporante ou na nova sociedade – seria este o sentido do 112.º, *b*). 27

A *aquisição originária* das participações sociais não está de acordo com a real vontade dos sócios nem com o perfil económico e jurídico da fusão. No processo de fusão, não se procura a aquisição de uma nova participação social, como se da constituição de uma nova sociedade se tratasse. Aliás, a aquisição da participação social na sociedade beneficiária é decorrente, como vimos, de uma avaliação da participação já detida. Essa avaliação obedece a um critério normativo de *tutela dos sócios*, garantindo-se, para o efeito, que o valor apurado corresponde ao valor real das participações sociais detidas. 28

A aquisição de uma nova participação social é, portanto, uma decorrência de um Direito anterior. A garantia de que o sócio receberá uma nova participação social correspondente ao valor real da participação social anteriormente detida torna o recurso a uma *aquisição originária* pouco concordante com o escopo jurídico da fusão. 29

Por outro lado, a existir uma pura aquisição originária, ficam por justificar plenamente o conjunto de situações jurídicas que garantem uma continuidade da posição jurídica dos sócios 30 entre a sociedade incorporada ou fundida e a sociedade incorporante ou a nova sociedade, não obstante as alterações verificadas no seu *status*.

31 9. **Posição adotada**. Uma vez mais, a redação do 112.º induz-nos em erro ao sugerir que a aquisição da qualidade de sócio na sociedade incorporante ou na nova sociedade se dá por um efeito extintivo/constitutivo da fusão. Na verdade, os sócios não adquirem uma nova participação social, diferente da que detinham na sociedade fundida ou incorporada. Ao contrário: a sua participação social é a mesma antes e após a fusão mas desta sorte referente à sociedade beneficiária do processo de modificação societária em causa. Sem dúvida que tal participação social pode sofrer modificações, como aliás sucede na própria transformação de sociedades (130.º e ss.). Porém, é a mesma e a única participação social que está em causa.

32 Em suma: não é possível afirmar um momento em que na esfera jurídica do sócio a participação social referente à sociedade incorporada ou fundida se extingue e outro em que surge uma nova participação, desta sorte referente à sociedade incorporante ou à nova sociedade. Ao contrário: deve antes afirmar-se que a participação social se mantém a mesma, antes e após a fusão.

33 A este propósito, afirmava Simonetto: "*(...) Le participazioni sociali non si estinguono ma si unificano intorno al núcleo sociale non piu plurimo ma único.(...) l'unificazione dei patrimoni deriva dall'unificazione dei complesi personali e della riunione delle partecipazioni intorno all'unificata entità sociale*"[7].

34 Assim como os direitos e obrigações não se transmitem da esfera jurídica de uma sociedade para outra, como atrás apontámos; assim também as participações sociais não se extinguem para serem substituídas por outras, adquiridas a título originário. Antes se mantêm, em razão de identidade, durante e após a fusão.

35 O entendimento aqui preconizado é o que melhor garante a compreensão e harmonia com a dogmática geral do instituto; mas é também aquele que mais potencialidades revela para a *praxis* jurídica. Com efeito, ao afirmar-se a identidade da participação social antes e após a fusão estão abertos flancos a soluções práticas inovadoras. Pense-se, a título de exemplo, no caso das garantias que incidam sobre as participações sociais ou no caso dos acordos parassociais. Se as participações sociais não se extinguem tampouco se extinguem tais garantias ou os direitos e obrigações emergentes de tais acordos, salvo no que seja manifestamente incompatível com a fusão.

V – **O efeito extintivo fusão**

36 10. **Reenquadramento normativo**. O efeito extintivo da fusão necessita de ser ponderado com especial cuidado. Em primeiro lugar, cumpre salientar que o escopo da fusão é totalmente alheio à extinção das sociedades intervenientes. As partes não visam com a fusão extinguir sociedades mas sim modificá-las. O efeito extintivo não é assim nem o principal nem o mais relevante efeito da fusão. Porém, se isto é verdade, também não o é menos que o resultado final da fusão – enquanto mecanismo de concentração sócio-empresarial – exige o desaparecimento da autonomia jurídica das sociedades incorporadas ou fundidas.

37 Destas observações resultam dois critérios hermenêuticos na interpretação do 112.º: (a) a necessidade da desvalorização do efeito extintivo da fusão na construção dogmática e na con-

[7] Cf., do autor, *Delle società – Trasformazione e fusione delle società, società costituite all'estero od operanti all'estero* (1965), 115.

cretização normativa prática; e (b) a necessidade de limitar a compreensão do efeito extintivo tão só à cessação da autonomia jurídica das sociedades incorporadas ou fundidas, sublinhando a natureza transformadora do instituto.

Por pano de fundo temos a unidade interna dos efeitos translativo e extintivo, já assinalada. 38

Contra a técnica adotada no 19.º/1 da 3.ª Diretriz, o legislador português construiu – erradamente – o 112.º a partir do efeito extintivo da fusão. Com efeito, na redação do 112.º a extinção das sociedades aparece como o primeiro efeito da fusão e como causa da transmissão do património e da aquisição da qualidade de sócio na sociedade incorporante ou na nova sociedade. Esta redação legislativa induz concretizações normativas incorretas como sejam a *sucessão universal* e a *aquisição originária*, como vimos. 39

Ora, o efeito extinto não é a causa da transmissão do património e da aquisição da qualidade de sócio mas antes uma sua consequência. Quer isto dizer: a fusão não corresponde à extinção de uma sociedade à qual outra sociedade sucede universalmente no seu património, adquirindo os sócios, a título originário, uma participação social nesta última; corresponde antes à reunião, na sociedade incorporante ou na nova sociedade, dos elementos patrimoniais e pessoais das sociedades incorporadas e fundidas. 40

O efeito extintivo surge, assim, como uma consequência dessa reunião dos elementos patrimoniais e pessoais da fusão e não como sua causa. Em rigor, as sociedades que se extinguem são sociedades *sem património* e *sem sócios*. Se pudéssemos cindir no tempo os efeitos do 112.º, a extinção das sociedades seria cronologicamente posterior aos efeitos patrimoniais e pessoais da fusão. 41

11. A **natureza do efeito extintivo** corresponde à natureza da unicidade de imputações *supra* assinalada. Mais recentemente, viemos sustentar a unicidade de imputações, por efeito da fusão, como uma hipótese de *confusão subjetiva* ou *confusão de imputações*: *"na confusão subjetiva (hipótese que naturalmente se circunscreve à personificação coletiva), extinguem-se uma ou mais subjetividades jurídicas por indiferenciação de imputação, daí decorrendo a inconveniência, para o processo aplicativo do Direito, da manutenção conceptual da sua existência jurídica. (...) a extinção diz respeito a uma subjetividade jurídica em relação à qual, a título permanente e definitivo, não é possível imputar qualquer direito ou obrigação que o não seja também a outra pessoa coletiva"* [8]. 42

12. **Limitações ao efeito extintivo.** A jurisprudência documenta diversas limitações ao efeito extintivo, sublinhando a fusão como um ato modificativo de sociedades. 43

No direito do arrendamento, por exemplo, é doutrina comum que a fusão não determina a caducidade dos contratos de arrendamento por extinção do arrendatário – por exemplo, STJ 6-dez.-2006 (Oliveira Barros)[9] – e, em matéria contra-ordenacional, reconhece-se que a extinção das sociedades não determina a extinção dos procedimentos contra-ordenacionais em curso[10]. 44

Desde 2004 que existe jurisprudência uniformizada acerca do alcance e limites do efeito extintivo da fusão. Pode ler-se em STJ 2-jun.-2004 (António Silva Henriques Gaspar), DR I Série-A, de 21-jun.: 45

[8] *Pessoa coletiva e sociedades comerciais* cit., 651 e ss.

[9] "I. Dum ponto de vista substancial, que não apenas formal, a extinção das sociedades incorporadas referida no 112.º, al. *a*), CSC não constitui uma verdadeira extinção, mas sim, e apenas, uma transformação dessas sociedades": STJ 6-dez.-2006 (Oliveira Barros), Proc. 06B3458.

[10] Por exemplo, RLx 19-jun.-2002 (Sarmento Botelho), AcD 488-489 (2002), 1236-1244; RLx 4-fev.-2004 (Paula Sá Fernandes; vencido: Sarmento Botelho), Proc. 9963/2002; RPt 18-abr.-2005 (Fernandes Isidro), Proc. 0446183.

(...) Diz a lei que com a fusão extinguem-se as sociedades incorporadas, ou todas as sociedades fundidas. Mas também não podem esquecer-se as finalidades dessas extinções; não se extingue tudo isso como um fim em si mesmo; extingue-se para substituir, extingue-se para renovar. Certamente são aproveitados os elementos pessoais, patrimoniais e até imateriais das sociedades participantes que se extinguem, mas a extinção não implica desaproveitamento.

Existe sempre, pois, um elemento decisivamente relevante na comparação entre o real e a construção jurídica – que é, como construção ao serviço de interesses, meramente instrumental –; os interessados, ao procederem à fusão, não têm intenção de morte, mas sim de melhor e longa vida para as sociedades e para a realização das finalidades com que foram constituídas. (...).

Artigo 113.º (Condição ou termo)

Se a eficácia da fusão estiver sujeita a condição ou termo suspensivos e ocorrerem, antes da verificação destes, mudanças relevantes nos elementos de facto em que as deliberações se basearam, pode a assembleia de qualquer das sociedades deliberar que seja requerida a resolução ou a modificação do contrato, ficando a eficácia deste diferida até ao trânsito em julgado da decisão a proferir no processo.

Bibliografia: António Menezes Cordeiro 1, 1125 e ss.; Miguel Pupo Correia, *Direito comercial – Direito da empresa*, 12.ª ed. (2011), 292 ss.; Paulo Olavo Cunha, *Direito das Sociedades Comerciais*, 5.ª ed. (2012), 900 e ss.; Jorge Pinto Furtado (2004), 545 ss.; Elda Marques, em *Código em comentário* 2 (2011), 310-312; Raúl Ventura, *Fusão, cisão, transformação de sociedades – Comentário ao CSC* (1990, 3.ª reimp., 2006), 277-288.

Índice

I – **Antecedentes normativos**
1. O DL 598/73, de 8-nov. 1

II – **Concretização normativa**
2. Condição ou termos suspensivos 2
3. Regime da condição e termo suspensivos 10
4. Modificações relevantes nos elementos de facto 11
5. Resolução ou modificação da fusão 13
6. Condição ou termo resolutivos 15

I – Antecedentes normativos

1 1. **O DL 598/73, de 8-nov.**. O 113.º tem origem no 15.º do DL 598/73 sem qualquer alteração. O preceito não foi alterado nas Reformas de 2006 e 2007, mantendo-se a referência a *contrato de fusão*, com as críticas que *infra* aduzimos.

II – Concretização normativa

2 2. **Condição ou termo suspensivos**. O termo e a condição são cláusulas típicas dos negócios jurídicos que se caracterizam por subordinar a produção de certos efeitos jurídicos à verificação de determinados eventos. Se o evento ao qual certo efeito se subordina é um *evento futuro certo*, a cláusula denomina-se *termo*. Se, ao contrário, o evento for um *evento futuro incerto*, estamos diante de uma condição. A distinção entre termo e condição passa, portanto, pela certeza ou incerteza da ocorrência do evento a que os efeitos se subordinam.

3 O termo pode ainda classificar-se consoante seja *dies certus an certus* ou *dies certus an incertus*. No primeiro caso, há certeza quanto à verificação do evento e quanto ao momento concreto da mesma verificação. O termo denomina-se *termo certo*. No segundo caso, há certeza quanto

à verificação do evento mas desconhece-se o momento concreto da sua verificação. O termo denomina-se *termo incerto*.

Quanto ao efeito a cuja verificação do evento se subordina, a condição e o termo podem classificar-se como *suspensivos* ou *resolutivos*. No primeiro caso, subordina-se o início da eficácia à verificação do evento em causa. No segundo, subordina-se à cessação da eficácia. 4

No 113.º vem previsto o termo e a condição suspensiva, isto é: a sujeição da eficácia da fusão à verificação de certo facto, certo ou incerto. 5

Na redação do 113.º manteve-se a referência ao *contrato* da fusão. A opção foi infeliz por duas razões: (a) em primeiro lugar, porque, desaparecida a escritura de fusão, torna-se mais difícil – se não impossível – identificar o que seja o contrato da fusão, já que as deliberações sociais de cada uma das sociedades não serão, com certeza, um contrato; e (b) em segundo lugar, porque a terminologia legal aponta para um compromisso de natureza dogmática a que o legislador deve ser alheio. 6

Com efeito, como já se sublinhou, a doutrina maioritária não vê na fusão um contrato entre sociedades mas sim uma deliberação modificativa do contrato social de cada sociedade interveniente. As Reformas de 2006 e 2007 vieram, aliás, aprofundar este entendimento. Falar, portanto, em contrato de fusão é dogmaticamente incorreto e induz uma *praxis* incorreta, levando o intérprete a procurar, fora das deliberações sociais, elementos jurígenos da fusão. Acrescente-se que representa a introdução de um discurso acentuadamente obrigacional, até aqui estranho à técnica legislativa. 7

A condição e o termo suspensivos devem constar de cada uma das deliberações sociais sendo que, o mais natural, é que conste do próprio projeto de fusão. Como os efeitos da fusão se produzem simultaneamente e quanto a todas as sociedades não poderão existir termos ou condições suspensivos apenas quanto a algumas das sociedades intervenientes. 8

Importante é, igualmente, distinguir entre a condição e o termo suspensivos da fusão e a possibilidade de sujeitar a produção de determinados efeitos envolvidos no processo de fusão à verificação de determinados factos futuros certos ou incertos. Quer isto dizer: para que se aplique o 113.º, é necessário que os efeitos subordinados pela condição ou termo sejam os efeitos previstos no 112.º. Fora estes – que são os constitutivos da fusão – podem as deliberações e o projeto de fusão fixar condições ou termos suspensivos para a produção de outros efeitos correlacionados com a fusão. Tais cláusulas não se encontram abrangidas por este artigo. 9

3. **Regime da condição e termo suspensivos**. À condição e termo suspensivos da fusão aplica-se o disposto nos 270.º e ss. do CC. Quanto à aplicação do 276.º do CC, Raúl Ventura defendeu que a natureza da fusão impedia a retroatividade da condição, já que não era possível que as sociedades se extinguissem retroativamente e os patrimónios se transmitissem com eficácia retroativa se, até então, se mantiveram autónomos. Não vislumbramos razão para defender tal posição. Com efeito, a retroatividade da fusão não implica a destruição dos atos jurídicos praticados mas sim a sua imputação a outra esfera jurídica: a sociedade incorporante ou a nova sociedade. Trata-se, tão-só, de tomar por data da produção dos efeitos da fusão outra (a do registo, por exemplo) que não a da verificação da condição. 10

4. **Modificações relevantes nos elementos de facto.** O 113.º permite a resolução ou a modificação do ato de fusão por verificação de *"mudanças relevantes nos elementos de facto em que as deliberações se basearam"*. Em causa está, ante a verificação de tais mudanças, permitir que no período que medeia entre a deliberação e a verificação do evento certo ou incerto a que a eficácia da fusão se encontra condicionada, que qualquer sociedade possa impedir a fusão, ou modificar os termos em que esta foi deliberada. 11

12 A expressão *mudança relevante nos elementos de facto* é já nossa conhecida do 102.º[1]. Existem, no entanto, algumas diferenças significativas. Em primeiro lugar, o 102.º tem aplicação no momento da deliberação da fusão e as mudanças em causa são quanto ao projeto. Justifica-se, portanto, que o comportamento da administração tenha em vista a correta formação da vontade dos sócios em assembleia geral, razão pela qual a relevância da mudança é um juízo que cabe à administração. Aqui, a mudança relevante ocorre entre a deliberação da fusão e a verificação da condição ou termo. Já se obteve o consenso necessário à fusão e o que se permite é destruir ou modificar a fusão deliberada. A relevância da mudança, para efeitos do 113.º, anda próxima, portanto, da alteração das circunstâncias do 437.º do CC. Não se exige que seja uma alteração anormal, como dispõe o 437.º, mas sem dúvida que o recurso aos *"princípios da boa-fé"* e aos *"riscos próprios do contrato"* são critérios a ter em conta na concretização da relevância da mudança verificada[2].

13 5. **Resolução ou modificação da fusão.** O 113.º é parco quanto ao regime da resolução ou modificação da fusão. Pode, contudo, afirmar-se que a resolução ou modificação da fusão são requeridas ao tribunal e previamente deliberadas em assembleia geral da sociedade que pretenda lançar mão do 113.º. Nada se diz quanto a esta deliberação, pelo que se aplicarão as regras normais quanto à convocação, quórum e deliberação. De salientar, no entanto, que o escopo do 113.º não pode permitir que os sócios vencidos na deliberação da fusão venham, a pretexto da verificação de mudanças relevantes, tentar impedir ou modificar a fusão deliberada.

14 A ação judicial é proposta contra todas as sociedades e antes da verificação do termo ou condição[3]. A eficácia da fusão fica diferida até ao trânsito em julgado da decisão.

15 6. **Condição ou termo resolutivos.** No 113.º prevê-se apenas a condição ou termo suspensivos, nada se dizendo quanto à possibilidade de sujeitar a resolução da fusão à verificação de termo ou condição.

16 A possibilidade de condicionar a fusão a condição ou termo resolutivo deve entender-se afastada pela própria natureza da fusão. Os sócios que queiram inverter a fusão, deverão lançar mão dos outros mecanismos previstos no CSC, como sejam a cisão ou a constituição *ex novo* das sociedades extintas. A justaposição à deliberação da fusão de uma condição ou termo resolutivo está, assim, ferida de nulidade.

17 Tal não significa, porém, que se não possa sujeitar a resolução da fusão à verificação de determinado evento futuro certo ou incerto, desde que o mesmo ocorra antes do registo ou na pendência de uma condição ou termo suspensivos. O que não se permite é que após a produção dos efeitos previstos no 112.º, a fusão possa ser resolvida.

Artigo 114.º (Responsabilidade emergente da fusão)

1. Os membros do órgão de administração e os membros do órgão de fiscalização de cada uma das sociedades participantes são solidariamente responsáveis pelos danos causados pela fusão à sociedade e aos seus sócios e credores, desde que, na verificação da situação patrimonial das sociedades e na conclusão da fusão, não tenham observado a diligência de um gestor criterioso e ordenado.

[1] *Vide* as anotações ao 102.º.

[2] Neste sentido, Raúl Ventura, *Fusão*, 279.

[3] Neste sentido, *ibidem*, 280.

2. A extinção de sociedades ocasionada pela fusão não impede o exercício dos direitos de indemnização previstos no número anterior e, bem assim, dos direitos que resultem da fusão a favor delas ou contra elas, considerando-se essas sociedades existentes para esse efeito.

Artigo 115.º (Efetivação de responsabilidade no caso de extinção da sociedade)

1. Os direitos previstos no artigo anterior, quando relativos às sociedades referidas no n.º 2, serão exercidos por um representante especial, cuja nomeação pode ser requerida judicialmente por qualquer sócio ou credor da sociedade em causa.

2. O representante especial deve convidar os sócios e credores da sociedade, mediante a publicação de aviso, a reclamar os seus direitos de indemnização, no prazo por ele fixado, que não pode ser inferior a 30 dias.

3. A indemnização atribuída à sociedade será utilizada para satisfazer os respetivos credores, na medida em que não tenham sido pagos ou caucionados pela sociedade incorporante ou pela nova sociedade, repartindo-se o excedente entre os sócios, de acordo com as regras aplicáveis à partilha do ativo de liquidação.

4. Os sócios e os credores que não tenham reclamado tempestivamente os seus direitos não são abrangidos na repartição ordenada no número precedente.

5. O representante especial tem direito ao reembolso das despesas que razoavelmente tenha feito e a uma remuneração da sua atividade; o tribunal, em seu prudente arbítrio, fixará o montante das despesas e da remuneração, bem como a medida em que elas devem ser suportadas pelos sócios e credores interessados.

Bibliografia: António Menezes Cordeiro 1, 1125 e ss.; *id.*, *Da responsabilidade civil dos administradores das sociedades comerciais* (1997); *id.*, *Os deveres fundamentais dos administradores das sociedades (artigo 64.º/1)*, em AAVV (2007), 19-60; Miguel Pupo Correia, *Direito comercial – Direito da empresa*, 12.ª ed. (2011), 292 ss.; Paulo Olavo Cunha, *Direito das Sociedades Comerciais*, 5.ª ed. (2012), 900 e ss.; Manuel A. Carneiro da Frada, *A Business Judgment Rule no quadro dos deveres gerais dos administradores*, em AAVV (2007), 61-102; Jorge Pinto Furtado (2004), 545 ss.; José Ferreira Gomes, *Da administração à fiscalização das sociedades – A obrigação de vigilância dos órgãos das sociedades anónimas* (2015); Elda Marques, em *Código em comentário* 2 (2011), 313-317; Raúl Ventura, *Adaptação do Direito Português à Terceira Directiva do Conselho da Comunidade Económica Europeia relativa às fusões de sociedades por acções*, DDC 4 (1980), 183-252; *id.*, *Fusão, cisão, transformação de sociedades – Comentário ao CSC* (1990, 3.ª reimp., 2006), 289-296.

Índice

I – **Origem** ***da ficta societas***
1. Sequência ... 1
2. *AktG* 1937 e 1965 ... 2
3. O DL 598/73, de 8-nov. ... 4
4. A 3.ª Diretriz ... 6

II – **Sujeitos passivos de responsabilidade**
5. Fusão por concentração ... 8
6. Fusão por incorporação ... 12
7. O ROC independente ... 14

III – **Danos causados pela fusão**
8. Danos aos sócios ... 20
9. Danos aos credores ... 23
10. Danos às sociedades extintas? ... 32

IV – **Os outros direitos resultantes da fusão**
11. Direitos *das* sociedades extintas ... 34
12. Direitos *contra* as sociedades extintas ... 41

V – **A intervenção do representante especial**
13. Sequência ... 45

14. Nomeação e remuneração 50
15. Conteúdo da atuação 51
16. Natureza da atuação 52

VI – **Destino da indemnização**
17. Atribuição à sociedade 55
18. Liquidação do ativo comum 58

VII – **Natureza da *ficta societas***
19. Exercício comum de posições jurídicas 59
20. Regime de repartição de ativos 63
21. Posição adotada 64

I – Origem da *ficta societas*

1 1. **Sequência**. Nos 114.º e 115.º surge regulada a responsabilidade dos membros dos órgãos de administração e fiscalização das sociedades participantes na fusão, pelos danos decorrentes da própria fusão para a sociedade, para os seus sócios e credores. Para tornar operante a imputação de danos e o exercício de outros direitos, o legislador ficciona, nos termos do 114.º/2, a existência das sociedades extintas por efeito da fusão: a *ficta societas* é, portanto, a sociedade extinta cuja existência se ficiona no contexto da responsabilidade emergente da fusão[1].

2 2. ***AktG* 1937 e 1965**. A *ficta societas* tem origem no §§ 243 (II) e 244 *AktG* 1937. Aí se previa que, para efeitos de atuação das pretensões das ou contra as sociedades extintas por efeito da fusão, haver-se-iam estas por existentes (*gilt die übertragende Gesellschaft als fortbestehend*), com as consequências processuais e substantivas daí decorrentes.

3 A redação dos §§ 243 e 244 *AktG* 1937 transitou para os §§ 349 (II) e 350 *AktG* 1965 e, mais tarde, para os §§ 25 e 26 *UmwG* (em sede de fusão por incorporação, aplicável também à fusão por concentração).

4 3. **O DL 598/73, de 8-nov.**. Aquando da elaboração do DL 598/73, o legislador português mostrou-se largamente influenciado pelo § 349 *AktG* 1965 e consagrou nos 16.º e 17.º uma solução idêntica:

> Artigo 16.º (Responsabilidade emergente da conclusão da fusão)
>
> 1 – Os administradores e, havendo-os, os membros do conselho fiscal ou o fiscal único de cada uma das sociedades participantes são solidariamente responsáveis pelos danos causados pela fusão à sociedade e aos seus sócios e credores, salvo se, na verificação da situação patrimonial das sociedades e na conclusão da fusão, tiverem observado a diligência de um gestor criterioso e ordenado.
>
> 2 – A extinção de sociedades ocasionada pela fusão não impede o exercício dos créditos de indemnização previstos no número anterior e, bem assim, dos créditos que, de acordo com as regras gerais, resultem, a favor delas ou contra elas, da fusão, considerando-se essas sociedades existentes para tal efeito.
>
> 3 – Os créditos de indemnização a que se refere o n.º 1 prescrevem no prazo de 5 anos, a contar da data da inscrição da fusão no registo comercial.
>
> Artigo 17.º (Efectivação de responsabilidade no caso de extinção da sociedade)
>
> 1 – Os créditos previstos no artigo anterior, quando relativos às sociedades referidas no seu n.º 2, serão exercidos por um representante especial, cuja nomeação pode ser requerida judicialmente por qualquer sócio ou credor da sociedade em causa.

[1] Com desenvolvimento, cf. o nosso *Pessoa coletiva e sociedades comerciais* cit., 657 e ss.

2 – O representante especial deve convidar os sócios e credores da sociedade, mediante aviso publicado num dos jornais mais lidos na localidade da respectiva sede, a reclamar os créditos a que se refere o número precedente, no prazo por ele fixado, não inferior a trinta dias.

3 – O representante especial aplicará na satisfação dos credores da sociedade a quantia obtida do exercício dos créditos desta, na medida em que eles não estiverem satisfeitos ou caucionados pela sociedade incorporante ou pela nova sociedade, repartindo o excedente entre os sócios, de acordo com as regras aplicáveis à partilha do activo de liquidação.

À parte da referência à ausência de confusão, decorrência lógica da ficção de existência 5
das sociedades extintas[2], os preceitos de 1973 são tradução quase literal do regime da *AktG*.

4. **A 3.ª Diretriz**. Estando ainda em vigor o regime de 1973, veio a lume a 3.ª Diretriz que 6
se ocupa, no 20.º, da responsabilidade civil emergente da fusão, criando a obrigação de os Estados-Membros adotarem legislação que preveja, pelo menos: (a) a responsabilidade civil dos membros dos órgãos de administração ou de direção; (b) pelos danos emergentes da preparação e realização da fusão; (c) causados aos acionistas; (d) da sociedade incorporada ou fundida (*ex vi* da remissão do 23.º para o 20.º, aplicável às fusões mediante a constituição de uma nova sociedade).

O legislador europeu concedia larga margem de liberdade aos legisladores nacionais, razão 7
pela qual, face ao teor dos 16.º e 17.º do DL 598/73, não se oferecia oportuna qualquer adaptação do Direito português à 3.ª Diretriz[3].

II – **Sujeitos passivos de responsabilidade**

5. **Fusão por concentração**. Nos termos do 114.º/1, respondem pelos danos emergentes da 8
fusão os administradores e membros dos órgãos de fiscalização *"de cada uma das sociedades participantes"*. Tal é substancialmente diverso do que resulta do texto da 3.ª Diretriz e do § 25 *UmwG*.

Com efeito, os 20.º e 21.º da 3.ª Diretriz limitam expressamente a responsabilidade dos 9
membros dos órgãos sociais às *sociedades incorporadas*, expressão esta que *ex vi* 23.º/1 deve ser lida como *sociedades extintas* (fundidas), quando em causa esteja uma fusão por concentração. Do mesmo modo, da aplicação do § 25 *UmwG*, conjugada com o § 36 (1), resulta que os sujeitos passivos de responsabilidade são os membros dos órgãos sociais das sociedades incorporadas e fundidas.

A maior abrangência do regime português é, todavia, meramente aparente. Desde logo, 10
nos casos de *fusão por concentração*, o 114.º/1 não se aplica aos membros dos órgãos sociais da nova sociedade: estes não praticaram, a esse título, qualquer ato passível de responsabilidade no processo de fusão, pela simples razão de tal sociedade não existir, enquanto tal, antes do registo definitivo.

Quanto a esta hipótese de fusão, o âmbito subjetivo de aplicação do preceito limita-se, 11
portanto, aos membros dos órgãos de administração e fiscalização das *sociedades fundidas*.

6. **Fusão por incorporação**. Maiores dúvidas se colocam na aplicação do 114.º/1 à sociedade 12
incorporante. Na Alemanha, a responsabilidade dos administradores e membros dos órgãos de fiscalização da sociedade incorporante tem sido reconduzida aos termos gerais[4]: a continuidade da existência jurídica da sociedade, dispensa a sujeição a um regime especial[5].

[2] Raúl Ventura, *Fusão, Cisão e Transformação de Sociedades* cit., 296.

[3] Raúl Ventura, *Adaptação do Direito Português à Terceira Directiva* cit., 232-233.

[4] Neste sentido, ainda em vigência do § 349 *AktG* 1965, Godin/Wilhemi, *Aktiengesetz (Kommentar)*, II, 3.ª ed., 1967, 1817-1819.

[5] Neste sentido, Raúl Ventura, *Fusão, Cisão e Transformação de Sociedades* cit., 290 (citando Pierre Van Ommeslaghe).

13 Tal orientação não merece reparos: em sede de fusão por incorporação, deve entender-se que o 114.º/1 apenas se aplica aos membros dos órgãos sociais das *sociedades incorporadas*. Ao ressarcimento dos danos resultantes da fusão imputáveis aos membros dos órgãos sociais da sociedade incorporante aplicar-se-á o regime geral[6].

14 7. **O ROC independente**. O previsto no 114.º/1 em nada altera o âmbito de aplicação do 73.º e ss. Os membros dos órgãos de administração responsáveis nos termos do 114.º/1 são os gerentes ou administradores das sociedades incorporadas ou fundidas (72.º/1). Também nesta sede há que entender aplicável o 80.º.

15 São igualmente sujeitos passíveis de responsabilidade, os membros do órgão de fiscalização cuja intervenção orgânica se reclama nos termos do 99.º/1, e cuja responsabilidade se encontra igualmente prevista no 81.º.

16 Maiores dúvidas se colocam quanto ao ROC ou SROC independente, que intervenha na fusão nos termos do 99.º/2: estão ou não abrangidos pela previsão do 114.º/1? O 21.º da 3.ª Diretriz encontra paralelo no CSC?

17 A orientação tradicional entende que não: a responsabilidade decorrente da intervenção do perito independente não se encontra especificamente regulada no CSC[7]. Contudo, uma vez que o legislador nacional teve por bem que à intervenção do perito, prevista no 10.º da 3.ª Diretriz, correspondesse o parecer de um ROC ou SROC independente, tal intervenção encontra-se abrangida pelo âmbito de aplicação do 82.º[8].

18 Ou seja: à responsabilidade pelos danos emergentes da fusão, quando imputáveis à intervenção do ROC ou da SROC prevista no 99.º/2, aplicar-se-á o regime geral do 82.º.

19 Justifica-se tal solução normativa se atendermos ao facto de que o ROC ou SROC independente não é um órgão das sociedades participantes na fusão e, como tal, tem uma intervenção não orgânica, de natureza idêntica à verificação das entradas em espécie (28.º) ou à avaliação das participações sociais nos termos do 105.º/2, por exemplo.

III – Danos causados pela fusão

20 8. **Danos aos sócios**. Do 114.º/1 resulta que a fusão pode causar danos aos sócios da sociedade: os sócios surgem, assim, como (possíveis) titulares de uma pretensão indemnizatória contra os administradores e membros dos órgãos de fiscalização das sociedades incorporadas ou fundidas.

21 Os danos causados aos sócios dizem respeito a uma incorreta relação de troca de participações sociais ou de um errado cálculo da contrapartida em dinheiro por efeito da fusão[9]. Ainda assim, para que haja lugar a responsabilidade, é necessário que o erro na relação de troca ou no cálculo da contrapartida gere um *dano direto* e próprio aos sócios visados, tal qual o exige o 81.º/1 (remetendo para o 79.º/1).

22 Por princípio, o erro quanto ao cálculo da contrapartida, é sempre um dano direto: implica a subvalorização de um crédito do sócio e a consequente diminuição do seu patrimó-

[6] Em sentido contrário, Raúl Ventura, *Fusão, Cisão e Transformação de Sociedades* cit., 290. O autor mantém a interpretação preconizada para o 16.º do DL 598/73, não obstante ser crítico quanto à solução legal e defender *de jure condendo* a solução hermenêutica proposta. Raúl Ventura, *Adaptação do Direito Português à Terceira Directiva* cit., 232-233.

[7] Raúl Ventura, *Fusão, Cisão e Transformação de Sociedades* cit., 290 e *Adaptação do Direito Português à Terceira Directiva* cit., 232-233.

[8] Neste sentido Menezes Cordeiro, *CSC anotado* cit., 82.º, 1.

[9] Para um enquadramento geral, cf., com referências, o nosso, *Fusão, Cisão e Transformação de Sociedades* cit., 135 e ss. e 166 e ss. e *CSC anotado* cit., 97.º, 59 e ss. e 99.º, 22 e ss. e ainda Elda Marques, em *Código em comentário* 2 (2011), 155 e ss.

nio. O mesmo não se pode afirmar, com a mesma certeza, ante uma incorreta relação de troca de participações sociais. Neste caso, como sublinha Grunewald, para que exista um dano direto é necessário que dessa incorreta relação de troca não resulte uma desvalorização da própria sociedade[10]. Quando tal aconteça, os sócios apenas poderão ter sofrido um dano reflexo, semelhante àquele que os danos causados pelos administradores à sociedade determinam na esfera jurídica dos sócios, por diminuição do valor da sua participação social, por exemplo.

9. **Danos aos credores**. Os credores das sociedades extintas sofrem danos causados pela fusão, afirma Raúl Ventura, sempre que, concorrendo eles como credores da sociedade incorporante ou da nova sociedade, *"a massa resultante da fusão não for suficiente para a satisfação dos seus créditos"*[11]. 23

Ainda em vigência do DL 598/73, o autor criticou a solução legal, entendendo haver um *exagero de tutela* decorrente da aplicação conjunta da pretensão indemnizatória e do direito de oposição[12]. Tal situação mantém-se no atual regime, de onde se impõe que se conheça a articulação entre as duas previsões normativas. 24

A principal questão a aclarar é saber se o dano causado pela fusão aos credores das sociedades extintas, previsto no 114.º, é juridicamente o mesmo *"prejuízo"* que fundamenta o exercício do direito de oposição (101.º-A). 25

Ora, o prejuízo que a fusão pode causar aos credores, enquanto elemento constitutivo do direito de oposição, mais não é do que uma *antecipação putativa* da violação do seu direito de crédito: trata-se do conhecimento de um *dano futuro*, cuja certeza da ocorrência, por efeito da fusão, legitima o recurso à oposição judicial, como meio preventivo de tutela. Assim se justifica que, havendo prejuízo e exercida a oposição, o efeito impeditivo do registo só possa ser afastado – para além das hipóteses de desistência ou consentimento do oponente [101.º-B/1, *a*) e *c*)] – uma vez satisfeito o crédito, prestada caução ou consignado em depósito o valor em causa [101.º-B/1, *c*) e *e*)]. 26

Ora, se o prejuízo decorrente da fusão, para efeitos de aplicação do 101.º-A, coincide com a não satisfação do direito de crédito contra as sociedades incorporadas ou fundidas, é forçoso concluir que tal prejuízo só poderá coincidir com os danos causados pela fusão, a que o 114.º alude, quando o direito do credor for atingido por terceiro (*in casu*, administradores ou membros do órgão de fiscalização), o que tendencialmente coincidirá com formas de tutela aquiliana de direitos de crédito[13]. 27

Com efeito, os danos previstos no 114.º são imputáveis a um ilícito praticado pelos administradores ou pelos membros do órgão de fiscalização, no exercício das suas funções. O âmbito de aplicação deste preceito coincide, tal como assinalado para a pretensão indemnizatória dos sócios, com o previsto no 79.º/1. 28

Ora, tal dano previsto no 114.º só poderá ser juridicamente coincidente com a violação do direito do credor se se admitir a violação de um direito de crédito por terceiro que não o devedor. Caso contrário, nunca haverá coincidência entre o prejuízo dos credores, como fundamento do direito de oposição, e os danos ressarcíveis nos termos do 114.º. 29

[10] Barbara Grunewald, *Umwandlungsgesetz Kommentar* (Lutter), 4.ª ed. cit., § 25, 15.

[11] Raúl Ventura, *Fusão, Cisão e Transformação de Sociedades* cit., 294.

[12] *Supra*, 193/V.

[13] Para um enquadramento geral, entre nós e com abundantes referências, cf. Santos Júnior, *Da responsabilidade civil de terceiro por lesão do direito de crédito*, 2003, em especial 446 e ss.; Menezes Cordeiro, *Tratado de Direito Civil Português*, II (*Direito das Obrigações*), I, 2009, 377 e ss. e Menezes Leitão, *Direito das Obrigações*, I (*Introdução. Da constituição das obrigações*), 10.ª ed., 2012, 264.

30 Independentemente do que se entenda sobre a tutela aquiliana dos direitos dos credores sociais, a verdade é que tendo sido correta a verificação da situação patrimonial das sociedades, não haverá lugar a danos ressarcíveis nos termos do 114.º[14]. É ainda verdade que, tendo havido oposição, nenhum dano resultante de uma incorreta avaliação do património das sociedades incorporadas ou fundidas[15] poderá ocorrer.

31 Desta observação resulta o *excesso de tutela* a que alude Raúl Ventura: aos credores é facultado um meio de tutela preventivo dos danos emergentes da fusão, cumulável com o seu ressarcimento, de onde poderão estes obter o ressarcimento dos danos emergentes da fusão mesmo quando os podiam ter evitado e não o quiseram fazer.

32 10. **Danos às sociedades extintas?** Verdadeiramente enigmática é a possibilidade das sociedades incorporadas ou fundidas serem, elas próprias, titulares de uma pretensão indemnizatória decorrente da fusão: qualquer eventual dano à sociedade incorporada ou fundida sê-lo-á sempre da sociedade incorporante ou da nova sociedade, dos seus sócios ou dos seus credores.

33 A impossibilidade de identificar um dano próprio da sociedade extinta[16], desloca o enquadramento da *ficta societas* para o quadro da operacionalidade das pretensões indemnizatórias de sócios e credores onde se joga, em última instância, a sua real utilidade (115.º).

IV – **Os outros direitos resultantes da fusão**

34 11. **Direitos *das* sociedades extintas**. Para além das pretensões indemnizatórias previstas no n.º 1, o 114.º/2 prevê ainda a existência de outras situações jurídicas cujo exercício cabe *às* ou *contra* as sociedades extintas.

35 As sociedades incorporadas podem gozar de direitos contra a própria sociedade incorporante, resultantes de comportamentos havidos na elaboração do projeto de fusão ou eventualmente do próprio projeto[17]. Recorde-se, aliás, que a natureza negocial do projeto de fusão convoca para o processo aplicativo do Direito muito do instrumentário jusobrigacional: as hipóteses de responsabilidade multiplicam-se.

36 Não será de afastar, igualmente, a existência de possíveis pretensões indemnizatórias das sociedades incorporadas ou fundidas entre si, aproveitando, nesse caso, a todas, a ficção prevista no 114.º/2. Mais difícil é conceber uma pretensão das sociedades fundidas contra a nova sociedade resultante da fusão, mas ainda assim não há que afastar liminarmente a hipótese.

37 As sociedades incorporadas podem gozar também de pretensões jurídicas contra terceiros que não as sociedades envolvidas no processo de fusão. Pense-se, por exemplo, nas eventuais pretensões indemnizatórias decorrentes da intervenção do ROC ou SROC independente. Também as eventuais pretensões indemnizatórias das sociedades incorporadas contra os membros dos órgãos sociais da sociedade incorporante conhecem aqui acolhimento[18].

[14] Neste sentido, como enquadramento geral da situação tutelada, Barbara Grunewald, *Umwandlungsgesetz Kommentar* (Lutter), I, 4.ª ed. cit., § 25, 16. Veja-se ainda, Stefan Simon, *Kölner Kommentar zum UmwG* (Dauer-Lieb/Stefan Simon), 2009, § 25, 17 e ss . e Jochen Stockburger, *Umwandlungsgesetz Kommentar* (Maulbestach/Klumpp/ /Rose), cit., § 25, 22.

[15] Neste sentido, como enquadramento geral da situação tutelada, Barbara Grunewald, *Umwandlungsgesetz Kommentar* (Lutter), I, 4.ª ed. cit., § 25, 16.

[16] Neste sentido, Raúl Ventura, *Fusão, Cisão e Transformação de Sociedades* cit., 294, o nosso *CSC anotado* cit., 114.º, 12 e Elda Marques, em *Código em comentário* 2 (2011), 313.

[17] Barbara Grunewald, *Umwandlungsgesetz Kommentar* (Lutter), I, 4.ª ed. cit., § 25, 23.

[18] Barbara Grunewald, *Umwandlungsgesetz Kommentar* (Lutter), I, 4.ª ed. cit., § 25, 24 e Rolf-Christian Stratz, *Umwandlungsgesetz/Umwandkungssteuergesetz Kommentar* (Schmitt/Hörtnagl/Stratz), 5.ª ed. cit., § 25, 29.

O 114.º/2 abrange ainda os casos em que as sociedades incorporadas ou fundidas gozem de pretensões indemnizatórias contra outros sujeitos como, por exemplo, os que respondem nos termos do 485.º CC. 38

As hipóteses ora apontadas – *maxime* as correspondentes a pretensões das sociedades incorporadas contra a sociedade incorporante[19] – apenas têm relevância para a aplicação do 114.º quando o resultado do exercício do direito aí previsto tenha por beneficiário final os sócios ou os credores da sociedade. 39

Se do exercício dos direitos em causa resultar a imputação final do interesse à própria sociedade beneficiária da fusão, não fará sentido recorrer à *ficta societas*: o direito será exercido pela própria sociedade resultante da fusão, tal como resulta da unicidade de imputações que caracteriza o processo em causa[20]. 40

12. **Direitos *contra* as sociedades extintas.** Distinta é a situação do exercício de direitos *contra* as sociedades extintas. Também aqui há que atender ao sentido útil da ficção no quadro da unicidade de imputação jurídica: as obrigações das sociedades extintas são imputadas à sociedade incorporante ou à nova sociedade pelo que, em princípio, é contra estas últimas que se dirigem as pretensões jurídicas de terceiros. 41

O recurso à *ficta societas* só se justifica, uma vez mais, quando o efeito final seja diverso do obtido pela atuação contra a sociedade incorporante ou contra a nova sociedade e beneficie diretamente os sócios ou credores das sociedades extintas. 42

Tal ocorre, desde logo, quando seja a própria sociedade incorporante ou a nova sociedade a titular de uma pretensão jurídica contra as sociedades incorporadas ou fundidas (e não apenas quanto aos membros dos seus órgãos sociais) resultante, por exemplo, de *culpa in contrahendo* na elaboração do projeto de fusão[21]. 43

Mas em tal hipótese, ou o recurso à *ficta societas* vem a permitir a satisfação do interesse dos credores, ou a correção do *direito à participação relativa* dos sócios, por exemplo; ou, então, é de todo inútil o recurso ao expediente normativo em causa. 44

V – A intervenção do representante especial

13. **Sequência.** A relevância da *ficta societas* diz respeito ao exercício das posições jurídicas reconhecidas no 114.º, cujo regime se encontra estatuído no 115.º. 45

Temos, portanto, que o 115.º se aplica *(i)* ao exercício dos direitos das sociedades extintas, dos seus sócios e credores contra os administradores e membros dos órgãos de fiscalização dessas mesmas sociedades, por danos resultantes da fusão; e ainda *(ii)* ao exercício dos outros direitos que resultem a favor ou contra as sociedades extintas. 46

Como vimos *supra*, a atribuição de uma pretensão indemnizatória às sociedades extintas apenas é juridicamente relevante quando o efeito final beneficie diretamente os sócios ou credores de tais sociedades e não as sociedades resultantes da fusão. O mecanismo previsto no 115.º, independentemente da titularidade do direito invocado, corrobora a observação enunciada. 47

[19] Recorde-se a estatuição da *não confusão*, prevista no § 25 (2) da *UmwG* e admitida entre nós como decorrência lógica da *ficta societas*.

[20] *"Se o dano é tanto da entidade incorporada como da entidade incorporante (benefícios fiscais não aproveitados)* – afirma Grunewald – *as pretensões deverão ser exercidas pela entidade incorporante, porque não faz sentido recorrer ao complicado processo previsto no § 25.º (2)."* –*Umwandlungsgesetz Kommentar* (Lutter), I, 4.ª ed. cit., § 25, 24.

[21] Barbara Grunewald, *Umwandlungsgesetz Kommentar* (Lutter), I, 4.ª ed. cit., § 25, 26.

48 Com efeito, todas as pretensões indemnizatórias previstas no 114.º ficam sujeitas a que *(i)* os sócios ou credores requeiram judicialmente a nomeação de um representante comum (115.º/1); *(ii)* representante comum esse que, uma vez nomeado, convidará os restantes sócios e credores a reclamarem os seus direitos de indemnização (115.º/2); sendo que *(iii)* a indemnização – independentemente da titularidade da pretensão – será atribuída à sociedade e utilizada para satisfazer os créditos não pagos ou caucionados dos credores reclamantes, sendo o excedente repartido pelos sócios, desde que credores e sócios hajam reclamado tempestivamente os seus direitos (115.º/3 e 4).

49 A *ficta societas* mais não é que um regime jurídico para o exercício, em mão comum, das posições jurídicas dos sócios e credores.

50 14. **Nomeação e remuneração**. O representante especial é nomeado pelo tribunal a requerimento de qualquer sócio ou credor (115.º/1). A sua atividade é remunerada e tem direito ao reembolso das despesas em que haja ocorrido no exercício das suas funções (115.º/5). Os montantes em causa e a sua repartição por sócios e credores é fixada pelo tribunal.

51 15. **Conteúdo da atuação**. Uma vez nomeado, o representante especial convida os restantes sócios e credores a reclamarem os seus direitos de indemnização no prazo por ele fixado, nunca inferior a 30 dias (115.º/ 2). Ao representante especial cabe o exercício efetivo dos direitos indemnizatórios tempestivamente reclamados, atuando os meios jurídicos que entender oportunos, em ordem ao interesse comum de todos os lesados.

52 16. **Natureza da atuação**. O representante especial não é um mandatário dos sócios ou dos credores; não representa nem a sociedade (que já não existe nem é um centro autónomo de interesses jurídicos), nem os seus sócios nem os credores sociais[22]. Tão pouco atua em nome próprio; antes *ex officio*. À sua cura está confiado o *interesse de todos os lesados pela fusão*[23] o que o poderá levar a ter que atuar contra o interesse da maioria[24].

53 Alguns autores sublinham a proximidade da atuação do representante especial com a atuação do administrador da insolvência[25]. Recorde-se, no entanto, que o 115.º/3 remete para as regras da liquidação de onde resulta que a conduta possível do representante especial é materialmente idêntica à do liquidatário da sociedade dissolvida.

54 Em boa verdade, tudo se passa como se se tratasse da liquidação de ativos e passivos supervenientes, embora sujeita a um regime especial. A intervenção do representante especial é de natureza análoga à do liquidatário, com as consequências hermenêuticas e integrativas que daí derivam.

VI – **Destino da indemnização**

55 17. **Atribuição à sociedade**. A *ficta societas* não proporciona só um modo de exercício comum (ou *coletivo*) de direitos, como também um específico regime de atribuição de bens.

56 Com efeito, estabelece o 115.º/2 que a indemnização resultante do exercício do representante especial é atribuída *"à sociedade"*. Em causa não está uma pretensão indemnizatória da própria sociedade mas antes a totalidade dos valores indemnizatórios devidos aos sócios e credores reclamantes.

[22] Neste sentido, com especial ênfase, Barbara Grunewald, *Umwandlungsgesetz Kommentar* (Lutter), I, 4.ª ed. cit., § 26, 15.

[23] Neste sentido, Raúl Ventura, *Fusão, Cisão e Transformação de Sociedades – Comentário ao Código das Sociedades Comerciais*, 1990, 300.

[24] Barbara Grunewald, *Umwandlungsgesetz Kommentar* (Lutter), I, 4.ª ed. cit., § 26, 15.

[25] Raúl Ventura, *Fusão, Cisão e Transformação de Sociedades* cit., 300.

O representante especial exerce conjuntamente os direitos dos sócios e credores (que são direitos próprios e individuais), e a indemnização deles resultantes forma um *ativo comum*: é esse o sentido da imputação à sociedade. 57

18. **Liquidação do ativo comum.** O ativo comum constituído pelo conjunto das diversas indemnizações, está destinado a ser repartido segundo o regime especial de liquidação previsto no 115.º/3, que prevê a remissão para as regras da partilha do ativo da liquidação. 58

VII – **Natureza da *ficta societas***

19. **Exercício comum de posições jurídicas.** A *ficta societas* é, antes de mais, um regime jurídico que sujeita o exercício de certas posições jurídicas, decorrentes do 114.º, a um concreto *modus operandi* normativamente materializado na intervenção do representante especial. 59

Em causa não está um processo de imputação: as situações jurídicas em causa são dos sócios e dos credores e assim permanecem em todo o processo aplicativo do Direito. Todavia, o exercício de tais posições jurídicas é unitário ou coletivo: mediante a intervenção do representante especial, observa-se que determinadas posições jurídicas individuais e autónomas são exercidas em *mão comum*. 60

Enquanto modo coletivo de exercício de posições jurídicas, a *ficta societas* diverge de outras formas de exercício em mão comum, como sejam, no âmbito societário, a contitularidade das quotas (222.º e ss.) ou ações (303.º). É, desde logo, estruturalmente diversa da contitularidade porquanto não assenta numa forma comum de propriedade[26]: as situações jurídicas em causa são individuais. Mas é também teleologicamente diversa, já que a atividade do representante especial não se orienta à satisfação do escopo juseconómico do direito em causa mas à defesa dos interesses de todos os lesados pela fusão (que hajam reclamado atempadamente o seu crédito). 61

Através da *ficta societas*, relações jurídicas autónomas (entre os sócios, credores e os sujeitos passivos de responsabilidade) surgem mediadas por um regime unitário que determina as condições do exercício das posições jurídicas a elas correspondentes. 62

20. **Regime de repartição de ativos.** A *ficta societas* consubstancia ainda um regime próprio de repartição de ativos, em larga medida decorrente da aplicação do regime da liquidação das sociedades dissolvidas. Aqui reside, de modo mais manifesto, o carácter remissivo da ficção, ao encaminhar o intérprete-aplicador para o universo normativo da liquidação. Manifesta-se ainda o carácter técnico da *ficta societas*: a ficção como técnica legislativa de remissão normativa. 63

21. **Posição adotada.** Ficcionar a existência de uma sociedade extinta é sempre ressuscitar, para o plano aplicativo do Direito, a pessoa coletiva como padrão decisório de casos concretos. Isso significa que a natureza da *ficta societas* deve ser compreendida a partir da própria estrutura problemática da personificação (cf. intr. 5.º e 6.º). 64

Na *ficta societas* está marcadamente presente a *pessoa-organização*. Ficcionar a existência da sociedade extinta é, sobretudo, fixar uma forma de *Handlungsorganisation*: uma estruturação normativa para o exercício de certas posições jurídicas. Contudo, a presença do núcleo proble- 65

[26] Com efeito, na origem do regime legal da contitularidade de participações sociais encontram-se os problemas associados à *compropriedade*, e à atenção a eles dedicada pela Lei alemã das *GmbH* de 1982 e, entre nós, pela Lei das Sociedades por Quotas, de 1901.

A referência a uma contitularidade no CSC – e não compropriedade – ficou aparentemente a dever-se à vontade do legislador de 1986 de não tomar partido quanto à natureza da participação social (como *res* objeto de propriedade ou de outro direito). Isto sem prejuízo de Raúl Ventura entender aplicável, subsidiariamente, à contitularidade de participações sociais o regime da compropriedade (*in Sociedades por quotas*, I, 1989, 498-500). Veja-se, aliás, o que dispõe o próprio 1404.º CC.

mático *pessoa-organização* surge *in casu* absolutamente dissociada da *pessoa-imputação* (e, naturalmente, da *pessoa-capacidade*).

66 A *ficta societas* materializa ainda um específico regime de atribuição de bens, marcado pela prévia constituição de um ativo comum e pela fixação das regras da sua liquidação. Ainda que com intensidade menor, encontram-se também aqui presentes vetores problemáticos associados à *pessoa-responsabilidade*.

67 A *ficta societas* é, portanto, uma ficção normativa e, como tal, uma remissão. Mas uma *remissão dogmatizada*: ficcionar a *societas* – e não simplesmente remeter diretamente para o regime de repartição do ativo e passivo superveniente em sede de liquidação, por exemplo – importa reconhecer que a especial intensidade dos núcleos problemáticos *pessoa-organização* e *pessoa-responsabilidade*, justifica que se trate a constelação de problemas em causa como uma sociedade, *i. e.*: como uma pessoa coletiva.

Artigo 116.º (Incorporação de sociedade detida pelo menos a 90% por outra)

1. O disposto nos artigos precedentes aplica-se, com as exceções estabelecidas nos números seguintes, à incorporação por uma sociedade de outra de cujas partes, quotas ou ações aquela seja a titular de pelo menos 90%, diretamente ou por pessoas que detenham essas participações por conta dela mas em nome próprio.

2. Não são neste caso aplicáveis as disposições relativas à troca de participações sociais, aos relatórios dos órgãos sociais e de peritos e à responsabilidade desses órgãos e peritos.

3. A fusão pode ser registada sem prévia deliberação das assembleias gerais, desde que se verifiquem cumulativamente os seguintes requisitos:

a) No projeto de fusão seja indicado que não há prévia deliberação de assembleias gerais, caso a respetiva convocação não seja requerida nos termos previstos na alínea *d*) deste número;

b) *(Revogada)*;

c) Os sócios tenham podido tomar conhecimento, na sede social, da documentação referida no artigo 101.º, a partir, pelo menos, do 8.º dia seguinte à publicação do registo do projeto de fusão e disso tenham sido avisados no mesmo projeto ou simultaneamente com a comunicação deste;

d) Nos 15 dias seguintes à publicação do registo do projeto de fusão não tenha sido requerida, por sócios detentores de 5% do capital social, a convocação da assembleia geral para se pronunciarem sobre a fusão.

4. Os sócios detentores de 10% ou menos do capital social da sociedade incorporada, que tenham votado contra o projeto de fusão em assembleia convocada nos termos da alínea *d*) do número anterior, podem exonerar-se da sociedade.

5. À exoneração pedida nos termos do número anterior aplica-se o disposto no artigo 105.º.

Bibliografia: António Pereira de Almeida, *Sociedades comerciais, valores mobiliários, instrumentos financeiros e mercados*, I (*As sociedades comerciais*), 7.ª ed. (2013), 711 e ss.; José Engrácia Antunes, *Os Grupos de Sociedades – Estrutura e organização jurídica da empresa plurissocietária* (2002), 375 ss.; António Menezes Cordeiro 1, 1125 e ss.; Miguel Pupo Correia, *Direito comercial – Direito da empresa*, 12.ª ed., 2011, 292 ss.; Paulo Olavo

Cunha, *Direito das Sociedades Comerciais*, 5.ª ed. (2012), 900 e ss.; Jorge Pinto Furtado (2004), 545 ss.; Elda Marques, em *Código em comentário* 2 (2011), 318-336; Raúl Ventura, *Adaptação do Direito Português à Terceira Directiva do Conselho da Comunidade Económica Europeia relativa às fusões de sociedades por acções*, DDC 4 (1980), 183-252; *id.*, *Fusão, cisão, transformação de sociedades – Comentário ao CSC* (1990, 3.ª reimp., 2006), 303-309*As recentes alterações ao regime da fusão de sociedades – A Lei n.º 19/2009, de 12 de Maio e o Decreto-Lei n.º 185/2009, de 12 de Agosto*, RDS I (2009) 3, 553-581.

Índice

I – **Antecedentes e Direito europeu**
1. A 3.ª Diretriz ... 1
2. A versão original do CSC ... 5
3. O DL 185/2009, de 12-ago. ... 11

II – **Teleologia geral**
4. A simplificação do processo ... 13

III – **Concretização normativa**
5. Âmbito de aplicação ... 14
6. Exclusão ... 18
7. Dispensa da realização das assembleias gerais ... 20

IV – **O direito de exoneração**
8. A necessidade de tutela dos sócios minoritários ... 23
9. Titularidade do direito ... 25
10. Regime ... 34

I – Antecedentes e Direito europeu

1. **A 3.ª Diretriz**. No Capítulo IV da 3.ª Diretriz (24.º a 29.º), encontram-se regulados os casos de incorporação de uma sociedade em outra que possua pelo menos 90% do seu capital social. 1

No regime aí previsto distinguem-se duas situações: (a) a detenção, por parte da sociedade incorporante, da totalidade do capital social da sociedade incorporada (24.º a 26.º); e (b) a detenção, pela sociedade incorporante, de pelo menos 90%, mas não da totalidade, do capital social da sociedade incorporada (27.º a 29.º). 2

Tal distinção de previsões normativas faria esperar um regime diferenciado. Tal, porém, não acontece. O regime jussocietário da incorporação de uma sociedade totalmente detida por outra, ou apenas detida em mais de 90%, mas não na totalidade, é fundamentalmente o mesmo. A distinção revela-se apenas útil quanto à diferente vinculação dos Estados-membros no que diz respeito à adoção do regime previsto para estes casos de coligação societária. 3

Ao passo que no caso da incorporação de uma sociedade totalmente pertencente a outra, a adoção do regime previsto na 3.ª Diretriz é uma *obrigação* dos Estados-Membros (24.º), no caso da incorporação de uma sociedade detida a mais de 90%, mas não na totalidade, os Estados-Membros são livres de transpor ou não para o seu direito interno o regime preconizado na 3.ª Diretriz (27.º). 4

2. **A versão original do CSC**. O 116.º não encontra correspondente no DL 598/73, de 8-nov., que nada dispunha acerca da fusão em casos de participação de uma sociedade no capital de outra. A origem do 116.º encontra-se, portanto, na transposição para a ordem jurídica interna do disposto na 3.ª Diretriz quanto à simplificação do processo de fusão em casos de coligação societária. 5

Aquando da elaboração do CSC, a conformidade do nosso direito interno com o disposto na 3.ª Diretriz exigia reconhecer que o legislador português estava *obrigado* a criar um regime simplificado de fusão para a incorporação de uma sociedade totalmente pertencente a outra (24.º a 26.º da 3.ª Diretriz) e que, caso desejasse, podia alargar esse mesmo regime à incorporação de sociedades detidas a mais de 90%, mas não na totalidade. 6

7 A opção do legislador de 1986 foi transpor os 24.º a 26.º da 3.ª Diretriz para o 116.º do CSC, mas não usar da faculdade prevista no 27.º: a versão original do 116.º tinha por epígrafe *"Incorporação de sociedade totalmente pertencente a outra"* e apenas se aplicava a situações de domínio total.

8 A opção do legislador de 1986 foi saudada por Raúl Ventura, para quem a existência de um direito de aquisição potestativa, previsto no 490.º, determinava a perda do interesse numa eventual fusão de uma sociedade detida em mais de 90% por outra sociedade[1]. As razões apontadas pelo autor não colhem. A possibilidade de uma posição dominante poder converter-se em domínio total não preclude, por razões várias, a utilidade jussocietária da fusão.

9 Com a redação originária do 116.º, a *praxis* jurídica viu-se confrontada com soluções normativas pouco concordantes. À fusão de sociedades detidas em mais de 90% mas não na totalidade, aplicava-se o disposto no 104.º. Ora, isto significava que, nos termos do 490.º, a sociedade dominante podia exercer o seu *direito de aquisição potestativa* dos 10% do capital social da sociedade dominada, mas, caso quisesse deliberar a incorporação da sociedade dominada, a sociedade dominante ver-se-ia limitada no seu direito de voto, nos termos do 104.º.

10 Era evidente a contradição valorativa e a difícil harmonização dogmática.

11 3. **O DL 185/2009, de 12-ago.**, veio alterar a redação do 116.º e aplicar o regime da incorporação de sociedades totalmente pertencentes a outra à incorporação de sociedades detidas em pelo menos 90%. O legislador fez assim uso da faculdade prevista no 27.º da 3.ª Diretriz. A atual redação do 116.º corresponde, fundamentalmente, à adaptação do regime anterior aos 27.º e 28.º do diploma comunitário.

12 A alínea *b*) do n.º 3 foi revogada, em conformidade com o fim da publicação autónoma do aviso de credores previsto no 100.º.

II – Teleologia geral

13 4. **A simplificação do processo**. Na esteira da 3.ª Diretriz, o legislador português simplificou substancialmente o processo de incorporação de uma sociedade detida em pelo menos 90% por outra entendendo que, nestes casos, a *ratio* da tutela dos sócios deve ser menos exigente. Por esta razão se justifica que os atos do processo da fusão que o 116.º dispensa digam sobretudo respeito à intervenção dos sócios no processo, *maxime* a relação de troca entre participações sociais que, no caso, não existe.

III – Concretização normativa

14 5. **Âmbito de aplicação**. A titularidade de pelo menos 90% do capital social da sociedade incorporada pela sociedade incorporante pode ser, nos termos do 116.º/1, uma titularidade direta ou indireta. Existe *titularidade direta* sempre que a sociedade incorporante seja, ela própria, a titular da referida percentagem do capital social da sociedade incorporada. Existe *titularidade indireta* sempre que a sociedade incorporante detenha tal percentagem através de pessoas que, em nome próprio mas por conta desta, detêm as participações sociais da sociedade incorporada.

15 Se o caso de titularidade direta não levanta dúvidas, já determinar o que se deve entender por pessoas que, em nome próprio mas por conta da sociedade incorporante, detêm as parti-

[1] *"(...) desde que a sociedade titular de 90% ou mais do capital da dominada tem o poder de adquirir as acções dos chamados accionistas livres – tal como estas têm o direito de fazer adquirir as suas quotas ou acções, inclusivamente, mediante troca com acções de dominante – a fusão das duas sociedades perde interesse"*. Cf., do autor, *Fusão*, 309.

cipações sociais da sociedade incorporada coloca mais dificuldades. Pergunta-se, em concreto, quem são as *pessoas* previstas no 116.º que detêm as participações sociais em nome próprio e em que é que consiste deter *por conta* da sociedade incorporante.

16 No 483.º/2, a lei prevê uma hipótese semelhante. Para efeitos de cômputo da participação de uma sociedade noutra, manda o 483.º/2 atender às ações de que uma pessoa seja titular por conta de qualquer das sociedades previstas nessa disposição. Vale aqui a mesma interpretação[2].

17 Assim, uma vez que a lei não distingue, as *pessoas* previstas no 116.º são todos os sujeitos de direito, singulares ou coletivos, de direito público ou privado que possam deter participações sociais. Tais pessoas agem por conta da sociedade incorporante sempre que exista título jurídico ao abrigo do qual tal titularidade deva ser imputada à esfera jurídica da sociedade. Tal é o caso do mandato sem representação (1157.º do CC)[3].

18 6. **Exclusão**. Nos termos do n.º 2 excluem-se, nas fusões por incorporação de sociedades detidas em pelo menos 90%: (a) as disposições relativas à troca de participações sociais; (b) relatórios dos órgãos sociais; e (c) as disposições relativas à responsabilidade desses órgãos e peritos.

19 Em concreto, deve entender-se excluída a aplicação dos 98.º/1, *e*) e *j*), 99.º, 114.º e 115.º. Tal corresponde ao 24.º da 3.ª Diretriz.

20 7. **Dispensa da realização das assembleias gerais**. Nos termos permitidos no 25.º da 3.ª Diretriz, o 116.º dispensa ainda a realização das assembleias gerais da sociedade incorporante e da sociedade incorporada, uma vez verificados os requisitos do n.º 3. No caso das sociedades detidas a 100%, a dispensa justifica-se plenamente. Em primeiro lugar, não faz sentido que se reúna a assembleia geral da sociedade incorporada, dado a sociedade incorporante ser a sua única sócia. Por outro lado, não parece que se justifique a intervenção dos sócios da sociedade incorporante na incorporação de uma sociedade que, afinal, é já por aquela totalmente detida, situação que configura, na expressão de Engrácia Antunes, uma situação a *meio caminho da fusão*[4].

21 A dispensa da realização da assembleia geral para os casos em que não existe um domínio total pode levantar algumas dúvidas nomeadamente no que diz respeito à tutela dos sócios minoritários. Há, todavia, que ter em conta o disposto na alínea *d*) do n.º 3 e a previsão de um direito de exoneração, nos termos dos n.ºs 4 e 5.

22 Em primeiro lugar, o legislador consagrou uma nova causa legal de exoneração. Ora, se tivermos em conta as limitações do 105.º quanto à admissibilidade da exoneração em sede de fusão e o facto da Reforma de 2006 haver excluído a transformação da sociedade como causa legal de exoneração, o regresso ao palco da alterabilidade das sociedades de mecanismos de *desinvestimento* societário é sempre de louvar[5].

IV – O direito de exoneração

23 8. **A necessidade de tutela dos sócios minoritários**. O alargamento do regime previsto no 116.º à incorporação de sociedades detidas em pelo menos 90% lança sob o palco da aplicação desta disposição legal a necessidade de tutelar os sócios minoritários. É o que exige o 28.º da 3.ª Diretriz. Essa necessidade de tutela é tanto mais evidente quanto a existência de uma posição

[2] *Vide* as anotações ao 483.º.

[3] Neste sentido, Engrácia Antunes, *Os Grupos de Sociedades – Estrutura e organização jurídica da empresa plurissocietária*, 2.ª ed. (2002), 286-287.

[4] Cf. *ibidem*, 706.

[5] Sobre o direito de exoneração e a vertente negativa do princípio da tutela do investimento, cf. o nosso *Fusão Cisão e Transformação de Sociedades Comerciais – A posição jurídica do sócio e a delimitação do* statuo viae (2008), 380 ss..

dominante de pelo menos 90% do capital social confere aos sócios minoritários o *direito de alienação potestativa*, previsto no 490.º/5 e 6.

24 Dada a proximidade sócio-económica entre uma fusão e uma situação do domínio total, não parece admissível que a tutela dos sócios minoritários seja menos intensa no primeiro caso do que no segundo. O regime da fusão previsto no 116.º exige, portanto, a criação de um adequado mecanismo de tutela das minorias que seja um *sucedâneo normativo* do direito de alienação potestativa. Tal mecanismo corresponde ao direito de exoneração previsto nos n.os 4 e 5.

25 9. **Titularidade do direito**. À semelhança do previsto em 105.º/1, o direito de exoneração consagrado no 116.º/4 assiste aos sócios que hajam, em assembleia geral, votado contra o projeto de fusão. Sucede porém que nos casos previstos no 116.º tal assembleia geral *não se realiza* (n.º 3) a menos que sócios representantes de pelo menos 5% do capital social da sociedade o requeiram [alínea *d*)].

26 Temos, portanto, que em rigor os sócios titulares de 10% ou menos do capital social da sociedade incorporada gozarão de direito de exoneração ***se*** se vier a realizar a assembleia geral prevista na alínea *d*) do n.º 3 e ***se*** nela votarem contra.

27 Ora, uma das condições – o voto contra – depende do comportamento do sócio visado, mas a outra – a realização da assembleia geral – já depende, em regra, da vontade de um conjunto mais ou menos alargados de sócios: o necessário para perfazer os 5% do capital social previstos na alínea *d*) do n.º 3.

28 Esta é uma diferença estrutural em relação aos casos de exoneração previstos no 105.º/1. Com efeito, a exoneração corresponde a um direito do sócio que em regra (ao menos quando é de fonte legal) não está dependente da sua participação relativa no capital social da sociedade[6], nem da convergência da vontade de outros sócios para o seu exercício.

29 Ora, o facto do 116.º/4 fazer depender o direito de exoneração do comportamento dos sócios em uma assembleia geral que apenas se realizará se os sócios detentores de pelo menos 5% do capital social o desejarem torna, na prática, os sócios minoritários com uma participação no capital social inferior a 5% prisioneiros da vontade de uma outra minoria.

30 Sublinhe-se: os sócios que poderão deter um direito de exoneração representam não mais do que 10% do capital social da sociedade incorporada e, desses, pelo menos metade (5% do capital social) terão que pôr-se de acordo quanto à realização da assembleia geral.

31 Se um dos escopos do direito de exoneração é, justamente, libertar os sócios minoritários da sujeição à vontade maioritária, não parece que faça sentido que tal escopo seja agora dificultado pelo possível aprisionamento de tais sócios a uma nova vontade maioritária: a correspondente a 5% do capital social por referência a um universo de 10%.

32 Menos razoável se torna esta solução quando comparada com o 490.º/5: a alienação potestativa é um direito de cada sócio livre cujo exercício não depende da vontade de nenhum outro sócio; porém, a exoneração é um direito cujo exercício fica dependente – a menos que o sócio detenha a percentagem do capital social prevista em 116.º/3, *d*) – da existência de mais sócios que queiram requerer a convocação da assembleia geral para se pronunciarem sobre a fusão.

[6] Dependente, entenda-se, diretamente. Quando o direito de exoneração surge como tutela de minorias contra a vontade maioritária ele está naturalmente associado a uma percentagem minoritária no capital social... Mas em tal caso, a percentagem de participação no capital social não é um requisito constitutivo do direito de exoneração. Podemos dizer que a exoneração *funcionalmente* serve a tutela dos sócios titulares de uma participação relativa minoritária mas *estruturalmente* ele não aparece dependente de qualquer participação relativa.

De jure condendo a melhor solução normativa seria: (a) ou atribuir direito de exoneração aos sócios previstos em 116.º/4 – independentemente da realização da assembleia geral prevista na alínea *d*) do n.º 3 – conferindo-lhes 30 dias a contar da publicação do registo do projeto de fusão para exercer o seu direito, fazendo assim coincidir o tempo para o exercício do direito de exoneração com o prazo para a dedução de oposição à fusão pelos credores sociais (101.º-A); (b) ou, simplesmente, permitir o exercício da *alienação potestativa* pelos sócios visados após a publicação do registo do projeto, adaptado o exercício do direito em causa ao *iter* do processo de fusão[7]. 33

10. **Regime**. O 116.º/5 manda aplicar ao exercício do direito de exoneração o disposto no 105.º. Acuse-se a infelicidade do legislador ao escolher o verbo *"pedir"* para qualificar o exercício do direito de exoneração. A exoneração não se pede: enquanto direito potestativo exerce-se, constituindo a sociedade na obrigação de adquirir ou fazer adquirir a participação social do sócio exonerando. 34

O exercício do direito de exoneração segue, portanto, o regime do 105.º para cujo comentário remetemos. De notar que se aplica também a *inoponibilidade das limitações à transmissão de participações sociais*, prevista no 105.º/4. 35

Artigo 117.º (Nulidade da fusão)

1. A nulidade da fusão só pode ser declarada por decisão judicial, com fundamento na inobservância da forma legalmente exigida ou na prévia declaração de nulidade ou anulação de alguma das deliberações das assembleias gerais das sociedades participantes.

2. A ação declarativa da nulidade da fusão só pode ser proposta enquanto não tiverem sido sanados os vícios existentes, mas nunca decorridos seis meses a contar da publicação da fusão definitivamente registada ou da publicação da sentença transita em julgado que delare nula ou anule algumas das deliberações das referidas assembleias gerais.

3. O tribunal não declarará a nulidade da fusão se o vício que a produz for sanado no prazo que fixar.

4. A declaração judicial da nulidade está sujeita à mesma publicidade exigida para a fusão.

5. Os efeitos dos atos praticados pela sociedade incorporante depois da inscrição da fusão no registo comercial e antes da decisão declarativa da nulidade não são afetados por esta, mas a sociedade incorporada é solidariamente responsável pelas obrigações contraídas pela sociedade incorporante durante esse período; do mesmo modo respondem as sociedades fundidas pelas obrigações contraídas pela nova sociedade, se a fusão for declarada nula.

Bibliografia: António Menezes Cordeiro 1, 1125 e ss.; Miguel Pupo Correia, *Direito comercial – Direito da empresa*, 12.ª ed. (2011), 292 ss.; Paulo Olavo Cunha, *Direito das Sociedades Comerciais*, 5.ª ed. (2012), 900 e ss.; Jorge Pinto Furtado (2004), 545 ss.; Elda Marques, em *Código em comentário* 2 (2011), 337-341; Raúl

[7] Alargando naturalmente o direito de alienação potestativa aos sócios das sociedades em nome coletivo e em comandita simples, excluídos do 490.º.

Ventura, *Adaptação do Direito Português à Terceira Directiva do Conselho da Comunidade Económica Europeia relativa às fusões de sociedades por acções*, DDC 4 (1980), 183-252; *id.*, *Fusão, cisão, transformação de sociedades – Comentário ao CSC* (1990, 3.ª reimp., 2006), 311-323.

Índice

I – Antecedentes e Direito europeu
1. Antecedentes normativos 1
2. As Reformas de 2006 e 2007 3

II – Causas da nulidade
3. Inobservância de forma 4
4. Invalidade das deliberações sociais 7

III – Declaração de nulidade
5. Prazo 9
6. Legitimidade 16
7. Publicidade da decisão 17

IV – Efeitos da nulidade
8. Reposição do *statu quo ante* 19
9. Os atos praticados entre o registo da fusão e a declaração de nulidade 22

I – Antecedentes e Direito europeu

1 1. **Antecedentes normativos**. O 117.º não tem paralelo no DL 598/73, de 8-nov.. Apenas com o CSC, o legislador passou a ocupar-se especificamente da nulidade da fusão. As causas de nulidade previstas no 117.º não são inovadoras. Com efeito, se não existisse o 117.º, não restaria dúvida acerca da validade da fusão ante a invalidade de alguma das deliberações sociais que a aprovam ou ante a inobservância da forma legalmente exigida. Tal decorreria das regras gerais e do próprio direito comum.

2 A atenção dedicada pelo legislador à nulidade da fusão justifica-se pelo disposto no 22.º da 3.ª Diretriz que fixa balizas precisas à liberdade dos legisladores nacionais na regulamentação da invalidade da fusão. Algumas dessas disposições, como veremos, afastam-se do regime geral da nulidade.

3 2. **As Reformas de 2006 e 2007**. As alterações introduzidas no 106.º pela Reforma de 2006, exigiam a alteração da redação do 117.º, o que não aconteceu. Com a Reforma de 2007, o legislador emendou a mão e harmonizou a redação do 117.º com as alterações introduzidas no *iter* da fusão.

II – Causas da nulidade

4 3. **Inobservância de forma**. A primeira causa de nulidade apontada no 117.º/1 é a inobservância da forma legalmente exigida. A história deste segmento normativo não é a mais feliz. Com efeito, antes da Reforma de 2006, o 117.º/1 dispunha que a fusão era nula com fundamento *"na falta de escritura pública"*. Com a Reforma, deixou de existir escritura pública de fusão; porém, o legislador de 2006 esqueceu-se de rever a redação do 117.º e, mesmo com as alterações introduzidas no 106.º, o 117.º continuava a estatuir a nulidade da fusão por falta de escritura pública.

5 A situação, se caricata, não oferecia problemas à *praxis*. Ao intérprete-aplicador, atento, caber-lhe-ia apenas dar por não escrita a referência à escritura pública e entender que a fusão era nula por invalidade das deliberações das assembleias gerais.

6 Porém, na Reforma de 2007, o legislador emendou a mão e veio substituir a falta de escritura pública por *"inobservância da forma legalmente exigida"*. Como, desaparecida a escritura pública, deixou de existir forma legalmente exigida para a fusão, a causa da nulidade aqui prevista não pode ser outra que a não observância da forma legal para a transmissão dos bens das sociedades incorporadas ou fundidas, nos termos do 106.º.

4. **Invalidade das deliberações sociais.** Afora a nulidade por falta de forma, a fusão apenas é nula por prévia declaração de nulidade ou anulação das deliberações das assembleias gerais das sociedades participantes. As causas da nulidade ou anubalidade das assembleias gerais são as gerais, previstas nos 56.º e 57.º. 7

A exigência de uma prévia declaração de nulidade ou anulação das deliberações sociais não significa que a ação declarativa de nulidade da fusão ocorra sempre em processo judicial autónomo e após o trânsito em julgado da ação que conheça a invalidade das deliberações. Tal é uma hipótese, como decorre, aliás, de um dos prazos fixado no n.º 2. Contudo, o que a lei exige é uma *"prévia declaração de nulidade ou anulação"*; isto é: uma decisão de mérito acerca da validade das deliberações sociais que configure um precedente lógico-jurídico do pedido de declaração de nulidade. Nada impede, portanto, que os interessados que venham, em momento posterior à fusão, arguir a invalidade de uma das deliberações sociais, peçam no mesmo processo, a declaração de nulidade da fusão. 8

III – **Declaração de nulidade**

5. **Prazo.** O prazo para intentar a ação de nulidade da fusão é limitado em razão (a) do momento da publicação do registo definitivo da fusão, nos termos do 112.º; (b) do momento da publicação da sentença transitada em julgado que declare nula ou anule algumas das deliberações sociais; e (c) do momento da sanação dos vícios existentes. 9

Nos casos enunciados em (a) e (b), a ação de nulidade só pode ser proposta nos seis meses subsequentes às respetivas publicações. Afasta-se, aqui, a regra geral do 286.º do CC segundo o qual a nulidade é invocável a todo o tempo. A nulidade da fusão é, portanto, sanável, por decurso do prazo de seis meses sobre a publicação do registo definitivo da fusão ou sobre a publicação da sentença transitada em julgado que reconheça a invalidade das deliberações sociais. 10

Independentemente do período de seis meses a contar das referidas publicações, a ação de nulidade não pode ser proposta se os vícios houverem sido sanados. Os vícios em causa são os acima apontados: falta de forma e invalidade das deliberações. Esta modalidade de sanação da nulidade da fusão decorre do 22.º/1, *d*), da 3.ª Diretriz. 11

No caso da nulidade por falta de forma, a possibilidade de sanação do vício não levanta problemas práticos. Imagine-se, por exemplo, a fusão das sociedades *A* e *B* que, nos termos do 106.º, deveria ter sido reduzida a escritura pública. Após a publicação do registo definitivo da fusão, previsto no 112.º, os interessados têm seis meses para intentar a ação de nulidade mas não o poderão fazer se, entretanto, houver sido lavrada a correspondente escritura, sanando-se, assim, o vício da fusão. 12

Porém, torna-se de mais difícil aplicação a possibilidade de sanação do vício em caso de invalidade das deliberações sociais. Isto porque, em rigor, a causa de pedir da nulidade da fusão, em tais casos, não é o vício que gera a nulidade ou anulabilidade da deliberação social, mas sim a existência de uma prévia decisão de mérito acerca da validade de tais deliberações. Tal resulta claro do n.º 1, onde se afirma que a nulidade da fusão pode ser declarada com fundamento *"na prévia declaração de nulidade ou anulação de algumas das deliberações das assembleias gerais das sociedades participantes"*; e mais claro resulta ainda do n.º 2 quando se faz contar o prazo de seis meses para a propositura da ação de nulidade da fusão a partir do momento da publicação da *"sentença transitada em julgado que declare nula ou anule alguma das deliberações (...)"*[1]. 13

[1] Veja-se, a este propósito, Raúl Ventura, *Fusão*, 234.

14 Quando a declaração de nulidade da fusão for pedida cumulativamente com a declaração de nulidade ou anulação de deliberações sociais, a sanação do vício prevista no 117.º mais não é que a aplicação do 62.º quanto à decisão acerca da invalidade das deliberações sociais. Porém, se a ação declarativa de nulidade da fusão for proposta no prazo de seis meses após o trânsito em julgado da decisão que declara nula ou anula a deliberação social de alguma das sociedades participantes – como prevê o n.º 2 – não se nos afigura possível qualquer sanação do vício. Isto porque o vício que gera a nulidade ou anulabilidade de uma deliberação não pode ser sanado em momento posterior à sentença transitada em julgado que tenha reconhecido tal invalidade. A natureza e os efeitos de caso julgado não o permitem[2].

15 Nos termos do n.º 3, o Tribunal deverá fixar um prazo para a sanação do vício que determina a nulidade da fusão. Tal decorre do 22.º/1, *d*) da 3.ª Diretriz. Cremos, contudo, que tal prazo, concedido no exclusivo âmbito de uma ação declarativa de nulidade da fusão, apenas pode servir para a sanação dos vícios de forma, pelas razões já apontadas. Veja-se o comentário ao 62.º/3.

16 6. **Legitimidade**. O 117.º não fixa a legitimidade para intentar a ação de nulidade da fusão. Tratando-se, no entanto, de nulidade, dispõe o 286.º do CC que o vício pode ser invocado por qualquer interessado. Tal é o caso, como sustentava Raúl Ventura, das sociedades participantes, dos sócios e dos próprios credores sociais[3].

17 7. **Publicidade da decisão**. Do 22.º/1, *g*) da 3.ª Diretriz resulta a exigência de que a publicidade da decisão de nulidade da fusão seja a mesma exigida para a própria fusão. Em causa está a mesma publicidade exigida no 111.º: registo da decisão e consequente publicação.

18 Deve entender-se aplicável o mesmo regime decorrente do 111.º e do 67.º-A do CRC quanto à promoção do registo da decisão.

IV – **Efeitos da nulidade**

19 8. **Reposição do *statu quo ante*.** A nulidade da fusão, nos termos do 289.º do CC, tem efeito retroativo. Deve portanto reconstituir-se a mesma situação que existiria caso não houvesse existido fusão. As sociedades extintas renascem na sua individualidade jurídica, patrimonial, etc., os sócios das sociedades incorporadas ou fundidas deixam de ser sócios da sociedade incorporante ou da nova sociedade; a nova sociedade, constituída por efeito da fusão, deixa de existir.

20 Se o princípio não levanta dúvidas, a aplicação prática da eficácia retroativa da fusão pode ser bastante complexa, tanto mais quanto maior o tempo que decorrer entre a fusão e a sua declaração de nulidade. Em concreto, as participações sociais recebidas na sociedade incorporante ou na nova sociedade, por exemplo, podem já ter sido transmitidas a terceiros, amortizadas, dadas em garantia, etc. Dever-se-á procurar no âmbito do direito comum as soluções normativas que melhor se adaptem à múltipla casuística que pode surgir.

21 Quanto à reposição patrimonial, não sendo possível a restituição em espécie, há lugar à entrega do valor correspondente (289.º/1 do CC). Tendo decorrido tempo suficiente entre o registo da fusão e a declaração de nulidade para que na sociedade incorporante ou na nova sociedade se verifique a existência de lucros ou perdas, a melhor solução será encerrar o exercício ao tempo da declaração de nulidade da fusão e proceder à distribuição de lucros e perdas na proporção da avaliação feita aos respetivos patrimónios para efeitos da fusão[4].

[2] *Vide* as anotações ao 61.º.

[3] Cf. *Fusão*, 315.

[4] Neste sentido, Raúl Ventura, *Fusão*, 322.

9. **Os atos praticados entre o registo da fusão e a declaração de nulidade.** O n.º 5 cria um regime específico para os efeitos da nulidade quanto aos atos praticados pela sociedade incorporante ou pela nova sociedade entre o registo da fusão e a decisão declarativa da nulidade. Com a nulidade da fusão, e a consequente destruição dos efeitos previstos no 112.º, poder-se-ia questionar a validade e eficácia de tais atos e entendê-los abrangidos pela eficácia retroativa da nulidade. 22

A 3.ª Diretriz, ao regular a fusão por incorporação, adotou uma posição clara: o 22.º/1, *g)* estabeleceu que a nulidade da fusão não afeta a validade de tais atos. A alínea *h)* do mesmo número estatuiu a responsabilidade solidária da sociedade incorporante e das sociedades incorporadas pelos atos praticados por aquela no período que medeia o registo definitivo da fusão e a declaração de nulidade. 23

Nos termos do 23.º da 3.ª Diretriz, o regime vertido no 22.º aplica-se, igualmente, aos casos de fusão mediante a constituição de uma nova sociedade. O 117.º/5 reproduz esta opção normativa comunitária. 24

O regime da solidariedade é compreensível. No momento da prática dos atos cuja validade se salvaguarda a sociedade incorporante ou a nova sociedade englobava em si os elementos patrimoniais e pessoais das sociedades incorporadas ou fundidas, entretanto renascidas. Justifica-se que estas últimas – recuperada a sua individualidade jurídica e a sua autonomia patrimonial – respondam solidariamente por tais obrigações assumidas. 25

Secção II – Fusões transfronteiriças

Introdução

Bibliografia: AAVV, *Cross Border Mergers in Company Low and Competition Law: removing the final barriers – Portuguese Report*, in *Estudos de Direito Europeu* (2009), 553-586; Johannes Adolff, *Konkurrierende Bewertungssysteme bei der grenzüberschreitend Verschmelzung von Aktiengesellschaften – zu den Vorgaben des europäischen Gemeinschaftsrechts für di gerichtliche Überprüfung Umtauschverhältnisses*, ZHR 173 (2009) 67-100; Alessandro Carducci Artenisio, *Dall'armonizzazione minimale all denazionalizzazione: la direttiva 2005/56/CE in materia di fusioni transfrontaliere*, Giurisprudenza Commerciale, 35 (2008), 6, 1194-1223; Sandra Borba, *Fusões transfronteiriças* (diss. polic.), 2007; António Menezes Cordeiro, *Direito europeu das sociedades* (2005), 787 ss.; Rui Pinto Duarte, *Escritos sobre Direito das sociedades* (2008), 179 ss.; Célia Farinha, *Fusão de sociedades em Direito internacional privado* (diss. polic.), 1998; Domenico Faunele/Frederico M. Mucciarelli, *Questioni in tema di fusioni transfrontaliere*, Giurisprudenza Commerciale, 35 (2008), 4, 744-761; Francesco Ferrara Jr./Francesco Corsi, *Gli imprenditori e le società* (2006), 1012; Gilberto Gelosa/Massimo Insalaco, *Fusioni e scissioni di società. Profili civilistici e tributari* (2002), 596 ss.; Diogo Costa Gonçalves, *Fusões transfronteiriças. A transposição da 10.ª Directriz e a Proposta de Lei n.º 236/X*, RDS I (2009), 2, 339-377; *id.*, *As recentes alterações ao regime da fusão de sociedades – A Lei n.º 19/2009, de 12 de Maio e o Decreto-Lei n.º 185/2009, de 12 de Agosto*, RDS I (2009), 3, 553-581; Hanns F. Hügel, *Zur Europäischen Privatgesellschaft: Internationale Aspekte, Sitzverlegung, Satzungsgestaltung und Satzungslücken*, ZHR, 173, (2009), 309-353; Nils Krause/Norman Kulpa, *Grenzüberschreitende Verschmelzungen – Vor dem Hintergrund der "Sevic"-Entscheidung und der Reform des deutschen Umwandlungsrechts*, ZHR 171 (2007), 38-78; Friedrich Kübler/Heinz-Dieter Assmann, *Gesellschaftsrecht – Die privatrechtlichen Ordungsstrukturen und Regelungsprobleme von Verbänden und Unternehmen* (2006), 562 ss. (570); Paula Lourenço, *A fusão internacional de sociedades – A fusão intra-comunitária em especial*, (diss. polic.), 2000; Elda Marques, *Código em comentário* II (2010), 342-404; Hervé Le Nabasque, *Les fusions transfrontalières après la loi n.º 2008-649 du juillet 2008*, Revue des Sociétés (2008), 3, 493-530; Teresa Santos, *Fusão internacional de sociedades* (diss. polic.), 2000; Karsten Schmidt, *Gessellschaftsrecht* (2002), 339-340; Mathias M. Siems, *Sevic: Beyond Cross-Mergers*, European Business Organization Law Review (2007), vol. 8, 2, 307-316; Raúl Ventura, *Fusão, cisão, transformação de sociedades – Comentário* *ao Código das Sociedades Comerciais* (2006, 3.ª reimp.); *id.*, *Adaptação do Direito Português à Terceira Directiva do Conselho da Comunidade Económica Europeia relativa às fusões de sociedades por acções*, s/d.; Jan Wilhelm, *Kapitalgesellschaftsrecht* (2006), 27 ss.

Índice

I – Problemática geral
1. A transnacionalidade da fusão 1
2. O Direito internacional privado 4

II – O Direito europeu das sociedades
3. As necessidades do mercado único 7
4. O Projeto de Convenção relativa à fusão internacional de sociedades 9
5. A 3.ª Diretriz 11
6. A *primeira proposta* de 10.ª Diretriz 13
7. A proposta de 18-nov.-2003 18
8. O Parecer do Comité Económico e Social 21
9. O Acórdão *Sevic* 23
10. Cisão transfronteiriça? 27

III – A 10.ª Diretriz
11. Enquadramento geral 30
12. Âmbito de aplicação 33
13. Fiscalização da fusão 37
14. Participação dos trabalhadores 42

IV – A transposição da 10.ª Diretriz
15. Modelos de transposição: a *experiência italiana* 43
16. Cont.: a *experiência germânica* 45

V – A L 19/2009, de 12-mai.
17. Origem 49
18. Modelo de transposição 51
19. Crítica 54

I – Problemática geral

1 1. **A transnacionalidade da fusão**. A fusão, enquanto *processo de concentração jus-económico*, implica a prática de múltiplos atos societários nas distintas sociedades participantes, orientados à reunião dos diversos substratos empresariais num único e mesmo centro de imputação jurídica. Tal facto não pode, contudo, ocultar que à fragmentação procedimental da operação preside uma profunda unidade normativa e dogmática que constitui a autonomia jussocietária do instituto. A fusão não é, portanto, um feixe de atos societários que conservam a sua natureza jurídica isoladamente considerados; é antes um processo unitário, ainda que complexo, dogmaticamente autónomo dos atos singulares em que pode ser decomposto.

2 Pode, portanto, dizer-se que a fusão vive, na *praxis* e na dogmática, um permanente movimento *centrífugo* e *centrípeto*: por um lado exige-se a sua decomposição num conjunto de atos societários próprios do processo de concentração jurídica (elaboração do projeto, registo, deliberações das assembleias gerais, etc.) e, em parte, realizado por cada uma das sociedades envolvidas; por outro, reclama-se uma construção unitária do instituto, que garanta o seu perfil dogmático e a sua autonomia normativa.

3 Ora, neste contexto, compreende-se bem a problemática associada à *transnacionalidade* da fusão[1]. Em causa está, fundamentalmente, a concentração jurídica de sociedades sujeitas ao direito nacional de diversos Estados; sociedades essas que, por um lado, praticam cada uma delas um conjunto de atos societários próprios mas, ao mesmo tempo, todas elas estão a realizar uma única e mesma operação societária. Que disposições legais irão regular tal operação, é a primeira e mais fundamental questão que se coloca.

[1] Por *transnacionalidade* entenda-se, aqui, a sujeição da fusão a leis pessoais diferentes, não obstante a possibilidade de tal diferença de leis pessoais ocorrer no mesmo espaço cultural nacional ou até em uma mesma forma de organização jus-estadual.

2. **O Direito internacional privado.** A problemática da transnacionalidade das fusões, tal como formulada, é antes de mais, um problema do direito internacional privado das pessoas coletivas (33.° CC) e do direito internacional das sociedades comerciais (3.° e 4.°). 4

Dispõe o 33.°/4 CC: *"A fusão de entidades com lei pessoal diferente é apreciada em face de ambas as leis pessoais"*. Temos, portanto, que à luz do direito internacional privado português, para que a fusão de sociedades sujeitas a leis pessoais diferentes seja possível é necessária a observância de disposições normativas de todos os ordenamentos em causa[2]. É fácil imaginar quão difícil se torna (senão impossível, na prática) uma operação como esta onde a resposta do direito internacional privado não conduz à determinação de uma lei aplicável à fusão mas antes exige a observância de disposições legais de todas as leis pessoais das sociedades envolvidas. 5

Note-se, contudo, que é este o regime que se aplica às denominadas *fusões internacionais* (vide anotação ao 97.°), que estão fora do âmbito de aplicação da presente secção[3]. 6

II – O Direito europeu das sociedades

3. **As necessidades do mercado único.** Às dificuldades apontadas decorrentes da aplicação das normas de direito internacional privado, deve somar-se, no contexto do mercado interno europeu, a necessidade sentida de facilitar os processos de concentração de empresas enquanto meio expedito de crescimento e consolidação da economia europeia[4]. A realidade de um *mercado único* é, na verdade, pouco concordante com a existência de entraves à concentração económica. 7

A esta consideração some-se ainda o *princípio da liberdade de estabelecimento*, consagrado no 43.° do TCE, que, como se verá, representará, ao nível da jurisprudência da União, um importante papel na consolidação do regime das fusões tranfronteiriças. 8

4. **O Projeto de Convenção relativa à fusão internacional de sociedades.** Durante a década de sessenta, iniciaram-se os primeiros trabalhos no sentido de adotar no espaço europeu um regime unitário para as fusões transfronteiriças. A ideia inicial consistiu na adoção de uma *convenção* relativa à fusão internacional de sociedades que culminou, em 27-set.-1972, na elaboração de um projeto de convenção[5]. 9

No entanto, a regulamentação das fusões transfronteiriças era, ao tempo, manifestamente precoce: (a) não existia ainda qualquer normatividade acerca da fusão de sociedades no Direito Europeu; e (b) algumas ordens jurídicas nacionais – entre as quais a portuguesa – desconheciam ou pouca relevância normativa conferiam ao instituto da fusão[6]. Estas circunstâncias condenavam qualquer regulamentação das fusões internacionais à pesada tarefa de criar, em primeiro 10

[2] Quer segundo um critério cumulativo, quer segundo um critério distributivo.

[3] Após a transposição da10.ª Diretriz para a *UmwG*, pela *2.UmwGÄndG* de 19-abr.- 2007, ficou patente na ordem jurídica alemã a ausência de disposições normativas que regulassem as fusões internacionais. Iniciou-se então uma discussão acerca do direito internacional das pessoas coletivas que está na origem do *Referentenentwurf Gesetz zum Internationalen Privatrecht der Gesellschaften, Vereine und juristischen Personen*, que pode ser consultado em *www.bmj.de*. Aí se prevê, na versão disponível em agosto de 2010, uma alteração ao BGB na qual se introduz um regime referente a "Umwandlung" de pessoas coletivas. Para um panorama geral da discussão antes ainda da transposição da 10.ª Diretriz, *vide* Friedrich Kübler/Heinz-Dieter Assmann, *Gesellschaftsrecht – Die privatrechtlichen Ordungsstrukturen und Regelungsprobleme von Verbänden und Unternehmen* (2006), 552 ss.

[4] Com desenvolvimento e perspetivas críticas, *vide* Vicenzo Buonocore, "Problemi di diritto commerciale europeo", *Giurisprudenza Commerciale*, 35 (2008), 1, 5-34 e Theodor Baums, "Loi modèle européenne en droit des sociétés" *Revue des Sociétés* (2008), 1, 81-88.

[5] *Vide*, com referências, António Menezes Cordeiro, *Direito Europeu das Sociedades* (2005), 803.

[6] Em 1972, a fusão era apenas regulada entre nós pelos artigos 124.° a 127.° do Código Comercial. *Vide*, com referências, o nosso *Fusão, Cisão e Transformação de Sociedades Comercais – A posição jurídica dos sócios e a delimitação do* statuo viae (2008), 68 ss.

lugar, um regime substantivo da fusão e, no mesmo instrumento, resolver as questões referentes à *transnacionalidade* da operação.

11 5. **A 3.ª Diretriz**. Com a adoção da 3.ª Diretriz, os problemas inerentes à transnacionalidade da operação atenuaram-se: os Estados-Membros estavam agora sujeitos à mesma normatividade essencial no que diz respeito à fusão de sociedades, pelo que a operação transfronteiriça – mesmo se realizada na estrita observância das normas de conflitos de cada Estado-Membro – estaria agora mais facilitada pela aproximação normativa de cada direito interno.

12 O problema estava, com efeito, mais simplificado, mas longe de estar resolvido. Duas questões, pelo menos, se colocavam ainda: (a) a 3.ª Diretriz deixava suficiente margem de liberdade aos Estados-Membros para que pudessem surgir regimes nacionais de fusão com matizes particulares diferenciados, de onde a operação transnacional continuaria a poder contar com algumas dificuldades de harmonização normativa; (b) ficava, sobretudo, por saber se no contexto da mercado único, a realização de uma fusão transfronteiriça deveria ficar sujeita a direito internacional privado de cada Estado-Membro ou se o caminho seria a criação de um regime específico para esta operação internacional.

13 6. **A *primeira proposta* de 10.ª Diretriz**. O caminho para a adoção de um regime europeu relativo às fusões transfronteiriças conheceu um novo avanço relevante, em 1985, com a apresentação pela Comissão ao Conselho da *Proposta de Décima Diretriz do Conselho relativa a fusões transfronteiriças das sociedades anónimas*, de 14-jan.[7]. A proposta parecia reunir as condições adequadas à sua adoção, não fosse, porém, haver-se colocado novamente um *problema recorrente* do direito europeu das sociedades: a tutela dos trabalhadores, em especial, a já conhecida problemática da *cogestão*, que esteve na origem do abandono da proposta de 5.ª Diretriz referente à estrutura das sociedades anónimas[8].

14 Com efeito, a fusão de sociedades sujeitas à lei pessoal de diferentes Estados-Membros permite um (novo) confronto entre os sistemas que adotam um regime de participação dos trabalhadores nos órgãos sociais e aqueles que são estranhos a esta experiência. Mais: permite que o resultado final da fusão leve à subtração ao regime da cogestão de um universo de trabalhadores tutelados com este sistema e que, possivelmente, manterão os mesmos postos de trabalhos nas unidades económicas a que estão afetos.

15 Para tentar obviar este problema, o texto da primeira proposta de 10.ª Diretriz, previa no 1.°/3 uma cláusula de reserva de não aplicação: os Estados-Membros podiam não adotar a diretriz se de tal adoção pudesse resultar o fim da cogestão.

16 Esta claúsula de reserva de aplicação não chegou, todavia, para obter o consenso necessário à adoção da diretriz. A discussão alongou-se durante cerca de 20 anos, tendo a proposta apenas sido retirada em 2004, por a Comissão já não a considerar atual[9].

17 Todavia, durante os 20 anos em que a proposta esteve em discussão, foram dados passos importantes no que diz respeito à tutela dos trabalhadores e à sua presença no direito europeu das sociedades. Em causa esteve, fundamentalmente, a adoção do regime da SE (Regulamento (CE) n° 2157/2001 do Conselho, de 8-out.), completado pela Diretriz 2001/86/CE do Conselho, de 8-out., referente ao envolvimento dos trabalhadores na SE. O principal entrave à adoção da 10.ª Diretriz estava, assim, ultrapassado.

[7] Com desenvolvimento e referências, António Menezes Cordeiro, *Direito Europeu das Sociedades* (2005), 803-804.

[8] Com desenvolvimento, António Menezes Cordeiro, *Direito Europeu das Sociedades* (2005), 727 ss.

[9] *Vide* JOCE 2004/C5/02, de 9-jan.

7. **A Proposta de 18-nov.-2003**. A falta de atualidade da primeira proposta de 10.ª Diretriz ficou sobretudo a dever-se ao facto de a própria Comissão, em 18-nov.-2003, ter apresentado uma nova *Proposta de Diretriz do Parlamento e do Conselho relativa às fusões transfronteiriças de sociedades de capitais*[10]. 18

A diferença fundamental entre a primeira e a segunda propostas, como consta dos motivos justificativos desta última, reside no facto de se alargar o âmbito de aplicação das fusões transfronteiriças das sociedades anónimas a todas as sociedades de capitais – entendendo-se por tal as sociedades que *"se caracterizam pelo facto de terem uma personalidade jurídica e um património distinto, que responde por si só pelas dívidas da sociedade"*[11] – e na solução preconizada para a participação dos trabalhadores, tendo em conta o regime já criado para a SE. 19

No que ao regime da fusão diz respeito, a Proposta de 18-nov. aproxima-se muita da primeira proposta de diretriz[12]. 20

8. **O Parecer do Comité Económico e Social**[13]. Em 30-abr.-2004, o Comité Económico e Social pronunciou-se favoravelmente em relação à segunda proposta de 10.ª Diretriz, saudando, especialmente, o seu alargamento a outros tipos societários para além das sociedades anónimas, vendo nesse facto um incentivo ao desenvolvimento das pequemas e médias empresas (PME). Neste parecer, a referência a sociedades de capitais é reiteradamente substituída por *sociedades de responsabilidade limitada* que viria, depois, a surgir na designação da diretriz. 21

O Comité, contudo, formulou duas reservas: (a) a ausência na proposta de uma densificação normativa da responsabilidade dos administradores e peritos que intervêm na fusão; e (b) a necessidade de harmonizar a diretriz com outras propostas legislativas em matéria de reforma fiscal. 22

9. **O Acórdão *Sevic***. Paralelamente aos trâmites da adoção da segunda proposta de 10.ª Diretriz, o Tribunal de Justiça foi chamado a pronunciar-se sobre as fusões transfronteiriças no Processo n.° C-411/03, que viria a ser decidido em 13-dez.-2005[14] [15]. 23

Resumidamente, o caso em litígio consistia no seguinte: a *SEVIC – Systems AG* era uma sociedade de direito alemão com sede em *Neuwied* que pretendia fundir-se com a sociedade luxemburguesa *Security Vision*. Em 2002, foi celebrado o ato de fusão, de acordo com o disposto no § 4.°/1 da *UmwG*, sendo incorporante a sociedade SEVIC. Devido à falta de legislação nacional acerca de fusões transfronteiriças, a operação em causa foi realizada segundo o disposto na *UmwG*, isto é, segundo as disposições legais aplicáveis à sociedade incorporante. 24

Realizado o ato de fusão, a SEVIC requereu a sua inscrição no registo. O *Amtsgericht Neuwied* indeferiu o pedido de registo, considerando que a operação prevista no § 1.°/1 da *UmwG* apenas dizia respeito a fusões entre sociedades com sede na Alemanha. A SEVIC recorreu para o *Landgericht Koblenz*. O *Landgericht Koblenz* entendeu, porém, que a decisão acerca da possibilidade de inscrição de uma fusão entre sociedades de Estados-Membros diferentes dependia 25

[10] *Vide in* www.eur-lex.europa.eu com a referência COM/2003/0703 final. Pode ser igualmente consultada *in* António Menezes Cordeiro, *Direito Europeu das Sociedades* (2005), 788-802.

[11] *Vide* Proposta da Diretriz de 18-nov.-2003, ponto 3.1.

[12] Com referência a esta proposta, *vide* Friedrich Kübler/ /Heinz-Dieter Assmann, *Gesellschaftsrecht – Die privatrechtlichen Ordungsstrukturen und Regelungsprobleme von Verbänden und Unternehmen* (2006), 570.

[13] *Vide* JOCE 2004/C117/11, de 30-abr.

[14] Com referências, *vide* o nosso "Fusões Transfronteiriças. A transposição da 10.ª Diretriz e a Proposta de Lei n.° 236/X", RDS I (2009), 2, 339-377, 359 ss.

[15] Para além desta decisão, a doutrina aponta ainda evolução jurisprudencial trazida com as decisões *"Centros"*, *"Überseering"* e *"Inspire-Art"* como motores que impulsionaram a adoção da 10.ª Diretriz. Neste sentido, *vide* Friedrich Kübler/Heinz-Dieter Assmann, *Gesellschaftsrecht – Die privatrechtlichen Ordungsstrukturen und Regelungsprobleme von Verbänden und Unternehmen* (2006), 570.

da interpretação dos artigos 43.° e 48.° CE, razão pela qual suscitou no Tribunal de Justiça a questão prejudicial, que foi decidida no seguinte sentido:

> Os artigos 43. CE e 48. CE opõem-se a que, num Estado-Membro, a inscrição no registo comercial nacional de uma fusão, por dissolução de uma sociedade sem liquidação e por transmissão universal do seu património para outra sociedade, seja genericamente recusada quando uma das duas sociedades tem a sua sede noutro Estado-Membro, apesar de essa inscrição ser possível, respeitadas certas condições, quando ambas as sociedades que participam na fusão têm sede no território do primeiro Estado-Membro.

26 O *Acórdão Sevic* foi especialmente importante porquanto chamou à reflexão sobre a transnacionalidade da fusão jurisprudência o *princípio da liberdade de estabelecimento*[16].

27 10. **Cisão transfronteiriça?** Em 17-dez.-1982 foi adotada a 6.ª Diretriz sobre a cisão de sociedades anónimas, operação que, não se encontrando regulada na 3.ª Diretriz, esteve presente e foi discutida na elaboração daquele diploma (*vide* 118.º). Em janeiro de 1985, aquando da aprovação da primeira proposta de 10.ª Diretriz, o legislador comunitário podia contar, portanto, com uma regulamentação completa da fusão e também com a regulamentação daquele outro instituto que alguma doutrina considerava o seu *inverso lógico-jurídico*: a cisão de sociedades (*vide* 118.º).

28 Esta observação leva a questionar porque razão – não obstante a evolução apontada – o processo de elaboração da 10.ª Diretriz deixou sem previsão as hipóteses de cisão transfronteiriça. Esta questão tem ainda maior pertinência quando constatamos que a primeira forma de cisão regulada na 6.ª Diretriz é, precisamente, a *cisão por incorporação* (uma das modalidades da cisão-fusão: *vide* 118.º) onde a diferença fundamental face à figura da fusão por incorporação reside na pluralidade de sociedades beneficiárias (2.°/1 da 6.ª Diretriz). O próprio 2.°/2 da 6.ª Diretriz remete para o regime da 3.ª Diretriz.

29 Quando uma sociedade nacional de um Estado-Membro desejar dividir todo o seu património, destinando cada uma das suas partes à incorporação com outras sociedades já existentes, sendo pelo menos uma delas nacional de outro Estado-Membro, e extinguindo-se de seguida, que regime jurídico se aplicará a este caso de cisão por incorporação transfronteiriça? A 10.ª Diretriz deixa-nos sem resposta.

III – A 10.ª Diretriz

30 11. **Enquadramento geral**. O regime da 10.ª Diretriz é muito semelhante ao da 3.ª Diretriz. Não abundam as remissões para este diploma (ao contrário da primeira proposta de 1985) mas em alguns passos os preceitos são literalmente os mesmos. Dada a harmonização dos direitos nacionais conseguida pela transposição da 3.ª Diretriz, não seriam de esperar, portanto, especiais dificuldades na sua transposição.

31 O *iter* da fusão é em tudo semelhante ao regime das fusões internas. Especial atenção merece a *salvaguarda dos direitos nacionais*, garantida no 4.º[17]. Concretiza-se, fundamentalmente,

[16] Sobre a relevância desta decisão na ordem jurídica alemã, *vide* Nils Krause/Norman Kulpa, "Grenzüberschreitende Verschmelzung – Vor dem Hintergrund der Sevic-Entscheidung und der Reform des deutschen Umwandlungsrechts", *in ZHR* 171 (2007), 38-78.

[17] *Vide* o nosso "Fusões Transfronteiriças. A transposição da 10.ª Diretriz e a Proposta de Lei n.° 236/X", RDS I (2009), 2, 339-377, 347.

no seguinte: (a) a capacidade jurídica das sociedades para a operação de fusão transfronteiriça é fixada por cada Estado-Membro; (b) é garantido o direito de cada Estado inviabilizar a fusão invocando razões de interesse público, nos ternos do n.° 1, *b*); e (c) é dada a necessária liberdade aos Estados-Membros para, no respeito pela diretriz, fixar a forma e formalidades do processo, nomeadamente as relativas à deliberação da fusão, e à tutela dos sócios, dos credores, dos obrigacionistas e portadores de outros títulos e ainda dos trabalhadores.

Garante-se, assim, que a transposição da 10.ª Diretriz poderá respeitar a matriz própria que o instituto da fusão foi adquirindo em cada ordenamento jurídico nacional. 32

12. **Âmbito de aplicação**. O âmbito de aplicação da 10.ª Diretriz vem fixado nos 1.° e 3.°. Daí resulta que o regime das fusões transfronteiriças se aplica (a) a sociedades de responsabilidade limitada[18]; (b) constituídas de acordo com a lei de um Estado-Membro e (c) cuja sede estatutária, administração central ou estabelecimento principal se situe no território da União. 33

O 1.° acrescenta ainda *"desde que pelo menos duas dessas sociedades sejam regidas pelas legislações de diferentes Estados-Membros"*. A referência é útil: a 10.ª Diretriz não se aplica se a fusão ocorrer entre uma sociedade sujeita ao direito de um Estado-Membro e outra (ou outras) sociedades estranhas ao espaço europeu. Devem existir, pelo menos, duas sociedades *"nacionais"* da União Europeia para que a 10.ª Diretriz se aplique. 34

O 3.° contém uma extensão do âmbito de aplicação previsto no 1.° e duas limitações. Nos termos do n.° 1, a 10.ª Diretriz é igualmente aplicável a casos de fusões de sociedades em que a legislação de pelo menos um dos Estados-Membros permita que o pagamento da quantia em dinheiro, como contrapartida aos sócios por efeito da fusão, exceda 10% do valor nominal ou, na ausência de valor nominal, do valor contabilístico das ações ou títulos que representam o capital da sociedade resultante da fusão transfronteiriça. A *ratio* da extensão é a seguinte: nas definições contidas no 2.°/2, *a)* e *b)* apenas se faz referência à possibilidade de os sócios receberem uma *"quantia em dinheiro não superior a 10% (...)"*, de onde sempre que a legislação de um Estado-Membro permitisse a atribuição aos sócios, por efeito da fusão, de uma quantia superior aos referidos 10%, tal operação encontrar-se-ia excluída da definição de fusão constante do 2.° e, logo, do âmbito (objetivo) de aplicação da 10.ª Diretriz. O 3.°/1 visa, justamente, evitar essa exclusão. 35

Nos termos do 3.°/2, a 10.ª Diretriz não se aplica a fusões que envolvam (a) sociedades cooperativas, mesmo que estas se encontrem abrangidas pela noção de sociedade de responsabilidade limitada, desde que os Estados-Membros assim o decidam; e (b) à fusão de sociedade *"cujo objeto seja o investimento coletivo de capitais obtidos junto do público, cujo funcionamento esteja sujeito ao princípio da diversificação dos riscos e cujas participações sejam, a pedido dos acionistas, reembolsadas ou resgatadas, direta ou indiretamente, a partir dos elementos do ativo dessa sociedade (...)"*. 36

13. **Fiscalização da fusão**. O aspeto mais problemático da aplicação e transposição da 10.ª Diretriz – e será, por certo, objeto de revisão futura – diz respeito ao *sistema de fiscalização da fusão*, previsto nos 10.° e 11.°. 37

O sistema de fiscalização assenta em dois momentos: um momento anterior à operação de fusão, previsto no 10.°, que culmina com a emissão de um *certificado prévio à fusão*; e um momento posterior, previsto no 11.°, que tem por objeto a fiscalização das operações respei- 38

[18] Entendendo-se por tal as sociedades mencionadas na 1.ª Diretriz e ainda aquelas que, dotadas de personalidade jurídica, têm o seu capital social representado por ações, desde que possuam um património distinto que responda, por si só, pelas dívidas da sociedade e que estejam submetidas, pela sua legislação nacional, às exigências previstas na 1.ª Diretriz.

tantes à finalização da operação. Ao primeiro momento podemos chamar *fiscalização prévia* e ao segundo *fiscalização sucessiva*[19].

39 O sistema de fiscalização resultante da 10.ª Diretriz é demasiado pesado e repetitivo. Tem por pedra angular a eleição de um dos atos do processo de fusão que possa ser considerado *ato de fusão* em sentido estrito, a partir do qual se distinga o objeto material da fiscalização prévia e da fiscalização sucessiva.

40 Se tivermos em conta que nem a 3.ª nem a 10.ª Diretrizes regulam o *ato de fusão* (em sentido próprio), antes o deixam à liberdade do legislador nacional, e que até do ponto de vista dogmático é difícil eleger com inteira correção um dos atos jurídicos do processo de fusão que possa ser qualificado como "o ato de fusão", torna-se evidente a dificuldade que algumas ordens jurídicas terão na transposição deste sistema de fiscalização.

41 Na experiência portuguesa, a simplificação levada a cabo pelas Reformas de 2006 e 2007 dificultaram bastante esta tarefa ao legislador, como veremos.

42 14. **Participação dos trabalhadores.** O envolvimento dos trabalhadores no processo de fusão transfronteiriça encontra-se regulado no 16.º da 10.ª Diretriz. É um artigo extenso e de normatividade complexa, mas que se apoia em diversos atos normativos anteriores para os quais remete sucessivamente. Fundamentalmente, em causa está, como seria de esperar, a conhecida problemática da cogestão.

IV – A transposição da 10.ª Diretriz

43 15. **Modelos de transposição: a *experiência italiana*.** Tendo em conta as experiências jurídicas comparadas que mais influenciaram o direito societário português (francesa, italiana e germância – em especial as duas últimas), é possível apontar dois modelos distintos de transposição da 10.ª Diretriz que podiam servir de mote, até pela sua anterioridade face à L 19/2009, 12-mai., para a transposição portuguesa: o *modelo italiano* e o *modelo germânico*[20].

44 A 10.ª Diretriz foi transposta para a ordem jurídica italiana pelo *Decreto Legislativo 30 maggio 2008*[21]. Em síntese, podemos afirmar que o modelo italiano fica marcado pelas seguintes notas: (a) transposição da diretriz em diploma legal avulso; (b) manutenção da matriz nacional do instituto[22]; (c) transposição no mesmo instrumento dos aspetos laborais e societários da operação, com preponderância para estes últimos[23].

45 16. **Cont.: a *experiência germânica*.** A transposição da 10.ª Diretriz para a ordem jurídica alemã ocorreu com a *Zweite Gesetz zur Änderung des Umwandlungsgesetzes*, de 19-abr.-2007 (*2.UmwGÄndG*).

[19] Em França, alguns autores têm sugerido a denominação *controlo de conformidade* e *controlo de legalidade* da fusão. *Vide*, por exemplo, Hervé Le Nabasque, "Les fusions transfrontalières après la loi n.º 2008-649 du juillet 2008", *Revue des Sociétés* (2008), 3, 493-530, 510.

[20] Com mais desenvolvimento, *vide* o nosso "Fusões Transfronteiriças. A transposição da 10.ª Diretriz e a Proposta de Lei n.º 236/X", RDS I (2009), 2, 339-377, 356 ss..

[21] Publicado na *Gazetta Ufficiale* n.º 140, de 16-jun.-2008.

[22] A título de exemplo, veja-se o 5.º que consagra o direito de exoneração para os sócios da sociedade italiana que discordarem da deliberação da fusão, sempre que a sociedade beneficiária seja uma sociedade nacional de outro Estado-Membro, isto sem prejuízo da aplicação de outras causas de exoneração. A flexibilização do direito de exoneração dos sócios em sede de fusão é um claro marco do regime italino do instituto, sobretudo após a Reforma de 2003 (com desenvolvimento, *vide* o nosso *Fusão, Cisão e Transformação de Sociedades Comerciais – A posição jurídica dos sócios e a delimitação do* statuo viae (2008), 267 ss.). A previsão de mais uma causa de exoneração – aplicável para além das já previstas – é um exemplo claro de que a fusão trnasfronteiriça, na experiência italiana, desenvolve-se no respeito pela matriz fundamental do instituto naquela ordem jurídica.

[23] Com outras notas, de maior relevância para o direito interno italiano, *vide* a *notizia* "Recepimento della direttiva UE 2005/56 sulla fusione transfrontaliera", *Rivista delle Società*, 53 (2008), 5, 1201-1203.

A *2.UmwGÄndG*, teve origem em um projeto de segunda lei de alteração da *UmwG*, do *Bundesministerium der Justiz*, de 17-fev.-2006[24]. Em 9-ago. do mesmo ano, o *Bundesregierung* teve por bem aproveitar a segunda alteração à *UmwG* em preparação para transpor os aspetos jussocietários do regime previsto na 10.ª Diretriz e, deste modo, aditar um novo capítulo à *UmwG* sobre fusões transfronteiriças. Com a *2.UmwGÄndG*, foram portanto aditados os §§ 122a-122l da *UmwG*, sistematicamente inseridos num novo capítulo (Capítulo X). 46

Em comparação com a experiência italiana, ao modelo de transposição alemão presidem duas notas: (a) separação, no plano das fontes, entre aspetos jussocietários (*gesellschaftsrechtilch Teil*) e aspetos juslaborais (*arbeitsrechtlich Teil*); e (b) transposição dos aspetos societários (*gesellschaftsrechtilch Teil*) para a codificação referente ao direito da modificação das sociedades (*UmwG*). 47

De notar ainda a sinteticidade do regime resultante da *2.UmwGÄndG*. O essencial do regime da fusão transfronteiriça encontra-se em apenas 12 artigos (contra os 20 do *Decreto Legislativo 30 maggio 2008*) e que, ainda assim, são em parte repetitivos face ao regime geral. 48

V – **A L 19/2009, de 12-mai.**

17. **Origem**. Em 30-out.-2008, o Governo Português aprovou em Conselho de Ministros a Proposta de Lei 360/X destinada a transpor para a ordem jurídica interna a 10.ª Diretriz, e ainda a Diretriz 2007/63/CE do Parlamento Europeu e do Conselho, de 13-nov.[25]. 49

A Proposta de Lei seguiu os trâmites legal e constitucionalmente previstos convertendo-se na L 19/2009, que aditou os atuais 117.º-A a 117.º-L, sem alterações assinaláveis face à Proposta. 50

18. **Modelo de transposição**. A transposição da 10.ª Diretriz para o CSC aproxima-se do modelo germânico *supra* assinalado, embora com graves deficiências que se não podem apontar àquele modelo. 51

O legislador procede a uma absoluta distinção entre os aspetos laborais e os aspetos societários da fusão transfronteiriça. A *participação dos trabalhadores* nas fusões transfronteiriças ficou regulada em diploma autónomo – a própria L 19/2009, nos Capítulos I e II (1.º a 26.º) – ao passo que os aspetos jussocietários foram transpostos para o CSC e, em parte, para o CRC. 52

A transposição do regime das fusões transfronteiriças para o CSC levou à sua inserção na Parte Geral do Código, no Capítulo IX referente à fusão de sociedades. Com a L 19/2009, o Capítulo IX passou a ter duas secções. A Secção I, cuja epígrafe se desconhece mas que não poderá ser outra que «Fusões internas», compreende os 97.º a 117.º e a Secção II, com epígrafe «Fusões transfronteiriças», compreende os 117.-A a 117.º-L. 53

19. **Crítica**. Se a distinção entre os aspetos societários e laborais das fusões transfronteiriças é de saudar, o mesmo não se pode dizer quanto à transposição daqueles para o CSC, pelas razões que já tivemos oportunidade de apontar[26]: (a) pela natureza do diploma legal em causa; (b) pela inserção sitemática proposta; e (c) pela natureza *ad experimentum* do regime transposto. 54

Alterar uma codificação para nela consagrar um regime que se anuncia transitório e experimental, sem aguardar a sua suficiente maturação em diploma avulso é sempre uma errada 55

[24] *Vide www.bmj.de.*

[25] *Vide* a comunicação *in* www.portaldogoverno.pt. Com desenvolvimento, *vide* o nosso, "Fusões Transfronteiriças. A transposição da 10.ª Diretriz e a Proposta de Lei n.º 236/X", RDS I (2009), 2, 339-377.

[26] *Vide* o nosso "Fusões Transfronteiriças. A transposição da 10.ª Diretriz e a Proposta de Lei n.º 236/X", RDS I (2009), 2, 339-377, 368 ss.

técnica legislativa. Mais ainda quando se transpõe para a Parte Geral do Código um regime jurídico que, logo na definição do seu âmbito de aplicação (117.°-A), exclui alguns tipos de sociedades!

56 O momento para a transposição não foi, também, o mais adequado. O direito societário português havia acabado de sair da grande Reforma de 2006 e da Reforma de 2007. Porque razão não se aproveitou esta ocasião para a transposição da 10.ª Diretriz?

57 Mais: em outubro de 2008, havia já sido adotada (24-set.-2008) a *Proposta de Diretiva do Parlamento Europeu e do Conselho que altera as Diretivas 77/91/CEE, 78/855/CEE, 82/891/ /CEE do Conselho e a Diretiva 2005/56/CE no que respeita aos requisitos em matéria de relatórios e documentação em caso de fusões e cisões*, que está na origem da Diretriz 2009/109/CE, do Parlamento Europeu e do Conselho, de 16-set. Sendo certo que o termo do prazo para a transposição deste diploma só terminava em 30-jun.-2011 (6.°), seria de elementar prudência ter em conta as alterações introduzidas por esta diretriz no regime da fusão ou, pelo menos, não introduzir o regime das fusões transfronteiriças no CSC, para subtrair este código – que se deseja estável – a um novo calvário de modificações, o que de facto aconteceu.

Artigo 117.°-A (Noção e âmbito)

1. A fusão transfronteiriça realiza-se mediante a reunião numa só de duas ou mais sociedades desde que uma das sociedades participantes na fusão tenha sede em Portugal e outra das sociedades participantes na fusão tenha sido constituída de acordo com a legislação de um Estado membro, nos termos da Diretiva n.° 2005/56/CE, do Parlamento Europeu e do Conselho, de 26 de outubro, e tenha a sede estatutária, a administração central ou o estabelecimento principal no território da Comunidade.

2. As sociedades em nome coletivo e as sociedades em comandita simples não podem participar numa fusão transfronteiriça.

Bibliografia: Alessandro Carducci Artenisio, *Dall'armonizzazione minimale all denazionalizzazione: la direttiva 2005/56/CE in materia di fusioni transfrontaliere*, Giurisprudenza Commerciale, 35 (2008), 6, 1194-1223; António Menezes Cordeiro, *Direito Europeu das sociedades* (2005), 787 ss.; Rui Pinto Duarte, *Escritos sobre Direito das sociedades* (2008), 179 ss.; Diogo Costa Gonçalves, *Fusões transfronteiriças. A transposição da 10.ª Directriz e a Proposta de Lei n.º 236/X*, RDS I (2009), 2, 339-377; *id.*, *As recentes alterações ao regime da fusão de sociedades – A Lei n.º 19/2009, de 12 de Maio e o Decreto-Lei n.º 185/2009, de 12 de Agosto*, RDS I (2009), 3, 553-581; Elda Marques, *Código em comentário* II (2010), 342-354; Raúl Ventura, *Fusão, cisão, transformação de sociedades – Comentário ao Código das Sociedades Comerciais* (2006, 3.ª reimp.); *id.*, *Adaptação do Direito Português à Terceira Directiva do Conselho da Comunidade Económica Europeia relativa às fusões de sociedades por acções*, s/d.

Índice

I – **Enquadramento geral**
1. A 10.ª Diretriz 1
2. Teleologia 2

II – **Âmbito de aplicação**
3. Sociedades sujeitas a direito português 4
4. Sociedades sujeitas ao direito de outro Estado-Membro 7

III – **Exclusão de sociedades**
5. Tipos societários excluídos 13
6. Inserção sistemática do regime 16
7. Alcance normativo da exclusão 18
8. Outros casos de exclusão 21

I – Enquadramento geral

1. **A 10.ª Diretriz**. O 117.º-A corresponde ao 1.º da 10.ª Diretriz. Desaparece, contudo, a referência expressa ao facto de pelo menos duas das sociedades envolvidas no processo de fusão deverem estar sujeitas à legislação de diferentes Estados-Membros, como prevê o 1.º, *in fine*, da 10.ª Diretriz. 1

2. **Teleologia**. No 117.º-A pretende o legislador dar uma noção geral de fusão transfronteiriça e, simultaneamente, delimitar o seu âmbito de aplicação. Há, contudo, que assinalar que, no presente, não é possível distinguir a noção da figura do seu âmbito de aplicação. Com efeito, a *differentia specifica* da fusão transfronteiriça diz justamente respeito ao seu âmbito de aplicação; isto é: uma fusão só é *transfronteiriça* porque ocorre entre sociedades sujeitas a leis pessoais de diferentes Estados da União. 2

Não há, por isso, qualquer utilidade em que 117.º-A comece por afirmar que uma fusão transfronteiriça se realiza mediante *"a reunião numa só de duas ou mais sociedades"*. Tal resulta – e melhor dito – do 97.º. Bastava, portanto, que o legislador dissesse *quando* é que uma fusão é transfronteiriça e não em que consiste uma fusão transfronteiriça. 3

II – Âmbito de aplicação

3. **Sociedades sujeitas a direito português**. O n.º 1 começa por fixar que o regime das fusões transfronteiças se aplica desde que uma das sociedades participantes na fusão tenha sede em Portugal. A *sede em Portugal* surge, assim, como o elemento de conexão com o ordenamento jurídico português. 4

A simples referência a *sede* no 117.º-A/1 deve ser articulada com o disposto em 3.º/1, para cuja anotação se remete. Com efeito, para que exista uma fusão transfronteiriça (e do mesmo modo uma fusão internacional) é necessário que a operação ocorra entre duas ou mais sociedades sujeitas a direitos nacionais diferentes. O que está, portanto, em causa no 117.º-A/1 com a referência a *"sede em Portugal"* é a ordem jurídica portuguesa como lei pessoal de uma das sociedades. 5

Para que existe uma fusão transfronteiriça é, portanto, necessário que pelo menos uma das sociedades envolvidas tenha por lei pessoal a lei portuguesa. 6

4. **Sociedades sujeitas ao direito de outro Estado-Membro**. Para além de uma das sociedades envolvidas na fusão ter por lei pessoal a portuguesa, para que esta seja *transfronteiriça*, é necessário que *"(...) outra das sociedades participantes na fusão tenha sido constituída de acordo com a legislação de um Estado membro, nos termos da Diretiva n.º 2005/56/CE, do Parlamento Europeu e do Conselho, de 26 de Outubro, e tenha a sede estatutária, a administração central ou o estabelecimento principal no território da Comunidade."*. 7

A referência a *"outra das sociedades"* substitui no 117.º-A/1 a referência do 1.º da 10.ª Diretriz ao facto de pelo menos duas das sociedades envolvidas no processo de fusão deverem estar sujeitas à legislação de diferentes Estados-membros. Com efeito, para que o regime previsto nos 117.º-A ss. se aplique é necessário que a fusão de uma sociedade portuguesa ocorra com pelo menos outra sociedade que tenha por lei pessoal a de um Estado-Membro da União. 8

9 Uma fusão de sociedades portuguesas com outras sociedades sujeitas a leis pessoais de Estados que não integram o espaço europeu serão *fusões internacionais*, mas não *transfronteiriças*. Ficarão sujeitas, portanto, ao disposto no 33.° CC e no 3.° e 4.°.

10 O 117.°-A/1 delimita o âmbito de aplicação do regime das fusões transfronteiriças, no que diz respeito às sociedades não nacionais, em razão de dois critérios: (a) constituição de acordo com a legislação de um Estado-Membro; e (b) ter sede estatutária, administração central ou estabelecimento principal na União.

11 Não é fácil a interpretação do exato alcance deste preceito. Qualquer resultado hermenêutico deverá ser suficientemente aberto que consiga articular todos os dados presentes no palco do Direito Europeu das Sociedade no que diz respeito à determinação da lei pessoal das *"sociedades comunitárias"* e às limitações reconhecidas ao Direito Internacional Privado de cada Estado[1].

12 Impõe-se, portanto, uma síntese normativa em razão da teleologia fundamental do preceito: em causa está que pelo menos uma das outras sociedades participantes na fusão – que não a sociedade sujeita à lei portuguesa – tenha por lei pessoal a de outro Estado-Membro.

III – **Exclusão de sociedades**

13 5. **Tipos societários excluídos**. Nos termos do n.° 2, o regime das fusões transfronteiriças não se aplica às *sociedades em nome coletivo* nem às *sociedades em comandita simples*. A razão justificativa desta exclusão encontra-se no facto de a 10.ª Diretriz se aplicar à fusão de *sociedades de responsabilidade limitada.*

14 No 2.°/1 da 10.ª Diretriz, *sociedades de responsabilidade limitada* surgem identificadas com (a) as sociedades mencionadas no 1.° da 1.ª Diretriz, de 9-mar.-1968 [alínea *a*)]; e com (b) as sociedades cujo capital social está representado por ações, gozam de personalidade jurídica, e que possuem *"um património distinto que responda, por si, pelas dívidas da sociedade (...)"* [alínea b)].

15 Com a celebração do Tratado de Adesão, o 1.° da 1.ª Diretriz passou a mencionar os seguintes tipos de sociedades portuguesas: *sociedade anónima, sociedade em comandita por ações* e *sociedades por quotas*[2]. São a estes tipos societários que, em primeira linha, se aplica a 10.ª Diretriz e, em consequência, os 117.°-A ss.[3].

16 6. **Inserção sistemática do regime**. O primeiro corolário da exclusão das *sociedades em nome coletivo* e das *sociedades em comandita simples* da aplicação dos 117.°-A ss. é a incorreta inserção sistemática do regime das fusões transfronteiriças no CSC.

[1] *Vide*, com desenvolvimento e abundantes referências, a anotação ao 3.°.

[2] *Vide* António Menezes Cordeiro, *Direito Europeu das Sociedades* (2005), 127 ss.

[3] Note-se, contudo, que o legislador português segue, em regra, uma conceção *maximalista* no que diz respeito à transposição do direito europeu para a ordem jurídica interna. Tome-se por exemplo a transposição da 3.ª Diretriz: o seu âmbito de aplicação diz unicamente respeito à fusão de sociedades anónimas (1.°) e, no entanto, o legislador português sujeitou a fusão de sociedades de qualquer tipo ao regime aí previsto, transpondo a 3.ª Diretriz para a Parte Geral do código.

A delimitação do âmbito de aplicação de um diploma europeu não impede, por si, que o legislador nacional aplique o seu regime a outros casos nele não compreendidos. Apenas o não poderá fazer quanto àquelas situações em que o diploma comunitário expressamente proíba a sua aplicação.

Ora, se atendermos ao disposto nos 1.° e 3.° da 10.ª Diretriz, este diploma apenas proíbe expressamente a aplicação do regime das fusões transfronteiriças à fusão de sociedades previstas no 3.°/3. Contudo, ao acentuar [sobretudo no 2.°/1 *b*)] a nota de *responsabilidade limitada* das sociedades objeto da sua regulamentação, coloca a dúvida de saber até que ponto o legislador português podia – à semelhança do que sucedeu com a 3.ª Diretriz – estender o regime das fusões transfronteiriças a outros tipos societários nacionais.

Já antes chamámos a atenção para o facto de não ter sido feliz a opção legislativa de transpor a 10.ª Diretriz para o CSC. Mas, a decidir fazê-lo, não se compreende porque na Parte Geral do código. Se a fusão transfronteiriça não é um *instituto geral* do direito societário – desde logo porque se exclui a sua aplicação a alguns tipos de sociedades – a sua transposição deveria ter sido feita na Parte Especial. O *locus* mais adequado parece ser o regime das sociedades anónimas. Isto porque às sociedades em comandita por ações aplica-se, subsidiariamente, o regime das sociedades anónimas (478.°) e este tipo social é, igualmente, paradigma normativo das sociedades por quotas em matérias tão substantivas como, por exemplo, o regime aplicável às assembleias gerais (248.°/1). Nada impedia, portanto, que o legislador houvesse regulado a fusão transfronteiriça em sede de sociedades anónimas, aplicável *ex vi* 478.° às fusões transfronteiriças de sociedades em comandita por ações, criando depois uma norma remissiva no regime das sociedades por quotas, dispondo que à fusão transfronteiriça deste tipo de sociedades se aplicaria, com as necessárias adaptações, o regime da fusão transfronteiriças das sociedades anónimas. 17

7. **Alcance normativo da exclusão**. Nos termos do n.° 2, *"as sociedades em nome coletivo e as sociedades em comandita simples não podem participar numa fusão transfronteiriça"*. Coloca-se a questão de saber qual o alcance deste preceito. Em concreto, cumpre saber se o n.° 2 proíbe uma operação de fusão transfronteiriça às *sociedades em nome coletivo* e em *comandita simples*, ou, ao contrário, apenas exclui a aplicação do regime dos 117.°-A ss., sem que no entanto impeça a realização de tal operação. 18

Interpretar o 117.°-A/2 no sentido de uma proibição da operação de fusão transfronteiriça, seria afirmar que as sociedades em nome coletivo e em comandita simples podiam, nos termos gerais, fundir-se com sociedades sujeitas à lei pessoal de outros Estados (33.°/4 do CC) mas tal operação já seria proibida se os Estados em causa fossem membros da União. Tal interpretação é insustentável e resulta, aliás, desconforme ao próprio direito europeu e à doutrina fixada no Acórdão *Sevic*. 19

O sentido do 117.°-A/2 não é, portanto, proibir a fusão transfronteiriça das sociedades em nome coletivo e em comandita simples mas tão-só esclarecer que à fusão destas sociedades com sociedades sujeitas à lei pessoal de outro Estado-Membro se aplicam as regras gerais do Direito Internacional Privado e não o disposto nos 117.°-A ss. Tratar-se-ão, portanto, para todos os efeitos, de *fusões internacionais*. 20

8. **Outros casos de exclusão**. O 3.°/2 e 3 da 10.ª Diretriz estabelece duas exclusões do regime das fusões transfronteiriças, uma *facultativa*, outra *injuntiva*. Nos termos do n.° 2, os Estados-Membros podem não aplicar a 10.ª Diretriz às cooperativas, ainda que estas devam ser entendidas como sociedades de responsabilidade limitada. A questão, em Portugal, não se coloca pelas razões que já apontámos quanto às fusões de cooperativas[4]. 21

Nos termos do n.° 3, a 10.ª Diretriz não se aplica à fusão de sociedades *"cujo objeto seja o investimento coletivo de capitais obtidos junto do público, cujo funcionamento esteja sujeito ao princípio da diversificação dos riscos e cujas participações sejam, a pedido dos acionistas, reembolsadas ou resgatadas, direta ou indiretamente, a partir dos elementos do ativo dessa sociedade"*. O mesmo número esclarece ainda o que também se pode entender por *resgate de participações* a pedido dos acionistas. 22

Estranhamente, os 117.°-A ss. não contêm qualquer disposição semelhante ao previsto no 3.°/3 da 10.ª Diretriz, ao contrário do que sucede, por exemplo, na Alemanha, onde o § 122b (2) 2. da *UmwG* reproduz quase textualmente o 3.°/3 da diretriz[5], ou em Itália, onde o 23

[4] *Vide* anotação ao 97.°, 53.

[5] § 122b (2) *"An einer grenzüberschreitenden Verschmelzung können nicht beteiligt sein: (...) 2. Gesellschaften, deren Zweck*

2.°/4 do *Decreto Legislativo 30 maggio 2008* exclui a aplicação do regime das fusões transfronteiriças à fusão de sociedades relacionadas com operações de intermediação financeira.

24 Esta ausência de uma disposição semelhante ao 3.°/3 da 10.ª Diretriz deve entender-se suprida pela referência expressa do 117.°-A/1 à própria diretriz em transposição. A locução *"nos termos da Diretiva n.º 2005/56/CE (...)"*, intercalada entre os elementos definidores da lei pessoal das sociedades envolvidas na operação, e em sede de delimitação do âmbito de aplicação do regime da fusão transfronteiriça, é arrimo suficiente para derivar diretamente para a ordem jurídica interna a proibição prevista no 3.°/3 da 10.ª Diretriz.

Artigo 117.°-B (Direito aplicável)

São aplicáveis às sociedades com sede em Portugal participantes num processo de fusão transfronteiriça as disposições da presente secção e, subsidiariamente, as disposições relativas às fusões internas, em especial no que respeita ao processo de tomada de decisão relativo à fusão, à proteção dos credores das sociedades objeto de fusão, dos obrigacionistas e dos direitos dos trabalhadores que não sejam regulados por lei especial.

Bibliografia: António Menezes Cordeiro, *Direito europeu das sociedades* (2005), 787 ss.; Rui Pinto Duarte, *Escritos sobre Direito das sociedades* (2008), 179 ss.; Diogo Costa Gonçalves, *Fusões transfronteiriças. A transposição da 10.ª Directriz e a Proposta de Lei n.º 236/X*, RDS I (2009), 2, 339-377; *id.*, *As recentes alterações ao regime da fusão de sociedades – A Lei n.º 19/2009, de 12 de Maio e o Decreto-Lei n.º 185/2009, de 12 de Agosto*, RDS I (2009), 3, 553-581; Elda Marques, *Código em comentário* II (2010), 355-356; Raúl Ventura, *Fusão, cisão, transformação de sociedades – Comentário ao Código das Sociedades Comerciais* (2006, 3.ª reimp.); *id.*, *Adaptação do Direito Português à Terceira Directiva do Conselho da Comunidade Económica Europeia relativa às fusões de sociedades por acções*, s/d.

Índice

I – **Enquadramento geral**
1. A *ratio* do preceito 1
2. Crítica 2

II – **Concretização normativa**
3. A aplicação do regime das *fusões internas* 6
4. O processo de tomada de decisão 7
5. A tutela dos credores sociais 11
6. A proteção dos direitos dos trabalhadores 12

I – Enquadramento geral

1 1. **A *ratio* do preceito**. Pretende o legislador esclarecer, no 117.°-B, que disposições legais se aplicam ao regime das fusões trasnfronteiriças. Para o efeito, determina que esta operação se rege (a) pelas disposições da II secção do Capítulo IX do CSC (isto é: os 117.°-A ss.), e, subsidiariamente, (b) pelas disposições relativas às fusões internas (ou seja: a I secção do mesmo capítulo), enumerando depois, a título exemplificativo, quais as disposições subsidiárias que, em concreto, se devem entender aplicáveis.

es ist, die vom Publikum bei ihnen eingelegten Gelder nach dem Grundsatz der Risikostreuung gemeinsam anzulegen und deren Anteile auf Verlangen der Anteilsinhaber unmittelbar oder mittelbar zulasten des Vermögens dieser Gesellschaft zurückgenommen oder ausgezahlt werden. Diesen Rücknahmen oder Auszahlungen gleichgestellt sind Handlungen, mit denen eine solche Gesellschaft sicherstellen will, dass der Börsenwert ihrer Anteile nicht erheblich von deren Nettoinventarwert abweicht."

2. **Crítica**. O 117.°-B corresponde, sem qualquer modificação, ao previsto na Proposta de Lei 236/X que já tivemos oportunidade de criticar[1]. Trata-se de uma péssima técnica legislativa, típica da legislação extravagante mas absolutamente inadequada a uma codificação. 2

Mais se diga que o seu conteúdo é absolutamente dispensável: dizer que à fusão transfronteiriça se aplicam os artigos da secção II com epígrafe «Fusões transfronteiriças» chega a ser risível... E falar – quanto a um regime especial – em *aplicação subsidiária* do regime geral, quando em causa está a secção I do mesmo capítulo, é tecnicamente injustificável. 3

Ao que fica dito acrescente-se, ainda, que a enumeração exemplificativa das disposições subsidiárias referentes ao regime das fusões internas esgota o todo: com efeito, fora do processo de tomada de decisão relativo à fusão e da tutela de credores (incluindo os obrigacionistas) e trabalhadores, não se vislumbram que disposições compreendidas nos 97.° a 117.° possam ser aplicáveis às fusões transfronteiriças que não encontrem paralelo nos 117.°-A ss. ou para as quais algum destes preceitos expressamente não remeta (*vide*, por exemplo, a remissão do 117.°-F/2 para os 102.° e 103.°). 4

O 117.°-B não deveria ter sido introduzido no CSC. 5

II – **Concretização normativa**

3. **A aplicação do regime das *fusões internas*.** A especialidade associada ao regime da fusão transfronteiriça não diz respeito à natureza da operação societária mas tão-só à qualidade dos sujeitos envolvidos, entendendo-se por tal a sua sujeição a diferentes ordens jurídicas de Estados-Membros da União. Daqui se retira que tudo o que não estiver especialmente regulado nos 117.°-A ss. segue o regime geral das fusões (agora denominadas *fusões internas*), salvo aquelas disposições cuja *ratio* colida frontalmente com a natureza transnacional da operação. 6

Sempre que tal aconteça, isto é, sempre que uma situação juridicamente relevante não encontre previsão nos 117.°-A ss. e a *ratio* da disposição do regime geral seja conflituante com a natureza transfronteriça da fusão, estaremos perante uma lacuna, a integrar nos termos gerais. 7

4. **O processo de tomada de decisão**. Na enumeração exemplificativa constante do 117.°-B encontra-se, à cabeça, a remissão para as disposições respeitantes ao processo de tomada de decisão. Tendo em conta o 117.°-F e a remissão do n.° 2 deste artigo para a aplicação dos 102.° e 103.°, em causa está, à partida, a aplicação do 101.°, quanto ao direito de consulta de sócios, credores e trabalhadores. 8

De assinalar apenas que o *"direito de consulta"* previsto no 101.° tem o seu âmbito subjetivo de aplicação especialmente alargado, por força da transnacionalidade da operação. Em causa estão os sócios, credores e trabalhadores de todas as sociedades envolvidas no processo de fusão, em especial, os das sociedades sujeitas a lei pessoal diferente da portuguesa. 9

A remissão para as disposições respeitantes ao processo de tomada de decisão importa, também, a aplicação do 104.°. Em primeiro lugar, porque os n.os 1 e 2 dizem respeito às limitações do direito de voto na assembleia geral que delibera a fusão, o que está diretamente implicado na tomada de decisão da fusão tranfronteiriça; em segundo lugar, porque o n.° 3 – cuja inserção sistemática já criticámos (*vide* 104.°) – corresponde diretamente ao previsto no 14.°/5 da 10.ª Diretriz de onde a sua não aplicação pode pôr em causa a conformidade do direito interno com o direito europeu. 10

[1] Cf. o nosso, *Fusões Transfronteiriças. A transposição da 10.ª Diretriz e a Proposta de Lei n.° 236/X*, RDS I (2009), 2, 339-377, 370-372.

11 5. **A tutela dos credores sociais**. À tutela dos credores socais (incluindo os credores obrigacionistas e portadores de outros títulos) aplica-se o disposto nos 101.º-A a 101.º-C, para cujas anotações se remete.

12 6. **A proteção dos direitos dos trabalhadores**. O 117.º-B refere, *in fine*, que às fusões transfronteiriças se aplicam as disposições das fusões internas referentes à proteção dos trabalhadores que não sejam reguladas em lei especial.

13 A L 19/2009, de 12-mai., estabelece o regime especial de proteção de trabalhadores em sede de fusão transfronteiriça. Para ele remete o 117.º-B. A proteção de trabalhadores regulada no regime das fusões internas corresponde às alterações introduzidas no 101.º, para cuja anotação remetemos.

Artigo 117.º-C (Projetos comuns de fusões transfronteiriças)

O projeto comum de fusão transfronteiriça deve conter os elementos referidos no artigo 98.º e ainda:

a) **As regras para a transferência de ações ou outros títulos representativos do capital social da sociedade resultante da fusão transfronteiriça;**

b) **A data do encerramento das contas das sociedades que participam na fusão utilizadas para definir as condições da fusão transfronteiriça;**

c) **Se for caso disso, as informações sobre os procedimentos de acordo com os quais são fixadas as disposições relativas à intervenção dos trabalhadores na definição dos respetivos direitos de participação na sociedade resultante da fusão transfronteiriça;**

d) **As prováveis repercussões da fusão no emprego.**

Bibliografia: António Menezes Cordeiro, *Direito europeu das sociedades* (2005), 787 ss.; Rui Pinto Duarte, *Escritos sobre Direito das sociedades* (2008), 179 ss.; Diogo Costa Gonçalves, *Fusões transfronteiriças. A transposição da 10.ª Directriz e a Proposta de Lei n.º 236/X*, RDS I (2009), 2, 339-377; *id.*, *As recentes alterações ao regime da fusão de sociedades – A Lei n.º 19/2009, de 12 de Maio e o Decreto-Lei n.º 185/2009, de 12 de Agosto*, RDS I (2009), 3, 553-581; Elda Marques, *Código em comentário* II (2010), 357-367; Elda Marques/Orlando Vogler Guiné, *Código em comentário* II (2011), 357 e ss.; Raúl Ventura, *Fusão, cisão, transformação de sociedades – Comentário ao Código das Sociedades Comerciais* (2006, 3.ª reimp.); *id.*, *Adaptação do Direito Português à Terceira Directiva do Conselho da Comunidade Económica Europeia relativa às fusões de sociedades por acções*, s/d.

Índice

I – **Enquadramento geral**
1. A 10.ª Diretriz 1
2. A L 19/2009, de 12-mai. 2

II – **Concretização normativa**
3. Elaboração do projeto 4
4. As regras para a transferência de ações ou outros títulos representativos do capital social [alínea *a*)] 6
5. A data do encerramento de contas para aferir as condições da fusão [alínea *b*)] 8
6. A informação relativa à participação dos trabalhadores [alínea *c*)] 11
7. As repercussões da fusão no emprego [alínea *d*)] 13

I – **Enquadramento geral**

1. **A 10.ª Diretriz.** O 5.° da 10.ª Diretriz dispõe sobre o conteúdo do projeto comum de fusões transfronteiriças, a elaborar em conjunto pelas administrações das diversas sociedades participantes. Corresponde, com algumas modificações ao também 5.° da 3.ª Diretriz, que está na origem do 98.°. 1

2. **A L 19/2009, de 12-mai.** Ao transpor a 10.ª Diretriz, o legislador nacional tinha duas opções: ou reproduzia no 117.°-C o 5.° da 10.ª Diretriz – como acontece no § 122c da *UmwG*, por exemplo – ou remetia para o 98.°, fixando apenas aqueles elementos específicos que um projeto de fusão transfronteiriça deve conter e que não decorrem já do disposto quanto às fusões internas. 2

A opção do legislador nacional recaiu – e bem – sobre a segunda hipótese. Assim, a L 19/2009 introduziu pontuais alterações no 98.° e remeteu, no 117.°-C, a elaboração do projeto de fusão transfronteiriça para o regime das fusões internas, indicado, de seguida, quais os elementos adicionais que o projeto de fusão deve ainda mencionar. 3

II – **Concretização normativa**

3. **Elaboração do projeto.** À semelhança do que sucede nas fusões internas, também nas fusões transfronteiriças existe um único projeto de fusão, elaborado em conjunto pelas administrações de todas as sociedades envolvidas. A diferença face ao 98.° consiste no facto de as administrações em causa o serem de sociedades sujeitas a leis pessoais diferentes. 4

Naturalmente, a remissão para o 98.° não abrange o n.° 4, aditado pelo DL 185/2009, de 12-ago. 5

4. **As regras para a transferência de ações ou outros títulos representativos do capital social [alínea *a*)].** O 117.°-C, *c*), corresponde ao 5.°, *c*) da 10.ª Diretriz. Não há correspondência direta na 3.ª Diretriz, embora o 5.°, *c*) deste último diploma mande fazer referência à *"modalidade de entrega de ações"*. O 98.°/1, *m*), prevê igualmente o dever do projeto de fusão mencionar a modalidade de entrega de ações, tratando-se de sociedade anónima. 6

A especial preocupação da 10.ª Diretriz e do 117.°-C, *a*), em que conste especificamente do projeto de fusão as regras respeitantes à transferência de ações ou de outros títulos representativos do capital social da sociedade incorporante ou da nova sociedade justifica-se por razões de segurança jurídica. A transnacionalidade da operação aconselha a que o legislador especifique com detalhe o modo e as regras mediante as quais os sócios receberão a sua contrapartida pela fusão. 7

5. **A data do encerramento de contas para aferir as condições da fusão [alínea *b*)].** O 117.°-C, *b*), corresponde ao 5.°, *l*) da 10.ª Diretriz que não encontra, igualmente, correspondência direta nem na 3.ª Diretriz nem no 98.°/1. 8

Na 3.ª Diretriz, a referência ao *balanço da fusão* surge no 11.°/1, *c*), como um dos documentos que os sócios podem consultar na sede da sociedade, antes da deliberação da fusão. Não constitui, contudo, um elemento do projeto, como prevê o 98.°/1, *d*). Ora, na 10.ª Diretriz, não existe um preceito correspondente ao 11.°/1, *c*), da 3.ª Diretriz. A indicação no projeto de fusão da data do encerramento das contas para efeitos de definição das condições da fusão parece suprir a inexistência de uma referência ao balanço. 9

O disposto na alínea *b*) deve ser articulado com o 98.°/1, *d*) e 2. Para além da observância do disposto neste artigo, o projeto de fusão transfronteiriça deve ainda referir expressamente *a data do encerramento das contas das sociedades utilizadas para definir as condições da fusão transfronteiriça*, ainda que tal referência possa ser redundante face aos dados contabilísticos que constam do projeto. 10

11 6. **A informação relativa à participação dos trabalhadores [alínea *c*)].** O 117.°-C, *c*), corresponde ao 5.°, *j*) da 10.ª Diretriz, onde está em causa a participação dos trabalhadores regulada no 16.° da 10.ª Diretriz.

12 A participação dos trabalhadores na fusão transfronteiriça segue o regime especial previsto na L 19/2009. É sobre a aplicação de tal regime que devem ser prestadas informações.

13 7. **As repercussões da fusão no emprego [alínea *d*)].** Corresponde, textualmente, ao 5.°, *d*) da 10.ª Diretriz. Sem paralelo direto na 3.ª Diretriz nem no 98.°/1.

14 Por *repercussões no emprego* entenda-se quanto aos trabalhadores das sociedades envolvidas. Não se trata, naturalmente, de uma consideração macroeconómica sobre os efeitos da fusão no panorama laboral mas sim de saber qual o destino dos posto de trabalho dos trabalhadores das sociedades, qual a expectativa de criação de novos postos, quais as alterações da situação jurídica dos trabalhadores, etc. A referência prevista na alínea *d*) serve, portanto, o exercício dos direitos dos trabalhdores no processo de fusão.

15 De algum modo, poderíamos dizer que a menção às repercussões da fusão no emprego sempre resultaria da obrigação de o projeto de fusão fazer menção aos *elementos convenientes ou necessários para o perfeito conhecimento da operação*, como dispõe o corpo do 98.°/1. Com efeito, o destino dos trabalhadores é um elemento essencial ao conhecimento da fusão projetada. Todavia, temendo-se uma redução da necessidade ou essencialidade dos elementos da fusão aos aspetos puramente jussocietários e económico-financeiros, o legislador comunitário teve por bem autonomizar a referência a tais elementos.

16 Com a L 19/2009, criou-se o direito de os trabalhadores se pronunciarem sobre as fusões internas, nos termos do 101.°. Julga-se, portanto, que a conveniência de o projeto de fusão fazer menção às possíveis repercussões da fusão no emprego não se esgota com a transnacionalidade da operação nem com a aplicação do regime especial de participação dos trabalhadores previsto nesse diploma. O legislador poderia, portanto, ter transposto o 5.°, *d*) da 10.ª Diretriz para o 98.°/1 e, assim, sujeitar o projeto quer das fusões internas quer das fusões transfronteiriças à obrigatoriedade de fazer menção às consequências da operação para o emprego.

Artigo 117.°-D (Designação de peritos)

1. Aplica-se à fiscalização do projeto comum nas sociedades com sede em Portugal participantes numa fusão transfronteiriça o disposto nos n.os 1, 2, e 4 a 6 do artigo 99.°.

2. Se todas as sociedades participantes na fusão o desejarem, o exame pericial do projeto comum de fusão poderá ser feito quanto a todas elas pelo mesmo revisor ou sociedade de revisores, que elabora um relatório único destinado a todos os sócios das sociedades participantes.

3. Nos casos previstos no número anterior, recaindo a escolha das sociedades participantes num revisor português ou numa sociedade de revisores portuguesa, a sua designação fica a cargo da Ordem dos Revisores Oficiais de Contas, que procede à nomeação a solicitação conjunta das sociedades interessadas.

Bibliografia: António Menezes Cordeiro, *Direito europeu das sociedades* (2005), 787 ss.; Rui Pinto Duarte, *Escritos sobre Direito das sociedades* (2008), 179 ss.; Diogo Costa Gonçalves, *Fusões transfronteiriças. A transposição da 10.ª Directriz e a Proposta de Lei n.º 236/X*, RDS I (2009), 2, 339-377; *id.*, *As recentes alterações* *ao regime da fusão de sociedades – A Lei n.º 19/2009, de 12 de Maio e o Decreto-Lei n.º 185/2009, de 12 de Agosto*, RDS I (2009), 3, 553-581; Elda Marques, *Código em comentário* II (2011), 368 e ss.; Raúl Ventura, *Fusão, cisão, transformação de sociedades – Comentário ao Código das Sociedades Comerciais* (2006, 3.ª reimp.); id., *Adaptação do Direito Português à Terceira Directiva do Conselho da Comunidade Económica Europeia relativa às fusões de sociedades por acções*, s/d.

Índice

I – **Enquadramento geral**
1. A 10.ª Diretriz 1
2. Remissão para o 99.º 2

II – **O exame do projeto de fusão por uma entidade comum**
3. 99.º/3 *versus* 117.º-D/2 e 3 3
4. Crítica 8

I – Enquadramento geral

1. **A 10.ª Diretriz**. O 117.º-D corresponde ao 8.º da 10.ª Diretriz que dispõe sobre a fiscalização do projeto de fusão e a intervenção de peritos independentes. Tem paralelo no 10.º da 3.ª Diretriz. 1

2. **Remissão para o 99.º**. O 117.º-D manda aplicar à fiscalização do projeto de fusão o disposto no 99.º, excetuando apenas a aplicação do n.º 3. Em sua substituição, surge o regime previsto nos n.os 2 e 3 do 117.º-D. A especificidade do regime da fusão transfronteiriça parece estar, portanto, associada à hipótese de as sociedades optarem pela fiscalização do projeto por uma mesma entidade. 2

II – O exame do projeto de fusão por uma entidade comum

3. **99.º/3 *versus* 117.º-D/2 e 3**. O 117.º-D possui, nos n.os 2 e 3, um conteúdo normativo muito semelhante ao disposto em 99.º/3. Comparemos as redações. Reza o 99.º/3: 3

> *Se todas ou algumas das sociedades participantes na fusão assim o desejarem, os exames referidos no número anterior poderão ser feitos, quanto a todas elas ou quanto às que nisso tiverem acordado, pelo mesmo revisor ou sociedade de revisores; neste caso, o revisor ou a sociedade deve ser designado, a solicitação conjunta das sociedades interessadas, pela Câmara dos Revisores Oficiais de Contas.*

Daqui resulta que o exame do projeto de fusão pelo perito independente pode ser feito pelo mesmo ROC (a) quanto a todas as sociedades envolvidas na fusão, (b) ou apenas quanto a algumas delas, mas em qualquer dos casos (c) sempre mediante requerimento conjunto à Ordem dos Revisores Oficiais de Contas a quem cabe a nomeação do perito. 4

Ora, se atendermos ao disposto no 117.º-D/2 e 3, resulta que a única diferença assinalável parece ser o facto de no regime das fusões internas o exame do projeto de fusão pelo mesmo perito independente poder ser feito quanto a todas ou apenas algumas das sociedades participantes, ao passo que nos termos do 117.º-D, tal exame parece apenas poder ser feito quanto a todas as sociedades envolvidas (e não apenas algumas)... 5

Porém, se compararmos a redação do 10.º/1 da 3.ª Diretriz com o 8.º/2 da 10.ª Diretriz chegamos à conclusão que, quanto a este aspeto, o seu conteúdo normativo é idêntico: apenas prevê o exame por um perito comum quanto a todas as sociedades. 6

Impõe-se, portanto, uma conclusão: a possibilidade do exame comum ser realizado apenas quanto a algumas e não todas as sociedades participantes na fusão é uma particularidade do nosso direito interno que não colide, aliás, com o direito comunitário, já que se este permite um exame comum para todas sociedades, a *fortiori* o permite para apenas algumas delas. 7

8 4. **Crítica**. Face ao exposto, não se vislumbra razão para que o legislador não remetesse, igualmente, para o n.° 3 do 99.°. Claro está que a Ordem dos ROC só seria chamada a designar o perito se as sociedades entendessem que tal entidade deveria ser portuguesa, mas ainda assim a solução não diverge do 99.°/3.

9 Isto posto, e porque a remissão para o 99.° podia ser total, o 117.°-D parece-nos despiciendo. O seu sentido normativo útil bem pode estar consumido pela remissão genérica do 117.-B, cuja oportunidade, aliás, já criticámos.

Artigo 117.°-E (Forma e publicidade)

A participação de sociedades com sede em Portugal numa fusão transfronteiriça está sujeita às exigências de forma, assim como ao registo e à publicação previstos para as fusões internas, sem prejuízo do disposto no artigo 117.°-H.

Bibliografia: António Menezes Cordeiro, *Direito europeu das sociedades* (2005), 787 ss.; Rui Pinto Duarte, *Escritos sobre Direito das sociedades* (2008), 179 ss.; Diogo Costa Gonçalves, *Fusões transfronteiriças. A transposição da 10.ª Directriz e a Proposta de Lei n.º 236/X*, RDS I (2009), 2, 339-377; *id.*, *As recentes alterações ao regime da fusão de sociedades – A Lei n.º 19/2009, de 12 de Maio e o Decreto-Lei n.º 185/2009, de 12 de Agosto*, RDS I (2009), 3, 553-581; Elda Marques/Orlando Vogler Guiné, *Código em comentário* II (2011), 371 e ss.; Raúl Ventura, *Fusão, cisão, transformação de sociedades – Comentário ao Código das Sociedades Comerciais* (2006, 3.ª reimp.); *id.*, *Adaptação do Direito Português à Terceira Directiva do Conselho da Comunidade Económica Europeia relativa às fusões de sociedades por acções*, s/d.

Índice

I – **Enquadramento geral**
1. A 10.ª Diretriz 1
2. Técnica remissiva 3

II – **Concretização normativa**
3. Publicidade do projeto de fusão 6
4. Forma da fusão transfronteiriça 8
5. Registo definitivo da fusão 9

I – Enquadramento geral

1 1. **A 10.ª Diretriz**. O 117.°-E tem origem no 6.° da 10.ª Diretriz que dispõe sobre a matéria referente à publicidade do projeto de fusão transfronteiriça. Tem por lugar paralelo o 6.° da 3.ª Diretriz, quanto à publidade do projeto de fusão das sociedades nacionais.

2 Com a Diretriz 2009/109/CE, de 16-set., os requisitos de publicidade do projeto das fusões nacionais foram alterados[1], entendendo o legislador comunitário que não faria sentido que as exigência de publicidade do projeto de fusão fossem diferentes para o caso das fusões internas e das fusões transfronteiriças[2]. Em consequência, o 4.° da Diretriz 2009/109/CE veio alterar a redação do 6.° da 10.ª Diretriz, reproduzindo neste artigo a mesma alteração introduzida na 3.ª Diretriz.

[2] *Vide* anotação ao 100.°.

[2] Considerando (5): *"Os requisitos de publicidade relativos ao projeto de fusão aplicáveis a fusões transfronteiriças, previstos na Diretiva 2005/56/CE do Parlamento Europeu e do Conselho, de 26 de Outubro de 2005, relativa às fusões transfronteiriças das sociedades de responsabilidade limitada, deverão ser idênticos aos requisitos aplicáveis às fusões e cisões nacionais, previstos na Diretiva 78/855/CEE e na Sexta Diretiva 82/891/CEE do Conselho, de 17 de Dezembro de 1982, fundada no n.° 3, alínea g), do artigo 54.° do Tratado, relativa às cisões de sociedades anónimas."*.

2. **Técnica remissiva.** Ao contrário do que sucede nos 117.°-C e D, por exemplo, o 117.°-E contém uma remissão genérica para o o regime das fusões internas quanto à forma da fusão e quanto às exigências de publicação e registos da operação. A sua concretização não levanta especiais dificuldades. Resta saber, porém, se face à também genérica remissão do 117.°-B este preceito tem alguma real utilidade normativa. 3

Algumas dúvidas se colocam quanto ao sentido da locução *"sem prejuízo do disposto no artigo 117.º-H"*. Isto porque o 117.°-H, ao regular os efeitos da fusão, remete para o previsto no 112.°. Não se vislumbra, portanto, em que é que a aplicação a uma fusão transfronteiriça das disposições das fusões internas em matéria de forma, publicidade e registos pode colidir com o previsto em 117.°-H, se este preceito remete, igualmente, para o mesmo regime das fusões internas. 4

O único sentido possível – de escassa utilidade, confesse-se – é delimitar a remissão do 117.°-E às normas que regem o *iter* da fusão entre a fiscalização do projeto (99.°) e o registo definitivo da operação (111.°)... De notar, no entanto, que a redação do 117.°-E e H corresponde exatamente ao previsto na Proposta de Lei 236/X. 5

II – Concretização normativa

3. **Publicidade do projeto de fusão.** À publicidade do projeto de fusão transfronteiriça das sociedades com sede em Portugal aplica-se o diposto no 100.°, para cuja anotação remetemos. As alterações que vierem a ser introduzidas neste preceito por força da transposição da Diretriz 2009/109/CE servirão à conformidade do regime das fusões transfronteiriças com o mesmo diploma comunitário, dado o conteúdo da modificação do 6.° da 10.ª Diretriz e a técnica remissiva utilizada pelo legislador português. 6

Temos algumas dúvidas que a simples aplicação do 100.° às fusões transfronteriças respeite integralmente o previsto no 6.° da 10.ª Diretriz. Isto porque o n.° 2, *c*), exige que a publicação do projeto contenha *"a indicação (...) das regras de exercício dos direitos dos credores (...) bem como o endereço em que podem ser obtidas, gratuitamente, informações exaustivas sobre essas regras"*. É duvidoso que a simples menção prevista em 100.°/5 satisfaça integralmente a exigência comunitária de dar a conhecer aos credores os exatos termos das regras aplicáveis à sua tutela. Teria sido mais seguro que o legislador português houvesse reproduzido o 6.°/2, *c*) no 117.°-E. 7

4. **Forma da fusão transfronteiriça.** À forma da fusão transfronteiriça aplica-se, quanto às sociedades sujeitas à lei pessoal portuguesa, o dispoto no 106.°, para cuja anotação remetemos. Não obstante a fusão ser uma operação societária unitária, a 10.ª Diretriz – à semelhança da 3.ª Diretriz – não fixa nem regula um ato de fusão (*stricto sensu*). No contexto de uma operação transnacional, a fusão seguirá a forma exigida pela lei pessoal de cada sociedade envolvida. 8

5. **Registo definitivo da fusão.** A remissão constante do 117.°-E abrange, igualmente, a promoção do registo definitivo da fusão nos termos do 111.°. 9

A alteração introduzida no 67.-A do CRCom pela L 19/2009, de 12-mai., aditou três novos números referentes ao registo definitivo de uma fusão transfronteiriça: 10

> *(...)*
>
> *2 – No caso do registo da fusão transfronteiriça, aplica-se o disposto no número anterior às sociedades participantes na fusão que tenham sede no território nacional.*
>
> *3 – O serviço que efetue o registo de fusão transfronteiriça notifica desse facto e do consequente início de produção de efeitos da fusão os serviços de registo competentes dos Estados membros da União Europeia onde estejam sediadas sociedades participantes.*

4 – A receção por qualquer serviço de registo comercial de notificação do início da produção da produção de efeitos de fusão transfronteiriça, efetuado por serviço de registo competente de Estado membro da União Europeia, determina a realização oficiosa do registo da fusão transfronteiriça nas sociedades participantes na fusão que estejam sediadas em território nacional.

11 O sistema é simples e escorreito. Corresponde, em parte, ao previsto no 13.º da 10.ª Diretriz. Se a sociedade incorporante ou a nova sociedade são sociedades de direito português, o registo da fusão é promovido, nos termos do 111.º, quanto à sociedade beneficiária, sendo depois de promoção oficiosa o registo da fusão quanto às restantes sociedades participantes. Esta promoção oficiosa dá-se, porém, de duas maneiras: (a) para as sociedades incorporadas ou fundidas de direito português, aplicar-se-á o 67.º-A/1; (b) para as sociedades incorporadas ou fundidas sujeitas à lei pessoal de outro Estado-Membro, a conservatória do registo comercial deverá notificar os serviços competentes do outro Estado quanto ao registo da fusão e ao início da produção dos seus efeitos (67.º-A/3).

12 Se, porém, a sociedade incorporante ou a nova sociedade forem sociedades sujeitas à lei de outro Estado-Membro, parece resultar do 67.º-A/4 que o 111.º não tem aplicação: o registo da fusão quanto às sociedades nacionais (incorporadas ou fundidas) será promovido oficiosamente após a receção pelos serviços do registo comercial português de uma notificação de realização de fusão transfronteiriça, enviada pelos serviços competentes do Estado a cuja lei se sujeita a sociedade incorporante ou a nova sociedade. Claro está que este sistema só logrará eficácia se o direito interno do Estado da sociedade incorporante ou da nova sociedade conhecer uma disposição semelhante à prevista em 67.º-A/3.

Artigo 117.º-F (Aprovação do projeto de fusão)

1. O projeto comum de fusão transfronteiriça deve ser aprovado pela assembleia geral de cada uma das sociedades participantes.

2. Aplicam-se à aprovação do projeto comum de fusão pelas assembleias gerais das sociedades participantes com sede em Portugal as disposições dos artigos 102.º e 103.º.

3. A assembleia geral de qualquer uma das sociedades participantes pode subordinar a realização da fusão transfronteiriça à condição de serem aprovadas nessa assembleia as disposições relativas à participação dos trabalhadores na sociedade resultante da fusão transfronteiriça.

Bibliografia: António Menezes Cordeiro, *Direito europeu das sociedades* (2005), 787 ss.; Rui Pinto Duarte, *Escritos sobre Direito das sociedades* (2008), 179 ss.; Diogo Costa Gonçalves, *Fusões transfronteiriças. A transposição da 10.ª Directriz e a Proposta de Lei n.º 236/X*, RDS I (2009), 2, 339-377; *id.*, *As recentes alterações ao regime da fusão de sociedades – A Lei n.º 19/2009, de 12 de Maio e o Decreto-Lei n.º 185/2009, de 12 de Agosto*, RDS I (2009), 3, 553-581; Elda Marques, *Código em comentário* II (2011), 375 e ss.; Raúl Ventura, *Fusão, cisão, transformação de sociedades – Comentário ao Código das Sociedades Comerciais* (2006, 3.ª reimp.); *id.*, *Adaptação do Direito Português à Terceira Directiva do Conselho da Comunidade Económica Europeia relativa às fusões de sociedades por acções*, s/d.

Índice

I – **Enquadramento geral**
1. A 10.ª Diretriz 1

II – **Concretização normativa**
2. Remissão para o 102.º e 103.º 2
3. Subordinação da fusão à aprovação das disposições respeitantes à participação dos trabalhadores 3

III – **Direito de exoneração**
4. Enquadramento 11
5. A aplicação do 105.º 15
6. A mudança de lei pessoal 19

I – Enquadramento geral

1. A 10.ª Diretriz. O 117.º-F corresponde ao 9.º/1 e 2 da 10.ª Diretriz. O mesmo princípio fundamental – reserva de competência da assembleia geral para a deliberação da fusão – pode ser encontrado no 7.º da 3.ª Diretriz. 1

II – Concretização normativa

2. **Remissão para o 102.º e 103.º.** Decorrendo do 9.º/1 da 10.ª Diretriz (e do 117.º-F/1) a exclusiva competência das assembleias gerais para deliberar a fusão, não se vislumbra razão para sujeitar a aprovação do projeto de fusão transfronteiriça pelas sociedades de direito português a disposições diferentes da aprovação de um projeto de fusão interna: daí a remissão para os 102.º e 103.º. 2

3. **Subordinação da fusão à aprovação das disposições respeitantes à participação dos trabalhores.** O 117.º-F/3 corresponde ao n.º 2 do 9.º da 10.ª Diretriz. Convém, contudo, que comparemos as redações. Reza o 9.º/2 da 10.ª Diretriz: 3

> *A assembleia geral de cada uma das sociedades objeto de fusão pode subordinar a realização da fusão transfronteiriça à condição de serem por ela adotadas expressamente as disposições decididas quanto à participação dos trabalhadores na sociedade resultante da fusão transfronteiriça.*

O correspondente normativo no 117.º-F tem a seguinte redação (n.º 3): 4

> *A assembleia geral de qualquer uma das sociedades participantes pode subordinar a realização da fusão transfronteiriça à condição de serem aprovadas nessa assembleia as disposições relativas à participação dos trabalhadores na sociedade resultante da fusão transfronteiriça.*

Estamos, claramente, perante uma incorreta transposição do direito europeu. O sentido do 9.º/2 da 10.ª Diretriz não é exatamente claro, mesmo quando cotejado com as versões do preceito em língua inglesa, francesa e alemã. Parece, no entanto, ser esta a interpretação a dar: na deliberação da fusão, pode a assembleia geral sujeitar a eficácia da própria fusão deliberada à circunstância de a mesma assembleia geral vir, em momento posterior, a aprovar a modalidade de proteção dos trabalhadores da sociedade incorporante ou da nova sociedade. 5

Foi este, pelo menos, o sentido fixado pelo legislador italiano e alemão. Dispõe o 10.º/1 do *Decreto Legislativo 30 maggio 2008*: *"L'efficacia della delibera di approvazione del progetto comune di fusione transfrontaliera può essere subordinata all'aprovazione con sucessiva delibera da parte dell'assemblea delle modalità di partecipazione dei lavoratori nella società risultante dalla fusione transfrontaliera"*. Também no § 122g da *UmwG*pode ler-se: *"Die Anteilsinhaber können ihre Zustimmung nach § 13* 6 *davon abhängig machen, dass die Art und Weise der Mitbestimmung der Arbeitnehmer der übernehmenden oder neuen Gesellschaft ausdrücklich von ihnen bestätigt wird."*

7 Tendo isto presente, a redação do disposto no 117.°-F/3 raia a abrogância lógico-normativa. O que aí se diz é o seguinte: a assembleia geral que delibera a fusão pode sujeitar a eficácia da fusão à condição de ***nessa assembleia geral*** serem aprovadas as medidas de proteção dos trabalhadores a aplicar na sociedade resultante da fusão. Ora: é inconcebível do ponto de vista técnico-jurídico que possa uma deliberação social sujeitar a sua eficácia à condição da verificação do conteúdo de si mesma!

8 O que o legislador português queria ter dito (mas não disse, ou disse mal...) é que a assembleia geral que delibera a fusão pode sujeitar a eficácia da fusão à condição de que as medidas respeitantes à participação dos trabalhadores na sociedade incorporante ou na nova sociedade venham a ser aprovadas por essa mesma assembleia geral.

9 Impõe-se, portanto, uma interpretação conforme o direito europeu que aproxime o 117.°-F/3 do sentido dado ao 9.°/2 da 10.ª Diretriz nas experiências italiana e alemã, por exemplo. Neste sentido, por *"(...) serem aprovadas nessa assembleia (...)"* deve entender-se serem aprovadas pela mesma assembleia geral ou, mais claramente ainda, serem aprovadas pelas assembleias gerais das sociedades incorporadas ou fundidas. A aprovação da fusão e a aprovação das medidas respeitantes à participação dos trabalhadores na sociedade incorporante ou na nova sociedade são, portanto, deliberações distintas e diferidas no tempo.

10 Na medida em que o exercício da faculdade prevista em 117.°-F/3 corresponda, tecnicamente, a uma condição resolutiva, aplica-se o disposto em 113.°. Não será de afastar a hipótese de aplicar (ainda que analogicamente) o disposto em 114.°/2 sempre que se trate de aprovação das medidas respeitantes à participação dos trabalhadores pela assembleia geral de uma sociedade já extinta, nos termos do 117.°-H e 112.°.

III – **Direito de exoneração**

11 4. **Enquadramento**. O 117.°-F não se pronuncia sobre a existência de direito de exoneração para os sócios dissidentes da fusão transfronteiriça. Há no entanto dois lugares no sistema que impõem que nos detenhamos nesta questão: (a) atribuição, nos termos do 3.°/5, do direito de exoneração aos sócios que não hajam votado favoravelmente a transferência da sede da sociedade para outro país; e (b) a previsão de direito de exoneração, em sede de fusão, nos termos do 105.°.

12 Na primeira hipótese, em causa está a alteração da lei pessoal da sociedade (*vide* 3.°) como causa justificativa da atribuição de um direito legal de exoneração; na segunda, o próprio processo de concentração sócio-económica e as alterações estruturais que a mesma envolve (*vide* 105.°).

13 Esta argumentação colhe em sede de fusões transfronteiriças. Há, todavia, uma relação de especialidade entre os fundamentos invocados. Com efeito, nem todas as fusões transfronteiriças implicam para as sociedades com sede em Portugal uma alteração da lei pessoal; porém, todas as fusões transfronteiriças são *fusão*, de onde sempre são chamadas à colação as razões que presidem ao disposto no 105.°.

14 Desta relação de especialidade na ordem de argumentos invocada resulta a possibilidade de dois cenários conclusivos. Em um primeiro cenário, é possível sustentar a inaplicabilidade do 105.° às fusões transfronteiriças e, simultaneamente, a aplicação do 3.°/5 àquelas que envolvam alteração da lei pessoal. Em um segundo cenário, sustentar a aplicabilidade do 105.° a todas as

fusões transfronteiriças, determinando depois os possíveis desvios de regime no caso das fusões
que envolvam alteração da lei pessoal.

5. **A aplicação do 105.º.** Já *supra* referimos que todas as fusões transfronteiriças são *fusão*, pelo 15
que o escopo fundamental do 105.º e a sua fundamentação dogmática são plenamente válidos
nesta sede. Podemos portanto afirmar que, segundo a natureza da operação em causa, nada
impede a aplicação do 105.º às fusões transfronteiriças.

Mais se diga que, não obstante os 117.º-A a 117.º-L não remeterem diretamente para o 16
105.º, dos 117.º-B, 117.º-E e 117.º-F/1 e 2 retira-se que à deliberação da fusão transfronteiriça
e à forma da fusão se aplicam as disposições referentes às fusões internas. Ora, na medida em
que o 105.º faz depender o direito de exoneração da sua previsão em contrato de sociedade
e de um concreto comportamento dos sócios na assembleia geral que delibera a fusão, tudo
indica que as remissões para o regime das fusões internas abrangem, igualmente, a aplicação
do 105.º.

Isto posto, apenas será possível defender a não aplicação do 105.º às fusões transfron- 17
teiriças se a *differentia specifica* deste tipo de fusão – isto é, a sua transnacionalidade – colidir
valorativamente com a possibilidade da exoneração. Não se vislumbra porém qualquer razão
inerente à transnacionalidade da fusão que afaste a aplicação do 105.º. Mais: o facto da fusão ser
tranfronteiriça parece acentuar os fundamentos dogmáticos que a doutrina mais recente aponta
à figura.

Em síntese: o 105.º aplica-se, igualmente, às fusões tranfronteriças e, com ele, a *inoponibi-* 18
lidade das limitações à transmissão de participações sociais, previsto no 105.º/4.

6. **A mudança de lei pessoal**. Partindo da aplicação do 105.º às fusões transfronteiriças, veja- 19
mos agora como é que este dado normativo se articula com o 3.º/5. A fusão é um ato modi-
ficativo das sociedades envolvidas (*vide* 97.º). Pode, portanto, afirmar-se que sempre que a lei
pessoal da sociedade incorporante ou da nova sociedade é diferente da lei pessoal das sociedades
incorporadas ou fundidas, estas [não obstante o efeito extintivo previsto em 112.º, *a*)] sofrem
uma radical modificação estatutária no que diz respeito à sua lei pessoal, o que constitui funda-
mento do direito de exoneração previsto em 3.º/5.

Ora, o direito de exoneração previsto em 3.º/5 é (a) uma *causa legal* de exoneração; 20
(b) aplicável aos sócios que *não votem favoravelmente a deliberação* (e não só os que votem contra);
(c) cujo exercício deve ocorrer nos *60 dias* após a publicação da deliberação.

Quando comparado com o 105.º as diferenças são assinaláveis não só quanto à fonte do 21
direito (causa contratual ou estatutária), quanto ao seu âmbito subjetivo (apenas os sócios que
votem contra) mas também quanto ao regime concreto do exercício do direito.

Como articular estes dois regimes? A solução passa por ver na fusão transfronteiriça em 22
que a lei pessoal da sociedade incorporante ou da nova sociedade é diferente da lei pessoal das
sociedades incorporadas ou fundidas uma *fusão heterogénea* que exige a aplicação cumulativa do
regime da fusão e do regime respeitante às (outras) modificações societárias em causa, sempe
que aquele não assegure convenientemente os interesses em jogo (*vide* 97.º).

Ora, antes da Reforma de 2006, o 137.º consagrava o direito de exoneração em sede de 23
transformação de sociedades como uma *causa legal* de exoneração, aplicável a *todos os sócios que*
não houvessem votado favoravelmente a deliberação de transformação. Verifica-se quanto a estes dois
aspetos – fonte do direito e âmbito subjetivo – a mesma discrepância entre o 105.º e a redação
do 137.º anterior à Reforma de 2006 que ora se verifica entre o 105.º e o 3.º/5. Julgamos,
portanto, que vale aqui a mesma solução que a melhor doutrina sustentava então para aqueles

casos de fusões heterogéneas: a aplicação das disposições específicas referentes à alteração estatutária em causa[1].

24 Temos portanto que deve entender-se aplicável às fusões transfronteiriças em que a lei pessoal da sociedade incorporante ou da nova sociedade é diferente da lei pessoal das sociedades incorporadas ou fundidas o direito de exoneração previsto em 3.°/5. Isto significa que gozam de direito de exoneração (a) todos os sócios que não hajam votado favoravelmente o projeto de fusão, (b) independentemente do contrato de sociedade prever a existência ou não de tal direito.

25 Ficam por resolver, contudo, as discrepâncias de regime quanto ao exercício do direito de exoneração. Este problema não se colocava quanto ao 137.°, antes da Reforma de 2006, dada a sua remissão para o 105.°... Cremos, contudo, que a solução passa por reconhecer que em sede de fusão transfronteiriça, o direito de exoneração atribuído aos sócios nos termos do 3.°/5 segue – quanto ao seu exercício – o regime previsto no 105.°.

26 Isto por duas razões. Em primeiro lugar, (a) o regime aplicável ao exercício do direito de exoneração deve seguir, em regra, o regime da operação societária em que se insere. Com efeito, para a proteção dos sócios basta que se reconheça a possibilidade de exoneração nos termos do 3.°/5; o seu *modus operandi* não tange a tutela da sua posição jurídica. Daqui se retira que, admitida a existência de um direito de exoneração para além dos casos previstos em 105.°/1, nada impede que o regime do seu exercício siga o disposto em 105.°/2 a 4. Em segundo lugar, (b) o regime previsto no 105.° é, na verdade, objeto de frequentes remissões [a título de exemplo: 137.°/2; 185.°/5, 186.°/4, 188.°/2, 235,°/1, *a*), 240.°/5 e 329.°/3, *c*)]. Se é certo que as abundantes remissões têm por objeto a avaliação das participações sociais, a sujeição do exercício do direito de exoneração ao previsto no 105.° está conforme aos fundamentais do sistema.

27 Em síntese: sempre que a fusão transfronteiriça importe uma modificação da lei pessoal das sociedades incorporadas ou fundidas, os sócios gozam de direito de exoneração nos termos do 3.°/5, aplicando-se, quanto ao seu exercício e restantes corolários, o disposto no 105.°/2 a 4.

Artigo 117.°-G (Certificado prévio e registo da fusão)

1. As autoridades competentes para o controlo da legalidade das fusões transfronteiriças são os serviços do registo comercial.

2. O controlo da legalidade previsto no número anterior abrange a prática dos seguintes atos:

_a_) A emissão de um certificado prévio, em relação a cada uma das sociedades participantes que tenham sede em Portugal e a seu pedido, que comprove o cumprimento dos atos e formalidades anteriores à fusão;

_b_) A fiscalização da legalidade da fusão transfronteiriça no âmbito do seu registo, desde que a sociedade resultante da fusão tenha sede em Portugal.

3. A emissão de certificado referido na alínea _a_) do número anterior pressupõe a verificação do cumprimento das formalidades prévias à fusão, em face das disposições legais aplicáveis, do projeto comum registado e publicado e dos relatórios dos órgãos da sociedade e dos peritos que, no caso, devam existir.

[1] *Vide* Raúl Ventura, *Fusão*, 39. *Vide*, igualmente, com referências, o nosso, *Fusão, Cisão e Transformação de Sociedades Comerciais – A posição jurídica dos sócios e a delimitação do* statuo viae (2008), 324 ss.

4. O controlo referido na alínea *b*) do n.° 2 é feito, em especial, mediante a verificação dos seguintes elementos:

a) Aprovação do projeto comum de fusão transfronteiriça, nos mesmos termos, pelas sociedades nela participantes;

b) Fixação das disposições relativas à participação dos trabalhadores, em conformidade com as regras legais aplicáveis, nos casos em que a mesma seja necessária.

5. Para efeitos do controlo referido na alínea *b*) do n.° 2, o pedido de registo da fusão transfronteiriça deve ser apresentado ao serviço do registo comercial pelas sociedades participantes, acompanhado do certificado referido na alínea *a*) do mesmo número e do projeto comum de fusão transfronteiriça aprovado pela assembleia geral, no prazo de seis meses após a emissão do certificado.

Bibliografia: António Menezes Cordeiro, *Direito europeu das sociedades* (2005), 787 ss.; Rui Pinto Duarte, *Escritos sobre Direito das sociedades* (2008), 179 ss.; Diogo Costa Gonçalves, *Fusões transfronteiriças. A transposição da 10.ª Directriz e a Proposta de Lei n.º 236/X*, RDS I (2009), 2, 339-377; *id.*, *As recentes alterações ao regime da fusão de sociedades – A Lei n.º 19/2009, de 12 de Maio e o Decreto-Lei n.º 185/2009, de 12 de Agosto*", RDS I (2009), 3, 553-581; Orlando Vogler Guiné, *Código em comentário* II (2011), 377 e ss.; Hervé Le Nabasque, *Les fusions transfrontalières après la loi n.º 2008-649 du juillet 2008*, Revue des Sociétés (2008), 3, 493-530; Raúl Ventura, *Fusão, cisão, transformação de sociedades – Comentário ao Código das Sociedades Comerciais* (2006, 3.ª reimp.); *id.*, *Adaptação do Direito Português à Terceira Directiva do Conselho da Comunidade Económica Europeia relativa às fusões de sociedades por acções*, s/d.

Índice

I – Enquadramento geral
1. A 10.ª Diretriz 1
2. A entidade fiscalizadora e os atos de fiscalização 2

II – A fiscalização prévia da fusão transfronteiriça
3. Âmbito de aplicação *subjetivo* 5
4. Âmbito de aplicação *objetivo* 6
5. Emissão do certificado prévio à fusão transfronteiriça 9

III – A fiscalização sucessiva da fusão transfronteiriça
6. Âmbito de aplicação 12
7. Momento da fiscalização 14
8. Sobreposição de atos de fiscalização 19

I – Enquadramento geral

1. A 10.ª Diretriz. O 117.°-G transpõe para a ordem jurídica interna as especiais exigências de fiscalização das fusões transfronteiriças previstas nos 10.° e 11.° da 10.ª Diretriz. O sistema de fiscalização prévia (10.°) e sucessiva (11.°) da legalidade da fusão preconizado na 10.ª Diretriz surge assim reunido num mesmo preceito legal, sem prejuízo da manutenção dos dois momentos de fiscalização. 1

2. A entidade fiscalizadora e os atos de fiscalização. Os 117.°-G/1 e 2 são preceitos introdutórios ao regime de fiscalização da fusão transfronteiriça, onde o legislador desenha o quadro geral do controlo da legalidade da operação. 2

A entidade fiscalizadora são os serviços do registo comercial (n.° 1). A 10.ª Diretriz permitia a atribuição de tal competência ao tribunal, ao notário ou a outra autoridade designada pelos Estados-Membros. Tendo em conta o papel do registo comercial no nosso direito societário, a escolha só podia recair sobre estes serviços. 3

4 O controlo da legalidade da fusão transfronteiriça ocorre em dois momentos distintos. Num primeiro momento, os serviços do registo comercial fiscalizam a legalidade dos atos e formalidades prévios à fusão. Tal momento culmina com a emissão de um *certificado prévio* [n.º 2, *a*)]: trata-se do que denominámos *fiscalização prévia*. Num segundo momento, os serviços do registo comercial fiscalizam a legalidade da fusão no âmbito do seu registo [n.º 2, *b*)]: trata-se do que denominámos *fiscalização sucessiva*.

II – **A fiscalização prévia da fusão transfronteiriça**

5 3. **Âmbito de aplicação *subjetivo***. Nos termos do 117.º-G/2, *a*), a fiscalização prévia da fusão aplica-se às sociedades com sede em Portugal, isto é, às sociedades que tenham por lei pessoal a portuguesa. O controlo da legalidade dos atos praticados pelas sociedades participantes na fusão sujeitas à lei pessoal de outro Estado-Membro é garantida por esse Estado. Tal resulta claro do 10.º/1 da 10.ª Diretriz: *"Cada Estado-Membro designará o tribunal, notário ou outra autoridade competente para fiscalizar a legalidade da fusão transfronteiriça relativamente à parte do processo respeitante a cada uma das sociedades objeto da fusãoe que estão abrangidas pela sua legislação nacional"*.

6 4. **Âmbito de aplicação *objetivo***. A fiscalização prévia da fusão transfronteiriça tem por objeto, na letra do 117.º-G/2, *a*), o controlo da legalidade dos *atos e formalidades anteriores à fusão*. A mesma expressão surge no 10.º/2 da 10.ª Diretriz: *"...cumprimento dos atos e formalidades prévios à fusão"*. Como já assinalámos (Introdução), a todo o modelo de fiscalização da fusão transfronteiriça está subjacente a eleição de um ato societário que deva ser considerado *ato de fusão* (*stricto sensu*), a partir do qual se possam distinguir os atos e procedimentos prévios ou anteriores à fusão e os atos e procedimentos posteriores ou de finalização.

7 O n.º 3 determina que a fiscalização prévia da fusão transfronteiriça recai sobre (a) o projeto comum registado; e sobre (b) os relatórios dos órgãos sociais e dos peritos, se os houver. Parece, portanto, que o legislador português fixou como ato de fusão *stricto sensu* – para efeitos da fiscalização exigida no 117.º-G – a deliberação do projeto em assembleia geral. Com efeito, a escolha não poderia ser outra: desaparecida a escritura pública de fusão com a Reforma de 2006 (*vide* 196.º), o registo definito da fusão pode ser promovido logo após a deliberação da fusão em cada uma das sociedades, nos termos do 111.º. A eleger algum ato societário como *ato de fusão* que permita a distinção entre a fiscalização prévia e a sucessiva, tal ato só poderia ser a deliberação em assembleia geral.

8 Fica contudo a dúvida de saber se quando, por força do 106.º, a fusão está sujeita a escritura pública ou a outra forma legal exigida para a transmissão dos bens das sociedades incorporadas ou fundidas, a fiscalização prévia abrange também, ou não, as assembleias gerais que deliberam a fusão. Se articularmos o 117.º-G/3 com o disposto no 74.º-A do CRCom (aditado pela L 19/2009) parece resultar que, em qualquer dos casos, a fiscalização das assembleias gerais nunca surge como objeto de certificação prévia pelos serviços do registo comercial.

9 5. **Emissão do certificado prévio à fusão transfronteiriça**. A fiscalização prevista em 117.º-G/2, *a*) e 3, culmina com a emissão de um *certificado prévio à fusão transfronteriça* que atesta a legalidade dos atos praticados pelas sociedades de direito português até ao momento da deliberação da fusão.

10 O certificado prévio é emitido em relação a *cada uma das sociedades* participantes na fusão sujeitas ao direito nacional as quais, para o efeito, o devem solicitar junto de *"qualquer serviço de registo com competência para a para a prática de atos de registo comercial"* (74.º-A/1 do CRCom).

11 O pedido de emissão do certificado prévio pode ser solicitado logo após o registo do projeto de fusão (74.º-A/1 do CRCom) e é instruído com o projeto de fusão e com os relatórios

dos órgãos sociais e dos peritos, se os houver (74.º-A/2 do CRCom), salvo se esta documentação já se encontrar depositada nos serviços (74.º-A/3 do CRCom).

III – **A fiscalização sucessiva da fusão transfronteiriça**

6. **Âmbito de aplicação.** Nos termos do 117.º-G/2, *b*), a fiscalização sucessiva da fusão apenas tem aplicação quando a sociedade incorporante ou a nova sociedade resultante da fusão tem sede em Portugal, estando assim sujeita à lei pessoal portuguesa. 12

Na fiscalização sucessiva, os serviços do registo comercial devem verificar se (a) o projeto de fusão transfronteiriça foi aprovado, nos mesmos termos, por todas as sociedades envolvidas [n.º 4, *a*)]; (b) se são observadas as disposições referentes à participação dos trabalhadores [n.º 4, *b*)]. 13

7. **Momento da fiscalização.** A fiscalização sucessiva da fusão transfronteiriça coincide temporalmente com a promoção do registo definitivo da fusão. Assim, e nos termos do n.º 5, a promoção do registo definitivo deve ser feita no prazo de seis meses após a emissão do certificado prévio à fusão transfronteiriça e deve ser acompanhada desse certificado, conjuntamente com o projeto de fusão aprovado em assembleia geral. 14

Ao registar definitivamente a fusão, os serviços do registo comercial devem certificar-se de que para cada uma das sociedades participantes foi emitido o certificado prévio à fusão (por Portugal ou por outro Estado-Membro), que as assembleias gerais das sociedades deliberaram o mesmo projeto de fusão e que se observa o respeito pelas disposições referentes à participação dos trabalhadores 15

O disposto no 117.º-G/2 corresponde ao 11.º/2 da 10.ª Diretriz: *"Cada sociedade objeto de fusão enviará, para o efeito, à entidade competente referida no n.º 1 o certificado previsto no n.º 2 do artigo 10.º no prazo de seis meses a contar da data da sua emissão, juntamente com o projeto comum de fusão transfronteiriça, aprovado pela assembleia geral mencionada no artigo 9.º"*. 16

Em ambas as redações, as sociedades incorporadas ou fundidas surgem como sociedades promotoras do registo definitivo, remetendo os documentos necessários à sua instrução. Ora, tal solução parece colidir com o dipsoto no 67.º-A/2 ao abrigo do qual o registo definitivo da fusão é apenas promovido pela sociedade incorporante ou pela nova sociedade, devendo depois os serviços do registo comercial notificar os serviços competentes dos outros Estados-Membros do registo da fusão e do início da produção dos seus efeitos. 17

Julgamos que a melhor solução será entender que, na verdade, é a sociedade incorporante ou a nova sociedade quem deve promover o registo definito da fusão transfronteiriça e, consequentemente, a sua fiscalização sucessiva. Para o efeito, caberá a esta sociedade apresentar junto dos serviços competentes os certificados prévios de todas as sociedades envolvidas na fusão e bem assim a documentação que prove que as assembleias gerais deliberaram em termos exatamente idênticos o mesmo projeto de fusão. 18

8. **Sobreposição de atos de fiscalização.** O sistema de fiscalização da fusão transfronteiriça preconizado na 10.ª Diretriz, uma vez transposto para o direito societário português, pode conduzir à duplicação ou sobreposição de atos de fiscalização. Tal acontecerá, certamente, quando a sociedade incorporante ou a nova sociedade for uma sociedade de direito português quanto à fiscalização das sociedades incorporadas ou fundidas que sejam também elas de direito nacional. 19

Tomemos o seguinte exemplo: **A, S.A.** e **B, Lda.** participam numa fusão transfronteiriças em que é incorporante a sociedade a **A, S.A.**. Os serviços do registo comercial deverão proceder à fiscalização sucessiva da fusão, nos termos do 117.º-G/2, *b*), 4 e 5, porque a sociedade incorporante é uma sociedade com sede em Portugal. Porém, devem igualmente proceder à 20 fiscalização prévia dos atos praticados nas sociedades **A, S.A.** e **B, Lda.**, nos termos do disposto no 117.º-G/2, *a*) e 3.

21 Ora, como nada impede que o pedido de emissão do certificado prévio seja requerido já após a deliberação da fusão transfronteiriça, pode muito bem ocorrer que o momento em que as sociedades **A, S.A.** e **B, Lda.** se sujeitam a fiscalização prévia coincida, temporalmente, com o momento em que **A, S.A.** promove o registo defintivo. Neste caso, a distinção entre a fiscalização dos atos antes e após a fusão é meramente formal...

22 Esta duplicação ou sobreposição de atos de fiscalização é difícil de evitar no nosso direito interno. Isto porque não resta dúvida que o modelo de fusão que o legislador comunitário tinha em mente quando adotou a 10.ª Diretriz correspondia ao modelo continental típico, presente em Itália e na Alemanha, por exemplo (*vide* 106.º), onde a fusão está sujeita a ato público notarial... este modelo, entre nós, deixou de existir com a Reforma de 2006.

Artigo 117.º-H (Efeitos do registo da fusão transfronteiriça)

Com a inscrição da fusão transfronteiriça no registo comercial, produzem-se os efeitos previstos no artigo 112.º.

Bibliografia: António Menezes Cordeiro, *Direito europeu das sociedades* (2005), 787 ss.; Rui Pinto Duarte, *Escritos sobre Direito das sociedades* (2008), 179 ss.; Diogo Costa Gonçalves, *Fusões transfronteiriças. A transposição da 10.ª Directriz e a Proposta de Lei n.º 236/X*, RDS I (2009), 2, 339-377; *id.*, *As recentes alterações ao regime da fusão de sociedades – A Lei n.º 19/2009, de 12 de Maio e o Decreto-Lei n.º 185/2009, de 12 de Agosto*, RDS I (2009), 3, 553-581; Orlando Vogler Guiné, *Código em comentário* II (2011), 391 e ss.; Raúl Ventura, *Fusão, cisão, transformação de sociedades – Comentário ao Código das Sociedades Comerciais* (2006, 3.ª reimp.); *id.*, *Adaptação do Direito Português à Terceira Directiva do Conselho da Comunidade Económica Europeia relativa às fusões de sociedades por acções*, s/d..

Índice

I – **Concretização normativa**
1. A remissão para o 112.º 1

II – **O 14.º da 10.ª Diretriz**
2. Enquadramento 3
3. Formalidades nacionais respeitantes à transmissão de património 4
4. Transmissão das situações jurídicas laborais 6
5. Atribuição de participações sociais próprias à sociedade incorporante 8

I – **Concretização normativa**

1 1. **A remissão para o 112.º**. Com a epígrafe *"consequências da fusão transfronteiriça"*, o 14.º/1 e 2 da 10.ª Diretriz reproduz os efeitos típicos da fusão de sociedades, já conhecidos do 19.º/1 da 3.ª Diretriz: (a) a transmissão de direitos e obrigações; (b) a aquisição da qualidade de sócio na sociedade beneficiária e (c) a extinção das sociedades incorporadas ou fundidas.

2 Justifica-se, assim, que o legislador, ao regular sobre os efeitos da fusão transfronteiriça remeta para o 112.º. Na verdade, porém, tal remissão não era necessária: uma fusão transfronteiriça – reiteramos – é, antes de tudo, uma fusão pelo que não poderá deixar de produzir os efeitos típicos do instituto, sob pena de ser uma operação de outra natureza.

II – **O 14.º da 10.ª Diretriz**

2. **Enquadramento**. Comparativamente com o 19.º da 3.ª Diretriz, o 14.º da 10.ª Diretriz é mais extenso e contém um conjunto de preceitos cuja arrumação sistemática (sob a epígrafe *consequências da fusão*) levanta algumas dúvidas. Vejamos em que medida tais disposições normativas se encontram asseguradas no regime nacional das fusões transfronteiriças. 3

3. **Formalidades nacionais respeitantes à transmissão de património**. Dispõe o 14.º/3: *"Sempre que, em caso de fusão transfronteiriça de sociedades abrangidas pela presente diretiva, a legislação dos Estados-Membros impuser formalidades especiais em relação à oponibilidade a terceiros da transferência de determinados bens, direitos e obrigações das sociedades objeto da fusão, essas formalidades devem ser cumpridas pela sociedade resultante da fusão transfronteiriça"*. 4

O sentido útil do preceito é, sinteticamente, o seguinte: o regime da fusão transfronteiriça não dispensa a aplicação das disposições nacionais referentes à transmissão do património das sociedades incorporadas ou fundidas. A aplicação do 106.º à fusão transfronteiriça e ao regime de tutela de credores parece ser suficiente para garantir a conformidade com este preceito comunitário. 5

4. **Transmissão das situações jurídicas laborais**. Dispõe o 14.º/4: *"Os direitos e as obrigações das sociedades objeto da fusão decorrentes de contratos de trabalho ou das relações de trabalho existentes à data em que a fusão transfronteiriça começa a produzir efeitos serão transferidos, a partir dessa data, para a sociedade resultante da fusão transfronteiriça"*. 6

A transmissão das situações jurídicas laborais resulta diretamente da aplicação do 112.º, *a*), para cujo comentário remetemos (112.º). 7

5. **Atribuição de participações sociais próprias à sociedade incorporante**. Por fim, dispõe o 14.º/5: *"Não serão objeto de troca de títulos da sociedade incorporante por títulos da sociedade incorporada, detidos: a) Pela sociedade incorporante ou uma pessoa que atue em seu próprio nome, mas por conta desta sociedade; b) Pela sociedade incorporada ou por uma pessoa que atue em seu próprio nome, mas por conta desta sociedade"*. 8

Em causa está a proibição de atribuição de participações sociais próprias à sociedade incorporante por efeito da fusão. Esta mesma proibição encontra-se prevista no 104.º/3, cuja aplicação às fusões transfronteiriças decorre do 117.º-B. Vale, nesta sede, o que fica dito em 104.º. 9

Artigo 117.º-I (Incorporação de sociedade totalmente pertencente a outra)

1. O disposto na presente secção aplica-se, com as exceções estabelecidas nos números seguintes, à incorporação por uma sociedade de outra de cujas quotas ou ações aquela seja a única titular, diretamente ou por pessoas que detenham essas participações por conta dela mas em nome próprio.

2. Não são aplicáveis neste caso as disposições relativas à troca de participações sociais nem aos relatórios de peritos da sociedade incorporada e os sócios da sociedade incorporada não se tornam sócios da sociedade incorporante.

3. Não é obrigatória nestes casos a aprovação do projeto comum de fusão pelas assembleias gerais das sociedades incorporadas, podendo também ser dispensada essa aprovação pela assembleia geral da sociedade incorporante desde que se verifiquem cumulativamente os requisitos estabelecidos no n.º 3 do artigo 116.º.

Artigo 117.°-J (Fusão por aquisição tendente ao domínio total)

Nos casos em que a sociedade incorporante disponha de quotas ou ações correspondentes a, pelo menos, 90% do capital das sociedades incorporadas realizar uma fusão transfronteiriça por aquisição, os relatórios de peritos bem como os documentos necessários para a fiscalização são sempre exigidos mesmo nos casos em que a legislação que regula a sociedade incorporante ou as sociedades incorporantes com sede noutro Estado dispensem esses requisitos nas aquisições tendentes ao domínio total.

Bibliografia: António Menezes Cordeiro, *Direito europeu das sociedades* (2005), 787 ss.; Rui Pinto Duarte, *Escritos sobre Direito das sociedades* (2008), 179 ss.; Diogo Costa Gonçalves, *Fusões transfronteiriças. A transposição da 10.ª Directriz e a Proposta de Lei n.º 236/X*, RDS I (2009), 2, 339-377; *id.*, *As recentes alterações ao regime da fusão de sociedades – A Lei n.º 19/2009, de 12 de Maio e o Decreto-Lei n.º 185/2009, de 12 de Agosto*, RDS I (2009), 3, 553-581; Elda Marques, *Código em comentário* II (2011), 395 e ss. e 399 e ss.; Hervé Le Nabasque, *Les fusions transfrontalières après la loi n.º 2008-649 du juillet 2008*, Revue des Sociétés (2008), 3, 493-530; Raúl Ventura, *Fusão, cisão, transformação de sociedades – Comentário ao Código das Sociedades Comerciais* (2006, 3.ª reimp.); *id.*, *Adaptação do Direito Português à Terceira Directiva do Conselho da Comunidade Económica Europeia relativa às fusões de sociedades por acções*, s/d.

Índice

I – **A 10.ª Diretriz**
1. Enquadramento geral ... 1
2. Confusão terminológica ... 4
3. *Ratio* fundamental ... 10

II – **A L 19/2009, de 12-mai.**
4. As opções do legislador nacional ... 16
5. A incorporação de uma sociedade totalmente pertencente a outra ... 18
6. A incorporação de uma sociedade detida em 90% ou mais, mas não na totalidade ... 20

III – **O DL 185/2009, de 12-ago.**
7. As alterações à fusão de sociedades coligadas . 26
8. Consequências no regime das fusões transfronteiriças ... 28

I – A 10.ª Diretriz

1 1. **Enquadramento geral**. À semelhança do previsto na 3.ª Diretriz (24.° a 29.°), também a 10.ª Diretriz distingue entre as situações de incorporação de sociedades detidas a 100% pela sociedade incorporante (15.°/1), das situações de incorporação de sociedades detidas em 90% ou mais, mas não na totalidade (15.°/2).

2 O regime que resulta desta distinção é o seguinte: (a) para a incorporação de sociedades detidas a 100% pela sociedade incorporante não são aplicáveis as disposições referentes à troca de participações sociais; ao relatório do perito independente; e à reunião das assembleias gerais da sociedade ou sociedades incorporadas; (b) para a incorporação de sociedades detidas em 90% ou mais, mas não na totalidade, pela sociedade incorporante, a intervenção dos peritos independentes bem como os documentos necessários para a fiscalização da operação apenas são necessários na medida em que o exigir a legislação nacional que regula a sociedade incorporante e a ou as sociedades incorporadas.

3 É esta a redação do 15.°, com e epígrafe *"formalidades simplificadas"*:

1. Quando uma sociedade que detenha todas as ações e todos os outros títulos que conferem direito de voto nas assembleias gerais da sociedade ou sociedades incorporadas realizar uma fusão transfronteiriça por aquisição:

– não são aplicáveis as alíneas b), c) e e) do artigo 5.°, o artigo 8.° e a alínea b) do n.° 1 do artigo 14.°, e

– não é aplicável o n.° 1 do artigo 9.° à sociedade ou sociedades incorporadas.

2. Quando uma sociedade que detenha uma percentagem igual ou superior a 90% mas não a totatlidade das ações e outros títulos que conferem direito de voto nas assembleias gerais da sociedade ou sociedades incorporadas realizar uma fusão transfronteiriça por aquisição, os relatórios de um ou vários peritos independentes, bem como os documentos necessários para a fiscalização, são exigíveis unicamente na medida em que o sejam pela legislação nacional que regula a sociedade incorporante ou pela legislação nacional que regula a sociedade incorporada.

2. **Confusão terminológica**. Na redação do 15.° surge, com alguma surpresa, a expressão *"fusão transfronteiriça por* ***aquisição****"*. Com maior surpresa ainda quando verificamos que, não obstante o legislador dizer que se trata de uma fusão por aquisição, mantém a terminologia *sociedade incorporante* vs. *sociedade incorporada.* Estaremos perante um *tertio genus* de fusão, distinto da fusão por incorporação e da fusão por concentração? 4

A resposta é necessariamente negativa. Bastava atender às definições constantes do 2.°/2, *a*), *b*), e *c*) que determinam o sentido normativo do 15.°. Mas mais relevante que este argumento é o facto de a noção de aquisição, quando associada à fusão, ser dogmaticamente insustentável. A aquisição de uma sociedade é, *lato sensu*, um negócio jurídico sobre participações sociais, não a concentração num único centro de imputação jurídica de diversas estruturas societárias[1]. À luz do direito societário ou há a aquisição de uma sociedade por outra; ou há uma fusão: nunca pode existir uma *fusão por aquisição.* A referência do 15.° a *"fusão transfronteiriça por aquisição"* é, na verdade, uma *contradictio in terminis.* 5

O que o 15.° prevê, na verdade, são operações de *fusão por incorporação.* 6

Mas se dúvidas restassem, bastava confrontar outras versões do mesmo preceito. Na versão alemã, por exemplo, surge a expessão *"(...) eine grenzüberschreitende Verschmelzung im Wege der Aufnahme (...)"* que literalmente podíamos traduzir por «fusão transfronteiriça por via de incorporação». Retenha-se que a noção de fusão por incorporação corresponde a *Verschmelzung durch Aufnahme*, prevista no § 2 da *UmwG*[2]. Na versão italiana é utilizada a expressão *"(...) fusione transfrontaliera mediante incorporazione (...)"* e na versão francesa *"(...) fusion transfrontalière par absorption (...)"*. 7

Não restam dúvidas, portanto, que *fusão transfronteriça por aquisição* é uma infeliz tradução para a língua portuguesa do conceito de fusão transfronteiriça por incorporação. O que se prevê no 15.° da 10.ª Diretriz são, portanto, operações de fusão por incorporação de sociedades totalmente detidas ou detidas em mais de 90%, mas não na totalidade, pela sociedade incorporante. 8

Não podemos deixar de lamentar que o legislador nacional se tenha deixado levar por tão óbvia incorreção linguística e dogmática, e tenha transposto parte do 15.° para o 117.°-J justamente com a epígrafe *"fusão por aquisição..."*. 9

3. ***Ratio*** **fundamental**. A razão de um regime distinto para os casos de incorporação de uma sociedade totalmente pertencente a outra e para os casos de incorporação de uma sociedade 10

[1] Com desenvolvimento, sobre a distinção da fusão de outras figuras afins que logram uma eficácia económica aproximada, *vide* Raúl Ventura, *Fusão*, 18 ss.

[2] *Vide* a definição terminológica *in* Karsten Schmidt, *Gesellschaftsrecht*, 385.

detida em 90% ou mais, mas não na totalidade, tem o seu fundamento nas disposições da 3.ª Diretriz quanto à fusão de sociedades coligadas.

11 Já vimos, a propósito do 116.°, que a 3.ª Diretriz cria um regime diferenciado para as hipóteses assinaladas não porque materialmente as duas hipóteses de fusão se sujeitem a disposições diversas, mas antes porque a liberdade de conformação do direito internos dos Estados-Membros é diferente num caso e noutro: nas hipóteses de incorporação de uma sociedade totalmente pertencente a outra, os Estados-Membros estão obrigados a adotar o regime simplificado de fusão previsto na 3.ª Diretriz, ao passo que nas hipóteses de incorporação de uma sociedade detida em 90% ou mais, mas não na totalidade, a aplicação do mesmo regime simplificado fica sujeita à discricionariedade político-legislativa de cada Estado.

12 Ora, tendo em conta este regime, a 10.ª Diretriz não tinha outra solução que manter a distinção entre a incorporação de uma sociedade totalmente pretencente a outra e pertencente em 90% ou mais, mas não na totalidade, e harmonizar o regime da fusão transfronteiriça com a margem de liberdade conferida pela 3.ª Diretriz.

13 Surge o 15.°/1 e 2. No n.° 1, o legislador comunitário reproduz, no essencial, o disposto no 24.° e 25.° da 3.ª Diretriz. Garante-se, assim, que a fusão transfronteiriça por incorporação de uma sociedade totalmente detida por outra segue o mesmo regime das fusões nacionais.

14 No n.° 2, o legislador comunitário manda observar os requisitos da lei pessoal das sociedades incorporante e incorporada no que diz respeito aos relatórios dos peritos independentes e à elaboração dos documentos necessários à fiscalização. Se tivermos em conta que a fiscalização prevista nos 10.° e 11.° abrange todo o processo de fusão, em causa está, no fundo, mandar aplicar à incorporação de uma sociedade detida em 90% ou mais, mas não na totalidade, o disposto nos direitos nacionais.

15 Outra, aliás, não podia ser a solução: como a adoção de um regime simplificado de fusão interna para a incorporação de sociedades detidas em 90% ou mais, mas não na totalidade, ficou à liberdade de cada Estado-Membro, a salvaguarda dos direitos nacionais[3], prevista no 4.° da 10.ª Diretriz, exigia que fossem observadas as disposições das leis pessoais aplicáveis.

II – **A L 19/2009, de 12-mai.**

16 4. **As opções do legislador nacional**. Aquando da transposição da 10.ª Diretriz pela L 19/2009, o 116.° conhecia ainda a sua redação original, anterior ao DL 185/2009, de 12-ago. Temos, portanto, que no momento da transposição o direito societário português apenas consagrava um regime simplificado de fusão para as sociedades totalmente detidas pela sociedade incorporante. Todos os outros casos, fosse qual fosse a participação da sociedade incorporante no capital social da sociedade incorporada, seguiam o regime previsto no 104.°.

17 Ante este cenário, o legislador de maio de 2009 teve por bem respeitar o regime nacional das fusões internas e as opções fundamentais do legislador de 1986. O 15.°/1 da 10.ª Diretriz foi transposto para o 117.°-I. Daqui resultou um regime em tudo idêntico ao previsto no 116.°. À míngua de uma disposição aplicável no regime das fusões internas, ao legislador nacional cabia a transposição do 15.°/2 para o nosso direito interno: foi o que fez (ou tentou fazer...) no 117.°-J.

[3] *Vide* o nosso *Fusões Transfronteiriças. A transposição da 10.ª Diretriz e a Proposta de Lei n.° 236/X*, RDS I (2009), 2, 339-377, 347.

5. **A incorporação de uma sociedade totalmente pertencente a outra**. Tendo em conta as opções *supra* apontadas, a transposição do 15.º/1 da 10.ª Diretriz deu origem a um 117.º-I que reproduzia, no essencial, o 116.º. 18

Se compararmos a redação do 116.º, antes do DL 185/2009, podemos comprovar o seguinte: (a) o 117.º-I/1 reproduzia no essencial o disposto no 116.º/1; (b) o 117.º-I/2 corresponde, com ligeiras variações, ao 116.º/2. A diferença mais assinalável diz respeito ao facto de o 116.º/2, *ex vi* 24.º *in fine*, excluir as disposições respeitantes à responsabilidade dos membros dos órgãos sociais e dos peritos, ao passo que o 117.º-I/2 o não faz, porque, neste ponto, a redação do 15.º/1 da 10.ª Diretriz não coincide exatamente com o 24.º da 3.ª Diretriz; por fim, (c) o regime do 117.º-I/3 coincidia com o 116.º/3 para o qual, aliás, expressamente remete. 19

6. **A incorporação de uma sociedade detida em 90% ou mais, mas não na totalidade**, em sede de fusão transfronteitiça encontra-se regulada no 117.º-J. A sua origem remonta, como se disse, ao 15.º/2 da 10.ª Diretriz. Duvidamos, contudo, que se trate de uma correta transposição. 20

Com efeito, do 117.º-J resulta que à incorporação das sociedades nesta situação de coligação societária nunca se dispensam os relatórios dos peritos bem como os documentos necessários para a fiscalização *"mesmo nos casos em que a legislação que regula a sociedade incorporante ou as sociedades incorporantes com sede noutro Estado dispensem esses requisitos nas aquisições tendentes ao domínio total"*. 21

Ora, esta disposição parece colidir frontalmente com o disposto no 15.º/2 da 10.ª Diretriz onde expressamente apenas se obriga a elaboração dos relatórios dos peritos bem como dos documentos necessários para a fiscalização (com o sentido já *supra* indicado) na medida em que – e só na medida em que – as legislações nacionais o exijam. 22

A esta observação acrescente-se outra. É incompreensível a referência no 117.º-J a *requisitos nas aquisições tendentes ao domínio total*. Com efeito, o 117.º-J está construído como se a operação nele regulada fosse uma aquisição tendente ao domínio total realizada mediante uma ... fusão! É, aliás, essa a epígrafe do artigo. 23

O erro do legislador é manifesto. Apenas se compreende se tivermos em conta a confusão terminológica da versão portuguesa do 15.º da 10.ª Diretriz. Ou seja: o legislador português leu na versão portuguesa *fusão transfronteiriça por aquisição*, ignorou que só se podia tratar de um caso de fusão por incorporação e não, naturalmente, de uma aquisição, e associou a detenção de 90% ou mais de capital social aos casos de aquisição tendente ao domínio total. 24

Face ao exposto, impõe-se uma interpretação conforme ao direito europeu no sentido de entender o 117.º-J como dispondo que a aplicação do regime simplificado da fusão aos casos de incorporação transfronteiriça de uma sociedade detida em mais de 90% mas não na totalidade pela sociedade incorporante segue o disposto nas legislações nacionais... e esperar que o legislador emende a mão, com a maior celeridade possível. 25

III – O DL 185/2009, de 12-ago.

7. **As alterações à fusão de sociedades coligadas**. Se o legislador de maio de 2009 se havia mantido na esteira das opções fundamentais de 1986 quanto à fusão de sociedades coligadas, o legislador de agosto de 2009 veio alterar profundamente o panorama normativo em causa: a simplificação do regime da fusão previsto para a incorporação de sociedades totalmente pertencentes à sociedade incorporante foi alargado às situações de pertença em mais de 90%, mas não na totalidade (*vide* 116.º). 26

A redação dos 117.º-I e 117.º-J não sofreu, contudo, qualquer modificação. 27

28 8. **Consequências no regime das fusões transfronteiriças.** As alterações introduzidas no 116.° pelo DL 185/2009 não implicam qualquer modificação substantiva no regime da incorporação de uma sociedade totalmente pretencente a outra: continua a aplicar-se o mesmo regime já existente.

29 Daqui decorre, também, que as operações previstas em 117.°-I seguem o regime que já existia antes de agosto de 2009: quanto à incorporação transfronteiriça de sociedades em domínio total nada se altera.

30 O problema coloca-se quanto à incorporação de sociedades detidas em mais de 90%, mas não na totalidade, pela sociedade incorporante. Até agosto de 2009, não cabia dúvidas que à fusão transfronteiriça de sociedades nesta situação de coligação societária se aplicava o regime normal das fusões internas, em especial o disposto no 104.°. Resta saber se este regime se mantém.

31 Entendemos que não. Em nossa opinião, como já se disse, o único sentido normativo útil do 117.°-J corresponde à afirmação de que à incorporação transfronteiriça de uma sociedade detida em mais de 90% mas não na totalidade pela sociedade incorporante se aplica o disposto nas legislações nacionais da sociedade incorporante e da sociedade incorporada. Tendo isto presente, deve hoje entender-se que à fusão transfronteriça por incorporação de uma sociedade detida em mais de 90% mas não na totalidade, se aplica o disposto no 116.°, com a redação que lhe foi dada pelo DL 185/2009.

32 Espera-se, contudo, que o legislador rapidamente corrija a infelicidade do presente regime, nomeadamente, alterando a redação do 117.°-I em conformidade com o disposto no atual 116.°.

Artigo 117.°-L (Validade da fusão)

A fusão que já tenha começado a produzir efeitos nos termos do 117.°-H não pode ser declarada nula.

Bibliografia: Alessandro Carducci Artenisio, *Dall'armonizzazione minimale all denazionalizzazione: la direttiva 2005/56/CE in materia di fusioni transfrontaliere*", *Giurisprudenza Commerciale*, 35 (2008), 6, 1194-1223; António Menezes Cordeiro, *Direito europeu das sociedades* (2005), 787 ss.; Rui Pinto Duarte, *Escritos sobre Direito das Sociedades* (2008), 179 ss.; Diogo Costa Gonçalves, *Fusões transfronteiriças. A transposição da 10.ª Directriz e a Proposta de Lei n.° 236/X*, RDS I (2009), 2, 339-377; *id.*, *As recentes alterações ao regime da fusão de sociedades – A Lei n.° 19/2009, de 12 de Maio e o Decreto-Lei n.° 185/2009, de 12 de Agosto*, RDS I (2009), 3, 553-581; Elda Marques/Orlando Vogler Guiné, *Código em comentário* II (2011), 403 e ss.; Raúl Ventura, *Fusão, cisão, transformação de sociedades – Comentário ao Código das Sociedades Comerciais* (2006, 3.ª reimp.); *id.*, *Adaptação do Direito Português à Terceira Directiva do Conselho da Comunidade Económica Europeia relativa às fusões de sociedades por acções*, s/d.

Índice

I – **Concretização normativa**
1. A 10.ª Diretriz 1
2. Teleologia 3
3. Crítica 5

I – **Concretização normativa**

1 1. **A 10.ª Diretriz**. O 117.°-L corresponde ao 17.° da 10.ª Diretriz: *"Não pode ser declarada a nulidade de uma fusão transfronteiriça que já tenha começado a produzir efeitos nos termos do artigo 12.°"*.

2 O regime da 3.ª Diretriz não vai tão longe. No 22.° permite-se que os Estados-Membros regulem a invalidade da fusão, desde que respeitem os limites aí fixados que, na prática, mitigam as causas e os efeitos da invalidade.

3 2. **Teleologia**. A proibição da declaração de nulidade da fusão após o registo definitivo justifica-se pela prevalência do *princípio da segurança jurídica*, em detrimento de outros princípios de direito associados ao regime das invalidades. Se na 3.ª Diretriz, a possibilidade da nulidade das fusões internas é admitida com especiais reservas – que estão, aliás, na origem do regime do 117.° – na transnacionalidade da operação, o legislador comunitário teve por bem fazer prevalecer a segurança jurídicas sobre o próprio interesse público, em regra associado ao regime da nulidade.

4 A opção abre o flanco a críticas previsíveis, que apontam no sentido de aproximar a proibição da 10.ª Diretriz do regime já por si restrito da 3.ª Diretriz[1].

5 3. **Crítica**. Duas observações apenas, de natureza técnico-legislativa. O 117.°-L remete para o 117.°-H que, por sua vez, remete para o 112.°. Trata-se de uma *dupla remissão* desnecessária e que, por princípio, deve ser evitada.

6 Embora sendo essa a expressão utilizada na 10.ª Diretriz, a referência a uma fusão que *já tenha começado a produzir efeitos* é tecnicamente incorreta. Em rigor, uma fusão não começa a produzir efeitos; ela ocorre num momento preciso: o registo definitivo. Após o registo não há produção de efeitos da fusão; o que existe é uma sociedade (incorporante ou para o efeito constituída) sujeita à lei pessoal de determinado Estado-Membro, que segue o regime próprio da sua lei pessoal e do contrato de sociedade[2].

Capítulo X – Cisão de sociedades

Artigo 118.° (Noção. Modalidades)

1. É permitido a uma sociedade:

a) Destacar parte do seu património para com ela constituir outra sociedade;

b) Dissolver-se e dividir o seu património, sendo cada uma das partes resultantes destinada a constituir uma nova sociedade;

c) Destacar partes do seu património ou dissolver-se, dividindo o seu património em duas ou mais partes, para as fundir com sociedades já existentes ou com partes do património de outras sociedades, separadas por idênticos processos e com igual finalidade.

2. As sociedades resultantes da cisão podem ser de tipo diferente do da sociedade cindida.

[1] Neste sentido, *vide* Alessandro Carducci Artenisio, "Dall'armonizzazione minimale all denazionalizzazione: la direttiva 2005/56/CE in materia di fusioni transfrontaliere", *Giurisprudenza Commerciale*, 35 (2008),6, 1194-1223, 1208 ss.

[2] *Vide* o nosso *Fusões Transfronteiriças. A transposição da 10.ª Diretriz e a Proposta de Lei n.° 236/X*, RDS I (2009), 2, 339-377, 376.

Bibliografia: António Pereira de Almeida, *Sociedades comerciais, valores mobiliários, instrumentos financeiros e mercados*, I (*As sociedades comerciais*), 7.ª ed., 2013, 775 ss.; José Engrácia Antunes, *Direito das Sociedades Comerciais*, 6.ª ed., 2016, 429 e ss.; *id.*, *Os grupos de sociedades – Estrutura e organização jurídica da empresa plurissocietária* (2002), 49 ss.; António Menezes Cordeiro, *Direito das Sociedades*, I (*Parte Geral*), 3.ª ed., 2011, 1136 e ss.; *id.*, *Direito europeu das sociedades* (2005), 283 ss.; Durval Ferreira, *Cisão de sociedades no Direito português e comparado e no Projecto de Código das Sociedades* (1985), 7-24; *id.*, Jorge Pinto Furtado (2004), 555 ss.; Diogo Costa Gonçalves, *Fusão, cisão e transformação de sociedades comerciais/A posição jurídica dos sócios e a delimitação do* statuo viae (2008), 280 ss.; *id.*, *Pessoa coletiva e sociedades comerciais – Dimensão problemática e coordenadas sistemáticas da personificação jurídico-privada*, 2015, 678 e ss.; Elda Marques, *Código em comentário* II (2011), 405 e ss.; Ministério da Justiça, *Código das Sociedades Comerciais* (Projecto), BMJ 327 (1983); Karsten Schmidt, *Gesellschaftsrecht*, 4. Auflage (2002), 394 ss.; Joana Vasconcelos, *A cisão de sociedades* (2001); Raúl Ventura, *Fusão e cisão de sociedades*, RFDUL XXV (1972), 23-50; *id.*, *Adaptação do Direito Português à Sexta Directiva do Conselho da Comunidade Económica Europeia relativa às cisões de sociedades por acções*, DDC 10 (1982), 7-89; *id.*, *Fusão, cisão, transformação de sociedades – Comentário ao CSC* (1990, 3.ª reimp., 2006), 325-347.

Índice

I – **Antecedentes normativos e Direito europeu**
1. O DL 598/73, de 8-nov. ... 1
2. A 6.ª Diretriz ... 4
3. O CSC e as Reformas de 2006 e 2007 ... 10
4. As alterações de 2009 ... 12

II – **Origem histórico-dogmática da cisão**
5. Enquadramento geral ... 13
6. A experiência italiana ... 18
7. A experiência francesa ... 23
8. A experiência germânica ... 25

III – **Noção e natureza do instituto**
9. Noção de cisão ... 27
10. Natureza ... 30

IV – **Modalidades**
11. Enquadramento ... 31
12. Cisão simples ... 37
13. Cisão-dissolução ... 42
14. Cisão-fusão ... 46

V – **A cisão heterogénea e de sociedades dissolvidas**
15. Cisão heterogénea ... 51
16. A cisão de sociedades dissolvidas ... 53

I – Antecedentes normativos e Direito europeu

1 1. **O DL 598/73, de 8-nov.**. Até 1973, a cisão era desconhecida no direito societário português. Foi com o DL 598/73, e com décadas de antecipação face a outras ordens jurídicas europeias, que pela primeira vez a cisão de sociedades surge regulada no nosso direito comercial. Mais tarde, em 1975, este instituto representará um papel importante na separação de patrimónios das sociedades que operavam a sua atividade em Portugal e nos territórios ultramarinos (DL 153/75, de 25-mar.).

2 Fruto da origem histórico-dogmática do instituto, e da sua proximidade com a fusão, o DL 598/73 regula a cisão tendo por referência o regime da fusão de sociedades, o que favorece em grande parte uma técnica remissiva na construção do regime.

3 Sistematicamente, a cisão de sociedades, no DL 598/73, correspondia ao Título II do diploma, dividido em 5 capítulos (o último, de disposições finais). O Capítulo I continha disposições gerais, aplicáveis a todos os tipos de cisão. Seguiam-se 3 capítulos onde se regulava, com pormenor, a *cisão simples*, a *cisão-dissolução* e a *cisão-fusão*.

2. **A 6.ª Diretriz**. Em 1982, a 6.ª Diretriz, de 17-dez., veio regular a cisão de sociedades anónimas[1]. Contudo, o regime material então aprovado é anterior e remonta à elaboração da 3.ª Diretriz. 4

Com efeito, a proposta da Comissão que esteve na base da 3.ª Diretriz, publicada no JOCE em 14-jul.-1970, contemplava também a operação da cisão[2]. No seu Capítulo V, epigrafado *"outras operações assimiladas à fusão"*, surgia o 21.º que pretendia regular os casos conhecidos de cisão[3]. Contudo, o Parecer do Comité Económico e Social, de 27-mai.-1971, veio opor-se à inclusão da cisão na proposta de diretriz. A versão final aprovada viria a excluir a cisão do projeto normativo, deixando apenas a fusão com enquadramento jurídico-comunitário. 5

Esta situação era manifestamente indesejada. Como se anota nos considerandos da 6.ª Diretriz, *"o risco de que as garantias instituídas relativamente às fusões (...) sejam iludidas só poderá ser evitado se se previr uma proteção equivalente no caso da cisão"*. O escopo principal da 6.ª Diretriz foi, portanto, completar o quadro normativo iniciado em 1978. 6

Esta génese comum dos textos normativos justifica, em grande parte, o paralelismo sistemático interpretativo e a remissão constante do regime da cisão para o disposto quanto à fusão. 7

A atenção da doutrina e do legislador nacional, ao tempo da 6.ª Diretriz, estava já focada na elaboração de um CSC[4]. Por esta razão, o regime da cisão de 1973 não foi modificado. 8

A 6.ª Diretriz foi modificada pela Diretriz 2009/109/CE, do Parlamento e do Conselho, de 16-set. (*vide* anotação ao 97.º). 9

3. **O CSC e as Reformas de 2006 e 2007**. O regime da cisão no CSC resulta do regime anterior do DL 598/73 e da adaptação desse mesmo regime à 6.ª Diretriz. O atual 118.º corresponde textualmente ao 18.º do DL 598/73. Foi apenas eliminado o n.º 2. 10

As Reformas de 2006 e 2007 dedicaram especial atenção à fusão de sociedades. Mercê da técnica remissiva constante do 120.º, tais reformas alteraram, na mesma medida, o regime da cisão. 11

4. **As alterações de 2009**. Durante o ano de 2009, o regime da fusão de sociedades sofreu duas alterações de relevo, preconizadas pela L 19/2009, de 12-mai. e pelo DL 185/2009, de 10-ago.. Na medida em que, *ex vi* 120.º, as alterações introduzidas no regime da fusão se aplicam também à cisão de sociedades, 2009 foi também um ano de profundas modificações no regime do instituto. 12

II – **Origem histórico-dogmática da cisão**

5. **Enquadramento geral**. A cisão de sociedades aparece nos Estados Unidos e na Europa do pós-guerra como um instrumento económico destinado à reestruturação e redimensionamento empresarial[5]. A sua eficácia consistia em permitir a operação inversa da fusão[6] e, como resultado, uma fragmentação da atividade empresarial em diversos centros de imputação jurídica. 13

[1] JOCE N.º L-378, 47-54, de 31-dez.-1982; *vide* António Menezes Cordeiro, *Direito europeu das sociedades* (2005), 247-260.

[2] Como vem referido, aliás, no terceiro considerando da 6.ª Diretriz.

[3] *Vide* Raúl Ventura, *Adaptação do Direito Português à Sexta Directiva do Conselho da Comunidade Económica Europeia relativa às cisões de sociedades por acções*, 12 ss.

[4] Em 1982, Raúl Ventura havia já elaborado um anteprojeto de Código das Sociedades Comerciais, posteriormente publicado in BMJ 327 (1983), 56-339, que apenas não foi convertido em lei porque o governo liderado pelo então Primeiro Ministro, Pinto Balsemão se demitiu. *Vide* Raúl Ventura, *Adaptação do Direito Português à Terceira Directiva do Conselho da Comunidade Económica Europeia relativa às Fusões de Sociedades por Acções*, s/d.

[5] *Vide*, acerca da génese da figura e com extensas referências bibliográficas, Joana Vasconcelos, *A cisão de sociedades*, 37 ss..

[6] Em Itália, a figura começou por ser designada *scorporazione* (desincorporação), justamente para ilustrar o efeito contrário à fusão.

14 As ordens jurídicas continentais, quando confrontadas com a cisão, tiveram por bem preocupar-se em determinar, por um lado, a sua admissibilidade e, por outro, qual o regime que seria aplicável, já que a sua importância sócio-económica reclamava o reconhecimento dos contornos da sua juridicidade.

15 Num primeiro momento, este labor jurídico não passou de um aceso debate na doutrina e na jurisprudência, sem respaldo legal. Foi em França que, em 1966, surgiu a primeira disciplina da cisão, com a *L 66-537 du 24 juill. 1966*[7]. A sua influência normativa fez-se exercer sobre as demais legislações coevas, entre as quais o nosso DL 598/73, e, sobretudo, sobre o texto da 6.ª Diretriz. O perfil legal da cisão no espaço europeu é, fundamentalmente, de matriz francesa.

16 Já em Itália, o processo foi mais conturbado. A cisão teve que esperar até ao Decreto Legislativo n.º 22, de 16-jan.-1991, para conhecer assento legal e só devido à transposição da 6.ª Diretriz. Não obstante, o debate anterior acerca do instituto foi tanto ou mais influente na construção de uma dogmática da figura do que a consagração legal verificada em França.

17 No espaço germânico, a *UmwG* 1994 veio sedimentar a cisão como um fenómeno de sucessão universal parcial de patrimónios (*partielle Universalsukzession*), dando assim origem a uma variante dogmática do instituto.

18 6. **A experiência italiana**. A controvérsia acerca da admissibilidade jurídica da cisão foi iniciada, em Itália, com uma decisão da *Corte d'Appello di Genova*, de 9-fev.-1956[8]. Aí se homologou uma deliberação social na qual uma sociedade, mediante redução do seu capital social, destacava parte do seu património para com ele integrar parte do capital de outra sociedade a constituir. Nascia assim a figura que viria a ser conhecida por *scorporazione*.

19 Num primeiro momento, a doutrina italiana rejeitou a autonomia da cisão. A *scorporazione* mais não era, afinal, que um feixe de atos societários, independentes entre si e de natureza diversa, reunidos numa mesma deliberação[9].

20 As razões da recusa da autonomia dogmática da cisão eram, fundamentalmente, as seguintes: (a) a cisão importava a constituição de uma sociedade por negócio unilateral de outra sociedade, o que colidia com o 2247.º *Codice Civile* que definia sociedade como um contrato, o qual exigia a pluralidade de partes; (b) a atribuição da qualidade de sócios da nova sociedade aos sócios que deliberassem a cisão colidia com o princípio de que a qualidade de sócio advém da realização de uma obrigação de entrada. No caso da cisão tal não acontecia, o que se afigurava inadmissível face ao direito vigente.

21 Esta recusa inicial da autonomia da cisão foi dando lugar, paulatinamente, a uma aceitação da figura. Tal mudança ocorreu quando a doutrina deixou de enfocar a cisão a partir do ato constitutivo da sociedade e a passou a avaliar a partir da alterabilidade do pacto social[10].

22 Com este novo enquadramento, a cisão passou a ser vista como uma alteração do contrato de sociedade, permitida pela cláusula geral do 2436.º, e que se caracterizava por obter o efeito inverso da fusão. Como a consagração legal da cisão apenas ocorreu em 1991, até essa data a cisão viveu reconhecida ao abrigo do 2436.º do *Codice Civile*, como mais uma hipótese

[7] Por todos, Robert Trouillat, *Le droit nouveau des sociétés commerciales – La loi du 24 juillet 1966 et les textes d'application commentés* (1967), 122 ss.; Vuillermet/Hureau, *Droit des soiciétés commerciales – Nouvelle législation*, (1969), 638 ss. e Hémard/Terré/Mabilat, *Sociétés commerciales*, Tomo III (1978), 597 ss..

[8] *Vide Il Foro Italiano*, 1956, vol. LXXIX.

[9] *Vide*, com referências, em comentário e com referências, Joana Vasconcelos, *A cisão de sociedades*, 51.

[10] *Vide*, por exemplo, Francesco Ferrara Jr., *Gli imprenditori e le società*, 6.ª ed. (1975), 643.

de modificação societária. Dada a proximidade lógico-jurídica com a fusão, aplicava-se-lhe este regime.

7. **A experiência francesa.** Em França, predominou o entendimento da cisão como o inverso lógico-jurídico da fusão[11]. A admissibilidade jurídica da concentração societária levada a cabo pela fusão importaria, necessariamente, o reconhecimento do seu inverso: a possibilidade de as sociedades se fragmentarem dando origem a outras sociedades. Segundo este entendimento, a cisão mais não seria do que a aplicação do mesmo regime legal da fusão mas, desta sorte, com o efeito jurídico contrário. 23

A aproximação da cisão à fusão foi iniciada na legislação fiscal que, desde 1925 até à L 65-566, de 12-jul.-1965, procurou facilitar tributariamente a fusão e a cisão tendo vindo a sujeitar ambas as figuras a um mesmo regime tributário. A L 66-537, de 24-jul.-1966, consumou esta aproximação entre as figuras: ambos os institutos passaram a gozar de uma regulamentação material conjunta, em alguns casos de complexidade normativa acentuada[12]. 24

8. **A experiência germânica.** Na Alemanha, a construção dogmática da cisão partilha, com a fusão, o recurso à *Rechtsfigur der Universalsukzession*[13]. Contudo, enquanto que a fusão configura uma forma de *totale Universalsukzession*, a cisão é explicada como uma forma de sucessão universal parcial de patrimónios (*partielle Universalsukzession*). A diferença, como a explica Karsten Schimdt, reside na pluralidade de sociedades beneficiárias da sucessão[14]: na fusão, o património transmite-se a uma única sociedade; na cisão, o mesmo património encontrar-se-á sempre repartido por mais do que um ente societário[15]. 25

A construção dogmática da *partielle Universalsukzession*, e sua consagração na *UmwG* 1994, foi entendida como uma pedra de toque da construção dogmática (*Schlußstein des rechtsdogmatischen Umwandlungsgebäudes*)[16]. Com efeito, ela permitiu dar corpo explicativo a fenómenos de sucessão patrimonial com pluralidade de sociedades beneficiárias e até à manutenção da sociedade originária, rompendo definitivamente com o princípio da especialidade e com o paradigma da sucessão *mortis causa*[17]. 26

III – Noção e natureza do instituto

9. **Noção de cisão.** À semelhança do 97.º, o 118.º surge como uma norma de enquadramento, destinada a facultar ao intérprete o perfil geral do instituto e as modalidades de cisão admitidas. 27

Igualmente à semelhança do 97.º, o 118.º não nos dá qualquer definição de cisão. Contudo, diferentemente daquele, este preceito não faz referência aos sócios nem à aquisição de participações sociais nas sociedades resultantes da cisão. O que se destaca, sobretudo, é a cisão como um processo de divisão de património social entre diversas sociedades. Contudo, é ine- 28

[11] *Vide*, não obstante a crítica, Hémard/Terré/Mabilat, *Sociétés commerciales*, Tomo III (1978), 597 ss.

[12] Raúl Ventura, *Cisão de sociedades*, 17-18.

[13] *Vide* a anotação ao 97.º.

[14] Karsten Schmidt, *Gesellschaftsrecht*, 357.

[15] *Vide* Martin Heidenhain, *Partielle Gesamtrechtsnachfolge bei der Spaltung*, ZHR 168 (2004), 468-482 e, sobre a figura no âmbito da reforma do Direito comercial austríaco, Flume, *Partielle Universalsukzession auberhalb des Spaltungsrechts?*, ZHR 170 (2006), 737-763.

[16] Karsten Schmidt, *Gesellschaftsrecht*, 357. *Vide*, igualmente, do autor, *Universalsukzession kraft Rechtsgeschäfts – Bewährungsproben eines zivilrechtsdogmatischen Rechtsinstituts im Unternehmensrecht*, in AcP 191 (1991), 495-525.

[17] Um tanto paradoxalmente, autores como o próprio Karsten Schmidt vaticinam o abandono ou esquecimento da dogmática da *partielle Universalsukzession* no contexto jussocietário, num futuro próximo; sublinham, no entanto, o seu aproveitamento para outras formas de transmissão de bens, reduzindo assim o âmbito de aplicação do princípio da especialidade. *Vide*, do autor, *Gesellschaftsrecht*, 357-358.

gável que a atribuição aos sócios da sociedade cindida (e não à própria sociedade cindida) de participações sociais na sociedade beneficiária da cisão é um elemento constitutivo do instituto sem o qual não existe cisão[18]. Tal decorre, aliás, dos 119.º, *f*), 127.º e 129.º/2, e do 17.º/1, *b*) da 6.ª Diretriz.

29 Ao contrário da fusão, as diversas modalidades da cisão dificultam a construção de uma noção unitária do instituto. Com efeito, as possibilidades de cisão são muito distintas entre si; partilham no entanto, o facto de serem sempre um processo de reestruturação de sociedades que se caracteriza pela separação de partes do elemento patrimonial das sociedades envolvidas destinadas à sua autonomização em centros de imputação jurídica, já existentes (no caso de cisão-fusão) ou constituídos no próprio processo, com a consequente atribuição aos sócios das sociedades cindidas de participações sociais nas sociedades beneficiárias.

30 10. **Natureza**. À semelhança da fusão, a cisão é, sobretudo, uma modificação das sociedades envolvidas mediante processos de desconcentração económica. Não existe na cisão qualquer *animus* extintivo ou qualquer vontade de constituir uma realidade económica e empresarial *ex novo*. Existe, tão somente, a necessidade e vontade dos sócios reestruturarem a sua empresa societária, fragmentando os centros de imputação jurídica e o modo coletivo de funcionamento do direito em que consiste a personalidade coletiva.

IV – **Modalidades**

31 11. **Enquadramento.** O CSC adotou a terminologia *cisão simples*, *cisão-dissolução* e *cisão-fusão* para denominar as modalidades de cisão previstas no 118.º/1, *a*), *b*) e *c*), respetivamente. Manteremos esta terminologia.

32 Do 118.º resulta que nem sempre a cisão importa a extinção da sociedade cindida. Admite-se, portanto, quer a denominada *cisão parcial* quer a *cisão total*.

33 Na *cisão parcial*, a sociedade cindida continua a sua existência jurídica. O património destacado destina-se à constituição de uma outra sociedade ou à fusão com uma sociedade já existente ou com uma sociedade constituída por iguais processos. Daqui decorre que a cisão parcial tanto poderá ser tanto uma cisão simples – n.º 1, *a*) – como uma cisão-fusão – n.º 1, *c*). Discute, depois, a doutrina se a cisão parcial pode ser múltipla, isto é: se a sociedade cindida pode destacar apenas uma parte ou várias partes do seu património: um problema de que nos ocuparemos.

34 Na *cisão total*, a sociedade cindida extingue-se, sendo dividida a totalidade do seu património em duas ou mais partes destinadas a constituir novas sociedades ou a ser fundidas em sociedades já existentes ou constituídas por iguais processos. A cisão total compreende, assim, quer casos de cisão-dissolução – n.º 1, *b*) –, quer alguns casos de cisão-fusão – n.º 1, *c*).

35 A 6.ª Diretriz não regula especificamente hipóteses de *cisão parcial*. Apenas se ocupa da *cisão total*, mediante incorporação ou mediante a constituição de novas sociedades. A cisão aparece, assim, na 6.ª Diretriz sempre associada à extinção (dissolução sem liquidação) da sociedade cindida.

36 Contudo o 25.º da 6.ª Diretriz vem prever a possibilidade de as legislações nacionais permitirem a cisão de sociedades sem a extinção da sociedade cindida. Classifica estas operações como *"operações equiparadas à cisão"*; isto é: operações societárias que não são cisão, mas que ficam sujeitas ao mesmo regime[19]. É um compromisso dogmático que o legislador português rejeita.

[18] Joana Vasconcelos, *A cisão de sociedades*, 129.

[19] Sobre o alcance do 25.º e as dificuldades hermenêuticas de lhe atribuir um verdadeiro sentido útil, Raúl Ventura, *Fusão*, 343 ss..

12. **Cisão simples.** A primeira modalidade de cisão, prevista no n.º 1, *a*), é a *cisão simples*. Consiste no destaque de parte do património de uma sociedade para com ele constituir uma outra sociedade. Os sócios da sociedade cindida recebem, por efeito da cisão, participações sociais na sociedade beneficiária. 37

A sociedade cindida continua a sua existência jurídica, titulando o património não destacado. É, portanto, uma cisão parcial. O património destacado passará a integrar o património próprio da nova sociedade constituída com a cisão. 38

Da *cisão simples* há que distinguir a *entrada de ativos*, prevista no 74.º CIRC. Na *entrada de ativos*, a sociedade contribuidora transfere para a sociedade beneficiária parte do seu património (ramo da sua atividade, nos termos do 73.º/3 CIRC), recebendo como contrapartida uma participação social no capital social da sociedade beneficiária. Tal não é o que acontece na cisão simples. Na cisão, são os sócios – e não a sociedade cindida – quem recebe participações sociais na sociedade beneficiária. Justamente porque a distinção entre a cisão e a entrada de ativos passa pelo beneficiário da contrapartida, o CIRC, no 73.º/2 teve a preocupação de incluir na noção de cisão, ao contrário do 118.º, a atribuição aos sócios das sociedades cindidas de participações sociais nas sociedades beneficiárias. 39

Do 118.º/1, *a*) parece retirar-se que a cisão simples apenas permite destacar *uma* parte do património social para com ele constituir *uma* única sociedade beneficiária. Assim defende Raúl Ventura, para quem na cisão simples nunca pode haver mais do que uma sociedade beneficiária[20]. O destaque de várias partes do património social para a constituição de várias sociedades seriam tantas operações de cisão (independentes e autónomas) quantas as sociedades beneficiárias[21]. 40

Nada impede, contudo, que exista uma única operação de cisão simples com múltiplos destaques, isto é: que a sociedade cindida destaque – no mesmo e único processo de cisão – várias partes do seu património para com cada uma delas constituir uma sociedade. Tal hipótese vem, aliás, prevista no 73.º/2, *a*) do CIRC. O que distingue a cisão simples de outras modalidades de cisão parcial, nomeadamente da cisão parcial-fusão, não é a unicidade da sociedade beneficiária mas antes o facto de o destaque do património se destinar à constituição de novas sociedades e não à fusão, nos termos do 118.º/1, *c*)[22]. 41

13. **Cisão-dissolução**. A cisão-dissolução, prevista no n.º 1, *b*) consiste na operação mediante a qual uma sociedade procede à divisão de todo o seu património em partes destinadas a constituir novas sociedades, extinguindo-se. Corresponde à cisão mediante a constituição de novas sociedades, prevista no 21.º da 6.ª Diretriz. 42

A redação da alínea *b*) não é a mais feliz. Com efeito, o legislador começa por identificar esta modalidade de cisão com a faculdade de uma sociedade se dissolver. Deliberar a cisão prevista na alínea *b*) seria, assim, equivalente a deliberar a dissolução da sociedade nos termos do 141.º/1, *b*); simplesmente, ao invés da sociedade entrar em liquidação, aplicar-se-ia o regime da cisão-dissolução. 43

A propósito da fusão, já se viu que a técnica da *"dissolução sem liquidação"* não foi, e em boa hora, acolhida pelo legislador nacional. Por esta razão melhor seria o CSC não ter identificado esta modalidade da cisão com a dissolução. 44

[20] *Idem*, 379.

[21] *Idem*, 379 e, do mesmo Raúl Ventura, *Cisão de sociedades*, 39.

[22] Neste sentido, com desenvolvimento, *vide* Joana Vasconcelos, *A cisão de sociedades*, 144 ss.

45 Na verdade, em causa não está uma dissolução da sociedade cindida mas a divisão de todo o seu património em partes destinadas a constituir novas sociedades, com a consequente extinção da sociedade cindida.

46 14. **Cisão-fusão**. No n.º 1, *c*) vem prevista a modalidade da cisão-fusão que, em rigor, compreende quatro hipóteses: (a) o destaque de uma ou mais partes do património da sociedade cindida destinados à fusão com sociedades pré-existente; (b) o destaque de uma ou mais partes do património da sociedade cindida destinados à fusão com partes do património de outras sociedades, dividas por iguais processos e com a mesma finalidade; (c) a divisão de todo o património da sociedade cindida destinada cada uma das partes à fusão com sociedades pré-existente; e (d) a divisão de todo o património da sociedade cindida destinada cada uma das partes à fusão com partes do património de outras sociedades, dividas por iguais processos e com a mesma finalidade.

47 Esta modalidade de cisão designa-se cisão-fusão porque a sua diferença específica reside no facto de a divisão do património da sociedade cindida se destinar sempre à incorporação em outras sociedades ou à concentração com outros patrimónios igualmente destacados.

48 Contudo, para facilitar a exposição, as 4 hipóteses apontadas podem ser classificadas segundo dois critérios: o critério da divisão do património e o critério da sociedade beneficiária.

49 Segundo o critério da divisão do património, a cisão-fusão pode ser uma *cisão parcial-fusão* ou *cisão total-fusão*. A *cisão parcial-fusão* corresponde às hipóteses assinaladas em (a) e (b). A sociedade cindida destaca uma ou mais partes do seu património destinando-os à fusão, porém não se extingue. A cisão total-fusão corresponde às hipóteses assinaladas em (c) e (d). A sociedade cindida divide todo o seu património, extinguindo-se com a operação.

50 Segundo o critério da sociedade beneficiária, a cisão-fusão pode ser uma *cisão-fusão por incorporação* ou uma *cisão-fusão por concentração*. Na *cisão-fusão por incorporação*, o património destacado destina-se a integrar o património de uma sociedade já existente. Na *cisão-fusão por concentração*, a sociedade beneficiária é constituída com a cisão, mas resulta da reunião do património de diversas sociedades, destacado por iguais processos.

V – **A cisão heterogénea e de sociedades dissolvidas**

51 15. **Cisão heterogénea.** À semelhança do 97.º/1, o 118.º/2 esclarece que as sociedades resultantes da cisão podem ser de tipo diverso da sociedade cindida. É o caso da denominada *cisão heterogénea*.

52 O 118.º/2 aplica-se apenas aos casos em que a cisão dá origem a uma nova sociedade. São os casos de *cisão simples*, *cisão-dissolução* e *cisão-fusão por concentração*. Contudo, nada impede que na *cisão-fusão por incorporação* a sociedade incorporante seja de tipo diverso da sociedade cindida. Tem aqui aplicação o 97.º/1.

53 16. **A cisão de sociedades dissolvidas**. O 18.º do DL 598/73, de 8-nov., para além de identificar as diversas modalidades da cisão (n.º 1), continha ainda duas outras disposições: permitia expressamente a cisão de sociedades em liquidação, isto é, já dissolvidas (n.º 2), e a cisão heterogénea (n.º 3).

54 A permissão da cisão heterogénea transitou para o 118.º/2. Já a possibilidade de cisão de sociedades em liquidação não aparece no CSC. Deve entender-se, contudo, que aqui se aplica o disposto no 97.º/2, permitindo-se, assim, a cisão de sociedades dissolvidas.

55 Aplica-se, igualmente, à cisão, o disposto no 97.º/3 quanto à insolvência.

Artigo 119.° (Projeto de cisão)

Compete à administração da sociedade a cindir ou, tratando-se de cisão-fusão, às administrações das sociedades participantes, em conjunto, elaborar o projeto de cisão donde constem, além dos demais elementos necessários ou convenientes para o perfeito conhecimento da operação visada, tanto no aspeto jurídico como no aspeto económico, os seguintes elementos:

- *a*) **A modalidade, os motivos, as condições e os objetivos da cisão, relativamente a todas as sociedades participantes;**
- *b*) **A firma, sede, o montante do capital social e o número de matrícula no registo comercial de cada uma das sociedades;**
- *c*) **A participação que alguma das sociedades tenha no capital de outra;**
- *d*) **A enumeração completa dos bens a transmitir para a sociedade incorporante ou para a nova sociedade e os valores que lhes são atribuídos;**
- *e*) **Tratando-se de cisão-fusão, o balanço de cada uma das sociedades participantes, elaborado nos termos da alínea *d*) do n.° 1 e do n.° 2 do artigo 98.°;**
- *f*) **As partes, ações ou quotas da sociedade incorporante ou da nova sociedade e, se for caso disso, as quantias em dinheiro que serão atribuídas aos sócios da sociedade a cindir, especificando-se a relação de troca das participações sociais, bem como as bases desta relação;**
- *g*) **As modalidades de entrega das ações representativas do capital das sociedades resultantes da cisão;**
- *h*) **A data a partir da qual as novas participações concedem direito de participar nos lucros, bem como quaisquer particularidades relativas a este direito;**
- *i*) **A data a partir da qual as operações da sociedade cindida são consideradas, do ponto de vista contabilístico, como efetuadas por conta da ou das sociedades resultantes da cisão;**
- *j*) **Os direitos assegurados pelas sociedades resultantes da cisão aos sócios da sociedade cindida titulares de direitos especiais;**
- *l*) **Quaisquer vantagens especiais atribuídas aos peritos que intervenham na cisão e aos membros dos órgãos de administração ou de fiscalização das sociedades participantes na cisão;**
- *m*) **O projeto de alterações a introduzir no contrato da sociedade incorporante ou o projeto de contrato da nova sociedade;**
- *n*) **As medidas de proteção dos direitos dos credores;**
- *o*) **As medidas de proteção do direito de terceiros não sócios a participar nos lucros da sociedade;**
- *p*) **A atribuição da posição contratual da sociedade ou sociedades intervenientes, decorrente dos contratos de trabalho celebrados com os seus trabalhadores, os quais não se extinguem por força da fusão.**

Bibliografia: António Pereira de Almeida, *Sociedades comerciais, valores mobiliários, instrumentos financeiros e mercados*, I (*As sociedades comerciais*), 7.ª ed., 2013, 775 ss.; António Menezes Cordeiro, *Direito das Sociedades*, I (*Parte Geral*), 3.ª ed., 2011, 1136 e ss.; Durval Ferreira, *Cisão de sociedades no Direito português e comparado e no Projecto de Código das Sociedades* (1985), 7-24; *id.*, Jorge Pinto Furtado (2004), 555 ss.; Diogo Costa

Gonçalves, *Fusão, cisão e transformação de sociedades comerciais/A posição jurídica dos sócios e a delimitação do statuo viae* (2008), 280 ss.; *id.*, *Pessoa coletiva e sociedades comerciais – Dimensão problemática e coordenadas sistemáticas da personificação jurídico-privada*, 2015, 678 e ss.; Elda Marques, *Código em comentário* II (2011), 413 e ss.; Joana Vasconcelos, *A cisão de sociedades* (2001); Raúl Ventura, *Fusão e cisão de sociedades*, RFDUL XXV (1972), 23-50; *id.*, *Adaptação do Direito Português à Sexta Directiva do Conselho da Comunidade Económica Europeia relativa às cisões de sociedades por acções*, DDC 10 (1982), 7-89; *id.*, *Fusão, cisão, transformação de sociedades – Comentário ao CSC* (1990, 3.ª reimp., 2006), 325-347.

Índice

I – Antecedentes e Direito europeu
1. Antecedentes normativos 1

II – Concretização normativa
2. Enquadramento geral 3
3. O papel das administrações 4
4. A identificação dos bens a transmitir – alínea *d)* 6
5. A contrapartida dos sócios – alínea *f)* 9
6. A titularidade de direitos especiais – alínea *j)* 11
7. O contrato de sociedade das sociedades envolvidas – alínea *m)* 16
8. A tutela dos trabalhadores – alínea *p)* 17
9. A elaboração eletrónica do projeto 18

I – Antecedentes e Direito europeu

1 1. **Antecedentes normativos.** O 119.° tem origem no 19.° do DL 598/73, de 8-nov., e no 3.° da 6.ª Diretriz.

2 De notar ainda que no 119.° o legislador teve a preocupação de se ocupar expressamente da tutela dos trabalhadores. O 11.° da 6.ª Diretriz remete para a Diretriz 77/187/CEE, do Conselho, de 14-fev.-1977, relativa à manutenção do direito dos trabalhadores em sede de transferência de empresas. Esta Diretriz foi substituída pela Diretriz n.° 2001/23/CE, do Conselho, de 12-mar.-2001.

II – Concretização normativa

3 2. **Enquadramento geral.** Tal como a fusão, a cisão de sociedades inicia-se com a elaboração de um projeto de cisão. Esta fase do processo de cisão é em tudo semelhante ao previsto no 98.°. Para lá se remete. Existem contudo algumas diferenças entre o 98.° e o 119.° que iremos assinalar de seguida. A circunstância de a cisão não importar sempre a extinção da sociedade cindida obriga ainda a algumas precisões na interpretação das alíneas coincidentes com o 98.°, a que faremos referência.

4 3. **O papel das administrações.** No caso da cisão simples e da cisão-dissolução, o projeto de cisão é elaborado pela administração da sociedade a cindir. Não existe, portanto, qualquer fase de negociações entre várias administrações envolvidas.

5 No caso da cisão-fusão por incorporação, o projeto de cisão é elaborado, em conjunto, pela administração da sociedade a cindir e pela administração da sociedade incorporante. Na cisão-fusão por concentração, o projeto de cisão é elaborado em conjunto por todas as sociedades que irão destacar partes do seu património (ou dividir todo o seu património, se for uma cisão total-fusão) para com eles constituir a nova sociedade resultante da cisão.

6 4. **A identificação dos bens a transmitir – alínea *d*).** Sem paralelo no 98.°, ela manda identificar os bens da sociedade a cindir que serão transmitidos para a nova sociedade (nos casos de cisão simples, cisão-dissolução ou cisão-fusão por concentração) ou para a sociedade incorporante (no caso de cisão-fusão por incorporação).

O uso do termo *"bens"* na alínea *d*) é ambíguo. Quer-se, contudo, referir todos os elementos patrimoniais da sociedade a cindir que serão destacados, seja qual for a sua natureza. O dever de identificação recai, portanto, sobre os *ativos* e *passivos* que se destacam da sociedade a cindir. 7

A aplicação deste preceito tem matizes diversos consoante a cisão seja parcial ou total. Na cisão parcial, porque a sociedade cindida continua a existir com o património não destacado, é mister que do projeto de cisão constem todos os ativos e passivos que se transmitem para a nova sociedade ou para a sociedade incorporante. Os ativos e passivos não identificados não se transmitem, permanecendo no património da sociedade cindida. No caso da cisão total, porque a operação envolve todo o património da sociedade cindida, a falta de identificação de alguns ativos e passivos a transmitir não impede a extinção da sociedade. Tais bens não identificados nos termos da alínea *d*) serão transmitidos nos termos previstos no 126.°/2[1]. 8

5. **A contrapartida dos sócios – alínea *f*).** Tal como na fusão, é essencial à cisão que os sócios da sociedade cindida recebam participações sociais da sociedade incorporante ou da nova sociedade. É esta, aliás, a principal diferença entre a cisão e a entrada de ativos. 9

Na alínea *f*) prevê-se que os sócios, para além de participações sociais, possam receber alguma quantia em dinheiro. Valem aqui as limitações apontadas no 97.°/5. 10

6. **A titularidade de direitos especiais – alínea *j*)**: tem correspondência na mesma alínea do 98.°/1. Os direitos especiais dos sócios da sociedade a cindir devem ser assegurados nas *"sociedades resultantes da cisão"*, que podem ser: (a) a ou as sociedades resultantes do destaque de parte ou partes do património da sociedade a cindir, na cisão simples; (b) as sociedades resultantes da divisão de todo o património, na cisão-dissolução; e ainda (c) a sociedade incorporante bem como a nova sociedade resultante da cisão-fusão. 11

A letra do artigo 119.° refere, expressamente, *"sociedades resultantes da cisão"*. No entanto, no caso da cisão parcial, a tutela dos direitos especiais deve estender-se, também, às sociedades cindidas. Na verdade, não é de temer que apenas nas sociedades resultantes da cisão os direitos especiais dos sócios sejam afetados; podem sê-lo, também, na sociedade cindida, por efeito do destaque operado. Em tais casos, do projeto de cisão devem constar os direitos assegurados aos sócios titulares de direitos especiais pela própria sociedade cindida. 12

A necessidade de assegurar direitos especiais, quer nas sociedades resultantes da cisão quer nas sociedades cindidas, pode colocar a dúvida quanto saber se tal tutela é disjuntiva ou cumulativa: os direitos especiais devem ser assegurados em ambas as sociedades ou apenas em uma delas? 13

A natureza da cisão, enquanto processo jurídico-empresarial de *descentralização de empresa*, com a reprodução, por regra, da mesma estrutura pessoal[2], exige uma duplicação do *status socii* na sociedade resultante do processo. Assim, os direitos especiais existentes na sociedade cindida devem ser reproduzidos na sociedade resultante da cisão. Os sócios que na sociedade cindida gozem, por exemplo, do direito a perceber lucros em razão diversa da sua percentagem de capital, do direito de veto em assembleia geral ou do direito a alienar a sua participação social sem oponibilidade de limitações contratuais, devem gozar, nas sociedades resultantes da cisão, dos mesmos direitos ou, melhor dito, de *direitos materialmente equivalentes*. Tal só poderá ser evitado com o consentimento do sócio interessado. 14

Excetuam-se, no entanto, os casos em que os direitos especiais estejam anexados a um determinado património que se transmite para uma sociedade resultante da cisão ou se mantém 15

[1] *Vide* as anotações ao 126.°.

[2] Joana Vasconcelos, *A cisão de sociedades*, 29 ss.

na sociedade cindida e cuja função se esgota na relação com o património em causa, sem mais qualquer relevância societária. Em tais casos, o direito especial apenas tem de ser assegurado na sociedade onde o património de mantém.

16 7. **O contrato de sociedade das sociedades envolvidas – alínea *m*)**. Nos termos da alínea *m*), o projeto de cisão deve fazer referência às alterações a introduzir no contrato de sociedade da sociedade incorporante ou ao projeto de contrato de sociedade da nova sociedade resultante da cisão. O preceito não o diz, mas nos casos de cisão parcial devem igualmente constar do projeto as alterações a introduzir no pacto social da sociedade cindida.

17 8. **A tutela dos trabalhadores – alínea *p*)**. Da alínea *p*) resulta, em primeiro lugar, que os contratos de trabalho não se extinguem por efeito da cisão. Tal, aliás, resultaria da própria natureza do instituto. Não se extinguindo os contratos de trabalho, a posição de empregador deve ser assumida ou pela sociedade incorporante, ou pela nova sociedade, ou ainda, no caso de cisão parcial, pela sociedade fundida. Esta atribuição deve constar do projeto de cisão.

18 9. **A elaboração eletrónica do projeto**. O DL 185/2009, de 12-ago. alterou a redação do 98.º, aditando o n.º 4 no qual se prevê a possibilidade de elaboração *on line* do projeto de fusão e a promoção automática do seu registo (*vide* 98.º). No preâmbulo do DL 185/2009, o legislador confessa a sua intenção de criar a mesma possibilidade para a elaboração do projeto de cisão: *"(...) criam-se as condições para a disponibilização de modelos eletrónicos de projetos de fusão ou **cisão**. Estes modelos, uma vez preenchidos e assinados digitalmente pelos gerentes e administradores das sociedades intervenientes, são enviados imediata e eletronicamente aos serviços de registo, permitindo às empresas poupar 50% do valor cobrado ao balcão das conservatórias (...)"*. Contudo, o 119.º não foi alterado e a elaboração eletrónica do projeto cisão não surge no CSC.

19 A Portaria 1256/2009, de 14-out., ao regulamentar o DL 185/2009, veio dispor no 2.º/1: *"Os projetos de fusão e cisão podem ser elaborados através de um dos modelos disponíveis no sítio da Internet com o endereço www.empresaonline.pt, mantido pelo Instituto dos Registo e Notariado, I.P."*. Não cabe, portanto, dúvida quanto à possibilidade fáctica de elaborar um projeto de cisão eletrónico... Dúvidas se levantam, outrossim, quanto à correção técnico-jurídica desta possibilidade.

20 Com efeito, tudo leva a crer que aquando da publicação do DL 185/2009 o legislador teve em mente a remissão do 120.º para o regime da fusão: por esta razão se compreende que, querendo o legislador alterar o regime da fusão e cisão de sociedades, as modificações introduzidas no CSC surjam apenas no capítulo da fusão. Esqueceu-se, porém, que, não obstante a técnica remissiva, a elaboração do projeto de cisão é objeto de uma disposição própria – o 119.º – pelo que, em princípio, a remissão constante do 120.º abrange os restantes atos da cisão, mas não a elaboração do projeto.

21 A melhor solução teria sido aditar um n.º 2 ao 119.º, remetendo para o 98.º/4 ou reproduzindo o conteúdo normativo nele contido.

Artigo 120.º (Disposições aplicáveis)

É aplicável à cisão de sociedades, com as necessárias adaptações, o disposto relativamente à fusão

Bibliografia: António Pereira de Almeida, *Sociedades comerciais, valores mobiliários, instrumentos financeiros e mercados*, I (*As sociedades comerciais*), 7.ª ed., 2013, 775 ss.; António Menezes Cordeiro, *Direito das Sociedades*,

I (*Parte Geral*), 3.ª ed., 2011, 1136 e ss.; Jorge Pinto Furtado (2004), 555 ss.; Elda Marques, *Código em comentário* II (2011), 421 e ss.; Joana Vasconcelos, *A cisão de sociedades* (2001); Raúl Ventura, *Fusão e cisão de sociedades*, RFDUL XXV (1972), 23-50; *id.*, *Fusão, cisão, transformação de sociedades – Comentário ao CSC* (1990, 3.ª reimp., 2006), 325-347.

Índice

I – **Antecedentes normativos e contexto dogmático**
1. O DL 598/73, de 8-nov. ... 1
2. O CSC ... 3
3. Contexto dogmático da remissão do 120.º ... 5

II – **Concretização normativa**
4. Enquadramento geral ... 9
5. Do projeto de cisão à reunião das assembleias gerais ... 10
6. Tutela de sócios e credores ... 14
7. Forma, efeitos e validade da cisão ... 17
8. Responsabilidade emergente da cisão e cisão de sociedades coligadas ... 21

I – Antecedentes normativos e contexto dogmático

1 1. **O DL 598/73, de 8-nov.** O DL 598/73 ao regular a cisão, criou um complexo conjunto de remissões normativas. Em causa estavam os 20.º e 30.º do diploma. O 20.º mandava aplicar determinadas disposições do regime da fusão. O 30.º, em sede de cisão-fusão, continha remissões quer para artigos do regime da fusão, que não constavam da remissão do 20.º, quer para disposições que regulavam outras modalidades de cisão.

2 Daqui resultava um regime complexo e fonte de possíveis lacunas rebeldes à analogia, já que a remissão para o regime da fusão enumerava taxativamente os artigos a aplicar.

3 2. **O CSC** manteve a técnica remissiva para o regime da fusão. Simplificou, contudo, o regime, evitando remissões taxativas e adotando uma *remissão genérica* para disposições que regulam aquele instituto.

4 A existência de tal remissão não está isenta de dificuldades. Tem a vantagem de cobrir normativamente toda a figura da cisão, reduzindo o campo possível do surgimento de lacunas; no entanto, tem a espinhosa dificuldade de concretizar *"as necessárias adaptações"* do regime da fusão para a cisão, o que resulta em alguma incerteza quanto à normatividade aplicável.

5 3. **Contexto dogmático da remissão do 120.º.** A construção do regime da cisão a partir da fusão ou por remissão para a fusão de sociedades manteve-se como uma herança legislativa da aproximação dogmática entre os institutos.

6 Como se referiu, nomeadamente a propósito da experiência francesa[1], a cisão nasce como o inverso lógico-jurídico da fusão; como a mesma operação societária que obtém o efeito jurídico contrário: a desconcentração de sociedades.

7 Com este contexto dogmático, a técnica legislativa apenas podia seguir dois caminhos: ou regular conjuntamente a fusão e a cisão, sem permitir uma automonia normativa dos institutos; ou regular autonomamente a cisão, mas remetendo para o regime da fusão.

8 A primeira hipótese é seguida em França. Os L. 236-1 e ss. do *Code de Commerce* regulam tanto a fusão como a cisão. A segunda hipótese foi adotada entre nós e igualmente em Itália, por exemplo, onde os 2506 e ss. do *Codice Civile* contêm abundantes remissões para o regime da fusão.

[1] Anotações ao 118.º.

II – Concretização normativa

9 4. **Enquadramento geral.** Da remissão do 120.º retira-se que o *iter* da cisão é substancialmente o mesmo da fusão, aplicando-se a mesma normatividade essencial que dispensa, por isso, comentários. As dúvidas colocam-se quanto à concretização do que sejam as *"necessárias adaptações"*, a que se refere o 120.º. Para tanto não é mais do que possível formular um critério hermenêutico: o regime da fusão não se aplica sempre que a *ratio* dos preceitos em causa não proceda ante a natureza da cisão.

10 5. **Do projeto de cisão à reunião das assembleias gerais.** O projeto de cisão, elaborado nos termos do 119.º, é objeto de fiscalização nos termos do 99.º. Deve ser registado (100.º/1) e submetido a deliberação dos sócios da sociedade cindida, nos casos de *cisão simples* e *cisão dissolução*, das sociedades cindida e incorporante, no caso de *cisão-fusão por incorporação*, e das diversas sociedades cindidas, no caso de *cisão-fusão por concentração*.

11 À convocatória das assembleias gerais aplica-se o disposto no 100.º. A publicação do registo do projeto constitui aviso de credores, nos termos do 100.º/5.

12 Ao direito à informação, aplica-se o 101.º. O direito à informação dos *sócios não-sócios* apenas existirá nos casos da cisão-fusão por incorporação, quanto aos sócios da sociedade incorporante, e no caso da cisão-fusão por concentração, quanto aos sócios das diversas sociedades cindidas. De notar que a tutela dos trabalhadores em sede de fusões internas se aplica, igualmente, à cisão de sociedades.

13 Quanto à reunião da assembleia geral e à deliberação da cisão, aplicam-se os 102.º e 103.º. De notar que, em articulação com a parte especial do código, a deliberação da cisão deve ser tomada, nas sociedades em nome coletivo, por unanimidade (194.º); nas sociedades por quotas, por maioria de três quartos (265.º/1 e 3); nas sociedades anónimas e em comandita por ações (478.º), por maioria de três quartos quer a assembleia reúna em primeira ou segunda convocatória (386.º/3), salvo se na assembleia, reunida em segunda convocatória, se encontrarem presentes ou representados acionistas detentores de, pelo menos, metade do capital social, situação em que a deliberação pode ser tomada por maioria simples (386.º/4); e, por fim, nas sociedades em comandita simples, por unanimidade dos sócios comanditados e pelo voto dos sócios comanditários que representem, pelo menos, dois terços do capital (476.º).

14 6. **Tutela de sócios e credores.** Ao direito de exoneração dos sócios, quando existente, aplica-se o 105.º.

15 Quanto à tutela dos credores, o 12.º/1, 2 e 4 da 6.ª Diretriz reproduz o 13.º da 3.ª Diretriz. Cria-se, assim, igual obrigação de os Estados-Membros adotarem um adequado sistema de tutela de credores, em sede de cisão. Numa primeira abordagem, não parece existir razão para não aplicar os 101.º-A e 101.º-B à cisão, e aos credores obrigacionistas e aos portadores de outros títulos, os 101.º-C e 101.º-D.

16 Raúl Ventura, porém, parece sustentar que o regime do 122.º é alternativo à oposição de credores[2]. Entende o autor que o regime de responsabilidade aí previsto torna inexistente qualquer prejuízo que legitime a oposição. Não estamos certos que sempre assim seja, especialmente em sede de cisão-fusão. Julgamos portanto aplicável à cisão os 101.º-A e 101.º-B. Ao tribunal caberá apreciar, caso a caso, se o 122.º torna ou não inexistente o prejuízo que o credor invoca.

[2] Raúl Ventura, *Fusão*, 377.

7. **Forma, efeitos e validade da cisão**. Quanto à forma da cisão, aplica-se o 106.º. A cisão deve ser registada nos termos do 111.º. No caso da cisão-fusão, aplica-se o previsto no 67.º-A do CRC. 17

Os efeitos da cisão são os previstos no 112.º. No caso da cisão parcial, não se verifica o efeito extintivo da sociedade cindida. A transmissão de direitos e obrigações circunscreve-se aos elementos dos ativos e passivos destacados. 18

A eficácia da cisão pode estar sujeita a condição ou termo suspensivos. Todavia, o regime do 113.º apenas se aplica aos casos de cisão-fusão, onde existem mais do que uma sociedade interveniente. 19

À nulidade da cisão, aplica-se o disposto no 117.º. 20

8. **Responsabilidade emergente da cisão e cisão de sociedades coligadas**. À responsabilidade dos membros dos órgãos sociais pelos danos emergentes da cisão, aplica-se o disposto nos 114.º e 115.º. 21

A coligação de sociedades interessa à fusão, como vimos, nos 104.º e 116.º. À cisão-fusão aplica-se o disposto no 104.º, inclusive o n.º 3, nos termos já apontados[3]. 22

A aplicação do 116.º aos casos de *cisão-fusão* levanta algumas dúvidas. Quando em causa esteja uma situação de domínio total, julgamos ser de aplicar o 116.º 23

Vejamos uma hipótese de uma *cisão parcial-fusão*: a sociedade *A*, detida a 100% pela sociedade *B*, destaca parte do seu património para o incorporar na sociedade dominante. A diferença deste caso para o previsto no 116.º reside no facto de que, aqui, subsiste a sociedade cindida com o património não destacado ao passo que na fusão a sociedade incorporada extingue-se e transmitiu-se todo o património. Porém, a sociedade cindida, após a fusão, continua a ser detida a 100% pela sociedade incorporante. Parece dever aplicar-se, a estes casos, o disposto no 116.º. 24

Vejamos agora a hipótese de uma *cisão total-fusão*. Nestes casos, para que haja cisão-fusão por incorporação, as sociedades incorporantes são tantas quantas as partes resultantes da divisão do património da sociedade cindida. Nos termos do 20.º da 6.ª Diretriz, sempre que as sociedades incorporantes detenham, no seu conjunto, a totalidade do capital social da sociedade cindida, pode haver lugar à aplicação do 116.º. Pode, portanto, concluir-se que 116.º se aplica, igualmente, à cisão total-fusão por incorporação, nos termos apontados pela 6.ª Diretriz. 25

Há ainda a hipótese de uma *cisão parcial-fusão com múltiplos destaques*, em que o património destacado se destine a incorporar sociedades que detêm a totalidade do capital social da sociedade cindida. Julgamos que também aqui se pode aplicar o 116.º, desde que as sociedades incorporante beneficiárias da cisão detenham, no seu conjunto, a totalidade do capital social da sociedade cindida. 26

Porém, quando em causa esteja uma situação de titularidade por parte da sociedade incorporante de pelo menos 90%, mas não da totalidade, do capital social da sociedade cindida, entendemos não haver lugar à aplicação do 116.º: o mecanismo de tutela dos sócios minoritários previsto nos n.ºs 4 e 5 não tem aplicação no contexto de uma cisão. De sublinhar que, justamente por esta razão, o regime de *cisão simplificada*, previsto no 20.º da 6.ª Diretriz, apenas contempla as situações do domínio total, ao contrário do que acontece na 3.ª Diretriz (*vide* 116.º). 27

[3] Anotações ao 104.º.

Artigo 121.° (Exclusão de novação)

A atribuição de dívidas da sociedade cindida à sociedade incorporante ou à nova sociedade não importa novação.

Bibliografia: António Pereira de Almeida, *Sociedades comerciais, valores mobiliários, instrumentos financeiros e mercados*, I (*As sociedades comerciais*), 7.ª ed., 2013, 775 ss.; António Menezes Cordeiro, *Direito das Sociedades*, I (*Parte Geral*), 3.ª ed., 2011, 1136 e ss.; Jorge Pinto Furtado (2004), 555 ss.; Elda Marques, *Código em comentário* II (2011), 427-428; Joana Vasconcelos, *A cisão de sociedades* (2001); Raúl Ventura, *Fusão e cisão de sociedades*, RFDUL XXV (1972), 23-50; *id.*, *Fusão, cisão, transformação de sociedades – Comentário ao CSC* (1990, 3.ª reimp., 2006), 325-347.

Índice

I – **Antecedentes normativos**
1. O DL 598/73, de 8-nov. 1

II – **Concretização normativa**
2. O *rácio* da exclusão 3
3. Crítica 5

I – Antecedentes normativos

1 1. **O DL 598/73, de 8-nov.**. Por influência da *L. 66-537 du 24 juill. 1966*, o legislador de 1973 veio dispor, no 21.° do DL 598/73, que a atribuição de dívidas da sociedade cindida à sociedade beneficiária não importava a novação. Na elaboração do CSC, a exclusão da novação transitou para o 121.°.

2 A expressa exclusão da novação em sede de fusão e cisão é especialmente grata à legislação francesa. Na sequência da *L. 66-537 du 24 juill. 1966*, o Art. L. 236-14 e o Art. L. 236-20 do *Code de Commerce* esclarecem expressamente que as sociedades beneficiárias da fusão e da cisão respondem pelas dívidas das sociedades incorporadas ou cindidas, sem que tal importe novação das obrigações.

II – Concretização normativa

3 2. **A *ratio* da exclusão**. Por efeito da cisão, o credor de certa prestação pode exigir o seu crédito a um novo devedor que não a sociedade cindida. A existência de um novo devedor coloca a questão de saber se a obrigação é juridicamente a mesma ou, ao contrário, se a obrigação da sociedade cindida se extinguiu com a cisão e no seu lugar surgiu uma nova obrigação, contraída pelo mesmo credor e um novo devedor. Tratar-se-ia, portanto, de saber se a cisão de sociedades daria ou não lugar a uma *novação subjetiva*, prevista no 858.° CC.

4 Ainda que não existisse o 121.°, a exclusão da novação é evidente. Ao processo de desconcentração empresarial inerente à cisão é absolutamente alheio qualquer *aninus novandi*. Contudo, para que não quedem dúvidas, o 121.° proíbe expressamente a novação.

5 3. **Crítica**. Se com alguma indulgência se compreende a preocupação do legislador em deixar expressa a exclusão da novação, não obstante ela resultar da natureza do instituto, já não se compreende porque razão o faz apenas em relação à cisão e não também em relação à fusão. Isto porque é evidente que a transmissão de direitos e obrigações da sociedade incorporada ou fundida à sociedade incorporante ou à nova sociedade, prevista no 112.°, *a*), não importa novação.

6 Se o objetivo era seguir as cautelas do legislador francês, então melhor seria ter reproduzido o 121.° no regime da fusão, como ocorre no *Code de Commerce* ou, então, ter consagrado a exclusão da novação em sede de fusão e considerá-la aplicável à cisão *ex vi* 120.°.

Se a utilidade normativa do 121.° é escassa, a sua inserção sistemática é absolutamente incompreensível. 7

Artigo 122.° (Responsabilidade por dívidas)

1. A sociedade cindida responde solidariamente pelas dívidas que, por força da cisão, tenham sido atribuídas à sociedade incorporante ou à nova sociedade.

2. As sociedades beneficiárias das entradas resultantes da cisão respondem solidariamente, até ao valor dessas entradas, pelas dívidas da sociedade cindida anteriores à inscrição da cisão no registo comercial; pode todavia, convencionar-se que a responsabilidade é meramente conjunta.

3. A sociedade que, por motivo de solidariedade prescrita nos números anteriores, pague dívidas que não lhe hajam sido atribuídas tem direito de regresso contra a devedora principal.

Bibliografia: António Pereira de Almeida, *Sociedades comerciais, valores mobiliários, instrumentos financeiros e mercados*, I (*As sociedades comerciais*), 7.ª ed., 2013, 775 ss.; António Menezes Cordeiro, *Direito das Sociedades*, I (*Parte Geral*), 3.ª ed., 2011, 1136 e ss.; Jorge Pinto Furtado (2004), 555 ss.; Diogo Costa Gonçalves, *O regime da responsabilidade por dívidas em casos de cisão simples múltipla – Anotação ao Acórdão do Supremo Tribunal de Justiça, de 19 de Fevereiro de 2004*, *ROA*, 68 (2008), II/III, 1015-1049; Elda Marques, *Código em comentário* II (2011), 429 e ss.; Joana Vasconcelos, *A cisão de sociedades* (2001); Raúl Ventura, *Fusão e cisão de sociedades*, RFDUL XXV (1972), 23-50; *id.*, *Fusão, cisão, transformação de sociedades – Comentário ao CSC* (1990, 3.ª reimp., 2006), 325-347.

Índice

I – Antecedentes e Direito europeu
1. Antecedentes normativos 1
2. A 6.ª Diretriz 3

II – Concretização normativa
3. Âmbito de aplicação 5
4. Responsabilidade por dívidas em sede de *cisão simples* 8
5. Responsabilidade por dívidas em sede de *cisão parcial-fusão* 9
6. Responsabilidade por dívidas em sede de *cisão-dissolução* 10
7. Responsabilidade por dívidas em sede de *cisão total-fusão* 14
8. Outros casos de *cisão parcial* 15

I – Antecedentes e Direito europeu

1 1. **Antecedentes normativos**. O 122.° tem origem no 22.° do DL 598/73, de 8-nov. Foram introduzidas alterações de redação, reduzindo-se a sua extensão: mas as soluções normativas são as mesmas.

2 O 22.° do DL 598/73 colheu inspiração nas soluções consagradas na legislação francesa de 1966, às quais correspondem hoje o L. 236-20 e o L. 236-21 do *Code de Commerce*.

3 2. **A 6.ª Diretriz**. O 12.°/3 da 6.ª Diretriz estabelece um regime de responsabilidade pelas dívidas transferidas por efeito da cisão:

> *Na medida em que o credor da sociedade para a qual a respetiva obrigação foi transferida, em conformidade com o projeto de cisão, não tenha obtido a satisfação do seu crédito, as sociedades beneficiárias respondem*

solidariamente por esta obrigação. Os Estados-membros podem limitar esta responsabilidade ao ativo líquido atribuído a cada uma das outras sociedades, diversas daquela para a qual a obrigação foi transferida. (...).

4 Nos termos do mesmo número, este regime é dispensado se a cisão for objeto de controlo judicial.

II – **Concretização normativa**

5 3. **Âmbito de aplicação.** O 122.º/1 pressupõe, na sua previsão, a coexistência da sociedade cindida e da sociedade incorporante ou da nova sociedade. Tem em vista, assim, os casos de *cisão simples* – 118.º, *a*) – e *cisão parcial-fusão* – 118.º, *c*).

6 Diferentemente, o n.º 2, como tem sido difundido, tem por pressuposto a extinção da sociedade cindida com a inscrição definitiva da cisão no registo comercial. Aplica-se assim aos casos de *cisão-dissolução* – 118.º, *b*) – e aos casos de *cisão total-fusão* [118.º/1, *c*)][1].

7 Fora do âmbito do 122.º parecem estar outros casos de *cisão parcial*, que oportunamente veremos.

8 4. **Responsabilidade por dívidas em sede de *cisão simples*.** Em sede de cisão simples, pelas dívidas atribuídas à nova sociedade respondem, solidariamente, a sociedade cindida e a nova sociedade. A devedora principal é a nova sociedade para a qual a dívida se transmitiu. Assim, se por força da solidariedade a sociedade cindida responder pela dívida, goza de direito de regresso contra a nova sociedade, nos termos do n.º 3.

9 5. **Responsabilidade por dívidas em sede de *cisão parcial-fusão*.** Em sede de cisão parcial-fusão, cabe distinguir entre a cisão parcial-fusão por incorporação e a cisão parcial-fusão por concentração. No caso da fusão por incorporação, pelas dívidas atribuídas à sociedade incorporante respondem, solidariamente, a sociedade incorporante e a sociedade cindida, gozando esta de direito de regresso contra aquela. No caso da fusão por concentração, respondem solidariamente a nova sociedade e a sociedade cindida.

10 6. **Responsabilidade por dívidas em sede de *cisão-dissolução*.** Em sede de cisão-dissolução, as duas ou mais sociedades resultantes da cisão respondem solidariamente pelas dívidas da sociedade cindida anteriores à inscrição da cisão no registo comercial com um limite: o valor dos bens que lhe foram atribuídas pela cisão.

11 A referência, no n.º 2, a dívidas *"anteriores à inscrição da cisão no registo comercial"* poderia levantar a dúvida acerca do âmbito de aplicação deste preceito. Em causa não está, na verdade, a distinção entre dívidas anteriores e posteriores ao registo mas *todas as dívidas* da sociedade cindida até ao momento da sua extinção.

12 A solidariedade é a regra; pode porém convencionar-se que a responsabilidade pelas dívidas da sociedade cindida é meramente conjunta ou parciária. Neste caso, todas as sociedades são responsáveis mas os credores não podem exigir de qualquer delas a satisfação integral do seu crédito, mas apenas parte dele.

13 A possibilidade de convencionar uma responsabilidade conjunta ou parciária exige uma divisão da dívida pelas sociedades beneficiárias, de modo a fixar o *quantum* que pode ser exigido a cada devedor. Tal divisão resultará, em princípio, da própria convenção prevista no 122.º/2[2].

[1] *Vide* Raúl Ventura, *Fusão*, 378 e 379, onde revê a sua posição em relação ao defendido quanto ao 22.º do DL 598/73, de 8-nov..

[2] Raúl Ventura, *Fusão*, 82.

Porém, se não resultar, e porque em causa está a cisão total, poder-se-á aplicar o critério do 126.º/2: cada sociedade responde na proporção que resultar do projeto de cisão.

7. **Responsabilidade por dívidas em sede de *cisão total-fusão*.** Em sede de cisão total-fusão, seja por incorporação seja por concentração, as sociedades incorporantes ou as novas sociedades respondem solidariamente pelas dívidas da sociedade cindida, nos termos do n.º 2. Aplica-se, igualmente, o direito de regresso previsto no n.º 3. 14

8. **Outros casos de *cisão parcial*.** Como *supra* se referiu, o 122.º não parece contemplar outros casos de cisão parcial, a saber: a *cisão simples múltipla* e a *cisão parcial-fusão com múltiplos destaques*. No n.º 1, tais casos não parecem ter previsão porque tal preceito pressupõe uma única sociedade beneficiária; no n.º 2, também não, porque pressupõe a extinção da sociedade cindida. 15

Contra este entendimento tradicional se pronunciou o STJ 19-fev.-2004[3], no sentido de incluir no 122.º/2 os casos de cisão simples múltipla. Pode ler-se no sumário: 16

> *(...) 2. Este último efeito (o da responsabilidade solidária das novas sociedades ou sociedades incorporantes até ao valor das entradas de que beneficiaram) parece quadrar só à hipótese da alínea b), do n.º 1, do art. 118.º, CSC (cisão-dissolução), e não à cisão simples. 3. Em todo o caso, não se vêem razões bastantes para excluir da previsão do citado n.º 2, as hipóteses em que a operação de cisão simples é plural e simultânea*[4].

Artigo 123.º (Requisitos da cisão simples)

1. A cisão prevista no 118.º, n.º 1, alínea *a*), não é possível:

***a*) Se o valor do património da sociedade cindida se tornar inferior à soma das importâncias do capital social e da reserva legal e não se proceder, antes da cisão ou conjuntamente com ela, à correspondente redução do capital social;**

***b*) Se o capital da sociedade a cindir não estiver inteiramente liberado.**

2. Nas sociedades por quotas adicionar-se-á, para efeitos da alínea *a*) do número anterior, a importância das prestações suplementares efetuadas pelos sócios e ainda não reembolsadas.

3. A verificação das condições exigidas nos números precedentes constará expressamente dos pareceres e relatórios dos órgãos de administração e fiscalização das sociedades, bem como do revisor oficial de contas ou sociedade de revisores.

Bibliografia: António Pereira de Almeida, *Sociedades comerciais, valores mobiliários, instrumentos financeiros e mercados*, I (*As sociedades comerciais*), 7.ª ed., 2013, 775 ss.; António Menezes Cordeiro, *Direito das Sociedades*, I (*Parte Geral*), 3.ª ed., 2011, 1136 e ss.; Jorge Pinto Furtado (2004), 555 ss.; Elda Marques, *Código em comentário* II (2011), 441 e ss.; Joana Vasconcelos, *A cisão de sociedades* (2001); Raúl Ventura, *Fusão e cisão de sociedades*, RFDUL XXV (1972), 23-50; *id.*, *Fusão, cisão, transformação de sociedades – Comentário ao CSC* (1990, 3.ª reimp., 2006), 325-347.

[3] *Vide* o nosso, *O regime da responsabilidade por dívidas em casos de cisão simples múltipla – Anotação ao Acórdão do Supremo Tribunal de Justiça, de 19 de Fevereiro de 2004*, *ROA*, 68 (2008), II/III, 1015-1049.

[4] STJ 19-fev.-2004 (Quirino Soares), Proc. 04B018.

Índice

I – **Antecedentes normativos**
1. O DL 598/73, de 8-nov. 1

II – **Teleologia e âmbito de aplicação**
2. Teleologia geral 2
3. Âmbito de aplicação 4

III – **Concretização normativa**
4. O valor patrimonial da sociedade cindida 7
5. A liberação do capital social 10
6. Verificação dos requisitos da cisão 13

I – Antecedentes normativos

1 **1. O DL 598/73, de 8-nov.** O 123.º corresponde ao 24.º do DL 598/73, que proibia a cisão simples, nas mesmas hipóteses hoje consagradas. A 6.ª Diretriz é omissa quanto a esta matéria: o diploma comunitário apenas se ocupa da cisão total, permitindo, no 25.º, que as legislações nacionais prevejam hipóteses de cisões parciais.

II – Teleologia e âmbito de aplicação

2 **2. Teleologia geral**. O 123.º/1 estabelece dois impedimentos à cisão, que se encontram relacionados com as normas respeitantes à formação e conservação do capital social. Partilha, portanto, com essas disposições, o mesmo escopo normativo, normalmente associado à tutela de credores.

3 O n.º 1, *b*) está especialmente próximo do 32.º. Contudo, como este preceito não se poderia aplicar diretamente – já que a cisão não importa a distribuição de bens aos sócios – foi necessário reproduzir o seu conteúdo normativo essencial em sede de cisão.

4 **3. Âmbito de aplicação**. O 123.º aplica-se, nos termos do n.º 1, aos casos de cisão simples. Com efeito, seria impossível aplicar estes requisitos da cisão à cisão-dissolução, na medida em que nesta modalidade de cisão não subsiste a sociedade cindida.

5 Porém, o mesmo já não é verdade na cisão parcial-fusão. Nestes casos, tal como na cisão simples, a sociedade cindida continua a sua existência jurídica. A única diferença é que o património destacado não se destina à constituição de uma nova sociedade mas antes à incorporação ou concentração, nos termos do 118.º/1, *c*).

6 Temos, portanto, que os requisitos da cisão simples, enunciados no 123.º, são, na verdade, requisitos da *cisão parcial*. O 123.º aplica-se, assim, quer à cisão simples – 118.º/1, *a*) – quer aos casos de cisão parcial-fusão, previstos no 118.º/1, *c*).

III – Concretização normativa

7 **4. O valor patrimonial da sociedade cindida**. Nos termos do n.º 1, *a*) a cisão parcial não é possível sempre que dela resulte que o património da sociedade cindida é inferior à soma do seu capital social e da reserva legal. No caso das sociedades por quotas, a esta soma adiciona-se o valor das prestações suplementares que ainda não hajam sido restituídas, nos termos do 213.º. Excluem-se as prestações acessórias, por estas não consistirem, tradicionalmente, num modo de reforço dos capitais próprios da sociedade.

8 A *ratio* deste impedimento à cisão é comum à *ratio* dos limites fixados à distribuição de bens aos sócios 32.º[1]. Tal como na distribuição de bens aos sócios, a cisão parcial implica sempre, para a sociedade cindida, a saída de património sem nenhuma contrapartida, já que as

[1] *Vide* as anotações ao 32.º.

participações sociais da nova sociedade ou da sociedade incorporante são atribuídas apenas aos sócios. Por esta razão se justifica, em sede de cisão, a mesma cautela que o legislador adota no 32.º.

Este impedimento à cisão pode ser ultrapassado mediante a redução do capital social da sociedade cindida. Nos termos do n.º 1, *a*), a redução de capital pode ter lugar com a própria cisão. Tratar-se-á de uma modificação societária que se integra no próprio processo de cisão e que, como tal, deverá constar do projeto de cisão[2]. 9

5. **A liberação do capital social.** A cisão parcial não pode igualmente realizar-se se o capital social da sociedade a cindir não se encontrar totalmente liberado, isto é, se os sócios não houverem realizado integralmente a sua obrigação de entrada. 10

Note-se que, diferentemente do que a lei estabelece para o aumento de capital mediante a realização de novas entradas[3], o n.º 1, *b*) não se basta com que as prestações de capital se encontrem vencidas; exige o efetivo cumprimento anterior das prestações de capital. 11

A razão apresentada por Raúl Ventura prende-se com a pouca razoabilidade de os sócios receberem participações sociais na nova sociedade ou na sociedade incorporante sem haverem ainda satisfeito as suas obrigações de entrada na sociedade cindida[4]. Parece-nos excessiva esta cautela do legislador. Bastaria o impedimento da alínea *a*). 12

6. **Verificação dos requisitos da cisão.** A verificação de que os requisitos da cisão parcial se encontram preenchidos cabe aos órgãos de administração e fiscalização da sociedade, bem como ao revisor ou sociedade de revisores oficiais de contas. 13

Quanto à administração, o *parecer* ou *relatório* previsto no n.º 3 não pode ser outro que o projeto de cisão, já que a administração não elabora nenhum parecer ou relatório autónomo. Do projeto de cisão deve, portanto, constar, *"para o perfeito conhecimento da operação visada, tanto no aspeto jurídico como no aspeto económico"* (119.º), a referência a que a cisão projetada respeita os requisitos do 123.º/1, *a*) e *b*). 14

Quanto ao órgão de fiscalização da sociedade, se o houver, a verificação das condições da cisão é feita no relatório previsto no 99.º/1, aplicável à cisão *ex vi* 120.º. Já quanto ao revisor ou sociedade de revisores oficiais de contas, a verificação dos requisitos da cisão é feita no parecer previsto no 99.º/2. 15

Artigo 124.º (Ativo e passivo destacáveis)

1. Na cisão simples só podem destacados para a constituição da nova sociedade os elementos seguintes:

_a_) Participações noutras sociedades, quer constituam a totalidade quer parte das possuídas pela sociedade a cindir, para a formação de uma nova sociedade cujo exclusivo objeto consista na gestão de participações sociais;

_b_) Bens que no património da sociedade a cindir estejam agrupados, de modo a constituírem uma unidade económica.

2. No caso da alínea _b_) do número anterior, podem ser atribuídas à nova sociedade dívidas que economicamente se relacionem com a constituição ou o funcionamento da unidade aí referida.

[2] *Vide* as anotações ao 125.º.

[3] *Vide* as anotações 87.º.

[4] Raúl Ventura, *Fusão*, 388.

Bibliografia: António Pereira de Almeida, *Sociedades comerciais, valores mobiliários, instrumentos financeiros e mercados*, I (*As sociedades comerciais*), 7.ª ed., 2013, 775 ss.; António Menezes Cordeiro, *Direito das Sociedades*, I (*Parte Geral*), 3.ª ed., 2011, 1136 e ss.; Jorge Pinto Furtado (2004), 555 ss.; Elda Marques, *Código em comentário* II (2011), 445 e ss.; Joana Vasconcelos, *A cisão de sociedades* (2001); Raúl Ventura, *Fusão e cisão de sociedades*, RFDUL XXV (1972), 23-50; *id.*, *Fusão, cisão, transformação de sociedades – Comentário ao CSC* (1990, 3.ª reimp., 2006), 325-347.

Índice

I – **Teleologia e âmbito de aplicação**
1. Teleologia geral 1
2. Âmbito de aplicação 4

II – **Concretização normativa**
3. Destaque de participações sociais 12
4. Destaque de unidades económicas 19
5. A unidade económica da sociedade cindida... 23

I – Teleologia e âmbito de aplicação

1 1. **Teleologia geral**. O 124.º, que corresponde ao 25.º do DL 598/73, de 8-nov., estipula que elementos do património das sociedades a cindir podem ser destacados por cisão simples. A imperatividade do preceito impede que sejam destacados outros bens que não satisfaçam os requisitos do n.º 1, *a*) e *b*).

2 A *ratio* do preceito é de fácil apreensão: apenas permitir o destaque de elementos patrimoniais que possam desempenhar, autonomamente, uma função económica[1]. Deste modo, visa-se evitar a constituição de novas sociedades que não possam desenvolver, por si, uma atividade económica.

3 A justificação desta opção legislativa encontra-se na própria fisionomia da cisão como processo de descentralização empresarial que visa dotar de autonomia patrimonial e jurídica determinada atividade económica.

4 2. **Âmbito de aplicação**. Nos termos do n.º 1, o 124.º aplica-se aos casos de cisão simples. Já vimos que o 123.º se aplicava a todos os casos de cisão parcial e não apenas à cisão simples, não obstante a letra da sua previsão. Resta saber se o 124.º comporta alguma extensão interpretativa e se aplica a outras hipóteses de cisão que não só a cisão simples.

5 É possível a *cisão simples múltipla*, da qual resulta a constituição de duas ou mais sociedades com origem, cada uma, numa parte do património destacado da sociedade cindida. Ora, a diferença entre a cisão simples múltipla e a cisão-dissolução, prevista no 118.º/1, *b*), reside apenas no efeito extintivo da sociedade cindida. Na cisão simples, a sociedade cindida continua a sua existência jurídica ao passo que na cisão-dissolução, porque é uma cisão total, a sociedade cindida extingue-se.

6 Não cabe dúvida que o 124.º se aplica aos casos de cisão simples múltipla. Cada parte do património destacado para a constituição de novas sociedades deve gozar de autonomia económica. Ora, se o 124.º se aplica aos casos de cisão simples múltipla, não se nos afigura que a sua aplicação deva ser dispensada em sede de cisão-dissolução onde, reitere-se, a única diferença reside na extinção da sociedade cindida.

7 Julgamos, portanto, que o 124.º se aplica, igualmente, à cisão-dissolução[2]. Apenas uma observação: como a cisão-dissolução abrange a totalidade do parimónio da sociedade cindida (126.º/1), poderão existir elementos patrimoniais que não se encontrem economicamente afe-

[1] Neste sentido, Raúl Ventura, *Fusão*, 390.

[2] Tal era, aliás, a solução prevista no 30.º/2.

tados a nenhuma das partes destacadas e que, não obstante, deverão ser repartidos. O que não parece possível é que da cisão-dissolução surjam novas sociedades sem qualquer autonomia económica.

Quanto à cisão-fusão por incorporação, não nos parece que seja de aplicar o 124.º, con- 8
trariamente ao que previa o 30.º/2 do DL 598/73. Não existe qualquer razão para exigir a autonomia económica do património incorporado. Tal património vai integrar uma unidade económica já existente – a sociedade incorporante – pelo que, em nossa opinião, se dispensa a própria unidade económica do património destacado.

Já quanto à cisão-fusão por concentração temos maiores dúvidas. Com efeito, a única 9
diferença entre a cisão simples e a cisão parcial-fusão mediante concentração reside no facto de a nova sociedade, na cisão simples, ser constituída apenas com o património destacado da sociedade cindida, ao passo que na cisão parcial-fusão mediante concentração, a nova sociedade é constituída mediante a reunião de vários patrimónios destacados.

A questão que se coloca é, portanto, esta: se o CSC exige que a nova sociedade resultante 10
da cisão simples goze de autonomia económica, fará sentido que a mesma exigência já se não aplique quando a nova sociedade resulta da concentração dos elementos patrimoniais destacados de diversas sociedades? Julgamos que não.

Temos, portanto, que o 124.º se aplica, igualmente, à cisão-fusão por concentração, ape- 11
nas com a seguinte precisão: não são cada uma das partes destacadas do património das sociedades cindidas que devem estar dotadas de unidade económica, mas sim o património resultante da concentração das diversas partes destacadas, com o qual se constitui a nova sociedade.

II – **Concretização normativa**

3. **Destaque de participações sociais**. Um dos elementos patrimoniais destacáveis, nos ter- 12
mos do n.º 1, *a*)), são as participações sociais, destinadas a constituir uma sociedade gestora de participações sociais.

O facto de as participações sociais destacadas se destinarem à constituição de uma SGPS 13
acentua a necessidade de que os elementos patrimoniais separados mediante cisão desempenhem uma função económica autónoma[3]. As participações sociais, que na sociedade cindida poderão não passar de meros ativos, são agora destacados para com eles se prosseguir, indiretamente, uma atividade económica, como é próprio do objeto social da SGPS (1.º/1 do DL 495/88, de 30-dez.).

Porque o destaque previsto na alínea *a*) se destina à constituição de uma SGPS, devem ser 14
observadas as exigências do DL 495/88, de 30-dez.

Ante a redação da alínea *a*)), queda a dúvida de saber se a sociedade cindida pode destacar 15
do seu património participações sociais sem que elas se destinem, necessariamente, à constituição de uma SGPS.

Para esta questão existem duas respostas. A sociedade cindida não pode, com efeito, 16
destacar *apenas* participações sociais do seu património e com elas constituir uma sociedade que não seja uma SGPS. Assim, por exemplo, a sociedade *A* não pode destacar ações detidas na sociedade *B* para com elas constituir a sociedade *C*, cujo objeto social seja a prestação de serviços de consultadoria imobiliária. Não pode, porque as ações da sociedade *B*, detidas agora pela sociedade *C*, não desempenham autonomamente uma atividade económica (indireta), mas antes são meros ativos patrimoniais, alheios ao objeto da sociedade.

[3] Joana Vasconcelos, *A cisão de sociedades*, 140.

17 Porém, nada impede que a sociedade cindida, ao destacar património nos termos do n.º 1, *b*), englobe nesse património participações sociais desde que formem, com os elementos destacados, uma unidade económica.

18 Do exposto se vê que o critério subjacente às alíneas *a*) e *b*) é sempre o mesmo: o património destacado deve desempenhar uma função económica autónoma. Daí se exigir que o destaque de participações sociais dê origem a uma SGPS.

19 4. **Destaque de unidades económicas**. O conceito *"unidade económica"* é um conceito indeterminado, que apela sobretudo para uma avaliação económico-empresarial da realidade societária. É igualmente utilizado em outros diplomas, por exemplo, no 285.º/1 CT.

20 Paralelo a este conceito, o CIRC, no 73.º/2, *a*) e 3, utiliza a noção *"ramo de atividade"* para identificar a operação de cisão simples e a operação de entrada de ativos. Trata-se, fundamentalmente, do mesmo conceito.

21 Mais do que determinar um conteúdo analítico, interessa-nos reter a dimensão valorativa do conceito. O que se pretende é que só sejam destacados elementos patrimoniais que possam, por si, e independentemente do património da sociedade cindida, permitir a prossecução de uma atividade económica. O critério concreto em razão do qual os elementos patrimoniais se *unificam* é essencialmente empresarial e irrelevante para o direito desde que se garanta a prossecução de uma atividade económica autónoma.

22 Segundo esta mesma orientação se deve interpretar a atribuição de dívidas à nova sociedade, permitida no n.º 2. De notar apenas que, nos termos do mesmo número, ao destaque de participações sociais para a constituição de uma SGPS não podem ser atribuídas dívidas.

23 5. **A unidade económica da sociedade cindida**. O facto de do 124.º se retirar a obrigatoriedade de que o património destacado desempenhe autonomamente uma função económica, coloca a questão de saber se a lei exige que o património não destacado, que continua a integrar a sociedade cindida, se encontre dotado de igual autonomia.

24 Na ilustração do conceito de cisão constante do 73.º/2, *a*) CIRC vem uma resposta satisfatória para esta questão. Nos termos deste preceito, considera-se cisão a operação mediante a qual *"uma sociedade (sociedade cindida) destaca um ou mais ramos da sua atividade,* ***mantendo pelo menos um dos ramos de atividade****, para com eles constituir outras sociedades (...)"*.

25 Deste preceito resulta que, para o CIRC, a cisão parcial importa sempre a manutenção de uma unidade económica na sociedade cindida. E compreende-se que assim seja: se da cisão parcial não podem resultar novas sociedades sem capacidade para desempenhar uma função económica autónoma, por maioria de razão não se pode permitir que a sociedade cindida fique despojada da possibilidade de desenvolver igual atividade.

26 O requisito constante do 124.º/1, *b*) é aplicável, portanto, quer ao património destacado, quer ao património cuja titularidade permanece na sociedade cindida.

Artigo 125.º (Redução do capital da sociedade a cindir)

A redução do capital da sociedade a cindir só fica sujeita ao regime geral na medida em que não se contenha no montante global do capital das novas sociedades.

Bibliografia: António Pereira de Almeida, *Sociedades comerciais, valores mobiliários, instrumentos financeiros e mercados*, I (*As sociedades comerciais*), 7.ª ed., 2013, 775 ss.; António Menezes Cordeiro, *Direito das Sociedades*, I (*Parte Geral*), 3.ª ed., 2011, 1136 e ss.; Jorge Pinto Furtado (2004), 555 ss.; Elda Marques, *Código em* *comentário* II (2011), 449 e ss.; Joana Vasconcelos, *A cisão de sociedades* (2001); Raúl Ventura, *Fusão e cisão de sociedades*, RFDUL XXV (1972), 23-50; *id.*, *Fusão, cisão, transformação de sociedades – Comentário ao CSC* (1990, 3.ª reimp., 2006), 325-347.

Índice

I – Antecedentes e âmbito de aplicação
1. Antecedentes normativos 1
2. Âmbito de aplicação 3

II – Concretização normativa
3. A redução do capital social 4
4. Dispensa do regime geral 8

I – Antecedentes e âmbito de aplicação

1. **Antecedentes normativos**. O 125.° tem correspondência no 26.° do DL 598/73. A redação marcadamente distinta dos preceitos não altera o conteúdo normativo essencial. 1

Em 1973, não existiam na legislação nacional requisitos especiais para a redução do capital social, afora dos preceitos previstos no CPC. Com o CSC, disciplinou-se, com cuidado, a redução de capital. Há pois que indagar que preceitos, em concreto, o 125.° permite dispensar. 2

2. **Âmbito de aplicação.** A redução do capital diz respeito à sociedade cindida. O 125.° aplica-se, assim, a casos de cisão parcial, em concreto a casos de cisão simples ou de cisão parcial-fusão. 3

II – Concretização normativa

3. **A redução do capital social**. A cisão parcial não implica, necessariamente, a redução do capital da sociedade cindida. Contudo, grande parte das operações de cisão obrigarão a que a sociedade cindida reduza o seu capital na justa medida do património destacado, desde logo para efeitos do cumprimento do 123.°/1, *a*). 4

Sempre que a redução de capital surja como uma alteração necessária ao contrato de sociedade por efeito da cisão, e sempre que tal redução se limite ao montante global do capital das novas sociedades, é dispensada a aplicação das regras gerais constante da parte geral do código e de cada tipo social. 5

O preceito refere *"montante global do capital das novas sociedades"*. Chama assim a atenção para o facto de nos casos de cisão simples múltipla e de cisão parcial-fusão o cômputo englobar a soma do capital de todas as novas sociedades ou de todas as partes destacadas. 6

Porém, aproveitando a cisão, podem os sócios desejar uma redução de capital superior à necessária. A redução que exceder o necessário determinado pela cisão, fica excluída do âmbito de aplicação do 125.° 7

4. **Dispensa do regime geral**. A dispensa do regime geral tem sobretudo por fim evitar a aplicação do 95.° e 96.°, profundamente alterados com a Reforma de 2007[1]. 8

O 94.° deve continuar a aplicar-se, especificando-se que a finalidade da redução é a cisão. Já a dispensa dos 95.° e 96.° exige maior cautela. 9

O 95.°/1 proíbe a redução de capital sempre que a situação líquida da sociedade não exceda, em 20%, o montante do novo capital social. Tal proibição constava já do 95.°/2 na versão anterior à Reforma onde se previa que o Tribunal não deveria autorizar a redução nos mesmos casos. O n.° 3 permitia, depois, a dispensa da autorização. 10

A este propósito, defendeu Raúl Ventura que o 125.° dispensava a necessidade de autorização judicial para o registo da cisão e, consequentemente, a obrigação de a situação líquida 11

[1] *Vide* as anotações aos 95.° e 96.°.

da sociedade ter que exceder, em 20%, o montante do novo capital social[2]. Julgamos que este entendimento se mantém.

12 Não se aplica, assim, o 95.°/1: da redução do capital nos termos do 125.° pode resultar que a situação líquida da sociedade não exceda, em 20%, o montante do novo capital social.

13 O 95.°/2, 3 e 4 aplica-se, naturalmente, na medida em que tem que ver com a composição do capital social mínimo legalmente exigido.

14 Já o 96.° não tem aplicação. Em primeiro lugar, porque o regime do 122.° é garantia bastante dos credores, ao estatuir a responsabilidade solidária da sociedade cindida[3]. Em segundo lugar, porque os credores, em sede de cisão, podem sempre lançar mão dos 101.°-A e 101.°-B, *ex vi* 120.°, o que consome – especialmente após a aproximação de regimes levada a cabo com a Reforma de 2007 – a utilidade da aplicação do 96.°.

Artigo 126.° (Cisão-dissolução. Extensão)

1. A cisão-dissolução prevista no artigo 118.°/1, alínea *b*), deve abranger todo o património da sociedade a cindir.

2. Não tendo a deliberação de cisão estabelecido o critério de atribuição de bens e dívidas que não constem do projeto definitivo de cisão, os bens serão repartidos entre as novas sociedades na proporção que resultar do projeto de cisão; pelas dívidas responderão solidariamente as novas sociedades.

Bibliografia: António Pereira de Almeida, *Sociedades comerciais, valores mobiliários, instrumentos financeiros e mercados*, I (*As sociedades comerciais*), 7.ª ed., 2013, 775 ss.; António Menezes Cordeiro, *Direito das Sociedades*, I (*Parte Geral*), 3.ª ed., 2011, 1136 e ss.; Jorge Pinto Furtado (2004), 555 ss.; Elda Marques, *Código em comentário* II (2011), 452 e ss.; Joana Vasconcelos, *A cisão de sociedades* (2001); Raúl Ventura, *Fusão e cisão de sociedades*, RFDUL XXV (1972), 23-50; *id.*, *Fusão, cisão, transformação de sociedades – Comentário ao CSC* (1990, 3.ª reimp., 2006), 325-347, *id.*, *Adaptação do Direito Português à Sexta Directiva do Conselho da Comunidade Económica Europeia relativa às cisões de sociedades por acções*, DDC 10 (1982).

Índice

I – **Antecedentes e Direito europeu**
1. Antecedentes normativos ... 1
2. A 6.ª Diretriz ... 2
3. O CSC ... 3

II – **Concretização normativa**
4. Âmbito de aplicação ... 4
5. A extenção do património a cindir ... 5
6. A repartição de bens pelas sociedades beneficiárias ... 6
7. Responsabilidade solidária ... 14

I – Antecedentes e Direito europeu

1 1. **Antecedentes normativos**. O 126.° tem origem no 27.° do DL 598/73, de 8-nov. Há, contudo uma diferença significativa de regime supletivo de atribuição de bens. O 27.°/2 estipulava que as dívidas seriam repartidas proporcionalmente pelas sociedades beneficiárias mas os bens ficariam em co-titularidade. Ao contrário do atual 126.°/2, não se estipulava qualquer responsabilidade solidária.

[2] Raúl Ventura, *Fusão*, 396-397.

[3] *Vide* as anotações ao 122.°.

2. **A 6.ª Diretriz**. O 3.º/3, *a*) e *b*) da 6.ª Diretriz, ao dispor sobre esta matério, preconizou o seguinte regime: (a) os ativos, que do projeto de cisão e da sua interpretação não for possível retirar a sua atribuição, serão repartidos na proporção dos ativos que cada sociedade recebeu na cisão; (b) pelos passivos, que do projeto de cisão e da sua interpretação não for possível retirar a sua atribuição, responderão solidariamente todas as sociedades beneficiárias; (c) os Estados-Membros podem determinar, porém, que a responsabilidade de cada sociedade se limita ao total de ativos que lhe foram atribuídos. 2

3. **O CSC**. O 126.º corresponde ao 27.º do DL 598/73, com as alterações impostas pela 6.ª Diretriz. De notar, contudo, que o legislador português não aproveitou a possibilidade prevista no 3.º/3, *b*) da 6.ª Diretriz e não limitou a responsabilidade das sociedades beneficiárias ao valor dos ativos atribuídos. 3

II – **Concretização normativa**

4. **Âmbito de aplicação**. Do n.º 1 resulta que o 126.º se aplica aos casos de cisão-dissolução. Contudo, fácil é de ver que o problema fundamental a que este preceito visa dar resposta – a atribuição do passivo e ativo superveniente à cisão – se coloca em qualquer cisão total. Deve, portanto, entender-se que o 126.º se aplica igualmente aos casos de *cisão total-fusão*. 4

5. **A extensão do património a cindir**. O n.º 1 estabelece que a cisão-dissolução abrange a totalidade do património a cindir. É de escassa utilidade este preceito, já que a ele se chega a partir da própria noção de cisão-dissolição do 118.º/1, *b*). O mesmo se diga quanto à cisão total-fusão – 118.º/1, *c*). Contudo, tem a vantagem de esclarecer quanto ao destino do ativo e passivo superveniente e afastar as regras da liquidação que, de outra sorte, se poderiam julgar aplicáveis. 5

6. **A repartição de bens pelas sociedades beneficiárias**. Como vimos a propósito do 119.º, *d*), a repartição dos bens da sociedade cindida segue o disposto no projeto de cisão. Contudo, como assinalámos, há uma diferença entre a cisão parcial e a cisão total. Na cisão parcial, apenas os bens identificados no projeto se transmitem às sociedades beneficiárias; os bens não identificados permanecem na titularidade da sociedade cindida. O mesmo não acontece na cisão total, já que esta envolve a totalidade do património da sociedade a cindir (n.º 1), que se extingue, pelo que nunca poderá permanecer titular de qualquer património. 6

O destino dos bens ativos e passivos cujo destino se não encontre previsto no projeto de cisão poderia ser resolvido de três maneiras possíveis: (a) mediante deliberação dos sócios que, conhecendo a falha do projeto, fixavam qual o critério de distribuição do património remanescente; (b) mediante a atribuição às sociedades beneficiárias, sem deliberação dos sócios; ou (c) mediante a aplicação das regras respeitantes à liquidação de sociedades que resultaria, em última instância, na atribuição do ativo remanescente aos sócios que, depois, o incorporariam ou não nas novas sociedades. 7

A natureza da cisão exige que todo o património da sociedade cindida tenha por destino as sociedades beneficiárias e apenas estas. As únicas soluções admissíveis são assim as assinaladas em (a) e (b). 8

Nos termos do n.º 2, a partilha dos bens não identificados no projeto faz-se, em primeiro lugar, de acordo com o deliberado em assembleia geral. No caso da cisão-dissolução é simples a aplicação deste preceito já que em causa está a deliberação de uma única sociedade. No caso da cisão total-fusão a aplicação é mais difícil, pois teríamos de obter em todas as sociedades intervenientes uma deliberação rigorosamente idêntica[1], o que é pouco viável. 9

[1] *Vide* as anotações ao 102.º.

10 Na hipótese de a assembleia que delibera a cisão não fixar o critério de distribuição, o património remanescente é distribuído na proporção que resultar do projeto de cisão.

11 O 3.º/3, *a*) e *b*) da 6.ª Diretriz contém uma precisão que o legislador nacional omitiu. Manda aplicar os critérios supletivos em causa sempre que um determinado bem *"não for atribuído no projeto de cisão e a interpretação deste não permitir decidir a sua repartição"*.

12 Não obstante a omissão da referência à interpretação do projeto no 126.º/2, parece não poder afastar-se a exigibilidade de tal interpretação. Com efeito, a repartição de ativos e passivos segue, em regra, critérios sócio-empresariais, que obedecem a uma racionalidade própria, e que se podem afastar do simples critério da proporcionalidade. Tais critérios subjazem ao projeto de cisão.

13 Antes, portanto, de aplicar o critério da proporcionalidade, deve o intérprete procurar aplicar à divisão do património remanescente o critério sócio-empresarial que se retira do projeto e que presidiu à divisão operada. Só na incapacidade de formular tal critério, ou na sua inaplicabilidade ao remanescente em causa, se deve aplicar o critério da proporcionalidade.

14 7. **Responsabilidade solidária**. As sociedades beneficiárias respondem solidariamente pelo valor das dívidas atribuídas. Embora a lei o não diga expressamente, uma vez satisfeita a dívida, a sociedade que cumpriu goza de direito de regresso contra as restantes sociedades. Para aferir a medida interna da responsabilidade, Raúl Ventura propôs que cada sociedade respondesse na medida do ativo líquido recebido.

Artigo 127.º (Participação na nova sociedade)

Salvo acordo diverso entre os interessados, os sócios da sociedade dissolvida por cisão-dissolução participarão em cada uma das novas sociedades na proporção que lhes cabia na primeira.

Bibliografia: António Pereira de Almeida, *Sociedades comerciais, valores mobiliários, instrumentos financeiros e mercados*, I (*As sociedades comerciais*), 7.ª ed., 2013, 775 ss.; António Menezes Cordeiro, *Direito das Sociedades*, I (*Parte Geral*), 3.ª ed., 2011, 1136 e ss.; Jorge Pinto Furtado (2004), 555 ss.; Elda Marques, *Código em comentário* II (2011), 458 e ss.; Joana Vasconcelos, *A cisão de sociedades* (2001); Raúl Ventura, *Fusão e cisão de sociedades*, RFDUL XXV (1972), 23-50; *id.*, *Fusão, cisão, transformação de sociedades – Comentário ao CSC* (1990, 3.ª reimp., 2006), 325-347.

Índice

I – **Antecedentes normativos**
1. DL 598/73, de 8-nov. 1

II – **Concretização normativa**
2. Regime supletivo 2
3. O acordo dos interessados 4
4. Âmbito de aplicação 6

I – Antecedentes normativos

1 1. **DL 598/73, de 8-nov.** O 127.º corresponde ao 28.º do DL 598/73. Na redação do 127.º especifica-se que em causa está a dissolução das sociedades mediante cisão-dissolução. O 28.º omitia esta referência; no entanto, a matéria surgia regulada no Capítulo III acerca da cisão-dissolução, pelo que o âmbito de aplicação era o mesmo.

II – **Concretização normativa**

2. **Regime supletivo**. Tal como na fusão, o 119.º, *f)* manda que no projeto de cisão se faça referência à relação de troca de participações sociais. Os sócios das sociedades cindidas recebem, portanto, uma participação social nas novas sociedades equivalente à participação social que detinham na sociedade cindida. 2

Ora, no caso da cisão-dissolução a extinção da sociedade cindida é acompanhada da constituição de duas ou mais sociedades que têm origem no património cindido. A posição jurídica dos sócios encontra-se tutelada se em cada nova sociedade os sócios detiverem uma participação social proporcional à que detinham na sociedade cindida. Assim, o sócio *A*, por exemplo, que detinha 25% do capital social da sociedade cindida verá a sua posição jurídica acautelada se continuar a deter 25% do capital social de cada uma das sociedades cindidas. 3

3. **O acordo dos interessados**. A aplicação do regime supletivo do 127.º cede passo sempre que todos os interessados acordem numa participação no capital social das novas sociedades em *ratio* diferente da proporcionalidade existente na sociedade cindida. O fundamento desta permissão encontra-se na própria natureza da cisão-dissolução: ao dar origem a duas ou mais sociedades, a manutenção da posição jurídica dos sócios pode ser garantida mediante a atribuição de participações diferentes em cada uma das sociedades, pelo que não há razão para proibir tal possibilidade. 4

Os *"interessados"* são os sócios da sociedade. O acordo exigido consubstancia uma exigência de unanimidade. Por tal razão, o legislador nacional não consagrou o direito de exoneração para os sócios que recebam participações sociais em razão diferente da proporcionalidade na sociedade cindida, como prevê o 5.º/2 da 6.ª Diretriz. O acordo entre os sócios não pode ignorar, contudo, o disposto no 129.º/2[1]. 5

4. **Âmbito de aplicação**. O 127.º aplica-se a casos de cisão-dissolução. Cumpre saber, porém, se se aplica igualmente às hipóteses de cisão total-fusão, previstas no 118.º/1, *c)*. Julgamos que não. Com efeito, a permissão conferida aos sócios para acertarem as suas participações sociais em *ratio* diversa das participações detidas na sociedade cindida tem como pressuposto a cisão-dissolução: a divisão de todo o património da sociedade para com cada uma das partes constituir uma nova sociedade, sendo que o elemento pessoal de cada uma das novas sociedades é o mesmo. 6

Esta circunstância não é idêntica à da cisão total-fusão. Para estes casos, vale a aplicação do 103.º/2, *c)*. 7

Artigo 127.º-A (Dispensa de requisitos de informação)

Na cisão-dissolução a realizar de harmonia com o disposto na parte final do artigo anterior não são exigíveis a elaboração e disponibilização do balanço a que se refere a alínea *d)* do n.º 1 do artigo 98.º e dos relatórios dos órgãos sociais e de peritos.

Artigo aditado pelo DL 53/2011, de 13-abr. Remete-se para a anotação ao 98.º.

[1] *Vide* as anotações ao 129.º.

Artigo 128.° (Requisitos especiais da cisão-fusão)

Os requisitos a que, por lei ou contrato, esteja submetida a transmissão de certos bens ou direitos não são dispensados no caso de cisão-fusão.

Bibliografia: António Pereira de Almeida, *Sociedades comerciais, valores mobiliários, instrumentos financeiros e mercados*, I (*As sociedades comerciais*), 7.ª ed., 2013, 775 ss.; António Menezes Cordeiro, *Direito das Sociedades*, I (*Parte Geral*), 3.ª ed., 2011, 1136 e ss.; Jorge Pinto Furtado (2004), 555 ss.; Elda Marques, *Código em comentário* II (2011), 470 e ss.; Joana Vasconcelos, *A cisão de sociedades* (2001); Raúl Ventura, *Fusão e cisão de sociedades*, RFDUL XXV (1972), 23-50; *id.*, *Fusão, cisão, transformação de sociedades – Comentário ao CSC* (1990, 3.ª reimp., 2006), 325-347; *id.*, *Adaptação do Direito Português à Sexta Directiva do Conselho da Comunidade Económica Europeia relativa às cisões de sociedades por acções*, DDC 10 (1982), 7-89.

Índice

I – **Antecedentes e Direito europeu**
1. Antecedentes normativos 1
2. A 6.ª Diretriz 2

II – **Concretização normativa**
3. Transmissão de bens e direitos 3
4. Âmbito de aplicação 6

I – Antecedentes e Direito europeu

1 1. **Antecedentes normativos**. O DL 598/73, de 8-nov., continha três disposições específicas para a cisão-fusão: os 30.°, 31.° e 32.°. O 30.° foi consumido pela remissão constante do 120.° e pelas diversas concretizações que fomos fazendo a propósito do âmbito de aplicação dos artigos precedentes. O 31.° foi reproduzido, sem alterações, no 128.°.

2 2. **A 6.ª Diretriz**. O 17.°/3 da 6.° Diretriz, em correspondência com o 19.°/3 da 3.ª Diretriz, manda observar, em sede de cisão, as normas respeitantes às *"formalidades particulares para a oponibilidade a terceiros da transmissão de certos bens, direitos e obrigações, provindos da sociedade cindida"*. Dispõe, seguidamente, que as legislações nacionais podem prever a possibilidade de a sociedade cindida promover a realização de tais formalidades, num período de tempo que, salvo casos excecionais, não pode exceder os 6 meses a contar do momento em que a cisão produz efeitos.

II – Concretização normativa

3 3. **Transmissão de bens e direitos**. A cisão, ao envolver a divisão de todo ou parte do património para a constituição de uma nova sociedade ou para a incorporação em sociedade já existente, implica, necessariamente, a transmissão para a sociedade beneficiária das situações jurídicas que consubstanciam os ativos e passivos destacados.

4 Para a transmissão de tais elementos patrimoniais, pode a lei exigir determinados requisitos, nomeadamente de forma. Pode, igualmente, o contrato social da sociedade a cindir sujeitar tal transmissão à verificação de determinados pressupostos. O escopo fundamental do 128.° é justamente esclarecer que a cisão não dispensa o respeito por tais requisitos. Face ao disposto no 106.°, que se aplica à cisão *ex vi* 120.°, não cremos que o 128.° traga um conteúdo normativo inovador, tanto mais que as exigências contratuais para a transmissão de bens e direitos são normalmente consumidas pela obrigação da cisão ser deliberada em assembleia geral.

5 O 128.° refere expressamente *bens* e *direitos*. Deve no entanto entender-se que se trata da transmissão de qualquer situação jurídica, seja qual for a sua natureza.

6 4. **Âmbito de aplicação**. Por infeliz herança do 31.° do DL 598/73, o 128.° refere como seu campo de aplicação os casos de cisão-fusão. Contudo, nenhuma razão existe para que na cisão

simples e na cisão-dissolução se dispense a observância dos requisitos em causa. O 128.º aplica-se, portanto, a todos os casos de cisão.

Artigo 129.º (Constituição de novas sociedades)

1. Na constituição de novas sociedades, por cisões fusões simultâneas de duas ou mais sociedades, podem intervir apenas estas.
2. A participação dos sócios da sociedade cindida na formação do capital social da nova sociedade não pode ser superior ao valor dos bens destacados, líquido das dívidas que convencionalmente os acompanhem.

Bibliografia: António Pereira de Almeida, *Sociedades comerciais, valores mobiliários, instrumentos financeiros e mercados*, I (*As sociedades comerciais*), 7.ª ed., 2013, 775 ss.; António Menezes Cordeiro, *Direito das Sociedades*, I (*Parte Geral*), 3.ª ed., 2011, 1136 e ss.; Jorge Pinto Furtado (2004), 555 ss.; Elda Marques, *Código em comentário* II (2011), 472 e ss.; Joana Vasconcelos, *A cisão de sociedades* (2001); Raúl Ventura, *Fusão e cisão de sociedades*, RFDUL XXV (1972), 23-50; *id.*, *Fusão, cisão, transformação de sociedades – Comentário ao CSC* (1990, 3.ª reimp., 2006), 325-347; *id.*, *Adaptação do Direito Português à Sexta Directiva do Conselho da Comunidade Económica Europeia relativa às cisões de sociedades por acções*, DDC 10 (1982), 7-89.

Índice

I – **Antecedentes**
1. Origem 1
II – **Concretização normativa**
2. Enquadramento 2
3. Constituição de novas sociedades 3
4. A participação dos sócios na nova sociedade ... 7

I – Antecedentes

1. **Origem**. O 129.º tem origem no 32.º do DL 598/73, de 8-nov., sem modificações. O 32.º 1
do DL 598/73 foi herdado do 383.º da *L. 66-537 du 24 juill. 1966*, hoje correspondente ao Art. L. 236-17 do *Code de Commerce*.

II – Concretização normativa

2. **Enquadramento**. Sob a égide do mesmo artigo, reúnem-se duas situações normativas dis- 2
tintas: (a) a constituição de novas sociedades mediante cisões-fusões simultâneas (n.º 1); e (b) a participação dos sócios nas novas sociedades resultantes da cisão (n.º 2). Os pressupostos e âmbitos de aplicação são distintos pelo que se impõe a sua concretização autónoma.

3. **Constituição de novas sociedades**. O n.º 1 aplica-se à constituição de novas socieda- 3
des mediante cisões-fusões simultâneas. Trata-se dos casos de *cisão-fusão por concentração*, em que duas ou mais sociedades destacam partes do seu património para com elas constituir uma nova sociedade.

O n.º 1 vem permitir que na constituição da nova sociedade intervenham apenas as socie- 4
dades cindidas. Quer isto dizer: não obstante serem os sócios aqueles que recebem participações sociais da nova sociedade, na sua constituição apenas têm intervenção as sociedades cindidas.

Em bom rigor, para este conteúdo normativo, pouca utilidade tem o n.º 1, já que sendo 5
a fusão um ato de modificação societária, e constituindo-se a nova sociedade no processo de cisão, a intervenção cabe às sociedades cindidas.

6 A doutrina discute ainda, a propósito do n.º 1, se este preceito permite ou não a dispensa das regras aplicáveis quanto ao número mínimo de sócios para a constituição da nova sociedade[1]. Joana Vasconcelos conclui no sentido de que, em caso de cisão, uma nova sociedade anónima, por exemplo, pode ser constituída com menos de cinco sócios[2]. Não cremos que assim seja. Vale aqui o que ficou dito a propósito do 106.º/2[3].

7 4. **A participação dos sócios na nova sociedade.** Não obstante a sua inserção sistemática, o n.º 2 aplica-se a todos os casos de cisão que importem a constituição de uma nova sociedade, isto é: à *cisão simples*, à *cisão-dissolução* e à *cisão-fusão por concentração*.

8 Nos termos do n.º 2, a participação dos sócios na nova sociedade não pode ser superior ao valor dos bens destacados, líquido do passivo igualmente transmitido. Em causa está, uma vez mais, a ressalva das regras respeitantes à formação do capital social[4]. De outra sorte, estar-se-ia a permitir que aos sócios fossem atribuídas participações sociais com um valor nominal superior ao valor do património transmitido.

Capítulo XI – Transformação de sociedades

Artigo 130.º (Noção e Modalidades)

1. As sociedades constituídas segundo um dos tipos enumerados no artigo 1.º, n.º 2, podem adotar posteriormente um outro desses tipos, salvo proibição da lei ou do contrato.

2. As sociedades constituídas nos termos dos artigos 980.º e seguintes do Código Civil podem posteriormente adotar algum dos tipos enumerados no artigo 1.º, n.º 2, desta lei.

3. A transformação de uma sociedade, nos termos dos números anteriores, não importa a dissolução dela, salvo se assim for deliberado pelos sócios.

4. As disposições deste capítulo são aplicáveis às duas espécies de transformação admitidas pelo número anterior.

5. No caso de ter sido deliberada a dissolução, aplicam-se os preceitos legais ou contratuais que a regulam, se forem mais exigentes do que os preceitos relativos à transformação. A nova sociedade sucede automática e globalmente à sociedade anterior.

6. A sociedade formada por transformação, nos termos do n.º 2, sucede automática e globalmente à sociedade anterior.

Bibliografia: António Caeiro, *Transformação de sociedades anónimas em sociedades por quotas*, RDE 5 (1979), 21-32; António Menezes Cordeiro 1 (2011), 1139-1141; Francisco Mendes Correia, *Transformação de sociedades comerciais/Delimitação do âmbito de aplicação no Direito privado português* (2009); Paulo Olavo Cunha, *Direito das Sociedades Comerciais* (2007), 756-761; Ana Maria Taveira da Fonseca, *A protecção legal e estatutária dos sócios minoritários na transformação das sociedades por quotas em sociedades anónimas*, em AAVV, *CSC/20 Anos* II (2007), 275-336; Jorge Pinto Furtado (2004), 531-543; Diogo Costa Gonçalves, *Direitos especiais*

[1] *Vide* as anotações ao 273.º.

[2] *Vide A cisão de sociedades*, 255.

[3] Neste sentido, *vide* Raúl Ventura, *Fusão*, 412, esclarecendo que uma coisa é o número de sociedades cindidas que têm intervenção na constituição da nova sociedade e outra o seu número de sócios.

[4] *Vide* as anotações ao 25.º.

e o Direito de exoneração em sede de fusão, cisão e transformação de sociedades comerciais, O Direito 2006, 313--362; *id.*, *A posição jurídica do sócio em sede de fusão, cisão e transformação de sociedades comerciais/Configuração e delimitação do* statuo viae (2008), 294 ss.; Elda Marques, em *Código em Comentário* 2 (2011), 476-490; Raúl Ventura, *Fusão, cisão, transformação de sociedades* (1990, reimp., 2003), 415-479; Raúl Ventura/Brito Correia, *Transformação de sociedades – Anteprojecto e notas justificativas*, separata do BMJ 218, 219 e 220 (1973), 120-152.

Índice

I – **Antecedentes**
1. Código de 1833 e Leis de 1867 e de 1901 1
2. O Código Veiga Beirão (1888)........................ 2
3. A LSQ de 1901 3
4. Preparação.. 5
5. História do preceito 6

II – **Noção e modalidades**
6. Noção de transformação................................ 7
7. Modalidades de transformação....................... 8

III – **Âmbito de aplicação**
8. Sociedades comerciais.................................... 11
9. Sociedades civis puras 12
10. Sociedades unipessoais por quotas 15
11. *Societas europaea*.. 16
12. Cooperativas... 20
13. Associações... 22
14. Agrupamentos Complementares de Empresas 23
15. Fundações 25

I – Antecedentes

1 1. **Código de 1833 e Leis de 1867 e de 1901**: não referem a transformação. Não é de estranhar, porque a relevância do instituto relaciona-se de forma direta com a variedade de formas jurídico-societárias ao dispor das partes.

2 2. **O Código Veiga Beirão (1888)**, com a consequente multiplicação de formas jurídico--societárias (SNC, SA, sociedades em comandita) permitiu, em termos minimamente sistemáticos, a discussão em torno da possibilidade de a maioria dos sócios *variar ou modificar a espécie de sociedade* (151.º, § 2, que exigia uma deliberação unânime, no que se refere às SNC). A doutrina apurou, no 49.º/5 (que sujeitava a registo comercial, entre outras vicissitudes, *toda e qualquer alteração do pacto social*) um fundamento para a admissibilidade genérica da transformação de sociedades[1].

3 3. **A LSQ de 1901** acrescentou um novo tipo societário. O 52.º estabelecia que [n]o *caso de dissolução de uma sociedade anonyma para se transformar em sociedade por quotas, de responsbilidade limitada, poderá dispensar-se a liquidação (...)*, desde que sócios detentores de $^3/_4$ do capital aprovassem a deliberação de transformação. O 53.º parecia confirmar que a transformação de SA em SPQ implicava a dissolução da sociedade transformada (*[n]a hypothese do artigo anterior, o activo e o passivo da sociedade dissolvida passam para a nova sociedade*). A LSQ também dispunha, no 3.º, § 3.º, que a SPQ resultante da transformação de sociedade ou firma em nome individual podia continuar a utilizar a antiga firma ou denominação social. Desta norma, articulada com o já referido 151.º, § 2.º do CCom, extraía a doutrina a possibilidade de as SNC e em comandita deliberarem a transformação em SPQ, através de deliberação unânime[2].

4 Perante estes textos legais – o Código Veiga Beirão e a LSQ – a questão que mais ocupava a doutrina era a de saber se a sociedade transformada mantinha (tese da continuação) ou perdia (tese da novação) a sua personalidade jurídica após esta operação. A questão foi dis-

[1] Por todos, Visconde de Carnaxide, *Sociedades Anonymas* (1913), 229-230.

[2] Por todos, Azevedo Souto, *Lei das Sociedades por Quotas* (1913) 163-164.

cutida também na jurisprudência, até porque as consequências fiscais de uma ou outra opção não eram despiciendas. A tese da continuação, se bem que acolhendo posições multiformes, era manifestamente maioritária (José Tavares, Galvão Telles, Ferrer Correia, Pinto Coelho, Palma Carlos). Contra, sublinhando as especificidades de cada tipo societário e a sua incomunicabilidade, contavam-se nomes como os de Cunha Gonçalves ou de Paiva Jácome[3].

5 4. **Preparação.** O Capítulo XI da Parte Geral do CSC, consagrado à Transformação de Sociedades, foi antecedido de um Anteprojeto de Raúl Ventura e Brito Correia, que se encontra publicado com extensas notas justificativas. O articulado proposto neste Anteprojeto foi acolhido, de forma quase integral, no Projeto do Código das Sociedades, apresentado em 1983, igualmente preparado por Raúl Ventura, mas posteriormente revisto por Fernando Olavo e António Caeiro[4] num primeiro momento e, depois, por Luís Brito Correia[5]. Acresce a vantagem inegável de estar ao dispor do intérprete o Comentário preparado por Raúl Ventura aos 130.º a 140.ºs[6].

6 5. **História do preceito.** A redação inicial do preceito, aprovada pelo DL 262/86, de 2-set., manteve-se inalterada até à atualidade.

II – Noção e modalidades de transformação

7 6. **Noção de transformação.** A doutrina dominante, assente no 130.º/1 e 2, define a transformação como a vicissitude pela qual uma sociedade "adota um tipo diferente daquele que tem no momento da transformação"[7]. A sociedade a transformar pode ter adotado um dos tipos societários previstos no 1.º/2 (n.º 1) ou a forma de sociedade civil pura, i.e. sociedade constituída nos termos do 980.º CC (n.º 2). O tipo de destino, segundo esta doutrina tradicional, apenas pode ser um dos enumerados no 1.º/2.

8 7. **Modalidades de transformação.** A sociedade transformada não é dissolvida, mantendo intacta a sua personalidade jurídica (n.º 3), salvo se assim for deliberado pelos sócios. Esta modalidade de transformação, aplicável no silêncio das partes, diz-se *transformação formal*. Apenas é alterado o regime jurídico-positivo, por referência a um outro tipo societário, aplicável a uma mesma sociedade comercial.

9 Decorre do 130.º/3 que as partes possam optar pela dissolução da sociedade a transformar, seguindo-se um mecanismo de sucessão automática e global (n.º 6). A sociedade extingue-se, por dissolução, sucedendo-lhe nos direitos e obrigações, sem liquidação, uma nova sociedade, constituída com recurso a um tipo jurídico-societário diferente: a transformação diz-se *extintiva*.

10 A utilidade e a justificação dogmática da segunda modalidade não é óbvia[8]. As razões justificativas constantes do Anteprojeto, explicam a transformação extintiva como homenagem a uma eventual vontade das partes, que teriam assim duas alternativas à escolha[9]: ao lado de uma

[3] Para uma descrição desta discussão, com indicações bibliográficas e jurisprudenciais profusas, Raúl Ventura, *Fusão, cisão, transformação de sociedades*, 440 ss..

[4] *CSC (Projecto)*, BMJ 327 (1983), 131-135.

[5] Segundo informação do próprio: *Os administradores das sociedades anónimas* (1991), 715.

[6] Raúl Ventura, *Fusão, cisão, transformação de sociedades* (1990, reimp., 2003), 415-479.

[7] Por todos, Raúl Ventura, *Fusão, cisão, transformação de sociedades*, 416 ss. Na jurisprudência, adotando entendimento semelhante – *transformação consiste na adopção, por uma sociedade constituída segundo um dos tipos enumerados no art. 1.º, n.º 2 do C. Soc. Comerciais, de um outro desses tipos* – RLx 15-fev.-1990 (Ribeiro Coelho), CJ XV (1990) 1, 169-170.

[8] Tanto assim é que a jurisprudência portuguesa se esquece por vezes, compreensivelmente, desta hipótese remota, e afirma assertivamente que *a transformação duma sociedade não implica a extinção da sociedade transformada e o surgimento dum novo ente colectivo*, ou que a referida operação não implica *modificação da identidade da sociedade* – RLx 9-jul.-2003 (António Abrantes Geraldes), CJ XXVIII (2003) 4, 79-82.

[9] Raúl Ventura/Brito Correia, *Transformação*, 76-120, em especial, 118 ss..

transformação com manutenção da identidade jurídica da sociedade, a dissolução e sucessão automática e global, pela nova sociedade, no património não liquidado[10]. Pode até questionar-se se, perante a admissão expressa do princípio da identidade, que permite que a transformação opere com manutenção da personalidade jurídica da sociedade transformada (durante bastante tempo contestado por parte da doutrina, como se referiu), não se tornou obsoleto o mecanismo jurídico da sucessão global e automática[11].

III – Âmbito de aplicação

8. **Sociedades comerciais**. A aplicação da transformação no interior do universo delimitado pelo artigo 1.º/2 é incontestada. Acrescente-se que o legislador não distribuiu os tipos jurídico-societários aí constantes numa série, utilizando como critério a sofisticação das regras aplicáveis, e admitindo apenas a transformação dita *evolutiva*. Qualquer que seja o tipo jurídico-societário aplicável a uma sociedade comercial, esta pode adotar um dos outros tipos referidos no artigo 1.º/2. 11

9. **Sociedades civis puras**. O 130.º/2 estende o âmbito de aplicação do instituto às sociedades civis puras (980.º CC). Numa primeira articulação desta norma com o n.º 6 do mesmo artigo, seria possível concluir que a sociedade civil pura apenas pode transformar-se em sociedade comercial, adotando um dos tipos do 1.º/2, através de transformação extintiva, i.e., por meio do processo tríplice de dissolução, constituição de nova sociedade e sucessão automática e global no património não liquidado. 12

No entanto, se for atendido o 130.º/3, as certezas dissipam-se: se a transformação de uma sociedade nos termos dos n.os 1 e 2 se pode processar com manutenção de identidade, e se o n.º 2 apenas se refere à transformação de sociedades civis puras, não se vê como negar, a estas, a possibilidade de evitarem a dissolução. Para ultrapassar este obstáculo interpretativo, Raúl Ventura propõe a seguinte solução: o 130.º/3 teria reconhecido a existência de "um certo substrato pessoal e patrimonial, sujeito a determinado regime jurídico, o da sociedade civil, e não força a sua extinção"[12]. Esta posição assenta, porém, no pressuposto da falta de personalidade jurídica da sociedade civil[13]. Quem conteste este pressuposto não verá inconvenientes em aceitar que a transformação formal se aplica, sem mais, à sociedade civil pura: pode ser por esta adotado um regime jurídico-societário com referência a um dos tipos constantes do artigo 1.º/2 com manutenção da personalidade jurídica[14]. 13

A admissibilidade da transformação inversa – de sociedade comercial em sociedade civil pura – é contestada pela doutrina dominante[15]. Segundo Raúl Ventura, a falta de uma tutela adequada da integralidade do capital na sociedade civil pura seria prejudicial para os credores da sociedade (comercial) transformada, e não poderia ser compensada com a responsabilidade ilimitada aplicável ao tipo civil[16]. 14

[10] Alguns anos depois, Raúl Ventura admitia ser difícil "descobrir vantagem na transformação extintiva que leve os interessados a escolhê-la e é fácil descobrir-lhe inconvenientes, sobretudo no campo fiscal, por ter havido transmissão de bens e por haver diferentes espécies de participações sociais", *Fusão, cisão, transformação de sociedades*, 448-449.

[11] Francisco Mendes Correia, *Transformação de sociedades*, 138-149.

[12] Raúl Ventura, *Fusão, cisão, transformação de sociedades comerciais*, 461.

[13] Raúl Ventura, *Fusão, cisão, transformação de sociedades comerciais*, 458.

[14] Os problemas interpretativos resultantes da articulação do 130.º/1, 2, 3 e 6 foram analisados em detalhe em Francisco Mendes Correia, *Transformação*, 216-223.

[15] Raúl Ventura, *Fusão, cisão, transformação de sociedades comerciais*, 463.

[16] Esta posição não é, no entanto, isenta de críticas. De facto, pode sustentar-se a existência de uma lacuna, passível de integração através da aplicação analógica da norma permissiva do 130.º, Francisco Mendes Correia, *Transfor-*

15 10. **Sociedades unipessoais por quotas**. O legislador societário apelidou também de transformação a vicissitude através da qual uma sociedade pluripessoal por quotas se converte em sociedade unipessoal por quotas, por ocasião da concentração de todas as participações sociais na titularidade de um único sócio (270.º-A/3), bem como a conversão de um EIRL em sociedade unipessoal por quotas (270.º-A/5). Curiosamente, entendeu que a conversão de uma sociedade unipessoal por quotas em sociedade pluripessoal (por quotas) correspondia a uma *modificação* não tendo empregue o conceito de *transformação* (270.º-D/1). Sobre estes aspetos, ver *infra*, comentário aos artigos referidos.

16 11. ***Societas europaea***. É possível encontrar ainda dois casos de transformação societária em legislação extravagante, cuja recondução ao conceito, na sua conformação clássica, parece incontestável. Trata-se da transformação de uma sociedade anónima em *Societas Europaea* (sociedade anónima europeia, SE) e da transformação inversa.

17 A transformação de uma sociedade anónima, constituída segundo a lei dos Estados-membros, em SE é uma das quatro modalidades de constituição deste tipo societário, ao lado da fusão, da constituição de SE com funções de *holding* e da constituição de uma SE filial (2.º do Regulamento (CE) 2157/2001, do Conselho, de 8-out.[17]). Nos termos do 2.º do referido Regulamento, uma sociedade anónima constituída segundo a lei de um Estado-Membro, que tenha a sua sede estatutária e administração central na Comunidade, pode ser transformada em SE, desde que tenha uma filial noutro Estado-Membro há pelo menos dois anos. Esta transformação ocorre sem que a sociedade entre em dissolução ou perca a sua personalidade jurídica (37.º/4 do Regulamento).

18 A transformação de uma SE em sociedade anónima regulada pela lei portuguesa aparece prevista no 66.º do Regulamento, e não pode ocorrer antes de decorridos dois anos do respetivo registo como SE ou da aprovação das contas de dois exercícios (66.º/1 do Regulamento). À imagem do disposto quanto à transformação inversa, esta operação não implica a criação de uma nova pessoa jurídica nem a dissolução da antiga, mantendo-se, assim, a respetiva personalidade jurídica, ao longo de todo o processo (66.º/2 do Regulamento).

19 Esgotando-se o catálogo de transformações dentro do universo societário – as chamadas transformações *homogéneas* – pode no entanto discutir-se a admissibilidade de algumas transformações *heterogéneas*, em que a sociedade comercial é apenas ponto de partida ou de chegada da operação. O direito comercial e civil português, tendo previsto algumas *transformações heterogéneas*, oferece matéria suficiente para que a discussão perdure.

20 12. **Cooperativas**. A transformação de cooperativas em sociedades comerciais foi absolutamente vedada pelo artigo 80.º do CCoop (aprovado pela L 51/96, de 7-set.), pondo assim fim à discussão doutrinal que a este propósito tivera lugar durante a vigência do CCoop de 1980 (aprovado pelo DL 454/80, de 9-out.)[18].

21 Ao contrário, a transformação de sociedades comerciais em cooperativas não se encontra proibida pelo CCoop, pelo que se pode discutir a sua admissibilidade[19]. Do ponto de vista dos

mação, cit., 220-223 e 888-889. Em suma, a aplicação da norma permissiva é viabilizada pela aplicação de outras normas do regime da transformação que tutelam os sócios da sociedade, exigindo a respetiva aprovação quando assumam responsabilidade ilimitada (133.º/2). Os credores societários podem beneficiar da ultra-atividade dos regimes que os tutelam, e que não é estranha ao instituto, como se comprova da leitura dos 138.º ou 139.º/1.

[17] JOCE n.º L 294, 1-21, de 10-nov.-2001.

[18] Raúl Ventura, *Fusão, cisão, transformação de sociedades*, 430-437, com referências bibliográficas.

[19] A favor, Francisco Mendes Correia, *Transformação*, cit., 259-262.

sócios, nada parece obstar à transformação mediante deliberação unânime. O acordo de todos os sócios, no entanto, deve ser sempre exigido, já que na cooperativa os cooperadores obtêm as correspondentes vantagens económicas de forma direta, e nem todos os sócios podem estar em condições de o fazer[20], após a transformação. A tutela dos credores tampouco parece colocar obstáculos intransponíveis a esta transformação, já que a mesma não os deixa em posição mais desfavorável do que em outras transformações expressamente admitidas, como a de uma SA em SNC[21]. A transformação de sociedade comercial em cooperativa permitiria assim a alteração do regime jurídico aplicável, sem que a unidade económica funcionalmente organizada que subjaz à primeira (o complexo de meios económicos, humanos, etc.) fosse ameaçada pelo processo de dissolução/constituição (*ex novo*).

13. **Associações**. Admitida pela doutrina moderna a possibilidade de a associação deter e 22
explorar uma unidade económica (desde que não exista apropriação individual dos respetivos proveitos por parte dos associados)[22], pode também colocar-se a questão da admissibilidade da transformação recíproca de sociedades comerciais e associações. A transformação de associações em sociedades civis ou comerciais já foi admitida pela doutrina portuguesa[23], e não parecem existir argumentos para dar esta discussão por concluída, no sentido da inadmissibilidade, quanto à hipótese inversa – a transformação de sociedades comerciais em associações[24].

14. **Agrupamentos Complementares de Empresas**. O 21.º/2 do DL 430/73, de 25-ago., 23
estabelece expressamente que *os agrupamentos complementares de empresas não podem transformar-se*, se bem que posteriormente tenha sido admitida a sua transformação em AEIE, que opera *independentemente de processo de liquidação e sem criação de uma nova pessoa coletiva*, através do DL 148/90, de 9-mai..

A transformação de sociedades comerciais em ACE é expressamente admitida, no 21.º/1 24
do DL 430/73, de 25-ago., quando estabelece que *as sociedades ou associações já constituídas com objetivos análogos aos designados na lei para os agrupamentos complementares de empresas podem transformar-se nestes, sem perder a sua personalidade, desde que respeitem as condições previstas na mesma lei e no presente regulamento.*

15. **Fundações**. Embora a questão da transformação recíproca entre fundações e sociedades 25
comerciais não tenham merecido a atenção da doutrina nacional, parece ser possível sustentar a transformação de sociedades comerciais em fundações, mediante deliberação unânime dos sócios. Os direitos que os sócios perderiam – pelo facto de a fundação carecer de *membros* em sentido técnico –, são todos de natureza disponível, pelo que nada parece travar esta possibilidade para preservar a unidade económica gerada pela sociedade.

Admitir-se a transformação inversa – à fundação passariam a aplicar-se as regras jurídi- 26
co-societárias – equivaleria a admitir que um ente sem membros, a fundação, se convertesse num ente associativo – a sociedade. Como esta hipótese nunca poderia configurar o exercício de faculdades contidas na autonomia privada de entes destituídos de poderes de autoridade, a

[20] Se na sociedade comercial as vantagens económicas advinham, sobretudo, da distribuição dos lucros, na cooperativa – uma adega cooperativa, por exemplo –, o cooperador deve estar em condições de fruir diretamente de determinados meios de produção ou comercialização (pelo que no exemplo avançado, apenas terá interesse na transformação se produzir vinho).

[21] Contra, Ana Maria Taveira da Fonseca, *A protecção legal e estatutária*, cit., 278 (nota 12).

[22] Por todos, Menezes Cordeiro, *Tratado de Direito civil* I/3, 2.ª ed. (2007), 658-659.

[23] Menezes Cordeiro, *Tratado* I/3, 751; Francisco Mendes Correia, *Transformação de sociedades*, 270-275.

[24] Francisco Mendes Correia, *Transformação*, cit., 275-277.

aplicação analógica do 130.º – enquanto norma de livre escolha, por *privados*, do regime jurídico aplicável –, torna-se difícil de fundamentar. Esta hipótese deve, assim, ser afastada[25].

Artigo 131.º (Impedimentos à transformação)

1. Uma sociedade não pode transformar-se:

a) Se o capital não estiver integralmente liberado ou se não estiverem totalmente realizadas as entradas convencionadas no contrato;

b) Se o balanço da sociedade a transformar mostrar que o valor do seu património é inferior à soma do capital e reserva legal;

c) Se a ela se opuserem sócios titulares de direitos especiais que não possam ser mantidos depois da transformação;

d) Se, tratando-se de uma sociedade anónima, esta tiver emitido obrigações convertíveis em ações ainda não totalmente reembolsadas ou convertidas.

2. A oposição prevista na alínea *c*) do número anterior deve ser deduzida por escrito, no prazo fixado no artigo 137.º, n.º 1, pelos sócios titulares de direitos especiais.

3. Correspondendo direitos especiais a certas categorias de ações, a oposição poderá ser deduzida no dobro do prazo referido no número anterior.

Bibliografia: António Caeiro, *Transformação de sociedades anónimas em sociedades por quotas*, RDE 5 (1979), 21-32; António Menezes Cordeiro 1 (2011), 1139-1141; Francisco Mendes Correia, *Transformação de sociedades* (2009), 136-174; Paulo Olavo Cunha, *Direito das Sociedades Comerciais* (2007), 756-761; Ana Maria Taveira da Fonseca, *A protecção legal e estatutária dos sócios minoritários na transformação das sociedades por quotas em sociedades anónimas*, em AAVV, *Nos 20 Anos do CSC* (2007), 275-336; Jorge Pinto Furtado (2004), 531-543; Diogo Costa Gonçalves, *Direitos especiais e o Direito de exoneração em sede de fusão, cisão e transformação de sociedades comerciais*, O Direito 2006, 313-362; Elda Marques, em *Código em Comentário* 2 (2011), 491-502; Raúl Ventura, *Fusão, cisão, transformação de sociedades* (1990, reimp., 2003), 481-486; Raúl Ventura/Brito Correia, *Transformação de sociedades – Anteprojecto e notas justificativas*, separata do BMJ, n.os 218, 219 e 220 (1973), 165-178.

Índice

I – Enquadramento geral
1. História do preceito 1
2. Sentido material 2

II – Impedimentos legais à transformação
3. Impedimentos de natureza patrimonial 4
4. Direitos especiais 9
5. Obrigações convertíveis 10

III – Processo de oposição e regime geral de invalidade
6. Forma e prazo de oposição 11
7. Violação de impedimentos 13

I – Enquadramento geral

1 1. **História do preceito**. A redação dada pelo DL 262/86, de 2-set., não foi ainda objeto de qualquer alteração.

[25] Francisco Mendes Correia, *Transformação*, cit., 284-301.

2. **Sentido material.** Versa o artigo em questão sobre os impedimentos legais à transformação, donde resulta que os estatutos podem colocar obstáculos adicionais a esta operação. O n.º 1 seleciona a liberação integral do capital e a realização das entradas – *a*) – e uma situação líquida positiva – *b*) – como condições necessárias à transformação, impedindo a sociedade de transformar-se em caso contrário. Do mesmo modo, a existência de sócios com direitos especiais incompatíveis com o novo regime que a sociedade pretende adotar é erigida em impedimento à transformação, desde que os mesmos se oponham a esta operação – *c*). A existência de obrigações convertíveis em ações, que ainda não tenham sido reembolsadas ou convertidas, é o último impedimento legal constante deste artigo – *d*). 2

A forma e o prazo para a oposição dos sócios com direitos especiais incompatíveis com a transformação são regulados pelos n.os 2 e 3 do preceito. 3

II – Impedimentos legais à transformação

3. **Impedimentos de natureza patrimonial.** No que ao capital se refere, o 131.º/1, *a*), exige que o mesmo esteja *integralmente liberado* e que estejam *totalmente realizadas as entradas convencionadas no contrato.* Caso contrário, a sociedade não pode transformar-se[1]. Assumindo que o legislador não utilizou duas expressões diferentes para se referir à mesma realidade (*liberação do capital, realização das entradas convencionadas*), deve relacionar-se o primeiro impedimento constante do n.º 1, *a*) – exigência de liberação integral do capital – com a obrigação de entrada em sentido estrito, enquanto contribuição de dinheiro ou outros bens para a cobertura do montante fixado como capital social. A segunda exigência constante do n.º 1, *a*) – realização total das entradas convencionadas no contrato –, não pode ser sinónimo da realização primeira: pode ser reportada às entradas assumidas pelos sócios em excesso do capital subscrito, i.e., ao prémio de emissão[2] [3]. É a única saída que se aceita. 4

Além de um âmbito de proteção difuso, em favor de uma deliberação esclarecida dos sócios (i.e., se o capital não está liberado o conjunto de normas inicialmente adotadas pode não ter mostrado ainda a sua adequação), a norma constante do n.º 1, *a*) tem sobretudo um escopo de proteção dos credores. Ao impor a liberação integral do capital, o legislador evitou que os sócios, de forma unilateral, alterassem o regime de responsabilidade aplicável à obrigação de entrada. Pense-se na transformação de uma SPQ com metade do capital por liberar (202.º/2) em SA, que, na ausência desta norma, implicaria a cessação da vigência do regime de solidariedade entre sócios (cf. 197.º/1; 271.º). Em bom rigor, o legislador poderia ter estabelecido uma regra de ultra-atividade dos regimes aplicáveis à obrigação de entrada, à imagem do que fez quanto ao regime de responsabilidade ilimitada dos sócios por dívidas anteriores à transformação (139.º/1) ou quanto ao regime especialmente protetor dos credores obrigacionistas. Não o fez, e optou por transformar a liberação do capital e a realização das entradas em condição necessária para a transformação. Deste modo, os sócios devem demonstrar, no momento *estruturalmente relevante* da transformação, que ainda transpõem o *limiar de seriedade*, que lhes foi imposto na constituição. 5

[1] Obviamente que aqui se trata do capital e das entradas convencionadas no contrato, segundo o tipo que rege a sociedade quando o processo de transformação é iniciado. Se uma sociedade por quotas é transformada em sociedade anónima, e concomitantemente delibera o aumento do capital, obviamente que o diferimento de entradas então permitido não impede a transformação. Parece ter sido o caso apreciado em RLx 15-fev.-1990 (Ribeiro Coelho), CJ XV (1990) 1, 169-170, muito embora a descrição da situação de facto não dissipe todas as dúvidas.

[2] Raúl Ventura, *Fusão, cisão, transformação de sociedades*, 483.

[3] Em sentido idêntico, recentemente, Ana Maria Taveira da Fonseca, *A protecção legal*, 287.

6 Ambas as exigências analisadas referem-se com nitidez às entradas convencionadas *até à* deliberação de transformação. A estas, pelos motivos indicados, aplica-se o n.º 1, *a*): a falta da sua integral realização impede que a transformação ocorra. Mas pode questionar-se se o âmbito de aplicação da norma violada também abrange entradas que tenham sido convencionadas no *momento* da transformação. Este problema será recorrente na prática, o que se pode aferir se pensarmos na transformação de uma SPQ em SA, que deverá ser acompanhado, em muitos casos, de um aumento de capital, tendo em conta a diferença entre os respetivos montantes mínimos. Quanto a estas entradas, não parece fazer sentido obrigar os sócios a uma imediata liberação, tendo em conta que lhes seria possível constituir uma sociedade *ab initio*, com diferimento de realização das entradas[4]. Assim, desde que o aumento do capital seja acompanhado da realização mínima correspondente, não parece haver impedimento à transformação.

7 Questão diferente é a de saber, nestes casos, qual o conjunto normativo aplicável para se aferir da realização *mínima* e do *regime de responsabilidade* quanto às entradas. Se uma SPQ, com o capital inicial de € 5.000, integralmente realizado, for transformada numa SA, as entradas convencionadas para o aumento do capital até € 50.000 podem ser diferidas segundo as regras das SQ ou das SA? Tendo em conta o nexo instrumental que o aumento do capital aqui apresenta, aplicam-se as novas regras quanto à obrigação de entrada, muito embora a deliberação de transformação seja logicamente posterior. Com efeito, se assim não fosse, teria de admitir-se uma ultra-atividade das normas do tipo anteriormente adotado que o legislador apenas admite quando da sua aplicação não resulte uma desconfiguração do tipo. Ora admitir a ultra-atividade das normas reguladoras da obrigação de entrada de uma SNC na SA em que a primeira se transformou seria admitir a desconfiguração do tipo anónimo.

8 No que aos impedimentos relativos à situação líquida da sociedade se refere, e à semelhança do que acima ficou indicado, a exigência de equilíbrio patrimonial da sociedade a transformar (*o valor do seu património* não pode ser inferior *à soma do capital e reserva legal*) protege reflexamente os sócios, dissuadindo-os de uma transformação precipitada: se o capital da sociedade já está perdido, o seu principal é de ordem patrimonial e não se refere, então, ao regime normativo aplicável. No entanto, é aqui mais intensa a proteção do interesse dos credores. Ao exigir *equilíbrio patrimonial*, que deve estar patente no *balanço do último exercício*, anexo ao relatório justificativo da transformação – 132.º/1, *a*) –, bem como uma deliberação autónoma sobre o referido balanço – 134.º, *a*) –, o legislador quis assegurar-se que a decisão de transformação é esclarecida, e acompanhada de uma correta representação da situação económica da sociedade.

9 4. **Direitos especiais**. O 131.º/1, *c*), reproduz um princípio de Direito societário: o da intangibilidade dos direitos especiais contra a vontade do respetivo titular (24.º/5). No caso em apreço, o legislador basta-se, porém, com a ausência de oposição[5]. Para averiguar da subsistência do direito especial no cenário pós-transformação, deve adotar-se um "critério de equivalência material"[6]: o direito pode não manter a estrutura jurídico-formal e ainda assim assegurar com a mesma intensidade determinado interesse, objetivamente considerado, do sócio titular.

10 5. **Obrigações convertíveis** – 131.º/1, *d*): se os sócios de uma sociedade anónima, que tenha emitido obrigações convertíveis em ações, pudessem transformá-la, antes do respetivo reem-

[4] Neste sentido, Ana Maria Taveira da Fonseca, *A protecção legal*, 287. Como já se referiu, parece ter sido uma situação deste tipo a decidida pela decisão citada na nota 1 – RLx 15-fev.-1990 (Ribeiro Coelho), CJ XV (1990) 1, 169-170.

[5] Ana Maria Taveira da Fonseca, *A protecção legal*, 290.

[6] Diogo Costa Gonçalves, *Direitos especiais e o direito de exoneração*, 321-324 e 334.

bolso integral ou conversão, estariam unilateralmente a alterar as regras aplicáveis aos negócios celebrados com os obrigacionistas. Neste caso, e ao contrário do que acontece com a emissão de obrigações não convertíveis, seria demasiado complexa, e carente de constantes adaptações, a ultra-atividade do regime que disciplinava nas sociedades anónimas as obrigações convertíveis (cf. 138.º): enquanto o regime dos créditos obrigacionistas apenas implica, nas transformações ditas *regressivas*, a aplicação de um regime de *fiscalização* e *monitorização da atividade societária* mais intenso e, por isso, tendencialmente estranho ao tipo adotado, a manutenção das obrigações convertíveis implicaria a admissibilidade da sua conversão em *quotas*, p. ex., o que desconfiguraria, por completo, o tipo *quotista*.

III – **Processo de oposição e regime geral de invalidade**

6. **Forma e prazo de oposição**. O 131.º/2 exige a forma escrita, devendo os titulares de direitos especiais pronunciar-se nos 30 dias seguintes à publicação da deliberação. 11

Quando os direitos especiais correspondam a certas categorias de ações (SA e SCA) são acrescentados mais 30 dias ao prazo da oposição (131.º/3 e 302.º/1): o consentimento à supressão ou limitação do direito especial é deliberado em assembleia dos acionistas titulares de ações da respetiva categoria (24.º/6), a qual tem de ser convocada, reunir e deliberar (389.º)[7]. 12

7. **Violação de impedimentos**. O único impedimento constante do 131.º/1 não absoluto, reporta-se à existência de direitos especiais na sociedade a transformar: os respetivos titulares podem prescindir deles. Por outro lado, o facto de a sua oposição dever ser deduzida por escrito no prazo de um ou dois meses a contar da aprovação da deliberação de transformação (131.º/2 e 3; 137.º/1), revela que a validade da deliberação não é afetada, apenas a sua eficácia. Havendo oposição, o processo de transformação deve parar. A confirmá-lo, o artigo 140.º-A/1 obriga o membro da administração que requeira o registo da transformação a declarar *por escrito, sob sua responsabilidade (...) que não houve oposição à transformação, nos termos dos n.os 2 e 3 do artigo 131.º*. A violação deste dever implica a ineficácia *absoluta* da transformação. Com efeito, não podem coexistir o regime do tipo de origem, que continuaria a aplicar-se nas relações entre o sócio que manifestou a oposição e os restantes, e o regime do tipo de destino, que passaria a aplicar-se nas relações entre estes últimos. 13

O regime geral de invalidade aplicável a deliberações de transformação que violem o disposto nas alíneas *a*), *b*) e *d*) parece bem menos controvertido. Restando poucas dúvidas quanto à natureza imperativa das normas constantes das referidas alíneas, a deliberação que as ofenda é nula, nos termos do artigo 56.º/1, *d*)[8]. 14

Artigo 132.º (Relatório e convocação)

1. A administração da sociedade organiza um relatório justificativo da transformação, o qual é acompanhado:

a) Do balanço do último exercício, desde que tenha sido encerrado nos seis meses anteriores à data da deliberação de transformação ou de um balanço

[7] Neste sentido, Armando Manuel Triunfante, *A tutela das minorias nas sociedades anónimas. Direitos individuais* (2004), 433 ss..

[8] Neste sentido, Raúl Ventura, *Fusão*, 482. Recentemente, sufragou esta hipótese Ana Maria Taveira da Fonseca, *A protecção legal*, 288.

reportado a uma data que não anteceda o 1.º dia do 3.º mês anterior à data da deliberação de transformação;

***b*) Do projeto do contrato pelo qual a sociedade passará a reger-se.**

2. No relatório referido no número anterior, a administração deve assegurar que a situação patrimonial da sociedade não sofreu modificações significativas desde a data a que se reporta o balanço considerado ou, no caso contrário, indicar as que tiverem ocorrido.

3. Aplica-se, com as necessárias adaptações, o disposto nos artigos 99.º e 101.º. devendo os documentos estar à disposição dos sócios a partir da data da convocação da assembleia geral.

4. O disposto nos números anteriores não obsta à aprovação da transformação nos termos previstos no artigo 54.º, devendo neste caso os documentos estar à disposição dos sócios com a antecedência prevista para a convocação da assembleia.

Bibliografia: António Caeiro, *Transformação de sociedades anónimas em sociedades por quotas*, RDE 5 (1979), 21-32; António Menezes Cordeiro 1 (2011), 1139-1141; Francisco Mendes Correia, *Transformação de sociedades: algumas considerações*, O Direito 2006, 835-892; Paulo Olavo Cunha, *Direito das Sociedades Comerciais* (2007), 756-761; Ana Maria Taveira da Fonseca, *A protecção legal e estatutária dos sócios minoritários na transformação das sociedades por quotas em sociedades anónimas*, em AAVV, *CSC/20 Anos*, II (2007), 275-336; Jorge Pinto Furtado (2004), 531-543; Diogo Costa Gonçalves, *Direitos especiais e o direito de exoneração em sede de fusão, cisão e transformação de sociedades comerciais*, O Direito 2006, 313-362; Elda Marques, em *Código em Comentário* (2011), 503-508; Raúl Ventura, *Fusão, cisão, transformação de sociedades* (1990, reimp., 2003), 487-492; Raúl Ventura/Brito Correia, *Transformação de sociedades – Anteprojecto e notas justificativas*, separata do BMJ, n.os 218, 219 e 220 (1973), 175-178.

Índice

I – **Enquadramento geral**
1. História do preceito 1
2. Sentido material 3

II – **Processo deliberativo**
3. Processo deliberativo 7

I – Enquadramento geral

1 1. **História do preceito**. O DL 76-A/2006, de 29-mar., alterou a formulação inicial do preceito: tratou-se, no essencial, de alterações formais e clarificadoras; a única alteração substancial refere-se à introdução de uma data limite para a antiguidade do balanço elaborado especialmente para acompanhar o relatório justificativo da transformação. Com efeito, na redação anterior da alínea *a*) podia apenas ler-se que o relatório justificativo deveria ser acompanhado *do balanço da sociedade a transformar, que será ou o balanço do último exercício, devidamente aprovado, encerrado menos de seis meses antes da deliberação de transformação, ou um balanço elaborado especialmente para o efeito.*

2 O DL 8/2007, de 17-jan. (11.º) veio acrescentar ao artigo o atual n.º 4.

3 2. **Sentido material**. O 132.º visa assegurar, em primeira linha, que a deliberação de transformação seja informada e esclarecida. Obriga a administração da sociedade a preparar um relatório justificativo[1], e a fazê-lo acompanhar de um balanço que evidencie, de forma fide-

[1] A jurisprudência já teve oportunidade de se pronunciar no sentido de que uma deliberação de transformação de sociedade por quotas em sociedade anónima é anulável, nos termos do 58.º/1, *a*), quando não tenha sido apresentado pela administração relatório justificativo da transformação, qualificando esta exigência como meramente procedimental: STJ 24-abr.-1995 (Raúl Mateus), BMJ 446 (1995), 304-319 (316).

digna, a situação patrimonial da sociedade – n.º 1, *a*). A possibilidade de os sócios analisarem simultaneamente o relatório justificativo e o balanço da sociedade permite-lhes avaliar de forma mais esclarecida, as motivações económicas da operação, e viabilizará a aferição da existência de impedimentos de ordem patrimonial à transformação – 131.º/1, *a*) e *b*) – pelos sócios e pelo órgão de fiscalização, quando este exista. O n.º 2 do artigo comentado, obriga a administração a assegurar aos sócios, na apresentação do relatório justificativo, que a situação patrimonial aí representada não sofreu alterações (ou a indicar as que tiverem ocorrido).

Sendo a transformação uma vicissitude que consiste na alteração de regimes jurídicos, mantendo-se a identidade do ente transformado, compreende-se a exigência constante do 132.º/1, *b*): o relatório justificativo deve também conter o projeto do contrato que a sociedade adotará, caso a transformação seja aprovada. 4

As informações constantes do relatório justificativo, do balanço e do projeto de contrato serão objeto de parecer do órgão de fiscalização, quando este exista, ou de exame por ROC ou SROC, nos termos da remissão operada pelo n.º 3 para o 99.º (que pode ser dispensado por acordo unânime dos sócios – 99.º/6). Nas sociedades onde exista órgão de fiscalização, o exame do ROC pode substituir o parecer do órgão de fiscalização (99.º/2). Estes documentos devem estar à disposição dos sócios, na sede da sociedade, a partir da publicação da convocatória da assembleia geral onde a transformação será discutida (101.º *ex vi* 132.º/3). 5

O 132.º/4, aditado pelo DL 8/2007, de 17-jan., visou aperfeiçoar o preceito, segundo o preâmbulo do diploma. Mais precisamente: viabilizar – sobretudo nas pequenas sociedades comerciais – a deliberação unânime de transformação por escrito, bem como a transformação tomada em assembleia universal, sem que os deveres de informação a cargo da administração criassem obstáculos. 6

II – **Processo deliberativo**

3. **Processo deliberativo**. Feita a articulação do 132.º com as restantes normas do regime da transformação, temos o seguinte processo, a conduzir pela administração: (a) um *relatório justificativo da transformação*, acompanhado pelo balanço da sociedade, onde esteja refletida a situação patrimonial atualizada, bem como o projeto de contrato de sociedade que será adotado, caso a transformação seja aprovada; (b) a *fiscalização* do relatório justificativo e documentos anexos, que será realizada através de parecer do órgão de fiscalização ou, quando este não exista, de exame por ROC ou SROC (99.º/1 e 2, *ex vi* 132.º/3); o exame pode ser dispensado, por acordo unânime dos sócios (99.º/6, *ex vi* 132.º/3); (c) a *consulta do relatório justificativo* pelos sócios, na sede da sociedade, a partir da convocatória para a assembleia geral (101.º, *ex vi* 132.º/3)[2]; (d) a *deliberação da transformação*, com conteúdo tríplice (134.º); (e) a eventual *liquidação* no processo de transformação, que consistirá em amortizar, adquirir ou fazer adquirir as participações dos sócios que exerceram o direito de exoneração, caso o mesmo esteja previsto nos estatutos (137.º/1; 240.º/4 – SQ); (f) *o registo da transformação*, regulado no 140.º-A, para o qual se remete. 7

[2] Como não é aplicável o 100.º ao processo de transformação, a data relevante para a disponibilização dos documentos para consulta será a data da convocatória, já que a mesma não será publicada, nem tampouco será emitido qualquer aviso aos credores, que não podem opor-se à transformação. Por esse motivo, aliás, deve entender-se que os documentos já referidos apenas devem ser disponibilizados aos sócios, e não aos credores, fazendo-se assim a devida adaptação do disposto no 101.º, *ex vi* 132.º/3. Se a deliberação for tomada por escrito, ou em assembleia universal, a disponibilização do relatório justificativo e anexos para consulta dos sócios deve ser promovida no prazo legalmente previsto para cada tipo legal, para a convocação da assembleia.

Artigo 133.º (Quórum deliberativo)

1. A transformação da sociedade deve ser deliberada pelos sócios, nos termos prescritos para o respetivo tipo de sociedade, neste Código ou no artigo 982.º do Código Civil.

2. Além dos requisitos exigidos pelo número anterior, as deliberações de transformação que importem para todos ou alguns sócios a assunção de responsabilidade ilimitada só são válidas se forem aprovadas pelos sócios que devam assumir essa responsabilidade.

Bibliografia: António Caeiro, *Transformação de sociedades anónimas em sociedades por quotas*, RDE 5 (1979), 21-32; António Menezes Cordeiro 1 (2011), 1139-1141; Francisco Mendes Correia, *Transformação de sociedades* (2009), 172-173; Paulo Olavo Cunha, *Direito das Sociedades Comerciais* (2007), 756-761; Ana Maria Taveira da Fonseca, *A protecção legal e estatutária dos sócios minoritários na transformação das sociedades por quotas em sociedades anónimas, CSC/20 Anos*, II (2007), 275-336; Jorge Pinto Furtado (2004), 534-536; Elda Marques, em *Código em Comentário* 2 (2011), 509-513; Raúl Ventura, *Fusão, cisão, transformação de sociedades* (1990, reimp., 2003), 493-499; Raúl Ventura/Brito Correia, *Transformação de sociedades – Anteprojecto e notas justificativas*, separata do BMJ, n.os 218, 219 e 220 (1973), 187-202.

Índice

I – Enquadramento geral
1. História do preceito 1
2. Sentido material e âmbito de aplicação 2

II – Questões suscitadas pela aplicação
3. Quórum e maioria deliberativa por tipo societário 3
4. Proteção contra a responsabilidade ilimitada 9

I – Enquadramento geral

1 1. **História do preceito**. A redação do preceito mantém-se inalterada desde a sua aprovação, com o DL 262/86, de 2-set..

2 2. **Sentido material e âmbito de aplicação**. Mau grado a epígrafe, o 133.º regula também, por remissão, as regras aplicáveis à determinação da maioria necessária para a aprovação da deliberação de transformação. Assim, a remissão operada pelo n.º 1 do preceito para os *termos prescritos para o respetivo tipo de sociedade* abrange quer o quórum deliberativo, quer as normas aplicáveis à determinação da maioria necessária para a respetiva aprovação; o tipo em causa é o *de origem* e não o *do destino*. O *quórum* e *maioria* fixados pela norma aplicam-se às três deliberações autónomas do 134.º, e não apenas à deliberação de transformação *stricto sensu* – 134.º, *b*): o legislador tratou unitariamente as três deliberações, não cabendo por isso ao intérprete distinguir[1].

II – Questões suscitadas pela aplicação

3 3. **Quórum e maioria deliberativa por tipo societário**. Nas SNC só por unanimidade pode ser deliberada a transformação, salvo se o contrato autorizar a deliberação por maioria não inferior aos $^3/_4$ dos votos de todos os sócios (194.º/1).

4 Nas SCS, a transformação é deliberada por todos os sócios comanditados, e por comanditários que representem, pelo menos, 2/3 do capital possuído por estes últimos (476.º). Quanto

[1] Raúl Ventura, *Fusão, cisão, transformação*, 503-504; Ana Maria Taveira da Fonseca, *A protecção legal e estatutária dos sócios minoritários*, 295.

aos sócios comanditados, a regra é semelhante à que se aplica nas SNC, dada a sua responsabilidade tendencialmente ilimitada (465.º/1). Os estatutos podem prescindir da unanimidade, ou aumentar a maioria relativa aos comanditários. Parece então ficar excluída a hipótese de, contratualmente, ser reduzida a maioria exigida em relação aos comanditários.

5 Nas SQ, a deliberação relativa à transformação deve ser tomada por uma maioria de $^3/_4$ dos votos correspondentes ao capital social, a menos que o contrato exija uma maioria superior (265.º/1, 265.º/3).

6 Nas SA, as regras sobre a deliberação de transformação são comparativamente complexas: a lei distingue entre *quórum* (383.º) e *maioria* (386.º) deliberativos. Em primeira convocação, devem estar presentes (ou representados) acionistas que detenham, no mínimo, $^1/_3$ do capital social, para deliberar sobre a transformação da sociedade (383.º/2). Em segunda convocação, a transformação pode ser deliberada qualquer que seja a percentagem de capital detido pelos acionistas presentes (383.º/3). Em primeira convocação, a *maioria* exigida para a aprovação da deliberação transformativa é fixada em $^2/_3$ dos votos emitidos (386.º/3). Em segunda convocação a maioria necessária para a aprovação é também de $^2/_3$ dos votos emitidos (386.º/3), a menos que estejam presentes ou representados acionistas detentores de pelos menos $^1/_2$ do capital social, caso em que a maioria dos votos emitidos é suficiente (386.º/4).

7 Nas SCA é aplicável o regime das SA (478.º). Raúl Ventura parece não distinguir entre as SCA e as SCS, sugerindo a aplicação, em ambas, da regra constante do 476.º[2]. Dado o 478.º, não parece possível.

8 Nas sociedades civis puras (980.º do CC), a deliberação de transformação é unânime (982.º), salvo derrogação, no contrato de sociedade.

9 4. **Proteção contra a responsabilidade ilimitada**. O regime da responsabilidade de cada sócio é elemento essencial para a vinculação em sociedade: permite antecipar o âmbito de exposição ao risco. Este regime não pode ser alterado pela maioria, alargando a área de exposição do sócio discordante. Seria uma imposição estranha ao Direito societário português, e ao Direito privado, que lhe serve de berço.

10 Compreende-se por isso a regra constante do n.º 2 do artigo em apreço: apenas com o consentimento dos sócios afetados pode ser deliberada uma transformação que envolva a assunção de responsabilidade ilimitada. Será o caso de transformação de SA e SQ em SNC, SCS e SCA e da transformação de SCS e de SCA em SNC.

11 No caso de transformação de SA e SQ em SNC, todos os sócios terão de aprovar a deliberação, já que passará a ser de todos a responsabilidade ilimitada (175.º/1). Na transformação de SA e SQ em SCS e SCA, esta regra apenas abrange os sócios que, após a operação, sejam comanditados (465.º/1, última parte). Nas transformações de SCS e de SCA em SNC, a aplicação da norma comentada faz com que os sócios comanditários, que vão perder a limitação da sua responsabilidade, devam necessariamente consentir na operação.

12 O 133.º/2 estabelece que uma deliberação contrária ao que aí se dispõe carece de validade. O respetivo conteúdo é inderrogável, pelo que caímos na nulidade – 56.º/1, *d*)[3].

[2] Raúl Ventura, *Fusão, cisão, transformação de sociedades*, 497.

[3] Neste sentido, Raúl Ventura, *Fusão, cisão, transformação*, 498. Contra, Pinto Furtado, defendendo a mera ineficácia, *Curso de Direito das Sociedades*, 536.

Artigo 134.º (Conteúdo das deliberações)

Devem ser deliberadas separadamente:

***a*) A aprovação do balanço ou da situação patrimonial, nos termos dos n.os 1 e 2 do artigo 132.º;**

***b*) A aprovação da transformação;**

***c*) A aprovação do contrato pelo qual a sociedade passará a reger-se.**

Bibliografia: António Caeiro, *Transformação de sociedades anónimas em sociedades por quotas*, RDE 5 (1979), 21-32; António Menezes Cordeiro 1 (2011), 1139-1141; Francisco Mendes Correia, *Transformação de sociedades: algumas considerações*, O Direito 2006, 835-892; Paulo Olavo Cunha, *Direito das Sociedades Comerciais* (2007), 756-761; Ana Maria Taveira da Fonseca, *A protecção legal e estatutária dos sócios minoritários na transformação das sociedades por quotas em sociedades anónimas, CSC/20 Anos*, II (2007), 275-336; Jorge Pinto Furtado (2004), 534-536; Elda Marques, em *Código em Comentário* 2 (2011), 514-517; Raúl Ventura, *Fusão, cisão, transformação de sociedades* (1990, reimp., 2003), 501-504.

Índice

I – **Enquadramento geral**
1. História do preceito 1
2. Sentido material 2

II – **Questões suscitadas pela aplicação**
3. Vícios da deliberação de transformação 4

I – Enquadramento geral

1 1. **História do preceito**. A redação do preceito mantém-se inalterada desde a sua aprovação, com o DL 262/86, de 2 de set..

2 2. **Sentido material e âmbito de aplicação**. Para assegurar decisões esclarecidas e transparentes, o legislador desdobrou em três partes o conteúdo deliberativo referente à transformação. Não basta aprovar a transformação: os sócios devem deliberar, de forma autónoma, sobre o balanço onde vem representada a situação patrimonial da sociedade, e sobre o contrato pelo qual a sociedade passará a reger-se.

3 Raúl Ventura interpretava restritivamente o 134.º, *a*): os sócios apenas devem deliberar sobre o balanço da sociedade se este tiver sido preparado especialmente por ocasião da transformação, ou se o balanço anual ainda não tiver sido aprovado[1]. Na maior parte dos casos, o balanço do último exercício já terá sido aprovado e, não havendo modificações significativas subsequentes (132.º/2), não se requer nova deliberação.

II – Questões suscitadas pela aplicação

4 3. **Vícios da deliberação de transformação**. O desrespeito pela ordem da tríplice deliberação de transformação gera anulabilidade – 58.º/1, *a*) – já que embora a ordem estabelecida pelo legislador pareça não ter sido arbitrária, deve entender-se que, nesta parte, a norma é de mero procedimento, e não regula, propriamente, o *conteúdo da deliberação*[2].

5 Os restantes casos típicos de violação do 134.º geram a nulidade, nos termos do 56.º/1, *d*): será o caso, por exemplo, da aprovação da transformação – alínea *b*) – ou do contrato pelo qual

[1] Raúl Ventura, *Fusão, cisão, transformação*, 501-502.

[2] No mesmo sentido, Ana Maria Taveira da Fonseca, *A protecção legal e estatutária dos sócios minoritários*, 294. Em sentido contrário, qualificando a norma relativa à ordem das deliberações como *norma de conteúdo*, STJ 24-abr.-1995 (Raúl Mateus), BMJ 446 (1995), 304-319 (316).

a sociedade passará a reger-se – alínea *c)* – sem a aprovação prévia das deliberações que as devem anteceder (i.e. da aprovação do balanço e da transformação)[3]. Com efeito, uma deliberação *completa* e *perfeita* de transformação versará autonomamente sobre os três objetos, que formam por isso o conteúdo *necessário* e *indisponível* da deliberação.

Artigo 135.º (Escritura pública de transformação)

(Revogado)

Bibliografia: Raúl Ventura, *Fusão, cisão, transformação de sociedades* (1990, reimp., 2003), 505-510; Raúl Ventura/Brito Correia, *Transformação de sociedades – Anteprojecto e notas justificativas*, separata do BMJ, n.os 218, 219 e 220 (1973), 202-204.

Índice

1. O preceito original 1
2. A revogação 2
3. Questões suscitadas 3

1. **O preceito original**. O artigo 135.º dispunha: 1

1. A transformação deve ser consignada em escritura pública, outorgada pela administração da sociedade.

2. A escritura mencionará a deliberação de transformação, indicará os sócios que se exonerarem e o montante da liquidação das respectivas partes sociais ou quotas, bem como o valor atribuído a cada acção e o montante global pago aos accionistas exonerados, e reproduzirá o novo contrato, identificando os sócios que se mantêm na sociedade e a participação de cada um deles no capital, consoante o que for determinado pelas regras aplicáveis ao tipo de sociedade adoptado.

3. Os outorgantes da escritura declararão sob sua responsabilidade que:

a) Os direitos dos sócios exonerados podem ser satisfeitos sem afectação do capital, nos termos do artigo 32.º;

b) Não houve oposição nos prazos estabelecidos nos n.os 2 e 3 do artigo 131.º.

4. A escritura não poderá ser outorgada se entretanto o património da sociedade se tiver tornado inferior ao capital.

2. **A revogação**. O artigo foi revogado pelo DL 76-A/2006, de 29-mar., em consonância com 2
o intuito de simplificação e eliminação de atos e procedimentos notariais, assumido pelo legislador da reforma. A maior parte do conteúdo deste preceito destinava-se a regular a forma através da qual o notário deveria fiscalizar a regularidade da transformação. Muito embora o requisito de forma subjacente tenha sido eliminado, não o foi a necessidade de fiscalização, que apenas mudou de protagonista, e agora se processa internamente, pelos próprios órgãos da sociedade, nos termos do 140.º-A, para o qual se remete.

3. **Questões suscitadas**. Durante a sua vigência, o 135.º deu azo a jurisprudência no sentido 3
da inaplicabilidade do então 85.º/4: exigia-se a intervenção de (toda) a administração e não, apenas, de algum administrador[1].

[3] Em sentido comparável, Raúl Ventura, *Fusão, cisão, transformação*, 503-504.

[1] RPt 9-abr.-1996 (Alberto Sobrinho), Proc. 9530135; STJ 15-dez.-1998 (Pinto Monteiro), Proc. 98A878.

Artigo 136.º (Participações dos sócios)

1. Salvo acordo de todos os sócios interessados, o montante nominal da participação de cada sócio no capital social e a proporção de cada participação relativamente ao capital não podem ser alterados na transformação.

2. Aos sócios de indústria, sendo caso disso, será atribuída a participação do capital que for convencionada, reduzindo-se proporcionalmente a participação dos restantes.

3. O disposto nos números anteriores não prejudica os preceitos legais que imponham um montante mínimo para as participações dos sócios.

Bibliografia: António Caeiro, *Transformação de sociedades anónimas em sociedades por quotas*, RDE 5 (1979), 21-32; António Menezes Cordeiro 1 (2011), 1139-1141; Francisco Mendes Correia, *Transformação de sociedades* (2009), 164-169; Ana Maria Taveira da Fonseca, *A protecção legal e estatutária dos sócios minoritários na transformação das sociedades por quotas em sociedades anónimas*, em AAVV, *CSC/20 Anos*, II (2007), 275--336; Jorge Pinto Furtado (2004), 534-536; Elda Marques/Hugo Duarte Fonseca, em *Código em Comentário* 2 (2011), 519-530; Raúl Ventura, *Fusão, cisão, transformação de sociedades* (1990, reimp., 2003), 511-518; Raúl Ventura/Brito Correia, *Transformação de sociedades – Anteprojecto e notas justificativas*, separata do BMJ, n.os 218, 219 e 220 (1973), 206-212 e 222-224.

Índice

I – Enquadramento geral
1. História do preceito 1
2. Sentido material e âmbito de aplicação 2

II – Questões suscitadas pela aplicação
3. O sócio de indústria na transformação 5
4. A manutenção das posições relativas 7

I – Enquadramento geral

1 1. **História do preceito**. A redação do preceito mantém-se inalterada desde a sua aprovação, com o DL 262/86, de 2-set..

2 2. **Sentido material e âmbito de aplicação**. O 136.º compreende o princípio da tutela da posição relativa do sócio[1]: um primeiro princípio em matéria de transformação será o da tutela da limitação da responsabilidade (133.º/2).

3 O 136.º/1 estabelece que, salvo deliberação unânime, o valor nominal e a posição relativa de cada sócio se mantém incólume após a transformação. Como a contribuição do sócio de indústria nos tipos societários que o admitem não é computada no capital social, o 136.º/2 permite que, por deliberação unânime, lhe seja atribuída uma participação no capital, através da redução proporcional dos restantes.

4 O 136.º/3 estabelece o respeito pelas normas que impõem valores nominais mínimos para as participações dos sócios: 219.º/3 (€ 1, para as quotas) e 276.º/2 (um cêntimo, para as ações). Intimamente relacionada está a questão da unidade da quota nas SPQ: a adoção de um regime jurídico-societário de tipo quotista é equiparável a uma constituição, para efeitos de aplicação do 219.º/1, pelo que a cada sócio apenas deve ser atribuída uma quota[2].

[1] Também objeto de proteção, por exemplo, em matéria de aumento e redução do capital: 92.º/1 e 94.º/2, respetivamente.

[2] Raúl Ventura, *Fusão, cisão, transformação*, 513.

II – **Questões suscitadas pela aplicação**

5 3. **O sócio de indústria na transformação.** Atualmente, apenas nas SNC e nas comanditas simples são admissíveis as contribuições de indústria. Quando alguma delas decida adotar um tipo diverso (SPQ ou SA), e como o valor da contribuição do sócio de indústria não era computado no capital social (178.º/1), há que lhe atribuir uma participação no capital.

6 Impõe-se a redução das participações dos demais, sendo imprescindível o seu acordo unânime. Sublinhe-se que exigir uma contribuição em dinheiro ou espécie ao sócio de indústria não representa uma solução para o problema, uma vez que este já cumpriu a sua obrigação de entrada (caso contrário a transformação não seria possível, porque não estavam totalmente realizadas as entradas convencionadas no contrato, nos termos do 131.º/1, *a*)). Assim sendo, ou existe acordo quanto ao valor da participação a atribuir aos sócios de indústria, e todos os restantes aceitam reduzir proporcionalmente a respetiva participação, ou a transformação não poderá prosseguir.

7 4. **A manutenção das posições relativas.** *Salvo acordo dos sócios interessados* (136.º/1, princípio) parece sugerir que a preterição da regra da proporcionalidade é disponível pelos sócios. Não é assim: quando a regra da proporcionalidade for desrespeitada, terá ocorrido anteriormente à transformação um aumento ou redução do capital não proporcional, ou uma transmissão de participações sociais. Devem, por isso, e antes de mais, ser respeitadas as regras que disciplinam estas vicissitudes, segundo o tipo vigente (e não, obviamente, segundo o tipo que se pretende adotar, a menos que a vicissitude seja posterior à transformação)[3].

8 Não basta, por isso, que num cenário de transformação, o sócio alienante e o sócio adquirente deem o seu acordo à transmissão anterior, de que são partes, e que a tríplice deliberação (134.º) seja aprovada pelas maiorias deliberativas legalmente previstas (133.º). Serão aplicáveis, também, as regras que disciplinam a transmissão de participações, que podem estabelecer, por exemplo, a existência de direito de preferência dos demais sócios – 328.º/2, *b*) –, ou subordinar a transmissão a determinados requisitos, subjetivos ou objetivos, conformes com o interesse social – 328.º/2, *c*). Como se vê, pode não ser suficiente, neste caso, a vontade dos sócios adquirente e alienante, cumulada com a aprovação da deliberação de transformação.

Artigo 137.º (Direito de exoneração dos sócios)

1. Se a lei ou o contrato de sociedade atribuir ao sócio que tenha votado contra a deliberação de transformação o direito de se exonerar, pode o sócio exigir, no prazo de um mês a contar da aprovação da deliberação, que a sociedade adquira ou faça adquirir a sua participação social.

2. Os sócios que se exonerarem da sociedade, nos termos do n.º 1, receberão o valor da sua participação calculado nos termos do artigo 105.º.

Bibliografia: António Caeiro, *Transformação de sociedades anónimas em sociedades por quotas*, RDE 5 (1979), 21-32; António Menezes Cordeiro 1 (2011; reimp. 2016), 971-973; Jorge Manuel Coutinho de Abreu (2105; reimp. 2016), 381 e ss.; Francisco Mendes Correia, *Transformação de sociedades: algumas considerações*, O Direito 2006, 835-892; Ana Maria Taveira da Fonseca, *A protecção legal e estatutária dos sócios minoritários*

[3] Em sentido contrário, aparentemente, Raúl Ventura, *Fusão, cisão, transformação*, 516: "Tudo se resume a uma só operação, cujo formalismo, externo e interno, é o da transformação; a sociedade, no seu novo tipo, aparece já com as participações, correspondentes a esse tipo, redistribuídas".

na transformação das sociedades por quotas em sociedades anónimas, em AAVV, *CSC/20 Anos*, II (2007), 275--336; Jorge Pinto Furtado (2004), 534-536; Diogo Costa Gonçalves, *Direitos especiais e o direito de exoneração em sede de fusão, cisão e transformação de sociedades comerciais*, O Direito 2006, 313-362; Raúl Ventura, *Fusão, cisão, transformação de sociedades* (1990; reimp., 2006), 519-525; João Cura Mariano, *Direito de exoneração nas sociedades por quotas* (2005), 72 ss.; João Espírito Santo, *Exoneração do sócio no direito societário--mercantil português* (2014), 562 e ss.; Elda Marques/Hugo Duarte Fonseca, "Artigo 137.º", em *Código em Comentário* II (2015), 599-606.

Índice

I – Enquadramento geral
1. Redação original ... 1
2. Reforma de 2006 ... 2
3. Sentido material e âmbito de aplicação ... 4

II – Questões suscitadas pela aplicação
4. Pressupostos do direito de exoneração ... 6

I – Enquadramento geral

1 1. **Redação original**. Na versão do DL 262/86, de 2-set., o 137.º, epigrafado "proteção dos sócios discordantes", dispunha[1]:

> 1. Os sócios que não tenham votado favoravelmente a deliberação de transformação podem exonerar-se da sociedade, declarando-o por escrito, nos 30 dias seguintes à publicação da deliberação.
> 2. (*versão em vigor*)
> 3. Findo o prazo de exercício do direito de exoneração dos sócios, a administração da sociedade verificará se é possível dar cumprimento ao disposto no número anterior sem afectar o capital social, nos termos do artigo 32.º; não o sendo, convocará novamente a assembleia para deliberar sobre a revogação da transformação ou redução do capital.
> 4. O sócio discordante só se considera exonerado na data da escritura de transformação.

2 2. **Reforma de 2006**. O DL 76-A/2006, de 29-mar.[2], alterou o n.º 1, nos termos hoje em vigor, e revogou os n.os 3 e 4. O dispositivo do 137.º/3, com alterações, passou para o novo 140.º-A/2, *a*) e *b*), então introduzido[3].

3 No essencial, o sentido da alteração produzida no n.º 1 foi o de tornar a solução legal paralela àquela que se encontra no 105.º/1, relativamente à deliberação de fusão[4], rejeitando a solução originária de direta atribuição de um direito de exoneração aos sócios discordantes da deliberação de transformação[5].

4 3. **Sentido material e âmbito de aplicação**. Ao condicionar o direito de exoneração, por ocasião da transformação, aos casos em que a lei ou o contrato de sociedade o atribuam, o 137.º/1 postula que, em geral, o sócio *não goza do direito de exoneração*.

5 Previsto o direito de exoneração no contrato (ou em eventual lei especial) o sócio conta com um mês para o exercer. Deve, para isso, comunicar à sociedade que pretende que a sua participação seja adquirida, por ela ou por quem ela indicar. A determinação do valor faz-se nos termos do 105.º (137.º/2). O 105.º/2, por sua vez, remete para o 1021.º do CC: faz-se por

[1] DR I Série, n.º 201, de 2-set.-1986, 2319/II.
[2] DR I Série-A, n.º 69 (Supl.), de 29-mar.-2006, 2328--(12)/II.
[3] *Idem*, 2328-(35)/I.
[4] Por tal motivo, o que *supra* se refere ao 105.º/1 tem aqui, *mutatis mutandis*, justificação.
[5] João Espírito Santo, *Exoneração do sócio no direito societário--mercantil português* (2014), 563.

referência ao momento da deliberação, por um ROC designado por mútuo acordo (ou na falta deste, pelo tribunal)[6].

II – **Questões suscitadas pela aplicação**

4. **Pressupostos do direito de exoneração**. A versão original do 137.º/1 atribuía o direito de exoneração aos *sócios que não tenham votado favoravelmente a deliberação de transformação*. 6

Atualmente, são titulares de um direito de exoneração, nos termos do 137.º/1: (a) os sócios que votaram contra a proposta de transformação da sociedade (*supra*, 130.º/1); (b) aos quais a lei ou o ato constitutivo da sociedade atribuam tal direito. Ficou, assim, resolvida uma das questões discutidas à luz da redação anterior do preceito: a suscitada pela abstenção do sócio ou pela sua não-comparência na assembleia; exige-se, agora, e claramente, o voto contrário à aprovação. 7

O legislador não resolveu, porém, outra questão muito discutida à luz da redação anterior: *a qual das três deliberações exigidas pelo 134.º* se refere a norma. Com efeito, alguns autores entendiam que, uma vez aprovada a deliberação a que se refere o 134.º/*b*) (*a aprovação da transformação*), o sócio não poderia depois invocar o direito de exoneração, caso votasse contra *o contrato pelo qual a sociedade passará a reger-se* – 134.º/*c*)[7]. 8

Como foi referido a propósito do 134.º, a decomposição da deliberação serve, antes de mais, para permitir uma formação esclarecida da vontade dos sócios. Ora, pode o sócio de uma SPQ estar, em sede geral, de acordo com a transformação em SA, mas discordar de algumas cláusulas do contrato proposto. Na medida em que a transformação da sociedade se destina à substituição de regimes jurídicos com manutenção da identidade do ente societário, não se vê como possa ser menos importante a deliberação sobre o contrato que passará a reger a atividade conjunta dos sócios[8]. 9

Artigo 138.º (Credores obrigacionistas)

Seja qual for o tipo que a sociedade transformada adote, os direitos dos obrigacionistas anteriormente existentes mantêm-se e continuam a ser regulados pelas normas aplicáveis a essa espécie de credores.

Bibliografia: Paulo Câmara, *O regime jurídico das obrigações e a protecção dos credores obrigacionistas*, DVM IV (2003), 309-345; António Menezes Cordeiro 1 (2011), 1139-1141; Francisco Mendes Correia, *Transformação de sociedades* (2009), 152-156; Hugo Duarte Fonseca/Elda Marques, em *Código em Comentário* (2011),

[6] Questão interessante é a de saber se é aplicável, em matéria de transformação, o disposto no 105.º/4. Por um lado, o reenvio operado pelo 137.º/2 remete para o 105.º, sem especificar o n.º 1; por outro, a remissão parece destinar-se a regular o cálculo do valor da participação do sócio exonerando. Deve, no entanto, prevalecer a posição favorável à aplicação analógica do 105.º/4, já que parecem estar reunidas as razões justificativas que subjazem à regulamentação expressa: previsto o direito de exoneração no contrato ou na lei, deve facilitar-se a saída do sócio e a rápida recuperação do seu investimento, pelo que não devem ser aplicáveis, também em sede de transformação, as limitações à transmissão da participação social que constem do ato constitutivo; contra, Elda Marques/Hugo Duarte Fonseca, "Artigo 137.º", in *Código em Comentário* 2 (2.ª ed., 2015), 604.

[7] Raúl Ventura, *Fusão, cisão, transformação*, 522; no mesmo sentido, João Cura Mariano, *O direito de exoneração dos sócios nas sociedades por quotas* (2005), 77.

[8] Francisco Mendes Correia, *Transformação*, 876-877 (nota 89); em sentido comparável, Ana Maria Taveira da Fonseca, *A protecção legal e estatutária*, 303-304, lembrando que o sócio pode pretender sugerir alterações ao contrato proposto, e que pode dar-se o caso de os sócios votarem em assembleias gerais diferentes a transformação propriamente dita e o novo contrato.

539-542; Jorge Pinto Furtado (2004), 534-536; Raúl Ventura, *Fusão, cisão, transformação de sociedades* (1990, reimp., 2003), 527-543.

Índice

I – Enquadramento geral
1. História do preceito 1
2. Sentido material e âmbito de aplicação 2

I – Enquadramento geral

1 1. **História do preceito**. A redação do artigo mantém-se inalterada desde a sua aprovação, com o DL 262/86, de 2-set..

2 2. **Sentido material e âmbito de aplicação**. Ainda que o novo tipo societário adotado através da transformação não comporte a possibilidade de recurso à emissão de obrigações, como forma de financiamento, a norma constante do artigo comentado permite, indiretamente, a transformação de uma sociedade emissora, oferecendo a ultra-atividade das regras anteriormente aplicáveis que tutelassem os credores obrigacionistas como proteção a estes últimos. A proteção especial concedida aos credores obrigacionistas, quando comparados, por exemplo, com os credores comuns, tem que ver, salvo melhor opinião, com "um potencial contacto com o público aforrador"[1] nas emissões de obrigações. Com efeito, enquanto os credores comuns devem adaptar-se ao novo regime jurídico-societário adotado por ocasião da transformação, os credores obrigacionistas mantêm o *status quo* jurídico, beneficiando da aplicação de normas que, no limite, podem ser completamente estranhas ao novo tipo adotado.

3 Fica claro, da interpretação da norma comentada, que – à imagem do que sucede com os credores comuns –, os obrigacionistas tampouco são chamados a pronunciarem-se sobre a transformação. Pode então concluir-se que, com exceção do caso previsto no 131.º/1, *d*)[2], os credores (comuns ou especiais) da sociedade não podem opor-se à respetiva transformação. A tutela dos seus interesses faz-se, antes, pela ultra-vigência das *normas aplicáveis a essa espécie de credores*.

4 Atualmente, apenas podem emitir obrigações as SA (348.º e seguintes, para os quais se remete), as sociedades em comandita por ações (348.º e seguintes, *ex vi* 478.º) e as SPQ (DL 160/87, de 3-abr.). Segundo o artigo comentado, se uma sociedade que tenha emitido obrigações deliberar a transformação em SNC ou SCS, ocorrerá a ultra-atividade das normas que regulavam os direitos e deveres dos credores obrigacionistas.

5 Por *normas aplicáveis a essa espécie de credores* não devem entender-se, apenas, as normas constantes dos 348.º e seguintes, mas todas as normas que, direta ou indiretamente, tutelem a respetiva posição jurídica, e possam ter fundado a decisão de subscrever as obrigações emitidas. Pense-se, por exemplo, na sujeição a registo da prestação de contas (70.º), a que estão obrigadas as sociedades que podem emitir obrigações, mas que pode não se aplicar à SNC ou à SCS (70.º-A). Na medida em que o registo e disponibilização dos documentos de prestação de contas permite um controlo *externo* da situação patrimonial da sociedade, estas normas devem continuar a aplicar-se após a transformação, porque tutelavam a posição dos credores obrigacionistas durante a vigência do regime jurídico-societário anterior.

[1] Paulo Câmara, *O regime jurídico das obrigações e a protecção dos credores obrigacionistas*, 309.

[2] Que impede, por outros motivos, a transformação de uma sociedade anónima, quando as obrigações convertíveis por ela emitidas ainda não tenham sido totalmente reembolsadas ou convertidas.

Artigo 139.º (Responsabilidade ilimitada de sócios)

1. A transformação não afeta a responsabilidade pessoal e ilimitada dos sócios pelas dívidas sociais anteriormente contraídas.

2. A responsabilidade pessoal e ilimitada dos sócios, criada pela transformação da sociedade, não abrange as dívidas sociais anteriormente contraídas.

Bibliografia: António Menezes Cordeiro 1 (2011), 1139-1141; Francisco Mendes Correia, *Transformação de sociedades: algumas considerações*, O Direito 2006, 835-892; Hugo Duarte Fonseca/Elda Marques, em *Código em Comentário* 2 (2011), 543-548; Jorge Pinto Furtado (2004), 534-536; Raúl Ventura, *Fusão, cisão, transformação de sociedades* (1990, reimp., 2003), 527-546.

Índice

I – **Enquadramento geral**
1. História do preceito 1
2. Sentido material e âmbito de aplicação 2

I – Enquadramento geral

1 1. **História do preceito**. A redação inicial do preceito, dada pelo DL 262/86, de 2-set., mantém-se inalterada.

2 2. **Sentido material e âmbito de aplicação**. Compulsando o preâmbulo do DL 262/86, de 2-set. (ponto 13), verifica-se que os dois objetivos da lei foram a *defesa dos sócios minoritários e dos credores sociais*.

3 O 139.º/1 visa a tutela dos credores. O legislador não impediu as chamadas *transformações regressivas*, que ocorrem quando sociedades com regime supletivo tecnicamente mais sofisticado (*maxime* as SA) adotam tipos societários mais rudimentares e de cariz personalista (*maxime* as SNC). Do ponto de vista do credor societário, a transformação até pode vir a resultar no fim do acesso a alguns instrumentos de controlo *externo* (*vide* 70.º-A), que lhe eram favoráveis, mas o legislador optou pela defesa do interesse dos sócios em adotar o regime jurídico-societário mais adequado.

4 A proteção aos credores faz-se, assim, através de uma outra técnica: o regime da transformação é atravessado por um princípio de intangibilidade de direitos adquiridos por terceiros.

5 O 139.º/1 aplica-se, nomeadamente, à transformação de SNC, de SCS e SCA (em relação aos sócios comanditados) e de SPQ em que um ou mais sócios respondam diretamente perante os credores sociais (198.º) em SA e SPQ: admitir que os sócios, através da transformação, restringissem a responsabilidade ilimitada anteriormente vigente, e aplicável a relações jurídicas já constituídas, equivaleria a aceitar a alteração unilateral do regime de responsabilidade aplicável aos negócios celebrados pela sociedade. O legislador, ao invés, estabeleceu uma regra de *ultra-atividade* da responsabilidade ilimitada dos sócios, que acompanhará as relações jurídicas já constituídas à data da transformação.

6 A *ultra-atividade* do regime de responsabilidade pessoal e/ou ilimitada aplicável a relações com terceiros já constituídas também se aplica aos sócios que tenham exercido o direito de exoneração. Com efeito, o direito de saída dos sócios discordantes, quando exista, tutela os respetivos interesses, pelo que não pode ter consequências desfavoráveis, unilateralmente desencadeadas, na esfera de terceiros.

7 O 139.º/2 contém a regra reflexa: a adoção de um regime jurídico-societário que não limite a responsabilidade dos sócios ou que os faça responder pessoalmente pelas dívidas perante terceiros (SNC, SCS e SCA em relação aos comanditados, SPQ/198.º) apenas tem repercussões nas relações jurídicas constituídas pela sociedade após a transformação.

Artigo 140.º (Direitos incidentes sobre as participações)

Os direitos reais de gozo ou de garantia que, à data da transformação, incidam sobre participações sociais são mantidos nas novas espécies de participações.

Bibliografia: António Menezes Cordeiro 1 (2011), 1139-1141; Francisco Mendes Correia, *Transformação de sociedades: algumas considerações*, O Direito 2006, 835-892; Hugo Duarte Fonseca/Elda Marques, em *Código em Comentário* 2 (2011), 549-552; Jorge Pinto Furtado (2004), 534-536; Raúl Ventura, *Fusão, cisão, transformação de sociedades* (1990, reimp., 2003), 545-546.

Índice

I – Enquadramento geral
1. História do preceito 1
2. Sentido material e âmbito de aplicação 2

I – Enquadramento geral

1 1. **História do preceito**. Na redação inicial do preceito, dada pelo DL 262/86, de 2-set., o atual 140.º era completado pela seguinte frase: *bastando a escritura de transformação para se efetuarem os averbamentos e registos que forem necessários*. O DL 76-A/2006, de 29-mar., consequente com a desformalização operada, eliminou a referência à escritura de transformação, fixando a redação atual.

2 2. **Sentido material e âmbito de aplicação**. O sentido normativo do artigo é claro, pese embora as dúvidas dogmáticas que pode colocar, a propósito da recondução do usufruto e penhor de participações (23.º) ao universo dos direitos reais[1]: os direitos de terceiros passam a incidir, incólumes, sobre as novas participações resultantes da transformação: um fenómeno paralelo à sub-rogação real. Este artigo manifesta a fluidez da fronteira entre efeitos *internos* e *externos* da transformação: embora a sociedade apenas possa opor a terceiros a transformação após o registo, os titulares de direitos incidentes sobre as participações podem opô-los à sociedade logo a partir da deliberação de transformação.

Artigo 140.º-A (Registo da transformação)

1. Para efeitos do registo da transformação, qualquer membro da administração deve declarar por escrito, sob sua responsabilidade e sem dependência de especial designação pelos sócios, que não houve oposição à transformação, nos ter-

[1] Com efeito, trata-se aqui de um direito similar ao usufruto, que se aplica a "realidades que não suportam direitos reais"; cf. Menezes Cordeiro 2 (2007), 354-356.

mos dos n.os 2 e 3 do artigo 131.º, bem como, em caso de necessidade, reproduzir o novo contrato.

2. Sem prejuízo do disposto no número anterior, o membro da administração deve:

a) **Declarar quais os sócios que se exoneraram e o montante da liquidação das respetivas partes sociais ou quotas, bem como o valor atribuído a cada ação e o montante global pago aos acionistas exonerados;**

b) **Declarar que os direitos dos sócios exonerados podem ser satisfeitos sem afetação do capital, nos termos do artigo 32.º;**

c) **Identificar os sócios que se mantêm na sociedade e a participação de cada um deles no capital, consoante o que for determinado pelas regras aplicáveis ao tipo de sociedade adotado.**

Bibliografia: António Menezes Cordeiro 1 (2011), 1139-114; Jorge Pinto Furtado (2004), 534-536; Elda Marques, em *Código em Comentário* 2 (2011), 553-561; Raúl Ventura, *Fusão, cisão, transformação de sociedades* (2003), 505-510.

Índice

I – **Enquadramento geral**
1. História do preceito 1
2. Sentido material 2
3. Declarações da administração 3

I – Enquadramento geral

1. **História do preceito**. Trata-se de um preceito introduzido pelo DL 76-A/2006, de 29-mar. (3.º)[1]: corresponde, em grande medida, ao disposto no anterior 137.º/3, que foi revogado. 1

2. **Sentido material**. O DL 76-A/2006, de 29-mar., suprimiu as exigências de escritura pública: também em sede de transformação. No entanto, a função de fiscalização subjacente ao preceito – desempenhada então pelo notário –, não deixou de ter utilidade, e nessa medida o mesmo DL 76-A/2006 introduziu este novo 140.º-A, com um conteúdo normativo muito semelhante, transferindo as funções de fiscalização para a administração e para o conservador, nas suas dimensões interna e externa. 2

3. **Declarações da administração**. O administrador que promover o registo da transformação deve declarar, por escrito, sob sua responsabilidade, que nenhum dos sócios titulares de direitos especiais se opôs à transformação (n.º 1), o que seria obstáculo intransponível a esta operação – 131.º/1, *c*), 3

Deve ainda declarar, sendo o caso, a identidade dos sócios que tenham exercido o direito de exoneração, bem como o montante da liquidação das respetivas participações e o montante global pago pela sociedade por força da exoneração destes sócios – n.º 2, *a*). Nestes casos, o membro da administração deve também declarar que a liquidação das participações dos sócios exonerados não afetou a situação líquida da sociedade de forma que possa bulir com o disposto no 131.º/1, *b*): o património da sociedade deve igualar ou exceder a soma do capital e reserva legal, *depois de liquidados os encargos da sociedade com a exoneração* – n.º 2, *b*). 4

[1] DR I Série-A, n.º 69 (Supl.), de 29-mar.-2006, 2328-(35)/I.

5 O membro da administração deve ainda instruir o pedido de registo com a nova versão do contrato de sociedade (n.º 1) e com a identificação dos sócios que se mantêm na sociedade, bem como das respetivas participações sociais, consoante o que for determinado pelas regras aplicáveis a cada tipo – n.º 2, *c*): esta menção destina-se a permitir que fique registada, nos tipos societários que assim o exijam, a identidade dos titulares das participações sociais, bem como os montantes destas últimas.

6 Com efeito, se uma SA se transformar em SPQ, a entrega dos estatutos pode não ser suficiente para coligir a identidade dos sócios ou o montante das respetivas quotas, já que, por um lado, não estava sujeita a registo a identidade dos acionistas e a quantidade de ações detida por cada um, segundo as regras aplicáveis ao tipo social inicialmente adotado. Por outro lado, existe o hábito de concentrar na escritura de constituição a parte do contrato relativa à identificação dos sócios, deixando para os estatutos as cláusulas de conteúdo mais geral e abstrato. Por tudo isto, quando assim seja necessário, o membro da administração deve facultar à Conservatória os elementos suficientes que permitam registar as características e titularidade das novas participações.

Capítulo XII – Dissolução da sociedade

Artigo 141.º (Casos de dissolução imediata)

1. A sociedade dissolve-se nos casos previstos no contrato e ainda:
***a*) Pelo decurso do prazo fixado no contrato;**
***b*) Por deliberação dos sócios;**
***c*) Pela realização completa do objeto contratual;**
***d*) Pela ilicitude superveniente do objeto contratual;**
***e*) Pela declaração de insolvência da sociedade.**

2. Nos casos de dissolução imediata previstos nas alíneas *a*), *c*) e *d*) do número anterior, os sócios podem deliberar, por maioria simples dos votos produzidos na assembleia, o reconhecimento da dissolução e, bem assim, pode qualquer sócio, sucessor de sócio, credor da sociedade ou credor de sócio de responsabilidade ilimitada promover a justificação notarial ou o procedimento simplificado de justificação.

Bibliografia: António Pereira de Almeida, *Valores Mobiliários, Instrumentos Financeiros e Mercados* 1 (2013), 727 ss.; António Menezes Cordeiro 1 (2022), 1031 ss.; *id*., (2007), 975 ss.; Miguel J. A. Pupo Correia (2007), 293 ss.; Ricardo Costa, em *Código em Comentário* 2 (2011), 562 ss.; Paulo Olavo Cunha (2007), 937 ss.; Jorge Pinto Furtado (2004), 565 ss.; *id*., (2007), 141 ss.; Abílio Neto (2007), 377 ss.; Maria do Rosário Palma Ramalho, *Sobre a dissolução das sociedades anónimas* (1989), *passim*; Filipe Cassiano dos Santos, *Dissolução e liquidação administrativa de sociedades*, em *Reformas do Código das Sociedades* (2007), 139 ss.; M. Nogueira Serens, *Notas sobre a Sociedade Anónima* (1997), 127 ss.; Paula Costa e Silva, *A dissolução e a liquidação de sociedades comerciais: nótula*, em *A Reforma do Código das Sociedades Comerciais: Jornadas em Homenagem ao Professor Doutor Raúl Ventura* (2007), 289 ss.; Armando Manuel Triunfante (2007), 142 ss.; Raúl Ventura, *Dissolução e liquidação de sociedades* (1987), 40 ss..

Vide as anotações ao RDA.

Índice

I – Enquadramento da norma
1. Versão inicial e alterações de redação 1
2. Sentido e alcance das principais alterações 5
3. Problemática geral da dissolução; a reforma de 2006 9

II – Compreensão da norma
4. As causas de dissolução imediata 12
5. O decurso do prazo fixado no contrato 14
6. Deliberação dos sócios 16
7. Realização completa do objeto contratual 20
8. Ilicitude superveniente do objeto contratual ... 24
9. Declaração de insolvência da sociedade 26
10. Âmbito de aplicação do disposto no 141.º/2 27

I – Enquadramento da norma

1 **1. Versão inicial e alterações de redação**. No DL 262/86, de 2-set., era a seguinte a redação do preceito:

> 1. A sociedade dissolve-se nos casos previstos no contrato e ainda:
> *a)* Pelo decurso do prazo fixado no contrato;
> *b)* Por deliberação dos sócios;
> *c)* Pela realização completa do objecto contratual;
> *d)* Pela ilicitude superveniente do objecto contratual;
> *e)* Pela declaração de falência da sociedade.
> 2. Nos casos de dissolução imediata previstos nas alíneas *a)*, *c)* e *d)* do número 1, podem os sócios deliberar, por maioria simples dos votos produzidos na assembleia, o reconhecimento da dissolução e, bem assim, pode qualquer sócio, sucessor de sócio, credor da sociedade ou credor de sócio de responsabilidade ilimitada promover a justificação notarial da dissolução.

2 Com o DL 162/2002, de 11-jul., é introduzida a redação da alínea *f)* e do n.º 2 do presente artigo nos termos seguintes:

> 1. (...)
> *f)* Pela perda de metade do capital social, nos termos do n.º 4 do artigo 35.º.
> 2. No caso da dissolução imediata prevista nas alíneas *a)*, *c)*, *d)* e *f)* do n.º 1, podem os sócios deliberar, por maioria simples dos votos produzidos em assembleia, o reconhecimento da dissolução e, bem assim, pode qualquer sócio, sucessor de sócio, credor da sociedade ou credor de sócio de responsabilidade ilimitada, promover a justificação notarial da dissolução.

3 Esta alínea *f)* viria a ser revogada pelo DL 19/2005, de 18-jan.[1], que também alterou a redação dada ao n.º 2:

> 2. No caso da dissolução imediata prevista nas alíneas *a)*, *c)* e *d)* do n.º 1, podem os sócios deliberar, por maioria simples dos votos produzidos em assembleia, o reconhecimento da dissolução, e, bem assim, pode qualquer sócio, sucessor de sócio, credor da sociedade ou credor de sócio de responsabilidade ilimitada promover a justificação notarial da dissolução.

4 Com as alterações introduzidas pelo DL 76-A/2006, de 29-mar., no n.º 1, *e)*, o termo "falência" foi substituído por "insolvência", e no n.º 2, diz-se agora "promover a justificação

[1] Com produção de efeitos desde o dia 31 de dezembro de 2004.

notarial ou o procedimento simplificado de justificação", em vez de "promover a justificação notarial de dissolução".

5 2. **Sentido e alcance das principais alterações**. O DL 162/2002, de 11-jul., nas palavras do seu preâmbulo, veio alterar o 141.° no sentido de amenizar a entrada em vigor do 35.°, dando às sociedades visadas "um período inicial de adaptação a um novo regime".

6 Com o DL 19/2005, de 18-jan.[2], decidiu atacar-se o problema das perdas equivalentes a metade do capital social. Trata-se de uma questão complexa que, depois de várias intervenções legislativas, culminou na alteração dos 35.°, 141.° e 171.°.

7 As alterações introduzidas pelo DL 76-A/2006, de 29-mar., em particular no que respeita ao 141.°, não foram significativas em termos de impacto no respetivo regime. Trata-se, como se viu no ponto anterior, da introdução de alterações pontuais no texto da norma, de molde a que este se harmonizasse com as transformações legislativas entretanto ocorridas. Neste sentido, passa a falar-se em insolvência e não em falência, para corrigir uma situação que já se arrastava desde a entrada em vigor do CIRE[3].

8 Quanto à atual redação do 141.°/2, do ponto de vista substancial, pode afirmar-se que a alteração não é, de igual modo, material. Na verdade, a sociedade não se extingue imediatamente. As causas da dissolução não operam *ipso facto*[4], apesar de a declaração de dissolução fazer cessar logo o exercício da atividade objeto da sociedade. A dissolução só se consuma totalmente com o termo do processo de liquidação, isto é, quando o conjunto de direitos e deveres, que se constituíram à luz da sua personalidade jurídica (que nos termos do 146.°/2 se mantém), seja extinto[5] [6]. A certificação da dissolução pode ser feita: (a) por deliberação tomada por maioria simples[7] [8]; (b) por justificação notarial[9]; (c) por procedimento simplificado de justificação, a requerimento de qualquer sócio, sucessor de sócio ou credor da sociedade[10].

9 3. **Problemática geral da dissolução; a reforma de 2006.** A dissolução das sociedades traduz o ato e o efeito da sua cessação[11]. Na sua versão original, o CSC instituía um sistema que se caracterizava por permitir a dissolução por verificação das causas legais nele previstas e por verificação de causas voluntárias, decorrentes da vontade dos sujeitos. Algumas destas causas davam origem à dissolução imediata (que operava por si só, apesar de envolver, por regra, a necessidade de reconhecimento por deliberação da assembleia geral ou por justificação notarial) e outras

[2] Com a Retificação n.° 7/2005, de 18 de fevereiro.

[3] Aprovado pelo DL 53/2004, de 18 de março.

[4] Armando Manuel Triunfante, *Código das Sociedades Comerciais Anotado (Anotações a Todos os Preceitos Alterados)*, 143.

[5] Filipe Cassiano dos Santos, *Dissolução e liquidação administrativa de sociedades*, 146; António Pereira de Almeida (2013), 728; Maria do Rosário Palma Ramalho, *Sobre a dissolução das sociedades anónimas* (1989).

[6] Ver STJ 2-jul.-1996 (Ramiro Vidigal), BMJ 459 (1996), 556-561 (559), STJ 14-jan.-1998 (Cardona Ferreira), CJ/ /Supremo VI (1998) 1, 7-9 (8/II) e RPt 28-mai.-2003 (Borges Martins), Proc. 0310495.

[7] Não confundir esta certificação da causa legal de dissolução (a efetuar mediante deliberação tomada cm assembleia geral por maioria simples) com a própria deliberação dos sócios enquanto causa autónoma de dissolução, prevista no 141.°/1, *b*). Neste caso, a decisão tomada em assembleia geral deve obedecer nos requisitos impostos por lei para a alteração do contrato de sociedade, nomeadamente o respeito pelo quórum constitutivo e quórum deliberativo (270.°/1, 383.°/2, 386.°/3 e 4, 464.°/1), podendo, porém, os estatutos estabelecer maiorias mais elevadas. Neste sentido Raúl Ventura, *Dissolução e liquidação de sociedades*, 43, António Pereira de Almeida (2008), 728 e Armando Manuel Triunfante (2007), 143.

[8] Armando Manuel Triunfante (2007), 143, nota 158 refere que "a maioria simples" exigida no 141.°/2 deve ser entendida como maioria absoluta simples, descontando as abstenções.

[9] Cf. com a atual redação do novo 79.°-A do CRC.

[10] Cf. com o 94.°/2 do CN.

[11] António Menezes Cordeiro 1 (2011), 1143.

careciam de decisão judicial ou deliberação da assembleia geral tomada por maioria absoluta dos votos expressos, com efeito constitutivo[12 13].

Com o objetivo de eliminar as delongas que o sistema originava, inspirado nos objetivos 10
de simplificação de procedimento, o DL 76-A/2006, de 29-mar., procurou fixar uma "dissolução na hora"[14]. Com esse propósito, (a) alterou a redação dada aos 141.º ss., (b) substitui a declaração constitutiva de dissolução judicial por uma declaração constitutiva de dissolução administrativa, realizada pelo conservador do registo comercial, correndo termos na conservatória do registo comercial, (c) adotou um regime jurídico dos procedimentos administrativos de dissolução e de liquidação de entidades comerciais (o Regime Jurídico dos Procedimentos Administrativos de Dissolução e Liquidação de Entidades Comerciais, abreviadamente "RDA", publicado em anexo ao DL 76-A/2006, de 29-mar., (d) atribui competência ao conservador para, em certos casos, *oficiosamente*, instaurar o procedimento administrativo[15 16].

Os casos de dissolução das sociedades vêm previstos na lei: "circunstância natural e 11
importante, uma vez que se trata de pôr termo a uma manifestação da autonomia privada, com conteúdo patrimonial; ela não podia ocorrer por simples arbítrio do Estado ou de qualquer outra entidade, sem cobertura legal"[17]. Na esteira da reforma de 2006, a lei distingue os casos de dissolução imediata (141.º) dos casos de dissolução administrativa ou por deliberação dos sócios (142.º)[18].

II – Compreensão da norma

4. **As causas de dissolução imediata**. As causas de dissolução imediata podem estar previstas 12
no contrato de sociedade ou na lei. Quanto às primeiras, importa salientar a importância da sua interpretação para aferir se elas pretendem uma dissolução imediata. Em caso de dúvida, deve entender-se que a dissolução não é imediata, tendo por mero efeito a dissolubilidade por dissolução judicial (142.º/2).

Quanto às causas legais de dissolução imediata, os seus fundamentos (legais) são taxativos: 13
o decurso do prazo da vida da sociedade, a realização completa do objeto social, a ilicitude superveniente do objeto contratual, a declaração de insolvência da sociedade[19].

5. **O decurso do prazo fixado no contrato**.Trata-se de uma manifestação da autonomia pri- 14
vada[20], mas de rara verificação já que não é comum que se estabeleça duração para a sociedade[21].

A principal dúvida suscitada pela interpretação desta alínea prende-se com o sentido da 15
palavra "prazo". Duas leituras se afiguram como possíveis: (a) uma mais rigorosa, lendo-se

[12] Filipe Cassiano dos Santos, *Dissolução e liquidação administrativa de sociedades*, 143.

[13] Para uma análise do regime anterior à reforma, António Menezes Cordeiro 1 (2004), 799 ss., M. Nogueira Serens, *Notas sobre a sociedade anónima* (1997), 127 ss..

[14] António Menezes Cordeiro 1 (2011), 1143, chamando a atenção para o facto de este medida ter sido precedida pela instituição da "constituição de empresas na hora", pelo DL 111/2005, de 8 de julho, que se insere no mesmo movimento de reforma.

[15] António Menezes Cordeiro 1 (2011), 1143-1144; Filipe Cassiano dos Santos, *Dissolução e liquidação administrativa de sociedades*, 142-143; Paula Costa e Silva, *A dissolução e a liquidação de sociedades comerciais*, 289 ss..

[16] Pelo DL 76-A/2006, de 29 de março também se estendeu este procedimento administrativo a outras entidades para lá das sociedades comerciais, como o EIRL e sociedades civis sob forma comercial.

[17] António Menezes Cordeiro 1 (2011), 1144; Raúl Ventura, *Dissolução e liquidação de sociedades*, 40 ss.

[18] Preceitos a comparar com o regime relativo às sociedades civis puras (1007.º do CC) e com o regime referente à dissolução das associações (182.º/1 e 2 do CC). Como assinala António Menezes Cordeiro 1 (2011), 1144, existe uma flutuação terminológica e até no plano das soluções, reforçada pela reforma de 2006, que não parece justificar-se pela natureza diferente das entidades em presença.

[19] Acresce, nas sociedades em comandita, a falta de todos os sócios comanditados, se a situação não for regularizada no prazo de 90 dias (473.º/ 2 e 4).

[20] António Menezes Cordeiro 1 (2011), 1144.

[21] 15.º/1 CSC.

"prazo" como o dia *certus an certus quando*; (b) outra que enquadra no "prazo" o *dies certus an incertus quando*, passando este a termo ou sendo equiparável às condições resolutivas. Parece ser de seguir a segunda interpretação, que vem confirmada pelo termo incerto mais frequente, a morte de um sócio[22].

16 6. **Deliberação dos sócios**[23]. Trata-se de deliberação constitutiva do efeito dissolutivo que encerra uma declaração de vontade da sociedade, tomada pela maioria qualificada (unanimidade, a não ser que o contrato autorize a deliberação por maioria, que não pode ser inferior a 3/4 dos votos de todos os sócios, nas sociedades em nome coletivo, nos termos do disposto no 194.º/1; 3/4 do total dos votos possíveis, nas sociedades por quotas, nos termos do disposto no 270.º/1; 2/3 dos votos emitidos, nas sociedades anónimas, nos termos do disposto no 464.º/1; maioria que reúna 2/3 dos votos que cabem aos sócios comanditados e dois terços dos votos dos que cabem aos sócios comanditários, nas sociedades em comandita, nos termos do disposto no 473.º/1; em qualquer dos casos podendo o contrato exigir maioria mais elevada ou outros requisitos)[24]. Neste preceito, o CSC fala em "deliberação" para todos os tipos de sociedade; todavia, a influência dos vários tipos de sociedades revela-se no facto de o 141.º/1, *b*) não dizer "deliberação da assembleia geral", já que nalguns daqueles tipos, os sócios podem tomar deliberações por forma diversa da assembleia geral[25].

17 A deliberação dos sócios como causa de dissolução é uma manifestação de vontade de dissolver a sociedade, sendo normalmente apontada como a mais natural das causas de dissolução já que consiste no mútuo dissenso ou contrário consenso, que se funda no princípio geral da não vinculação perpétua[26].

18 O carácter precetivo desta deliberação distingue-a da deliberação de reconhecimento da causa imediata de dissolução prevista no 141.º/2. Na prática, a distinção é facilitada pelo dever de a deliberação de reconhecimento recair sobre uma causa de dissolução (distinta da deliberação dos sócios) prevista na lei ou no contrato, com eficácia imediata[27].

19 Por definição, esta causa de dissolução só pode operar desde que a sociedade ainda não esteja dissolvida, sob pena de a deliberação dos sócios que dissolvesse a sociedade depois de esta estar dissolvida por outra causa ter objeto legalmente impossível[28].

20 7. **Realização completa do objeto contratual**[29]. Trata-se da realização completa do fim ou objeto imediato da sociedade, isto é, a concreta atividade económica a que se irá dedicar[30],

[22] Raúl Ventura, *Dissolução e liquidação de sociedades*, 47-48.
[23] Raúl Ventura, *Dissolução e liquidação de sociedades*, 58-68.
[24] Como assinala Raúl Ventura, *Dissolução e liquidação de sociedades*, 59, trata-se de uma deliberação não vinculada ou discricionária. Na sua esteira Filipe Cassiano dos Santos, *Dissolução e liquidação administrativa de sociedades*, 144, é apenas a esta deliberação que se aplica a maioria qualificada, e não tem, assim, que ter qualquer fundamento ou razão.
[25] Raúl Ventura, *Dissolução e liquidação de sociedades*, 59.
[26] Raúl Ventura, *Dissolução e liquidação de sociedades*, 59; Filipe Cassiano dos Santos, *Dissolução e liquidação administrativa de sociedades*, 144.
[27] Raúl Ventura, *Dissolução e liquidação de sociedades*, 60.
[28] *Idem*, 61. Como assinala Raúl Ventura, assim, será lícito dissolver a sociedade por deliberação dos sócios, como causa imediata, embora já tenha ocorrido um facto considerado causa facultativa, mas ainda não tendo havido ou *justificação notarial* ou o *procedimento simplificado de justificação*.
[29] Raúl Ventura, *Dissolução Dissolução e liquidação de sociedades*, 68-74, onde, perante o Direito anterior a 2006, começa por referir que o 141.º e o 142.º, por quatro vezes referem como causas de dissolução circunstâncias ligadas ao objeto da sociedade, referindo-se umas vezes ao *objeto contratual* e outras vezes ao *objeto de facto*. Relativamente ao *objeto contratual* são três as circunstâncias previstas: a realização completa, a ilicitude superveniente, a impossibilidade de facto; relativamente ao *objeto de facto* é para este efeito relevante a sua não compreensão no objeto contratual. Dessas quatro causas, duas ligadas ao objeto contratual são causas imediatas de dissolução: a realização completa e a ilicitude superveniente; são causas facultativas, a ligada ao objeto de facto e mais a impossibilidade de facto do objeto contratual.
[30] Neste sentido, sobre o objeto da sociedade, António Menezes Cordeiro 1 (2011), 296 ss..

e a que os sócios se propõem contratualmente prosseguir, quando esta seja constituída por um empreendimento concreto e suscetível de ser conclusivamente realizado[31].

É apontada como uma causa "natural": o objeto contratual da sociedade é um elemento 21
essencial do contrato de sociedade, pelo que, se esse elemento deixa de existir por já estar realizado, a sociedade dissolve-se[32].

É uma figura difícil de distinguir da impossibilidade superveniente prevista no 142.°/1, *b*), 22
mas que será de mais fácil constatação em sociedades com fins muito delimitados[33]. Aliás, para que a atividade possa considerar-se inteiramente realizada, é necessário que ela seja de tal modo específica que materialmente haja possibilidade da sua realização completa. Para apuramento da nítida realização completa contratual poderá, pois, ser necessário o recurso a critérios técnicos ou sociais. Pode também suceder que certas atividades, por serem necessariamente complementares de uma atividade principal já completamente realizada, devam ainda considerar-se como incluídas no objeto principal. Deve ainda separar-se a atividade exercida pela sociedade de determinadas operações, materiais ou jurídicas, posteriores à completa realização do objeto contratual, importando, para este efeito, determinar se as operações em questão podem ou não ser efetuadas na fase de liquidação (em caso afirmativo, o objeto contratual deverá considerar-se realizado antes de concluídas aquelas operações)[34].

A ligação entre a realização do objeto da sociedade e a duração da sociedade pode aparecer 23
no contrato mais ou menos explicitamente: (a) pode aparecer descrito o objeto e nada se dizer quanto à duração (com a consequência de que a sociedade durará por tempo indeterminado – 15.°/1 –, o que quer dizer que, depois de completamente realizado o objeto contratual, a sociedade dissolve-se por este facto e não pelo decurso de qualquer prazo); (b) pode existir uma cláusula em que se convencione que a sociedade durará enquanto durar o objeto contratual, ou que a sociedade terminará quando terminar o objeto social (também aqui não há rigorosa fixação da duração da sociedade; a cláusula, apesar de redigida como de duração, repete a causa legal de dissolução por realização completa do objeto); (c) pode ainda considerar-se a hipótese de, no contrato de sociedade, serem apostas duas cláusulas, sem qualquer ligação expressa: uma de duração e outra de objeto restrito, concebendo-se que o prazo termine antes de realizado completamente o objeto ou que este seja completamente realizado antes do decurso do prazo. Nessa hipótese, haverá que atender, em primeira linha, à interpretação do contrato para determinação da vontade das partes, relativamente às duas cláusulas. Apesar de se tender a considerar que o significado da cláusula de prazo deve ser o de «indicação aproximativa» ou «simplesmente normativa», pode suceder que o elemento determinante da vontade seja o prazo, apesar de a obra ficar incompleta. Se o objeto for completamente realizado antes do decurso do prazo, a sociedade não poderá funcionar por falta de um elemento essencial, e deve considerar-se dissolvida por aquela causa.

8. **Ilicitude superveniente do objeto contratual**[35]. Esta alínea abrange diretamente o caso 24
de o objeto da sociedade ser declarado ilícito, devendo a este propósito referir-se duas outras situações que aqui poderão ser consideradas: a hipótese de a atividade ser proibida a sociedades

[31] J. A. Pupo Correia (2007), 295.

[32] Raúl Ventura, *Dissolução e liquidação de sociedades*, 69.

[33] António Menezes Cordeiro 1 (2011), 1145, dando como exemplo de uma sociedade com fins muito delimitados, uma sociedade que haja sido constituída para fazer publicidade ao *Euro 2004* (Campeonato europeu de futebol de 2004, organizado em Portugal).

[34] Raúl Ventura, *Dissolução e liquidação de sociedades*, 71-72.

[35] Como assinala Raúl Ventura, *Dissolução e liquidação de sociedades*, 75, o objeto a considerar é o objeto contratual, sendo irrelevante que, estando a atividade proibida incluída no objeto contratual, ela esteja ou não a ser exercida de facto.

de certo tipo e a hipótese de a atividade que constitui o objeto da sociedade não ser, em si mesma, ilícita, mas o seu exercício se ter, entretanto, tornado ilícito para sociedades privadas[36].

25 Trata-se de ilicitude superveniente, como resulta da letra da lei e, por isso, posterior à celebração do contrato de sociedade, por emissão de uma norma geral posterior à constituição da sociedade que venha declarar ilícita a atividade que constitui o escopo social, ou pelo menos, proibir o seu desempenho por sociedades comerciais[37]. Como impossibilidade jurídica será mais facilmente comprovável do que a referida no 142.º/1, *b*)[38]. A ilicitude originária, à data da celebração do contrato de sociedade, torna o contrato nulo, mesmo para sociedades por quotas ou anónimas que já tenham o contrato registado – 42.º/1, *c*) e 43.º.

26 9. **Declaração de insolvência da sociedade**. A declaração de insolvência resulta de sentença e leva à dissolução da sociedade, de modo automático[39]. É a decorrência natural da descaracterização essencial da sociedade inerente à perda da qualidade de comerciante[40]. Na verdade, uma vez que a insolvência da sociedade é decidida por sentença, não necessita de qualquer outro ato de certificação (141.º/2, *a contrario*, e 38.º/2 do CIRE)[41].

27 10. **Âmbito de aplicação do disposto no 141.º/2.** Esta disposição é aplicável aos casos de dissolução imediata previstos no n.º 1, *a*), *c*) e *d*), isto é, nas hipóteses do decurso do prazo fixado no contrato, realização completa do objeto contratual e ilicitude superveniente do objeto contratual. Percebe-se que assim seja: nas duas causas que ficam de fora (dissolução por deliberação dos sócios e dissolução por declaração da insolvência) a aplicação do regime do 141.º/2 é desnecessária. Com efeito, a deliberação dos sócios é por natureza certa, assim como a sentença de declaração da insolvência é por natureza certa.

28 Para além das causas de dissolução imediata previstas no 141.º/1, nada obsta a que surjam outros casos de dissolução imediata nas leis ou resultantes dos contratos de sociedade, o que pode suscitar a questão de saber se estão ou não abrangidos pelo regime do 141.º/2. A *ratio* deste preceito parece ser a de criar meios de certeza da dissolução, sem contudo por em causa o carácter imediato destas causas de dissolução. Neste sentido, a lei atribui a determinadas pessoas a faculdade de utilizar certos meios para se conseguir que a dissolução se *cristalize*, se torne certa, pela importância que para essas pessoas tem a alteração da sociedade provocada pela dissolução – não é apenas a vida da sociedade que está em causa, a dissolução colide igualmente com a situação dos associados e dos credores da sociedade[42]. Nestes termos, crê-se que o 141.º/2 deverá ser aplicado em geral, a todas as causas de dissolução imediata, legais ou contratuais, já que será conveniente assegurar a certeza da ocorrência da causa de dissolução, exceto se se tratar

[36] Raúl Ventura, *Dissolução e liquidação de sociedades*, 74-75, onde refere duas outras hipóteses a considerar que, acaba por concluir, não deverão conduzir à dissolução da sociedade já que no objeto contratual da sociedade estão também incluídas atividades que esta pode licitamente realizar: a sociedade ter objetos (atividades) múltiplas especificadas , uma das quais se tornou ilícita, e o objeto contratual estar redigido de maneira genérica, na qual se inclua a atividade tornada ilícita.

[37] J. A. Pupo Correia (2007), 295, onde dá o exemplo da Lei 88-A/97, de 25 de julho, que regula o acesso da iniciativa económica privada a determinadas atividades económicas.

[38] António Menezes Cordeiro 1 (2011), 1145.

[39] António Menezes Cordeiro 1 (2011), 1145, chamando a atenção para que antes da alteração introduzida pelo DL 19/2005, de 18 de janeiro, previa-se ainda, como forma de dissolução das sociedades, a perda de metade do capital social, nos termos do 35.º/4. Como acima se referiu, tratava-se de um preceito aditado pelo artigo 1.º do DL 162/2002, de 11 de julho.

[40] Criticando a inclusão da hipótese de declaração de insolvência como causa de dissolução imediata, qualificando-a como imprópria e completamente deslocada, Jorge Pinto Furtado (2004), 576.

[41] António Pereira de Almeida (2013), 728.

[42] Paula Costa e Silva, *A Dissolução e a liquidação de sociedades comerciais* (2007), 290.

de situações em que a certeza esteja tão assegurada como nas situações do n.º 1, *b*) e *e*), caso em que o 141.º/2 não terá que ser aplicado[43].

29 Assim, de acordo com o 141.º/2, nas hipóteses correspondentes às alíneas *a*), *c*) e *d*), os sócios podem, por maioria simples dos votos produzidos na assembleia, constatar a dissolução. Outros interessados podem promover a justificação notarial da dissolução ou o procedimento simplificado de justificação[44].

30 Esta deliberação, conforme acima se expôs, nada tem a ver com a deliberação dos sócios que, nos termos do 141.º/1, *b*), dissolve a sociedade e para a qual a lei exige requisitos de maioria conforme os tipos de sociedade (reforçáveis no contrato). Para a deliberação de reconhecimento prevista no 141.º/2, deve considerar-se que os contratos não podem exigir outra maioria já que isso atentaria contra a letra e finalidade do preceito[45]. O objeto desta deliberação – o reconhecimento da dissolução – tem dois planos distintos: a ocorrência do facto que constitui a causa da dissolução, de acordo com a lei ou o contrato; o efeito imediato atribuído, pela lei ou pelo contrato, à causa de dissolução verificada[46].

31 A justificação notarial e o procedimento simplificado de justificação são também um meio de reconhecer a dissolução ocorrida. De destacar que, para estes meios de justificação, a legitimidade é alargada, já que pode ser alcançada por qualquer sócio, sucessor de sócio, credor da sociedade ou credor de sócio de responsabilidade ilimitada. Note-se, todavia, que o acesso a estes meios de *justificação* não estará disponível em simultâneo para todas as pessoas, em todas as circunstâncias. Para a maioria dos casos, cumula-se a legitimidade dos sócios com a legitimidade dos credores sociais, mas já o credor do sócio de responsabilidade ilimitada só terá essa faculdade em tipos de sociedade onde seja admitida a responsabilidade ilimitada do sócio devedor, e o sucessor de sócio só tem interesse quando a causa da dissolução tenha sido a morte do sócio[47].

Artigo 142.º (Causas de dissolução administrativa ou por deliberação dos sócios)

1. Pode ser requerida a dissolução administrativa da sociedade com fundamento em facto previsto na lei ou no contrato e quando:

***a*) Por período superior a um ano, o número de sócios for inferior ao mínimo exigido por lei, exceto se um dos sócios for uma pessoa coletiva pública ou entidade a ela equiparada por lei para esse efeito;**

***b*) A atividade que constitui o objeto contratual se torne de facto impossível;**

***c*) A sociedade não tenha exercido qualquer atividade durante dois anos consecutivos;**

***d*) A sociedade exerça de facto uma atividade não compreendida no objeto contratual.**

2. Se a lei nada disser sobre o efeito de um caso previsto como fundamento de dissolução ou for duvidoso o sentido do contrato, entende-se que a dissolução não é imediata.

[43] Raúl Ventura, *Dissolução e liquidação de sociedades*, 42.
[44] António Menezes Cordeiro 1 (2011), 1145.
[45] Raúl Ventura, *Dissolução e liquidação de sociedades*, 43.
[46] *Idem.*
[47] *Idem*, 44.

3. Nos casos previstos no n.º 1 podem os sócios, por maioria absoluta dos votos expressos na assembleia, dissolver a sociedade, com fundamento no facto ocorrido.

4. A sociedade considera-se dissolvida a partir da data da deliberação prevista no número anterior, mas, se a deliberação for judicialmente impugnada, a dissolução ocorre na data do trânsito em julgado da sentença.

Bibliografia: António Pereira de Almeida (2013), 727 ss.; António Menezes Cordeiro 1 (2022), 1032 ss.; *id.*, (2007), 975 ss.; Miguel J. A. Pupo Correia (2007), 293 ss.; Paulo Olavo Cunha (2014), 937 ss.; Jorge Pinto Furtado (2004), 563 ss.; Filipe Cassiano dos Santos, *Dissolução e liquidação administrativa de sociedades*, em *Reformas do Código das Sociedades* (2007), 139 ss.; Armando Manuel Triunfante (2007), 144 ss.; Raúl Ventura, *Dissolução e liquidação de sociedades* (1987), 79 ss..

Índice

I – Redação original, alterações, sentido e alcance
1. Redação original 1
2. Sentido e alcance das alterações. A reforma de 2006 3

II – Âmbito de aplicação
3. Causas de dissolução administrativa ou por deliberação dos sócios. Considerações gerais 7
4. A inobservância do número legal mínimo de sócios por prazo superior a um ano 8
5. A atividade que constitui o objeto contratual se torne de facto impossível 11
6. A inatividade da sociedade durante dois anos consecutivos 15
7. O exercício de facto de uma atividade não compreendida no objeto social 18
8. O disposto nos n.ºs 2, 3 e 4 do 142.º 20
9. O 4.º do Anexo III ao DL 76-A/2006, de 29-mar. 22

I – Redação original, alterações, sentido e alcance

1 1. **Redação original**. Era a seguinte a anterior redação do 142.º/1 e 4:

> 1. Pode ser requerida a dissolução judicial da sociedade com fundamento em facto previsto na lei ou no contrato e ainda:
>
> *a*) Quando o número de sócios for inferior ao mínimo exigido por lei, excepto se um dos sócios restantes for o Estado ou entidade a ele equiparada por lei para esse efeito;
>
> *b*) Quando a actividade que constitui o objecto contratual se torne de facto impossível;
>
> *c*) Quando a sociedade não tenha exercido qualquer actividade durante cinco anos consecutivos;
>
> *d*) Quando a sociedade exerça de facto uma actividade não compreendida no objecto contratual.
>
> (…)
>
> 4. A deliberação prevista no número anterior pode ser tomada nos seis meses seguintes à ocorrência da causa da dissolução e, a partir dela ou da escritura exigida pelo artigo 145.º, n.º 1, considera-se a sociedade dissolvida, mas, se a deliberação for judicialmente impugnada, a dissolução ocorre na data do trânsito em julgado da sentença.

2 Com o DL 280/87, de 8-jul., é dada nova redação ao n.º 1, *a*), passando este a dispor que:

> *a*) Quando, por período superior a um ano, o número de sócios for inferior ao mínimo exigido por lei, excepto se um dos sócios for o Estado ou entidade a ele equiparada por lei para esse efeito;

2. **Sentido e alcance das alterações. A reforma de 2006.** Com a entrada em vigor do DL 76-A/2006, o 142.° sofreu alterações significativas ao nível das próprias causas de dissolução, bem como no processo a seguir no caso de ocorrência das mesmas, deixando de se poder conduzir as causas de dissolução aí previstas, num primeiro momento, à dissolução judicial[1], e devendo os interessados seguir a via da dissolução administrativa[2]. De acordo com o atual regime jurídico, a dissolução administrativa substitui a dissolução judicial que passa a ocorrer apenas com a decisão judicial em processo de insolvência – 141.°/1, *e*) – ou quando resultar da impugnação judicial de uma deliberação de dissolução dos sócios (142.°/4) ou de dissolução administrativa (12.° do RDA[3]). 3

No regime anterior à reforma de 2006, a dissolução podia ocorrer por decisão judicial[4], consistindo numa sentença judicial, ou processar-se extrajudicialmente, por decisão dos sócios. 4

Em 2006 o legislador fez particularmente, no que respeita ao CSC, uma alteração da competência para declarar a dissolução, passando-a do juiz para o conservador, apesar de, no essencial, ter mantido a redação do 142.°/1 quanto aos casos de dissolução[5]. 5

Como se referiu, as novidades do 142.° não se cingem à dissolução administrativa[6], mas, abrangem também as próprias causas que podem levar à dissolução de uma sociedade comercial, e que se analisarão mais detalhadamente no ponto seguinte. 6

II – Âmbito de aplicação

3. **Causas de dissolução administrativa ou por deliberação dos sócios. Considerações gerais.** O 142.°/1 enumera as hipóteses que requerem a dissolução administrativa ou uma deliberação[7]. Assim, a dissolução administrativa pode ocorrer por quatro vias distintas: (a) a inobservância do número legal mínimo de sócios por prazo superior a um ano – 142/1, *a*), e 464.°/3; (b) a impossibilidade superveniente do objeto contratual – 142.°/1, *b*); (c) a inatividade da sociedade durante dois anos consecutivos[8] [9] [10]; (d) o exercício, de facto, de uma atividade não compreendida no objeto social. Nestas hipóteses, por maioria absoluta de votos expressos em assembleia geral, cabe aos sócios a dissolução da sociedade (142.°/3). Como, na prática, pode não 7

[1] Neste sentido, Armando Manuel Triunfante (2007), 145; Paulo Olavo Cunha (2014), 942, chamando a atenção na nota 1296 para um caso de dissolução judicial que aparentemente ainda subsiste e que o autor considera que se terá ficado a dever a um esquecimento do legislador – o 13.°/2 do DL 495/88, de 30 de dezembro, na regulamentação das SGPS, que estabelece a dissolução judicial sempre que tais sociedades não respeitarem o princípio da concentração das participações sociais, não regularizando a situação em prazo razoável.

[2] Armando Manuel Triunfante (2007), 145.

[3] Publicado em anexo ao DL 76-A/2006, de 29 de março e aprovado pelo seu 1.°/3.

[4] Cf. 142.°/1, 144.° e 464.°/3 e 4, na anterior redação.

[5] Filipe Cassiano dos Santos, *Dissolução e liquidação administrativa de sociedades*, 145.

[6] A dissolução administrativa da sociedade pode ser efetuada noutras situações previstas no CSC, para além das que estão previstas no 142/1: (a) falta de autorização de quota quando os sucessores do sócio falecido tivessem esse direito (226.°/2); (b) impossibilidade de pagamento da contrapartida da exoneração do sócio (240.°/6); (c) falta de remissão de ações (345.°/10); (d) nas sociedades unipessoais por quotas, a transmissão da quota para uma pessoa coletiva ou para uma pessoa física que já seja sócio de outra sociedade unipessoal por quotas – 270.°-C/3 e 4.°/1, *e*) e *f*); (e) o caso do sócio incapaz de assegurar a qualidade de sócio numa SNC, se nada for feito para corrigir a situação, pode optar (o seu representante) pela exoneração judicial ou pela dissolução da sociedade pela via administrativa (184.°/6). Cf. António Pereira de Almeida (2008), 729-730.

[7] O processo administrativo de dissolução propriamente dito é regulado a pelo 144.° CSC.

[8] Antes da reforma de 2006, exigia-se uma inatividade de cinco anos. António Menezes Cordeiro 1 (2011), 1146 e nota 3388.

[9] Cf. com 143.°, *a*), do CSC, e 5.°, *a*), do RDA, para o incumprimento de deveres legais, como o depósito de contas e declarações fiscais, por igual prazo.

[10] Ver STJ 22-fev.-2007 (Pires da Rosa), CJ/Supremo XV (2007) 1, 83-84.

ser simples proceder à distinção dos casos agora indicados dos casos de dissolução previstos no 141.°/1, o 142.°/2 dispõe que *se a lei nada disser sobre o efeito de um caso previsto como fundamento de dissolução ou for duvidoso o sentido do contrato, entende-se que a dissolução não é imediata*[11].

8 4. **A inobservância do número legal mínimo de sócios por prazo superior a um ano.** O 142.°/1, *a*) abrange dois tipos de situações: a redução do número de sócios a um só e a redução a um número de sócios superior a um, mas inferior ao número de sócios exigido por lei para esse tipo de sociedade[12 13]. No primeiro caso estamos perante a chamada unipessoalidade superveniente e é desta que agora trataremos[14]. A unipessoalidade superveniente não é causa de dissolução imediata da sociedade: antes habilita as pessoas legitimadas por lei a atuarem no sentido de dissolver a sociedade, habilitando igualmente os sócios a dissolver a sociedade, com fundamento no facto ocorrido (142.°/3).

9 Nos termos do disposto nesta alínea, se o sócio ou um dos sócios remanescentes for qualquer pessoa coletiva pública ou entidade a ela equiparada[15], esta causa não opera. Note-se que a própria lei equipara ao Estado as Regiões Autónomas, as autarquias locais, a Caixa Geral de Depósitos, o Instituto de Gestão Financeira da Segurança Social e o IPE – Investimentos e Participações do Estado, S.A[16]. (545.° do CSC), razão pela qual se tem invocado a utilização deste preceito como elemento coadjuvante da determinação das entidades equiparadas às pessoas coletivas públicas[17], apesar de agora o preceito não falar diretamente em Estado[18].

10 A lei já não concede agora expressamente ao sócio (ou sócios) um período *razoável* para que este(s) procedam à reconstituição do número mínimo de sócios e deste modo afastem a sociedade da vulnerabilidade à dissolução administrativa[19]. Na verdade, na redação anterior, o 143.° regulava a possibilidade de se requerer judicialmente um prazo superior para corrigir o número de sócios inferior ao mínimo legal. Esse prazo não tinha os seus limites previstos na lei, sendo caracterizado como "razoável". Depois da alteração legislativa, o 143.° passou a tratar das causas de dissolução administrativa oficiosa, matéria totalmente distinta, sendo a lei omissa quanto a este aspeto[20].

11 5. **A atividade que constitui o objeto contratual se torne de facto impossível.** O 142.°/ /1, *b*) não sofreu alterações significativas. Continua a ser causa de dissolução (agora por processo administrativo e não judicial) a impossibilidade superveniente da atividade que constitui o

[11] António Menezes Cordeiro 1 (2011), 1145-1146.

[12] Raúl Ventura, *Dissolução e liquidação de sociedades*, 95 ss.

[13] Nas sociedades anónimas bastará um número de sócios inferior a cinco. Para as sociedades em comandita há que observar o regime especial do 473.°. Cf. Miguel J. A. Pupo Correia (2007), 295.

[14] O outro núcleo de casos será tratado a propósito das causas especiais de dissolução das sociedades anónimas e das sociedades em comandita.

[15] Deixa de se fazer menção ao Estado, pelo que se alargou o âmbito da exceção aí consagrada.

[16] Coutinho de Abreu II (2002), 65, nota 20, alerta para o facto de o IPE – Investimentos e Participações do Estado, S.A. Se ter passado a designar por IPE – Investimentos e Participações Empresariais, S.A., e ter deixado de se equiparar ao Estado por força do DL 406/90, de 26-dez..

[17] Também a figura da pessoa coletiva pública não facilmente determinável. Todavia, as pessoas coletivas públicas são habitualmente divididas em duas categorias: (a) as pessoas coletivas públicas primárias ou por natureza, nomeadamente o Estado, Regiões Autónomas, Autarquias Locais; (b) as pessoas coletivas criadas por estas desde que tenham os predicados da personalidade pública, designadamente os poderes de autoridade que lhe estão associados. Numa palavra, integrarão esta categoria de pessoas coletivas o Estado, os Institutos Públicos, as Empresas Públicas, as Associações Públicas, Autarquias Locais, Regiões Autónomas. Cf. Armando Manuel Triunfante (2007), 146.

[18] A este propósito, para as sociedades anónimas, cfr. com artigo 273.° CSC. Sobre este aspeto ver Armando Manuel Triunfante (2007), 146-147.

[19] Miguel J. A. Pupo Correia (2007), 295.

[20] Armando Manuel Triunfante (2007), 147-148, onde defende continuar a existir um prazo aplicável a esta situação que, contudo, deve ser procurado noutro lado, remetendo para os 9.°/1, *b*) e 9.°/2 do Anexo III (RDA) ao DL 76-A/2006, de 29-mar..

objeto contratual[21]. De notar que esta alínea se contrapõe à alínea *d*) do 141.º/1: a lei prevê que a atividade que constitui o objeto contratual da sociedade se torne impossível por uma de duas razões: ou por se ter tornado ilícita (impossibilidade jurídica) ou por de facto (impossibilidade material) se ter tornado impossível[22].

Pode suceder que a atividade se torne impossível antes de ser exercida, já que o preceito se refere à atividade que constitui o objeto contratual, não havendo que aferir e distinguir consoante a atividade contratual está ou não a ser efetivamente exercida[23]. 12

A atividade tem que se ter tornado *de facto* impossível, isto é, *de facto* e não *legalmente*, pois, como se viu, esta última cai no âmbito do 141.º/1, *d*)[24]. 13

Impossível deve ser lido à letra e não como capaz de abarcar a *dificuldade séria*. A dificuldade séria não chega, por definição, a constituir impossibilidade[25], nem mesmo relativa, já que em termos objetivos, a impossibilidade não admite graduações. A *ratio* do preceito parece ser a de que a sociedade seja dissolvida quando dela não haja mais nada a esperar, pelo que, enquanto existir a possibilidade de realizar o objeto contratual, não há motivo para a dissolução[26]. 14

6. **A inatividade da sociedade durante dois anos consecutivos**[27]. O 142.º/1, *c*) trata da inatividade de facto de uma sociedade, que será causa de dissolução quando a situação se mantenha por dois anos, ao contrário do que sucedia anteriormente onde nada acontecia antes de decorridos cinco anos. 15

Trata-se de uma inatividade de natureza *económica*, isto é, nela não se compreendem os atos dos sócios que visam cumprir preceitos legais relativos a sociedades ativas. A sociedade pode manter ou até eleger os seus administradores, aprovar anualmente o seu balanço e contas, pagar impostos, etc., sem que para esse efeito se considere uma sociedade ativa[28]. 16

O disposto nesta alínea justifica-se pela eventualidade de as sociedades "esquecidas" ou "adormecidas"[29] poderem resultar de uma imposição dos sócios maioritários sobre os sócios minoritários (não sendo justo que uma pessoa não possa libertar-se de um contrato de sociedade a que se associou quando nenhuma atividade é exercida), e ainda pelas graves dificuldades práticas que o tempo pode causar para a deliberação da dissolução imediata (com transmissões por morte para herdeiros desconhecidos, etc.)[30]. 17

7. **O exercício de facto de uma atividade não compreendida no objeto social**. Para que ocorra a situação prevista no 142.º/1, *d*), não é indispensável que o objeto contratual seja substituído na integra pelo objeto de facto não contratual, isto é, pode acontecer que a sociedade 18

[21] Armando Manuel Triunfante (2007), 148.

[22] Raúl Ventura, *Dissolução e liquidação de sociedades*, 124 ss, Jorge Pinto Furtado (2004), 580.

[23] Dando o exemplo de uma sociedade constituída para realizar uma série de concertos de um cantor célebre que morre logo depois de constituída a sociedade, *vide* Raúl Ventura, *Dissolução e liquidação de sociedades*, 124-125.

[24] Ver STJ 3-out.-2002 (Nascimento Costa), Proc. 02B2474.

[25] Para o Direito antigo, Raúl Ventura, *Dissolução e liquidação de sociedades*, 126.

[26] *Idem*, admitindo contudo que a impossibilidade deva ser apreciada segundo critérios técnicos e critérios sociais.

[27] Esta causa está repetida no 4.º/1, *c*), do RDA (Anexo III ao DL 76-A/2006, de 29-mar.) e está associada à causa regulamentada no 5.º, *a*) do mesmo diploma e no 143.º, *a*), do CSC, em que a ausência do depósito dos documentos de prestação de contas e a omissão de entrega de declaração fiscal durante dois anos consecutivos conduzem à instauração oficiosa pelo conservador do processo administrativo de dissolução. Estabelecendo este paralelismo, Armando Manuel Triunfante (2007), 148.

[28] Raúl Ventura, *Dissolução e liquidação de sociedades*, 131.

[29] Aquelas em que os sócios há muito deixaram de praticar qualquer atividade, correspondendo a uma espécie de liquidação de facto, sem observância dos preceitos legais, por comodismo ou inércia, ou aquelas em que terminada a atividade a que a sociedade se dedicara, restam certos bens cuja valorização os sócios esperam, podendo suceder que esta situação se mantém por imposição dos sócios maioritários. Neste sentido Raúl Ventura, *Dissolução e liquidação de sociedades*, 130-131.

[30] *Idem*, 131.

se encontre a exercer de facto uma atividade contratualmente prevista e outra que esteja fora do seu âmbito[31].

19 O exercício de uma atividade supõe uma ideia de permanência, não se incluindo aqui a prática de atos isolados. Esta ideia é aliás corroborada por outro pressuposto do preceito: não está em causa a punição de uma atuação já terminada, mas sim obstar à sua continuidade[32].

20 8. **O disposto nos n.os 2, 3 e 4 do 142.º.** No que respeita aos n.os 2 e 3, não existem quaisquer alterações, podendo as situações referidas no n.º 1 continuar a ser causa de dissolução por deliberação dos sócios, tomada por maioria absoluta dos votos expressos em assembleia. Esta deliberação prevista no 142.º/3 é uma deliberação dispositiva ou constitutiva: não se limita a reconhecer a existência de uma causa que dissolveu a sociedade, é ela própria que dissolve a sociedade[33].

21 O atual 142.º/4 contém aspetos novos mas também elementos do regime que já resultava da lei, antes da respetiva alteração. Mantém-se, na hipótese de impugnação judicial da deliberação de dissolução, o momento da produção dos respetivos efeitos: o do trânsito em julgado da sentença. Deixa, todavia, de se prever qualquer prazo para a tomada da deliberação[34]. Aparentemente, os sócios poderão tomar tal deliberação a todo o momento, pelo menos enquanto a causa se mantiver.

22 9. **O 4.º do Anexo III ao DL 76-A/2006, de 29-mar.**. O disposto no 4.º do Anexo III ao DL 76-A/2006, de 29-mar., vem trazer e acrescentar algumas situações em que também é possível instaurar um procedimento administrativo de dissolução. Tal pode suceder quando uma pessoa singular seja sócia de mais do que uma sociedade unipessoal por quotas ou quando uma sociedade unipessoal por quotas tenha, como sócio único, outra sociedade unipessoal por quotas, em violação do disposto no 270.º-C/1 e 2, respetivamente. Como se depreende do 270.º-C/3, se isso se verificar, pode ser requerida a dissolução de qualquer das sociedades, isto é, a dissolução de ambas as sociedades unipessoais por quotas que tenham como sócio a mesma pessoa singular[35].

23 Sempre que o processo administrativo de dissolução ocorra por qualquer uma das causas acima referidas, deve ser concedido um prazo de 30 dias, prorrogável até 90, para corrigir a situação[36].

Artigo 143.º (Causas de dissolução oficiosa)

O serviço de registo competente deve instaurar oficiosamente o procedimento administrativo de dissolução, caso não tenha sido ainda iniciado pelos interessados, quando:

a) Durante dois anos consecutivos, a sociedade não tenha procedido ao depósito dos documentos de prestação de contas e a administração tributária

[31] *Idem*, 133.
[32] *Idem*, 133.
[33] Raúl Ventura, *Dissolução e liquidação de sociedades*, 85, clarificando que a diferença entre esta deliberação e a deliberação prevista no 141.º/1, *b*), traduz-se no facto de esta última ser discricionária, enquanto a do 142.º/3 é vinculada à existência de uma causa de dissolução facultativa.
[34] A lei impunha um prazo de seis meses a contar da ocorrência da causa de dissolução, mas agora tal prazo deixou de existir não tendo sido substituído por qualquer outro. Neste sentido, Armando Manuel Triunfante (2007), 148-149.
[35] Armando Manuel Triunfante (2007), 149.
[36] 8.º/3, 9.º/l, *b*) e 2, todos do Anexo III ao DL 76-A//2006, de 29-mar. Como assinala Armando Manuel Triunfante (2007), 149, deste modo, o principal interessado (o sócio único) poderá ele mesmo dissolver e liquidar uma das sociedades por quotas unipessoais e evitar a dissolução da outra.

tenha comunicado ao serviço de registo competente a omissão de entrega da declaração fiscal de rendimentos pelo mesmo período;

***b*) A administração tributária tenha comunicado ao serviço de registo competente a ausência de atividade efetiva da sociedade, verificada nos termos previstos na legislação tributária;**

***c*) A administração tributária tenha comunicado ao serviço de registo competente a declaração oficiosa da cessação de atividade da sociedade, nos termos previstos na legislação tributária.**

Bibliografia: António Pereira de Almeida, *Sociedades comerciais e valores mobiliários* (2013), 727 ss.; António Menezes Cordeiro 1 (2004), 799 ss.; *id.*, (2011), 1143 ss.; id., (2020), 1032 ss.; Abílio Neto (2007), 377 ss.; Filipe Cassiano dos Santos, *Dissolução e liquidação administrativa de sociedades*, em *Reformas do Código das Sociedades* (2007), 139 ss.; Armando Manuel Triunfante (2007), 149 ss..

Índice

I – Redação original, alteração e sentido
1. Redação original 1
2. Alteração e seu sentido. A reforma de 2006 2

II – Âmbito de aplicação
3. Causas de dissolução oficiosa. Considerações preliminares 4
4. "Durante dois anos consecutivos, a sociedade não tenha procedido ao depósito dos documentos de prestação de contas e a administração tributária tenha comunicado ao serviço de registo competente a omissão de entrega da declaração fiscal de rendimentos pelo mesmo período" 7
5. "A administração tributária tenha comunicado ao serviço de registo competente a ausência de atividade efetiva da sociedade, verificada nos termos previstos na legislação tributária" 9
6. "A administração tributária tenha comunicado ao serviço de registo competente a declaração oficiosa da cessação de atividade da sociedade, nos termos previstos na legislação tributária" 10
7. As sociedades não tenham procedido ao aumento de capital e à liberação deste, nos termos dos n.os 1 a 3 e 6 do 533.° do CSC 11

I – Redação original, alteração e sentido

1. Redação original. Na anterior redação o 143.° regulava a dissolução por redução dos sócios a número inferior ao mínimo legal, nos seguintes termos: 1

> 1. No caso previsto na alínea *a*) do n.° 1 do artigo anterior, o sócio ou qualquer dos sócios restantes pode requerer ao tribunal que seja concedido um prazo razoável a fim de regularizar a situação, suspendendo-se entretanto a dissolução da sociedade.
>
> 2. O juiz, ouvidos os credores da sociedade e ponderadas as razões alegadas pelo sócio, decidirá, podendo ordenar as providências que se mostrarem adequadas para conservação do património social durante aquele prazo.

2. **Alteração e seu sentido. A reforma de 2006**. Com a redação do 2.° do DL 76-A/2006, o 143.° mudou completamente de matéria. A dissolução a que aqui a lei se refere é a dissolução administrativa também prevista no 142.°, mas cuja iniciativa pertence à própria entidade administrativa, de modo oficioso, mesmo que dependa de informações que deva receber da administração tributária[1], numa interpenetração dos serviços do Estado[2]. 2

[1] Armando Manuel Triunfante (2007), 150.

[2] António Menezes Cordeiro 1 (2011), 1146.

3 Até à entrada em vigor da reforma de 2006, para a dissolução das sociedades comerciais, era necessário o recurso à escritura pública ou a existência de uma sentença judicial que decretasse a insolvência: para muitos, esse negócio era apontado como causa da subsistência de inúmeras sociedades com uma existência meramente formal, sem verdadeira atividade económica. Criou assim o legislador a figura da *dissolução oficiosa*, por iniciativa do Estado, sempre que se verifiquem alguns dos fundamentos enunciados nas diversas alíneas do 143.°[3].

II – Âmbito de aplicação

4 **3. Causas de dissolução oficiosa. Considerações preliminares.** A epígrafe do preceito pode ser considerada como pouco precisa, já que, na realidade, não enumera verdadeiras e próprias causas de dissolução, mas sim pressupostos para o início oficioso do procedimento administrativo de dissolução[4].

5 As diversas situações previstas no 143.° podem ainda enquadrar-se no 142.°/1, *c*), o que significa que o procedimento oficioso só se inicia se a dissolução administrativa não tiver sido, entretanto, requerida[5].

6 Assim, a conservatória do registo comercial onde a sociedade se ache matriculada deve instaurar oficiosamente o procedimento administrativo de dissolução nos casos elencados no preceito em análise e a cuja análise se procederá nos pontos seguintes.

7 **4. "Durante dois anos consecutivos, a sociedade não tenha procedido ao depósito dos documentos de prestação de contas e a administração tributária tenha comunicado ao serviço de registo competente a omissão de entrega da declaração fiscal de rendimentos pelo mesmo período".** Face à letra da lei parece tratar-se de causa cuja verificação depende da observância cumulativa de dois requisitos: (a) que durante dois anos consecutivos a sociedade não tenha efetuado o depósito dos documentos de prestação de contas[6]; (b) que durante o mesmo período de dois anos, não tenha sido entregue a declaração fiscal de rendimentos exigida[7] [8].

8 Nestes termos, o conservador só pode dar início ao processo quando receba a informação por parte da administração tributária. Enquanto ambos os requisitos não se encontrarem preenchidos, não poderá ocorrer o oficiosamente o processo administrativo de dissolução[9].

9 **5. "A administração tributária tenha comunicado ao serviço de registo competente a ausência de atividade efetiva da sociedade, verificada nos termos previstos na legislação tributária".** A administração tributária tem o dever da comunicar à conservatória de registo competente a situação de uma sociedade comercial cuja declaração de rendimentos demonstre não desenvolver atividade efetiva por um período de dois anos[10]. A comunicação

[3] Abílio Neto (2007), 385.

[4] António Pereira de Almeida (2013), 730 e Filipe Cassiano dos Santos, *Dissolução e liquidação administrativa de sociedades*, 153 ss.

[5] António Pereira de Almeida (2013), 731.

[6] Depósito obrigatório nos termos do disposto no 70.°, embora com algumas exceções para as sociedades em nome coletivo e sociedades em comandita simples (70.°-A), sendo que o seu depósito obrigatório das contas implica, simultaneamente, o registo das mesmas, de acordo com o disposto no 3.°, *n*), do CRC, que deve ser efetuado de acordo com o 42.° do mesmo CRC.

[7] Nos termos do disposto no 83.°/2, *a*), do CPPT, na redação dada pelo 30.° do DL 76-A/2006, de 29-mar., a administração tributária deve comunicar ao serviço de registo competente, para efeitos de dissolução e liquidação, a omissão do dever de entrega de declaração fiscal durante dois anos consecutivos.

[8] Armando Manuel Triunfante (2007), 150.

[9] *Idem*.

[10] No regime anterior era necessário esperar cinco anos para ser dada relevância à falta de atividade da sociedade, no que diz respeito à respetiva dissolução e liquidação.

deve ser efetuada no prazo de 30 dias a contar da declaração em causa[11] e é independente do processo contra-ordenacional a que haja lugar.

6. **"A administração tributária tenha comunicado ao serviço de registo competente a declaração oficiosa da cessação de atividade da sociedade, nos termos previstos na legislação tributária"**. De acordo com o disposto no 83.º/2, *b*), do CPPT, na redação dada pelo 30.º do DL 76-A/2006, de 29-mar., esta comunicação é obrigatória. Há declaração oficiosa de cessação de atividade quando, nos termos do 8.º/6 do CIRC[12], "(...) *for manifesto que essa actividade não está a ser exercida nem há a intenção de a continuar a exercer, ou sempre que o sujeito passivo tenha declarado o exercício de uma actividade sem que possua uma adequada estrutura empresarial em condições de a exercer*". 10

7. **"As sociedades não tenham procedido ao aumento de capital e à liberação deste, nos termos dos n.os 1 a 3 e 6 do artigo 533.º do CSC"**. Tem-se perfilhado que a estas três causas de dissolução oficiosa previstas no 143.º deve acrescentar-se uma outra, prevista pelo 5.º, *d*), do Anexo III ao DL 76-A/2006, de 29-mar. (RDA)[13]. Será ainda devido o início oficioso do processo de dissolução quando a sociedade que não tenha, oportunamente[14], aumentado o capital para os valores mínimos previstos na lei[15], mas agora com o próprio conservador a assumir competência para iniciar o procedimento respetivo. 11

Considerando que, nestes casos, o prazo para a correção do capital mínimo já está esgotado, se ainda existirem hipóteses dessas, o procedimento oficioso de dissolução por via administrativa deve iniciar-se imediatamente. A sociedade ou outros interessados são garantidos pela previsão de dois mecanismos: ou regularizam a situação dentro de um prazo de 30 dias, prorrogável até 90 dias[16], ou lançam mão da faculdade de impugnação judicial da decisão tomada no processo administrativo de dissolução conferida pelo 12.º do Anexo III ao DL 76-A/2006, de 29-mar.[17]. 12

Artigo 144.º (Regime do procedimento administrativo de dissolução)

O regime do procedimento administrativo de dissolução é regulado em diploma próprio.

Trata-se do Regime jurídico dos procedimentos administrativos de dissolução e de liquidação de entidades comerciais, referido como RDA (Regime da dissolução administrativa). O RDA vem referido no 1.º/3 do DL 76-A/2006, de 29-mar., constando como anexo III a esse diploma[1]. Ele surge na presente publicação, após o CSC, sendo anotado por Paula Costa e Silva e Rui Pinto. 1

[11] 83.º/1 do CPPT, na redação dada pelo 30.º do DL 76-A/2006, de 29-mar..

[12] DL 442-B/88, de 30-nov., republicado pelo DL 198/2001, de 3-jul..

[13] Armando Manuel Triunfante (2007), 151-152 e Filipe Cassiano dos Santos, *Dissolução e liquidação administrativa de sociedades*, 153 ss..

[14] No prazo de três anos.

[15] Os montantes mínimos aplicáveis atualmente foram introduzidos pelo DL 343/98, de 6 de novembro. Anteriormente à atual revisão legislativa, o conservador deveria comunicar a inexistência de aumento de capital ao Ministério Público que depois requereria a dissolução das entidades societárias em causa (ao abrigo do então DL 235/2001, de 30-ago.). Neste sentido, Armando Manuel Triunfante (2007), 151-152.

[16] 9.º do Anexo III ao DL 76-A/2006, de 29-mar..

[17] Filipe Cassiano dos Santos, *Dissolução e liquidação administrativa de sociedades*, 155-156 e Armando Manuel Triunfante (2007), 152.

[1] DR I Série-A, n.º 63 (Supl.), de 29-mar.-2006, 2328-(184)-2328-(190).

Artigo 145.º (Forma e registo da dissolução)

1. A dissolução da sociedade não depende de forma especial nos casos em que tenha sido deliberada pela assembleia geral.

2. Nos casos a que se refere o número anterior, a administração da sociedade ou os liquidatários devem requerer a inscrição da dissolução no serviço de registo competente e qualquer sócio tem esse direito, a expensas da sociedade.

Bibliografia: António Menezes Cordeiro 1 (2004), 799 ss.; *id.*, (2011), 1143 ss.; Miguel J. A. Pupo Correia (2007), 293 ss.; Paulo Olavo Cunha (2014), 937 ss.; Jorge Pinto Furtado (2007), 144; Paula Costa e Silva, *A dissolução e a liquidação de sociedades comerciais: nótula*, em *A Reforma do Código das Sociedades Comerciais: Jornadas em Homenagem ao Professor Doutor Raúl Ventura* (2007), 289 ss.; Armando Manuel Triunfante (2007), 157-159; Raúl Ventura, *Dissolução e liquidação de sociedades* (1987), 203-207.

Índice

I – **Redação original, alterações, sentido e alcance**
1. Redação original 1
2. Sentido e alcance das alterações. A reforma de 2006 3

II – **Âmbito de aplicação**
3. Forma da dissolução 4
4. Registo da dissolução 10

I – Redação original, alterações, sentido e alcance

1 1. **Redação original**. Era a seguinte a anterior redação do 145.º:

> 1. A dissolução da sociedade não carece de ser consignada em escritura pública, excepto nos casos em que tenha sido deliberada pela assembleia geral e a acta da deliberação tenha sido lavrada por notário.
> 2. A administração da sociedade ou os liquidatários devem requerer a inscrição da dissolução no registo comercial e qualquer sócio tem esse direito, a expensas da sociedade.
> 3. Tendo a dissolução judicial da sociedade sido promovida por credor social ou credor de sócio de responsabilidade ilimitada, pode ele requerer o registo, a expensas da sociedade.

2 Com o DL 36/2000, de 14-mar., é dada nova redação ao n.º 1 do actual preceito, passando este a dispor que:

> 1. A dissolução da sociedade não carece de ser consignada em escritura pública, nos casos em que tenha sido deliberada pela assembleia geral e a acta da deliberação tenha sido lavrada por notário ou pelo secretário da sociedade[1].

3 2. **Sentido e alcance das alterações. A reforma de 2006**. Com a entrada em vigor do DL 76-A/2006, de 29 de março, a dissolução (extrajudicial), em si mesma considerada, deixou de exigir escritura pública[2], com isto significando que a dissolução não carece da observância de

[1] Paula Costa e Silva, *A dissolução e a liquidação de sociedades comerciais*, 293.

[2] Anteriormente a dissolução da sociedade exigia sempre escritura pública, exceto nos casos em que tivesse sido deliberada pela assembleia geral e a ata da deliberação tivesse sido lavrada por notário ou pelo secretário da sociedade (anterior redação do 145.º/1). Também a anterior redação do artigo 80.º/2, *e*), do CNot exigia escritura pública

forma especial, bastando a apresentação de um documento que comprove a sua certificação junto do registo comercial. A questão está agora em saber se a dissolução da sociedade foi ou não deliberada em assembleia geral – a dissolução que tiver sido deliberada pela assembleia geral não carece de forma especial, reduzindo-se, assim, ao formalismo escrito da respetiva ata[3]. Sobre a forma dos demais casos de dissolução, que não por deliberação em assembleia geral, nos pronunciaremos no ponto seguinte.

II – **Âmbito de aplicação**

3. **Forma da dissolução**. Já se viu que, de acordo com o regime vigente, a dissolução não depende de forma especial, bastando a respetiva ata ou outro documento de certificação para efetuar o registo, o qual deve ser requerido pela administração da sociedade ou pelos liquidatários e, na sua falta, por qualquer sócio a expensas da sociedade[4] (145.º/2). 4

Nos termos do 145.º/1 a lei parece querer abarcar todos os casos de deliberação pela assembleia geral[5]: (a) os casos de reconhecimento da causa automática de dissolução (141.º/1 e 2); (b) os casos de dissolução por deliberação com fundamento nos factos do 142.º/1 (142.º/3); (c) as situações de dissolução tomada exclusivamente por deliberação sem a concorrência de qualquer outra causa – 141.º/1, *b*), 270.º/1 e 464.º/1; (d) os casos da «extinção da empresa na hora», com o procedimentos especial previsto e regulado no disposto nos 27.º a 30.º do RDA que constitui uma subtipo da dissolução por deliberação dos sócios, permitindo-se que se proceda de imediato e, em simultâneo, à dissolução e liquidação da sociedade se existir acordo de todos os sócios neste sentido e se da ata (ou do requerimento escrito ou verbal) em que o mesmo se consubstanciara constar declaração de que não existe ativo ou passivo a liquidar (27.º RDA)[6]. 5

Quanto à forma dos demais casos de dissolução que não por deliberação em assembleia geral há que considerar: (a) a justificação notarial (141.º/2); (b) o procedimento simplificado de justificação; (c) processo administrativo de dissolução. 6

A *justificação notarial* vem regulada no CNot (89.º ss.)[7], também alterado pelo DL 76.º-A/2006, de 29-mar.[8]. Todavia, na matéria da justificação notarial, prevista e regulada numa secção dedicada às escrituras especiais, continua a fazer-se referência à "escritura de justificação para fins do registo comercial", sendo que também o 80.º/2, *a*), estabelece o mesmo regime. Considerando que o 94.º/2 e o 98.º/4 do CNot não foram alterados pelo DL 76.º-A/2006, de 29-mar., parece, assim, ser de concluir que a escritura pública será necessária para a dissolução da sociedade sempre que esta decorra de justificação notarial, podendo sempre o interessado optar pelo procedimento simplificado de dissolução (141.º/2) no caso de não pretender seguir uma forma tão solene[9]. 7

para a dissolução da sociedade. Neste sentido, Armando Manuel Triunfante (2007), 157.

[3] Miguel J. A. Pupo Correia (2007), 296.

[4] António Menezes Cordeiro 1 (2011) 1147.

[5] Neste sentido Paulo Olavo Cunha (2014), 944 e Armando Manuel Triunfante (2007), 157.

[6] Paulo Olavo Cunha (2014), 944 onde ressalta e explica a enorme dificuldade em aplicar esta modalidade de dissolução em que para além da unanimidade dos sócios se exige que, num momento anterior à decisão de dissolução, ativo e passivo existentes sejam totalmente eliminados.

[7] Para a dissolução, em particular, o 94.º/2 do CNot atribui a esta justificação o propósito de declarar a dissolução da sociedade.

[8] Em que se destaca a importante alteração sofrida pelo 80.º/2, *e*), do CNot, isto é, de agora em diante a exigência de escritura pública apenas se mantém na constituição e dissolução de sociedade nos casos em que a transmissão dos bens com que os sócios entram para a sociedade exija igualmente escritura pública.

[9] Armando Manuel Triunfante (2007), 159.

8 Caso se opte pelo *procedimento simplificado de justificação*, deverá seguir-se o disposto no 79.º-A do CRCom, que segue os seus termos na conservatória do registo comercial. De acordo com o disposto no 79.º-A/1 do CRCom, o procedimento inicia-se mediante requerimento escrito dos interessados com alegação da situação que fundamenta a dissolução imediata e confirmação do facto por três declarantes que o conservador considere dignos de crédito, sendo que, quando efetuado presencialmente perante funcionário competente, o pedido é sempre verbal e reduzido a auto, não havendo lugar a qualquer requerimento escrito (79.º-A/2 do CRCom). O conservador profere decisão pela qual declara justificada a dissolução da sociedade, lavra o registo da dissolução e promove as comunicações previstas no regime jurídico do procedimento administrativo de dissolução de entidades comerciais (79.º-A/3 do CRCom).

9 Na hipótese de se seguir o *processo administrativo de dissolução*, deve ser efetuado averbamento de pendência da dissolução[10] (tempo a que se reportarão os seus efeitos se esta vier a ser decidida) e, posteriormente, a título oficioso, o conservador deve efetuar o registo da dissolução[11].

10 4. **Registo da dissolução.** O 145.º/2 trata da inscrição da dissolução no registo comercial, sob o aspeto da legitimidade para o requerer, de onde podem distinguir-se dois planos: o do dever de requerer a inscrição e o do direito de requerer a inscrição.

11 Têm o dever de requerer a inscrição os administradores ou os liquidatários da sociedade. O CSC adotou, neste particular, uma solução ampla: pretende-se que o registo seja requerido, pelo que se por qualquer motivo não o foi pelos gerentes ou administradores da sociedade, não há qualquer razão para que o liquidatário a requeira[12].

12 O direito de requerer a inscrição cabe a qualquer sócio. É a mesma intenção de conseguir a inscrição da dissolução, apesar de negligências ou resistências que possam existir que está na base desta solução[13]. Note-se, pois, que a inscrição não é apenas do interesse do requerente. Este direito de requerer a inscrição registral é atribuído para regularização de uma situação que interessa à própria sociedade, aos sócios e aos seus credores, relativamente à posição de terceiros. Daí que os custos ou encargos sejam suportados pela sociedade. Caso os requerentes se antecipem na satisfação destes custos ficarão com um direito de crédito sobre a sociedade nos termos do disposto no 145.º/2[14].

13 Uma das novidades da reforma de 2006 foi a eliminação das competências territoriais das conservatórias para o registo comercial. Assim, desde janeiro de 2007[15], o registo poderá ser feito junto de qualquer conservatória do registo comercial. Também é possível recorrer ao registo *on-line*, através do sítio na internet www.empresaonline.pt[16].

[10] 6.º do RDA.

[11] 14.º do RDA.

[12] Raúl Ventura, *Dissolução e liquidação de sociedades*, 206, referindo-se também à discussão que perante leis estrangeiras se teceu a este propósito.

[13] No regime anterior à reforma de 2006, Raúl Ventura, *Dissolução e liquidação de sociedades*, 206, assinalando que era também esta a razão da atribuição destes direitos aos credores pessoais ou credores de sócios de responsabilidade ilimitada, sempre que a dissolução judicial da sociedade tivesse sido por estes promovida.

[14] Raúl Ventura, *Dissolução e liquidação de sociedades*, 206-207.

[15] 1.º/1, *h*) e 64.º/2 do DL 76-A/2006, de 29-mar..

[16] 2.º da P 1416-A/2006, de 19-dez..

Capítulo XIII – Liquidação da sociedade

Introdução

Bibliografia: António Pereira de Almeida (2008), 795-800; António Menezes Cordeiro 1 (2007), 783--788; Paulo Olavo Cunha, 7.ª ed. (2019), 1121-1128; Luiz da Cunha Gonçalves 1 (1914), 304-318; Armando Manuel Triunfante (2007), 160-180; Raúl Ventura, *Dissolução e liquidação de sociedades* (1987), 209-502.

Índice

I – Evolução histórica
1. Código Ferreira Borges 1
2. Código Veiga Beirão 4
3. O CSC 5

II – Sistema geral, alterações e leis processuais
4. Sistema geral 7
5. Reforma de 2006 8
6. Leis processuais 9

III – Dogmática geral
7. A ideia de liquidação 10
8. Princípios 13
α) Manutenção da personalidade 14
β) Publicidade 15
γ) Autonomia privada 16
δ) Prestação de contas e responsabilidade 17
ε) Satisfação dos credores 18
ζ) Partilha aos sócios 19
9. Aplicabilidade às cooperativas 20

I – Evolução histórica

1. **Código Ferreira Borges** (1833). A tradição de regular com pormenor e em separado a dissolução e a liquidação da sociedade remonta ao Código Comercial de Ferreira Borges (1833). Com efeito, no seu Título XII, relativo às *companhias, sociedades e parcerias commerciaes*, encontramos uma secção XIV – *Da dissolução da sociedade* (693.° a 719.°), uma secção XV – *Da dissolução legal, e seus effeitos* (720.° a 734.°) e uma secção XVI – *Da liquidação* (735.° a 747.°). 1

A matéria da liquidação era introduzida pelo 735.°, em termos que mantêm atualidade: 2

> Dissolvida uma sociedade mercantil, os socios, que tinham o direito de gerir durante a sua continuação, devem operar a sua liquidação debaixo da mesma firma, salvo havendo estipulação especial no contrato, ou se os socios à pluralidade, desempatando o juiz, escolherem outro ou outros liquidantes. (...)

Tínhamos, depois, as grandes linhas: manutenção da sociedade na fase da liquidação; primazia do pacto social, quando explícito; pagamento das dívidas; partilha do remanescente. 3

2. **Código Veiga Beirão** (1888). A dissolução surgia na secção IV do Título dedicado às sociedades, capítulo I – *Disposições gerais* (120.° a 123.°). Uma secção VII – *Da liquidação e partilha* (130.° a 144.°) versava o mesmo tema, em moldes mais contidos, mas sempre sobre o pormenor. 4

3. **O CSC** (1986). Os preparatórios do que seria o CSC, na parte relativa à dissolução e à liquidação, não foram tornados públicos. Todavia, sabemos que eles passaram pela pena segura de Raúl Ventura, tendo sido dada uma atenção especial à evolução do tema, ao Direito comparado e às necessidades práticas[1]. 5

[1] *Vide* elementos históricos e comparatísticos em Raúl Ventura, *Dissolução e liquidação de sociedades*, 7-16.

6 O projeto (1983) dedicava ao tema, na parte geral, o capítulo XII (153.° a 172.°), muito semelhante à versão aprovada como lei.

II – **Sistema geral, alterações e leis processuais**

7 4. **Sistema geral**. A liquidação consta hoje do capítulo XIII da parte geral. Preenche os artigos 146.° a 165.°, principiando por regras gerais (146.°), reconhecendo a partilha imediata, quando não haja dívidas (147.°), regulando várias operações (148.° a 150.°), versando a posição dos liquidatários (151.° a 155.°), o ativo restante (156.°), o relatório, contas finais e deliberação dos sócios (157.°) e diversas outras eventualidades.

8 5. **Reforma de 2006**. O DL 76-A/2006, de 29-mar., introduziu algumas alterações neste capítulo: 146.°, 150.°, 151.°, 159.° e 163.°. No essencial, tratou-se de adequar a redação a novas fórmulas tais como a da insolvência, a da supressão de escritura ou a do novo processo de liquidação administrativa.

9 6. **Leis processuais**. No capítulo do CPC, relativo à liquidação de patrimónios, surge uma secção I sobre a liquidação de sociedades (1122.° a 1130.°). A liquidação não é, em princípio, judicial[2]; todavia, quando aplicável, constam, da lei de processo, os preceitos necessários.

III – **Dogmática geral**

10 7. **A ideia de liquidação**. A "liquidação" tem dois sentidos[3]: (a) situação jurídica da sociedade, após a dissolução e antes da sua total extinção; (b) processo ou conjunto de atos concatenados, a praticar durante esse processo.

11 Como situação, a liquidação exprime um *status* da sociedade: esta funciona normalmente, mas os atos que pratica visam não já a normal prossecução do objeto social: antes se orientam para a cessação das diversas relações envolvidas.

12 Enquanto processo, a liquidação implica – ou pode implicar – diversas operações dirigidas ao termo da sociedade: mas sem, todavia, perder de vista a racionalidade económica e os interesses dos envolvidos, com tónica nos sócios e nos terceiros credores. *Grosso modo*, os atos envolvidos visam, com um mínimo de danos, passar do modo coletivo de funcionamento do Direito ao modo singular[4].

13 8. **Princípios**. A liquidação pauta-se pelos seguintes princípios: (a) manutenção da personalidade coletiva; (b) publicidade; (c) autonomia privada; (d) prestação de contas e responsabilidade; (e) satisfação dos credores; (f) partilha aos sócios.

14 α) **Manutenção da personalidade**: presente no 146.°/2 e reafirmado pela jurisprudência[5], este princípio é importante; a sociedade em liquidação continua a ser a mesma[6], mantendo personalidade judiciária idêntica[7]; apenas incorre numa mudança orgânica[8] (passa a ter liquidatários) e um objetivo mais estreito: o da própria liquidação[9]. E a situação assim se mantém até ao registo do encerramento da liquidação[10].

[2] STJ 14-mai.-1992 (Ricardo da Velha), BMJ 417 (1992), 767-773 (770).

[3] Raúl Ventura, *Dissolução e liquidação de sociedades*, 210.

[4] António Menezes Cordeiro 1 (2007), 983.

[5] RPt 27-jan.-1983 (Júlio Santos), CJ VIII (1983) 1, 218-220; STJ 12-jan.-1999 (Garcia Marques), CJ/Supremo VII (1999) 1, 30-34; STJ 6-nov.-2008 (Serra Baptista), Proc. 08P1740.

[6] RLx 3-out.-1991 (Sousa Dinis), Proc. 0046642; STJ 2-jul.-1996 (Ramiro Vidigal), BMJ 459 (1996), 556-561.

[7] RPt 14-dez.-2004 (Alberto Sobrinho), Proc. 0426612.

[8] STJ 12-jan.-1999 (Garcia Marques), BMJ 483 (1999), 223-231 (226).

[9] *Idem*, 226/II.

[10] RPt 9-nov.-1993 (Cândido Lemos), BMJ 431 (1993), 559; STJ 10-mai.-1994 (Pereira Cardigos), Proc. 085425;

β) **Publicidade**: a circunstância de a sociedade se encontrar em liquidação é dada a conhecer 15 ao público por várias vias: (a) pela firma, à qual é aditada "sociedade em liquidação" ou "em liquidação" (146.º/3); (b) pelo registo, ao qual é levada a dissolução (145.º/2) e o encerramento da liquidação – 160.º/1; *vide* o 3.º/1, *r*) e *t*) do 3.º/1 do CRCom.

γ) **Autonomia privada**: a liquidação pode ser regulada pelos estatutos ou por deliberação 16 social em tudo o que a lei não fixe (146.º/5); pode ser prorrogada por deliberação social (150.º/2); os estatutos ou uma deliberação social indicam os liquidatários (151.º/1) os quais podem ser destituídos sem justa causa (151.º/2); os sócios aprovam os relatórios e as contas finais (157.º/4) e podem decidir o regresso à atividade (161.º/1). A autonomia privada ocorre, ainda, no facto de a partilha não ser, em regra, judicial[11].

δ) **Prestação de contas e responsabilidade**: os documentos de prestação de contas devem 17 ser preparados com referência à data da dissolução (149.º/1); os liquidatários prestam contas anuais (155.º/1) e contas finais (157.º/3); e eles são responsáveis, como os administradores (152.º/1).

ε) **Satisfação dos credores**: os liquidatários devem pagar todas as dívidas da sociedade para 18 o qual haja ativo (154.º/1); só o remanescente, caso o haja, pode ser partilhado pelos sócios (156.º/1).

ζ) **Partilha aos sócios**: estes são os destinatários últimos dos bens da sociedade: imediatamente, 19 se não houver dívidas (147.º/1) e após o pagamento dos credores, no caso inverso (156.º/1).

9. **Aplicabilidade às cooperativas**. Os apontados princípios aplicam-se às cooperativas: a 20 generalidade dos preceitos em jogo são-lhes subsidiariamente aplicáveis, por via do 9.º CCoop[12], de 2015.

Artigo 146.º (Regras gerais)

1. Salvo quando a lei disponha de forma diversa, a sociedade dissolvida entra imediatamente em liquidação, nos termos dos artigos seguintes do presente capítulo, aplicando-se ainda, nos casos de insolvência e nos casos expressamente previstos na lei de liquidação judicial, o disposto nas respetivas leis de processo.

2. A sociedade em liquidação mantém a personalidade jurídica e, salvo quando outra coisa resulte das disposições subsequentes ou da modalidade da liquidação, continuam a ser-lhe aplicáveis, com as necessárias adaptações, as disposições que regem as sociedades não dissolvidas.

3. A partir da dissolução, à firma da sociedade deve ser aditada a menção «sociedade em liquidação» ou «em liquidação».

4. O contrato de sociedade pode estipular que a liquidação seja feita por via administrativa, podendo igualmente os sócios deliberar nesse sentido com a maioria que seja exigida para a alteração do contrato.

pela lei anterior, entendeu-se que a sociedade se extingue logo se, na escritura de dissolução, todos os sócios disseram que ela não tem ativo ou passivo: a partir daí, há que habilitar os ex-sócios: REv 26-jun.-1984 (Jerónimo Martins), CJ IX (1984) 3, 369-370.

[11] RPt 6-abr.-2000 (Mário Fernandes), CJ XXV (2000) 2, 218-220.

[12] RCb 16-out.-2001 (Nuno Carneiro), CJ XXVI (2001) 4, 31-33, pelo Código anterior, idêntico, neste ponto.

5. O contrato de sociedade e as deliberações dos sócios podem regulamentar a liquidação em tudo quanto não estiver disposto nos artigos seguintes.

6. Nos casos em que tenha ocorrido dissolução administrativa promovida por via oficiosa, a liquidação é igualmente promovida oficiosamente pelo serviço de registo competente.

Bibliografia: Raúl Ventura, *Dissolução e liquidação de sociedades* (1987), 209-266; *vide* as indicações dadas na Introdução.

Índice

I – Redação inicial e reforma de 2006
1. Redação inicial ... 1
2. A reforma de 2006 ... 2

II – Regras gerais e procedimento
3. Regras gerais ... 3
4. Procedimento ... 5

I – Redação inicial e reforma de 2006

1 1. **Redação inicial**. Segundo a versão do CSC resultante do DL 262/86, de 2-set., o 146.º/1 e 4 dispunham:

> 1. Salvo quando a lei disponha diferentemente a sociedade dissolvida entra imediatamente em liquidação, que deve obedecer aos termos dos artigos seguintes; nas hipóteses de falência e de liquidação judicial, deve observar-se também o preceituado nas leis de processo.
>
> 4. O contrato de sociedade pode estipular que a liquidação seja feita judicialmente; o mesmo pode deliberar os sócios com a maioria que for exigida para a alteração do contrato.

2 2. **A reforma de 2006.** O DL 76-A/2006, de 290-mar., modificou os dois citados números e acrescentou o n.º 6: (a) no n.º 1, substituiu falência por insolvência e melhorou a redação; (b) no n.º 4 substituiu a liquidação judicial pela administrativa; (c) o novo n.º 6 refere a promoção da liquidação pelo serviço de registo, quando ocorra dissolução administrativa por via oficiosa.

II – Regras gerais e procedimento

3 3. **Regras gerais**: o 146.º enuncia regras gerais; algumas delas são redutíveis a princípios que afloram subsequentemente em vários preceitos, no CSC, e que, por isso, foram tratadas na introdução, para que se remete.

4 Todavia, podemos seriar, com base nesse artigo: (a) a entrada em liquidação logo após a dissolução (n.º 1); (b) a manutenção da personalidade jurídica, com a aplicação das mesmas regras (n.º 2); (c) o aditamento, à firma, de "sociedade em liquidação" ou "em liquidação"; (d) a competência dos estatutos e dos sócios para optar pela liquidação administrativa e para regular o seu decurso (n.º 4 e n.º 5).

5 4. **Procedimento**. O 146.º/1 ressalva as regras da insolvência, contidas no CIRE e os casos expressamente previstos na lei de liquidação judicial. Temos, depois, a liquidação administrativa (146.º/4 e 5), constante do RDA, para o qual se remete.

Artigo 147.º (Partilha imediata)

1. Sem prejuízo do disposto no artigo 148.º, se, à data da dissolução, a sociedade não tiver dívidas, podem os sócios proceder imediatamente à partilha dos haveres sociais, pela forma prescrita no artigo 156.º.

2. As dívidas de natureza fiscal ainda não exigíveis à data da dissolução não obstam à partilha nos termos do número anterior, mas por essas dívidas ficam ilimitada e solidariamente responsáveis todos os sócios, embora reservem, por qualquer forma, as importâncias que estimarem para o seu pagamento.

Bibliografia: Raúl Ventura, *Dissolução e liquidação de sociedades* (1987), 267-271.

Índice

1. Regra básica .... 1 2. Ressalva fiscal 2

1. **Regra básica**. Não havendo dívidas, podem os sócios proceder à partilha imediata[1]. Segue-se, então, o previsto no 156.º. A ressalva do 148.º reporta-se à liquidação por transmissão global. 1

2. **Ressalva fiscal**. Pode, à data da dissolução de uma sociedade sem dívidas, haver substância para que, no futuro, surjam dívidas fiscais ainda não exigíveis. Tal eventualidade não obsta à partilha imediata, mas responsabiliza ilimitada e solidariamente todos os sócios. 2

Fica, assim, prevenida a hipótese de uma dissolução destinada, precisamente, a defraudar o fisco. 3

Artigo 148.º (Liquidação por transmissão global)

1. O contrato de sociedade ou uma deliberação dos sócios pode determinar que todo o património, ativo e passivo, da sociedade dissolvida seja transmitido para algum ou alguns sócios, inteirando-se os outros a dinheiro, contanto que a transmissão seja precedida de acordo escrito de todos os credores da sociedade.

2. É aplicável o disposto no artigo 147.º, n.º 2.

Bibliografia: Raúl Ventura, *Dissolução e liquidação de sociedades* (1987), 273-279.

Índice

1. Transferência global .... 1 2. Acordo dos credores 2

1. **Transferência global.** A transmissão do ativo e do passivo em bloco é muito frequente na prática contratual. Não raro surgem cláusulas que permitem a transferência de todo o património para os sócios, inteirando-se os demais em dinheiro. Tenta-se evitar com essas cláusulas a 1

[1] RCb 19-Dez.-2000 (Custódio Costa), CJ XXV (2000) 5, 41-42.

dispersão do património social que inevitavelmente sempre ocorreria com os atos de liquidação. Essencial para que se verifique a liquidação por transferência global é que haja uma cláusula no contrato de sociedade ou uma deliberação social nesse sentido tomada contemporânea ou posteriormente à dissolução e por unanimidade[1].

2 2. **Acordo dos credores.** A transferência global porém, para ser lícita, necessita previamente do acordo escrito de todos os credores. A lei não estabelece qualquer exceção nesta matéria, pelo que, na prática, não raro surgirão problemas em conseguir esse assentimento.

3 O 148.º/2 ressalva o surgimento de dívidas fiscais não exigíveis à data da dissolução, remetendo para o 147.º/2.

Artigo 149.º (Operações preliminares da liquidação)

1. Antes de ser iniciada a liquidação devem ser organizados e aprovados, nos termos desta lei, os documentos de prestação de contas da sociedade, reportados à data da dissolução.

2. A administração deve dar cumprimento ao disposto no número anterior dentro dos 60 dias seguintes à dissolução da sociedade; caso o não faça, esse dever cabe aos liquidatários.

3. A recusa de entregar aos liquidatários todos os livros, documentos e haveres da sociedade constitui impedimento ao exercício do cargo, para os efeitos dos artigos 1500.º e 1501.º do Código de Processo Civil.

Bibliografia: Raúl Ventura, *Dissolução e liquidação de sociedades* (1987), 281-289.

Índice

1. Operações preliminares .... 1 2. Prazo 2

1 1. **Operações preliminares** da liquidação têm, essencialmente, a ver com a prestação de contas[1]. Em todo o subsequente processo, o preciso estado da sociedade, aquando da dissolução, vai ser determinante. Assim, antes de iniciada a liquidação e com referência à data em que a mesma tenha ocorrido, devem ser organizados e aprovados os documentos de prestação de contas (149.º/1).

2 2. **Prazo.** A administração deve executar essa regra nos 60 dias subsequentes à dissolução; se o não fizer, tal função passa para os liquidatários.

3 Havendo recusa de entrega de todos os elementos aos liquidatários, há que aplicar o regime da investidura em cargos sociais, regulado nos 1500.º e 1501.º, do CPC (149.º/3).

[1] Raúl Ventura, *Dissolução e liquidação de sociedades*, 276.

[1] A inexistência de escrita não obsta à liquidação; haverá, então, que recorrer a elementos coadjuvantes: REv 12-mai.-1988 (Faria Sousa), CJ XIII (1988) 3, 280-281.

Artigo 150.º (Duração da liquidação)

1. A liquidação deve estar encerrada e a partilha aprovada no prazo de dois anos a contar da data em que a sociedade se considere dissolvida, sem prejuízo de prazo inferior convencionado no contrato ou fixado por deliberação dos sócios.

2. O prazo estabelecido no número anterior só pode ser prorrogado por deliberação dos sócios e por período não superior a um ano.

3. Decorridos os prazos previstos nos números anteriores sem que tenha sido requerido o registo do encerramento da liquidação, o serviço de registo competente promove oficiosamente a liquidação por via administrativa.

Bibliografia: António Menezes Cordeiro 1 (2011), 1150 ss.; Paulo Olavo Cunha (2014), 946 ss.; Armando Manuel Triunfante (2007), 171-172; Raúl Ventura, *Dissolução e liquidação de sociedades* (1987), 291-294.

Índice

I – Versão original
1. Redação original 1
2. Sentido e alcance da norma 2
3. O prazo 3
4. Prorrogação do prazo 4
5. Inobservância do prazo 5

II – Nova redação
6. Principais alterações 6
7. Sentido e alcance das alterações 7

I – Versão original

1 **1. Redação original**. No DL 262/86, era a seguinte a redação do preceito:

> 1. A liquidação deve estar encerrada e a partilha aprovada no prazo de três anos a contar da data em que a sociedade se considere dissolvida, sem prejuízo de prazo inferior convencionado no contrato ou fixado por deliberação dos sócios.
>
> 2. O prazo estabelecido no número anterior só pode ser prorrogado por deliberação dos sócios e por tempo não superior a dois anos.
>
> 3. Não estando a liquidação encerrada e a partilha aprovada nos prazos resultantes dos números anteriores, passam a ser feitas judicialmente.

2 **2. Sentido e alcance da norma**. A fixação de um prazo de duração máxima da liquidação visa evitar excessivas delongas deixadas à liberdade dos sócios. Fixou-se um prazo inicial de três anos, derrogável por cláusula contratual inserta no contrato de sociedade ou por deliberação societária. A derrogação, contudo, somente poderia ser no sentido da diminuição daquele prazo de duração máxima. Qualquer prazo fixado no contrato de sociedade ou na deliberação social que excedesse os referidos três anos deveria entender-se reduzido ao máximo legal.

3 **3. O prazo**. O prazo começa na data em que a sociedade se considere dissolvida, o que permite acomodar as várias formas que estejam na base da dissolução. Dentro do prazo, a liquidação deveria estar encerrada e a partilha aprovada, o que, segundo o entendimento mais autorizado[1], levaria a considerar a aprovação da partilha, nos termos do 157.º/4, como o último a ato a con-

[1] Raúl Ventura, *Dissolução e liquidação de sociedades*, 293.

siderar. De fora do referido prazo ficaria a entrega de bens partilhados e a inscrição no registo comercial.

4 4. **Prorrogação do prazo**. Depende de deliberação social e, em qualquer caso, nunca poderia ultrapassar dois anos sobre o prazo inicial, sendo de admitir que fossem deliberadas várias prorrogações, desde que se contivessem dentro daquele limite máximo dos dois anos.

5 5. **Inobservância do prazo**. Em ordem a evitar que o desrespeito do prazo pudesse significar uma paralisia, a liquidação seguiria para a via judicial. Solução adequada na ausência ao fim de três anos de aprovação sequer da partilha pelos sócios[2].

II – **Nova redação**

6 6. **Principais alterações**. A redação do preceito manteve-se quase inalterada, com exceção do n.º 3. Alterou-se, no n.º 1, o prazo máximo de três para dois anos e, no n.º 2, estabeleceu-se um prazo máximo de um ano para as prorrogações em substituição dos anteriores dois anos. Substituiu-se ainda a expressão "tempo" por "período", sem aparente razão justificativa. No n.º 3, as alterações foram de maior monta: deixou de falar-se em aprovação da partilha, faz-se referência, apenas, ao encerramento da liquidação e a inobservância do prazo deixou de ter, como consequência, a intervenção de um juiz em liquidação judicial, seguindo, agora, para as mãos do conservador em processo administrativo.

7 7. **Sentido e alcance das alterações**. A intenção legislativa é óbvia: encurtar prazos! Todavia, a pressa que se quis imprimir ao processo de liquidação originou uma discrepância entre o n.º 1 e o n.º 3 do preceito. Com efeito, o prazo de dois anos, previsto no n.º 1, é para ser aprovada a partilha pelos sócios (157.º/4). O n.º 3 veio estabelecer que, verificados os prazos (inicial e suas eventuais prorrogações) sem que o registo do encerramento da liquidação tenha sido efetuado, segue-se para via administrativa. Ora, entre a aprovação da partilha pelos sócios e o registo do encerramento da liquidação, que é o último ato da liquidação, medeia uma série de atos que têm de ser praticados, como por exemplo a entrega dos bens partilhados, que agora, à luz do n.º 3, terão de ser praticados dentro do prazo de dois anos, quando o n.º 1 determina que dentro desses dois anos o que tem de estar verificado é apenas a aprovação da partilha. Pensamos que a dificuldade só poderá ser ultrapassada com a seguinte solução: dentro do prazo inicial, a partilha tem que estar aprovada; se isso não suceder, os sócios poderão deliberar a sua prorrogação por mais um ano para não só aprovarem a partilha, mas também para praticarem todos os outros atos de execução que sejam necessários e requererem o registo de encerramento da liquidação. Se não tiverem prorrogado o prazo inicial e não obstante tenham aprovado a partilha, terá que funcionar a solução do n.º 3 e o processo seguirá para a via administrativa.

Artigo 151.º (Liquidatários)

1. Salvo cláusula do contrato de sociedade ou deliberação em contrário, os membros da administração da sociedade passam a ser liquidatários desta a partir do momento em que ela se considere dissolvida.

2. Em qualquer momento e sem dependência de justa causa, podem os sócios deliberar a destituição de liquidatários, bem como nomear novos liquidatários, em acréscimo ou em substituição dos existentes.

[2] STJ 30-jun.-1988 (Joaquim Gonçalves), Proc. 076056.

3. O conselho fiscal, qualquer sócio ou credor da sociedade pode requerer a destituição do liquidatário por via administrativa, com fundamento em justa causa.

4. Não havendo nenhum liquidatário, pode o conselho fiscal, qualquer sócio ou credor da sociedade requerer a respetiva designação por via administrativa ao serviço de registo competente, prosseguindo a liquidação os termos previstos no presente Código.

5. Uma pessoa coletiva não pode ser nomeada liquidatário, excetuadas as sociedades de advogados ou de revisores oficiais de contas.

6. Sem prejuízo de cláusula do contrato de sociedade ou de deliberação em contrário, havendo mais de um liquidatário, cada um tem poderes iguais e independentes para os atos de liquidação, salvo quanto aos de alienação de bens da sociedade, para os quais é necessária a intervenção de, pelo menos, dois liquidatários.

7. As deliberações de nomeação ou destituição de liquidatários e bem assim a concessão de algum dos poderes referidos no n.º 2 do artigo 152.º devem ser inscritas no serviço de registo competente.

8. As funções dos liquidatários terminam com a extinção da sociedade, sem prejuízo, contudo, do disposto nos artigos 162.º a 164.º

9. A remuneração dos liquidatários é fixada por deliberação dos sócios e constitui encargo da liquidação.

Bibliografia: António Menezes Cordeiro 1 (2011), 1152-1153; Carolina Cunha, em *Código em Comentário* 2 (2011), 617 ss., Armando Manuel Triunfante (2007), 171-172; Raúl Ventura, *Dissolução e liquidação de sociedades* (1987), 295-327.

Índice

I – **Versão original e suas alterações**
1. Redação original 1
2. Sentido das principais alterações 2

II – **Compreensão da norma**
3. Sentido e alcance da norma 3
4. Destituição e nomeação de liquidatários 4
5. Poderes de representação 5
6. Remuneração 6
7. Cessação de funções 7
8. Natureza 8

I – Versão original e suas alterações

1. **Redação original**. No DL 262/86, era a seguinte a redação dos n.ºs 3, 4 e 7 do preceito: 1

> 3. O conselho fiscal, qualquer sócio ou credor da sociedade pode requerer a destituição judicial do liquidatário, com fundamento em justa causa.
>
> 4. Não havendo nenhum liquidatário, pode o conselho fiscal, qualquer sócio ou credor da sociedade requerer a nomeação judicial.
>
> 7. As deliberações de nomeação ou destituição de liquidatários e bem assim a concessão de algum dos poderes referidos no artigo 152.º, n.º 2, devem ser inscritos registo comercial.

2. **Sentido das principais alterações**: é pouco significativo. O sentido das alterações aos n.ºs 2
3, 4 e 7 foi ditado pela já referida substituição do controlo jurisdicional pelo controlo administrativo a cargo das conservatórias de registo comercial. Este controlo, no que a este preceito interessa, incide sobre a destituição e designação de um liquidatário. Havendo justa causa, o conselho fiscal, qualquer sócio ou credor da sociedade podem requerer a destituição do liqui-

datário por via administrativa. Do mesmo modo, na ausência de liquidatário, o conselho fiscal, qualquer sócio ou credor da sociedade podem requerer, por via administrativa, a designação de um liquidatário para o processo de liquidação não administrativo. Em ambas as hipóteses, a conservatória tem uma intervenção limitada: proceder à designação do liquidatário ou avaliar e decidir da destituição com justa causa.

II – Compreensão da norma

3 3. **Sentido e alcance da norma**. Este preceito reporta-se ao *status* do liquidatário. A regra será a de que, na falta de cláusula estatutária ou deliberação social em contrário, com a dissolução, os administradores passam a liquidatários. Não é muito comum consagrarem-se, no contrato de sociedade, soluções diferentes da regra legal. Nada impede, todavia, que, por exemplo, os sócios, prevendo a dissolução e liquidação da sociedade para um futuro próximo, tenham, logo no momento da constituição da sociedade, determinado que será certo sócio a exercer as funções de liquidatário. Aplicando-se a regra legal, não haverá qualquer hiato temporal entre o órgão de administração que estava em funções e os membros liquidatários, uma vez que serão exatamente as mesmas pessoas. Solução que se afigura saudável em virtude do conhecimento que têm dos problemas da sociedade e a facilidade com que poderão iniciar *ad continuum* os atos de liquidação. Parece, contudo, de aceitar que possam renunciar a tais funções evitando a permanência *forçada* em funções que não desejam.

4 4. **Destituição e nomeação dos liquidatários**. Durante o processo de liquidação, os sócios poderão, sem necessidade de justa causa, destituir ou nomear liquidatários, mediante deliberação social, em acréscimo ou substituição de outros. Se, por hipótese, não restar nenhum liquidatário, poderá o conselho fiscal, qualquer sócio ou credor da sociedade requerer, por via administrativa, a designação de um liquidatário para o processo de liquidação não administrativo. Estes sujeitos estão igualmente legitimados para requererem a destituição administrativa de um liquidatário, mas apenas com base em justa causa. O (en)cargo de liquidatário pode ser assumido por qualquer sujeito, desde que não seja uma pessoa coletiva, exceto no que respeita às sociedades de advogados e revisores oficiais de contas que, pela natureza das regras deontológicas que coordenam a suas atividades, não estão naturalmente impedidos de o assumirem. Visa-se, com esta restrição, "prevenir que o liquidatário esteja ao serviço de qualquer outro interesse que não o da massa em liquidação"[1]. A destituição e a nomeação de liquidatários deve ser levada a registo.

5 5. **Poderes de representação**. Os liquidatários, em princípio, têm poderes de representação iguais e independentes para os atos de liquidação. Via de regra, qualquer um dos liquidatários tem poderes para agir isoladamente (*sistema individual ou disjunto*), exceto no que respeita à alienação de bens, caso em que devem intervir pelo menos dois liquidatários. Estes poderes de representação podem, contudo, ser disciplinados de modo diferente dos enunciados se, no contrato de sociedade ou em deliberação social, tiverem sido fixadas outras regras.

6 6. **Remuneração**. Os liquidatários são remunerados de acordo com o que tiver sido fixado em deliberação dos sócios e são suportados pela massa em liquidação. Não existe qualquer limitação ao modo de fixação da remuneração. Os sócios poderão deliberar a este respeito o que lhes aprouver, sendo natural que a designação de liquidatário só seja aceite depois de conhecer os termos da remuneração. Se nada tiver sido fixado a respeito da remuneração dos liquidatários, parece que, constituindo a remuneração dos liquidatários um encargo da liquidação (leia-se,

[1] António Menezes Cordeiro 1 (2011), 1152, nota 3394.

sociedade), será de permitir que os liquidatários se façam pagar pelos meios da sociedade, nos mesmos termos em que os gerentes e os administradores o podem fazer em caso de insuficiência do ativo social[2].

7. **Cessação de funções**. Os liquidatários cessam as suas funções no momento em que ocorrer a extinção da sociedade, exceto no que respeita a ações pendentes e ao passivo e ativo supervenientes (cf. 162.º a 164.º). 7

8. **Natureza**. Os liquidatários constituem uma comissão de liquidação, a qual opera como órgão colegial[3], semelhante ao conselho de administração. Tecnicamente, os liquidatários são administradores. Todavia, as suas funções são, todas elas, infletidas pela tarefa da liquidação. Tudo isto se infere, de resto, do preceito seguinte (o 152.º) para cujo comentário se remete. 8

Artigo 152.º (Deveres, poderes e responsabilidade dos liquidatários)

1. Com ressalva das disposições legais que lhes sejam especialmente aplicáveis e das limitações resultantes da natureza das suas funções, os liquidatários têm, em geral, os deveres, os poderes e a responsabilidade dos membros do órgão de administração da sociedade.

2. Por deliberação dos sócios pode o liquidatário ser autorizado a:

***a*) Continuar temporariamente a atividade anterior da sociedade;**

***b*) Contrair empréstimos necessários à efetivação da liquidação;**

***c*) Proceder à alienação em globo do património da sociedade;**

***d*) Proceder ao trespasse do estabelecimento da sociedade.**

3. O liquidatário deve:

***a*) Ultimar os negócios pendentes;**

***b*) Cumprir as obrigações da sociedade;**

***c*) Cobrar os créditos da sociedade;**

***d*) Reduzir a dinheiro o património residual, salvo o disposto no artigo 156.º, n.º 1;**

***e*) Propor a partilha dos haveres sociais.**

Bibliografia: António Pereira de Almeida (2013), 735-736; António Menezes Cordeiro 1 (2011), 1152-1153; Ferrer Correia/Lobo Xavier/Maria Ângela Coelho/António Caeiro, *Sociedade por quotas de responsabilidade limitada*, separata da RDE (1977 e 1979), 173-174; Nogueira Serens, *Notas sobre a sociedade anónima* (1997), 130 ss.; Raúl Ventura, *Dissolução e liquidação de sociedades* (1987), 329 ss..

Índice

1. Equiparação aos membros da administração 1
2. Regra geral sobre os deveres, poderes e responsabilidades.... 2
3. Atos sujeitos a autorização 3
4. Deveres específicos dos liquidatários 4

[2] Neste sentido, Raúl Ventura, *Dissolução e liquidação de sociedades*, 322 ss..

[3] STJ 8-jul.-1997 (Lopes Pinto), CJ/Supremo V (1997) 2, 142-144.

1 1. **Equiparação aos membros da administração**. Esta norma mantém-se intocada desde o início do Código. Permanece a ideia geral de que os liquidatários são os representantes da sociedade em liquidação. Com a dissolução, a sociedade passou a um estatuto jurídico especial, o de sociedade em liquidação, o que envolve uma mudança nos poderes próprios de quem a gere e representa. Como vimos na anotação ao 151.º, houve uma preocupação do legislador em não criar hiatos temporais com a dissolução e a entrada em liquidação da sociedade, estabelecendo a regra de que os membros da administração da sociedade se manteriam agora na qualidade de liquidatários. Esta mudança de condição dos próprios membros do órgão de administração teria, necessariamente, reflexos nas funções que estão cometidas, agora enquanto liquidatários. Já não são membros do órgão de administração da sociedade, mas são *equiparados*, em geral, quanto aos deveres, aos poderes e à responsabilidade dos membros do órgão de administração da sociedade. Em síntese: cabem-lhes as tarefas específicas de realizar o ativo, liquidar o passivo e repartir o saldo disponível e não apenas a gestão corrente da sociedade.

2 2. **Regra geral sobre os deveres, poderes e responsabilidades**. O 152.º/1 começa por afirmar uma regra de equiparação aos membros do órgão de administração, mas sujeita à ressalva das disposições legais que lhe sejam aplicáveis e das limitações decorrentes da natureza das suas funções[1]. Trata-se de uma equiparação genérica e que deve ser entendida como remetendo em cada caso para o modelo de administração que a sociedade tinha antes de entrar em liquidação. Quanto aos poderes representativos dos liquidatários, o 151.º/6 resolve especificamente o problema da equiparação, sendo que o poderes de gestão encontram-se bem delimitados nos n.os 2 e 3. Os liquidatários são responsáveis nos mesmos termos que os membros dos órgão de administração, mas respondem ainda perante os credores sociais pelos prejuízos que lhes causarem se, com culpa, indicarem falsamente à assembleia geral de aprovação de contas da liquidação que os direitos de todos os credores da sociedade se encontram satisfeitos ou acautelados (cf. 158.º).

3 3. **Atos sujeitos a autorização**. O 152.º/2 sujeita a autorização por deliberação dos sócios a prática de certos atos e operações. Admite-se que o liquidatário ultime os negócios pendentes (152.º/3), mas o exercício temporário da atividade anterior depende de autorização do coletivo dos sócios. Ponto axial é que o liquidatário autorizado a continuar a atividade o faça numa perspetiva temporária e não de desenvolvimento da atividade, comprando, por exemplo, ativamente maquinaria ou realizando investimentos como se a sociedade não estivesse em liquidação. A continuação da atividade visa manter certos aspetos da vida da sociedade que estavam em curso e que sairiam prejudicados pela interrupção dos mesmos. E os resultados positivos dessa continuação temporária da atividade devem acumular-se ao ativo existente para pagamento dos credores ou partilha pelos sócios do ativo restante. Os liquidatários poderão igualmente ser autorizados a contrair empréstimos para a efetivação da liquidação, com por exemplo, para a manutenção de bens da sociedade ou para pagamento de encargos legais. Da mesma forma, poderão os sócios autorizar os liquidatários a proceder à alienação do património social na sua globalidade, o que pode ser bem mais proveitoso do que a alienação isolada de partes desse património. Esta hipótese não deve ser confundida com a alínea seguinte, em que se permite o trespasse do estabelecimento. Na prática o património pode reconduzir-se ao estabelecimento, caso em que a autorização tanto pode ser fundamentada com base nas alíneas *c*) ou *d*), mas a consideração em separado do trepasse encontra a sua razão nas hipótese comuns em que o estabelecimento é um dos elementos do património da sociedade em liquidação.

[1] STJ 12-jan.-1999 (Garcia Marques), BMJ 483 (1999), 223-231 (227/I).

4. **Deveres específicos dos liquidatários.** O legislador estabeleceu cinco deveres aos liquidatários que, no essencial, constituem o cerne da efetivação da liquidação. Cabe-lhes, desde logo, ultimar os negócios pendentes. O mesmo é dizer que lhes cabe findar progressivamente a atividade social, promovendo a execução dos negócios pendentes e não promover novos negócios. Cabe-lhes ainda cumprir as obrigações da sociedade e cobrar os créditos da mesma. Trata-se de deveres diretamente relacionados com os 153.º e 154.º e que encontram aí o seu desenvolvimento. Em penúltimo lugar, deve o liquidatário reduzir a dinheiro o património residual, ou seja, deve reduzir a dinheiro o ativo sobrante. Este aspeto pressupõe, naturalmente, que houve passivo a ser satisfeito. Por último, deve o liquidatário propor a partilha, matéria que aparece desenvolvida a propósito do 156.º. 4

Artigo 153.º (Exigibilidade de débitos e créditos da sociedade)

1. Salvo nos casos de falência ou de acordo diverso entre a sociedade e um seu credor, a dissolução da sociedade não torna exigíveis as dívidas desta, mas os liquidatários podem antecipar o pagamento delas, embora os prazos tenham sido estabelecidos em benefício dos credores.

2. Os créditos sobre terceiros e sobre sócios por dívidas não incluídas no número seguinte devem ser reclamados pelos liquidatários, embora os prazos tenham sido estabelecidos em benefício da sociedade.

3. As cláusulas de diferimento da prestação de entradas caducam na data da dissolução da sociedade, mas os liquidatários só poderão exigir dessas dívidas dos sócios as importâncias que forem necessárias para satisfação do passivo da sociedade e das despesas de liquidação, depois de esgotado o ativo social, mas sem incluir neste os créditos litigiosos ou considerados incobráveis.

Bibliografia: António Menezes Cordeiro 1 (2011), 1150 ss.; Nogueira Serens, *Notas sobre a sociedade anónima* (1997), 130 ss.; Raúl Ventura, *Dissolução e liquidação de sociedades* (1987), 355-376.

Índice

1. Efeitos da dissolução 1
2. Créditos de entradas 2

1. **Efeitos da dissolução.** A reforma de 2006 deixou incólume este preceito, passando-lhe despercebida a necessidade de atualização de terminologia, uma vez que o termo falência foi substituindo por insolvência. Pelo 152.º, os liquidatários têm como deveres específicos o de cumprir as obrigações da sociedade e o de cobrar os créditos da mesma. Estabelece agora o 153.º o regime da exigibilidade das obrigações da sociedade dissolvida e dos créditos desta sobre terceiros e sócios. Tratando-se de obrigações já vencidas à data da dissolução, esta nenhum efeito tem sobre essas obrigações. Porém, tratando-se de obrigações ainda não exigíveis, a dissolução apenas cria a *possibilidade* de o liquidatário antecipar o seu cumprimento, ainda que o prazo de cumprimento tenha sido estabelecido em benefício do credor. Sacrifica-se o interesse do credor em prol da necessidade de findar a liquidação. Apenas em caso de insolvência ou de acordo entre a sociedade e o credor nesse sentido, a dissolução terá como efeito a exigibilidade imediata das 1

obrigações. Ao invés, no caso de créditos da sociedade sobre terceiros e sobre sócios, os liquidatários têm o *dever* de reclamar esses créditos, embora os prazos tenham sido estabelecidos em benefício da sociedade.

2 2. **Créditos de entradas.** A dissolução da sociedade faz caducar as cláusulas de diferimento de entradas. Trata-se de um preceito imperativo, atenuado apenas pela segunda parte ao estabelecer que essas dívidas só poderão ser exigíveis na medida e à medida em que forem necessárias para a satisfação do passivo social e das despesas de liquidação. E nessa exigibilidade entram naturalmente todos aqueles que foram titulares da quotas ou ações nos termos dos 206.º e 286.º. É uma responsabilidade natural de todos aqueles que deveriam ter contribuído com certos bens para a atividade social e ainda não o fizeram, pelo que, havendo passivo por satisfazer, devem os sócios responder na medida das suas entradas não realizadas. Por maioria de razão, não havendo cláusulas de diferimento e havendo sócios que não realizaram as suas entradas no momento da constituição da sociedade e ainda que não estivessem constituídos em mora, será de entender que os liquidatários poderão agir também contra estes.

Artigo 154.º (Liquidação do passivo social)

1. Os liquidatários devem pagar todas as dívidas da sociedade para as quais seja suficiente o ativo social.

2. No caso de se verificarem as circunstâncias previstas no artigo 841.º do Código Civil, devem os liquidatários proceder à consignação em depósito do objeto da prestação; esta consignação não pode ser revogada pela sociedade, salvo provando que a dívida se extinguiu por outro facto.

3. Relativamente às dívidas litigiosas, os liquidatários devem acautelar os eventuais direitos do credor por meio de caução, prestada nos termos do Código de Processo Civil.

Bibliografia: António Menezes Cordeiro 1 (2011), 1150 ss.; Nogueira Serens, *Notas sobre a sociedade anónima* (1997), 131 ss.; Raúl Ventura, *Dissolução e liquidação de sociedades* (1987), 377-387.

Índice

1. Extinção do passivo 1
2. Consignação em depósito 2
3. Dívidas litigiosas 3

1 1. **Extinção do passivo.** Em consonância com o dever especifico que aos liquidatários é cometido de cumprir as obrigações da sociedade no 152.º/3, agora os liquidatários devem extinguir todas as dívidas da sociedade para as quais haja ativo social suficiente. E devem extingui-las por qualquer modo de extinção das obrigações que não apenas o *pagamento*. Todavia, este dever não significa que o liquidatário deva pagar todas as dívidas que lhe sejam apresentadas. Pode recusá-las e pode impugná-las judicialmente. E tanto podem ser dívidas que existiam em momento anterior ao da dissolução como dívidas que tenham sido constituídas em momento posterior. Não existe, porém, qualquer regra quanto à ordem de satisfação das dívidas sociais. Com exceção da regra dos suprimentos, previsto no 245.º/3, que qualifica o crédito por supri-

mentos como dívida subordinada, não estabeleceu o legislador qualquer regra concursal de pagamento dos credores. Os liquidatários deverão agir com a diligência devida, sendo certo que a dissolução não modifica os direitos dos credores.

2. **Consignação em depósito**. O 154.º/2 estabelece um dever do liquidatário em proceder à consignação em depósito, sempre que se verifiquem os requisitos do 841.º do CC. Assim, sempre que o devedor, sem culpa sua, não puder efetuar a prestação ou não puder efetuá-la com segurança, por qualquer motivo relacionado com a pessoa do credor e o credor estiver em mora, o liquidatário deverá consignar a prestação em depósito, ao contrário do regime geral em que a consignação em depósito é meramente facultativa. A consignação não pode ser revogada. Permite-se, no entanto, que a sociedade prove que a dívida já estava extinta e revogue a consignação e, consequentemente, exija a restituição da coisa consignada em depósito. 2

3. **Dívidas litigiosas**. As dívidas litigiosas não impedem o prosseguimento da liquidação, mas exigem que seja prestada caução de modo a acautelar os eventuais direitos do credor[1]. A situação litigiosa pode provir de momento anterior ao da dissolução ou ter sido criada em momento posterior. Em qualquer dos casos, o liquidatário deve prestar caução. Trata-se, com efeito, de uma situação que pode criar, na prática, embaraços ao prosseguimento da liquidação, mas é um pressuposto que tem de estar verificado na partilha de bens entre os sócios. 3

Artigo 155.º (Contas anuais dos liquidatários)

1. Os liquidatários devem prestar, nos três primeiros meses de cada ano civil, contas da liquidação, as quais devem ser acompanhadas por um relatório pormenorizado do estado da mesma.

2. O relatório e as contas anuais dos liquidatários devem ser organizados, apreciados e aprovados nos termos prescritos para os documentos de prestação de contas da administração, com as necessárias adaptações.

Bibliografia: António Menezes Cordeiro 1 (2011), 1150 ss.; Raúl Ventura, *Dissolução e liquidação de sociedades* (1987), 389-391.

Índice

1. Da prestação de contas 1
2. Do modo de prestação de contas 2

1 1. **Da prestação de contas**. O processo de liquidação da sociedade pode de ser mais ou menos longo. A reforma de 2006 encurtou os prazos para a realização da liquidação, devendo o pedido de registo do encerramento da partilha estar efetuado no prazo de inicial de dois anos prorrogado, eventualmente, por mais um. Natural é que a lei impusesse aos liquidatários a obrigação de prestar contas anualmente. Ainda que a sociedade em liquidação não continue o exercício da atividade anterior, há toda uma série de atos especialmente cometidos aos liquidatários, que

[1] Abrangendo os juros moratórios e demais despesas: STJ 2-jul.-1998 (Herculano Namora), CJ/Supremo VI (1998) 2, 162-164.

exigem que os sócios tenham conhecimento da forma como os mesmos foram exercidos. Pense-se, por exemplo, nos negócios pendentes ou na redução a dinheiro do ativo residual. A pressão dos prazos para a feitura da liquidação não poderia, na realidade, permitir que a atividade dos liquidatários ficasse liberta de qualquer dever de prestação de contas. O dever de relatar contas é, pois, um princípio aplicável a todos aqueles que gerem bens alheios.

2 2. **Do modo de prestação de contas.** O modo de prestação de contas é disciplinado por remissão para as regras que regem a prestação de contas do órgão de administração. Assim, a organização, apreciação e aprovação hão-de seguir as regras respetivas, com as necessárias adaptações. As contas devem refletir as atividades desenvolvidas pelos liquidatários, em especial o cumprimento dos atos autorizados e/ou dos deveres especiais que lhe estão cometidos (152.º). As contas estão sujeitas ao escrutínio dos órgãos de fiscalização respetivos, tal como acontecia antes da sociedade ter mudado o seu estatuto para sociedade em liquidação. Da mesma forma, a apreciação e aprovação das contas está a cargo da assembleia geral dos sócios. Aplica-se de igual modo, *mutatis mutandis*, o disposto nos 67.º a 69.º.

Artigo 156.º (Partilha do ativo restante)

1. O ativo restante, depois de satisfeitos ou acautelados, nos termos do artigo 154.º, os direitos dos credores da sociedade, pode ser partilhado em espécie, se assim estiver previsto no contrato ou se os sócios unanimemente o deliberarem.

2. O ativo restante é destinado em primeiro lugar ao reembolso do montante das entradas efetivamente realizadas; esse montante é a fração de capital correspondente a cada sócio, sem prejuízo do que dispuser o contrato para o caso de os bens com que o sócio realizou a entrada terem valor superior àquela fração nominal.

3. Se não puder ser feito o reembolso integral, o ativo existente é distribuído pelos sócios, por forma que a diferença para menos recaia em cada um deles na proporção da parte que lhe competir nas perdas da sociedade; para esse efeito, haverá que ter em conta a parte das entradas devida pelos sócios.

4. Se depois de feito o reembolso integral se registar saldo, este deve ser repartido na proporção aplicável à distribuição de lucros.

5. Os liquidatários podem excluir da partilha as importâncias estimadas para encargos da liquidação até à extinção da sociedade.

Bibliografia: António Menezes Cordeiro 1 (2011), 1150 ss.; Nogueira Serens, *Notas sobre a sociedade anónima* (1997), 131 ss.; Raúl Ventura, *Dissolução e liquidação de sociedades* (1987), 393-412.

Índice

1. Pressupostos da partilha 1
2. Objeto da partilha 2
3. Ordem dos reembolsos 3

1 1. **Pressupostos da partilha.** O ativo social que sobeja após terem sido acautelados ou satisfeitos os direitos dos credores sociais denomina-se ativo restante. É esta porção de bens que poderá ser partilhada pelos sócios. Efetivamente, após a conclusão da liquidação do passivo social, nos

termos do 154.º, fica determinada uma porção de bens destinada aos sócios. Até se achar o valor do ativo restante, não será possível aos liquidatários proceder à distribuição de bens aos sócios[1].

2. **Objeto da partilha**. A partilha faz-se em dinheiro. A partilha em espécie só será possível se 2
tal estiver previsto no contrato de sociedade ou se os sócios por *unanimidade* o deliberarem. Não são efetivamente muito comuns cláusulas sobre a partilha em espécie nos contratos de sociedade, dada a dificuldade de os sócios anteverem os bens que hão-de compor os seus quinhões. Natural é que se limitem a regulamentar os termos da partilha, sem entrarem em excessivas concretizações sobre os bens, até porque a atividade social poderá ditar que certos bens existentes à data da constituição da sociedade tenham, entretanto, sido alienados ou hajam perecido ou se tenham deteriorado. De maior valia se reveste a possibilidade de deliberação dos sócios, a qual pode ser tomada em qualquer momento, *maxime* durante o decurso da liquidação. Será certamente mais fácil aos sócios, sabendo ou antevendo os bens que restarão, decidir do seu destino na partilha. Trata-se, todavia, de um mera possibilidade aberta aos sócios.

3. **Ordem dos reembolsos**. O legislador veio estabelecer, no 156.º/2, a regra de que o ativo 3
restante serve para o *reembolso integral* das entradas realizadas. Sendo o valor da entrada a bitola do direito ao saldo de liquidação, compreende-se a solução do preceito. O reembolso será efetuado a quem for sócio à data da partilha ou a quem for o titular do direito ao saldo de liquidação, se o mesmo tiver sido alienado. Se, porventura o ativo restante cobrir o valor das entradas realizadas e se apurar saldo, deve este ser repartido na proporção aplicável à distribuição de lucros (156.º/4). Na hipótese inversa em que o ativo restante seja insuficiente para o reembolso integral, será o mesmo repartido entre os sócios, por forma a que a diferença para menos recaia em cada uma deles na proporção da parte que lhe competir nas perdas da sociedade. Todavia, em ordem a igualar os sócios sobre a base de cálculo das perdas, manda o 156.º/3, no final, levar em conta a parte das entradas devidas pelos sócios[2].

Artigo 157.º (Relatório, contas finais e deliberação dos sócios)

1. As contas finais dos liquidatários devem ser acompanhadas por um relatório completo da liquidação e por um projeto de partilha do ativo restante.

2. Os liquidatários devem declarar expressamente no relatório que estão satisfeitos ou acautelados todos os direitos dos credores e que os respetivos recibos e documentos probatórios podem ser examinados pelos sócios.

3. As contas finais devem ser organizadas de modo a discriminar os resultados das operações de liquidação efetuadas pelos liquidatários e o mapa da partilha, segundo o projeto apresentado.

4. O relatório e as contas finais dos liquidatários devem ser submetidos a deliberação dos sócios, os quais designam o depositário dos livros, documentos e demais elementos da escrituração da sociedade, que devem ser conservados pelo prazo de cinco anos.

[1] Neste sentido, Raúl Ventura, *Dissolução e liquidação de sociedades*, 394.

[2] Quanto à natureza jurídica da partilha, ver Raúl Ventura, *Dissolução e liquidação de sociedades*, 407 ss..

Bibliografia: Carolina Cunha, *Artigo 157.º*, in *Código em Comentário* II (2015), 744 e 745; Raúl Ventura, *Dissolução e liquidação de sociedades – Comentário ao CSC* (1987, reimp. 2011), 413-416.

Índice

1. Organização das contas.................................. 1
2. Aprovação e arquivo.................................... 2
3. Omissão da declaração de satisfação ou acautelamento dos créditos.................................. 3

1 1. **Organização das contas**. As contas da liquidação devem traduzir a precisa marcha da mesma. A lei determina que elas incluam: (a) relatório da liquidação (157.º/1, 1.ª parte); (b) declaração de que se encontram satisfeitos ou acautelados os direitos dos credores, com as competentes quitações (157.º/2); (c) discriminação dos resultados das operações de liquidação e o mapa da partilha (157.º/3); (d) o projeto de partilha do ativo remanescente (157.º/1, *in fine*, e 157.º/3, *in fine*).

2 2. **Aprovação e arquivo**. O relatório e as contas finais são aprovados pelos sócios, os quais designam um depositário; este deve conservar todos os elementos durante cinco anos (157.º/4): o prazo da prescrição. A deliberação dos sócios, enquanto tais [uma vez que os mesmos, podendo ter detido uma anterior qualidade de gerente ou administrador (*supra*, 191.º/1, e *infra* 252.º/1 e 390.º/3), podem ser também liquidatários (151.º/1)], que incide sobre o projeto de partilha elaborado pelos liquidatários, não tem que coincidir com este, valendo, para efeitos da partilha do ativo restante, aquilo que, dentro dos limites legais, seja efetivamente deliberado pelos sócios.

3 3. **Omissão da declaração de satisfação ou acautelamento dos créditos.** Não é doutrinariamente pacífica a solução a dar ao caso de pura omissão, no relatório da liquidação, da declaração de satisfação ou acautelamento dos créditos sobre a sociedade, havendo-os, variando as opiniões entre a responsabilização única *da assembleia*, que, apesar da referida omissão, aprova o relatório, sem responsabilização do(s) liquidatário(s) nos termos do 158.º[1] e a responsabilização, também, do(s) liquidatário(s), nos termos do 158.º[2]. Atenta a *ratio* do conjunto normativo do 158.º e, em particular, que o primeiro dos entendimentos referidos isentaria de responsabilidade o(s) liquidatário(s) que omitisse(m) a declaração de satisfação ou acautelamento dos créditos para intencional prejuízo de credores da sociedade, parece-nos que o segundo entendimento constitui a solução interpretativa a adotar, uma vez que confere melhor tutela aos interesses que, nuclearmente, estão no centro daquele conjunto normativo.

4 A solução proposta por Raúl Ventura[3], reportada a uma responsabilidade *da assembleia*, desconsidera a posição dos sócios que tenham votado contra a proposta de relatório final da liquidação, não obstante a aprovação do mesmo, o que tem justificação: a deliberação vincula a minoria, sendo que os bens da sociedade que sejam por esta recebidos não devem, para efeitos da garantia dos credores da sociedade, ter tratamento diverso do conferido aos bens da sociedade recebidos, em partilha, pelos sócios que votaram favoravelmente a proposta do relatório final da liquidação.

[1] Raúl Ventura, *Dissolução e liquidação de sociedades* (1987), 419.

[2] Carolina Cunha, *Artigo 157.º*, in *Código em Comentário* II, 748.

[3] *Dissolução e liquidação de sociedades* (1987), 419.

Artigo 158.º (Responsabilidade dos liquidatários para com os credores sociais)

1. Os liquidatários que, com culpa, nos documentos apresentados à assembleia para os efeitos do artigo anterior indicarem falsamente que os direitos de todos os credores da sociedade estão satisfeitos ou acautelados, nos termos desta lei, são pessoalmente responsáveis, se a partilha se efetivar, para com os credores cujos direitos não tenham sido satisfeitos ou acautelados.
2. Os liquidatários cuja responsabilidade tenha sido efetivada, nos termos do número anterior, gozam de direito de regresso contra os antigos sócios, salvo se tiverem agido com dolo.

Bibliografia: Carolina Cunha, *Artigo 158.º*, in *Código em Comentário* II (2015), 746-749; *id.*, *Responsabilidade dos sócios pelo passivo superveniente após a extinção da sociedade nos casos de ausência de liquidação*, DSR III Congresso (2014), 171-200; Raúl Ventura, *Dissolução e liquidação de sociedades – Comentário ao CSC* (1987, reimp. 2011), 417-425

Índice

1. Tipo de responsabilidade 1
2. Regresso 4

1. **Tipo de responsabilidade.** As regras que impõem, aos liquidatários, a declaração de que os credores estão satisfeitos são normas de proteção. Assim, a sua responsabilidade por declarações falsas é de tipo aquiliano (483.º/1, *in fine*, do CC), razão por que a lei acrescenta o requisito da culpa. 1

A lei especifica os requisitos da responsabilidade[1]: (a) declarações falsas; (b) culpa; (c) efetivação da partilha; (d) danos. 2

A efetivação da partilha ocorre com a entrega dos bens da sociedade aos sócios (159.º/1) e não com a mera aprovação da partilha pela assembleia geral (157.º/4), seja ela coincidente, ou não, com o projeto de partilha submetido aos sócios pelo(s) liquidatário(s)[2]. 3

2. **Regresso**. Opera, a favor dos liquidatários responsabilizados, contra os antigos sócios (158.º/2), salvo se os liquidatários tiverem agido com dolo (158.º/2, *in fine*): uma demonstração da proibição de *tu quoque*. 4

Não existindo dolo dos liquidatários quanto à falsa indicação, nos documentos apresentados à assembleia geral, de que os direitos de todos os credores da sociedade estão satisfeitos ou acautelados, podem estes opor [ao(s) credor(es) cujos créditos não tenham, efetivamente, sido satisfeitos ou acautelados e que os reclamem aos liquidatários] o limite quantitativo dos bens partilhados, por identidade de razão com o que vai disposto no 163.º/1 quanto à responsabilidade dos sócios pelo passivo superveniente[3]. Se os credores, na satisfação do crédito, nada poderiam obter, da sociedade em liquidação ou dos sócios da extinta sociedade (154.º/ 1 5

[1] RLx 18-out.-2000 (Pereira Rodrigues), Proc. 0033994.

[2] Raúl Ventura, *Dissolução e liquidação de sociedades* (1987), 421 e 422; Carolina Cunha, *Artigo 158.º*, in *Código em Comentário* II, 746; RLx 18-out.-2000 (Pereira Rodrigues), Proc. 0033994.

[3] Inclina-se a tal solução Carolina Cunha, *Artigo 158.º*, in *Código em Comentário* II, 748, *idem*, *Responsabilidade dos sócios pelo passivo superveniente após a extinção da sociedade nos casos de ausência de liquidação*, DSR III Congresso (2014), 177.

e 163.º/1), não parece que – sem dolo do(s) liquidatário(s) – exista razão para aceitar o alargamento da garantia comum à custa do património do(s) liquidatário(s). Paralelamente, ao direito de regresso que o(s) liquidatário(s), não tendo existindo dolo na sua falsa indicação, venham a exercer contra os sócios, pode cada um dos demandados opor mesmo limite do 163.º/1[4].

Artigo 159.º (Entrega dos bens partilhados)

1. Depois da deliberação dos sócios e em conformidade com esta, os liquidatários procedem à entrega dos bens que pela partilha ficam cabendo a cada um, devendo esses liquidatários executar as formalidades necessárias à transmissão dos bens atribuídos aos sócios, quando tais formalidades sejam exigíveis.
2. É admitida a consignação em depósito, nos termos gerais.

Bibliografia: Menezes Cordeiro, *O costume e os usos no século XXI*, RDS 2011, 627-655; Carolina Cunha, *Artigo 159.º*, in *Código em Comentário* II (2015), 750 e 751; Raúl Ventura, *Dissolução e liquidação de sociedades – Comentário ao CSC* (1987, reimp. 2011), 427-431.

Índice

1. Introdução 1
2. Eficácia da deliberação relativa à partilha 2
3. Formalidades relativas à transmissão dos bens partilhados e consignação em depósito 3

1 1. **Introdução**. A vigente redação do n.º 1 foi introduzida pelo DL 262/86, 2-set., tendo sido eliminada uma originária segunda parte, do seguinte teor: "[...] se aos sócios forem atribuídos bens para transmissão dos quais seja necessária escritura pública ou outra formalidade, os liquidatários outorgarão essa escritura ou executarão essas formalidades".

2 2. **Eficácia da deliberação relativa à partilha**. A deliberação relativa à partilha (157.º/4) não transmite os bens que, pela mesma, sejam atribuídos a cada um dos sócios, antes os investindo num direito de crédito, sobre a sociedade, a essa entrega[1], que deve ser executada pelo(s) liquidatário(s), enquanto órgãos de atuação intersubjetiva da sociedade durante a fase da liquidação.

3 3. **Formalidades relativas à transmissão dos bens partilhados e consignação em depósito**. A referência às *formalidades necessárias à transmissão dos bens* deve ser entendida em sentido amplo, abrangendo não apenas um ato translativo legalmente necessário (*v.g.*, a outorga de uma escritura pública ou de um documento particular autenticado, no caso de um imóvel, *ex vi* 875.º e 939.º, ambos do CC; uma declaração de transmissão de valores mobiliários escriturais para registo em conta do sócio, nos termos do 80.º do CVM), mas também as formalidades prévias ao ato translativo que, por determinação legal ou por força dos usos[2], caibam ao transmitente: a sociedade.

4 A determinação legal relativa ao cumprimento das formalidades legais pode apresentar conexão próxima com a partilha em espécie (*supra*, 156.º).

[4] *Idem.*

[1] Raúl Ventura, *Dissolução e liquidação de sociedades* (1987), 428; Carolina Cunha, *Artigo 159.º*, in *Código em Comentário* II, 750.

[2] Menezes Cordeiro, *O costume e os usos no século XXI*, RDS 2011, 654.

Aos liquidatários fica aberta a porta geral da consignação em depósito: 841.º a 846.º do 5
CC e 916.º a 924.º do CPC.

Artigo 160.º (Registo comercial)

1. Os liquidatários devem requerer o registo do encerramento da liquidação.

2. A sociedade considera-se extinta, mesmo entre os sócios e sem prejuízo do disposto nos artigos 162.º a 164.º, pelo registo do encerramento da liquidação.

Bibliografia: Carolina Cunha, *Artigo 160.º*, in *Código em Comentário* II (2015), 752 e 753; Raúl Ventura, *Dissolução e liquidação de sociedades – Comentário ao CSC* (1987, reimp. 2011), 433-440.

Índice

1. Dever de requerer o registo do encerramento da liquidação 1
2. Efeito do registo do encerramento da liquidação 4

1. **Dever de requerer o registo do encerramento da liquidação.** A liquidação da socie- 1
dade, reportada no n.º 1, deve entender-se em sentido amplo, como *esgotamento* do seu património, o que pode ocorrer em consequência da existência de um ativo patrimonial e da sua partilha entre os sócios (entendida como transmissão dos bens, nos termos do 159.º/1), seja tal ativo *restante* no sentido que a locução tem no 156.º/1, ou um ativo que, nos termos do 147.º/1 ou do 148.º/1, não possa tecnicamente qualificar-se como tal[1].

É dever do(s) liquidatário(s), havendo-os, requerer o registo do encerramento da 2
liquidação[2].

A sujeição a registo comercial do encerramento da liquidação da sociedade resulta do 3
3.º/1, *t*), 1.ª parte, do CRC; o registo é obrigatório, nos termos do 15.º/1 do CRC. Nos casos previstos no 147.º/1 e no 148.º/1 não existem liquidatários, pelo que o registo deve ser requerido pelos gerentes ou administradores[3].

2. **Efeito do registo do encerramento da liquidação.** O registo do encerramento da liqui- 4
dação determina a extinção efetiva da sociedade[4].

Artigo 161.º (Regresso à atividade)

1. Os sócios podem deliberar, observado o disposto neste artigo, que termine a liquidação da sociedade e esta retome a sua atividade.

[1] Em sentido próximo, Carolina Cunha, *Artigo 160.º*, in *Código em Comentário* II, 752.

[2] Havendo liquidatários, nos termos do 151.º/1, é aos mesmos que compete a atuação intersubjetiva da sociedade, detendo, assim, legitimidade para requerer os atos de registo relativos à sociedade em liquidação, nos termos do 29.º/1 do CRC. Nos casos previstos no 147.º/1 e no 148.º/1 não existe liquidação em sentido estrito (ou seja, pagamento de credores ou acautelamento de créditos) e, por isso, também não existem liquidatários.

[3] Raúl Ventura, *Dissolução e liquidação de* sociedades, 434.

[4] RPt 4-dez.-2006 (Domingos Morais), Proc. 0644250; RLx 21-fev.-2013 (Maria José Mouro), Proc. 3169/09.

2. A deliberação deve ser tomada pelo número de votos que a lei ou o contrato de sociedade exija para a deliberação de dissolução, a não ser que se tenha estipulado para este efeito maioria superior ou outros requisitos.

3. A deliberação não pode ser tomada:

a) Antes de o passivo ter sido liquidado, nos termos do artigo 154.º, excetuados os créditos cujo reembolso na liquidação for dispensado expressamente pelos respetivos titulares;

b) Enquanto se mantiver alguma causa de dissolução;

c) Se o saldo de liquidação não cobrir o capital social, salvo redução deste.

4. Para os efeitos da alínea *b*) do número anterior, a mesma deliberação pode tomar as providências necessárias para fazer cessar alguma causa de dissolução; nos casos previstos nos artigos 142.º, n.º 1, alínea *a*), e 464.º, n.º 3, a deliberação só se torna eficaz quando efetivamente tiver sido reconstituído o número legal de sócios; no caso de dissolução por morte do sócio, não é bastante, mas necessário, o voto concordante dos sucessores na deliberação referida no n.º 1.

5. Se a deliberação for tomada depois de iniciada a partilha, pode exonerar-se da sociedade o sócio cuja participação fique relevantemente reduzida em relação à que, no conjunto, anteriormente detinha, recebendo a parte que pela partilha lhe caberia.

Bibliografia: Daniela Farto Baptista, *O direito de exoneração dos acionistas – das suas causas* (2005), 264 e ss.; Carolina Cunha, *Artigo 161.º*, in *Código em Comentário* II (2015), 754-756; Tiago Soares da Fonseca, *O direito de exoneração do sócio no CSC* (2008), 211 e ss.; Maria Augusta França, *Direito à exoneração*, in *Novas Perspectivas do Direito Comercial*, AA.VV. (1990), 207-227; João Cura Mariano, *Direito de exoneração nas sociedades por quotas* (2005), 66 e ss.; João Espírito Santo, *Exoneração do sócio no direito societário-mercantil português* (2014), 569 e ss.; Armando Manuel Triunfante, *A tutela das minorias nas sociedades anónimas. Direitos individuais* (2004), 306 e ss.; Raúl Ventura, *Dissolução e liquidação de sociedades – Comentário ao CSC* (1987, reimp. 2011), 442-460; *id.*, *Sociedades por quotas – Comentário ao CSC* II (1989, reimp. 2005), 21.

Índice

1. O regresso da sociedade à atividade 1
2. A deliberação de regresso da sociedade à atividade 2
3. Impedimentos legais à deliberação de regresso da sociedade à atividade 4
4. Deliberação de regresso da sociedade à atividade e exoneração de sócios 5
5. Requisitos do direito de exoneração do sócio consequente à deliberação de regresso da sociedade à atividade 9
6. Regresso da sociedade à atividade e âmbito subjetivo de proteção 13

1 1. **O regresso da sociedade à atividade**. No pressuposto de que a sociedade se encontre em liquidação (146.º/1), podem os sócios deliberar que esta termine e que a sociedade *retome a sua atividade* (161.º/1)[1].

2 2. **A deliberação de regresso da sociedade à atividade**. Determina o n.º 2 que a deliberação *deve ser tomada pelo número de votos que a lei ou o contrato de sociedade exija para a deliberação*

[1] Sobre o enquadramento dogmático da problemática do regresso à atividade da sociedade dissolvida, Raúl Ventura, *Dissolução e liquidação de sociedades* (1987), 442 e ss.

de dissolução, a não ser que se tenha estipulado para este efeito maioria superior ou outros requisitos. A deliberação de dissolução da sociedade, ou seja, aquela a que se refere o 141.º/1, *b*), deve ser tomada por unanimidade na sociedade em nome coletivo, a menos que o contrato de sociedade a autorize por maioria, que, todavia, não pode ser inferior a três quartos dos votos de todos os sócios (194.º/1); tal deliberação, na sociedade por quotas, deve ser tomada por maioria de três quartos dos votos correspondentes ao capital social, pese embora o ato constitutivo poder exigir para o efeito maioria mais elevada ou outros requisitos (270.º/1); no que respeita à sociedade anónima, a deliberação de dissolução deve ser aprovada por dois terços dos votos emitidos, quer a assembleia reúna em primeira ou em segunda convocação (464.º/1, 386.º/3 e 383.º/2 e 3), ou por maioria de votos emitidos, quando, reunida a assembleia em segunda convocação, estiverem presentes acionistas detentores de, pelo menos, metade do capital social, embora a lei admita que o contrato de sociedade exija maioria mais elevada ou outros requisitos (464.º/1); já no que toca à sociedade em comandita, a deliberação é tomada por maioria de dois terços dos votos dos sócios comanditários e de dois terços dos votos dos sócios comanditados (473.º/1).

O regresso à atividade de uma sociedade em comandita dissolvida – na articulação entre 3
as regras do 473.º/1 e do 161.º/2 – suscita, todavia, o problema da admissibilidade da imposição ao sócio comanditado dissidente da renovação da sua responsabilidade ilimitada pelas operações de realização do objeto social, de que o mesmo se havia já libertado com a dissolução. A imposição dessa responsabilidade ao sócio, contra a sua vontade, parece-nos inadmissível, tanto mais que do 161.º/5 não resulta necessariamente um direito de exoneração do mesmo; crê-se que este resultado não estava no horizonte do legislador na *construção* da regra do 161.º/2, que, assim, deve ser interpretada restritivamente quanto ao sócio comanditado, o que revela uma *lacuna oculta*[2]. Entende-se, assim, que a deliberação de regresso à atividade que não seja aprovada pelo sócio comanditado é anulável, resultado que se apoia na analogia com a regra do n.º 2 do 133.º; sustenta-se a mesma solução em relação ao sócio de sociedade em nome coletivo dissidente da deliberação, quando a mesma, *ex vi* 194.º/1, última parte, possa ser tomada por maioria[3].

3. **Impedimentos legais à deliberação de regresso da sociedade à atividade**. O n.º 3 4
refere três circunstâncias impeditivas da deliberação; assim, não pode deliberar-se o regresso à atividade da sociedade dissolvida: (i) antes de ter sido liquidado o passivo, nos termos do 154.º (excetuados os créditos cujo reembolso na liquidação for expressamente dispensado pelos respetivos titulares), o que, obviamente, constitui meio de tutela dos interesses dos credores da sociedade[4]; (ii) enquanto se mantiver alguma causa de dissolução (*vide* o n.º 4 deste mesmo artigo) ainda que tenha surgido posteriormente à dissolução, como no caso de ter decorrido entretanto o prazo de duração da sociedade contratualmente fixado; (iii) se o saldo de liquidação não cobrir o capital, salvo redução deste[5]. No que respeita à sociedade em nome coletivo, a lei prevê a possibilidade de oposição do credor particular do sócio ao regresso à atividade da sociedade dissolvida (196.º/1); uma tal oposição não tem, contudo, a virtualidade de impedir em absoluto

[2] Atingindo o mesmo resultado substancial, embora sem se reportar claramente à interpretação restritiva do 161.º/2, Raúl Ventura, *Dissolução e liquidação de sociedades* (1987), 450.

[3] João Espírito Santo, *Exoneração do sócio no direito societário-mercantil português* (2014), 574.

[4] Raúl Ventura, *Dissolução e liquidação de sociedades* (1987), 455.

[5] Raúl Ventura, *Dissolução e liquidação de sociedades* (1987), 458: "[...] a alínea *c*) do n.º 3 não admite a deliberação de regresso à atividade se o saldo de liquidação não cobrir o capital social, manifestamente o capital contratualmente fixado para a sociedade. O capital mínimo legal não interessa, uma vez que o capital contratual deve ser igual ou superior àquele".

a eficácia da deliberação, pois, em última análise, o credor apenas pode exigir judicialmente a liquidação da parte do sócio seu devedor.

5 4. **Deliberação de regresso da sociedade à atividade e exoneração de sócios.** O 161.º/5 atribui um direito de exoneração a certos sócios, partindo da hipótese de ser tomada uma deliberação *depois de iniciada a partilha*, que se relaciona sistematicamente com a deliberação prevista no n.º 1, de que *termine a liquidação* e de que a sociedade *retome a sua atividade*. A articulação sistemática atinge, todavia, um resultado parcialmente enganoso. Na verdade, a deliberação a que se reporta o 161.º/5, porque tomada *depois de iniciada a partilha* do ativo entre os sócios, supõe que esteja já encerrada a liquidação, nos termos do 156.º e do 157.º, que, aliás, é objeto autónomo de registo, nos termos do 160.º/1.

6 A deliberação a que se reporta o 161.º/5 tem, assim, por objeto o *regresso à atividade da sociedade já liquidada*, tomada *depois de iniciada a partilha*, atribuindo a lei, na sequência dela, um direito de exoneração ao sócio *cuja participação fique relevantemente reduzida em relação à que, no conjunto, anteriormente detinha*.

7 Esta causa legal do direito de exoneração de sócios representa uma inovação introduzida pelo CSC na ordem jurídica portuguesa. O seu ponto de partida é constituído pela admissão de que a sociedade em liquidação pode *regressar* ao normal desenvolvimento de uma atividade, que corresponda ao exercício de um objeto social[6], o que está legalmente assumido na ordem jurídica portuguesa, quer no que respeita às sociedades comerciais, no 161.º/1, quer no que respeita à sociedade civil, no 1019.º/1, CC, sendo que a licitude do regresso à atividade da sociedade dissolvida/em liquidação não corresponde a um dado plenamente consolidado nas ordens jurídicas filiadas na tradição romano-germânica[7].

8 Do 161.º/5 decorre que a deliberação de regresso à atividade da sociedade em liquidação pode ser tomada depois de iniciada a partilha do património social líquido entre os sócios [161.º/3, *a*), e 156.º[8]] – o que não tem paralelo nem no direito alemão, nem no espanhol, que exigem, como condição da deliberação, que ainda se não tenha iniciado a partilha do património da sociedade entre os sócios –, embora dele não resulte o momento a partir do qual a deliberação deixa de poder ser tomada, parecendo que o mesmo deve coincidir com o termo da partilha; *ultimada a partilha*, na expressão do 1019.º/1 do CC[9], os bens antes integrados no património da sociedade e distribuídos pelos sócios, nos termos do 156.º, passam a compor os patrimónios destes, pelo que a sociedade deixa, então, de ter um património que suporte o desenvolvimento de uma qualquer atividade que constitua o antigo ou um novo objeto social (no caso de ilicitude superveniente do original); aliás, terminada que esteja a partilha, deixará de existir um *saldo de liquidação*, o que, nos termos do 161.º/3, *c*), é impeditivo da deliberação de regresso da sociedade à atividade.

9 5. **Requisitos do direito de exoneração do sócio consequente à deliberação de regresso da sociedade à atividade.** A primeira condição da verificação de um direito de exoneração do sócio consequente à deliberação de regresso à atividade da sociedade em liquida-

[6] Embora não necessariamente o objeto social da sociedade antes da dissolução, uma vez que uma das causas de dissolução legalmente previstas é, precisamente, a ilicitude superveniente do objeto contratual [*vide* o 141.º, *f*), e o 161.º/4, primeira parte].

[7] João Espírito Santo, *Exoneração do sócio no direito societário-mercantil português* (2014), 575 e ss.; sobre a argumentação movida, em tese geral, contra a possibilidade de ser deliberado o regresso à atividade da sociedade dissolvida/em liquidação, cf. Raúl Ventura, *Dissolução e liquidação de sociedades* (1987), 443-447.

[8] No que respeita a sociedade civil, *vide* o 1018.º e o 1019.º/1, ambos do CC.

[9] No mesmo sentido, Carolina Cunha, *Artigo 161.º*, in *Código em Comentário* II (2015), 756.

ção é a de que a deliberação seja tomada *depois de iniciada a partilha*; se a deliberação for tomada depois de iniciada a liquidação (o marco cronológico inicial para que aponta o 161.º/1), mas antes de iniciada a partilha, não existe, por tal motivo, direito de exoneração. Como a deliberação não pode ser tomada *depois de finalizada a partilha*, a existência do direito de exoneração supõe, portanto, um estado cronológico em que, e por um lado, tenham sido já aprovadas pelos sócios as contas finais da liquidação e a partilha do ativo líquido (descontadas as hipóteses do 147.º/1 e do 148.º/1), e, por outro lado, que nem a todos os sócios tenha sido ainda totalmente satisfeito o seu direito ao *saldo de liquidação*, o que aponta para as seguintes hipóteses: (i) algum, alguns ou todos os sócios receberam já parte daquilo que, nos termos do 156.º, lhes cabe na partilha; (ii) algum ou alguns sócios, mas não todos, receberam já a totalidade daquilo que, nos termos do 156.º, lhes cabe na partilha.

Explicitando a lei que o direito de exoneração é conferido ao(s) sócio(s) *cuja participação* 10
fique (...) reduzida, fica claro que um tal direito é atribuído aos sócios que, à data da deliberação, tenham já recebido parte daquilo que lhes pertence no saldo de liquidação; fora do âmbito da previsão da norma estão, pois, os sócios que àquela data ainda nada tenham recebido pela partilha, bem como aqueles que tenham já eventualmente visto totalmente satisfeito o seu direito ao saldo de liquidação, nos termos da partilha aprovada pelos sócios (156.º/2 a 4 e 157.º/3 e 4), pois não pode sustentar-se, quanto aos últimos, tratar-se de sócios cuja participação ficaria, depois do regresso da sociedade à atividade, *relevantemente reduzida* (ficando antes condicionalmente excluída, nos termos adiante explicitados); fica claro também que a sociedade não pode exigir do sócio, como consequência da deliberação, a restituição daquilo que foi recebido na partilha, uma vez que ao sócio é legalmente facultado permanecer na sociedade com uma participação relevantemente reduzida (*relativamente à que, no conjunto, anteriormente detinha*), ou exonerar-se[10].

Da *redução da participação* deve ser aproximado o preceituado no 156.º/2, 1.ª parte; tal 11
redução constitui o resultado do reembolso parcial ao sócio do montante da(s) entrada(s) por ele efetivamente realizada(s); deliberado que seja o regresso da sociedade à atividade, o valor nominal da sua participação corresponderá, em princípio, à diferença entre o originário valor nominal da participação e o valor do reembolso; admite-se, todavia, que por acordo entre o sócio e a sociedade, aquele reconstitua o originário valor nominal da participação, mediante a restituição à sociedade do montante da participação que lhe fora reembolsado. A hipótese contemplada no n.º 5 do 161.º, não havendo exoneração do sócio a quem já tenha sido reembolsada parte da sua entrada ou reconstituição do originário valor nominal da participação, implica, pois, a redução do capital social, o que não sucede em termos necessários se o regresso à atividade for deliberado antes de iniciada a partilha do ativo líquido entre os sócios [161.º/3, *c*)].

O reembolso total ao sócio da(s) entrada(s) efetivamente realizada(s)[11] não tem como 12
efeito a perda da qualidade de sócio[12], mas antes a extinção da participação, sujeita, todavia,

[10] Não obstante isso, deve a sociedade poder exigir do sócio a restituição do necessário ao cumprimento de regras legais que imponham um valor nominal mínimo para as participações sociais, como sucede nas sociedades por quotas [219.º/3 (redação do DL 33/2011, de 7-mar.)].

[11] Não se coloca aqui a hipótese de o reembolso da(s) entrada(s) do sócio ter sido feito nos termos da primeira parte do 156.º/3, quando o ativo líquido não permita o reembolso integral das entradas dos sócios, pois, a ser assim, o saldo de liquidação não cobre a cifra do capital social, pelo que o 161.º/3, *c*), impede a deliberação de regresso à atividade.

[12] Pois no quadro do processo de liquidação, só o registo do encerramento da liquidação extingue a sociedade, mesmo entre os sócios (160.º/2), o que, descontando os casos de violação da obrigação de entrega de bens estabelecida na primeira parte do 159.º/1, só ocorrerá em momento posterior à entrega (ou consignação em depósito) a cada um dos sócios da totalidade do que lhes pertence no saldo de liquidação.

à condição do exercício da exoneração; não sendo o direito exercido, deve, pois, a sociedade exigir ao sócio que realize uma entrada[13].

13 6. **Regresso da sociedade à atividade e âmbito subjetivo de proteção.** Uma primeira tentativa de detetar a *ratio* subjacente à regra contida no 161.º/5 do CSC parece revelar a influência do debate travado na doutrina italiana sobre a situação subjetiva do sócio durante a fase de liquidação da sociedade, centrada, essencialmente, nas problemáticas da determinação da natureza jurídica do direito do sócio ao saldo de liquidação e do momento a partir do qual o mesmo se constitui, como direito de crédito a uma parte do património social, na esfera jurídica daquele[14].

14 Em tese geral, sendo legalmente admitida a possibilidade de uma sociedade em liquidação regressar à atividade mediante deliberação dos sócios – como sucede no 161.º/1 –, a questão essencial que pode debater-se é a de saber se o direito dos sócios a uma parte do saldo de liquidação deverá, ou não, ser sacrificado à deliberação. A ser a resposta negativa, a deliberação de regresso à atividade da sociedade em liquidação terá de ser enquadrada ou pelo princípio da unanimidade ou, sendo-o pelo princípio maioritário, há-de constituir causa de exoneração do sócio minoritário, isto é, do sócio não integrado na maioria que aprovou a deliberação (independentemente do modo pelo qual se concretiza essa *não integração*); no primeiro caso, o regresso à atividade não pode ser deliberado contra a vontade de nenhum dos sócios; no segundo, a vontade da maioria dos sócios (qualificada, eventualmente) é suficiente para o efeito, pelo que tal deliberação é suscetível de ser tomada contra a vontade de algum ou alguns sócios. Ainda em tese geral, pode afirmar-se que ambas as soluções revelam uma conceção do direito do sócio ao saldo de liquidação (encontrando-se a sociedade em liquidação) como direito inderrogável pela maioria, tutelado embora de forma diversa; no primeiro caso, impedindo a própria deliberação; no segundo, e porque o sócio discordante do regresso à atividade não pode, neste caso, impedir a deliberação, deverá poder exonerar-se da sociedade com fundamento nessa deliberação.

15 Estas diversas formas de tutela do interesse do sócio à perceção do saldo de liquidação revelam que, no enquadramento fornecido pelo princípio da unanimidade, aquele interesse é objeto de uma proteção indireta, pois a unanimidade constitui uma *defesa do sócio* que está para além dele, podendo aí configurar-se a tutela do interesse do sócio à extinção da própria sociedade, que tem por pressuposta a proteção do interesse *ao encerramento da liquidação (stricto sensu) e à partilha do ativo*; o princípio da unanimidade traduz aqui a indisponibilidade desses interesses pela maioria.

16 O CSC, na abordagem genérica do regresso à atividade da sociedade em liquidação, não protege o eventual interesse do sócio à extinção da sociedade dissolvida[15], que exigiria a consagração da unanimidade para a respetiva deliberação.

17 A lei também não tutela o interesse do sócio ao saldo de liquidação *qua tale*[16]; na verdade, o direito de exoneração está circunscrito, por um lado, a uma situação de ter sido já iniciada a

[13] João Espírito Santo, *Exoneração do sócio no direito societário-mercantil português* (2014), 582 e 583.

[14] *Idem*, 585 e ss.

[15] Armando Manuel Triunfante, *A tutela das minorias nas sociedades anónimas. Direitos individuais* (2004), 306 e ss.; João Espírito Santo, *Exoneração do sócio no direito societário-mercantil português* (2014), 587; em sentido próximo, Tiago Soares da Fonseca, *O direito de exoneração do sócio no Código das Sociedades Comerciais* (2008), 216.

[16] Armando Manuel Triunfante, *A tutela das minorias nas sociedades anónimas. Direitos individuais* (2004), 306 e ss.; João Espírito Santo, *Exoneração do sócio no direito societário-mercantil português* (2014), 587; contra, Maria Augusta França, "Direito à exoneração", *in Novas Perspetivas do Direito Comercial*, 215; Daniela Farto Baptista, *O direito de exoneração dos acionistas – das suas causas* (2005), 266.

partilha ao tempo da deliberação de regresso à atividade (o que revela a influência na solução legal da orientação que situa a constituição do direito ao saldo de liquidação na esfera jurídica do sócio no momento da aprovação das contas finais da liquidação), e, por outro lado, à redução relevante da participação do exonerando *em relação à que, no conjunto, anteriormente detinha.* O último condicionalismo demonstra que o direito de exoneração atribuído pelo 161.º/5 não constitui meio de tutela do interesse do sócio à quota de liquidação, concretizado na aprovação das contas finais da liquidação e do projeto de partilha (157.º/1); se o fosse, o direito seria tão-somente consequência de uma deliberação maioritária de regresso da sociedade à atividade tomada depois da aprovação das contas finais da liquidação, conferido aos dissidentes da deliberação, o que não sucede.

A deteção do que seja o *objeto da proteção* deste direito de exoneração só se compreende pela concretização do conceito indeterminado de *redução relevante* da participação para efeitos do 161.º/5: é *relevante* a redução da participação que produz uma alteração substancial no equilíbrio organizacional – contratual, na perspetiva da doutrina tradicional – existente entre os sócios antes do início da partilha[17]. Assim, podem recolher-se a esse critério, para efeitos da atribuição do direito de exoneração, casos em que a redução se traduz na alteração da posição de um sócio que detém a maioria do capital social em sócio minoritário, ou em que o sócio que originariamente detém a fração do capital social necessária para (no tipo social em causa) formar a maioria qualificada exigida para aprovação das deliberações que mais profundamente afetam a estrutura da sociedade (e para as quais, por isso, a lei exige maiorias qualificadas, nas sociedades em que o princípio maioritário é regra, como por exemplo a de alteração do contrato de sociedade, a de fusão, a de cisão, a de transformação e a de dissolução), deixa de a ter depois da redução, ou, por último, em que a redução é de tal forma a tornar a participação social praticamente inexpressiva, designadamente para efeitos de votação de propostas de deliberação em assembleias gerais e de direito a lucros, quando antes o não era[18]. 18

O direito de exoneração previsto no 161.º/5 constitui apenas o meio de tutela do interesse do sócio *à manutenção do equilíbrio organizacional – contratual*, na perspetiva da doutrina tradicional – *existente antes de iniciada a partilha*[19], sendo a partir desse *núcleo* que deve procurar determinar-se o âmbito subjetivo da proteção conferida. A construção literal do preceito parece fazer aproveitar a norma virtualmente a qualquer sócio – contanto que sua participação fique relevantemente reduzida –, independentemente do sentido de voto do mesmo na deliberação de regresso à atividade da sociedade dissolvida ou do próprio exercício do direito de voto, sendo certo que a larga maioria das manifestações legais de exoneração que têm na sua base uma deliberação social, prendem-se, simultaneamente, com o facto de o exonerando ter saído vencido nessa deliberação ou, dito de outra forma, por se encontrar *em minoria* quanto à mesma. 19

A norma do 161.º/5, e considerando o interesse pela mesma tutelado, é extrínseca ao exercício do direito de voto e ao sentido do mesmo quanto à deliberação de regresso à atividade[20]; assim sendo, deveria concluir-se que o direito de exoneração por ela atribuído apro- 20

[17] João Espírito Santo, *Exoneração do sócio no direito societário-mercantil português* (2014), 588.

[18] Raúl Ventura, *Dissolução e liquidação de sociedades* (1987), 459.

[19] Identificando igualmente essa *ratio* no 161.º/5, Maria Augusta França, *Direito à exoneração*, in *Novas Perspectivas do Direito Comercial*, 215 (embora sustentando que a regra protege também um outro interesse do sócio), seguida por Daniela Farto Baptista, *O direito de exoneração dos acionistas – das suas causas* (2005), 266; Tiago Soares da Fonseca, *O direito de exoneração do sócio no Código das Sociedades Comerciais* (2008), 216.

[20] Em sentido próximo, Maria Augusta França, *Direito à exoneração*, in *Novas Perspectivas do Direito Comercial*, 215; Daniela Farto Baptista, *O direito de exoneração dos acionistas – das suas causas* (2005), 265-267; Armando Manuel

veita, efetivamente, a qualquer sócio, mesmo àquele que houvesse votado favoravelmente a deliberação[21].

21 A doutrina tem entendido, maioritariamente, que o sócio que tenha votado favoravelmente a deliberação de regresso à atividade não goza do direito de exoneração, com fundamentação não totalmente coincidente[22], mas verifica-se também a opinião, inversa, de que o direito de exoneração com fundamento no regresso à atividade da sociedade dissolvida abrange também o sócio que tenha votado favoravelmente essa deliberação, com o argumento de que a opinião maioritária desconsidera o *favor societatis* que inspira a admissibilidade legal da deliberação de regresso à atividade da sociedade dissolvida e a própria diversidade tipológico-societária, não assentando, por isso, numa correta ponderação dos interesses em presença[23].

Artigo 162.º (Ações pendentes)

1. As ações em que a sociedade seja parte continuam após a extinção desta, que se considera substituída pela generalidade dos sócios, representados pelos liquidatários, nos termos dos artigos 163.º, n.os 2, 4 e 5, e 164.º, n.os 2 e 5.

2. A instância não se suspende nem é necessária habilitação.

Bibliografia: Carolina Cunha, *Artigo 162.º*, in *Código em Comentário* II (2015), 757 e 758; Raúl Ventura, *Dissolução e liquidação de sociedades – Comentário ao CSC* (1987, reimp. 2011), 461-467.

1 A extinção da sociedade importa o termo da personalidade jurídica, que se havia constituído com o registo definitivo do ato constitutivo (*supra*, 5.º); atenta a tendencial coincidência entre personalidade jurídica e personalidade judiciária (11.º/2 do CPC) e a falta de cobertura da extinção da personalidade jurídica da sociedade comercial no âmbito da regra do 12.º do CPC (*extensão da personalidade judiciária*), essa extinção determinaria, em termos processuais civis-comuns, a suspensão da instância (270.º/1 do CPC) e a necessidade de habilitação de sucessor(es)

Triunfante, *A tutela das minorias nas sociedades anónimas. Direitos individuais* (2004), 308.

[21] Aparentemente concordantes, Armando Manuel Triunfante, *A tutela das minorias nas sociedades anónimas. Direitos individuais* (2004), 308; Tiago Soares da Fonseca, *O direito de exoneração do sócio no Código das Sociedades Comerciais* (2008), 215.

[22] Nesse sentido, aparentemente, Raúl Ventura, *Sociedades por quotas* II (1989), 21, que considera titulares do direito de exoneração os sócios que tenham votado contra a deliberação, bem como os que contra ela não tenham votado por ausência ou abstenção; expressamente, João Cura Mariano, *Direito de exoneração dos sócios nas sociedades por quotas* (2005), 68, que limita o âmbito subjetivo do direito aos sócios que não participaram na votação, se abstiveram ou votaram contra, qualificando a atuação do sócio, que, tendo votado favoravelmente a deliberação, viesse depois a pretender exonerar-se, como *venire contra factum proprium*; o mesmo âmbito subjetivo desse direito é assinalado por Daniela Farto Baptista, *O direito de exoneração dos acionistas – das suas causas* (2005), 265, embora com fundamentação diversa; esta A. socorre-se da *analogia iuris* com outras causas legais de exoneração e da qualificação da atuação do sócio, que, tendo votado favoravelmente a deliberação, viesse depois a pretender exonerar-se, como *abuso de direito*. O argumento da analogia não convence: prova demais, pois prescinde de verificar se o direito de exoneração em questão está, ou não, abrangido pela orientação que perpassa a maioria dos casos em que esse direito tem na sua base uma deliberação maioritária e o facto de o exonerando ter sido vencido nessa deliberação; Tiago Soares da Fonseca, *O direito de exoneração do sócio no Código das Sociedades Comerciais*, 215, considera que não deve ser tutelado com um direito de exoneração, sob pena de abuso de direito, *o sócio que, no momento da votação, tenha conhecimento de toda a realidade da partilha*.

[23] João Espírito Santo, *Exoneração do sócio no direito societário-mercantil português* (2014-), 591.

para continuar a ação [276.º/1, *a*), do CPC], na posição de autores ou de réus, consoante a posição aí antes ocupada pela sociedade extinta.

Com o conjunto dos dois números do 162.º, o CSC afasta-se aqui da solução processual civil-comum, substituindo na titularidade da posição processual ocupada pela extinta sociedade, e *ex lege*, o conjunto dos sócios, representados pelos liquidatários[1]; essa substituição processual dá-se sem que se suspenda a instância ou haja necessidade de promover incidente processual de habilitação. Este conjunto de soluções não pode, porém, e naturalmente, ser entendido como a imposição de continuação da ação nos casos em que, no plano processual, a extinção da parte, em razão do objeto do processo, torne impossível ou inútil a continuação da lide (269.º/3 do CPC)[2]. A solução normativa do conjunto dos dois números do 162.º parece, todavia, não se adaptar a todas as hipóteses configuráveis, designadamente a de a ação em causa respeitar especificamente a um bem da antiga sociedade que, em partilha, tenha sido recebido por um dos antigos sócios (pense-se, paradigmaticamente, numa ação de reivindicação), caso em que a ação deve continuar apenas contra o antigo sócio[3]. 2

A regra da continuação das ações pendentes com sócios, como autores ou réus, tem a maior importância prática: impede delongas seja no tocante à liquidação, seja quanto às próprias ações em causa; a regra é expressamente ressalvada pelo 269.º/1, *a*) do CPC. 3

Artigo 163.º (Passivo superveniente)

1. Encerrada a liquidação e extinta a sociedade, os antigos sócios respondem pelo passivo social não satisfeito ou acautelado, até ao montante que receberam na partilha, sem prejuízo do disposto quanto a sócios de responsabilidade ilimitada.

2. As ações necessárias para os fins referidos no número anterior podem ser propostas contra a generalidade dos sócios, na pessoa dos liquidatários, que são considerados representantes legais daqueles para este efeito, incluindo a citação; qualquer dos sócios pode intervir como assistente; sem prejuízo das exceções previstas no artigo 341.º do Código de Processo Civil, a sentença proferida relativamente à generalidade dos sócios constitui caso julgado em relação a cada um deles.

3. O antigo sócio que satisfizer alguma dívida, por força do disposto no n.º 1, tem direito de regresso contra os outros, de maneira a ser respeitada a proporção de cada um nos lucros e nas perdas.

4. Os liquidatários darão conhecimento da ação a todos os antigos sócios, pela forma mais rápida que lhes for possível, e podem exigir destes adequada provisão para encargos judiciais.

5. Os liquidatários não podem escusar-se a funções atribuídas neste artigo, sendo essas funções exercidas, quando tenham falecido, pelos últimos gerentes ou administradores ou, no caso de falecimento destes, pelos sócios, por ordem decrescente da sua participação no capital da sociedade.

[1] RPt 3-fev.-2003 (Sousa Peixoto), Proc. 0310015; RPt 23-mar-2015 (Ana Paula Amorim), Proc. 85254/13; RLx 17-dez.-2014 (Pimentel Marcos), Proc. 7534/13; RGm 8-out.-2015 (Maria Luísa Ramos), Proc. 482/12; RGm 26-mar.-2015 (Manuel Bargado), Proc. 204/05.

[2] Raúl Ventura, *Dissolução e liquidação de sociedades*, 467.

[3] *Idem*.

Bibliografia: Carolina Cunha, *Artigo 163.º*, in *Código em Comentário* II (2015), 759-762; *idem*, *Responsabilidade dos sócios pelo passivo superveniente após a extinção da sociedade nos casos de ausência de liquidação*, DSR III Congresso (2014), 171-200; Raúl Ventura, *Dissolução e liquidação de sociedades – Comentário ao CSC* (1987, 4.ª reimp. 2011), 470-490.

Índice

1. Passivo superveniente da sociedade extinta...... 1
2. Extensão e carateres da responsabilidade dos antigos sócios da sociedade extinta................. 2
3. Aspetos processuais.. 9

1 1. **Passivo superveniente da sociedade extinta**. O passivo social será *superveniente*, no sentido da epígrafe do artigo, por não ter sido satisfeito ou acautelado no âmbito da liquidação da sociedade (*supra*, 154.º e 156.º/1), independentemente de a sua exigibilidade se ter verificado antes ou depois do encerramento da liquidação ou do seu registo (independentemente, aliás, do estrito cumprimento, ou não, da regra do 157.º/2 ou da prestação de falsas declarações pelos liquidatário quanto à satisfação ou acautelamento de todos os direitos dos credores). Não obstante isso, a regra do n.º 1 supõe a extinção da sociedade e, bem assim, a sucessão dos antigos sócios nas obrigações da sociedade que não tenham sido satisfeitas ou acauteladas aos credores durante a liquidação da sociedade. Os débitos supervenientes passam a ser encabeçados pelos sócios[1]. Não há qualquer repristinação da sociedade.

2 2. **Extensão e carateres da responsabilidade dos antigos sócios da sociedade extinta**. A responsabilidade que grava os antigos sócios da sociedade extinta pelo passivo superveniente é reportada pela norma do n.º 1 a um *montante*; trata-se, pois, de responsabilidade pecuniária, ainda que a partilha entre os sócios se tenha efetuado, total ou parcialmente, em espécie (*supra*, 156.º/1).

3 A extensão da responsabilidade dos antigos sócios é consentânea com o tipo de responsabilidade que, enquanto sócios, os gravava; a primeira parte do n.º 1 reporta-se a sócios de responsabilidade limitada, embora a lei o não afirme expressamente, tratando-se, todavia, de conclusão incontestável atento o contexto global da norma. Os antigos sócios que o foram de responsabilidade limitada respondem perante os credores da antiga sociedade cujos direitos não tenham sido satisfeitos ou acautelados na liquidação da sociedade até ao montante do que, pela partilha, receberam; a norma não cobre literalmente a situação em que o ato constitutivo da antiga sociedade contivesse a cláusula a que se refere o 198.º/1, mas crê-se que o seu espírito a acolhe, devendo, portanto, ser extensivamente interpretada: tendo existindo tal cláusula, o antigo sócio responde não apenas com o valor (*montante*) do que recebeu na partilha[2], mas também até ao limite quantitativo fixado na referida cláusula. Os antigos sócios de responsabilidade ilimitada respondem até onde alcança a própria obrigação, e nos termos que os gravavam enquanto sócios, o que vale por dizer, do 175.º/1, aplicado diretamente ou por remissão do 465.º/1.

4 A responsabilidade que grava os antigos sócios de responsabilidade ilimitada relativamente ao passivo superveniente é, pois, entre si, solidária, mas não já, naturalmente, subsidiária com a da própria sociedade, que, extinta, viu o seu património exaurido na liquidação e, eventual-

[1] RCb 27-fev.-2007 (Hélder Roque), Proc. 1100/04.

[2] Se a partilha tiver sido realizada em espécie (156.º/1), o antigo sócio não está obrigado a entregar os bens recebidos, mas, do respetivo valor, o necessário ao cumprimento da obrigação da antiga sociedade, que poderá, eventualmente, corresponder ao seu valor total.

mente, na partilha do ativo restante (*supra*, 156.º). Mas também a responsabilidade dos antigos sócios de responsabilidade limitada é, entre si, solidária[3], no duplo sentido de que: (i) estando o montante da obrigação contido no valor recebido por algum ou alguns sócios na partilha do património da antiga sociedade, bastará ao credor, para obtenção do efeito útil da ação, instaurá-la contra este/estes; (ii) o credor pode renunciar a parte do crédito, fazendo valer o pedido apenas contra sócio ou sócios que tenha/tenham recebido, na partilha do património da antiga sociedade, bens de valor inferior ao da obrigação em causa. É inteiramente justificada a afirmação doutrinária – confirmada, aliás, pela regra do n.º 3 – de que *o credor não necessita de ratear a dívida entre os antigos sócios, segundo algum critério*[4].

A responsabilidade pelas dívidas da extinta sociedade, que grava os antigos sócios, não 5
obstante ser solidária entre estes, não alcança mais do que uma proporção idêntica à que cada um dos antigos sócios tinha nos lucros e nas perdas da sociedade (*supra*, 22.º), pelo que o antigo sócio que, em razão da solidariedade na responsabilidade, haja satisfeito ao credor mais do que a sua parte proporcional, goza, nos termos do n.º 3, de direito de regresso contra aqueles que nada tenham suportado nessa dívida ou hajam suportado uma parte menos do que proporcional relativamente ao que lhes competia.

Com referência especial ao antigo sócio que o fosse de responsabilidade limitada, a con- 6
jugação dos números 1 e 3 permite traçar o seguinte quadro, no pressuposto de uma ação instaurada apenas contra ele: (i) pode ser demandado pela totalidade da dívida, embora, sendo a mesma de montante superior ao que recebeu na partilha, a condenação não poder ir além deste último; (ii) se o valor do pedido exceder a quota-parte de responsabilidade do demandado na dívida, mas se contiver dentro do montante por ele recebido na partilha da extinta sociedade, a solidariedade impede que o excesso constitua meio de defesa contra o credor[5]; (iii) o eventual excesso de responsabilidade satisfeito ao credor da extinta sociedade só pode reclamado, em via de regresso, contra os restantes antigos sócios.

A norma do n.º 3, reportando-se à responsabilidade estabelecida no n.º 1, não cobre a 7
situação do antigo sócio de responsabilidade ilimitada que tenha satisfeito débitos da extinta sociedade[6]; essa delimitação, indireta, do âmbito da norma é dificilmente compreensível, uma vez que a solução não pode ser diversa no que respeita a antigos sócios de responsabilidade limitada: não é por responderem ilimitadamente com o seu património que existe desvio quanto à obrigação de todos os sócios (com exceção dos que o sejam apenas de indústria) de quinhoarem nas perdas da sociedade [*supra*, 20.º, *b*)], sendo que a proporção da participação nas perdas é critério a considerar na partilha do ativo restante, independentemente de os sócios serem de responsabilidade limitada ou ilimitada (*supra*, 156.º/3).

Os direitos de crédito contra a extinta sociedade, exercíveis contra os sócios nos termos 8
do n.º 1, prescrevem nas condições estabelecidas no 174.º/3.

3. **Aspetos processuais**. Determinada a existência de passivo superveniente da extinta socie- 9
dade e a responsabilidade dos antigos sócios pela sua satisfação, havendo recusa de satisfação extrajudicial do crédito, pode o credor procurar obter a satisfação do mesmo por via judicial.

O regime processual da ação condenatória, disposto, *in primis*, no n.º 2, apresenta origi- 10
nalidades relativamente ao enquadramento processual civil-comum.

[3] Raúl Ventura, *Dissolução e liquidação de sociedades* (1987), 484.

[4] *Idem*.

[5] Raúl Ventura, *Dissolução e liquidação de sociedades* (1987), 485.

[6] *Idem*.

11 Determina o 163.º/2 que a ação *pode ser proposta contra a generalidade dos sócios, na pessoa dos liquidatários*; não resulta imediatamente evidente, do trecho transcrito, que a ação possa, *literalmente*, ser instaurada contra *os antigos sócios da sociedade extinta sociedade x....*, ou seja, com dispensa da sua identificação nominal, tal como é comummente exigido pelo 552.º/1, *a*), do CPC. Na economia global do *encadeado normativo* do n.º 2, é precisamente essa desnecessidade que corresponde ao sentido da permissão legal, sem prejuízo, não obstante isso, de o credor poder instaurar a ação, nominalmente, contra todos ou alguns sócios, situação em que a ação tem o regime processual civil-comum. É, pois, de concluir que, para os limitados efeitos do 163.º/1, a *generalidade dos antigos sócios* detém personalidade judiciária (11.º/1 do CPC)[7].

12 O *conglomerado normativo* do n.º 2 está, todavia, erguido sobre a sua primeira regra, que serve de pressuposto a tal regime, ou seja, a aplicação do mesmo supõe que a ação seja proposta contra a generalidade dos sócios; com essa base se compreende a articulação das regras *conglomeradas*: (i) o conjunto dos sócios está sujeito à representação legal do(s) liquidatário(s), mesmo no que respeita à citação (o que facilita a tramitação processual, tornando desnecessária a multiplicação das citações pelo número de antigos sócios); (ii) qualquer um dos antigos sócios pode intervir na ação como assistente [o que, atento o regime processual da assistência (326.º ss. do CPC), só tem sentido relativamente a quem não tiver na ação a qualidade de parte principal]; (iii) a sentença proferida constitui caso julgado em relação a cada um deles[8] [regra que seria desnecessária em ação nominalmente proposta contra todos os antigos sócios e que, sendo a ação proposta nominalmente apenas contra alguns, seria sistematicamente inconsistente com o princípio processual-civil do pedido (3.º/1, do CPC)].

13 A regra do n.º 4, ordenando aos liquidatários que deem conhecimento da ação a todos os antigos sócios, justifica-se, em geral, porque na mesma defendem interesses alheios[9], mas também, e em particular, por um lado, porque a citação se faz na pessoa do liquidatário, como representante legal da generalidade dos antigos sócios, quando a ação seja proposta nesses termos (n.º 2, 1.ª parte) e, por outro lado, porque cada um deles é admitido a intervir na ação na qualidade de assistente (n.º 2, segunda parte; 327.º/2, do CPC). Determina ainda a lei, no n.º 4, que os liquidatários podem exigir dos antigos sócios *adequada provisão para encargos judiciais*, no que se incluem custas judiciais e honorários de advogados, uma vez que são aqueles os titulares do interesses processualmente relevantes, podendo, em consequência da ação, ver-se condenados nos termos peticionados pelo credor.

Artigo 164.º (Ativo superveniente)

1. Verificando-se, depois de encerrada a liquidação e extinta a sociedade, a existência de bens não partilhados, compete aos liquidatários propor a partilha adicional pelos antigos sócios, reduzindo os bens a dinheiro, se não for acordada unanimemente a partilha em espécie.

2. As ações para cobrança de créditos da sociedade abrangidos pelo disposto no número anterior podem ser propostas pelos liquidatários, que, para o efeito, são

[7] Raúl Ventura, *Dissolução e liquidação de sociedades* (1987), 488.

[8] O regime do eficácia do caso julgado quando ao antigo sócio que tenha intervindo na ação como assistente, remetido pelo 163.º/2 para o CPC, deve atualmente ter-se como efetuado para o 332.º do CPC.

[9] Raúl Ventura, *Dissolução e liquidação de sociedades* (1987), 489.

considerados representantes legais da generalidade dos sócios; qualquer destes pode, contudo, propor ação limitada ao seu interesse.

3. A sentença proferida relativamente à generalidade dos sócios constitui caso julgado para cada um deles e pode ser individualmente executada, na medida dos respetivos interesses.

4. É aplicável o disposto no artigo 163.º, n.º 4.

5. No caso de falecimento dos liquidatários, aplica-se o disposto no artigo 163.º, n.º 5.

Bibliografia: Carolina Cunha, *Artigo 164.º*, in *Código em Comentário* II (2015), 763 e 764; Raúl Ventura, *Dissolução e liquidação de sociedades – Comentário ao CSC* (1987, reimp. 2011), 491-493.

Índice

1. Ativo superveniente e partilha adicional 1
2. Aspetos processuais 5

1. **Ativo superveniente e partilha adicional**. O ativo social será *superveniente*, no sentido da 1
epígrafe do artigo, por não ter sido partilhado entre os sócios, nos termos do 156.º, independentemente do motivo porque o não terá sido, podendo tratar-se, designadamente, de superveniência objetiva (o bem ou direito não existia à data do encerramento da liquidação, o que sucederá, por exemplo, com indemnização arbitrada judicialmente por lesão provocada à extinta sociedade já depois do registo do encerramento da liquidação e nos termos do 162.º/1) ou subjetiva (era desconhecida dos sócios e dos liquidatários a existência do bem ou do direito até à data do encerramento da liquidação)[1].

Os bens ou direitos são encabeçados nos sócios, em modo coletivo[2] (não há qualquer 2
repristinação da sociedade), *comunhão* cuja fonte resulta de se tratar de um ativo patrimonial que era ou seria da extinta sociedade e no qual sucedem, após a extinção, os seus antigos sócios; a comunhão pode ser *desagregada* com vista a uma titularidade singular de cada um dos sócios, o que pode concretizar-se numa partilha em espécie, se todos nisso concordarem ou criando uma divisibilidade pecuniária, após reduzidos os bens a dinheiro, quando de dinheiro se não trate já.

Nos termos do n.º 1, aos liquidatários *compete* propor partilha adicional, pelos antigos 3
sócios, do ativo superveniente, o que, traduzindo uma extensão das funções que lhes estavam

[1] Os *tipos* de superveniência elencados no texto não podem, todavia, considerar-se como esgotando as situações em que deva realizar-se partilha adicional; na verdade, após o encerramento da liquidação, a partilha adicional será o único meio para pôr fim à situação de contitularidade de bens ou direitos que são encabeçados nos antigos sócios porque estavam ou teriam estado na titularidade da extinta sociedade (*supra*, nesta anotação) se a extinção não tivesse ocorrido; não pode, assim, merecer aceitação o critério do acórdão da RPt 3-jun.-2103 (Soares de Oliveira), Proc. 2093/09, que recusa a subsunção ao 164.º/1 de crédito indemnizatório *que os sócios e a sociedade conheciam no momento da liquidação da sociedade, mesmo que não estivesse apurado, nesse momento, o seu montante*; sendo certo que se verificava nos autos omissão de alegação de factos sobre a liquidação da sociedade, necessários à procedência do pedido, não menos certo é que centrar a aplicação do 164.º/1 num entendimento rígido da *superveniência* conduz ao indesejável e estranho resultado da verificação de um bem ou direito *nullius*, uma vez que nem a extinta sociedade nem os seus antigos sócios podem chamá-los à sua titularidade, a primeira porque não tem o necessário suporte lógico da personalidade e, os segundos, por, nessa interpretação, não estar preenchida a previsão do 164.º/1; substancialmente, e na perspetiva dos direitos da extinta sociedade, a interpretação contestada conduz à extinção desses direitos como consequência da extinção da sociedade.

[2] RLx 08-out.-2012 (Teresa Prazeres Pais), Proc. 25009/10.

acometidas durante a liquidação da extinta sociedade, parece configurar um verdadeiro *dever*[3], complementado com o de redução dos bens a dinheiro quando não exista acordo unânime dos antigos sócios quanto à partilha em espécie. Os antigos sócios, podem dispensar a intervenção dos liquidatários para a realização da partilha adicional[4] e não estão obrigados a partilhar, podendo manter-se, licitamente, em situação de indivisão quanto a tais bens ou direitos. Os antigos sócios não estão já – como na fase dinâmico-funcional da sociedade e da sua liquidação – ligados entre si com subordinação a um princípio organizativo, eventualmente o da maioria, pelo que a partilha extrajudicial exige consentimento unânime[5].

4 Os direitos de crédito da extinta sociedade, exercíveis pelos sócios contra terceiros nos termos do n.º 2, prescrevem nas condições estabelecidas no 174.º/3.

5 2. **Aspetos processuais**. Inexistindo satisfação voluntária do crédito da extinta sociedade pelo respetivo devedor, pode o mesmo ser objeto de cobrança judicial, nos termos processuais civis gerais, com a particularidade constante da primeira parte do n.º 2: as ações em causa, declarativas ou executivas[6], podem ser propostas pelos liquidatários, que, para tanto, se consideram representantes legais da generalidade dos sócios; esta solução é, portanto, simétrica à prevista na primeira parte do 163.º/2 quanto ao lado passivo da ação. Os antigos sócios, podem, porém, demandar individualmente – isto é desacompanhados dos restantes ou de todos os restantes – o(s) devedor(es), sendo, nesse caso, a ação *limitada ao seu interesse*, o que vale por dizer que o sócio não pode, nesse pressuposto, obter a condenação do devedor em montante superior ao que, no crédito, corresponda à proporção que lhe couber, calculado nos termos do 156.º/3 e 4.

6 Sendo a ação proposta pela generalidade dos sócios, nos termos permitidos no n.º 2, pelo(s) liquidatário(s) – sendo, igualmente, aplicável o 163.º/4 *ex vi* 164.º/3 –, a sentença é eficaz em relação a todos os antigos sócios (n.º 3, em solução simétrica à da última parte do 163.º/2); a respetiva execução pode ser executada individualmente por cada um dos sócios, na medida do seu respetivo interesse, o que tem a vantagem de produzir *a se* a separação, nessa medida, do bem ou direito em contitularidade.

Artigo 165.º (Liquidação no caso de invalidade do contrato)

1. Declarado nulo ou anulado o contrato de sociedade, devem os sócios proceder à liquidação, nos termos dos artigos anteriores, com as seguintes especialidades:

a) Devem ser nomeados liquidatários, exceto se a sociedade não tiver iniciado a sua atividade;

b) O prazo de liquidação extrajudicial é de dois anos, a contar da declaração de nulidade ou anulação do contrato, e só pode ser prorrogado pelo tribunal;

[3] Raúl Ventura, *Dissolução e liquidação de sociedades* (1987), 492, sustenta, sobre a intervenção dos liquidatários, que não se trata de *simetria sistemática* com a regulação da liquidação, "(…) mas porque isso pode ser útil aos sócios – pense-se em sociedades com numerosos sócios – a nova situação voltou a ser colocada, como a antiga, sob a égide dos liquidatários".

[4] Raúl Ventura, *Dissolução e liquidação de sociedades* (1987), 492; Carolina Cunha, *Artigo 164.º*, in *Código em Comentário* II (2015), 764.

[5] Raúl Ventura, *Dissolução e liquidação de sociedades* (1987), 493; Carolina Cunha, *Artigo 164.º*, in *Código em Comentário* II (2015), 764.

[6] A regra do n.º 3 só tem em vista ações executivas, fundadas em decisão proferida em ação declarativa, mas, havendo título executivo a favor da extinta sociedade, não há razão para excluir a aplicação da regra do n.º 2, sendo que tal situação não pode reconduzir-se à regra do n.º 3.

c) As deliberações dos sócios serão tomadas pela forma prescrita para as sociedades em nome coletivo;

d) A partilha será feita de acordo com as regras estipuladas no contrato, salvo se tais regras forem, em si mesmas, inválidas;

e) Só haverá lugar a registo de qualquer ato se estiver registada a constituição da sociedade.

2. Nos casos previstos no número anterior, qualquer sócio, credor da sociedade ou credor de sócio de responsabilidade ilimitada pode requerer a liquidação judicial, antes de ter sido iniciada a liquidação pelos sócios, ou a continuação judicial da liquidação iniciada, se esta não tiver terminado no prazo legal.

Bibliografia: Carolina Cunha, *Artigo 165.º*, in *Código em Comentário* II (2015), 765-767; Menezes Cordeiro, *Tratado de Direito civil* II, 4.ª ed. (2014), 933-935; João Espírito Santo, *Exoneração do sócio no direito societário-mercantil português* (2014), 620 e ss.; Pedro Pais de Vasconcelos, *Teoria Geral do Direito Civil* (2015), 655 e 656; Raúl Ventura, *Dissolução e liquidação de sociedades – Comentário ao CSC* (1987, reimp. 2011), 496-502.

Índice

1. Invalidade da sociedade e liquidação 1
2. Liquidação e particularismos. Procedimento administrativo de liquidação 5

1. **Invalidade da sociedade e liquidação**. A declaração de nulidade ou a anulação do ato constitutivo da sociedade desencadeia um regime diferente do geral, o qual consta do 289.º do CC, e cuja *ratio* está fundamentalmente centrada na proteção dos interesses dos credores da sociedade cujo ato constitutivo foi declarado nulo ou anulado. Na verdade, há que providenciar quanto aos negócios em curso e quanto ao ativo e ao passivo da sociedade suprimida. Segue-se, pois, o regime da liquidação[1], que constitui *dever* dos sócios. 1

A regra do n.º 1 – condicionada, quanto às sociedades de responsabilidade limitada, pelo 13.º/2 da Diretriz 2009/101/CE, de 16-set.-2010 (e, anteriormente, por preceito idêntico da Diretriz 68/151/CEE, do Conselho, de 9-Mar.-1968, que aquela revogou) – está alinhada com a do 52.º/1, que aliás, remete para a primeira. 2

A declaração de nulidade e a anulação do ato constitutivo da sociedade e das declarações negociais dos sócios (que pode refratar-se sobre o inteiro negócio constitutivo[2]) está regulada entre o 41.º e o 52.º – cujo regime, quanto às sociedades de responsabilidade limitada, está condicionado pelas Diretrizes referidas – e pauta-se por duas coordenadas essenciais: (i) tratar-se de invalidade suscitada antes ou depois do registo definitivo do ato constitutivo; (ii) sendo a invalidade suscitada depois do registo definitivo do ato constitutivo, as soluções variam consoante o tipo societário. A liquidação da sociedade, determinada, no n.º 1, desconhece as coordenadas do regime da declaração de nulidade e da anulação do ato constitutivo das sociedades comerciais, pelo que tal consequência da invalidade se verifica independentemente de haver, ou não, registo definitivo do ato constitutivo[3], e do tipo de sociedade em questão. 3

[1] REv 12-mai.-1988 (Faria Sousa), CJ XIII (1988) 3, 280-281.

[2] João Espírito Santo, *Exoneração do sócio no direito societário-mercantil português* (2014), 621.

[3] O que é corroborado pelo 165.º/1, *e*).

4 A declaração de nulidade e a anulação judiciais implicam, igualmente, a declaração, na sentença, da entrada da sociedade em liquidação (*supra*, 52.º/1); não obstante isso, a nulidade pode ser reconhecida por todos os sócios e a anulação pode resultar de acordo entre os sócios (291.º/1 do CC, *in fine*), o que, não sendo frequente, dispensa a intervenção de um tribunal[4].

5 2. **Liquidação e particularismos. Procedimento administrativo de liquidação**. As diversas alíneas do n.º 1 evidenciam particularidades da liquidação cuja causa resulta, não de dissolução, mas da declaração de nulidade ou de anulação do ato constitutivo da sociedade: há nelas desvios ao regime comum da liquidação, designadamente ao 151.º/1, ao 150.º/2 e ao 160.º/1.

6 A liquidação da sociedade cujo ato constitutivo tenha sido declarado nulo ou anulado é realizada por liquidatários, se a sociedade tiver iniciado a sua atividade [165.º/1, *a*)], ou pelos próprios sócios, caso tal não tenha ocorrido (165.º/1, proémio), deverá efetuar-se nos termos dos 146.º a 164.º – em particular do 154.º e do 156.º –, com exceção das normas afastadas pelas particularidades previstas no 165.º/1 e daquelas cuja aplicação é prejudicada pela natureza da própria causa da liquidação, como as do 161.º. Não obstante isso, o 165.º/2 confere legitimidade a qualquer sócio, credor da sociedade ou credor de sócio de responsabilidade ilimitada para requerer a *liquidação judicial* (i) antes de ter sido iniciada a liquidação pelos sócios ou (ii) a *continuação judicial da liquidação* se, tendo esta sido iniciada pelos sócios, não tiver sido terminada no prazo legal [dois anos contados da declaração de nulidade ou da anulação: 165.º/1, *b*)[5]].

7 No contexto global da *desjudicialização* da liquidação de sociedades comerciais, produto da reforma do CSC de 2006 – que, aliás, produziu os procedimentos administrativos de dissolução e liquidação de entidades comerciais, com direta conexão ao agora disposto no 144.º – e que teve sequela, na reforma do CPC de 2013, com a eliminação do processo especial de liquidação judicial de sociedades, as duas referências à *liquidação judicial* constante do 165.º/2 devem atualmente ser entendidas como reportadas à liquidação administrativa, configurando, cada uma, casos a que se refere o 15.º/1 do Regime jurídico de dissolução e liquidação de entidades comerciais (aprovado pelo DL 76-A/2006, de 29-mar.): *quando resulte da lei que a liquidação deva ser feita por via administrativa*; com efeito, é esse, agora, o resultado interpretativo postulado pela *unidade do sistema jurídico*, a que faz apelo o 9.º/1 do CC[6].

[4] Pedro Pais de Vasconcelos, *Teoria Geral do Direito Civil* (2015, 8.ª ed.) 655 e 656; Menezes Cordeiro, *Tratado de Direito civil* II, 4.ª ed. (2014), 934; contra, quanto à possibilidade de a anulação resultar de acordo entre os sócios, Raúl Ventura, *Dissolução e liquidação de sociedades* (1987), 497; Carolina Cunha, *Artigo 165.º*, in *Código em Comentário* II, 766, nota 2.

[5] A menção do 165.º/1, *b*), à *declaração de nulidade ou anulação do contrato* deve ser amplamente interpretada, incluindo a nulidade e a anulação que sejam, respetivamente, reconhecida por todos os sócios ou acordada entre os sócios. Tratando-se, porém de declaração judicial de nulidade ou de anulação judicial, o prazo tem que entender-se como iniciando o seu curso a partir do trânsito em julgado, pois podendo as decisões ser revogadas, em via de recurso ordinário, não se compreenderia que a solução legal acobertasse a liquidação da sociedade.

[6] Diversamente, Carolina Cunha, *Artigo 165.º*, in *Código em Comentário* II (2015), 766, n. 4 e n. 5, que, quanto à *continuação judicial da liquidação*, nos termos da última parte do 165.º/2, sustenta solução idêntica à que aqui defendemos, mas não já quanto à *liquidação judicial* prevista na primeira parte do mesmo preceito legal, que, no seu modo de ver, continua a ser *judicial* e, atento o disposto no 546.º/2, do CPC, seguirá o respetivo processo a forma declarativa comum, nos termos previstos no 546.º do CPC; não vemos que exista razão material para distinguir os dois casos; ademais, parece-nos que a estrutura do processo declarativo comum é incompatível com a de um processo de liquidação de patrimónios, não se configurando suficiente *adequação formal* (547.º do CPC) que valha a tal desiderato.

Capítulo XIV – Publicidade de atos sociais

Artigo 166.º (Atos sujeitos a registo)

Os atos relativos à sociedade estão sujeitos a registo e publicação nos termos da lei respetiva.

Bibliografia: Jorge Manuel Coutinho de Abreu 2 (2009), 133 ss.; *id.*, 1 (2006), 184 ss.; António Pereira de Almeida (2006), 281 ss.; Carlos Ferreira de Almeida, *O registo comercial na Reforma do Direito das Sociedades de 2006*, em *Jornadas de Homenagem ao Prof. Doutor Raúl Ventura* (2007), 279 ss.; António Menezes Cordeiro 1 (2007), 519 ss.; *id.*, *Manual de Direito comercial* (2007), 370 ss.; Miguel J. A. Pupo Correia (2007), 96; Paulo Olavo Cunha (2007), 186; Alexandre Soveral Martins, em *Código em Comentário* 2 (2011), 696-705.

Índice

I – **Registo comercial**
1. Antecedentes históricos 1
2. Fins do registo comercial 5
3. Atos societários sujeitos a registo 6
4. Registo obrigatório 11
5. Formas de registo 14
6. Legislação conexa 20

II – **Publicação**
7. Âmbito de aplicação 21

I – Registo comercial

1. **Antecedentes históricos**. O registo comercial português moderno surge no CCom de 1833, onde se consagrava um *registro publico do commercio* junto dos *tribunaes de commercio ordinarios*. A L de 22-jun.-1867 estabeleceu um registo nacional das sociedades anónimas, instalado na Repartição do Comércio (que veio a estar na origem do atual RNPC). A L de 11-abr.-1901 submeteu as sociedades por quotas a esse registo. O Código de Veiga Beirão previa essa matéria no 45.º e ss., mantendo a competência nos tribunais de comércio, a cargo do respetivo secretário. O DL 42 664, de 14-nov.-1959 subtraiu a matéria do registo comercial do CCom. 1

O CRCom veio a ser aprovado pelo DL 403/86, de 3-dez.. Este Código sofreu profun- 2
das alterações com a Reforma de 2006, ao ponto de ter sido republicado como Anexo II ao DL 76-A/2006, de 29-mar. Algumas medidas relevantes em sede de registo foram a redução do número de atos sujeitos a registo, a adoção do registo por depósito em muitos casos e a criação de novo sistema de registo da transmissão de quotas.

Depois disso, ele foi por diversas vezes alterado, pelo que se recomenda o maior cuidado 3
na verificação dos precisos textos em vigor.

O CRCom encontra-se atualmente regulamentado pela P 657-A/2006, de 29-jun., com 4
as alterações introduzidas pelas P 1416-A/2006, de 19-dez., 234/2008, de 12-mar. e 4/2009, de 02-jan..

2. **Fins do registo**. O registo comercial destina-se a dar publicidade a uma série de atos 5
comerciais. Tal publicidade pretende, em última análise, dar a conhecer esses atos comerciais ao público interessado. Dada a relevância da publicidade nesta área, o registo é tornado obrigatório por lei em vários casos.

6 3. **Atos societários sujeitos a registo**. Nos termos do 3.º do CRCom[1] estão sujeitos a registo os seguintes factos relativos a sociedades comerciais e a sociedades civis sob a forma comercial: (i) a constituição; (ii) a deliberação da assembleia geral, nos casos em que a lei a exige, para aquisição de bens pela sociedade; (iii) a unificação, divisão e transmissão de quotas de sociedades por quotas, bem como de partes sociais de sócios comanditários de sociedades em comandita simples; (iv) a promessa de alienação ou de oneração de partes de capital de sociedades em nome coletivo e de sociedades em comandita simples e de quotas de sociedades por quotas, bem como os pactos de preferência, se tiver sido convencionado atribuir-lhes eficácia real, e a obrigação de preferência a que, em disposição de última vontade, o testador tenha atribuído igual eficácia; (v) a transmissão de partes sociais de SNC, de partes sociais de sócios comanditados de sociedades em comandita simples, a constituição de direitos reais de gozo ou de garantia sobre elas e a sua transmissão, modificação e extinção, bem como a penhora dos direitos aos lucros e à quota de liquidação; (vi) a constituição e a transmissão de usufruto, o penhor, arresto, arrolamento e penhora de quotas ou de direitos sobre elas e ainda quaisquer outros atos ou providências que afetem a sua livre disposição; (vii) a exoneração e exclusão de sócios de SNC e de sociedades em comandita, bem como a extinção de parte social por falecimento do sócio e a admissão de novos sócios de responsabilidade ilimitada; (viii) a amortização de quotas e a exclusão e exoneração de sócios de SPQ; (ix) a deliberação de amortização, conversão e remissão de ações; (x) a emissão de obrigações realizadas através de oferta particular, exceto se tiver ocorrido, dentro do prazo para requerer o registo, a admissão das mesmas à negociação em mercado regulamentado de valores mobiliários; (xi) a designação e cessação de funções, por qualquer causa que não seja o decurso do tempo, dos membros dos órgãos de administração e de fiscalização das sociedades, bem como do secretário da sociedade; (xii) a prestação de contas das SA, por quotas e em comandita por ações, bem como das SNC e em comandita simples quando houver lugar a depósito, e de contas consolidadas de sociedades obrigadas a prestá-las; (xiii) a mudança da sede da sociedade e a transferência de sede para o estrangeiro; (xiv) o projeto de fusão e de cisão de sociedades; (xv) o projeto de constituição de uma SA europeia por meio de fusão, o projeto de constituição de uma SA europeia por meio de transformação de SA de Direito interno e o projeto de constituição de uma SA europeia gestora de participações sociais, bem como a verificação das condições de que depende esta última constituição; (xvi) a prorrogação, fusão, cisão, transformação e dissolução das sociedades, bem como o aumento, redução ou reintegração do capital social e qualquer outra alteração ao contrato de sociedade; (xvii) a designação e cessação de funções, anterior ao encerramento da liquidação, dos liquidatários das sociedades, bem como os atos de modificação dos poderes legais ou contratuais dos liquidatários; (xviii) o encerramento da liquidação ou o regresso à atividade da sociedade; (xix) a deliberação de manutenção do domínio total de uma sociedade por outra, em relação de grupo, bem como o termo dessa situação; (xx) o contrato de subordinação, suas modificações e seu termo; (xxi) a emissão de *warrants* sobre valores mobiliários próprios, quando realizada através de oferta particular por entidade que não tenha valores mobiliários admitidos à negociação em mercado regulamentado nacional, exceto se tiver ocorrido, dentro do prazo para requerer o registo, a admissão dos mesmos à negociação em mercado regulamentado de valores mobiliários.

7 Estão sujeitos a registo os seguintes factos relativos às SA europeias: (i) a constituição; (ii) a prestação das contas anuais e, se for caso disso, das contas consolidadas; (iii) o projeto de trans-

[1] Aprovado pela L 403/86 – DR I Série, n.º 278, de 3-dez.-1986, 3623 e ss..

ferência da sede para outro Estado membro da União Europeia; (iv) as alterações aos respetivos estatutos; (v) o projeto de transformação em SA de Direito interno; (vi) a transformação a que se refere a alínea anterior; (vii) a dissolução; (viii) o encerramento da liquidação ou o regresso à atividade da sociedade; (ix) os restantes factos referentes a SA que, por lei, estejam sujeitos a registo.

Estão também sujeitas a registo as ações que possam interferir nas situações descritas, nos termos do 9.º do CRCom. 8

Estão ainda sujeitos a registo, nos termos do 10.º do CRCom: (i) o mandato comercial escrito, suas alterações e extinção; (ii) a criação, a alteração e o encerramento de representações permanentes de sociedades, cooperativas, agrupamentos complementares de empresas e agrupamentos europeus de interesse económico com sede em Portugal ou no estrangeiro, bem como a designação, poderes e cessação de funções dos respetivos representantes; (iii) a prestação de contas das sociedades com sede no estrangeiro e representação permanente em Portugal; (iv) o contrato de agência ou representação comercial, quando celebrado por escrito, suas alterações e extinção; (v) o incumprimento da obrigação de declaração de beneficiário efetivo, nos termos da lei; (vi) quaisquer outros factos que a lei declare sujeitos a registo comercial. 9

Estamos perante uma tipicidade fechada, não sendo possível por analogia ou por recurso a princípios, submeter outros atos a registo comercial. Por outro lado, não será também possível, por redução teleológica, excluir da lista atos[2]. 10

4. **Registo obrigatório.** O registo é obrigatório nos casos expressamente identificados no 15.º do CRCom, no prazo de dois meses a contar da data em que tiverem sido titulados. 11

O incumprimento da obrigação de registar dentro do prazo gera a obrigação de pagar em dobro o emolumento aplicável – 17.º do CRCom. 12

O registo pode ser requerido, desde janeiro de 2007, em qualquer conservatória do registo comercial, independentemente da sua localização geográfica. Até 31-dez.-2006, o pedido de registo devia ser apresentado na conservatória em cuja área estivesse situada a sede estatutária da sociedade ou, quando tivesse sedeada no estrangeiro, a sede principal e efetiva da administração (43.º e 46.º do DL 76-A/2006). 13

5. **Formas de registo.** O registo é efetuado por transcrição ou por depósito. 14

Nos termos do 53.º-A do CRCom, no registo por transcrição, o conservador extrata os elementos que definem a situação jurídica das entidades sujeitas a registo constantes dos documentos apresentados, enquanto no registo por depósito procede-se ao mero arquivamento dos documentos que titulam factos sujeitos a registo, exceto nos regimes especiais de depósito da prestação de contas. 15

Antes da reforma operada pelo DL 76-A/2006, o registo era efetuado por transcrição, havendo apenas depósito dos documentos de prestação de contas. Entre o DL 76-A/2006 e 31-dez.-2008 (data da entrada em vigor da alteração a este artigo operada pelo DL 247-B/2008, de 30-dez.), no registo por depósito de factos respeitantes a quotas e partes sociais e respetivos titulares não era arquivado o documento que titulava o facto sujeito a registo, sendo feita apenas uma menção do facto na ficha, efetuada com base no pedido – cf. n.os 3 e 4 do 53.º-A do CRCom, na redação anterior ao DL 247-B/2008, de 30-dez.. 16

Atualmente, o legislador indica quais os factos sujeitos a registo por (mero) depósito no 53.º-A/5, retirando-se dessa norma *a contrario* os sujeitos a registo por transcrição. 17

[2] Cf., neste sentido, António Menezes Cordeiro, *Manual de Direito comercial*, 392 e 393.

18 Pode afirmar-se que, quanto a sociedades, ficam sujeitos a registo por transcrição a constituição, a designação e a cessação de funções, por qualquer causa que não seja a do decurso do tempo, dos titulares dos órgãos, a mudança de sede, as alterações ao contrato de sociedade, a dissolução, os liquidatários, o encerramento da liquidação e o regresso à atividade. Tudo o mais é registado por mero depósito.

19 Apenas no registo por transcrição, o Conservador (ou atualmente o oficial de registos) tem um papel de efetivo controlo da legalidade do facto submetido a registo (47.° do CRCom) e, consequentemente, só desses registos se retira a presunção de que existe a situação jurídica, nos precisos termos em que é definida (11.° do CRCom). Também só nesses registos é possível haver recusa propriamente dita (48.° do CRCom) e não mera rejeição do pedido (46.°/2 do CRCom). O regime da nulidade também só ao registo por transcrição é aplicável (22.° do CRCom).

20 6. **Legislação conexa**. A matéria do registo comercial vem especialmente tratada no CRCom, aprovado pelo DL 403/86, de 3-dez., regulamentado pela P 657-A/2006, de 29-jun..

II – **Publicação**

21 7. **Âmbito de aplicação**. O elenco dos atos sujeitos a publicação obrigatória consta do 70.°/1 do CRCom, acabando por abarcar grande parte das situações sujeitas a registo relativas a sociedades de capitais.

22 Assim, é obrigatória a publicação dos atos de registo respeitantes a sociedades previstos no 3.°, quando respeitem a sociedades por quotas, anónimas ou em comandita por ações, desde que sujeitas a registo obrigatório, salvo os das alíneas *c*), *e*), *f*), e *l*) do n.° 1. Remete-se, quanto ao resto, para as anotações ao 167.°.

Artigo 167.° (Publicações obrigatórias)

1. As publicações obrigatórias devem ser feitas, a expensas da sociedade, em sítio na Internet de acesso público, regulado por portaria do Ministro da Justiça, no qual a informação objeto de publicidade possa ser acedida, designadamente por ordem cronológica.
2. (*Revogado*.)

Bibliografia: Jorge Manuel Coutinho de Abreu 2 (2009), 133 ss.; António Pereira de Almeida (2006), 281 ss.; Carlos Ferreira de Almeida, *O registo comercial na Reforma do Direito das Sociedades de 2006*, em *Jornadas de Homenagem ao Prof. Doutor Raúl Ventura* (2007), 279 ss.; António Menezes Cordeiro 1 (2007), 519 ss.; *id.*, *Manual de Direito comercial* (2007), 370 e ss.; Miguel J. A. Pupo Correia (2007), 96; Paulo Olavo Cunha (2007), 186; Alexandre Soveral Martins, em *Código em Comentário* 2 (2011), 706-709.

Índice

1. Redações anteriores 1
2. Publicação 5
3. Legislação conexa 9

1. **Redações anteriores.** Na versão de 1986, o 167.º estabelecia que: 1

> 1. As publicações obrigatórias devem ser feitas, a expensas da sociedade, no Diário da República ou, tratando-se de sociedades com sede nas regiões autónomas, nas respectivas folhas oficiais.
>
> 2. Nas sociedades anónimas os avisos, anúncios e convocações dirigidos aos sócios ou a credores, quando a lei ou o contrato mandem publicá-los, devem ser publicados de acordo com o disposto no número anterior e ainda num jornal da localidade da sede da sociedade ou, na falta deste, num dos jornais aí mais lidos; tratando-se de sociedade com subscrição pública, a publicação será ainda feita em jornal diário de Lisboa e do Porto.

O 167.º/1 foi alterado pelo 17.º do DL 111/2005, de 8-jul., que lhe deu a redação atual, 2
alteração que entrou em vigor no dia 1 de janeiro de 2006, sem prejuízo da sua entrada em vigor nos termos gerais no que respeitava às sociedades constituídas ao abrigo do regime especial de constituição imediata de sociedades (28.º/2 do mesmo DL).

O 167.º/2 foi alterado pelo 13.º/1 do DL 486/99, de 13-nov., passando a ter a seguinte 3
redação:

> Nas sociedades anónimas os avisos, anúncios e convocações dirigidos aos sócios ou a credores, quando a lei ou o contrato mandem publicá-los, devem ser publicados de acordo com o disposto no número anterior e ainda num jornal da localidade da sede da sociedade ou, na falta deste, num dos jornais aí mais lidos.

E foi, finalmente, revogado pelo DL 76-A/2006 – 61.º, *b*) –, eliminando-se assim a 4
incongruência entre os n.os 1 e 2 deste artigo na versão do DL 111/2005, de 8-jul., resultante de se prever as publicações em sítio da Internet.

2. **Publicação**. O sítio da Internet no qual devem ser feitas, desde 1 de janeiro de 2006, as 5
publicações obrigatórias de atos societários é www.mj.gov.pt/publicacoes, de acordo com a P 590-A/2005, de 14-jul.. Este sítio é mantido pelo Instituto de Registos e Notariado, e permite o acesso público e gratuito à informação nele contida. A pesquisa de informação pode ser feita por ordem cronológica e por outros elementos, como a denominação, o número de identificação de pessoa coletiva ou o concelho da localização da sede da pessoa coletiva.

Anteriormente, tais publicações eram feitas na III Série do *Diário da República* – 70.º/2 do 6
CRCom, na sua anterior redação.

A promoção da publicação compete à conservatória do registo comercial que, após efe- 7
tuado o registo, deve promover, imediatamente (e no prazo máximo de cinco dias a contar do registo – 71.º/1 do CRCom) e a expensas do interessado, as respetivas publicações – 71.º do CRCom e 2.º da P 590-A/2005.

Das publicações devem constar as menções obrigatórias do registo – 72.º CRCom. 8

3. **Legislação conexa**. Esta matéria é tratada nos 70.º/1 a 3, 71.º e 72.º do CRCom. Veja-se 9
ainda a P 590-A/2005, de 14-jul., que regulamenta o 26.º do DL 111/2005, de 8-jul., o 167.º/1 do CSC e o 70.º/2 do CRCom, estipulando que os atos relativos às sociedades comerciais e outras pessoas coletivas sujeitos a publicação obrigatória passam a ser publicados em sítio da Internet de acesso público.

Artigo 168.º (Falta de registo ou publicação)

1. Os terceiros podem prevalecer-se de atos cujo registo e publicação não tenham sido efetuados, salvo se a lei privar esses atos de todos os efeitos ou especificar para que efeitos podem os terceiros prevalecer-se deles.

2. A sociedade não pode opor a terceiros atos cuja publicação seja obrigatória sem que esta esteja efetuada, salvo se a sociedade provar que o ato está registado e que o terceiro tem conhecimento dele.

3. Relativamente a operações efetuadas antes de terem decorrido 16 dias sobre a publicação, os atos não são oponíveis pela sociedade a terceiros que provem ter estado, durante esse período, impossibilitados de tomar conhecimento da publicação.

4. Os atos sujeitos a registo, mas que não devam ser obrigatoriamente publicados, não podem ser opostos pela sociedade a terceiros enquanto o registo não for efetuado.

5. As ações de declaração de nulidade ou de anulação de deliberações sociais não podem prosseguir, enquanto não for feita prova de ter sido requerido o registo; nas ações de suspensão das referidas deliberações, a decisão não será proferida enquanto aquela prova não for feita.

Bibliografia: Jorge Manuel Coutinho de Abreu 2 (2009), 133 ss.; *id.*, 1 (2006), 184 e ss.; António Pereira de Almeida (2006), 281 ss.; Carlos Ferreira de Almeida, *O registo comercial na Reforma do Direito das Sociedades de 2006*, em *Jornadas de Homenagem ao Prof. Doutor Raúl Ventura* (2007), 279 ss.; António Menezes Cordeiro 1 (2007), 519 ss.; *id.*, *Manual de Direito comercial* (2007), 370 e ss.; Miguel J. A. Pupo Correia (2007), 96; Paulo Olavo Cunha (2007), 186; Alexandre Soveral Martins, em *Código em Comentário* 2 (2011), 710-724.

Índice

1. Generalidades ... 1
2. Efeito presuntivo ... 2
3. Efeito constitutivo ... 4
4. Efeito indutor de eficácia. Publicidade negativa 7
5. Publicidade positiva ... 15
6. Invocação da eficácia da aparência ... 25

1 1. **Generalidades**. Este artigo trata dos efeitos do registo comercial. O registo comercial não tem apenas um efeito meramente informativo. Quem confia no registo comercial, tornado obrigatório por lei, será merecedor de certa proteção, decorrente da fé pública.

2 2. **Efeito presuntivo**. Um dos efeitos do registo é o presuntivo. O 11.º do CRCom, estabelece que o registo por transcrição definitivo constitui presunção de que existe a situação jurídica, nos precisos termos em que nele é definida.

3 Daqui resulta que o interessado que confie numa certidão de determinado facto inscrito, fica desonerado de provar a sua ocorrência e o seu teor. O contra-interessado é que terá que provar o contrário (presunção *iuris tantum* – 350.º/2 do CC), impugnando ainda o registo que considere erróneo.

4 3. **Efeito constitutivo**. No âmbito do registo comercial, tal como acontece no registo predial, por regra, o ato sujeito a registo e não registado poderá ter uma eficácia mais reduzida, mas não deixa de existir como tal. Porém, no domínio das sociedades comerciais, o 5.º estabelece que estas só adquirem personalidade jurídica pelo registo. Também os efeitos da fusão ou da cisão de

sociedades só ocorrem com a sua inscrição – 112.º e 120.º, o mesmo sucedendo com a extinção – 160.º/2. Já no que toca às alterações ao contrato de sociedade (88.º) e à transformação de sociedade (135.º, revogado) não estabeleceu o legislador um registo constitutivo.

O 13.º/2 CRCom parece deixar margem para se alargar o leque de casos de registo 5
"constitutivo", o que à luz dos nossos princípios gerais não pareceria admissível.

Na verdade, os casos assinalados não são de verdadeiras hipóteses de registo constitutivo, 6
mas sim casos em que o registo surge como uma condicionante da sua eficácia plena, ligando-se ao efeito indutor de eficácia que resulta da publicidade registal: positiva e negativa[1].

4. **Efeito indutor de eficácia. Publicidade negativa**. Os atos sujeitos a registo comercial 7
só depois de registados produzem os seus efeitos plenos. Daqui pretende-se concluir que: (a) o ato sujeito a registo, mas não registado, não produz todos os seus efeitos – publicidade negativa por, da não-publicação, resultar uma diminuição de efeitos; (b) o ato que foi incorreta ou indevidamente registado pode produzir efeitos assentes, apenas, na aparência registal – publicidade
positiva, por da publicitação resultarem efeitos que de outro modo não se produziriam. 8

O 14.º/1 do CRCom determina que,

> Os factos sujeitos a registo só produzem efeitos contra terceiros depois da data do respetivo registo.

Este artigo é complementado pelo 13.º/1 do CRCom, que estabelece que, 9

> Os factos sujeitos a registo, ainda que não registados, podem ser invocados entre as próprias partes ou seus herdeiros.

Daqui podem construir-se duas teorias: (a) teoria da completeitude, segundo a qual os 10
atos sujeitos a registo são atos de produção sucessiva complexa, estando incompletos antes de registados; apenas com o registo produziriam efeitos plenos; (b) teoria da publicidade (negativa), segundo a qual os atos sujeitos a registo estão perfeitos, simplesmente cedem perante a omissão no registo, que, dotado de fé pública, enquanto nele não estiverem inscritos os factos, considera-os inexistentes.

As consequências práticas não são despiciendas. Para a primeira teoria, o ato não está 11
completo, pelo que não poderá por si mesmo produzir efeitos face a terceiros. Já para a segunda teoria, o ato é oponível *erga omnes*, mas os terceiros que confiem na omissão do registo merecem proteção, dada a proteção da aparência. Tal só fará, contudo, sentido, quando os terceiros estiverem de boa fé.

Ora, o 14.º/1 não explicita que se trata de terceiros de boa fé, mas dadas as exigências do 12
sistema parece que outra não pode ser a conclusão, até porque de outro modo não mereciam essa proteção[2].

Assim, os atos uma vez completos produzem os efeitos consagrados na lei, sendo que 13
mesmo a declaração de nulidade do registo não prejudica direitos adquiridos a título oneroso por terceiro de boa fé, se o registo do ato for anterior ao registo da ação (22.º/4 do CRCom).

[1] Neste sentido, António Menezes Cordeiro 1 (2007), 538.

[2] Posição defendida por António Menezes Cordeiro, *Manual de Direito comercial*, 401.

14 Adotamos a teoria da publicidade negativa: os atos sujeitos a registo não produzem efeitos, enquanto não estiverem registados, contra terceiros de boa fé, ou seja, terceiros que, sem culpa, os ignorassem[3]. Em suma, ficciona-se que aquilo que não consta do registo, não existe.

15 5. **Publicidade positiva**. Apesar de ter sido efetuado indevida ou incorretamente, mercê da aparência registal criada, dotada de fé pública, produzir-se-ão efeitos apenas com base no registo.

16 Esta matéria prende-se diretamente com a nulidade do registo. Um registo que padeça de algum dos vícios tipificados no 22.°/1 do CRCom não corresponde à realidade substantiva. Os registos nulos podem ser retificado nos casos previstos na lei, se não estiver registada a ação de declaração de nulidade (22.°/2 do CRCom) e só pode ser invocada a nulidade do registo depois de declarada por decisão judicial transitada (22.°/3 do CRCom). Outros vícios que não determinem a nulidade do registo, geram apenas a sua inexatidão, que poderá, em princípio, permitir a retificação, nos termos do 81.° e ss. do CRCom.

17 Se o terceiro, com base nesse registo inválido, adquire direitos, a título oneroso e de boa fé, e procede ao registo dos correspondentes factos antes de ter sido registada a ação de nulidade, será merecedor de tutela. Aqui estamos perante uma publicidade positiva, uma indução de eficácia por via da publicidade, assente no facto de o registo dizer de mais.

18 E não é necessário estabelecer uma causalidade entre a constituição dos direitos do terceiro e o ter acedido ao concreto registo nulo, que fica estabelecida no momento em que esse terceiro registe o seu facto. Atenta a fé pública decorrente do registo, o simples facto de existir uma inscrição faz correr, contra o seu beneficiário, todos os riscos decorrentes de uma posterior negociação comercial[4].

19 Só se justifica esta tutela da confiança em detrimento dos titulares dos interesses substancialmente legítimos se tiver havido um verdadeiro investimento nessa confiança, em termos de o sacrifício pedido não representar uma injustiça. Daí se exigir a onerosidade.

20 O terceiro deve estar de boa fé para poder beneficiar da publicidade positiva, ou seja, deve desconhecer, sem culpa, a realidade substantiva deturpada pelo registo. Trata-se de uma boa fé subjetiva ética e não meramente psicológica – não basta desconhecer, é necessário que esse desconhecimento não se deva a negligência ou descuido inadmissível.

21 Por fim, é necessário para beneficiar desta tutela decorrente da publicidade, que o terceiro registe antes de ser registada a ação de nulidade. De outro modo, não procedendo o terceiro ao registo do seu facto, haverá uma publicidade negativa que neutralizará a publicidade positiva decorrente do registo nulo.

22 Caso a discordância de publicidade seja imputável aos gerentes, administradores, liquidatários ou representantes da sociedade, esta responde pelos prejuízos causados a terceiros.

23 E sobre as pessoas com legitimidade para requerer o registo impende uma obrigação de providenciar pela sanação dessas discrepâncias entre o ato praticado, o registo e as publicações.

24 A sociedade, em princípio, não pode invocar perante terceiros o texto publicado, caso não corresponda à realidade registal, mas o terceiro poderá prevalecer-se dele, exceto se a sociedade demonstrar que o terceiro tinha conhecimento do texto constante do registo.

25 6. **Invocação da eficácia da aparência**. A eficácia da aparência – na vertente de publicidade negativa – é uma vantagem concedida aos terceiros, que a poderão exercer ou não.

[3] Seguimos a posição defendida por António Menezes Cordeiro, *Manual de Direito comercial*, 401 e 402.

[4] António Menezes Cordeiro, *Manual de Direito comercial*, 404.

O ato sujeito a registo e não registado só produz, em princípio, efeitos entre as partes. 26
Contudo, o terceiro pode prevalecer-se dele. Na verdade, o legislador não admite que o próprio que não tenha registado possa daí retirar alguma vantagem.

Pode questionar-se se o terceiro pode invocar um ato não registado apenas para alguns 27
aspetos que lhe convenha e não para outros, invocando aí a realidade substantiva. A solução não é clara e dependerá do caso em concreto. Contudo, tratando-se de vários factos distintos sujeitos a registo, o terceiro pode prevalecer-se da falta de registo de algum sem o fazer em
relação a todos[5]. 28

Os factos sujeitos a registo e a publicação obrigatória só produzem efeitos contra terceiros depois da data da publicação (14.°/2 do CRCom). Daí que a sociedade não possa opor, a esses terceiros, atos cuja publicação seja obrigatória sem que esta esteja efetuada, salvo se a sociedade provar que o ato está registado e que o terceiro tem conhecimento dele. No entanto, os terceiros podem prevalecer-se de atos cujo registo e publicação não tenham sido efetuados, salvo se a lei privar esses atos de todos os efeitos ou especificar para que efeitos podem os terceiros prevalecer-se deles.

A noção de terceiros não deve aqui ser confundida com aquela outra feita no sentido 29
técnico-registal (de terceiros com direitos ou interesses incompatíveis entre si e recebidos de autor comum), mas entendida antes num conceito mais amplo ou lato, por forma a abranger quaisquer pessoas, incluindo os próprios interessados com interesses incompatíveis[6].

Artigo 169.° (Responsabilidade por discordâncias de publicidade)

1. A sociedade responde pelos prejuízos causados a terceiros pelas discordâncias entre o teor dos atos praticados, o teor do registo e o teor das publicações, quando delas sejam culpados gerentes, administradores, liquidatários ou representantes.

2. As pessoas que têm o dever de requerer o registo e de proceder às publicações devem igualmente tomar as providências necessárias para que sejam sanadas, no mais breve prazo, as discordâncias entre o ato praticado, o registo e as publicações.

3. No caso de discordância entre o teor do ato constante das publicações e o constante do registo, a sociedade não pode opor a terceiros o texto publicado, mas estes podem prevalecer-se dele, salvo se a sociedade provar que o terceiro tinha conhecimento do texto constante do registo.

Bibliografia: J. P. Fazenda Martins, *Os efeitos do registo e das publicações obrigatórias na constituição das sociedades comerciais* (1994); Alexandre Soveral Martins, em *Código em Comentário* 2 (2011), 725-730; *vide* a bibliografia indicada nos artigos anteriores.

Índice

1. Redações anteriores 1
2. Responsabilidade 3
3. Dever de providenciar a sanação de discordâncias 7
4. A prevalência do registo 8

[5] STJ 18-mai.-1999 (Torres Paulo), CJ/Supremo VII (1999) 2, 92-97.

[6] Seabra Lopes, *Direito dos Registos e do Notariado*, 4.ª ed., revista e atualizada (2007), 216.

1 1. **Redações anteriores.** Na versão de 1986, o 169.°/1 estabelecia que:

> 1. A sociedade responde pelos prejuízos causados a terceiros pelas discordâncias entre o teor dos actos praticados, o teor do registo e o teor das publicações, quando delas sejam culpados gerentes, administradores, directores, liquidatários ou representantes.

2 O n.° 1 foi alterado pelo 2.° do DL 76-A/2006, de molde a eliminar a referência a diretores, figura que desaparece com a reforma legislativa operada por esse diploma.

3 2. **Responsabilidade**. As exigências de registo e de publicações pode dar azo a três tipos de realidades: (a) os atos efetivamente praticados; (b) os factos levados a registo; (c) as informações efetivamente publicadas. Quando haja divergências entre alguns destes elementos, podem advir transtornos, despesas e danos para terceiros. Nessa altura, o 169.°/1 prescreve a responsabilidade da sociedade, desde que se mostrem reunidos certos requisitos.

4 Em primeiro lugar, terá de haver "prejuízos causados" (169.°/1, início). Trata-se do dano e do nexo de causalidade, requeridos pela responsabilidade civil.

5 Seguidamente, devem ser "culpados" os gerentes, administradores, liquidatários ou representantes (169.°/1, parte final). Trata-se de uma linguagem incorreta, que deve ser aperfeiçoada pela interpretação sistemática. O que se exige é ilicitude e culpa. A primeira resulta da violação de normas jurídicas; a segunda presume-se quando tenham sido violados deveres específicos, devendo ser objeto de um suplemento de prova perante deveres genéricos.

6 A referência, ao molhe, a gerentes, administradores, liquidatários ou representantes também está errada e com consequências práticas: a sociedade responde automaticamente, pelos atos de gerentes, administradores ou liquidatários, nos termos da representação orgânica; já a presença de representantes implica a responsabilidade por comissão, no sentido do 500.° do CC.

7 3. **Dever de providenciar a sanação de discordâncias**: resulta do 169.°/2, a cargo de quem tenha o dever de requerer o registo e de promover as publicações. Trata-se de uma obrigação de meios, que ficará cumprida quando tiver sido feito um esforço razoável no sentido pretendido.

8 4. **A prevalência do registo**. O 169.°/3, sob uma linguagem complicada, estabelece a regra da prevalência do registo, em caso de discordância entre este e as publicações. Todavia, prevalecem as publicações perante terceiros de boa fé (ou seja: que, sem culpa, ignorem o registo), a qual se presume.

Artigo 170.° (Eficácia de atos para com a sociedade)

A eficácia para com a sociedade de atos que, nos termos da lei, devam ser-lhe notificados ou comunicados não depende de registo ou de publicação.

Bibliografia: *vide* as anotações aos artigos anteriores.

Por todo o Código, com especial relevo nas SPQ, prevê-se a obrigação de notificar ou de comunicar, à sociedade, determinados atos. Quando isso suceda, a eficácia dos atos em causa, perante a sociedade, não depende nem do registo, nem da publicação. Na verdade, quando se verifique o dever de notificar ou de comunicar, a sociedade não funciona como "terceiro". Não pode, pois, invocar a fé pública (ou a ausência dela) para retirar efeitos de Direito.

Artigo 171.º (Menções em atos externos)

1. Sem prejuízo de outras menções exigidas por leis especiais, em todos os contratos, correspondência, publicações, anúncios, sítios na Internet e de um modo geral em toda a atividade externa, as sociedades devem indicar claramente, além da firma, o tipo, a sede, a conservatória do registo onde se encontrem matriculadas, o seu número de matrícula e de identificação de pessoa coletiva e, sendo caso disso, a menção de que a sociedade se encontra em liquidação.

2. As sociedades por quotas, anónimas e em comandita por ações devem ainda indicar o capital social, o montante do capital realizado, se for diverso, e o montante do capital próprio segundo o último balanço aprovado, sempre que este for igual ou inferior a metade do capital social.

3. O disposto no n.º 1 é aplicável às sucursais de sociedades com sede no estrangeiro, devendo estas, para além dos elementos aí referidos, indicar ainda a conservatória do registo onde se encontram matriculadas e o respetivo número de matrícula nessa conservatória.

Bibliografia: Jorge Manuel Coutinho de Abreu 2 (2009), 133 ss.; *id.*, 1 (2006), 184 e ss.; António Pereira de Almeida (2006), 281 ss.; Carlos Ferreira de Almeida, *O registo comercial na Reforma do Direito das Sociedades de 2006*, em *Jornadas de Homenagem ao Prof. Doutor Raúl Ventura* (2007), 279 ss.; Miguel J. A. Pupo Correia (2007), 96; Paulo Olavo Cunha (2007), 186; Alexandre Soveral Martins, em *Código em Comentário* 2 (2011), 732-736.

Índice

1. Redações anteriores.. 1
2. Menções em atos externos.. 7

1 1. **Redações anteriores.** Na versão primitiva, de 1986, o 171.º estabelecia que:

> 1. Sem prejuízo de outras menções exigidas por leis especiais, em todos os contratos, correspondência, publicações, anúncios, e de um modo geral em toda a atividade externa, as sociedades devem indicar claramente, além da firma, o tipo, a sede, a conservatória do registo comercial onde se encontrem matriculadas, o seu número de matrícula nessa conservatória e, sendo caso disso, e, sendo caso disso, a menção de que a sociedade se encontra em liquidação.
>
> 2. As sociedades por quotas, anónimas e em comandita por acções devem ainda indicar o capital social e, bem assim, o montante do capital realizado, se for diverso.

O 171.º/3 foi aditado pelo 1.º do DL 225/92, de 21-out., que complementou a transposição da Diretiva do Conselho 80/666/CEE, de 21-dez., ou 11.ª Diretiva, relativa às sucursais criadas num Estado membro por certas formas de sociedades reguladas pelo direito de outro Estado, introduzindo a atual redação do preceito[1]. 2

O 1.º do DL 19/2005, de 18-jan., com efeitos desde 31-dez.-2004, alterou o 171.º/2, passando a ter a seguinte redação: 3

[1] António Menezes Cordeiro, *Direito europeu das sociedades* (2005), 455 ss. e, quanto à transposição, 466 ss..

> As sociedades por quotas, anónimas e em comandita por acções devem ainda indicar o capital social, o montante do capital realizado, se for diverso, e o montante do capital próprio segundo o último balanço aprovado, sempre que este for igual ou inferior a metade do capital social.

4 O DL 111/2005, de 8-jul., alterou o n.º 1 deste artigo, que passou a ter a seguinte redação:

> Sem prejuízo de outras menções exigidas por leis especiais, em todos os contratos, correspondência, publicações, anúncios e de um modo geral em toda a actividade externa, as sociedades devem indicar claramente, além da firma, o tipo, a sede, a conservatória do registo comercial onde se encontrem matriculadas, o seu número de matrícula nessa conservatória, o seu número de identificação de pessoa colectiva e, sendo caso disso, a menção de que a sociedade se encontra em liquidação.

5 Posteriormente, foi alterado pelo 2.º do DL 76-A/2006, de 29-mar., que deu a atual redação aos n.os 1 e 3.

6 Com este último diploma, eliminou-se nos n.º 1 e 3 a referência à natureza comercial do registo, talvez devido à possibilidade de se solicitar o registo *on line*, que foi prevista no preâmbulo daquele diploma, mas só concretizada pela P 1416-A/2006, de 19-dez., e adita-se a exigência de menção nos sítios da Internet.

7 2. **Menções em atos externos**. O legislador faz impender sobre a sociedade uma obrigação de mencionar nos atos externos que pratica – sejam contratos, correspondência, publicações, anúncios, sítios da Internet –, e de um modo generalizado, em todos os atos que pratica, uma série de elementos, que correspondem *grosso modo*, às menções constantes do extrato da matrícula (8.º da P 657-A/2006, de 29-jun.) e que o legislador considera serem de relevo para os interessados que contactam com a sociedade.

8 Tal exigência resulta da transparência que o legislador pretende que vigore no dia-a-dia das sociedades.

Capítulo XV – Fiscalização pelo Ministério Público

Artigo 172.º (Requerimento de liquidação judicial)

Se o contrato de sociedade não tiver sido celebrado na forma legal ou o seu objeto for ou se tornar ilícito ou contrário à ordem pública, deve o Ministério Público requerer, sem dependência de acção declarativa, a liquidação judicial da sociedade, se a liquidação não tiver sido iniciada pelos sócios ou não estiver terminada no prazo legal.

Bibliografia: Higina Orvalho Castelo, *O acordo a que se reporta o artigo 36.º, 2, do Código das Sociedades Comerciais: natureza e validade*, Estudos em Homenagem ao Professor Doutor Carlos Ferreira de Almeida IV (2011), 51-95 (82-85); João Labareda, *Sociedades irregulares/Algumas reflexões*, em *Novas perspectivas do Direito Comercial* (1988), 179-204 (192 e 193).

Ao MP, enquanto representante do Estado, cumpre intervir para repor a legalidade, designadamente nos casos em que a sociedade: (a) não tenha a forma legal[1]; (b) tenha objeto inicial ou supervenientemente ilícito; (c) ou contrário à ordem pública, isto é, a princípios inderrogáveis do ordenamento. 1

A intervenção do MP cifra-se em requerer, de imediato, a liquidação judicial da sociedade. Mas supletivamente: apenas se os sócios não iniciarem, eles próprios, o processo. A intervenção do MP dá-se ainda e no mesmo sentido, quando a liquidação não termine no prazo legal: prazo esse que é de dois anos, prorrogável por um (150.º/1 e 2). 2

A liquidação judicial consta dos 1122.º a 1130.º, do CPC. 3

Artigo 173.º (Regularização da sociedade)

1. Antes de tomar as providências determinadas no artigo anterior, deve o Ministério Público notificar por ofício a sociedade ou os sócios para, em prazo razoável, regularizarem a situação.

2. A situação das sociedades pode ainda ser regularizada até ao trânsito em julgado da sentença proferida na acção proposta pelo Ministério Público.

3. O disposto nos números anteriores não se aplica quanto a sociedades nulas por o seu objeto ser ilícito ou contrário à ordem pública.

A possibilidade de regularização da sociedade fica salvaguardada, salvo perante sociedades nulas por objeto ilícito ou contrário à ordem pública (173.º/3). Para esse efeito, a lei prevê duas possibilidades: (a) antes de agir, o MP notifica a sociedade ou os sócios para, em prazo razoável, regularizarem a situação; (b) durante o processo e até ao trânsito em julgado da sentença na acção proposta pelo MP. 1

O cuidado posto pela lei entende-se, à luz do ordenamento de um Estado de Direito: estão em causa direitos patrimoniais das pessoas, nos quais o Estado só intervém: (a) por via judicial; (b) em último caso. 2

Capítulo XVI – Prescrição

Artigo 174.º (Prescrição)

1. Os direitos da sociedade contra os fundadores, os sócios, os gerentes, os administradores, os membros do conselho fiscal e do conselho geral e de supervisão, os revisores oficiais de contas e os liquidatários, bem como os direitos destes contra a sociedade, prescrevem no prazo de cinco anos, contados a partir da verificação dos seguintes factos:

_a_) O início da mora, quanto à obrigação de entrada de capital ou de prestações suplementares;

[1] RPt 22-jan.-2002 (Manso Raínho), Proc. 0121073; RLx 1-out.-2014 (Tomé Ramião), Proc. 5824/12.

b) O termo da conduta dolosa ou culposa do fundador, do gerente, administrador, membro do conselho fiscal ou do conselho geral e de supervisão, revisor ou liquidatário ou a sua revelação, se aquela houver sido ocultada, e a produção do dano, sem necessidade de que este se tenha integralmente verificado, relativamente à obrigação de indemnizar a sociedade;

c) A data em que a transmissão de quotas ou acções se torne eficaz para com a sociedade quanto à responsabilidade dos transmitentes;

d) O vencimento de qualquer outra obrigação;

e) A prática do ato em relação aos atos praticados em nome de sociedade irregular por falta de forma ou de registo.

2. Prescrevem no prazo de cinco anos, a partir do momento referido na alínea *b)* do número anterior, os direitos dos sócios e de terceiros, por responsabilidade para com eles de fundadores, gerentes, administradores, membros do conselho fiscal ou do conselho geral e de supervisão, liquidatários, revisores oficiais de contas, bem como de sócios, nos casos previstos nos artigos 82.º e 83.º.

3. Prescrevem no prazo de cinco anos, a contar do registo da extinção da sociedade, os direitos de crédito de terceiros contra a sociedade, exercíveis contra os antigos sócios e os exigíveis por estes contra terceiros, nos termos dos artigos 163.º e 164.º, se, por força de outros preceitos, não prescreverem antes do fim daquele prazo.

4. Prescrevem no prazo de cinco anos, a contar da data do registo definitivo da fusão, os direitos de indemnização referidos no artigo 114.º.

5. Se o facto ilícito de que resulta a obrigação constituir crime para o qual a lei estabeleça prescrição sujeita a prazo mais longo, será este o prazo aplicável.

Bibliografia: António Menezes Cordeiro, *Tratado de Direito civil* V, 2.ª ed. (2015), 195-239; António Ferrer Correia/Vasco da Gama Lobo Xavier, *A amortização de quotas e o regime da prescrição*, RDES XII, 4 (1965), 13-90; Jorge Pinto Furtado 1 (1975), 532-535; João Labareda, *Sociedades irregulares*, em *Novas perspectivas do Direito comercial* (1988), 186-204 (193); João Baptista Machado, *Anotação a STJ 16-Fev.-1984 (Octávio Dias Garcia)*, RLJ 117 (1984), 122-127, *idem*, 127-128, 153-155, 177-179, 201-207, 245-248 (205 ss.).

Índice

I – **Dogmática geral**
1. Natureza imperativa e fundamento 1
2. Início do prazo 3
3. Decurso 4
4. Prazos 7
5. Invocação e natureza 8
6. Distinção da caducidade 10

II – **Origem e evolução**
7. Origem 11
8. Alteração 14

III – **As várias situações**
9. Direitos da e contra a sociedade 15
10. Direitos dos sócios e de terceiros 17
11. Responsabilidade da fusão 19
12. Facto criminoso 20

IV – **Natureza e casuística**
13. Natureza 21
14. Casuística 22

I – Dogmática geral

1. **Natureza imperativa e fundamento.** A prescrição é um instituto indisponível: são nulos os negócios que visem modificar os prazos ou facilitar ou dificultar o seu funcionamento (300.º do CC); é proibida a renúncia antecipada (302.º/1). 1

A prescrição fundamenta-se na necessidade de relevar o devedor da prova do cumprimento, passado muito tempo sobre o mesmo e na conveniência em promover a paz e a segurança jurídicas. 2

2. **Início do prazo.** Há dois sistemas: (a) objetivo: começa a correr logo que o direito possa ser exercido, independentemente do conhecimento pelo credor; é o sistema tradicional (vg. 306.º/1, 1.ª parte do CC), com prazos longos; (b) subjetivo: corre apenas quando o credor tenha conhecimento dos elementos essenciais relativos ao seu direito; é o sistema, p. ex., da responsabilidade civil (498.º do CC), com prazos curtos, sendo dobrado, por vezes, pelo objetivo. 3

3. **Decurso.** Iniciado, o prazo não é perturbado nem pela transmissão do crédito, nem pela do débito (*accessio temporis*, 308.º do CC). 4

A suspensão do prazo (318.º a 322.º do CC) opera mediante causas legalmente fixadas: a contagem pára enquanto se mantiver o facto causador da suspensão, quando recomece, aproveita-se o tempo decorrido antes da suspensão. 5

A interrupção (323.º a 327.º do CC) funciona pela citação ou notificação judicial que exprimam, direta ou indiretamente, a intenção de exercer o direito (323.º/1 do CC), operando, em princípio, cinco dias depois desses atos terem sido requeridos (323.º/2 do CC). Ela inutiliza todo o tempo anteriormente decorrido. 6

4. **Prazos.** O ordinário é de 20 anos (309.º). Prestações periódicas prescrevem em 5 anos (310.º), enquanto as presuntivas operam em 6 meses ou em 2 anos (316.º e 317.º). Na responsabilidade civil (498.º/1) e no enriquecimento sem causa (482.º, todos do CC), temos prescrições de três anos (subjetivas), dobradas pela prescrição comum de 20 anos. 7

5. **Invocação e natureza.** A prescrição deve ser invocada, não podendo ser constatada de ofício (303.º do CC). Assim, o decurso do prazo dá lugar a um direito subjetivo: o de invocar a prescrição. Feita a invocação, o beneficiário pode recusar o cumprimento (394.º/1, do CC); mas se o realizar espontaneamente, ainda que em ignorância da prescrição, não o pode repetir (304.º/2 do CC). 8

A prescrição modifica a obrigação: de civil, passa a natural. 9

6. **Distinção da caducidade**: esta (328.º a 333.º do CC), em regra: (a) exige previsões legais ou contratuais específicas; (b) atinge, tendencialmente, direitos potestativos; (c) pode, em áreas disponíveis, ser alterada pelas partes; (d) tem prazos curtos; (e) não se suspende; (f) só se interrompe com a prática do ato; (g) pode, em áreas indisponíveis, ser conhecida *ex officio*; (h) tem efetiva eficácia extintiva; (i) tem a natureza de uma limitação temporal do direito. 10

II – Origem e evolução

7. **Origem.** O CCom compreendia, no 150.º, uma lata previsão de prescrição. Dispunha: 11

> Prescrevem por cinco anos as acções resultantes do contrato de sociedade ou de actos sociais, se houverem sido feitos os registos e publicações prescritos neste Código.
>
> § único. O termo para esta prescrição começará a correr:
>
> 1.º Do vencimento da respectiva obrigação;
>
> 2.º Da última publicação da dissolução da sociedade;

3.º Da aprovação do balanço final dos liquidatários, quanto a obrigações resultantes da liquidação;

4.º Do averbamento das acções transmitidas, quanto à responsabilidade do transmitente e, nas sociedades cooperativas, da exclusão ou exoneração do sócio.

12 Por seu turno, um regime específico para a prescrição da responsabilidade dos administradores vem do DL 49 381, de 15-nov.-1969. Segundo o seu 19.º[1]:

4. O direito à indemnização prescreve no prazo de cinco anos, a contar do termo da conduta dolosa ou culposa do administrador, ou a partir da sua revelação, se aquela houver sido ocultada, e da produção do dano, sem necessidade de que este se tenha integralmente verificado.

5. Se o facto ilícito constituir crime para o qual a lei estabeleça prescrição sujeita a prazo mais longo, é este o prazo aplicável.

13 Um texto de síntese surgiu no projeto (173.º)[2]. Aí, foram concentradas num único preceito, as previsões de prescrição relativas à responsabilidade civil e, ainda, as atinentes a outros âmbitos societários, na linha do 150.º CCom.

14 8. **Alteração**. O DL 76-A/2006, de 29-mar., modificou os 174.º/1, 174.º/1, *b*) e 174.º/2[3]: no sentido de inserir a referência à Internet e de atualizar as menções aos órgãos societários.

III – **As várias situações**

15 9. **Direitos da e contra a sociedade**, relativamente a fundadores, a sócios, a gerentes, a administradores, a membros do conselho fiscal e do conselho geral e de supervisão, a ROC e a liquidatários: prescrevem em cinco anos (174.º/1).

16 A contagem inicia-se a partir de (alíneas do 174.º/1): (a) o início da mora, quanto a entrada ou a prestações suplementares; (b) o termo da conduta dolosa ou culposa do fundador, titular de órgão, ROC ou liquidatário ou a sua revelação, se tiver sido ocultada a produção do dano, ainda que não integral; (c) a data da eficácia da transmissão de quotas ou acções, quanto à responsabilidade do transmitente; (d) o vencimento de qualquer outra obrigação; (e) a prática do ato relativamente às sociedades irregulares por incompleitude.

17 10. **Direitos dos sócios e de terceiros** por responsabilidade dos administradores e outros: prescrevem em cinco anos (174.º/2).

18 Os direitos de crédito de terceiros contra a sociedade, exercíveis contra os antigos sócios e os exigíveis por estes contra terceiros (163.º e 164.º): prescrevem em cinco anos, se outros preceitos não fixarem prazos mais curtos, a contar do registo de extinção da sociedade (174.º/3).

19 11. **Responsabilidade da fusão**, fixada no 114.º: prescreve em cinco anos, a contar da data do registo definitivo da fusão (174.º/4).

20 12. **Facto criminoso**, quando sujeito a prazo mais longo: é este o aplicável (174.º/5).

IV – **Natureza e casuística**

21 13. **Natureza**. O 174.º fixa uma prescrição objetiva (o prazo inicia-se independentemente de concretos conhecimentos de sujeitos) de tipo quinquenal. Domina uma preocupação de segurança jurídica.

[1] DG I Série, n.º 268, de 15-Nov.-1969, 1610/II.

[2] BMJ 327 (1983), 148-149.

[3] DR I Série-A, n.º 63 (Supl.), de 29-mar.-2006, 2328-(14)/I.

14. **Casuística**. A percentagem de lucros devida ao administrador prescreve em cinco anos; reconhecendo a assembleia geral que ela seria paga quando houvesse disponibilidade, há suspensão do prazo[4]. 22

As acções do comerciante que vende objetos à sociedade e desta contra ele não se regem, quanto à prescrição, pelo 174.º[5]; *idem* quanto a obrigações não-societárias entre o sócio e a sociedade[6]. 23

As remunerações pelo exercício da gerência são prestações mensalmente renováveis que prescrevem em cinco anos; a sua atualização *ex bona fide* prescreve em vinte anos[7]. 24

[4] RLx 26-mai.-1994 (Nascimento Gomes), CJ XIX (1994) 3, 103-105 (104).

[5] RLx 13-fev.-1996 (Lopes Bento), Proc. 0009571.

[6] STJ 18-mar.-1997 (Almeida e Silva), BMJ 465 (1997), 599-605 (601 ss.).

[7] RLx 18-jan.-2001 (Granja da Fonseca), Proc. 0091066.

Título II – Sociedades em nome coletivo

Introdução

Bibliografia: António Caeiro, *O projecto de Código das Sociedades – Parte Geral. Sociedades em nome colectivo*, RDE 10-11 (1984/85), 53-86; António Menezes Cordeiro 2 (2007), 103-221; Jorge Pinto Furtado, II/1 (1979), 7-114; José Lobo Moutinho, *A responsabilidade do sócio em nome colectivo, em face do Código das Sociedades Comerciais*, DJ VI (1992), 172-250 e VII (1993), 83-137; Fernando Olavo, *Sociedade em nome colectivo – Ensaio do anteprojecto*, BMJ 179 (1968), 15-37; Maria Elisabete Ramos e outros, Código em comentário, III, 2.ª ed. (2016), 13-164; Raúl Ventura, *Novos estudos sobre sociedades anónimas e sociedades em nome colectivo* (1994, reimp., 2003), 209-347.

Índice

I – **Evolução geral**
1. Origem 1
2. Código Ferreira Borges (1833) 4
3. Código Veiga Beirão (1888) 5

II – **O CSC; papel das SNC**
4. Preparatórios 7
5. Sistema 8
6. Alterações 9
7. Papel 10

III – **Características**
8. Firma e participação 12
9. Responsabilidade por dívidas 13
10. Natureza 14

I – Evolução geral

1. Origem. As SNC remontam ao séc. XII, em Itália: pretendiam dar corpo à atuação dos herdeiros de um comerciante. Designavam-se companhias (*cum + panis*: os que comem o mesmo pão), tendo-se alargado a outros países. De relevo histórico: os Fugger, banqueiros dos Habsburgos, nos finais do séc. XV, inicialmente organizados em SNC. Acolhidas em França, sob a Ordenança do Comércio (1673), como sociedades gerais, as SNC contrapunham-se às comanditas. A expressão SNC foi generalizada por Pothier (1699-1772). 1

A figura e a designação foram acolhidas no Código do Comércio francês (1807): assentava na coletividade dos sócios-comerciantes que atuava sob nome comum. Todos os sócios eram solidários e ilimitadamente responsáveis pelas dívidas sociais. 2

No Direito alemão usa-se "sociedade comercial aberta" (*offene Handelsgesellschaft* ou oHG), constando o seu regime dos §§ 105 e seguintes do HGB. 3

2. Código Ferreira Borges (1833). Nas Ordenações surgia um *contracto de sociedade e companhia*. Ferreira Borges fez a distinção entre a companhia, que ficou para as SA e a SNC, contratada por duas ou mais pessoas e que tem por objeto fazer o comércio debaixo de uma firma social. No CC de 1833, a SNC obtém regras básicas: (a) a firma deveria reportar os nomes dos sócios ou o de um deles "e companhia"; (b) a responsabilidade ilimitada e solidária de todos os sócios pelos débitos sociais; (c) a qualidade de comerciante dos seus sócios. 4

3. Código Veiga Beirão (1888)[1]. As SNC eram referidas no 106.º e reguladas nos 151.º a 161.º. Como novidades: (a) maior precisão nas regras internas sobre administração e fiscalização; (b) natureza meramente subsidiária da responsabilidade ilimitada dos sócios; (c) possibilidade de 5

[1] Luiz da Cunha Gonçalves, *Comentário do Código Comercial Português* 1 (1914), 332-350 e Jorge Pinto Furtado, II/1 (1979), 7-114.

direitos especiais à gerência; (d) clarificação da proibição de concorrência; (e) indemnização dos sócios.

6 O CCom foi alterado pelo DL 363/77, de 2-set.: (a) harmonizou-se o regime com o princípio da igualdade *ex* CR; (b) aperfeiçoou-se a extinção; (c) melhorou-se a administração, com remissão para o CC.

II – O CSC; papel das SNC

7 4. **Preparatórios**. O anteprojeto foi confiado a Fernando Olavo[2]. Na passagem para o projeto, a matéria foi simplificada[3]: vários preceitos transitaram para a parte geral. Em ambos os escritos podemos apontar uma influência do CC italiano.

8 5. **Sistema**. O CSC consagra 22 artigos às SNC, arrumados em quatro capítulos: I – Características e contrato (175.º a 188.º); II – Deliberações dos sócios e gerência (189.º a 193.º); III – Alterações do contrato (194.º); IV – Dissolução e liquidação da sociedade (195.º e 196.º). O I é heterogéneo, abrangendo matéria distinta.

9 6. **Alterações**. O DL 280/87, de 8-jul., alterou o 192.º/4 e o 193.º; o DL 257/96, de 31-dez., retificou o 195.º/2; o DL 76-A/2006, de 29-mar., alterou os 182.º, 184.º, 187.º e 195.º e aditou o 188.º-A. As alterações visaram correções formais; as de 2006 pretenderam pôr termo à escritura pública e abrir a via da dissolução administrativa.

10 7. **Papel**. As SNC são sociedades de pessoas, que pressupõem uma estreita confiança entre os sócios. Dão corpo a pequenas empresas, nas quais todos colaboram, no plano comercial e industrial.

1 Hoje, elas sofrem a concorrência das SPQ, de responsabilidade limitada e de fácil constituição e que podem comportar-se, também, como sociedades de pessoas. O seu número tem decaído, passando, de 4616, em 1954, para 378, em 2004: perderam, em 50 anos e mau grado a expansão económico-social registada, 9/10 dos seus efetivos. A esse facto não será alheia a circunstância de uma das principais vantagens das SNC – o acesso ao crédito em virtude da responsabilidade ilimitada dos sócios – ser hoje também suscetível de ser atingida através de outras formas societárias, como as SQ, em que os credores "fortes" facilmente podem obter uma responsabilização pessoal dos sócios respetivos. De todo o modo, as SNC estão consagradas no Direito positivo nacional como forma societária básica. Permanecem úteis, em Portugal e, através das formas equivalentes, no estrangeiro. No atual contexto de crise e ajustamento dos paradigmas da atividade económica, é prematuro vaticinar-se o seu declínio certo, tal como em relação às cooperativas, como alternativa às sociedades de capital. O seu estudo reveste-se, por tudo isso, de total dignidade científica.

III – Características

12 8. **Firma e participações**. A SNC (177.º) deve conter o nome ou firma de todos os sócios ou de algum deles, seguido de "e Companhia" ou equivalente; admite sócios de indústria (178.º); as suas participações dizem-se "partes sociais".

13 9. **Responsabilidade por dívidas**. Os sócios respondem: (a) individualmente pelas entradas respetivas; (b) subsidiariamente, pelas obrigações sociais; (c) e isso solidariamente entre si (175.º/1). São sociedades ditas de "responsabilidade ilimitada" (a expressão, muito usual, é consabidamente inadequada, porque a natureza limitada ou ilimitada da responsabilidade é dos sócios e não da sociedade).

[2] BMJ 179 (1968), 15-37.

[3] BMJ 327 (1983), 149-160.

10. **Natureza**. No domínio do CCom, Guilherme Moreira[4] entendia que, mau grado o seu 108.º, as SNC não tinham personalidade: apenas autonomia patrimonial[5]. Perante o atual 5.º, a sua personalidade não oferece dúvidas. Nos Direitos alemão e italiano propende-se, porém, para a negativa[6]. 14

CAPÍTULO I – Características e contrato

Artigo 175.º (Características)

1. Na sociedade em nome coletivo o sócio, além de responder individualmente pela sua entrada, responde pelas obrigações sociais subsidiariamente em relação à sociedade e solidariamente com os outros sócios.

2. O sócio não responde pelas obrigações da sociedade contraídas posteriormente à data em que dela sair, mas responde pelas obrigações contraídas anteriormente à data do seu ingresso.

3. O sócio que, por força do disposto nos números anteriores, satisfizer obrigações da sociedade tem direito de regresso contra os outros sócios, na medida em que o pagamento efetuado exceda a importância que lhe caberia suportar segundo as regras aplicáveis à sua participação nas perdas sociais.

4. O disposto no número anterior aplica-se também no caso de um sócio ter satisfeito obrigações da sociedade, a fim de evitar que contra ele seja intentada execução.

Bibliografia: António Menezes Cordeiro, 2 (2007), 106-108 e 171-179; José Lobo Moutinho, *A responsabilidade do sócio em nome colectivo, em face do Código das Sociedades Comerciais*, DJ VI (1992), 172-250 e VII (1993), 83-137; Maria Elisabete Ramos e outros, Código em comentário, III, 2.ª ed. (2016), 13-29; Raúl Ventura, *Novos estudos sobre sociedades anónimas e sociedades em nome colectivo* (1994, reimp., 2003), 209-225.

Índice

1. Entradas 1
2. Obrigações sociais 5
3. Insolvência 7
4. Objeto, início e termo 8
5. Sub-rogação e regresso 10

1. **Entradas**. A obrigação de entrada é geral – 20.º, *a*) – devendo a sua natureza constar do pacto – 9.º/1, *g*). Consiste em realidades patrimoniais podendo ser em dinheiro, em espécie (179.º) ou em indústria (178.º). 1

O CSC não regula especificamente as entradas das SNC. Na fixação do respetivo regime deve todavia atender-se ao disposto na Parte Geral do CSC, bem como ao pacto social e ao CC. De acordo com o regime deste último diploma, o sócio pode apresentar-se a todo o tempo 2

[4] Guilherme Moreira, *Instituições de Direito civil* 1 (1907), 297.

[5] Contra: José Tavares, *Sociedades e empresas comerciais*, 2.ª ed. (1924), 157 ss. e Cunha Gonçalves, *Comentário* 1, 233-235.

[6] António Menezes Cordeiro 1 (2007), 328 e ss. e 2 (2007), 129 ss..

a realizar a entrada ou pode a sociedade, a todo o tempo, exigir-lhe, através da interpelação (777.º/1, do CC). De todo o modo, tem-se discutido na doutrina se o sócio das SNC pode, atento o 26.º, diferir a sua entrada em dinheiro, uma vez que, ao contrário do previsto para as SPQ e para as SA, não se prevê expressamente a possibilidade de tal diferimento (202.º/2 e 277.º/2). Ora, uma vez que neste tipo de sociedades, os sócios respondem ilimitada e solidariamente pelas dívidas sociais – esbatendo-se nessa medida a função garantística e de tutela dos credores que tradicionalmente se assinala ao capital social – parece que também deverá admitir-se esse diferimento nas SNC. A solução está pressuposta no 195.º/2, segundo o qual os liquidatários devem reclamar dos sócios as dívidas de entrada[1]. Em todo o caso: as entradas não devem ser inferiores ao valor nominal da parte social, mas podem ser superiores, nos termos gerais (25.º/1). Quanto aos sócios de indústria, atente-se no regime do 178.º/1.

3 A responsabilidade pelas entradas é: (a) individual – 175.º/1; (b) exercida pela própria sociedade ou, verificados os pressupostos, por terceiro, em ação sub-rogatória; (c) efetiva-se consoante a natureza da entrada.

4 Assim, poderá seguir: (a) o regime das obrigações pecuniárias, com a possibilidade de execução; (b) a reivindicação (1311.º do CC), perante entradas em espécie; (c) a execução por terceiros à custa do sócio faltoso (828.º do CC) ou (d) a aplicação de sanções pecuniárias compulsórias (829.º-A do CC), em face de entradas em indústria.

5 2. **Obrigações sociais**. A responsabilidade do sócio é subsidiária (175.º/1, 2.ª parte): só opera perante a insuficiência do património social, dispondo o sócio do *beneficium excussionis*: pode deter a sua responsabilidade pelos débitos sociais até que se mostre excutido o património social[2]; ver o 828.º CPC. A responsabilidade subsidiária é estabelecida a favor dos credores sociais (e não da sociedade)[3]. Dependendo embora do título, a efetivação dessa responsabilidade contra o sócio requer, em princípio, que ele seja demandado em ação declarativa de condenação[4].

6 A responsabilidade do sócio pelas obrigações sociais é solidária com os outros sócios; qualquer deles, ainda que subsidiariamente, pode ser demandado pela totalidade.

7 3. **Insolvência**. Havendo insolvência da SNC, já não ocorre a insolvência derivada dos seus sócios[5]. Estes são, todavia, responsáveis legais (6.º/2, do CIRE), contra eles devendo ser deduzidos distintos pedidos de insolvência. Podem opor embargos – 40.º/1, *e*) e *f*), do CIRE; dão origem a massas insolventes distintas (95.º/1, do CIRE), cabendo ao administrador da insolvência da sociedade intentar, contra eles, as competentes ações (82.º/2, do CIRE).

8 4. **Objeto, início e termo**. A responsabilidade ilimitada do sócio reporta-se a obrigações da sociedade para com terceiros: *ex contractu*, *ex delicto* ou com qualquer outra origem.

9 O sócio responde pelas obrigações contraídas (i. é: constituídas, ainda que não vencidas) até à data em que saia (175.º, 1.ª parte). E responde, também, pelas obrigações contraídas antes do seu ingresso (175.º/2, 2.ª parte, equivalente ao 977.º/4, do CC): uma solução que protege terceiros, induz a vigilância recíproca dos sócios e contribui para prevenir atuações danosas, mas que é também questionável porque onera o sócio por condutas com as quais nada teve a ver. *De iure condendo*, merece ser reexaminada[6].

[1] Sobre este ponto, pode ver-se Paulo de Tarso Domingues, *Do capital social/Noção, princípios e funções*, Coimbra, 1998, 83 ss..

[2] Ou quando se prove que o crédito não foi pago por culpa do credor (638.º/2, do CC).

[3] STJ 16-jan.-1970 (Adriano Campos de Carvalho), BMJ 193 (1970), 391-394 (393).

[4] Cf. STJ 2-nov.-1971 (Arala Chaves), BMJ 211 (1971), 258-260 (260).

[5] Quanto ao Direito anterior: António Menezes Cordeiro 2 (2007), 174 ss..

[6] Contra, Fernando Olavo; a favor, Raúl Ventura; *vide* António Menezes Cordeiro 2 (2007), 177.

5. **Sub-rogação e regresso**. O sócio que responda pela sociedade fica, nos termos gerais, sub- 10
-rogado na posição do credor (592.º/1, do CC): recebe todas as garantias e acessórios próprios do credor em causa (582.º, *ex vi* do 594.º, do CC, bem como 644.º/1, do CC). Pode, assim, agir como credor da sociedade, por via da sub-rogação nos direitos do primeiro credor.

Além disso, o 175.º/3 atribui um direito de regresso contra os outros sócios, na medida 11
em que o pagamento por ele efetuado ultrapasse o que lhe caberia, por via da repartição das perdas sociais: um direito novo (524.º do CC) dirigido à contra-efetivação da sociedade. Assistindo ao sócio a possibilidade de escolher entre a sub-rogação e o regresso, a primeira hipótese será, em regra, mais favorável.

O 175.º/4 manda aplicar o mesmo regime ao sócio que pague para prevenir a execução. 12
De facto, não pode ser penalizado por não invocar o *beneficium excussionis*.

Artigo 176.º (Conteúdo do contrato)

1. No contrato de sociedade em nome coletivo devem especialmente figurar:

***a*) A espécie e a caracterização da entrada de cada sócio, em indústria ou bens, assim como o valor atribuído aos bens;**

***b*) O valor atribuído à indústria com que os sócios contribuam, para o efeito da repartição de lucros e perdas;**

***c*) A parte de capital correspondente à entrada com bens de cada sócio.**

2. Não podem ser emitidos títulos representativos de partes sociais.

Bibliografia: António Menezes Cordeiro, 2 (2007), 147-156; Raúl Ventura, *Novos estudos sobre sociedades anónimas e sociedades em nome colectivo* (1994, reimp., 2003), 225-227.

Índice

1. As partes 1
2. Forma e registo 2
3. Conteúdo 5

1. **Partes**. Aplica-se o regime geral quanto às partes[1]. Todavia, não podem ser cônjuges (8.º/1), 1
nem menores representados, sem autorização do MP – 1889.º/1, *d*), do CC e 2.º/1, *b*), do DL 272/2001, de 13-out.. As sociedades, para ingressar em SNC, devem ser autorizadas pelo pacto social (11.º/5). Não se prevê qualquer constituição unilateral (270.º-A e 488.º, *a contrario*).

2. **Forma e registo**. O contrato de SNC exige, hoje, mera forma escrita (7.º/1, *ex* DL 2
76-A/2006, de 29-mar.). Todavia, não se aplica o regime imediato do DL 111/2005, de 8-jul., reservado a SPQ e SA.

Está sujeito a registo – 5.º e 3.º, *a*), do CRCom. 3

Na falta de contrato ou de registo, segue-se o regime das sociedades irregulares (36.º, 37.º 4
e 38.º), o mesmo sucedendo quando o contrato seja inválido (43.º e 46.º).

3. **Conteúdo**. Vem, em geral, previsto no 9.º/1, aqui aplicável. O 176.º/1, *a*) e *c*), repete o 9.º/1, 5
g) e *h*). O 176.º/1, *b*) – sócio de indústria – é considerado a propósito do 178.º.

[1] António Menezes Cordeiro 2 (2007), 425 ss..

6 Como limitação: não podem ser emitidos títulos representativos de partes sociais (176.º/2). Trata-se de uma imposição também em vigor quanto às quotas (219.º/7).

Artigo 177.º (Firma)

1. A firma da sociedade em nome coletivo deve, quando não individualizar todos os sócios, conter, pelo menos, o nome ou firma de um deles, com o aditamento, abreviado ou por extenso, "e companhia" ou qualquer outro que indique a existência de outros sócios.

2. Se alguém que não for sócio da sociedade incluir o seu nome ou firma na firma social, ficará sujeito à responsabilidade imposta aos sócios no artigo 175.º.

Bibliografia: António Menezes Cordeiro, *Manual de Direito comercial*, 2.ª ed. (2007), 313 ss.; *id.*, 2 (2007), 152-156; Maria Elisabete Ramos e outros, Código em comentário, III, 2.ª ed. (2016), 36-38; Raúl Ventura, *Novos estudos sobre sociedades anónimas e sociedades em nome colectivo* (1994, reimp., 2003), 227-229.

Índice

1. Composição 1
2. Responsabilidade pela aparência da firma........ 3

1 1. **Composição**. A firma da SNC deve, segundo a lei, conter o nome ou firma dos sócios ou de um deles & Companhia. O DL 19.638, de 20 de abril de 1931, resolvendo dúvidas causadas pelo artigo 21.º do CCom, explicitou que, em vez de & Companhia, poderia surgir qualquer outro termo que indicasse a presença de outros sócios. Esse aditamento surge, hoje, no final do 177.º/1. P. ex.: & irmãos, & filhos, etc.. Alguma doutrina equaciona, perante o Direito vigente, a possibilidade de acrescentar outras expressões, designadamente de fantasia, invocando uma analogia com o disposto nos 38.º/1 e 42.º/1 do RRNPC[1]. De facto, a natureza pessoal da firma não se exige hoje sequer para as sociedades civis e para os comerciantes em nome individual.

2 *De iure condendo* deveria ser repensada a natureza pessoal das firmas; qualquer outra seria admissível, desde que com as iniciais SNC[2].

3 2. **Responsabilidade pela aparência da firma**: prevista no 177.º/2, é a solução tradicional do Código Ferreira Borges e do Código Veiga Beirão (153.º, § 2.º). O terceiro que logre incluir o seu nome ou firma na firma da SNC (hipótese, hoje, de difícil verificação[3]), responde pessoal, subsidiária e solidariamente pelos débitos sociais como se fosse sócio. Trata-se de uma manifestação da proteção da confiança, na modalidade de tutela da aparência[4]. A responsabilidade em causa só existe se a inclusão na firma se dever a uma conduta voluntária do sujeito.

[1] Cf. Coutinho de Abreu 1 (2006), 146 ss..

[2] António Menezes Cordeiro 2 (2007), 154-155.

[3] Para além de serem certamente raros os casos em que possa haver interesse de terceiro nisso, há que contar ainda com o controlo a que o processo está sujeito no Registo Nacional de Pessoas Coletivas.

[4] Para uma caracterização destes vetores gerais da ordem jurídica, com reflexos no regime da situação descrita no 177.º/2, pode ver-se Manuel A. Carneiro da Frada, *Teoria da Confiança e Responsabilidade Civil* (2003), por exemplo, 44 ss..

Artigo 178.º (Sócios de indústria)

1. O valor da contribuição em indústria do sócio não é computado no capital social.

2. Os sócios de indústria não respondem, nas relações internas, pelas perdas sociais, salvo cláusula em contrário do contrato de sociedade.

3. Quando, nos termos da parte final do número anterior, o sócio de indústria responder pelas perdas sociais e por esse motivo contribuir com capital, ser-lhe-á composta, por redução proporcional das outras partes sociais, uma parte de capital correspondente àquela contribuição.

4. *(Revogado.)*

Bibliografia: António Menezes Cordeiro, 2 (2007), 167-169; Paulo de Tarso Domingues, *Do capital social*, 2.ª ed. (2004), 6-77; idem, Código em comentário, III, 2.ª ed. (2016), 39-44; Raúl Ventura, *Novos estudos sobre sociedades anónimas e sociedades em nome colectivo* (1994, reimp., 2003), 230-237.

Índice

1. Redação anterior 1
2. A entrada em indústria e o capital 2
3. A não-responsabilidade 4

1. **Redação anterior**. O 178.º/4 [No caso previsto no n.º 3, compete a qualquer dos gerentes outorgar a respetiva escritura de alteração do contrato de sociedade[1]] foi revogado pelo DL 76-A/2006, de 29-mar. 1

2. **A entrada em indústria e o capital**. A indústria é qualquer serviço, de carácter económico. Pode constituir objeto de entradas sociais, mas apenas nas SNC: não nas SPQ (202.º/1), nem nas SA (277.º/1). Admitimos que a "indústria" possa ser a própria gerência[2]. 2

A indústria levanta problemas práticos, se contabilizada para efeitos de capital social. Embora possa ter valor logo no momento da constituição da sociedade, a verdade é que a não contabilização das entradas em indústria encontra razões na dificuldade da sua avaliação e numa certa precariedade de que se reveste, atentas também as dificuldades de assegurar o cumprimento dos deveres de *facere* em que se desdobra. Tal atinge evidentemente a suscetibilidade de as contribuições de indústria desempenharem a função de garantia assinalada ao capital social. Por isso, optou o legislador: (a) não há capital social se todos os sócios forem de indústria – 9.º, *f*); (b) o valor da contribuição em indústria não é computado no capital social – 178.º/1. 3

3. **A não-responsabilidade**. Em princípio, o sócio de indústria deveria responder, como os outros, pelas perdas sociais; todavia, o 22.º/3 (preceito que proíbe os pactos leoninos), salvaguarda dessa regra o disposto quanto aos sócios de indústria. De facto, o 178.º/2 (semelhante ao 992.º/2, do CC), exceciona, nas relações internas, o sócio de indústria, das perdas sociais. Admite, porém, cláusula em contrário. 4

Existindo e funcionando tal cláusula: se o sócio de indústria responder, ser-lhe-á composta uma parte de capital equivalente ao que tenha pago, por redução proporcional das outras partes. 5

[1] DR I Série, n.º 201, de 2-set.-1986, 2325/II.

[2] António Menezes Cordeiro 2 (2007), 168; contra, Raúl Ventura, *Novos estudos*, 230.

6 A nova repartição societária deverá ser formalizada por escrito, nos termos gerais, perante a revogação do anterior n.º 4: devem outorgar os representantes da sociedade.

7 Nas relações externas, o sócio de indústria responde subsidiária e solidariamente pelas dívidas sociais, nos termos do 175.º/1[3].

Artigo 179.º (Responsabilidade pelo valor das entradas)

A verificação das entradas em espécie, determinada no artigo 28.º, pode ser substituída por expressa assunção pelos sócios, no contrato de sociedade, de responsabilidade solidária, mas não subsidiária, pelo valor atribuído aos bens.

Bibliografia: António Menezes Cordeiro, 2 (2007), 164-166; Paulo de Tarso Domingues, Código em comentário, III, 2.ª ed. (2016), 45-48; Raúl Ventura, *Novos estudos sobre sociedades anónimas e sociedades em nome colectivo* (1994, reimp., 2003), 237-240.

Índice

1. *Ratio legis*........ 1
2. O regime sucedâneo........ 3

1 1. ***Ratio legis***. Por via do 10.º da 2.ª Diretriz do Direito das sociedades (77/91, de 13-dez.-1976)[1], as entradas em espécie são cuidadosamente tratadas, de modo a impedir um empolamento prejudicial para os credores sociais. A matéria foi transposta pelo 28.º, que obriga a um relatório elaborado por um ROC, devidamente distanciado e que avalia, objetiva e explicadamente, os bens em jogo. Ao relatório daí resultante é dada especial publicidade.

2 A 2.ª Diretriz dirige-se às SA. Todavia, o legislador nacional, ao fazer a transposição na parte geral (28.º), criou um esquema aplicável a todas as sociedades. Havia que ressalvar as SNC, mantendo, quanto a elas, o esquema do 118.º, § 3.º, do CCom: tal o papel do 179.º.

3 2. **O regime sucedâneo**. O 175.º permite que, nas SNC, o (complicado) sistema do 28.º, relativo a entradas em espécie, seja evitado através da assunção, pelos sócios, de uma responsabilidade solidária pelo valor atribuído aos bens.

4 Para o efeito: (a) a assunção deve constar do contrato de sociedade; (b) estabelecendo uma responsabilidade para com a sociedade; (c) solidária: esta pode invocá-la independentemente da sua situação patrimonial; (d) podendo os credores invocá-la em sub-rogação (606.º/1, do CC) ou penhorar o crédito que ela representa.

Artigo 180.º (Proibição de concorrência e de participação noutras sociedades)

1. Nenhum sócio pode exercer, por conta própria ou alheia, atividade concorrente com a da sociedade nem ser sócio de responsabilidade ilimitada noutra sociedade, salvo expresso consentimento de todos os outros sócios.

[3] Cf., desenvolvidamente, sobre o sentido do preceito, Vasco Lobo Xavier, RLJ 119 (1986-1987), n.º 3750, 282, n.º 30.

[1] António Menezes Cordeiro, *Direito europeu das sociedades* (2005), 181 ss., 187-188 e 222 ss..

2. O sócio que violar o disposto no número antecedente fica responsável pelos danos que causar à sociedade; em vez de indemnização por aquela responsabilidade, a sociedade pode exigir que os negócios efetuados pelo sócio, de conta própria, sejam considerados como efetuados por conta da sociedade e que o sócio lhe entregue os proventos próprios resultantes dos negócios efetuados por ele, de conta alheia, ou lhe ceda os seus direitos a tais proventos.

3. Entende-se como concorrente qualquer atividade abrangida no objeto da sociedade, embora de facto não esteja a ser exercida por ela.

4. No exercício por conta própria inclui-se a participação de, pelo menos, 20% no capital ou nos lucros de sociedade em que o sócio assuma responsabilidade limitada.

5. O consentimento presume-se no caso de o exercício da atividade ou a participação noutra sociedade serem anteriores à entrada do sócio e todos os outros sócios terem conhecimento desses factos.

Bibliografia: António Menezes Cordeiro, 2 (2007), 181-188; Alexandre Soveral Martins, Código em comentário, III, 2.ª ed. (2016), 49-58; Raúl Ventura, *Novos estudos sobre sociedades anónimas e sociedades em nome colectivo* (1994, reimp., 2003), 242-250.

Índice

1. Fundamento e âmbito 1
2. O consentimento 6
3. Sanções 7

1. **Fundamento e âmbito**. A proibição de concorrência filia-se no princípio da lealdade: quem subscreve uma SNC deve investir, nesta, o seu esforço; fazendo concorrência, pode o sócio: (a) esgotar, alhures, a sua energia; (b) usar, em proveito próprio, as oportunidades de negócio que caberiam à sociedade; (c) beneficiar de informação privilegiada. 1

Há concorrência quando o sujeito exerça, direta ou indiretamente, qualquer atividade prevista no objeto da sociedade, ainda que não efetivamente exercida (180.º/2). A norma é mais rigorosa, nas SNC do que nas sociedades civis puras (180.º/3 e 990.º do CC: atividade igual à da sociedade) e nas SPQ (254.º: atividade efetivamente exercida ou deliberada): uma decorrência da natureza comercial e pessoal das SNC. 2

A concorrência ocorre: (a) na atividade por conta própria; (b) ou por conta alheia; (c) na qualidade de sócio de responsabilidade limitada; (d) na detenção de, pelo menos, 20% do capital de uma sociedade de responsabilidade limitada (SPQ, SA, SC ou Coop). Na concorrência através de sociedades, subentenda-se: sociedades cujo objeto social coincida, total ou parcialmente, como o da considerada. 3

A concorrência requer, ainda, uma coincidência geográfica, efetiva ou potencial, com a atividade concorrida. 4

A concorrência é vedada mesmo perante desempenhos extra-estatutários da sociedade, desde que anteriores à atuação concorrente: não pode o sócio condescender com tal iniciativa e, depois, fazer concorrência. 5

2. **O consentimento** de todos os outros sócios permite a concorrência (180.º/1, *in fine*). Pode ser: (a) expresso (180.º/1); (b) presumido: o exercício ou a pertença a sociedade concorrente são anteriores à entrada do sócio, com conhecimento de todos os outros. 6

7 3. **Sanções**. (a) Indemnização por todos os danos; ou (b) subingresso da sociedade na atividade faltosa ou receção, por esta, dos proventos do concorrente (180.º/2). No primeiro caso, aplicam-se as regras da responsabilidade civil. Na segunda hipótese, temos um afloramento do enriquecimento sem causa, na modalidade de enriquecimento por intervenção. Na sua explicação ganha relevo a teoria do "conteúdo da destinação de certas posições jurídicas" (*Zuweisungsgehalt*): há oportunidades de negócio que, se forem desviadas da esfera jurídica à qual estão destinadas (à sociedade), deverão ser restituídas a essa esfera[1], solução extensível, aliás, a outros tipos de sociedades[2]. Como sanção funciona ainda a exclusão do sócio – 186.º/1, *a*).

Artigo 181.º (Direito dos sócios à informação)

1. Os gerentes devem prestar a qualquer sócio que o requeira informação verdadeira, completa e elucidativa sobre a gestão da sociedade, e bem assim facultar-lhe na sede social a consulta da respetiva escrituração, livros e documentos. A informação será dada por escrito, se assim for solicitado.

2. Podem ser pedidas informações sobre atos já praticados ou sobre atos cuja prática seja esperada, quando estes sejam suscetíveis de fazerem incorrer o seu autor em responsabilidade, nos termos da lei.

3. A consulta da escrituração, livros ou documentos deve ser feita pessoalmente pelo sócio, que pode fazer-se assistir de um revisor oficial de contas ou de outro perito, bem como usar da faculdade reconhecida pelo artigo 576.º do Código Civil.

4. O sócio pode inspecionar os bens sociais nas condições referidas nos números anteriores.

5. O sócio que utilize as informações obtidas de modo a prejudicar injustamente a sociedade ou outros sócios é responsável, nos termos gerais, pelos prejuízos que lhes causar e fica sujeito a exclusão.

6. No caso de ao sócio ser recusado o exercício dos direitos atribuídos nos números anteriores, pode requerer inquérito judicial nos termos previstos no artigo 450.º.

Bibliografia: António Menezes Cordeiro, 1 (2007), 661 ss. e 2 (2007), 189-194; Alexandre Soveral Martins, Código em comentário, III, 2.ª ed. (2016), 59-67; Carlos Maria Pinheiro Torres, *O direito à informação nas sociedades comerciais* (1998); Raúl Ventura, *Novos estudos sobre sociedades anónimas e sociedades em nome colectivo* (1994, reimp., 2003), 252.

Índice

1. Justificação ... 1
2. Características e formas ... 2
3. Sanções ... 5
4. Uso ilícito de informação ... 8

[1] Como lugar paralelo da intervenção alternativa dos dois institutos de direito civil podem sempre apontar-se as sanções para o incumprimento do dever de lealdade dos administradores, designadamente no que toca ao aproveitamento de oportunidades da sociedade: cf. Manuel A. Carneiro da Frada, *A* business judgment rule *no quadro dos deveres gerais dos administradores*, ROA 67 (2007), I, 169-170.

[2] Cfr. Manuel A. Carneiro da Frada, *Sobre a obrigação de restituir dos administradores* (no prelo), *passim*.

1. **Justificação**. O direito à informação pertence ao núcleo do *status* de sócio, devendo ser prestado nos termos da lei e do contrato – 23.º/1, *c*). Nas SA, com centenas de sócios, compreende-se que ele possa ser limitado; não assim nas SNC, nas quais todos os sócios são, tendencialmente, gerentes (191.º/1) e por cujas dívidas todos eles respondem solidariamente (175.º/1): aí, a informação será total. Nas SPQ dispõe o 214.º, muito semelhante. 1

2. **Características e forma**. A informação a prestar deve ser: (a) verdadeira; (b) completa; (c) elucidativa. Recai sobre os gerentes – leia-se: os gerentes que estejam em condições de a prestar, sendo solicitável assim por um gerente a outro (cf. 191.º/1) – e reporta-se à gestão (181.º/1), podendo abranger atos já praticados, atos em curso e atos em perspetiva, quando possam ocasionar responsabilidade (181.º/2). 2

A informação pode: (a) ser verbal; (b) ser escrita, a pedido do interessado – 181.º/1, *in fine*; (c) resultar da consulta, na sede social, da respetiva escrituração, livros ou documentos (181.º/1); (d) resultar da inspeção de bens sociais (181.º/4). 3

A consulta da escrituração, livros e documentos deve ser feita pessoalmente, podendo o sócio fazer-se assistir por ROC ou por outro perito (181.º/3); o sócio pode reproduzir os documentos consultados (576.º CC *ex vi* 181.º/3). As mesmas regras funcionam perante a inspeção de bens sociais (181.º/4, *in fine*). 4

3. **Sanções**. A recusa ilícita de informações e as informações falsas são incriminadas nos termos dos 518.º e 519.º. Além disso, o interessado tem ao seu alcance os meios normais, podendo pedir a condenação do gerente a prestar as informações, incluindo sob cominação de uma sanção pecuniária compulsória, verificados os pressupostos (829.º-A do CC). 5

O interessado pode requerer, ainda, o inquérito judicial (450.º, *ex vi* 181.º/6). 6

Finalmente, o interessado pode pedir indemnização pelos danos causados pela recusa. Tendo particularmente em conta a natureza da SNC, é de admitir também uma compensação por danos morais, sempre que haja uma desconsideração sofrida que o justifique. 7

4. **Uso ilícito de informação**: quando perpetrado pelo sócio interessado, de modo a prejudicar "injustamente" (ilicitamente) a sociedade ou os outros sócios: (a) obriga a indemnizar, nos termos gerais; (b) constitui fundamento de exclusão. 8

Artigo 182.º (Transmissão entre vivos de parte social)

1. A parte de um sócio só pode ser transmitida, por ato entre vivos, com o expresso consentimento dos restantes sócios.

2. A transmissão da parte de um sócio deve ser reduzida a escrito.

3. O disposto nos números anteriores aplica-se à constituição dos direitos reais de gozo sobre a parte do sócio.

4. A transmissão da parte do sócio torna-se eficaz para com a sociedade logo que lhe for comunicada por escrito ou por ela reconhecida expressa ou tacitamente.

Bibliografia: António Menezes Cordeiro, 2 (2007), 208-211; Alexandre Soveral Martins, Código em comentário, III, 2.ª ed. (2016), 68-75; Raúl Ventura, *Novos estudos sobre sociedades anónimas e sociedades em nome colectivo* (1994, reimp., 2003), 253-257.

Índice

1. Redações anteriores ... 1
2. Transmissibilidade e restrições ... 4
3. Incomunicabilidade ... 7
4. Forma e eficácia da transmissão ... 8
5. Falta de consentimento ... 10
6. Oneração ... 11

1 1. **Redações anteriores.** A redação original do 182.º/2 e 3 era[1]:

> 2. A transmissão da parte de um sócio efectua-se por escritura pública.
> 3. O disposto nos números anteriores aplica-se à constituição de direitos reais de gozo ou de garantia sobre a parte do sócio.

2 O DL 237/2001, de 30-ago., alterou os números em causa; ao 182.º/3, dando-lhe a redação atual; ao 182.º/2, a seguinte feição[2]:

> 2. A transmissão da parte de um sócio efectua-se por escritura pública quando a sociedade tiver bens imóveis.

3 A redação atual resulta do DL 76-A/2006, de 29-mar.[3]. Ela corresponde a uma caminhada no sentido da desformalização do Direito das sociedades.

4 2. **Transmissibilidade e restrições.** As participações sociais enquanto posições patrimoniais são transmissíveis. Todavia, elas podem abranger ativos e passivos, carecendo da autorização do cedido (424.º/1 e 595.º/1, do CC). Além disso, podem ser *intuitu personae*, não sendo possível a livre transmissão (577.º/1, *in fine*, do CC).

5 Nas sociedades comerciais há uma graduação, em função da sua natureza: (a) nas SA, a livre transmissibilidade das ações é, em princípio, total (326.º e 327.º, revogados e 103.º e 102.º do CVM); (b) nas SPQ, a transmissão de quotas exige o consentimento da sociedade (228.º/1); (c) nas SNC, a transferência de partes requer o consentimento de todos os outros sócios (182.º/1); (d) nas sociedades civis puras, também a concordância de todos os outros (995.º/1, do CC).

6 Nas SNC, a exigência de consentimento expresso (182.º/1), já consagrada no CCom (161.º), deriva da natureza *intuitu personae* e da responsabilidade envolvida. A regra é imperativa[4], não podendo ser afastada pelo pacto: seria uma renúncia antecipada aos direitos e uma alteração ao tipo.

7 3. **Incomunicabilidade.** A natureza pessoal, *intuitu personae*, das SNC explica que as partes sociais não se comuniquem ao cônjuge, mesmo havendo comunhão geral – 1733.º/1, *c*), *in fine*, do CC –, numa posição mantida pela jurisprudência[5].

8 4. **Forma e eficácia da transmissão.** A transmissão deve ser feita por escrito (182.º/2). Ao registo aplica-se o disposto quanto às quotas (188.º-A): 242.º-A e seguintes.

[1] DR I Série, n.º 201, de 2-set.-1986, 2326/I.
[2] DR I Série, n.º 201, de 30-ago.-2001, 5559/II.
[3] DR I Série-A, n.º 63, de 29-mar.-2006, 2328-(14).
[4] Raúl Ventura, *Novos estudos*, 256.
[5] STJ 24-out.-1969 (Ludovico da Costa), BMJ 190 (1969), 344-350 (348), STJ 28-nov.-1969 (Ludovico da Costa), BMJ 191 (1969), 300-302 (302), STJ 3-fev.-1981 (Amaral Aguiar), BMJ 304 (1981), 424-427 (426) e STJ 23-jun.-1988 (Lima Cluny), Proc. 076445.

Perante a sociedade, a transmissão é eficaz: (a) logo que comunicada por escrito; (b) quando por ela reconhecida, expressa ou tacitamente (182.º/4), o que sucede, designadamente, quando a sociedade dirija comunicações ao novo sócio nessa qualidade ou lhe distribua tarefas. 9

5. **Falta de consentimento**: a transmissão em si é válida, até porque o consentimento pode ser ulterior[6]. Mas não é eficaz, nem perante a sociedade, nem perante os sócios.

6. **Oneração**. As regras apontadas aplicam-se à oneração das partes com usufruto ("direitos reais de gozo": 182.º/3). A antiga referência à oneração com "direitos reais de garantia" foi suprimida, na reforma de 2001: aplica-se, nesse ponto, o disposto sobre execução de parte do sócio (183.º). 10

Artigo 183.º (Execução sobre a parte do sócio)

1. O credor do sócio não pode executar a parte deste na sociedade, mas apenas o direito aos lucros e à quota de liquidação.

2. Efetuada a penhora dos direitos referidos no número anterior, o credor, nos 15 dias seguintes à notificação desse facto, pode requerer que a sociedade seja notificada para, em prazo razoável, não excedente a 180 dias, proceder à liquidação da parte.

3. Se a sociedade demonstrar que o sócio devedor possui outros bens suficientes para satisfação da dívida exequenda, a execução continuará sobre esses bens.

4. Se a sociedade provar que a parte do sócio não pode ser liquidada, por força do disposto no artigo 188.º, prosseguirá a execução sobre o direito aos lucros e à quota de liquidação, mas o credor pode requerer que a sociedade seja dissolvida.

5. Na venda ou adjudicação dos direitos referidos no número anterior gozam do direito de preferência os outros sócios e, quando mais de um o desejar exercer, ser-lhe-ão atribuídos na proporção do valor das respetivas partes sociais.

Bibliografia: António Menezes Cordeiro 2 (2007), 210-211; Luís Menezes Leitão, *Pressupostos da exclusão de sócio nas sociedades comerciais* (1989), 72-74; J. P. Remédio Marques, Código em comentário, III, 2.ª ed. (2016), 76-85; Raúl Ventura, *Novos estudos sobre sociedades anónimas e sociedades em nome colectivo* (1994, reimp., 2003), 258-262.

Índice

1. O dilema 1
2. O *modus operandi* 2
3. A defesa da sociedade 4
4. Direitos dos outros sócios 6
5. Exclusão do sócio 7

1. **O dilema** da execução sobre a parte do sócio deriva de, por um lado, esta representar um valor patrimonial apto, de princípio, a responder pelas dívidas do seu titular (601.º do CC) e, por outro, uma posição pessoal, que não pode circular à revelia dos restantes sócios. O Direito procura conciliar os dois aspetos: 183.º e já 999.º do CC: a parte do sócio não é penhorável; a execução só pode ocorrer sobre os direitos aos lucros e à quota de liquidação (183.º/1). 1

[6] STJ 22-mar.-1968 (Torres Paulo), BMJ 175 (1968), 246-250 (248 e 249).

2 2. **O *modus operandi*.** Obtida a penhora dos direitos aos lucros e à quota de liquidação o credor pode, nos 15 dias seguintes à notificação desse facto, requerer que a sociedade seja notificada para: (a) proceder à liquidação da parte social; (b) em prazo razoável não superior a 180 dias.

3 A liquidação faz-se nos termos do 1021.º do CC, *ex vi* do 188.º/2[1].

4 3. **A defesa da sociedade** pode efetivar-se por duas vias: (a) ou demonstrando que o sócio devedor possui outros bens suficientes para satisfazer a dívida exequenda, prosseguindo a execução sobre eles (183.º/3); (b) ou provando que a parte do sócio não pode ser liquidada, por a sociedade ficar com uma situação líquida inferior ao capital social (183.º/4 e 188.º/1).

5 Nesta última hipótese, a execução prossegue sobre os direitos aos lucros e à quota de liquidação, podendo o credor requerer a dissolução da sociedade (183.º/4).

6 4. **Direitos dos outros sócios**: estes podem: (a) através da sociedade, liquidar a parte do executado; (b) bloquear, através da sociedade, a execução, nos termos vistos *supra*, anot. 4; (c) preferir na venda ou adjudicação dos direitos aos lucros ou à quota de liquidação, com rateio, havendo mais de um interessado.

7 5. **Exclusão do sócio** será a consequência automática da liquidação da parte social. Este poderá conservar-se na liquidação parcial ou passando a sócio de indústria.

Artigo 184.º (Falecimento de um sócio)

1. Ocorrendo o falecimento de um sócio, se o contrato de sociedade nada estipular em contrário, os restantes sócios ou a sociedade devem satisfazer ao sucessor a quem couberem os direitos do falecido o respetivo valor, a não ser que optem pela dissolução da sociedade e o comuniquem ao sucessor, dentro de 90 dias a contar da data em que tomaram conhecimento daquele facto.

2. Os sócios sobrevivos podem também continuar a sociedade com o sucessor do falecido, se ele prestar para tanto o seu expresso consentimento, o qual não pode ser dispensado no contrato de sociedade.

3. Sendo vários os sucessores da parte do falecido, podem livremente dividi-la entre si ou encabeçá-la nalgum ou nalguns deles.

4. Se algum dos sucessores da parte do falecido for incapaz para assumir a qualidade de sócio, podem os restantes sócios deliberar nos 90 dias seguintes ao conhecimento do facto a transformação da sociedade, de modo que o incapaz se torne sócio de responsabilidade limitada.

5. Na falta da deliberação prevista no número anterior, os restantes sócios devem tomar nova deliberação nos 90 dias seguintes, optando entre a dissolução da sociedade e a liquidação da parte do sócio falecido.

6. Se os sócios não tomarem nenhuma das deliberações previstas no número anterior, deve o representante do incapaz requerer a exoneração judicial do seu representado ou, se esta não for legalmente possível, a dissolução da sociedade por via administrativa.

7. Dissolvida a sociedade ou devendo a parte do sócio falecido ser liquidada, entende-se que a partir da data da morte do sócio se extinguem todos os direitos e obrigações inerentes à parte social, operando-se a sucessão apenas quanto ao direito

[1] Ver *infra*, 188.º.

ao produto de liquidação da referida parte, reportado àquela data e determinado nos termos previstos no artigo 1021.º do Código Civil.

8. O disposto neste artigo é aplicável ao caso de a parte do sócio falecido compor a meação do seu cônjuge.

Bibliografia: António Caeiro, *As sociedades de pessoas no Código das Sociedades Comerciais* (1988); António Menezes Cordeiro 2 (2007; reimp. 2014), 211-213; J. P. Remédio Marques, "Artigo 184.º", in *Código em Comentário*, III, 2.ª ed. (2016), 86-94; João Espírito Santo, *Exoneração do sócio no direito societário-mercantil português* (2014), 67 ss.; Nuno Espinosa Gomes da Silva, *Breve história da cláusula de continuação da sociedade com os herdeiros dos sócios*, RFDUL XV (1961/62), 293-312; Raúl Ventura, *Dissolução e liquidação de sociedades* (1987), 152 a 157 e 169; *id.*, *Novos estudos sobre sociedades anónimas e sociedades em nome colectivo* (1994, reimp., 2003) 264-279.

Índice

1. Introdução 1
2. Redação anterior 2
3. O dilema 3
4. Solução supletiva legal 5
5. Aspetos lacunares da solução legal do dilema (184.º/1) 6
6. Satisfação da parte social do falecido ao sucessor 9
7. Continuação com o sucessor. Sucessor incapaz 10
8. Efetividade da dissolução da sociedade ou liquidação da parte 14
9. Incomunicabilidade 15

1. **Introdução**: Na tradição da *societas* romana, o falecimento de um sócio – entre outros factos relativos apenas a algum dos sócios – determinava a completa dissolução do contrato, exceto havendo-se previamente acordado a continuação da sociedade com os sócios supérstites[1]. Essa solução passou às codificações comerciais oitocentistas no que toca aos tipos societários de tradição romano-medieval: sociedades em nome coletivo e em comandita simples (nesta, quanto aos sócios comanditados). Todavia, mesmo em relação aos tipos societários de tradição romano-medieval, a solução da dissolução total da sociedade *ex mortem* veio a ser substituída, no contexto da construção de um *princípio dissolutivo-parcial* (que desvalora a solução da necessária extinção da sociedade), no CC italiano de 1942, o qual contém um regime de *dissolução da relação social limitadamente a um sócio* (2284.º a 2290.º), aí abrangendo, como causas de dissolução parcial, os factos que, nas codificações oitocentistas, determinavam a dissolução da inteira sociedade. A inovação italiana teve sequência quer na área latina (vejam-se, a título de exemplo, os 1001.º/1, 1002.º, 1003.º e 1021.º, todos do CC 1966, e, relativamente às sociedades em nome coletivo e em comandita, o 7.º do DL 263/77, de 2-set., que alterou a redação do 156.º do CCom), quer na germânica. 1

2. **Redação anterior**. O DL 76-A/2006, de 29-mar., acrescentou, no final do 184.º/6, "por via administrativa". 2

3. **O dilema** posto pelo falecimento de um sócio tem paralelo com o da execução da participação social. A parte representa um valor patrimonial que, de acordo com as regras gerais, deverá transitar para os sucessores. Todavia, ela representa também uma realidade pessoal, perdida para sempre com a morte de um sócio. 3

[1] João Espírito Santo, *Exoneração do sócio no direito societário-mercantil português* (2014), 84 e ss.

4 A solução ideal residirá no pacto social. Estamos no domínio da autonomia privada, pelo que o pacto pode prever: (a) a dissolução da sociedade; (b) a transmissão da parte social para o sucessor; (c) a supressão da parte, com compensação dos sucessores[2]. A transmissão sucessória da parte social aos sucessores, estando contratualmente prevista, não pode, todavia, ser imposta aos mesmos ou inferida do seu eventual silêncio (solução que pode extrair-se do lugar paralelo do 184.º/2), o que bem se compreende atenta a responsabilidade ilimitada que os atinge relativamente ao cumprimento das obrigações da sociedade. A cláusula que dispense o consentimento expresso dos sucessores para a transmissão sucessória da parte, sendo contrária à lei, é nula (294.º do CC).

5 4. **Solução supletiva legal**. No silêncio do pacto, podem os sócios supérstites ou a sociedade (184.º/1 e 2): (a) pagar aos sucessores do falecido o valor da parte (a *satisfação da parte ao sucessor* corresponde, tecnicamente, à liquidação da mesma, que tem o regime do 188.º); (b) optar pela dissolução, comunicando-a ao sucessor nos 90 dias seguintes à tomada de conhecimento da morte[3]; (c) continuar a sociedade com o sucessor. As deliberações de dissolução da sociedade e de continuação da sociedade com o sucessor são antitéticas; o pagamento da parte do falecido aos seus sucessores tem implícita deliberação dos supérstites de continuação da sociedade apenas com eles como sócios, que a lei toma como *primeiro nível supletivo*, que, por isso, dispensa deliberação expressa.

6 5. **Aspetos lacunares da solução legal do dilema (184.º/1)**. A construção do 184.º/1 apresenta-se, porém, lacunar quanto a vários aspetos juridicamente relevantes: (i) qual o prazo de que dispõem os supérstites para satisfazer ao sucessor o valor da parte social do falecido sócio? (ii) qual é o critério deliberativo para a continuação da sociedade com o sucessor? (iii) qual é a solução a dar ao caso de, nos 90 dias posteriores ao conhecimento da morte pelos restantes sócios, não ser satisfeito ao sucessor o valor da parte, ou deliberada a dissolução da sociedade?

7 As primeira e terceira questões apresentam entre si complementaridade; podendo a deliberação da dissolução e a sua comunicação ocorrer até ao termo de 90 dias, contados do conhecimento da morte, parece-nos que a satisfação ao sucessor do valor da parte social do falecido sócio se circunscreve nesse mesmo arco temporal[4], uma vez que o seu decurso produz a caducidade do direito dos supérstites de opção pela dissolução. Se, decorrido esse prazo, não se verificar a liquidação da parte social ao sucessor nem for deliberada e comunicada ao sucessor a dissolução da sociedade, sustenta-se a aplicação da norma do 184.º/6, última parte, dada a analogia que se verifica quanto às hipóteses em causa: o sucessor pode requerer a dissolução administrativa da sociedade[5].

8 No que respeita ao critério deliberativo para a continuação da sociedade com o sucessor, e salvo diversa estipulação do pacto social, deve a deliberação ser tomada por unanimidade dos supérstites, aplicando-se analogicamente o 194.º/2.

9 6. **Satisfação da parte social do falecido ao sucessor**. A satisfação do valor da parte aos sucessores realiza-se nos termos do 188.º/2, sofrendo, todavia, os limites do 188.º/1; a admissi-

[2] Outras hipóteses: Raúl Ventura, *Novos estudos* (1994), 265 ss..

[3] Raúl Ventura, *Novos estudos* (1994), 267: "[p]arece que deve ser conhecimento por todos os sócios e não apenas por um ou alguns deles"; concordante, J. P. Remédio Marques, "Artigo 184.º", in *Código em Comentário* 3 (2011), 88 e 89.

[4] Raúl Ventura, *Novos estudos* (1994), 269; concordante, J. P. Remédio Marques, "Artigo 184.º", in *Código em Comentário* 3 (2011), 89.

[5] Aparentemente concordante com a solução, Raúl Ventura, *Novos estudos* (1994), 269 e 270.

bilidade da liquidação, pode, eventualmente, ser viabilizada pela redução do capital, nos termos do 187.º/1.

10 7. **Continuação com o sucessor. Sucessor incapaz.** Havendo vários sucessores, podem eles: (a) dividir a parte entre si; (b) encabeçá-la nalgum ou nalguns deles (184.º/3). Trata-se de matéria do âmbito da sucessão *mortis causa* do falecido, que só aos sucessores – e não aos sócios supérstites – cabe decidir[6]. As decisões de divisão da parte entre os sucessores (todos ou apenas alguns) ou do seu encabeçamento num só deles é tomada *livremente*, isto é, sem a que a lei faculte aos sócios supérstites ou à sociedade a possibilidade de nelas interferir.

11 Continuando a sociedade, após a morte de um sócio, com o(s) sucessor(es), nos termos de cláusula contratual que o determine, ergue-se no 184.º/4 e 5 um conjunto de soluções ligadas ao sucessor – encabeçado na parte do sócio falecido, por inteiro ou em resultado de divisão, conforme se estipula no n.º 3 – que seja "incapaz para assumir a qualidade de sócio"[7].

12 Refere-se o 184.º/4 ao sucessor *incapaz para assumir a qualidade de sócio* (primeira parte), numa adversativa a *sócio de responsabilidade limitada* (segunda parte), que mostra que o sentido da primeira expressão é o de que tal incapacidade resulta da sujeição do sucessor à responsabilidade ilimitada característica do tipo sociedade em nome coletivo[8]. A uma primeira análise pareceria que a incapacidade em causa seria *de gozo*, uma vez que – e confrontadas as regras dos n.os 4, 5 e 6 – não parece que possa ser suprida por representação legal. Este resultado interpretativo não pode, todavia, proceder, atento o que dispõe o 1889.º/1, *d*), do CC. Mais: não faria sentido admitir que a capacidade de gozo do menor para a assunção da qualidade de sócio de responsabilidade ilimitada variasse consoante a causa da aquisição da parte [isto é, se por sucessão *mortis causa*, haveria incapacidade de gozo; se, ao contrário, por ato *inter vivos*, já haveria capacidade de gozo, como implicitamente resulta do 1889.º/1, *d*), do CC]. A incapacidade reportada no n.º 4 é, portanto, de exercício; há, todavia, que compatibilizar essa regra, assim interpretada, com a do 1889.º/1, *d*), do CC, o que se admite nos seguintes termos: entendendo o representante legal do incapaz que o mesmo não deve assumir a responsabilidade pessoal postulada pela assunção da qualidade de sócio e, portanto, não requerendo a autorização determinada no 1889.º/1, *d*), do CC[9] ou, requerendo-a, sendo a mesma recusada, verifica-se a previsão do 184.º/4, com as inerentes possibilidades: (a) transformação da sociedade; (b) dissolução da sociedade; (c) liquidação da parte do sócio falecido (184.º/4 e 5).

13 No pressuposto da incapacidade do(s) sucessor(es) – encabeçados na parte do sócio falecido, por inteiro ou em resultado de divisão, conforme se estipula no n.º 4 – podem os supérstites: (a) deliberar, nos 90 dias seguintes ao conhecimento do *facto*[10], a transformação da sociedade[11], de modo que ele(s) se torne(m) sócio(s) de responsabilidade limitada (184.º/4); (b) faltando a deliberação de transformação, dissolver a sociedade, por deliberação tomada nos 90 dias subsequentes ao prazo em que poderia ter ocorrido a deliberação de transformação; (c) liquidar a parte do falecido (184.º/5). Nada fazendo: pode o representante legal do incapaz:

[6] Raúl Ventura, *Novos estudos* (1994), 271.

[7] Raúl Ventura, *Novos estudos* (1994), 273, quanto ao primeiro pressuposto.

[8] Sobre o antecedente comparativo da norma, francês, Raúl Ventura, *Novos estudos* (1994), 272.

[9] Atualmente da competência do Ministério Público [DL 272/2001, de 13-out.; 2.º/1, *b*)].

[10] Raúl Ventura, *Novos estudos*, 272: «"Facto" só pode ser a incapacidade do sucessor (...)"»; concorda-se com o entendimento do A., notando-se, todavia, que a interpretação sustentada no texto quanto ao significado da *incapacidade* conduz à consideração de que o conhecimento relevante é o da recusa, do representante legal ou do Ministério Público, de que o incapaz assuma responsabilidade pessoal e, portanto, adquira a qualidade de sócio de responsabilidade ilimitada.

[11] *Supra*, 130.º.

(a) requerer a exoneração judicial deste; (b) se tal não for legalmente possível[12], a dissolução administrativa (184.º/6). A *exoneração judicial* corresponde ao exercício de uma posição jurídica ativa legalmente atribuída, podendo, por isso, reconduzir-se aos *casos legalmente previstos* a que se refere o 185.º/1, tendo o efeito previsto no 188.º/2.

14 8. **Efetividade da dissolução da sociedade ou liquidação da parte**. Havendo dissolução ou liquidação da parte social, tudo opera como reportado à situação da parte no momento da morte (184.º/7), o que, do ponto de vista do sucessor, tem o relevante efeito de sobre ele nunca ter incidido responsabilidade pessoal pelas obrigações sociais eventualmente contraídas pelos gerentes da sociedade no período que terá mediado entre a morte do sócio e a deliberação de dissolução ou da liquidação da parte do sócio falecido.

15 9. **Incomunicabilidade**. Como referido[13], a parte social é incomunicável ao cônjuge. Assim se mantém em relação ao sobrevivo, mesmo meeiro[14]. Por isso, quando a parte social do falecido deve compor a meação do sobrevivo, aplica-se o 184.º (184.º/8).

Artigo 185.º (Exoneração do sócio)

1. Todo o sócio tem o direito de se exonerar da sociedade nos casos previstos na lei ou no contrato e ainda:

***a*) Se não estiver fixada no contrato a duração da sociedade ou se esta tiver sido constituída por toda a vida de um sócio ou por período superior a 30 anos, desde que aquele que se exonerar seja sócio há, pelo menos, 10 anos;**

***b*) Quando ocorra justa causa.**

2. Entende-se que há justa causa de exoneração de um sócio quando, contra o seu voto expresso:

***a*) A sociedade não delibere destituir um gerente, havendo justa causa para tanto;**

***b*) A sociedade não delibere excluir um sócio, ocorrendo justa causa de exclusão;**

***c*) O referido sócio for destituído da gerência da sociedade.**

3. Quando o sócio pretenda exonerar-se com fundamento na ocorrência de justa causa, deve exercer o seu direito no prazo de 90 dias a contar daquele em que tomou conhecimento do facto que permite a exoneração.

4. A exoneração só se torna efetiva no fim do ano social em que é feita a comunicação respetiva, mas nunca antes de decorridos três meses sobre esta comunicação.

5. O sócio exonerado tem direito ao valor da sua parte social, calculado nos termos previstos no artigo 105.º, n.º 2, com referência ao momento em que a exoneração se torna efetiva.

Bibliografia: Jorge Manuel Coutinho de Abreu (2015, reimp. 2016), 419 ss.; António Menezes Cordeiro 2 (2007; reimp. 2014), 213-215; Luís Brito Correia 2 (1989), 454 ss; Carolina Cunha, "Artigo 185.º", em *Código em Comentário*, III, 2.ª ed. (2016), 95-102; Tiago Soares da Fonseca, *O direito de exoneração do sócio no CSC* (2008), 304 ss.; Maria Augusta França, *Direito à exoneração*, em *Novas perspectivas do Direito comercial*

[12] Por efeito da limitação imposta pelo 188.º/1.

[13] *Supra*, 182.º, anot. 7.

[14] STJ 24-out.-1969 (Ludovico da Costa), BMJ 190 (1969), 344-350 (348).

(1988), 205-227 (209 ss.); Paulo Alberto Videira Henriques, *A desvinculação unilateral* ad nutum *nos contratos civis de sociedade e de mandato* (2001); João Cura Mariano, *Direito de exoneração nas sociedades por quotas* (2005), 97 ss.; João Espírito Santo, *Exoneração do sócio no direito societário-mercantil português* (2014), 702 ss., 845 ss.; Raúl Ventura, *Novos estudos sobre sociedades anónimas e sociedades em nome colectivo* (1994, reimp., 2003), 280-293.

Índice

1. Exoneração ... 1
2. Declaração de exoneração. Forma ... 2
3. Exoneração causal e *ad nutum* ... 3
4. *Justa causa* de exoneração ... 7
5. Âmbito da *justa causa* de exoneração ... 8
6. Exoneração causal e prazo do exercício do direito ... 9
7. Efetividade da exoneração ... 11
8. Contrapartida da exoneração ... 13

1. **Exoneração.** A natureza jurídica e a função jus-societária da exoneração do sócio são apresentadas na anotação ao 105.º. 1

2. **Declaração de exoneração. Forma.** A opinião prevalecente na doutrina é no sentido de que a declaração de exoneração configura ato jurídico simples ou não negocial[2]. 2

A lei não exige forma especial para a emissão da declaração de exoneração do sócio de sociedade em nome coletivo (diversamente do que sucede no 240.º/3, relativamente ao sócio de sociedade por quotas), pelo que será formalmente válida a declaração realizada verbalmente[2]. 3

3. **Exoneração causal e *ad nutum*.** O sócio pode exonerar-se nos casos previstos na lei (noutros pontos do sistema, designadamente na Parte Geral do CSC: 3.º/5 [(transferência de sede efetiva de Portugal para o estrangeiro) e 161.º/5 (regresso à atividade da sociedade dissolvida), como exemplos] ou no contrato de sociedade (185.º/1/proémio). Por *caso* significa-se um acontecimento ou facto que, decorrendo de uma previsão legal ou contratual, constitui a causa da atribuição do direito[3]. 4

Para além de poder exonerar-se com fundamento em facto legal ou contratualmente previsto como causa, o sócio goza também desse direito: (i) se não estiver contratualmente fixada a duração da sociedade; (ii) se a sociedade tiver sido constituída por toda a vida de um sócio ou por período superior a 30 anos [185.º/1, *a*)] – regra que evoca a do 1002.º/1 do CC –; ou, (iii) quando ocorra *justa causa* [185.º/1, *b*)]. O direito previsto no 185.º/1, *a*) apresenta a particularidade de não existir na dependência de uma causa – da verificação de um facto que o atribua ao sócio – e, portanto, a exoneração depender apenas da vontade do sócio de deixar de o ser (exoneração *ad nutum*), desde que o seja há mais de dez anos. 5

É doutrinariamente controvertida a admissibilidade legal de estipulação negocial de exoneração arbitrária do sócio, para além daquilo que admite o 185.º/1, *a*), atenta a inexistência no regime das sociedades em nome coletivo de norma paralela à do 240.º/8[4]. 6

[1] João Cura Mariano, *Direito de exoneração dos sócios nas sociedades por quotas* (2005), 98; Tiago Soares da Fonseca, *O direito de exoneração do sócio no Código das Sociedades Comerciais* (2008), 305, nota 1034; João Espírito Santo, *Exoneração do sócio* (2014), 845 e 846; contra, Paulo Alberto Videira Henriques, *A desvinculação unilateral* ad nutum *nos contratos civis de sociedade e de mandato*, 70.

[2] Maria Augusta França, *Direito à exoneração* (1988), 222; Jorge Manuel Coutinho de Abreu (2015), 422; Paulo Alberto Videira Henriques, *A desvinculação unilateral* ad nutum *nos contratos civis de sociedade e de mandato* (2001), 69; Tiago Soares da Fonseca, *O direito de exoneração do sócio no Código das Sociedades Comerciais* (2008), 305; contra, Raúl Ventura, *Novos estudos* (1994), 291.

[3] Raúl Ventura, *Novos estudos* (1994), 282-284; João Espírito Santo, *Exoneração do sócio* (2014), 702 e 703.

[4] Admitem a validade da estipulação Raúl Ventura, *Novos estudos* (1994), 284, e Maria Augusta França, *Direito à*

7 4. ***Justa causa* de exoneração.** A regra do 185.º/2 produz a concretização da cláusula geral contida no 185.º/1/b, esclarecendo que a *justa causa* se verifica quando, contra o voto expresso do sócio, a sociedade não delibere destituir um gerente, havendo, para tanto, justa causa [*a*)], a sociedade não delibere excluir um sócio, quando ocorrer justa causa de exclusão [*b*)], bem como quando o sócio for destituído da gerência da sociedade [*c*)]; todas estas concretizações podem explicar-se com base no traço essencial do tipo, a responsabilidade ilimitada dos sócios pelo cumprimento das obrigações da sociedade, conjugado com a tendencial coincidência entre as posições jurídicas de sócio e de gerente (191.º/1), e com o critério de funcionamento da gerência plural simultânea (disjunção; 193.º/1): perante os factos em causa e os carateres do tipo societário, ter a confiança abalada num dos consócios ou não ter o poder de gerir a sociedade representa um risco de sujeição a responsabilidade pessoal resultante de atos alheios, sobre os quais não se tem qualquer controlo direto.

8 5. **Âmbito da *justa causa* de exoneração.** É doutrinariamente controvertido se a justa causa de exoneração prevista no 185.º/1, *b*), se esgota nas concretizações do n.º 2 (caráter enunciativo da enumeração[5]) ou se se estas configuram um enunciado taxativo[6]; o último entendimento parece melhor sustentado[7]: a justa causa pode ser preenchida com qualquer outra eventualidade ponderosa, objetiva ou subjetiva, que seja criadora de uma situação tal (quebra de confiança, mas não apenas essa) que se torne inexigível a permanência do interessado na sociedade.

9 6. **Exoneração causal e prazo do exercício do direito.** A declaração de exoneração com invocação de justa causa deve ser feita no prazo de 90 dias, nos termos do 185.º/3.

10 O disposto no 185.º/3, reportando-se à *justa causa* e, portanto, à alínea *b*) do n.º 1, não abrange literalmente os *casos previstos na lei e no contrato* a que se refere o proémio do n.º 1. Tratando, porém, o 185.º do estabelecimento de um regime unitário para o direito de exoneração no que se refere à sociedade em nome coletivo, é de admitir que, com a regra do n.º 3, se visou a regulação de todos os direitos de exoneração causal nele previstos: o prazo fixado no 185.º/3 é aplicável a qualquer exoneração causal do sócio, de fonte legal ou convencional[8].

11 7. **Efetividade da exoneração.** A lei é muito clara na determinação do momento em que a exoneração se considera efetuada: no fim do ano social em que é feita a comunicação respetiva, mas nunca antes de decorridos três meses sobre esta comunicação (185.º/4)[9]. A *ratio* da fixação de uma intermediação cronológica entre a declaração de exoneração e o momento em que a mesma se torna efetiva não é difícil de compreender: trata-se, essencialmente, de proteger a sociedade contra a perturbação da vida social que decorreria da imediata necessidade de proceder à avaliação da parte do exonerando (185.º/5), ao seu pagamento, à alteração do contrato de sociedade consubstanciada na redução do capital ou no aumento proporcional das partes

exoneração (1988), 208; contra, Carolina Cunha, "Artigo 185.º", em *Código das Sociedades Comerciais em Comentário* III (2011), 99, e João Espírito Santo, *Exoneração do sócio* (2014), 774 e 775 (entre si, com fundamentação diversa).

[5] Raúl Ventura, *Novos estudos* (1994), 289 e 290; Luís Brito Correia, *Direito Comercial*, 2, 455; Jorge Manuel Coutinho de Abreu (2015), 419.

[6] Maria Augusta França, *Direito à exoneração* (1988), 210 e 211; António Menezes Cordeiro 2 (2007), 214 e nota 510; Tiago Soares da Fonseca, *O direito de exoneração do sócio no CSC* (2008), 220 e 221.

[7] Fundamentação em João Espírito Santo, *Exoneração do sócio* (2014), 712 e ss..

[8] Carolina Cunha, "Artigo 185.º", em *Código em Comentário* 3 (2011), 100 e 101; João Espírito Santo, *Exoneração do sócio* (2014), 860; contra, Raúl Ventura, *Novos estudos* (1994), 291.

[9] A solução é idêntica à apontada para a sociedade civil: 1002.º/3 do CC, que, aliás, influencia negativamente a própria terminologia do 185.º/4; com efeito, por *ano social* deve entender-se, neste último preceito, o *exercício anual* a que se reporta o 65.º/1; a diversa terminologia é enganadora. O ano social corresponderá normalmente ao ano civil, embora a lei admita diversa periodização (65.º-A).

dos restantes sócios (187.º/1) e, eventualmente, à negociação entre os sócios ou com terceiros, tendente à aquisição da parte criada em consequência da extinção da do sócio exonerado (187.º/2)[10]. A articulação entre a primeira e a segunda partes do 185.º/4 não é, contudo, um modelo de clareza; com segurança, extrai-se daí que o prazo mínimo do diferimento da efetividade da exoneração é de três meses; no demais, a orientação legislativa parece ser a seguinte: se entre a data da declaração de exoneração e a do termo do exercício social respetivo mediarem mais de três meses, a exoneração verificar-se-á na data do termo do exercício social em curso; se menos, é diferida para o termo do exercício social imediatamente seguinte[11].

Do regime exonerativo do sócio da sociedade em nome coletivo resulta, pois, muito claramente que a produção de efeitos da declaração do sócio perante a sociedade (224.º/1, primeira parte, do CC) não determina *de per se* a exoneração, o que encontra apoio na letra do 195.º/1, *a*). 12

8. **Contrapartida da exoneração.** O sócio exonerado tem direito ao valor da sua parte social, calculado segundo o 105.º/2 (185.º/6). 13

Artigo 186.º (Exclusão do sócio)

1. A sociedade pode excluir um sócio nos casos previstos na lei e no contrato e ainda:

***a*) Quando lhe seja imputável violação grave das suas obrigações para com a sociedade, designadamente da proibição de concorrência prescrita pelo artigo 180.º, ou quando for destituído da gerência com fundamento em justa causa que consista em facto culposo suscetível de causar prejuízo à sociedade;**

***b*) Em caso de acompanhamento de maior, quando assim resulte da decisão judicial de acompanhamento, ou ocorrendo declaração de insolvência;**

***c*) Quando, sendo o sócio de indústria, se impossibilite de prestar à sociedade os serviços a que ficou obrigado.**

2. A exclusão deve ser deliberada por três quartos dos votos dos restantes sócios, se o contrato não exigir maioria mais elevada, nos 90 dias seguintes àquele em que algum dos gerentes tomou conhecimento do facto que permite a exclusão.

3. Se a sociedade tiver apenas dois sócios, a exclusão de qualquer deles, com fundamento nalgum dos factos previstos nas alíneas *a*) e *c*) do n.º 1, só pode ser decretada pelo tribunal.

4. O sócio excluído tem direito ao valor da sua parte social, calculado nos termos previstos no artigo 105.º, n.º 2, com referência ao momento da deliberação de exclusão.

5. Se por força do disposto no artigo 188.º não puder a parte social ser liquidada, o sócio retoma o direito aos lucros e à quota de liquidação até lhe ser efetuado o pagamento.

[10] Raúl Ventura, *Novos estudos sobre sociedades anónimas* (1994), 292; Jorge Manuel Coutinho de Abreu (2015), 419; Paulo Alberto Videira Henriques, *A desvinculação unilateral* ad nutum *nos contratos civis de sociedade e de mandato* (2001), 77 e 78.

[11] Esta solução torna certo o momento em que o sócio deixa de o ser, revelando-se portanto, uma vantagem para terceiros, que sabem assim qual o momento a partir do qual cessa a responsabilidade do sócio pelas obrigações da sociedade (175.º/1); Raúl Ventura, *Novos estudos* (1994), 292.

Bibliografia: António Menezes Cordeiro 2 (2007), 215-217; Carolina Cunha, Código em comentário, III, 2.ª ed. (2016), 103-110; Luís Menezes Leitão, *Pressupostos de exclusão de sócio nas sociedades comerciais* (1989), 44 ss.; Raúl Ventura, *Novos estudos sobre sociedades anónimas e sociedades em nome colectivo* (1994, reimp., 2003), 295-305.

Índice

1. Exclusão 1
2. Causas de exclusão 2
3. Procedimento 6
4. Compensação 7
5. Indemnização 8

1 1. **Exclusão** é a cessação da qualidade de sócio, por iniciativa da própria sociedade. Trata-se de uma eventualidade delicada, que implica a extinção, contra a vontade do visado, de posições pessoais e patrimoniais. Por isso, a exclusão só é possível: (a) com base na lei; (b) ou no contrato; (c) com certo procedimento; (d) e com compensação do valor.

2 2. **Causas de exclusão**. O 186.º/1 corresponde a uma cláusula geral que enumera causas de exclusão da sociedade. Assim: (a) violação grave de obrigações para com a sociedade, designadamente a proibição de concorrência – 186.º/1, *a*), 1.ª parte; (b) destituição de gerente com justa causa que traduza facto culposo, suscetível de causar prejuízo à sociedade – 186.º/1, *a*), 2.ª parte; (c) acompanhamento de maior, quando assim resulte de competente decisão judicial – 186.º/1, *b*), 2.ª parte; esta regra, que substitui a antiga referência à interdição e à inabilitação, resultou da L 49/2018, de 14-ago. (10.º); (d) insolvência – 186.º/1, *b*), 2.ª parte; (e) impossibilidade, quanto ao sócio de indústria, de prestar os serviços a que ficou obrigado – 186.º/1, *c*).

3 Estas normas são imperativas: não podem ser afastadas pelas partes[1].

4 Entre as situações integradoras de uma causa de exclusão contam-se comportamentos desleais para com a sociedade, nomeadamente o aproveitamento de em benefício próprio de oportunidades de negócios da sociedade, a propositura de ações chicaneiras contra a sociedade, a divulgação e propagação de opiniões que ferem o seu crédito, a revelação de segredos e conhecimentos reservados acerca da organização e funcionamento da empresa detida pela sociedade e, inclusivamente, a provocação de desavenças graves com os demais sócios ou o assédio sexual a trabalhadores da sociedade[2].

5 Nas sociedades em nome coletivo, a relação dos sócios entre si implica tipicamente uma especial confiança pessoal. Constitui-se uma relação fiduciária particularmente intensa, o que se projeta num regime agravado de consequências em caso de violação dos deveres (de lealdade) que dela derivam para os sócios (tanto entre eles, como na relação com a sociedade)[3].

6 3. **Procedimento**. A exclusão deve ser deliberada por 3/4 dos votos dos restantes sócios, se o contrato não exigir maioria mais elevada (186.º/2, 1.ª parte); deve ocorrer nos 90 dias seguintes em que o gerente teve conhecimento da causa de exclusão (186.º/2, 2.ª parte); tendo a sociedade apenas dois sócios, a exclusão deve ser decretada pelo tribunal (186.º/3)[4]. Neste último caso: não podendo o próprio votar, ficaria a dissolução nas mãos do outro, o que não seria adequado.

[1] Raúl Ventura, *Novos estudos*, 298 e António Menezes Cordeiro 2 (2007), 216.

[2] Cf. RLx 10-fev.-2009 (Rui Vouga), Proc. 7518/2008, in www.dgsi.pt.

[3] Sobre as relações de confiança, com aplicação às SNC, Manuel Carneiro da Frada, *Teoria da confiança e responsabilidade civil* (2003, reimp., 2008), 404 ss., 544 ss..

[4] Podendo a ação ser intentada por um sócio contra o outro e não, necessariamente, pela sociedade: RPt 4-out.-2005 (Cândido Lemos), CJ XXX (2005) 4, 190-191.

4. **Compensação**. A exclusão não é um confisco: o sócio excluído tem direito ao valor da sua parte, calculado nos termos do 105.º/2, com referência ao momento da deliberação de exclusão (186.º/4). Não podendo, por força do 188.º (insuficiência da situação líquida), ser liquidada a parte social, o sócio retoma o direito aos lucros e à quota de liquidação, até ser efetuado o devido pagamento (186.º/5). 7

5. **Indemnização**. O regime descrito não prejudica a responsabilidade do sócio excluído perante os demais sócios, mas a compensação, total ou parcial, entre o valor da parte a liquidar ao sócio faltoso e a indemnização é possível. 8

Artigo 187.º (Destino da parte social extinta)

1. Se a extinção da parte social não for acompanhada da correspondente redução do capital, o respetivo valor nominal acresce às restantes partes, segundo a proporção entre elas existente, devendo ser alterado, em conformidade, o contrato de sociedade.

2. Pode, porém, estipular-se no contrato de sociedade ou podem os sócios deliberar por unanimidade que seja criada uma ou mais partes sociais, cujo valor nominal total seja igual ao da que foi extinta, mas sempre para imediata transmissão a sócios ou a terceiros.

Bibliografia: António Menezes Cordeiro 2 (2007), 216-217; Raúl Ventura, *Novos estudos sobre sociedades anónimas e sociedades em nome colectivo* (1994, reimp., 2003), 306-308.

Índice

1. Redação anterior.......... 1
2. Situações.......... 2
3. Consequências.......... 3

1. **Redação anterior**. O DL 76-A/2006, de 29-mar., suprimiu, no 187.º/1, a referência a "devendo os gerentes outorgar a escritura pública da referida alteração"[1]. 1

2. **Situações**. A parte social pode desaparecer: (a) por falecimento (184.º); (b) por exoneração (185.º); (c) por exclusão. O "destino" da parte social extinta referido no preceito exprime o regime subsequente. 2

3. **Consequências**. A extinção de parte dá lugar: (a) ou à redução do capital social (187.º/1, 1.ª parte); (b) ou o respetivo valor acresce às partes restantes, nas proporções respetivas, alterando-se o pacto (187.º/1, 2.ª parte); (c) ou, por opção do pacto ou deliberação unânime, à criação de uma ou mais partes "livres", equivalentes à extinta, para imediata transmissão a sócios ou terceiros. 3

[1] DR I Série-A, n.º 63, de 29-mar.-2006, 2328-(14)/II.

Artigo 188.º (Liquidação da parte)

1. Em caso algum é lícita a liquidação da parte em sociedade ainda não dissolvida se a situação líquida da sociedade se tornasse por esse facto inferior ao montante do capital social.
2. A liquidação da parte efetua-se nos termos previstos no artigo 1021.º do Código Civil, sendo a parte avaliada nos termos do artigo 105.º, n.º 2, com referência ao momento da ocorrência ou eficácia do facto determinante da liquidação.

Bibliografia: António Menezes Cordeiro 2 (2007), 216-217; Raúl Ventura, *Novos estudos sobre sociedades anónimas e sociedades em nome colectivo* (1994, reimp., 2003), 309-311.

Índice

1. Casos .... 1 2. Processamento e limites 2

1 1. **Casos**. A liquidação de parte social vem prevista nos 184.º/7 (falecimento), 185.º/5 (exoneração) e 186.º/4 e 5 (exclusão). Ela dá lugar à compensação, até por exigência do 62.º/1 da CRP.
2 2. **Processamento e limites**. A liquidação segue o 1021.º do CC, sendo a parte avaliada segundo o 105.º/2[1], com referência ao momento do facto determinante da liquidação ou da sua eficácia (188.º/2).
3 A liquidação de parte em sociedade não dissolvida não é possível se a situação líquida da sociedade ficar inferior ao montante do capital social.

Artigo 188.º-A (Registo de partes sociais)

Ao registo de partes sociais aplica-se, com as necessárias adaptações, o disposto quanto ao registo de quotas.

1 **Origem e remissão**. O presente preceito foi aditado pelo 3.º do DL 76-A/2006, de 29-mar.[1]. Remete-se para as anotações aos 242.º-A a 242.º-F (registo de quotas): as adaptações são mínimas, consistindo em substituir quotas por partes sociais.

Capítulo II – Deliberações dos sócios e gerência

Artigo 189.º (Deliberações dos sócios)

1. Às deliberações dos sócios e à convocação e funcionamento das assembleias gerais aplica-se o disposto para as sociedades por quotas em tudo quanto a lei ou o contrato de sociedade não dispuserem diferentemente.

[1] *Vide* 105.º e anotações.

[1] DR I Série-A, n.º 63, de 29-mar.-2006, 2328-(35)/I.

2. As deliberações são tomadas por maioria simples dos votos expressos, quando a lei ou o contrato não dispuserem diversamente.

3. Além de outros assuntos mencionados na lei ou no contrato, são necessariamente objeto de deliberação dos sócios a apreciação do relatório de gestão e dos documentos de prestação de contas, a aplicação dos resultados, a resolução sobre a proposição, transação ou desistência de ações da sociedade contra sócios ou gerentes, a nomeação de gerentes de comércio e o consentimento referido no artigo 180.º, n.º 1.

4. Nas assembleias gerais, o sócio só pode fazer-se representar pelo seu cônjuge, por ascendente ou descendente ou por outro sócio, bastando para o efeito uma carta dirigida à sociedade.

5. As atas das reuniões das assembleias gerais devem ser assinadas por todos os sócios, ou seus representantes, que nelas participaram.

Bibliografia: ver a bibliografia das prenotações aos artigos 53.º a 63.º. Especificamente sobre SNC: António Menezes Cordeiro 2 (2007), 196-198; Fernando Olavo, *Sociedades em nome colectivo – Ensaio de um anteprojecto*, BMJ 179 (1968), 32-34; Raúl Ventura, *Novos estudos sobre sociedades anónimas e sociedades em nome colectivo* (1994, reimp., 2003), 312-317.

Índice

1. Deliberações dos sócios 1
2. Assembleias gerais 2
3. Competência 5
4. Depósito das contas 9

1 1. **Deliberações dos sócios**, nas SNC, aplicam-se as regras gerais dos 53.º a 63.º e, ainda, as regras especiais do 189.º, que prevalecem. O 189.º/1 faz uma remissão geral para as SPQ, em tudo o que não contrarie a lei e o disposto no contrato de sociedade. Isso permite considerar aplicáveis, além das previstas no 54.º, as deliberações por voto escrito (247.º). Quanto a assembleias gerais: o 248.º/1 remete para as regras sobre SA que, assim e com as devidas adaptações têm, aqui, aplicação[1].

2 2. **Assembleias gerais**, nas SNC, têm as seguintes regras específicas: (a) deliberam por maioria simples (189.º/2); (b) cada sócio tem um voto, salvo o pacto social que não o pode, porém, suprimir[2] (190.º/1); (c) o sócio só pode ser representado pelo cônjuge, ascendente, descendente ou outro sócio, bastando uma carta dirigida à sociedade (189.º/4); (d) as atas são assinadas por todos os participantes (189.º/5).

3 Das regras sobre SPQ, aplicam-se as seguintes: (a) qualquer sócio pode requerer a convocação, pedindo a inclusão de assuntos na ordem do dia (248.º/2); (b) a convocação é feita por qualquer gerente, por carta registada expedida com o mínimo de 15 dias, salvo outras regras legais ou contratuais (248.º/3); (c) é presidida pelo sócio que tenha maior fração do capital ou, em igualdade, pelo mais velho (248.º/4); (d) o sócio não pode votar em conflito de interesses (251.º).

[1] Já ao tempo do CCom se havia decidido que as regras sobre a assembleia geral das SA eram supletivamente aplicáveis às SNC: STJ 7-mai.-1974 (Eduardo Correia Guedes), BMJ 237 (1974), 266-269 (268-269).

[2] O sócio de indústria segue o 190.º/2.

4 Das regras sobre SA, funcionam: (a) a convocatória deve mencionar o lugar, o dia e a hora da reunião – 377.º/5, *b*)[3]; (b) bem como a ordem do dia – 377.º/5, *a*); (c) decorrendo a reunião na sede da sociedade (377.º/6).

5 3. **Competência**. Cabe a deliberação dos sócios, necessariamente, por força da lei (189.º/3): (a) apreciação do relatório de gestão e dos documentos de prestação de contas; (b) aplicação de resultados; (c) propositura, transação ou desistência de ações contra sócios ou gerentes; (d) nomeação de gerentes de comércio; (e) consentimento para que qualquer sócio possa fazer concorrência.

6 Por unanimidade, cabe aos sócios: (a) criar partes sociais "livres", para transmissão no caso de extinção de uma anterior (187.º/2); (b) designar estranhos como gerentes (191.º/2); (c) confirmar os atos praticados sem poderes (192.º/3); (d) alterar o contrato e decidir fusões, cisões, transformações e dissolução, salvo se o contrato autorizar por maioria, mas não inferior a 3/4 (194.º/1); (e) admitir novos sócios (194.º/2).

7 Por maioria: fixar a remuneração dos gerentes (192.º/5).

8 O pacto social pode conferir, à assembleia, poderes de gestão e determinar o seu alcance e os seus contornos. Por maioria de razão do que se pugna, em certas matérias, para as SPQ, também por simples deliberação poderão os sócios exercê-los.

9 4. **O depósito das contas**, uma vez aprovadas, está sujeito ao disposto no artigo 70.º-A[4].

Artigo 190.º (Direito de voto)

1. A cada sócio pertence um voto, salvo se outro critério for determinado no contrato de sociedade, sem, contudo, o direito de voto poder ser suprimido.

2. O sócio de indústria disporá sempre, pelo menos, de votos em número igual ao menor número de votos atribuídos a sócios de capital.

Bibliografia: Raúl Ventura, *Novos estudos sobre sociedades anónimas e sociedades em nome colectivo* (1994, reimp., 2003), 317-318.

1 **Direito de voto** nas SNC é, em princípio, por cabeça: não em função do capital, ao contrário das SPQ (250.º/1) e das SA (384.º/1). O contrato pode dispor diversamente, mas sem suprimir o voto.

2 O sócio de indústria dispõe, à partida, também de um voto. Imperativamente: tantos quantos o menor número de votos atribuídos pelo pacto a sócios de capital.

Artigo 191.º (Composição da gerência)

1. Não havendo estipulação em contrário e salvo o disposto no n.º 3, são gerentes todos os sócios, quer tenham constituído a sociedade, quer tenham adquirido essa qualidade posteriormente.

[3] Em STJ 6-abr.-1976 (Manuel Ferreira da Costa), BMJ 256 (1976), 128-138 (134), decidiu-se que a irregularidade da convocatória daria azo a mera anulabilidade. Hoje haveria que aplicar os 56.º e 58.º.

[4] *Vide* a respetiva anotação.

2. Por deliberação unânime dos sócios podem ser designadas gerentes pessoas estranhas à sociedade.

3. Uma pessoa coletiva sócia não pode ser gerente, mas, salvo proibição contratual, pode nomear uma pessoa singular para, em nome próprio, exercer esse cargo.

4. O sócio que tiver sido designado gerente por cláusula especial do contrato de sociedade só pode ser destituído da gerência em ação intentada pela sociedade ou por outro sócio, contra ele e contra a sociedade, com fundamento em justa causa.

5. O sócio que exercer a gerência por força do disposto no n.º 1 ou que tiver sido designado gerente por deliberação dos sócios só pode ser destituído da gerência por deliberação dos sócios, com fundamento em justa causa, salvo quando o contrato de sociedade dispuser diferentemente.

6. Os gerentes não sócios podem ser destituídos da gerência por deliberação dos sócios, independentemente de justa causa.

7. Se a sociedade tiver apenas dois sócios, a destituição de qualquer deles da gerência, com fundamento em justa causa, só pelo tribunal pode ser decidida, em ação intentada pelo outro contra a sociedade.

Bibliografia: António Menezes Cordeiro 2 (2007), 199-205; João Labareda, *Direito societário português* (1998), 109-115; Raúl Ventura, *Novos estudos sobre sociedades anónimas e sociedades em nome colectivo* (1994, reimp., 2003), 319-327.

Índice

1. Redação anterior 1
2. Composição 3
3. Destituição 5

1. **Redação anterior**. O 191.º atual foi introduzido pelo DL 280/87, de 8-jul.[1]. A redação original, sob a epígrafe composição e funcionamento da gerência, era[2]: 1

> 1. Não havendo estipulação em contrário e salvo o disposto no n.º 3, todos os sócios são gerentes, tanto os que constituíram a sociedade, como os que posteriormente adquiriram essa qualidade.
>
> 2. Por deliberação unânime dos sócios podem ser nomeadas gerentes pessoas estranhas à sociedade.
>
> 3. A sociedade sócia não pode ser gerente, mas, salvo proibição contratual, pode nomear uma pessoa singular para, em nome próprio, exercer esse cargo.
>
> 4. Salvo convenção em contrário, havendo mais de um gerente, todos têm poderes iguais e independentes para administrar e representar a sociedade, mas qualquer outro pode opor-se a acto que um deles pretenda realizar, cabendo à maioria dos gerentes decidir sobre o mérito da oposição.
>
> 5. A oposição referida no número anterior é ineficaz para com terceiros, a não ser que estes tenham tido conhecimento dela.

[1] DR I Série, n.º 154, de 8-jul.-1987, 2660/II; a pontuação (ou falta dela) provém do original.

[2] DR I Série, n.º 201, de 2-set.-1986, 2327-2328.

2 A alteração de 1987, para além de aspetos formais, transplantou a matéria relativa à destituição dos gerentes (191.º/5, 6 e 7) do inicial 193.º, levando, para este, o tema do funcionamento da gerência, inicialmente tratado no 191.º/4 e 5. Tudo isto é produto da má revisão final do CSC.

3 2. **Composição**. Como regra-base, a gerência abrange todos os sócios, originais ou supervenientes (191.º/1), numa regra presente no 152.º, § 2.º, do CCom e no 985.º/1, do CC. Coincide com a assembleia geral: temos um monopólio orgânico dos sócios.

4 Desvios: (a) o pacto pode designar gerentes apenas algum ou alguns sócios (191.º/1); (b) por unanimidade, podem ser designados estranhos (191.º/2); (c) a pessoa coletiva sócia não é gerente mas pode indicar uma pessoa singular para, em nome próprio, exercer o cargo (191.º/3).

5 3. **Destituição**. A lei distingue quatro situações: (a) o sócio designado por cláusula especial só pode ser destituído em ação intentada pela sociedade ou por outro sócio, contra ele e contra a sociedade, com fundamento em justa causa (191.º/4 e 24.º/5); (b) o sócio, gerente por via da regra-base (191.º/1) ou por designação dos sócios só pode ser destituído por justa causa, salvo cláusula diversa (191.º/5); (c) o gerente não sócio pode ser destituído livremente (191.º/6); (d) havendo apenas dois sócios, a destituição de um deles da gerência, por justa causa, deve ser judicial, em ação intentada pelo outro contra a sociedade.

6 A justa causa é um motivo bastante, subjetivo ou objetivo (dispensando culpa)[3] – 186.º/1, *a*), 2.ª parte, *a contrario*. Assim, a justa causa pode bastar-se com uma ausência objetiva de bons resultados. No seu preenchimento avultam, em todo o caso, as hipóteses de violação culposa dos deveres gerais dos administradores. Ocorrida essa violação, independentemente da destituição, haverá responsabilidade[4].

7 A destituição *ad nutum* do não-sócio, antes do prazo que tenha sido acordado, é eficaz, mas obriga a indemnizar (257.º/7 e 403.º/5, por analogia). Configura uma situação de responsabilidade por ato lícito.

Artigo 192.º (Competência dos gerentes)

1. A administração e a representação da sociedade competem aos gerentes.

2. A competência dos gerentes, tanto para administrar como para representar a sociedade, deve ser sempre exercida dentro dos limites do objeto social e, pelo contrato, pode ficar sujeita a outras limitações ou condicionamentos.

3. A sociedade não pode impugnar negócios celebrados em seu nome, mas com falta de poderes, pelos gerentes, no caso de tais negócios terem sido confirmados, expressa ou tacitamente, por deliberação unânime dos sócios.

4. Os negócios referidos no número anterior, quando não confirmados, são insuscetíveis de impugnação pelos terceiros neles intervenientes que tinham conhecimento da infração cometida pelo gerente; o registo ou a publicação do contrato não fazem presumir este conhecimento.

5. A gerência presume-se remunerada; o montante da remuneração de cada gerente, quando não excluída pelo contrato, é fixado por deliberação dos sócios.

[3] António Menezes Cordeiro 1 (2007), 895 ss..

[4] Pode confrontar-se Manuel A. Carneiro da Frada, *A* business judgment rule *no quadro dos deveres gerais dos administradores*, ROA 67 (2007), I, 161 ss., 193 e 200 ss..

Bibliografia: António Menezes Cordeiro 2 (2007), 204-205; Alexandre Soveral Martins, Código em comentário, III, 2.ª ed. (2016), 137-146; Fernando Olavo, *Sociedades em nome colectivo – Ensaio de um anteprojecto*, BMJ 179 (1968), 28; Raúl Ventura, *Novos estudos sobre sociedades anónimas e sociedades em nome colectivo* (1994, reimp., 2003), 328-333.

Índice

1. Redação anterior.. 1
2. Competência.. 3
3. Remuneração.. 5

1 **1. Redação anterior**. A redação vigente adveio do DL 280/87, de 8-jul.[1]. A redação original era diversa, nos números 3, 4 e 5[2]:

> 3. A sociedade não pode impugnar negócios celebrados em seu nome, mas com falta de poderes dos gerentes, no caso de tais negócios terem sido confirmados, expressa e tacitamente, por deliberação unânime dos sócios.
>
> 4. Os negócios referidos no número anterior, quando não confirmados, são insusceptíveis de impugnação pelos terceiros neles intervenientes se tinham conhecimento da infracção cometida pelo gerente; o registo ou a publicação do contrato não fazem presumir este conhecimento.
>
> 5. A gerência presume-se remunerada; o montante da remuneração de cada gerente, quando não excluído pelo contrato, é fixado por deliberação dos sócios.

2 Como se vê, foram essencialmente corrigidos erros formais.

3 **2. Competência**: é geral no tocante à administração e à representação (192.º/1), ainda que dentro dos limites de funcionamento do 193.º. Nos termos gerais, ela é limitada pelo objeto social e pelo contrato (192.º/2).

4 Na falta de poderes de representação, como reflexo da 1.ª Diretriz do Direito das sociedades (68/151, de 9-mar.)[3], temos restrições; a sociedade não pode impugnar os atos em causa quando os tenha confirmado, expressa ou tacitamente, por deliberação unânime (192.º/3). De acordo com a dogmática geral da representação sem poderes, deveria falar-se antes de uma ratificação (268.º/1 do CC). A proteção de terceiros prevista neste preceito deve ser vista à luz do regime dos chamados atos *ultra vires* constante do 6.º. Esta proteção só se justifica perante terceiros de boa fé (192.º/4). As hipóteses abrangidas cobrem a chamada procuração ou representação aparente. A tutela está na disponibilidade do terceiro de boa fé; por isso também, o terceiro pode optar, consoante os casos, por uma ação de responsabilidade civil ou de restituição do enriquecimento[4].

5 **3. Remuneração**. A gerência presume-se remunerada (*vide* 232.º do CCom, quanto ao mandato); a remuneração, quando não afastada ou fixada pelo pacto, é deliberada pelos sócios.

[1] DR I Série, n.º 254, de 8-jul.-1987, 2661/I.
[2] DR I Série, n.º 201, de 2-set.-1986, 2328/I.
[3] *Supra*, 6.º, anotação 2.
[4] Sobre esta temática e o fundamento da imputação à sociedade dos negócios celebrados pelo representante aparente pode ver-se José de Oliveira Ascensão/Manuel A. Carneiro da Frada, *Contrato celebrado por agente de pessoa colectiva. Representação, responsabilidade e enriquecimento sem causa*, RDE 16 a 19 (1990 a 1993), 43 ss..

Artigo 193.º (Funcionamento da gerência)

1. Salvo convenção em contrário, havendo mais de um gerente, todos têm poderes iguais e independentes para administrar e representar a sociedade, mas qualquer deles pode opor-se aos atos que outro pretenda realizar, cabendo à maioria dos gerentes decidir sobre o mérito da oposição.

2. A oposição referida no número anterior é ineficaz para com terceiros, a não ser que estes tenham tido conhecimento dela.

Bibliografia: António Menezes Cordeiro 2 (2007), 202-204; Alexandre Soveral Martins, Código em comentário, III, 2.ª ed. (2016), 147-151; Raúl Ventura, *Novos estudos sobre sociedades anónimas e sociedades em nome colectivo* (1994, reimp., 2003), 334-342.

Índice

1. Redação anterior 1
2. Funcionamento 3

1 1. **Redação anterior**. O 193.º atual foi introduzido pelo DL 280/87, de 8-jul.[1]. A redação original era a seguinte:

> 1. O sócio que tiver sido nomeado gerente por cláusula especial do contrato de sociedade só pode ser destituído da gerência em acção intentada pela sociedade ou por outro sócio, contra ele e contra a sociedade, com fundamento em justa causa.
>
> 2. O sócio que exercer a gerência por força do disposto no n.º 1 do artigo 191.º ou que tiver sido nomeado gerente por deliberação dos sócios só pode ser destituído da gerência por deliberação social, com fundamento em justa causa, salvo quando o contrato de sociedade dispuser diferentemente.
>
> 3. Os gerentes não sócios podem ser destituídos da gerência por deliberação dos sócios, independentemente de justa causa.
>
> 4. Se a sociedade tiver apenas dois sócios, a destituição de qualquer deles da gerência, com fundamento em justa causa, só pelo tribunal pode ser decidida. em acção intentada pelo outro contra a sociedade.

2 A reforma de 1987 consistiu em retirar a matéria para o 191.º/4, 5, 6 e 7, recebendo, em troca, a dos iniciais 191.º/4 e 5.

3 2. **Funcionamento**: cabe ao pacto fixá-lo. Não o fazendo (193.º/1): (a) havendo mais do que um, todos os gerentes têm poderes, iguais e independentes, para administrar e representar a sociedade; (b) mas qualquer deles pode opor-se a atos que outro pretenda realizar; (c) cabendo então, à maioria, decidir.

4 A oposição de qualquer gerente é ineficaz perante terceiros de boa fé (193.º/2).

[1] DR I Série, n.º 154, de 8-jul.-1987, 2661/I.

Capítulo III – Alterações do contrato

Artigo 194.º (Alterações do contrato)

1. Só por unanimidade podem ser introduzidas quaisquer alterações no contrato de sociedade ou pode ser deliberada a fusão, a cisão, a transformação e a dissolução da sociedade, a não ser que o contrato autorize a deliberação por maioria, que não pode ser inferior a três quartos dos votos de todos os sócios.

2. Também só por unanimidade pode ser deliberada a admissão de novo sócio.

Bibliografia: António Menezes Cordeiro 2 (2007), 219-220; Raúl Ventura, *Novos estudos sobre sociedades anónimas e sociedades em nome colectivo* (1994, reimp., 2003), 343-345.

Índice

1. Regras gerais .... 1 2. Regras especiais 2

1. **Regras gerais**. As alterações (85.º a 96.º), a fusão (97.º a 117.º), a cisão (118.º a 129.º) e a transformação (130.º a 140.º) têm um regime geral. Surgem, aí, regras dirigidas às SNC: 139.º/1. 1

2. **Regras especiais**. Temos a deliberação por unanimidade, salvo se o pacto a permitir por maioria, mas não inferior a 3/4 dos votos de todos os sócios (194.º/1). 2

A admissão de novo sócio exige, como regra, unanimidade (194.º/2). 3

Capítulo IV – Dissolução e liquidação da sociedade

Artigo 195.º (Dissolução e liquidação)

1. Além dos casos previstos na lei, a sociedade pode ser dissolvida:

***a*) A requerimento do sucessor do sócio falecido, se a liquidação da parte social não puder efetuar-se por força do disposto no artigo 188.º, n.º 1;**

***b*) A requerimento do sócio que pretenda exonerar-se com fundamento no artigo 185.º, n.º 2, alíneas *a*) e *b*), se a parte social não puder ser liquidada por força do disposto no artigo 188.º, n.º 1.**

2. Nos termos e para os fins do artigo 153.º, n.º 3, os liquidatários devem reclamar dos sócios, além das dívidas de entradas, as quantias necessárias para satisfação das dívidas sociais, em proporção da parte de cada um nas perdas; se, porém, algum sócio se encontrar insolvente, será a sua parte dividida pelos demais, na mesma proporção.

Bibliografia: António Menezes Cordeiro 2 (2007), 220-221; Ricardo Costa, em *Código em Comentário*, III, 2.ª ed., 155-161; Manuel Nogueira Serens, *A evolução, no direito alemão, do regime de dissolução (não necessariamente total) das sociedades em nome coletivo por iniciativa de algum dos seus sócios*, DSR 21 (2019), 57-87; Raúl Ventura, *Dissolução e liquidação de sociedades* (1987), 151-152.

Índice

1. Dissolução .... 1 2. Liquidação 2

1 1. **Dissolução**. Por força da primeira parte do 195.º/1, aplicam-se às SNC os 141.º a 145.º. Valem, portanto, em relação a elas os casos de dissolução imediata (141.º) e as causas de dissolução diferida ou deliberação dos sócios (142.º), bem como as causas de dissolução oficiosa (143.º). Como especificidades das SNC, há a dissolução a requerimento do sucessor do sócio falecido, quando a liquidação não possa fazer-se devido a que a situação líquida da sociedade se tornaria inferior ao capital social. Do mesmo modo, consagrou-se a dissolução a requerimento do sócio que pretenda exonerar-se tendo para isso justa causa ou na hipótese em que lhe é lícito fazê-lo ao cabo de 10 anos como sócio.

2 2. **Liquidação**. No que toca à liquidação, aplicam-se as regras gerais dos 146.º e segs. De todo o modo, havia que adaptar o regime e processo de liquidação ao regime de responsabilidade ilimitada e solidária dos sócios das SNC. Assim, os liquidatários não estão sujeitos às limitações do regime do 153.º/3, na medida em que devem exigir aos sócios as dívidas de entradas que subsistam, assim como as quantias necessárias para saldar as dívidas sociais (na parte que o ativo social líquido não cubra, contabilizado de acordo com o 153.º/3), na proporção em que cada um quinhoe nas perdas. Prevê-se ainda a hipótese de insolvência de algum sócio: a sua parte é dividida pelos outros, segundo aquela proporção.

Artigo 196.º (Regresso à atividade. Oposição de credores)

1. O credor de sócio pode opor-se ao regresso à atividade de sociedade em liquidação, contanto que o faça nos 30 dias seguintes à publicação da respetiva deliberação.

2. A oposição efetua-se por notificação judicial avulsa, requerida no prazo fixado no número anterior; recebida a notificação, pode a sociedade, nos 60 dias seguintes, excluir o sócio ou deliberar a continuação da liquidação.

3. Se a sociedade não tomar nenhuma das deliberações previstas na parte final do número anterior, pode o credor exigir judicialmente a liquidação da parte do seu devedor.

Bibliografia: António Menezes Cordeiro 2 (2007), 221; Raúl Ventura, *Dissolução e liquidação de sociedades* (1987), 451-???.

Índice

1. Regresso à atividade .... 1 2. Oposição ao regresso à atividade 2

1 1. **Regresso à atividade**. De harmonia com o disposto em geral no 161.º/1, durante a fase da liquidação os sócios podem deliberar o regresso da sociedade à atividade, pondo termo àquela. Tal aplica-se às SNC.

2 2. **Oposição ao regresso à atividade**. Contudo, nas SNC, o regresso à atividade pode implicar lesão ou prejuízo para o credor de um sócio, uma vez que as novas dívidas que o giro comercial

possa gerar recaem também na esfera do sócio, por força da responsabilidade deste pelas dívidas sociais, diminuindo as hipóteses de satisfação do seu crédito. Por isso se previu a possibilidade de o credor do sócio se opor ao regresso à atividade contanto que o faça (a) no prazo de 30 dias após a deliberação de regresso à atividade, (b) mediante notificação judicial avulsa. Perante esta notificação, a sociedade pode, dentro de 30 dias, excluir o sócio, mantendo o regresso à atividade, ou optar pela continuação da liquidação. Se não tomar qualquer uma destas deliberações, o credor poderá exigir a liquidação da parte do seu devedor da SNC (sem a limitação do 188.º/1).

Título III – Sociedades por quotas

Introdução

Bibliografia: António Pereira de Almeida (2008), 325-392; António Menezes Cordeiro 2 (2007), 223--476; António Ferrer Correia, *A sociedade por quotas de responsabilidade limitada segundo o CSC*, ROA 1987, 659-700; António Ferrer Correia/Vasco Lobo Xavier/Maria Ângela Coelho/António Caeiro, *Sociedades por quotas de responsabilidade limitada/Anteprojecto de lei – 2.ª redacção e exposição de motivos*, RDE 3 (1977), 153-224 e 349-423 e RDE 5 (1979), 111-141 e 142-200, cit. pela separata; *Lei das sociedades por quotas de responsabilidade limitada acompanhada do relatório e proposta de lei e dos pareceres das comissões parlamentares* (1901); Hugo M. R. Duarte Fonseca, *Sobre a interpretação do contrato de sociedade nas SPQ* (2008); Santos Lourenço, *Das sociedades por quotas* (1926), 2 volumes; Abílio Neto, *Sociedades por quotas/Notas e comentários*, 7.ª ed. (1977); Hélder Quintas, *Regime jurídico das sociedades por quotas anotado (arts. 197.º a 270-G, do CSC* (2010); Adolpho de Azevedo Souto, *Lei das sociedades por quotas anotada*, 7.ª ed. (1972); Raúl Ventura, *Sociedades por quotas de responsabilidade limitada/Anteprojecto – primeira redacção*, BMJ 160 (1966), 75-113, *Sociedades por quotas de responsabilidade limitada* (1966), *Apontamentos para a reforma das sociedades por quotas de responsabilidade limitada*, BMJ 182 (1969), 25-196, *Sociedades por quotas de responsabilidade limitada/Anteprojecto – segunda redacção*, BMJ 182 (1969), 197-147 e *Sociedades por quotas*, 1, 2.ª ed. (1989), 2 (1989) e 3 (1991).

Alemã: AAVV, *FS 100 Jahre GmbH-Gesetz* (1992); AAVV, *Münchener Handbuch des Gesellschaftsrechts*, 3. GmbH, 5.ª ed. (2018); AAVV, *Münchener Kommentar zum GmbHG*, 3.ª ed. (2018); Marcus Lutter/Peter *Hommelhoff, GmbH-Gesetz Kommentar*, 20.ª ed. (2019); Lutz Michalski (org.), *Kommentar zum GmbHG*, 2 vol., 3.ª ed. (2017); Oliver Mosthaf, *Die Reformen des Rechts der GmbH* (1994); Welf Müller/Burkhard Hense, *Beck'sches Handbuch der GmbH*, 5.ª ed. (2014); Heinz Rowedder/Schmidt-Leithoff, *Gesetz betreffend die Gesellschaften mit beschränkter Haftung*, 6.ª ed. (2017); Ingo Saenger/Michael Inhester, *GmbHG/Nomos Kommentar*, 3.ª ed. (2016); Reinhard Bork/Carsten Schäfer, *GmbH/Kommentar*, 4.ª ed. (2019); Adolf Baumbach/Alfred Hueck, *GmbH-Gesetz*, 22.ª ed. (2019).

Índice

I – **A lei alemã de 20-abr.-1892 e a expansão**
1. Origem 1
2. Expansão 3

II – **A experiência portuguesa**
3. A Lei de 11-abr.-1901 4
4. Os preparatórios de 1986 6
5. As raízes do CSC 10

III – **O CSC e a sua aplicação**
6. O CSC 11
7. Alterações 12
8. Aplicação 13

IV – **Tipo**
9. Responsabilidade limitada 16
10. Outras características 17

I – A lei alemã de 20-abr.-1892 e a expansão

1. Origem. As SPQ tiveram origem na reforma alemã que tomou corpo em Lei de 20-abr.- 1
-1892; esta instituiu o novo tipo das sociedades com responsabilidade limitada (*Gesellschaften mit beschränkter Haftung* ou *GmbH*), entre nós vertidas para sociedades por quotas (SPQ).

2 A reforma correspondeu à necessidade de se encontrar uma pequena sociedade de capitais: capaz de oferecer o privilégio da limitação da responsabilidade, mas sem a dimensão, as exigências e os custos das SA. O novo tipo conheceu um sucesso imediato. Em 1911, já havia 20.000; em 2001, 850.000.

3 2. **Expansão**. Foi rápida: Portugal (1901), Áustria (1906), França (1925), Itália (1942) e Espanha (1953 e 1995).

II – **A experiência portuguesa**

4 3. **A Lei de 11-abr.-1901**, por proposta ao Parlamento de Artur Alberto de Campos Henriques (22-fev.-1901), teve por base a lei alemã de 1892, que seguiu de perto, tendo merecido aprovação. Abrangia 65 artigos, em 9 capítulos: I – Da natureza e da constituição das sociedades (1.º a 5.º); II – Das quotas, pagamentos suplementares e dividendos (6.º a 25.º); III – Da administração e fiscalização (26.º a 34.º); IV – Das deliberações sociais (35.º a 40.º); V – Das alterações do pacto social e da dissolução da sociedade (41.º a 43.º); VI – Das publicações sociais e do registo (44.º e 45.º); VII – Das ações e prescrições (46.º a 49.º); VIII – Da emissão de obrigações e das operações bancárias (50.º e 51.º); IX – Disposições gerais (52.º a 65.º).

5 O novo tipo teve um vivo sucesso, tornando-se, em pouco tempo, o dominante. Foi, ainda, o mais estudado, obtendo diversos comentários.

6 4. **Os preparatórios de 1986**. As SPQ conheceram trabalhos preparatórios alongados e complexos. Em 1967 foi formada, pelo Governo, uma comissão destinada a rever a legislação sobre sociedades comerciais. Raúl Ventura foi incumbido das sociedades por quotas, apresentando, sucessivamente, três anteprojetos: 1966[1], 1969[2] e um terceiro, inédito.

7 Em 1970, o Ministério da Justiça desistiu de uma lei geral para as sociedades, optando por uma lei autónoma para as SPQ. Raúl Ventura apresentou um anteprojeto inédito. Vaz Serra procedeu à revisão.

8 Os trabalhos foram retomados após o hiato de 1974-1975, pela equipa de Ferrer Correia; além de ele próprio, incluía: Vasco Lobo Xavier, Maria Ângela Coelho e António Caeiro. Prepararam mais dois anteprojetos: de 1976 e de 1977[3]. Trata-se de articulados envolventes, que visavam ainda uma lei de SPQ autónoma, com matéria penal que foi, depois, aproveitada, para a Parte I do CSC.

9 Em 1981, regressar-se-ia à ideia de uma lei geral das sociedades; Raúl Ventura apresentou o anteprojeto, que incluía as SPQ e que foi revisto por Fernando Olavo, Raúl Ventura e António Caeiro. Assim se chegou ao projeto de 1983[4], com intervenções de Luís Brito Correia.

10 5. **As raízes do CSC**, no domínio das SPQ foram: (a) A Lei de 11-abr.-1901; (b) a prática subsequente, à luz da jurisprudência e dos estatutos; (c) a doutrina e a prática alemãs; (d) o anteprojeto alemão da grande reforma, de 1971/73, abandonado pela sua complicação, mas muito acolhido, entre nós.

III – **O CSC e a sua aplicação**

11 6. **O CSC** dedicou, às SPQ, toda a parte III, hoje com dez capítulos: I – Características e contrato (197.º a 201.º); II – Obrigações e direitos dos sócios (202.º a 218.º); III – Quotas (219.º a 242.º-F); IV – Contrato de suprimento (243.º a 245.º); V – Deliberações dos sócios (246.º

[1] BMJ 160 (1966), 75-113.
[2] BMJ 182 (1969), 25-196.
[3] RDE 3 (1977), 193-224 e 349-423 e RDE 5 (1979), 111-141; há separata.
[4] BMJ 327 (1983), 45-339.

a 251.º); VI – Gerência e fiscalização (252.º a 262.º-A); VII – Apreciação anual da situação da sociedade (263.º); VIII – Alterações do contrato (265.º a 269.º); IX – Dissolução da sociedade (270.º); X – Sociedades unipessoais por quotas (270.º-A a 270.º-G).

7. **Alterações**: diversas, com relevo para o DL 257/96, de 31-dez., que introduziu um novo capítulo, relativo a sociedades unipessoais (270.º-A a 270.º-G) e para o DL 76-A/2006, de 29-mar., que modificou a forma e as regras do registo. 12

8. **Aplicação**: intensa; em 2006, contavam-se 317.262 SPQ, a que se somavam 65.571 SPQ unipessoais e 2.072 sociedades civis sob forma comercial: um volume de negócios que ultrapassa os 153 biliões de euros, dando trabalho a quase 2 milhões de pessoas. Percentualmente: muito acima da Alemanha ou da França. 13

As SPQ são a matéria mais estudada, sendo de sublinhar a importante obra de Raúl Ventura. 14

As SPQ dão forma a pequenas e médias empresas, de tipo familiar mas, ainda, de tipo comercial e industrial. Podem ser, de facto, sociedades de pessoas ou de capitais, embora o tipo esteja gizado sobre estas últimas. As leis que se lhe aplicam mantêm-se demasiado complicadas. 15

IV – **Tipo**

9. **Responsabilidade limitada.** As SPQ comportam, relativamente aos sócios, uma responsabilidade limitada, solidariamente, à realização das entradas. Não respondem, ao contrário da SNC, pelas dívidas sociais. 16

10. **Outras características**: (a) a firma comporta limitada ou Lda; (b) as participações sociais denominam-se "quotas"; (c) a orgânica comporta uma gerência, que pode abranger todos os sócios; (d) podem ser unipessoais, traduzindo um subtipo autónomo. 17

Capítulo I – Características e contrato

Artigo 197.º (Características da sociedade)

1. Na sociedade por quotas o capital está dividido em quotas e os sócios são solidariamente responsáveis por todas as entradas convencionadas no contrato social, conforme o disposto no artigo 207.º.

2. Os sócios apenas são obrigados a outras prestações quando a lei ou o contrato, autorizado por lei, assim o estabeleçam.

3. Só o património social responde para com os credores pelas dívidas da sociedade, salvo o disposto no artigo seguinte.

Bibliografia: Jorge Coutinho de Abreu II (2019), 64; António Pereira de Almeida, *Sociedades comerciais 1* (2013), 367 ss.; Engrácia Antunes, *Direito das sociedades/Parte geral* (2016) 140, 142, 144-145; António Caeiro, *As sociedades de pessoas no CSC* (1988), 27 ss.; António Menezes Cordeiro 2 (2017), 225 ss.; Ferrer Correia, *A sociedade por quotas de responsabilidade limitada, segundo o Código das Sociedades comercias*, em *Temas de direito comercial e direito internacional privado* (1989), 131-138; Ferrer Correia/Vasco da Gama Lobo Xavier/Maria Ângela Coelho/António Caeiro, *Sociedade por quotas de responsabilidade limitada. Anteprojecto de lei – 2.ª Redacção*, sep da RDE, 6-7; Paulo Olavo Cunha (2019), 98-99 ss.; Pedro Maia, *Tipos de sociedades comerciais*, em *Estudos de Direito das Sociedades* (2015), 18 ss.; Alexandre Soveral Martins, *«Pais, filhos e primos e etc., Lda»: as sociedades por quotas familiares (uma introdução), em DSR*, 2014, Vol. 12, 39 ss.; Maria Elisabete Ramos, *Código das sociedades em comentário III* (2016), 165-176; Raúl Ventura, *Responsabilidade dos* *outros sócios*, em *Sociedade por quotas de responsabilidade limitada*, sep. da RFDUL (1966), 175 ss.; *id.*, *Apontamentos para a reforma das SQ de responsabilidade limitada*, em BMJ 182 (1969), 34 ss.; *id.*, *Sociedade por quotas* I (2007) 7 ss.; Vasco da Gama Lobo Xavier, *Sociedade por quotas*, in *Pólis* 5 (2000), 942 ss..

Índice

I – O tipo societário
1. Apresentação legal 1
2. A responsabilidade solidária pelas entradas 2
3. Natureza e função 3

II – Características
4. O Código 4
5. Apreciação geral 6
6. A responsabilidade 8

I – O tipo societário

1 1. **Apresentação legal**. O 197.º apresenta as SPQ de forma insuficiente para definir o seu tipo societário[1]. O Código consagra 86 artigos às SPQ, tratando-se de um tipo societário complexo, que exige maior precisão de soluções e que surge com uma certa distância do tipo básico das sociedades civis sob forma civil. A interpenetração da parte especial referente às SPQ com a parte geral é significativa, uma vez que esta última foi moldada sobre o regime das sociedades de capitais.

2 2. **A responsabilidade solidária pelas entradas**. No tipo societário por quotas existe, entre os sócios, uma responsabilidade solidária pelas entradas. A entrada corresponde a uma obrigação individual de cada sócio – 20.º, *a)* – podendo mesmo consistir numa prestação não fungível. A responsabilidade solidária dos sócios pelas entradas surge, supletivamente, na única em que os sócios incorrem, tratando-se, assim, de sociedades de responsabilidade limitada. Porém, a limitação da responsabilidade pode ser afastada através dos acordos de responsabilização direta dos sócios para com os credores sociais (198.º). Para enquadrar o tipo societário de forma completa, torna-se ainda necessário recorrer ao elemento formal da firma[2].

3 3. **Natureza e função**. As SPQ são personalizadas (5.º), podendo ser adotadas para dar corpo a sociedades civis (1.º/4). Não há dúvidas quanto à personalidade jurídica das SPQ. As SPQ são multifacetadas permitindo diversas funções e finalidades. Tendencialmente, têm um número reduzido de sócios, que estabelecem relações de confiança entre si. Funcionam como sociedades de pessoas. Os sócios podem contribuir para a sociedade em termos personalizados. Todavia, as SPQ também podem funcionar como sociedades de capitais, congregando fundos para a prossecução de fins, de forma mais próxima das sociedades de capitais. Por fim, pode a SPQ, quando unipessoal, corresponder à mera atuação de uma só pessoa[3].

III – Características

4 4. **O Código**. Na passagem do projeto para o CSC houve uma rearrumação sistemática e algumas correções formais, que nem sempre foram em sentido positivo[4]. Nos aspetos de fundo, previstos pelo projeto, apontam-se alguns, como o capital social mínimo de 300.000$00, que no CSC ficaria 400.000$00, e a admissão do diferimento da realização das entradas em 50% (223.º/2), linha que se manteve no CSC, mas apenas desde que a parte realizada atingisse o capital mínimo previsto por lei (202.º/2).

[1] No mesmo sentido, Coutinho de Abreu (2015), 59, afirma que os 175.º, 197.º, 271.º e 465.º são insuficientes para descrever os tipos societários.

[2] António Menezes Cordeiro 2 (2017), 227.

[3] António Menezes Cordeiro 2 (2017), 228.

[4] Neste sentido, António Menezes Cordeiro 2 (2017), 243.

A matéria das SPQ foi objeto de várias modificações pelos DL 280/87, de 8-jul., DL 5
261/95, de 31-dez., DL 343/98, de 6-nov., DL 36/2000, de 14-mar., DL 237/2001, de 30-ago., DL 76-A/2006, de 29-mar. e DL 8/2007, de 17-jan..

5. **Apreciação geral**. As SPQ constituem a forma de eleição para as iniciativas patrimoniais 6
que não estejam diretamente ligadas ao pequeno comércio industrial, cobrindo todo o tipo de atividades, devido à sua popularização. No entanto, o Direito português das SPQ reveste-se de excessiva complexidade. Na preparação do anteprojeto assistiu-se a uma disputa de escolas, com sucessivos documentos de elaboração distinta.

Manteve-se a indefinição política entre um CSC ou uma Lei de SPQ. Seria preferível, 7
segundo Menezes Cordeiro, um Código mais acessível e simples, que acabará por impor-se por influência comunitária.

6. **A responsabilidade**. As SPQ são sociedades de responsabilidade limitada. Só o património 8
social responde para com os credores pelas dívidas da sociedade. A responsabilidade dos sócios é um dos aspetos fundamentais apresentado na própria lei como característica da sociedade por quotas. Cada sócio é responsável pela sua entrada e pela parcela cuja efetivação foi diferida no contrato de sociedade. Além disso, o sócio é solidariamente responsável com os demais sócios pela realização do capital diferido. A responsabilidade pela entrada própria equivale ao regime das entradas. A responsabilidade solidária pelo conjunto das entradas coloca uma problemática própria, versada no 207.º.

Os sócios não respondem pelas dívidas sociais (197.º/3), apenas pelas entradas próprias 9
e, subsidiária e solidariamente, pelas quotas dos outros sócios. O Código de 1986 previu a possibilidade de uma responsabilidade direta para com os credores sociais, com base na ideia do anteprojeto de Raúl Ventura[5], que autonomizava dois subtipos de SPQ: as limitadas pelo capital, correspondentes às da Lei de 1901 e hoje existentes, e as limitadas por garantia, nas quais a obrigação de contribuição dos sócios seria condicionada pela necessidade de contribuição para satisfação dos débitos sociais, depois de dissolvida a sociedade. No tocante às sociedades limitadas pelo capital, poderia estipular-se uma responsabilidade suplementar dos sócios. No projeto de Vaz Serra e, depois, no de Ferrer Correia, desapareceram as sociedades limitadas por garantia, tendo-se conservado a responsabilidade suplementar dos sócios nas sociedades limitadas pelo capital. A ideia de responsabilidade suplementar dos sócios veio a filiar-se em considerações de ordem prática, detetadas no funcionamento efetivo das SPQ. O financiamento vem a ser efetuado pelos próprios sócios, com recurso a suprimentos ou a prestações suplementares, ou pelo recurso ao crédito da própria sociedade[6].

Artigo 198.º (Responsabilidade direta dos sócios para com os credores sociais)

1. É lícito estipular no contrato que um ou mais sócios, para além de responderem para com a sociedade nos termos do n.º 1 do artigo anterior, respondem também perante os credores sociais até determinado montante; essa responsabilidade tanto pode ser solidária com a da sociedade, como subsidiária e a efetivar apenas na fase da liquidação.

[5] Raúl Ventura, *Sociedade por quotas de responsabilidade/Anteprojecto – Segunda redacção*, 244 ss.

[6] António Menezes Cordeiro 2 (2017), 288 ss.

2. A responsabilidade regulada no número precedente abrange apenas as obrigações assumidas pela sociedade enquanto o sócio a ela pertencer e não se transmite por morte deste, sem prejuízo da transmissão das obrigações a que o sócio estava anteriormente vinculado.

3. Salvo disposição contratual em contrário, o sócio que pagar dívidas sociais, nos termos deste artigo, tem direito de regresso contra a sociedade pela totalidade do que houver pago, mas não contra os outros sócios.

Bibliografia: Jorge Coutinho de Abreu II (2019), 66-66; António Pereira de Almeida, *Sociedades comerciais 1* (2013), 46; António Menezes Cordeiro 2 (2017) 281-283; Ferrer Correia/Vasco da Gama Lobo Xavier/Maria Ângela Coelho/António Caeiro, *Sociedade por quotas de responsabilidade limitada*, 7; Paulo Olavo Cunha (2019), 98 ss.; Pedro Maia, *Tipos de sociedades comerciais*, em *Estudos de Direito das Sociedades* (2015), 19; Albino Matos, *Constituição de sociedades* (2001), 187-188; Raúl Ventura, *Sociedade por quotas* I (1987) 53 ss.; Maria Elisabete Ramos, *Código das sociedades em comentário III* (2016), 177-189.

Índice

1. A responsabilidade direta dos sócios 1
2. Levantamento da personalidade jurídica 2
3. Funcionamento do sistema 3

1 1. **A responsabilidade direta dos sócios**. A responsabilidade direta dos sócios para com os credores requer uma estipulação com a indicação do montante-limite[1 2]. Essa responsabilidade pode assumir diversas feições, consoante o que resulte do pacto social, podendo ser solidária com a da sociedade e subsidiária em relação à desta, a efetivar apenas na fase da liquidação. Trata-se de uma responsabilidade pessoal, abrangendo as obrigações da sociedade enquanto o sócio responsável a ela pertencer. A responsabilidade não se transmite por morte do sócio, sem prejuízo da transmissão das obrigações a que o sócio estava anteriormente vinculado. O sócio chamado a pagar dívidas sociais tem direito de regresso contra a sociedade pela totalidade do que houver pago, mas não tem direito de regresso contra os sócios. Pode, porém, haver direito de regresso contra os sócios se houver estipulação nesse sentido[3].

2 2. **Levantamento da personalidade jurídica**. O *status* de sócio nas SPQ não compreende outras situações de responsabilidade pelas dívidas sociais para além das referidas. Porém outras situações de responsabilidade podem surgir por exigências específicas do sistema e ao abrigo do instituto do levantamento da personalidade coletiva.

3 3. **Funcionamento do sistema**. A limitação da responsabilidade nas SPQ é mais teórica do que prática. No que se refere aos créditos bancários, as SPQ só logram obtê-los através de

[1] Raúl Ventura (2007), 59, admite que a responsabilidade direta possa constar de ato de alteração do contrato social, desde que respeitada a forma. Pode igualmente estabelecer-se a responsabilidade direta em relação a uns, alguns ou todos os sócios.

[2] Coutinho de Abreu 2 (2015), 61: Pode estabelecer-se no estatuto social que um ou mais sócios respondem também limitadamente até determinado montante perante os credores. O estatuto estabelecerá também se esta responsabilidade é solidária com a da sociedade ou subsidiária a efetivar apenas na fase da liquidação. Estabelecendo-se a responsabilidade solidária o sócio que pagar dívidas sociais tem, salvo disposição estatutária em contrário, direito de regresso contra a sociedade pela totalidade que houver pago. O regime do 198.º inspirou-se em parte na disciplina *da company limited by garantee* britânica.

[3] A possibilidade aberta pelo 198.º, n.º 1 de os sócios responderem pelas dívidas da sociedade impede a afirmação de que a irresponsabilidade dos sócios perante credores sociais é uma característica essencial das sociedades por quotas. Diferentemente, a limitação de responsabilidade é um elemento nuclear do tipo de sociedade.

garantias pessoais dos sócios ou dos sócios-gerentes. Assim, o grande atrativo das SPQ é o seu potencial organizativo, mais do que a limitação da responsabilidade.

Artigo 199.º (Conteúdo do contrato)

O contrato de sociedade deve especialmente mencionar:

***a*) O montante de cada quota de capital e a identificação do respetivo titular;**

***b*) O montante das entradas realizadas por cada sócio no momento do ato constitutivo ou a realizar até ao termo do primeiro exercício económico, que não pode ser inferior ao valor nominal mínimo da quota fixado por lei, bem como o montante das entradas diferidas.**

Bibliografia: Jorge Coutinho de Abreu II (2019), 1158 ss.; António Menezes Cordeiro 2 (2017) 257 ss.; Paulo Olavo Cunha (2019), 127 ss.; Maria Elisabete Ramos, *Código das sociedades em comentário III* (2016), 190-196; Raúl Ventura, *Sociedade por quotas* I (1987) 71 ss.

Índice

1. O conteúdo 1
2. Quota de capital 3
3. Entradas.. 4

1. **O conteúdo**[1]. O conteúdo do contrato de SPQ obedece ao disposto no 9.º/1. Uma vez que as SPQ seguem o modelo utilizado pelo legislador na Parte I, compreende-se que o 199.º se limite a acrescentar, como elementos necessários, o montante da quota, a identificação do respetivo titular, o montante das entradas efetuadas por cada sócio no contrato e o montante das entradas diferidas[2]. 1

Para além dos elementos necessários, o contrato de SPQ pode conter cláusulas eventuais, algumas das quais típicas, a saber: obrigação de prestações acessórias (209.º/1), permissão de prestações complementares (210.º/3), regulamentação do direito à informação (214.º/3), regras quanto aos lucros (217.º/1), regras quanto à transmissão por morte (225.º/1 e 226.º/1), regras quanto a cessão por quotas (229.º), permissão para amortização de quotas (232.º/1), casos de exoneração (240.º) e de exclusão do sócio (241.º/1), competência da assembleia geral (296.º/2), exclusão de voto escrito (247.º/2), presidência da assembleia geral (248.º/4), possibilidade de a cada cêntimo de valor nominal competirem dois votos (250.º/1), designação dos gerentes (252.º/2), permissão de concorrência por parte dos gerentes (254.º/1), natureza gratuita da gerência (255.º/1) ou o facto de ela estar indexada aos lucros (255.º/3), exigência de maioria qualificada para a destituição dos gerentes (257.º/2), direito especial à gerência (257.º/3), competência da gerência (259.º), funcionamento da gerência plural (261.º/1), exigência de um conselho fiscal (262.º/1), exigência de uma maioria superior a 3/4 para as alterações do contrato (265.º/1). Em todos estes casos, se nada for estipulado, há um regime supletivamente aplicável[3]. 2

[1] António Menezes Cordeiro 2 (2017), 257 ss.

[2] Coutinho de Abreu 2 (2019), 118, considera estas alíneas inúteis, pois corresponderiam às alíneas *a*) e *g*) do 9.º.

[3] António Menezes Cordeiro 2 (2017), 258.

3 2. **Quota de capital**. No contrato de SPQ constará sempre o montante das quotas e a identificação dos respetivos titulares. A necessidade de identificação dos sócios aproxima as SPQ das sociedades de pessoas.

4 3. **Entradas**. O contrato tem ainda de especificar o montante das entradas efetivadas com a celebração do contrato e das entradas diferidas. Nas SPQ não são admitidas contribuições de indústria (202.º/1). As entradas deverão concretizar-se em dinheiro ou em espécie (28.º). A possibilidade de diferimento das entradas e o montante abrangido devem constar do próprio contrato de sociedade. A solução legal é compreensível, atendendo a que se trata de um ponto relevante para terceiros e em relação ao qual operam as razões justificativas da forma[4].

Artigo 200.º (Firma)

1. A firma destas sociedades deve ser formada, com ou sem sigla, pelo nome ou firma de todos, algum ou alguns dos sócios, ou por uma denominação particular, ou pela reunião de ambos esses elementos, mas em qualquer caso concluirá pela palavra «limitada» ou pela abreviatura «Lda.».

2. Na firma não podem ser incluídas ou mantidas expressões indicativas de um objeto social que não esteja especificamente previsto na respetiva cláusula do contrato de sociedade.

3. No caso de o objeto contratual da sociedade ser alterado, deixando de incluir atividade especificada na firma, a alteração do objeto deve ser simultaneamente acompanhada da modificação da firma.

Bibliografia: António Menezes Cordeiro 1 (2022), 450; *id.*, 2 (2017), 258-261: J. P. Remédio Marques, *Código das sociedades em comentário III* (2016), 197-200 e Raúl Ventura, *A firma das sociedades por quotas*, RFDUL XXII (1968/69), 111-150 e *Sociedades por quotas* 1, 2.ª ed. (1989), 89-109.

Vide a bibliografia relativa ao 10.º.

Índice

I – **Origem, preparatórios e alteração**
1. Lei de 11-abr.-1901 1
2. O Decreto 19:638 3
3. Preparatórios 4
4. Alteração 6

II – **Âmbito de aplicação**
5. Firma e denominação 7
6. Os princípios 9

I – Origem, preparatórios e alteração

1 1. **Lei de 11-abr.-1901** estabelecia, no 3.º[1]:

> As sociedades por quotas, de responsabilidade limitada, adotarão uma firma ou denominação particular.
>
> § 1.º A firma, quando não individualize todos os sócios, deve conter o nome ou firma de um d'elles. A denominação deve, quanto possível, dar a conhecer o objeto das sociedades.
>
> (...)

[4] António Menezes Cordeiro 2 (2017), 272.

[1] COLP 1901, 97/II.

Esta disposição devia ser articulada com o 23.º do CCom que, na sua versão original, fazia corresponder a firma ao nome do comerciante e a denominação particular a qualquer designação própria das SA (sem nome e sem firma). As SNC tinham firma, exibindo o nome dos seus sócios ou de algum deles enquanto as sociedades anónimas só teriam denominação particular. Ora as SPQ podiam optar pela firma, altura em que a sociedade ficava obrigada pela assinatura de um dos gerentes com a firma social (29.º, § único, da LSQ), ou por uma denominação particular, obrigando-se então pela maioria dos gerentes (30.º, da LSQ). 2

3. **O Decreto 19:638**, de 21-abr.-1931, alterou a contraposição, para permitir que as SNC se transformassem em SA, conservando a sua firma; revogou o 19.º e alterou o 23.º do CCom. A LSQ permaneceu, todavia, inalterada, mantendo a firma em sentido amplo, que abarcaria qualquer designação comercial, abrangendo a firma *stricto sensu*, firma-nome ou firma pessoal, composta pelo nome das pessoas e a firma-denominação, reportada a outros elementos, objetivos ou de fantasia. O 3.º da LSQ manteve, nas SPQ, a possibilidade da firma-pessoal ou da firma-denominação, com as diferenças de regime daí resultantes. 3

3. **Preparatórios**. O anteprojeto de Vaz Serra e o de Raúl Ventura limitavam-se a referir a firma das sociedades por quotas, só com "responsabilidade limitada" ou "limitada" por extenso ou abreviado; já o anteprojeto de Ferrer Correia manteve a contraposição entre "firma" e "denominação"[2]. 4

Nos anos 80, as reformas relativas ao registo de pessoas coletivas subentendiam que a firma fosse utilizada para sociedades comerciais, comerciantes individuais e estabelecimentos individuais de responsabilidade limitada, enquanto a denominação cabia às associações, às fundações, aos empresários individuais não comerciantes e às sociedades civis puras. Esta distinção não foi claramente adotada pelo CSC. No projeto definitivo[3] manteve-se a confusão entre firma e denominação particular, a qual passaria à versão final do CSC. 5

4. **Alteração**. O atual 200.º/3 adveio do DL 76-A/2006, de 29-mar., que suprimiu a anterior referência à escritura pública. 6

II – Âmbito de aplicação

3. **Firma e denominação**. O n.º 1 consigna a distinção entre firma e denominação, admitindo que, nas SPQ, a firma seja composta pelo nome de um ou vários sócios, por uma denominação particular ou por uma firma mista, desde que termine por uma referência à responsabilidade limitada. 7

O n.º 2 desta disposição era dispensável atento o 10.º. O n.º 3 é útil na medida em que faz prevalecer o princípio da estabilidade sobre o princípio da verdade. Os pactos sociais podem multiplicar objetos que depois não são prosseguidos. 8

6. **Os princípios**. Têm plena aplicação os princípios gerais relativos à firma das sociedades[4]. De sublinhar o papel do princípio da novidade ou da exclusividade, que visa a não confundibilidade pelo consumidor comum[5]. Esse vetor delimita a exigência legal. 9

[2] *Vide* os textos em Raúl Ventura, *Sociedades por quotas* 1, 86.

[3] BMJ 327 (1983), 162 (200.º) e 204 (276.º).

[4] *Vide* 10.º, anotações 6 e 7.

[5] STJ 22-jan.-1997 (Cardona Ferreira), CJ/Supremo V (1997) 1, 67-70 (70/I).

Artigo 201.º (Capital social livre)

O montante do capital social é livremente fixado no contrato de sociedade, correspondendo à soma das quotas subscritas pelos sócios.

Bibliografia: António Pereira de Almeida, *Sociedades comerciais* (2013), 367-368; Menezes Cordeiro 2 (2017), 267 ss.; Maria Miguel Carvalho, *O novo regime jurídico do capital social das sociedades por quotas em Capital social livre e acções sem valor nominal* (2011), 9-35; Ferrer Correia/Vasco da Gama Lobo Xavier/ /Maria Ângela Coelho/António Caeiro, *Sociedade por quotas de responsabilidade limitada*, 46; Paulo Olavo Cunha (2019), 119, 146-147, 226-228, 269-270; Paulo de Tarso Domingues, *Capital e património sociais, lucros e reservas em Estudos de direito das sociedades* (2015), 151-222 (184-186); *id.*, *Código das sociedades em comentário III* (2016), 201-224; *id.*, *A figura do capital social: Cinderela ou gata borralheira? em Congresso comemorativo dos 30 anos do Código das Sociedades Comerciais* (2017), 159-186 (172-177); Raúl Ventura, *Sociedade por quotas* I (2007) 111 ss.

Índice

I – Antecedentes
1. O capital na Lei de 1901 1
2. O DL 43 843 3
3. O CSC 6

II – Âmbito de aplicação
4. Capital social 10

I – Antecedentes

1 1. **O capital na Lei de 1901**. A Lei de 11-abr.-1901 dispunha no seu 4.º:

> O capital da sociedade não pode ser inferior a 5 contos de réis e deve corresponder à somma das quotas dos sócios.
>
> § 1.º Estas podem ser desiguaes, mas nenhuma pode ser inferior a 100$000 réis, e o seu valor deve ser sempre divisível por 25$000 réis.

2 Com a depreciação monetária subsequente à República e à I Guerra Mundial, este valor foi perdendo significado, pelo que, em 1961, o Governo, com Antunes Varela na pasta da Justiça, atendendo ao pedido da Corporação do Comércio, decidiu introduzir alterações através do DL 43 843, de 5-ago.-1961[1].

3 2. **O DL 43843**. No preâmbulo do DL 43843, de 5-ago.-1961, afirma-se que:

> O mínimo estabelecido, que é de 5.000$, tornou-se porém, desde 1901 e até hoje, de tal maneira exíguo, em face das sucessivas desvalorizações da moeda, que não pode já exercer a função útil que lhe compete.

4 O 4.º LSQ recebeu, em resultado, a seguinte alteração:

> O capital da sociedade não pode ser inferior a 50.000$ e deve corresponder à soma das quotas dos sócios.
>
> § 1.º Estas quotas podem ser desiguais, mas nenhuma pode ser inferior a 5.000$, e o seu valor deve ser divisível por 250$.

[1] Raúl Ventura, I (2007), 111 e ss. e António Menezes Cordeiro 2 (2017), 267.

Este montante não foi aplicado às SPQ anteriormente constituídas, mantendo-se até 5
1986, altura em que, mais uma vez, tinha perdido significado económico[2].

3. **O CSC**. Na preparação do CSC houve diversas propostas nesta matéria: Raúl Ventura 6
apresentou 60.000$00; Vaz Serra, 60.000$00; e Ferrer Correia, cujo projeto é mais recente, 300.000$00, que poderia baixar para 150.000$00 em caso de estipulação de responsabilidade suplementar dos sócios. No projeto surge 300.000$00. Na segunda revisão ministerial chegou a ponderar-se 1.000.000$00 "para impedir o acesso de pequenas empresas à estrutura societária"[3].

A versão inicial do CSC fixava o capital mínimo das SPQ em 400.000$00, que seria apli- 7
cável também às sociedades constituídas anteriormente à entrada do Código. O 512.º, versão inicial, renumerado como 533.º (pelo DL 184/87, de 21 de abril), concedia três anos às SQ anteriores para adequar o capital ao novo limite. Caso o prazo fosse ultrapassado, caberia ao Ministério Público a dissolução da sociedade[4] [5].

Por fim, o 29.º do DL 343/98, de 6-nov., veio determinar a aplicação de novos limites: 8

a) No dia 1 de janeiro de 2002, relativamente às sociedades constituídas em data anterior a 1 de janeiro de 1999;

b) No dia em que se torne eficaz a opção das sociedades de alterar a denominação do capital social para euros.

A aplicação do 533.º, após as novas regras sobre capital mínimo, introduzidas pelo DL 9
343/98, levantou dúvidas, pelo que o DL 235/2001, de 30-ago., veio determinar que as SPQ que não tivessem procedido ao aumento de capital social até aos montantes previstos no 201.º e 276.º/3 do CSC deveriam ser dissolvidas, a requerimento do Ministério Público, mediante participação do conservador de registo comercial. Previa-se uma notificação prévia, a efetuar pela conservatória de registo comercial competente, a partir da qual se contariam 3 meses para a regularização da situação[6].

II – **Âmbito de aplicação**

4. **Capital social**. As SPQ, pela sua própria natureza, têm capital social. Tal elemento encon- 10
tra-se previsto no 9.º/1, *f)*, 199.º, *a)* e 201.º. Nas SPQ não são admitidas contribuições de indústria. O capital social estava fixado em 5.000 euros, valor que teria de ser respeitado aquando da constituição, não podendo descer abaixo desse montante[7]. Porém, o DL 33/2011, de 7-mar., com entrada em vigor em 30-jun., veio deixar de exigir um capital social mínimo nas sociedades por quotas, estabelecendo que o capital social é fixado livremente no contrato de sociedade e corresponde à soma das quotas subscritas pelos sócios. O capital social das sociedades por quotas é agora fixado em 1 euro para as sociedades unipessoais e em 2 euros para as sociedades com dois sócios.

[2] António Menezes Cordeiro 2 (2017), 268-269.

[3] BMJ 327, 162.

[4] Segundo Raúl Ventura I (2007), 115, a solução resultava da 2.ª Diretriz de Direito das Sociedades que previa para as SA um capital mínimo de 25.000 ECUS (6.º/1, 1.ª parte), aplicável as sociedades anteriormente constituídas. Ora, estabelecida a regra para as SA, não faria sentido deixar de a aplicar às SPQ anteriormente constituídas. Muito crítico em relação a esta posição, António Menezes Cordeiro, 2 (2014), 269-270, considera que não se impunha a aplicação da solução da Diretriz às SPQ.

[5] A dissolução deixaria de ser ordenada se, na pendência da ação, a sociedade que procedesse ao aumento de capital (Ac. RLx 4-mai.-1995, CJ 1995 III, 92).

[6] António Menezes Cordeiro 2 (2017), 270.

[7] António Menezes Cordeiro 2 (2017), 267.

Capítulo II – Obrigações e direitos dos sócios

Secção I – Obrigação de entrada

Artigo 202.º (Entradas)

1. Não são admitidas contribuições de indústria.

2. (*Revogado.*)

3. (*Revogado.*)

4. Sem prejuízo de estipulação contratual que preveja o diferimento da realização das entradas em dinheiro, os sócios devem declarar no ato constitutivo, sob sua responsabilidade, que já procederam à entrega do valor das suas entradas ou que se comprometem a entregar, até ao final do primeiro exercício económico, as respetivas entradas nos cofres da sociedade.

5. (*Revogado.*)

6. Os sócios que, nos termos do n.º 4, se tenham comprometido no ato constitutivo a realizar as suas entradas até ao final do primeiro exercício económico devem declarar, sob sua responsabilidade, na primeira assembleia geral anual da sociedade posterior ao fim de tal prazo, que já procederam à entrega do respetivo valor nos cofres da sociedade.

Bibliografia: António Menezes Cordeiro 2 (2007), 270-274; Paulo de Tarso Domingues, *O novo regime do capital social nas sociedades por quotas, Direito das Sociedades em Revista* (2011), vol. 6, 97 ss; *id.*, "artigo 202.º", em *Código em comentário* (2011), 223 ss, Hélder Quintas (2001), 60-69; Armando Manuel Triunfante, *O regime das entradas na constituição das sociedades por quotas e anónimas* (2014), 185 ss.; Raúl Ventura, *Sociedades por quotas* 1, 2.ª ed. (1989), 117-131.

Vide a bibliografia geral no 25.º.

Índice

I – **Origem e preparatórios**
1. Origem ... 1
2. Anteprojetos ... 2
3. Projeto ... 3

II – **Evolução**
4. Redação de 1986 ... 4
5. Reforma de 1987 ... 5
6. Reforma de 2001 ... 7
7. Reforma de 2006 ... 8
8. Reforma de 2011 ... 10

III – **Regime**
9. Objeto ... 11
10. Declarações dos sócios ... 12
11. Âmbito ... 14

I – Origem e preparatórios

1 1. **Origem**. Originariamente, o 202.º compreendia matéria que se encontrava dispersa na LSQ; a proibição de sócios de indústria resultava do 4.º, § 4.º[1], p. ex.. No essencial, ela proveio de desenvolvimentos preparatórios destinados a melhor acautelar a formação da sociedade.

[1] COLP 1901, 97/II.

2. **Anteprojetos**. Ferrer Correia ocupa-se das entradas, nas SPQ, a propósito do requerimento de inscrição (25.º). Já Vaz Serra (38.º) e Raúl Ventura (13.º) tratavam, com autonomia, o dever de entrada. Ambos estes professores aproveitavam ainda a oportunidade para se reportarem às entradas, aquando do aumento de capital[2]. 2

3. **Projeto**. No projeto, prevaleceu a orientação de Vaz Serra/Raúl Ventura, ainda que sem referência ao aumento de capital, que transitou para a sede própria. O texto estava próximo do do formalizado na lei[3]. 3

II – **Evolução**

4. **Redação de 1986**. Na versão aprovada pelo DL 262/86, de 2-set., o 202.º tinha a redação seguinte[4]: 4

> 1. Não são admitidas contribuições de indústria.
> 2. Só pode ser deferida a efectivação de metade das entradas em dinheiro, mas o quantitativo global dos pagamentos feitos por conta destas, juntamente com a soma dos valores nominais das quotas correspondentes às entradas em espécie, deve perfazer o capital mínimo fixado na lei.
> 3. A soma das entradas em dinheiro já realizadas deve ser depositada em instituição de crédito, antes de celebrado o contrato, numa conta aberta em nome da futura sociedade, da qual só poderão ser efectuados levantamentos ou depois de o contrato estar definitivamente registado ou para os fins da liquidação provocada quer pela nulidade do contrato quer pela falta de registo.

5. **Reforma de 1987**. O DL 280/87, de 8-jul., alterou o n.º 3 e aditou um n.º 4. Nos termos seguintes[5]: 5

> 3. A soma das entradas em dinheiro já realizadas deve ser depositada em instituição de crédito, antes de celebrado o contrato, numa conta aberta em nome da futura sociedade, devendo ser exibido ao notário o comprovativo de tal depósito por ocasião da escritura.
> 4. Da conta referida no número anterior só poderão ser efectuados levantamentos:
> *a*) Depois de o contrato estar definitivamente registado;
> *b*) Depois de outorgada a escritura, caso os sócios autorizem os gerentes a efectuá-los para fins determinados;
> *c*) Para liquidação provocada pela inexistência ou nulidade do contrato ou pela falta de registo.

A alteração visou facultar o controlo das entradas pelo notário. Além disso, como era patente a demora provocada pela necessidade de efetuar o registo, pretendeu permitir-se, logo após a escritura e mediante autorização dos sócios, a qual passou, como rotina, a constar de quase todos os contratos, a utilização dos correspondentes fundos. Finalmente, foi acrescentada – 202.º/4, *c*) – a "inexistência" como hipotético vício do contrato, o que é cientificamente errado: tal vício não deve ser retido. 6

6. **Reforma de 2001**. Os constrangimentos práticos levaram o DL 237/2001, de 30-ago., a modificar de novo o preceito. Foi acrescentado um n.º 4, de seguida transcrito, passando o anterior n.º 4 a n.º 5[6]: 7

[2] Os diversos textos podem ser confrontados em Raúl Ventura, *Sociedades por quotas* 1, 118-119.

[3] BMJ 327 (1983), 175.

[4] DR I Série, n.º 201, de 2-set.-1986, 2329/II.

[5] DR I Série, n.º 154, de 8-jul.-1987, 2662/I.

[6] DR I Série-A, n.º 201, de 30-ago.-2001, 5560/I.

O depósito exigido pelo número anterior pode ainda ser comprovado por declaração dos sócios, sob sua responsabilidade.

8 7. **Reforma de 2006**. O DL 76-A/2006, de 29-mar., modificou o 202.º/3 a 5, de modo a suprimir as referências ao notário e à escritura pública[7]. Na verdade, a partir dessa reforma, o contrato de sociedade sujeita-se a mera forma escrita.

9 Até à entrada em vigor do DL 33/2011, de 7-mar., a redação do preceito era a seguinte:

1. Não são admitidas contribuições de indústria.
2. Só pode ser diferida a efectivação de metade das entradas em dinheiro, mas o quantitativo global dos pagamentos feitos por conta destas, juntamente com a soma dos valores nominais das quotas correspondentes às entradas em espécie, deve perfazer o capital mínimo fixado na lei.
3. A soma das entradas em dinheiro já realizadas deve ser depositada em instituição de crédito, numa conta aberta em nome da futura sociedade, até ao momento da celebração do contrato.
4. Os sócios devem declarar no acto constitutivo, sob sua responsabilidade, que procederam ao depósito referido no número anterior.
5. Da conta referida no n.º 3 só podem ser efectuados levantamentos:
   a) Depois de o contrato estar definitivamente registado;
   b) Depois de celebrado o contrato, caso os sócios autorizem os gerentes a efectuá-los para fins determinados;
   c) Para liquidação provocada pela inexistência ou nulidade do contrato ou pela falta de registo.

10 8. **Reforma de 2011**. O DL 33/2011, de 7-mar., veio adotar medidas de simplificação dos processos de constituição de sociedades por quotas e de sociedades unipessoais por quotas. Este diploma determinou a revogação dos n.ºs 2, 3 e 5 do artigo 202.º e a alteração da redação dos n.ºs 4 e 6 deste mesmo preceito. Além dos aspetos que seguidamente se examinarão, a reforma veio permitir o diferimento da totalidade das entradas em dinheiro, ao eliminar os limites anteriores e ao consentir ainda na utilização do valor das entradas já realizadas pelos gerentes.

III. Regime

11 9. **Objeto**. As entradas[8] podem sê-lo em dinheiro ou em espécie. Neste último caso, aplica-se o 28.º, relativo à sua verificação[9]. A lei exclui entradas de indústria (202.º/1), acantonadas nas SNC (178.º).

12 10. **Declarações dos sócios**. A lei exige apenas que, em caso de diferimento, os sócios declarem no ato constitutivo, por sua responsabilidade, que já procederam à entrega do valor da entrada ou que declarem comprometer-se a entregar, até ao final do primeiro exercício económico, as respetivas entradas nos cofres da sociedade (202.º/4). Nesta última hipótese, na primeira assembleia geral anual da sociedade posterior ao termo do primeiro exercício económico, os sócios visados devem declarar, sob sua responsabilidade (*vide* art. 71.º), que já procederam à entrega do respetivo valor nos cofres da sociedade (202.º/6).

13 O recurso à declaração – como alternativa ao depósito – é uma solução razoável, tendo em vista a facilitação da constituição de sociedades. Antes da reforma de 2011, era já nosso

[7] DR I Série-A, n.º 63, de 29-mar.-2006, 2328-(15)/I.

[8] Em sentido próprio, isto é, enquanto objeto da obrigação de entrada. Por vezes, "entrada" traduz a execução da obrigação de entrada.

[9] *Vide* o 28.º, e suas anotações.

entendimento, *de iure condendo*, que o depósito seria dispensável, sendo substituído por obrigações dos sócios: na prática, nada impedia que, logo após a escritura, o dinheiro fosse levantado, na totalidade, sendo cláusula de estilo permiti-lo, logo na escritura[10].

11. **Âmbito**. As regras apontadas aplicam-se, apenas, às entradas iniciais. Havendo aumento de capital que implique novas realizações de capital, recorrer-se-á ao regime geral. 14

Artigo 203.º (Tempo das entradas)

1. O pagamento das entradas diferidas tem de ser efetuado em datas certas ou ficar dependente de factos certos e determinados, podendo, em qualquer caso, a prestação ser exigida a partir do momento em que se cumpra o período de cinco anos sobre a celebração do contrato, a deliberação do aumento de capital ou se encerre o prazo equivalente a metade da duração da sociedade, se este limite for inferior.

2. Salvo acordo em contrário, as prestações por conta das quotas dos diferentes sócios devem ser simultâneas e representar frações iguais do respetivo montante.

3. Não obstante a fixação de prazos no contrato de sociedade, o sócio só entra em mora depois de interpelado pela sociedade para efetuar o pagamento, em prazo que pode variar entre 30 e 60 dias.

Bibliografia: Paulo de Tarso Domingues, *O novo regime do capital social nas sociedades por quotas, Direito das Sociedades em Revista*, (2011), vol. 6, p. 97 ss.; Hélder Quintas (2010), 69-75.

Índice

I – **Origem**
1. Lei de 11-abr.-1901 1
2. Preparatórios 2
3. Redação original 4
4. Reforma de 2011 5

II – **Regime**
5. Certeza e contenção 6
6. O silêncio do contrato 8
7. Efetivação 10
8. Mora 11

III – **Âmbito e sanções**
9. Aumento de capital 12
10. Sanções 13

I – Origem

1. **Lei de 11-abr.-1901**. Permitia o diferimento de 90% do capital subscrito (5.º). Os pagamentos deviam ser proporcionais às quotas (10.º)[1]. Quanto ao resto, a LSQ era pouco explícita. A prática reunida durante a sua vigência e o fracassado projeto alemão de 1973 levaram os projetistas da reforma de 1986 a um bem maior desenvolvimento. 1

2. **Preparatórios**. O diferimento das entradas obteve regras pormenorizadas nos anteprojetos Ferrer Correia (71.º), Vaz Serra (41.º) e Raúl Ventura (16.º)[2]. Foi comum a preocupação de 2

[10] António Menezes Cordeiro 1 (2007), 590 e 2 (2007), 271-272.

[1] COLP 1901, 97/II e 98/I.

[2] Os textos podem ser confrontados em Raúl Ventura, *Sociedades por quotas* 1, 134-135.

permitir os diferimentos para datas certas e a de limitar, no tempo, o lapso pelo qual eles são possíveis.

3 No projeto (224.º)[3] a matéria ficou mais contida. Pressupõem-se, assim, pontos que requerem atenção aos princípios gerais. O texto do projeto transitou, praticamente, para a versão final do Código.

4 3. **Redação original.** A redação original do preceito era a seguinte:

> 1. O pagamento das entradas que a lei não mande efectuar no contrato de sociedade ou no acto de aumento de capital só pode ser diferido para datas certas ou ficar dependente de factos certos e determinados; em qualquer caso, a prestação pode ser exigida a partir do momento em que se cumpra o período de cinco anos sobre a celebração do contrato ou a deliberação de aumento de capital ou se encerre prazo equivalente a metade da duração da sociedade, se este limite for inferior.
> 2. Salvo acordo em contrário, as prestações por conta das quotas dos diferentes sócios devem ser simultâneas e representar fracções iguais do respectivo montante.
> 3. Não obstante a fixação de prazos no contrato de sociedade, o sócio só entra em mora depois de interpelado pela sociedade para efectuar o pagamento, em prazo que pode variar entre 30 e 60 dias.

5 4. **Reforma de 2011.** O DL 33/2011, de 7-mar., veio adotar medidas de simplificação dos processos de constituição de sociedades por quotas e de sociedades unipessoais por quotas, alterando o n.º 1 do artigo 203.º. No novo regime, desaparecem as limitações materiais ao diferimento de entradas em dinheiro (*vide* 202.º). A nova redação do 203.º/1 visa apenas adaptar formalmente o preceito a esta nova realidade. Quanto aos restantes aspetos, mantém-se na íntegra o regime anterior.

II – **Regime**

6 5. **Certeza e contenção**. O tempo das entradas envolve os princípios da certeza e da contenção. Pela certeza, as entradas diferidas devem ser efetuadas em data pré-fixada ou dependente de factos certos e determinados (293.º/1, 1.ª parte), i. é: o diferimento opera a termo. Não pode ser condicionado (i. é: dependente de facto futuro e incerto), sob pena de nulidade da estipulação. As eventualidades devem ser enfrentadas com outros esquemas de capitalização (aumentos de capital, prestações acessórias, prestações complementares ou suprimentos).

7 Quanto à contenção: sem prejuízo dos casos especiais de realização da entrada até ao final do primeiro exercício económico, a entrada é exigível, no mínimo, em cinco anos ou em metade da duração da sociedade, quando inferior (203.º/1, 2.ª parte).

8 6. **O silêncio do contrato**. Ressalvada a realização do capital mínimo, quando nada se diga no contrato, quanto ao termo do restante montante das entradas diferidas, há duas saídas: (a) funcionam os prazos legais máximos; (b) cai-se no regime geral do 777.º/1 do CC: a sociedade pode pedir, a todo o tempo, a sua efetivação e o sócio pode, a todo o tempo, apresentar-se a cumprir (solução de Raúl Ventura).

9 Nenhuma colhe totalmente: o sistema legal visa dar segurança aos sócios, protegendo-os. Assim, pela interpretação: ou a entrada pode ser aproximada de algum facto *certus an incertus quando* e a entrada vence com a ocorrência desse facto ou tal não sucede e funcionam os prazos máximos legais. A não efetivação da entrada pode conduzir à exclusão do sócio, o que é muito sério.

[3] BMJ 327 (1983), 175.

7. **Efetivação**. Salvo pacto contrário, as efetivações por diversos sócios devem ser simultâneas e representar frações iguais do montante respetivo (203.º/2): uma demonstração supletiva do igual tratamento. 10

8. **Mora**. O prazo da efetivação de entradas torna estas exigíveis em sentido meramente fraco: exige-se, ainda, uma interpelação com prazo suplementar de 30 a 60 dias (203.º/5). Essa interpelação é realizada pela sociedade, constituindo um dever específico dos gerentes. 11

III – **Âmbito e sanções**

9. **O aumento de capital** segue, quando haja diferimento na realização, as regras ora expostas (203.º/1, 1.ª e 2.ª partes). 12

10. **Sanções**. A não-cobrança de entradas de capital é punida, nos termos do 509.º. Pode ainda justificar, verificados os demais pressupostos, a responsabilização civil dos gerentes (72.º e 78.º). 13

Artigo 204.º (Aviso ao sócio remisso e exclusão deste)

1. Se o sócio não efetuar, no prazo fixado na interpelação, a prestação a que está obrigado, deve a sociedade avisá-lo por carta registada de que, a partir do 30.º dia seguinte à receção da carta, fica sujeito a exclusão e a perda total ou parcial da quota.

2. Não sendo o pagamento efetuado no prazo referido no número anterior e deliberando a sociedade excluir o sócio, deve comunicar-lhe, por carta registada, a sua exclusão, com a consequente perda a favor da sociedade da respetiva quota e pagamentos já realizados, salvo se os sócios, por sua iniciativa ou a pedido do sócio remisso, deliberarem limitar a perda à parte da quota correspondente à prestação não efetuada; neste caso, deverão ser indicados na declaração dirigida ao sócio os valores nominais da parte perdida por este e da parte por ele conservada.

3. (*Revogado.*)

4. Se, nos termos do n.º 2 deste artigo, tiver sido declarada perdida pelo sócio remisso apenas uma parte da quota, é aplicável à venda dessa parte, à responsabilidade do sócio e à dos anteriores titulares da mesma quota, bem como ao destino das quantias obtidas, o disposto nos artigos seguintes.

Bibliografia: António Menezes Cordeiro 2 (2007), 274-278; Luís Menezes Leitão, *Pressupostos da exclusão de sócio nas sociedades comerciais* (1989), 78-88; Hélder Quintas (2010), 75-80; Raúl Ventura, *Sociedades por quotas* 1, 2.ª ed. (1989), 149-161.

Índice

1. A Lei de 11-abr.-1901 1
2. Preparatórios 2
3. Reforma de 2011 3
4. Comunicações ao sócio remisso 4
5. Consequências 7

1. **A Lei de 11-abr.-1901** era bastante radical. Vamos reter o seu 12.º[1]: 1

[1] COLP 1901, 98/I.

O socio remisso será avisado por carta registada para em prazo, que não poderá ser inferior a um mês, effectuar a prestação em divida.

§ 1.º Se a não effectuar poderá ser excluído, perdendo, neste caso, em proveito da sociedade, a quota e os pagamentos parciaes já realizados, o que tudo se communicará por carta registada.

(...)

2 2. **Preparatórios**. Os diversos anteprojetos fixavam regras mais simples, quanto ao sócio remisso[2]. O projeto (225.º/2)[3] e, com ele, a versão final optaram por descer ao pormenor.

3 3. **Reforma de 2011.** O DL 33/2011, de 7-mar., veio adotar medidas de simplificação dos processos de constituição de sociedades por quotas e de sociedades unipessoais por quotas, determinando a revogação do n.º 3 do 204.º (*vide* a norma revogatória do artigo 6.º do citado diploma). A norma revogada previa, desde 1998 (DL 343/98, de 6-nov.[4]) um limite mínimo para a divisão de quotas (50 Euros) que, naturalmente, deixa de fazer sentido perante as novas regras sobre capital social das SPQ e o valor hoje previsto no 219.º/3.

4 4. **Comunicações ao sócio remisso**: são três: (a) a interpelação para que cumpra, no prazo de 30 a 60 dias (203.º/3); (b) a fixação de um prazo admonitório de 30 dias, com prevenção de que fica sujeito à exclusão e à perda total ou parcial da quota (204.º/1); (c) a comunicação da exclusão, depois de deliberada[5] (204.º/2).

5 Recomenda-se a observância deste procedimento minucioso, mau grado o exagero: as normas dos 203.º e 204.º são imperativas[6].

6 Se a sociedade não comunicar ao sócio a fixação do prazo admonitório de 30 dias ou não comunicar o efeito cominatório, o sócio remisso conserva a possibilidade de cumprir, realizando a entrada. Mesmo decorrido o prazo de 30 dias sem que tenha ainda sido deliberada a exclusão, o sócio pode oferecer o cumprimento, realizando a entrada em falta.

7 5. **Consequências**: (a) exclusão, com perda total da quota; (b) perda parcial, altura em que o remisso permanecerá sócio, com uma quota menor; esta última hipótese depende de deliberação dos sócios, por iniciativa destes ou do remisso (204.º/2); (c) execução da dívida. A primeira consequência, perda total da quota, pode operar em qualquer caso de falta de cumprimento da obrigação de entrada, ainda que parte do seu valor já tenha sido satisfeito.

8 O valor da parte perdida deve ser comunicada ao remisso (204.º/2, *in fine*).

9 A execução da dívida, nos termos gerais, é sempre possível[7]: a perda e a exclusão, que envolvem despesas para a sociedade, não são a única saída, perante o sócio remisso.

10 A quota perdida tem o destino fixado no 205.º. Esse destino é aplicável à parte perdida, quando a perda seja parcial – *vide* 206.º.

Artigo 205.º (Venda da quota do sócio excluído)

1. A sociedade pode fazer vender em hasta pública a quota perdida a seu favor, se os sócios não deliberarem que ela seja vendida a terceiros por modo diverso, mas, neste caso, se o preço ajustado for inferior à soma do montante em dívida com a

[2] Textos em Raúl Ventura, *Sociedades por quotas* 1, 150.
[3] BMJ 327 (1983), 176.
[4] DR I Série-A, n.º 257, de 6-nov.-1998, 5941/II.
[5] A anulação da deliberação de exclusão deve ser intentada 30 dias após a própria deliberação e não após a comunicação: RLx 8-mai.-1997 (Francisco Magueijo), Proc. 0012562.
[6] STJ 16-mai.-1995 (Pereira Cardigos), Proc. 086581.
[7] Raúl Ventura, *Sociedades por quotas* 1, 153 e António Menezes Cordeiro 2 (2007), 276.

prestação já efetuada por conta da quota, a venda só pode realizar-se com o consentimento do sócio excluído.

2. Os sócios podem ainda deliberar:

a) Que a quota perdida a favor da sociedade seja dividida proporcionalmente às dos restantes sócios, vendendo-se a cada um deles a parte que assim lhe competir, sem prejuízo do disposto no n.º 3 do artigo 219.º;

b) Que a mesma quota seja vendida indivisa, ou após divisão não proporcional às restantes quotas, a todos, a alguns ou a um dos sócios; esta deliberação deverá obedecer ao disposto no artigo 265.º, n.º 1, e aos demais requisitos que o contrato de sociedade porventura fixar. Qualquer sócio pode, todavia, exigir que lhe seja atribuída uma parte proporcional à sua quota.

3. Nos casos previstos no número anterior, a sociedade deve comunicar por carta registada ao sócio excluído o preço por que os outros sócios pretendem adquirir a quota. Se o preço total oferecido for inferior à soma do montante em dívida com o já prestado, pode o sócio excluído declarar à sociedade no prazo de 30 dias que se opõe à execução da deliberação, desde que aquele preço não alcance o valor real da quota, calculado nos termos do artigo 1021.º do Código Civil, com referência ao momento em que a deliberação foi tomada.

4. Na hipótese prevista na segunda parte do número anterior, a deliberação não pode ser executada antes de decorrido o prazo fixado para a oposição do sócio excluído e, se esta for deduzida, antes de transitada em julgado a decisão que, a requerimento de qualquer sócio, declare tal oposição ineficaz.

Bibliografia: António Menezes Cordeiro 2 (2007), 276-277; Hélder Quintas (2010), 80-85; Raúl Ventura, *Sociedades por quotas* 1, 2.ª ed. (1989), 163-174.

Índice

I – **Origem e preparatórios**
1. A Lei de 11-abr.-1901 1
2. Preparatórios 2
3. Reforma de 2011 4

II – **Regime**
4. A referência à "venda em hasta pública" 5
5. Alternativas 6

I – Origem e preparatórios

1. **A Lei de 11-abr.-1901**, no 12.º, § 1.º, limitava-se a prescrever a exclusão do sócio remisso, o qual perderia, em proveito da sociedade, a quota e os pagamentos parciais já realizados[1]. A preparação do CSC traduziu, assim, uma filosofia garantística, em relação ao sócio remisso. 1

2. **Preparatórios**. O destino da quota perdida pelo sócio remisso obteve, no anteprojeto de Ferrer Correia, no de Vaz Serra e no de Raúl Ventura[2], extensas propostas regulativas. Justifica-se, uma vez que está em causa um bem de terceiros, do qual se dispõe sem a vontade deste. 2

No projeto, o texto surge com a sua configuração final (226.º)[3]. 3

3. **Reforma de 2011.** O DL 33/2011, de 7-mar., veio adotar medidas de simplificação dos processos de constituição de sociedades por quotas e de sociedades unipessoais por quotas, 4

[1] COLP 1901, 98/I.

[2] Textos em Raúl Ventura, *Sociedades por quotas* 1, 164-166.

[3] BMJ 327 (1983), 176-177.

determinando a alteração do 205.º/2, *a*), de modo a adaptá-lo à modificação introduzida no 219.º/3. A redação anterior do 205.º/2, *a*) dispunha o seguinte:

> 2. Os sócios podem ainda deliberar:
>
> *a*) Que a quota perdida a favor da sociedade seja dividida proporcionalmente às dos restantes sócios, vendendo-se a cada um deles a parte que assim lhe competir; é aplicável neste caso o n.º 3 do artigo 204.º.

II – Regime

5 4. **A referência à "venda em hasta pública"** mantém-se, no 205.º/1, 1.ª parte, como a solução de base para a quota do sócio excluído: ela funcionaria sempre que, nas condições previstas, os sócios não deliberassem saída diversa. Mas a "hasta pública" foi suprimida, do CPC, pelo DL 329-A/95, de 12-dez.[4], solução mantida pela L 41/2013, de 26-jun.. Haverá que recorrer às vias previstas no atual 811/1.º do CPC, com relevo para a proposta em carta fechada, designadamente quando a SPQ considerada seja titular de imóveis (*vide* 816.º ss. CPC).

6 5. **Alternativas**, todas por deliberação dos sócios: (a) venda a terceiros por outro modo, mas com o consentimento do excluído, quando o preço seja inferior ao valor em dívida (incluindo juros e despesas) (205.º/1, 2.ª parte); (b) a divisão da quota proporcionalmente à dos outros, vendendo-se a cada um a parte que lhe couber – 205.º/2, *a*); (c) venda indivisa ou divisão não proporcional, uma e outra a favor de algum ou alguns dos sócios – 205.º/2, *b*). Nesta última hipótese, há que seguir a via do 265.º/1 (maioria necessária para a alteração do contrato – 205.º/2, *b*), *in fine*.

7 Na venda a terceiros, a sociedade deve, dentro do que for razoável, procurar obter um valor suficiente para satisfazer a dívida (incluindo juros e despesas).

8 Quando a quota do sócio remisso passe para algum ou alguns dos restantes sócios (205.º/3): o preço previsto deve ser comunicado ao sócio excluído, por carta registada, podendo este, em 30 dias, opor-se quando não alcance a soma da dívida com o valor já pago e desde que não cubra o valor real da quota, calculado segundo o 1021.º do CC.

9 A deliberação não pode ser executada antes de decorrido o prazo para a oposição ou antes do trânsito em julgado da decisão que a declare ineficaz (205.º/4).

Artigo 206.º (Responsabilidade do sócio e dos anteriores titulares da quota)

1. O sócio excluído e os anteriores titulares da quota são solidariamente responsáveis, perante a sociedade, pela diferença entre o produto da venda e a parte da entrada em dívida. Contra o crédito da sociedade não é permitida compensação.

2. O titular anterior que pagar à sociedade ou a um sócio sub-rogado nos termos do artigo seguinte tem o direito de haver do sócio excluído e de qualquer dos antecessores deste o reembolso da importância paga, depois de deduzida a parte que lhe competir. A obrigação de que trata este número é conjunta.

[4] A venda em hasta pública vinha enunciada no 883.º/1 CPC, versão original, sendo regulada nos 889.º a 905.º. Muito criticada, pela autêntica indústria de conluios que propiciou, em todo o País, ela foi suprimida pela reforma de 1995, "por razões que obviamente se prendem com a indispensável moralização e transparência da ação executiva", como se lê no preâmbulo do DL 329-A/95, de 12-dez..

Bibliografia: António Menezes Cordeiro 2 (2007), 277; Hélder Quintas (2010), 85-87; Raúl Ventura, *Sociedades por quotas* 1, 2.ª ed. (1989), 175-184.

Índice

1. Lei de 11-abr.-1901 1
2. Preparatórios 2
3. Orientação geral 3
4. Regime 4

1. **Lei de 11-abr.-1901**: regulava a presente matéria, nos seus 13.º e 14.º[1]. Previa-se, como último recurso, a venda da quota "por via de corretor". 1

2. **Preparatórios**. A matéria foi desenvolvida em vários anteprojetos[2], tendo conhecido uma simplificação no projeto[3], próximo da versão final. 2

3. **Orientação geral**. O CSC, na base do projeto alemão de 1973, abandonou o regime da LSQ: os seus 13.º e 14.º fixavam a responsabilidade dos anteriores titulares da quota antes da venda e 3
depois da exclusão[4]; o Código trata o tema após a conclusão do processo.

4. **Regime**. A responsabilidade do ex-sócio e dos anteriores titulares da quota é solidária, perante a sociedade (sem possibilidade de compensação), pela diferença do produto da venda e a parte 4
da entrada em dívida (206.º/1). A responsabilização em causa está sujeita ao prazo prescricional previsto no 174.º/1, *a*) e depende de uma condição prévia: insuficiência do produto da venda para satisfazer o valor da entrada. Se a venda não for realizada, ou não o for validamente, haverá que apurar outras responsabilidades, nomeadamente dos gerentes.

O titular anterior que pagar à sociedade (ou a um sócio sub-rogado, nos termos do 207.º) 5
tem o direito de haver do excluído e de qualquer dos seus antecessores, em conjunção[5], o reembolso da quantia paga, depois de deduzida a parte que lhe competir (206.º/2).

Artigo 207.º (Responsabilidade dos outros sócios)

1. Excluído um sócio, ou declarada perdida a favor da sociedade parte da sua quota, são os outros sócios obrigados solidariamente a pagar a parte da entrada que estiver em dívida, quer a quota tenha sido ou não já vendida nos termos dos artigos anteriores; nas relações internas esses sócios respondem proporcionalmente às suas quotas.

2. No caso de aumento do capital, os antigos sócios são obrigados, nos termos do número anterior, a pagar as prestações em dívida respeitantes às novas quotas e os novos sócios a pagar as prestações em dívida relativas às quotas antigas, mas o antigo sócio que tiver liberado a sua quota pode desobrigar-se, pondo-a à disposição da sociedade, nos 30 dias seguintes à interpelação para o pagamento. Este direito não pode ser excluído nem limitado no contrato de sociedade.

3. O sócio que tiver efetuado algum pagamento nos termos deste artigo pode sub-rogar-se no direito que assiste à sociedade contra o excluído e seus antecessores, segundo o disposto no artigo 206.º, a fim de obter o reembolso da quantia paga.

[1] COLP 1901, 98.
[2] Raúl Ventura, *Sociedades por quotas* 1, 175-177.
[3] BMJ 327 (1983), 177-179.
[4] *Idem*, 180 ss., quanto às soluções em presença.
[5] *Idem*: a repartição faz-se por divisão simples pelo número total de titulares que a quota teve.

4. Se a sociedade não fizer qualquer das declarações a que alude o n.º 2 do artigo 204.º e, por via de execução contra o sócio remisso, não for possível obter o montante em dívida, vale, quanto aos sócios, o disposto na parte aplicável do n.º 1 do presente artigo.

5. Para determinar os outros sócios responsáveis atender-se-á ao tempo da deliberação prevista no n.º 1 e à data da proposição da ação executiva prevista no n.º 4.

Bibliografia: Hélder Quintas (2010), 88-92; Raúl Ventura, *Sociedades por quotas* 1, 2.ª ed. (1989), 185-196.

Índice

1. Lei de 11-abr.-1901 ... 1
2. Preparatórios ... 2
3. A solidariedade ... 3
4. Aumento de capital ... 8

1 1. **Lei de 11-abr.-1901**. Dispunha, no seu 15.º[1]:

> Não podendo cobrar de um sócio ou de seus antecessores, nem por meio de venda, toda a importância em dívida, deverão os outros socios entrar com a parte que faltar.

2 2. **Preparatórios**. A matéria teve um tratamento autónomo no anteprojeto de Ferrer Correia[2]. No projeto final (228.º), tinha uma versão próxima da atual[3].

3 3. **A solidariedade** na realização das quotas atinge todos os sócios e é um dado estrutural das SPQ (197.º/1). O presente preceito regula esse aspeto. Ela ocorre depois de excluído um sócio ou de declarada perdida, a favor da sociedade, parte da sua quota (207.º/1, 1.ª parte) e diz respeito ao valor da entrada não realizada, acrescido de juros.

4 A norma refere, ainda, que a solidariedade opera com independência em relação à venda da quota, solução que reforça o cumprimento da obrigação de entrada. Contudo, como se referiu, na venda a terceiros, dentro do que for razoável, a sociedade deve procurar obter um valor suficiente para satisfazer a dívida (incluindo juros e despesas).

5 Se o produto da venda da quota não for suficiente para pagar o valor em dívida (incluindo juros e despesas), mantém-se a responsabilidade aqui prevista. Se o referido produto for suficiente, têm lugar as imputações e os acertos previstos no 208.º.

6 A repartição interna desta responsabilidade opera em base proporcional às quotas (207.º/1, *in fine*). O sócio que tiver efetuado algum pagamento por via da solidariedade pode sub-rogar-se no direito que assiste à sociedade contra o excluído e os seus antecessores (206.º), para obter o reembolso (207.º/3).

7 A solidariedade opera igualmente quando a sociedade não tenha feito qualquer das declarações do 204.º/2 e, por via da execução, não seja possível obter a quantia devida pelo remisso (207.º/4). Nesta hipótese podem, porém, estar também em causa outras responsabilidades, nomeadamente dos gerentes.

8 4. **Aumento de capital**. Quando ocorra, a solidariedade opera nos termos do 207.º/2.

[1] COLP 1901, 98/II.

[2] Raúl Ventura, *Sociedades por quotas* 1, 186.

[3] BMJ 327 (1983), 178.

Artigo 208.º (Aplicação das quantias obtidas na venda da quota)

1. As quantias provenientes da venda da quota do sócio excluído, deduzidas as despesas correspondentes, pertencem à sociedade até ao limite da importância da entrada em dívida.

2. Pelas forças do excedente, se o houver, deve a sociedade restituir aos outros sócios as quantias por eles desembolsadas, na proporção dos pagamentos feitos; o restante será entregue ao sócio excluído até ao limite da parte da entrada por ele prestada. O remanescente pertence à sociedade.

Bibliografia: António Menezes Cordeiro 2 (2007), 277-278; Hélder Quintas (2010), 92-93; Raúl Ventura, *Sociedades por quotas* 1, 2.ª ed. (1989), 197-202.

Índice

1. Lei de 11-abr.-1901 1
2. Preparatórios 2
3. Regime 3

1. **Lei de 11-abr.-1901**: o seu 14.º, § 2.º[1], regulava o destino do produto da venda da quota. Não chegava, porém, a dispor sobre o *relictum*. 1

2. **Preparatórios**. Os anteprojetos[2], no tocante às quantias obtidas com a venda da quota do sócio remisso, ora beneficiavam este (Vaz Serra e Raúl Ventura) ora beneficiavam a sociedade (Ferrer Correia). O anteprojeto definitivo daria acolhimento a esta última opção[3], que transitaria para o CSC. 2

3. **Regime**. O destino das quantias obtidas com a venda da quota do sócio remisso explana-se em cinco pontos sucessivos e na medida em que haja remanescentes; elas: (a) suportam as despesas; (b) cabem à sociedade, até ao limite da entrada em dívida; (c) cabem aos outros sócios, no limite dos desembolsos que hajam suportado; (d) passam ao sócio remisso, no limite da parte por ele prestada; (e) pertencem à sociedade. 3

4 As dívidas que possam resultar para a sociedade, perante os outros sócios ou perante o sócio remisso são dívidas de valor. A restituição deve, por isso, ser feita por um valor objetivo, atualizando-se em virtude de possíveis flutuações monetárias.

5 No caso da dívida do sócio remisso, o respetivo valor está limitado à parte da entrada por si realizada, isto é, à percentagem que esta parte representava, no momento em que foi feita, na totalidade da entrada que era devida.

6 A solução prevista na parte final do preceito, de atribuição do remanescente à sociedade, contrasta com a opção seguida em relação às sociedades anónimas, em que o excesso é atribuído ao último titular das ações. O que é coerente e, de certo modo, o "reverso" da obrigação solidária de realização das quotas dos sócios de uma SPQ (197.º/1).

[1] COLP 1901, 98/II.
[3] Textos em Raúl Ventura, *Sociedades por quotas* 1, 197-198.
[3] BMJ 327 (1983), 178-179.

Secção II – Obrigações de prestações acessórias

Artigo 209.º (Obrigações de prestações acessórias)

1. O contrato de sociedade pode impor a todos ou a alguns sócios a obrigação de efetuarem prestações além das entradas, desde que fixe os elementos essenciais desta obrigação e especifique se as prestações devem ser efetuadas onerosa ou gratuitamente. Quando o conteúdo da obrigação corresponder ao de um contrato típico, aplica-se a regulamentação legal própria desse tipo de contrato.

2. Se as prestações estipuladas forem não pecuniárias, o direito da sociedade é intransmissível.

3. No caso de se convencionar a onerosidade, a contraprestação pode ser paga independentemente da existência de lucros de exercício.

4. Salvo disposição contratual em contrário, a falta de cumprimento das obrigações acessórias não afeta a situação do sócio como tal.

5. As obrigações acessórias extinguem-se com a dissolução da sociedade.

Bibliografia: Jorge Coutinho de Abreu 2 (2019), 309-313; Sérgio Brigas Afonso, *Regime societário e fiscal dos créditos por prestações suplementares e prestações acessórias, in Revista de Finanças Públicas e Direito Fiscal* 10 (2017) 2, 95-128; António Pereira de Almeida (2013), 394; António Menezes Cordeiro 2 (2007), 285-288; Miguel Pupo Correia (2018), 229-230; Paulo Olavo Cunha (2019), 322-327; Rui Pinto Duarte, *Suprimentos, prestações acessórias e prestações suplementares*, em AAVV (2002), 257-280; *id.*, *Prestações suplementares e prestações acessórias (uma reincidência)*, AAVV, *Nos 20 anos do CSC* 1 (2007), 693-706, *id.*, *Contribuições dos sócios para além do capital social: prestações acessórias, prestações complementares e suprimentos* (2008), 225-259; Rogério Fernandes Ferreira/José Vieira dos Reis, *Prestações acessórias e partes de capital, in Revista de Finanças Públicas e Direito Fiscal* 4 (2010) 3, 11-36; Jorge Pinto Furtado, *Curso de direito das sociedades* (2004), 226-227; João Menezes Leitão, *As obrigações de prestações acessórias nas sociedades por quotas* (1989); Ana Perestrelo de Oliveira, *Manual de* corporate finance (2015), 66-70; João Aveiro Pereira, *O contrato de suprimento*, 2.ª ed. (2001), 109-114; Alexandre Mota Pinto, em *Código em comentário* 3 (2016), 265-275; *id.*, *Cessão de créditos de suprimentos, prestações acessórias pecuniárias e prestações suplementares*, em *E Depois do Código das Sociedades em Comentário* (2016), 287-304; Manuel António Pita, *As prestações acessórias – Direito das sociedades e Direito da contabilidade*, in *I Congresso Direito das Sociedades em revista* (2011), 95-111; Hélder Quintas (2010), 94-104; Ana Pinto Rocha, *Da perda grave do capital social nas sociedades de capitais/O papel das prestações acessórias e suplementares* (2009), 161-178; Helena Salazar/Margarida Azevedo/Nuno Alonso Paixão, *Prestações acessórias, prestações suplementares e suprimentos*, RCEJ 28 (2017), 73-95; Helmut Schwaiger, *Beck'sches Handbuch der GmbH* (2009), 385-391; Pedro Pais de Vasconcelos, *A participação social nas sociedades comerciais* (2006), 278-282; Catarina Serra, *Direito comercial – Noções introdutórias*, (2009), pp. 66-67; Raúl Ventura, *Obrigações acessórias dos sócios nas sociedades por quotas*, CJ VI (1981) 2, 5-16; *id.*, *Sociedades por quotas* 1, 2.ª ed. (1989), 203-231; Hartmut Wicke, § 3, *Münchener Kommentar* (2010), Nm. 65 e segs..

Índice

I – **Origem e evolução**
1. A Lei alemã de 1892 ... 1
2. Trabalhos preparatórios ... 3
3. Alteração ... 5

II – **Construção geral**
4. Finalidade ... 6
5. Figuras afins ... 7

III – **Regime**
6. Elementos essenciais ... 8
7. Autonomia privada ... 12
8. Outros traços ... 13

IV – **Natureza**
9. Supletividade ... 15
10. Qualificação ... 16

I – Origem e evolução

1. **A Lei alemã de 1892**, no seu § 3.º/2[1], dispunha: 1

> Caso o empreendimento esteja limitado a um certo lapso de tempo ou caso os sócios, além das obrigações de entrada, ainda estejam adstritos a outras vinculações para com a sociedade, também essas determinações devem ser escolhidas no contrato de sociedade.

Com base na 2.ª parte do preceito, a doutrina assentou os deveres de prestação acessórios. 2
O projeto de 1973, depois abandonado, desenvolveu a matéria, no seu § 41, que seria determinante para os diversos anteprojetos do CSC.

2. **Trabalhos preparatórios.** A LSQ de 11-abr.-1901 não acolheu o preceito alemão: limitou- 3
-se, no 2.º, § único, a remeter para o 114.º do CCom. Todavia, os anteprojetos de Ferrer Correia, de Vaz Serra e de Raúl Ventura[2], por inspiração alemã e pelas vantagens que a figura pode traduzir, consagraram as "obrigações" ou "prestações acessórias".

O projeto final acolheu a matéria: 230.º (obrigações de prestações acessórias) e 231.º a 4
234.º (prestações suplementares)[3].

3. **Alteração.** A versão original de 1986 dispunha, no 209.º/2, "proporções" por "prestações"[4]. 5
O lapso foi retificado pelo 4.º, 33), do DL 280/87, de 8-jul.[5].

II – Construção geral

4. **Finalidade.** As obrigações de prestações acessórias visam reforçar os capitais disponíveis da 6
sociedade. Podem funcionar como alternativa ao comum recurso ao crédito bancário. Estão genericamente abrangidas pelo 197.º/2.

5. **Figuras afins.** Elas distinguem-se: (a) das obrigações de entrada, típicas do *status* de sócio e 7
que não são reembolsáveis (202.º a 208.º); (b) das prestações suplementares, permitidas pelos estatutos e deliberadas pelos sócios (210.º a 213.º); (c) dos suprimentos, equivalentes a um mútuo especial, celebrado entre a sociedade e algum ou alguns dos sócios (243.º a 245.º). Todas estas figuras integram (ou podem integrar) a constituição financeira das SPQ.

III – Regime

6. **Elementos essenciais.** A previsão no contrato de sociedade é uma exigência formal essen- 8
cial, conforme decorre do 209.º/1, articulado com o 7.º e 9.º, diferenciando-se das situações de negócios exteriores à sociedade, como é o caso de acordos parassociais[6]. Nada obsta a que as prestações acessórias sejam previstas por via da alteração ao contrato de sociedade. Todavia, nesta hipótese, a respetiva prestação apenas será exigível aos sócios abrangidos pela obrigação que nela consintam, nos termos do 86.º.

O 209.º determina que o contrato de sociedade deve fixar os elementos essenciais das 9
prestações acessórias, pelo que deverão ficar previstos *a priori* (i) os respetivos sujeitos passivos, (ii) o objeto da obrigação, que deverá obedecer ao mandamento da determinabilidade; nada obsta a que seja aposto termo ou condição à obrigação de prestações acessórias e (iii) a duração da obrigação. No silêncio do contrato de sociedade, este requisito é suprido pelo 209.º/5: as prestações acessórias extinguem-se com a dissolução da sociedade.

[1] COLP 1901, 98/II.
[2] Quanto aos textos respetivos: Raúl Ventura, *Sociedades por quotas* 1, 204-205.
[3] BMJ 327 (1983), 179-181.
[4] DR I Série, n.º 201, de 2-set.-1986, 2330/II.
[5] DR I Série, n.º 154, de 8-jul.-1987, 2667/I.
[6] Neste sentido, STJ 13-out.-2009 (Moreira Alves), Proc. 6041/04.

10 Diversamente do 204.º, o CSC é omisso quanto à possibilidade de exclusão do sócio, na eventualidade de não serem realizadas prestações acessórias. Atento o teor do 209.º/4, na eventualidade de o contrato prever a exclusão em caso de não realização de prestações acessórias, o incumprimento desta obrigação pode determinar a respetiva exclusão.

11 Em caso de insolvência, o 82.º/4 do CIRE determina que o administrador de insolvência tem legitimidade exclusiva para exigir aos sócios, logo que considere conveniente, as prestações acessórias em dívida, independentemente dos prazos de vencimento que hajam sido estipulados.

12 7. **Autonomia privada**. As prestações acessórias são livremente pactuadas. Podem: (a) vincular todos os sócios ou apenas alguns, diferenciada ou paralelamente; (b) implicar prestações pecuniárias, de *dare* ou de *facere*; (c) exigir atuações instantâneas ou duradouras, únicas ou fracionadas, periódicas ou irregulares, certas ou eventuais, determinadas ou indeterminadas[7]; (d) traduzir o conteúdo de um contrato típico, seguindo o respetivo regime. Na hipótese de as prestações acessórias terem por objeto a prestação de um serviço, os sócios ficam obrigados a uma prestação materialmente análoga a uma contribuição de indústria, que é formalmente vedada pelo 201.º/1.

13 8. **Outros traços**. Quando não-pecuniárias, são intransmissíveis (209.º/2); quando onerosas, a contraprestação pode ser paga independentemente de lucros de exercício (209.º/3); o seu incumprimento não afeta a posição do sócio enquanto tal (209.º/4); extinguem-se com a dissolução da sociedade (209.º/5). A transmissão da participação social não implica, forçosamente, a transmissão das prestações acessórias.

14 A contabilização das prestações acessórias como capital próprio ou alheio depende da respetiva configuração[8]. De acordo com o SNC, apenas serão contabilizadas como capital próprio, na conta 53, prestações suplementares ou quaisquer outros instrumentos financeiros (ou as suas componentes) que não se enquadrem na definição de passivo financeiro. Assim, tem-se considerado que as prestações acessórias pecuniárias onerosas constituem passivo da sociedade, ao passo que as prestações acessórias pecuniárias gratuitas são consideradas capital próprio, atento o facto de a sociedade conservar o respetivo *quantum*[9].

IV – **Natureza**

15 9. **Supletividade**. Os diversos pontos do 209.º são, em geral, supletivos, embora isso só seja afirmado explicitamente no n.º 4 e, de modo implícito, no n.º 3.

16 10. **Qualificação**. As obrigações de prestações acessórias são cláusulas acidentais típicas do contrato de sociedade. As partes podem dar-lhe outras designações. Um "suprimento" obrigatório,

[7] REv 28-abr.-1988 (Araújo dos Anjos), CJ XIII (1988) 2, 274-277 (276), onde se admitiu, como acessória a obrigação de suportar os prejuízos a apurar.

[8] Ana Perestrelo de Oliveira, *Manual de* corporate finance (2015), 70. De acordo com a orientação da Comissão de Normalização Contabilística: "*Conforme definição contida na NCRF 27 – Instrumentos financeiros, são instrumentos de capital próprio quaisquer contratos que evidenciem um interesse residual nos activos de uma entidade após dedução de todos os seus passivos. (...) No tocante às prestações acessórias, o seu reconhecimento como capital próprio só ocorrerá se o contrato a que corresponda o conteúdo da obrigação cumprir a definição de instrumento de capital próprio.*".

[9] Manuel António Pita, *As prestações acessórias*, 111. Em termos próximos, Rui Pinto Duarte, *Prestações suplementares e prestações acessórias (uma reincidência)*, 696, sustentando que se as prestações acessórias não forem remuneradas e a respetiva retirada não for fácil, serão contabilizadas como capital próprio. Alexandre Mota Pinto, em *Código em comentário* 3 (2016), 275, entende que se nada for convencionado, as prestações acessórias serão simples créditos dos sócios ou suprimentos, o que deverá resultar da interpretação do contrato e/ou da deliberação. Segundo o mesmo autor, caso as prestações estejam vinculadas à conservação do capital social e não puderem ser reembolsadas depois de declarada a insolvência, as prestações acessórias constituirão capital próprio.

por exemplo, é uma prestação acessória[10], tal como o será a prestação acessória espontânea constituída por deliberação. Neste último caso, é de considerar que estamos perante prestações acessórias atípicas, as quais serão lícitas desde que apenas obriguem os sócios que as votarem favoravelmente[11].

Secção III – Prestações suplementares

Artigo 210.º (Obrigações de prestações suplementares)

1. Se o contrato de sociedade assim o permitir, podem os sócios deliberar que lhes sejam exigidas prestações suplementares.
2. As prestações suplementares têm sempre dinheiro por objeto.
3. O contrato de sociedade que permita prestações suplementares fixará:
***a*) O montante global das prestações suplementares;**
***b*) Os sócios que ficam obrigados a efetuar tais prestações;**
***c*) O critério de repartição das prestações suplementares entre os sócios a elas obrigados.**
4. A menção referida na alínea *a*) do número anterior é sempre essencial; faltando a menção referida na alínea *b*), todos os sócios são obrigados a efetuar prestações suplementares; faltando a menção referida na alínea *c*), a obrigação de cada sócio é proporcional à sua quota de capital.
5. As prestações suplementares não vencem juros.

Bibliografia: Jorge Coutinho de Abreu 2 (2019), 313-317; Sérgio Brigas Afonso, *Regime societário e fiscal dos créditos por prestações suplementares e prestações acessórias, in Revista de Finanças Públicas e Direito Fiscal* 10 (2017) 2, 95-128; António Pereira de Almeida (2013), 391-394; Maria Cristina Pimenta Coelho, *As prestações suplementares nas sociedades por quotas face ao novo CSC* (1987); António Menezes Cordeiro 2 (2007), 288-291; Miguel Pupo Correia (2018), 230; Paulo Olavo Cunha (2019), 318-322; Ana Paula Dourado, *Manifestações de fortuna, in Revista de Finanças Públicas e Direito Fiscal* 2 (2009) 4, 275-281; Rui Pinto Duarte, *Suprimentos, prestações acessórias e prestações suplementares*, em AAVV (2002), 257-280 (275 ss.); *id.*, *Prestações suplementares e prestações acessórias (uma reincidência …)*, em AAVV, *Nos 20 anos do CSC* 1 (2007), 693-706; *id.*, *Contribuições dos sócios para além do capital social* (2008), 225-259; Jorge Pinto Furtado, *Curso de direito das sociedades* (2004), 321-323; Ana Perestrelo de Oliveira, *Manual de* corporate finance (2015), 66-70; João Aveiro Pereira, *O contrato de suprimento*, 2.ª ed. (2001), 114-118; Sofia Gouveia Pereira, *As prestações suplementares no Direito societário português* (2004); *ead.*, *O reembolso das prestações suplementares. Algumas questões* (2010); Alexandre Mota Pinto, *Do contrato de suprimento/O financiamento da sociedade entre capital próprio e capital alheio* (2002), 39-40; *id.*, *As prestações suplementares*, in *I Congresso Direito das Sociedades em revista* (2011), 113-127; *id.*, em *Código em comentário* 3 (2016), 276-282; Hélder Quintas (2010), 105-111; Ana Pinto Rocha, *Da perda grave do capital social nas sociedades de capitais/O papel das prestações acessórias e suplementares* (2009), 178-192; Helena Salazar/Margarida Azevedo/Nuno Alonso Paixão, *Prestações acessórias, prestações suplementares e suprimentos*, RCEJ 28 (2017), 73-95; Carsten Schütz, §§ 26 a 28, *Münchener Kommentar* (2010); Helmut Schwaiger, *Beck'sches Handbuch der GmbH* (2009), 379-385; Catarina Serra, *Direito comercial – Noções introdutórias*, (2009), pp. 67-68; Manuel Anselmo Torres, *Prestações suplementares – seu regime comercial, contabilístico e tributário*, in AAVV, *Estudos em memória do Prof. Doutor J. L. Saldanha Sanches* IV (2011), 899-918; Pedro Pais de Vasconcelos, *A participação social nas sociedades comerciais* (2006), 275-278, Raúl Ventura, *Sociedades por quotas* 1, 2.ª ed. (1989), 233-245.

[10] Neste sentido, RLx 23-mar.-2006 (Gil Roque), Proc. 1779/2006, onde se admitiu que as prestações acessórias podem consistir na obrigação de mutuar certa importância a título gratuito ou oneroso (suprimentos).

[11] Alexandre Mota Pinto, em *Código em comentário* 3 (2016), 272.

Índice

I – Origem e preparatórios
1. A Lei de 11-abr.-1901 1
2. Trabalhos preparatórios 2

II – Perfil e regime
3. Perfil 3
4. Regime 4
5. Prestações suplementares em SA? 8

I – Origem e preparatórios

1 1. **A Lei de 11-abr.-1901** regulava, nos 17.°, 18.° e 19.°[1], as prestações suplementares, retomando os §§ 26 a 28 da Lei alemã de 1892. Todavia, tinham escassa projeção prática, ao ponto de Raúl Ventura ter chegado a preconizar a sua não-consagração no então futuro CSC.

2 2. **Trabalhos preparatórios**. Todavia, o facto de o abandonado projeto alemão de 1973 manter essa figura (§§ 42 a 44) deu, aos nossos projetistas, alento para a manutenção da figura. Assim, elas surgem nos projetos de Ferrer Correia e de Vaz Serra[2].

II – Perfil e regime

3 3. **Perfil**. As prestações suplementares são permitidas pelo contrato e constituídas por deliberação dos sócios (210.°/1). Têm, ainda, sempre natureza pecuniária (210.°/2). Assim se distinguem das prestações acessórias, que derivam diretamente do contrato e podem ter os mais diversos conteúdos e dos suprimentos, que são contratos inteiramente livres[3]. Têm por finalidade permitir o financiamento da sociedade com capitais próprios[4]. As prestações suplementares justificam-se igualmente pelo facto de nem sempre haver possibilidade de prever qual o capital necessário para o desenvolvimento dos negócios sociais. Desempenham uma função equivalente ao aumento de capital social, com a particularidade de dispensarem o cumprimento de formalidades legais e despesas inerentes[5]. Podem igualmente ter por finalidade a cobertura de perdas de capital.

4 4. **Regime**. O contrato que admita prestações suplementares deve ainda fixar (210.°/3 e 4): (a) o seu montante global, necessariamente[6], sob pena de nulidade[7]; (b) os sócios que fiquem obrigados, sem o que todos o serão; (c) o critério de repartição entre os sócios, sem o que a obrigação de cada um será proporcional à quota que detenha. Atento o teor do 210.°/ 3, alíneas b) e c), nada obsta a que seja previsto um critério de repartição distinto da proporção das quotas detidas pelos sócios. Caso não seja previsto um critério de repartição nos estatutos da sociedade, o 210.°/4 determina que a obrigação de cada sócio é proporcional à respetiva quota de capital.

5 Caso a obrigação de prestações suplementares não esteja inicialmente prevista e resulte de uma alteração ao contrato de sociedade, a respetiva prestação apenas será exigível aos sócios abrangidos pela obrigação de prestações suplementares que nela consintam, nos termos do 86.°. Não estando prevista no contrato de sociedade a fixação futura de prestações suplementares de capital e não tendo havido qualquer deliberação a obrigar os sócios a efetivarem tais prestações, as quantias em questão constituem empréstimos dos sócios à sociedade, corporizando então um contrato de suprimento[8].

[1] COLP 1901, 98-99.
[2] *Vide* os textos em Raúl Ventura, *Sociedades por quotas* 1, 234-235.
[3] STJ 9-jan.-1992 (Cabral de Andrade), BMJ 413 (1992), 561-567 (565).
[4] RC 7-mar.-2017 (Vítor Amaral): "(...) constituem atribuições em dinheiro determinantes de um implemento do património social, incrementando o capital (o chamado "capital flutuante", embora diferenciado do capital social fixo, restituível quando desnecessário, sem vencimento de juros)".
[5] STJ 26-out. 2010 (Paulo Sá), Proc. 357/1999)
[6] Assim, não pode o seu montante ser indexado a eventuais perdas: REv 15-out.-1987 (Sampaio da Silva), CJ XII (1987) 4, 290-292 (281/II) e STJ 13-abr.-1994 (Faria de Sousa), CJ/Supremo II (1994) 2, 27-32 (28/I).
[7] STJ 13-abr.-1994 (Faria de Sousa), CJ/Supremo II (1994) 2, 27-32 (28/I).
[8] STJ 26-out.-2010 (Paulo Sá), Proc. 357/1999.

As prestações suplementares não vencem juros (210.º/5). Elas operam como um suplemento patrimonial da sociedade. 6

As prestações suplementares constituem capital próprio da sociedade, atento o facto de não poderem ser restituídas na eventualidade de o património líquido da sociedade se tornar inferior à soma do capital social e da reserva legal (213.º/1). Esta asserção é confirmada pelo SNC, que determina que as prestações suplementares constituem capital próprio e devem ser contabilizadas na conta 53[9]. 7

5. **Prestações suplementares em SA?** O CSC apenas regulou as prestações suplementares no seio das SPQ, o que levou alguma doutrina a considerar que estamos perante uma figura privativa das SPQ[10], ao passo que outro sector doutrinal admite a aplicabilidade da figura a outros tipos de sociedades comerciais, mormente sociedades anónimas[11]. Num plano intermédio, é sustentada a aplicação do regime das prestações suplementares a sociedades anónimas, em virtude de todas as participações sociais serem nominativas, desde que a eventual obrigatoriedade de realizar prestações suplementares tenha sido contratualmente consagrada.[12]. 8

Apesar da ausência de previsão legal, deve considerar-se que rege o princípio da liberdade contratual e, como tal, as prestações suplementares em SA serão consideradas admissíveis, por aplicação analógica do regime do 210.º e seguintes. Assim, se o contrato de sociedade de uma SA previr a realização de prestações suplementares, as mesmas serão exigíveis, desde que respeitado o regime do 210.º e seguintes, nomeadamente que (i) seja deliberada a realização de prestações suplementares e (ii) as ações estejam liberadas. A remissão do 212.º deverá ser entendida como efetuada para o 285.º e o 286.º. 9

Na eventualidade de ser deliberada a realização de prestações suplementares espontâneas, estas apenas vincularão os sócios que votem favoravelmente, nos termos do 86.º. 10

Como nota final, refira-se ainda que a *praxis* é fértil em adotar deliberações ou cláusulas estatutárias de SA prevendo a realização de prestações acessórias subordinadas ao regime das prestações suplementares. Tal prática visa o reforço dos capitais próprios da sociedade, uma vez que tais deliberações e/ou disposições estatutárias visam a contabilização do *quantum* pecuniário a realizar pelos sócios como capital próprio, devendo figurar na conta 53 do SNC (prestações suplementares). 11

Artigo 211.º (Exigibilidade da obrigação)

1. A exigibilidade das prestações suplementares depende sempre de deliberação dos sócios que fixe o montante tornado exigível e o prazo de prestação, o qual não pode ser inferior a 30 dias a contar da comunicação aos sócios.

[9] Segundo orientação da Comissão de Normalização Contabilística: "*Conforme definição contida na NCRF 27 – Instrumentos financeiros, são instrumentos de capital próprio quaisquer contratos que evidenciem um interesse residual nos activos de uma entidade após dedução de todos os seus passivos. Assim, as prestações suplementares serão reconhecidas como capital próprio desde que não prefigurem uma obrigação presente da entidade quanto à sua restituição. (...).*" Nesta ordem de ideias, cfr. o Ac. STA 16-set.-2020 (Joaquim Condesso) e o Ac. TCA Sul 4-jun.-2020 (Tânia Meireles da Cunha), embora reportando-se ao POC.

[10] Jorge Coutinho de Abreu 2 (2019), 316; António Menezes Cordeiro 2 (2007), 583; Jorge Pinto Furtado, *Curso de direito das sociedades* (2004), 322, Sofia Gouveia Pereira (2004), 191 e Alexandre Mota Pinto, em *Código em comentário* 3 (2016), 282. Criticando, *de iure condendo*, a limitação da previsão das prestações suplementares às sociedades por quotas, Rui Pinto Duarte, *Prestações suplementares e prestações acessórias (uma reincidência)*, 705-706.

[11] Pedro Pais de Vasconcelos, *A participação social nas sociedades comerciais*, (2006), 278 e Ana Perestrelo de Oliveira, *Manual de* corporate finance (2015), 69-70.

[12] Paulo Olavo Cunha (2019), 321. Em termos próximos, João Aveiro Pereira, *O contrato de suprimento*, 2.ª ed. (2001), 114, sustentando a aplicabilidade do requisito do 299.º/2, alínea c).

2. A deliberação referida no número anterior não pode ser tomada antes de interpelados todos os sócios para integral liberação das suas quotas de capital.

3. Não podem ser exigidas prestações suplementares depois de a sociedade ter sido dissolvida por qualquer causa.

Bibliografia: Alexandre Mota Pinto, em *Código em comentário* 3 (2016), 283-286; Hélder Quintas (2010), 112-114; Raúl Ventura, *Sociedades por quotas* 1, 2.ª ed. (1989), 247-253.

Índice

1. A deliberação .... 1 2. Condicionamentos 2

1 1. **A deliberação** social específica é sempre necessária para a exigibilidade das prestações suplementares, pois até esse momento apenas existe a possibilidade de imposição de prestações suplementares. Ela deve ainda fixar (211.º/1): (a) o montante tornado exigível; (b) o prazo da prestação, não inferior a 30 dias a contar da comunicação aos sócios.

2 2. **Condicionamentos**. A deliberação só é possível depois de interpelados todos os sócios para a integral liberação das suas quotas de capital (211.º/2). Entenda-se: caso tais interpelações sejam possíveis. Assim, caso tenha sido diferida a realização da obrigação de entrada, as prestações suplementares apenas poderão ser exigidas após o termo do prazo de diferimento.

3 Também não podem ser exigidas prestações suplementares depois da dissolução da sociedade (211.º/3): falta, então, um contrato (ainda) eficaz.

Artigo 212.º (Regime da obrigação de efetuar prestações suplementares)

1. É aplicável à obrigação de efetuar prestações suplementares o disposto nos artigos 204.º e 205.º.

2. Ao crédito da sociedade por prestações suplementares não pode opor-se compensação.

3. A sociedade não pode exonerar os sócios da obrigação de efetuar prestações suplementares, estejam ou não estas já exigidas.

4. O direito a exigir prestações suplementares é intransmissível e nele não podem sub-rogar-se os credores da sociedade.

Bibliografia: Alexandre Mota Pinto, em *Código em comentário* 3 (2016), 287-293; Hélder Quintas (2010), 114-117; Raúl Ventura, *Sociedades por quotas* 1, 2.ª ed. (1989), 247-253.

Índice

1. Sócio remisso .... 1 2. Efetividade 3

1 1. **Sócio remisso**. A deliberação de realizar prestações suplementares deve definir o prazo em que as mesmas serão efetuadas, contando-se este prazo a partir da comunicação aos sócios e não podendo ser inferior a 30 dias (211.º/1).

2 As prestações suplementares são consideradas próximas da obrigação de entrada. Assim, quando não sejam acatadas, aplicam-se (212.º/1) os 204.º (aviso ao sócio remisso e exclusão

deste) e 205.º (venda da quota do sócio excluído), devendo considerar-se que a exclusão do sócio apenas pode ocorrer em caso de incumprimento definitivo da obrigação de realizar prestações suplementares.

2. **Efetividade**. No juízo legal, as prestações suplementares devem efetivar-se, financiando, de facto, a sociedade. Assim: (a) não se extinguem por compensação (212.º/2); (b) não são exoneráveis, pela própria sociedade (212.º/3); (c) o direito de as exigir não é transmissível e, nele, não podem sub-rogar-se os credores da sociedade (212.º/4). 3

Artigo 213.º (Restituição das prestações suplementares)

1. As prestações suplementares só podem ser restituídas aos sócios desde que a situação líquida não fique inferior à soma do capital e da reserva legal e o respetivo sócio já tenha liberado a sua quota.

2. A restituição das prestações suplementares depende de deliberação dos sócios.

3. As prestações suplementares não podem ser restituídas depois de declarada a falência da sociedade.

4. A restituição das prestações suplementares deve respeitar a igualdade entre os sócios que as tenham efetuado, sem prejuízo do disposto no n.º 1 deste artigo.

5. Para o cálculo do montante da obrigação vigente de efetuar prestações suplementares não serão computadas as prestações restituídas.

Bibliografia: Alexandre Mota Pinto, em *Código em comentário* 3 (2016), 294-297; Hélder Quintas (2010), 118-122; Catarina Serra, *Lições de direito da insolvência* (2018), 184-185; Raúl Ventura, *Sociedades por quotas* 1, 2.ª ed. (1989), 263-273.

Índice

1. A deliberação social 1
2. Condições 2
3. Igualdade dos sócios 4
4. Insolvência 5
5. Cálculo da obrigação de efetuar prestações suplementares 6

1 1. **A deliberação social** é o meio adequado único para permitir a restituição das prestações suplementares (213.º/2). Ela deve respeitar a igualdade dos sócios que as tenham efetuado.

2 2. **Condições**. A restituição só é possível desde que: (a) o respetivo sócio já tenha liberado a sua quota (213.º/1, *in fine*); (b) a situação líquida da sociedade não fique inferior à soma do capital e da reserva legal; (c) não tenha sido declarada a insolvência da sociedade (213.º/3)[1].

3 A obrigação vigente de efetuar prestações suplementares mantém-se: em nova demonstração do princípio de efetividade do capital social, referido em anotação ao artigo anterior, não são computadas, no seu montante, as prestações restituídas.

4 3. **Igualdade dos sócios**. A restituição das prestações suplementares deve ter em conta a igualdade dos sócios. Todavia, nada obsta a que um ou mais sócios renunciem ao direito à restituição em benefício de outro(s) sócio(s)[1].

[1] Cfr. ainda RCb 07-03-2017 (Vítor Amaral), Proc. 698/09 relativo a hipótese de responsabilidade civil em insolvência posterior ao reembolso de prestações suplementares.

[1] Raúl Ventura, *Sociedades por quotas* 1, 271 e Alexandre Mota Pinto, em *Código em comentário* 3 (2016), 294-295.

5 4. **Insolvência**. O 213.º/3 determina que as prestações suplementares não podem ser restituídas depois de declarada a insolvência da sociedade. Neste quadro, os sócios não poderão concorrer com os credores sociais para obter a satisfação dos seus créditos em sede de insolvência, pelo que é forçoso concluir que as prestações suplementares respondem pelas dívidas da sociedade. Na eventualidade de as prestações suplementares terem sido restituídas dentro dos períodos de suspeição previstos no 121.º, alíneas *f)* e *g)* do CIRE, haverá lugar a resolução incondicional em benefício da massa insolvente[2].

6 5. **Cálculo da obrigação de efetuar prestações suplementares**. O número 5 determina que para o cálculo do montante da obrigação vigente de efetuar prestações suplementares não serão computadas as prestações restituídas. Segundo Raúl Ventura, esta norma visa limitar a obrigação de prestações suplementares, de modo que não possam ser exigidas aos sócios prestações suplementares enquanto estiver atingido o montante máximo estipulado no contrato[3].

Secção IV – Direito à informação

Artigo 214.º (Direito dos sócios à informação)

1. Os gerentes devem prestar a qualquer sócio que o requeira informação verdadeira, completa e elucidativa sobre a gestão da sociedade, e bem assim facultar-lhe na sede social a consulta da respetiva escrituração, livros e documentos. A informação será dada por escrito, se assim for solicitado.

2. O direito à informação pode ser regulamentado no contrato de sociedade, contanto que não seja impedido o seu exercício efetivo ou injustificadamente limitado o seu âmbito; designadamente, não pode ser excluído esse direito quando, para o seu exercício, for invocada suspeita de práticas suscetíveis de fazerem incorrer o seu autor em responsabilidade, nos termos da lei, ou quando a consulta tiver por fim julgar da exatidão dos documentos de prestação de contas ou habilitar o sócio a votar em assembleia geral já convocada.

3. Podem ser pedidas informações sobre atos já praticados ou sobre atos cuja prática seja esperada, quando estes sejam suscetíveis de fazerem incorrer o seu autor em responsabilidade, nos termos da lei.

4. A consulta da escrituração, livros ou documentos deve ser feita pessoalmente pelo sócio, que pode fazer-se assistir de um revisor oficial de contas ou de outro perito, bem como usar da faculdade reconhecida pelo artigo 576.º do Código Civil.

5. O sócio pode inspecionar os bens sociais nas condições referidas nos números anteriores.

6. O sócio que utilize as informações obtidas de modo a prejudicar injustamente a sociedade ou outros sócios é responsável, nos termos gerais, pelos prejuízos que lhes causar e fica sujeito a exclusão.

7. À prestação de informações em assembleia geral é aplicável o disposto no artigo 290.º.

[2] Catarina Serra, *Lições de direito da insolvência*, 184-185.

[3] Raúl Ventura, *Sociedades por quotas* 1, 271, assinalando que esta norma é supletiva.

8. O direito à informação conferido nesta secção compete também ao usufrutuário quando, por lei ou convenção, lhe caiba exercer o direito de voto.

Bibliografia: Jorge Coutinho de Abreu, *Curso de direito comercial*, II (2019), 244-257; Daniel de Andrade, *O direito à informação nas sociedades por quotas e nas sociedades anónimas. O inquérito judicial*, em *Os quinze anos de vigência do CSC* (2001), 101-122; José Engrácia Antunes, *O direito à informação nas sociedades de capitais*, em *Os quinze anos de vigência do CSC* (2001), 45-55; Sofia Ribeiro Branco, *O direito dos accionistas à informação* (2008); António Menezes Cordeiro 2 (2007), 301-310; *id.*, 1 (2020), 635-658; Paulo Olavo Cunha, *Direito das sociedades comerciais* (2019), 390-413; Diogo Drago, *O poder de informação dos sócios nas sociedades comerciais* (2009); João Labareda, *Direito à informação*, em *Problemas de Direito das sociedades* (2002), 119-151; Alexandre de Soveral Martins, *Artigo 214.º*, em *Código em comentário* III (2016), 298-308; Hélder Quintas, *Regime jurídico das sociedades por quotas anotado* (2010), 123-142; Ana Gabriela Ferreira Rocha, *O direito à informação do sócio gerente nas sociedades por quotas*, RDS 4 (2011), 1027-1071; Carlos Maria Pinheiro Torres, *O direito à informação nas sociedades comerciais* (1998); Pedro Pais de Vasconcelos, *A participação social* (2006), 203-216; Raúl Ventura, *Sociedades por quotas* 1 (1989), 275-306; Maria Rita Lobo Xavier, *Reflexões sobre a posição do cônjuge meeiro em sociedade por quotas* (1993).

Índice

I – **Origem**
1. Antecedentes 1
2. Preparatórios 2
3. Apreciação 3

II – **Construção dogmática**
4. Direitos abstrato e concreto 4
5. Informação divulgada pela sociedade 5
6. Função 6

III – **Regime geral**
7. Sujeitos 7
8. Conteúdo 8
9. Objeto 9
10. Forma 11
11. Qualidade 12

IV – **Delimitação**
12. No contrato de sociedade 13
13. Por via da boa-fé 14

V – **O abuso de informação**
14. Situações 15
15. Consequências 16

I – Origem

1. **Antecedentes**. Na LSQ de 1901, tal como na Lei alemã de 1892, a informação, nas sociedades por quotas, não tinha referências expressas. Havia que recorrer aos 118.º e 119.º do CCom. A intervenção crescente de gestores profissionais não-sócios levou à necessidade de maior explicitação. Na Alemanha, o projeto de 1973 desenvolveu o tema no seu § 85. O projeto foi abandonado: mas deu azo à novela de 1980 que, na Lei alemã de 1892, introduziu os §§ 51a e 51b, atinentes à informação e às sanções judiciais a ela ligadas. 1

2. **Preparatórios**. Neste pano de fundo, os anteprojetos de Ferrer Correia, Vaz Serra e Raúl Ventura[1] foram levados a dispensar latos desenvolvimentos ao direito à informação. No projeto final, a matéria foi um tanto simplificada (235.º)[2]: manteve, todavia, a complexidade de origem. 2

3. **Apreciação**. O 214.º acabou por surgir como uma amálgama de princípios gerais, de regras específicas e de precisões. A matéria, a articular com a parte geral, deveria ter sido simplificada e condensada. Muitas vezes, ela carece de compatibilização com a vida das sociedades. 3

[1] Os textos constam de Raúl Ventura (1989), 276-278.

[2] BMJ 327 (1983), 181-182.

II – Construção dogmática

4 4. **Direitos abstrato e concreto**. O direito abstrato à informação, previsto no 21.º/1, *c*) e, quanto às SQ, regulado nos 214.º a 216.º, é, tecnicamente, um direito potestativo de pedir informações, cujo exercício faz surgir, na esfera do sócio, um direito de crédito à informação pedida; perante ele, a sociedade, através do gerente, fica adstrita, em concreto, a uma prestação de *facere*: a de prestar a informação.

5 5. **Informação divulgada pela sociedade**. Em contraste com esse poder de pedir informações – que serve exclusivamente interesses dos sócios –, casos há em que a informação é prestada ou disponibilizada pela sociedade (seja de forma pública, como sucede com o registo e publicações, seja de forma reservada, assistindo apenas aos sócios) sem necessidade de prévia solicitação dos sócios – *v.g.*, a comunicação da perda de metade do capital (35.º), o dever de relatar a gestão e as contas sociais (65.º e 66.º), ou as informações que devem constar da convocatória para a assembleia geral (377.º/5 e 8, *ex vi* 248.º/1). Nestes casos, tutelando-se o interesse de sócios e não-sócios, e, quanto aos sócios, com vista a suprir carências informativas que poderiam impedir a participação destes na vida societária, encontra-se a sociedade adstrita a deveres específicos de informar, nos termos estabelecidos na lei (oportunidade, forma, qualidade, lugar), como resultado de uma ponderação entre o custo de divulgação da informação pela sociedade e o custo de acesso à mesma pelos sócios. Não se exige, nestas hipóteses, o exercício de um direito potestativo pelos sócios: o binómio direito/dever que dá corpo às relações entre sócios e sociedade existe *ab initio*, não sendo antecedido do binómio poder/sujeição. Salvo incumprimento de tais deveres legais específicos, não está a sociedade, pelos 214.º a 216.º, obrigada a prestar ao sócio as informações já divulgadas, ainda que este o requeira: tem o sócio o ónus de aceder à informação disponibilizada, não havendo qualquer razão justificativa para a cominação, à sociedade, de um dever *acrescido* de informação. Tal não significa, todavia, que a sociedade possa recusar a prestação de esclarecimentos atinentes à informação divulgada. Por outro lado, perante solicitação do sócio, deverá a sociedade prestar *novamente* as informações já divulgadas em cumprimento de um dever específico, de forma mais simplificada, resumida ou objetiva, sempre que se assista a um excesso de informação manifesto, que se aproxime nefastamente de uma "não informação"[3].

6 6. **Função**. Aponta-se geralmente ao direito à informação uma função fiscalizadora, configurando-se este como uma "ferramenta de controlo social" que permite a reclamação de dados essenciais à salvaguarda da posição financeira e social do sócio[4]. Mas não só: cabe considerar, a par dessa função, a informação (a) como pressuposto do exercício do direito de voto, (b) como meio de legitimação dos investimentos e do mercado, e (c) como instrumento de tutela das minorias. Face a uma qualquer situação informativa, haverá que reconhecer a função em causa, pois dela dependerá a concretização do regime. Tal não significa, contudo, que o direito à informação seja meramente instrumental ou puramente funcional, sob pena de multiplicação das situações de abuso a pedidos de informação fora do escopo legítimo. A informação é um elemento *a se*: autónomo de quaisquer concretas finalidades. Estas só relevam pela negativa, quando se pretenda usar a informação para fins estranhos à sociedade ou para prejudicar terceiros[5].

[3] Estes casos de hiper-informação poderão resultar ou não de comportamentos da sociedade contrários aos ditames da boa-fé.

[4] RPt 25-jan.-2016 (Carlos Querido), Proc. 115/15.0T8AVR.P1.

[5] António Menezes Cordeiro 1, 735.

III – **Regime geral**

7. **Sujeitos**. A informação deve ser prestada pelos gerentes a qualquer sócio[6] (independentemente do capital detido), devidamente identificado[7], e ao usufrutuário[8], quando, por lei ou convenção, lhe caiba exercer o voto (214.º/1, 1.ª parte, e 214.º/8)[9-10]. Considerando o 214.º/8 e o 293.º, justifica-se estender, por analogia, o direito à informação aos credores pignoratícios a quem tenha sido atribuído o exercício do direito de voto[11]. O direito à informação só pode ser exercido enquanto o sócio mantiver essa qualidade: não é titular de tal direito o ex-sócio na sequência da liquidação da sociedade[12], nem o ex-sócio que tenha sido excluído ou exonerado da sociedade, ou que tenha amortizado ou transmitido a sua quota. Todavia, em linha com os 573.º a 576.º CC, podem solicitar esta informação os herdeiros do sócio, mesmo que a quota ainda não lhes tenha sido transmitida, para efeitos de determinação do conteúdo de eventuais direitos de créditos do *de cujos* sobre a sociedade, relevantes em processo de inventário e subsequente partilha[13]. Em caso de gerência plural, e havendo pelouros, a informação será prestada pelo gerente que esteja na posse dos elementos relevantes, ainda que o pedido seja dirigido à gerência ou diretamente a um determinado gerente[14]. 7

8. **Conteúdo**. O direito à informação desdobra-se em quatro vertentes distintas e complementares: o direito a obter informações; o direito de consulta dos livros e documentos da sociedade; o direito de inspeção de bens sociais; e, embora noutro plano, o direito de requerer inquérito judicial. 8

9. **Objeto**. A informação recai sobre (a) a gestão da sociedade e inclui (b) a consulta da escrituração e dos livros e documentos (214.º/1) e (c) a inspeção dos bens sociais (214.º/5). A informação atinente à "gestão da sociedade"[15] reporta-se a qualquer evento (ato ou omissão) da vida e do giro social, seja nas relações entre sócios, na orgânica interna de funcionamento da sociedade ou nas relações da sociedade com pessoas a ela ligadas ou com terceiros, incluindo assuntos respeitantes às relações da sociedade com sociedades coligadas. Não podem, porém, ser solicitados à gerência esclarecimentos, motivações, valorações ou justificações de factos, salvo 9

[6] Incluindo um sócio-gerente (seja gerente meramente formal ou não), quanto a elementos a que não tenha acesso, e ainda que este possa pedir a investidura no cargo (1070.º e 1071.º CPC). Tem, assim, um sócio-gerente legitimidade para requerer inquérito judicial à sociedade (216.º). Neste sentido, na jurisprudência, STJ 25-Out.-1990 (Brochado Brandão), Proc. 079137; RPt 1-jul.-2002 (Couto Pereira), Proc. 0250177; STJ 13-set.-2007 (Salvador da Costa), Proc. 07B2555; RLx 5-jun.-2014 (Olindo Geraldes), Proc. 2 096/13; na doutrina: António Menezes Cordeiro 2 (2007), 304, nt. 767; Diogo Drago (2009), 263-268. Contra, na jurisprudência: STJ 23-mai.-1996 (Mário Cancela), CJ/Supremo IV (1996) 2, 86-88 (88/I); RLx 21-set.-2006 (Granja da Fonseca), Proc. 6067/2006-6; RLx 17-jul.-2009 (Isabel Salgado), Proc. 1258/08; na doutrina: Raúl Ventura (1989), 290; Carlos Maria Pinheiro Torres (1998), 175-180.

[7] STJ 27-abr.-1993 (Carlos Caldas), CJ/Supremo I (1993) 2, 72-73 (72/II).

[8] O titular (proprietário de raiz) da quota continua a ser igualmente titular do direito à informação.

[9] Defendendo que o usufrutuário é titular do direito à informação sempre que lhe caiba exercer direitos para os quais necessite de adequada informação (como aqueles estatuídos e no 23.º/2), ainda que não lhe tenha sido atribuído o direito de voto, *vide* Carlos Maria Pinheiro Torres (1998), 182.

[10] Não cabe ao cônjuge do sócio, que não tenha essa qualidade: RLx 20-mar.-1997 (Luís Fonseca), CJ XXII (1997) 2, 86-87 (86/II). Contra: Maria Rita Lobo Xavier (1993), 74.

[11] Alexandre de Soveral Martins, *Artigo 214.º*, 309.

[12] RLx 25-jun.-2015 (Catarina Manso), Proc. 100/07.

[14] STJ 29-out.-2013 (Hélder Roque), Proc. 3829/11, decidindo que os herdeiros podem, ao abrigo do 214.º, dirigir pedido de informação à gerência referente ao valor das quotas societárias, prestações suplementares e suprimentos realizados pelo *de cujos*, para efeitos de inclusão dos créditos à restituição na relação de bens do inventário. Contra: Raúl Ventura (1989), 291.

[14] O que equivale, neste último caso, à notificação da sociedade (260.º/5 e 261.º/3).

[15] Não se distinguindo, apesar da diferente terminologia, das informações sobre os "assuntos sociais" (291.º/1) que, nas SA, os acionistas poderão solicitar.

nos casos em que estes mesmos constituam factos[16]. A informação envolve atos *já praticados*, *atos presentes* e atos *cuja prática seja esperada*, desde que estes últimos possam fazer incorrer o seu autor em responsabilidade (214.º/3, *in fine*, à semelhança do disposto em 181.º/2 e 291.º/3).

10 A última parte do 214.º/3 deve ser interpretada restritivamente, sob pena de toda a atividade futura ou projetada (ainda que eventual) da sociedade ter de ser, mediante pedido do sócio, comunicada, bastando alegar suspeitas de responsabilidade para provocar uma devassa da vida social[17]. Apela-se, por isso, a uma averiguação da efetiva substancialidade da situação, devendo a expetativa da prática do ato alegada pelo sócio assentar num critério objetivo (não basta que tal prática se receie ou ambicione)[18]. Os factos cobertos pela informação solicitada podem ou não resultar de atos da gerência; exige-se, contudo, que tais factos sejam do conhecimento obrigatório da gerência, por integrarem a esfera de competência desta[19]. De fora ficam assuntos extrassociais sem qualquer conexão com o plano da socialidade. Assim fixado o recorte dos assuntos relativos à "gestão da sociedade" (214.º/1), impõe-se distinguir os casos em que o pedido de informação improcede por não se reportar a essa gestão, dos casos em que, apesar de se integrar no objeto do direito à informação, existem fundamentos para impedir o exercício de tal direito (215.º)[20]. Sempre que as informações sejam requeridas no decurso da assembleia geral, elas devem incidir sobre assuntos a deliberar, desde que atinentes à "gestão da sociedade" (290.º/1, *ex vi* 214.º/7).

11 10. **Forma**. O requerimento do sócio não tem de ser fundamentado e pode ser verbal ou escrito. Sendo verbal, o sócio deverá fazê-lo na sede social. A informação pode ser dada por escrito, se assim for pedido (214.º/1, *in fine*). A consulta de escrituração, livros ou documentos é feita na sede social (214.º/1), pessoalmente, pelo sócio, o qual se pode fazer acompanhar por ROC ou outro perito[21] (mas não por representante voluntário, salvo expressamente admitido nos estatutos[22]) e usar a faculdade do 576.º CC, podendo tirar (mas não exigir à sociedade[23]) fotocópias ou fotografias (214.º/4), num esquema também aplicável à inspeção de bens sociais (215.º/5). Às informações pedidas no decurso da assembleia geral aplica-se o 290.º (214.º/7).

12 11. **Qualidade**. Em função de um padrão de homem médio, a informação deve ser *verdadeira* (ser uma descrição exata e coerente da realidade, sem subterfúgios ou elementos que induzam o requerente em erro), *completa* (conter, dentro da esfera de conhecimento obrigatório e imputável à gerência, todos os elementos necessários para resposta plena à solicitação do sócio, atento o teor do seu requerimento) e *elucidativa* (ser clara e esclarecer as dúvidas ou remover o desconhecimento acerca de factos, à luz do requerimento do sócio) (214.º/1)[24]: só assim será efetiva informação. Ela recai sobre factos: sem prejuízo de uma colaboração cordata, não cabe aos gerentes ministrar conhecimentos teóricos de gestão ou de Direito. Por isso, permite a lei que os sócios interessados sejam assessorados por ROC's ou por peritos. A informação não abrange discussão ou exercício de contraditório – sem prejuízo de o sócio pedir esclarecimentos à infor-

[16] Admitindo, todavia, que o sócio possa inquirir, a título excecional, a intenção da prática de atos futuros esperados (214.º/3, *in fine*), *vide* Raúl Ventura (1989), 292.

[17] António Menezes Cordeiro 2 (2007), 305.

[18] Diogo Drago (2009), 129. O A. defende que a expetativa terá se basear numa fonte que a fundamente e configure, como a execução de algum ato previsto contratualmente, estatutariamente ou em deliberação social.

[19] Perante a atribuição específica à gerência do dever de prestar informação, os assuntos da competência de outro órgão social não estão incluídos no âmbito da informação a prestar.

[20] Sobre esta distinção, *vide* ponto 2 da anotação ao 215.º.

[21] Desde que estes estejam devidamente identificados: STJ 25-nov.-1999 (Sousa Inês), CJ/Supremo VII (1999) 3, 120-122 (121/II-122/I).

[22] Raúl Ventura (1989), 291.

[23] RLx 2-out.-2008 (Maria José Mouro), Proc. 4451//2008-2.

[24] Carlos Maria Pinheiro Torres (1998), 208-209; STJ 16-mar.-2011 (Oliveira Vasconcelos), Proc. 1560/08.

mação que lhe for prestada, desde que esses esclarecimentos se reportem a matérias incluídas no âmbito da informação a prestar pelos gerentes.

IV – **Delimitação**

12. **No contrato de sociedade**, pelo 214.º/2, pode regular-se o direito à informação (possi- 13
bilidade expressamente prevista apenas para as SQ). A ingressão contratual no direito à informação, conquanto admissível tanto num sentido expansivo como restritivo, visa impedir que o direito à informação constitua uma fonte de ingerências prejudiciais para a paz e interesse social. A regulação estatutária[25] pode abranger qualquer uma das vertentes do direito à informação, seja reportando-se ao seu âmbito ou conteúdo (*v.g.*, restrição da consulta ou da inspeção a certos documentos ou bens sociais)[26], seja ao seu modo de exercício (*v.g.*, fixando-se prazos de resposta da gerência, determinando-se a disponibilização dos documentos para consulta em *data room* virtual ou a observância de um pré-aviso à gerência para inspeção dos bens sociais). Contudo, serão nulas (i) as cláusulas que impeçam o exercício efetivo do direito à informação (aquelas que, no plano do processo de obtenção da informação, se traduzam numa impossibilidade prática de exercer o direito – *v.g.*, a fixação de prazos muito curtos ou a exigência de apresentação de uma pormenorizada motivação do sócio para tal exercício), e (ii) as cláusulas pelas quais se restrinja injustificadamente o âmbito do direito à informação (sempre que a restrição não encontre justificação na defesa do interesse social, ou promova a desigualdade no tratamento entre sócios)[27]. Adicionalmente, explicita-se que não pode ser tolhida a informação quando: (a) for invocada a suspeita de responsabilidade; (b) a consulta vise julgar a exatidão dos documentos de prestação de contas; ou (c) vise habilitar (preparar) o sócio a votar em assembleia geral. Veja-se que a parte final do 214.º/2, respeitante ao *exercício* do direito à informação, reveste uma função dupla: por um lado, determina a nulidade (total ou parcial) das cláusulas que afastem a prestação de informação naqueles três casos; por outro, opera o recorte das hipóteses em que, mesmo na presença de fundamentos (validamente) fixados nos estatutos para a recusa (mas já não os decorrentes da lei, nomeadamente do 215.º/1), não poderá ser recusada a prestação de informação. Por essa razão, há que interpretar o segmento normativo do 214.º/2, *in fine*, à luz do *favor societatis* e numa perspetiva de efetiva substancialidade das situações, sob pena de bastar ao sócio alegar suspeitas de responsabilidade, de inexatidão dos documentos ou razões atinentes à sua preparação do seu voto para, em contínuo, tudo devassar[28].

13. **Por via da boa-fé**. Independentemente dos impedimentos expressos no 215.º, há que 14
moderar o garantismo legal com parâmetros retirados do sistema (boa-fé). Na verdade, a alegação de suspeitas é sempre possível, pelo que toda a sociedade seria paralisável com sucessivos pedidos de informação, por escrito. Caso a caso, haverá que sindicar o que se pretenda, com base numa interpretação dos preceitos à luz do *favor societatis*, cabendo ainda deixar aos estatutos (que regulam direitos disponíveis) a maior latitude.

V – **O abuso de informação**

14. **Situações**. O abuso de informação ocorre em diversos casos: (a) o sócio obtém informa- 15
ções fora do que a lei prevê; (b) as informações são obtidas com danos desproporcionados para

[25] Não raras vezes, o direito à informação é regulado em regulamentos elaborados pelos gerentes, estando estes devidamente autorizados, pelo contrato de sociedade, a fazê-lo – *vide* Paulo Olavo Cunha (2019), 405, afirmando que a pormenorização do direito à informação poderá não ter, neste sentido, dignidade estatutária.

[26] Contra: João Labareda, *Direito à informação*, 134.

[27] Diogo Drago (2009), 171-176.

[28] António Menezes Cordeiro 2 (2007), 305.

a sociedade; (c) as informações visam fins alheios às normas que as concedem; (d) o sócio usa as informações para prejudicar a sociedade ou outros sócios. Como manifestação do princípio geral da responsabilização do sócio que utiliza de tal forma as informações obtidas, o 214.º/6, embora não prevendo todos os casos de abusos de informação, vem sancionar a utilização da informação obtida de modo a causar *prejuízo injusto*. Terá de se verificar, cumulativamente: (i) a obtenção, por via dos 214.º, 215.º ou 216.º, de informação pelo sócio (não relevando, para estes efeitos, a informação societária de conhecimento público, já divulgada pela sociedade ou já conhecida do sócio); (ii) um modo de utilização da informação que seja apto a causar prejuízo[29]; e (iii) um prejuízo (dano) para a sociedade ou sócios, ainda que não intencional, já consumado (não basta um mero receio)[30] e injusto (não o será quando o sócio atua no exercício de um direito, visando satisfazer uma pretensão ou alcançar um benefício próprio[31]). A responsabilização do sócio não está, porém, limitada aos casos em que é, nestes termos, causado um prejuízo injusto. O 214.º/6 tem sobretudo o mérito de, sem qualificar diretamente o comportamento abusivo do sócio como ilícito, explicitar um padrão de conduta do sócio, ao cominar-lhe o dever de não utilizar a informação obtida de modo a prejudicar injustamente a sociedade ou outros sócios, como decorrência de uma concretização negativa do dever de lealdade a que este se encontra adstrito.

16 15. **Consequências**: Como norma de sanção, o 214.º/6 não apresenta um conteúdo inovador face às regras gerais da responsabilidade civil e da exclusão de sócios. Determinam-se, como sanções, nos termos gerais: (a) a *responsabilidade civil*, devendo o sócio indemnizar todos os danos patrimoniais (emergentes, incluindo maiores despesas e lucros cessantes) e morais (a sociedade tem direito ao bom nome e à reputação); e (b) a *exclusão do sócio*, que não opera automaticamente, estando dependente, após deliberação dos sócios nesse sentido, da propositura de respetivo processo judicial e decisão de procedência, devendo ter lugar apenas nos casos em que a gravidade do abuso o justifique (242.º/1). Preventivamente, contra o abuso, podem os gerentes socorrer-se da recusa de prestação de informação (215.º). Tratando-se de um sócio-gerente, pode ainda justificar-se a destituição do mesmo (257.º/6).

Artigo 215.º (Impedimento ao exercício do direito do sócio)

1. Salvo disposição diversa do contrato de sociedade, lícita nos termos do artigo 214.º, n.º 2, a informação, a consulta ou a inspeção só podem ser recusadas pelos gerentes quando for de recear que o sócio as utilize para fins estranhos à sociedade e com prejuízo desta e, bem assim, quando a prestação ocasionar violação de segredo imposto por lei no interesse de terceiros.

2. Em caso de recusa de informação ou de prestação de informação presumivelmente falsa, incompleta ou não elucidativa, pode o sócio interessado provocar deliberação dos sócios para que a informação lhe seja prestada ou seja corrigida.

[29] Não o será, *v.g.*, a informação divulgada a peritos que acompanhem o sócio na consulta de documentos ou inspeção de bens sociais (ou posteriormente divulgada a estes pelo sócio para efeitos de análise dos documentos ou bens), e que tais peritos possam utilizar em prejuízo da sociedade ou dos sócios.

[30] Alexandre de Soveral Martins, *Artigo 214.º*, 306.

[31] *V.g.*, quando, tendo por base a informação obtida, o sócio promove uma ação de responsabilidade civil contra gerentes, requer a destituição destes, ou exige uma correção na distribuição dos lucros ou uma restituição dos montantes entregues a título de suprimentos.

Bibliografia: António Menezes Cordeiro 2 (2007), 306-307; Alexandre de Soveral Martins, *Artigo 215.º*, em *Código em comentário* III (2016), 308-315; Hélder Quintas, *Regime jurídico das sociedades por quotas anotado* (2010), 142-148; Raúl Ventura, *Sociedades por quotas* 1 (1989), 307-317.

Vide a bibliografia indicada no 214.º.

Índice

I – **Coordenadas gerais**
1. Aspetos sistemáticos 1
2. Recusa de aceitação do pedido e recusa de prestação da informação 2
3. Recusa ilícita e recusa lícita 3

II – **Fundamentos de recusa (215.º/1)**
4. Restrição estatutária do direito à informação .. 4
5. Receio de utilização da informação para fins estranhos à sociedade e com prejuízo desta 5
6. Violação do sigilo imposto para a tutela de terceiros 6
7. Outros fundamentos
(a) Ausência de taxatividade 7
(b) Concretização 8
(c) Recusa de informações solicitadas em assembleia geral 9

III – **Procedimento de recusa**
8. Prazo 10
9. Alegação e prova 11
10. Convocação da assembleia geral pelos gerentes 12

IV – **Convocação de assembleia geral pelo sócio requerente (215.º/2)**
11. Finalidade 13
12. Participação do sócio requerente. Discussão em assembleia 14
13. Limites e conteúdo da deliberação 15
14. Recusa com efeitos duradouros 16

I – Coordenadas gerais

1. **Aspetos sistemáticos**. O 215.º é o desenvolvimento do anterior 214.º. Com este tem, em comum, os antecedentes, os preparatórios, as razões de ser e os óbices. O n.º 1 explicita os casos de recusa lícita de prestação de informação, enquanto o n.º 2 determina uma das consequências da recusa ilícita da prestação de informação ou da prestação deficiente desta: melhor ficaria, por isso, no 216.º. 1

2. **Recusa de aceitação do pedido e recusa de prestação da informação.** A recusa de aceitação do pedido surge como resposta ao exercício do direito à informação do sócio fora dos parâmetros legais e contratuais que o condicionam e das finalidades que lhe subjazem (*v.g.*, pedido de informações que não respeitam à "gestão da sociedade" ou pedido formulado após decurso do prazo fixado estatutariamente para apresentação do mesmo)[1]. Por seu turno, a recusa da prestação de informação pressupõe pedidos corretamente formulados e o exercício legítimo do direito à informação, cuja prestação seria, *prima facie*, devida pela sociedade, não fosse a existência de causas justificativas da recusa de tal prestação. É a esta última modalidade de recusa que o 215.º/1 se refere. 2

3. **Recusa lícita e recusa ilícita.** A recusa de prestação da informação será lícita se fundada nas hipóteses previstas no 215.º/1, ou nos motivos indicados no ponto 7 *infra*. Nestes casos, a sociedade tem o dever de recusar a prestação de informação. A recusa será também lícita se em jogo estiver um fundamento de recusa definido estatutariamente. As hipóteses referidas no 214.º/2, *in fine* (suspeita de práticas suscetíveis de fazerem incorrer o seu autor em responsabilidade, analisar a exatidão dos documentos de prestação de contas e habilitar o sócio a votar em assembleia geral já convocada), que servem de parâmetro de validade das cláusulas estatuárias limitativas 3

[1] Raúl Ventura (1989), 308-309.

do direito à informação, servem também de parâmetro regulativo da concessão de informação por parte da sociedade, nos casos em que exista tal regulação estatutária, prevalecendo sobre o fundamento de recusa fixado estatutariamente. Mas já não valerão quando se verifique algum fundamento legal para a recusa.

II – **Fundamentos de recusa (215.º/1)**

4 4. **Restrição estatutária do direito à informação.** É lícita a recusa sempre que o sócio solicite informação cuja divulgação tenha sido validamente afastada pelo contrato de sociedade, ou o faça sem respeitar o procedimento de solicitação nele estabelecido (*v.g.* se já decorreu o prazo para o pedido, ou se o pedido não obedece à forma exigida). Já não será lícita a recusa que assente em cláusula estatuária nula (*maxime*, por violação do 214.º/2), ou que, apesar de assentar em cláusula estatutária válida, se verifique, em concreto, alguma das situações elencadas na parte final do 214.º/2.

5 5. **Receio de utilização da informação para fins estranhos à sociedade e com prejuízo desta.** Este fundamento, tributário de um juízo cautelar, exige a verificação cumulativa de três requisitos: (a) *receio*: deve ser apreciado em termos objetivos[2], de acordo com as regras da experiência comum[3], baseado numa probabilidade forte de utilização da informação e de verificação do prejuízo, não sendo suficiente uma preocupação puramente subjetiva do(s) gerente(s); (b) *utilização da informação para fins estranhos à sociedade*: sempre que tal utilização seja contrária aos interesses da sociedade ou para fins estranhos à própria qualidade de sócio[4]; (c) *prejuízo da sociedade*: releva o prejuízo (patrimonial ou reputacional) possível (necessário ou não) da sociedade[5] (e não dos membros da gerência ou, diversamente do que dispõe o 214.º/6[6], dos outros sócios), não se exigindo que seja grave (diferentemente do 290.º/2) ou injusto (diferentemente do 214.º/6). Não será de aceitar que os gerentes presumam, em função do perfil dos sócios requerentes, a utilização indevida da informação e/ou a produção de um prejuízo – como sucede frequentemente com os sócios que detêm participações sociais (geralmente maioritárias) em sociedades concorrentes: ainda que se afigure provável que a informação seja utilizada em benefício da sociedade concorrente, haverá que apurar, objetivamente, se é de recear que a utilização *daquela* informação é apta a causar algum prejuízo à sociedade.

6 6. **Violação do sigilo imposto para a tutela de terceiros.** Este fundamento abrange apenas as obrigações de segredo *impostas por lei* no *interesse de terceiros* das quais a sociedade seja sujeito passivo[7]. É o caso do segredo profissional, do sigilo bancário ou do segredo militar. De fora ficam as obrigações resultantes de acordos de confidencialidade celebrados com terceiros – sem pre-

[2] RPt 5-jan.-1999 (Afonso Correia), CJ XXIV (1999) 1, 177-180 (179/I).

[3] RLx 3-mar.-1994 (Nascimento Gomes), Proc. 0061506.

[4] Raúl Ventura (1989), 312. Segundo o A., relativamente à possibilidade de a informação ser utilizada no interesse pessoal do sócio: "o facto de a informação não poder ser recusada com base no interesse meramente pessoal do sócio não deixa sem proteção a sociedade e outros sócios, vista a responsabilidade pela utilização cominada no art. 214.º, n.º 6". Neste contexto, são ilustrativos os casos de pedidos de informação dirigidos à sociedade com vista à transmissão dessa mesma informação pelo sócio a um potencial adquirente da sua participação social.

[5] Assim, Jorge Coutinho de Abreu (2019), 254: "a relação entre a prestação de informação e o prejuízo não é de necessidade, é de possibilidade (séria) ou probabilidade (forte)".

[6] Contudo, o (possível) prejuízo do sócio pode também representar um (possível) prejuízo da sociedade (*v.g.*, utilização da informação de forma a ofender a reputação de um dos principais sócios da sociedade, que leve a uma perda do prestígio da sociedade junto de terceiros).

[7] Dos mecanismos de imputação do conhecimento à sociedade resulta que esta só pode conhecer através de pessoas físicas (em regra, os gerentes); assim, encontra-se vinculada a tal obrigação de confidencialidade não só a sociedade, mas também os gerentes que adquiriram o conhecimento.

juízo de tais obrigações poderem justificar a recusa com base noutros fundamentos, como seja a existência de cláusula estatutária nesse sentido[8] ou o receio de utilização da informação para fins estranhos à sociedade e com prejuízo desta.

7. **Outros fundamentos**

(a) **Ausência de taxatividade.** Raúl Ventura aposta na taxatividade do elenco de fundamentos, por razões exegéticas[9]. Mas não: de acordo com doutrina alemã, assente em textos paralelos, cabe entender que o direito à informação deve ser compatibilizado com outros direitos (335.º CC)[10], com a boa-fé (334.º CC)[11] e com a sua própria praticabilidade (critério de recusa extralegal, exigido pelo sistema). 7

(b) **Concretização.** A informação, ainda que referente a eventos do conhecimento obrigatório da gerência (por integrarem a esfera de competência desta), será recusável: (i) quando o gerente esteja impossibilitado de a prestar, temporária ou definitivamente, por não lhe ser possível obtê-la (*v.g.* falecimento do responsável e único conhecedor do elemento pedido, perda acidental de dados informáticos, destruição fortuita de documentos, gerente em período de férias); (ii) quando a obtenção da mesma, num juízo de proporcionalidade, seja excessivamente onerosa face à vantagem que trará para o sócio; (iii) quando corresponda a meras trivialidades, seja manifestamente inútil ou irrelevante, sejam formulados pedidos semelhantes de forma contínua e repetitiva (sobretudo, com pedidos maciços de informação, em plena assembleia geral), ou seja solicitada uma consulta desmesurada de documentação, servindo o propósito de fustigar a sociedade e os seus gerentes[12]; (iv) quando se trate de informação pública ou à qual o sócio pudesse aceder; (v) quando deva ceder perante outros direitos, concretamente mais ponderosos, como o direito à intimidade da vida privada ou o segredo comercial; ou (vi) quando implique um conflito de deveres, no qual deva ceder. 8

(c) **Recusa de informações solicitadas em assembleia geral.** O 290.º/2, 2.ª parte, aplicável às SQ *ex vi* 214.º/7, determina, como causas de recusa (a) que a prestação da informação possa ocasionar grave prejuízo à sociedade ou a outra sociedade com ela coligada, e (b) a violação do segredo imposto por lei. Este preceito não vem ampliar o leque de fundamentos de recusa, por serem estes substancialmente coincidentes – embora numa formulação mais exigente (restringindo-se, assim, os casos de recusas lícitas) – com os do 215.º/1. Além das hipóteses específicas contidas no 290.º/2, 2.ª parte, poderá a informação solicitada em assembleia geral ser recusada sempre que se verifiquem os casos descritos nas alíneas *a)* e *b)* anteriores. 9

III – **Procedimento de recusa**

8. **Prazo.** Na ausência de estipulação estatutária, a recusa deve ser apresentada pelos gerentes em *prazo razoável* – razoabilidade a aferir em concreto, dependendo, entre outros, do grau de evidência de factos que fundamentem a recusa, da necessidade de consulta jurídica ou do 10

[8] Fora da estipulação estatutária, será de admitir como hipótese de recusa lícita aquela baseada em consentimento individual de todos os sócios à celebração do acordo de confidencialidade entre a sociedade e um terceiro, por declaração contemporânea ou posterior à celebração do dito acordo.

[9] Raúl Ventura (1989), 309.

[10] Para tanto não chega, porém, o mero conflito de interesses, que impeça o sócio de votar: RPt 28-mai.-1998 (Pires Cardoso), BMJ 477 (1998), 570.

[11] RLx 6-nov.-1990 (Pinto Monteiro), Proc. 0031971.

[12] Não basta, contudo, um mero incómodo para que a prática (geralmente, por parte de minorias insatisfeitas ou de sócios que, pretendendo sair da sociedade, queiram, por acordo, obter condições mais vantajosas na sua saída) seja considerada abusiva – *vide* Pedro Pais de Vasconcelos (2006), 212.

período para obtenção de uma deliberação da assembleia geral (se convocada para o efeito pelo gerente – *vide* ponto 10). Justifica-se, por aplicação analógica do 291.º/5, que se presuma a recusa se as informações não forem prestadas nos 15 dias seguintes ao do pedido[13].

11 9. **Alegação e prova.** Os gerentes não têm o dever (nem o ónus) de alegar e provar os factos que fundamentam a licitude da recusa. Não obstante, pelos ditames da boa-fé, cabe-lhes apresentar ao sócio requerente uma justificação sumária, de forma a que este tenha uma base razoável para decidir se avança para inquérito judicial (216.º) ou se convoca a assembleia geral (215.º/2). Esta justificação a apresentar ao sócio requerente distingue-se daquela que os gerentes devam apresentar aos restantes sócios chamados a deliberar sobre a recusa em assembleia geral (*vide* pontos 10 a 14 *infra*), bem como daquela cujos factos, no âmbito da respetiva contestação em inquérito judicial (216.º), a sociedade e os gerentes tenham o ónus de alegar e provar.

12 10. **Convocação da assembleia geral pelos gerentes.** Os gerentes têm o dever de prestar informações aos sócios (*maxime*, mediante solicitação destes, à luz do 214.º) e, paralelamente, o dever de, verificando-se alguma hipótese de recusa lícita, recusar a prestação da informação. Ora, perante um pedido que suscite dúvidas, os gerentes estarão num trilema sempre que *prestar, nada fazer* ou *recusar* a informação possa causar danos à sociedade, a terceiros ou ao sócio (e levar à sua responsabilização). Nada impede, por isso, que os gerentes, pretendendo eximir-se de responsabilidade perante a sociedade (72.º/5), convoquem a assembleia geral para esta deliberar sobre a divulgação da informação solicitada (248.º/3). Sobre o funcionamento desta, *vide* o ponto seguinte.

IV – Convocação de assembleia geral pelo sócio requerente (215.º/2)

13 11. **Finalidade.** Face à recusa ou prestação deficiente da informação, o sócio interessado pode, entre outros mecanismos de tutela[14], requerer aos gerentes a convocação da assembleia geral[15], para que esta delibere se a informação lhe deve ser prestada ou corrigida; para tal, deve, na proposta de deliberação, identificar concretamente os elementos sobre os quais recai o pedido de informação, expor sucintamente os factos em causa, e, se for o caso, os fundamentos de recusa e as razões pelas quais estes não procedem.

14 12. **Participação do sócio requerente. Discussão em assembleia.** Este encontra-se impedido de votar (251.º/1, *b)*), mas não pode ser privado de participar na assembleia (248.º/5). Sob pena de ser divulgada a informação solicitada através da discussão em assembleia, os elementos sobre os quais recai o pedido de informação e os fundamentos de recusa devem, sem desenvolvimentos, ser aí sucintamente abordados.

15 13. **Limites e conteúdo da deliberação.** O coletivo de sócios, enquanto expressão soberana da vontade e do interesse social, pode manter a decisão de recusa dos gerentes ou revogá-la, deliberando no sentido da prestação da informação ao sócio e constituindo os gerentes nesse dever. Contudo, tratando-se de uma deliberação inválida, não têm os gerentes o dever de a

[13] Jorge Coutinho de Abreu (2019), 257, nota 597.

[14] Para um quadro geral destes mecanismos, *vide* capítulo I da anotação ao 216.º. Sendo este um direito (e não um dever ou ónus) do sócio, este poderá, conforme as circunstâncias do caso, decidir não o exercer e requerer diretamente inquérito judicial (216.º), ou exercê-lo antes ou durante o inquérito judicial. Já não será de admitir que, improcedendo o pedido de inquérito judicial, o sócio decida posteriormente convocar a assembleia geral, com base no mesmo pedido.

[15] Havendo assembleia já convocada, pode o sócio requerer a inclusão do assunto na ordem do dia (248.º/2 e 378.º/1); estando a assembleia a decorrer, e aí sendo a informação recusada ou deficientemente prestada (214.º/7), pode o sócio provocar a deliberação na assembleia em curso, nos termos em que aí se admita a deliberação sobre pontos ausentes da ordem do dia.

executar (ainda que, sendo anulável, estes possam, em certos casos, pelo 72.º/5, ser desresponsabilizados perante a sociedade). A deliberação de recusa deverá ser sinteticamente fundamentada (sem desenvolvimento, para que a informação pedida não seja emitida), de forma a que o sócio aquilate da conveniência da propositura do inquérito judicial (216.º).

14. **Recusa com efeitos duradouros.** Sempre que, face a novo pedido dos *mesmos* elementos 16
informativos, pelo *mesmo* sócio, seja objetivamente inequívoca a manutenção dos *mesmos* fundamentos de recusa, será de admitir, em tais casos de *identidade manifesta*, a atribuição de um efeito duradouro à deliberação de recusa já tomada – trata-se, conforme designada na doutrina alemã, de uma "deliberação preventiva" (*Vorratsbeschluss*). A irrepetibilidade da deliberação constitui não só uma consequência do exercício abusivo, pelo sócio, do direito conferido pelo 215.º/2 (frequente neste cenário), mas é também a expressão das exigências, imanentes ao direito societário, de simplificação, rapidez e prudente utilização dos recursos, desincentivando o sócio na formulação de pedidos redundantes[16]. Neste contexto, se convocada para o efeito, a assembleia geral pode recusar-se a deliberar sobre o novo pedido negado pelos gerentes, ou deliberar a recusa da prestação de informação, fazendo expressa remissão para o conteúdo da deliberação de recusa anterior.

Artigo 216.º (Inquérito judicial)

1. O sócio a quem tenha sido recusada a informação ou que tenha recebido informação presumivelmente falsa, incompleta ou não elucidativa pode requerer ao tribunal inquérito à sociedade.
2. O inquérito é regulado pelo disposto nos n.os 2 e seguintes do artigo 292.º.

Bibliografia: António Menezes Cordeiro 2 (2007), 307-310; J. P. Remédio Marques, *Artigo 216.º*, em *Código em comentário* III (2016), 316-330; Catarina Monteiro Pires, *Breves notas sobre o inquérito judicial nas SA nos 30 anos do CSC*, RDS, 2016/3, 595-609; Hélder Quintas, *Regime jurídico das sociedades por quotas anotado* (2010), 148-155; Raúl Ventura, *Novos estudos sobre sociedades anónimas e sociedades em nome colectivo* (1994), 154-158.
Vide a bibliografia indicada no 214.º e no 292.º.

Índice

I – **Quadro geral de incumprimento** 1
II – **Inquérito judicial**
1. Sujeitos 2
2. Procedimento 3
3. Motivação 4
4. Distinção face ao inquérito judicial pela falta de apresentação das contas 5
III – **A indemnização** 6
IV – **Sanções penais** 8

I – **Quadro geral de incumprimento.** O incumprimento ou o cumprimento deficiente do 1
dever de informação, quando não justificado, dá azo a várias saídas não sistematizadas na lei. São elas: (a) anulação das deliberações (58.º/1, *c)* e 290.º/3, aplicável às SQ por remissão do 214.º/7)[1];

[16] Ainda que com fundamentos distintos, justifica-se a equiparação aos contornos da eficácia do caso julgado da decisão de improcedência do pedido de inquérito judicial (216.º).

[1] STJ 7-out.-1993 (Sousa Macedo), Proc. 0838541 e STJ 17-fev.-1998 (Cardona Ferreira), CJ/Supremo VI (1998) 1, 88-90 (89/II).

(b) a convocação da assembleia (215.º/2); (c) o inquérito judicial (216.º); (d) a indemnização por todos os danos (483.º e 798.º CC); (e) sanções penais. As duas primeiras soluções foram vistas em sede própria.

II – **Inquérito judicial**

2 1. **Sujeitos.** O inquérito judicial é proposto pelo sócio interessado (ainda que sócio-gerente[2]) contra a sociedade (o sujeito passivo da obrigação de informar) e os gerentes a quem sejam imputadas irregularidades (1048.º/2 CPC) – podendo, assim, ser intentado também contra um sócio-gerente[3].

3 2. **Procedimento.** A ação de inquérito judicial à sociedade divide-se em três fases: a *fase de admissão do inquérito*, em que o tribunal aprecia os motivos alegados pelo sócio requerente, decidindo se existe ou não fundamento bastante para que o inquérito seja ordenado (1048.º e 1049.º CPC); a *fase de realização do inquérito*, no decurso da qual serão realizadas as diligências probatórias necessárias relativamente aos pontos determinados pelo juiz (1049.º/2 a 4 CPC)[4], podendo ainda ser ordenadas medidas cautelares (1050.º CPC); e a *fase de conclusão do inquérito*, em que, findo o procedimento de inquérito, o tribunal fixa a matéria de facto e profere decisão de procedência ou de improcedência do pedido (1051.º CPC). Não confirmando a decisão os factos, podem os requeridos exigir a sua publicação (1051.º/4 CPC). A decisão do tribunal tem apenas por objeto determinar se a informação deve ser prestada ao requerente, não visando a a informação em si mesma (mesmo que o juiz, em certos casos, possa vir a obter a informação visada). Sendo o pedido procedente, serão decretadas as providências adequadas à obtenção da informação solicitada (em regra, com força executiva, a fixação de um prazo para que a informação em causa seja prestada, a não-obstaculização da inspeção dos bens sociais ou a disponibilização de documentos para consulta); podem ainda incluir-se, mediante pedido do requerente, medidas que visem repor a legalidade na gestão corporativa, como a destituição dos responsáveis pelas irregularidades apuradas ou a nomeação judicial de um gerente, bem como, no limite, a dissolução da sociedade (292.º/2-5, *ex vi* 216.º/2 e 1051.º/2 CPC).

4 3. **Motivação.** O requerente tem o ónus de alegar e de provar a sua qualidade de sócio, que solicitou a informação à sociedade, que a informação solicitada foi recusada, que a recusa era ilícita ou que foi prestada informação falsa, incompleta ou não elucidativa[5] (seja na vertente do direito à informação em sentido estrito, seja do direito de consulta ou do direito de inspeção),

[2] RPt 1-fev.-2000 (Gonçalves Vilar), Proc. 9921595, RPt 2-dez.-2002 (Pinto Ferreira), CJ XXVII (2002) 5, 186-188 (188) e RPt 19-out.-2004 (Mário Cruz), CJ XXIX (2004) 4, 194-196 (194), com uma importante nota de rodapé, muito documentada. Contra: STJ 1-jul.-1997 (Cardona Ferreira), BMJ 469 (1997), 570-574 (573) e REv 18-out.-2005 (Pedro Antunes), CJ XXX (2005) 4, 274-275 (275/I), segundo os quais o gerente (apenas) poderia peticionar a investidura no cargo social. Mas tal investidura não lhe servirá de nada, se não lhe prestarem as informações: o inquérito deve-lhe ser acessível, sendo ele sócio. Para maior desenvolvimento sobre a legitimidade ativa do sócio-gerente, *vide* anotação ao 214.º.

[3] RLx 8-mai.-2001 (Pereira da Silva), Proc. 0014481 e RLx 25-mai.-2004 (António Geraldes), Proc. 3859/2004-7.

[4] Sendo o inquérito judicial à sociedade um processo de jurisdição voluntária, o princípio do inquisitório sobrepõe-se ao princípio do dispositivo: concede-se ao tribunal o poder-dever de investigar livremente os factos, coligir provas, ordenar inquéritos e recolher as informações convenientes (986.º/2 CPC). Afigura-se, contudo, duvidoso (o que poderá pôr em crise a ideia do inquérito judicial como um verdadeiro processo de jurisdição voluntária), que o juiz possa, na sua decisão, não se ater a critérios de legalidade estrita (designadamente, os plasmados no artigo 215.º/1).

[5] RPt 29-out.-1996 (Durval Morais), Proc. 9620501; RPt 22-jan.-2001 (Amélia Ribeiro), Proc. 0050849. O inquérito pode ser requerido sem precedência do pedido de informação à sociedade desde que o requerente alegue a existência de circunstâncias que façam presumir que a informação não lhe será prestada (292.º/6, *ex vi* 216.º/2).

devendo concretizar, de forma inequívoca, os elementos informativos a que pretende aceder[6]. Sobre a sociedade, recai o ónus de alegar e provar os factos extintivos e impeditivos que sustentem a licitude da recusa[7]. O inquérito não poderá servir para que o requerente, por essa via, aceda a informação que fundaria uma recusa lícita por parte da sociedade. Não se poderá, pois, subverter, pelo inquérito, a ponderação entre a divulgação de informação e a reserva em que assentam o 214.º e 215.º.

4. **Distinção face ao inquérito judicial pela falta de apresentação das contas.** Se a informação que o sócio pretende obter consta do relatório de gestão, das contas do exercício e dos demais documentos de prestação de contas, não tendo tais documentos sido apresentados aos competentes órgãos sociais, deverá, sob pena de erro na forma de processo (que é de conhecimento oficioso), desencadear o inquérito judicial às contas regulado no 67.º, para o qual remete o 1048.º/3 CPC. Se o sócio exigir aceder a outras informações que não apenas as constantes daqueles documentos (ainda não apresentados ou ainda não elaborados), o inquérito judicial, pelo 216.º, deverá seguir a tramitação dos artigos 1048.º/1 e 2 e 1049.º a 1052.º CPC[8]. Por respeitar à falta de apresentação dos documentos de prestação de contas, e não a todas e quaisquer informações societárias, a norma do 67.º é especial face à do 216.º. 5

III – **A indemnização.** O incumprimento ou o cumprimento deficiente do dever de informar são, antes de tudo, violações de obrigações específicas, de base legal, perpetradas pelo titular do órgão obrigado à prestação de informação. Poderão, assim, os gerentes constituir-se em responsabilidade civil contratual perante os sócios lesados (79.º) e até perante a sociedade (72.º e ss.), desde que o incumprimento não tenha resultado da execução de uma deliberação dos sócios, ainda que anulável (72.º/5) – casos em que responderá a sociedade. Seguem-se, conforme os casos, o 483.º/1 e o 798.º e ss. CC (aqui, com presunção de culpa – 799.º CC), devendo ser considerados todos os danos: danos emergentes, lucros cessantes, maiores despesas e danos morais. 6

A recusa injustificada de informações legitimamente pedidas é, antes do mais, uma afronta pessoal. Pode afetar a integridade moral e o bom nome e reputação do visado. Deve ser indemnizada neste plano não-patrimonial, até como modo de prevenir novas prevaricações. 7

IV – **Sanções penais.** A recusa ilícita de informações (518.º) e a prestação de informações falsas (519.º) são incriminadas, nos termos do Título VII do CSC. 8

[6] Mesmo em processo de jurisdição voluntária, como é o caso, não está o requerente dispensado do ónus de trazer uma configuração fáctica mínima, capaz de sustentar a viabilidade da ação: RLx 20-set.-2011 (Luís Lameiras), Proc. 554/10.3TYLSB.L1-7. Assim, não procederá a pretensão do requerente que não especifique as informações ou os elementos cuja disponibilização pede (designadamente, invocando genericamente que não lhe é prestada "qualquer informação"), que se baseie em meras suspeitas de irregularidades na administração dos bens sociais, ou que assente na prestação de informação futura (*v.g.*, pedindo que a gerência lhe envie mensalmente, por correio registado, informação contabilística relevante relativa ao mês transato) – *vide* RCb 5-jul.-2011 (Virgílio Mateus), Proc. 299/09.

[7] STJ 29-out.-2013 (Hélder Roque), Proc. 3829/11.

[8] RLx 12-out.-2000 (Fernanda Sousa Pereira), CJ XXV (2000) 4, 111-113 (113/I); referindo-se a uma cumulação de pedidos autorizada por razões de economia processual (interesse relevante), à luz do 37.º/2 CPC, *ex vi* 555.º/1 CPC, a propósito do pedido de junção das demonstrações financeiras e respetivos anexos, apresentado conjuntamente com o pedido de informações relativas à identificação das contas bancárias da sociedade e aos contratos celebrados por esta com terceiros – *vide* RGm 23-jan.-2014 (Helena Melo), Proc. 114/12.

Secção V – Direito aos lucros

Artigo 217.º (Direito aos lucros do exercício)

1. Salvo diferente cláusula contratual ou deliberação tomada por maioria de três quartos dos votos correspondentes ao capital social em assembleia geral para o efeito convocada, não pode deixar de ser distribuído aos sócios metade do lucro do exercício que, nos termos desta lei, seja distribuível.

2. O crédito do sócio à sua parte dos lucros vence-se decorridos 30 dias sobre a deliberação de atribuição de lucros, salvo diferimento consentido pelo sócio; os sócios podem, contudo, deliberar, com fundamento em situação excecional da sociedade, a extensão daquele prazo até mais 60 dias.

3. Se, pelo contrato de sociedade, os gerentes ou fiscais tiverem direito a uma participação nos lucros, esta só pode ser paga depois de postos a pagamento os lucros dos sócios.

Bibliografia: Jorge Coutinho de Abreu, *Curso de direito comercial*, II (2019), 417-445; António Menezes Cordeiro 2 (2007), 311-315; Paulo Olavo Cunha, *Direito das sociedades comerciais* (2019), 354-378; Paulo de Tarso Domingues, *anot. ao 217.º*, em *Código em comentário* III, 2.ª ed. (2019), 331-342; *id.*, *O financiamento societário pelos sócios (e o seu reverso)* (2021), 542-544 e 555-561; Evaristo Mendes, *Lucros de exercício*, RDES 1996, 257-364; *id.*, *Direito ao lucro de exercício no CSC (Arts. 217/294)*, em *Estudos dedicados ao Prof. Doutor Mário Júlio de Almeida Costa* (2002), 487-543; Hélder Quintas (2010), 156-172; Pedro Pais de Vasconcelos, *A participação social nas sociedades comerciais* (2006), 71-111; Paulo Sousa Vasconcelos, Apuramento e aplicação de resultados (2016); Raúl Ventura, *Sociedades por quotas* 1, 2.ª ed. (1989), 319-348.

Vide, ainda, a bibliografia indicada no 21.º e no 294.º

Índice

I – **Origem e trabalhos preparatórios**
1. Origem 1
2. Versão original 6
3. A reforma de 1987 e a aproximação ao 294.º. 7

II – **A distribuição do lucro**
4. Regra base 8
5. Procedimento 10
6. Obrigatoriedade da distribuição 12
7. Vencimento 14
8. Participação dos membros dos órgãos sociais nos lucros 15

III – **Antecipação sobre os lucros no decurso do exercício**
9. Admissibilidade 16
10. Requisitos 17

I – Origem e trabalhos preparatórios

1 1. **Origem**. O direito aos lucros é da essência dos contratos de sociedade (980.º do CC), particularmente das comerciais – 21.º/1, *a*) e 22.º, para cujas anotações se remete.

2 Na L de 11-abr.-1901, dispunha o 20.º[1]:

> Os sócios têm direito, salvo estipulação em contrário na escritura social, aos lucros líquidos que resultem do balanço anual, deduzida a percentagem destinada à formação de fundo de reserva.

[1] Colp 1901, 99.

Essa redação deixava questões em aberto, com destaque para se seria lícito, a uma SPQ, sacrificar reiteradamente o lucro de cada sócio, reinvestindo-o ano após ano[2]. 3

Nos anteprojetos, foi ponderada a obrigatoriedade de distribuição de parte dos lucros de exercício[3]. Pretendia-se evitar que a sociedade retivesse indefinidamente património por vontade da maioria, contra a vontade e sem proveito para a minoria, a não ser uma teórica valorização da sua quota que nem poderia vender sem o consentimento da própria sociedade[4]. 4

O projeto final (238.º)[5] chegou a um compromisso: distribuição de parte dos lucros, mas mantendo os sócios o poder de deliberar em sentido contrário: a tensão entre a liberdade da maioria decidir o destino dos lucros e a não frustração do investimento dos sócios minoritários perpassa o regime estabelecido. 5

2. A **versão original** do 217.º, tal como resultava do DL 262/86, de 2-set., dispunha: 6

> 1. Os sócios têm direito a que lhes sejam atribuídos os lucros de cada exercício, tal como resultam das contas aprovadas, exceptuada a parte destinada à reserva legal e, nos termos do número seguinte, a outras reservas.
>
> 2. Sem prejuízo de disposições contratuais diversas, os sócios podem deliberar que seja destinada a reservas uma parte não excedente a metade do lucro do exercício que, nos termos desta lei, lhes seja distribuível.
>
> 3. O crédito do sócio à sua parte dos lucros vence-se decorridos 30 dias sobre a deliberação de atribuição de lucros, salvo diferimento consentido pelo sócio; os sócios, contudo, podem deliberar, com fundamento em situação excepcional da sociedade, a extensão daquele prazo até mais 60 dias.
>
> 4. Se, pelo contrato de sociedade, os gerentes ou fiscais tiverem direito a uma participação nos lucros, esta só pode ser paga depois de postos a pagamento os lucros dos sócios.

3. **A reforma de 1987 e a aproximação ao 294.º**. A redação atual deriva do DL 280/87, de 8-jul., que visou assegurar uma maior participação dos minoritários quanto ao destino dos lucros[6]. Passou a exigir uma maioria de ¾ para a deliberação de não distribuição de metade dos lucros. A redação do 217.º acompanhou de perto o 294.º, o que conduz a uma fundamental identidade interpretativa entre ambos. 7

II – A distribuição do lucro

4. **Regra base**. Segundo o 217.º/1, deve ser atribuída aos sócios metade do lucro distribuível, salvo deliberação tomada por ³/₄ dos votos em assembleia para tanto convocada[7]. A regra é dispositiva, podendo os estatutos estabelecer diferentes critérios de distribuição dos lucros[8]. 8

[2] De acordo com a leitura jurisprudencial desse preceito: (a) no silêncio dos estatutos e salvo unanimidade, os lucros líquidos, deduzida a percentagem de reserva legal, deviam ser distribuídos; (b) permitindo-o o pacto social, os lucros poderiam (p. ex.) ser afetos aos prejuízos de exercícios anteriores, a fundos especiais ou a contas de suprimentos. Exemplificativamente, veja-se, STJ 14-jan.-1964 (Albuquerque Rocha), BMJ 139 (1964), 328-330 (329).

[3] Neste sentido, veja-se o 81.º/1 e 2, do anteprojeto de Ferrer Correia, o 56.º/1, 2 e 4, do anteprojeto de Vaz Serra e o 83.º/1, 2 e 4, do anteprojeto de Raúl Ventura, que, porém, admitia expressamente, o reforço (irrestrito) de reservas ou provisões, desde que deliberado por unanimidade (todos eles transcritos em Raúl Ventura, *Sociedades por quotas* 1, 320-321).

[4] Raúl Ventura, *Sociedades por quotas* 1, 334.

[5] BMJ 327 (1983), 183.

[6] DR I Série, n.º 154, de 8-jul.-1987, 2661/II.

[7] STJ 3-nov.-1990 (Brochado Brandão), Proc. 079507, REv 2-jul.-1991 (Herculano Namora), BMJ 409 (1991), 887 e STJ 28-mai.-1992 (Roger Lopes), Proc. 081893.

[8] O pacto social pode afastar a regra, determinando, como exemplo, que caiba à assembleia, por maioria simples, deliberar a não distribuição dos lucros; *vide* STJ 7-jan.-1993 (Raúl Mateus), BMJ 423 (1993), 540-553 (549) = CJ/Supremo I (1993) 1, 5-10 (9/I) = RDES XXXVIII (1996), 257-268, anot. Evaristo Mendes, 283-364. Para mais desenvolvimentos, *vide* a anotação n.º 5 ao 294.º.

9 A obrigação *prima facie* de distribuição reporta-se aos lucros de exercício distribuíveis. A verificação destes pressupõe: as receitas superiores aos custos e o excedente positivo considerado distribuível perante os critérios previstos nos 32.º e 33.º[9].

10 5. **Procedimento**. A deliberação de distribuição pressupõe a aprovação das contas do exercício donde resulte um lucro. Sendo a distribuição dos lucros aos sócios uma das possíveis aplicações desses resultados, em conjunto com as contas, os gestores devem apresentar uma proposta, devidamente fundamentada, sobre o destino a dar aos lucros de exercício [65.º/1 e 66.º/5, *f*)]. Ao contrário do que sucede nas SA, não é competência exclusiva da gerência[10]: os sócios podem apresentar propostas alternativas.

11 Aplicando-se o regime supletivo, a aprovação de uma deliberação no sentido da não distribuição de, pelo menos, metade dos lucros de exercício distribuíveis carece de uma maioria de ¾. A exigência de maioria qualificada visa a proteção das minorias contra a privação não consentida dos frutos do seu investimento. Por isso, a aprovação de um valor superior ao referido no 217.º/1 carece, apenas, de maioria simples[11].

12 6. **Obrigatoriedade da distribuição**. Apenas com a deliberação de distribuição de lucros o direito abstrato de cada sócio ao lucro se concretiza num crédito pecuniário contra a sociedade[12]. Da obrigatoriedade, *prima facie* estabelecida pelo 217.º/1, de distribuição de metade dos lucros de exercício distribuíveis decorre que a omissão da deliberação consubstancia um incumprimento da sociedade: os sócios podem requerer a sua condenação a deliberar sobre a aplicação dos resultados ou, mais eficazmente, lançar mão da ação de execução específica para obter uma sentença que produza os mesmos efeitos da deliberação devida (830.º CC). Por outro lado, tendo o 217.º/1 caráter dispositivo, a deliberação que, violando-o, não distribua os lucros devidos é anulável [58.º/1, *a*)][13].

13 A deliberação de não distribuição de lucros de exercício formalmente regular pode revelar-se abusiva [58.º/1, *b*), CSC e 334.º CC] quando se mostre inequivocamente dispensável em face das necessidades de auto-financiamento da sociedade[14].

14 7. **Vencimento**. O crédito, dos sócios, aos lucros vence-se 30 dias após a deliberação (217.º/2, 1.ª parte), salvo diferimento por eles consentido (217.º/2, médio): isto é: por cada um deles e pelo tempo que aceitar. Alternativamente, podem os sócios alargar o diferimento até aos 60 dias, com fundamento em excecional situação da sociedade (217.º/2, 2.ª parte)[15, 16].

[9] *Vide* as respetivas anotações.

[10] O que se justifica pelas diferentes articulações entre os poderes dos sócios e da administração, ilustrada, paradigmaticamente, pela confronto entre, por um lado, o 259.º e, por outro, o 373.º/3 e o 405.º. Sobre esta contraposição, veja-se, no geral, António Menezes Cordeiro II (2007), 403-404.

[11] Assim, Jorge Coutinho de Abreu, *Curso de direito comercial*, II, 457.

[12] A concretização desse direito faz-se de acordo com o critério de participação dos lucros aplicável na sociedade, o qual, na ausência de norma estatutária em sentido diferente, é definido por referência à proporção nominal das quotas de cada sócio (22.º/1). RPt 7-dez.-1999 (Afonso Correia), BMJ 492 (2000), 489. Para mais desenvolvimentos, *vide* a anotação n.º 7 ao artigo 294.º.

[13] RLx 20-out.-1992 (Correia de Sousa), Proc. 0048801, STJ 6-Jul.-1993 (Miguel Montenegro), Proc. 083786, RCb 16-mai.-1995 (Pereira da Graça), CJ XX (1995) 3, 28-31 (30/II), STJ 28-mai.-1996 (Costa Marques), Proc. 088096, RCb 13-out.-1998 (Távora Vítor), BMJ 480 (1998), 551 = CJ XXIII (1998) 4, 31-35 (34/I), explicitando que, para além da anulação, há que mandar pagar ao sócio a importância devida. Neste sentido, veja-se, ainda, Raúl Ventura, *Sociedades por quotas*, I, 335-336.

[14] *Vide* a anotação n.º 7 ao 294.º e as referências aí citadas.

[15] Para uma aproximação à concretização do requisito do significado do pressuposto referente à "excecional situação da sociedade", *vide* a anotação n.º 12 ao 294.º.

[16] No 217.º/2 reside a mais notória diferença entre a redação deste preceito e a do 294.º. Em particular, o 217.º/2 não elenca, ao contrário do 294.º/2, como possível causa de diferimento, a existência de disposições legais que imponham a observância de certas formalidades antes do pagamento dos lucros. Essa dissemelhança é meramente formal: existindo normas que estabeleçam tais formalida-

8. **Participação dos membros dos órgãos sociais nos lucros**. Quando, *ex contractu*, gerentes 15
ou fiscais tenham direito a uma participação nos lucros, ela só opera depois de os lucros dos sócios serem postos a pagamento (217.º/3). Com isto, não se condiciona a satisfação dos créditos dos membros dos órgãos sociais ao prévio pagamento aos sócios: os lucros são "postos a pagamento" quando a sociedade complete todos os atos necessários à satisfação do direitos dos sócios ao lucro, estando este disponível para ser recebido[17].

III – **Antecipação sobre os lucros no decurso do exercício**

9. **Admissibilidade**. O regime das SPQ não prevê uma norma semelhante ao 297.º, que habi- 16
lita a administração a antecipar lucros no decurso do exercício (e da qual se retira idêntica habilitação para a distribuição intercalar de lucros transitados e reservas distribuíveis). O 297.º deve, no entanto, ser aplicado, por analogia, às SPQ[18]. Por um lado, observados os requisitos estabelecidos pelo 297.º relativos à tutela dos credores sociais, a antecipação dos lucros é uma decisão que apenas interfere com interesses dos sócios: não há, pois, razão, para restringir a autonomia estatutária das SPQ, negando-lhes a possibilidade de habilitarem a gerência a decidir essa antecipação[19]. Por outro lado, o regime geral de distribuição do lucro nas SA, em que o 297.º se insere, é, como visto, em larguíssima medida idêntico ao estabelecido para as SPQ, o que revela uma similitude entre a situação regulada pelo 297.º e a situação omissa relativa às SPQ[20].

10. **Requisitos**. Sendo a gerência habilitada a antecipar lucros no decurso do exercício, serão 17
aplicáveis os mesmos requisitos materiais e procedimentais que são estabelecidos no 297.º. Essa aplicação reclama pontuais modificações, derivadas das diferentes estruturas orgânicas entre as SPQ e as SA. Em causa está, em particular, o caráter optativo da designação de um ROC e da existência de um conselho fiscal nas SPQ (262.º). O consentimento exigido pelo 297.º/1, *a*), só é necessário quando esse órgão existir[21]. Quando a sociedade não disponha de ROC, o balanço intercalar deve ser certificado por um revisor independente nomeado *ad hoc* para o efeito[22]

Artigo 218.º (Reserva legal)

1. É obrigatória a constituição de uma reserva legal.

2. É aplicável o disposto nos artigos 295.º e 296.º, salvo quanto ao limite mínimo de reserva legal, que nunca será inferior a 2500 euros.

Bibliografia: António Menezes Cordeiro, *Sociedades* 1 (2022), 586-592; *id.*, 2 (2007), 604 ss.; Paulo de Tarso Domingues, *Artigo 218.º*, em *Código em comentário – III* (2016), 344-352; Hélder Quintas (2010), 173-178; Raúl Ventura, *Sociedades por quotas* 1 (1989), 349-370.

Vide a bibliografia indicada nos 295.º e 296.º.

des e se dirijam às SPQ, estas aplicar-se-ão por sua própria força, independentemente da ausência desta referência no 217.º/2.

[17] Raúl Ventura, *Sociedades por quotas*, I, 348. Para mais desenvolvimentos, *vide* a anotação n.º 13 ao 294.º.

[18] Neste sentido, Raúl Ventura, *Sociedades por quotas*, I, 337 ss., Pedro Pais de Vasconcelos, *A participação social nas sociedades comerciais*, 94 e Paulo de Tarso Domingues, *Comentário ao 217.º*, 336. Contra, Paulo Olavo Cunha, *Direito das sociedades comerciais*, 334-336, tendo como premissa a excecionalidade do 297.º em face da regra geral 31.º/1: trata-se, contudo, de uma mera excecionalidade formal e não de um verdadeiro *ius singulare*, verdadeiramente impeditivo da aplicação analógica (11.º CC).

[19] Pedro Pais de Vasconcelos, *A participação social nas sociedades comerciais*, 94.

[20] Raúl Ventura, *Sociedades por quotas*, I, 339.

[21] Raúl Ventura, *Sociedades por quotas*, I, 341.

[22] Paulo de Tarso Domingues, *comentário ao 217.º*, 342.

Índice

1. Redação original 1
2. Remissão 2
3. Limite mínimo da reserva legal 3

1 1. **Redação original**. Dispunha um limite de 200.000$[1]. A redação atual adveio do DL 343/98, de 6-nov. (3.º)[2].

2 2. **Remissão**, desta matéria, para os 295.º e 296.º: já a LSQ (34.º) remetia as reservas para o 191.º CCom. A matéria é originária das SA, aí recebendo adequado tratamento dogmático. Remete-se, pois, para as competentes anotações.

3 3. **Limite mínimo da reserva legal**. Dita a regra geral que a reserva legal corresponde a 1/5 (20%) da cifra do capital social (295.º/1), sem prejuízo da admissibilidade da fixação, por via contratual, de um valor superior. Todavia, nas SQ, a reserva legal nunca deverá ser inferior a 2500 euros (218.º/2). Sempre que o capital social seja inferior a 12500 euros, já não releva a percentagem de 20% que estabelece a indexação da reserva legal ao capital social. O limite mínimo da reserva legal constava já da redação inicial do preceito (200.000$), tendo sido posteriormente alterado pelo DL 343/98, de 6-nov. para o valor atual (2500 euros). Até à entrada em vigor do DL 33/2011, de 7-mar.[3], o limite mínimo da reserva legal correspondia a 50% do capital social mínimo das SQ então em vigor (5000 euros). Com a alteração, pelo referido DL 33/2011, de 7-mar., do montante do capital social mínimo das SQ (de 5000 euros para 1 ou 2 euros – 201.º), tornou-se mais vincada a dissociação entre o valor do capital social e da reserva: ainda que a SQ tenha o capital social de 1 ou 2 euros, haverá que constituir uma reserva legal de, pelo menos, 2500 euros. Esta solução – em aparente total desarmonia com o regime anterior – não se afigura, contudo, incoerente: o estabelecimento de um limite mínimo de reserva legal às SQ, independente do valor do capital social, "explica-se como um compromisso entre a exigência de um capital mínimo razoavelmente elevado e a real insuficiência de um capital mínimo pouco elevado"[4]. O esforço dos sócios no momento inicial da constituição financeira da sociedade é, assim, (quase) dispensado, assumindo a reserva legal a função de garantia do capital social. Por esta ser, pelo 295.º/1, constituída através da afetação de lucros (sem prejuízo de outras fontes de dotação – 295.º/2), privilegia-se, desta forma, uma associação da formação dos capitais próprios da sociedade ao respetivo sucesso desta.

Capítulo III – Quotas

Secção I – Unidade, montante e divisão da quota

Artigo 219.º (Unidade e montante da quota)

1. Na constituição da sociedade a cada sócio apenas fica a pertencer uma quota, que corresponde à sua entrada.

2. Em caso de divisão de quotas ou de aumento de capital, a cada sócio só pode caber uma nova quota. Na última hipótese, todavia, podem ser atribuídas ao sócio tantas quotas quantas as que já possuía.

3. Os valores nominais das quotas podem ser diversos, mas nenhum pode ser inferior a € 1.

[1] DR I Série, n.º 201, de 2-set.-1986, 2332/I.

[2] DR I Série-A, n.º 257, de 6-nov.-1998, 5941/I.

4. A quota primitiva de um sócio e as que posteriormente adquirir são independentes. O titular pode, porém, unificá-las, desde que estejam integralmente liberadas e lhes não correspondam, segundo o contrato de sociedade, direitos e obrigações diversos.

5. A unificação deve ser reduzida a escrito, comunicada à sociedade e registada.

6. A medida dos direitos e obrigações inerentes a cada quota determina-se segundo a proporção entre o valor nominal desta e o do capital, salvo se por força da lei ou do contrato houver de ser diversa.

7. Não podem ser emitidos títulos representativos de quotas.

Bibliografia: Jorge Coutinho de Abreu 2 (2019), 215 ss.; António Pereira de Almeida 1 (2013), 313 e 367; António Menezes Cordeiro 2 (2007), 337 ss.; António Ferrer Correia/Vasco Lobo Xavier/Maria Ângela Coelho/António A. Caeiro, *Sociedades por quotas de responsabilidade limitada/Anteprojecto de lei – 2.ª redacção e exposição de motivos*, RDE 3 (1977), 153 ss., 198 ss.; Paulo Olavo Cunha (2019), 420 e ss., 475 e ss.; Pinto Furtado (2007), 191; Santos Lourenço, *Das sociedades por cotas/comentário à lei de 11 de Abril de 1901* 1 (sem data mas de 1926), 159 ss.; Alexandre Soveral Martins, em *Código em Comentário* 3 (2016), 353 ss.; José Maria Mendes, *Sociedades por quotas e anónimas: aumento e redução de capital, cessão, divisão e unificação de quotas, fusão, mudança de sede e transformação: guia prático*, 5.ª ed. (2006), 83 e 84; Ministério da Justiça, *Código das Sociedades Comerciais (Projecto)*, BMJ 327 (1983), 43-339; Abílio Neto (2007), 488 ss.; Azevedo Souto, *Lei das sociedades por quotas anotada*, 7.ª ed., revista e atualizada por Manuel Dias da Fonseca (1973), 81 ss.; Armando Triunfante (2007), 218 ss.; Raúl Ventura, *Sociedades por quotas de responsabilidade limitada/Anteprojecto – primeira redacção*, BMJ 160 (1966), 75 a 78 e *Segunda redacção*, BMJ 182 (1969), 199 a 201; *id.*, *Sociedades por quotas* 1, 2.ª ed. (1989), 371 ss..

Índice

I – **Antecedentes**
1. A L de 1901 ... 1
2. Os trabalhos preparatórios ... 2
3. A redação inicial e as suas sucessivas revisões ... 3

II – **Regime vigente**
4. Unidade inicial, pluralidade superveniente e possibilidade de união ... 4
5. Pressupostos da unificação ... 7
6. Formalidades de unificação e registo ... 8
7. Quota de participação, montante mínimo e proibição de emissão de títulos representativos ... 9

I – Antecedentes

1. A **L de 1901**. O 6.º, § 1 da L de 1901 adotava o sistema da quota inicial única; se eventualmente fossem adquiridas outras em momento posterior, elas conservavam a respetiva individualidade[1]. Trata-se de preceito equivalente ao § 15, 2 do GmbHG alemão, sofrendo por isso a sua compreensão a influência do pensamento alemão[2]. Não obstante a defesa de posições segundo as quais o titular de várias quotas adquiridas por transmissão as não podia reunir numa só[3], Raúl Ventura considerava dispor o 6.º, § 1, uma distinção de quotas apenas no momento da aquisição, podendo posteriormente operar-se a fusão[4]. 1

[3] DR I Série-A, n.º 46, de 7-mar.-2011, 1310/I.

[4] Raúl Ventura (1989), 358.

[1] A este respeito Raúl Ventura, *Sociedades* 1, 374 ss.; Menezes Cordeiro 2 (2007), 337 ss..

[2] Menezes Cordeiro 2 (2007), 337 a 339.

[3] Santos Lourenço, *Das sociedades por cotas/comentário à lei de 11 de Abril de 1901* 1 (sem data mas de 1926), 159 ss.; e Azevedo Souto, *Lei das sociedades por quotas anotada*, 7.ª ed., revista e atualizada por Manuel Dias da Fonseca (1973) 83 ss..

[4] Raúl Ventura, *Sociedade por quotas de responsabilidade limitada* (1966), 72 ss. Sobre tudo isto Raúl Ventura, *Sociedades* 1, 374 ss., e Menezes Cordeiro 2 (2007), 337 a 339.

2 2. **Os trabalhos preparatórios**. Na preparação do atual Código, Ferrer Correia defenderia a unidade inicial com pluralidade superveniente, podendo o titular único escolher a unificação. Os Anteprojetos de Raúl Ventura e Vaz Serra avançaram com o sistema da unidade permanente[5]. O 202.° do Projeto de Código das Sociedades Comerciais veio estabelecer o sistema da unidade inicial (202.°/1), seguido da pluralidade superveniente, podendo o titular optar por unificá-las desde que integralmente liberadas e lhes não correspondam, segundo o contrato de sociedade, direitos e obrigações diversos (202.°/3)[6].

3 3. **A redação inicial e as suas sucessivas revisões.** O Código acabaria por consagrar, no 219.°/ /1/2 e 4, o sistema constante do Projeto. A redação inicial do 219.° foi sucessivamente alterada pelos DL 257/96, de 31-dez., 343/98, de 6-nov., 257/2001, de 30-ago. e 76-A/2006, de 29-mar., tendo ainda sido objeto de uma retificação através da Declaração de Retificação 28-A/2006, de 26-mai.[7] e, finalmente, objeto de uma alteração através do DL n.º 33/2011, de 7-mar..

II – **Regime vigente**

4 4. **Unidade inicial, pluralidade superveniente e possibilidade de união**. Não obstante as alterações antes mencionadas, no essencial o esquema de origem mantém-se: unidade inicial, pluralidade superveniente, possibilidade de união (219.°/1). O 219.°/2 regula a unidade em caso de divisão de quota e aumentos de capital. A imposição de quota inicial única não é, nem incompatível com situações de contitularidade da quota[8] – valendo então o disposto no 222.° –, nem com casos de contitularidade de bens componentes da entrada[9]. Os estatutos podem impor ou proibir ou condicionar – sujeitando-a a deliberação dos sócios – a união de quotas, por se tratar de matéria disponível[10].

5 A regra do 219.°/2 aplica-se a cada divisão de quota. Havendo transmissões parciais, ela pode ser afastada. Tratando-se de aumento de capital, a cumulação da quota com a resultante do aumento segue as regras do aumento e não do 219.°/2. A exceção constante do preceito tanto parece valer para as hipóteses de aumento por incorporação de reservas como por novas entradas[11].

6 O princípio de independência das quotas, constante da primeira parte do 219.°/4, deve ser entendido de forma ampla[12]. Ao permitir, na segunda parte, a unificação de quotas independentes, o Código admite a unificação de quotas pertencentes a diversos titulares, ficando sujeitas ao regime da contitularidade[13].

7 5. **Pressupostos da unificação**. A unificação depende: (a) da integral liberação das quotas; (b) de não lhes corresponderem, segundo o contrato de sociedade, direitos e obrigações diferentes. Compreendem obrigações diversas as quotas que estejam sujeitas a distintas prestações suplementares[14]. Tem-se, além disso, considerado existir impedimento à unificação das quotas,

[5] Raúl Ventura, *Sociedades por quotas de responsabilidade limitada/Anteprojecto – primeira redacção,* BMJ 160 (1966), 77 ss., e *Segunda redacção,* BMJ 182 (1969), 199 ss.. O texto dos três anteprojetos pode ser confrontado em simultâneo em Raúl Ventura, *Sociedades*, 1, 372 ss..

[6] BMJ 327 (1983), 162 e 163.

[7] V. Pinto Furtado (2007); e Armando Triunfante (2007), 213 ss..

[8] Raúl Ventura, *Sociedades* 1, 381 e s.; Menezes Cordeiro 2 (2007), 338.

[9] Raúl Ventura, *Sociedades* 1, 381 e s., estabelecendo, todavia, distinções.

[10] Raúl Ventura, *Sociedades* 1, 386 ss. (admitindo mesmo a possibilidade de unificação automática por força dos estatutos. Mas discordamos atenta a circunstância de a unificação ser um ato do próprio sócio conforme se verá adiante); Menezes Cordeiro 2 (2007), 338.

[11] Em sentido contrário v., porém, Raúl Ventura, *Sociedades* 1, 386.

[12] Raúl Ventura, *Sociedades* 1, 382 e 383.

[13] Raúl Ventura, *Sociedades* 1, 386.

[14] Raúl Ventura, *Sociedades* 1, 388 e 389.

por lhes corresponderem direitos e obrigações distintos, quando uma quota for bem próprio do cônjuge que a adquiriu e a quota adquirida posteriormente bem comum do casal[15]. Não parece, todavia, ser assim. A admissibilidade de quotas entre sujeitos diversos leva a admitir também a possibilidade de unificação nestas hipóteses.

6. **Formalidades de unificação e registo.** Na versão atual, a unificação apenas deve ser reduzida a escrito, comunicada à sociedade e registada (219.°/5). Trata-se de uma disposição que vem definitivamente depor a favor do entendimento segundo o qual a unificação é um ato do sócio e não da sociedade[16]. Nos termos do 242.°-A, os factos relativos a quotas são ineficazes perante a sociedade, enquanto não for solicitada, quando necessária, a promoção do respetivo registo. Não obstante a redação do 242.°-B, deve entender-se ser a própria sociedade a ter de fazer o registo de unificação[17]. 8

7. **Quota de participação, montante mínimo e proibição de emissão de títulos representativos.** O 219.°/6 determina a fixação da quota de participação em razão da quota de capital[18] na proporção do capital. Por sua vez, o 219.°/2, permite quotas de valor diverso mas não inferior a 1 euro. O artigo 219.°/7, explicado por razões de proteção da confiança, proíbe a emissão de títulos representativos de quotas em termos que abrangem também os chamados certificados[19]. 9

Artigo 220.° (Aquisição de quotas próprias)

1. A sociedade não pode adquirir quotas próprias não integralmente liberadas, salvo o caso de perda a favor da sociedade, previsto no artigo 204.°.

2. As quotas próprias só podem ser adquiridas pela sociedade a título gratuito, ou em ação executiva movida contra o sócio, ou se, para esse efeito, ela dispuser de reservas livres em montante não inferior ao dobro do contravalor a prestar.

3. São nulas as aquisições de quotas próprias com infração do disposto neste artigo.

4. É aplicável às quotas próprias o disposto no artigo 324.°.

Bibliografia: Jorge Coutinho de Abreu 2 (2019), 367 ss.; António Pereira de Almeida 1 (2013), 381 e 382; António Menezes Cordeiro, 2 (2007), 337 ss.; Luís Brito Correia 2 (1989), 344 ss.; António Ferrer Correia/Vasco Lobo Xavier/Maria Ângela Coelho/António A. Caeiro, *Sociedades por quotas de responsabilidade limitada/Anteprojecto de lei – 2.ª redacção e exposição de motivos*, RDE 3 (1977), 153 ss., 222 e 223; Paulo Olavo Cunha (2019), 482 ss.; Santos Lourenço, *Das sociedades por cotas/comentário à lei de 11 de Abril de 1901* 1 (sem data mas de 1926), 264 ss.; Alexandre Soveral Martins, em *Código em comentário* 3 (2016), 363 ss.; José Maria Mendes, *Sociedades por quotas e anónimas: aumento e redução de capital, cessão, divisão e unificação de quotas, fusão, mudança de sede e transformação: guia prático*, 5.ª ed. (2006), 84; Ministério da Justiça, *Código das Sociedades Comerciais (Projecto)*, BMJ 327 (1983), 163; Abílio Neto (2007), 485 ss.; Raúl Ventura, *Sociedades por quotas de responsabilidade limitada/Anteprojecto – primeira redacção*, BMJ 160 (1966), 89 e *Segunda redacção*, BMJ 182 (1969), 214 e 215; *id.*, *Sociedades por quotas* 1, 2.ª ed. (1989), 427 ss..

[15] V. Abílio Neto (2007), 486.

[16] Raúl Ventura, *Sociedades* 1, 386; Abílio Neto (2007), 486 e 487.

[17] Menezes Cordeiro 2 (2007), 396; e Armando Triunfante (2007), 241.

[18] Acerca destas noções cf. Raúl Ventura, *Sociedades por quotas de responsabilidade*, 5 ss.; *Sociedades* 1, 372 ss..

[19] Raúl Ventura, *Sociedades* 1, 395 ss.; Menezes Cordeiro 2 (2007), 340.

Índice

I – **Antecedentes**
1. A L de 1901 ... 1
2. Os trabalhos preparatórios ... 2

II – **Regime vigente**
3. Proibição de aquisição de quotas não liberadas. Casos de quotas próprias ... 3
4. Regime contratual ... 4
5. Regime legal. Omissões ... 5
6. A aquisição de quotas próprias em casos não admitidos ... 6
7. Aquisição de quotas de uma sociedade por outra dela dependente ... 7

I – Antecedentes

1 1. **A L de 1901**. Com origens aparentes no § 33/1 da Lei alemã de 1892, o 24.° da L de 1901 proibia, exceto nos casos admitidos por lei, a aquisição de quotas próprias não liberadas. Para a aquisição apenas se podiam usar quantias existentes para além do capital social[1]. A não observância destes limites importava a nulidade de aquisição[2].

2 2. **Os trabalhos preparatórios**. O Anteprojeto de Raúl Ventura proibia, sem mais, a aquisição de quotas próprias. Os trabalhos de Vaz Serra e Ferrer Correia mostravam uma abertura maior[3] numa orientação com reflexos no 203.° do Projeto e, depois, no texto definitivo do 220.°.

II – Regime vigente

3 3. **Proibição de aquisição de quotas não liberadas. Casos de quotas próprias**. A quota própria corresponde à participação que a sociedade detém no seu capital a título próprio ou por conta de outrem[4] (vale aqui, como se verá, o disposto no 316.°/2 e 3). O 220.°/1 permite a aquisição de quotas próprias liberadas[5] e ainda no caso de perda a favor da sociedade nos termos do 204.°. O 220.°/2 só aceita a aquisição de quotas próprias em três situações: (a) aquisições a título gratuito; (b) em ação executiva movida contra o sócio; (c) aquisição comum se a sociedade dispuser de reservas livres (aferidas no momento da aquisição[6]) em montante não inferior ao dobro do valor a prestar[7]. Uma situação de quota própria temporária é a resultante do regime do 237.°/3, enquanto não operar a alienação aí prevista[8]. Face ao regime do 219.° não há razão nenhuma para a sociedade não poder deter mais de uma quota própria[9]. Em determinadas circunstâncias a fusão por incorporação pode levar uma sociedade a ficar detentora de quotas próprias. A fusão só será, porém, viável se nesse caso forem respeitados os pressupostos para a aquisição de quota própria e a ela estiver liberada (mas v. o 194.°/3). Porém, a exigência formulada na parte final do 220.°/2, não impede a aquisição a título universal, pois, neste caso não haverá contravalor a prestar[10]. Quanto à aquisição de quotas próprias por uma sociedade por outra dela dependente rege o 487.°.

[1] Os casos admitidos de aquisição de quotas próprias não liberadas eram o do 12.°, relativamente à exclusão de sócio, e o 19.°, § único, quanto ao sócio que não cumprisse obrigações suplementares. A este respeito cf. Santos Lourenço, *Das sociedades por cotas*, 1, 267; Raúl Ventura, *Sociedades* 1, 428 ss.; Menezes Cordeiro 2 (2007), 360.

[2] STJ 16-dez.-1955 (Eduardo Coimbra), BMJ 52 (1955), 668 ss., 670.

[3] V., os três textos, em Raúl Ventura, *Sociedades* 1, 427 ss..

[4] Acerca do alcance da noção de quota própria, designadamente no quadro das relações de grupo ou face ao regime da amortização, Raúl Ventura, *Sociedades* 1, 430 ss..

[5] Mas o sócio pode, em determinadas circunstâncias, usar quantias recebidas da sociedade para liberar a quota. Cf. Raúl Ventura, *Sociedades* 1, 444.

[6] Raúl Ventura, *Sociedades* 1, 449.

[7] Essas reservas mantêm-se indisponíveis enquanto a quota permanecer na titularidade da sociedade. Cf. Raúl Ventura, *Sociedades* 1, 450; e Abílio Neto (2007), 488, embora apenas nos termos do exigido no 324.°/1, *b) ex vi* 220.°/4.

[8] Raúl Ventura, *Sociedades* 1, 434; Menezes Cordeiro 2 (2007), 361.

[9] Não se acompanha, assim, Paulo Olavo Cunha (2012), 429.

[10] Raúl Ventura, *Sociedades* 1, 441 ss..

4. **Regime contratual**[11]. O pacto não tem de admitir as quotas próprias, mas pode proibi-las ou limitá-las. São também admissíveis disposições em que seja imposta a venda de quota à sociedade. A sua efetivação depende, naturalmente, da observância dos requisitos legais. 4

5. **Regime legal. Omissões**. O 220.º/4 manda aplicar às quotas próprias o 324.º, referente às ações próprias. Ainda assim a regulamentação das quotas próprias afigura-se lacunar, encontrando-se a respetiva aquisição sujeita também às proibições do 316.º/1 e 2[12]. Isso significa a proibição de subscrição de quotas próprias ou de encarregar outrem de, em nome próprio mas por conta da sociedade, adquirir ou subscrever quotas próprias. Parece, ainda, por analogia, não poder adquirir-se quotas representativas de mais de 10% do capital[13]. A isto soma-se ainda: deveres de informação a observar no relatório anual quanto às quotas próprias; e a suspensão de todos os direitos, ainda não autonomizados[14], com a exceção prevista no 324.º/1[15]. A aquisição e alienação depende de deliberação dos sócios – 246.º/1, *b*). 5

6. **A aquisição de quotas próprias em casos não admitidos**. Uma situação destas gera a aplicação de uma sanção penal (510.º/1) e a nulidade da aquisição (220.º/3)[16]. A jurisprudência tem entendido que a aquisição declarada nula, por não estarem disponíveis as reservas necessárias, não é suscetível de conversão em contrato-promessa[17]. Mas não se vê razão para não admitir um contrato-promessa, ou mesmo definitivo, sujeito à condição de verificação dos requisitos legais[18]. Para declaração da nulidade é necessário: provar a aquisição, a existência de certas reservas e a insuficiência do seu valor[19]. 6

7. **Aquisição de quotas de uma sociedade por outra dela dependente**. À aquisição de quotas por outra dela dependente aplica-se o 487.º. 7

Artigo 221.º (Divisão de quotas)

1. Uma quota só pode ser dividida mediante amortização parcial, transmissão parcelada ou parcial, partilha ou divisão entre contitulares, devendo cada uma das quotas resultantes da divisão ter um valor nominal de harmonia com o disposto no artigo 219.º, n.º 3.

[11] Raúl Ventura, *Sociedades* 1, 434 ss.; Menezes Cordeiro 2 (2007), 361.

[12] Raúl Ventura, *Sociedades* 1, 437; Pereira de Almeida 1 (2013), 381; e Menezes Cordeiro 2 (2007), 361 (a referência feita ao 304.º/2 é um lapso. Em causa está efetivamente o 316.º/2). Para mais referências a propósito da aplicação analógica às sociedades por quotas de normas próprias regime das ações próprias v. Soveral Martins, em *Código em comentário* 3 (2011), 365 e bibliografia ali citada.

[13] A favor da aplicação às quotas deste limite constante do 317.º/2, para as ações, v. Olavo Cunha (2012), 430, não obstante as dúvidas. Contra Coutinho de Abreu (2015), 364 e 365; e Soveral Martins, em *Código em comentário* 3 (2011), 366 ss.. A aplicação às quotas do 317.º/2 parece levar a idêntica aplicação do 323.º/1.

[14] Isso significa que a quota própria não pode ser considerada para efeito do cálculo do lucro distribuível. Quanto ao regime dos direitos autonomizados e das obrigações inerentes às quotas v. Raúl Ventura, *Sociedades* 1, 457.

[15] Raúl Ventura, *Alterações ao contrato de sociedade*, 2.ª ed. (1988), 289, entende que no âmbito desta exceção os sócios podem deliberar que a sociedade não participe no aumento ou que participará recebendo quota do mesmo valor nominal. Admitindo que a quota possa ter outro valor cf. *Boletim da Associação Portuguesa de Notários*, 170 (1989), 524.

[16] O momento da verificação dos pressupostos é o da aquisição: RPt STJ 8-mar.-1990 (Bessa Pacheco), Proc. 0224480. Mas é válida deliberação de aquisição anterior sujeita à condição de verificação dos requisitos legais ou que a não imponha antes disso. Raúl Ventura, *Sociedades* 1, 451.

[17] RPt 2-nov.-1992 (Azevedo Ramos), BMJ 421 (1992), 497-498 (sumário); STJ 15-mar.-1994 (Cura Mariano), CJ/Supremo II (1994), 1, 155-156 (156-I) (=Proc. 084605, sumário).

[18] Menezes Cordeiro 2 (2007), 362.

[19] REv. 9-dez.-2004 (Borges Soeiro), Proc. 2058/04; Menezes Cordeiro 2 (2007), 362.

2. Os atos que importem divisão de quota devem ser reduzidos a escrito.

3. O contrato pode proibir a divisão de quotas, contanto que da proibição não resulte impedimento à partilha ou divisão entre contitulares por período superior a cinco anos.

4. No caso de divisão mediante transmissão parcelada ou parcial e salvo disposição diversa do contrato de sociedade, a divisão de quotas não produz efeitos para com a sociedade enquanto esta não prestar o seu consentimento; no caso de cessão de parte de quota, o consentimento reporta-se simultaneamente à cessão e à divisão.

5. É aplicável à divisão o disposto na parte final do n.º 2 do artigo 228.º.

6. O consentimento para a divisão deve ser dado por deliberação dos sócios.

7. Se o contrato de sociedade for alterado no sentido de a divisão ser excluída ou dificultada, a alteração só é eficaz com o consentimento de todos os sócios por ela afetados.

8. A quota pode também ser dividida mediante deliberação da sociedade, tomada nos termos do artigo 204.º, n.º 2.

Bibliografia: Jorge Coutinho de Abreu, 2 (2019), 220 ss.; António Pereira de Almeida 1 (2013), 382-383; António Menezes Cordeiro 2 (2007), 341 ss.; António Ferrer Correia/Vasco Lobo Xavier/Maria Ângela Coelho/António A. Caeiro, *Sociedades por quotas de responsabilidade limitada/Anteprojecto de lei – 2.ª redacção e exposição de motivos*, RDE 3 (1977), 153 ss., 199 ss.; Paulo Olavo Cunha (2019), 475 ss.; Santos Lourenço, *Das sociedades por cotas/comentário à lei de 11 de Abril de 1901* 1 (sem data mas de 1926), 181 ss.; Alexandre Soveral Martins, em *Cessão de quotas. Alguns problemas* (2007), 16 ss.: *id.*, em *Código em comentário* 3 (2016), 379 ss.; Albino de Matos, *Constituição de sociedades (teoria e prática)*, 5.ª ed. (2001), 197 e 198; José Maria Mendes, *Sociedades por quotas e anónimas: aumento e redução de capital, cessão, divisão e unificação de quotas, fusão, mudança de sede e transformação: guia prático*, 5.ª ed. (2006), 84 e 85; Ministério da Justiça, *Código das Sociedades Comerciais (Projecto)*, BMJ 327 (1983), 163 e 164; Abílio Neto (2007), 490 e 491; Armando Triunfante (2007), 216; Raúl Ventura, *Sociedades por quotas de responsabilidade limitada/Anteprojecto – primeira redacção*, BMJ 160 (1966), 79 e 80, *Segunda redacção*, BMJ 182 (1969), 201; *id.*, *Divisão de Quota*, *O Direito* 98 (1966), 83 ss.; *id.*, *Sociedades por quotas* 1, 2.ª ed. (1989), 461 ss..

Índice

I – **Antecedentes**
1. A L de 1901 1
2. Os trabalhos preparatórios e alterações ao Código 2

II – **Regime atual**
3. Casos de admissão da divisão 4
4. Regulamentação contratual da divisão 5
5. Natureza da quota após divisão 6

I – Antecedentes

1 1. **A L de 1901**. A L de 1901 apenas admitia, no 8.º, a divisão de quotas por efeito de transmissão e quando o pacto a não proibisse. Impunha, além disso, o consentimento da sociedade que podia, porém, ser dispensado, pelo contrato, para a cessão de parte de quota a favor de associado e em caso de herança. Proibida ficava mais de uma quota adquirida no mesmo ato pela mesma pessoa[1].

2 2. **Os trabalhos preparatórios e alterações ao Código**. O essencial da regulamentação da L de 1901 seria acolhido, com desenvolvimentos, pelos Anteprojetos de Ferrer Correia e de Vaz

[1] A este respeito v. Santos Lourenço, *Das sociedades* 1, 181 ss.; e Menezes Cordeiro 2 (2007), 324.

Serra. Raúl Ventura previa, no 9.º do seu Anteprojeto, a divisão da quota por ato da sociedade, nos termos dos números desse preceito e por facto a que a lei atribua esse efeito.

A sociedade só poderia dividir as quotas a solicitação ou com o consentimento do sócio interessado[2]. O Projeto situar-se-ia na linha da L de 1901[3], numa orientação que se prolongaria, depois, no CSC. O DL 76-A/2006, de 29-mar., alteraria a redação do n.º 2, substituindo a primitiva exigência de escritura pública pela simples forma escrita. 3

II – **Regime atual**

3. **Casos de admissão da divisão**. A divisão de quotas é, de acordo com o 221.º/1, admitida mediante amortização parcial, transmissão parcelada ou parcial, partilha ou divisão parcial entre contitulares[4], mas com respeito no disposto no 219.º relativamente ao montante mínimo da quota. É ainda possível a divisão de quota na eventualidade de, perante sócio remisso, se escolher apenas a perda da parte da quota correspondente à prestação não efetuada (204.º/2, *in fine*, para onde remete o 221.º/8), de atribuição aos restantes sócios de acordo com o 205.º/2, *a*) ou de aquisição conforme o 231.º/4[5]. A divisão mediante transmissão parcelada ou parcial só é, em princípio, eficaz perante a sociedade com o consentimento desta[6], manifestado expressa ou tacitamente[7]. No caso de cessão de parte de quota o consentimento refere-se em simultâneo à cessão e à divisão (221.º/4). Este consentimento é dado por deliberação dos sócios, mas não carece de maioria qualificada[8], por não envolver alteração do pacto. Além disso, ele não é necessário no caso de cessão entre contitulares da quota[9], ao cônjuge[10], entre ascendentes e descendentes ou entre sócios[11] (228.º/2, por remissão do 221.º/5). 4

4. **Regulamentação contratual da divisão**[12]. O contrato de sociedade pode proibir a divisão, conquanto daí não resulte impedimento à partilha ou divisão entre contitulares por período superior a 5 anos (221.º/3)[13]. O pacto pode, ainda, alterar as exigências impostas pelo 221.º/4 em matéria de consentimento[14]. Mas a alteração do pacto no sentido de a divisão ser excluída ou dificultada depende do consentimento de todos os sócios por ela afetada (221.º/7). 5

[2] Para mais pormenores acerca das propostas destes três Professores cf. Raúl Ventura, *Sociedades* 1, 462 e 463.

[3] BMJ, 327 (1983), 163 e 164.

[4] Como nota Raúl Ventura, *Sociedades* 1, 466 ss., não é possível uma divisão autónoma da quota desligada da transmissão ou divisão da coisa entre contitulares, nem o seu registo.

[5] Raúl Ventura, *Sociedades* 1, 477 e 478.

[6] Mas v., no sentido segundo o qual a divisão só tem eficácia perante a sociedade quando for registada RCb 4-fev.-2003 (Jaime Ferreira), CJ XXVII (2003), 1, 29 ss., 31/I. Quanto à forma do pedido de consentimento assim como dos limites suscetíveis de ser impostos pela autorização dada pela sociedade – para a qual não está, em princípio, impedido de votar [cf. RCb 18-jan.-2005 (António Piçarra), Proc. 3500/04] o sócio interessado – mas v. o 251.º/1, *c*) – e consequências da recusa v. Raúl Ventura, *Sociedades* 1, 482 ss.

[7] V., o aresto citado na nota anterior e ainda STJ 16-mar.-1999 (Quirino Soares), CJ/Supremo VIII (1999) 1, 160/1 = Proc. 98B766, sumário. Cf., também, Menezes Cordeiro 2 (2007), 343.

[8] RLx 10-mar.-1994 (Almeida Valadas), BMJ 435 (1994), 889 = Proc. 0063216, sumário; STJ 1-fev.-1995 (Afonso Melo), CJ/Supremo III, 1995, 1, 57 = Proc. 083839, sumário. No sentido de que a divisão de quota é um fenómeno intrassocietário sem projeção exterior STJ 31-jan.-1991 (Castro Mendes), Proc. 079652, sumário.

[9] RCb 24-mar.-1992 (Cunha Gil), CJ XVII (1992) 2, 53 ss.; RCb 30-out.-2002 (Cardoso de Albuquerque), CJ XXVII (2002) 4, 28.

[10] Mesmo na sequência de divórcio. Cf. RLx 13-out.-1995 (Ribeiro Coelho), CJ XX (1995) 4, 112 ss., 113 e 114 = Proc. 0007796, sumário.

[11] Confirmando o que neste ponto resulta da lei STJ 16-mar.-1999 (Quirino Soares), CJ/Supremo VIII (1999) 1, 158 ss. (= Proc. 98B766, sumário); RCb 4-fev.-2003 (Jaime Ferreira), CJ XXVII (2003) 1, 29.

[12] A este respeito v. Raúl Ventura, *Sociedades* 1, 468 ss..

[13] Este regime é próximo mas não inteiramente coincidente com o do 1412.º/1 e 2 do CC, podendo dar a respetiva atuação conjugada à contagem de dois prazos. A este respeito v. Raúl Ventura, *Sociedades* 1, 469.

[14] No caso de uma deliberação que autorize a divisão sem respeito pelo pacto será anulável no entender do STJ 17-06-1999 (Sousa Dinis), Proc. 99B470. Considerando nula, à semelhança das que violam diretamente disposições legais, a divisão de quota efetuada contra proibição do pacto v. Raúl Ventura, *Sociedades* 1, 487.

6 5. **Natureza da quota após divisão.** A divisão de quotas não altera da respetiva natureza[15]. Ela não pode, por isso, e só por si, dar origem a mais direitos ou obrigações do que os antes existentes[16], embora possa dar lugar à extinção de poderes intransmissíveis.

Secção II – Contitularidade da quota

Artigo 222.º (Direitos e obrigações inerentes a quota indivisa)

1. Os contitulares de quota devem exercer os direitos a ela inerentes através de representante comum.

2. As comunicações e declarações da sociedade que interessem aos contitulares devem ser dirigidas ao representante comum e, na falta deste, a um dos contitulares.

3. Os contitulares respondem solidariamente pelas obrigações legais ou contratuais inerentes à quota.

4. Nos impedimentos do representante comum ou se este puder ser nomeado pelo tribunal, nos termos do artigo 223.º, n.º 3, mas ainda o não tiver sido, quando se apresenta mais de um titular para exercer o direito de voto e não haja acordo entre eles sobre o sentido de voto, prevalecerá a opinião da maioria dos contitulares presentes, desde que representem, pelo menos, metade do valor total da quota e para o caso não seja necessário o consentimento de todos os contitulares, nos termos do n.º 1 do artigo 224.º.

Bibliografia: António Menezes Cordeiro 2 (2007), 345 ss.; António Ferrer Correia/Vasco Lobo Xavier/ /Maria Ângela Coelho/António A. Caeiro, *Sociedades por quotas de responsabilidade limitada/Anteprojecto de lei – 2.ª redacção e exposição de motivos*, RDE 3 (1977), 153 ss., 201 ss.; Luís Brito Correia 2 (1989), 358 e 359; Paulo Olavo Cunha (2019), 479 e 480; Pinto Furtado, *Deliberações dos sócios* (1993), 108 e 109, 431 e 432, 499 e 500; Santos Lourenço, *Das sociedades por cotas/comentário à lei de 11 de Abril de 1901* 1 (sem data mas de 1926), 187 e 188; Alexandre Soveral Martins, em *Código em comentário* 3 (2016), 391 ss.; Albino de Matos, *Constituição de sociedades (teoria e prática)*, 5.ª ed. (2001), 198; Ministério da Justiça, *Código das Sociedades Comerciais (Projecto)*, BMJ 327 (1983), 164 ss.; Abílio Neto (2007), 491 ss.; Raúl Ventura, *Sociedades por quotas de responsabilidade limitada/Anteprojecto – primeira redacção*, BMJ 160 (1966), 89 ss., *Segunda redacção*, BMJ 182 (1969), 215 ss.; *id.*, *Sociedades por quotas* 1, 2.ª ed. (1989), 494 ss..

Índice

I – **Antecedentes**
1. A L de 1901 1
2. Os trabalhos preparatórios 2

II – **Regime atual**
3. A contitularidade de quotas 3
4. A cessação da contitularidade 6
5. Natureza da contitularidade e direito subsidiário 7

[15] Muito menos a identidade da sociedade. Cf. RPt 1-mar.-1990 (Augusto Alves), Proc. 0123027, sumário.

[16] RLx 8-out.-1992 (Flores Ribeiro), Proc. 00421156 (sumário); e Menezes Cordeiro 2 (2007), 345. Cf., para mais pormenores, Raúl Ventura, *Sociedades* 1, 488 ss., em particular no tocante à solução a dar no caso de poderes ou deveres transmissíveis mas não limitáveis quantitativamente.

I – Antecedentes

1. **A L de 1901.** A L de 1901 continha um único preceito relativo à quota indivisa. Tratava-se do 9.º, por sua vez, proveniente do § 18 da Lei alemã de 1892[1]. Foi um preceito que suscitou profundas dúvidas na sua aplicação e deu origem a importante jurisprudência[2]. 1

2. **Os trabalhos preparatórios.** Os Anteprojetos de Ferrer Correia, Vaz Serra e Raúl Ventura dedicavam todos vários preceitos à contitularidade de quotas[3]. Na sequência o Projeto consagrou três preceitos autónomos referentes à contitularidade da quota, integrados na secção II, capítulo II – quotas, do título III, referente às sociedades por quotas: os 205.º, 206.º e o 207.º[4]. O primeiro daria origem ao atual 222.º. 2

II – Regime atual

3. **A contitularidade de quotas.** Verifica-se uma situação de contitularidade de quotas se a posição por ela figurada competir a duas ou mais pessoas[5]. O respetivo regime é aplicável à contitularidade de ações, admitida pelo 303.º e pelo 57.º do CVM, por força de remissão daquele. 3

Na perspetiva da sua génese a contitularidade pode ser originária ou derivada. Neste último caso, do ponto de vista da sociedade, atende-se ao momento em que o respetivo ato constitutivo comece a produzir efeitos perante ela. Mostrando-se necessária notificação esta desconhece a contitularidade enquanto não for notificada[6]. 4

A regra básica do 222.º/1 não resolve todos os problemas relativos ao exercício de direitos e obrigações inerentes a quota indivisa. Além dos casos contemplados no 222.º/4[7] e 223.º/6, não são exercidos através de representante comum os direitos apenas suscetíveis de exercício individual (direito de uso de certas coisas sociais, etc., mas não já o direito de informação ou impugnação[8]) e os direitos especiais. Aplica-se, também, como se verá, a título subsidiário, o 985.º do CC, sendo por isso lícito a qualquer dos titulares exercer direitos inerentes à quota com o fim de evitar um dano iminente para todos eles. Não obstante a regra da solidariedade pelas obrigações legais e contratuais inerentes à quota, e da respetiva imperatividade, do lado passivo existem também deveres individuais (como o dever de não concorrência)[9]. O 222.º/2 prevê que as declarações e comunicações da sociedade sejam dirigidas ao represen- 5

[1] Raúl Ventura, *Sociedades* 1, 501; e Menezes Cordeiro 2 (2007), 346 e 347.

[2] V. as indicações constantes de Menezes Cordeiro 2 (2007), 346 e 347.

[3] Cf. Raúl Ventura, *Sociedades* 1, 494 e 495, 512 a 514, 527 e 528.

[4] BMJ 327 (1983), 164 ss..

[5] Menezes Cordeiro 2 (2007), 345.

[6] Raúl Ventura, *Sociedades* 1, 496.

[7] A exceção apenas se refere ao direito de voto, mas é manifesto que ela abrange também outros direitos. Assim Raúl Ventura, *Sociedades* 1, 504 ss., mencionando ainda o modo como nesse caso se processa o apuramento da vontade dos contitulares.

[8] No sentido de que o titular individual não tem o direito de propor ações de anulação de deliberações sociais RLx 22-fev.-1994 (Adriano Morais), Proc. 0064381, sumário; STJ 31-mai.-1990 (Leite Marreiros), Proc. 078798, sumário, STJ 4-out.-1994 (Cardona Ferreira), Proc. 086048 = BMJ, 440 (1994), 504; STJ 8-jun.-1995 (Martins da Costa), Proc. 087102; mas já o tem se for cabeça-de-casal. Assim Pinto Furtado, *Deliberações dos sócios* (1993), 431 e 432; STJ 20-mai.-1997 (Lopes Pinto), Proc. 97A254; RPt 21-dez.-2006 (José Ferraz), Proc. 0636729 – mas v. RLx 02-mar.-1995 (Loureiro da Fonseca), CJ XX (1995) 2, 63; RCb 2-mai.-2000 (Hélder Roque), Proc. 15/2000, sumário; RPt 11-dez.-2006 (Marques Pereira), Proc. 0653666. No sentido segundo o qual o contitular de quota tem o direito de impugnar sozinho a amortização da quota RLx 21-set.-2004 (Ana Grácio), CJ XXIX (2004) 4, 87 ss.. Considerando, na hipótese de a sociedade não ter gerentes nomeados, os contitulares devem ser tidos como apenas um sócio gerente, através de representante comum, cf. STJ 26-out.-1999 (Martins da Costa), Proc. 99A715, sumário = CJ/Supremo VIII (1999) 3, 61 ss.; RLx 14-mar.-1994 (Adriano Morais), Proc. 0064381, sumário. Note-se que havendo cabeça-de-casal nada impede a nomeação de representante comum que atuará de acordo com os seus poderes: cf. RLx 01-fev.-2007 (Ana Luísa Geraldes), Proc. 268/7-6.

[9] Sobre tudo isto, Raúl Ventura, *Sociedades* 1, 502 ss., 506, 507 e 509.

tante comum[10] e, na falta deste, a um dos contitulares[11]. Sem embargo de posições contrárias[12], não nos parece que, não sendo o representante comum sócio as declarações possam ser enviadas a todos os interessados. Estes podem já ter instruído o representante comum quanto ao modo de agir e confiado que seria ele o notificado.

6 4. **A cessação da contitularidade.** A contitularidade pode cessar por qualquer das formas que põem termo à comunhão, nomeadamente por divisão da quota e por comunhão[13].

7 5. **Natureza da contitularidade e direito subsidiário.** Do ponto de vista técnico parece tratar-se de uma comunhão[14]. Menezes Cordeiro[15] fala em comunhão, no tocante aos direitos subjetivos envolvidos e numa coadstrição, quanto às obrigações. Mas a figura da comunhão parece suficiente, abrangendo direitos subjetivos e as adstrições que lhe são inerentes. O regime da compropriedade constante do Código Civil é aplicável à quota indivisa, com as necessárias adaptações[16].

Artigo 223.º (Representante comum)

1. O representante comum, quando não for designado por lei ou disposição testamentária, é nomeado e pode ser destituído pelos contitulares. A respetiva deliberação é tomada por maioria, nos termos do artigo 1407.º, n.º 1, do Código Civil, salvo se outra regra se convencionar e for comunicada à sociedade.

2. Os contitulares podem designar um de entre eles ou o cônjuge de um deles como representante comum; a designação só pode recair sobre um estranho se o contrato de sociedade o autorizar expressamente ou permitir que os sócios se façam representar por estranho nas deliberações sociais.

3. Não podendo obter-se, em conformidade com o disposto nos números anteriores, a nomeação do representante comum, é lícito a qualquer dos contitulares pedi-la ao tribunal da comarca da sede da sociedade; ao mesmo tribunal pode qualquer contitular pedir a destituição, com fundamento em justa causa, do representante comum que não seja diretamente designado pela lei.

4. A nomeação e a destituição devem ser comunicadas por escrito à sociedade, a qual pode, mesmo tacitamente, dispensar a comunicação.

5. O representante comum pode exercer perante a sociedade todos os poderes inerentes à quota indivisa, salvo o disposto no número seguinte; qualquer redução desses poderes só é oponível à sociedade se lhe for comunicada por escrito.

6. Exceto quando a lei, o testamento, todos os contitulares ou o tribunal atribuírem ao representante comum poderes de disposição, não lhe é lícito praticar atos

[10] Na eventualidade de o representante comum ser sócio não têm que lhe ser enviadas duas comunicações para cada uma das qualidades. Assim RPt 1-jun.1993 (Soares de Almeida), Proc. 0310976, sumário.

[11] No sentido de que basta o envio pelo menos a um dos contitulares STJ 18-dez.-1990 (Miguel Montenegro), Proc. 079671, sumário; STJ 14-mar.-2006 (Bettencourt de Faria), 06B227. Contra, exigindo a comunicação a todos RLx 21-set.-2004 (Ana Grácio), CJ XXIX (2004) 4, 87 ss..

[12] Como é o caso de Raúl Ventura, *Sociedades* 1, 508.

[13] Raúl Ventura, *Sociedades* 1, 497; e Menezes Cordeiro 2 (2007), 352.

[14] Mas v. Alexandre Soveral Martins, em *Código em comentário* 3 (2011), 387 ss..

[15] Menezes Cordeiro 2 (2007), 345. Raúl Ventura, *Sociedades* 1, 498, por sua vez afirma tratar-se de uma contitularidade de direitos e obrigações.

[16] Raúl Ventura, *Sociedades* 1, 499 e 500; e Menezes Cordeiro 2 (2007), 352. V., também, com interesse RLx 22-fev.-1978 (Francisco Borges Lacerda), CJ III (1978) 1, 119; RPt 18-mar.-1986 (Martins da Costa), CJ XI (1986) 2, 178 ss., ainda ao abrigo da Lei de 1901, e, recentemente, RCb 30-out.-2002 (Cardoso Albuquerque), CJ XXVIII (2002) 4, 28, ss., relativamente à ação de divisão de coisa comum.

que importem extinção, alienação ou oneração da quota, aumento de obrigações e renúncia ou redução dos direitos dos sócios. A atribuição de tais poderes pelos contitulares deve ser comunicada por escrito à sociedade.

Bibliografia: António Menezes Cordeiro 2 (2007), 345 ss.; António Ferrer Correia/Vasco Lobo Xavier/ /Maria Ângela Coelho/António A. Caeiro, *Sociedades por quotas de responsabilidade limitada/Anteprojecto de lei – 2.ª redacção e exposição de motivos*, RDE 3 (1977), 153 ss., 203 ss.; Paulo Olavo Cunha (2019), 480; Jorge Pinto Furtado, *Deliberações dos sócios* (1993), 108 e 109, 431 e 432, 499 e 500; Santos Lourenço, *Das sociedades por cotas/comentário à lei de 11 de Abril de 1901* 1 (sem data mas de 1926), 187 e 188; Alexandre Soveral Martins, em *Código em comentário* 3 (2016), 406 ss.; Ministério da Justiça, *Código das Sociedades Comerciais (Projecto)*, BMJ 327 (1983), 164 ss.; Abílio Neto (2007), 494 ss.; Raúl Ventura, *Sociedades por quotas de responsabilidade limitada/Anteprojecto – primeira redacção*, BMJ 160 (1966), 90 ss., *Segunda redacção*, BMJ 182 (1969), 215 ss.; *id.*, *Sociedades por quotas* 1, 2.ª ed. (1989), 511 ss..

Índice

I – **Antecedentes**
1. A L de 1901; os trabalhos preparatórios 1

II – **Regime vigente**
2. O representante comum 2
3. Poderes do representante 3
4. Designação e destituição 4
5. Enquadramento dogmático e Direito subsidiário 6
6. Falta ou impedimento 7

I – Antecedentes

1. **A L de 1901; os trabalhos preparatórios**. No que ao representante comum diz respeito, limitava-se a L de 1901 a estabelecer no § 2 do 9.° que, na eventualidade de não estar designado um representante dos comproprietários, os atos praticados pela sociedade a respeito de qualquer deles, produziam efeitos contra todos. Os Anteprojetos de Ferrer Correia, Vaz Serra e Raúl Ventura vieram todos eles procurar disciplinar a própria nomeação e destituição do representante comum, assim como aspetos relativos aos seus poderes. Na sequência o Projeto viria a conter uma norma, o 206.°, cujo conteúdo era precisamente orientado para a regulamentação desses aspetos e, depois, daria origem ao 223.°. 1

II – Regime vigente

2. **O representante comum**. Os contitulares exercem os direitos inerentes à quota através de um único representante[1] comum para cada quota em comunhão, sem prejuízo da possibilidade de representantes especiais[2]. 2

3. **Poderes do representante**. O representante pode exercer, perante a sociedade[3], todos os poderes inerentes à quota mas não pode praticar atos que importem a extinção[4], alienação ou oneração da quota, aumento das obrigações, renúncia ou redução dos direitos dos sócios (223.°/5 e 6). Estes atos poderão, todavia, ser por ele realizados se lhe forem conferidos poderes[5] 3

[1] Acerca do fenómeno jurídico representativo e suas particularidades pode ver-se Pedro de Albuquerque, *A representação voluntária (ensaio de reconstrução dogmática)* (2004).

[2] Raúl Ventura, *Sociedades* 1, 514 ss..

[3] O representante comum não tem por função representar os contitulares perante terceiros exteriores à sociedade. Cf. Raúl Ventura, *Sociedades* 1, 523 e 524.

[4] Raúl Ventura, *Sociedades* 1, 526, entende que o representante comum não pode, por exemplo, participar numa deliberação de dissolução da sociedade ainda que a deliberação seja no sentido da dissolução. Só acompanhamos se o sentido do voto do representante for a favor da dissolução. Não já se ele for contra, mesmo se aprovada a dissolução.

[5] Acerca do modo como devem ser concedidos e das entidades com competência para o fazerem v. Raúl Ventura, *Sociedades* 1, 525.

para o efeito sendo, ainda, suscetíveis de execução através de representante especial assim como pelos próprios contitulares de forma conjunta. A generalidade dos poderes conferidos por lei pode, ainda, ser limitada pelos contitulares, com os efeitos previstos no 223.º/6.

4 4. **Designação e destituição**. A lei não exige a observância de particular forma para a nomeação ou destituição do representante comum[6]. O 223.º/4 requer apenas um escrito que pode ser dispensado tacitamente pela sociedade. São quatro os modos de designação: por lei (1678.º e 2078.º[7] do CC[8]), por testamento, pelos contitulares[9] ou pelo tribunal[10].

5 A destituição do representante que seja cabeça-de-casal obedece ao 2086.º do CC. No caso de nomeação pelos contitulares ela pode ocorrer por maioria, nos termos do 1407.º/1 do CC[11], salvo se se convencionar outra nos termos do 223.º/1. Na eventualidade de nomeação judicial qualquer contitular tem a faculdade de pedir a remoção com fundamento em justa causa. O mesmo vale sem embargo do aparente sentido restritivo literal para as hipóteses de nomeação por testamento[12] ou decorrente da lei[13]. A justa causa aproxima-se da requerida para a revogação do mandato[14].

6 5. **Enquadramento dogmático e Direito subsidiário**. O representante comum corresponde a um prestador de serviços inserido numa típica situação de mandato. Trata-se, na realidade de um mandatário dotado de poderes de representação[15]. A toda a sua atuação se aplicam, destarte, as regras do mandato e da representação.

7 6. **Falta ou impedimento**. Na eventualidade de o representante comum se encontrar impedido ou não tiver ainda sido nomeado pelo tribunal qualquer dos titulares poderá exercer os direitos inerentes (como acaba por se deduzir por interpretação do 224.º). Surgindo mais de um representante comum valerá a opinião da maioria.

Artigo 224.º (Deliberação dos contitulares)

1. A deliberação dos contitulares sobre o exercício dos seus direitos pode ser tomada por maioria, nos termos do artigo 1407.º, n.º 1, do Código Civil, salvo se tiver por objeto a extinção, alienação ou oneração da quota, aumento de obrigações, renúncia ou redução dos direitos dos sócios; nestes casos, é exigido o consentimento de todos os contitulares.

2. A deliberação prevista na primeira parte do número anterior não produz efeitos em relação à sociedade, apenas vinculando os contitulares entre si e, para com estes, o representante comum.

Bibliografia: António Menezes Cordeiro 2 (2007), 351 ss.; António Ferrer Correia/Vasco Lobo Xavier/ /Maria Ângela Coelho/António A. Caeiro, *Sociedades por quotas de responsabilidade limitada/Anteprojecto de lei – 2.ª redacção e exposição de motivos*, RDE 3 (1977), 153 ss., 202 e 203; Paulo Olavo Cunha (2019), 480;

[6] RLx 29-mar.-1993 (Ponce Leão), Proc. 0068052, sumário; REv. 2-mai.-2002 (António Ribeiro Cardoso), CJ XXVIII (2002) 3, 239.

[7] RPt 18-out.-2005 (Alberto Sobrinho), Proc. 0524881. V., também Pinto Furtado, *Deliberações dos sócios* (1993), 431 e 432 e 500.

[8] V., ainda, o 8.º/2 e 3 do CSC.

[9] Quanto às regras e maiorias a observar para a escolha através dos titulares cf. o que escreve Raúl Ventura, *Sociedades* 1, 518 e 519; a propósito do 223.º/1 cf. *op. cit.* 518 ss..

[10] Esta nomeação só é feita na hipótese de não poder ser feita pelos próprios contitulares RPt 21-mar.-2000, Proc. 0020282.

[11] A este respeito cf. Raúl Ventura, *Sociedades* 1, 522.

[12] RPt 22-jun.-1999 (Antas de Barros), Proc. 9920168, sumário.

[13] Menezes Cordeiro 2 (2007), 349 e nota 927.

[14] Menezes Cordeiro 2 (2007), 349.

[15] Raúl Ventura, *Sociedades* 1, 528; Pinto Furtado, *Deliberações*, 108 e 109, e *Deliberações de sociedades comerciais* (2005),

Santos Lourenço, *Das sociedades por cotas/comentário à lei de 11 de Abril de 1901* 1(sem data mas de 1926), 187 e 188; Alexandre Soveral Martins, em *Código em comentário* 3 (2016), 422 ss.; Ministério da Justiça, *Código das Sociedades Comerciais (Projecto)*, BMJ 327 (1983), 166; Abílio Neto (2007), 494 ss.; Raúl Ventura, *Sociedades por quotas de responsabilidade limitada/Anteprojecto – primeira redacção*, BMJ 160 (1966), 90 ss., *Segunda redacção*, BMJ 182 (1969), 215 ss.; *id.*, *Sociedades por quotas* 1, 2.ª ed. (1989), 526 ss..

Índice

I – **Antecedentes**
1. Os trabalhos preparatórios 1

II – **Regime vigente**
2. As deliberações dos contitulares........................ 2
3. Eficácia das deliberações 3

I – Antecedentes

1. **Os trabalhos preparatórios**. Os Anteprojetos de Ferrer Correia, Vaz Serra e Raúl Ventura previam todos preceitos relativos às deliberações dos contitulares da quota a respeito do exercício dos direitos inerentes, embora com variações[1]. O mesmo viria a fazer o Anteprojeto, no 207.°, em moldes que dariam origem ao atual 224.°[2]. 1

II – Regime vigente

2. **As deliberações dos contitulares**. Sendo, como se referiu na anotação ao artigo anterior, a relação entre os contitulares e representante de situar no quadro do mandato, não se poderia suprimir a necessidade de deliberações entre eles por forma a permitir a formação de instruções, embora nem sempre elas sejam necessárias[3]. Os direitos sobre os quais recaem as deliberações são naturalmente os inerentes à quota[4]. As deliberações entre titulares seguem o artigo 1407.°/1 do CC. Deve admitir-se, todavia, à semelhança do verificado com o 223.°/1 a possibilidade de se convencionar maioria diferente. Em caso de extinção, alienação ou oneração da quota, aumento de obrigações, renúncia ou redução dos direitos dos sócios exige-se unanimidade (224.°/1, *in fine*). 2

3. **Eficácia das deliberações**. O 224.°/2 vem dispor que a eficácia das deliberações dos contitulares opera, apenas, perante os próprios e entre eles e o representante comum, mas não perante a sociedade. Este fenómeno tem sido sublinhado pela doutrina e jurisprudência[5]. Mas a conclusão não é linear. O 224.°/2 é uma manifestação da representação aparente[6] [7]. Nesses termos quando faltem os pressupostos da representação aparente e da tutela da confiança, designadamente porque a sociedade conheceu de facto a deliberação ou porque tendo tudo para a conhecer a ignorou negligentemente, a deliberação dos contitulares será oponível à sociedade e aos outros sócios. Nos casos em que a teor da deliberação conste do próprio teor do documento representativo entregue à sociedade não pode, também, deixar de haver eficácia perante o próprio ente coletivo. 3

82; Menezes Cordeiro 2 (2007), 352. Cf., também, RPt 25-out.-2007 (Lopes Pinto), Proc. 0734156.

[1] Cf. Raúl Ventura, *Sociedades* 1, 527 e 528.

[2] BMJ 327 (1983), 166.

[3] Raúl Ventura, *Sociedades* 1, 528.

[4] Mesmo se dirigidos contra terceiros, e não contra a sociedade, como sucede na ação de responsabilização de um gerente. V. Raúl Ventura, *Sociedades* 1, 528. Haverá todavia que distinguir estes terceiros daqueles outros que o são no confronto com a própria sociedade. Nesse caso pode haver deliberações mas não nos termos do 224.°.

[5] Cf. RPt 1-out.-1996 (Araújo Barros), Proc. 9260291; Raúl Ventura, *Sociedades* 1, 529 e 530; e Menezes Cordeiro 2 (2007), 351.

[6] Menezes Cordeiro 2 (2007), 351.

[7] A este respeito cf. Pedro de Albuquerque, *A representação*, *passim*.

Secção III – Transmissão da quota

Artigo 225.º (Transmissão por morte)

1. O contrato de sociedade pode estabelecer que, falecendo um sócio, a respetiva quota não se transmitirá aos sucessores do falecido, bem como pode condicionar a transmissão a certos requisitos, mas sempre com observância do disposto nos números seguintes.

2. Quando, por força de disposições contratuais, a quota não for transmitida para os sucessores do sócio falecido, deve a sociedade amortizá-la, adquiri-la ou fazê-la adquirir por sócio ou terceiro; se nenhuma destas medidas for efetivada nos 90 dias subsequentes ao conhecimento da morte do sócio por algum dos gerentes, a quota considera-se transmitida.

3. No caso de se optar por fazer adquirir a quota por sócio ou terceiro, o respetivo contrato é outorgado pelo representante da sociedade e pelo adquirente.

4. Salvo estipulação do contrato de sociedade em sentido diferente, à determinação e ao pagamento da contrapartida devida pelo adquirente aplicam-se as correspondentes disposições legais ou contratuais relativas à amortização, mas os efeitos da alienação da quota ficam suspensos enquanto aquela contrapartida não for paga.

5. Na falta de pagamento tempestivo da contrapartida os interessados poderão escolher entre a efetivação do seu crédito e a ineficácia da alienação, considerando-se neste último caso transmitida a quota para os sucessores do sócio falecido a quem tenha cabido o direito àquela contrapartida.

Bibliografia: Jorge Coutinho de Abreu 2 (2019), 356; António Pereira de Almeida 1 (2013), 371 ss.; J. G. Sá Carneiro, *Cláusulas de conservação e sociedades unipessoais*, RT 65 (1947), 162 ss., 178 ss., 180 e 181, 194 ss., 210 ss., 226 ss., 242 ss., 258 ss., 274 ss.; Maria Ângela Coelho, *A transmissão* mortis causa *de quotas no anteprojecto de lei das sociedades por quotas*, RDE 2 (1976), 3 ss.; António Menezes Cordeiro 2 (2007), 363 ss.; António Ferrer Correia/Vasco Lobo Xavier, *A amortização de cotas e o regime da prescrição. Sentença de 10 de Janeiro de 1966 do tribunal arbitral junto da 3.ª Vara Civil de Lisboa (proc. 398/h)*, RDES XII, 4 (1965), 94 e 95 (*Apêndice acerca da cláusula que confere à sociedade o direito de amortizar em certo prazo as quotas dos sócios falecidos: a situação dos respectivos sucessores durante o prazo*); António Ferrer Correia/Vasco Lobo Xavier/Maria Ângela Coelho/António A. Caeiro, *Sociedades por quotas de responsabilidade limitada/Anteprojecto de lei – 2.ª redacção e exposição de motivos*, RDE 3 (1977), 153 ss., 208 ss.; Paulo Olavo Cunha (2019), 517 ss.; Santos Lourenço, *Das sociedades por cotas/comentário à lei de 11 de Abril de 1901* 1 (sem data, mas de 1926), 163 ss.; Pedro Maia, *Cessão de quotas*, in *Colóquio*: *Os quinze anos de vigência do Código das Sociedades Comerciais*, org. Ferrer Correia (2003), 125 ss.; Remédio Marques, *Código em comentário* 3 (2016), 425 ss.; Albino de Matos, *Constituição de sociedades (teoria e prática)*, 5.ª ed. (2001), 199 e 200; Ministério da Justiça, *Código das Sociedades Comerciais (Projecto)*, BMJ 327 (1983), 166 e 167; Abílio Neto (2007), 497 ss.; Armando Triunfante (2007), 218 ss.; Raúl Ventura, *Sociedades por quotas de responsabilidade limitada/Anteprojecto – primeira redacção*, BMJ 160 (1966), 92, 93 e 96; *id.*, *Cessão de quotas* (1967), 5 ss.; *id.*, *Segunda redacção*, BMJ 182 (1969), 218, 219, 221 e 222; *id.*, *Sociedades por quotas* I, 2.ª ed. (1989, 4.ª reimp., 2007), 531 ss..

Índice

I – **Antecedentes**
1. A L de 1911, os trabalhos preparatórios e o CSC 1
2. A reforma de 2006 2

II – **Regime vigente**
3. Transmissibilidade da quota 3

4. Restrição ou limitação à transmissibilidade 4
5. Outorgantes em caso de aquisição pela sociedade, sócios ou terceiros 5
6. Titularidade da quota antes da aquisição 6
7. Contrapartida pela aquisição 7
8. Forma da aquisição 8

I – Antecedentes

1. A L de 1911, os trabalhos preparatórios e o CSC. O 6.º da L de 1911[1] consagrava um 1
princípio de livre transmissibilidade, podendo, todavia, ser condicionada nos termos do seu § 3[2]. Ela inseria-se, portanto, no sistema de tipo alemão[3]. Os Anteprojetos foram consagrando uma liberdade de princípio quanto à transmissão *mortis causa*[4], embora, como se verá, o mesmo não tenha sucedido relativamente à transmissão *inter vivos*. Na sequência, o 208.º do Projeto[5] e o 225.º do Código das Sociedades Comerciais apontaram substancialmente no mesmo sentido.

2. A reforma de 2006. O DL 76-A/2006, de 29-mar., veio apenas alterar o 225.º/3 respeitante 2
aos casos de aquisição da quota pela sociedade ou por sócio ou terceiro, em termos referidos adiante[6].

II – Regime vigente

3. Transmissibilidade da quota. De acordo com o 225.º/1 a transmissão *mortis causa* é, em 3
princípio, livre. Seguindo-se a via sucessória aplicam-se as regras gerais[7 8].

4. Restrição ou limitação à transmissibilidade. Havendo restrição ou limitação contratual[9] 4
à transmissão das quotas para os sócios prevê o 225.º/2 quatro alternativas básicas: amortização

[1] Antes o 1276/4.º do Código Civil de 1867 considerava a morte de um sócio como causa de dissolução. O 1277.º permitia, contudo, a continuação se tiver sido estipulado que isso sucederia com os herdeiros ou com os sócios subsistentes. A respeito da evolução até à Lei de 1911, v. Raúl Ventura, *Sociedades* 1, 536.

[2] Para a casuística a que este preceito deu origem v. Menezes Cordeiro 2 (2007), 364, em notas. V., na doutrina, manifestando posições divergentes quanto aos efeitos das cláusulas de intransmissibilidade, designadamente, J. G. Sá Carneiro, *Cláusulas de conservação*, RT, 65 (1947), 180 e 181; Ferrer Correia e Vasco Lobo Xavier, *A amortização de quota e o regime da prescrição*, RDES, XII (1965), 4, 27 ss.. Cf., também, Raúl Ventura, *Sociedades comerciais: dissolução e liquidação*, I (1960), 444 ss..

[3] Do ponto de vista do Direito Comparado têm sido apontados quatro sistemas: o alemão, o inglês, o francês e o sistema de meras sociedades de responsabilidade limitada. Para os pormenores relativos a cada um deles cf. Santos Lourenço, *Das sociedades por cotas/comentário à lei de 11 de Abril de 1901* 1 (sem data, mas de 1926), 158, nota 1; Raúl Ventura, *Cessão de quotas* (1967), 5 ss., e *Sociedades* 1, 534; Menezes Cordeiro 2 (2007), 365.

[4] A respetiva consulta pode fazer-se através de Raúl Ventura, *Sociedades* 1, 532 ss..

[5] BMJ 327 (1983), 166 e 167.

[6] V. n. 5.

[7] Alguma jurisprudência já sustentou que com a morte de um sócio os herdeiros adquirem *ipso iure* a qualidade de sócios: STJ 16-fev.-1973 (Fernandes da Costa), RLJ (1974-1975), 107, 62 ss., 66 ss.; RLx 12-jan.-1992 (Nascimento Gomes), BMJ 415 (1992), 716 (sumário); STJ 4-out.-1994 (Cardona Ferreira), BMJ 440 (1994), 504 e 505 = Proc. 086048, sumário. Todavia, enquanto a herança se mantiver indivisa eles não são verdadeiramente sócios embora possam nomear um representante comum. V. RLx 12-jun.-1996 (Cruz Broco), CJ XXI (1996) 3, 116; e Menezes Cordeiro 2 (2007), 366 e nota 986. Cf., também, para os termos da polémica Maria Ângela Coelho, *A transmissão* mortis causa *de quotas no anteprojecto de lei das sociedades* RDE 2 (1976), 29 ss.; Ferrer Correia, *A sociedade por quotas de responsabilidade limitada segundo o Código das Sociedades Comerciais*, ROA, XLVII (1987), 3, 690 ss.; Rita Lobo Xavier, *Reflexões sobre a posição do cônjuge meeiro em sociedades por quotas*, BFD (Suplemento XXXVIII), 1994, 117 e ss; Coutinho de Abreu, 2 (2015), 325 ss.. Note-se, porém, e como se sublinhará já de seguida, que ao contrário do que pode ser sugerido pelo regime do 225.º/3, a sociedade não se torna ela própria detentora da quota do *de cujus*.

[8] V., ainda o que se escreve *infra* no n.º 6.

[9] A respeito dos diversos tipos de limitação ou restrição pode ver-se Raúl Ventura, *Sociedades* 1, 535 ss.; Maria Ângela Coelho, *A transmissão* mortis causa *de quotas no anteprojecto de lei das sociedades por quotas*, RDE 2 (1976), 3 ss., 12 ss.; Albino de Matos, *Constituição*, 198 e 199. Note-se que as restrições ou limitações se não aplicam aos casos de afetação da quota ao cônjuge meeiro (8.º/3). Cf. a anotação a este preceito e, ainda, *colorandi causa* Coutinho de Abreu 2 (2015), 322, nota 778.

ou aquisição pela sociedade ou aquisição por outro sócio[10] ou por terceiro. Não sendo, no prazo de 90 dias subsequentes ao conhecimento da morte do sócio por algum dos gerentes[11] [12], tomada qualquer uma destas medidas, a quota considera-se transmitida[13]. Da parte final do 225.°/1 decorre o carácter imperativo[14] do seu regime no tocante à possibilidade de limitação ou restrição da transmissão. Daqui resulta a impossibilidade das chamadas cláusulas de estabilização ou amortização automática da quota em caso de morte do titular[15].

5 5. **Outorgantes em caso de aquisição pela sociedade, sócios ou terceiros**. Antes da reforma de 2006, o 225.°/3 determinava que, caso se optasse por fazer adquirir a quota, outorgavam o contrato (sob a forma de escritura pública) apenas o representante da sociedade e o adquirente se for sócio ou terceiro. Na redação do DL 76-A/2006, de 29-mar., suprimiu-se a menção final ao sócio ou terceiro. Esta alteração não tem qualquer consequência substancial. Nos termos do 225.°/3 fica dispensada a intervenção dos próprios sucessores[16], em qualquer circunstância – aquisição pela sociedade, por sócio ou por terceiro. Nas duas últimas hipóteses o representante da sociedade intervirá no lugar do vendedor[17]. No primeiro caso, apenas se assiste à necessidade de intervenção da sociedade, num fenómeno que parece próximo do negócio consigo mesmo[18].

6 6. **Titularidade da quota antes da aquisição**. O regime do 225.°/3 não significa, porém, como o demonstra o 227.°[19], ser a sociedade a detentora da quota que continua sujeita, neste particular, às regras próprias do Direito sucessório[20]. Está-se diante de um poder de disposição de coisa alheia, conferido pelo 225.°[21]. Daí a necessidade de compensação estabelecida pelo Código das Sociedades Comerciais e também a possibilidade de os sucessores participarem na assembleia onde se decida o destino da quota[22].

[10] Neste caso deve fazer-se respeitar o princípio da igualdade entre todos os sócios como nota Raúl Ventura, *Sociedades* 1, 547.

[11] Mas, como observa Raúl Ventura, *Sociedades* 1, 555, a opção é tomada por deliberação dos sócios. V., também, Coutinho de Abreu 2 (2015), 325; e STJ 19-set.-2006 (Azevedo Ramos), Proc. 06A2395.

[12] Recorde-se como nos termos gerais de Direito ao conhecimento se deve, com algumas exceções que não têm lugar *in casu*, equiparar o dever de conhecimento. Cf., com indicações Pedro de Albuquerque, *A representação voluntária (ensaio de reconstrução dogmática)*, 959 a 961, nota 1458.

[13] Sem necessidade de qualquer consentimento por parte da sociedade. Cf. RPt 13-fev.-2006 (Fernandes do Vale), Proc. 0556628.

[14] Com a exceção decorrente do 225.°/4.

[15] A este respeito cf. pormenorizadamente Raúl Ventura, *Sociedades* 1, 537 ss.. V., também, no sentido da inadmissibilidade das cláusulas de estabilização STJ 22-jan.-2001 (Ribeiro Coelho), Proc. 00A3654. Afigura-se-nos indevida a afirmação de Pereira de Almeida (2008), 371, segundo a qual o 225.° configura uma cláusula de estabilização.

[16] Menezes Cordeiro 2 (2007), 367.

[17] Raúl Ventura, *Sociedades* 1, 547 ss..

[18] Armando Triunfante (2007), 220, nota 226. Quanto à problemática subjacente ao negócio consigo mesmo v., por todos, Pedro de Albuquerque, *A representação*, 935 ss..

[19] Mas v., ainda, a anotação a este preceito.

[20] Assim Raúl Ventura, *Sociedades* 1, 547 ss.; Armando Triunfante (2007), 220. V., também, com interesse, Menezes Cordeiro 2 (2007), 366, nota 986, e 367, donde resulta implicitamente a mesma conclusão quando o autor admite a possibilidade de os sucessores participarem na assembleia geral onde se debata o destino da quota do sócio morto.

[21] Raúl Ventura, *Sociedades* 1, 537 ss., e 548 ss.; Armando Triunfante (2007), 220.

[22] Assim RLx 15-dez.-1987 (Calixto Pires), BMJ 372 (1987), 465 (sumário); STJ 23-set.-1997 (Cardona Ferreira) Proc. 97A083 (sumário), RLx 15-Mai.-2000 (Ferreira Girão), CJ XXV (2000) 3, 88; Menezes Cordeiro 2 (2007), 367. Contra, Coutinho de Abreu 2 (2015), 325 e 326, invocando o 227.° Mas v. a anotação a esse preceito. Antes da entrada em vigor do CSC, cf. António Ferrer Correia/Vasco Lobo Xavier, *A amortização de cotas e o regime da prescrição*, RDES XIII (1965), 4, 94 e 95. Admitindo a possibilidade de o sócio estar presente e a necessidade de ser convocado, sob pena de invalidade, mas não sem reconhecer direito de votar STJ 22-jan.-2001 (Ribeiro Coelho), Proc. 00A3654.

7. **Contrapartida pela aquisição.** No tocante ao apuramento e pagamento do preço, aplicam-se, salvo determinação em contrário[23], as regras relativas à amortização, mas os efeitos da alienação ficam suspensos enquanto a contrapartida não for paga (225.º/4). Na eventualidade de a contrapartida não ser tempestivamente realizada, o 225.º/6 permite aos interessados escolher entre a efetivação do crédito[24] e a ineficácia da alienação – considerando-se neste último caso transmitida a quota para os sucessores do sócio falecido a quem tenha cabido o direito à compensação[25]. 7

8. **Forma da aquisição.** A alteração operada pelo DL 76-A/2006, de 29-mar., ao 225.º/3 suprimiu a necessidade de a aquisição se fazer por escritura pública. 8

Artigo 226.º (Transmissão dependente da vontade dos sucessores)

1. Quando o contrato atribuir aos sucessores do sócio falecido o direito de exigir a amortização da quota ou por algum modo condicionar a transmissão da quota à vontade dos sucessores e estes não aceitem a transmissão, devem declará-lo por escrito à sociedade, nos 90 dias seguintes ao conhecimento do óbito.

2. Recebida a declaração prevista no número anterior, a sociedade deve, no prazo de 30 dias, amortizar a quota, adquiri-la ou fazê-la adquirir por sócio ou terceiro, sob pena de o sucessor do sócio falecido poder requerer a dissolução da sociedade por via administrativa.

3. É aplicável o disposto no n.º 4 do artigo anterior e nos n.ºs 6 e 7 do artigo 240.º.

Bibliografia: Coutinho de Abreu 2 (2019), 356; António Pereira de Almeida 1 (2013), 373 e 374; António Menezes Cordeiro 2 (2007), 363 ss.; António Ferrer Correia/Vasco Lobo Xavier/Maria Ângela Coelho/António A. Caeiro, *Sociedades por quotas de responsabilidade limitada/Anteprojecto de lei – 2.ª redacção e exposição de motivos*, RDE 3 (1977), 153-224 e 349-423 e RDE 5 (1979), 111-141 e 142-200; Paulo Olavo Cunha (2019), 517 ss.; Santos Lourenço, *Das sociedades por cotas/comentário à lei de 11 de Abril de 1901* 1 (sem data mas de 1926), 163 ss.; Remédio Marques, *Código em comentário* 3 (2016), 441 ss.; Albino de Matos, *Constituição de sociedades (teoria e prática)*, 5.ª ed. (2001), 199; Ministério da Justiça, *Código das Sociedades*

[23] Quanto ao alcance que esta estipulação pode assumir v. Raúl Ventura, *Sociedades* 1, 550 ss., parecendo claramente de admitir a possibilidade de a sociedade acordar com o adquirente condições melhores do que as resultantes do 235.º, sem prejuízo da possibilidade de os sucessores a isso se oporem. Note-se que a própria remissão ou doação depende de aceitação. Parece também que a sociedade pode alienar nos termos do artigo 235.º mesmo se aparecer alguém a oferecer mais, se não pretender ter o oferente como sócio. Valem, porém, como não pode deixar de ser os limites do abuso de direito. No sentido segundo o qual o regime estabelecido no pacto não pode nunca conduzir a valores irrisórios, Menezes Cordeiro 2 (2007), 368. Cf. ainda STJ 5-dez.-1991 (Cabral de Andrade), Proc. 0807083, considerando haver abuso de direito quando se pretende pagar 10 contos (49,88 euros) por uma quota que as instâncias avaliaram em 6000 contos (29927,87 euros).

[24] A realizar de acordo com os meios de execução coativa, como nota Menezes Cordeiro 2 (2007), 367. A questão que se coloca é a de saber se nesse caso se mantém a suspensão determinada pelo 225.º/4. Raúl Ventura, *Sociedades* 1, 553, entende que não. Mas não o acompanhamos por não encontrarmos razão para beneficiar, em detrimento dos sucessores, quem está em mora. A manutenção da suspensão, mesmo em caso de exigência de cumprimento, funciona como um meio de pressão adicional. Pela mesma razão, sempre contra Raúl Ventura, entendemos que, feita a opção no sentido do pagamento, se este se não vier afinal a poder efetuar tem o sócio ainda aberta a possibilidade de escolher a ineficácia, tal como o credor que opta num primeiro momento por exigir o cumprimento pode vir, em certas circunstâncias, a fazer funcionar a condição resolutiva tácita.

[25] Note-se a circunstância de, não obstante este regime, se considerar estar-se perante um caso de compra e venda da quota. Cf. Raúl Ventura, *Sociedades* 1, 549 e 550; Armando Triunfante (2007), 220.

Comerciais (Projecto), BMJ 327 (1983), 166 e 167; Abílio Neto (2007), 501 e 502; Armando Triunfante (2007), 221 e 222; Raúl Ventura, *Dissolução e liquidação de sociedades*, Coimbra, 1987, 155; *id.*, *Sociedades por quotas* 1, 2.ª ed. (1989), 559 ss..

Índice

I – Antecedentes
1. A L de 1911, os trabalhos preparatórios e o CSC 1
2. A reforma de 2006 2

II – Regime vigente
3. Cláusulas de impedimento da transmissão *mortis causa* por vontade dos sucessores 3
4. Transmissão precária 4
5. Prazo e forma da declaração de não aceitação 5
6. Deveres da sociedade em relação aos direitos dos sucessores 6
7. Contrapartida 8

I – **Antecedentes**

1 1. **A L de 1911, os trabalhos preparatórios e o CSC**. A L de 1911 não contemplava nenhum preceito semelhante ao 226.º. Não obstante, a atribuição, aos sucessores de um sócio falecido, do direito a exigir a amortização da quota era já um meio praticado durante a respetiva vigência[1]. Os Anteprojetos não continham nenhuma disposição específica do tipo do 226.º. Não obstante, o Projeto continha no 209.º uma regra exatamente igual à que viria a constar do 226.º.

2 2. **A reforma de 2006**. O DL 76-A/2006, de 29-mar., viria modificar o 226.º/2 e 3. A alteração do 226.º/2 foi no sentido de substituir a dissolução judicial pela operada por via administrativa. A do 226.º/3 respeita à alteração, sem modificação do regime material, da anterior remissão para 240.º/4 e 5, uma vez que este preceito foi objeto de uma nova sistematização.

II – **Regime vigente**

3 3. **Cláusulas de impedimento da transmissão *mortis causa* por vontade dos sucessores**. O 226.º/1 não prevê nenhum dispositivo de aplicação direta. Faculta apenas a possibilidade de o contrato colocar na dependência da vontade dos sucessores do sócio falecido a transmissão da quota. O 226.º/1 faculta, em primeiro, lugar a possibilidade de o contrato permitir aos sucessores exigirem a amortização da quota. Menciona, ainda, o preceito, em termos genéricos, a possibilidade de a transmissão ser por algum outro modo condicionada à vontade dos sucessores. A prática tem vindo a documentar situações em que o contrato estipula simultaneamente cláusulas de restrição ou condicionamento ao abrigo do 225.º e do 226.º[2].

4 4. **Transmissão precária**. Tal como no caso do 225.º o artigo 226.º não obsta a que, com a morte do sócio, a quota se transmita para os seus sucessores. Mas pode tratar-se de uma sucessão precária, cujos efeitos são eliminados retroativamente nos termos do 227.º.

5 5. **Prazo e forma da declaração de não aceitação**. Os sucessores dispõem de 90 dias para comunicarem, por escrito, à sociedade a vontade de que a quota se não transmita para eles (226.º/1).

6 6. **Deveres da sociedade em relação aos direitos dos sucessores**. Feita a comunicação a sociedade tem o dever de, em 30 dias[3] (226.º/2), proceder à amortização da quota ou aquisição

[1] Raúl Ventura, *Sociedades* 1, 560.
[2] V. Raúl Ventura, *Sociedades* 1, 560.
[3] Mas os sócios podem aceitar que a operação se faça em prazo mais dilatado. Assim, também, Raúl Ventura, *Sociedades* 1, 562.

desta pela sociedade, por um sócio ou terceiro. A escolha por um destes meios corresponde a uma faculdade da sociedade[4], a efetuar por deliberação dos sócios[5]. Tal como acontece com a hipótese paralela do artigo 225.º, entendemos que o sócio tem o direito de participar na respetiva assembleia[6].

Não tendo o prazo para amortização ou aquisição sido dilatado com o acordo dos sócios, se ao fim de 30 dias não se tiver assistido à amortização ou aquisição da quota estabelece o 226.º/2 poder o sucessor requerer a dissolução administrativa da sociedade. Trata-se de uma sanção pesada, suscetível de comprometer um empreendimento perfeitamente viável. Deve pois o intérprete-aplicador revelar cautela no modo como acomoda o mencionado prazo. Em múltiplas circunstâncias a exigência de observância rigorosa dos 30 dias pode configurar abuso de direito por parte do sucessor. Suscetível de desencadear a dissolução administrativa é ainda, em caso de amortização, a impossibilidade de pagamento da contrapartida em razão do disposto no 236.º/1 ou o não-cumprimento tempestivo por parte do adquirente da quota, sem prejuízo da possibilidade de substituição pela sociedade (226.º/3 e 240.º/6 e 7) – mas também aqui se afiguram necessárias cautelas no sentido de evitar aplicações automáticas suscetíveis de gerarem situações abusivas. 7

7. **Contrapartida**. No tocante à contrapartida a pagar aos sucessores determina o 226.º/3 a aplicação do disposto no artigo 225.º/3. 8

Artigo 227.º (Pendência da amortização ou aquisição)

1. A amortização ou a aquisição da quota do sócio falecido efetuada de acordo com o prescrito nos artigos anteriores retrotrai os seus efeitos à data do óbito.

2. Os direitos e obrigações inerentes à quota ficam suspensos enquanto não se efetivar a amortização ou aquisição dela nos termos previstos nos artigos anteriores ou enquanto não decorrerem os prazos ali estabelecidos.

3. Durante a suspensão, os sucessores poderão, contudo, exercer todos os direitos necessários à tutela da sua posição jurídica, nomeadamente votar em deliberações sobre alteração do contrato ou dissolução da sociedade.

Bibliografia: António Menezes Cordeiro 2 (2007), 368; Ferrer Correia, *A sociedade por quotas de responsabilidade limitada segundo o código das Sociedades Comerciais*, in ROA, XLVII (1987), 3, 690 ss.; António Ferrer Correia/Vasco Lobo Xavier, *A amortização de cotas e o regime da prescrição*, RDES, XII (1965), 4, 91 ss. (*Apêndice acerca da cláusula que confere à sociedade o direito de amortizar em certo prazo as quotas dos sócios falecidos: a situação dos respectivos sucessores durante o prazo*); António Ferrer Correia/Vasco Lobo Xavier/Maria Ângela Coelho/António A. Caeiro, *Sociedades por quotas de responsabilidade limitada/Anteprojecto de lei – 2.ª redacção e exposição de motivos*, RDE 3 (1977), 153 ss., 208 e 209; Remédio Marques, *Código em comentário* 3 (2016), 449 ss.; Ministério da Justiça, *Código das Sociedades Comerciais (Projecto)*, BMJ 327 (1983), 167 e 168; Abílio Neto (2007), 502 ss.; Vaz Serra, *Anotação ao STJ – 12-Fev.-1973*, RLJ, (1974-1975) 107, 62 ss., 66 ss.; Raúl Ventura, *Sociedades por quotas de responsabilidade limitada/Anteprojecto – primeira redacção*, BMJ 160

[4] Raúl Ventura, *Sociedades* 1, 561.

[5] Raúl Ventura, *Sociedades* 1, 561; Coutinho de Abreu (2015), 325; e STJ 19-set.-2006 (Azevedo Ramos), Proc. 06A2395.

[6] Cf. a anotação n.º 6 ao 225.º e a nota 21. Sustentando a necessidade de o sócio participar RPt 17-jun.-1996 (Abílio Vasconcelos), CJ XXI (1996), 3, 222; RLx 21-set.-2004 (Ana Grácio), CJ XXIX (2004) 4, 87 ss.. Defendendo que o sócio não pode votar na assembleia v. Raúl Ventura, *Sociedades* 1, 561.

(1966), 96, *Segunda redacção*, BMJ 182 (1969), 221 e 229; *id.*, *Sociedades por quotas* 1, 2.ª ed. (1989), 565 ss.; Rita Lobo Xavier, *Reflexões sobre a posição do cônjuge meeiro em sociedades por quotas*, BFD (Suplemento XXXVIII), 1993, 117 ss..

Índice

I – Antecedentes
1. A L de 1911 e os trabalhos preparatórios do CSC 1

II – O regime vigente
2. Suspensão dos direitos e obrigações, exercício de direitos necessários à tutela da posição jurídica dos sucessores, retroatividade da amortização. Sistema do Código 3
3. Titularidade da quota na pendência 4
4. Direito de participar nas assembleias gerais 5
5. Direito de votar nas assembleias gerais 6
6. O funcionamento da regra da retroatividade ... 7

I – Antecedentes

1 1. **A L de 1911 e os trabalhos preparatórios do CSC.** A L de 1911 não regulava a situação de pendência em caso de amortização ou aquisição da quota na sequência de morte do sócio. Em virtude disso, estabeleceu-se um debate intenso acerca da posição jurídica dos sucessores e em que um dos aspetos mais disputados consistia em saber se eles podiam votar na própria deliberação que decidisse o destino da quota[1].

2 Os Anteprojetos de Ferrer Correia e Raúl Ventura[2] procuraram estabelecer um regime para a situação de pendência da quota, tendo, na sequência, o Projeto[3] vindo a consagrar no 212.º a solução que seria plasmada no 227.º.

II – Regime vigente

3 2. **Suspensão dos direitos e obrigações, exercício de direitos necessários à tutela da posição jurídica dos sucessores, retroatividade da amortização. Sistema do Código.** De acordo com o 227.º durante o período de pendência: (a) os direitos e obrigações inerentes à quota ficam suspensos[4] – 227.º/2; (b) durante a suspensão, podem ser exercidos todos os direitos necessários à tutela da sua posição jurídica, nomeadamente votar em deliberações sobre alteração do contrato ou dissolução da sociedade (227.º/3); (c) a amortização ou a aquisição retroagem à data do óbito (227.º/1).

4 3. **Titularidade da quota na pendência.** Já na anotação ao 225.º[5] nos manifestámos no sentido segundo o qual na situação de pendência a quota não pertence à sociedade, seguindo as regras de Direito sucessório – embora numa solução de precariedade[6]. Reiteramos a posição claramente decorrente do 227.º/1 e 3.

5 4. **Direito de participar nas assembleias gerais.** Debatida face ao disposto no 227.º/2 é a questão de saber se os sócios devem ou não ser convocados para as assembleias gerais no período

[1] Para os termos dessa controvérsia cf. António Ferrer Correia/Vasco Lobo Xavier, *A amortização de cotas e o regime da prescrição*, RDES (1965), 91 ss.; Vaz Serra, *Anotação* cit., RLJ, (1974-1975) 107, 62 ss., 66 ss.. Na literatura jurídica contemporânea cf. Rita Lobo Xavier, *Reflexões sobre a posição do cônjuge meeiro*, BFD (Suplemento XXXVIII), 1993, 117 ss.; Coutinho de Abreu (2015), 2, 325 ss.; Raúl Ventura, *Sociedades* 1, 568 e 570. V., ainda, a ampla casuística citada por Abílio Neto (2007), 504 ss.

[2] Raúl Ventura, *Sociedades* 1, 565 e 566.

[3] BMJ, 327 (1983), 168 e 169.

[4] Suspensão que se inicia com a morte e não com o respetivo conhecimento pela sociedade. O prazo de vigência da suspensão de acordo com o 227.º/2 deve ser cruzado com o prazo do 225.º/4. Cf. Raúl Ventura, *Sociedades* 1, 567 ss..

[5] Cf. nota 7 e n.º 6.

[6] V., também a anotação n.º 4 ao 226.º.

de pendência. Também já antes nos pronunciámos afirmativamente[7]. As posições em sentido contrário[8] parecem, com a devida vénia, ignorar o disposto no 248.º/5.

5. **Direito de votar nas assembleias gerais**. Enquanto o 227.º/2 determina a suspensão dos direitos e obrigações inerentes à quota no período de pendência, o 227.º/3 permite o exercício de todos os direitos necessários à tutela da posição jurídica do sucessor, nomeadamente o de votar em deliberações sobre a alteração do contrato de sociedade. A interpretação deste preceito tem dado origem a profunda controvérsia. Não se trata já de saber qual o enquadramento dogmático da posição do sucessor, mas, sim, a determinação da medida dos direitos que ele pode exercer. Parte da doutrina e jurisprudência[9] reconhece, apenas, ao sucessor um conjunto de poderes e direitos de fiscalização destinados a assegurar a integridade da respetiva quota e o direito de votar nas deliberações a que se refere expressamente o 227.º/3. Mas não o direito de votar na deliberação que decida o destino da quota. Ferrer Correia chega a propor a interpretação ab-rogante do 227.º/3, por, afirmando a necessidade de eliminação das contradições normativas, considerar existir uma entre ele e o 227.º/2. Mas não. *In casu* a contradição normativa em causa corresponde à categoria das meramente aparentes. Tem razão Ferrer Correia ao considerar que a consagração da possibilidade de se votar em deliberações de alteração do pacto ou dissolução da sociedade acarreta, pela transcendência de que se reveste, a possibilidade de votar em tudo o resto. Mas a consequência não é a afirmação de qualquer contradição com o 227.º/2. É, simplesmente, a verificação de que este último não atinge nunca o direito de voto[10], mas tão-só outros direitos como o direito ao dividendo, que fica suspenso até a situação se consolidar. Uma distinção entre deliberações que digam respeito à própria situação como tal e as referentes à sua modificação[11], de modo a considerar suspenso o direito de voto neste caso também não nos parece pertinente. Desde logo porque a mudança da situação é ela própria referente à própria situação. 6

6. **O funcionamento da regra da retroatividade**. A solução que propomos quanto ao direito de participação e de voto do sucessor no período de pendência tem, ainda, a vantagem de delimitar o âmbito de aplicação do 227.º/1 e, com a devida vénia, se evitar a solução incompreensível de numa aplicação literal da regra da retroatividade da aquisição se vir a considerar inválidas todas as deliberações para as quais o novo sócio não tenha sido convocado quando ainda nem sequer era conhecido[12]. 7

Artigo 228.º (Transmissão entre vivos e cessão de quotas)

1. A transmissão de quotas entre vivos deve ser reduzida a escrito.

2. A cessão de quotas não produz efeitos para com a sociedade enquanto não for consentida por esta, a não ser que se trate de cessão entre cônjuges, entre ascendentes e descendentes ou entre sócios.

[7] V. a anotação n.º 6 ao 225.º e a n.º 6 ao 226.º, com as indicações aí fornecidas. Destacamos, mesmo assim, de entre as referências já feitas RLx 15-mai.-2000 (Ferreira Girão), CJ XXV (2000), 3, 88.

[8] Como por exemplo a de Coutinho de Abreu 2 (2015), 325.

[9] V. as referências feitas em nota na anotação n.º 6 ao 225.º e a n.º 6 ao 226.º. Cf., ainda: Raúl Ventura, *Sociedades* 1, 566, 569 ss..

[10] Para quem subscreva a metodologia interpretativa tradicional dir-se-ia ir a letra além do sentido e dever o 227.º/2 ser objeto de uma interpretação restritiva. Para a perspetiva do problema da interpretação-aplicação que julgamos pertinente remetemos para Pedro de Albuquerque, *Os limites à pluriocupação dos membros do conselho geral e de supervisão e do conselho fiscal* (2007) com indicações, *id.*, *Direitos Reais – Relatório* (2009), Introdução, § 2, e Parte II §§ 1 a 1.3.

[11] Como propõe Raúl Ventura, *Sociedades* 1, 570.

[12] Como sustenta Raúl Ventura, *Sociedades* 1, 572.

3. A transmissão de quota entre vivos torna-se eficaz para com a sociedade logo que lhe for comunicada por escrito ou por ela reconhecida, expressa ou tacitamente.

Bibliografia: Jorge Coutinho de Abreu 2 (2019), 343 ss.; António Pereira de Almeida 1 (2013), 371 ss.; Margarida Costa Andrade, *A cessão de quotas no direito comparado*, in *Cessão de quotas* (2009), 51 ss.; António Caeiro/Maria Ângela, *Proibição de cessão de quotas sem o consentimento da sociedade e a constituição de usufruto sobre a quota*, RDE 8 (1982), 71 ss.; António Menezes Cordeiro 2 (2007), 368; Anacoreta Correia, *O registo por depósito da cessão de quotas – a perspectiva de um advogado*, in *Cessão de quotas* (2009), 121 ss.; Brito Correia, *A desformalização da cessão de quotas – perspectiva de um advogado*, in *Cessão de quotas* (2009), 37 ss.; Ferrer Correia, *A sociedade por quotas de responsabilidade limitada segundo o Código das Sociedades Comerciais*, ROA XLVII (1987), 3, 693 e 694; António Ferrer Correia/Vasco Lobo Xavier/Maria Ângela Coelho/António A. Caeiro, *Sociedades por quotas de responsabilidade limitada/Anteprojecto de lei – 2.ª redacção e exposição de motivos*, RDE 3 (1977), 153 ss., 206 ss.; Paulo Olavo Cunha (2019), 504 ss.; Vieira Cura, *Contrato-promessa de cessão de quota e reconhecimento negativo de dívida – Algumas considerações a propósito de uma cláusula inserida num «contrato-promessa»*, em *Estudos dedicados ao Prof. Doutor Mário Júlio de Almeida Costa* (2002), 299 ss.; Pinto Furtado, (2007), 197 e 198; Mouteira Guerreiro, *O registo por depósito da cessão de quotas: o antes, o depois … E agora*, in *Cessão de quotas* (2009), 109; Barata Lopes, *A desformalização da cessão de quotas – perspectiva de notário*, in *Cessão de quotas* (2009), 25 ss.; Santos Lourenço, *Das sociedades por cotas/comentário à lei de 11 de Abril de 1901* 1 (sem data mas de 1926), 157 ss.; Pedro Maia, *Cessão de quotas*, in *Colóquio: Os quinze anos de vigência do Código das Sociedades Comerciais*, org. Ferrer Correia (2003), 125 ss.; *id.*, *Registo e cessão de quotas*, em *Reformas do Código das Sociedades Comerciais*, Coimbra, 2007, 163 ss.; Remédio Marques, *Código em comentário* 3 (2011), 439 ss.; José Manuel Martins, *A desformalização da cessão de quotas: o antes, o depois… E agora*, in *Cessão de quotas* (2009), 13 ss.; Alexandre Soveral Martins, *Sobre o consentimento da sociedade para a cessão de quotas*, BFD/Boletim Comemorativo, 2003, 673 ss.; *id.*, *Cessão de quotas. Alguns problemas* (2017); Albino de Matos, *Constituição de sociedades (teoria e prática)*, 5.ª ed. (2001), 199 a 201; Evaristo Mendes, *Venda de sociedade por quotas. Aplicação das leis no tempo. Posse e usucapião de quota de sociedade por quotas. Prazo para usucapião não havendo justo título. Anotação ao STJ – 25-Nov.-1990*, in RDES, XXXVI (1994), 1/3, 192 ss.; Ministério da Justiça, *Código das Sociedades Comerciais (Projecto)*, BMJ 327 (1983), 169 ss.; Abílio Neto (2007), 504 ss.; Carlos Mota Pinto, *A cessão de usufruto vitalício de uma quota de sociedade por quotas, não equivale a cessão de quotas para efeitos de preferência pela sociedade ou por sócios, na alienação de quotas*, CJ VI (1981), 5, 7 ss.; Armando Triunfante (2007), 222 e 223; Antunes Varela, *Quotas de sociedade/Parecer*, CJ//STJ I (1993), 1, 266 ss.; Raúl Ventura, *Sociedades por quotas de responsabilidade limitada/Anteprojecto – primeira redacção*, BMJ 160 (1966), 92 ss.; *Segunda redacção*, BMJ 182 (1969), 218 ss.; *id.*, *Sociedades por quotas* 1, 2.ª ed. (1989), 575 ss..

Índice

I – **Antecedentes**
1. A L de 1911, os trabalhos preparatórios e o CSC 1
2. A reforma de 2006 2

II – **Regime vigente**
3. Transmissão e cessão 3
4. Forma (remissão) 4
5. Consentimento 5
6. Eficácia da transmissão 7

I – Antecedentes

1 **1. A L de 1911, os trabalhos preparatórios e o CSC.** De acordo com o regime decorrente do 6.° da L de 1911 a regra no tocante à transmissão de quotas era a inversa da atual: em princípio livre, podendo, todavia, o pacto fazer depender a cessão do consentimento da sociedade ou outros requisitos. Do ponto de vista da respetiva eficácia o 7.° da L de 1911 determinava que a cessão de quotas somente produzia efeitos para com a sociedade desde a data da respetiva notificação. Os §§ 1 e 2 continham depois afinamentos desta regra. Nos trabalhos preparatórios,

as propostas de Ferrer Correia, Vaz Serra e Raúl Ventura[1] afastaram-se da L de 1991, propondo, como princípio, a sujeição da cessão de quotas ao consentimento da sociedade. O 211.º/2 do Projeto foi no mesmo sentido dando, depois, origem ao 228.º[2].

2. **A reforma de 2006.** O DL 76-A/2006, de 29-mar., veio alterar a redação inicial do 211.º/1 de modo a suprimir a diferença entre transmissão judicial e transmissão por outra forma e a eliminar quanto a esta a exigência de escritura pública. Todas as transmissões passam a ser feitas por escrito, suscetível de substituição nos termos do 4.º-A. 2

II – Regime vigente

3. **Transmissão e cessão.** A transmissão *inter vivos* não se confunde com a cessão. Esta corresponde à transmissão voluntária. Não há cessão nos casos de perda da quota (204.º), arrematação, aquisição ao sucessor dependente da vontade da sociedade, amortização, etc.[3]. Aliás a própria cessão corresponde a uma designação genérica cobrindo várias situações: compra e venda, doação e outros negócios diversos, típicos e atípicos[4]. O negócio-base de cessão sujeita-se às vicissitudes comuns de qualquer contrato[5]. 3

4. **Forma (remissão).** Conforme se referiu, a forma do ato de transmissão *inter vivos* depende de simples escrito suscetível de substituição nos termos do 4.º-A. Dado esse consentimento haverá que proceder ao registo da cessão (242.º-A) e publicidade necessária[6]. 4

5. **Consentimento.** De acordo com 228.º/2 a cessão de quotas[7] não produz efeitos para com a sociedade enquanto não for por esta consentida, exceto se se tratar de cessão entre cônjuges[8], entre ascendentes ou entre sócios[9] [10] [11]. Esta norma é apenas parcialmente imperativa perante 5

[1] Cf. Raúl Ventura, *Sociedades* 1, 575 ss..

[2] BMJ 327 (1983), 168.

[3] Cf. Raúl Ventura, *Sociedades* 1, 577; Menezes Cordeiro 2 (2007), 368 e 369; Coutinho de Abreu 2 (2015), 330 e 331. Tem-se discutido se se pode adquirir uma quota por usucapião. Cf. a este respeito Evaristo Mendes, *Venda de quota de sociedade*, 192 ss.; Menezes Cordeiro 2 (2007), 374, ambos com amplas indicações. Acerca da problemática da cessão de quotas e o regime das sociedades coligadas ou concentração de empresas v. Soveral Martins, *Cessão de quotas*, 23 ss..

[4] Menezes Cordeiro 2 (2007), 369. Na sequência da posição que defendemos da participação social como um direito subjetivo – Pedro de Albuquerque, *O direito de preferência dos sócios em aumentos de capital nas sociedades anónimas e por quotas* (1993), 401 ss. – não nos parece de aceitar a qualificação da cessão de quota como uma cessão da posição contratual como defende Raúl Ventura, *Sociedades* 1, 578 ss.. Tem estado na origem de diversos litígios a destrinça entre a cessão de quotas e o trespasse. A este respeito cf. a jurisprudência indicada por Abílio Neto (2007), 505 ss.. Para mais referências doutrinais a este respeito v. as indicações de Margarida Costa Andrade, *A cessão de quotas no direito comparado*, in *Cessão de quotas* (2009), 51 ss., nota 1.

[5] Menezes Cordeiro 2 (2007), 370. V., ainda, a título exemplificativo da inúmera jurisprudência relevante, STJ 5-jun.-2007 (Fonseca Ramos), Proc. 07A1364, referente a uma simulação na cessão de quotas; a propósito do incumprimento do contrato-promessa de cessão de quota: STJ RPt 18-out.-2004 (Fonseca Ramos), Proc. 04551467; RPt 29-nov.-2004 (Orlando Nascimento), Proc. 0452541, relativamente à anulabilidade, por erro, da cessão de quotas.

[6] Paulo Olavo Cunha (2019), 514 ss..

[7] Sublinhe-se o facto de em causa estar apenas a cessão de quotas. Outros atos não estão sujeitos a este consentimento. Cf. Raúl Ventura, *Sociedades* 1, 584; e Soveral Martins, *Sobre o consentimento da sociedade para a cessão de quotas*, BFD/Boletim Comemorativo, 2003, 677, em nota.

[8] Quanto às especialidades da cessão de quotas entre cônjuges v., *colorandi causa*, Soveral Martins, *Sobre o consentimento da sociedade*, BFD/Boletim Comemorativo, 2003, 680. Acerca da questão que consiste em saber se este preceito pretende, ou não, derrogar o regime da proibição de compra e venda entre cônjuges v. as indicações fornecidas por Abílio Neto (2007), 505 ss.; e Pinto Furtado (2007), 197.

[9] Note-se que todos os contitulares são sócios. Quanto à quota que é bem comum do casal v. o 8.º do Código das Sociedades Comerciais. Para mais pormenores, Soveral Martins, *Sobre o consentimento da sociedade*, BFD/Boletim Comemorativo, 677.

[10] Considerando que apesar de em certo caso não necessitar do consentimento da sociedade tem de haver comunicação, exceto se houver reconhecimento expresso ou tácito, STJ 16-mar.-1999 (Quirino Soares), CJ/STJ VII (1999), 1, 158.

[11] Entendemos, face ao regime vigente, poder o contrato de sociedade dispensar o consentimento como o pode

o 229.º/2, 3 e 5[12]. Sendo o consentimento recusado, a sociedade tem visto ser-lhe reconhecida legitimidade para intentar ação de declaração da invalidade da cessão[13]. Mas não se está perante uma invalidade mas, sim, diante de um caso de ineficácia[14], podendo surgir um assentimento superveniente[15]. Entre as partes a cessão é válida[16]. Ao contrário do que tem sido sustentado, não se vislumbra qualquer razão para se considerar que o consentimento da sociedade constitui requisito prévio da execução específica de um contrato-promessa de cessão de quotas. O consentimento pode ser anterior ou posterior à cessão[17].

6 O consentimento é um ato jurídico unilateral a prestar mediante deliberação dos sócios – 246.º/1, *b*)[18]. Não é porém necessária maioria qualificada[19]. Admite-se a possibilidade de ele ser dado de forma expressa ou tácita[20]. Na eventualidade de o consentimento ser prestado pelos próprios gerentes depara-se com uma atuação sem poderes e o mesmo sucederá se a gerência comunicar um consentimento que não foi dado[21].

também, face ao 229.º/3, exigir o consentimento da sociedade para alguma das cessões previstas no 228.º/2.

[12] Colocando em evidência a supletividade face ao 229.º/3 STJ 30-mai.-2006 (Urbano Dias), Proc. 06A1482. V., também, STJ 9-dez.-1999 (Pinto Monteiro), BMJ 492 (2000), 459 ss., 461, onde se afirma a nulidade, por violação da norma imperativa do 229.º/5, de uma disposição do pacto que sujeita transmissão a preferência dos sócios, mas se afirma a natureza supletiva do 228.º/2. Defendendo a imperatividade do 228.º com referência apenas ao 299.º/5, Menezes Cordeiro 2 (2007), 369.

[13] RCb 17-nov.-1987 (Pereira da Graça), BMJ 371 (1987), 551 (sumário). Cf., também, Menezes Cordeiro 2 (2007), 370.

[14] STJ 30-mar.-1899 (Alcides de Almeida), Proc. 077060 (sumário); STJ 21-out.-1999 (Miranda Gusmão), Proc. 99B410; RLx 28-jan.-2003 (Quinta Gomes), Proc. 0071301 (sumário); RCb 23-abr.-1991 (Pires de Lima), CJ XVI (1991), 2, 97 ss.; Raúl Ventura, *Sociedades* 1, 585; Soveral Martins, *Sobre o consentimento da sociedade*, BFD//Boletim Comemorativo, 678 e 679; Albino de Matos, *Constituição*, 199; Menezes Cordeiro 2 (2007), 370. Mas isso não significa, ao contrário do sustentado no RLx 20-mar.-2003 (Graça Amaral), Proc. 0004472 (sumário) que, não tendo havido comunicação da cessão o sócio tenha de ser convocado para as assembleias gerais (no nosso sentido, implicitamente, v. Raúl Ventura, *Sociedades* 1, 585 e 586). Até porque se isso sucedesse estava-se perante a prestação de um consentimento tácito.

[15] Albino de Matos, *Constituição*, 199; Menezes Cordeiro 2 (2007), 370. V., também, STJ 30-mar.-1899 (Alcides de Almeida), Proc. 077060 (sumário); STJ 8-jul.-2003 (Ferreira de Almeida), Proc., 03B1938. Alguma jurisprudência tem entendido que o consentimento dado em momento posterior apenas tem eficácia *ex nunc* e não *ex tunc;* assim STJ 8-jul.-2003 (Ferreira de Almeida), *Sumários de Acórdãos do Supremo Tribunal de Justiça*, jul. 2003, Rev. n.º 1938/03-2.ª secção, 35 e 36. Mas não encontramos, com a devida vénia, motivo para o efeito. Entre as partes a cessão é eficaz mesmo sem o consentimento e perante a sociedade passa a sê-lo com este que deve poder operar retroativamente sob pena, a nosso ver, de formalismo demasiado.

[16] Menezes Cordeiro 2 (2007), 370. Na mesma direção STJ 21-out.-1999 (Miranda Gusmão), Proc. 99B410; STJ 08-jul.-2003 (Ferreira de Almeida), Proc. 03B1938.

[17] Raúl Ventura, *Sociedades* 1, 623 e 624, sublinhando tratar-se de opinião generalizada.

[18] Soveral Martins, *Sobre o consentimento da sociedade*, BFD//Boletim Comemorativo, 678; Menezes Cordeiro 2 (2007), 369.

[19] Cf. STJ 1-fev.-1995 (Afonso de Melo), CJ/Supremo III (1995), 1, 57; RCb 29-jan.-1990 (Hélder Roque), Proc. 2959/2001 (sumário); Raúl Ventura, *Sociedades* 1, 623; Soveral Martins, *Sobre o consentimento da sociedade*, BFD/Boletim Comemorativo, 678; Menezes Cordeiro 2 (2007), 369. Não é, sequer possível estabelecer, no pacto, que o consentimento depende de consentimento de todos os sócios (229.º/5).

[20] Acerca deste e outros aspetos do consentimento cf. Soveral Martins, *Sobre o consentimento da sociedade*, BFD//Boletim Comemorativo, 2003, 678 e 679, 686 ss.; Pedro Maia, *Cessão de quotas*, in *Colóquio*: *Os quinze anos de vigência do Código das Sociedades Comerciais*, org. Ferrer Correia (2003); Menezes Cordeiro 2 (2007), 369; Coutinho de Abreu 2 (2015), 330 e 333 ss.. Na jurisprudência v. STJ 21-out.-1999 (Miranda Gusmão), Proc. 99B410; RCb 29-jan.-1990 (Hélder Roque), Proc. 2959/2001 (sumário); RPt 28-jun.-1994 (Paz Dias), Proc. 943027.

[21] Assim Soveral Martins, *Sobre o consentimento da sociedade*, BFD/Boletim Comemorativo, 2003, 685. Cf., também, Raúl Ventura, *Sociedades* 1, 626 e s., e 3, 144 ss.. Note-se que conjugando-se o 9.º/1 da Primeira Diretriz Comunitária em matéria de sociedades e das que lhe sucederam com o 260.º/1 do CSC esses atos vincularão em princípio a sociedade, tal como parece demonstrar Soveral Martins (*op. cit.* 685 e 686 nota 33, mas em desalinhamento com a opinião expressa no texto da obra), numa linha que está também subjacente ao nosso entendimento em matéria de prestação pelas sociedade de garantias a dívidas de terceiros

6. **Eficácia da transmissão**. A transmissão torna-se, de acordo com o 228.º/3, eficaz para com a sociedade com a comunicação por escrito ou quando for por ela reconhecida expressa ou tacitamente (228.º/3), a par do registo da cessão (242.º-A)[22]. O reconhecimento postula uma atitude positiva de aceitação[23]. A articulação entre o 228.º/2 e o 228.º/3 implica que a eficácia perante a sociedade depende, para além do registo, de dois factos: o consentimento e a comunicação[24] [25]. 7

Artigo 229.º (Cláusulas contratuais)

1. São válidas as cláusulas que proíbam a cessão de quotas, mas os sócios terão, nesse caso, direito à exoneração, uma vez decorridos 10 anos sobre o seu ingresso na sociedade.

2. O contrato de sociedade pode dispensar o consentimento desta, quer em geral, quer para determinadas situações.

3. O contrato de sociedade pode exigir o consentimento desta para todas ou algumas das cessões referidas no artigo 228.º, n.º 2, parte final.

4. A eficácia da deliberação de alteração do contrato de sociedade que proíba ou dificulte a cessão de quotas depende do consentimento de todos os sócios por ela afetados.

5. O contrato de sociedade não pode subordinar os efeitos da cessão a requisito diferente do consentimento da sociedade, mas pode condicionar esse consentimento a requisitos específicos, contanto que a cessão não fique dependente:

- ***a*) Da vontade individual de um ou mais sócios ou de pessoa estranha, salvo tratando-se de credor e para cumprimento de cláusula de contrato onde lhe seja assegurada a permanência de certos sócios;**
- ***b*) De quaisquer prestações a efetuar pelo cedente ou pelo cessionário em proveito da sociedade ou de sócios;**
- ***c*) Da assunção pelo cessionário de obrigações não previstas para a generalidade dos sócios.**

6. O contrato de sociedade pode cominar penalidades para o caso de a cessão ser efetuada sem prévio consentimento da sociedade.

Bibliografia: Jorge Coutinho de Abreu 2 (2019), 333 e 335 ss..; António Pereira de Almeida 1 (2013), 375 e 376; António Caeiro/Maria Ângela, *Proibição de cessão de quotas sem o consentimento da sociedade e a constituição de usufruto sobre a quota*, RDE 8 (1982), 71 ss.; António Menezes Cordeiro 2 (2007), 372 ss.; António Ferrer Correia/Vasco Lobo Xavier/Maria Ângela Coelho/António A. Caeiro, *Sociedades por quotas de responsabilidade limitada/Anteprojecto de lei – 2.ª redacção e exposição de motivos*, RDE 3 (1977), 153

(v. os nossos *A vinculação das sociedades comerciais por garantia de dívidas de terceiro*, separata da ROA 55 (1995), II; *Da prestação de garantias por sociedades comerciais a dívidas de outras entidades*, separata da ROA 57 (1997), I); A vinculação das sociedades comerciais e anónimas, I (2017), passim; e A assistência financeira nas sociedades comerciais (2019), passim. Em sentido contrário, porém, Raúl Ventura, *Sociedades* 1, 626 e 627. A aceitação do entendimento de Raúl Ventura levaria, contudo, a considerar que o Direito português teria violado a Primeira Diretriz.

[22] A este respeito v., *colorandi causa*, Coutinho de Abreu 2 (2015), 332.

[23] RPt 25-jan.-1990 (Sampaio da Nóvoa), Proc. 0224175; Menezes Cordeiro 2 (2007), 369.

[24] Para um aprofundamento das questões colocadas pelo 228.º/3 e sua articulação com o regime do 228.º/2 cf. Raúl Ventura, *Sociedades* 1, 586 ss., 633. V., também, acerca da comunicação Coutinho de Abreu, 2 (2009), 332.

[25] Para o estudo das relações entre o cedente e o cessionário antes da eficácia da transmissão v. Raúl Ventura, *Sociedades* 1, 632 ss..

ss., 211 ss.; Paulo Olavo Cunha (2019), 505 ss.; Maria Augusta França, *Direito à exoneração*, em *Novas perspectivas do Direito comercial* (1988), 213; Santos Lourenço, *Das sociedades por cotas/comentário à lei de 11 de Abril de 1901* 1 (sem data, mas de 1926), 157 ss.; Pedro Maia, *Cessão de quotas*, in *Colóquio: Os quinze anos de vigência do Código das Sociedades Comerciais*, org. Ferrer Correia (2003), 125 ss.; *id.*, *Registo e cessão de quotas*, em *Reformas do Código das Sociedades Comerciais* (2007), 163 ss.; Alexandre Soveral Martins, *Cessão de quotas. Alguns problemas* (2017), 60 ss.; *id.*, em *Código em comentário* 3 (2016), 471 ss.; Ministério da Justiça, *Código das Sociedades Comerciais (Projecto)*, BMJ 327 (1983), 168 e 169; Abílio Neto (2007), 520 ss.; Pinto Furtado, (2007), 198 e 199; Raúl Ventura, *Sociedades por quotas de responsabilidade limitada/Anteprojecto – primeira redacção*, BMJ 160 (1966), 92 e 93; *id.*, *Segunda redacção*, BMJ 182 (1969), 218; *id.*, *Sociedades por quotas* I, 2.ª ed. (1989, 4.ª reimp., 2007), 595 ss..

Índice

I – **Antecedentes**

1. A L de 1911 e os trabalhos preparatórios do CSC 1

II – **Regime vigente**

2. Proibição de cessão de quotas, dispensa de consentimento e sua exigência para transmissões que supletivamente dele não necessitam ... 2
3. Alteração do contrato de sociedade que proíba ou dificulte a cessão de quotas 3
4. Subordinação dos efeitos da cessão a requisitos diferentes do consentimento da sociedade 4
5. Direito de preferência 5
6. Sanções para o caso de a cessão ser efetuada sem o consentimento prévio da sociedade 6

I – Antecedentes

1 1. **A L de 1911 e os trabalhos preparatórios do CSC**. Os 6.º e 7.º da L de 1911 não continham nenhuma disposição semelhante ao 229.º. Nos trabalhos preparatórios as propostas de Ferrer Correia, Vaz Serra e Raúl Ventura previam todas elas a possibilidade de cláusulas proibindo a cessão de quotas, enquanto conferiam, ao mesmo tempo, nessa eventualidade, o direito do sócio se exonerar em determinados termos[1]. O Projeto viria a consagrar a possibilidade de exoneração decorridos dez anos sobre o ingresso do sócio na sociedade[2], prazo que o CSC consagraria.

II – Regime vigente

2 2. **Proibição de cessão de quotas, dispensa de consentimento e sua exigência para transmissões que supletivamente dele não necessitam**. O 229.º/1, 2 e 3 prevê a possibilidade de o contrato estipular diversas cláusulas quanto à cessão de quotas: (a) os estatutos podem proibir a cessão de quotas[3] [4] [5]; nesse caso, porém, os sócios têm o direito à exoneração decorridos dez anos sobre o seu ingresso (229.º/1)[6] [7]; (b) o pacto[8] pode, ainda, dispensar o consentimento,

[1] Cf. o texto com as respetivas propostas em Raúl Ventura, *Sociedades* 1, 596 ss.

[2] BMJ, 327 (1983), 168.

[3] A oneração de quotas com usufruto ou penhor está sujeita às limitações estabelecidas para a cessão (cf. Menezes Cordeiro 2 (2007), 373. V., também, STJ 16-mar.-1999 (Quirino Soares), CJ/Supremo VII (1999) 1, 158 ss., 160. Quanto à penhora de quotas v. o 239.º; RLx 22-set.-2005 (Fátima Galante), Proc. 3032/2005-6.

[4] Raúl Ventura, *Sociedades* 1, 599, admite que a proibição abranja, todas, algumas ou apenas uma quota. Invoca não haver nesse caso violação do princípio da igualdade por ele não poder valer contra a vontade dos próprios interessados.

[5] Apenas é admissível uma proibição geral de cessão e não, tão-só, de certas cessões. Cf., na mesma direção, Raúl Ventura, *Sociedades* 1, 602 e 603.

[6] Este direito é independente do conferido pelo 240.º. Assim Raúl Ventura, *Sociedades* 1, 602.

[7] No caso de transmissão *mortis causa* da quota parece dever relevar a data de ingresso do *de cujus*. Note-se, além disso, representar o prazo legal um máximo suscetível de ser alterado pelos estatutos. Na mesma direção, quanto às duas questões, Raúl Ventura, *Sociedades* 1, 602.

[8] Mas não uma mera deliberação dos sócios.

quer para todas, quer para determinadas situações (229.º/2); (c) finalmente, o pacto pode impor o consentimento para cessões que, nos termos do 228.º/2, supletivamente dela não careceriam (229.º/3).

3. **Alteração do contrato de sociedade que proíba ou dificulte a cessão de quotas.** Nos termos do 229.º/4 este tipo de alteração requer o consentimento de todos os sócios afetados. 3

4. **Subordinação dos efeitos da cessão a requisitos diferentes do consentimento da sociedade.** De acordo com o 229.º/5 o contrato de sociedade não pode subordinar os efeitos da cessão a requisito diferente do consentimento da sociedade. Pode, todavia, condicionar semelhante consentimento conquanto a cessão não fique dependente de nenhum dos aspetos mencionados nas diversas alíneas do 229.º/5. No essencial em causa estão disposições estatutárias que, a pretexto de uma autorização para a cessão, pretendam obter vantagens específicas para a sociedade ou para os sócios[9]. 4

5. **Direito de preferência.** Entre as cláusulas referentes à transmissão de quotas encontra-se a consagração de direitos de preferência[10]. Esses direitos deverão ser, porém, compaginados com o consentimento da sociedade e com a exigência segundo a qual a cessão não pode ficar dependente da vontade individual de um ou mais sócios[11]. O próprio CSC parece fixar um sistema material de preferência no 231.º/4, se a sociedade decidir adquirir a quota em caso de recusa de consentimento[12]. 5

6. **Sanções para o caso de a cessão ser efetuada sem o consentimento prévio da sociedade.** O 229.º/6 prevê a possibilidade de penalidades para a eventualidade de a cessão ser realizada sem o consentimento prévio. Trata-se de uma cláusula penal, não circunscrita a aspetos indemnizatórios, podendo cobrir a exclusão do sócio (241.º/1)[13]. 6

Artigo 230.º (Pedido e prestação do consentimento)

1. O consentimento da sociedade é pedido por escrito, com indicação do cessionário e de todas as condições da cessão.

2. O consentimento expresso é dado por deliberação dos sócios.

3. O consentimento não pode ser subordinado a condições, sendo irrelevantes as que se estipularem.

[9] Menezes Cordeiro 2 (2007), 373.

[10] Menezes Cordeiro 2 (2007), 373; Abílio Neto (2007), 229. É abundante a casuística gerada pelo direito de preferência na transmissão de quotas. Refere-se, *colorandi causa*, STJ 9-dez.-1999 (Pinto Monteiro), BMJ (2000), 492, 459 ss.; STJ 17-nov.-1992 (Santos Monteiro), Proc. 082642; RPt 25-jan.-1990 (Carlos Matias), Proc. 0224193; RPt 8-abr.-2002 (Pinto Ferreira), Proc. 0250129. Na literatura jurídica pode ainda consultar-se, sobre o tema, Raúl Ventura, *Sociedades* 1, 611 ss.; Luís Gonçalves, *Exercício do direito de preferência pelos sócios de uma sociedade por quotas na cessão de uma das quotas*, RDES XXXVII (1995), 1/3, 89 ss.; Coutinho de Abreu (2019), 349 ss., afirmando, bem, a eficácia real do direito previsto nos estatutos; Soveral Martins, em *Código em comentário* 3 (2011), 472 ss.; e Paulo Olavo Cunha (2019), 515 ss.. Diferentes são os direitos de preferência e de opção obrigacionais previstos, designadamente, em acordos parassociais. A recente admissibilidade por Carneiro da Frada, *Acordos sociais "omnilaterais"*, DSR, I (2009), 97 ss., de os parassociais celebrados por todos os sócios se sobreporem às regras estatutárias poderia implicar a necessidade de se fazer ponderações a este nível. Mas, com a devida vénia e consideração, a tese de Carneiro da Frada, inspirada em ordenamentos completamente diversos do nosso, é *contra-legem* e ab-rogante, do 17.º/1 (que se refere claramente a acordos celebrados entre todos ou entre alguns sócios) mesmo para um defensor, como nós, do problema da interpretação como uma questão normativa (como um problema de compreensão), pois não se vislumbra fundamento teleológico-normativo que a justifique.

[11] Menezes Cordeiro 2 (2007), 373. Para uma articulação entre o direito de preferência e a exigência de consentimento v. Paulo Olavo Cunha (2019), 521 ss..

[12] Menezes Cordeiro 2 (2007), 373.

[13] Menezes Cordeiro 2 (2007), 373.

4. Se a sociedade não tomar a deliberação sobre o pedido de consentimento nos 60 dias seguintes à sua receção, a eficácia de cessão deixa de depender dele.

5. O consentimento dado a uma cessão posterior a outra não consentida torna esta eficaz, na medida necessária para assegurar a legitimidade do cedente.

6. Considera-se prestado o consentimento da sociedade quando o cessionário tenha participado em deliberação dos sócios e nenhum deles a impugnar com esse fundamento, provando-se o consentimento tácito, para efeitos de registo da cessão, pela ata da deliberação.

Bibliografia: Jorge Coutinho de Abreu 2 (2019), 343 ss.; António Pereira de Almeida 1 (2013), 376 ss.; António Caeiro/Maria Ângela, *Proibição de cessão de quotas sem o consentimento da sociedade e a constituição de usufruto sobre a quota*, RDE 8 (1982), 1, 71 ss.; António Menezes Cordeiro 2 (2007), 370; António Ferrer Correia/Vasco Lobo Xavier/Maria Ângela Coelho/António A. Caeiro, *Sociedades por quotas de responsabilidade limitada/Anteprojecto de lei – 2.ª redacção e exposição de motivos*, RDE 3 (1977), 153 ss., 213; Paulo Olavo Cunha (2019), 510 ss.; Pinto Furtado, (2007), 199; João Labareda, *Posição do sócio na deliberação sobre o pedido de consentimento para a cessão de quotas*, em *Estudos em Homenagem ao Prof. Doutor Raúl Ventura*, II (2003), 467 ss.; Pedro Maia, *Cessão de quotas*, in *Colóquio: Os quinze anos de vigência do Código das Sociedades Comerciais*, org. Ferrer Correia (2003), 132 ss.; *id.*, *Registo e cessão de quotas*, em *Reformas do Código das Sociedades Comerciais* (2007), 163 ss.; Alexandre Soveral Martins, *Sobre o consentimento da sociedade para a cessão de quotas*, BFD/Boletim Comemorativo, 2003, 673 ss.; *id.*, *Cessão de quotas. Alguns problemas* (2017), 66 ss.; *id.*, em *Código em comentário* 3 (2011), 477 ss.: Ministério da Justiça, *Código das Sociedades Comerciais (Projecto)*, BMJ 327 (1983), 169; Abílio Neto (2007), 523 e 524; Armando Triunfante (2007), 224 e 225; Raúl Ventura, *Sociedades por quotas de responsabilidade limitada/Anteprojecto – primeira redacção*, BMJ 160 (1966), 94 e 95; *Segunda redacção*, BMJ 182 (1969), 219 e 220; *id.*, *Sociedades por quotas* 1, 2.ª ed. (1989), 618 ss..

Índice

I – **Antecedentes**
1. A L de 1911, os trabalhos preparatórios e a versão inicial do CSC 1
2. A reforma de 2006 2

II – **Regime vigente**
3. Pedido de consentimento 3
4. Concessão do consentimento 4
5. Consentimento dado a uma cessão posterior a outra não consentida 6

I – Antecedentes

1 1. **A L de 1911, os trabalhos preparatórios e a versão inicial do CSC**. A L de 1901 não continha qualquer disposição de conteúdo semelhante à do 230.°. Os Anteprojetos de Ferrer Correia, Vaz Serra e Raúl Ventura continham todos eles dois preceitos sobre a matéria. Um relativo ao pedido de consentimento e o outro à respetiva prestação[1]. O Projeto contemplaria pedido e prestação de consentimento num único preceito: o 213.°[2]. Na sequência, o CSC faria o mesmo no 230.°.

2 2. **A reforma de 2006**. O DL 76-A/2006, de 29-mar., viria a modificar o 230.°/6 no tocante aos documentos exigíveis para prova do consentimento tácito: onde se exigia a ata da deliberação e certidão de registo comercial donde conste não ter sido intentada em devido tempo a ação de impugnação judicial respetiva, passa a exigir-se, apenas, a ata[3].

[1] Cf. Raúl Ventura, *Sociedades* 1, 620 ss..

[2] BMJ 327 (1983), 169.

[3] De acordo com Armando Triunfante, *Código*, 225, a supressão da exigência de apresentação de certidão de registo comercial para demonstrar que não houve ação de impugnação não significa que não continue a ser necessário fazer essa prova. Apenas se dispensaria a apresentação da certidão. Temos sérias dúvidas de que assim seja.

II – **Regime vigente**

3. **Pedido de consentimento.** O consentimento é pedido por escrito, pelo cedente ou cessio- 3
nário, com indicação do cessionário e de todas as condições da cessão (230.º/1)[4]. Os gerentes que o receberem devem, na sequência, convocar uma assembleia para a sua apreciação[5].

4. **Concessão do consentimento.** O consentimento expresso é dado por deliberação dos 4
sócios (230.º/2 – cuja natureza é imperativa)[6]. Por sua vez, considera-se prestado o consentimento tácito quando o sócio tenha participado em deliberação de sócios e nenhum deles impugnar com esse fundamento[7]. A prova do consentimento tácito faz-se, para efeitos do registo da cessão, pela ata da deliberação (230.º/6). Discute-se se pode haver outras formas de consentimento tácito para além das expressamente previstas no 230.º[8]. Não vislumbramos razão para responder pela negativa.

O consentimento não pode ser condicionado, mostrando-se irrelevantes as condições 5
estipuladas (230.º/3)[9]. Além disso, se a sociedade não deliberar nos 60 dias subsequentes à receção do pedido, a eficácia da cessão deixa de depender dele (230.º/4)[10]. Neste caso a cessão deverá ser comunicada à sociedade em virtude do 228.º/3.

5. **Consentimento dado a uma cessão posterior a outra não consentida.** O consen- 6
timento dado a uma cessão posterior a uma não consentida torna esta eficaz para assegurar a legitimidade do cedente (230.º/5). A concessão da eficácia não vai, porém, além do plano da legitimação para a transmissão.

Artigo 231.º (Recusa do consentimento)

1. Se a sociedade recusar o consentimento, a respetiva comunicação dirigida ao sócio incluirá uma proposta de amortização ou de aquisição da quota; se o cedente não aceitar a proposta no prazo de 15 dias, fica esta sem efeito, mantendo-se a recusa do consentimento.

2. A cessão para a qual o consentimento foi pedido torna-se livre:

***a*) Se for omitida a proposta referida no número anterior;**

[4] Para mais pormenores a este respeito v. Raúl Ventura, *Sociedades* 1, 625 ss.; Soveral Martins, *Sobre o consentimento*, BFD/Volume Comemorativo, 681 ss.. Note-se que como observa Raúl Ventura (*op. cit.*, 649 e s.) o pedido de consentimento não é uma proposta de negócio e, por isso, pode ser retirado até à aceitação da proposta da sociedade que o recuse. A retirada do consentimento nestas condições pode, todavia, ter impacto nas relações com o cessionário exceto em caso de recusa.

[5] Mas não haverá invalidade se o pedido for dirigido aos sócios e estes o transmitirem ao gerente. Raúl Ventura, *Sociedades* 1, 625.

[6] Nesta deliberação está impedido de votar o cedente. Contra, Raúl Ventura, *Sociedades* 1, 627. Cf., ainda, RCb 18-jan.-2005 (António Piçarra), Proc. 3500/04. No bom sentido, João Labareda, *Posição do sócio na deliberação sobre o pedido de consentimento*, in *Estudos em Homenagem* cit., 467 ss.. Quanto ao consentimento prestado pelos gerentes ou à comunicação de um consentimento que não teve lugar v. a anotação 6 ao 228.º. Uma cláusula do contrato de sociedade que estabelece a prestação do consentimento diretamente pelos sócios vai contra o 229.º/5. Possível é, todavia, o acordo parassocial que faça depender a cessão do consentimento de alguns ou de todos os sócios individualmente considerados. Assim Raúl Ventura, *Sociedades* 1, 623.

[7] Note-se que o fundamento da impugnação deve residir na falta do consentimento e não noutro.

[8] Pronuncia-se pela negativa Raúl Ventura, *Sociedades* 1, 629, enquanto defende a afirmativa Soveral Martins, *Sobre o consentimento*, BFD/Volume Comemorativo, 68.

[9] Apenas se mostra lícito o condicionamento permitido pelo 229.º/5 e este situa-se noutro plano.

[10] É pois, também, este o prazo que os sócios têm para impugnar a deliberação em que tenha participado o cessionário não tendo havido consentimento da sociedade.

***b*) Se a proposta e a aceitação não respeitarem a forma escrita e o negócio não for celebrado por escrito nos 60 dias seguintes à aceitação, por causa imputável à sociedade;**

***c*) Se a proposta não abranger todas as quotas para cuja cessão o sócio tenha simultaneamente pedido o consentimento da sociedade;**

***d*) Se a proposta não oferecer uma contrapartida em dinheiro igual ao valor resultante do negócio encarado pelo cedente, salvo se a cessão for gratuita ou a sociedade provar ter havido simulação de valor, caso em que deverá propor o valor real da quota, calculado nos termos previstos no artigo 1021.º do Código Civil, com referência ao momento da deliberação;**

***e*) Se a proposta comportar diferimento do pagamento e não for no mesmo ato oferecida garantia adequada.**

3. O disposto nos números anteriores só é aplicável se a quota estiver há mais de três anos na titularidade do cedente, do seu cônjuge ou de pessoa a quem tenham, um ou outro, sucedido por morte.

4. Se a sociedade deliberar a aquisição da quota, o direito a adquiri-la é atribuído aos sócios que declarem pretendê-la no momento da respetiva deliberação, proporcionalmente às quotas que então possuírem; se os sócios não exercerem esse direito, pertencerá ele à sociedade.

Bibliografia: Jorge Coutinho de Abreu 2 (2019), 343 ss.; António Pereira de Almeida 1 (2013), 377 ss.; António Caeiro/Maria Ângela, *Proibição de cessão de quotas sem o consentimento da sociedade e a constituição de usufruto sobre a quota*, RDE 8 (1982), 71 ss.; António Menezes Cordeiro, 2 (2007), 370; António Ferrer Correia/Vasco Lobo Xavier/Maria Ângela Coelho/António A. Caeiro, *Sociedades por quotas de responsabilidade limitada/Anteprojecto de lei – 2.ª redacção e exposição de motivos*, RDE 3 (1977), 153 ss., 213 ss.; Pinto Furtado, (2007), 199 e 200; Pedro Maia, *Registo e cessão de quotas*, in *Reformas do Código das Sociedades Comerciais*, Coimbra, 2007, 163 ss.; Soveral Martins, *Sobre o consentimento da sociedade para a cessão de quotas*, BFD/Boletim Comemorativo, 2003, 673 ss.; *id.*, *Cessão de quotas. Alguns problemas* (2007), 7 ss.; *id.*, em *Código em comentário* 3 (2016), 495 ss.; Ministério da Justiça, *Código das Sociedades Comerciais (Projecto)*, BMJ 327 (1983), 169 e 170; Abílio Neto (2007), 524 e 525; Carlos Mota Pinto, *A cessão de usufruto vitalício de uma quota de sociedade por quotas, não equivale a cessão de quotas para efeitos de preferência pela sociedade ou por sócios, na alienação de quotas*, CJ VI (1981), 5, 7 ss.; Raúl Ventura, *Sociedades por quotas de responsabilidade limitada/Anteprojecto – primeira redacção*, BMJ 160 (1966), 94 e 95; *Segunda redacção*, BMJ 182 (1969), 220; *id.*, *Sociedades por quotas* 1, 2.ª ed. (1989), 638 ss..

Índice

I – Antecedentes
1. A L de 1911 e os trabalhos preparatórios do CSC ... 1
2. A reforma de 2006 ... 2

II – O regime vigente
3. Forma da recusa ... 3
4. Fundamentação ... 4
5. Comunicação da recusa e respetivo conteúdo ... 6
6. Aceitação ou recusa da proposta da sociedade ... 7
7. Casos em que a cessão se torna livre ... 8
8. O direito de preferência dos sócios caso a sociedade delibere adquirir a quota ... 9

I – Antecedentes

1 1. **A L de 1911 e os trabalhos preparatórios do CSC.** Tal como vimos suceder com o 230.º a L de 1911 não continha qualquer disposição de conteúdo semelhante à do 231.º. Os Anteprojetos de Ferrer Correia, Vaz Serra e Raúl Ventura continham todos eles, esses sim, um preceito

sobre a recusa de consentimento[1]. O Projeto contemplaria a questão no 214.º[2]. Na sequência, o CSC faria o mesmo no 231.º.

2. **A reforma de 2006**. O DL 76-A/2006, de 29-mar., modificaria o 231.º/2, *b*), clarificando o seu alcance e estabelecendo que a cessão se torna livre se a proposta de amortização ou aquisição feita pela sociedade, em caso de recusa do consentimento, e a respetiva aceitação não respeitarem a forma escrita e o negócio não for celebrado no prazo de 60 dias por causa imputável à sociedade. 2

II – Regime vigente

3. **Forma da recusa**. Do 230.º/4 parece que a recusa do consentimento deve em princípio ser expressa. Mas admitida a possibilidade de as deliberações dos sócios serem tácitas não se vê porque deve a recusa ser expressa. Necessária é a existência de deliberação. 3

4. **Fundamentação**. A admissibilidade de uma recusa resultante de uma deliberação em que o sentido se apura tacitamente pareceria levar à exclusão de necessidade de fundamentação. 4

E a verdade é que o 231.º não a exige, não parecendo viável aos tribunais fazerem uma sindicância de fundo a este respeito. Ainda assim será atacável uma deliberação que viole o 58.º/1, *b*) ou que configure uma das diversas modalidades de abuso de direito[3]. 5

5. **Comunicação da recusa e respetivo conteúdo**. Havendo recusa de consentimento a sociedade deve comunicar a recusa ao cedente através dos gerentes. No tocante ao conteúdo da comunicação ela varia conforme a quota esteja, ou não, há mais de três anos na titularidade do cedente ou do cônjuge ou de pessoa a quem um ou outro tenham sucedido[4]. No caso de não estar, basta a recusa em si mesma (231.º/3). Se porém a titularidade da quota for detida há mais de três anos a recusa deve ser acompanhada de uma proposta de amortização ou aquisição da quota (231.º/1, primeira parte). Mas, das regras que estabelecem tornar-se livre a cessão para a qual o consentimento foi pedido – 231.º/1, *a*) a *e*) – resulta, ainda, um conjunto de exigências adicionais quanto ao conteúdo da comunicação a fazer ao sócio que o seja há mais de três anos. 6

6. **Aceitação ou recusa da proposta da sociedade**. Se o cedente recusar ou nada disser no prazo de 15 dias a recusa mantém-se (231.º/1, segunda parte)[5]. Se aceitar a proposta da sociedade o negócio deve ser realizado no prazo de 60 dias – 231.º/2, *b*). Se o sócio aceitou uma proposta de amortização a sociedade deve, ainda, deliberá-la[6]. Se o pedido de consentimento e a proposta da sociedade forem apresentados depois de já ter acontecido a cessão importa determinar quem deve ser o cedente. Na medida em que se está perante uma mera ineficácia e não diante de uma invalidade deve entender-se ser o cessionário a intervir como transmitente para a sociedade[7]. 7

7. **Casos em que a cessão se torna livre**. A proposta torna-se livre se se verificar alguma das cinco circunstâncias mencionadas nas diversas alíneas do 231.º/2. No tocante à omissão referida no 231.º, *a*)[8] não poderá, porém, o sócio prevalecer-se dela se tiver conhecimento direto da 8

[1] Cf. Raúl Ventura, *Sociedades* 1, 638 ss..

[2] BMJ 327 (1983), 169 e 170.

[3] Raúl Ventura, *Sociedades* 1, 640 ss.; e Soveral Martins, *Sobre o consentimento*, BFD/Volume Comemorativo, 682.

[4] O prazo conta-se até à deliberação de recusa do consentimento. Neste sentido Raúl Ventura, *Sociedades* 1, 651.

[5] Na contagem destes 15 dias aplica-se o disposto no 224.º/1 e 2 do CC, como nota Raúl Ventura, *Sociedades* 1, 647.

[6] Soveral Martins, *Sobre o consentimento*, BFD/Volume Comemorativo, 683.

[7] Assim também, segundo nos parece, Soveral Martins, *Sobre o consentimento*, BFD/Volume Comemorativo, 683, nota 27; e RCb 23-abr.-1991 (Pires de Lima), CJ XVI (1991), II, 97 ss..

[8] Mas tem-se por omitida também a proposta que não abranja os requisitos constantes do 231.º/1, *c*), *d*) e *e*). Assim Raúl Ventura, *Sociedades* 1, 646.

proposta[9]. No tocante ao 231.°, *b*) não deve considerar-se o registo para efeitos de contagem do prazo de efetivação do negócio que se inicia a partir da data de aceitação[10]. O 231.°, *c*) parece pressupor uma recusa unitária à cessão de várias quotas do cedente. Pode-se discutir se o cessionário de todas as quotas deve ser o mesmo. Não vislumbramos, porém, razões para considerar dever ser assim[11]. Por força do 231.°, *d*) a proposta deve corresponder ao valor em dinheiro da contrapartida que resultaria do negócio celebrado pelo cedente, exceto se o negócio for gratuito ou existir simulação. Nesse caso deve propor o valor real da quota calculado nos termos previstos no artigo 1021.° do CC, com referência ao momento da deliberação. É a sociedade que tem de alegar a simulação e sobre ela recairá também o respetivo ónus da prova.

9 8. **O direito de preferência dos sócios caso a sociedade delibere adquirir a quota.** O 231.°/4 consagra na realidade um direito de preferência dos restantes sócios relativamente à aquisição a efetuar pela sociedade. Se houver vários sócios a pretenderem exercer a preferência deve a quota ser entre eles dividida *pro rata*[12].

Secção IV – Amortização da quota

Artigo 232.° (Amortização da quota)

1. A amortização de quotas, quando permitida pela lei ou pelo contrato de sociedade, pode ser efetuada nos termos previstos nesta secção.

2. A amortização tem por efeito a extinção da quota, sem prejuízo, porém, dos direitos já adquiridos e das obrigações já vencidas.

3. Salvo no caso de redução do capital, a sociedade não pode amortizar quotas que não estejam totalmente liberadas.

4. Se o contrato de sociedade atribuir ao sócio o direito à amortização da quota, aplica-se o disposto sobre exoneração de sócios.

5. Se a sociedade tiver o direito de amortizar a quota pode, em vez disso, adquiri-la ou fazê-la adquirir por sócio ou terceiro.

6. No caso de se optar pela aquisição, aplica-se o disposto nos n.os 3 e 4 e na primeira parte do n.° 5 do artigo 225.°.

Bibliografia: António Pereira de Almeida 1 (2013), 383-389; António Menezes Cordeiro 2 (2007), 379--387; Luís Brito Correia 2 (1989), 418-422; Carolina Cunha, em *Código em Comentário* 3 "(2016), 504--509; António Soares, *O novo regime da amortização de quotas* (1988), 11-22, 24-30 e 149-152; Raúl Ventura, *Sociedades por quotas* 1, 2.ª ed. (1989), 656-678.

Índice

I – **Antecedentes**
1. A L de 1901 ... 1

II – **Noção e funções**
2. Noção ... 5
3. Funções ... 6

III – **Modalidades**
4. Enunciado ... 7
5. Com e sem redução de capital social ... 8
6. Integral e parcial ... 9
7. Voluntária e forçada ... 10

[9] Raúl Ventura, *Sociedades* 1, 646.
[10] Raúl Ventura, *Sociedades* 1, 647.
[11] No mesmo sentido Raúl Ventura, *Sociedades* 1, 648.
[12] Raúl Ventura, *Sociedades* 1, 652.

8. Facultativa e obrigatória 11
9. Onerosa e gratuita 16

IV – **Pressupostos gerais**
10. Previsão legal ou estatutária da amortização .. 17
α) Enunciado 18
β) Tipicidade 20
γ) Previsões legais de amortização 21
11. Liberação integral da quota a amortizar 23

V – **Efeitos**
12. Extinção da quota 29
13. Ressalva dos direitos e obrigações 31
14. Efeitos no capital social. Remissão 34

I – Antecedentes

1. **A L de 1901**. A amortização de quotas foi regulamentada, pela primeira vez, na LSQ de 1901, que fixou, no seu 25.°, os seus pressupostos e requisitos[1]. Esta, por sua vez, inspirou-se no Direito alemão que, em 1892, introduziu o tipo SPQ. 1

Na LSQ a amortização, mesmo a efetuada com o consentimento do sócio[2], só tinha lugar caso fosse prevista nos estatutos, não existindo causas legais. Adicionalmente, fixava-se a necessidade de proteção do capital social por ocasião da amortização, de onde decorria a proibição da amortização implicar a redução do capital social, antes tendo de ser efetuada com recurso a reservas disponíveis[3]. 2

Relativamente à contrapartida, nada se encontrava estabelecido[4], havendo quem sustentasse, na ausência de critério estatutário[5] ou de acordo das partes, a aplicação analógica do 1021.°/1 do CC[6]. 3

A circunstância de todo o regime da amortização das quotas se encontrar reduzido num só preceito levantou inúmeras dúvidas que a doutrina e jurisprudência de então procuraram resolver. O CSC não foi indiferente a tal circunstância, procurando dar-lhes resposta nos seus 232.° a 236.°. 4

II – Noção e funções

2. **Noção**. O CSC não define a amortização da quota. Da análise do regime dos 232.° ss. podemos afirmar que ela consiste na *extinção da quota*[7]*, com todos os direitos e obrigações inerentes não vencidos, por deliberação dos sócios*[8]*, na sequência do preenchimento de uma causa legal ou estatutária.* 5

[1] Pinto Furtado II/2 (1979), 767-771.

[2] O entendimento maioritário era de que esta modalidade tinha de estar prevista nos estatutos, ainda que genericamente. Vejam-se, entre outros, Moreira de Almeida, *Amortização de quota. Algumas reflexões*, RNot 1985, 8; Avelãs Nunes, *O direito de exclusão dos sócios nas sociedades comerciais* (1968), 223 ss., e 229, nota 148; e Vasco Lobo Xavier, *Anotação ao Acórdão do Supremo Tribunal de Justiça de 4 de Março de 1986*, RLJ, n.° 3777, 365.

[3] *Vide* Augusto Victor Coelho, *Amortização de quotas, O artigo 25.° da Lei das Sociedades por Quotas* (1955), 53-55 e Avelãs Nunes, *O direito de exclusão*, 216-217.
Admitindo o recurso ao fundo de reserva obrigatório, *vide* Ruy Gomes de Carvalho, *Amortização de acções e de quotas* (1931), 21, por considerar que este não era capital social.

[4] Com maior desenvolvimento, cf. Raúl Ventura, *Amortização de quotas aquisição de quotas próprias*, CTF, 1966, 51-58.

[5] Sustentando a necessidade de os critérios de fixação do preço estarem fixados nos estatutos, vejam-se Manuel de Andrade, *Amortização de quotas*, RLJ, ano 93, n.° 3179, 1960, 228 ss., e Pires de Lima *Anotação ao Acórdão do Supremo Tribunal de Justiça de 28 de Julho de 1939*, RLJ, ano 72, n.° 2659, 1940, 331 ss..

[6] Neste sentido, *vide* Avelãs Nunes, *O direito de exclusão*, 233. Este artigo correspondia, *grosso modo*, ao 1277.° do CC de 1867.

[7] Já a amortização de ações não pode ser assim definida, por não implicar necessariamente a extinção da participação social e por implicar sempre um reembolso do capital. Na aquisição de quota própria esta não se extingue, mantendo-se na esfera da sociedade. Na exoneração do sócio extingue-se a relação societária subjetiva de certo sócio com a sociedade, mas sem que tal implique necessariamente a extinção da quota.

[8] Cf. Raúl Ventura, *Sociedades por quotas* 1, 664. *Vide* ainda Menezes Cordeiro 2 (2007), 379. *Vide* RCb 24-mai.-2011 (Jacinto Meca), Proc. 399/06.

6 3. **Funções.** A amortização das quotas pode servir diferentes finalidades, desde a defesa da sociedade contra exterioridades, como a entrada de novos sócios, passando pela facilitação de operações societárias, como a transformação, a proteção dos sócios, permitindo a sua saída ou a realização parcial de dinheiro, ou a ainda a reação perante comportamentos dos sócios, impondo a sua saída[9].

III – **Modalidades**

7 4. **Enunciado**. Temos diversas modalidades, em função do critério utilizado. Elas modalidades não são estanques, podendo ser combinadas umas com as outras[10]. São elas a amortização com e sem redução do capital social, integral e parcial, voluntária e forçada, facultativa e obrigatória e, por fim, onerosa ou gratuita.

8 5. **Com e sem redução do capital social**, segundo um critério da repercussão da amortização no capital social, consoante a mesma acarrete ou não uma redução do capital social. A amortização sem a redução do capital social, pressupõe que esta operação (redução) tenha ocorrido previamente à amortização, precisamente para a tornar possível.

9 6. **Integral e parcial**, de acordo com um critério do objeto da amortização, consoante a mesma tenha por objeto a totalidade ou parte da quota (233.º/5 e 236.º/4).

10 7. **Voluntária e forçada**, consoante a necessidade ou não da intervenção do titular da quota[11]. A voluntária diz-se, ainda, com consentimento, consensual ou por acordo e a forçada, compulsiva (233.º).

11 8. **Facultativa e obrigatória**, conforme a disponibilidade da amortização pela sociedade; na facultativa, a sociedade tem o direito de amortizar a quota[12], podendo ainda estar elencadas estatutariamente as situações que permitem a sua deliberação; na obrigatória, há um dever da sociedade, por ocorrência de determinada situação e/ou por solicitação do sócio, de o fazer. Nesta última situação não há margem de atuação para a sociedade.

12 Na amortização facultativa, o legislador concede à sociedade, apesar de esta não ser a titular das quotas, legitimidade para optar por outros mecanismos de reação, aptos a alcançar o propósito de afastar certo sócio (no todo ou em parte) da sociedade, mas sem conduzirem à extinção da quota: a aquisição da quota pela sociedade ou a sociedade fazer adquirir a quota por (outro) sócio ou terceiro (232.º/5). Só não será assim, se os estatutos tiverem afastado tais alternativas.

13 A aquisição de quota própria, além de ter de observar o disposto na seção dedicada à amortização terá de observar os requisitos, legais e contratuais, da aquisição de quotas próprias[13], bem como o disposto nos 225.º/3, 4 e 5, 1.ª parte, e 232.º/6.

14 Optando pela transmissão da quota aos restantes sócios ou a terceiros, terá de se dar a oportunidade primeiro aos restantes sócios, de adquirir proporcionalmente a quota do ex-sócio. Esta solução resulta da letra da lei, que fala em aquisição por sócios e só depois por terceiro,

[9] No regime atual, *vide* Raúl Ventura, *Sociedades por quotas* 1, 658-660. No regime anterior, do mesmo A., *vide Amortização de quotas*, 45-46.

[10] Com maior desenvolvimento, no regime anterior, *vide* Raúl Ventura, *Amortização de quotas*, 46-48, utilizando o termo "espécies de amortização".

[11] Este termo é, porém, enganoso, porque não se trata da celebração de um contrato entre a sociedade e o titular da quota, mas de atos jurídicos distintos: o consentimento do sócio e a deliberação de amortização pela sociedade. Veja-se António Soares, *O novo regime*, 20, nota 2, e Ferrer Correia, *A sociedade por quotas de responsabilidade limitada segundo o CSC*, ROA 87 (1987), 3 (659-700), 695.

[12] Neste caso, atendendo ao disposto no 233.º/1, a amortização dependerá sempre do consentimento do sócio. Neste sentido, Menezes Cordeiro 2 (2007), 385.

[13] Assim, Raúl Ventura, *Sociedades por quotas* 1, 676-677.

e, sobretudo, do recurso a lugares paralelos, como os 266.º/1 e 458.º/1. Por outro lado, esta solução é a que melhor serve os interesses em apreço: possibilita aos restantes sócios a manutenção, em termos proporcionais, do seu *status* antes da saída do sócio, ao mesmo tempo que não impede a transmissão da quota, com a respetiva extinção da relação societária subjetiva. Assim, só se o interesse social o justificar, pode a quota ser transmitida primeiramente a terceiros (266.º/4 e 460.º[14]).

A amortização facultativa pode também ser analisada na perspetiva do sócio. Com efeito, 15
nada obsta que o contrato de sociedade atribua ao sócio o direito à amortização. A amortização será igualmente facultativa, ainda que na ótica do sócio. Nestes casos, por expressa determinação do 232.º/4, aplicar-se-á o disposto sobre a exoneração de sócios[15], mais não sendo que o direito à amortização, em termos práticos, um direito à exoneração[16]. Também aqui, a sociedade poderá optar, em vez de amortizar a quota, por adquiri-la ou transmiti-la o que acaba por ser, do ponto de vista prático, uma solução equivalente à prevista na amortização facultativa pela sociedade (240.º/4).

9. **Onerosa e gratuita**. Finalmente, segundo um critério patrimonial, a amortização de quotas 16
será onerosa quando for acompanhada do pagamento de uma contrapartida e gratuita quando não resultar a obrigação de pagar contrapartida ao sócio cuja quota foi amortizada. Sendo onerosa há que observar o disposto no 235.º quanto ao valor da contrapartida.

IV – Pressupostos gerais[17]

10. Previsão legal ou estatuária da amortização 17

α) **Enunciado**. Começa o 232.º/1 por indicar quando tem lugar a amortização de quotas. 18
Segundo o mesmo são duas as causas (e pressupostos)[1] da amortização: a permissão legal ou contratual/estatutária. Fora destas situações não pode a sociedade, por sua iniciativa, amortizar quotas por não ter legitimidade para dispor de bens alheios.

Qualquer cláusula estatutária que pretenda derrogar esse regime será nula (294.º do CC). 19

β) **Tipicidade**. Apesar da redação pouco feliz do 232.º/1, terá sido intenção do legislador só 20
colocar na disponibilidade da sociedade a amortização da quota com fundamento legal ou estatutário[19]. Assim, na ausência de tais previsões, mesmo que exista consenso entre o sócio e a sociedade, não pode ser amortizada a quota[20]. Só não será assim se a deliberação da sociedade for tomada por unanimidade, uma vez que, quando assim suceda, os interesses de todos estão tute-

[14] Sobre as condições para a suspensão ou limitação do direito de preferência, *vide*, com maior desenvolvimento, Pedro de Albuquerque, *Direito de preferência dos sócios em aumentos de capital nas sociedades anónimas e por quotas* (1993), 299 ss..

[15] 240.º. Com maior desenvolvimento, cf. o nosso *O direito de exoneração do sócio no Código Sociedades Comerciais* (2008), 287 e ss..

[16] Neste sentido, Raúl Ventura, *Sociedades por quotas* 1, 672-673. Sobre o direito de exoneração do sócio na sociedade por quotas veja-se, Cura Mariano, *Direito de exoneração dos sócios nas sociedades por quotas* (2005) e o nosso *O direito de exoneração do sócio no Código Sociedades Comerciais* (2008).

[17] Assim, Carolina Cunha, em *Código em Comentário* 3 (2016), 506, por contraposição aos pressupostos enunciados no artigo 233.º.

[18] Raúl Ventura, *Sociedades por quotas* 1, 660.

[19] No regime anterior, *vide* Raúl Ventura, *Amortização de quotas*, 69.

[20] Neste sentido António Soares, *O novo regime*, 25-28, argumentando que o 232.º/1, visa proteger não apenas o direito do sócio cuja quota é amortizada como certos direitos dos restantes sócios – inderrogáveis sem o respetivo consentimento –, mas renunciáveis por cláusula estatutária. Assim se explica, segundo este A., que no 233.º, *in fine*, se fale em deliberação unânime de todos os sócios, não bastando o consentimento do sócio titular da quota. *Vide* ainda Coutinho de Abreu 2 (2015), 372, e Menezes Cordeiro 2 (2007), 385, nota 1056.
Em sentido contrário, admitindo a amortização por consentimento entre o sócio e a sociedade, *vide* Brito Correia 2 (1989), 420, por entender que a lei o permite, conforme 233.º/1, *a contrario*. Cf. STJ 11-abr.-2000 (Ferreira Ramos), BMJ 496 (2000), 285-292.

lados: os dos sócios que querem sair, porque derem o seu consentimento; os dos demais sócios que permanecem na sociedade, porque também deram o seu consentimento; os dos terceiros, porque a amortização continuará a ter de observar as normas legais imperativas destinadas à sua proteção[21]. Porém, tirando esta situação, a amortização de quotas na falta de previsão contratual só será permitida com fundamento legal.

21 γ) **Previsões legais de amortização**. São cinco as previsões legais de amortização de quotas[2]: 225.º/2, 226.º/2, 231.º/1, 240.º/3 e 242.º/3. Contudo, em qualquer destas situações o que está em causa, mais que a amortização da quota, é a extinção da relação societária com o então sócio, pelo que a amortização da quota mais não é do que uma das alternativas para atingir esse fim.

22 As previsões legais de amortização de quota encontram-se acompanhadas de soluções alternativas com vista à extinção da relação societária subjetiva existente. Por esse motivo, inclinamo-nos a sustentar que só não será possível à sociedade excluir todas as soluções legais que lhe são reconhecidas para esse efeito, sob pena de esta poder incumprir o dever a que se encontra adstrita. Ou seja, afastando-se as previsões legais de amortização terão sempre de subsistir as (demais) soluções legais alternativas à amortização.

23 11. **Liberação integral da quota a amortizar**. Outro pressuposto da amortização, para além da sua previsão legal ou estatutária, é o de que a quota a amortizar se encontre integralmente liberada. Com efeito, é proibida, sob pena de nulidade – 294.º do CC e 56.º/1, *d)*[23] –, a amortização de quotas que não se encontrem integralmente liberadas (232.º/3)[24]. No caso de o sócio ser titular de mais de uma quota esta proibição apenas se aplica às quotas a amortizar.

24 Esta proibição destina-se à tutela do capital social e, através desta, dos credores sociais, preocupação igualmente subjacente no 236.º. Simultaneamente, consubstancia uma concretização do 27.º/1, nos termos do qual são nulos os atos da administração e as deliberações dos sócios que liberem total ou parcialmente os sócios da obrigação de efetuar entradas estipuladas, salvo no caso de redução do capital[25].

25 Caso fosse possível a amortização de quotas por realizar o sócio abandonaria a sociedade sem ter cumprido esta obrigação[26]. Nestas circunstâncias, a amortização da quota acarretaria a extinção da obrigação de entrada por falta do objeto relativamente à qual era devida (790.º do CC). Com efeito, sendo a obrigação de entrada uma decorrência da participação social, a extinção desta, por amortização, acarreta a impossibilidade daquela, salvo se tratasse de uma obrigação já vencida (232.º/2, *in fine*).

26 Nada impede, uma vez que a amortização não é automática, que o sócio que não liberou integralmente a sua entrada o faça até ao momento em que a aquela se efetiva.

[21] Aparentemente em sentido contrário, sem admitir esta exceção, Menezes Cordeiro 2 (2007), 385 e nota 1056.

[22] Conforme observa Raúl Ventura, *Sociedades por quotas* 1, 656, o 232.º/1 não autoriza diretamente a amortização de quotas.

[23] Cf., adicionalmente, 78.º, 79.º e 511.º, relativos à eventual responsabilidade dos gerentes pelos atos materiais que pratiquem relacionados com a amortização deliberada pelos sócios. *Vide* n.º 10 do nosso comentário ao 233.º.

[24] No regime anterior, apesar de não se encontrar proibida a amortização de quotas não integralmente liberadas, contrariamente ao que sucedia quanto à aquisição de quotas próprias (24.º, § 1 LSQ), alguma doutrina recusava tal possibilidade. Assim, *vide* Avelãs Nunes, *O direito de exclusão*, 206 ss., nota 127, e doutrina para onde remete; Ruy Gomes de Carvalho, *Amortização de acções*, 26-27; e Raúl Ventura, *Amortização de quotas*, 107-109. Em sentido contrário, *vide* Maria Cárcomo Lobo, *Amortização de quotas*, 114 ss., e José Anselmo de Seixas, *Cessão, divisão e amortização de partes sociais e de quotas* (1951), 85-86.

[25] Cf., neste sentido, António Soares, *O novo regime*, 29.

[26] Raúl Ventura, *Sociedades por quotas* 1, 674, defende que se fosse amortizada quota não liberada ficaria extinta a obrigação de entrada e a sociedade teria afetado os direitos dos credores sociais.

Sempre que a razão de ser desta proibição não se justifique, a amortização será possível. Assim sucede quando o capital social for reduzido e, em virtude de tal operação, a entrada ficar integralmente realizada. Neste caso, a tutela de terceiros efetua-se pela necessidade de a sociedade dar cumprimento ao disposto nos 94.° e seguintes aquando da redução do seu capital social. 27

Adicionalmente, a amortização de quota não liberada é punida com multa até 120 dias (511.°). No entanto, conforme observa João Labareda[27], atendendo ao facto de a amortização de quota ter necessariamente de ser deliberada pelo coletivo dos sócios, esta punição só pode ser aplicada se interpretada no sentido de punir os atos de execução da deliberação social que preencha as condições nele previstas. 28

V – **Efeitos**

12. **Extinção da quota.** O principal efeito da amortização da quota é a sua extinção[28], isto é, a cessação da participação social, e correspondente qualidade de sócio, designadamente os direitos reais que sobre ela incidam[29], mesmo quando a quota passar a figurar no balanço como quota amortizada. 29

Apesar de não se dizer expressamente quando é que esta extinção se dá, tudo indicia que a sua eficácia interna ocorra com a comunicação ao sócio por ela afetado da amortização (234.°/1). Já a eficácia externa dependerá do seu registo [3.°/1, *l*), 13.°, 14.° e 15.°/1 todos do CRC]. 30

13. **Ressalva dos direitos e obrigações vencidos.** Apenas[30] estão ressalvados deste efeito extintivo os direitos já adquiridos e as obrigações já vencidas (233.°/2), relativamente aos quais a amortização não tem efeitos retroativos. 31

Assim, os direitos que, ao tempo da amortização, o sócio já tenha adquirido (p. ex., dividendos ou restituição de prestações efetuadas) são por este exigíveis[31]. 32

Do mesmo modo, as obrigações que, ao tempo da amortização, sejam devidas pelo sócio[32], designadamente, prestações acessórias ou suplementares, manter-se-ão, sem prejuízo da sua eventual compensação com a obrigação de pagamento da contrapartida[33]. 33

14. **Efeitos no capital social. Remissão.** Quanto aos efeitos da amortização no capital social, veja-se o nosso comentário ao 237.°. 34

[27] João Labareda, *Sobre a deliberação de amortização de quotas*, em Direito Societário Português/Algumas Questões (1988), 237, nota 6. Já Menezes Cordeiro 2 (2007), 387, nota 1062, considera não exequíveis os 511.°, 512.° e 513.°. *Vide* ainda Raúl Ventura, *Sociedades por quotas* 1, 674-675.

[28] Cf. RLx 13-mai.-1999 (Nunes da Costa), BMJ 487 (1999), 351-352, e STJ 11-abr.-2000 (Ferreira Ramos), CJ/Supremo VIII (2000) 2, 29-32/BMJ 496 (2000), 285-292.
Em sentido contrário, no regime anterior, Maria Cárcomo Lobo, *Amortização de quotas, acções e outras partes do capital social* (1953), 59 ss., defendia que, não havendo redução do capital social não haveria desaparecimento da quota, uma vez que o capital social corresponderia à soma do valor das quotas. No seu entender, existiria uma amortização subjetiva, pois a quota ficaria sem titular, apenas subsistindo o seu aspeto objetivo, ou seja, «*o seu valor como parte integrante do capital social*». *Vide* ainda Ruy Gomes de Carvalho, *Amortização de acções*, 18. Rejeitando que na amortização de quota a sua extinção fosse apenas subjetiva, *vide* Raúl Ventura, *Amortização de quotas*, 25.

[29] Incidindo um direito de usufruto sobre a quota, o mesmo extinguir-se-á, sendo a amortização gratuita, ou passará a incidir sobre a liquidação nos termos do 1467.°/1, *c*), do CC. Tendo a quota sido empenhada e a amortização sido onerosa o penhor passará a irregular e a incidir sobre a contrapartida (692.° *ex vi* 678.° do CC).

[30] Assim, não é legalmente admissível a criação de "quotas de fruição" em alternativa às quotas amortizadas.

[31] Raúl Ventura, *Sociedades por quotas* 1, 666-667, fala, a este propósito, em direitos concretos ou ativados.

[32] Apenas se ressalva a obrigação de entrada (232.°/3).

[33] Menezes Cordeiro 2 (2007), 384, considera que, em face de obrigações já constituídas mas não vencidas (incluindo situações condicionadas), haverá que fazer a ponderação ponto por ponto.

Artigo 233.º (Pressupostos da amortização)

1. Sem prejuízo de disposição legal em contrário, a sociedade só pode amortizar uma quota sem o consentimento do respetivo titular quando tenha ocorrido um facto que o contrato social considere fundamento de amortização compulsiva.

2. A amortização de uma quota só é permitida se o facto permissivo já figurava no contrato de sociedade ao tempo da aquisição dessa quota pelo seu atual titular ou pela pessoa a quem este sucedeu por morte ou se a introdução desse facto no contrato foi unanimemente deliberada pelos sócios.

3. A amortização pode ser consentida pelo sócio ou na própria deliberação ou por documento anterior ou posterior a esta.

4. Se sobre a quota amortizada incidir direito de usufruto ou de penhor, o consentimento deve também ser dado pelo titular desse direito.

5. Só com consentimento do sócio pode uma quota ser parcialmente amortizada, salvo nos casos previstos na lei.

Bibliografia: António Pereira de Almeida 1 (2013), 384-385; Carolina Cunha, em *Código em Comentário* 3 (2016), 510-516; António Soares, *O novo regime da amortização de quotas* (1988), 23-28 e 37-62; Raúl Ventura, *Sociedades por quotas* 1, 2.ª ed. (1989), 679-699.

Índice

I – **Pressupostos da amortização compulsiva**
1. Situações da amortização compulsiva 1
2. Amortização compulsiva legal. Remissão 2
3. Amortização compulsiva estatutária 3
α) Efetiva previsão do facto permissivo 4
β) A introdução *a posteriori* do facto permissivo 7
γ) Limites 11

II – **Pressupostos da amortização voluntária**
4. Previsão estatutária 14
5. O consentimento do sócio 16
6. O consentimento do credor pignoratício e do usufrutuário 22
7. O consentimento dos contitulares................. 24

III – **Violação**
8. Nulidade 26
9. Ineficácia... 28
10. Responsabilidade dos gerentes 29

I – Pressupostos da amortização compulsiva

1 1. **Situações de amortização compulsiva**. A sociedade só pode amortizar uma quota, sem o consentimento do seu titular, havendo previsão legal ou estatutária que o permita.

2 2. **Amortização compulsiva legal. Remissão**. Quanto às previsões legais, veja-se o nosso comentário ao 232.º e às situações aí identificadas como situações que legitimam a amortização da quota[1].

3 3. **Amortização compulsiva estatutária**

4 α) **Efetiva previsão do facto permissivo**. Exige-se a efetiva previsão estatutária do facto constitutivo da causa de amortização, assim se impedindo, sem o consentimento do sócio, a

[1] Cf. RLx 6-fev.-1992 (Campos Oliveira), Proc. 0053342.

amortização discricionária, arbitrária[2] ou *ad nutum*. Caso contrário, estaríamos perante modos encapotados de expropriação privada das quotas dos sócios[3].

A simples previsão estatutária de que as quotas são amortizáveis, de que podem ser com- 5
pulsivamente amortizadas sempre que tal for deliberado pela sociedade, por exemplo, com determinada percentagem dos votos, ou ainda a previsão de que as quotas podem ser amortizadas com o consentimento do sócio[4], não constitui um facto permissivo de amortização compulsiva, mas apenas a manifestação de uma vontade de amortizar[5]. Nestes casos a amortização das quotas só será possível havendo o consentimento do sócio[6] e será esse o fundamento da amortização.

Já será admissível a previsão estatutária da possibilidade de amortização da quota no caso 6
de violação dos estatutos[7].

β) **A introdução *a posteriori* de facto permissivo** da amortização compulsiva é permitida. 7
Contudo, é indispensável que a referida causa, bem como a sua ocorrência[8], estejam previstas ao tempo da aquisição da quota pelo titular ou pela pessoa a quem este sucedeu por morte (233.º/2, 1.ª parte)[9]. Assim, é necessário ser-se sócio ou ter-se adquirido a quota do sócio falecido antes da introdução e da ocorrência da causa estatutária de amortização.

Esta imposição destina-se a proteger os sócios no sentido de não serem confrontados, 8
depois de adquirir essa condição, com a ocorrência de eventos com base nos quais a sociedade pretenda extinguir a sua quota. Numa palavra: quer-se evitar a *amortização compulsiva surpresa*.

[2] No regime anterior, também era este o entendimento seguido relativamente à amortização compulsiva. Neste sentido, *vide* Vasco Lobo Xavier, *Anotação ao Acórdão do STJ* 4-Mar.-1986, RLJ 121 (1989), 274, 364-367 (366).

[3] Raúl Ventura, *Sociedades por quotas* 1, 687, considera as causas de amortização compulsivas excecionais, não sendo permitida a sua aplicação analógica, nem a sua integração de modo a serem acrescentados casos de amortização não previstos. De modo idêntico, mas com fundamento na defraudação da confiança dos sócios, *vide* Menezes Cordeiro 2 (2007), 386.

[4] Raúl Ventura, Sociedades por quotas 1, 582. Também no regime anterior, face ao 25.º, § 2, da LSQ, a expressão legal "*precisos termos*" era entendida maioritariamente no sentido de que a amortização de quotas só podia ser deliberada, não havendo acordo do sócio, quando nos estatutos estivessem previstas as situações em que podia ter lugar, não preenchendo tal exigência a mera previsão genérica da amortização por deliberação dos sócios. Neste sentido, *vide*, entre outros, Moreira de Almeida, *Amortização de quota. Algumas reflexões*, RNot 1985, 8; Manuel de Andrade, *Amortização de quotas*, RLJ, 93 (1960), 228-233 (229 ss.); Palma Carlos, *Poderes das assembleias gerais das sociedades por quotas para alterarem o pacto social*, ROA 5 (1945), 1-2, 218-231 (222); *idem*, *Amortização de quotas*, Separata da RDES, ano XI, n.º 3, 1960, 10 ss.; Fernando Martins de Carvalho, *Amortização de quotas*, O Direito 69 (1937), 130-136 (130-132); Augusto Victor Coelho, *Amortização de quotas, O artigo 25.º da Lei das Sociedades por Quotas* (1955), 73 e 77-78; Pires de Lima, *Anotação ao Acórdão do STJ 28-jul.-1939*, RLJ 72 (1940), 331-336, Santos Lourenço, *Da amortisação de cotas* (s/d), 29; Avelãs Nunes, *O direito de exclusão*, 218 ss.; Azevedo Souto, *Lei das Sociedades por Quotas Anotada*, 5.ª ed. (1963), 131; e Raúl Ventura, *Amortização de quotas*, 75-76. Coutinho de Abreu 2 (2019), 386, admite a autorização estatutária genérica mas parece exigir, neste caso, o consentimento do sócio. Ao nível da jurisprudência, destaque para STJ 28-jul.-1939, RLJ 72 (1940), 325-331, e STJ 14-jun.-1940, COF, ano 39, 286 ss. Em sentido contrário, Galvão Telles, *Amortização de quotas*, ROA 6 (1946), 3-4, 67-68.

[3] Neste sentido, Raúl Ventura, *Sociedades por quotas* 1, 690, sustenta que a deliberação de amortização não pode ser um facto permissivo da mesma. *Vd.*, no regime anterior, António Ferrer Correia/Vasco Gama Lobo Xavier, *Sobre a contrapartida da amortização de quotas*, separata RDES 18 (1971) 1-4, 33.
Sobre a discussão desta cláusula no regime anterior, veja-se António Soares, *O novo regime*, 47-48, doutrina e jurisprudência citados. Relevo ainda para Martins de Carvalho, *Amortização de quotas*, 132, segundo o qual a deliberação dos sócios é condição legal da verificação da amortização.

[6] Nas palavras de Raúl Ventura, *Amortização de quotas*, 83, a cláusula «*é válida, mas a sua eficácia é limitada. Não é bastante para autorizar a sociedade a amortizar uma quota sem consentimento do sócio, mas é necessária e bastante para autorizar a sociedade a amortizar uma quota com consentimento do sócio*».

[7] Cf. RLx 5-fev.-2009 (Carla Mendes), CJ XXXIV (2009) 1, 110-112.

[8] Exceciona-se a situação do 86.º/1.

[9] Cf. António Soares, *O novo regime*, 60-62.

9 Só não é assim quando a causa estatutária de amortização compulsiva tiver sido introduzida por deliberação unânime dos sócios (233.º/2, *in fine*). Neste caso, porque todos os sócios consentiram no facto permissivo da amortização não há razões para que a causa de amortização não se possa aplicar a quotas adquiridas antes da sua introdução[10]. Com efeito, a amortização compulsiva não será uma surpresa.

10 Não havendo unanimidade, a amortização da quota, com fundamento na causa introduzida, só poderá ocorrer, relativamente a sócios anteriores à sua introdução, com o seu consentimento. Qualquer deliberação em contrário será ineficaz relativamente ao sócio anterior, ou aos seus sucessores, consoante o caso[11].

11 γ) **Limites**. Os factos permissivos da amortização compulsiva estão sujeitos a limites. Desde que sejam respeitadas as normas legais imperativas[12], exista justificação causal[13], sejam suficientemente precisas[14], e adequadas aos princípios configuradores da SPQ, vigora a autonomia privada quanto aos factos permissivos admissíveis.

12 Constituem exemplos de causas de amortização compulsiva as relativas a[15]: (a) *comportamentos de sócios* (concorrência, transmissão não consentida de quota ou desejo de sair); (b) *factos relativos aos sócios* (morte, idade, estado civil, insolvência)[16]; (c) *factos relativos ao titulares dos direitos reais*, tendo-lhes sido atribuído o exercício de direitos sociais[17]; (d) *factos relativos à própria quota* (transmissão forçada a terceiros, penhora[18]); (e) *factos relativos à própria sociedade* (fusão, obtenção ou perda de licença, alteração dos estatutos, etc.).

13 O recurso a conceitos indeterminados é permitido, sem prejuízo da necessidade da posterior demonstração, *in casu*, do seu preenchimento e do eventual direito de impugnação judicial do seu preenchimento pelos interessados no não preenchimento da causa de amortização.

II – Pressupostos da amortização voluntária

14 4. **Previsão estatutária**. Além da amortização compulsiva, seja com fundamento legal ou estatutário, o legislador consagra a possibilidade de a sociedade amortizar a quota com o consentimento do sócio (233.º/1, *a contrario*). Para tal basta que esteja prevista nos estatutos a possibilidade da sua ocorrência, isto é, a possibilidade de a sociedade amortizar a quota com o

No regime anterior, face ao 25.º da LSQ, Ruy Gomes de Carvalho, *Amortização de acções*, 19, nota 1, sustentava que os sócios não ficavam obrigados pelas disposições estatutárias posteriores por eles não aceites. Contrariamente, sustentando o seu submetimento, *vide* Maria Cárcomo Lobo, *Amortização de quota*, 143 ss., e José Anselmo de Seixas, *Cessão, divisão e*, 87-89.

[10] Raúl Ventura, *Sociedades por quotas* 1, 694.

Na LSQ também era problemática a questão da alteração do pacto social para introdução de cláusula de amortização. A questão consistia em saber se a mesma era possível nos termos do 41.º da LSQ, ou se, pelo contrário, era necessária a unanimidade dos sócios. Sobre esta questão *vide* Moreira de Almeida, *Amortização de quota*, 11-14. Sustentando a necessidade do consentimento de todos os sócios, *vide* Avelãs Nunes, *O direito de exclusão*, 256 ss., e Vasco Lobo Xavier, *Anotação ao Acórdão do STJ de 4-mar.-1986*, RLJ, n.º 3778, 21-23. Sobre as consequências da violação desta regra, *vide* STJ 4-mar.-1986, RLJ, n.º 3774, 270-273 e respetiva anotação crítica de Vasco Lobo Xavier.

[11] Neste sentido, no regime anterior, cf. Vasco Lobo Xavier, *Anotação ao Acórdão do STJ de 4-mar.-1986*, n.º 3778, 29.

[12] Por exemplo, os 232.º/3 ou 233.º/5.

[13] Não é permitida a amortização arbitrária, salvo o consentimento do sócio. Também neste sentido, Raúl Ventura, *Sociedades por quotas* 1, 689-691. A este propósito, Carolina Cunha, em *Código em Comentário* 3 (2016), 512,, refere a necessidade de o facto permissivo revestir *suficiente seriedade.*

[14] Carolina Cunha, em *Código em Comentário* 3 (2016), 512.

[15] Com outros exemplos, *vide* Raúl Ventura, *Sociedades* 1, 687-689. No regime anterior, *vide*, do mesmo A., *Amortização de quotas*, 49, nota 19-A.

[16] Cf. RLx 8-mar.-1994 (Pereira da Silva), Proc. 0048381, e STJ 23-set.-1997 (Cardona Ferreira), Proc. 97A083.

[17] Com maior desenvolvimento, veja-se António Soares, *O novo regime*, 55-60.

[18] Cf. 239.º e a nossa anotação ao mesmo. *Vide* STJ 24-mar.-1992 (César Marques), Proc. 080948.

consentimento do sócio[19]. Com efeito, uma vez que, nos termos do disposto no artigo 232.º/1 a amortização de quotas é permitida nos termos da lei ou do contrato e que, entre as causas legais de amortização da quota, não se encontra a amortização com o consentimento do sócio, somos levados a concluir que, a amortização voluntária terá de estar prevista nos estatutos.

Neste caso, a tutela dos interesses dos demais sócios efetiva-se pela permissão gené- 15
rica da amortização, enquanto a tutela dos interesses do titular da quota efetua-se pelo seu consentimento.

5. **O consentimento do sócio**. A respetiva declaração pode ser expressa ou tácita, por exem- 16
plo, através da aceitação do pagamento da contrapartida (219.º, *ex vi* 295.º, ambos do CC)[20].

Esta declaração, tendo por destinatária a sociedade, deverá ser dirigida à gerência, tornan- 17
do-se perfeita quando chegar ao seu poder ou dela for conhecida (224.º/1, *ex vi* 295.º, ambos do CC). Assim, salvo concordância da sociedade, uma vez prestado o consentimento torna-se irrevogável.

Tratando-se de uma amortização parcial, o consentimento continua a ser necessário 18
(233.º/3), uma vez que o titular da quota continua a ver parte da sua participação social[21].

São três os momentos possíveis para a prestação do consentimento: antes, durante e depois 19
da deliberação de amortização (233.º/3)[22].

Quanto ao prazo, não se encontram fixados prazos para a emissão do consentimento, 20
admitindo-se que a sociedade possa fixar um prazo razoável para o sócio consentir a amortização.

Relativamente à forma do consentimento, importa distinguir o momento em que é pres- 21
tado. Tratando-se de consentimento concedido antes e ou depois da assembleia terá de ser, sob pena de nulidade, prestado por escrito[23], conforme resulta da alusão à palavra "documento" (233.º/3 do CSC e 362.º do CC). Tratando-se de consentimento concedido na assembleia, bastará ao sócio titular da quota ter votado a favor da deliberação de amortização. Contudo, sendo a respetiva ata assinada por quem nela participou (63.º/3 e 248.º/6), também neste caso o consentimento será por escrito.

6. **O consentimento do credor pignoratício e do usufrutuário**. Incidindo direitos reais 22
sobre a quota – penhor ou usufruto –, o consentimento tem também de ser dado pelo respetivo titular (233.º/4). Esta necessidade justifica-se pela extinção da quota que a sua amortização implica e, portanto, pelos efeitos da operação no direito real de usufruto ou de penhor sobre a quota.

Não havendo consentimento de ambos – do titular da quota e do titular do direito real – a 23
sociedade não poderá amortizá-la, salvo amortização compulsiva com fundamento legal.

7. **O consentimento dos contitulares**. Havendo contitularidade da participação social, o 24
consentimento terá, em regra, de provir de todos os contitulares, salvo se tiverem sido dados, ao

No regime anterior era controvertida a amortização de quota penhorada face ao Ac. do STA de 24-mai.-1964, Ac. Doutrinais do STA n.º 34, 1230, não obstante a doutrina admitir tal possibilidade. Cf. Raúl Ventura, *Amortização de quotas*, 98 ss., e Avelãs Nunes, *O direito de exclusão*, 122, nota 40.

[19] Veja-se Raúl Ventura, *Sociedades por quotas* 1, 663, António Soares, *O novo regime*, p. 25.

[20] Também sujeitando, com adaptações, o consentimento às regras do negócio jurídico, veja-se Menezes Cordeiro 2 (2007), 387.

[21] Com maior desenvolvimento, cf. Raúl Ventura, *Sociedades por quotas* 1, 696-697. Atendendo à redação do 233.º/5, acompanha-se Carolina Cunha, em *Código em Comentário* 3 (2016), 516, no sentido que o referido consentimento ser necessário tanto na amortização compulsiva, como na amortização voluntária.

[22] Segundo Raúl Ventura, *Sociedades por quotas* 1, 683, se o consentimento do sócio for dado na assembleia e a sua assinatura constar da ata é porque é posterior à deliberação, não havendo consentimento na deliberação.

[23] António Soares, *O novo regime*, 37-38.

representante comum, poderes de disposição, uma vez que o consentimento, juntamente com a deliberação de amortização, implicará a extinção da quota (223.º/6 e 224.º/1).

25 Não havendo consentimento dos demais contitulares, a sociedade não pode deliberar, sob pena de ineficácia, a amortização, apenas restando, ao sócio titular da quota, o recurso à ação de divisão de coisa comum (1412.º do CC).

III – **Violação**

26 8. **Nulidade**. A deliberação de amortização compulsiva sem previsão estatutária ou legal[24], com fundamento numa previsão não existente/verificada ao tempo da aquisição da qualidade de sócio[25] será nula – 294.º do CC, e 58.º/1, *d)*[26]. Nestes termos, consentindo o sócio na amortização será necessária uma nova deliberação.

27 O mesmo sucede sempre que seja necessário o consentimento dos titulares dos direitos reais e este não tenha sido prestado. Com efeito, também aqui haverá violação de preceito que não pode ser derrogado nem sequer por deliberação unânime dos sócios.

28 9. **Ineficácia**. A deliberação de amortização sem o consentimento do sócio, sendo o mesmo necessário, será ineficaz até que o mesmo seja dado (55.º). A mesma solução deverá ser aplicada na falta de consentimento dos demais contitulares, porquanto o consentimento em falta não deixará de ser, para todos os efeitos, o consentimento do sócio.

29 10. **Responsabilidade dos gerentes**. A execução de amortização de quota, fora dos pressupostos do artigo sob análise, pode fazer incorrer o gerente em responsabilidade pelos danos causados aos sócios ou terceiros (*v.g.*, credor pignoratício e usufrutuário) nos termos gerais (79.º)[27].

30 Adicionalmente, a amortização de quota empenhada ou dada em usufruto, sem o consentimento do titular do direito, será punida com multa até 120 dias (512.º/1). Também aqui, à semelhança do 511.º, estará em causa, sob pena de inaplicabilidade do preceito, o ato de execução da amortização.

Artigo 234.º (Forma e prazo de amortização)

1. A amortização efetua-se por deliberação dos sócios, baseada na verificação dos respetivos pressupostos legais e contratuais, e torna-se eficaz mediante comunicação dirigida ao sócio por ela afetado.

2. A deliberação deve ser tomada no prazo de 90 dias, contados do conhecimento por algum gerente da sociedade do facto que permite a amortização.

Bibliografia: Jorge Coutinho de Abreu 2 (2019), 389; António Pereira de Almeida 1 (2013), 385-387; Luís Brito Correia 2 (1989), 423-428; Carolina Cunha, em *Código em Comentário* 3 (2016), 517-525; João Labareda, *Sobre a deliberação de amortização de quotas*, em *Direito societário português algumas questões* (1988), 231-268; António Soares, *O novo regime da amortização de quotas* (1988), 68-122; Raúl Ventura, *Sociedades por quotas* 1, 2.ª ed. (1989), 701-717.

No regime anterior, o 25.º LSQ nada dizia quanto à forma do consentimento.

[24] Raúl Ventura, *Sociedades por quotas* 1, 697-698, sustenta a nulidade por impossibilidade legal do objeto.

[25] Salvo 233.º/2, *in fine*.

[26] Cf. STJ 13-abr.-1994 (Faria de Sousa), CJ/Supremo II (1994) 2, 27-32.

[27] Quanto à responsabilidade do sócio titular da quota, *vide* 512.º/2.

Índice

1. Órgão competente 1
2. Prazo(s) 4
3. Forma da deliberação 9
4. Conteúdo da deliberação 11
5. Maioria 16
α) O voto do titular da quota 21
6. Eficácia da deliberação 25
α) Eficácia interna 26
β) Eficácia externa 29

1. **Órgão competente**. Começa o 234.º/1 por estabelecer que a amortização da quota (independentemente da sua modalidade, acrescenta-se) se efetua por deliberação dos sócios[1]. No mesmo sentido, o 246.º/1, *b*), faz depender de deliberação do coletivo dos sócios a amortização de quotas. 1

2 Assim, qualquer que seja a modalidade assumida, é da competência do coletivo dos sócios deliberar sobre a amortização das quotas, encontrando-se, pois, afastada[2] a amortização: (a) por simples decisão do sócio titular da quota; (b) por deliberação da gerência; (c) automática, isto é, a amortização que opera pela mera ocorrência do evento legal/estatutariamente previsto[3]. Na amortização estatutária, ainda que se possa afirmar a existência de vontade de amortizar a quota, emitida previamente à ocorrência do evento constitutivo da amortização, a mesma não é reconduzível a uma deliberação dos sócios.

3 Tratando-se de sociedade unipessoal por quotas ou de sociedade constituída por dois sócios, estando o sócio titular da quota impedido de votar, não deixará de haver deliberação social, necessariamente unânime[4], ainda que, na sequência da amortização da quota, a sociedade possa ficar sujeita à sua eventual dissolução – 142.º/1, *a*).

2. **Prazo(s)**. A fim de evitar incertezas sobre o titular da quota e o destino da mesma[5], a deliberação de amortização tem de ser tomada, sob pena de caducidade do respetivo direito de deliberar[6], num curto espaço de tempo. Este difere consoante a causa de amortização. 4

5 Na amortização ao abrigo de disposição contratual, o prazo da deliberação é de noventa dias, contados do conhecimento por algum gerente do facto que permite a amortização. Sendo os gerentes os representantes orgânicos da sociedade, presume-se o conhecimento desta sempre

[1] Mesmo nos casos em que é reconhecido ao sócio o direito à amortização da quota é a sociedade quem tem a última palavra quanto ao destino da mesma. Também no regime anterior, a amortização de quotas efetuava-se por deliberação da assembleia geral (35.º da LSQ). Neste sentido, Avelino de Faria, *Noções elementares e práticas sobre a Lei das Sociedade por Quotas*, sem data, 58; Ferrer Correia/ /Lobo Xavier, *A amortização de quotas e o regime da prescrição (a propósito de uma sentença)*, Separata da RDES XII, n.º 4 (1966), 20-23; e Avelãs Nunes, *O direito de exclusão*, 202. Considerando que era um direito exclusivo da sociedade, *vide* Augusto Victor Coelho, *Amortização de quotas, O artigo 25.º da Lei das Sociedades por Quotas* (1955), 23-25.

[2] Desenvolvidamente, João Labareda, *Sobre a deliberação*, 234-235, e António Soares, *O novo regime*, 69-83.

[3] Com este entendimento, no regime anterior, cf. Raúl Ventura, *Amortização de quotas*, 31-32, sem prejuízo de admitir a possibilidade de os estatutos preverem a extinção automática da relação sócio-sociedade ou quota-sociedade.

[4] Neste sentido, António Soares, *O novo regime*, 77, e João Labareda, *Sobre a deliberação*, 235. No entendimento deste último A., 236, nota 4, *in fine*, quando nas sociedades com dois sócios a amortização implicar a exclusão do sócio titular, pode ser necessária a intervenção do tribunal, depois da deliberação.

[5] No regime anterior, era particularmente discutida, na ausência de disposição expressa, quanto tempo poderia o sócio ficar aguardar a posição da sociedade. Lobo Xavier/ /Ferrer Correia, *A amortização de quotas*, 24 ss., sustentavam a aplicação das regra de prescrição do então 150.º do CCom. Cf. Brito Correia 2 (1989), 423, nota 34.

[6] STJ 18-nov.-1999 (Lemos Triunfante), Proc. 99A891. Conforme nota Carolina Cunha, em *Código em Comentário* 3 (2016), 523, além do efeito da caducidade do direito da sociedade amortizar a quota, outros efeitos podem resultar da inobservância dos prazos para a sociedade deliberar a amortização (225.º/2, 226.º/2, 231.º/2 e 240.º/2, *in fine*).

que qualquer um deles conheça do facto que permite a amortização. Não havendo gerência, será suficiente o conhecimento do facto que permite a amortização (253.º/1 e 2).

6 Quando se trate de amortização ao abrigo de disposição legal, o prazo da deliberação difere consoante a causa legal. Assim[7]: (a) na amortização em virtude da morte do sócio, o prazo é de 90 dias, contados do conhecimento da morte do sócio por algum dos gerentes (225.º/2)[8]; (b) no caso da transmissão dependente da vontade dos sucessores, a sociedade dispõe de 30 dias, contados da receção da solicitação da amortização pelos sucessores do sócio para amortizar, sob pena de poder ser requerida a dissolução administrativa da sociedade (226.º/2); (c) na falta de consentimento para a cessão, a amortização tem de ser deliberada nos 60 dias seguintes à receção do pedido de consentimento – 231.º/2, *b*); (d) tendo sido atribuído o direito de amortização ao sócio, a sociedade dispõe de 30 dias contados da receção da exigência de amortização do sócio para o fazer, sob pena de este requerer a sua dissolução administrativa (240.º/4, *ex vi* 232.º/4); (e) em caso de exclusão do sócio, a sociedade dispõe até ao trigésimo dia posterior ao trânsito em julgado da sentença que determinou a exclusão de um sócio, sob pena de a exclusão ficar sem efeito (242.º/3).

7 Dentro dos prazos acima descritos pode a sociedade, em vez a amortizar a quota, adquiri-la ou fazê-la adquirir por sócio ou terceiro (232.º/5).

8 Tratando-se de amortização dependente do consentimento do sócio, mas não dependente de ocorrência específica, por exemplo, ao abrigo de previsão genérica de amortização, a mesma pode ser deliberada quando os sócios e o respetivo titular da quota entenderem mais conveniente. No entanto, caso o consentimento para a amortização tenha sido dado antes da deliberação, esta terá de ser deliberada nos 90 dias seguintes, sob pena de ser necessário novo consentimento, porquanto, em tal situação, o consentimento consubstancia o facto que permite a amortização[9].

9 3. **Forma da deliberação**. A deliberação de amortização de quotas pode ser tomada por qualquer uma das modalidades de deliberação admitidas nas SPQ (53.º/1)[10]: unânime por escrito, assembleia geral universal, assembleia geral convocada e mediante voto escrito.

10 Nesta sede, as únicas particularidades a ressalvar são, por um lado, a eventual impossibilidade de a sociedade deliberar por voto escrito em caso de impedimento de voto do sócio titular da quota (247.º/8)[11] e, consoante a modalidade de deliberação, a necessidade de convocar o sócio titular da quota a amortizar, quer tratando-se de sócio excluído[12], quer tratando-se de herdeiros do sócio falecido[13], uma vez que, até à efetivação da amortização da quota, conservam os seus direitos sociais.

[7] Releva-se que uma interpretação literal dos preceitos acima referidos conduz a que a deliberação de amortização tenha de ser tomada antes dos prazos neles previstos. Com efeito, os prazos previstos nestes preceitos dizem respeito à própria amortização e não à sua deliberação. Pensamos, contudo, não ser tal entendimento o mais correto uma vez que os termos "amortização", "amortizá-la" ou "amortizar" devem ser entendidos no sentido de "deliberar a amortização".

[8] REv 16-nov.-2000 (Graça Romba), CJ XXV (2000) 5, 260-264.

[9] De modo idêntico, António Soares, *O novo regime*, 85-86, se bem que aplicando o 234.º/2 por analogia.

[10] Neste sentido, João Labareda, *Sobre a deliberação*, 236-240.

[11] Raúl Ventura, *Sociedades por quotas* 1, 710. João Labareda, *Sobre a deliberação*, 238, alarga esta proibição à deliberação unânime por escrito do 54.º/1. *Vide* RLx 8-mar.-1994 (Pereira da Silva), Proc. 0048381.

[12] Cf. RPt 2-dez.-1996 (Pinto Ferreira), Proc. 9750453, e RPt 2-dez.-1997 (Pinto Ferreira), CJ XXII (1997) 5, 214-217.

[13] Mesmo nas situações dos 225.º e 226.º somos da opinião que o herdeiro, apesar de se encontrarem suspensos os direitos e obrigações inerentes à quota, deve ser convocado por se tratar de um direito inerente à tutela da sua posição jurídica, nos termos do 227.º/3. Cf. RLx 17-jun.-1986 (Antunes Martins), CJ XI (1986) 3, 127; STJ 26-mai.-1987 (Alcides de Almeida), BMJ 367 (1987), 522-529; STJ 23-set.-1997 (Cardona Ferreira), BMJ 469

4. **Conteúdo da deliberação**. No que diz respeito ao conteúdo da deliberação de amortização torna-se necessário identificar a quota a amortizar, através do seu valor nominal e respetivo titular, bem como manifestar uma vontade de amortizá-la. Será ainda conveniente (não obrigatório), atendendo ao disposto no 232.º/3, referir que a quota se encontra integralmente liberada. 11

Havendo lugar ao pagamento de contrapartida[14] será ainda necessário, sob pena de nulidade – 56.º/1, *d*)[15] –, mencionar-se a ressalva do capital social à data da deliberação (236.º/2)[16]. Esta menção poderá, consoante as circunstâncias, obrigar os sócios a fixar o montante da contrapartida, e não apenas os critérios da sua determinação. 12

Tratando-se de amortização compulsiva é igualmente necessário, sob pena de ineficácia da deliberação (55.º), aludir à causa de amortização[17], salvo se o sócio der o seu consentimento passando, neste caso, a amortização a ser por acordo[18]. 13

Se a amortização for acompanhada da correspondente redução de capital a mesma terá de ser deliberada aquando da amortização. Caso contrário, nada se deliberando relativamente ao capital social, o mesmo permanecerá inalterado e o valor nominal das restantes quotas será proporcionalmente aumentado pelo valor nominal da quota amortizada (237.º/1). Quando assim suceda, é necessário fixar na deliberação de amortização o novo valor nominal das quotas (237.º/2)[19]. 14

Na deliberação de amortização, ainda que não seja obrigatória tal menção conforme já referido, deverá assegurar-se que a quota se encontra integralmente liberada. Não o estando, a eficácia da deliberação de amortização pode ficar condicionada à liberação da quota[20]. Contudo, uma vez que a deliberação não produz efeitos até que a condição se verifique, não se afigura correto falar numa deliberação de amortização para efeitos do 234.º/1. Na ausência da fixação de tal condição, a deliberação será nula[21]. 15

5. **Maioria**. A maioria necessária para deliberar a amortização da quota, questão controversa na LSQ[22], porque omissa quanto a este ponto, subsiste polémica[23]. 16

O problema consiste, haja ou não[24] redução do capital social, em saber se a maioria necessária é a simples (250.º/3) ou se, pelo contrário, é uma maioria qualificada, por estarmos 17

(1997), 586-597, e RPt 10-mai.-2000 (Ferreira Girão), Proc. 0012907. Mais recentemente, *vide* STJ 29-out.-2013 (Gabriel Catarino), Proc. 994/11.

[14] Neste caso deverá fazer-se menção à inexistência de contrapartida, conforme sucede, por exemplo, na amortização de quotas próprias. *Vide* Brito Correia 2 (1989), 425-426, e António Soares, *O novo regime*, 93-94.

[15] Veja-se Raúl Ventura *Sociedades por quotas* 1, 715; António Soares, *O novo regime*, 94; e João Labareda, *Sobre a deliberação*, 267.

[16] Cf. RPt 2-jun.-1991 (Mário Ribeiro), Proc. 0410051; STJ 24-jun.-1993 (Sampaio da Silva), BMJ 428 (1998), 625 e 632; STJ 6-mai.-1997 (Pais de Sousa), CJ/Supremo V (1997) 2, 77-79; e STJ 24-out.-2006 (Ferreira Girão), Proc. 06B2866.

[17] Assim, Brito Correia 2 (1989), 425.

[18] Neste sentido, António Soares, *O novo regime*, 94, e Raúl Ventura, *Sociedades por quotas* 1, 714.

[19] Raúl Ventura, *Sociedades por quotas* 1, 753, considera que, apesar de o 237.º não o referir expressamente, esta deliberação é parte integrante da deliberação prevista no 234.º. Em sentido contrário, veja-se António Soares, *O novo regime*, 104-105.

[20] Ferrer Correia/Lobo Xavier, *A amortização de quotas*, 92.

[21] *Vide* anotação ao 232.º, n.º 11.

[22] Cf. António Soares, *O novo regime*, 95-96. *Vide* ainda João Labareda, *Sobre a deliberação*, 240. No regime anterior, no sentido de que não se dava uma verdadeira alteração do pacto social, *vide*, entre outros, Avelino de Faria, *Noções elementares*, 58; Avelãs Nunes, *O direito de exclusão*, 284-285, nota 201; e Maria Cárcomo Lobo, *Amortização de quotas, acções e outras partes do capital social* (1953), 92-93. Em sentido contrário, sustentando a modificação do contrato, por isso sujeita ao 41.º da LSQ, cf. Raúl Ventura, *Amortização de quotas*, 112 ss., e José Anselmo de Seixas, *Cessão, divisão e amortização de partes sociais e de quotas* (1951), 96.

[23] Sobre os antecedentes desta regra, *vide*, com maior desenvolvimento, João Labareda, *Sobre a deliberação*, 240-241.

[24] O facto de a redução do capital social ter sido motivada pela amortização da quota não lhe retira (à redução) auto-

a alterar o contrato de sociedade, caso em que são necessários três quartos dos votos correspondentes ao capital social (265.°/1).

18 A amortização, implicando a extinção da quota, acarreta uma mudança nas menções obrigatórias do contrato, pelo menos, num dos seus titulares – 199.°, *a*). Ademais, sempre que o valor das quotas dos restantes sócios seja proporcionalmente aumentado também esta menção do contrato será alterada. Assim, conjugado este preceito com o disposto no 85.° podemos falar numa alteração do contrato.

19 No entanto, também podemos constatar que nem todas as alterações do contrato dependem da deliberação dos sócios. Basta pensar, por exemplo, na alteração da sede estatutária (12.°), ou noutras ocorrências relativamente às quotas – divisão ou unificação de quotas – menções obrigatórias do contrato – 199.°, *a*).

20 A doutrina maioritária[25], num entendimento que nos parece preferível, considera que é simples a maioria necessária para deliberar a amortização de quota, por não se tratar de uma mudança substancial dos estatutos da sociedade, por a esta não ser dirigida, mas ser antes o resultado de uma deliberação dirigida à prossecução de outros efeitos[26], à semelhança do que sucede com outras situações atinentes às quotas que implicam uma alteração das menções do 199.°, *a*). Pode também argumentar-se a distinção feita no 246.°/1, *b*) e *h*), entre a modificação do contrato e a amortização de quotas, o que indicia a não recondução da amortização a uma alteração do contrato[27]. Consequentemente, esta deliberação não deve ser qualificada como uma alteração do contrato para efeitos do disposto no 85.°/1.

21 α) **O voto do titular da quota**[28]. Não só os artigos que regulam a amortização de quotas não estabelecem regra alguma quanto ao voto do titular da quota a amortizar, como não encontramos na disciplina geral do conflito de interesses nas sociedades por quotas, regulada no 251.°, uma alusão específica a esta situação. Com efeito, entre as situações que impedem o sócio de votar, não se encontra a amortização de quota pelo titular da quota a amortizar (251.°/1). Contudo, uma vez que não se trata de um elenco taxativo, há que indagar se há ou não há uma situação de conflito de interesses, segundo a regra geral do 251.°/1.

nomia estando-se perante uma alteração do contrato de sociedade – 9.°/1, *f*) – e, portanto, sujeita ao disposto nos 94.° a 96.° e 265.°. Com maior desenvolvimento, António Soares, *O novo regime*, 106-109. *Vide* ainda João Labareda, *Sobre a deliberação*, 257, que chama a atenção para o facto de que quando a deliberação de amortizar for tomada em termos de integrar simultaneamente a redução deverá ser tomada nos termos do 265.°/1. Não havendo redução do capital social, conforme resulta da nota anterior, é mais problemática a maioria necessária.

[25] Cf., neste sentido, Coutinho de Abreu 2 (2019), 390-391; João Labareda, *Sobre a deliberação*, 261; e António Soares, *O novo regime*, 111-115. Em sentido contrário, Brito Correia 2 (1989), 424-425 e Raúl Ventura, *Sociedades por quotas* 1, 713 e 752 ss., ainda que referindo ter sido intenção do legislador não sujeitar a amortização à alteração do contrato.

[26] Conforme refere João Labareda, *Sobre a deliberação*, 249, «*o dejustamento que cria entre a nova situação e o teor do contrato, tal como existe, é algo de posterior e extrínseco ao próprio acto, que de forma nenhuma o caracteriza.*»

[27] *Vide* Coutinho de Abreu 2 (2019), 391.

[28] No regime anterior, o 39.°, § 3, da LSQ, estabelecia nenhum sócio podia votar, por si ou por mandatário, sobre assunto que lhe dissesse diretamente respeito. Com maior desenvolvimento, veja-se Augusto Victor Coelho, *Amortização de quotas*, 26-32. Segundo Raúl Ventura, *Amortização de quotas*, 115-117, o sócio poderia votar. Já Avelãs Nunes, *O direito de exclusão*, 285, nota 201, defende que o sócio não podia votar quando o fundamento da amortização residisse na própria pessoa do sócio que se pretendia afastar. *Vide* ainda Fernando Martins de Carvalho, *Amortização de quotas*, O Direito 69 (1937), 130-136 (131). Ao nível da jurisprudência, destaque para o Assento STJ de 26-abr.-1961 (Toscano Pessoa), BMJ 107 (1961), 352, nos termos do qual o sócio apenas estaria impedido de votar quando tivesse um interesse pessoal e individual oposto ao da sociedade.

Quer a doutrina[29], quer a jurisprudência[30], consideram que, em regra, o sócio titular da quota pode votar na deliberação de amortização, mesmo que a amortização dependa do seu consentimento. 22

Sem prejuízo, é de sustentar que o sócio se encontra impedido de votar nas seguintes situações[31]: (a) amortização por falecimento do sócio, por imperativo legal (227.º/2)[32]; (b) amortização por exclusão[33], por a situação estar abrangida no 251.º/1, *d*). 23

Coutinho de Abreu[34] acrescenta a amortização de quota penhorada, por entender que também aqui haverá um conflito de interesses, enquanto João Labareda[35] aduz o impedimento quando a amortização tem por fundamento causas relativas à pessoa ou comportamento do sócio[36] e a amortização por exercício do direito à amortização do sócio (232.º/4). 24

6. **Eficácia da deliberação** 25

α) **Eficácia interna**. Segundo o disposto no 234.º/1, *in fine,* a deliberação de amortização torna-se eficaz mediante comunicação dirigida ao sócio por ela afetado (224.º, *ex vi* 295.º, do CC). Trata-se da eficácia da interna da deliberação e não da eficácia da própria amortização, dado que para esta poderá ainda ser necessário o próprio consentimento do sócio. 26

No entanto, mesma esta eficácia encontra-se colocada em crise quando o 242.º-A, aditado pelo DL 76-A/2006, de 29-mar., estabelece que os factos relativos a quotas são ineficazes perante a sociedade enquanto não for solicitada, quando necessária, a promoção do respetivo registo. Fica-se, pois, sem saber qual a eficácia interna da deliberação de amortização. Tudo aparenta ser apenas da sociedade perante o sócio. 27

Esta comunicação, que mais não é do que o ato da gerência a informar o sócio da aprovação da deliberação de amortização, não se encontra sujeita a requisitos formais. Caso o sócio esteja presente na assembleia geral na própria deliberação torna-se dispensável[37], por dele ser conhecida. Nestas circunstâncias, apenas nos parece que, por imposição das regras da boa-fé, nos casos em que a eficácia da deliberação tenha ficado sujeita a um termo ou uma condição, a sociedade deverá comunicar ao sócio que tenha participado na assembleia ou na própria deliberação a respetiva verificação. 28

β) **Eficácia externa**. Relativamente a terceiros a eficácia da amortização depende do seu registo, obrigatório nos termos dos 3.º/1, *i*), do CRC, e que deverá ser pedido pela sociedade no prazo de dois meses a contar da data em que tiver sido titulada (242.º-B/1 do CSC e 15.º/2 do CRC)[38]. 29

[29] Carolina Cunha, em *Código em Comentário* 3 (2016), 522, apontando para uma solução casuística e considerando ser essa a opinião generalizada.

[30] STJ 4-mai.-1993 (Pereira Cardigos), BMJ 427 (1993), 516; RLx 17-jun.-1986 (Antunes Martins), CJ XI (1986) 3, 127-129; REv 27-jun.-1991 (Mateus da Silva), CJ XVI (1991) 3, 297-301, e REv 27-jun.-1991 (Raúl Mateus), BMJ 408 (1991), 674. Admitindo apenas o direito de o sócio participar na assembleia, na deliberação de amortização de sócio excluído, cf. RPt 2-dez.-1997 (Pinto Ferreira), CJ XX (1997) 5, 214.

No regime anterior, cf. STJ 29-jun.-1973 (Fernandes Costa), BMJ 224 (1973), 195.

[31] Com maior desenvolvimento, *vide* António Soares, *O novo regime*, 118-121, e João Labareda, *Sobre a deliberação*, 262-267.

[32] *Vide* Raúl Ventura, *Sociedades por quotas* 1, 711, e João Labareda, *Sobre a deliberação*, 266-267.

[33] Raúl Ventura, *Sociedades por quotas* 1, 711. Reconhecendo apenas este impedimento, *vide* Pereira de Almeida, 1 (2013), 385, e Brito Correia 2 (1989), 424.

[34] Coutinho de Abreu 2 (2019), 392.

[35] João Labareda, *Sobre a deliberação*, 265-267.

[36] No nosso entender, sendo tais causas objetivas, por exemplo, certa idade, ou subjetivas mas judicialmente demonstradas (*v.g.*, insolvência ou prática de certo ilícito), não se encontram motivos para impedir o sócio de votar.

[37] Em sentido contrário, *vide* Brito Correia 2 (1989), 427; António Soares, *O novo regime*, 122; Raúl Ventura, *Sociedades por quotas* 1, 713, e, mais recentemente, Carolina Cunha, em *Código em Comentário* 3 (2016), 524.

[38] Nos termos do 29.º-A/1 do CRC, o sócio cuja quota foi amortizada está legitimado para promover junto da

Artigo 235.º (Contrapartida da amortização)

1. Salvo estipulação contrária do contrato de sociedade ou acordo das partes, valem as disposições seguintes:

a) A contrapartida da amortização é o valor de liquidação da quota, determinado nos termos do artigo 105.º, n.º 2, com referência ao momento da deliberação;

b) O pagamento da contrapartida é fracionado em duas prestações, a efetuar dentro de seis meses e um ano, respetivamente, após a fixação definitiva da contrapartida.

2. Se a amortização recair sobre quotas arroladas, arrestadas, penhoradas ou incluídas em massa falida ou insolvente, a determinação e o pagamento da contrapartida obedecerão aos termos previstos nas alíneas *a*) e *b*) do número anterior, salvo se os estipulados no contrato forem menos favoráveis para a sociedade.

3. Na falta de pagamento tempestivo da contrapartida e fora da hipótese prevista no n.º 1 do artigo 236.º, pode o interessado escolher entre a efetivação do seu crédito e a aplicação da regra estabelecida na primeira parte do n.º 4 do mesmo artigo.

Bibliografia: Jorge Coutinho de Abreu 2 (2019), 388; António Pereira de Almeida 1 (2013), 387-388; António Menezes Cordeiro 2 (2007), 388-390; António Ferrer Correia/Vasco Gama Lobo Xavier, *Sobre a contrapartida da amortização de quotas*, separata RDES 18 (1971) 1-4; Luís Brito Correia 2 (1989) 1997, 430-432; Paulo de Tarso Domingos, em *Código em Comentário* 3 (2016), 526-532; António Soares, *O novo regime da amortização de quotas* (1988), 125-144; Raúl Ventura, *Sociedades por quotas* 1, 2.ª ed. (1989), 719-730.

Índice

I – **Introdução**
1. A contrapartida na amortização onerosa 1

II – **Da fixação da contrapartida**
2. Modos de fixação 3
3. Fixação estatutária 4
   α) Generalidades 5
   β) Limites 7
4. Fixação por acordo 10
   α) Generalidades 11
   β) Limites 12
5. Fixação legal 13
   α) Generalidades 14
   β) Pagamento 16

III – **Tutela do direito à contrapartida**
7. Enunciado 19
   α) Ação de cumprimento 20
   β) Amortização parcial da quota 21
   γ) Dissolução administrativa da sociedade 23

conservatória o registo da amortização quando este não seja promovido pela sociedade. Contudo, numa primeira leitura do disposto no 242.º-B/2, não terá legitimidade para solicitar à sociedade que promova o registo da amortização, o que não deixa de causar estranheza. *Vide* ainda 242.º-E e 242.º-F quanto à responsabilidade civil da sociedade pela promoção de registos. Na jurisprudência, cf. RCb 25-mai.-20111 (Jacinto Meca), Proc. 399/06.

I – Introdução

1. **A contrapartida na amortização onerosa** surge no 235.º[1]. Ela tem lugar nos casos em que a amortização seja onerosa[2]: quando seja compulsiva[3], mesmo que estatuária[4], e na amortização ao abrigo de disposição legal[5]. 1

Quando seja gratuita, por exemplo, na amortização de quotas próprias (sempre)[6], ou quando a sociedade assim o tenha acordado com o sócio[7], não há contrapartida, sem prejuízo de eventual recurso à impugnação pauliana pelos credores do titular da quota. 2

II – Da fixação da contrapartida

2. **Modos de fixação**. A contrapartida da amortização é determinada[8]: (a) de acordo com o estipulado nos estatutos; (b) por acordo entre a sociedade e o titular da quota ("acordo das partes"); (c) na sua falta, pelo disposto nas alíneas *a*) e *b*) do n.º 1 do 235.º: este último critério é, em regra, residual[9]. 3

3. **Fixação estatutária** 4

α) **Generalidades**. São válidas as cláusulas que estabeleçam a determinação da contrapartida segundo um valor nominal, contabilístico ou outro, mesmo que da sua aplicação resulte um reembolso abaixo do valor real da quota[10]. São igualmente válidas as cláusulas que fixem as condições de pagamento da contrapartida. 5

O eventual prejuízo dos sócios reembolsados segundo um critério estatutário não constitui, *per si*, fundamento para invalidar tais regras, uma vez que o sócio terá anuído nas mesmas ou, pelo menos, sabido da sua existência, aquando do ingresso na sociedade[11]. Neste âmbito, apenas 6

[1] No regime anterior, o problema da contrapartida da amortização não se encontrava expressamente tratado, relevando, para o efeito, o disposto no 1277.º do CC de 1867. Adicionalmente, era objeto de discussão a necessidade de o contrato social regular ou não o modo de cálculo da contrapartida. Sobre esta questão, veja-se Augusto Victor Coelho, *Amortização de quotas, O artigo 25.º da Lei das Sociedades por Quotas* (1955), 44-52, e Avelãs Nunes, *O direito de exclusão*, 231 ss..

[2] Quanto à distinção, *vide* a nossa anotação 9 ao 232.º.

[3] Neste sentido, António Soares, *O novo regime*, 127.

[4] Desenvolvidamente, Carolina Cunha, *Exclusão dos sócios (em particular nas sociedades por quotas)*, em Problemas do direito das sociedades (2002), 202-233 (228-231).

[5] Segundo Brito Correia 2 (1989), 430, o sócio terá, por força da lei, direito a contrapartida nos casos previstos nos 235.º/2, 240.º/4 e 6, 241.º/3 e 242.º/4. *Vide* Coutinho de Abreu 2 (2019), 388, que ressalva, da amortização gratuita, norma legal imperativa em sentido contrário, como, por exemplo, os 235.º/2 e o 240.º/5 e 8. Mesmo na situação prevista no 241.º/3, apenas se admite a possibilidade de a sociedade fixar um outro valor ou critério de contrapartida, o que significa, a nosso ver, que mesmo o sócio excluído tem direito a uma contrapartida.

[6] Caso contrário a sociedade estaria a pagar uma contrapartida a si própria. Neste sentido, Brito Correia 2 (1989), 430. No regime anterior, Galvão Telles, *Amortização de quotas*, ROA 6 (1946), 3-4, 66-67, sustentava que a amortização não amigável tinha sempre de regular a contrapartida. Já Azevedo Souto, *Lei das Sociedades por Quotas Anotada*, 5.ª ed. (1963), 131, e Ruy Gomes de Carvalho, *Amortização de acções e de quotas* (1931), 28-29, admitiam a amortização gratuita.

[7] Paulo de Tarso Domingos, em *Código em Comentário* 3 (2011), 518.

[8] Conforme observa Paulo de Tarso Domingos, em *Código em Comentário* 3 (2016), 528, nota 8, o modo de fixação previsto nos 235.º/2 e 240.º/5 e 8 é imperativo. Ou seja, nestas situações não podem nem os estatutos, nem as partes por acordo, postergar o regime legal.

[9] Cf. RPt 8-jul.-1999 (Saleiro de Abreu), CJ XXIV (1999) 4, 194-198.

[10] Cf. Pereira de Almeida 1 (2013), 387. Um critério de determinação do valor da contrapartida nos termos do qual venha a resultar que, em concreto, o sócio recebe pela quota um valor abaixo do valor nominal será válido desde que tal critério reflita a situação patrimonial da sociedade. Num tal cenário as perdas no valor da quota não deixam de estar limitadas ao valor da entrada do sócio. Cf. STJ 24-mar.-1992 (César Marques), Proc. 080948, e REv 16-nov.-2000 (Graça Romba), CJ V (2000) 5, 260. *Vd.* ainda, no regime anterior, António Ferrer Correia/Vasco Gama Lobo Xavier, *Sobre a contrapartida da amortização de quotas*, separata RDES 18 (1971) 1-4.

[11] Raúl Ventura, *Sociedades por quotas* 1, 725-726.

há que tutelar o sócio dissidente da alteração das cláusulas estatutárias sobre a contrapartida da amortização. Esta tutela dá-se pela aplicação, segundo um argumento de maioria de razão[12], do 233.º/2 à posterior fixação estatutária da contrapartida da amortização.

7 β) **Limites**. A fixação estatutária da contrapartida pela amortização está sujeita a limites. A este propósito, Menezes Cordeiro[13], a quem se adere, chama a atenção para a necessidade das cláusulas da contrapartida terem de ser minimamente compensatórias, sob pena de estarmos perante atos gratuitos, sujeitos ao disposto nos 809.º e 942.º/1 do CC.

8 Ademais, tratando-se de amortização na sequência de atribuição do direito à amortização ao sócio, a contrapartida será necessariamente calculada de acordo com o 105.º/2 (234.º/4).

9 Por outro lado, sempre que as quotas se encontrem em qualquer das situações descritas no 235.º/2, os critérios estatutários somente são aplicáveis se forem mais prejudiciais para a sociedade que as disposições supletivas aplicáveis[14]. Visa-se com isto proteger os credores do titular da quota amortizada a fim de que, pela mesma, recebam, pelo menos, o valor real da quota, de forma a verem satisfeitos os seus créditos[15]. Adicionalmente, há que contar com o limite geral do abuso do direito (334.º do CC).

10 4. **Fixação por acordo**

11 α) **Generalidades**. O termo "acordo" não está utilizado no sentido técnico de contrato, não tendo de observar forma solene. É suficiente a existência de consenso quanto aos termos da contrapartida o que ocorre, por exemplo, quando a sociedade delibera a amortização e respetivas condições e o sócio presta o seu consentimento.

12 β) **Limites**. A fixação por acordo da contrapartida da amortização também não é absoluta, estando sujeita a limites. Assim, além do limite geral do abuso do direito, torna-se necessária assegurar a proteção dos credores sociais[16] e o respeito de eventuais regras estatutárias sobre esta matéria existentes[17].

13 5. **Fixação legal**

14 α) **Valor**. Na falta de fixação estatutária ou por acordo, a contrapartida é calculada nos termos do 105.º/2, tendo por referência o momento da deliberação [235.º/1, *a*)][18]. Remete-se, assim, para o regime da fusão que, por sua vez, remete para o 1021.º do CC, que, por sua vez, remete para o 1018.º/1 a 3 do CC. Destas sucessivas remissões resulta que o valor da quota é fixado com base no *estado da sociedade*, à data da deliberação de amortização[19], por um ROC designado por mútuo acordo ou, na falta deste, pelo tribunal, sem prejuízo de qualquer das partes poder requerer uma segunda avaliação (105.º/2, *in fine*, e 3)[20]. A avaliação da quota é feita segundo o

[12] Sustentando solução idêntica, por recurso à analogia, *vide* António Soares, *O novo regime*, 141-142.

[13] Menezes Cordeiro 2 (2007), 389. Diferentemente no regime anterior, *vide* António Ferrer Correia/Vasco Gama Lobo Xavier, *Sobre a contrapartida da amortização de quotas*, 27, considerando que, *«quando se trate de amortização onerosa, não há quaisquer limites à liberdade dos pactuantes pelo que toca a este aspecto.»*

[14] Esta solução tem sempre lugar, independentemente do momento da sua ocorrência, ou seja: antes ou depois da ocorrência da causa de amortização, antes ou depois da respetiva deliberação, e também quando as situações descritas no 235.º/2 são, elas próprias, a causa da amortização.

[15] Atendendo à *ratio* do preceito, a mesma limitação terá de ter lugar quando a contrapartida seja fixada por acordo das partes, salvo se este for em condições menos favoráveis para a sociedade.

[16] Cf. 235.º/2 e nota anterior.

[17] Quando assim seja, deverá entender-se que a previsão estatutária dos critérios de determinação da contrapartida foi estipulada para proteção dos restantes sócios, pelo que apenas existindo o acordo de todos poderá prevalecer a vontade das partes. Pelos mesmos motivos, havendo restrições estatutárias não podem tais regras deixar de ser respeitadas. Cf. António Soares, *O novo regime*, 143.

[18] RPt 2-jun.-2012 (Maria José Simões), Proc. 1753/05.

[19] Não é, portanto, nem a data da ocorrência da causa da amortização, nem a data do consentimento do sócio.

[20] Cf. 1068.º e 1069.º do CPC. Havendo lugar a mais que uma avaliação, serão uma e outra livremente apreciadas

valor que esta representa no património social efetivo, isto é, pelo seu valor real[21], e não segundo o valor que lhe é imputado contabilisticamente.

Por outro lado, a parte final do 1021.º/1 do CC refere ainda que os sócios participarão 15
nos resultados dos *negócios em curso*, isto é, dos negócios jurídicos[22] pendentes ou em execução, porquanto já celebrados aquando da deliberação de amortização, mas ainda não integralmente executados.

β) **Pagamento.** A lei consagra supletivamente uma exceção ao princípio da integralidade do 16
cumprimento das obrigações, prevendo-se o seu fracionamento em duas prestações, a efetuar entre seis meses e um ano[23]. Deste modo, previnem-se eventuais inconvenientes da sociedade ter de efetuar o pagamento integral. Porém, nada impede, assim o queira a sociedade, a renúncia a tal benefício, procedendo ao pagamento integral da contrapartida ou a um pagamento fracionado num período inferior ao legalmente fixado.

O início da contagem do prazo poderá ser ultrapassado, sem nisso incorrer a sociedade 17
em qualquer responsabilidade, no caso de o consentimento do sócio, quando necessário, for tardiamente prestado.

Apesar de o regime legal supletivo assentar que o pagamento da contrapartida é em 18
dinheiro (e assim sucederá, em regra), nada obsta que, por acordo das partes, o pagamento seja feito em espécie[24]. Tal poderá ser vantajoso para as partes: para a própria sociedade que, por hipótese, entrega ao sócio um bem que lhe custa *x*, para o sócio que recebe um bem que no mercado valerá *x+10*. Por exemplo, uma sociedade construtora de automóveis que entrega a um sócio como contrapartida da amortização um veículo automóvel.

III – Tutela do direito à contrapartida

7. **Enunciado**. Perante a falta de pagamento tempestivo da contrapartida devida, designada- 19
mente por respeitar os limites previstos no 236.º/3[25], o legislador concede ao sócio um conjunto de mecanismos diferentes, que estão para além dos mecanismos típicos de reação de um credor não satisfeito. Vejamos.

α) **Ação de cumprimento**. Na falta de pagamento, pode o sócio optar pela efetivação do seu 20
crédito, como qualquer credor, nos termos gerais. Com efeito, não tendo a sociedade procedido ao pagamento da contrapartida na data do vencimento entrará em mora, com as devidas con-

pelo tribunal (489.º do CPC). Este, depois de exercido o contraditório sobre o resultado da segunda perícia, fixará o valor da participação (1068.º/4 do CPC).

[21] No mesmo sentido, *vide* STJ 7-out.-1997 (Machado Soares), CJ/Supremo V (1997) 3, 52-54, onde se decidiu que a quota havia de corresponder, tanto quanto possível, ao valor real do quinhão do sócio na sociedade, o que é configurável através de um balanço destinado unicamente a determinar o seu valor, e RPt 25-out.-2005 (Marques de Castilho), Proc. 0422142, onde se decidiu que no processo especial de liquidação de participação social, o que está em causa é o valor real da quota do sócio na participação social.
Este parece ser também o sentido maioritário da nossa doutrina. Assim, veja-se Videira Henriques, *A desvinculação unilateral ad nutum nos contratos civis de sociedade e de mandato* (2001), 86, Cura Mariano, *Direito de exoneração*, 130, Armando Triunfante, *A tutela das minorias nas sociedades anónimas direitos individuais* (2004), 294, e António Soares, *O novo regime*, 144.

[22] Apesar de o legislador apenas referir "negócios em curso", a locução deverá ser interpretada no sentido de "negócios jurídicos em curso", não participando o sócio nos resultados de operações em curso, como a fusão ou a cisão.

[23] A previsão desta possibilidade permite concluir que, salvo concordância do sócio, o objeto da contrapartida será pecuniário.

[24] Assim, António Soares, *O novo regime*, 132 e Paulo de Tarso Domingos, em *Código em Comentário* 3 (2016), 530-531.

[25] Neste caso, dispõe o 236.º/3 que o sócio terá de restituir à sociedade as quantias entretanto recebidas desta.

sequências legais (805.° do CC), podendo o ex-sócio efetivar o seu crédito nos termos gerais (817.° ss. do CC).

21 β) **Amortização parcial da quota**. Adicionalmente, na falta de pagamento tempestivo da contrapartida pode o sócio, em alternativa à efetivação do seu crédito, optar pela amortização parcial da quota. Para tanto, será necessário que a sociedade já tenha procedido ao pagamento de parte do reembolso[26]. Assim sucedendo, a amortização será determinada em função daquilo que (já) tenha recebido – contando que seja respeitado o valor nominal mínimo da quota.

22 Não se estabelece até quando é que a opção pela amortização parcial pode ser feita. Por aplicação analógica do 236.°/5, o ex-sócio deverá nos 30 dias seguintes à sociedade ter entrado em mora optar pela amortização parcial, sob pena de, não o fazendo, apenas poder efetivar o seu crédito[27].

23 δ) **Dissolução administrativa da sociedade**. Adicionalmente, e apenas no caso de se tratar de amortização na sequência de atribuição ao sócio do direito à amortização da quota, poderá o sócio, no caso da contrapartida não puder ser paga em virtude do disposto no 236.°/1 e não optando pela espera do pagamento, requerer a dissolução administrativa da sociedade (240.°/6 *ex vi* 232.°/4).

Artigo 236.° (Ressalva do capital)

1. A sociedade só pode amortizar quotas quando, à data da deliberação, a sua situação líquida, depois de satisfeita a contrapartida da amortização, não ficar inferior à soma do capital e da reserva legal, a não ser que simultaneamente delibere a redução do seu capital.

2. A deliberação de amortização deve mencionar expressamente a verificação do requisito exigido pelo número anterior.

3. Se ao tempo do vencimento da obrigação de pagar a contrapartida da amortização se verificar que, depois de feito este pagamento, a situação líquida da sociedade passaria a ser inferior à soma do capital e da reserva legal, a amortização fica sem efeito e o interessado deve restituir à sociedade as quantias porventura já recebidas.

4. No caso previsto no número anterior, o interessado pode, todavia, optar pela amortização parcial da quota, em proporção do que já recebeu, e sem prejuízo do montante legal mínimo da quota. Pode também optar pela espera do pagamento até que se verifiquem as condições requeridas pelo número anterior, mantendo-se nesta hipótese a amortização.

5. A opção a que se refere o número precedente tem de ser declarada por escrito à sociedade, nos 30 dias seguintes àquele em que ao sócio seja comunicada a impossibilidade do pagamento pelo referido motivo.

[26] Admitindo que, no caso de não ter sido pago qualquer valor por conta da contrapartida, o sócio possa optar por dar sem efeito a amortização (total) da quota, cf. Paulo de Tarso Domingos, em *Código em Comentário* 3 (2016), 531.

[27] Diferentemente, Raúl Ventura, *Sociedades por quotas* 1, 729, considera que a remissão para o 236.°/4 acarreta a aplicação do n.° 5 do mesmo artigo.

Bibliografia: António Menezes Cordeiro 2 (2007), 384; Luís Brito Correia 2 (1989), 432-434; Paulo de Tarso Domingos, em *Código em Comentário* 3 (2016), 533-540; António Soares, *O novo regime da amortização de quotas* (1988), 30-36 e 144-147; Raúl Ventura, *Sociedades por quotas* 1, 2.ª ed. (1989), 731-745.

Índice

I – **Introdução**
1. Enunciado 1

II – **Da ressalva do capital social**
2. Noção 2
3. Momento da apreciação 3
α) Na deliberação de amortização 4
β) No vencimento da contrapartida 5
4. Inobservância da ressalva do capital 7
α) Na deliberação de amortização 8
β) No vencimento da contrapartida 9
γ) Responsabilidade dos gerentes 13

I – Introdução

1. Enunciado. Apesar da epígrafe, este artigo limita-se a regulamentar outro dos pressupostos necessários à amortização. Concretamente, assegura que a amortização seja feita em condições que assegure a integridade do capital social, preocupação também patente na proibição da amortização de quotas não totalmente liberadas. Quando a amortização seja gratuita, o capital social está necessariamente ressalvado, não se aplicando o 236.º. 1

II – Da ressalva do capital social

2. Noção. Nas hipóteses em que a amortização é onerosa, o capital fica ressalvado sempre que, depois do pagamento da contrapartida, a situação líquida da sociedade não ficar inferior[1] à soma do capital social[2] e da reserva legal (236.º/1)[3]. Caso contrário, a amortização só poderá efetuar-se se a sociedade deliberar simultaneamente reduzir o seu capital social[4], operação que assegurará[5] tal ressalva depois de ser paga a contrapartida. 2

3. Momento da apreciação 3

α) Na deliberação de amortização. A ressalva do capital social tem de estar assegurada ao tempo da deliberação de amortização, isto é, nas palavras do legislador, *à data da deliberação* (236.º/1 e 2). Trata-se, contudo, de uma preocupação excessiva, que obriga os sócios, no momento da deliberação a saber do efetivo montante da contrapartida a pagar aos sócios[6]. Teria sido suficiente o legislador proibir a gerência de executar a deliberação de amortização se ao tempo do reembolso não estivesse ressalvado o capital social. 4

[1] Atendendo à *ratio* do preceito, também não estará ressalvado o capital social quando à data da amortização a situação líquida da sociedade já era inferior à soma do capital e da reserva legal e, portanto, o pagamento da contrapartida limitar-se a agravar essa situação.

[2] Cf. 201.º.

[3] Cf. 218.º. No regime anterior, o 25.º LSQ apenas ressalvava o capital social, nada dizendo quanto à reserva legal.

[4] Esta redução, ainda que motivada pela amortização da quota, tem de observar os 94.º ss.. Se a redução do capital social for anterior à deliberação de amortização, conforme observa António Soares, *O novo regime*, 33 e 159, tudo se passa como se não tivesse existido, sendo necessário o preenchimento do 236.º/1.

[5] Releva-se, contudo, que o processo de redução do capital social não é automático e pode não se concretizar. Contudo, parece que, para efeitos da ressalva exigida pelo 236.º/1, será suficiente esta deliberação, confirmando-se a efetiva ressalva do capital social aquando do pagamento da contrapartida. Cf. Raúl Ventura, *Sociedades por quotas* 1, 744-745.

[6] Cf. Ferrer Correia, *A sociedade por quotas de responsabilidade limitada segundo o Código das Sociedades Comerciais*, ROA 87 (1987), 3 (659-700), 699. Diferentemente, considerando esta solução mais avisada, Raúl Ventura, *Sociedades por quotas* 1, 735, e Paulo de Tarso Domingos, em *Código em Comentário* 3 (2016), 536.

5 β) **No vencimento da contrapartida.** Adicionalmente, a ressalva do capital social tem também de ocorrer ao tempo ao vencimento da contrapartida (236.º/3). Apesar de no 236.º/3 se dizer "*tempo do vencimento da obrigação*", a *ratio* do preceito obriga a reportar tal juízo ao momento do pagamento sob pena de, por exemplo, antecipando-se o pagamento a ressalva do capital social já não ter de ocorrer. O mesmo se diga relativamente ao pagamento da contrapartida pela sociedade em mora[7]. Pretende-se, com este duplo controlo, evitar que ao tempo da deliberação social de amortização o capital social esteja ressalvado, mas ao tempo do vencimento da contrapartida cujo pagamento pode, inclusive, ser fracionado, tal já não aconteça.

6 O capital social a considerar para efeitos da sua ressalva ao tempo do pagamento será o então existente. Consequentemente, aumentos e reduções do capital social entre a data da deliberação de amortização e a data do vencimento da contrapartida, e respetiva reserva legal, terão de ser atendidos pela gerência[8].

7 4. **Inobservância da ressalva do capital**

8 α) **Na deliberação de amortização.** A deliberação social que não observe a ressalva do capital social será, como se viu a propósito do 234.º e do conteúdo da deliberação de amortização, nula[9], o mesmo sucedendo com a deliberação que, observando a ressalva do capital social, omita expressamente tal menção, conforme exigido, de modo imperativo, pelo 236.º/2[10].

9 β) **No vencimento da contrapartida.** Se a inobservância da ressalva do capital social se der aquando do vencimento da obrigação de pagamento da contrapartida, abrem-se três possibilidades: (a) *A amortização ficar sem efeito*[11] (236.º/3) – Nesta situação, a amortização não produz os seus efeitos, indiciando, portanto, a destruição retroativa dos efeitos produzidos, designadamente os previstos no 237.º/1 e 2[12]. O titular da quota não deixa de ser sócio, antes recuperando a titularidade da quota e o *status socii*, tendo de restituir à sociedade as quantias que porventura tenha recebido como contrapartida da amortização; (b) *A amortização parcial da quota em proporção do pagamento efetuado* (236.º/4, 1.ª parte) – Tendo havido pagamento fracionado da contrapartida, pode o sócio optar por ficar com a(s) contrapartida(s) paga, retomando a qualidade de sócio na proporção da contrapartida por pagar, tudo se passando como se a amortização tivesse sido, *ab initio*, parcial. O único limite é o respeito do montante nominal legal mínimo da quota (219.º/3). Sendo a quota parcialmente amortizada haverá que adaptar o 237.º, dado que a parte não amortizada não produz os seus efeitos. Havendo acordo das partes, não há motivos, para que, não tendo ainda existido qualquer pagamento da contrapartida, o mesmo possa

[7] De modo idêntico, Raúl Ventura, *Sociedades por quotas* 1, 736. No regime anterior, Ferrer Correia/Lobo Xavier, *A amortização de quotas e o regime da prescrição (a propósito de uma sentença)*, Separata da RDES, ano XII, n.º 4 (1966), 93-95, sustentavam que a ressalva do capital apenas tinha de estar assegurada no momento da realização do pagamento, sob pena de a amortização ficar sem efeito. De modo idêntico, veja-se Avelãs Nunes, *O direito de exclusão*, 209-212.

[8] Cf. António Soares, *O novo regime*, 33. Criticando esta solução de duplo controlo, *vide* Ferrer Correia, *A sociedade por quotas de responsabilidade limitada segundo o Código das Sociedades Comerciais*, ROA 87 (1987), 3 (659-700), 699.

[9] Assim Raúl Ventura, *Sociedades por quotas* 1, 736. *Vide* STJ 24-jun.-1993 (Sampaio da Silva), BMJ 428 (1993), 625-634.

[10] Sustentando a nulidade, veja-se Raúl Ventura, *Sociedades por quotas* 1, 736. Diferente, considerando tratar-se de uma deliberação anulável, por vício de procedimento [58.º/1, *a*)], *vide* Paulo de Tarso Domingos, em *Código em Comentário* 3 (2016), 536.

[11] Menezes Cordeiro 2 (2007), 384, fala numa verdadeira condição resolutiva legal. António Soares, *O novo regime*, 34, e Pereira de Almeida, 1 (2013), 388, falam também numa condição resolutiva.

[12] Cf. Raúl Ventura, *Sociedades por quotas* 1, 742, quanto ao caráter retroativo ou não deste efeito. António Soares, *O novo regime*, 35, ressalva desta retroatividade as deliberações sociais, no respeito pelos direitos de terceiros e pelo interesse do comércio em geral.

ser feito em montante inferior ao previsto, acompanhado de amortização parcial necessária à ressalva do capital social; (c) *A espera de pagamento* (236.º/4, *in fine*) – Neste caso, a amortização subsiste, assim como se manterão as quantias porventura já recebidas, e o sócio continua com o direito à respetiva contrapartida (ou parte dela, consoante o caso), apenas se modificando o momento do cumprimento desta obrigação, que fica adiado até que a sociedade o possa fazer em condições que ressalvem o capital social[13]. Porque esta possibilidade depende do consentimento do sócio não há lugar a juros moratórios[14], salvo acordo com a sociedade. Como *se articulam estas possibilidades?*

Em primeiro lugar, a sociedade tem de comunicar a impossibilidade de efetuar o pagamento da contrapartida com observância do disposto quanto à ressalva do capital social. Só assim o interessado fica a saber do motivo da falta de pagamento (236.º/5 *in fine*). Esta comunicação, segundo as regras da boa-fé (762.º/2 do CC)[15], deverá ser feita com a maior brevidade possível, a partir do momento em que a sociedade tem conhecimento da impossibilidade de efetuar o pagamento com observância do disposto quanto à ressalva do capital social. 10

Recebida a comunicação, o interessado dispõe de 30 dias para comunicar, por escrito, à sociedade, se opta pela amortização parcial ou pela espera de pagamento. Não o fazendo a amortização fica, no final desse prazo, sem efeito (236.º/5)[16]. 11

Apenas de a lei não o admitir expressamente, não há motivos para que o sócio não possa comunicar à sociedade, nos 30 dias seguintes à comunicação daquela, que pretende que a amortização fique sem efeito. Na verdade, será excessivo fazer depender esse efeito do decurso do prazo de resposta do sócio. Tanto mais, que poderá ser do interesse do sócio dar a amortização sem efeito com a maior brevidade possível, uma vez que só então retomará a qualidade de sócio. Assim, na eventualidade de o sócio comunicar a sociedade que opta pela amortização ficar sem efeito, a amortização ficará sem feito a partir do momento em que a referida comunicação for eficaz (224.º do CC). 12

γ) **Responsabilidade dos gerentes**. A execução da amortização da quota sem a ressalva do capital social, conforme exigido no artigo sob análise, pode conduzir à responsabilização dos gerentes (72.º), quer pelos danos causados aos credores da sociedade (78.º/1), quer eventualmente pelos danos causados aos sócios ou terceiros, nos termos gerais (79.º/1). 13

Adicionalmente, poderá haver responsabilidade criminal, punível com multa (513.º)[17]. 14

Artigo 237.º (Efeitos internos e externos quanto ao capital)

1. Se a amortização de uma quota não for acompanhada da correspondente redução de capital, as quotas dos outros sócios serão proporcionalmente aumentadas.
2. Os sócios devem fixar por deliberação o novo valor nominal das quotas.

[13] Dissolvendo-se, entretanto, a sociedade, Raúl Ventura, *Sociedades por quotas* 1, 739-740, admite a possibilidade de haver uma impossibilidade culposa desta obrigação (801.º do CC).

[14] Neste sentido, Raúl Ventura, *Sociedades por quotas* 1, 740.

[15] Raúl Ventura, *Sociedades por quotas* 1, 741, avança que se antes desta comunicação o sócio propuser contra a sociedade uma ação de condenação, desconhecendo o motivo da falta de pagamento, perderá a faculdade de opção que dispõe resultante de comunicação, sem prejuízo do direito de informação nos termos do 573.º do CC.

[16] Com maior desenvolvimento, *vide* Raúl Ventura, *Sociedades* 1, 741-742.

[17] *Vide* n.º 10 do nosso comentário ao 233.º.

3. O contrato de sociedade pode, porém, estipular que a quota figure no balanço como quota amortizada e bem assim permitir que, posteriormente e por deliberação dos sócios, em vez da quota amortizada, sejam criadas uma ou várias quotas, destinadas a serem alienadas a um ou a alguns sócios ou a terceiros.

Bibliografia: António Pereira de Almeida 1 (2013), 388-389; António Menezes Cordeiro 2 (2007), 390-391; Paulo de Tarso Domingos, em *Código em Comentário* 3 (2016), 541-545; António Soares, *O novo regime da amortização de quotas* (1988), 158-173; Raúl Ventura, *Sociedades por quotas* 1, 2.ª ed. (1989), 747-758.

Índice

I – Introdução
1. Enunciado 1

II – Efeitos da amortização sem redução do capital social
2. Enunciado 3
3. Aumento das quotas dos restantes sócios 4
4. Inscrição da quota amortizada no balanço 7
5. Criação de quota de substituição 9

III – Efeitos da amortização com redução do capital social
6. Pressupostos e consequências 14

I – Introdução

1 1. **Enunciado**. O artigo sob análise regula os efeitos da amortização da quota no capital social, que diferem consoante a amortização tenha lugar sem ou com redução do capital social. A estes efeitos há que atender ao principal efeito da amortização da quota: a sua extinção, conforme enunciado no 232.º/2.

2 A atual redação do n.º 2 resulta do DL 76-A/2006, de 29-mar. (2.º), com entrada em vigor a 30-jun.-2006. Até então previa-se que os gerentes outorgariam a correspondente escritura pública, salvo se a ata daquela deliberação fosse lavrada por notário.

II – Efeitos da amortização sem redução do capital social

3 2. **Enunciado**. No cenário de a amortização se efetuar sem redução do capital social, isto é, sem a sua redução pelo valor nominal da quota amortizada, são três efeitos possíveis: a) o aumento das quotas dos restantes sócios; b) a inscrição da quota amortizada no balanço; c) a criação de uma quota da substituição. Observemos.

4 3. **Aumento das quotas dos restantes sócios**. O primeiro efeito possível da amortização de quota sem redução do capital social, isto é, da sua redução pelo valor nominal da quota amortizada será, na ausência de outra solução estatutária, o aumento proporcional das quotas dos demais sócios por ter deixado de existir uma quota (237.º/1). Dito de outro modo, o valor nominal da quota amortizada é repartido pelos restantes sócios de acordo com a proporção que detinham no capital social. Consequentemente, a cifra do capital social permanece inalterada. Por exemplo, numa sociedade com o capital social de € 10.000, representado por cinco quotas, no valor nominal de € 2.000 cada uma, a amortização de uma dessas quotas conduzirá ao aumento do valor nominal das restantes quotas em € 500. Ou seja, o capital social continuará a ser de € 10.000, agora representado por quatro quotas com o valor nominal de € 2.500 cada.

Apesar de se tratar de uma simples operação aritmética, a fim de evitar-se incertezas[1], o 5
novo valor nominal das quotas dos restantes sócios deve ser fixado por deliberação dos sócios (237.º/2). Não se estabelece, contudo, a maioria necessária para esta aprovação. Porque apenas está em causa o esclarecimento expresso dos termos em que se efetua a amortização não se trata de uma alteração substancial ao contrato de sociedade, não devendo, por isso, ser tratada como tal[2].

Esta deliberação, caso seja tomada simultaneamente com a deliberação de amortização[3], 6
deverá constar da ordem de trabalhos e eventual convocatória[4].

4. **Inscrição da quota amortizada no balanço**. Se o contrato de sociedade o estipular, pode 7
a quota amortizada, apesar de extinta, figurar no balanço como quota amortizada (237.º/3, 1.ª parte). Por se tratar de uma estipulação contratual não carece de ser deliberada pelos sócios, operando por força da deliberação de amortização.

Quando assim suceda, o capital social da sociedade não é alterado por força da amortiza- 8
ção, nem, do ponto de vista externo, as quotas dos restantes sócios verão o seu valor nominal alterado. Numa perspetiva interna, ou seja, do peso das restantes quotas dentro da sociedade[5], designadamente no que diz respeito à distribuição de dividendos e cálculo de maiorias, tudo se passa como se não existisse a quota amortizada. Por exemplo, numa sociedade com o capital social de € 10.000, representado por cinco quotas, no valor nominal de € 2.000 cada uma, a amortização de uma dessas quotas, inscrita no balanço como quota amortizada, não conduzirá ao aumento do valor nominal das restantes quotas. Ou seja, o capital social continuará a ser de € 10.000, representado por cinco quotas com o valor nominal de € 2.000 cada, uma delas, porém, amortizada. "Porém, dado que uma das quotas se encontra extinta, apesar de inscrita no balanço como quota amortizada, numa perspetiva interna, tudo se passará como se a quota amortizada não existisse.

5. **Criação de quota de substituição**. O contrato de sociedade pode ainda permitir que, 9
depois da amortização e por deliberação dos sócios, em vez da quota amortizada, isto é, em sua substituição, sejam criadas uma ou várias quotas, destinadas a sócios ou terceiros (236.º/3, 2.ª parte). O recurso a esta possibilidade será mais vantajoso para a sociedade quanto mais alto for o valor da alienação da quota criada relativamente ao valor da contrapartida paga pela quota amortizada.

A criação de nova quota só é possível se a quota amortizada figurar no balanço enquanto 10
tal ("posteriormente"). Caso contrário, em virtude de ter ocorrido o efeito estabelecido no 237.º/1, deixaria de existir quota que pudesse ser substituída[6].

A quota de substituição constitui uma nova quota, não traduzindo uma nova veste ou 11
despertar da quota amortizada inscrita no balanco, por esta se encontrar efetivamente extinta[7].

[1] Ferrer Correia, *A sociedade por quotas de responsabilidade limitada segundo o CSC*, ROA 87 (1987), 3 (659-700), 699-700.

[2] Numa posição idêntica à sustentada, veja-se, entre outros, António Soares, *O novo regime*, 164-166. Em sentido contrário, Raúl Ventura, *Sociedades por quotas* 1, 753, exige a maioria necessária para alterar os estatutos, por passar a haver um novo número de quotas com outros valores nominais. Segundo João Labareda, *Sobre a deliberação*, 268, quando a deliberação de fixação do valor das quotas deva ter lugar e não seja tomada é condição de eficácia da deliberação de amortização devendo, por isso, conformar-se, com o estabelecido no 234.º/2.

[3] Neste sentido, Brito Correia 2 (1989), 426.

[4] João Labareda, *Sobre a deliberação*, 240.

[5] Segundo Menezes Cordeiro 2 (2007), 391 "*trata-se de uma operação contabilística destinada a manter o status quo*". *Vide* João Labareda, *Sobre a deliberação*, 256.

[6] Neste sentido, Raúl Ventura, *Sociedades por quotas* 1, 756, e António Soares, *O novo regime*, 168-169.

[7] Raúl Ventura, *Sociedades por quotas* 1, 755, e António Soares, *O novo regime*, 150.

Tendo a finalidade de evitar a redução do capital social, e sendo criadas em vez da quota amortizada, o valor nominal da(s) quota(s) de substituição terá de corresponder ao valor nominal da quota amortizada[8].

12 Quanto ao quórum deliberativo para esta deliberação dão-se por reproduzidas as considerações anteriores[9].

13 Conforme referido, a *quota de substituição* é criada para ser alienada e não para uma eventual alienação. Daqui decorre, por um lado, que a quota será inicialmente própria sendo a sua aquisição derivada, através da sua transmissão da sociedade para o adquirente, e, por outro, que a sociedade deverá dispor ao tempo da sua criação de um adquirente para a mesma, sob pena de invalidade da deliberação[10]. Na verdade, fosse intenção da sociedade ficar *ab initio* com a quota bastaria, tratando-se de amortização facultativa, deliberá-lo ao abrigo do 232.º/5. A mesma solução ocorre na amortização forçada (240.º/4 *ex vi* 232.º/5).

III – **Efeitos da amortização com redução do capital social**

14 6. **Pressupostos e consequências**. Conforme se viu, o principal efeito, *ope legis,* da amortização da quota é a sua extinção.

15 Adicionalmente, a amortização da quota pode implicar também a redução do capital social pelo valor nominal daquela.

16 Não se trata, contudo, de um efeito automático da amortização[11]. A redução do capital social tem de ser deliberada, sob pena de se darem, *ope legis*, os efeitos da amortização sem redução do capital social (237.º/1). A redução dar-se-á pelo valor correspondente ao valor nominal da quota amortizada.

17 Atente-se que esta redução não se confunde com a redução prevista no 236.º/1, que tem por finalidade dispor a sociedade de verbas para amortizar a quota com ressalva do capital social. Assim, pode não ocorrer a redução prevista no 236.º/1 e ocorrer a redução do 237.º/1, assim como o contrário ou, no limite, ambas as situações.

Artigo 238.º (Contitularidade e amortização)

1. Verificando-se, relativamente a um dos contitulares da quota, facto que constitua fundamento de amortização pela sociedade, podem os sócios deliberar que a quota seja dividida, em conformidade com o título donde tenha resultado a contitularidade, sem prejuízo do disposto no n.º 3 do artigo 219.º.

2. Dividida a quota, a amortização recairá sobre a quota do contitular relativamente ao qual o fundamento da amortização tenha ocorrido; na falta de divisão, não pode ser amortizada toda a quota.

[8] Não parece admissível, atenta a sua função de substituição, que o valor nominal da(s) nova(s) quota(s) possa ultrapassar o valor da quota amortizada.

[9] *Vide* n.º 2. Assim, António Soares, *O novo regime*, 163 e 170. Em sentido contrário, Raúl Ventura, *Sociedades por quotas* 1, 757.

[10] Identicamente, Raúl Ventura, *Sociedades por quotas* 1, 757-758.

[11] No regime anterior, face ao 25.º LSQ, o entendimento era de que a amortização não tinha qualquer efeito relativamente ao capital social, mormente por não o reduzir, isto sem prejuízo de a sociedade poder previamente reduzir o capital social. *Vide* Raúl Ventura, *Amortização de quotas*, 126-135, segundo quem, do ponto de vista interno, ocorreria uma redução do capital social ao nível da repartição dos lucros, do saldo de liquidação ou do direito de voto.

Bibliografia: António Soares, *O novo regime da amortização de quotas* (1988), 62-65; Raúl Ventura, *Sociedades por quotas* 1, 2.ª ed. (1989), 759-763.

Índice

I – **Introdução**
1. Enunciado 1

II – **Tramitação**
2. Divisão da quota 3
3. Amortização da quota 8

I – Introdução

1. **Enunciado**. Este artigo trata das especificidades resultantes da contitularidade da quota (222.º) sempre que estejamos perante uma causa de amortização forçada/compulsiva relativamente a um dos seus contitulares. Com efeito, se o fundamento da amortização disser respeito a todos contitulares a amortização será integral não sendo de aplicar este artigo. 1

A atual redação do n.º 1 resulta do DL 33/2011, de 7-mar. 2

II – Tramitação

2. **Divisão da quota**. Verificando-se relativamente a um dos contitulares da quota o facto que constitui o fundamento da sua amortização a quota terá de ser previamente dividida a fim de amortizar-se apenas a quota-parte afetada com tal fundamento. Caso contrário, a quota estaria a ser amortizada relativamente a titulares em relação aos quais não havia fundamento para tal. 3

A divisão da quota, como o nome indica, é a sua repartição por todos os seus contitulares. Assim, havendo mais que dois contitulares não basta dividir a quota em duas, para amortizar a quota do contitular afetado, antes se impondo a sua divisão entre todos os contitulares[1]. 4

Esta divisão poderá ser efetuada por iniciativa dos próprios contitulares ou da sociedade, por deliberação dos sócios, conforme admitido pelo 221.º[2]. 5

Sendo a iniciativa da sociedade, a divisão da quota não é arbitrária, tendo de obedecer aos seguintes requisitos (238.º/1): conformidade com o título de onde tenha resultado a contitularidade e respeito do valor nominal das quotas. Atualmente, na sequência do DL 33/2011, e atendendo à ressalva do artigo 238.º/1, *in fine*, o valor nominal mínimo, depois da divisão, passou a ser de € 1,00 (219.º/3). A divisão da quota por iniciativa da sociedade terá ainda que obedecer ao disposto 221.º, o que implica a sua redução a escrito da mesma. 6

Na falta de deliberação de divisão da quota, porquanto não foi convocada, não foi possível ou não foi aprovada, a quota em regime de contitularidade não pode ser amortizada (na totalidade). 7

3. **Amortização da quota**. A finalidade da divisão da quota prevista no 238.º é a posterior amortização da(s) quota(s) do(s) contitular(es) relativamente ao qual(ais) tenha ocorrido o fundamento da amortização. Assim, de acordo, com a letra do 238.º teremos, num primeiro momento, a divisão da quota (n.º 1), a que se seguirá a amortização total[3] de alguma(s) da(s) quota(s) provenientes da divisão (n.º 2)[4]. 8

---

[1] Neste sentido, *vide* Raúl Ventura, *Sociedades por quotas* 1, 762.

[2] Assim, Raúl Ventura, *Sociedades por quotas* 1, 762.

[3] António Soares, *O novo regime*, 21. Diferentemente, Raúl Ventura, *Sociedades por quotas* 1, 473, considera que o 238.º se refere à amortização parcial.

[4] No entanto, atendendo ao disposto no 221.º/1, Raúl Ventura, *Sociedades por quotas* 1, 473, admite que podemos ter uma deliberação dos sócios de amortização, total ou parcial, de quota cujo efeito é o da sua divisão. Ou seja, uma amortização de quota, não antecedida da sua divisão.

9 Por outro lado, podemos ainda retirar do n.º 2 do 238.º que a deliberação de divisão é instrumental em relação à deliberação de amortização da quota («*Dividida a quota, a amortização recairá [...]*»). Deste modo, acompanha-se o entendimento de que a eficácia da divisão dependerá da posterior deliberação de amortização[5].

Secção V – Execução da quota

Artigo 239.º (Execução da quota)

1. A penhora de uma quota abrange os direitos patrimoniais a ela inerentes, com ressalva do direito a lucros já atribuídos por deliberação dos sócios à data da penhora e sem prejuízo da penhora deste crédito; o direito de voto continua a ser exercido pelo titular da quota penhorada.

2. A transmissão de quotas em processo executivo ou de liquidação de patrimónios não pode ser proibida ou limitada pelo contrato de sociedade nem está dependente do consentimento desta. Todavia, o contrato pode atribuir à sociedade o direito de amortizar quotas em caso de penhora.

3. A sociedade ou o sócio que satisfaça o exequente fica sub-rogado no crédito, nos termos do artigo 593.º do Código Civil.

4. A decisão judicial que determine a venda da quota em processo de execução, falência ou insolvência do sócio deve ser oficiosamente notificada à sociedade.

5. Na venda ou na adjudicação judicial terão preferência em primeiro lugar os sócios e, depois, a sociedade ou uma pessoa por esta designada.

Bibliografia: António Menezes Cordeiro 2 (2007), 393-394; José Martins da Fonseca, *Amortização de quotas penhoradas*, RMP (1988), 109-119; J. P. Remédio Marques, em *Código em Comentário* 3 (2016), 550-563; Raúl Ventura, *Sociedades por quotas* 1, 2.ª ed. (1989), 765-772.

Índice

I – Introdução
1. Enunciado ... 1

II – Penhora da quota
2. Penhorabilidade da quota ... 4
3. Concretização da penhora ... 5
4. Âmbito da penhora ... 6
5. Transmissão da quota penhorada ... 9
6. Tutela da sociedade ... 10
α) Amortização da quota ... 12
β) Satisfação do credor exequente ... 13
γ) Direito de preferência na transmissão coerciva 15

I – Introdução

1 1. **Enunciado**. Este artigo trata das especificidades resultantes da execução movida contra o sócio (pessoa singular ou coletiva) titular da quota – participação social complexa – e do facto de esta poder vir a ser adquirida por terceiros, estranhos à sociedade.

[5] Neste sentido, Raúl Ventura, *Sociedades por quotas* 1, 467, acompanhado por Alexandre de Soveral Martins, em *Código em Comentário* 3 (2016), 548-549.

Não está no âmbito de aplicação deste artigo a eventual penhora de direitos integrados na quota, como o direito aos lucros ou à quota de liquidação (999.º/1 do CC), sem prejuízo da sua alusão pontual na primeira parte, *in fine*, do n.º 1 do 239.º. 2

O regime da execução da penhora carece de ser articulado quer com o disposto do CPC, a propósito da ação executiva (arts. 703.º ss.), que ainda com o CIRE, relativamente ao processo de insolvência. Desta articulação é possível concluir, na medida em que a redação do 239.º não sofreu alterações desde que foi aprovado o CSC, pela desatualização de alguns dos seus números, em particular os números 4 e 5[1]. Com efeito, na ação executiva, a decisão de venda cabe, nos termos do 812.º do CPC, ao agente de execução, com exceção da situação prevista no 814.º do CPC. Já a alusão à falência no n.º 4 do 239.º deve ter-se por não escrita, por esta não se encontrar prevista no CIRE. 3

II – **Penhora da quota**

2. **Penhorabilidade da quota.** A quota é um bem suscetível de penhora com vista à satisfação, através da sua venda em processo executivo, dos direitos dos credores do sócio (735.º e 781.º/6 do CPC). 4

3. **Concretização da penhora.** A penhora da quota concretiza-se através da respetiva notificação à SQ (781.º/6 do CPC). Adicionalmente, deve ser comunicada à conservatória do registo para registo da mesma (781.º/6 e 755.º do CPC). 5

4. **Âmbito da penhora.** Nos termos do n.º 1 do 239.º a penhora da quota abrange os direitos patrimoniais com ressalva do direito aos lucros já atribuídos por deliberação dos sócios, que pertencerá ao titular da quota, sem prejuízo da sua penhora, isto é, da penhora do direito aos dividendos, como créditos futuros[2]. 6

Salvo melhor entendimento, o que está em causa no 239.º é a penhora de uma participação social – a quota – com toda a sua complexidade, isto é, direitos patrimoniais e não patrimoniais. Assim, não podem tais realidades deixar de estar abrangidas na penhora. Nestes termos, a referência a direitos patrimoniais terá apenas o sentido de esclarecer que há certos direitos patrimoniais que não se encontram contemplados pela penhora e não deve ser interpretada no sentido de excluir da penhora os ditos direitos não patrimoniais. 7

Contudo, embora abrangidos pela penhora, até à efetiva execução da quota, o exercício dos direitos não patrimoniais permanece com o titular da quota penhorada. Apesar de a parte final do n.º 1 do 239.º apenas o afirmar expressamente quanto ao direito de voto, o mesmo deve ser interpretado extensivamente, no sentido de abranger também o exercício dos demais direitos não patrimoniais, designadamente o direito à informação ou de impugnar deliberações sociais[3]. Neste âmbito apenas há que excluir a votação em deliberações sociais que, pelo seu conteúdo, possam prejudicar o credor exequente[4]. 8

[1] Assim o evidencia J. P. Remédio Marques, em *Código em Comentário* 3 (2016), 552-553.

[2] Conforme observa, J. P. Remédio Marques, em *Código em Comentário* 3 "(2016), 555, estes lucros, enquanto frutos civis são autonomizáveis, numa penhora separada, penhora essa, que tendo lugar, atinge diretamente a SQ, enquanto terceiro responsável pelo pagamento de tais dividendos.

[3] Raúl Ventura, *Sociedades por quotas* 1, 769. *Vide* RPt 13-mar.-2000 (Caimoto Jácome), CJ XXV (2000) 2, 198.

[4] De modo idêntico, J. P. Remédio Marques, em *Código em Comentário* 3 (2016), 556, com fundamento no 819.º do CC, e dando como exemplos a votação em deliberações que importem a disposição ou oneração da quota, a diminuição do seu valor ou a alteração do pacto social. Relativamente à alteração do pacto social, pensamos que o impedimento de voto só deve ocorrer quando a referida alteração for prejudicial ao credor exequente. Caso contrário, por exemplo, numa deliberação social que se limite a alterar as competências da gerência, além de poder participar, não está o sócio executado impedido de votar.

9 5. **Transmissão da quota penhorada.** A quota penhorada pode ser transmitida em processo executivo ou de liquidação de patrimónios, não podendo os estatutos proibir, limitar ou fazer depender a transmissão do consentimento da sociedade (239.º/2), sob pena de nulidade (294.º do CC). Deste modo, ao contrário da transmissão voluntária, que, em certos casos, depende do consentimento da própria sociedade (228.º/2), ou pode mesmo ser proibida (229.º), na transmissão forçada tais limites não se aplicam, nem pode a sociedade estabelecer quaisquer limites à transmissão de quota penhorada. Se tais cláusulas fossem permitidas, estaria encontrada a solução para os devedores *furtarem* o seu património de responder pelo cumprimento das suas obrigações (601.º do CC). Bastar-lhes-ia passá-lo para uma sociedade cujo contrato proibisse a transmissão da quota penhorada no processo executivo ou de liquidação de património. Em tal cenário, as quotas, apesar de penhoradas, não poderiam ser transmitidas, o que, em termos praticados, representa uma frustração da satisfação do direito do credor exequente.

10 6. **Tutela da sociedade.** A penhora de quota em processo executivo que seja levado até ao fim poderá conduzir à entrada de novos sócios, ou seja, de quem tenha adquirido a quota na sequência da sua venda (811.º do CPC).

1 Sem desconsiderar os interesses do credor e do titular da quota penhorada, procurou-se assegurar que a sociedade, ou os demais sócios, querendo, evitem o ingresso de terceiros na sociedade[5], através dos seguintes mecanismos: a) amortização da quota penhorada; b) satisfação do credor exequente; c) direito de preferência na transmissão coerciva. Observemos:

12 α) **Amortização da quota.** Desde que prevista nos estatutos, a sociedade pode deliberar amortizar a quota penhorada (239.º/2, *in fine*)[6]. Quando assim sucede a amortização terá as seguintes particularidades: *a*) será necessariamente onerosa; *b*) o valor da contrapartida encontra-se sujeito do 235.º/2; *c*) o pagamento da contrapartida não será efetuado ao sócio executado mas ao agente de execução ou ao administrador da insolvência, consoante o caso, e posteriormente entregue ao credor exequente (773.º do CPC)[7]; *d*) terá de ter lugar depois de a sociedade ter sido notificada da penhora, ou seja, antes da notificação da decisão que determina a venda da quota[8];

13 β) **Satisfação do credor exequente.** Uma terceira alternativa consiste na satisfação do credor exequente pela sociedade ou pelos seus sócios (767.º do CC e 239.º/3 do CSC)[9].

14 Quem satisfazer este crédito ficará sub-rogado no mesmo, adquirindo os poderes que ao exequente competiam (592.º/1 e 593.º ambos do CC, e 239.º/3 do CSC). Portanto, esta solução não implica que a quota venha a ser adquirida por quem satisfez o exequente, uma vez que a sociedade e/ou os sócios sub-rogados, adquirem, na medida da satisfação dada ao credor exequente, os poder que a este competiam. Ou seja, o ingresso de estranhos na sociedade não fica afastado;

[5] *Vide* RPt 22-nov.-1990 (Noronha Nascimento), Proc. 0035002.

[6] Sobre os deveres secundários que impendem sobre a sociedade que deliberar amortizar quotas penhoradas, *vide* José Martins da Fonseca, *Amortização de quotas penhoradas*, RMP, n.os 33/34, 1998, 118-119.
No regime anterior era problemática a amortização de quotas penhoradas. Cf. Ac. do STA de 27-abr.-1964, RT, 1964, 328 ss.. Com maior desenvolvimento, *vide*, na doutrina, Raúl Ventura, *Amortização de quotas*, 98-103.

[7] Neste sentido, J. P. Remédio Marques, em *Código em Comentário* 3 (2016), 559.

[8] Assim, *vide* J. P. Remédio Marques, em *Código em Comentário* 3 (2016), 563, considerando não ser razoável que depois de tal notificação, a sociedade possa diligenciar pela amortização da quota.

[9] Não havendo ação executiva, a sub-rogação será possível nos termos gerais.

γ) **Direito de preferência na transmissão coerciva.** Por fim, reconhece o legislador o direito 15
de preferência, primeiramente aos sócios e depois à sociedade, ou à pessoa por esta designada[10], na venda ou adjudicação judicial da quota (239.º/5). Trata-se de uma preferência legal, que opera automaticamente, sem necessidade de qualquer manifestação de vontade nesse sentido, por parte da sociedade e/ou dos seus sócios. Assim, haverá sempre que dar cumprimento ao estabelecido no artigo 819.º do CPC, relativamente à sociedade (ou eventualmente à pessoa por esta designada, caso esta o tenha feito e informado o agente de execução ou administrador da insolvência de tal designação) e/ou aos seus sócios.

Apesar de a sociedade ser notificada da penhora (781.º/6 do CPC), comunicação que lhe 16
permite, desde logo deliberar amortizar a quota ou satisfazer o credor exequente, nos termos acima expostos, determina ainda a lei que a própria decisão que determine a venda da quota em processo de execução ou insolvência do sócio deve ser oficiosamente notificada à sociedade (239.º/4)[11].

Artigo 240.º (Exoneração de sócio)

1. Um sócio pode exonerar-se da sociedade nos casos previstos na lei e no contrato e ainda quando, contra o voto expresso daquele:

a) A sociedade deliberar um aumento de capital a subscrever total ou parcialmente por terceiros, a mudança do objeto social, a prorrogação da sociedade, a transferência da sede para o estrangeiro, o regresso à atividade da sociedade dissolvida;

b) Havendo justa causa de exclusão de um sócio, a sociedade não deliberar excluí-lo ou não promover a sua exclusão judicial.

2. A exoneração só pode ter lugar se estiverem inteiramente liberadas todas as quotas do sócio.

3. O sócio que queira usar da faculdade atribuída pelo n.º 1 deve, nos 90 dias seguintes ao conhecimento do facto que lhe atribua tal faculdade, declarar por escrito à sociedade a intenção de se exonerar.

4. Recebida a declaração do sócio referida no número anterior, a sociedade deve, no prazo de 30 dias, amortizar a quota, adquiri-la ou fazê-la adquirir por sócio ou terceiro, sob pena de o sócio poder requerer a dissolução da sociedade por via administrativa.

5. A contrapartida a pagar ao sócio é calculada nos termos do artigo 105.º, n.º 2, com referência à data em que o sócio declare à sociedade a intenção de se exonerar; ao pagamento da contrapartida é aplicável o disposto no artigo 235.º, n.º 1, alínea *b*).

6. Se a contrapartida não puder ser paga em virtude do disposto no n.º 1 do artigo 236.º e o sócio não optar pela espera do pagamento, tem direito a requerer a dissolução da sociedade por via administrativa.

[10] Neste caso, tudo indicia que terá de existir uma deliberação do coletivo dos sócios a designar preferente.

[11] Considerando esta norma imperativa, pois interfere na decisão da causa, Menezes Cordeiro 2 (2007), 394. No mesmo sentido, cf. RPt 15-mar.-1993 (Guimarães Dias), CJ XVIII (1993) 2, 194-196.

7. O sócio pode ainda requerer a dissolução da sociedade por via administrativa no caso de o adquirente da quota não pagar tempestivamente a contrapartida, sem prejuízo de a sociedade se substituir, nos termos do n.° 1 do artigo 236.°

8. O contrato de sociedade não pode, diretamente ou pelo estabelecimento de algum critério, fixar valor inferior ao resultante do n.° 5 para os casos de exoneração previstos na lei nem admitir a exoneração pela vontade arbitrária do sócio.

Bibliografia: Jorge Manuel Coutinho de Abreu (2015, reimp. 2016), 381 ss.; António Pereira de Almeida 1 (2013), 397-403; António Menezes Cordeiro 2 (2007; reimp. 2014), 323-329; *id.*, *Código das sociedades comerciais anotado*, 2.ª ed. (2012), 697-702; Carolina Cunha, em *Código em Comentário* 3 (2011), 555-568; Tiago Soares da Fonseca, *O direito de exoneração do sócio no CSC* (2008), 38 ss. 285, 326, 333 ss.; João Labareda, *Das acções das sociedades anónimas* (1988), 316; João Cura Mariano, *Direito de exoneração dos sócios nas sociedades por quotas* (2005), 83 ss., 100, 125 ss.; João Espírito Santo, *Exoneração do sócio no direito societário-mercantil português* (2014), 647 ss., 735 ss., 767 ss., 829 ss., 849 ss., 872 ss. 921 ss.; Raúl Ventura, *Sociedades por quotas* 2 (1989), 7-42; *id.*, *Fusão, cisão, transformação de sociedades – Comentário ao CSC* (1990, reimp., 2006), 137-148.

Índice

I – **Antecedentes**
1. As Ordenações ... 1
2. Código Ferreira Borges ... 3
3. Código de Seabra ... 6
4. Código Veiga Beirão ... 8
5. LSQ ... 9
6. Questões dogmáticas ... 10

II – **O Direito atual**
7. O Código Civil ... 13
8. Preparatórios do CSC ... 14
9. Texto original ... 16
10. A reforma de 2006 ... 18
11. Outras referências ... 19

III – **Regime vigente**
12. Sistema ... 20
13. Casos previstos na parte geral ... 21
14. Casos previstos para as SPQ ... 23
15. Casos previstos nos estatutos ... 24
16. Casos do 240.°/1, *a*) e *b*) ... 25
17. Crítica ... 27

IV – **Processo**
18. Compatibilização de interesses ... 28
19. Tramitação ... 29
20. Contrapartida ... 32
21. Perturbações ... 33

I – Antecedentes

1 1. **As Ordenações** do Reino já previam, em certos casos, a figura da saída voluntária do sócio. Assim[1]:

> E postoque antes do tempo da Companhia ser acabado nenhum dos companheiros se possa affastar della, todavia em certos casos o poderá fazer: (...)

2 Eram tais casos: (a) algum dos companheiros ser de condição tão áspera e forte que, com ele, se não possa avir; (b) o que se afasta da companhia alegar que é enviado por Nós (pelo Rei) ou pela Republica a algum negócio; (c) ou que lhe não é cumprida alguma condição com a qual entrou na Companhia; (d) ou que lhe foi tomada, ou embargada cousa, em que a companhia é feita.

3 2. **Código Ferreira Borges** (1833). Contemplava as duas situações básicas. Segundo o 693.°[2]:

[1] Ord. Fil., Liv. IV, tít. XLIV, § 8 = Ed. Gulbenkian, IV-V, 829/II.

[2] *Codigo Commercial Portuguez*, ed. Imprensa da Universidade (1856), 131.

Não havendo convenção verbal ou escripta ácêrca do tempo de duração da sociedade, qualquer dos socios pode fazer dissolver a sociedade desde o momento, em que fizer saber aos mais socios a sua vontade.

Enquanto, segundo o 696.º[3]: 4

O juiz pode julgar dissolvida a sociedade a requerimento de qualquer dos sócios, e a seu arbítrio, guardada a circunspecção devida; 2.º provando-se a impossibilidade da continuação da sociedade nos termos em que foi convencionada; 3.º havendo abuso da boa fé da parte de qualquer socio; 4.º quando a sociedade é dissolúvel à vontade do socio, salvas as restrições legaes neste caso.

A sociedade celebrada por mútuo consenso por um período determinado só poderia ser dissolvida por mútuo consenso de todos os sócios, antes de chegar o dia do termo (694.º), sendo a sociedade dissolvida quando se mostrasse impossível a sua continuação (695.º). Como se vê, na falta de estipulações concretas, o Direito tradicional era muito generoso quanto à possibilidade de saída voluntária dos sócios, saída essa que provocava a dissolução da sociedade. 5

3. **Código de Seabra** (1867). Previa (1278.º) a dissolução da sociedade, pela renúncia de algum dos sócios, a qual, nas sociedades de duração ilimitada, só era permitida nos termos seguintes[4]: 6

§ 1.º Esta renuncia só produz effeito, sendo feita de boa fé, em tempo opportuno, e notificada aos socios.

§ 2.º A renuncia é de má fé, quando o socio renunciante pretende apropriar-se exclusivamente dos beneficios, que os socios se propunham colher em commum.

§ 3.º A renuncia será havida por inopportuna, se as cousas não estiverem no seu estado integral, ou se a sociedade podér ser prejudicada com a dissolução n'esse momento.

Quando a sociedade tivesse tempo determinado só poderia ser dissolvida por renúncia de algum dos sócios quando ocorresse causa legítima (1279.º). O § único desse preceito explicitava[5]: 7

É causa legitima a que resulta da incapacidade de algum dos sócios para os negocios da sociedade, ou da falta de cumprimento das suas obrigações, ou de outro facto similhante, de que possa resultar prejuízo irreparavel á sociedade.

4. **Código Veiga Beirão** (1888). Limitava-se, a propósito das várias causas de dissolução, a referir, nas SNC, a simples vontade de um dos sócios, quando a sua duração fosse indeterminada (120.º, § 1.º). 8

5. **LSQ** (1901). A dissolução das SPQ era remetida para o 120.º do CCom. O 41.º, § 3.º, a propósito das alterações do pacto social, dispunha: 9

Os sócios que não concordarem com a prorrogação ou fusão, ou com o aumento, reintegração ou redução do capital social podem, declarando-o na assembleia geral respectiva, apartar-se da sociedade, obtendo o reembolso da quantia correspondente ao seu capital na proporção do último balanço aprovado.

[3] *Idem*, loc.cit..

[4] José Dias Ferreira, *Codigo Civil Portuguez Annotado* III, 1.ª ed. (1872), 326-327. Quanto à "renúncia" de algum dos sócios, *vide* Luiz da Cunha Gonçalves, *Tratado de Direito Civil* 7 (1933), 327-334.

[5] José Dias Ferreira, *Codigo Annotado* III, 327.

10 6. **Questões dogmáticas.** Na perspetiva da doutrina tradicional (e que tem uma justificação histórico-genética)[6], a exoneração de um sócio é, tecnicamente, o efeito do exercício, por ele, de um direito de fazer cessar, unilateralmente, aquela sua qualidade[7] (não sendo pacífica a sua natureza *potestativa*[8]), ou, numa perspetiva puramente obrigacional, a extinção de uma vinculação contratual duradoura, mediante resolução (exoneração causal ou motivada) ou denúncia (exoneração *ad nutum*).

11 Os textos tradicionais já conheciam essa figura. Todavia, não a destrinçavam da exclusão (cessação da qualidade de sócio, mas por iniciativa unilateral da sociedade), da desvinculação por acordo entre todos os sócios e da própria dissolução da sociedade. Além disso, os fundamentos da exoneração também não estavam claros. O grande problema subjacente era o seguinte: assentando a sociedade num contrato, como admitir que, unilateralmente, uma das partes a possa abandonar sem o consentimento dos restantes? Além disso, como construir qualquer compensação que ainda lhe fosse arbitrada?

12 Modernamente, a dogmática do direito de exoneração tem-se estendido a outras coordenadas, designadamente (e algo por influxo de conceções norte-americanas recebidas por alguns sectores da doutrina europeia e com reflexos em soluções positivas), a *tutela da liberdade de desinvestimento, como manifestação da liberdade negativa de iniciativa económica*[9].

II – **O Direito atual**

13 7. **O Código Civil** (1966). A exoneração veio a ser isolada pela doutrina[10]; todavia, só foi formalizada pelo CC (1002.º) por influência do Código italiano de 1942 (2285.º), ele próprio moldado por elementos de Direito comercial. Nas sociedades civis puras: (a) todo o sócio tem o direito de se exonerar da sociedade se a duração desta não estiver fixada no contrato ou se for constituída pelo período de vida (*toda a vida*) de um sócio ou por período superior a 30 anos (que, por ficção legal, se consideram equivalentes à falta de estipulação da duração da sociedade; 1002.º/1); (b) havendo fixação de prazo, a exoneração só é possível se ocorrerem as condições previstas no contrato ou havendo justa causa (1002.º/2).

14 As causas legais de exoneração não podem ser suprimidas ou modificadas; as contratuais podem sê-lo, mas apenas por acordo de todos os sócios (1002.º/4)[11].

15 8. **Preparatórios do CSC**. Todos estes elementos pesaram na preparação do CSC, transparecendo nos diversos anteprojetos[12]. No projeto final (246.º)[13], surge um texto idêntico ao adotado, em 1986.

16 9. **Texto original**. Na versão aprovada pelo DL 262/86, de 2-Set., os 240.º/3 a 6 dispunham[14]:

> 3. O sócio que queira usar da faculdade atribuída pelo n.º 1 deve, nos 90 dias seguintes ao conhecimento do facto que lhe atribua tal faculdade, declarar por escrito à sociedade a sua intenção de se exonerar. Recebida a declaração do sócio, a sociedade deve, no prazo de 30 dias, amortizar a quota, adquiri-la ou fazê-la adquirir por sócio ou terceiro, sob pena de o sócio poder requerer a dissolução judicial da sociedade.
>
> 4. A contrapartida a pagar ao sócio é calculada nos termos do artigo 105.º, n.º 2, com referência à data em que o sócio declare à sociedade a intenção de se exonerar; ao pagamento da contrapartida é aplicável o disposto no artigo 235.º, n.º 1, alínea *b*).

[6] *Supra*, anot. ao 105.º, II.
[7] António Menezes Cordeiro 2 (2007), 323; Jorge Manuel Coutinho de Abreu (2015, reimp. 2016), 381.
[8] João Espírito Santo, *Exoneração do sócio* (2014), 1045 ss., nota 3367.
[9] *Supra*, anot. ao 105.º, II.
[10] José Tavares (1924), 608.
[11] António Menezes Cordeiro 2 (2007), 84 ss..
[12] Raúl Ventura, *Sociedades por quotas* 2, 7 ss..
[13] BMJ 327 (1983), 187-188.
[14] DR I Série, n.º 201, de 2-set.-1986, 2336/II.

5. Se a contrapartida não puder ser paga em virtude do disposto no artigo 236.º, n.º 1, e o sócio não optar pela espera do pagamento, tem ele direito a requerer a dissolução judicial da sociedade. A mesma faculdade tem o sócio no caso de o adquirente da quota não pagar tempestivamente a contrapartida, sem prejuízo de a sociedade se substituir, o que só poderá fazer observando o disposto no artigo 236.º, n.º 1.

6. O contrato de sociedade não pode, directamente ou pelo estabelecimento de algum critério, fixar valor inferior ao resultante do preceituado no n.º 4 para os casos de exoneração previstos na lei nem admitir a exoneração pela vontade arbitrária do sócio.

Os 240.º/1 e 2 mantêm-se inalterados. 17

10. **A reforma de 2006**. O DL 76-A/2006, de 29-Mar., alterou o 240.º[15], dando-lhe a atual redação. No fundamental, pretendeu-se: (a) introduzir a referência à dissolução administrativa; (b) tornar mais escorreita a redação de alguns dos números, desdobrando-os. 18

11. **Outras referências**. Para além do 240.º, agora em causa, o CSC prevê diversas outras hipóteses de exoneração, também aplicáveis à SPQ. A matéria deve ser considerada caso a caso. 19

III – Regime vigente

12. **Sistema**. O 240.º/1 prevê três hipóteses de exoneração: (a) casos previstos na lei; (b) casos previstos no contrato; (c) casos em que o interessado fique vencido nos pontos-chave indicados nas alíneas *a*) e *b*) do 240.º/1. Vamos ver. 20

13. **Casos previstos na parte geral**. O CSC consagra, na parte geral, esquemas de exoneração aplicáveis aos diversos tipos de sociedade; podem exonerar-se: (a) os sócios que não tenham votado a favor da transferência da sede efetiva para o estrangeiro, notificando a sociedade no prazo de 60 dias após a publicação da deliberação (3.º/5, 2.ª parte); (b) os sócios que, na celebração do contrato, tenham incorrido em erro, dolo, coação ou usura, desde que se verifiquem os pressupostos da anulação (45.º/1); (c) os sócios que, no caso de fusão, tenham votado contra o projeto, desde que a lei ou a pacto assim o estabeleçam (105.º/1); (d) os sócios que estejam nessa situação, em caso de cisão (120.º); (e) os sócios que, sendo deliberada transformação, tenham votado contra a proposta, desde que a lei ou a pacto assim o estabeleçam (137.º/1); (f) os sócios que, na sociedade em liquidação e iniciada a partilha, vejam as suas participações relevantemente reduzidas em relação às que anteriormente detinham (161.º/5). 21

Podemos aproximar duas situações: (a) o sócio livre de uma sociedade dominada pode exigir a compra das suas quotas ou ações (490.º/5 e 6); (b) o sócio livre, numa situação de subordinação, pode fazer outro tanto em relação à sociedade diretora (499.º/1 e 2)[16]. 22

14. **Casos previstos para as SPQ**. Admite-se a possibilidade de exoneração do sócio: (a) das SPQ cujo pacto proíba a cessão de quotas, uma vez decorridos 10 anos sobre o seu ingresso na sociedade (229.º/1); (b) da SPQ cujo pacto lhe atribua o direito à amortização da quota, seguindo-se o regime da exoneração (232.º/4). 23

15. **Casos previstos nos estatutos**: a autonomia das partes é determinante; todavia, os estatutos devem reportar casos precisos e delimitados[17], sob pena de transformar o contrato de sociedade 24

[15] DR I Série-A, n.º 63 (Supl.), de 29-mar.-2006, 2328-(15)/II-2328-(16)/I.

[16] João Espírito Santo, *Exoneração do sócio* (2014), 647 ss.

[17] Raúl Ventura, *Sociedades por quotas* 2, 18, apenas admite a licitude de cláusula contratual da *justa causa* que seja acompanhada de "[...] uma clara definição ou de enumeração taxativa dos factos que os contraentes queiram incluir nessa categoria"; no mesmo sentido, João Espírito Santo, *Exoneração do sócio* (2014), 777; contra, admitindo como *casos* contratuais de exoneração, a *justa causa*, os *justos motivos*, o *motivo grave* ou a *razão atendível*, Jorge Manuel Coutinho de Abreu (2015), 386; João Cura Mariano, *Direito de exoneração dos sócios nas sociedades por quotas* (2005), 83; Tiago Soares da Fonseca, *O direito de exoneração do sócio no CSC*

num pacto leonino ou num acordo aleatório não previsto na lei[18]. No 240.º/8, *in fine*, exclui-se a licitude da exoneração estatutária *ad nutum* ou não motivada (por *vontade arbitrária do sócio*), sendo nula a cláusula que a admita (294 do CC)[19]; o que não pode ser validamente estabelecido pelos sócios no contrato de sociedade, não pode igualmente sê-lo mediante deliberação daqueles, ainda que unânime[20] [56.º, n.º 1, *d*)].

25 16. **Casos do 240.º/1, *a*) e *b*)**[21]. A lei prevê, especificamente, a possibilidade de exoneração quando, contra o voto expresso do interessado, a sociedade delibere: (a) um aumento de capital, a subscrever total ou parcialmente por terceiros; (b) a mudança do objeto social; (c) a prorrogação da sociedade; (d) a transferência da sede para o estrangeiro; (e) o regresso à atividade da sociedade dissolvida – 240.º/1, *a*).

26 Prevê-se, ainda, a possibilidade de exoneração quando, contra o voto do interessado, a sociedade, havendo justa causa, não delibere a exclusão de sócio ou não promova a sua exclusão judicial – 240.º/1, *b*).

27 17. **Crítica**. A técnica legislativa não é a ideal. Com efeito: (a) o 240.º/1, *a*), evidencia conexões com algumas das causas de exoneração do sócio previstas na parte geral, em termos nem sempre claros quanto à delimitação do facto ou complexo de factos que atribui direito de exoneração[22]; (b) o mesmo preceito não se articula expressamente com todos os casos de exoneração previstos no próprio Título III: seria de esperar que tais casos aí se reunissem; (c) no 240.º/5 há um jogo complexo de remissões para as sociedades civis puras; ora não cabe, a propósito de cada tipo, construir uma dogmática diversificada; (e) as regras do 240.º/ 3 a 7 geram dúvidas quanto à extensão da sua aplicação às causas de exoneração previstas na Parte Geral do CSC, em particular nas situações em que um regime geral (quando exista) foi, manifestamente, concebido com autonomia perante o particularismo dos diversos tipos societários, em atenção à natureza da causa[23].

IV – **Processo**

28 18. **Compatibilização de interesses**: é necessária, perante a pretensão de exoneração de um sócio. O sócio de saída vai abdicar de um valor intrínseco: não pode deixar de lhe ser atribuída uma compensação. A sociedade pode – ou não – estar em condições de lha pagar. A lei prevê, por isso, toda uma tramitação.

(2008), 285; Carolina Cunha, em *Código em Comentário* 3 (2011), 563; António Menezes Cordeiro opina que "[...] a 'justa causa' já é hoje um elemento preciso, capaz de concretizações previsíveis" [*Código das sociedades comerciais anotado*, 2.ª ed. (2012), 697, nota 13].

[18] RPt 8-nov.-1999 (Pinto Ferreira), CJ XXIV (1999) 5, 180-182.

[19] Raúl Ventura, *Sociedades por quotas* 2, 40; João Cura Mariano, *Direito de exoneração dos sócios nas sociedades por quotas*, 83; João Espírito Santo, *Exoneração do sócio* (2014), 778.

[20] Raúl Ventura, *Sociedades por quotas* 2, 36.

[21] Cuja enumeração já foi considerada taxativa: RPt 10-jan.-1995 (Araújo Barros), Proc. 94305771.

[22] Em particular no que respeita à transferência da sede efetiva para o estrangeiro e ao regresso à atividade da sociedade dissolvida [João Espírito Santo, *Exoneração do sócio* (2014), 735 ss., com referências, considerando, com parte da doutrina, que a causa de exoneração do sócio prevista no 3.º/5 (deliberação de transferência para o estrangeiro da sede *efetiva* da sociedade) é diversa da deliberação de *transferência da sede para o estrangeiro* prevista no 240.º/1, *a*), que apenas abrange a transferência para o estrangeiro da sede estatutária, e que a causa de exoneração do sócio prevista no 161.º/5 é diversa da prevista no 240.º/1, *b*), de *regresso à atividade da sociedade dissolvida*, por divergirem os pressupostos de cada uma delas].

[23] João Espírito Santo, *Exoneração do sócio* (2014), 829 ss., pronunciando-se, no caso da fusão, pela especialidade material do regime e, portanto, pela prevalência do regime do 105.º sobre o do 240.º, quando a lei ou o contrato da sociedade atribuam direito de exoneração ao sócio que vote contra o projeto; sem inteira coincidência de pressuposição, mas concluindo da mesma forma, Raúl Ventura, *Sociedades por quotas* 2 (1989), 17; João Cura Mariano, *Direito de exoneração dos sócios nas sociedades por quotas* (2005), 84; contra, Tiago Soares da Fonseca, *O direito de exoneração do sócio no CSC* (2008), 326.

19. **Tramitação**. O processo de exoneração só pode iniciar-se quando: (a) estejam reunidos os seus pressupostos; (b) se encontrem totalmente liberadas as quotas do exonerando (240.º/2)[24]-[25]; (c) ocorra uma deliberação social nesse sentido (240.º, no conjunto[26]). 29

Isto posto: o sócio que pretenda exonerar-se deve, nos 90 dias subsequentes ao conhecimento do facto que lhe atribua o correspondente direito, comunicar, à sociedade, por escrito a sua intenção (240.º/3, 2.ª parte)[27]; a declaração deve ser justificada[28]. 30

Recebida a declaração, deve a sociedade, no prazo de 30 dias, fazer uma de três coisas (240.º/3, 2.ª parte): (a) amortizar a quota; (b) adquiri-la; (c) fazê-la adquirir por sócio ou por terceiro[29]; em concreto, a utilização de algum desses meios pode estar impedida pelos regimes da amortização de quotas (236.º) ou da aquisição de quotas próprias (220.º/1 e 2); ao exonerado não faculta a lei a possibilidade de condicionar o meio técnico de executar a exoneração[30]. Se a sociedade nada fizer, pode o exonerando requerer a dissolução da sociedade por via administrativa (240.º/4, *in fine*)[31]-[32]. 31

20. **Contrapartida**, a pagar ao exonerando: (a) é calculada nos termos do 1021.º do CC, *ex vi* 105.º/2, com referência à data em que o sócio declarou à sociedade a sua intenção de se exonerar; (b) sendo o valor fixado com base no estado da sociedade à data em que ocorreu ou produziu efeitos o facto determinante da liquidação (1021.º/1, do CC)[33]; (c) o pagamento é fracionado em duas prestações, a seis meses e um ano, respetivamente, a contar do momento em que o montante esteja definitivamente fixado – 235.º/1, *b*), *ex vi* 240.º/5. 32

[24] A doutrina maioritária entende o direito de exoneração como de *exercício integral*, o que implica, nos casos em que o sócio seja titular de várias participações – quotas, no caso da SPQ –, que a exoneração as abranja a todas, e, portanto, que é condição da titularidade do direito que todas as quotas se encontrem liberadas; manifestam-se, todavia, na doutrina portuguesa, entendimentos no sentido da admissibilidade da exoneração parcial [Tiago Soares da Fonseca, *O direito de exoneração do sócio no CSC* (2008), 39 ss.] e, nesse pressuposto, sustentam a interpretação restritiva do 240.º/2, no sentido de que devem estar integralmente liberadas as quotas pelas quais o sócio exerça exoneração, se não forem todas [João Espírito Santo, *Exoneração do sócio no direito societário-mercantil português* (2014), 921 ss.]. A admissibilidade da exoneração parcial, isto é, exercida em relação a algumas das participações, mas não a todas (mantendo o exonerado a qualidade de sócio, quantitativamente modificada), é caminho aberto pelo enquadramento dogmático do instituto no *quadrante* do *desinvestimento legalmente tutelado* (*supra*, I, 6).

[25] Para uma distinção terminológica entre *sócio exonerado* e *sócio exonerando*, João Espírito Santo, *Exoneração do sócio* (2014), 58 e 59; sobre o momento em que, na SPQ, se efetiva a exoneração do sócio, *id.*, 928.

[26] RPt 7-mar.-2005 (Caimoto Jácome), Proc. 0550495.

[27] João Espírito Santo, *Exoneração do sócio* (2014), 849 ss..

[28] Raúl Ventura, *Sociedades por quotas* 2 (1989), 28; João Cura Mariano, *Direito de exoneração dos sócios nas sociedades por quotas* (2005), 100; João Espírito Santo, *Exoneração do sócio* (2014), 851, limitadamente à exoneração causal.

[29] Amortizar a quota implica a extinção desta (232.º/2); a aquisição pela própria sociedade conduz a uma situação de quota própria (220.º); "fazê-la adquirir por sócio ou por terceiro" equivale à angariação do competente negócio; relativamente ao terceiro meio técnico de execução do direito do sócio não há unanimidade doutrinária quanto ao seu significado: um sector da doutrina entende que o 240.º/4, dispensa, para tal efeito, a intervenção do exonerando no negócio translativo, atribuindo legitimidade à própria sociedade para transmitir a quota, seja por representação legal do mesmo [Tiago Soares da Fonseca, *O direito de exoneração do sócio no CSC* (2008), 333 e 337], seja por legitimação não representativa para a disposição de bem alheio [João Cura Mariano, *Direito de exoneração dos sócios nas sociedades por quotas* (2005),Cura mariano, 125 e 126 128 e 129]; contra, João Espírito Santo, *Exoneração do sócio no direito societário-mercantil português* (2014), 880 ss.; João Labareda, *Das acções das sociedades anónimas* (1988), 316.

[30] João Espírito Santo, *Exoneração do sócio* (2014), 872.

[31] RPt 26-set.-2005, (Fernandes do Vale), Proc. 0553696; STJ 8-jan.-2015 (Abrantes Geraldes), Proc. 117-B/1999.

[32] Há, todavia, na doutrina portuguesa quem sustente que tal consequência não cobre a exoneração fundada na oposição à fusão e à cisão, por prevalência do regime do 105.º, que a não admite [João Espírito Santo, *Exoneração do sócio* (2014), 829 ss., em particular 837 e 838, interpretando restritivamente o 240.º/1, quanto à expressão *casos previsto na lei e no contrato*, e entendendo ter a solução da dissolução da sociedade, por incumprimento da obrigação de liquidação da participação do exonerando sido intencionalmente rejeitada no 105.º; contra, Raúl Ventura, *Fusão* (1990, reimp., 2006), 145].

[33] António Menezes Cordeiro 2 (2007), 90.

33 21. **Perturbações**: se a sociedade optar pela amortização mas não a puder levar a cabo por falta de liquidez (236.º/1)[34], pode o exonerando (246.º/6): (a) esperar pelo pagamento; (b) requerer a dissolução da sociedade por via administrativa.

34 Seguindo-se a via de aquisição da quota, pode o sócio requerer a dissolução por via administrativa quando a contrapartida não lhe for tempestivamente paga; pode, todavia, a sociedade substituir-se ao faltoso, sócio ou terceiro (240.º/7), caso em que ficará sub-rogada nos direitos do proposto adquirente (592.º/1, do CC).

Artigo 241.º (Exclusão de sócio)

1. Um sócio pode ser excluído da sociedade nos casos e termos previstos na presente lei, bem como nos casos respeitantes à sua pessoa ou ao seu comportamento fixados no contrato.

2. Quando houver lugar à exclusão por força do contrato, são aplicáveis os preceitos relativos à amortização de quotas.

3. O contrato de sociedade pode fixar, para o caso de exclusão, um valor ou um critério para a determinação do valor da quota diferente do preceituado para os casos de amortização de quotas.

Bibliografia: António Pereira de Almeida (2013), 403-408; António Menezes Cordeiro 2 (2007; reimp. 2017), 318-323 e 329-334; Carolina Cunha, *A exclusão de sócios*, em AAVV (2002), 201-233; *id.*, "Artigo 241.º", em *Código em Comentário* 3 (2016), 578-592; Jorge Manuel Coutinho de Abreu (2015, reimp. 2016), 390-401; Luís Menezes Leitão, *Pressupostos da exclusão de sócio nas sociedades comerciais* (1989); António Avelãs Nunes, *O direito de exclusão dos sócios nas sociedades comerciais* (1968; reimp., 2002); Raúl Ventura, *Sociedade por quotas* 2 (1989), 44-58; João Espírito Santo, *Exoneração do sócio no direito societário-mercantil português* (2014).

Índice

I – **Antecedentes e preparatórios**
1. A Lei de 11-abr.-1901 1
2. Preparatórios 3

II – **Discussão quanto aos fundamentos**
3. O problema 4
4. As teorias 5

III – **Estrutura, natureza jurídica e função jus-societária.**
5. Direito potestativo e resolução 7

IV – **Regime**
6. Sistema geral 9
7. Hipóteses legais específicas 10
8. Casos previstos no contrato 11
9. Contrapartida 14
10. Segue; na exclusão legal 18

I – Antecedentes e preparatórios

1 1. **A Lei de 11-abr.-1901**, que introduziu entre nós as sociedades por quotas, previa a exclusão do sócio remisso, isto é: do sócio que, devidamente avisado, não efetuasse, no prazo legal, a prestação correspondente à sua entrada (12.º, § 1.º)[1].

[34] Ou seja: se a situação líquida da sociedade, depois de satisfeita a contrapartida de amortização, ficar inferior à soma do capital e de reserva legal, a não ser que delibere simultaneamente a redução do capital.

[1] Este preceito teve alguma aplicação. Assim: STJ 24-jun.-1955 (Eduardo Coimbra; vencidos: A. Baltasar Pereira e Lencastre da Veiga), BMJ 49 (1955), 548-554 (551): a exclusão em causa constitui uma pena convencional que

Embora a LSQ nada mais explicitasse sobre a exclusão do sócio, o tema prendeu a atenção da doutrina[2] e deu azo a larga jurisprudência. O fundamento possível da exclusão foi discutido. A situação ficou madura para que o então futuro CSC dela se ocupasse.

2. **Preparatórios**. Os diversos anteprojetos desenvolveram a matéria da exclusão, muito para além do preceito circunspecto da LSQ[3]. No projeto, a exclusão surgia no 245.º[4]: um preceito que antecedia o da exoneração (246.º) e que compreendia o conteúdo normativo equivalente aos dos atuais 242.º e 243.º. 2

II – Discussão quanto aos fundamentos

3. **O problema**. A exclusão de um sócio traduz o ato e o efeito de o erradicar da sociedade. Trata-se, nos termos do Direito privado, de uma operação muito delicada: para além de pôr em causa o princípio da estabilidade dos contratos (no enquadramento tradicional da sociedade como contrato de execução duradoura), ela implica a supressão, contra a vontade do visado, de uma sua posição patrimonial e pessoal. Compreende-se, a essa luz, que a exclusão tenha suscitado dúvidas de base, requerendo uma cuidada intervenção legislativa. 3

4. **As teorias** justificativas da possibilidade de exclusão sucederam-se[5]. Assim: (a) taxatividade legal: a saída do sócio só seria explicável em termos publicísticos e com base em estritos preceitos legais; (b) a preservação da empresa ou teoria do poder disciplinar: a empresa valeria por si, explicando a possibilidade de sancionar quem a pusesse em causa; (c) o incumprimento contratual: explicaria a hipótese de exclusão, aproximando-a da figura da resolução do contrato; (d) a inexigibilidade: o sócio a excluir, perante os valores do sistema, estaria incurso numa situação que tornaria inaceitável, por parte dos restantes, numa perspetiva, ou por parte da sociedade, numa outra perspetiva, a sua permanência na sociedade. 4

A taxatividade, por si, nada explica e deixa de fora as situações de exclusão sem base legal explícita. A preservação da empresa é uma justificação geral que não dá critérios. O incumprimento leva a falar numa dissolução parcial da sociedade e não na exclusão em si. Fica, como boa, a explicação da inexigibilidade, a concretizar, depois, pelo regime. 5

não pode ser aplicada ao sócio remisso em estado de falência; STJ 5-fev.-1963 (José Meneses), BMJ 124 (1963), 713-717 (716): "a pena prevista no artigo 11.º [aliás: 12.º, § 1.º] da Lei de 1901 respeita a todos os casos em que o sócio se recuse a realizar integralmente a sua quota, quer não tenha realizado parte alguma, quer tenha realizado apenas uma parte dela"; STJ 12-fev.-1965 (Torres Paulo), BMJ 144 (1965), 177-179 (179): o sócio excluído nos termos do 12.º, mantém interesse no apuramento do saldo da prestação de contas movida contra a sociedade; STJ 15-mai.-1970 (Adriano de Campos de Carvalho), BMJ 197 (1970), 354-357 (357): "... por haver faltado ao cumprimento da obrigação relativa ao votado aumento de capital social, o autor fica sujeito à sanção da exclusão, prevista no artigo 12.º da Lei de 11 de abril de 1901 e que lhe foi imposta pela deliberação anulanda"; e STJ 8-mar.-1974 (Manuel José Fernandes Costa), BMJ 235 (1974), 306-308 (308): enquanto não for lavrada a escritura do aumento de capital, não se mostram reunidos os pressupostos que permitam considerar determinado sócio como remisso, daí se passando à sua exclusão. Toda esta jurisprudência tem interesse por mostrar, já à luz da LSQ, o tipo de questões que se suscitam no domínio da exclusão de sócios das sociedades por quotas.

[2] Com particular relevo para António Avelãs Nunes, *O direito de exclusão dos sócios nas sociedades comerciais* (1968, reimp., 2002), da maior valia.

[3] Os textos pertinentes podem ser confrontados em Raúl Ventura, *Sociedade por quotas*, 2, 41-44.

[4] BMJ 327 (1983), 186-187.

[5] António Avelãs Nunes, *O direito de exclusão*, 23 ss.; Luís Menezes Leitão, *Pressupostos da exclusão*, 15 ss.; António Menezes Cordeiro 2 (2007), 319 ss.. O modelo de discussão era retirado dos clássicos italianos do tempo do Código de Comércio de 1882.

III – Estrutura, natureza jurídica e função jus-societária

7 **5. Direito potestativo e resolução.** A exclusão do sócio corresponde a uma situação jurídica ativa da sociedade, adquirida para a sua esfera mediante a verificação de certos pressupostos, legais ou contratuais. Nesse enquadramento, e numa perspetiva tradicional sobre o caráter duradouro do contrato de sociedade, o direito de excluir um sócio é tido como potestativo[6]: o seu exercício extingue a situação jurídico-societária do sócio visado, mediante contrapartida, independentemente do que seja o sentido da vontade deste.

8 A doutrina tradicional sobre a natureza jurídica da sociedade no seu período dinâmico-funcional (isto é, entre a constituição e a dissolução), considerando-a como contrato de execução continuada ou duradoura, conclui, maioritariamente, pela recondução do direito de excluir o sócio a um paradigma obrigacional, vendo nele uma causa de resolução do contrato[7]; mas contra tal perspetiva pode argumentar-se que o perfil funcional da exclusão do sócio é diverso do da resolução, constituindo aquele um meio de hétero-desvinculação de um sócio[8] ou o poder correspondente a um meio de autotutela, de carácter organizativo, que integra a situação jurídica complexa da sociedade, destinado a provocar, por decisão da mesma, no termo de um procedimento legalmente disciplinado, ou decisão judicial, a desvinculação do sócio do ordenamento organizativo-societário[9].

IV – Regime

8 6. **Sistema geral**. O CSC deu um tratamento cuidado à exclusão do sócio na SPQ. Todavia, não foi ao ponto de unificar devidamente as diversas hipóteses de exclusão. Assim, encontramos: (a) hipóteses legais específicas de exclusão do sócio; (b) um preceito de enquadramento, que fixa algumas regras gerais sobre a exclusão (o 241.º); (c) uma cláusula geral de exclusão, a que chama "exclusão judicial" (242.º).

10 7. **Hipóteses legais específicas**; podem ser excluídos os sócios que: (a) sejam remissos, não realizando, no prazo legal, a entrada a que se encontrem obrigados (204.º/1 e 2); (b) *idem*, não efetuando as prestações complementares que lhes caibam (212.º/1); (c) abusem da informação a que tenham acesso e prejudiquem injustamente a sociedade (214.º/6). Em todos estes casos, a exclusão opera por deliberação social.

11 8. **Casos previstos no contrato** (241.º/1, 2.ª parte). O CSC prefigura aspetos relativos à pessoa do sócio (insolvência, desinteresse, condenação por crimes contra o património, p. ex.) ou ao seu comportamento (mau desempenho, concorrência, venda de quota sem autorização, p. ex.). Verificados os factos, cabe uma deliberação social de exclusão.

12 A doutrina entende que os estatutos não podem limitar-se a prever uma exclusão por uma maioria arbitrária ou exclusão *ad nutum*[10], em solução paralela à estabelecida, para a exoneração do sócio, no 240.º/8, última parte. Assim é, por quatro razões: (a) o próprio teor do 241.º/1,

[6] Carolina Cunha, *A exclusão de sócios*, 203; STJ 5-mai.-2015 (Gabriel Catarino), Proc. 28/20010.E1.S1.

[7] António Avelãs Nunes, *O direito de exclusão dos sócios nas sociedades comerciais*, 62; Luís Menezes Leitão, *Pressupostos da exclusão de sócio nas sociedades comerciais*, 42.

[8] Carolina Cunha, *A exclusão de sócios*, 215 e ss., *id.*, "Artigo 241.º", em *Código em Comentário* 3 (2011), 572, em construção próxima à que, relativamente ao direito de exoneração, é realizada por João Espírito Santo, *Exoneração do sócio no direito societário-mercantil português* (2014), 1051, descontada a diversidade de entendimentos quanto à natureza contratual (duradoura) da sociedade no período dinâmico-funcional, que a primeira autora sustenta e o segundo autor rejeita.

[9] Em construção simétrica à sustentada por João Espírito Santo, *Exoneração do sócio no direito societário-mercantil português* (2014), 1051, para o direito de exoneração do sócio.

[10] Luís Menezes Leitão, *Pressupostos da exclusão de sócio*, 109-117; Carolina Cunha, *A exclusão de sócios*, 217-218; António Menezes Cordeiro 2 (2007), 330.

2.ª parte, que especifica "casos respeitantes à sua pessoa ou ao seu comportamento"; (b) a proibição de renúncia antecipada aos direitos (809.º, do CC); (c) a proibição de doar bens futuros (942.º/1, do CC); (d) a proibição de pactos leoninos (22.º/3).

Pela mesma ordem de ideias, o fundamento de exclusão que conste do contrato deve ser 13
minimamente sério e ponderoso. De outra forma, estaremos perante exclusões arbitrárias, que a lei não permite.

9. **Contrapartida**. O sócio excluído com um fundamento previsto no contrato incorre no 14
regime aplicável à amortização de quotas; recorde-se que a amortização conduz à extinção da quota (232.º/2) e confere à pessoa que foi sua titular o direito a uma contrapartida, correspondente ao valor da liquidação da mesma, calculado nos termos do 1021.º do CC *ex* 105.º/1, vértice sistemático do CSC no que respeita à avaliação de participações sociais.

A contrapartida deve ser paga nos termos do 235.º/1/b[11]; o regime da ressalva do capital 15
(236.º/3) pode inviabilizar a amortização e, assim, a própria exclusão.

O 241.º/3 permite que os estatutos fixem, para o caso da exclusão, um valor ou um 16
critério diferentes dos previstos para a amortização de quotas[12]. Os estatutos aproveitam, por vezes, esta possibilidade fixando um valor inferior: p. ex., 2/3 do que resultaria da amortização: de facto, a exclusão pode representar uma sanção por facto que, além do mais, é suscetível de acarretar danos difusos para a sociedade: reais mas difíceis de explicitar. Haveria, então, como que uma cláusula penal, viável pelo 810.º/1, do CC.

Não se pode, porém, admitir uma compensação irrisória ou não significativa como, por 17
exemplo, uma cifra equivalente ao valor nominal da quota, quando esta (como é de regra) seja gravemente desproporcionada à real situação patrimonial da sociedade[13]. O Direito privado lida com valores materiais e não como meros jogos de proposições formais.

10. **Segue; na exclusão legal**. Sobre o regime aplicável nos casos de exclusão por hipóteses 18
legais específicas, o CSC ou nada dispõe, como é o caso do 216.º/6, ou limita-se a determinar a(s) consequência(s) patrimonial(is) da exclusão, como sucede no 204.º/2, diretamente, e *ex* 212.º/1.

As hipóteses do 204.º/1 e 212.º/1 não implicam, em princípio, o pagamento de con- 19
trapartida ao excluído, um vez que o seu efeito é a perda a favor da sociedade da quota e dos eventuais pagamentos já realizados por conta da mesma (204.º/2, 1.ª parte), o que constitui uma solução que pode ser muito penalizadora para o sócio remisso, uma vez que o mesmo pode ter já realizado o pagamento parcial da entrada, por um lado, e ter-se verificado a valorização do património da sociedade e, por isso, da quota, por outro; dessa valorização não aproveita o sócio remisso, uma vez que a execução da exclusão não implica a avaliação da quota nos termos do 1021.º do CC *ex* 105.º/1; o rigorismo da solução pode ser amenizado com a possibilidade, aberta pelo 204.º/2, 2.ª parte, de os restantes sócios limitarem a perda da quota à parte corres-

[11] Remete-se para as anotações a esses preceitos.

[12] Já se decidiu – STJ 11-abr.-2000 (Ferreira Ramos), CJ/Supremo VIII (2000) 2, 29-32 (31/II) = BMJ 496 (2000), 285-291 (291/I) – que o critério consignado no contrato não vale, em princípio, para a exclusão judicial. Todavia: a solução depende da interpretação do pacto social. Nada impede que as partes estipulem o cálculo da contrapartida, mesmo para a hipótese de exclusão judicial, uma vez que se trata de direitos disponíveis. Além disso, mal seria que (por hipótese) uma prevaricação mais grave, sancionada com exclusão judicial, tivesse uma saída mais vantajosa para o responsável do que uma outra, menos grave, à qual correspondesse (mera) exclusão contratual.

[13] Como (e mal) se decidiu em STJ 15-nov.-2007 (Custódio Montes), Proc. 07B3566: é óbvio que a admissibilidade de uma penalização por via da lógica da cláusula penal, que efetivamente reconhecemos, não permite confiscos privados, enriquecimentos escandalosos ou, pura e simplesmente, a postergação do espírito da lei.

pondente à prestação não efetuada. Este é, também, o regime aplicável ao incumprimento da obrigação de efetuar prestações complementares *ex* 212.º/1. Admite-se, em certos casos, que o rigorismo da solução pode levantar o problema da inconstitucionalidade, por violação da propriedade privada e por desproporção na sanção.

20 À exclusão do sócio por abuso de informação (214.º/6) aplicar-se-á, por integração de lacunas, *ex* 2.º, o regime da exclusão contratual: o da amortização ou outro, fixado no contrato.

Artigo 242.º (Exclusão judicial de sócio)

1. Pode ser excluído por decisão judicial o sócio que, com o seu comportamento desleal ou gravemente perturbador do funcionamento da sociedade, lhe tenha causado ou possa vir a causar-lhe prejuízos relevantes.

2. A proposição da ação de exclusão deve ser deliberada pelos sócios, que poderão nomear representantes especiais para esse efeito.

3. Dentro dos 30 dias posteriores ao trânsito em julgado da sentença de exclusão deve a sociedade amortizar a quota do sócio, adquiri-la ou fazê-la adquirir, sob pena de a exclusão ficar sem efeito.

4. Na falta de cláusula do contrato de sociedade em sentido diverso, o sócio excluído por sentença tem direito ao valor da sua quota, calculado com referência à data da proposição da ação e pago nos termos prescritos para a amortização de quotas.

5. No caso de se optar pela aquisição da quota, aplica-se o disposto nos n.os 3 e 4 e na primeira parte do n.º 5 do artigo 225.º.

Bibliografia: António Pereira de Almeida (2013), 403-408; António Menezes Cordeiro 2 (2007; reimp. 2017), 318-323 e 329-334; Carolina Cunha, *A exclusão de sócios*, em AAVV (2002), 201-233; *id.*, *id.*, "Artigo 242.º", em *Código em Comentário* 3 (2016), 593-602; Jorge Manuel Coutinho de Abreu (2015, reimp. 2016), 390-401; Luís Menezes Leitão, *Pressupostos da exclusão de sócio nas sociedades comerciais* (1989); António Avelãs Nunes, *O direito de exclusão dos sócios nas sociedades comerciais* (1968; reimp., 2002); Raúl Ventura, *Sociedade por quotas* 2 (1989), 44-58; António Caeiro, *A exclusão estatutária do direito de voto nas sociedades por quotas* (1966), em *Temas de Direito das sociedades* (1984), 9-160.

Índice

1. Origem 1
2. Os pressupostos 4
3. Casuística 5
4. Sociedade com dois sócios 7
5. Procedimento 9

1 1. **Origem.** O 241.º reporta-se à exclusão judicial do sócio, isto é, à exclusão que, por assentar numa cláusula geral da lei, não pode concretizar-se por mera deliberação dos sócios, como sucede nos casos de exclusão com base em norma legal específica ou com base em estipulação contratual[1].

[1] *Vide* as anotações ao 241.º.

No projeto, o 242.° constava do 245.°, em conjunto com o atual 241.°[2]. A destrinça foi feita na subsequente revisão. 2

No âmbito da LSQ (1901), foi entendido que, dado o silêncio do legislador, na falta seja de um preceito específico, seja de uma cláusula contratual, a exclusão não era possível. Mais tarde, autores como Avelãs Nunes[3], António Caeiro[4] e Vaz Serra[5], vieram sustentar que a exclusão era possível, quando assentasse em justa causa. A ideia, cientificamente correta, obteve o acolhimento da jurisprudência[6]. Nessa viragem, foi importante o dispositivo do 1003.° do CC, com inspiração no 2286.° do Código Civil italiano de 1942. 3

2. **Os pressupostos**. O 242.°/1 fixa dois pressupostos: (a) quanto ao sócio, um comportamento desleal ou francamente perturbador do funcionamento da sociedade; (b) quanto à sociedade, prejuízos relevantes, efetivos ou possíveis. 4

3. **Casuística**. Na aplicação da cláusula geral do 242.°/1, a nossa jurisprudência permite a seguinte concretização: (a) um sócio com conhecimentos importantes a respeito da empresa, coloca tais atributos ao serviço da concorrência e, ainda por cima, incita os funcionários da sociedade à deserção; além disso, não se exige um prejuízo efetivo, mas apenas a capacidade de provocar danos[7]; (b) um sócio, pouco tempo depois da renúncia à gerência da sociedade, começa a vender os mesmos produtos num seu estabelecimento, a utilizar os catálogos e os preçários da sociedade e a conquistar-lhe clientes, com prejuízos para ela[8]; (c) um sócio desenvolve uma atividade concorrencial com a da sociedade, procurando angariar mercado através da utilização de meios técnicos e do *know how* da própria sociedade[9]; (d) a apreciação a fazer deve ser feita sem se tomar em conta a causa justificativa mas, tão-só, o juízo de gravidade e a situação de dano relevante a que conduziu ou pode conduzir[10]; (e) a exclusão justifica-se quando o interesse social seja posto em causa por um sócio que, por via da violação das suas obrigações, conduza a resultados ou a efeitos que prejudiquem o fim social[11]. 5

Estes casos permitem concluir que a deslealdade grave anda, na prática, em torno de questões de sigilo e de concorrência. 6

4. **Sociedades com dois sócios**. O 1005.°/3 do CC dispõe que, nas sociedades que tenham apenas dois sócios, a exclusão de um deles só pode ser pronunciada pelo tribunal. O CSC não tem um preceito equivalente. Mas a solução deve inferir-se do sistema. Pelo seguinte: (a) segundo o 246.°/1, *c*), depende de deliberação social a exclusão de sócios; (b) de acordo com o 251.°/1, *d*), o próprio sócio excluído não pode votar. 7

Logo, numa sociedade com apenas dois sócios, a exclusão de um deles, sem controlo judicial, poderia ocorrer apenas pela vontade do outro: uma solução sem sentido que, não tendo saída legal, encobre uma lacuna, a integrar, *ex* 2.°, com recurso ao 1005.°/3 do CC. Assim o entende – e bem – a jurisprudência[12]. 8

[2] BMJ 327 (1983), 186-187.

[3] António Avelãs Nunes, *O direito de exclusão dos sócios*, 265 ss..

[4] António Caeiro, *A exclusão estatutária do direito de voto nas sociedades por quotas* (1966), em *Temas de Direito das sociedades* (1984), 9-160 (49-52, n.° 17).

[5] Adriano Vaz Serra, anotação a STJ 1-fev.-1977 (Octávio Dias Garcia), RLJ 111 (1978), 9-16 (11/II).

[6] RCb 15-out.-1975 (Augusto Tinoco de Almeida), BMJ 252 (1976), 202 (em *obiter dictum*), REv 18-jan.-1979 (José Alfredo Soares Manso Preto), BMJ 286 (1979), 312 e REv 19-jan.-1979 (António Bernardo Coelho), BMJ 286 (1979), 312, embora especificando que a exclusão teria de passar por decisão judicial.

[7] STJ 29-abr.-1991 (Pires de Lima), Proc. 081681.

[8] RCb 1-out.-1996 (Garcia Calejo), CJ XXI (1996) 4, 28-31 (30/I) = BMJ 460 (1996), 819 (o sumário).

[9] RLx 18-dez.-2002 (Sousa Grandão), CJ XXVII (2002) 5, 111-115 (113/II).

[10] RLx 9-jan.-1997 (Sousa Dinis), Proc. 0006222.

[11] STJ 15-fev.-2005 (Alves Velho), Proc. 04A4369.

[12] STJ 9-dez.-1999 (Dionísio Correia), Proc. 99B868; RCb 14-mar.-2000 (Custódio Costa), CJ XXV (2000) 2, 15-16 (15/II); RCb 11-nov.-2003 (Garcia Calejo),

9 5. **Procedimentos**. A ação de exclusão deve ser proposta pela sociedade ou deliberada pelos sócios (242.º/2)[13].

10 Havendo apenas dois sócios, a doutrina mostra-se dividida quanto à necessidade da deliberação de instauração da ação; se há opiniões no sentido de que tal deliberação representa um desnecessário formalismo, porque, havendo impedimento de voto do sócio a excluir, a vontade do outro expressar-se-ia com suficiência em termos processuais, com a instauração da ação, e sendo que a vontade desse seria a única a contribuir para a formação da deliberação social, atento o impedimento de voto do sócio a excluir [251.º/1, d)], outras há que sustentam a diversidade de planos da deliberação e da proposição da ação, não devendo confundir-se a expressão da vontade do sócio autor da ação com a da própria sociedade[14]. O primeiro entendimento consubstancia interpretação restritiva do 242.º/2, supondo, portanto, a demonstração de que o legislador não terá pretendido abranger na letra do preceito a sociedade com dois sócios; a crítica que lhe é formulada é certeira: são questões diversas a da garantia do controlo judicial da exclusão (na sociedade com apenas dois sócios) e a da formação da vontade da sociedade quanto à proposição da ação de exclusão. A titularidade da faculdade de excluir um sócio gera-se na esfera jurídica da sociedade [como resulta do 246.º/1, c)] e não na do (restante) sócio, *qua tale*, conclusão que é harmónica com a recíproca autonomia subjetiva, na sociedade por quotas, entre a sociedade e os seus sócios; a contraposição entre a deliberação e a decisão judicial que pode encontrar-se no 1005.º/1 e 3 do CC explica-se como resultado do distanciamento da sociedade civil relativamente à personalidade jurídico-coletiva de direito privado (seja o que for que se sustente quanto à controversa temática da personificação da sociedade civil, é um facto que o CC pretendeu regular a sociedade como produto obrigacional da autonomia das pessoas e não, *a se*, como uma pessoa em sentido jurídico); na caso da sociedade comercial, em particular da sociedade por quotas, a recíproca alteridade entre o sócio e a sociedade explica que no 242.º não exista contraposição entre a deliberação de destituição e a decisão judicial de destituição, albergando a regra do seu n.º 2 todas as hipóteses, ou seja, sociedades com dois sócios e com mais de dois sócios, como formação de uma vontade relativa a uma situação jurídica que é da titularidade da sociedade e não da do sócio. Na fundamentação da primeira das opiniões reportadas recorre-se, também, a uma invocada analogia com a regra do 257.º/5[15], o que não parece seguro, atenta a sua excecionalidade, uma vez que produz um desvio na normal convergência entre a titularidade da situação jurídica (sociedade) e a legitimidade para a exercer em juízo (sócio); além do mais, essa invocada analogia desconsidera a posição do(s) gerente(s), no caso de o segundo sócio não ser gerente (252.º/1) ou de o(s) gerente(s) ser(em) terceiro(s).

11 Compete ao autor invocar os factos dos quais se retire a causa de exclusão[16]. Além disso, a ação pode ser acompanhada por um pedido de indemnização pelos prejuízos[17].

12 Posto isso: (a) dentro dos 30 dias subsequentes ao trânsito em julgado da sentença de exclusão, deve a sociedade amortizar a quota do sócio, adquiri-la ou fazê-la adquirir, sob pena de a exclusão ficar sem efeito (242.º/3); (b) o valor é calculado por referência à data da propo-

Proc. 2919/03; RPt 2-nov.-2004 (Emídio Costa), Proc. 0425293; RPt 4-out.-2005 (Cândido Lemos), Proc. 0524101.

[13] STJ 9-fev.-1995 (Sousa Macedo), CJ/Supremo III (1995) 1, 72-75 (73/II); deve, ainda, ser autorizada pela assembleia geral: STJ 23-mai.-1996 (Mário Cancela), CJ V (1996) 2, 86-88 (87/II) e RPt 7-mar.-2005 (Caimoto Jácome), Proc. 0550495.

[14] Carolina Cunha, *A exclusão de sócios*, 204-205.

[15] Por ex. RGm 14-mar.-2013 (Conceição Bucho), Proc. 311/05.9TBEPS.G1

[16] RLx 4-nov.-1993 (Moreira Camilo), Proc. 0053636.

[17] STJ 30-nov.-1995 (Cunha Lopes), CJ/Supremo III (1995) 3, 128-130 (130/I).

situra da ação e pago nos termos prescritos para a amortização de quotas (242.º/4); (c) aplicando-se, caso se opte pela aquisição de quota, o disposto no 225.º/3, 4 e 5, 1.ª parte (242.º/5). O conjunto normativo do 242.º, se contém um ponto de referência cronológico para efeitos da avaliação da quota, é lacunar quanto ao modo de efetuar essa avaliação, devendo a lacuna ser integrada, *ex* 2.º, pela aplicação dos 241.º/2, 235.º/1, *a*), 105.º/2 e 1021.º do CC.

A opção por um dos três meios técnicos legalmente dispostos para efetivar a exclusão 13
pode ser condicionada pela situação patrimonial da sociedade, atentas as limitações estabelecidas à possibilidade da amortização da quota e da aquisição da própria quota pela sociedade em função da intangibilidade do capital e da reserva legal (236.º e 220.º/2).

Até à da amortização da quota (234.º/1), o excluído mantém a qualidade de sócio[18]; 14
sendo a quota adquirida por terceiro ou pela própria sociedade, a exclusão efetiva-se pela transmissão da titularidade da mesma, mantendo-se, até aí, a situação jurídica de sócio do excluído.

Secção VII – Registo das quotas[1]

Introdução

Bibliografia: António Pereira de Almeida (2008), 336-337; António Menezes Cordeiro, *Direito comercial*, 5.ª ed. (2022), 414 ss.; *Direito das Sociedades* II, 2.ª ed. (2007), 374 ss.; *Do registo de quotas: as reformas de 2006, 2007 e de 2008*, RDS 2009, 293-326; Carlos Ferreira de Almeida, *O registo comercial na reforma do Direito das sociedades de 2006*, em Menezes Cordeiro/Paulo Câmara (2006), 279-288; J. A. Mouteira Guerreiro, *A actividade notarial e registral na perspectiva do Direito português*, ROA 2006, 1203-1232 (1220 ss.); *id.*, *Registo comercial – Ainda existe?*, O Direito 2008, 367-390; J. de Seabra Lopes, *Direito dos registos e do notariado*, 7.ª ed. (2014), 153 ss.; Pedro Maia, *Registo e cessão de quotas*, AAVV (2007), 163-176; Hélder Quintas (2010), 370-376; Armando Manuel Triunfante (2007), 234-252.

Índice

I – O registo comercial e a sua evolução
1. Pombal (1770) e Ferreira Borges (1833) 1
2. Veiga Beirão (1888) 6
3. Os Códigos de Registo Comercial 9

II – A reforma de 2006
4. O DL 76-A/2006 12
5. O "registo" por depósito 13
6. Crítica 16

III – O registo e as quotas
7. Aspetos gerais 17
8. A transmissão 19
9. O registo das transmissões 21
10. Importância 23

IV – Os novos regimes de 2006, de 2007 e de 2008
11. 2006: sentido e alcance 25
12. 2007 e 2008 27
13. Crítica 30
14. O papel da responsabilidade 36
15. A reforma de 2007 37
16. Recomendações 38

[18] RPt 2-dez.-1997 (Pinto Ferreira), CJ XXII (1997) 5, 214-215 (216/II).

[1] A presente secção foi aditada pelo 4.º do DL 76-A/2006, de 29-mar.; *vide* DR I Série-A, n.º 63 (Supl.), de 29-mar.-2006, 2328-(37)/II.

I – O registo comercial e a sua evolução

1 1. **Pombal (1770) e Ferreira Borges (1833).** A obrigação sistemática de inscrição dos comerciantes num registo público remonta ao Marquês de Pombal. Em Lei de 30-ago.-1770[2]:

> (...) pela qual manda S. Magestade, que sejam matriculados até o ultimo de dezembro do presente anno em a Junta do Commercio destes Reinos, e seus Dominios todos os commerciantes nacionaes, que forma o Corpo desta Capital.

2 No Código Comercial de 1833 (Ferreira Borges), foi idealizado o registo comercial moderno. Segundo o seu 208.º, ficava a cargo dos comerciantes a:

> (...) obrigação de lançar n'um registro solemne todos os documentos, a que a lei marca este requisito.

3 Completando o 209.º:

> Na secretaria de cada um dos tribunaes de commercio ordinarios haverá um registro publico de commercio, guardado pelo respectivo secretario, responsavel, como official publico, pela exactidão e legalidade de seus assuntos.

4 Os 210.º e 211.º do Código Ferreira Borges sujeitavam a registo: a matrícula dos comerciantes, as escrituras ou cartas de dotes celebradas com negociantes, os pactos sociais, as autorizações ou procurações comerciais, as escrituras de comerciantes ou com comerciantes que contivessem hipotecas e todos os atos previstos por lei.

5 A Lei de 22-jun.-1867, sobre SA, previu um registo central para as denominações, depois aplicável, também, às SPQ: era o antepassado do atual RNPC.

6 2. **Veiga Beirão (1888).** O Código Comercial de Veiga Beirão (1888) veio consignar no seu Livro I, um Título V, sobre o registo (45.º a 61.º)[3]. Segundo o 46.º, ficavam sujeitos a registo, entre outros, a matrícula das sociedades, o qual era obrigatório (47.º). O 49.º reportava, ainda, diversos atos atinentes a sociedades, entre os quais (5.º)[4]:

> Os instrumentos de constituição e prorrogação da sociedade, mudança de firma, redução ou integração do capital, dissolução e fusão, cedência da parte de um sócio em nome colectivo noutrem, e, em geral, toda e qualquer alteração no pacto social (...)

7 O 57.º do CCom já estabelecia que os atos sujeitos a registo comercial só produzissem efeitos para com terceiros desde a data do registo e na ordem por que este se achasse feito.

8 O CCom era completado pelo Regulamento aprovado por D de 15-nov.-1888[5], que vigoraria por 70 anos.

9 3. **Os Códigos de Registo Comercial.** Um primeiro diploma foi aprovado pelo DL 42 644, de 14-nov.-1959; na mesma data, o D 42 645 aprovou o Regulamento do RCom, revogando o de 1888. Eram diplomas elementares.

[2] *Collecção das Leys, Decretos e Alvarás* (1775), s/ind. p..

[3] Luiz da Cunha Gonçalves 1 (1914), 120 ss..

[4] *Idem*, 135 ss..

[5] DG 29-nov.-1888, 2629-2632.

10 O CRCom foi aprovado pelo DL 403/86, de 3-dez.. Trata-se de um diploma já estruturado, que absorveu, no seu domínio, regras antes pertencentes ao Código do Registo Predial. O CRCom conheceu dezenas de alterações[6].

11 Este Código fixava os grandes pilares do registo comercial: (1) sujeição de certos factos ao registo; (2) princípio da legalidade, pelo qual o registo era antecedido pela qualificação e pela valoração dos atos a registar; (3) eficácia presuntiva, fazendo inverter o ónus da prova a favor de quem dele beneficiasse; (4) publicidade negativa (não produção de efeitos plenos dos atos não registados) e positiva (produção de efeitos de atos indevidamente registados).

II – A reforma de 2006[7]

12 4. **O DL 76-A/2006, de 29-mar.**, veio alterar a fundo a estrutura e as regras do registo comercial. Segundo o seu preâmbulo[8], demasiado enfático para um diploma legal, temos as medidas seguintes, no tocante ao registo: (a) atos de registo *on-line*; (b) certidão permanente *on-line*; (c) redução e classificação dos custos da prática dos atos; (d) eliminação da competência territorial das conservatórias do registo comercial; (e) redução dos atos sujeitos a registo; (f) adoção da possibilidade de registos por depósito; (g) criação de um novo regime de registo de transmissão de quotas.

13 5. **O "registo" por depósito**. O facto registado é dotado de fé pública: surge possibilitado por um serviço especializado do Estado, devidamente apetrechado, com técnicos formados os quais, previamente, verificam a legalidade e a idoneidade do facto. Por isso, ficam protegidas as pessoas que dele beneficiem e que nele acreditem. Todo o sistema de efeitos substitutivos do registo radica nesse estado de coisas. O registo era feito por extrato (hoje, erradamente, dito por transcrição): o conservador retirava, do facto, o essencial e dava-lhe publicidade, pela inscrição.

14 Os DL 368/98, de 23-nov. e 198/99, de 8-jun.[9], alterando o 42.° do CRCom, vieram permitir o depósito das contas das sociedades: o seu puro arquivamento nas conservatórias, sem controlo. Este, todavia, acaba por ser feito pelos serviços tributários[10] pelo que, na altura, não surgiram problemas.

15 Este tipo de registo, dito por depósito, foi muito alargado pela reforma de 2006 (53.°-A/5, do CRCom). Por transcrição (aliás: extratação), ficam a constituição, a designação e cessação de funções dos titulares dos órgãos, a mudança de sede, as alterações do pacto, a dissolução, os liquidatários, o encerramento da liquidação e o regresso à atividade.

16 6. **Crítica**. É evidente que o "registo" por depósito não dá quaisquer garantias de licitude e, até, de seriedade. Logo, não se poderá, dele, derivar todo um conjunto de efeitos substantivos. Poderá ser muito prático para as partes interessadas, que não se submeterão a todo um processo de decisão. Mas tem um óbvio preço, em termos de segurança e, sobretudo: de utilidade do próprio registo, reduzido a um arquivo público do material que, para lá, as pessoas queiram enviar.

III – O registo e as quotas

17 7. **Aspetos gerais**. A LSQ de 11-abr.-1901 apenas referia o registo no 45.°[11]:

---

[6] António Menezes Cordeiro, *Manual de Direito comercial*, (2012) 420 ss..

[7] *Idem*, 383 ss..

[8] DR I Série-A, n.° 63 (Supl.), de 29-mar.-2006, 2328-(3)/I.

[9] DR I Série-A, n.° 271, de 23-nov.-1998, 6354/II e n.° 132, de 8-jun.-1999, 3211/I.

[10] *Vide* Mouteira Guerreiro, *Registo comercial – ainda existe?*, 368-369.

[11] COLP 1901, 100/II.

> São sujeitas ao registo commercial a nomeação, recondução e exoneração dos gerentes e liquidatários das sociedades de que trata esta lei.
>
> § único. Sempre que haja transferência de quotas ou partes de quotas, e dentro de dez dias a contar do conhecimento pela sociedade, depositarão os gerentes na secretaria do Tribunal do Commercio uma lista dos socios, com indicação das entradas effectuadas e das que ha direito a exigir.

18 Quanto ao resto, aplicavam-se as regras gerais do CCom que exigiam o registo de constituição da sociedade e de "cedência da parte do sócio" (49.°, 5.°) regras essas que, pela sua anterioridade, não referiam, de modo expresso, as quotas.

19 8. **A transmissão** de quotas era assegurada pelo 6.° da LSQ, devendo fazer-se por documento autêntico (6.°, § 2.°). No tocante à transmissão de ações, que são verdadeiros títulos de crédito, aplicavam-se as regras do 483.° do CCom: endosso ou tradição, conforme a sua natureza. Para as quotas, efetivos títulos escriturais, haveria que encontrar outro modo de dar a conhecer a sua ocorrência.

20 As dúvidas deixadas em aberto pela LSQ foram resolvidas pelo D 13:189, de 17-fev., que a propósito de conservadores do registo comercial dispôs, no 7.°[12]:

> Ficam sujeitas ao registo comercial a cessão ou transmissão por outro qualquer título, no todo ou em parte, das cotas das sociedades por cotas de responsabilidade limitada.

21 9. **O registo das transmissões** passou, depois, para o texto do CRCom: segundo o 3.°, estão sujeitas a registo:

> *a)* A verificação, divisão e transmissão de quotas de sociedades por quotas (...)
>
> *b)* A constituição e a transmissão de usufruto, o penhor, arresto, arrolamento e penhora de quotas ou de direitos sobre elas e ainda quaisquer outros actos ou providências que afectem a sua livre disposição (...)
>
> *c)* A amortização de quotas (...)

22 Todos estes registos eram obrigatórios (15.°/1).

23 10. **Importância** da sujeição das quotas ao registo: era decisiva. A quota não tem existência nem figuração materiais; como se disse, muito antes de idêntico progresso ter atingido as ações, ela assenta numa pura realidade escritural. Assim sendo, e a não haver um registo fiável e fidedigno, nenhuma garantia pode ser dada quanto à existência, à titularidade e à configuração de uma quota. Pela natureza das coisas, o registo comercial funcionava, perante as quotas, como o registo previsto no CVM, para as ações escriturais. Recordamos que, segundo o 55.°/1 do CVM, quem, em conformidade com o registo, for titular de direitos relativos a valores mobiliários, está legitimado para o exercício dos direitos a eles inerentes, enquanto, pelo 56.° do mesmo Código, o emitente de boa fé que realize qualquer prestação a favor do titular legitimado pelo registo fica liberado e isento de responsabilidade. Os registos devem ser seríssimos.

24 É certo que, nas SA, a própria sociedade organiza o registo (43.°/1 do CVM). Todavia, a matéria é muito mais simples, para as ações, enquanto as SA dispõem, por natureza, de uma organização melhor do que a das SPQ.

[12] COLP 1927, 180/I. *Vide* João Mota de Campos, *Registo comercial* (1955), 62-64 e 84.

IV – Os novos regimes de 2006, de 2007 e de 2008

11. **2006: sentido e alcance.** A reforma de 2006, ao pretender criar um novo regime de registo de transmissão de quotas, inseriu, no CSC, uma secção VII, integrada pelos 242.º-A a 242.º-F[13]. Manteve, no CRCom, os factos relativos a quotas como sendo de registo obrigatório – atuais 3.º/1, *c*), *f*) e *i*) e 15.º/1 – mas passou-os a "registo por depósito" – 53.º-A/5, *a*), do CRCom, versão de 2006[14], numeração de 2007[15]. 25

A partir daqui, o registo dos factos relativos a quotas deixou de ter fé pública. É evidente que o mero depósito de atos relativos a quotas, feitos, para mais, por escrito, não dá quaisquer garantias de correção ou, sequer, de seriedade. Não se pode, pois, descobrir nem um efeito presuntivo, nem manifestações de publicidade positiva ou negativa, em torno da transmissão de quotas. 26

12. **2007 e 2008.** A reforma introduzida pelo DL 8/2007, de 17-jan., veio atingir, de novo, o registo das quotas. O 12.º desse diploma deu, ao 53.º-A do CRCom, a redação seguinte: 27

> 3. Sem prejuízo dos regimes especiais de depósito de factos respeitantes a quotas e partes sociais e respectivos titulares e de prestação de contas, o registo por depósito consiste no mero arquivamento dos documentos que titulam factos sujeitos a registo.
>
> 4. Salvo no que respeita ao registo de acções e outras providências judiciais, o registo de factos respeitantes a quotas e partes sociais e respectivos titulares consiste apenas na menção do facto na ficha, efectuada com base no pedido.

No fundo, o DL 8/2007 tirou o devido corolário do que acima ficou dito: uma vez que o depósito mecânico de documentos nada adiantava, suprimiu-se. Fica mencionado o "facto" que resulte do pedido. Na prática, as conservatórias, que haviam iniciado a prática de "arquivar" os elementos relevantes – o que, mau grado a falta de fé pública, ainda poderia ser útil –, passaram a recusá-la, aplicando a lei à letra. 28

A situação era tão bizarra que se fez marcha à ré: o DL 247-B/2008, de 30-dez., a propósito do cartão de empresa, veio, discretamente, revogar o 53.º-A/4 do CRCom[16]. As conservatórias voltaram, pelo que sabemos, a aceitar arquivar os elementos relevantes: sem grande utilidade, a não ser a informativa. 29

13. **Crítica.** O Direito das sociedades por quotas, em Portugal, sofreu, assim, um rude golpe, com quebra da harmonia sistemática. Um adequado desenvolvimento do princípio da igualdade permitiria considerar tal reforma como inconstitucional. Toda a doutrina tem sido unânime na condenação, neste ponto, da reforma[17]. De resto, ela não foi antecedida nem justificada por nenhum estudo, nem obteve o apoio de qualquer doutrina credível (ou, mesmo, não credível!). 30

A crítica ao "novo sistema da cessão de quotas" assenta em três pontos: (a) a quebra da lógica dos valores escriturais; (b) os novos encargos para as empresas; (c) a insegurança e as suas (más) consequências para o crédito. 31

Como vimos, a quota é um valor escritural. As suas existência, consistência e configuração resultam de ela ser consignada em registo idóneo. Ora um "registo por depósito" ou, por 32

[13] DR I Série-A, n.º 63, de 29-mar.-2006, 2328-(35)/I e II.

[14] *Idem*, 2328-(47)/I e II.

[15] DR I Série, n.º 12, de 17-jan.-2007, 384/I.

[16] DR I Série, n.º 251 (Supl.), de 30-dez.-2008, 9206-(14)/II.

[17] P. ex., António Pereira de Almeida (2008), 337; Carlos Ferreira de Almeida, *O registo comercial na reforma do Direito das sociedades de 2006*, 287-288; Paulo Olavo Cunha (2007), 392, nota 475; Mouteira Guerreiro, *Registo comercial – ainda existe?*, 368 ss. e 373 ss.; Pedro Maia, *Registo e cessão de quotas*, 169 ss..

maioria de razão, a mera menção de um facto, na ficha, não têm idoneidade nem são, em rigor, um verdadeiro registo. Tenha-se presente a lógica do regime das ações escriturais e a organização em que assentam.

33 O sistema criado em 2006 é fonte de novos encargos para as empresas, com a agravante de se aplicar às SNC (188.º-A). Tendo suprimido o papel do conservador, o legislador de 2006 remeteu-o para as próprias sociedades, às quais passou a prossecução do registo (242.º-B), vigiando a sua legalidade perante os diversos parâmetros (242.º-E) e sendo responsáveis pelo que façam (242.º-F). Se a sociedade levar tudo isto minimamente a sério, terá de contratar um advogado especializado: certamente mais caro do que a baixa dos custos de registo adotada pela reforma.

34 Finalmente: uma mera menção a um facto, feito por uma sociedade interessada e não necessariamente bem assessorada, não dá qualquer garantia de correção. Resultado: multiplicam-se as irregularidades gritantes, conhecidas pelos especialistas. A banca, seguidora atenta de toda esta matéria, aperta o crédito em torno das SPQ, sobretudo em tudo quanto postule operações sobre quotas: juros mais altos, patamares de crédito mais baixos e exigência, por rotina, de garantias pessoais de todos os envolvidos.

35 Podemos considerar que, tudo visto, o retrocesso impensado e impensável de 2006 vem acarretar uma brecha na responsabilidade limitada, génese da própria SPQ, em 1892, na Alemanha e, em 1901, entre nós.

36 14. **O papel da responsabilidade**. Pergunta-se, no entanto, se a fraqueza do "registo" não será compensada pela responsabilização da sociedade (242.º-F), assente nos seus deveres (242.º-E). A resposta é categoricamente negativa. A responsabilidade, que sempre assenta em complexos pressupostos, tem de ser efetivada, num processo que pode demorar anos. Os efeitos substantivos do registo são instantâneos. Em termos de dinamismo económico e de segurança jurídica, o registo vai muito mais longe do que a responsabilidade. Por isso foi criado pela Ciência do Direito.

37 15. **A reforma de 2007**. O DL 8/2007, de 17-jan., veio criar a Informação Empresarial Simplificado (IES). Além disso, ele assumiu proceder ao "aperfeiçoamento" de algumas disposições do CSC e do CRCom[18]. Entre os preceitos "aperfeiçoados", contam-se os 242.º-B e 242.º-F do CSC[19]: no sentido de melhor precisarem o papel das sociedades, no domínio da promoção do registo e da responsabilização. Como vimos, ele retirou, em definitivo, qualquer papel ao "registo" das quotas.

38 16. **Recomendações**. Cabe ao legislador, com os meios de que dispõe, ponderar objetivamente as consequências da reforma, sem deixar de ouvir os agentes económicos e a banca. Isso feito, seriam introduzidas as remodelações convenientes. O corretivo feito pelo DL 247-B/2008, de 30-dez., foi no bom caminho: mas é totalmente insuficiente.

Artigo 242.º-A (Eficácia dos factos relativos a quotas)

Os factos relativos a quotas são ineficazes perante a sociedade enquanto não for solicitada, quando necessária, a promoção do respetivo registo.

[18] DR I Série, n.º 12, de 17-jan.-2007, 379/I. [19] *Idem*, 382/I.

Bibliografia: Armando Manuel Triunfante (2007), 234-238; *vide* as indicações dadas na Introdução.

Índice

1. Sentido geral 1
2. A "solicitação" 3
3. Os atos relativos a quotas 4
4. Outros atos 5
5. Eficácia *erga omnes* 6

1. **Sentido geral**. O 242.°-A procede a uma aproximação ao novo sistema de registo de quotas, introduzido pela reforma de 2006 e completado pela de 2007. Nesse sentido, logo refere, na 2.ª parte, a promoção, pela sociedade, do registo dos factos relativos a quotas. Tais factos são ineficazes, perante a sociedade, enquanto não for solicitada a promoção do registo em causa. 1

A solicitação é feita à própria sociedade, uma vez que a esta compete a promoção dos registos (242.°-B). 2

2. **A "solicitação"** do registo à sociedade deve ser entendida pelo prisma da boa fé. Efetivamente, parece desnecessário exigir aos interessados um específico pedido de registo. Desde o momento em que, à sociedade, seja comunicado um determinado facto sujeito a registo, em conjunto com os demais elementos, deverá entender-se que a sociedade, até pelo dever de lealdade que impende sobre os gerentes, deve proceder ao registo. 3

3. **Os atos relativos a quotas**, pressupostos na segunda parte do 242.°-A, são, fundamentalmente, os indicados no 3.°/1 do CRCom: (a) unificação, divisão e transmissão de quotas – *c*); (b) promessa de alienação e pactos de preferência com eficácia real, bem como disposição equivalente de última vontade – *d*); (c) constituição e transmissão de usufruto, o penhor, o arresto, o arrolamento e a penhora de quotas ou direitos sobre elas, bem como quaisquer atos que afetem a sua livre disposição – *f*). 4

4. **Outros atos**. O 242.°-A reporta-se a factos relativos a quotas, de que a sociedade não tenha conhecimento, por neles não ter participado. Quando participe, o registo é desencadeado pela própria sociedade, nos termos do 242.°-B: tal o caso da amortização de quotas – 3.°/1, *i*), do CRCom. 5

5. **Eficácia *erga omnes***. Antes de 2006, o registo de atos relativos a quotas dava-lhes oponibilidade a terceiros (14.°/1), subsistindo mesmo quando o registo fosse (substancial ou tabularmente) nulo (22.°/4). Agora, uma vez que se trata de um "registo" por menção ou por depósito, ele não tem qualquer valia, a não ser a de responsabilizar a sociedade, nos termos do 242.°-F: uma conceção repressiva e reparadora do Direito das sociedades, por oposição a uma orientação preventiva e que se nos afigura um retrocesso, em grave contraciclo com as atuais possibilidades informáticas e com os problemas do nosso tempo. 6

Artigo 242.°-B (Promoção do registo)

1. A sociedade promove os registos relativos a factos em que, de alguma forma, tenha tido intervenção ou mediante solicitação de quem tenha legitimidade, nos termos do número seguinte.

2. Têm legitimidade para solicitar à sociedade a promoção do registo:

***a*) O transmissário, o transmitente e o sócio exonerado;**

***b*) O usufrutuário e o credor pignoratício.**

3. A solicitação à sociedade da promoção do registo deve ser acompanhada dos documentos que titulem o facto a registar e dos emolumentos, taxas e outras quantias devidas.

Bibliografia: Armando Manuel Triunfante (2007), 239-243; *vide* a bibliografia indicada na Introdução.

Índice

1. A reforma de 2007 1
2. Os dois tipos de atos 3
3. O n.º 2 como norma especial? 5
4. A não-atuação da sociedade 7
5. Solução proposta 8
6. Documentos, emolumentos e taxas 11
7. Críticas à lei 13

1 1. **A reforma de 2007**. O 242.º-B foi alterado pelo DL 8/2007, de 17-jan.[1]. No n.º 2, foi acrescentado "à sociedade", enquanto o n.º 3 recebeu nova redação. Rezava a anterior, de 2006:

> 3. O pedido de promoção do registo deve ser acompanhado dos documentos que titulem o facto a registar.

2 Parece claro que a reforma de 2007 visou, tão-só, solucionar aspetos práticos, pouco relevantes mas capazes de bloquear o sistema, e que haviam sido deixados em aberto pela precipitação da reforma de 2006.

3 2. **Os dois tipos de atos**. O 242.º-B, relativo à promoção do registo, distingue, aparentemente, dois tipos de atos: (a) atos em que, de "alguma forma", a sociedade tenha tido intervenção; (b) outros atos, remetidos para o 242.º-B/2. Para os primeiros, à sociedade caberia promover o seu registo; para os segundos, ela aguardaria pela solicitação dos interessados ("de quem tenha legitimidade").

4 Todavia, o sistema está tão deficientemente expresso na lei, que os comentadores, mesmo os mais benevolentes, não conseguem extrair um regime coerente. Repare-se: a sociedade pode ter intervenção e não ter qualquer interesse em registar; deve fazê-lo, se ninguém lho pedir? Os "outros atos", remetidos para o 242.º-B/2, abrangem situações em que a sociedade teve intervenção, por vezes mesmo direta (vg., transmissão de quotas, para que deu o consentimento). Deve promover ou aguardar a solicitação? Se aguarda, qual o sentido do n.º 1?; e se promove, qual o do n.º 2?

5 3. **O n.º 2 como norma especial?** Uma saída possível seria entender o n.º 2 como norma especial, que afastaria o n.º 1: nos casos nele referidos (transmissão, usufruto e penhor), apenas o transmissário, o transmitente, o sócio exonerado, o usufrutuário e o credor pignoratício teriam legitimidade para solicitar, à sociedade, o registo, não podendo esta fazê-lo antes da solicitação. Não faz sentido: sendo o registo obrigatório, tendo a sociedade oficialmente conhecimento do facto sujeito a registo e cabendo, aos gerentes, o ser leais e diligentes, é óbvio que eles devem sempre promover o registo.

6 Além disso, a "lista" do 242.º-B/2 é confrangedoramente apertada: uma vez que o 242.º-A se reporta a "factos relativos a quotas", porque não estender o 242.º-B/2, p. ex., à

[1] DR I Série, n.º 12, de 17-jan.-2007, 382/I.

unificação e à divisão de quotas, à exclusão de sócios e à amortização de quotas[2]? O 242.°-B/2 não é uma norma especial, que delimite o 242.°-B/1: é uma regra exemplificativa, cuja inoportunidade infeliz dispensa glosas.

4. **A não-atuação da sociedade**. Em qualquer caso, deve frisar-se que apenas a própria sociedade teria, *prima facie*, legitimidade para pedir o registo de atos a efetuar por depósito (29.°/5, do CRCom). Mas caso não o faça: qualquer pessoa pode solicitar à conservatória que o promova (29.°-A/1, do CRCom[3], com o procedimento fixado no n.° 2). Logo, a legitimidade de quaisquer interessados acaba sempre por ser reconhecida. 7

5. **Solução proposta**. Embora o "registo" por depósito valha muito pouco, a sociedade é responsabilizável pelas deficiências que possam ocorrer (242.°-F). Além disso, os seus gerentes devem ser leais perante a sociedade, os sócios e terceiros (64.°/1): não o serão, seguramente, se, tendo conhecimento de factos sujeitos a registo obrigatório e tendo, num primeiro momento, legitimidade exclusiva para pedir o registo na conservatória, (29.°/5, do CRCom) o não fizerem. 8

Logo, a norma do 242.°-B/1 prevalece: a sociedade promove todos os registos de factos em que, direta ou indiretamente, tenha intervindo ou de que tenha conhecimento. 9

Além disso, podem solicitar, à sociedade, a promoção do registo todos os que, nele, tenham interesse: o 242.°-B/2 é exemplificativo. O relevo desta norma é o permitir, em caso de recusa, a aplicação do 29.°-A, do CRCom e, eventualmente, a responsabilização acrescida da sociedade, *ex vi* 242.°-F. 10

6. **Documentos, emolumentos e taxas**. O 242.°-B/3 significa que o interessado que solicite, à sociedade, a promoção do registo deve juntar os documentos que titulem o facto (obrigação de redocumentação) e pagar os "emolumentos", taxas e outras quantias devidas (obrigação de pagamento)[4]. 11

Outra complicação: se não forem cumpridas estas obrigações, fica a sociedade exonerada do seu dever de promover o registo? Obviamente: não. Poderá, depois, tentar cobrar as importâncias e o custo da obtenção dos documentos junto dos interessados, quando os possa individualizar. 12

7. **Crítica à lei**. Não é pensável que, num assunto desta natureza, que deve ser resolvido prontamente, no dia-a-dia das sociedades e por não-juristas, a lei seja tão insuficiente que obrigue a doutrina a reconstruir todo um sistema. Exige-se uma reforma corajosa, com soluções claras. 13

Artigo 242.°-C (Prioridade da promoção do registo)

1. A promoção dos registos deve respeitar a ordem dos respetivos pedidos.

2. Se for pedido na mesma data o registo de diversos factos relativos à mesma quota, os registos devem ser requeridos pela ordem de antiguidade dos factos.

3. No caso de os factos referidos no número anterior terem sido titulados na mesma data, o registo deve ser promovido pela ordem da respetiva dependência.

[2] Já o defendemos: António Menezes Cordeiro 2 (2012), 444; Armando Manuel Triunfante (2007), 241, nota 250, concorda, com base numa edição anterior daquela nossa obra.

[3] Alterado pelo 12.° do DL 8/2007, de 17-jan., DR I Série, n.° 12, de 17-jan.-2007, 383/II.

[4] Essa matéria é regulada no 29.°-A/4, do CRCom, na redação dada pelo DL 8/2007, de 17-jan., na hipótese de o registo ser promovido pelo conservador.

Bibliografia: Armando Manuel Triunfante (2007), 243-244; *vide* a bibliografia indicada na Introdução.

Índice

I – **O regime**
1. O princípio da prioridade 1
2. Os critérios 3

II – **As lacunas (10.º/3 do CC)**
3. Não havendo dependência 4
4. Promoção por iniciativa da sociedade 5
5. Crítica à lei 6

I – O regime

1 1. **O princípio da prioridade**. Segundo o 12.º do CRCom:

> O direito registado em primeiro lugar prevalece sobre os que se lhe seguirem, relativamente às mesmas quotas ou partes sociais, segundo a ordem do respetivo pedido.

2 Tal regra é importante, perante os efeitos substantivos da quota. Como estes são muito escassos, após as reformas de 2006 e de 2007, que reduziram os "registos" relativos às quotas a meros depósitos e a simples menções, também a prioridade perde peso. Mas pode ser decisiva quando se discuta, por exemplo, a preferência de direitos de garantia sobre a mesma quota.

3 2. **Os critérios** para a promoção do registo são três: (a) a ordem dos respetivos pedidos (242.º-C/1); (b) se os pedidos ocorrerem na mesma data e em relação à mesma quota, vale a ordem de antiguidade do facto; (c) se a data for a mesma, vale a ordem de dependência.

II – As lacunas (10.º/3 do CC)

4 3. **Não havendo dependência**, perante pedidos ocorridos na mesma data, relativos à mesma quota e quanto a factos de idêntica antiguidade, vale a ordem dos pedidos: não vemos outro critério.

5 4. **Promoção por iniciativa da sociedade**, mesmo em concurso com solicitações, vale a ordem de antiguidade dos factos; sendo a mesma, prevalece o registo solicitado. Trata-se da saída que menos penaliza a sociedade.

6 5. **Críticas à lei**. Não compete à doutrina fazer as normas a que o legislador se poupou. É óbvio que, por muito razoáveis que as considerações doutrinárias (as nossas ou outras) possam parecer, as dúvidas, mormente perante um conflito de interesses, são infindáveis. A situação atual só não é grave porque o "registo" por depósito tem escasso valor. Mas há um rude golpe em qualquer hipótese de, jamais, se construir um "mercado de quotas".

Artigo 242.º-D (Sucessão de registos)

Para que a sociedade possa promover o registo de atos modificativos da titularidade de quotas e de direitos sobre elas é necessário que neles tenha intervindo o titular registado.

Bibliografia: Armando Manuel Triunfante (2007), 244-245; *vide* a bibliografia indicada na Introdução.

Índice

1. O princípio do trato sucessivo 1
2. A revogação de 2006 3
3. A regra básica 4
4. Concretização 5

1. **O princípio do trato sucessivo**. Segundo o 31.° do CRCom, versão original: 1

> Para poder ser lavrada a inscrição definitiva dos actos modificativos da titularidade de quotas ou partes sociais e de direitos sobre elas é necessária a intervenção nesses actos do titular inscrito, salvo se o facto for consequência de outro anteriormente inscrito.

Tratava-se do princípio dito do trato sucessivo, ele próprio uma decorrência do princípio da legalidade. Na verdade, ninguém pode ser atingido, nos seus direitos, sem ter dado o seu acordo ou sem, de alguma forma, ter originado a situação que, depois, contra ele, vai ser inscrita. 2

2. **A revogação de 2006**. O DL 76-A/2006, de 29-mar., revogou o transcrito 31.° do CRCom. Fê-lo por ter inserido, no próprio CSC, uma secção inovadora sobre o registo das quotas, secção para a qual, de certo modo e sob uma formulação distinta, transitou o antigo princípio do trato sucessivo. 3

3. **A regra básica**, hoje constante do 242.°-D, dirige-se à sociedade: esta não deve promover um registo de atos modificativos da titularidade de quotas ou de direitos sobre elas, sem a intervenção (nos atos substantivos pertinentes) do titular da posição registada. Se promover registos com violação dessa regra, ninguém (hoje) o impedirá: mas será responsável (242.°-F). 4

4. **Concretização**. A regra básica deve ser concretizada, tendo em conta a materialidade das situações. Na verdade, o registo do último ato de toda uma cadeia de factos indevidamente não registados pode ser realizado, desde que se documente a intervenção dos sucessivos antecessores. 5

Artigo 242.°-E (Deveres da sociedade)

1. A sociedade não deve promover o registo se o pedido não for viável, em face das disposições legais aplicáveis, dos documentos apresentados e dos registos anteriores, devendo verificar especialmente a legitimidade dos interessados, a regularidade formal dos títulos e a validade dos atos neles contidos.

2. A sociedade não deve promover o registo de um ato sujeito a encargos de natureza fiscal sem que estes se mostrem pagos, não estando, todavia, sujeita a sua apreciação a correção da liquidação de encargos fiscais efetuada pelos serviços da administração tributária.

3. Os documentos que titulam os factos relativos a quotas ou aos seus titulares devem ser arquivados na sede da sociedade até ao encerramento da liquidação, após o qual se deve observar o disposto quanto aos documentos de escrituração da sociedade.

4. A sociedade deve facultar o acesso aos documentos referidos no número anterior a qualquer pessoa que demonstre ter um interesse atendível na sua consulta, no prazo de cinco dias a contar da solicitação, bem como emitir cópia daque-

les documentos, a solicitação dos interessados, podendo ser cobrado o pagamento de uma quantia que não pode ser desproporcionada face aos custos de emissão da cópia.

Bibliografia: Armando Manuel Triunfante (2007), 245-250; *vide* a bibliografia indicada na Introdução.

Índice

1. O princípio da legalidade 1
2. A verificação da legalidade 3
3. Fiscalização tributária 4
4. Arquivamento 6
5. Publicidade 7

1 1. **O princípio da legalidade**. Segundo o 47.° do CRCom, na sua redação atual:

> A viabilidade do pedido de registo a efetuar por transcrição deve ser apreciada em face das disposições legais aplicáveis, dos documentos apresentados e dos registos anteriores, verificando-se especialmente a legitimidade dos interessados, a regularidade formal dos títulos e a validade dos atos neles contidos.

2 É o princípio da legalidade. Perante o registo propriamente dito (hoje, o "registo por transcrição"), o conservador não age automática e acriticamente: antes deve sondar os diversos parâmetros do que lhe seja pedido, de modo a assegurar-se da sua conformidade com a lei. Trata-se de um ponto decisivo: justamente por a legalidade do registo ser asseverada por uma entidade oficial independente é que se justificavam os efeitos presuntivos e substantivos do mesmo registo, associados à fé pública.

3 2. **A verificação da legalidade** fica, hoje, a cargo da sociedade (242.°-E/1). A solução é inevitável uma vez que, tratando-se de um "registo" por depósito, nenhuma outra fiscalização é possível. É evidente: a sociedade não é nem uma entidade independente, nem uma autoridade diplomada em Direito e em registo comerciais. Mas valha a verdade: o "registo" por depósito ou por menção também não dá azo a fé pública.

4 3. **Fiscalização tributária**. O 242.°-E/2 determina que as sociedades não promovam o registo sem que se mostrem pagos os encargos fiscais eventualmente envolvidos. É-lhes cometido um papel na fiscalização tributária, papel esse para o qual não estão (nem têm de estar!) habilitadas.

5 A lei ameniza a regra com a segunda parte do preceito: não está a seu cargo a apreciação da correção da liquidação feita pelos serviços da administração fiscal (242.°-E/1, 2.ª parte). Mas terá de decidir se sim ou não há lugar à intervenção desses serviços e como. Entendemos que se trata de uma simples obrigação de meios: a sociedade deve, tão-só, nesta tarefa, usar da diligência razoavelmente exigível, em face da situação concreta.

6 4. **Arquivamento** dos documentos que titulam os factos relativos às quotas ou aos seus titulares: deve efetivar-se, na sede da sociedade, até ao encerramento da liquidação, seguindo, depois, o disposto quanto à escrituração da própria sociedade.

7 5. **Publicidade**. As informações constantes do registo devem ser acessíveis ao público: daí o 73.°/1 do CRCom, que determina:

> Qualquer pessoa pode pedir certidões dos atos de registo e dos documentos arquivados, bem como obter informações verbais ou escritas sobre o conteúdo de uns e outros.

Essa publicidade fica, agora, em parte, a cargo da própria sociedade. Ela deve: (a) facultar acesso aos documentos base do registo, referidos no 240.°-E/3, no prazo de cinco dias, a qualquer pessoa que demonstre um interesse atendível; (b) emitir cópia desses documentos. Para o efeito, pode cobrar dinheiro, desde que não desproporcionado aos custos (240.°-E/4). 8

Artigo 242.°-F (Responsabilidade civil)

1. As sociedades respondem pelos danos causados aos titulares de direitos sobre as quotas ou a terceiros, em consequência de omissão, irregularidade, erro, insuficiência ou demora na promoção dos registos, salvo se provarem que houve culpa dos lesados.

2. As sociedades são solidariamente responsáveis pelo cumprimento das obrigações fiscais se promoverem um registo em violação do disposto no n.° 2 do artigo anterior.

Bibliografia: Armando Manuel Triunfante (2007), 249-251; *vide* a bibliografia indicada na Introdução.

Índice

1. A responsabilidade 1
2. Culpa dos lesados 3
3. A natureza da responsabilidade 5
4. A solidariedade fiscal 8

1. **A responsabilidade** civil das sociedades pelo não cumprimento das regras de registo comercial que, pela reforma de 2006, sobre elas impendem é a contraface de todo o novo sistema. O 242.°-F explicita que se trata de uma responsabilidade por danos causados: (a) aos sócios; (b) a terceiros. 1

Quanto aos factos ilícitos, o 242.°-F/1, 2.ª parte, aponta: (a) omissão; (b) irregularidade; (c) erro; (d) insuficiência; (e) demora. Todas estas categorias são literárias e não técnico-jurídicas: de facto, ou temos ação ou omissão. Em qualquer caso, é necessário que tenham sido violadas regras do registo que coubessem à sociedade. 2

2. **Culpa dos lesados** parece, à letra, a única causa de justificação para que, ocorridos os danos ilícitos, por ação ou omissão da sociedade em áreas relativas ao registo, não se dê o dever de indemnizar. 3

Não é credível que o legislador tenha pretendido, no 242.°-F, subproduto ligeiro de uma impensada reforma, criar um novo sistema de responsabilidade civil, à margem da lei geral do País. Todo o 242.°-F pressupõe, sempre, que se mostrem reunidos os diversos fatores que conduzem à responsabilidade: facto, ilicitude, culpa (dolo ou negligência), dano, nexo de causalidade, ausência de causas de justificação (entre as quais a culpa do lesado[1]) e ausência de causas de desculpabilidade. 4

3. **A natureza da responsabilidade**. O 242.°-F/1 sanciona, nos termos gerais, a violação de obrigações legais de conduta. Trata-se de uma responsabilidade subjetiva[2] por violação de deveres específicos, com a subsequente presunção de culpa (799.°/1, do CC). 5

[1] Que nós próprios temos vindo a inscrever na delimitação do nexo de causalidade.

[2] Contra: Armando Manuel Triunfante (2007), 251, inclinado para uma responsabilidade objetiva.

6 Na verdade, uma responsabilização objetiva equivale a uma atribuição do risco, fora da esfera do beneficiário da situação. Isso só é admissível em situações sociais sensíveis, com limites máximos, para poder ser acompanhada pelos seguros. Ora, neste caso, nada disso sucede. Além disso, o "sistema" dos 242.°-A a 242.°-F está cheio de lacunas, de contradições e de inverosimilhanças: não vemos como responsabilizar seja quem for por incumprimentos, nesta área.

7 De todo o modo e em boa verdade: o papel do "registo" por menção é tão diminuto que será difícil apontar danos ...

8 4. **A solidariedade fiscal** fixada no 242.°-F/2, e que sofrera de lapso, corrigido pelo DL 8/2007, de 17-jan.[3], que suprimiu, na versão original "na parte final do n.° 2" ficando, apenas, "no n.° 2", também deve ser entendida dentro das regras: ela só surge se se demonstrar que as sociedades visadas agiram ilicitamente e com culpa. Devemos manter a dignidade científica do nosso Direito das sociedades.

Capítulo IV – Contrato de suprimento

Artigo 243.° (Contrato de suprimento)

1. Considera-se contrato de suprimento o contrato pelo qual o sócio empresta à sociedade dinheiro ou outra coisa fungível, ficando aquela obrigada a restituir outro tanto do mesmo género e qualidade, ou pelo qual o sócio convenciona com a sociedade o diferimento do vencimento de créditos seus sobre ela, desde que, em qualquer dos casos, o crédito fique tendo carácter de permanência.

2. Constitui índice do carácter de permanência a estipulação de um prazo de reembolso superior a um ano, quer tal estipulação seja contemporânea da constituição do crédito quer seja posterior a esta. No caso de diferimento do vencimento de um crédito, computa-se nesse prazo o tempo decorrido desde a constituição do crédito até ao negócio de diferimento.

3. É igualmente índice do carácter de permanência a não utilização da faculdade de exigir o reembolso devido pela sociedade durante um ano contado da constituição do crédito, quer não tenha sido estipulado prazo, quer tenha sido convencionado prazo inferior; tratando-se de lucros distribuídos e não levantados, o prazo de um ano conta-se da data da deliberação que aprovou a distribuição.

4. Os credores sociais podem provar o carácter de permanência, embora o reembolso tenha sido efetuado antes de decorrido o prazo de um ano referido nos números anteriores. Os sócios interessados podem ilidir a presunção de permanência estabelecida nos números anteriores, demonstrando que o diferimento de créditos corresponde a circunstâncias relativas a negócios celebrados com a sociedade, independentemente da qualidade de sócio.

5. Fica sujeito ao regime de crédito de suprimento o crédito de terceiro contra a sociedade que o sócio adquira por negócio entre vivos, desde que no momento da aquisição se verifique alguma das circunstâncias previstas nos n.os 2 e 3.

6. Não depende de forma especial a validade do contrato de suprimento ou de negócio sobre adiantamento de fundos pelo sócio à sociedade ou de convenção de diferimento de créditos de sócios.

[3] DR I Série, n.° 12, de 17-jan.-2007, 382/I.

Bibliografia: Jorge Coutinho de Abreu, *Suprimentos*, em *Estudos em Homenagem ao Prof. Doutor Raúl Ventura* 2 (2003), 71-80; *id.*, 2 (2019), 317-329; Carlos Ferreira de Almeida, *Contratos* 2, 5.ª ed. (2021), 150; António Pereira de Almeida (2013), 395-396; António Caeiro, *As sociedades de pessoas no Código das Sociedades Comerciais* (1988), 5-86 (61-64); António Menezes Cordeiro 2 (2007), 293-300; Luís Brito Correia 2 (1989), 489-497; Miguel Pupo Correia (2018), 231-233; António Ferrer Correia, *A nova sociedade por quotas de responsabilidade limitada do Direito português*, SI 35 (1986), 333-368 (359-361); António Ferrer Correia/Vasco Lobo Xavier/António Caeiro/Maria Ângela Coelho, *Anteprojecto de lei da sociedade por quotas de responsabilidade limitada, 1.ª redacção*, RDE 2 (1976), 187-222 (218-219); *id.*, *Sociedade por quotas de responsabilidade limitada. Anteprojecto de lei – 2.ª redacção e exposição de motivos*, RDE 3 (1977) 2, 349-423 (366-369); Carlos Pamplona Corte-Real, *Dos suprimentos nas sociedades comerciais* (1967); Paulo Olavo Cunha (2019), 964-974; *id.*, *O contrato de suprimento na sociedade anónima: aspetos substantivos e fiscais*, DSR 6 (2014) 11, 53-76; *id.*, *Os empréstimos intragrupo no contexto da insolvência: em especial o cash pooling*, em *III Congresso de Direito da Insolvência* (2015), 345-360; António Vieira Cura, *Contrato-promessa de cessão de quota e reconhecimento negativo de dívida. Algumas considerações a propósito de uma cláusula inserida num contrato-promessa*, nos *Estudos dedicados ao Prof. Doutor Mário Júlio de Almeida Costa* (2002), 299-327; Paulo de Tarso Domingues, *Do capital social. Noção, princípios e funções*, 2.ª ed. (2004), 225-229; *id.*, *As diferentes formas de financiamento societário pelos sócios e a transmissibilidade autónoma dos créditos respetivos*, em *Estudos em Homenagem ao Professor Doutor Heinrich Ewald Hörster* (2012), 753-782; *id.*, *A conversão de suprimentos em capital social (DL n.º 79/2017, de 30 de junho)*, DSR 9 (2017), 155-163; Rui Pinto Duarte, *Subcapitalização das sociedades no Direito comercial*, *Fisco* 76/77 (1996), 55-64 (60-61); *id.*, *Suprimentos, prestações acessórias e prestações suplementares/Notas e questões*, em AAVV (2002) 257-280 (262 ss.); *id.*, *Contribuições dos sócios para além do capital social: prestações acessórias, prestações suplementares e suprimentos*, em *Escritos sobre Direito das Sociedades* (2008), 225-259; *id.*, *A subcapitalização das sociedades – notas de Direito Privado e de Direito Fiscal*, *Estudos em memória do Prof. Doutor J. L. Saldanha Sanches* 4 (2011), 1074-1075 (1065-1085); *id.*, *A conversão em capital social de suprimentos e de outros créditos – Notas sobre o Dec.-Lei 79/2017, de 30 de junho, e sobre um projeto legislativo relativo à conversão de créditos de terceiros em capital social*, no *IV Congresso de Direito da Insolvência* (2017), 319-340; Domingos Martins Eusébio, *A sujeição a imposto de capitais dos juros das obrigações e dos suprimentos*, CTF 92/93 (1966), 127-174; Rogério Fernandes Ferreira, *O conceito de suprimento e o Código do Imposto de Capitais*, CTF 59 (1963), 773-782; Luís Filipe Barros Figueiredo, *O contrato de suprimento nas sociedades por quotas* (1989); Jorge Pinto Furtado (2004), 227-228; *id.*, *Código das Sociedades Comerciais anotado*, 6.ª ed. (2012), 268-271; Nuno de Oliveira Garcia/Rita Carvalho Nunes, *Suprimentos e respectiva cessão à luz do Código do Imposto do Selo. Os suprimentos como operações para cobertura de carências de tesouraria e a definição de reembolso para efeito do imposto do selo*, RFDUP 6 (2009), 455-470; José Ferreira Gomes, *Alterações aos artigos 87.º e 88.º do Código das Sociedades Comerciais – Conversão de créditos de suprimentos em capital*, RDS 9 (2017) 1, 25-31; *id.*, *A alteração dos artigos 87.º e 89.º do CSC pelo Decreto-Lei n.º 79/2017, de 30 de junho: conversão de créditos de suprimentos em capital*, RDS 9 (2017) 3, 535-547; A. Luís Gonçalves, anot. a STJ 19-dez.-1975 (Eduardo Arala Chaves), RDES 22 (1975), 294-307; Santos Lourenço, *Das sociedades por cotas* (1926); Pedro Maia, anot. a STJ 13-out.-2011 (Serra Baptista), RLJ 142 (2013), 206-222; Pedro Ferreira Malaquias/Manuel Barbosa Moura, *A qualidade de sócio/acionista em sede de suprimentos: os indícios materiais*, *Actualidad Jurídica Uría Menéndez* 43 (2016), 136-142; João Pedro Oliveira Martins, *Os suprimentos no financiamento societário – Uma abordagem funcionalista*, em *Temas de Direito das Sociedades* (2011), 9-134; Alexandre de Soveral Martins, *Cessão de quotas*, 2.ª ed. (2016), 41-42; Albino Matos, *Constituição de sociedades* (2001), 207-209; Deolinda Aparício Meira, *O contrato de suprimento enquanto meio de financiamento da sociedade*, RCEJ 2 (2005), 139-166; Ana Perestrelo de Oliveira, *Manual de Corporate Finance*, 2.ª ed. (2015), 70, 115-120; *ead.*, *Manual de Grupos de Sociedades* (2016), 173-186; Madalena Perestrelo de Oliveira, *O regime de proteção do "dinheiro novo" no PER*, RDS 9 (2017) 1, 42-48; *ead.*, *Suprimentos para revitalização societária: entre a subordinação e o privilégio mobiliário creditório geral*, RDS 9 (2017) 2, 371-393; *ead.*, *A (i)limitação da convenção de juros nos empréstimos subordinados: em especial, no contrato de suprimento*, RDS 9 (2017) 3, 549-556; João Aveiro Pereira, *O contrato de suprimento*, 2.ª ed. (2001); Alexandre Mota Pinto, *Do contrato de suprimento/O financiamento da sociedade entre capital próprio e capital alheio* (2002); *id.*, *A prestação de contas e o financiamento das sociedades comerciais*, n'*O Direito do balanço e das normas internacionais de relato financeiro* (2007), 77-117; *id.*, em *Código em comentário* 3 (2016), 639-656; *id.*, *Cessão de créditos de suprimentos, prestações acessórias pecuniárias e prestações suplementares*, em *E depois do Código das Sociedades em comentário* (2016), 287-304; Hélder Quintas (2010), 377-402; Francisco Rodrigues Rocha, *(I)limitação da taxa de juros remuneratórios nos créditos de suprimentos? Breves notas (também a respeito do artigo 102.º do CCom)*, RDS 10 (2018) 1, 57-77; Helena Salazar/Margarida Azevedo/Nuno Alonso Paixão, *Prestações acessórias, prestações suplementares e suprimentos*, RCEJ 28 (2017), 73-95; Adriano Vaz Serra, anot. a

STJ 11-jun.-1969 (Eduardo Correia Guedes), RLJ 103 (1971), 439-447, 451-458; *id.*, anot. a STJ 5-dez.-1972 (João Carvalho Júnior), RLJ 107 (1974), 30-32, 36-37; *id.*, anot. a STJ 19-dez.-1975 (Eduardo Arala Chaves), RLJ 110 (1977), 13-16, 19-22; Alexandre Lucena e Vale, *Nota*, em *E depois do Código das Sociedades em comentário* (2016), 305-329; Luís Miguel Pestana de Vasconcelos, *Recuperação de empresas: o processo especial de revitalização* (2017), 83-114; *id.*, *Direito bancário* (2017), 165-168; Pedro Pais de Vasconcelos (2006), 282-286; Raúl Ventura, *Apontamentos para a reforma das sociedades por quotas de responsabilidade limitada*, BMJ 182 (1969), 25-196; *id.*, *Suprimentos a sociedades por quotas, no Direito vigente e nos projectos*, RDES 25 (1978) 3/4, 165-225; *id.*, *O contrato de suprimento no Código das Sociedades Comerciais*, Dir 121 (1989) 1, 7-73; *id.*, *Sociedades por quotas* 2 (1989), 67-126.

Índice

I – **Origem e trabalhos preparatórios**
1. Origem ... 1
2. Trabalhos preparatórios ... 3

II – **Noção, modalidades e permanência**
3. Noção e modalidades ... 5
4. A permanência ... 6
5. Prova e ilisão de permanência ... 8
6. Forma ... 10
7. Créditos de terceiros ... 11
8. Figuras afins ... 12

III – **Tribunal competente**
9. Competência em razão da matéria ... 13

IV – **Âmbito, papel e natureza**
10. Aplicabilidade às SA ... 14
11. Aplicabilidade às SNC ... 17
12. Suprimentos nas sociedades civis, nas associações e nos ACE? ... 18
13. Papel ... 19
14. Natureza ... 20

I – Origem e trabalhos preparatórios

1 1. **Origem**. O suprimento é, *grosso modo*, um empréstimo feito à SPQ por um dos seus sócios. Não tinha assento na Lei alemã de 1892, nem na portuguesa de 1901: mas foi-se impondo na prática[1], sendo reconhecido na jurisprudência[2] e na doutrina[3], na 1.ª metade do séc. XX.

2 No Direito alemão, o projeto de 1973 propunha regras sobre suprimentos (§§ 49 e 50). Ele não teve seguimento; mas a Novela de 4-jul.-1980 deu-lhes corpo, introduzindo-as na Lei sobre SPQ (§§ 32a e 32b)[4].

3 2. **Trabalhos preparatórios**. Nas condições apontadas, os anteprojetos relativos às SPQ (Ferrer Correia, Vaz Serra e Raúl Ventura[5]) desenvolveram com minúcia a matéria dos suprimentos.

4 O projeto final intentou fazer alguma síntese, mas com pouca felicidade: o tema dos suprimentos, fácil em si, recebeu textos atabalhoados e pouco acessíveis, a uma primeira leitura, por leigos.

II – Noção, modalidades e permanência

5 3. **Noção e modalidades**. O suprimento é o contrato, entre o sócio[6-7] e a sociedade, pelo qual: (a) ou o primeiro empresta à segunda dinheiro ou outra coisa fungível, ficando esta obrigada à

[1] Não raro, em alternativa às prestações suplementares.

[2] Raúl Ventura, *Sociedades por quotas* 2, 68-72; p. ex.: STJ 29-jul.-1952 (Jaime de Almeida Ribeiro), BMJ 32 (1952), 319-323 (321): "(...) os discutidos suprimentos (...) são genuínos contratos de empréstimo, tal como são definidos pelo 506.º do CC (...)".

[3] Luiz da Cunha Gonçalves 1 (1914), 271, ou Santos Lourenço, *Das sociedades por cotas* (1926), 238.

[4] Entretanto, revogados pela L de 23-out.-2008, sobre a modernização do Direito das sociedades por quotas e o combate aos abusos (*Gesetz zur Modernisierung des GmbH-Rechts und zur Bekämpfung von Missbräuchen* – MoMiG). Sobre o regime anterior, Gottfried Löwisch, *Eigenkapitalersatzrecht. Kommentierung zur §§ 32a, 32b GmbHG* (2007).

[5] *Vide* os textos respetivos em Raúl Ventura, loc. cit..

[6] A qualidade de sócio reporta-se, para o efeito, à data da realização do suprimento, não relevando que deixe posteriormente de o ser: assim, *e. g.*, Carlos Pamplona Corte-Real, *Dos suprimentos*, 80-81, Raúl Ventura, *Sociedades por quotas* 2, 93, 95, Alexandre Mota Pinto, em *Código*

restituição de outro tanto do mesmo tipo; (b) ou o sócio convenciona com a sociedade o diferimento do pagamento de créditos seus sobre ela[8-9] (243.º/1).

4. **A permanência**: em qualquer dos casos, o crédito concedido fica a ter carácter de permanência (243.º/1, *in fine*), só sendo reembolsado em certas condições; essa permanência permite distinguir o suprimento de um mútuo comum. 6

em comentário 3, 243 (manifestando, todavia, reservas no caso em que o crédito tenha a sua causa na saída da sociedade, *e. g.*, o crédito pela contrapartida da amortização da sua quota) e RCb 11-abr.-2019 (Fonte Ramos), Proc. 591/18; mas não o é, ainda que contabilisticamente inscrito como suprimento, o financiamento de antigo sócio, após cedida a sua quota, como decidido em RLx 20-set.-2018 (Manuel Rodrigues), Proc. 25.459/15 (discutia-se a existência de suprimentos em 2011 e 2012 quando o mutuante já não tinha a qualidade de sócio desde 22-dez.-2000, data da transmissão da sua quota e da do marido para as filhas). Também os créditos de um terceiro credor que, entretanto, adquira a qualidade de sócio se sujeitarão ao regime dos suprimentos, caso se verifiquem os índices legais de permanência (assim, Raúl Ventura, *Sociedades por quotas* 2, 96, Alexandre Mota Pinto, *Do contrato de suprimento*, 344, *id.*, em *Código em comentário* 3, 643, 655, nt. 44, e João Pedro Oliveira Martins, *Os suprimentos no financiamento societário*, 62, nt. 133), circunstância que pode desincentivar a participação de credores – designadamente instituições de crédito – no capital da sociedade devedora (cf. também o 198.º/2, *b*), do CIRE) (assim, entre nós, Alexandre Mota Pinto, *Do contrato de suprimento*, 262 ss., *id.*, em *Código em comentário* 3, 643, nt. 14, defendendo, *iure condendo*, a exclusão de tais créditos do regime dos suprimentos, no caso de participação no capital da sociedade devedora com o mero propósito de saneamento financeiro; resultado idêntico propugna Alexandre Lucena e Vale, *Nota* cit., 317-320, para o caso em que um banco sócio - em virtude de dação em cumprimento de quota dum anterior sócio - conceda à sociedade financiamento por 5 anos, sindicado com outros bancos, todos sob as mesmas condições, *v. g.* taxa de juro e prazo de reembolso).

[7] Pode, para efeitos da qualificação como suprimento, equiparar-se o usufrutuário da participação social ao sócio; assim também o credor pignoratício sob pressuposto da titularidade e do exercício de direitos sociais, como o direito aos lucros, de voto e à informação (cf. Carlos Pamplona Corte-Real, *Dos suprimentos*, 81-83, Raúl Ventura, *Sociedades por quotas* 2, 95, João Aveiro Pereira, *O contrato de suprimento*, 64-70, Alexandre Mota Pinto, *Do contrato de suprimento*, 273-277, *id.*, em *Código em comentário* 3, 644, Deolinda Aparício Meira, *O contrato de suprimento*, 152, João Pedro Oliveira Martins, *Os suprimentos no financiamento societário*, 63). Quando a quota se encontre em contitularidade, os suprimentos são aferidos individualmente em relação a cada contitular (Raúl Ventura, *Sociedades por quotas* 2, 95). Também os empréstimos ou diferimentos de créditos realizados por parentes do sócio, com meios que efetivamente provêm do sócio, devem ser considerados suprimentos (Alexandre Mota Pinto, *Do contrato de suprimento*, 277-279 e Pedro Ferreira Malaquias/Manuel Barbosa Moura, *A qualidade de sócio/acionista em sede de suprimentos: os indícios materiais*, *Actualidad Jurídica Uría Menéndez* 43 (2016) 140-141), mas, caso provenham do cônjuge não sócio, apenas deverão ser considerados os efetuados com bens comuns (Raúl Ventura, *Sociedades por quotas* 2, 94-95, seguido por Alexandre Mota Pinto, *Do contrato de suprimento*, 277-279). Sobre a extensão do regime dos suprimentos a financiamentos entre sociedades coligadas (quando a sociedade financiadora não participe diretamente da financiada, pois, caso contrário, estar-se-á perante uma situação legalmente típica de suprimento; cf., para os grupos de sociedades, o 503.º/4; cf., também, para os suprimentos por SGPS a sociedades em cujo capital participem, mas não sejam por si dominadas, o 5.º/2 do DL 495/88, de 30-dez.), *vide* Raúl Ventura, *Sociedades por quotas* 2, 96-99, Alexandre Mota Pinto, *Do contrato de suprimento*, 279-285; sobre os suprimentos no contexto dos acordos de *cash pooling*, João Pedro Oliveira Martins, *Os suprimentos no financiamento societário*, 90-92, Paulo Olavo Cunha, *Os empréstimos intragrupo no contexto da insolvência; em especial o cash pooling*, em *III Congresso de Direito da Insolvência* (2015), 350-351, Ana Perestrelo de Oliveira, *Manual de Corporate Finance*, 2.ª ed. (2015), 237 ss., e *ead.*, *Manual de Grupos de Sociedades* (2016), 173 ss. (sublinhando não constituir a exclusividade das instituições de crédito e sociedades financeiras no exercício, a título profissional, de operações de crédito um obstáculo genérico à organização de sistemas de *cash pooling*, em face do 9.º/2, *a*) e *d*), do RGIC).

[8] Independentemente da origem do crédito: assim, *v. g.*, Carlos Pamplona Corte-Real, *Dos suprimentos*, 9-13, 48-71, Raúl Ventura, *O contrato de suprimento no Código das Sociedades Comerciais*, 38, *id.*, *Sociedades por quotas* 2, 109, Alexandre Mota Pinto, em *Código em comentário* 3, 654, João Pedro Oliveira Martins, *Os suprimentos no financiamento societário*, 71-72.

[9] Sobre a qualificação como suprimentos de empréstimos concedidos por terceiros (não sócios) acompanhados de garantia prestada por um sócio (fora do quadro do 243.º/5 e da interposição fictícia de pessoas), *vide*, em sentido negativo, Raúl Ventura, *Sociedades por quotas* 2, 102-104, Alexandre Mota Pinto, *Do contrato de suprimento*, 347, *id.*, em *Código em comentário* 3, 655, Rui Pinto Duarte, *Contribuições dos sócios*, 254-255, e João Pedro Oliveira Martins, *Os suprimentos no financiamento societário*, 87-88; diferentemente, Paulo de Tarso Domingues, *Do capital social*, 229. Cf. o § 32a (2) do GmbHG, pré-2008.

7 Para facilitar, a lei distingue "índices" de permanência, isto é: fixa presunções (ilidíveis) nesse sentido[10]. São eles: (a) um prazo, inicial ou subsequente, de reembolso superior a um ano[11]; (b) ou um diferimento superior a um ano, contando-se, para o efeito, o tempo decorrido entre a constituição do crédito e o negócio de diferimento[12] (243.º/2); (c) a não exigência de reembolso durante um ano após a constituição do crédito, seja sem prazo, seja com prazo inferior[13]; (d) o não levantamento de lucros distribuídos, decorrido um ano sobre a deliberação de distribuição (243.º/3).

8 5. **Prova e ilisão de permanência**. Os credores sociais podem provar a permanência, mesmo perante reembolsos anteriores a um ano (243.º/4, 1.ª parte)[14]: podem ter interesse em fazê-lo, uma vez que os seus créditos prevalecem, em concurso, sobre os de suprimentos (245.º/3).

[10] Assim também Paulo de Tarso Domingues, *As diferentes formas de financiamento societário pelos sócios e a transmissibilidade autónoma dos créditos respetivos*, em *Estudos em Homenagem ao Professor Doutor Heinrich Ewald Hörster* (2012), 768-769, e Luís Miguel Pestana de Vasconcelos, *Direito bancário* (2017), 166. Aos "índices" de permanência podem juntar-se presunções como a do 48.º, g) [ou a do 48.º, a), em conjugação com o 49.º/1-3], do CIRE: *vide* REv 13-set.-2018 (Rui Machado e Moura), Proc. 561/13.

[11] Críticos da proposta de prazo de um ano (da autoria de Raúl Ventura), por não se afigurar significativo, propondo, em alternativa, dois anos, António Ferrer Correia/ Vasco Lobo Xavier/António Caeiro/Maria Ângela Coelho, *Sociedade por quotas de responsabilidade limitada. Anteprojecto de lei – 2.ª redacção e exposição de motivos*, RDE 3 (1977) 2, 366, e António Ferrer Correia, *A nova sociedade por quotas de responsabilidade limitada do Direito português*, SI 35 (1986), 360, seguidos por Alexandre Mota Pinto, *Do contrato de suprimento*, 322, nt. 666, e João Pedro Oliveira Martins, *Os suprimentos no financiamento societário*, 75. Em resposta, Raúl Ventura, em *Suprimentos a sociedades por quotas, no direito vigente e nos projectos*, RDES 25 (1978), 3/4, 207-208, mantinha a solução – que singrou -, por entender que, no decurso de um exercício social, haveria a possibilidade de acertar se a ajuda do sócio é transitória ou, continuando depois de encerrado o exercício, adquire permanência; também no sentido da razoabilidade da solução legal, João Aveiro Pereira, *O contrato de suprimento*, 77-78 (sem menoscabo do reparo de que o crédito de suprimento, ainda que com a duração de apenas um ano, pode coincidir parcialmente com dois exercícios sociais). A questão imbrica-se ainda com a da "tensão" entre o critério escolhido pelo legislador e a ideia-base, cunhada no direito alemão (na sequência da redação do § 32a do GmbHG, que reproduzimos na versão anterior à revogação de 2008: "Hat ein Gesellschafter der Gesellschaft in einem Zeitpunkt, in dem ihr die Gesellschafter als ordentliche Kaufleute Eigenkapital zugeführt hätten (Krise der Gesellschaft), statt dessen ein Darlehen gewährt, (...)"; cf. as observações de Jorge Coutinho de Abreu, 2 (2019), 319, nt. 774, com tradução portuguesa, mas a oração que começa em "Hat" é subordinada condicional), de que os suprimentos têm função substitutiva do capital próprio, sobre a qual Alexandre Mota Pinto, *Do contrato de suprimento, passim*; recentemente também Alexandre Lucena e Vale, *Nota*, 321-325. Discute-se ainda se a estipulação do prazo de reembolso deva ser expressa: afirmativamente, STJ 13-out.-2011 (Serra Baptista), Proc. 5356/07, RLJ 142 (2013), 196 ss.; contra, Pedro Maia, anot. a STJ 13-out.-2011 (Serra Baptista), RLJ 142 (2013), 209 ss..

[12] Para o cálculo de um ano, conta-se, além do tempo decorrido após o negócio de diferimento, o tempo decorrido desde a constituição do crédito até ao negócio de diferimento: Raúl Ventura, *Sociedades por quotas* 2, 117, Alexandre Mota Pinto, em *Código em comentário* 3, 653, nt. 40, Paulo de Tarso Domingues, *Do capital social*, 226, nt. 827, e João Pedro Oliveira Martins, *Os suprimentos no financiamento societário*, 72.

[13] Na jurisprudência, RLx 4-fev.-2010 (Carla Mendes), Proc. 5356/07, RLx 24-nov.-2016 (António Santos), Proc. 2464-16, RPt 15-nov.-2018 (Anabela Tenreiro), Proc. 357/17 e RPt 15-jan.-2019 (Maria Cecília Agante), Proc. 5211/17. Neste caso, o facto interruptivo da permanência é, nos termos do 243.º/3, a *exigência do reembolso* pelo sócio (que não o reembolso efetivo), sob pena de, caso contrário, a sociedade poder, *motu proprio*, determinar a sujeição do crédito em questão ao regime dos suprimentos, bastando, para tal, recusar-se ao reembolso, ou seja, no fundo, "ficaria na mão da sociedade transformar em contrato de suprimento um negócio que não tivesse tal natureza": assim, Raúl Ventura, *Suprimentos a sociedades por quotas, no direito vigente e nos projectos*, RDES 25 (1978) 3/4, 207, *id.*, *Sociedades por quotas* 2, 116-117, e Alexandre Mota Pinto, *Do contrato de suprimento*, 322, nt. 665. A dilação da não exigência do reembolso não deve ser tal que, entretanto, prescreva o crédito (174.º/1, *d*)), salvo reconhecimento nos termos do 325.º/1 e 2 do CC.

[14] Cf. TCA/Sul 19-dez.-2007 (José Correia), Proc. 02073/07, Nuno de Oliveira Garcia/Rita Carvalho Nunes, *Suprimentos e respectiva cessão*, 455-462 e Pedro Maia, anot. a STJ 13-out.-2011 (Serra Baptista), RLJ 142 (2013), 206 ss. (sublinhando não existir um elenco fechado de índices de permanência; o autor sublinha ainda, *ibid.*, 209-210, a imperatividade (relativa) do regime, no sentido em que não é às partes possível a desqualificação dum financiamento como suprimento uma vez verificados os

Por seu turno, os sócios podem ilidir a presunção (os "índices") de permanência, demonstrando que se trata de negócios independentes da sua qualidade de sócios (243.º/4, 2.ª parte). 9

6. **Forma**: não é exigida nenhuma especial (243.º/6)[15]: manifesta-se a regra da prova livre do empréstimo mercantil entre comerciantes (396.º do CCom)[16-17]. 10

7. **Créditos de terceiro** contra a sociedade, adquiridos por negócio entre vivos[18] pelo sócio, quando no momento da aquisição se verifiquem índices de permanência[19]: sujeitam-se ao regime de crédito por suprimento (243.º/5)[20]. 11

respetivos índices, mas podem, ao invés, sujeitá-lo *ab initio* a tal regime independentemente da verificação dos mesmos índices).

[15] Podendo a prova do contrato ser feita designadamente através da escrituração da sociedade (cf. os 43.º, 44.º e 396.º do CCom e 380.º do CC). *Vide*, no Direito pretérito, Adriano Vaz Serra, anot. a STJ 19-dez.-1975 (Eduardo Arala Chaves), RLJ 110 (1977), 19 e 21, nt. 1, e STJ 8-jul.-1980 (Alberto Neves Pinto), BMJ 299 (1980), 298-302, e, após a entrada em vigor do CSC, STJ 17-mai.-1988 (Pinto Furtado), Proc. 24609, CJ 13 (1988) 3, 144-150 (considerando ter o 243.º/6 valor interpretativo), Pedro Pais de Vasconcelos (2006), 284 e Pedro Maia, anot. a STJ 13-out.-2011 (Serra Baptista), RLJ 142 (2013), 211-212. No sentido de que o 243.º/6, além de suprimentos, se aplica a negócios sobre adiantamento de fundos pelo sócio à sociedade ou a convenção de diferimento de créditos de sócios que não suprimentos, Pedro Maia, anot. a STJ 13-out.-2011 (Serra Baptista), RLJ 142 (2013), 218 ss. (com base, entre outros argumentos, na letra do preceito - "suprimento ou (...)" - e nos trabalhos preparatórios, em particular no 99.º da 2.ª redação do anteprojeto Vaz Serra).

[16] Foi muito discutida antes do CSC a aplicação do 396.º do CCom aos suprimentos, designadamente por não agir o sócio, por princípio, enquanto comerciante (*vide, e. g.*, bibliografia na nt. seguinte, a que se junta STJ 13-out.-2011 (Serra Baptista), Proc. 5356/07, RLJ 142 (2013), 196-206). O problema foi resolvido pelo 243.º/6 e pelo 244.º/1-3. Não obstante, continua a questão acerca da forma, designadamente a consequência da sua preterição, a nulidade (artigo 220.º do CC), a colocar-se em relação ao financiamento de sócios que não reúna os elementos típicos dos suprimentos. De acordo com Pedro Maia, anot. a STJ 13-out.-2011 (Serra Baptista), RLJ 142 (2013), 218 ss., além da aplicação a este caso do 243.º/6 (*vide* nt. anterior *in fine*), o 396.º do CCom, atenta a sua *ratio* e o disposto no 99.º do CCom, é aplicável ao caso em apreço. Sobre a forma e a prova do mútuo, Manuel Januário da Costa Gomes, *Contratos comerciais* (2012), 46, 318-319, 323.

[17] Reconduziam os suprimentos ao empréstimo mercantil (394.º do CCom), no direito pretérito, Adriano Vaz Serra, anot. a STJ 19-dez.-1975 (Eduardo Arala Chaves), RLJ 110 (1977), 16, A. Luís Gonçalves, anot. STJ 19-dez.-1975 (Eduardo Arala Chaves), RDES 22 (1975), 294-307, Gama Prazeres, *Das sociedades comerciais* (1983), 72 e, na jurisprudência, STJ 29-jul.-1952 (Jaime de Almeida Ribeiro), Proc. 55205, BMJ 32 (1952), 319-323 = RT 70 (1952), 379-382 [com anot. não assinada (José Gualberto de Sá Carneiro?) concordante *ibid.*, 383-383], RCb 8-jan.-1963 (Manuel José Fernandes Costa), Proc. 5719, *Jurisprudência das Relações* 9 (1963) 1, 169-173, STJ 31-out.-1968 (Oliveira Carvalho), Proc. 62309, BMJ 180 (1968), 288-292 = RLJ 102 (1970), 360-363, com anot. de Vaz Serra, *ibid.*, 363-368 e 373-382, STJ 5-dez.-1972 (J. Santos Carvalho Júnior), Proc. 64183, BMJ 222 (1973), 378-381 = RLJ 107 (1974), 28-30 = = RT 91 (1973), 124-126, STJ 19-dez.-1975 (Eduardo Arala Chaves), Proc. 65747, BMJ 252 (1976), 148-155 = = RDES 22 (1975), 285-294, Sentença do Corregedor de Leiria 6-abr.-1974 (Manuel da Rosa Ferreira Dias), CJ 4 (1979) 1, 351-354, RLx 16-jun.-1980 (Licurgo Santos), Proc. 8731, CJ 5 (1980) 3, 187-188. Criticamente, Carlos Pamplona Corte-Real, *Dos suprimentos*, 48-71. Embora à margem da recondução ao empréstimo comercial, considera-os atos objetivos de comércio Madalena Perestrelo de Oliveira, *A (i)limitação da convenção de juros da convenção de juros nos empréstimos subordinados: em especial, no contrato de suprimento*, RDS 9 (2017) 3, 550 e 552.

[18] Equiparam à aquisição por negócio *inter vivos*, para efeito do 243.º/5, a transmissão ao sócio, por sub-rogação legal (cf. o 592.º/1 e o 644.º do CC), do crédito de terceiro contra a sociedade, uma vez verificados os índices de permanência (no momento da aquisição ou posteriormente: *vide* nt. seguinte), João Aveiro Pereira, *O contrato de suprimento*, 71, Alexandre Mota Pinto, em *Código em comentário* 3, 655 (falando, porém, indistintamente de "direito de regresso" no caso de satisfação de dívida por parte de garante) e Evaristo Mendes, *Aval prestado por sócios de sociedades por quotas e anónimas e perda da qualidade de sócio. Apontamento*, RDS 7 (2015) 3/4, 603, nt. 51; RCb 21-fev.-2006 (Hélder Almeida), Proc. 3270/05, CJ XXXI (2006) 1, 32-39. A questão pode ainda colocar-se no direito de regresso.

[19] Sem prejuízo de, não tendo tais créditos carácter de permanência no momento da sua aquisição pelo sócio, virem a tê-lo posteriormente, sujeitando-se então ao regime dos suprimentos (*supra*, nt. 5). Cf., *e. g.*, Raúl Ventura, *Sociedades por quotas* 2, 110, Alexandre Mota Pinto, *Do contrato de suprimento*, 344, *id.*, em *Código em comentário* 3, 643, 655, nt. 44, *id.*, *Cessão de créditos de suprimentos* cit., 296-297 (identificando dificuldades, que contorna, na articulação com o 585.º *in fine* do CC: "com ressalva dos [=meios de defesa] que provenham de facto posterior ao conhecimento da cessão"), e João Pedro Oliveira Martins, *Os suprimentos no financiamento societário*, 62, nt. 133.

[20] Visa-se, assim, a frustração de potencial fraude ao regime

12 8. **Figuras afins**. O suprimento é um contrato relativo a dinheiro ou outra coisa fungível: distingue-se das prestações acessórias, obrigatórias pelo pacto e que podem envolver bens ou serviços (209.º) e das prestações suplementares, permitidas pelo pacto e decididas por deliberação (210.º a 213.º).

III – **Tribunal competente**

13 9. **Competência em razão da matéria**. Compete às secções de comércio, em razão da matéria, preparar e julgar as ações – declarativas[21] e executivas[22] – relativas a suprimentos (*e. g.*, para efeitos de reembolso do crédito por suprimentos) de sociedades comerciais [128.º/1, *c*), e 3 da L 62/2013, de 26-ago.][23].

IV – **Âmbito, papel e natureza**

14 10. **Aplicabilidade às SA**. Os suprimentos só estão regulados quanto a SPQ. Quanto às SA: a experiência alemã distingue entre o acionista empresário e o acionista investidor; o primeiro (detentor de, pelo menos, 25% do capital) tem uma ligação à vida societária pela qual os seus contributos em dinheiro têm uma justificação interessada; ser-lhe-ia aplicável o regime dos suprimentos.

15 Raúl Ventura propõe, entre nós, que o acionista empresário detenha, pelo menos, 10% do capital (392.º e 418.º/1, por analogia)[24]. A ideia fez todo o sentido: todavia, na falta de lei, não vemos como optar por uma cifra firme que, em concreto, poderá não traduzir a substância.

16 Seguindo Menezes Cordeiro[25], diremos que os suprimentos não são excecionais nem assentam em razões privativas das SPQ. Assim, eles verificar-se-ão nas SA: (a) quando o pacto

legal. Cf., *e. g.*, António Ferrer Correia/Vasco Lobo Xavier/António Caeiro/Maria Ângela Coelho, *Sociedade por quotas de responsabilidade limitada. Anteprojecto de lei – 2.ª redacção e exposição de motivos*, RDE 3 (1977) 2, 369.

[21] RPt 20-mai.-2002 (Marques Pereira), Proc. 0250621, RLx 14-jun.-2007 (Pereira Rodrigues), Proc. 4846/2007, RPt 24-abr.-2008 (Amaral Ferreira), Proc. 0832420, RLx 12-mar.-2009 (Teresa Albuquerque), Proc. 10562/08 (por estar em causa uma ação relativa a um direito social, ao abrigo do 89.º/1, *c*), da então L 3/99, de 13-jan., atual 128.º/1, *c*), da L 62/2013, de 26-ago.), STJ 7-jun.-2011 (Azevedo Ramos), Proc. 612/08, RPt 17-mar.-2014 (Manuel Domingos Fernandes), Proc. 2740/11 RCb 11-abr.-2019 (Fonte Ramos), Proc. 591/18; na doutrina, Alexandre Mota Pinto, em *Código em comentário* 3, 662, nt. 1. A propósito do sentido normativo da expressão "ações relativas a direitos sociais", cf. a proposta de lei n.º 182/ /VII, no *Diário da Assembleia da República*, II Série, n.º 59, 12-jun.-1998, 1279, e a discussão em *Diário da Assembleia da República*, I Série, n.º 2, 18-set.-1998, 58; na doutrina, *e. g.*, José Ferreira Gomes, *Anotação ao acórdão do STJ de 5-jul.-2018 (Abrantes Geraldes): a competência especializada dos juízos de comércio para questões societárias*, RDS 10 (2018) 4, 837-841.

[22] RPt 15-dez.-2010 (Maria de Deus Correia), Proc. 974/09.

[23] Para quem admita a extensão do regime a sociedades civis e associações, não serão competentes *ratione materiæ*, para efeito da preparação e julgamento da ação relativa a suprimentos, as secções de comércio. Da mesma forma, caso o empréstimo não seja passível de qualificação como suprimento, mas como mútuo civil ou mercantil: *hoc sensu*, RLx 14-jun.-2007 (Pereira Rodrigues), Proc. 4846/ /2007.

[24] Raúl Ventura, *Sociedades por quotas* 2, 87-88. Neste sentido: STJ 14-dez.-1994 (Cardona Ferreira), CJ/Supremo II (1994) 3, 173-178 (176/II) e STJ 9-fev.-1999 (Francisco Lourenço), CJ/Supremo VII (1999) 1, 100-103 (102/I); na doutrina, também Paulo de Tarso Domingues, *Do capital social*, 228-229, , *id.*, *As diferentes formas de financiamento societário* cit., 770-771, Deolinda Aparício Meira, *O contrato de suprimento*, 158-159 ou Luís Miguel Pestana de Vasconcelos, *Direito bancário*, 166.

[25] António Menezes Cordeiro 2 (2007), 299; cf., também, Pedro Pais de Vasconcelos (2006), 285-286, João Aveiro Pereira, *O contrato de suprimento*, 128-131 (por interpretação extensiva, contudo), Jorge Pinto Furtado (2004), 227, *id.* (2012), 269, Alexandre Mota Pinto, *Do contrato de suprimento*, 299 ss., *id.*, em *Código em comentário* 3, 645-648, Paulo Olavo Cunha, *O contrato de suprimento* cit., 63-65, Ana Perestrelo de Oliveira, *Manual de Corporate Finance*, 115-116, Carlos Ferreira de Almeida, *Contratos* 2, 149-150, Jorge Coutinho de Abreu 2 (2019), 325-328, Rui Pinto Duarte, *Contribuições dos sócios*, 247-253, José Ferreira Gomes, *A alteração dos artigos 87.º e 89.º do CSC pelo Decreto-Lei n.º 79/2017, de 30 de junho: conversão de créditos de suprimentos em capital*, RDS 9 (2017) 3, 546; na jurisprudência REv 7-mai.-1998 (Artur Mota Miranda),

social os preveja ou regule; (b) quando as partes o estipulem; (c) quando, no terreno, surja um crédito que exerça, materialmente, a função do suprimento. Este último ponto ocorre quando haja uma entrega de dinheiro (ou coisa fungível diversa) em circunstâncias nas quais um acionista ordenado faria uma contribuição de capital. Constatada esta analogia, será possível aplicar os índices do 243.º/2 e 3.

11. **Aplicabilidade às SNC**. Para Raúl Ventura, o regime da responsabilidade ilimitada não 17
justificaria a especial proteção dos credores que o regime dos suprimentos implica[26]. Contudo, na medida em que a referida responsabilidade assume natureza subsidiária, não traduzindo os benefícios imediatos que o regime dos suprimentos confere aos credores, deve este aplicar-se também às SNC, por analogia, cujas razões hão de apurar-se caso a caso[27].

12. **Suprimentos nas sociedades civis, nas associações e nos ACE?** Alexandre Mota 18
Pinto defendeu a aplicação do regime dos suprimentos[28] às sociedades civis e às associações nos mesmos termos que os defendidos para as SNC, pois também aquelas podem ser financiadas pelos seus membros com capital alheio, em vez do financiamento definitivo através de capital próprio[29]. Também assim a jurisprudência tem decidido no sentido da aplicação do regime dos suprimentos a sociedades civis[30] e a ACE[31].

13. **Papel**. Os suprimentos são uma forma de capitalizar a SPQ, financiando-a. O sócio tem 19
como contrapartida o bom funcionamento da sociedade e as mais-valias e lucros que, daí, lhe poderão advir. Daí o risco acrescido que corre: (a) a preterição na insolvência; (b) a nulidade das garantias reais que os sirvam; (c) a álea quanto ao momento do reembolso.

14. **Natureza**. Trata-se de um mútuo diferenciado, próprio do Direito das sociedades, com esco- 20
pos de financiamento, que mais se aproxima de uma figura totalmente autónoma[32].

Artigo 244.º (Obrigação e permissão de suprimentos)

1. À obrigação de efetuar suprimentos estipulada no contrato de sociedade aplica-se o disposto no artigo 209.º quanto a obrigações acessórias.

2. A referida obrigação pode também ser constituída por deliberação dos sócios votada por aqueles que a assumam.

3. A celebração de contratos de suprimentos não depende de prévia deliberação dos sócios, salvo disposição contratual em contrário.

BMJ 477 (1998), 585, RCb 26-jun.-2012 (Alberto Ruço), Proc. 762/09, REv 7-jun.-2018 (Maria João Sousa e Faro), Proc. 74/16.

[26] Raúl Ventura, *O contrato de suprimento no Código das Sociedades Comerciais*, Dir 121 (1989), 1, 26-27, *id.*, *Sociedades por quotas* 2 (1989), 89, seguido por Deolinda Aparício Meira, *O contrato de suprimento*, 159.

[27] António Menezes Cordeiro 2 (2007), 298. *Hoc sensu*, cf. também Luís Brito Correia 2 (1989), 491, Alexandre Mota Pinto, *Do contrato de suprimento*, 309-311, João Pedro Oliveira Martins, *Os suprimentos no financiamento societário*, 68-69, Pedro Pais de Vasconcelos (2006), 286, Miguel Pupo Correia (2018), 233, Jorge Pinto Furtado (2004), 227, Jorge Coutinho de Abreu 2 (2019), 328-329 (especificando que a aplicação por analogia implicará designadamente que, por causa da responsabilidade ilimitada dos sócios, certas normas especialmente protetoras dos credores sociais externos, *e. g.* a do n.º 3 do 245.º, não singrarão aplicação).

[28] Designadamente da regra do 245.º/1 e do regime da infraordenação dos créditos dos sócios na insolvência (em *Do contrato de suprimento*, 311-313).

[29] *Do contrato de suprimento*, 311-313.

[30] Assim, para o empréstimo de sócio a sociedade civil de advogados, conforme cláusula contratual prevendo e regulando os suprimentos, RLx 20-mai.-2010 (António Valente), Proc. 2521/05. Em contrário, para um clube desportivo, RPt 29-abr.-2013 (José Eusébio Almeida), Proc. 8610/10.

[31] RPt 20-dez.-2011 (Filipe Caroço), Proc. 203/11. Cf. também o 20.º do DL 430/73, de 25-ago.

[32] Alexandre Mota Pinto, *Do contrato de suprimento*, 387-388.

Bibliografia: *Vide* anotação ao 243.º.

Índice

1. Papel 1
2. "Suprimentos" obrigatórios 2
3. Liberdade de celebração................................ 3

1 1. **Papel.** O 244.º visou delimitar algumas figuras de frequente verificação prática e cuja recondução aos suprimentos poderia suscitar dúvidas. Na base, cumpre manter presente que o suprimento é um contrato concluído entre a sociedade e um sócio, com o conteúdo e os efeitos dos 243.º e 245.º.

2 2. **"Suprimentos" obrigatórios**, previstos no contrato social, são, na realidade, obrigações acessórias, seguindo o regime destas[1] (244.º/1). Quando sejam deliberados pelos sócios, apenas ficam vinculados aqueles que os votem (244.º/2)[2-3]. A obrigação cessa com a dissolução ou com a insolvência[4].

3 3. **Liberdade de celebração.** Os suprimentos não carecem de prévia deliberação social, inserindo-se na esfera de competência da gerência (ou da administração): salvo se o pacto social dispuser diversamente (244.º/3)[5].

Artigo 245.º (Regime do contrato de suprimento)

1. Não tendo sido estipulado prazo para o reembolso dos suprimentos, é aplicável o disposto no n.º 2 do artigo 777.º do Código Civil; na fixação do prazo, o tribunal terá, porém, em conta as consequências que o reembolso acarretará para a sociedade, podendo, designadamente, determinar que o pagamento seja fracionado em certo número de prestações.

2. Os credores por suprimentos não podem requerer, por esses créditos, a falência da sociedade. Todavia, a concordata concluída no processo de falência produz efeitos a favor dos credores de suprimentos e contra eles.

3. Decretada a falência ou dissolvida por qualquer causa a sociedade:

***a*) Os suprimentos só podem ser reembolsados aos seus credores depois de inteiramente satisfeitas as dívidas daquela para com terceiros;**

[1] Sobre o tema, Carlos Pamplona Corte-Real, *Dos suprimentos*, 19-21, 175 ss.. Para um exemplo de cláusula de suprimentos em contrato de sociedade, Albino Matos, *Constituição de sociedades*, 208-209.

[2] *Vide* Adriano Vaz Serra, anot. a STJ 11-jun.-1969 (Eduardo Correia Guedes), RLJ 103 (1971), 439-447, Vasco Lobo Xavier, *Anulação de deliberação social e deliberações conexas* (1976), 129-130, nt. 26 e, na jurisprudência, STJ 29-jul.-1938 (Costa Santos), Proc. 50562, GRLx 52 (1939), 277-278, Juízo de Direito da 6.ª Vara Cível Lx 1-mar.-1937 (Rocha Ferreira), RT 55 (1937), 319-320, RCb 18-jan.-1955 (Serra de Carvalho), Proc. 3798, *Jurisprudência das Relações* 1 (1955) 1, 175-176, RLM 8-mai.-1962 (J. Nepomuceno), Proc. 12370, *Acórdãos da Relação de Lourenço Marques* 30 (1960/1963), 358-362, RCb 8-jan.-1963 (Manuel José Fernandes Costa), Proc. 5179, *Jurisprudência das Relações* 9 (1963) 1, 169-173, RLM 11-out.-1966 (Sousa Franklin), Proc. 14458, *Acórdãos da Relação de Lourenço Marques* 32 (1966/1967), 196-199, STJ 11-jun.-1969 (Eduardo Correia Guedes), Proc. 62421, BMJ 188 (1969), 205-210 = RLJ 103 (1971), 435-439.

[3] *Idem* quanto a posteriores alterações dos termos em que foram inicialmente deliberados os suprimentos: cf. STJ 31-jan.-2017 (Fernandes do Vale), Proc. 1374/ /12.6T2AVR.P1.S1.

[4] RPt 23-out.-2001 (Luís Antas de Barros), Proc. 0120913.

[5] STJ 6-dez.-1990 (Ricardo da Velha), Proc. 078464; Raúl Ventura, *Sociedades por quotas* 2, 131, Alexandre Mota Pinto, *Do contrato de suprimento*, 355. O 244.º/3 parte duma perspetiva *ad quem*, não *a quo*, que não regula

***b*) Não é admissível compensação de créditos da sociedade com créditos de suprimentos.**

4. A prioridade de reembolso de créditos de terceiros estabelecido na alínea *a*) do número anterior pode ser estipulada em concordata concluída no processo de falência da sociedade.

5. O reembolso de suprimentos efetuado no ano anterior à sentença declaratória da falência é resolúvel nos termos dos artigos 1200.º, 1203.º e 1204.º do Código de Processo Civil.

6. São nulas as garantias reais prestadas pela sociedade relativas a obrigações de reembolso de suprimentos e extinguem-se as de outras obrigações, quando estas ficarem sujeitas ao regime de suprimentos.

Bibliografia: *Vide* anotação ao 243.º.

Índice

1. Teor geral ... 1
2. Prazo ... 2
3. Credores por suprimentos ... 3
4. Outras regras ... 6
5. Transmissibilidade ... 9

1 1. **Teor geral**. O 245.º fixa regras que se afastam do mútuo[1]. Elas vêm pôr cobro a discussões anteriores, que ora aproximavam ora afastavam os suprimentos do mútuo. Têm, assim, alcance interpretativo[2].

2 2. **Prazo**[3]. Não havendo prazo para o reembolso dos suprimentos, aplica-se o 777.º/2[4] do CC (fixação do prazo deferida ao tribunal, em processo de jurisdição voluntária previsto nos 1026.º e 1027.º do CPC)[5]; o tribunal terá em conta as consequências que o reembolso[6] acarretará para a sociedade, podendo determinar o pagamento em prestações[7] (245.º/1): uma regra já considerada

(a questão, de um prisma *a quo*, coloca-se, porém, no *cash pooling*, quando o mutuante é uma sociedade; para o efeito é frequente a constituição, dentro do grupo, de sociedades de financiamento).

[1] Quanto a este contrato: António Menezes Cordeiro, *Direito bancário*, 6.ª ed. (2016), 669 ss., e Manuel Januário da Costa Gomes, *Contratos comerciais* (2012), 313 ss..

[2] RCb 5-fev.-1991 (Virgílio de Oliveira), CJ XVI (1991) 1, 66-68 (67/II, quanto ao 243.º/6) e RCb 10-nov.-1992 (Pereira da Graça), CJ XVII (1992) 5, 43-46 (45/II) = BMJ 421 (1992), 509. Crítico desta orientação, João Aveiro Pereira, *O contrato de suprimento*, 89-91.

[3] Seguindo António Menezes Cordeiro 2 (2007), 296 ss..

[4] RLx 1-jun.-1973, BMJ 228 (1973), 272, REv 6-mai.-1993 (Cortez Neves), BMJ 427 (1993), 611 = CJ XVIII (1993), 276-277; considerando equivalente a uma obrigação pura e, por isso, sujeita ao regime do 245.º/1 uma cláusula mediante a qual o devedor se compromete a restituir certa importância assim que para tal solicitado, por escrito, com oito dias de antecedência, RCb 26-jun.-2012 (Alberto Ruço), Proc. 762/09; considerando inaplicável o 245.º/1 a uma hipótese de estipulação de prazo mediante o qual "os suprimentos só serão reembolsados, conforme deliberação da Assembleia-geral de accionistas (...), e sempre após um ano a contar da presente data", RCb 22-mai.-2012 (Carlos Moreira), Proc. 2784/11; considerando, de igual modo, inaplicável o 245.º/1 a um caso em que, em assembleia geral, foram reconhecidos os suprimentos efetuados pelos sócios e autorizada a respetiva amortização, RLx 3-jul.-2012 (Tomé Gomes), Proc. 6673/08.

[5] No sentido de que improcede a ação de fixação judicial do prazo se as partes estiverem em litígio quanto à existência do crédito, o despacho do Juiz 1 do Juízo de Comércio de Amarante, Proc. 97/17, cujo teor é parcialmente reproduzido em RPt 15-nov.-2018 (Anabela Tenreiro), Proc. 357/17.

[6] Ao reembolso de suprimentos não é o regime do 96.º aplicável. Cf. Paulo de Tarso Domingues, *As diferentes formas de financiamento societário* cit., 770.

[7] Anteriormente, na falta de regras explícitas, o suprimento era equiparado ao mútuo, aplicando-se o 1148.º/2 do CC: denúncia com pré-aviso de 30 dias. P. ex.: STJ 11-abr.-1985 (Magalhães Baião), BMJ 346 (1985), 257-259 (259). Diversamente, no Direito pretérito, enquadrando o reembolso nas obrigações *cum potuerit*, Carlos Pamplona Corte-Real, *Dos suprimentos*, 100-111.

interpretativa em relação ao Direito anterior[8]. A fixação do prazo pelo tribunal, na circunstância de haver mais de um sócio credor de suprimentos, deverá ainda ter em consideração o igual tratamento dos sócios[9]. Se deliberada em assembleia a sua restituição, está o sócio credor impedido de votar (251.º/1)[10].

3 3. **Credores**[11] **por suprimentos**: não podem requerer, por eles, a insolvência da sociedade[12-13], embora o plano de insolvência lhes seja aplicável[14] (245.º/2); decretada a insolvência, os suprimentos só são reembolsados depois de pagos os créditos de terceiros[15-16] – sendo, por conseguinte, qualificados como créditos subordinados, graduados depois dos restantes créditos sobre a insolvência (48.º, *g*), do CIRE)[17] –, não sendo admissível a compensação de créditos da sociedade com os de suprimentos (245.º/3)[18].

4 Este regime é reforçado com a impugnabilidade do reembolso dos suprimentos efetuados no ano anterior à insolvência[19] (245.º/5) e com a nulidade das garantias reais prestadas relativa-

[8] RPt 4-mai.-1989 (Lopes Furtado), BMJ 387 (1989), 657 = CJ XIV (1989) 3, 189-192 (192/II) e RPt 11-out.-1990 (Fernandes Magalhães), CJ XV (1990) 4, 228-230 (229/I). Crítico, João Aveiro Pereira, *O contrato de suprimento*, 89-91.

[9] Designadamente não impondo, *ceteris paribus*, sem motivo atendível, que o reembolso a um dos sócios se faça num certo prazo sem que o mesmo se aplique ao reembolso dos demais e sem ter em conta o reembolso proporcional de todos os suprimentos, em condições paritárias, e o seu impacto na sociedade. O tratamento paritário dos sócios deve ainda, por princípio, ser observado nas deliberações de suprimentos. Neste sentido, Paulo Olavo Cunha, *O contrato de suprimento* cit., 70 e *id.* (2019), 970; na jurisprudência, STJ 29-fev.-2000 (Francisco Lourenço), CJ/Supremo VIII (2000) 1, 199-122 = em António Abrantes Geraldes (2008), 371-373, RGm 3-mai.-2018 (Heitor Gonçalves), Proc. 619/10. Sobre as dificuldades com que pode defrontar-se um ex-sócio cuja quota tenha cedido sem os créditos por suprimentos, António Vieira Cura, *Contrato-promessa de cessão de quota*, 321, nt. 52 (defendendo, *iure condendo*, deverem ser os restantes sócios obrigados, num prazo que a lei fixaria, a adquirir esses créditos ao cedente da quota).

[10] RPt 25-jun.-1964, JR 618-620, com anot. *ibid.* 620.

[11] Que podem também ser não-sócios titulares do crédito por suprimentos, *e. g.* caso o tenham adquirido *qua tale*. Assim também Alexandre Mota Pinto, em *Código em comentário* 3, 666, nt. 7.

[12] Assim, considerando não ter sido o 245.º/2, 1.ª parte, enquanto norma especial (7.º/3 do CC), revogado pelo 20.º/1 do CIRE [cf. também o 1138.º/2 do CPC de 1939, a versão originária do 1176.º/1, *a*), do CPC de 1961 e o 8.º/1 do CPEF, cujo conteúdo e redação o CIRE manteve no essencial, neste particular], Luís Menezes Leitão, *Direito da insolvência*, 7.ª ed. (2017), 113, *id.*, *Código da Insolvência e da Recuperação de Empresas anotado*, 8.ª ed. (2015), 85, Alexandre de Soveral Martins, *Um Curso de Direito da insolvência*, 2.ª ed. (2016), 76, Maria José Costeira, *O Código da Insolvência e da Recuperação de Empresas revisitado*, *Miscelâneas* 6 (2010), 59-60, Catarina Serra, *O regime português da insolvência*, 5.ª ed. (2012), 40, nt. 30, e Ana Prata/Jorge Morais Carvalho/Rui Simões, *Código da Insolvência e da Recuperação de Empresas anotado* (2013), 84; na jurisprudência, RLx 25-jun.-2015 (Jorge Leal), Proc. 1011/14, REv 10-set.-2015 (Conceição Ferreira), Proc. 1646/14, RLx 24-nov.-2016 (António Santos), Proc. 2464-16, RCb 26-mar.-2019 (Barateiro Martins), Proc. 1534/18. Em sentido contrário, entendendo que os credores de suprimentos podem requerer a insolvência da sociedade, por esses créditos, de acordo com o 20.º/1 do CIRE, João Pedro Oliveira Martins, *Os suprimentos no financiamento societário*, 110-112.

[13] Contudo, os mesmos credores podem requerer a insolvência da sociedade (caso em que é aplicável o 98.º/1 do CIRE), contanto que por outros créditos que não suprimentos. Na jurisprudência, RLx 24-nov.-2016 (António Santos), Proc. 2464-16. O credor de suprimentos tem, porém, o ónus de, declarada a insolvência, reclamar o seu crédito: RGm 27-jun.-2019 (Joaquim Boavida), Proc. 3371/17.

[14] Procedemos à adaptação perante o atual CIRE, à qual o legislador não se propôs no momento da reforma levada a cabo pelo DL 76-A/2006, de 29-mar., pela qual foi o CSC republicado: assim também Jorge Pinto Furtado (2012), 271. Alexandre Mota Pinto, em *Código em comentário* 3, 667, nt. 9, faz notar que esta norma só tinha sentido útil à luz do anteprojeto de Coimbra, que impedia os sócios de reclamar os seus créditos por suprimentos na falência.

[15] Crítico da solução legal, João Pedro Oliveira Martins, *Os suprimentos no financiamento societário*, 112-119.

[16] Cf. também o 313.º/1, *a*), do CT, para o encerramento temporário da empresa ou estabelecimento por facto imputável ao empregador.

[17] Diversamente, Madalena Perestrelo de Oliveira, *Suprimentos para revitalização societária: entre a subordinação e o privilégio mobiliário creditório geral*, RDS 9 (2017) 2, 389-392 (mas cf. *ead.*, *A (i)limitação da convenção de juros* cit., 553-554).

[18] RPt 4-out.-1994 (Matos Fernandes), BMJ 440 (1994), 546.

[19] Atualmente, o 121.º/1, *i*), do CIRE estabelece ser resolúvel em benefício da massa insolvente o reembolso de

mente à obrigação do seu reembolso (245.º/6)[20]. Contudo, o reembolso dos suprimentos, ao contrário das prestações suplementares, não se encontra condicionado a que a situação líquida da sociedade não fique inferior à soma do capital e da reserva legal e o respetivo sócio já tenha liberado a sua quota[21].

Ao contrário dos créditos resultantes de financiamentos realizados no decurso do processo de recuperação de insolvência[22], atribui a lei aos credores que, no decurso de PER ou em acordo extrajudicial de recuperação, financiarem a atividade da empresa, disponibilizando-lhe capital, um privilégio creditório mobiliário geral, graduado antes do concedido aos trabalhadores (17.º-H/2 e 17.º-I/6 do CIRE[23]): em face dos 245.º/3, *a*), do CSC e 48.º, *g*), do CIRE, que se mantêm em vigor[24], não abrange o referido privilégio os créditos de suprimentos.

suprimentos, quando tenha lugar dentro do ano anterior à data do início do processo de insolvência (ou seja, na data da entrada da petição no tribunal: assim, também, Alexandre Mota Pinto, em *Código em comentário* 3, 668). Alertavam já para a oportunidade de que o *dies a quo* do prazo se reportasse à data da abertura do processo de insolvência (como já se encontrava estabelecido para os restantes atos resolúveis) João Aveiro Pereira, *O contrato de suprimento*, 104-106 (defendendo uma interpretação extensiva e atualista do 245.º/5) e Alexandre Mota Pinto, *Do contrato de suprimento*, 385-386. Por isso, consideram Fernando de Gravato Morais, *Resolução em benefício da massa insolvente* (2008), 137, nt. 179, e Jorge Coutinho de Abreu, *Direito das Sociedades e Direito da Insolvência: interações*, no *IV Congresso de Direito da Insolvência* (2017), 182, o 245.º/5 tacitamente revogado na parte relativa ao momento relevante para contagem do prazo (que coincidia com a "sentença condenatória da falência"). A resolubilidade do reembolso dos suprimentos nos termos acima referidos é incondicional e, portanto, independente de outros requisitos (121.º/1 do CIRE), não se distinguindo, para o efeito, o modo como se realizou, nem os seus destinatários (neste sentido, Fernando de Gravato Morais, *Resolução em benefício da massa insolvente*, 140; cf. também Luís Carvalho Fernandes/João Labareda, *Código da Insolvência e da Recuperação de Empresas anotado*, 3.ª ed. (2015), 508, e Hélder Martins Leitão, *Código da Insolvência e da Recuperação de Empresas anotado* (2015), 135).

[20] Abrangendo também a transmissão da propriedade de bens da sociedade em garantia. Neste sentido, Luís Miguel Pestana de Vasconcelos, *Direito bancário*, 167.

[21] Ao contrário da proposta de Raúl Ventura, no decurso dos trabalhos preparatórios, no sentido da consagração de preceito que condicionasse o reembolso durante a vida ativa da sociedade (a qual se compreende em razão da proposta do autor de supressão das prestações suplementares no CSC, conforme explicado em *O contrato de suprimento*, 62-63): "Antes de dissolvida a sociedade, o reembolso de suprimentos, com ou sem prazo e quer este tenha sido estipulado ou tenha sido fixado judicialmente, não pode ser efetuado enquanto o sócio respetivo não tiver liberado a sua quota de capital e bem assim quando o ativo líquido da sociedade, depois do reembolso, seja inferior ao capital" (cf. Raúl Ventura, *Sociedades por quotas de responsabilidade limitada. Anteprojecto – Segunda redacção*, BMJ 182 (1969), 214, e *id.*, *Suprimentos a sociedades por quotas, no direito vigente e nos projectos*, RDES 25 (1978), 3/4, 225; é esta a solução que vale para as prestações suplementares: 213.º/1). Embora a proposta de Raúl Ventura tenha passado para o projeto do CSC, não foi acolhida no diploma entretanto aprovado, em razão das revisões subsequentes, que acolheram a orientação do anteprojeto de Coimbra. Cf. também António Ferrer Correia/Vasco Lobo Xavier/António Caeiro/Maria Ângela Coelho, *Sociedade por quotas de responsabilidade limitada* cit., 369, António Ferrer Correia, *A nova sociedade por quotas de responsabilidade limitada do Direito português*, SI 35 (1986), 361, e António Caeiro, *As sociedades de pessoas no Código das Sociedades Comerciais* (1988), 64. Na jurisprudência, RPt 29-abr.-2019 (Manuel Domingos Fernandes), Proc. 10776/15.5T8PRT.P1 (caso em que se debatia a qualificação de um empréstimo como suprimento ou prestação suplementar, tendo em vista aquilatar da violação *in casu* do 213.º/1).

[22] A circunstância de não ter o legislador intervindo nesta matéria quando poderia (por mais de uma vez) tê-lo feito e a consideração do princípio da *par condicio creditorum*, em face do qual são excecionais as causas legítimas de preferência, dentre as quais se contam os privilégios creditórios gerais ou especiais (604.º/1 e 2 do CC), depõem (*interim*) contra a aplicação analógica do 17.º-H/2 do CIRE. Diferentemente Madalena Perestrelo de Oliveira, *Suprimentos para revitalização societária* cit., 385-389.

[23] Recupera-se, em parte, a disciplina pretérita do 65.º/1 do CPEREF, que remontava ao 16.º do DL 10/90, de 5-jan. Cf., *e. g.*, Luís Carvalho Fernandes/João Labareda, *Código da Insolvência* cit., 508, e Hélder Martins Leitão, *Código da Insolvência* cit., 179. Entretanto revogado pela L 8/2018, de 2-mar., que instituiu o RERE, o 11º/8 do SIREVE estabelecia também, expressamente, um privilégio creditório mobiliário geral, a graduar antes do concedido aos trabalhadores, em favor dos credores que, no decurso do processo, financiassem a atividade daquele com vista à sua revitalização.

[24] No sentido do afastamento dos créditos de suprimentos do âmbito de aplicação do 17.º-H/2 do CIRE Paulo de Tarso Domingues, *O processo especial de revitalização aplicado às sociedades comerciais*, *Colóquio de Direito da Insolvência de Santo Tirso* (2015), 23, João Aveiro Pereira, *A revitalização*

6 4. **Outras regras**. O suprimento é um contrato real *quoad constitutionem*: só produz efeitos com a efetiva entrega do dinheiro[25].

7 As partes podem estipular juros[26-27]: porém, se nada disserem, não se deve presumir a onerosidade, uma vez que o suprimento é, sempre e por definição, um negócio "interessado": o sócio pretende capitalizar a sociedade que, depois, lhe dará lucros[28].

8 Os créditos por suprimentos podem ser objeto de entrada em espécie[29], comummente dita "conversão de suprimentos", para aumento de capital[30]. Prevê a lei para o efeito, à margem

económica dos devedores, Dir 145 (2013) 1/2, 39, Ana Maria Peralta, *Os "novos créditos" no PER e SIREVE: conceito e regime*, *III Congresso de Direito da Insolvência*, 309, Catarina Serra, *Investimentos de capital de risco na reestruturação de empresas*, *IV Congresso DSR* (2016), 352, Miguel Lucas Pires, *Dos privilégios creditórios. Regime jurídico e sua influência no concurso de credores*, 2.ª ed. (2015), 335-336, e Luís Miguel Pestana de Vasconcelos, *Recuperação de empresas: o processo especial de revitalização* (2017), 105-114; em sentido contrário, Jorge Morais Carvalho/Maria Jerónimo, *As garantias dos novos financiamentos*, no *IV Congresso de Direito da Insolvência* (2017), 286-287, e Madalena Perestrelo de Oliveira, *O regime de proteção do "dinheiro novo" no PER*, RDS 9 (2017) 1, 47-48 e *ead.*, *Suprimentos para revitalização societária* cit., 382-385. Cf. ainda o parecer da APB de 15-mar.-2012 à Proposta de Lei 39/XII em que se propunha constasse do 17.º-H/2 a expressão "os credores, incluindo os acionistas do devedor". Também a atribuição de privilégio creditório geral ao credor requerente (98.º/1 do CIRE; cf. suso nt. 11) apenas abrange créditos não subordinados (cf. Ana Maria Peralta, *Os "novos créditos"* cit., 309).

[25] STJ 27-out.-1998 (Martins da Costa), CJ/Supremo VI (1998) 3, 85-86 (86/II), STJ 9-fev.-1999 (Francisco Lourenço), CJ/Supremo VI (1999) 1, 100-103 (102/II), RPt 20-dez.-2012 (Filipe Caroço), Proc. 203/11; na doutrina, João Aveiro Pereira, *O contrato de suprimento*, 56-57, Mário Júlio de Almeida Costa, *Direito das obrigações* (2013), 285, nt. 2. Admitem, também, a celebração de suprimentos consensuais, Alexandre Mota Pinto, *Do contrato de suprimento*, 360, *id.*, em *Código em comentário* 3, 652-653, e João Pedro Oliveira Martins, *Os suprimentos no financiamento societário*, 82-83; rejeitam a sua qualificação como real *quoad constitutionem* Jorge Coutinho de Abreu, *Suprimentos* (2003), 76-77, *id.* 2 (2019), 323-324, Paulo Olavo Cunha, *O contrato de suprimento* cit., 68-69 e *id.* (2019), 969.

[26] No sentido da sujeição a forma escrita da estipulação de juros remuneratórios no contrato de suprimento, por força do disposto no § 1.º do 102.º do CCom ("A taxa de juros comerciais só pode ser fixada por escrito"), Abílio Neto, *Notas práticas ao CSC* (1989), 349, e Miguel Pupo Correia (2018), 231-232; na jurisprudência, RCb 30-jun.-1998 (Silva Freitas), CJ XXIII (1998) 3, 39-43 = em António Abrantes Geraldes (2008), 358-362; diferentemente, aplicando o 559.º/2 do CC, Francisco Rodrigues Rocha, *(I)limitação da taxa de juros remuneratórios* cit., 65-66. Em geral, sobre a redução a escrito da convenção de juros comerciais, Luiz da Cunha Gonçalves 1 (1914), 193, José de Oliveira Ascensão, *Direito comercial* 1 (1999), 388-391, António Menezes Cordeiro, *Direito comercial*, 5.ª ed. (2022), 237-238, Jorge Coutinho de Abreu, *Curso de Direito comercial* 1 (2019), 71, José Engrácia Antunes, *Direito dos contratos comerciais* (2009), 241-242, Manuel Januário da Costa Gomes, *Contratos comerciais* (2012), 63-64. No sentido da aplicação aos suprimentos da taxa legal supletiva dos juros civis (559.º do CC), por considerar inaplicáveis os 102.º, §§ 3.º e 5.º, do CCom e 3.º *b*) do DL 62/2013, de 10-mai., Madalena Perestrelo de Oliveira, *A (i)limitação da convenção de juros* cit., 550-551 e Francisco Rodrigues Rocha, *(I)limitação da taxa de juros remuneratórios* cit., 66-77, *max.* 75-76. No sentido da aplicação da taxa legal de juros comerciais em virtude da remissão do 395.º, § único, do CCom, A. Luís Gonçalves, anot. STJ 19-dez.-1975 (Eduardo Arala Chaves), RDES 22 (1975), 303-307 e STJ 19-dez.-1975 (Eduardo Arala Chaves), Proc. 65747, BMJ 252 (1976), 148-155. Sobre o regime fiscal dos suprimentos e respetivos juros (23.º-A/1, *m*), e 97.º/1, *h*), do CIRC e 7.º/1, i), do CIS), *e. g.*, Alexandre Mota Pinto, *A prestação de contas* cit., 111-117, Paulo Olavo Cunha (2019), 972-974, *id.*, *O contrato de suprimento* cit., 53-76 ou Helena Salazar/Margarida Azevedo/Nuno Alonso Paixão, *Prestações acessórias* cit., 85-95. Para efeito do 23.º-A/1, *m*), do CIRC, a taxa de juro anual a aplicar ao valor dos suprimentos corresponde à Euribor a 12 meses acrescida de *spread* de 2% ou, quando se tratar de suprimentos a pequenas e médias empresas na aceção do anexo ao DL 373/2007, de 6-nov., à Euribor a 12 meses acrescida de *spread* de 6%: art. único/1 e 2 da Portaria 279/2014, de 30-nov.

[27] Sujeitos aos limites do 1146.º/1 a 4 do CC por remissão expressa dos 102.º, § 2.º, do CCom e 559.º-A do CC. *Vide* Francisco Rodrigues Rocha, *(I)limitação da taxa de juros remuneratórios* cit., 59-63. Em sentido contrário, Madalena Perestrelo de Oliveira, *A (i)limitação da convenção de juros* cit., 549-556.

[28] Carlos Pamplona Corte-Real, *Dos suprimentos*, 68, 199, Raúl Ventura, *Sociedades por quotas* 2, 125, Alexandre Mota Pinto, *Do contrato de suprimento*, 379-380, *id.*, em *Código em comentário* 3, 664-666, Coutinho de Abreu 2 (2019), 322, Miguel Pupo Correia (2018), 231-232, João Pedro Oliveira Martins, *Os suprimentos no financiamento societário*, 72-73; na jurisprudência, *e. g.*, RGm 20-Set.-2007 (Rosa Tching), Proc. 887/07, STJ 31-jan.-2017 (Fernandes do Vale), Proc. 1374/12; contra, João Aveiro Pereira, *O contrato de suprimento*, 91-94, António Vieira Cura, *Contrato-promessa de cessão de quota*, 321-324, e

do procedimento deliberativo comum[31], um procedimento simplificado através da comunicação da "conversão" de créditos de suprimentos[32] registados no último balanço por parte do sócio de SPQ que, isolada ou conjuntamente, reúna a maioria de votos necessária à alteração do contrato[33], a que se segue a sua comunicação no prazo de 10 dias pela gerência aos demais sócios para, querendo, se oporem por escrito dentro de igual prazo (87.º/4 e 5[34]). É suficiente para verificação da entrada por "conversão" de suprimentos declaração do contabilista certificado ou do ROC, que mencione constar a quantia dos regimes contabilísticos, a sua proveniência e data[35]; tal declaração integra a documentação sujeita a publicidade podendo publicar-se apenas menção do seu depósito no registo comercial (89.º/4 e 5)[36].

Deolinda Aparício Meira, *O contrato de suprimento*, 162; este ponto bem poderia ter ficado exarado no Código de 1986. De todo o modo, ele é acolhido na jurisprudência.

[29] Assim, *e. g.*, Raúl Ventura, *Alterações do contrato de sociedade* (1988), 141, Paulo de Tarso Domingues, *Variações sobre o capital social* (2009), 224-232, Armando Triunfante, *O regime das entradas na constituição das sociedades por quotas e anónimas* (2014), 420-429, José Ferreira Gomes, *Alterações* cit., 27-28, *id.*, *A alteração* cit., 539-541, e os pareceres do Conselho Consultivo do IRN, Proc. 64/93 R.P.4 e R. Co. 52/2005 DSJ-CT (com declaração de voto). Diferentemente, no sentido da sua qualificação como entradas em dinheiro, a DRA 841 da OROC.

[30] Embora frequente na prática, a sua admissibilidade era discutida na doutrina. Cf., em sentido positivo, desde que respeitado o regime de avaliação das entradas em espécie, considerando extinto o crédito por confusão em vez de compensação, Raúl Ventura, *Alterações* cit., 141, Maria Ângela Bento Soares, *O aumento do capital*, em *Problemas do Direito das Sociedades* (2002), 245, nt. 18, Paulo de Tarso Domingues, *Do capital social* (2004), 81-83, *id.*, *O regime das entradas no Código das Sociedades Comerciais*, RFDUP 3 (2006), 702-708, *id.*, *O aumento do capital social com créditos*, n'*O Direito do balanço e as normas internacionais de relato financeiro* (2007), 129-134, *id.*, *O regime das entradas dos sócios com créditos*, CSC/20 anos 1 (2007), 794-797, *id.*, *Variações* cit., 224-232, *id.*, *Código em comentário* 1 (2017), 480-484 e 457-459, *id.*, *Código em comentário* 2 (2015), 76, Armando Triunfante, *O regime das entradas* cit., 420-429, José Ferreira Gomes, *Alterações* cit., 25, *id.*, *A alteração* cit., 538, e, na jurisprudência, STJ 22-out.-1998 (Roger Lopes), Proc. 98B429, RPt 18-nov.-1997 (Lemos Jorge), Proc. 9521269, CJ XXII (1997) 5, 188; em sentido também positivo, mas considerando-o extinto por novação objetiva, Francisco Neves Marques de Carvalho, *O aumento de capital por entradas em espécie, em particular com créditos sobre a sociedade*, nos *Temas de Direito das Sociedades* (2011), 299-353; em sentido tendencialmente negativo, *e. g.*, Fernando Oliveira e Sá, *A transformação de créditos em capital e o problema das entradas em espécie ocultas*, em CSC/20 anos 2 (2007), 672-673, 686 e 700, e Francisco Mendes Correia, *CSCAnot* (2020), 394-395; cf. também as observações críticas de Rui Pinto Duarte, *A intemperança legislativa no Direito das Sociedades, II Congresso DSR* (2012), 574-575. A possibilidade de "conversão" de suprimentos em aumento de capital era já expressamente prevista, como providência específica do plano de insolvência, pelos 198.º/1, *b*), e 203.º do CIRE. Cf., *e. g.*, Luís Carvalho Fernandes/João Labareda, *Código da Insolvência* cit., 727-728 e 745-748, e, durante a vigência do CPEREF, STJ 29-mai.-2000 (Abílio Vasconcelos), Proc. 00B1836, BMJ 498 (2000), 201.

[31] Cf. sobre os termos da articulação entre um e outro procedimento Rui Pinto Duarte, *A conversão em capital social de suprimentos e de outros créditos – Notas sobre o Dec.-Lei 79/2017, de 30 de junho, e sobre um projeto legislativo relativo à conversão de créditos de terceiros em capital social*, no *IV Congresso de Direito da Insolvência* (2017), 325 e 327.

[32] Considera suprimentos para efeito do novo regime de aumento de capital todos os créditos como tal registados no último balanço aprovado ainda que sem caráter de permanência Rui Pinto Duarte, *A conversão em capital social de suprimentos* cit., 324-325.

[33] Críticos da solução legal, José Ferreira Gomes, *A alteração* cit., 536-537 (por dar azo a abuso dos sócios maioritários e a aumento da litigiosidade, não se justificando em função da pouca maior celeridade introduzida), e Rui Pinto Duarte, *A conversão em capital social de suprimentos* cit., 330-331 (por corresponder a uma situação-tipo pouco frequente e não ser prevista, em alternativa à oposição, a possibilidade de participação dos outros sócios no aumento).

[34] Na redação do DL 79/2017, de 30-jun., objeto da Declaração de Retificação 21/2017, de 18-ag., que aditou também ao 89.º os n.os 4 e 5. O diploma em questão foi antecedido da alteração do 41.º-A/1 e 2, *a*) e *c*), do Estatuto dos Benefícios Fiscais pelo 224.º da L 42/2016, de 28-dez., que estendeu aos suprimentos o regime de dedução na determinação do lucro tributável das entidades aí previstas de uma importância correspondente à remuneração convencional do capital social. *Vide* Rui Pinto Duarte, *A conversão em capital social de suprimentos* cit., 328-331.

[35] Crítico da solução legal que pretere o valor real em favor do contabilístico, José Ferreira Gomes, *A alteração* cit., 538-545, equacionando a aplicação do regime do erro na avaliação da entrada (25.º/3), da responsabilidade civil do sócio perante os credores e dos gerentes perante a sociedade e credores (72.º/1, 78.º/1 e 483.º/1), a par da responsabilidade criminal (509.º/1).

[36] Defendem a circunscrição das normas dos 89.º/4 e 5 às SPQ José Ferreira Gomes, *A alteração* cit., 545-546 (por articulação sistemática com o 87.º/4 e 5 e harmonização

9 5. **Transmissibilidade.** O crédito de suprimentos é transmissível, nos termos gerais do 577.º/1, do CC; quando transmitido a um não-sócio mantém, não obstante, a precisa qualidade que tinha inicialmente (cf. também o 585.º do CC)[37]; além disso, ele tem autonomia, não se transmitindo automaticamente com a quota[38].

Capítulo V – Deliberações dos sócios

Artigo 246.º (Competência dos sócios)

1. Dependem de deliberação dos sócios os seguintes atos, além de outros que a lei ou o contrato indicarem:

a) A chamada e a restituição de prestações suplementares;

b) A amortização de quotas, a aquisição, a alienação e a oneração de quotas próprias e o consentimento para a divisão ou cessão de quotas;

c) A exclusão de sócios;

d) A destituição de gerentes e de membros do órgão de fiscalização;

e) A aprovação do relatório de gestão e das contas do exercício, a atribuição de lucros e o tratamento dos prejuízos;

f) A exoneração de responsabilidade dos gerentes ou membros do órgão de fiscalização;

g) A proposição de ações pela sociedade contra gerentes, sócios ou membros do órgão de fiscalização e bem assim a desistência e transação nessas ações;

h) A alteração do contrato de sociedade;

i) A fusão, cisão, transformação e dissolução da sociedade e o regresso de sociedade dissolvida à atividade.

2. Se o contrato social não dispuser diversamente, compete também aos sócios deliberar sobre:

a) A designação de gerentes;

com o 10.º da 2.ª Diretriz de direito das sociedades) e Rui Pinto Duarte, *A conversão em capital social de suprimentos* cit., 322 e 326-327 (sublinhando as diferenças entre o projeto, a versão do DL 79/2017 e a Retificação 21/2017). Na jurisprudência, *vide* RPt 15-nov.-2018 (Anabela Tenreiro), Proc. 357/17.4T8AMT.P1.

[37] Carlos Pamplona Corte-Real, *Dos suprimentos*, 80-81, Raúl Ventura, *Apontamentos para a reforma das sociedades por quotas de responsabilidade limitada*, BMJ 182 (1969), 138-139, *id.*, *Sociedades por quotas* 2, 95, João Aveiro Pereira, *O contrato de suprimento*, 71-73, Alexandre Mota Pinto, em *Código em comentário* 3, 643, *id.*, *Cessão de créditos de suprimentos* cit., 294-295, Rui Pinto Duarte, *Contribuições dos sócios*, 246-247, Deolinda Aparício Meira, *O contrato de suprimento*, 153-154, João Pedro Oliveira Martins, *Os suprimentos no financiamento societário*, 62-63, Paulo de Tarso Domingues, *As diferentes formas de financiamento societário* cit., 781; na jurisprudência, RPt 8-mai.-1998 (Gonçalves Ferreira), BMJ 478 (1998), 451.

[38] Raúl Ventura, *Apontamentos para a reforma das sociedades por quotas de responsabilidade limitada*, BMJ 182 (1969), 135, *id.*, *Sociedades por quotas* 2, 134-135, João Aveiro Pereira, *O contrato de suprimento*, 73-75, António Vieira Cura, *Contrato-promessa de cessão de quota*, 319, Alexandre Mota Pinto, *Do contrato de suprimento*, 286, *id.*, *Cessão de créditos de suprimentos* cit., 292-294, Deolinda Aparício Meira, *O contrato de suprimento*, 154, Nuno de Oliveira Garcia/Rita Carvalho Nunes, *Suprimentos e respectiva cessão*, 467-468, Alexandre de Soveral Martins, *Cessão de quotas*, 2.ª ed. (2016), 42; RLx 20-abr.-2010 (Maria do Rosário Morgado), Proc. 79/2002, RPt 22-mar.-2012 (Leonel Serôdio), Proc. 2207/08, RPt 15-jan.-2019 (Maria Cecília Agante), Proc. 5211/17.7T8VNG.P1. Sobre a natureza e eficácia de cláusula de reconhecimento negativo de crédito de suprimentos (com o seguinte teor: "O primeiro outorgante reconhece não ser credor, actualmente, da sociedade, em especial a título de suprimentos que lhe tenha feito"), inserida em contrato-promessa de cessão de quota, *vide* António Vieira Cura, *Contrato-promessa de cessão de quota*, 299 ss..

b) **A designação de membros do órgão de fiscalização;**
c) **A alienação ou oneração de bens imóveis, a alienação, a oneração e a locação de estabelecimento;**
d) **A subscrição ou aquisição de participações noutras sociedades e a sua alienação ou oneração.**

Bibliografia: Jorge Coutinho de Abreu, *246.º*, *Código em Comentário* 4 (2017), 15-24; António Menezes Cordeiro 2 (2016), 401-416; A. Ferrer Correia/Vasco Lobo Xavier/Maria Ângela Coelho/António A. Caeiro, *Sociedade por quotas de responsabilidade limitada/Anteprojecto de Lei – 2.ª redacção*, separata RDE (1971 e 1979), 116-119; Raúl Ventura, *Sociedades por quotas*, II (1989), 153-309.

Vide a bibliografia indicada nas introduções aos artigos 53.º a 63.º e 373.º a 389.º, bem como as respetivas anotações.

Índice

I – **Origem e preparatórios**
1. LSQ 1901 1
2. Preparatórios 3

II – **Sentido geral e bipartição**
3. Sentido geral 4
4. Bipartição 5

III – **Outras competências**
5. Atos auto-suficientes 6
6. Atos a concretizar 7
7. Atos de gestão 8

IV – **Casuística (pontos duvidosos)**
8. Exclusões e destituições 9
9. Ações de responsabilidade 10
10. Providências cautelares 11
11. Alienação e oneração 12
12. Insolvência 13

I – Origem e preparatórios

1. **LSQ 1901** contినha um capítulo IV, Das deliberações sociaes (35.º a 40.º), abrindo logo com a competência (35.º), na linha do § 46 do GmbHG: 1

> Dependem de deliberação dos socios o balanço annual, a chamada e o reembolso de prestações supplementares, a divisão e a amortização de quotas, a nomeação e a exoneração dos gerentes, a propositura e a desistencia de acções contra estes ou quaesquer socios, e a representação da sociedade nas acções contra aqueles[1].

Esta enumeração era exemplificativa[2], devendo ser completada: 20.º (fundos de reserva), 33.º (designação do conselho fiscal) e 50.º (emissão de obrigações). 2

2. **Preparatórios**. Os diversos projetos (Raúl Ventura, 62.º; Vaz Serra, 102.º e Ferrer Correia, 100.º)[3] foram ampliando a lista de atos sujeitos a deliberação dos sócios. O de Ferrer Correia, influenciado pelo § 77.º do projeto de nova lei alemã de sociedades por quotas, abandonado há trinta anos pela sua excessiva complicação, inspirou claramente o projeto do CSC (249.º)[4]. 3

II – Sentido geral e bipartição

3. **Sentido geral**: o 246.º usa "dependem" por a generalidade dos atos nele incluídos carecer de atos de execução, a levar a cabo pelos gerentes. 4

[1] Colp 1901 (1902), 99/II.
[2] Ferrer Correia/Lobo Xavier/Ângela Coelho/António Caeiro, *Sociedade por quotas*, 115-116 e 117.
[3] Raúl Ventura, *Sociedades por quotas*, 2, 154-155, transcrevendo os textos.
[4] BMJ 327 (1983), 189-190.

5 4. **Bipartição**: a lei distingue matéria da competência injuntiva dos sócios (246.º/1) e matéria supletivamente a cargo dos mesmos sócios (246.º/2). As indicações legais não são taxativas: a lei comete, em diversos preceitos, competência aos sócios para outros atos, nomeadamente no 259.º, quanto a atos concretos de gestão. Haverá ainda que atender a eventuais competências estatutárias (corpo do 246.º/1).

III – **Outras competências**

6 5. **Atos auto-suficientes**[5]: a deliberação surte logo o efeito pretendido: 221.º/6 (consentimento para divisão); 230.º/2 (*idem*, para cessão); 234.º (amortização); 241.º/2 (exclusão)[6], 157.º/2 (designações e destituições); 246.º/1 (aprovação do relatório e exoneração de responsabilidade).

7 6. **Atos a concretizar** pela gerência: 211.º a 213.º (chamada e restituição de prestações complementares); 220.º (aquisição, eliminação e oneração de quotas próprias); 246.º (várias hipóteses); atos a executar: alterações do pacto, transformação, dissolução e regresso à atividade e conclusão de contratos[7].

8 7. **Atos de gestão**: os sócios podem dar instruções à gerência, sobre atos concretos de administração[8], ainda que sem lhe retirar os poderes estatutários[9]. É inválida a cláusula estatutária que reserve aos sócios todo o poder decisório sobre assuntos de gestão, convertendo a gerência em mero órgão de execução[10].

IV – **Casuística (pontos duvidosos)**

9 8. **Exclusões e destituições**, de sócios e gerentes – 246.º/1, *c)* e *d)* – acabam por envolver ações contra eles – 246.º/1, *g)*: impõe-se, em regra, a deliberação[11]. Na falta dela, há exceção dilatória que implica absolvição da instância[12], sanável com a certidão da competente ata[13].

10 9. **Ações de responsabilidade** equivalem a direitos desta[14]; a desistência só pode ser homologada se for precedida de deliberação[15]; na falta desta, há absolvição do pedido[16].

11 10. **Providências cautelares** não são "ações" – 246.º/1, *g)*: o arresto de quota requerido pela sociedade não tem de ser precedido de deliberação[17]; mas a suspensão do gerente exige essa deliberação, a qual não pode ser judicialmente suprida[18].

12 11. **Alienação e oneração** de imóveis ou do estabelecimento – 246.º/2, *c)*: depende de deliberação, quando o pacto nada diga[19]; é válida a cláusula que atribua a competência aos

[5] RPt 2-dez.-1999 (João Vaz), CJ XXIV (1999) 5, 210-212 (212/I): a própria ata pode valer como título executivo.

[6] Rev 18-out.-2012 (António Manuel Ribeiro Cardoso), Proc. 2992/11.5TBSTB-A.E1.

[7] RPt 12-jan.-1993 (Matos Fernandes), BMJ 423 (1993), 599: não vale como fiança uma mera deliberação nesse sentido.

[8] António Menezes Cordeiro 2 (2016), 403-404; STJ 3-mai.-1995 (Figueiredo de Sousa), Proc. 086803.

[9] RLx 22-jun.-1993 (Dinis Nunes), Proc. 0072091.

[10] Jorge Coutinho de Abreu, *246.º*, 21.

[11] STJ 7-out.-2003 (Barros Caldeira), Proc. 03A323; STJ 11-jan.-2011 (Sebastião Póvoas), Proc. 801/06; RLx 1-fev.-2012 (Pedro Martins), 4130/11. É de admitir que possa ser excecionalmente dispensada a deliberação: *vide* REv 19-jan.-2012 (Mário João Canelas Brás), Proc. 76/08.2 – considerou-se dispensável a deliberação da sociedade para intentar a ação contra o sócio visto que a sociedade tinha apenas dois sócios com quotas iguais, a ação era proposta por um dos sócios em representação da sociedade e o sócio demandado estava inibido do exercício do direito de voto por se encontrar em situação de conflito de interesses com a sociedade (251.º/1). Sem prejuízo do disposto no 259.º e salvo estipulação estatutária em sentido diverso, a decisão de intentar ações não contempladas no 246.º/1 *g)* compete à gerência.

[12] RPt 23-mar.-1992 (Lúcio Teixeira), Proc. 9210035.

[13] RLx 29-abr.-1993 (Dinis Nunes), Proc. 0069191.

[14] STJ 19-nov.-1987 (Meneres Pimentel), BMJ 371 (1987), 473-489 (486).

[15] RPt 10-nov.-1994 (Augusto Alves), BMJ 441 (1994), 402.

[16] RPt 19-jun.-1995 (Brasão de Carvalho), Proc. 9450734.

[17] RPt 17-fev.-1997 (Guimarães Dias), Proc. 9651010.

[18] RCb 27-jun.-1995 (Francisco Lourenço), CJ XX (1995) 3, 51-56.

[19] STJ 13-out.-1993 (Faria Sousa), CJ/Supremo I (1993) 3, 62-63.

gerentes[20]; é possível a deliberação tácita: tomada pelos gerentes, únicos sócios[21]; não chega a competência estatutária, dada aos gerentes, para celebrar qualquer contrato[22].

12. **Insolvência**: sob a vigência do CPEREF, os gerentes não tinham o poder originário de a requerer[23]. Atualmente, em face do disposto no CIRE (6.º/1 a) e 19.º), a iniciativa de requerer a insolvência de uma sociedade por quotas cabe à gerência. Os sócios poderão também deliberar sobre essa matéria, mas não podem impedir a gerência de tomar a iniciativa de requerer a insolvência. 13

Esta solução poderá suscitar perplexidade, visto que o pedido de declaração de insolvência poderá conduzir à dissolução da sociedade que, em regra, depende de deliberação dos sócios (270.º). Contudo, é a única solução coerente com o reconhecimento de sanções aplicáveis aos gerentes quando estes incumpram o dever de apresentação à insolvência. 14

Artigo 247.º (Formas de deliberação)

1. Além de deliberações tomadas nos termos do artigo 54.º, os sócios podem tomar deliberações por voto escrito e deliberações em assembleia geral.

2. Não havendo disposição de lei ou cláusula contratual que o proíba, é lícito aos sócios acordar, nos termos dos números seguintes, que a deliberação seja tomada por voto escrito.

3. A consulta dirigida aos sócios pelos gerentes para os efeitos previstos na parte final do número anterior deve ser feita por carta registada, em que se indicará o objeto da deliberação a tomar e se avisará o destinatário de que a falta de resposta dentro dos 15 dias seguintes à expedição da carta será tida como assentimento à dispensa da assembleia.

4. Quando, em conformidade com o número anterior, se possa proceder a votação por escrito, o gerente enviará a todos os sócios a proposta concreta de deliberação, acompanhada pelos elementos necessários para a esclarecer, e fixará para o voto prazo não inferior a 10 dias.

5. O voto escrito deve identificar a proposta e conter a aprovação ou rejeição desta; qualquer modificação da proposta ou condicionamento do voto implica rejeição da proposta.

6. O gerente lavrará ata, em que mencionará a verificação das circunstâncias que permitem a deliberação por voto escrito, transcreverá a proposta e o voto de cada sócio, declarará a deliberação tomada e enviará cópia desta ata a todos os sócios.

7. A deliberação considera-se tomada no dia em que for recebida a última resposta ou no fim do prazo marcado, caso algum sócio não responda.

8. Não pode ser tomada deliberação por voto escrito quando algum sócio esteja impedido de votar, em geral ou no caso de espécie.

[20] STJ 13-abr.-1994 (Faria Sousa), CJ/Supremo II (1994) 2, 27-32 (30).

[21] STJ 22-nov.-1995 (Sousa Inês), BMJ 451 (1995), 460-468 (467).

[22] STJ 3-jun.-1997 (Ribeiro Coelho), Proc. 97A374.

[23] STJ 4-jul.-2002 (Quirino Soares), Proc. 02B2072.

Bibliografia: Jorge Coutinho de Abreu, *247.º*, *Código em Comentário* 4 (2017), 25-28; António Menezes Cordeiro 2 (2016), 404-407; A. Ferrer Correia/Vasco Lobo Xavier/Maria Ângela Coelho/António A. Caeiro, *Sociedade por quotas de responsabilidade limitada/Anteprojecto de Lei – 2.ª redacção*, separata RDE (1971 e 1979), 119-120; Hélder Quintas (2010), 412-421; Raúl Ventura, *Sociedades por quotas*, II (1989), 169-187.

Índice

I – **Origem e preparatórios**
1. LSQ 1901 1
2. Preparatórios 2

II – **Formas de deliberação**
3. Enunciado 3
4. Deliberações por voto escrito 4

I – Origem e preparatórios

1 1. **LSQ 1901**. Previa a assembleia geral (36.º), mas admitia que esta pudesse ser dispensada, havendo deliberação por escrito (§ 2.º).

2 2. **Preparatórios**. A orientação foi acolhida e desenvolvida nos diversos anteprojetos (Raúl Ventura, 54.º; Vaz Serra, 103.º; Ferrer Correia, 101.º)[1]. Com alterações no n.º 3, o texto geral surge no projeto[2].

II – Formas de deliberação

3 3. **Enunciado**. Quanto a SPQ, a lei admite: (a) deliberações unânimes por escrito (54.º/1, 1.ª proposição); (b) deliberações em assembleias universais (54.º/1, 2.ª proposição); (c) deliberações por concordância com proposta remetida por escrito (247.º/1 e 5); (d) deliberações em assembleia geral.

4 4. **Deliberações por voto escrito**. Não se confundem com as deliberações unânimes por escrito, genericamente previstas no 54.º/1, 1.ª proposição, requerendo que todos os sócios (a) participem na votação e (b) votem unanimemente no mesmo sentido.

5 As deliberações por voto escrito: (a) são, de facto, deliberações por concordância com proposta remetida por escrito, só possíveis nas SPQ[3] e que se assemelham a um referendo interno; (b) não exigem a participação de todos os sócios na votação (é suficiente que todos sejam convidados a exercer o direito de voto por essa forma e que todos a aceitem, dispensando a colegialidade); (c) não exigem que a proposta de deliberação seja aprovada por unanimidade[4].

6 As deliberações por voto escrito têm todo um procedimento: (a) acordo dos sócios, desde que não excluído por lei ou pelo pacto (247.º/2); (b) o gerente faz uma consulta por carta registada com a cominação de que a não-resposta em 15 dias é um assentimento à dispensa da assembleia (247.º/3); (c) quando ninguém se oponha, o gerente envia a todos a proposta e as informações convenientes (247.º/4); (d) o voto escrito deve identificar a proposta e concordar *in totum* ou não; qualquer modificação ou condicionamento envolve rejeição (247.º/5); (e) o gerente lavra ata onde transcreve tudo (247.º/6); (f) a deliberação tem a data da receção da última proposta ou um fim do prazo marcado, caso algum sócio não responda.

[1] Raúl Ventura, *Sociedades por quotas*, 2, 170-172, com os textos.

[2] BMJ 327 (1983), 190-191.

[3] STJ 18-mai.-2006 (Sebastião Póvoas), Proc. 06A1106.

[4] A lei permite também as deliberações por voto escrito nas SNC (189.º/1) e nas SC simples (474.º). Face às alterações em matéria de voto por correspondência introduzidas ao 384.º/9 na Reforma de 2006, alguma doutrina admite as deliberações por voto escrito também para as SA, mas é duvidoso: importa atender ao princípio da taxatividade das formas de deliberação, bem como ao facto de as deliberações por voto escrito serem tomadas em desvio ao "método de assembleia", sem contraditório quanto ao *thema decidendum* e (potencialmente) por (mera) maioria. *Vide*, porém, Pedro Maia, *Deliberações dos sócios*, 228 (n. 19), 229.

O processo é longo e pesado. Admitimos que os estatutos possam simplificá-lo: fundindo, p. ex., a "consulta" e a "proposta" e facultando comunicações eletrónicas. A vantagem: permite contornar o desinteresse e o absentismo, bem como poupar, aos sócios, o esforço de se deslocarem para uma assembleia geral. 7

Artigo 248.º (Assembleias gerais)

1. Às assembleias gerais das sociedades por quotas aplica-se o disposto sobre assembleias gerais das sociedades anónimas, em tudo o que não estiver especificamente regulado para aquelas.

2. Os direitos atribuídos nas sociedades anónimas a uma minoria de acionistas quanto à convocação e à inclusão de assuntos na ordem do dia podem ser sempre exercidos por qualquer sócio de sociedades por quotas.

3. A convocação das assembleias gerais compete a qualquer dos gerentes e deve ser feita por meio de carta registada, expedida com a antecedência mínima de 15 dias, a não ser que a lei ou o contrato de sociedade exijam outras formalidades ou estabeleçam prazo mais longo.

4. Salvo disposição diversa do contrato de sociedade, a presidência de cada assembleia geral pertence ao sócio nela presente que possuir ou representar maior fração de capital, preferindo-se, em igualdade de circunstâncias, o mais velho.

5. Nenhum sócio pode ser privado, nem sequer por disposição do contrato, de participar na assembleia, ainda que esteja impedido de exercer o direito de voto.

6. As atas das assembleias gerais devem ser assinadas por todos os sócios que nelas tenham participado.

Bibliografia: Jorge Coutinho de Abreu, *248.º*, *Código em Comentário* 4 (2017), 29-43; António Menezes Cordeiro 2 (2016), 407-410; David de Oliveira Festas, *Das Inibições de Voto dos Sócios por Conflito de Interesses com a Sociedade nas Sociedades Anónimas e por Quotas* (2015, policop.), 920-921; Branca Martins da Cruz, *Assembleias gerais nas sociedades por quotas* (1987); A. Ferrer Correia/Vasco Lobo Xavier/Maria Ângela Coelho/António A. Caeiro, *Sociedade por quotas de responsabilidade limitada/Anteprojecto de Lei – 2.ª redacção*, separata RDE (1971 e 1979), 121-128; Hélder Quintas (2010), 421-431; Raúl Ventura, *Sociedades por quotas*, II (1989), 189-204.

Vide a bibliografia relativa à assembleia geral nas SA (373.º a 389.º).

Índice

1. LSQ e preparatórios 1
2. Alteração de 1987 2
3. Remissão e especialidades 3
4. Normas aplicáveis das SA 4
5. Casuística (pontos duvidosos)
(a) iniciativa da assembleia 5
(b) convocatória 6
(c) local da remessa da convocatória 7
(d) prazo da convocatória 8
(e) mesa da assembleia 9
(f) presença de sócios 10
(g) quórum deliberativo 11

1. **LSQ e preparatórios**. O 36.º, § 1.º, da Lei de 1901, remetia já a assembleia anual para as SA. Os preparatórios deram um grande desenvolvimento à matéria[1]: não se contava, ainda, com o articulado das SA, para o qual, mais tarde, se veio a remeter. No projeto, a matéria surge condensada[2], semelhante ao atual CSC. 1

[1] Raúl Ventura, *Sociedades por quotas*, 2, 190-193, com os textos.

[2] BMJ 327 (1983), 191-192.

2 2. **Alteração de 1987**: a redação original do n.º 3 exigia uma antecedência de 10 dias e referia "contrato" em vez de "contrato de sociedade"[3]; a redação atual adveio do DL 280/87, de 8-jul.[4].

3 3. **Remissão e especialidades**. A assembleia geral é o modo comum de deliberar. O 248.º/1 remete para as SA, em tudo o que não estiver especificamente regulado para as SPQ. As especificidades constam dos números 2 a 6. São elas: qualquer sócio pode exercer os direitos atribuídos aos acionistas minoritários, quanto à convocação e à inclusão de assuntos (248.º/2); (b) a convocação cabe a qualquer gerente, por carta registada com 15 dias de antecedência; o pacto social pode prever mais formalidades ou um prazo mais longo (248.º/3)[5]; (c) supletivamente, o presidente é o sócio que detiver ou representar mais capital ou, em igualdade, o mais velho (248.º/4); (d) mesmo impedido de votar, todo o sócio pode participar na assembleia (248.º/5)[6]; (e) as atas são assinadas por todos os sócios que participaram (248.º/6).

4 4. **Normas aplicáveis das SA**. A remissão do 248.º/1 para as assembleias gerais das SA obriga a passar em revista os artigos respetivos, verificando em que medida são aplicáveis. Assim: 373.º (forma e âmbito das deliberações): não aplicável, prevalecem os 247.º e 246.º; 374.º (mesa da assembleia geral): não aplicável, prevalecendo o 248.º/4; 374.º-A (independência da mesa): *idem*; 375.º (assembleias gerais de acionistas): é aplicável, com as adaptações prescritas no 248.º/2 e com adaptação dos órgãos; 376.º (assembleia geral anual): é aplicável, com adaptação dos órgãos; 377.º (convocação da assembleia): os n.os 1 a 4 não são aplicáveis, prevalecendo o 248.º/3; todavia, podemos admitir a convocação pelo conselho fiscal, quando exista (262.º/1), ou pelo tribunal; os n.os 5 a 8 são aplicáveis, com as adaptações dos órgãos; 378.º (inclusão de assuntos na ordem do dia): é aplicável, com as adaptações impostas pelo 248.º/2; 379.º (participação na assembleia): é aplicável, com as adaptações impostas pelo 248.º/5; 380.º (representação de acionistas): não é aplicável: prevalece o 249.º; 381.º (pedido de representação): é aplicável; 382.º (lista de presenças): é aplicável, embora se possa admitir mais simplicidade na sua execução; 383.º (quorum): é aplicável[7]; 384.º (votos): não é aplicável: prevalece o 250.º; 385.º (unidade do voto): é aplicável; 386.º (maioria): os n.os 1 a 4 não são aplicáveis, na medida em que prevalece o 250.º; o n.º 5 é aplicável; 387.º (suspensão da cessão): é aplicável; 388.º (atas): o n.º 1 é aplicável; o n.º 2 e o n.º 3 não são aplicáveis: prevalece o 248.º/6; 389.º (assembleias especiais de acionistas): não é aplicável.

5 5. **Casuística (pontos duvidosos)**: (a) **iniciativa da assembleia**: cabe a cada sócio (248.º/2) mas este deve justificar a sua pretensão, quando a peça à gerência[8];

[3] DR I Série, n.º 201, de 2-set.-1986, 2338/II.

[4] DR I Série, n.º 154, de 8-jul.-1987, 2661/II.

[5] A convocação compete, em regra, a quem tenha poderes de gerência: ao gerente único, quando a gerência seja singular; ao liquidatário, nas sociedades em liquidação (152.º/1); e a qualquer sócio, quando os sócios assumam esses poderes (253.º/1 e 2).

[6] Injuntivo: RLx 21-set.-2004 (Ana Grácio), CJ XXIX (2004) 4, 87-91 (89/II).

[7] Contra: Raúl Ventura, *Sociedade por quotas* cit., 2, 204.

[8] RLx 26-fev.-2004 (Maria José Mouro), Proc. 10252/ /2003-2. É insuficiente a indicação de que os *thema decidenda* cabem na competência dos sócios (contra: Jorge Coutinho de Abreu, *248.º*, 32). Mas a justificação poderá ser sumária, enunciando, em traços gerais, a necessidade da assembleia. O pedido de convocação só deverá ser indeferido quando a gerência esteja em condições de determinar que o pedido é extemporâneo ou abusivo (neste sentido, também Jorge Coutinho de Abreu, *248.º*, 32). Em caso de conflito entre sócios-gerentes e não gerentes, o indeferimento do pedido de convocação é frequentemente utilizado como meio de defesa dos sócios-gerentes contra deliberações que lhes possam ser desfavoráveis (*v.g.* ações de responsabilidade, destituição, pedidos de informação). Nesse caso, importa ter presente que a convocação poderá ser efetuada pelo conselho fiscal, quando exista (262.º/1), ou pelo tribunal e que, em caso de indeferimento ilícito e culposo pelos sócios gerentes, estes ficam obrigados a indemnizar os danos causados.

(b) **convocatória**: cabe apenas aos gerentes (248.º/3)[9], sob pena de nulidade das deliberações[10]; 6
deve ser feita por carta registada[11], sendo irrelevante o aviso de receção se o sócio teve conhecimento da assembleia e nela compareceu[12] ou se ele dela se recusou a tomar conhecimento[13]; a falta de carta registada dá azo a mera irregularidade, sanável com a presença do próprio sócio[14];
(c) **local da remessa da convocatória**: deve ser enviada para a residência habitual, na falta de 7
outra indicação[15], mas não quando se saiba que ele estava ausente[16];
(d) **prazo da convocatória**: não inferior, imperativamente, a 15 dias (248.º/3)[17], sob pena de 8
dar azo a deliberações anuláveis[18]; esse prazo é-o para a expedição e não para a receção[19];
(e) **mesa da assembleia** (248.º/4): cabe-lhe gerir os trabalhos e recolher as deliberações, mas 9
se prevista no pacto[20]; pode alterar a ordem das questões a apreciar[21];
(f) **presença de sócios** (248.º/5): mesmo impedido de votar (nomeadamente por conflito de 10
interesses com a sociedade), o sócio pode estar presente[22], tendo o direito de participar na reunião, designadamente usando a palavra, colocando questões, pronunciando-se sobre as matérias sob apreciação, solicitando informações e formulando propostas[23]; só a própria assembleia, após discussão e votação, pode impedir que um sócio se faça acompanhar por advogado[24]; a não-participação do sócio convocado não admitido na sala torna as deliberações anuláveis[25];
(g) **quórum deliberativo**: a lei não o prevê, para SPQ[26]. 11

Artigo 249.º (Representação em deliberação de sócios)

1. Não é permitida a representação voluntária em deliberações por voto escrito.

2. Os instrumentos de representação voluntária que não mencionem as formas de deliberação abrangidas são válidos apenas para deliberações a tomar em assembleias gerais regularmente convocadas.

[9] STJ 21-mai.-1998 (Roger Lopes), Proc. 98B287; todavia, o gerente não tem de invocar essa sua qualidade: REv 11-dez.-2003 (Ana Luísa Geraldes), CJ XXVIII (2003) 5, 260-263 (262/I); o gerente destituído por decisão ainda não transitada pode convocar a assembleia geral: RCb 11-jan.-2005 (Virgílio Mateus), Proc. 2543/04.

[10] RPt 11-dez.-1997 (Oliveira Barros), Proc. 9631254.

[11] RLx 5-jun.-1996 (Andrade Raínho), BMJ 458 (1996), 389.

[12] STJ 5-jun.-1997 (Costa Marques), Proc. 97B315.

[13] RCb 28-abr.-1998 (Francisco Lourenço), BMJ 476 (1998), 499.

[14] RPt 15-mar.-1999 (Brasão de Carvalho), Proc. 9851 351.

[15] RLx 22-nov.-1990 (Cardona Ferreira), CJ XV (1990) 5, 121-124 (124/I) e RCb 17-mar.-1992 (Augusto Vieira), BMJ 415 (1992), 740. *Vide*, porém, RLX 5-jul.-2012 (Ilídio Sacarrão Martins), Proc. 765/07: não obstante a existência de indicação de uma outra morada, considerou-se válida a convocatória enviada para a sede da sócia.

[16] STJ 4-abr.-1993 (Araújo Ribeiro), CJ/Supremo I (1993) 3, 104-105 (105/II), com invocação da boa fé.

[17] RPt 20-jan.-1994 (Manuel Ramalho), Proc. 9320266.

[18] STJ 26-mai.-1994 (Pereira Cardigos), Proc. 085302.

[19] STJ 16-dez.-1999 (Lemos Triunfante), Proc. 99A966.

[20] STJ 9-fev.-1995 (Sousa Macedo), CJ/Supremo III (1995) 1, 72-75 (74). Quando o pacto não preveja uma mesa da assembleia geral e a figura do presidente da assembleia não esteja "institucionalizada" (*v.g.* através de designação por um determinado número de anos ou por atribuição de direito especial), há um presidente para cada reunião da assembleia geral, competindo-lhe zelar, com autonomia e independência, pelo regular funcionamento da assembleia (nomeadamente verificando a legitimidade dos sócios para o exercício do direito de voto) e conduzir os trabalhos. *Vide* Rev 17-jan.-2013 (António M. Ribeiro Cardoso), Proc. 252/09: cabe ao presidente da assembleia geral verificar a regularidade da representação de determinado sócio, não podendo essa decisão ser submetida à assembleia.

[21] REv 5-jun.-1995 (Óscar Cartola), CJ XX (1995) 3, 286-291 (289/II), embora a decisão, aqui, tenha sido da assembleia.

[22] RPt 28-mai.-1998 (Pires Condesso), BMJ 477 (1998), 570.

[23] David de Oliveira Festas, *Das Inibições de Voto dos Sócios por Conflito de Interesses com a Sociedade nas Sociedades Anónimas e por Quotas*, 920-921.

[24] RPt 4-jul.-1994 (Guimarães Dias), Proc. 9351289.

[25] RPt 25-out.-1994 (Metello de Nápoles), Proc. 9430244.

[26] STJ 4-mar.-2004 (Ferreira de Almeida), Proc. 04B019.

3. Os instrumentos de representação voluntária que não mencionem a duração dos poderes conferidos são válidos apenas para o ano civil respetivo.

4. Para a representação em determinada assembleia geral, quer esta reúna em primeira ou segunda data, é bastante uma carta dirigida ao respetivo presidente.

5. A representação voluntária do sócio só pode ser conferida ao seu cônjuge, a um seu ascendente ou descendente ou a outro sócio, a não ser que o contrato de sociedade permita expressamente outros representantes.

Bibliografia: António Menezes Cordeiro 2 (2016), 408-409; A. Ferrer Correia/Vasco Lobo Xavier/Maria Ângela Coelho/António A. Caeiro, *Sociedade por quotas de responsabilidade limitada/Anteprojecto de Lei – 2.ª redacção*, separata RDE (1971 e 1979), 129-130; Carolina Cunha/Ricardo Costa, *249.º*, *Código em Comentário* 4 (2017), 44-61; Hélder Quintas (2010), 431-435; Raúl Ventura, *Sociedades por quotas*, II (1989), 205-220.

Índice

1. LSQ e preparatórios 1
2. Representante (restrições) 3
3. Carta mandadeira 5
4. Âmbito 6

1 1. **LSQ e preparatórios**: a Lei de 1901 só permitia representações por outros sócios, exigindo ainda poderes especiais para modificações ou extinção (39.º, § 1.º).

2 Nos diversos anteprojetos (Raúl Ventura, 58.º; Vaz Serra, 113.º; Ferrer Correia, 107.º)[1], tentou-se alargar esse dispositivo; a ideia foi precisada no projeto (253.º)[2], semelhante à lei aprovada.

3 2. **Representante (restrições)**: na sequência de uma tradição restritiva, para a qual a participação social é *intuitu personae*, só pode ser representante voluntário o cônjuge, um ascendente ou descendente ou outro sócio, salvo se o contrato permitir outros (249.º/5): o contrato pode ampliar o círculo de possíveis representantes, mas não restringi-lo[3].

4 *A contrario*: na representação legal (menores ou interditos) poderá ser outra pessoa, enquanto na orgânica (pessoas coletivas) pode ser qualquer mandatário especial[4].

5 3. **Carta mandadeira**: dirigida ao presidente da assembleia geral (249.º/4), vale como instrumento de representação (procuração); subjacente poderá haver um mandato ou negócio equivalente, que implique instruções quanto ao modo de votar.

6 4. **Âmbito**: não é permitida a representação voluntária em deliberações por voto escrito (249.º/1), mas a representação legal e a orgânica são admissíveis. Os instrumentos que não refiram as formas de deliberação só valem para assembleias regularmente convocadas (249.º/2)[5] e não para as totalitárias. Os instrumentos que não mencionem a duração dos poderes valem apenas para o ano civil respetivo (249.º/3) e carta dirigida ao presidente só vale para aquela concreta reunião[6].

[1] Textos: Raúl Ventura, *Sociedades por quotas*, 2, 206.

[2] BMJ 327 (1983), 192.

[3] Raúl Ventura, *Sociedades por quotas*, 2, 216. Contra: Pedro Pais de Vasconcelos, *A participação social nas sociedades comerciais* (2006), 124-125, admitindo que em sociedades por quotas o contrato de sociedade possa proibir a representação voluntária na tomada de deliberações.

[4] As limitações do 249.º/5 não se aplicam a pessoas coletivas – *vide* Raúl Ventura, *Sociedades por quotas*, 2, 219; RLx 17-abr.-2008 (Isabel Canadas), Proc. 9676/2006-2.

[5] RLx 31-out.-2013 (Olindo Geraldes), Proc. 1317/12.7TYLSB-A.L1-2.

[6] RLx 4-mai.-1995 (Flores Ribeiro), Proc. 0073316.

Artigo 250.º (Votos)

1. Conta-se um voto por cada cêntimo do valor nominal da quota.

2. É, no entanto, permitido que o contrato de sociedade atribua, como direito especial, dois votos por cada cêntimo de valor nominal da quota ou quotas de sócios que, no total, não correspondam a mais de 20% do capital.

3. Salvo disposição diversa da lei ou do contrato, as deliberações consideram--se tomadas se obtiverem a maioria dos votos emitidos, não se considerando como tal as abstenções.

Bibliografia: Jorge Coutinho de Abreu, *250.º*, *Código em Comentário* 4 (2017), 62-68; António Menezes Cordeiro 2 (2016), 411-416; A. Ferrer Correia/Vasco Lobo Xavier/Maria Ângela Coelho/António A. Caeiro, *Sociedade por quotas de responsabilidade limitada/Anteprojecto de Lei – 2.ª redacção*, separata RDE (1971 e 1979), 130-134; Hélder Quintas (2010), 435-441; Raúl Ventura, *Sociedades por quotas*, II (1989), 221-250; David de Oliveira Festas, *Das Inibições de Voto dos Sócios por Conflito de Interesses com a Sociedade nas Sociedades Anónimas e por Quotas* (2015, policop.), 614 ss.

Índice

1. Origem 1
2. Preparatórios 2
3. Redações anteriores 3
4. Voto plural 4
5. Votos condicionados 5
6. Maioria 6
7. Exceções 7

1. **Origem**. A LSQ previa que as deliberações fossem tomadas à pluralidade de votos (39.º), correspondendo um voto por 25$000 réis de capital. 1

2. **Preparatórios**: surgiram várias ideias; para Raúl Ventura (55.º) e Vaz Serra (114.º), a cada 1000$ de capital corresponderia um voto; para Ferrer Correia, cada sócio teria um voto, mas com o valor relativo correspondente ao valor nominal detido (108.º/2)[1]. 2

3. **Redações anteriores**. Versão original do n.º 1[2]: conta-se um voto por cada 400$ de valor nominal de quota; DL 280/87, de 8-jul.: por cada 250$ de valor[3]; DL 257/96, de 31-dez.[4]: por cada 1$ de valor; DL 343/98, de 6-nov.: por cada cêntimo de valor[5]: todos estes diplomas alteraram, em conformidade, o n.º 2[6]. 3

4. **Voto plural**: é admitido, como voto duplo, mediante consignação no pacto social, como direito especial, desde que relativo a quota ou quotas que não correspondam a mais de 20% do capital social[7]. 4

5. **Votos condicionados**: não podem ser computados, somando-se a votos normais[8]: prevalece a ideia de homogeneidade dos votos. O "voto condicionado" é um voto contra. 5

[1] Textos em Raúl Ventura, *Sociedades por quotas* 2, 222.
[2] DR I Série, n.º 201, de 2-set.-1986, 2338/II.
[3] DR I Série, n.º 154, de 8-jul.-1987, 2662/I.
[4] DR I Série-A, n.º 302, de 31-dez.-1996, 4705/I.
[5] DR I Série-A, n.º 257, de 6-nov.-1998, 5941/I.
[6] As quotas têm o valor nominal mínimo de €1 (219.º/3). Contando-se um voto por cada cêntimo do valor nominal da quota, verifica-se que as quotas com o valor nominal mínimo conferem 100 votos: todos os sócios (ou contitulares de quota) das SPQ têm direito de voto. Nas sociedades anónimas pode haver acionistas sem direito de voto: 341.º ss.; 384.º/2.
[7] Sobre a correlação entre poder de voto e risco vide David de Oliveira Festas, *Das Inibições de Voto dos Sócios por Conflito de Interesses com a Sociedade nas Sociedades Anónimas e por Quotas*, 614 ss.
[8] RPt 21-dez.-1993 (Emérico Soares), CJ XVIII (1993) 5, 249-250.

6 6. **Maioria**. As deliberações são tomadas, em regra, por maioria absoluta (ou simples) dos votos emitidos[9], desconsiderando-se, no cômputo da maioria, as abstenções e os votos nulos. Todavia, a tomada da deliberação depende apenas da emissão de votos (ainda que nulos) e da sua aceitação (anda que indevida) pelo presidente da assembleia[10]. A deliberação será anulável por vício de procedimento caso os votos nulos sejam indispensáveis à subsistência da maioria deliberativa[11].

7 7. **Exceções**. A lei exige maiorias qualificadas nas deliberações sobre as seguintes matérias: transferência de sede para o estrangeiro (3.º/5); regresso à atividade de sociedade em liquidação (161.º/1 e 2); alterações do contrato (265.º/1)[12]; fusão, cisão e transformação da sociedade (265.º/3); dissolução (270.º/1).

Artigo 251.º (Impedimento de voto)

1. O sócio não pode votar nem por si, nem por representante, nem em representação de outrem, quando, relativamente à matéria da deliberação, se encontre em situação de conflito de interesses com a sociedade. Entende-se que a referida situação de conflito de interesses se verifica designadamente quando se tratar de deliberação que recaia sobre:

a) **Liberação de uma obrigação ou responsabilidade própria do sócio, quer nessa qualidade quer como gerente ou membro do órgão de fiscalização;**

b) **Litígio sobre pretensão da sociedade contra o sócio ou deste contra aquela, em qualquer das qualidades referidas na alínea anterior, tanto antes como depois do recurso a tribunal;**

c) **Perda pelo sócio de parte da sua quota, na hipótese prevista no artigo 204.º, n.º 2;**

d) **Exclusão do sócio;**

e) **Consentimento previsto no artigo 254.º, n.º 1;**

f) **Destituição, por justa causa, da gerência que estiver exercendo ou de membro do órgão de fiscalização;**

g) **Qualquer relação, estabelecida ou a estabelecer, entre a sociedade e o sócio estranha ao contrato de sociedade.**

2. O disposto nas alíneas do número anterior não pode ser preterido no contrato de sociedade.

Bibliografia: Jorge Coutinho de Abreu, *251.º*, *Código em Comentário* 4 (2017), 69-76; Paulo Câmara e outros, *Conflito de interesses no Direito societário e financeiro/Um balanço a partir da crise financeira* (2010); António Menezes Cordeiro 2 (2016), 413-416; David de Oliveira Festas, *Das Inibições de Voto dos Sócios por Conflito de Interesses com a Sociedade nas Sociedades Anónimas e por Quotas* (2015, policop.), *passim*; A. Ferrer Correia/Vasco Lobo Xavier/Maria Ângela Coelho/António A. Caeiro, *Sociedade por quotas de responsabilidade limitada/Anteprojecto de Lei – 2.ª redacção*, separata RDE (1971 e 1979), 131-132; Hélder Quintas (2010), 441-449; Pedro Pais de Vasconcelos, *A participação social nas sociedades comerciais*, 2.ª ed. (2006), 139 ss.; Raúl Ventura, *Sociedades por quotas*, II (1989), 275-309.

[9] Na designação de titulares de órgãos sociais, a lei admite que, havendo várias propostas ou listas, seja suficiente a maioria relativa (386.º/2, aplicável às SPQ *ex vi* 248.º/1).

[10] Outra solução atentaria gravemente contra a segurança jurídica: a sociedade e os sócios estariam sujeitos a que, em qualquer momento, apesar da aparência de deliberação, pudesse ser movida uma ação de simples apreciação com o intuito de declarar a inexistência da deliberação. *Vide* Raúl Ventura, *Sociedades por quotas* 2, 259 ss., 265.

[11] RCb 6-nov.-2012 (Henrique Antunes), Proc. 281/08.

[12] É permitido estipular no contrato de sociedade que este só pode ser alterado, no todo ou em parte, com o voto favorável de um determinado sócio, enquanto este se mantiver na sociedade (265.º/2).

Índice

1. LSQ e preparatórios 1
2. Dupla cláusula geral 3
3. Casuística 5

1. **LSQ e preparatórios**: a Lei das sociedades por quotas de 1901 previa (39.º, § 3.º): nenhum sócio, por si ou como mandatário, pode votar sobre assuntos que lhe digam diretamente respeito. O § 3.º do 39.º da LSQ teve vasta aplicação jurisprudencial e despertou o interesse da maior parte da literatura portuguesa[1]. 1

Posteriormente nos diversos anteprojetos (Raúl Ventura, 60.º; Vaz Serra, 114.º; Ferrer Correia, 109.º, 110.º) o tema foi largamente desenvolvido[2]. O projeto global (254.º) condensou a matéria[3]; previa uma alínea *f)*, relativa à remuneração do sócio como gerente, que desapareceu da versão final do CSC. Não referia, todavia, o princípio geral do 251.º/1, 1.ª parte, que, ainda que com diferenças de redação, todos os anteprojetos adotavam. 2

2. **Dupla cláusula geral**: o 251.º proíbe o voto em conflitos de interesses, com dupla cláusula geral: 251.º/1, 1.ª parte e 1, *g)*. Trata-se de uma concretização do princípio de proibição de exercício do direito de voto por sócios que estejam em situação de conflito de interesses com a sociedade, aplicável tanto nas situações específicas previstas expressamente por lei, como em situações não especificadas[4]. O princípio de proibição de voto por conflito de interesses com a sociedade surge também no 384.º/6 (SA, acionistas) e no 410.º/6 (SA, administradores)[5]. 3

A regra é imperativa (251.º/2) e assenta em vários fundamentos dogmáticos, nomeadamente no princípio de correção do processo de formação da vontade social, na proibição de atuação como "juiz em causa própria" e no dever de lealdade do sócio[6]. Visa-se a legitimação processual: o voto poderia ser seríssimo e, até, contrário ao próprio interesse do votante; todavia, faria pairar o alarido, a dúvida e a suspeição, o que a lei não pretende. 4

3. **Casuística**: as alíneas do 251.º/1 são meramente exemplificativas, havendo casos de fronteira. 5

O sócio pode votar: (a) na sua própria eleição, como gerente[7]; (b) na fixação do próprio 6
vencimento[8]; (c) quanto a relações entre a sociedade e o próprio cônjuge[9]; (d) quanto às contas, mesmo sendo ele gerente[10]; (e) quanto à amortização da própria quota tratando-se de amortização consentida pelo sócio (233.º, n.º 1 e 3), que surja em resultado do exercício do direito do

[1] Sobre esse percurso de desenvolvimento e concretização jurisprudencial do 39.º, § 3.º, da LSQ *vide* Raúl Ventura, *Sociedades por quotas* 2, 276-277; António Menezes Cordeiro 2 (2016), 411-412; David de Oliveira Festas, *Das Inibições de Voto dos Sócios por Conflito de Interesses com a Sociedade nas Sociedades Anónimas e por Quotas*, 266 ss..

[2] David de Oliveira Festas, *Das Inibições de Voto dos Sócios por Conflito de Interesses com a Sociedade nas Sociedades Anónimas e por Quotas*, 285 ss..

[3] BMJ 327 (1983), 193.

[4] Sobre o dever de não exercício do direito de voto dos sócios por conflito de interesses com a sociedade e a *ratio juris* unitária das inibições de voto de sócios por conflito de interesses nas sociedades anónimas e por quotas *vide* David de Oliveira Festas, *Das Inibições de Voto dos Sócios por Conflito de Interesses com a Sociedade nas Sociedades Anónimas e por Quotas*, 716 ss..

[5] No 176.º, n.º 1, do Código Civil proíbe-se também o associado de "votar, por si ou como representante de outrem, nas matérias em que haja conflito de interesses entre a associação e ele, seu cônjuge, ascendentes ou descendentes".

[6] David de Oliveira Festas, *Das Inibições de Voto dos Sócios por Conflito de Interesses com a Sociedade nas Sociedades Anónimas e por Quotas*, 631 s., 743 ss.

[7] RLx 16-mar.-1989 (Barbieri Cardoso), CJ XIV (1989) 2, 114-115 (114/II) e STJ 5-jun.-1997 (Costa Marques), Proc. 97B315.

[8] RCb 7-abr.-1994 (Francisco Lourenço), CJ XIX (1994) 2, 24-27 (26/II) e RPt 24-nov.-1997 (Azevedo Ramos), CJ XXII (1997) 5, 202-206 (205/I), embora possa incorrer em abuso, se se orientar pelo interesse próprio.

[9] STJ 28-set.-1995 (Henriques de Matos), BMJ 449 (1995), 388-394 (392).

[10] RPt 2-fev.-1998 (Azevedo Ramos), CJ XXIII (1998) 1, 201-203 (203).

sócio à exoneração (240.º, n.º 4) ou que tenha por base factos que não respeitem à pessoa ou ao comportamento do sócio[11].

7 O sócio não pode votar: (a) quanto à própria exclusão[12]; (b) quanto à exigibilidade, em concreto, de prestações suplementares[13]; (c) na deliberação que recaia sobre a prestação de consentimento, pela sociedade, à transmissão de participação social, caso seja transmitente ou transmissário[14]; (d) quanto à amortização da própria quota, quando esta surja em resultado de exclusão prévia desse sócio (241.º, n.º 2, 242.º, n.º 3, 251.º, n.º 1, d), se trate de amortização (forçada) de quota penhorada (239.º, n.º 2, e 251.º, n.º 1) ou a amortização (de quotas ou de ações) tenha "por fundamento causas relativas à pessoa ou ao comportamento do sócio" (*v.g.* a violação de deveres sociais)[15].

8 No tocante a inibições não previstas expressamente por lei, mau grado a sua natureza exemplificativa, exige-se uma proximidade valorativa com as constantes da lei[16].

CAPÍTULO VI – Gerência e fiscalização

Artigo 252.º (Composição da gerência)

1. A sociedade é administrada e representada por um ou mais gerentes, que podem ser escolhidos de entre estranhos à sociedade e devem ser pessoas singulares com capacidade jurídica plena.

2. Os gerentes são designados no contrato de sociedade ou eleitos posteriormente por deliberação dos sócios, se não estiver prevista no contrato outra forma de designação.

3. Para efeitos de registo da designação dos gerentes, deve ser apresentado documento comprovativo da designação e, quando deste não constem, declaração de aceitação da designação e declaração da qual conste não terem conhecimento de circunstâncias suscetíveis de os inibir para a ocupação do cargo.

4. A gerência atribuída no contrato a todos os sócios não se entende conferida aos que só posteriormente adquiram esta qualidade.

5. A gerência não é transmissível por ato entre vivos ou por morte, nem isolada, nem juntamente com a quota.

6. Os gerentes não podem fazer-se representar no exercício do seu cargo, sem prejuízo do disposto no n.º 2 do artigo 261.º.

7. O disposto nos números anteriores não exclui a faculdade de a gerência nomear mandatários ou procuradores da sociedade para a prática de determinados atos ou categorias de atos, sem necessidade de cláusula contratual expressa.

[11] David de Oliveira Festas, *Das Inibições de Voto dos Sócios por Conflito de Interesses com a Sociedade nas Sociedades Anónimas e por Quotas*, 885.

[12] STJ 9-fev.-1995 (Sousa Macedo), CJ/Supremo III (1995) 1, 72-75 (74/II) e RCb 24-jan.-2012 (Carlos Gil), Proc. 448/09.

[13] David de Oliveira Festas, *Das Inibições de Voto dos Sócios por Conflito de Interesses com a Sociedade nas Sociedades Anónimas e por Quotas*, 877.

[14] David de Oliveira Festas, *Das Inibições de Voto dos Sócios por Conflito de Interesses com a Sociedade nas Sociedades Anónimas e por Quotas*, 877 ss.

[15] David de Oliveira Festas, *Das Inibições de Voto dos Sócios por Conflito de Interesses com a Sociedade nas Sociedades Anónimas e por Quotas*, 884.

[16] RPt 11-out.-1993 (Antero Ribeiro), Proc. 9310502. David de Oliveira Festas, *Das Inibições de Voto dos Sócios por Conflito de Interesses com a Sociedade nas Sociedades Anónimas e por Quotas*, 716 ss.

Bibliografia: J.M. Coutinho de Abreu, *Curso de Direito Comercial* 2 (2019), 545 ss.; *Negócios entre a sociedade e partes relacionadas, in* DSR, ano 5, 9, (2013), 13-25; Pedro de Albuquerque, *A vinculação das sociedades comerciais anónimas e por quotas*, I, (2017); 9-53; António Pereira de Almeida (2013), 414 e ss.; José de Oliveira Ascensão (2000), 441 ss.; *Código das Sociedades (Projecto)*, BMJ 327 (1983), 45-339; António Menezes Cordeiro 2 (2017), 417 ss.; António Ferrer Correia/Vasco Lobo Xavier/Maria Ângela Coelho/ /António A. Caeiro, *Sociedades por quotas de responsabilidade limitada/Anteprojecto de lei – 2.ª redacção e exposição de motivos*, RDE 3 (1977), 370-390; Ricardo Costa/Carolina Cunha, em *Código em Comentário* 4 (2017), 77 e ss.; Paulo Olavo Cunha (2019), 771-794; *id.*, *Designação de pessoas coletivas para os órgãos de sociedades anónimas e por quotas, in* DSR, ano 1, 1, 2009, 165-213; Paulo de Tarso Domingues, *A vinculação das sociedades por quotas no CSC*, RFDUP (2004), 277-307; Jorge Henrique Pinto Furtado (2004), 333 ss.; João Sousa Gião, *Conflitos de interesses entre administradores e accionistas nas sociedades anónimas; os negócios com a sociedade e a remuneração dos administradores, in* Conflito de interesses no Direito societário e financeiro: um balanço a partir da crise financeira (2010), 137-267; Diogo Costa Gonçalves, *O governo das sociedades por quotas. Breves reflexões sobre a celebração de negócios entre a sociedade e o gerente, in* O governo das organizações. A vocação universal do *corporate governance* (2011), 95-123; José Ferreira Gomes, *Conflito de interesses entre accionistas nos negócios celebrados entre a sociedade anónima e o seu acionista controlador, in* Conflito de interesses no Direito societário e financeiro: um balanço a partir da crise financeira (2010), 101 e ss.; João Labareda, *Da designação das pessoas coletivas para cargos das sociedades comerciais*, em *Direito Societário Português – algumas questões* (1998), 959 e ss.; Alexandre Soveral Martins, *Representação Voluntária das Sociedades por quotas. A suficiência de uma procuração verbal ou talvez não. A ratificação salvadora ou antes pelo contrário, in* RLJ, ano 142, 3979 (2013), 275-283; *A aplicação do artigo 397.º às sociedades por quotas*, II Congresso DSR (2012), 557-570; Pedro Caetano Nunes, *Jurisprudência sobre o dever de lealdade dos administradores*, II Congresso DSR (2012), 191-207; Ana Perestrelo de Oliveira, *Manual de governo das sociedades* (2017), 250-251; João Regêncio, *Negócios com partes relacionadas e deveres de informação, in* DSR, ano 8, 15, (2015), 202-205; João Espírito Santo, *Sociedades por quotas e anónimas, vinculação: objecto social e representação plural* (2000); Raúl Ventura, *Sociedades por quotas* 3 (1991), 5-38.

Índice

I – **Antecedentes e preparatórios**
1. Antecedentes 1

II – **Teleologia e âmbito**
2. Teleologia geral 2

III – **O regime**
3. A representação orgânica e administração 3
4. Negócios com a sociedade 7
5. O número de gerentes 9
6. Separação entre a qualidade de sócio e de gerente 10
7. Gerentes como pessoas singulares 13
8. Designação dos gerentes 15
9. A intransmissibilidade 20
10. A inadmissibilidade de representação no exercício do cargo 21

I – Antecedentes e preparatórios

1. **Antecedentes**: os 26.º e 27.º da LSQ. A matéria era tratada no 85.º do anteprojeto de Ferrer Correia, no 88.º do anteprojeto de Vaz Serra e no 65.º do anteprojeto de Raúl Ventura[1] daí passando ao 256.º do Projeto final[2]. O n.º 3 foi aditado pelo DL 109-D/2021, de 9-dez., com alteração dos números subsequentes. 1

[1] Cf. os competentes textos em Raúl Ventura, *Sociedades por quotas*, 6-8.

[2] *Código das Sociedades (Projecto)*, BMJ 327 (1983), 194.

II – Teleologia e âmbito

2 2. **Teleologia geral**. O 252.º configura uma disposição de abertura do regime de um dos dois órgãos necessários na sociedade por quotas: a gerência da sociedade. Caracteriza a gerência pelo papel que deve desempenhar na sociedade: a ela cabe administrar e representar a sociedade, em termos que serão desenvolvidos nos 259.º, 260.º e 261.º. Deste preceito resulta também a relação de administração e a composição desse órgão. Regula, finalmente, certas vicissitudes que podem afetar a relação de administração, como a questão da transmissibilidade e a da representação.

III – O regime

3 3. **A representação orgânica e administração**. A sociedade, pela sua natureza, necessita de um processo que determine como se forma e manifesta a vontade que lhe é imputável: a representação orgânica. A primeira regra constante do 252.º/1 é a de que cabe à gerência, enquanto órgão da SPQ, formar e exprimir a vontade imputável à pessoa coletiva, com relevo nas relações internas, perante os demais órgãos sociais, mas com especial relevo nas relações com terceiros[3].

4 Por outro lado, o preceito esclarece que a gerência é o órgão que tem a seu cargo a administração da sociedade, para o que lhe são atribuídas determinadas competências orientadas para possibilitar a realização do objeto social, e que serão analisadas a propósito do 259.º. A administração pela gerência compreende, ainda, uma vertente de governo societário, respeitante aos processos de funcionamento e de tomada de decisões na sociedade[4].

5 Neste último âmbito, o CSC atribui certas competências específicas aos gerentes, entre as quais a competência para elaboração do relatório de gestão e contas do exercício e a elaboração da proposta para a sua aprovação na assembleia geral anual (65.º/1 e 5), e da proposta para a aplicação dos resultados do exercício (66.º/1/*f*)). Merece referência a competência dos gerentes para a convocação da assembleia dos sócios, seja por sua iniciativa (248.º/1 e 2, e 375.º/1); pela iniciativa de qualquer sócio (248.º/2); ou do revisor oficial de contas, se houver (262.º-A/3). Neste último âmbito, parece-nos claro que quando a iniciativa cabe ao sócio está em causa o exercício de um direito instrumental ao direito de participação nas deliberações sociais, inerente ao *status socii* e de importância central, pelo que embora o sócio tenha de justificar o pedido de convocatória, não caberá ao gerente formular qualquer juízo de mérito sobre esse motivo, devendo convocar a assembleia. Apenas poderá recusar-se a fazê-lo com fundamento na impossibilidade legal do pedido, porque os pontos a deliberar não são da competência dos sócios; ou com fundamento no dever de lealdade, designadamente porque, tendo em conta os custos para a sociedade resultantes da convocação da assembleia, a matéria poderá ser deliberada, sem prejuízo, na assembleia geral ordinária. Ao gerente não cabe avaliar o mérito sobre os assuntos a deliberar, de mesma forma que não caberá ao tribunal fazê-lo a propósito da convocação judicial, em caso de recusa injustificada do gerente na convocação da assembleia dos sócios.

6 A presença da gerência nas SPQ e as competências que o legislador lhe atribui não podem ser postas em causa por vontade dos sócios, em razão do princípio da tipicidade, constante do 1.º/2, que implica a necessidade de adoção dos órgãos administrativo-representativos previstos pelo legislador para cada um desses tipos[5].

[3] Ricardo Costa/Carolina Cunha, *Código em Comentário* 4 (2017), 81.

[4] Ricardo Costa/Carolina Cunha, *Código em Comentário* 4 (2017), 80.

[5] STJ 5-mar.-1992 (Tato Marinho), BMJ 415 (1992), 666 ss.. *Vide* artigo 1.º, 13-15.

4. **Negócios com a sociedade**. A relação de representação decorrente dos poderes de representação dos gerentes das SPQ tem necessariamente implicada o problema de conflito de interesses que pode surgir no caso de negócio consigo mesmo, problema esse de que dá conta o artigo 261.º, do CC, para a representação voluntária. O legislador não consagrou para as SPQ uma solução equivalente à do 397.º, para as sociedades anónimas, no qual encontramos a nulidade dos contratos de crédito e a nulidade dos demais contratos (excluídos da permissão do n.º 5), celebrados entre a sociedade e os seus administradores (diretamente ou por interposta pessoa), se não tiverem sido previamente autorizados por deliberação do conselho de administração, na qual o interessado não pode votar, e com o parecer favorável do conselho fiscal. A ausência de uma norma equiparável leva a questionar se não deverá ser aplicado o 397.º às SPQ, por analogia. Na minha perspetiva, sim[6], porque o problema de conflito de interesses se coloca, na mesma medida, em qualquer dos tipos de sociedades em causa. Por outro lado, subjacente à proibição dos negócios que não recaiam no âmbito do n.º 5 do artigo 397.º, incidem aspetos relacionados com a proteção de credores e de transparência e probidade nos negócios, associados ao dever de lealdade dos administradores (exatamente os mesmos que se colocam nas sociedades anónimas)[7], que afastam a hipótese de mera anulabilidade por aplicação do artigo 261.º do CC[8]. Nesse caso, havendo gerência plural e conselho fiscal, o negócio entre o gerente e a sociedade terá de ser autorizado pela maioria dos gerentes, sem intervenção do interessado, e mediante parecer do conselho fiscal. Na ausência de gerência plural ou do conselho fiscal, deverá ser autorizado por deliberação dos sócios. A função de supervisão inerente à exigência do artigo 397.º/2, *in fine* terá de ser exercida pelos sócios sempre que ela não possa ser exercida pela atuação maioritária da gerência, no exercício de funções de supervisão, e do órgão de fiscalização[9]. As proibições do artigo 397.º, devem ser aplicadas, ainda, por analogia, nos casos de dupla representação (entre duas sociedades representadas pelo mesmo gerente; e de "delegação" dos poderes de representação, como sucede se for constituído um procurador, ou pela sociedade representada, com intervenção do gerente, ou pelo gerente atuando em nome próprio)[10]. Parece-me que estas soluções decorrem de analogia *legis* com a regra constante do artigo 397.º, aplicada *mutatis mutandis*. 7

Regula-se ainda no n.º 1, a questão que inspira a epígrafe do artigo: a composição da gerência. Vamos analisar sucessivamente os diversos aspetos regulados: (a) o número de gerentes; (b) a separação entre qualidade de sócio e a administração da sociedade; (c) os gerentes como pessoas singulares. 8

5. **O número de gerentes**: a lei confere toda a liberdade de escolha aos sócios. A sociedade pode ser administrada e representada por um ou mais gerentes; a escolha é feita aquando da 9

[6] Ver sobre a questão, Diogo Costa Gonçalves, *O governo das sociedades por quotas. Breves reflexões sobre a celebração de negócios entre a sociedade e o gerente, in* O governo das organizações. A vocação universal do *corporate governance* (2011), 95-123; J.M. Coutinho de Abreu, *Negócios entre a sociedade e partes relacionadas, in* DSR, ano 5, 9, (2013), 17 e 20-22 e Alexandre Soveral Martins, *A aplicação do artigo 397.º às sociedades por quotas*, II Congresso DSR (2012), 562 e ss..

[7] Sobre a teleologia, *vide* o 397.º, 2.

[8] Embora a jurisprudência pareça inclinar-se para a hipótese de aplicação do artigo 261.º: RLx 10-out.-2006 (Isabel Salgado), Proc. n.º 4916/2006; RPt 5-fev.-2009 (Pinto de Almeida), Proc. n.º 0835545; STJ 27-mai.-2008, (Alberto Sobrinho) Proc. n.º 08B948.

[9] Por "outra instância de controlo", como sustenta J.M. Coutinho de Abreu, *Negócios entre a sociedade e partes relacionadas, in* DSR, ano 5, 9, (2013), 22. Para as sociedades anónimas com administrador único, foi essa a solução do Ac. da RG 27-fev.-2012 (Espinheira Baltar), Proc. n.º 243/10.

[10] Sobre a extensão do artigo 397.º, cfr. José Ferreira Gomes, *Conflito de interesses entre accionistas nos negócios celebrados entre a sociedade anónima e o seu acionista controlador, in* Conflito de Interesses no Direito Societário e Financeiro: um Balanço a partir da Crise Financeira (2010), 101 e ss..

constituição da sociedade ou posteriormente, podendo resultar de alterações ao contrato de sociedade.

10 6. **Separação entre a qualidade de sócio e de gerente**. Diz-se no n.º 1 que os gerentes podem ser escolhidos de entre estranhos à sociedade. Consagra-se a possibilidade de separação entre a qualidade de sócio e de gerente, uma regra que contribui para a eficiência na administração das sociedades e para a limitação dos custos sociais da responsabilidade limitada.

11 A liberdade de escolha do gerente, ou gerentes, de entre estranhos à sociedade faz sentido no quadro da responsabilidade limitada que este tipo de sociedades proporciona. De facto, se o sócio tivesse de responder para além do capital que investe na sociedade, quereria, presumivelmente, em todas as ocasiões, ser pessoalmente responsável pela condução dos negócios sociais, para eliminar o risco de agência. O risco envolvido seria demasiado elevado para que confiasse essa condução a terceiros. Isso mesmo é possível constatar pela solução estabelecida, em termos de administração, para as SNC (191.º).

12 A separação entre a qualidade de sócio e de administrador apresenta uma série de vantagens: (a) a profissionalização das estruturas de gestão: a gestão não fica a cargo dos sócios, e pelo simples facto de o serem, mas de um ou vários administradores profissionais. Esta separação implica, em princípio, pela negação do amadorismo, uma maior eficiência ao nível das decisões na condução dos negócios sociais; (b) a separação da qualidade de sócio e a de gerente coloca a continuidade do gerente nas mãos dos sócios, que aferirão dos benefícios da administração que esteja a ser feita, podendo destituí-lo se tal se justificar. Este aspeto, geralmente impulsionado quando se verifica liquidez das participações sociais, pela formação um "mercado pelo controlo da sociedade", implica o que já se designou pela "aversão dos administradores à adoção de riscos excessivos enquanto agentes da sociedade": os insucessos implicarão a diminuição do valor das participações sociais, o que poderá implicar uma alteração na sua titularidade, podendo colocar em risco a posição dos gerentes. Esta aversão ao risco permite que a regra da responsabilidade limitada se não transforme frequentemente em risco de dano para os terceiros credores da sociedade[11].

13 7. **Gerentes como pessoas singulares**. O 252.º/1 prescreve expressamente que os gerentes sejam pessoas singulares, em disposição semelhante para as SA (390.º/3). Poderia pensar-se que a proibição é absoluta, não sendo admissível a solução que consta no 390.º/4 para as SA, nos termos da qual uma pessoa coletiva poderia designar uma pessoa singular para exercer o cargo em nome próprio[12].

14 Não vemos justificação para que não se aplique analogicamente essa solução[13], sendo que, dessa forma, uma pessoa singular acaba, também, por emprestar à sociedade os elementos de que necessita: capacidade de entender e querer. Por outro lado, não vemos como poderia ser aplicável o disposto no artigo seguinte, sempre que os sócios fossem apenas pessoas coletivas[14], nem o que justificaria uma diferenciação entre eles, no caso de serem pessoas singulares e coletivas. A questão tem limitada relevância, tendo em conta a independência e inamovibilidade associada à nomeação, já que o gerente nomeado pela pessoa coletiva exerceria a gerência em nome próprio, exatamente como sucede nas SA, mas seria relevante, por exemplo, em matéria de respon-

[11] Sobre esta matéria, *vide* Diogo Pereira Duarte, *Aspectos do levantamento da personalidade colectiva nas sociedades em relação de domínio: contributo para a determinação do regime da empresa plurissocietária* (2007), 89 ss..

[12] Raúl Ventura, *Sociedades por quotas*, 12.

[13] Assim, Ricardo Costa/Carolina Cunha, *Código em Comentário* 4 (2017), 81-82. Contra, defendendo a nulidade da nomeação, António Pereira de Almeida (2013), 414.

[14] Assim, anteriormente, João Labareda (1998), 959.

sabilidade solidária da pessoa coletiva pelos atos do gerente (o que só joga em favor da sociedade e de terceiros) e quanto ao direito de substituição do gerente em caso de cessação antecipada do mandato da pessoa designada, tendo em conta o mandato pelo qual foi designada ou eleita a pessoa coletiva. Seja como for, temos para nós claro que este regime deve ser conformado pela prática registal, devendo, ao invés, a solução registal ser conformada pela solução substantiva.

8. **Designação dos gerentes**. O 252.º/2 refere como é feita a designação dos gerentes. Ela 15
pode resultar: (a) do contrato de sociedade; (b) de deliberação dos sócios; (c) de outra forma que o contrato preveja[15]. A estas soma-se, ainda, a nomeação judicial prevista no n.º 3 do artigo seguinte, para os casos de falta de gerente que seja necessário para a representação da sociedade.

Quanto à designação pelo contrato de sociedade, pode estar implicado o tema da atribui- 16
ção, ao sócio, de um direito especial à gerência (24.º/3), o que coloca problemas específicos em matéria da cessação da situação jurídica da administração[16].

No 252.º/4 consagra-se o entendimento de que, tendo sido atribuída a gerência a todos 17
os sócios no contrato de sociedade, essa designação não compreende os que apenas tenham adquirido a qualidade de sócios após esse momento.

Quanto à designação por deliberação dos sócios, ela está prevista no 246.º/2, *a*): a deli- 18
beração deve ser adotada pela maioria dos votos emitidos, nos termos gerais (250.º/3).

A relação jurídica de administração, implicada na gerência da SPQ, resulta da designação 19
por qualquer das formas anteriormente referidas e da aceitação por parte do gerente. Só depois de aceite, expressa ou tacitamente, a designação, se adquire a qualidade de administrador, sendo a aceitação verdadeira condição de eficácia da designação, já que a relação jurídica de administração é uma situação jurídica plurisubjetiva[17].

9. **A intransmissibilidade**. Consagra-se o carácter *intuitu personae* da gerência. A transmissibili- 20
dade da situação de gerência está afastada em razão da relação de confiança estritamente pessoal que o legislador pressupõe existir entre a sociedade e o gerente, o que motiva a sua designação. Qualquer ato de transmissão, quer entre vivos, quer *mortis causa*, será nulo, nos termos do 294.º do CC.

10. **A inadmissibilidade de representação no exercício do cargo**. No 252.º/6 limita-se 21
a possibilidade de o gerente se fazer representar no exercício do seu cargo. Ressalva-se, nesse mesmo número, por remissão para o 261.º/2, a delegação de poderes em algum ou alguns dos gerentes para determinados negócios ou espécie de negócio o que, em bom rigor, não respeita à representação no exercício do cargo, mas à distribuição de competências no caso de gerência plural por meio de delegação de competências, em termos equivalentes aos que sucede, no 407.º, para as sociedades anónimas. No n.º 7 esclarece-se que a gerência, apesar da proibição constante do número anterior, tem a possibilidade de constituir mandatários ou procuradores para a prática de determinados atos ou categorias de atos, sem necessidade de existência de cláusula contratual que o admita.

Os n.os 6 e 7 parecem, no entanto, confundir duas situações substancialmente distintas. 22
Uma primeira diz respeito à possibilidade de representação do gerente no exercício do cargo: claramente inadmissível (n.º 6)[18], a menos que tal "representação" configure, na realidade,

[15] Sobre esta possibilidade, com referências bibliográficas, cfr. Ricardo Costa/Carolina Cunha, *Código em Comentário* 4 (2017), 82-83.

[16] Sobre a questão, cfr. Menezes Cordeiro 2 (2017), 419.

[17] STJ 12-mar.-2015 (Maria Clara Sottomayor), Proc. 5995/03.

[18] Quando a procuração atribui poderes demasiado genéricos, e não respeita a limitação constante do n.º 6 do 252.º, no sentido de que deve respeitar à "prática de determinados atos ou categorias de atos", deve entender-se que, na medida em que, em substância, esvazia os poderes da gerência, recai no âmbito da proibição de representação no

a delegação, em um ou algum dos gerentes, de competência para a prática de determinados negócios ou espécie de negócio. Outra situação, substancialmente diferente, é a que se regula no n.º 7 e que diz respeito à representação da sociedade por procurador, mandatário ou trabalhador: evidentemente admissível, nos termos gerais, a menos que a situação em causa seja, por disposição da lei, um ato estritamente pessoal[18]. Funcionam, assim, as regras gerais relativas à representação voluntária. Designadamente, a sociedade pode ficar vinculada pela atuação de um representante sem poderes na medida em que tolere aquela aparente representação, já que se deve entender, nesse caso, que ratifica, de forma tácita, a atuação do representante sem poderes para efeitos do que se dispõe no artigo 268.º/1 e 2, do CC[20].

Artigo 253.º (Substituição de gerentes)

1. Se faltarem definitivamente todos os gerentes, todos os sócios assumem por força da lei os poderes de gerência, até que sejam designados os gerentes.

2. O disposto no número anterior é também aplicável no caso de falta temporária de todos os gerentes, tratando-se de ato que não possa esperar pela cessação da falta.

3. Faltando definitivamente um gerente cuja intervenção seja necessária por força do contrato para a representação da sociedade, considera-se caduca a cláusula do contrato, caso a exigência tenha sido nominal; no caso contrário, não tendo a vaga sido preenchida no prazo de 30 dias, pode qualquer sócio ou gerente requerer ao tribunal a nomeação de um gerente até a situação ser regularizada, nos termos do contrato ou da lei.

4. Os gerentes judicialmente nomeados têm direito à indemnização das despesas razoáveis que fizerem e à remuneração da sua atividade; na falta de acordo com a sociedade, a indemnização e a remuneração são fixadas pelo tribunal.

Bibliografia; António Pereira de Almeida (2013), 416; *Código das Sociedades (Projecto)*, BMJ 327 (1983), 45-339; António Menezes Cordeiro 2 (2017), 419-420; Ricardo Costa, *Código em Comentário* 4 (2017), 91 e ss.; António Ferrer Correia/Vasco Lobo Xavier/Maria Ângela Coelho/António A. Caeiro, *Sociedades por quotas de responsabilidade limitada/Anteprojecto de lei – 2.ª redacção e exposição de motivos*, RDE 3 (1977), 370--390; Raúl Ventura, *Sociedades por quotas* 3 (1991), 39-52.

exercício do cargo. No sentido da nulidade da procuração, na parte em que outorga poderes para o exercício indiscriminado dos poderes-deveres relativos à administração, representação ou vida interna da sociedade, veja-se RLx 30-abr.-1998 (António Soares), BMJ 476 (1998), 481. No mesmo sentido, decidiu-se em RPt 20-abr.-2009 (Teixeira Ribeiro), Proc. 16/08, que seria nula a procuração em que os dois únicos sócios e gerentes de uma sociedade por quotas conferem, em representação desta, poderes a um procurador para, além do mais, *"praticar todos os actos e contratos que forem necessários ou convenientes para a realização do objecto social da sociedade, nomeadamente (...) e, em geral, todos os poderes de gestão e representação que a gestão e defesa dos direitos e interesses da sociedade o exijam"*. No âmbito do mesmo processo, sobre a exclusão de admissibilidade de um "mandato geral" porque a procuração tem de ficar circunscrita "à prática de determinados atos ou categorias de atos", cfr. STJ 24-nov.-2009 (Fonseca Ramos), Proc. 16/09, justificando que o 256.º/ 2, *"que consagra o princípio da pessoalidade da gerência visa salvaguardar um núcleo intangível de poderes que não podem ser "delegados", sob pena de se perder tal pessoalidade que passaria, de modo completo e incontrolável para mandatários ou procuradores que, dispondo de poderes amplos, controlariam a gestão e representação da sociedade, à margem dos gerentes"*. No sentido de que, mesmo nesses casos, a sociedade pode ficar vinculada perante terceiros, por força da necessidade de tutela da confiança, RLx 7-mar.-2012 (Rui Vouga), Proc. 7/06.

[19] Raúl Ventura, *Sociedades por quotas* 3, 27 ss..

[20] Rlx 5-fev.-2015 (Teresa Pardal), Proc. 797/10.

Índice

I – Antecedentes
1. Antecedentes e preparatórios 1

II – Teleologia e âmbito
2. Teleologia geral... 2
3. O âmbito do artigo 3

III – O regime
4. Falta definitiva de todos os gerentes 4
5. A falta temporária de todos os gerentes 9
6. Falta de gerente que deva representar a sociedade nos termos do contrato de sociedade 10

I – Antecedentes

1. **Antecedentes e preparatórios**. O 32.° da LSQ, por remissão para o 31.°[1], aplicava o regime vigente para os diretores das SA. A matéria foi desenvolvida no 86.° do anteprojeto de Ferrer Correia, no 89.° do anteprojeto de Vaz Serra e no 66.° do anteprojeto de Raúl Ventura[2]. Daí passou ao 257.° do Projeto[3]. 1

II – Teleologia e âmbito

2. **Teleologia geral**. O preceito fixa a substituição dos gerentes, caso estes venham a faltar, definitiva ou temporariamente, e rege a eventual falta de gerente que, nos termos de disposição contratual, deva intervir para representar a sociedade. 2

3. **O âmbito do artigo**. Este preceito aplica-se nas situações de gerência singular e nas de gerência plural, prevista no 261.°. Trata, ainda, da substituição de gerentes quando não estejam previstas formas de substituição, nomeadamente pela existência de suplentes, o que se deve admitir por analogia com o 393.°[4]. 3

III – O regime

4. **Falta definitiva de todos os gerentes**. Nas situações de gerência plural, a falta definitiva ou temporária, de algum deles, determina apenas que os restantes subsistem nas suas funções, aguardando a substituição do faltoso (253.°/1 e 2). 4

Se faltarem definitivamente os diversos gerentes, todos os sócios assumem os poderes de gerência até à designação dos gerentes. Nesta situação que o preceito origina, deverão aplicar-se as regras relativas à gerência plural, previstas no 261.°. Raúl Ventura entende serem de aplicar, nesses casos, também as disposições contratuais que existam para as situações de gerência plural, já que tais estipulações manifestam a vontade dos sócios para o caso de gerência plural[5]. 5

No n.° 1, *in fine*, determina-se a cessação automática da substituição prevista na lei, por força de nova designação dos gerentes, na medida em que, nesse caso, deixa de se verificar o pressuposto da solução legal: a falta dos gerentes. 6

Quando os sócios sejam todos pessoas coletivas, e em razão do 252.°/1, a solução será a prevista no 390.°/4: as pessoas coletivas devem designar pessoas singulares que exercerão o cargo em nome próprio. 7

5. **A falta temporária de todos os gerentes**. O regime consagrado no n.° 1 é ainda aplicável nos casos de falta meramente temporária de todos os gerentes. Exige-se apenas, nesses casos, a 8

[1] COLP 1901, 99/II.
[2] Raúl Ventura, *Sociedades por quotas* 3, 43 ss..
[3] *Código das Sociedades (Projecto)*, BMJ 327 (1983), 194.
[4] Nesse sentido, cf. Raúl Ventura, *Sociedades por quotas* 3, 43 ss..
[5] Raúl Ventura, *Sociedades por quotas* 3, 47. Nesse sentido, RCb 14-out.-2008 (Virgílio Mateus), Proc. 419/07.

urgência da prática de um ato. Ou seja, a assunção, por força da lei, dos poderes de gerência tem como pressuposto que não seja possível esperar pela cessação da falta temporária dos gerentes. Nesse caso, devem os sócios atuar nesse ato urgente. Não havendo urgência, diversamente, devem esperar pela cessação da falta dos gerentes.

9 6. **Falta de gerente que deva representar a sociedade nos termos do contrato de sociedade**. São pressupostos deste preceito a ocorrência de uma gerência plural e, ainda, a existência de uma disposição contratual que torne indispensável a presença de determinado gerente, que falta definitivamente, para a representação da sociedade. Diz-se que um pressuposto é a "falta definitiva"[6], embora a lei não o tenha referido expressamente. E, de facto, as soluções legais apenas parecem compatíveis com a falta definitiva: (a) a caducidade da cláusula contratual; e (b) a nomeação judicial de um gerente. O regime a aplicar depende de saber se a estipulação contratual que torna essencial a intervenção de um gerente para a representação da sociedade é, ou não, nominal, isto é, se a cláusula especifica a necessidade de intervenção de um concreto gerente.

10 Se a cláusula for nominal, considera-se que caducou, isto é, a falta definitiva do nomeado configura o desaparecimento de um pressuposto dos efeitos da cláusula que impõe a intervenção de gerente nominalmente designado, o que determina a cessação da vigência dessa cláusula por impossibilidade do seu objeto; se, pelo, contrário, a cláusula não for nominal, pode qualquer sócio ou gerente requerer, ao Tribunal, a nomeação de gerente até que a situação seja regularizada, em processo de jurisdição voluntária previsto no 1053.° do CPC[7]. Os sócios têm assim, nas suas mãos, por alteração ao contrato de sociedade, ou por deliberação de eleição dos gerentes, a possibilidade de pôr termo à nomeação judicial que seja efetuada[8].

11 Neste último caso, consagra-se, no n.° 4, que o gerente nomeado judicialmente tenha direito a remuneração, independentemente do que esteja previsto contratualmente[9], e ao reembolso das despesas por si tidas como justificadas, e que na falta de acordo entre o gerente e a sociedade deverá ser o Tribunal a fixar os quantitativos devidos pela sociedade, podendo haver lugar à fixação judicial antecipada da remuneração, como se prevê no artigo 1053.°/ 3, do CPC.

Artigo 254.° (Proibição de concorrência)

1. Os gerentes não podem, sem consentimento dos sócios, exercer, por conta própria ou alheia, atividade concorrente com a da sociedade.

2. Entende-se como concorrente com a da sociedade qualquer atividade abrangida no objeto desta, desde que esteja a ser exercida por ela ou o seu exercício tenha sido deliberado pelos sócios.

3. No exercício por conta própria inclui-se a participação, por si ou por interposta pessoa, em sociedade que implique assunção de responsabilidade ilimitada

[6] Raúl Ventura, *Sociedades por quotas* 3, 50 e também Menezes Cordeiro 2 (2017), 420.

[7] Em caso de urgência, o direito a requerer a nomeação judicial de gerente poderá ser cautelarmente assegurado através de providência cautelar não especificada dependente da ação principal, proposta ou a propor, em processo de jurisdição voluntária. Cfr. RLx 21-dez.-2017 (Anabela Calfante), Proc. 3039/17.

[8] Como se pode verificar em Rpt 1-fev.-2011 (Guerra Banha), Proc. 302/10, a *"nomeação judicial para o cargo de gerente da sociedade comercial por quotas tem carácter excecional"*, e é uma *"nomeação precária e provisória que só subsiste até à designação de gerentes através dos mecanismos estatutários ou legais"*.

[9] Ricardo Costa/Carolina Cunha, *Código em Comentário* 4 (2017), 98.

pelo gerente, bem como a participação de, pelo menos, 20% no capital ou nos lucros de sociedade em que ele assuma responsabilidade limitada.

4. O consentimento presume-se no caso de o exercício da atividade ser anterior à nomeação do gerente e conhecido de sócios que disponham da maioria do capital, e bem assim quando, existindo tal conhecimento da atividade do gerente, este continuar a exercer as suas funções decorridos mais de 90 dias depois de ter sido deliberada nova atividade da sociedade com a qual concorre a que vinha sendo exercida por ele.

5. A infração do disposto no n.º 1, além de constituir justa causa de destituição, obriga o gerente a indemnizar a sociedade pelos prejuízos que esta sofra.

6. Os direitos da sociedade mencionados no número anterior prescrevem no prazo de 90 dias a contar do momento em que todos os sócios tenham conhecimento da atividade exercida pelo gerente ou, em qualquer caso, no prazo de cinco anos contados do início dessa atividade.

Bibliografia: A. Barreto Menezes Cordeiro, *Dever de não concorrência e dever de não utilização de bens pertencentes à sociedade – Anotação a STJ 30-Set-2014*, RDS VII (2015), 1, 161-188; António Menezes Cordeiro 2 (2017), 427-431; *Código das Sociedades (Projecto)*, BMJ 327 (1983), 45-339; António Ferrer Correia/ /Vasco Lobo Xavier/Maria Ângela Coelho/António A. Caeiro, *Sociedades por quotas de responsabilidade limitada/Anteprojecto de lei – 2.ª redacção e exposição de motivos*, RDE 3 (1977), 370-390; Paulo Olavo Cunha (2019), 782-783; *id.*, *Limitações à atividade concorrente dos gestores de sociedades comerciais, in* IV Congresso DSR (2016), 139-151; Alexandre Soveral Martins, *O exercício de actividades concorrentes pelos gerentes de sociedades por quotas*, BFD LXXII (1996), 315-344; *id.*, em *Código em Comentário* 4 (2017), 101 ss.; Raúl Ventura, *Sociedades por quotas*, 3 (1991), 53-63.

Vide a bibliografia indicada quanto ao 64.º, a introdução aos 72.º a 84.º-A e ao 398.º.

Índice

I – Antecedentes
1. Antecedentes e preparatórios 1

II – Teleologia e âmbito
2. Teleologia geral 2

III – O regime
3. Proibição de atividade concorrente 3
4. Presunção de concorrência 8
5. Atuação por conta própria e alheia 9
6. Concorrência pela participação em sociedade 10
7. Consentimento dos sócios e direitos da sociedade 11
8. A violação da proibição de concorrência 12

I – Antecedentes

1. Antecedentes e preparatórios. Como antecedente temos o 31.º da LSQ[1], que remetia para 1
o regime dos diretores das sociedades anónimas, regime esse que vedava aos diretores exercer pessoalmente comércio ou indústria iguais aos da sociedade (173.º, § 4, do CCom). A matéria foi objeto do 97.º do anteprojeto de Ferrer Correia[2], inspirado no 2390.º do *Codice Civile*. Daí passou ao 263.º do Projeto[3].

[1] COLP 1901, 99/II.

[2] *Vide* o texto em Raúl Ventura, *Sociedades por quotas* 3, 54.

[3] *Código das Sociedades (Projecto)*, BMJ 327 (1983), 197.

II – **Teleologia e âmbito**

2 2. **Teleologia geral.** As regras fundamentais em matéria de lealdade dos gerentes, relativamente à sociedade, estão consagradas no 64.°/1, *a*) e *b*)[4]; têm uma concretização específica em matéria de proibição de concorrência, no 254.°[5].

III – **O regime**

2 3. **Proibição de atividade concorrente.** O 254.°/1 proíbe aos gerentes o exercício de atividade concorrente com a da sociedade, a menos que esse exercício seja autorizado pelos sócios[6].

4 A primeira tarefa é a de apurar a suscetibilidade de uma situação de concorrência entre as duas atividades: seja de um ponto de vista material, seja de um ponto de vista geográfico. Perante o Direito da Concorrência, o mercado relativo à atividade da sociedade, vedado ao gerente, deve ser determinado, através do critério da substituibilidade dos bens e serviços disponibilizados em relação a uma utilização específica do ponto de vista dos consumidores.

5 Uma situação de concorrência depende de se poder verificar uma transferência de procura entre diferentes bens e serviços motivada pelo aumento de preço de um deles (desvio de clientela). Entende-se que essa suscetibilidade de desvio de clientela deverá ser significativa e de longo prazo, para que se possa deduzir que os bens e serviços são suscetíveis de ser substituídos, logo concorrentes. Só assim é possível delimitar com precisão um mercado relativo a bens e serviços suficientemente homogéneo e distinto em relação a outros mercados, e será nesse mercado que as atividades do gerente e da sociedade, quando exercidas em simultâneo, implicam a violação da proibição de concorrência pelo gerente.

6 No que respeita ao ponto de vista geográfico, só existirá concorrência na área em que a sociedade forneça os seus produtos ou preste os seus serviços. Mais uma vez, determinante nesta definição é a questão do comportamento dos compradores e da oferta. Se em determinada área existe procura, quanto à atividade integrante no mercado de procura relevante, mas não existe oferta da sociedade, não será evidentemente concorrencial a atividade do gerente que vise a satisfação daquelas necessidades.

7 Já não se exige, como resulta do 254.°/1, que estejamos perante casos de concorrência diferencial, ou seja, que a atuação concorrencial possa efetivamente causar prejuízo à sociedade[7].

8 4. **Presunção de concorrência.** Presume o legislador ser concorrente, com a da sociedade, a atividade que o gerente desenvolva e que esteja abrangida no objeto dela, desde que essa atividade esteja a ser exercida pela sociedade ou o seu exercício tenha sido deliberado pelos sócios. A presunção constante deste preceito é ilidível, como resulta do 350.°/2, do CC[8]. Pode assim o gerente demonstrar que, apesar da presunção legal, a sua atividade não é concorrente, seja porque ela não implica desvio de clientela, seja em razão do diferente âmbito geográfico das duas atividades.

9 5. **Atuação por conta própria e alheia.** Não está vedado, ao gerente, apenas, o exercício por conta própria de atividade concorrente. Proíbe-se, da mesma forma, que ele atue em benefício de outra pessoa. Não pode o gerente assumir a administração de sociedade concorrente com

[4] *Vide* artigo 64.°, 16-18.

[5] Paulo Olavo Cunha, *Limitações à atividade concorrente dos gestores de sociedades comerciais*, 139, com indicações jurisprudenciais na nota 2.

[6] A autorização pode ser conferida no contrato de sociedade, não significando essa disposição a atribuição de um direito especial. Nesse sentido, STJ 12-jun.-1996 (Agostinho de Sousa Inês), CJ/Supremo IV (1996) 2, 127-130.

[7] STJ 30-set.-2014 (Fonseca Ramos), RDS VII (2015), 1, 173-174.

[8] Considerando que não se trata de uma simples presunção, Alexandre Soveral Martins, *Código em Comentário* 4 (2017), 103, nota 6.

a que administra, como não poderá ao abrigo de contrato, ou a título de gestão de negócios, praticar atos concorrentes que se devam repercutir na esfera jurídica de outrem.

6. **Concorrência pela participação em sociedade.** Questão desde cedo constatada foi a da constituição de sociedade, pelo gerente, que exerceria, ela própria, a atividade concorrente. Poderia a atividade da sociedade ser imputada ao gerente? O problema, que poderia configurar um caso de desconsideração da personalidade coletiva, tem solução específica. Considera-se que o gerente exerce concorrência por conta própria se ele, por si ou por interposta pessoa, participa em sociedade de responsabilidade ilimitada, ou se tem participação de, pelo menos, 20%, no capital ou nos lucros, se a sociedade for de responsabilidade limitada. A referência à interposição de pessoas deve dar lugar à aplicação da equiparação constante do 483.°/2 e ainda, por analogia, do 579.°/2, do CC. 10

7. **Consentimento dos sócios e direitos da sociedade.** A proibição de concorrência é estabelecida em benefício da sociedade[9], pretendendo a lei que exista uma confiança geral e objetiva nas instituições societárias, e que o público tenha a sensação de que imperam a limpidez e lisura nos negócios[10]. Admite-se, no entanto, que o lesado possa consentir na lesão, nos termos gerais. O 254.°/4 presume a existência de consentimento se o gerente exercia a atividade concorrente antes de ser designado e se os sócios, titulares de participações representativas da maioria do capital social, conheciam esse exercício. De igual modo, presume-se o consentimento, para efeitos de se aplicar a exceção à proibição de concorrência, se esses sócios sabiam dessa atividade exercida pelo gerente, e se ela continuou a ser exercida decorridos noventa dias a contar da deliberação que aprove a prossecução de atividade pela sociedade que concorre com a que vinha sendo exercida pelo gerente. Mais uma vez, decorre do 350.°/2, do CC, que estas presunções podem ser afastadas pela demonstração do seu contrário, nos termos gerais. 11

8. **A violação da proibição de concorrência** pelo gerente configura justa causa de destituição, para efeito do que se dispõe no 257.°/2 e 4. Para além disso, ela permite à sociedade ser indemnizada, pelo gerente, quanto aos prejuízos que sofra[11]. Após o conhecimento, por parte de todos os sócios, de que o gerente exerce atividade concorrente, a ação de responsabilidade civil deve ser proposta para que o gerente seja citado no prazo de noventa dias após o conhecimento, sob pena de prescrição do direito da sociedade, como decorre do 323.°/1, do CC, sem prejuízo de outras formas de interrupção da prescrição que a lei admite. Quanto à ação da sociedade e aos representantes desta para efeito daquela ação será aplicável o regime constante dos 75.° e 76.°. 12

Independentemente do conhecimento pela totalidade dos sócios, o direito da sociedade prescreve decorridos cinco anos contados do início da atividade. A referência, constante da parte final do n.° 6, ao "início da atividade" parece supor não ser necessário dar-se a cessação do facto proibido, como é regra nos factos continuados, para que inicie a contagem do prazo de prescrição. 13

Artigo 255.° (Remuneração)

1. Salvo disposição do contrato de sociedade em contrário, o gerente tem direito a uma remuneração, a fixar pelos sócios.

[9] RLx 16-mai.-2000 (Bettencourt Faria), CJ XXV (2000) 2, 89-91.

[10] Menezes Cordeiro 2 (2017), 430.

[11] No sentido de que a *ratio* da proibição é a proteção da atividade social e que, assim, o sócio só pode obter a indemnização em nome da sociedade, RLx 16-mai.-2000 (Bettencourt Faria), CJ XXV (2000) 3, 89 ss..

2. As remunerações dos sócios gerentes podem ser reduzidas pelo tribunal, a requerimento de qualquer sócio, em processo de inquérito judicial, quando forem gravemente desproporcionadas quer ao trabalho prestado quer à situação da sociedade.

3. Salvo cláusula expressa do contrato de sociedade, a remuneração dos gerentes não pode consistir, total ou parcialmente, em participação nos lucros da sociedade.

Bibliografia: J.M. Coutinho de Abreu, em *Código em Comentário* 4 (2017), 114 ss.; *Código das Sociedades (Projecto)*, BMJ 327 (1983), 45-339; António Menezes Cordeiro 2 (2017), 426-427; António Ferrer Correia/Vasco Lobo Xavier/Maria Ângela Coelho/António A. Caeiro, *Sociedades por quotas de responsabilidade limitada/Anteprojecto de lei – 2.ª redacção e exposição de motivos*, RDE 3 (1977), 370-390; Paulo Olavo Cunha (2019), 781-782; Luís Brito Correia, *A Admissibilidade de remuneração variável de um gerente de sociedade por quotas*, ano 1, vol. 2, 9-40; Raúl Ventura, *Sociedades por quotas* 3 (1991), 65-77;

Vide o 399.º: a sua bibliografia e as suas anotações.

Índice

I – Antecedentes normativos
1. Antecedentes e preparatórios 1

II – Teleologia
2. Teleologia geral 2

III – O regime
3. O montante remuneratório 3
4. A remuneração dos sócios-gerentes 4
5. Proibição de participação nos lucros 6

I – Antecedentes normativos

1 1. **Antecedentes e preparatórios**. No domínio da LSQ, não existia qualquer preceito que respeitasse à remuneração dos gerentes. A remissão operada pelo 30.º levava à aplicação do 177.º do CCom, que estabelecia que as funções dos membros da direção seriam remuneradas, a menos que houvesse disposição dos estatutos em sentido contrário. No § único desse artigo dizia-se que se não estivesse fixada deveria sê-lo pela assembleia geral. Corresponde ao 259.º do Projeto. Sobre a matéria incidiram os 92.º do anteprojeto de Ferrer Correia, o 93.º do anteprojeto de Vaz Serra e o 70.º do anteprojeto de Raúl Ventura[1]. O Projeto ocupou-se do tema no 259.º, próximo da versão final[2].

II – Teleologia

2 2. **Teleologia geral**. Neste preceito estabelece-se um regime supletivo em matéria de remuneração dos gerentes, sejam ou não sócios da sociedade. No silêncio do contrato de sociedade, eles têm direito a uma remuneração. Se o contrato admitir as duas possibilidades, a gerência com ou sem remuneração, conforme deliberado pela assembleia geral, não funciona o regime supletivo, pelo que o gerente terá de provar a existência de deliberação a fixar a remuneração[3]. Na remuneração, está em causa a contrapartida que o gerente aufira pelo desempenho da sua função, não sendo sujeitas a este regime outras despesas que a sociedade suporte por força da situação de gerência. Tem sido admitida, por alguma jurisprudência, que a relação jurídica de administração de que se trata possa configurar, em alguns casos, uma relação jurídica laboral. Nesses casos, a retribuição do gerente, para além do que se dispõe no presente preceito, deveria contar ainda com a enérgica tutela que resulta da legislação laboral. Não se trata, porém, da posição dominante.

[1] Cf. os textos competentes em Raúl Ventura, *Sociedades por quotas* 3, 65-67.

[2] BMJ 327 (1983), 195.

[3] REv 10-abr. (Mata Ribeiro), Proc. 3239/12.

III – **Regime**

3. **O montante remuneratório.** Como decorre do n.º 1, a remuneração é fixada por deliberação dos sócios[4], tendo estes uma competência exclusiva, pelo que serão inválidas disposições e deliberações que atribuam esta competência a outro órgão ou as deliberações de outros órgãos que fixem a remuneração. Na fixação da remuneração pelos sócios caberá não apenas a determinação do seu montante, mas ainda a definição do caráter fixo ou variável da remuneração, em função de critérios de desempenho, e as modalidades de pagamento em dinheiro ou outros bens, entre os quais participações sociais ou instrumentos contratuais indexados a essas participações. A fixação da remuneração pelos sócios não significa que o gerente esteja adstrito a aceitá-la. A relação jurídica de administração supõe acordo entre a sociedade e o gerente, também quanto ao ponto da retribuição. Como qualquer deliberação, também esta é sindicável do ponto de vista da sua validade, podendo colocar-se a seu propósito, sendo a remuneração fixada prejudicial para a sociedade, a questão das deliberações abusivas, seja com base no 58.º/1, *b*), ou da existência de abuso do direito (334.º)[5]. O sócio-gerente poderá participar na deliberação da assembleia geral que fixe a sua remuneração, por não existir conflito de interesses[6]. 3

4. **A remuneração dos sócios-gerentes.** No 255.º/2 trata-se do excesso da remuneração do sócio-gerente, fixada por deliberação dos sócios: qualquer sócio pode socorrer-se de um meio judicial, o processo de inquérito judicial, regulado nos 1048.º a 1052.º do CPC, para que o Tribunal reduza a remuneração arbitrada ao sócio gerente. Os fundamentos podem respeitar à existência de uma grave desproporção (quer originária, quer superveniente) entre a remuneração do sócio-gerente e a atividade que desenvolva, ou a situação económica da sociedade. Parece razoável que só em circunstâncias muito excecionais a remuneração de sócio não gerente, ainda que excessiva, possa ser afetada[7]. Na realidade, os sócios gerentes têm benefícios indiretos da administração efetuada de que não partilham os sócios não gerentes. Por outro lado, a redução da remuneração acaba por ser sempre feita em benefício dos sócios-gerentes, na qualidade de titulares sobre os direitos residuais aos ativos sociais, o que não sucede com os não gerentes. Finalmente, os não gerentes não participaram no processo deliberativo que fixou a remuneração. 4

Tratando-se de um processo de jurisdição voluntária, não está o Tribunal adstrito a critérios de legalidade estrita, nos termos do 987.º do CPC, dependendo a sua decisão, em qualquer caso, da ponderação que efetue sobre o fundamento que tenha sido invocado para o pedido de redução. 5

5. **Proibição de participação nos lucros.** Como regra temos a proibição de que a remuneração dos gerentes consista numa participação, total ou parcial, nos lucros da sociedade. Tal participação, na perspetiva do legislador, poderia pôr em causa o direito que, para os sócios, decorre do 21.º/1, *a*) (quinhoar nos lucros). A proibição como regra é uma regra distinta da regra consagrada no artigo 339.º/2 para as SA. Podem os sócios, no entanto, por cláusula expressa do contrato de sociedade, determinar em sentido diferente do que resulta do regime legal. 6

[4] No sentido de que o direito à remuneração por parte do gerente é independente da vontade dos sócios que apenas podem fixar o *quantum* da remuneração que o gerente aceitará, ou não, RLx 12-jun.-1997 (Marcos Rodrigues), CJ XXII (1997) 2, 114-117. Sobre a necessidade de deliberação válida dos sócios, cf. RPt 12-mai.-2015 (Anabela Dias da Silva), Proc. 82/13, ainda que a invocação da nulidade possa ser ilegítima por *venire*.

[5] RPt 24-nov.-1997 (Azevedo Ramos), CJ XXII (1997) 5, 202-206, em que se disse que pode haver abuso do direito de voto se o sócio-gerente, ao votar sobre a sua remuneração, se orientar não pelo interesse social, mas pelo seu próprio interesse, procurando obter vantagens especiais em prejuízo da sociedade ou outros sócios.

[6] RCb 7-abr.-1994 (Francisco Lourenço), CJ XIX (1994) 2, 24-27 e RPt 24-nov.-1997 (Azevedo Ramos), CJ XXII (1997) 5, 202-206.

[7] J.M. Coutinho de Abreu, em *Código em Comentário* 4 (2017), 118.

Artigo 256.º (Duração da gerência)

As funções dos gerentes subsistem enquanto não terminarem por destituição ou renúncia, sem prejuízo de o contrato de sociedade ou o ato de designação poder fixar a duração delas.

Bibliografia: J.M. Coutinho de Abreu, *Curso de Direito Comercial* 2 (2019), 578, (1585); António Pereira de Almeida (2013), 417 ss.; *Código das Sociedades (Projecto)*, BMJ 327 (1983), 45-339; António Menezes Cordeiro 2 (2017), 431 ss.; António Ferrer Correia/Vasco Lobo Xavier/Maria Ângela Coelho/António A. Caeiro, *Sociedades por quotas de responsabilidade limitada/Anteprojecto de lei – 2.ª redacção e exposição de motivos*, RDE 3 (1977), 370-390; Ricardo Costa, *Código em Comentário* 4 (2017), 120 ss; Raúl Ventura, *Sociedades por quotas* 3 (1991), 79-83.

Índice

I – Antecedentes
1. Antecedentes e preparatórios 1

II – O regime
2. A duração indeterminada do mandato 2
3. A caducidade 4

I – Antecedentes

1 1. **Antecedentes e preparatórios**. O 256.º não diverge do que constava do 28.º da LSQ: as funções dos gerentes subsistiriam até expressa revogação do mandato, não se fixando no contrato de sociedade o prazo por que deve durar[1]. O 66.º/4 do anteprojeto de Raúl Ventura consagrava esta mesma solução[2], que veio depois a ser integrada no 260.º/1 do Projeto[3]. A redação atual do preceito decorre de uma alteração operada pelo DL 280/87, de 8-jun., que alterou a expressão "ato de nomeação", constante do texto original, por "ato de designação".

II – O regime

2 2. **A duração indeterminada do mandato**. O regime de duração do mandato dos gerentes é substancialmente diferente do respeitante aos administradores das SA, como decorre do 391.º/3. De facto, a regra é a de que os mandatos dos gerentes não têm um prazo de duração determinado, pelo que não terminam por caducidade com o decurso do prazo, a menos que o contrato de sociedade ou o ato de designação fixem a duração do mandato. Nesse caso, não havendo uma duração determinada da gerência, para que as funções dos gerentes terminem é necessária a sua destituição, regulada no 257.º, ou a renúncia dos gerentes, como se regula no 258.º.

3 Embora a lei apenas se tenha referido a estes dois factos extintivos, a verdade é que a cessação da relação de administração pode ocorrer por via de outros factos que a própria lei contempla, como a morte do titular, ou vicissitudes várias da sociedade[4].

4 3. **A caducidade**. Permite-se que o ato de designação do gerente, ainda que tal não esteja previsto nos estatutos, ou o contrato de sociedade estabeleçam um período de duração do mandato, à semelhança do que ocorre para as SA, caso em que o mandato, para além da destituição ou renúncia, terminará por caducidade. Apesar do que se refere, a proteção dos interesses da sociedade implica que o gerente se mantenha em funções até nova designação, por aplicação analógica do 391.º/4[5]. Nesse caso, o gerente tem o especial dever de convocar a assembleia geral para a designação de novo ou de novos gerentes[6].

[1] COLP 1901, 99/I.
[2] Cf. o texto competente em Raúl Ventura, *Sociedades por quotas* 3, 79.
[3] *Código das Sociedades (Projecto)*, BMJ 327 (1983), 196.
[4] Menezes Cordeiro 2 (2017) 431.
[5] RLx 29-abr.-2008 (João Aveiro Pereira), Proc. 1413/ /2008-1.
[6] Ricardo Costa, *Código em Comentário* 4 (2017), 123.

Artigo 257.º (Destituição de gerentes)

1. Os sócios podem deliberar a todo o tempo a destituição de gerentes.

2. O contrato de sociedade pode exigir para a deliberação de destituição uma maioria qualificada ou outros requisitos; se, porém, a destituição se fundar em justa causa, pode ser sempre deliberada por maioria simples.

3. A cláusula do contrato de sociedade que atribui a um sócio um direito especial à gerência não pode ser alterada sem consentimento do mesmo sócio. Podem, todavia, os sócios deliberar que a sociedade requeira a suspensão e destituição judicial do gerente por justa causa e designar para tanto um representante especial.

4. Existindo justa causa, pode qualquer sócio requerer a suspensão e a destituição do gerente, em ação intentada contra a sociedade.

5. Se a sociedade tiver apenas dois sócios, a destituição da gerência com fundamento em justa causa só pelo tribunal pode ser decidida em ação intentada pelo outro.

6. Constituem justa causa de destituição, designadamente, a violação grave dos deveres do gerente e a sua incapacidade para o exercício normal das respetivas funções.

7. Não havendo indemnização contratual estipulada, o gerente destituído sem justa causa tem direito a ser indemnizado dos prejuízos sofridos, entendendo-se, porém, que ele não se manteria no cargo ainda por mais de quatro anos ou do tempo que faltar para perfazer o prazo por que fora designado.

Bibliografia: J.M. Coutinho de Abreu, *Curso de Direito Comercial* 2 (2019), 585 ss.; *id.*, em *Código em Comentário* 4 (2017), 126 e ss.; António Pereira de Almeida (2013), 417-419; *Código das Sociedades (Projecto)*, BMJ 327 (1983), 45-339; António Menezes Cordeiro 2 (2017), 431-442, *Anotação ao Ac. do STJ, 7-7-2010*, RDS (2010), 1/2, 425-432; António Ferrer Correia/Vasco Lobo Xavier/Maria Ângela Coelho/António A. Caeiro, *Sociedades por quotas de responsabilidade limitada/Anteprojecto de lei – 2.ª redacção e exposição de motivos*, RDE 3 (1977), 370-390; Paulo Olavo Cunha (2019), 783-787; Joaquim Taveira da Fonseca, *Suspensão e destituição dos membros dos órgãos de administração das sociedades por quotas e anónimas*, in V Congresso DSR (2018), 197-278 João Labareda, *A cessação da relação de administração*, em *Direito Societário Português* (1998), 65-166; Raúl Ventura, *Sociedades por quotas* 3 (1991), 85-120.

Vide o 403.º: a sua bibliografia e as suas anotações.

Índice

I – **Antecedentes**

1. Antecedentes e preparatórios 1

II – **Teleologia**

2. Teleologia geral 3

III – **O regime**

3. A livre destituibilidade dos gerentes........ 4
4. A deliberação de destituição........ 5
5. Direito especial à gerência 7
6. Justa causa de destituição 8
7. Indemnização........ 10

I – Antecedentes

1 **1. Antecedentes e preparatórios**. O 28.º da LSQ[1] referia, também, a destituição do gerente, embora com menção à "revogação do mandato". O § único desse artigo determinava que o mandato fosse sempre revogável, sem prejuízo de qualquer direito indemnizatório que resultasse das estipulações feitas.

[1] COLP 1901, 99/I.

2 Corresponde ao 93.º do anteprojeto de Ferrer Correia, 94.º do de Vaz Serra e 71.º do de Raúl Ventura[2], tendo passado ao 261.º do Projeto[3]. O atual n.º 7 do preceito decorre de uma alteração operada pelo DL 280/87, de 8-jun., que, à semelhança do que sucedeu no artigo anterior, substituiu a referência à "nomeação" por "designação".

II – **Teleologia**

3 2. **Teleologia geral.** O 257.º trata da cessação da relação de administração por força da destituição do gerente por iniciativa da sociedade. Com grande aproximação ao regime do mandato, como decorre do 1170.º do CC, prevê-se a livre destituição do gerente, que assim pode ser afastado, sem necessidade de fundamentação, por mera deliberação dos sócios e na sua conveniência. A posição do gerente e dos sócios minoritários é tutelada pela consagração de particularidades diversas de regime quando não ocorre justa causa de destituição.

III – **O regime**

4 3. **A livre destituibilidade dos gerentes** resulta do 257.º/1, solução já constante do Direito anterior. A relação jurídica de administração pode cessar por ato unilateral e sem necessidade de fundamentação da sociedade[4]: a destituição não necessita de ser motivada, sendo que a existência de justa causa apenas configura um regime particular, em matéria de direito à indemnização.

5 4. **A deliberação de destituição.** Decorre do n.º 1 que a destituição é, em regra, consequência de deliberação dos sócios. Como já resultaria também do 250.º/3, é possível que o contrato de sociedade estabeleça uma maioria mais exigente do que a maioria simples ou a observância de outros requisitos (257.º/2). A lei estabelece, no entanto, e de forma injuntiva, que sempre que a deliberação de destituição se fundar na existência de justa causa, a maioria necessária para a deliberação seja, apenas, uma maioria simples. Sendo o gerente a destituir também sócio da sociedade, ele não poderá votar na deliberação da sociedade que vise a sua destituição por justa causa – 251.º/1, *f*).

6 O regime mencionado não se aplica no caso de a sociedade ter apenas dois sócios, sendo um deles ou os dois sócios-gerentes, qualquer que seja a respetiva quota; nesse caso, apenas poderá haver uma destituição por via judicial, nos termos dos n.ᵒˢ 4 e 5. Justifica-se essa solução especial para não deixar o sócio-gerente nas mãos do outro sócio, uma vez que o próprio não pode votar[5].

7 5. **Direito especial à gerência**. Nos termos do 24.º/1, podem ser criados direitos especiais de alguns sócios, por estipulação do contrato de sociedade; por exemplo, o direito especial à gerência. Nesse caso, a cláusula em causa apenas pode ser alterada com consentimento do titular, como resultaria já do 24.º/5. Admite-se, no entanto, que, por deliberação tomada por maioria, possam os sócios requerer judicialmente a suspensão ou destituição do gerente, se para tanto houver justa causa[6], com recurso ao processo de jurisdição voluntário com tramitação prevista no artigo 1055.º do CPC. O direito especial à gerência não se transmite com a transmissão da quota respetiva, como decorre do 24.º/3 e do 252.º/4.

8 6. **Justa causa de destituição**, segundo o legislador, será: (a) a violação grave dos deveres do gerente; (b) e a incapacidade para o exercício normal das funções. São noções orientadoras e

[2] Cf. os competentes textos em Raúl Ventura, *Sociedades por quotas* 3, 86-89.

[3] *Código das Sociedades (Projecto)*, BMJ 327 (1983), 196.

[4] Referindo que essa disposição geral se apresenta no mesmo alinhamento do princípio de liberdade de revogação dos poderes de administração nas sociedades civis, STJ 23-jun.-1992 (Rui Brito), BMJ 418 (1992), 793 ss..

[5] STJ 26-fev.-2019 (Fonseca Ramos), Proc. 219/13.

[6] RPt 11-jun.-1992 (Lopes Furtado), em CJ XVII (1992) 3, 306-308.

meramente exemplificativas[7]. Percebe-se, no entanto, que a justa causa tanto possa ser subjetiva como objetiva. Será justa causa subjetiva a que resulte da violação culposa dos deveres, principais, secundários ou acessórios, que, da relação de administração, decorrem para o gerente[8], em termos muito próximos da feição laboral em que se exige justa causa para o despedimento de trabalhadores[9], embora não seja de exigir o mesmo nível de gravidade e consequências que se exige para que seja lícito o despedimento. A justa causa será objetiva se respeitar à incapacidade para o exercício do cargo, sem qualquer culpa do gerente, como a incapacidade decorrente de uma situação de doença prolongada[10], ou qualquer outra circunstância em que, mantendo-se a prestação ainda possível, perturbe gravemente a relação de administração, tornando-se inexigível a sua manutenção[11], como sucede na hipótese de alteração das circunstâncias. Não estarão incluídos os casos de impossibilidade absoluta no exercício de funções que implicariam, nos termos gerais, a caducidade do mandato, não se colocando a hipótese de destituição. Admite-se, ainda, que o conceito possa ter diferentes concretizações, sendo mais ou menos exigente, em diferentes hipóteses de destituição[12]. Deve admitir-se a enunciação contratual de eventos que configuram justa causa de destituição, por exemplo para possibilitar a resolução de impasses na condução dos negócios sociais no caso de gerência plural.

A existência de justa causa permite que qualquer sócio possa requer judicialmente a suspensão ou destituição de gerente (257.º/4), independentemente de prévia deliberação e do número de sócios, com recurso ao processo de jurisdição voluntário com tramitação prevista no artigo 1055.º do CPC. É importante diferenciar, neste âmbito, dois processos autónomos e independentes entre si: a suspensão é um procedimento cautelar, de natureza provisória e antecipatória; a destituição é uma ação, sujeita às regras dos processos de jurisdição voluntária, que tem por objeto a pretensão de destituição do cargo de gerente[13]. 9

7. **Indemnização**. O regime consagrado é supletivo. Se tiver sido estipulado um regime entre as partes será esse o aplicável, pelo que poderá ser estipulada a obrigação de indemnizar ainda que exista justa causa de destituição, sem prejuízo, claro, de essa cláusula estar sujeita a alteração das circunstâncias ou à incidência do dever de lealdade, que a tornem em concreto inexigível; ou de existir também um direito indemnizatório da sociedade que, em termos práticos, inutilize o direito indemnizatório do gerente contratualmente previsto. Não vejo qualquer razão para limitar a autonomia privada neste âmbito[14]. Se tal não ocorrer, apenas se prevê na Lei que o gerente tenha direito a uma indemnização, a cargo da sociedade onde foram desempenhadas as funções de gerente[15], se for destituído sem justa causa. 10

No n.º 7, o legislador oferece uma indicação precisa sobre o critério legal para a determinação do montante indemnizatório em matéria de lucros cessantes, no que respeita ao montante das remunerações que presumivelmente receberia. A indemnização será especialmente fixada em função dos lucros cessantes do gerente, ou seja, em função das quantias que deixará de receber (apenas nos casos em que a gerência é onerosa) por força da cessação da relação de 11

[7] STJ 23-jun.-1992 (Rui Brito), BMJ 418 (1992), 793--800, onde se lê que o 257.º/6 apenas tipifica casos significativos, evidenciando o advérbio "designadamente" que não se esgotam nessa enunciação todas as hipóteses de justa causa de destituição. Para uma completa visão da concretização de justa causa nos tribunais portugueses, cf. Menezes Cordeiro 2 (2017), 433-435 e 403.º, 15.

[8] Para um enunciado de exemplos, cfr. J.M. Coutinho de Abreu (2015), 577-578.

[9] Assim, Menezes Cordeiro 2 (2017), 436 e 403.º, 11-12.

[10] Raúl Ventura, *Sociedades por quotas* 3, 114.

[11] Fazendo apelo à noção de inexigibilidade na apresentação de uma noção geral de justa causa, cfr. J.M. Coutinho de Abreu, *Código em Comentário* 4 (2017), 128; RCb 17-mai.-2016 (Arlindo Oliveira), Proc. 1434/16.

[12] Menezes Cordeiro 2 (2017), 438.

[13] RPt 26.out.-2017 (Jorge Seabra), Proc. 2894/16.

[14] Em sentido diferente, J.M. Coutinho de Abreu, *Código em Comentário* 4 (2017), 129.

[15] STJ 24-jan.-2014 (Fernandes do Vale), Proc. 548/06.

administração, embora possam ser demonstrados outros danos. Nesse caso, tendo a gerência uma duração determinada entende-se inilidivelmente que o gerente não seria reconduzido em funções, ou seja, que o seu mandato duraria até ao termo do prazo; sendo a gerência de duração indeterminada (como acontece, em regra, por força do que se dispõe no artigo anterior) entende-se que o gerente se não manteria no cargo por um período superior a quatro anos. Todos os danos terão de ser demonstrados, nos termos gerais, pois não são uma consequência necessária da destituição[16], e pressupõem a demonstração de factos concretos reveladores de que a situação económica real do gerente é, após a destituição, pior do que aquela de que desfrutaria se não tivesse ocorrido a destituição[17].

12 Estes preceitos limitam a indemnização quanto aos lucros cessantes invocáveis, no que respeita a remunerações perdidas (embora não suponham uma especial prova da sua verificação), e descuram um aspeto muito sensível: o dos danos morais que, num caso de destituição *ad nutum* ou com invocação de justa causa que não se comprova, podem ser graves. A não serem contornáveis pela interpretação, terão de ser julgados inconstitucionais, uma vez que podem implicar a privação de direitos patrimoniais sem compensação (62.°/1) ou o desamparo de direitos de personalidade (25.° e 26.°, todos da Constituição)[18].

13 Se existir um outro critério contratual para a fixação da indemnização, é este que prevalece. Não vejo razões para limitar a autonomia privada neste âmbito, desde que o critério contratual não aponte para serem ultrapassados os limites impostos pelos próprios danos (811.°/ 3, do CC), embora essa cláusula esteja sujeita a alteração das circunstâncias ou à incidência do dever de lealdade, que a tornem em concreto inexigível. Nesse sentido, concorre a diferente redação do artigo 403.°/ 5 (*"sem que a indemnização possa exceder o montante das remunerações que presumivelmente receberia até final do período para que foi eleito"*), e a circunstância de que os motivos que levaram o legislador a querer facilitar a mudança da administração nas sociedades anónimas (bem patentes na necessária limitação dos mandatos) se não comunicam necessariamente às SPQ[19].

Artigo 258.° (Renúncia de gerentes)

1. A renúncia de gerentes deve ser comunicada por escrito à sociedade e torna-se efetiva oito dias depois de recebida a comunicação.

2. A renúncia sem justa causa obriga o renunciante a indemnizar a sociedade pelos prejuízos causados, salvo se esta for avisada com a antecedência conveniente.

Bibliografia: J.M. Coutinho de Abreu, *Curso de Direito Comercial* 2 (2019), 582-584, *id. Código em Comentário* 4 (2017), 140; António Pereira de Almeida (2013), 417; *Código das Sociedades (Projecto)*, BMJ 327 (1983), 45-339; António Menezes Cordeiro 2 (2017), 442-444; António Ferrer Correia/Vasco Lobo Xavier/Maria Ângela Coelho/António A. Caeiro, *Sociedades por quotas de responsabilidade limitada/Anteprojecto de lei – 2.ª redacção e exposição de motivos*, RDE 3 (1977), 370-390; João Labareda, *A cessação da relação de administração*, em *Direito Societário Português* (1998), 65-166; Raúl Ventura, *Sociedades por quotas* 3 (1991), 121-125.

[16] STJ 26-out.-2010 (Helder Roque), Proc. 2703/05.

[17] STJ 24-jan.-2014 (Fernandes do Vale), Proc. 548/06.

[18] Assim, Menezes Cordeiro, *Anotação ao Ac. do STJ*, 7-7-2010, RDS, II (2010), 1/2, 432. *Vide* 403.°, 21. Admitindo, *obiter dicta*, a indemnização por danos morais, STJ 26-out.-2010 (Helder Roque), Proc. 2703/05.4TBMGR.C1.S1.

[19] Em sentido diferente, J.M. Coutinho de Abreu, *Código em Comentário* 4 (2017), 137.

Índice

I – **Antecedentes**
1. Antecedentes e preparatórios 1

II – **Teleologia**
2. Teleologia geral... 3

III – **Regime**
3. Forma e comunicação 4
4. Fundamento e indemnização......................... 5

I – Antecedentes

1 **1. Antecedentes e preparatórios.** A renúncia do gerente não vinha referida na LSQ.

2 Corresponde aos 94.º do anteprojeto de Ferrer Correia, 95.º do anteprojeto de Vaz Serra e 74.º do anteprojeto de Raúl Ventura[1]. A matéria passou ao 262.º do Projeto[2].

II – Teleologia

3 **2. Teleologia geral.** Trata-se agora da cessação da relação jurídica de administração, tenha ela sido constituída por qualquer dos meios que a lei admite, de forma unilateral e por iniciativa do gerente, seja, ou não, por facto imputável à sociedade.

III – Regime

4 **3. Forma e comunicação.** Estabelece-se que o ato de renúncia deve revestir a forma escrita. O ato de renúncia consubstancia uma declaração receptícia. Contrariamente à regra geral que consta do 224.º/1, do CC, essa declaração não produz efeitos assim que chegue ao poder ou seja conhecida pela sociedade. Em razão da necessidade de proteção dos interesses da sociedade, que se poderia ver privada inesperadamente de administração, prevê-se que a renúncia se torne efetiva oito dias após ter sido recebida a comunicação. O ato de renúncia, sendo comunicação de gerente à sociedade, deverá respeitar o que se prevê no 260.º/5.

5 **4. Fundamento e indemnização.** Do 258.º/2 retira-se que a renúncia do gerente pode, ou não, ser motivada, ou seja, que ele pode fazê-la tendo, ou não, justa causa. A lei não refere o que se deva entender por justa causa: o 257.º/6 pode ser reclamado nessa construção.

6 São, sem dúvida, fundamentos para a renúncia a violação grave e culposa, por parte da sociedade, dos deveres para com o gerente resultantes da relação de administração, como, por exemplo, o não pagamento da retribuição devida. Tal como se refere no artigo anterior, parecem ser de admitir também situações de justa causa objetiva para a efetivação da resolução. Imagine-se, por exemplo, uma alteração substancial e prejudicial para o gerente nas condições para o exercício do cargo resultante de alienação de uma parte do estabelecimento. Devem admitir-se, ainda, fundamentos de justa causa para a renúncia de base contratual.

7 Se o gerente renunciar à gerência sem justa causa deverá fazê-lo com um pré-aviso razoável, sob pena de ter de indemnizar a sociedade pelos danos causados pelo incumprimento do pré-aviso. Se renunciar com justa causa fica dispensado de oferecer à sociedade esse pré-aviso. Tal como nas situações de denúncia de contrato de trabalho, parece ser razoável que o pré-aviso com que o gerente deve comunicar a renúncia varie consoante tenha durado o exercício do cargo. Não se deve retirar desta formulação do n.º 2 do artigo 258.º que a renúncia com pré-aviso razoável dispensa o dever de indemnizar no caso de terem sido acordadas cláusulas de permanência, que se devem ter por admissíveis ao abrigo da autonomia privada.

[1] Cf. os competentes textos em Raúl Ventura, *Sociedades por quotas* 3, 121-122.

[2] *Código das Sociedades (Projecto)*, BMJ 327 (1983), 197.

Artigo 259.º (Competência da gerência)

Os gerentes devem praticar os atos que forem necessários ou convenientes para a realização do objeto social, com respeito pelas deliberações dos sócios.

Bibliografia: António Pereira de Almeida (2013), 419 e ss.; *Código das Sociedades (Projecto)*, BMJ 327 (1983), 45-339; António Menezes Cordeiro 2 (2017), 420-425; António Ferrer Correia/Vasco Lobo Xavier/Maria Ângela Coelho/António A. Caeiro, *Sociedades por quotas de responsabilidade limitada/Anteprojecto de lei – 2.ª redacção e exposição de motivos*, RDE 3 (1977), 370-390; Paulo Olavo Cunha (2019), 772-773; Alexandre Soveral Martins, *Código em Comentário* 4 (2017), 143 e ss.; Raúl Ventura, *Sociedades por quotas* 3 (1991), 127-155.

Índice

I – **Antecedentes**
1. Antecedentes normativos e preparatórios 1

II – **Teleologia e âmbito**
2. Teleologia geral 2

III – **Regime**
3. Condução da atividade da sociedade 3
4. Respeito pelas deliberações dos sócios 6

I – Antecedentes

1 1. **Antecedentes normativos e preparatórios.** A LSQ referia, no 26.º, o poder de representação dos gerentes[1]. O poder de administração resultava da remissão operada para o 171.º do CCom pelo 31.º da LSQ.

II – Teleologia e âmbito

2 2. **Teleologia geral**. O 259.º abre um domínio fundamental na administração das SPQ, que se reparte pelos artigos 259.º a 261.º. Nesta parte, dedica-se o CSC a regular os dois poderes que comete à gerência: a administração (ou gestão) e a representação da sociedade (252.º/1). Se o preceito sob análise se dedica essencialmente à questão da administração e da relação desses poderes de administração com os poderes dos sócios, ele introduz já a problemática das relações com terceiros – e, portanto, da representação –, que é desenvolvida no artigo subsequente. No 261.º concretiza-se, depois, como os vários titulares, se a gerência for plural, articulam a sua atuação para a prossecução de atos para os quais são competentes.

III – Regime

3 3. **Condução da atividade da sociedade**. O 259.º atribui à gerência a competência para a prática de todos os atos que sejam necessários ou meramente convenientes para a realização do objeto social. Estes poderes em que se desdobra a competência da gerência são, na realidade, poderes-deveres e a sua inobservância constitui causa de destituição com justa causa e pode implicar responsabilidade civil do gerente[2].

4 Com esta formulação, compete aos gerentes administrar a sociedade e, em geral, praticar todos os atos que não estejam reservados à competência do outro órgão necessário: a assembleia geral. A competência da gerência é, assim, residual, por confronto com o que se estabelece no

[1] COLP 1901, 99/I.

[2] Alexandre Soveral Martins, em *Código em Comentário* 4 (2017), 145. *Vide* 405.º, 2.

246.º, mas não é uma competência exclusiva. De facto, resulta da parte final do preceito que os sócios podem deliberar sobre matérias da competência dos gerentes, mesmo que não estejam reservadas, por lei ou pelo contrato de sociedade, para deliberação dos sócios: uma solução substancialmente diferente da fixada para as SA, já que, em matéria de gestão da sociedade, os acionistas apenas podem deliberar a pedido do órgão de administração (373.º/3). Esta possibilidade de avocação, pelos sócios, de matérias atinentes à gestão da SPQ, não pode conduzir à substituição da gerência pela assembleia. A intromissão da assembleia nas competências da gerência deve limitar-se à enunciação de instruções e diretivas de atuação pelos gerentes[3].

A atribuição de competência é de tal forma genérica que só em casos excecionais poderá 5
o contrato de sociedade tornar mais amplos os poderes dos gerentes[4].

4. **Respeito pelas deliberações dos sócios**. Permite-se aos sócios limitarem os poderes dos 6
gerentes (246.º/1). Acresce que, como foi dito, não estão os sócios limitados pela competência dos gerentes, podendo deliberar sobre matéria da sua competência. Em qualquer destes casos, os gerentes estão sempre adstritos a respeitar as deliberações dos sócios, desde que válidas[5]. Fala-se a este propósito de um princípio de dependência de ordens ou instruções, a que corresponde um dever de obediência por parte dos gerentes[6]. Essa circunstância é substancialmente diversa da que ocorre para as SA, e configura uma importante limitação nos benéficos efeitos da regra de separação entre a titularidade e administração da empresa, como forma de limitação da regra da responsabilidade limitada nas sociedades de capitais.

Artigo 260.º (Vinculação da sociedade)

1. Os atos praticados pelos gerentes, em nome da sociedade e dentro dos poderes que a lei lhes confere, vinculam-na para com terceiros, não obstante as limitações constantes do contrato social ou resultantes de deliberações dos sócios.

2. A sociedade pode, no entanto, opor a terceiros as limitações de poderes resultantes do seu objeto social, se provar que o terceiro sabia ou não podia ignorar, tendo em conta as circunstâncias que o ato praticado não respeitava essa cláusula e se, entretanto, a sociedade o não assumiu, por deliberação expressa ou tácita dos sócios.

3. O conhecimento referido no número anterior não pode ser provado apenas pela publicidade dada ao contrato de sociedade.

4. Os gerentes vinculam a sociedade, em atos escritos, apondo a sua assinatura com indicação dessa qualidade.

5. As notificações ou declarações de um gerente cujo destinatário seja a sociedade devem ser dirigidas a outro gerente, ou, se não houver outro gerente, ao órgão de fiscalização, ou, não o havendo, a qualquer sócio.

Bibliografia: J.M. Coutinho de Abreu, *Curso de Direito Comercial* 2 (2019), 549 ss.; Pedro Albuquerque, *Vinculação das Sociedades Comerciais por Garantias de Dívidas de Terceiros*, ROA Ano 55, III, (1995), 689-712; *id.*, *A vinculação das sociedades comerciais anónimas e por quotas*, I, (2017) 57-58; António Pereira de Almeida (2006), 370-373; José Engrácia Antunes, *O abuso de representação como limite aos poderes dos gerentes*, *in* Estudos em homenagem ao Prof. José Lebre de Freitas (2013), 265-315, José de Oliveira Ascensão,

[3] REv 31-jan.-2008 (Fernando Bento), Proc. 2578/07.

[4] Raúl Ventura, *Sociedades por quotas* 3, 138.

[5] Alexandre Soveral Martins, em *Código em Comentário* 4 (2017), 146-147.

[6] Raúl Ventura, *Sociedades por quotas* 3, 139.

Direito comercial: sociedades comerciais. Parte geral, IV (2000), 460 ss.; *Código das Sociedades (Projecto)*, BMJ 327 (1983), 45-339; António Menezes Cordeiro 2 (2017), 421-425; *id.*, *Direito europeu das sociedades* (2005), 169 ss.; António Ferrer Correia/Vasco Lobo Xavier/Maria Ângela Coelho/António A. Caeiro, *Sociedades por quotas de responsabilidade limitada/Anteprojecto de lei – 2.ª redacção e exposição de motivos*, RDE 3 (1977), 370-390; Paulo Olavo Cunha (2019), 777-780; Paulo de Tarso Domingues, *A vinculação das sociedades por quotas no Código das Sociedades Comerciais*, RFDUP, 2004, 277-307; Alexandre Soveral Martins, *Capacidade e representação das sociedades comerciais*, em *Problemas de Direito das Sociedades* (2002), 470-496; *id.*, em *Código em Comentário* 4 (2017), 151 ss.; *id.*, *Sobre a indicação da qualidade de gerente de uma sociedade por quotas*, CDP, 2 (2003), 20-28; *id.*, *A suficiência de uma procuração verbal ou talvez não. A ratificação salvadora ou antes pelo contrário*, in RLJ, ano 142, 3979 (2013), 275-280; João Espírito Santo, *Sociedades por quotas e anónimas, vinculação: objecto social e representação plural* (2000); Raúl Ventura, *Objecto da sociedade e actos ultra vires*, ROA 1980, 5 ss.; *id.*, *Adaptação do Direito português à 1.ª Directiva do Conselho da Comunidade Económica Europeia sobre Direito das Sociedades*, DDC 2, 1980, 89-217; *id.*, *Sociedades por quotas* 3 (1991), 157-178.

Vide os artigos 6.º e 409.º: a sua bibliografia e as suas anotações.

Índice

I – Antecedentes e aspetos europeus
1. Antecedentes e preparatórios 1
2. Aspetos europeus 4

II – Teleologia e âmbito
3. Teleologia geral 5
4. O âmbito de aplicação 6

III – O regime
5. A ilimitação dos poderes representativos 9
6. A menção da qualidade 13
7. Notificações à sociedade 15

I – Antecedentes e aspetos europeus

1 1. **Antecedentes e preparatórios**. Em relação às SPQ os aspetos regulados por este preceito eram, no Direito pretérito, regulados nos 29.º, § 1, 30.º, 31.º, da LSQ, e 186.º, § 2, do CCom.

2 Os preparatórios do 260.º visaram a transposição da 1.ª Diretriz "tendente a coordenar, para as tornar equivalentes, as garantias que são exigidas nos Estados-Membros, para a proteção, dos interesses dos sócios e de terceiros"[1] Foram essenciais dois estudos de Raúl Ventura, *Objecto da sociedade e actos ultra vires*[2] e *Adaptação do Direito Português à 1.ª Directiva do Conselho da Comunidade Económica Europeia sobre Direito das Sociedades*[3] – ainda elaborados com base no Direito anterior, e os projetos de Raúl Ventura, declaradamente inspirados na falhada reforma alemã das SPQ.

3 Corresponde ao 89.º do anteprojeto de Ferrer Correia[4] passando ao 264.º do Projeto[5]. O atual n.º 2 resulta da alteração operada pelo DL n.º 280/87, de 8-jun., que, à semelhança do que sucedeu no 409.º, visou sublinhar a natureza ética da boa-fé do terceiro.

4 2. **Aspetos europeus**: relevam os 8.º e 9.ª da 1.ª Diretriz. No 8.º, tratou-se da vinculação da sociedade, mesmo perante atos de representantes irregulares e, no 9.º, do problema dos atos *ultra vires*, isto é, alheios ao objeto social.

II – Teleologia e âmbito

5 3. **Teleologia geral**. O 260.º fixa as circunstâncias em que o gerente vincula a sociedade: em que medida ela fica vinculada pelos negócios que o gerente, ou os gerentes, em sua representação[6],

[1] JOCE N.º L-165, 8-12, de 14-mai.-1965; *vide* António Menezes Cordeiro, *Direito europeu das sociedades* (2005), 127-134.

[2] ROA 1980, 5-59.

[3] DDC 2 (1980), 89-217.

[4] Cfr. o competente texto em Raúl Ventura, *Sociedades por quotas* 3, 158.

[5] *Código das Sociedades (Projecto)*, BMJ 327 (1983), 198.

[6] Não se trata de uma situação de representação em sentido técnico. Cfr. António Menezes Cordeiro 2 (2017), 421, nota 1159.

tenham levado a cabo. Dito de outro modo, em que medida os atos praticados pelo gerente, em seu nome, se repercutem diretamente na esfera jurídica da SPQ representada. A configuração das normas deste artigo surge, em larga medida, da necessidade de se articularem os interesses em confronto: o da sociedade que, em razão da sua natureza, necessita de um mecanismo pelo qual a sua vontade se forme; e o de terceiros, que têm a expectativa de estar em relação com a sociedade, e não com as pessoas singulares aparecem como interlocutores, se estas realizam negócios em nome da sociedade.

4. **O âmbito de aplicação.** O 260.º regula a vinculação da sociedade pela atuação do titular do órgão de administração, no âmbito dos poderes de representação que a lei lhe confere. Quanto à representação voluntária, admissível para a prática de determinados atos ou categorias de atos, nos termos do 252.º/6, a vinculação far-se-á nos termos das regras aplicáveis ao instrumento de representação em causa e à atuação do procurador ou de mandatário com representação (262.º a 269.º, do CC). 6

Por outro lado, quanto à vinculação da sociedade pela atuação dos seus trabalhadores, sempre que a natureza da atividade destes envolva a prática de atos jurídicos, a vinculação decorre dos poderes de representação resultantes do contrato de trabalho, nos termos do 115.º/3, do CT. 7

Diferente é a vinculação da sociedade para efeitos de responsabilidade civil por atos ilícitos praticados pelos gerentes e que consta do 6.º/5. 8

III – **O regime**

5. **A ilimitação dos poderes representativos** da gerência perante disposições constantes do contrato ou resultantes de deliberações dos sócios. Para proteção dos terceiros que entrem em relação com a sociedade por força da atuação dos gerentes, consagra-se, no 260.º/1 e 2, a regra da ilimitação nos poderes representativos dos gerentes, quando atuem "dentro dos poderes que a lei lhes confere". Esta norma visa a tutela de terceiros e da negociação em geral, bem como promover a segurança das trocas e o acesso ao crédito, assegurando a quem negoceia com a sociedade que pode confiar nos poderes de quem a representa e na eficácia, em relação a ela, do negócio celebrado. A razão do preceito é a tutela da confiança, da certeza e da segurança jurídica, bem como a facilidade e a rapidez do tráfego mercantil[7]. Como parece evidente, os sócios e, em geral, os membros dos órgãos sociais não são terceiros relativamente à sociedade, para este efeito, pois a teleologia *supra* referida não os compreende[8] e estas pessoas têm de conhecer as limitações eventualmente existentes e têm uma responsabilidade *in vigilando* relativamente aos gerentes e ao exercício dos poderes de representação. 9

Apesar da ilimitação dos poderes representativos dos gerentes, perante cláusulas dos contratos ou deliberações dos sócios, a vinculação da sociedade depende de os gerentes terem atuado "dentro dos poderes que a lei lhes confere", como se disse. Ou seja, os poderes representativos do gerente não podem ultrapassar os limites que a lei imponha para a sua atuação. A desnecessidade de tutelar o terceiro perante as limitações legais parece compreensível, já que o terceiro não deve merecer uma especial proteção perante o que a lei consagra, pois é também obrigado a conhecê-la[9]. Essas limitações legais podem decorrer de restrições à capacidade de gozo estabelecidas pela lei. Não poderá haver, também, vinculação quanto a matérias que a lei 10

[7] STJ 12-mar.-2015 (Maria Clara Sottomayor), Proc. 5995/ /03.

[8] STJ 12-mar.-2015 (Maria Clara Sottomayor), Proc. 5995/03.

[9] Alexandre Soveral Martins, *Código em Comentário* 4 (2017), 154 e STJ 12-mar.-2015 (Maria Clara Sottomayor), Proc. 5995/03.

tenha, injuntivamente, reservado à competência de outros órgãos. O mesmo sucede se a lei, de forma injuntiva, sujeitar categorias de atos a certos condicionalismos, como acontece quando se exija sobre eles deliberações dos sócios (cfr. 246.º/1). Em todos estes casos, o ato do gerente não vincula a sociedade para com terceiros, como resulta, *a contrario*, do n.º 1. No entanto, a questão não será sempre de falta de poderes representativos, pois havendo um limite legal não poderá o *dominus* ratificar aqueles negócios: a consequência será a da nulidade (294.º). Nos casos de falta de intervenção ou de uma prévia aprovação por parte de outro órgão, admite-se que a vinculação possa ocorrer supervenientemente, por intervenção do órgão em causa, sendo a consequência, da falta dessa intervenção ou aprovação, a da ineficácia[10]. Se a lei admite que o contrato de sociedade possa atribuir ao gerente poderes representativos para a prática do ato deve entender-se que, em qualquer caso, atua dentro dos limites da lei[11]. Ou seja, na limitação da representação não ficam incluídos os atos supletivamente reservados à gerência (p. ex., 246.º/2)[12], dispensando os terceiros de verificar o teor concreto dos estatutos.

11 Ou seja: decorre do n.º 1 que as limitações que resultassem para a atuação do gerente, quer do contrato de sociedade, quer de deliberação dos sócios, não impedem a vinculação da sociedade, para com terceiros, pelo ato praticado pelo gerente, até porque a capacidade da sociedade não é coartada por essas circunstâncias. Tais limitações apenas serão relevantes no quadro da responsabilização do gerente que tenha causado danos no exercício da administração, já que ele está vinculado a não exceder tais limitações. Veja-se, por exemplo, o que se refere no 6.º/4, *in fine*, quanto ao dever de não exceder o objeto social fixado no contrato de sociedade ou por deliberações sociais, ou de não praticar determinados atos proibidos pelo contrato de sociedade ou por deliberações dos sócios[13]; no 259.º quanto à necessidade de respeito pelas deliberações dos sócios na atuação da gerência; ou mesmo no 64.º/1, *b*), que impõe a atuação ponderando o interesse da sociedade e os interesses de longo prazo dos sócios. Quanto à responsabilidade do gerente, para com a sociedade ou os sócios, cfr. as anotações aos artigos 72.º a 77.º.

12 A limitação específica, resultante do objeto social, consta do 260.º/2 e 3. Ponto de partida: as limitações resultantes do objeto social não limitam a capacidade da sociedade, e não impedem a sua vinculação. O 260.º/2 permite, no entanto, que a sociedade possa opor a terceiros as limitações de poderes resultantes do objeto social, se o terceiro sabia, ou não podia ignorar, tendo em contas as circunstâncias, que o ato praticado não respeitava a cláusula que determina o objeto social, isto é, a terceiros de má fé. Quanto às limitações específicas resultantes do objeto social há, pois, uma clara aproximação ao regime do abuso de representação, constante do artigo 269º, do CC, cuja dogmática concorre para a interpretação destas normas.

13 O ponto decisivo nesta construção prende-se com instrumentalidade, direta ou indireta, do ato em causa com o objeto social[14]. A sociedade terá de demonstrar, recaindo sobre si o ónus da prova, nos termos do 342.º/2, do CC, sob pena de incorrer nas consequências negativas do *non liquet*, que o terceiro sabia que o ato se não configurava como instrumental, ainda que indiretamente, para a prossecução do objeto social, ou que, na realidade, não podia ignorar que isso assim acontecia. Em termos probatórios, é relevante a limitação constante do n.º 3: para

[10] Nesse sentido, Alexandre Soveral Martins, *Código em Comentário* 4 (2017), 154-155.

[11] Para uma explicação, com desenvolvimento, Alexandre Soveral Martins, em *Código em Comentário* 4 (2017), 156.

[12] Alexandre Soveral Martins, *Capacidade e representação*, 494; contra, Raúl Ventura, *Sociedades por quotas* 3, 163 e Espírito Santo, *Sociedades por quotas*, 284.

[13] 6.º, anot. 15.

[14] Alexandre Soveral Martins, *Capacidade e representação*, 490. Assim, tb., STJ 12-mar.-2015 (Maria Clara Sottomayor), Proc. 5995/03 e STJ 8-set.-2015 (Salreta Pereira), Proc. 963/10.

demonstrar o conhecimento do terceiro, ou o dever de conhecer, quanto ao objeto social, não basta invocar a publicidade dada ao contrato de sociedade, seja por força das publicações obrigatórias, seja pelo registo comercial.

A lei nada diz quanto à possibilidade de demonstração de que o terceiro conhecia, ou deveria conhecer, as limitações aos poderes de atuação dos gerentes que não se reconduzam a uma limitação imposta pelo objeto social. No entanto, parece-nos que, também nesses casos, a proteção do terceiro se não justificaria em caso de má fé da sua parte. Já se defendeu a possibilidade de demonstração do conhecimento do terceiro, como forma de afastar a vinculação da sociedade, mesmo nos casos não regulados no n.º 3, por aplicação analógica do 266.º/1 do CC[15] ou mesmo por aplicação do regime do abuso de representação, sempre que o gerente atua no âmbito da extensão dos seus poderes, mas fora de instruções recebidas (por exemplo, deliberadas pela gerência plural funcionando colegialmente)[16]. 14

O interesse que se protege pela norma consagrada no 260º/1 é o de terceiro que contrate com a sociedade. A tutela desse interesse faz-se de forma injuntiva, pelo que a ilimitação dos poderes de representação dos gerentes não pode ser afastada pela vontade, mesmo que unânime, dos sócios, sob pena de nulidade da respetiva deliberação, nos termos do 56º/1[17]. 15

6. **A menção da qualidade**. Diz-se no n.º 4 que, em atos escritos, os gerentes vinculam a sociedade apondo a sua assinatura com indicação dessa qualidade. A menção da qualidade desempenha a função da *contemplatio domini* em sede de representação, ou seja, a menção de atuação em nome de outrem, no qual se repercutem diretamente os efeitos resultantes da atuação do representante. A atuação do gerente em nome da sociedade é um requisito específico da vinculação da sociedade, como resulta do 260.º/1. A função desta exigência é, essencialmente, a deixar inequívoco que o gerente não se vincula pessoalmente pelo contrato, mas que vincula a sociedade que representa. 16

Não tem sido pacífico, ao nível jurisprudencial, o entendimento sobre o significado a atribuir a esta menção de atuação na qualidade. Exigiu-se já, por um lado, que a menção se fizesse de forma expressa, pela utilização das fórmulas sacramentais, "o gerente", ou "a gerência", seguidas da assinatura[18]. O problema foi sobretudo discutido a propósito da vinculação de sociedades, pela assinatura de gerentes em títulos de crédito, relativamente a obrigações cambiárias. Numa linha substancialmente diferente, entende-se que bastará que resulte do documento a atuação na qualidade, sendo suficiente, por exemplo, a assinatura do gerente por baixo do carimbo da sociedade[19], para que aquela indicação se considere feita. Sobre essa matéria foi proferido um Acórdão de Uniformização de Jurisprudência, fixando jurisprudência no sentido de que a indicação da qualidade de gerente, em atos escritos, pode ser deduzida, nos termos do 217.º do CC, de factos que com toda a probabilidade a revelem[20]. E, de facto, se é mani- 17

[15] António Pereira de Almeida (2006), 368.

[16] Sobre este ponto, J. M. Coutinho de Abreu, *Curso* (2019), 573 e Alexandre Soveral Martins, *Código em Comentário* 4 (2017), 162. Por força da remissão do artigo 269.º para o artigo 268.º, do CC, a solução seria a ineficácia, mas uma atuação concertada entre o gerente e o terceiro conduziriam à nulidade do negócio, como ensinam os autores citados anteriormente.

[17] Nesse sentido, STJ 23-set.-2008 (Azevedo Ramos), Proc. 08A2239 e RLx 17-mar.-2009 (Rosário Gonçalves), Proc. 802/05.

[18] Nesse sentido, RCb 26-mai.-1992 (Mário Crespo), BMJ 417 (1992), 832. Decidiu-se em RLx 18-jun.-2009 (Nelson Borges Carneiro), Proc. 2980/04, que *"a vinculação da sociedade resulta de o acto ser praticado em seu nome, não se exigindo palavras sacramentais, nome que não tem obviamente de ser invocado de forma expressa, podendo igualmente resultar das circunstâncias em que a assinatura pessoal do gerente foi subscrita ou o acto praticado"*.

[19] Assim, em RLx 20-nov.-1997 (Sousa Grandão), CJ XXII (1997) 5, 93-95.

[20] STJ 1/2002 (Afonso de Melo), em DR I série-A, n.º 20, 24-jan.-2002, 498-502.

festa a atuação na qualidade de gerente no contexto do ato escrito, a invocação da ausência de indicação expressa poderia mesmo configurar abuso de direito, na modalidade de *tu quoque*, em função do qual a sociedade utilizaria uma irregularidade imputável a um seu próprio agente para se eximir da sua vinculação para com terceiros[21]. Assim, nas palavas do STJ, sempre que a intervenção da pessoa em concreto permita percecionar, com segurança bastante, que o ato praticado é da sociedade, e não da pessoa singular, esse ato efetivamente repercutir-se-á naquela, vinculando-a, não exigindo a lei um procedimento estandardizado para se concluir por essa vinculação[22].

18 7. **Notificações à sociedade**. No 260.º/5 regula-se o problema das comunicações formais entre o gerente e a sociedade. Um caso relevante diz respeito à comunicação a que se refere o 258.º/1, relativo à renúncia do gerente. Nas situações de gerência plural a declaração deve ser dirigida a outro gerente. Se não houver gerência plural, então a declaração ou notificação deve ser dirigida ao órgão de fiscalização. Se ele também não existir, a notificação ou declaração podem ser dirigidas a qualquer sócio.

Artigo 261.º (Funcionamento da gerência plural)

1. Quando haja vários gerentes e salvo cláusula do contrato de sociedade que disponha de modo diverso, os respetivos poderes são exercidos conjuntamente, considerando-se válidas as deliberações que reúnam os votos da maioria e a sociedade vinculada pelos negócios jurídicos concluídos pela maioria dos gerentes ou por ela ratificados.

2. O disposto no número anterior não impede que os gerentes deleguem nalgum ou nalguns deles competência para determinados negócios ou espécie de negócio, mas, mesmo nesses negócios, os gerentes-delegados só vinculam a sociedade se a delegação lhes atribuir expressamente tal poder.

3. As notificações ou declarações de terceiros à sociedade podem ser dirigidas a qualquer dos gerentes, sendo nula toda a disposição em contrário do contrato de sociedade.

Bibliografia: J.M. Coutinho de Abreu, *Curso de Direito Comercial* 2 (2019), 552 ss.; *id.*, *Diálogos com a Jurisprudência, IV – Vinculação de Sociedades*, DSR 12 (2014), 95 e ss.; António Pereira de Almeida (2008), 377-381; José de Oliveira Ascensão, *Direito comercial: sociedades comerciais. Parte geral*, IV (2000), 482-485; *Código das Sociedades (Projecto)*, BMJ 327 (1983), 45-339; António Menezes Cordeiro 2 (2017), 425-427; *id.*, *Direito europeu das sociedades* (2005), 174 ss.; António Ferrer Correia/Vasco Lobo Xavier/Maria Ângela Coelho/António A. Caeiro, *Sociedades por quotas de responsabilidade limitada/Anteprojecto de lei – 2.ª redacção e exposição de motivos*, RDE 3 (1977), 370-390; Paulo Olavo Cunha (2019), 778-780; Paulo de Tarso Domingues, *A vinculação das sociedades por quotas no Código das Sociedades Comerciais*, RFDUP, 2004, 299-302;Tiago Miguel dos Santos Esteves, *Vinculação das Sociedades Anónimas e por Quotas*, RDS II (2010), 1/2, 379-403; Alexandre Soveral Martins, *Capacidade e Representação das Sociedades Comerciais, Problemas de Direito das Sociedades* (2002), 470-496; *id.*, *Um, Dó, Li, Tá?, De quantos gerentes se faz a vinculação de uma sociedade por quotas?*, RLJ, ano 146, 4000 (2016), 60-70; *id.*, em *Código em Comentário* 4 (2017), 176 ss.; João Espírito Santo, *Sociedades por quotas e anónimas, vinculação: objecto social e representação plural* (2000); Pedro Pais Vasconcelos, *Vinculação das Sociedades Comerciais*, DSR 12 (2014), 91 ss.; Raúl Ventura, *Objecto da sociedade e actos ultra vires*, ROA 1980, 5 ss.; *id.*, *Adaptação do Direito português à 1.ª Directiva do Conselho da Comunidade Económica Europeia sobre Direito das Sociedades*, DDC 2 (1980), 89-217; *id.*, *Sociedades por quotas* 3 (1991), 177-201.

[21] RLx 15-set.-2011 (Ezagüy Martins), Proc. 186732/08.

[22] STJ 9-jun.-2011 (Gregório Silva Jesus), Prc. 4537/04.

Índice

I – **Antecedentes e aspetos europeus**
1. Antecedentes e preparatórios 1
2. Aspetos europeus 3

II – **Teleologia e âmbito**
3. Âmbito de aplicação 4

III – **O regime**
4. Funcionamento da gerência plural 5
5. O gerente-delegado 14
6. Notificações à sociedade 16

I – Antecedentes e aspetos europeus

1. **Antecedentes e preparatórios**. No domínio da LSQ o tratamento oferecido à gerência plural era pouco claro. Na base de aplicação do regime surgia o 3.°, que admitia que as SPQ adotassem uma firma ou denominação particular. Se a sociedade adotasse uma firma social, a sociedade, apesar de ter vários gerentes, ficaria vinculada nos atos escritos desde que um deles assinasse com a firma social. Já se a sociedade tivesse adotado uma denominação particular, a sociedade ficaria obrigada se os atos fossem praticados, em seu nome, pela maioria dos gerentes, a menos que se dispusesse em sentido contrário na escritura social. O aspeto menos claro respeitava ao motivo da relação que o legislador havia estabelecido entre a firma e denominação particular e os sistemas de gerência plural[1]. 1

O preceito corresponde ao 87.° do projeto de Ferrer Correia, aos 90.° e 91.° do anteprojeto de Vaz Serra e ao 67.° do anteprojeto de Raúl Ventura[2]. A matéria passou ao 258.° do Projeto[3]. 2

2. **Aspetos europeus**. Cumpre referir o 9.°/3, da 1.° Diretriz sobre sociedades comerciais. Nesse artigo indica-se que, por um lado, os Estados-Membros podem adotar um regime que regule o modo de exercício dos poderes de representação orgânica, mas que também podem admitir a oponibilidade a terceiros das regras estatutárias, em derrogação desse regime legal, desde que respeitadas as disposições do 3.° da Diretiva em matéria de publicidade[4]. 3

II – Teleologia e âmbito

3. **Âmbito de aplicação**. Este artigo regula o processo de formação da vontade da pessoa coletiva, sempre que a gerência tenha mais do que um titular. Por um lado, determina-se qual a maioria que a lei exige para que uma deliberação possa ser validamente adotada pela gerência da pessoa coletiva: a regra é a da maioria simples, ou seja, a deliberação da gerência será válida desde que seja adotada pela maioria dos gerentes[5]. Por outro lado, este artigo regula também o modo de exercício dos poderes de representação orgânica, nas situações em que a sociedade tenha, no órgão de administração, mais do que um gerente. A sociedade só ficará vinculada se os negócios jurídicos levados a cabo pelos gerentes forem concluídos pela maioria dos gerentes ou por ela ratificados. 4

[1] Raúl Ventura, *Sociedades por quotas* 3, 187-188.
[2] Cf. os competentes textos em Raúl Ventura, *Sociedades por quotas* 3, 180-182.
[3] *Código das Sociedades (Projecto)*, BMJ 327 (1983), 195.
[4] António Menezes Cordeiro, *Direito europeu das sociedades* (2005), 127 ss..
[5] O método de organização da gerência, quanto ao poder administrativo, é o conjunto e não o colegial, pelo que a formação da vontade do órgão pode atingir-se através de manifestações separadas dos gerentes até serem atingidas vontades individuais convergentes correspondentes à maioria dos gerentes. Assim, João Espírito Santo, *Sociedades por quotas e anónimas*, 366-368.

III – O regime

5 4. **Funcionamento da gerência plural.** No 261.º/1, quanto à gerência plural, regulam-se dois aspetos diferentes. O primeiro respeita ao exercício dos poderes de administração, *stricto sensu*: aponta para um método de organização conjunto e não colegial, sendo inválidas as deliberações que não reúnam os votos da maioria dos gerentes, embora possam constar do contrato de sociedade disposições diversas acerca do método de organização para exercício dos poderes de administração.

6 O segundo reporta-se ao exercício dos poderes de representação orgânica: salvo cláusula em contrário, a sociedade (só) fica vinculada (*a contrario sensu*) se, na conclusão do negócio jurídico, houver a intervenção da maioria dos gerentes, ou se essa maioria ratificar o negócio. Trata-se de uma situação de representação conjunta maioritária como regime supletivamente aplicável, já que a lei admite cláusula do contrato de sociedade que disponha de modo diverso.

7 Quanto aos poderes de representação, tem sido discutido qual o real alcance a atribuir a esta disposição legal, com assinalável divergência doutrinária. Colocam-se em abstrato três hipóteses diferentes: (i) o contrato de sociedade nada dispõe e, em caso de gerência plural, pergunta-se se a sociedade pode ficar vinculada com a intervenção de gerentes que não compõem a maioria (por apenas um deles, por exemplo); (ii) o contrato de sociedade contém uma cláusula menos exigente do que a regra que impõe a representação conjunta maioritária, e pergunta-se se o terceiro pode invocar essa cláusula no sentido de obter a vinculação da sociedade; (iii) o contrato de sociedade contém uma cláusula mais exigente do que a regra que impõe a representação conjunta maioritária, quer porque exige uma maioria qualificada, ou a unanimidade, quer porque exige a intervenção nominal de algum gerente em concreto, e pergunta-se se a sociedade pode invocar essa cláusula para sustentar a ineficácia do negócio relativamente à sociedade. Vamos analisar cada uma destas situações.

8 Parte da doutrina, e com suporte jurisprudencial, tem sustentado que independentemente da regra legal sobre o funcionamento da gerência plural, a sociedade fica vinculada perante a intervenção de qualquer gerente, com indicação dessa qualidade, já que a proteção da confiança do terceiro deve prevalecer sobre a tutela dos interesses da sociedade. A regra da gerência plural terá, assim, uma dimensão meramente interna, sem impacto na vinculação da sociedade[6], razão pela qual o artigo 261º/1 deve ser interpretado restritivamente.

9 Analisada a questão suscitada pela primeira hipótese, continua a parecer-nos certeira a afirmação de que, ao impor-se a inoponibilidade a terceiro da falta de vinculação, nos casos de gerência plural sem que a maioria dos gerentes tenha intervenção nos negócios jurídicos celebrados, em nome da proteção da confiança, se tutelaria o terceiro contra a lei, já que é esta que impõe a vinculação pela maioria e não o contrato de sociedade[7]: a ineficácia continua a parecer-nos, portanto, a solução legal perante o desrespeito da regra da conjunção maioritária,

[6] Paulo Olavo Cunha (2019), 780; Pedro Pais Vasconcelos, *Vinculação das Sociedades Comerciais*, DSR 12 (2014), 91 e ss. Na jurisprudência, quanto às SPQ, decidiu-se em STJ 23-set.-2008 (Azevedo Ramos), Proc. 08A2239, num caso em que um negócio jurídico fora celebrado por apenas um dos dois gerentes da sociedade, quando o contrato exigia a intervenção dos dois gerentes, que *"aos interesses da sociedade sobrepõem-se os de terceiros que com a sociedade se relacionam, mantendo-se a validade dos efeitos jurídicos dos atos outorgados em nome da sociedade apenas por um dos gerentes, ainda que sem a intervenção conjunta dos demais"*. Mais recentemente, também em REv 2-out.-2018 se entende que o artigo 261.º é apenas uma norma interna que procura disciplinar o funcionamento de órgãos executivos de sociedades compostos por dois ou mais gerentes, embora se conclua *a latere* que ao mesmo resultado se chegaria, *in casu*, por aplicação do artigo 334.º do CC.

[7] João Espírito Santo, *Sociedades por quotas e anónimas*, 471.

independentemente de estar em causa, ou não, um negócio formal[8]. Repare-se que, como estamos apenas perante um problema de atuação de uma situação jurídica que tem de ser atuada por vários intervenientes, por efeito da lei, o terceiro não fica numa situação pior do que aquela que tem perante um cenário de contitularidade ou até de procuração voluntária conferida a mais do que um procurador: tem de se assegurar que estão presentes tantos quanto podem atuar aquela situação jurídica, e pode fazê-lo através de uma análise estritamente objetiva. No limite terá de saber quantos gerentes tem aquela sociedade, questão sobre a qual pode pedir à sociedade a justificação dos poderes (artigo 260.º do CC), e constatar, em função dessa informação, se a maioria deles teve, ou não, intervenção no ato[9]. Ora, isto é completamente diferente da ponderação sobre a extensão dos poderes de representação que ele teria de fazer por interpretação do objeto social e das deliberações internas da sociedade ao abrigo do artigo 260.º, daí se justificando a diferença de proteção de terceiro. Por outro lado, a referência da lei à vinculação da sociedade (*"considerando-se /…/ a sociedade vinculada /…/"*) parece-nos afastar a hipótese de se tratar de qualquer norma de organização com um efeito apenas interno.

Sem prejuízo desta regra-base deve apurar-se se não ocorre, em concreto, uma limitação à possibilidade de invocar a ineficácia, por parte da sociedade, por tal conduta ser abusiva, à luz do 334º, do CC[10], ou mesmo de se dever considerar que pode ter ocorrido *in casu* uma situação de representação tolerada ou aparente que implique a ratificação tácita dos atos praticados pelo gerente sem a intervenção da maioria, por aplicação da *ratio decidendi* do artigo 268º/ 1, do CC. Não é de considerar a hipótese de delegação tácita, ao abrigo do regime do número 2, pois a lei exige a delegação expressa de poderes. Na nossa perspetiva, e sendo perfeitamente justificáveis, em geral, os interesses relacionados com a tutela de terceiros que devem, em regra, prevalecer sobre a tutela da sociedade, se esta é prejudicada pela atuação dos titulares dos seus órgãos, por *culpa in eligendo* ou *culpa in vigilando*, esses interesses encontram tutela suficiente pela aplicação do regime do abuso do direito e da figura da ratificação tácita, e esses regimes têm elasticidade suficiente para permitir uma resposta diferenciada consoante o mercado em que ocorra a contratação[11]. Assim, a venda de roupa feita por um único gerente numa loja, ao cliente comum e anónimo, vincula a sociedade, por ser abusivo nessa circunstância invocar a falta de intervenção da maioria dos gerentes, tendo em conta a aparência de poderes para vincular imputável à própria sociedade. 10

No segundo grupo de problemas, sendo a solução contratual menos exigente que a solução legal, nada obsta, obviamente, a que o terceiro a possa invocar contra a sociedade, e apenas se colocará o problema analisado no parágrafo anterior se, ainda assim, a solução contratual impõe a intervenção de mais do que um gerente (ainda que em número inferior à maioria), tendo ocorrido um negócio com intervenção de apenas um deles. 11

Quanto ao último grupo de casos, a referência à possibilidade de cláusula contratual diferente quanto à validade da deliberação da gerência ou à vinculação da sociedade, com uma amplitude não equiparável no domínio das SA (que apenas admite que o contrato fixe um número menor do que a maioria dos administradores para que ocorra a vinculação da socie- 12

[8] Em sentido diferente, RLx 26-fev.-2015 (Tomé Ramião), Proc. 82511/13.

[9] Alexandre Soveral Martins, em *Código em Comentário* 4 (2017), 185.

[10] Cf. J.M. Coutinho de Abreu, *Curso de Direito Comercial* 2 (2015), 551 (1494). Assim, STJ 24-fev.-2015 (Pinto de Almeida), Proc. 580/11.

[11] Para a análise desse problema, diferenciando o âmbito da proteção de terceiro, consoante o mercado em que ocorra a contratação, cfr. Pedro Pais Vasconcelos, *Vinculação das Sociedades Comerciais*, DSR 12 (2014), 90-91.

dade), significa ser possível que o contrato fixe um determinado número de intervenções, em número superior à maioria, que imponha a presença de todos, ou até, que considere a validade da deliberação ou a vinculação com a intervenção de apenas um ou alguns deles, nominalmente identificados, em desvio à solução legal. Relativamente a preceitos semelhantes, mas respeitantes às SA, já se sustentou que a exigência de um determinado número de administradores para vincular a sociedade seria uma limitação contratual aos poderes de representação, inoponível a terceiros, nos termos referidos no artigo anterior. Têm surgido nos últimos anos inúmeras decisões judiciais que adotam esse mesmo entendimento no domínio das SPQ[12].

13 Coloca-se, então, o problema da oponibilidade a terceiros das cláusulas que estabeleçam a forma pela qual a sociedade se obriga em desvio da solução legal já examinada. Na nossa perspetiva, o regime constante do 260.º não faz qualquer sentido se se interpretar o preceito ora em análise como impondo, ao terceiro, a necessidade de efetivo conhecimento do contrato de sociedade, ou da publicidade que sobre ele ofereça o registo comercial, para que saiba o que nele se dispõe quanto ao exercício dos poderes de representação. Nem parece que exista uma particular justificação para tutelar o terceiro apenas nos casos relativos à extensão dos poderes de representação e já não em matéria de modo de exercício desses poderes, quando este modo de exercício é diferente da solução legal. Tanto num caso como no outro, a lição do 260.º tem plena justificação[13]: a sociedade que imponha limitações aos gerentes, não decorrentes da lei, por via do contrato de sociedade (seja em matéria de extensão ou modo de exercícios dos poderes de representação), fica incumbida de vigiar a conduta dos gerentes, sendo o terceiro totalmente alheio a essa matéria, a menos que se demonstre que ele contratou conhecendo as limitações. Entendemos, assim, que são inoponíveis a terceiros as soluções que impliquem, para si, uma solução mais desfavorável relativamente ao que a lei consagra[14], o que sucederá nas situações de conjunção supramaioritária ou na consagração contratual da necessidade de intervenção de determinados gerentes[15], conforme se consagrou claramente a propósito das SA, nos termos do 408.º/1, que não admite que sejam adotadas essas soluções. Deve admitir-se, no entanto, que a sociedade possa demonstrar que o terceiro conhecia o regime constante do contrato de sociedade, em matéria de gerência plural[16].

14 5. **O gerente-delegado**. No 261.º/2 permite-se a delegação de poderes, para a conclusão de determinadas categorias de negócios, em algum ou alguns dos gerentes. A vinculação da sociedade está dependente, no entanto, de a delegação atribuir expressamente os poderes em causa.

15 A delegação opera por deliberação da maioria dos gerentes e essa maioria pode, a todo o tempo, avocar o poder que havia sido delegado. Coloca-se um problema de proteção de ter-

[12] Nesse mesmo sentido, cf. RLx 17-mar.-2009 (Rosário Gonçalves), Proc. 802/05; RLx 15-set.-2011 (Ezagüy Martins), Proc. 186732/08 e STJ 8-set.-2015 (Salreta Pereira), Proc. 963/10.

[13] Nesse sentido, RLx de 22-jan.-2002 (Abrantes Geraldes), CJ XXVII (2002) 1, 80-86; RCb 26-jun.-2001 (Gil Roque), CJ XXVI (2001) 3, 40-41.

[14] Refira-se que este entendimento tem sido contestado frontalmente por grande parte da doutrina portuguesa, como se pode constatar em António Pereira de Almeida (2006), 370 ss.; J. M. Coutinho de Abreu (2019), 555; Alexandre Soveral Martins, em *Código em Comentário* 4 (2017), 181 (com mais referências bibliográficas na nota 18), mas com base num argumento que é, essencialmente, o de demonstrar a compatibilidade daquela interpretação com o texto do 9.º/3 da 1.ª Diretriz; quando a questão essencial é, segundo cremos, a de confrontar o interesse de terceiros e da sociedade, tendo em conta a solução consagrada no 260.º e, muito particularmente, o regime consagrado, em matéria de sociedades anónimas, para um caso em tudo semelhante.

[15] Nesse sentido se orienta, pela fundamentação utilizada e *obiter dicta*, STJ 24-fev.-2015 (Pinto de Almeida), Proc. 580/11.

[16] Nesse sentido aponta RCb 1-fev.-2000 (Serra Batista), Proc. 2736.

ceiros, aos quais serão evidentemente inoponíveis as modificações ou a cessação do instrumento de delegação, enquanto elas não chegarem ao seu conhecimento. Embora a lei não resolva essa questão, essa solução resulta da aplicação analógica do 266.º/1, do CC. 16

6. **Notificações à sociedade.** A norma contida neste preceito regula um problema semelhante ao do 260.º/5. Consagra-se a solução de que, na gerência plural, qualquer dos gerentes será sujeito idóneo a receber declarações ou notificações de terceiros. Essa regra é injuntiva: prescreve a nulidade de cláusula do contrato de sociedade que disponha em sentido diferente.

Artigo 262.º (Fiscalização)

1. O contrato de sociedade pode determinar que a sociedade tenha um conselho fiscal, que se rege pelo disposto a esse respeito para as sociedades anónimas.

2. As sociedades que não tiverem conselho fiscal devem designar um revisor oficial de contas para proceder à revisão legal desde que, durante dois anos consecutivos, sejam ultrapassados dois dos três seguintes limites:

***a*) Total do balanço – € 1500000;**

***b*) Total das vendas líquidas e outros proveitos – € 3000000;**

***c*) Número de trabalhadores empregados em média durante o exercício – 50.**

3. A designação do revisor oficial de contas só deixa de ser necessária se a sociedade passar a ter conselho fiscal ou se dois dos três requisitos fixados no número anterior não se verificarem durante dois anos consecutivos.

4. Compete aos sócios deliberar a designação do revisor oficial de contas, sendo aplicável, na falta de designação, o disposto nos artigos 416.º a 418.º.

5. São aplicáveis ao revisor oficial de contas as incompatibilidades estabelecidas para os membros do conselho fiscal.

6. Ao exame pelo revisor e ao relatório deste aplica-se o disposto a esse respeito quanto a sociedades anónimas, conforme tenham ou não conselho fiscal.

7. Os montantes e o número referidos nas três alíneas do n.º 2 podem ser modificados por portaria dos Ministros das Finanças e da Justiça.

Bibliografia: Pedro Albuquerque, *A independência e incompatibilidade da mesa da assembleia geral das sociedades emitentes de valores mobiliários em mercado regulamentado e de «grandes sociedades anónimas»*, *in* Estudos em Homenagem "Centenário do Nascimento do Professor Doutor Paulo Cunha», 2012; António Menezes Cordeiro 2 (2017), 447-452; *id.*, *Direito europeu das sociedades* (2005), 297 ss.; António Ferrer Correia/Vasco Lobo Xavier/Maria Ângela Coelho/António A. Caeiro, *Sociedades por quotas de responsabilidade limitada/Anteprojecto de lei – 2.ª redacção e exposição de motivos*, RDE 3 (1977), 370-390; Paulo Olavo Cunha (2019), 787 e ss.; *Código das Sociedades (Projecto)*, BMJ 327 (1983), 45-339; Gabriela Figueiredo Dias, *Código em Comentário* 4 (2017), 192 e ss.; *id.*, *A fiscalização societária redesenhada, independência, exclusão de responsabilidade e fiscalização obrigatória dos fiscalizadores*, Reformas do Código das Sociedades (2007), 306; José Ferreira Gomes, *Da administração à fiscalização de sociedades*, (2015); Raúl Ventura, *Sociedades por quotas*, 3 (1991), 203-210.

Vide a bibliografia relativa aos 65.º ss. e 413 ss., bem como as anotações a esses preceitos.

Índice

I – Antecedentes e aspetos europeus
1. Antecedentes normativos 1
2. Aspetos europeus 2

II – Teleologia e âmbito
3. Teleologia geral 3

III – Regime
4. Conselho fiscal como órgão eventual 4
5. ROC 6

I – **Antecedentes**

1 1. **Antecedentes normativos**. Em matéria de órgão de fiscalização da sociedade, estabelecia-se, no 33.º da LSQ, que se a escritura de constituição instituísse um conselho fiscal, seriam aplicáveis as disposições relativas ao conselho fiscal das SA. Corresponde ao 265.º do Projeto de Código das Sociedades Comerciais[1] e da matéria tratava o 99.º do anteprojeto de Ferrer Correia[2].

2 2. **Aspetos europeus**. Este artigo foi parcialmente inspirado pela 4.ª Diretriz, de 17-jul.-1978, sobre contas anuais de certos tipos de sociedades, que no seu 51.º/2 permite aos Estados-membros isentar as sociedades pequenas (11.º) de fazerem controlar as contas anuais por uma ou várias pessoas habilitadas, face à lei nacional, para o controlo das contas[3].

II – **Teleologia**

3 3. **Teleologia geral**. Resulta deste preceito que o legislador entende, em razão da estrutura geralmente associada às SPQ, ser suficiente a fiscalização da sociedade levada a cabo pelos sócios, em sede de assembleia geral e através do direito de informação. Essa solução é supletiva, permitindo-se aos sócios a instituição de um conselho fiscal. Atingindo a sociedade determinada dimensão passa a exigir-se a fiscalização por parte de um ROC.

III – **Regime**

4 4. **Conselho fiscal como órgão eventual**. O órgão de fiscalização é, nas SPQ, um órgão meramente eventual (262.º/1). Tendo a sociedade esse órgão de fiscalização, são aplicáveis os 413.º e ss.. A remissão implicará uma aplicação do regime *mutatis mutandis*, em resultado da natureza das coisas, mas não vemos fundamento legal para ser o intérprete a decidir de que parcelas do regime prescinde em função da SPQ a que se vai aplicar, mesmo nos casos em que o conselho fiscal tem apenas uma base contratual. Os tipos societários têm elasticidade suficiente para acomodar diferentes realidades económicas subjacentes, não sendo de excluir que concretas SPQ possam ter dimensão, complexidade, e implicar riscos para os sócios e o mercado em geral, superiores aos que se verificam em SA, pelo que não é possível formular um juízo genérico de proporcionalidade relativamente a cada uma das normas que deva ser aplicada por força da remissão. Também a conformação contratual, pelos sócios, do regime aplicável ao conselho fiscal é de afastar, por prejudicar o princípio da tipicidade, tendo em conta que o princípio da tipicidade se destina, no essencial, a proteger os terceiros que entram em relação com a socie-

[1] *Código das Sociedades (Projecto)*, BMJ 327 (1983), 198.
[2] António Ferrer Correia/Vasco Lobo Xavier/Maria Ângela Coelho/António A. Caeiro, *Sociedades por quotas de responsabilidade limitada/Anteprojecto de lei – 2.ª redacção e exposição de motivos*, RDE 3 (1977), 389.
[3] António Menezes Cordeiro, *Direito europeu das sociedades* (2005), 297 ss..

dade, razão pela qual os sócios estão limitados na conformação contratual da orgânica societária, mesmo quando esta é apenas eventual.

Relativamente ao regime de independência introduzido pela reforma do CSC, de 2006, também aplicável às SPQ, *ex vi* artigo 261º/1, parece-nos claro que essas regras não regulam efeitos de factos, mas as condições em que, para o futuro, se deve entender por existência de independência, ou falta dela, dos membros do conselho fiscal. Nesse sentido, as normas podem integrar factos passados no seu âmbito previsivo, de modo a estabelecer a regulação após o seu início de vigência. Trata-se de um típico caso de retroconexão, não havendo, assim, aplicação retroativa[4]. 5

5. **ROC**. Na lógica da 4.ª Diretriz, veio o legislador consagrar a necessidade de certificação legal de contas, por ROC, nos casos em que a sociedade tenha atingido determinada dimensão durante dois anos consecutivos: ultrapassar dois dos seguintes três limites: (a) total do balanço: € 1.500.000; (b) total de vendas líquidas ou outros proveitos: € 3.000.000; (c) número médio de trabalhadores durante o exercício: 50. Prevê-se no n.º 7 que os indicadores da dimensão possam ser alterados por portaria conjunta dos Ministros das Finanças e da Justiça[5]. 6

Verificados os limites que a lei refere devem os sócios designar ROC[6], o que sucede por deliberação nos termos gerais, sendo aplicável o disposto nos 416.º e 417.º no caso de não ser designado. Tendo ocorrido, essa necessidade só cessa, como decorre do 262.º/3, caso a sociedade passe a ter conselho fiscal, ou caso dois dos três requisitos mencionados no n.º 2 deixem de se verificar durante dois anos consecutivos. 7

Ao ROC são aplicáveis as incompatibilidades constantes do 414.º-A, com adaptações, como decorre do 262.º/5. Nos termos do n.º 6, os documentos de prestação de contas e o relatório de gestão devem ser submetidos a deliberação dos sócios acompanhados da certificação legal das contas e do relatório do ROC (cfr., também, o 263.º/5). Tendo a sociedade conselho fiscal, será aplicável, ao exame das contas pelo conselho fiscal e ao respetivo relatório, o disposto para as sociedades anónimas (262.º/6 e 263.º/6). 8

Artigo 262.º-A (Dever de prevenção)

1. Nas sociedades por quotas em que haja revisor oficial de contas ou conselho fiscal compete ao revisor oficial de contas ou a qualquer membro do conselho fiscal comunicar imediatamente, por carta registada, os factos que considere reveladores de graves dificuldades na prossecução do objeto da sociedade.

2. A gerência deve, nos 30 dias seguintes à receção da carta, responder pela mesma via.

3. Na falta de resposta ou se esta não for satisfatória, o revisor oficial de contas deve requerer a convocação de uma assembleia geral.

4. Ao dever de prevenção nas sociedades por quotas aplica-se o disposto sobre o dever de vigilância nas sociedades anónimas em tudo o que não estiver especificamente regulado para aquelas.

[4] Pedro Albuquerque (2012), 805.

[5] Os valores inicialmente fixados eram, respetivamente, 140.000 c. e 280.000 c.; a P 80-A/89, de 2-fev., passou-os a 180.000 c. e 370.000 c. e a P 95/97, de 12-dez., a 350.000 c. e 600.000 c.. Os valores atuais provêm do 3.º do DL 343/98, de 6-nov..

[6] RPt 30-abr.-1998 (Gonçalo Silvano), CJ XXIII (1998) 2, 229-233 e RPt 1-jul.-1999 (João Bernardo), CJ XXIV (1999) 4, 185-188.

Bibliografia: António Menezes Cordeiro 2 (2017), 450 ss.; Gabriela Figueiredo Dias, *Código em Comentário* 4 (2017), 203 e ss.; José Ferreira Gomes, *Da administração à fiscalização de sociedades* (2015); Tiago João Estevão Marques, *Responsabilidade civil dos membros de órgãos de fiscalização das sociedades anónimas* (2009).

Índice

I – **Antecedentes**
1. Antecedentes normativos 1

II – **Teleologia**
2. Teleologia geral 2

III – **Regime**
3. Dever de vigilância e comunicação 3
4. Ausência de resposta e dever de convocação 5
5. Incumprimento 6

I – Antecedentes

1 1. **Antecedentes normativos**. Esta disposição, sem correspondência no Direito anterior, foi introduzida pelo DL 257/96, de 31-dez., fonte de várias medidas no domínio da fiscalização de sociedades.

II – Teleologia

2 2. **Teleologia geral**. O 262.º-A prescreve uma medida preventiva relativa à fiscalização da sociedade, nos casos em que ela deva ser fiscalizada por ROC ou por conselho fiscal. Pretendeu-se, por esta via, comprometer os órgãos de fiscalização na identificação de situações de particular gravidade para a vida da sociedade, de forma a desencadear a adoção de medidas de reestruturação.

III – Regime

3 3. **Dever de vigilância e comunicação.** Por força da remissão operada no n.º 4 para o que se estabelece no 420.º-A, resulta a existência de um dever, para os órgãos de fiscalização das SPQ, relativamente a factos reveladores de graves dificuldades na prossecução do objeto da sociedade. Resulta do 420.º-A/1 uma enumeração meramente exemplificativa, quanto a esses factos sobre os quais há dever de vigilância: reiteradas faltas de pagamentos a fornecedores; protesto de títulos de crédito; emissão de cheques sem provisão; e falta de pagamentos de quotização para a segurança social e impostos.

4 Constatada a ocorrência de qualquer desses factos, impende sobre o ROC ou conselho fiscal um outro dever: o de comunicar, imediatamente, por carta registada, a verificação de qualquer um desses factos. A comunicação deverá ser dirigida à sociedade, por intermédio de qualquer dos gerentes, nos termos gerais.

5 4. **Ausência de resposta e dever de convocação**. Após a receção da comunicação pela sociedade, a gerência terá trinta dias para responder satisfatoriamente sobre as questões colocadas pelo ROC ou conselho fiscal. Como tal resposta é dirigida a declaratário ela só se torna eficaz se conhecida ou em poder da sociedade antes de completados os trinta dias a que se refere a lei, como resulta dos 224.º/1 e 295.º do CC. Se não existir resposta atempada, ou ela for insatisfatória, deve o ROC requerer, a qualquer dos gerentes, por ser a quem compete a convocação da assembleia, nos termos do artigo 248.º/3, a convocação de uma assembleia geral. Se os gerentes

[1] Gabriela Figueiredo Dias (2017), 210-211.

não a convocarem aplicar-se-á, por analogia, e com as devidas adaptações, o regime do artigo 377.º/1 e 7 e 420.º/1, *h*), como ensina Gabriela Figueiredo Dias[1], caso em que o ROC poderá convocar a assembleia.

5. **Incumprimento**. Coloca-se a questão de saber quais as consequências, para o revisor oficial de contas ou para os titulares do conselho fiscal, em caso de incumprimento dos deveres *supra* mencionados. A resposta resulta, também aqui, da remissão para o 420.º-A. Segundo o n.º 6 daquele preceito, não haverá responsabilidade civil para o ROC ou o conselho fiscal, pelos factos que desencadeiam o dever de comunicar e pela ausência ou insuficiência de uma resposta da gerência ao pedindo a convocação de uma assembleia geral. Já o não cumprimento dos seus deveres implica a sua responsabilidade solidária com a dos gerentes, pelos danos causados à sociedade (420.º-A/5, *ex vi* 262.º-A/4). 6

Capítulo VII – Apreciação anual da situação da sociedade

Artigo 263.º (Relatório de gestão e contas do exercício)

1. O relatório de gestão e os documentos de prestação de contas devem estar patentes aos sócios, nas condições previstas no artigo 214.º, n.º 4, na sede da sociedade e durante as horas de expediente, a partir do dia em que seja expedida a convocação para a assembleia destinada a apreciá-los; os sócios serão avisados deste facto na própria convocação.

2. É desnecessária outra forma de apreciação ou deliberação quando todos os sócios sejam gerentes e todos eles assinem, sem reservas, o relatório de gestão, as contas e a proposta sobre aplicação de lucros e tratamento de perdas, salvo quanto a sociedades abrangidas pelos n.os 5 e 6 deste artigo.

3. Verificando-se empate na votação sobre aprovação de contas ou sobre atribuição de lucros, pode qualquer sócio requerer a convocação judicial da assembleia para nova apreciação daqueles. O juiz designará para presidir a essa assembleia uma pessoa idónea, estranha à sociedade, de preferência um revisor oficial de contas, a quem atribuirá o poder de desempatar, se voltar a verificar-se o empate, e fixará os encargos ocasionados pela designação, os quais são de conta da sociedade.

4. A pessoa designada pode exigir da gerência ou do órgão de fiscalização que lhe sejam facultados os documentos sociais cuja consulta considere necessária, e bem assim que lhe sejam prestadas as informações de que careça.

5. Nas sociedades sujeitas a revisão legal nos termos do artigo 262.º, n.º 2, os documentos de prestação de contas e o relatório de gestão devem ser submetidos a deliberação dos sócios, acompanhados de certificação legal das contas e do relatório do revisor oficial de contas.

6. Ao exame das contas pelo conselho fiscal e respetivo relatório aplica-se o disposto para as sociedades anónimas.

Bibliografia: António Menezes Cordeiro, 2 (2007), 451-452; Hélder Quintas (2010), 587-594; Ana Maria Rodrigues/Rui Pereira Dias, 263.º, em *CSC em comentário* IV (2012), 197-203; Raúl Ventura, *Sociedades por quotas* 3 (1991), 211-217.

Vide a bibliografia indicada na introdução aos 65.º a 70.º-A e as anotações aos 451.º a 455.º.

Índice

1. A Lei de 11-abr.-1901 1
2. Aplicação das regras gerais........................... 2
3. Dever de informação.................................... 3
4. Dispensa de apreciação 6
5. Empate... 7
6. Certificação de contas 9
7. Conselho fiscal.. 10

1 1. **A Lei de 11-abr.-1901**, no tocante à prestação de contas das SPQ, limitava-se a remeter (34.º) para as regras aplicáveis às SA, então inseridas no CCom (188.º a 191.º). Esta orientação foi mantida, de certo modo, no projeto do CSC (266.º e 267.º).

2 2. **Aplicação das regras gerais**. Mau grado a sua epígrafe, o 263.º pouco dispõe sobre o relatório de gestão e as contas do exercício. A matéria é implicitamente remetida para os 65.º e ss.: aí temos, efetivamente, normas sobre o relatório de gestão e outros documentos de prestação de contas; vejam-se as competentes anotações. De todo o modo, as normas gerais, antes de aplicadas às SPQ, devem ser confrontadas ponto por ponto. Mau grado a simplicidade das sociedades deste tipo, a elaboração do relatório não é dispensada[1], tal como não é a sua discussão e aprovação[2], sob pena de anulabilidade.

3 3. **Dever de informação**. O 263.º/1 prescreve um especial dever de informação relativo ao relatório de gestão e aos documentos de prestação de contas: (a) devem estar patentes, nos termos do 214.º/4 (consulta de escrituração, livros e documentos) na sede social, às horas de expediente, desde que expedida a convocação da assembleia destinada a apreciá-los; (b) a convocação deve, disso, avisar os sócios. O preceito não impede outras formas de deliberação, como a unânime por escrito (54.º/1)[3].

4 A lei prevê que os documentos sejam disponibilizados "a partir do dia em que seja expedida a convocação para a assembleia destinada a apreciá-los". Nos termos do 289.º, é diferente a solução nas SA, para as quais se prevê um prazo de 15 dias. Significa isto que, nas SPQ, se a convocatória for feita com antecedência superior à mínima legal (15 dias: 248.º), tem imediatamente de ser disponibilizada a documentação, o que não acontece nas SA. Acentua-se, por esta via, a tutela dos sócios.

5 O não-cumprimento deste dever pode acarretar as consequências previstas para a inobservância da obrigação de informar (215.º e 216.º[4]). Não se aplicam estas consequências caso a consulta dos documentos tenha sido assegurada não obstante o desrespeito pelas regras do 263.º/1 (*v.g.*, através do envio para o domicílio dos sócios em vez da disponibilização na sede da sociedade, ou por iniciativa espontânea dos sócios, que efetivamente os consultaram na sede, apesar de não terem sido informados dessa disponibilização[5]): existiria, designadamente, abuso de direito no pedido de anulação pelo sócio que teve, efetivamente, acesso à informação.

[1] RLx 4-mai.-1995 (Flores Ribeiro), Proc. 0073316.

[2] RPt 30-abr.-2001 (Macedo Domingues), Proc. 0150302.

[3] Raúl Ventura (1991), 213.

[4] *Vide* 216.º, anotação 1. Em especial, quanto à não disponibilização dos elementos na sede: a anulabilidade; *vide* RLx 2-dez.-1992 (Joaquim Dias), CJ XVII (1992) 5, 129-131 (130/II), RPt 21-dez.-1993 (Emérico Soares), CJ XVIII (1993) 5, 246-250 (248/II), RLx 22-mar.-1994 (Azadinho Loureiro), CJ XIX (1994) 2, 91-94 (92-93), STJ 26-abr.-1995 (Raúl Mateus), CJ/Supremo III (1995) 2, 49-54 (52-53), RPt 26-mai.-1997 (Paiva Gonçalves), Proc. 9651127, STJ 17-fev.-1998 (Cardona Ferreira), CJ//Supremo VI (1998) 1, 88-90, focando o aspeto do ónus da prova e STJ 17-abr.-2007 (Urbano Dias), Proc. 07A869.

[5] Ana Maria Rodrigues/Rui Pereira Dias (2012), 200.

4. **Dispensa de apreciação**. Esta ocorre quando todos os sócios sejam gerentes (mesmo que existam outros gerentes não sócios) e assinem, sem reservas, o relatório, as contas, a proposta de aplicação dos lucros e a do tratamento de perdas, salvo quanto a SPQ sujeitas a revisão de contas ou com conselho fiscal (263.º/2). Apesar de não se terem pronunciado na qualidade de sócios, não seria aceitável que não aprovassem, em assembleia geral, as contas que previamente assinaram, pelo que a dispensa se fundamenta na desnecessidade prática da deliberação. Trata-se de verdadeira dispensa e não de deliberação tácita dos sócios ou de deliberação unânime por escrito: os gerentes agem nessa qualidade, considerando-se tanto suficiente[6] No caso de certificação legal, não se dispensa a deliberação uma vez que esta tem de ocorrer posteriormente à mesma. 6

5. **Empate**. O empate que ocorra na votação sobre aprovação de contas ou atribuição de lucros (mesmo que apenas uma vez e independentemente do número de sócios votantes), permite, a qualquer sócio, requerer a convocação judicial da assembleia, para nova apreciação; o juiz designa, para presidir, uma pessoa idónea estranha, de preferência ROC (o que é razoável tendo em conta a substância da deliberação), com poder de desempatar, fixando os encargos suportados pela sociedade (263.º/3) o que constitui uma forma de incentivar os sócios a um entendimento[7]. A pessoa designada pode pedir elementos à gerência e ao órgão de fiscalização, solicitando ainda as informações de que careça (263.º/4). 7

A regra tem a sua origem no DL 154/72, de 10-mai.[8], que, no relatório, admitia um procedimento alternativo que não veio a aceitar: o recurso à arbitragem. A solução que se encontrou resulta da necessidade de evitar conflitos quanto à necessidade de acordo dos sócios para o recurso à arbitragem e, simultaneamente, da vontade de obstar a ingerências dos tribunais judiciais nos assuntos da empresa. Sublinha-se, igualmente, que o acordo é incentivado pela simples existência de meios de solução forçada de conflitos[9]. 8

6. **Certificação de contas**: às sociedades que lhe estejam sujeitas, por via do 262.º/4, os elementos de prestação de contas são submetidos aos sócios acompanhados pela própria certificação e pelo relatório do ROC[10]. 9

7. **Conselho fiscal**. Quando exista conselho fiscal, ao exame de contas por ele levado a cabo e ao respetivo relatório aplica-se o disposto quanto às SA (263.º/6: 451.º e 452.º). 10

Artigo 264.º (Publicidade das contas)

(Revogado)

Índice

1. O preceito original 1
2. Razões da revogação 3
3. Consequências da revogação 4
4. O IES 5

[6] Raúl Ventura (1991), 213 e 214.

[7] Este preceito não é considerado aplicável às situações constituídas antes da entrada em vigor do CSC: RLx 4-out.-1990 (António Abranches Martins), Proc. 0011322.

[8] DR I Série, n.º 10, de 10-mai.1972, 592/II – 594/II.

[9] Raúl Ventura (1991), 215.

[10] A certificação por quem não tenha poderes afeta a validade das deliberações: RPt 9-jul.-1998 (Teixeira Ribeiro), Proc. 9850331.

1 1. **O preceito original**. O artigo 264.º dispunha:

> *O depósito do relatório de gestão e dos documentos de prestação de contas referidos no artigo 70.º é dispensado para as sociedades por quotas que não ultrapassem dois dos limites fixados no artigo 262.º, n.º 2, independentemente de terem ou não conselho fiscal.*

Foi revogado pelo 6.º, *in fine*, do DL 257/96, de 31-dez.[1].

2 2. **Razões da revogação**. O DL 257/96, de 31-dez., veio, no fundamental, introduzir a matéria relativa às sociedades unipessoais. Mexeu ainda noutros aspetos, com relevo para a fiscalização, aparentemente para simplificar (*vide* o 70.º-A). No ponto concreto do 264.º, o seu preâmbulo nada elucida.

3 3. **Consequências da revogação**. Todas as SPQ ficaram obrigadas ao registo do relatório de gestão e de documento de prestação de contas, nos termos do 70.º. Aumentou, assim, a carga burocrática.

4 4. **O IES**. A matéria deve hoje ser compaginada com a informação empresarial simplificada (IES), adotada pelo DL 8/2007, de 17-jan.[2].

Capítulo VIII – Alterações do contrato

Artigo 265.º (Maioria necessária)

1. As deliberações de alteração do contrato só podem ser tomadas por maioria de três quartos dos votos correspondentes ao capital social ou por número ainda mais elevado de votos exigido pelo contrato de sociedade.

2. É permitido estipular no contrato de sociedade que este só pode ser alterado, no todo ou em parte, com o voto favorável de um determinado sócio, enquanto este se mantiver na sociedade.

3. O disposto no n.º 1 deste artigo aplica-se à deliberação de fusão, de cisão e de transformação de sociedade.

Bibliografia: António Pereira de Almeida (2008), 731-733; António Menezes Cordeiro 1 (2016), 1120-1122; António Menezes Cordeiro 2 (2007), 453-454; Paulo Olavo Cunha, *Direito das Sociedades Comerciais* (2016), 929 e ss.; Jorge Pinto Furtado (2004), 493-511; Raúl Ventura, *Sociedades por quotas* 2 (1989), 266 ss..

Índice

1. História do preceito 1
2. Sentido material e conexões relevantes 2
3. Âmbito de aplicação 6

1 1. **História do preceito**. A redação inicial dos n.os 1 e 3 do preceito, introduzida pelo DL 262/86, de 2-set., mantém-se inalterada. O 265.º/2 foi aparentemente revogado pelo artigo 19.º, *c*), do DL357-A/2007, de 31-out.. Tratou-se de gralha, retificada no ponto 34 da Declaração de Retificação n.º 117-A/2007, de 28-dez.: pretendera-se antes revogar o 365.º/2.

[1] DR I-A, n.º 302, de 31-dez.-1996, 4708/II.

[2] António Menezes Cordeiro 1 (2007), 948-949.

2. **Sentido material e conexões relevantes.** A modificação do contrato de sociedade está, em regra, sujeita a uma maioria de $^3/_4$ dos votos correspondentes ao capital social e não apenas dos votos dos sócios presentes e representados na assembleia geral. 2

Esta regra da maioria de $^3/_4$ serve dois propósitos: (a) é a regra supletiva quando nada é disposto no contrato de sociedade; e (b) configura o limite mínimo, quando os sócios queiram estipular uma maioria diferente. 3

Devem articular-se as normas constantes deste artigo com o disposto no 85.°, em matéria de forma e publicidade da deliberação de alteração, e no 86.°, em matéria de proteção dos sócios minoritários. 4

Deve ainda articular-se com o disposto na parte geral quanto às modalidades especiais da alteração (aumento e redução do capital, fusão, cisão e transformação), e com o disposto sobre as mesmas para este tipo social (*maxime* 266 a 269.°, para o aumento do capital social). 5

3. **Âmbito de aplicação.** Questão amplamente debatida na doutrina e jurisprudência é a de delimitar a extensão do conceito *"alteração do contrato"*. A opinião maioritária[1], acolhida largamente na jurisprudência[2], segue no sentido de excluir do conceito a divisão e cessão de quotas. 6

Com efeito, as SPQ, no quadro dos tipos societários, ocupam um lugar intermédio entre o paradigma das sociedades de pessoas (SNC) e das sociedades de capitais (SA). Tenha-se em conta, por exemplo, que a transmissão *inter vivos* de uma parte, nas SNC, exige o consentimento dos restantes sócios (182.°/1), enquanto que a cessão de quotas depende apenas, no regime supletivo, do consentimento da sociedade (228.°/2), a deliberar por maioria, nos termos gerais (230.°/2). 7

Assim, pese embora a identificação dos sócios constar necessariamente do contrato de sociedade – 199.°, *a*) –, justifica-se a opinião maioritária *supra* referida de excluir, do conceito de alteração do contrato, a divisão e cessão de quotas. 8

Artigo 266.° (Direito de preferência)

1. Os sócios gozam de preferência nos aumentos de capital a realizar em dinheiro.

2. Entre sócios, o cálculo da repartição do aumento de capital será feito:

***a*) Atribuindo a cada sócio a importância proporcional à quota de que for titular na referida data ou da importância inferior a essa que o sócio tenha pedido;**

***b*) Satisfazendo os pedidos superiores à importância referida na primeira parte da alínea *a*), na medida que resultar de um ou mais rateios das importâncias sobrantes, em proporção do excesso das importâncias pedidas.**

3. A parte do aumento que, relativamente a cada sócio, não for bastante para formar uma nova quota, acrescerá ao valor nominal da quota antiga.

4. O direito de preferência conferido por este artigo só pode ser limitado ou suprimido em conformidade com o disposto no artigo 460.°.

5. Os sócios devem exercer o direito referido no n.° 1 até à assembleia que aprove o aumento do capital, devendo para este efeito ser informados das condições

[1] Cf. António Menezes Cordeiro 2 (2007), 454.

[2] Cf., por exemplo, RLx 10-mar.-1994 (Almeida Valadas), BMJ 435 (1994), 889.

desse aumento na convocatória da assembleia ou em comunicação efetuada pelos gerentes com, pelo menos, 10 dias de antecedência relativamente à data de realização da assembleia.

Bibliografia: Pedro de Albuquerque, *Direito de preferência dos sócios em aumentos de capital nas sociedades anónimas e por quotas* (2004); António Pereira de Almeida, *Sociedades comerciais* (2006), 700-702; António Caeiro, *Aumento do capital e acções próprias*, em *Temas de Direito das Sociedades* (1984), 287-300; Carlos Osório de Castro, *Valores mobiliários: conceito e espécies* (1998), 209-239; António Menezes Cordeiro, *Da preferência dos accionistas na subscrição de novas acções: exclusão e violação*, em *Banca, bolsa e crédito* (1990), 135-150; *id.*, *Direito europeu das sociedades* (2005), 215-216 e 228-231; *id.*, 2 (2007), 840-849; Ferrer Correia/António Caeiro, *Aumento de capital, preferência dos accionistas e sobrepreço das acções*, Separata da RDES, Ano XV, 1/2 (1968); Paulo Olavo Cunha, *Direito das Sociedades Comerciais* (2016), 944-950-456; Jorge Pinto Furtado (2004), 518-520; Agostinho Cardoso Guedes, *O exercício do direito de preferência* (2006); Alexandre de Soveral Martins, *A reforma do CSC e o aumento de capital nas sociedades por quotas*, em Estudos Oliveira Ascensão II (2008), 1253-1263; Nogueira Serens, *Notas sobre a sociedade anónima* (1997), 117-123; Maria Ângela Bento Soares, *Aumento do capital*, em Alexandre Soveral Martins e outros (2002), 237-255; Maria João Pestana de Vasconcelos, *Do direito de preferência dos sócios em aumentos de capital nas sociedades anónimas e por quotas*, AAVV, *Nos 20 anos do CSC*, 3 (2007), 503-558; Raúl Ventura, *Adaptação do Direito Português à Segunda Directiva do Conselho da Comunidade Económica Europeia sobre o Direito das Sociedades* (1980), 76-96; *id.*, *Alterações do Contrato de Sociedade* (2003), 177-210.

Índice

I – **Antecedentes e aspetos europeus** ....
1. História do preceito 1
2. Antecedentes e aspetos europeus 3

II – **Teleologia e âmbito**
3. Teleologia geral, estrutura do direito de preferência e âmbito de aplicação 4

III – **Sentido material**
4. Titularidade do direito de preferência 5
5. Exercício do direito de preferência 11
6. Repartição e rateio 13
7. Novas quotas 14
8. Limitação e supressão do direito de preferência 15

IV – **Alguns problemas**
9. Casuística 16

I – Antecedentes e aspetos europeus

1 1. **História do preceito.** A redação inicial aprovada em 1986, pelo DL 262/86, de 2-set., manteve-se quase integralmente. Apenas o n.º 5 do artigo comentado foi objeto de alteração, pelo DL 76-A/2006, de 29-mar.. A redação inicial, aprovada em 86, era a seguinte:

> Os sócios devem exercer o direito referido no n.º 1 no prazo de dez dias a contar da data da deliberação de aumento de capital ou da receção da comunicação que para esse efeito os gerentes lhes devem fazer, conforme tenham ou não estado presentes ou representados na assembleia.

2 Como se verifica, através da comparação das suas redações, o legislador de 2006 decidiu antecipar o exercício do direito de preferência, que passa a preceder a assembleia geral.

3 2. **Antecedentes e aspetos europeus.** São aplicáveis a este artigo, com as devidas adaptações, os comentários feitos a propósito dos antecedentes e aspetos europeus do 458.º, para o qual se remete. Com efeito, muito embora o mandato do legislador comunitário da 2.ª Diretriz apenas se aplicasse às SA, o legislador português optou por transpor a solução proposta no 29.º também para as SPQ, através dos 266.º a 269.º.

II – Teleologia e âmbito

3. Teleologia geral, estrutura do direito de preferência e âmbito de aplicação. São também aplicáveis a este artigo, com as devidas adaptações, os comentários feitos a propósito dos temas em epígrafe, em relação ao 458.°, para o qual se remete. 4

III – Sentido material

4. Titularidade do direito de preferência. Na versão anterior do n.° 5 deste artigo, os sócios deviam exercer o direito de preferência *no prazo de dez dias a contar da data da deliberação de aumento de capital ou da receção da comunicação que para esse efeito os gerentes lhes devem fazer, conforme tenham ou não estado presentes ou representados na assembleia*. Assim, a doutrina atribuía a titularidade do direito de preferência aos sócios que tivessem essa qualidade na data da deliberação de aumento[1]. O critério era simples e conferia, por isso, segurança jurídica ao processo de determinação da titularidade do direito de preferência. 5

Atualmente, e após a reforma de 2006, o 266.°/5 antecipa a decisão de exercício do direito de preferência, com o intuito de, segundo parece, o processo de determinação dos participantes no aumento do capital ficar resolvido durante a assembleia geral que delibere esta operação[2]. Assim, os sócios devem exercer o direito de preferência *até à assembleia que aprove o aumento do capital*. Com esta alteração, o legislador veio, no entanto, criar algumas dificuldades interpretativas. A principal refere-se ao hiato temporal entre o envio da convocatória ou da comunicação a que se refere o 266.°/5 e a realização da assembleia. As transmissões que ocorram entretanto são ou não eficazes para efeitos de determinação da titularidade do direito de preferência? 6

Um auxiliar interpretativo importante é-nos dado pelo 458.°/1 que, em matéria de SA, atribui expressamente a titularidade do direito de preferência às *pessoas que, à data da deliberação de aumento de capital, forem acionistas*. A doutrina posterior à reforma de 2006 tem-se pronunciado a favor da aplicação analógica do 458.°/1[3]. No entanto, a aplicação desta norma não é isenta de problemas nas SPQ. Basta pensar no caso de um sócio que, durante o referido hiato temporal, tenha exercido o seu direito de preferência e, posteriormente, alienado a sua participação antes da realização da assembleia. O direito de subscrição preferencial mantém-se na sua esfera, transmitindo-se apenas a quota, ou transmite-se em conjunto com esta última? 7

A antecipação do exercício do direito de preferência operada pela reforma de 2006 – cujas implicações práticas e interpretativas podem não ter sido inteiramente avaliadas – visa, segundo parece, acautelar interesses de ordem prática, assegurando a celeridade do processo deliberativo. Nessa medida, não devem prevalecer os mecanismos assim criados sobre a integridade da posição jurídico-material do sócio. Este deve poder alienar a sua participação, respeitando os 228.°, 229.° e as cláusulas estatutárias que sobre este assunto versem, ainda que tenha comunicado à sociedade que pretende exercer o correspondente direito de preferência no futuro aumento. Se entretanto alienar a sua participação, e a transmissão se tornar eficaz para com a sociedade nos termos do 228.°/3, o novo sócio deve poder reequacionar a decisão tomada, até à realização da assembleia geral. O direito de preferência, como já se disse, serve primacialmente para tutelar a posição relativa do sócio, permitindo-lhe manter o *statu quo ante*. Assim sendo, o direito de subscrição preferencial segue a participação social cuja posição relativa visa tutelar, a menos que 8

[1] Raúl Ventura, *Alterações*, 189-193.

[2] Neste sentido, Armando Manuel Triunfante (2007), 265-266.

[3] Maria João Pestana de Vasconcelos, *Do direito de preferência*, 517.

transmitente e transmissário decidam expressamente em sentido diverso. O novo sócio decidirá revogar até ao aumento a declaração de subscrição, ou nada dirá, consolidando-se o direito de subscrição preferencial. Deve por isso ser aplicada por analogia, para as SPQ, a norma constante do 458.°/1, segundo a qual a titularidade do direito de preferência é atribuída às pessoas que, à data da deliberação de aumento, forem sócias da sociedade.

9 O comentário ao 458.°, para o qual se remete, deve ser consultado a propósito das questões relativas à titularidade do direito de preferência suscitadas pela suspensão de direitos (ações próprias, sociedades em relação de participações recíprocas, aquisição de participações em sociedade dominante). A este propósito, recorde-se a aplicação do disposto no 324.°, *ex vi* do 220.°/4.

10 O 269.° regula integralmente as questões suscitadas em matéria de titularidade do direito de preferência quando sobre as quotas incida o direito de usufruto, pelo que deve ser consultado a este propósito.

11 5. **Exercício do direito de preferência.** Como acima foi referido, a reforma de 2006 antecipou o exercício do direito de preferência, fazendo-o preceder a deliberação de aumento do capital. O sócio será informado das condições do aumento na convocatória para a assembleia geral em que o mesmo será deliberado, ou através de comunicação *ad-hoc* efetuada pelos gerentes com pelo menos dez dias de antecedência em relação à data da realização da assembleia.

12 O n.° 5 do artigo comentado estabelece que os sócios devem exercer o direito de subscrição preferencial *até* à assembleia que aprove o aumento. No entanto, e uma vez que os adquirentes do direito de subscrição preferencial devem exercer o respetivo direito durante a assembleia que aprove o aumento (267.°/3), não se vê como negar aos sócios que o não tenham alienado a faculdade de comunicar o exercício do seu direito nos mesmos termos. Assim, aprovado o aumento, será concedida aos titulares de direitos de subscrição preferencial a oportunidade para o correspondente exercício. Ultrapassado este ponto da ordem de trabalhos, parecem extinguir-se por caducidade os direitos de subscrição que não tiverem sido exercidos[4].

13 6. **Repartição e rateio.** São aplicáveis a este artigo, com as devidas adaptações, os comentários feitos a propósito dos temas em epígrafe, em relação ao 458.°, para o qual se remete. Simplesmente, quanto ao disposto no 268.°, a lei estabelece *expressamente* dois critérios distintos para a *preferência de 1.° grau* – n.° 2, *a*): proporção da participação do sócio no capital e para a *preferência de 2.° grau* – n.° 2, *b*): *proporção do excesso das importâncias pedidas*. Não se levantam, portanto, as dúvidas assinaladas a propósito do 458.°, uma vez que não se deteta qualquer lacuna na lei quanto à repartição e rateio.

14 7. **Novas quotas.** Nas sociedades por quotas rege o princípio da independência das quotas adquiridas por cada sócio (219.°/4). Assim, o montante subscrito por cada sócio no aumento irá formar uma nova quota, que pode ter valor diverso da originalmente detida (219.°/3, primeira parte), sem prejuízo do valor nominal mínimo de € 1 (219.°/3, segunda parte). Quando a parte subscrita por um sócio no aumento não exceder € 1, deverá acrescer à quota existente, nos termos do n.° 3 do artigo comentado.

15 8. **Limitação e supressão do direito de preferência.** O n.° 4 do artigo comentado regula, por remissão para o 460.°, a limitação e supressão excecionais do direito de preferência. A este propósito, deve ser consultado o comentário ao artigo referido.

[4] Neste sentido, Armando Manuel Triunfante (2007), 266.

IV – **Alguns problemas**

9. **Casuística**: (a) o direito de preferência mantém-se e deve ser respeitado em situações de aumento de capital decididas em processo de recuperação de empresa[5]; (b) o exercício do direito de preferência obriga o sócio a efetivar a sua participação no aumento, sob pena de, não o fazendo, poder ser excluído da sociedade[6]; (c) a comunicação para a preferência só é eficaz quando chega à esfera do destinatário[7]. 16

Artigo 267.° (Alienação do direito de participar no aumento de capital)

1. O direito de participar preferencialmente num aumento de capital pode ser alienado, com o consentimento da sociedade.

2. O consentimento exigido no número anterior é dispensado, concedido ou recusado nos termos prescritos para o consentimento de cessão de quotas, mas a deliberação de aumento de capital pode conceder o referido consentimento para todo esse aumento.

3. No caso previsto na parte final do número anterior, os adquirentes devem exercer a preferência na assembleia que aprove o aumento do capital.

4. No caso de o consentimento ser expressamente recusado, a sociedade deve apresentar proposta de aquisição do direito por sócio ou estranho, aplicando-se, com as necessárias adaptações, o disposto no artigo 231.°.

Bibliografia: Pedro de Albuquerque, *Direito de preferência dos sócios em aumentos de capital nas sociedades anónimas e por quotas* (2004), 240-251; Armando Manuel Triunfante (2007), 268-271; Raúl Ventura, *Alterações do Contrato de Sociedade* (2003), 203-210.

Índice

I – **Enquadramento geral**
1. História do preceito 1
2. Âmbito de aplicação 2
3. Sentido material do preceito 3

I – **Enquadramento geral**

1. **História do preceito**. Segundo Raúl Ventura, o texto definitivo destes artigos coincide com os preceitos correspondentes do Projeto, que não sofreram, portanto, qualquer alteração nas sucessivas revisões ministeriais[1]. A redação inicial aprovada em 1986 manteve-se quase integralmente: o DL 76-A/2006, de 29-mar., veio acrescentar um novo n.° 3 ao artigo, pelo que o anterior n.° 3 passou a corresponder, de forma inalterada, ao atual n.° 4. 1

2. **Âmbito de aplicação.** São aplicáveis as considerações feitas a propósito do âmbito de aplicação do 266.°, para o qual se remete. 2

3. **Sentido material do preceito.** Concretizada a faculdade de subscrição preferencial por ocasião de um aumento do capital determinado, o sócio passa a titular uma posição ativa *específica* (o chamado *direito concreto de preferência*). O n.° 1 do artigo comentado vem resolver a questão 3

[5] RPt 19-jun.-1995 (Paiva Gonçalves), Proc. 9420471.

[6] RLx 8-mai.-1997 (Francisco Mageijo), Proc. 0012562.

[7] RLx 12-jun.-1997 (Carlos Valverde), CJ XXII (1997) 3, 110-114, quanto a SA.

[1] Raúl Ventura, *Alterações*, cit., 181.

da sua transmissibilidade em termos afirmativos: obtido o consentimento da sociedade, o sócio pode alienar o direito de subscrição preferencial[2]. O consentimento para a alienação é concedido nos mesmos termos que regulam o consentimento da sociedade para a transmissão de quotas *inter vivos*, segundo o n.º 2 do artigo comentado. Em caso de recusa expressa, a sociedade deve apresentar proposta de aquisição do direito de subscrição preferencial por sócio ou terceiro (n.º 4), aplicando-se, *mutatis mutandis*, o 231.º.

4 Tem então aplicação, a propósito da alienação do direito de subscrição preferencial, o disposto nos 228.º/2, 230.º e 231.º, quanto ao consentimento da sociedade na cessão de quotas. Remete-se, assim, para o comentário a estes artigos.

5 A reforma profunda que incidiu sobre o *modo de exercício* do direito de preferência nas sociedades por quotas devia eventualmente ter feito o legislador de 2006 equacionar a alteração consequente do disposto neste 267.º. O sistema em vigor antes desta reforma era coerente: os sócios deliberavam o aumento e posteriormente, aqueles que pretendessem alienar o direito de preferência daí resultante pediriam consentimento à sociedade. O único problema que se colocava era o da caducidade do direito, nos termos da antiga versão do 266.º/5, que poderia facilmente ser resolvido caso se considerasse que o prazo de 10 dias apenas começava a contar a partir da data em que a sociedade deliberasse sobre a prestação ou recusa do consentimento para a alienação.

6 Atualmente[3], os sócios devem exercer o direito de preferência *antes* da deliberação de aumento de capital (266.º/5). Como o consentimento para a alienação do direito de subscrição preferencial é dado por deliberação dos sócios (230.º/2, *ex vi* do 267.º/2), a primeira conclusão suscitada pelo novo regime é a de que, uma vez solicitado o consentimento, os sócios não podem deixar de o prestar ou recusar por ocasião da deliberação de aumento. Sustentar o contrário implicava aceitar que a deliberação de consentimento fosse posterior à deliberação de aumento, quando já haviam caducado os direitos de preferência *em concreto*, para aquele aumento (266.º/5), e não teriam qualquer valor para outros sócios ou estranhos, em caso de recusa, sendo inaplicável o disposto no 267.º/4.

7 Já se antevê que o legislador, onde quis simplificar, complicou substancialmente o processo de exercício do direito de preferência. O sócio que seja convocado para a assembleia geral onde o aumento vai ser discutido, e que solicite à sociedade o consentimento para a alienação do direito de subscrição preferencial, poderá obrigar ao adiamento da assembleia, já que um novo ponto deve ser acrescentado à ordem do dia, e uma nova convocatória deve ser preparada. Pode até dar-se o caso de, depois de todo este atraso, a deliberação de aumento não ser aprovada, e ficar prejudicada a apreciação do consentimento.

8 Por outro lado, a letra da lei suscita outra dúvida, no que se refere à caducidade do direito de subscrição preferencial: ao pedir o consentimento à sociedade – que provavelmente apenas poderá ser deliberado na mesma assembleia geral que se debruçar sobre o próprio aumento –, o sócio parece correr o perigo de o deixar caducar (266.º/5). A única forma de ultrapassar este efeito pernicioso, e à imagem do que foi sugerido a propósito do 266.º/5, é admitir que o direito de subscrição preferencial apenas caduca *após resolvidas todas as questões suscitadas* pela deliberação de aumento (incluindo o exercício do direito de subscrição pelos respetivos adqui-

[2] António Caeiro, *As sociedades de pessoas no CSC* (1988), 84.

[3] Sobre os vários problemas interpretativos suscitados com as novas redações dos 266.º/5 e 267.º/3, Armando Manuel Triunfante (2007), 268-271.

rentes). Assim, se o consentimento para a alienação for recusado, o sócio deve ainda poder exercer o direito que pretendia alienar. Apenas nos casos em que não pretenda exercê-lo se deve aplicar o 267.º/4.

As dificuldades interpretativas adensam-se quando se pensa na hipótese prevista na última parte do 267.º/2. Regra geral, o consentimento para a cessão de quotas – e nessa medida, o consentimento para a alienação do direito de subscrição preferencial – é pedido por escrito individualmente, por cada sócio interessado na transmissão. O trecho normativo em apreço, porém, admite que os sócios decidam conceder o consentimento genérico para a alienação do direito de subscrição preferencial, por ocasião da deliberação de determinado aumento do capital. Para melhor regular esta possibilidade, foi introduzido na reforma de 2006 um novo n.º 3 a este artigo, que permite aos adquirentes do direito de subscrição o respetivo exercício, na assembleia que aprove o aumento de capital. 9

São evidentes as dúvidas geradas por esta hipótese: perante uma convocatória que preveja a deliberação sobre o consentimento *genérico* à alienação do direito de preferência, o sócio deve fazer-se acompanhar dos terceiros a quem pretenda alienar o respetivo direito. Se a maioria aplicável deliberar o consentimento, o sócio negociará com um ou mais terceiros, provavelmente no decurso da assembleia, as condições da transmissão, a que se seguirá o exercício do direito adquirido, também na própria assembleia, por parte do adquirente. 10

Artigo 268.º (Obrigações e direitos de antigos e novos sócios em aumento de capital)

1. Os sócios que aprovarem a deliberação de aumento de capital a realizar por eles próprios ficam, sem mais, obrigados a efetuar as respetivas entradas na proporção do seu inicial direito de preferência, se nesse caso o tiverem.

2. Sendo o aumento de capital destinado à admissão de novos sócios, estes devem declarar que aceitam associar-se nas condições do contrato vigente e da deliberação de aumento do capital.

3. A declaração prevista no n.º 2 do artigo 88.º apenas pode ser prestada depois de todos os novos sócios terem dado cumprimento ao disposto no número anterior.

4. Efetuada a entrada em espécie ou em dinheiro, pode o interessado notificar, por carta registada, a sociedade para proceder à declaração prevista no número anterior em prazo não inferior a 30 dias, decorrido o qual pode exigir a restituição da entrada efetuada e a indemnização que no caso couber.

5. A deliberação de aumento do capital caduca se a sociedade não tiver emitido a declaração, na hipótese prevista no número anterior, ou se o interessado não cumprir o disposto no n.º 2 deste artigo, na data que a sociedade lhe tenha marcado, por carta registada, com a antecedência mínima de 20 dias.

Bibliografia: António Menezes Cordeiro 2 (2007), 457-458; Armando Manuel Triunfante (2007), 271-272.

Índice

1. História do preceito 1
2. Sentido material 2

1 1. **História do preceito.** À exceção do n.° 1 da redação inicial do preceito, aprovada pelo DL 262/86, de 2-set., foram alterados os restantes números deste preceito pelo DL 76-A/2006, de 29-mar., sobretudo por efeito da dispensa de escritura pública promovida em sede geral pela reforma de 2006, para as alterações estatutárias.

2 2. **Sentido material.** A redação inicial do n.° 2 estabelecia que *[s]endo o aumento de capital destinado à admissão de novos sócios, estes outorgarão também a escritura, nela declarando que aceitam associar-se nas condições do contrato vigente e da deliberação de aumento de capital.* A nova redação deste número dispensa a participação dos novos sócios na escritura, uma vez que esta já não é exigida, mas mantém a necessidade de declaração de aceitação, pelos novos sócios, do contrato vigente e dos termos do aumento.

3 O novo n.° 3, aprovado pela reforma de 2006, consolida esta exigência, estabelecendo uma prioridade necessária entre esta declaração dos novos sócios e a declaração a que faz referência o 88.°/2 (declaração de qualquer membro da administração, que enumere as entradas realizadas e a desnecessidade de outras entradas, por ocasião do aumento).

4 O atual n.° 4 (anterior n.° 3) manteve o antigo sentido normativo, pese embora ter sido substituída a referência à escritura pública pela declaração do 88.°/2: uma vez efetuada a entrada em espécie ou em dinheiro a que está obrigado, o participante no aumento não está obrigado a esperar indefinidamente pelo cumprimento das demais entradas pelos restantes participantes. Pode, de modo a abreviar a incerteza quanto ao desfecho do aumento, notificar a sociedade para emitir a declaração de *liquidação integral* do aumento (88.°/2), no prazo mínimo de 30 dias. Decorrido este prazo sem que a referida declaração tenha sido emitida (o que apenas acontecerá, julga-se, quando não for *possível* à sociedade obter o cumprimento das obrigações de entrada dos demais participantes), o interessado pode exigir a restituição da entrada e uma indemnização pelos danos resultantes do insucesso da operação de aumento. Neste caso, caduca a deliberação de aumento do capital (n.° 5, 1.ª parte).

5 O outro caso de caducidade da deliberação de aumento encontra-se previsto na segunda parte do n.° 5 do artigo comentado, e refere-se aos casos em que os novos sócios incumpram a obrigação de declarar a aceitação do contrato e dos termos do aumento, após para o efeito terem sido interpelados pela sociedade, por carta registada, com a antecedência mínima de 20 dias.

Artigo 269.° (Aumento de capital e direito de usufruto)

1. Se a quota estiver sujeita a usufruto, o direito de participar no aumento do capital será exercido pelo titular da raiz ou pelo usufrutuário ou por ambos, nos termos que entre si acordarem.

2. Na falta de acordo, o direito de participar no aumento de capital pertence ao titular da raiz, mas, se este não declarar que pretende subscrever a nova quota em prazo igual a metade do fixado no n.° 5 do artigo 266.°, o referido direito devolve-se ao usufrutuário.

3. A comunicação prescrita pelo n.° 5 do artigo 266.° deve ser enviada ao titular da raiz e ao usufrutuário.

4. A nova quota fica a pertencer em propriedade plena àquele que tiver exercido o direito de participar no aumento do capital, salvo se os interessados tiverem acordado em que ela fique também sujeita a usufruto.

5. Se o titular da raiz e o usufrutuário acordarem na alienação do direito de preferência e a sociedade nela consentir, a quantia obtida será repartida entre eles, na proporção dos valores que nesse momento tiverem os respetivos direitos.

Bibliografia: Pedro de Albuquerque, *Direito de preferência dos sócios em aumentos de capital nas sociedades anónimas e por quotas* (2004), 224-226; Raúl Ventura, *Alterações do contrato de sociedade* (2003), 243-256.

Vide a bibliografia e as anotações ao 23.º.

Índice

1. História do preceito 1
2. Âmbito de aplicação 2
3. Sentido material do preceito 3

1. **História do preceito**. Segundo Raúl Ventura, sobre esta matéria versaram dois projetos: o de Vaz Serra (146.º-b) e o de Ferrer Correia (129.º), aproximando-se a versão final da proposta deste último[1]. O artigo não sofreu quaisquer alterações desde a sua aprovação em 1986. 1

2. **Âmbito de aplicação.** São extensíveis a este artigo as considerações feitas a propósito do comentário ao artigo 462.º, e ao respetivo âmbito de aplicação, para o qual se remete. O aumento de capital envolve alteração do pacto, pelo que o proprietário e usufrutuário votam em separado, embora o seu voto valha em conjunto, perante a sociedade; estando em desacordo, não há voto nenhum. Como, aqui, o titular de raiz tem o direito de preferir no aumento, em primeiro lugar, cabe-lhe o voto[2]. 2

3. **Sentido material do preceito.** Do mesmo modo, também aqui são aplicáveis as considerações feitas a propósito do sentido material do 462.º, com as duas seguintes exceções. 3

A primeira refere-se ao prazo em que o proprietário da raiz deve exercer o direito de subscrição preferencial que lhe é supletivamente atribuído a título primacial: dispõe de metade do prazo que tenha sido fixado para o exercício do direito de preferência pelos demais sócios, nos termos do 266.º/5 (n.º 2). Findo este, o direito é devolvido ao usufrutuário. 4

A segunda exceção refere-se às condições que devem estar reunidas para a alienação do direito de preferência. Atendendo ao cariz eminentemente pessoal da sociedade por quotas, o legislador exigiu o acordo do titular da raiz e do usufrutuário para a referida alienação, caso ambos decidam prescindir do respetivo exercício. Como se verá, nas sociedades anónimas, caso ambos decidam não exercer o direito de subscrição preferencial, qualquer um deles pode proceder à sua alienação (462.º/5). 5

Capítulo IX – Dissolução da sociedade

Artigo 270.º (Dissolução da sociedade)

1. A deliberação de dissolução da sociedade deve ser tomada por maioria de três quartos dos votos correspondentes ao capital social, a não ser que o contrato exija maioria mais elevada ou outros requisitos.

[1] Raúl Ventura, *Alterações*, cit., 245-246.

[2] STJ 4-jul.-2002 (Silva Paixão), CJ/Supremo X (2002) 2, 147-149.

2. A simples vontade de sócio ou sócios, quando não manifestada na deliberação prevista no número anterior, não pode constituir causa contratual de dissolução.

Bibliografia: António Menezes Cordeiro 2 (2007), 459-460; António Ferrer Correia/Vasco Lobo Xavier, *Dissolução de sociedade por quotas*, RDE 9 (1983), 281-305; Ricardo Costa, Código em comentário, IV, 2.ª ed. (2017), 284-286; Santos Lourenço, *Das sociedades por cotas* 2 (1926), 146-192; Albino Matos, *Constituição de sociedades*, 5.ª ed. (2001), 224; Hélder Quintas (2010), 619-622; *vide* as indicações dadas aos 141.º a 145.º.

Índice

I – Origem e evolução
1. LSQ (1901) ... 1
2. Preparatórios e CSC ... 3

II – Regime
3. Regras gerais ... 5
4. Maioria qualificada de 3/4 ... 6
5. Proibição de dissoluções arbitrárias ... 8

I – Origem e evolução

1 1. **LSQ (1901)**. Segundo este diploma, no seu 42.º[1]:

> As sociedades por quotas, de responsabilidade limitada, dissolvem-se nas hypotheses previstas no artigo 120.º e seus numeros e § 4.º do Codigo Commercial, e nos demais casos determinados na escriptura de sociedade.
>
> § 1.º Salvo disposição em contrario da escriptura social, para a dissolução por acordo dos socios basta a maioria de três quartas partes dos votos de todo o capital, devendo observar-se, quanto á assembléa, que tenha por fim o referido accordo, o disposto nos §§ 1.º e 2.º do artigo anterior.
>
> § 2.º Não é applicavel ás sociedades reguladas por esta lei a disposição do § unico do artigo 1274.º do Codigo Civil.
>
> § 3.º Os socios serão considerados preferentes na arrematação e adjudicação judicial de quotas, devendo ser citados nos termos e para os effeitos do artigo 818.º do Codigo de Processo Civil.
>
> § 4.º É applicavel ás sociedades de que trata esta lei o disposto no artigo 118.º do Codigo de Processo Commercial.

2 Se bem se atentar, a regra específica para as SPQ residia na exigência supletiva de uma maioria de $^3/_4$, para determinar a dissolução da sociedade. Quanto ao resto, aplicavam-se as regras gerais sobre dissolução de sociedades, resultantes do CCom..

3 2. **Preparatórios e CSC**. Aquando da preparação do CSC, prevaleceu a orientação: um preceito muito simples, com o requisito da maioria qualificada dos – e, ainda, a proibição do arbítrio constante do n.º 2 (271.º do projeto)[2].

4 O texto aprovado pelo DL 262/86, de 2-set.[3] era semelhante ao projeto, embora com diversa redação no n.º 2. Assinale-se, ainda, que este texto não foi, subsequentemente, modificado[4].

II – Regime

5 3. **Regras gerais**. À dissolução da SPQ aplicam-se as regras gerais dos 141.º a 145.º, para cujas anotações se remete.

[1] COLP 1901, 100/I e II.
[2] BMJ 327 (1983), 202-203.
[3] DR I Série, n.º 201, de 2-set.-1986, 2342/I.
[4] *Vide* DR I Série-A, n.º 63 (Supl.), de 29-mar.-2006, 2328-(113)/I.

4. **Maioria qualificada de** $^{3}/_{4}$. A exigência da maioria de $^{3}/_{4}$ do capital social é supletiva, mas funciona como norma de "mínimos". Os estatutos podem agravar a exigência, fixando maiorias mais elevadas ou podem, ainda, acrescentar outros requisitos. 6

Tal maioria só é exigida nos casos de deliberações discricionárias de extinção, prevista no 141.º/1, *a*). Nos restantes casos, bastará a maioria simples para verificar a existência de uma causa de dissolução imediata (141.º/2, 1.ª parte). 7

5. **Proibição de dissoluções arbitrárias**. O 270.º/2 invalida a cláusula estatutária que faculte uma dissolução por mera vontade de um sócio, à margem da competente deliberação prevista no n.º 1. Trata-se de uma valoração que transparece nas proibições: (a) de pactos leoninos (22.º/3); (b) de doação de bens futuros (942.º/1 do CC); (c) de renúncia antecipada aos direitos (809.º do CC). Na verdade, a sociedade que pudesse ser dissolvida em qualquer momento, sem justificação, por mera decisão de um dos sócios, deixaria o outro ou outros, em posição totalmente inerme e inexpectável. Além dos danos para a criação, em geral, de riqueza, teríamos aqui uma sujeição inaceitável ao arbítrio de outrem. 8

Capítulo X – Sociedades unipessoais por quotas

Introdução

Bibliografia: Manuel de Alarcão, *Sociedades Unipessoais* (1961); António Pereira de Almeida (2013), 427 ss.; Fernando Olavo (1963), 40; José de Oliveira Ascensão (2000), 129 ss.; Paulo Olavo Cunha, *Direito das Sociedades Comerciais* (2006), 137-138 e 521-522; António Menezes Cordeiro 2 (2007), 461 ss., *Direito Europeu das Sociedades* (2005), 469 ss.; António Ferrer Correia (1973), 30, *Sociedades Unipessoais de Responsabilidade Limitada*, em *Revista de Direito e de Estudos Sociais*, ano I (1945), 231 ss. e 339 ss., *Sociedades Fictícias e Unipessoais* (1948) – Parte II, *O Problema das Sociedades Unipessoais*, BMJ 166 (1967), 183-217; Ricardo Costa, *Algumas Considerações a Propósito do Regime Jurídico da Sociedade por Quotas Unipessoal*, em *Estudos Dedicados ao Prof. Doutor Mário Júlio de Almeida Costa* (2001), 1227-1298, *As Sociedades Unipessoais, em Problemas do Direito das Sociedades, IDET* (2002), 24-63, *A Sociedade Por Quotas Unipessoal no Direito Português* (2002), *Unipessoalidade Societária*, em *Miscelâneas*, 1, IDET, 43-142 (2003), *Código em Comentário* IV (2017), 287-388; Barbosa de Magalhães, *As Sociedades Unipessoais à face da Legislação Portuguesa* (1951); Alexandre Soveral Martins, *Código das Sociedades Comerciais – alterações introduzidas pelo Decreto-Lei n.º257/96, de 31 de Dezembro, em Revista Jurídica da Universidade Moderna* (1998), 305-314; Ana Maria Peralta, *Sociedades Unipessoais*, em *Novas Perspectivas do Direito Comercial* (1988), 251-26; Maria Elisabete Gomes Ramos, *Sociedades unipessoais – perspetivas da experiência portuguesa, Questões de Direito Societário em Portugal e no Brasil* (2012), 377-396; Maria de Fátima Ribeiro, *O âmbito de aplicação do art.º 270º-F, nº 4, do CSC e a responsabilidade "ilimitada" do sócio único*, DSR 2 (2009), 201-235; João Espírito Santo, *Sociedade Unipessoal por Quotas* (2013); Filipe Cassiano dos Santos, *A Sociedade Unipessoal por quotas, comentários e anotações* (2009), *Sociedades unipessoais por quotas, exercício individual e reorganizações empresariais – reflexões a propósito do regime legal*, DSR 1 (2009), 115-131; Catarina Serra, *As Novas Sociedades Unipessoais por Quotas*, em *Scientia Ivridica*, XLVI, 265/267 (1997), 115-142.

Índice

I – **Antecedentes, Direito europeu, comparado e evolução normativa**
1. Antecedentes 1
2. Direito europeu 7
3. Direito comparado 11
4. Evolução normativa 13

II – **Tipo societário e natureza jurídica**
5. Tipo societário autónomo 18
6. Natureza jurídica 20

III – **Teleologia e âmbito**
7. Teleologia geral 27
8. Âmbito 28

I – Antecedentes, Direito europeu, comparado e evolução normativa.

1 1. **Antecedentes.** O Direito português começou por reconhecer a unipessoalidade superveniente e transitória aquando da aprovação do Código Civil, no 1007.º, relativo às causas de dissolução das sociedades civis sob forma civil[1]; regra que foi alargada pela versão inicial do Código das Sociedades Comerciais, nos 142.º e 143.º, com efetivos problemas de fiscalização e a possibilidade de responsabilidade ilimitada do sócio único pelas dívidas da sociedade quando não fossem observadas as regras de afetação do património da sociedade ao cumprimento das respetivas obrigações, conforme o disposto no 84.º do CSC.

2 Através do DL 248/86, de 25-ago., criou-se o Estabelecimento Individual de Responsabilidade Limitada, admitindo a constituição de um património autónomo afetado a um fim determinado, mas desprovido dos benefícios da personalidade jurídica, não conseguindo o legislador de então ultrapassar a conceção contratualista da sociedade, dominante na doutrina tradicional, afastando-se das soluções já nessa altura adotadas pela Alemanha e pela França. Tratou-se de uma inovação, de difícil acolhimento prático, que não logrou evitar o recurso a sociedades fictícias, com «sócios de favor», indesejáveis à atividade comercial.

3 Até ao DL 257/96, de 31-dez., só era admissível no Direito português a denominada "subsidiária integral", isto é, a constituição por uma sociedade de outra sociedade com o tipo de sociedade anónima, de que ela seja a única titular das ações, de acordo com o 488.º/1 do CSC, aplicando-se-lhes o regime dos 501.º a 504.º do CSC, que responsabiliza a sócia única pelas dívidas da sociedade unipessoal.

4 Acrescem, ainda, para além destas sociedade unipessoais no domínio dos grupos de sociedades, as sociedades unipessoais (por quotas e anónimas) licenciadas a operar na Zona Franca da Madeira, permitidas pelo DL 212/94, de 10-ago., devendo estas ser dissolvidas caso cesse, por qualquer causa, essa licença. Já antes, o DL 352-A/88, de 3-out., previra a possibilidade de criação de sociedades unipessoais que tivessem por objeto o *trust offshore*.

5 Consciente da importância da utilização do tipo de sociedades de responsabilidade limitada como forma de enquadramento jurídico da maior parte das pequenas e médias empresas portuguesas, procurando revitalizar a iniciativa privada e a atividade económica em geral, o DL 257/96, de 31-dez., cria a figura da sociedade unipessoal por quotas, podendo esta ser originária ou superveniente, consagrando alguns princípios de segurança, tanto do sócio único como de terceiros, destacando-se como mais importante o reforço da informação dos credores e a repressão dos abusos por confusão de patrimónios.

6 Procede-se, assim, à harmonização das legislações dos Estados membros da União Europeia, tendo em conta as injunções da Diretriz n.º 89/667/CEE.

7 2. **Direito europeu.** A Diretriz n.º 89/667/CEE do Conselho, de 21-dez.-1989, Décima Segunda Diretriz das Sociedades Comerciais ou Diretriz sobre sociedades unipessoais[2] dispõe quanto às sociedades de responsabilidade limitada com um único sócio; foi transposta para o Código das Sociedades Comerciais pelo DL 257/96, de 31-dez., de acordo com o ponto 2 do preâmbulo deste diploma legal, procedendo à criação da sociedade unipessoal por quotas.

8 A 12.ª Diretriz tem por fim proteger os interesses tanto dos sócios como de terceiros. As principais imposições desta Diretriz são que as decisões do sócio único, na qualidade de assem-

[1] Admitia-se que, verificando-se uma situação de unipessoalidade superveniente, a sociedade pudesse subsistir, como tal, pelo período de 6 meses, enquanto não fosse reconstituído o substrato associativo.

[2] JOCE N.º L-395, 40-42, de 30-dez.-1989.

bleia geral de sócios, devem assumir a forma escrita (4.º) e que os contratos celebrados entre o sócio único e a sociedade por ele representada, exceto operações correntes celebradas em condições normais, devem assumir a forma escrita (5.º)[3].

A 12.ª Diretriz permitiu a adoção técnica da empresa – património autónomo como meio de individualizar um centro de imputação distinto da restante esfera jurídica patrimonial do sujeito interessado, consentindo a limitação da responsabilidade ao comerciante individual, quando esse benefício era apenas aceite como um privilégio exclusivo do exercício coletivo da empresa, criando uma igualdade no acesso à técnica societária entre o sócio no singular e o sócio no plural[4]. 9

De resto, o 6.º da 12.ª Diretriz permite que o esquema das sociedades por quotas unipessoais possa ser aplicado às sociedades anónimas, pelos Direitos dos Estados – membros, admitindo a sociedade de capitais unipessoal como figura jurídica de pleno direito, solução que não foi expressa e intencionalmente acolhida pelo Direito português. 10

3. **Direito comparado.** As sociedades unipessoais por quotas existem em quase todos os Estados membros da União Europeia, tendo sido uma solução adotada inicialmente pela Alemanha desde 1980, no âmbito da reforma da sociedade de responsabilidade limitada operada pela lei de 4-jul.-1980 (GmbH-Novelle). 11

A realidade, quer por razões económicas, quer por razões jurídicas, justificou a criação de um tipo societário em que a responsabilidade do sócio único seja limitada, motivando alterações legislativas ocorridas, designadamente em França com a L 85/697, de 11-jul., na Bélgica com a L de 14-jul.-1987, na Itália com o Decreto Legislativo n.º 88, de 3-mar.-1993 e em Espanha com a L 2/1995, de 23-mar., percursoras do Direito português. 12

4. **Evolução normativa.** O Capítulo X do Título III, constituído pelos 270.º-A a 270.º-G, foi aditado pelo 2.º do DL 257/96, de 31-dez., que altera o DL 262/86, de 2-set., que aprova o Código das Sociedades Comerciais, na redação que lhe foi dada pelo DL 328/95, de 9-dez., tendo entrado em vigor a 5-jan.-1997. 13

A redação dos 270.º-A e 270.º-D foi, entretanto, alterada pelo DL 36/2000, de 14-mar., que procede à dispensa de escritura pública na constituição quer originária, quer por força de transformação, de sociedades unipessoais por quotas, nos casos em que do património da sociedade não façam parte bens para cuja transmissão seja necessária a referida forma solene, substituindo-a por declaração de responsabilidade do sócio único e estando a produção de efeitos condicionada à efetuação do registo e respetiva publicação, o qual entrou em vigor a 1-mai.-2000. 14

A atual redação do 270.º-A/3 foi, posteriormente, alterada pelo 2.º do DL 76-A/2006, de 29-mar., que atualiza e flexibiliza os modelos de governo das sociedades anónimas, adota medidas de simplificação e eliminação de atos e procedimentos notariais e registrais e aprova o novo regime jurídico da dissolução e da liquidação de entidades comerciais, o qual entrou em vigor a 30 de junho de 2006, no sentido da desnecessidade de escritura pública para a cessão de quotas. 15

O 270.º-A/4 foi renumerado pelo 2.º do DL 76-A/2006, de 29-mar., constituindo a redação do anterior n.º 5 que resultava da modificação introduzida pelo referido DL 36/2000. 16

O 270.º-A/5 foi renumerado e alterado pelo 2.º do DL 76-A/2006, de 29-mar., provindo a parte inicial da redação do anterior n.º 6 que resultava da alteração operada pelo citado 17

[3] António Menezes Cordeiro, *Direito Europeu das Sociedades* (2005), 469 ss.

[4] Ricardo Costa, *Unipessoalidade Societária, em Miscelâneas*, 1 (2003), 43 ss.

DL 36/2000, e consagrando agora a desnecessidade de escritura pública para a transformação de estabelecimentos individuais de responsabilidade limitada em sociedades unipessoais por quotas.

II – **Tipo societário e natureza jurídica**

18 5. **Tipo societário autónomo.** A sociedade unipessoal por quotas é apresentada pelo DL 257/96, de 31-dez., como um novo tipo de sociedade. Na verdade, a maioria da doutrina tem entendido que a sociedade unipessoal por quotas corresponde a um tipo societário próprio e autónomo, quer porque muitas das regras das sociedades por quotas, destinadas a assegurar a pluripessoalidade, não têm qualquer aplicação[5], quer porque a unipessoalidade superveniente de uma sociedade por quotas não a constitui só por si numa sociedade unipessoal por quotas; para o ser, necessita de uma transformação e é o próprio 270.º-G do CSC que menciona a existência de "Disposições subsidiárias"[6].

19 Em sentido contrário pronuncia-se Ricardo Costa[7], para o qual não se acrescenta mais um tipo social, o que violaria a tipologia permitida pela lei. Antes se antevê uma modalidade subjetiva ou uma variedade do tipo social relativamente ao qual foi reconhecida a sua utilização. As normas específicas que se acrescentaram às que disciplinam o modelo legal da sociedade por quotas, numa construção que se caracteriza pela sectorialidade e pela complementaridade, são normas de controlo, preventivas ou repressivas, plantadas no terreno legal que se pensou poder ser mais afetado pela unipessoalidade.

20 6. **Natureza jurídica.** Com a introdução da figura jurídica da sociedade unipessoal por quotas parece ser manifesto que a natureza contratual não poderá continuar a ser considerada uma característica essencial do ato constitutivo da sociedade. Nas sociedades constituídas por uma só pessoa, o ato constitutivo não pode ser considerado um contrato – negócio jurídico bilateral ou plurilateral – mas sim um negócio jurídico unilateral.

21 A chamada doutrina tradicional[8] afirmava que a sociedade de um sócio era alguma coisa de absolutamente inconciliável com o conceito de sociedade e com o de associação, seu *genus proximum*; ao conceito de sociedade era essencial o elemento da pluralidade dos associados ou coletividade social. Defendia-se que como pessoa jurídica, toda a sociedade é fundamentalmente uma associação de indivíduos. O substrato que a lei personifica não consiste só nos bens, na empresa, mas reside essencialmente no conjunto dos indivíduos que se organizam e vinculam entre si para a realização em comum de determinada atividade económica. Questionava-se, então, se a sociedade de um único sócio não seria uma empresa de um comerciante individual. Ferrer Correia preconizava já que a permissão da anónima unipessoal podia ser talvez a melhor forma de transição para o reconhecimento direto da empresa individual autónoma, com património seu e dívidas próprias.

22 A sociedade unipessoal é aquela em que toda a participação social é pertença de uma única pessoa, singular ou coletiva, desde logo não se confundindo esta situação de unipessoali-

[5] António Menezes Cordeiro, *Direito das Sociedades*, II, 2.ª ed. (2007), 461 ss.

[6] Oliveira Ascensão, *Direito Comercial, 4 – Sociedades Comerciais/Parte Geral* (2000), 129 ss.

[7] Ricardo Costa, *As Sociedades Unipessoais, Problemas do Direito das Sociedades* (2002), 47. Também, Pereira de Almeida, *Sociedades Comerciais, 7.ª ed. (2013), 430,* entende que a sociedade unipessoal por quotas não é um novo tipo de sociedade, mas uma forma especial das sociedades por quotas; Cassiano dos Santos, *A Sociedade Unipessoal por Quotas* (2009), 46 ss., menciona que se trata de um subtipo do tipo sociedade por quotas e João Espírito Santo, *Sociedade Unipessoal por Quotas* (2013), 40-41, defende que a sociedade unipessoal por quotas constitui uma espécie do género sociedade por quotas.

[8] Ferrer Correia, *O Problema das Sociedades Unipessoais*, BMJ 166 (1967), 192 ss.

dade com quaisquer outras situações em que a sociedade é dominada por um dos seus membros, apesar de não ser o único.

Apesar de contrariar, na origem, a própria conceção de sociedade, entendeu-se que o potencial organizativo das sociedades poderia ser usado, com êxito e vantagem, mesmo fora da pluripessoalidade[9]. 23

A sociedade unipessoal é capaz de proporcionar ao agente económico – empresarial singular a possibilidade de tornar o seu património pessoal imune às vicissitudes obrigacionais da exploração da sua empresa[10]. Vista desta maneira, a sociedade unipessoal, mais do que o enquadramento jurídico – formal de uma associação de pessoas passa a ser uma forma, uma técnica de organização jurídica de empresa, fornecendo os meios de afetação patrimonial necessários para a atividade económica[11]. 24

Permanece a interrogação sobre se a sociedade unipessoal é uma verdadeira e própria sociedade enquanto pessoa jurídica societária, ou um património autónomo do sócio único a que corresponde uma autonomia subjetiva jurídica, ou uma empresa individual de responsabilidade limitada sob forma societária, ou entidade dotada de personalidade jurídica regulada pelas regras societárias, ou, por fim pessoa jurídica de natureza não societária. 25

Para Ricardo Costa[12] a sociedade unipessoal constitui uma modalidade subjetiva de composição pessoal da respetiva sociedade. A sociedade unipessoal está numa situação de identidade na continuidade de um fenómeno societário, no qual à unidade pode suceder a pluralidade e esta pode reduzir-se à unidade. Tanto a sociedade unipessoal como a sociedade pluripessoal passam a dispor de um património pertencente a um sujeito jurídico distinto e autónomo relativamente aos sócios e a reger-se por uma disciplina que, quanto à sua aplicabilidade, prescinde da consistência do substrato corporativo do ente. 26

III – **Teleologia e âmbito**

7. **Teleologia geral.** O elemento identificador da unipessoalidade é a aglutinação da titularidade de todas as participações sociais num só sujeito, sendo indiferente que a mesma se produza no momento fundacional ou durante a vida da sociedade[13]. 27

8. **Âmbito.** Uma sociedade unipessoal por quotas pode ser constituída originariamente, pode resultar da concentração de quotas num único sócio, ou pode resultar da transformação de um EIRL – Estabelecimento Individual de Responsabilidade Limitada, sendo que neste caso a quota do sócio único é realizada em espécie, pelo património do estabelecimento, avaliado por um Revisor Oficial de Contas, nos termos do 28.º do CSC. Não é, pois, possível realizar a transformação de outros tipos societários (sociedades em nome coletivo, sociedades anónimas e sociedades em comandita) em sociedades unipessoais por quotas. 28

A sociedade por quotas pode perder a sua pluralidade subjetiva por efeito de uma transmissão de quotas, quer seja por cessão de quotas, quer seja por sucessão legal ou testamentária; por efeito de uma amortização de quotas, ou mesmo por efeito de uma exoneração ou exclusão de sócio. 29

[9] António Menezes Cordeiro, *Direito Europeu das Sociedades*, 469 ss.

[10] Ricardo Costa, *As Sociedades Unipessoais*, 24 ss.

[11] Ana Peralta, *Sociedades Unipessoais, Novas Perspectivas do Direito Comercial* (1988), 251 ss.

[12] Ricardo Costa, *Unipessoalidade Societária*, 43 ss.

[13] Ricardo Costa, *Algumas considerações a propósito do regime jurídico da Sociedade por Quotas Unipessoal*, 1227 ss.

30 Uma sociedade unipessoal por quotas pode, ainda, resultar da cisão de uma sociedade, mediante destaque patrimonial desta destinado à constituição de uma nova sociedade, conforme o 118.º/1, *a*) e 2, do CSC.

Artigo 270.º-A (Constituição)

1. A sociedade unipessoal por quotas é constituída por um sócio único, pessoa singular ou coletiva, que é o titular da totalidade do capital social.

2. A sociedade unipessoal por quotas pode resultar da concentração na titularidade de um único sócio das quotas de uma sociedade por quotas, independentemente da causa da concentração.

3. A transformação prevista no número anterior efetua-se mediante declaração do sócio único na qual manifeste a sua vontade de transformar a sociedade em sociedade unipessoal por quotas, podendo essa declaração constar do próprio documento que titule a cessão de quotas.

4. Por força da transformação prevista no n.º 3 deixam de ser aplicáveis todas as disposições do contrato de sociedade que pressuponham a pluralidade de sócios.

5. O estabelecimento individual de responsabilidade limitada pode, a todo o tempo, transformar-se em sociedade unipessoal por quotas, mediante declaração escrita do interessado.

Bibliografia: *Vide* a indicada na Introdução.

Índice

1. Constituição originária 1
2. Constituição superveniente 3
3. Declaração de transformação 4
4. Vantagens na transformação 6
5. Unicidade do sócio – situações especiais 8
6. Eficácia da transformação 9

1 1. **Constituição originária.** Para a constituição originária de uma sociedade unipessoal por quotas é suficiente um documento particular escrito, com reconhecimento presencial da assinatura do seu subscritor, se a obrigação de entrada não for realizada em bens que só sejam transmissíveis por escritura pública, caso em que o contrato deve revestir essa forma (7.º/1 do CSC).

2 Se a sociedade unipessoal por quotas tiver como sócio único uma pessoa coletiva, de qualquer tipo, uma vez que não há restrições no seu referente normativo, o reconhecimento presencial da assinatura do seu subscritor, que será o representante legal daquela pessoa coletiva, deverá ser efetuado com as menções especiais de o mesmo deter a qualidade e os poderes para o ato, com exibição da documentação legalmente necessária para a prática do ato de constituição da sociedade, designadamente os estatutos da referida pessoa coletiva, uma ata da assembleia geral ou da direção/administração, consoante os casos, entre outra.

3 2. **Constituição superveniente.** Para a constituição de uma sociedade unipessoal por quotas resultante da concentração de quotas num sócio único basta uma declaração deste expressando a respetiva vontade na transformação da sociedade, a qual pode constar do próprio documento que titule a cessão de quotas, que deve revestir a forma escrita de acordo com o 228.º/1 do CSC.

Forma essa que, por analogia, deve igualmente ser adotada para a mesma declaração, caso esta não conste do documento de cessão de quotas, assim como para as situações de transformação de um estabelecimento individual de responsabilidade limitada em sociedade unipessoal por quotas, por força do disposto no 270.º-A/5 do CSC.

3. **Declaração de transformação.** A transformação prevista no n.º 3 deste artigo necessita 4
sempre da mediação de um ato deliberativo do sócio remanescente, em que expresse essa vontade e terá como efeito imediato a subtração aplicativa de todas as cláusulas do contrato de sociedade que pressuponham a pluralidade de sujeitos associados, de acordo com o n.º 4 do mesmo artigo, assim como poderá servir de fundamento de suspensão de um procedimento administrativo de dissolução da sociedade.

Sem essa declaração não existe uma sociedade unipessoal por quotas; contudo, essa trans- 5
formação não implica a constituição de uma nova sociedade, porquanto nos termos do 130.º/3 e 6, do CSC, aplicável *ex vi* 270.º-G do mesmo Código, a sociedade formada por transformação sucede automática e globalmente à sociedade anterior, não importando a transformação de uma sociedade, nos termos dos números anteriores, a dissolução dela, salvo se assim for deliberado pelos sócios. Conforme João Espírito Santo[1], não se trata de uma transformação *proprio sensu*, com a adoção de um tipo societário diverso do pré-existente, mas antes de conversão ou modificação da sociedade por quotas de regime comum numa sociedade por quotas de subtipo diverso, mantendo a pessoa coletiva a sua identidade intacta na pré e na pós-conversão.

4. **Vantagens na transformação.** O sócio único terá interesse em regularizar uma situação 6
de unipessoalidade superveniente através da transformação em sociedade unipessoal por quotas, uma vez que se não o fizer corre o risco de responder pessoal e ilimitadamente pelas dívidas da sociedade, em caso de insolvência desta, se os credores sociais provarem que, nesse período, não foi observado o princípio da separação de patrimónios, de acordo com o 84.º do CSC.

Acresce, que se a situação de unipessoalidade superveniente se mantiver por período 7
superior a um ano, sem essa transformação em sociedade unipessoal por quotas, qualquer credor social ou o Ministério Público podem requerer a dissolução administrativa da sociedade, nos termos dos 142.º/1, *a)* e 144.º do CSC, que remete para o regime jurídico dos procedimentos administrativos de dissolução e de liquidação de entidades comerciais, aprovado pelo 1.º/3 e Anexo III do DL 76-A72006, de 29-mar..

5. **Unicidade do sócio – situações especiais.** O critério legal, objetivo e formal, para deter- 8
minar a unicidade do sócio assenta na titularidade do capital social, a título de propriedade. Contudo, existem várias situações jurídicas especiais de concurso de diversas esferas de interesses sobre uma mesma participação social relativos ao exercício dos direitos inerentes à condição de sócio, tais como as de contitularidade de quota (cuja legitimidade para o exercício desses direitos cabe, regra geral, ao representante comum legal, voluntária ou judicialmente designado, 222.º e 223.º do CSC); de comunhão conjugal (encontrando-se, em princípio, legitimado o sócio cônjuge que tenha celebrado o contrato de sociedade, ou, no caso de aquisição posterior, aquele por quem a participação tenha vindo ao casal, 8.º/2 do CSC); de usufruto (competindo singularmente ao usufrutuário o exercício dos direitos sociais, salvo nas deliberações que importem alteração dos estatutos ou dissolução da sociedade, 23.º/2 do CSC e 1467.º do CC) e de penhor pignoratício (cuja legitimação do credor para o exercício dos direitos sociais depende de

[1] João Espírito Santo, *Sociedade Unipessoal por Quotas*, 52. No mesmo sentido, Cassiano dos Santos, *A Sociedade Unipessoal por Quotas* (2009), 77-78.

convenção pelas partes, ou seja de ato de vontade do devedor, 23.º/4 do CSC)[2]. Excluídos ficam os casos de acordos parassociais, de imputação legal de direitos de voto e do regime específico dos grupos de sociedades.

9 6. **Eficácia da transformação.** Mau grado a especificidade do tipo SPQ unipessoal, a transformação não implica uma nova sociedade; assim: é eficaz a citação dirigida (ainda) à SPQ pluripessoal, chegada já depois da transformação[3]; não há, por via da transformação, cedência da coisa locada[4].

Artigo 270.º-B (Firma)

A firma destas sociedades deve ser formada pela expressão «sociedade unipessoal» ou pela palavra «unipessoal» antes da palavra «limitada» ou da abreviatura «Lda.».

Índice

I – **Noção e obrigatoriedade legal**
1. Noção de firma 1
2. Obrigatoriedade legal da adoção de firma 2

II – **Princípios**
3. Generalidades 4
4. Princípio da verdade 5
5. Princípio da novidade 7

III – **Composição da firma**
6. Caracterização jurídica do tipo de sociedade ... 8
7. Informação ao público 9
8. Indicação da unipessoalidade 10

I – Noção e obrigatoriedade legal

1 1. **Noção de firma.** A firma é o nome ou denominação que individualiza um comerciante no exercício da sua atividade comercial e é uma designação que identifica a sociedade comercial.

2 2. **Obrigatoriedade legal da adoção de firma.** A adoção de firma corresponde a uma obrigação mercantil, de acordo com o 18.º/1º do Código Comercial, e que advém já do disposto no 9.º, *c*), do CSC, enquanto elemento obrigatório do contrato de sociedade, bem como do 11.º do CSC no que respeita aos requisitos essenciais da firma.

3 Muito importante neste âmbito é o disposto no Regime do Registo Nacional de Pessoas Coletivas, aprovado pelo DL 129/98, de 13-mai., o qual atribui ao Registo Nacional de Pessoas Coletivas, entre outras, a competência para apreciar a admissibilidade de firmas e denominações.

II – Princípios

4 3. **Generalidades**. A atribuição da firma está sujeita à observância dos princípios da verdade, da novidade e o respetivo registo confere o direito ao seu uso exclusivo em todo o território nacional, nos termos dos 3.º, 32.º, 33.º, 35.º e 37.º, todos do Regime do Registo Nacional de Pessoas Coletivas.

[2] Cassiano dos Santos, *A Sociedade Unipessoal por Quotas* (2009), 60 ss.; João Espírito Santo, *Sociedade Unipessoal por Quotas* (2013), 53 ss.

[3] RLx 5-mai.-2007 (Ramalho Pinto), Proc. 9023/2003-4

[4] RLx 20-set.-2007 (Aguiar Pereira), Proc. 4600/2007-6. Já assim não será se se proceder à substituição, no locado, da sociedade unipessoal pelo sócio único: aí há fundamento de despejo, por via do art.º 64.ª/1, *f*), do RAU – RPt 6-abr.-2006 (Teles de Menezes), Proc. 0631414.

4. **Princípio da verdade.** De acordo com o princípio da verdade, os elementos componentes 5
da firma devem ser verdadeiros e não induzir em erro sobre a identificação, natureza ou atividade do seu titular, não podendo também sugerir atividade diferente da que constitui o objeto social, conforme estatui o 10.º/1 do CSC.

Da firma não podem, ainda, fazer parte expressões que possam induzir em erro quanto à 6
caracterização jurídica da sociedade/pessoa coletiva, de acordo com o previsto no 10.º/5, *a*) do CSC e 32.º/4, *a*) do Regime do Registo Nacional de Pessoas Coletivas.

5. **Princípio da novidade.** O princípio da novidade determina que a firma deve ser distinta e 7
não suscetível de confusão ou erro com as registadas ou licenciadas no mesmo âmbito de exclusividade, nos termos previstos no 33.º/1 do Regime do Registo Nacional de Pessoas Coletivas.

III – **Composição da firma**

6. **Caracterização jurídica do tipo de sociedade.** As firmas das sociedades comerciais e das 8
sociedades civis sob forma comercial devem ser compostas nos termos previstos no CSC, assumindo especial importância neste domínio a inclusão de expressões ou abreviaturas indicativas da natureza e caracterização jurídica do tipo de sociedade em causa, como se extrai da comparação dos 177.º/1 (sociedades em nome coletivo); 200.º/1 (sociedades por quotas); 270.º-B (sociedades unipessoais por quotas); 275.º/1 (sociedades anónimas) e 467.º/1 (sociedades em comandita) todos do CSC.

7. **Informação ao público.** Está em causa a prestação de um mínimo de informação relevante 9
ao público e sobretudo a todos os terceiros interessados em se relacionarem com a sociedade comercial em questão, concretamente a cognoscibilidade do regime de responsabilidade em que aquela se insere.

8. **Indicação da unipessoalidade.** O 270.º-B do CSC manda adicionar ao elemento objetivo 10
sobre a responsabilidade limitada da sociedade o elemento subjetivo sobre a unipessoalidade da sociedade, importante em função do particular regime legal que lhe está associado.

Artigo 270.º-C (Efeitos da unipessoalidade)

1. Uma pessoa singular só pode ser sócia de uma única sociedade unipessoal por quotas.

2. Uma sociedade por quotas não pode ter como sócio único uma sociedade unipessoal por quotas.

3. No caso de violação das disposições dos números anteriores, qualquer interessado pode requerer a dissolução das sociedades por via administrativa.

4. O serviço de registo competente concede um prazo de 30 dias para a regularização da situação, o qual pode ser prorrogado até 90 dias a pedido dos interessados.

Índice

1. Evolução normativa 1
2. Restrição da titularidade das pessoas singulares 2
3. Limitações da titularidade das pessoas coletivas 4
4. Dissolução da sociedade 9
5. Regularização da sociedade 11

1 1. **Evolução normativa.** O 270.º-C/3 e 4 foram alterados pelo 2.º do DL 76-A/2006, de 29-mar., adaptando-se a disciplina neles prevista com o regime jurídico dos procedimentos administrativos de dissolução e de liquidação de entidades comerciais, constante do Anexo III ao DL 76-A/2006, de 29-mar..

2 2. **Restrição da titularidade das pessoas singulares.** A estatuição restritiva do n.º 1 deste artigo procura evitar situações extremas e ilegítimas de prolongamento ao limite da irresponsabilidade pessoal do sócio único, deixando credores pessoais e sociais em situação duplamente precária. Ainda assim, havendo o mesmo regime de responsabilidade, seja o sócio único, pessoa singular ou pessoa coletiva, diferentemente do que sucede para a pessoa singular, permite-se à pessoa coletiva a detenção de várias sociedades unipessoais por quotas.

3 Esta restrição não surge no caso da sociedade anónima unipessoal, consagrado no 488.º do CSC, e constitui uma limitação à liberdade de iniciativa económica privada, no que tange ao direito de criação de empresas, de questionável constitucionalidade à face do disposto no 61.º/1 da CRP.

4 3. **Limitações da titularidade das pessoas coletivas.** Na previsão do n.º 2 deste artigo procura-se evitar a cumulação indireta de duas sociedades na titularidade da mesma pessoa singular.

5 Desta forma, a transformação de uma sociedade por quotas em sociedade unipessoal por quotas não será possível se todas as quotas se vierem a concentrar na titularidade de uma única sociedade unipessoal por quotas.

6 Permite-se a constituição unilateral de uma sociedade unipessoal por quotas por qualquer pessoa coletiva, desde que não seja uma outra sociedade unipessoal por quotas.

7 Impede-se, todavia, que uma sociedade unipessoal por quotas detida no âmbito de um grupo de sociedades, dominada a cem por cento, constitua, por sua vez, uma nova sociedade unipessoal por quotas, permitindo-se, todavia, que uma sociedade anónima unipessoal possa ser sócia única de uma ou várias sociedades unipessoais por quotas e que uma sociedade unipessoal por quotas possa ser sócia de várias outras sociedades, de qualquer outro tipo, incluindo uma sociedade anónima unipessoal.

8 Assim, no domínio dos grupos de sociedades, a unipessoalidade deve ser controlada através dos esquemas do levantamento da personalidade, que fixem regras justas de responsabilidade dentro dos grupos[1].

9 4. **Dissolução da sociedade.** A violação das regras previstas nos n.ºs 1 e 2 deste artigo pode dar origem à dissolução da sociedade unipessoal por quotas por via administrativa, podendo a mesma ser requerida pelos membros dos órgãos sociais, os sucessores do sócio único, credores da sociedade ou dos próprios sócios, de acordo com o que refere o 4.º/1, *e*) e *f*) do regime jurídico dos procedimentos administrativos de dissolução e de liquidação de entidades comerciais. Este parece ser o núcleo de interessados a que alude o 270.º-C/3 do CSC, e não qualquer outra pessoa em geral.

10 Cassiano dos Santos[2] sustenta que será a segunda e ulteriores sociedades unipessoais por quotas, se existirem várias violações, que ficam sujeitas à dissolução, uma vez que a constituição da primeira sociedade ou a aquisição da primeira participação não violou qualquer preceito legal.

[1] António Menezes Cordeiro, *Direito Europeu, 469 ss.*; Cassiano dos Santos, *A Sociedade Unipessoal por Quotas* (2009), 85 ss.; João Espírito Santo, *Sociedade Unipessoal por Quotas* (2013), 67 ss.

[2] Cassiano Santos, *A Sociedade Unipessoal por Quotas* (2009), 92-93.

5. **Regularização da sociedade.** Os prazos previstos no n.º 4 deste artigo destinam-se a permitir corrigir a situação, pelos interessados, sobrepondo-se o interesse privado na manutenção da sociedade, decorrente ainda do princípio do *favor negotti*, sobre o interesse público em decretar a dissolução da sociedade, por não preenchimento dos requisitos legais. 11

Artigo 270.º-D (Pluralidade de sócios)

1. O sócio único de uma sociedade unipessoal por quotas pode modificar esta sociedade em sociedade por quotas plural através de divisão e cessão da quota ou de aumento de capital social por entrada de um novo sócio, devendo, nesse caso, ser eliminada da firma a expressão «sociedade unipessoal», ou a palavra «unipessoal», que nela se contenha.

2. O documento que consigne a divisão e cessão de quota ou o aumento do capital é título bastante para o registo da modificação.

3. Se a sociedade tiver adotado antes o tipo de sociedade por quotas, passará a reger-se pelas disposições do contrato de sociedade que, nos termos do n.º 4 do artigo 270.º-A, lhe eram inaplicáveis em consequência da unipessoalidade.

4. No caso de concentração previsto no n.º 2 do artigo 270.º-A, o sócio único pode evitar a unipessoalidade se, no prazo legal, restabelecer a pluralidade de sócios.

Índice

I – **Aspetos gerais**
1. Evolução normativa 1
2. Manutenção da existência jurídica da sociedade 2

II – **Regime**
3. Imposição de alteração da firma 4
4. O registo da modificação 5
5. A unipessoalidade superveniente como fenómeno transitório 6

I – Aspetos gerais

1. **Evolução normativa.** O 270.º-D/2 foi alterado pelo 2.º do DL 76-A/2006, de 29-mar., deixando de exigir escritura pública para o registo da modificação da sociedade unipessoal por quotas em sociedade por quotas. 1

2. **Manutenção da existência jurídica da sociedade.** A possibilidade de modificação de uma sociedade unipessoal por quotas em sociedade por quotas demonstra que o fenómeno da transformação de sociedades, previsto no 130.º do CSC, mantém a individualidade própria de cada sociedade comercial. Não se forma uma nova sociedade comercial com personalidade jurídica distinta, nem a sociedade transformada perde a sua existência jurídica. 2

Esta situação explica que o substrato subjetivo societário possa assentar quer na unipessoalidade, quer na pluripessoalidade, enquanto realidades transitórias e em mutação. A passagem da pluripessoalidade à unipessoalidade e o retorno desta àquela são vistos como fases da vida societária, que não afetam o essencial denominador comum da existência de uma sociedade comercial, o que justifica a solução legal do n.º 3 deste artigo de repristinação das disposições do contrato de sociedade, que tinham sido adotadas anteriormente quando tivera o tipo de sociedade por quotas, e lhe eram inaplicáveis em consequência da unipessoalidade. 3

II – **Regime**

4 3. **Imposição de alteração da firma.** O princípio da verdade nos elementos que compõem a firma e a não indução em erro sobre a caracterização jurídica da sociedade determinam que, uma vez restabelecida a pluralidade de sócios, a firma deixe de conter qualquer expressão alusiva à unipessoalidade.

5 4. **O registo da modificação.** Para o registo da modificação da sociedade unipessoal por quotas em sociedade por quotas é suficiente a apresentação de um documento que titule a divisão e cessão de quotas ou o aumento do capital por entrada de um novo sócio, o qual deve ser, nos termos dos 85.º/3 (alteração do contrato); 221.º/2 (divisão de quotas) e 228.º/1 (cessão de quotas) do CSC, reduzido a escrito.

6 5. **A unipessoalidade superveniente como fenómeno transitório.** A unipessoalidade superveniente nas sociedades por quotas, sem a transformação em sociedade unipessoal por quotas, continua a ser prevista como um fenómeno transitório, de acordo com o n.º 4 deste artigo, diferentemente do que sucede com o disposto no 489.º/3 do CSC para a unipessoalidade superveniente no domínio dos grupos de sociedades.

7 O sócio único dispõe do prazo de um ano, nos termos do 142.º/1, *a*) do CSC para restabelecer a pluralidade de sócios, evitando, dessa forma, quer a unipessoalidade, quer a dissolução da sociedade por esse motivo.

Artigo 270.º-E (Decisões do sócio)

1. Nas sociedades unipessoais por quotas, o sócio único exerce as competências das assembleias gerais, podendo, designadamente, nomear gerentes.

2. As decisões do sócio de natureza igual às deliberações da assembleia geral devem ser registadas em ata por ele assinada.

Índice

1. A necessidade da assembleia geral 1
2. A convocação formal da assembleia 4
3. O funcionamento da assembleia 5
4. A exclusão de decisões da competência da gerência 9
5. A obrigatoriedade da ata 10
6. A ata como formalidade *ad substantiam* 11
7. Atas inválidas 13

1 1. **A necessidade da assembleia geral.** Os poderes atribuídos ao sócio único devem ser, formal e substancialmente, aqueles que ordinariamente pertencem aos sócios de uma sociedade por quotas.

2 O conceito de assembleia pressupunha uma pluralidade de pessoas, com direito a participar, discutir e votar sobre questões de interesse comum, subordinadas a regras de maiorias, o que se afasta da expressão da vontade de um sujeito isolado e titular exclusivo do poder que a sustenta.

3 Contudo, os casos em que o sócio único não detém em simultâneo a titularidade da gerência, bem como razões de estabilidade e certeza jurídicas que asseguram os níveis de transparência almejados para a sociedade unipessoal por quotas justificam que a assembleia geral

subsista nas sociedades unipessoais por quotas como um centro de atribuição de um conjunto de formalidades, como órgão dotado de uma certa esfera de competências.

2. **A convocação formal da assembleia.** Nestas sociedades a presença ou representação do sócio único é indispensável para a regular constituição, funcionamento e deliberação da assembleia geral. Atendendo a que o sócio único pode não ser titular dos órgãos sociais, faz sentido a possibilidade de convocação formal da assembleia geral nos termos da competência genérica prevista no 248.º/3 do CSC, bem como que o sócio único possa requerer a convocação formal da assembleia geral ou a inclusão de assuntos na ordem do dia a qualquer dos gerentes, nos termos conjugados dos 248.º/2, 375.º/2 e 378.º/1 do CSC. Mantém-se, todavia, a possibilidade de serem tomadas deliberações em assembleia universal, nos termos previstos nos 54.º e 247.º/1 do CSC. 4

3. **O funcionamento da assembleia.** O n.º 1 deste artigo reproduz o disposto no 246.º/2, *a*) do CSC quanto à designação de gerentes, sendo o efeito útil do seu conteúdo reforçar a ideia de que pode haver diferenciação entre a titularidade no domínio da sociedade unipessoal e a titularidade na gestão da mesma. 5

A presidência ou direção dos trabalhos da assembleia geral cabe naturalmente ao sócio único, salvo disposição diversa do contrato de sociedade, por ser o que possui a totalidade do capital social, numa interpretação extensiva do preceituado no 248.º/4 do CSC. 6

O sócio único pode solicitar formalmente a prestação de esclarecimentos e informações aos gerentes ou aos membros do Conselho Fiscal ou ao fiscal único, caso existam, no âmbito geral do direito dos sócios à informação e tendo em conta o disposto nos 248.º/1 e 379.º/4 do CSC, e a participação destes na assembleia geral. 7

Não se aplicarão os preceitos referentes à assembleia geral de sócios que tenham como pressuposto uma pluralidade de associados, como sejam as regras sobre *quórum* deliberativo e maiorias de votos. 8

4. **A exclusão de decisões da competência da gerência**. O âmbito de aplicação do n.º 2 deste artigo não inclui as decisões do sócio único de natureza igual às decisões do gerente singular, nem às deliberações da gerência plural, por estas se situarem, em princípio, na esfera de competências em matérias de gestão ordinária da sociedade. 9

5. **A obrigatoriedade da ata.** A obrigação de lavrar uma ata de cada reunião da assembleia geral constante dos 63.º, 248.º/1 e 6 e 388.º/1 do CSC sai reforçada pelo disposto no n.º 2 deste artigo, o qual resulta de uma imposição expressa do 4.º/2 da 12.ª Diretriz do Conselho das Comunidades Europeias, de 21/12/1989, em matéria de direito das sociedades relativa às sociedades de responsabilidade limitada com um único sócio. 10

6. **A ata como formalidade *ad substantiam*.** Em face do carácter imperativo do preceito, a ata é um documento com força probatória, que assume a natureza de formalidade *ad substantiam*, insuscetível de ser substituído por outro meio de prova e verdadeiramente constitutivo da decisão respetiva. Só a ata fará prova da existência e da veracidade da decisão tomada em sociedade unipessoal por quotas, assegurando a transparência no âmbito da unipessoalidade societária e evitando manipulações *a posteriori* dos termos da decisão. 11

As atas de decisões do sócio único aproximam-se das atas ou instrumentos que reproduzem deliberações unânimes por escrito, podendo cingir-se a enumerar as propostas ou decisões tomadas e que, pela sua natureza, aferida nos termos do 246.º do CSC, devam ser documentadas no livro de atas da assembleia geral que tem de existir, mesmo nestas sociedades[1]. 12

[1] Paulo Olavo Cunha, *Direito das Sociedades Comerciais* (2019), 704.

13 7. **Atas inválidas.** A ata de que conste uma decisão do sócio único e seja assinada por outra pessoa que não aquele ou o seu representante legítimo, assim como uma decisão do sócio único que não esteja consignada em ata não serão válidas. Tratando-se de vicissitudes procedimentais, em desrespeito do disposto na lei para a produção do efeito final dessa decisão de natureza deliberativa, qual seja o de comportar toda a possibilidade de verificação e controlo da formação da vontade social, a sua ausência, como a sua irregularidade devem produzir a mesma consequência jurídica, qual seja a da anulabilidade da decisão, por força do 58.º/1, *a*) do CSC[2].

Artigo 270.º-F (Contrato do sócio com a sociedade unipessoal)

1. Os negócios jurídicos celebrados entre o sócio único e a sociedade devem servir a prossecução do objeto da sociedade.

2. Os negócios jurídicos entre o sócio único e a sociedade obedecem à forma legalmente prescrita e, em todos os casos, devem observar a forma escrita.

3. Os documentos de que constam os negócios jurídicos celebrados pelo sócio único e a sociedade devem ser patenteados conjuntamente com o relatório de gestão e os documentos de prestação de contas; qualquer interessado pode, a todo o tempo, consultá-los na sede da sociedade.

4. A violação do disposto nos números anteriores implica a nulidade dos negócios jurídicos celebrados e responsabiliza ilimitadamente o sócio.

Índice

I – **Evolução normativa** 1

II – **A auto – contratação**
1. Âmbito geral 2
2. Admissibilidade e requisitos 3

III – **Regulação da auto – contratação**
3. Particularidades 6
4. Sanções aplicáveis 8

5. Contratos excluídos 10
6. Publicidade na gestão 11

IV – **A relação com o artigo 84.º**
7. Teorias 12

V – **Sanções**
8. Nulidade e responsabilidade 14

1 I – **Evolução normativa.** O 270.º-F/1 foi alterado pelo 2.º do DL 76-A/2006, de 29-mar., deixando-se de exigir autorização para a prática de negócios jurídicos entre o sócio único e a sociedade que, na redação anterior devia constar de escritura pública.

II – A auto – contratação

2 1. **Âmbito geral.** Este artigo estabelece a regulamentação da chamada auto-contratação, na medida em que salvaguarda a base patrimonial da sociedade unipessoal por quotas, impondo uma certa transparência nas relações contratuais entre o sócio único e a sociedade, a fim de os

[2] Ricardo Costa, *As Sociedades Unipessoais*, 46-47 ss., considera que a inobservância da imperativa e pessoal transcrição da decisão do sócio único para a ata gera a indisponibilidade da decisão perante qualquer interessado, por exemplo, o gerente da sociedade que não coincida com a pessoa do sócio; solução mais protetora para terceiros.

terceiros melhor poderem fazer valer eventuais direitos contra aquela. Caso meramente exemplificativo é o da celebração de contratos de suprimento, previsto no 243.º do CSC.

2. **Admissibilidade e requisitos.** Os negócios jurídicos entre o sócio único e a sociedade unipessoal são possíveis uma vez que esta, tratando-se de uma pessoa jurídica distinta e em princípio autónoma, não se confunde com o sócio único[1], devendo, contudo, obedecer a requisitos de carácter material (compatibilidade com a prossecução do objeto da sociedade), formal (imposição da forma escrita, se outra forma mais solene não for prescrita por lei para o contrato em causa) e publicitários (apresentação conjunta dos documentos de que consta o contrato com o relatório de gestão e documentos de prestação de contas para consulta, a todo o tempo, por qualquer interessado, na sede da sociedade). 3

Na sua redação inicial, os negócios entre o sócio único e a sociedade deviam servir a prossecução do objeto da sociedade, tinham de ser autorizados na escritura de constituição da sociedade ou de modificação dos estatutos e deviam observar a forma escrita se a lei não prescrevesse forma autêntica, sob pena de nulidade e responsabilidade ilimitada do sócio. 4

Mantém-se a exigência de que a celebração dos negócios entre o sócio único e a sociedade sirvam a prossecução do objeto da sociedade, o que resulta, também, da norma geral do 6.º/4 do CSC, o qual impõe aos órgãos da sociedade o dever de não praticarem atos que excedam o objeto da sociedade. 5

III – **Regulação da auto – contratação**

3. **Particularidades.** Na sociedade unipessoal por quotas o legislador criou um regime especial de apertado controlo e transparência que visa permitir aos credores sociais a verificação do respeito pelo princípio da separação de patrimónios e precaver possíveis abusos ou favorecimento do sócio único em detrimento da sociedade, sancionando a sua violação com a responsabilidade ilimitada do sócio. 6

O risco que se pretende acautelar é o da confusão do património pessoal do sócio com o património da sociedade, uma função de proteção da sociedade unipessoal por quotas e dos seus credores relativamente a possíveis atos prevaricadores do sócio único. Promove-se a separação de patrimónios entre a sociedade e o sócio e garante-se a cognoscibilidade desses atos por terceiros, que poderão aceder a elementos de informação sobre a situação patrimonial da sociedade. 7

4. **Sanções aplicáveis.** A nulidade do negócio jurídico prevaricador representaria uma sanção insuficiente, em prejuízo dos credores sociais. A sanção da ilimitação de responsabilidade do sócio único e, portanto, da cessação do privilégio da responsabilidade limitada da sociedade, estabelece o melhor equilíbrio, num caso manifesto de levantamento da personalidade coletiva, cuja atribuição se justifica nas circunstâncias legalmente fixadas[2]. 8

A personalidade jurídica da sociedade unipessoal por quotas não é posta em causa, apenas se associa a responsabilidade pessoal, ilimitada e genérica do sócio único, nomeadamente quando o negócio não serviu o objeto da sociedade, em claro reforço de garantia patrimonial dos credores sociais. A função do preceito é limitar a potencialidade do dano, no interesse de terceiros credores da sociedade. 9

5. **Contratos excluídos.** O n.º 2 deste artigo deve ser interpretado restritivamente, à semelhança do estatuído nos 29.º e 397.º do CSC, no sentido de ficarem excluídos da previsão os 10

[1] António Menezes Cordeiro, *Manual*, 461 ss. RLx 5-maio-2004 (Ramalho Pinto) e RGm 7-janeiro-2004 (António Magalhães), CJ XXIX (2004) 1, 273-276.

[2] António Menezes Cordeiro, *Direito Europeu das Sociedades*, 469 ss.

contratos celebrados no exercício do comércio habitual da sociedade e de acordo com as condições gerais praticadas para os clientes, para isso apontando a redação do 5.º da 12.ª Diretriz do Conselho das Comunidades Europeias, de 21-dez.-1989, em matéria de direito das sociedades relativa às sociedades de responsabilidade limitada com um único sócio.

11 6. **Publicidade na gestão.** De acordo com o n.º 3 deste artigo, o qual assegura a necessária publicidade aos contratos celebrados entre o sócio único e a sociedade, os gerentes da sociedade unipessoal por quotas estão sujeitos ao mesmo regime dos demais gerentes das sociedades por quotas em geral, mormente no que respeita ao dever destes de relatarem a gestão e apresentarem as contas do exercício, tudo nos termos gerais do 65.º e ss. do CSC.

IV – **A relação com o artigo 84.º**

12 7. **Teorias.** Estas disposições legais tinham já um lugar paralelo no 84.º do CSC, segundo o qual o sócio único responde ilimitadamente com o seu património nos casos de abusos e de confusão de patrimónios, se for decretada a, atualmente denominada, insolvência da sociedade. Contudo, vão mais longe que o disposto no 84.º, uma vez que não pressupõem a declaração de insolvência.

13 Oliveira Ascensão[3] considera que o 270.º-F do CSC não exclui a aplicação do 84.º do mesmo Código, dado que este abrangeria as atividades de facto, enquanto aquele só contemplava os negócios jurídicos, decorrendo o título para aplicação do 84.º do 270.º-G, ambos do CSC, com particular atenção no regime dos grupos, respondendo ilimitadamente a sociedade dominante – sócia única – pelas dívidas da sociedade dominada, a sociedade unipessoal. Contra Pereira de Almeida[4] defende que a responsabilidade pessoal e ilimitada do sócio único que resulta do 84.º do CSC não tem lugar se tiver sido formalizada a sociedade unipessoal por quotas, uma vez que a *ratio* daquela disposição é penalizar situações anómalas em que falta o controle decorrente da pluralidade dos sócios.

V – **Sanções**

14 8. **Nulidade e responsabilidade.** Certa doutrina[5] interpreta extensivamente o regime consagrado no n.º 4 deste artigo no sentido de o elevar a norma central de uma disciplina geral dos abusos do sócio único em sede das sociedades unipessoais por quotas, na perspetiva de um preceito atributivo de responsabilidade pessoal e ilimitada. Afasta-se, assim, a aplicação do 84.º do CSC como meio para sancionar o sócio único que expõe o património social a fins extras sociais; mesmo quando a sociedade unipessoal por quotas entra em insolvência, os credores poderão reclamar a satisfação dos seus créditos com base nesta norma e em violação dos princípios disciplinadores da separação patrimonial, porquanto na sociedade unipessoal por quotas o sócio único passa a usufruir de um outro estatuto normativo, que o faz ingressar na operatividade do 270.º-F/4 do CSC.

Artigo 270.º-G (Disposições subsidiárias)

Às sociedades unipessoais por quotas aplicam-se as normas que regulam as sociedades por quotas, salvo as que pressupõem a pluralidade de sócios.

[3] José de Oliveira Ascensão, *Sociedades Comerciais*, 129 ss.

[4] António Pereira de Almeida, *Sociedades Comerciais*, 430-431.

[5] Ricardo Costa, *Sociedades Unipessoais*, 52 ss.

Índice

1. Direitos e obrigações inerentes à participação social 1
2. Situações excluídas 2
3. Casos duvidosos 3
4. Extinção da sociedade 5

1. **Direitos e obrigações inerentes à participação social.** O sócio único mantém quase todos os restantes direitos e obrigações decorrentes da detenção de uma participação social, como sejam o cumprimento integral da obrigação de entrada no capital social (com permissão do diferimento da realização da entrada dentro dos condicionalismos legais para as sociedades por quotas), o direito de quinhoar nos lucros com respeito pelo princípio da intangibilidade do capital social e da constituição da reserva legal, o direito de obter informações sobre a vida da sociedade, o direito a nomear e destituir os membros dos órgãos de administração e fiscalização da sociedade, incluindo o de ser designado para os mesmos, o direito de dividir e transmitir a sua quota nos termos previstos no 270.º-D/1 e 2 do CSC. 1

2. **Situações excluídas.** Parecem não ser possíveis a aplicação das figuras jurídicas da amortização da quota, exoneração e exclusão de sócio, quer por atentarem contra a permanência de um substrato pessoal na existência da sociedade comercial, então reduzida à nulidade matemática de número de sócios; quer por uma manifesta impossibilidade jurídica de tomada de deliberações sociais nesse sentido, por impedimento de voto, direto ou indireto, do sócio único em conflito de interesses com a sociedade, para os casos de amortização de quota e exclusão de sócio, de acordo com o 251.º do CSC. 2

3. **Casos duvidosos.** Questões pertinentes são a da aplicação do regime da responsabilidade prevista no 40.º do CSC aos negócios realizados em nome da sociedade unipessoal por quotas no período compreendido entre a celebração do contrato de sociedade e o seu registo definitivo, bem como a da assunção para a sociedade feita pelo sócio único, na qualidade de gerente, dos direitos e obrigações decorrentes de negócios jurídicos realizados em nome da sociedade unipessoal por quotas, antes de registado o contrato, para as quais, atentas as soluções legais estatuídas, não parecem existir razões de fundo suficientes para não submeter a sociedade unipessoal por quotas às mesmas regras, em idêntica posição à da sociedade por quotas. 3

Acresce ser, também, entendimento dominante que o 84.º do CSC não se aplica às sociedades unipessoais por quotas, constituídas originária ou supervenientemente como tais, nos termos do 270.º e ss. do CSC, porquanto a *ratio legis* daquela norma pretende sancionar a redução a um único sócio, quando ela acarreta a insolvência da sociedade e se demonstre que nesse período não foram observados os preceitos legais que estabelecem a afetação do património societário ao cumprimento das obrigações sociais[1]. 4

4. **Extinção da sociedade.** O sócio único poderá, em qualquer altura, por sua decisão própria, deliberar dissolver a sociedade e proceder à sua liquidação, conforme previsto no 141.º/1, *b*) do CSC. 5

[1] Ricardo Costa, *A Sociedade por Quotas Unipessoal no Direito Português* (2002), 411 ss.; Cassiano dos Santos, *A Sociedade Unipessoal por Quotas* (2009), 137-138; João Espírito Santo, *Sociedade Unipessoal por Quotas* (2013), 94.

Título IV – Sociedades anónimas

Introdução

Bibliografia: António Pereira de Almeida, *Sociedades comerciais*, 1 – *As Sociedades comerciais* (2013), 441-536; Engrácia Antunes, *Direito das sociedades/Parte geral* (2015) 140-141, 142-143; António Menezes Cordeiro, *Da responsabilidade civil dos administradores das sociedades comerciais* (1997), 73-105; *id.*, 2 (2017), 479-544; Luís Brito Correia 2 (1989), 49-50; *id.*, *Os administradores de sociedades anónimas* (1991), 78 ss.; Paulo Olavo Cunha (2012), 89 ss.; A. Pinto Furtado II/1 (1979), 116 ss.; Rui Manuel de Figueiredo Marcos, *As companhias pombalinas/Contributo para a história das sociedades por acções em Portugal* (1995), 29 ss.; *id.*, *Companhias portuguesas de comércio anteriores ao século XVII*, RFDUP III (2006), 739-750; Ilídio Duarte Rodrigues, *A administração das sociedades anónimas/Organização e estatuto dos administradores* (1990), 26 ss.; M. Nogueira Serens, *Notas sobre a SA*, 2.ª ed. (1997), 5-15; Raúl Ventura, *Estudos vários sobre sociedades anónimas* (1992); *id.*, *Novos estudos sobre sociedades anónimas e sociedades em nome colectivo* (1994, reimp., 2003).

Índice

I – **O tipo societário**
1. Apresentação legal 1
2. O tipo SA 2
3. Natureza e funções 3

II – **Evolução histórica**
4. Direito romano e medieval 10
5. As companhias coloniais 12
6. As codificações 13

III – **Nota comparatística**
7. Direito inglês 15
8. Direito alemão 17
9. Segue; reformas emblemáticas 20
10. Direito francês 24
11. Direito italiano 26
12. O séc. XXI 27

IV – **A experiência portuguesa**
13. Até ao séc. XIX 28
14. O Código Comercial de 1833 30
15. A Lei de 22-jun.-1867 31
16. O Código Comercial de 1888 33

V – **O CSC**
17. Preparatórios 34
18. Sistema 36
19. Alterações 37
20. A reforma de 2006 38

VI – **Direito da União Europeia**
21. Diretrizes comunitárias 39
22. Transposição de diretrizes 40

VII – **Legislação adjacente**
23. A constituição 41
24. O CVM 42
25. Outra 43

VIII – **Aplicação**
26. Expansão 44

I – O tipo societário[1]

1. **Apresentação legal**. O 271.º procura uma caracterização do tipo legal de "sociedade anónima" (SA) através da participação social e da responsabilidade. Este regime contrapõe-se ao 1

[1] Segue-se, no essencial, António Menezes Cordeiro 2 (2017), 481 ss..

das SPQ, nas quais os sócios são solidariamente responsáveis pelas entradas convencionadas no contrato social (197.º/1), e ao das SNC, nas quais o sócio, além de responder pela sua entrada, responde subsidiariamente pelas obrigações da sociedade e solidariamente em relação aos outros sócios (175.º/1).

2 2. **O tipo SA**. O Código procurou definir os diversos tipos sociais através do regime da responsabilidade pelas entradas e pelas dívidas sociais. Porém, o reconhecimento de uma SA faz-se fundamentalmente por traços formais: (a) a designação "ações" dada às participações sociais e (b) a firma, que conclui sempre pela expressão sociedade anónima ou SA. As cautelas que rodeiam o RNPC, o notariado e o registo comercial são suficientes para evitar o surgimento de sociedades anónimas sem a firma SA ou sem uma imediata referência às ações.

3 3. **Natureza e funções.** As SA são sociedades de capitais. Sendo herdeiras das antigas sociedades coloniais, permitem congregar capitais de pequenos aforradores, dando-lhes utilização lucrativa.

4 Nas SA distinguem-se as seguintes funções: (a) financiadora, com limitação de risco, (b) organizativa, (c) mobiliária, (d) integradora e (e) reguladora.

5 A SA permite recolher elevados financiamentos, sem expor os interessados a um risco maior do que a perda da importância investida, tornando possíveis empreendimentos em que, de outro modo, ninguém iria arriscar.

6 Em termos de organização, a SA facultou quadros de colaboração privada, que permitem uma gestão ilimitada de interesses humanos, seja qual for a dimensão. As SA comportam as mais diversas hipóteses de desenvolvimento. O próprio Estado pode aproveitar os seus esquemas. As SA surgem como o que de mais avançado se alcançou em termos de organização, contrapondo a gestão, entregue a profissionais, à detenção do capital.

7 As ações traduzem um valor facilmente transacionável, permitindo o aparecimento de um mercado específico através da formação de um preço: a cotação.

8 As SA são acessíveis a todas as pessoas. A técnica da subscrição das ações e a da sua livre aquisição em bolsa facultam a qualquer particular o acesso à titularidade das mais emblemáticas realizações humanas, democratizando o capital. A queda do Muro de Berlim foi, no fundo, a vitória histórica das SA sobre as EP e o Estado, enquanto planificador económico perfeito.

9 As SA são, por fim, a grande matriz do Direito das sociedades, quer no plano interno, quer no europeu. Os quadros por elas propiciados são utilizados de modo alargado.

II – **Evolução histórica**

10 4. **Direito romano e medieval.** A hipótese de sociedades de tipo anónimo no Direito romano tem sido admitida por alguma doutrina. Porém, a ideia de uma participação societária com a responsabilidade limitada ao valor subscrito, terá surgido apenas em Itália, no final da Idade Média.

11 Como experiência mais antiga, aponta-se o Banco de S. Jorge, em Génova, que funcionou entre 1407 e 1805. Análises mais recentes questionam se se tratava de uma verdadeira SA, pelo menos como atualmente é entendida. Alguns aspetos apontam para a proximidade com as SA, designadamente na multiplicidade de participantes e na limitação da sua responsabilidade.

12 5. **As companhias coloniais**. Na evolução deste tipo societário, surgem as grandes companhias coloniais, constituídas a partir do séc. XVII: entre outras, a *East India Company* inglesa, fundada em 1600, a *Oost-Indische Compagnie* holandesa, fundada em 1602, e a *West-Indische Compagnie in Holland*, holandesa, fundada em 1621. Tratava-se de entidades que representavam as forças económicas de grupos privados, mas que dependiam do Estado para a sua outorga e para o seu reconhecimento.

6. **As codificações.** As companhias holandesas foram utilizadas como matriz nos estatutos das companhias francesas criadas por Colbert. Estes estatutos e as lógicas de poder que potenciavam serviram de modelo para a redação dos preceitos do *Code de Commerce* sobre SA: o primeiro diploma a tratar a matéria, ainda que de forma insuficiente, segundo a doutrina francesa. 13

O sistema napoleónico era bastante restritivo em relação às SA, sendo que a necessidade de autorização prévia do governo para a sua formação e a sua permanente vigilância, que poderia conduzir à sua dissolução por decisão administrativa, levou a que poucas SA tivessem sido constituídas. 14

III – Nota comparatística

7. **Direito inglês.** Em Inglaterra, as *joint stock companies,* que correspondem às SA, eram, à altura, regidas pelas leis de 1826 e 1844, que estabeleciam um regime de responsabilidade absoluta para os seus membros. Em 8-mai.-1845, uma Lei veio permitir a responsabilidade limitada de algumas sociedades privadas, desde que tivessem utilidade pública. Este sistema foi alargado, em 1857, às companhias de interesse privado e confirmado, em 1862 e 1867, desde que o termo *limited* figurasse na designação social. 15

Em 30-abr.-1862, um Tratado de Comércio veio permitir às *limited companies* atuar em França, pelo que se impunha uma reforma do sistema napoleónico, demasiado restritivo. Surgem, neste contexto, a Leis francesas de 23-29 de maio de 1863 e de 24 de julho de 1867, que vêm abolir a necessidade de autorização administrativa, transformando-se os controlos externos em controlos internos, entre os quais o da responsabilidade dos administradores. 16

8. **Direito alemão.** As companhias coloniais alemãs seguiram o esquema das holandesas, com algum atraso em relação às outras experiências europeias. O sistema em vigor era o da outorga, pelo que a concessão da personalidade jurídica surgia como privilégio do poder estadual, sendo que os próprios estatutos eram aprovados regularmente, atribuindo-se ao novo ente direitos e deveres de exceção, irredutíveis ao Direito comum. 17

O ADHGB de 1861 manteve os esquemas restritivos anteriores. A constituição, prorrogação, modificação de estatutos, fusão e restituição do capital aos sócios das sociedades anónimas continuou dependente de autorização estadual. Este diploma admitia que os Estados alemães onde se aplicasse dispensassem o mecanismo de concessão. Ainda que o uso desta possibilidade tivesse sido limitado, traduzia já um primeiro estádio no sentido da evolução para um sistema mais avançado, em que a concessão não dependia de autorização estadual, estádio no qual se inseria um movimento de libertação das sociedades alemães das peias legais, que culminou com a novela de 11-jun.-1870, que veio por termo à intervenção do Estado na formação de SA. 18

Este período terminou com o HGB, de 10-mai.-1897, preparado para entrar em vigor com o BGB. O HGB inclui a matéria das sociedades nos §§ 178 a 319, mas sem alterações de base em relação ao Direito anterior, procurando um modelo em que as sociedades anónimas funcionassem com base no Direito privado. 19

9. **Segue; reformas emblemáticas.** Na viragem do séc. XIX para o séc. XX, a dogmática das SA estava estabilizada, assinalando-se algumas tendências nas diferentes experiências europeias. Uma destas tendências passou pela democratização do capital, para a qual acabou por contribuir a Lei alemã de 1937. A Grande Guerra, a revolução comunista e o fim da era liberal submeteram as sociedades anónimas a grande pressão. Esta situação foi sendo resolvida por práticas que foram alterando o Direito legislado, designadamente o ingresso dos representantes dos trabalhadores no conselho de vigilância, o aparecimento de sociedades mistas, e o aparecimento de esquemas engendrados a favor de quem tivesse a direção societária, em detrimento dos acionistas. 20

21 Em 1931, foi levada a cabo uma reforma das sociedades anónimas, pela alteração do HGB, a qual visou limitar alguns abusos, como a aquisição de ações próprias. Regulou-se a amortização de ações, aprofundaram-se os deveres dos administradores, alargou-se a responsabilidade civil e penal dos titulares dos órgãos societários, introduziram-se normas sobre contas, balanços e fiscalizações e surgiram as primeiras normas de proteção das minorias.

22 O período da grande depressão dos anos trinta e o nacionalismo e protecionismo implicaram novas medidas, tendo surgido a Lei de 30-jan.-1937, que regulou as sociedades anónimas enquanto empresas, reforçando os poderes da direção, que deixou de ser nomeada pela assembleia geral, para o ser pelo conselho de vigilância. Outras questões são igualmente reguladas, como a invalidade das deliberações, os grupos de sociedades e os deveres de lealdade dos acionistas.

23 Este diploma, de elevado nível técnico, sobreviveu ao regime de 1933-1945, só tendo sido alterado pela Lei de 6-set-1965, que visou uma maior dispersão das ações, uma melhor tutela do acionista, com maior proteção das minorias, tendo sido reforçada a assembleia geral, aumentada a publicidade, melhorado o direito de informação e o controlo da direção através do conselho de vigilância. Os grupos de sociedades foram igualmente enquadrados no domínio da tutela dos acionistas e da defesa da concorrência.

24 10. **Direito francês**: não conheceu o desenvolvimento societário no domínio das sociedades anónimas a que se assistiu no Direito alemão. A Lei de 24-jul.-1867 vigorou, ainda que com alterações, durante quase um século. A Lei de 26-abr.-1917 institucionalizou, nalguns casos, o conselho de administração. Por sua vez, a Lei de 16-nov.-1940, que surgiu sob influência alemã, deu autonomia ao conselho de administração como órgão, isolando a figura do presidente.

25 Posteriormente, a matéria das sociedades anónimas foi globalmente reformulada pela Lei de 24-jul.-1966, na qual o esquema das sociedades anónimas era sobretudo pensado para as grandes empresas. A necessidade de alguma simplificação e flexibilidade das sociedades anónimas está na origem da reforma de 1994, que introduziu a *Societé par Actions Simplifiée* (SAS).

26 11. **Direito italiano**. Em Itália, as SA encontram-se reguladas no CC de 1942. As modificações posteriores foram ditadas pelas diretrizes comunitárias e pela sua receção no Direito italiano. A reforma dos artigos do CC só surgiu com os DL 5 e 6, de 17-jan.-2003, que corporizaram uma alteração profunda nesta matéria.

27 12. **O séc. XXI**. No séc. XXI, é possível apontar tendências que se anteveem, como a simplificação, a transparência e a fiscalização, a mobiliarização e a comunitarização.

IV – **A experiência portuguesa**

28 13. **Até ao séc. XIX**. No que concerne à experiência portuguesa, o Direito português das sociedades foi marcado pela tradição romana da *societas* e pelas companhias reguladas nas Ordenações. Traduzia, então, mais um fenómeno de cooperação do que de organização.

29 Esta seria alcançada no passo seguinte: as companhias coloniais pombalinas. Embora inspiradas em modelos estrangeiros, as companhias pombalinas, de que são exemplo a Companhia Geral do Grão-Pará e do Maranhão e a Companhia Geral de Pernambuco e Paraíba, visaram quer o desenvolvimento económico, quer a dignificação social do comércio.

30 14. **O Código Comercial de 1833**. O Código Comercial de Ferreira Borges (1833), apresentou um esquema moderno de SA ("companhias") nos 538.º a 546.º, ainda que sujeitando- -as a autorização do Governo. Não obstante, as SA não proliferaram, devido sobretudo ao atraso da industrialização e à escassez de capitais subsequente à guerra civil.

15. **A Lei de 22-jun.-1867.** As tentativas de revisão do Código acabaram por levar à aprovação da *Lei das Sociedades Anonymas*, de 22-jun.-1867, objeto de estudo no *Commentario* de Tavares de Medeiros. É nesta lei que se adota a expressão "sociedades anónimas" e que se abandona o reconhecimento administrativo prévio. Esta liberalização resultou num aumento significativo das sociedades anónimas em Portugal e num desenvolvimento do Direito comercial. 31

A Lei de 22-jun-1867 representa o primeiro diploma moderno sobre o Direito das sociedades, precisamente na área das SA. 32

16. **O Código Comercial de 1888.** Estas inovações transitaram para o Código Veiga Beirão, no qual foram inseridas. Para a constituição das SA era necessária escritura pública (163.º), estando tratada a constituição com recurso a subscrição pública (164.º). O 171.º confiava a administração das sociedades a uma direção e a fiscalização a um conselho fiscal, uma e outro eleitos pela assembleia geral. O 173.º regulava a responsabilidade dos administradores. O Código Veiga Beirão regeu a matéria das sociedades anónimas durante quase cem anos (1888 a 1986). 33

V – O CSC

17. **Preparatórios.** Nos alongados trabalhos que precederam a aprovação do CSC, o tema das SA suscitou, aparentemente, pouco interesse. Temas fortes (administração, vicissitudes ou prestação de contas, como exemplos) foram tratados a propósito da parte geral. Por seu turno, as SPQ absorveram as atenções dos grandes societaristas: Ferrer Correia e Raúl Ventura. 34

Coube ainda a um distinto civilista – Vaz Serra – a elaboração dos estudos básicos sobre ações[2] e sobre a assembleia geral[3]. Todavia, toda a parte geral ficou impregnada por regras próprias das SA: o CSC, finalmente adotado pelo DL 262/86, de 2-set., tem, sempre, a sua assinatura. 35

18. **Sistema.** O CSC dedica às SA o título IV, em dez capítulos: I – Características e contrato (271.º a 284.º); II – Obrigações e direitos dos acionistas (285.º a 297.º); III – Ações (298.º a 347.º); IV – Obrigações (348.º a 372.º-B); V – Deliberações dos acionistas (373.º a 389.º); VI – Administração, fiscalização e secretário da sociedade (390.º a 446.º-F); VII – Publicidade de participações e abuso de informações (447.º a 450.º); VIII – Apreciação anual da situação da sociedade (451.º a 455.º); IX – Aumento e redução do capital (456.º a 463.º); X – Dissolução da sociedade (464.º). 36

19. **Alterações.** O CSC, na parte relativa às SA, foi alterado pelos: DL 280/87, de 8-jul.; DL 229-B/88, de 4-jul.; DL 142-A/91, de 10-abr.; DL 238/91, de 2-jul.; DL 261/95, de 3-out.; DL 328/95, de 5-dez.; DL 257/96, de 31-dez-; DL 343/98, de 6-nov.; DL 486/99, de 13-nov.; DL 237/2001, de 30-ago.; DL 107/2003, de 4-jul.; DL 35/2005, de 17-fev.; DL 52/2006, de 15-mar.; DL 76-A/2006, de 29-mar.; DL 357-A/2007, de 31-out.. 37

20. **A reforma de 2006**, surge como a mais significativa, desde 1986. No tocante às SA, ou com especiais reflexos nelas, a reforma veio: (a) simplificar diversos procedimentos, com relevo para as vicissitudes; (b) suprimir os "diretores", substituindo-os por "administradores executivos"; (c) alterar os figurinos de organização, introduzindo, ao lado dos já admitidos modelos latino e germânico, o anglo-saxónico; (d) reforçar os esquemas de fiscalização. 38

[2] Adriano Vaz Serra, *Acções nominativas e acções ao portador*, BMJ 175 (1968), 5-43, 176 (1968), 11-82, 177 (1968), 5-94 e 178 (1968), 17-85.

[3] *Idem*, *Assembleia geral*, BMJ 197 (1970), 23-176.

VI – **Novos projetos de reforma**

39 21. **Diretrizes comunitárias.** A produção legislativa oriunda de Bruxelas requer um acompanhamento incessante. Num apanhado não exaustivo há que apontar, pelo menos, as seguintes Diretrizes: Diretriz 2005/56, de 26-out., sobre fusões transfronteiriças (revogada pela Diretriz 2017/1132, de 14-jun., relativa a determinados aspetos do direito das sociedades); as Diretrizes 2006/43, de 17-mai, e 2006/46, de 14-jun, que alteraram diversas diretrizes de prestação de contas; a Diretriz 2006/68, de 6-set, que altera a 2.ª Diretriz, com incidência sobre a facilitação das ações próprias (revogada pela Diretriz 2012/30, de 25-out, por seu turno revogada pela já citada Diretriz 2017/1132, de 14-jun., relativa a determinados aspetos do direito das sociedades); a Diretriz 2007/36, de 11-jul., relativa ao exercício de certos direitos dos acionistas das sociedades cotadas (revogada pela Diretriz 2017/1132, de 14-jun.); a Diretriz 2009/109, de 16-set., sobre os requisitos em matéria de relatórios e documentação exigíveis nas operações de fusão e cisão de sociedades comerciais (revogada, outrossim, pela Diretriz 2017/1132, de 14-jun); a Diretriz 2013/34, de 26-jun., concernente às demonstrações financeiras anuais, às demonstrações financeiras consolidadas e aos relatórios conexos de certas formas de empresas; a Diretriz 2014/56, de 16-abr., que alterou a referida Diretriz 2006/43, de 17-mai. e, ainda, a Diretriz 2015/849, de 20-mai., relativa à prevenção da utilização do sistema financeiro para efeitos de branqueamento de capitais ou de financiamento do terrorismo (*maxime*, o artigo 10.º, 2, que reza o seguinte: "Os Estados-Membros tomam medidas para prevenir a utilização abusiva de ações ao portador ou warrants sobre ações ao portador").

40 22. **Transposição de Diretrizes.** A Diretriz 2006/43, de 17-mai., foi transposta pelos DL 76-A/2006, de 29-mar.[4], 224/2008, de 20-nov., 225/2008, de 20-nov., e, ainda, pelo DL 88/2014, de 6-jun.; a Diretriz 2006/46 viu a sua transposição realizada pelo DL 185/2009, de 12-ago.[5]; a Diretriz 2007/36 deu origem às soluções recolhidas no DL 49/2010, de 19-mai[6] Já a Diretriz 2009/109, de 16-set, deu azo ao DL 53/2001, de 13-abr.[7], e a Diretriz 2013/34, de 26-jun., ao DL 98/2015, de 2-jun.. A Lei 148/2015, de 9-set. procedeu, ulteriormente, à transposição da Diretriz 2014/56, de 16-abr[8], tendo a Lei 15/2017, de 3-mai. determinado a extinção de ações ao portador, em concretização da Diretriz 2015/849, de 20-mai.[9].

VII – **Legislação adjacente**

41 23. **A constituição**. O DL 111/2005, de 8-jul., veio prever um esquema de constituição imediata de sociedades. O DL 125/2006, de 29-jun., previu a constituição de sociedades através da *Internet*. Esses diplomas, com a competente regulamentação, aplicam-se às SA.

42 24. **O CVM**, aprovado pelo DL 486/99, de 13-nov., republicado pela Lei n.º 35/2018, de 20-jul., e com as alterações introduzidas pela Lei n.º 69/2019, de 28-ago., contém diversos preceitos relativos a SA e, em especial, a SA abertas.

43 25. **Outra**. No manuseio das SA há ainda que contar com a generalidade dos diplomas relevantes para o Direito das sociedades. Além disso, temos regimes específicos para importantes categorias de SA, como o RGIC, para a banca e o RGES, para os seguros.

[4] Sobre a reforma de 2006, cf., por exemplo, o balanço crítico de Paulo Olavo Cunha (2019), 36.

[5] Paulo Olavo Cunha (2019), 39 ss..

[6] Paulo Olavo Cunha (2019), 40 ss. (foi, concomitantemente, alterado o CVM. O olhar atento sobre o direito mobiliário torna-se indispensável).

[7] Paulo Olavo Cunha (2019), 41 ss..

[8] Paulo Olavo Cunha (2019), 43.

[9] Paulo Olavo Cunha (2019), 43. Destaque-se, de novo, as alterações introduzidas ao CVM (por seu turno, a extinção das apólices ao portador constituíram o precipitado de preocupações análogas – o combate ao branqueamento de capitais e ao financiamento do terrorismo – no âmbito do direito dos seguros).

VIII – **Aplicação**

26. **Expansão**. Em 2006, havia, no País, 22.886 SA; davam emprego a 895.834 trabalhadores, para um volume de negócios de 169.403 milhões de euros[10]. As SA são, ainda, criadas pelo Estado, por DL, para gerir importantes acervos públicos. 44

Capítulo I – Características e contrato

Artigo 271.º (Características)

Na sociedade anónima, o capital é dividido em ações e cada sócio limita a sua responsabilidade ao valor das ações que subscreveu.

Bibliografia: Margarida Costa Andrade, *Código das sociedades em comentário V* (2018), 15-22; Engrácia Antunes, *Os valores mobiliários: conceito, espécies e regime jurídico*, em *RFDUP*, Ano V (2008), 87-142 (107 ss.); *id.*, *Os instrumentos financeiros* (2018) 100-113; José de Oliveira Ascensão, *As acções*, DVM 2 (2000), 57-90; José G. Pinto Coelho, *Estudo sobre as acções de sociedades anónimas*, sep. da RLJ, 1957, António Menezes Cordeiro 2 (2017), 481 ss. e *passim*; João Labareda, *Das acções das SA* (1988); Alexandre Soveral Martins, *Valores mobiliários (acções)*, 2003; M. Nogueira Serens, *Notas sobre a SA*, 2.ª ed. (2004), 15 ss.; Adriano Vaz Serra, *Acções nominativas e acções ao portador*, BMJ 175 (1968), 5-43, 176 (1968), 11-82, 177 (1968), 5-94 e 178 (1968), 17-85; Assis Tavares, *As sociedades anónimas* 1, 2.ª ed. (1972), 80 ss..

Índice

1. Origem 1
2. CSC 3
3. Desenvolvimentos 5

1. **Origem**. O 271.º remonta ao 1.º da Lei de 22-jun.-1867[1]: 1

> Sociedades anonymas são aquellas em que os associados limitam a sua responsabilidade ao capital que cada um subscreve.

O 105.º, § 2.º, do CCom, apresentava a SA como[2]: 2

> (...) aquelas em que os associados limitam a sua responsabilidade ao valor das acções com que subscreveram para o capital social.

2. **CSC**: mantém essa orientação; a SA é caracterizada como: (a) tendo o capital social dividido em ações e (b) surgindo a responsabilidade de cada sócio limitada ao valor que subscreveu. 3

Tais características, como se viu[3], nem são as mais patentes: mas surgem marcantes e suficientes. 4

[10] JOCE N. L 300, 47-48, de 17-nov.-2007.
[1] COLP 1867, 173.
[2] Pinto Furtado I (1975), 240 ss..

5 3. **Desenvolvimentos.** A matéria das ações consta dos 298.º a 347.º; a da responsabilidade dos sócios, dos 285.º e 286.º. Remete-se para as competentes anotações.

Artigo 272.º (Conteúdo obrigatório do contrato)

Do contrato de sociedade devem especialmente constar:

***a*) O número das ações e, se existir, o respetivo valor nominal;**

***b*) As condições particulares, se as houver, a que fica sujeita a transmissão de ações;**

***c*) As categorias de ações que porventura sejam criadas, com indicação expressa do número de ações e dos direitos atribuídos a cada categoria;**

***d*) A natureza nominativa das ações;**

***e*) O montante do capital realizado e os prazos de realização do capital apenas subscrito;**

***f*) A autorização, se for dada, para a emissão de obrigações;**

***g*) A estrutura adotada para a administração e fiscalização da sociedade.**

Bibliografia: António Menezes Cordeiro 2 (2017), 549-553; Alexandre Soveral Martins, *Empresas na hora*, em *Temas societários* (2006), 79 a 105; Maria Elisabete Ramos, *Código das sociedades em comentário* V (2018), 23-41.

Índice

I – **Evolução legislativa**
1. Redação original 1
2. A reforma de 2010 2
3. A reforma de 2017 3

II – **Âmbito de aplicação**
4. Elementos essenciais 4
5. Conteúdo eventual 5
6. Constituição imediata 6
7. Constituição *on-line* 8

I – Evolução legislativa

1 1. **Redação original**: o 272.º, na redação original, reportava, na alínea *a*), o número de ações e o valor nominal e, na alínea *d*), a sua natureza nominativa ou ao portador.

2 2. **A reforma de 2010**, introduzida pelo DL 49/2010, de 19-mai., que permitiu ações sem valor nominal, modificou a alínea *a*): o valor nominal só deve ser referido "se existir".

3 3. **A reforma de 2017**, derivada da L 15/2017, de 3-mai., proibiu a emissão de valores mobiliários ao portador e previu um regime transitório para os valores desse tipo se converterem em nominativas. O essencial dessa reforma resulta do 299.º, cuja nova redação proíbe ações ao portador. A esse propósito referiremos o regime transitório.

II – Âmbito de aplicação

4 4. **Elementos essenciais.** A matéria do conteúdo do contrato de SA compreende sete alíneas que podem ser agrupadas em: capital, ações, obrigações e estrutura. Quanto **ao capital**, há que indicar a sua cifra, o montante realizado e os prazos para a realização do apenas subscrito. No

[3] Introdução ao Título V, anot. 2.

tocante **às ações**, devem constar do contrato o seu valor nominal e número, as condições a que fica sujeita a sua transmissão, as categorias porventura criadas, o seu número e os direitos atribuídos a cada uma e a sua natureza, nominativa ou ao portador, bem como as regras para eventuais conversões, salvo no caso das ações sem valor nominal que foram admitidas com a alteração legislativa resultante do DL 49/2010, 19-mai.. Quanto **às obrigações**, o contrato compreenderá, sendo essa a vontade das partes, a autorização para a sua emissão. O contrato fixa, por fim, a **estrutura** monista ou dualista da sociedade. O 272.º consigna o conteúdo obrigatório específico do pacto social das SA, não explicitando as regras relativas aos elementos que o preenchem. Este conteúdo obrigatório específico tem de ser conjugado com o conteúdo obrigatório geral, constante do 9.º. Encontram-se ainda disseminados pelo Código diversos outros elementos, que podem constar do pacto social, que poderão ser o conteúdo eventual.

5. **Conteúdo eventual**: pode envolver as mais diversas cláusulas, algumas das quais constam, 5
supletivamente, de lei. Assim: à autorização dada aos administradores para efetuarem, depois da escritura, levantamentos da conta aberta em nome da sociedade, para fins determinados – 277.º/5, *b*); à estrutura da sociedade (278.º); à perfeita especificação das atividades que integrem o objeto social, nos casos de apelo à subscrição pública (279.º/5); ao deferimento das entradas até cinco anos (285.º/1); às medidas relativamente às ações em mora (286.º/6); à obrigação de prestações acessórias (287.º/1), à distribuição de lucros (294.º/1); à atribuição aos membros dos órgãos da sociedade do direito de participação de lucros (294.º/3); à percentagem e ao montante das reservas legais, em margem superior à dos limites mínimos fixados na lei (295.º/1); à possibilidade de adiantamentos aos acionistas sobre lucros (297.º/1); às regras sobre ações nominativas ou ao portador (299.º/1); à proibição de aquisição de ações próprias (317.º/1); ao processo a aplicar na falta de liberação das ações pelos subscritores, o qual pode envolver a aquisição de ações próprias (317.º/1); ao processo a aplicar na falta de deliberação das ações pelos subscritores, o qual pode envolver a aquisição de ações próprias – 317.º/3, *f*); às limitações legais à transmissibilidade das ações (328.º/1 e 2); à atribuição a outro órgão, que não a assembleia geral, da competência para conceder ou recusar o consentimento da sociedade para a transmissão de ações nominativas (329.º/1); a uma série de elementos necessários para a transmissão de ações quando se exija o consentimento da sociedade (329.º/3); à autorização para a emissão de ações preferenciais sem voto, até certo limite (341.º/1); à não permissão aos acionistas sem voto de participarem na assembleia geral (343.º/1); à possibilidade de remição de ações que beneficiem de algum privilégio patrimonial (345.º/1); à imposição ou possibilidade de, em certos casos e sem consentimento dos seus titulares, serem amortizadas ações (347.º/1); à afixação das condições essenciais para a amortização, quando a mesma seja imposta ou permitida pelo contrato (347.º/4 e 5); à autorização para que a emissão de obrigações seja deliberada pelo conselho de administração (350.º/1); à fixação da maioria necessária para a emissão de obrigações convertíveis em ações (366.º/1); à atribuição de matérias à deliberação dos acionistas (373.º/2); à determinação de que o presidente, o vice-presidente e os secretários da mesa da assembleia geral sejam eleitos por esta (374.º/2); à fixação do modo de convocar uma assembleia geral (377.º/3), à exigência da "posse" de um certo número de ações para conferir voto em assembleia geral (379.º/5); à representação dos acionistas em assembleia geral com limites (380.º/1); às regras de quórum, em primeira convocação da assembleia geral (383.º/1); ao número de votos correspondentes a cada ação (384.º/1 e 2); às regras de maioria a observar pela assembleia geral (386.º/1); às regras das assembleias especiais de acionistas (389.º/1); ao número de administradores do conselho de administração (390.º/1); à hipótese de administrador único, se o capital não exceder os 200.000 euros, e à possibilidade de eleição de administradores suplentes (390.º/5); à designação dos

administradores (391.º/1); às regras sobre a eleição dos administradores (391.º/2); às regras sobre a eleição dos administradores por minorias (392.º); ao número de faltas, seguidas e interpoladas, sem justificação, que conduzem à "falta" definitiva do administrador (393.º/1); à eleição, pela assembleia, do presidente do conselho de administração (395.º/2); à regra aplicável ao presidente do conselho geral e de supervisão (436.º); à fixação de caução pela responsabilidade dos administradores (396.º/1) aplicável aos membros do conselho fiscal (418.º-A); à autorização relativa à percentagem global dos lucros destinada aos administradores (399.º/2); à situação dos administradores suspensos (400.º/2); à reforma dos administradores (402.º/1); à proibição de delegação de poderes de gestão relativos a certas matérias e quanto à gestão (407.º/1 e 3); à representação da sociedade por um ou mais administradores delegados (408.º/2); à representação de um administrador por outro no conselho de administração (410.º/5); à fixação do número de membros do conselho fiscal (413.º/4); à duração do mandato dos membros efetivos do conselho fiscal (413.º/4); à duração do mandato dos membros efetivos do conselho fiscal (415.º/2); à indicação, para além do fixado na lei, de competências do fiscal único ou do conselho fiscal [420.º/1, *m*)]; à fixação do número de membros da comissão de auditoria (423.º-B/2); à indicação, para além do quadro fixado na lei, de competências para a fixação do número de membros da comissão de auditoria [423.º, *q*)]; à fixação do número de membros do conselho de administração executiva (424.º/1) ou de um administrador executivo único, se o capital social não exceder os 200.000 euros; à designação dos administradores executivos (425.º/1) e à fixação da duração do seu mandato (425.º/2); à fixação do número de membros do conselho geral e de supervisão (434.º/1), à sua eventual designação, à indicação, para além do disposto na lei, da competência do conselho geral de supervisão [441.º, *t*)]; ao estabelecimento de atos para cuja prática o conselho de administração executivo deve obter prévio consentimento do conselho geral e de supervisão (442.º/1); à fixação da maioria exigida para que a assembleia geral possa suprir a falta de autorização do conselho geral e de supervisão, bem como à indicação de outros requisitos para tal necessários (442.º/2); à designação do secretário da sociedade (446.º-A); à autorização, a conceder ao órgão da administração, para aumentar o capital social, uma ou mais vezes, por entradas em dinheiro e as suas condições (456.º/1 e 2); e à fixação de maiorias qualificadas ou de especiais requisitos para deliberação da dissolução da sociedade (464.º/1).

6 6. **Constituição imediata** de SA, ou "empresa na hora": é permitida e regulamentada pelo DL 111/2005, de 8-jul., alterado pelos DL 76-A/2006, de 29-mar., DL 125/2006, de 29-jun., DL 318/2007, de 26-set. e DL 247-B/2008, de 30-dez.. Permite, num único balcão e no espaço de um dia, dar os passos necessários para a constituição de SPQ e de SA.

7 A sequência do procedimento consta do 8.º do DL 111/2005, aí se inserindo o preenchimento de um pacto, de acordo com o modelo previamente escolhido[1]. Tal modelo contém os elementos essenciais.

8 7. **Constituição *on-line*** de SA: foi facultada pelo DL 125/2006, de 29-jun., alterado pelos DL 318/2007, de 26-set. e DL 247-B/2008, de 30-dez.. Possibilita, através da Internet, a constituição de SPQ e de SA[2]. Também aí o procedimento pressupõe a opção por um pacto ou ato constitutivo de modelo aprovado pelo Diretor-Geral dos Registos e do Notariado – 6.º, *c*). O modelo em causa contém os elementos essenciais.

[1] A matéria consta de www.empresanahora.pt.

[2] *Vide* www.portaldaempresa.pt.

Artigo 273.º (Número de acionistas)

1. A sociedade anónima não pode ser constituída por um número de sócios inferior a cinco, salvo quando a lei o dispense.

2. Do disposto no n.º 1 excetuam-se as sociedades em que o Estado, diretamente ou por intermédio de empresas públicas ou outras entidades equiparadas por lei para este efeito, fique a deter a maioria do capital, as quais podem constituir-se apenas com dois sócios.

Bibliografia: António Menezes Cordeiro 2 (2017), 545 ss.; Maria Elisabete Ramos, *Código das sociedades em comentário V* (2018), 42-50.

Índice

1. Antecedentes 1
2. A unipessoalidade 3
3. Regime 4

1. **Antecedentes.** A Lei de 22-jun.-1867 (3.º, 1.º) exigia, como número mínimo para que a SA pudesse ser constituída, 10 pessoas. Este número permaneceu o mesmo no Código Veiga Beirão (162.º, 1.º). 1

A tendência geral vai no sentido de diminuir o número de pessoas necessário para a constituição das SA. Segundo o § 2 do *Aktiengesetz*, desde 1994 basta uma pessoa para constituir uma SA. Anteriormente, o número exigido era de duas. Em Itália, o 2328.º, resultante da reforma de 17-jan.-2003, admite a constituição de uma SA por ato unilateral. Em França, o 225-1 do Código do Comércio exige um mínimo de sete pessoas. As sociedades anónimas europeias também podem seguir a via da constituição unipessoal, ainda que em certas condições (3.º/1 do R 2157/2001, de 8-out.). 2

2. **A unipessoalidade.** O 980.º do CC relativo às sociedades civis prevê a intervenção de duas ou mais pessoas. A sociedade seria assim uma pessoa coletiva de base associativa. O 7.º/2 dispõe que o número mínimo de partes de um contrato de sociedade é de duas, exceto quando a lei exija número superior ou quando admita que seja instituída só por uma pessoa. O n.º 3 desse preceito legal esclarece que conta como uma a participação em regime de contitularidade. 3

3. **Regime.** O 273.º/1 exige para as sociedades anónimas o número mínimo de 5 pessoas, salvo quando a lei o dispense. O n.º 2 admite que, no caso de sociedades detidas pelo Estado, bastarão dois sócios e casos há em a lei admite a unipessoalidade. A pluralidade dos sócios surge, ainda, no 9.º/1 que refere que devem constar do contrato de sociedade os nomes ou firmas de todos os sócios. Esta exigência, no que respeita ao Estado, pode ser facilmente ultrapassada pela constituição de uma sociedade anónima unipessoal através de Decreto-Lei. Há também a possibilidade de constituição unipessoal de uma SA através de outra sociedade que tenha um domínio total inicial (488.º/1). Admite-se igualmente o domínio total superveniente (489.º/1, 2 e 3), sem limite de tempo, desde que numa relação de grupo. Fora deste circunstancialismo, a constituição unipessoal de SA não é possível. Caso ocorra supervenientemente, devem aplicar-se as regras gerais – 84.º/1 e 142.º/1, *a*). Este último dispositivo aplica-se também às sociedades entre particulares quando o número baixe aquém dos cinco. O regime que se acaba de mencionar não é conveniente, uma vez que basta para o contornar encontrar quatro sócios simbólicos, pelo que o legislador deveria interessar-se por este tema e admitir a unipessoalidade permanente nas SA. 4

Artigo 274.º (Aquisição da qualidade de sócio)

A qualidade de sócio surge com a celebração do contrato de sociedade ou com o aumento do capital, não dependendo da emissão e entrega do título de ação ou, tratando-se de ações escriturais, da inscrição na conta de registo individualizado.

Bibliografia: António Menezes Cordeiro 1 (2022), 547 ss.; *id.*, 2 (2017), 569 ss.; Alexandre de Soveral Martins, *Código das sociedades em comentário V* (2018), 51-54.

Índice

1. Aquisição ... 1
2. *Status* ... 3
3. Participações económicas e financeiras ... 5

1 1. **Aquisição**. O sócio de uma SA designa-se acionista e a sua participação social assenta na titularidade de ações. Trata-se de um estado complexo que apresenta uma tipificação legal mais complexa do que nas outras sociedades. Esta disposição reporta-se à qualidade originária de sócio. O interessado que adquire ações torna-se acionista independentemente da celebração do contrato ou de qualquer ocorrência de aumento do capital, ou de qualquer entrega de título de ação.

2 No Direito das SA os regimes aplicáveis são muitas vezes reportados a ações e não a sócios. No que refere ao estatuto do sócio, cumpre analisar as seguintes obrigações e direitos: obrigação de entrada (285.º e 286.º), obrigação de prestação acessória (287.º), direito à informação (288.º a 293.º) e direito aos lucros (294.º a 297.º).

3 2. ***Status***. As SA, pela sua origem, pela sua evolução e pelo desenho legal do seu tipo são marcadas pela impessoalidade. As relações que se estabeleçam entre os sócios assentam na coesão económica da junção de capitais com escopos lucrativos. Num confronto com os diversos tipos societários, as sociedades anónimas ocuparão o extremo da objetivação, facilmente denotável na livre circulação das ações. Todavia, há que introduzir uma distinção entre as sociedades abertas ou com o capital ao investimento público (13.º do CVM) e as fechadas. Nas sociedades abertas, a livre circulação das suas ações acentua a impessoalidade. Nas sociedades fechadas, o público não tem acesso ao capital. A própria transmissão de ações pode, pelo pacto social, ser subordinada a prévio consentimento da sociedade – 328.º/2, *a*). Neste caso, os sócios poder-se-ão escolher atendendo às suas qualidades sociais.

4 O tipo "sociedade anónima" não está adaptado a realidades *intuitu personae*. É certo que a lei permite fazer depender a transmissão de ações do consentimento da sociedade. A utilização das SA como sociedades de pessoas vai implicar o recurso a acordos parassociais e a negócios fiduciários: uns e outros não oponíveis a terceiros. A natureza *intuitu personae* de certas sociedades anónimas, a retirar pela interpretação objetiva dos seus estatutos, pode ter diversas influências na aplicação dos institutos societários.

5 3. **Participações económicas e financeiras**. Para além da natureza mais marcadamente pessoal que podem assumir certas SA, há uma relevante contraposição entre participações económicas e participações financeiras. Nas participações económicas o seu detentor tem efetivos escopos empresariais, embrenhando-se na atividade económica desenvolvida pela sociedade em causa. Nas participações financeiras, o detentor move-se simplesmente no mercado de capitais. A atividade económica é-lhe concretamente indiferente, apenas lhe interessa a perspetiva dos

lucros. O seu papel interno é de fiscalização. Os lucros advirão sobretudo das mais-valias correspondentes à subida de cotações.

Artigo 275.º (Firma)

1. A firma destas sociedades será formada, com ou sem sigla, pelo nome ou firma de um ou alguns dos sócios ou por uma denominação particular, ou pela reunião de ambos esses elementos, mas em qualquer caso concluirá pela expressão «sociedade anónima» ou pela abreviatura «S.A.».

2. Na firma não podem ser incluídas ou mantidas expressões indicativas de um objeto social que não esteja especificamente previsto na respetiva cláusula do contrato de sociedade.

3. No caso de o objeto contratual da sociedade ser alterado, deixando de incluir atividade especificada na firma, a alteração do objeto deve ser simultaneamente acompanhada da modificação da firma.

Bibliografia: António Menezes Cordeiro 1 (2022), 451; *id.*, 2 (2017), 553 ss.; J. P. Remédio Marques, *Código das sociedades em comentário V* (2018), 55-65.

Índice

1. Firma e denominação .... 1 2. Composição e princípios.............................. 5

1. **Firma e denominação**. Segundo o 538.º do Código Ferreira Borges (1833), a companhia é uma associação de acionistas sem firma social qualificada pela designação do objeto da sua empresa. Justamente por não ter firma, a sociedade era anónima. Na L de 22-jun-1867 desaparece a referência expressa à falta de firma, embora as companhias passem a ser referidas como sociedades anónimas. A denominação particular equivaleria a uma indicação relativa ao objeto ou ao fim da sociedade, contrapondo-se à firma que equivalia ao nome de um ou mais sócios. Esta orientação foi acolhida no 19.º do Código Veiga Beirão (1888). O legislador estava, à altura, muito preocupado com a confiança do público na limitação da responsabilidade, que poderia ser questionada se estivesse o nome de algum sócio, o que poderia fazer crer que responderia ilimitadamente com o seu património. 1

As restrições legais levantaram, todavia, na primeira parte do séc. XX, um problema delicado. Muitas sociedades em nome coletivo, que tinham tido grande êxito e desejavam passar a SA, teriam de abandonar a firma. Para resolver o problema surgiu o D 19 638, de 21-abr.-1931, que revogou o 19.º do CCom, admitindo que na firma constasse o nome de quaisquer pessoas, que dessem essa autorização, ou uma designação mais ou menos indiciadora do objeto da sociedade. O essencial seria sempre a utilização da sigla S.A.R.L. abreviada ou por extenso. 2

A partir daí, a firma equivaleria ao nome comercial, independentemente do seu conteúdo. Simplesmente, não se curou de alterar a LSQ, que manteve a contraposição entre firma (com o nome de sócios) e denominação (de fantasia). A doutrina passou a distinguir a firma *lato sensu*, que abrangeria qualquer nome comercial e, dentro desta, a firma *stricto sensu* (nome de sócios) e a firma-denominação (quaisquer outros). 3

As leis do RNPC, ao longo do séc. XX, avançaram outra lógica: a firma ficaria para entidades comerciais e a denominação para quaisquer outras. A ideia era boa; mas o CSC, não 4 atentando na evolução, manteve uma contraposição, nas entidades comerciais, entre firma e denominação, ao gosto da LSQ: na firma temos nomes de sócios, ao contrário do que ocorre na denominação. Pode haver figuras mistas.

5 2. **Composição e princípios.** O 275.º/1 volta a contrapor firma e denominação particular, nos termos explicados. Perante o Direito em vigor as sociedades poderão dispor de firmas pessoais, de firmas materiais e de firmas mistas. Mantém-se a contraposição entre firma e denominação particular. A sociedade anónima é imediatamente detetável pela presença da sigla SA. Simplificou-se em relação ao Direito anterior, que exigia SARL; de facto, RL era dispensável, uma vez que todas as sociedades anónimas são, *ipso iure*, sociedades de responsabilidade limitada. O 275.º/2 e 3 aplica às SA o princípio da verdade das firmas (32.º/1 do RNPC)[1].

Artigo 276.º (Valor nominal do capital e das ações)

1. As ações das sociedades anónimas podem ser ações com valor nominal ou sem valor nominal.

2. Na mesma sociedade não podem coexistir ações com valor nominal e sem valor nominal.

3. O valor nominal mínimo das ações, ou, na sua falta, o valor da emissão, não deve ser inferior a um cêntimo.

4. Todas as ações devem representar a mesma fração no capital social e, no caso de terem valor nominal, devem ter o mesmo valor nominal.

5. O montante mínimo do capital social é de 50 000 euros.

6. A ação é indivisível.

Bibliografia: Margarida Costa Andrade, *A incindibilidade da participação social nas sociedades anónimas*, em *Estudos em Comemoração do Décimo Aniversário da Licenciatura em Direito na Universidade do Minho* (2004), 528; António Menezes Cordeiro 2 (2017), 549; Paulo Tarso Domingues, *Capital e patrimónios sociais, lucros e reservas*, em *Estudos de Direito das Sociedades* (2015), 151-222; *id.*, *Código das sociedades em comentário V* (2018), 66-103; Maria Ângela Coelho Bento Soares, *Aumento do capital*, IDET (2003), 237-255.

Quanto às ações sem valor nominal: António Menezes Cordeiro, *Acções sem valor nominal*, RDS 2010, 471-509; Paulo Olavo Cunha, *Aspectos críticos da aplicação prática do regime das acções sem valor nominal em Capital social livre e acções sem valor nominal* (2011), 131-152; Paulo de Tarso Domingues, *As acções sem valor nominal*, em DSR 2010, Vol. 4, 181-213; *id.*, *Traços essenciais do novo regime das acções sem valor nominal em Capital social livre e acções sem valor nominal* (2011), 107-130.

Índice

I – **Nota comparatística**
1. Estados Unidos da América ... 1
2. Alemanha ... 3
3. Itália ... 6
4. Inglaterra ... 7

II – **Antecedentes nacionais e comunitários**
5. Direito antigo ... 8
6. Reforma de 1998 ... 9
7. A crise de 2007/2011 e o Decreto-Lei n.º 64/ /2009, de 20 de março ... 10
8. Direito comunitário ... 11

III – **Regime jurídico**
9. Ações sem valor nominal ... 12
10. Capital mínimo ... 15
11. Indivisibilidade ... 16

[1] Cfr. RCb 23-fev.-1994 (Manuel da Silva Freitas), CJ XIX (1994) 1, 43-46.

I – Nota comparatística

1. **Estados Unidos da América**. A possibilidade de uma sociedade anónima ter ações sem valor nominal foi admitida, pela primeira vez, na Lei das Sociedades de Nova Iorque, de 1912[1]. A solução foi defendida pela *Bar Association* de Nova Iorque, tendo sido apresentada como uma vantagem competitiva. Apesar de algumas dúvidas iniciais, Delaware (1917), Rhode Island (1920), New Jersey (1921) e Massachussets (1921) adotaram igualmente as ações sem valor nominal. As objeções às *no-par shares* eram as seguintes: retiram aos credores a proteção representada pela responsabilidade pessoal dos acionistas pelo valor da subscrição; permitem fraudes, através da emissão de mais ações sem consideração pelos acionistas; e dificultam os direitos acionistas contra a sociedade e contra os diretores. As vantagens eram: uma maior flexibilidade de emissão de novas ações e a redução de riscos dos subscritores[2]. 1

As ações sem valor nominal norte-americanas são de tipo puro ou autêntico, traduzindo os direitos inerentes, mas sem que a sociedade tenha capital social. O Direito societário norte-americano assenta numa técnica de avaliação distinta da europeia: as sociedades não valem pelo seu património, mas antes pela aptidão que tenham para gerar lucros. Acresce que as sociedades norte-americanas se financiam preferencialmente no mercado de capitais e não na banca. Neste contexto, compreende-se o menor relevo das ideias de capital social e valor nominal[3]. 2

2. **Alemanha**. A doutrina alemã é a que mais tem debatido as ações sem valor nominal e também a que mais tem influenciado as soluções da legislação europeia, tendo o tema surgido aquando das reformas do Direito das sociedades comerciais. Debatida a sua admissibilidade no 33.º Congresso de Juristas Alemães, que decorreu em Heidelberga em 11-set.-1924, e analisadas as experiências norte-americana e italiana das *Quotenaktie*, a hipótese da sua adoção na legislação alemã foi recusada por se entender que as suas desvantagens superavam as vantagens. A questão foi igualmente discutida no 34.º Congresso, decorrido no ano seguinte, em Colónia. A doutrina alemã (Julius Lehmann, Georg Solmssen e Karl Geiler) não foi favorável à sua adoção, pelo que a *Aktiengesetz* de 1937 não acolheu as ações sem valor nominal. O § 8 da referida lei obrigava a que as ações tivessem valor nominal mínimo de 500 *Reichsmark* e o § 9 proibia emissões abaixo do par[4]. 3

Na preparação da Lei das Sociedades Anónimas de 1965, a questão voltou a colocar-se, sendo, nesta data, a doutrina mais favorável à sua adoção. Autores como Coing, Kronstein, Boesebek, Neuburger, Jahr e Stützel, Karl Hausladen e Peter A. Plattner defenderam o acolhimento das ações sem valor nominal. Já Werner Grussendorf manifestou-se, de forma categórica, contra estas ações, dado que se tratava da introdução das ações sem valor nominal não autênticas, que poderiam enganar o público, não mostrando as perdas e fazendo esquecer que nas sociedades de capital tem de haver capital. Apesar da doutrina maioritariamente favorável, a *Aktiengesetz* de 1965 também não consagrou a possibilidade de ações sem valor nominal[5]. 4

Essa possibilidade surge apenas com a Lei sobre a admissibilidade de ações parcelares (*Gesetz über die Zulassung von Stückactien* (StückAG), de 25-mar.-1998), aprovada a propósito da Lei relativa à adoção do euro. Esta lei pode ser caracterizada em seis pontos básicos: não 5

[1] O § 12 da *New York Stock Corporation Law* estabelecia: *any or all of the shares of any stock corporation, other than a moneyed corporation, many be issued without par value, provided there be included in its certificate of incorporation the following statements (...)*

[2] António Menezes Cordeiro, *Acções sem valor nominal*, RDS 2010, 476-477.

[3] António Menezes Cordeiro, *Acções sem valor nominal*, 477.

[4] António Menezes Cordeiro, *Acções sem valor nominal*, 478-479.

[5] António Menezes Cordeiro, *Acções sem valor nominal*, 480-482.

impõe ações sem valor nominal, antes deixa à sociedade a possibilidade de escolher ter as ações com ou sem valor nominal, não podendo apresentar em simultâneo ações de ambos os tipos; mantém as regras sobre o capital social e a sua repartição em ações, havendo uma relação direta entre o capital social e o número de ações; mantém a proibição de emissão abaixo do par, que se estende às ações sem valor nominal (trata-se das ações sem valor nominal não autênticas); opta por ações-parcela (*Stückaktie*) e não por ações-quotas (*Quotenaktie*), sendo as ações todas iguais e não se reportando a uma percentagem do capital social; a participação do capital social não deve ser inferior a um euro; as ações sem valor nominal podem ser emitidas nominalmente ou ao portador, podendo constituir ações especiais, e as sociedades com *Stückaktien* permitem aumentos de capital sem emissão de novas ações[6].

6 3. **Itália**. O 164.º do Código Comercial de 1882 possibilitava que as ações pudessem ter um valor desigual, pelo que se podia admitir que diferentes seriam os direitos dos respetivos titulares, não sendo necessária a referência ao valor nominal. Ainda antes da consagração no Código Civil de 1942, a doutrina passou a exigir o valor nominal. O 2348.º/1 do CC exigia que as ações deviam ter um valor nominal igual para todas. Posteriormente, a L 366, de 3-out.-2001, autorizou o Governo italiano a proceder à reforma do Direito societário[7]. Na sua sequência, foi adotada pelo DLeg 6, de 17-jan.-2003, uma importante reforma do Direito societário que alterou os preceitos dos 2328.º e 2346.º, tendo o Direito italiano optado pelo acolhimento de ações sem valor nominal não-autênticas na modalidade das ações-quotas. A doutrina tem entendido estes preceitos no sentido de permitirem o valor nominal implícito, dado que havendo capital social formal a determinação do valor nominal é uma mera questão de contas[8].

7 4. **Inglaterra**. A Lei Britânica das Sociedades não permite as ações sem valor nominal[9]. Desde 1954 que a abolição da necessidade de um valor nominal, para as ações, vem sendo proposta, mas deparou-se com a forte oposição dos sindicatos que a consideram um fator de precarização. A doutrina atual entende o valor nominal ou *par of doubtful utility* de escasso significado, defendendo que o mesmo não pode ser dispensado por via da 2.ª Diretriz do Direito das Sociedades[10].

II – **Antecedentes nacionais e comunitários**

8 5. **Direito antigo**. A L de 22-jun.-1867 obrigava os estatutos a indicar o capital social (5.º/6.º), não fixando, porém, qualquer capital mínimo. No mesmo sentido se orientou o CCom de 1888. O contraste com a L de 11-abr.-1901, que exigia um capital social elevado para as sociedades por quotas, levou a doutrina a defender que a mesma quantia se deveria exigir para as sociedades anónimas. O capital mínimo das sociedades anónimas só foi introduzido com o CSC, em 1986 (276.º/3), e era de 5.000 contos. Por sua vez, no contexto do valor nominal, o CCom impunha no seu 111º, § 2 que no título constitutivo das sociedades anónimas e em comandita por ações especificar-se-ia: 1.º a importância do capital social em dinheiro, créditos ou outros bens, discriminando-se o que se acha subscrito e o que estiver realizado. O 167.º acrescentava que as ações serão assinadas por um ou mais diretores e devem conter o valor nominal do título e as

[6] Sobre o debate doutrinário originado pela StückAG, cfr. António Menezes Cordeiro, *Acções sem valor nominal*, 484.

[7] O 4.º/6 previa que a reforma viesse a prever a possibilidade de emitir ações sem indicação do valor nominal, determinando-lhe a disciplina subsequente.

[8] António Menezes Cordeiro, *Acções sem valor nominal*, 486.

[9] O 542 (1) do *Companies Act* de 2006 determina *shares in a limited company having a share capital must each have a fixed nominal value (...)*.

[10] António Menezes Cordeiro, *Acções sem valor nominal*, 487.

entradas realizadas. Assim, a exigência do valor nominal era indiscutível. A doutrina reconhecia a inadmissibilidade de ações sem valor nominal no Direito societário português[11]

6. **Reforma de 1998**. O DL 343/98, de 6-nov., que faz a transposição para o euro, aproveitou para atualizar a cifra mínima do capital social em 50.000 euros, sendo que: em Itália, o capital mínimo é de 120.000 euros; na Alemanha, de 50.000 euros; em França, de 225.000 euros com apelo a subscrição pública; e de 37.500 nos restantes casos. 9

7. **A crise de 2007/2011 e o Decreto-Lei n.º 64/2009, de 20 de março**. A crise de 2007/2011 provocou o afundamento dos mercados mobiliários. A cotação das ações caiu vertiginosamente, ficando abaixo do seu valor nominal. As sociedades cujas ações estivessem cotadas aquém do seu valor nominal, por muito saudáveis que fossem, não podiam recorrer ao mercado para fazer aumentos de capital. O poder legislativo reagiu, transitoriamente, através do DL 64/2009, de 20-mar., que previu dois esquemas: a diminuição do valor nominal por redução do capital social (2.º) e a diminuição do valor nominal sem redução do capital (3.º/1), desde que o valor nominal, antes da diminuição, fosse igual ou inferior ao valor contabilístico das ações constante do balanço certificado por ROC, reportado a data não anterior a seis meses relativamente à deliberação de redução; que fosse simultaneamente deliberado aumento de capital mediante novas entradas em dinheiro, ficando a deliberação condicionada à realização do aumento de capital. O DL 64/2009, de 20-mar., vigorou apenas até 31-dez-2009 (5.º) e, tanto quanto se sabe, nunca terá sido aplicado[12]. 10

8. **Direito comunitário**. O 3.º, *c*) da Diretriz 77/91, de 13-dez.-1976, ou 2.ª Diretriz do Direito das sociedades relativa a garantias do capital social, dispõe que, nos estatutos das sociedades, conste o número de ações subscritas sem menção de valor nominal, no caso de a legislação nacional autorizar a emissão destas. O 2.º, *c*) da mesma Diretriz obriga, todavia, à indicação do capital social, pelo que se trata de ações sem valor nominal não autênticas. 11

III – **Regime jurídico**

9. **Ações sem valor nominal**. A reforma de 2010 deixou intocado o 9.º, n.º 1, *f*) que exige que do contrato conste o capital social, salvo nas sociedades em nome coletivo em que todos os sócios contribuam apenas com a sua indústria. Assim, fica afastada a hipótese de ações sem valor nominal autênticas. Há sempre capital social e é também sempre possível estabelecer uma relação firme entre aquele e cada ação. O 272.º, *a*) determina, que com valor nominal ou sem ele, o contrato de sociedade anónima exprima o número de ações. Estas serão designadas pela quantidade e não pela percentagem do capital que exprimam. São, assim, ações-parcela (*Stückaktie*) e não ações-quota (*Quotenaktie*)[13]. 12

As ações sem valor nominal têm um valor de emissão que corresponde ao valor nominal, o qual, em vez de ser formalizado publicamente, mantém-se como uma discreta referência, mas que cumpre a mesma função: fixa o mínimo das entradas [25.º/2, 28.º/3, *e*) e 276.º/3], o mínimo das realizações (277.º/2 e 279.º/2); e determina as reservas [295.º/3, *a*), *c*) e *d*)]. Esta função é igualmente confirmada pelo 5.º do DL 49/2010 que dispõe que a expressão "valor 13

[11] António Menezes Cordeiro, *Acções sem valor nominal*, 500, com referência a um projeto de diploma da autoria de Paulo Câmara que teria permitido a introdução das ações sem valor nominal aquando da adaptação ao euro.

[12] António Menezes Cordeiro, *Acções sem valor nominal*, 501-502.

[13] António Menezes Cordeiro, *Acções sem valor nominal*, 504.

nominal" utilizada em qualquer outra lei ou regulamento considera-se substituída pela expressão "valor de emissão", quando se refira a ações sem valor nominal[14].

14 Ao contrário do valor nominal fixado nos estatutos, que é sempre estável, o valor de emissão é determinado em cada emissão de ações, podendo ser: igual às emissões anteriores, altura em que o paralelo com o valor nominal se mantém; superior, o que desvia para a emissão o que seria o ágio; e inferior, o que abre a possibilidade de emissão abaixo do par. O valor de emissão releva, assim, para a realização das ações e para a determinação de ágios, pelo que se está perante ações-parcelas (*Stückaktien)* em que apenas interessa o número de ações. Quando numa mesma sociedade haja ações com valores de emissão distintos, a diferença não releva para o voto (todas dão direito a um voto), para a informação (dez por cento do capital social é dez por cento das ações) e para as quotas de liquidação[15]. Diferentemente, no caso das ações com valor nominal, todas devem ter o mesmo valor (276.º/3).

15 10. **Capital mínimo**. O 276.º/5 fixa o capital nominal mínimo em 50.000 euros, sendo de considerar que essa exigência legal está relacionada com preocupações ligadas ao perigo de uma subcapitalização originária das sociedades[16].

16 11. **Indivisibilidade**. As SA devem ter um capital social que corresponde à soma das participações sociais, *in casu*, às ações. O capital social deve ter um valor nominal, *i.e.* um valor expresso numa cifra monetária. O Direito português vigente não admite SA de capital nominal. Para além do capital social, também as ações devem ser expressas em valor nominal, que tem de ser no mínimo de um cêntimo (276.º/3), o mesmo valor que se aplica ao valor de emissão nas ações sem valor nominal. Na mesma SA não podem coexistir ações com e sem valor nominal (276.º/2). O princípio da indivisibilidade das ações, que se encontra no 274.º/6, analisa-se nas seguintes vertentes: não é possível dividir uma ação em subações, havendo uma incindibilidade quantitativa; e não é viável uma separação das várias faculdades inerentes à detenção de uma ação: por exemplo, o direito de voto e de impugnação. Nem pelos estatutos, nem por deliberação social ou por acordo entre os interessados é possível proceder à divisão, quantitativa ou qualitativa, do conteúdo das ações. Há quem defenda a revisão do princípio da indivisibilidade.

Artigo 277.º (Entradas)

1. Não são admitidas contribuições de indústria.

2. Nas entradas em dinheiro só pode ser diferida a realização de 70% do valor nominal das ações ou do valor de emissão de ações; não pode ser diferido o pagamento do prémio de emissão, quando previsto.

3. A soma das entradas em dinheiro já realizadas deve ser depositada em instituição de crédito, numa conta aberta em nome da futura sociedade, até ao momento da celebração do contrato.

4. Os sócios devem declarar no ato constitutivo, sob sua responsabilidade, que procederam ao depósito referido no número anterior.

5. Da conta referida no n.º 3 só podem ser efetuados levantamentos:

[14] António Menezes Cordeiro, *Acções sem valor nominal*, 505.

[15] António Menezes Cordeiro, *Acções sem valor nominal*, 507.

[16] Maria Ângela Coelho Bento Soares, *Aumento do capital*, IDET (2003), 238.

a) **Depois de o contrato estar definitivamente registado;**

b) **Depois de celebrado o contrato, caso os acionistas autorizem os administradores a efetuá-los para fins determinados;**

c) **Para liquidação provocada pela inexistência ou nulidade do contrato ou pela falta do registo;**

d) **Para a restituição prevista nos artigos 279.º, n.º 6, alínea *h*), e 280.º.**

Bibliografia: António Menezes Cordeiro 1 (2022), 564 ss.; *id.*, 2 (2017), 565 ss.; Paulo de Tarso Domingues, *Código das sociedades em comentário V* (2018), 104-117.

Índice

I – **Antecedentes**
1. Alterações 1

II – **Regime**
2. Tipos de entradas 2
3. Contribuições de indústria 5

I – Antecedentes

1. **Alterações**. O 277.º vai na sua quarta redação. Originalmente tinha apenas três números. O n.º 2 proibia o diferimento de mais de metade do ágio e o n.º 3 obrigava ao depósito prévio e regulava as condições do seu levantamento. O DL 280/87, de 8-jul., substituiu “ágio” por “prémio de emissão, quando previsto” e proibiu quaisquer diferimentos. Por outro lado, desdobrou-se o n.º 3, introduzindo o n.º 4 com quatro alíneas. Por sua vez, o DL 273/2001, de 30-ago., acrescentou um novo n.º 4, que permite que o depósito obrigatório possa ser comprovado por declaração dos sócios, de sua responsabilidade. Finalmente, o DL 76-A/2006, de 29-mar., reformulou o preceito de modo a retirar qualquer referência à escritura pública. 1

II – Regime

2. **Tipos de entradas.** A obrigação de entrada corresponde a um dever essencial dos sócios, sem a qual a sociedade não tem meios para prosseguir a sua atividade nem os sócios têm legitimidade para recolher lucros e intervir na vida da sociedade. Teoricamente, as entradas podem ser em dinheiro, em espécie e em indústria. O tipo de entrada é definido no contrato de sociedade. A entrada tem uma dupla apresentação: o valor nominal e o valor real. O valor nominal da entrada é o da participação social a que corresponda. No caso das sociedades anónimas a participação social é realizada através de ações. 2

A entrada em dinheiro corresponde à assunção de uma obrigação pecuniária. As entradas em espécie constituem na entrega de bens diferentes de dinheiro. Tais bens devem ser suscetíveis de penhora. As entradas em indústria são serviços humanos não subordinados. A obrigação de entrada é uma obrigação em que o credor é a sociedade e o devedor é o sócio. Essa obrigação pode ser cumprida imediata ou diferidamente consoante o tipo de sociedade em jogo. 3

Esta matéria, no que se refere às sociedades anónimas, está condicionada pela 2.ª Diretriz das sociedades anónimas, *i.e.* pela Diretriz 77/91/CEE, de 13-dez.-1976. 4

3. **Contribuições de indústria**. Nas sociedades anónimas proíbem-se as contribuições de indústria (277.º/1). Trata-se de um preceito paralelo ao 202.º/1 relativo às sociedades por quotas e oposto ao 178.º, quanto às SNC. Em compensação, são permitidas entradas em espécie, com as especiais cautelas do 28.º. A ação tem um determinado valor nominal, salvo o caso das ações sem valor nominal. A entrada pode ser equivalente a esse valor, não podendo ser inferior ao valor nominal por força do 25.º. Quando o valor da ação é superior ao valor nominal, a diferença 5

diz-se ágio ou prémio de emissão, ficando o subscritor das ações obrigado a pagar por elas uma quantia mais elevada do que o montante do seu valor nominal. O prémio de emissão pode ter várias justificações, que assentam na ideia de que o valor real da sociedade é superior à cifra expressa pelo seu capital nominal, de tal modo que o valor real das suas ações é, igualmente, superior ao valor nominal respetivo. Isto pode suceder pelo valor acrescentado que representa a própria ideia organizatória subjacente à sociedade, pelo *plus* representado pela organização da sociedade e pela mais-valia traduzida pelo património da sociedade. O prémio de emissão fica sujeito ao regime da reserva legal (295.º/3). O contrato de sociedade pode diferir, pelo máximo de cinco anos (285.º/1), até 70% das entradas em dinheiro. Já o pagamento do prémio de emissão, quando previsto, não é suscetível de qualquer diferimento: de outro modo, enfraquecer-se-iam os capitais próprios da sociedade, aumentando a potencial litigiosidade.

Artigo 278.º (Estrutura da administração e da fiscalização)

1. A administração e a fiscalização da sociedade podem ser estruturadas segundo uma de três modalidades:

a) Conselho de administração e conselho fiscal;

b) Conselho de administração, compreendendo uma comissão de auditoria, e revisor oficial de contas;

c) Conselho de administração executivo, conselho geral e de supervisão e revisor oficial de contas.

2. Nos casos previstos na lei, em vez de conselho de administração ou de conselho de administração executivo pode haver um só administrador e em vez de conselho fiscal pode haver um fiscal único.

3. Nas sociedades que se estruturem segundo a modalidade prevista na alínea *a*) do n.º 1, é obrigatória, nos casos previstos na lei, a existência de um revisor oficial de contas que não seja membro do conselho fiscal.

4. Nas sociedades que se estruturem segundo a modalidade prevista na alínea *c*) do n.º 1, é obrigatória, nos casos previstos na lei, a existência no conselho geral e de supervisão de uma comissão para as matérias financeiras.

5. As sociedades com administrador único não podem seguir a modalidade prevista na alínea *b*) do n.º 1.

6. Em qualquer momento pode o contrato ser alterado para a adoção de outra estrutura admitida pelos números anteriores.

Bibliografia: Coutinho de Abreu II (2019), 70-71; *id.*, *Governação das sociedades* (2006), 33 ss.; António Pereira de Almeida, *Estrutura organizatória das sociedades* (2002), 95 ss.; *id.*, *Sociedades comerciais 1* (2013), 466 ss. Engrácia Antunes, *Direito das sociedades/Parte geral* (2016) 277 ss.; Paulo Câmara, *Os modelos de governo das sociedades anónimas*, AAVV (2006), 197 ss.; *id.*, *O governo das sociedades e a reforma do Código das Sociedades Comerciais*, em *Código das Sociedades Comerciais e o governo das sociedades*, 9-141 (77 ss.); *Os modelos de governo das sociedades anónimas*, em *Jornadas em homenagem ao Prof. Doutor Raúl Ventura. A reforma do Código das Sociedades Comerciais* (2007), 197-258 (207 ss.); Paulo Câmara/Gabriela Figueiredo Dias, *O governo das sociedades Anónimas*, em *O governo das organizações. A vocação universal do* corporate governance (2011), 43-94 (73-78); António Menezes Cordeiro 2 (2017), 769 ss. *id.*, *SA: Assembleia geral e deliberações sociais* (2007), 85 ss.; Miguel Pupo Correia (2018), 250 ss.; Paulo Olavo Cunha (2012), 148 ss., 696 ss.; José Ferreira Gomes, *Da administração à fiscalização de sociedades* (2015), 148 ss., 519 ss., 658 ss.; José Ferreira Gomes/Diogo Costa Gonçalves, *Manual de sociedades abertas e de sociedades cotadas I* (2018) 25 e *passim*;

Pedro Maia, *Tipos de sociedades comerciais em Estudos de direito das sociedades* (2015) 27-34; Alexandre Soveral Martins, *Código das sociedades em comentário V* (2018), 118-133; José Costa Pinto, *A evolução dos modelos de governo societário, em A emergência e o futuro do* corporate governance *em Portugal* (2013) 23-50 (30 ss.); Ilídio Duarte Rodrigues, *A administração das sociedades anónimas por quotas e anónimas. Organização e estatuto dos administradores* (1990), 83 ss.; João Calvão da Silva, *Responsabilidade civil dos administradores não executivos. Da comissão de auditoria e do conselho geral de supervisão*, em *Jornadas em homenagem ao Prof. Doutor Raúl Ventura. A reforma do Código das Sociedades Comerciais* (2007), 103 ss.; Raúl Ventura, *Novos Estudos sobre sociedades anónimas e sociedades em nome colectivo* (reimp., 1994), 9 ss..

Índice

I – Antecedentes
1. A evolução até ao Código Veiga Beirão 1
2. As reformas de 1969 e 1986 4

II – Regime
3. A reforma de 2006 10
4. Variantes 13

I – Antecedentes

1. **A evolução até ao Código Veiga Beirão.** A organização das sociedades anónimas evoluiu paulatinamente ao longo do século XIX. As companhias coloniais possuíam alguma organização, que seria uma espécie de embrião da assembleia geral e da administração. No Código Ferreira Borges a orgânica das sociedades anónimas era ainda mais incipiente do que a vigente no séc. XVIII. Os 538.º e 541.º faziam corresponder os administradores e diretores a mandatários temporários. Outros preceitos pressupunham a decisão dos sócios (v.g. 617.º), exigindo-se, por vezes, o acordo de todos (595.º), e, outras, a iniciativa de apenas um (653.º), omitindo-se qualquer referência à assembleia geral. 1

A L de 22-jun.-1867 sobre SA consagra finalmente a orgânica destas sociedades, distinguindo a administração, o conselho fiscal e a assembleia geral, nos 13.º, 21.º e 22.º, respetivamente. Esta lei, ao liberalizar a constituição das SA, teve de arquitetar um esquema de fiscalização interna, o que levou à autonomização do conselho fiscal. Este sistema só tinha um órgão de administração, sendo comum nos países latinos e anglo-saxónicos, pelo que ficou conhecido como o modelo monista ou latino. 2

O sistema monista transitou para o Código Veiga Beirão, em especial no 171.º quanto à administração, no 172.º quanto à eleição dos diretores, no 175.º quanto ao conselho fiscal, e no 176.º quanto às atribuições do conselho fiscal. O legislador evitou referir-se à administração como a um verdadeiro órgão, pelo que o 176.º/3 usava a expressão "sessões da direção"; mantinha-se assim o pensamento oitocentista liberal de os administradores serem apenas mandatários da sociedade, surgindo como uma emanação da assembleia geral, que podia, a todo o tempo, revogar-lhes o mandato e emitir diretrizes. 3

2. **As reformas de 1969 e 1986.** Nestas reformas, os administradores vieram a institucionalizar-se em órgão autónomo: o conselho de administração. A lei veio a reconhecer esta autonomização, atendendo às necessidades de fiscalização das sociedades e à responsabilização dos administradores. O DL 49 381, de 15-nov.-1969, aprovou o regime relativo à fiscalização das sociedades anónimas e, embora não tenha substituído o modelo monista vigente no Código Veiga Beirão, aperfeiçoou o esquema organizatório. No que se refere aos administradores, regulou a sua responsabilidade no 17.º e seguintes. No que toca ao conselho fiscal (10.º/1), ampliou as suas obrigações e estabeleceu deveres específicos (12.º/1). 4

Entretanto surge, na Alemanha, em 1937, uma primeira lei sobre SA, na qual a administração emerge dotada de uma filosofia distinta, uma vez que os administradores deixam de ser concebidos como uma emanação da assembleia geral, sendo antes *ex lege* um órgão próprio com 5 poderes de direção não provenientes da assembleia geral. Donde a necessidade de reforçar a assembleia geral. As limitações intrínsecas da assembleia geral e a necessidade de uma fiscalização eficaz reforçaram a ideia de um esquema bipartido ou dualista, derivado de leis anteriores e que previa o conselho de vigilância e a direção. O conselho de vigilância, que era eleito pela assembleia geral, tinha poderes de acompanhamento e fiscalização e, ainda, certos poderes executivos. A direção, que era eleita pelo conselho de vigilância, concentrava o essencial dos poderes de administração da sociedade. Este modelo, a que se chamou dualista ou germânico, foi posteriormente exportado para outros países. Em França, o Código das Sociedades de 1966 admitiu a possibilidade dos interessados escolherem o modelo que preferissem. Também a proposta de 5.ª Diretriz do Direito das sociedades, relativa à estrutura das SA, depois de modificada, permitia igualmente a escolha de um ou outro destes modelos. Porém, esta proposta veio a ser abandonada.

6 O modelo dualista era mais adequado para sistemas de co-gestão, como o existente na Alemanha, já que os representantes dos trabalhadores tinham assento no conselho de vigilância.

7 Também o R 2157/2001, de 8-out., relativo à sociedade anónima europeia permite a opção pelo modelo monista ou dualista.

8 Estes antecedentes, com relevo para a então proposta de 5.ª Diretriz comunitária, pesaram sobre o legislador nacional aquando da preparação do CSC de 1986 que admitiu, na versão original do 278.º/1, um modelo de conselho de administração e conselho fiscal ou de direção, de conselho geral e de revisor oficial de contas.

9 Tal como sucedeu em França, a generalidade das SA portuguesas optou pelo modelo monista, mais adequado aos hábitos individualistas dos países do Sul, uma vez que o sistema dualista pressupõe uma forte comunicação e interação entre os dois órgãos com poderes executivos, sob pena de paralisação do funcionamento da sociedade.

II – **Regime**

10 3. **A reforma de 2006**. A reforma introduzida pelo DL 76-A/2006, de 29-mar., pretendeu efetuar uma revisão aprofundada na organização das sociedades anónimas, o alargamento das sociedades com ações cotadas em bolsa e a juridificação das regras sobre recomendações e regulamentos da CMVM.

11 Uma das linhas de força do diploma assenta na multiplicação dos modelos de organização societária, não se tratando apenas de aumentar para três modelos quando antes havia só dois, mas igualmente de introduzir a possibilidade de variantes nestes modelos, ainda que sem a possibilidade de combinação de elementos típicos de modelos distintos (*cherry-picking*) nos órgãos de existência obrigatória.

12 Assim, o 278.º recebeu nova redação. O "conselho de administração executivo" e o "conselho geral de supervisão" equivalem aos antigos "direção" e "conselho geral": trata-se do modelo dualista germânico. A novidade encontra-se na introdução da "comissão de auditoria", que corresponde ao terceiro modelo, de origem anglo-saxónica.

13 4. **Variantes**. Os três modelos básicos admitem ainda diversas variantes. O modelo monista latino (administração/conselho fiscal) pode ser um modelo de conselho de administração ou de administrador único, por opção dos estatutos e quando o capital social não exceda os € 200.000 (390.º/2). Além disso, o mesmo modelo pode ainda subdividir-se em modelo com conselho fiscal e modelo com fiscal único (278.º/2). O modelo anglo-saxónico não comporta administrador único (278.º/5). Já o modelo dualista germânico admite variações que passam pela existência de um conselho de administração executivo ou de administrador único, por opção dos estatutos e quando o capital não exceda os € 200.000, podendo ainda os administradores

executivos obedecer a dois submodelos (425.º/1): um submodelo de designação pelo conselho geral e de supervisão e um submodelo de designação pela assembleia geral, quando os estatutos assim o determinem. O direito português das sociedades anónimas oferece assim várias hipóteses organizativas à escolha dos interessados.

Artigo 279.º (Constituição com apelo a subscrição pública)

1. A constituição de sociedade anónima com apelo a subscrição pública de ações deve ser promovida por uma ou mais pessoas que assumem a responsabilidade estabelecida nesta lei.

2. Os promotores devem subscrever e realizar integralmente ações cujos valores nominais somem, pelo menos, o capital mínimo prescrito no artigo 276.º, n.º 3; essas ações são inalienáveis durante dois anos a contar do registo definitivo da sociedade e os negócios obrigacionais celebrados durante esse tempo sobre alienação ou oneração de tais ações são nulos.

3. Os promotores devem elaborar o projeto completo de contrato de sociedade e requerer o seu registo provisório.

4. O projeto especificará o número de ações ainda não subscritas destinadas, respetivamente, a subscrição particular e a subscrição pública.

5. O objeto da sociedade deve consistir numa ou mais atividades perfeitamente especificadas.

6. Depois de efetuado o registo provisório, os promotores colocarão as ações destinadas à subscrição particular e elaborarão oferta de ações destinadas à subscrição pública, assinada por todos eles, donde constarão obrigatoriamente:

a) **O projeto do contrato provisoriamente registado;**

b) **Qualquer vantagem que, nos limites da lei, seja atribuída aos promotores;**

c) **O prazo, lugar e formalidades de subscrição;**

d) **O prazo dentro do qual se reunirá a assembleia constitutiva;**

e) **Um relatório técnico, económico e financeiro sobre as perspetivas da sociedade, organizado com base em dados verdadeiros e completos e em previsões justificadas pelas circunstâncias conhecidas nessa data, contendo as informações necessárias para cabal esclarecimento dos eventuais interessados na subscrição;**

f) **As regras a que obedecerá o rateio da subscrição, se este for necessário;**

g) **A indicação de que a constituição definitiva da sociedade ficará dependente da subscrição total das ações ou das condições em que é admitida aquela constituição, se a subscrição não for completa;**

h) **O montante da entrada a efetuar na altura da subscrição, o prazo e o modo da restituição dessa importância, no caso de não chegar a constituir-se a sociedade.**

7. As entradas em dinheiro efetuadas por todos os subscritores serão diretamente depositadas por estes na conta aberta pelos promotores e referida no n.º 3 do artigo 277.º

8. Aos promotores não pode ser atribuída outra vantagem além da reserva de uma percentagem não superior a um décimo dos lucros líquidos da sociedade, por

tempo não excedente a um terço da duração desta e nunca superior a cinco anos, a qual não poderá ser paga sem se acharem aprovadas as contas anuais.

Bibliografia: António Pereira de Almeida, *Sociedades comerciais* 1 (2013), 446-451; António Menezes Cordeiro 1 (2022), 421, 436, 463; *id.*, 2 (2017), 611 ss.; Pupo Correia (2018), 249-250; Paulo Olavo Cunha (2019), 201 ss.; Gabriela Figueiredo Dias, *Código das sociedades em comentário V* (2018), 134-150; Jorge Pinto Furtado, *Código Comercial anotado*, vol. II, *Das sociedades em especial*, Tomo I (artigos 151.º a 178.º) (1986), 148 ss.; António Pinto Monteiro, *Negócio jurídico e contrato de sociedade comercial*, RLJ, n.º 3941, 96.

Índice

1. Antecedentes 1
2. Processo 4
3. Registo 10
4. Outros elementos 11
5. Subscrição incompleta 13

1 1. **Antecedentes**. A possibilidade de constituição de sociedades com recurso a subscrição pública encontrava-se regulada no 164.º do Código Veiga Beirão (1888). As sociedades que se constituem com apelo à subscrição pública são chamadas sociedades abertas ao investimento público. O contrato de sociedade pode ocorrer através de uma oferta ao público. É o que se verifica quando há um apelo à subscrição pública, processo regulado nos 279.º a 283.º e no 168.º do CVM.

2 Neste caso, apesar de preexistir um contrato preparatório entre os promotores, não há propriamente um contrato; trata-se de atos marcados pela liberdade de celebração e de estipulação, de negócios unilaterais de estrutura deliberativa. Com efeito, a constituição deriva do contrato celebrado entre os promotores e os subscritores que entrem com bens diferentes de dinheiro, precedendo uma especial deliberação da assembleia constitutiva. O acordo destinado à subscrição pública configura um negócio preliminar específico, pressuposto pela lei. Tratando-se de várias pessoas, pressupõe-se um contrato bastante, que defina o papel e as obrigações de cada um dos intervenientes. Normalmente, este negócio envolve também uma promessa de sociedade, uma vez que os promotores devem elaborar o projeto completo de contrato de sociedade e requerer o seu registo provisório. Nesta hipótese, não se coloca a possibilidade de uma execução específica, uma vez que a sociedade resulta de uma deliberação da assembleia constitutiva.

3 A escritura do contrato seria depois outorgada apenas por dois promotores e pelos subscritores que entrem com bens diferentes de dinheiro (283.º/1). Nesta disposição pode conjugar-se uma oferta ao público com o regime das cláusulas contratuais gerais. Com efeito, nos termos do 279.º/3, os promotores devem elaborar o projeto completo de contrato de sociedade e requerer o seu registo provisório. Ora, na medida em que as cláusulas sejam pré-formuladas, de modo unilateral e sem possibilidade de alteração, poderão ficar sujeitas ao regime das cláusulas contratuais gerais.

4 2. **Processo**. A constituição com apelo à subscrição pública pressupõe o seguinte processo[1]: a constituição deve ser promovida por uma ou mais pessoas que assumam os deveres previstos na lei: são os promotores (279.º/ 1); os promotores devem subscrever e realizar integralmente

[1] António Pereira de Almeida, *Sociedades comerciais* 1 (2013), 446, refere-se a uma constituição sucessiva, porque está sujeita a um processo com várias fases.

ações cujos valores nominais somem, pelo menos, o capital prescrito no 276.º/3: 50.000 euros (279.º/2, 1.ª parte); essas ações são inalienáveis durante dois anos a contar do registo definitivo da sociedade (279.º/2, 2.ª parte); e os promotores devem elaborar um projeto completo de estatutos e requerer o registo provisório (279.º/ 3).

5 O registo provisório rege-se pelo 35.º/4 do CRCom, sendo lavrado em face do projeto completo do contrato, com reconhecimento das assinaturas de todos os interessados, de documento comprovativo da deliberação, das ações por eles subscritas e, quando necessário, da autorização para a subscrição pública ou emissão de ações.

6 Quanto ao projeto completo de estatutos, deve especificar o número de ações ainda não subscritas destinadas, respetivamente, a subscrição particular e a subscrição pública (279.º/ 4), devendo o objeto da sociedade constituir numa ou mais atividades perfeitamente especificadas (279.º/ 5).

7 Além do registo comercial, a constituição com apelo à subscrição pública deve ser previamente registada na CMVM (114.º do CVM), com os elementos constantes do 168.º do CVM. Feito o registo provisório, os promotores colocarão as ações destinadas à subscrição particular e elaborarão a oferta ao público com os elementos previstos no 279.º/6.

8 As entradas em dinheiro efetuadas por todos os subscritores (particulares e públicos) são depositadas em conta aberta no nome da futura sociedade (279.º/7). Os promotores apenas podem, como vantagem, reservar-se um cifra não superior a um décimo dos lucros líquidos da sociedade, por tempo não excedente a um terço de duração desta e nunca superior a cinco anos, só pagável depois de aprovadas as contas anuais (279.º/8).

9 De referir que a constituição da sociedade anónima com recurso a subscrição pública rege-se quer por esta disposição e seguintes quer pelo CVM e, ainda, pelo Regulamento da CMVM 3/2006, publicado no DR 30-mai.-2006. Trata-se de um processo complexo e sujeito a intermediário financeiro (113.º CVM), sendo admissível a recolha de intenções de subscrição de ações, que obriga à prévia elaboração de prospeto preliminar (164.º a 167.º CVM), não servindo como meio de formação do contrato (164.º/3), pelo que a não concretização da oferta não implica responsabilidade pré-contratual.

10 3. **Registo**. O projeto de estatutos é registado provisoriamente na Conservatória de Registo Comercial (279.º/3) e a oferta pública de subscrição é registada na CMVM (168.º CVM). O registo da inscrição da constituição provisória das sociedades anónimas com apelo a subscrição pública de ações é provisório por natureza e tem validade de um ano (64.º e 65.º CRCom).

11 4. **Outros elementos**. No que concerne aos prazos referidos no 279.º/6, *c*) e *d*), devem ser compatíveis com o prazo limite do registo provisório de um ano.

12 As ações beneficiárias ou partes dos fundadores, previstas no 279.º/6, *b*) e 279.º/8, distinguem-se das ações privilegiadas (302.º), porquanto naquelas avulta a posição pessoal do acionista promotor, o qual, por ter assumido determinados riscos e responsabilidades, poderá ser compensado com os limites do 279.º/8. Por não se tratar de uma característica da ação, a transmissão das ações do promotor opera a extinção das correspondentes vantagens, atento o carácter *intuitus personae*.

13 5. **Subscrição incompleta**. Na previsão de uma subscrição incompleta, os promotores podem condicionar a constituição da sociedade a uma subscrição total das ações oferecidas ou reservar para a assembleia a faculdade de deliberar a constituição da sociedade mesmo em caso de subscrição incompleta, o que só é possível se tiverem sido subscritas 3/4 das ações destinadas ao público (280.º/3).

14 No que respeita à matéria das vantagens dos promotores, não podem ser atribuídas outras vantagens para além da reserva de uma percentagem máxima de 10% dos lucros líquidos anuais, pelo prazo máximo de 5 anos, que não poderá ser paga sem se acharem aprovadas as contas anuais (279.º/8).

Artigo 280.º (Subscrição incompleta)

1. Não sendo subscritas pelo público todas as ações a ele destinadas e não sendo aplicável o disposto no n.º 3 deste artigo, devem os promotores requerer o cancelamento do registo provisório e publicar um anúncio em que informem os subscritores de que devem levantar as suas entradas. Segundo anúncio deve ser publicado, decorrido um mês, se, entretanto, não tiverem sido levantadas todas as entradas.

2. A instituição de crédito onde for aberta a conta referida no artigo 277.º, n.º 3, só restitui importâncias depositadas mediante a apresentação do documento de subscrição e depósito e depois de o registo provisório ter sido cancelado ou ter caducado.

3. O programa da oferta de ações à subscrição pública pode especificar que, no caso de subscrição incompleta, é facultado à assembleia constitutiva deliberar a constituição da sociedade, contanto que tenham sido subscritos pelo menos três quartos das ações destinadas ao público.

4. Não chegando a sociedade a constituir-se, todas as despesas efetuadas são suportadas pelos promotores.

Bibliografia: António Menezes Cordeiro 2 (2017), 614 ss.; Paulo Olavo Cunha (2019), 210-211; Gabriela Figueiredo Dias, *Código das sociedades em comentário V* (2018), 151-156.

Se a subscrição ficar incompleta, os promotores devem requerer o cancelamento do registo provisório e publicar um anúncio em que informem os subscritores de que podem levantar as suas entradas; novo anúncio deve ser publicado decorrido um mês, se não tiverem sido levantadas todas as entradas (n.º 1). Por sua vez, a instituição de crédito só deverá restituir as entradas depois do registo ter sido cancelado ou ter caducado e mediante a apresentação do documento de subscrição (n.º 2). Ainda que a subscrição seja incompleta, se o programa da oferta o especificar, pode ser facultado à assembleia constitutiva deliberar sobre a constituição da sociedade se tiverem sido subscritas 3/4 das ações destinadas ao público (280.º/3). Não chegando a sociedade a constituir-se, as despesas são suportadas pelos promotores (280.º/4) e os montantes disponibilizados devolvidos aos subscritores. Esta regra constitui uma derrogação autorizada ao regime da distribuição incompleta (161.º CVM).

Artigo 281.º (Assembleia constitutiva)

1. Terminada a subscrição e podendo ser constituída a sociedade, os promotores devem convocar uma assembleia de todos os subscritores.

2. A convocação é efetuada nos termos prescritos para as assembleias gerais de sociedades anónimas e a assembleia é presidida por um dos promotores.

3. Todos os documentos relativos às subscrições e, de um modo geral, à constituição da sociedade devem estar patentes a todos os subscritores a partir da publicação da convocatória, a qual deve mencionar esse facto, indicando o local onde podem ser consultados.

4. Na assembleia, cada promotor e cada subscritor tem um voto, seja qual for o número das ações subscritas.

5. Na primeira data fixada a assembleia só pode reunir-se estando presente ou representada metade dos subscritores, não incluindo os promotores; neste caso, as deliberações são tomadas por maioria dos votos, incluindo os dos promotores.

6. Se na segunda data fixada não estiver presente ou representada metade dos subscritores, não incluindo os promotores, as deliberações são tomadas por dois terços dos votos, incluindo os dos promotores.

7. A assembleia delibera:

***a*) Sobre a constituição da sociedade, nos precisos termos do projeto registado;**

***b*) Sobre as designações para os órgãos sociais.**

8. Com o voto unânime de todos os promotores e subscritores podem ser introduzidas alterações no projeto de contrato de sociedade.

9. Havendo subscrição particular, com entradas que não consistam em dinheiro, a eficácia da deliberação de constituição da sociedade fica dependente da efetivação daquelas entradas.

10. No caso previsto no artigo 280.º, n.º 3, a deliberação ali referida deve fixar o montante do capital e o número das ações, em conformidade com as subscrições efetuadas.

11. A ata deve ser assinada pelos promotores e por todos os subscritores que tenham aprovado a constituição da sociedade.

Bibliografia: António Menezes Cordeiro 2 (2017), 614 ss.; Paulo Olavo Cunha Cunha (2019), 211-212; Gabriela Figueiredo Dias, *Código das sociedades em comentário V* (2018), 157-164.

A assembleia constitutiva configura uma das fases do processo de constituição da sociedade, que se segue ao registo provisório, ao projeto completo de estatutos, ao registo prévio na CMVM, à elaboração da oferta pública e à subscrição propriamente dita. 1

O princípio consignado no 281.º/4 do voto por cabeça, independentemente do número de ações subscritas, já estava consagrado no 164.º, § 6 do CCom. Se na primeira data fixada para a assembleia estiverem presentes ou representados metade dos subscritores, não incluindo os promotores, a assembleia pode deliberar por maioria simples dos votos, incluindo os dos promotores (281.º/5). Se na referida data não estiverem presentes ou representados metade dos subscritores não incluindo os promotores, a assembleia está impedida de reunir por falta de quórum constitutivo, pondo-se, então, o problema de saber se terá de ser feita segunda convocatória, o que parece desnecessário. Se na segunda data fixada não estiver presente ou representada metade dos subscritores não incluindo os promotores, a aprovação das deliberações só poderá ter lugar através de uma maioria qualificada de 2/3 dos votos, incluindo o dos promotores; de contrário, a regra será da maioria simples. 2

Os subscritores abrangem os subscritores que acorreram à subscrição pública e os subscritores particulares. 3

4 Se a assembleia aprovar a constituição da sociedade, mas discordar do projeto de contrato elaborado pelos promotores, pode introduzir alterações com o voto unânime dos promotores e subscritores.

Artigo 282.º (Regime especial de invalidade da deliberação)

1. A deliberação de constituir a sociedade e as deliberações complementares desta podem ser declaradas nulas, nos termos gerais, ou podem ser anuladas a requerimento de subscritor que não as tenha aprovado, no caso de elas próprias, o contrato aprovado ou o processo desde o registo provisório violarem preceitos legais.

2. A anulação pode também ser requerida com fundamento em falsidade relevante dos dados ou erro grave de previsões referidos no artigo 279.º, n.º 6, alínea *e*).

3. Aplicam-se as disposições legais sobre suspensão e anulação de deliberações sociais.

Bibliografia: Gabriela Figueiredo Dias, *Código das sociedades em comentário V* (2018), 165-172.

1 Quer os subscritores da subscrição pública, quer os da subscrição particular, quer os próprios promotores, podem intentar a ação de invalidade das deliberações prevista no 282.º/1, não havendo razão que legitime a recusa dessa faculdade aos promotores, não obstante estes não estarem compreendidos na designação técnica de subscritores.

2 O regime geral de nulidade das deliberações sociais está fixado no 56.º, sendo anuláveis as deliberações do 58.º.

Artigo 283.º (Contrato de sociedade)

1. O contrato de sociedade deve ser celebrado por dois promotores e pelos subscritores que entrem com bens diferentes de dinheiro.

2. Toda a documentação, incluindo a ata da assembleia constitutiva, fica arquivada na conservatória do registo competente, onde deve ser entregue juntamente com o pedido de conversão do registo em definitivo.

Bibliografia: Armando Manuel Triunfante (2007), 202; Gabriela Figueiredo Dias, *Código das sociedades em comentário V* (2018), 173-176.

3 Trata-se da formalização do contrato de sociedade. As alterações deste artigo advieram da desnecessidade de escritura pública, em regra, no processo de constituição de uma sociedade. No n.º 1 fala-se agora tão-somente no contrato de sociedade desaparecendo qualquer referência à escritura pública. No n.º 2 deixa de ser exigido que a documentação associada ao processo de constituição da sociedade anónima com apelo à subscrição pública seja exibida a notário, mantendo-se apenas a obrigatoriedade do respetivo arquivamento em conservatória de registo comercial, onde deve ser entregue o pedido de conversão do registo em definitivo.

Artigo 284.º (Sociedades com subscrição pública)

(Revogado)

Bibliografia: António Menezes Cordeiro 2 (2017), 610 ss.; Orlando Vogler Guiné, *Código das sociedades em comentário V* (2018), 177.

Índice

1. Redação original .... 1 2. O Código dos Valores Mobiliários 2

1. **Redação original**. Segundo o DL 262/86, de 2-set., o 284.º dispunha[1]: 1

1. Salvo quando da lei resulte o contrário, a expressão "sociedade com subscrição pública" compreende as sociedades constituídas com apelo a subscrição pública, as que, num aumento de capital, tenham recorrido a subscrição pública e as sociedades cujas acções sejam cotadas na Bolsa.

2. A subscrição é pública, embora seja indirectamente efectuada por meio de instituição de crédito ou outra equiparada por lei para este efeito.

2. **O Código dos Valores Mobiliários**. O 284.º foi revogado pelo 15.º/1, *d*), do DL 489/99, 2
de 13-nov., que aprovou o CVM. Este Código (13.º ss.) adotou o conceito de "sociedade aberta", que substitui as antigas sociedades com subscrição pública, passando a regular algumas das suas especificidades.

Capítulo II – Obrigações e direitos dos acionistas

Secção I – Obrigação de entrada

Artigo 285.º (Realização das entradas)

1. O contrato de sociedade não pode diferir a realização das entradas em dinheiro por mais de cinco anos.

2. Não obstante a fixação de prazos no contrato de sociedade, o acionista só entra em mora depois de interpelado pela sociedade para efetuar o pagamento.

3. A interpelação pode ser feita por meio de anúncio e fixará um prazo entre 30 e 60 dias para o pagamento, a partir do qual se inicia a mora.

4. Os administradores podem avisar, por carta registada, os acionistas que se encontrem em mora de que lhes é concedido um novo prazo não inferior a 90 dias, para efetuarem o pagamento da importância em dívida, acrescida de juros, sob pena de perderem a favor da sociedade as ações em relação às quais a mora se verifique e os pagamentos efetuados quanto a essas ações, sendo o aviso repetido durante o segundo dos referidos meses.

5. As perdas referidas no número anterior devem ser comunicadas, por carta registada, aos interessados; além disso, deve ser publicado anúncio donde constem, sem referência aos titulares, os números das ações perdidas a favor da sociedade e a data da perda.

[1] DR I Série, n.º 262, de 2-set.-1986, 2344/II.

Bibliografia: António Menezes Cordeiro 2 (2007), 565-566; Paulo de Tarso Domingues, *Variações sobre o capital social* (2009), 172 ss.; João Labareda, *Das acções das SA* (1988), 23-28.

Vide as indicações dadas no 25.º e nas respetivas anotações.

Índice

I – **Origem e preparatórios**
1. Lei de 22-jun.-1867 1
2. Código Comercial 2
3. Preparatórios 3

II – **Reformas**
4. Versão de 1986 4
5. Reforma de 1987 6
6. Reforma de 2006 7

III – **Regime**
7. O diferimento 8
8. Comunicações aos acionistas remissos 10
9. Anúncio 13
10. Sanções penais 14

I – Origem e preparatórios

1 1. **Lei de 22-jun.-1867**: o 3.º/3 exigia que, aquando da constituição, estivesse realizado 5% do valor das ações. Para estas se transmitirem, a realização deveria ascender aos 10%[1].

2 2. **Código Comercial**: procurou dar mais consistência às SA: passou a exigir, na constituição, a realização de 10% do capital (162.º/3.ª)[2], cifra essa que era de 30% para a transmissibilidade[3].

3 3. **Preparatórios**. O anteprojeto de Vaz Serra não era explícito, quanto ao ponto em estudo. A matéria surgia no 356.º do Projeto final, já próximo da Lei aprovada em 1986[4].

II – Reformas

4 4. **Versão de 1986** compreendia um n.º 6, assim concebido[5]:

> O contrato de sociedade pode estabelecer outras penalidades para o caso de mora do accionista.

5 Por seu turno, o n.º 4, versão original, dispunha[6]:

> Os administradores ou directores podem avisar, por carta registada, os accionistas que se encontrem em mora de que lhes é concedido um novo prazo, não inferior a 90 dias, para efectuarem o pagamento da importância em dívida, acrescida de juros, sob pena de perderem a favor da sociedade as acções em relação às quais a mora se verifique e os pagamentos efectuados quanto a essas acções; o aviso será repetido durante o segundo dos referidos meses.

6 5. **Reforma de 1987**: o DL 280/87, de 8-jul., revogou o n.º 6 da versão inicial[7]. Na verdade, esse preceito permitiria pôr em causa a regra básica, segundo a qual o acionista só responde pela realização do capital que subscreva.

7 6. **Reforma de 2006**: o DL 76-A/2006, de 29-mar., alterou o n.º 4, dando-lhe a configuração atual[8]; retirou a menção a "directores" e melhorou a sua redação.

[1] COLP 1867, 174/I e 175/II, respetivamente.
[2] Pinto Furtado II/1 (1979), 125; *vide* Visconde de Carnaxide (1913), 40 ss..
[3] *Idem*, 284.
[4] BMJ 327 (1983), 251-252.
[5] DR I Série, n.º 201, de 2-set.-1986, 2344/II.
[6] *Idem.*
[7] DR I Série, n.º 154, de 8-jul.-1987, 2662/I.
[8] DR I Série-A, n.º 63 (Supl.), de 29-mar.-2006, 2328-(17)/II.

III. Regime

7. **O diferimento**. O 285.° ocupa-se da realização das entradas diferidas. O 277.°/2 só permite, e nas entradas em dinheiro, o diferimento de 70% do valor nominal das ações: não do prémio de emissão, quando previsto. O 285.°/1 complementa esse dispositivo, não a facultando por mais de cinco anos. 8

O prazo previsto no contrato de sociedade ou o prazo máximo de cinco anos conduz, quando expire, a uma exigibilidade fraca: permite a interpelação, mas não torna imediatamente exigível o pagamento devido (285.°/2). Quer dizer, a obrigação de entrada vence-se na data da sua realização, se não houver vencimento antecipado nos termos do 27.°/6, mas a produção dos efeitos da mora depende de interpelação. Perante os interesses em jogo, o administrador está obrigado a interpelar o sócio remisso a partir do vencimento da obrigação. O enfraquecimento da exigibilidade não pretende diminuir as garantias associadas à realização do capital social: visa, apenas, conceder maior tutela ao sócio remisso, considerando a gravidade das consequências do seu incumprimento. 9

8. **Comunicações aos acionistas remissos**: são quatro: (a) a interpelação, que pode ser feita através de carta ou de anúncio, e que fixa, para o pagamento, um prazo entre 30 e 60 dias, findo o qual há mora; (b) o aviso, por carta registada, aos acionistas em mora[9], de um novo prazo admonitório, de 90 dias, para efetuar o pagamento com juros, com a cominação da perda das ações e dos pagamentos já efetuados por conta delas, a favor da sociedade; (c) a repetição desse aviso, durante o segundo desses meses (285.°/4); (d) a comunicação, por carta registada, das perdas em causa (285.°/5, 1.ª parte). 10

O aviso referido em (b) é obrigatório, se a sociedade considerar a hipótese da perda das ações e dos pagamentos já realizados. A lei refere que "os administradores **podem** avisar, por carta registada", mas a faculdade coloca-se quanto à reação ao incumprimento, não quanto à comunicação aos sócios remissos. Quanto à reação ao incumprimento, podem estar disponíveis outras alternativas, nomeadamente um acordo de pagamento que ponha termo à mora. 11

Nas SA o legislador faz alusão apenas à "perda das ações", e não à exclusão dos sócios, como sucede no regime do não cumprimento das entradas das SPQ (204.°/1). Esta diferenciação deve-se ao facto de em sede de SA não existir uma cláusula geral análoga ao 242.°/1 para as SQ. Contudo, no que respeita ao não cumprimento da obrigação de entrada, em termos prático, a perda das ações pode conduzir à exclusão do acionista. 12

9. **Anúncio**. No caso de perda, deve ser publicado anúncio onde, sem referir os nomes dos titulares, se publicitem os números das ações perdidas a favor da sociedade e a data da perda. 13

10. **Sanções penais** recaem sobre o administrador que omita ou faça omitir os atos necessários à realização das entradas (509.°/1). Além disso, preenchidos os requisitos exigíveis, o administrador em causa pode também ser civilmente responsável por tais omissões (72.° e 78.°). 14

Artigo 286.° (Responsabilidade dos antecessores)

1. Todos aqueles que antecederem na titularidade de uma ação o acionista em mora são responsáveis, solidariamente entre si e com aquele acionista, pelas importâncias em dívida e respetivos juros, à data da perda da ação a favor da sociedade.

[9] Segundo o 299.°/2, *a*), as ações não integralmente liberadas devem ser nominativas: a SA saberá, assim, quem é o seu titular.

2. Depois de anunciada a perda da ação a favor da sociedade, os referidos antecessores cuja responsabilidade não esteja prescrita serão notificados, por carta registada, de que podem adquirir a ação mediante o pagamento da importância em dívida e dos juros, em prazo não inferior a três meses. A notificação será repetida durante o segundo desses meses.

3. Apresentando-se mais de um antecessor para adquirir a ação, atender-se-á à ordem da sua proximidade relativamente ao último titular.

4. Não sendo a importância em dívida e os juros satisfeitos por nenhum dos antecessores, a sociedade deve proceder com a maior urgência à venda da ação, por intermédio de corretor, em bolsa ou em hasta pública.

5. Não bastando o preço da venda para cobrir a importância da dívida, juros e despesas efetuadas, a sociedade deve exigir a diferença ao último titular e a cada um dos seus antecessores; se o preço obtido exceder aquela importância, o excesso pertencerá ao último titular.

6. A sociedade tomará cada uma das providências permitidas por lei ou pelo contrato simultaneamente para todas as ações do mesmo acionista em relação às quais a mora se verifique.

Bibliografia: António Menezes Cordeiro 2 (2007), 580-582 e João Labareda, *Das acções das SA* (1988), 16 ss..

Índice

1. Antecedentes 1
2. Regra básica 2
3. Âmbito da solidariedade 4
4. Processamento 5
5. Destino da ação 8
6. Âmbito 13

1 1. **Antecedentes**. Encontramos o teor do 286.° já no 357.° do Projeto final[1].

2 2. **Regra básica**. Nas SA, cada sócio limita a sua responsabilidade ao valor das ações que tenha subscrito (271.°). Mas nesse ponto, a sua responsabilidade é efetiva e deve ser concretizada. Havendo, relativamente à mesma ação, várias pessoas nessas condições, há uma solidariedade tendencial, de acordo com o correspondente princípio, no Direito Comercial (100.°, do CCom).

3 O papel do 286.° é o de reafirmar esse princípio, regulando, depois, o modo da sua efetivação.

4 3. **Âmbito da solidariedade**: abrange: (a) todos os sucessivos titulares da ação não liberada; (b) pela importância em dívida e respetivos juros; (c) à data da perda da ação a favor da sociedade.

5 4. **Processamento**: anunciada a perda da ação a favor da sociedade, cabe a esta (286.°/2): (a) notificar os antecessores, por carta registada, de que podem adquirir a ação, mediante o pagamento da soma em dívida e dos juros, em prazo não inferior a três meses; (b) repetir a notificação no segundo desses meses.

6 Do 286.°/2 parece resultar que os antecessores cuja responsabilidade esteja prescrita não são, sequer, notificados. A prescrição em causa é a quinquenal, por via do 174.°/1, *c*). Como se sabe, a prescrição deve ser invocada pelo próprio (303.°, do CC), o qual poderá, dela, não que-

[1] BMJ 327 (1983), 252.

rer beneficiar, inclusive por não lhe convir[2]. Não faz sentido pensar que o CSC tenha decidido mexer no instituto milenário da prescrição[3].

O 286.º/2 deve ser interpretado restritivamente: não são notificados (apenas) os antecessores que já hajam invocado a prescrição. Além disso, ele permite concluir que a responsabilidade de cada antecessor é direta, para com a SA: se se tratasse de uma mesma dívida, que fosse sendo transmitida, a prescrição aproveitaria a todos os antecessores, mercê da *accessio temporis*[4] (308.º/2, do CC). Os feitores de leis comerciais nunca devem descurar a sua preparação civil. 7

5. **Destino da ação.** A ação é vendida ao antecessor interessado, que satisfaça o capital em dívida e os juros; havendo vários interessados, atende-se à ordem de proximidade relativamente ao último titular (286.º/3). 8

Nenhum o fazendo, a SA deve proceder "com a maior urgência, à venda da ação, "por corretor, em Bolsa ou em hasta pública" (286.º/4). Já não há "corretores": antes intermediários financeiros. Tão-pouco há "hasta pública": foi abolida aquando da reforma de 1995, do CPC, solução mantida pela L 41/2013, de 26-jun.. A SA deve, assim, proceder à venda extraprocessual – seja em mercado regulamentado, seja fora de mercado, mas através intermediário financeiro – ou à venda processual, numa das formas previstas no 811.º/1 do CPC. 9

Nos casos de venda extraprocessual, em particular no caso de venda através de intermediário financeiro, o apelo à maior urgência deve ser interpretado com alguma ponderação: pode limitar, mas não deve prejudicar em absoluto, o propósito de obtenção de uma contrapartida suficiente para cobrir a soma da dívida, juros e despesas. 10

Quando o preço da venda não cubra a dívida, os juros e as despesas, a SA deve exigir a diferença ao último titular e a cada um dos seus antecessores[5]. Mantém-se a solidariedade prevista no 286/1. 11

Se o preço da venda exceder o total da dívida, juros e despesas, a diferença cabe ao último titular (286.º/5). Esta última solução contrasta com o disposto em matéria de SPQ, na parte final do art. 208.º, assumindo-se, assim, uma (discutível) tutela mais favorável do sócio remisso em matéria de SA. 12

6. **Âmbito.** As providências previstas devem ser tomadas relativamente a todas as ações do mesmo acionista, em relação ao qual a mora se verifique (286.º/6). 13

Secção II – Obrigação de prestações acessórias

Artigo 287.º (Obrigação de prestações acessórias)

1. O contrato de sociedade pode impor a todos ou a alguns acionistas a obrigação de efetuarem prestações além das entradas, desde que fixe os elementos essenciais desta obrigação e especifique se as prestações devem ser efetuadas onerosa ou gratuitamente. Quando o conteúdo da obrigação corresponder ao de um contrato típico, aplicar-se-á a regulamentação legal própria desse contrato.

2. Se as prestações estipuladas não forem pecuniárias, o direito da sociedade é intransmissível.

[2] António Menezes Cordeiro, *Tratado de Direito civil* I/4 (2005), 165.

[3] Além disso, a SA poderá nem saber se se verificam os pressupostos da prescrição: não basta contar o prazo …

[4] António Menezes Cordeiro, *Tratado* I/4, 169 ss..

[5] Lançando mão, designadamente, de uma ação de condenação, nos termos gerais.

3. No caso de se convencionar a onerosidade, a contraprestação pode ser paga independentemente da existência de lucros do exercício, mas não pode exceder o valor da prestação respetiva.

4. Salvo disposição contratual em contrário, a falta de cumprimento das obrigações acessórias não afeta a situação do sócio como tal.

5. As obrigações acessórias extinguem-se com a dissolução da sociedade.

Bibliografia: *vide* a bibliografia referida no artigo 209.º, bem como António Pereira de Almeida (2013), 455-456; Carlos Osório de Castro, *Valores mobiliários*, 2.ª ed. (1998), 94 ss.; António Menezes Cordeiro 2 (2014), 582-584; Ana Pinto Rocha, *Da perda grave do capital social nas sociedades de capitais/O papel das prestações acessórias e suplementares* (2009), 161 ss..

Índice

1. O financiamento das SA .... 1 2. Remissão 2

1 1. **O financiamento das SA.** As SA financiam-se, junto dos respetivos sócios, por alguma das seguintes vias: (a) entradas iniciais; (b) entradas em aumentos de capital; (c) ágio ou prémio de emissão; (d) prestações acessórias; (e) suprimentos.

2 2. **Remissão.** O 287.º[1] diz respeito à obrigação de prestações acessórias. Com exceção do final do n.º 3 ("mas não pode exceder o valor da prestação respetiva"), o presente artigo transcreve o 209.º, relativo às obrigações de prestações acessórias nas SPQ, motivo pelo qual se remete para as respetivas anotações.

Secção III – Direito à informação

Artigo 288.º (Direito mínimo à informação)

1. Qualquer acionista que possua ações correspondentes a, pelo menos, 1% do capital social pode consultar, desde que alegue motivo justificado, na sede da sociedade:

a) Os relatórios de gestão e os documentos de prestação de contas previstos na lei, relativos aos três últimos exercícios, incluindo os pareceres do conselho fiscal, da comissão de auditoria, do conselho geral e de supervisão ou da comissão para as matérias financeiras, bem como os relatórios do revisor oficial de contas sujeitos a publicidade, nos termos da lei;

b) As convocatórias, as atas e as listas de presença das reuniões das assembleias gerais e especiais de acionistas e das assembleias de obrigacionistas realizadas nos últimos três anos;

c) Os montantes globais das remunerações pagas, relativamente a cada um dos últimos três anos, aos membros dos órgãos sociais;

[1] Este preceito foi retificado pelo 13.º do DL 257/96, de 31-Dez., que corrigiu a epígrafe (lia-se: "obrigações e prestações acessórias").

***d*) Os montantes globais das quantias pagas, relativamente a cada um dos últimos três anos, aos 10 ou aos 5 empregados da sociedade que recebam as remunerações mais elevadas, consoante os efetivos do pessoal excedam ou não o número de 200;**

***e*) O documento de registo de ações.**

2. A exatidão dos elementos referidos nas alíneas *c*) e *d*) do número anterior deve ser certificada pelo revisor oficial de contas, se o acionista o requerer.

3. A consulta pode ser feita pessoalmente pelo acionista ou por pessoa que possa representá-lo na assembleia geral, sendo-lhe permitido fazer-se assistir de um revisor oficial de contas ou de outro perito, bem como usar da faculdade reconhecida pelo artigo 576.° do Código Civil.

4. Se não for proibido pelos estatutos, os elementos referidos nas alíneas *a*) e *d*) do n.° 1 são enviados, por correio eletrónico, aos acionistas nas condições ali previstas que o requeiram ou, se a sociedade tiver sítio na Internet, divulgados no respetivo sítio na Internet.

Bibliografia: Daniel de Andrade, *O direito à informação nas sociedades por quotas e nas sociedades anónimas. O inquérito judicial*, em AAVV, *Os quinze anos de vigência do CSC* (2001), 101-122; Henrique Sousa Antunes, *Algumas considerações sobre a informação nas sociedades anónimas*, DJ IX (1995) 2, 193-228; *id.*, DJ X (1996) 1, 261-304; José A. Engrácia Antunes, *O direito à informação nas sociedades de capitais*, em AAVV, *Os quinze anos de vigência do CSC* (2001), 45-55; Sofia Ribeiro Branco, O direito dos accionistas à informação, Coimbra, 2008; António Menezes Cordeiro 1 (2011), 713-738; *id.*, 2 (2014 reimpr. da ed. 2007), 585--600; Diogo Drago, *O poder de informação dos sócios nas sociedades comerciais* (2009); João Labareda, *Direito à informação*, AAVV (2008, 2.ª reimpr. da ed. 2002), 119-151; *id., Das acções das SA*, 1988; Alexandre Soveral Martins, *288.º*, em *Código em comentário* V (2012), 182-192; Ana Perestrelo de Oliveira, *Informação nos grupos de sociedades* (2018); Carlos Maria Pinheiro Torres, *O direito à informação nas sociedades comerciais* (1989); Armando Manuel Triunfante (2007), 295-298; *id., A tutela das minorias nas sociedades anónimas* (2004), 112-116; Raúl Ventura, *Novos estudos sobre SA e SPQ* (1994), 132-137.

Vide as anotações ao 21.° e a bibliografia aí indicada.

Índice

I – **Reformas**
1. Versão original ... 1
2. A reforma de 1987 ... 2
3. A reforma de 2006 ... 5

II – **Aspetos gerais**
4. Evolução ... 6
5. Sistemática ... 7
6. Taxatividade e regulação contratual ... 10

III – **O regime**
7. O direito mínimo ... 11
8. Motivo justificado ... 13
9. Modo de exercício ... 15
10. Meios telemáticos ... 21

IV – **As informações**
11. Relatórios e contas ... 23
12. Convocatórias, atas e presenças ... 24
13. Remunerações globais ... 25
14. Salários globais ... 27
15. Registo de ações ... 28
16. Certificação ... 29

V – **Limites e sanções**
17. Limites ... 30
18. Sanções ... 32

I – Reformas

1 1. **Versão original.** Tal como resultou do DL 262/86, de 2-set., o 288.º tinha uma configuração diversa da atual. Abrangia, apenas, os três primeiros números, com as seguintes particularidades, no n.º 1[1]:

> 1. Qualquer accionista pode consultar, na sede da sociedade, ou exigir que lhe sejam facultados:
>
> *a*) Os relatórios de gestão e os documentos de prestação de contas previstos na lei, relativos aos três últimos exercícios, incluindo os pareceres do conselho fiscal ou do conselho geral, bem como os relatórios do revisor oficial de contas sujeitos a publicidade, nos termos da lei;
>
> (...)
>
> *c*) Os montantes globais das remunerações pagas, relativamente a cada um dos últimos três anos, aos membros do órgão da administração e do órgão de fiscalização.
>
> (...)
>
> *e*) O livro de registo de acções.

2 2. **A reforma de 1987**, levada a cabo pelo DL 280/87, de 8-jul., alterou o corpo do n.º 1, nos termos seguintes[2]:

> Qualquer accionista que possua acções correspondentes a, pelo menos, 1% do capital social pode consultar, desde que alegue motivo justificado, na sede da sociedade:

3 Tínhamos, assim, três substanciais restrições, então introduzidas: (a) em vez de "qualquer acionista", a informação era disponibilizada apenas àquele que detivesse, pelo menos, 1% do capital social; (b) a informação passou a exigir a alegação de "motivo justificado"; (c) a informação limita-se, agora, a "poder consultar" desaparecendo a possibilidade de "exigir que lhe sejam facultados".

4 No preâmbulo do DL 280/87, de 8-jul., explicou-se que o direito à informação[3] (...) não poderá ser convolado para uma virtual e dificilmente controlável devassa da vida interna da sociedade, para a qual, numa perspetiva prudencial, os sócios poderão lançar mão de outros meios.

5 3. **A reforma de 2006**, através do DL 76-A/2006, de 29-mar.[4], deu ao 288.º a sua configuração atual[5]. No n.º 1, *a*), alargou a referência aos diversos órgãos de fiscalização ora introduzidos e para os cobrir a todos; na *c*) fez outro tanto, passando a referir "órgãos sociais"; na *e*), livro de registo de ações é substituído por documento de registo de ações. Foi acrescentado o importante n.º 4 que permite, quando os estatutos o não proíbam, que as informações postas à consulta sejam remetidas por meio eletrónico ou divulgadas no respetivo sítio da Internet.

II – Aspetos gerais

6 4. **Evolução.** A informação aos acionistas era, no âmbito do CCom, muito elementar: segundo o seu 189.º, certos documentos deviam ser apresentados ao conselho fiscal, ficando patentes aos acionistas. O CSC integrou – 21.º/1, *c*) – e desenvolveu a matéria: (a) em função de certas vicissitudes que requerem informação acrescida: dever de relatar a gestão (35.º/1, 65.º e 66.º):

[1] DR I Série, n.º 201, de 2-set.-1986, 2345/I e II.
[2] DR I Série, n.º 154, de 8-jul.-1987, 2662/II.
[3] *Idem*, 2658/II.
[4] DR I Série-A, n.º 63 (Supl.), de 29-mar-2006, 2328-(17)/II.
[5] Armando Manuel Triunfante (2007), 294-298.

alterações de capital (91.º/2 e 94.º); fusão e cisão (98.º a 101.º, 119.º e 120.º); transformação (132.º); liquidação (146.º/2, 152.º/1 e 157.º); (b) em consonância com os vários tipos: SNC (181.º); SPQ (214.º a 216.º) e SA (288.º a 293.º).

5. **Sistemática**. As regras sobre informações atingem o maior desenvolvimento nas SA. No CSC surgem, sucessivamente: 288.º (Direito mínimo à informação); 289.º (Informações preparatórias da assembleia geral); 290.º (Informações em assembleia geral); 291.º (Direito coletivo à informação); 292.º (Inquérito judicial); 293.º (Outros titulares do direito à informação). 7

Esta matéria deve ser ordenada em função da classificação da informação quanto ao acesso[6]: pública (registo comercial e publicações); reservada, só a sócios, incluindo o direito mínimo (289.º) e as informações preparatórias da assembleia geral (290.º); qualificada ("direito coletivo", do 291.º); secreta (não pode ser dada: 291.º/ 4). 8

A referência a um "direito mínimo" tem agora em vista o seu conteúdo: o resultante das cinco alíneas do 288.º/1[7]. Contrapor-se-ia ao "direito máximo" do 291.º, a que o CSC chama "direito coletivo", agora em obediência ao possível (que não necessário) agrupamento de acionistas, requerido para se atingir a cifra de 10% do capital. Como se vê, não há qualquer critério classificatório, numa situação que se agrava perante os 289.º e 290.º, ordenados em função de critérios atinentes à assembleia geral. A lei optou, pois, por um tratamento típico dos diversos modos de informação, isolando grandes grupos de problemas ou de situações a que eles correspondam. 9

6. **Taxatividade e regulação contratual**. A informação reservada aos sócios é taxativa: só deve ser prestada nos termos da lei e quando ela a preveja[8]. Todavia, admitimos que, também nas SA e à semelhança do que prevê o 214.º/2 para as SPQ, o direito à informação possa ser regulado no pacto social, desde que não seja inutilizado ou demasiado restringido: é matéria disponível, nada impedindo as partes de aperfeiçoar o dispositivo legal[9]. 10

III – **O regime**

7. **O direito mínimo** é firmado em função do conteúdo da informação em jogo: bastante elementar. É conferido a acionistas que reúnam, pelo menos, 1% do capital social, numa solução restritiva introduzida em 1987. Admite-se que, não alcançando essa cifra, os acionistas se possam agrupar, para o exercício desse direito[10]: funciona o 379.º/5, que permite o agrupamento para efeitos de direito de voto, bem como o 392.º/1, quanto à eleição de administradores por minorias, preceitos esses que revelam um princípio geral. A fixação daquela quota é o reconhecimento de que, embora todo e qualquer acionista deva ter acesso à informação "mínima", a sua disponibilização irrestrita poderia estrangular a eficaz gestão da sociedade. Presumiu, então, o 11

[6] 21.º, anot. 27 e ss..

[7] A partir de 1987, data em que os elementos elencados no preceito, deixaram de ser acessíveis a todo e qualquer acionista, mas apenas àqueles que detivessem 1% do capital social, a epígrafe "direito mínimo à informação" perdeu parte do seu sentido. Defendendo como alternativa a denominação "direito permanente à informação" *Vide* Raúl Ventura (1994), 135, acompanhado, mais tarde, por Henrique Sousa Antunes (1996), 213.

[8] RPt 21-jan-1988 (Aragão Seia), CJ XIII (1988) 1, 194-195 (195-196) e Raúl Ventura (1994), 136-137.

[9] Aliás, o próprio artigo 21.º/1, *c*), ao referir genericamente os "termos do contrato", dá, para tanto, mais um apoio. *Vide* António Menezes Cordeiro 2 (2014 reimpr. da ed. 2007), 586. No mesmo sentido, João Labareda (1988), 187; Sofia Ribeiro Branco (2008), 197, Alexandre Soveral Martins (2012), 184.

[10] Raúl Ventura (1994), 134-135 e António Menezes Cordeiro 2 (2014 reimpr. da ed. de 2007), 590. Contra, *vide* Pinheiro Torres (1989), 190, 191; Armando Triunfante (2004), 113. Para os autores, o facto de constar do preceito o vocábulo "accionista", bem como a diferente redação face à norma sobre os direitos de minoria qualificada, é sinal de que se pretendeu excluir a possibilidade de agrupamento.

legislador que a titularidade de 1% do capital social era sinónimo de interesse e responsabilidade na condução dos assuntos sociais[11]. Assim se compatibilizou os valores e interesses dos acionistas individualmente considerados e os da sociedade.

12 O direito assiste, também, ao representante comum de obrigacionistas (sem que se lhe exija a titularidade de 1% do capital social) e, ainda, ao usufrutuário e ao credor pignoratício de ações, quando por lei ou convenção, lhes caiba exercer o direito de voto (293.º) e as ações oneradas atinjam a quota legal exigida.

13 8. **Motivo justificado**. Foi introduzido pelo DL 280/87, de 8-jul., para moderar os pedidos de informação (288.º/1). Deve ser interpretado com muita latitude[12], uma vez que, à partida, o acionista, só por o ser, tem razões justificadas para aceder às informações constantes das cinco alíneas: para decidir se compra ou vende ações, se prepara listas ou propostas para a assembleia ou se exerce quaisquer outros direitos. A exigência de motivo justificado não pode, pois, ser utilizada como expediente para legitimar a opacidade das sociedades, mas apenas como forma de garantir que a multiplicação de pedidos de consulta não estrangula a sua eficiente administração. A recusa de um pedido de consulta com fundamento na ausência de motivo justificado apenas deverá ser admitida excecionalmente.

14 Ao requerente basta a demonstração de um interesse sério e relevante na informação solicitada[13], que se deve considerar existente quando atinja a titularidade de 1% do capital social e desde que a mesma informação ainda não lhe tenha sido disponibilizada. Como o requisito da titularidade de 1% do capital social é pressuposto da existência do direito, a exigência de motivo justificado resume-se a uma delimitação negativa: as informações não são consultáveis se já tiverem sido remetidas ao interessado ou se este tiver exercido recentemente esse direito. Fora destas situações, deverá considerar-se que existe sempre motivo justificado. Qualquer interpretação em sentido mais restritivo sempre ficaria frustrada, uma vez que até o titular de uma única ação poderá pedir informações, prevalecendo-se do 573.º do CC, não afastado pelo 288.º[14]. Trata-se de direito a aceder a elementos "mínimos" de informação: a sua restrição fora destes parâmetros conduziria a uma injustificada limitação da participação na vida social, não pretendida com a reforma de 1987. O potencial risco de pedidos abusivos será controlado e dirimido nos termos gerais do 334.º do CC.

15 9. **Modo de exercício**. A informação é exercida por consulta na sede da sociedade (288.º/1), pessoalmente pelo acionista ou por pessoa que o *possa* representar em assembleia geral (288.º/3), e não apenas por quem *efetivamente* o represente. Esta faculdade perdeu, desde as alterações introduzidas pelo DL 76-A/2006, de 29-mar., parte do sentido restritivo que lhe presidia[15]: ao passo que a anterior letra do 380.º admitia a limitação contratual da representação em assembleia, a atual redação veda-a em absoluto[16]. Na medida em que qualquer terceiro pode representar o acionista, a norma do 288.º/3 parece, então, ter perdido a sua utilidade. Não é assim. O sentido

[11] *Vide* Armando Manuel Triunfante (2004), 114. Estas preocupações apenas são tidas em consideração nas SA, e não nas SPQ (214.º), por serem intensificadas pelo tendencialmente mais elevado número de acionistas e pela facilidade com que são transacionadas as ações, o que facilita e incentiva a verificação de danos causados pela disponibilização de informação. *Vide* Raúl Ventura (1994),133.

[12] António Menezes Cordeiro 2 (2014 reimpr. da ed. de 2007), 590.

[13] Raúl Ventura (1994), 136.

[14] STJ 16-dez.-1993 (Roger Lopes), BMJ 432 (1994), 375-382 (381).

[15] Acentuando este aspeto, Diogo Drago (2009), 277. Ainda assim, a norma é mais permissiva do que aquela das sociedades por quotas que apenas admite que a consulta da escrituração, livros ou documentos seja feita *pessoalmente* pelo sócio. *Vide* anotações ao 214.º e a bibliografia aí indicada.

[16] *Vide* as anotações ao 380.º e a bibliografia aí indicada.

útil reside em esclarecer que, no exercício do direito de consulta, o acionista pode fazer-se representar por qualquer pessoa, sendo vedado restringir ou proibir esta faculdade no contrato de sociedade[17].

Quando o direito seja exercido por representante, este deverá fazer prova dos seus poderes, nomeadamente através do envio de cópia do instrumento de representação ou da sua exibição ao órgão de administração, em conformidade com o 260.º do CC. Se for endereçado à sociedade um requerimento escrito a solicitar a consulta mínima por um representante, o requerimento deve fazer-se acompanhar do instrumento de representação voluntária necessário para atestar a sua legitimidade[18]. 16

O direito de consulta exige a sua solicitação pelo acionista: repare-se na redação do 292.º/1 "informação *pedida* ao abrigo dos artigos 288.º e 291.º". Não se trata de informação que deva estar permanentemente na sede da sociedade, o que não seria possível, nem conveniente. A lei é omissa quanto à forma exigida para o pedido de consulta, pelo que será de admitir, nos termos gerais, a formulação de pedidos orais ou escritos endereçados ao órgão de administração. 17

Os elementos devem estar patentes na sede; mas podem está-lo, para comodidade do acionista, em qualquer sucursal ou agência, local onde, querendo, poderá fazer a consulta. 18

O acionista – ou o seu representante – pode fazer-se assistir por ROC ou por outro perito (288.º/3), devidamente identificados e sujeitos à deontologia respetiva. A expressão "outro perito" é deliberadamente vaga, de forma a englobar qualquer pessoa cuja área de especialização e conhecimento técnico justifique o seu acesso à informação, *v.g.*, juristas ou economistas. Se se verificar, em relação ao perito, algum dos pressupostos de recusa da informação aplicáveis aos sócios (291.º/4, *a fortiori*), a sociedade poderá recusar-lhe o acesso[19]. O mesmo direito assistirá à sociedade caso o perito se recuse a prestar a devida identificação ou credenciação. 19

Pode, ainda, tirar cópias do que lhe interesse (288.º/3 *in fine* e 576.º CC), sendo responsável pela respetiva utilização, nos termos gerais. 20

10. **Meios telemáticos**. O esquema tradicional da consulta na sede, acompanhada por especialistas, perde o sentido prático, perante o 288.º/4. Salvo proibição estatutária, o que raramente sucederá, a generalidade dos elementos consultáveis (todos, menos o documento do registo de ações) são remetidos, por correio eletrónico, aos acionistas que reúnam as condições do 288.º/1. Além disso, podem simplesmente ser divulgados no sítio da sociedade, na Internet: o que é hoje regra, nas grandes SA, sendo obrigatório nas sociedades abertas[20] e ficando o "direito mínimo" acessível a qualquer interessado. 21

Apesar dessa facilidade, acionistas mantêm a prática de se deslocarem à sede para consultar, com custos para a sociedade, obrigada a manter serviços de apoio para o efeito. A consulta na sede deveria operar em alternativa aos meios telemáticos. De resto, desde já é possível aos estatutos fixar essa alternativa, que em nada prejudica os interessados. 22

IV – **As informações**

11. **Relatórios e contas**. Os relatórios de gestão e os documentos de prestação de contas, previstos na lei (65.º/1, 66.º e 451.º/2), os pareceres do conselho fiscal – 420.º/1, *g*) – do con- 23

[17] Diogo Drago (2009), 277.

[18] Diogo Drago (2009), 276 e 317 (nota 490).

[19] STJ 25-nov.-1999 (Sousa Inês), proc. 99B888. Em sentido contrário, Diogo Drago (2009), 319 e 320: se a lei reconhece que o perito pode auxiliar o sócio na consulta, não podem ser alegados impedimentos no acesso à informação apenas previstos para o sócio.

[20] *Vide* o 3.º-A do R 7/2001, da CMVM, de 12-dez., alterado e republicado pelos R 11/2003, 10/2005 e 3/2006, acessíveis no sítio da CMVM.

selho geral e de supervisão[21] – 441.º, *h)* – e da comissão de auditoria – 423.º-F, *g)* – e, ainda, os relatórios do ROC sujeitos a publicidade, dos últimos três exercícios, devem ser consultáveis – 288.º/1, *a)*. As grandes anónimas dispõem de publicações relativas a esses elementos, que podem entregar aos interessados. Na sua falta, quedará a mera consulta. A limitação do direito de consulta aos acionistas que detenham, pelo menos, 1% do capital social é atenuada na medida em que as contas do exercício e demais documentos de prestação de contas estão sujeitos a registo comercial (70.º/1) e alguns documentos devem ser disponibilizados no sítio da Internet da sociedade (70.º/2). Mais: relativamente aos emitentes de ações admitidas à negociação em mercado regulamentado, o R 4/2013 da CMVM, no 3.º, determina que têm de ser disponibilizados no sítio da Internet da sociedade, durante cinco anos, os documentos de prestação de contas.

24 12. **Convocatória, atas e presenças** – 288.º/1, *b)*. Trata-se de elementos atinentes às assembleias: de acionistas (gerais e especiais) e de obrigacionistas, realizadas nos últimos três anos. Não ficam incluídos os sentidos de voto, salvo o que resulte das próprias atas.

25 13. **Remunerações globais** pagas nos últimos três anos, aos membros dos órgãos sociais – 288.º/1, *c)*. A lei pretende, muito claramente, que seja mantida a reserva sobre as remunerações concretas de cada titular de órgãos; defende: (a) a reserva da vida privada de cada um, especialmente perante o sensacionalismo *voyeur* de alguma imprensa especializada; (b) a tranquilidade dentro dos órgãos, perturbada perante eventuais diferenças salariais; (c) os segredos (legítimos) da empresa, que poderá não querer revelar publicamente o grau de obtenção de certas metas internas. Ainda assim, quanto aos membros dos órgãos de administração e fiscalização, há casos especificamente previstos na lei em que importa a sua divulgação. A L 28/2009, de 19-jun.[22], exige que os documentos anuais de prestação de contas das entidades de interesse público divulguem a política de remuneração dos membros dos órgãos de administração, bem como o montante anual da remuneração auferida pelos membros desses órgãos, de forma agregada e individual (3.º). Ou seja, relativamente a estas entidades, onde se incluem as sociedades cotadas, as instituições de crédito, as empresas de investimentos, os OICs, entre outras[23], o 288.º/1, *c)*, não poderá ser fundamento para que não sejam divulgadas as remunerações individuais dos membros do órgão de administração que constam dos documentos anuais de prestação de contas. Ainda assim, se forem consultados estes documentos e não contiverem a informação pretendida, o acionista não poderá requerer o seu acesso por via do 288.º/1, *c)*. Ao invés, deve valer-se do específico regime de incumprimento do dever de divulgar as remunerações individuais, previsto na L 28/2009.

26 Quanto às remunerações globais: trata-se de dinheiro da empresa, sobre o qual os acionistas têm direito de ter informações até porque, direta ou indiretamente, terão de se pronunciar sobre o assunto.

27 14. **Salários globais** pagos, nos últimos três anos, aos 10 ou 5 trabalhadores da sociedade com remunerações mais elevadas, consoante excedam ou não 200 trabalhadores – 288.º/1, *d)*. Também aqui a lei visa a tutela dos salários individuais.

28 15. **Registo de ações**: o respetivo documento deve ser consultável – 288.º/5, *e)* – subentendendo-se que se trata da mais recente versão disponível. Todavia, deve interpretar-se este preceito em termos restritivos, de modo a abranger apenas as participações qualificadas sujeitas a

[21] Ou da comissão para as matérias financeiras, quando exista, nos termos do 444.º/2.

[22] DR I Série, n.º 117, de 19-jun.-2009. 4085/I.

[23] *Vide* L 148/2015, de 9-set., DR I Série, n.º 176, 7285/I.

publicidade. Fora isso, pode estar em causa uma intromissão na vida privada dos acionistas, sendo legítima a recusa de prestação de informações, nos termos do 291.º/4, por aplicação extensiva.

16. **Certificação.** O acionista interessado pode requerer que os elementos relativos às remunerações globais dos órgãos e os salários dos trabalhadores mais remunerados sejam certificados pelo ROC (288.º/3). Essa certificação específica não é necessária se as informações em jogo resultarem de contas já certificadas. 29

V – **Limites e sanções**

17. **Limites.** O direito à informação mínima não é ilimitado. Assim, são-lhe tendencialmente aplicadas as delimitações do 291.º/4, *a fortiori*, desde que operacionais. Na verdade, a maioria dessas informações são públicas; todavia, já vimos que a lista de acionistas pode ser reservada. 30

Também fica claro que as informações aqui em causa não têm de ser acompanhadas de mais explicações[24]: por isso, permite a lei que o acionista seja assessorado. Além disso, a matéria tem sido estritamente interpretada: para mais elementos, haverá que obter os 10% de votos, de modo a apelar ao direito coletivo (291.º/1, quanto a assuntos sociais)[25]. 31

18. **Sanções.** A recusa ilícita de informações é incriminada (518.º), tal como o é a prestação de informações falsas (519.º). Além disso, a qualquer dessas situações pode o acionista reagir com um pedido de inquérito judicial (292.º)[26]. 32

Artigo 289.º (Informações preparatórias da assembleia geral)

1. Durante os 15 dias anteriores à data da assembleia geral, devem ser facultados à consulta dos acionistas, na sede da sociedade:

a) **Os nomes completos dos membros dos órgãos de administração e de fiscalização, bem como da mesa da assembleia geral;**

b) **A indicação de outras sociedades em que os membros dos órgãos sociais exerçam cargos sociais, com exceção das sociedades de profissionais;**

c) **As propostas de deliberação a apresentar à assembleia pelo órgão de administração, bem como os relatórios ou justificação que as devam acompanhar;**

d) **Quando estiver incluída na ordem do dia a eleição de membros dos órgãos sociais, os nomes das pessoas a propor, as suas qualificações profissionais, a indicação das atividades profissionais exercidas nos últimos cinco anos, designadamente no que respeita a funções exercidas noutras empresas ou na própria sociedade, e do número de ações da sociedade de que são titulares;**

e) **Quando se trate da assembleia geral anual prevista no n.º 1 do artigo 376.º, o relatório de gestão, as contas do exercício, demais documentos de prestação de contas, incluindo a certificação legal das contas e o parecer do conselho fiscal, da comissão de auditoria, do conselho geral e de supervisão ou da comissão para as matérias financeiras, conforme o caso, e ainda o relatório anual do conselho fiscal, da comissão de auditoria, do conselho geral e de supervisão e da comissão para as matérias financeiras.**

[24] Raúl Ventura (1994), 137.

[25] RLx 5-dez.- 1991 (Martins Ramires), Proc. 0032546 e RLx 25-out.-2001 (Santos Geraldes) CJ XXVI (2001) 4, 128-130 (130/I).

[26] RPt 30-set.-2002 (Ferreira de Sousa), CJ XXVII (2002) 4, 181-183 (183/I) e RGm 18-fev.-2004 (Maria Rosa Tching), CJ XXIX (2004) 1, 289-291 (291/II).

2. Devem igualmente ser facultados à consulta dos acionistas, na sede da sociedade, os requerimentos de inclusão de assuntos na ordem do dia, previstos no artigo 378.º.

3. Os documentos previstos nos números anteriores devem ser enviados, no prazo de oito dias:

a) Através de carta, aos titulares de ações correspondentes a, pelo menos, 1% do capital social, que o requeiram;

b) Através de correio eletrónico, aos titulares de ações que o requeiram, se a sociedade não os divulgar no respetivo sítio na Internet.

4. Se a sociedade tiver sítio na Internet, os documentos previstos nos n.os 1 e 2 devem também aí estar disponíveis, a partir da mesma data e durante um ano, no caso do previsto nas alíneas *c*), *d*) e *e*) do n.º 1 e no n.º 2, e permanentemente, nos demais casos, salvo se tal for proibido pelos estatutos.

Bibliografia: António Menezes Cordeiro 2 (2007), 592-594; *id.*, *SA: assembleia geral e deliberações sociais* (2007), 213-221; Alexandre Soveral Martins, *289.º*, em *Código em comentário* V (2012); Armando Manuel Triunfante (2007), 298-301; Raúl Ventura, *Novos estudos sobre SA e SNC* (1994), 143-145.

Vide a bibliografia indicada no 288.º e a referente à assembleia geral (373.º-389.º).

Índice

I – **Reformas**
1. Versão original 1
2. A reforma de 1987 2
3. A reforma de 1995 3
4. A reforma de 2006 4

II – **Aspetos gerais**
5. Sistemática 5
6. Natureza e taxatividade 6

III – **O regime**
7. Prazos 9
8. Modo de exercício 12
9. Sujeitos 14
10. Vias telemáticas 20
11. O regime especial das sociedades cotadas 23

IV – **As informações**
12. Membros dos órgãos 29
13. Propostas e assuntos 30
14. Candidatos a órgãos 33
15. Documentos de prestação de contas 36
16. Sanções 38

I – Reformas

1 1. **Versão original**, resultante do DL 262/86, de 2-set.[1]:

1. Desde a data da convocação da assembleia devem ser facultados à consulta dos accionistas, na sede da sociedade:

a) Os nomes completos dos membros dos órgãos de administração e de fiscalização, bem como da mesa da assembleia geral;

b) A indicação de outras sociedades em que os membros dos órgãos sociais exerçam cargos sociais;

c) As propostas de deliberação a apresentar à assembleia pelo órgão de administração, bem como os relatórios ou justificação que as devam acompanhar;

[1] DR I Série, n.º 201, de 2-set.-1986, 2345/II-2346/I.

d) Quando estiver incluída na ordem do dia a eleição de membros dos órgãos sociais, os nomes das pessoas a propor pelo órgão de administração, as suas qualificações profissionais, a indicação das actividades profissionais exercidas nos últimos cinco anos, designadamente no que respeita a funções exercidas noutras empresas ou na própria sociedade, e do número de acções da sociedade de que são titulares;

e) Quando se tratar da assembleia geral anual prevista no artigo 376.º, n.º 1, o relatório de gestão e os documentos de prestação de contas, incluindo o parecer do conselho fiscal e o relatório do revisor oficial de contas.

2. Devem igualmente ser facultados à consulta dos accionistas, na sede da sociedade, os requerimentos de inclusão de assuntos na ordem do dia, previstos no artigo 378.º.

3. Os documentos referidos nos números anteriores devem ser enviados, no prazo de oito dias e à custa da sociedade, aos titulares de acções nominativas ou de acções ao portador registadas que o solicitem.

2. **A reforma de 1987**, conduzida pelo DL 280/87, de 8-jul.[2], veio alterar o n.º 1, *d*) e o n.º 3, nos termos seguintes: 2

(...)

d) Quando estiver incluída na ordem do dia a eleição de membros dos órgãos sociais, os nomes das pessoas a propor para o órgão de administração, as suas qualificações profissionais, a indicação das actividades profissionais exercidas nos últimos cinco anos, designadamente no que respeita a funções exercidas noutras empresas ou na própria sociedade, e do número de acções da sociedade de que são titulares;

(...)

3. Os documentos referidos nos números anteriores devem ser enviados, no prazo de oito dias, aos titulares de acções nominativas ou de acções registadas ao portador correspondentes a, pelo menos, 1% do capital social, quando esses accionistas o requeiram.

3. **A reforma de 1995,** levada a cabo pelo DL 328/95, de 9-dez.[3], deu ao proémio do 289.º/1 a redação atual: a informação deixou de ter de ser facultada na sede da sociedade entre a data da convocatória da assembleia geral e a sua reunião para passar a ter de estar disponível durante os 15 dias anteriores à data da assembleia geral[4]. 3

4. **A reforma de 2006**, levada a cabo pelo DL 76-A/2006, de 29-mar., deu, ao 289.º, a redação atual[5]: alterou o n.º 1, *d*) e acrescentou-lhe a alínea *e*), alterou o n.º 3 e aditou o n.º 4. Pretendeu-se clarificar e aprofundar o teor das informações a prestar, alargando-o, à luz da atual *corporate governance*[6]. Além disso, o atual n.º 3 faculta o uso de meios telemáticos, para tornar mais fácil o acesso à informação. 4

II – **Aspetos gerais**

5. **Sistemática**. O 289.º (informações preparatórias da assembleia geral) e 290.º (informações em assembleia geral) melhor estariam junto ao 377.º, relativo à convocação e à realização da assembleia geral. Trata-se, efetivamente, de preceitos consultados e considerados a propósito da 5

[2] DR I Série, n.º 154, de 8-jul.-1987, 2662/II.

[3] DR I Série, n.º 283, de 9-dez.-1995, 7693/I.

[4] A propósito desta versão da norma considerava-se que a data da convocatória correspondia à da sua primeira publicação. *Vide* Raúl Ventura (1994), 140.

[5] DR I Série-A, n.º 63 (Supl.), de 29-mar.-2006, 2328-(18)/I.

[6] Armando Manuel Triunfante (2007), 299.

assembleia geral, devendo ser tidos em especial conta a propósito dos diversos assuntos em deliberação.

6 6. **Natureza e taxatividade**. O direito à informação do 289.° concretiza-se (i.e., converte--se, de uma figura abstrata, num verdadeiro direito subjetivo) apenas em termos ocasionais e temporários[7]. Depende de ter sido convocada uma assembleia geral: pode ser usado nos 15 dias que a antecedam. Tem uma dupla finalidade: (a) permitir, por parte dos acionistas interessados, o exercício esclarecido do direito de voto na assembleia, (b) promover, junto da própria sociedade, o cuidado e o rigor na gestão dos seus valores, habilitando-a, no seio da administração, com os necessários elementos[8].

7 O direito em causa abrange precisamente os elementos referidos no 289.°/1. Deve compreender-se que ele implica, sempre, um encargo suplementar para as empresas. Informações mais complexas devem ser aproximadas do "direito mínimo" do 288.° ou do direito coletivo do 291.°: preceitos que já não têm a ver diretamente com a realização da assembleia geral.

8 Apesar do que ficou dito, existem disposições dispersas no regime legal que impõem a prestação de outras informações na convocatória da assembleia geral. É o caso dos (a) 101.°, 120.° e 132.°/4: documentos que os sócios, credores e representantes dos trabalhadores têm direito a consultar em caso de projeto de fusão ou cisão e, também, de transformação; (b) 377.°/8: o aviso convocatório deve mencionar o assunto sobre o qual a deliberação será tomada e quando for a alteração do contrato, as cláusulas a modificar, suprimir ou aditar e o texto integral da proposta.

III – **O regime**

9 7. **Prazos**. O 289.°/1 prevê que sejam facultados determinados elementos nos 15 dias anteriores à data da assembleia. Esse prazo deve ser conjugado: (a) com os 8 dias fixados no 289.°/3 para o envio aos titulares de 1%, pelo menos, do capital social, dos mesmos elementos, por carta ou por correio eletrónico; (b) com a divulgação, no sítio da Internet, quando exista, dos elementos em causa, com a mesma antecedência e: durante um ano, quanto aos referidos no n.° 1, *c*), *d*), *e*) e no n.° 2; permanentemente, quanto aos referidos no n.° 1, *a*) e *b*).

10 O prazo geral do 289.°/1 conjuga-se, ainda, com os prazos do 378.°/3, relativos à divulgação de novos assuntos incluídos na assembleia geral, a requerimento de acionistas: 5 ou 10 dias antes da assembleia, conforme seja por carta registada ou através de publicação.

11 O sistema legal acaba por ser complexo, levantando dúvidas em áreas onde deveria imperar uma total segurança: adiante consideraremos algumas situações. Pergunta-se se a matéria pode ser clarificada pelos estatutos, os quais imporiam prazos diversos dos legais. A resposta é positiva: o direito à informação pode ser regulamentado pelos estatutos (214.°/2, por analogia), desde que não seja suprimido ou excessivamente restringido. Designadamente, podem os estatutos fixar um prazo para a apresentação de propostas relativas a assuntos inseridos na ordem do dia, matéria sobre a qual a lei não é explícita.

12 8. **Modo de exercício**. À partida, os elementos informativos preparatórios da assembleia geral devem, simplesmente, ser facultados para consulta de qualquer acionista, na sede da sociedade (289.°/1, corpo). Trata-se de um alargamento do previsto no 288.°/1 (direito mínimo). Tem

[7] Raúl Ventura (1994), 140.

[8] António Menezes Cordeiro (2014 reimpr. da ed. de 2007), 593.

aqui aplicação, por interpretação extensiva, o 288.º/3: o acionista interessado pode fazer-se substituir por representante, pode ser acompanhado por um especialista e pode tirar cópias[9].

Por maioria de razão, podem os elementos em jogo ser disponibilizados também, em sucursal ou em agência. 13

9. **Sujeitos.** O 289.º concede o direito de consultar as informações preparatórias da assembleia geral e, embora o direito seja apresentado de forma funcionalmente ligada à participação em assembleia geral, não se esclarece se o mesmo assiste a todos os acionistas ou só àqueles que nela possam participar. Questiona-se, por isso, se os acionistas que não participem na assembleia geral, ou que nela participem, mas sem direito de voto, podem aceder aos elementos referidos no 289.º. 14

Apurar se o acionista que não participa na assembleia tem ou não acesso à informação preparatória da mesma deve depender de saber se a impossibilidade de participação pode ou não ser suprida. Assim, por exemplo, se o contrato de sociedade exige a titularidade de um determinado número de ações para o exercício do direito de voto e limita a participação na assembleia a quem não tenha esse direito (379.º/2), aos acionistas sem voto não seria concedido o direito do 289.º. Porém, o 379.º/5 admite que estes acionistas se possam agrupar para completar o número de ações exigido para votarem e fazer-se representar por um dos agrupados. Deste modo, os acionistas que não detenham ações suficientes para serem titulares de direito de voto poderão fazer uso da faculdade concedida pelo 289.º, sob pena de se frustrar a faculdade de agrupamento. Nem se diga que apenas o representante do agrupamento poderia exercer esse direito: o acesso à informação deve aceitar-se mesmo antes da decisão de agrupamento (e pode condicionar a própria decisão) e, por outro lado, havendo agrupamento, o acionista sem direito de voto pode querer informar-se para exercer o direito de dar instruções ao representante (343.º/1), que votará em conformidade com elas. O mesmo vale em relação aos titulares de ações preferenciais sem direito de voto, quando o contrato de sociedade lhes vede a participação em assembleia geral. Nesse caso, podem ainda fazer-se representar na assembleia, pelo que devem ter acesso à informação preparatória, para tomarem a decisão de agrupamento. 15

Pelo contrário, nas situações em que haja proibição legal de participar na assembleia geral e em que esse impedimento não possa ser suprido não deverá ser concedido a esses acionistas a faculdade do 289.º. Assim, *v.g.*, no caso do acionista que esteja em mora na realização de entradas de capital e enquanto esta durar (384.º/4), não existindo forma de suprir a impossibilidade de participação na assembleia, não deverá beneficiar da faculdade do 289.º. Em suma, o critério operante será o de saber se o impedimento de participação na assembleia geral pode ser suprido ou não. No primeiro caso, poderá o acionista utilizar a faculdade do 289.º, ao passo que no segundo não o poderá fazer[10]. 16

Quanto aos acionistas que possam participar na assembleia geral sem exercer o seu direito de voto, apenas deverá ser concedido o direito do 289.º àqueles a quem for permitido, pelo menos, participar na discussão[11]. 17

[9] Sobre estas faculdades, *vide* anotação ao 288.º.

[10] Neste sentido, Henrique Sousa Antunes (1996), 263-265. Em sentido contrário, *vide* Armando Manuel Triunfante (2004), 118 e 119 (mesmo quem não possa votar e participar na assembleia pode ter interesse em conhecer qual a ordem do dia e outros elementos) e Alexandre Soveral Martins (2012), 195, por considerar que as informações podem ser essenciais para que os sócios, mesmo aqueles que não tenham direito de participar na assembleia, possam avaliar se as deliberações são válidas ou não.

[11] *Vide* o fundamento da posição no 290.º.

18 Pergunta-se, adicionalmente, se um instrumento de representação voluntária dirigido ao presidente da mesa, nos termos do 380.º, pemite subentender, no seu silêncio, a possibilidade de consulta prevista no 289.º. A questão deverá ser resolvida nos termos gerais da interpretação dos negócios jurídicos (236.º ss. CC):não havendo elementos em contrário, a representação restringe-se à participação na assembleia propriamente dita. O representado, se o desejar, deverá conceder expressamente o poder de consulta de informação preparatória à assembleia. É certo que sempre poderíamos argumentar que atribuir o direito de participação na assembleia sem o correspondente poder de consulta das informações preparatórias seria esvaziar de conteúdo o direito. Porém, há que ponderar, também, o interesse da sociedade em não permitir, sem fundamento, a ingerência de terceiros na sua sede social[12], o qual deverá prevalecer.

19 O direito assiste, ainda, ao representante comum dos obrigacionistas[13] e, bem assim, ao usufrutuário e ao credor pignoratício quando lhes seja atribuído, por lei ou pelo contrato, o direito de voto (293.º).

20 10. **Vias telemáticas**. O CSC pós-2006 prevê ainda que os elementos sujeitos a informação preparatória devam ser enviados, pelo órgão de administração, por carta[14], aos titulares de, pelo menos, 1% do capital, que o requeiram e, por e-mail, a quaisquer titulares de ações, quando a informação não esteja patente na Internet (289.º/3)[15].

21 Infere-se, daqui, um direito reforçado, a favor dos detentores de, pelo menos, 1% do capital social, a somar ao "direito mínimo" do 288.º: o de, mau grado a disponibilização na sede e, porventura, na Internet, receber, pelo correio, os elementos informativos em jogo.

22 A existência de sítio na Internet é obrigatória para as sociedades cotadas, nos termos do 3.º do R 4/2013 da CMVM.

23 11. **O regime especial das sociedades cotadas.** Relativamente às sociedades emitentes de ações admitidas à negociação em mercado regulamentado, o enquadramento legal deste direito é dominado pela dispersão, incoerência e desarmonia. Há que organizar e sistematizar.

24 Quanto aos elementos que devem ser disponibilizados na sede da sociedade e no sítio da Internet, vigoram exigências mais apertadas para as sociedades cotadas. O 21.º-C do CVM determina que, para além dos elementos previstos no 289.º/1, devem ser disponibilizados (a) a convocatória para a reunião da assembleia geral, (b) o número total de ações e dos direitos de voto na data da divulgação da convocatória, incluindo os totais separados para cada categoria de ações, quando aplicável, (c) os formulários de documento de representação e de voto por correspondência, caso este não seja proibido pelo contrato de sociedade e (d) outros documentos a apresentar à assembleia geral.

[12] Ponderando estes argumentos, Diogo Drago (2009), 278 e 279. Adicionalmente, o autor defende que deve ser feita uma analogia com a cautela que o CSC, em pedidos de representação de mais de cinco acionistas, concede à posição do representado perante o silêncio do instrumento de representação. O 381.º fixa regras relativas à extensão e duração dos poderes conferidos.

[13] *Vide* anotações ao 293.º

[14] O envio por carta depende da solicitação dos interessados: RLx 6-out.-1992 (Reis Figueira), Proc. 0057891/ /ITTIJ.

[15] Esta faculdade pode ser exercida por acionistas isolados ou agrupados. Procedem aqui os mesmos argumentos utilizados para a faculdade de agrupamento para o exercício do direito do 288.º. A *ratio* da exigência desta percentagem de capital social consiste na necessidade que estes acionistas sentem em melhor preparar as assembleias gerais. Ao impor uma percentagem de titularidade do capital social o legislador assegura um tendencial maior interesse pelos assuntos sociais, reduzindo as hipóteses desse direito ser exercido de forma dilatória, excessiva ou abusiva. *Vide* Armando Manuel Triunfante (2004), 118.

Além das exigências adicionais, é visível a desarmonia com o regime societário geral. Nas sociedades cotadas, o 21.º-C/2, do CVM determina que os elementos referidos devem ser disponibilizados na sede *desde a data da divulgação da convocatória* e devem ser mantidos no sítio da Internet durante, pelo menos, um ano. Deixamos duas notas quanto a esta norma. 25

Em primeiro lugar, no regime societário geral, desde 1995 que a data da publicação da convocatória deixou de ser o momento relevante para ser disponibilizada a informação, pelo que é de estranhar a opção do DL 49/2010, de 19-mai.[16] (que aditou o 21.º-C do CVM) de regressar ao anterior regime societário. No entanto, apesar da criticável desarmonia, a lei é clara: as sociedades emitentes de ações admitidas à negociação em mercado regulamentado devem disponibilizar tanto os elementos do 289.º/1 como os do 21.º-C/1, do CVM na sede da sociedade e no sítio da Internet, na data da divulgação da convocatória (21.º-C/2, do CVM). É uma opção que assegura de forma mais intensa o direito às informações preparatórias da assembleia geral, na medida em que o período mínimo que pode mediar entre a divulgação da convocatória e a data da reunião da assembleia geral é de 21 dias (21.º-B/1, do CVM), podendo este, naturalmente, ser superior. Nessa medida, os acionistas terão acesso às informações preparatórias da assembleia geral durante um lapso de tempo mais alargado do que o exigido para as restantes sociedades (15 dias antes da assembleia geral). 26

Em segundo lugar, no que diz respeito à divulgação destas informações no sítio da Internet, o regime mobiliário parece ser menos exigente para as sociedades emitentes do que para as sociedades não cotadas. Quanto a estas últimas, os elementos das alíneas *a*) e *b*) do 289.º/1 têm de ser disponibilizados *permanentemente* no sítio da Internet (289.º/4), ao passo que para as primeiras parece exigir-se apenas a sua disponibilização durante um ano. Apesar da letra do 21.º-C/2, do CVM indicar que esta norma é especial face ao 289.º/4, ainda assim, devemos procurar, por via interpretativa, harmonizar as duas disposições. Para tal, podemos retirar duas conclusões. A primeira é que, estando as sociedades cotadas sujeitas a mais apertados deveres de informação e transparência, o sentido útil do 21.º-C/2, do CVM não será diminuir o período de tempo durante o qual a informação elencada no 289.º/1, *a*) e *b*) está disponível no sítio da internet. Por isso, a informação constante das referidas alíneas deve ser permanentemente disponibilizada (289.º/4), ao passo que a restante informação [289.º/1, *c*), *d*) e *e*) e 21.º-C/1, do CVM] deve ser disponibilizada durante um ano desde a data da divulgação da convocatória. A segunda conclusão a extrair é que, ao contrário do que acontece para as restantes sociedades, o contrato de sociedade das emitentes não pode proibir a divulgação permanente no sítio da Internet dos nomes completos dos membros dos órgãos de administração e fiscalização, da assembleia geral e da indicação de outras sociedades em que os membros dos órgãos sociais exerçam cargos sociais. Este é o sentido útil que se pode retirar de uma leitura harmonizada dos dois preceitos. 27

Por fim, os documentos de prestação de contas, elencados no 289.º/1, *d*), de acordo com o R 4/2013 da CMVM, devem estar disponíveis no sítio da Internet durante 5 anos, pelo que, relativamente a estes, deverá prevalecer este regime. 28

IV – **As informações**

12. **Membros dos órgãos**. Devem ser disponibilizados os nomes completos dos membros dos órgãos de administração, de fiscalização e da mesa da assembleia geral, com a indicação de 29

[16] DR I Série, n.º 97, de 19-mai.-2010, 1722/I.

outras sociedades em que exerçam cargos sociais, com exceção das sociedades de profissionais – 289.º/1, *a*) e *b*); estas informações devem, ainda, ser permanentemente disponibilizadas em sítio da Internet, quando exista, salvo se proibido pelos estatutos (289.º/4).

30 13. **Propostas e assuntos.** As propostas de deliberações a apresentar pelo órgão de administração, bem como os relatórios e justificação que os devam acompanhar, designadamente no domínio da prestação de contas, devem ser disponibilizados na sede, para consulta e, ainda, devem constar do sítio na Internet, durante um ano – 289.º/1, *c*) e 289.º/4.

31 Quanto a propostas de sócios: admitir que elas surjam a qualquer tempo e, *maxime*, na própria assembleia geral, frustra, quanto a elas, o direito à informação. Pelo paralelo com o 378.º/3, fixaríamos, para tais propostas, o mínimo de 5 dias de antecedência, com imediata divulgação aos sócios. O problema pode ser clarificado nos estatutos.

32 Os novos assuntos incluídos na ordem do dia são divulgados nos termos do 378.º/3, outro tanto sucedendo com os requerimentos de inclusão (289.º/2).

33 14. **Candidatos a órgãos**. Quando incluída, na ordem do dia, a eleição de órgãos sociais, devem ser disponibilizados (ou remetidos): (a) nomes; (b) qualificações profissionais; (c) atividades profissionais dos últimos anos, "designadamente" as funções exercidas noutras empresas ou (e) na própria sociedade[17]; (d) número de ações de que sejam titulares. Todos estes elementos devem ser disponibilizados: não têm de ser afixados à vista[18]. Antes de 2006, tais informações reportavam-se, apenas, às pessoas a eleger para a administração[19].

34 Esta regra aplica-se ao ROC, por analogia, e também, a quaisquer outras pessoas a eleger ou a designar em assembleia, como os membros da comissão de vencimentos.

35 Finalmente, a regra funciona sejam quais forem os proponentes e, ainda, nos casos em que a assembleia se limite a ratificar pessoas já designadas (p. ex., administradores cooptados). Mesmo assim, se o acionista proponente apenas tiver tomado conhecimento dos nomes propostos para membros dos órgãos sociais com uma antecedência inferior a 15 dias em relação à reunião da assembleia e tomar posteriormente a decisão de propor outro nome poderá depositar os elementos na sede para consulta depois deste prazo. Os elementos podem ser depositados até à data da reunião[20].

36 15. **Documentos de prestação de contas**. Devem, todos, estar incluídos, consoante a enumeração do 289.º/1, *e*), particularmente quando se trate da assembleia anual destinada, precisamente, à sua apreciação e ponderação. Os documentos de prestação de contas devem poder ser divulgados noutros casos, como os do 35.º.

37 Os elementos em causa devem, ainda, ser disponibilizados, durante um ano, no sítio da Internet, quando exista.

38 16. **Sanções**. Tal como para a informação mínima: são incriminadas a recusa ilícita de informações (518.º) e a prestação de informações falsas (519.º). Não se prevê, aqui, o inquérito judicial, mas este pode ocorrer quando a informação preparatória caia nos pressupostos da informação mínima ou da informação coletiva (292.º/1)[21].

[17] Quanto às demais funções, bastará um *curriculum* simplificado.

[18] STJ 9-jul.-1998 (Sousa Inês; vencidos: Almeida e Silva e Miranda Gusmão), BMJ 479 (1998), 627-629 (628).

[19] RPt 8-nov.-2001 (Pires Condesso), Proc. 0131560 e STJ 19-set.-2002 (Diogo Fernandes), Proc. 02B1503.

[20] Neste caso, se for justificado pela reduzida antecedência do depósito, o órgão administrativo deve explicar a situação e fornecer as informações. *Vide* Raúl Ventura (1994), 142.

[21] RGm 18-fev.-2004 (Maria Rosa Tching), CJ XXIX (2004) 1, 289-291 (291/II).

A não disponibilização de "informações mínimas" origina, ainda, a anulabilidade das deliberações que, sobre elas, repousem ou possam repousar – 58.º/1, *c*). "Informações mínimas" são as previstas no 289.º: podem, livremente, ser disponibilizadas quaisquer outras. 39

Artigo 290.º (Informações em assembleia geral)

1. Na assembleia geral, o acionista pode requerer que lhe sejam prestadas informações verdadeiras, completas e elucidativas que lhe permitam formar opinião fundamentada sobre os assuntos sujeitos a deliberação. O dever de informação abrange as relações entre a sociedade e outras sociedades com ela coligadas.

2. As informações abrangidas pelo número anterior devem ser prestadas pelo órgão da sociedade que para tal esteja habilitado e só podem ser recusadas se a sua prestação puder ocasionar grave prejuízo à sociedade ou a outra sociedade com ela coligada ou violação de segredo imposto por lei.

3. A recusa injustificada das informações é causa de anulabilidade da deliberação.

Bibliografia: António Menezes Cordeiro 2 (2014 reimpr. da ed. de 2007), 594-595; *id.*, *SA: assembleia geral e deliberações sociais* (2007), 73-76; Manuel Carneiro da Frada, *Deliberações sociais inválidas*, em *Novas perspectivas do Direito Comercial* (sep.), 1988; Raúl Ventura, *Novos estudos sobre SA e SNC* (1994), 144-145. *Vide* a bibliografia indicada no 288.º.

Índice

1. Origem 1
2. Sujeitos 3
3. Prazo 8
4. Objeto 9
5. Recusa 12
6. Sanções 20

1. **Origem**. O 290.º surgia já no projeto (361.º)[1], tendo-se conservado, desde 1986[2], inalterado até hoje. Recuando: o legislador inspirou-se, manifestamente, no 31.º da proposta de 5.ª Diretriz sobre Direito das Sociedades, que dispunha[3]: 1

> 1. Todo o accionista interessado tem o direito de pedir, nas reuniões da assembleia geral, informações exactas sobre os negócios da sociedade se elas forem necessárias para uma apreciação objectiva dos pontos inscritos na ordem do dia.
>
> 2. O órgão de direcção ou os membros executivos do órgão de administração ficam incumbidos de dar essas informações.
>
> 3. A prestação de uma informação só pode ser recusada se:
>
> *a*) Ela for de natureza a causar grave prejuízo à sociedade, ou
>
> *b*) Se for incompatível com um dever legal de sigilo.
>
> 4. Compete aos tribunais dirimir os litígios relativos à justificação da recusa de uma informação.

[1] BMJ 327 (1983), 256.

[2] DR I Série, n.º 201, de 2-set.-1986, 2346/I.

[3] António Menezes Cordeiro, *Direito europeu das sociedades* (2005), 701-702.

2 Por seu turno, o 31.º da proposta de 5.ª Diretriz adveio do § 131 do AktG alemão, sobre o qual há larga bibliografia e muita jurisprudência. Tudo isto funciona como auxiliar de interpretação.

3 2. **Sujeitos**. As informações em assembleia geral são prestadas a qualquer acionista que, nela, tenha o direito de participar na discussão e/ou votar, independentemente do capital que detenha (290.º/1, princípio)[4]. Apesar de, genericamente, o direito à informação valer por si, e não como instrumento para o exercício de outro direito[5], a informação do 290.º serve um propósito específico – permitir aos acionistas "formar opinião fundamentada sobre os assuntos sujeitos a deliberação" (290.º/1) – pelo que se justifica a restrição no seu acesso a quem possa participar na discussão ou votar em assembleia geral. Evita-se o acréscimo de custos incompatível com a gestão de uma SA e, também, a fraude a outros dispositivos legais, como o 291.º, em que é exigida a titularidade de 10% do capital social para se aceder ao direito coletivo à informação. Não se poderia admitir que, com recurso ao 290.º, acionistas que não podem participar na assembleia geral obtivessem informações cujo acesso lhes é vedado pelo 291.º. Assim se compreende que exista um acesso acrescido à informação na pendência da assembleia geral.

4 Têm acesso a informações em assembleia geral o usufrutuário e o credor pignoratício quando possam exercer o direito de voto (293.º) e todos os acionistas que possam exercer esse direito, mas também aqueles que apenas possam participar na discussão dos assuntos na ordem do dia, sob pena de, com outra interpretação, se frustrar o poder que a lei lhes reconhece de emitir a sua opinião e influenciar o sentido da votação[6]. Nestes termos, deve ser admitido o direito à informação, desde que o contrato de sociedade não lhes vede o direito a participar e discutir na assembleia geral (379.º/2), aos (a) acionistas sem direito de voto, (b) aos titulares de ações preferenciais sem direito de voto (341.º)[7], (c) aos obrigacionistas (379.º/2: podem estar presentes e discutir na assembleia geral); (d) aos acionistas impedidos de votar por algum dos motivos do 384.º/6 ou outro, (e) aos acionistas que não sejam detentores de um número de ações suficientes para exercerem o direito de voto [384.º/2, *alínea a)*], (f) ao representante de um agrupamento destes acionista (379.º/2), que pode participar e discutir em assembleia geral[8], e, ainda, (g) ao representante comum dos obrigacionistas (293.º)[9].

[4] Não têm de ser prestadas a quem não seja sócio e não apresente instrumentos de representação: RLx 6-out.-1992 (Reis Figueira), Proc. 0057891.

[5] António Menezes Cordeiro 2 (2014, reimpr. da ed. 2007), 609.

[6] Em sentido mais abrangente, *vide* Soveral Martins (2012), 207. O autor sustenta a sua opinião no facto de o 290.º/1 não distinguir consoante o tipo de participação admitido na assembleia geral e de o 21.º/1, *c)* ser um direito de índole geral; recorre ainda à ideia de que, mesmo não podendo participar na discussão, o acionista sem direito de voto poderá formar uma opinião fundamentada e ajudar a esclarecer os acionistas com direito de voto e, por último, com o argumento de que também estes acionistas têm a possibilidade de questionar a validade e eficácia das deliberações tomadas, para decidir se as querem impugnar ou não. Todavia, embora de forma literal o 290.º/1 não distinga entre o tipo de participação em assembleia geral, as informações visam ajudar a formar uma opinião fundamentada sobre os assuntos sujeitos a deliberação, o que indicia um sentido restritivo. Quanto ao 21.º/1, *c)*, como norma geral, terá de se sujeitar a eventuais restrições impostas por normas especiais, pelo que nunca seria um argumento determinante. O último motivo apresentado pelo autor temos dúvidas de que seja suficiente para justificar os custos associados à prestação de informações e à potencial fraude à limitação imposta no direito coletivo à informação.

[7] Em sentido contrário, *vide* Pinheiro Torres (1989), 196.

[8] Podemos chegar a uma solução curiosa: poderão estar presentes na assembleia geral os acionistas sem direito de voto e, simultaneamente, o seu representante. Nesse caso, apenas o representante terá direito de voto. Porém, considerando que ambos têm direito de discussão, ambos terão direito à informação. Henrique Sousa Antunes (1996), 282; Soveral Martins (2012), 208.

[9] O representante comum dos obrigacionistas pode participar na assembleia geral [359.º/1, *c)*]. De qualquer forma, independentemente do 293.º, o direito à informação em assembleia geral justificar-se-ia porque o "representante

A posição do representante comum dos titulares de ações preferenciais sem direito de voto é mais dúbia. Saber se tem ou não um direito de informação em assembleia geral dependerá de saber qual a amplitude dos poderes do representante comum[10]. Ora, se o representante apenas tem direito a "estar presente" (379.º/3), não deverá ter acesso à informação em assembleia geral. De facto, na medida em que a sua presença em assembleia está condicionada ao impedimento de participação dos acionistas sem direito de voto (343.º/1), a concessão do direito a pedir informações em assembleia geral implicaria conceder mais direitos ao representante do que ao representado. Se o contrato de sociedade inviabiliza que os titulares de ações preferenciais sem voto possam contribuir para a discussão dos assuntos sujeitos à apreciação, não faria sentido que eles pudessem contornar essa restrição designando um representante comum para poder fazer aquilo que o contrato pretende vedar[11]. 5

Nem se diga[12] que o representante comum dos titulares de ações preferenciais sem direito de voto tem o direito de requerer a informação em assembleia geral porque estas ações conferem todos os direitos inerentes às ações ordinárias, exceto o direito de voto. É certo que os titulares de ações preferenciais sem direito de voto, quando o contrato de sociedade não determinar o contrário, podem participar e discutir na assembleia geral. Porém, o representante comum só poderá estar presente na assembleia geral se o contrato de sociedade não permitir que os acionistas sem direito de voto participem na assembleia geral. A desarmonia com a posição do representante comum dos obrigacionistas é meramente aparente. Ao passo que a designação de um representante comum dos titulares de ações preferenciais sem direito de voto depende do impedimento de estes últimos participarem na assembleia geral (343.º/1) o mesmo não acontece com a designação de um representante comum de obrigacionistas, que é obrigatória (357.º/1). Nessa medida, não acompanhamos a posição segundo a qual o único motivo pelo qual estes representantes não foram previstos no 293.º foi este artigo apenas se preocupar com a situação de quem não é acionista ou não é ali encarado nessa qualidade[13]. 6

As informações são prestadas pelo órgão habilitado: normalmente o presidente do órgão de administração ou o administrador que ele indicar; mas poderá ser o presidente do órgão de fiscalização ou o membro do mesmo órgão, que ele ou o próprio presidente da mesa indicarem (290.º/2, 1.ª parte). É, por isso, natural que tenham de estar presentes na assembleia geral, para além dos administradores, os membros do conselho fiscal ou do conselho geral e de supervisão e, na assembleia anual, os revisores oficiais de contas que tenham examinado as contas (379.º/4). 7

3. **Prazo**. A informação tem de ser requerida em assembleia geral. O direito não existe em deliberações por escrito (54.º/1). O 53.º/2 impõe que as "*disposições da lei ou do contrato de sociedade relativas a deliberações tomadas em assembleia geral compreendem qualquer forma de deliberação dos sócios prevista na lei para esse tipo de sociedade, salvo quando a sua interpretação impuser solução diversa*". Julgamos que nestes casos, a interpretação do 290.º depõe no sentido da sua não aplicação, na medida em que (a) se exige a aceitação de todos os sócios desta modalidade de deliberação e (b) a deliberação exige unanimidade, porque se suprime a hipótese de debate. Se os acionistas quiserem manter o direito a pedir informações em assembleia geral poderão manifestar a sua discordância face a esta forma de deliberação, caso em que será convocada uma assembleia geral onde poderão ter acesso à informação pretendida[14]. 8

comum deve prestar aos obrigacionistas as informações que lhe forem solicitadas sobre factos relevantes para os interesses comuns" (359.º/2).

[10] Henrique Sousa Antunes (1996), 280.

[11] Diogo Drago (2009), 282.

[12] *Vide* Soveral Martins (2012), 208.

[13] Nesse sentido, *vide* Soveral Martins (2012), 208.

[14] Henrique Sousa Antunes (1996), 283.

9 4. **Objeto**. As informações devem ser verdadeiras, completas e elucidativas (291.º/1, 1.ª parte). Devem recair sobre assuntos sujeitos a deliberação (291.º/1, meio), sendo a sua utilidade de aferir segundo a experiência comum[15]. Os elementos facultados devem ser os necessários para que o sócio tome uma opção consciente. Tudo o que ultrapasse esse nexo de razoabilidade já não tem de ser atendido. A informação a prestar tem que ver com factos: não com a teoria da gestão da empresa. Cabe ao sócio indicar, havendo vários assuntos, qual o que suscita o pedido de informação[16].

10 O objeto do pedido de informação diz respeito a assuntos "*sujeitos a deliberação*" e não a assuntos "*da ordem do dia*". A expressão intencionalmente mais abrangente torna possível pedir informações sobre assuntos que não estejam na ordem do dia, mas que sejam deliberados pelos acionistas[17], não tendo o intuito de excluir pedidos de informação relativos a assuntos da ordem do dia que não sejam deliberados[18].

11 O dever de informação pode respeitar a relações entre a sociedade e outras sociedades com ela coligadas (290.º/1, *in fine*), desde que se trate de "assunto" a deliberar. A expressão "*relações*" deve ser entendida como relações *jurídicas ou comerciais*[19]. A matéria tem especial oportunidade perante a apreciação de contas consolidadas, mas, em bom rigor, era desnecessária a clarificação: se a informação sobre as relações com as sociedades coligadas é essencial para formar uma opinião fundamenada sobre os assuntos sujeitos a deliberação, então, o direito já estaria abrangido pela parte inicial do 290.º/1.

12 5. **Recusa**. A recusa de prestação de informações cabe ao órgão habilitado a prestá-las. O 290.º/ /2, 2.ª parte, prevê que a informação (só) pode ser recusada: (a) quando possa ocasionar grave prejuízo à sociedade ou à que, com ela, esteja coligada, designadamente por estar em causa matéria comercial ou sensível, em termos de concorrência; (b) quando esteja em causa o sigilo legal, como ocorre com o segredo bancário.

13 O regime de recusa de informação baseia-se num sistema de cláusula geral, com recurso à expressão "*grave prejuízo*", à semelhança do que acontece na Alemanha, no § 131 (3) 1 AktG, embora a norma alemã densifique seis outras situações de recusa lícita de informações. A recusa de informação com base em grave prejuízo pode ser judicialmente sindicada. O padrão para aferir a existência de grave prejuízo será o juízo empresarial que seria razoável à data da assembleia geral. O conceito de prejuízo deve ser tomado em sentido lato, de forma a abranger não apenas os danos em sentido técnico, mas também qualquer outro efeito desvantajoso para os interesses dos sócios, como aqueles que poderiam resultar na divulgação de informação respeitante a *investigação & desenvolvimento (research & development)* ou a objetivos estratégicos da empresa. A ameaça de prejuízo, mesmo que este não seja exatamente mensurável, é suficiente para justificar a recusa de informação. O requisito de *gravidade* do prejuízo deverá ser encarado no sentido de que este deve ser *significativo*, o que depende de uma avaliação dos benefícios e prejuízos em prestar a informação solicitada. A recusa não tem de ser concretamente justificada quando a própria justificação cause um prejuízo considerável à sociedade. Nesses casos, deve admitir-se uma justificação em abstrato, baseada em considerações plausíveis sobre a atividade empresarial, que pode, também, ser judicialmente sindicada.

[15] RLx 3-mar.-1994 (Nascimento Gomes), Proc. 0061506.
[16] RPt 10-jan.-1995 (Gonçalo Vilar), Proc. 9410078.
[17] Raúl Ventura (1994), 144 e 145; Henrique Sousa Antunes (1996), 283. É o caso dos assuntos previstos nos 75.º/2, 376.º/1, *c*) e 54.º/1, 2.ª parte. *Vide* as respetivas anotações.
[18] Soveral Martins (2012), 210.
[19] É a solução alemã: § 131 (1) S. 2 AktG.

A violação de sigilo legal é fundamento de recusa (290.º/2, *in fine*), tal como também o deverá ser a quebra de sigilo contratual. Apesar de este fundamento não ser enquadrável na parte final do 290.º/2, a questão pode ser analisada à luz do primeiro fundamento de escusa lícita em prestar informações. Existindo um dever contratual de não prestar informações, este não poderá ser (licitamente) quebrado com fundamento nos interesses dos acionistas. Nessa medida, o seu incumprimento gerará responsabilidade civil obrigacional, pelo que se nos afigura que a prestação de informação gerará um "*grave prejuízo*", fundamento autónomo de recusa. 14

Além dos dois casos específicos, que advêm da lei, a informação será recusada: (a) caso faltem os seus pressupostos; (b) sempre que estejam em causa elementos que poderiam ter sido consultados[20]; (c) na hipótese de o direito à informação ceder perante outros direitos, concretamente mais ponderosos, como o direito à intimidade da vida privada. 15

Repare-se que nos casos em que os elementos já poderiam ter sido consultados podem ser enquadradas aquelas situações em que a informação já esteja disponível no sítio de Internet da empresa, por exemplo, numa secção dedicada a "Perguntas e Respostas mais Frequentes" (FAQ's). Esta é uma solução que encontra assento legal na Alemanha, no § 131 (3) 7 AktG. 16

Quando a informação for impossível, não existe um caso de recusa, mas, sim, de ausência de direito. O órgão competente deve estar habilitado a prestar a informação em condições normais de razoabilidade. O acionista não pode, por outro lado, legitimamente esperar que lhe sejam prestadas na assembleia geral informações que exijam uma consulta demorada ou elementos cuja presença na assembleia ou o alcance imediato não seja razoável pretender. O órgão competente não é obrigado a responder a perguntas cuja resposta desconheça e não deva conhecer. O sócio cauteloso deve, antes da assembleia, indicar ao administrador os pedidos que vai formular, de forma a aumentar a intensidade do dever de conhecimento da administração. No entanto, o acionista não tem o direito de exigir a interrupção da assembleia para que a administração obtenha os elementos indispensáveis para prestar a informação. Pelo contrário, é o presidente da mesa que decide se a assembleia deve ser suspensa (387.º/1), sem prejuízo de deliberação nesse sentido (387.º/2)[21]. 17

Também pode acontecer que a informação seja concretamente inexigível: pense-se em pedidos maciços de informação em plena assembleia, com catálogos ou listas intermináveis. 18

Cabe ao presidente da mesa compatibilizar os direitos à informação que todos os sócios têm, limitando, se necessário, o uso da palavra, em assembleia geral. 19

6. **Sanções**. A recusa injustificada de informação pode ser causa de anulabilidade – 290.º/3 e 58.º/1, *c*)[22]. Recai sobre o sócio interessado o ónus da prova da falta de informação relevante[23]. A deliberação apenas é anulável se a falta de informação efetivamente tiver viciado a vontade do sócio: é necessário que a sua não prestação tenha influído direta e decisivamente no sentido da deliberação, por ter impedido que a vontade do sócio votante se manifestasse de forma completamente esclarecida[24]. Pode, portanto, a sociedade provar que apesar da falta de informação, a vontade do acionista não foi efetivamente viciada. A declaração pelos acionistas de que a recusa de informação não influenciou a sua decisão é irrelevante[25]. 20

[20] STJ 30-nov.-1994 (Araújo Ribeiro), CJ/Supremo II (1994) 3, 162-164.

[21] Raúl Ventura, *Sociedades por Quotas*, vol. I, 4.ª reimpr. da 2.ª ed. de 1989, 2008, 305 e 306.

[22] RCb 22-set.-1998 (Garcia Calejo), BMJ 479 (1998), 729.

[23] STJ 17-fev.-1998 (Cardona Ferreira), CJ/Supremo VI (1998) 1, 88-90.

[24] Carlos Pinheiro Torres (1989), 283; STJ 16-mar.-2011 (Oliveira Vasconcelos), Proc. 1560/08.3TBOAZ.PI.S1.

[25] Raúl Ventura (2008), 317.

21 Se a informação prestada for falsa, incompleta ou não elucidativa a deliberação será anulável[26], nos mesmos termos. Embora essa sanção não seja cominada pela norma do 290.º/3, que se limita aos casos de recusa de informação, mantém aplicabilidade o 58.º/1, *c*). Esta norma não se limita à informação oficiosa ou *ex lege*[27] ou aos elementos mínimos de informação que constam do n.º 4, pois, se assim fosse, o 58.º/1, *c*), seria supérfluo face à alínea *a*), que já contemplaria estas situações[28].

22 A ausência de resposta ao pedido de informação deve ser equiparada à recusa de informação[29].

Artigo 291.º (Direito coletivo à informação)

1. Os acionistas cujas ações atinjam 10% do capital social podem solicitar, por escrito, ao conselho de administração ou ao conselho de administração executivo que lhes sejam prestadas, também por escrito, informações sobre assuntos sociais.

2. O conselho de administração ou o conselho de administração executivo não pode recusar as informações se no pedido for mencionado que se destinam a apurar responsabilidade de membros daquele órgão, do conselho fiscal ou do conselho geral e de supervisão, a não ser que, pelo seu conteúdo ou outras circunstâncias, seja patente não ser esse o fim visado pelo pedido de informação.

3. Podem ser pedidas informações sobre factos já praticados ou, quando deles possa resultar a responsabilidade referida no n.º 2 deste artigo, de atos cuja prática seja esperada.

4. Fora do caso mencionado no n.º 2, a informação pedida nos termos gerais só pode ser recusada:

a) Quando for de recear que o acionista a utilize para fins estranhos à sociedade e com prejuízo desta ou de algum acionista;

b) Quando a divulgação, embora sem os fins referidos na alínea anterior, seja suscetível de prejudicar relevantemente a sociedade ou os acionistas;

c) Quando ocasione violação de segredo imposto por lei.

5. As informações consideram-se recusadas se não forem prestadas nos 15 dias seguintes à receção do pedido.

6. O acionista que utilize as informações obtidas de modo a causar à sociedade ou a outros acionistas um dano injusto é responsável, nos termos gerais.

7. As informações prestadas, voluntariamente ou por decisão judicial, ficarão à disposição de todos os outros acionistas, na sede da sociedade.

Bibliografia: António Menezes Cordeiro 2 (2014 reimpr. da ed. de 2007), 595-596; Raúl Ventura, *Novos estudos sobre SA e SNC* (1994), 146-154.

Vide a bibliografia indicada no 288.º.

[26] STJ 16-mar.-2011 (Oliveira Vasconcelos), Proc. 1560/08.3TBOAZ.PI.S1.

[27] Nesse sentido, Henrique Sousa Antunes (1996), 287.

[28] Carneiro da Frada (1988), 324. Em sentido contrário, Henrique Sousa Antunes (1996), 287.

[29] Carneiro da Frada (1988), 324 (nota 18); Henrique Sousa Antunes (1996), 287.

Índice

1. Origem e alterações ... 1
2. Sujeitos ... 3
3. Objeto ... 5
4. Regime e regulação contratual ... 6
5. Prazo ... 10
6. Fundamento de recusa ... 11
a) Receio de utilização da informação para fins estranhos à sociedade e com prejuízo desta ou de algum acionista ... 12
b) Prejuízo relevante para a sociedade ou acionistas ... 14
c) Violação de sigilo legal ... 15
d) O 291.º/2, *in fine* ... 16
e) Outros fundamentos de recusa ... 17
f) Disponibilização da informação como fundamento de recusa ... 20
7. Abuso de informação ... 22
8. Sanções ... 23

1. **Origem e alterações**. O 291.° remonta ao 359.° do Projeto[1]. Este, todavia, falava em 1
"direito geral à informação", mais correto do que o atual "direito coletivo". Além disso, abria a informação a quem detivesse 5% do capital, em vez dos 10% que ficariam na lei.

O DL 76-A/2006, de 29-mar.[2], alterou os números 1 e 2 apenas para suprimir a referên- 2
cia à direção e para redenominar o conselho geral[3].

2. **Sujeitos**. As informações podem ser pedidas por acionistas que atinjam 10% do capital social 3
(291.°/1, 1.ª parte): sós ou agrupados, razão por que, com Raúl Ventura, não há, em rigor, um "direito coletivo". Ao contrário do que acontece nos 289.º e 290.º, o direito coletivo à informação é autónomo e vale por si; não é instrumental de qualquer outro direito, pelo que é irrelevante se o acionista que requer a informação pode votar em assembleia geral. As informações também poderão ser solicitadas por acionistas titulares de ações preferenciais sem direito de voto[4] e, bem assim, pelo representante comum dos obrigacionistas (caso em que não será necessário atingir 10% do capital social)[5]. No caso do usufrutuário e do credor pignoratício exige-se que possam exercer o direito de voto (293.º) e, também, que as ações oneradas atinjam a percentagem legal exigida.

As informações são pedidas ao órgão de administração (291.°/1 e 2): cabe a este, junto de 4
outros, designadamente, dos órgãos de fiscalização ou da mesa, obter os elementos necessários. Este sistema visará centralizar a prestação de informações, o que seria difícil se elas pudessem ser solicitadas a diversos órgãos.

3. **Objeto**. As informações podem respeitar a (quaisquer) assuntos sociais (291.°/1, *in fine*), 5
atuais, passados ou até, projetados, quando deles possa resultar a responsabilidade dos órgãos (291.°/3). Não podem ser pedidos esclarecimentos, motivações ou justificações de factos, a não ser que também constituam factos[6]. Podem estar em causa assuntos relativos a sociedades coligadas, ou relações contratuais com outras sociedades mesmo que não coligadas, desde que relacionados com a sociedade em causa. A aparente desarmonia com o 290.º, onde se faz referência expressa às relações com sociedades coligadas, não é significativa: em última análise, essas

[1] BMJ 327 (1983), 253-254.

[2] DR I Série-A, n.° 63 (Supl.), de 29-mar.-2006, 2328-(18)/I.

[3] Armando Manuel Triunfante (2007), 302. Este autor critica a lei por não referir, no 291.°/2, o ROC, que pode ser objeto de responsabilidade própria (82.°).

[4] A lei utiliza, de forma abrangente, a expressão acionistas, sem limitar o direito àqueles que puderem exercer o direito de voto (Raúl Ventura (1994), 147 ss.) e, considerando que têm direito a um dividendo prioritário e ao reembolso prioritário do ativo de liquidação, são interessados na gestão da sociedade (Henrique Sousa Antunes (1996), 219, nota 61).

[5] *Vide* a anotação ao 293.º, onde se questiona a articulação do 291.° com o 359.°.

[6] *Vide* Raúl Ventura (1994), 152.

relações também são assuntos sociais e, quando não o sejam, não deverão ser acessíveis aos acionistas. O direito está configurado na lei de forma deliberadamente ampla. Não existem motivos para o limitar por via interpretativa. Um acionista, só por o ser, deve ter acesso à informação relacionada com os assuntos sociais. O caráter limitativo da exigência de titularidade de 10% do capital social prende-se com um menor esgotamento dos canais burocráticos da sociedade e com a exigência, tendencial, de um interesse mais elevado dos acionistas na gestão da sociedade[7]. Porém, à parte desta limitação e dos fundamentos de recusa lícita, não deverá ser restringido o acesso à informação. Devem ser considerados assuntos sociais todos aqueles que afetem a sociedade, direta ou indiretamente e de forma não negligenciável[8]. Incluem-se, *v.g.*, factos relativos ao funcionamento interno da sociedade, à sua posição financeira, às relações com clientes e fornecedores ou, ainda, factos relativos aos membros dos órgãos sociais, como processos crime que corram contra eles, na medida em que se possam vir a transformar em assuntos relevantes para a vida social. Quando sejam pedidas informações sobre assuntos aparentemente exteriores à sociedade cabe ao acionista requerente o ónus de demonstrar que se trata de um assunto social.

6 4. **Regime e regulação contratual.** As informações são pedidas por escrito e são prestadas por escrito (291.º/1) pelo conselho de administração (executivo). No requerimento, pode explicitar-se (ou não), que a informação se destina a apurar responsabilidades: dos membros do órgão de administração ou de fiscalização (291.º/2) ou do ROC (*idem*, por interpretação extensiva), ficando, então, com uma força acrescida. Ao contrário do direito mínimo, não é necessário invocar uma justificação para aceder à informação. Basta que se atinja a titularidade de 10% do capital social e se trate de um assunto social.

7 As informações prestadas ficam à disposição de todos os acionistas, na sede social (291.º/7). Implica isto que não haja, quanto a elas, qualquer reserva, aspeto que deve ser ponderado a propósito da recusa.

8 A informação "coletiva" (ou antes: geral) surge, aqui, como um direito abstrato permanente, suscetível de ser exercido em qualquer momento. A sua concretização é potestativa, nos termos gerais.

9 O contrato de sociedade pode regular o acesso ao direito "coletivo" à informação, clarificando ou modificando o regime legal. O essencial para a validade dessas cláusulas contratuais será que não seja impedido o exercício ou injustificadamente limitado o direito de acesso à informação (214.º/2, analogicamente[9]).

10 5. **Prazo.** A informação deve ser prestada no prazo de 15 dias, findo o qual se considera recusada (291.º/5). A informação prestada após o decurso do prazo é ainda devida, pelo que nestes casos não existe fundamento para inquérito judicial. Ainda assim, a prestação de informação fora do prazo não isenta de responsabilidade penal[10].

[7] Armando Manuel Triunfante (2004), 124.

[8] A parte final destina-se, exclusivamente, a prevenir pedidos de informação abusivos e não a limitar o acesso à informação.

[9] *Vide* anotações ao 214.º. O incremento do quórum legal para o exercício do direito não será admissível na medida em que impossibilite, na prática, o exercício do direito. A percentagem de 10% representa, na ótica do legislador, o compromisso ideal entre a proteção individual e a necessidade de não prejudicar em demasia a gestão social. *Vide* Armando Manuel Triunfante (2004), 125. Pelo contrário, já não podemos concordar com o autor quando defende a impossibilidade de diminuição do quórum legal, por considerar que poderia paralisar a sociedade de forma insuportável (126). Aceitamos que existe esse risco, porém, sendo uma decisão social que recolheu o consenso necessário para constar do contrato de sociedade, não vemos como rejeitar essa opção.

[10] Neste sentido, *vide* Raúl Ventura (1994), 148, 149.

6. **Fundamento de recusa**. Nos termos do 291.º/4, é possível a recusa de informação: (a) quando for de recear que o acionista a utilize para fins estranhos à sociedade e com prejuízo desta ou de algum acionista; (b) quando a divulgação, embora sem esses fins, possa prejudicar relevantemente a sociedade ou os acionistas; (c) quando ocasione violação de sigilo legal. Os fundamentos de recusa são compreensíveis. Verificada qualquer das situações referidas existirá responsabilidade civil dos acionistas, pelo que é natural que se admita que previamente à ocorrência do dano se previna a lesão, mediante a recusa de informação. 11

a) **Receio de utilização da informação para fins estranhos à sociedade e com prejuízo desta ou de algum acionista**. Os requisitos são cumulativos. O receio tem de ser objetivo e tem de existir uma probabilidade séria de a informação ser utilizada para fins estranhos aos sociais. O critério geral do bom pai de família é aqui plenamente operacional. Há, então, que analisar se o homem médio, destinatário do pedido de informação, com os conhecimentos gerais do tráfego e os conhecimentos especiais do destinatário do pedido temeria que a informação fosse utilizada para fins estranhos à sociedade. Em caso afirmativo, a recusa será lícita. Consideram-se fins estranhos à sociedade aqueles que forem contrários aos interesses da sociedade ou à própria qualidade de acionista[11]. 12

Não se exige que o prejuízo para a sociedade ou para os acionistas seja *relevante,* ao contrário do que acontece na alínea *b*). A diferenciação é justificada: no caso da alínea *a*) é previsível que, se a informação se destina a fins estranhos à sociedade, irá causar danos a esta ou a algum acionista, ao passo que se a informação está a ser utilizada para fins sociais a existência de prejuízo tem de ser baseada num juízo de dano potencial. Daí que a uma menor probabilidade da ocorrência do prejuízo corresponda uma maior exigência na relevância do dano[12]. 13

b) **Prejuízo relevante para a sociedade ou acionistas**. Mesmo não existindo receio de utilização da informação para fins estranhos à sociedade, esta pode ser recusada se for suscetível de causar prejuízo relevante à sociedade ou acionistas. A suscetibilidade de prejuízo é objetivamente apreciada. Devem ser considerados relevantes todos aqueles danos que, a verificarem-se, gerariam obrigação de indemnizar por parte do acionista. Para se apurar a possibilidade de ocorrência de um dano relevante pode ser tomada em consideração, *v.g.*, a atividade que o acionista desenvolve, as sociedades em que participa e o seu objeto social[13]. Porém, não constitui fundamento de recusa legítima o facto de o acionista ser administrador de sociedade concorrente, sem que se prove que a informação é suscetível de prejudicar expressivamente a sociedade requerida ou algum acionista[14]. 14

c) **Violação de sigilo legal**. É o caso, *v.g.*, do segredo bancário, profissional, de justiça ou dos intermediários financeiros. Também deve ser considerada como motivo de recusa a violação de segredo contratual. Perante uma obrigação contratual de segredo, a sua violação gera responsabilidade civil da sociedade, o que deverá ser considerado um prejuízo relevante, quer a informação esteja a ser utilizada para fins estranhos à sociedade ou não, situação que se enquadrará ou na alínea *a*) ou *b*) do 290.º/4. 15

d) **O 291.º/2, *in fine,*** permite que, mesmo sendo a informação solicitada para apurar responsabilidades dos membros do órgão de administração, possa ser recusada se for *patente*[15] que não 16

[11] *Vide* anotações ao 215.º.

[12] *Vide* Henrique Sousa Antunes (1996), 225.

[13] *Vide* Soveral Martins (2012), 221.

[14] RG 25-nov.-2013 (Filipe Caroço), Proc. 287/12.6TBAMR.G1.

[15] Será patente que a informação não se destina a apurar responsabilidades quando o homem médio, colocado na posição do real destinatário do pedido de informação, e com os seus conhecimentos especiais pudesse razoavelmente chegar a essa conclusão.

é esse o fim visado pelo pedido. Não se deve, porém, considerar que este é um fundamento autónomo de recusa[16], na medida em que a informação, para ser definitivamente negada, não só terá de preencher o critério do 291.º/2, *in fine*, mas também algum dos fundamentos do n.º 4. Não poderia ser de outra forma, sob pena de se penalizar o acionista que, confrontado com uma decisão de recusa com esse fundamento, apresentaria, de seguida, outro pedido de informação, com diferente motivação, que pudesse ser apreciado tendo em consideração os fundamentos de recusa do n.º 4[17]. Embora a letra da norma do 291.º/4 revele a sua especialidade face ao n.º 2, o que levaria a optar pelo 291.º/2, *in fine* como fundamento de recusa autónomo, razões de igualdade entre acionistas e, principalmente, para evitar a multiplicação de pedidos de informação justificam este entendimento. Assim, a informação apenas deverá ser recusada se, para além de ser patente que não vai ser utilizada para apurar responsabilidade, também corresponder a alguma das situações elencadas nas alíneas do 291.º/4. A redação do n.º 4 ("*fora do caso mencionado no n.º* 2") justifica-se pela necessidade de clarificar a natureza taxativa dos fundamentos de recusa, mas sem que a redação fosse tão restritiva que levantasse dúvidas quanto à parte final do 291.º/2[18]. Evita-se, deste modo, que uma argumentação minimamente plausível no sentido de que o pedido de informação se destina a apurar responsabilidade servisse como expediente defraudatório dos motivos de recusa do 290.º/4.

17 e) **Outros fundamentos de recusa**. Poderá ainda haver lugar a recusa quando: (a) a informação pedida não seja possível ou não esteja disponível; (b) não se verifiquem os pressupostos do direito a pedi-la; (c) o direito à informação conflitue com posições que devam ser respeitadas, como o direito à intimidade.

18 O facto de a informação estar disponível na sede da sociedade (291.º/7) não constitui motivo de recusa da prestação de informação[19]. Poderá existir um interesse atendível em que esta seja prestada por escrito (n.º 1). Também a circunstância de a informação já ter sido oralmente fornecida em assembleia geral não justifica a recusa da sua prestação[20].

19 As informações pedidas consideram-se recusadas se não forem prestadas nos 15 dias seguintes ao pedido. Pode, todavia, dentro do mesmo prazo, ser justificada a recusa, assim como parece razoável considerar que, nesse prazo, a administração possa demonstrar a necessidade de dispor de mais tempo, para satisfazer o pedido[21]. Fora dessas hipóteses, a presunção de recusa é considerada "absoluta"[22]. O motivo de recusa não tem de ser comunicado ao acionista, embora seja recomendável, para que este decida se deve recorrer a meios judiciais para ultrapassar a decisão.

20 f) **Disponibilização da informação como fundamento de recusa**. As informações prestadas ficarão à disposição de todos os outros acionistas, na sede da sociedade (291.º/7). Assim se

[16] *Vide* Alexandre Soveral Martins (2012), 222, embora o autor conceda que em caso de violação de sigilo legal a recusa será lícita.

[17] Pelo contrário, o 291.º/3 não refere a possibilidade de recusa nos mesmos termos, o que faz com que se possa questionar se quando o pedido de informação respeitar a factos futuros, para que sejam apuradas responsabilidades, também pode ser recusada a informação com fundamento em que esta se destina a outro fim. Parece que se deverá, ainda assim, admitir essa causa de recusa da informação. Não existem motivos de diferenciação entre factos presentes e factos cuja prática seja esperada. Também neste último caso são plenamente aplicáveis os motivos que presidem a que a informação possa ser recusada se visar outra finalidade. Pelo contrário, Henrique Sousa Antunes (1996), 223 considera que só quando a informação diga respeito a factos passados se pode conferir relevância à discrepância entre o fim visado e o fim real. No caso das informações respeitantes a factos cuja prática seja esperada não poderá ser recusada a informação com o mesmo fundamento.

[18] De facto, se do n.º 4 apenas constasse "a informação pedida nos termos gerais só pode ser recusada (...)" poderia suscitar a questão quanto à ressalva do 291.º/2, *in fine*.

[19] Alexandre Soveral Martins (2012), 223.

[20] RPt 17-dez.-2001 (Caimoto Jácome), Proc. 0151616. *Vide* Alexandre Soveral Martins (2012), 223.

[21] João Labareda (1988), 185-186.

[22] RLx 4-out.-2005 (Azadinho Loureiro), CJ XXX (2005) 4, 117-118 (118/I).

manifesta o princípio da igualdade ente acionistas no acesso à informação e, também, da tutela das minorias. Os motivos que justificam que apenas os acionistas que atinjam 10% do capital social tenham direito a pedir informações por escrito prendem-se com razões burocráticas de funcionamento da sociedade, que não pode ser paralisada por excessivos pedidos de informação, pelo que não existe incompatibilidade entre o n.º 1 e o n.º 7 do artigo. A sociedade não tem o dever de comunicar aos acionistas a informação prestada, nem que existe possibilidade de consulta.

Este regime recomenda especiais cautelas na apreciação dos fundamentos de recusa, que deverão ser avaliados não apenas numa base individual, *i.é,* na perspetiva do concreto requerente, mas também se a sua disponibilização a todos os outros acionistas é suscetível de causar prejuízo à sociedade ou acionistas. Ou seja, deverá considerar-se legítima a recusa de informação naquelas situações em que, mesmo que a divulgação da informação ao concreto requerente não cause danos, a sua disponibilização a todos os outros acionistas redunde nesse efeito. Nem se diga que, alternativamente, poderíamos admitir que a informação fosse prestada, mas não disponibilizada aos restantes acionistas. Uma solução desse tipo traduzir-se-ia numa violação inadmissível do princípio da igualdade dos acionistas no acesso à informação. 21

7. **Abuso de informação**. O acionista que use as informações de modo a causar um dano injusto (não justificado) à sociedade é responsável, nos termos gerais. Há ainda abuso por violação da lealdade ou da boa fé[23]. 22

8. **Sanções**. A violação do direito geral ("coletivo") à informação é incriminado, nos termos do 518.° e 519.°. Ela pode envolver responsabilidade civil, nos termos gerais do 72.°. Além disso, abre as portas ao inquérito judicial regulado no 292.°. 23

Artigo 292.° (Inquérito judicial)

1. O acionista a quem tenha sido recusada informação pedida ao abrigo dos artigos 288.° e 291.° ou que tenha recebido informação presumivelmente falsa, incompleta ou não elucidativa pode requerer ao tribunal inquérito à sociedade.

2. O juiz pode determinar que a informação pedida seja prestada ou pode, conforme o disposto no Código de Processo Civil, ordenar:

- ***a*) A destituição de pessoas cuja responsabilidade por atos praticados no exercício de cargos sociais tenha sido apurada;**
- ***b*) A nomeação de um administrador;**
- ***c*) A dissolução da sociedade, se forem apurados factos que constituam causa de dissolução, nos termos da lei ou do contrato, e ela tenha sido requerida.**

3. Ao administrador nomeado nos termos previstos na alínea *b*) do número anterior compete, conforme determinado pelo tribunal:

- ***a*) Propor e seguir, em nome da sociedade, ações de responsabilidade, baseadas em factos apurados no processo;**
- ***b*) Assegurar a gestão da sociedade, se, por causa de destituições fundadas na alínea *a*) do número anterior, for caso disso;**
- ***c*) Praticar os atos indispensáveis para reposição da legalidade.**

[23] António Menezes Cordeiro 1 (2011), 681.

4. No caso previsto na alínea *c*) do número anterior, o juiz pode suspender os restantes administradores que se mantenham em funções ou proibi-los de interferir nas tarefas confiadas à pessoa nomeada.

5. As funções do administrador nomeado ao abrigo do disposto na alínea *b*) do n.º 2 terminam:

***a*) Nos casos previstos nas alíneas *a*) e *c*) do n.º 3, quando, ouvidos os interessados, o juiz considere desnecessária a sua continuação;**

***b*) No caso previsto na alínea *b*) do n.º 3, quando forem eleitos os novos administradores.**

6. O inquérito pode ser requerido sem precedência de pedido de informações à sociedade se as circunstâncias do caso fizerem presumir que a informação não será prestada ao acionista, nos termos da lei.

Bibliografia: António Menezes Cordeiro 2 (2007), 596-600; Lebre de Freitas, *A acção declarativa comum à luz do Código revisto*, 2.ª ed. (2011); Remédio Marques, *Anotação ao 292.º*, em *Código em comentário* (2012); Raúl Ventura, *Novos estudos sobre SA e SNC* (1994), 154-158.

Vide as anotações ao 216.º (inquérito judicial nas SPQ).

Índice

I – **Origem e alterações**
1. Origem 1
2. Alterações 4

II – **Pressupostos e sujeitos**
3. Violação da informação (mínimo ou geral/ /coletivo: 288º ou 291º) 5
4. Legitimidade ativa 8
5. Legitimidade passiva 9

III – **Procedimento (1048.º a 1051.º do CPC)**
6. Requerimento 10
7. Termos posteriores 11
8. Medidas cautelares 13
9. Decisão 14
10. Distinção face ao inquérito judicial pela falta de apresentação das contas 15

IV – **Regime substancial**
11. Medidas 16
12. Ónus de alegação e de prova 20
13. Validade da convenção de arbitragem 22
14. Casuística 23
15. Outras consequências do não cumprimento .. 24

I – Origem e alterações

1 1. **Origem**. O atual inquérito judicial advém do 29.º do DL 49 381, de 15-nov.-1969[1], cujo n.º 1 dispunha:

> Se houver fundada suspeita de graves irregularidades no exercício das funções de administrador da sociedade ou dos membros do conselho fiscal, podem os accionistas que representem a décima parte do capital social denunciar os factos ao tribunal, solicitando a realização de inquérito para o seu apuramento e adopção das providências convenientes para garantia dos interesses da sociedade.

2 O DL 49 381 visava a responsabilidade dos administradores. O seu 29.º surgia, por isso, muito enérgico e vocacionado para as "graves irregularidades". Assim se explicavam medidas como a destituição de administradores e a dissolução da sociedade.

[1] DR I Série, n.º 268, de 15-nov.-1969, 1611.

O projeto (360.º) acolheu a figura, mas (apenas) a propósito da violação do direito geral (hoje: coletivo) à informação[2]. Explica-se, assim, a dissonância que existe entre a violação do direito à informação e as gravíssimas medidas que o inquérito permite. O inquérito judicial representa uma ingerência lesiva e pesada nos assuntos da sociedade. 3

2. **Alterações**. Na versão original de 1986[3], o 292.º apresenta a sua configuração quase atual. As alterações introduzidas pelo DL 76-A/2006, de 29-mar.[4], prendem-se com a redenominação dos órgãos. 4

II – **Pressupostos e sujeitos**

3. **Violação do direito à informação (mínimo ou geral/coletivo: 288.º ou 291.º)**, seja por recusa, seja por prestação presumivelmente falsa, incompleta ou não elucidativa. A redação da norma é deliberadamente ampla: basta a mera recusa, não se exigindo a sua ilicitude. Assim, também nos casos em que a informação tenha sido recusada com fundamento no 291.º/4 pode haver inquérito judicial. Por outro lado, a informação será falsa quando não corresponder à realidade, incompleta quando omitir factos relevantes tendo em atenção a finalidade do pedido do acionista e não elucidativa quando não for clara. Como, de facto, o inquérito se destina a enfrentar as "graves irregularidades" (DL 49 381), a informação opera como um incidente preliminar, destinado a provocar a aplicação do regime subsequente. 5

O inquérito pode, de resto, ser requerido sem precedência de pedido de informações, se as circunstâncias do caso levarem a presumir que ela não será prestada (292.º/6). Será o caso, *v.g.*, de o sócio se aperceber, no decurso de uma assembleia geral, que uma informação nela recusada também o será quando solicitada noutro contexto. 6

Nas hipóteses de recusa da informação prevista nos 289.º e 290.º não se justifica pôr em causa o normal funcionamento da sociedade, tanto mais que nesses preceitos já está cominada a sanção de anulabilidade da decisão tomada[5]. Acentua-se a gravidade do inquérito que apenas deverá ser utilizado quando expressamente previsto. 7

4. **Legitimidade ativa.** O inquérito é requerido por acionistas, sós ou agrupados, que detenham 1% do capital (288.º) ou 10% (291.º). Se estes se haviam agrupado para atingir essa quota, então só agrupados poderão requerer ao tribunal inquérito à sociedade. Apesar de o 292.º/1 conceder legitimidade ao acionista "*a quem tenha sido recusada informação* (...)", na verdade a informação não foi recusada a cada um dos acionistas agrupados, mas sim ao agrupamento, através do seu representante. O inquérito pode, ainda, ser requerido por quem, em termos equivalentes, tenha direito à informação: representante comum dos obrigacionistas e, bem assim, usufrutuário e credor pignoratício (293.º), quando as ações oneradas atinjam a quota legal exigida, e, também, representantes comuns dos titulares de ações preferenciais sem direito de voto. Se as ações estiverem em contitularidade, a legitimidade judicial para o inquérito será exclusiva ou do representante comum ou do conjunto dos contitulares[6]. 8

5. **Legitimidade passiva.** O inquérito judicial deve ser intentado contra a sociedade e os titulares de órgãos sociais a quem sejam imputadas irregularidades no exercício das suas funções. 9

[2] BMJ 327 (1983), 254-256.
[3] DR I Série, n.º 201, de 2-set.-1986, 2346/II.
[4] DR I Série-A, n.º 63 (Supl.), de 29-mar.-2006, 2328-(18)/II. Cf. Armando Manuel Triunfante (2007), 303.
[5] RGm 18-fev.-2004 (Maria Rosa Tching), CJ XXIX (2004) 1, 289-291 (291/II); RP, de 2-mai.-89, in, CJ, 1989, tomo III, pág. 126
[6] STJ 4-out.-1994, BMJ 440 (1994), 504; Remédio Marques (2012), 233.

É a conclusão que se retira do 1048.º/2 que exige que sejam ambos citados e que definitivamente responde a uma controvérsia passada sobre a questão[7].

III – **Procedimento (1048.º a 1051.º do CPC)**

10 6. **Requerimento**. Deve alegar-se os fundamentos do pedido de inquérito (*v.g.*, a qualidade de sócio[8], identificação da sociedade e justificação do pedido), bem como os pontos de facto que interesse averiguar (indicando especificamente os factos sobre os quais pretende tomar conhecimento), e requerer as providências convenientes (1048.º/1).

11 7. **Termos posteriores**. Haja ou não resposta dos requeridos, o juiz decide se há motivos para proceder ao inquérito. Pode determinar logo que a informação seja prestada ou fixar prazo para a apresentação das contas (1049.º/1), que é, no fundo, o efeito principal que se pretende obter com o recurso ao inquérito judicial. Se o tribunal concluir pela realização do inquérito não pode depois negar todas as providencias requeridas com fundamento em abuso de direito, já que a decisão sobre os pontos de facto que fundaram o inquérito faz caso julgado formal[9].

12 Sendo ordenado o inquérito, o juiz fixa os pontos que a diligência deve abranger e nomeia o perito ou peritos (*idem*, n.º 2), os quais podem, entre outros atos (*idem*, n.º 3): inspecionar bens, livros e documentos; recolher informações, por escrito, de quaisquer pessoas; solicitar, ao juiz, depoimentos de quem se recuse a responder. O objeto pode ser ampliado (*idem*, n.º 4).

13 8. **Medidas cautelares**. Podem ser ordenadas, pelo tribunal, aplicando-se o disposto quanto às providências cautelares (1050.º).

14 9. **Decisão**. Deve ser proferida nos termos do 1051.º e pode envolver as saídas previstas no CSC. Se a decisão não confirmar os factos, podem os requeridos exigir a sua publicação (1051.º/4). O regime das custas consta do 1052.º.

15 10. **Distinção face ao inquérito judicial pela falta de apresentação das contas.** Não sendo apresentado o relatório de gestão e de prestação de contas, não há que reagir por via de inquérito judicial previsto e regulado nos 1048.º e ss. do CPC, mas, sim, por via do inquérito judicial às contas regulado no 67.º, sob pena de erro na forma de processo, que será de conhecimento oficioso.

IV – **Regime substancial**

16 11. **Medidas**. Podem envolver a ordem para que a informação em falta ou deficiente seja prestada e, ainda (292.º/2): (a) a destituição de responsáveis; (b) a nomeação de um administrador; (c) a dissolução da sociedade, se se verificarem os competentes factos.

17 As medidas de destituição de responsáveis e de nomeação de um administrador pelo tribunal compreendem-se: havendo recusa de informação ou informações erróneas, será problemático esperar que os responsáveis por tais eventualidades voltem, com credibilidade, ao bom caminho.

18 O administrador nomeado pode, segundo o que tiver sido determinado pelo tribunal: (a) propor e seguir ações de responsabilidade, em nome da sociedade; (b) assegurar a sua gestão; (c) praticar os atos indispensáveis para a reposição da legalidade. Neste último caso, pode o

[7] Sobre a controvérsia, Pinheiro Torres (1989), nota 364, Diogo Drago, 328 e 329. Se a SA fosse a única parte contra quem a ação devesse ser instaurada não haveria ilegitimidade processual, mas a falta de audição dos administradores poderia constituir uma nulidade processual (195.º), por omissão de um ato processual suscetível de influir no exame ou na decisão em causa. Cf. Remédio Marques (2012), 234.

[8] No caso de ações nominativas registadas em nome de outrem, o requerente tem de provar a respetiva titularidade. Cf. Remédio Marques (2012), 234, nota 34.

[9] Remédio Marques (2012), 236.

juiz determinar que os restantes administradores se mantenham em funções ou sejam suspensos (292.º/4).

As funções do administrador judicial cessam (292.º/5) quando o juiz considere desnecessária a sua continuação ou quando sejam eleitos os novos administradores. 19

12. **Ónus de alegação e de prova.** O requerente deverá alegar e provar a recusa de informação ou que a informação prestada é presumivelmente falsa, incompleta ou não elucidativa[10]. Já foi dito que não se poderia exigir ao requerente a prova da falsidade da informação, ou do seu caráter incompleto, uma vez que o acionista recorre ao inquérito judicial precisamente para que lhe sejam esclarecidas essas dúvidas[11], o que redundaria numa prova diabólica a cargo do requerente. Porém, não é assim. Basta que o requerente prove que a informação é *presumivelmente falsa, incompleta ou não elucidativa*. Ou seja, não se exige uma prova plena, mas apenas uma prova indiciária, ou seja, é necessária apenas a prova de factos indiciantes de que a informação é falsa, incompleta ou não elucidativa[12]. O sentido de a lei apenas exigir a prova de que a informação é *presumivelmente* falsa, incompleta ou não elucidativa é, precisamente, aligeirar o grau de prova exigido. Aliás, quando o acionista já tenha elementos suficientes para provar a natureza deficitária da informação, provavelmente já não lhe será útil o inquérito judicial. A deficiência da informação deve ser apreciada nos termos gerais, *i.e*, pela convicção que o acionista médio, com os conhecimentos gerais do tráfego e os conhecimentos especiais do acionista, teria formado face às informações prestadas[13]. Não pode basear-se em meras desconfianças ou ser utilizado como forma de resolução de impasses. A sua gravidade não se coaduna com essa utilização, nem podem os tribunais ser transformados em polícias das sociedades. 20

Sobre a sociedade recai o ónus de alegar e provar os factos impeditivos que sustentem a licitude da recusa ou que a informação prestada era verdadeira, completa e elucidativa[14]. 21

13. **Validade da convenção de arbitragem.** É válida a convenção de arbitragem que atribua a tribunal arbitral competência para apreciar e julgar o inquérito judicial, mesmo que as partes não tenham acordado que se possa julgar com recurso à equidade. Tendo em conta o critério de arbitrabilidade dos litígios vigente nos termos da atual LAV (a patrimonialidade do direito), a arbitragem não está vedada. Por outro lado, apesar de formalmente o inquérito judicial ser enquadrado no CPC como um processo de jurisdição voluntária[15], substancialmente constitui um processo de jurisdição contenciosa[16]. Assim, ao invés de se considerar inválida a convenção arbitral[17], o que aconteceria caso se tratasse de processo de jurisdição voluntária, a cláusula será 22

[10] Em sentido afirmativo, Remédio Marques (2012), 239.

[11] Diogo Drago, 329, nota 503.

[12] Basta, então, demonstrar a ocorrência de vários indícios numa mesma direção. A creditação da prova indiciária está dependente da convicção do julgador, a qual, sendo pessoal, deverá ser sempre objetivável e motivável. O grau de gravidade do indício está diretamente ligado ao grau de convencimento do julgador. É grave o indício que resiste às objeções e que tem uma elevada carga de persuasão, como ocorre quando a máxima da experiência que é formulada exprima uma regra que tem um amplo grau de probabilidade. Sobretudo, o facto indiciante deve estar plenamente provado. O desenrolar da prova indiciária pressupõe três momentos distintos: a demonstração do facto base ou indício que, num segundo momento, faz desencadear no raciocínio do julgador uma regra da experiência, ou da ciência, que permite, num terceiro momento, inferir outro facto que será o facto sob julgamento. STJ 7-abr.-2011 (Santos Cabral), Proc. 936/08.0JAPRT.S1.

[13] João Labareda (1988), 195.

[14] RPt 17-dez.-2001 (Caimoto Jácome), Proc. 0151616.

[15] STJ 27-abr.-1993 (Carlos Caldas), Proc. 083080; RE 18-jun.-2009 (Fernando Bento), Proc. 1065/07.0TBOLH-A.E1.

[16] Neste sentido, Remédio Marques (2012), 230; Lebre de Freitas (2011), 16. Significa isto que, em vez de existir um interesse fundamental que o juiz pretende regular da forma mais conveniente e oportuna, existe, sim, um conflito de interesses a dirimir.

[17] Com o argumento de que que o regime do inquérito judicial é incompatível com o estatuto e normal funcionamento de um tribunal arbitral. Faltando ao tribunal arbitral os poderes de autoridade e o direito à coadjuvação das outras autoridades de que o Estado dota os tribunais

válida. Se forem decretadas medidas cautelares cuja efetivação implique o exercício do *jus imperii* e da força pública, a sua execução deverá ficar a cargo dos tribunais judiciais[18].

23 14. **Casuística**. Dado o rigor das medidas em jogo, os tribunais devem atentar, com cuidado, na verificação dos pressupostos legais do inquérito[19]; a consulta de livros não é pedida através de inquérito judicial[20]; o juiz atua vinculadamente[21]; o direito de pedir o inquérito depende de prova da recusa ilícita de informações ou da sua prestação falsa[22]; o inquérito deve avançar sem delongas, não podendo deter-se por ação de exclusão contra o sócio requerente[23].

24 15. **Outras consequências do não cumprimento.** Em termos gerais, quando seja recusada a informação ou prestada informação falsa, incompleta ou não elucidativa, o não cumprimento conduz à (a) anulação das deliberações que tenham sido precedidas de recusa injustificada de informação ou do não fornecimento aos sócios de elementos mínimos de informação [58.º/1, *c*) e 4], (b) indemnização de todos os danos incorridos (798.º e 483.º do CC e 72.º)[24] e (c) responsabilidade penal (518.º e 519.º).

Artigo 293.º (Outros titulares do direito à informação)

O direito à informação conferido nesta secção compete também ao representante comum de obrigacionistas e ainda ao usufrutuário e ao credor pignoratício de ações quando, por lei ou convenção, lhes caiba exercer o direito de voto.

Bibliografia: Margarida Costa Andrade, *Anotação ao 293.º*, em *Código em comentário* (2012), 240-247; *Idem*, *A locação financeira de acções e o direito português*, Coimbra, 2007, 224-231; Ana Rita Almeida Campos/Hugo Moredo dos Santos, *Organizações de obrigacionistas: algumas notas para reflexão sobre o representante comum*, RDS III (2011), 4, 891-923; António Menezes Cordeiro (2011), 730-733; Tiago Soares da Fonseca, *O penhor de* acções, Coimbra, 2005, 83-84.

Vide a bibliografia indicada no 288.º.

Vide as anotações ao 23.º e bibliografia aí indicada.

Índice

1. Origem 1
2 Âmbito 2
3. Representante comum de obrigacionistas 4
4. Usufrutuário e credor pignoratício 7

judiciais, o poder de investigar livremente os factos, ordenar os inquéritos e recolher as informações convenientes ficaria consideravelmente enfraquecido. Por outro lado, no inquérito judicial o tribunal pode ordenar medidas cautelares que julgue adequadas para garantir os interesses da sociedade, dos sócios ou de credores sociais, faculdade que não é concedida aos tribunais arbitrais, destituídos de *jus imperii*. RPt 17-abr.-2007 (Mário Cruz), proc. JTRP00040251

[18] Remédio Marques (2012), 230.

[19] RPt 7-mar.-1989 (Almeida e Silva), BMJ 385 (1989), 613, STJ 27-abr.-1993 (Castro Caldas), Proc. 083080 e STJ 18-fev.-2004 (Ferreira Girão), Proc. 04B2547.

[20] REv 13-out.-1994 (Pita de Vasconcelos), CJ XIX (1994) 4, 276-277 (277/II). Contra, RPt 13-fev.-1990 (Lobo Mesquita), BMJ 394 (1990), 538-539.

[21] RPt 7-nov.-1994 (Simões Freire), CJ XIX (1994) 5, 204-206.

[22] RPt 22-jan.-2001 (Amélia Ribeiro), Proc. 0050849 e RCb 21-jun.-2005 (António Piçarra), CJ XXX (2005) 3, 32-35 (35/I).

[23] RPt 29-abr.-1999 (Teles de Menezes), Proc. 9930428. Já STJ 5-mar.-1992 (Ricardo da Velha), Proc. 080519, em que o inquérito não foi deixado pendente de uma ação anterior, de conta-corrente.

[24] Não será exequível que o sócio intente ação de responsabilidade civil contra a sociedade na pendência do inquérito judicial. O sucesso da primeira ação depende da procedência do inquérito, na medida em que se a informação for considerada perfeitamente prestada ou licitamente recusada não haverá facto ilícito e, consequentemente, não existirá dever de indemnizar.

5. Direito legal ou convencional a exercer o voto 12
6. Outros sujeitos 13
7. Sanções 15

1. **Origem.** A extensão do direito de informação a outros titulares, para além dos acionistas, aparecia no Projeto do Código das Sociedades, a propósito da informação que atualmente consta do 291.º. Era esta a redação do 359.º/8: 1

> O direito à informação conferido por este artigo e pelo artigo seguinte é extensivo ao usufrutuário e ao credor pignoratício de acções, quando, por lei ou convenção, lhes caiba também o direito de voto.

2. **Âmbito**. O 293.º atribui o direito a informação constante dos 288.º a 292.º ao represen- 2
tante comum dos obrigacionistas (357.º), ao usufrutuário e ao credor pignoratício de ações (cf. 23.º). Deve entender-se que o representante comum dos obrigacionistas pode exercer o direito mínimo (288.º) e o direito geral ("coletivo", 291.º), enquanto o usufrutuário e o credor pignoratício só o podem fazer quando se trate de matérias sobre que possam votar e desde que reúnam os requisitos (1% de ações para o direito mínimo e 10% para o geral).

A norma aplica-se, por analogia e com as competentes adaptações, aos outros tipos socie- 3
tários[1]. Assim, por exemplo, nas sociedades por quotas, para além do usufrutuário, também o credor pignoratício com direito de voto e o representante comum dos obrigacionistas pode requerer informação verdadeira, completa e elucidativa (214.º/8).

3. **Representante comum de obrigacionistas.** Por cada emissão de obrigações haverá 4
um representante comum (357.º/1), escolhido pelos obrigacionistas reunidos em assembleia (358.º/1). O representante deve praticar os atos de gestão destinados à defesa dos interesses comuns dos obrigacionistas (359.º/1), tendo, para tal, o direito de estar presente nas assembleias dos titulares de obrigações de outras emissões (355.º/6) ou de acionistas (379.º/3). Deve prestar aos obrigacionistas as informações que forem solicitadas sobre factos relevantes para os interesses comuns (359.º/2). São estas atribuições e responsabilidades do representante comum dos obrigacionistas que justificam que lhe seja concedido acesso à informação nos mesmos termos que aos acionistas. Na verdade, não se compreende como poderia, de forma responsável, o representante comum informar os obrigacionistas sobre factos relevantes para os interesses comuns sem que lhe fosse concedido o direito mínimo ou "coletivo" à informação ou esclarecer os obrigacionistas sobre o decurso das assembleias gerais sem o direito do 289.º ou 290.º. A única particularidade que diferencia a posição dos acionistas e do representante comum dos obrigacionistas é o facto de, para os primeiros, se exigir a titularidade de uma quota do capital social (1% ou 10%, no caso dos 288.º e 291.º, respetivamente), exigência que não é formulada para o representante comum. A desarmonia é justificada. A limitação imposta aos acionistas encontra justificações burocráticas e de eficiência na administração das SA. Os mesmos motivos não são visíveis em relação ao representante comum, uma vez que a lei já veda o acesso à informação a cada um dos obrigacionistas[2], restringindo-o ao representante comum e evitando os inconvenientes que resultariam para a sociedade caso tivesse de contactar individualmente com cada

[1] António Menezes Cordeiro, (2011), 732.

[2] Essa limitação não se aplica no caso da informação preparatória e em assembleia geral. Nesses casos, apesar de serem meros credores sociais, considerando que têm direito a participar na discussão em assembleia, influindo na vontade social (379.º/2) deve-lhes ser concedida a informação necessária para atingir essa finalidade.

obrigacionista[3]. Ou seja, os motivos de ordem pragmática já estão acautelados pela via da eleição de um representante comum[4], não sendo necessária qualquer limitação extra.

5 Embora ao representante comum dos obrigacionistas já seja reconhecido o direito a receber e examinar toda a documentação da sociedade, enviada ou tornada patente aos acionistas, nas mesmas condições estabelecidas para estes [359.º/1, *d*)], a extensão do direito à informação operada pelo 293.º encontra plena justificação. Não aderimos às posições que encontram uma relação de especialidade entre o 359.º/1, *d*) e o 293.º, que fundamentaria a inexistência de um direito do representante comum a obter informações sobre assuntos sociais (291.º)[5]. O âmbito de aplicação dos dois artigos é distinto. No caso dos direitos previstos na presente secção é o representante comum que se dirige à sociedade, solicitando que lhe sejam prestadas as informações que considerar convenientes, ao passo que no caso do 359.º/1, *d*), o representante comum é um mero sujeito passivo da informação, beneficiando de informações que não solicitou (podendo receber ou consultar a informação divulgada aos acionistas)[6]. Nessa medida, o 359.º/1, *d*), não delimita o âmbito de aplicação do 293.º: ao representante comum dos obrigacionistas devem ser concedidos todos os direitos previstos nesta secção, em condições de igualdade com os restantes acionistas. Nem poderia ser de outra forma. Os obrigacionistas são credores da sociedade, assumindo uma expectativa digna de tutela jurídica relativamente ao seu investimento, que justifica o direito à informação.

6 Da mesma forma, não acompanhamos a ideia segundo a qual o representante comum dos obrigacionistas não deveria ter acesso à informação preparatória da assembleia geral nem requerer informações no seu decurso, na medida em que participa na assembleia geral sem poder de discussão[7]. A questão deve ser enquadrada de forma diferente: apesar de o representante comum dos obrigacionistas não ter direito de discussão na assembleia geral, mas apenas o direito a estar presente (379.º/3), o legislador considerou que, ainda assim, a importância das funções que assume perante os obrigacionistas justifica que lhe seja concedido o direito à informação nos mesmos termos que aos acionistas. É esse o sentido do 293.º.

7 4. **Usufrutuário e credor pignoratício.** Os direitos do usufrutuário são aqueles indicados nos 1466.º e 1467.º do CC, com as modificações previstas no CSC (23.º). O 1467.º/1, *b*), do CC concede ao usufrutuário o direito de votar nas assembleias gerais, salvo quando se trate de deliberações que importem alteração dos estatutos ou dissolução da sociedade. Nesses casos, na medida em que a deliberação pode afetar a substância e o destino económico da participação social de forma inesperada para o proprietário, justifica-se o exercício conjunto do direito de voto. Nas restantes deliberações, o voto cabe ao usufrutuário. Trata-se, geralmente, de assuntos normais de administração da sociedade.

8 As únicas limitações ao exercício deste direito são de índole geral. É o caso de não atingirem a quota social mínima, situação na qual se poderão agrupar com outros usufrutuários ou acionistas para atingirem a percentagem que lhes permita aceder à informação.

[3] Ana Rita Almeida Campos/Hugo Moredo dos Santos (2011), 915.

[4] Margarida Costa Andrade (2012), 243: haverá sempre algumas válvulas de escape que permitem recusar o acesso à informação, *v.g.*, a exigência de motivo justificado (288.º) ou os motivos de recusa (291.º/2 e 4).

[5] É a posição de Pinheiro Torres (1989), 193 e 194. Para o autor, na dúvida, considerando as cautelas de que o legislador revestiu o direito coletivo à informação, deve considerar-se que o representante comum não tem acesso a este direito por estar fora do âmbito do 359.º.

[6] Margarida Costa Andrade (2012), 243.

[7] Diogo Drago (2009), 287. Agindo o representante comum como um mero credor social, não pode contribuir para a formação da vontade social. Assim sendo, defende que apenas pode pedir os esclarecimentos necessários para assegurar que presta aos obrigacionistas informação verdadeira, completa e elucidativa.

O nu proprietário das ações mantém, igualmente, o direito à informação[8], porque não perde a qualidade de acionista e, para mais, o usufruto é sempre transitório (ainda que duradouro). Simplesmente, não podendo participar nem discutir em assembleia geral não terá acesso aos direitos do 289.º e 290.º[9], tal como aconteceria a qualquer outro acionista. 9

Quanto ao credor pignoratício de ações, o 23.º/4 determina que os direitos inerentes à participação só podem ser exercidos pelo credor pignoratício quando assim for convencionado pelas partes. Nessa medida, apenas quando lhe for atribuído direito de voto, poderá o credor pignoratício aceder à informação prevista nesta secção. Também neste caso, não fica excluído o recurso ao direito à informação por parte de quaisquer interessados (573.º do CC). O titular das ações não perde o direito de informação: sendo o penhor de ações uma situação temporária, poderá retomar a qualquer momento o pleno exercício dos direitos sociais[10]. 10

Valem para o sócio-devedor pignoratício as mesmas considerações tecidas para o nu proprietário. 11

5. **Direito legal ou convencional a exercer o voto.** O 293.º determina que o usufrutuário e o credor pignoratício só beneficiam do direito à informação previsto na presente secção quando, por lei ou pelo contrato, lhes caiba exercer o direito de voto. Os motivos que presidem a essa opção são compreensíveis no caso do acesso à informação preparatória da assembleia geral ou dos pedidos de informação na própria assembleia, embora, tal como acontece para os acionistas, se deva admitir o direito à informação quando apenas lhes assista o direito de discussão. Por seu turno, não se vislumbra relação entre o direito de voto e o direito mínimo ou coletivo. O direito à informação dos 288.º e 291.º é autónomo e vale por si. Apesar de o usufrutuário e o credor pignoratício não arriscarem capital na sociedade, o que poderia justificar uma limitação dos seus direitos informativos, ainda assim, na medida em que lhes cabe administrar a sua participação social, devem poder manter-se informados sobre os assuntos sociais (291.º) e ter acesso aos elementos mínimos de informação (288.º). Pelo facto de estes sujeitos não serem titulares do direito de voto não deixam de ser interessados na atividade comum da sociedade. Pense-se noutros direitos do usufrutuário, *v.g.*, o direito aos lucros distribuídos correspondentes ao tempo de duração do usufruto [1146.º/1, *a*), do CC]. Este direito, mesmo desacompanhado do voto, é suficiente para fundar o direito à informação. A norma do 293.º deve ser objeto de uma interpretação restritiva: a exigência de direito de voto apenas se aplica aos 289.º e 290.º. Quanto ao direito mínimo e ao coletivo exige-se, somente, o cumprimento das mesmas exigências formuladas para os acionistas. O sentido da norma é, então, o de esclarecer que ao usufrutuário e ao credor pignoratício não podem ser atribuídos mais direitos do que ao proprietário pleno das ações. Deve entender-se que esta não limita o acesso à informação quando, apesar de não lhes caber o direito de voto, o usufrutuário ou o credor pignoratício preencham os requisitos legais, nomeadamente a titularidade de 1% ou 10% do capital social. 12

6. **Outros sujeitos.** O contrato de sociedade pode conceder o direito à informação previsto nesta secção a outros sujeitos. Considerando que a limitação no seu acesso tem subjacente fundamentos de tutela da própria sociedade e da eficiência na sua gestão, então, não existem motivos para que não seja aceite que no contrato de sociedade se abdique dessa tutela. 13

Na falta de previsão contratual, pergunta-se se outros sujeitos, nomeadamente titulares de direitos pessoais de gozo, como o comodato ou a locação financeira, podem ter acesso à infor- 14

[8] *Vide* João Labareda (1998), 112.

[9] *Vide* anotações respetivas.

[10] Pinheiro Torres (1989), 194; Tiago Soares da Fonseca (2005), 84.

mação societária[11]. Por maioria de razão, terá de lhes ser concedido o direito: se lhes cabe a gestão da participação social e são interessados na atividade comum da sociedade, então, deve-lhes assistir o direito nos mesmos termos que aos acionistas e sem que nunca lhes sejam atribuídos mais direitos do que aqueles que teria o proprietário pleno das ações.

7. **Sanções**. Podendo exercer o direito à informação, nas apontadas modalidades, cabe-lhes, ainda, lançar mão, quando pertinente, dos esquemas sancionatórios previstos, designadamente, do inquérito judicial. Apenas não encontra aplicação a sanção da anulabilidade da deliberação [290.º/3 ou 58.º/4, *b*)] tomada na sequência de recusa de informação ou da sua prestação falsa, incompleta ou não elucidativa. A deliberação só pode ser anulada caso a vontade dos acionistas tenha sido efetivamente viciada, o que, tipicamente, não se verificará quando a informação seja recusada ao representante comum dos obrigacionistas, ao usufrutuário, ao credor pignoratício ou ao titular de outro direito pessoal de gozo. O 293.º, como qualquer norma que determine a extensão de um regime jurídico a novos intervenientes, implica a sua aplicação com as necessárias adaptações; esta é uma delas.

Secção IV – Direito aos lucros

Artigo 294.º (Direito aos lucros do exercício)

1. Salvo diferente cláusula contratual ou deliberação tomada por maioria de três quartos dos votos correspondentes ao capital social em assembleia geral para o efeito convocada, não pode deixar de ser distribuída aos acionistas metade do lucro do exercício que, nos termos desta lei, seja distribuível.

2. O crédito do acionista à sua parte nos lucros vence-se decorridos que sejam 30 dias sobre a deliberação de atribuição de lucros, salvo diferimento consentido pelo sócio e sem prejuízo de disposições legais que proíbam o pagamento antes de observadas certas formalidades, podendo ser deliberada, com fundamento em situação excecional da sociedade, a extensão daquele prazo até mais 60 dias, se as ações não estiverem admitidas à negociação em mercado regulamentado.

3. Se, pelo contrato de sociedade, membros dos respetivos órgãos tiverem direito a participação nos lucros, esta só pode ser paga depois de postos a pagamento os lucros dos acionistas.

Bibliografia: Jorge Coutinho de Abreu, *Curso de direito comercial,* II (2019), 427-445; Carlos Ferreira de Almeida, *Direito a dividendos no âmbito de oferta pública de aquisição de acções*, DVM 5 (2004), 29-89; António Caeiro/Manuel Nogueira Serens, *Direito aos lucros e direito ao dividendo anual,* RDE 5 (1979), 369-383; Carlos Osório de Castro/Gonçalo Andrade e Castro, *A distribuição a trabalhadores de uma sociedade anónima por deliberação da assembleia geral*, OD 137 (2005), 56-80; António Menezes Cordeiro 2 (2007), 601-607; Paulo Olavo Cunha, *Direito das sociedades comerciais* (2019), 354-378; Paulo de Tarso Domingues, *Variações sobre o capital social* (2013), 303-306; id, *comentário ao 294.º*, em *Código em comentário* V, 2.ª ed (2018), 329-337; *id.*, *O financiamento societário pelos sócios (e o seu reverso)* (2021), 542-562; Fátima Gomes, *O direito aos lucros e o dever de participar nas perdas nas sociedades anónimas* (2011); Diogo Costa Gonçalves, *Adiantamentos sobre o lucro do exercício – breves reflexões,* RDS II (2010), 575-627; João Labareda, *Das acções das sociedades anónimas* (1988), 139-155; Evaristo Mendes, *Lucros de exercício*, RDES 1996, 257-364; *id.*, *Direito ao lucro de*

[11] Colocando a questão, com resposta afirmativa, Margarida Costa Andrade (2012), 246; Margarida Costa Andrade (2007), 227-229.

exercício no CSC (Arts. 217/294), em *Estudos dedicados ao Prof. Doutor Mário Júlio de Almeida Costa* (2002), 487-543; Manuel António Pita, *Direito aos lucros* (1989); Filipe Cassiano dos Santos, *A posição do accionista face aos lucros de balanço/O direito do accionista ao dividendo no CSC* (1996); *id.*, *O direito aos lucros no CSC (À luz de 15 anos de vigência)*, AAVV (2002), 185-199; Pedro Pais de Vasconcelos, *A participação social nas sociedades comerciais* (2006), 71-111; Paulo de Sousa de Vasconcelos, *Apuramento e aplicação de resultados* (2016); Vasco Lobo Xavier/Maria Ângela Correia, *Lucro obtido no exercício, lucro do balanço e lucro distribuível*, RDE 8 (1982), 259-275.

Índice

I – Origem e reformas
1. Origem ... 1
2. Reformas de 1987 e de 2006 ... 3

II – A distribuição do lucro
3. Regra base ... 6
4. Natureza dispositiva ... 7

III – Procedimento de distribuição de lucros de exercício
5. Competência para a apresentação da proposta de distribuição de lucros ... 8
6. Necessidade de deliberação da assembleia geral 10
7. Políticas de dividendos ... 13

IV – Conteúdo da deliberação de distribuição
8. Concretização do direito ao dividendo ... 14
9. Inibição do direito ao lucro ... 15
10. Alteração por deliberação da participação de cada acionista nos lucros de exercício e renúncia ao dividendo ... 17

V – Vencimento do crédito aos dividendos
11. Vencimento e diferimento ... 18
12. Participação dos membros de órgãos sociais nos lucros ... 20

VI – Transmissão do crédito ao dividendo
13. Autonomia do crédito ao dividendo ... 22

I – Origem e reformas

1. **Origem**. No projeto, a regra relativa aos lucros, na SA, era a da obrigatoriedade da distribuição de metade do lucro anual, salvo cláusula em contrário (362.º/1)[1]. Acolhendo as exigências do artigo 15.º da 2.ª Diretriz[2], então em vigor, clarifica-se que o lucro de exercício apenas podia ser atribuído aos sócios se este fosse "distribuível", o que seria definido nos termos transpostos nos 32.º e 33.º CSC. 1

Na versão de 1986, apenas o n.º 3 era idêntico à versão hoje em vigor. No demais, (a) estabelecia-se que, salvo cláusula contratual ou deliberação *unânime* dos acionistas, não podia deixar de ser distribuídos metade dos lucros de exercício (n.º 1), (b) não se previa expressamente a possibilidade de o vencimento dos créditos de dividendos ser diferido por consentimento do sócio (n.º 2) e (c) a parte final do n.º 2 referia-se a ações cotadas em bolsa e não em ações admitidas à negociação em mercado regulamentado[3]. Por fim, (d) a epígrafe original ("lucro obrigatoriamente distribuído") diferia da atual. 2

2. **Reformas de 1987 e de 2006**. O DL 280/87, de 8-jul., alterou o 294.º/1 e 2, (a) diminuindo a maioria necessária para a deliberação de não distribuição de metade dos lucros de exercício para três quartos, (b) passando a admitir expressamente o diferimento do vencimento do crédito aos dividendos em virtude do consentimento do acionista e (b) atribuindo ao preceito a epígrafe, mais neutra, de "direito aos lucros de exercício"[4]. 3

[1] BMJ 327 (1983), 256.
[2] António Menezes Cordeiro, *Direito europeu das sociedades* (2005), 189.
[3] DR I Série, n.º 201, de 2-set.-1986, 2347/I.
[4] DR I Série, n.º 154, de 8-jul.-1987, 2662/II.
[5] DR I Série-A, n.º 63 (Supl.), de 29-mar.-2006, 2328-(18)/II.
[6] Os lucros transitados ou reservas disponíveis poderão ser distribuídos aos sócios nos termos gerais. A decisão dessa distribuição será, porém, plenamente discricionária (não haverá qualquer obrigatoriedade de distribuição).

4 Por fim, o DL 76-A/2006, de 29-mar.[5] veio dar ao 294.º/2, a sua redação atual: melhorou a redação e substituiu "ações não estiverem cotadas em bolsa" por "ações não estiverem admitidas à negociação em mercado regulamentado".

5 A 2.ª Diretriz societária, que forneceu as coordenadas inicias ao presente regime, foi entretanto revogada pela Diretriz 2012/30/UE, do Parlamento Europeu e do Conselho, de 25-out. O conteúdo do 15.º da Segunda Diretriz é, contudo, acolhido no 17.º do novo diploma europeu: a entrada em vigor desse diploma não exigiu, portanto, qualquer reforma do 294.º.

II – **A distribuição do lucro**

6 3. A **regra base** é a de que deve ser distribuído, ao acionista, metade do *lucro do exercício que seja distribuível*. A obrigatoriedade da distribuição de lucros aos acionistas pressupõe, pois, analiticamente que (i) existam lucros de exercício e que (ii) esses lucros sejam distribuíveis. A aferição da existência de lucros de exercício é dada pela diferença entre proveitos e custos da sociedade do ano correspondente ao exercício em causa. Um resultado nulo ou negativo dessa operação implica a não obrigatoriedade da distribuição de lucros, ainda que existam lucros transitados que possam ser distribuídos aos acionistas, ou reservas disponíveis[6]. Já o caráter distribuível dos lucros, que é cumulativamente exigido para que a distribuição seja *prima facie* obrigatória, é delimitado nos termos dos 32.º e 33.º, para cujas anotações se remete.

7 4. **Natureza dispositiva**. A regra do 294.º/1 pode ser afastada por cláusula estatutária em contrário[7]. Tal cláusula pode, designadamente, (a) alterar a cifra dos lucros de exercício distribuíveis que devem ser distribuídos na ausência de deliberação em contrário, elevando-a ou diminuindo-a[8] ou (b) alterar a maioria exigida para a aprovação da deliberação mediante a qual os sócios aprovem uma deliberação superior ou inferior à supletivamente estabelecida na lei ou nos estatutos[9]. Podem também os estatutos estabelecer condições materiais da obrigatoriedade da distribuição de lucros (estabelecendo, por exemplo, que a não distribuição apenas será admissível quando essa distribuição for inconveniente do ponto de vista económico-financeiro). Fora do domínio da autonomia estatutária está, porém, a alteração das condições das quais depende o caráter distribuível dos lucros: os artigos 32.º e 33.º, onde essas condições são definidas, tendo

[7] RCb 26-jun.-2000 (Cardoso Albuquerque), CJ XXV (2000) 4, 24-27 (26/II) e STJ 18-mai.-2004 (Lopes Pinto), Proc. 04A1663. Salientando-o, também, António Menezes Cordeiro 2 (2007), 602.
Estas cláusulas estatutárias contrárias ao 294.º podem ser introduzidas tanto aquando da constituição da sociedade, quanto supervenientemente. Neste último caso, discute-se qual a maioria aplicável à alteração dos estatutos. Aceitando-se como premissa que a exigência da maioria qualificada de ¾ para a aprovação das deliberações que afastem a distribuição pelos sócios de metade dos lucros de exercício distribuíveis (294.º/1 e, identicamente, 217.º/1) encontra a sua justificação na proteção das minorias contra a privação dos frutos do seu investimento contra a sua vontade, seguir-se-á que a mesma maioria deve ser aplicada, por maioria de razão, às deliberações que não se limitem a determinar essa não distribuição relativamente a um concreto exercício, mas alterem os estatutos no sentido de estabelecer como regra, aplicável a todos os exercícios futuros, um regime que conduza à não distribuição desse valor, sempre que os sócios não o deliberarem pela positiva. A alteração dos estatutos que afaste, em sentido desfavorável às minorias, o regime do 294.º/1 deve, pois, necessariamente ser aprovada por uma maioria de ¾, em detrimento da regra geral de 2/3 (386.º/3). Neste sentido, cfr. Luís Brito Correia, *Direito comercial*, III, 230 ss. e Filipe Cassiano Santos, *A posição do accionista face aos lucros de balanço*, 128-129.

[8] Contra, entendendo o fragmento do 294.º/1 que se reporta à distribuição de 50% dos lucros como uma norma de injuntividade mínima, Paulo Olavo Cunha, *Direito das sociedades comerciais*, 324-326.

[9] Por vezes os estatutos compreendem cláusulas sobre a distribuição de lucros que apenas curam *expressis verbis* de aspetos procedimentais dessa distribuição (limitando-se a enfatizar que a competência para essa distribuição pertence à assembleia geral ou a estabelecer uma maioria diferente daquela supletivamente estabelecida): saber se, nesse caso, é afastada a regra supletiva da distribuição de metade dos lucros de exercício distribuíveis será uma questão de interpretação (cfr. Evaristo Ferreira Mendes, *Direito ao lucro do exercício no CSC*, 488 ss.).

como finalidade a tutela dos credores, têm natureza injuntiva. Também a total exclusão estatutária da distribuição de lucros de exercício estará, por regra, excluída, em virtude da inadmissibilidade do pacto leonino (*vide* a anotação ao 22.º)[10].

III – **Procedimento de distribuição de lucros de exercício**

5. **Competência para a apresentação da proposta de distribuição de lucros.** A distribuição dos lucros pelos acionistas é uma das possíveis aplicações de resultados cuja proposta, com a devida fundamentação, deve integrar o relatório de gestão [66.º/5, *f*)], a apresentar pelo órgão de administração, em conjunto com as contas (65.º/1). Na medida em que a distribuição de lucros tem como um dos seus requisitos a existência de lucros de exercício, essa distribuição pressupõe a aprovação das contas referentes ao exercício em questão, seja em momento prévio, seja em simultâneo com a deliberação de distribuição. 8

9 Trata-se de uma *competência exclusiva*: para além de o órgão de administração ter o *dever* de apresentar uma proposta de aplicação dos resultados, apenas esse órgão é competente para formular propostas de distribuição: a decisão sobre se os resultados devem ser distribuídos ou se esses resultados devem ser retidos no património da sociedade tem um imediato impacto na estrutura financeira da sociedade, condicionando a atividade da administração, ao que acresce que o caráter fundamentado da proposta postula um real conhecimento do negócio que só a administração pode ter[11]. O caráter exclusivo desta competência da administração tem o seguinte corolário: os sócios não podem apresentar propostas de distribuição de lucros alternativas à do conselho de administração.

6. **Necessidade de deliberação da assembleia geral.** A constituição de um crédito ao dividendo na esfera de cada acionista apenas ocorre com a aprovação da deliberação de distribuição dos lucros de exercício[12], nomeadamente através da deliberação sobre a proposta de aplicação de resultados na assembleia geral anual [376.º/1, *b*)]. A mera aprovação de contas que declarem a existência de lucros de exercício distribuíveis não é suficiente para o efeito, na medida em que à assembleia geral seja atribuído o poder de não distribuir lucros de exercício ou fixá-los noutra medida que não aquela supletivamente estabelecida no 294.º/1, ou nos estatutos. Podendo os lucros a distribuir ser inferiores ou superiores ao valor legal ou estatutariamente definido, terá de ser dada à assembleia geral a oportunidade de se pronunciar sobre a questão[13]. 10

11 Quando da lei ou dos estatutos decorrer a obrigatoriedade de a sociedade distribuir uma parcela dos lucros de exercício distribuíveis, para além de serem titulares de um direito abstrato aos lucros, os acionistas serão também titulares de um direito de crédito perante a sociedade, o

[10] Como aí salientando, a exclusão estatutária da distribuição de lucros de exercício pode ser admitida em sociedades de curta duração (tipicamente SPVs), desde que não seja cumulativamente excluída a distribuição dos lucros de liquidação.

[11] Cfr. Diogo Costa Gonçalves, *Adiantamentos sobre o lucro do exercício*, 589-591.

[12] Cfr. Evaristo Ferreira Mendes, *Direito ao lucro do exercício no CSC*, 509 ss, Paulo Olavo Cunha, *Direito das sociedades comerciais*, 370 ss, Fátima Gomes, *O direito aos lucros e o dever de participar nas perdas nas sociedades anónimas*, 318 ss. Contra, entendendo que, na ausência de uma deliberação de não distribuição de lucros, os administradores teriam o dever de distribuir aos sócios os dividendos correspondentes, veja-se Jorge Coutinho de Abreu, *Curso de direito comercial*, II, 436, Manuel António Pita, *Direito aos lucros*, 135 ss, Filipe Cassiano Santos, *A posição do accionista face aos lucros de balanço*, 104 ss e Paulo Tarso Domingues, *comentário ao 294.º*, 262 (ainda que com divergências entre eles quanto ao momento em que, na ausência de uma deliberação impeditiva da distribuição de lucros, os créditos aos dividendos se constituem na esfera dos acionistas).

[13] Exceção ao que se afirma em texto será, assim, o caso de os estatutos estabelecerem uma fração fixa dos lucros a distribuir aos acionistas independentemente de uma deliberação da assembleia geral. Nesse caso, a aprovação das contas será condição suficiente da constituição dos créditos ao dividendo na esfera dos acionistas.

qual tem como prestação a emissão de uma deliberação de distribuição que lhes atribua, pelo menos, esse dividendo mínimo. A omissão da deliberação de repartição consubstanciará, pois, um incumprimento de uma obrigação de celebrar um negócio jurídico, à qual, para além de desencadear as demais consequências do incumprimento das obrigações, se aplica, por analogia, o 830.º/1 do CC: os acionistas poderão, pois, requerer sentença que produza os efeitos da deliberação de distribuição dos dividendos devidos[14].

12 A não distribuição de lucros de exercício é admitida, desde que deliberada pela assembleia geral. A maioria exigida para o efeito é de ¾ dos votos (294.º/1)[15]. Essa deliberação, mesmo que reiterada, não consubstancia, por si, um abuso: este apenas resultará da presença de votos abusivos [58.º/1, *b*)] ou da violação do 334.º CC[16].

13 7. **Políticas de dividendos.** A aprovação, pelo conselho de administração, de diretrizes plurianuais sobre a distribuição de dividendos pela sociedade não restringe a competência da assembleia geral relativamente à distribuição de lucros em cada exercício. Mesmo que estas sejam aprovadas pela assembleia geral, essa aprovação (i) não dispensa uma deliberação anual de distribuição de lucros, (ii) nem retira competência à assembleia geral para deliberar em sentido contrário quando se pronunciar, em concreto, sobre a distribuição de lucros de exercício. Caso, porém, o órgão de administração submeta uma política plurianual de dividendos à assembleia geral, e esta a aprovar, o órgão de administração ficará vinculado a apresentar propostas de deliberação de dividendos consonantes com essa política nos termos dos 405.º/1 e 373.º/3.

IV – Conteúdo da deliberação de distribuição

14 8. **Concretização do direito ao dividendo.** A quantificação do valor do dividendo atribuído por cada ação resulta da multiplicação da percentagem dos lucros a que cada ação dá direito pelo valor dos lucros a distribuir[17]. A assembleia geral não tem, assim, em rigor, competência para estabelecer o valor dos créditos de dividendos que, com a distribuição, se constituem na esfera

[14] Assim, Evaristo Ferreira Mendes, *Direito ao lucro do exercício no CSC*, 521 ss.. Nada prejudica, saliente-se, que os acionistas possam também requerer a condenação judicial da sociedade na adoção de tal deliberação (817.º CC).

[15] Note-se, contudo, que a exigência desta maioria qualificada se configura como um mecanismo de proteção dos acionistas minoritários, que procura demover de situações em que estes não beneficiam, contra a sua vontade, periodicamente dos lucros que a sociedade em que participam vai produzindo. Por essa razão, deliberação que aprove a deliberação de um montante superior à metade do lucro supletivamente definida apenas carece de aprovação por maioria simples. Assim, Jorge Coutinho de Abreu, *Curso de direito comercial*, II, 440.

[16] Sobre este abuso, cfr. Evaristo Mendes, *Anotação a Ac. STJ-7-jan-1993 (Raúl Mateus)*, RDES XXXVIII (1966), 283-364, Pedro Pais de Vasconcelos, *A participação social nas sociedades comerciais*, 97-98 e Paulo de Tarso Domingues, *Variações sobre o capital social*, 270-275. Na aferição do caráter abusivo da deliberação de não distribuição de lucros de exercício haverá que atender às necessidades de autofinanciamento da sociedade, as quais dependem da concatenação de uma pluralidade de fatores, alguns deles cuja concretização é marcadamente aberta: haverá que considerar não só a situação financeira ao tempo da deliberação, mas também, entre outros, os projetos empresariais que a sociedade visa empreender no futuro ou os riscos que podem vir a atingir a sociedade e que podem justificar a criação ou o reforço de reservas. A concretização destes fatores por último referidos inserem-se inquestionavelmente no âmbito da discricionariedade empresarial, não podendo o tribunal imiscuir-se na esfera dos órgãos competentes para os definir ou, por regra, para sindicar a sua bondade. Por outro lado, não pode deixar de se ter presente que o exercício do direito de voto representa uma expressão de autodeterminação patrimonial de cada sócio, não sendo funcionalizado a um interesse coletivo, nem constrangido pelos interesses dos demais sócios. Dessa forma, a caracterização da deliberação de não distribuição de lucros de exercício como abusiva reclama contenção: será, nomeadamente, necessário demonstrar que face aos referidos fatores nenhum benefício real resulta para a sociedade da retenção de lucros.

[17] Supletivamente essa percentagem é proporcional à participação de cada sócio no capital da sociedade. Trata-se, contudo, de matéria sujeita à autonomia dos sócios. *Vide* a anotação ao 22.º.

de cada acionista: apenas para estabelecer um dos coeficientes em que assenta essa quantificação. Consequentemente, caso a deliberação aprovada integre uma listagem dos acionistas e dos valores que a cada um devem ser pagos a título de dividendo, essa listagem deve ser vista como tendo caráter meramente declarativo.

9. **Inibição do direito ao lucro.** A repartição dos lucros que a sociedade delibera distribuir 15
pelos vários acionistas pode, porém, sofrer alterações em virtude da aplicação de normas (ou de atos administrativos de uma autoridade de supervisão) que suspendam, total ou parcialmente, o direito aos lucros de um acionista[18].

O destino a dar à fração dos lucros distribuídos correspondentes ao direito do acionista 16
cujo direito ao lucro se encontra suspenso será determinado pela interpretação da norma que estabelece a inibição. Consoante a finalidade prosseguida pela inibição, esse valor pode reverter para o património da sociedade[19] ou incrementar proporcionalmente o valor dos dividendos a distribuir pelos demais acionistas[20].

10. **Alteração por deliberação da participação de cada acionista nos lucros de exer-** 17
cício e renúncia ao dividendo. Questão diferente é a de saber se a repartição dos lucros a distribuir pelos acionistas pode ser afetada por ato do acionista mediante o qual este exprima a sua vontade de não se tornar credor de dividendos. Tal pode suceder, designadamente, quando acionistas maioritários tenham preferência pelo autofinanciamento da sociedade ou pretendam tornar a participação na sociedade mais atrativa para acionistas minoritários. Na medida em que, com a distribuição de dividendos se prosseguem interesses exclusivamente patrimoniais dos acionistas, as valorações do sistema apontam no sentido da maximização das suas possibilidades de autodeterminação: será, assim, válida a deliberação de distribuição de lucros que prive (total ou parcialmente) algum acionista da fração dos lucros distribuídos que lhe caberia, desde que com o consentimento desse acionista[21].

V – **Vencimento do crédito aos dividendos**

11. **Vencimento e diferimento.** Nos termos do 294.º/2, as obrigações de pagamento de divi- 18
dendos vencem-se 30 dias após a deliberação da sua atribuição[22]. Admite, contudo, três classes de exceções.

[18] Posição diferente é a do sócio de ações não integralmente liberadas: neste caso, os dividendos não deixam de lhe ser afetos, dando-se, contudo, uma situação de compensação legal entre o crédito ao dividendo e o crédito à entrada (27.º/4).

[19] Assim sucederá quando a inibição do direito é implicada por uma proibição de distribuição de dividendos determinada por normas ou atos administrativos que visem reforçar a robustez patrimonial da sociedade, como são aquelas que sejam determinadas por autoridades de supervisão financeira (veja-se, o 116.º/2, *h)*, 138.º-AA/1, 141.º/1, *i)*, todos do RGICSF, 94.º/2, *b)* e 309.º/2, *f)*, da Lei 147/2015, de 9-set, 109.º/2/*d*), 195.º/6 do DL 2/2009, de 5-jan, ou 16.º/2, *h)*, do Regulamento (UE) n.º 1024/2013, do Conselho, de 15-out). O mesmo vale, por expressa determinação do 192.º/1 e 5, CVM, relativamente aos dividendos do acionista que incumpra o dever de lançamento de OPA sobre a sociedade, nos termos do 187.º e seguintes do mesmo diploma.

[20] Tal deve suceder sempre que a razão justificativa da norma que estabelece a inibição se prender com a neutralização dos efeitos da participação do acionista visado pela inibição na esfera dos demais acionistas (neste sentido, vejam-se os 324.º/1, *a)* e 485.º/3).

[21] Neste sentido, Evaristo Ferreira Mendes, *Direito ao lucro do exercício no CSC*, 516-518. Contra, Fátima Gomes, *O direito aos lucros e o dever de participar nas perdas nas sociedades anónimas*, 319.

[22] Trata-se de prazo fixado exclusivamente a favor do devedor, pelo que os dividendos podem ser pagos antes do decurso do mesmo (779.º do CC), como salienta Carlos Ferreira de Almeida, *Direito a dividendos no âmbito de oferta pública de aquisição de acções*, 41. Não obstante o prazo de 30 dias ser contado a partir de um evento cujo momento de

19 Em primeiro lugar, é admitido o *diferimento contratual do vencimento* da obrigação de pagamento de dividendo: no exercício da autonomia privada, a sociedade pode acordar esse diferimento individualmente com cada acionista[23]. Em segundo lugar, o vencimento dos créditos aos dividendos não se vencem após trinta dias quando o ordenamento proibir o respetivo pagamento antes de observadas certas formalidades[24]. Por fim, admite-se que o prazo de vencimento seja *unilateralmente estendido pela sociedade* até mais 60 dias (ou seja, até um total de 90 dias). Tem competência para o efeito a assembleia geral[25], seja na mesma reunião em que aprova a distribuição, seja em deliberação posterior, sendo necessária para a sua aprovação apenas a comum maioria simples. A validade da deliberação que estende unilateralmente o prazo de vencimento dos créditos ao dividendo estará dependente de (a) as ações que atribuem o crédito ao dividendo não estarem admitidas à negociação em mercado regulamentado e (b) a extensão ter fundamento em "situação excecional da sociedade"[26].

20 12. **Participação dos membros de órgãos sociais nos lucros**. Quando os estatutos atribuam aos membros dos órgãos sociais o direito a uma participação nos lucros, esta só pode ser paga depois de postos a pagamento os dividendos dos acionistas (294.º/3). Visa-se, com isto, alinhar os interesses dos membros dos órgãos sociais com o interesse dos acionistas num célere pagamento dos dividendos e, no limite, evitar que, num cenário de deterioração da situação patrimonial da sociedade posterior à deliberação de distribuição, que desencadeie a aplicação

ocorrência é incerto (a deliberação de distribuição), está-se perante uma obrigação de prazo certo. Assim é, dado que a deliberação de distribuição é o título constitutivo da obrigação de dividendos, pelo que, a partir do momento em que esta surge, a determinação do prazo para o cumprimento depende exclusivamente do tempo. Decorrido este período, a sociedade entre em mora, independentemente de interpelação pelo sócio (805.º/2, *a)*, do CC), salvo situações de mora do credor (em sentido oposto, a propósito do regime idêntico das SPQ, Raúl Ventura, *Sociedades por quotas*, I, 347).

[23] Nestes casos, o diferimento que desloque o momento do vencimento destes créditos para um momento posterior a um ano contado após a deliberação de distribuição constitui um índice de que esse diferimento tem caráter de permanência e, consequentemente, da sujeição do crédito ao regime dos suprimentos (artigo 243.º/1 e 2, segunda parte, aplicados por analogia).

[24] Por "formalidades" deve aqui entender-se qualquer evento a cuja verificação seja imposta como requisito prévio do cumprimento das obrigações de dividendos. Como exemplo, podem ser referidas as proibições, estabelecidas pelas autoridades de supervisão financeira, de que as sociedades objeto de supervisão paguem dividendos já distribuídos antes de reforçarem em determinada medida os seus fundos próprios.

[25] Contra, entendendo que a competência para operar esta dilação pertence à administração, Paulo Tarso Domingues, *comentário ao 294.º*, 295. Contudo, o paralelismo entre o 294.º e o 217.º, e o facto de o próprio 294.º/2 usar a expressão "deliberação" para se referir a uma decisão conjunta dos sócios parecem obstar a essa leitura. Questão diferente será a de saber se, por se tratar de uma questão de gestão financeira, a competência para propor a dilação está, à semelhança do que sucede com a própria distribuição de lucros, reservada ao órgão de administração.

[26] Este requisito deve ser interpretado de forma lata: sendo os sócios simultaneamente os «proprietários materiais» da sociedade e, enquanto classe, os titulares dos créditos ao dividendo, deverá alocar-se, por regra, à sua esfera de autonomia a determinação de quais as circunstâncias que justificam a dilação do vencimento dos créditos aos dividendos. Desta forma, se as razões típicas para a justificação desta dilação se prendem com questões de tesouraria (como a necessidade temporária de capitais próprios ou a falta de liquidez para proceder aos pagamentos), parece não haver fundamento para restringir a estas o círculo das situações aptas a justificar esta dilação unilateral. Contudo, o estabelecimento deste requisito visa a tutela do interesse dos acionistas minoritários quanto à efetiva receção do dividendo, não podendo, por isso, ser esvaziado. Assim, (a) o diferimento deverá ser fundamentado, para além da mera invocação nominal de uma "situação excecional" e (b) poderá ser judicialmente sindicado, sendo a validade da deliberação de diferimento prejudicada quando os motivos invocados para esse efeito assentarem em pressupostos de facto falsos, ou quando a dilação do pagamento não puder ser considerada, num juízo de prognose póstuma, como uma medida objetivamente idónea a tutelar o interesse invocado como justificador dessa dilação. O caráter *excecional* da situação é, pois, uma predicação estabelecida pelos sócios com ampla discricionariedade e não é prejudicado pela frequência da sua ocorrência ou invocação. No demais, o exercício desta faculdade estará sempre sujeita aos limites dos votos abusivos (58.º/1/*b)*) e do abuso de direito (334.º do CC).

do 31.º/2, *a*), os acionistas vejam os seus créditos a dividendos não ser satisfeitos por o património livre da sociedade ter sido previamente afeto ao pagamento dos lucros partilhados com os membros dos órgãos sociais[27].

O pagamento dos créditos dos membros dos órgãos sociais a uma fração dos lucros pode ser pago a partir do momento em que os dividendos são "postos a pagamento". Esse momento verifica-se quando a sociedade realiza integralmente (diretamente ou através de sujeitos que atuem por sua conta, como os agentes do emitente que assegurem o pagamento dos dividendos, quando as ações estejam integradas em sistema centralizado) todos os atos cuja prática é necessária ao cumprimento da totalidade das obrigações de dividendos, o que pode não coincidir necessariamente com o momento do respetivo cumprimento. Situações de mora do credor ou de atrasos no pagamento dos dividendos que sejam imputáveis a terceiros não prejudicam o preenchimento desse pressuposto[28]. 21

VI – **Transmissão do crédito ao dividendo**

13. **Autonomia do crédito ao dividendo.** Deliberada a distribuição, surge na esfera de cada acionista um crédito de valor correspondente à fração dos lucros distribuídos que lhe cabe. Esse crédito autonomiza-se da ação, enquanto participação social. Fica, assim, subtraído aos poderes que a sociedade pode ter sobre os direitos corporativos dos sócios. Concretamente: os créditos aos dividendos não podem ser extintos por uma deliberação da assembleia geral revogatória da deliberação de distribuição[29]. Enquanto posição independente, os créditos ao dividendo podem também ser cedidos, onerados ou penhorados, sem que idêntico efeito seja produzido sobre a ação do qual decorrem. Vale também o oposto: a transmissão, oneração ou penhora de ações não implica que os créditos a dividendos já distribuídos tenham o mesmo destino da ação da qual decorrem[30]. Neste sentido, depõe o lugar paralelo estabelecido no 239.º/1. 22

Mas a autonomização do crédito ao dividendo do domínio corporativo não é plena: como decorre do 31.º/2, *a*), os créditos a dividendos dos acionistas não devem ser satisfeitos se os membros da administração tiverem fundadas razões para crer que, em virtude de alterações entretanto ocorridas no património social, o pagamento desses dividendos coloque a sociedade 23

[27] Tendo presente esta finalidade, a aplicação desta regra não é aplicável a outros mecanismos de remuneração dos membros dos órgãos de administração funcionalmente idênticos à participação nos lucros (como a atribuição de *stock options*), nem à satisfação de outras obrigações de pagamento a terceiros de uma fração dos lucros de exercício (como as decorrentes das obrigações participativas, referidas nos 361.º/1, *a)* e *b)*, e 362.º, ou de cláusulas contratuais que atribuam esse direito a trabalhadores, financiadores, ou a outros sujeitos).
De resto, note-se que, em rigor, nestes casos, estes sujeitos não têm direito a um quinhão do lucro de exercício distribuível, semelhante àquele que é atribuído aos acionistas. Em todos estes casos o que está em causa é uma obrigação não inerente a uma participação social cuja quantificação da prestação é feita por referência aos lucros de exercício distribuíveis. Tecnicamente, essas obrigações serão contabilizadas como passivo aquando da aferição da existência de lucros de exercício distribuíveis (assim, Carlos Osório de Castro/Gonçalo Andrade e Castro, *A distribuição de lucros a trabalhadores de uma sociedade anónima*, 77).

[28] Fundamentalmente no mesmo sentido, Paulo Olavo Cunha, *Direito das sociedades comerciais*, 471-472. Assim, no pagamento por transferência bancária, esta exigência satisfaz-se com a mera ordem de transferência, sendo irrelevante a creditação do pagamento em conta do sócio credor (isto independentemente da caracterização das obrigações pecuniárias como obrigações de entrega ou como obrigações de envio). Por outro lado, a não apresentação do cupão pelos dividendos após decorrido o prazo, nos dividendos inerentes a ações tituladas, configurará uma evidente situação de mora do credor (813.º do CC).

[29] Cfr., *inter alia*, Filipe Cassiano Santos, *A posição do accionista face aos lucros de balanço*, 24, Paulo Tarso Domingues, *comentário ao 294.º*, 252-253, Carlos Ferreira de Almeida, *Direito a dividendos no âmbito de oferta pública de aquisição de acções*, 32 ss.

[30] Cfr. Carlos Ferreira de Almeida, *Direito a dividendos no âmbito de oferta pública de aquisição de acções*, 72-73 e Fátima Gomes, *O direito aos lucros e o dever de participar nas perdas nas sociedades anónimas*, 263 ss.

numa situação de inobservância das regras que estabelecem os limites da distribuição de bens a sócios[31].

24 Questão diferente é a de saber se a transmissão, a oneração ou a penhora de ações implica que os créditos aos dividendos já distribuídos, mas ainda não satisfeitos, tenham idêntico destino. Tratando-se de créditos independentes, e nada sendo estipulado pelas partes, deverá entender-se que os créditos aos dividendos já distribuídos não se transmitem com a transmissão das ações[32].

Artigo 295.º (Reserva legal)

1. Uma percentagem não inferior à 20.ª parte dos lucros da sociedade é destinada à constituição da reserva legal e, sendo caso disso, à sua reintegração, até que aquela represente a 5.ª parte do capital social. No contrato de sociedade podem fixar-se percentagem e montante mínimo mais elevados para a reserva legal.

2. Ficam sujeitas ao regime da reserva legal as reservas constituídas pelos seguintes valores:

***a*) Ágios obtidos na emissão de ações, obrigações com direito a subscrição de ações, ou obrigações convertíveis em ações, em troca destas por ações e em entradas em espécie;**

***b*) Saldos positivos de reavaliações monetárias que forem consentidos por lei, na medida em que não forem necessários para cobrir prejuízos já acusados no balanço;**

***c*) Importâncias correspondentes a bens obtidos a título gratuito, quando não lhes tenha sido imposto destino diferente, bem como acessões e prémios que venham a ser atribuídos a títulos pertencentes à sociedade;**

***d*) Diferença entre o resultado atribuível às participações financeiras reconhecido na demonstração de resultados e o montante dos dividendos já**

[31] *Vida* as anotações aos artigos 31.º e 32.º

[32] A questão de saber se, com a transmissão de ações, se transmitem também os créditos aos dividendos já distribuídos será, pois, em primeira linha, uma questão de interpretação das declarações negociais. A conclusão de que a solução supletiva é a da não transmissibilidade pressupõe a não qualificação dos dividendos já distribuídos como "frutos pendentes" em face do 882.º/2 do CC nem como "acessórios do crédito" perante o 582.º/1 do CC (aplicável *ex vi* 588.º do CC), como pretende Carlos Ferreira de Almeida, *Direito a dividendos no âmbito de oferta pública de aquisição de acções*, 55-64. No que concerne aos frutos civis, estes devem considerar-se percebidos com a constituição do crédito – momento no qual passam a integrar o património do seu titular – e não apenas no momento da sua satisfação pelo credor, pelo que os créditos aos dividendos já distribuídos não se inserem no âmbito da compra e venda recordado pelo 882.º/2 do CC. Também a qualificação dos créditos aos dividendos como "acessórios" da participação é improcedente. Não é contestável que existe uma dependência *lato sensu* do crédito ao dividendo do direito à participação social, dado que a atribuição do dividendo é um direito inerente à participação, que é atribuído aos sócios como contrapartida da sua participação na sociedade. Mas não só essa dependência não se traduz tecnicamente numa relação de acessoriedade, como nada determina que essa dependência se prolongue para além desse momento genético. Os créditos aos dividendos já distribuídos não se qualificam, pois, como "acessórios" da participação de cuja titularidade decorreu a sua atribuição. Os trabalhos preparatórios do 582.º/1 CC fornecem, aliás, um argumento neste sentido: o legislador material não considerou aí o problema da transmissão dos dividendos com a transmissão da participação social, mas considerou o problema análogo da transmissão dos juros já vencidos com a transmissão do crédito ao reembolso do capital: e, a esse propósito, é expressa a intenção do legislador material do 582.º/1 no sentido de que os "juros vencidos" não seguem o crédito principal enquanto "acessórios do crédito", solução que se pretendeu generalizar a todos os "frutos vencidos" (cfr. Adriano Vaz Serra, *Cessão de créditos ou de outros direitos*, BMJ (1955), 114). Esta solução é, de resto, a única valorativamente coerente com o disposto no 239.º/1.

recebidos ou cujo pagamento possa ser exigido relativamente às mesmas participações.

3. Os ágios a que se refere a alínea *a*) do número anterior consistem:

***a*) Quanto à emissão de ações, na diferença para mais entre o valor nominal e a quantia que os acionistas tiverem desembolsado para as adquirir ou, no caso de ações sem valor nominal, o montante do capital correspondentemente emitido;**

***b*) Quanto à emissão de obrigações com direito de subscrição de ações ou de obrigações convertíveis, na diferença para mais entre o valor de emissão e o valor por que tiverem sido reembolsadas;**

***c*) Quanto à troca de obrigações com direito de subscrição de ações ou de obrigações convertíveis em ações, na diferença para mais entre o valor da emissão daquelas e o valor nominal destas ou, no caso de ações sem valor nominal, o montante do capital correspondentemente emitido;**

***d*) Quanto às entradas em espécie, na diferença para mais entre o valor atribuído aos bens em que a entrada consiste e o valor nominal das ações correspondentes ou, no caso de ações sem valor nominal, o montante do capital correspondentemente emitido.**

4. Por portaria dos Ministros das Finanças e da Justiça podem ser dispensadas, no todo ou em parte, do regime estabelecido no n.º 2 as reservas constituídas pelos valores referidos na alínea *a*) daquele número.

Bibliografia: Jorge Coutinho de Abreu, *Direito Comercial – II* (2019), 449-453; Joana Freire de Almeida, *Capital social, reservas e suprimentos: seu conteúdo, função e papel na cobertura de prejuízos*, RDS 3-4 (2015), 835--866; José Engrácia Antunes, *Capital próprio, reservas legais especiais e perdas sociais*, SI 57 (2008), 93-116; *id.*, *Cobertura de prejuízos sociais transitados e reserva de prémios de emissão*, em *Ars ivdicandi/Estudos em homenagem ao Professor Doutor António Castanheira Neves*, II (2008), 65-85; António Menezes Cordeiro, *Escrituração comercial, prestação de contas e disponibilidade do ágio nas SA*, em *Estudos em homenagem ao Professor Doutor Inocêncio Galvão Telles*, IV (2003), 573-598; *id.*, *Sociedades* 2 (2007), 604-607; *id.*, *Introdução ao direito da prestação de contas* (2008), 120-125; *id.*, *Sociedades* 1 (2022), 586-592; António Ferrer Correia/António Agostinho Caeiro, *Aumento do capital, preferência dos acionistas e sobrepreço das acções*, RDES (1968), 5-39; Paulo de Tarso Domingues, *Variações sobre o capital social* (2009), 275-292 e 420-445; *id.*, *O aumento do capital social gratuito ou por incorporação de reservas*, DSR 1/1 (2009), 215-240; *id.*, *A constituição de reservas e a distribuição mínima do lucro de exercício/Anotação do acórdão do Tribunal da Relação de Guimarães de 9/3/2010, Proc. 191/07*, CDP 37 (2012), 27-42; *id.*, *Artigos 295.º e 296.º*, em *Código das Sociedades Comerciais em comentário*, (2018), 298-327; *id.*, *Capital e património sociais, lucros e reservas*, em *Estudos de direito das sociedades* (2013), 174-233; *id.*, *O regime jurídico e a destinação do prémio de emissão e das reservas de fusão*, RDES (2014) 1-4, 175-197; *id.*, *O financiamento societário pelos sócios* (2021), 373-378, 499 ss, 527-542; Jorge Pinto Furtado, Curso de Direito das Sociedades (2004), 303-326; Fátima Gomes, *O direito aos lucros e o dever de participar nas perdas nas sociedades anónimas* (2011), 239-250; Ana Perestrelo de Oliveira, *Manual de* corporate finance (2015), 113-115; Alberto Pimenta, *A prestação das contas de exercício nas sociedades comerciais*, BMJ 209 (1971), 5-36; Manuel António Pita, *Apontamentos sobre capital social e património nas sociedades comerciais: direito das sociedades e direito da contabilidade*, em *Estudos em memória do Professor Doutor J. L. Saldanha Sanches*, II (2011), 499-525; Catarina Pontes, *Reservas: capital social e capital próprio*, em *Temas de direito das sociedades* (2011), 239-297; Filipe Cassiano dos Santos, *A posição do accionista face aos lucros de balanço/O direito do accionista ao dividendo no CSC* (1996), 29-31; *id.*, *Os lucros e a sua aplicação: reservas, resultados transitados e distribuição pelo sócios: uma introdução*, DSR 18 (2017), 98-119; Vasco da Gama Lobo Xavier/Maria Ângela Coelho, *Lucro obtido no exercício, lucro de balanço e lucro distribuível*, RDE 8 (1982), 259-275; Paulo Sousa de Vasconcelos, *Apuramento e aplicação de resultados* (2016); Raúl Ventura, *Sociedades por quotas*, I (1989), 349-370.

Índice

I – **Origem e reformas**
1. Preparatórios ... 1
2. Redação original ... 2
3. Reforma de 1988 ... 3
4. Reforma de 1998 ... 4
5. Reforma de 2010 ... 5
6. Reforma de 2015 ... 6

II – **Reserva legal**
7. Noção ... 7
8. Funções ... 8
9. Constituição obrigatória e gradual. Reintegração ... 9
10. Dotação ... 10
a) Lucros ... 11
b) Outras fontes de dotação ... 12

III – **Portarias de exclusão** ... 14

I – Origem e reformas

1 1. **Preparatórios**. O 295.º deriva do anteprojeto de Alberto Pimenta, o qual, em preceitos claros, dispunha sobre a constituição da reserva legal (2.º), a utilização da reserva legal (3.º) e a afetação das quantias que deveriam destinar-se à reserva legal, na hipótese de esta ter atingido o limite máximo (4.º)[1]. No projeto (363.º), a matéria equivalente ao 295.º apresentava algumas diferenças relativamente ao CSC[2]: era mais flexível.

2 2. **Redação original**. Proveniente do DL 262/86, de 2-set[3]. Manteve, face às reformas e redação atual, a sua substância.

3 3. **Reforma de 1988**. O DL 229-B/88, de 4-jul., veio introduzir a figura das "obrigações com direito de subscrição de ações" ou "obrigações com *warrants*"[4]. Alterou, nessa conformidade, o 295.º/2, *a*) e 3, *b*) e *c*)[5].

4 4. **Reforma de 1998**. O DL 343/98, de 6-nov., adaptou diversos diplomas à introdução do euro. Sem especiais explicações, aproveitou para, no diploma, introduzir o atual n.º 4[6].

5 5. **Reforma de 2010**. O DL 49/2010, de 19-mai., visando permitir as ações sem valor nominal, deu, ao 295.º/3, *a*), *c*) e *d*), a redação atual[7]. *Vide* as anotações ao 276.º.

6 6. **Reforma de 2015**. O DL 98/2015, de 2-jun.[8], procedendo à transposição da Diretriz 2013/34/UE, de 26-jun.-2013[9], veio alterar diversos diplomas com o objetivo de simplificação e redução das divulgações exigidas pelas normas contabilísticas e de relato financeiro. Aproveitou o legislador o ensejo para, atento o 9.º/7, *c*) da Diretriz, introduzir a atual alínea *d*) do n.º 2.

II – Reserva legal

7 7. **Noção**. A reserva legal corresponde a uma cifra contabilística, contabilizada nos capitais próprios da sociedade[10], que traduz um valor, indexado ao capital social, sujeito a um certo regime imperativo de *constituição*, *dotação* e *destinação*[11]. Tratando-se de um valor ideal de expressão con-

[1] Alberto Pimenta, *A prestação de contas*, 30-32.
[2] BMJ 327 (1983), 257-258.
[3] DR I Série, n.º 201, de 2-set.-1986, 2347/I.
[4] DR I Série, n.º 152 (Supl.), de 4-jul.-1988, 2732-(2)//II (o preâmbulo).
[5] *Idem*, 2732-(3)/I.
[6] DR I Série-A, n.º 257, de 6-nov.-1998, 5941/II.
[7] DR 1.ª série, n.º 97, de 19-mai.-2010, 1724/II.
[8] DR I Série-A, n.º 106, de 2-jun.-2015, 3476/II.
[9] JOUE n.º L-182, 19-76, de 26-jun.-2013.
[10] Integra o agregado contabilístico 5 (Capital, reservas e resultados transitados) do Código de Contas do Sistema de Normalização Contabilística (DL 158/2009, de 13-jul. e Portaria 1011/2009, de 9-set.) (doravante, SNC), aí se inscrevendo em rubrica própria (conta 551), constando do lado direito (passivo) do balanço.
[11] O conceito não compreende as *reservas ocultas* (quando o ativo líquido da sociedade contemple incrementos não refletidos na cifra do capital social ou sem qualquer expressão contabilística). Estas podem derivar de involuntárias mais-valias nominais (em resultado dos critérios de valoração aplicáveis) ou de uma voluntária quantificação dos ativos e proveitos por defeito (subvalorização) ou passivos e custos por excesso (sobrevalorização), com vista a, em tal

tabilística, a reserva legal reflete um conjunto de relações jurídicas ativas avaliáveis em dinheiro integrantes do património social. Desta relação "património-inscrição contabilística" decorrem os seguintes corolários: (i) a reserva legal é representativa de valores integrantes do património social e não do património dos sócios[12]; (ii) a reserva legal, enquanto mera cifra, não é penhorável – sê-lo-ão apenas os valores integrantes da concreta massa de bens da sociedade que lhe correspondem; e (iii) no património da sociedade, não se identificam bens ou elementos do ativo, enquanto compartimentos patrimoniais, que correspondam às reservas ou aos seus subtipos contabilisticamente inscritos, encontrando-se tais ativos diluídos na garantia geral da sociedade[13]. Por representar valores tangíveis do património social, por estar indexada ao capital social e por ser de formação sucessiva, a reserva legal é mutável: a cifra contabilística pode oscilar entre zero e a sua expressão numérica máxima (20% do capital social – 295.º/1).

8. **Funções**. (a) *Garantia adicional e preferencial dos credores*: adicional face à função garantística 8
do capital social, por impor um reforço do património da sociedade para além daquele correspondente ao capital social[14]; preferencial, porque é "uma espécie de escudo erguido à frente do capital – ou uma primeira linha de defesa"[15], que absorverá as perdas sociais, protegendo, na medida destas perdas, o capital, e dando tempo à sociedade para reagir[16]. (b) *Sinalização da solidez financeira da sociedade:* constando a cifra da reserva legal dos documentos de prestação de contas da sociedade, aos quais terceiros (investidores, financiadores, trabalhadores, etc.) têm acesso[17], revela esta – estando preenchida – a salutar situação económica da sociedade, especialmente quando tenha na sua origem lucros retidos. (c) *Autofinanciamento da sociedade*: visa congregar e regular a obtenção de meios que permitam a absorção de perdas e o crescimento da sociedade sem o peso do recurso a capitais alheios ou a prestações adicionais dos sócios.

9. **Constituição obrigatória e gradual**. **Reintegração.** A reserva legal constitui-se mediante 9
inscrição contabilística da respetiva cifra; a alteração da cifra (resultante do preenchimento, da utilização ou da reintegração da reserva legal) implicará uma nova inscrição contabilística, substitutiva da anterior. A reserva legal é de constituição (inscrição contabilística) obrigatória e advém da afetação, pela sociedade, através de deliberação social, de 1/20 (5%) dos lucros líquidos do exercício social, até atingir um valor correspondente a 1/5 (20%) do capital social (295.º/1, 1.ª

exercício de contabilidade criativa, dissimular a verdadeira situação da sociedade – *maxime*, conduzindo a uma subavaliação do valor da sociedade e das participações sociais correspondentes. Ainda que de prática corrente, a constituição de reservas ocultas põe em causa o princípio da verdade do balanço e da prestação de contas, por escaparem ao conhecimento e ao controlo dos credores e sócios. Por estas razões, à luz do 33.º/3, é proibida a distribuição de reservas ocultas. Perante a evidência destas reservas, poderão os sócios impugnar a deliberação de aprovação do balanço; pretendendo-se a consideração (*v.g.*, quando a lei societária remete para o 1021.º CC) ou distribuição das mesmas, deverá elaborar-se um balanço especial, que expressamente e fidedignamente as reflita.

[12] RLx 9-out.-1997 (Ponce de Leão), Proc. 0016362; RPt 19-mai.-2010 (Soares de Oliveira), Proc. 1851/07; STJ 16-dez.-2010 (Garcia Calejo), Proc. 1851/07 – no sentido de que as reservas (*maxime*, de lucros retidos) não integram o património dos sócios, não sendo frutos civis das respetivas participações, pois não têm existência autónoma com possibilidade de apropriação própria (e, assim, a participação social adquirida antes do casamento do seu titular, mas aumentada por incorporação de reservas na pendência do casamento, não tem a natureza de bem comum).

[13] *V.g.*, não significa que um saldo bancário desse montante deva estar cativo em conta da sociedade.

[14] O que justifica que as reservas sejam obrigatórias apenas nas sociedades de capital, em que os mecanismos típicos de responsabilidade patrimonial excluem, à partida, a afetação do património dos sócios a dívidas da sociedade.

[15] António Ferrer Correia (1968), 248. Falando do capital social como uma "almofada" e da reserva legal como uma "almofadinha" de proteção, Paulo de Tarso Domingues, *Artigo 295.º*, 303.

[16] Esta afetação preferencial traduz-se numa mera operação contabilística; não se detetando, no seio do património social, qualquer segregação de bens representados pela reserva legal, as perdas repercutem-se indistintamente na garantia geral.

[17] Parágrafos 9-14 da Estrutura Conceptual do SNC (Aviso n.º 15652/2009SNC, em DR II Série, n.º 173, de 7-set.-2009, 36228/I).

parte)[18]. Não se impõe, assim, a constituição imediata da reserva legal pela totalidade do seu valor, podendo esta ser preenchida gradualmente: anualmente (no final de cada exercício), a sociedade deve reter (não distribuir) uma parcela, não inferior a 5% dos lucros, cujo valor é inscrito contabilisticamente como reserva; esta operação repete-se anualmente até se atingir um fundo representativo de 20% do capital social. Basta, por isso, que a percentagem de lucros retidos não seja suficiente para atingir 20% do capital social, para que a sociedade não logre completar o *quantum* legalmente exigido findo o seu primeiro exercício social. Nos exercícios seguintes, haverá que reter 5% dos lucros até que se perfaça o montante correspondente a 20% do capital social. Inversamente, sempre que a retenção de 5% dos lucros exceda o valor de 20% do capital social, o excesso não fica sujeito à reserva legal. Nos exercícios seguintes, a retenção de lucros – do respetivo exercício – apenas se justificará se, tendo sido entretanto utilizada (com a consequente alteração da cifra para valores inferiores), a reserva deva ser reintegrada[19]. Não é permitido à sociedade nem aos sócios o afastamento, para valores inferiores, do limite de lucros a reter (5% dos lucros) ou do limite da própria reserva legal (20% do capital social); admite-se, porém, a fixação de valores superiores a estes limites, desde que plasmados no contrato de sociedade (artigo 295.º/1, 2.ª parte) – nesse excesso, estaremos já na presença de uma reserva estatutária. Verificando-se a utilização da reserva legal – que deverá ater-se aos fins contemplados no 296.º –, com a consequente redução da sua cifra, haverá que a reintegrar, de acordo com o regime estatuído no 295.º/1.

10 10. **Dotação**

11 *a*) **Lucros.** A reserva legal é integrada por uma parcela, não inferior a 5%, dos lucros (295.º/1). Tem, assim, na atividade social a sua principal fonte de alimentação, servindo de instrumento de autofinanciamento das sociedades. Os lucros a reter para dotação da reserva legal devem apurar-se dentro do perímetro dos lucros de exercício (correspondentes ao excedente patrimonial gerado pela sociedade durante aquele ano[20]), e aos quais, em conformidade com os 33.º/1 e 296.º, *b*), tenha sido já deduzido o valor destinado à cobertura de perdas transitadas[21].

12 *b*) **Outras fontes de dotação. Limites.** O 295.º/2 institui um conjunto de reservas legais especiais, ao submeter ao regime da reserva legal os valores elencados nas suas alíneas. O alargamento operado por esta norma determina, por um lado, a obrigatoriedade de a sociedade preencher a reserva legal *também* com estes valores; por outro, a sujeição destes à *totalidade* do regime da reserva legal[22], e não apenas de parte desse regime, como tem defendido uma posição hoje minoritária, na base de uma leitura especial dos trabalhos preparatórios[23]. Aplicando-se a

[18] Há outras reservas cuja constituição é imposta por normas especiais: 324.º/1, *b*) (aquisição de ações próprias), 345.º/6 (remição de ações preferenciais remíveis) e 347.º/7, *b*) (amortização de ações).

[19] O lucro acumulado passado (o designado "lucro de balanço") não releva para o preenchimento da reserva legal por via da retenção de lucros.

[20] Haverá lucro de exercício sempre que "o valor do património líquido ou do capital próprio da sociedade for, no final do ano económico e em resultado da sua atividade, superior ao que existia no início. I.e., trarta-se do excedente patrimonial gerado apenas durante esse ano" (Paulo de Tarso Domingues, *Capital e património sociais* [2013], 222). Como facilmente se intuiu, o lucro final não desempenha qualquer papel na dotação da reserva legal.

[21] Apesar da omissão do 295.º/1, tal já resultava expressamente do 363.º/3, *a*), do Projeto, ao determinar ser a reserva legal constituída pela "vigésima parte, pelo menos, do lucro de exercício (...) deduzidos os prejuízos transportados do ano anterior".

[22] Esta ideia encontra apoia num *elemento gramatical* (o 295.º/2 não distingue uma aplicação parcial do regime), num *elemento sintático* (o primeiro e mais impressivo traço do regime da reserva legal – para o qual remete o 295.º/2 – é o da sua expressão quantitativa, *i.e.*, do seu montante), e num *elemento sistemático* (toda a legislação societária aponta para a fixação de um regime de "mínimos", que se podem exceder por disposição estatutária) – António Menezes Cordeiro 1 (2011), 664 ss.; com argumentos convergentes, Pinto Furtado (2004), 326; Engrácia Antunes, *Cobertura de prejuízos sociais transitados* (2008), 76 ss.

[23] Raúl Ventura, (1989), 355-356 (embora com críticas, *de iure condendo*) e Cassiano dos Santos (1996), 31.

totalidade do regime, a afetação dos valores referidos no 295.º/2 cessa assim que seja alcançado o montante de 20% do capital social e a reserva legal – eventualmente já guarnecida com reservas de lucros – esteja plenamente constituída. Aplicando-se apenas parte do regime (sendo a "parte" o 296.º), ficariam esses valores totalmente indisponíveis *ad infinitum*, destinados aos fins previstos no 296.º – solução, aliás, bem mais gravosa do que a estatuída para a reserva legal constituída por lucros, cuja indisponibilidade se encontra limitada quantitativamente. Não se encontra qualquer razão justificativa para tal compressão da autonomia privada da sociedade, nem para a imobilização de parcelas crescentes da riqueza social. A esta luz, compreende-se a necessidade das portarias de exclusão referidas no ponto seguinte: elas visaram, numa área em que deve dominar a segurança, prevenir as dúvidas que advinham de doutrinas desencontradas.

O 295.º/2 submete ao regime da reserva legal: (a) os ágios ou prémios de emissão de 13
ações, de *warrants*, de obrigações convertíveis e de entradas em espécie; o 295.º/3 explica o sentido de cada uma destas quatro rubricas; (b) saldos positivos de reavaliações monetárias não necessárias para cobrir prejuízos; (c) importâncias correspondentes a bens obtidos a título gratuito, acessões e prémios atribuídos a títulos da sociedade.

III – **Portarias de exclusão.** As P 408/99, de 4-jun. [24] e P 160/2003, de 19-fev. [25], ao abrigo 14
do 295.º/4, vieram dispensar as sociedades que atuam nos mercados financeiros regulamentados (bancário, segurador, mobiliário) das obrigações de (a) incorporar o ágio ou prémio de emissão na reserva legal e (b) o destinar aos fins estatuídos no 296.º – não estando, todavia, impedidas de o fazer[26]. A concessão, à sociedade, de um maior espaço de liberdade na afetação destes valores, derivada da inaplicabilidade aos mesmos do regime da reserva legal, não é, porém, ilimitada: o ágio ou prémio de emissão não pode ser distribuído como dividendo (nem relevar, à luz do 33.º, para o cálculo de atribuição deste), nem, em linha como o 317.º/4, ser utilizado na aquisição de ações próprias.

Artigo 296.º (Utilização da reserva legal)

A reserva legal só pode ser utilizada:

a) **Para cobrir a parte do prejuízo acusado no balanço do exercício que não possa ser coberto pela utilização de outras reservas;**

b) **Para cobrir a parte dos prejuízos transitados do exercício anterior que não possa ser coberto pelo lucro do exercício nem pela utilização de outras reservas;**

c) **Para incorporação no capital.**

Bibliografia: *vide* a indicada no 295.º.

[24] DR I Série-B, n.º 129, de 4-jun.-1999, 3134/I e II.

[25] DR I Série-B, n.º 42, de 19-fev.-2003, 1140/I.

[26] Nas sociedades emitentes de ações admitidas à negociação em mercados regulamentados a solução é, contudo, menos flexível: determina o 1.º e 2.º da P 160/2003, de 19-fev., que o regime da reserva legal só não será aplicável ao ágio ou prémio de emissão quando este seja absorvido na cobertura de perdas [ainda que essa absorção seja direta, sem o esgotamento de reservas livres ou estatutárias, como imporia o 296.º, *a*) e *b*)].

Índice

I – Utilização da reserva legal 1
1. Cobertura de perdas 3
2. Incorporação no capital (remissão) 4

II – Utilização da reserva estatutária e das reservas livres 5

III – Sanções
3. A utilização indevida da reserva legal 6
4. A utilização indevida das reservas estatutárias ... 7

1 I – **Utilização da reserva legal**. No *plano contabilístico*, a "utilização" da reserva legal, enquanto cifra, verifica-se quando ocorre, mediante nova inscrição contabilística, uma alteração da cifra para um valor inferior, acompanhada de um lançamento contabilístico através do qual se revela a conta para onde é feita a transferência dos valores da conta de reservas. No *plano patrimonial*, observados os destinos permitidos pelo 296.º, a esta operação contabilística não corresponde uma diminuição do património social, nem se deteta a deslocação de uma concreta massa de bens individualizada sujeita a um especial vínculo de afetação. Esta "utilização" da reserva legal concretiza-se, assim, numa arrumação e alocação de verbas entre categorias contabilísticas (as contas).

2 O 296.º enuncia os dois únicos destinos possíveis da reserva legal: a cobertura de perdas ou a incorporação no capital social. A reserva legal é, fora destas hipóteses, *indisponível*, sendo ilegal a sua afetação a qualquer outro fim, *maxime*, a sua distribuição aos sócios[1]. Decorre também do 296.º uma *ordem imperativa* de destinação da reserva legal: em primeiro lugar, a cobertura de prejuízos do exercício [296.º, *a*)]; em segundo lugar, a cobertura de prejuízos transitados [296.º, *b*)]; por fim, a incorporação no capital social[2]. Como resulta do proémio do preceito, a sociedade tem a *faculdade* e não o *dever* de deliberar a utilização da reserva legal.

3 1. **Cobertura de perdas**. A reserva legal destina-se, em primeira linha, e na medida deste, à cobertura do prejuízo do exercício que não possa ser coberto por outras reservas [296.º, *a*)] e à cobertura de prejuízos de exercícios anteriores que não possam ser cobertos nem pelo lucro do exercício, nem por outras reservas [296.º, *b*)]. A afetação a estes fins é feita de forma *subsidiária* e *mediante deliberação*. (a) *Subsidiária* porque pressupõe o esgotamento prévio[3] do lucro de exercício e de "outras reservas" (reservas livres, estatutárias, etc.); esta solução, alicerçada numa ordem imperativa de cobertura das perdas, encontra-se em linha com a ideia de uma hierarquia na afetação ou ordem de imputação entre as várias componentes dos capitais próprios, a estabelecer em função do grau de vinculação destas componentes à proteção dos credores sociais. Desta forma, aos prejuízos transitados devem imputar-se prioritariamente, por esta ordem, as verbas dos lucros de exercício, das reservas livres, das reservas estatutárias, da reserva legal e, finalmente, do capital social[4-5]; a cobertura dos prejuízos do exercício seguirá a mesma ordem (sem, contudo,

[1] Salvo quando ocorra uma redução do capital social não fundamentado em perdas sociais; nesta hipótese, a reserva legal, se totalmente preenchida, será excedentária, podendo ser alocada, nesse excesso, a reservas estatutárias, reservas livres ou ser distribuída aos sócios.

[2] Solução que, de forma inequívoca, resulta do 93.º/2.

[3] *I.e.*, a alocação, no plano contabilístico, da totalidade das verbas constante das respetiva contas à conta de resultados transitados.

[4] Raúl Ventura (1989), 368 (admitindo, todavia, o A. que não há nenhuma prioridade na utilização da reserva livre face à reserva estatutária); José Engrácia Antunes, *Cobertura de prejuízos sociais transitados*, 76; Paulo de Tarso Domingues, *Artigo 296.º*, 325.

[5] Em coerência com a posição assumida na anotação do 295.º sobre a sujeição ao regime da reserva legal dos elementos elencados no 295.º/2, não relevará nesta ordem de imputação a "fonte de alimentação" da reserva legal; por

se justificar – como resulta da letra da lei – a referência à imputação, nestes, dos lucros de exercício). (b) *Mediante deliberação* porque, em consonância com a exigência de intervenção dos sócios na distribuição de bens (31.º ss.), é da competência dos sócios deliberar a afetação da reserva legal à cobertura de perdas[6], não se verificando uma absorção automática destas[7] [8].

2. **Incorporação no capital social (remissão).** A passagem da reserva legal a capital é feita através de um aumento de capital gratuito (os sócios não têm de realizar qualquer contribuição adicional para verem o valor nominal das suas participações aumentado)[9], que se encontra disciplinado no 91.º, e para cuja anotação se remete. Assinale-se que: (a) as "reservas disponíveis" (91.º/1) a incorporar abrangem os montantes expressamente contabilizados como reservas, *i.e.*, reservas livres, reservas estatutárias (sempre que tal destino esteja convencionado ou não seja convencionalmente impedido) e/ou reserva legal (mesmo que constituída via 295.º/2), bem como as verbas que, não estando expressamente inscritas como reservas, sejam distribuíveis aos sócios[10]; (b) não havendo perdas a absorver [296.º, *a*) e *b*)], poderá ser incorporada no capital social a totalidade da reserva legal (cuja cifra fica, assim, reduzida a 0), ainda que sem prévio esgotamento das reservas livres e reservas estatutárias disponíveis; contudo, haverá que reintegrar no futuro, de novo, a reserva legal, agora recalculada face à cifra do capital social (funcionando o 295.º); e (c) ainda que se materialize numa mera operação contabilística, há razões que justificam a capitalização das reservas: em benefício dos credores, aponta-se o reforço da garantia destes mediante a imobilização, pela sujeição às regras do capital social, de parcelas de riqueza e, em benefício da sociedade e dos sócios, a melhoria da imagem da sociedade junto de terceiros (*maxime*, investidores) e do desenvolvimento da atividade societária, bem como a valorização das participações sociais, pelo aumento da sua robustez financeira desta. 4

II – **Utilização da reserva estatutária e das reservas livres.** As reservas livres e as reservas estatutárias podem destinar-se aos mais variados fins, excetuados aqueles que sejam vedados por lei (280.º, 281.º e 294.º CC e 6.º CSC). Essa destinação, a ser estabelecida[11], resultará da correspondente cláusula estatutária ou da deliberação que as constitua, podendo ser modificada posteriormente. Assim, quanto às reservas estatutárias, a desafetação das mesmas aos fins que lhe foram fixados é possível por via da alteração da cláusula de destinação – caso em que podem, *v.g.*, ser distribuídas aos sócios como dividendos ou incorporadas no capital social[12]. Cabe, todavia, atender à existência de direitos especiais de sócios que possam ter sido constituídos ao abrigo da 5

isso, sempre que a dotação desta resulte dos valores indicados no 295.º/2, não haverá especialidades a assinalar. Não se acompanham, assim, posições como as de Raúl Ventura (1989), 369, pelas quais se admite que, para cobertura de perdas, a sociedade tem a opção de utilizar a reserva livre ou a reserva legal especial (formada pelo 295.º/2), ou a opção de utilizar a reserva legal geral e a reserva legal especial, no caso de não existirem reservas livres ou estatutárias.

[6] Sobre as razões subjacentes à atribuição de competência à assembleia geral para deliberar sobre a distribuição de bens, *vide* a anotação do 31.º.

[7] Neste sentido, Raúl Ventura (1989), 367 ss.; Jorge Coutinho de Abreu (2019), 451, nota 1138. Pode, assim, dar-se o caso de coexistência da reserva legal (ainda que totalmente preenchida) com perdas, sobretudo nas hipóteses em que os sócios pretendam fazê-las transitar e afetar lucros futuros à cobertura destas (cf. Paulo de Tarso Domingues, *Artigo 296.º*, 326).

[8] Mas já não se trata de absorção automática da reserva legal para cobertura de perdas a hipótese, visada no STJ 17-dez.-2019 (José Rainho), Proc. 607/11, em que as demonstrações financeiras anuais de uma sociedade, enfermando de erros, foram corrigidas nas contas do exercício subsequente, e os lucros transitados foram consumidos automaticamente pelos prejuízos evidenciados pelas correções contabilísticas que se impunham, "sem necessidade de interposição de qualquer decisão prévia [da assembleia geral] de desafetação".

[9] Paulo de Tarso Domingues, *Artigo 91.º*, 93-94.

[10] Não abrange, assim, as reservas ocultas (33.º/3).

[11] Ainda que pouco frequente, não se anteveem razões impeditivas da constituição destas reservas sem a fixação do universo de fins a que se destinam.

[12] Exige-se, assim, uma deliberação de alteração do contrato de sociedade (a nova cláusula estatutária deverá fazer menção aos novos fins da reserva – seja acrescentando-os

formação de reservas estatutárias – hipótese em que os titulares destes direitos devem consentir na modificação da destinação (24.º/5)[13]. Quanto às reservas livres, os sócios podem livremente dar-lhes o destino que entenderem, bastando uma nova deliberação que, expressa ou tacitamente, modifique a destinação anteriormente deliberada. O vínculo de destinação que os sócios imprimam às reservas estatutárias e às reservas livres não é oponível a credores[14], nem conduz à subtração das mesmas à cobertura de perdas – *i.e.*, as verbas que as constituam devem ser alocadas à absorção de perdas, previamente à utilização, para tal, da reserva legal [296.º, *a)* e *b)*]. Não haverá, porém, o dever de *utilização* de reservas livres e da reserva estatutária para *reintegração* da reserva legal, na hipótese de esta última ter sido destinada à incorporação no capital social.

III – **Sanções**

6 3. **A utilização indevida da reserva legal**[15] conduz à nulidade das deliberações sociais envolvidas[16] – 56.º/1, *d)* e 69.º/3: estamos perante regras imperativas[17-18]. Além disso, tal situação pode originar a responsabilidade civil dos gerentes e administradores para com sócios e credores sociais (78.º e 79.º), bem como envolver uma distribuição ilícita de bens da sociedade aos sócios, caindo na incriminação do 514.º. Nestes casos, há ainda o dever de restituição, nas condições previstas no 34.º[19].

7 4. **A utilização indevida das reservas estatutárias** é uma hipótese de menor expressão: verificando-se uma afetação a outros fins que não os determinados estatutariamente, sem que tenha sido deliberada a correspondente alteração estatutária, será anulável a deliberação de utilização da reserva [58.º/1, *a)*][20], podendo ainda os gerentes e administradores responder civilmente perante sócios e credores sociais (78.º e 79.º); sempre que, por força de tal utilização, se

aos existentes, seja substituindo-os – ou deverá a cláusula de destinação da reserva ser suprimida), não bastando uma deliberação de afetação das reservas legais a outros fins com uma maioria agravada igual ou superior à requerida para a alteração estatutária (noutro sentido, admitindo a desafetação de reservas estatutárias para incorporação no capital social por via da mera deliberação de aumento de capital, *vide* Raúl Ventura, *Alterações do contrato de sociedade*, 1988, 271). Tratando-se de uma alteração do contrato de sociedade, haverá que ponderar a aplicabilidade, ao caso concreto, do 86.º/2.

[13] *Vide* anotação ao 91.º.

[14] Não pode a sociedade alegar que determinados bens que integram o património social são insuscetíveis de afetação judicial (*maxime*, através da penhora) porque o valor dos mesmos relevou para a inscrição contabilística constitutiva da reserva estatutária ou livre em causa.

[15] Temos, como hipóteses de utilização indevida, a afetação da totalidade ou de parte da reserva legal a fins que não os elencados no 296.º ou a inobservância da ordem de afetação aí estabelecida. Diferente da utilização indevida da reserva legal (e, portanto, subtraída a estas sanções) é a da não-utilização da reserva legal para a cobertura de perdas, nos casos em que a sociedade não delibere a sua afetação. Sobre este aspeto, *vide* a nota 7 *supra*.

[16] Os fins plasmados no 296.º requerem a correspondente inscrição contabilística, pelo que é facilmente detetável uma utilização indevida da reserva legal, ainda que a deliberação social de utilização não faça qualquer menção ao seu destino: basta que, a par da diminuição da cifra da reserva legal, não exista, correspetivamente, uma inscrição contabilística, nessa medida, e em sinal contrário, na(s) conta(s) referente(s) às perdas ou ao capital. Fora destas hipóteses, qualquer utilização da reserva legal será indevida.

[17] Tratando-se de deliberação social relativa à utilização da reserva legal que enferme de *vício de procedimento* não será de aplicar o 69.º/3 (que sanciona com a nulidade tal deliberação); consoante reclamado pelo caso, aplicar-se-á o regime geral contido nos 56.º e 58.º, podendo, nesses termos, ser a deliberação nula ou anulável.

[18] Materializando-se a utilização da reserva legal na celebração de algum negócio com terceiros (*v.g.*, a compra de um imóvel), a nulidade da deliberação de utilização não ditará necessariamente a nulidade do negócio em causa (61.º/2).

[19] Ainda que ambas as hipóteses convoquem a sanção da nulidade [56.º/1, *d)* e 69.º/3] e a aplicação do 34.º, note-se que a deliberação de utilização (indevida) da reserva legal não é confundível com a deliberação de distribuição de lucros quando os mesmos devam integrar a reserva legal (33.º/1).

[20] Mas já será nula a deliberação que desrespeite a constituição ou reintegração da reserva estatutária [32.º/1, 33.º/1 e 56.º/1, *d)*].

[21] As razões justificativas do 34.º (um regime especial face ao regime geral da repetição do indevido) procedem igualmente nos casos em que se verifica uma distribuição de

verifique uma distribuição de bens da sociedade aos sócios (ainda que não a título de dividendos), será aplicável, por analogia, o disposto no 34.°[21]. Quando estas reservas devam ser utilizadas na cobertura de perdas, mas tenham sido afetas aos fins para elas fixados (ou até a outros fins que não esses), será nula, e não anulável, a deliberação social envolvida [56.°/1, *d*)], por violação da ordem imperativa de cobertura das perdas extraível do [296.°, *a*) e *b*)].

Artigo 297.° (Adiantamentos sobre lucros no decurso do exercício)

1. O contrato de sociedade pode autorizar que, no decurso de um exercício, sejam feitos aos acionistas adiantamentos sobre lucros, desde que observadas as seguintes regras:

a) O conselho de administração ou o conselho de administração executivo, com o consentimento do conselho fiscal, da comissão de auditoria ou do conselho geral e de supervisão, resolva o adiantamento;

b) A resolução do conselho de administração ou do conselho de administração executivo seja precedida de um balanço intercalar, elaborado com a antecedência máxima de 30 dias e certificado pelo revisor oficial de contas, que demonstre a existência nessa ocasião de importâncias disponíveis para os aludidos adiantamentos, que devem observar, no que seja aplicável, as regras dos artigos 32.° e 33.°, tendo em conta os resultados verificados durante a parte já decorrida do exercício em que o adiantamento é efetuado;

c) Seja efetuado um só adiantamento no decurso de cada exercício e sempre na segunda metade deste;

d) As importâncias a atribuir como adiantamento não excedam metade das que seriam distribuíveis, referidas na alínea b).

2. Se o contrato de sociedade for alterado para nele ser concedida a autorização prevista no número anterior, o primeiro adiantamento apenas pode ser efetuado no exercício seguinte àquele em que ocorrer a alteração contratual.

Bibliografia: Jorge Coutinho de Abreu, *Curso de direito comercial,* II (2019), 445-448; António Menezes Cordeiro 2 (2007), 603-604; Paulo Olavo Cunha, *Direito das sociedades comerciais* (2019), 373-374; Paulo de Tarso Domingues, *Variações sobre o capital social* (2013), 306-311; *id.*, *comentário ao 297.°*, em *Código em comentário* V, 2.ª ed (2019), 328-337; *id.*, *O financiamento societário pelos sócios (e o seu reverso)* (2021), 546-555; Bruno Ferreira, *Adiantamentos sobre lucros no decurso do exercício: algumas reflexões*, DSR III (2011), 181-293; Fátima Gomes, *O direito aos lucros e o dever de participar nas perdas nas sociedades anónimas* (2011), 260-263; Diogo Costa Gonçalves, *Adiantamentos sobre o lucro do exercício – breves reflexões,* RDS II (2010), 575-627; Raúl Ventura, *Adaptação do Direito português à Segunda Directiva do Conselho da CEE sobre o Direito das sociedades*, DDC 3 (1980), 5-152; *id*, *Sociedades por quotas*, I (1989), 337-346.

Índice

I – Direito europeu, preparatórios e reformas
1. Direito europeu 1
2. Redação original 2
3. Alterações de 1987, de 1996 e de 2006 3

II – Pressupostos
4. Habilitação estatutária 5
5. Coordenadas gerais 6

bens aos sócios em desconformidade com cláusulas estatutárias, ainda que esta norma se aplique apenas diretamente aos casos de receção de bens pelos sócios com "violação do disposto na lei".

III – **Procedimento**
6. Competência 7
7. Necessidade de consentimento do órgão de fiscalização 9
8. A elaboração de balanço intercalar e certificação pelo ROC 11

IV – **Requisitos materiais**
9. Objeto da distribuição 13
10. Proteção dos credores nas distribuições antecipadas 19
11. Requisitos aplicáveis às distribuições intercalares não antecipatórias 21
12. Autonomia estatutária 22

V – **Imputação dos dividendos antecipados no direito ao lucro periódico**
13. Imputação dos dividendos antecipados aos lucros anuais distribuíveis 23
14. Irrepetibilidade dos dividendos antecipados .. 24

VI – **Antecipação de lucros por deliberação da assembleia geral**
15. Competência da assembleia geral 25
16. Requisitos de validade e procedimento 27

I – Direito europeu, preparatórios e reformas

1 1. **Direito europeu**. A hipótese de um adiantamento sobre os dividendos encontrava-se prevista, aquando da redação original do 297.º e das suas sucessivas reformas, no 15.º/2 da 2.ª Diretriz do Direito das sociedades[1]. Foi esse diploma comunitário que serviu de parâmetro ao estudo inicial de Raúl Ventura[2], e ao projeto legislativo cujo 365.º viria a dar lugar à versão original deste preceito[3]. Esse diploma europeu foi posteriormente revogado pela Diretriz 2012/30/UE, do Parlamento Europeu e do Conselho, de 25-out. As exigências anteriormente estabelecidas no 15.º/2 da 2.ª Diretriz permanecem intocadas no novo 17.º/5 da Diretriz 2012/30/UE. Este admite expressamente o pagamento de adiantamento sobre os dividendos desde que (a) seja elaborado um balanço intercalar que demonstre que os fundos disponíveis para a distribuição são suficientes, e que (b) o montante a distribuir não exceda o montante dos resultados realizados desde o fim do último exercício cujas contas anuais tenham sido aprovadas, acrescido dos lucros transitados, bem como de fundos retirados de reservas disponíveis para esse efeito, e deduzido das perdas transitadas, bem como dos valores a levar a reservas, nos termos da lei ou dos estatutos.

2 2. **Redação original**. Na versão resultante do DL 262/86, de 2-set., o 297.º ficaria com o seguinte teor, então com a epígrafe (Distribuição de lucros no decurso do exercício)[4]:

1. O contrato de sociedade pode autorizar que, no decurso de um exercício, sejam distribuídos lucros aos accionistas, desde que sejam observadas as seguintes regras:

a) O conselho de administração ou a direcção, com o consentimento do conselho fiscal ou do conselho geral, resolva a distribuição;

b) A resolução do conselho de administração ou da direcção seja precedida de um balanço intercalar, elaborado com a antecedência máxima de 30 dias e certificado pelo revisor de contas, que demonstre a existência nessa ocasião de importâncias disponíveis para distribuição aos accionistas, de harmonia com os artigos 32.º e 33.º, tendo em conta os resultados verificados durante a parte já decorrida desse exercício em que a distribuição é efectuada;

[1] António Menezes Cordeiro, *Direito europeu das sociedades* (2005), 189.

[2] Raúl Ventura, *Adaptação do Direito português à Segunda Directiva do Conselho da CEE sobre o Direito das sociedades*, DDC 3 (1980), 5-152.

[3] BMJ 327 (1983), 258-259.

[4] DR I Série, n.º 201, de 2-set.-1986, 2347/II.

c) Seja efectuada uma só distribuição no decurso de cada exercício e sempre na segunda metade deste;

d) As importâncias a distribuir não excedam metade das distribuíveis, referidas na alínea *b)*.

2. A distribuição, durante o exercício, de reservas constituídas em exercícios anteriores, quer tenham, quer não tenham essa distribuição como fim específico, fica sujeita aos pressupostos e limitações prescritos nas alíneas *a)*, *b)* e *d)* do número anterior.

3. Se o contrato de sociedade for alterado para nele ser concedida a autorização prevista no n.º 1 deste artigo, a primeira distribuição só pode ser efectuada no exercício seguinte àquele em que ocorrer a alteração contratual.

3. **Alterações de 1987, de 1996 e de 2006**. O DL 280/87, de 8-jul., deu ao 297.º, uma redação diferente, próxima da atual, no texto e na epígrafe[5]. Foi, ainda, suprimido o n.º 2. 3

O DL 257/96, de 31-dez., veio proceder materialmente a uma retificação no 297.º/1, *b)*, alterando "procedida" para "precedida"[6]. Também a alteração trazida pelo DL 76-A/2006, de 29-mar., teve caráter meramente lexical, modificando o n.º 1, *a)* e *b)*, no sentido de redenominar os órgãos de administração e de fiscalização[7]. 4

II – **Pressupostos**

4. **Habilitação estatutária**. Por se tratar de matéria de distribuição de bens aos acionistas, que, por regra pertence à competência coletiva dos sócios (31.º/1 e 294.º/1), a habilitação da administração a distribuir dividendos aos acionistas em antecipação dos lucros de exercício depende de previsão estatutária (297.º/1, corpo)[8]. Caso os estatutos sejam alterados para neles se introduzir a habilitação em causa, o primeiro adiantamento apenas pode ser, por regra, efetuado no exercício seguinte (297.º/2). 5

5. **Coordenadas gerais**. A distribuição antecipada de lucros é sujeita a um regime apertado. Este visa harmonizar a promoção da liberdade da sociedade para dispor do seu património, em particular, em benefício dos seus acionistas (tornando também, com isso, as suas ações mais atrativas para potenciais investidores) com as exigências de proteção dos credores sociais. Acresce que a subtração à assembleia geral para deliberar sobre a deliberação de bens aos acionistas reclama também o reequilíbrio orgânico na estrutura societária, nomeadamente através do reforço da intervenção do órgão de fiscalização[9]. A natureza antecipatória da distribuição de lucros, e a inerente possibilidade de uma evolução negativa dos resultados da sociedade no período remanescente até ao término do exercício em causa, justifica, por outro lado, que as cautelas estabelecidas pelo ordenamento sejam ainda mais rígidas do que aquelas exigidas nas situações do 294.º. Nomeadamente, exige-se (a) a elaboração de um balanço intercalar, com a antecedência máxima de 30 dias, (b) a certificação desse balanço pelo ROC, (c) que as importâncias a atribuir como adiantamento não excedam metade dos lucros de exercício distribuíveis apurados pelo balanço intercalar, (d) que apenas seja efetuado um só adiantamento no decurso de cada exercício, (e) que apenas sejam efetuados adiantamentos sobre os lucros na segunda metade dos exercícios e que (f) a distribuição obtenha o consentimento do órgão de fiscalização da sociedade. 6

[5] DR I Série, n.º 154, de 8-jul.-1987, 2663/I.

[6] DR I Série-A, n.º 302, de 31-dez.-1996, 4710/II.

[7] DR I Série-A, n.º 63 (Supl.), de 29-mar.-2006, 2328-(18)/II.

[8] Relativamente a sociedades constituídas antes da entrada em vigor do CSC não é exigida a autorização estatutária referida no 297.º/1 (537.º).

[9] Cfr. Diogo Costa Gonçalves, *Adiantamentos sobre o lucro do exercício*, 615 ss.

III – Procedimento

7 6. **Competência.** A situação de antecipação por conta dos lucros de exercício regulada no preceito em questão pressupõe que o adiantamento seja deliberado pelo órgão de administração da sociedade [297.º/1, *a*), primeira parte]. Trata-se de uma competência a exercer discricionariamente pela administração. Acresce que, nos termos gerais, a deliberação do órgão de administração não pode ser provocada por proposta dos acionistas (405.º/1, *a contrario sensu*), aqui beneficiários da deliberação[10].

8 Do 297.º/1, *a*), primeira parte, não resulta, contudo, *a contrario sensu*, a inadmissibilidade de uma deliberação de antecipação de lucros pela assembleia geral. Nesse caso haverá que aplicar *mutatis mutandis* os requisitos estabelecidos no 297.º/1, sempre que as razões justificativas que lhes estiverem subjacentes o reclamarem[11].

9 7. **Necessidade de consentimento do órgão de fiscalização.** A distribuição antecipada deliberada pelo órgão de administração tem como condição de eficácia o consentimento do órgão de fiscalização. Ao contrário do que sucede no regime geral, onde a proposta de aplicação de resultados deve ser objeto de parecer do órgão de fiscalização [420.º/1, *g*), 423.º-F/1, *g*), e 441.º/1, *h*)], sem que, contudo, um parecer desfavorável prejudique a distribuição de dividendos proposta pela administração, o 297.º/1, *a*), parte final, faz depender a eficácia da distribuição de uma deliberação favorável do órgão de fiscalização. Este reforço da intensidade da intervenção do órgão de fiscalização encontra a sua razão justificativa na promoção de um reequilíbrio orgânico na estrutura societária, compensando a exclusão da assembleia geral do processo tendente à distribuição, da qual resulta a diluição da fiscalização residual da assembleia geral sobre a administração[12].

10 A intervenção do órgão de fiscalização não se cinge, de resto, à certificação da verificação dos requisitos materiais dos quais depende o adiantamento sobre lucros no decurso do exercício. Não resulta excluído que o órgão de fiscalização possa vetar a decisão do órgão de administração com fundamento em razões de mérito, nomeadamente, por, através de um

[10] Questão diferente é a de saber se os estatutos podem vincular o órgão de administração a proceder à distribuição antecipada de lucros quando estejam verificados os requisitos materiais estabelecidos no 297.º/1. Note-se que, na doutrina germânica, a resposta a esta questão é unanimemente negativa, argumentando-se com o facto de se estar perante uma medida de gestão, que, por isso, estaria necessariamente subtraída à competência dos acionistas, mesmo que exercida através da conformação dos estatutos. Entre nós a mesma solução decorrerá de algumas leituras fortemente injuntivas do 405.º/1. A questão entronca na problemática mais geral de saber se e em que medida os estatutos podem condicionar a discricionariedade do órgão de administração das sociedades anónimas, o que, por sua vez, convoca problemas valorativos fundamentais relativos à relevância que é dada, neste domínio, à autodeterminação dos sócios, enquanto partes do contrato de sociedade e «proprietários últimos» da SA, e à sua contraposição com valorações heterónomas relativas à tutela dos acionistas minoritários. Para além de um entendimento de base, que concebe a autonomia privada como vetor primacial do direito das sociedades comerciais (também no domínio das SA), dois argumentos parecem sugerir uma resposta afirmativa quanto à possibilidade de vinculação estatutária do conselho de administração a exercer a competência referida no 297.º/1. Por um lado, o 405.º/1 admite a sujeição estatutária da administração às deliberações dos sócios, de onde resulta *a fortiori*, a admissibilidade da cominação estatutária ao órgão de administração de deveres relativos à gestão da sociedade. Por outro lado, a decisão de distribuição de lucros nas SA é fundamentalmente da competência dos acionistas (31.º/1 e 294.º). Parece, aliás, incoerente que, com fundamento numa "reserva de administração", se aceite – como é pacífico – que os estatutos possam afastar o 294.º/1, determinando a distribuição obrigatória (total ou parcial) dos lucros de exercício distribuíveis, privando dessa forma também a administração de qualquer voz na propositura do montante de lucros a distribuir, e, simultaneamente se prive os sócios do poder de vincular a administração a *antecipar* lucros – o que representa um *minus* face àquela possibilidade.

[11] *Vide infra* IV.

[12] Cfr. Diogo Costa Gonçalves, *Adiantamentos sobre o lucro do exercício*, 616-617.

juízo de prognose, e atentas as concretas circunstâncias da sociedade e os projetos da administração para o exercício em curso, considerar improvável que, no termo desse exercício, se venham a apurar lucros de montante igual ou superior à soma dos dividendos que a administração deliberou antecipar[13].

8. **A elaboração de balanço intercalar e certificação pelo ROC.** A resolução do conselho de administração deve, nos termos do 297.º/1, *b*), ser antecedida de um balanço intercalar. Este desempenha uma função análoga à que as contas de exercício assumem nos casos de distribuição ordinária dos lucros de exercício: visa-se apurar se, na fração do exercício até ao momento decorrida, a sociedade obteve lucros e se esses lucros são distribuíveis. É, pois, perante os dados apresentados nesse balanço que é aferido se as distribuições antecipadas de lucros respeitam as exigências dos 32.º e 33.º. 11

Tendo em vista a certificação da exatidão do balanço é exigida a intervenção do ROC. Esta exigência vale mesmo nas sociedades não abrangidas pelo 446.º/1, em que essa função é, por regra, cometida ao órgão de fiscalização. A exigência de intervenção do ROC justifica-se, nesses casos, pela deslocação da intervenção do órgão de fiscalização para o papel, mais amplo, que lhe é atribuído pelo 297.º/1, *a*), parte final. 12

IV – **Requisitos materiais**

9. **Objeto da distribuição.** Tanto a epígrafe, quanto o 297.º/1, *b*), na sua parte final, delimitam o objeto da distribuição admitida pelo preceito em causa referindo-se exclusivamente aos lucros *gerados no decurso do exercício em causa*. 13

Na sua versão inicial, o 297.º comportava um n.º 2 que, de modo expresso, permitia a distribuição de reservas disponíveis e do qual se retirava também a admissibilidade da distribuição de lucros transitados. Essa disposição vinha ao encontro do artigo 15.º/2 da 2.ª Diretriz, segundo o qual "o montante a distribuir não pode exceder o montante dos resultados realizados desde o fim do último exercício [...], acrescido dos lucros transitados, bem como de fundos retirados de reservas disponíveis para esse efeito". Todavia, ela foi revogada pelo DL 280/87, de 8-jul., que, para tal, não deu quaisquer explicações. 14

Não se deve, contudo, entender que, com esta alteração, ficou restringida a possibilidade de distribuição de reservas disponíveis e de lucros transitados nos termos do 297.º[14] – restrição, essa, que, saliente-se, não encontra qualquer apoio no 17.º da Diretriz 2012/30/UE. 15

Na verdade, a distribuição intercalar está sujeita a requisitos de proteção aos credores ainda mais exigentes do que aqueles estabelecidos no 32.º e 33.º, devendo as regras aí estabelecidas presidir à apuração das importâncias distribuíveis no balanço intercalar. Ora, desde que observados os limites estabelecidos nesses preceitos, todos os lucros são, por regra, distribuíveis, independentemente de terem sido constituídos no exercício em causa ou de terem transitado de exercícios anteriores. Quanto a este aspeto, o antigo 297.º/2, revogado pelo DL 280/87, de 8-jul., era redundante. 16

[13] Sobre o tipo de critérios que podem presidir às avaliações realizadas pelo órgão de fiscalização, *vide* a anotação ao 420.º.

[14] Neste sentido, António Menezes Cordeiro 2 (2007), 846 e Diogo Costa Gonçalves, *Adiantamentos sobre o lucro do exercício*, 615. Contra, entendendo que o regime do 297.º apenas admite a distribuição de lucros obtidos durante a parte do exercício já decorrida, Paulo Olavo Cunha, *Direito das sociedades comerciais*, 373, Bruno Ferreira, *Adiantamentos sobre lucros no decurso do exercício*, 183 ss, Paulo de Tarso Domingues, *comentário ao 297.º*, 331-333 e Fátima Gomes, *O direito aos lucros e o dever de participar nas perdas nas sociedades anónimas*, 262, n. 630.

17 O único ponto quanto ao qual poderiam subsistir dúvidas quanto à distribuição de lucros transitados com base no 297.º reside na atribuição de competência decisória ao órgão de administração. Contudo, as mesmas razões que subjazem à possibilidade de atribuição estatutária de competência à administração para a distribuição antecipada de lucros de exercício – as quais se prendem com as implicações das distribuições de dividendos na estrutura financeira da sociedade e na dimensão estratégica que essa decisão pode assumir – procedem integralmente para a distribuição de lucros transitados. Por esta razão, deve entender-se que, se é certo que o 297.º apenas se refere literalmente à distribuição de lucros gerados no período já decorrido do exercício em curso, o preceito deve ser aplicado por analogia no sentido de admitir também a distribuição intercalar pelo conselho de administração de lucros distribuíveis não gerados durante o exercício em curso, desde que estejam preenchidos os demais requisitos aplicáveis.

18 Deve, assim, reter-se que nem todas as *distribuições* intercalares de lucros (i.e. aquelas que são deliberadas no decurso do exercício) correspondem a *antecipações sobre os lucros do exercício* em curso. O 297.º apenas cura diretamente das segundas. Contudo, da possibilidade de habilitação do órgão de administração para proceder à distribuição antecipada de lucros retira-se idêntica possibilidade relativa à distribuição de lucros transitados e de reservas disponíveis[15].

19 10. **Proteção dos credores nas distribuições antecipadas.** A distribuição de dividendos a meio do exercício acarreta o risco de, em virtude de uma temporária situação positiva da sociedade, serem subtraídos ao património societário quantias que, aquando da aprovação das contas anuais, se revelam terem sido superiores ao valor dos lucros de exercício, ou mesmo quantias que as contas revelem que teriam sido necessárias para que as exigências de intangibilidade do capital social fossem observadas no final do exercício. Tal significa que a antecipação de dividendos pode resultar numa diminuição da proteção conferida aos credores sociais. O ordenamento procura, pois, contrabalançar esse risco, mitigando-o através do estabelecimento de especiais cautelas, que consubstanciam um reforço das garantias conferidas pelo regime comum da intangibilidade do capital social.

20 O risco de que a distribuição intercalar venha a subtrair ao património societário importâncias que *ex post* as contas de exercício venham a considerar que, findo o exercício, não seriam afinal distribuíveis será tanto maior (a) *quanto mais elevado for o valor distribuído* antecipadamente, (b) *quanto mais extenso for o período remanescente até ao término do exercício* (dado que, nesse caso, maior é o tempo no qual podem ocorrer oscilações negativas no património societário) e (c) *quanto mais curto for o período por referência ao qual se apura intercalarmente a existência de lucros* (dado que quanto mais exíguo for esse período menos representativo o balanço intercalar será de uma imagem global do exercício). Assim, (a) estabelece-se que as importâncias a antecipar não excedam metade dos lucros de exercício distribuíveis apurados no balanço intercalar [297.º/1, alínea *d*)][16], que (b) a antecipação de dividendos apenas pode ter lugar na segunda metade do exercício

[15] Na medida em que a competência para a deliberação sobre a aplicação de resultados é, por regra, atribuída à assembleia geral, a habilitação do órgão de administração a decidir estas distribuições, carece, tal como exigido no 297.º/1, primeira parte, impreterivelmente de uma autorização estatutária. Questão diferente será a de saber se a atribuição estatutária de competência ao órgão de administração para a antecipação dos lucros de exercício habilita também a administração a distribuir lucros transitados e reservas disponíveis. Essa será uma questão de interpretação da cláusula estatuária em causa, à qual não pode ser dada uma resposta que proceda, de forma genérica e indiferenciada, para todos os casos.

[16] Sendo que, através desta restrição, se reforça a proteção dos credores sociais através da constituição de um amortecedor de eventuais resultados negativos no remanescente do exercício correspondente à metade dos lucros cuja distribuição não é admitida.

[297.º/1, *c*), segunda parte][17] e que (c) apenas pode ser efetuado um adiantamento no decurso de cada exercício [297.º/1, *c*), primeira parte][18].

11. **Requisitos aplicáveis às distribuições intercalares não antecipatórias.** Regulando 21
o 297.º diretamente apenas as distribuições antecipadas dos lucros de exercício, os requisitos aí estabelecidos apenas serão aplicáveis às distribuições intercalares de caráter não antecipatório quando a razão justificativa subjacente a cada um deles não se prender precisamente com os perigos acrescidos para os credores sociais que uma distribuição antecipada representa. Dessa forma, são plenamente aplicáveis a essas distribuições as alíneas *a*) e *b*) do 297.º/1. Já os requisitos materiais estabelecidos no 297.º/1, *c*) e *d*), que, como visto, consubstanciam mecanismos de mitigação do risco da antecipação de lucros, não são aplicáveis às deliberações intercalares mediante as quais sejam distribuídos lucros transitados ou reservas disponíveis[19]

12. **Autonomia estatutária.** Os estatutos podem estabelecer requisitos adicionais relativos à 22
admissibilidade das distribuições intercalares de lucros, com ou sem caráter antecipatório: não podem, contudo, afastar os requisitos materiais do 297.º/1, alíneas *b)* a *d)*, cuja injuntividade é revelada pela sua *ratio* de proteção dos credores sociais.

V – Imputação dos dividendos antecipados no direito ao lucro periódico

13. **Imputação dos dividendos antecipados aos lucros anuais distribuíveis.** Os lucros 23
distribuídos a título de antecipação de dividendo são deduzidos ao montante que, no final do exercício, os sócios deliberarem distribuir nos termos do 294.º: nisso consiste o caráter de *adiantamento* dos lucros distribuídos ao abrigo do 297.º[20]. Assim, se os lucros de exercício que os sócios deliberam distribuir forem iguais ou superiores ao valor dos adiantamentos sobre os lucros no decurso do exercício, os sócios terão recebido dividendos apenas *antes* e não *em valor superior* ao que teriam recebido se não fosse a distribuição feita nos termos do 297.º. O mesmo não vale, porém, para os dividendos intercalares que correspondam à distribuição de lucros transitados ou de reservas disponíveis. Nesses casos, a importância distribuída intercalarmente não será abatida aos lucros distribuídos nos termos do 294.º.

14. **Irrepetibilidade dos dividendos antecipados.** Todavia, se, não obstante os apertados 24
pressupostos de validade que o 297.º/1 coloca à deliberação de antecipação de lucros, apro-

[17] Dessa forma, procurando-se diminuir a probabilidade de oscilações negativas no património societário que conduzam a que a situação patrimonial da sociedade apurada *ex post* pelas contas de exercício não admitisse a distribuição aos sócios das importâncias antecipadas a título de lucros.

[18] Esta exigência impede a sociedade de fazer uma pluralidade de distribuições legitimadas por, em múltiplos momentos, a sociedade estar numa situação patrimonial que, perante os requisitos referidos no 297.º/2, admitiria essa distribuição, independentemente de essa situação ter um caráter meramente pontual ou transitório. Afinal, é natural que, no decurso de um exercício, o património societário tenha frequentes (e, por vezes, amplas) oscilações positivas e negativas. Em contraposição com o dinamismo do património societário, o balanço reflete a situação patrimonial da sociedade de forma estática, representando, portanto, uma situação que, em rigor, apenas existe num determinado fragmento temporal. Assim, quanto mais numerosas forem as situações em que a sociedade aproveita apreciações momentâneas da sua situação patrimonial, que atestam que, nesse ponto no tempo, o património societário excede o valor que os 32.º e 33.º exigem que seja retido, para distribuir lucros aos acionistas – dessa forma provocando uma depreciação *definitiva* do seu património – maior é o risco de que, no final do exercício, as contas revelem que as quantias distribuídas a título de antecipação de lucros teriam sido necessárias para a cobertura daquelas exigências.

[19] Neste sentido, Diogo Costa Gonçalves, *Adiantamentos sobre o lucro do exercício*, 622.

[20] Cfr. Raúl Ventura, *Sociedades por quotas*, I, 345, Jorge Coutinho de Abreu, *Curso de direito comercial*, II, 447, Bruno Ferreira, *Adiantamentos sobre lucros no decurso do exercício*, 192-193, Paulo de Tarso Domingues, *comentário ao 297.º*, 336-337

vadas as contas de exercício, se demonstrar que, atendendo às receitas e às despesas realizadas na globalidade do exercício, os lucros de exercício distribuíveis são inferiores ao valor que foi distribuído aos sócios a título de dividendo antecipado não há lugar à respetiva restituição da diferença. O acréscimo de exigência dos requisitos do 297.º/1 face aos requisitos gerais da distribuição de dividendos apenas se deixa compreender se estes forem concebidos como instrumentos de mitigação de um risco de depreciação do património societário no remanescente do exercício que corre por conta dos credores da sociedade. Por esta razão, a deliberação da distribuição antecipada de dividendos constitui um título *definitivo* de aquisição pelos acionistas do crédito ao dividendo dela resultante, cuja subsistência não é prejudicada pela subsequente certificação[21].

VI – **Antecipação de lucros por deliberação da assembleia geral**

25 15. **Competência da assembleia geral.** A assembleia geral é o órgão com competência genérica para deliberar sobre a distribuição de bens aos acionistas (31.º/1). Nesta medida, é consensual que assembleia geral pode deliberar a distribuição de lucros transitados ou de reservas disponíveis durante o decurso de um exercício[22].

26 Deve ainda reconhecer-se à assembleia geral competência para deliberar a realização de distribuições antecipatórias dos lucros de exercício. O 297.º/1 não consubstancia uma norma restritiva da competência geral para a deliberação sobre a distribuição de bens aos sócios (31.º/1), nem, atendendo às razões que fundamentam que essa competência seja alocada aos sócios (*vide* a anotação ao 31.º), se pode retirar *a contrario sensu*, da possibilidade de o órgão de administração ser habilitado, nos termos do 297.º/1, *a*), a proceder a distribuições antecipadas de lucros, que essa competência seja subtraída à assembleia geral[23]. Assim, ao lado das distribuições antecipatórias que seguem os termos do 297.º, deve entender-se que também a assembleia geral pode proceder a tais distribuições. Essa distribuição está sujeita às regras gerais respeitantes à deliberação de distribuição ordinária de lucros e, ainda, por analogia, às regras decorrentes das alíneas do 297.º/1, cuja razão justificativa se funde no caráter intercalar da distribuição de bens[24].

27 16. **Requisitos de validade e procedimento.** A iniciativa para a distribuição intercalar pela assembleia geral é, assim, reservada ao órgão de administração. A intervenção do órgão de fiscali-

[21] Esta conclusão é unânime entre a doutrina. Veja-se, Jorge Coutinho de Abreu, *Curso de direito comercial*, II, 447, Diogo Costa Gonçalves, *Adiantamentos sobre o lucro do exercício*, 595-596. Paulo de Tarso Domingues, *comentário ao 297.º*, 337, Bruno Ferreira, *Adiantamentos sobre lucros no decurso do exercício*, 189-192, Fátima Gomes, *O direito aos lucros e o dever de participar nas perdas nas sociedades anónimas*, 262-263.
Os dividendos antecipados não estão evidentemente imunes ao regime do 34.º/1: os acionistas que tenham recebido importâncias cuja distribuição não fosse admitida por lei e que não desconheçam de boa fé esse vício ficam vinculados a restituir as importâncias recebidas. Mas a verificação nas contas de exercício de que as importâncias distribuídas seriam necessárias para a observância dos requisitos estabelecidos nos 32.º e 33.º não consubstancia uma violação da lei, nem lhe deve ser equiparada.

[22] Cfr. Paulo de Tarso Domingues, *comentário ao 297.º*, 334.

[23] Essa possibilidade de distribuições antecipadas deliberadas pela assembleia geral é, aliás, pressuposta pelo 182.º/4, alínea *b)*, CVM, que sujeita as deliberações de distribuição antecipada de dividendos e de outros rendimentos pela assembleia geral de sociedade visada por uma OPA à mesma exigência de maioria que é aplicável para a alteração dos estatutos. Convergentemente, Diogo Costa Gonçalves, *Adiantamentos sobre o lucro do exercício*, 609 ss. Em sentido oposto, veja-se Jorge Coutinho de Abreu, *Curso de direito comercial*, II, 446-447, Paulo Olavo Cunha, *Direito das sociedades comerciais*, 373-374 e Paulo de Tarso Domingues, *comentário ao 297.º*, 333-335.

[24] Assim, desenvolvidamente, Diogo Costa Gonçalves, *Adiantamentos sobre o lucro do exercício*, 620 ss.

zação cingir-se-á à emissão de um parecer em termos análogos ao que é exigido para a aprovação de contas e para a aplicação resultados: as razões de reequilíbrio que justificam a necessidade de consentimento estabelecida pelo 297.º/1, *a*), não se verificam, dada a competência para a aprovação permanecer da assembleia geral[25].

A validade da deliberação da assembleia geral está sujeita aos mesmos requisitos que o 297.º/1, *b*), estabelece para as distribuições intercalares deliberadas pela administração. Esta é, aliás, uma exigência do 17.º/5 da Diretriz 2012/30/UE, que não distingue, em função do órgão que delibera a distribuição intercalar. Em particular, a exigência da elaboração de um balanço nos moldes estabelecidos na alínea *b)* encontra a sua justificação no facto de estar em causa uma distribuição que não se segue à aprovação anual de contas[26]. É, pois, aplicável às distribuições intercalares, independentemente de estas anteciparem lucros do exercício em curso ou distribuírem lucros transitados ou reservas disponíveis. 28

Já os requisitos materiais de validade da deliberação dependerão do caráter antecipatório ou não da distribuição. As limitações resultantes das alíneas *c*) e *d*) do 297.º/1, encontrando a sua razão justificativa no caráter antecipatório da distribuição, são também aplicáveis quando o adiantamento sobre os lucros no decurso do exercício for deliberado pela assembleia geral[27]. Não serão, porém, aplicáveis às distribuições intercalares não antecipatórias. 29

Capítulo III – Ações

Secção I – Generalidades

Artigo 298.º (Valor de emissão das ações)

1. É proibida a emissão de ações abaixo do par ou, no caso de ações sem valor nominal, abaixo do seu valor de emissão.

2. O disposto no número anterior não impede que no valor de uma emissão de ações sejam descontadas as despesas de colocação firme por uma instituição de crédito ou outra equiparada por lei para esse efeito.

3. Se a emissão de ações sem valor nominal for realizada a um valor de emissão inferior ao valor de emissão de ações anteriormente emitidas, deve o conselho de administração elaborar um relatório sobre o valor fixado e sobre as consequências financeiras da emissão para os acionistas.

Bibliografia: Paulo Câmara/Ana Filipa Morais Antunes, *Acções sem valor nominal* (2011), Menezes Cordeiro 2 (2007), 563-566; *id.*, *Ações sem valor nominal*, RDS 2010, 473-508; Brito Correia 2 (1989), 156-161; Paulo de Tarso Domingues, *As acções sem valor nominal*, Direito das Sociedades em Revista 2 (2010), 4, 181-214; *id.*, *Código em Comentário* 5, 298.º, 299-309; *id.*, *Do capital social, noção, princípios e funções* (1998), 69-71; João Labareda, *Das acções das sociedades anónimas* (1988), 12-15; Alexandre de Soveral Martins, *Cláusulas*

[25] Cfr. Diogo Costa Gonçalves, *Adiantamentos sobre o lucro do exercício*, 621.

[26] Já os 32.º e 33.º sempre se aplicariam diretamente a qualquer distribuição de bens aos acionistas.

[27] Cfr. Diogo Costa Gonçalves, *Adiantamentos sobre o lucro do exercício*, 622.

do contrato de sociedade que limitam a transmissibilidade das acções. Sobre os arts. 328.º e 329.º do CSC (2006), 114-123; Miguel Reis e Silva, *Acções sem valor nominal: Algumas reflexões*, (2011), http://www.institutovaloresmobiliarios.pt.

Índice

I – **Redação anterior, origem e significado**
1. Redação original 1
2. A Segunda Diretriz CEE 3
3. O DL 64/2009, de 20-mar. 6
4. Significados do termo ação 9
5. Ação enquanto fração do capital social 10

II – **As ações com valor nominal**
6. Noção 11
α) Menção 12
β) Montante 13

III – **As ações sem valor nominal**
7. Noção 14
α) Menção 16
β) Montante 17
8. Vantagens 18

IV – **Emissão das ações**
9. Noção e modalidades 22
10. Valor mínimo da emissão 24
α) Ações com valor nominal: proibição da emissão abaixo do par 25
β) Ações sem valor nominal: proibição da emissão abaixo do valor de emissão 31
11. Desconto das despesas de colocação firme 35
α) Colocação firme 36
β) Instituição de crédito ou outra equiparada 41
γ) Efeitos do desconto das despesas na emissão das ações e no capital social 44
12. Valores de emissão diferentes 48

I – Redação anterior, origem e significado

1 1. **Redação original**. O 298.º tem, hoje, a redação que lhe foi dada pelo DL 49/2010, de 19-mai., diploma que alterou o seu n.º 1 e que introduziu o n.º 3.

2 A redação original era a seguinte:

> 1. As acções não podem ser emitidas por valor inferior ao seu valor nominal.
> 2. O disposto no número anterior não impede que no valor de uma emissão de acções sejam descontadas as despesas de colocação firme por uma instituição de crédito ou outra equiparada por lei para esse efeito.

3 2. **A Segunda Diretriz CEE**. A disciplina inicial relativa ao valor de emissão das ações teve por fonte a 2.ª Diretriz da CEE (77/91/CEE, de 13-dez.-1976)[1] que regulou, nos seus 3.º, *c*) e 8.º, os requisitos a observar pelos Estados-membros nesta matéria.

4 A 2.ª Diretriz previa a possibilidade de a sociedade emitir ações com e sem valor nominal (8.º). Contudo, não dispensado a existência de capital social fixo [2.º, *c*) e 6.º], as ações emitidas, tivessem ou não valor nominal, estavam com aquele conexas[2].

5 O legislador nacional, porém, ao contrário de outros países, como a Alemanha, França ou Itália[3], até 2010, não permitiu a emissão de ações sem valor nominal.

6 3. **O DL 64/2009, de 20-mar.** No que releva para o presente comentário, o DL 49/2010, de 19-mai., consagrou a possibilidade de a SA emitir ações sem valor nominal (276.º/1).

[1] Com maior desenvolvimento, *vide* Menezes Cordeiro, *Direito europeu das sociedades* (2005), 181-231. Veja-se ainda Paulo de Tarso Domingues, *As acções*, 196-199.

[2] Sobre as diferentes modalidades de ações sem valor nominal, cf. Paulo de Tarso Domingues, *As acções*, 187-189, que distingue entre ações sem valor nominal impróprias e próprias, consoante tenham ou não conexão com o capital social.

[3] Com maior desenvolvimento, Alexandre de Soveral Martins, *Cláusulas do contrato de sociedade*, 119-123.

Apesar de no seu preâmbulo se afirmar que se procede à generalização de uma solução excecionalmente consagrada no DL 64/2009, de 20-mar., tal não é correto[4]. Com efeito, este DL apenas reconhecia a possibilidade de, em situações excecionais, diminuir-se o valor nominal das ações emitidas. Ora, tal pressupõe a manutenção de um valor nominal. 7

Tratou-se, então, de uma medida, temporária e excecional, de reação à crise financeira conjuntural, iniciada em 2007. Temporária, porque apenas aplicável às operações realizadas até 31-dez.-2009 (5.º)[5], sem prejuízo de os efeitos de tais operações se prolongaram para além desta data[6]. Excecional, porque a diminuição do valor nominal da emissão de ações, só podia ocorrer através de dois mecanismos (2.º e 3.º, respetivamente)[7]: por redução do capital social, para todas as sociedades anónimas[8], e por deliberação social, exclusivamente quanto às sociedades emitentes de ações admitidas à negociação em mercado regulamentado. 8

4. **Significados do termo ação**. O termo "ação" tem um sentido polissémico[9] podendo, designadamente, ser entendido como: (a) fração do capital social[10] (271.º[11]), (b) direito representado (274.º), (c) participação social, isto é, como o *«conjunto unitário de direitos e obrigações atuais e potenciais do sócio»*[12], ou seja, um certo *status* revelador de uma posição do sócio sobre a sociedade ou ainda (d) como valor mobiliário – 1.º, *a)*, do CVM. 9

5. **Ação enquanto fração do capital social**. No 298.º o termo ação é utilizado no sentido de fração do capital social, isto é, cada ação, independentemente de conter ou não um valor nominal, representará uma parcela desse capital, de acordo com a divisão do mesmo pelo número de ações emitidas. Esta divisão exprime o risco inicial que cada um dos sócios está disposto a assumir aquando da sua entrada na sociedade[13], e reflete-se diretamente na organização interna da sociedade, mais precisamente nos direitos dos sócios, uma vez que são exercidos em função da percentagem do capital social detido[14]. Neste âmbito, a única distinção entre as ações com e sem valor nominal reside no facto de nas primeiras o *status socii* tomar em consideração o valor nominal das ações, enquanto nas segundas a determinação fazer-se apenas[15] pelo número total de ações de que o sócio é titular, em conjugação com o número total de ações emitidas e o 10

[4] Sobre este diploma, *vide* Paulo Câmara, *O Decreto-Lei n.º 64/2009: diminuição extraordinária do valor nominal das acções*, RDS I (2009), 2, 327-338, e Paulo de Tarso Domingues, *O capital social como entrave ao financiamento das sociedades. Os novos conceitos e regime de capital social introduzidos pelo DL 64/2009 são solução?*, Direito das Sociedades em Revista, 1 (2009), 2, 175-200.

[5] Relativamente à ambiguidade do âmbito temporal deste DL, *vide* Paulo Câmara, *O Decreto-Lei n.º 64/2009*, 337, admitindo o registo comercial da redução após 31-dez.-2009.

[6] Cf. Paulo de Tarso Domingues, *O capital social*, 183.

[7] Com maior desenvolvimento sobre estes dois mecanismos, seu modo de funcionamento e viabilidade prática, veja-se Paulo de Tarso Domingues, *O capital social*, 187-200. Veja-se também Paulo Câmara, *O Decreto-Lei n.º 64/2009*, 329-336.

[8] Criticando esta solução, por violar o princípio da igualdade, ao deixar de fora as sociedades por quotas, veja-se Paulo de Tarso Domingues, *O capital social*, 182.

[9] Veja-se Oliveira Ascensão, *Direito comercial*, IV – *Sociedades comerciais, Parte geral* (2000), 499 e ss., e Coutinho de Abreu 2 (2015), 207.

[10] De acordo com o 276.º/3, o valor mínimo do capital social nominal das sociedades anónimas é de € 50.000,00.

[11] Com maior desenvolvimento, Alexandre de Soveral Martins, *Cláusulas do contrato de sociedade*, 114-125, Nuno Maria Pinheiro Torres, *Da transmissão de participações sociais não tituladas* (1999), 29-32.

[12] Cf. Coutinho de Abreu 2 (2019), 203. Ainda sobre a ação enquanto participação social *vide*, com maior desenvolvimento, Alexandre de Soveral Martins, *Cláusulas do contrato de sociedade*, 75-113. Já Vaz Serra, *Títulos de crédito*, BMJ 60 (1956), 43, refere que as ações se traduzem num complexo de direitos e obrigações.

[13] Cf. Alexandre de Soveral Martins, *Cláusulas do contrato de sociedade*, 115-116.

[14] Destaca-se, entre outros, o direito aos lucros (22.º/1), à informação (288.º/1 e 291.º/1) ou ainda o direito à partilha do ativo restante em caso de dissolução (156.º/3).

[15] Ressalva-se a possibilidade de a sociedade criar diferentes ações com direitos especiais (24.º).

capital social[16], não tomando em consideração nem o valor nominal, que não existe, nem o valor de emissão, que pode variar[17].

II – **As ações com valor nominal**

11 6. **Noção**. As ações com valor nominal têm expresso um valor, por exemplo, € 1,00, € 0,50 ou € 0,20.

12 α) **Menção**. O valor nominal tem obrigatoriamente de estar mencionado no título, se as ações forem tituladas, ou no registo em conta, se forem escriturais – 276.º/1 e 44.º/1, *b*), este último do CVM[18].

13 β) **Montante**. O valor nominal é obrigatoriamente igual em todas as ações, com um valor mínimo de € 0,01 (276.º/3) e sem valor máximo pré-fixado. Assim, tomando por referência o capital social da sociedade, o número total de ações a emitir dependerá do valor nominal que lhes seja atribuído. Se o valor nominal for baixo, a quantidade de ações a emitir será maior. Pelo contrário, se o valor nominal for alto, o número de ações a emitir será menor. Para essa decisão também pode contribuir o número de acionistas que se deseja que a SA venha a ter. Se for elevado, o número de ações será tendencialmente maior e com um valor nominal baixo, de modo a que as ações possam ser subscritas por um maior número de pessoas sem um esforço financeiro significativo. Se, pelo contrário, o número de acionistas for restrito ou já tiver predeterminado, será tendencialmente indiferente o número de ações e respetivo valor nominal, podendo ser emitidas poucas ações com um valor nominal elevado. No limite, e dado que não há um valor nominal máximo pré-fixado, poderão ser emitidas tantas ações quantos os acionistas da sociedade, por exemplo, uma SA com um capital do € 100.000, representado por cinco ações de € 20.000 cada.

III – **As ações sem valor nominal**

14 7. **Noção**. As ações sem valor nominal são expressas apenas pelo número de ações do capital social da SA[19]. Não obstante, uma vez que o capital social da SA é um elemento obrigatório [9.º/1, *f*)] e que tem de estar dividido por ações (271.º), é sempre possível, por simples cálculo aritmético, através da divisão do capital social pelo número total de ações emitidas, encontrar-se um valor nominal de referência para as ações[20].

15 Este tipo de emissão teve origem nos EUA, a partir do início do séc. XX[21]. Na Europa, países como a Bélgica, Alemanha, Áustria, França, Itália, já admitiam ações sem valor nominal antes do DL 49/2010, de 19-mai.[22].

16 α) **Menção**. Quando as ações não tiverem valor nominal terá de constar do título ou do registo em conta, conforme a forma de representação adotada, o seu valor percentual – 44.º/1, *b*), do CVM.

[16] Cf. Alexandre de Soveral Martins, *Cláusulas do contrato de sociedade*, 122. Segundo Paulo de Tarso Domingues, *As acções*, 210-211, o valor da participação social assim determinado é o valor contabilístico.

[17] Cf. 12 *infra*.

[18] Quanto às demais menções do título, vejam-se 44.º/1, *a*) e *b*) e 97.º/1 do CVM. *Vide* ainda 526.º.

[19] Com maior desenvolvimento, *vide* Alexandre de Soveral Martins, *Cláusulas do contrato de sociedade*, 118-123, e Paulo de Tarso Domingues, *As acções*, 181 e ss..

[20] Neste sentido, Paulo de Tarso Domingues, *As acções*, 189.

[21] Com maior desenvolvimento, Paulo de Tarso Domingues, *As acções*, 181-187.

[22] Paulo de Tarso Domingues, *Variações sobre o capital social* (2009), pp. 120-123, *O capital social*, 184-185, e *As acções*, 199-203.

β) **Montante**. O valor de subscrição ("valor de emissão") é obrigatoriamente igual em cada emissão[23], com um valor mínimo de € 0,01 (276.º/3) e sem valor máximo pré-fixado. 17

8. **Vantagens**. A possibilidade de emitir ações sem valor nominal facilita a realização de aumentos de capital em situações antes vedadas ou que obrigariam à sua prévia redução, caso as ações tivessem valor nominal. 18

Esta facilidade assume particular importância nas sociedades cujas ações se encontrem admitidas à negociação em mercado regulamentado – *sociedades cotadas*. 19

Num cenário em que o capital social estivesse representado por ações com valor nominal e o seu valor de transação – cotação – se situasse abaixo do seu valor nominal, a sociedade não estaria em condições de se financiar através do aumento do capital social, por hipótese, uma SA cuja capital social se encontra representado por ações com o valor nominal de € 1,00, mas cuja cotação é € 0,20. Com efeito, porque estaria vedada a emissão de novas ações abaixo do valor nominal[24], o aumento teria sempre de ser feito, pelo menos, por valor igual ao valor nominal. Ora, nestas circunstâncias nenhum investidor estaria disposto a subscrever o aumento, uma vez que, no mercado, podia adquirir as mesmas ações por valor inferior ao valor do aumento[25]. No exemplo anterior, qualquer investidor poderia obter, no mercado, ações por € 0,20, não estando disposto a gastar *desnecessariamente* mais € 0,80 num aumento de capital. Neste cenário, o único modo de o aumento ter sucesso seria a prévia redução do capital social, por diminuição do valor nominal das ações para um valor abaixo do seu valor de negociação – operação acordeão/harmónio – mecanismo complexo e dispendioso[26] e que não transmite uma imagem de saúde financeira da empresa. Ou seja, e retomando, uma vez mais, o exemplo apresentado, a sociedade teria de previamente, por redução do seu capital social, baixar o valor nominal das suas ações em mais de € 0,80. 20

Se à SA for permitido emitir ações sem valor nominal, a sociedade pode adaptar o valor de subscrição de futuras emissões à cotação das ações sem o limite do valor nominal, conseguindo, assim, angariar investidores[2]. Limitar-se-á, por exemplo, a fazer um aumento de capital social do valor de € 100.000, pela emissão de novas 500.00 ações sem valor nominal, o que significa que o valor de emissão de cada ação será de € 0,20. 21

IV – **Emissão das ações**

9. **Noção e modalidades**. A emissão consiste no ato de criação das ações, e encontra-se regulada CSC, no 304.º[28], e no CVM (em particular nos 43.º a 45.º, nos 61.º e ss. para as ações escriturais e nos 95.º e ss. para as ações tituladas). 22

Atualmente, as ações da SA podem ser com e sem valor nominal (276.º/1). Apenas não se permite a coexistência de ações com e sem valor nominal (276.º/2), sem prejuízo da conversão da modalidade adotada[29]. 23

10. **Valor mínimo da emissão**. Além do valor mínimo das ações (276/3.º) o 298.º/1 fixa valores mínimos de emissão. 24

[23] Quanto à possibilidade de o valor de subscrição variar de emissão para emissão, cf. 12 *infra* e 298.º/3.

[24] Cf. 10, α) *infra*.

[25] Identicamente, Paulo de Tarso Domingues, *Variações sobre*, 178.

[26] Cf. Paulo de Tarso Domingues, *As acções*, 195, nota 72.

[27] Assim, Paulo de Tarso Domingues, *Variações sobre*, 183, e *As acções*, 194-195.

[28] A redação deste artigo resulta do DL 76-A/2006, de 29-mar., que revogou os seus n.os 4 a 6.

[29] Com maior desenvolvimento, quanto à conversão, *vide* Paulo de Tarso Domingues, *As acções*, 212-213.

25 α) **Ações com valor nominal: proibição da emissão abaixo do par**. Nos termos do 298.º/1, é proibida a emissão de ações com valor nominal abaixo do par, isto é, por valor inferior ao valor nominal.

26 A regra enunciada, que replica a regra geral quanto às entradas dos sócios (25.º/1), tem também de ser observada em ulteriores aumentos de capital social da sociedade (89.º/1).

27 Assim, o valor nominal das ações não pode ser superior ao valor da entrada do sócio, seja dinheiro, seja em espécie. Significa que o acionista terá de ter contribuído para a sociedade com valor, pelo menos, igual ao valor nominal das ações.

28 Esta imposição tem por finalidade a proteção do capital social e, por via desta, a proteção dos credores sociais. Com efeito, uma vez que o capital social representa uma garantia dos credores sociais[30] e corresponde, em regra, à soma das entradas dos sócios (25.º/1)[31], procura-se assegurar que o montante do património social inicial não seja inferior à cifra do capital social. Ou seja, quer-se assegurar a sua exata formação[32]. Caso contrário, se fosse permitida a emissão de ações por valor inferior ao seu valor nominal, existiria uma desigualdade definitiva entre o capital social inicial e a soma do valor das entradas.

29 A violação desta regra determinará a nulidade da emissão das ações (294.º, *ex vi* 295.º do CC).

30 A operação inversa, isto é, a emissão de ações acima do par – por valor superior ao valor nominal – é permitida e frequente nas sociedades com ações admitidas à negociação em mercado regulamentado. Quando assim sucede, os acionistas entregam à sociedade um valor superior ao valor nominal das ações, valor esse que não ingressa no capital social da sociedade. Essa diferença designa-se de "prémio de emissão" ou "ágio"[33]. Por exemplo, quando o valor da entrada é € 120 e o acionista recebe ações no valor nominal de € 100.

31 β) **Ações sem valor nominal: proibição da emissão abaixo do valor de emissão**. Nos termos do 298.º/1, *in fine*, não podem ser emitidas ações sem valor nominal abaixo do valor de emissão. Neste caso o valor da entrada do sócio não corresponde ao seu «valor nominal» mas ao seu *«valor de emissão»*[34]. Contudo, o significado é o mesmo: o valor, em dinheiro ou em espécie, com que o sócio entra para a sociedade e que está refletido no capital social[35]. Assim, o valor de emissão terá de coincidir, consoante o caso, com o valor do capital social inicial ou do seu aumento.

[30] Com maior desenvolvimento, *vide* Paulo de Tarso Domingues, *Do capital social*, 138 e ss.

[31] Cf. Paulo de Tarso Domingues, *Do capital social*, 38-39 e 70.

[32] Conforme observa Paulo de Tarso Domingues, *Do capital social*, 66 e ss., o princípio da exata formação do capital social traduz-se no valor do património social inicial corresponder efetivamente à cifra do capital social. Este princípio manifesta-se ainda na admissão pontual do diferimento da realização das entradas em dinheiro (26.º, 202.º/4 e 6 para as sociedades por quotas, e 277.º/2, para a SA) e na necessidade de as entradas em espécie terem de ser avaliadas por um ROC sem interesses na sociedade (28.º/1), ou na responsabilidade do sócio pela diferença entre o valor da entrada e o valor nominal da sua participação (25.º/3).

[33] Vejam-se os 87.º/1, *e*), 277.º/2, *in fine*, e 295.º/2, *a*), e 3.

[34] Cf. 5.º do DL 49/2010, de 19-mai.

A locução "valor de emissão" não é, linguisticamente, a mais feliz, pelo que deveria ter sido evitada. Na 2.ª Diretriz a expressão usada é "valor contabilístico" (8.º/1, *in fine* e 9.º/1, *in fine*).

Assim, melhor teria sido, a nosso ver, o recurso à locução "valor contabilístico" ou "valor de subscrição", esta última entendida como o valor da entrada realizada pelo acionista. Tal evitaria eventuais pleonasmos.

Com diferente entendimento do significado de "subscrição", *vide* Paulo Olavo Cunha, Direito das Sociedades Comerciais (2019), 432.

[35] Cf. Paulo de Tarso Domingues, *Código em Comentário* 5, 298.º, 342, nota 19, e *As acções*, 206-207, onde define o valor de emissão como o valor das entradas dos sócios que é levado ao capital social.

A regra enunciada, que replica a regra geral quanto às entradas dos sócios (25.º/1), tem também de ser observada em ulteriores aumentos de capital social da sociedade (89.º/1). 32

Porque a *ratio* desta proibição é a mesma da proibição da emissão de ações com valor nominal abaixo do par, isto é, que o valor da entrada do sócio seja, pelo menos, igual ao montante do capital social emitido (25.º/2) dão-se por reproduzidos os comentários feitos em α) antecedente. 33

Igualmente, à semelhança da proibição da emissão de ações com valor nominal abaixo do par, também é permitida a emissão de ações sem valor nominal acima do valor de emissão. 34

11. **Desconto das despesas de colocação firme**. O disposto no 298.º/1 não impede que no valor de uma emissão de ações, com ou sem valor nominal, sejam descontadas as despesas de colocação firme por uma instituição de crédito ou outra equiparada por lei para esse efeito (298.º/2). 35

α) **Colocação firme**. A ressalva do desconto das despesas de colocação firme teve por fonte o 8.º/2 da 2.ª Diretriz. Segundo este número "*[...] os Estados-membros podem admitir que aqueles que, por profissão, se encarreguem de colocar ações, paguem menos que o valor total das ações por eles subscritas*". Ou seja, está em causa a colocação e a subscrição das ações pelo intermediário financeiro e não apenas a sua colocação. 36

O legislador nacional optou por transpor o mencionado preceito através da expressão "colocação firme". Ora, esta expressão não se encontra prevista nem no CVM, nem no anterior Cód. MVM[36]. Contudo, conjugando tal preceito (298.º/2) com o 8.º/2 da 2.ª Diretriz podemos concluir que ocorre "colocação firme" na *tomada firme* e na *colocação com garantia*, sempre que haja subscrição das ações pelo intermediário financeiro[37]. Mais discutível é saber se também haverá colocação firme na chamada subscrição indireta (461.º). 37

O contrato de *colocação com tomada firme*[38] encontra-se previsto no 339.º do CVM. Através deste, o intermediário financeiro adquire para si, num primeiro momento, todas as ações objeto da oferta, ou seja, torna-se seu titular. Posteriormente, num segundo momento, obriga-se a colocá-las, por sua conta e risco nos termos e prazos acordados com o emitente ou alienante. Não o conseguindo fazer, ficará com as ações adquiridas. 38

O contrato de *colocação com garantia*[39] consiste numa prestação de serviço em que o intermediário financeiro se obriga a realizar os melhores esforços para colocar a emissão, podendo também obrigar-se a adquirir, no todo ou em parte, para si ou para outrem, as ações que não tenham sido subscritas ou adquiridas pelos destinatários da oferta pública (338.º e 340.º do CVM). Assim, a subscrição de ações pelo intermediário financeiro será eventual, somente se, após o termo do período de subscrição, todas as ações não tiverem sido subscritas. Trata-se, portanto, de uma situação em que não se conhecem *a priori* as ações a subscrever e a respetiva comissão. Sempre que tal não aconteça, isto é, sempre que as ações não venham a ser adquiridas pelo intermediário financeiro, porque foram todas subscritas pelos seus destinatários, não se aplica a ressalva do 298.º/2. 39

[36] Cf. 124.º-126.º.

[37] Tal dependerá, a nosso ver, da existência, a par da colocação, de uma obrigação, em termos de resultado, de adquirir as ações.
A figura da subscrição indireta, atualmente prevista apenas no CSC, encontrava-se regulada nos 118.º/1 e 123.º/1 do Cód. MVM.

[38] Apesar de o CVM apenas falar em "tomada firme", não deixamos de estar na presença de um contrato de colocação, se se atentar ao conteúdo deste contrato, conforme resulta do 339.º do CVM.

[39] Com maior desenvolvimento sobre o contrato de colação e tomada firme, veja-se Amadeu Ferreira, *Direito dos valores mobiliários* (1997), 319-332 e bibliografia indicada, ainda que tendo por referência o Cód. MVM.

40 Do mesmo modo, face à letra do 298.º/2, ficará ainda de fora a *colocação simples*, prevista no 338.º/1 do CVM, dado que, apesar de haver colocação das ações, as mesmas não são subscritas pelo intermediário financeiro.

41 β) **Instituição de crédito ou outra equiparada**. A aplicação da ressalva do 298.º/2 depende de as despesas com a colocação firme terem sido suportadas por instituição de crédito ou outra equiparada por lei para esse efeito.

42 A colocação com garantia e a tomada firme, enquanto serviços e atividades de investimento em instrumentos financeiros, são atividades de intermediação financeira – 290.º/1, *d*), e 289.º/1, *b*), ambos do CVM. Nesta medida, só podem ser realizadas por intermediários financeiros (289.º/2 do CVM), onde se incluem as instituições de crédito [293.º/1, *a*), do CVM][40], assim como por algumas das entidades previstas no 289.º/3 do CVM.

43 Sempre que as despesas com a colocação firme sejam incorridas por intermediários financeiros que não instituições de crédito ou por algumas das entidades previstas no 289.º/3 do CVM, apenas se pode entender que tais entidades são, para efeitos de aplicação do 298.º/2, equiparadas por lei à instituição de crédito.

44 γ) **Efeitos do desconto das despesas na emissão das ações e no capital social**. Sempre que as ações sejam emitidas por colocação com garantia ou tomada firme permite-se (não é uma imposição) que as despesas com estas operações sejam descontadas no valor da emissão. Assim, por exemplo, numa subscrição de 100 em que tenha ficado acordado que o intermediário financeiro recebe 5 de comissão, duas alternativas se apresentam: o intermediário financeiro paga 100 ao emitente e solicita posteriormente o pagamento de 5, ou paga 95, descontando logo os 5 que teria a receber.

45 Quanto ao significado de "*despesas*" o mesmo deve ser interpretado em sentido amplo, contemplando quer os custos da operação, quer os honorários ao intermediário financeiro pela colocação.

46 O recurso ao desconto das despesas da colocação firme em momento algum afeta o montante nominal do capital social ou o valor (nominal ou de emissão) das ações emitidas, que permanecem inalterados. Assim, não se poderá ver no 298.º/2 uma exceção à regra imposta pelo seu n.º 1[41].

47 Atente-se que a lei apenas permite o desconto das despesas "*no valor de emissão de ações*" e não a alteração do seu valor. Assim, quando as ações emitidas tenham valor nominal o montante fixado não muda, isto é, não deixa de representar o valor do capital social nominal[42]: este é que deixa de corresponder à soma do valor das entradas, por parte da importância subscrita respeitante à emissão destinar-se ao pagamento das despesas com a colocação firme. O mesmo sucede, em termos idênticos, quando as ações não tenham valor nominal.

48 12. **Valores de emissão diferentes**. O 298.º/3 permite a fixação de diferentes montantes de subscrição entre cada emissão de ações sem valor nominal. Cumpre chamar a atenção que o valor de subscrição em cada emissão tem de ser sempre igual; apenas pode variar de emissão para emissão[43]. Sempre que o valor de subscrição de ações seja inferior ao valor de emissão(ões) anterior(es) deve o conselho de administração elaborar um relatório sobre o valor fixado – por

[40] As entidades que são instituições de crédito estão previstas nos 2.º e 3.º do RGIC.

[41] Cf. João Labareda, *Das acções das sociedades anónimas* (1988), 12, nota 1.

[42] Neste mesmo sentido, o 8.º/2 da 2.ª Diretriz refere-se a pagamento e não a emissão.

[43] Cf., neste sentido, Paulo de Tarso Domingues, *As acções*, 208.

exemplo, por a cotação das ações ser inferior ao respetivo valor contabilístico[44] – e sobre as consequências financeiras da emissão para os acionistas[45]. Deste modo, os demais sócios ficam a saber o motivo de os futuros sócios da sociedade subscreverem ações por um valor inferior ao valor subscrito pelos sócios atuais.

Artigo 299.° (Ações nominativas)

As ações são nominativas, não sendo permitidas ações ao portador.

Bibliografia: Oliveira Ascensão, *Direito dos Valores mobiliários* II (2000), 76-77; Menezes Cordeiro 2 (2007), 661-668; Paulo Olavo Cunha (2019), 435-437; Tiago Soares da Fonseca, *O penhor de acções*, 2.ª ed. (2007), 23 e ss.; João Labareda, *Das acções das sociedades anónimas* (1988), 39-47; Alexandre de Soveral Martins, *Cláusulas do contrato de sociedade que limitam a transmissibilidade das acções, Sobre os arts. 328.º e 329.º do CSC* (2006), 310-315; *id.*, *Código em Comentário* 5, 299.º, 349-359; Adriano Vaz Serra, *Acções nominativas e ao portador*, BMJ 175 (1968), 5-42, 176 (1968), 11-81, 177 (1968), 5-192 e 178 (1968), 17-87.

Índice

I – **Antecedentes**
1. Código Comercial de 1888 1
2. A 2.ª Diretriz CEE 4
3. A redação original 5

II – **A reforma de 2017**
4. Antecedentes 6
5. A Lei n.º 15/2017, de 3-mai. 11
6. O Decreto-Lei n.º 123/2017, de 25-set. 12
7. Observações críticas 13

III – **Anotação às regras revogadas**
8. Formas de representação 16
9. Modalidades e sua relevância 21
10. Liberdade de escolha da modalidade das ações 28
11. Nominatividade legal obrigatória 30
α) No CSC 31
β) Noutras situações 36

I – Antecedentes

1. Código Comercial de 1888. Neste Código, as ações e suas espécies estavam previstas no 166.°. De acordo com esta disposição resultavam, de forma implícita, duas espécies de ações: nominativas e ao portador, não se definindo, contudo, em que é que consistia cada uma delas[1]. 1

Nos termos do § 1 do 166.° do CCom, as ações seriam obrigatoriamente nominativas quando não estivessem integralmente pagas, sendo, contudo, possível ao seu titular, depois do seu integral pagamento, exigir a conversão em ações ao portador, salvo estipulação expressa em contrário nos estatutos (§ 2). 2

A relevância da distinção entre ações ao portador e nominativas prendia-se com a sua transmissão[2]: as ações ao portador transmitiam-se por acordo das partes e entrega do título[3], enquanto as ações nominativas circulavam por averbamento no livro de registo de ações (168.°, 3

[44] Este relatório deverá ser elaborado quer a emissão das ações resulte de operação deliberada pela administração, quer de deliberação pelo coletivo dos sócios.

[45] Exemplo de Paulo de Tarso Domingues, *As acções*, p. 208.

[1] *Vide* Cunha Gonçalves, *Comentário ao Código Comercial Português* I (1941), 396-398, e Pinto Furtado II/1 (1979), 200.

[2] Cf., sumariamente, Pinto Furtado II/1, 200 e 205 e ss..

[3] Com maior desenvolvimento, por todos, *vide* Vaz Serra, *Acções nominativas*, BMJ 176 (1968), 70 e ss..

§ 1, do CCom) e declaração no título subscrita pelo transmitente de que a ação pertence ao transmissário (*pertence*)[4].

4 2. **A 2.ª Diretriz CEE**. Neste diploma, o seu 3.º, *f*), limitou-se a prever a necessidade de publicitar a espécie das ações, nominativas ou ao portador, quando a legislação dos Estados-membros previsse estas duas espécies, bem como as disposições relativas à sua conversão quando não estivessem reguladas na lei.

5 3. **A redação original** do 299.º era a seguinte:

(Ações nominativas e ao portador)

1. Salvo disposição diferente da lei ou dos estatutos, as ações podem ser nominativas ou ao portador.

2. As ações devem ser nominativas:

a) Enquanto não estiverem integralmente liberadas;

b) Quando, segundo o contrato de sociedade, não puderem ser transmitidas sem o consentimento da sociedade ou houver alguma outra restrição à sua transmissibilidade;

c) Quando se tratar de ações cujo titular esteja obrigado, segundo o contrato de sociedade, a efetuar prestações acessórias à sociedade.

II – **A reforma de 2017**

6 4. **Antecedentes**. A redação atual do 299.º adveio da L 15/2017, de 3-mai., que proibiu a emissão de valores mobiliários ao portador alterando, em consequência, o CVM e o CSC. Relativamente a este, além da nova redação do preceito, foi revogado o n.º 2 do 299.º original e, ainda, mo 448.º.

7 A L 15/2017 filia-se numa série de medidas tendentes a dar corpo à opinião pública, muito alarmada por uma série de escândalos financeiros e pelo conhecimento dos vultuosos fluxos de capitais, possibilitados pela globalização e em cujos montantes se incluíam dinheiros ilícitos, branqueamentos de capitais e fugas ao fisco. Há muito vigoravam medidas nos sectores sensíveis, como a banca, os seguros e as sociedades abertas, que obrigavam ao (re)conhecimento dos verdadeiros titulares de participações sociais. Mas pretendia-se mais.

8 O Bloco de Esquerda, em 29-abr.-2016, apresentou, no Parlamento, o Projeto de Lei n.º 205/XIII/1.ª, que "extingue os valores mobiliários ao portador e determina o carácter escritural dos valores mobiliários, assegurando a identificação dos respetivos titulares"[5]. Entre outros aspetos, diz a competente justificação de motivos que "a existência de valores mobiliários ao portador permite a dissipação do património, na medida em que é impossível a identificação dos seus titulares". E prossegue que esse facto seria incompatível com a tributação de mais-valias e com as exigências de transparência feitas, designadamente a titulares de cargos políticos. Tudo isso era associado ao branqueamento, ao tráfego de droga, de armas e ao financiamento do terrorismo.

9 O PS respondeu, em 3-jun.-2016, com o Projeto de Lei n.º 262/XIII, 1.ª, que "proíbe a emissão de valores mobiliários ao portador. Segundo a justificação apresentada, tais valores seriam criticados pelo anonimato e pela opacidade. Refere várias medidas recomendadas, bem

[4] *Vide*, com maior desenvolvimento e por todos, Vaz Serra, *Acções nominativas*, BMJ 177 (1968), 5 e ss.. Referência ainda para o Ac. STJ 16-jun.-1972 (Fernandes Costa), BMJ 218 (1972), 278-293.

[5] Confrontável no sítio da Assembleia da República.

como o 10.º da Diretriz 2015/849, de 20-mai., relativa ao branqueamento de capitais, artigo esse que prevê medidas para prevenir a utilização abusiva de ações ao portador ou de *warrants* sobre ações ao portador.

O projeto do PS foi, fundamentalmente, convertido em lei. De todo o modo, a AR, na 10
sessão de 9-jun.-2016, aprovou ambos os projetos (o 205/XIII, do BE e o 262/XIII, do PS) na generalidade, com as abstenções do PSD e do CDS.

5. **A Lei n.º 15/2017, de 3-mai.**, foi finalmente aprovada em 10-mar.-2017. Comporta 11
sete artigos: 1.º (objeto): proíbe a emissão de valores mobiliários ao portador e cria um regime transitório para a conversão de tais valores em nominativos; 2.º (proibição de emissão de valores ao portador), suspendendo ainda o direito de participar na distribuição de resultados, associados a tais valores; 3.º (conversão de valores ao portador), a operar mediante regulamentação do Governo, a aprovar em 120 dias; 4.º (alteração ao CVM); 5.º (alteração ao CSC); 6.º (norma revogatória); 7.ª (entrada em vigor), no dia seguinte ao da publicação.

6. **O Decreto-Lei n.º 123/2017, de 25-set.**, visou executar o 3.º da L 15/2017; designa- 12
damente: permitiu que os contratos de sociedade e outros instrumentos fossem alterados pelo órgão de administração (2.º); estabeleceu um procedimento a seguir, com um anúncio informativo e com deveres para os intermediários financeiros (3.º); admitiu que a conversão em valores nominativos se pudesse fazer por anotação na conta de registo individual ou por substituição de títulos (4.º); previu a conversão no final do período transitório (5.º); estabeleceu a atualização dos registos (6.º); fixou um regime desfavorável para os valores não convertidos em nominativos (7.º); isentou os atos de registo de pagamento de emolumentos (8.º); repristinou alguns preceitos (9.º); fixou a entrada em vigor no dia seguinte ao da sua publicação (10.º).

7. **Observações críticas**. *Quanto ao fundo*, a abolição das ações ao portador tinha pouco alcance, 13
uma vez que tais ações, já não eram possíveis nos sectores sensíveis da finança e das sociedades abertas. Além disso, não fazem sentido medidas deste tipo se não forem tomadas a nível europeu: proibir ações ao portador, quando elas podem ser emitidas em Espanha ou em França, havendo liberdade de circulação de capitais, é pôr mais uma canga no que resta da riqueza nacional.

Quanto à forma, não foi feito qualquer estudo sobre as ações ao portador existente em 14
Portugal, sobre os seus titulares e sobre os valores envolvidos: tudo se processa no plano do debate de princípios teóricos.

Quanto à execução, entre a apresentação dos projetos, a aprovação parlamentar e o DL 15
123/2017, de 25-set., mediou mais de um ano. Os branqueadores, os fugitivos aos impostos e os demais criminosos tiveram todo o tempo para se libertarem das ações incómodas e investir noutros países. Ao que se sabe, apenas pequenos aforradores e famílias idosas foram apanhados nas malhas da nova lei por desconhecerem as regras aplicáveis.

III – **Anotação às regras revogadas**. Por terem relevo teórico e, quiçá algum papel prático, mantemos, de seguida, as anotações à versão original do 299.º.

8. **Formas de representação**[6]. A participação social na SA deve ser objeto de representação. 16
O título e o registo em conta são os instrumentos possíveis de representação da condição de acionista[7].

[6] Segue-se, de perto, a nossa obra, *O penhor de acções*, 2.ª ed. (2007), 25-28.

[7] De acordo com a redação do 46.º do CVM, podemos concluir que nesta matéria vigora o princípio da tipicidade

17 Ações tituladas são as representadas em documentos de papel[8], rectius, títulos, enquanto as ações escriturais são representadas por registo em conta (46.º/1 do CVM)[9].

18 Qualquer uma destas formas tem um carácter declarativo, isto é, não criam uma relação jurídica diversa da que motivou a sua emissão, mas reconhecem essa mesma relação. Porém, se assim sucede nas ações enquanto participação social, o mesmo não se pode dizer da ação enquanto valor mobiliário. Aqui a forma de representação assume caráter constitutivo, só se podendo falar de ações a partir do momento em que estão representadas, seja em documentos, seja por registo em conta[10].

19 As formas de representação das ações são autónomas entre si, isto é, são suficientes, por si próprias, para estabelecerem o regime da sua legitimação (55.º do CVM) e circulação (80.º, 101.º e 102.º do CVM).

20 As ações escriturais constituem-se por registo em contas individualizadas abertas junto das entidades registadoras (73.º/1 do CVM). Já as tituladas, pela emissão do título, o qual incorpora, pelo menos, uma ação, sem prejuízo de poder incorporar mais (276.º/4).

21 9. **Modalidades e sua relevância**. Quer sejam tituladas, quer sejam escriturais, as ações podem assumir uma de duas modalidades: nominativas e ao portador. O CSC não define nenhuma destas modalidades.

22 De acordo com o CVM, aplicável aos valores mobiliários, e, portanto, às ações – 1.º, a), do CVM –, qualquer que seja a sua forma de representação, as ações dizem-se nominativas quando o emitente tem a faculdade de conhecer a todo o tempo a identidade dos titulares, sendo ao portador quando o emitente não tem tal possibilidade[11][12] (52.º/1 do CVM).

23 Todavia, segundo a doutrina mais tradicional[13], o critério de distinção entre ações ao portador e nominativas não reside na faculdade de o emitente conhecer ou não a todo o tempo a identidade dos titulares, mas na sua forma de transmissão[14] e oneração.

24 Ainda hoje, da análise, respetivamente, dos 101.º, 102.º e 103.º do CVM, podemos retirar, que ao nível das ações tituladas, a distinção entre ações ao portador e ações nominativas releva na sua transmissão[15] e oneração[16]. Nestes termos, a melhor solução será a de considerar

das formas de representação, sem prejuízo de, em certas condições, ser permitida a alteração da forma inicialmente adotada (48.º e ss. do CVM), e do princípio da indiferença da forma de representação, conforme ensina Amadeu Ferreira, *Valores mobiliários escriturais, Um novo modo de representação e circulação de direitos* (1997), 381 e ss..

[8] Sobre as menções que devem constar dos títulos, vejam-se os 44.º/1 e 97.º/1 do CVM.

[9] Antes do CVM e do Cód. MVM o regime das ações escriturais já se encontrava regulado no DL 229-D/88, de 4-jul..

[10] Neste sentido, cf. Alexandre Soveral Martins, *Valores mobiliários [acções]*, IDET, Caderno n.º 1, 2003, 22.

[11] Quanto à possibilidade de se alcançar a identidade dos acionistas, em função das diferentes formas de representação e modalidades, cf. Alexandre de Soveral Martins, *Código em Comentário* 5, 299.º, 355.

[12] Quanto às vantagens e desvantagens de cada uma das modalidades, cf., com maior desenvolvimento, Alexandre de Soveral Martins, *Código em Comentário* 5, 299.º, 354-358.

[13] Cf., entre outros, Oliveira Ascensão, *Direito Comercial*, IV – *Sociedades comerciais, Parte geral* (2000), 524, João Labareda, *Das acções das sociedades anónimas* (1988), 39 e Paulo Olavo Cunha (2019), 435, nota 671.

[14] Cf. 326.º e 327.º, revogados pelo 15.º/1, *d*), do DL 486/99, de 13-nov. Esta matéria encontra-se atualmente tratada no CVM.

[15] Relativamente à transmissão de ações tituladas *vide* Alexandre de Soveral Martins, *Cláusulas do contrato de sociedade*, 215-278, e Maria João Mimoso/Ricardo Alexandre Cardoso Rodrigues, *O consensualismo contratual no sistema jurídico global: A transmissão de ações tituladas nominativas*, ROA, III/IV, 2004 (723-767), esp. 744 e ss. Tratando-se de ações escriturais, *vide* Alexandre de Soveral Martins, *Cláusulas do contrato de sociedade*, 278-284. Veja-se ainda Vera Eiró, *A transmissão de valores mobiliários – as acções em especial*, Themis, VI, 11, 2005, 145-185.

Considerando a compra e venda de ações tituladas ao portador um negócio jurídico real quanto à constituição – *quoad constitutionem* –, *vide* RPt 18-set.-2008 (Carlos Portela), Proc. 0831974. Considerando-a somente um negócio obrigacional, acarretando a falta da entrega dos títulos (*modo*) a produção dos efeitos do contrato, *vide* STJ 15-mai.-2008 (Santos Bernardino), Proc. 08B153.

que, no 52.º/1 do CVM, apenas se prevê o elemento mínimo distintivo entre ações nominativas e ao portador mas que, relativamente às ações tituladas, o conceito tradicional de distinção entre ações nominativas e ao portador permanece aplicável.

As ações escriturais ao portador podem estar integradas em sistema centralizado (88.º do CVM), caso em que o registo será feito em conta aberta junto do intermediário financeiro integrado naquele sistema[17], ou estar registadas num único intermediário financeiro (63.º/1 do CVM). 25

As ações escriturais nominativas podem não estar integradas num sistema centralizado, nem registadas num único intermediário financeiro, caso em que são registadas junto do emitente[18] ou do intermediário financeiro, na qualidade de representante do emitente (64.º/1 e 2 do CVM). 26

A entidade registadora das ações escriturais deverá, em relação a cada titular, abrir, em separado, contas por categorias de ações (68.º/1 do CVM). No que se refere às contas individualizadas de registo, integradas em sistema centralizado de contas, o 91.º/7 do CVM, estabelece que devem ser abertas junto da entidade gestora do sistema centralizado subcontas específicas relativas a valores mobiliários empenhados. 27

10. **Liberdade de escolha da modalidade das ações**. A modalidade das ações é uma menção de conteúdo obrigatório do contrato de sociedade – 272.º, *d*)[19]: aquando da sua constituição há que decidir qual a modalidade a adotar. Nesta matéria vigora o princípio da liberdade de escolha da modalidade das ações, salvo disposição diferente na lei ou nos estatutos. 28

Esta segunda ressalva só tem justificação se entendida no sentido de que os sócios podem proibir a conversão de ações para uma modalidade diferente da inicialmente escolhida, uma vez que, aquando da constituição da sociedade, dispõem dessa liberdade de escolha. Proibindo a conversão, as ações terão a modalidade adotada e assim permanecerão, salvo posterior alteração dos estatutos. Vejamos, de seguida, a primeira ressalva (salvo disposição legal). 29

11. **Nominatividade legal obrigatória**. Num conjunto significativo de situações, o legislador sentiu a necessidade de a sociedade saber a todo tempo a identidade dos seus acionistas impondo, para isso, que as ações sejam obrigatoriamente nominativas. 30

α) No CSC, o 299.º/1 enuncia três dessas situações: (a) quando as ações não estiverem integralmente liberadas; (b) quando as ações não puderem ser transmitidas sem o consentimento da sociedade ou houver alguma outra restrição à sua transmissibilidade[20]; (c) quando o titular das mesmas se encontre obrigado a realizar prestações acessórias à sociedade. Todas estas situações têm em comum a circunstância de o exercício dos direitos da sociedade relativamente a tais acionistas depender da possibilidade de saber, a todo o tempo, quem são eles. 31

Sendo a realização da obrigação de entrada em dinheiro diferida (26.º e 277.º/2 e 285.º/1) dispõe a sociedade de um conjunto de mecanismos com vista à sua satisfação (285.º/3 a 5 e 286.º). Tais mecanismos, fossem as ações ao portador, não poderiam ser exercidos, ou seriam, pelo menos, em condições extremamente onerosas para a sociedade, por se desconhecer contra quem os exercer. 32

Existindo limites à transmissão de ações os mesmos não seriam compatíveis com a existência de ações ao portador, uma vez que os títulos ao portador se transmitem através da entrega 33

[16] Relativamente à oneração de ações *vide*, por todos, o nosso *O penhor de acções*.

[17] Tratando-se de valores mobiliários admitidos à negociação em mercado regulamentado estão obrigatoriamente integrados em sistema centralizado (62.º do CVM).

[18] Cf. P 289/2000, de 25-mai.

[19] RNa redação anterior à L 15/2017, de 3-mai.

[20] Esta solução também resulta do disposto no 328.º/2. Sobre estes limites, *vide* com maior desenvolvimento, Alexandre de Soveral Martins, *Cláusulas do contrato de sociedade que limitam a transmissibilidade das acções, Sobre os arts. 328.º e 329.º do CSC* (2006), 301 e ss. *Vide* ainda 272.º, *b*).

do título (101.º/1 do CVM)[21] e as escriturais por registo em conta, sendo que, em qualquer dos casos, a sociedade pode não saber quem era e/ou quem passou a ser o titular das ações, a fim de exigir a observância dos limites contratuais estabelecidos[22].

34 Por fim, encontrando-se o titular das ações obrigado à realização de prestações acessórias (297.º) a sua concretização depende de a sociedade saber a quem as solicitar. Sendo as ações ao portador tal pode não ser possível.

35 Além destes casos, outros há em que a lei restringe a autonomia privada, impondo que as ações assumam obrigatoriamente a modalidade de nominativas. Assim sucede no CSC, no 304.º/1, acerca dos títulos provisórios. Caso contrário, a sociedade não saberia a quem entregar os títulos definitivos, por substituição dos provisórios.

36 β) **Noutras situações**. Sem a preocupação de sermos exaustivos verificamos ainda que a modalidade nominativa é exigida nas seguintes situações: (a) instituições de crédito – 14.º/1, *d*), do RGIC; (b) empresa de investimento com sede em Portugal – 199.º-C, b), do RGIC; (c) sociedades de garantia mútua (5.º/2 do DL 211/98, de 16-jul.)[23]; (d) sociedades de investimento (2.º do DL 260/94, de 22-out.[24]); (e) sociedades de locação financeira (2.º do DL 72/95, de 15-abr.[25]); (f) sociedades de desenvolvimento regional (2.º/2 do DL 25/91, de 11-jan.[26]); (g) as sociedades gestoras de fundos de pensões, assim como sociedades anónimas de seguros e de resseguros (respetivamente, 38.º/1 e 61.º, da L 147/2015, de 9-set.)[27].

Artigo 300.º (Conversão)

(*Revogado*)

Índice

1. Redação original 1
2. A revogação de 1999 2
3. Regime geral 3

1 1. **Redação original**. Em 1986, o 300.º, sob a epígrafe "conversão", dispunha:

> 1. As acções ao portador podem sempre ser convertidas em acções nominativas; as acções nominativas podem ser convertidas em acções ao portador se a lei não proibir a conversão e o contrato de sociedade permitir acções ao portador.
> 2. A conversão é efectuada pela sociedade, a requerimento e à custa do accionista.
> 3. A sociedade pode fazer a conversão mediante substituição dos títulos existentes ou modificação no respectivo texto.

2 2. **A revogação de 1999**. Foi levada a cabo pelo 15.º/1, *d*), do DL 486/99, de 13-nov., que aprovou o CVM: diploma que passou a tratar a matéria.

3 3. **Regime geral**. Nos termos do 1.º, *a*), do CVM, as ações são valores mobiliários, regendo-se a sua conversão pelo disposto neste Código. A conversão de ações quanto à sua forma de representação – escriturais em tituladas e vice-versa – rege-se pelo disposto nos 48.º a 50.º do CVM.

[21] Na redação anterior à L 15/2007, de 3-mai.

[22] Alexandre de Soveral Martins, *Cláusulas do contrato de sociedade*, 311.

[23] Alterado pelos DL 19/2001, de 30-jan., 309-A/2007, de 7-set. e 100/2015, de 2 de jun.

[24] Alterado pelo DL 100/2015, de 2 de jun.

[25] Alterado pelos DL 285/2001, de 3-nov., 186/2002, e 100/2015, de 2 de jun.

[26] Alterado pelo DL 247/94, de 7-out. Admite-se que as ações possam ser ao portador, desde que registadas.

[27] Admite-se que as ações possam ser ao portador, desde que registadas.

Nos termos do 272.º/*d*), as regras para as eventuais conversões das ações devem especialmente constar do contrato de sociedade. Não constando do contrato tais regras, nem tão pouco a proibição da conversão de ação, rege-se a mesma, nas situações em que a conversão possa ser lugar[1], supletivamente, pelo estabelecido no CVM[2]. 4

Artigo 301.º (Cupões)

As ações podem ser munidas de cupões destinados à cobrança dos dividendos.

Bibliografia: Pinto Coelho, *Estudo sobre as acções de sociedades anónimas*, RLJ, ano 89, n.º 3088, 1957, 289-290; Menezes Cordeiro 2 (2007), 665; Pinto Furtado II/1 (1979), 216-218; Alexandre de Soveral Martins, *Código em Comentário* 5, 301.º, 370-373; Vaz Serra, *Acções nominativas e ao portador*, BMJ 176 (1968), 40-41.

Índice

1. A reforma de 2017 1
2. Âmbito de aplicação 1
3. As ações de cupão. O cupão 2

1. **A reforma de 2017**, resultante da L 15/2017, de 3-mai., suprimiu, depois de ações, "ao portador ou mominativas". Com efeito, esse diploma aboliu as ações ao portador, como se viu nas anotações ao 299.º. Cabia-lhe suprimir, ao longo do Código, as referências a esse tipo de ações. 1

2. **Âmbito de aplicação**. Os cupões respeitam apenas às ações tituladas[1]. Apesar de não podermos falar de cupões nas ações escriturais, tal não significa que os direitos destacáveis das ações que assumam esta forma de representação, como, por exemplo, o direito aos dividendos, não possam ser destacados. O destaque continua a ser possível, por registo na conta dos valores mobiliários de onde os direitos são destacados – 68.º/1, *f*), do CVM – e o seu exercício terá lugar através da entidade registadora (83.º do CVM) ou da apresentação dos certificados (83.º e 78.º do CVM). 2

3. **As ações de cupão. O cupão.** As ações de cupão, como o nome indicia, são tituladas, dotadas de um ou mais cupões[2]: normalmente, vários cupões destacáveis. 3

O cupão é uma forma de representação de direitos destacáveis da ação, traduzida num anexo que, uma vez destacado, permite ao seu titular, sem a necessidade de apresentar a ação exercer o direito destacável. Tal não significa que o cupão seja essencial para o exercício do direito destacado, que continua a poder ser exercício pelo acionista, mas apenas que a titularidade do cupão permite ao seu titular, ainda que não seja acionista, o seu exercício. 4

No CSC apenas se faz menção do cupão de dividendo, ou seja, ao cupão cuja titularidade atribui o direito ao dividendo correspondente àquela ação: o cupão só dá direito à perceção de uma soma em dinheiro que, por ser incerta e futura, não será indicada no mesmo[3]. No entanto, 5

[1] Sobre a nominatividade legal obrigatória, cf. anotação 6 do 299.º.
[2] Neste sentido, cf. Alexandre de Soveral Martins, *Código em Comentário* 5, 299.º, 321.

[1] Neste mesmo sentido, vejam-se os 46.º/4 e 104.º/3 do CVM.
[2] Pinto Furtado II/1 (1979), 216-218.
[3] No regime anterior, cf. Cunha Gonçalves, *Comentário ao Código Comercial português* I (1914), 402-404.

nada parece impedir que outros direitos, desde que destacáveis da participação social, possam constar de cupões, conforme genericamente previstos no 104.º/3 do CVM.

6 O cupão não constitui uma espécie de ação, ainda que, ao que tudo indicia, funcione, em termos de circulação e legitimação, de acordo com as mesmas regras que as ações[4]. Limita-se a representar um direito da participação social.

7 Os direitos destacados das ações, estejam eles representados por cupões, estejam eles representados por registo em conta, são valores mobiliários, desde que respeitem o disposto do 1.º, *f)*, do CVM, ou seja, desde que o destaque abranja toda a emissão ou série ou esteja previsto no ato de emissão.

Artigo 302.º (Categorias de ações)

1. Podem ser diversos, nomeadamente quanto à atribuição de dividendos e quanto à partilha do ativo resultante da liquidação, os direitos inerentes às ações emitidas pela mesma sociedade.

2. As ações que compreendem direitos iguais formam uma categoria.

Bibliografia: António Pereira de Almeida 2 (2013), 42-50; Oliveira Ascensão, *Direito Comercial,* IV *– Sociedades comerciais, Parte geral* (2000), 509-523; *id.*, *As acções, Direito dos valores mobiliários*, Volume II (2000), 67-76; Menezes Cordeiro 2 (2007), 665-667; Paulo Olavo Cunha, *Os direitos especiais nas sociedades anónimas: as acções privilegiadas* (1993), 141-225; *id.*, (2019), 444-475; João Labareda, *Das acções das sociedades anónimas* (1988), 48-62; Alexandre Soveral Martins, *Valores mobiliários (acções)* (2003), 27-29; *id.*, *Código em Comentário* 5, 302.º, 374-378; Armando Manuel Triunfante, *A tutela das minorias nas sociedades anónimas – direitos individuais* (2004), 395-438.

Índice

I – **Categorias de ações**
1. Considerações gerais 1
2. Ações ordinárias 3
3. Ações especiais: privilegiadas e diminuídas 4
α) Emissão 9
β) Conteúdo 14
4. Transmissão 18
5. Modificação e supressão das ações especiais 19

I – Categorias de ações

1 1. **Considerações gerais**. Quando se fala em "categorias" pensa-se no seu conteúdo substancial ativo[1]. Assim, não é o momento da emissão das ações ou a sua série que determinam a categoria em que se inserem, mas o seu conteúdo[2].

[4] Diferentemente e com fundamento na letra do 104.º/3, que apenas fala no exercício de direitos, cf. Alexandre de Soveral Martins, *Código em Comentário* 5, 301.º, 373. Contudo, quer-nos parecer que, por um lado, nem a circulação, nem a legitimação, dos cupões se encontram tratadas no 104.º do CVM - cuja epigrafe é, precisamente, *«exercício de direitos»* - e, por outro lado, que o n.º 3 do mencionado artigo não deverá ser interpretado no sentido literal de que os cupões só permitem o exercício de direitos. Dito de outro modo, se é correto que os cupões se destinam ao exercício de direitos, conforme estabelecido nos 301.º do CSC, e no 104.º/3 do CVM (*«destinados à cobrança»* e *«destinados ao exercício»*, respetivamente), tal não significa que a sua circulação esteja vedada ao respetivos titulares.

[1] Cf. 272.º, *c)*, obriga a constar do contrato os direitos atribuídos a cada ação, nada dizendo quanto às obrigações.

[2] Cf., neste sentido, 45.º do CVM.

De acordo com os seus direitos inerentes podemos ter duas categorias de ações: as *ordinárias* e as *especiais*[3]. 1

2. **Ações ordinárias**. São ordinárias as ações que integram os direitos que a lei atribui às ações em geral[4]. Correspondem, em termos de conteúdo, ao tipo paradigmático de participação social da SA; formam também uma categoria de ações, por comparação com as demais; não têm, contudo, um regime próprio que lhes possa ser apontado. 3

3. **Ações especiais: privilegiadas e diminuídas**. São *especiais*[5] as ações que integram direitos diversos daqueles que são atribuídos à generalidade das ações[6]. 4

A diferença entre as ações especiais e as ordinárias, não se manifesta na participação no capital social mas, conforme adiantado, no seu conteúdo: as especiais, à semelhança das ordinárias, não deixam de representar o capital social (271.°), tendo de observar o disposto no 276.°, nem de ser valores mobiliários [1.°, *a*), do CVM]. 5

Consoante o seu conteúdo se manifeste na atribuição de vantagens ou privilégios ou, pelo contrário, numa desvantagem, decorrente da redução dos direitos sociais, as ações especiais serão, respetivamente, *privilegiadas/preferenciais*[7] ou *diminuídas*[8]*/postergadas*[9]. A criação desta (sub) categoria de ações faz com que as ações ordinárias passem, por comparação, a ser vistas com privilegiadas. Contudo, não deixam de ser ordinárias, dado que continua a corresponder-lhes o conteúdo paradigmático de participação social da SA. 6

O CSC prevê expressamente um conjunto de categorias de ações privilegiadas, bem como diminuídas. Nesta sede, limitamo-nos a enunciá-las[10]. Como ações privilegiadas temos, entre outras, as ações com o direito de preferência na transmissão de ações nominativas – 328.°/2, *b*) –, as ações preferências sem direito de voto (341.°)[11] e as ações com o poder de 7

[3] Nas sociedades abertas, as ações resultantes de aumento do capital social constituem sempre, nas situações previstas no 25.° do CVM, uma categoria autónoma, independentemente de terem um conteúdo substancial ativo igual ao das demais ações emitidas por essa sociedade. Trata-se de situações necessariamente provisórias, porquanto duram pelo prazo de 30 dias contados da deliberação de aumento de capital ou até ao trânsito em julgado de decisão judicial sobre ação de anulação ou de declaração de nulidade de deliberação social proposta dentro daquele prazo. Esta categorização destina-se apenas a identificar as ações relativamente às quais existem, possam vir a existir, dúvidas quanto à legalidade da deliberação social com base na qual foram emitidas, motivo pelo qual sendo as ações emitidas, por exemplo, ordinárias, não deixam de o ser. Neste sentido e com maior desenvolvimento, *vide* Rafaela Rocha, *As deliberações sociais de aumento de capital social de sociedades abertas*, em *Cadernos do Mercado de Valores Mobiliários*, n.° 11, agosto 2001, 141-150.

[4] Cf. Paulo Olavo Cunha (2019), 446, e *Os direitos especiais*, 143-144.

[5] Releva-se que, por oposição às ações ordinárias a doutrina costuma falar nas *ações privilegiadas*. Parece-nos, contudo, que tal critério deve ser revisto, por insuficiente. Com efeito, se se atentar ao disposto no 302.°/1, podemos concluir que aquilo que se permite é a emissão de ações com direitos inerentes diversos, sem mencionar se essa diferença é mais vantajosa ou não, para o seu titular. Assim, quer as situações mais vantajosas, quer as situações menos vantajosas estão aqui contempladas, termos em que a construção de uma categoria de ações denominada *especial* possibilita a inserção das ações diminuídas. Esta terminologia não deve, porém, ser confundida com os chamados direitos especiais, os quais nas sociedades anónimas só podem ser atribuídos a categorias de ações (24.°/4). Estes direitos têm sido reconduzidos pela doutrina a direitos privilegiados atribuídos aos sócios, o que não sucede, por exemplo, quando falamos de ações diminuídas. Neste sentido, *vide* Pinto Furtado, *Deliberações de sociedades comerciais* (2005), 528.
Também diferentes são os direitos especiais do 16.°/1 os quais, por serem pessoais, não dão origem a uma categoria de ações e permanecem com o titular mesmo depois da sua transmissão. *Vide* Osório de Castro, *Valores mobiliários – conceito e espécies*, 2.ª ed., (1998), 397-398. Neste sentido, veja-se o 458.°/4, que fala em ações de categoria especial.

[6] *Vide* Paulo Olavo Cunha, *Os direitos especiais*, 143-144.

[7] *Vide* Paulo Olavo Cunha, *Os direitos especiais*, 143 e 147-149.

[8] Cf. Paulo Olavo Cunha (2019), 472-475, e *Os direitos especiais*, 144-145.

[9] Pinto Furtado II/1 (1979), 238.

[10] Cf. Cristiano Dias, *Os direitos especiais dos sócios* (2015), 325 e ss.

[11] Com maior desenvolvimento, Paulo Olavo Cunha, *Os direitos especiais*, 157-165 e 166-177, para distinção de

veto sobre a eleição de um terço dos administradores (391.º/2). A estas categorias podemos acrescentar, até à celebração do Memorando de Entendimento com a troika, em 2011, quando Portugal se comprometeu à sua eliminação, as chamadas *golden-shares*, isto é, as ações detidas pelo Estado ou por outras pessoas coletivas públicas e que se traduzem na atribuição de um conjunto de direitos especiais aos seus titulares[12]. Ao abrigo da autonomia privada poderão ser criadas categorias de ações privilegiadas com outras vantagens, a saber: ações com voto plural, ações que conferem o direito de aquisição em condições vantajosas de produtos ou serviços[13] ou ainda ações com preferência nos lucros e reembolso do capital com direito voto, dentro dos limites dos 21.º/2 e 22.º/3[14].

8 Como exemplos de ações diminuídas temos as chamadas ações de fruição (346.º/5)[15].

9 α) **Emissão**. De acordo com o disposto no 302.º/1, a sociedade pode emitir ações com direitos inerentes diferentes[16].

10 Os motivos que levam à emissão de diferentes categorias de ações são os mais diversos. Nas ações privilegiadas será a proteção de alguns sócios por terem entrado na sociedade ou ser esse o único modo de seduzir a sua entrada na mesma, entre outros[17]. A emissão de ações diminuídas pode ter sido também a solução encontrada para atrair acionistas titulares de ações ordinárias.

11 A emissão de diferentes categorias de ações pode surgir por ocasião da constituição da sociedade, como posteriormente, por exemplo, através da conversão das ações emitidas ou do aumento do capital social[18]. Sendo a emissão posterior à constituição da sociedade tem de ser deliberada pelos sócios, de acordo com a maioria necessária para a alteração dos estatutos (383.º/2 e 386.º/3)[19].

12 Independentemente do momento da sua emissão, as categorias criadas têm de constar do contrato, bem como a indicação expressa do número de ações e dos direitos atribuídos a cada categoria – 24.º/1 e 272.º, *c*)[20].

13 Uma vez emitidas, estas ações compreendam os mesmos direitos e formam uma categoria (302.º/2 do CSC e 45.º do CVM). Naturalmente, sendo emitidas ações com diferentes privilégios teremos tantas categorias de ações quantos os privilégios criados[21].

14 β) **Conteúdo**. O 302.º/1 refere como exemplos, relativamente à emissão de ações com direitos inerentes diversos, a atribuição de dividendos e a partilha do ativo resultante da liquidação.

figuras afins, e Raúl Ventura, *Estudos vários sobre sociedades anónimas* (1992), 411-511.

[12] Neste sentido, *vide* Nuno Cunha Rodrigues, *"Golden-Shares" – As empresas participadas e os privilégios do Estado enquanto accionista minoritário* (2004), 352-353; Pedro de Albuquerque/Maria de Lurdes Pereira, *As «Golden Shares» do Estado português em empresas privatizadas: limites à sua admissibilidade e exercício* (2006), e Maria de Lurdes Pereira, *O regime societário do Estado enquanto accionista*, em *A reforma do código das sociedades comerciais: Jornadas em Homenagem ao Professor Doutor Raúl Ventura* (2007), 259-267. *Vd.* ainda Paulo Olavo Cunha (2019), 468-471.

[13] Paulo Olavo Cunha, *Os direitos especiais*, 156.

[14] Paulo Olavo Cunha, *Os direitos especiais*, 156-157.

[15] Cf. Paulo Olavo Cunha (2019), 473-475, e *Os direitos especiais*, 203, que afirma a sua diminuição relativamente às demais ações.

[16] Com maior desenvolvimento, sobre a sua emissão, veja-se Paulo Olavo Cunha, *Os direitos especiais*, 181-188.

[17] *Vide* João Labareda, *Das acções das sociedades anónimas* (1988), 49 e Paulo Olavo Cunha, *Os direitos especiais*, 148.

[18] Consoante o aumento do capital consista na emissão de novas ações ordinárias ou na emissão de ações de outra categoria, diferente ou igual a outras categoriais especiais existentes, haverá que observar, respetivamente, o disposto no 458.º/1 ou 4.

[19] Com maior desenvolvimento, cf. Paulo Olavo Cunha, *Os direitos especiais*, 184-185.

[20] Cf. João Labareda, *Das acções*, 49.

[21] *Vide* Osório de Castro, *Valores mobiliários*, 102, e Paulo Olavo Cunha, *Os direitos especiais*, 147.

Do recurso ao vocábulo "nomeadamente" resulta que estas duas situações são enunciati- 15
vas, não se consagrando qualquer princípio da taxatividade[22]. À mesma conclusão se chega da interpretação de outros artigos do CSC que permitem a criação de categorias de ações diversas das elencadas no 302.º/1. Consequentemente, podem existir tantas categorias de ações quantos sejam diferenciados os direitos inerentes às mesmas.

Por outro lado, não obstante as situações elencadas no 302.º/1 dizerem respeito a direitos 16
de conteúdo patrimonial, não se encontra vedada a criação de categorias de ações com direitos inerentes diversos de conteúdo pessoal ou não patrimonial[23]. A circunstância de as situações elencadas no 302.º/1 serem exemplificativas, de estarmos numa matéria onde a autonomia privada prevalece, de as ações contemplarem direitos inerentes pessoais e de a diferença entre as categorias de ações ser ao nível dos direitos inerentes[24] conduzem a esta conclusão.

As ações privilegiadas, qualquer que seja a vantagem atribuída ao titular, contando que 17
seja patrimonial, podem ficar sujeitas a remissão, se o contrato de sociedade o autorizar, em data fixa ou quando a assembleia geral o deliberar (345.º/1).

4. **Transmissão**. Os direitos que caracterizam as ações especiais privilegiadas são inerentes às 18
ações e não dos seus titulares[25]. Neste sentido, acompanham a sua transmissão, conforme disposto no 24.º/4.

5. **Modificação e supressão das ações especiais**. Quer a modificação[26], quer a extinção de 19
direitos especiais de categorias de ações especiais, salvo se se tratar de ações remíveis, depende do consentimento do seu titular (24.º/5)[27]. Não um consentimento individual, dado que a deliberação tem por objeto ações, não respeitando diretamente aos sócios, mas um consentimento prestado por deliberação dos sócios, tomada em assembleia especial para o efeito, isto é, em reunião do coletivo dos acionistas titulares da categoria de ações a ser afetada (24.º/6). As regras de funcionamento desta assembleia, mesmo em termos de maioria, são as mesmas previstas na lei e no contrato para as assembleias ordinárias (389.º/1 e 2).

Prestado o consentimento, seguir-se-á a realização da assembleia geral para deliberar alte- 20
rar ou modificar o direito especial.

Na sua falta, isto é, na falta de um consentimento prévio, a assembleia geral poderá deli- 21
berar a alteração ou a modificação do direito especial sob a condição do seu consentimento pelos respetivos titulares. Porém, até que tal consentimento seja prestado, a deliberação social de modificação ou extinção é ineficaz[28], *rectius* inoperante. Ou seja, o acionista titular do direito

[22] *Vide* João Labareda, *Das acções*, 49-50, e Paulo Olavo Cunha, *Os direitos especiais*, 149.

[23] Neste sentido, Oliveira Ascensão, *Direito Comercial* IV, 315, e Paulo Olavo Cunha, *Os direitos especiais*, 150-155.

[24] Paulo Olavo Cunha, *Os direitos especiais*, 150-155, apresenta quatro argumentos para a admissão da emissão de ações privilegiadas de conteúdo não patrimonial: a sua conciliação com o regime da transmissão de ações (24.º/4), a melhor explicação do regime das ações com privilégio de voto múltiplo (531.º), a conceção de tais situações, apesar das maiores dificuldades dada a sua natureza não patrimonial, e, por fim, a autonomia privada.

[25] Conforme observa Paulo Olavo Cunha, *Os direitos especiais*, 188, o privilégio carateriza as próprias ações e não são atribuídos *intuitos personae*.

[26] Com maior desenvolvimento, sobre a noção de modificação dos direitos especiais, *vide* Manuel Triunfante, *A tutela das minorias*, 419-421.

[27] *Vide* ainda as situações especiais contempladas nos 103.º/2, *b*), e 3, na fusão, 120.º relativamente à cisão, 131.º/1, *c*), na transformação, e no 346.º/6, quanto à amortização de ações sem redução do capital social. Com maior desenvolvimento, cf. Manuel Triunfante, *A tutela das minorias*, 432-437. Sobre o afastamento contratual ou legal desta regra, *vide* Manuel Triunfante, *A tutela das minorias*, 428-432.

[28] Desenvolvidamente, veja-se Pinto Furtado, *Deliberações de sociedades comerciais*, 508-547, onde trata do tema geral da ineficácia das deliberações sociais e das situações que a tal podem conduzir.

especial não é afetado[29], e uma eventual transmissão dessa categoria de ações será acompanhada da transmissão dos respetivos direitos especiais (24.º/4 e 55.º)[30]. Uma vez prestado consentimento, a deliberação prévia passara a produzir os seus efeitos[31].

Artigo 303.º (Contitularidade da ação)

1. Os contitulares de uma ação devem exercer os direitos a ela inerentes por meio de um representante comum.
2. As comunicações e declarações da sociedade devem ser dirigidas ao representante comum e, na falta deste, a um dos contitulares.
3. Os contitulares respondem solidariamente para com a sociedade pelas obrigações legais ou contratuais inerentes à ação.
4. A esta contitularidade aplicam-se os artigos 223.º e 224.º.

Bibliografia: Menezes Cordeiro 2 (2007), 667-668; Paulo Olavo Cunha (2019), 479-480; João Labareda, *Das acções das sociedades anónimas* (1988), 69-78; Alexandre de Soveral Martins, *Contitularidade de participações sociais: algumas notas*, Direito das Sociedades em Revista 3 (2011), 2, 25-38; *id.*, *Código em Comentário* 5, 303.º, 379-406; Raúl Ventura, *Sociedades por quotas* 1, 2.ª ed. (1989), 493-510.
Vide os 222.º a 224.º, relativos à contitularidade de quotas.

Índice

1. Enunciado 1
2. Noção 2
3. Lado ativo da posição dos contitulares 5
4. Lado passivo da posição dos contitulares 11
5. Comunicações e declarações da sociedade 14

1 1. **Enunciado**. Este artigo trata do regime da contitularidade da ação. A sua redação limita-se, praticamente, a reproduzir o estabelecido no regime da contitularidade da quota[1], previsto no 222.º, sendo ainda os 223.º[2] e 224.º[3], também das SPQ, aqui aplicáveis por remissão do n.º 4 deste artigo. Deste modo, os nossos comentários restringir-se-ão aos n.os 1, 2 e 3.

2 2. **Noção**. Existe contitularidade[4] da ação sempre que esta pertencer simultaneamente a duas ou mais pessoas[5], sejam elas coletivas ou singulares. Por exemplo, nas situações de compropriedade ou de comunhão.

[29] Assim, conforme defende, Pinto Furtado, *Deliberações de sociedades comerciais*, 519-520 e 540-542, não obstante o adjetivo *interessado* no 55.º, face ao disposto nos 24.º/6 e 389.º, o requisito de eficácia da deliberação da assembleia geral reconduz-se à deliberação da assembleia geral especial.
[30] Cf. Pinto Furtado, *Deliberações de sociedades comerciais*, 545-547.
[31] Cf. Paulo Olavo Cunha, *Os direitos especiais*, 201.
[1] Sobre a contitularidade de quotas, *vide*, por todos, Raúl Ventura, *Sociedades por quotas* 1, 493-510.
[2] Cf. nota 10 *infra*.
[3] Quanto à aplicação do 224.º à contitularidade de ações, cf., com maior desenvolvimento, Alexandre de Soveral Martins, *Código em Comentário* 5, 303.º, 404-406.
[4] Dada a controvérsia da qualificação do direito sobre a ação/quota como um direito real o legislador optou por usar o termo "contitularidade", em vez de compropriedade. Sem prejuízo, não deixa de ser controvertida a admissibilidade do recurso ao regime subsidiário da compropriedade para resolver problemas em sede de contitularidade de ação/quota. A resposta deve ser afirmativa. *Vide* Raúl Ventura, *Sociedades por quotas* 1, 498-500.
[5] Esta pertença simultânea, conforme ensina Raúl Ventura, *Sociedades por quotas* 1, 495, tem de traduzir-se numa igualdade qualitativa da situação jurídica dos contitulares.

Tratando-se da contitularidade de várias ações, que corresponderá à situação mais frequente, haverá uma justaposição de contitularidades[6]. 3

A contitularidade pode ser *originária*, no caso de a ação ser adquirida, por subscrição, por várias pessoas aquando da constituição da sociedade ou num aumento do seu capital, ou *superveniente/derivada*, por exemplo, na aquisição por via sucessória ou transmissão em vida a várias pessoas. 4

3. **Lado ativo da posição dos contitulares.** A condição de a ação pertencer a várias pessoas levanta o problema do exercício dos direitos inerentes a esta perante a sociedade, podendo dar origem a atuações contraditórias pelos contitulares[7]. Em termos teóricos várias soluções seriam admissíveis para resolver este problema, mas optou-se por estabelecer que os contitulares de uma ação devam exercer os direitos a ela inerentes através de um representante comum (303.º/1)[8]. No mesmo sentido, o 57.º do CVM estende esta regra aos contitulares dos demais valores mobiliários que não sejam ações. Ou seja, perante a sociedade (não perante terceiros) o exercício dos direitos inerentes às ações compete ao representante comum, *v.g.*, o direito de voto ou aos lucros[9]. 5

Relativamente à designação, destituição e competência do representante comum, é matéria tratada no 223.º, aqui aplicável por remissão do n.º 4[10]. Assim, remete-se para as anotações do 223.º 6

Não havendo representante comum designado, o exercício dos direitos inerentes à ação continua a ser possível, desde que efetuado por todos os contitulares em conjunto[11]: não é crível que, quando assim suceda, o interesse da sociedade em ter um só interlocutor se sobreponha ao interesse dos contitulares em exercer os direitos inerentes à ação. Por outro lado, o exercício dos direitos inerentes à ação por todos os contitulares em conjunto, isto é, em uníssono, será suficiente para proteger os interesses da sociedade. 7

Mesmo havendo representante comum, a regra do 303.º/1 não se aplica em três casos: (a) nos direitos individuais[12], isto é, nos direitos que só possam ser exercidos individualmente pelo respetivo contitular como, por exemplo, o direito de usar certo bem da sociedade[13]; (b) nas situações previstas no 223.º/6, aplicável à contitularidade da ação por remissão do n.º 4 do 303.º; (c) por analogia[14], na situação prevista no 222.º/4[15] relativa à apresentação de vários contitulares para o exercício do direito de voto, e direitos com este conexos[16], na sequência de 8

[6] Cf. Raúl Ventura, *Sociedades por quotas* 1, 495.

[7] Alexandre de Soveral Martins, *Código em Comentário* 5, 303.º, 384.

[8] Considerando esta disposição imperativa, Alexandre de Soveral Martins, *Contitularidade de participações sociais: algumas notas*,29, e *Código em Comentário* 5, 303.º, 385.

[9] Assim, Alexandre de Soveral Martins, *Código em Comentário* 5, 303.º, 386.

[10] Quanto à aplicação do 223.º à contitularidade de ações, cf., com maior desenvolvimento, Alexandre de Soveral Martins, *Código em Comentário* 5, 303.º, 389-404. Criticando a remissão para o 223.º/2, *in fine*, no que diz respeito à possibilidade de estranhos só serem designados como representantes comuns nas SA, cf. Alexandre de Soveral Martins, *Contitularidade de participações sociais: algumas notas*, 31-32, e *Código em Comentário* 5, 303.º, 393-394, com o argumento de que nas SA os sócios podem ser representados por estranhos nas deliberações sociais sem necessidade de autorização contratual (380.º). Assim, conclui este autor, pela necessidade de revisão do CSC quanto a este aspeto.

[11] Veja-se o Ac. STJ 4-out.-1994 (Cardona Ferreira), BMJ 440 (1994), 498-507 e o Ac. STJ 8-jun.-1995 (Martins da Costa), Proc. 087102, também disponível em BMJ 448 (1990), 390-396, ambos relativos a quotas indivisas.

[12] No Ac. STJ 4-out.-1994 (Cardona Ferreira), BMJ 440 (1994), 498, fala-se em direitos que não sejam exclusivamente pessoais.

[13] Caso contrário, conforme observa Raúl Ventura, *Sociedades por quotas* 1, 502, tais direitos deixariam de poder ser exercidos e «*não é crível que o legislador tenha tido a intenção de eliminar tais direitos por causa da contitularidade [...].*»

[14] De modo idêntico, *vide* João Labareda, *Das acções*, 75.

[15] Com maior desenvolvimento sobre esta exceção, *vide*, por todos, Raúl Ventura, *Sociedades por quotas* 1, 503-507.

[16] Veja-se Raúl Ventura, *Sociedades por quotas* 1, 504-505.

impedimento do representante comum ou de este poder ser designado pelo tribunal mas ainda não o ter sido e, portanto, (ainda) não existir.

9 A aplicação do 222.º/4 à contitularidade da ação não é, contudo, isenta de dúvidas. Com efeito, além de o 303.º/4 mandar aplicar somente os 223.º e 224.º, deixando de fora a situação prevista nesse número, o próprio 303.º, cuja redação é, como se viu, quase igual à do 222.º, não tem na sua redação um número igual ao n.º 4 do 222.º. É, pois, legítimo perguntar se tal omissão terá sido intencional.

10 Para a resposta ser afirmativa, é necessário encontrarmos nas particulares características das SA, por comparação com as SPQ, algum fundamento para afastar tal regra. Sucede, porém, que não o encontrámos, não nos parecendo que a possibilidade de o capital social da sociedade anónima poder estar disperso por um número maior de pessoas, independentemente de quantos sejam os contitulares da ação, constitua argumento bastante para afastar tal regra. Por outro lado, não é provável que o legislador tenha pretendido impor a regra do exercício do direito de voto pelo representante comum nas sociedades anónimas quando este se encontra impedido ou não existe. Tal solução equivaleria, em termos práticos, à negação do exercício dos direitos pelos contitulares.

11 4. **Lado passivo da posição dos contitulares**. No que diz respeito à componente passiva da posição dos sócios[17], respetivas vinculações e adstrições, determina o 303.º/3, de forma imperativa[18], que os contitulares respondam solidariamente pelas obrigações legais ou contratuais inerentes à ação, por exemplo, a obrigação de entrada, de realizar prestações suplementares ou de suportar os custos da concentração ou divisão das ações.

12 O regime da solidariedade protege, em primeiro lugar, a sociedade, que pode, assim, exigir de qualquer um dos contitulares o cumprimento integral das obrigações legais ou contratuais inerentes à ação, sem prejuízo de, ao nível interno, poder haver direito de regresso entre os contitulares. Indiretamente, também se protegem os credores da sociedade[19].

13 Nas demais vinculações dos contitulares, porque o seu cumprimento é necessariamente individual, como sucede, por exemplo, com o dever de lealdade, a responsabilidade pela sua violação não será solidária mas individual[20].

14 5. **Comunicações e declarações da sociedade**. Também a circunstância de a ação pertencer a mais que uma pessoa levanta problemas no modo como a sociedade a estes se dirige. Foi adotada a solução mais prática e que melhor serve os interesses das partes envolvidas, estabelecendo-se que as comunicações e declarações têm de ser dirigidas ao representante comum e, na falta deste, a um dos contitulares (303.º/2)[21]. Este, por sua vez, uma vez recebida a comunicação ou declaração, terá o dever de a dar a conhecer aos demais contitulares.

15 Anote-se, contudo, que o facto de estar previsto o dever de dirigir ao representante comum as comunicações e declarações não significa que se proíba a sociedade de dar conhecimento, dessas comunicações e declarações, a todos os contitulares ou a parte deles. O que não será eficaz é qualquer comunicação ou declaração da sociedade dirigida a um dos contitulares e, existindo um representante legal, não tenha sido efetuada a este. De todo o modo, como sus-

[17] Com maior desenvolvimento, *vide* Pais de Vasconcelos, *A participação social nas sociedades comerciais*, 2.ª edição (2006), 255 e ss..

[18] Neste sentido, nas sociedades por quotas, Raúl Ventura, *Sociedades por quotas* 1, 509.

[19] Cf. Raúl Ventura, *Sociedades por quotas* 1, 509.

[20] De modo idêntico, cf. Raúl Ventura, *Sociedades por quotas* 1, 509.

[21] Ao contrário do estabelecido nas sociedades por quotas, esta regra não se aplica apenas nas comunicações e declarações que interessem aos contitulares, mas a todas e quaisquer comunicações.

tenta Raúl Ventura[22], nas SPQ, que existindo um representante comum, que não seja um dos contitulares, a comunicação ou declaração dirigida a todos os contitulares é suficiente. Nestas circunstâncias, qualquer argumentação no sentido de que o ato praticado pela sociedade não era eficaz por não ter sido dirigido ao representante comum seria paralisada, por abusiva (334.º do CC).

Na falta de representante comum, bastará à sociedade dirigir a declaração ou comunicação a qualquer um dos contitulares para esta ser eficaz quanto a todos. Posteriormente, o sócio a quem tenha sido dirigida a comunicação ou declaração terá o dever de dá-la a conhecer aos demais[23]. 16

Artigo 304.º (Títulos provisórios e emissão de títulos definitivos)

1. Antes da emissão dos títulos definitivos, pode a sociedade entregar ao acionista um título provisório nominativo.

2. Os títulos provisórios substituem, para todos os efeitos, os títulos definitivos, enquanto estes não forem emitidos, e devem conter as indicações exigidas para os segundos.

3. Os títulos definitivos devem ser entregues aos acionistas nos seis meses seguintes ao registo definitivo do contrato de sociedade ou do aumento de capital.

4. *(Revogado)*

5. *(Revogado)*

6. *(Revogado)*

7. As ações continuam negociáveis depois da dissolução da sociedade, até ao encerramento da liquidação.

8. Os documentos comprovativos da subscrição de ações não constituem, por si só, títulos provisórios, não lhes sendo aplicáveis os preceitos para estes previstos.

Bibliografia: Brito Correia 2 (1989), 376-377; Paulo Olavo Cunha (2019), 431-432; Pinto Furtado II/1 (1979), 251-252; João Labareda, *Das acções das sociedades anónimas* (1988), 36-38 e 40; Alexandre de Soveral Martins, *Cláusulas do contrato de sociedade que limitam a transmissibilidade das acções, Sobre os arts. 328.º e 329.º do CSC* (2006), 171-175; *id.*, *Código em Comentário* 5, 304.º, 407-419.

Índice

I – **Antecedentes**
1. Código Comercial de 1888 1
2. Redação atual 3
   α) Revogação dos n.os 4 e 5 5
   β) Revogação do n.º 6 7

II – **Títulos provisórios e definitivos**
3. Âmbito de aplicação 10
4. Títulos provisórios 11
   α) Noção 12
   β) Emissão 13
   γ) Conteúdo 19
   δ) Regime 20
5. Emissão e entrega dos títulos definitivos 23

[22] *Sociedades por quotas* 1, 508.

[23] *Vide* STJ 14-mar.-2006 (Bettencourt de Faria), CJ/ /Supremo XIV (2006) 1, 134-135, na contitularidade de quotas.

I – Antecedentes

1 1. **Código Comercial de 1888**. O artigo sob análise teve como antecedente o § 3 do 166.º do CCom de 1888, que previa a possibilidade de a sociedade, antes da entrega das ações aos subscritores, passar-lhes títulos provisórios representativos das subscrições que seriam, para todos os efeitos, equiparados às ações[1].

2 Posteriormente, em 1977, o regime dos títulos provisórios seria completado pelo DL 150/77, de 13-abr., relativo ao registo ou depósito das ações. Nos termos do seu 33.º/1, a sociedade emitente encontrava-se obrigada a proceder à troca, por títulos definitivos, das cautelas representativas de ações no prazo de seis meses a contar da respetiva subscrição, proibindo-se, no seu n.º 2, o pagamento de rendimentos das ações sem que os respetivos títulos definitivos tivessem sido devidamente emitidos e selados. No mesmo sentido, as sociedades cujo capital estivesse representado por cautelas à data da entrada em vigor deste diploma tinham, segundo o 57.º, de proceder à sua troca por títulos definitivos, no prazo de seis meses a contar daquela data.

3 2. **Redação atual**. O DL 76-A/2006, de 29-mar., revogou, no seu 61.º, *b*), o 304.º/4 a 6, com entrada em vigor a 30-jun.-2006.

4 Era a seguinte a redação original dos n.ºs 4, 5 e 6[2]:

> 4. Os títulos de acções, quer definitivos quer provisórios, podem incorporar mais de uma acção, conforme o estabelecido no contrato de sociedade; neste caso, o accionista pode exigir a divisão ou a concentração de títulos, suportando os respectivos encargos.
>
> 5. Os títulos definitivos e provisórios são assinados por um ou mais administradores ou directores, não podendo ser de chancela todas as assinaturas, e contêm:
>
> *a*) A firma e a sede da sociedade;
> *b*) A data e o cartório notarial da escritura de constituição, a data da publicação e o número de pessoa colectiva da sociedade;
> *c*) O montante do capital social;
> *d*) O valor nominal de cada acção e o montante da liberação;
> *e*) O número de acções incorporadas no título e o seu valor nominal global.
>
> 6. Os títulos provisórios ou definitivos não podem ser emitidos ou negociados antes da inscrição definitiva do contrato de sociedade ou do acto de aumento de capital no registo comercial.

5 α) A **revogação dos n.ºs 4 e 5** justifica-se por a matéria ter passado para o CVM. Com efeito, as matérias do n.º 4 encontravam-se também reguladas no 98.º do CVM, que passou a disciplinar a divisão e a concentração de títulos, enquanto as matérias tratadas no n.º 5, relativas às menções do título, passaram a estar tratadas nos 44.º/1, *a*) e *b*), e 97.º/1 do CVM[3].

6 No entanto, uma vez que aquando da aprovação do CVM não se procedeu à revogação dos mencionados números, aproveitou-se a revisão de 2006 do CSC para o fazer.

7 β) **Revogação do n.º 6**. Atualmente, revogado o 304.º/6, a sociedade pode emitir e negociar títulos, provisórios ou definitivos, desde que celebrado o contrato de sociedade ou deliberado o aumento de capital[4].

[1] *Vide* Sebastião Gonçalves, *O capital das sociedades anónimas – Posição dos accionistas do ponto de vista económico*, 3.ª ed. (1961), 151-155, e Cunha Gonçalves, *Comentário ao Código Comercial Português* I (1914), 580-583.

[2] O n.º 5 deste artigo seria posteriormente alterado pelo DL 280/87, de 8-jul.

[3] O 97.º/2 trata da assinatura dos títulos.

[4] Com outra leitura, e tomando em consideração o disposto no 47.º do CVM, Alexandre de Soveral Martins, *Código em Comentário* 5, 304.º, 415-417.

Com efeito, uma vez que a qualidade de sócio não depende da emissão dos títulos, nem do registo definitivo do contrato de sociedade ou do aumento de capital, mas apenas da sua celebração (274.°)[5], e que, consequentemente, a posição do sócio daí decorrente pode, desde então, ser transmitida[6] não há justificação para que também nesse momento a sociedade não possa emitir e negociar títulos. Ou seja, se antes do registo do contrato[7] ou do aumento[8] já temos participação social, não há porque impedir essa representação através da emissão dos correspondentes títulos. 8

O argumento da segurança jurídica decorrente do registo, apresentado para justificar a proibição do n.° 6, não nos convence[9], uma vez que o risco de afetação da emissão e/ou das transações realizadas antes do registo não fica afastado, apenas diminuído. Para tanto, basta atentar, designadamente, no disposto no 42.°, no regime da nulidade das deliberações sociais ou na possibilidade de, em certas situações, os atos do conservador puderem ser impugnados. 9

II – **Títulos provisórios e definitivos**

3. **Âmbito de aplicação.** O 304.° diz só respeito às ações tituladas, deixando de fora as ações representadas por registo em conta (ações escriturais). 10

4. **Títulos provisórios** 11

α) **Noção.** Título provisório pode ser definido como o meio representação da participação social com carácter precário[10]. 12

β) **Emissão.** Os títulos provisórios são de emissão facultativa, incorporam a participação social, são precários e nominativos, e, por fim, contêm as menções exigidas para os títulos definitivos. 13

A emissão e posterior entrega de títulos provisórios é uma faculdade da sociedade, não correspondendo a um dever legal. Não pode, pois, ser-lhe exigida (304.°/1). Sem prejuízo, nada impede que os acionistas prevejam, nos estatutos, a obrigação de a sociedade emitir títulos provisórios antes dos definitivos (405.° do CC). 14

A emissão dos títulos provisórios poderá advir da circunstância de a sociedade não ter emitido, ainda, os títulos definitivos, de os títulos em circulação terem ficado destruídos, ou, por exemplo, de terem sido retirados os títulos em circulação para a sua substituição por outros, na sequência de emissão deficiente, conversão, divisão ou necessidade de alterar as suas menções[11], etc. 15

Os títulos precários incorporam a participação social, donde decorre que só podem ser emitidos quando haja sócio e se saibam as ações de que é titular. Como se viu, isso sucede a partir do contrato de sociedade ou da deliberação de aumento de capital. Antes deste momento não é possível, pela natureza das coisas, emitir os títulos. Consequentemente, os documentos 16

[5] A entrega do título é, apenas, condição de legitimação. Neste sentido, Menezes Cordeiro 2 (2007), 665.
Vide ainda o Ac. da RPt de 17-fev.-2000 (Pinto de Almeida), CJ XXV (2000) 1, 220-222, a propósito de um contrato de compra e venda de participações sociais.

[6] Neste sentido, veja-se Carlos Osório de Castro, *Valores mobiliários conceito e espécies*, 2.ª ed. (1998), 83 e, com maior desenvolvimento, 22 e ss..

[7] Conforme sustentado na nossa obra *O penhor de acções*, 2.ª ed. (2007), 55-58, apesar do disposto no 5.° as sociedades comerciais têm personalidade jurídica antes do registo.

[8] Cf., neste sentido, o 88.°/1, e Carlos Osório de Castro, *Valores mobiliários*, 84 e ss..

[9] Veja-se Carlos Osório de Castro, *Valores mobiliários*, 86-87.

[10] *Vide* Alexandre de Soveral Martins, *Cláusulas do contrato*, 172.

[11] No caso de destruição ou recolha dos títulos para sua substituição por outros, deve continuar a entender-se, para efeitos da primeira parte do 304.°/1, que os títulos provisórios são emitidos antes dos títulos definitivos, pois, nestes casos, os títulos definitivos não são nem os títulos destruídos, nem os títulos recolhidos, mas sim os títulos que serão emitidos depois dos títulos provisórios.

de situações anteriores, como sejam os documentos comprovativos da subscrição – boletim de subscrição, recibo de quitação da subscrição ou, em princípio, a "cautela" prevista no 96.º do CVM[12] – e outros equiparados, como o recibo da entrada do sócio, não constituem títulos provisórios, não lhes sendo, pois, aplicáveis as suas regras (304.º/8)[13]. Nenhum destes documentos incorpora a participação social, por respeitar a um momento anterior à aquisição da qualidade de sócio. O subscritor[14] é alguém cuja passagem a acionista depende da efetiva subscrição das ações que, por sua vez, poderá depender de diversos pressupostos, sejam eles, por exemplo, as condições da oferta, o rateio ou a não revogação da subscrição.

17 Os títulos provisórios são precários no sentido de que não se destinam a incorporar a participação social de modo definitivo. Esta precariedade cessará, tendencialmente, nos seis meses seguintes ao registo do contrato de sociedade ou do aumento de capital (304.º/3).

18 Modalidade. Os títulos provisórios têm de assumir, sob pena de nulidade, a modalidade nominativa (304.º/1, *in fine*). Esta obrigatoriedade destina-se a permitir à sociedade observar o dever imposto no 304.º/3, uma vez que se os títulos provisórios fossem ao portador a sociedade não saberia junto de quem proceder à entrega dos títulos.

19 γ) **Conteúdo.** Dado o regime a que estão sujeitos[15], os títulos provisórios devem conter todas as menções exigidas para os títulos definitivos – 304.º/2, *in fine*, e 44.º, *a*) e *b*) e 97.º/1 do CVM. Acompanhando Alexandre de Soveral Martins[16], sempre que os elementos que deveriam constar do título não tenham sido observados, teremos participações sociais não representadas.

20 δ) **Regime**. Os títulos provisórios substituem, para todos os efeitos, os títulos definitivos (304.º/2, 1.ª parte), tudo se passando como se o detentor do título provisório fosse o titular do título definitivo, tendo, portanto, todos os poderes sociais e estando adstrito a todos os deveres sociais como qualquer acionista.

21 Assim se explica, por exemplo, que o detentor dos títulos provisórios tenha de ser convocado para as assembleias gerais, tenha direito ao lucro ou que a entrega do título provisório tenha de constar do registo da emissão – 44.º/1, *f*), do CVM[17].

22 Este efeito substitutivo cessa, *ope legis*, com a emissão dos títulos definitivos e não com a sua entrega (304.º/2). Assim, a partir da emissão dos títulos definitivos a posição de socialidade provisoriamente representada no título provisório termina[18] mesmo que os títulos provisórios continuem em circulação. Esta opção legal, que nos parece de louvar, previne a subsistência simultânea de diferentes títulos representativos da mesma ação-participação.

23 5. **Emissão e entrega dos títulos definitivos**. Nos termos do 304.º/3, a sociedade tem o dever de entregar aos acionistas os títulos definitivos nos seis meses seguintes ao registo definitivo do contrato de sociedade ou do aumento de capital[19]. A única margem de atuação da sociedade diz respeito ao período para entrega dos títulos definitivos: seis meses seguintes ao registo definitivo do contrato de sociedade ou do aumento de capital. Depois desta data os acionistas

[12] Neste sentido, cf. Alexandre de Soveral Martins, *Cláusulas do contrato*, 172, nota 262. Parece-nos, contudo, que se ao tempo da emissão da cautela já estivermos na presença de um sócio e esta contiver as menções do título definitivo valerá como um título provisório.

[13] O n.º 8 foi introduzido pelo DL 280/87, de 8-jul.

[14] Neste sentido, Sebastião Gonçalves, *O capital*, 152, considera que *«o boletim de subscrição tem a natureza de uma declaração de vontade, aderente a condições prévias e nada mais»*. *Vide* ainda Paulo Olavo Cunha (2019), 432.

[15] Cf. δ) *supra*.

[16] Alexandre de Soveral Martins, *Código em Comentário* 5, 304.º, 414-415.

[17] No mesmo sentido, *vide* Alexandre de Soveral Martins, *Cláusulas do contrato*, 173.

[18] *Vide* Alexandre de Soveral Martins, *Cláusulas do contrato*, 173.

[19] Cf. ainda 95.º do CVM.

podem exigir o cumprimento deste dever e responsabilizar a sociedade e os seus administradores, nos termos gerais[20], por esta omissão.

Havendo títulos provisórios em circulação à data da entrega dos títulos definitivos, a sociedade pode licitamente recusar-se a entregá-los sem ter recebido, em troca, os títulos provisórios ou lhe ter sido assegurada a sua destruição. Caso contrário e não obstante o efeito substitutivo dos títulos provisórios ter cessado (304.º/2), a segurança no tráfego jurídico poderá ser posta em crise dado que passariam a circular títulos provisórios e definitivos. Esta situação pode conduzir à eventual disputa entre titulares de boa-fé de ações provisórias (na realidade pseudo-acionistas ou acionistas aparentes) e definitivas e à responsabilidade civil da sociedade[21] pela eventual tutela da confiança do terceiro de boa-fé[22]. 24

Artigo 305.º (Livro de registo de ações)

(*Revogado*)

Bibliografia: Alexandre de Soveral Martins, *Código em Comentário* 5, 305.º, 420-424.

Índice

1. Redação original 1
2. A revogação de 1999 2
3. Regime geral 3

1. **Redação original**. Em 1986, o 305.º, sob a epígrafe, "livro de registo de acções", dispunha: 1

> 1. Haverá na sede da sociedade um livro de registo das acções, de modelo oficialmente aprovado.
> 2. O livro deverá ser apresentado na repartição de finanças do concelho ou bairro da sede da sociedade antes de utilizado, para que o respectivo chefe assine os termos de abertura e encerramento, numere e rubrique as folhas.
> 3. Qualquer accionista pode, a todo o momento, tomar conhecimento do livro de registo de acções.
> 4. Do livro de registo de acções constarão:
> *a*) Os números de todas as acções;
> *b*) As datas das entregas dos títulos provisórios ou definitivos;
> *c*) O nome e domicílio do primeiro titular de cada acção;
> *d*) Os pagamentos efectuados para liberação da acção;
> *e*) A espécie, nominativa ou ao portador, da acção;
> *f*) As conversões efectuadas;
> *g*) A passagem das acções ao portador ao regime de depósito;

[20] Vejam-se Menezes Cordeiro 2 (2007), 665, e João Labareda, *Das acções*, 37.

[21] Não se exclui a eventual responsabilidade do alienante dos títulos provisórios a quem já tenham sido entregues os títulos definitivos. Cf. Alexandre de Soveral Martins, *Cláusulas do contrato*, 173-174.

[22] Cf. Carneiro da Frada, *Teoria da confiança e responsabilidade civil* (2007).

h) As transmissões das acções nominativas, bem como as das acções ao portador sujeitas ao regime de registo;
i) Os ónus ou encargos incidentes sobre as acções em regime de registo;
j) As acções preferenciais sem voto;
l) As acções remíveis e as datas de remissão;
m) As acções amortizadas e os montantes das amortizações;
n) As acções de fruição.

2 2. **A revogação de 1999** foi levada a cabo pelo 15.º/1, *d*), do DL 486/99, de 13-nov., que aprovou o CVM, o qual passou a reger o tema do registo da emissão de valores mobiliários (43.º e ss.), assim como, o registo das transmissões que, nos termos do CVM, devem ser registadas (80.º e 102.º/1)

3 3. **Regime geral**. Nos termos do 1.º, *a*), do CVM, as ações são valores mobiliários. Apesar disso, só podem efetivamente considerar-se como tal a partir do momento em que assumam uma forma de representação, quer através do registo em conta, quer através de documento[1]. No primeiro caso, estamos perante ações escriturais e, no segundo, perante ações tituladas.

4 Independentemente da forma de representação, a emissão de valores mobiliários deve ser objeto de registo *junto do emitente* (43.º/1, e 59.º/1 do CVM, e P 290/2000, de 25-mai.).

5 O registo da emissão incumbe à sociedade, O incumprimento desta obrigação constitui ilícito de mera ordenação social, punido com coima (528.º/3).

6 Nos termos da P 290/2000, de 25-mai., estabeleceu-se que o registo da emissão de valores mobiliários junto do emitente pode ser feito em suporte de papel ou em suporte informático. Assim, apesar da substituição do tradicional livro de registo de ações, continua sempre a existir um registo da emissão de ações, ou por via do "livro de registo de emissão de valores mobiliários" ou por via informática.

7 No que concerne às menções do registo da emissão, há que observar o disposto no 44.º do CVM[2]. O registo de ações escriturais rege-se pelo disposto nos 44.º, 61.º a 79.º do CVM, bem como pelo Regulamento da CMVM 14/2000, de 10-fev., com as alterações introduzidas pelos Regulamentos da CMVM 3/2003, de 20-mar., e 5/2018, de 30-out..

8 O registo individualizado das ações escriturais pode constar de uma de três contas (61.º do CVM): (a) *ações escriturais integradas em sistema centralizado*[3], constantes de conta aberta junto de intermediário financeiro, integrada em sistema centralizado; (b) *ações escriturais integradas em sistema descentralizado*, constantes de conta aberta junto de um único intermediário financeiro[4] indicada pelo emitente; ou (c) *ações escriturais puras*, quando constam de conta aberta junto do emitente ou de intermediário financeiro que o represente[5].

[1] Cf. RPt 9-mai.-1995 (Gonçalves Vilar), CJ XX (1995) 3, 213-215, quanto aos efeitos do registo de ações tituladas.

[2] Cf. 526.º.

[3] Trata-se de um sistema formado por conjuntos interligados de contas através dos quais se processa a constituição e a transferência das ações. Tal interligação pressupõe a existência de uma entidade de coordenação, a entidade gestora de sistema centralizado, a qual está em contacto informático com os intermediários financeiros que prestam o serviço de registo de valores mobiliários.

Nos termos do disposto no 62.º do CVM, os registos das ações escriturais admitidas à negociação são obrigatoriamente integrados em sistema centralizado.

[4] Nesta situação, o intermediário financeiro assume o papel de entidade de controlo.

O serviço de registo de ações escriturais constitui um serviço auxiliar de intermediação financeira, o qual apenas pode ser prestado, a título profissional, por intermediários financeiros – 289.º/1, *b*), e 291.º, *a*), ambos do CVM. Relativamente à noção de intermediário financeiro, veja-se o 293.º/1 do CVM.

[5] Cf. 64.º do CVM e P 289/2000, de 25-mai.

Secção II – Oferta pública de aquisição de ações

Introdução

Bibliografia: José Engrácia Antunes, *A igualdade de tratamento dos accionistas na OPA*, DSR 2010, 87-111; António Menezes Cordeiro, *Da tomada de sociedades (takeover): efectivação, valoração e técnicas de defesa*, ROA 1994, 761-777; *id.*, *Ofertas públicas de aquisição*, ROA 1996, 499-533; *id.*, DVM 1997, 267-290; *id.*, *OPAs estatutárias*, ROA 1998, 133-145; *id.*, *13.ª Directriz do Direito das sociedades/ofertas públicas de aquisição*, ROA 2004, 97-111; *id.*, 2 (2007), 639-660; Augusto Teixeira Garcia, *OPA: da oferta pública de aquisição e seu regime jurídico* (1995); Klaus Hopt, *A harmonização do regime das ofertas públicas de aquisição (OPAs) na Europa*, DVM 5 (2004), 215-240; José Miguel Júdice e outros, *OPA: ofertas públicas de aquisição: legislação comentada* (1992); Luís Menezes Leitão, *A defesa contra OPAs*, O Direito 2006, 457-475; Jorge Ribeiro Mendonça, *A tomada de sociedade através da oferta pública de aquisição*, RFDUL 2004, 47-81; António Ferreira Soares, *O regime jurídico das ofertas públicas de aquisição (O.P.A.) na legislação portuguesa* (1990); Raúl Ventura, *Ofertas públicas de aquisição e de venda de valores mobiliários*, em Estudos em homenagem ao Prof. Doutor Manuel Gomes da Silva (2001), 265-455; Dário Moura Vicente, *Ofertas públicas de aquisição internacionais*, DVM 7 (2007), 465-494.

Índice

I – **Ofertas públicas**
1. Noções gerais 1
2. Ofertas públicas de distribuição 3

II – **Ofertas públicas de distribuição** ....
3. Generalidades 4
4. Classificações 6

III – **Tramitação (173.° a 193.° do CVM)**
5. Dever de segredo 7
6. Marcha do processo 8
7. OPA obrigatória 10

IV – **Sede legal**
8. O CSC 11
9. O CódMVM 12
10. O CVM 14

V – **Recomendações**
11. Cautelas 15
12. O CVM/Clássica 16

I – Ofertas públicas

1. **Noções gerais**. As sociedades abertas, particularmente aquelas que emitam valores mobiliá- 1
rios admitidos à negociação, em mercado regulamentado, procuram colocá-los no público. Isso implica, por vezes, ofertas públicas: propostas de contrato dirigidas a destinatários indeterminados.

As ofertas públicas podem ser convenientes para quem pretenda colocar no mercado 2
certos valores ou para quem queira adquiri-los, no mesmo mercado. Mas elas podem, ainda, ser impostas pela lei: será uma forma de conseguir que todos os titulares de determinados valores mobiliários sejam tratados de igual forma. Elas vêm reguladas nos 108.° a 197.° do CVM.

2. **Ofertas públicas de distribuição** são aquelas em que o oferente propõe aos destinatários 3
a subscrição ou a aquisição de valores mobiliários. O CVM sujeita-as a diversas regras (159.° a 172.° do CVM), sendo de notar que podem ser precedidas por uma recolha de intenções de instrumento (164.° do CVM). Temos, como subespécie, as ofertas públicas de subscrição (168.° e 169.°) e de venda (170.° a 172.°, todos do CVM).

II – **Ofertas públicas de aquisição (OPAs)**

4 3. **Generalidades**: as OPAs são ofertas públicas em que o interessado (proponente ou oferente), pretendendo adquirir uma posição significativa numa sociedade (a sociedade-alvo), faz uma proposta pública de aquisição de valores mobiliários.

5 As OPAs podem visar a tomada do controlo de sociedades (*takeover*); além disso, elas animam as cotações e dão corpo ao fenómeno empresarial da concentração. O Estado e as entidades de regulação intervêm, seja por via legislativa e regulamentar, seja através de decisões administrativas: visam assegurar o bom funcionamento do mercado e proteger os investidores, particularmente os pequenos; em certos casos, procuram, ainda, defender o interesse nacional.

6 4. **Classificações**. As OPAs podem ser classificadas em função de vários critérios. Assim: (a) quanto ao objeto, OPAs de ações ou de outros valores mobiliários; (b) quanto ao âmbito, OPAs totais ou parciais; (c) quanto à opinião da administração da sociedade-alvo, OPAs amigáveis ou hostis; (d) quanto à articulação com outras OPAs, contra-OPAs e OPAs concorrentes; (e) quanto à obrigatoriedade, OPAs facultativas e obrigatórias.

III – **Tramitação (173.° a 193.° do CVM)**

7 5. **Dever de segredo**. Logo que se ponha uma hipótese de OPA, o oferente, a sociedade visada, os seus acionistas, os titulares dos órgãos sociais e todos aqueles que lhe prestem serviço devem guardar segredo absoluto até à publicação do anúncio preliminar (174.° do CVM).

8 6. **Marcha do processo**. O oferente, logo que tome uma decisão, deve publicitar um anúncio preliminar (175.°/1), ficando, com isso, obrigado a lançar uma OPA em condições não menos favoráveis (175.°/2 do CVM). O anúncio tem o conteúdo prescrito no 176.°, o qual inclui a contrapartida: dinheiro, valores mobiliários e outros (177.°); na hipótese de valores mobiliários, temos uma oferta pública de troca (178.°).

9 Seguem-se: (a) o requerimento de registo da OPA, com os elementos referidos nos 115.°, 116.° e 179.°; (b) a CMVM decide sobre esse requerimento, no prazo de 8 dias (118.°); (c) a oferta fica pendente entre duas e dez semanas, que a CMVM poderá prorrogar (183.°); (d) pode haver revisão da oferta, até 10 dias antes do fim do prazo; a contrapartida deve ser majorada, pelo menos, em 5% (184.°); (e) podem surgir OPAs concorrentes (185.°, todos do CVM).

19 7. **OPA obrigatória**: impende sobre aquele que, direta ou indiretamente, ultrapasse um terço ou metade dos direitos de voto (187.°/1). Tem diversas delimitações negativas (187.°/2) e derrogações (189.°/1), seguindo-se toda uma tramitação, vertida no CVM.

IV – **Sede legal**

11 8. **O CSC**, continha, na versão de 1986, as regras essenciais sobre as OPAs (306.° a 315.°)[1]. A matéria era clara mas surgia bastante elementar, numa situação que o desenvolvimento do mercado mobiliário obrigou a repensar.

12 9. **O CódMVM**, aprovado pelo DL 142-A/91, de 10-abr., veio regular com minúcia as OPAs (523.° a 584.°). As suas regras ficaram a vigorar ao lado das incluídas no CSC, com as quais deviam ser harmonizadas.

13 O DL 261/95, de 3-Out., visando flexibilizar as OPAs, introduziu diversas alterações ao CódMVM e revogou os 306.° e 308.° a 315.° do CSC[2]. A partir daí, as OPAs passaram, apenas, para essa Código.

[1] DR I Série, n.° 201, de 2-Set.-1986, 2349/I a 2350/II.

[2] O 307.° já havia sido revogado pelo 24.° do próprio DL 142-A/91, de 10-abr..

10. **O CVM**, aprovado pelo DL 486/99, de 13-nov. e repetidamente alterado, tendo sido republicado pelo DL 357-A/2007, de 31-out., veio, como vimos, regular de novo as OPAs, nos temos mais claros e simples do que o seu predecessor, de 1991. 14

V – **Recomendações**

11. **Cautelas**. A matéria das OPAs, particularmente em Portugal, tem uma grande complexidade e obriga a trabalhar com numerosas variáveis. A matéria não pode ser pensada ou aflorada com ligeireza: há que mandar proceder a estudos competentes, por especialistas na matéria. 15

12. **O CVM/Clássica**, em preparação, irá desenvolver o tema. A presente rubrica visou, apenas, manter a lógica do sistema do CSC. Também no CVM/Clássica será feita referência ao Direito europeu e aos regulamentos da CMVM. 16

Artigo 306.º (Destinatários e condicionamento da oferta)

(Revogado)

Índice

1. Redação original 1
2. Revogação de 1995 2

1. **Redação original**. Na versão de 1986, dispunha o 306.º: 1

> *1. A oferta pública de aquisição de acções é dirigida contemporaneamente a todos os accionistas ou aos titulares de uma categoria de acções que não sejam, além do próprio oferente, sociedades em relação de domínio ou de grupo com uma sociedade oferente.*
>
> *2. A oferta pode ser condicionada à sua aceitação por titulares de certo número mínimo de acções e bem assim, pode ser limitada a um número máximo de acções.*
>
> *3. A comissão directiva da Bolsa pode proibir uma oferta se considerar que o número de acções a adquirir não a justifica ou, tratando-se de oferta concorrente com outra já lançada, entender que entre as condições de ambas não há diferenças relevantes para os accionistas.*
>
> *4. A comissão directiva da bolsa pode ordenar que uma oferta já lançada seja retirada quando, relativamente à sociedade visada ou ao oferente, tenham ocorrido alterações que tornem justificada tal ordem.*

2. **Revogação de 1995**. O preceito foi revogado pelo 3.º/2 do DL 261/95, de 3-out., que alterou o CódMVM. A matéria passou para este Código e, depois, para o CVM de 1999. 2

Artigo 307.º (Autoridade fiscalizadora)

(Revogado)

Índice

1. Redação original 1
2. Revogação de 1991 2

1 1. **Redação original**. Na versão de 1986, dispunha o 307.º:

1. Compete à comissão directiva da Bolsa de Lisboa ou da Bolsa do Porto, conforme a sede da sociedade visada, a fiscalização das ofertas públicas de aquisição de acções.

2. As duas comissões proporão os regulamentos necessários para completar o regime da oferta pública de aquisição, os quais serão aprovados por portaria do Ministro das Finanças.

2 2. **Revogação de 1991**. O preceito foi revogado pelo 24.º do DL 142-A/91, de 10-abr., que aprovou o CódMVM. Este diploma constituiu a CMVM, que passou a ser a entidade reguladora no sector: justificava-se, assim, a revogação do 307.º.

Artigo 308.º (Lançamento de oferta pública)

(*Revogado*)

Índice

1. Redação original .... 1 2. Revogação de 1995 2

1 1. **Redação original**. Na versão de 1986, dispunha o 308.º:

1. A oferta pública é lançada por uma instituição de crédito ou equiparada por lei para este efeito, agindo no interesse do oferente.

2. O lançamento é feito pela comunicação da oferta ao conselho de administração ou direcção da sociedade visada e a partir dele a oferta não pode ser revogada, salvo no caso de ser lançada oferta concorrente.

3. No prazo de oito dias, o conselho de administração ou a direcção apresentará ao oferente os seus comentários sobre a oferta.

4. A oferta e os comentários serão submetidos à comissão directiva da Bolsa, a qual, se não for caso de proibir a oferta, autorizará a publicação do respectivo anúncio.

5. Até à publicação do anúncio, a oferta só pode ser modificada em função dos comentários referidos no n.º 3 ou para dar cumprimento a instruções da comissão directiva da Bolsa.

6. Depois da publicação do anúncio, o oferente pode modificar, uma só vez, a natureza e o montante da contrapartida oferecida, contanto que não tenham ainda decorrido dois terços do período da oferta.

7. O período da oferta pode variar entre 30 e 40 dias, contados da publicação do anúncio, mas, tendo a oferta sido modificada nos termos previstos na lei, o prazo inicialmente fixado é acrescido de mais um terço.

2 2. **Revogação de 1995**. O preceito foi revogado pelo 3.º/2 do DL 261/95, de 3-out., que alterou o CódMVM. A matéria passou para este Código e, depois, para o CVM de 1999.

Artigo 309.º (Conteúdo da oferta pública)

(*Revogado*)

Índice

1. Redação original .... 1 2. Revogação de 1995 2

1. **Redação original**. Na versão de 1986, dispunha o 309.º: 1

A oferta pública, ao ser lançada e anunciada, deve conter pelo menos as seguintes informações:

a) O nome do oferente;
b) A indicação das acções que são objecto da oferta, com a identificação da sociedade visada;
c) A natureza da contrapartida;
d) A indicação do fim que o oferente pretende conseguir com a aquisição;
e) A indicação dos factores relevantes para a determinação da contrapartida oferecida;
f) A indicação das participações directa ou indirectamente detidas pelo oferente na sociedade visada;
g) A indicação das participações directa ou indirectamente detidas pela sociedade visada em sociedade oferente;
h) O período da oferta;
i) O eventual condicionamento da oferta à sua aceitação por titulares de determinado número mínimo de acções;
j) A eventual indicação do número máximo de acções que o oferente se propõe adquirir e o critério do rateio, quando necessário;
l) A menção do direito de o accionista retirar a aceitação no caso de, até ao encerramento da oferta, ser lançada outra oferta de terceiro em condições mais vantajosas;
m) Os casos em que a oferta pode ficar sem efeito;
n) A data em que será realizado o pagamento em dinheiro ou serão entregues os títulos representativos da contrapartida;
o) O local onde as acções devem ser entregues ou trocadas;
p) A indicação de quaisquer despesas, taxas ou impostos que devam ser suportados pelos accionistas.

2. **Revogação de 1995**. O preceito foi revogado pelo 3.º/2 do DL 261/95, de 3-out., que alterou o CódMVM. A matéria passou para este Código e, depois, para o CVM de 1999. 2

Artigo 310.º (Contrapartida de oferta pública)

(*Revogado*)

Índice

1. Redação original .... 1 2. Revogação de 1995 2

1. **Redação original**. Na versão de 1986, dispunha o 310.º: 1

1. A contrapartida da oferta pública pode consistir em dinheiro, acções ou obrigações, convertíveis ou não, de uma sociedade oferente ou de outra sociedade que com aquela se encontre em relação de domínio ou de grupo.

2. Consistindo a contrapartida em dinheiro, a instituição de crédito garantirá que este se encontra depositado para o fim exclusivo da oferta pública.

3. Consistindo a contrapartida em acções ou obrigações ainda a emitir, os respectivos títulos, embora provisórios, devem estar prontos para troca o mais tardar 45 dias depois do encerramento da oferta pública, sem o que a comissão directiva da Bolsa declarará a oferta sem efeito e a sociedade remissa será responsável, nos termos gerais de direito.

2. **Revogação de 1995**. O preceito foi revogado pelo 3.º/2 do DL 261/95, de 3-out., que alterou o CódMVM. A matéria passou para este Código e, depois, para o CVM de 1999. 2

Artigo 311.° (Aquisição durante o período da oferta)

(*Revogado*)

Índice

1. Redação original 1
2. Revogação de 1995 2

1 1. **Redação original**. Na versão de 1986, dispunha o 311.°:

> *1. Se, durante o período que mediar entre a deliberação de lançar a oferta e o seu lançamento, a sociedade oferente ou outra com a qual ela se encontre em relação de domínio ou de grupo adquirir acções da sociedade visada, as condições mais onerosas dessas aquisições constituem condição mínima da oferta pública.*
>
> *2. A partir do lançamento e até ao encerramento da oferta, o oferente não pode, por compra ou troca, adquirir acções da sociedade visada ou de outras que com ela estejam em relação de domínio ou de grupo.*
>
> *3. Sendo oferente uma sociedade, é vedado aos membros dos seus órgãos de administração ou de fiscalização adquirir, por compra ou troca, acções da sociedade visada ou de outras sociedades com as quais aquela esteja em relação de domínio ou de grupo, a partir do momento em que for deliberado o lançamento e até que esteja encerrada a oferta pública.*
>
> *4. Aos institutos de crédito intervenientes na oferta pública, aos membros dos seus órgãos de administração e fiscalização, à sociedade visada e aos membros dos seus órgãos de administração e fiscalização, as sociedades que estejam em relação de domínio ou de grupo com a sociedade visada e aos membros dos seus órgãos de administração e fiscalização é vedado adquirir por compra ou troca acções da sociedade visada ou de outras sociedades que com ela se encontrem em relação de domínio ou de grupo, a partir do momento em que tiveram conhecimento da oferta e até ao encerramento desta.*
>
> *5. A violação do disposto nos números anteriores impede, durante cinco anos, o exercício dos direitos inerentes às acções assim adquiridas, mas não a exigência das respectivas obrigações, sem embargo de os alienantes poderem exigir dos adquirentes indemnização dos prejuízos sofridos.*

2 2. **Revogação de 1995**. O preceito foi revogado pelo 3.°/2 do DL 261/95, de 3-out., que alterou o CódMVM. A matéria passou para este Código e, depois, para o CVM de 1999.

Artigo 312.° (Dever de confidencialidade)

(*Revogado*)

Índice

1. Redação original 1
2. Revogação de 1995 2

1 1. **Redação original**. Na versão de 1986, dispunha o 312.°:

> *As pessoas que, por dever de ofício, privado ou público, tenham conhecimento da preparação de uma oferta pública de aquisição devem guardar inteiro sigilo até ao anúncio da oferta, respondendo, em caso de violação deste dever, para com o oferente e para com os accionistas da sociedade visada.*

2. **Revogação de 1995**. O preceito foi revogado pelo 3.°/2 do DL 261/95, de 3-out., que alterou o CódMVM. A matéria passou para este Código e, depois, para o CVM de 1999. 2

Artigo 313.° (Oferta pública como forma obrigatória de aquisição)

(***Revogado***)

Índice

1. Redação original .... 1 2. Revogação de 1995 2

1. **Redação original**. Na versão de 1986, dispunha o 313.°: 1

1. A compra ou troca de acções de uma sociedade deve revestir a forma de oferta pública quando se verifiquem cumulativamente as seguintes circunstâncias:

a) Tratar-se de sociedade com subscrição pública;

b) O contrato de sociedade não estipular direito de preferência dos accionistas nas compras ou trocas de acções;

c) O oferente já possuir acções da sociedade visada que lhe assegurem o domínio desta ou as acções por ele possuídas, juntamente com as acções a adquirir, lhe atribuírem o domínio da referida sociedade ou ainda quando as acções a adquirir, só por si ou somadas às por ele adquiridas desde o dia 1 de Janeiro do ano civil anterior, excepto por efeito de aumento de capital, lhe atribuírem 20% dos votos correspondentes ao capital social.

2. No caso de a oferente já possuir acções da sociedade visada que lhe assegurem o domínio desta, a oferta pública não pode ser lançada para acções correspondentes a menos de 5% do capital daquela sociedade.

3. A violação do disposto no n.° 1 deste artigo impede durante cinco anos o exercício dos direitos inerentes às acções adquiridas, mas não a exigência das respectivas obrigações, sem embargo de os alienantes poderem exigir dos adquirentes indemnização dos prejuízos sofridos.

4. A comissão directiva da Bolsa pode dispensar a oferta pública quando verifique que a compra ou troca não tem intuitos especulativos e o número de acções a adquirir, em si mesmo, não justifica a oferta ou quando não seja relevante o aumento da influência do accionista na sociedade.

2. **Revogação de 1995**. O preceito foi revogado pelo 3.°/2 do DL 261/95, de 3-out., que alterou o CódMVM. A matéria passou para este Código e, depois, para o CVM de 1999. 2

Artigo 314.° (Ações contadas como de um oferente)

(***Revogado***)

Índice

1. Redação original .... 1 2. Revogação de 1995 2

1 1. **Redação original**. Na versão de 1986, dispunha o 314.º:

Para os efeitos dos artigos anteriores são contadas como pertencentes a um oferente não só as acções de que ele seja titular mas também:

a) As acções pertencentes a outros accionistas que, por acordo entre todos, venham a adquirir acções como resultado da oferta pública;

b) As acções pertencentes a sociedades que estejam em relação de domínio ou de grupo com uma sociedade oferente;

c) As acções em que se converterão obrigações pertencentes ao próprio oferente ou a alguma das entidades abrangidas pelas alíneas anteriores.

2 2. **Revogação de 1995**. O preceito foi revogado pelo 3.º/2 do DL 261/95, de 3-out., que alterou o CódMVM. A matéria passou para este Código e, depois, para o CVM de 1999.

Artigo 315.º (Ofertas públicas de aquisição de obrigações convertíveis)

(***Revogado***)

Índice

1. Redação original.. 1 2. Revogação de 1995 2

1 1. **Redação original**. Na versão de 1986, dispunha o 315.º:

O disposto nos artigos anteriores aplica-se à aquisição para oferta pública de obrigações convertíveis em acções.

2 2. **Revogação de 1995**. O preceito foi revogado pelo 3.º/2 do DL 261/95, de 3-out., que alterou o CódMVM. A matéria passou para este Código e, depois, para o CVM de 1999.

Secção III – Ações próprias

Introdução

Bibliografia: Adriano Anthero (1913), I, 325 ss.; António Caeiro, *Aumento de capital e acções próprias*, em *Temas de Direito das Sociedades*, (1984); 287 ss.; Menezes Cordeiro 2 (2007), 669 ss.; *id.*, *Das acções próprias: dogmática básica e perspectivas de reforma – I*, RDS 2009, 3, 637-646; *id.*, *Uma nova reforma do CSC?*, RDS, 2009, 1, 21 ss.; Pinto Furtado, II/1 (1979), 286 ss.; Cunha Gonçalves (1914), I, 389 ss. e 412; Inês Pinto Leite, *Da proibição de assistência financeira. O caso particular dos* leveraged buy-outs, DSR, 2011, 3, 5, 129; Rui Manuel de Figueiredo Marcos, *As companhias pombalinas. Contributo para a história das sociedades por acções em Portugal* (1997), 650 ss.; *id.*, *Apontamento histórico sobre a aquisição de acções próprias em Portugal: da fantasia prática à magia do legislador*, em Estudos em Homenagem ao Prof. Doutor Raúl Ventura (2003), 263-287; Ministério da Justiça, *Código das Sociedades Comerciais (Projecto)*, BMJ 327 (1983), 219 ss.; Strecht Ribeiro (1939), I, 279; Mariana Duarte Silva, *Assistência financeira – No âmbito das sociedades comerciais*, RDS 2010 1/2, 157 ss.; Raúl Ventura, *Auto-participação da sociedade: acções próprias*, ROA 38 (1978), II, 217 ss., e III, 430 ss.; *id.*, *Adaptação do Direito português à segunda Directiva do conselho da Comunidade Europeia sobre o Direito* *das Sociedades*, DDC 3 (1980), 65 ss. (141 ss. para o articulado); *id.*, *Acções próprias*, em *Estudos vários sobre sociedades anónimas* (1992), 337 ss..

Índice

1. As companhias pombalinas e a evolução subsequente ... 1
2. O Código de Veiga Beirão ... 2
3. Os trabalhos preparatórios ... 3
4. As revisões subsequentes ... 4
5. Diretrizes a transpor ... 5

1. **As companhias pombalinas e a evolução subsequente**. Ao contrário do que se costuma indicar, a questão da aquisição de ações próprias não remonta ao § 2 do 169.° do Código Comercial de Veiga Beirão (1888), nem ao século XIX[1]. Deste expediente societário nos dá conta o Edital da Companhia Geral de Agricultura das Vinhas do Alto Douro de 3-abr.-1771, que procurava minorar o alcance de sugestões intencionalmente divulgadas para fazer crer a alguns acionistas que as suas apólices eram menos estimáveis[2]. Como o estabelecido nos diplomas pombalinos não se mostrava suficiente para combater estes golpes artificiosos, a Companhia optou pelo expediente, julgado inédito entre nós, de aquisição das suas próprias ações, obtendo para o efeito o assentimento régio[3]. Para a operação não se estabeleceu qualquer limite prévio[4], embora fosse claro que a Companhia assegurava o cumprimento do princípio da igualdade de tratamento entre os acionistas, não pretendia suprimir as ações nem detê-las indefinidamente[5]. A Majestática admitia, por um lado, a quiescência dos direitos sociais inerentes às ações próprias, mas por outro, inclinava-se a considerá-las redivivas[6]. No que aos lucros diz respeito, verificou-se um duplo entendimento. As mencionadas apólices foram consideradas sucessivamente no rateio dos acumulados, mas, ao invés, já se tomavam como inexistentes no tocante à distribuição periódica dos lucros[7]. De tudo isto parece resultar, nas palavras de Figueiredo Marcos, uma substancial adjacência, nalguns aspetos mesmo insuspeita, entre os alvitres do século XVIII e a doutrina que se viria a consolidar[8]. 1

2. **O Código de Veiga Beirão**. O Código Comercial de Veiga Beirão dispunha, quanto ao tema das ações próprias, no 169.°, § 2, que a aquisição, pela sociedade de ações próprias e operações sobre elas só podiam ser feitas pela sociedade nos termos estipulados no contrato social, sendo, no silêncio deste, absolutamente proibidas. Embora destinada a proibir abusos e a evitar que fosse diminuído o capital[9], a verdade é que a regulamentação em vigor abriu as portas, aos primeiros[10], dada a ausência de limites sempre que existisse previsão estatutária: daí o D de 12-jul.-1894 (Hintze Ribeiro e João Franco), subsequente à crise de 1891. O diploma veio proibir, no 4.°, aos bancos, a compra de sua conta das suas próprias ações. A proibição manteve-se na Lei de 3-abr.-1896, vindo o 25.° do D de 21-out.-1907 (João Franco) estabelecer, em relação 2

[1] Rui Figueiredo Marcos, *Apontamento*, 277. Menezes Cordeiro 2 (2007), reportando-se à experiência alemã afirma que o fenómeno das ações próprias era conhecido desde o século XIX.
[2] Rui Figueiredo Marcos, *Apontamento*, 278.
[3] Rui Figueiredo Marcos, *Apontamento*, 278.
[4] Rui Figueiredo Marcos, *Apontamento*, 279.
[5] Rui Figueiredo Marcos, *Apontamento*, 280 ss..
[6] Rui Figueiredo Marcos, *Apontamento*, 284.
[7] Rui Figueiredo Marcos, *Apontamento*, 284.
[8] Rui Figueiredo Marcos, *Apontamento*, 286 e 287.
[9] Adriano Anthero (1913), I, 325, e Menezes Cordeiro 2 (2007), 673.
[10] Menezes Cordeiro 2 (2007), 672 e 673.

às Companhias de seguros, não poderem elas emitir obrigações e adquirir ações próprias, nem fazer quaisquer operações sobre elas[11] [12].

3 3. **Os trabalhos preparatórios**. Já em ambiente de preparação do CSC, o tema é aprofundado por Raúl Ventura[13], trabalhando com a proposta de 2.ª Diretriz. Como a adoção do Código ainda se mostrava incerta[14], Raúl Ventura optou por preparar um anteprojeto de transposição cujo articulado tanto podia servir para alterar leis antigas – o CCom – como para preparar leis novas[15]. O Projeto viria a consagrar nos 304.° a 313.° um articulado próximo da versão final[16] [17].

4 4. **As revisões subsequentes**. O CSC ocupou-se das ações próprias na Secção III em dez artigos: do 316.° ao 325.°. O DL 280/87, de 8-jul. veio alterar os 317.°/4 e 322.°/2 e 3. O DL 328/95 aditou à secção mais dois preceitos: o 325.°-A (Subscrição, aquisição e detenção de ações) e o 325.°-B (Regime de subscrição, aquisição e detenção de ações)[18]. Por último, o DL 76-A/2006 de 29-mar. alterou os 316.°/5, 319/1, *c*), 2, 3 e 4, 320.°/4, 324.°/2 e 325.°/2: teve-se apenas em vista um conjunto de redenominações relativas à bolsa e aos órgãos das sociedades anónimas[19] [20].

5 5. **Diretrizes a transpor**. A Diretriz 2006/68, de 6-set.[21], veio alterar a 2.ª Diretriz, com especial incidência no domínio das ações próprias. Visou facilitar a sua aquisição e as operações com ela relacionadas. Devia ter sido transposta até 15-abr.-2008, o que não sucedeu. À data do fecho deste CSC/Clássica (outubro de 2008), não era conhecido qualquer projeto relativo a essa transposição[22].

6 Em compensação, a propósito da transposição da Diretriz 2007/36, de 11-jul.[23], relativa a certos direitos de acionistas de sociedades cotadas, e cujo prazo de transposição expirou em 3-ago.-2009 (15.°/1), a CMVM pôs em discussão pública um Anteprojeto[24] que, em contraciclo, veio penalizar mais as ações próprias[25]. Esta última Diretriz foi transposta pelo DL 49/2010 de 19-mai.. A matéria deve ser reponderada.

[11] V., na literatura jurídica moderna, Menezes Cordeiro 2 (2007), 674.

[12] Num passo assinalado por Menezes Cordeiro 2 (2007), 674, ter-se-á atingido com esta regulamentação um equilíbrio, de tal maneira que os comentadores, no âmbito do CCom, não procedem a especiais desenvolvimentos sobre o tema. Cfr: Cunha Gonçalves (1914), I, 412; Strecht Ribeiro (1939), I, 279; Pinto Furtado (1979), II, 1, 286 ss..

[13] Raúl Ventura, *Auto-participação da sociedade: acções próprias*, ROA 38 (1978), II, 217 ss., e III, 430 ss..

[14] Menezes Cordeiro 2 (2007), 675.

[15] Raúl Ventura, *Adaptação do Direito português à segunda Directiva*, 135 ss., e Menezes Cordeiro 2 (2007), 675.

[16] BMJ 327 (1983), 219 ss.

[17] Assim também Menezes Cordeiro 2 (2007), 675.

[18] Na base esteve a transposição da Diretriz 92/101/CEE, de 23-nov., que introduziu um artigo 24.°-A no articulado da 2.ª Diretriz sobre sociedades. Cf. Menezes Cordeiro 2 (2007), 679.

[19] Menezes Cordeiro 2 (2007), 679.

[20] O 538.°/2 veio estabelecer o regime transitório para as ações próprias existentes antes da entrada em vigor do CSC.

[21] JOCE N. L 264, 32-36, de 25-set.-2006. Cfr., também, Menezes Cordeiro, *Uma nova reforma*..., RDS, 2009, 1, 23 ss..

[22] Inês Pinto Leite, *Da proibição de assistência financeira*..., DSR, 2011, 3, 5, 129 ss., entende envolver a ausência de transposição da Diretriz uma tomada de posição a propósito do regime das ações próprias.

[23] JOCE N. L 184, 17-24, de 14-jul.-2007.

[24] CMVM, *Transposição da Directiva dos Direitos dos Accionistas e alterações ao Código das Sociedades Comerciais*/Processo de Consulta Pública n.° 10/2008 (2008), 57.

[25] Perante isto Menezes Cordeiro, *Das acções próprias*..., RDS 2009, 3, fala de uma violação flagrante do Direito comunitário. A Diretriz 2006/68, de 6-set. é, quanto a estes aspetos, facultativa para os Estados-membros. Mas haveria uma contradição entre a proposta feita pela CMVM a propósito da alteração da Diretriz 2007/36, de 11-jul. e a Diretriz 2006/68, de 6-set. Cfr., para mais pormenores, Menezes Cordeiro, *Uma nova reforma*..., RDS, 2009, 1, 21 ss.

Artigo 316.° (Subscrição. Intervenção de terceiros)

1. Uma sociedade não pode subscrever ações próprias, e, por outra causa, só pode adquirir e deter ações próprias nos casos e nas condições previstos na lei.

2. Uma sociedade não pode encarregar outrem de, em nome deste mas por conta da sociedade, subscrever ou adquirir ações dela própria.

3. As ações subscritas ou adquiridas com violação do disposto no número anterior pertencem para todos os efeitos, incluindo a obrigação de as liberar, à pessoa que as subscreveu ou adquiriu.

4. A sociedade não pode renunciar ao reembolso das importâncias que tenha adiantado a alguém para o fim mencionado no n.° 2 nem deixar de proceder com toda a diligência para que tal reembolso se efetive.

5. Sem prejuízo da sua responsabilidade, nos termos gerais, os administradores intervenientes nas operações proibidas pelo n.° 2 são pessoal e solidariamente responsáveis pela liberação das ações.

6. São nulos os atos pelos quais uma sociedade adquira ações referidas no n.° 2 às pessoas ali mencionadas, exceto em execução de crédito e se o devedor não tiver outros bens suficientes.

7. Consideram-se suspensos os direitos inerentes às ações subscritas por terceiro por conta da sociedade em violação deste preceito, enquanto não forem por ele cumpridas as obrigações de reembolso da sociedade e de restituição das quantias pagas pelos administradores para a sua liberação.

Bibliografia: Coutinho de Abreu 2 (2019), 367 ss.; Pereira de Almeida 2 (2013), 50 ss.; Pedro de Albuquerque, Assistência financeira nas sociedades comerciais (2019), 37 ss.; Margarida Costa Andrade, *A locação financeira de acções e o direito português*, 2007, 322 ss.; *id.*, em *Código em comentário* V (2018), 443 ss.; Miguel Brito Bastos, *As consequências da aquisição ilícita de acções próprias pelas sociedades anónimas*, RDS 1 (2009), 185-224; António Caeiro, *Aumento de capital e acções próprias*, em *Temas de direito das sociedades*, Coimbra (1984), 287 ss.; José Gabriel Pinto Coelho, *A aquisição de acções próprias para sociedades anónimas*, RFDUL, 1955, XI, 73 ss.; Menezes Cordeiro 2 (2007), 676 ss.; *id.*, *Das acções próprias: dogmática básica e perspectivas de reforma* – I, RDS 2009, 3, 637-646; *id.*, *Uma nova reforma do CSC?*, RDS, 2009, 1, 21 ss.; A. Ferrer Correia, *A representação dos menores sujeitos ao pátrio poder na assembleia geral das sociedades*, Apêndice II, *Acções adquiridas pela própria sociedade emitente e direito de voto*, in *Estudos jurídicos*, II, *Direito civil e comercial, Direito criminal*, 1969, 121 ss.; Luís Brito Correia (1989), 346 e 347; Paulo Olavo Cunha (2019) 484 ss.; Pinto Furtado (2007), 265; João Labareda, *Das acções das sociedades anónimas* (1988), 79 ss.; Soveral Martins, *Cláusulas do contrato de sociedade que limitam a transmissibilidade de acções* (2006), 378 ss.; Ministério da Justiça, *Código das Sociedades Comerciais (Projecto)*, BMJ 327 (1983), 219 ss.; Abílio Neto (2007), 753 ss.; Diogo Horta Osório, *Da tomada de controlo de sociedades* (takeovers) *por* leveraged Buy-Out *e a sua harmonia com o Direito Português* (2001), 185 ss.; Maria Victória Rodrigues Ferreira da Rocha, *Aquisição de acções próprias no CSC* (1994), 125 ss., e 125 ss.; João Gomes da Silva, *Acções próprias no CSC*, ROA 60 (2000), III, 1221 ss.; Armando Triunfante (2007), 218 ss.; Raúl Ventura, *Auto-participação da sociedade: acções próprias*, ROA 38 (1978), II, 217 ss., e III, 430 ss.; *id.*, *Adaptação do Direito português à segunda Directiva do Conselho da Comunidade Europeia sobre o Direito das Sociedades*, DDC 3 (1980), 65, 66 e 141; *id.*, *Acções próprias*, in *Estudos vários sobre sociedades anónimas* (1992), 337 ss..

Índice

I – **Antecedentes**

1. A 2.ª Diretriz Comunitária em matéria de sociedades 1
2. Os trabalhos antecedentes ao CSC 2
3. A reforma de 2010 3

II – **Regime vigente**
4. A proibição básica 4
5. Ações próprias adquiridas por terceiro por conta da sociedade 6
6. Ações próprias subscritas por terceiro com violação do 316.º/2 7

I – Antecedentes

1 1. **A 2.ª Diretriz Comunitária em matéria de sociedades**. O seu 18.º veio estabelecer uma proibição básica de subscrição de ações pela própria sociedade ou por pessoa atuando por conta do ente coletivo, considerando-a para todos os efeitos, como realizada por conta do próprio subscritor. Mais, estabelecia que certas pessoas[1] ou, no caso de aumento de capital, os membros do órgão de administração ou direção são obrigados a liberar as ações subscritas com violação da proibição. Facultava, finalmente, aos Estados-membros a possibilidade de estabelecerem que qualquer interessado se libertasse da obrigação, provando não ter cometido qualquer falta[2] [3]. A 2.ª Diretriz Comunitária em mmatéria de Direito das sociedades (77/91, CEE de 13-dez.-1977) seria sucessivamente substituída pela Diretriz 2006/68/CE do Parlamento Europeu e do Conselho, de 6-set., pela Diretriz 2012/30/UE, de 25-out. e, finalmente, pela Diretriz 2017/1132/UE, de 14-jun.. Substancialmente, as soluções mantêm-se.

2 2. **Os trabalhos antecedentes ao CSC**. Em ambiente de preparação do CSC, Raúl Ventura estabeleceria no S do seu Anteprojeto (correspondente ao 18.º e seguintes da 2.ª Diretriz) que uma sociedade não pode subscrever, por si, ou por intermédio de outrem, ações próprias[4]. Esclarecia ainda que os estatutos podiam proibir totalmente a aquisição de ações próprias ou reduzir os casos em que ela é permitida por lei[5]. O Projeto viria a fixar a regra da proibição básica de aquisição no 307.º, em termos que dariam, depois, origem ao 316.º.

3 3. **A reforma de 2010**. O DL 49/2010, de 19-mai.[6], que visou, quanto ao CSC, introduzir as ações sem valor nominal, aproveitou para realizar outros retoques. Introduziu, no 316.º, o atual n.º 7.

II – Regime vigente

4 4. **A proibição básica**. O regime vigente em matéria de ações próprias alicerça-se, fundamentalmente, num conjunto de proibições constantes do 316.º[7]. De acordo com o 316.º/1, uma sociedade não pode subscrever, adquirir ou deter ações próprias, nem encarregar outrem de o fazer, exceto nos casos e condições previstas por lei (316.º/1 e 2). As razões desta proibição são conhecidas e encontram-se estudadas. Não as vamos retomar, pois, aqui[8].

5 A proibição de subscrição é absoluta. Quanto às outras causas é relativa, sendo admitida nos termos da lei[9]. O artigo 316.º é imperativo. O contrato não pode afastar a proibição,

[1] As mencionadas no artigo 3/i).

[2] A respeito da Diretriz comunitária cf. Raúl Ventura, *Adaptação*, 65 ss. e *passim*; e Maria Victória Ferreira da Rocha, *Aquisição*, 47 ss..

[3] Quanto à questão das ações próprias no âmbito do Direito Europeu das Sociedades v. Menezes Cordeiro, *Direito europeu das sociedades* (2005), 213 ss..

[4] O conceito de ação própria não carece de esclarecimentos. Ainda assim pode ver-se Diogo Horta Osório, *Da tomada*, 185.

[5] Raúl Ventura, *Adaptação*, 141.

[6] DR 1.ª série, n.º 97, de 19-mai.-2010, 1724/II-1725-I.

[7] Para um estudo aprofundado cfr. Maria Victória Ferreira da Rocha, *Aquisição*, 126 ss..

[8] V., por todos, Raúl Ventura, *Acções*, in *Estudos*, 359 ss.; Maria Victória Ferreira da Rocha, *Aquisição*, 129 ss.; João Gomes da Silva, *Acções próprias*, ROA, 60 (2000), III, 1221 ss..

[9] Raúl Ventura, *Acções*, in *Estudos*, 353. Para uma explicação acerca da razão da diversidade de soluções v. Maria Victória Ferreira da Rocha, *Aquisição*, 137 ss., que, na esteira de outros autores nacionais que cita, considera não estar abrangida pela proibição de subscrição a participação em aumento de capital por incorporação de reservas. V., também, Coutinho de Abreu 2 (2009), invocando os 92.º/2 e o 324.º/1, *a*).

mas pode limitar os casos de aquisição lícita de ações próprias[10], conforme resulta aliás do 317.º/1[11].

5. **Ações próprias adquiridas por terceiro por conta da sociedade.** Conforme se notou, o 316.º/2 não permite, à sociedade, encarregar outrem nem de adquirir nem de subscrever, por conta dela, ações próprias. Este preceito coloca, como nota Raúl Ventura[12], a questão de saber se a proibição de mandato abrange todas as aquisições ou apenas aquelas em que não poderia haver aquisição direta. Embora o Mestre defenda a primeira solução, com base na dificuldade na aplicação dos critérios de admissibilidade, não encontramos qualquer razão para tanto[13]. Além disso, a proibição também não vale se houver aquisição de ações por terceiro, mas a atuação por conta for manifesta e declarada. Nesse cenário as ações serão imputáveis. O que se pretende evitar são atuações por conta não patentes, pois, dessa forma poder-se-ia frustrar o regime das ações próprias[14]. 6

6. **Ações subscritas por terceiro com violação do 316.º/2.** As ações subscritas ou adquiridas com violação da proibição constante do 316.º/2 pertencem para todos os efeitos, incluindo a obrigação de as liberar, à pessoa que as tenha adquirido (316.º/3). Além disso, a sociedade não pode renunciar ao reembolso de importâncias que, eventualmente, tenha adiantado para a aquisição de ações próprias, devendo proceder com toda a diligência para que ele se efetive (316.º/4)[15]. Trata-se de um especial dever cujo incumprimento torna os sujeitos a ele obrigados responsáveis. Para evitar quaisquer fraudes, o 316.º/6 estabelece, com exceção das ações adquiridas em execução de crédito, se o devedor não tiver outros bens suficientes, a nulidade pela qual a sociedade adquira ações aos intermediários[16]. Antes disso, aliás, já o 316.º/5 determinara que, sem prejuízo da sua responsabilidade pessoal, os administradores intervenientes nas operações proibidas pelo 316.º/2 são, pessoal e solidariamente, responsáveis pela liberação das ações. 7

Artigo 317.º (Casos de aquisição lícita de ações próprias)

1. O contrato de sociedade pode proibir totalmente a aquisição de ações próprias ou reduzir os casos em que ela é permitida por esta lei.

2. Salvo o disposto no número seguinte e noutros preceitos legais, uma sociedade não pode adquirir e deter ações próprias representativas de mais de 10% do seu capital.

3. Uma sociedade pode adquirir ações próprias que ultrapassem o montante estabelecido no número anterior quando:

***a*) A aquisição resulte do cumprimento pela sociedade de disposições da lei;**

***b*) A aquisição vise executar uma deliberação de redução de capital;**

***c*) Seja adquirido um património, a título universal;**

***d*) A aquisição seja feita a título gratuito;**

[10] Raúl Ventura, *Acções*, in *Estudos*, loc.cit..

[11] Note-se que os administradores ou diretores que subscrevam ações para a sociedade incorrem em responsabilidade penal (510.º/1).

[12] Raúl Ventura, *Acções*, in *Estudos*, 355 e 356.

[13] No mesmo sentido se manifesta Menezes Cordeiro 2 (2007), 265. Mas o argumento sempre extraído é tirado, apenas, da letra da lei, sem ponderação de outros fatores. Ora, na nossa perspetiva, a proibição normativa de utilização de intermediários deve valer, sim, se a sociedade estiver, ela própria, impedida de atuar.

[14] Para mais pormenores v. Pedro de Albuquerque, Assistência, 37 ss..

[15] Este preceito articula-se com o 322.º, que analisaremos adiante.

[16] Para uma distinção entre a proibição constante dos 316.º/6 e o 317.º/3, *e*) v. a anotação a esse preceito, e também quanto escreve Raúl Ventura, *Acções*, in Estudos, 358.

e) **A aquisição seja feita em processo executivo para cobrança de dívidas de terceiros ou por transação em ação declarativa proposta para o mesmo fim;**

f) **A aquisição decorra de processo estabelecido na lei ou no contrato de sociedade para a falta de liberação de ações pelos seus subscritores.**

4. Como contrapartida da aquisição de ações próprias, uma sociedade só pode entregar bens que, nos termos dos artigos 32.° e 33.°, possam ser distribuídos aos sócios, devendo o valor dos bens distribuíveis ser, pelo menos, igual ao dobro do valor a pagar por elas.

Bibliografia: Coutinho de Abreu 2 (2019), 367 ss.; Pereira de Almeida 2 (2013), 52 ss.; Margarida Costa Andrade, *A locação financeira de acções e o direito português*, 2007, 343 ss.; *id.*, em *Código em comentário* V (2018), 464 ss.; Osório de Castro, *A contrapartida da aquisição de acções próprias*, RDES, XXX (1988), III, 249 ss.; Miguel Brito Bastos, *As consequências da aquisição ilícita de acções próprias pelas sociedades anónimas*, RDS 1 (2009), 190 ss.; Menezes Cordeiro 2 (2007), 676 ss.; Luís Brito Correia (1989), 346 e 347; Paulo Olavo Cunha (2019), 484 ss.; Pinto Furtado (2007), 266 e 267; João Labareda, *Das acções das sociedades anónimas* (1988), 87 ss.; Ministério da Justiça, *Código das Sociedades Comerciais (Projecto)*, BMJ 327 (1983), 220 e 221 ss.; Abílio Neto (2007), 755 ss.; Maria Victória Rodrigues Ferreira da Rocha, *Aquisição de acções próprias no CSC* (1994), *passim* e 163 ss., 229 ss.; João Gomes da Silva, *Acções próprias no CSC*, ROA 60 (2000), III, 1221 ss.; Raúl Ventura, *Auto-participação da sociedade: acções próprias*, ROA 38 (1978), II, 217 ss., 244 ss., 265 ss.; III, 449 ss.; *id.*, *Adaptação do Direito português à segunda Directiva do conselho da Comunidade Europeia sobre o Direito das Sociedades*, DDC 3 (1980), 65 e 66, 141 e 142; *id.*, *Acções próprias*, em *Estudos vários sobre sociedades anónimas* (1992), 361 ss..

Índice

I – **Antecedentes**
1. A 2.ª Diretriz Comunitária e os trabalhos preparatórios 1

II – **Regime vigente**
2. Casos de aquisição lícita de ações 3
3. Contrapartida da aquisição de ações próprias 4

I – Antecedentes

1 1. **A 2.ª Diretriz Comunitária e os trabalhos preparatórios**. A 2.ª Diretriz Comunitária veio consagrar a possibilidade de os Estados-membros permitirem que uma sociedade adquira as suas próprias ações, quer por si quer por pessoa que atue por sua conta, desde que respeitadas determinadas condições. Fê-lo nos 19.º e 20.º.

2 O Anteprojeto de Raúl Ventura previa essa possibilidade e determinava as respetivas condições nos preceitos T e seguintes[1]. Também o Projeto admitiria hipóteses de aquisição lícita de ações fixando-as no 305.º[2].

II – Regime vigente

3 2. **Casos de aquisição lícita de ações**. Quando o contrato de sociedade não estabeleça em sentido diverso, pode a sociedade adquirir ações próprias até um limite de 10% do respetivo capital social (317.º/1 e 2). Este limiar pode inclusivamente ser ultrapassado em determinadas situações previstas no 317.º/3[3]. Devem distinguir-se a propósito das ações próprias três situações distintas: (a) a chamada autocarteira; (b) o caso de recebimento de ações em garantia, nos termos do 325.º;

[1] Raúl Ventura, *Adaptação*, 141 ss.. V., também o artigo U onde se estipulava a nulidade, ressalvados os casos excecionais, das aquisições de ações não liberadas.

[2] BMJ 327 (1983), 220 e 221.

[3] Acerca das exceções previstas no 317.º/3 v., por todos, Maria Victória da Rocha, *Aquisição*, 226 ss..

(c) as hipóteses nas quais as ações de uma sociedade sejam subscritas, adquiridas ou detidas por uma sociedade daquela dependente, direta ou indiretamente, nos termos do artigo 486.°.

3. **Contrapartida da aquisição de ações próprias**. Como contrapartida da aquisição de ações próprias a sociedade só pode entregar bens que[4], nos termos dos 32.° e 33.°, possam ser distribuídos aos sócios devendo o valor dos bens distribuíveis ser, pelo menos, igual ao dobro do valor a pagar por elas (317.°/4)[5]. Mais por força destes dois preceitos, enquanto as ações próprias se mantiverem, deve constituir-se uma reserva especial destinada a garantir os credores da sociedade[6]. 4

Artigo 318.° (Ações próprias não liberadas)

1 – A sociedade só pode adquirir ações próprias inteiramente liberadas, exceto nos casos das alíneas *b*), *c*), *e*) e *f*) do n.° 3 do artigo anterior.

2 – As aquisições que violem o disposto no número anterior são nulas.

Bibliografia: *vide* a indicada ao 317.°.

A sociedade só pode adquirir ações inteiramente liberadas, exceto nos casos do 317.°/3, *b*), *c*) e *f*). As disposições que violem este imperativo são nulas (318.°/2). Ao contrário de João Labareda[1] e com Raúl Ventura[2], não nos parece serem nulas as aquisições próprias com violação do disposto no 317.°/4[3]. Nos demais casos a sanção de aquisição ilícita de ações é a prevista no 323.°/2 e 3. 1

Artigo 319.° (Deliberação de aquisição)

1. A aquisição de ações próprias depende, salvo o disposto no n.° 3 deste artigo, de deliberação da assembleia geral, da qual obrigatoriamente devem constar:

a) O número máximo e, se o houver, o número mínimo de ações a adquirir;

b) O prazo, não excedente a 18 meses a contar da data da deliberação, durante o qual a aquisição pode ser efetuada;

c) As pessoas a quem as ações devem ser adquiridas, quando a deliberação não ordenar que elas sejam adquiridas em mercado regulamentado e seja lícita a aquisição a acionistas determinados;

[4] O momento relevante parece ser não o do pagamento mas sim o da aquisição. Contra, Osório de Castro, *A contrapartida,* RDES XXX (1988), 251 ss., em mera interpretação literal. O 319.°/2 remete claramente a aferição pelos administradores deste requisito para o momento da aquisição. Variações posteriores à conclusão do negócio, numa altura em que a sociedade já está obrigada a pagar, não podem ser relevantes exceto se previsíveis, caso em que geram a responsabilidade de quem executa. Relevantes serão também as variações no caso de no momento da aquisição não haver bens suficientes e no momento do pagamento passarem a existir. Nesse caso há como que uma sanação do vício.

[5] A respeito desta exigência v. Osório de Castro, *A contrapartida,* RDES XXX (1988), 249 ss., que propõe uma interpretação ab-rogante desta exigência, mas com argumentos que não convencem a começar pela ideia de que uma aquisição de ações próprias ilícita por inexistência de fundos distribuíveis é válida.

[6] Osório de Castro, *A contrapartida,* RDES XXX (1988), 250.

[1] João Labareda, *Das Acções*, 94.

[2] Raúl Ventura, *Acções*, in *Estudos*, 385.

[3] Acerca da sanção das aquisições ilícitas no Direito Comparado v. Raúl Ventura, *Auto-participação,* ROA 38 (1978), III, 449; e Maria Victória, *Aquisição,* 279 ss..

***d*) As contrapartidas mínima e máxima, nas aquisições a título oneroso.**

2. Os administradores não podem executar ou continuar a executar as deliberações da assembleia geral se, no momento da aquisição das ações, não se verificarem os requisitos exigidos pelos n.ºs 2, 3 e 4 do artigo 317.º e 1 do artigo 318.º.

3. A aquisição das ações próprias pode ser decidida pelo conselho de administração ou pelo conselho de administração executivo apenas se, por meio delas, for evitado um prejuízo grave e iminente para a sociedade, o qual se presume existir nos casos previstos nas alíneas *a*) e *e*) do n.º 3 do artigo 317.º.

4. Efetuadas aquisições nos termos do número anterior, devem os administradores, na primeira assembleia geral seguinte, expor os motivos e as condições das operações efetuadas.

Bibliografia: Coutinho de Abreu 2 (2019), 367 ss.; Pereira de Almeida 2 (2013), 54 e 55; Margarida Costa Andrade, *A locação financeira de acções e o direito português*, 2007, 336 ss.; *id.*, em *Código em comentário* V (2018), 482 ss.; José Engrácia Antunes, *A redução do capital por extinção de acções próprias*, in *DSR*, 2011, 3, 49 ss.; Miguel Brito Bastos, *As consequências da aquisição ilícita de acções próprias pelas sociedades anónimas*, RDS 1 (2009), 190 ss.; Carlos Osório de Castro, *A contrapartida da aquisição de acções próprias*, RDES, 1988, 256 ss.; Menezes Cordeiro 2 (2007), 679; Luís Brito Correia (1989), 346 e 347; Paulo Olavo Cunha (2019), 434; Pinto Furtado (2007), 268; João Labareda, *Das acções das sociedades anónimas* (1988), 97 ss.; Ministério da Justiça, *Código das Sociedades Comerciais (Projecto)*, BMJ 327 (1983), 222; Abílio Neto (2007), 758 e 759; Maria Victória Rodrigues Ferreira da Rocha, *Aquisição de acções próprias no CSC* (1994), *passim* e 219 ss., 202 ss.; João Gomes da Silva, *Acções próprias no CSC*, ROA 60 (2000), III, 1229 ss.; Armando Triunfante (2007), 218 ss.; Raúl Ventura, *Auto-participação da sociedade: acções próprias*, ROA 38 (1978), II, 217 ss., 270 ss.; *id.*, *Adaptação do Direito português à segunda Directiva do Conselho da Comunidade Europeia sobre o Direito das Sociedades*, DDC 3 (1980), 65 e 66, 141 e 142; *id.*, *Acções próprias*, em *Estudos vários sobre sociedades anónimas* (1992), 361 ss..

Índice

I – **Antecedentes**
1. A 2.ª Diretriz Comunitária e os trabalhos preparatórios 1
2. A reforma de 2006 3

II – **Regime vigente**
3. Competência para deliberar a aquisição 4
4. Execução ou continuação da execução da deliberação 5
5. Violação do disposto no 329.º 7

I – Antecedentes

1 1. **A 2.ª Diretriz Comunitária e os trabalhos preparatórios.** O 19.º/1 da 2.ª Diretriz Comunitária veio estabelecer que, na eventualidade de a legislação permitir a uma sociedade a aquisição de ações próprias, a deliberação deve ser tomada pela assembleia geral que fixa as modalidades encaradas e condições para a aquisição[1]. A 2.ª Diretriz Comunitária em mmatéria de Direito das sociedades (77/91, CEE de 13-dez.-1977) seria sucessivamente substituída pela Diretriz 2006/68/CE do Parlamento Europeu e do Conselho, de 6-set., pela Diretriz 2012/30//UE, de 25-out. e, finalmente, pela Diretriz 2017/1132/UE, de 14-jun.. Substancialmente, as soluções mantêm-se.

2 A mesma regra constava do artigo V do Anteprojeto elaborado por Raúl Ventura[2], num preceito que influenciaria o 307.º do Projeto[3] e a versão inicial do 319.º do CSC.

[1] Raúl Ventura, *Adaptação*, 65 e 161.
[2] Raúl Ventura, *Adaptação*, 142.
[3] BMJ 327 (1983), 221.

2. **A reforma de 2006**. O DL 76-A/2006, de 29-mar., alterou vários aspetos do preceito, por forma a compaginá-lo com o sentido global da reforma. No 319.º/1, *c*), a referência à bolsa foi substituída por mercado regulamentado. No 319.º/2 e 4 procedeu-se à supressão da menção aos diretores. Finalmente, no 319.º/3, a referência à direção foi substituída pela alusão ao conselho de administração executivo. 3

II – **Regime vigente**

3. **Competência para deliberar a aquisição**. A aquisição de ações próprias depende, em princípio, de deliberação da assembleia geral (319.º/1), na qual devem obrigatoriamente constar as menções referidas nas quatro alíneas do 319.º/1: número máximo e mínimo de ações a adquirir; prazo, não superior a 18 meses, durante o qual a aquisição possa ser executada; as pessoas a quem as ações devam ser adquiridas, quando não se estipule que a aquisição ocorra no mercado; as contrapartidas máxima e mínima. Nos termos do 319.º/3, a administração pode deliberar a aquisição de ações próprias, sem deliberação da assembleia geral, quando se trate de evitar um prejuízo grave ou iminente para a sociedade – prejuízo que se presume no caso dos 317.º/3, *a*) e *e*). Nesse caso caberá aos administradores expor, na primeira assembleia geral seguinte, os motivos e as condições das operações efetuadas (319.º/4). 4

4. **Execução ou continuação da execução da deliberação**. De acordo com o 319.º/2, os administradores não podem executar ou continuar a executar as deliberações de aquisição se não se verificarem os requisitos do 317.º/2, 3 e 4 e do 318.º.º/1. Conforme referimos em anotação ao artigo 317.º4, não nos parece aceitável uma posição de acordo com a qual a verificação dos requisitos deveria ser feita não no momento da aquisição mas do pagamento. O 319.º/2 remete claramente a aferição pelos administradores deste requisito para o momento da aquisição. Variações posteriores à conclusão do negócio, numa altura em que a sociedade já está obrigada a pagar[5], não podem ser relevantes exceto se previsíveis, caso em que geram a responsabilidade de quem executa. Relevantes serão também as variações no caso de no momento da aquisição não haver bens suficientes e no momento do pagamento passarem a existir. Nesse caso há como que uma sanação do vício. 5

Também não parece aceitável uma posição segundo a qual deveria haver como que um duplo aferimento[6]: (a) um no momento do pagamento para efeitos de defesa dos interesses dos credores na intangibilidade do fundo de garantia; (b) outro no momento da aquisição para efeitos de responsabilização dos administradores que executem a deliberação. Tudo isto parece pressupor que o preço não é desde logo devido a partir do momento da aquisição. 6

5. **Violação do disposto no 329.º**. As ações adquiridas com violação do disposto no 319.º/1 (no que diz respeito à necessidade deliberação da assembleia) e 2 terão, na base, uma aquisição nula[7]. 7

[4] *Vide* 317.º, nota 4.

[5] E portanto responderá civilmente perante os vendedores se não pagar.

[6] Como acaba por propor Osório de Castro, *A contrapartida*, RDES XXX (1988), 257 ss.. Por sua vez Raúl Ventura, *Acções*, in *Estudos*, 366, considera que os requisitos mencionados no 319.º/2 devem ser aferidos tanto no momento da deliberação como no da execução. Mas trata-se de uma posição, que podemos acompanhar, e que é diferente da proposta por Osório de Castro. A deliberação tem eficácia meramente interna e só com a execução se adquire as ações. Depois disso não há mais que indagar se os requisitos estão, ou não, preenchidos.

[7] Raúl Ventura, *Acções*, in *Estudos*, 366. Em termos diversos Miguel Brito Bastos, *As consequências*, in RDS 1 (2009), 203 ss., mas a solução proposta só pode valer quando se assista à intervenção de um intermediário financeiro e mesmo assim com dúvidas.

Artigo 320.º (Deliberação de alienação)

1. A alienação de ações próprias depende, salvo o disposto no n.º 2 deste artigo, de deliberação da assembleia geral, da qual obrigatoriamente deve constar:

a) O número mínimo e, se o houver, o número máximo de ações a alienar;

b) O prazo, não excedente a 18 meses a contar da data da deliberação, durante o qual a alienação pode ser efetuada;

c) A modalidade da alienação;

d) O preço mínimo ou outra contrapartida das alienações a título oneroso.

2. A alienação de ações próprias pode ser decidida pelo conselho de administração ou pelo conselho de administração executivo, se for imposta por lei.

3. No caso do número anterior, devem os administradores, na primeira assembleia geral seguinte, expor os motivos e todas as condições da operação efetuada.

Bibliografia: Coutinho de Abreu 2 (2019), 367 ss.; Pereira de Almeida 2 (2013), 57 e 58; Margarida Costa Andrade, em *Código em comentário* V (2018), 489 ss.; Menezes Cordeiro 2 (2007), 679 e 680; Luís Brito Correia (1989), 346 e 347; Pinto Furtado (2007), 268; João Labareda, *Das acções das sociedades anónimas* (1988), 102 ss.; Ministério da Justiça, *Código das Sociedades Comerciais (Projecto)*, BMJ 327 (1983), 222 e 223 ss.; Abílio Neto (2007), 759 e 760; Maria Victória Rodrigues Ferreira da Rocha, *Aquisição de acções próprias no CSC* (1994), *passim* e 202 ss., 324 ss.; João Gomes da Silva, *Acções próprias no CSC*, ROA 60 (2000), III, 1223 ss.; Armando Triunfante (2007), 218 ss.; Raúl Ventura, *Auto-participação da sociedade: acções próprias*, ROA 38 (1978), III, 445 ss.; *id.*, *Adaptação do Direito português à segunda Directiva do Conselho da Comunidade Europeia sobre o Direito das Sociedades*, DDC 3 (1980), 65 e 66, 141 e 142; *id.*, *Acções próprias*, em *Estudos vários sobre sociedades anónimas* (1992), 361 ss..

Índice

I – Antecedentes e evolução

1. Preparatórios 1
2. A reforma de 2006 3

II – Regime vigente

3. Competência para deliberar a alienação 4

I – Antecedentes e evolução

1 1. **Preparatórios.** A regulamentação da alienação das ações próprias surge nos trabalhos preparatórios de Raúl Ventura no artigo X. Estabelece-se aí, depender, em regra, a alienação de deliberação da assembleia geral, na qual deve obrigatoriamente constar um conjunto de exigências e menções. A alienação só podia ser resolvida pelo conselho de administração se fosse imposta por lei, caso em que, ainda assim, os membros do conselho deviam expor, na primeira assembleia geral seguinte, os motivos e todas as condições da operação[1].

2 O Projeto de CSC consagraria as condições da deliberação de alienação e a necessidade de observância do princípio da igualdade nos respetivos 308.º e 309.º[2].

3 2. **A reforma de 2006**. O DL 76-A/2006, de 29-mar., suprimiu a menção, constante do 320.º/2, à direção, que passou a conselho de administração executivo e à eliminação, no 320.º/3, da referência a diretores para passar a constar apenas administradores.

[1] Raúl Ventura, *Adaptação*, 142 e 143.

[2] BMJ 327 (1983), 222 e 223.

II – **Regime vigente**

3. **Competência para deliberar a alienação.** Atentas as perturbações que a alienação de ações próprias pode causar, ela depende de deliberação da assembleia geral[3] da qual constem: (a) o número mínimo e, se ele existir, o máximo de ações a alienar; (b) o prazo, não excedente a 18 meses a contar da data da deliberação, durante o qual a alienação pode ser efetuada; (c) as modalidades da alienação; (d) o preço mínimo ou outra contrapartida das alienações a título oneroso. 4

Na eventualidade de ser imposta por lei, a alienação pode ser decidida pela administração, que deve, na primeira assembleia geral seguinte, expor os motivos e todas as condições da operação. 5

Artigo 321.º (Igualdade de tratamento dos acionistas)

As aquisições e as alienações de ações próprias devem respeitar o princípio do igual tratamento dos acionistas, salvo se a tanto obstar a própria natureza do caso.

Bibliografia: *Vide* as obras e autores citados no comentário ao artigo 320.º. Cfr., também, Margarida Costa Andrade, *A locação financeira de acções e o direito português*, 2007, 334, 354 ss.; *id.*, em *Código em comentário* V (2012), 444 e 445.

Índice

1. Antecedentes .... 1 2. Regime 2

1. **Antecedentes.** Relativamente ao princípio da igualdade de tratamento entre os acionistas na aquisição e alienação, embora a prática pombalina nos desse já nota da respetiva observância prática, ele começou por figurar nos trabalhos preparatórios levados a cabo por Raúl Ventura, no artigo Z, com exceção das situações em que, salvo a natureza do caso, tal como figurado na lei, o impeça. 1

2. **Regime.** Tanto na alienação como na aquisição deve ser observado o princípio da igualdade entre acionistas, exceto se a isso obstar a natureza do caso. Isso significa que, na compra, poderá haver necessidade de se lançar uma oferta pública de aquisição, enquanto na alienação se pode tratar de oferta pública de venda ou, pelo menos, de oferta direcionada a todos os acionistas, acompanhada de rateio, quando a procura exceda a oferta[1]. O princípio da igualdade não se impõe aos próprios acionistas, os quais podem aceitar desigualdades[2]. A criação, por deliberação dos sócios, de uma desigualdade não consentida gera uma mera anulabilidade[3]. 2

[3] V., Menezes Cordeiro 2 (2007), 679.

[1] Menezes Cordeiro 2 (2007), 680. Considerando não ser razoável pretender-se que esta operação siga as regras do CVM (então CódMVM), Raúl Ventura, *Acções*, in *Estudos*, 372.

[2] Raúl Ventura, *Acções*, in *Estudos*, 370.

[3] Raúl Ventura, *Acções*, in *Estudos*, 373.

Artigo 322.° (Empréstimos e garantias para aquisição de ações próprias)

1. Uma sociedade não pode conceder empréstimos ou por qualquer forma fornecer fundos ou prestar garantias para que um terceiro subscreva ou por outro meio adquira ações representativas do seu capital.

2. O disposto no n.° 1 não se aplica às transações que se enquadrem nas operações correntes dos bancos ou de outras instituições financeiras, nem às operações efetuadas com vista à aquisição de ações pelo ou para o pessoal da sociedade ou de uma sociedade com ela coligada; todavia, de tais transações e operações não pode resultar que o ativo líquido da sociedade se torne inferior ao montante do capital subscrito acrescido das reservas que a lei ou o contrato de sociedade não permitam distribuir.

3. Os contratos ou atos unilaterais da sociedade que violem o disposto no n.° 1 ou na parte final do n.° 2 são nulos.

Bibliografia: Margarida Costa Andrade, em *Código em comentário* V (2018), 495 ss.; António Menezes Cordeiro 2 (2007), 680; Luís Brito Correia (1989), 346 e 347; Paulo Olavo Cunha (2012), 435 e 436; Inês Pinto Leite, *Da proibição de assistência financeira. O caso particular dos* leveraged buy-outs, DSR, 2011, 3, 5, 129 ss.; Ministério da Justiça, *Código das Sociedades Comerciais (Projecto)*, BMJ 327 (1983), 223; Abílio Neto (2007), 411 ss.; Diogo Horta Osório, *Da tomada de controlo de sociedades* (takeovers) *por* leveraged Buy-Out *e a sua harmonia com o Direito Português* (2001), 185 ss.; Maria Victória Rodrigues Ferreira da Rocha, *Aquisição de acções próprias no CSC* (1994), *passim* e 309 ss.; Mariana Duarte Silva, *Assistência financeira – No âmbito das sociedades comerciais*, RDS 2010 1/2, 145 ss.; Raúl Ventura, *Auto-participação da sociedade: acções próprias*, ROA 38 (1978), III, 430 ss., 455 ss.; *id.*, *Adaptação do Direito português à segunda Directiva do Conselho da Comunidade Europeia sobre o Direito das Sociedades*, DDC 3 (1980), 65 e 66, 141 e 142; *id.*, *Acções próprias*, em *Estudos vários sobre sociedades anónimas* (1992), 361 ss.; Pedro de Albuquerque, *Assistência financeira nas sociedades comerciais* (2019), *in totum*, com ulteriores indicações.

Índice

I – Antecedentes
1. Preparatórios ... 1
2. A redação original ... 2
3. A reforma de 1987 ... 3

II – Regime vigente
4. Finalidade e âmbito do preceito ... 4
5. Exceções à proibição ... 7
6. Sanções ... 8

I – Antecedentes

1 1. **Preparatórios**. A proibição de uma sociedade avançar fundos ou conceder empréstimos ou garantias para que um terceiro subscreva as suas ações próprias constava já do 23.° da 2.ª Diretriz sobre o Direito das Sociedades, por sua vez, provavelmente, inspirado no 54.° do *Companies Act* de 1948[1]. No Projeto de Raúl Ventura, essa mesma interdição era determinada pelo artigo AA[2]. O Projeto contemplava a questão no 310.°[3].

2 2. **A redação original**. Na versão original adotada pelo DL 262/86, de 2-set., o 322.° tinha a redação seguinte[4]:

[1] Raúl Ventura, *Acções*, in *Estudos*, 373. Mais pormenores podem ser vistos em Pedro de Albuquerque, *Assistência*, 6 ss., com referência também a outras pistas.

[2] Raúl Ventura, *Adaptação*, 67 e 143.

[3] BMJ 327 (1983), 223.

[4] DR I Série, n.° 201, de 2-set.-1986, 2352/I.

1. Uma sociedade não pode conceder empréstimos ou por qualquer forma fornecer fundos ou prestar garantias para que um terceiro subscreva ou por outro meio adquira acções representativas do seu capital.

2. Os contratos ou actos unilaterais da sociedade que violem o disposto no número anterior são nulos.

3. É aplicável o disposto no artigo 316.º, n.os 4, 5 e 6.

4. Uma sociedade não pode adquirir acções próprias em seu nome e por conta de terceiros, mas pode adquirir acções próprias destinadas a distribuição ao seu pessoal ou das sociedades com as quais esteja em relação de domínio ou de grupo, devendo a distribuição ser feita no ano seguinte à aquisição.

3. **A reforma de 1987**. Os atuais 322.º/2 a 4 foram introduzidos pelo DL 280/87, de 8-jul.[5]. O objetivo da reforma visou, precisamente, o permitir que as instituições de crédito emprestassem dinheiro para a compra das suas próprias ações, de modo a, na época, facilitar as reprivatizações. De todo o modo, ela está em consonância com o 23.º/2 da 2.ª Diretriz. 3

II – **Regime vigente**

4. **Finalidade e âmbito do preceito**. Conforme se verificou, o 316.º proíbe que uma sociedade encarregue outrem de subscrever ou adquirir ações dela própria, em nome do terceiro, mas por conta da sociedade. No 322.º, proíbe-se que uma sociedade preste assistência financeira a um terceiro que atua em seu nome e por sua conta própria[6] [7]. Entretanto, conforme já referido, a Diretiz 2006/68/CE do Parlamento Europeu e do Conselho, sucessivamente substituída pela Diretriz 2012/30/UE, de 25-out., e pela Diretriz 2017/1132/UE, de 14-jun., que mantêm as soluções, veio admitir a detenção de ações próprias e a assistência financeira desde que verificados determinados requisitos. Mas o normativo não foi transposto para o Direito português. Relativamente às hipóteses específicas de assistência financeira pode, parece-nos, falar-se numa presunção de licitude quando ela cumpra os requisitos da Diretriz[8] e assim limitar[9] a proibição do artigo 322.º[10]. Mais genericamente serão lícitas, em razão do pressuposto subjetivo ou finalístico da assistência financeira, a) todas as hipóteses de assistência financeira em que não exista um propósito comum, a todas as partes intervenientes na operação, de assistência financeira (como resulta da conjugação do preceito em análise com o 281.º do Código Civil; b) as situações abrangidas pelo 6º/3; c) os cenários em que o propósito da assistência não seja o fim determinante comum da operação, mas se revelar meramente secundário ou incidental de outro mais vasto ou, no mínimo, existir um fim misto; d) a aquisição da totalidade do capital; e) e as hipóteses de leveraged buyout, pelo menos através da fusão alavancada, entre outras situações[11]. 4

[5] DR I Série, n.º 154, de 8-jul.-1987, 2663/II-2664/I.

[6] Raúl Ventura, *Acções*, in *Estudos*, 375.

[7] Quanto à eventual aplicação do 322.º às tomadas de controlo de sociedades por *leveraged buy out* v. Diogo Horta Osório, *Da tomada, maxime* 189 ss., cujas conclusões podemos no essencial aceitar embora nos distanciemos significativamente da metodologia interpretativa seguida. Cfr., também Mariana Duarte Silva, *Assistência financeira*..., RDS 2010 1/2, 228 ss.. Mas v. Inês Pinto Leite, *Da assistência financeira*,,,, in *DSR*, 2011, 5, 129 ss..

[8] A propósito dos requisitos definidos por esta Diretriz v., por todos, Mariana Duarte Silva, *Assistência financeira*...,, RDS 2010 1/2, 161 e 162.

[9] Segundo a metodologia interpretativa tradicional: interpretar restritivamente.

[10] Conforme refere a propósito Menezes Cordeiro, *Das acções próprias*..., RDS 2009, 3, 639, embora as Diretrizes comunitárias não tenham aplicação direta elas constituem auxiliares interpretativos consideráveis.

[11] Para desenvolvimentos v. Pedro de Albuquerque, *Assistência, per totum, maxime*, 95 ss., 121 ss., 134 ss., 144 ss., 181 ss., 217 ss., com referências.

5 O 322.º/1 especifica alguns dos atos que proíbe, mas deixa uma interdição aberta: a sociedade não pode, por qualquer forma, fornecer fundos ou prestar garantias para a aquisição de ações representativas do seu capital. Por esta expressão deve entender-se a proibição de concessão de crédito direto ou indireto para que um terceiro subscreva ou adquira ações representativas do capital social daquela sociedade[12]. Face à regra em análise Raúl Ventura considerava estar-se diante de uma proibição, não objetivista, mas sim subjetivista em que se exige uma intenção dos administradores de disponibilizar os fundos para o fim proibido[13].

6 Outro problema que se pode colocar é o de saber se o artigo 322.º se sobrepõe ao artigo 6.º do CSC ou se, ao invés, nos casos em que aí se admite a prestação por garantias por parte de sociedades não se aplica a proibição do artigo 322.º. No último sentido se pronuncia Horta Osório numa solução que parece ainda mais de subscrever depois do aparecimento da Diretriz 2006/68/CE[14].

7 5. **Exceções à proibição**. Tal como a 2.ª Diretriz e, já antes, o 54.º do *Companies Act* de 1948, o 322.º prevê exceções à proibição: o n.º 1 não se aplica às transações que se enquadrem nas operações correntes dos bancos ou outras instituições financeiras, nem às operações realizadas com vista à aquisição das ações pelo ou para o pessoal[15] da sociedade ou de uma sociedade coligada, desde que de tais operações não resulte uma diminuição do ativo líquido da sociedade por forma a tornar-se inferior ao montante do capital subscrito acrescido de reservas que a lei ou o contrato de sociedade não permitam distribuir. Esta regra parece pressupor que o crédito correspondente à saída do dinheiro não será contado e apenas se atende à diminuição patrimonial[16]. Outras exceções podem ser alcançadas em sede interpretativa. Mas referi-las-emos a propósito das sanções à proibição.

8 6. **Sanções**. Os contratos ou atos unilaterais da sociedade que violem o disposto no 322.º/1 e 2 são nulos (322.º/3). Entre outros aspetos, e por força do elemento finalístico da proibição, bem como do disposto no 281.º do Código Civil, a boa-fé de um dos intervenientes salva sempre o negócio[17]. O 510.º/1 pune a outorga de assistência ilícita com multa até 120 dias. Trata-se de crime público.

Artigo 323.º (Tempo de detenção das ações)

1. Sem prejuízo de outros prazos ou providências estabelecidos na lei, a sociedade não pode deter por mais de três anos um número de ações superior ao montante estabelecido no artigo 317.º, n.º 2, ainda que tenham sido licitamente adquiridas.

2. As ações ilicitamente adquiridas pela sociedade devem ser alienadas dentro do ano seguinte à aquisição, quando a lei não decretar a nulidade desta.

3. Não tendo sido oportunamente efetuadas as alienações previstas nos números anteriores, deve proceder-se à anulação das ações que houvessem de ser alienadas; relativamente a ações cuja aquisição tenha sido lícita, a anulação deve recair sobre as mais recentemente adquiridas.

[12] Raúl Ventura, *Acções*, in *Estudos*, 376 e 377.

[13] Raúl Ventura, *Acções*, in *Estudos*, 377.

[14] Horta Osório, *Da tomada de controlo...*, 153 e 154; Pedro de Albuquerque, *Assistência*, 134 ss.. V., também, se bem interpretamos, ao menos para os casos de relação de grupo nos quais prevalece a disciplina própria destes, não a do artigo 322.º, na mesma direção Mariana Duarte Silva, *Assistência financeira...*, RDS 2010 1/2, 222, na esteira de parecer inédito de Pedro Maia.

[15] Parece não se dever abranger aqui nem os ex-trabalhadores nem os membros da administração.

[16] Raúl Ventura, *Acções*, in *Estudos*, 382.

[17] V. Pedro de Albuquerque, *Assistência*, 140 ss., 219 ss..

4. Os administradores são responsáveis, nos termos gerais, pelos prejuízos sofridos pela sociedade, seus credores ou terceiros por causa da aquisição ilícita de ações, da anulação de ações prescrita neste artigo ou da falta de anulação de ações.

Bibliografia: Jorge Coutinho de Abreu 2 (2019), 367 ss.; Margarida Costa Andrade, em *Código em comentário* V (2018), 506 ss.; António Menezes Cordeiro 2 (2007), 680; Miguel Brito Bastos, *As consequências da aquisição ilícita de acções próprias pelas sociedades anónimas*, RDS 1 (2009), 200 ss.; Luís Brito Correia (1989), 346 e 347; Pinto Furtado (2007), 270; João Labareda, *Das acções das sociedades anónimas* (1988), 88 ss.; Ministério da Justiça, *Código das Sociedades Comerciais (Projecto)*, BMJ 327 (1983), 223 e 224; Abílio Neto (2007), 761; Maria Victória Rodrigues Ferreira da Rocha, *Aquisição de acções próprias no CSC* (1994), *passim* e 279 ss.; João Gomes da Silva, *Acções próprias no CSC*, ROA 60 (2000), III, 1260 ss.; Armando Triunfante (2007), 218 ss.; Raúl Ventura, *Auto-participação da sociedade: acções próprias*, ROA 38 (1978), III, 445 ss.; *id.*, *Adaptação do Direito português à segunda Directiva do Conselho da Comunidade Europeia sobre o Direito das Sociedades*, DDC 3 (1980), 65 e 66, 141 e 142; *id.*, *Acções próprias*, em *Estudos vários sobre sociedades anónimas* (1992), 361 ss..

Índice

I – **Antecedentes**
1. Preparatórios 1
2. A reforma de 2006 2

II – **Regime vigente**
3. Prazo de detenção das ações próprias 3
4. Consequências do não-cumprimento do prazo 5
5. Responsabilidade dos administradores 6

I – Antecedentes

1. **Preparatórios**. A 2.ª Diretriz em matéria de Direito das Sociedades veio regular o tempo de detenção das ações nos artigos 20.º/2 e 3 e 21.º[1]. Nessa sequência, a proposta de adaptação de Raúl Ventura regularia a questão no artigo AA[2], com o consequente aparecimento, posterior, do 310.º do Projeto[3] e do 323.º do Código das Sociedades Comerciais. 1

2. **A reforma de 2006**. O DL 76-A/2006, de 29-mar., veio eliminar a referência feita, no 323.º/ /4, aos diretores, em 1986. Trata-se, pois, apenas de uma questão de redenominação dos órgãos. 2

II – Regime vigente

3. **Prazo de detenção das ações próprias**. As ações próprias, licitamente adquiridas, que ultrapassem o número de ações superior ao montante estabelecido no 317.º/2, não podem, sem prejuízo de outros prazos ou providências, ser detidas por mais de três anos. Recorde-se que, para o montante de 10%, não contam as ações próprias mencionadas no 317.º/3. 3

Tratando-se de ações adquiridas ilicitamente, o tempo de detenção não pode exceder um ano[4] e, mesmo assim, quando a lei não determinar a nulidade da aquisição (323.º/2)[5]. Essa nulidade ocorre, como vimos, nas hipóteses de aquisição de ações não liberadas (318.º). Ao contrário de João Labareda[6] e com Raúl Ventura[7], não nos parece que as ações adquiridas com violação do 317.º/4 provoquem a nulidade da aquisição. 4

4. **Consequências do não cumprimento do prazo**. Não tendo sido oportunamente efetuadas as alienações impostas, estabelece o 323.º/3 dever proceder-se à anulação das ações que 5

[1] Raúl Ventura, *Acções*, in *Estudos*, 382.

[2] Raúl Ventura, *Adaptação*, 143.

[3] BMJ 327 (1983), 223.

[4] Quanto à forma de cálculo do prazo das ações adquiridas ilicitamente, em termos que se subscrevem, v. Raúl Ventura, *Acções*, in *Estudos*, 385; e Brito Bastos, *As consequências*, RDS 1 (2009), 200 ss..

[5] Quanto à forma de cálculo do prazo das ações adquiridas licitamente, em termos que novamente se subscrevem, v. Raúl Ventura, *Acções*, in *Estudos*, 383, e Maria Victória Rocha, *Aquisição*, 299 ss..

[6] João Labareda, *Das Acções*, 94.

[7] Raúl Ventura, *Acções*, in *Estudos*, 385.

devessem ser alienadas. A anulação traduz-se numa extinção das ações. A questão está em saber se essa extinção provoca, ou não, uma concomitante redução do capital social. Em sentido contrário à redução pronuncia-se Pinto Furtado[8]. Favoravelmente à necessidade de redução, em moldes que acompanhamos, se manifesta, em contrapartida, Raúl Ventura[9].

6 5. **Responsabilidade dos administradores.** Os administradores são civilmente responsáveis, nos termos do 323.°/4, pelos danos resultantes da anulação ou falta dela. Além disso, o 510.°/1 e 2 estabelece ainda uma multa até 120 dias.

Artigo 324.° (Regime das ações próprias)

1. Enquanto as ações pertencerem à sociedade, devem:

***a*) Considerar-se suspensos todos os direitos inerentes às ações, exceto o de o seu titular receber novas ações no caso de aumento de capital por incorporação de reservas;**

***b*) Tornar-se indisponível uma reserva de montante igual àquele por que elas estejam contabilizadas.**

2. No relatório anual do conselho de administração ou do conselho de administração executivo devem ser claramente indicados:

***a*) O número de ações próprias adquiridas durante o exercício, os motivos das aquisições efetuadas e os desembolsos da sociedade;**

***b*) O número de ações próprias alienadas durante o exercício, os motivos das alienações efetuadas e os embolsos da sociedade;**

***c*) O número de ações próprias da sociedade por ela detidas no fim do exercício.**

Bibliografia: Jorge Coutinho de Abreu 2 (2019), 367 ss.; Pedro de Albuquerque, *O exercício do direito de voto inerente a acções detidas por fundos de pensões representativas do capital social de entidade a ele associada e detentora de parte do capital da sociedade gestora* (no prelo – artigo destinado aos *Estudos em Homenagem ao Professor Oliveira Ascensão*); Margarida Costa Andrade, em *Código em comentário* V (2018), 514 ss.; António Caeiro, *As acções no projecto de Código das Sociedades Comerciais*, RN, 2 (1986), 225; *id.*, *Aumento de capital e acções próprias*, em *Temas de direito das sociedades* (1984) 292 ss.; António Menezes Cordeiro 2 (2007), 678 ss.; Luís Brito Correia (1989), 346 e 347; Paulo Olavo Cunha (2012), 434 e 435; Pinto Furtado (2007), 271; João Labareda, *Das acções das sociedades anónimas* (1988), 93 ss.; Ministério da Justiça, *Código das Sociedades Comerciais (Projecto)*, BMJ 327 (1983), 220 e 221 ss.; Abílio Neto (2007), 761 ss.; Maria Victória Rodrigues Ferreira da Rocha, *Aquisição de acções próprias no CSC* (1994), *passim* e 245 ss.; João Gomes da Silva, *Acções próprias no CSC*, ROA 60 (2000), III, 1226 ss.; Armando Triunfante (2007), 218 ss.; Raúl Ventura, *Auto-participação da sociedade: acções próprias*, ROA 38 (1978), III, 430 ss., 473 ss.; *id.*, *Adaptação do Direito português à segunda Directiva do Conselho da Comunidade Europeia sobre o Direito das Sociedades*, DDC 3 (1980), 65 e 66, 141 e 142; *id.*, *Acções próprias*, em *Estudos vários sobre sociedades anónimas* (1992), 361 ss..

Índice

I – Antecedentes
1. Preparatórios 1
2. A reforma de 2006 2

II – Regime vigente
3. Suspensão dos direitos inerentes 3
4. Indisponibilidade de reserva 4
5. A publicitação das ações próprias 5

[8] Pinto Furtado (2007), 270.

[9] Raúl Ventura, *Acções*, in *Estudos*, 386 ss..

I – **Antecedentes**

1. **Preparatórios**. A 2.ª Diretriz veio reportar-se ao regime em que ficam as ações próprias detidas pela sociedade no respetivo 22.º[1]. Na sequência, a proposta de adaptação de Raúl Ventura regularia a questão no artigo AB[2]. No Projeto[3], o chamado regime das ações próprias seria contemplado no 312.º em termos que, depois, influenciariam o 324.º do CSC. 1

2. **A reforma de 2006**. O DL 76-A/2006, de 29-mar., veio alterar o 324.º/2: substituiu "direção" por "conselho de administração executivo", em obediência à nova terminologia que veio adotar. 2

II – **Regime vigente**

3. **Suspensão dos direitos inerentes**. As ações próprias, pertencentes à sociedade ficam como numa situação de quiescência, sendo manifestação disso mesmo o 324.º/1/*a*), ao considerar suspensos todos[4] os direitos inerentes às ações[5], exceto o de o titular receber novas ações no caso de aumento de capital por incorporação de reservas[6]. Afetados por este regime são particularmente o direito de voto e o direito aos lucros[7]. 3

4. **Indisponibilidade de reserva** de montante igual àquele por que as ações próprias estejam contabilizadas. Além do regime de suspensão dos direitos inerentes às ações próprias, determina o 324.º/1, *b*) a necessidade de se tornar indisponível uma reserva de montante igual àquele por que elas sejam contabilizadas[8]. Com isto, procura-se impedir que a aquisição de ações próprias signifique uma descapitalização para a sociedade adquirente que[9] e, mesmo assim, quando a lei não determinar a nulidade da aquisição (323.º/2)[10]. Essa nulidade ocorre, como vimos, nas hipóteses de aquisição de ações não liberadas (318.º). Conforme referimos antes, ao contrário de João Labareda[11] e com Raúl Ventura[12], não nos parece que as ações adquiridas com violação do 317.º/4 provoquem a nulidade da aquisição. 4

5. **A publicitação das ações próprias**. O 324.º/2 impõe uma publicitação das ações próprias, no relatório anual do conselho de administração ou do conselho de administração executivo. Esse relatório deve conter as menções constantes das respetivas alíneas *a*) a *c*). 5

[1] Raúl Ventura, *Acções*, in *Estudos*, 382.

[2] Raúl Ventura, *Adaptação*, 143.

[3] BMJ 327 (1983), 224.

[4] Sendo que a 2.ª Diretriz em matéria de Direito das Sociedades mandava suspender o direito de voto. Mas note-se que o regime da quiescência dos direitos inerentes às ações próprias já provinha da prática das companhias pombalinas.

[5] Por isso mesmo não ficam abrangidos os direitos já autonomizados mas que tenham sido transmitidos com as ações. Em contrapartida, paralelamente aos direitos inerentes, devem também considerar-se suspensas as obrigações inerentes. Mas sobre isto v. Raúl Ventura, *Acções*, in *Estudos*, 392 e 393, em particular quanto às especificidades apresentadas pela obrigação de liberar as ações não liberadas.

[6] A suspensão significa naturalmente que estes direitos não só não podem ser diretamente exercidos contra a sociedade como também não podem ser transmitidos a terceiros. Cf. Raúl Ventura, *Acções*, in *Estudos*, 392.

[7] Menezes Cordeiro 2 (2007), 680.

[8] Mas v. as dúvidas, sobre se, na sequência das alterações do POC, essa exigibilidade se mantém, expressas por Raúl Ventura, *Acções*, in *Estudos*, e Coutinho de Abreu 2 (2009), 393 e 394, com indicações.

[9] Quanto à forma de cálculo do prazo das ações adquiridas ilicitamente, em termos que se subscrevem, v. Raúl Ventura, *Acções*, in *Estudos*, 385.

[10] Quanto à forma de cálculo do prazo das ações adquiridas licitamente, em termos que novamente se subscrevem, v. Raúl Ventura, *Acções*, in *Estudos*, 383.

[11] João Labareda, *Das Acções*, 94.

[12] Raúl Ventura, *Acções*, in *Estudos*, 385.

Artigo 325.º (Penhor e caução de ações próprias)

1. As ações próprias que uma sociedade receba em penhor ou caução são contadas para o limite estabelecido no artigo 317.º, n.º 2, excetuadas aquelas que se destinarem a caucionar responsabilidades pelo exercício de cargos sociais.

2. Os administradores que aceitarem para a sociedade ações próprias desta em penhor ou caução, quer esteja quer não esteja excedido o limite estabelecido no n.º 2 do artigo 317.º, são responsáveis, conforme o disposto no n.º 4 do artigo 323.º, se as ações vierem a ser adquiridas pela sociedade.

Bibliografia: Margarida Costa Andrade, em *Código em comentário* V (2018), 521 ss.; Miguel Brito Bastos, *As consequências da aquisição ilícita de acções próprias pelas sociedades anónimas*, RDS 1 (2009), 203; António Menezes Cordeiro 2 (2007), 681; Luís Brito Correia (1989), 346 e 347; Pinto Furtado (2007), 266; Ministério da Justiça, *Código das Sociedades Comerciais (Projecto)*, BMJ 327 (1983), 220 e 221 ss.; Abílio Neto (2007), 763; Maria Victória Rodrigues Ferreira da Rocha, *Aquisição de acções próprias no CSC* (1994), *passim* e 319 ss.; João Gomes da Silva, *Acções próprias no CSC*, ROA 60 (2000), III, 1278 ss.; Armando Triunfante (2007), 316; Raúl Ventura, *Auto-participação da sociedade: acções próprias*, ROA 38 (1978), III, 430 ss., 451 ss.; *id.*, *Adaptação do Direito português à segunda Directiva do Conselho da Comunidade Europeia sobre o Direito das Sociedades*, DDC 3 (1980), 65 e 66, 141 e 142; *id.*, *Acções próprias*, em *Estudos vários sobre sociedades anónimas* (1992), 361 ss..

Índice

I – **Antecedentes**
1. Preparatórios 1
2. A reforma de 2006........ 2

II – **Regime vigente**
3. Ações contadas para efeitos do limite estabelecido no artigo 317.º/2........ 3
4. Responsabilidade dos administradores........ 4

I – Antecedentes

1 1. **Preparatórios**. O 24.º da 2.ª Diretriz equiparava a aceitação em penhor de ações próprias às aquisições mencionadas nos respetivos 19.º, 20.º/1 e 22.º e 23.º[1]. Em estudo anterior, Raúl Ventura[2] manifestara, de *iure condendo*, posições que o levariam, posteriormente, a propor uma redação, diversa da apontada pela norma comunitária, para o preceito português[3], com o consequente aparecimento do 313.º do Projeto[4] e, depois, do 325.º do CSC.

2 2. **A reforma de 2006** alterou o 325.º/2, de modo a referir-se apenas aos administradores.

II – Regime vigente

3 3. **Ações contadas para efeitos do limite estabelecido no artigo 317.º/2**. Ao contrário do verificado com a aquisição lícita de ações pela própria sociedade, em que as hipóteses contempladas no 317.º/3 não contam para o limite de 10%, no caso de penhor e caução de ações próprias, só não são contabilizadas para apurar a verificação ou não daquele limiar aquelas que se destinarem a caucionar responsabilidade de cargos sociais (325.º/1).

4 4. **Responsabilidade dos administradores**. De acordo com o 325.º os administradores que aceitarem para a sociedade ações próprias desta em penhor ou caução, quer esteja ou não excedido o limite previsto no 317.º/2, são responsáveis, nos moldes estipulados no 323.º/4, se as ações vierem a ser adquiridas pela sociedade.

[1] Raúl Ventura, *Acções*, in *Estudos*, 382.
[2] *Auto-participação*, ROA 38 (1978), III, 454.
[3] Raúl Ventura, *Adaptação*, 144, artigo AD.
[4] BMJ 327 (1983), 224 e 225.

Artigo 325.°-A (Subscrição, aquisição e detenção de ações)

1. As ações de uma sociedade anónima subscritas, adquiridas ou detidas por uma sociedade daquela dependente, direta ou indiretamente nos termos do artigo 486.° ou que com aquela esteja em relação de grupo nos termos do artigo 488.° e seguintes, consideram-se, para todos os efeitos, ações próprias da sociedade dominante.

2. Não estão compreendidas no número anterior a subscrição, a aquisição e a detenção de ações da sociedade anónima pela sociedade dela dependente, direta ou indiretamente, mas por conta de um terceiro que não seja a sociedade anónima referida no número anterior, nem outra em que a sociedade anónima exerça influência dominante.

3. A equiparação prevista no n.° 1 aplica-se ainda que a sociedade dependente tenha a sede efetiva ou a sede estatutária no estrangeiro, desde que a sociedade dominante esteja sujeita à lei portuguesa.

Bibliografia: Jorge Coutinho de Abreu 2 (2019), 367 ss.; Pedro de Albuquerque, *Assistência financeira nas sociedades comerciais* (2019), 41 e 42, 76, 145 ss.; Margarida Azevedo de Almeida, *O princípio da equiparação das acções subscritas, adquiridas ou detidas pela sociedade dominada no capital social da sociedade dominante a acções próprias da sociedade dominante*, in *Ciências jurídicas: civilísticas; comparatísticas; comunitárias; criminais; económicas; empresariais; filosóficas; históricas; políticas e processuais*, organização de Gonçalo Melo Bandeira, Rogério Varela Gonçalves, Frederico Viana Rodrigues (2005), 445 a 468; Pereira de Almeida 2 (2013), 56; Margarida Costa Andrade, em *Código em comentário* V (2018), 524 ss.; Miguel Brito Bastos, *As consequências da aquisição ilícita de acções próprias pelas sociedades anónimas*, RDS 1 (2009), 203; António Menezes Cordeiro 2 (2007), 681; Pinto Furtado (2007), 266; Abílio Neto (2007), 764 ss.; Maria Victória Rodrigues Ferreira da Rocha, *Aquisição de acções próprias no CSC* (1994), *passim* e 329 ss.; João Gomes da Silva, *Acções próprias no CSC*, ROA 60 (2000), III, 1283 ss.; Luís Brito Correia (1989), 346 e 347; Raúl Ventura, *Auto-participação da sociedade: acções próprias*, ROA 38 (1978) III, 430 ss., 456 ss.; *id.*, *Adaptação do Direito português à segunda Directiva do Conselho da Comunidade Europeia sobre o Direito das Sociedades*, DDC 3 (1980), 65 e 66, 141 e 142; *id.*, *Acções próprias*, em *Estudos vários sobre sociedades anónimas* (1992), 361 ss..

Índice

I – **Antecedentes**
1. Direito europeu 1
2. A reforma de 1995 3
3. A reforma de 2010 4

II – **Regime vigente**
4. A relação de domínio 5
5. O regime do 487.° 6
6. Sociedades abrangidas 7
7. Detenção de ações por conta de terceiro 8

I – Antecedentes

1. Direito europeu. Na sua redação inicial, a 2.ª Diretriz comunitária[1] em matéria de Direito de Sociedades, de 1977, não contemplava nenhum preceito que devesse dar origem a algum tipo de normas como as dos 325.°-A e 325.°-B. 1

Mais tarde, foi introduzido, nessa Diretriz, pela Diretriz 92/101/CEE, de 23-nov.-1992, um artigo 24.°-A, cujo sentido é o de aproximar determinadas formas de heteroparticipação a situações de autoparticipação[2]. 2

[1] JOCE N. L 347, 64-66, de 28-nov.-1992; *vide* António Menezes Cordeiro, *Direito europeu das sociedades* (2005), 203-205.

[2] Cfr., por todos, Coutinho de Abreu 2 (2009), 394.

3 2. **A reforma de 1995**. Visando a transposição do 24.°-A, aditado à 2.ª Diretriz, o Direito português viu, em 1995[3], ser acrescentado ao CSC o 325.°-A e o 325.°-B: tal o papel do DL 328/95, de 9-dez..

4 3. **A reforma de 2010**. O DL 49/2010, de 19-mai., que visou, no essencial e quanto ao CSC, introduzir as ações sem valor nominal, aproveitou para retocar alguns pontos quanto às ações próprias. Assim, no n.º 1, introduziu (...) ou que com aquela esteja em relação de grupo, nos termos do artigo 488.º e seguintes (...).

II – Regime vigente

5 4. **A relação de domínio**[4]. Estando duas sociedades em relação de domínio, a aquisição e detenção de ações da dominante pela dependente apresenta perigos semelhantes aos verificados na autoparticipação[5]. Compreende-se, destarte, que aquela forma de heteroparticipação seja aproximada da autoparticipação. Daí a introdução do 325.°-A e do 325.°-B.

6 5. **O regime do 487.°**. Antes da entrada em vigor dos dois preceitos agora em análise, a situação era já regulada pelo 487.°, entretanto derrogado, quanto às ações, pelos 325.°-A e 325.°-B. A regulamentação do 487.° era mais exigente do que a norma comunitária, na medida em que cominava com a nulidade grande parte das aquisições de ações da sociedade dominante, pela sociedade dependente[6]. Entretanto, o 487.° era menos exigente quanto às ações adquiridas em bolsa – por não exigir, nomeadamente a alienação contemplada no 323.°. Finalmente, o 325.°-A/3 concorda com o 24.°-A/1, *b*) da Diretriz, quando era outro o regime do artigo 481.°/2, *a*) para o qual remete o 487.°[7], ao sujeitar, como pequenas ressalvas, ao regime das sociedades coligadas apenas aquelas com sede em Portugal.

7 6. **Sociedades abrangidas**. A sociedade dominante revestirá a forma de SA, ou, *ex vi* o 478.°, a de SCA[8]. A sociedade dominada tanto pode ser uma SA, como uma SCA como, ainda, uma SPQ (481.°/1)[9].

8 7. **Detenção de ações por conta de terceiro**, quando se trate de ações da sociedade dominante, detidas pela dependente: de acordo com o 325.°-A/2 não estão compreendidos no 325.°-A/1 os atos de subscrição e aquisição bem como a detenção de ações de sociedade anónima pela sociedade dependente, direta ou indiretamente, mas por conta de terceiro que não seja a sociedade dominante nem outra em que ele exerça influência predominante (325.°-A/3).

Artigo 325.°-B (Regime de subscrição, aquisição e detenção de ações)

1. À subscrição, aquisição e detenção de ações nos termos do n.° 1 do artigo anterior aplica-se o regime estabelecido nos artigos 316.° a 319.° e 321.° a 325.°, com as devidas adaptações.

2. A aquisição de ações da sociedade anónima pela sociedade dependente está sujeita apenas a deliberação da assembleia geral daquela sociedade, mas não a deliberação da assembleia geral desta última.

[3] Acerca das alterações introduzidas pelo DL 328/95, cf. António Caeiro, *As modificações ao Código das Sociedades Comerciais*, in *Ab uno ad omnes, 75 anos da Coimbra Editora* (1998), 369 ss., *maxime*, 395 ss..

[4] Para a referência ao domínio *vide* o 486.°.

[5] António Caeiro, *As modificações*, 395.

[6] Coutinho de Abreu 2 (2009), 395 e 396.

[7] Coutinho de Abreu 2 (2009), 396.

[8] Margarida Azevedo de Almeida, *O princípio*, 452 e 453.

[9] Quanto à questão de saber se apenas releva o domínio previamente existente ou também o posterior v. Margarida Azevedo de Almeida, *O princípio*, 452 e 453.

3. Enquanto as ações pertencerem à sociedade dependente, consideram-se suspensos os direitos de voto e os direitos de conteúdo patrimonial incompatíveis com o n.° 1 do artigo 316.°.

Bibliografia: a indicada quanto ao 325.°-A.

Índice

1. Princípio básico 1
2. Competência para deliberar a aquisição 2
3. Suspensão dos direitos inerentes 3

1. **Princípio básico**. Nos termos do 325.°-A/1, é aplicável às ações de uma sociedade dominante, subscritas, adquiridas ou detidas por uma sociedade por ela dominanda, com as necessárias adaptações, o regime estabelecido nos 316.° a 319.°, 321.°, 323.° e 324.°. Este regime aplica-se, conforme mencionado já, ainda que a sociedade dependente tenha a sede efetiva no estrangeiro, desde que a sociedade dominante esteja sujeita ao Direito português. A circunstância de o 325.°-B/1 não mencionar o 320.° explica-se devido ao facto de a alienação dever ser deliberada pelos próprios órgãos da sociedade dependente (325.°-B/2). 1

2. **Competência para deliberar a aquisição**. A competência para deliberar a aquisição pertence à assembleia geral da sociedade dominante e não da sociedade dependente (325.°-B/2). 2

3. **Suspensão dos direitos inerentes**. De acordo com o 325.°-B/3 enquanto as ações pertencerem à sociedade dependente, consideram-se suspensos os direitos de voto e os de conteúdo patrimonial incompatíveis com o 316.°/1. A remissão para este último preceito resulta certamente de um lapso uma vez que ele nada tem a ver com a suspensão dos direitos inerentes às ações próprias. Quando muito ela poderia ser, com adaptações, para o 324.°. 3

Secção IV – Transmissão de ações

Introdução

Bibliografia: *vide* a indicada no 328.°.

Índice

I – **Dogmática geral**
1. As participações sociais 1
2. A evolução 3
3. A transmissibilidade 4
4. Garantia constitucional 7

II – **Evolução histórica**
5. O Código Comercial 8
6. O DL 211/75, de 19-abr. 10
7. O DL 150/77, de 13-abr. 13
8. Segue; a transmissão entre vivos 17
9. Segue; a transmissão por morte 20
10. O DL 408/82, de 29-set. 21

III – **O Código das Sociedades Comerciais**
11. O sistema de 1986 24
12. As ações escriturais (1988) 27

IV – **O Código dos Valores Mobiliários**
13. Sistema geral 30
14. Transmissão 31
15. As revogações 32
16. Os preceitos revogados do CSC 33

I – Dogmática geral

1 1. **As participações sociais.** À partida, são sócios as pessoas que hajam celebrado um contrato de sociedade. Com isso dão azo a uma organização, na qual ingressam com a posição que tenha sido acordada. A dinâmica societária leva, todavia, a que as sociedades, na sua vida e nas suas vicissitudes, se venham a soltar dos vínculos contratuais de origem.

2 A qualidade de sócio passará, então, a ser expressa pela titularidade da inerente posição. Essa titularidade pode ser: (a) original, quando o próprio sócio considerado tenha participado no contrato constitutivo (sócio fundador); (b) adquirida, sempre que o interessado, por alguma das vias admitidas em Direito, tenha vindo a subingressar na posição em causa.

3 2. **A evolução.** A situação dos sócios tem, assim, evoluído no sentido da abstração: (a) começou por ser uma qualidade pessoal do visado; (b) passou a uma titularidade de certa posição; (c) desembocou na própria posição ou participação social. Na atual tipologia das sociedades, podemos dizer que, nas SNC, a participação é uma qualidade pessoal do sócio; nas SPQ, a titularidade de uma posição; nas SA, a própria posição.

4 3. **A transmissibilidade** das participações sociais fica ligada à sua natureza. Quando se trate de participações de tipo pessoal, que envolvam deveres ou que valham *intuitu personae*, a transmissão é complexa, exigindo a concordância de todos os envolvidos: tal o caso das SNC (182.°, *inter vivos* e 184.°, *mortis causa*).

5 Perante participações de tipo intermédio, que embora já objetivadas ainda comportem – ou possam comportar – dimensões pessoais, a transmissibilidade pode ser limitada pelos estatutos (225.°: *mortis causa*) ou pode implicar a autorização da sociedade (228.°: *inter vivos*): é o que sucede nas SPQ.

6 Nas SA, em que as participações, uma vez realizadas, só envolvem direitos e nas quais domina a impessoalidade, a transmissão das ações é, em princípio, livre.

7 4. **Garantia constitucional.** As ações das SA são abrangidas pela ideia de propriedade, em sentido amplo, contida no 62.°/1, da Constituição. Como tal, o "direito à sua transmissão em vida ou por morte" está assegurada por esse mesmo preceito.

II – Evolução histórica

8 5. **O Código Comercial.** A transmissibilidade livre das ações é uma evidência, desde o início. O CCom (1888) pressupõe-na, limitando-se a regular, de modo genérico, no 483.°, as formas de transmissão dos títulos mercantis. Distinguia as formas seguintes de transmissão: (a) títulos à ordem: por endosso; (b) títulos ao portador: pela entrega real; (c) títulos públicos negociáveis: na forma determinada na lei; (d) títulos não endossáveis nem ao portador: nos termos prescritos no CC para a cessão de créditos. A aplicação destas categorias às ações era pacífica[1].

9 O 166.° do CCom previa ações nominativas e ao portador; seriam necessariamente nominativas as não-liberadas; fora isso, todas poderiam, a pedido do interessado, ser ao portador, salvo quando outra solução resultasse dos estatutos (166.°, § 2.°).

10 6. **O DL 211/75, de 19-abr..** No decurso da Revolução de 1974-1975, a livre transmissibilidade das ações, particularmente quando ao portador, veio a ser combatida. Com efeito ela[2]: (a) conduziria a injustiças fiscais; (b) dificultaria a luta antimonopolística; (c) complicaria o *controle* do capital estrangeiro; (d) facilitaria a especulação.

[1] Luiz da Cunha Gonçalves 1 (1914), 396.

[2] Preâmbulo do DL 211/75, de 19-abr., DG n.° 92, de 19-abr.-1975, 599/I.

À luz deste modo de ver, surge o DL 211/75, de 19-abr., em cujo preâmbulo se explica[3]: 11
(a) que o acionista investidor não é prejudicado significativamente pelo formalismo das transmissões das ações; as ações nominativas teriam, de resto, a vantagem de maior segurança, no caso de perda ou furto; (b) que o acionista empresário teria a possibilidade de descobrir as situações de domínio e as relações entre as empresas; (c) que o acionista especulador não mereceria especial tutela. O Direito comparado é, também, referido.

Isto posto, o DL 211/75, de 19-abr., veio obrigar ao registo das ações ao portador (1.°/1) 12
no competente livro de registo da sociedade (12.°). A sua transmissão far-se-ia através da emissão de um certificado de ações a favor do adquirente (4.°). O sistema era dobrado por significativas sanções penais (20.°). Os modelos de certificados e de livros de registo seriam aprovados por portaria dos ministros da justiça e das finanças (22.°/1): portaria que nunca foi publicada.

7. **O DL 150/77, de 13-abr.**. O sistema do DL 211/75 nunca chegou a ser aplicado[4]. Foi 13
substituído pelo DL 150/77, de 13-abr. que, *grosso modo*, adotou um esquema duplo, à escolha do interessado: ou o registo das ações na sede da sociedade emitente ou o seu depósito numa instituição de crédito (1.°/4). O depósito seria, contudo, obrigatório para as ações de sociedades com sede fora de Portugal e para as pertencentes a fundos de investimento (2.° e 3.°).

A titularidade, os direitos ou os ónus sobre ações só produzem efeitos se elas estiverem 14
registadas ou depositadas (4.°/1).

O registo faz-se mediante declaração escrita do possuidor das ações (7.°/1) em livros de 15
modelo aprovado (9.°/1), visados pelas Finanças (9.°/2) e existentes junto da entidade emitente.

O depósito em instituição de crédito faz-se em contas de depósito que identifiquem 16
pessoal e fiscalmente os titulares (16.°/1 e 2), sendo comunicados ao Banco de Portugal (17.°).

8. **Segue; a transmissão entre vivos**. Para efeitos de transmissão entre vivos, o DL 150/77 dis- 17
tinguia entre a transmissão em bolsa (22.° a 25.°) e a transmissão fora da bolsa (26.° e 27.°). Na transmissão em bolsa, o titular de ações registadas deve proceder à sua entrega no corretor ou na instituição de crédito a quem tiver sido dada a ordem de venda, em conjunto com o duplicado da declaração de registo e com o duplicado do pedido de cancelamento (22.°/1).

As ações depositadas deveriam ser antecipadamente levantadas, o que implicaria que, 18
previamente, se fizesse o seu registo (19.°/1 e 3).

Fora de bolsa, a transmissão de ações registadas exigiria uma declaração com assinatura 19
reconhecida pelo notário (26.°/1). Tratando-se de ações depositadas, essa transmissão exigiria instruções à instituição depositária, que tomaria medidas para a conta do adquirente (27.°).

9. **Segue; a transmissão por morte**. Caberia ao cabeça-de-casal, no prazo de 60 dias a contar 20
do óbito, proceder ao depósito das ações registadas em conta aberta em nome de herdeiros ou legatários, certos ou incertos e solicitar a sua transferência para contas abertas nesses termos, perante ações depositadas (28.°/1). Seguir-se-ia, depois, o competente regime sucessório.

10. **O DL 408/82, de 29-set.**. Este diploma visou incentivar a aplicação das poupanças e 21
dinamizar o mercado[5]. Partindo do sistema do DL 150/77, fixou as regras seguintes: as ações nominativas ficam sujeitas ao regime do registo ou do depósito (1.°/1); as ações ao portador podem, facultativamente, ser registadas ou depositadas (1.°/2).

O registo (7.° a 14.°) e o depósito (15.° a 21.°) eram longamente tratados, ficando, um ou 22
outro, à escolha do interessado (1.°/5). A transmissão fazia-se em bolsa (22.° a 25.°) ou fora dela

[3] *Idem*, loc.cit..

[4] Preâmbulo do DL 150/77, de 13-abr., DR I Série, n.° 86, de 13-abr.-1977, 809/II.

[5] Preâmbulo do DL 408/82, de 29-set., DR I Série, n.° 226, de 29-set.-1982, 3120/I.

(26.° e 27.°) em termos similares aos do DL 150/77. Também a transmissão por morte seguia um esquema paralelo ao de 1977 (28.° e 29.°).

23 Implicitamente, eram ressuscitadas as ações ao portador as quais, à míngua de novas regras, caíam no 483.° do velho CCom.

III – **O Código das Sociedades Comerciais**

24 11. **O sistema de 1986**. O CSC, na sua versão inicial[6], veio explicitar os modos de transmissão das ações nominativas e das ações ao portador. As nominativas transmitem-se, entre vivos, por declaração do transmitente no título e pelo pertence lavrado no mesmo, com averbamento no livro de ações da sociedade (326.°/1), com reconhecimento notarial da assinatura do transmitente na declaração de transmissão (326.°/2). As ao portador transmitem-se pela entrega (327.°/1).

25 O CSC acolhia, depois, os regimes do registo e do depósito (330.° a 340.°). As ações nominativas ou ao portador podem ser sujeitas, por diplomas especiais[7], ao regime de registo ou de depósito (331.°/1), enquanto as ações ao portador poderiam sê-lo por iniciativa dos seus titulares (331.°/1 e 2). Estes poderiam, a todo o tempo, fazer passar as suas ações do regime de registo ao do depósito (332.°) e inversamente (333.°).

26 A transmissão de ações registadas exigia novo registo em nome do adquirente (334.°/1); a de ações ao portador, sujeitas obrigatória ou facultativamente a registo ou a depósito, devem constar de declaração com certas características (337.°). A transmissão por morte tinha, também, um regime explícito (339.°).

27 12. **As ações escriturais (1988)** foram criadas pelo DL 229-D/88, de 4-jul.: são ações sem incorporação em títulos com o regime das nominativas ou ao portador, conforme o contrato de sociedade (1.°).

28 A transmissão de ações escriturais fazia-se pela inscrição da alienação na conta do alienante e da aquisição, na do adquirente (5.°/1). De resto, eram aplicáveis as mesmas limitações que poderiam operar para as ações nominativas (6.°).

29 As ações escriturais caíram, depois, no CódMVM, aprovado pelo DL 142-A/91, de 10-abr.. Este diploma veio revogar o DL 229-D/88, de 4-jul., passando a regular a transmissão dos valores escriturais: 67.°, 68.° e 69.°[8]. Chegou-se, assim, a um esquema complexo, com regras dispersas por leis especiais, pelo CSC e pelo CódMVM[9].

IV – **O Código dos Valores Mobiliários**

30 13. **Sistema geral**. O CVM intentou clarificar tudo isto, embora chamando a si matéria que, pela lógica e pela tradição, pertence ao Direito das sociedades. Tratou, em geral, de valores escriturais e titulados: os primeiros são representados por registos em conta; os segundos por documentos de papel (46.°/1). Os valores mobiliários podem, ainda, ser nominativos ou ao portador, conforme o emitente tenha, ou não, a faculdade de conhecer a todo o tempo a identidade dos titulares (52.°/1, ambos do CVM).

[6] DR I Série, n.° 201, de 2-set.-1986, 2352/II a 2355/I.

[7] O 5.° do DL 262/86, de 2-set. (diploma preambular) vinha considerar "diploma especial", para efeitos do 331.°/1, o DL 408/82, de 29-set.; tenham-se em vista diversos preceitos que determinavam imperativamente o regime do registo ou do depósito. Fora isso, o DL 408/82 foi, genericamente, revogado pelo CSC.

[8] DR I Série, n.° 83 (Supl.), de 10-abr.-1991, 1918-(26)-1918-(27).

[9] *Vide* STJ 6-out.-1998 (Silva Paixão), BMJ 480 (1998), 490-496.

14. **Transmissão**[10]: (a) as ações escriturais transmitem-se pelo registo na conta do adquirente (80.º/1); (b) as ações tituladas ao portador, pela entrega do título ao adquirente ou ao depositário por ele indicado (101.º/1); (c) as ações tituladas nominativas por declaração de transmissão, escrita no título, a favor do transmissário, seguida de registo junto do emitente ou do intermediário financeiro que o represente (102.º/1, todos do CVM)[11]. 31

15. **As revogações**. Ocupando-se da matéria indicada, o DL 486/99, de 15-out., que aprovou o CVM, revogou (15.º/1), designadamente: (a) o CódMVM; (b) o DL 408/82, de 29-set.; (c) o 5.º do DL 262/86, de 2-Set.; (d) os 326.º e 327.º e 330.º a 340.º do CSC. 32

16. **Os preceitos revogados do CSC** têm interesse como auxiliares de interpretação. Por isso, adiante e nos locais próprios, não deixaremos de os transcrever, com as referências de não estarem em vigor. 33

Subsecção I – Formas de transmissão

Artigo 326.º (Transmissão de acções nominativas)

(Revogado)

Índice

1. Redação inicial .... 1 2. Revogação de 1999 2

1. **Redação original**. Na versão resultante do DL 262/86, de 2-set., o 326.º dispunha: 1

1. As acções nominativas transmitem-se entre vivos por declaração do transmitente escrita no título e pelo pertence lavrado no mesmo e averbamento no livro de acções da sociedade por esta efectuados.

2. A assinatura do transmitente na declaração de transmissão deve ser reconhecida por notário.

3. O reconhecimento da assinatura do transmitente no título pode ser substituído por reconhecimento notarial da assinatura em declaração de modelo oficialmente aprovado pelos Ministros das Finanças e da Justiça donde conste a identificação precisa das acções transmitidas.

4. É proibido o reconhecimento de assinaturas previsto nos n.os 2 e 3 enquanto a declaração de transmissão não estiver totalmente preenchida.

5. A transmissão das acções considera-se efectuada na data do averbamento referido no n.º 1, mas, se este tiver sido indevidamente retardado pela sociedade, a transmissão considera-se efectuada no quinto dia seguinte à apresentação do título à sociedade.

6. No caso previsto no n.º 3, o original da declaração ficará arquivado na sociedade.

7. Quando as acções nominativas sejam transmitidas por qualquer acto judicial, a declaração de transmissão será escrita pelo chefe da competente secção do tribunal, que aporá o respectivo selo branco.

2. **Revogação de 1999**. O 326.º foi revogado pelo 15.º/1, *d*), do DL 486/99, de 13-nov., que aprovou o CVM. A transmissão de ações escriturais rege-se pelo 80.º e a de ações tituladas nominativas pelo 102.º, ambos do CVM. 2

[10] Para mais elementos, *vide* as anotações 2 a 7 ao 328.º.

[11] Há que atentar nas formalidades que acompanham este núcleo, em si simples: cf. RCb 5-jul.-2000 (Pires da Rosa), Proc. 2558/2000 (ações nominativas) e RLx 7-dez.-1999 (Santos Martins), CJ XXIV (1999) 5, 121-124 (123/II, ações registadas).

Artigo 327.º (Transmissão de acções ao portador)

(Revogado)

Índice

1. Redação inicial .... 1 2. Revogação de 1999 2

1 1. **Redação original**. Na versão resultante do DL 262/86, de 2-set., o 327.º dispunha:

1. A transmissão entre vivos de acções ao portador efectua-se pela entrega dos títulos, dependendo da posse dos mesmos o exercício de direitos de sócio.

2. Para as acções sujeitas ao regime de depósito ou de registo, a prova da posse efectua-se nos termos do artigo 338.º.

2 2. **Revogação de 1999**. O 327.º foi revogado pelo 15.º/1, *d*), do DL 486/99, de 13-nov., que aprovou o CVM. A transmissão de ações escriturais rege-se pelo 80.º e a de ações tituladas nominativas pelo 102.º, ambos do CVM.

Artigo 328.º (Limitações à transmissão de ações)

1. O contrato de sociedade não pode excluir a transmissibilidade das ações nem limitá-la além do que a lei permitir.

2. O contrato de sociedade pode:

a) Subordinar a transmissão das ações nominativas ao consentimento da sociedade;

b) Estabelecer um direito de preferência dos outros acionistas e as condições do respetivo exercício, no caso de alienação de ações nominativas;

c) Subordinar a transmissão de ações nominativas e a constituição de penhor ou usufruto sobre elas à existência de determinados requisitos, subjetivos ou objetivos, que estejam de acordo com o interesse social.

3. As limitações previstas no número anterior só podem ser introduzidas por alteração do contrato de sociedade com o consentimento de todos os acionistas cujas ações sejam por elas afetadas, mas podem ser atenuadas ou extintas mediante alteração do contrato, nos termos gerais; as limitações podem respeitar apenas a ações correspondentes a certo aumento de capital, contanto que sejam deliberadas simultaneamente com este.

4. As cláusulas previstas neste artigo devem ser transcritas nos títulos ou nas contas de registo das ações, sob pena de serem inoponíveis a adquirentes de boa fé.

5. As cláusulas previstas nas alíneas *a*) e *c*) do n.º 2 não podem ser invocadas em processo executivo ou de liquidação de patrimónios.

Bibliografia: Jorge Coutinho de Abreu 2 (2007), 372-386; Carlos Ferreira de Almeida, *Desmaterialização dos títulos de crédito: valores mobiliários escriturais*, RB 26 (1993), 31-38; *id.*, *Registo de valores mobiliários*, em DVM VI (2006), 51-138; *id.*, *Valores mobiliários: o papel e o computador*, em *Nos 20 Anos do CSC* I (2008), 621-629; Cláudia Pereira de Almeida, *Relevância da causa na circulação das acções das sociedades anónimas fora de* *mercado regulamentado* (2007); José de Oliveira Ascensão, *A celebração de negócios em bolsa*, em DVM I (1999), 177-199; Paulo Câmara, *Parassocialidade e transmissão de valores mobiliários* (1996); Id., *Manual de Direito dos Valores Mobiliários*, (2009); António Menezes Cordeiro, *Da transmissão em bolsa de acções depositadas*, O Direito 121 (1989), 75 ss.; *id.*, *Direito europeu das sociedades* (2005); Mário Júlio Almeida Costa, *Cláusulas de inalienabilidade*, Sep. RLJ 3812 a 3815 (1992); Paulo Olavo Cunha, *Direito das Sociedades Comerciais* 7, (2019); Vera Eiró, *A transmissão de valores mobiliários – As acções em especial*, Thémis VI (2005), n.º 11, 145--185; Amadeu José Ferreira, *Valores mobiliários escriturais – um novo modo de representação e circulação de direitos* (1997); *id.*, *Direito dos Valores Mobiliários. Sumários das lições* (1996); Augusto Teixeira Garcia, *A cláusula de preferência quanto à transmissão de acções: algumas notas*, CSC / 20 anos 1 (2007), 379-497; João Labareda, *Das acções das sociedades anónimas* (1988); Alexandre Soveral Martins, *Cláusulas do contrato de sociedade que limitam a transmissibilidade das acções* (2006); *id.*, em *Código em Comentário* V (2012); Evaristo Ferreira Mendes, *A transmissibilidade das acções*, 2 vols. (1989); *id.*, *Restrições à traswmissibilidade de ações*, (2018) em www.evaristomendes.eu; Adriano Paes Vaz Serra, *Acções nominativas e acções ao portador* (1968); Manuel Sequeira, *Acordos processuais e mecanismos indiretos de controlo, em* Paulo Câmara (coord.), Aconistas e Governação das Sociedades (2019); Paula Costa e Silva, *Compra, venda e troca de valores mobiliários*, em AAVV, *Direito dos Valores Mobiliários* (1997); *id.*, *A transmissão de valores mobiliários fora de mercado secundário*, DVM (1999), 217-252; *id.*, *Efeitos do registo e valores mobiliários. A protecção conferida ao terceiro adquirente*, ROA, 1998, 859-874; *id.*, *Direito dos Valores Mobiliários. Relatório* (2005), 221-226; Maria João Vaz Tomé, *Algumas notas sobre as restrições contratuais à livre transmissão de acções*, DJ IV (1989/90), 211-236, e V (1991), 199-218; Nuno Maria Pinheiro Torres, *Da transmissão de participações sociais não tituladas* (1999); Isabel Vidal, *Da (ir)relevância da forma de representação para efeitos da transmissão de valores mobiliários*, CadMVM 15 (2002), 287-316; Alexandre Brandão da Veiga, *Transmissão de valores mobiliários* (2004); *id.*, *As fases de negociação e de liquidação e compensação de operações de bolsa a contado*, DVM (1999), 201-216; *id.*, *O incumprimento do dever de partidas dobradas nos sistemas de controlo dos valores mobiliários*, CadMVM 15 (2002), 167-172.

Índice

I – A transmissão de ações em geral
1. Antecedentes próximos ... 1
2. O regime atual ... 2

II – Restrições à transmissão de ações
3. Fontes de restrições transmissivas ... 8
4. Limitações à conformação estatutária do regime de transmissibilidade ... 11
5. Cláusulas restritivas admissíveis ... 13
6. Introdução de cláusulas restritivas de transmissibilidade ... 14
7. Obrigatoriedade de transcrição no título ou no registo ... 15
8. Limitações à invocação de cláusulas restritivas da transmissibilidade ... 16

I – A transmissão de ações em geral

1. **Antecedentes próximos.** A disciplina nacional sobre transmissão de ações tem sofrido uma evolução apreciável nos anos recentes. No início dos anos oitenta, o DL 408/82, de 29-set., consagrou um regime de registo e depósito. Entretanto, passaram a admitir-se ações escriturais, desde a sua consagração no DL 229-D/88, de 4-jul., o que contava com regras particulares sobre a respetiva circulação[1]. Na sua versão originária, o CSC também viria a dispor sobre a transmissão de ações, em termos de difícil compatibilização com o DL 408/82, que se manteve em vigor[2]. O CódMVM de 1991, por seu turno, adensaria o problema, ao consagrar um sistema de 1

[1] Carlos Ferreira de Almeida, *Desmaterialização dos títulos de crédito*, 31-38.

[2] João Labareda, *Das acções das sociedades anónimas* 227-303; Evaristo Ferreira Mendes, *A transmissibilidade das acções* 1, 156-197.

registo ou depósito de titularidade centralizada de valores mobiliários, sem contudo substituir os regimes antecedentes referentes à transmissão de ações[3].

2 2. **O regime atual.** Presentemente, o regime sobre transmissão de ações deixou de apresentar especificidades em relação à disciplina transmissiva dos restantes valores mobiliários. Com efeito, o CVM consagrou pela primeira vez um regime geral sobre transmissão de valores mobiliários – também aplicável às ações, que são qualificadas diretamente como valores mobiliários – 1.º, *a*), do CVM[4]. Para o efeito, procedeu à revogação do DL 408/82, de 29-set., e dos preceitos constantes do CSC sobre transmissão de ações, nomeadamente: o 305.º (sobre o livro de registo), os 326.º e 327.º (sobre a transmissão das ações nominativas e das ações ao portador) e os 330.º a 340.º (sobre o regime do registo e depósito das ações)[5]. Importa notar que a Lei n.º 14/2017, de 3 de maio, veio proibir os valores mobiliários ao portador, o que acarretou implicações no regime transmissivo.

3 A técnica atual de transmissão dos valores mobiliários difere em função de duas variáveis elementares: a forma dos valores (escritural ou titulada, consoante se representem através de registo em conta ou em papel: cf. 46.º do CVM) e a sua integração (ou não) em sistema centralizado (88.º-94.º do CVM). O quadro resultante do cruzamento destas variáveis é multifacetado e expõe-se de seguida. Os valores mobiliários escriturais transmitem-se através de registo em conta – a débito na conta do alienante e a crédito na conta do adquirente (80.º/1 do CVM)[6]. Idêntico regime vale para os valores mobiliários titulados que estejam integrados em sistema centralizado (105.º do CVM)[7]. Caso contrário, a transmissão de valores mobiliários titulados far-se-á através de declaração de transmissão, escrita no título e de registo no emitente ou de intermediário financeiro que o represente (102.º do CVM).

4 Quanto ao momento da transmissão, haverá que considerar as seguintes sub-hipóteses: os valores mobiliários escriturais e titulados em sistema centralizado transmitem-se na data do facto transmissivo, se o registo for oficioso (66.º/1 e 69.º/1 do CVM), ou na data da apresentação a registo, se sujeito ao impulso do interessado (66.º/2 e 69.º/2 do CVM); se os valores mobiliários estiverem sujeitos a bloqueio, a transmissão apenas se torna eficaz quando o bloqueio cesse (69.º/4 do CVM); nos outros casos, a eficácia translativa dos valores titulados reporta-se à data para apresentação a registo (101.º/2 e 102.º/5 do CVM). Havendo transmissão em mercado regulamentado ou em sistema de negociação multilateral, os direitos patrimoniais inerentes pertencem ao adquirente desde a data da operação (210.º do CVM).

5 A lei não esclarece diretamente qual o regime transmissivo aplicável antes da perfeição do processo constitutivo ou da emissão do título ou inscrição do registo do valor escritural. No caso das ações não tituladas, em que a existência do direito representado precede a forma de representação, pela natureza da participação social transmitida – que agrega posições jurídicas ativas e passivas –, parece resultar que, antes do registo comercial da sociedade e da titulação dos valores, estes são transmissíveis através de cessão da posição contratual[8].

[3] Paula Costa e Silva, *Compra, venda e troca de valores mobiliários*, em AAVV, *Direito dos Valores Mobiliários* (1997); *id.*, *A transmissão de valores mobiliários fora de mercado secundário*, DVM (1999), 217-252.

[4] Cfr. Paulo Câmara, *Manual de Direito dos Valores Mobiliários*, (2018), 359-380.

[5] 15.º, *b*) e *d*), do DL 486/99, de 13-nov..

[6] Carlos Ferreira de Almeida, *Registo de valores mobiliários*; *id.*, *Valores mobiliários: o papel e o computador*, 621-629.

[7] Nestes casos, a forma de representação torna-se irrelevante, como bem nota Isabel Vidal, *Da (ir)relevância da forma de representação para efeitos da transmissão de valores mobiliários*, 287-316. Sobre o sistema centralizado: Alexandre Brandão da Veiga, *O incumprimento do dever de partidas dobradas nos sistemas de controlo dos valores mobiliários*, CadMVM 15 (2002), 167-172.

[8] Em sentido parcialmente divergente, considerando que antes da sua titulação a transmissão de ações obedece às

Tratamento separado merecem também as transmissões potestativas de ações, ao abrigo dos regimes de aquisição e alienação tendente ao domínio total, que dependem da verificação dos pressupostos enunciados no 490.º ou, estando em causa sociedades abertas, nos 194.º a 197.º do CVM[9]. 6

Acrescente-se, por fim, existirem regras especiais aplicáveis à oferta públicas de valores mobiliários, constantes dos 108.º e ss. do CVM. As especialidades não respeitam à técnica transmissiva ou ao momento de produção de efeitos translativos, que se pautam pelas regras gerais, atrás descritas, mas atendem antes ao processo de oferta, à informação a ser divulgada e à supervisão administrativa correspondente. 7

II – **Restrições à transmissão de ações**

3. **Fontes de restrições transmissivas.** Embora a transmissibilidade seja um atributo essencial das ações enquanto participações sociais de sociedades de capitais, o grau de transmissibilidade pode ser afetado através de diversas fontes. Três fontes podem condicionar o grau de transmissibilidade das ações: a lei, os acordos parassociais e o contrato de sociedade. Apenas deste último cuidam os 328.º e 329.º. 8

As ações gravadas com limitações à sua transmissibilidade, qualquer que seja a sua fonte, mantêm a sua qualificação como valores mobiliários – 1.º, *a*), do CVM. No entanto, por imperativos comunitários[10], as ações com restrições legais ou estatutárias à sua transmissibilidade não podem constituir objeto de negociação organizada em mercado regulamentado, sistema de negociação multilateral ou internalização sistemática – 204.º/1, *a*), do CVM. 9

Devem constar do contrato de sociedade as cláusulas restritivas de transmissibilidade – 272.º, *b*) –, o que sucede por imposição comunitária[11]. 10

4. **Limitações à conformação estatutária do regime de transmissibilidade**. Não vigora uma liberdade irrestrita na conformação estatutária de cláusulas restritivas de transmissibilidade. Depara-se, à cabeça, uma proibição de cláusulas absolutas de inalienabilidade de ações (328.º/1, 1.ª parte). A par desta, a lei consagra uma tipicidade de restrições transmissivas, porquanto é vedada a inclusão estatutária de restrições não previstas na lei (328.º/1, 2.ª parte). Trata-se de uma opção legislativa explicada pela estrutura tipológica inerente à sociedade anónima[12] e pela eficácia perante terceiros destes expedientes[13]. O seu alcance, todavia, é mitigado em função da redação folgada das cláusulas constantes do 328.º/2[14]. 11

O regime jurídico impõe uma limitação das cláusulas restritivas às ações nominativas. À luz do Direito vigente, porém, tal não apresenta um sentido restritivo, atenta a proibição de valores mobiliários ao portador. 12

regras da cessão de créditos: Nuno Maria Pinheiro Torres, *Da transmissão de participações sociais não tituladas* (1999), 65-68 e 79-81. Optando, ao invés, por defender a aplicação do regime da cessão por quotas, por analogia: Jorge Coutinho de Abreu 2 (2007), 372-376; Alexandre Soveral Martins, *Cláusulas do contrato de sociedade que limitam a transmissibilidade das acções* (2006), 211-215 (embora com adaptações).

[9] Para desenvolvimentos, consulte-se a anotação ao 490.º.

[10] 40.º/1 da Diretriz 39/2004/CE, de 21-abr.-2004, sobre os Mercados de Instrumentos Financeiros.

[11] 3.º, *d*), da 2.ª Diretriz de Direito das Sociedades (Diretriz 77/91/CEE, de 13-dez.-1976). Cf. a propósito António Menezes Cordeiro, *Direito europeu das sociedades*, 181-231.

[12] O sistema societário nacional neste ponto não é, porém, coerente, porque a tipicidade vigente para sociedades por quotas é ainda mais apertada, ao admitir apenas cláusulas de consentimento (229.º/5).

[13] Paulo Câmara, *Parassocialidade e transmissão de valores mobiliários*, 334 ss..

[14] Em interpretação da tipicidade de cláusulas estatutárias, Alexandre Soveral Martins sustenta serem admissíveis todas as cláusulas que contenham limitações mais ligeiras ou mais leves que as previstas na lei: *Cláusulas do contrato de sociedade que limitam a transmissibilidade das acções*, 302-304. Cf. também Evaristo Ferreira Mendes, *A transmissibilidade das acções*, 258-266.

13 5. **Cláusulas restritivas admissíveis**. São diretamente tidas como admissíveis as cláusulas de consentimento – 328.º/2, *a*) –, as cláusulas de preferência – 328.º/2, *b*) – e as cláusulas de circunscrição do universo de potenciais adquirentes – 328.º/2, *c*). Apesar de o 329.º apenas desenvolver o regime das primeiras, deve entender-se que este pode ser aplicável, por analogia, às restantes formas de restrição transmissiva[15].

14 6. **Introdução de cláusulas restritivas de transmissibilidade.** A consagração de restrições estatutárias à transmissibilidade, além de implicar uma alteração do contrato de sociedade, reclama o consentimento de todos os acionistas cujas ações sejam por elas afetadas: assim o impõe o 328.º/3. Já a atenuação ou extinção de restrição transmissiva se basta com a alteração estatutária, dispensando o consentimento de cada acionista visado, nos termos do mesmo preceito.

15 7. **Obrigatoriedade de transcrição no título ou no registo**. Obriga ainda o 328.º/4, a que as cláusulas de restrição à transmissibilidade constem do título acionista ou, no caso de ações escriturais, nas contas de registo das ações – cf. também 44.º/1, *b*), *ex vi* 68.º/1, do CVM). Esta exigência cumpre uma função reduzida no tocante a ações escriturais e de ações nominativas tituladas em depósito ou sistema centralizado. Nestes casos, como notado, a transmissão opera através da movimentação dos registos em intermediário financeiro. Sucede que estes registos não são públicos; estão sujeitos a segredo (304.º/4, do CVM).

16 8. **Limitações à invocação de cláusulas restritivas da transmissibilidade.** As cláusulas estatutárias de restrição à transmissibilidade não operam perante transmissões ocorridas em processo executivo ou de liquidação de patrimónios, ao abrigo do 328.º/5. As ações gravadas com limitações à sua transmissibilidade podem por isso ser dadas em penhor e, bem assim, ser objeto de penhora judicial.

Artigo 329.º (Concessão e recusa do consentimento)

1. A concessão ou recusa do consentimento para a transmissão de ações nominativas compete à assembleia geral, se o contrato de sociedade não atribuir essa competência a outro órgão.

2. Quando o contrato não especificar os motivos de recusa do consentimento, é lícito recusá-lo com fundamento em qualquer interesse relevante da sociedade, devendo indicar-se sempre na deliberação o motivo da recusa.

3. O contrato de sociedade, sob pena de nulidade da cláusula que exija o consentimento, deve conter:

a) **A fixação de prazo, não superior a 60 dias, para a sociedade se pronunciar sobre o pedido de consentimento;**

b) **A estipulação de que é livre a transmissão das ações, se a sociedade não se pronunciar dentro do prazo referido no número anterior;**

c) **A obrigação de a sociedade, no caso de recusar licitamente o consentimento, fazer adquirir as ações por outra pessoa nas condições de preço e pagamento do negócio para que foi solicitado o consentimento; tratando-se de transmissão a título gratuito, ou provando a sociedade que naquele**

[15] Em sentido próximo: Evaristo Ferreira Mendes, *A transmissibilidade das acções*, 265-266.

negócio houve simulação de preço, a aquisição far-se-á pelo valor real, determinado nos termos previstos no artigo 105.º, n.º 2.

Bibliografia: Paulo Câmara, *Parassocialidade e transmissão de valores mobiliários*, dissertação de mestrado (1996); Alexandre Soveral Martins, *Cláusulas do contrato de sociedade que limitam a transmissibilidade das acções* (2006); *id.*, em *Código em Comentário* V (2012); Evaristo Ferreira Mendes, *A transmissibilidade das acções*, vol. 2 (1989), 259-260, 292-358; Maria João Vaz Tomé, *Algumas notas sobre as restrições contratuais à livre transmissão de acções*, DJ IV (1989/90), 211-236, e V (1991), 199-218.

Índice

1. Cláusulas de consentimento 1
2. Competência para o consentimento e recusa ... 2
3. Fundamento da recusa 4
4. Processo de consentimento ou recusa 5

1. **Cláusulas de consentimento**. Definem-se as cláusulas estatutárias de consentimento, nos termos do 328.º/2, *a*), como aquelas que subordinam a transmissão das ações nominativas ao consentimento da sociedade. Trata-se de cláusulas de restrição transmissiva com acentuado relevo na prática, e que não resultam numa fórmula proibicionista da transmissão, já que a recusa de prestação de consentimento obriga a sociedade a encontrar adquirente das ações a preço justo (329.º/4)[1]. 1

2. **Competência para o consentimento e recusa**. Qualquer órgão social pode ser, no contrato de sociedade, designado como competente para a prestação do consentimento ou a sua recusa[2]. Supletivamente, é indicada a assembleia geral como órgão competente, no silêncio dos estatutos. 2

Na deliberação social que aprecie o pedido de consentimento, não se vislumbra fundamento bastante para vedar o exercício do direito de voto do transmitente e (se for sócio) do alienante. É taxativa a tipologia de cláusulas excludentes do direito de voto por conflito de interesses, contida no 384.º/6, e nela não se pode subsumir esta situação. Entendimento contrário, aliás, poderia, em situações-limite, conduzir a um sobrepeso desproporcionado da influência de acionistas minoritários no processo autorizativo[3]. 3

3. **Fundamento da recusa**. A lei admite que o fundamento da recusa seja fixado no contrato de sociedade; mas não é forçoso que assim seja (329.º/2). É mister, porém, que o motivo da recusa obedeça a um duplo critério: de um lado, que seja relevante; de outro lado, que seja um motivo da sociedade e ligado a esta. Motivações triviais ou puramente subjetivas, sem reflexo no interesse social, não podem legitimar a recusa. O cumprimento destes critérios deve ser passível de uma avaliação objetiva. 4

[1] Evaristo Ferreira Mendes, *A transmissibilidade das acções*, 2, 259-260.

[2] Tratando-se de cláusula parassocial de consentimento, é usual que esta função autorizativa seja cumprida por colégios informais de sócios: cf. a propósito Paulo Câmara, *Parassocialidade e transmissão de valores mobiliários*, 209-211.

[3] Assim: Alexandre Soveral Martins, *Cláusulas do contrato de sociedade que limitam a transmissibilidade das acções*, 430-432. Em sentido contrário: Evaristo Ferreira Mendes, *A transmissibilidade das acções*, 2, 320-340.

5 4. **Processo de consentimento ou recusa.** O contrato de sociedade, além de prever a cláusula de consentimento, deve ainda prever o seu modo de funcionamento, sob pena de nulidade da cláusula que obriga ao consentimento (329.º/3, proémio).

6 Há exigências de diversa índole que devem ser acatadas nos estatutos. A um tempo, há que conformar o esquema processual – designadamente quanto ao prazo para a sociedade se pronunciar sobre o pedido de consentimento. A lei não prescreve um prazo para a prestação deste consentimento, mas determina que este prazo não pode ser superior a 30 dias. Nada é dito na lei quanto ao pedido de consentimento, embora haja de concluir que ele deve ser suficientemente completo para que sobre o mesmo a sociedade possa emitir a sua decisão, através da prestação do consentimento ou da sua recusa[4].

7 Por outro lado, a lei impõe regras substantivas que devem ser transcritas no contrato de sociedade. Assim, de um lado, a cláusula estatutária deve frisar que é livre a transmissão das ações, se a sociedade não se pronunciar dentro do prazo para a prestação de consentimento (admitindo, pois, um consentimento tácito, pelo mero decurso do prazo).

8 Outra regra substantiva refere-se à obrigação de a sociedade, no caso de recusar licitamente o consentimento, fazer adquirir as ações por outra pessoa nas condições de preço e pagamento do negócio para que foi solicitado o consentimento. Fica ainda esclarecido que a haver transmissão a título gratuito, ou provando a sociedade que naquele negócio houve simulação de preço, a aquisição far-se-á pelo valor real. Esta pautar-se-á pelo disposto no 105.º/2, que obriga à intervenção de revisor oficial de contas, como modo de garantir a fixação de um preço justo.

Subsecção III – Regime de registo e regime de depósito

Artigo 330.º (Primeiro registo)

(Revogado)

Índice

1 1. Redação inicial .... 1 2. Revogação de 1999 2

1. **Redação original**. Na versão resultante do DL 262/86, de 2-set., o 330.º dispunha:

> *1. A sociedade inscreverá no livro de registo todas as acções em que o seu capital se divide, quer no momento da constituição quer por aumento de capital.*
>
> *2. No caso de a acção pertencer a mais de uma pessoa, serão inscritos todos os seus titulares e as respectivas quotas de contitularidade.*
>
> *3. No caso de herança indivisa, proceder-se-á conforme o estabelecido no artigo 333.º, n.*^{os} *3 e 4.*

[4] Alexandre Soveral Martins, *Cláusulas do contrato de sociedade que limitam a transmissibilidade das acções*, 414-416.

2. **Revogação de 1999**. O 330.° foi revogado pelo 15.°/1, *d*), do DL 486/99, de 13-nov., que aprovou o CVM. 2

Artigo 331.° (Regime de registo ou de depósito)

(Revogado)

Índice

1. Redação inicial .... 1 2. Revogação de 1999 2

1. **Redação original**. Na versão resultante do DL 262/86, de 2-set., o 331.° dispunha: 1

1. As acções nominativas ou ao portador podem ser sujeitas, por diplomas especiais, ao regime de registo ou de depósito.
2. As acções ao portador podem, por iniciativa dos seus titulares, ser sujeitas ao regime de registo ou de depósito.
3. Às acções sujeitas ao regime de registo ou de depósito aplicar-se-ão as regras constantes dos artigos seguintes.

2. **Revogação de 1999**. O 331.° foi revogado pelo 15.°/1, *d*), do DL 486/99, de 13-nov., que aprovou o CVM. 2

Artigo 332.° (Passagem do regime de registo ao de depósito)

(Revogado)

Índice

1. Redação inicial .... 1 2. Revogação de 1999 2

1. **Redação original**. Na versão resultante do DL 262/86, de 2-set., o 332.° dispunha: 1

1. Em qualquer momento pode o titular de acções ao portador sujeitas obrigatória ou facultativamente ao regime de registo ou de depósito, que se encontrem no primeiro deles, declarar, por escrito, à sociedade que opta pelo regime de depósito.
2. O depósito referido no número anterior será efectuado numa instituição de crédito, em conta que identifique o seu titular ou contitulares, devendo no segundo caso ser declarada a quota-parte de cada um.
3. A sociedade, depois de a instituição de crédito lhe ter comunicado que se encontra efectuado o depósito, averbará o facto no livro próprio.
4. A constituição ou extinção de ónus ou encargos sobre as acções depositadas deverão ser comunicadas à instituição depositária com a documentação comprovativa. Para a constituição de penhor, equipara-se à entrega do título ao credor a recepção pela instituição depositária da comunicação feita pelo titular das acções ou feita pelo credor, com autorização escrita daquele titular.
5. A cobrança dos rendimentos das acções depositadas será feita pela instituição depositária.

2 2. **Revogação de 1999**. O 332.° foi revogado pelo 15.°/1, *d*), do DL 486/99, de 13-nov., que aprovou o CVM.

Artigo 333.° (Passagem do regime de depósito ao de registo)

(Revogado)

Índice

1. Redação inicial 1
2. Revogação de 1999 2

1 1. **Redação original**. Na versão resultante do DL 262/86, de 2-set., o 333.° dispunha:

1. Os titulares de acções depositadas que pretendam proceder ao seu levantamento para o efeito de elas ficarem sujeitas a registo obrigatório ou facultativo entregarão à instituição depositária declaração para o seu registo da qual constarão os ónus ou encargos que sobre elas impendam.

2. A instituição depositária promoverá, no prazo de oito dias a contar da entrega da declaração, o registo da declaração, o registo na sociedade ou, tratando-se do último titular inscrito no livro de registo, o cancelamento do averbamento do regime de depósito.

3. Para os efeitos do n.° 1, as assinaturas dos declarantes podem ser abonadas pela instituição de crédito.

4. Quando for obrigatório o regime de registo ou de depósito, as acções não poderão ser entregues pela instituição depositária aos respectivos titulares antes da devolução pela sociedade emitente do duplicado da declaração referida no n.° 1, cujo número e data deverão ser anotados no documento de levantamento.

2 2. **Revogação de 1999**. O 333.° foi revogado pelo 15.°/1, *d*), do DL 486/99, de 13-nov., que aprovou o CVM.

Artigo 334.° (Registo de transmissão)

(Revogado)

Índice

1. Redação inicial 1
2. Revogação de 1999 2

1 1. **Redação original**. Na versão resultante do DL 262/86, de 2-set., o 334.° dispunha:

1. Sempre que houver mudança de titular, far-se-á novo registo em nome do adquirente, utilizando-se para o efeito declaração de modelo aprovado por portaria dos Ministros das Finanças e da Justiça.

2. Ressalvado o disposto a respeito da transmissão por morte, as assinaturas dos declarantes serão, sob pena de recusa de recebimento, reconhecidas por notário no original.

2 2. **Revogação de 1999**. O 334.° foi revogado pelo 15.°/1, *d*), do DL 486/99, de 13-nov., que aprovou o CVM.

Artigo 335.° (Prazos e encargos)

(Revogado)

Índice

1. Redação inicial .... 1 2. Revogação de 1999 2

1. **Redação original**. Na versão resultante do DL 262/86, de 2-set., o 335.° dispunha: 1

> *1. Os registos, cancelamentos e averbamentos deverão ser efectuados pela entidade emitente das acções no prazo de oito dias, a contar da data de recebimento das respectivas declarações ou participações.*
> *2. Pelos registos, cancelamentos e averbamentos de acções não poderá ser cobrada pela sociedade emitente qualquer comissão ou remuneração.*

2. **Revogação de 1999**. O 335.° foi revogado pelo 15.°/1, *d*), do DL 486/99, de 13-nov., que aprovou o CVM. 2

Artigo 336.° (Transmissão de acções nominativas)

(Revogado)

Índice

1. Redação inicial .... 1 2. Revogação de 1999 2

1. **Redação original**. Na versão resultante do DL 262/86, de 2-set., o 336.° dispunha: 1

> *1. O disposto quanto a registo e depósito de acções nominativas não dispensa as formalidades de transmissão previstas no artigo 326.°, n.° 1.*
> *2. O registo das acções nominativas consiste no averbamento referido no artigo 326.°, n.° 1.*

2. **Revogação de 1999**. O 336.° foi revogado pelo 15.°/1, *d*), do DL 486/99, de 13-nov., que aprovou o CVM. 2

Artigo 337.° (Declaração de transmissão)

(Revogado)

Índice

1. Redação inicial .... 1 2. Revogação de 1999 2

1. **Redação original**. Na versão resultante do DL 262/86, de 2-set., o 337.° dispunha: 1

> *1. A transmissão entre vivos, a título gratuito ou oneroso, de acções ao portador sujeitas obrigatória ou facultativamente ao regime de registo ou de depósito deve constar de declaração que revestirá algumas das formas prescritas nos números seguintes.*
>
> *2. Para as acções ao portador em regime de registo, a declaração deverá ser feita em impresso de modelo aprovado por portaria dos Ministros das Finanças e da Justiça, preenchido em quadruplicado e com as assinaturas do transmitente e do adquirente reconhecidas por notário no original.*
>
> *3. O notário que proceder ao último reconhecimento arquivará o duplicado e enviará o original e os demais exemplares, no prazo de oito dias, à sociedade, que efectuará imediatamente o registo em nome dos adquirentes e, assim que o registo for efectuado, anotálo-á em dois dos exemplares da declaração, remetendo um ao transmitente e outro ao adquirente.*
>
> *4. Para as acções ao portador em regime de depósito a declaração é feita pelo transmitente em escrito dirigido à instância depositária, com a assinatura reconhecida por notário e contendo instruções para ser efectuado, na mesma ou noutra instituição, o depósito em nome do adquirente.*

2 2. **Revogação de 1999**. O 337.° foi revogado pelo 15.°/1, *d*), do DL 486/99, de 13-nov., que aprovou o CVM.

Artigo 338.° (Prova da posse e data dos efeitos de transmissão)

(Revogado)

Índice

1. Redação inicial .... 1 2. Revogação de 1999 2

1 1. **Redação original**. Na versão resultante do DL 262/86, de 2-set., o 338.° dispunha:

> *1. A posse do título de acções ao portador sujeitas obrigatória ou facultativamente ao regime de registo ou de depósito só pode ser provada pelo registo ou pelo depósito delas.*
>
> *2. Os efeitos de transmissão produzem-se na data do último reconhecimento notarial da declaração a que se refere o artigo 337.°, no caso de acções em regime de registo, ou na data da recepção da declaração pela entidade depositária, no caso de acções em regime de depósito.*

2 2. **Revogação de 1999**. O 338.° foi revogado pelo 15.°/1, *d*), do DL 486/99, de 13-nov., que aprovou o CVM.

Artigo 339.° (Transmissão por morte)

(Revogado)

Índice

1. Redação inicial .... 1 2. Revogação de 1999 2

1. **Redação original**. Na versão resultante do DL 262/86, de 2-set., o 339.° dispunha: 1

1. No caso de transmissão por morte de acções obrigatória ou facultativamente sujeitas ao regime de registo ou de depósito, se a determinação dos novos titulares depender de acto ulterior, deve o cabeça-de-casal, dentro do prazo de um ano a contar do óbito:

a) Tratando-se de acções nominativas ou de acções ao portador registadas, promover o registo, na sociedade emitente, a favor dos herdeiros ou legatários certos ou incertos do falecido;

b) Tratando-se de acções ao portador em regime de depósito, promover a transferência delas para conta aberta a favor dos referidos herdeiros ou legatários.

2. Em qualquer dos casos mencionados no número antecedente será indicada a quota ideal de cada um dos herdeiros ou legatários, logo que conhecida.

3. O registo ou a transferência do depósito serão feitos mediante a apresentação do documento que certifique o óbito e do legalmente exigido para a habilitação dos herdeiros ou legatários.

4. Determinados os respectivos titulares, devem estes, conforme se trate de acções depositadas ou de acções registadas, transferir para conta própria as acções que lhes houverem sido atribuídas, ou promover o seu registo, mediante a apresentação dos documentos que certifiquem a sua titularidade e o pagamento do imposto sobre as sucessões e doações, ou que este está assegurado, quando devido.

5. O disposto no número precedente aplica-se à transmissão de acções depositadas ou registadas, quando fiquem imediatamente determinados os respectivos titulares, mas o prazo a observar é de um ano a contar da transmissão.

2. **Revogação de 1999**. O 339.° foi revogado pelo 15.°/1, *d*), do DL 486/99, de 13-nov., que aprovou o CVM. 2

Artigo 340.° (Registo de ónus ou encargos)

(Revogado)

Índice

1. Redação inicial .... 1 2. Revogação de 1999 2

1. **Redação original**. Na versão resultante do DL 262/86, de 2-set., o 340.° dispunha: 1

1. Serão registados por averbamento os ónus ou encargos constituídos sobre acções registadas, devendo para o efeito o respectivo beneficiário enviar à sociedade documento comprovativo da necessária autorização do titular das acções ou da constituição do ónus ou encargo.

2. A extinção dos ónus ou encargos será averbada, no prazo de 30 dias, a requerimento de qualquer interessado que envie documento comprovativo.

3. Os averbamentos previstos nos números anteriores serão feitos no livro de registo e no duplicado a que se refere o n.° 2 do artigo 337.°, para o efeito apresentado, devolvendo-se este ao possuidor dos títulos.

4. Ao beneficiário do ónus ou encargo será entregue, no caso previsto no n.° 1, documento comprovativo do registo deste ónus ou encargo, segundo modelo oficialmente aprovado, apondo-se nesse documento nota do respectivo cancelamento logo que a ele houver lugar e o documento para tanto for apresentado.

2. **Revogação de 1999**. O 340.° foi revogado pelo 15.°/1, *d*), do DL 486/99, de 13-nov., que aprovou o CVM. 2

Secção V – Ações preferenciais sem direito de voto

Artigo 341.º (Emissão e direitos dos acionistas)

1. O contrato de sociedade pode autorizar a emissão de ações preferenciais sem direito de voto até ao montante representativo de metade do capital social.

2. As ações sem direito de voto conferem direito a um dividendo prioritário não inferior a 1% do respetivo valor nominal ou, na falta deste, do seu valor de emissão, deduzido de eventual prémio de emissão, retirado dos lucros que, nos termos dos artigos 32.º e 33.º, possam ser distribuídos aos acionistas e ao reembolso prioritário do seu valor nominal ou do seu valor de emissão na liquidação da sociedade.

3. O dividendo referido no número anterior atribui aos titulares de ações sem direito de voto uma prioridade no seu recebimento face aos demais acionistas, exceto se o contrato de sociedade estabelecer que o mesmo atribui o direito a um dividendo adicional, o qual, além de ser pago com prioridade, deve acrescer aos dividendos a atribuir a cada acionista.

4. No caso de ações preferenciais sem direito de voto que sejam subscritas exclusivamente por investidores qualificados, na aceção do Código dos Valores Mobiliários, e que não sejam admitidas à negociação em mercado regulamentado, o contrato de sociedade pode prever que as mesmas apenas conferem direito ao dividendo prioritário previsto no contrato de sociedade, não participando do remanescente dos dividendos a atribuir a todas as ações.

5. As ações preferenciais sem direito de voto conferem, além dos direitos de natureza patrimonial previstos nos números anteriores, todos os direitos de natureza não patrimonial inerentes às ações ordinárias, com exceção do direito de voto.

6. As ações sem direito de voto não contam para a determinação da representação do capital exigida na lei ou no contrato de sociedade para as deliberações dos acionistas.

Bibliografia: António Pereira de Almeida, *Sociedades comerciais, valores mobiliários, instrumentos financeiros e mercados*, II (2013), 44-48; Maria de Deus Botelho, *As ações preferenciais sem direito de voto: um meio de financiamento eficaz?, in Capitalização de empresas* (2017), 127-159; Daniela Farto Baptista, *Ações preferenciais sem voto (em particular, as detidas por investidores qualificados)*, em IV Congresso DSR (2016), 411-440; Carlos Osório de Castro, *Acções preferenciais sem voto*, em AAVV (2002), 281-320; E. Lucas Coelho, *Direito de voto dos accionistas* (1987), 156 ss.; António Menezes Cordeiro, *Acções preferenciais sem voto*, ROA 2000, 1001-1056; *id.*, 2 (2007), 669-683; Paulo Olavo Cunha, *Os direitos especiais nas SA: as acções privilegiadas* (1993), id, Direito das sociedades comerciais (2019), 456-462; Cristiano Dias, *Direitos especiais dos sócios* (2015), 332-340; Paulo Tarso Domingues, *As acções sem valor nominal*, DSR 2010, 181-214; Fátima Gomes, *O direito aos lucros e o dever de participar nas perdas nas sociedades anónimas* (2011), 372-381; João Labareda, *Das acções das SA* (1988), 58 ss.; Elda Marques, *comentário ao 341.º*, em VI, 2.ª ed. (2018); *id.*, *As recentes alterações ao regime das ações preferenciais – O Decreto-Lei n.º 26/2016, de 6 de fevereiro*, DSR vol. 13 (2015), 219-246; Fábio Nave Moreira, *A supressão do direito ao dividendo prioritário atinente às ações preferenciais sem voto*, OD (2017), 917-924; Carlos Olavo, *O dividendo prioritário nas acções preferenciais sem voto*, O Direito 1995, 369-383; Ana Perestrelo de Oliveira, *Manual de Corporate Finance* (2015), 155 ss.; J. J. Vieira Peres, *Acções preferenciais sem voto*, RDES 1988, 329-399; João Ferreira Rebelo, *As acções preferenciais sem voto no ordenamento jurídico português*, DSR 2011, 225-263; Raúl Ventura, *Acções preferenciais sem voto*, em *Estudos vários sobre SA* (1992), 413-451.

Índice

I – Origem e evolução
1. Origem ... 1
2. Função ... 5

II – Experiência portuguesa
3. Antecedentes ... 6
4. O CSC ... 8
5. A reforma de 2010 ... 10
6. A reforma de 2015 ... 11
7. Traços essenciais ... 15
8. Função ... 16

III – Habilitação estatutária e competência para a emissão
9. Estatutos ... 17
10. Limite quantitativo ... 20

IV – Direitos dos acionistas preferenciais
11. Dividendos prioritários ... 21
12. Significado do carácter prioritário dos dividendos ... 25
13. Direito ao reembolso prioritário ... 27
14. Quantificação do dividendo prioritário e do reembolso prioritário no caso de ações sem valor nominal ... 29
15. Dividendo prioritário e direito aos lucros ... 34
16. Pressupostos da exclusão do direito comum ao dividendo ... 38
17. Desaparecimento superveniente dos pressupostos ... 40
18. Outros direitos patrimoniais e não patrimoniais ... 42

V – A supressão dos direitos
19. Regra geral ... 46
20. Compressões direta e indireta ... 47

VI – O titular de ações preferenciais sem direito de voto como sócio
21. O titular de ações preferenciais sem direito de voto como sócio ... 48

I – Origem e evolução

1. **Origem**. As ações são, em princípio, idênticas; a diferenciação entre os acionistas advém, 1
depois, do diverso número de ações detidas. Circunstâncias particulares levaram à admissão de ações qualitativamente diferenciadas. Assim, desde 1840, os estatutos dos caminhos de ferro prussianos admitiram *Prioritäts-Actien*: permitiam, aos seus titulares, um juro fixo.

A legislação subsequente conheceu diversas hipóteses de ações especiais. O ADHGB de 2
1861 (224.º/II) facultava o voto plural, através dos estatutos; o HGB (§ 252/I) acrescentou a hipótese de ações com direito preferencial aos dividendos; o AktG de 1937 proibiu o voto plural, mas admitiu ações que, a troco do direito de voto, facultassem vantagens patrimoniais (§§ 115 a 117). O esquema passou ao AktG de 1965 (§§ 139 a 141), fonte inspiradora do nosso legislador.

Em Itália, o 2351.º/II, do CC, apenas permitia ações com privilégios na repartição dos 3
lucros e no reembolso do capital social, a troco de um voto limitado a certos assuntos; a reforma de 2003 ampliou a liberdade das partes. Mais próximas das ações preferenciais sem direito de voto são as ações de poupança (*risparmio*), introduzidas por uma lei de 1974, mas só à disposição de sociedades cotadas.

Em França, a figura foi introduzida por uma lei de 1978, destinada a captar poupanças 4
para as empresas. Após diversos diplomas facilitadores, a matéria consta, hoje, do Código de Comércio (L. 228-35-2 a L. 228-35-11).

2. **Função**. As ações preferenciais sem direito de voto podem assumir três funções: (a) capitali- 5
zação, permitindo atrair capitais interessados numa remuneração segura e distantes da concreta vida societária; (b) preservação do poder, facultando, a um núcleo empresarial, captar recursos, sem dividir a sua capacidade de orientação; (c) recuperação de investimentos, abrindo as portas a que, particularmente em SA de duração limitada, certos acionistas recuperem prioritariamente o valor investido.

II – Experiência portuguesa

6 3. **Antecedentes**. Os Códigos Ferreira Borges (1833) e Veiga Beirão (1888), não conheciam a figura; apenas o 114.º, 6.º, deste último, admitia "vantagens especiais" para alguns sócios[1]. O D 1:645, de 15-jun.-1915, permitiu às SA, por deliberação da assembleia e salvo proibição estatutária, criar ações privilegiadas que confiram, aos seus titulares, preferência sobre os lucros, sobre o capital ou sobre ambos. Os respetivos acionistas reuniriam em assembleia especial.

7 O DL 598/77, de 8-nov., relativo à fusão (e à cisão) determinava que esta dependesse de aprovação da assembleia geral e das assembleias especiais de cada categoria de ações.

8 4. **O CSC**, de acordo com o projeto[2], absorveu esses dados anteriores[3] e deu-lhes a atual forma, seguindo, em especial, o modelo alemão. Consagrou-lhe quatro artigos: 341.º (emissão e direitos dos acionistas); 342.º (falta de pagamento do dividendo prioritário); 343.º (participação em assembleia geral); 344.º (conversão de ações). Tudo isso pressupõe o regime geral do 24.º, relativo a direitos especiais[4]. Trata-se de preceitos que mantêm a redação de origem[5].

9 As ações preferenciais sem direito de voto não têm, entre nós, o êxito que poderiam ter por razões tributárias: o dividendo pago aos preferenciais sem voto é considerado repartição de lucros, não podendo ser abatido à matéria coletável[6].

10 5. **A reforma de 2010**. O DL 49/2010, de 19-mai., deu ao n.º 2, a sua atual redação. Visou adaptá-lo à eventual existência de ações sem valor nominal. *Vide* as anotações ao 276.º. O preceito ficou assim redigido:

> 1. O contrato de sociedade pode autorizar a emissão de acções preferenciais sem voto até ao montante representativo de metade do capital.
>
> 2. As acções referidas no n.º 1 conferem direito a um dividendo prioritário, não inferior a 5% do respectivo valor nominal, ou, na falta de valor nominal, do seu valor de emissão deduzido de eventual prémio de emissão, retirado dos lucros que, nos termos dos artigos 32.º e 33.º, possam ser distribuídos aos accionistas e ao reembolso prioritário do seu valor nominal ou do seu valor de emissão na liquidação da sociedade.
>
> 3. As acções preferenciais sem voto conferem, além dos direitos previstos no número anterior, todos os direitos inerentes às acções ordinárias, excepto o direito de voto.
>
> 4. As acções referidas no n.º 1 não contam para a determinação da representação do capital, exigida na lei ou no contrato de sociedade para as deliberações dos accionistas.

11 6. **A reforma de 2015.** O DL 26/2015, de 6-fev. veio operar amplas modificações no regime das ações preferenciais sem direito de voto, modificando todos os preceitos pré-existentes e introduzindo o novo 344.º-A. As alterações principiam logo no plano meramente nominal: o Código passa a designar o tipo de valor mobiliário regulado na presente secção como "ações preferenciais sem direito de voto", em detrimento da denominação anterior de "ações preferenciais sem voto": alteração vã.

12 A reforma de 2015 teve como vetor de fundo o alargamento da autonomia privada das sociedades emitentes na conformação do conteúdo das ações preferenciais sem direito de voto.

[1] Luiz da Cunha Gonçalves 1 (1914), 261.

[2] BMJ 327 (1983), 233 ss., só tratando das ações preferenciais remíveis.

[3] O DL 262/86, de 2-set., revogou expressamente – 3.º/1, *c*) e *h*) – o D 1:645, de 15-jul.-1915 e o DL 589/77, de 8-nov..

[4] *Vide* anotações ao 24.º.

[5] DR I Série, n.º 201, de 2-set.-1986, 2355/I.

[6] Osório de Castro, *Acções preferenciais sem voto*, 285.

No que concerne ao 341.º, diminui-se (de 5%) para 1% o valor mínimo do dividendo prioritário (n.º 2) e admitiu-se que, em alguns casos, as ações preferenciais sem direito de voto não atribuam ao respetivo titular o direito de, em acréscimo a receber o dividendo prioritário, participar no remanescente dos dividendos (n.º 5), com um regime diferenciado: apenas nas ações preferenciais sem direito de voto subscritas exclusivamente por investidores qualificados e que não sejam admitidas à negociação em mercado regulamentado pode ser excluído o direito de participar nos dividendos remanescentes (n.º 4).

Com isto, e conforme declarado no preâmbulo, pretendeu o legislador promover estas ações como uma forma de promoção do financiamento das sociedades através de capitais próprios, em detrimento do recurso ao financiamento bancário: o incremento das alternativas das sociedades na conformação dos direitos a atribuir aos titulares das ações preferenciais sem direito de voto por si emitidas aumenta necessariamente a apetência deste tipo de valor mobiliário para servir de instrumento de financiamento em moldes que sejam atrativos para a sociedade emitente e para os potenciais subscritores. Subsistem, contudo, os obstáculos tributários à atratividade do financiamento através das ações preferenciais sem direito de voto, quando contrapostas aos meios de financiamento por capitais alheios: o dividendo pago aos preferenciais sem voto é considerado repartição de lucros, não podendo ser abatido à matéria coletável[7]. 13

Declarando no preâmbulo pretender "clarificar" o regime, o DL 26/2015 veio introduzir dúvidas interpretativas antes inexistentes. A alteração do n.º 5, correspondente ao anterior n.º 3, origina importantes interrogações sobre se a nova redação se traduz, ou não, numa efetiva alteração do conteúdo normativo do preceito. Também o novo n.º 6, correspondente ao n.º 4 existente antes da alteração, foi modificado: essa alteração cinge-se, porém, ao plano da mera técnica legislativa: o preceito deixa de definir as ações a que se reporta por remissão para o n.º 1, passando a designá-las diretamente – o que não tem quaisquer implicações ao nível do respetivo conteúdo normativo. 14

7. **Traços essenciais.** A figura das ações preferenciais sem direito de voto tem como elementos característicos (a) a não atribuição (*rectius*, a "latência") do direito de voto, (b) a atribuição ao acionista de um dividendo preferencial e de uma preferência no reembolso do capital em caso de liquidação, e (c) a existência de um nexo compensatório entre a privação do direito de voto e a atribuição desse dividendo preferencial[8]. É nesse nexo compensatório que se funda a possibilidade de exclusão da atribuição plena do direito de voto, que, no regime geral, é injuntivamente inerente às ações. Esse nexo é desenvolvido no 342.º: a falta de concretização do direito ao dividendo preferencial implica que a ação passe a atribuir o direito de voto. 15

8. **Função.** As ações preferenciais sem direito de voto podem assumir três funções: (a) à sociedade emitente permite a capitalização, sem alterações no plano do seu controlo, facultando, a um núcleo empresarial, a possibilidade de captar recursos, sem dividir a sua capacidade de orientação; (b) aos titulares permite uma remuneração segura (ainda que não certa), especialmente interessante para os investidores que não pretendam envolver-se, a não ser financeiramente, na vida societária e ainda (c) a recuperação mais segura do investimento, através da preferência do 16

[7] *Vide* Carlos Osório de Castro, *Acções preferenciais sem voto*, 285.

[8] Por esta razão as ações preferenciais sem direito de voto são, simultaneamente, ações privilegiadas, na medida em que atribuem os direitos especiais ao dividendo e ao reembolso prioritário, mas também ações diminuídas, na medida em que são privadas de uma faculdade que, de acordo com o regime geral, é inerente às ações comuns, nomeadamente a faculdade de votar em assembleia geral.

reembolso do capital investido, em caso de liquidação, o que pode ser especialmente atrativo em caso de SA de duração limitada.

III – **Habilitação estatutária e competência para a emissão**

17 9. **Estatutos.** A emissão de ações privilegiadas sem direito de voto carece de autorização estatutária. Em rigor, pode o pacto social (a) determinar diretamente a existência de ações preferenciais sem direito de voto; (b) autorizar a sua emissão pela assembleia geral, deixando-lhe maior ou menor discricionariedade para conformar as ações a emitir ou (c) autorizar a sua emissão pelo conselho de administração (o que resulta da conjugação do 342.º/1 com o 456.º/1).

18 A *ratio* da necessidade da habilitação estatutária prende-se, não com a exclusão de voto, mas com a atribuição de dividendos preferenciais: enquanto subsistirem ações preferenciais sem direito de voto, os lucros de exercício efetivamente disponíveis para distribuição pelos demais acionistas serão diminuídos pela sua afetação ao pagamento dos preferenciais (341.º/2), sem que seja possível excluir esse pagamento nos termos do 294.º/1.

19 Caso os estatutos nada disponham, a emissão superveniente de ações privilegiadas sem direito de voto exige a alteração do pacto, seguindo-se, no mais, o regime do aumento de capital.

20 10. O 341.º/1 estabelece ainda, *in fine*, um **limite quantitativo** à expressão destas ações na formação do capital social: apenas podem representar até metade do capital social. Com isto, a lei visa impedir que as opções fundamentais da sociedade fiquem nas mãos de pessoas que, por deterem menos de metade do capital da sociedade, apenas vejam repercutir-se na sua esfera de forma diluída os efeitos das suas deliberações. Em suma, procura-se assegurar um grau mínimo de correlação entre a «propriedade material» da sociedade e o seu domínio[9]. Ultrapassado este limite, a deliberação de aumento de capital será nula [56.º/1, *d*), ou 411.º/1, *c*)], consoante a deliberação provenha dos sócios ou do conselho de administração.

IV – **Direitos dos acionistas preferenciais**

21 11. **Dividendos prioritários.** Elemento essencial das ações preferenciais sem direito de voto é a atribuição de um dividendo prioritário não inferior a 1% do respetivo valor nominal, ou, na falta deste, do valor de emissão, deduzido do eventual prémio de emissão. A atribuição deste dividendo representa uma compensação mínima para a não atribuição do direito de voto.

22 O direito a receber o dividendo prioritário não é certo (o que, de resto, se mostraria inconsistente em face do 21.º/2)[10]: apenas há lugar ao seu pagamento quando, nos termos gerais definidos nos 32.º e 33.º, existam lucros distribuíveis.

23 Avultam dois traços relevantes que diferenciam o dividendo prioritário do dividendo comum (294.º): (a) os pressupostos da sua atribuição implicam, apenas, que a sociedade disponha de lucros distribuíveis, independentemente de estes terem sido produzidos durante o exercício em causa, ou não; mesmo que, no decurso do exercício anual em causa, a sociedade tenha sofrido prejuízos, haverá lugar ao pagamento dos dividendos prioritários, desde que os lucros

[9] Com esta exigência não resulta, contudo, assegurado que o capital das SA é sempre compreendido maioritariamente por ações com direito de voto. A proporção entre ações com direito de voto e ações sem direito de voto pode logicamente ser alterada por duas vias distintas: pela emissão de novas ações sem direito de voto ou pela extinção de ações que conferem aos respetivos titulares o poder de votar. O limite estabelecido pela parte final do 341.º/1 apenas se aplica à primeira classe de situações. Não opera, designadamente, como parâmetro de validade de deliberações de redução de capital cuja eficácia conduza a uma situação em que mais de metade do capital seja constituído por ações não atributivas de direito de voto.

[10] *Vide* Fátima Gomes, *O direito aos lucros e o dever de participar nas perdas nas sociedades anónimas*, 366, n. 874.

transitados o legitimem; (b) o pagamento destes dividendos prioritários não pode ser afastado por deliberação dos sócios: a sua distribuição não é uma opção discricionária da sociedade, mas, antes, um direito especial dos titulares de ações preferenciais sem direito de voto, dos quais estes não podem ser privados, salvo nos termos do 24.º/5[11].

Deste último traço decorre outro importante corolário quanto ao momento da constituição do crédito ao dividendo prioritário: não sendo possível o afastamento do pagamento destes dividendos, o crédito ao seu recebimento constitui-se na esfera dos acionistas imediatamente no momento da aprovação das contas da sociedade que constatem a existência de lucros distribuíveis[12]. 24

12. **Significado do carácter prioritário dos dividendos.** O carácter prioritário destes dividendos traduz-se numa prioridade da afetação dos lucros societários à sua constituição. Analiticamente, essa prioridade pode ser decomposta em dois momentos: (a) a montante, havendo lucros distribuíveis, os créditos aos dividendos prioritários constituem-se automaticamente, sem que tal possa ser impedido pela assembleia geral; a constituição do crédito ao dividendo preferencial tem, pois, como condição suficiente a existência de lucros distribuíveis (não sendo necessário que estes tenham sido produzido no exercício em causa); (b) a jusante, com a constituição destes direitos prioritários, a fração dos lucros distribuíveis necessária à sua satisfação é subtraída à cifra dos lucros de exercício distribuíveis, cuja distribuição pode ser deliberada pelos sócios nos termos do 294.º[13]. 25

O carácter prioritário destes dividendos não tem, todavia, quaisquer implicações: (a) ao nível da prioridade cronológica do seu cumprimento, em face do cumprimento dos créditos aos dividendos comuns; nem (b) ao nível da graduação de créditos. Assim, (a) não existe qualquer dever da sociedade de apenas cumprir as suas obrigações de pagamento dos dividendos comuns após a integral satisfação dos créditos aos dividendos prioritários[14]. Ao que acresce que, (b) numa situação de insolvência da sociedade, estes créditos graduar-se-ão ao lado dos créditos a dividendos comuns[15]. 26

[11] Assim, Paulo Olavo Cunha, *Os direitos especiais nas SA*, 159-160 *e Direito das sociedades comerciais*, 349. Em sentido contrário, veja-se Raúl Ventura, *Acções preferenciais sem voto*, 432 e Carlos Osório de Castro, *Acções preferenciais sem voto*, 306.

[12] Não obstante, apesar de a constituição dos créditos ao dividendo prioritário não depender de uma deliberação de distribuição de lucros, as exigências de tutela dos credores sociais, através da intangibilidade do capital social, reclamam a aplicação por analogia do 31.º/2, *a*) e *c*): se a administração tiver fundadas razões para crer que (a) no momento do pagamento dos créditos, a situação patrimonial da sociedade se tiver deteriorado, de forma a que, nesse momento, o dividendo prioritário já não possa ser pago sem desrespeito pelo regime do capital social, ou que (b) as contas aprovadas pelos sócios padecerem de vícios, cuja correção determinaria a inexistência dos lucros necessários à constituição dos créditos de dividendo prioritário, a administração deve abster-se de proceder ao pagamento dos dividendos prioritários em causa.

[13] Em sentido próximo, J. J. Vieira Peres, *Acções preferenciais sem voto*, 367.

[14] As expressões "preferencial" ou "prioritário", usadas para caracterizar o direito a este dividendo, são frequentemente parafraseadas como exprimindo que o titular do mesmo tem direito a ser pago antes dos demais. A ambiguidade desse vocábulo – que no seu sentido mais comum remete para uma ordenação cronológica – poderia indiciar que os autores que recorrem a essa paráfrase defendem que a característica definidora desses direitos se prenderia com uma imposição de que a respetiva prestação fosse realizada num momento temporalmente prévio às prestações correspondentes aos créditos de dividendos comuns. Olhando ao contexto em que a expressão é usada na generalidade dos textos doutrinários não parece, contudo, esse o significado com que a expressão é usada: trata-se apenas de salientar que "sendo os lucros escassos [os acionistas preferenciais] recebem algo, enquanto os outros ficam de mãos vazias" (*vide* Carlos Osório de Castro, *Acções preferenciais sem voto*, 304), o que, em rigor, se prende com a ordenação das condições de constituição do crédito ao dividendo prioritário face às condições de constituição dos créditos de dividendo comuns, e não com a ordem cronológica da realização das respetivas prestações.

[15] Ou seja, por regra, como créditos subordinados: 48.º, *a*) e 49.º/2, *a*), do CIRE.

27 13. **Direito ao reembolso prioritário.** As ações preferenciais sem direito de voto concedem, ainda, ao seu titular um direito ao reembolso do seu valor nominal em caso de liquidação da sociedade (341.º/2, *in fine*), inclusive quando esta tenha lugar em sede de insolvência. No caso de as ações sem direito de voto não terem valor nominal, o direito ao reembolso prioritário é quantificado pelo valor de emissão da ação, deduzido do eventual prémio de emissão.

28 O direito abstrato ao reembolso prioritário apenas se concretiza num direito de crédito caso, após a satisfação de todos os créditos da sociedade, exista um ativo remanescente a partilhar pelos sócios (156.º/2 e 184.º/2 CIRE) afeto ao reembolso do valor nominal das ações preferenciais. Apenas se o ativo remanescente for superior ao valor necessário para reembolsar os titulares de ações preferenciais sem direito de voto haverá lugar à distribuição do lucro remanescente para satisfazer o valor nominal das ações dos demais sócios. Não o sendo, o direito ao reembolso prioritário determina que não haja rateio do ativo remanescente entre acionistas comuns e acionistas preferenciais sem voto nos termos do 156.º/3. Caso, após o reembolso integral dos sócios nos termos do 156.º/2, subsista um saldo remanescente, este deve ser distribuído, na proporção aplicável à distribuição de lucros, por todos os acionistas (156.º/3)[16]: nesta derradeira fase da liquidação da sociedade, os titulares de ações preferenciais sem direito de voto, apresentam-se em paridade com os demais, não gozando de qualquer tratamento preferencial[17].

29 14. **Quantificação do dividendo prioritário e do reembolso prioritário no caso de ações sem valor nominal.** O 341.º/2 estabelece formas diferenciadas de quantificação dos direitos dos titulares de ações preferenciais sem direito de voto, quando estas careçam de valor nominal: são quantificados por referência ao valor de emissão das ações. Este corresponde à parte do capital social equivalente a cada ação no momento da sua emissão (25.º/2).

30 A redação do preceito levanta dificuldades no segmento referente à quantificação do dividendo: aí estabelece-se que, no mínimo, deve ser calculado através da aplicação de uma taxa sobre o valor de emissão das ações, deduzido de eventual prémio de emissão. Caso a locução "valor de emissão" seja aí interpretada com o seu significado comum, chegar-se-ia a um resultado fortemente contrário ao sistema e gerador de uma injustificada discriminação: enquanto o valor sobre o qual é calculado o dividendo prioritário das ações com valor nominal seria calculado sobre a fração do capital social representado pela ação, a quantificação do dividendo das ações sem valor nominal seria calculado sobre o valor dessa fração, deduzida do prémio de emissão, quando tivesse havido lugar ao seu pagamento. Esse resultado interpretativo contraria a lógica de neutralidade da opção quanto à emissão de ações com ou sem valor nominal na determinação dos direitos e deveres dos respetivos acionistas, que perpassa as alterações introduzidas pela reforma de 2010, e, no limite, por interpretação conforme à constituição (13.º/1 CRP). No segmento do 341.º/2 referente ao direito ao dividendo prioritário (mas já não no segmento referente ao direito ao reembolso prioritário), "valor de emissão" deve ser entendido

[16] Assim, J. J. Vieira Peres, *Acções preferenciais sem voto*, 362.

[17] O direito ao reembolso prioritário não prejudica que os respetivos titulares tenham um mero direito residual face ao lucro apurável na liquidação. Apenas influi na determinação da ordem de reembolsos estabelecida no 156.º (vide a anotação ao 156.º), modificando-a: os direitos que qualquer credor possa ter na liquidação da sociedade permanecem, destarte, intocados. Por essa razão, é incorreta a conceção segundo a qual, a atribuição deste direito a um reembolso prioritário, descaracteriza as ações preferenciais sem direito de voto emitidas por instituições de crédito como instrumentos de fundos próprios de nível 1, para efeitos de observância do rácio de solvabilidade que lhes é exigido (nomeadamente, por não preencher o requisito do 28.º/1, *j*), do Regulamento (UE), n.º 575/2013, do Parlamento Europeu e do Conselho, de 26 de junho de 2013.

em sentido não técnico, como significando o valor pago pela subscrição da ação. É a esse valor que deve ser subtraído o ágio para o cálculo do valor mínimo do dividendo preferencial[18].

A quantificação dos direitos prioritários correspondentes às ações sem valor nominal por referência ao valor de emissão mostra-se ainda problemática no caso de ocorrerem variações no capital social, traduzidas numa alteração do valor proporcional entre cada ação emitida pela sociedade e o seu capital social, nomeadamente havendo um aumento de capital por incorporação de reservas ou uma redução do capital social que não se processem através da emissão ou extinção das ações pré-existentes. 31

No caso de as ações preferenciais emitidas terem valor nominal, as implicações destas operações na quantificação dos direitos prioritários dos acionistas traduzem-se numa modificação do valor nominal de cada ação e, dessa forma, na alteração de um dos coeficientes através dos quais é calculado o dividendo preferencial e do valor ao qual o acionista tem direito a ser prioritariamente reembolsado num cenário de liquidação. Assim não sucede com as ações sem valor nominal: o valor de emissão, usado como referência para a quantificação desses direitos, é estático. 32

Não se deve entender que a quantificação dos direitos dos acionistas preferenciais sem direito de voto que sejam titulares de ações sem valor nominal permanecem intocados, num resultado interpretativo crassamente contrário ao sistema. Ao invés, deve entender-se que, no que concerne às ações sem valor nominal, o 341.º/2 apenas se aplica nas situações em que, após a emissão das ações preferenciais sem direito de voto, não ocorram tais alterações do capital social. Ou seja, os critérios de quantificação dos direitos prioritários aí estabelecidos para as ações sem valor nominal estão apenas pensados para as situações em que o valor de emissão das ações seja coincidente com o seu valor contabilístico, o qual decorre da divisão do capital social pelo valor total das ações emitidas[19]. Ocorrendo tais variações sobre o capital social, o preceito deve ser aplicado *mutatis mutandis*, sendo os direitos prioritários calculados sobre o valor contabilístico da ação após o aumento ou a redução do capital social[20]. 33

15. **Dividendo prioritário e direito aos lucros.** Os n.os 3 e 4 vêm regular a relação entre o direito ao dividendo prioritário correspondente às ações preferenciais sem direito de voto e o direito aos lucros de todos os demais acionistas, nos termos do 294.º[21]. Da articulação entre ambos os enunciados resulta que essa articulação pode assumir três modalidades, consoante o que os estatutos definirem. 34

A solução supletiva é a de que os acionistas titulares do direito ao dividendo prioritário são também titulares do direito aos lucros, nos termos gerais, imputando-se, contudo, o montante recebido a título de dividendo prioritário no valor a receber a título de dividendo distribuído a todos os acionistas[22]. Nesta modalidade de articulação do direito ao dividendo prioritário com 35

[18] Neste sentido, Paulo de Tarso Domingues, *Acções sem valor nominal*, 215, n. 120 e Maria João Rodrigues, *Ações sem valor nominal e direitos dos sócios*, RDS, IV, n.º 2 (2012), 487.

[19] *Vide* Paulo de Tarso Domingues, *Acções sem valor nominal*, DSR, ano 2, vol. 4 (2010), 209-221.

[20] *Vide* Elda Marques, *comentário ao 341.º*, 698 ss..

[21] Desta forma, o DL 26/2015 veio pôr termo a uma longa divergência sobre a repartição dos lucros de exercício depois de pagos os dividendos prioritários, nomeadamente sobre se o dividendo prioritário era ou não cumulativo com o direito ao dividendo em termos paritários com os demais acionistas (*vide* as sínteses mais recentes de Fátima Gomes, *O direito aos lucros e o dever de participar nas perdas nas sociedades anónimas*, 372 e João Ferreira Rebelo, *As acções preferenciais sem voto no ordenamento jurídico português*, 258).

[22] Tal significa que o titular do dividendo prioritário tem sempre direito a esse valor, desde que existam lucros distribuíveis. Caso, contudo, seja deliberada a distribuição de lucros de exercício aos acionistas, o valor do seu crédito ao dividendo corresponderá ao valor que lhe caberia através da multiplicação dos lucros distribuídos pela fração

o direito comum aos lucros, o primeiro apenas representa uma efetiva vantagem patrimonial quando, existindo lucros distribuíveis para a sua constituição, a sociedade não distribua dividendos em valor igual ou superior ao que o dividendo prioritário atribui, por ação, ao seu titular (dividendo prioritário preferencial).

36 Os estatutos podem estabelecer o carácter cumulativo destes direitos. Se assim for estabelecido, os titulares de ações preferenciais sem direito de voto têm direito a receber o dividendo prioritário e a participar, por inteiro, nos lucros de exercício distribuídos pela sociedade, sem que o seu crédito ao dividendo seja, de alguma forma, diminuído face ao dos demais acionistas (dividendo prioritário cumulativo).

37 Por fim, o n.º 4 admite, em circunstâncias muito restritas, que os estatutos possam determinar que as ações preferenciais sem direito de voto atribuam aos seus titulares um dividendo prioritário, mas não o direito a participar nos lucros de exercício (dividendo prioritário exclusivo). Nomeadamente, esta configuração apenas é admitida quando (a) as ações preferenciais sem direito de voto sejam exclusivamente subscritas por investidores qualificados e (b) essas ações não sejam admitidas à negociação em mercado regulamentado[23].

38 16. **Pressupostos da exclusão do direito comum ao dividendo.** O n.º 4, bem como outros pontos do regime das ações preferenciais sem direito de voto introduzidos pelo DL 26/2015, restringe o seu âmbito de aplicação às ações detidas por «investidores qualificados». Recorde-se que essa era, até à Lei 35/2018, o termo usado para designar os investidores que hoje se qualificam, perante o 30.º CVM como investidores profissionais. É, pois, com esse significado que a referência deve ser entendida. A *ratio* do estabelecimento, no n.º 4, de uma injuntividade diferenciada da norma constante do 341.º/3, que ressalva que as ações preferenciais sem direito de voto atribuem ao seu titular o direito comum de participar nos lucros de exercício, prende-se com o facto de estes investidores, se caracterizarem tipicamente por uma maior capacidade de reunirem e de processarem, com discernimento, informação relativa à celebração de negócios sobre instrumentos financeiros, com os riscos envolvidos na subscrição destas ações. Não se justificam, relativamente a eles, restrições da autonomia privada que visem proteger os subscritores de decisões negociais irrefletidas. Não havendo nenhuma razão heterónoma que justifique a atribuição forçosa do direito ao dividendo comum, não existe razão justificativa para a compressão da autonomia dos investidores e da sociedade emitente.

39 Em segundo lugar, exige-se, para a exclusão do direito comum ao dividendo, que as ações preferenciais sem direito de voto não sejam admitidas à negociação em mercado regulamentado. Esta exigência representa um prolongamento do primeiro pressuposto: visa evitar-se que, com a negociação das ações, num contexto de anonimato e de profunda indiferença pessoal, aumente o risco das ações preferenciais sem direito de voto relativamente às quais os estatutos excluem o direito comum a participar nos lucros de exercício serem adquiridas por investidores não qualificados (i.e. por investidores não profissionais)[24].

40 17. **Desaparecimento superveniente dos pressupostos.** O 341.º/4 não restringe o poder de disposição dos investidores qualificados que adquiram ações com dividendo prioritário exclusivo, nem impede a admissão das ações preferenciais com dividendo prioritário exclusivo à

que representa a sua participação nos lucros da sociedade, subtraído do valor que recebeu a título de dividendo prioritário.

[23] Neste caso está-se perante uma ação com uma dupla diminuição: para além de não atribuir direito de voto, não atribuirá também o direito comum a participar nos lucros de exercício.

[24] Também neste sentido, Elda Marques, *As recentes alterações ao regime das ações preferenciais*, 231 e Daniela Farto Baptista, Ações preferenciais sem direito de voto, 435.

negociação em mercado regulamentado [204.º/1, *a*), CVM]. Põe-se o problema de saber quais as consequências da alienação superveniente das ações a investidores não qualificados ou a da sua posterior admissão à negociação em mercado regulamentado[25]. O CSC não as determina *expressis verbis*. Contudo, o 349.º/4, *e*), também introduzido na reforma de 2015, configura um lugar paralelo: o requisito à emissão de obrigações constante do n.º 1 desse preceito é afastado, entre outras situações, caso as emissões sejam "integralmente subscritas por investidores qualificados". O problema do desaparecimento superveniente do pressuposto é aí explicitamente regulado: a subtração dessas obrigações ao limite do n.º 1 apenas vale "desde que as obrigações emitidas não sejam subsequentemente colocadas, direta ou indiretamente, junto de investidores não qualificados".

Mau grado a transmissão das ações a investidores não qualificados extravasar da esfera de domínio da sociedade e a repristinação do direito comum a participar nos lucros ter óbvias consequências negativas na esfera desta, por uma exigência de coerência interna do sistema, não se pode deixar de entender que a mesma solução vigora para o desaparecimento superveniente dos pressupostos do 341.º/4: as ações preferenciais com dividendo prioritário exclusivo que sejam alienadas a investidor não qualificado ou admitidas à negociação em mercado regulamentado passam a atribuir ao respetivo titular o direito comum a participar nos lucros de exercício[26]. 41

18. **Outros direitos patrimoniais e não patrimoniais.** Até à reforma de 2015 era pacífico que as ações preferenciais sem direito de voto conferiam aos seus titulares, para além dos direitos ao dividendo e ao reembolso prioritários, todos os direitos inerentes às ações comuns, com exceção do direito de voto. O DL 26/2015 veio introduzir dúvidas a este respeito, ao alterar a redação do 341.º/5, da qual passa a constar que, para além dos direitos prioritários, as ações preferenciais sem direito de voto conferem aos seus titulares "todos os direitos de natureza não patrimonial inerentes às ações comuns", com exceção do direito de voto. 42

Permanece fora de dúvidas que o único direito de natureza não patrimonial que estas ações não conferem é o direito de voto[27]. A nova redação suscita, contudo, a dúvida sobre se 43

[25] Duas soluções seriam, à partida, concebíveis. A primeira seria a de entender que estes requisitos, enquanto requisitos de validade, se aplicariam apenas no momento do ato de emissão das ações: a posterior aquisição por investidor não qualificado ou admissão à negociação em mercado regulamentado não teria implicações nos direitos inerentes a essas ações. A segunda seria de entender que a pretensão aplicativa da regra segundo a qual as ações preferenciais sem direito de voto atribuem (em moldes cumulativos ou não com o direito ao dividendo prioritário) o direito a participar nos lucros de exercício apenas cede perante norma estatutária contrária enquanto estiverem preenchidos os referidos pressupostos de facto referidos no n.º 4.

[26] Esta possibilidade é suficiente para que se considere conforme com o interesse social o estabelecimento de uma restrição à transmissão destas ações a acionistas não qualificados, nos termos do 328.º/2, *c*). Essa possibilidade apenas existe, contudo, quando as ações preferenciais sem direito de voto assumirem carácter nominativo.

[27] Os titulares de ações preferenciais sem direito de voto têm, assim, a título exemplificativo pleno direito de informação, de assistir e de tomar a palavra em assembleia geral ou de impugnar deliberações sociais. Discute-se, porém, se a privação do direito de voto implica também a privação de outros direitos que, pelo menos, aparentam ser conexos ao direito de voto. Em particular, debate-se se o acionista preferencial sem direito de voto pode requerer a convocação de assembleia geral, aditar pontos à ordem de trabalhos ou apresentar propostas de deliberações (*vide*, a título ilustrativo, J. J. Vieira Peres, *Acções preferenciais sem voto*, 356-361; Raúl Ventura, *Acções preferenciais sem voto*, 435-437) e Daniela Farto Baptista, Ações preferenciais sem voto, 23 ss.. A resposta a estas questões deve assentar num critério funcional: a razão que subjaz à privação destas ações do direito de voto que, por regra, é atribuído aos acionistas, reside no facto de a figura das ações preferenciais sem direito de voto ser desenhada como um instrumento de captação de capitais próprios sem diluição do controlo societário. Por esta razão, todos aqueles direitos não patrimoniais cujo exercício não possibilite um exercício de controlo – e todos os exemplos referidos parecem enquadrar-se nesta categoria – devem ser reconhecidos aos

as ações preferenciais sem direito de voto atribuem aos respetivos titulares os direitos patrimoniais conferidos pelas ações comuns e que não são referidos nos números 2 e 3. Em causa está, designadamente, saber se as ações preferenciais sem direito de voto atribuem o direito ao lucro de liquidação (156.º/4) ou o direito de preferência em aumento de capital por entradas em dinheiro (458.º/1).

44 A nova redação poderia implicar que o significado do 341.º/5 seria diferente do significado assumido na anterior redação[28]. Mas sem razão: um eventual argumento *a contrario sensu*, que conduzisse à leitura do preceito como estabelecendo que, para além dos direitos referidos nos preceitos anteriores, os titulares de ações preferenciais sem direito de voto apenas têm direito a todos os direitos de natureza não patrimonial inerentes às ações comuns, com exceção do direito de voto, apenas procederia se, no plano substancial, se identificasse uma razão para uma diferenciação entre os direitos de natureza patrimonial e aqueles de natureza não patrimonial[29]. Ora, tal não sucede. Ao que se junta um argumento histórico: seria incompreensível que o legislador tivesse tido o cuidado de delimitar de forma restritiva as situações em que os acionistas preferenciais sem direito de voto podem dispor do direito aos lucros de exercício (341.º/4) e, simultaneamente, excluísse, diretamente e de forma genérica, o direito destes acionistas ao lucro de liquidação – o que, sem margem para controvérsias, afetaria pesadamente a atratividade deste tipo de valores mobiliários, em clara contradição com o objetivo de política legislativa declarado no preâmbulo do DL 26/2015.

45 O 345.º/5 preserva o seu carácter original: trata-se de uma proposição jurídica aclaratória, cuja função é a de esclarecer que a exclusão do direito de voto não acarreta a não atribuição de outros direitos não patrimoniais que pudessem ser considerados conexos com o direito de voto. Em rigor, não é o 345.º/5 que atribui esses direitos de carácter não patrimonial: esses decorrem simplesmente da aplicação direta das normas que conformam os direitos que integram o conteúdo das ações. O mesmo sucede quanto aos direitos de carácter patrimonial não especificados nestes preceitos: as respetivas normas atributivas aplicam-se diretamente aos acionistas titulares de ações preferenciais sem direito de voto pelo simples facto de estes serem acionistas.

V – **A supressão dos direitos**

46 19. **Regra geral.** A alteração do conteúdo das ações preferenciais sem direito de voto opera-se, por regra, nos termos gerais que regulam a alteração dos estatutos. Exceção é feita às alterações que incidam sobre o direito ao dividendo prioritário e o direito ao reembolso prioritário. Em causa estão direitos especiais, estatutariamente atribuídos a uma categoria de ações. Consequentemente, não podem ser suprimidas ou coartadas sem o consentimento dos respetivos titulares (24.º/5)[30]. A validade de qualquer afetação negativa das posições privilegiadas de uma categoria de ações preferenciais sem direito de voto pressupõe o consentimento dos respetivos

titulares de ações preferenciais sem direito de voto. Este é, contudo, um critério supletivo: a sociedade poderá regular diferentemente a atribuição destes direitos aos acionistas preferenciais sem direito de voto.

[28] Por esta razão, Elda Marques, *As recentes alterações ao regime das ações preferenciais*, 233-235, retira *a contrario sensu*, da nova redação do 341.º/1 que "as ações preferenciais sem direito de novo não compreendem quaisquer direitos com conteúdo patrimonial imediato legalmente consagrados para as ações em geral, com exceção dos direitos patrimoniais nos termos constantes dos n.ºs 2 a 4 do mesmo dispositivo". Na sua esteira, cfr. também Daniela Farto Baptista, Ações preferenciais sem voto, 421 ss.

[29] Sobre os pressupostos de aplicação do argumento *a contrario sensu*, *vide* Miguel Teixeira de Sousa, *Introdução ao direito* (2012), 437-442.

[30] *Vide* António Menezes Cordeiro, *Acções preferenciais sem voto*, 1050 ss.

titulares, através de deliberação tomada em assembleia especial dos acionistas titulares de ações da categoria afetada (24.º/6)[31].

20. **Compressões direta e indireta.** Esta proteção é conferida a afetações diretas dos direitos especiais: apenas carecem do consentimento destes acionistas aquelas deliberações, que pela sua estrutura e finalidade, visem atingir precisamente os seus direitos especiais. As demais deliberações, embora com implicações práticas indiretas nos benefícios retirados da titularidade desses direitos, exorbitam o âmbito de proteção fornecido pelo 24.º/5 e 6[32]. Esta distinção tem particular relevância no que concerne aos direitos especiais atribuídos pelas ações preferenciais sem direito de voto, dado que a concretização dos direitos ao dividendo e ao reembolso prioritário dependem da situação patrimonial da sociedade e, nessa medida, podem ser indiretamente afetados por qualquer deliberação com efeitos, mediatos ou imediatos, no património societário. Contudo, tratando-se de compressões meramente indiretas, essas deliberações são decididas pela assembleia geral nos termos gerais: não só não será exigido o consentimento dos titulares de ações preferenciais sem direito de voto, nos termos do 24.º/6, como estes não poderão votar na deliberação[33]. 47

VI – O titular de ações preferenciais sem direito de voto como sócio

21. **O titular de ações preferenciais sem direito de voto como sócio.** Não obstante o valor mobiliário de que é titular não atribuir, salvo nos casos patológicos do 342.º/1, o direito de voto, o titular de ações preferenciais sem direito de voto é um acionista, na aceção plena do conceito. São-lhe aplicáveis todas as normas que regulem a posição dos acionistas, com eventual exceção, por redução teleológica destas, daquelas normas cuja razão justificativa se prenda precisa e exclusivamente com a possibilidade do exercício do direito de voto[34]. 48

[31] *Vide* a anotação ao 24.º.

[32] Indicações em António Menezes Cordeiro, *Acções preferenciais sem voto*, 1052 e em Carlos Osório de Castro, *Acções preferenciais sem voto*, 313 ss.. Nomeadamente, em caso de redução do capital social – o qual pode suprimir as ações preferenciais ou reduzir o seu valor nominal, sobre o qual se calcula o dividendo preferencial – não haverá lugar à necessidade de consentimento especial dos acionistas preferenciais. Assim, António Menezes Cordeiro, *Acções preferenciais sem voto*, 1054-1055.

[33] Note-se, aliás, que toda a lógica das ações preferenciais sem direito de voto reside na atribuição dessas vantagens, a troco da supressão do direito de voto. Admitir que os titulares de ações preferenciais sem direito de voto pudessem "vetar" tais opções seria contrário a uma das finalidades subjacentes a esta figura: possibilitar a capitalização da sociedade sem, contudo, partilhar o poder de orientação da mesma com os titulares destas ações. Para maiores desenvolvimentos, António Menezes Cordeiro, *Acções preferenciais sem voto*, 1052-1054.

[34] É comum a caracterização das ações preferenciais sem direito de voto como instrumento financeiro híbrido, dado que estas teriam características típicas das ações (com enfoque para a participação nos lucros e nas perdas da sociedade), mas também características típicas das obrigações, nomeadamente a não atribuição do direito de voto (assim, Ana Perestrelo de Oliveira, *Manual de Corporate Finance*, 157-159). A caracterização das ações preferenciais sem direito de voto como instrumentos financeiros híbridos não é incompatível com a afirmação de que elas se qualificam como ações *stricto sensu*, pelo simples facto de que o conceito de instrumento híbrido não tem preocupações técnico-jurídicas, adotando exclusivamente uma perspetiva económica desses instrumentos. Não é problemática a afirmação de que, se tivermos como ponto de referência as ações comuns, as ações preferenciais sem direito de voto, ao não atribuírem este direito, se afastam daquele ponto de referência e se aproximam das obrigações. Mas daqui nada se segue: em rigor, a ação, enquanto categoria técnico-jurídica, abrange valores mobiliários que não atribuem direito de voto – justamente as ações preferenciais sem direito de voto. Sobre a ambiguidade e as limitações do conceito de instrumentos financeiros híbridos enquanto conceito dogmático, *vide* Miguel Brito Bastos, *A elegibilidade de valores mobiliários condicionalmente convertíveis em ações comuns (contingent convertibles) como fundos próprios de instituições de crédito na transição para Basileia III*, em AAVV, *O novo direito bancário* (2012), 200-202, n. 540 e, ainda que a outro propósito, Carlos Osório de Castro, *Valores mobiliários*, 166.

Artigo 342.º (Falta de pagamento do dividendo prioritário)

1. Se os lucros distribuíveis ou o ativo de liquidação não forem suficientes para satisfazer o pagamento do dividendo prioritário de determinado exercício, ou o reembolso do valor nominal ou do valor de emissão das ações, respetivamente, são os mesmos repartidos proporcionalmente pelas ações preferenciais sem direito de voto.

2. O dividendo prioritário que não for integralmente pago num determinado exercício social deve ser pago nos três exercícios seguintes, antes do dividendo relativo a estes, desde que haja lucros distribuíveis, sem prejuízo do disposto no n.º 4 e de o contrato de sociedade poder prever um número de exercícios superior.

3. Se o dividendo prioritário não for integralmente pago durante dois exercícios sociais, as ações preferenciais passam a conferir o direito de voto, nos mesmos termos que as ações ordinárias, e só o perdem no exercício seguinte àquele em que tiverem sido pagos os dividendos prioritários em atraso, sem prejuízo do disposto no número seguinte.

4. O contrato de sociedade pode, relativamente às ações preferenciais sem direito de voto que sejam subscritas exclusivamente por investidores qualificados, na aceção do Código dos Valores Mobiliários, e que não sejam admitidas à negociação em mercado regulamentado:

***a*) Afastar ou regular de forma diversa do previsto no n.º 2 o regime do dividendo prioritário que não seja pago num determinado exercício;**

***b*) Prever que o dividendo prioritário correspondente a exercícios em que não tenham sido gerados lucros distribuíveis seja considerado perdido;**

***c*) Prever que as ações preferenciais se convertam em ações ordinárias nas circunstâncias especificadas nas condições da emissão relacionadas com a deterioração da situação financeira da sociedade que ponha em causa o pagamento do dividendo prioritário;**

***d*) Prever um número de exercícios sociais diverso do previsto no número anterior, mas não superior a cinco exercícios para efeitos de atribuição de direito de voto por falta de pagamento integral do dividendo prioritário.**

5. Existindo lucros distribuíveis, a sociedade é obrigada a proceder ao pagamento do dividendo prioritário, sendo o direito ao recebimento deste último suscetível de execução específica.

6. Enquanto as ações preferenciais gozarem do direito de voto, não se aplica o disposto no n.º 6 do artigo anterior.

Bibliografia: Daniela Farto Baptista, *Ações preferenciais sem voto (em particular, as detidas por investidores qualificados)*, em IV Congresso DSR (2016), 411-440; Carlos Osório de Castro, *Acções preferenciais sem voto*, em AAVV (2002), 301-308; António Menezes Cordeiro 2 (2007), 696; João Labareda, *Das acções das SA* (1988), 61; Elda Marques, *comentário ao 342.º*, em Coutinho de Abreu, *Código em comentário*, VI (2012); *id.*, *As recentes alterações ao regime das ações preferenciais – O Decreto-Lei n.º 26/2016, de 6 de fevereiro*, DSR 2015, 235-240; *id.*, *O dividendo prioritário nas acções preferenciais sem voto*, O Direito 1995, 369-383; J. J. Vieira Peres, *Acções preferenciais sem voto*, RDES 1988, 362-388; Raúl Ventura, *Acções preferenciais sem voto*, em *Estudos vários sobre SA* (1992), 440-446.

Índice

I – **Evolução normativa**
1. A reforma de 2010 1
2. A reforma de 2015 3

II – **Não pagamento do dividendo prioritário**
3. Delimitação da "falta de pagamento" relevante 5
4. Pagamento parcial do dividendo prioritário 6
5. Carácter cumulativo do dividendo prioritário ... 7
6. A recuperação do direito de voto 8
7. A dispositividade das consequências do não pagamento do dividendo preferencial 11

I – Evolução normativa

1. **A reforma de 2010**. O DL 49/2010, de 19-mai., introduziu, no n.º 1, a referência ao valor 1
de emissão, de modo a adaptar o preceito à eventualidade de ações sem valor nominal. *Vide* as anotações ao 276.º.

A redação do 342.º ficou sendo a seguinte: 2

> 1. Se os lucros distribuíveis ou o activo de liquidação não forem suficientes para satisfazer o pagamento do dividendo, do valor nominal ou do valor de emissão das acções, nos termos previstos no n.º 2 do artigo 341.º, são repartidos proporcionalmente pelas acções preferenciais sem voto.
> 2. O dividendo prioritário que não for pago num exercício social deve ser pago nos três exercícios seguintes, antes do dividendo relativo a estes, desde que haja lucros distribuíveis.
> 3. Se o dividendo prioritário não for integralmente pago durante dois exercícios sociais, as acções preferenciais passam a conferir o direito de voto, nos mesmos termos que as acções ordinárias, e só o perdem no exercício seguinte àquele em que tiverem sido pagos os dividendos prioritários em atraso. Enquanto as acções preferenciais gozarem do direito de voto, não se aplica o disposto no artigo 341.º, n.º 4.

2. **A reforma de 2015.** O DL 26/2015, de 6-fev., veio ampliar a margem de conformação da 3
emitente das ações preferenciais sem direito de voto, quanto às consequências do não pagamento dos direitos prioritários, estabelecendo as condições em que os estatutos podem afastar as normas do 342.º/2 e 3. À semelhança do 341.º/4 fixou-se um regime diferenciado: o espaço de autonomia é restringido de forma menos intensa quando as ações sejam integralmente subscritas por investidores qualificados e não sejam negociáveis em mercado regulamentado (342.º/3, parte final, e 4).

Foi ainda introduzido o atual n.º 5 o qual, no entanto, é desprovido de carácter inovató- 4
rio: trata-se de uma mera declaração do que já decorreria do regime geral das obrigações.

II – Não pagamento do dividendo prioritário

3. **Delimitação da "falta de pagamento" relevante.** O 342.º estabelece o regime da "falta 5
de pagamento" do dividendo prioritário ou do direito ao reembolso prioritário do valor nominal ou de emissão das ações. A "falta de pagamento" não consiste numa situação de incumprimento dos créditos resultantes da concretização desses direitos: antes se visam as consequências da não verificação dos pressupostos desses créditos no futuro pagamento de dividendos pela sociedade emitente e na exclusão do direito de voto. Em suma, a "falta de pagamento" dos direitos prioritários corresponde à não constituição dos créditos que os concretizam por causa da inexistência de lucros distribuíveis. Situação diferente será a de, havendo lucros distribuíveis e constituindo-se, consequentemente, na esfera do acionista, o crédito ao dividendo prioritário, não ser cumprida a correlativa obrigação da sociedade (seja por deliberações ilícitas da

assembleia, seja por inércia dos administradores): nessa altura, estarão ao dispor dos acionistas preferenciais todos os mecanismos conferidos pelo regime geral do incumprimento. A mesma ideia é concretizada pelo 342.º/5, quando esclarece que o direito ao recebimento do dividendo prioritário é suscetível de execução específica[1]. O sócio pode, entre outros mecanismos, recorrer à ação executiva para satisfação do seu crédito ao dividendo prioritário[2].

6 4. **Pagamento parcial do dividendo prioritário.** Não existindo lucros distribuíveis necessários para que sejam constituídos os créditos ao dividendo prioritário de todos os acionistas preferenciais sem direito de voto, os lucros distribuíveis existentes são repartidos proporcionalmente por todos os acionistas preferenciais (342.º/1, 2.ª parte). Esta situação configura um não pagamento, ainda que parcial, do dividendo prioritário, dando lugar à aplicação do disposto nos n.ºs 2 e 3.

7 5. **Carácter cumulativo do dividendo prioritário.** Estatui o 342.º/2 que não sendo o dividendo prioritário integralmente pago no exercício social ao qual respeita, deve ser pago nos três exercícios subsequentes, antes do dividendo relativo a estes. Daqui retiram-se duas regras distintas. A primeira prende-se com a afetação de lucros da sociedade à constituição dos créditos de dividendo prioritário: revelando as contas relativas aos exercícios seguintes à existência de lucros distribuíveis, estes serão afetos, em primeiro lugar, à satisfação dos créditos aos dividendos prioritários referentes aos exercícios transatos. A segunda diz respeito à limitação do número de exercícios pelo qual os dividendos prioritários referentes a exercícios passados beneficiam dessa afetação prioritária dos lucros distribuíveis. Supletivamente, o 342.º/2 define esse número em três. Os estatutos podem estabelecer um número de exercícios superior e, nos casos do n.º 4, um número inferior (ou mesmo afastar este mecanismo). Decorridos esses exercícios, a existência de lucros distribuíveis já não será *ex lege* canalizada para a constituição dos créditos de dividendos prioritários referentes aos exercícios anteriores a esse período nos quais não houve lugar ao seu pagamento[3].

[1] Neste sentido, João Labareda, *Das acções das sociedades anónimas*, 61. Em sentido contrário, veja-se, Raúl Ventura, *Acções preferenciais sem voto*, 441-442 e Carlos Osório de Castro, *Acções preferenciais sem voto*, 308. A introdução do 342.º/5 pelo DL parece vir, contudo, reforçar a conclusão de que os casos de comum incumprimento das obrigações de pagamento destes direitos prioritários são regulados pelo regime comum do incumprimento das obrigações, ficando o regime do 342.º reservado para situações de não concretização do direito abstrato ao dividendo prioritário, através da constituição de um correspondente crédito.

[2] Irrelevante para esta conclusão é a discussão sobre se a execução da prestação para entrega de quantia pecuniária, como é a presente, se qualifica, ou não, como verdadeira execução específica. Certo é que se trata de uma situação de recurso à ação executiva, em que, por regra, o exequente pretende precisamente o mesmo efeito que corresponde ao cumprimento da obrigação: a entrega de uma quantia pecuniária. Sobre esta questão, *vide* a síntese de Rui Pinto, *Manual da execução e despejo* (2013), 60. Assim, mesmo que se entenda que a execução para a satisfação de obrigações pecuniárias não se qualifica, perante os quadros dogmáticos mais rigorosos, como execução específica, a interpretação do 342.º/5 neste sentido terá, ainda, um "mínimo de correspondência verbal com a letra da lei" (9.º/2 do CC), pelo que tal não colocará qualquer obstáculo a esta interpretação. Contra, entendendo que a referência à "execução específica" no 342.º/5 se reporta à execução específica da deliberação social de distribuição de lucros, ao abrigo do 830.º do CC, Elda Marques, *As recentes alterações ao regime das ações preferenciais*, 240-241. No entanto, como visto, a constituição do crédito ao dividendo prioritário não depende de tal deliberação.

[3] Quando o 342.º/2 estabelece que o dividendo prioritário que não for pago no correspondente exercício social deve ser pago nos três exercícios seguintes, não estabelece, pois, uma regra especial de prescrição desses créditos (contra, Paulo Olavo Cunha, *Os direitos especiais nas sociedades anónimas*, 159). Mesmo decorridos os três exercícios em causa, o acionista continuará a ser titular dos créditos pecuniários correspondentes aos dividendos prioritários não pagos, na medida em que, em virtude da existência de lucros distribuíveis, estes entretanto se tenham (parcialmente) constituído. O preceito em questão apenas estabelece um limite ao número de exercícios durante os quais os lucros distribuíveis que sejam revelados pelas contas de exercício são preferencialmente, e *ope legis*, afetos à constituição dos dividendos prioritários referentes a exercícios pretéritos. Decorrido este período, mesmo que a sociedade produza lucros suficientes para a constituição dos créditos de dividendos prioritários correspondentes aos exercícios transatos, estes créditos já não se constituirão. Em suma: o efeito

6. **A recuperação do direito de voto.** As ações preferenciais sem direito de voto assentam numa lógica de compensação entre a privação do direito de voto e a atribuição dos direitos prioritários. O 342.º/3 desenvolve este nexo, dele retirando consequências: não havendo a concretização integral do direito ao dividendo prioritário durante dois exercícios sociais, a ação preferencial passa a atribuir direito de voto ao seu titular. Por esta razão se afirma que, em rigor, no tipo de ações regulado no 341.º e seguintes não há uma absoluta exclusão do direito de voto: este encontra-se apenas latente ou condicionado[4]. 8

A recuperação do direito de voto em consequência do não pagamento do dividendo prioritário opera a partir do momento em que sejam aprovadas as contas de exercício das quais decorra que, pelo segundo ano consecutivo[5], não há lugar ao dividendo prioritário. O direito de voto volta a extinguir-se no início do exercício seguinte àquele em que tenham sido pagos os dividendos em atraso[6]. Durante este período, não obstante a recuperação do direito de voto, o acionista mantém os seus direitos patrimoniais prioritários[7]. 9

A expressão "pagamento" é utilizada, em todo o 342.º, com o significado diferente do seu significado técnico comum. Como se viu a propósito dos n.ºs 1, 2 e 3, primeira parte, a falta de pagamento não se traduz na insatisfação de um crédito pecuniário, mas na não verificação das condições objetivas das quais dependa a sua constituição. Por esta razão, o pagamento dos dividendos em atraso a que se refere a parte final do n.º 3, e do qual depende a reversão da ação preferencial ao seu estado originário, corresponde à constituição, na esfera do acionista, dos créditos em questão. Caso, subsequentemente, não haja cumprimento voluntário pela sociedade emitente da correlativa obrigação, pode o acionista usar todos os mecanismos de tutela do seu crédito. Mas, sendo já titular dos direitos de crédito correspondente aos dividendos prioritários correspondentes aos exercícios anteriormente em atraso, o seu direito de voto retornará já ao seu estado latente. 10

7. **A dispositividade das consequências do não pagamento do dividendo preferencial** segue o regime dual do 341.º/4. O número de exercícios pelo qual o dividendo prioritário se cumula pode ser sempre alterado em sentido favorável aos acionistas (342.º/2), O mesmo vale para o encurtamento do prazo que o 342.º/3 estabelece para a recuperação do direito de voto. 11

Quando as ações sejam detidas por investidores qualificados e não sejam negociadas em mercado regulamentado, a margem de autonomia na conformação estatutária deste regime é incrementada. Os estatutos podem, nomeadamente: (a) afastar ou regular de forma diversa a cumulatividade dos dividendos prioritários, inclusive determinar que, não havendo lucros distribuíveis, o dividendo prioritário seja considerado perdido [342.º/4, *a*) e *b*)]; (b) estabelecer a 12

estabelecido pelo decurso do prazo do 342.º/2 prende-se com a não constituição, e não com a extinção, de créditos aos dividendos prioritários. Aparentemente neste sentido, Raúl Ventura, *Acções preferenciais sem voto*, 446.

[4] Naturalmente, recuperado o direito de voto, as ações preferenciais passam a contar para a determinação do quórum (342.º/6).

[5] Ou, no caso de outro número de exercícios ter sido definido no contrato de sociedade, decorrido esse número de exercícios.

[6] O conceito de "pagamento dos dividendos prioritários em atraso", aparentemente não problemático, reclama alguns esclarecimentos. Quanto à identificação de quais os dividendos "em atraso" torna-se necessário conciliar este preceito com o 342.º/2: apenas contam como tal dividendos referentes a exercícios passados relativamente aos quais o acionista ainda tenha uma pretensão. É ainda necessário não esquecer que, durante o período de recuperação do direito de voto, os titulares das ações em causa continuam a beneficiar do direito ao dividendo prioritário: caso, durante esse período, a sociedade continue a não gerar lucros distribuíveis suficientes para concretizar os direitos abstratos ao dividendo prioritário em concretos créditos, também esses terão de ser pagos para que o direito de voto volte ao seu estado latente.

[7] *Vide* Raúl Ventura, *Acções preferenciais sem voto*, 444-445, Carlos Osório de Castro, *Acções preferenciais sem voto*, 308 e Elda Marques, *comentário ao 342.º*, 791 ss..

conversão das ações preferenciais em ações comuns quando verificadas circunstâncias relacionadas com a deterioração da situação financeira da sociedade que ponham em causa o pagamento do dividendo[8] [342.º/4, *c*)]; (c) estabelecer que a recuperação do direito de voto pressuponha o não pagamento do dividendo prioritário por mais de dois exercícios, não podendo, em qualquer caso, o número de exercícios sociais em cujo não pagamento do dividendo prioritário dá lugar à recuperação do direito de voto, ser superior a cinco [342.º/4, *d*)].

Artigo 343.º (Participação na assembleia geral)

1. Se o contrato de sociedade não permitir que os acionistas sem direito de voto participem na assembleia geral, os titulares de ações preferenciais sem direito de voto de uma mesma emissão são representados na assembleia por um deles.
2. À designação e destituição do representante comum aplica-se, com as necessárias adaptações, o disposto no artigo 358.º.

Bibliografia: Paulo Olavo Cunha, *Os direitos especiais nas SA* (1993), 162-163; Elda Marques, *comentário ao 343.º*, em Coutinho de Abreu, *Código em comentário* VI (2012), 702-705; J. J. Vieira Peres, *Acções preferenciais sem voto*, RDES 1988, 355-356; Raúl Ventura, *Acções preferenciais sem voto*, em *Estudos vários sobre SA* (1992), 436-437.

Índice

1. Participação em assembleia geral 1
2. Representante comum 2

1 1. **Participação em assembleia geral**. Nos termos do 341.º/5, os acionistas preferenciais sem direito de voto têm supletivamente o direito de comparecer na assembleia geral e de, nela, se fazerem representar. Embora sem direito de voto, eles podem aí exercer outros direitos que lhe assistem: tomar a palavra, fazer pedidos de informação e mesmo fazer propostas de deliberações sociais. Podem, contudo, os estatutos excluir que os acionistas preferenciais sem direito de voto participem na assembleia geral – podendo essa exclusão ser estabelecida especificamente para os acionistas preferenciais sem direito de voto, ou decorrer da reserva genérica da participação na assembleia a quem for titular de um voto (379.º/2). Nestes casos, permite o 343.º/1 que os acionistas preferenciais sem direito de voto se façam representar na assembleia por um deles.

2 2. **Representante comum**. Assiste-lhe o exercício de todos os direitos que caibam aos acionistas preferenciais sem direito de voto. Mas apenas estes: não, evidentemente, o de votar em assembleia geral.

[8] Dessa forma, obtém-se uma atribuição definitiva do direito de voto, com a concomitante extinção, também ela definitiva (ainda que com efeitos meramente *ex nunc*), dos direitos prioritários. Estando em causa uma conversão condicional de valores mobiliários, não será aplicável o regime do 344.º. Sobre estes mecanismos, e a medida em que lhe deve ser aplicável o regime civil da condição, *vide* Miguel Brito Bastos, *A elegibilidade de valores mobiliários condicionalmente convertíveis em ações comuns*, 203-204, n. 546. De resto, note-se, que nada obsta a que as condições de emissão estabeleçam a conversão das ações preferenciais sem direito de voto em circunstâncias que não se prendam com a deterioração financeira da sociedade, ou atribuam, quer à sociedade emitente, quer ao titular, o direito potestativo de provocar tal conversão.

Mau grado a redação da parte final do 343.º/1, que se refere à representação em assembleia geral dos acionistas preferenciais sem direito de voto "por um deles", nada obsta a que o representante comum seja designado fora do círculo dos representados. A admissibilidade de princípio da representação dos acionistas em assembleia geral (380.º/1), conjugada com o lugar paralelo do 357.º/2, a propósito do representante comum dos obrigacionistas, reforça esta interpretação. Não existe, de resto, qualquer obstáculo a que os acionistas titulares de diferentes emissões designem o mesmo representante comum. 3

Nos termos do 343.º/2, à designação e destituição do representante comum dos acionistas preferenciais sem direito de voto aplica-se o disposto quanto ao representante comum dos obrigacionistas (358.º): este será designado e destituído por deliberação destes acionistas, a qual deve especificar a duração das funções de representação. Estas deliberações são tomadas em assembleias de acionistas especiais, regendo-se pelo 389.º. 4

Além disso, o representante comum em causa assume atribuições e responsabilidades paralelas às dos obrigacionistas. Na ausência de regulação específica, aplica-se, por analogia – e, portanto, com as necessárias adaptações e após uma verificação, caso a caso, da procedência da razão justificativa de cada norma desse regime na situação a regular – o disposto no 359.º. 5

Artigo 344.º (Conversão de ações)

1. As ações ordinárias podem ser convertidas em ações preferenciais sem direito de voto, mediante deliberação da assembleia geral, observando-se o disposto nos artigos 24.º, no n.º 1 do artigo 341.º e no artigo 389.º devendo tal deliberação ser publicada.

2. A conversão prevista no n.º 1 faz-se a requerimento dos acionistas interessados, no período fixado pela deliberação, não inferior a 90 dias a contar da publicação desta, respeitando-se na sua execução o princípio da igualdade de tratamento.

Bibliografia: Carlos Osório de Castro, *Acções preferenciais sem voto*, em AAVV (2002), 286-293; E. Lucas Coelho, *Direito de voto dos accionistas* (1987), 169-170; António Menezes Cordeiro, *Acções preferenciais sem voto*, ROA 2000, 1049-1056; Paulo Olavo Cunha, *Os direitos especiais nas SA* (1993), 164-165; Cristiano Dias, *Direitos especiais dos sócios* (2015), 338-339; João Labareda, *Das acções das SA* (1988), 215-217; Elda Marques, *comentário ao 344.º*, em Coutinho de Abreu, *Código em comentário*, VI (2012); *id.*, *As recentes alterações ao regime das ações preferenciais – O Decreto-Lei n.º 26/2016, de 6 de fevereiro*, DSR 2015, 243-245; J. J. Vieira Peres, *Acções preferenciais sem voto*, RDES (1988), 353-355; João Ferreira Rebelo, *As acções preferenciais sem voto no ordenamento jurídico português*, 251-252; Filipe Cassiano dos Santos, *Estrutura associativa e participação societária capitalística* (2006), 469-471; Raúl Ventura, *Acções preferenciais sem voto*, em *Estudos vários sobre SA* (1992), 446-450.

Índice

I – **Conversão de ações ordinárias em preferenciais**
1. Requisitos ... 1
2. Processamento ... 2
3. Sentido e fundamento da remissão para os 24.º e 389.º ... 4
4. Igualdade de tratamento dos acionistas ... 5
5. Adesão dos acionistas comuns ... 6
6. Compensação ... 7

II – **Conversão de ações preferenciais em ordinárias**
7. Carácter lacunar ... 9
8. Processamento ... 10

I – Conversão de ações ordinárias em preferenciais

1 1. **Requisitos**: (a) deve estar prevista, nos estatutos, a categoria das ações preferenciais sem direito de voto (24.º e 341.º/1); (b) deve reunir a assembleia especial dos (futuros) preferenciais (389.º, *ex vi* 344.º/1, *in fine*, preterindo-se, assim, o 389.º/3); (c) deve haver uma deliberação favorável da assembleia geral, que deve ser publicada (344.º/1)[1].

2 2. **Processamento**. A deliberação não opera unilateralmente a conversão das ações comuns em ações preferenciais sem direito de voto: antes, atribui aos titulares de ações comuns um direito potestativo de operar a conversão – colocando a sociedade emitente num correlativo estado de sujeição (344.º/2).

3 A conversão das ações implica uma modificação das posições atribuídas a alguns acionistas: ainda que apenas opere com a declaração dos acionistas referida no 344.º/2, a deliberação de conversão dirige-se a uma alteração dos estatutos. É-lhe, pois, aplicável o respetivo regime jurídico (383.º/2 e 386.º/3 e 4)[2].

4 3. **Sentido e fundamento da remissão para os 24.º e 389.º**. A conversão de ações ordinárias em preferenciais não suprime direitos especiais. Apesar disso, o 344.º/1 condiciona a conversão de ações comuns em ações preferenciais sem direito de voto à observância do 24.º e, consequentemente, do 389.º. Esta remissão deve ser entendida como um mecanismo de proteção de direitos especiais já existentes à data da conversão de ações e que sejam diretamente afetados pela emissão das novas ações preferenciais sem direito de voto[3].

[1] Não é, pois, necessária uma autorização estatutária específica à conversão de ações comuns em ações preferenciais sem direito de voto, em cumulação à autorização, exigida no 341.º/1, para a emissão de ações desta categoria. Neste sentido, Carlos Osório de Castro, *Acções preferenciais sem voto*, 291, João Ferreira Rebelo, *As acções preferenciais sem voto no ordenamento jurídico português*, 251. Em sentido contrário, *vide* Raúl Ventura, *Acções preferenciais sem voto*, 447, respaldando-se na necessidade de tutela dos titulares das ações a converter; porém sem razão, dado o carácter facultativo da conversão regulada no 344.º.

[2] Assim, Paulo Olavo Cunha, *Os direitos especiais nas SA*, 164, J. J. Vieira Peres, *Acções preferenciais sem voto*, 352, António Menezes Cordeiro, *Acções preferenciais sem voto*, 1049, Carlos Osório de Castro, *Acções preferenciais sem voto*, 293, Elda Marques, *comentário ao 344.º*, 711 e Cristiano Dias, Os direitos especiais dos sócios, 339. Contra, Raúl Ventura, *Acções preferenciais sem voto*, 448 (que parece entender não se colocarem exigências acrescidas de quórum ou de maioria deliberativa) e Filipe Cassiano dos Santos, *Estrutura associativa e participação societária capitalística*, 471 (que entende ser exigida, por analogia, a maioria de ¾ estabelecida no 294.º/1).

[3] A interpretação das remissões operadas pelo 344.º/1 para os 24.º e 389.º como exigindo uma aprovação dos sócios sobre cujas ações incide a deliberação de conversão daria tradução a uma exigência fundamental do sistema: traduzindo-se a conversão também numa depreciação do conteúdo dessas ações, que ficam desprovidas do direito de voto, sempre seria exigido o consentimento desses sócios. Contudo, sendo que a conversão apenas se concretiza mediante o requerimento dos acionistas interessados (344.º/2) essa proteção seria redundante, ao passo que, inversamente, permitiria aos acionistas comuns não afetados pela conversão o poder de bloquear, apesar da aprovação da deliberação pela maioria exigida, uma conversão que não os afeta – poder esse que, de resto, não tem paralelo na emissão *ex novo* de emissões preferenciais sem direito de voto (341.º). Também a interpretação da referência aos 24.º e 389.º no 344.º/1 como se aplicando apenas aos casos em que a deliberação incida sobre a conversão de ações privilegiadas em ações preferenciais sem direito de voto (como pretende Raúl Ventura, *Acções preferenciais sem voto*, 448) improcede: não obstante ser possível a conversão de ações privilegiadas em ações preferenciais sem direito de voto o 441.º/1 é expresso ao determinar que o seu âmbito de aplicação se prende com a conversão de ações *comuns*. A interpretação dessa remissão como tutela de acionistas cujos direitos especiais sejam afetados pelo surgimento das ações preferenciais sem direito de voto resultantes da conversão é, assim, sufragada pela doutrina maioritária (*vide* J. J. Vieira Peres, *Acções preferenciais sem voto*, 353, António Menezes Cordeiro, *Acções preferenciais sem voto*, 1049, Carlos Osório de Castro, *Acções preferenciais sem voto*, 290-293, Filipe Cassiano dos Santos, *Estrutura associativa e participação societária capitalística*, 470, Elda Marques, *comentário ao 344.º*, 822 ss., e João Ferreira Rebelo, *As acções preferenciais sem voto no ordenamento jurídico português*, 252). A necessidade de consentimento nos termos dos 24.º e 389.º aplicar-se-á tipicamente naqueles casos em que a sociedade já é emitente de ações preferenciais sem direito de voto, passando os direitos prioritários dos anteriores acionistas preferenciais a concorrer com os direitos prioritários inerentes às ações resultantes da con-

4. **Igualdade de tratamento dos acionistas.** A conversão de ações comuns em ações pre- 5
ferenciais sem direito de voto implica a igualdade de tratamento dos acionistas em dois planos distintos. Em primeiro lugar, na delimitação, pela deliberação referida no 344.º/1, do universo de acionistas que passem a ser beneficiários do direito de potestativo de operar a conversão: caso esta faculdade não seja atribuída a todos, será necessário o consentimento individual de todos os sócios preteridos[4]. Em segundo lugar, caso o número de ações cuja conversão for requerida nos termos do 344.º/2 seja superior ao número de ações que a sociedade deliberou haverá um rateio, aplicando-se, por analogia, o 458.º/2[5].

5. **Adesão dos acionistas comuns.** A efetiva conversão das ações pressupõe que os inte- 6
ressados na conversão exerçam o direito potestativo derivado da deliberação, requerendo essa conversão à sociedade: no prazo fixado na deliberação, mas não inferior a 90 dias.

6. **Compensação.** A conversão de ações comuns em ações preferenciais implica a privação do 7
direito de voto, que os acionistas podem entender não ser suficientemente compensada pela atribuição dos direitos prioritários. Acresce que usualmente as cotações das ações preferenciais sem direito de voto são inferiores às das suas congéneres comuns. A sociedade, no exercício da autonomia privada, pode pois estipular o pagamento de compensações aos acionistas que adiram à conversão[6]. Inversamente, pode também a sociedade exigir, pela conversão, o pagamento de um prémio de emissão – seja com a finalidade de remunerar a atribuição dos direitos prioritários, seja para compensar os acionistas que não adiram à conversão pela preterição dos seus direitos ao lucro e à quota de liquidação daí resultante[7].

Estas compensações podem ser feitas indiretamente, através da alteração do rácio de con- 8
versão de uma ação comum numa ação preferencial sem direito de voto (o qual é pressuposto pelo 344.º), casos em que a conversão terá de ser conciliada com o regime da redução ou do aumento de capital, consoante aplicável.

II – Conversão de ações preferenciais em ordinárias

7. **Carácter lacunar.** A conversão de ações preferenciais sem direito de voto em ações ordi- 9
nárias não é regulada pelo Código. Nomeadamente, esta conversão não se confunde com a hipótese regulada no 342.º/3. A sociedade pode, contudo, deliberar esta conversão, aplicando-se *mutatis mutandis* o disposto no 344.º.

8. **Processamento.** As ações preferenciais podem passar a ordinárias, nos termos gerais: (a) alte- 10
ração dos estatutos; (b) autorização dos titulares; (c) publicação e execução.

versão, designadamente quando para a satisfação desses direitos haja que proceder a um rateio entre todos os titulares de direitos preferenciais.

[4] *Vide* Carlos Osório de Castro, *Acções preferenciais sem voto*, 292.

[5] *Vide* Elda Marques, *comentário ao 344.º*, 822.

[6] A admissibilidade dessas compensações estará sujeita aos limites estabelecidos para a distribuição de bens a acionistas.

[7] A configuração do prémio de emissão como uma compensação aos acionistas comuns que, na prática, veem os seus direitos aos lucros e à quota de liquidação potencialmente prejudicados pela atribuição de direitos prioritários aos novos acionistas preferenciais pode colocar dificuldades práticas. Na verdade, o seu pagamento do prémio à sociedade beneficia indiretamente todos os acionistas e não só os acionistas comuns prejudicados. Na deliberação de conversão pode, porém, ser estabelecido que, com a conversão, os acionistas aderentes devem pagar uma quantia pecuniária à sociedade, que esta receberá por conta dos acionistas prejudicados, atuando posteriormente como fiduciária destes: repartindo o valor total dos prémios pelos vários acionistas beneficiários e pagando-lhes, posteriormente, a respetiva quantia. Estar-se-á, aqui, perante uma situação análoga à regulada no 1181.º/1 do CC, e não perante uma situação de distribuição de bens aos acionistas, pelo que este pagamento não será prejudicado caso não estejam verificadas as condições dos 32.º e 33.º.

Artigo 344.º-A (Ações preferenciais de outros tipos)

O disposto na presente secção não impede a sociedade de, nos termos dos artigos 24.º e 302.º, emitir ações que confiram ordinariamente direitos de voto e disponham de dividendo prioritário ou outros direitos especiais que estejam expressamente previstos no contrato de sociedade.

Bibliografia: José Engrácia Antunes, *Instrumentos financeiros* (2014) 76-78; José de Oliveira Ascensão, *As acções*, DVM II (2000), 57-90; Carlos Osório de Castro, *Valores mobiliários* (1998), 87-109; António Menezes Cordeiro 2 (2007), 665-667; Paulo Olavo Cunha, *As acções especiais das SA* (1993); *id.*, *Direito das sociedades comerciais* (2012), 397-405; *id.*, *Os novos direitos especiais: as ações especiais*, em AAVV (2012), 111-146; Cristiano Dias, *Os direitos especiais dos sócios* (2015), 259-525; Fátima Gomes, *O direito aos lucros e o dever de participar nas perdas nas sociedades anónimas* (2011); *id.*, *Dividendo de lealdade?*, em *Estudos em homenagem ao Prof. Doutor Jorge Miranda*, VI, 811-827; Madalena Perestrelo de Oliveira, *Direito de voto nas sociedades cotadas: da admissibilidade de categorias de ações com direito de voto plural às L-shares*, RDSVII/2 (2015), 435-470; Inocêncio Galvão Telles, *Acções privilegiadas*, O Direito 87 (1955), 302-323; Armando Manuel Triunfante, *A tutela das minorias nas sociedades anónimas. Direitos individuais* (2004), 395-408.

Índice

I – **Origem e função**
1. Origem 1
2. Carácter declarativo 2

II – **Conteúdo e limites**
3. Direitos especiais de natureza patrimonial e não patrimonial 4
4. Limites genéricos 5
5. Limites específicos nas SA 6

III – **Modalidades**
6. Atipicidade 7
7. Ações com direitos especiais aos lucros 8
8. Ações com outros direitos especiais de carácter patrimonial 10
9. Ações preferenciais com direitos especiais de carácter não patrimonial 11
10. Ações de lealdade 12

I – Origem e função

1 1. **Origem.** O 344.º-A foi introduzido pelo DL 26/2015, de 6 de fev.. Perante o incremento da autonomia da sociedade emitente na conformação de ações preferenciais sem direito de voto operado pelo mesmo diploma e em consonância com o objetivo político-legislativo, declarado no respetivo preâmbulo, de promover o financiamento das sociedades portuguesas através de capitais próprios, o 344.º-A vem clarificar que as sociedades anónimas podem emitir outros tipos de ações preferenciais, para além das legalmente tipificadas[1]. Estas definem-se como ações que atribuem direitos especiais aos respetivos titulares.

2 2. **Carácter declarativo.** Como é revelado pela referência aos 24.º e 302.º, o 344.º-A tem carácter meramente declarativo: a habilitação das sociedades anónimas a emitirem ações atributivas de direitos especiais já decorre do 24.º/1 e do 302.º/1. Do 24.º/4 e do 302.º resulta ainda que o conjunto de ações que assuma o mesmo conteúdo, nomeadamente atribuindo o mesmo direito especial, configura uma categoria[2].

[1] Designadamente, as ações preferenciais sem direito de voto (341.º-344.º) e as ações preferenciais remíveis (345.º).

[2] Tal não significa uma exigência de que, nas sociedades anónimas, os direitos especiais sejam atribuídos a pluralidades de ações: nada obsta a que uma categoria de ações preferenciais seja integrada por uma única ação. Inafastável é que o direito seja atribuído "à ação" (*i.e.*, ao titular da ação, independentemente de quem ele for) e não pessoalmente a um acionista.

Quanto ao procedimento de constituição e extinção dos direitos especiais inerentes às ações preferenciais, veja-se a anotação ao 24.º. 3

II – **Conteúdo e limites**

3. **Direitos especiais de natureza patrimonial e não patrimonial.** Podem integrar o conteúdo de ações preferenciais todos os direitos que, em geral, se reconduzam à esfera da autonomia privada da sociedade. Em particular, a autonomia da sociedade, enquanto emitente, na atribuição de direitos especiais não se encontra limitada pela enunciação do 302.º, nem do facto de este preceito apenas referir direitos de carácter imediatamente patrimonial se retira a inadmissibilidade da emissão de ações preferenciais com direitos especiais de carácter não patrimonial[3]. 4

4. **Limites genéricos.** A emissão de ações preferenciais está sujeita a todos os limites que constringem a autonomia estatutária na conformação do conteúdo das participações sociais, nomeadamente aqueles estabelecidos na parte geral de forma transversal para todos os tipos societários. Tal significa, desde logo, que não podem ser atribuídos direitos especiais de carácter patrimonial que não observem os limites estabelecidos nos 32.º e 33.º. Em particular, as ações não podem atribuir remunerações fixas aos acionistas, independentes da existência de lucros distribuíveis pela sociedade (21.º/2): são, assim, inadmissíveis no ordenamento português as designadas *guaranteed preference shares*. Não pode, ainda, uma categoria de ações atribuir aos seus titulares vantagens patrimoniais com tal expressão que apenas deixe montantes irrisórios para distribuição pelos demais sócios, ou que alcancem o efeito prático de isentar os sócios das perdas da sociedade (22.º/3). 5

5. **Limites específicos nas SA.** A autonomia estatutária na atribuição de direitos especiais aos acionistas é restringida, por normas de aplicação específica às SA. Entre estas avultam duas: a inadmissibilidade da atribuição de voto plural (384.º/5) e a inadmissibilidade da atribuição do direito especial de designar administradores ou outros membros dos órgãos sociais (391.º/2)[4]. Não existe, todavia, obstáculo a que sejam atribuídos aos sócios direitos de veto relativamente a determinadas deliberações (*vide* a anotação ao 384.º), ou à designação de administradores, contando que apenas que esse direito de veto não incida sobre mais de um terço dos administradores (391.º/1). 6

III – **Modalidades**

6. **Atipicidade.** A larga autonomia que as sociedades têm na conformação de direitos especiais manifesta-se com pontuais restrições, no domínio das sociedades anónimas. Não é possível 7

[3] Em sentido contrário, Armando Manuel Triunfante, *A tutela das minorias nas sociedades anónimas*, 398-408, argumentando com o facto de, nas SA, os direitos especiais serem atribuídos a ações, livremente transmissíveis, e não a concretos sujeitos. Contudo, nas SA, os direitos especiais (e, em particular, aqueles de carácter não imediatamente patrimonial) são desprovidos de *intuitus personae*, ao que acresce que não se verifica qualquer razão juridicamente relevante que justificasse tal compressão da autonomia estatutária. Neste sentido, Paulo Olavo Cunha, *Os direitos especiais nas SA*, 149-155 e Cristiano Dias, *Os direitos especiais dos sócios*, 321-325.

[4] A subtração da possibilidade da atribuição destes direitos especiais aos sócios representa uma quebra num sistema em que o critério da correlação entre a «propriedade» societária e o respetivo domínio é amiúde utilizado para a determinação dos direitos sociais, mas, por regra, com carácter dispositivo (*vide* Nuno Trigo dos Reis, *As vinculações de voto perante terceiros no contexto dos limites à autodeterminação no exercício do direito de voto*, RDS III/2 (2011), 492-496). Ainda assim, os mesmos não podem ser torneados e privados da sua relevância prática: será inválida a conformação de uma categoria de ações de tal forma a que as mesmas não fiquem sujeitas aos tetos de voto estabelecidos no 384.º/2 quando as demais ações emitidas pela sociedade são sujeitas a esse limite, dado que tal equivaleria material à constituição de uma situação de voto plural.

apresentar um elenco fechado de ações preferenciais. Corolário da autonomia estatutária dos sócios é a atipicidade das ações preferenciais[5].

8 7. **Ações com direitos especiais aos lucros.** Sem pretensões de exclusividade é possível elencar como possíveis direitos especiais atribuídos a categorias de ações, a atribuição periódica de determinado montante, calculado ou não sobre o valor nominal – o qual pode ser devido retroativamente quando em certo exercício não existirem lucros suficientes para esse pagamento – a atribuição de dividendos em percentagem dos lucros distribuíveis superiores à proporção da participação na sociedade, a atribuição a uma categoria de ações do direito de partilhar de uma parte (por ex. metade, ou um quarto) dos lucros de cada exercício, ou o direito a uma fração do lucro de liquidação superior à proporção na participação na sociedade[6]. Quando for atribuído um direito especial sobre os lucros, sem que seja claro se esse direito se cumula ou substitui o direito comum a participar nos lucros deve aplicar-se por analogia a solução do 341.º/3: na ausência de estipulação em contrário, a vantagem patrimonial especial não será cumulada com o direito comum a participar nos lucros de exercício.

9 Questão especial colocam as designadas ações setoriais (*tracking stocks*), ações nas quais os lucros atribuídos aos respetivos titulares não são quantificados em função dos lucros e das perdas da sociedade tomada na sua globalidade, mas antes por referência a uma área ou a um setor de atividade económica desenvolvida pela sociedade[7]. Na análise da validade da atribuição destes direitos haverá que distinguir: se os estatutos estipularem a atribuição de lucros setoriais mesmo que não existam lucros distribuíveis, a estipulação estatutária será nula por contrariedade aos 32.º e 33.º. Já se a distribuição dos lucros setoriais estiver cumulativamente condicionada à existência de lucros distribuíveis, não haverá qualquer obstáculo à sua emissão. No entanto, aí, os acionistas estarão numa situação pior do que a dos acionistas comuns, por o seu direito ao lucro depender de um requisito suplementar: estar-se-á, então, perante ações diminuídas e não perante ações preferenciais.

10 8. **Ações com outros direitos especiais de carácter patrimonial.** Podem ainda as ações preferenciais atribuir, com carácter especial, outros direitos de carácter imediatamente patrimonial, como direitos de preferência em caso de transmissão de ações nominativas (382.º/2), ou direitos à não amortização da ação sem o consentimento do seu titular. Parece ainda ser de admitir a atribuição aos sócios de opções (*put options*), que permitam alienar as suas ações à própria sociedade, desde que, no momento do exercício desse direito, estejam verificadas todas as condições de licitude referentes à aquisição de ações próprias.

11 9. **Ações preferenciais com direitos especiais de carácter não patrimonial.** Para além dos já referidos poderes de vetar determinadas deliberações sociais ou a designação de alguns dos membros do órgão de administração, podem as SA emitir categorias de ações que atribuam direitos especiais de carácter não patrimonial. Exemplos seriam os direitos de aceder às informações referidas no 291.º, mesmo que a participação não atingisse o limite mínimo de 10%, ou outro genericamente estipulado como limiar mínimo, ou o direito a requerer a convocação de assembleia geral com menos de 5% do capital (375.º/2).

12 10. As **ações de lealdade** representam uma classe especial de ações cujo conteúdo atribui direitos acrescidos face ao regime geral. Como forma de incentivar a participação duradoura dos

[5] Para elencos de possíveis direitos especiais atribuídos a ações, veja-se Paulo Olavo Cunha, *Direito das sociedades comerciais*, 399-405 e Cristiano Dias, *Os direitos especiais dos sócios*, 325 ss..

[6] *Vide* Paulo Olavo Cunha, *Os direitos especiais nas SA*, 156.

[7] Sobre estas, veja-se Fátima Gomes, *O direito aos lucros e o dever de participar nas perdas nas sociedades anónimas*, 387 ss.

acionistas na sociedade, estas atribuem, em abstrato, ao respetivo titular determinada prerrogativa que transcende o conteúdo supletivo das ações[8], condicionando, contudo, a sua efetiva atribuição à detenção da ação por um período mínimo. Ademais, esse direito pode ser gradualmente incrementado com o aumento do período de titularidade. No entanto, a atribuição de privilégios acrescidos face ao regime geral é mera condição necessária, e não suficiente, da qualificação de um direito como *especial*. As ações de lealdade apenas se qualificarão como ações preferenciais quando da interpretação dos estatutos decorrer que as mesmas não podem ser coartadas ou limitadas a não ser nos termos do 24.º/5. Sobre o tema, *vide* a anotação ao 24.º.

Secção VI – Ações preferenciais remíveis

Artigo 345.º (Ações preferenciais remíveis)

1. Se o contrato de sociedade o autorizar, as ações que beneficiem de algum privilégio patrimonial, ainda que não tenham direito de voto, podem, na sua emissão, ficar sujeitas a remição em data fixa ou quando a assembleia geral o deliberar.

2. As referidas ações deverão ser remidas em conformidade com as disposições do contrato, sem prejuízo das regras impostas nos números seguintes.

3. As ações devem estar inteiramente liberadas antes de serem remidas.

4. A remição é feita pelo valor nominal das ações ou, na falta de valor nominal, pelo seu valor de emissão, salvo se o contrato de sociedade previr a concessão de um prémio.

5. A contrapartida da remição de ações, incluindo o prémio, só pode ser retirada de fundos que, nos termos dos artigos 32.º e 33.º, possam ser distribuídos aos acionistas.

6. A partir da remição, uma importância igual ao valor nominal das ações remidas, ou na falta de valor nominal, igual ao valor de emissão, deve ser levada a uma reserva especial, que só pode ser utilizada para incorporação no capital social, sem prejuízo da sua eliminação no caso de o capital ser reduzido.

7. A remição de ações não importa redução do capital e, salvo disposição contrária do contrato de sociedade, podem ser emitidas por deliberação da assembleia geral novas ações da mesma espécie em substituição das ações remidas.

8. A deliberação de remição de ações está sujeita a registo e publicação.

9. O contrato de sociedade pode prever sanções para o incumprimento pela sociedade da obrigação de remir na data nele fixada.

10. Na falta de disposição contratual, qualquer titular dessas ações pode requerer a dissolução da sociedade por via administrativa, depois de passado um ano sobre a data em que a obrigação de remir deveria ter sido cumprida sem que a remição tenha sido efetuada.

[8] Como por exemplo, direitos a dividendos acrescidos (dividendos de lealdade), direitos ao pagamento de quantias pecuniárias fixas uma vez decorrido determinado período de titularidade (prémio de lealdade) ou a atribuição de *warrants* após o decurso desse mesmo período. Já a validade da atribuição de direitos de voto plural não se afigura pacífica face ao 384.º/5 (sobre o tema: Madalena Perestrelo de Oliveira, *Direito de voto nas sociedades cotadas*, 435 ss.). 3.

Bibliografia: António Pereira de Almeida (2006), 625; António Menezes Cordeiro 2 (2007), 705-706; João Labareda, *Das acções das SA* (1988), 51 ss.; Raúl Ventura, *Acções preferenciais remíveis*, em *Estudos vários sobre SA* (1992), 453-470.

Índice

I – **Origem e redações**
1. Origem 1
2. Redação inicial 2
3. Reforma de 2006 4
4. Reforma de 2010; o lapso 5
5. Reforma de 2015 7

II – **Papel e regime**
6. Âmbito 9
7. Papel 10
8. Requisitos 11
9. Consequências 13
10. Sanções 15

I – **Origem e redações**

1 1. **Origem**. O 345.º adveio do 39.º da 2.ª Diretriz (77/91) das sociedades, sobre garantias do capital[1]. Por seu turno, o 39.º inspirou-se em regras britânicas[2], traduzindo um instituto experimentado pela prática.

2 2. **Redação inicial**. O 345.º tinha assento no projeto[3], tendo passado ao Código original[4], com as seguintes particularidades: o 345.º/1, 4, 5, 6, 7, 8 e 9, falava em "remissão" e o n.º 9 dispunha[5]:

> O contrato de sociedade pode prever sanções para o incumprimento pela sociedade da obrigação de remir na data nele fixada; na falta de disposição contratual qualquer titular dessas acções pode requerer judicialmente a dissolução da sociedade, depois de passado um ano sobre aquela data sem a remissão ter sido efetuada.

3 O erro (manifesto) "remissão" foi retificado pelo 4.º, 46), do DL 280/87, de 8-jul.[6]: tecnicamente, é grave, uma vez que "remissão" (de remitir), traduz o "perdão" da dívida, por acordo com o devedor (863.º do CC) enquanto remição (de remir), traduz, ela sim, a expurgação de um ónus (cf. 1243.º do CC).

4 3. **Reforma de 2006**, alterou o n.º 9, de modo a introduzir a dissolução por via administrativa, desdobrando-o pelo atual e pelo novo n.º 10[7]: a redação atual.

5 4. **Reforma de 2010; o lapso**. O DL 49/2010, de 19-mai., introduziu a possibilidade de ações sem valor nominal (*vide* as anotações ao 276.º). Nesse sentido, pretendeu alterar o n.º 4, de modo a consignar essa hipótese. Por lapso, o diploma em causa disse alterar o n.º 6, o que não faz sentido. Propomos, pois, a redação que consta do texto, com especial chamada de atenção para o facto de, em Outubro de 2010, o lapso ainda não ter sido retificado.

6 Em compensação, ficou por adaptar o n.º 6, que supomos em vigor. Esse preceito continua a fazer referência, apenas, ao valor nominal das ações remidas. Onde está o valor nominal

[1] Texto: António Menezes Cordeiro, *Direito europeu das sociedades* (2005), 201-202.

[2] Textos: Raúl Ventura, *Acções preferenciais remíveis*, 456-457.

[3] BMJ 327 (1983), 233.

[4] Curiosamente, o projeto falava em "remição". O erro de ortografia (e de conceitos) foi, pois, introduzido na revisão final.

[5] DR I Série, n.º 201, de 2-set.-1986, 2355/II.

[6] DR I Série, n.º 154, de 8-jul.-1987, 2667/II.

[7] DR I Série-A, n.º 63 (Supl.), de 29-mar.-2006, 2328-(19)/II.

será pois necessário, por integração analógica de uma lacuna oculta, ler também "valor nominal ou valor da emissão".

5. **Reforma de 2015**, levada a cabo pelo DL 26/2015, de 6-fev., pretendeu, segundo o seu preâmbulo[8]: 7

> (...) promover alternativas ao financiamento bancário, nomeadamente alargando as opções de financiamento através de instrumentos híbridos de capital e revendo as regras aplicáveis à emissão de obrigações, como sejam as respeitantes ao limite de emissão e respetivas exceções.
>
> As alterações introduzidas pelo presente decreto-lei ao nível das ações preferenciais sem voto pretendem flexibilizar e clarificar o regime de tais ações, prevendo expressamente a possibilidade de emissão de ações preferenciais sem voto com diferentes configurações. Na linha de credibilização do instrumento e da proteção ao investidor, inserem-se, contudo, restrições no universo potencial de investidores que podem deter ações preferenciais sem voto com determinadas configurações.
>
> (...)

Na parte aqui em causa, o DL 26/2015 alterou os n.os 1, 6 e 10[9] do preceito em anotação. Tais alterações cifraram-se: no n.º 1, introduziu a hipótese de as ações preferenciais remíveis não darem o direito de voto; no n.º 6, em corrigir o lapso, mencionando as ações sem valor nominal; no n.º 10, em esclarecer que a data sobre a qual se conta o ano é a data em que a obrigação de remir deveria ter sido cumprida, sem que isso tivesse sucedido. 8

II – **Papel e regime**

6. **Âmbito**. O 345.º, pelo título ("ações preferenciais") como pela inserção sistemática, pareceria visar as ações preferenciais sem voto. Todavia, vai mais longe: reporta-se às ações que beneficiem de algum privilégio patrimonial, seja ele qual for. 9

7. **Papel**. A sociedade pode ter um interesse especial em libertar-se do ónus representado pelas ações preferenciais: seja porque encontrou outra forma de financiamento, seja porque o objetivo inicial que levou a prever ações privilegiados foi atingido. Donde a hipótese de remição. 10

8. **Requisitos**. A remição exige: (a) que ela esteja prevista no contrato de sociedade, em data fixa ou a deliberar pela assembleia (345.º/1); (b) que, aquando da sua emissão, fiquem sujeitas à remição (345.º/1); (c) que, antes de remidas, estejam totalmente liberadas (345.º/3); (d) que a remição seja feita pelo valor nominal, ou, na falta deste, pelo valor da emissão, salvo se, em ambos os casos o contrato previr um prémio (345.º/4); (e) que a contrapartida da remição só possa ser retirada de fundos distribuíveis, segundo os 32.º e 33.º (345.º/5); (f) que a deliberação de remição se submeta a registo e a publicação (345.º/8). 11

O contrato de sociedade pode, ainda, prever outros requisitos ou procedimentos. Todavia, os legalmente fixados são imperativos (345.º/2): trata-se de regras de raiz europeia e que visam a tutela do capital social. 12

9. **Consequências**: (a) uma importância igual ao valor nominal (ou valor da emissão) das ações remidas deve ser levado a uma reserva especial, que só pode ser incorporada no capital social; (b) podendo ser eliminada se houver redução do capital (345.º/6). 13

A remição não importa redução do capital; salvo proibição nos estatutos, podem ser emitidas, por deliberação da assembleia, novas ações da mesma espécie, em substituição das remidas (345.º/7). 14

[8] DR I Série, n.º 26, de 6-fev.-2015, 726/I.

[9] O DL 26/2015 (5.º) alterou também o n.º 4, mas dando-lhe a redação que já tinha anteriormente

15 10. **Sanções**. Havendo data fixa para a remição e sendo a mesma inobservada, pode haver sanções estatutárias (345.º/9). Na sua falta, qualquer titular dessas ações pode, passado um ano sobre a data fixada para a remição, se esta não tiver operado, requerer a dissolução administrativa da sociedade. Esta solução é demasiado enérgica, devendo passar pelo crivo da boa-fé e do abuso do direito, sempre que represente um desequilíbrio grave.

Secção VII – Amortização de ações

Artigo 346.º (Amortização de ações sem redução de capital)

1. A assembleia geral pode deliberar, pela maioria exigida para alteração do contrato de sociedade, que o capital seja reembolsado, no todo ou em parte, recebendo os acionistas o valor nominal de cada ação, ou parte dele, desde que para o efeito sejam utilizados apenas fundos que, nos termos dos artigos 32.º e 33.º, possam ser distribuídos aos acionistas.

2. O reembolso nos termos deste artigo não acarreta redução do capital.

3. O reembolso parcial do valor nominal deve ser feito por igual, relativamente a todas as ações existentes à data; sem prejuízo do disposto quanto a ações remíveis, o reembolso do valor nominal de certas ações só pode ser efetuado por sorteio, se o contrato de sociedade o permitir.

4. Depois do reembolso, os direitos patrimoniais inerentes às ações são modificados nos termos seguintes:

_a_) Essas ações só compartilham dos lucros de exercício, juntamente com as outras, depois de a estas ter sido atribuído um dividendo, cujo máximo é fixado no contrato de sociedade ou, na falta dessa estipulação, é igual à taxa de juro legal; as ações só parcialmente reembolsadas têm direito proporcional àquele dividendo;

_b_) Tais ações só compartilham do produto da liquidação da sociedade, juntamente com as outras, depois de a estas ter sido reembolsado o valor nominal; as ações só parcialmente reembolsadas têm direito proporcional a essa primeira partilha.

5. As ações totalmente reembolsadas passam a denominar-se ações de fruição, constituem uma categoria e esse facto deve constar do título ou do registo das ações.

6. O reembolso é definitivo, mas as ações de fruição podem ser convertidas em ações de capital, mediante deliberações da assembleia geral e da assembleia especial dos respetivos titulares, tomadas pela maioria exigida para alteração do contrato de sociedade.

7. A conversão prevista no número anterior é efetuada por meio de retenção dos lucros que, num ou mais exercícios, caberiam às ações de fruição, salvo se as referidas assembleias autorizarem que ela se efetue por meio de entradas oferecidas pelos acionistas interessados.

8. O disposto nos dois números anteriores é aplicável à reconstituição de ações parcialmente reembolsadas.

9. A conversão considera-se efetuada no momento em que os dividendos retidos atinjam o montante dos reembolsos efetuados ou, no caso de entradas pelos acionistas, no fim do exercício em que estas tenham sido realizadas.

10. As deliberações de amortização e de conversão estão sujeitas a registo e publicação.

Bibliografia: António Pereira de Almeida 2 (2013), 58-59; Carlos Osório de Castro, *Valores mobiliários: conceito e espécies*, 2.ª ed. (1998), 133-139; Menezes Cordeiro 2 (2007), 707-709; Brito Correia 2 (1989), 444-449; Carolina Cunha, *Código em Comentário* 5 (2018), 346.º, 857-865; Paulo Olavo Cunha (2019), 540-541; João Labareda, *Das acções das sociedades anónimas* (1988), 322-328; Raúl Ventura, *Estudos vários sobre sociedades anónimas* (1992), 481-497.

Índice

I – **Antecedentes e considerações gerais**
1. A 2.ª Diretriz CEE 1
2. Amortização sem e com redução do capital social 2

II – **Causa e modalidades**
3. Causa legal 3
4. Proibição da amortização sem redução do capital social 4
5. Modalidades 5

III – **A deliberação de amortização**
6. Órgão competente 7
7. Forma da deliberação 9
8. Conteúdo 11
9. Maioria 14
10. Voto do acionista 15
11. Ressalva do capital social 17
12. Registo e publicação 18

IV – **Contrapartida**
13. Amortização onerosa 19

V – **Efeitos**
14. No capital social 22
15. Nas ações amortizadas 25

VI – **Regime das ações amortizadas**
16. Reembolso integral 27
α) Modificação no estatuto patrimonial 28
β) Conversão em ações de capital 30
17. Reembolso parcial 34
α) Modificação no estatuto patrimonial 35
β) Reconstituição 36

I – Antecedentes e considerações gerais

1 **1. A 2.ª Diretriz CEE**. A matéria relativa à amortização de ações tem por fonte a 2.ª Diretriz da CEE (77/91/CEE, de 13-dez.-1976)[1] que regulou, no seu 35.º, os requisitos a observar pelos Estados-membros que reconheçam a amortização sem redução do capital social.

2 2. **Amortização sem e com redução do capital social**. O 346.º disciplina a amortização sem redução do capital social, por contraposição com a amortização com redução do capital social, tratada no 347.º. A amortização sem redução do capital social é também designada na doutrina ora por *amortização imprópria*[2], ora por *amortização-reembolso*[3], na medida em que, como se verá, apesar do reembolso (mesmo que total) das ações amortizadas, a participação social não se extingue; apenas é modificada a posição jurídica patrimonial do acionista reembolsado[4]. Tal efeito extintivo apenas é alcançado com a amortização com redução do capital social.

[1] Com maior desenvolvimento, *vide* Menezes Cordeiro, *Direito europeu das sociedades* (2005), 181-231.

[2] Neste sentido, Paulo Olavo Cunha ((2019), 541, e Menezes Cordeiro 2 (2007), 707.

[3] Coutinho de Abreu 2 (2019), 392.

[4] *Vide infra* 15 e 16.

II – Causa e modalidades

3 3. **Causa legal**. A amortização sem redução do capital social é permitida pelo 346.º/1. Assim, não tem de estar autorizada nos estatutos[5], não havendo vantagem na sua expressa previsão, dado que só necessita de ser (sempre) deliberada pelos sócios[6].

4 4. **Proibição da amortização sem redução do capital social**. Nada impede que os sócios, aquando da constituição da sociedade ou posteriormente, afastam a amortização de ações sem redução do capital social. Neste sentido pode argumentar-se que o 346.º/1 se limita a reconhecer, não a impor, a figura, o princípio da autonomia privada e, em terceiro lugar, a própria 2.ª Diretriz, cuja redação não impunha aos Estados-membros, aquando da sua transposição, o reconhecimento da amortização de ações.

5 5. **Modalidades**. Tomando como critério as ações emitidas, a amortização de ações sem redução do capital social pode ser *total* ou *parcial*, consoante incida sobre a totalidade ou parte das ações emitidas pela sociedade. A modalidade escolhida refletir-se-á no estatuto do acionista reembolsado[7].

6 Tomando como critério o valor do reembolso das ações amortizadas, podemos distinguir entre amortização total e parcial do valor nominal (346.º/1 e 3). No entanto, ocorrendo a amortização de parte do valor nominal das ações, o seu reembolso deve ser por igual relativamente a todas elas. Esta igualdade apenas é esbatida se, no contrato, se prever o reembolso parcial de certas ações por sorteio (346.º/3)[8]. Nesta hipótese torna-se, portanto, necessária uma autorização contratual e, posteriormente, um sorteio.

III – A deliberação de amortização

7 6. **Órgão competente**. Começa o 346.º/1 por estabelecer que a amortização de ações sem redução do capital social se efetua por deliberação da assembleia geral. Encontra-se, pois, afastada a amortização: (a) por simples decisão do acionista; (b) por deliberação da administração; (c) automática, isto é, a amortização que opera pela mera ocorrência de evento legal/estatutariamente previsto. Na amortização estatutária, ainda que se possa afirmar a existência de vontade de amortizar as ações, emitida previamente à ocorrência do evento constitutivo da amortização, a mesma não é reconduzível a uma deliberação dos sócios, nem tão-pouco a dispensa.

8 Tratando-se de sociedade unipessoal anónima, a deliberação social continua a ser fundamental, ainda que necessariamente unânime.

9 7. **Forma da deliberação**. A deliberação de amortização de ações pode ser tomada por qualquer uma das modalidades admitidas nas sociedades anónimas (53.º/1, 54.º e 373.º/1).

10 Nesta sede, a única particularidade a ressalvar é a necessidade de convocar o(s) acionista(s) das ações a amortizar, uma vez que, mesmo depois da efetivação da amortização, continuará(ão) a ser acionista(s).

[5] Cf. João Labareda, *Das acções das sociedades anónimas* (1988), 323.

[6] Neste sentido, *vide* Raúl Ventura, *Estudos vários*, 482. No entanto, já poderá ser vantajosa a sua previsão se, por hipótese, a sociedade só pretender o reembolso do valor nominal de certas ações por sorteio (346.º/3).

[7] *Vide infra* 15 e 16.

[8] Considerando tratar-se de um imperativo legal e que uma sociedade em que o sorteio não seja permitido só pode amortizar a totalidade das ações emitidas, *vide* Raúl Ventura, *Estudos vários*, 485-486. Contrariamente, João Labareda, *Das acções*, 325, admite que o reembolso parcial possa ainda ter lugar com o consentimento dos acionistas atingidos «*por estar em causa o afastamento do direito à igualdade de tratamento.*» Já Armando Manuel Triunfante, *A tutela das minorias nas sociedades anónimas direitos individuais* (2004), 264, nota 428, admite que no contrato se preveja as categorias de ações que possam, no futuro, estar sujeitas a uma amortização total, sem prejuízo da necessidade da respetiva deliberação.

8. **Conteúdo**. No que diz respeito ao conteúdo da deliberação de amortização torna-se necessário identificar o seu objeto, isto é, se o reembolso é total ou parcial, e, sendo parcial, quais as ações a amortizar, bem como manifestar uma vontade de amortizá-la. 11

Adicionalmente, quanto ao pagamento de contrapartida, será necessário, especificar o montante nominal a ser pago por cada ação e, sendo o reembolso parcial, mencionar a realização do sorteio. 12

Relativamente à necessidade de ressalva do capital social, veja-se número 11, *infra*. 13

9. **Maioria**. Qualquer que seja a forma da deliberação, e ainda que esteja expressamente permitida no contrato de sociedade[9], a amortização de ações sem redução do capital social tem de ser deliberada pela maioria exigida para a alteração do contrato de sociedade (346.º/1 e 386.º/3 e 4)[10]. Neste âmbito, os sócios apenas podem fixar uma maioria mais exigente, mas não o contrário, por se tratar de uma norma imperativa mínima. 14

10. **Voto do acionista**. A disciplina do conflito de interesses encontra-se regulada no 384.º, que elenca, no seu n.º 6, as situações que impedem o sócio de votar. Entre estas não se encontra a amortização de ações. Contudo, dado que se trata de um elenco não taxativo, há que indagar se há ou não há uma situação de conflito de interesses. 15

À semelhança do que sucede quanto à amortização de quotas, também aqui somos da opinião de que o acionista titular das ações pode votar na deliberação de amortização, tanto mais que esta deliberação não depende do preenchimento de qualquer especial evento. Isto sem prejuízo de poder existir, como nas SPQ, um conflito de interesses que impeça o sócio de votar. A resposta final poderá depender do evento que determinou a deliberação de amortização amortização. 16

11. **Ressalva do capital social**. Por força do princípio da intangibilidade do capital social, só se podem usar para o pagamento da contrapartida, fundos que, nos termos dos 32.º e 33.º, possam ser distribuídos aos acionistas (346.º/1), sob pena de nulidade[11] – 294.º do CC, e 56.º/1, *d*). Assim, não podem ser utilizados lucros necessários para cobrir prejuízos transitados ou formar ou reconstituir reservas impostas por lei ou pelo contrato de sociedade, mas apenas lucros distribuíveis e reservas disponíveis. Por isso não é correto falar nestas circunstâncias em reembolso do capital[12]. 17

12. **Registo e publicação**. A deliberação de amortização de ações sem redução do capital social é um facto sujeito a registo – 3.º, *j*), e 15.º/1 do CRC, e 346.º/10), e publicação obrigatória [70.º/1, *a*), do CRC e 346.º/10]. 18

IV – **Contrapartida**

13. **Amortização onerosa**. A amortização de ações sem redução do capital social é necessariamente onerosa, porquanto implica o pagamento de uma contrapartida[13]. Assim, de forma expressa, resulta da análise do regime do 346.º, em particular do seu n.º 6. 19

O montante do reembolso é determinado na deliberação de amortização dentro dos limites do valor nominal das ações[14]; não pode ser por valor superior ao valor nominal das ações, designadamente pelo seu valor contabilístico ou real, salvo se, de acordo com estes critérios, se 20

[9] Neste sentido, *vide* Raúl Ventura, *Estudos vários*, 482.

[10] Quanto ao quórum constitutivo, *vide* 383.º/2 e 3.

[11] *Vide* Raúl Ventura, *Estudos vários*, 487.

[12] Assim, Brito Correia 2 (1989), 441.

[13] Neste sentido, *vide* Raúl Ventura, *Estudos vários*, 486.

[14] Conforme observa Raúl Ventura, *Estudos vários*, 494, este reembolso pelo valor nominal é meramente interno. Numa perspetiva externa, porque o reembolso só pode ser feito com recurso aos lucros ou reservas disponíveis o capital social não se altera.

concluir que o valor do reembolso a efetuar será igual ou inferior ao valor nominal das ações. Contudo, mesmo nestes casos, o reembolso não deixa de estar sujeito à bitola do valor nominal das ações.

21 Assim se compreende que, contrariamente ao que sucede na amortização de quotas (235.º), não encontremos uma norma a regular a contrapartida das ações.

V – **Efeitos**

22 14. **No capital social.** A amortização prevista no 346.º, conforme resulta da sua epígrafe e do seu n.º 2, não afeta o capital social, ou seja, depois de estar concretizada a sua cifra permanece inalterada.

23 Do mesmo modo, o número de ações que representam o capital social não é alterado uma vez que, como já se adiantou e verá adiante, a amortização não acarreta a extinção das ações amortizadas[15].

24 Estes *não efeitos* não são postos em causa com o reembolso dos acionistas uma vez que, conforme referido, para o mesmo só podem ser usados fundos distribuíveis nos termos dos 32.º e 33.º (346.º/1, *in fine*).

25 15. **Nas ações amortizadas.** A amortização de ações sem redução do capital social não tem por efeito a sua extinção[16], como sucede na amortização de quotas e na amortização de ações com redução do capital social.

26 Os seus efeitos são menos profundos, traduzindo-se, para além de um direito ao reembolso deliberado, numa alteração dos direitos correspondentes às ações amortizadas. Concretamente, nos seguintes direitos patrimoniais e apenas depois de efetuado o reembolso (346.º/4): direito aos lucros de exercício e ao produto da liquidação da sociedade. Os demais direitos sociais inerentes às ações, designadamente o direito à informação, de participar ou votar, permanecem inalterados[17].

VI – **Regime das ações amortizadas**

27 16. **Reembolso integral**

28 α) **Modificação no estatuto patrimonial**. As ações reembolsadas[18] pela totalidade do seu valor nominal designam-se *ações de fruição* (346.º/5)[19]. Por constituírem uma nova categoria de ações, devem constar do título e do respetivo livro de emissão de valores mobiliários, caso sejam tituladas, ou do registo das ações, no caso de serem escriturais[20]. Tratando-se de ações tituladas poderão ter de ser substituídos os títulos existentes por novos títulos, devendo os títulos anteriores ser devolvidos à sociedade, para sua destruição.

[15] Raúl Ventura, *Estudos vários*, 487.

[16] Assim se compreende porque é que, contrariamente ao que sucede com a amortização de quotas, possam ser amortizadas ações que não se encontrem integralmente liberadas. Com este entendimento, *vide* João Labareda, *Das acções das sociedades anónimas* (1988), 323. Com reservas e sustentando o recurso à compensação entre o montante em dívida da entrada e o reembolso a pagar ao acionista, *vide* Brito Correia 2 (1989), 445.

[17] Com o mesmo entendimento, cf., entre outros, Brito Correia 2 (1989), 448, João Labareda, *Das acções*, 324, e Raúl Ventura, *Estudos vários*, 488-489.

[18] Significa que as ações assim amortizadas só estão sujeitas ao regime das ações de fruição depois do seu reembolso ter sido efetuado, não bastando a mera deliberação de amortização. Neste sentido, *vide* Brito Correia 2 (1989), 447.

[19] A atual redação do n.º 5 foi introduzida pelo DL 486/99, de 13-nov., que aprovou o novo CVM. Sobre as ações de fruição, *vide* ainda Paulo Olavo Cunha (2019), 541-542, e *Os direitos especiais nas sociedades anónimas: as acções privilegiadas* (1992), 168-171.

[20] Rejeitando a possibilidade de as ações serem escriturais, pelo menos na anterior redação do 346.º/5, *vide* Paulo Olavo Cunha, *Os direitos especiais*, 168, nota 58. Em

O regime das ações de fruição encontra-se previsto no 346.º/4. Numa perspetiva interna, em consequência do reembolso recebido, as ações de fruição só compartilham dos lucros de exercício, juntamente com as outras ações (*ações de capital*)[21], depois de a estas ter sido atribuído um dividendo, cujo máximo é fixado no contrato de sociedade ou, na falta dessa estipulação, é igual à taxa de juro legal[22]. Por outro lado, relativamente ao produto da liquidação da sociedade, as ações de fruição só compartilham do mesmo, juntamente com as outras ações (*ações de capital*), depois de a estas ter sido reembolsado o valor nominal. 29

β) **Conversão em ações de capital**. As ações de fruição podem ser convertidas em ações de capital, (re)adquirindo o *status* anterior à amortização (346.º/6). Para tal, é necessária a deliberação de conversão, tomada em assembleia geral e assembleia especial dos titulares das ações a converter[23] nos mesmos termos que a deliberação de amortização (346.º/6)[24]. 30

Posteriormente, é necessário que a sociedade recupere o reembolso dispendido com a amortização, o que acontecerá, nos termos da lei, por meio de retenção dos lucros que, num ou mais exercícios, caberiam às ações de fruição, salvo se as referidas assembleias, em alternativa, autorizarem que ela se efetue por meio de entradas oferecidas pelos acionistas interessados (346.º/7)[25]. Nesta última situação, é necessária a aceitação individual dos acionistas por ela afetados[26], a deliberação tem se ser aprovada com a maioria prevista no 346.º/1, e nada parece impedir que esta entrada seja efetuada em espécie. Neste último caso, deve observar-se o disposto no 28.º. 31

Os efeitos da conversão não são imediatos, encontrando-se suspensos até que os dividendos retidos atinjam o montante do reembolso efetuado ou no fim do exercício em que este tenha sido realizado pelos acionistas ("*a conversão considera-se efetuada* [...]" diz-nos o 346.º/9). 32

Apesar de o legislador não dizer expressamente se as ações convertidas constituem ou não uma nova categoria de ações, a solução deve ser idêntica à das ações de fruição. Assim, deverão as ações convertidas constar do título e do respetivo livro de emissão de valores mobiliários, caso sejam tituladas, ou do registo em conta, no caso de serem escriturais. Tratando-se de ações tituladas terão de ser substituídos os títulos existentes (das ações de fruição) por novos títulos (das ações convertidas). 33

17. Reembolso parcial 34

α) **Modificação no estatuto patrimonial.** No caso de reembolso parcial, as ações assim amortizadas, apesar de não terem formalmente uma nova designação, passam a constituir uma nova categoria, uma vez que têm um regime patrimonial diferente das demais ações[27]. Esse regime é alterado de acordo com o reembolso recebido (346.º/4). Assim, a participação nos lucros de exercício e do produto da liquidação da sociedade será proporcional ao dividendo e à partilha, respetivamente. Por sua vez, esta proporção será determinada de acordo com o valor nominal da ação amortizada não reembolsado[28]. Ou seja, relativamente à percentagem não 35

sentido contrário, Osório de Castro, *Valores mobiliários: conceito e espécies*, 2.ª ed. (1998), 137-138, João Labareda, *Das acções*, 323, nota 1, e Raúl Ventura, *Estudos vários*, 489-490.

[21] Conforme observa Raúl Ventura, *Estudos vários*, 488, partiu-se do princípio que ficaram ações por amortizar. Encontrando-se todas as ações amortizadas este regime não se justifica.

[22] *Vide* 559.º/1 do CC.

[23] Ou seja, serão necessárias duas deliberações. Contudo, a distinção entre assembleia geral e especial só tem cabimento quando não se encontrem amortizadas todas as ações. Encontrando-se todas as ações amortizadas, apenas haverá uma assembleia geral. Neste sentido, João Labareda, *Das acções*, 327, nota 1. *Vide* ainda nota 21.

[24] *Vide* Brito Correia 2 (1989), 449.

[25] João Labareda, *Das acções*, 327.

[26] Raúl Ventura, *Estudos vários*, 496.

[27] Neste sentido, *vide* Osório de Castro, *Valores mobiliários*, 139. Aparentemente em sentido contrário, *vide* Raúl Ventura, *Estudos vários*, 487.

[28] Assim, Raúl Ventura, *Estudos vários*, 488.

amortizada, os acionistas parcialmente reembolsados terão direito aos lucros de exercício e de partilha prioritários (346.º/4, *a*) e *b*), *in fine*)[29].

36 β) **Reconstituição**. Também as ações de capital parcialmente amortizadas podem (re)adquirir o *status* anterior à amortização, através da sua *reconstituição* (346.º/8). A esta aplicam-se as regras da conversão, ressalvando-se duas notas. A primeira diz respeito à desnecessidade de realização de deliberação em assembleia especial uma vez que os titulares destas ações não constituem uma nova categoria de ações. A segunda tem a ver com a circunstância de o 346.º/8 apenas remeter para os dois números anteriores, omitindo os n.os 9 e 10, aparentemente restritos à conversão de ações. Contudo, não há razão para que tais números não sejam também aplicáveis à reconstituição, sob pena de esta produzir efeitos quando a sociedade ainda não recuperou o reembolso parcial dispendido e de não ser dada publicidade a esta operação.

Artigo 347.º (Amortização de ações com redução do capital)

1. O contrato de sociedade pode impor ou permitir que, em certos casos e sem consentimento dos seus titulares, sejam amortizadas ações.

2. A amortização de ações nos termos deste artigo implica sempre a redução do capital da sociedade, extinguindo-se as ações amortizadas na data da redução do capital.

3. Os factos que imponham ou permitam a amortização devem ser concretamente definidos no contrato de sociedade.

4. No caso de a amortização ser imposta pelo contrato de sociedade, deve este fixar todas as condições essenciais para que a operação possa ser efetuada, competindo ao conselho de administração ou ao conselho de administração executivo apenas declarar, nos 90 dias posteriores ao conhecimento que tenha do facto, que as ações são amortizadas nos termos do contrato e dar execução ao que para o caso estiver disposto.

5. No caso de a amortização ser permitida pelo contrato de sociedade, compete à assembleia geral deliberar a amortização e fixar as condições necessárias para que a operação seja efetuada na parte que não constar do contrato.

6. Sendo a amortização permitida pelo contrato de sociedade, pode este fixar um prazo, não superior a um ano, para a deliberação ser tomada; na falta de disposição contratual, esse prazo será de seis meses a contar da ocorrência do facto que fundamenta a amortização.

7. À redução de capital por amortização de ações nos termos deste artigo aplica-se o disposto no artigo 95.º, exceto:

a) Se forem amortizadas ações inteiramente liberadas, postas à disposição da sociedade, a título gratuito;

b) Se para a amortização de ações inteiramente liberadas forem unicamente utilizados fundos que, nos termos do artigo 32.º e artigo 33.º, possam ser distribuídos aos acionistas; neste caso, deve ser criada uma reserva sujeita

[29] Carolina Cunha, *Código em Comentário*, 5, 346.º, 864, qualificando a posição dos titulares de ações parcialmente reembolsadas de *bifronte*.

ao regime de reserva legal, de montante equivalente à soma do valor nominal das ações amortizadas.

Bibliografia: António Pereira de Almeida 2 (2013), 59-60; Menezes Cordeiro 2 (2007), 709-710; Brito Correia 2 (1989), 450-452; Carolina Cunha, *Código em Comentário* 5 (2018), 347.º, 866-874; João Labareda, *Das acções das sociedades anónimas* (1988), 328-334; Armando Manuel Triunfante, *A tutela das minorias nas sociedades anónimas direitos individuais* (2004), 263-270; Raúl Ventura, *Estudos vários sobre sociedades anónimas* (2003), 497-511.

Índice

I – **Antecedentes e considerações gerais**
1. A 2.ª Diretriz CEE ... 1
2. Amortização com e sem redução do capital social ... 2

II – **Causa e modalidades**
3. Causa contratual ... 3
4. Modalidades ... 6
α) Amortização imposta ... 8
β) Amortização permitida ... 10

III – **Efeitos**
5. No capital social ... 14
6. Nas ações amortizadas ... 16

I – Antecedentes e considerações gerais

1. **A 2.ª Diretriz CEE**. A matéria relativa à amortização de ações também tem por fonte a 2.ª Diretriz da CEE (77/91/CEE, de 13-Dez.-1976)[1] que regulou, no seu 36.º, os requisitos a observar pelos Estados-membros que reconheçam a amortização com redução do capital social. 1

2. **Amortização com e sem redução do capital social**. O 347.º disciplina a amortização com redução do capital social, por contraposição com a amortização sem redução do capital social, tratada no 346.º. A amortização com redução do capital social é também designada na doutrina por *amortização-extinção*[2], na medida em que participação social se extingue[3], ou por *amortização pura*[4], por contraposição com a amortização sem redução do capital social. 2

II – Causa e modalidades

3. **Causa contratual**. A amortização com redução do capital social só tem lugar quando permitida ou imposta pelo contrato de sociedade (347.º/1)[5] e corresponde, *grosso modo*, à amortização de quotas com redução do capital[6]. Assim, não pode ter lugar por simples deliberação dos sócios[7] ou da administração. 3

À semelhança do que sucede com a amortização compulsiva de quotas, exige-se a previsão estatutária do facto constitutivo da causa de amortização (imposta ou permitida), impedindo-se a amortização discricionária, arbitrária ou *ad nutum*[8]. De modo idêntico, não basta a simples previsão estatutária de que as ações são amortizáveis, ou que podem ser amortizadas com redução do capital sempre deliberado pela sociedade. 4

[1] Com maior desenvolvimento, *vide* Menezes Cordeiro, *Direito europeu das sociedades*, 181-231.
[2] Coutinho de Abreu 2 (2019), 393.
[3] *Infra* 6.
[4] Paulo Olavo Cunha (2019), 540, e Menezes Cordeiro 2 (2007), 707.
[5] STJ 20-jan.-1999 (Aragão Seia), Proc. 98A963.
[6] Nesse sentido, Carolina Cunha, *Código em Comentário*, 5, 347.º, 867, considera legítimo o recurso ao regime da amortização das quotas para esclarecer e completar a disciplina da amortização das ações.
[7] Raúl Ventura, *Estudos vários*, 501.
[8] Raúl Ventura, *Estudos vários*, 501, e João Labareda, *Das acções*, 332, admitem, como terceira situação, fora dos casos

5 No caso de esta previsão ter sido introduzida *a posteriori*, haverá que aplicar, por analogia, o disposto no 233.º/2, *in fine*, sob pena de poderem lesar-se os interesses dos demais sócios[9].

6 4. **Modalidades.** Conforme referido, a amortização de ações com redução do capital social pode ser *facultativa* ou *permitida*, por contraste com a *amortização imposta* ou *obrigatória* (347.º/1)[10], não carecendo, qualquer que seja a modalidade, do consentimento do acionista visado. No primeiro caso, caberá à sociedade deliberar ou não a amortização das ações. No segundo caso, a deliberação de amortização apresenta-se como um *dever* da sociedade.

7 A amortização pode ainda ser *gratuita* ou *onerosa*, consoante haja ou não lugar ao pagamento de uma contrapartida, assim como *total* ou *parcial*, conforme incida sobre a totalidade ou parte das ações emitidas.

8 α) **Amortização imposta**. Quando a amortização for vinculada[11] ou forçada[12], a sua concretização é feita pelo conselho de administração ou conselho de administração executivo, sem qualquer intervenção do coletivo dos sócios (347.º/4)[13].

9 As condições essenciais da operação (347.º/4)[14] (*v.g.*, ações abrangidas pela amortização, contrapartida, caso exista, e condições do seu pagamento) têm de estar fixadas nos estatutos, sob pena de nulidade da amortização (294.º do CC), efetivando-se a amortização por declaração recetícia dirigida ao acionista visado nos 90 dias seguintes ao conhecimento do facto[15]. Ou seja, as condições essenciais de amortização têm de estar de tal modo previstas nos estatutos que não caiba ao órgão de administração margem alguma para as completar[16], mas apenas para, declarar as ações amortizadas (função meramente declarativa), e posteriormente executar a amortização nos exatos termos estatutários.

10 β) **Amortização permitida**. Quando a amortização é permitida, significa que é voluntária[17], dependendo a sua concretização de deliberação do coletivo dos sócios, cabendo ao conselho de administração ou conselho de administração executivo proceder à sua execução (347.º/5), sob pena de responsabilidade civil, nos termos gerais.

11 Se as condições essenciais da operação (ações abrangidas pela amortização, contrapartida[18], caso exista[19], e condições do seu pagamento) não estiverem fixadas no contrato a deliberação social terá de as fixar também[20].

expressamente previstos, a amortização de ações com o consentimento do sócio, por cláusula estatutária.

9 De modo idêntico, veja-se Raúl Ventura, *Estudos vários*, 501-502, alegando que o 233.º/2 corresponde essencialmente à parte final do 36.º/1, *a*), da 2.ª Diretriz, e Coutinho de Abreu 2 (2019), p. 393, este último com fundamento na necessidade de observância do disposto no 36.º/1, *a*), da 2.ª Diretriz.

Em sentido contrário, Armando Manuel Triunfante, *A tutela das minorias*, 267-269, não considera aplicável esta disposição das sociedades por quotas, por considerar a ausência expressa de tal regra, a desnecessidade de tal regra e a dificuldade prática da sua aplicação sempre que existam ações ao portador.

No nosso entender, a proteção dos demais sócios justifica a aplicação de tal regra, tendo, no regime atual, caído o argumento das ações ao portador, em virtude da sua nominatividade obrigatória.

10 RLx 17-mai.-1994 (Pais do Amaral), Proc. 0079271.

11 Assim, João Labareda, *Das acções*, 329.

12 Armando Manuel Triunfante, *A tutela das minorias*, 263.

13 Redação atual dada pelo DL 76-A/2006, de 29-mar., com entrada em vigor a 30-jun.-2006, em resultado de o modelo de gestão das sociedades anónimas ter sido alterado.

14 *Vide* Raúl Ventura, *Estudos vários*, 503, Brito Correia 2 (1989), 450-451.

15 Segundo Raúl Ventura, *Estudos vários*, 503, a intervenção do órgão administrativo não tem efeito constitutivo ocorrendo a amortização por efeito do contrato.

16 Raúl Ventura, *Estudos vários*, 503.

17 *Vide* João Labareda, *Das acções*, 329.

18 Havendo contrapartida, o pagamento deve observar o disposto no 346.º/1, *in fine*.

19 Admitindo igualmente a amortização gratuita, Raúl Ventura, *Estudos vários*, 505-506.

20 Neste sentido, *vide* Raúl Ventura, *Estudos vários*, 504.

Esta deliberação tem de ser tomada, sob pena de caducidade, no prazo de seis meses a contar da ocorrência do facto que fundamentou a amortização, prazo esse que poderá ser alargado, até um ano se tiver sido previsto nos estatutos (347.º/6). 12

Quanto à maioria necessária para esta deliberação: será determinada de acordo com as regras gerais supletivas. Uma vez que implica redução do capital social, pergunta-se se a amortização fica sujeita à maioria necessária para a alteração do contrato social. A resposta é positiva[21]. 13

III – **Efeitos**

5. **No capital social**. A amortização de ações ao abrigo do 347.º, seja facultativa ou obrigatória, acarreta sempre, uma vez concretizada, a redução do capital social[22] tendo, portanto, efeitos externos. Esta redução é pelo valor nominal das ações amortizadas, tendo a mesma de ser conjugada com o disposto nos 94.º e seguintes. 14

Contudo, relativamente ao disposto no 95.º, o 347.º/7 prevê duas exceções[23]: a *primeira* ocorre se forem amortizadas ações inteiramente liberadas postas à disposição da sociedade a título gratuito. Quando assim suceda, porque a obrigação de entrada relativamente às ações a amortizar está cumprida e não há lugar ao pagamento de qualquer contrapartida não há fundamento para se aplicar o 95.º; a *segunda* verifica-se quando sejam amortizadas ações inteiramente liberadas postas à disposição da sociedade e para o reembolso das mesmas apenas sejam usadas verbas que, nos termos do disposto dos 32.º e 33.º, possam ser distribuídas aos acionistas. Nesta eventualidade, apenas tem de ser criada uma reserva legal de montante equivalente ao valor nominal das ações amortizadas não havendo também fundamento para se aplicar o 95.º. 15

6. **Nas ações amortizadas**. O principal efeito da amortização das ações com redução do capital social é a sua extinção, isto é, a cessação da participação social, designadamente os direitos reais que sobre ela incidam[24] (347.º/2). Na hipótese de haver uma extinção parcial das ações de certo acionista, o mesmo apenas perderá "parcialmente" a qualidade de sócio. Paralelamente, terá o acionista direito ao reembolso deliberado[25]. 16

Esta extinção dá-se na data da redução do capital social (347.º/2, *in fine*)[26] o que, para efeitos internos, dar-se-á com a redução a escrito da alteração do contrato social[27]. 17

Relativamente a terceiros, a eficácia da amortização, sempre que se trate de amortização permitida, dependerá do seu registo – 3.º/1, *j*), e 15.º/1 do CRC. 18

[21] Neste sentido, cf. Raúl Ventura, *Estudos vários*, 506-507, João Labareda, *Das acções*, 330, e Armando Manuel Triunfante, *A tutela das minorias*, 269-270.
Em sentido contrário, Coutinho de Abreu 2 (2019), 394, com fundamento na redução do capital social ser uma consequência da alteração do contrato social e 36.º/2 da 2.ª Diretriz que afasta expressamente tal necessidade. No nosso entendimento se é certo que o 36.º/2 afasta tal necessidade não é menos certo que não se possa concluir por tal necessidade sempre que a mesma for imposta por força de disposição nacional como parece ser o caso. Igualmente em sentido contrário, Carolina Cunha, *Código em Comentário*, 5, 347.º, 873.

[22] Assim, Raúl Ventura, *Estudos vários*, 498.

[23] *Vide* 463.º/2. Criticando estas duas exceções *vide* Raúl Ventura, *Estudos vários*, 509-510.

[24] Incidindo um direito de usufruto sobre a quota, o mesmo extinguir-se-á, sendo a amortização gratuita, ou passará a incidir sobre a liquidação [1467.º/1, *c*), do CC], sendo a mesma onerosa. Tendo a quota sido empenhada e a amortização sido onerosa o penhor passará a irregular e a incidir sobre a contrapartida (691.º *ex vi* 678.º do CC).

[25] Brito Correia 2 (1989), 452.

[26] A atual redação do 347.º/2 resulta do DL 76-A/2006, de 29-mar., com entrada em vigor a 30-jun.-2006, e deve-se ao facto de a redução do capital social ter deixado de ter de ser feita por escritura pública.

[27] *Vide* Armando Manuel Triunfante, *A tutela das minorias*, 252-253.

19 Apesar de não se ter ressalvado expressamente, como na amortização de quotas, os direitos adquiridos e as obrigações vencidas do efeito extintivo das ações amortizadas, atendendo à *ratio* do preceito e à identidade das situações, justifica-se a aplicação, por analogia do disposto no 232.º/2, *in fine*[28].

Capítulo IV – Obrigações

Introdução

Bibliografia: António Pereira de Almeida (2008), 641-652; José de Oliveira Ascensão IV (2000), 541-568; Nuno Barbosa e Orlando Vogler Guiné, em *Código em Comentário* V (2012), 759-966; António Amaral Cabral, *Código Comercial Português*, 4.ª ed. (1955), 91-94; Paulo Câmara, *O regime jurídico das obrigações e a protecção dos credores obrigacionistas*, em DVM IV (2003), 309-345; Carlos Osório de Castro, *Valores mobiliários: conceito e espécies* (1998), 139-200; Menezes Cordeiro 2 (2007), 713 ss.; Luís Brito Correia 2 (1989), 499-516; Paulo Olavo Cunha, *Direito das sociedades comerciais* (2007), 443-444; Amadeu Ferreira, *Valores mobiliários escriturais* (1997), 17-98; Eduardo Paz Ferreira, *Títulos de dívida pública e valores mobiliários*, em DVM II (2001), 31-56; Fátima Gomes, *Obrigações convertíveis em acções* (1999), 62-70; Ministério da Justiça, *Código das Sociedades Comerciais (Projecto)*, BMJ 327 (1983), 236-251; Florbela de Almeida Pires, *Direitos e organização dos obrigacionistas em obrigações internacionais* (2001); José Alberto dos Reis e Adriano Anthero, *Comentário ao Código Commercial Portuguez* 1, 2.ª ed. (s.d.), 432-447; Carlos Alberto Rosa e o., *Legislação dos Mercados Monetário, Cambial e Financeiro Anotada* (1972), 11-19; Mário Leite Santos, *Obrigações convertíveis/Alguns aspectos do seu regime jurídico*, RB 1991, 93-172; Pedro Pais de Vasconcelos, *Obrigações (valores mobiliários)*, AAVV (2002), 321-329.

Índice

I – **Antecedentes**
1. Aspetos gerais ... 1

II – **A experiência portuguesa**
2. A Lei de 22-jun.-1867 ... 3
3. O Código Comercial ... 5
4. O intervencionismo ... 6
5. O Projeto e o CSC ... 8

III – **Obrigações e outros valores mobiliários obrigacionais**
6. Noção ... 9
7. Obrigações e ações; direitos principais ... 11
8. Outros direitos ... 12

IV – **Reembolso, juros e cláusulas acessórias**
9. Reembolso ... 14
10. Segue; outros valores mobiliários ... 16
11. Juro ... 20
12. Cláusulas acessórias ... 24

V – **Regimes especiais e outros valores mobiliários obrigacionais**
13. Generalidades ... 27
14. Obrigações de caixa ... 29
15. Obrigações hipotecárias ... 30
16. Obrigações sobre o sector público ... 33
17. Obrigações titularizadas ... 34
18. Obrigações do Tesouro ... 37
19. Papel comercial e Certificados de Dívida de Curto Prazo ... 39
20. Bilhetes do Tesouro ... 43
21. Títulos de participação ... 44
22. Regime especial de tributação ... 46

I – Antecedentes

1 1. **Aspetos gerais.** As obrigações, e bem assim os demais valores mobiliários, têm como antecedentes os títulos de crédito e, nessa medida, a sua origem remonta à idade média[1]. Represen-

[28] Brito Correia 2 (1989), 452.

[1] Menezes Cordeiro 2 (2007), 713.

tativas de direitos de crédito sobre o emitente, com especial aptidão para circular, as obrigações partilham ainda hoje com os títulos de crédito as características da *incorporação, literalidade, autonomia* e *abstração.* Contudo, a idiossincrática emissão em massa (*conjuntos homogéneos*)[2] complementou-se com a exigência da *fungibilidade* dos títulos e gerou um *mercado* particular, que se veio sofisticando, por um lado, e democratizando, por outro. Sobre os títulos e o mercado, incidiu depois uma tendência *desmaterializadora* irreversível.

Ao longo do tempo, com crises e sobressaltos, impôs-se a necessidade de regular e supervisionar o mercado, os títulos e os sujeitos naquele intervenientes (emitentes e intermediários). Hoje, as obrigações autonomizam-se dos títulos de crédito através do seu regime próprio, no contexto do direito dos valores mobiliários. As obrigações são um dos valores mobiliários de referência[3], quer no plano conceptual, quer no plano financeiro por revestirem um dos mais interessantes meios de financiamento societário. 2

II – **A experiência portuguesa**

2. **A Lei de 22-jun.-1867.** As primeiras obrigações, em Portugal, representaram dívida pública. Todavia, o primeiro regime jurídico relativo à emissão de obrigações constou da Secção VII da Lei sobre as SA, de 22-jun.-1867. Os aspetos essenciais deste regime consistiram em: (a) exigência de constituição definitiva do emitente, (b) limitação do montante da emissão à soma do capital pago, (c) proibição da concessão de vantagens especiais a alguns títulos, (d) obrigatoriedade de fixação de uma quantia anual certa para amortização da dívida e pagamento de juros e (e) obrigatoriedade de publicação mensal de balancetes, contendo o resumo do ativo e do passivo do emitente[4]. A natureza do título estava indicada pela referência legal expressa a *capital mutuado* e a sua *fungibilidade* resulta da referida proibição de vantagens especiais. 3

Os valores da *segurança* e *informação* estavam já subjacentes a estas regras, permitindo eleger princípios que se mantiveram na legislação subsequente e que ainda perduram. São eles o da *estabilidade do emitente* – patente nos atuais números 2, 3 e 4 do 348.° –, o da *contenção da emissão* – hoje tratada no 349.° – e o da *publicidade* – atualmente prevista no 351.° e no CVM[5]. 4

3. **O Código Comercial.** À lei de 1867 sucedeu o Código Veiga Beirão que criou um regime nuclear para a emissão de obrigações nos 195.° a 198.°, desenvolvendo certos aspetos do mesmo. Mantiveram-se as regras relativas à publicação mensal de balancetes, à uniformização dos títulos emitidos e ao limite quantitativo da emissão por referência ao capital realizado e existente. Inovou-se estabelecendo a necessidade de deliberação pela assembleia geral, proibindo novas emissões sem a subscrição e realização de emissão anterior e dispondo sobre a aquisição de obrigações próprias[6] em termos muito semelhantes aos atuais. 5

4. **O intervencionismo.** A fase seguinte caracterizou-se pelo *intervencionismo*, através da restrição e da fiscalização das emissões, e pela regulamentação da organização dos obrigacionistas. Os antecedentes das assembleias de obrigacionistas podem ver-se na legislação de 1893 destinada a disciplinar o saneamento da Companhia Real dos Caminhos de Ferro Portuguezes[7]. Em 1894, a emissão de obrigações passa a ficar sujeita a *aprovação do Governo.* 6

A necessidade de autorização governamental permaneceu na L de 3-abr.-1896, regulamentada pelo D de 27-ago.-1896. Esta legislação, destinada primeiramente a disciplinar a 7

[2] Não privativa das obrigações mas co-natural aos valores mobiliários.
[3] Ao lado das ações.
[4] Menezes Cordeiro 2 (2007), 715.
[5] Menezes Cordeiro 2 (2007), 721.
[6] Menezes Cordeiro 2 (2007), 716.
[7] Menezes Cordeiro 2 (2007), 717; Nuno Barbosa, *Competência das assembleias de obrigacionistas* (2002).

atividade bancária, dispôs sobre a emissão de obrigações por *todas as sociedades anónimas* assumindo-se assim como regime geral complementar ao do CCom. Em resultado, o 19.° da L de 3-abr.-1896 e o Capítulo II do D de 27-ago.-1896 (6.° a 21.°) mantiveram vigência após a revogação da generalidade das disposições bancárias daquelas leis, pelo 81.° do D 10 634, de 20-mar.-1925. Nos termos do regime complementar, a entidade emitente deveria comprovar perante o Governo (Ministro das Finanças) que o cumprimento dos encargos da emissão se acharia garantido, *à face do respetivo balanço*, exceto *quando a emissão* fosse *para substituir outra já realizada, ou quando a importância de metade da emissão* estivesse *garantida com valores imobiliários, pertencentes à sociedade ou companhia emissora*[8]. Uma vez cumpridos os requisitos legais, a ausência de resposta do Governo no prazo de um mês permitia que se considerasse a emissão como *aprovada*[9]. O sistema tornou-se mais complexo com a exigência de parecer favorável do Conselho de Ministros para os Assuntos Económicos no caso de emissões por sociedades privadas que, no período de um ano, excedessem 10000000$00[10].

8 5. **O Projeto e o CSC**. O Projeto de CSC tratou das obrigações nos 331.° a 355.°[11]. O regime que viria a ser aprovado não se afastou substancialmente do constante do Projeto e, não obstante as alterações que sobrevieram, subsistem ainda muitíssimos aspetos comuns[12]. O Projeto dispunha sobre: (a) os requisitos e limites da emissão, neles incluindo a necessidade de deliberação dos acionistas e, em certos casos, de celebração de escritura pública[13]; (b) os requisitos e as modalidades dos títulos; (c) o regime das obrigações próprias; (d) o modelo de organização dos obrigacionistas, contemplando a sua reunião em assembleias e a existência de um representante comum.

III – Obrigações e outros valores mobiliários obrigacionais

9 6. **Noção.** O 348.°/1 é o ponto de partida para a construção de uma noção de obrigações. Ali se afirma que as obrigações são *valores mobiliários que conferem direitos de crédito iguais*. A sua natureza de valores mobiliários não oferece dúvidas: estão como tais elencadas também no 1.° do CVM, representam situações jurídicas homogéneas e são suscetíveis de transmissão em mercado. Cada obrigação confere ao seu titular direitos de crédito equivalentes aos conferidos por qualquer outra obrigação do mesmo grupo, daí que os direitos de crédito sejam *iguais* e as situações jurídicas *homogéneas*.

10 O 348.°/1 nada diz sobre os direitos de crédito que compõem o conteúdo das obrigações. Porém, não pode entender-se esta falta como uma referência aberta, um conceito-quadro ou um conteúdo a preencher de acordo com a vontade do emitente. A lei dispõe sobre um concreto *tipo* de valor mobiliário e o regime adequa-se a essa realidade da vida. Certos elementos caracterizadores do tipo estão pressupostos e deixam-se identificar ao longo dos 348.° ss., outros há que serão eventuais e não comprometem a natureza do valor mobiliário. A falta dos elementos caracterizadores impede a aplicação do regime das obrigações. Sendo o caso, estar-se-á perante um outro valor mobiliário, regulado ou não, típico ou atípico, proibido ou permitido.

[8] 19.°/2 da L de 3-abr.-1896. V. também 9.° do D de 27-ago.-1896.

[9] 19.°, § 1.° da L de 3-abr.-1896 e 12.° do D de 27-ago.-1896. O deferimento tácito constava já do 18.°, § 1.° do D de 12-jul.-1894.

[10] V. DL 44 652, de 27-out.-1962, e D 39 127, de 7-mar.-1953.

[11] BMJ 327 (1983), 236-251.

[12] Em geral, o capítulo IV foi alterado pelos seguintes diplomas: DL 280/87, de 8 de julho, DL 229-B/88, de 4 de julho, DL 486/99, de 13 de novembro, DL 52/2006, de 15 de março, DL 76-A/2006, de 29 de março e DL 357-A/2007, de 31 de outubro. O teor e alcance destas alterações serão desenvolvidos a propósito dos artigos concretamente alterados.

[13] Quando as obrigações fossem *acompanhadas de garantia real sobre imóvel* ou a emissão fosse feita *com apelo a subscrição pública*. V. 334.° do Projeto.

7. **Obrigações e ações; direitos principais.** As obrigações são geralmente contrapostas às 11
ações, na medida em que, na perspetiva da sociedade emitente, representam *dívida*, a qual, em princípio, vencerá juros e deve ser reembolsada. Os direitos ao pagamento do juro e ao reembolso são, assim, os dois direitos principais que definem a situação jurídica do obrigacionista.

8. **Outros direitos.** A título secundário, são conferidos aos obrigacionistas outros direitos, quer 12
por imperativo legal, quer por iniciativa da entidade emitente. No primeiro caso está o direito à informação, através do representante comum, como se dispõe no 293.° e no 359.°/1, *c*) e *d*), e 2. No segundo caso estarão a concessão de garantias especiais ou a atribuição dos direitos de subscrever ações ou de converter as obrigações em ações, como sucede com a criação dos títulos mistos, regulados nos 365.° e 372.°-A.

Outros exemplos de situações jurídicas ativas, atribuídas por iniciativa do emitente, resul- 13
tam de cláusulas prevendo: (a) o compromisso de não concessão de garantias a outros credores (*negative pledge*); (b) o incumprimento em cadeia, em caso de incumprimento de outros empréstimos (*cross default*); (c) a graduação paritária da dívida relativamente a outras assumidas pelo emitente (*pari passu*).

IV – Reembolso, juros e cláusulas acessórias

9. **Reembolso.** Enquanto direito principal atribuído aos titulares de obrigações, o direito ao 14
reembolso do valor nominal da dívida surge após o decurso do prazo previsto na emissão. O reembolso pode também efetuar-se acima ou abaixo do valor nominal (*acima ou abaixo do par*), conforme previsto nas condições da emissão. O direito ao reembolso não é referido no 348.° mas é claramente pressuposto do seu regime. Outras disposições referem-se expressamente ao reembolso como o 349.°/4, *c*), o 360.°, *a*) e *b*), o 361.° e o 364.°.

Surge a questão de saber se, em face do regime português, serão de admitir como verda- 15
deiras *obrigações* as chamadas *obrigações perpétuas*, cuja característica fundamental reside na *quase* abolição do direito ao reembolso[14]. Trata-se de obrigações sem prazo, sendo o reembolso apenas devido por iniciativa do emitente, em caso de liquidação deste ou quando ocorram circunstâncias que o impeçam de cumprir compromissos assumidos. Atualmente, parecem estar incluídas no 360.°/2, *a*).

10. **Segue; outros valores mobiliários.** O direito ao reembolso é igualmente referido em 16
legislação especial relativa a outros valores mobiliários obrigacionais emitidos por entidades de direito privado[15] [16], e bem assim nos diplomas que regulam a emissão de obrigações do Tesouro[17] e de bilhetes do Tesouro[18].

Só os títulos de participação[19], valores mobiliários representativos de empréstimos, emi- 17
tidos por entidades públicas empresariais e por sociedades anónimas pertencentes maioritariamente ao Estado, apenas conferem aos seus titulares o direito a uma remuneração anual, composta de uma parte fixa e de uma parte variável, ficando o reembolso dependente da

[14] Em face 1.°/*g*), do CVM, está hoje ultrapassada a problemática da admissibilidade de valores mobiliários atípicos.

[15] V. *infra*.

[16] Com exceção dos títulos de investimento emitidos pelas cooperativas (v. 91.° do novo Código Cooperativo aprovado pela L 119/2015, de 31-ago.). No entanto, estes aproximam-se dos títulos de participação, regulados pelo DL 321/85, de 5-ago., com as alterações introduzidas pelos DL 407/86, de 6-dez., DL 229-A/88, de 4-jul., DL 311/89, de 21-set. e DL 213/91, de 17-jun.. De acordo com o 95.° do Código Cooperativo, as cooperativas podem também emitir obrigações.

[17] DL 280/98, de 17-set..

[18] DL 279/98, de 17-set., alterado pelo DL 91/2003, de 30-abr., DL 40/2012, de 20-fev. e DL 261/2012, de 17-dez..

[19] DL 321/85, de 5-ago., com as alterações introduzidas pelos DL 407/86, de 6-dez., DL 229-A/88, de 4-jul., DL 311/89, de 21-set. e DL 213/91, de 17-jun..

liquidação da empresa ou, facultativamente, das condições previstas na emissão, após o decurso de 10 anos[20].

18 No demais, o regime dos títulos de participação é construído por remissão para o regime das obrigações. A emissão de obrigações perpétuas tem vindo a ser admitida nas instituições de crédito, com fundamento na permissão implícita constante da alínea 8) do n.º 3.º e do n.º 11.º do Aviso do Banco de Portugal n.º 12/92, de 22-dez., entretanto revogado, e atualmente constante do 7.º/1, *a*) do Aviso do Banco de Portugal 6/2010, de 31-dez.[21]. Com a reforma de 2015, o 360.º/2, *a*) parece admiti-las ou, pelo menos, sujeitar ao regime das obrigações *outros valores mobiliários representativos de dívida* com vencimento associado à duração da sociedade.

19 Faltando o reembolso compromete-se a caracterização das *obrigações perpétuas* como *obrigações*? Argumenta-se em sentido negativo, em virtude de o 360.º conter um elenco meramente exemplificativo dos tipos de obrigações. Mas tal não será suficiente, sob pena de tudo ser possível e caracterizável como *obrigação*. Essencial será compreender os limites do tipo, tendo em conta o conteúdo-padrão, por um lado, e a evolução dos mercados de valores mobiliários, por outro. Em todo o caso, a realidade a subsumir deverá ser comensurável nos limites do tipo legal e o regime adequado à sua regulação. Neste sentido, o conceito de obrigação parece ainda suportar limitações ao direito ao reembolso, deixando este de depender do decurso de um prazo pré-determinado, desde que fique sujeito a facto futuro e incerto. Já a supressão total não parece admissível: se não há dívida, não há *obrigação*.

20 11. **Juro.** A par do direito ao reembolso, o direito ao pagamento do juro é um dos direitos principais que compõem a situação jurídica do obrigacionista. Em termos concretos, o juro pode assumir várias modalidades, quer quanto à sua forma de cálculo quer quanto ao momento do seu pagamento, podendo ainda convencionar-se mecanismos de garantia contra descidas (ou subidas) dos indexantes usados como referência.

21 O juro pode ser calculado por referência à Euribor[22], sobre a qual incidirá uma margem (*spread*). O cálculo pode ser efetuado *ex ante* ou *ex post* consoante a data de referência para o seu cálculo se verificar antes ou depois de cada período de contagem de juros. Pode determinar-se que, caso o indexante desça a determinado nível, as obrigações passem a beneficiar de taxa fixa (*drop lock bonds*), sejam remuneradas com um juro mínimo (*mini-max bonds*) ou que o obrigacionista tenha o direito de as converter em obrigações de taxa fixa (*floating to fixed rate convertibles*).

22 A este respeito importa considerar a questão da admissibilidade da supressão do direito ao pagamento do juro. A supressão do direito ao pagamento de juros verifica-se nas chamadas obrigações de *cupão zero* ou emitidas *a desconto*. Nestas, a subscrição é efetuada por valor inferior ao valor nominal (*abaixo do par*), sendo as obrigações reembolsadas *ao par* e o investimento remunerado pela diferença. É certo que esta modalidade de obrigações tem subjacente a remuneração do fator tempo, por aplicação de uma taxa fixa (uma *taxa de desconto*) e, nesse sentido, em termos substanciais beneficiam de um juro. Este cálculo, prévio à emissão, tem uma relevância comercial e destina-se a tornar a emissão interessante do ponto de vista dos seus destinatários. Assim, porque durante a vida do empréstimo, o obrigacionista não tem qualquer direito ao pagamento de juros, não podendo, consequentemente proceder à sua alienação[23], não pode dizer-se que esteja incluído tal direito na sua situação jurídica.

[20] 4.º.

[21] O Aviso n.º 12/92 foi objeto de várias alterações e finalmente revogado pelo Aviso nº 6/2010, de 31-12, também já alterado, podendo consultar-se as versões consolidadas dos mesmos em www.bportugal.pt

[22] *Euro Interbank Offered Rate.*

[23] A alienação do direito ao cupão é vulgarmente designada por *stripping*. Esta expressão foi adotada na legislação portuguesa a propósito das obrigações do Tesouro. V. 10.º do DL 280/98, de 17-set..

O CSC refere-se ao pagamento de juros em várias disposições. Por exemplo, no 360.°, *a*) e *b*), ao dispor, com carácter de exemplo, sobre as modalidades de obrigações. Daqui não resulta que o legislador tenha pretendido proibir as obrigações *cupão zero*. Na realidade, esta modalidade, bem como muitas outras, tem sido admitida através de referências assistemáticas em diplomas dispersos relativos a obrigações. Já a supressão conjunta quer do direito ao reembolso, quer do direito ao pagamento de juros não será admissível por descaracterizar o valor mobiliário. 23

12. **Cláusulas acessórias.** A par do direito ao reembolso do capital e do direito ao pagamento de juros, as emissões podem ser atribuir outros direitos aos obrigacionistas que acrescem aos direitos legalmente previstos, quer no CSC, quer em legislação extravagante relativa a certos tipos de obrigações. 24

Por exemplo, em matéria de garantias, as obrigações podem beneficiar de garantias especiais, criadas ao abrigo da autonomia contratual ou sob a égide de regimes especiais como os relativos às obrigações hipotecárias ou às obrigações titularizadas[24], ou ficar inteiramente subordinadas ao pagamento dos outros credores do emitente. 25

São igualmente comuns cláusulas nos termos das quais (a) o emitente se obriga a não conceder garantias a terceiros (*negative pledge*), (b) o incumprimento de outras obrigações determina o incumprimento do empréstimo obrigacionista (*cross default*) ou (c) o empréstimo obrigacionista não fica subordinado a outros empréstimos não garantidos do mesmo emitente (*pari passu*). Vigora, neste domínio, uma ampla liberdade contratual. 26

V – Regimes especiais e outros valores mobiliários obrigacionais

13. **Generalidades.** As disposições do CSC sobre emissão de obrigações constituem um regime comum para estes valores mobiliários. Por um lado, este regime é complementado ou derrogado por legislação especial, destinada a disciplinar certos tipos de obrigações. Por outro, este mesmo regime será de aplicação subsidiária quanto a outros valores mobiliários obrigacionais, na medida em que as suas disposições não comprometam a identidade desses outros valores mobiliários. A articulação de regimes pode, por vezes, mostrar-se árdua. 27

Em matéria de regimes especiais importa considerar os relativos às obrigações de caixa, às obrigações hipotecárias, às obrigações sobre o sector público, às obrigações titularizadas e às obrigações do Tesouro. Outros valores obrigacionais serão o papel comercial, os bilhetes do Tesouro e os títulos de participação. Há ainda a considerar o regime especial de tributação de certos valores mobiliários representativos de dívida. 28

14. **Obrigações de caixa.** As obrigações de caixa, reguladas pelos DL 408/91, de 17-out., alterado pelos DL 343/98, de 6-nov., DL 181/2000, de 10-ago. e DL 52/2006, de 15-mar., são legalmente definidas como *valores mobiliários que incorporam a obrigação de a entidade emitente pagar ao seu titular uma certa importância, em prazo não inferior a dois anos, e os correspondentes juros*[25], e caracterizam-se por serem emitidas por instituições de crédito com fundos próprios não inferiores a € 2500000[26]. O regime especial prevê ainda que o seu valor nominal mínimo seja de € 50[27]. 29

15. **Obrigações hipotecárias.** De acordo com o regime vigente, as obrigações hipotecárias caracterizam-se por atribuírem aos respetivos titulares um privilégio creditório especial sobre créditos hipotecários *que lhes subjazem*, bem como sobre: (a) *depósitos, no Banco de Portugal, de moeda ou títulos elegíveis, no âmbito das operações de crédito do Eurosistema*; (b) *depósitos à ordem ou a* 30

[24] V. *infra* anotações 30 a 37.

[25] 1.° do DL 408/91, de 17-out..

[26] 3.° do DL 408/91, de 17-out., com a redação dada pelo DL 181/2000, de 10-ago..

[27] 6.° do DL 408/91, de 17-out., com a redação dada pelo DL 181/2000, de 10-ago..

prazo constituídos junto de instituições de crédito com notação de risco igual ou superior a «A-» ou equivalente; (c) *outros ativos que preencham simultaneamente requisitos de baixo risco e elevada liquidez, a definir por aviso do Banco de Portugal, com precedência sobre quaisquer outros credores, para efeitos de reembolso do capital e recebimento dos juros*[28]. Em consequência, os referidos créditos hipotecários e demais ativos que garantem a emissão, incluindo o produto dos respetivos juros e reembolsos, *constituem património autónomo e não respondem por quaisquer dívidas da entidade emitente até ao pagamento integral dos montantes devidos aos titulares das obrigações hipotecárias*[29].

31 Estas obrigações, cujo primeiro regime de 1990[30] foi objeto de duas alterações e integralmente substituído, com modificações substanciais, pelo DL 59/2006, de 20-mar., apenas podem ser emitidas por *instituições de crédito legalmente autorizadas a conceder créditos garantidos por hipotecas que disponham de fundos próprios não inferiores a* € 7500000[31].

32 A par das garantias especiais e das limitações quanto ao emitente[32], são também especialidades do regime das obrigações hipotecárias a deliberação pelo órgão de administração e o prazo, que não pode ser inferior a dois anos, nem superior a 50 anos[33]. De salientar que, exceto no tocante às assembleias de obrigacionistas e ao representante comum, ainda assim com adaptações[34], o 10.º/2, *a*), do DL 59/2006, de 20-mar., exclui expressamente a aplicação do *capítulo IV do título IV* do CSC à emissão de obrigações hipotecárias.

33 16. **Obrigações sobre o sector público**. As obrigações sobre o sector público foram criadas pelo DL 59/2006, de 20-mar., sendo-lhes aplicável, com as devidas adaptações, o regime das obrigações hipotecárias. Tal como estas, são obrigações dotadas de garantias especiais, desta feita *créditos sobre administrações centrais ou autoridades regionais e locais de um dos Estados membros da União Europeia e créditos com garantia expressa e juridicamente vinculativa das mesmas entidades*[35].

34 17. **Obrigações titularizadas**. As chamadas obrigações *titularizadas* surgiram no contexto do *regime da titularização de créditos* e da *constituição e atividade dos fundos de titularização de créditos, das respetivas sociedades gestoras e das sociedades de titularização de créditos*, constante do DL 453/99, de 5-nov., que expressamente as definia, no 47.º, como obrigações emitidas por sociedades de titularização de créditos com reembolso garantido *por créditos que lhes estão exclusivamente afetos.*

35 Este regime foi alterado pelos DL 82/2002, de 5-abr., 303/2003, de 5-dez., 52/2006, de 15-mar., 211-A/2008, de 3-nov. e, mais recentemente, pela L 69/2019, de 28-ago., que visou assegurar a execução, na ordem jurídica interna do Regulamento (EU) 2017/2402, do Parlamento Europeu e do Conselho, de 12-dez.-2017. No essencial, mantém-se o caráter garantido destas obrigações e as limitações quanto ao emitente. Assim, nos termos do atual 61.º, *o reembolso e a remuneração das obrigações titularizadas emitidas e o pagamento das despesas e encargos relacionados com a sua emissão são garantidos apenas pelos créditos ou riscos que lhes estão exclusivamente afetos, pelo produto do seu reembolso, pelos respetivos rendimentos e por outras garantias ou instrumentos de cobertura de riscos eventualmente contratados no âmbito da sua emissão, não respondendo por aquelas o restante património da sociedade de titularização de créditos emitente das obrigações titularizadas*. Tal como sucede com as obrigações hipotecárias, vigora quanto às obrigações titularizadas o princípio da segregação dos créditos dados em garantia[36] e carateriza-se a garantia como *privilégio creditório*[37].

[28] 1.º e 17.º do DL 59/2006, de 20-mar..
[29] 4.º/2 do mesmo DL.
[30] DL 125/90, de 16-abr..
[31] 2.º do DL 59/2006, de 20-mar..
[32] O DL 59/2006, de 20-mar., no seu 6.º, criou um novo tipo de instituição de crédito, especialmente vocacionado para a emissão de obrigações hipotecárias. Trata-se das *instituições de crédito hipotecário*.
[33] 9.º do mesmo DL.
[34] V. 14.º do DL 59/2006, de 20-mar..
[35] V. 32.º.
[36] V. 62.º do DL 453/99, de 5-nov..
[37] *Idem*, 63.º.

Em termos operacionais, na titularização tradicional, o regime prevê a cessão de créditos transmissíveis[38] por certas entidades a fundos de titularização de créditos, os quais os *titularizam* através das correspondentes unidades de participação, e a sociedades de titularização de créditos[39], que os *titularizam* justamente através da emissão de obrigações. Estas devem revestir a forma de sociedades anónimas tendo por objeto exclusivo *a realização de operações de titularização de créditos, mediante as suas aquisição, gestão e transmissão e a emissão de obrigações titularizadas para pagamento dos créditos adquiridos*[40]. O regime estabelece, entre outros, requisitos relativos aos fundos próprios das sociedades emitentes e que *as emissões de obrigações titularizadas não estão sujeitas aos requisitos e limites estabelecidos no 348.º/2 e no 349.º*[41]. 36

18. **Obrigações do Tesouro.** As obrigações do Tesouro são uma das formas de dívida pública previstas no 11.º/1 da L 7/98, de 3-fev., que contém o *Regime geral de emissão e gestão da dívida pública*. A par dos condicionamentos gerais relativos ao endividamento do Estado, as obrigações do Tesouro têm regime próprio, constante do DL 280/98, de 17-set., que no seu 2.º, as define como *valores escriturais representativos de empréstimos de médio e longo prazos da República Portuguesa*[42], *denominados em moeda com curso legal em Portugal*. 37

O 8.º esclarece ainda que as obrigações do Tesouro são emitidas com prazo igual ou superior a um ano, distinguindo-as, assim, dos bilhetes do Tesouro. Nada se dizendo em contrário, expressa ou implicitamente, a estas obrigações são aplicáveis, com as adaptações impostas pela natureza do emitente, as disposições do CSC. 38

19. **Papel comercial e Certificados de Dívida de Curto Prazo.** Não obstante as semelhanças de regime e a idêntica natureza da relação subjacente, o legislador evitou designar por *obrigações* os outros valores mobiliários representativos de dívida de curto prazo. É o caso do *papel comercial*. O regime destes valores foi fixado no DL 181/92, de 22-ago., depois alterado por três outros DL, vindo a ser substituído pelo DL 69/2004, de 25-mar., o qual foi também objeto de alteração pelos DL 52/2006, de 15-mar., e DL 29/2014, de 25-fev. e DL 77/2017, de 30-jun.. Nos termos do n.º 2 do 1.º e 2.º do seu regime, *são papel comercial os valores representativos de dívida, emitidos por* sociedades comerciais ou civis sob forma comercial, cooperativas, empresas públicas ou outras pessoas coletivas de direito público ou privado, *por prazo inferior a 397 dias*, prazo este mais alongado do que o anterior prazo de um ano, que foi inserido pela última alteração. 39

Em geral, a emissão de papel comercial depende do preenchimento de, pelo menos, um dos seguintes requisitos: a apresentação de notação de risco da emissão, do programa ou da dívida de curto prazo do emitente, atribuída por sociedade registada na Autoridade Europeia dos Valores Mobiliários ou no Banco de Portugal, a concessão de uma garantia especial a favor dos detentores do papel comercial, ser emitente de outros valores mobiliários admitidos à negociação em mercado regulamentado, apresentar um rácio de autonomia financeira adequado, conforme regulamentado pelo Reg 2/2014 CMVM, ou existir um patrocinador da emissão que detenha em carteira pelo menos 5% da mesma até à maturidade. Consequentemente, a emissão de papel comercial não está sujeita ao disposto no 349.º[43]. 40

De salientar, a respeito do papel comercial, o princípio da tipicidade, consagrado no 6.º. 41
Segundo este artigo *salvo disposição legal em contrário, é proibida a emissão de valores mobiliários de*

[38] De acordo com os requisitos elencados no 4.º do DL 453/99, de 5-nov..

[39] *Idem*, 3.º.

[40] 39.º do DL 453/99, de 5-nov..

[41] *Idem*, 64.º.

[42] *Sic.*

[43] 7.º/2 do DL 69/2004.

natureza monetária de prazo inferior a 397 dias que não cumpram o disposto no presente diploma. Deste modo fica proibida a emissão de *obrigações* com prazo inferior a 397 dias, nos termos do CSC.

42 Os certificados de dívida de curto prazo foram criados pelo DL 77/2017, de 30-jun, que aditou o 11.º-A ao regime jurídico do papel comercial. Segundo se afirma no preâmbulo do diploma, visou-se a elegibilidade destes certificados para investimento pelos organismos de investimento coletivo em valores mobiliários. Assim, nos termos do citado 11.º-A, os certificados são definidos como uma modalidade especial de papel comercial em que, cumulativamente e a todo o tempo, se verifica (i) liquidez, como definida no 169.º/4 e 6 do Regime Jurídico dos Organismos de Investimento Coletivo, (ii) valor suscetível de ser determinado com exatidão, nos termos do 169.º/5 e 6 do mesmo regime e (iii) liberdade de transmissão.

43 20. **Bilhetes do Tesouro**. Os bilhetes do Tesouro são valores mobiliários de curto prazo representativos de dívida pública. A par das obrigações do Tesouro, do contrato, dos certificados de aforro, dos certificados especiais de dívida pública e das promissórias, são nominados pelo 11.º/1 da L 7/98, de 3-fev., sobre a *emissão e gestão da dívida pública.* O seu regime próprio consta do DL 279/98, de 17-set., alterado pelo DL 91/2003, de 30-abr., DL 40/2012, de 20-fev. e DL 261/2012, de 17-fev., e caracterizam-se por serem emitidos por prazo inferior a um ano e a *desconto*, i.e. *os juros são pagos por dedução no seu valor nominal*[44].

44 21. **Títulos de participação**. Os títulos de participação foram criados pelo DL 321/85, de 5-ago., com o objetivo de *reforçar os fundos próprios das empresas públicas* através da emissão de um tipo de dívida que dotaria a entidade emitente de recursos a longo prazo, mediante o pagamento ao investidor de *uma renda do tipo «renda perpétua»*. Com efeito, não obstante se prever a faculdade de reembolso do capital, esta apenas ocorre no caso de *liquidação da empresa ou, então, nos moldes expressamente previstos nas condições da emissão e sempre depois de decorridos pelo menos 10 anos sobre a data da liberação.* O regime dos títulos de participação foi objeto de alteração pelos DL 407/86, de 6-dez., 229-A/88, de 4-jul., 311/89, de 21-set. e 213/91, de 17-jun..

45 Os títulos de participação caraterizam-se pelos seguintes aspetos: só podem ser emitidos por empresas públicas[44], a sua emissão está sujeita a autorização do Ministro das Finanças, conferem o direito a uma remuneração anual composta por duas partes, uma independente e outra dependente da atividade ou dos resultados do emitente, o seu reembolso é eventual (conforme *supra* referido) e subordinado visto que, *no caso de liquidação,* os mesmos *são reembolsados somente depois do pagamento de todos os outros credores da empresa.* De salientar ainda que, em certos casos, os títulos de participação podem ser convertidos em capital. Atendendo a estas características, é forçoso concluir que os títulos de participação se encontram nas fronteiras do tipo *obrigação*. São uma forma de obrigações perpétuas, com aproximação às obrigações convertíveis e às *ações*. Isto mesmo é afirmado no preâmbulo do DL 321/85, de 5-ago..

46 22. **Regime especial de tributação**. Pelo impulso dado ao mercado de capitais, importa referir nesta sede o *Regime especial de tributação dos rendimentos de valores mobiliários representativos de dívida,* aprovado pelo DL 193/2005, de 7-nov., e alterado pelos DL 25/2006, de 8-fev., DL 29-A/2011, de 1-mar., L 83/2013, de 9-dez. e L 42/2016, de 28-dez.. Este regime estabelece uma isenção de IRS e IRC para os rendimentos de valores mobiliários representativos de dívida *integrados em sistema centralizado gerido por entidade residente em território português ou por entidade gestora de sistema de liquidação internacional estabelecida em outro Estado membro da União Europeia ou,*

[44] V. 4.º/2 do DL 279/98, de 17-set..

[45] Fazendo uma interpretação atualista do 1.º/1 do DL 321/85, de 5-ago., quando se refere a *empresas públicas* e as *sociedades anónimas pertencentes maioritariamente ao Estado.*

ainda, de Estado membro do Espaço Económico Europeu desde que, neste último caso, este esteja vinculado a cooperação administrativa no domínio da fiscalidade equivalente à estabelecida no âmbito da União Europeia, qualificados como rendimentos de capitais e de mais-valias, obtidos por não residentes em território português.

Secção I – Obrigações em geral

Artigo 348.º (Emissão de obrigações)

1. As sociedades anónimas podem emitir valores mobiliários que, numa mesma emissão, conferem direitos de crédito iguais e que se denominam obrigações.

2. Só podem emitir obrigações as sociedades cujo contrato esteja definitivamente registado há mais de um ano, salvo se:

_a_) Tenham resultado de fusão ou de cisão de sociedades das quais uma, pelo menos, se encontre registada há mais de um ano; ou

_b_) O Estado ou entidade pública equiparada detenha a maioria do capital da sociedade;

_c_) As obrigações forem objeto de garantia prestada por instituição de crédito, pelo Estado ou entidade pública equiparada.

_d_) For disponibilizada aos investidores informação financeira relativa ao emitente, reportada a data não superior a três meses relativamente à emissão, auditada por auditor independente registado na Comissão do Mercado de Valores Mobiliários, e elaborada de acordo com as normas contabilísticas aplicáveis.

3. Por portaria dos Ministros das Finanças e da Justiça podem ser dispensados, no todo ou em parte, os requisitos previstos no número anterior.

4. As obrigações não podem ser emitidas antes de o capital estar inteiramente liberado ou de, pelo menos, estarem colocados em mora todos os acionistas que não hajam liberado oportunamente as suas ações.

Bibliografia: *vide* a da Introdução aos 348.º a 372.º-B.

Índice

I – **Origem e evolução**
1. Preparatórios ... 1
2. Alterações ... 4

II – **Regime**
3. Emitentes ... 7
4. Registo do contrato ... 13
5. A dispensa ... 18
6. Liberação do capital ... 22

I – Origem e evolução

1. **Origem e evolução.** O 348.º corresponde ao 331.º do Projeto, epigrafado *licitude da emissão.* 1
Quer o 331.º/1 do Projeto, quer a versão originária do 348.º/1, salvaguardavam a obtenção das *autorizações administrativas eventualmente necessárias* para a emissão de obrigações e referiam-se à possibilidade de as *sociedades anónimas* emitirem *títulos negociáveis que, numa mesma emissão, conferem direitos de crédito iguais para o mesmo valor nominal.*

2 O 331.º/2 do Projeto foi integralmente mantido na versão originária do 348.º/2 estabelecendo que só podiam *emitir obrigações as sociedades cujo contrato* estivesse *definitivamente registado há mais de dois anos e cujos dois últimos balanços* estivessem *regularmente aprovados ou que* tivessem *resultado da fusão ou cisão de sociedades das quais uma, pelo menos,* se encontrasse *nestas condições, a não ser que o Estado ou entidade pública a ele equiparada por lei para este efeito* possuísse *a maior parte das ações ou que a emissão* fosse *especialmente autorizada pelo Estado ou garantida pelo Estado ou por aquela outra entidade ou ainda por meio de títulos de crédito sobre o Estado ou aquelas entidades.*

3 O 331.º/3 do Projeto, por sua vez, determinava que as obrigações não pudessem ser emitidas antes do o capital estar inteiramente liberado ou, pelo menos, estarem colocados em mora todos os acionistas que não tivessem liberado as suas ações. Esta disposição, que constava igualmente do 348.º/3 na sua versão originária, corresponde ao atual n.º 4 do mesmo artigo.

4 2. **Alterações**. O 348.º foi objeto de quatro alterações. A primeira pelo DL 280/87, de 8-jul., que introduziu o atual n.º 3, passando o anterior n.º 3 a n.º 4. As segunda e terceira resultaram do DL 52/2006, de 15-mar., e incidiram sobre os n.os 1 e 2. A quarta alteração, através do DL 26/2015, de 26-fev., consistiu na introdução da nova alínea *d*) do n.º 2.

5 No 348.º/1 foi suprimida a referência às autorizações administrativas eventualmente necessárias, entretanto desnecessária, abandonando-se também o uso da expressão *títulos*, ultrapassada em face da *desmaterialização,* em favor de *valores mobiliários*. Quanto ao conteúdo das obrigações, a anterior redação do n.º 1 esclarecia que as obrigações *conferem direitos de crédito iguais para o mesmo valor nominal.* Suprimiu-se a referência ao valor nominal como critério definidor da *igualdade dos direitos de crédito*. Porém, sob pena de descaracterização, os atuais *direitos de crédito iguais* não poderão significar algo diverso: cada obrigação confere ao seu titular os mesmos direitos de crédito das demais obrigações incluídas mesma emissão. Em concreto, os direitos de crédito de cada obrigacionista são conferidos de forma igual, em conformidade com o valor nominal das obrigações detidas.

6 As alterações ao 348.º/2 foram substanciais: diminuiu-se para um ano a antecedência do registo do contrato de sociedade como requisito geral da emissão e passou a relevar, no elenco das exceções, a concessão de garantia prestada por instituição de crédito, ao lado das garantias públicas ou ainda a concessão de informação financeira recente, desde que auditada por auditor independente. As exceções são alternativas, não obstante não ter havido correção da pontuação e a deslocação da conjunção "ou" para o final da atual alínea *c*).

II – **Regime**

6 3. **Emitentes**. Quanto aos emitentes, o 348.º/1 começa por afirmar que as *sociedades anónimas* podem emitir obrigações. A afirmação é coerente com a integração sistemática do regime, no âmbito do Título IV do CSC, dedicado justamente às sociedades anónimas. No entanto, não são apenas estas as entidades que as podem legalmente emitir.

8 Em primeiro lugar, no plano extra-societário, as obrigações podem ser emitidas pelo Estado, como *supra* referido, no contexto do regime da emissão e gestão da dívida pública e mais concretamente, ao abrigo dos regimes especiais relativos às obrigações do Tesouro e aos bilhetes do Tesouro.

9 Em segundo lugar, agora já no domínio das entidades de natureza societária, a emissão de obrigações é permitida às cooperativas, nos termos do 95.º CCoop, e às sociedades por quotas, conforme dispõe o artigo único do DL 160/87, de 3-abr., que visou repor esta possibilidade, já anteriormente reconhecida pelo 50.º da L de 11-abr.-1901.

Mas o elenco dos emitentes privados não se resume às entidades referidas. O artigo único do DL 320/89, de 25-set., veio dispor que *o Ministro das Finanças poderá, por despacho, autorizar outras entidades a emitir* obrigações *em circunstâncias especiais devidamente justificadas*. Diz-se, no preâmbulo deste DL, que nada parece justificar que *entidades de diferente natureza com boa situação financeira sejam impedidas de obter recursos por esta via de financiamento das suas atividades*. A constitucionalidade deste DL é duvidosa em virtude da desgraduação normativa que consagra em matéria merecedora de ato legislativo. Em causa está o regime do 112.º/5 da CR. 10

O seu alcance prático foi, até agora, pouco significativo. A este respeito vejam-se as emissões de obrigações pela Associação Industrial Portuense, autorizada pelo despacho n.º 52/91-XI, de 14-mai.-1991, do Ministro das Finanças[1], e pela EXPONOR – Associação dos Parques de Exposições do Norte, associação de utilidade pública, autorizada pelo despacho n.º 539/92--XII, de 11-jun.-1992, do Secretário de Estado do Tesouro[2]. Em ambos os despachos, é omissa a referência às *circunstâncias especiais devidamente justificadas* exigidas pelo diploma extravagante. 11

Quanto aos emitentes públicos, a par do Estado, podem também emitir obrigações as Regiões Autónomas, possibilidade que resulta implicitamente dos 37.º ss. da atual lei das finanças das Regiões Autónomas, a LO 2/2013, de 2-set.. A experiência do passado também vai nesse sentido, tendo a Região Autónoma da Madeira procedido a várias emissões ao longo dos anos 80. Os municípios podem igualmente emitir obrigações, nos termos do 49.º/3 da L 73/2013, de 3-set., Regime Financeiro das Autarquias Locais e das Entidades Intermunicipais[3]. 12

4. **Registo do contrato**. Como requisito geral da validade da emissão, o 348.º/2 exige que o contrato de sociedade do emitente esteja registado há mais de um ano, salvaguardados os casos referidos nas alíneas *a*) a *d*) ou a dispensa concedida por portaria dos Ministros das Finanças e da Justiça. Esta exigência, que tenderá a desaparecer[4], está ainda ligada a uma visão conservadora do acesso dos emitentes ao financiamento através da emissão de instrumentos financeiros. 13

O legislador considerou que o decurso de um exercício completo será necessário e suficiente para permitir aos investidores e ao próprio emitente avaliar o risco da emissão, embora não exija que tenham já sido aprovadas e publicadas as primeiras contas da sociedade. 14

É idêntico o estado de espírito que subjaz aos casos previstos n0 348.º/2, *a*) a *d*) . Circunstâncias ligadas à constituição, à estrutura acionista do emitente, à concessão de garantias especiais à emissão ou à disponibilização de informação financeira auditada recente (três meses anteriores à emissão) justificam que se abdique da exigência do contrato de sociedade registado há mais de um ano[5]. No primeiro caso, o emitente é uma sociedade resultante de fusão ou cisão de outra sociedade que se encontra registada há mais de um ano e no terceiro caso, as obrigações são dotadas de garantia conferida por entidades que merecem confiança geral: instituição de crédito, Estado ou entidade equiparada. Finalmente, na nova alínea d) bastará que seja disponibilizada informação financeira auditada reportada a data não anterior a três meses relativamente à data da emissão. Esta nova exceção é um tanto inconsistente com o caso de sociedades constituídas nos primeiros meses do ano: se registadas há mais de um ano, mesmo sem contas aprovadas (ou disponibilização de informação financeira), podem emitir. 15

[1] DR II, de 25-mai.-1991.

[2] DR II, de 26-jun.-1992. Veja-se ainda a autorização legislativa constante do 43.º da L 64-A/2008, de 31-dez., que aprova o Orçamento do Estado para 2009.

[3] Retificada pela retificação n.º 46-B/2013, de 1-nov. e alterada pelas L 75-A/2014, de 30-set., L 82-D/2014, de 31-dez., L 69/2015, de 16-jul., L 132/2015, de 4-set..

[4] Na redação anterior exigia-se que o contrato estivesse registado há mais de dois anos e que os dois últimos balanços estivessem regularmente aprovados.

[5] Não obstante a conjunção "ou" aparecer entre as alíneas *a*) e *b*), as alternativas são quatro e não apenas três.

16 Outro caso peculiar é o segundo, o do 348.º/2, *b*), por se bastar com detenção pelo Estado, ou por entidade pública equiparada, da maioria do capital social da sociedade. Não há aqui garantia do pagamento das obrigações, ou sequer compromisso quanto à manutenção da participação social pelo que o efeito parece ser apenas teórico ou *psicológico*: o Estado e as entidades equiparadas podem constituir sociedades para emissão de dívida.

17 Entidades equiparadas ao Estado são, nos termos do 545.º, *as regiões autónomas, as autarquias locais, a Caixa Geral de Depósitos, o Instituto de Gestão Financeira da Segurança Social e o IPE--Investimentos e Participações do Estado S.A.*. A equiparação das regiões autónomas e autarquias locais não suscita objeções. Já quanto à Caixa Geral de Depósitos, deve considerar-se o 545.º inaplicável, por tacitamente revogado pelo diploma que transformou a Caixa Geral de Depósitos em sociedade anónima. O IPE será atualmente a PARPÚBLICA – Participações Públicas, SGPS, S.A.. A equiparação desta ao Estado é expressamente afirmada pelo 3.º do DL 209/2000, de 2-set., que remete para o 545.º.

18 5. **A dispensa**. A possibilidade de portaria dos Ministros das Finanças e da Justiça dispensar os requisitos previstos no 348.º/2, prevista no n.º 3 do mesmo artigo, suscita outra ordem de considerações. Dir-se-á, em primeiro lugar, que tratando-se de uma portaria, a dispensa deverá ser geral e abstrata abrangendo um conjunto de casos que, pelas suas características, justificam que se abdique da *segurança* proporcionada pelo regime do n.º 2. É o caso da portaria n.º 974/90, de 11-out., publicada ainda ao abrigo da anterior redação do 348.º/3. Nos termos do n.º 1 desta portaria, *as sociedades sujeitas à supervisão do Banco de Portugal não estão sujeitas às restrições* previstas no 348.º/2.

19 A solução é justificada. Trata-se de sociedades cuja constituição depende de autorização administrativa a conceder após verificação do cumprimento de requisitos legais ligados ao capital social, ao governo societário, ao controlo de riscos de exposição e ao sistema de controlo interno e bem assim, relativamente às quais há verificação da idoneidade dos detentores de participações qualificadas[6].

20 Em segundo lugar, o 348.º/3 requer uma clarificação interpretativa. A dispensa *no todo ou em parte* dos requisitos previstos no n.º 2 perdeu significado com a alteração do 348.º/2. Com efeito, na redação anterior exigia-se, em geral, o registo do contrato há mais de dois anos e que os dois últimos balanços do emitente estivessem regularmente aprovados. Atualmente, pelo contrário, o requisito é um só: que o contrato se encontre registado há mais de um ano. Assim sendo, qualquer dispensa, ainda que configurada como uma extensão dos casos previstos nas alíneas do n.º 2, será substancialmente um desvio *no todo* à exigência de que o contrato se encontre registado há mais de um ano. Por outro lado, a referência *no todo ou em parte* também não poderá significar a possibilidade de revogação pura e simples do 348.º/2 através de Portaria, caso se optasse pela modalidade *do todo*. Ou seja, a expressão *no todo ou em parte* deixou de ter qualquer sentido útil.

21 O 348.º/3 suscita, finalmente, um reparo formal. Esta disposição permite que uma portaria derrogue um ato legislativo, portanto e em termos substanciais que o altere, posto que lhe retira âmbito de aplicação. Está assim em oposição com o que se dispõe no 112.º/5 da CR, segundo o qual nenhum ato legislativo pode *conferir a atos de outra natureza o poder de, com eficácia externa, interpretar, integrar, modificar, suspender ou revogar qualquer dos seus preceitos*. O 348.º/3 é inconstitucional.

[6] V. RGIC, aprovado pelo DL 298/92, de 31-dez., objeto de inúmeras alterações, sendo a última pelo DL 190/2015, de 10-set..

6. **Liberação do capital**. A obrigação de liberação do capital previamente à emissão de obrigações, estabelecida no 348.º/4, consubstancia igualmente uma concretização da visão conservadora do legislador quanto ao acesso ao mercado de capitais. Nos termos desta regra, a sociedade não poderá endividar-se através da emissão das obrigações no caso de ser ainda credora dos acionistas no que respeita à realização do seu próprio capital. Caso já tenha decorrido o prazo previsto no contrato para a realização das entradas, a sociedade deverá então interpelar os sócios em falta, iniciando-se a mora e o procedimento previsto no 285.º, com a consequente possibilidade de emitir obrigações a partir dessa interpelação. Caso tal prazo ainda esteja em curso, a sociedade fica impedida de emitir obrigações. 22

Artigo 349.º (Limite de emissão de obrigações)

1. A emissão de obrigações por sociedades anónimas depende de a sociedade emitente apresentar, após a emissão, um rácio de autonomia financeira igual ou superior a 35%, calculado a partir do balanço da sociedade, através da seguinte fórmula:

Autonomia financeira = CP/AL × 100

Em que:

– Capitais próprios (CP), corresponde ao somatório do capital realizado, deduzidas as ações próprias, com as reservas, os resultados transitados e os ajustamentos em ativos financeiros;

– Ativos líquidos (AL), corresponde aos ativos reconhecidos de acordo com o normativo contabilístico aplicável.

2. O balanço utilizado para o cálculo referido no número anterior deve ser um dos seguintes e, existindo mais do que um, deve ser o mais recente:

_a_) O balanço do último exercício, desde que tenha sido encerrado nos seis meses anteriores à data da emissão de obrigações;

_b_) Um balanço reportado a uma data que não anteceda o trimestre anterior à data da emissão de obrigações;ou

_c_) O balanço do primeiro semestre do exercício em curso à data da emissão de obrigações, caso a sociedade esteja obrigada a divulgar contas semestrais nos termos do n.º 1 do artigo 246.º do Código dos Valores Mobiliários.

3. O cumprimento do requisito previsto no n.º 1 deve ser verificado através de parecer do conselho fiscal, do fiscal único, ou revisor oficial de contas.

4. O requisito fixado no n.º 1 não se aplica:

_a_) A sociedades emitentes de ações admitidas à negociação em mercado regulamentado;

_b_) Às sociedades que apresentem notação de risco da emissão ou do programa da emissão ou da sociedade, neste caso para uma espécie de crédito que inclua as obrigações a emitir, atribuída por sociedade de notação de risco registada na Autoridade Europeia dos Valores Mobiliários e dos Mercados (ESMA) ou reconhecida como Agência de Notação Externa pelo Banco de Portugal;

_c_) Às emissões cujo reembolso seja assegurado por garantias especiais constituídas a favor dos obrigacionistas;

d) Às emissões cujo valor nominal unitário seja igual ou superior a euros 100 000,00, ou o seu contravalor em euros, ou cuja subscrição seja efetuada exclusivamente em lotes mínimos de valor igual ou superior a euros 100 000,00, ou o seu contravalor em euros;

e) Às emissões que sejam integralmente subscritas por investidores qualificados, na aceção do Código dos Valores Mobiliários, e desde que as obrigações emitidas não sejam subsequentemente colocadas, direta ou indiretamente, junto de investidores não qualificados.

5. *Revogado.*

6. *Revogado.*

Bibliografia: António Pereira de Almeida, *Sociedades comerciais* (2008), 641-652; José de Oliveira Ascensão IV (2000), 541-568; Nuno Barbosa e Orlando Vogler Guiné, em *Código em Comentário* V (2012), 759-966; Paulo Câmara, *O regime jurídico das obrigações e a protecção dos credores obrigacionistas*, em DVM IV (2003), 309-345; Menezes Cordeiro 2 (2007), 713 ss.; Luís Brito Correia 2 (1989), 499-516; Fátima Gomes, *Obrigações convertíveis em acções* (1999), 62-70; Ministério da Justiça, *Código das Sociedades Comerciais (Projecto)*, BMJ 327 (1983), 236-251; Florbela de Almeida Pires, *Direitos e organização dos obrigacionistas em obrigações internacionais* (2001); Pedro Pais de Vasconcelos, *Obrigações (valores mobiliários)*, em AAVV (2002), 321-329; Pedro Wilton, *Sobre o artigo 349.° do CSC – Limite de emissão de obrigações*, em CadMV, n.° 14-21.

Índice

I – **Origem e evolução**
1. Projeto ... 1
2. Alterações ... 3

II – **Limite de emissão**
3. Limite geral de emissão ... 6
4. O parecer do conselho fiscal, do fiscal único ou do revisor oficial de contas ... 9
5. Exceções e justificação ... 10

III. **Âmbito de aplicação no espaço**
6. Lei pessoal ou lei territorial ... 20

I – Origem e evolução

1 1. **Projeto**. O 349.° corresponde ao 332.° do Projeto, o qual foi adotado na íntegra na primeira versão do 349.°[1] O limite geral da emissão de obrigações era o montante do capital *realizado e existente, nos termos do último balanço aprovado, acrescido do montante do capital aumentado e realizado depois da data de encerramento daquele balanço.* O limite era calculado *adicionando o valor nominal de todas as obrigações emitidas pela sociedade que não* tivessem sido amortizadas *na data da deliberação de emissão de novas obrigações.*

2 Este limite geral podia ser ampliado por portaria dos Ministros da Justiça e das Finanças nos seguintes casos: (a) *quando a situação financeira da sociedade o* justificasse, *até ao montante da reserva legal existente*; (b) *quando a emissão se* destinasse *ao funcionamento*[2] *de empreendimentos de grande interesse nacional que* exigissem *imobilizações excecionalmente vultosas, desde que se* encontrasse *devidamente assegurado o equilíbrio da empresa, nomeadamente através de uma adequada participação de capitais próprios no investimento*; (c) *quando as obrigações* apresentassem *juro e plano de reembolso variáveis em função dos lucros da sociedade.* As limitações à redução do capital correspondiam às atuais.

[1] Com ajustamentos de pormenor, como a supressão de "eventualmente" no 349.°/1.

[2] Sic. No Projeto, mais corretamente "financiamento" e não "funcionamento".

2. **Alterações**. O 349.º foi profundamente alterado pelo 4.º do DL 52/2006, de 15-mar., que, no uso das autorizações legislativas concedidas pelas L 55/2005, de 18-nov., e L 56/2005, de 25-nov., transpôs para a ordem jurídica nacional as Diretrizes 2003/6/CE, de 28-jan., relativa ao abuso de informação privilegiada e à manipulação de mercado, e 2003/71/CE, de 4-nov., relativa ao prospeto a publicar em caso de oferta pública de valores mobiliários ou da sua admissão à negociação. A primeira das alterações introduzidas ao 349.º incidiu sobre o n.º 1, *duplicando* o limite estabelecido para a emissão de obrigações e aproximando o seu cálculo da realidade financeira do emitente. O limite da emissão passou a contar-se por referência aos capitais próprios do emitente e já não ao valor do seu capital realizado. Por esta razão, em muitos casos, as possibilidades de financiamento através de emissão de obrigações terão efetivamente mais do que duplicado. Quanto ao valor das obrigações emitidas e a emitir, passou a considerar-se o seu *preço de* subscrição em vez do seu *valor nominal*. O novo n.º 2 do 349.º passou a conter uma definição de capitais próprios, o n.º 3 a dispor sobre a verificação do limite pelo *conselho fiscal ou fiscal único* e o n.º 4 a conter um elenco de exceções ao limite estabelecido no n.º 1. Substancialmente, tratou-se de uma alteração modernizadora, enquadrada numa tendência de flexibilização. A ampliação, por portaria, do limite de emissão foi suprimida, retificando-se a remissão do n.º 5, que passou a fazer-se para o n.º 4 e não para o n.º 3. Não foi retificada a remissão operada pelo n.º 6 que, por isso, ficou incorreta, pois a "ampliação" do limite geral de emissão estava no n.º 4 e não no n.º 3 do 349.º. 3

O 349.º/3 foi novamente alterado pelo DL 49/2010, de 19-mai., de modo a fazer referência à comissão de auditoria e ao conselho geral e de supervisão. 4

Através do DL 26/2015, de 26-fev., o 349.º sofreu nova intervenção reformadora, quer em matéria de limite de emissão quer no tocante às exceções, estas menos substanciais. A relação direta entre capital social, ou capitais próprios e montante da emissão foi substituída pela noção de rácio de autonomia financeira e o 349.º/1 conta agora com uma fórmula. O n.º 2 esclarece com base em que balanço serão efetuados os cálculos, o n.º 3 retoma a referência ao conselho fiscal, ao fiscal único ou ao revisor oficial de contas, solução preferível, e o n.º 4 foi atualizado e coordenado com disposições complementares que se encontram no CVM. É importante salientar a revogação do 349.º/5 e 6 que limitavam a redução do capital social por parte do emitente. Como se referiu em edições anteriores deste comentário, em 2006 o teor substantivo destes números não foi revisto e as soluções que impunham tornaram-se incoerentes com as dos números anteriores. Por exemplo, em caso de redução do capital que não se fundamentasse em perdas, o n.º 5 determinava que a sociedade não podia reduzir o seu capital a *montante inferior ao da dívida para com os obrigacionistas,* quando a emissão já poderia atingir o dobro dos *capitais próprios* do emitente. Ademais, no n.º 5, a parte final impunha a limitação geral de redução do capital social ainda que a emissão tivesse beneficiado da *ampliação* nos termos do n.º 4. Ora, a referência a *ampliação* devia-se à redação anterior do n.º 3, que deixara de existir. Ainda que se pretendesse a manutenção de uma certa relação entre o capital social e o montante em dívida, a exigência deveria ceder nos casos em que, por virtude das exceções, tal relação não existia à data da emissão e como requisito da mesma (v.g. o caso das garantias especiais constituídas a favor dos obrigacionistas). As limitações à redução do capital foram revogadas e não há norma que imponha a manutenção do rácio de autonomia financeira até à maturidade das obrigações. 5

II – **Limite de emissão**

3. **Limite geral de emissão**. Como referido, o limite geral de emissão de obrigações é agora a apresentação, pelo emitente e após contabilização da (hipotética) emissão de obrigações de um rácio de autonomia financeira igual ou superior a 35%, calculado a partir do balanço da socie- 6

dade. O rácio é calculado tomando como referência o montante dos capitais próprios e os ativos líquidos da sociedade. No que respeita aos capitais próprios, tal como anteriormente, considera-se a soma do capital realizado, com as reservas, os resultados transitados e os ajustamentos em ativos financeiros. As ações próprias deverão ser deduzidas. Os ativos líquidos serão calculados de acordo com as normas contabilísticas que, em cada momento, sejam aplicáveis. O cálculo terá de ser efetuado com base no balanço mais recente, de entre as várias possibilidades previstas: o último balanço do exercício, desde que não tenham decorrido mais de seis meses [n.º 2, *a*)], o balanço do primeiro semestre se a sociedade estiver obrigada a divulgar contas semestrais [n.º 2, *c*)] ou um balanço intercalar, desde que reportado a uma data que não anteceda o trimestre anterior relativamente à data da emissão [n.º 2, *b*)]. Esta última possibilidade pode ser vantajosa para o emitente se eventuais acréscimos de capitais próprios ainda não estiverem refletidos nos balanços semestral ou do exercício.

7 Com o limite geral à emissão, o legislador mantém a intenção de conferir segurança aos obrigacionistas, agora por referência à autonomia financeira. A solução é discutível porque a mesma restrição não existe para outras formas de endividamento. Relativamente ao cálculo, o montante a emitir e o montante de anteriores emissões terá impacto no rácio.

8 É defensável, por interpretação restritiva, que não sejam contabilizadas as emissões anteriores cujo reembolso esteja assegurado por garantias especiais constituídas a favor dos obrigacionistas, previstas no n.º 4, *c*). Se quanto a estas não vale o limite geral por razões estritamente ligadas à garantia especial, também não deveriam impactar no cálculo do rácio previsto no 349.º/1.

9 4. **O parecer do conselho fiscal, do fiscal único ou do revisor oficial de contas.** A atual redação do 349º/3 retoma a referência ao parecer do conselho fiscal ou fiscal único, acrescentando agora o revisor oficial de contas. Com efeito, inicialmente o 349.º/3 apenas mencionava o conselho fiscal ou o fiscal único, faltando, portanto considerar as demais estruturas de governação (conselho de administração compreendendo uma comissão de auditoria e revisor oficial de contas, o novo modelo inspirado no *common law*, conselho de administração executivo, conselho geral e de supervisão e revisor oficial de contas, também conhecido por modelo *dualista,* e finalmente o caso de sociedades anónimas com conselho fiscal e revisor oficial de contas que não seja membro do conselho fiscal). O problema foi parcialmente solucionado pela reforma de 2010, acima referida, passando o artigo a exigir parecer da *comissão de auditoria ou do conselho geral e de supervisão.* Como se defendeu anteriormente, sempre que existisse revisor oficial de contas designado separadamente, seria de entender que a emissão do parecer seria da competência deste e não do conselho fiscal, da comissão de auditoria ou do conselho geral e de supervisão, solução coerente com as funções habitualmente exercidas pelo revisor oficial de contas, mesmo à luz da referência limitada operada pelo 446.º/3, para as competências previstas no 420.º/1, *c*) a *f*). Assim, a atual redação do 349.º/3 é a melhor: o parecer deverá ser emitido pelo conselho fiscal, pelo fiscal único ou pelo revisor oficial de contas.

10 5. **Exceções e justificação**. O 349.º/4 prevê agora cinco casos em que o limite previsto no n.º 2 não é aplicável. Não se trata de *ampliação* do limite legal, mas de verdadeiras exceções. Além das descritas no n.º 4, existem outras exceções consagradas nos regimes que dispõem especialmente sobre certos valores mobiliários obrigacionais. É o caso, por exemplo, das obrigações de caixa e do papel comercial.

11 Sobre os casos previstos no 349.º/4, *a*), *b*), *d*) e *e*) pode dizer-se, em termos gerais, que se passou de um sistema de *proibição pura* para um sistema de *informação* ou de *presunção de informação.* A alínea *c*) foi imposição de coerência quer com a teleologia da proibição, quer com o que já constava dos regimes especiais, v.g. os das obrigações hipotecárias e das obrigações titularizadas.

Sendo objetivo do limite geral de emissão proteger os investidores, diretamente, e a confiança do mercado, indiretamente, não será necessário recorrer à via proibitiva quando é (ou deve ser) fornecida aos investidores informação suficiente sobre a situação do emitente ou, em particular, sobre a emissão ou quando, atendendo ao montante em causa ou à natureza dos investidores, *se presume que estes tomaram as medidas adequadas para conhecer os riscos associados ao investimento.* 12

No caso do 349.º/4, *a*), todo o acervo de disposições do CVM aplicáveis aos *emitentes de ações admitidas à negociação em mercado regulamentado*, com particular relevo para o 7.º que obriga a que a informação a eles respeitante seja completa, verdadeira, atual, clara, objetiva e lícita, e todas as obrigações de divulgação periódica de informação (conforme os 244.º e ss daquele código) constituem garantias suficientes de que o investidor tem condições para conhecer todos os aspetos relevantes a sua decisão de investimento, incluindo os riscos associados aquele emitente. 13

Já no caso do 349.º/4, *b*) o aspeto informativo centra-se na atribuição (e divulgação) de *rating* à emissão, por sociedade de notação de risco registada na Autoridade Europeia dos Valores Mobiliários e dos Mercados ou reconhecida como Agência de Notação Externa pelo Banco de Portugal. De salientar, que o 349.º/4, *b*) não impõe qualquer nota mínima. A emissão continuará a ser possível, além do limite previsto no 349.º/1, mesmo que a classificação atribuída seja baixa. Demonstra-se que o essencial é a informação. Deixa de se proibir. O risco corre por conta do investidor *informado*. 14

A solução constante do 349.º/4, *c*), nos termos da qual não é aplicável o limite de emissão previsto no n.º 1 às emissões cujo reembolso seja assegurado por garantias especiais constituídas a favor dos obrigacionistas, impunha-se por si mesma e em coerência com o que já constava de regimes especiais. A tutela do direito ao reembolso dos obrigacionistas é primeiramente assegurada pelas garantias especiais. Vale aqui a contraposição comum entre *garantia geral das obrigações* e *garantias especiais das obrigações*, nos termos dos capítulos V e VI do Título I do Livro II do CC. São assim admissíveis quaisquer garantias especiais, de natureza pessoal ou real. É de exigir que a garantia seja suficiente para cobrir a dívida. Em particular no caso da fiança, o espírito da lei parece impor que o fiador renuncie ao benefício da excussão. 15

No 349.º/4, *d*) trata-se de casos em que a cada investidor é exigido um investimento mínimo de € 100.000,00. Esta solução é coerente com a prevista no 111º/1, *e*) CVM nos termos do qual se excetuam do âmbito de aplicação do Título III do código, relativo às ofertas públicas, *as ofertas públicas de distribuição de valores mobiliários de valor nominal unitário igual ou superior a € 100.000 ou cujo preço de subscrição ou de venda por destinatário seja igual ou superior àquele montante*[3]. Em termos práticos: uma emissão de obrigações, ainda que destinada ao público, que exija investimentos mínimos daquele montante não necessita de ser precedida de um prospeto aprovado pela CMVM. Nos termos do 349º/4, *d*) CSC, tal emissão também não está sujeita ao rácio de autonomia financeira previsto no n.º do 349.º. Poder-se-ia estranhar tais soluções, atendendo ao elevado montante envolvido neste tipo de emissões. No entanto, justamente por isso, entendeu-se que tais emissões não carecem do elevado nível de proteção associado às demais ofertas ao público ou às demais emissões de obrigações. Podem vislumbrar-se algumas presunções implícitas nestes casos: eventual menor quantidade de investidores com capacidade para tais investimentos e, portanto, menor impacto esperado em caso de incumprimento (algo 16

[3] Conforme imposto pela Diretriz 2010/73/EU, de 24-nov.-2010, que altera a Diretriz 2003/71/CE, relativa ao prospeto a publicar em caso de oferta pública de valores mobiliários ou da sua admissão à negociação, e a Diretriz 2004/109/CE, relativa à harmonização dos requisitos de transparência no que se refere às informações respeitantes aos emitentes cujos valores mobiliários estão admitidos à negociação num mercado regulamentado.

contraditado pela realidade recente quanto a investimentos efetuados por empresas portuguesas), tendência para maior cautela por parte dos investidores, relações próximas entre o emitente e os destinatários da emissão.

17 A exceção prevista no 349.º/4, e) respeita a emissões subscritas por *investidores qualificados*. A expressão investidores qualificados foi, entretanto, substituída por investidores profissionais, nos termos do 30.º CVM. Assim, são investidores profissionais as instituições de crédito, as empresas de investimento, as empresas de seguros, as instituições de investimento coletivo e respetivas sociedades gestoras, os fundos de pensões e respetivas sociedades gestoras, outras instituições financeiras autorizadas ou reguladas, designadamente entidades com objeto específico de titularização, respetivas sociedades gestoras e demais sociedades financeiras previstas na lei, sociedades de capital de risco, fundos de capital de risco e respetivas sociedades gestoras, as instituições financeiras de Estados que não sejam membros da União Europeia que exerçam atividades semelhantes às referidas, as entidades que negoceiem em instrumentos financeiros sobre mercadorias, governos de âmbito nacional e regional, bancos centrais e organismos públicos que administram a dívida pública ou que gerem fundos destinados ao financiamento de sistemas de segurança social ou de regimes de pensões de reforma ou de proteção de trabalhadores, instituições supranacionais ou internacionais, designadamente o Banco Central Europeu, o Banco Europeu de Investimento, o Fundo Monetário Internacional e o Banco Mundial, certas pessoas que prestem serviços de investimento ou exerçam atividades de investimento e pessoas coletivas de grande dimensão de acordo com os critérios definidos para o capital próprio, ativos ou volume de negócios, e pessoas que tenham solicitado o tratamento como investidor profissional nos termos do 317.º-B CVM. Uma vez mais presume-se que os investidores profissionais têm conhecimento e experiência que lhes permitem avaliar os riscos associados ao investimento mesmo que, concretamente, se verifique que o emitente não cumpriria o rácio de autonomia financeira previsto no 349.º/1.

18 Refere ainda o 349.º/4, *e*) que, nestes casos, as obrigações não poderão subsequentemente ser *colocadas* junto de investidores não qualificados, ou seja, não profissionais (por exemplo em virtude de tomada firme, 339.º CVM). Em primeiro lugar, suscita-se a questão de saber quais as consequências da violação desta *condição*. Uma colocação ilícita das obrigações não poderá ter por efeito a ilicitude da emissão ou o vencimento antecipado da mesma, pois a *colocação subsequente* é um ato do investidor qualificado e não do emitente. O obrigacionista só poderá invocar a nulidade do ato que consubstanciou a *colocação* das obrigações e reaver o montante pago ao investidor qualificado, mas parece que nada poderá fazer quanto ao emitente.

19 Em segundo lugar, suscita-se também a questão de saber se esta proibição de *colocação* impede, em absoluto, quaisquer atos transmissivos das obrigações para investidores não qualificados. A teleologia da regra é, recorde-se, a proteção dos investidores e a tutela de um determinado grau de *informação* e de *formação* destes, quanto aos riscos associados à uma emissão de obrigações (no caso de um emitente que não apresenta o *rácio de autonomia financeira* tomado como requisito mínimo de licitude das emissões). Salvo melhor opinião, a proteção do investidor não requer aqui uma proibição absoluta. Aliás, o legislador proíbe a *colocação* mas não a *transmissão* e existem situações em que a mesma poderá justificar-se, sem lesão do *bem jurídico* protegido pela norma. Pense-se, por exemplo, em transmissões individualizadas em favor de adquirente (pessoa singular ou coletiva) relacionado com o emitente, em que o adquirente tenha um especial interesse em deter a dívida daquele emitente (podem ser obrigações convertíveis). Desde que se trate de transmissão individualizada e que o adquirente detenha, ou lhe seja fornecida, a informação relevante para o efeito, i.e. o facto de a emissão não ter sido efetuada com respeito

pelo rácio de autonomia financeira e suas consequências, não se vê razão para sancionar a transmissão com a ilicitude.

III – **Âmbito de aplicação no espaço**

6. **Lei pessoal ou lei territorial.** Uma última questão que pode suscitar-se a propósito do 349.º é a do seu âmbito de aplicação no espaço, questão a resolver através da sua qualificação. O problema surgirá nas obrigações *transnacionais*[4] com ligação ao território português e nos seguintes dois casos de emissão de *obrigações estrangeiras:* (a) um emitente com sede no estrangeiro pretende emitir obrigações no mercado português ou (b) um emitente com sede em Portugal emite obrigações no estrangeiro. Quem veja no 349.º uma norma de proteção absoluta do mercado português será tentado a extrair dela uma norma de conflitos, unilateral, *ad hoc* e implícita, que a liga ao local da emissão e que, consequentemente, a torna aplicável a todas as emissões de obrigações dirigidas ao mercado nacional (ainda que solução diferente seja imposta pela lei pessoal do emitente) e *inversamente* inaplicável às emissões de obrigações no estrangeiro, por sociedades com sede em Portugal. 20

Porém, não é esta a qualificação correta do 349.º nem é este, ao que sabemos, o entendimento que tem sido seguido por emitentes, intermediários financeiros e entidades de supervisão. Com efeito, por imposição do 15.º CC, a qualificação leva em conta, não apenas o *conteúdo* da norma a qualificar, mas também *a função* que a mesma desempenha no contexto do sistema em que se insere. Ora, o 349.º está profundamente ligado a toda a configuração societária portuguesa, em particular o regime das sociedades anónimas, a noção de capital social, o cálculo dos capitais próprios e a verificação do limite geral da emissão. 21

Contrariamente ao exposto acima, o 349.º deve qualificar-se como norma respeitante ao estatuto pessoal do emitente, podendo integrar-se numa noção ampla de *capacidade* e sendo assim subsumível no 39.º CVM. Deste modo, o 349.º é aplicável a sociedades cuja sede principal e efetiva da administração se situe em Portugal, ainda que a emissão seja dirigida a um mercado estrangeiro, nos termos dos 39.º CVM e 3.º CSC. Quanto às emissões no estrangeiro, porém, é de admitir a notação de risco atribuída por sociedade de notação de risco registada em entidade relevante no lugar da emissão, para efeitos de aplicação do 349.º/4, *b*). O 349.º não será aplicável às emissões de obrigações, no mercado português, por entidades sujeitas a lei pessoal estrangeira. 22

Artigo 350.º (Deliberação)

1. A emissão de obrigações deve ser deliberada pelos acionistas, salvo se o contrato de sociedade autorizar que ela seja deliberada pelo conselho de administração.

2. Não pode ser tomada deliberação de emissão de obrigações enquanto não estiver subscrita e realizada uma emissão anterior.

3. Os acionistas podem autorizar que uma emissão de obrigações por eles deliberada seja efetuada parcelarmente em séries, fixadas por eles ou pelo conselho de administração, mas tal autorização caduca ao fim de cinco anos, no que toca às séries ainda não emitidas.

4. Não pode ser lançada uma nova série, enquanto não estiverem subscritas e realizadas as obrigações da série anterior.

[4] Emissões realizadas em mais do que uma ordem jurídica.

Bibliografia: António Pereira de Almeida, *Sociedades comerciais* (2008), 641-652; José de Oliveira Ascensão IV (2000), 541-568; Nuno Barbosa e Orlando Vogler Guiné, em *Código em Comentário* V (2012), 759-966; Paulo Câmara, *O regime jurídico das obrigações e a protecção dos credores obrigacionistas*, em DVM IV (2003), 309-345; Carlos Osório de Castro, *Valores mobiliários: conceito e espécies* (1998), 148-152; Menezes Cordeiro 2 (2007), 713 ss.; Luís Brito Correia 2 (1989), 499-516; Fátima Gomes, *Obrigações convertíveis em acções* (1999), 62-70; Ministério da Justiça, *Código das Sociedades Comerciais (Projecto)*, BMJ 327 (1983), 236-251; Florbela de Almeida Pires, *Direitos e organização dos obrigacionistas em obrigações internacionais* (2001); Pedro Pais de Vasconcelos, *Obrigações (valores mobiliários)*, em AAVV (2002), 321-329.

Índice

I – Origem e alterações
1. Projeto 1
2. A redação inicial 2
3. Reforma de 1987 3

II – Regime
4. Deliberação de emissão 4
5. Conteúdo da deliberação 7
6. Coincidência de emissões 11
7. Emissão em séries 15

I – Origem e alterações

1 1. **Projeto**. O 350.° corresponde ao 333.° do Projeto, epigrafado *contrato e deliberação.* O projeto previa a necessidade de deliberação pelos acionistas, para cada caso, e que a mesma fosse tomada pela maioria exigida para a alteração do contrato de sociedade. Assim dispunham os n.ºs 1 e 2. O n.° 4 previa a possibilidade de a *assembleia geral* autorizar a emissão em séries, *fixadas por ela ou resolvidas pelo conselho de administração,* caducando a autorização ao final de cinco anos. Os n.ºs 3 e 5 eram idênticos aos atuais n.ºs 2 e 4.

2 2. **A redação inicial** do 350.° não adotou a necessidade de deliberação tomada pela maioria exigida para a alteração do contrato de sociedade, seguindo o projeto quanto ao resto. O 350.° ficou assim com quatro números.

3 3. **Reforma de 1987**. O DL 280/87, de 8-jul., alterou o 350.°/1 e 3. No n.° 1 para prever a possibilidade de o contrato de sociedade autorizar a deliberação de emissão pelo conselho de administração. No n.° 3, com teor corretivo e preciosista, para substituir a referência à *assembleia geral* pelos *acionistas,* por estes não decidirem, necessariamente, em assembleia, nos termos do 373.°. Assim se chegou à redação atual.

II – Regime

4 4. **Deliberação de emissão**. A emissão de obrigações deve, em princípio, ser deliberada pelos sócios, a menos que o conselho de administração esteja autorizado a fazê-lo por cláusula do contrato de sociedade. Contrariamente ao que se dispunha no projeto, a deliberação não tem que ser tomada por maioria especial, vigorando a regra geral do 386.°/1, exceto tratando-se de emissão de obrigações convertíveis em ações ou de obrigações com *warrant*, em que se exige a maioria necessária para o aumento do capital por novas entradas (366.°/1 diretamente e *ex vi* do 372.°-B/5).

5 A justificação do 350.°/1 está ligada ao facto de, com a emissão de obrigações, contrariamente com o que sucede com outros tipos de dívida, surgir uma nova classe de credores, aos quais são atribuídos certos direitos de participação na vida societária.

6 As emissões com oferta ao público e admissão à negociação em mercado regulamentado determinam a sujeição da sociedade a pesadas regras de informação e transparência. A contração de dívida é, em geral, matéria de gestão e sobre ela os sócios não podem deliberar, a não ser a pedido do órgão de administração (373.°/3). Estamos, portanto, perante regra especial.

5. **Conteúdo da deliberação**. Suscita-se a questão de saber qual o conteúdo mínimo da deliberação dos sócios para que se cumpra a repartição legal de competências. Não raras vezes aparecem singelas deliberações dos sócios no sentido de *emitir obrigações* e *conferir ao conselho de administração os poderes para definir as condições concretas da emissão*. 7

É certo que o órgão de administração deverá praticar todos os atos necessários à execução da deliberação dos sócios, nomeadamente decidindo sobre os aspetos *complementares*. Porém, tal não pode significar que está cumprido o 350.º/1 quando a deliberação de emissão é, na verdade, uma deliberação *em branco*, que confere ao órgão de administração os poderes para decidir também sobre os aspetos *essenciais* da emissão e não apenas sobre os *complementares*. Será abusivo argumentar-se *a contrario* com o teor do 363.º/1, pois este trata com especialidade dos aspetos que se consideram essenciais na emissão das modalidades de obrigações participantes previstas nas alíneas do 360.º/1, *a*) e *b*)[1], sendo certo que também inclui ali aspetos essenciais comuns e sem os quais os acionistas não dispõem de elementos para apreciar cabalmente a emissão. 8

O cumprimento do 350.º exige que os sócios deliberem sobre aqueles aspetos *essenciais*, dado que apenas exceciona o caso de autorização prevista no contrato de sociedade. Os aspetos essenciais serão o montante da emissão, o prazo da mesma, o carácter público ou privado da oferta e a sua duração[2], o local da oferta (i.e. se em Portugal ou no estrangeiro), se as obrigações se destinam a ser admitidas à negociação em mercado regulamentado. É aliás, o que se afigura razoável: a administração, considerando a necessidade de emitir obrigações, estudará e preparará o Projeto de emissão, propondo-o à consideração dos sócios para que estes a decidam ou recusem, nos termos mais completos e informados possíveis. 9

Quanto à fixação do juro, terá que ser decidida no momento da emissão, pois só nessa altura será possível verificar as condições do mercado, geralmente através dos serviços prestados pelo assessor financeiro do emitente. Poderá também admitir-se que, não se conhecendo ainda as melhores condições do mercado, a deliberação seja tomada em termos mais flexíveis, por exemplo, montante máximo e mínimo da emissão, intervalo de prazos mas com qualificação de curto, médio ou longo prazo, ou a alternativa entre dois mercados estrangeiros. O que não deverá é ser *em branco*. A deliberação de emissão *em branco* é anulável, nos termos do 58.º/1, *a*). No caso das obrigações previstas no 360.º/1, *a*) e *b*), a deliberação deve sempre definir as condições previstas no 363.º. 10

6. **Coincidência de emissões**. O 350.º/2 impede que se delibere a emissão de obrigações enquanto não estiver subscrita e realizada emissão anterior. A justificação desta solução legal é antiga. Em comentário a disposição semelhante, a do 198.º/2 do CCom, dizia Adriano Anthero que *"esta prohibição é uma forma de impedir que a sociedade viva à custa do publico, servindo-se de uma nova emissão para pagar os juros de uma outra"*. E ainda que: *"se qualquer emissão ainda não está subscripta, mostra que o publico não tem confiança na sociedade. N'essas condições, uma outra emissão só serviria para augmentar a desconfiança; e se essa desconfiança fôsse fundada, para sujeitar os segundos subscriptores a perderem o seu dinheiro, ou, para prejudicar os subscriptores da outra emissão"*. *"Demais a mais*, continuava Adriano Anthero, *se a nova emissão fôsse feita extatamente nos termos e condições da anterior, não havia motivo sério para ella se fazer, estando ainda em carteira parte das obrigações dessa outra emissão. Se os termos e condições da nova emissão fôssem mais favoráveis para os subscriptores, viria esta ultima a prejudicar as precedentes e impedir que fôssem tomadas as obrigações anteriores que ainda estivessem em* 11

[1] E não do 361.º/1, *a*) e *b*), como constava da redação anterior do 363.º (*infra* no comentário ao 363.º).

[2] V. imposição do 353.º/1.

carteira. Finalmente, se as condições ou vantagens da nova emissão fossem inferiores, ninguém tomaria essas novas obrigações"[3].

12 A primeira destas observações não procede, mas as restantes mantêm atualidade. Se a primeira emissão ainda não está realizada, não há razão para entender que a *deliberação* de uma segunda serviria para amortizar a primeira. A proibição deste comportamento não está, aliás, acautelada na lei. A *realização* de que fala o 350.º/2 é a contrapartida da *subscrição*. O que parece impedir-se é, efetivamente, a *coexistência* ou *sobreposição* de emissões, eventualmente pelas razões adiantadas por Adriano Anthero. A proibição serviria assim, simultaneamente, os interesses dos credores e da própria sociedade. Porém, em face do sentido menos *tutelar* e mais *liberalizador* que tem dominado as alterações em matéria de emissão de obrigações, designadamente quanto ao limite de emissão, a solução vertida no próprio 350.º/2 perdeu atualidade. Com efeito, as justificações acima citadas *não justificam* uma proibição tão geral. Referem-se até *ao público*, que é justamente a hipótese em que a proibição de coexistência ou sobreposição de emissões parece *justificável*.

13 Quando assim não seja, i.e. quando se trate emissão particular, ou de duas emissões particulares, não se descortina razão para a proibição. Mesmo do ponto de vista comercial, pode não se apresentar qualquer dilema ao subscritor: a segunda emissão pode ser simplesmente *diferente* da primeira e não necessariamente *mais* ou *menos favorável*. Finalmente, no caso concreto, pode ser difícil distinguir uma única emissão, com dois segmentos, de duas emissões distintas.

14 Paralelamente, há que compatibilizar a solução do 351.º/2 com a que consta, em termos mais gerais, do 169.º CVM, nos termos do qual *o lançamento de nova oferta de subscrição de valores mobiliários do mesmo tipo dos que foram objeto de oferta anterior* (...) *depende do pagamento prévio da totalidade do preço de subscrição ou da colocação em mora dos subscritores remissos e do cumprimento das formalidades associadas à emissão* (...). A interpretação restritiva do 351.º/2 parece impor-se. Irá no sentido de não poderem coexistir apenas duas emissões de obrigações dirigidas ao público. Por outro lado, deverá ser admissível equiparar a *realização* da primeira emissão à colocação em mora dos subscritores faltosos, estendendo, nesta parte, o 351.º/2.

15 7. **Emissão em séries**. O 350.º/3 e 4 trata da emissão em séries. Na perspetiva da lei, trata-se de uma única emissão que vai sendo emitida, parcelarmente, em séries, ao longo do tempo. Este modelo pode revelar-se de bastante utilidade no caso em que os fundos obtidos pela emissão se destinem a financiar a realização de Projetos a desenvolver ao longo de certo período. Do ponto de vista do emitente, há apenas um processo de decisão principal, sendo a emissão propriamente dita executada depois pela administração, nos termos definidos pelos sócios ou pela administração. A lei limita a emissão em séries ao prazo de cinco anos. Prevê-se idêntico prazo no 456.º/2, *b*) quanto à competência atribuída à administração para aumentar o capital. O objetivo parece ser múltiplo: respeito pelo tipo legal, presunção de alteração de condições extrínsecas no médio prazo, eventual mudança da administração, proteção de novos acionistas. Em paralelo com o n.º 2, o n.º 4 impede a *chamada* de obrigacionistas a mais do que uma série simultaneamente. De igual modo, é disposição que só parece justificável no caso de ofertas ao público e que tem que ser coordenada com o 169.º do CVM que, aliás, se refere expressamente às emissões efetuadas em série.

[3] Adriano Anthero, *Comentário*, 439-440.

Artigo 351.º (Registo)

1. Estão sujeitas a registo comercial a emissão de obrigações e a emissão de cada uma das suas séries, quando realizadas através de oferta particular, exceto se tiver ocorrido dentro do prazo para requerer o registo a admissão das mesmas à negociação em mercado regulamentado de valores mobiliários.

2. Quando sujeita a registo obrigatório, enquanto a emissão ou a série não estiver definitivamente registada, não podem ser emitidos os respetivos títulos; a falta de registo não torna os títulos inválidos, mas sujeita os administradores a responsabilidade.

Bibliografia: António Pereira de Almeida, *Sociedades comerciais* (2008), 641-652; José de Oliveira Ascensão IV (2000), 541-568; Nuno Barbosa e Orlando Vogler Guiné, em *Código em Comentário* V (2012), 759-966; Paulo Câmara, *O regime jurídico das obrigações e a protecção dos credores obrigacionistas*, em DVM IV (2003), 309-345; Menezes Cordeiro 2 (2007), 713 ss.; Luís Brito Correia 2 (1989), 499-516; Fátima Gomes, *Obrigações convertíveis em acções* (1999), 62-70; Ministério da Justiça, *Código das Sociedades Comerciais (Projecto)*, BMJ 327 (1983), 236-251; Florbela de Almeida Pires, *Direitos e organização dos obrigacionistas em obrigações internacionais* (2001); Pedro Pais de Vasconcelos, *Obrigações (valores mobiliários)*, em AAVV (2002), 321-329.

Índice

I – **Origem e alterações**
1. Projeto 1
2. Redação original 2
3. A reforma de 2003 3
4. A reforma de 2006 4

II – **Regime**
5. Âmbito do registo: ofertas públicas e particulares 5
6. Admissão à negociação 9
7. Ofertas internacionais 11
8. Registo comercial da emissão 13
9. Criação dos títulos 15

I – Origem e alterações

1. **Projeto**. O 351.º corresponde ao 334.º do projeto, epigrafado *escritura pública e registo.* O projeto previa, no n.º 1, que a emissão ficasse consignada em escritura pública caso a emissão fosse acompanhada de *garantia real sobre imóvel* ou *feita com apelo a subscrição pública.* O registo comercial de todas as emissões era exigido pelo 334.º/2. O n.º 3 continha uma proibição equivalente à atual, mas referindo que os administradores estariam sujeitos a responsabilidade civil e *criminal.* 1

2. **Redação original**. A exigência de escritura pública não foi adotada na redação inicial do 351.º que tinha apenas dois números: no primeiro sujeitava-se a registo comercial todas as emissões de obrigações, incluindo cada série. No segundo, proibia-se a criação dos títulos antes do registo, em termos praticamente idênticos aos atuais. 2

3. **A reforma de 2003**. O 351.º/1 foi alterado pelo DL 107/2003, de 4-jun., que restringiu o âmbito material do registo comercial. Só as emissões realizadas através de oferta particular se mantiveram sujeitas a registo comercial. Era uma alteração que se impunha. Na realidade, há largos anos que vigorava um sistema puramente burocrático: as emissões de obrigações oferecidas ao público eram sujeitas a controlo rigoroso de legalidade por parte da CMVM, através de registo prévio da emissão, pelo que sujeitá-las ainda a registo comercial era um excesso sem qualquer justificação atendível[1]. 3

[1] Atualmente, porém, as ofertas públicas de distribuição não estão já sujeitas a registo prévio na CMVM mas sim sujeitas à aprovação prévia de um prospeto (v. *infra* 7 e 8).

4 4. **A reforma de 2006**. O DL 52/2006, de 15-mar., alterou novamente o 351.º reduzindo ainda mais a obrigação de registo: das emissões colocadas através de oferta particular não estão sujeitas a registo comercial as que forem admitidas à negociação em mercado regulamentado.

II – **Regime**

5 5. **Âmbito do registo: ofertas públicas e particulares**. De acordo com a redação atual do 351.º, apenas estão sujeitas a registo comercial as emissões de obrigações, unitárias ou em séries, realizadas através de oferta particular e desde que as obrigações não tenham entretanto sido admitidas à negociação em mercado regulamentado.

6 A distinção entre ofertas públicas e particulares resulta do disposto nos 109.º e 110.º CVM e disposições complementares. *Grosso modo,* serão públicas as ofertas dirigidas, no todo ou em parte, *a destinatários indeterminados,* e particulares as dirigidas a *investidores profissionais* e as demais ofertas dirigidas a destinatários determinados. De salientar que, nos termos do 109.º/3 do mesmo código se consideram públicas as ofertas: *dirigidas à generalidade dos acionistas de sociedade aberta, as precedidas ou acompanhadas de prospeção, recolha de intenções de investimento junto de destinatários indeterminados ou de promoção publicitária* e as *dirigidas a, pelo menos, 150 pessoas que sejam investidores não profissionais, por Estado-Membro.*

7 A exclusão de registo comercial destas emissões está diretamente relacionada com o regime *mobiliário* a que as mesmas estão sujeitas: atualmente, as ofertas públicas de distribuição dependem da divulgação de um prospeto, devendo o mesmo ser aprovado pela CMVM[2]. Pelo contrário, *as ofertas particulares dirigidas por sociedades abertas e por sociedades emitentes de valores negociados em mercado* ficam sujeitas apenas a comunicação subsequente à CMVM[3]. As demais ofertas particulares não são sequer abrangidas por esta comunicação.

8 A aprovação do prospeto *é o ato que implica a verificação da sua conformidade com as exigências de completude, veracidade, atualidade, objetividade e licitude da informação*[4]. A CMVM já não regista a emissão em si, apenas aprova o prospeto. Aspeto essencial é hoje o do controlo da informação, em detrimento de um controlo de legalidade pura, embora a CMVM mantenha o poder de ordenar a retirada da oferta ou de proibir o seu lançamento se verificar que a mesma enferma de alguma ilegalidade ou violação de regulamento insanáveis[5]. Em todo o caso, não se vê que o registo comercial cumprisse qualquer função adicional. A isto acresce que, geralmente, as emissões por oferta pública são seguidas da admissão à negociação dos valores mobiliários, com todas as consequências daí resultantes e que se verão de seguida.

9 6. **Admissão à negociação.** Quanto à admissão à negociação em mercado regulamentado, há a considerar a noção de mercado regulamentado que consta do 199.º CVM: será o sistema autorizado, multilateral, com funcionamento regular *a fim de possibilitar o encontro de interesses relativos a instrumentos financeiros com vista à celebração de contratos sobre tais instrumentos.*

10 A admissão propriamente dita depende de requerimento dirigido à entidade gestora e, salvo casos excecionais[6], da divulgação de um prospeto aprovado pela CMVM, como determinam os 233.º e 236.º CVM. O emitente e as obrigações devem cumprir os requisitos gerais de legalidade descritos no 227.º CVM e ainda as regras *transparentes, não discriminatórias e objetivas* emitidas pela entidade gestora[7]. Em particular, a admissão à negociação em mercado regulamentado que forme cotação oficial depende do cumprimento dos requisitos complementares

[2] V. 114.º e 134.º do CVM.
[3] 110.º/2 do CVM.
[4] V. 118.º/5 do CVM.
[5] V. 131.º/1 do CVM.
[6] V. 236.º/2 do CVM.
[7] V. 209.º/1, *a*), do CVM.

previstos no 230.° do CVM, *v.g.* o de que o montante seja igual ou superior a € 200 000. Para bem compreender as razões subjacentes ao regime do 351.°, há ainda que considerar os efeitos da admissão: a prestação de informação periódica nos termos previstos nos 244.° ss. CVM. São principais as obrigações de divulgação dos relatórios e contas anuais (244.°), a informação semestral (246.°), a informação privilegiada (248.°) e a comunicação de transações (248.°-B). O registo comercial é aqui desnecessário.

7. **Ofertas internacionais.** Ainda no tocante ao registo comercial e à exclusão do mesmo nos casos e pelas razões acima expostas, surge a questão de saber se a solução deve ser idêntica nos casos em que as referidas situações ocorrem no estrangeiro. Isto é, em que medida se justifica ainda excluir do registo comercial as emissões efetuadas por emitente de estatuto português através de oferta pública ou de admissão à negociação realizadas em jurisdição estrangeira. 11

Parece que a melhor análise passará logo pela distinção entre os casos de oferta/admissão no âmbito da União Europeia dos casos em que tais circunstâncias ocorrem fora deste território. No primeiro caso, é de considerar que se mantêm as razões subjacentes à não sujeição a registo comercial. O direito mobiliário está hoje largamente harmonizado, com zonas de uniformização operadas por regulamentos comunitários e a noção de *autoridade competente* única para controlo da informação. A este respeito, o 244.°-A CVM refere-se aos casos em que, em situações internacionais, a competência da CMVM resulta de escolha efetuada pelo emitente, sendo de aceitar como suficiente a supervisão operada pelas suas congéneres europeias, sobre um fundo jurídico idêntico quanto aos seus aspetos essenciais. No segundo caso, pelo contrário, é de defender a obrigatoriedade do registo comercial da emissão. Este registo cumpre a função de dar publicidade adequada a uma emissão efetuada, ainda que através de oferta ao público ou admitida em mercado a funcionar fora da União Europeia. 12

8. **Registo comercial da emissão.** O registo comercial da emissão deve ser solicitado no prazo de dois meses a contar da deliberação da emissão. É a solução que parece resultar das disposições conjugadas do 3.°/1, *l*) e do 15.°/1 e 2 CRCom. Com efeito, o 15.°/2 refere que tal prazo se deve contar *da data em que tiverem sido titulados* os factos a registar e, no presente caso, não se vê que outro documento possa titular a emissão. Na prática, sucede então que se têm registado as deliberações de emissão e não as emissões propriamente ditas, ao contrário do que a lei pretende e do que seria desejável à luz dos fundamentos do registo. Porém, nem sempre a emissão deliberada corresponde a emissão efetivamente colocada e, quando assim for, não se deve levar a registo, pois seria expediente meramente burocrático registar para, de seguida, averbar que nada foi colocado (v. 353.°/2). 13

A deliberação é tão só a primeira declaração de vontade dos sócios no sentido de vir a contrair dívida. Por esta razão, a inscrição deveria ser provisória por natureza, mas tal não se encontra legalmente previsto. Por um lado, será preferível que o emitente requeira o registo comercial quando for já certo que a emissão se realizará com sucesso e, por outro lado, deve deferir-se o requerimento do emitente que, tendo registado a deliberação de emissão, pretenda ver o registo corrigido no sentido de dele constar menção ao montante efetivamente colocado (v. 353.°/2). O registo da emissão de obrigações é efetuado por depósito (53.°-A/3 e 5 CRCom), devendo dele constar as seguintes menções: *o montante da emissão, o valor nominal das obrigações e a data da deliberação* – 15.°/1, *c*) do Regulamento do Registo Comercial. 14

9. **Criação dos títulos.** A preocupação subjacente ao 351.°/2 é a de evitar que, através da criação dos títulos representativos das obrigações, se criem condições para a sua negociação, antes de a emissão se encontrar definitivamente registada. Parece estar aqui pressuposta a ideia de que, a par da publicidade, o registo cumpre uma função de controlo da legalidade da emissão. 15

A violação da disposição pode acarretar a responsabilidade dos administradores, designadamente perante os adquirentes das obrigações não registadas, nos termos do 79.°/1.

Artigo 352.° (Denominação do valor nominal das obrigações)

1. (*Revogado*).
2. (*Revogado*).
3. O valor nominal da obrigação deve ser expresso em moeda com curso legal em Portugal, salvo se, nos termos da legislação em vigor, for autorizado o pagamento em moeda diversa.

Bibliografia: António Pereira de Almeida, *Sociedades comerciais* (2008), 641-652; José de Oliveira Ascensão IV (2000), 541-568; Nuno Barbosa e Orlando Vogler Guiné, em *Código em Comentário* V (2012), 759-966; Paulo Câmara, *O regime jurídico das obrigações e a protecção dos credores obrigacionistas*, em DVM IV (2003), 309-345; Menezes Cordeiro 2 (2007), 713 ss.; Luís Brito Correia 2 (1989), 499-516; Fátima Gomes, *Obrigações convertíveis em acções* (1999), 62-70; Ministério da Justiça, *Código das Sociedades Comerciais (Projecto)*, BMJ 327 (1983), 236-251; Florbela de Almeida Pires, *Direitos e organização dos obrigacionistas em obrigações internacionais* (2001); Pedro Pais de Vasconcelos, *Obrigações (valores mobiliários)*", em AAVV (2002), 321-329.

Índice

I – **Origem e alterações**
1. Projeto 1
2. Reforma de 1987 3
3. Reforma de 1998 4
4. Reforma de 2006 5

II – **Regime**
5. Sentido e âmbito 6

I – Origem e alterações

1 1. **Projeto**. O 352.° de hoje é o que resta do 335.° do projeto. A versão originária do 352.° consagrou integralmente, salvaguardado um ou outro pormenor de redação, o teor do projeto. A epígrafe era *títulos de obrigações* pois tratava-se essencialmente de dispor sobre as menções obrigatórias dos títulos (n.° 1) e da sua assinatura pelos administradores (n.° 2). Um pouco assistematicamente talvez, o n.° 3 dispunha sobre *a expressão* do valor nominal da obrigação. Assim, eram elementos de menção obrigatória nos títulos: (a) as menções obrigatórias para os atos externos, ainda hoje previstas no 171.°; (b) a data da deliberação da emissão; (c) as autorizações concedidas; (d) a data do registo comercial; (e) o montante das obrigações, o seu valor nominal unitário, a taxa e o modo de pagamento dos juros, os prazos e as condições do reembolso entre outras características, havendo-as; (f) o número de ordem da obrigação; (g) as garantias; (h) a modalidade nominativa ou ao portador e (i) a série, sendo o caso.

2 O n.° 2 previa que o título devia ser assinado por dois administradores, pelo menos, não podendo todas as assinaturas ser de chancela. Quanto ao n.° 3, na sua versão originária, dizia-se que [*o*] *valor nominal da obrigação deve ser expresso em moeda portuguesa, salvo se, nos termos da legislação em vigor, for autorizado o pagamento em moeda estrangeira.*

3 2. **Reforma de 1987**. O 352.° foi objeto de alterações várias. A primeira, pelo DL 280/87, de 8-jul., incidiu sobre o n.° 2 para, por um lado, corrigir a referência restritiva a *administradores*, passando a referir-se à assinatura por *diretores* e, por outro, aliviar os membros do órgão de

administração de tão fastidioso fardo. Passou a prever-se que as assinaturas poderiam ser todas *de chancela por eles autorizada, ou por mandatários da sociedade para o efeito designados.*

3. **Reforma de 1998**. O DL 343/98, de 6-nov., adaptando várias leis e códigos à introdução 4
do Euro, alterou o n.º 3 prevendo, em vez da *moeda portuguesa* a *moeda com curso legal em Portugal.*

4. **Reforma de 2006**. O grande golpe ao 352.º foi desferido pelo DL 76-A/2006, de 29-mar.: 5
revogou os n.ºs 1 e 2 e mudou a epígrafe. Não se vê razão para ter mantido a numeração do artigo. Nas versões anteriores, o legislador parecia supor que todas as obrigações seriam tituladas, o que perdeu atualidade, e nada dizia sobre aquelas que revestissem a forma escritural. É matéria atinente aos valores mobiliários, hoje desenvolvida no CVM. As menções a constar dos títulos estão previstas no 44.º/1, *a*) e *b*) e no 97.º e as menções nas contas de registo individualizado, no 44.º/1, *a*) e *b*) e no 68.º, todos do CVM.

II – **Regime**

5. **Sentido e âmbito**. A formulação do 352.º é um tanto rígida e estará ultrapassada, quer no 6
contexto de um subsistema (o das regras sobre emissão de obrigações) que evoluiu da *proibição* para o relevo da *informação*, quer no contexto do mercado de capitais, cada vez mais global, quer na própria ideia de *localização* da emissão. O 352.º terá sido redigido para garantir que a emissão fosse paga em moeda com curso legal em Portugal e foi pensado para emissões em Portugal, sujeitas ao direito português. Refere-se ao *valor nominal* das obrigações e ao *pagamento*, este possível noutra moeda *se autorizado nos termos da legislação em vigor*. Nas circunstâncias atuais, qual será o sentido e o âmbito do 352.º?

No momento da emissão, as obrigações podem ser realizadas em dinheiro ou em espécie, 7
como sucede com qualquer outro valor mobiliário. A sociedade emitente poderá solicitar aos investidores a entrega de moeda com curso legal em Portugal, moeda estrangeira, valores mobiliários ou quaisquer outros bens. Tudo dependerá dos interesses do emitente, no momento da emissão das obrigações. O 352.º não dispõe sobre este tema. O 352.º dispõe sobre a *obrigação* inerente ao valor mobiliário: a obrigação de pagamento que recai sobre o emitente *que deve ser expresso em moeda com curso legal em Portugal*. O carácter territorial da disposição parece evidente, mas a resposta não.

Salvaguardados os casos de ofertas dirigidas ao público, em que é ainda possível *localizar* 8
a oferta, nos restantes casos a *localização* pode ser praticamente impossível. Pense-se no caso de investidores qualificados nacionais, *v.g.* instituições financeiras, subscreverem uma emissão de obrigações de emitente de estatuto estrangeiro. Deverá ser relevante saber se tais investidores foram convidados a subscrever ou se, pelo contrário *procuraram* eles mesmos o emitente? É uma questão geral que, a breve trecho, influenciará dramaticamente o nosso direito mobiliário.

Ainda assim, nas hipóteses em que é clara a *localização* da emissão, pergunta-se se a regra é 9
aplicável igualmente a emissões de sociedades de direito português no estrangeiro e a emissões de sociedades de direito estrangeiro em Portugal.

Na verdade, o que dispõe o 352.º é que a *obrigação* representa um determinado montante 10
em dinheiro, a pagar na data de reembolso, em moeda com curso legal em Portugal *salvo se for autorizado o pagamento em moeda diversa*, nos termos da legislação em vigor. Ora, sempre que as condições da emissão prevejam o pagamento noutra moeda (em absoluto, por opção do emitente ou do obrigacionista, ou dependente de qualquer outro facto) e desde que tal não seja proibido de acordo com a lei aplicável à emissão, ou por disposição imperativa vigente no país da emissão, deve entender-se que *tal pagamento está autorizado* porque assim foi acordado entre emitente e obrigacionista. Assim, algumas conclusões serão: (i) no caso de emissões internas,

de sociedades de direito português, se o pagamento noutra moeda (em dólares ou libras, por exemplo) constar das condições da emissão, há acordo entre emitente e obrigacionistas, ficando *autorizado* o pagamento na moeda definida, (ii) no caso de emissões no estrangeiro, por sociedades de direito português, a disposição não parece aplicável e, na falta de regra imperativa proibitiva do local da emissão ou da lei aplicável, poderá igualmente definir-se o pagamento em qualquer moeda (local ou outra), (iii) nas emissões em Portugal, por sociedades de direito estrangeiro, sujeitas a direito estrangeiro ou a direito português, se o pagamento noutra moeda constar das condições da emissão, tal pagamento será admissível, portanto *autorizado*, a menos que exista disposição imperativa do direito estrangeiro escolhido que o proíba. Ou seja, a regra está praticamente obsoleta: o valor nominal da obrigação não tem de ser expresso em moeda com curso legal em Portugal Dir-se-á que, *em princípio*, serão pagas em *euros* as emissões realizadas em Portugal, mas nada mais.

Artigo 353.º (Subscrição pública incompleta)

1. Efetuada subscrição pública para uma emissão de obrigações e sendo apenas subscrita parte dela durante o prazo previsto na deliberação, a essas obrigações se limitará a emissão.

2. Os administradores devem promover o averbamento no registo comercial do montante efetivo da emissão.

Bibliografia: António Pereira de Almeida, *Sociedades comerciais* (2008), 641-652; José de Oliveira Ascensão IV (2000), 541-568; Nuno Barbosa e Orlando Vogler Guiné, em *Código em Comentário* V (2012), 759-966; Paulo Câmara, *O regime jurídico das obrigações e a protecção dos credores obrigacionistas*, em DVM IV (2003), 309-345; Menezes Cordeiro 2 (2007), 713 ss.; Luís Brito Correia 2 (1989), 499-516; Fátima Gomes, *Obrigações convertíveis em acções* (1999), 62-70; Ministério da Justiça, *Código das Sociedades Comerciais (Projecto)*, BMJ 327 (1983), 236-251; Florbela de Almeida Pires, *Direitos e organização dos obrigacionistas em obrigações internacionais* (2001), Pedro Pais de Vasconcelos, *Obrigações (valores mobiliários)*, em AAVV (2002), 321-329.

Índice

1. Projeto 1
2. Subscrição incompleta 2
3. Registo comercial 5

1 1. **Projeto**. O 353.º corresponde integralmente ao 336.º do projeto e é um raro caso de subsistência: não foi objeto de quaisquer alterações expressas. Contudo, como se verá, o n.º 2 não resiste a uma interpretação sistemática.

2 2. **Subscrição incompleta**. Em sentido contrário ao do que dispõe o 457.º/1 em matéria de aumento de capital, o 353.º/1 consagra a regra da manutenção da oferta nos casos em que a subscrição seja incompleta. Esta disposição deve ser lida em conjunto com o 161.º CVM, nos termos do qual *[s]e a quantidade total dos valores mobiliários que são objeto das declarações de aceitação for inferior à quantidade dos que foram oferecidos, a oferta é eficaz em relação aos valores mobiliários efetivamente distribuídos, salvo se o contrário resultar de disposição legal ou dos termos da oferta*.

3 Suscita-se a questão de saber se será admissível afastar o regime do 353.º/1 na deliberação de emissão. A resposta deve ser afirmativa. É legítimo que os sócios pretendam *o tudo ou nada* e, não havendo sucesso na colocação, prefiram que a administração procure outros métodos

de financiamento. De igual modo, é admissível fixar uma percentagem de sucesso: a emissão manter-se-á se for atingido o montante relevante, decairá se o não for. Essencial é que essa informação conste dos termos da oferta. À luz do citado regime geral do 161.º CVM, tem que concluir-se no sentido da *supletividade* do 353.º/1.

Apesar de o legislador se referir apenas às emissões efetuadas por oferta pública, a subs- 4
crição incompleta pode também suceder, embora com menor probabilidade, em ofertas particulares. Também aqui se deve entender que é soberana a vontade dos sócios no sentido de a emissão se manter ou não.

3. **Registo comercial**. O 353.º/2 impõe à administração o dever de promover o averbamento 5
no registo comercial do montante efetivo da emissão. Mas o 353.º trata das emissões com subscrição pública e essas não estão já sujeitas a registo comercial, como determina o 351.º/1. O 353.º/2 tem hoje apenas utilidade para as emissões particulares. A inscrição deve ser corrigida por averbamento, quando a emissão não ficar inteiramente colocada. A declaração da administração neste sentido deverá ser suficiente para demonstrar o facto.

Artigo 354.º (Obrigações próprias)

1. A sociedade só pode adquirir obrigações próprias nas mesmas circunstâncias em que poderia adquirir ações próprias ou para conversão ou amortização.

2. Enquanto as obrigações pertencerem à sociedade emitente são suspensos os respetivos direitos, mas podem elas ser convertidas ou amortizadas nos termos gerais.

Bibliografia: António Pereira de Almeida, *Sociedades comerciais* (2008), 641-652; José de Oliveira Ascensão IV (2000); Luís Brito Correia 2 (1989), 499-516; Nuno Barbosa e Orlando Vogler Guiné, em *Código em Comentário* V (2012), 759-966; Paulo Câmara, *O regime jurídico das obrigações e a protecção dos credores obrigacionistas*, em DVM IV (2003), 309-345; Menezes Cordeiro 2 (2007), 713 ss.; Carlos Osório de Castro, *Valores mobiliários: conceito e espécies* (1998), 160-163, 193-195; Fátima Gomes, *Obrigações convertíveis em acções* (1999), 62-70; Ministério da Justiça, *Código das Sociedades Comerciais (Projecto)*, BMJ 327 (1983), 236-251; Maria Vitória Rocha, *Aquisição de acções próprias* (1994); Raúl Ventura, *Acções próprias*, em *Estudos vários sobre sociedades anónimas* (2003).

Índice

1. Projeto 1
2. Aquisição de obrigações próprias 2
3. Os limites 4
4. Conversão e amortização 11
5. Suspensão de direitos 13

1. **Projeto**. O 354.º corresponde na íntegra ao 337.º do projeto. A redação ainda vigente é a 1
original. A remissão para as ações próprias vinha já do CCom. O 198.º/§ único remetia para os termos previstos no 169.º/§ 2.º, nos termos do qual era proibida a aquisição de ações próprias, exceto se houvesse autorização pelo contrato social.

2. **Aquisição de obrigações próprias**. Ao dispor que a sociedade emitente só pode adquirir 2
obrigações próprias *nas mesmas circunstâncias* em que poderia adquirir ações próprias, o 354.º remete-nos para o regime dos 316.º ss.. Esta remissão suscita, hoje, as maiores dificuldades, pois

não se trata já de remeter para uma norma que proíba a aquisição de ações próprias e remeta para o contrato de sociedade. Atualmente é permitida, com limitações, a aquisição de ações próprias mas as principais razões subjacentes às limitações nessa matéria são inaplicáveis à aquisição de obrigações. Ali trata-se principalmente de proteger a tipicidade societária e o capital social, aspetos que não estão em causa na aquisição de obrigações próprias.

3 Assim, a remissão será de aceitar quando as razões subjacentes a certa norma não se liguem tão só à tipicidade societária e à necessidade de proteger o capital, mas a outros valores suscetíveis de transposição para o domínio das obrigações. Há que indagar passo a passo sobre o alcance do 354.º/1.

4 3. **Os limites**. Em primeiro lugar, dir-se-á que a sociedade emitente está impedida de subscrever as suas próprias obrigações, nos termos do 316.º/1. O mesmo vale para as subscrições e aquisições por terceiro em nome da própria sociedade, igualmente proibidas pelo 316.º/2, com as consequências dos n.ºs 3 a 6. No primeiro caso, a proibição não se prende com a necessidade de proteger a realização do capital social, mas antes com um obstáculo concetual e prático. A sociedade celebraria contrato consigo mesma, originando *ab initio* a uma *confusão* entre credor e devedor. A emissão nada encaixaria. Quanto às aquisições por interposta pessoa, crê-se servirem preocupações de transparência, por sua vez subordinadas à necessidade de respeitar o que se dispõe no 317.º, pelo que serão extensíveis às obrigações.

5 Em segundo lugar é de entender que o contrato de sociedade pode proibir a aquisição de obrigações próprias ou limitá-la. É o que se diz no 317.º/1.

6 Maiores dúvidas suscita o 317.º/2. A limitação de aquisição de ações próprias a 10% do capital social é a que está mais estreitamente ligada à necessidade proteger a tipicidade societária. A aplicação deste limite à aquisição de obrigações próprias tem que ser especialmente justificada. Fará sentido limitar a aquisição de obrigações próprias a 10%? E será ainda 10% do valor do capital social? Do dobro dos capitais próprios, que já foi limite geral de emissão? Do montante total das obrigações, incluindo as emitidas ao abrigo do 349.º/4? Uma vez que se trata aqui de obrigações que a sociedade manterá em carteira, posto que quanto às que se destinam a ser amortizadas parece resultar do 354.º/1 que inexistem limitações, é de aceitar que a aquisição seja quantitativamente limitada. A sociedade poderá assim realizar sobre essas obrigações operações de mercado, empenhando-as ou voltando a aliená-las. Nessa medida, a melhor solução, embora com dúvidas, parece ser a de considerar que vale o limite de 10% de cada emissão, o que equivale, em termos gerais a um limite de 10% de todas as obrigações emitidas.

7 Consequentemente e, em quarto lugar, havendo um limite geral, é de aceitar também a aplicação do 317.º/3 aceitando-se a ultrapassagem do limite nos casos ali previstos.

8 O mesmo não se dirá do disposto no 317.º/4: impor que, como contrapartida da aquisição de obrigações próprias, só possam entregar-se bens distribuíveis nos termos dos 32.º e 33.º e ainda que o valor desses bens seja, pelo menos, igual ao dobro do valor a pagar pelas obrigações é manifestamente excessivo. A disposição só pode aplicar-se, na parte em que exige o respeito pelos 32.º e 33.º, quando se trate da aquisição de obrigações convertíveis ou com *warrants*, mas não já quanto às comuns. A parte final do 317.º/4 é de todo inaplicável às obrigações[1].

9 Finalmente, devem ainda entender-se aplicáveis as disposições dos 318.º, exigindo-se que as obrigações estejam inteiramente liberadas, 321.º, impondo o respeito pela igualdade de tratamento dos obrigacionistas na aquisição, 323.º sobre o tempo de detenção das ações,

[1] Neste sentido Carlos Osório de Castro, *Valores mobiliários*, 193-194.

324.º/2 quanto à inclusão de informação sobre obrigações próprias no relatório de gestão, 325.º, 325.º-A e 325.º-B, na medida em que dispõem sobre a contagem como obrigações próprias de obrigações recebidas em penhor ou caução ou adquiridas ou detidas por sociedade dependente.

Pelo contrário, não serão aplicáveis às obrigações próprias: os 319.º e 320.º por parece- 10
rem disposições intrinsecamente ligadas ao que dispõe o 31.º/1, i.e., que *nenhuma distribuição de bens sociais pode ser feita aos sócios sem ter sido objeto de deliberação destes*, o que não se verifica na aquisição de obrigações; o 322.º por estar intrinsecamente ligado às ações, salvo no tocante às obrigações convertíveis e às obrigações com *warrants* em que deve aplicar-se (a legalidade destas operações, quando envolvam a aquisição de obrigações, deve ser apreciada à luz do 6.º/3 e não já à luz do 322.º) e o 324.º/1, pois o regime das obrigações próprias é o do 354.º/2.

4. **Conversão e amortização**. Do 354.º/1 e 2 parece resultar um regime distinto para as obri- 11
gações adquiridas com vista à conversão ou amortização. Estas obrigações não estariam sujeitas aos limites acima referidos, resultantes da remissão para *as circunstâncias* da aquisição de ações próprias, não estando igualmente suspensos quer o direito de as converter, quer a faculdade de as amortizar. Quanto à amortização não há dúvidas. Nada impede que a sociedade, confundindo-se na sua esfera jurídica as qualidades de credora e devedora das obrigações, as declare extintas.

Os problemas surgem quanto à faculdade de conversão. Tratando-se de obrigações con- 12
vertíveis em ações já emitidas e detidas pela sociedade (v. 365.º), não faz sentido que esta venha adquirir, através da conversão, o que já lhe pertence. Os preceitos são, quanto a estas, inaplicáveis. Nos demais casos, i.e. de obrigações convertíveis em ações a emitir, parecem permitir uma operação equivalente à da subscrição. Através da conversão, a sociedade adquire originariamente as suas próprias ações. Mesmo admitindo esta possibilidade, sob pena de retirar qualquer sentido útil aos 354.º/1 e 2 quando se referem à conversão[2], terá que se aplicar a este caso o limite de 10%, previsto no 317.º/2 e bem assim a primeira parte do n.º 4 do mesmo preceito.

5. **Suspensão de direitos**. O regime das obrigações é o da suspensão dos respetivos direitos. 13
Incluem-se aqui todos os direitos que compõem a situação jurídica do obrigacionista, salvaguardadas as possibilidades de conversão e amortização acima analisadas. A existência de obrigações próprias determinará a adaptação da forma de contagem dos votos, prevista no 355.º/7. As modificações das condições dos créditos deverão ser aprovadas, na primeira data, por metade dos votos correspondentes às obrigações com direito de voto. Vale aqui adaptada a solução prevista no 386.º/5.

Artigo 355.º (Assembleia de obrigacionistas)

1. Os credores de uma mesma emissão de obrigações podem reunir-se em assembleia de obrigacionistas.

2. A assembleia de obrigacionistas é convocada e presidida pelo representante comum dos obrigacionistas ou, enquanto este não for eleito ou quando se recusar a convocá-la, pelo presidente da mesa da assembleia geral dos acionistas, sendo de conta da sociedade as despesas de convocação. A convocação é feita nos termos prescritos na lei para a assembleia geral dos acionistas.

[2] Contrariamente, defendendo a *interpretação abrogatória* do 354.º/2, Carlos Osório de Castro, *Valores mobiliários*, 194-195.

3. Se o representante comum dos obrigacionistas e o presidente da assembleia geral dos acionistas se recusarem a convocar a assembleia dos obrigacionistas, podem os titulares de 5% das obrigações da emissão requerer a convocação judicial da assembleia, que elegerá o seu presidente.

4. A assembleia de obrigacionistas delibera sobre todos os assuntos que por lei lhe são atribuídos ou que sejam de interesse comum dos obrigacionistas e nomeadamente sobre:

- *a*) **Nomeação, remuneração e destituição do representante comum dos obrigacionistas;**
- *b*) **Modificação das condições dos créditos dos obrigacionistas;**
- *c*) **Propostas de planos de recuperação de empresas ou de insolvência;**
- *d*) **Reclamação de créditos dos obrigacionistas em ações executivas, salvo o caso de urgência;**
- *e*) **Constituição de um fundo para as despesas necessárias à tutela dos interesses comuns e sobre a prestação das respetivas contas;**
- *f*) **Autorização do representante comum para a proposição de ações judiciais.**

5. A cada obrigação corresponde um voto.

6. Podem estar presentes na assembleia os membros dos órgãos de administração e de fiscalização da sociedade e os representantes comuns dos titulares de obrigações de outras emissões.

7. As deliberações são tomadas por maioria dos votos emitidos; as modificações das condições dos créditos dos obrigacionistas devem, porém, ser aprovadas, na primeira data fixada, por metade dos votos correspondentes a todos os obrigacionistas e, na segunda data fixada, por dois terços dos votos emitidos.

8. As deliberações tomadas pela assembleia vinculam os obrigacionistas ausentes ou discordantes.

9. É vedado à assembleia deliberar o aumento de encargos dos obrigacionistas, salvo se o mesmo for unanimemente aprovado pelos obrigacionistas titulares das obrigações em questão, ou a adoção de medidas que impliquem o tratamento desigual dos obrigacionistas.

10. O obrigacionista pode fazer-se representar na assembleia por mandatário constituído por simples carta dirigida ao presidente da assembleia.

Bibliografia: António Pereira de Almeida, *Sociedades comerciais* (2008), 641-652; José de Oliveira Ascensão IV (2000), 541-568; Nuno Barbosa, *Competência das assembleias de obrigacionistas* (2002); Nuno Barbosa e Orlando Vogler Guiné, em *Código em Comentário* V (2012), 759-966; Paulo Câmara, *O regime jurídico das obrigações e a protecção dos credores obrigacionistas*, em DVM IV (2003), 309-345; Carlos Osório de Castro, *Valores mobiliários: conceito e espécies* (1998), 153-158; Menezes Cordeiro 2 (2007), 713 ss.; Luís Brito Correia 2 (1989), 499-516; Fátima Gomes, *Obrigações convertíveis em acções* (1999), 62-70; Ministério da Justiça, *Código das Sociedades Comerciais (Projecto)*, BMJ 327 (1983), 236-251; Florbela de Almeida Pires, *Direitos e organização dos obrigacionistas em obrigações internacionais* (2001), 147-152; Pedro Pais de Vasconcelos, *Obrigações (valores mobiliários)*, em AAVV (2002), 321-329.

Índice

I – **Projeto e alterações**
1. Projeto 1
2. As reformas de 2006 e 2015 3

II – **Regime da assembleia**
3. Convocação 4
4. Constituição e deliberações 8
5. Direito de voto 10

III – **Competência da assembleia**
6. Interesse comum 11
7. Princípio da igualdade e aumento de encargos 13
8. Insolvência 15
9. Eficácia 16

I – Projeto e alterações

1. **Projeto.** O 355.º corresponde ao 338.º do projeto, com muitas alterações de redação e algumas de regime. Na redação que veio a ser adotada, o representante comum assume o papel principal em matéria de convocação e presidência da assembleia, sendo o presidente da mesa da assembleia geral dos acionistas um interveniente subsidiário, contrariamente ao que constava do projeto. 1

Também em matéria de representação, a solução adotada afastou-se substancialmente da do projeto. Neste previa-se que o obrigacionista apenas se pudesse fazer representar por cônjuge, ascendente, descendente ou outro obrigacionista. Ficariam sem a possibilidade de se fazer representar os obrigacionistas que, não tendo cônjuge, ascendentes ou descendentes, também não confiassem noutro obrigacionista para o efeito. A restrição seria inaceitável (podendo até vir ferida de inconstitucionalidade, por violação do princípio da igualdade) e não foi adotada. Previu-se então a simples constituição de mandatário, por carta dirigida ao presidente da assembleia, *com a assinatura reconhecida por notário*. 2

2. **As reformas de 2006 e 2015**. O 355.º/10 foi alterado pelo DL 76-A/2006, de 29-mar., para suprimir a exigência de reconhecimento notarial da assinatura do obrigacionista mandante. Em 2015, o DL 26/2015, de 6-fev., alterou o n.º 4, *c*), atualizando-a em face do regime da insolvência e da recuperação de empresas em vigor, e o n.º 9 que passou a permitir a deliberação unânime dos obrigacionistas para aumentar os respetivos encargos. 3

II – Regime da assembleia

3. **Convocação**. Os 355.º/2 e 3 tratam da convocação das assembleias de obrigacionistas. Regra geral, a convocação deve ser feita pelo representante comum. Estes números preveem ainda duas possibilidades de convocação subsidiária: a convocação pelo presidente da mesa da assembleia geral dos acionistas, enquanto não for eleito o representante comum ou quando este se recusar a convocar a assembleia, e a convocação judicial, a requerimento de obrigacionistas titulares de 5% das obrigações de determinada emissão. 4

Quanto aos obrigacionistas titulares de 5% das obrigações, devem entender-se aplicáveis ao caso as disposições dos 375.º/2, 3 e 4, com as necessárias adaptações. Isto é, estes obrigacionistas podem requerer ao representante comum a convocação da assembleia, mediante requerimento escrito que indique, com precisão, os assuntos a incluir na ordem do dia e justifique a necessidade de realização da assembleia. Reunidos estes pressupostos, o representante comum deve, nos 15 dias seguintes, promover a convocação da assembleia ou, caso contrário, justificar o indeferimento do requerido. Em caso de indeferimento, os obrigacionistas devem então solicitar a convocação ao presidente da mesa da assembleia geral dos acionistas e em caso de recusa deste poderão finalmente solicitar a convocação judicial. No caso de o representante comum ainda não ter sido eleito, o primeiro pedido de convocação é dirigido ao presidente da mesa da assembleia geral dos acionistas e, mediante recusa deste, requerido judicialmente. 5

Dispõe a parte final do 355.º/2 que a *convocação é feita nos termos prescritos na lei para a assembleia geral dos acionistas*. Deve entender-se que esta remissão é para o disposto no 377.º, em particular para o conteúdo dos números 2, 3, 4, 5, 6 e 8, aplicável com adaptações. Assim, 6 a convocatória deve ser publicada, admitindo-se que as condições da emissão prevejam outras formas de comunicação com os obrigacionistas e que, quando as obrigações sejam nominativas, possam ser convocados por cartas registadas ou através de correio eletrónico, com a antecedência prevista no 377.º/4.

7 A convocatória deve conter informação essencial para os seus destinatários: a emissão deve ser claramente identificada – aplicação do 377.º/5, *a*) a *c*), com adaptações – e, bem assim, o dia, hora e local da reunião, a ordem do dia e as condições de exercício do direito de voto. Em paralelo com o 377.º/8, caso se pretenda modificar as condições do empréstimo, devem as mesmas ser claramente identificadas e disponibilizado o texto das novas condições.

8 4. **Constituição e deliberações**. O disposto no 355.º/7 permite tirar conclusões quer quanto à constituição da assembleia dos obrigacionistas quer quanto ao quórum necessário para deliberar. Assim, salvaguardado o caso da modificação das condições dos créditos, é de concluir que a assembleia dos obrigacionistas se constitui qualquer que seja o número de obrigacionistas presentes ou representados, tal como se prevê, no 383.º/1, para as assembleias gerais dos acionistas, sendo as deliberações tomadas por maioria dos votos emitidos. Pelo contrário, tratando-se de modificar os créditos, haverá de distinguir consoante se esteja na primeira data fixada ou na segunda. Naquela primeira data deverão estar presentes ou representados pelo menos titulares de metade das obrigações, caso em que terão de deliberar unanimemente. Se estiverem presentes ou representados titulares de mais de metade do universo total dos votos, a deliberação será aprovada por *metade dos votos correspondentes a todos os obrigacionistas*. A referência da lei apenas a "metade dos votos" (e não a metade do universo global dos votos, *mais um voto*) pode suscitar dificuldades quando estejam presentes, ou representados, todos os obrigacionistas. Na hipótese de *metade dos votos* serem contrários à proposta e *metade* a ela favoráveis, não se deve tê-la por aprovada pois não há *maioria dos votos emitidos*. Isto é, a *metade dos votos correspondentes a todos os obrigacionistas,* prevista no 355.º/7 tem por objetivo consagrar uma *maioria reforçada,* não devendo ser interpretada, naquele caso, de forma a desvirtuar a aprovação de uma deliberação por *maioria*.

9 Na segunda data fixada, a modificação das condições dos créditos dos obrigacionistas deverá ser aprovada por dois terços dos votos emitidos, qualquer que seja o número dos obrigacionistas presentes ou representados.

10 5. **Direito de voto**. Determina o 355.º/5 que *a cada obrigação corresponde um voto*. Suscita-se a questão de saber se as condições da emissão podem afastar esta regra prevendo que corresponda *um só voto a um certo número de obrigações.* É certo que, ao contrário do que dispõe o 384.º/1 quanto às ações, o 355.º/5 não salvaguarda qualquer cláusula em contrário. Contudo, não se vislumbra qualquer razão de substância para proibir que o voto seja atribuído apenas a um certo número de obrigações. Essencial é que, por essa via, não se desvirtue o sistema legal, de modo a retirar o direito de voto aos obrigacionistas. A solução deverá ser equilibrada, atendendo, por um lado, ao valor nominal unitário das obrigações e ao limite fixado. Na falta de outro critério, valerá aqui o do 384.º/2, *a*): todas as obrigações devem ser abrangidas, devendo caber um voto, pelo menos, a cada € 1000,00 de obrigações.

III – Competência da assembleia

11 6. **Interesse comum**. O *interesse comum dos obrigacionistas*, referido no 355.º/4, a par de atribuições conferidas pela lei e dos assuntos elencados nas alíneas, é afinal o verdadeiro critério essencial para determinar o objeto das deliberações dos obrigacionistas. Com efeito, este critério estará subjacente às disposições legais que determinam a competência daquela assembleia e servirá para a resolução dos casos não previstos.

O interesse comum deve ser verificado caso a caso e, salvaguardadas as especialidades em matéria de obrigações convertíveis em ações e de obrigações com direito de subscrição de ações, não se confunde com o interesse dos acionistas. Em termos gerais, são do interesse comum dos obrigacionistas todas as matérias que se verifique serem do seu interesse enquanto credores sociais. 12

7. **Princípio da igualdade e aumento de encargos**. Em paralelo com o interesse comum dos obrigacionistas, o 355.º/9 elege a princípio geral, pela negativa, o princípio da igualdade. Seja qual for a matéria, não podem ser aprovadas medidas que *impliquem o tratamento desigual* dos obrigacionistas. Relativamente à proibição de deliberar *o aumento de encargos dos obrigacionistas*, a última alteração ao código clarificou que tais encargos poderão ser aprovados por unanimidade. Esta regra deve ser interpretada em termos restritivos e sistemáticos. A aprovação do aumento de encargos só é admissível por unanimidade. Porém, a regra da unanimidade não é aplicável aos encargos resultantes da eventual modificação das condições dos créditos, prevista no 355.º/4, *b*) e expressamente regulada no 355.º/7, assim como não será aos encargos resultantes da constituição do fundo comum para as despesas, prevista no 355.º/4, *e*) ou da proposição de ações judiciais, prevista na alínea *f*) do mesmo número. 13

Estas disposições devem coordenar-se ainda com a do 366.º/4 que prevê a modificação das condições da emissão, sem o consentimento dos obrigacionistas, desde que *da alteração não resulte para estes qualquer redução das respetivas vantagens ou direitos ou aumento dos seus encargos*. O 366.º/4 deve ter-se por geral. As condições da emissão de que trata são algo mais amplo do que *as condições dos créditos dos obrigacionistas*. Estas não podem alterar-se sem o consentimento dos obrigacionistas. Quanto a outras condições que se tenham previsto para a emissão de obrigações, o princípio é geral: as mesmas podem ser alteradas mas não pode daí resultar qualquer redução das vantagens ou direitos ou aumento dos encargos dos obrigacionistas. 14

8. **Insolvência**. Relativamente ao 355.º/4, *c*), o mesmo deve atualmente entender-se no contexto do CIRE[1]. Com a extinção da concordata e do acordo de credores, de entre as medidas típicas de recuperação de empresas, a assembleia de obrigacionistas deverá deliberar sobre eventuais propostas de planos de recuperação de empresas ou de insolvência, quaisquer que sejam as medidas previstas, nos termos do CIRE. 15

9. **Eficácia**. Quer o princípio da igualdade, quer a limitação à aprovação do aumento de encargos dos obrigacionistas estão estreitamente relacionados com a regra geral de eficácia das deliberações tomadas, prevista no 355.º/8. Salvo quando se exige a unanimidade, as deliberações vinculam todos os obrigacionistas, incluindo os discordantes e os ausentes. É assim essencial que se garanta que qualquer deliberação não consubstancia o favorecimento de uma parte dos obrigacionistas ou que não se está a aumentar os seus encargos. 16

Também as deliberações dos obrigacionistas devem constar de atas. Estas são requisitos de eficácia das deliberações. As atas devem apenas ser assinadas pelo representante comum e, se for o caso, por quem tenha servido de secretário à reunião, por aplicação analógica dos 388.º/1 e 2. Relativamente ao conteúdo da ata, é aplicável, com as necessárias adaptações, o disposto no 63.º. 17

[1] Aprovado pelo DL 53/2004, de 18-mar., alterado pelos DL 200/2004, de 18-ago., DL 76-A/2006, de 29-mar., DL 282/2007, de 7-ago., DL 116/2008, de 4-jul., DL 185/2009, de 2 de ago., DL 16/2012, de 20-abr., L 66-B/2012, de 31-dez-, DL 26/2015, de 6-fev..

Artigo 356.º (Invalidade das deliberações)

1. Às deliberações da assembleia de obrigacionistas aplicam-se os preceitos relativos à invalidade das deliberações de acionistas, com as necessárias adaptações, reportando-se a anulabilidade à violação das condições do empréstimo.

2. A ação declarativa de nulidade e a ação de anulação devem ser propostas contra o conjunto de obrigacionistas que tenham aprovado a deliberação, na pessoa do representante comum; na falta de representante comum ou não tendo este aprovado a deliberação, o autor requererá, na petição, que de entre os obrigacionistas cujos votos fizeram vencimento seja nomeado um representante especial.

Bibliografia: António Pereira de Almeida, *Sociedades comerciais* (2008), 641-652; José de Oliveira Ascensão IV (2000); Nuno Barbosa, *Competência das assembleias de obrigacionistas* (2002); Nuno Barbosa e Orlando Vogler Guiné, em *Código em Comentário* V (2012), 759-966; Paulo Câmara, *O regime jurídico das obrigações e a protecção dos credores obrigacionistas*, em DVM IV (2003), 309-345; Carlos Osório de Castro, *Valores mobiliários: conceito e espécies* (1998), 158-159; Menezes Cordeiro 2 (2007), 713 ss.; Luís Brito Correia 2 (1989), 499-516; Fátima Gomes, *Obrigações convertíveis em acções* (1999), 62-70; Ministério da Justiça, *Código das Sociedades Comerciais (Projecto)*, BMJ 327 (1983), 236-251; Florbela de Almeida Pires, *Direitos e organização dos obrigacionistas em obrigações internacionais* (2001), 147-152; Pedro Pais de Vasconcelos, *Obrigações (valores mobiliários)*, em AAVV (2002), 321-329.

Índice

1. Projeto 1
2. Invalidade das deliberações 2
3. Ação 6

1 1. **Projeto**. O 356.º corresponde ao 339.º do projeto, cuja redação foi reformulada. O projeto tinha três números. De acordo com o n.º 1, as deliberações da assembleia de obrigacionistas seriam anuláveis quando tivessem violado as condições do empréstimo. Só o n.º 3 remetia *subsidiariamente* para os preceitos aplicáveis à invalidade das deliberações de acionistas. Nesta formulação, a anulabilidade ficaria assim *repartida* entre o n.º 1 e o n.º 3, caso se aceitasse que a mesma também poderia resultar da violação de disposições legais. O 339.º/2 do projeto foi integralmente adotado e é atualmente o 356.º/2. O 356.º não sofreu alterações de redação até esta data.

2 2. **Invalidade das deliberações.** O 356.º/1 remete-nos para as disposições aplicáveis aos vícios das deliberações dos sócios, matéria tratada nos 55.º a 62.º para cujas anotações se remete. O 55.º dificilmente será aplicável às deliberações dos obrigacionistas. Contudo, é expressão de um princípio geral, esse aplicável: o de que serão ineficazes as deliberações tomadas sobre assunto que dependa do consentimento de alguém que não pôde dá-lo. Já os 56.º a 62.º são aplicáveis às deliberações dos obrigacionistas, alguns apenas em parte, com mais ou menos adaptações. Os poderes de fiscalização previstos no 57.º devem entender-se conferidos ao representante comum. Uma adaptação resultante do 356.º/1, parte final, interpretado restritivamente, é a de considerar que *a violação das condições do empréstimo gera anulabilidade*, nos termos do 58.º/1, *a*), parte final, e 2. Interpretação restritiva porque, à letra, pareceria que *toda* a anulabilidade se reportaria à violação das condições do empréstimo, significando que qualquer ilegalidade geraria nulidade, tornando-se esta a regra geral em matéria de vícios das deliberações dos obrigacionistas. Não é assim. Também aqui a violação de disposições legais pode gerar *nulidade* ou *anulabili-*

dade, consoante o resultado da articulação dos 56.º e 58.º, sendo *anuláveis* as deliberações ilegais não sancionadas por aquele e ainda as que violem as condições do empréstimo.

Assim, são nulas as deliberações dos obrigacionistas tomadas em assembleia não convocada, exceto se todos os obrigacionistas tiverem estado presentes ou representados e ainda as eventuais deliberações tomadas mediante voto escrito, sem que todos os obrigacionistas tenham sido convidados a exercer esse direito, a não ser que todos tenham dado o seu voto escrito, nos termos do 56.º/1, *a*) e *b*). Os números 2 e 3 do 56.º são também plenamente aplicáveis. Relativamente aos vícios de conteúdo, as dificuldades suscitadas pela formulação do 56.º/1, *c*) e a sua articulação com os casos da alínea *d*) são aqui acentuadas. Para quem não inclua na alínea *c*) os casos de *incompetência* e *impossibilidade*, por estarem já previstos na alínea *d*), e considere geralmente aí incluídos os casos de *incapacidade*[1], a transposição desta disposição para as assembleias de obrigacionistas é ainda mais dificultada. 3

Seja como for, dir-se-á que por *natureza* não estão sujeitos a deliberação dos obrigacionistas todas aquelas matérias que, embora possam ser do seu interesse, estão para além da sua razão de ser, da sua qualidade de credores da sociedade. Será eventualmente o caso de deliberações no sentido de intervenção na sociedade devedora, fora dos casos previstos na lei, mas sem violação direta de uma disposição legal. Relativamente ao 56.º/1, *d*), estamos perante deliberações cujo conteúdo seja ofensivo dos bons costumes (por exemplo, medidas que prejudiquem a entidade emitente) ou de preceitos *que não possam ser afastados por vontade unânime dos obrigacionistas*, isto é, preceitos imperativos. Será o caso, por exemplo, de se deliberar a supressão do direito de voto de alguns obrigacionistas ou medidas que impliquem o tratamento desigual destes. 4

Nos demais casos de violação de lei ou das condições do empréstimo haverá anulabilidade. Será o caso das deliberações que violem o quórum legalmente estabelecido, das que aumentem os encargos dos obrigacionistas sem unanimidade – 58.º/1, *a*) –, daquelas que resultam do abuso do direito de voto de um obrigacionista, de forma a obter vantagens para si ou para terceiro, em prejuízo do *interesse comum dos obrigacionistas* ou dos demais obrigacionistas – 58.º/1, *b*), e 3 – e das que não tenham sido precedidas do fornecimento aos obrigacionistas dos elementos mínimos de informação – 58.º/1, *c*), e 4. 5

3. **Ação**. Nos termos do 356.º/2, a ação tendente à declaração de nulidade ou à anulação deve ser proposta contra o conjunto dos obrigacionistas, *na pessoa do representante comum*. O representante comum assume assim a legitimidade passiva nesta ação. O n.º 2 prevê ainda a hipótese de o autor requerer a nomeação de um representante especial em duas situações: quando falte o representante comum ou *quando este não tenha aprovado a deliberação*. Esta última situação apenas se suscitará quando o representante seja simultaneamente obrigacionista, caso em que, tendo votado contra a deliberação em crise, não lhe será exigido que *a defenda*. Porém, haverá pelo menos um outro caso a considerar, o de o representante comum agir como *autor*, ao abrigo do 57.º, adaptado. Nos termos do 59.º/2, adaptado, o prazo para a proposição da ação de anulação é de 30 dias. Havendo várias ações, devem as mesmas ser apensadas (60.º/2). 6

Artigo 357.º (Representante comum dos obrigacionistas)

1. Para cada emissão de obrigações haverá um representante comum dos respetivos titulares.

[1] Menezes Cordeiro 1 (2007), 723.

2. O representante comum deve ser uma sociedade de advogados, uma sociedade de revisores oficiais de contas, um intermediário financeiro, uma entidade autorizada a prestar serviços de representação de investidores em algum Estado -Membro da União Europeia ou uma pessoa singular dotada de capacidade jurídica plena, ainda que não seja obrigacionista.

3. Podem ser nomeados um ou mais representantes comuns substitutos.

4. O representante comum dos obrigacionistas deve ser independente, não podendo estar associado a qualquer grupo de interesses específicos na sociedade nem encontrar-se em alguma circunstância suscetível de afetar a sua isenção, nomeadamente:

***a*) Deter, direta ou indiretamente, uma participação igual ou superior a 2 % do capital social na emitente;**

***b*) Encontrar -se em relação de domínio ou grupo com a emitente, independentemente da localização da sede ou da natureza societária do representante comum;**

***c*) Prestar serviços de assessoria jurídica ou financeira à sociedade no âmbito da emissão dos valores mobiliários ou a intermediários financeiros ou promotores envolvidos na mesma;**

***d*) Encontrar -se numa das situações previstas nas alíneas *a*) a *g*) e *j*) do n.º 1 do artigo 414.º -A.**

5. A remuneração do representante comum constitui encargo da sociedade; discordando esta da remuneração fixada por deliberação dos obrigacionistas, cabe ao tribunal decidir, a requerimento da sociedade ou do representante comum.

Bibliografia: António Pereira de Almeida, *Sociedades comerciais* (2008), 641-652; José de Oliveira Ascensão IV (2000), 541-568; Nuno Barbosa, *Competência das assembleias de obrigacionistas* (2002); Nuno Barbosa e Orlando Vogler Guiné, em *Código em Comentário* V (2012), 759-966; Maria Helena Brito, *A representação nos contratos internacionais. Um contributo para o estudo do princípio da coerência em direito internacional privado* (1999); Paulo Câmara, *O regime jurídico das obrigações e a protecção dos credores obrigacionistas*, em DVM IV (2003), 309-345; Menezes Cordeiro 2 (2007), 713 ss.; Luís Brito Correia 2 (1989), 499-516; Fátima Gomes, *Obrigações convertíveis em acções* (1999), 62-70; Ministério da Justiça, *Código das Sociedades Comerciais (Projecto)*, BMJ 327 (1983), 236-251; Florbela de Almeida Pires, *Direitos e organização dos obrigacionistas em obrigações internacionais* (2001), 152-158; Pedro Pais de Vasconcelos, *Obrigações (valores mobiliários)*, em AAVV (2002), 321-329.

Índice

1. Projeto 1
2. Natureza 2
3. Independência 4
4. Remuneração 6
5. Regras especiais 7

1 1. **Projeto**. O 357.º corresponde integralmente ao 340.º do projeto, adotando na íntegra a sua redação. Em virtude da remissão operada pelo n.º 4, alterou-se indiretamente o regime das incompatibilidades do representante comum. A remissão inicial foi corrigida pelo DL 49/2010, de 19-mai.. O 357.º foi substancialmente alterado pelo DL 26/2015, de 6-fev. que alterou os números 2 e 4. No n.º 2 alargou-se o elenco das entidades admitidas ao desempenho das funções de representante comum (passam a ser admitidos os intermediários financeiros e as entidades autorizadas a prestar serviços de representação de investidores em algum Estado-Membro da

União Europeia) e no n.º 4 estabeleceu-se claramente a regra da independência do representante comum, passando este número a conter uma tipicidade exemplificativa, em vez da mera remissão para o regime das incompatibilidades dos membros do conselho fiscal, fiscal único ou revisor oficial de contas.

2. **Natureza**. O 357.º/1 dispõe que, para cada emissão de obrigações, haverá um representante comum dos respetivos titulares, o qual deverá ser uma sociedade de advogados, de revisores oficiais de contas, um intermediário financeiro (*v.g.* um banco), uma entidade autorizada a prestar serviços de representação de investidores em algum Estado-Membro da União Europeia (*v.g.* um *trustee*) ou uma pessoa singular *dotada de capacidade jurídica plena*. Embora designado e destituído por deliberação dos obrigacionistas (salvo nos casos especiais que *infra* se referem), a existência do representante comum não depende da vontade dos obrigacionistas, antes é imposta pela lei, como resulta do 358.º/3. 2

Também a extensão dos poderes deste representante não depende da vontade dos representados, mas sim de disposição legal imperativa, a do 359.º. A sua capacidade jurídica tem de ser plena, não bastando *a capacidade de entender e querer exigida pela natureza do negócio* (263.º CC, a propósito da representação voluntária). Porém, a sua função não será a de suprir a incapacidade jurídica dos representados mas o suprimento das dificuldades trazidas pela pluralidade de titulares das obrigações. Neste contexto, é de entender que o representante comum dos obrigacionistas consubstancia um tipo especial de representante legal e não uma forma de representação voluntária. 3

3. **Independência**. Desde a sua origem, o 357.º/4 remetia, primeiro para as alíneas do 414.º/3, depois para o 414.º-A/1, *a*) a *g*) e *j*), portanto para o regime das incompatibilidades dos membros do conselho fiscal, do fiscal único ou do revisor oficial de contas. A nova redação do 357.º/4 passa a dispor genericamente que o representante comum tem de ser *independente* e, para tal, *não poderá estar associado a qualquer grupo de interesses específicos da sociedade, nem se encontrar em alguma circunstância suscetível de afetar a sua isenção*. Esta mesma definição de independência consta do 414.º/5, sendo aplicável a certos membros do conselho fiscal e da comissão de auditoria (414.º/4 e 6 e 423.º-B/4 e 5), bem como aos membros da mesa da assembleia geral das sociedades emitentes de valores mobiliários admitidos à negociação em mercado regulamentado e das sociedades que cumpram os critérios referidos no 413.º/2, *a*) (374.º-A/1). Trata-se, portanto, de solução coerente com o sistema do código e com os interesses em presença. O mesmo sucede com as alíneas que, de seguida, exemplificam os casos em que a independência se encontra comprometida. Mantém-se, agora na alínea *d*), a remissão para o 414.º-A/1, *a*) a *g*) e *j*). 4

Assim, não pode ser designado representante comum: (a) quem detenha participação igual ou superior a 2% no capital social da emitente[1]; (b) quem se encontrar em relação de domínio ou de grupo com a emitente, tal como estas relações são definidas no código (486.º e 488.º e ss) mas sem que tal relação seja apenas entre sociedades localizadas em Portugal ou mesmo entre sociedades, havendo, portanto, uma extensão dos conceitos de *domínio* e de *grupo*; (c) quem preste serviços de assessoria jurídica ou financeira à sociedade no âmbito das obrigações ou a intermediários financeiros ou promotores envolvidos na emissão; (d) os beneficiários de vantagens particulares da sociedade; (e) os que nela exerçam funções de administração; (f) os que exerçam funções de administração em sociedade que se encontre em relação de domínio ou de grupo com a emitente; (g) quem seja sócio de sociedade em nome coletivo que se encontre em relação de domínio ou de grupo com a sociedade emitente; (h) os que, *de modo direto ou* 5

[1] Cfr. com 414.º/5, *a*).

indireto, prestem serviços ou estabeleçam relação comercial significativa com a sociedade emitente das obrigações ou com outra que, com esta, se encontre em relação de domínio ou de grupo; (i) *os que exerçam funções em empresa concorrente e que atuem em representação ou por conta desta ou que, por qualquer outra forma, estejam vinculados a interesses da empresa concorrente* da sociedade emitente; (j) *os cônjuges* das pessoas indicadas acima [entre *d*) e *i*)] e bem assim os *parentes e afins na linha reta e até ao 3.º grau, inclusive, na linha colateral, das pessoas indicadas* acima em (d), (e), (f), (g) e (i) e , finalmente, (k) os interditos, inabilitados, insolventes, falidos e inibidos do exercício de funções públicas.

6 4. **Remuneração**. A remuneração do representante comum constitui encargo da sociedade. Contudo, é fixada por deliberação dos obrigacionistas, o que poderá ser fonte de divergência entre estes e a sociedade. Sendo este o caso, cabe ao tribunal decidir o litígio.

7 5. **Regras especiais**. O 14.º do DL 59/2006, de 20-mar., aplicável às obrigações hipotecárias e às obrigações sobre o sector público, dispõe com especialidade sobre o representante comum. Assim, diferentemente da regra do 357.º/1, no caso de obrigações hipotecárias ou de obrigações sobre o sector público haverá apenas um representante comum para todas as emissões de obrigações hipotecárias ou para todas as emissões de obrigações sobre o sector público. O representante comum é inicialmente designado pelo órgão de administração da sociedade emitente, contrariamente ao que dispõe o 358.º/1.

8 O 14.º/5 do DL 59/2006 estabelece, porém, que a assembleia dos obrigacionistas pode deliberar sobre a *nomeação*, remuneração e destituição do representante comum, bem como *sobre as condições iniciais da respetiva designação*, o que dificilmente se compatibiliza com a obrigatoriedade de representante único para todas as emissões do mesmo tipo. Nos termos do n.º 4, as condições da emissão estabelecem, *ab initio*, a remuneração do representante comum, os custos e encargos inerentes ao desenvolvimento das suas funções, as despesas de convocação e realização de assembleias de obrigacionistas, os limites aplicáveis à responsabilidade do representante comum e aos termos das responsabilidades que perante ele são assumidas pela entidade emitente. Relativamente à qualidade do representante comum, o 14.º/2 prevê que tais funções possam ser desempenhadas por *instituição de crédito ou outra entidade autorizada a prestar serviços de representação de investidores em algum Estado membro da União Europeia*, algo que, só com a alteração de 2015, passou a constar do 357.º

Artigo 358.º (Designação e destituição do representante comum)

1. O representante comum é designado e destituído por deliberação dos obrigacionistas, que especificará a duração, definida ou indefinida, das suas funções.

2. O representante comum pode ainda ser designado nas condições da emissão, que devem estabelecer os respetivos termos, competindo à assembleia de obrigacionistas a sua destituição, com ou sem justa causa, e a designação de novo representante comum que respeite os requisitos legais, bem como proceder à alteração das condições da designação inicial.

3. Na falta de representante comum, designado nos termos dos números anteriores, pode qualquer obrigacionista ou a sociedade requerer que o tribunal o nomeie, até que os obrigacionistas façam a designação.

4. Pode também qualquer obrigacionista requerer que o tribunal destitua, com fundamento em justa causa, o representante comum.

5. A designação e a destituição do representante comum devem ser comunicadas por escrito à sociedade e registadas por depósito na conservatória do registo competente por iniciativa da sociedade ou do próprio representante.

Bibliografia: António Pereira de Almeida, *Sociedades comerciais* (2008), 641-652; José de Oliveira Ascensão IV (2000), 541-568; Nuno Barbosa, *Competência das assembleias de obrigacionistas* (2002); Nuno Barbosa e Orlando Vogler Guiné, em *Código em Comentário* V (2012), 759-966; Paulo Câmara, *O regime jurídico das obrigações e a protecção dos credores obrigacionistas*, em DVM IV (2003), 309-345; Menezes Cordeiro 2 (2007), 713 ss.; Luís Brito Correia 2 (1989), 499-516; Fátima Gomes, *Obrigações convertíveis em acções* (1999), 62-70; Ministério da Justiça, *Código das Sociedades Comerciais (Projecto)*, BMJ 327 (1983), 236-251; Florbela de Almeida Pires, *Direitos e organização dos obrigacionistas em obrigações internacionais* (2001), 152-158; Pedro Pais de Vasconcelos, *Obrigações (valores mobiliários)*, em AAVV (2002), 321-329.

Índice

1. Projeto 1
2. Designação 2
3. Destituição 4
4. Comunicação e registo 6

1. **Projeto**. O 358.° equivale ao 340.° do projeto, tendo sido quase integralmente adotada a redação constante do mesmo. As alterações foram de virgulação e de substituição do verbo *nomear* pelo *designar*. O n.° 2 originariamente dispunha que, *na falta de representante comum designado nos termos do número anterior*, podia *qualquer obrigacionista ou a sociedade requerer que o tribunal o* nomeasse, *durante as respetivas funções, até que os obrigacionistas* designassem *novo representante*. Esta redação foi logo objeto de alteração, pelo DL 280/87, de 8-jul., para suprimir a misteriosa expressão "durante as respetivas funções". Além de não se saber a que funções se referia o n.° 2 entrava-se em contradição com a parte final, pois o representante designado pelo tribunal deveria permanecer no cargo até ser designado outro, pelos obrigacionistas. Também o n.° 4 foi objeto de alteração, desta feita pelo DL 76-A/2006, de 29-mar.. A *inscrição* no registo foi substituída pelo *registo por depósito* na Conservatória competente. Mais recentemente, o 358.° foi alterado pelo DL 26/2015, de 6-fev., que inseriu o n.° 2, retificou o n.° 3 e renumerou os seguintes. 1

2. **Designação**. O 358.° prevê três formas de designação do representante comum: pelos obrigacionistas, designação que deve considerar-se geral, pelo emitente, nas condições da emissão, e designação pelo tribunal, a pedido de qualquer obrigacionista ou da sociedade, que será subsidiária. Esta última, prevista no 358.°/3, auxilia na tarefa de analisar a natureza desta representação. 2

3 A existência do representante comum não é estritamente voluntária, nem serve apenas os interesses dos mandantes. Ela pode ser desencadeada por outros interessados, *maxime* a própria sociedade emitente, que necessita de interlocutor nas suas relações com os obrigacionistas. A assembleia dos obrigacionistas que designar o representante comum pode também decidir se essa designação tem duração limitada ou indefinida. De igual modo, em caso de designação nas condições da emissão, estas devem igualmente regular os termos em que a função é exercida. Através da subscrição, os obrigacionistas aceitam a designação e os termos da mesma, sem prejuízo de, posteriormente, em assembleia, poderem deliberar a substituição do representante comum ou a alteração dos termos fixados para o exercício do cargo. Em matéria de obrigações hipotecárias e de obrigações sobre o sector público, o 14.° do DL 59/2006, de 20-mar., prevê que o representante comum seja inicialmente designado pela sociedade emitente.

3. **Destituição**. A destituição do representante comum está prevista em duas modalidades quanto à origem: extrajudicial, por deliberação dos obrigacionistas, ou judicial, desencadeada 4

por qualquer obrigacionista, com fundamento em justa causa. Quanto à primeira, isto é, à destituição por deliberação dos obrigacionistas, também cabe distinguir consoante a destituição se fundamente, ou não, em justa causa. Não se trata aqui da possibilidade de tal destituição, mas de considerar os seus efeitos. Assim, se o representante comum tiver sido designado *com duração definida de funções* (na formulação legal), a sua destituição previamente ao término do período acordado originará obrigação de indemnizar, caso a mesma não se fundamente em justa causa. Já no caso de *indefinição* do período de exercício de funções, podem gerar-se situações duvidosas. Se a designação é de duração *indefinida* para que se mantivesse até à maturidade das obrigações, então a destituição sem justa causa dará lugar a indemnização. Pelo contrário, ficando claro que as funções podem cessar a qualquer momento, não haverá lugar a indemnização. Seja como for, o tema deve ficar esclarecido na deliberação de nomeação, a par da remuneração fixada e demais condições aplicáveis. Já quanto à destituição judicial, a mesma só pode alicerçar-se em justa causa.

5 A justa causa depende do caso concreto e pode revestir diversas modalidades: o incumprimento dos deveres legais do representante comum, uma situação de incompatibilidade originária ou superveniente, o conflito de interesses ou a inaptidão para o exercício de funções. Nestes casos, não há fundamento para que o representante comum requeira o pagamento de qualquer indemnização.

6 4. **Comunicação e registo**. O 358.º/5 determina que a designação e a destituição do representante comum sejam comunicadas à sociedade e registadas por depósito, no registo comercial. A par destas obrigações, tratando-se de emissões de obrigações com subscrição pública, estes factos devem igualmente ser comunicados à CMVM e divulgados ao público através do sistema de difusão de informação, nos termos dos 244.º ss. CVM e do Reg CMVM 5/2008.

Artigo 359.º (Atribuições e responsabilidade do representante comum)

1. O representante comum deve praticar, em nome de todos os obrigacionistas, os atos de gestão destinados à defesa dos interesses comuns destes, competindo-lhe nomeadamente:

a) Representar o conjunto dos obrigacionistas nas suas relações com a sociedade;

b) Representar em juízo o conjunto dos obrigacionistas, nomeadamente em ações movidas contra a sociedade e em processos de execução ou de liquidação do património desta;

c) Assistir às assembleias gerais dos acionistas;

d) Receber e examinar toda a documentação da sociedade, enviada ou tornada patente aos acionistas, nas mesmas condições estabelecidas para estes;

e) Assistir aos sorteios para reembolso de obrigações;

f) Convocar a assembleia de obrigacionistas e assumir a respetiva presidência, nos termos desta lei.

2. O representante comum deve prestar aos obrigacionistas as informações que lhe forem solicitadas sobre factos relevantes para os interesses comuns.

3. A responsabilidade do representante comum pode ser limitada, exceto quando este atue com dolo ou negligência grosseira, não podendo tal limitação ser

inferior a um valor correspondente a 10 vezes a respetiva remuneração anual que venha a ser fixada.

4. Na falta de disposição específica nos termos do número anterior, o representante comum responde, nos termos gerais, pelos atos ou omissões violadores da lei e das deliberações da assembleia de obrigacionistas.

5. A assembleia de obrigacionistas pode aprovar um regulamento das funções de representante comum.

6. Não é permitido ao representante comum receber juros ou quaisquer importâncias devidas pela sociedade aos obrigacionistas, individualmente considerados.

Bibliografia: António Pereira de Almeida, *Sociedades comerciais* (2008), 641-652; José de Oliveira Ascensão IV (2000), 541-568; Nuno Barbosa, *Competência das assembleias de obrigacionistas* (2002); Nuno Barbosa e Orlando Vogler Guiné, em *Código em Comentário* V (2012), 759-966; Paulo Câmara, *O regime jurídico das obrigações e a protecção dos credores obrigacionistas*, em DVM IV (2003), 309-345; Menezes Cordeiro 2 (2007), 713 ss.; Luís Brito Correia 2 (1989), 499-516; Fátima Gomes, *Obrigações convertíveis em acções* (1999), 62-70; Ministério da Justiça, *Código das Sociedades Comerciais (Projecto)*, BMJ 327 (1983), 236-251; Florbela de Almeida Pires, *Direitos e organização dos obrigacionistas em obrigações internacionais* (2001), 152-158; Pedro Pais de Vasconcelos, *Obrigações (valores mobiliários)*, em AAVV (2002), 321-329.

Índice

1. Projeto 1
2. Funções 2
3. Deveres e responsabilidade 6

1. **Projeto**. O 359.° corresponde ao 342.° do Projeto. A redação do preceito era praticamente igual à do Projeto, com exceção do n.° 5 que, em vez de se referir a juros ou quaisquer importâncias devidas pela sociedade *individualmente a obrigacionistas*, refere-se *aos obrigacionistas, individualmente considerados.* O 359.º foi alterado pelo DL 26/2015, de 6-fev. que acrescentou um n.º 3 prevendo a possibilidade de limitar quantitativamente a responsabilidade do representante comum. O n.º 4 foi apenas retificado para salvaguardar o regime especial previsto no n.º 3 e foram renumerados os números seguintes. 1

2. **Funções**. As funções do representante comum serão as estabelecidas na lei e as definidas no regulamento aprovado pela assembleia de obrigacionistas. A lei fornece-nos um critério geral e duas funções principais. O critério geral resulta do 359.°/1, proémio, e vem reforçado pela proibição estabelecida no n.° 6: compete ao representante comum a prática dos atos de gestão destinados à defesa dos interesses comuns dos obrigacionistas, sendo proibida a defesa dos interesses dos obrigacionistas individualmente considerados. Os atos de gestão serão os que possam integrar-se numa noção de administração ordinária daqueles interesses comuns, nomeadamente os atos relacionados com a informação, a conservação dos direitos dos obrigacionistas, até certo ponto, a observação da sociedade devedora. Os outros atos, os de disposição, carecerão de deliberação dos obrigacionistas. As duas funções principais são as elencadas no 359.°/1, *a*) e *b*). O representante comum *representa* os obrigacionistas nas suas relações com a sociedade e em juízo, em ações contra a sociedade e em processos de execução do património desta. Um exemplo será atualmente o do processo de insolvência. 2

Os casos das alíneas *c*) a *e*) são concretizações da função do representante comum, enquanto representante dos obrigacionistas perante a sociedade emitente das obrigações. A lei 3 confere-lhe o direito de assistir às assembleias gerais dos acionistas. É a *observação* da sociedade que está em causa. Através deste direito, o representante comum tem conhecimento imediato de eventuais deliberações com efeito *material* na sociedade, as quais podem ter repercussão na situação dos obrigacionistas. O representante comum tem ainda o direito de receber e examinar toda a documentação tornada patente ou enviada aos acionistas. Mais uma vez, o representante comum observa a sociedade devedora.

4 De salientar que, complementarmente ao direito de assistir às assembleias gerais dos acionistas e da informação prestada ou disponibilizada nos termos do 359.°/1, *d*), o direito à informação conferido aos acionistas no âmbito da Secção III do capítulo II, do título IV, isto é, o disposto nos 288.° a 292.°, é conferido também ao representante comum dos obrigacionistas, por remissão operada pelo 293.°. Com efeito, é de entender que a parte final deste preceito, na parte em que se condiciona o direito à informação aos casos em que haja exercício do direito de voto, só se refere ao usufrutuário e ao credor pignoratício de ações, pois só quanto a estes se pode conceber que lhes caiba, por lei ou convenção, *o exercício do direito de voto*. Já quanto ao representante comum dos obrigacionistas não há sequer que falar em direito de voto e menos ainda do direito de o exercer pelo que, quanto ao representante comum, tem de entender-se que a remissão do 293.° não é condicionada. Isto significa que ao representante comum é ainda reconhecido, nomeadamente, o direito de intervir na assembleia geral dos acionistas, nos termos do 290.°, requerendo informações que lhe permitam *formar uma opinião fundamentada sobre os assuntos sujeitos a deliberação* (mesmo não votando). O representante comum terá então a possibilidade de *observar* e *apreciar* o que se discute na assembleia. Contudo, não parece defensável que, em caso de recusa injustificada das informações requeridas, a deliberação tomada pelos acionistas seja anulável nos termos do 290.°/3. Esta disposição, como aliás as demais desta secção, tem de ser objeto das necessárias adaptações quando aplicada ao representante comum.

5 As funções de convocar e presidir à assembleia dos obrigacionistas, previstas no 359.°/1, *f*), são mais funções *internas*, respeitam já à relação do representante comum com os representados.

6 3. **Deveres e responsabilidade**. As funções do representante comum são na realidade poderes-deveres ou direitos-deveres. Por exemplo, perante a sociedade, o representante comum tem o direito de assistir às assembleias gerais dos acionistas, perante os obrigacionistas dir-se-á que tem o dever de assistir, pelo menos em certos casos, a essas mesmas assembleias. O poder de convocar a assembleia dos obrigacionistas é também um dever, quando seja preciso que os obrigacionistas deliberem sobre assuntos do seu interesse comum. Complementarmente aos deveres emergentes das suas funções especialmente consideradas, é possível identificar outros, que resultam da sua função de *gestor* geral *dos interesses comuns dos obrigacionistas.* Há deveres de cuidado, de disponibilidade, de zelo, de lealdade, de confiança. Ainda os deveres de não atuar em conflito de interesses (como o caso do 359.°/5) ou em situação de incompatibilidade. Admite-se até que o 64.° nos inspire na identificação de tais deveres, pois trata-se aí também de *gestores* de interesses alheios.

7 A violação destes deveres e das deliberações dos obrigacionistas pode originar responsabilidade, como determina o 359.°/4. As situações em causa são muitas e podem ser muito variadas. A violação de deveres pode ser por ação ou omissão, dolosa ou negligente, tendo sempre de haver culpa. Não há disposição semelhante à do 72.°/2, mas o que aqui se refere deverá relevar para a apreciação da responsabilidade. É questão cabe aos tribunais descortinar. A violação de deliberações da assembleia de obrigacionistas pode consubstanciar o incumprimento das decisões destes, a quebra de zelo, a incompetência. Será, por exemplo, a omissão de praticar os atos necessários à proteção dos interesses comuns, definidos na própria deliberação. A responsabilidade do representante comum pode ser limitada, desde que tal fique estabelecido nos termos

da deliberação de designação. A limitação da responsabilidade está, ela mesma, sujeita a limites: não pode ser inferior a 10 vezes a remuneração anual fixada e não vigorará nos casos em que o facto originador da responsabilidade tenha sido praticado com dolo ou negligência grosseira.

Secção II – Modalidades de obrigações

Artigo 360.º (Modalidades de obrigações)

1. Podem, nomeadamente, ser emitidas obrigações que reúnam uma ou mais das características seguidamente indicadas:

a) Além de conferirem aos seus titulares o direito a um juro fixo, os habilitem a um juro suplementar ou a um prémio de reembolso, quer fixo quer dependente dos lucros realizados pela sociedade;

b) Apresentem juro e plano de reembolso, dependentes e variáveis em função dos lucros;

c) Sejam convertíveis em ações, ordinárias ou preferenciais, com ou sem direito de voto, ou noutros valores mobiliários;

d) Confiram o direito a subscrever uma ou várias ações, ordinárias ou preferenciais, com ou sem direito de voto;

e) Confiram direitos de crédito sobre a emitente com caráter subordinado, sendo reembolsáveis somente após a satisfação integral dos seus credores comuns, desde que a natureza subordinada seja expressamente consagrada nas condições da emissão e nos documentos, registos e inscrições que lhes correspondam;

f) Resultem da conversão de outros créditos de sócios ou terceiros sobre a sociedade;

g) Apresentem garantias especiais sobre ativos ou receitas do património da emitente ou de terceiro, desde que essas garantias especiais sejam expressamente consagradas nas condições da emissão e nos documentos, registos e inscrições que lhes correspondam;

h) Apresentem prémios de emissão.

2. Sem prejuízo dos instrumentos sujeitos a regras especiais e dos limites previstos nos artigos 348.º e 349.º, podem ser emitidos valores mobiliários representativos de dívida, sendo-lhes aplicáveis, com as devidas adaptações, as regras previstas para as obrigações, nomeadamente com as seguintes características:

a) Confiram direitos de crédito sobre a emitente com prazo de vencimento associado à duração da sociedade, desde que tal seja expressamente consagrado nas condições da emissão e nos documentos, registos e inscrições que lhes correspondam;

b) Sejam convertidos em ações por iniciativa do emitente ou obrigatoriamente convertíveis em ações nos termos fixados nas condições de emissão.

Bibliografia: José de Oliveira Ascensão IV (2000), 541-568; Nuno Barbosa e Orlando Vogler Guiné, em *Código em Comentário* V (2012), 759-966; Carlos Osório de Castro, *Valores mobiliários: conceito e espécies* (1998), 143-145 e 164-187; Menezes Cordeiro 2 (2007), 713 ss.; Luís Brito Correia 2 (1989), 499-516;

Ministério da Justiça, *Código das Sociedades Comerciais (Projecto)*, BMJ 327 (1983), 236-251; Florbela de Almeida Pires, *Direitos e organização dos obrigacionistas em obrigações internacionais* (2001), 109-112 e 122-137.

Índice

I – Projeto e alterações
1. Projeto 1
2. Reforma de 1987 2
3. Reforma de 1988 3
4. Reforma de 2015 4

II – Modalidades de obrigações
5. Enunciado 5
6. Obrigações participantes 8
7. Obrigações convertíveis e com *warrants* 12
8. Obrigações subordinadas ou contingentes 13
9. Conversão de créditos em obrigações 14
10. Obrigações com garantias especiais 15
11. Prémio de emissão 16
12. Outros valores mobiliários representativos de dívida 17

I – Projeto e alterações

1 1. **Projeto**. O 360.º tem origem no 343.º do Projeto. A redação originária do preceito adotou-o integralmente, com três alíneas, *a*) a *c*), incluindo a numeração do proémio que, por lapso, constava do Projeto.

2 2. **Reforma de 1987**. O DL 280/87, de 8-jul., alterou o 360.º no sentido da consagração das obrigações com prémio de emissão, através do aditamento de uma alínea *d*). Secundariamente, o DL 280/87, de 8-jul., corrigiu o proémio: inseriu-lhe um *nomeadamente*, clarificando o seu carácter exemplificativo, e suprimiu a numeração do proémio.

3 3. **Reforma de 1988**. O DL 229-B/88, de 4-jul., veio criar obrigações com direito de subscrição de ações (obrigações com *warrants*), através da inserção dos 372.º-A e 372.º-B no CSC. No 360.º, inseriu-se uma nova alínea *d*), passando o prémio de emissão a constar da alínea *e*).

4 4. **Reforma de 2015**. O DL 26/2015, de 6-fev., alterou extensivamente o 360.º para, por um lado, aumentar o elenco das modalidades de obrigações agora listadas e, por outro, tratar de *outros valores mobiliários* aos quais são aplicáveis as regras das obrigações. Substancialmente, quanto às modalidades de obrigações, o DL 26/2015 não trouxe nada de verdadeiramente novo. O elenco do 360.º já era exemplificativo. Quanto aos tais *valores mobiliários representativos de dívida* que sujeita ao regime das obrigações (salvaguardados os regimes especiais) ou já eram obrigações ou não serão propriamente representativos de dívida, como se verá.

II – Modalidades de obrigações

5 5. **Enunciado**. O 360.º prevê algumas modalidades ou tipos de obrigações. Conforme mais desenvolvido *supra* na introdução aos 348.º a 372.º-B, são muitas as modalidades que estas podem revestir, podendo classificar-se de acordo com vários critérios, entre eles os relativos à existência (ou não) de pagamento de juro (*v.g.* obrigações cupão-zero) e ao respetivo método de cálculo, ao reembolso do capital (v.g. obrigações perpétuas e quase-perpétuas), às garantias concedidas, ao emitente, ao prazo e até ao local de emissão.

6 O elenco do 360.º é, pois, exemplificativo. As alíneas *a*) e *b*) preveem a atribuição de juro suplementar ou prémio de reembolso fixos ou juros e reembolso variáveis em função dos lucros (neste último caso, são as chamadas *obrigações participantes*), as *c*) e *d*) as obrigações convertíveis e as obrigações com direito de subscrição de ações, a nova alínea *e*) refere-se a obrigações que apenas serão reembolsadas após o pagamento aos demais credores comuns do emitente, portanto às *obrigações subordinadas ou contingentes*, a alínea *f*) trata da conversão de créditos em

obrigações, a alínea *g*) das obrigações que beneficiam de garantias especiais e a alínea *h*) prevê a possibilidade de prémios de emissão.

7 De salientar que, para efeitos do 360.º, e também do 361.º, o juro fixo a que se refere a alínea *a*) contrapõe-se a juro dependente dos lucros. Deve, por isso, distinguir-se o juro fixo, do juro a taxa fixa. Na verdade, o juro fixo (não dependente dos lucros, suplementar ou não) pode ser um juro a taxa fixa ou a taxa variável[1].

8 6. **Obrigações participantes**. No 360.º, *a*), parte final, e *b*), indicam-se modalidades de obrigações cujo pagamento de juro ou o reembolso apresentam uma ligação aos lucros realizados pela sociedade e, por isso, se designam obrigações participantes. Estas obrigações remontam ao DL 353-P/77, de 29-ago.[2], que previa uma modalidade equivalente à da parte final da alínea *a*) e cujo preâmbulo explicava assim o seu fundamento: "criam-se e regulamentam-se as chamadas obrigações participantes, que se julga poderem vir a ter boa aceitação por parte das sociedades que habitualmente recorrem ao mercado de títulos e do público em geral. Na verdade, à garantia de um rendimento fixo, devido qualquer que seja a evolução dos resultados da empresa, aliam a possibilidade de um rendimento adicional, distribuído sob a forma de juro suplementar ou de prémio de reembolso, e que se calcula, de acordo com critérios previamente fixados, em função dos lucros da entidade que as emite. As obrigações adquirem, assim, uma das características mais importantes do capital de risco: a participação nos resultados da empresa. Por seu turno, a sociedade, emitindo as obrigações a juro naturalmente mais baixo, só vê aumentar o custo dos capitais desse modo obtidos quando o seu lucro se expanda e largamente compense o acréscimo de encargos".

9 As obrigações participantes podem, por sua vez, revestir várias submodalidades, mais desenvolvidas nos 361.º a 364.º. Não obstante a redação adotada se referir, nos 361.º e 364.º, ao juro *suplementar* estas disposições, bem como o 363.º, aplicam-se às modalidades participantes do 360.º/1, *a*) e *b*). Assim, quanto ao juro, as obrigações participantes podem fazê-lo depender na íntegra ou parcialmente (a título *suplementar*) dos lucros do emitente. Esta dependência pode resultar na aplicação de uma percentagem fixa ou variável sobre o lucro, percentagem fixa ou variável acima de determinado lucro mínimo, aplicada sobre todo o lucro ou sobre o montante acima do limite mínimo, ou ainda na imputação dos lucros a acionistas e obrigacionistas ou por outra forma, nos termos previstos no 361.º.

10 No 360.º/1, *b*), seria de esperar que o legislador se referisse também ao *prémio* de reembolso (caso em que o obrigacionista é reembolsado acima do par, i.e. acima do valor nominal das obrigações de que é titular), ficando este, como o juro, dependente e variável em função dos lucros. Porém, diz-se ali *plano* de reembolso e não *prémio* de reembolso. Não é gralha. A redação vem já do Projeto e resistiu ao preciosismo do legislador, nas duas alterações que fez ao 360.º. É coisa diferente a de ligar o *plano* de reembolso aos resultados do emitente: o reembolso poderá efetuar-se por fases ou *bullet*, em datas diferentes, consoante o lucro atinja ou exceda um determinado limite pré-fixado. É uma faculdade que beneficia o emitente, na medida em que flexibiliza cumprimento da obrigação de reembolso das obrigações.

[1] Neste sentido, Carlos Osório de Castro, *Valores Mobiliários*, 144.

[2] Osório de Castro considerava que o DL 353-P/77, de 29-ago., e bem assim o DL 353-M/77, de 29-ago., se mantinham em vigor no que respeita às empresas públicas (v. *Valores mobiliários...*, *ob. cit.*, 145). Porém, atendendo à nova configuração das empresas públicas (atualmente divididas em sociedades comerciais e entidades públicas empresariais) e, em particular à remissão para o direito privado, operada pelo 7.º do DL 558/99, de 17-dez., alterado e republicado em anexo ao DL 300/2007, de 23-ago., é de concluir pela revogação daqueles diplomas. Com efeito, com salvaguarda dos limites ao endividamento previstos no atual 31.º do DL 558/99, de 17-dez., as empresas públicas podem emitir obrigações nas mesmas condições que as sociedades comerciais comuns, independentemente das modalidades que as mesmas assumam.

11 Da leitura conjugada das alíneas *a)* e *b)* do 360.º/1 retiram-se ainda outras três conclusões. A primeira é a de que não só o juro como o próprio *prémio* de reembolso podem ser *dependentes e variáveis em função dos lucros*, nos termos do 360.º/1, *b)*. Com efeito, não há razão para entender que o *prémio* de reembolso só pode ser combinado com o juro fixo previsto no 360.º/1, *a)*. A segunda é a de que qualquer que seja a modalidade de *prémio* de reembolso prevista, i.e. nos termos do 360.º/1, *a)* ou *b)*, ela pode ser estruturada segundo qualquer das submodalidades previstas no 361.º, o qual aliás se refere expressamente ao *prémio* de reembolso. A terceira é a de que as submodalidades previstas no 361.º podem também, com adaptações, servir para estruturar o *plano* de reembolso previsto no 360.º/1, *b)*.

12 7. **Obrigações convertíveis e com *warrants*.** As alíneas *c)* e *d)* do 360.º/1 referem-se a duas outras "grandes" modalidades de obrigações: as obrigações convertíveis em ações, ordinárias ou preferenciais, com ou sem direito de voto, e convertíveis noutros valores mobiliários, cujo regime é desenvolvido nos 365.º a 372.º e as obrigações com direito de subscrição de ações (*warrants*), criadas pelo DL 229-B/88, de 4-jul., e mais desenvolvidas nos 372.º-A e 372.º-B. Trata-se de modalidades de obrigações que têm a natureza de valores mobiliários *mistos ou compostos* que se aproximam das ações porque se convertem nestas, no caso das obrigações convertíveis em ações, ou porque é atribuído ao obrigacionista o direito de subscrever ações, no caso das obrigações com *warrants*.

13 8. **Obrigações subordinadas ou contingentes.** A alínea *e)* do 360.º/1 passou a prever uma modalidade de obrigações cujo reembolso está subordinado: os obrigacionistas só serão pagos após a satisfação integral dos credores comuns do emitente. Naturalmente, é fundamental que tal condição esteja claramente prevista nas condições da emissão. Afinal, a data de reembolso pode ser desconhecida (embora não tenha de o ser). Se o pagamento está dependente de circunstâncias muito variáveis e no final, da vontade do emitente, estas obrigações poderão ser qualificadas como capitais próprios do emitente, dadas as contingências associadas à obrigação de reembolso.

14 9. **Conversão de créditos em obrigações.** O que se prevê na alínea *f)* não é verdadeiramente uma modalidade de obrigações, mas um modelo relativo à sua criação. Neste caso a dívida já existe na sociedade mas é *convertida* em obrigações. Quanto a estas, poderão assumir qualquer das modalidades possíveis. Bem vistas as coisas, a situação prevista no 360.º/1, *f)* mais não é do que uma emissão de obrigações cuja realização (ou subscrição) é feita em espécie, através da entrega dos créditos existentes por parte dos subscritores que, assim, nada desembolsam e recebem as novas obrigações. A operação pode ser vantajosa a vários níveis: para os credores porque, passando a obrigacionistas, poderão mais facilmente alienar os seus direitos, sobretudo se as obrigações forem admitidas à negociação em mercado regulamentado, para a sociedade emitente, dependendo da modalidade de obrigações adotada, pode melhorar o seu passivo.

15 10. **Obrigações com garantias especiais.** Podem ser atribuídas garantias especiais, reais ou pessoais, a determinada emissão de obrigações. Esta modalidade já estava implícita no 349.º/4, *c)* ao dispor sobre os casos em que não se aplica o limite de emissão previsto no n.º 1. O novo 360.º/1, *g)* desenvolve agora esta modalidade para esclarecer que a garantia pode incidir sobre *ativos ou receitas* do património da emitente. Podem até estruturar-se emissões em que determinados rendimentos fiquem consignados ao pagamento dos juros, seja regularmente, seja apenas em garantia, como se prevê.

16 11. **Prémio de emissão.** O 360.º/1, *e)*, prevê o prémio de emissão. Esta alínea constava das redações anteriores do preceito e sucedia naturalmente ao prémio de reembolso, por ser o seu contraponto. O prémio é sempre do obrigacionista, contrariamente às ações emitidas com pré-

mio de emissão. Havendo prémio de reembolso, as obrigações são reembolsadas acima do par, i.e. acima do seu valor nominal. No caso do prémio de emissão, as obrigações são emitidas abaixo do par, ou seja, abaixo do valor nominal. No prémio de reembolso, dir-se-á que o obrigacionista, além do juro, recebe mais do que o que emprestou, o mesmo se passando no prémio de emissão porque o preço pago pelas obrigações subscritas é inferior ao valor pelo qual serão reembolsadas, difere o momento da incorporação do prémio na esfera jurídica do investidor. Não devem confundir-se as obrigações com prémio de emissão e as obrigações emitidas a desconto. Em ambos os casos, a subscrição é feita abaixo do par. Contudo, nestas últimas, o desconto resulta do cálculo da taxa de juro aplicável e não de um verdadeiro *prémio* para o obrigacionista, por isso se chamam também obrigações *cupão-zero*. Nas obrigações com prémio de emissão haverá pagamento de juro ao longo da vida do empréstimo, o que não sucede nas obrigações *cupão-zero* que não vencem juros.

12. **Outros valores mobiliários representativos de dívida**. O 360.º/2 dispõe em particular 17
sobre duas modalidades de *valores mobiliários representativos de dívida* que ficam sujeitos, com as devidas adaptações, ao regime das obrigações. Estes valores mobiliários são os que tenham vencimento associado à duração da sociedade e os que sejam convertidos em ações por iniciativa do emitente ou obrigatoriamente convertíveis em ações nos termos fixados nas condições da emissão. Salvaguardam-se os regimes especiais e o respeito pelos limites previstos nos 348.º e 349.º. A formulação do 360º/2 suscita algumas dúvidas e requer alguns reparos. Em primeiro lugar, tratando-se de valores mobiliários representativos de dívida, não sujeitos a regime especial, e sujeitos ao regime das obrigações, dir-se-á que tais valores mobiliários serão então *obrigações* [a menos que se estivesse a pensar em valores mobiliários obrigatoriamente convertíveis em obrigações, uma espécie de *pré-obrigações*...o que se subsumirá no proémio do 360.º/2, mas não já nas alíneas *a)* ou *b)*]. As chamadas *obrigações quase-perpétuas* parecem estar agora expressamente admitidas na alínea *a)* do 360.º/2: com vencimento associado à duração da sociedade. Mas se a sociedade for de duração indeterminada poderá dizer-se que o valor mobiliário ainda representa uma dívida? Ou será afinal outro tipo de valor mobiliário? A experiência o dirá. Ambas as possibilidades parecem de admitir: sociedade de duração limitada e de duração indeterminada. Fundamental é assegurar que quem subscreve conhece e compreende as características do instrumento financeiro. Descortinar o regime, dependerá do caso concreto, podendo então impor-se as devidas adaptações de que fala o proémio. Em segundo lugar, a alínea *b)* do 360.º/2 trata de dois instrumentos que podem ser substancialmente distintos. Os valores mobiliários representativos de dívida convertíveis (e não "convertidos") em ações por iniciativa do emitente e os obrigatoriamente convertíveis em ações. Os primeiros podem ser apenas mais um tipo de obrigações convertíveis, na pendência da conversão. A circunstância de a conversão ser por iniciativa do emitente não parece suficiente para os afastar do tipo, ...a menos que não sejam verdadeiramente representativos de dívida. Os segundos parecem corresponder aos já conhecidos valores mobiliários obrigatoriamente convertíveis em ações. Os valores mobiliários convertíveis por opção do emitente e valores mobiliários obrigatoriamente convertíveis ("VMOCs") foram reconhecidos e regulados pelo Reg CMVM 15/2002, alterado posteriormente pelo Reg CMVM 10/2007[3]. Nos termos do 1.º do Reg CMVM 15/2002 visou-se, em primeiro lugar,

[3] DR II, de 21-nov. 2002 e no *Boletim da CMVM* n.º 115, de novembro de 2002, alterado pelo Reg CMVM 10/2007, de 29-nov., publicado no DR II, de 3-jan.-2008.

proceder ao reconhecimento dos valores mobiliários convertíveis por opção do emitente (reverse convertibles) e dos valores mobiliários obrigatoriamente convertíveis para os efeitos previstos no n.º 2 do artigo 1º do CVM.

18 A referência ao reconhecimento destes valores mobiliários justificava-se em face da redação originária do 1º/2 CVM que o exigia para ultrapassar a tipicidade mitigada. Esta foi abandonada em 2004, através do DL 66/2004, de 24-mar.. Orlando Vogler Guiné afirma que o Reg CMVM 15/2002 (assim como outros) estará tacitamente revogado[4] ou terá caducado[5] em virtude da revogação do princípio da tipicidade dos valores mobiliários. A própria CMVM, através do Reg CMVM 10/2007 (mais de 3 anos após o DL 66/2004, de 24-mar.), alterou o Reg CMVM 15/2002 justamente para suprimir aspetos limitativos do seu regime, em face da nova atipicidade dos valores mobiliários, o que poderia indicar que, pelo menos à época, não entendeu que o regulamento, todo ele, tivesse caducado. Deve recordar-se que, a par de uma norma de reconhecimento constante do 1º (essa sim entretanto caducada), o Reg CMVM 15/2002 continha também um regime e, nessa medida, tipificou instrumentos dando-lhes um conteúdo ao dispor dos emitentes. A defender-se que o princípio da atipicidade, legalmente consagrado desde 2004, determinou, por si e sem mais, a revogação implícita do regime dos VMOCs, caberia indagar, por identidade de razão, se tal princípio operou também a revogação implícita de todos os demais regimes típicos dos valores mobiliários até então conhecidos, desde que constantes de fonte normativa de igual ou inferior valor. Não pode ser assim. Mas seja qual for o entendimento quanto à subsistência daquele regulamento, o 360.º/2, *b*) traz novas questões: se por um lado nos remete para o regime das obrigações (o que tem razão de ser), já não parece admissível que o proémio se refira a valores mobiliários *representativos de dívida,* pelo menos quanto aos VMOCs obrigatoriamente convertíveis em ações. Se são obrigatoriamente convertíveis em ações não são dívida do emitente. Justifica-se que, na pendência da conversão, os respetivos titulares sejam equiparados aos titulares de obrigações convertíveis, quer para efeitos organizacionais, quer para aplicação dos limites previstos no 368.º, por exemplo. Suprima-se a expressão "representativos de dívida" no 360.º/2 e ganhar-se-á em coerência e sentido. V. ainda comentário ao 365.º.

Artigo 361.º (Juro suplementar ou prémio de reembolso)

1. Nas obrigações com juro suplementar ou prémio de reembolso, estes poderão:

a) Ser estabelecidos como percentagem fixa do lucro de cada exercício, independentemente do montante deste e das oscilações que registe durante o período de vida do empréstimo;

b) Ser fixados nos termos da alínea anterior, mas apenas para a hipótese de o lucro exceder um limite mínimo que se estipulará na emissão, aplicando-se a percentagem estabelecida a todo o lucro apurado ou somente à parte que exceder o limite referido;

c) Ser determinados por qualquer das formas previstas nas alíneas precedentes, mas com base numa percentagem variável em função do volume dos lucros produzidos em cada exercício ou dos lucros a considerar para além do limite estipulado nos termos da alínea *b*);

[4] Nuno Barbosa e Orlando Vogler Guiné (2012), 890. [5] *Ibidem*, 891.

***d*) Ser apurados nos termos das alíneas anteriores, mas com imputação dos lucros a acionistas e obrigacionistas na proporção do valor nominal dos títulos existentes, corrigindo-se ou não essa proporção com base em coeficiente estipulado na emissão;**

***e*) *Revogada*.**

2. Registando a sociedade prejuízos ou lucros inferiores ao limite de que dependa a participação estabelecida, os obrigacionistas terão direito apenas ao juro fixo.

3. Podem ser emitidas obrigações participantes de outras modalidades, nos termos que sejam expressamente indicados nas condições da emissão e nos documentos, registos e inscrições que lhes correspondam, sem prejuízo das regras previstas nos artigos 362.º a 364.º.

Bibliografia: José de Oliveira Ascensão IV (2000), 541-568; Nuno Barbosa e Orlando Vogler Guiné, em *Código em Comentário* V (2012), 759-966; Carlos Osório de Castro, *Valores mobiliários: conceito e espécies* (1998), 143-145 e 164-187; Menezes Cordeiro 2 (2007), 713 ss.; Luís Brito Correia 2 (1989), 499-516; Ministério da Justiça, *Código das Sociedades Comerciais (Projecto)*, BMJ 327 (1983), 236-251; Florbela de Almeida Pires, *Direitos e organização dos obrigacionistas em obrigações internacionais* (2001), 109-112 e 122-137.

Índice

1. Projeto e alterações.. 1
2. Juro suplementar ou prémios de reembolso..... 2
3. Prejuízos ou lucros inferiores ao limite........... 6

1. **Projeto e alterações.** O 361.º equivale ao 344.º do Projeto, tendo praticamente adotado a redação deste, com exceção do n.º 1, *a*), na qual foi suprimido o inciso *para cada emissão de obrigações ou para o conjunto das obrigações em vigor.* Mas a redação do 344.º do Projeto era, na realidade, a transcrição do 1.º/2 do DL 353-P/77, de 29-ago., diploma que criou, na altura, as *obrigações participantes*, circunstância que permite identificar as causas da articulação imperfeita entre o 361.º e as modalidades de obrigações descritas no 360.º/1 e também a solução constante do 361.º/1, *e*), na sua redação anterior. O 361.º foi alterado pelo DL 26/2015, de 6-fev., que revogou, de forma expressa, o n.º 1, *e*) e acrescentou o n.º 3. Como se referiu em edições anteriores deste comentário, a necessidade de aprovação, pelo Ministro das Finanças, a requerimento da sociedade interessada, de *outras formas de cálculo do juro suplementar e do prémio de reembolso* que o 361.º/1, *e*), exigia (à letra, sendo certo que tal equivaleria também a exigir a mesma aprovação para outras formas de cálculo do juro não suplementar e do *plano* de reembolso dependentes e variáveis em função dos lucros e ainda do *prémio* de reembolso, dependente e variável em função dos lucros, não combinado com um juro fixo) devia considerar-se já implicitamente revogada, por não ter qualquer justificação ante o reconhecimento expresso da atipicidade dos valores mobiliários [nos termos do 1.º, *g*) do CVM] e o caráter não taxativo das modalidades previstas no 360.º. O novo n.º 3 clarifica que a criação de outras modalidades de obrigações participantes é livre, sem prejuízo das regras previstas nos 362.º a 364.º. 1

2. **Juro suplementar ou prémios de reembolso**. O teor n.º 1, *a*) a *d*) e do 361.º/2 permite concluir que a redação se articula diretamente com a modalidade de obrigações participantes prevista no 360.º/1, *a*), parte final, *i.e.* aquelas em que, a par de um juro fixo, se pretende atribuir aos obrigacionistas o direito a um juro suplementar ou a um prémio de reembolso dependentes 2

dos lucros realizados pela sociedade. Ficam de fora os casos em que o juro suplementar ou o prémio de reembolso são fixos e não dependentes dos lucros, modalidade também contemplada no 360.°/1, *a*). Neste caso, a inaplicabilidade das referidas alíneas e do n.° 2 é evidente.

3 Questão que suscita é a de saber se as submodalidades previstas neste preceito também podem aplicar-se aos casos em que se pretenda estruturar o empréstimo de modo a que o juro (e não apenas o juro suplementar) e o *plano* de reembolso fiquem dependentes e sejam variáveis em função dos lucros e àqueles em que o *prémio* de reembolso, dependente e variável em função dos lucros, não se combine com a atribuição de um juro fixo, portanto, aos casos previstos, diretamente ou por interpretação extensiva, no 360.°/1, *b*). E a resposta tem de ser afirmativa, salvo quanto ao 361.°/2 e à necessidade de eventuais adaptações quanto aos casos de *plano* de reembolso dependente e variável em função dos lucros. As alíneas *a*) a *d*) do n.° 1 do 361.° são essencialmente descritivas de vários modos de aplicação de percentagens, fixas ou variáveis, sobre o todo ou parte dos lucros e sua distribuição, o que torna as suas soluções passíveis de combinação com qualquer modalidade de obrigações participantes. Além disso, as modalidades e submodalidades de obrigações previstas na lei não são taxativas e sim exemplificativas, como resulta do 360.°/1 e agora do 361.°/3. Por outro lado, o 361.°/2, cuja origem remonta ao DL 353-P/77, de 29-ago., só pode aplicar-se quando haja atribuição de um juro fixo. Sendo o juro totalmente dependente e variável em função dos lucros, o mesmo apenas será pago desde que se verifiquem as condições previstas para o efeito nas condições da emissão. No caso do *plano* de reembolso dependente e variável em função dos lucros haverá eventualmente que combinar as possibilidades descritas nas alíneas com o período de vida do empréstimo, amortizações antecipadas ou outras condições essenciais para o *plano* de reembolso.

4 A submodalidade prevista no 361.°/1, *a*), é a mais simples. Trata-se da aplicação de uma percentagem, fixa e pré-estabelecida, sobre o lucro de determinado exercício. O valor assim obtido poderá corresponder ao juro, suplementar ou não, ao prémio de reembolso e até ao reembolso parcial das obrigações. A alínea *b*) prevê a possibilidade de a percentagem fixa ser aplicada apenas no caso de o lucro ultrapassar determinado limite mínimo, caso em que a mesma pode incidir sobre o montante em excesso ou sobre todo o lucro. A alínea *c*) consagra a possibilidade de a percentagem ser variável, podendo a mesma depender de fatores externos, tais como índices ou taxas interbancárias, podendo ou não haver *spreads*, positivos ou negativos. Outra possibilidade é a de percentagens, fixas ou variáveis, progressivas ou degressivas, serem aplicadas por escalões de lucros.

5 Na alínea *d*) prevê-se a imputação dos lucros a acionistas e obrigacionistas, na proporção do valor nominal dos títulos existentes. É uma modalidade importante de obrigações participantes visto que, não havendo coeficiente de correção, equivale a tratar de forma igual os acionistas e os obrigacionistas, aquando da distribuição dos resultados. Assim, o emitente restringe a sua liberdade de distribuição de dividendos aos acionistas, durante a vida do empréstimo, pois não haverá distribuição de dividendos sem haver pagamento do juro (suplementar ou não), do prémio de reembolso ou até reembolso parcial. Havendo coeficiente de correção, o mesmo pode ser configurado quer em benefício dos acionistas, quer dos obrigacionistas. Seja como for, o emitente limita a sua liberdade de distribuição de bens e a paridade (pura ou ponderada) entre os acionistas e os obrigacionistas é a característica essencial desta submodalidade de obrigações.

6 3. **Prejuízos ou lucros inferiores ao limite**: quando ocorram, os obrigacionistas têm, apenas, direito ao juro fixo (361.°/2).

Artigo 362.º (Lucros a considerar)

1. Para as obrigações referidas nas alíneas *a*) e *b*) do n.º 1 do artigo 360.º, o lucro a considerar é o que corresponder aos resultados líquidos do exercício, deduzidos das importâncias a levar à reserva legal ou reservas obrigatórias e não se considerando como custo as amortizações, ajustamentos e provisões efetuados para além dos máximos legalmente admitidos para efeitos do imposto sobre o rendimento de pessoas coletivas.

2. O apuramento feito pela sociedade do lucro que deve servir de base à determinação das importâncias destinadas aos obrigacionistas, e bem assim o cálculo dessas importâncias, serão obrigatoriamente submetidos, conjuntamente com o relatório e contas de cada exercício, ao parecer de revisor oficial de contas.

3. O revisor oficial de contas referido no número anterior será designado pela assembleia de obrigacionistas, no prazo de 60 dias a contar do termo da primeira subscrição das obrigações ou da vacatura do cargo.

4. Aplicam-se a este revisor oficial de contas as incompatibilidades estabelecidas no n.º 1 do artigo 414.º-A, com exceção do disposto na alínea *h*) do referido número.

5. O lucro a considerar em cada um dos anos de vida do empréstimo com vista ao apuramento das importâncias destinadas a juro suplementar ou a prémio de reembolso, será o referente ao exercício anterior.

6. Se no próprio ano da emissão e de acordo com as condições desta houver lugar à distribuição de juro suplementar ou à afetação de qualquer importância a prémio de reembolso, o montante respetivo com base nos critérios para o efeito estabelecidos na emissão.

Bibliografia: José de Oliveira Ascensão IV (2000), 541-568; Nuno Barbosa e Orlando Vogler Guiné, em *Código em Comentário* V (2012), 759-966; Carlos Osório de Castro, *Valores mobiliários: conceito e espécies* (1998), 143-145 e 164-187; Menezes Cordeiro 2 (2007), 713 ss.; Luís Brito Correia 2 (1989), 499-516; Ministério da Justiça, *Código das Sociedades Comerciais (Projecto)*, BMJ 327 (1983), 236-251; Florbela de Almeida Pires, *Direitos e organização dos obrigacionistas em obrigações internacionais* (2001), 109-112 e 122-137.

Índice

1. Projeto e alterações 1
2. Âmbito 3
3. Lucro a considerar 4
4. Revisor oficial de contas 5

1. **Projeto e alterações.** O 362.º corresponde ao 345.º do Projeto. Porém, a fonte principal destas disposições é o DL 353-P/77, de 29-ago., em particular, os 4.º, 5.º e 7.º os quais tratavam, em termos semelhantes, de todas as matérias ora previstas no 362.º. Assim, o 4.º e o 7.º/1 e 2 do DL 353-P/77, de 29-ago., tratavam dos lucros a considerar, correspondendo aos atuais 362.º/1, 5 e 6. A intervenção do revisor oficial de contas era prevista nos três números do 5.º do DL 353-P/77, de 29-ago., equivalentes agora aos 362.º/2 a 4. O 362.º foi objeto de alteração pelo DL 76-A/2006, de 29-mar., e mais recentemente pelo DL 26/2015, de 6-fev.. 1

Em 2006, incluíram-se os *ajustamentos* e substituiu-se a referência à *contribuição industrial* por *imposto sobre o rendimento das pessoas coletivas* no n.º 1. No n.º 4, foi retificada a remissão do 2

414.º/3 para o 414.º-A/1 em matéria de incompatibilidades do revisor oficial de contas. Em 2015, corrigiu-se a remissão: esta passou a ser para o 360.º/1, *a*) e *b*), e bem.

3 2. **Âmbito**. O 362.º/1 refere-se agora expressamente ao 360.º/1, *a*) e *b*) e não já ao 361.º/1 *a*) e *b*). Com efeito, os critérios estabelecidos no 362.º para efeitos de determinação do lucro a considerar, e bem assim a necessidade de intervenção de um revisor oficial de contas, são aplicáveis em geral às obrigações participantes e não apenas aos casos previstos no 361.º/1, *a*) e *b*). Os casos constantes do 361.º/1, *c*) e *d*) representam variações das alíneas anteriores e, portanto, são também casos em que haverá a aplicação de uma percentagem, fixa ou variável, sobre o lucro, sendo por isso essencial, determinar *o lucro a considerar*. Todos eles, modalidades do 360.º/1, *a*). Adicionalmente, há também que ter em conta os casos previstos no 360.º, *b*), cujo cálculo depende das mesmas operações, visto que o juro, plano de reembolso e até o prémio de reembolso podem ser dependentes e variáveis em função dos lucros.

4 3. **Lucro a considerar**. Os critérios previstos no 362.º/1, 5 e 6, são idênticos aos que já constavam do DL 353-P/77, de 29-ago.. Em primeiro lugar, impõe-se que sejam deduzidas as reservas legais e outras reservas obrigatórias. Em segundo lugar, esclarece-se que as amortizações, ajustamentos e provisões efetuados além dos máximos legalmente admitidos para efeitos de IRS não serão contabilizados. Esta salvaguarda pretende proteger os obrigacionistas de eventuais casos em que o emitente se visse tentado a subir o passivo, através de amortizações, ajustamentos e provisões, de modo a baixar o valor dos resultados líquidos e assim o montante do juro, do juro suplementar, do prémio de reembolso ou do reembolso, consoante o caso. O n.º 5 dispõe que se devem considerar os resultados do exercício anterior. É uma solução razoável, atendendo a que as contas do exercício em curso só serão apresentadas, divulgadas e aprovadas durante o exercício seguinte, incluindo a proposta de aplicação de resultados. O n.º 6 deixa ao emitente, através das condições da emissão, a fixação do método a seguir caso haja lugar ao pagamento de qualquer importância no ano da emissão. Podem, por exemplo, ter-se em consideração os resultados do semestre anterior, do exercício anterior ou até do trimestre.

5 4. **Revisor oficial de contas**. O parecer do ROC quanto ao apuramento do lucro a considerar e ao seu cálculo constitui uma garantia de que o apuramento e o cálculo foram efetuados em termos corretos e isentos, sem prejudicar os interesses dos obrigacionistas. É essencial, portanto, que se trate de um revisor oficial de contas externo, independente e nomeado pelos obrigacionistas. Este revisor oficial de contas está sujeito às incompatibilidades descritas no 414.º-A/1, com exceção da alínea *h*). Uma questão que se suscita é a de saber se o revisor oficial de contas eleito pela sociedade, isoladamente ou enquanto membro do conselho fiscal, pode ser também eleito pelos obrigacionistas. É de entender que não, em virtude da existência de conflito de interesses.

Artigo 363.º (Deliberação de emissão)

1. Para as obrigações referidas nas alíneas *a*) e *b*) do n.º 1 do artigo 360.º, a proposta de deliberação da assembleia geral dos acionistas define as seguintes condições:

***a*) O quantitativo global da emissão e os motivos que a justificam, o valor nominal das obrigações, o preço por que são emitidas e reembolsadas e o modo de o determinar;**

***b*) A taxa de juro e, conforme os casos, a forma de cálculo da dotação para pagamento de juro e reembolso ou a taxa de juro fixo, o critério de apuramento de juro suplementar ou do prémio de reembolso;**

***c*) O plano de amortização do empréstimo;**

***d*) A identificação dos subscritores e o número de obrigações a subscrever por cada um, quando a sociedade não recorra a subscrição pública.**

2. A deliberação poderá reservar aos acionistas ou obrigacionistas, total ou parcialmente, as obrigações a emitir.

Bibliografia: José de Oliveira Ascensão IV (2000), 541-568; Nuno Barbosa e Orlando Vogler Guiné, em *Código em Comentário* V (2012), 759-966; Carlos Osório de Castro, *Valores mobiliários: conceito e espécies* (1998), 143-145, 150-152 e 164-187; Menezes Cordeiro 2 (2007), 713 ss.; Luís Brito Correia 2 (1989), 499-516; Ministério da Justiça, *Código das Sociedades Comerciais (Projecto)*, BMJ 327 (1983), 236-251; Florbela de Almeida Pires, *Direitos e organização dos obrigacionistas em obrigações internacionais* (2001), 109-112 e 122-137.

Índice

1. Projeto e alterações.. 1
2. Âmbito.. 3
3. Deliberação de emissão.. 4
4. Reserva de subscrição... 9

1. **Projeto e alterações**. O 363.º corresponde ao 346.º do Projeto, cuja redação foi plenamente adotada, tendo este origem no DL 353-P/77, de 29-ago., que criou as obrigações participantes. Neste diploma, o conteúdo da proposta de deliberação dos acionistas vinha tratado no 2.º/3 e 4. Vem a propósito lembrar que, nos termos do DL 353-P/77, de 29-ago., as obrigações participantes habilitavam sempre os obrigacionistas a receber um juro fixo o qual vinha combinado com um juro suplementar ou um prémio de reembolso dependentes dos lucros da sociedade. Assim, na proposta de deliberação deveria indicar-se *o quantitativo global da emissão e os motivos que a justifiquem, o valor nominal das obrigações, o preço por que são emitidas e reembolsadas ou o modo de o determinar, a taxa de juro fixo, o critério de apuramento do juro suplementar ou do prémio de reembolso e o plano de amortização do empréstimo.* 1

O DL 26/2015, de 6-fev., retificou a remissão operada pelo n.º 1. O 363.º/1 definia o seu âmbito referindo-se apenas às obrigações previstas no 361.º/1, *a*) e *b*), isto é, àquelas em que o juro suplementar ou prémio de reembolso são *estabelecidos como percentagem fixa do lucro de cada exercício, independentemente do montante deste e das oscilações que registe durante o período de vida do empréstimo* ou *fixados nos mesmos termos, mas apenas para a hipótese de o lucro exceder um limite mínimo que se estipulará na emissão, aplicando-se a percentagem estabelecida a todo o lucro apurado ou somente à parte que exceder o limite referido*. A aceitar-se esta formulação restritiva ficariam fora do âmbito do 363.º não apenas os demais casos expressamente referidos nas alíneas do 361.º, ou seja, os casos em que o juro suplementar ou prémio de reembolso são estabelecidos como percentagem variável do lucro e aqueles em que o valor é distribuído entre acionistas e obrigacionistas, mas também todos os outros casos de obrigações participantes previstos no 360.º, *b*). Esta distinção, cujo efeito seria o de tornar mais exigente o conteúdo da deliberação dos sócios tão só nos casos do 361.º/1, *a*) e *b*), não tinha razão de ser. 2

2. **Âmbito**. O 363.º dispõe sobre os requisitos das propostas de deliberação para a emissão das obrigações participantes previstas no 360.º/1, *a*) e *b*). Está em causa assegurar que os acionistas 3

deliberam especialmente sobre aqueles aspetos da emissão que, em última análise, têm por efeito uma limitação da sociedade em matéria de distribuição de resultados durante a vida do empréstimo; com salvaguarda dos casos em que o juro suplementar ou prémio de reembolso não sejam dependentes dos lucros realizados pela sociedade.

4 3. **Deliberação de emissão**. O 363.º fixa simultaneamente o conteúdo mínimo da proposta e da deliberação dos acionistas para a emissão de obrigações participantes. O 363.º e o 366.º são as únicas disposições que se pronunciam sobre o conteúdo mínimo da deliberação de emissão de obrigações e, ainda assim, aplicáveis a modalidades especiais de obrigações. Em geral, o problema do conteúdo mínimo da deliberação de emissão de obrigações foi já abordado *supra*, em comentário ao 350.º. A propósito do 363.º importa agora compreender e justificar a necessidade de os acionistas se pronunciarem especialmente sobre os aspetos previstos nas suas alíneas. Trata-se aqui de dar aos acionistas a informação e a oportunidade de se pronunciarem sobre o impacto que a emissão de obrigações participantes tem na distribuição de lucros.

5 O 363.º, *a*), refere-se ao quantitativo global da emissão, ao valor nominal das obrigações, ao seu preço de subscrição e preço de reembolso ou ao modo de os determinar, aspetos que são comuns e essenciais a qualquer emissão de obrigações e que, por isso, devem constar de qualquer deliberação. A particularidade do 363.º, *a*), reside nos motivos que justificam a emissão. Exige-se aqui que os motivos sejam justificadores não apenas do recurso a uma emissão de dívida (aspeto que constará de qualquer proposta de emissão de obrigações) mas também do recurso a esta modalidade especial de obrigações. A proposta deve apresentar razões específicas da necessidade ou conveniência de o pagamento do juro (suplementar ou não), do prémio de reembolso ou o plano de reembolso estarem dependentes dos lucros da sociedade.

6 Na alínea *b*) pretende-se que seja dada informação aos acionistas sobre os aspetos da estrutura da emissão que permitem caraterizar as obrigações como participantes. Começa por se referir ali a *taxa de juro*. É uma exigência excessiva visto que a taxa concreta de juro é dos aspetos que mais tardiamente são definidos numa emissão de obrigações e que depende das pesquisas de mercado efetuadas pelos assessores financeiros do emitente. Além disso, a sua fixação pelos acionistas não é justificada. Bastará, portanto, que a proposta e a deliberação se pronunciem sobre o modo de fixação da taxa de juros. Na verdade, esta alínea deve ser lida em conjunto com o 360.º/1, *a*) e *b*) e com o 361.º: a proposta deve ser clara quanto à componente *participante* da estrutura do empréstimo, referindo *v.g.* se habilita ou não os obrigacionistas a um *juro fixo*, podendo mesmo ser calculado a uma taxa fixa ou taxa variável[1], e a um juro suplementar ou prémio de reembolso dependentes dos lucros e clarificar se estes serão calculados de acordo com uma percentagem fixa ou variável dos lucros totais ou do lucro acima de determinado montante mínimo. Caso não haja lugar a juro fixo, mas apenas a um juro dependente dos lucros deve especificar-se igualmente o seu modo de cálculo.

7 A alínea *c*) refere-se ao plano de reembolso. Este plano inclui também aspetos essenciais a qualquer emissão de obrigações como sejam o prazo e as faculdades de reembolso antecipado, total ou parcial. No caso de o próprio plano de reembolso estar dependente dos lucros, deve esse aspeto ser referido e bem assim especificado o método de cálculo dessa dependência.

8 A alínea *d*) refere-se aos casos de subscrição particular e exige que se informem os acionistas acerca da identificação dos destinatários da emissão e respetiva participação. Esta exigência permite concluir que a deliberação dos acionistas ocorrerá numa fase já bastante avançada da preparação da emissão, pois só assim será possível fornecer a *identificação dos subscritores*. Deve

[1] V. *supra* em comentário ao 360.º.

admitir-se, no entanto, alguma flexibilidade nesta matéria, nomeadamente prevendo-se apenas classes de subscritores e até intervalos de subscrição por cada classe. Esses elementos serão suficientes para que os acionistas avaliem da conveniência ou não de distribuir os valores mobiliários pelas referidas entidades.

4. **Reserva de subscrição**. O 363.º/2 confere aos acionistas a faculdade de reservarem para si próprios ou para obrigacionistas já existentes a faculdade de subscrição, no todo ou em parte, das obrigações. Em rigor, trata-se de uma faculdade que sempre lhes assiste, mesmo nas chamadas obrigações clássicas. Contudo, a previsão desta reserva no 363.º está relacionada com o facto de se tratar de obrigações participantes, valor mobiliário mais interessante e que, por isso, se poderá reservar a certas classes de investidores já conhecidas da sociedade. 9

Artigo 364.º (Pagamento do juro suplementar e do prémio de reembolso)

1. O juro suplementar respeitante a cada ano será pago por uma ou mais vezes, separadamente ou em conjunto com o juro fixo, conforme se estabelecer na emissão.

2. No caso de a amortização de uma obrigação referida nas alíneas *a*) e *b*) do n.º 1 do artigo 360.º ocorrer antes da data do vencimento do juro suplementar, deve a sociedade emitente fornecer ao respetivo titular documento que lhe permita exercer o seu direito a eventual juro suplementar.

3. O prémio de reembolso é integralmente pago na data da amortização das obrigações referidas nas alíneas *a*) e *b*) do n.º 1 do artigo 360.º, a qual não pode ser fixada para momento anterior à data limite para a aprovação das contas anuais.

4. Pode estipular-se a capitalização dos montantes anualmente apuráveis a título de prémio de reembolso, nos termos e para o efeito estabelecidos nas condições da emissão.

Bibliografia: José de Oliveira Ascensão IV (2000), 541-568; Nuno Barbosa e Orlando Vogler Guiné, em *Código em Comentário* V (2012), 759-966; Carlos Osório de Castro, *Valores mobiliários: conceito e espécies* (1998), 143-145 e 164-187; Menezes Cordeiro 2 (2007), 713 ss.; Luís Brito Correia 2 (1989), 499-516; Ministério da Justiça, *Código das Sociedades Comerciais (Projecto)*, BMJ 327 (1983), 236-251; Florbela de Almeida Pires, *Direitos e organização dos obrigacionistas em obrigações internacionais* (2001), 109-112 e 122-137.

Índice

1. Projeto e alterações 1
2. Âmbito 2
3. Juro 3
4. Prémio de reembolso 4

1. **Projeto e alterações**. O 364.º equivale ao 347.º do Projeto. As suas soluções têm, porém, origem nos 8.º e 9.º do DL 353-P/77, de 29-ago., diploma que criou as obrigações participantes. O 364.º foi alterado pelo DL 26/2015, de 6-fev., que inseriu, no 364.º/2 e 3, remissões expressas para o 360.º/1, *a*) e *b*). 1

2. **Âmbito**. Tal como os 361.º, 362.º e 363.º, o 364.º é aplicável às várias modalidades de obrigações participantes. Assim, as regras quanto ao momento do pagamento do juro suplementar dependente dos lucros são aplicáveis também aos casos em que o juro dependente dos lucros seja 2

o único juro da emissão. De igual modo, as regras acerca do momento do pagamento do prémio de reembolso são aplicáveis também aos casos em que esse prémio não seja combinado com a atribuição de um juro fixo. Adicionalmente, as soluções constantes do 364.º/1, 2 e 4, também podem ser adotadas nos casos em que haja atribuição de juro suplementar ou de prémio de reembolso não dependentes dos lucros da sociedade, modalidade prevista no 360.º, *a*), quando se refere a juro suplementar ou prémio de reembolso fixo. Trata-se essencialmente de soluções que dependem da estrutura adotada na emissão das obrigações. A parte imperativa do 364.º reside essencialmente nos seus n.ºs 2 e 3, sendo aquele aplicável em todos os casos em que o juro, suplementar ou não, não se tenha ainda vencido mas seja devido ao obrigacionista.

3 3. **Juro**. O 364.º/1 e 2 trata do momento do pagamento do juro. O juro dependente dos lucros, suplementar ou não, pode ser pago por uma ou mais vezes, conjunta ou separadamente do juro principal, se o houver. No caso de haver amortização antecipada de todas ou algumas das obrigações antes do final do exercício, o n.º 2 impõe ao emitente que forneça ao obrigacionista um *documento que lhe permita exercer o seu direito* ao juro suplementar. O que está em causa nesta disposição é a legitimação do direito ao juro ainda não vencido, no caso de a obrigação se extinguir através da amortização. O documento pode ser qualquer um que permita identificar o titular do direito ao juro e provar o seu direito.

4 4. **Prémio de reembolso**. O pagamento do prémio de reembolso dependente dos lucros é tratado no 364.º/3 e 4. Regra geral, o prémio de reembolso deverá ser pago na data da amortização das obrigações. Contudo, impede-se que a data de pagamento seja fixada para momento anterior ao da data limite para aprovação das contas anuais (31 de março ou de maio, nos termos do 376.º). Está em causa não só o cálculo do lucro mas também a necessidade de os resultados, bem como a sua aplicação, serem submetidos aos acionistas antes de qualquer distribuição. De salientar que o n.º 3 não fixa como limite a concreta data de aprovação das contas, mas sim a data até à qual estas devem ser aprovadas. Pretende-se, de um lado, salvaguardar a necessidade de aprovação das contas, mas do outro proteger os obrigacionistas quando tal aprovação seja diferida para além dos limites legalmente estabelecidos. O n.º 4 trata dos casos em que o prémio de reembolso dependente dos lucros é calculado por referência a vários exercícios, ao longo da vida do empréstimo, podendo então capitalizar-se tais montantes, nos termos estabelecidos nas condições da emissão.

Artigo 365.º (Obrigações convertíveis em ações ou noutros valores mobiliários)

1. As sociedades anónimas podem emitir obrigações convertíveis em ações representativas do seu capital ou por si detidas.

2. As ações que resultem da conversão podem ser ordinárias ou preferenciais, com ou sem direito de voto.

3. As obrigações podem também ser convertidas em diferentes valores mobiliários emitidos ou detidos pela sociedade, incluindo em *warrants* autónomos, desde que a sociedade possa emitir estes instrumentos nos termos da lei.

Bibliografia: José Engrácia Antunes, *Wandel und Optionanleihen in Portugal*, em ZGR 1995; José de Oliveira Ascensão IV (2000), 541-568; Nuno Barbosa e Orlando Vogler Guiné, em *Código em Comentário* V (2012), 759-966; Carlos Osório de Castro, *Valores mobiliários: conceito e espécies (*1998), 164-200; Menezes Cordeiro 2 (2007), 713 ss.; Luís Brito Correia 2 (1989), 499-516; Cristina Sofia Dias, *Valores mobiliários* *convertíveis e condicionados*, em CadMVM 15, 97 ss.; Fátima Gomes, *Obrigações convertíveis em acções* (1999); Ministério da Justiça, *Código das Sociedades Comerciais (Projecto)*, BMJ 327 (1983), 236-251; Florbela de Almeida Pires, *Direitos e organização dos obrigacionistas em obrigações internacionais* (2001), 140-142; Mário Leite Santos, *Obrigações Convertíveis – Alguns aspectos do seu regime jurídico*, RB 19 (1991), 93-72.

Índice

I – **Projeto e alterações**
1. Origem e Projeto 1
2. Reformas de 2006 e 2007. Admissão à cotação 2
3. Reforma de 2015 5

II – **Regime**
4. Obrigações convertíveis em ações 7
5. Obrigações convertíveis noutros valores mobiliários 9
6. Outros valores mobiliários convertíveis 10

I – Projeto e alterações

1. **Origem e Projeto**. As obrigações convertíveis em ações da sociedade emitente foram criadas, na ordem jurídica portuguesa, pelo DL 397/71, de 22-set., em termos que foram depois transpostos para o Projeto de CSC. O 365.° corresponde ao 348.° do Projeto, cuja redação foi adotada na íntegra pela versão originária do 365.° que dispunha do seguinte modo: *só podem emitir obrigações convertíveis em ações as sociedades cujas ações estejam cotadas numa das Bolsas de Valores de Lisboa ou Porto*. Esta redação teve origem no 2.°, *b*), do DL 397/71, de 22-set.. 1

2. **Reformas de 2006 e 2007. Admissão à cotação**. O DL 76-A/2006, de 29-mar., dividiu o 365.° em dois números. O n.° 1 equivalia ao atual e o n.° 2 dizia que as obrigações convertíveis em ações só poderiam ser admitidas à negociação em mercado regulamentado se também o estivessem as ações que lhes serviam de ativo subjacente, isto é, as ações nas quais as obrigações se poderiam converter. 2

O n.° 2 acabaria por ser revogado pelo 19.°, *c*), do DL 357-A/2007, de 31-out., revogação esta que apenas se descobre após leitura da Declaração de Retificação n.° 117-A/2007, de 28-dez., a qual, no seu número 34 esclarece que o 19.°, *c*), daquele DL revogara erradamente o n.° 2 do 265.°. 3

Mas a revogação do 365.°/2 não significa a possibilidade de admissão à negociação das obrigações convertíveis em todos os casos. A matéria da admissão de valores mobiliários à negociação em mercado regulamentado está sujeita às disposições do CVM e aos regulamentos da entidade gestora do mercado em causa, no caso português, em particular, às regras harmonizadas NYSE-Euronext aplicadas no mercado Euronext (o maior mercado a contado de valores mobiliários na Zona Euro), cujo segmento português é gerido pela Euronext Lisbon – Sociedade Gestora de Mercados Regulamentados, S.A.. O 230.°/2 CVM exige ainda que *a admissão de obrigações convertíveis em ações (...) a mercado que forme cotação oficial depende de prévia ou simultânea admissão das ações a que conferem direito ou de ações pertencentes à mesma categoria*. Esta exigência pode ser dispensada, cumpridos que sejam os requisitos que se descrevem no 230.°/3 CVM. 4

3. **Reforma de 2015**. O DL 26/2015, de 6-fev., reinseriu um n.° 2 e acrescentou um n.° 3 ao 365.°. No n.° 2 esclarece-se que as obrigações podem ser convertidas em ações ordinárias ou preferenciais e, no novo n.° 3, esclarece-se ainda que as obrigações podem ser convertíveis noutros valores mobiliários emitidos ou detidos pela sociedade, incluindo *warrants* autónomos. Trata-se efetivamente de *esclarecimento* pois, na verdade, tais possibilidades já eram permitidas antes da entrada em vigor do DL 26/2015. 5

Assim, o caminho percorrido pelo 365.° foi, por um lado, o de liberalizar a emissão de obrigações convertíveis, passando a estar acessíveis a todas as sociedades anónimas e não apenas 6 às sociedades emitentes de ações cotadas e, por outro, o de salientar as várias modalidades oferecidas com o objetivo de incentivar o recurso a este tipo de instrumento.

II – **Regime**

7 4. **Obrigações convertíveis em ações.** As obrigações convertíveis em ações diferem das demais em virtude de, adicionalmente ao direito ao pagamento de um juro e do reembolso do capital, conferirem aos obrigacionistas a faculdade de as converter, em alternativa ao reembolso do capital investido. Trata-se assim, sob certa perspetiva, de valores mobiliários mistos ou compostos, visto que a situação jurídica de credor pode afinal converter-se em situação de acionista. O exercício da faculdade de conversão das obrigações pode revestir diferentes modalidades: de uma só vez e em data fixa, em determinado intervalo de tempo, em vários intervalos de tempo ao longo da vida do empréstimo ou a todo o tempo contado de certa data.

8 A opção por uma ou outra modalidade depende do emitente, com base nas análises de mercado e nas expetativas de valorização do seu capital, ao longo do período de vida do empréstimo. Para os obrigacionistas, as obrigações convertíveis em ações podem ser atrativas na medida em que lhes permitam adquirir capital a preço inferior ao que seria o seu preço de mercado, no momento da conversão, mantendo sempre a possibilidade de optar pelo reembolso do capital investido. Esta avaliação envolve a ponderação de vários fatores: preço de venda das ações comparado com valor atualizado do preço de subscrição das obrigações, o montante do juro pago desde o período da subscrição até ao momento da conversão, montante do juro a receber, perspetivas de valorização das ações, etc. Relativamente às ações nas quais se podem converter as obrigações convertíveis, o 365.º/1 prevê duas modalidades. A primeira, que o legislador toma depois como padrão para o desenvolvimento do regime das obrigações convertíveis em ações constante dos 366.º a 372.º, é o caso das obrigações convertíveis em ações representativas do capital do emitente. Neste caso a conversão das obrigações implicará um aumento do capital (só assim não seria se todas as ações próprias detidas pelo emitente fossem suficientes para satisfazer os pedidos de conversão). A segunda é a emissão de obrigações convertíveis em ações que o emitente detém, presume-se, atendendo à letra do preceito, *noutra sociedade*. Neste caso, a conversão das obrigações em ações não origina o aumento do capital do emitente das obrigações, nem do emitente das ações nas quais aquelas se convertem.

9 5. **Obrigações convertíveis noutros valores mobiliários.** A partir de 2015, o 365.º/3 passou a prever expressamente as obrigações convertíveis noutros valores mobiliários *emitidos ou detidos* pela sociedade emitente das obrigações. Tratando-se de valores mobiliários de que o emitente é titular, as obrigações podem livremente ser "convertíveis" em tais valores sem suscitar grandes dúvidas. Na verdade, nesta hipótese do que se trata é de conferir ao obrigacionista o direito de trocar a obrigação por outro valor mobiliário, que deixa de estar na titularidade da sociedade emitente para passar para a titularidade do obrigacionista. Já no caso de obrigações convertíveis noutros valores mobiliários a emitir pela sociedade será necessário mais cautelas. Em primeiro lugar, a sociedade emitente das obrigações convertíveis tem de poder emitir os valores mobiliários nos quais as obrigações se convertem. Em segundo lugar, no momento da emissão das obrigações convertíveis, será necessário cumprir também os requisitos substanciais e procedimentais da emissão dos valores mobiliários em que as obrigações se convertem. Só deste modo se garante, por um lado, que as obrigações convertíveis não serão apenas um meio para emitir valores mobiliários vedados àquele particular emitente ou usadas para ultrapassar limitações legais à emissão de tais valores, e, por outro lado, que a posterior conversão das obrigações será livre de obstáculos ligados à emissão dos valores mobiliários nos quais se podem converter,

sob pena de a respetiva convertibilidade ser meramente contingente. Estas conclusões resultavam implicitamente do regime das obrigações convertíveis em ações (quanto à aprovação do aumento do capital e quanto ao respeito pelo direito de preferência, por exemplo) e o atual 365.º/3, na referência à possibilidade de obrigações convertíveis em *warrants* autónomos, vem confirmá-lo. Tais obrigações convertíveis serão de admitir se a sociedade puder emitir *warrants* nos termos da lei. Apesar da referência particular aos *warrants,* trata-se de um princípio geral: a emissão das obrigações convertíveis noutros valores mobiliários deve cumprir os requisitos da emissão destes. Relativamente aos *warrants* autónomos, os mesmos são regulados pelo DL 172/99, de 20-mai., alterado pelo DL 70/2004, de 25-mar.. De salientar que as obrigações convertíveis em *warrants* autónomos serão um instrumento bastante complexo pois estes valores mobiliários têm, eles mesmos, um ativo subjacente. Nos termos do seu regime, o titular de um *warrant* autónomo poderá ter o direito a *subscrever, a adquirir ou a alienar o ativo subjacente, mediante um preço, no prazo e demais condições estabelecidas na deliberação de emissão* ou o *direito a exigir a diferença entre um valor do ativo subjacente fixado na deliberação de emissão e o preço desse ativo no momento do exercício.* Assim, uma obrigação convertível num *warrant* será uma cascata de direitos, cujos efeitos financeiros requerem bastante sofisticação do lado do investidor. V. ainda comentário ao 372.º-A.

6. **Outros valores mobiliários convertíveis**. Além das obrigações convertíveis existem na ordem jurídica portuguesa outros valores mobiliários convertíveis mas sem capital garantido. É o caso dos que foram *reconhecidos* através do Reg CMVM /2002, de 21-nov.[1], procedimento necessário em face da tipicidade dos valores mobiliários e do regime previsto no 1.º/1 e 2 CVM, na redação vigente à data. 10

Este regulamento previu dois tipos de valores mobiliários convertíveis: os convertíveis por opção do emitente, também conhecidos por *reverse convertibles,* os quais associam às obrigações comuns a atribuição ao emitente de uma opção de venda do ativo subjacente. O exercício da opção surge condicionado, consoante o valor do ativo subjacente esteja abaixo ou acima de um valor de referência fixado, numa determinada data. Assim, se a cotação do ativo subjacente estiver acima do valor de referência fixado, o emitente reembolsa o valor nominal – 2.º, *a*) do Reg; se a cotação do ativo subjacente for igual ou inferior ao valor de referência fixado, o emitente pode entregar ações ou obrigações ou o seu contravalor em dinheiro – 2.º, *b*) do Regulamento[2]. Os outros valores mobiliários previstos no Reg CMVM 15/2002 são os valores mobiliários obrigatoriamente convertíveis. Nestes, o emitente é obrigado a proceder ao seu reembolso em espécie, na data de vencimento, através da entrega de ações ou de obrigações. 11

Na sua versão originária, o Reg CMVM 15/2002 reservava aos bancos, ao Montepio Geral, à Caixa Central de Crédito Agrícola Mútuo e a outras entidades, sob condições especiais, a faculdade de emissão destes valores mobiliários convertíveis. A restrição veio a ser revogada pelo Reg CMVM 10/2007, a qual se impunha em virtude da cessação do regime da tipicidade dos valores mobiliários. O preâmbulo deste regulamento justificou assim a revogação: (…) *tendo cessado entretanto, com o Decreto-Lei n.º 66/2004, de 24 de Março, o regime de tipicidade dos valores mobiliários previsto no artigo 1.º do Código dos Valores Mobiliários, mostra-se oportuna e inadiável a eliminação de regras que constituem um constrangimento injustificado a uma utilização mais ampla e vantajosa destes instrumentos. Neste caso está a regra do artigo 4.º do Regulamento da CMVM n.º* 12

[1] DR II, de 21-nov.-2002 e no *Boletim da CMVM* n.º 115, de novembro de 2002. Este regulamento foi alterado pelo Reg CMVM 10/2007, de 29-nov., publicado no DR II, de 3-jan.-2008.

[2] V. Preâmbulo do Reg CMVM 15/2002.

15/2002, que, no que respeita às entidades emitentes, se afasta, por maior restrição, da solução prevista para os warrants autónomos, sem que se justifique, tão-pouco à luz do princípio da proteção do investidor, a manutenção desta limitação. Revogado este artigo 4.º, passará a aplicar-se a regra prevista no regime dos warrants autónomos por força do artigo 12.º do Regulamento da CMVM n.º 15/2002. O presente Regulamento insere-se numa lógica de modernização e flexibilização do regime dos valores mobiliários de estrutura derivada, constituindo um primeiro passo de um processo de revisão global deste regime. Orlando Vogler Guiné afirma que o Reg CMVM 15/2002 (assim como outros) estará tacitamente revogado[3] ou terá caducado[4] em virtude da revogação do princípio da tipicidade dos valores mobiliários. V. ainda comentário ao 360.º.

Artigo 366.º (Deliberação de emissão)

1. A deliberação de emissão de obrigações convertíveis em ações deve ser tomada pela maioria que o contrato de sociedade especifique, mas não poderá ser inferior à exigida para a deliberação de aumento de capital por novas entradas.

2. A proposta de deliberação deve indicar especificadamente:

_a_) O quantitativo global da emissão e os motivos que a justificam, o valor nominal das obrigações e o preço por que serão emitidas e reembolsadas ou o modo de o determinar, a taxa de juro e o plano de amortização do empréstimo;

_b_) As bases e os termos da conversão;

_c_) Se aos acionistas deve ser retirado o direito previsto no n.º 1 do artigo seguinte e as razões de tal medida;

_d_) A identificação dos subscritores e o número de obrigações a subscrever por cada um, quando a sociedade não recorra a subscrição pública.

3. A deliberação de emissão de obrigações convertíveis em ações implica a aprovação do aumento de capital da sociedade no montante e nas condições que vierem a ser necessários para satisfazer os pedidos de conversão.

4. As condições fixadas pela deliberação da assembleia geral dos acionistas para a emissão de obrigações convertíveis só podem ser alteradas, sem o consentimento dos obrigacionistas desde que da alteração não resulte para estes qualquer redução das respetivas vantagens ou direitos ou aumento dos seus encargos.

5. O disposto nos n.os 2 e 4 aplica -se à deliberação de emissão de obrigações convertíveis em valores mobiliários diferentes de ações, com as devidas adaptações, sendo suficiente que a deliberação seja aprovada por maioria dos votos emitidos se não conduzir, imediata ou mediatamente, ao aumento do capital social e ou se o contrato de sociedade não estabelecer quórum mais exigente.

6. O órgão de administração pode deliberar a emissão de obrigações convertíveis desde que se encontre autorizado pelo contrato de sociedade a deliberar a emissão de obrigações e o aumento do capital social até ao limite máximo que possa resultar da conversão, independentemente do prazo estabelecido para que a conversão ocorra, aplicando -se com as necessárias adaptações o disposto no n.º 3 do artigo 456.º.

[3] Nuno Barbosa e Orlando Vogler Guiné [2012], 890. [4] *Ibidem*, 891.

Bibliografia: José Engrácia Antunes, *Wandel und Optionanleihen in Portugal*, em ZGR 1995; José de Oliveira Ascensão IV (2000), 541-568; Nuno Barbosa e Orlando Vogler Guiné, em *Código em Comentário* V (2012), 759-966; Carlos Osório de Castro, *Valores mobiliários: conceito e espécies* (1998), 164-200; Menezes Cordeiro 2 (2007), 713 ss.; Luís Brito Correia 2 (1989), 499-516; Cristina Sofia Dias, *Valores mobiliários convertíveis e condicionados*, em CadMVM 15, 97 ss.; Fátima Gomes, *Obrigações convertíveis em acções* (1999); Ministério da Justiça, *Código das Sociedades Comerciais (Projecto)*, BMJ 327 (1983), 236-251; Florbela de Almeida Pires, *Direitos e organização dos obrigacionistas em obrigações internacionais* (2001), 140--142; Mário Leite Santos, *Obrigações Convertíveis – Alguns aspectos do seu regime jurídico*, RB 19 (1991), 93-172.

Índice

1. Origem e alterações 1
2. Âmbito 4
3. Conteúdo da deliberação 6
4. *Quorum* 14
5. Alteração de condições 15
6. Deliberação de emissão obrigações convertíveis noutros valores mobiliários 16
7. Deliberação pelo conselho de administração 17

1. **Origem e alterações**. O 366.° corresponde ao 349.° do Projeto, o qual se terá inspirado nos 5.° 6.° e 8.° do DL 397/71, de 22-set., que criou as obrigações convertíveis em ações do emitente. O 5.° deste DL impunha que a emissão de obrigações fosse objeto de deliberação dos acionistas, de acordo com o previsto nos estatutos ou, não havendo disposição especial, o que se dispusesse sobre os aumentos de capital. Dizia o n.° 3 deste preceito que a deliberação de emissão implicava a aprovação do aumento do capital no montante e nas condições que viessem a ser necessários para satisfazer os pedidos de conversão. O 6.°/2 dispunha sobre o *relatório* que a administração deveria submeter aos acionistas para aprovação, cujo conteúdo era idêntico ao das atuais alíneas do 366.°/2. O 8.°/1 do DL 397/71, de 22-set., dizia que *as condições fixadas pela assembleia geral dos accionistas (...) para a emissão de obrigações convertíveis só* podiam *ser alteradas, sem o assentimento dos obrigacionistas, desde que da alteração não* resultasse *para estes qualquer redução das respetivas vantagens ou aumento dos seus encargos*. 1

No CSC, foi adotada a redação do 349.° do Projeto que vinha proposta para os números 1, 2, 4 e 5. O n.° 3 do Projeto que dispunha que *do registo da emissão destas obrigações devem constar, além dos requisitos normais, a indicação do direito de conversão conferido aos seus titulares e as condições em que a conversão poderá ser realizada* não teve consagração legal. 2

O 366.° foi alterado pelo DL 26/2015, de 6-fev., que acrescentou os n.°s 5 e 6. 3

2. **Âmbito**. O 365.° prevê, como referido *supra*, duas modalidades de obrigações convertíveis em ações: as convertíveis em ações representativas do capital social do emitente e as convertíveis em ações que o emitente detenha noutra sociedade. Ao longo do 366.° e bem assim das disposições seguintes do CSC sobre obrigações convertíveis, o legislador pressupõe ou estabelece uma relação entre as obrigações convertíveis e o aumento do capital social do emitente das obrigações. Isto é, o legislador tomou como padrão, para efeitos do desenvolvimento do regime, as obrigações convertíveis em ações representativas do capital social do emitente, facto a que não é alheia a sua origem no DL 397/71, de 22-set., que apenas criou as obrigações convertíveis em ações do emitente. É esta a razão que justifica as regras sobre o aumento do capital, o direito de preferência ou ainda a proibição de alterações na sociedade, na pendência da conversão. Subjacente a estas soluções está a alteração de participações na sociedade, aspeto 4

que apenas ocorre na emissão de obrigações convertíveis em ações representativas do capital social do emitente.

5 O mesmo sucede com o 366.°, com exceção dos n.os 4 e 5. O n.° 4 contém uma regra que, no contexto atual, se deve tomar por geral e que está, por isso, sistematicamente mal inserida. O 366.° tem paralelo no 363.° aplicável às obrigações participantes. Ali tratava-se de acautelar o mais importante direito patrimonial dos acionistas, o direito ao lucro. No 366.° trata-se da alteração da estrutura de participações. Neste enquadramento, é de defender a interpretação restritiva do 366.°, quanto ao âmbito dos seus números 1, 2 e 3: o mesmo só é de aplicar quando se trate da emissão de obrigações convertíveis em ações representativas do capital social do emitente. Tratando-se de emitir obrigações convertíveis em ações detidas pelo emitente noutra sociedade, a deliberação não terá que ser tomada pela maioria necessária para deliberar o aumento do capital (até porque não haverá qualquer aumento do capital) e a deliberação não tem de incidir obrigatoriamente sobre os aspetos previstos no n.° 2. V. *infra* n.° 6.

6 3. **Conteúdo da deliberação**. A emissão de obrigações convertíveis em ações representativas do capital social do emitente deve ser deliberada pelos acionistas, de acordo com proposta que indique especificadamente as informações constantes das alíneas do 366.°/2, devendo ainda ser deliberado o aumento de capital necessário para satisfazer os pedidos de conversão (n.° 3)[1] e ainda o regime de atribuição de dividendos que será aplicado às ações, no exercício da conversão, conforme determina o 369.°/2. Atendendo ao disposto no 101.°-C/4, é ainda recomendável que a deliberação se pronuncie sobre os direitos especiais dos titulares de obrigações convertíveis em ações em caso de fusão e de cisão (por remissão operada pelo 120.°). Não pode, portanto, o conteúdo mínimo da proposta limitar-se aos casos referidos no 366.°/2. A proposta deve também indicar o montante do aumento do capital a que a conversão das ações dará lugar.

7 Ao contrário das obrigações comuns, a emissão de obrigações convertíveis em ações representativas do capital social do emitente põe em risco a estrutura de participações na sociedade e determina limitações à liberdade dos acionistas, quanto a alterações na sociedade, conforme previsto no 368.°, aspetos que justificam o regime do 366.°. O problema do conteúdo mínimo da deliberação de emissão de obrigações foi já abordado *supra*, em comentário ao 350.°. A propósito do 366.° há a notar que o mesmo é bastante semelhante ao 363.°, relativo às obrigações participantes. Em particular sobre as alíneas do 366.°/2, indicam-se de seguida algumas especialidades.

8 A referência ao reembolso, no 366.°/2, *a*), justifica-se porque a conversão é uma faculdade conferida ao obrigacionista, podendo este optar por não a exercer, caso em que terá direito a ser reembolsado do capital emprestado, nas condições que se definirem na emissão. Já do lado do emitente, podem admitir-se cláusulas de reembolso antecipado, desde que esteja garantido o respeito pela faculdade de conversão das obrigações em ações, conferida aos obrigacionistas. Assim, por exemplo, não haverá incompatibilidade entre reembolso antecipado e obrigações convertíveis nos casos em que a faculdade de conversão possa ser exercida a todo o tempo, a partir de certa data, desde que o reembolso antecipado ocorra depois dessa data. Nos demais casos, dependerá da conjugação que se estabeleça entre uma coisa e outra. O essencial é que a solução seja coerente e que não fiquem os obrigacionistas despojados do direito de conversão, descaracterizando-se a emissão de obrigações convertíveis.

[1] Contra Osório de Castro, *Valores mobiliários*, 176, para quem não é necessário deliberar o aumento do capital social por tal aumento estar contido na deliberação de emissão de obrigações convertíveis.

O 366.º/2, *a*), exige ainda justificação especial para a emissão das obrigações convertíveis em ações representativas do capital social do emitente, e não uma mera justificação para a emissão de dívida. A proposta deve apresentar razões específicas da necessidade ou conveniência da atribuição do direito de conversão. 9

Tal como referido a propósito do 363.º, a exigência do 366.º/2, *a*), quanto à taxa de juro, é excessiva visto que a taxa concreta de juro depende das condições do mercado não se encontrando justificação para a sua definição pelos acionistas. 10

Na alínea *b*) pretende-se que seja dada informação aos acionistas sobre as bases e os termos da conversão. As bases e os termos da conversão são os aspetos da proposta que permitem avaliar o seu mérito. Estes elementos devem ser coerentes com os relativos ao valor nominal e ao preço de subscrição das obrigações. Com efeito, uma vez que as obrigações poderão ser convertidas em ações devem estas, através daquelas, ser totalmente realizadas pelo que, globalmente, o valor nominal das ações a emitir não pode ser superior ao preço de subscrição das obrigações, independentemente do valor nominal destas[2]. Assim, a base de conversão dependerá do valor nominal de cada ação e do preço de subscrição das obrigações, podendo ser de 1/1 ou qualquer outra que se revele adequada. Essencial é que, por esta via, não se comprometa a realização do capital, através de bases de conversão excessivas. Relativamente aos termos da conversão, podem também eles variar. O exercício da faculdade de conversão pode ser de uma só vez e em data fixa, em determinado intervalo de tempo, em vários intervalos de tempo ao longo da vida do empréstimo ou a todo o tempo contado de certa data, conforme já referido. 11

O 366.º/2, *c*), refere-se ao direito de preferência na subscrição das obrigações convertíveis em ações representativas do capital social do emitente, previsto no 367.º. Caso haja supressão do direito de preferência, a deliberação deve ser tomada em separado, justificando-se a medida. Esta é a solução que está em harmonia com o disposto no 460.º, a propósito da supressão ou limitação do direito de preferência dos acionistas no aumento do capital por entradas em dinheiro. 12

O 366.º/2, *d*), refere-se aos casos de subscrição particular e exige que se informem os acionistas acerca da identificação dos destinatários da emissão e respetiva participação. Esta exigência prende-se também com a faculdade de conversão das ações em capital do emitente. Dependendo do tipo de sociedade e da estrutura de participações, pode admitir-se alguma flexibilidade nesta matéria, nomeadamente prevendo-se apenas classes de subscritores e até intervalos de subscrição por cada classe. Mas a última palavra é dos acionistas. 13

4. ***Quorum***. O 366.º/1 exige que a deliberação de obrigações convertíveis em ações representativas do capital social do emitente seja tomada pela maioria prevista nos estatutos, a qual não poderá ser inferior à necessária para a deliberação de aumento de capital por novas entradas. Diz o n.º 3 que estas obrigações *implicam* a aprovação do aumento do capital necessário para satisfazer os pedidos de conversão, o que significa que esta deliberação deve ser tomada aquando da deliberação de emissão das obrigações. Assim, são aplicáveis ao caso, nomeadamente, quer o 383.º/2, nos termos do qual devem estar presentes ou representados, em primeira convocação, detentores de ações correspondentes a um terço do capital social, quer o n.º 3 do 386.º, nos termos do qual a deliberação deve ser aprovada por dois terços dos votos emitidos. De salientar ainda que o aumento do capital social previsto no 366.º/3 é irrevogável, sob pena de violação dos direitos dos obrigacionistas. 14

[2] Neste sentido Osório de Castro, *Valores mobiliários*, 174.

15 5. **Alteração de condições**. O 366.º/4 tem origem no 8.º/1 do DL 397/71, de 22-set., que criou as primeiras obrigações convertíveis no sistema jurídico português. Hoje, esta regra deve ter-se por geral e deve coordenar-se com o disposto no 355.º/4, *b*) e 9. As condições da emissão de que trata este n.º 4 são algo mais amplo do que *as condições dos créditos dos obrigacionistas*. Estas não podem alterar-se sem o consentimento dos obrigacionistas. Quanto a outras condições que se tenham previsto para a emissão de obrigações, o princípio é geral: as mesmas podem ser alteradas mas não pode daí resultar qualquer redução das vantagens ou direitos ou aumento dos encargos dos obrigacionistas.

16 6. **Deliberação de emissão de obrigações convertíveis noutros valores mobiliários**. O novo n.º 5 do 366.º trata dos requisitos da deliberação de emissão de obrigações convertíveis *em valores mobiliários diferentes de ações* remetendo para o disposto no 366.º/2 e 4 e esclarecendo qual o *quorum* aplicável. Considerando que o 366.º/1 e 2 só será aplicável à emissão das obrigações convertíveis em ações a emitir pela sociedade emitente e que o 366.º/5 se refere apenas às obrigações convertíveis noutros valores mobiliários, ficam por regular os casos de emissão de obrigações convertíveis em ações já detidas pela sociedade emitente, próprias ou representativas do capital social de outras sociedades. Em ambos os casos, a emissão das obrigações convertíveis não implica a aprovação de qualquer aumento do capital e não existe direito de preferência dos acionistas na subscrição das obrigações, mas não se justifica que estas obrigações convertíveis não sigam o regime previsto no 366.º/5 até porque o mesmo salvaguarda *as devidas adaptações* impostas por cada caso, bem como a maioria que já resultaria das regras gerais. De entre as adaptações a considerar, a mais evidente será a inaplicabilidade do 366.º/2, *c*), em todos os casos em que não exista direito de preferência na subscrição das obrigações convertíveis.

17 7. **Deliberação pelo conselho de administração**. A possibilidade de o conselho de administração deliberar a emissão de obrigações convertíveis em novas ações da sociedade emitente está agora expressa no 366.º/6, desde que ao conselho seja também conferida a autorização, no contrato de sociedade, para aumentar o capital, nos termos previstos no 456.º. O projeto deliberação do órgão de administração é submetido ao conselho fiscal, à comissão de auditoria ou ao conselho geral e de supervisão para parecer, seguindo-se o procedimento previsto no 456.º/3. No caso de se pretender a supressão do direito de preferência dos acionistas na subscrição das obrigações convertíveis pode adotar-se uma de duas vias: a supressão é deliberada separadamente aquando da aprovação da alteração ao contrato de sociedade que autorize o conselho a emitir as obrigações e a aumentar o capital ou a supressão terá de ser deliberada pelos acionistas por ocasião da deliberação de emissão das obrigações convertíveis pelo conselho de administração. Em qualquer caso, o conselho de administração não poderá, ele mesmo, deliberar tal supressão. V. *infra* comentário ao 367.º

Artigo 367.º (Direito de preferência dos acionistas)

1. Os acionistas têm direito de preferência na subscrição de obrigações convertíveis em ações da sociedade emitente, aplicando-se o disposto no artigo 458.º a 460.º.

2. Não pode tomar parte na votação que suprima ou limite o direito de preferência dos acionistas na subscrição de obrigações convertíveis todo aquele que puder beneficiar especificamente com tal supressão ou limitação, nem as suas ações serão tidas em consideração no cálculo do número de presenças necessárias para a reunião da assembleia geral e da maioria exigida para a deliberação.

Bibliografia: Pedro de Albuquerque, *Direito de preferência dos sócios em aumentos de capital nas sociedades anónimas e por quotas* (1988); Paula Alvarez, *Os direitos de subscrição em geral e no Código do Mercado de Valores Mobiliários em particular*, em DVM II (2001), 285-350; José Engrácia Antunes, *Wandel und Optionanleihen in Portugal*, em ZGR 1995; José de Oliveira Ascensão IV (2000), 541-568; Nuno Barbosa e Orlando Vogler Guiné, em *Código em Comentário* V (2012), 759-966; Carlos Osório de Castro, *Valores mobiliários: conceito e espécies* (1998), 164-200; Menezes Cordeiro 2 (2007), 713 ss.; *id.*, *Da preferência dos accionistas na subscrição de novas acções: exclusão e violação*, ROA II (1990), 345-362; Luís Brito Correia 2 (1989), 499-516; Cristina Sofia Dias, *Valores mobiliários convertíveis e condicionados*, CadMVM 15, 97 ss.; Fátima Gomes, *Obrigações convertíveis em acções* (1999); Ministério da Justiça, *Código das Sociedades Comerciais (Projecto)*, BMJ 327 (1983), 236-251; Florbela de Almeida Pires, *Direitos e organização dos obrigacionistas em obrigações internacionais* (2001), 140-142; Mário Leite Santos, *Obrigações Convertíveis – Alguns aspectos do seu regime jurídico*, RB 19 (1991), 93-172.

Índice

1. Projeto e alterações.. 1
2. Âmbito.. 2
3. Direito de preferência..................................... 3
4. Supressão ou limitação.................................... 4

1. **Projeto e alterações**. O 367.° corresponde ao 350.° do Projeto. Este tinha três números, remetendo o n.° 2 para o 370.°, relativo ao direito de preferência. A redação do Projeto foi adotada, mas com apenas dois números. A origem do preceito remonta porém ao DL 397/71, de 22-set., que criou as obrigações convertíveis em ações do emitente. O 367.°/1 foi alterado pelo DL 26/2015, de 6-fev., passando a referir-se apenas às obrigações convertíveis em ações da sociedade emitente. 1

2. **Âmbito**. Tal como ficou referido a propósito do 366.°, já se entendia que o 367.° apenas se referia às obrigações convertíveis em ações representativas do capital social do emitente, e não às convertíveis em ações que o emitente detivesse noutra sociedade. Este aspeto foi clarificado com a alteração de 2015 ao 367.°/1. Com efeito, quanto a ações representativas do capital social de outra sociedade não existe qualquer razão para legalmente atribuir aos acionistas direito de preferência na subscrição das obrigações, visto que a emissão destas não implica o aumento do capital do emitente, mas apenas a transmissão de parte do seu património. O mesmo sucede no caso particular de a sociedade deter ações próprias para satisfazer os pedidos de conversão: também aqui a emissão das obrigações convertíveis não envolve qualquer aumento do capital pelo que não haverá razão para atribuir aos acionistas direito de preferência na subscrição das obrigações. Não se impede, contudo, que seja atribuído um direito de preferência na subscrição de obrigações convertíveis quer em ações detidas quer noutros valores mobiliários. Tal direito de preferência na subscrição das obrigações convertíveis pode efetivamente ser atribuído aos acionistas ou mesmo a outra classe de subscritores, desde que assim se delibere e conste das condições da emissão, mas não por imposição da lei. 2

3. **Direito de preferência**. A atribuição do direito de preferência na subscrição das obrigações convertíveis em ações representativas do capital social do emitente (novas ações), prevista no 367.°/1, é contrapartida da inexistência de tal direito quanto ao aumento do capital co-envolvido na emissão e conversão destas obrigações, sendo certo que a lei atribuiria tal direito aos acionistas no caso de aumento do capital por entradas em dinheiro. Com efeito, no momento do exercício da faculdade de conversão pelos obrigacionistas, os acionistas já nada podem fazer para suster a alteração da estrutura de participações na sociedade. Assim houve necessidade de antecipar a tutela da sua posição através da atribuição do direito de preferência aquando da 3

subscrição das obrigações convertíveis. O 367.º/1 remete para os 458.º a 460.º, disposições que tratam do direito de preferência no aumento do capital por entradas em dinheiro. A atribuição do direito de preferência deve ser proporcional à participação de cada acionista e, caso os mesmos não exerçam o seu direito na totalidade, a parte sobrante será rateada pelos acionistas cujos pedidos excedam a sua parte. Assim se determina nas alíneas do 458.º/2. São aqui também aplicáveis, com as devidas adaptações, os demais números do 458.º: no caso de existirem várias categorias de ações, preferem em primeiro lugar os acionistas da categoria de ações que serão emitidas através da conversão das obrigações. O direito de preferência é também transacionável, nos termos gerais.

4 4. **Supressão ou limitação**. Tal como sucede no caso do direito de preferência na subscrição de aumento do capital, também o direito de preferência na subscrição de obrigações convertíveis pode ser suprimido ou limitado. A hipótese é prevista no 367.º/2 e no 366.º/2, *c*). São aqui correspondentemente aplicáveis as regras do 460.º: a supressão ou limitação do direito de preferência deve ser justificada e a deliberação nesse sentido deve ser tomada em separado da deliberação de emissão das obrigações. O 367.º/2 prevê um caso especial de impedimento do voto. Parece tratar-se de acionista que possa beneficiar com a entrada para a sociedade de um terceiro ou de pessoa consigo relacionada, em detrimento dos demais acionistas. A disposição é mais ampla do que a do 384.º/6 mas está em coerência com o que se dispõe no 58.º/1, *b*).

Artigo 368.º (Proibição de alterações na sociedade)

1. A partir da data da deliberação da emissão de obrigações convertíveis em ações, e enquanto for possível a qualquer obrigacionista exercer o direito de conversão, é vedado à sociedade emitente alterar as condições de repartição dos lucros fixadas no contrato de sociedade, distribuir aos acionistas ações próprias, a qualquer título, amortizar ações ou reduzir o capital mediante reembolso e atribuir privilégios às ações existentes.

2. Se o capital for reduzido em consequência de perdas, os direitos dos obrigacionistas que optem pela conversão reduzir-se-ão correlativamente, como se esses obrigacionistas tivessem sido acionistas a partir da emissão das obrigações.

3. Durante o período de tempo referido no n.º 1 deste artigo, a sociedade só poderá emitir novas obrigações convertíveis em ações, alterar o valor nominal das suas ações, distribuir reservas aos acionistas, aumentar o capital social mediante novas entradas ou por incorporação de reservas e praticar qualquer outro ato que possa afetar os direitos dos obrigacionistas que venham a optar pela conversão desde que sejam assegurados direitos iguais aos dos acionistas.

4. Os direitos referidos na parte final do número anterior não abrangem o de receber quaisquer rendimentos dos títulos ou de participar em distribuição das reservas em causa relativamente a período anterior à data em que a conversão vier a produzir os seus efeitos.

5. Em sociedades emitentes de valores mobiliários admitidos à negociação em mercado regulamentado, a proteção dos titulares de obrigações convertíveis pode, em alternativa, ser efetuada através de cláusulas de reajustamento automático da relação de conversão que salvaguarde a integridade do interesse económico dos titulares em condições equitativas.

Bibliografia: José Engrácia Antunes, *Wandel und Optionanleihen in Portugal*, em ZGR 1995; José de Oliveira Ascensão IV (2000), 541-568; Nuno Barbosa e Orlando Vogler Guiné, em *Código em Comentário* V (2012), 759-966; Carlos Osório de Castro, *Valores mobiliários: conceito e espécies* (1998), 164-200; Menezes Cordeiro 2 (2007), 713 ss.; Luís Brito Correia 2 (1989), 499-516; Cristina Sofia Dias, *Valores mobiliários convertíveis e condicionados*, CadMVM 15, 97 ss.; Fátima Gomes, *Obrigações convertíveis em acções* (1999); Ministério da Justiça, *Código das Sociedades Comerciais (Projecto)*, BMJ 327 (1983), 236-251; Florbela de Almeida Pires, *Direitos e organização dos obrigacionistas em obrigações internacionais* (2001), 140-142; Mário Leite Santos, *Obrigações Convertíveis – Alguns aspectos do seu regime jurídico*, RB 19 (1991), 93-172.

Índice

1. Projeto e alterações 1
2. Âmbito 2
3. Atos proibidos 4
4. Atos permitidos 10
5. Reajustamento automático 20

1 1. **Projeto e alterações**. O 368.° equivale ao 351.° do Projeto, o qual tem origem no 11.° do DL 397/71, de 22-set.. Nos termos do 11.°/1 deste diploma, a limitação de atuação da sociedade emitente de obrigações convertíveis em ações por si emitidas iniciava-se com a autorização da emissão pelo Ministro das Finanças e não a partir da deliberação de emissão. Quanto ao demais, os números 1 a 4 do 11.° deste DL foram adotados pelo Projeto e subsequentemente pelo 368.°, com uma salvaguarda apenas, não substancial, respeitante à distribuição de ações próprias. O 11.°/1 do DL 397/71, de 22-set., proibia a distribuição de ações próprias *em pagamento de dividendos ou a outro título que não seja o de aumento de capital por incorporação de reservas*. O 368.° foi objeto de alteração pelo DL 76-A/2006, de 29-mar., que lhe introduziu o atual n.° 5, passando a prever-se o reajustamento automático da relação de conversão.

2 2. **Âmbito**. Em paralelo com o referido a propósito dos 366.° e 367.°, é de entender que o 368.° apenas se refere às obrigações convertíveis em ações representativas do capital social do emitente, e não às convertíveis em ações que o emitente detenha noutra sociedade. Quanto a estas não existem razões para proibir ou limitar a sociedade emitente das obrigações nos termos descritos no 368.°, pois a tutela do interesse patrimonial dos obrigacionistas respeitante à conversão das obrigações não se situa ao nível desta sociedade, não havendo portanto que equiparar os obrigacionistas aos seus acionistas. O mesmo não se dirá, contudo, ao nível da sociedade emitente das ações a cuja conversão as obrigações dão direito.

3 Nos obrigacionistas terão sido criadas expetativas quanto ao valor das ações desta sociedade, nomeadamente em virtude da informação que lhes tenha sido conferida pelo emitente das obrigações, sendo, por isso, legítimo, acautelar os seus interesses patrimoniais quanto ao direito à conversão. Sucede, porém, que não tendo a emissão de obrigações sido deliberada pelo emitente das ações, não é justo impor-lhe as limitações decorrentes do 368.°. A solução acertada será a de ficar o emitente das obrigações convertíveis impedido de votar favoravelmente qualquer dos atos proibidos ou limitados por esta disposição ao nível da sociedade emitente das ações, sob pena de violação direta das condições do empréstimo, quando estas expressamente lhe imponham esta limitação, ou por imposição da boa-fé, a qual é aplicável ao emitente das obrigações, na pendência da conversão. Em termos práticos, esta limitação pode ser tanto mais eficaz quanto maior for a participação do emitente das obrigações no capital da sociedade emitente das ações.

4 3. **Atos proibidos**. Sob a epígrafe *proibição de alterações na sociedade*, o 368.º trata, na realidade, não apenas de proibir certos atos, como de permitir outros em certas condições (n.º 3) ou com certas consequências (n.º 2). A razão de ser do preceito é, naturalmente, a proteção dos interesses económicos dos obrigacionistas na pendência do exercício do direito de conversão, através da proibição de atos ou da garantia de igualdade de tratamento entre os acionistas atuais e os obrigacionistas, tidos aqui por acionistas futuros. Relativamente aos atos proibidos, o 368.º/1 tem uma pretensão de taxatividade e refere-se à alteração *das condições de repartição dos lucros fixadas no contrato de sociedade*, à distribuição *de ações próprias*, à amortização *de ações ou* redução *do capital mediante reembolso* e à atribuição *de privilégios às ações existentes*. A este elenco há a acrescentar a transformação da sociedade, nos termos previstos no 131.º/1, *a*), que expressamente a proíbe no caso de a sociedade anónima ter emitido *obrigações convertíveis em ações ainda não totalmente reembolsadas ou convertíveis*.

5 Ainda sobre os atos proibidos suscita-se a questão de saber se os mesmos poderão ser realizados, (a) caso se obtenha o consentimento dos obrigacionistas ou (b) se preveja um qualquer mecanismo de proteção dos seus interesses. Quanto a esta questão devem distinguir-se duas situações. A primeira será a de estar já planeada a realização de um dos atos elencados no 368.º/1, por exemplo a distribuição de ações pelos acionistas, de tal sorte que a informação relativa à realização do ato (*v.g.* data de execução, consequências no valor das ações, consequências no valor das obrigações convertíveis, impacto na base e nos termos da conversão) consta da proposta de deliberação de emissão de obrigações convertíveis e subsequentemente das condições da emissão comunicadas e aceites *ab initio* por todos os obrigacionistas. Deste modo, a realização do ato não consubstancia uma violação das condições da emissão ou uma quebra das expectativas dos obrigacionistas e, por isso, não há razão para considerar o ato proibido nos termos do 368.º/1.

6 A segunda situação será a de o emitente pretender praticar um dos atos proibidos, sem que o mesmo constasse já das condições da emissão e fosse, por assim dizer, autorizado por todos os obrigacionistas, através da aceitação das condições da emissão, i.e. um ato não previsto, não informado e não ponderado previamente. Nestes casos, com algumas flutuações e distinções, a doutrina tem apontado os dois caminhos abaixo descritos: (a) prever um mecanismo de proteção dos interesses dos obrigacionistas, nomeadamente o de lhes assegurar direitos iguais aos dos acionistas ou (b) obter o consentimento dos obrigacionistas. Relativamente à primeira hipótese, o regime do 368.º/3 admite alguma flexibilização da proibição prevista no n.º 1 *desde que se assegurem direitos iguais aos dos acionistas*, para a prática dos atos descritos nesse n.º 3 ou outros que os afetem e em que seja possível atribuir direitos iguais, o que não cobrirá todas as hipóteses previstas no 368.º/1. Já a obtenção de consentimento dos obrigacionistas, deliberando estes nos termos do 355.º/7, é de recusar, em virtude quer do n.º 8, quer da primeira parte do n.º 9 do 355.º. Não será possível aceitar que o consentimento de alguns obrigacionistas, relativamente a um ato que a lei toma por proibido, que lhes é desfavorável e que é mais gravoso do que uma alteração das condições dos empréstimos, vincule também os obrigacionistas discordantes. A única hipótese admissível será a da obtenção do consentimento unânime dos obrigacionistas, em linha, aliás, com o 355.º/9. Será de concluir pela interpretação restritiva do 368.º/1 no sentido de não se considerar proibida a prática dos atos nele previstos quando os mesmos constem das condições da emissão e sejam do conhecimento dos obrigacionistas no momento da subscrição das obrigações ou, posteriormente, autorizados por *todos* eles.

7 Relativamente à alteração das condições de repartição dos lucros fixadas no contrato de sociedade, é de entender que o 368.º/1 se reporta quer ao critério de participação nos lucros

adotado ao abrigo do 22.º/1, quer à cláusula contratual que imponha a distribuição de determinada percentagem dos lucros superior à prevista no 294.º/1[1].

É igualmente proibida a distribuição de ações próprias pelos acionistas *a qualquer título*. 8
Apesar da redação, a proibição não inclui a atribuição de ações em virtude de aumento do capital por incorporação de reservas, pois tal ato é permitido nos termos do 368.º/3. A distribuição de ações próprias de que trata o 368.º/1 é a de ações já emitidas que a sociedade eventualmente detenha em carteira. A proibição tutela dois aspetos: de um lado a estrutura de participações conhecida dos obrigacionistas, na estrita medida em que tal dependa da própria sociedade emitente; do outro, a garantia dos créditos dos obrigacionistas, contra atos lesivos do património do emitente.

De igual modo, a amortização de ações, com ou sem redução do capital, ou a *redução do* 9
capital mediante reembolso, são consideradas medidas demasiado lesivas do património do emitente e por isso proibidas. Aparte a questão da diminuição da garantia patrimonial dos obrigacionistas, estes atos acarretam também o favorecimento dos acionistas atuais, comprometendo as expetativas dos obrigacionistas relativamente à conversão das obrigações. A atribuição de privilégios às ações existentes, através da sua transformação em categoria especial, por exemplo, consubstancia um favorecimento dos acionistas atuais que o legislador tem por inaceitável, por ser contrário às expetativas dos obrigacionistas, o qual pode redundar também, dependendo dos privilégios atribuídos, na alteração das condições de repartição dos lucros da sociedade.

4. **Atos permitidos**. No 368.º/2 e 3 trata-se de dois tipos de atos permitidos, sem e com 10
condição. A redução do capital social em consequência de perdas é admitida sem limitações, determinando o 368.º/2 que os direitos dos obrigacionistas serão *correlativamente reduzidos*. Esta disposição deve ser objeto de interpretação restritiva, visto que, no caso de a redução do capital se efetuar por redução do valor nominal das ações, não haverá necessidade de ajustar a base de conversão. Só assim não será nas hipóteses menos prováveis de se adotar uma base variável ou nos casos em que a redução do capital se efetue por redução de ações ou reagrupamento.

Conclui-se do 368.º/3, parte final, que os atos que não afetem os direitos dos obrigacio- 11
nistas que venham a optar pela conversão e também os atos que os afetem mas que não resultem na atribuição de quaisquer direitos aos acionistas são permitidos sem limitações. Já os atos que possam afetar os direitos dos obrigacionistas que venham a optar pela conversão e assegurem direitos aos acionistas, bem como os especialmente previstos no 368.º/3, apenas poderão ser realizados se forem *assegurados aos obrigacionistas direitos iguais aos dos acionistas*, excluindo-se os direitos previstos no n.º 4. A solução constante do 368.º/3 suscita diversas dúvidas de concretização e de compatibilização com o n.º 4 do mesmo artigo. Vejamos algumas delas.

A emissão de novas obrigações convertíveis em ações do emitente afeta os direitos dos 12
obrigacionistas *atuais* que venham a optar pela conversão, na medida em que, em virtude do aumento de capital que implicam, se altera o nível de participação dos obrigacionistas na sociedade, *i.e.* haverá uma deterioração patrimonial do direito de conversão. Neste caso, o 368.º/3, parte final, impõe que aos obrigacionistas atuais seja conferido direito de preferência na subscrição das novas obrigações convertíveis, tal como é conferido aos acionistas, nos termos do 367.º. Este direito de preferência não é suprimido ou limitado ainda que os acionistas assim o deliberem. Para o efeito, terá de realizar-se assembleia de obrigacionistas. O direito de preferência assim atribuído aos obrigacionistas tem de ser exercido desde logo, pois respeita às obrigações

[1] Contra, quanto ao 294.º, Fátima Gomes, *Obrigações convertíveis*, 147.

convertíveis e não à subscrição de ações, e não sofre qualquer limitação por via do 368.º/4. Esta solução é correspondentemente aplicável se o emitente pretender emitir obrigações com direito de subscrição de ações e ainda, por remissão do n.º 5 do 372.º-B, ao emitente de obrigações com direito de subscrição de ações, caso pretenda emitir novas obrigações desse tipo ou novas obrigações convertíveis em ações por si emitidas.

13 A atribuição de direitos iguais a obrigacionistas e acionistas no caso da alteração do valor nominal das ações (sem aumento ou redução do capital) deverá ser efetuada através de ajustamento da relação de conversão, sob pena de lesão do direito de conversão dos obrigacionistas.

14 O 368.º/3 prevê, em separado do aumento do capital, a distribuição de reservas aos acionistas, impondo o tratamento igualitário entre estes e os obrigacionistas. O 368.º/4, por sua vez, afirma que o direito a tratamento igualitário previsto na parte final do n.º 3 não abrange, além do direito a receber quaisquer rendimentos dos *títulos*, o direito de *participar em distribuição das reservas em causa relativamente a período anterior à data em que a conversão vier a produzir os seus efeitos*. A forma de ultrapassar a contradição existente entre o n.º 3 e o n.º 4 do 368.º passa por considerar que o n.º 4 do 368.º se aplica quando, por via do n.º 3, foi já atribuído aos obrigacionistas o direito de adquirir ações da sociedade, caso em que as mesmas não lhes conferem o direito a quaisquer rendimentos, nem à distribuição das reservas que eventualmente ocorra, na pendência da conversão[2], e não ao problema de saber em que momento devem as reservas previstas no n.º 3 ser entregues aos obrigacionistas[3]. A reforçar esta ideia pode ainda invocar-se o 11.º/2 do DL 397/71, de 22-set., preceito que está na origem do 368.º/4 e que dispunha que *os direitos referidos na parte final do n.º anterior não* abrangiam *o de receber quaisquer rendimentos dos títulos ou das reservas em causa, relativamente a período anterior* à data em que a conversão viesse a produzir efeitos. O 11.º/2 parecia, assim, reportar-se aos aumentos do capital por entradas em dinheiro ou por incorporação de reservas, casos em que as novas ações a atribuir aos titulares das obrigações ficavam suspensas até ao momento da conversão das obrigações. Concluiu-se então que o 368.º/4 é inaplicável à distribuição de reservas prevista no n.º 3, as quais devem ser distribuídas equitativamente entre os acionistas e os obrigacionistas, por força da parte final do mesmo número. Relativamente ao momento em que estas reservas devem ser entregues aos obrigacionistas, é de entender que deve aguardar-se pela conversão das obrigações. Não se trata de imposição do 368.º/4, mas sim do próprio n.º 3 que visa proteger apenas os obrigacionistas que venham a optar pela conversão.

15 O 368.º/3 permite ainda que o emitente das obrigações convertíveis aumente o seu capital, quer por novas entradas quer por incorporação de reservas, desde que sejam assegurados aos obrigacionistas que venham a optar pela conversão, direitos iguais aos dos acionistas. No caso do aumento do capital social por novas entradas, o tratamento igualitário implica que aos obrigacionistas seja conferido direito de preferência na subscrição do aumento do capital, em termos idênticos aos conferidos aos acionistas[4]. O problema que aqui se suscita prende-se com o momento em que tal direito deve ser exercido. A ser simultâneo com o aumento do capital, há a vantagem de permitir à sociedade a realização imediata de todo o aumento do capital e bem assim a comunicação aos acionistas dos direitos de preferência que os obrigacionistas não pretendam exercer, aplicando-se, com as eventuais adaptações necessárias, o regime dos 457.º e 458.º. Contudo, está a antecipar-se a entrada na sociedade dos obrigacionistas, sem distinção entre os que *venham a optar pela conversão* e os que o não façam, como determina o 368.º/3. Por

[2] Neste sentido, Osório de Castro, *Valores mobiliários*, 189.
[3] Cfr. Fátima Gomes, *Obrigações convertíveis*, 178.
[4] Significando que tal direito não lhes é conferido quando se trate de aumento do capital por entradas em espécie.

esta razão, sem prejuízo de se reconhecerem algumas dificuldades operacionais, seria preferível que o direito de subscrição preferencial apenas ocorresse aquando da conversão das obrigações, para aumento de capital complementar de execução diferida[5], deliberado simultaneamente. A prática tem, no entanto, sido distinta, com a vantagem de permitir aos obrigacionistas transacionar os seus direitos de subscrição.

A supressão ou limitação do direito de preferência deverá ser deliberada pelos acionistas, no que diz respeito ao seu direito, e pelos obrigacionistas, no que a si respeita. Nos termos do 368.º/4, as ações assim atribuídas aos obrigacionistas não dão elas próprias direito a rendimentos ou à distribuição de reservas, no período anterior à conversão. 16

Relativamente ao aumento do capital social por incorporação de reservas, haverá que distinguir consoante o mesmo seja efetuado por alteração do valor nominal das ações, caso em que a atribuição de direitos iguais aos obrigacionistas ocorrerá, *ipso facto,* através da entrega, aquando da conversão, de ações com o valor nominal aumentado, dos casos de emissão de novas ações. Neste último caso, a igualdade determinará uma alteração da base de conversão das obrigações em ações, recebendo o obrigacionista mais ações, no momento da conversão. Também nos termos do 368.º/4, as ações assim atribuídas aos obrigacionistas não dão elas próprias direito a rendimentos ou à distribuição de reservas, no período anterior à conversão. 17

A fusão e a cisão do emitente das obrigações convertíveis são também fonte de algumas questões que se prendem com a compatibilização do regime do n.º 3 do 368.º com o dos atuais 101.º-A a 101.º-C e com a inadequação do regime destes para acautelar devidamente os interesses dos detentores de obrigações convertíveis. Não cabe neste comentário a análise dos 101.º-A a 101.º-C. Sobre eles apenas de referir que o 101.º-C/4 remete para as condições da emissão a atribuição de direitos aos titulares de obrigações convertíveis ou com direito de subscrição de ações em caso de fusão (e de cisão, em virtude da remissão operada pelo 120.º) e que, caso tais direitos especiais não lhes tenham sido atribuídos, gozarão do direito de oposição previsto nos 101.º-A e 101.º-B. Estes apenas conferem aos credores o direito ao reembolso do crédito ou a prestação de caução, deixando por tratar, no caso dos titulares de obrigações convertíveis ou com *warrants*, o direito de conversão ou de subscrição, o qual deve, contudo, extrair-se dos direitos reconhecidos pelo 368.º/3. 18

O 14.º do DL 397/71, de 22-set., que criou as obrigações convertíveis em ações do emitente tratava expressamente da incorporação da sociedade emitente noutra sociedade ou da sua fusão com outra ou outras sociedades. Previa-se ali que a fusão apenas se podia efetuar se a sociedade emitente oferecesse o reembolso das obrigações, sujeito a homologação do Ministro das Finanças. Em qualquer caso, as obrigações podiam ser convertidas em ações da sociedade incorporante ou da nova sociedade, salvo se o emitente provasse que todas as obrigações tinham sido reembolsadas. Independentemente da oposição à fusão ou à cisão, o 368.º/3 determina, nessas situações, a atribuição aos obrigacionistas de direitos iguais aos dos acionistas. Estes direitos variam consoante a operação e a modalidade, pelo que haverá que efetuar várias distinções: a fusão por incorporação, sendo o emitente das obrigações convertíveis (a) a sociedade incorporante ou (b) a sociedade incorporada, (c) a fusão por constituição de nova sociedade, (d) a cisão parcial sem transferência do empréstimo obrigacionista ou (e) com transferência do empréstimo obrigacionista. No primeiro caso, a fusão afeta indiretamente a situação dos obrigacionistas em virtude da entrada de outros acionistas na sociedade, mas não envolve qualquer atribuição de 19

[5] Assim, Fátima Gomes, *Obrigações convertíveis*, 166-167; Osório de Castro, *Valores mobiliários*, 188.

direitos aos acionistas *atuais*, pelo que o 363.º/3 não determina a atribuição de quaisquer direitos aos titulares das obrigações convertíveis. Diferentemente, no segundo caso, sendo a emitente das obrigações incorporada, impõe-se modificar as condições do empréstimo de modo a que as obrigações emitidas passem a ser convertíveis em ações da sociedade incorporante, em termos que respeitem a anterior relação de conversão e a relação de troca de ações, entre a sociedade incorporante e a sociedade incorporada. Idênticas operações devem realizar-se no quarto caso, pois as ações do emitente das obrigações convertíveis deixam de existir, para serem substituídas por ações da nova sociedade. Na cisão, sem transferência do empréstimo obrigacionista para a sociedade beneficiária, devem ser atribuídas aos obrigacionistas ações desta, em termos equivalentes aos atribuídos aos acionistas da sociedade cindida, com a diferença de as ações só serem atribuídas aos obrigacionistas que optem por exercer o direito de conversão das obrigações[6]. Finalmente, havendo cisão com transmissão do empréstimo para a esfera jurídica da sociedade beneficiária, haverá uma alteração das condições da emissão das obrigações convertíveis que passam a converter-se em ações desta sociedade. Contudo, neste caso, a igualdade entre acionistas e obrigacionistas imposta pelo 368.º/3, não se basta com esta alteração, sob pena de forte prejuízo da integralidade económica dos direitos dos obrigacionistas, ora titulares do direito de converter as suas obrigações em ações de uma sociedade cujo património pode ser francamente menor que o da sociedade cindida. A igualdade entre uns e outros impõe que sejam ainda assim atribuídas aos obrigacionistas ações da sociedade cindida, de modo a manter-se a relação inicialmente existente entre acionistas, obrigacionistas e património social[7].

5. **Reajustamento automático**. A propósito das várias situações descritas no 368.º/3 e de outras que lhes equivalem verificou-se que o tratamento igualitário entre acionistas e obrigacionistas pode, por vezes, ser garantido através de ajustamento da base de conversão ou de outras operações passíveis de realização automática. O 368.º/5, inserido no CSC com a alteração de 2006, vem permitir a realização de reajustamentos automáticos da relação de conversão, no caso de sociedades emitentes de valores mobiliários admitidos à negociação em mercado regulamentado. Essencial é que fique salvaguardado o interesse económico dos obrigacionistas e em condições de igualdade.

Artigo 369.º (Atribuição de juros e de dividendos)

1. Os obrigacionistas têm direito aos juros das respetivas obrigações até ao momento da conversão.

2. Das condições da emissão deve constar o regime de atribuição de dividendos que será aplicado às ações em que as obrigações se converterem no exercício durante o qual a conversão tiver lugar.

3. Caso não conste das condições da emissão o regime referido no número anterior, as novas ações atribuem direito a dividendos nos mesmos termos das ações da mesma categoria já existentes.

Bibliografia: José Engrácia Antunes, *Wandel und Optionanleihen in Portugal*, em ZGR 1995; José de Oliveira Ascensão IV (2000), 541-568; Nuno Barbosa e Orlando Vogler Guiné, em *Código em Comentário* V

[6] Igualmente, Osório de Castro, *Valores mobiliários*, 191--192.

[7] Cfr. Fátima Gomes, *Obrigações convertíveis*, 203.

(2012), 759-966; Carlos Osório de Castro, *Valores mobiliários: conceito e espécies* (1998), 164-200; Menezes Cordeiro 2 (2007), 713 ss.; Luís Brito Correia 2 (1989), 499-516; Cristina Sofia Dias, *Valores mobiliários convertíveis e condicionados*, CadMVM 15, 97 ss.; Fátima Gomes, *Obrigações convertíveis em acções (*1999); Ministério da Justiça, *Código das Sociedades Comerciais (Projecto)*, BMJ 327 (1983), 236-251; Florbela de Almeida Pires, *Direitos e organização dos obrigacionistas em obrigações internacionais* (2001), 140-142; Mário Leite Santos, *Obrigações Convertíveis – Alguns aspectos do seu regime jurídico*, RB 19 (1991), 93-172.

Índice

1. Projeto e alterações 1
2. Âmbito 2
3. Juros 3
4. Dividendos 4

1. **Projeto e alterações**. O 369.° corresponde ao 352.° do Projeto, cuja redação foi decalcada do 9.°/1 e 2 do DL 397/71, de 22-set., relativo à emissão de obrigações convertíveis em ações do emitente. A redação que veio a constar do 369.° modificou ligeiramente o n.° 2, passando para a parte final o inciso *no exercício durante o qual a conversão tiver lugar* que constava, entre vírgulas, logo após a referência à distribuição de dividendos. O 369.° foi alterado pelo DL 26/2015, de 6-fev. que suprimiu a parte final do n.° 1, alterou o tempo verbal do n.° 2 (do futuro para o presente do indicativo) por imposição das boas regras da legística e aditou o n.° 3. 1

2. **Âmbito**. Conforme *supra* referido quanto aos 366.°, 367.° e 368.°, o regime desenvolvido pelo legislador em matéria de obrigações convertíveis está geralmente construído tomando como modelo as obrigações convertíveis em ações representativas do capital social do emitente, e não as outras modalidades de obrigações convertíveis previstas no 365.° (convertíveis em ações detidas pelo emitente noutra sociedade e convertíveis noutros valores mobiliários). Esta conclusão é também confirmada olhando o regime do 369.°, sobretudo o do n.° 2, na sua vertente imperativa. Contudo, não há obstáculo a que as soluções previstas no 369.° sejam adotadas no âmbito da emissão de outras modalidades de obrigações convertíveis, na medida do possível. Em particular, relativamente ao dividendo, o emitente de obrigações convertíveis em ações por si detidas noutra sociedade pode comprometer-se perante os obrigacionistas a restituir-lhes, no todo ou em parte, os dividendos por si recebidos durante o exercício da conversão. Relativamente às convertíveis noutros valores mobiliários, o 369.°/1 será aplicável, mas já não os n.°s 2 e 3 do preceito. 2

3. **Juros**. O 369.°/1 dispõe que os obrigacionistas têm direito ao juro até ao momento da conversão. Na redação anterior, determinava-se que este momento se reportasse sempre ao termo do trimestre em que o pedido de conversão era efetuado, portanto, ao final de março, junho, setembro ou dezembro de cada ano. Esta regra devia considerar-se supletiva, sendo de aceitar que as condições da emissão dispusessem de outro modo. O DL 26/2015, de 6-fev. suprimiu finalmente aquela "limitação", sendo agora claro que as condições da emissão clarificarão a forma de contagem e as datas de pagamento de juros até ao momento da conversão. 3

4. **Dividendos**. O 369.°/2 é uma disposição relativa às condições da emissão de obrigações convertíveis em ações representativas do capital social do emitente, sobre matéria que deve ser objeto da deliberação tomada pelos acionistas, a par das referidas no 366.°/2. Numa leitura apressada, o 369.°/2 pode suscitar uma dúvida interpretativa: a disposição refere-se aos dividendos *do exercício da conversão* ou aos dividendos *distribuídos no exercício da conversão* (dividendos do exercício anterior ou dividendos desse exercício distribuídos antecipadamente)? Os dividendos *do exercício da conversão* serão distribuídos aos acionistas no exercício seguinte, altura em que os 4

obrigacionistas em causa serão já detentores das ações, não havendo, por isso, questões de natureza processual ou até substantiva a resolver. Nesta fase, todos os acionistas (incluindo aqueles cujas ações resultaram da conversão) quinhoarão nos lucros, nos termos previstos nos estatutos ou segundo a proporção das suas participações (22.º)[1]. Admitir que o 369.º/2 imporia que os acionistas definissem, nas condições da emissão, o regime de distribuição dos dividendos *do exercício da conversão* equivaleria então, não só a admitir como até a impor que os acionistas anteriores limitassem o direito de quinhoar nos lucros dos novos acionistas. Esta interpretação é inaceitável[2]. Já se considerarmos que o 369.º/2 se refere aos lucros *distribuídos no exercício da conversão* (quer se trate de lucros do exercício anterior, quer de distribuição antecipada de lucros daquele exercício) a disposição legal apresenta-se inteiramente justificada. Atendendo a que o momento da conversão pode apresentar-se em várias modalidades (de uma só vez, em intervalos de tempo, a todo o tempo a partir de data), as quais determinam as diversas soluções constantes do 370.º, quer quanto ao momento em que se tem a conversão por efetuada, quer quanto ao momento do aumento do capital, é essencial clarificar, se, e em que termos, os novos acionistas participarão na distribuição de dividendos. Pense-se, por exemplo, no caso em que a conversão se tem por efetuada em março, devendo a administração declarar o capital aumentado nos 30 dias seguintes – 370.º/1, *b*) – ou ainda nos casos em que a conversão ocorre num exercício, e o aumento do capital no outro. Se houver distribuição (normal ou antecipada) de dividendos entre a conversão e o aumento do capital, os novos acionistas participarão nos mesmos? Sim ou não, dependendo do que for definido imperativamente nas condições da emissão, por determinação do 369.º/2.

5 Em primeira linha, o 369.º/2, sem fornecer uma solução material para este último problema, aponta um caminho para a compatibilização entre o momento da conversão e o momento do aumento do capital, fixados no artigo seguinte. Mas não só. O 369.º/2 permite ainda que se favoreça a posição dos obrigacionistas, comprometendo-se a sociedade emitente, desde logo, a reservar-lhes determinada quota de participação nos lucros *distribuídos no exercício da conversão* ainda antes de esta ter lugar. Por exemplo, as condições da emissão poderão prever que, no ano da conversão, os obrigacionistas recebam também dividendos por inteiro, 3/4, 1/2, ou 1/4 consoante a conversão ocorra no final do primeiro trimestre ou nos trimestres seguintes, ou até independentemente do momento em que ocorra a conversão. Nestes casos, a parte dos dividendos destinada aos obrigacionistas que optem pela conversão ficará reservada para lhes ser atribuída, no momento da conversão. A solução que o emitente adote nesta matéria pode também consubstanciar um dos aspetos atrativos da emissão das obrigações convertíveis, na perspetiva dos obrigacionistas. Se as condições da emissão nada disserem, dispõe agora o 369.º/3 que as novas ações atribuem direito a dividendos nos mesmos termos das ações já existentes.

Artigo 370.º (Formalização e registo do aumento do capital)

1. O aumento do capital social resultante da conversão de obrigações em ações é objeto de declaração escrita de qualquer administrador da sociedade, sob sua responsabilidade, a emitir no seguinte prazo, salvo se as condições da emissão especificarem um prazo mais curto:

[1] Contra Fátima Gomes, *Obrigações convertíveis*, 233 considerando que as novas ações não participam dos lucros relativamente a data anterior à conversão das obrigações.

[2] Contra Fátima Gomes, *ibidem*, onde considera que o 369.º/2 se refere à distribuição de dividendos relativa ao ano da conversão.

a) Dentro dos 30 dias posteriores ao termo do prazo para a apresentação do pedido de conversão, quando, nos termos da emissão, a conversão houver de ser feita de uma só vez e em determinado momento;

b) Dentro dos 30 dias posteriores ao termo de cada prazo para a apresentação do pedido de conversão, quando, nos termos da emissão, a conversão puder ser feita em mais do que um momento.

2. Fixando a deliberação da emissão apenas um momento a partir do qual o direito de conversão pode ser exercido, deve o administrador declarar por escrito, durante os meses de julho e janeiro de cada ano, o aumento resultante das conversões pedidas no decurso do semestre imediatamente anterior, salvo se as condições da emissão previrem uma periodicidade diversa, mas não superior a um ano.

3. A conversão considera-se, para todos os efeitos, como efetuada:

a) Nos casos previstos no n.° 1, no último dia do prazo para apresentação do respetivo pedido;

b) No caso previsto no número anterior, em 30 de junho ou 31 de dezembro, consoante os casos, salvo se diverso regime constar das condições da emissão, nos termos da parte final do mesmo número.

4. A inscrição deste aumento de capital no registo comercial deve ser feita no prazo de dois meses a contar da data das declarações referidas nos n.os 1 e 2 podendo as condições da emissão fixar um prazo mais curto.

Bibliografia: José Engrácia Antunes, *Wandel und Optionanleihen in Portugal*, em ZGR 1995; José de Oliveira Ascensão IV (2000), 541-568; Nuno Barbosa e Orlando Vogler Guiné, em *Código em Comentário* V (2012), 759-966; Carlos Osório de Castro, *Valores mobiliários: conceito e espécies (*1998), 164-200; Menezes Cordeiro 2 (2007), 713 ss.; Luís Brito Correia 2 (1989), 499-516; Cristina Sofia Dias, *Valores mobiliários convertíveis e condicionados*, CadMVM 15, 97 ss.; Fátima Gomes, *Obrigações convertíveis em acções* (1999); Ministério da Justiça, *Código das Sociedades Comerciais (Projecto)*, BMJ 327 (1983), 236-251; Florbela de Almeida Pires, *Direitos e organização dos obrigacionistas em obrigações internacionais* (2001), 140-142; Mário Leite Santos, *Obrigações Convertíveis – Alguns aspectos do seu regime jurídico*, RB 19 (1991), 93-172.

Índice

I – **Origem e evolução**
1. Projeto ... 1
2. Reforma de 1987 ... 3
3. Reforma de 2006 ... 5
4. Reforma de 2015 ... 6

II – **Regime**
5. Âmbito ... 7
6. Conversão ... 8
7. Aumento do capital e registo ... 9

I – Origem e evolução

1. Projeto. O 370.° tem por fontes o 353.° do Projeto e o 12.° do DL 397/71, de 22-set.. 1
O 12.° deste DL tinha 5 números e previa que o aumento do capital social do emitente fosse formalizado pelos administradores, em escritura pública a realizar logo após a deliberação de emissão das obrigações convertíveis em ações do emitente (n.° 1). A inscrição no registo comercial deveria ser requerida no prazo de 90 dias (n.° 2), sendo o registo provisório por natureza (n.° 4) e convertendo-se em definitivo *por averbamentos sucessivos, à medida em que* viesse *a efetuar-se a emissão das respetivas ações* (n.° 5). Do registo constaria informação sobre *as condições da conversão, o prazo dentro do qual a mesma* poderia *efetuar-se e a data da deliberação* (n.° 3).

2 O 353.° do Projeto apenas seguiu de perto o regime constante dos números 1, 3, 4 e 5 deste DL, não se referindo, portanto, ao prazo para requerer a inscrição comercial do aumento. No demais, as soluções propostas eram idênticas: formalização imediata pelos administradores, em escritura de aumento (n.° 1), informações sobre a conversão na inscrição comercial (n.° 2), a qual seria provisória por natureza (n.° 3), convertendo-se em definitiva por averbamentos sucessivos, resultantes da emissão de ações (n.° 4). A redação originária do 370.°, epigrafado *escritura e registo do aumento de capital*, dividiu a matéria em apenas dois números, do seguinte modo:

> 1. Deliberada a emissão de obrigações convertíveis em ações, será lavrada escritura de aumento de capital; os administradores ou diretores nela intervenientes declararão que o aumento de capital se destina a executar aquela deliberação.
>
> 2. A inscrição provisória por natureza deste aumento de capital no registo comercial é sucessivamente convertida em definitiva à medida em que sejam emitidas ações correspondentes às obrigações.

3 2. **Reforma de 1987**. O 370.° foi depois alterado, tendo o DL 280/87, de 8-jul., substituído integralmente a sua redação. Ainda relativo à escritura e ao registo comercial, o 370.° passou a dizer o seguinte:

> 1. O aumento do capital social resultante da conversão de obrigações em ações será objeto de escritura pública a lavrar:
>
> *a*) Dentro dos 30 dias posteriores ao termo do prazo para a apresentação do pedido de conversão, quando, nos termos da emissão, a conversão houver de ser feita de uma só vez e em determinado momento;
>
> *b*) Dentro dos 30 dias posteriores ao termo de cada prazo para a apresentação do pedido de conversão, quando, nos termos da emissão, a conversão puder ser feita em mais do que um momento.
>
> 2. Fixando a deliberação da emissão apenas um momento a partir do qual o direito de conversão pode ser exercido, serão, logo que ele ocorrer, lavradas escrituras de aumento de capital, em julho e janeiro de cada ano, abrangendo cada escritura o aumento resultante das conversões pedidas no decurso do semestre imediatamente anterior.
>
> 3. A conversão considera-se, para todos os efeitos, como efetuada:
>
> *a*) Nos casos previstos no n.° 1, no último dia do prazo para apresentação do respetivo pedido;
>
> *b*) No caso previsto no n.° 2, no último dia do mês imediatamente anterior àquele em que for lavrada a escritura de aumento de capital que abranja essa conversão.
>
> 4. A inscrição deste aumento de capital no registo comercial deve ser feita dentro de 90 dias a contar da outorga das respetivas escrituras.

4 A redação dada ao 370.° em 1987 modificou radicalmente a solução quanto ao momento da formalização do aumento do capital, passando-o para momento posterior ao do exercício do direito de conversão pelos obrigacionistas. Deste modo, tornou-se necessário distinguir as várias modalidades de exercício desse direito (n.os 1 e 2) e identificar o momento da conversão (n.° 3). Retomou-se o prazo de 90 dias para proceder à inscrição do aumento no registo comercial.

5 3. **Reforma de 2006**. Porém, o 370.° foi também ele *vítima* das medidas simplificadoras dos atos comerciais e, por isso, foi novamente objeto de alteração, desta feita pelo DL 76-A/2006, de 29-mar.. A escritura pública do aumento do capital foi substituída pela *declaração escrita de*

qualquer administrador, nos n.os 1 e 2; o n.º 3, *b*) teve também que ser alterado em conformidade, e o prazo para requerer a inscrição do aumento do capital no registo passou a ser de dois meses a contar das declarações de aumento. Mudou-se também a epígrafe do 370.º.

4. **Reforma de 2015**. Através do DL 26/2015, de 6-fev., o 370.º sofreu novas alterações inci- 6
dentes sobre o n.º1, o n.º 2, a alínea *b*) do n.º 3 e o n.º 4, todas prevendo a possibilidade de as condições da emissão preverem prazos ou periodicidades diversas das que constam do artigo. Hoje, já nada resta da redação originária do 370.º.

II – **Regime**

5. **Âmbito**. Na medida em que trata da formalização do aumento do capital do emitente das 7
obrigações convertíveis e do registo comercial do mesmo, não há dúvida de que o 370.º é claramente uma disposição destinada a regular as obrigações convertíveis em ações representativas do capital social do emitente, não sendo o seu regime aplicável às obrigações convertíveis em ações detidas pelo emitente noutra sociedade ou às obrigações convertíveis noutros valores mobiliários.

6. **Conversão**. Ao dispor sobre a formalização do aumento do capital, o 370.º permite visuali- 8
zar as várias modalidades em que o exercício do direito de conversão pode ser configurado pelas condições da emissão. A conversão de uma só vez, em data fixa ou em determinado intervalo, é prevista no n.º 1, *a*); em vários intervalos de tempo ao longo da vida do empréstimo, no n.º 1, *b*) e a todo o tempo contado de data, no n.º 2. Esclarece o n.º 3 o momento em que a conversão se tem por efetuada, *para todos os efeitos*. Atendendo ao teor do 369.º, há pelo menos um efeito que é excluído deste preceito: o do direito aos dividendos distribuídos no exercício da conversão antes da formalização do aumento do capital, o qual dependerá do que estiver estabelecido nas condições da emissão. A este pode ainda acrescer o do direito ao juro, nos termos previstos no 369.º/1 conforme o que constar das condições da emissão, como *supra* se referiu. Os *outros efeitos* a que se reporta o 370.º/3 serão então, nomeadamente, os seguintes: o de considerar-se realizado o capital correspondente às novas ações, correspondentemente diminuída a dívida da sociedade, e, portanto, poder formalizar-se o aumento do capital e o de se vencerem outros direitos dos obrigacionistas dependentes da opção pela conversão, previstos no 368.º/3, como o de subscrição de novas ações em aumento de capital complementar deliberado na pendência da conversão ou de receber a sua quota parte de reservas ou de novas ações por incorporação de reservas, distribuídas aos acionistas na pendência da conversão[1].

7. **Aumento do capital e registo**. Subjacente ao 370.º está a regra de que a administração 9
deve formalizar o aumento do capital num prazo razoável após a conversão. Com efeito, as várias soluções que ali se apresentam mais não são do que concretizações desta regra, dependendo da modalidade de prazo para o exercício do direito de conversão concretamente adotada. Em geral, o legislador considera razoável o prazo de 30 dias, porém, quando a conversão pode ser pedida a todo o tempo contado de data, tal determinaria que o emitente modificasse todos os meses o seu capital. Esta solução seria muito gravosa para o emitente, ainda que vantajosa para os titulares das obrigações. O problema não estaria na declaração de aumento do capital propriamente dita, mas nas consequências mensais da alteração na vida societária, desde os vários requerimentos de registo comercial, as menções em atos externos, a eventual necessidade de balanços intercalares

[1] Em sentido diferente, Osório de Castro, *Valores mobiliários*, 179-180, considera que esses efeitos corresponderão à criação das ações pelo que o aumento do capital e o registo terão natureza meramente declarativa. Em consequência, o 370.º/3 seria uma exceção ao 88.º, visto que anteciparia o momento do aumento do capital.

para apreciar devidamente o impacto da alteração, ao vencimento dos direitos dos obrigacionistas dependentes da conversão, às assembleias gerais, etc. Assim, neste caso particular, o legislador tomou por referência o meio e o final de cada ano, salvo se as condições da emissão previrem uma periodicidade diversa a qual não pode, contudo, ser superior a um ano. Uma vez declarado, o aumento do capital produz logo efeitos entre os acionistas, por determinação do 88.°, aplicável aqui com as necessárias adaptações[2]. A inscrição dos aumentos no registo comercial deve depois ser requerida no prazo de dois meses, podendo as condições da emissão impor um prazo mais curto.

Artigo 371.° (Emissão de ações para conversão de obrigações)

1. A administração da sociedade deve, imediatamente após o registo comercial do aumento de capital resultante da emissão:

a) Em relação a ações tituladas, emitir os títulos das novas ações e entregá-los aos seus titulares;

b) Em relação a ações escriturais, proceder ao registo em conta novas ações.

2. Não é necessário proceder à emissão a que se refere o número anterior quando os pedidos de conversão possam ser satisfeitos com ações já emitidas que se encontrem disponíveis para o efeito, salvo se as condições da emissão dispuserem diferentemente.

Bibliografia: José Engrácia Antunes, *Wandel und Optionanleihen in Portugal*, em ZGR 1995; José de Oliveira Ascensão IV (2000), 541-568; Nuno Barbosa e Orlando Vogler Guiné, em *Código em Comentário* V (2012), 759-966; Carlos Osório de Castro, *Valores mobiliários: conceito e espécies* (1998), 164-200; Menezes Cordeiro 2 (2007), 713 ss.; Luís Brito Correia 2 (1989), 499-516; Cristina Sofia Dias, *Valores mobiliários convertíveis e condicionados*, CadMVM 15, 97 ss.; Fátima Gomes, *Obrigações convertíveis em acções* (1999); Ministério da Justiça, *Código das Sociedades Comerciais (Projecto)*, BMJ 327 (1983), 236-251; Florbela de Almeida Pires, *Direitos e organização dos obrigacionistas em obrigações internacionais* (2001), 140-142; Mário Leite Santos, *Obrigações Convertíveis – Alguns aspectos do seu regime jurídico*, RB 19 (1991), 93-172.

Índice

I – **Origem e evolução**
1. Projeto 1
2. Reforma de 1987 2
3. Reforma de 1999 3
4. Reforma de 2006 4
5. Reforma de 2015 5

II – **Regime**
6. Âmbito 6
7. Novas ações escriturais ou tituladas 9

I – Origem e evolução

1 1. **Projeto**. O 371.° versa matéria que vinha tratada no 354.° do Projeto o qual seguiu a redação constante do 13.° do DL 397/71, de 22-set., com exceção do n.° 3 do preceito. Este permitia a emissão das novas ações mesmo não estando integralmente liberadas ações antigas. A redação originária do 371.°, com três números, adotou integralmente o texto do Projeto, dispondo que: *no primeiro mês de cada trimestre, a administração da sociedade, mediante deliberação consignada em ata,*

[2] Contra Osório de Castro, *ibidem*.

devia *emitir as ações que* coubessem *aos obrigacionistas que* houvessem *pedido a conversão no trimestre anterior e promover, dentro dos 30 dias imediatos, a conversão em definitivo do registo provisório do aumento de capital correspondente às ações emitidas* (n.º 1). *Os averbamentos de conversão* seriam *lavrados com base na ata* a que se referia o n.º 1 (n.º 2). *Não seria necessário proceder à emissão* a que se referiam os n.os 1 e 2 *quando os pedidos de conversão* pudessem *ser satisfeitos com ações já emitidas e que se* encontrassem *disponíveis para o efeito* (n.º 3). As alterações subsequentes ao 371.º resultam, em grande parte, das alterações que foram efetuadas ao 370.º.

2. **Reforma de 1987**. O DL 280/87, de 8-jul., que também alterara o 370.º, modificou substancialmente a regra quanto ao momento da formalização do aumento do capital: de uma formalização imediata, com registo provisório por natureza, passou-se para uma formalização posterior, periódica, dependente do concreto número de pedidos de conversão efetuados. Quanto ao 371.º, suprimiu-se o n.º 2, o n.º 3 passou a n.º 2, e o n.º 1 passou a dizer o seguinte: 2

> No prazo de 180 dias a contar da escritura do aumento do capital resultante da emissão, a administração da sociedade deve emitir as novas ações e entregá-las aos seus titulares.

3. **Reforma de 1999**. Contudo, a redação do 371.º/1, adotada em 1987, era inadequada quando se tratasse de criar novas ações escriturais, pois estas não poderiam ser fisicamente entregues aos acionistas. Assim, o 371.º foi novamente alterado pelo DL 486/99, de 13-nov., diploma que aprovou o novo CVM e que adaptou então o 371.º/1 às modernas formas de representação dos valores mobiliários. O 371.º/1 passou a distinguir: a *administração da sociedade deve: a) Em relação a ações tituladas, emitir os títulos das novas ações e entregá-los aos seus titulares no prazo de 180 dias a contar da escritura do aumento do capital resultante da emissão; b) Em relação a ações escriturais, proceder ao registo em conta das novas ações imediatamente após o registo comercial do aumento de capital resultante da emissão.* 3

4. **Reforma de 2006**. Porque o preceito se referia, na alínea *a*), a escritura pública que deixou de ser exigida, viria novamente a ser alterado pelo DL 76-A/2006, de 29-mar., no sentido de suprimir essa referência. 4

5. **Reforma de 2015**. O DL 26/2015, de 6-fev. alterou novamente o 371.º. No n.º 1 deixou de haver distinção entre o prazo para a emissão e entrega dos títulos, tratando-se de ações tituladas, do prazo para o registo em conta, tratando-se de ações escriturais. Em qualquer dos casos, a obrigação da administração passou a ser *imediata*. No n.º 2, além da alteração do tempo verbal (do futuro para o presente) salvaguarda-se o caso de, não obstante a existência de ações próprias, haver emissão de novas ações para efeitos de conversão das obrigações. 5

II – Regime

6. **Âmbito**. Também o 371.º é uma disposição destinada a regular as obrigações convertíveis em ações representativas do capital social do emitente, não sendo o seu regime aplicável às obrigações convertíveis em ações detidas pelo emitente noutra sociedade, nem às obrigações convertíveis noutros valores mobiliários. Trata-se aqui da criação e entrega das novas ações, ou de ações próprias disponíveis para o efeito, aos acionistas que tenham optado pela conversão. 6

Há uma certa incoerência sistemática entre o n.º 1 e o n.º 2 do 371.º resultante porventura da confusão entre *emissão* de títulos (ou registo em conta) e a emissão propriamente dita de *ações* resultante do aumento do capital, confusão esta que também se anuncia na epígrafe do artigo. Com efeito, como se referiu a propósito das diversas modalidades de obrigações convertíveis (365.º) é admissível a emissão de obrigações convertíveis em novas ações representativas 7 do capital social do emitente (o caso paradigmático das obrigações convertíveis e que serve de padrão ao seu regime) e em ações próprias que o emitente detenha em carteira e que sejam suficientes para satisfazer os pedidos de conversão (no todo ou em parte), bem como obrigações convertíveis noutros valores mobiliários. No primeiro caso, a emissão das obrigações convertíveis implicará o aumento do capital da sociedade emitente mas não já nos demais. Se as ações próprias forem suficientes para atender aos pedidos de conversão não haverá aumento do capital, assim como não há se as obrigações forem convertidas noutros valores mobiliários. Havendo aumento do capital, o mesmo terá de ser declarado e registado (370.º) e posteriormente criados os títulos ou os registos que correspondem à *forma de representação* das novas ações. Ou seja, o 371.º/1 é uma regra equivalente à do 304.º, sendo ambos complementados pelo disposto nos 61.º ss. do CVM, quanto a ações escriturais e 95.º ss. CVM quanto aos valores titulados. Trata-se aqui da conclusão do processo de aumento do capital, que consiste na entrega, real ou simbólica, da ação ao obrigacionista que optou pela conversão.

8 O 371.º/2 trata de realidade distinta, confundindo-a com a *mera* entrega das ações: será o caso de as obrigações convertíveis não originarem, de acordo com as condições da emissão, o aumento do capital social da sociedade emitente. Nesta hipótese, os pedidos de conversão serão satisfeitos com a entrega das ações existentes e não haverá lugar ao disposto no 371.º/1 porque o mesmo não será aplicável (sem aumento do capital, não haverá novas ações, logo não haverá novos *títulos* ou *registos em conta* a criar...) e não por *não ser necessário*. O 371.º/1 também não será aplicável se as obrigações forem convertíveis noutros valores mobiliários detidos pelo emitente. Ou seja, na verdade, trata-se de obrigações convertíveis de modalidade distinta da tratada no 371.º/1. Mais: nesta fase, não haverá opção por parte do emitente entre entregar novas ações ou ações existentes porque, estando o aumento do capital registado, têm de ser entregues as novas ações, pois todo o capital tem de estar formalmente representado em títulos ou em contas.

9 7. **Novas ações escriturais ou tituladas**. O regime do 371.º/1 impõe sobre o emitente a obrigação de concluir o processo de aumento do capital, através da *entrega* das novas ações aos novos acionistas. Desde 2015 que, quer os títulos, quer o registo, devem ser efetuados *imediatamente*. O 371.º/1 não é coerente com a solução resultante do 304.º segundo o qual os *títulos* devem ser entregues no prazo de seis meses após o registo. Este peca por excesso, aquele por defeito. Estas regras são complementadas pelo disposto no CVM: as formas de representação dos valores mobiliários estão previstas nos 46.º ss. CVM. O regime dos valores mobiliários escriturais é depois desenvolvido nos 61.º a 94.º e o dos valores titulados nos 95.º a 107.º. Apesar da existência de títulos, os valores mobiliários titulados podem estar depositados em intermediário financeiro ou até em sistema centralizado, nos termos previstos no 99.º. De salientar que integração em sistema centralizado de valores mobiliários escriturais ou titulados é obrigatória para efeitos de admissão à negociação em mercado regulamentado – 62.º e 99.º/2, *a*) CVM.

Artigo 372.º (Plano de recuperação ou de insolvência e dissolução da sociedade)

1. Sendo aprovado plano de recuperação ou de insolvência de sociedade emitente de obrigações convertíveis em ações, no âmbito de processo especial de revitalização ou de insolvência, pode o direito de conversão das obrigações em ações ser exercido imediatamente após a homologação do plano, nas condições nele estabelecidas.

2. Se a sociedade que tiver emitido obrigações convertíveis em ações se dissolver, sem que isso resulte de fusão, podem os obrigacionistas, na falta de caução idónea, exigir o reembolso antecipado, o qual, todavia, lhes não pode ser imposto pela sociedade.

Bibliografia: José Engrácia Antunes, *Wandel und Optionanleihen in Portugal*, em ZGR 1995; José de Oliveira Ascensão IV (2000), 541-568; Nuno Barbosa e Orlando Vogler Guiné, em *Código em Comentário* V (2012), 759-966; Carlos Osório de Castro, *Valores mobiliários: conceito e espécies* (1998), 164-200; Menezes Cordeiro 2 (2007), 713 ss.; Luís Brito Correia 2 (1989), 499-516; Cristina Sofia Dias, *Valores mobiliários convertíveis e condicionados*, CadMVM 15, 97 ss.; Fátima Gomes, *Obrigações convertíveis em acções* (1999); Ministério da Justiça, *Código das Sociedades Comerciais (Projecto)*, BMJ 327 (1983), 236-251; Florbela de Almeida Pires, *Direitos e organização dos obrigacionistas em obrigações internacionais* (2001), 140-142; Mário Leite Santos, *Obrigações Convertíveis – Alguns aspectos do seu regime jurídico*, RB 19 (1991), 93-172.

Índice

1. Projeto e alterações.. 1
2. Plano de recuperação ou de insolvência......... 2
3. Dissolução da sociedade................................. 4

1. **Projeto e alterações**. O 372.° corresponde ao 355.° do Projeto e tem origem nos 15.° e 16.° do DL 397/71, de 22-set., cuja redação era praticamente idêntica à atual. O 372.° alterado pelo DL 26/2015, de 6-fev., para assegurar a compatibilização do seu regime com o disposto no CIRE.. 1

2. **Plano de recuperação ou de insolvência**. O 372.°/1 determina agora que o direito de conversão *pode ser* exercido logo que o plano de recuperação ou de insolvência seja homologado e nos termos que o mesmo estabelecer. Atendendo à origem do preceito, é de entender que esta solução foi pensada para as obrigações convertíveis em ações representativas do capital social do emitente. Neste caso, a conversão das obrigações em ações aumenta o capital e diminui o montante da dívida societária, pelo que, faz sentido admitir a eventual antecipação do exercício da conversão. Em termos práticos, esta possibilidade terá mais interesse no caso de planos de recuperação aprovados no âmbito do processo especial de revitalização (17.°-A a 17.°-I CIRE) e não tanto no caso dos planos de insolvência, em que a antecipação do momento para o exercício do direito de conversão terá a vantagem de terminar a indefinição jurídica resultante da subsistência das obrigações convertíveis. Ou seja, nessas circunstâncias, parece que os obrigacionistas preferirão manter a dívida, em vez de optar por se tornarem acionistas. 2

É de admitir que a mesma solução vale para as obrigações convertíveis em ações que o emitente detenha noutra sociedade. Mas, ao contrário das obrigações convertíveis em ações do emitente, neste caso a conversão não aumenta o capital, equivalendo, pelo contrário e sob certa perspetiva, ao reembolso, pelo que mais dificilmente o plano de recuperação ou mesmo o plano de insolvência poderá prever o exercício do direito de conversão logo após a sua homologação. Finalmente, se o processo especial de revitalização ou o processo de insolvência respeitar à sociedade emitente das ações a que a conversão das obrigações dá direito, o 372.°/1 não é aplicável. Com efeito, quer a emissão das obrigações, quer o direito de conversão são alheios a esta sociedade. A conversão das obrigações origina, neste caso, a transmissão da titularidade das ações, do emitente das obrigações para os obrigacionistas, numa operação paralela à da dação em pagamento. Na pendência da conversão, o emitente das obrigações poderá ver a sua conduta limitada, quer pelas condições da emissão das obrigações, quer pela boa-fé, por exemplo, 3 abstendo-se de exercer o seu direito de voto na sociedade emitente das ações de forma que comprometa o direito de conversão dos obrigacionistas.

4 3. **Dissolução da sociedade**. Também o 372.°/2 trata da dissolução da sociedade emitente de obrigações convertíveis em ações representativas do seu próprio capital social, para estabelecer, em desvio à regra do 153.°/1, que os obrigacionistas podem pedir o reembolso das obrigações, nas que este não lhes pode ser imposto. Relativamente à conversão, é de entender que se mantêm as condições da emissão, não podendo a liquidação terminar enquanto o exercício de tais direitos estiver pendente, posto que os novos acionistas terão direito a quinhoar no património que houver a partilhar.

Artigo 372.°-A (Obrigações com *warrant*)

1. As sociedades anónimas podem emitir obrigações com *warrant*.

2. As ações criadas por exercício do *warrant* podem ser ordinárias ou preferenciais, com ou sem direito de voto.

Bibliografia: José Engrácia Antunes, *Wandel und Optionanleihen in Portugal*, em ZGR 1995; José de Oliveira Ascensão IV (2000), 541-568; Nuno Barbosa e Orlando Vogler Guiné, em *Código em Comentário* V (2012), 759-966; Carlos Osório de Castro, *Valores mobiliários: conceito e espécies* (1998), 164-204; Menezes Cordeiro 2 (2007), 713 ss.; Luís Brito Correia 2 (1989), 499-516; Cristina Sofia Dias, *Valores mobiliários convertíveis e condicionados*, CadMVM 15, 97 ss.; Fátima Gomes, *Obrigações convertíveis em acções* (1999); Ministério da Justiça, *Código das Sociedades Comerciais (Projecto)*, BMJ 327 (1983), 236-251; Florbela de Almeida Pires, *Direitos e organização dos obrigacionistas em obrigações internacionais* (2001), 140-142; Helena Marques da Silva, *O* warrant *no âmbito do mercado de valores mobiliários*, em DVM II (2001), 351-398; Alexandre Brandão da Veiga, *Direitos destacados e* warrants *autónomos*, em DVM III (2001).

Índice

I – **Origem e evolução** ....
1. Origem 1
2. A reforma de 2006 2
3. A reforma de 2007 3
4. A reforma de 2015 4

II – **Regime**
5. Obrigações com *warrants* 5
6. *Naked warrants* 6

I – **Origem e evolução**

1 1. **Origem**. O 372.°-A foi aditado pelo DL 229-B/88, de 4-jul., com intenção de criar um *título próximo, mas distinto* das obrigações convertíveis em ações. A redação inicial do 372.°-A dizia que *as obrigações referidas na alínea d) do artigo 360.° só* podiam *ser emitidas desde que se* encontrassem *cotadas em bolsa de valores as ações da sociedade emitente daquelas que poderão ser adquiridas pelo exercício do direito de subscrição.* Portanto, atendendo às duas modalidades de obrigações com *warrants* previstas no 372.°-B, as obrigações com *warrants* poderiam ser emitidas pelas sociedades cotadas, quando conferissem o direito de subscrição de ações por elas emitidas, ou por sociedades não cotadas, no caso de conferirem o direito de subscrição de ações emitidas por sociedade dominante e esta fosse uma sociedade cotada.

2 2. **A reforma de 2006**. O 372.°-A foi alterado pelo DL 76-A/2006, de 29-mar., que o dividiu em dois números. O n.° 1 manteve-se até à atualidade e o n.° 2 dispunha que *as obrigações com*

warrant só podiam *estar admitidas à negociação em mercado regulamentado se também* estivessem *as ações que lhe* (sic) servissem *de ativo subjacente.* Em consequência, a possibilidade de emitir de obrigações com *warrants* deixou de estar dependente da admissão à cotação das ações a subscrever, passando a ficar limitada a admissão à negociação das obrigações com *warrants.*

3. **A reforma de 2007**. O 372.°-A/2 foi depois revogado pelo DL 357-A/2007, de 31-out.. Sobre o tema da admissão à negociação das obrigações com *warrants,* há agora que considerar o disposto no 230.°/2 do CVM, nos termos do qual a admissão das obrigações com *warrants* a mercado que forme cotação oficial (e não a qualquer mercado regulamentado) depende de prévia ou simultânea admissão das ações a que conferem direito ou de ações da mesma categoria. 3

4. **A reforma de 2015**. O DL 26/2015, de 6-fev., alterou novamente o 372.°-A: a epígrafe deixou de se referia a obrigações com direito de subscrição de ações para referir *warrants* e foi reintroduzido um n.° 2, esclarecendo que as novas ações, criadas por exercício do *warrant* podem ser ordinárias ou preferenciais, com ou sem direito de voto. 4

II – **Regime**

5. **Obrigações com *warrants***. As obrigações com *warrants* são, em primeira linha, obrigações, *i.e.* valores mobiliários representativos de dívida, que geralmente conferem ao seu titular o direito a um juro periódico e ao reembolso do capital. Adicionalmente, estas obrigações conferem ainda o direito a subscrever uma ou mais ações. A propósito das obrigações com *warrants* dizia o preâmbulo do DL 229-B/88, de 4-jul.: *[t]rata-se de um título próximo, mas distinto, das obrigações convertíveis em ações. Nestas últimas, a obrigação desaparece: o detentor do título deixa de ser obrigacionista para passar a accionista. Nas obrigações com warrants, as obrigações continuam a existir e o obrigacionista tem um warrant que lhe confere o direito de subscrever ações: continua a ser obrigacionista, ao mesmo tempo que faz entrar novos fundos na empresa e se torna, simultaneamente, accionista.* O regime das obrigações com *warrants* vem previsto no 372.°-B que prevê duas modalidades, consoante as ações a subscrever são emitidas pelo emitente das obrigações, ou por sociedade dominante deste. O *warrant* ou direito de subscrever ações pode ser alienado e transacionado separadamente das obrigações, embora não possa, nos termos do CSC, ser destacado logo no momento da emissão das obrigações, sob pena de se tratar afinal de um *naked warrant* ou *warrant autónomo,* algo que o DL 229-B/88, de 4-jul., não pretendeu introduzir na ordem jurídica portuguesa. 5

6. ***Naked warrants***. Foi preciso aguardar pelo DL 172/99, de 20-mai., para que os *warrants* autónomos fossem reconhecidos como valores mobiliários em Portugal. A sua introdução justificou-se pela evolução registada no mercado nacional dos *warrants* destacáveis de obrigações e pelo *aumento do recurso à emissão por empresas portuguesas de warrants autónomos em mercados internacionais.* Nos termos deste diploma, os *warrants* autónomos podiam conferir alternativa ou exclusivamente o *direito a subscrever, a adquirir ou a alienar o ativo subjacente mediante um preço, no prazo e nas demais condições estabelecidas na deliberação de emissão* ou o *direito a exigir a diferença entre o preço do ativo subjacente fixado na deliberação de emissão e o preço desse ativo no momento do exercício* (2.°). Os ativos subjacentes podiam ser valores mobiliários cotados em bolsa, índices sobre valores mobiliários cotados em bolsa, taxas de juro, divisas, outros ativos de natureza análoga (3.°). 6

O DL 172/99, de 20-mai., foi alterado pelo DL 70/2004, de 25-mar., o qual serviu objetivos de flexibilização do regime *permitindo à CMVM emitir normas regulamentares sobre, nomeadamente, a delimitação dos ativos subjacentes e das entidades habilitadas a emitir warrants autónomos,* numa fase em que a revogação do princípio da tipicidade dos valores mobiliários, consagrada no 1.° do CVM, obrigou também a acertos, como se afirma no preâmbulo deste DL. Assim, atual- 7 mente, os *warrants* autónomos são valores mobiliários que conferem ao seu detentor um direito sobre um determinado ativo financeiro. Esse direito pode ser o de comprar o ativo subjacente, subscrever o ativo subjacente, vender o ativo subjacente, receber uma diferença em dinheiro entre o preço do ativo subjacente fixado na deliberação de emissão e o preço de exercício (em condições estabelecidas em regulamento, a CMVM pode permitir que o preço de exercício seja fixado em momento posterior). Os ativos subjacentes podem ser ações, obrigações, índices bolsistas, taxas de juro, divisas ou taxas de câmbio. Sobre os *warrants* autónomos está em vigor o Reg CMVM 5/2004, alterado pelo Reg CMVM 6/2005[1].

Artigo 372.º-B (Regime)

1. Sem prejuízo do disposto no número seguinte, as obrigações mencionadas no artigo anterior conferem o direito à subscrição de uma ou várias ações a emitir pela sociedade em prazo determinado e pelo preço e demais condições previstos no momento da emissão.

2. Uma sociedade pode emitir obrigações que confiram o direito de subscrição de ações a emitir pela sociedade que, direta ou indiretamente, detenha uma participação maioritária no capital social da sociedade emitente das obrigações, devendo, neste caso, a emissão das obrigações ser também aprovada pela assembleia geral daquela sociedade, aplicando-se o disposto no artigo 366.º.

3. O período de exercício do direito de subscrição não pode ultrapassar em mais de três meses a data em que deveria encontrar-se amortizado todo o empréstimo.

4. Salvo se o contrário tiver sido estabelecido nas condições da emissão, os direitos de subscrição podem ser alienados ou negociados independentemente das obrigações.

5. Sem prejuízo do disposto nos números anteriores, às obrigações de que trata o presente artigo são aplicáveis, com as necessárias adaptações, os artigos 366.º, 367.º, 368.º, 369.º, n.º 2, 370.º, 371.º e 372.º.

Bibliografia: Paula Alvarez, *Os direitos de subscrição em geral e no Código do Mercado dos Valores Mobiliários em particular*", em DVM II (2001), 285-350; José Engrácia Antunes, *Wandel und Optionanleihen in Portugal*, em ZGR 1995; José de Oliveira Ascensão, *Sociedades comerciais* IV (2000), 541-568; Nuno Barbosa e Orlando Vogler Guiné, em *Código em Comentário* V (2012), 759-966; Carlos Osório de Castro, *Valores mobiliários: conceito e espécies* (1998), 164-204; António Menezes Cordeiro 2 (2007), 713 ss.; Luís Brito Correia (1989), 499-516; Cristina Sofia Dias, *Valores mobiliários convertíveis e condicionados*, CadMVM 15, 97 ss.; Fátima Gomes, *Obrigações convertíveis em acções* (1999); Ministério da Justiça, *Código das Sociedades Comerciais (Projecto)*, BMJ 327 (1983), 236-251; Florbela de Almeida Pires, *Direitos e Organização dos Obrigacionistas em Obrigações Internacionais (*2001), 140-142; Helena Marques da Silva, *O* warrant *no âmbito do mercado de valores mobiliários*, DVM II (2001), 351-398; Alexandre Brandão da Veiga, *Direitos destacados e* warrants *autónomos*", DVM III (2001).

[1] Regulamentos disponíveis em www.cmvm.pt

Índice

1. Origem 1
2. Modalidades 2
3. *Warrants* 3
4. Regime 4

1. **Origem**. O 372.°-B foi aditado pelo DL 229-B/88, de 4-jul., diploma que criou, na ordem jurídica portuguesa, as obrigações com *warrants*. O 372.°-B não foi ainda objeto de alterações. 1

2. **Modalidades**. O 372.°-B/1 e 2 prevê duas modalidades de obrigações com *warrants*. No n.° 1 as obrigações conferem ao seu titular o direito de subscrever uma ou várias ações representativas do capital social do emitente das obrigações. Neste caso, as obrigações não se convertem, mas tal como nestas, o obrigacionista tem a faculdade de se tornar acionista da sociedade devedora das obrigações. No n.° 2 prevê-se a possibilidade de o direito de subscrição respeitar a ações representativas do capital social de outra sociedade, desde que esta detenha uma participação maioritária no capital do emitente das obrigações, portanto, uma sociedade que se presume dominante desta, nos termos do 486.°/2, *a*). Neste último caso, a emissão das obrigações com *warrants* determinará o aumento do capital da sociedade dominante, pelo que deverá esta também aprovar a emissão das obrigações, deliberando nos termos do 366.°. 2

3. ***Warrants***. As obrigações com *warrants* têm, relativamente às obrigações convertíveis, a particularidade de permitir identificar e tratar separadamente o *warrant* ou direito de subscrição da obrigação. Nesta linha, o 372.°-B/4 permite que tal direito seja alienado ou negociado independentemente das obrigações, embora não se permita a sua subscrição separada[1]. A ligação entre o direito de subscrição e as obrigações é ainda estabelecida pelo n.° 3, ao obrigar a que o período do exercício do *warrant* não ultrapasse em mais de três meses a data prevista para a amortização das obrigações. 3

4. **Regime**. O regime das obrigações com *warrants* é construído por remissão para as disposições relativas às obrigações convertíveis em ações representativas do capital social do emitente. Assim, são correspondentemente aplicáveis as regras sobre o conteúdo da proposta e da deliberação dos acionistas e o aumento do capital, aos acionistas é conferido direito de preferência na subscrição das obrigações com *warrants*, a sociedade fica limitada nos termos do 368.°, as condições da emissão devem fixar o regime dos dividendos distribuídos no exercício durante o qual a subscrição tiver lugar, os prazos de exercício, o aumento do capital e o registo são os previstos no 370.°, a entrega das ações ou a criação dos títulos devem efetuar-se nos termos previstos no 371.° e em caso de plano de recuperação, de insolvência ou de dissolução, valem as regras do 372.°. 4

Deve-se, contudo, salientar que tratando-se obrigações com direito de subscrição de ações da sociedade dominante do emitente das obrigações, as ditas regras são aplicáveis àquela sociedade e não a esta, posto que tutelam em primeira linha o direito de subscrição e não o reembolso das obrigações. Assim, além de aprovar a emissão das obrigações e de deliberar, quanto ao direito de subscrição, nos termos do 366.°, a sociedade dominante fica sujeita ao regime dos 368.°, 369.°/2, 370.°, 371.° e 372.°. Além disso, são os acionistas da sociedade dominante quem tem direito de preferência na subscrição das obrigações com *warrants* nos termos do 367.° e não os acionistas da sociedade emitente das obrigações. 5

[1] Tal equivaleria atualmente a uma emissão de obrigações e a uma emissão de *naked warrants*, mas não a uma emissão de obrigações com *warrants*.

Capítulo V – Deliberações dos acionistas

Introdução

Bibliografia: António Pereira de Almeida (2013), 459-466; António Menezes Cordeiro 2 (2017), 733--768, *SA: assembleia geral e deliberações sociais* (2007), 39-145; *id.*, *O presidente da mesa da assembleia geral e as grandes assembleias mediáticas de 2007 (PT e BCP)*, O Direito 2007, 697-735; *id.*, *Novas regras sobre assembleias gerais: a reforma de 2010*, RDS II 2010, 1/2, 11-33; Paulo Olavo Cunha (2019), 640-770; Angelina Barbosa Leão/Iva Carla Vieira, *Guia prático das assembleias gerais*, 2.ª ed. (2005); Pedro Azevedo Maia, *Voto e corporate governance/Um novo paradigma para as sociedades anónimas* (2019); João Francisco Aveiro Pereira, *Le juge et les décisions collectives d'actionnaires des sociétés anonymes* (2008); Adriano Vaz Serra, *Assembleia geral*, BMJ 197 (1970), 23-200; Armando Manuel Triunfante, *A tutela das minorias nas sociedades anónimas/ /Quórum de constituição e maiorias deliberativas* (2005), 339-478; José Vasques, *Estruturas e conflitos de poderes nas SA* (2007), 43-107.

Vide as anotações a artigos 53.° a 63.°/Introdução.

Índice

1. O sistema do CSC 1
2. Natureza das normas 5
3. Sociedades abertas 6
4. Sociedades cotadas 7
5. Direito europeu e reformas 8

1 1. **O sistema do CSC**. O CSC trata as deliberações dos sócios na parte geral: 11 artigos, assim agrupáveis: (a) tipos de deliberações e requisitos (53.° a 55.°); (b) invalidades (56.° a 58.°); (c) regras de processo (59.° a 62.°); (d) atas (63.°). Embora a generalidade dessas regras tenha evoluído a partir das sociedades anónimas, elas são aplicáveis a todos os tipos societários.

2 Nas partes especiais, temos regras específicas: 189.° e 190.° (SNC); 246.° a 251.° (SPQ); 373.° a 389.° (SA); 472.° (SC); há, ainda, muitos preceitos dispersos sobre o tema.

3 Quanto às deliberações nas SA, o CSC dispõe, hoje, de 17 artigos em seis blocos: (a) forma e competência (373.° e 376.°); (b) mesa (374.° e 374.°-A); (c) convocação e ordem do dia (375.° a 378.°); (d) participação e representação (379.° a 381.°); (e) funcionamento e votos (382.° a 388.°); (f) assembleias especiais (389.°). Todavia, a matéria está dispersa, pelo que se recomenda uma leitura atenta dos 17 artigos em causa, antes de interpretar e de aplicar qualquer deles. Além disso, há matéria que diz diretamente respeito à assembleia geral e que está fora do capítulo a ela relativo; p. ex., o 289.° (informações preparatórias da assembleia geral) e o 290.° (informações em assembleia geral).

4 O CSC fez uma opção individualista: refere deliberações dos sócios e não a assembleia geral; todavia, esta tem a primazia, dogmática e significativo-ideológica. As regras sobre assembleia geral das SA aplicam-se às SPQ (248.°/1) e às SNC (189.°/1), em tudo o que não se prescreva de outra forma.

5 2. **Natureza das normas**. Caso a caso há que apurar se elas têm natureza imperativa ou supletiva; neste último caso, poderão ser afastadas pelos estatutos, ou por deliberação dos sócios se o contrato de sociedade expressamente admitir essa derrogação (9.°/3).

6 3. **Sociedades abertas** dão azo a regimes adequados, de tipo imperativo. Há que ter presentes, todos do CVM: 22.° (voto por correspondência); 23.° (solicitação de procuração); 24.° (suspensão de deliberação social); 25.° (aumento de capital); e 26.° (anulação de deliberação de aumento de capital).

4. **Sociedades cotadas** e as que cumpram os critérios do 413.º/2, *a*), têm um regime mais estrito, de tipo imperativo: 374.º-A/1 (independência da mesa). 7

5. **Direito europeu e reformas**. A Diretriz 2007/36, de 11-jul., ("Diretiva dos Direitos dos Acionistas"), veio regular o exercício de certos direitos dos acionistas das sociedades cotadas[1]. Essa Diretriz contém um capítulo – o II, 4.º a 14.º – sobre assembleias gerais. Aí versa, sucessivamente: a igualdade de tratamento (4.º); a informação prévia (5.º); o direito de inscrever pontos da ordem do dia e de apresentar projetos (6.º); os requisitos de participação na assembleia (7.º); a participação na assembleia por meios eletrónicos (8.º); o direito de interpelação (9.º); o voto por procuração (10.º); as formalidades de nomeação de um procurador e a notificação da mesma (11.º); a votação por correspondência (12.º); a eliminação de determinados impedimentos ao exercício efetivo dos direitos de voto (13.º); os resultados da votação (14.º). 8

As regras contidas na Diretriz já estavam de um modo geral, presentes no nosso ordenamento[2]. Todavia, a propósito da transposição, foi posto em discussão pública um anteprojeto prevendo alterações a diversos preceitos do CVM e do próprio CSC[3]. Trata-se de uma matéria que careceria de maior reflexão e de alguma moderação. A Diretriz 2007/36, de 11-jul., acabaria por ser transposta pelo DL 49/2010, de 19-mai.[4]. 9

A Diretriz 2017/828, de 17-mai. ("Diretiva dos Direitos dos Acionistas II"), alterou a Diretriz 2007/36, de 11-jul. No seguimento do Plano de Ação da Comissão de 2012, procurou-se "incentivar o envolvimento a longo prazo dos acionistas" e incrementar a transparência entre as sociedades e os investidores, nomeadamente estabelecendo que os Estados-membros devem assegurar: (a) que as sociedades tenham o direito de identificar os seus acionistas (artigo 3.ª-A), que os intermediários transmitam informação da sociedade para os acionistas ou para terceiros designados pelos acionistas (artigo 3.º-B) e que os intermediários facilitem o exercício dos direitos dos acionistas (artigo 3.º-C); (b) que os investidores institucionais, os gestores de ativos e consultores estejam sujeitos a várias regras de divulgação de informação e de transparência (artigos 3.º-D, 3.º-G a 3.º-J); (c) que as sociedades devam divulgar publicamente um relatório sobre remunerações (artigo 9.º-B), bem como transações relevantes com partes relacionadas (artigo 9.º-C)[5]. 10

Foi submetido a consulta pública um anteprojeto de transposição da Diretriz 2017/828, de 17-mai., contemplando alterações ao CVM, ao RGOIC, ao RGICSF e a revogação da Lei n.º 28/2009, de 19 de junho. Na sequência desse processo e da divulgação pública de um anteprojeto final, aguarda-se a transposição da Diretriz 2017/828, de 17-mai. 11

Artigo 373.º (Forma e âmbito das deliberações)

1. Os acionistas deliberam ou nos termos do artigo 54.º ou em assembleias gerais regularmente convocados e reunidas.

[1] JOCE N. L 184, 17-24, de 14-jul.-2007.

[2] António Menezes Cordeiro, *A Directriz 2007/36, de 11 de Julho (accionistas de sociedades cotadas): comentários à proposta de transposição*, ROA 2008, 503-554; Paulo Olavo Cunha (2019), 707 (n. 1045).

[3] CMVM, *Transposição da Directiva dos direitos dos accionistas e alterações ao Código das Sociedades Comerciais/Processo de Consulta Pública n.º 10/2008*, 57 pp..

[4] RDS 2010, 11-33.

[5] Jorge Coutinho de Abreu, *Remunerações dos administradores e transações com partes relacionadas na Diretiva dos Direitos dos Acionistas II*, DSR 19 (2018), 13-26; José Ferreira Gomes/ /Diogo Costa Gonçalves, *Manual de sociedades abertas e de sociedades cotadas* 1 (2018), 137-139.

2. Os acionistas deliberam sobre as matérias que lhes são especialmente atribuídas pela lei ou pelo contrato e sobre as que não estejam compreendidas nas atribuições de outros órgãos da sociedade.

3. Sobre matérias de gestão da sociedade, os acionistas só podem deliberar a pedido do órgão de administração.

Bibliografia: Jorge Coutinho de Abreu, *373.º*, *Código em Comentário* 6 (2019), 15-28; António Menezes Cordeiro 1 (2016), 739 ss. e 2 (2017), 735-736 e 767-768; *id.*, *SA: assembleia geral e deliberações sociais* (2007), 85-95 e 121-139; Paulo Olavo Cunha (2019), 558 ss. e *Assembleias gerais de sociedades anónimas I: questões relativas à convocação, participação e funcionamento*, DSR 7 (2012), 71-96; David de Oliveira Festas, *Das Inibições de Voto dos Sócios por Conflito de Interesses com a Sociedade nas Sociedades Anónimas e por Quotas* (2015, policop.), 862 ss. (n. 3265).

Índice

1. Forma 1
2. Âmbito 3
3. Matérias de gestão 5
4. Competência legal supletiva 7
5. Competência legal imperativa 8
6. Outras competências legais 9
7. Competência *ex bona fide* 10

1 1. **Forma**. O CSC pretende, sob "forma", reportar os procedimentos conducentes à deliberação. Tais procedimentos ou formas estão tipificados na lei[1].

2 No caso das SA, admitem-se, feita a conjugação com o 54.º: (a) deliberação em assembleia convocada (373.º/1); (b) deliberação em assembleia presencial totalitária não convocada (54.º/1, 2.ª parte); (c) deliberação unânime por escrito (54.º/1, 1.ª parte); (d) deliberação por correspondência (384.º/9). Podemos acrescentar: (e) decisões do sócio único, particularmente na SA subsidiária integral (270.º-E, por analogia). As regras ora presentes visam, essencialmente, as deliberações em assembleias convocadas: as únicas praticáveis em grandes sociedades.

3 2. **Âmbito**. O 373.º/2 parece fixar a competência da assembleia em: (a) matérias especialmente atribuídas por lei; (b) *idem*, pelo pacto social; (c) residual. Todavia: a representação cabe, exclusiva e plenamente, ao conselho de administração (405.º/2), o mesmo sucedendo com a gestão, se o pacto não dispuser de outro modo – 406.º, *n*) e 373.º/3.

4 Resta concluir que a competência residual, nas SA, recai sobre o conselho de administração e não sobre a assembleia.

5 3. **Matérias de gestão**: em princípio escapam à assembleia (373.º/3), cabendo ao conselho de administração – 406.º, especialmente *n*). Os interessados podem, pelo pacto, atribuir alguns poderes de gestão à assembleia, como sejam a autorização para alienar ou onerar imóveis da sociedade[2] ou para praticar determinados atos de gestão especialmente significativos[3]. Salvo

[1] *Vide* 53.º, anot. 4.

[2] Para um levantamento dos diferentes entendimentos sobre a articulação do 373.º/2 e 3 com o 405.º/1 *vide* Jorge Coutinho de Abreu, *373.º*, 20 ss., Eduardo Sáragga Leal, *O poder de gestão dos acionistas das sociedades anónimas*, DSR 9 (2013), 247-291 (247 ss.).

[3] Exemplo: a venda de "joias da coroa"; a alienação de ativos com elevada expressão económico-financeira (*v.g.* de participação social em certa sociedade particularmente rentável; de ativos ou de participações sociais que impliquem a saída de um mercado estratégico relevante). Na falta de disposição estatutária, haverá que indagar se o ato de gestão estará compreendido na competência *ex bona fide* dos acionistas.

quando essa exigência resulte da lei[4], dos estatutos[5] ou do princípio da boa-fé[6], o conselho de administração poderá submeter assuntos de gestão a deliberação dos acionistas, mas não tem o dever de o fazer.

6 O desrespeito por estas regras envolve a anulabilidade das competentes deliberações.

7 4. **Competência legal supletiva**: 13.º/2 (criação de sucursais, agências ou outras formas locais de representação); 319.º/1 (aquisição de ações próprias); 350.º/1 (emissão de obrigações); 354.º/1 (obrigações próprias); 391.º/1 (designação de administradores); 393.º/3 (substituição de administradores); 399.º (remuneração dos administradores); 415.º (designação e destituição dos membros do conselho fiscal); 423.º-C (designação da comissão de auditoria); 425.º/1, *b*) (designação dos administradores executivos); 456.º/3 e 4 (aumento de capital deliberado pela administração); 464.º/1 (dissolução de SA).

8 5. **Competência legal imperativa**: 29.º/1 (aquisição de bens a acionistas); 31.º/1 (distribuição de bens a acionistas); 65.º/5 e 376.º/1, *a*) (relatório de gestão e contas); 68.º/1 (elaboração de novas contas); 74.º/2 e 3 (renúncia à indemnização dos administradores); 75.º (ação social de indemnização); 76.º/1 (designação de representantes especiais em ações sociais); 85.º/1 (alteração do contrato); 87.º (deliberação de aumento de capital); 100.º/2 (projeto de fusão); 103.º (deliberação de fusão); 120.º (cisão); 133.º (transformação); 134.º (deliberações ligadas à transformação); 141.º/1, *b*) (dissolução); 142.º/3 (deliberação de dissolução administrativa); 155.º/2 (aprovação do relatório e das contas anuais dos liquidatários); 155.º/4 (*idem*, das contas finais); 161.º (deliberação do regresso à atividade); 320.º/1 (alienação de ações próprias); 344.º/1 (conversão de ações ordinárias em preferenciais sem voto); 346.º/1 (amortização de ações sem redução do capital); 347.º/1 (*idem*, com redução); 376.º (assembleia geral anual); 403.º (destituição de administradores); 419.º (destituição de membros do conselho fiscal); 423.º-E (destituição dos membros da comissão de auditoria); 455.º/3 (destituições e votos de confiança); 462.º/1 (redução do capital por extinção de ações próprias); 464.º/1 (deliberação de dissolução).

9 6. **Outras competências legais**: a lei refere ainda a possibilidade da intervenção da assembleia nos casos seguintes: 24.º/5 (assembleia especial para supressão de direitos "especiais"); 28.º/1 (designação do ROC para elaboração do relatório relativo a entradas em espécie); 35.º/1 (perda de metade do capital social); 42.º/2 (nulidades do contrato de sociedade sanáveis por deliberação); 280.º/3 (subscrição incompleta); 345.º/1 (fixação de data para a remição).

10 7. **Competência *ex bona fide***: a assembleia geral pode deliberar sobre matérias de gestão da sociedade especialmente graves, por exigência da boa-fé e sob cominação de abuso do direito[7]. As competências "implícitas" (ou "não escritas") dos sócios têm sido reconhecidas em diversas experiências estrangeiras, por lei ou por impulso da jurisprudência[8]. No sistema português deve ser reconhecida competência *ex bona fide* dos acionistas sobre atos de gestão que: *a*) produzam efeitos análogos ao da dissolução da sociedade, e/ou tenham um impacto especialmente sig-

[4] Alguns atos sujeitos, por lei, a deliberação dos sócios contendem (direta ou indiretamente) com matérias de gestão (*v.g.* 11.º/2, 13.º/2).

[5] Exemplo: 8.º/2, *f*) dos Estatutos da Redes Energéticas Nacionais, SGPS, S.A. (2016) – cabe aos acionistas deliberar sobre a "aquisição ou alienação de bens, direitos ou participações sociais de valor económico superior a 10% dos ativos fixos da Sociedade" (*http://www.ren.pt/*).

[6] V. *infra* a competência *ex bona fide* dos sócios.

[7] Menezes Cordeiro, *SA*, 135-139.

[8] Assim, temos, por exemplo: em experiências anglo-saxónicas (*soft law* e *hard law*) – no Reino-Unido, a *Listing Rule* 10 elaborada pela FCA, nos Estados Unidos da América, o § 12.02 do *Model Business Corporation Act* ou, mais restritivamente, o § 271 da *General Corporation Law do Delaware*; em experiências continentais – na Alemanha, os casos *Holzmüller*/1982, *Gelatine* I e II/2004 ou, em Espanha, os 160 f) e 511*bis* da *Ley de Sociedades de Capital* (reforma de 2014).

nificativo na participação social (nos direitos sociais dos acionistas ou no interesse económico subjacente à participação social), e/ou impliquem modificações estruturais da sociedade, ainda que sem alteração do contrato de sociedade, e/ou produzam um "efeito de mediatização"[9]; e que, cumulativamente, *b*) tenham uma expressão económico-financeira particularmente elevada face ao perfil e dimensão da sociedade (*v.g.* à sua atividade global, ao valor dos seus ativos, aos resultados, ao número de colaboradores, entre outros)[10].

Artigo 374.º (Mesa da assembleia geral)

1. A mesa da assembleia geral é constituída, pelo menos, por um presidente e um secretário.

2. O contrato de sociedade pode determinar que o presidente, o vice-presidente e os secretários da mesa da assembleia geral sejam eleitos por esta, por período não superior a quatro anos, de entre acionistas ou outras pessoas.

3. No silêncio do contrato, na falta de pessoas eleitas nos termos do número anterior ou no caso de não comparência destas, serve de presidente da mesa da assembleia geral o presidente do conselho fiscal, da comissão de auditoria ou do conselho geral e de supervisão e de secretário um acionista presente, escolhido por aquele.

4. Na falta ou não comparência do presidente do conselho fiscal, da comissão de auditoria ou do conselho geral e de supervisão, preside à assembleia geral um acionista, por ordem do número de ações de que sejam titulares caso se verifique igualdade de número de ações, deve atender-se, sucessivamente, à maior antiguidade como acionista e à idade.

Bibliografia: António Pereira de Almeida 1 (2013), 209-212; António Menezes Cordeiro 2 (2017), 737--760; *id.*, *SA: assembleia geral e deliberações sociais* (2007), 45-81; *id.*, *O presidente da mesa da assembleia geral e as grandes assembleias mediáticas de 2007 (PT e BCP)*, O Direito 2007, 697-735; Paulo Olavo Cunha (2019), 647-655; Paulo de Tarso Domingues, *O presidente da mesa da assembleia geral (PMAG)*, III Congresso DSR (2014), 15-39; *id. 374.º*, *Código em Comentário* 6 (2013), 28-52; Pedro Maia, *O presidente das assembleias de sócios*, AAVV (2002), 421-468; David de Oliveira Festas, *Das Inibições de Voto dos Sócios por Conflito de Interesses com a Sociedade nas Sociedades Anónimas e por Quotas* (2015, policop.), 922 ss.; Armando Manuel Triunfante (2007), 347-348; Vasco da Gama Lobo Xavier, *Anulação de deliberação social e de deliberações conexas* (1976), 314-321, notas 70 e 71.

Índice

I – Origem, preparatórios, redação original e reforma de 2006

1. Origem 1
2. Preparatórios 4
3. Redação original e reforma de 2006 5

II – Designação, requisitos, remuneração e destituição

4. Designação 7
5. Requisitos 10
6. Remuneração 11

[9] Verifica-se o "efeito de mediatização" quando o ato de gestão enfraquece os direitos sociais dos acionistas e o seu poder de influência (a sua competência decisória), em particular no que concerne ao controlo sobre os ativos da sociedade (*v.g.* mediante a criação de estruturas intermédias adicionais entre os acionistas e esses ativos).

[10] David de Oliveira Festas, *Das Inibições de Voto dos Sócios por Conflito de Interesses com a Sociedade nas Sociedades Anónimas e por Quotas*, 862 ss. (n. 3265).

7. Destituição 14
8. Cessação e manutenção em funções 15

III – **As funções do presidente da mesa**
9. Acompanhamento geral 16
10. Convocação das reuniões 17
11. Preparação das reuniões 19
12. A condução das reuniões 22
13. Aspetos subsequentes à reunião 27

IV – **Funções e natureza**
14. Funções próprias 28
15. Natureza 30
16. O secretário 32

V – **Violação culposa de deveres funcionais**
17. Violação culposa dos deveres funcionais 34

I – Origem, preparatórios, redação original e reforma de 2006

1. **Origem.** Nenhuma assembleia humana pode funcionar sem organização e direção. A mesa 1
da assembleia – fundamentalmente o presidente – resulta da natureza das coisas, particularmente quando a assembleia atinja certas dimensões.

O Direito português tem uma tradição própria quanto à autonomia e à consideração do 2
presidente da mesa[1]. Embora a Lei de 1867, relativa às sociedades anónimas, a não referisse, ela foi-se impondo, na prática.

O Código Comercial (1888) previa (182.º), a eleição, pela assembleia e por dois anos, de 3
um presidente, um vice-presidente, dois secretários e dois vice-secretários. O presidente tinha independência perante maiorias circunstanciais e dispunha de competência própria (183.º) para convocar e dirigir a assembleia.

2. **Preparatórios.** Vaz Serra chegou a preconizar um certo apagamento do presidente: a pró- 4
pria assembleia seria convocada pela administração[2]. Contra: Vasco Lobo Xavier[3]. Raúl Ventura inverteu, no projeto, a orientação de Vaz Serra[4]: deu-lhe um espaço próprio, desenvolvendo os seus poderes.

3. **Redação original e reforma de 2006.** Na redação original, o 374.º/3 e 4 fazia referência 5
ao presidente do conselho fiscal ou do conselho geral[5]. Pelo DL 76-A/2006, de 29-mar., ela foi substituída por "presidente do conselho fiscal, da comissão de auditoria ou do conselho geral e de supervisão"[6], na linha das novas orgânicas introduzidas.

Porventura mais importante: a reforma de 2006 dignificou a figura do presidente da mesa 6
da assembleia geral, assegurou a sua independência e, por essa via, reforçou o seu papel de árbitro, na conclusão dos trabalhos da assembleia geral.

II – Designação, requisitos, remuneração e destituição

4. **Designação.** A lei prevê: (a) pelo menos, um presidente e um secretário (374.º/1)[7]; (b) elei- 7
tos pelo máximo de 4 anos (374.º/2); (c) entre acionistas ou não acionistas (*idem*). O contrato pode prever, ainda, um vice-presidente e vários secretários, bem como mandatos inferiores a 4 anos e a limitação a acionistas.

Na falta de pessoas eleitas ou quando estas não compareçam, no silêncio do contrato, 8
há que recorrer a um presidente *ad hoc*: o do conselho fiscal, o da comissão de auditoria ou

[1] Visconde de Carnaxide (1913), 139 ss..
[2] Vaz Serra, BMJ 197 (1970), 23-176 (133).
[3] Vasco Lobo Xavier, *Anulação de deliberação social*, 315-316, nota 70.
[4] BMJ 327 (1983), 265-273.
[5] DR I Série, n.º 201, de 2-set.-1986, 2361.
[6] DR I Série-A, n.º 63 (Supl.), de 29-mar.-2006, 2328-(21)/I.
[7] Para que a assembleia funcione é suficiente o presidente – Pedro Maia, *O presidente das assembleias*, 421, n. 2, 425 ss.; Paulo de Tarso Domingues, *O presidente da mesa da assembleia geral (PMAG)*, 15.

o do conselho geral e de supervisão[8], sendo secretário um acionista presente, escolhido pelo presidente *ad hoc* em causa (374.º/3); na falta ou não comparência dos presidentes em causa, o presidente *ad hoc* será um dos acionistas presentes, com preferência pelos seguintes critérios: o maior número de ações[9]; maior antiguidade como acionista; a maior idade.

9 Uma vez eleitos, os membros da mesa entram imediatamente em funções, quando o lugar fosse assegurado *ad hoc*; nos restantes casos, a assembleia deve ser dirigida pelos titulares anteriores que a tenham preparado, desde que não estejam incursos em incompatibilidades. A lei não prevê (e mal) a sujeição da designação do presidente da mesa da assembleia, ao registo comercial.

10 5. **Requisitos**. O 374.º-A impõe requisitos para os membros da mesa de determinadas sociedades[10]. Ainda que a lei não o exija expressamente, deve entender-se que os membros da administração não podem ser membros da mesa: de outro modo, poderia ficar comprometida a sua imparcialidade e isenção[11]. Para além disso, há que observar os estatutos, que poderão reservar a mesa a acionistas ou exigir que os seus membros tenham determinadas habilitações académicas ou experiência profissional. Todavia, recomenda-se que, em qualquer caso: (a) não haja incompatibilidades, perante o 374.º-A; (b) o presidente seja capaz de conduzir os trabalhos em português; (c) e tenha conhecimentos jurídicos mínimos do Direito das sociedades.

11 6. **Remuneração**. Nas sociedades referidas no 374.º-A (sociedades cotadas e grandes anónimas), os membros da mesa têm direito a uma remuneração fixa (422.º-A): a determinar pela assembleia geral ou pela comissão de vencimentos (399.º/1), tudo por remissão do 374.º-A/3.

12 Não é possível, nesses casos, a remuneração através de "senhas de presença" ou equivalente: obviamente, não haverá, então, uma remuneração fixa.

13 Os membros da mesa têm ainda o direito ao pagamento de todas as despesas, com relevo para as de deslocação e de alojamento, quando a elas haja lugar.

14 7. **Destituição**. A doutrina anterior a 2006 já entendia que os membros da mesa só podiam ser destituídos com justa causa: as suas funções estariam mais próximas da fiscalização do que da administração[12]. Hoje, a necessidade de justa causa para a destituição dos membros da mesa das sociedades referidas no 374.º-A/1 consta do n.º 2 desse preceito[13]. Justa causa será, aqui, uma violação culposa dos seus deveres funcionais.

15 8. **Cessação e manutenção em funções**. O presidente da mesa cessa as suas funções no termo do mandato. Todavia, mantém-se em funções para lá desse termo, até à designação do

[8] A assunção pelo presidente do órgão de fiscalização (ou, hipótese mais discutível, pelo fiscal único – contra, por exemplo: Paulo Olavo Cunha (2019), 651-652) do cargo de presidente da mesa decorre da lei, não dependendo de aceitação (Paulo de Tarso Domingues, *O presidente da mesa da assembleia geral (PMAG)*, 17-18).

[9] Desde que não detenha mais de 2% das ações, nos casos previstos no 374.º-A/1.

[10] *Vide* as anotações ao 374.º-A.

[11] Pedro Maia, *O presidente das assembleias*, 429; Paulo de Tarso Domingues, *O presidente da mesa da assembleia geral (PMAG)*, 20.

[12] Pedro Maia, *O presidente das assembleias*, 430 e 430-431, nota 22.

[13] Paulo Olavo Cunha (2019), 654-655, entende que, *a contrario*, nas restantes sociedades, (nas que não são cotadas ou não preenchem os requisitos das grandes sociedades anónimas), a destituição do presidente da mesa é livre ainda que sem prejuízo de indemnização pelos danos que sofra. Salvo o devido respeito, entendemos que também nessas sociedades só é admissível a destituição dos membros da mesa com justa causa: (a) a tradição nacional é no sentido da dignificação da mesa, que ficaria em perigo caso fosse admitida a destituição *ad nutum* dos seus membros; (b) as mesmas razões de independência jogam nas sociedades do 374.º-A/1 e nas restantes; (c) um presidente "refém" da maioria (ou que, como tal, possa ser considerado) inquina as muitas decisões que, ao longo de uma assembleia, possa ter de tomar. A necessidade de justa causa deve ser alargada a todas as sociedades, embora se possa aceitar que deva ser mais exigente nas sociedades cotadas e nas grandes anónimas.

seu sucessor (391.º/4, por interpretação extensiva)[14] e isso sem prejuízo do acima explicado, na anotação n.º 9.

III – As funções do presidente da mesa

16 9. **Acompanhamento geral**. As atuações do presidente da mesa, abaixo referidas, pressupõem que ele acompanhe a sociedade. Deverá ter acesso à informação necessária. Se tal for necessário para o exercício das suas funções poderá, por exemplo, questionar ou pedir informações aos acionistas (*v.g.* para efeito de apuramento da existência de conflito de interesses com a sociedade)[15] e contratar a prestação de serviços de peritos, nomeadamente solicitando pareceres de direito ou de natureza económica e contabilística (421.º/4 e 5, por analogia): não faz sentido atribuir funções sem dar os meios necessários para o seu perfeito desempenho.

17 10. **Convocação das reuniões**. Compete ao presidente da mesa, sendo feita: (a) quando a lei o determine (375.º/1); (b) a pedido do conselho de administração, da comissão de auditoria, do conselho de administração executivo, do conselho fiscal ou do conselho geral e de supervisão (*idem*); (c) a pedido de acionistas que possuam ações correspondentes a, pelo menos, 5% do capital social, por escrito e com indicação justificada de motivos (375.º/2 e 3); (d) por iniciativa própria[16].

18 Nos dois primeiros casos a convocação é vinculada; o presidente deverá, todavia, afastar os requerimentos ilícitos, incongruentes ou incompletos. Nos outros dois, cabe-lhe uma apreciação formal e de fundo.

19 11. **Preparação das reuniões**. Cabe ao presidente da mesa (e não à administração ou a algum administrador por ela designado), sob pena de se esvair a independência assegurada pela Lei, após a reforma de 2006. Envolve: (a) a elaboração da convocatória, com os elementos do 377.º/5 e a da ordem do dia, com os elementos legais (376.º/1)[17] e estatutários e com os indicados pelos requerentes da reunião, verificando a sua idoneidade; (b) a fixação da data e da hora, respeitando-se as regras do 375.º/4 e do 376.º/2[18]; (c) a escolha do local – 377.º/6, *a*); (d) outras indicações, designadamente quanto ao voto por correspondência – 22.º/3 do CVM e 377.º/5, *f*) ou quanto ao modo de participar – 377.º/5, *d*).

20 A preparação envolve, ainda, o apetrecho do local[19] e o domínio da matéria integrada na ordem do dia.

21 A preparação implica, finalmente: (a) a supervisão da constituição da assembleia, com a organização da lista dos acionistas que estiverem presentes ou representados no início da reunião (382.º/1), com as especificações e formalidades previstas na lei (382.º/2 e 4); (b) a verificação das representações (380.º/2); (c) a decisão de todos os incidentes relativos à participação na assembleia; (d) a autorização de outras presenças (379.º/6).

[14] RLx 8-mai.-2003 (Urbano Dias), Proc. 2587/2003-6 (por analogia); STJ 15-jan.-2004 (Duarte Soares), Proc. 03B3827 e STJ 25-mar.-2004 (Ponce de Leão), Proc. 04A407.

[15] David de Oliveira Festas, *Das Inibições de Voto dos Sócios por Conflito de Interesses com a Sociedade nas Sociedades Anónimas e por Quotas*, 922 ss., 927. Na verificação da existência de uma situação de conflito de interesses com a sociedade - como em outras matérias - o presidente da mesa poderá ser confrontado, em assembleia, com uma decisão que revista especial complexidade e para a qual não tenha sido possível preparar-se adequadamente antes do início dos trabalhos. Nesse caso, o presidente da mesa pode suspender a assembleia por um período razoável de tempo (387.º/1) para compreender melhor a situação em apreço e eventualmente aconselhar-se junto de assessores quanto à melhor decisão a tomar.

[16] Pedro Maia, *O presidente das assembleias*, 435, António Pereira de Almeida 1 (2013), 210 e Menezes Cordeiro, *SA*, 61-62.

[17] *Vide* os conteúdos fixados no 35.º/3 (perda de metade do capital social) e no 94.º/1 (redução de capital).

[18] Outras indicações: Menezes Cordeiro, *SA*, 64-65.

[19] *Idem*, 69-70.

22 12. **A condução das reuniões** envolve: (a) declarar aberta a sessão; (b) permitir um período antes da ordem do dia: a evitar nas assembleias ordinárias ou com ordens do dia complicadas; (c) conceder e retirar a palavra a todo e qualquer participante; (d) seguir a ordem do dia; (e) admitir, quando legalmente possível, outros pontos; (f) dirigir a discussão, prestando os esclarecimentos que entender convenientes; (g) colocar à votação os pontos que entenda discutidos; (h) determinar o modo de votação; (i) verificar, a propósito de cada votante, o direito e a regularidade do(s) voto(s), aferindo a eventual existência de inibições de voto, nomeadamente por conflito de interesses com a sociedade[20]; (j) determinar suspensões normais dos trabalhos (387.º/1); (l) apurar os resultados das votações[21] e proclamá-los; (m) declarar a reunião encerrada.

23 Quaisquer "deliberações" tomadas depois de o presidente abandonar a sala são inválidas (nulas), tal como nulas são as tomadas sob a "presidência" de quem não tenha mandato para tanto ou quando, estando disponível o titular legítimo, ainda que em prolongamento de funções, outrem tenha ocupado esse lugar[22]. Efetivamente, as garantias de independência e de compatibilidade perderiam, então, qualquer sentido.

24 O presidente da mesa pode limitar o uso da palavra, fixando um tempo limite e cortando as intervenções que se afastem do ponto em discussão, que sejam repetitivas ou que sejam contundentes ou desprimorosas.

25 O presidente não deve aceitar propostas estranhas à ordem do dia e, em geral, todas as que conduzam a deliberações nulas; quanto às anuláveis: deve advertir a assembleia do vício, admitindo-as, depois, à votação.

26 O presidente deve, finalmente, tomar todas as medidas necessárias para o regular funcionamento da assembleia, velando pelo seu aprumo e pela segurança e tranquilidade de todos os presentes.

27 13. **Aspetos subsequentes à reunião**. O presidente deve, ainda, acompanhar e despachar todos os aspetos subsequentes às reuniões a que haja presidido: assegurar-se da correta elaboração da ata; prestar informações (ou recusá-las) sobre todos os aspetos da reunião; despachar tudo quanto, a esse respeito, seja pedido pelos sócios presentes ou ausentes; prestar as informações devidas aos organismos de supervisão; desmentir, em nome da sociedade, tudo quanto deva ser desmentido.

IV – Funções e natureza

28 14. **Funções próprias**. O presidente da mesa exerce funções próprias: tecnicamente, dispõe de uma série de direitos potestativos de conformação de condutas, direitos que devem ser exercidos em prol da sociedade.

29 As funções do presidente não são delegáveis. Além disso, salvo o caso do 379.º/6 (presenças na assembleia), não pode a assembleia avocar qualquer matéria decidida pelo presidente, o qual não pode remeter, para a assembleia, decisões que lhe compitam[23]. De outro modo, a sua independência perderia razão de ser[24]. A assembleia é o órgão máximo, mas o presidente deve velar pelos interesses das minorias, dos representados e dos ausentes.

[20] David de Oliveira Festas, *Das Inibições de Voto dos Sócios por Conflito de Interesses com a Sociedade nas Sociedades Anónimas e por Quotas*, 922 ss.

[21] Mandando, se necessário, proceder a contraprovas.

[22] STJ 15-jan.-2004 e 25-mar.-2004, já citados.

[23] David de Oliveira Festas, *Das Inibições de Voto dos Sócios por Conflito de Interesses com a Sociedade nas Sociedades Anónimas e por Quotas*, 926 ss.

[24] RCb 18-jan.-2011 (Hélder Almeida), Proc. 196/09.6T BOHP.C1: os acionistas não podem alterar a ordem de trabalhos e submeter propostas a votação contra a vontade do presidente da mesa.

15. **Natureza.** O presidente da mesa constitui, hoje, um órgão social autónomo, anexo à assembleia. Assim: (a) é eleito para um mandato, não podendo ser destituído antecipadamente, sem justa causa; (b) incorre em incompatibilidades; (c) é independente; (d) tem competência própria; (e) tem (limitados) poderes de representação da sociedade; (f) tem remuneração específica, *ex lege*. 30

Quanto à mesa: as referências legais relevantes são feitas ao presidente e não à mesa; não há utilidade em prever um novo órgão coletivo (a própria mesa), que teria de ser convocado, com ordem do dia, votações e impugnações; assim: o vice-presidente substitui o presidente nas suas faltas e impossibilidades, assumindo então todos os poderes; os secretários coadjuvam. 31

16. **O secretário** é eleito com a mesa (374.º/2). Todavia, o 446.º-B/1, *a*), prevê que, ao secretário da sociedade, caiba secretariar as reuniões dos órgãos sociais. Perante isto, temos grandes SA (como a Pharol) que elegem o secretário da mesa, enquanto outras (como o BCP), colocam, na mesa, o secretário da sociedade. Ambas as soluções são legítimas, cabendo aos estatutos decidir. 32

Todavia, o Anteprojeto de reforma da CMVM, a propósito da transposição da Diretriz 2007/36 (e muito para além desta) prevê um novo n.º 5 que, em aparente contradição com o n.º 2, vem dizer "as funções de secretário da mesa são desempenhadas pelo secretário da sociedade, caso exista". Não tem vantagem, tendo sido evitado no DL 49/2010, de 19-mai.. 33

V – **Violação culposa de deveres funcionais**

17. A **violação culposa dos deveres funcionais**: *a*) configura justa causa de destituição do presidente da mesa; *b*) constitui-o no dever de indemnizar a sociedade e, nos termos gerais, também os sócios pelos danos causados. 34

Artigo 374.º-A (Independência dos membros da mesa da assembleia geral)

1. Aos membros da mesa da assembleia geral das sociedades emitentes de valores mobiliários admitidos à negociação em mercado regulamentado e das sociedades que cumpram os critérios referidos na alínea *a*) do n.º 2 do artigo 413.º aplicam-se, com as necessárias adaptações, os requisitos de independência do n.º 5 do artigo 414.º e o regime de incompatibilidades previsto no n.º 1 do artigo 414.º-A.

2. A assembleia geral pode destituir, desde que ocorra justa causa, os membros da mesa da assembleia geral das sociedades referidas no n.º 1.

3. É aplicável o disposto no artigo 422.º-A, com as necessárias adaptações.

Bibliografia: Pedro de Albuquerque, *Independência e incompatibilidade da mesa da assembleia geral das sociedades emitentes de valores mobiliários em mercado regulamentado e de «grandes sociedades anónimas»*, in Estudos em Homenagem "Centenário do Nascimento do Professor Doutor Paulo Cunha" (2012); António Menezes Cordeiro 2 (2017), 742-745; *id.*, *SA: assembleia geral e deliberações sociais* (2007), 53-57; Paulo Olavo Cunha (2019), 649-650; Paulo de Tarso Domingues, *374.º-A*, *Código das Sociedades Comerciais em Comentário* 6 (2019), 56-63; Armando Manuel Triunfante (2007), 349-351.

Índice

1. Origem 1
2. A independência 2
3. Âmbito de aplicação 3
4. Requisitos de independência 6
5. Incompatibilidades 7
6. Destituição com justa causa 9
7. Remuneração 11
8. O anteprojeto de reforma de 2007 13

1 1. **Origem**. O 374.º-A foi introduzido pelo DL 76-A/2006, de 29-mar.[1]. No essencial, visou-se conferir independência à mesa da assembleia geral e, particularmente, ao seu presidente. A introdução do 374.º-A inseriu-se num movimento internacional de reforço da independência dos membros dos órgãos sociais, mas surgiu em linha com a tradição portuguesa de reconhecer no presidente da mesa da assembleia geral um órgão social próprio, anexo à assembleia geral.

2 2. **A independência** da mesa da assembleia geral afirma-se: (a) perante a administração; (b) perante maiorias acionistas; (c) perante quaisquer interesses; (d) perante o Estado e os organismos de supervisão. Quanto a este ponto: a lei não concebeu o atual perfil do presidente da mesa como um prolongamento das entidades reguladoras ou como um instrumento suplementar de fiscalização. Ele está, dentro da lei, ao serviço da lógica privada da sociedade comercial em jogo.

3 3. **Âmbito de aplicação**. O 374.º-A aplica-se, *prima facie*: (a) às sociedades emitentes de valores mobiliários admitidos à negociação em mercados regulamentados; estes são definidos (199.º/1 do CVM) como (...) os sistemas que, tendo sido autorizados como tal por qualquer Estado membro da União Europeia, são multilaterais e funcionam regularmente a fim de possibilitar o encontro de interesses relativos a instrumentos financeiros com vista à celebração de contratos sobre tais instrumentos (a admissão à negociação faz-se nos termos do 205.º do CVM); (b) às sociedades que atinjam os critérios do 413.º/2, *a*) (em dois anos consecutivos ultrapassem dois dos seguintes limites: total do balanço, € 100.000.000; total das vendas líquidas e outros proveitos, € 150.000.000; número médio de trabalhadores, 150).

4 O não cumprimento dos requisitos de independência constitui justa causa de destituição[2].

5 Em relação às sociedades que não caiam nas referidas previsões, não se aplicam os critérios formais de independência. Todavia, os membros das respetivas mesas devem ter uma atuação independente, sob pena de incorrerem em justa causa de destituição[3].

6 4. **Requisitos de independência**: os do 413.º/2, *a*), *ex vi* 374.º-A/1: não estar associado a qualquer grupo de interesses específico na sociedade; não se encontrar em qualquer circunstância suscetível de afetar a sua isenção de análise ou de decisão, nomeadamente por ser titular ou atuar em nome ou por conta de titulares de participação qualificada igual ou superior a 2% ou por ter sido reeleito por mais de dois mandatos[4], de forma contínua ou intercalada.

7 5. **Incompatibilidades**: as do 414.º-A/1, *ex vi* 374.º-A/1, relativo a membros do conselho fiscal, ao fiscal único ou ao ROC: 10 alíneas densas. A aplicação deste preceito dificulta a composição das mesas das grandes sociedades, designadamente por impedir as prestações de serviço. Tem um preço para as empresas: as pessoas qualificadas, independentes e profissionalmente ativas terão de ser remuneradas pelo seu serviço.

8 A eleição de uma pessoa inibida é nula; a superveniência de inibição implica a caducidade da designação (414.º-A/2).

9 6. **Destituição com justa causa**. Os membros da mesa só podem ser destituídos com justa causa, ao contrário do que sucede com os administradores (403.º/1). Era a solução tradicional[5], agora formalizada (374.º-A/2), no tocante às SA aí abrangidas.

[1] DR I Série-A, n.º 63 (Supl.), de 29-mar.-2006, 2328-(35)/II.

[2] RCb 26-jun.2012 (Moreira do Carmo), Proc. 468/11.

[3] Armando Manuel Triunfante (2007), 350.

[4] "Reeleito": pode, pois, cumprir três mandatos; "de forma contínua ou intercalada"; contam, para o efeito, eleições intercalares. Pode, assim, um membro da mesa, que tenha cumprido três mandatos, vir, mais tarde, cumprir outros três, desde que com intervalo. Não faria sentido uma pessoa ficar inibida para o resto da sua vida, depois de três mandatos sucessivos.

[5] Pedro Maia, *O presidente das assembleias*, 430 e 431.

Justa causa é, aqui, a violação culposa de deveres funcionais significativos: não basta uma 10
justa causa objetiva. Todavia, havendo uma alteração radical no corpo acionista (p. ex.: uma OPA vitoriosa), ou uma modificação séria no modo de sentir dos acionistas atuais, será de bom tom o presidente da mesa pôr o seu lugar à disposição. O presidente da mesa é uma peça da sociedade e nunca um corpo estranho.

7. **Remuneração**: deve ser fixa (422.º-A, *ex vi* 374.º-A), em montante a estabelecer pela assem- 11
bleia ou por uma comissão de vencimentos. Não é possível manter o esquema das "senhas de presença", obviamente variável. O montante terá em conta: (a) a situação da sociedade; (b) a responsabilidade do cargo; (c) o papel dos escolhidos; (d) o prejuízo marginal que eles sofram, mercê das incompatibilidades; (e) a mais-valia representada pela independência.

O presidente da mesa, embora só surja em público espaçadamente, está sempre em fun- 12
ções, acompanhando a vida da sociedade. O seu perfil aproxima-se dos membros dos órgãos de fiscalização.

8. **O anteprojeto de reforma de 2007**, preparado pela CMVM para a transposição da Diretriz 13
2007/36, mas em área que, com esta, nada tem a ver, procurava diminuir a independência da mesa por duas formas: (a) tornando o 374.º-A aplicável apenas às sociedades cotadas e não já às grandes anónimas; (b) isentando, da independência, o vice-presidente, exceto quando os estatutos previssem que ele pudesse substituir o presidente. Este último ponto não faz sentido: é óbvio que o vice-presidente existe para substituir o presidente, pelo que todos os membros da mesa devem ser independentes. Quanto ao primeiro ponto: é uma inversão relativamente a 2006, não existindo, neste momento, dados empíricos que a justifiquem. Melhor será deixar vigorar o sistema mais tempo e, depois, trabalhar já com elementos de campo disponíveis.

Artigo 375.º (Assembleias gerais de acionistas)

1. As assembleias gerais de acionistas devem ser convocadas sempre que a lei o determine ou o conselho de administração, a comissão de auditoria, o conselho de administração executivo, o conselho fiscal ou o conselho geral e de supervisão entenda conveniente.

2. A assembleia geral deve ser convocada quando o requererem um ou mais acionistas que possuam ações correspondentes a, pelo menos, 5% do capital social.

3. O requerimento referido no número anterior deve ser feito por escrito e dirigido ao presidente da mesa da assembleia geral, indicando com precisão os assuntos a incluir na ordem do dia e justificando a necessidade da reunião da assembleia.

4. O presidente da mesa da assembleia geral deve promover a publicação da convocatória nos 15 dias seguintes à receção do requerimento; a assembleia deve reunir antes de decorridos 45 dias a contar da publicação da convocatória.

5. O presidente da mesa da assembleia geral, quando não defira o requerimento dos acionistas ou não convoque a assembleia nos termos do n.º 4, deve justificar por escrito a sua decisão, dentro do referido prazo de 15 dias.

6. Os acionistas cujos requerimentos não forem deferidos podem requerer a convocação judicial da assembleia.

7. Constituem encargo da sociedade as despesas ocasionadas pela convocação e reunião da assembleia, bem como as custas judiciais, nos casos previstos no número anterior, se o tribunal julgar procedente o requerimento.

Bibliografia: Jorge Coutinho de Abreu, *375.º*, *Código em Comentário* 6 (2019), 64-69; António Pereira de Almeida 1 (2013), 459-466 ; António Menezes Cordeiro, *SA: assembleia geral e deliberações sociais* (2007), 60-61; *id.*, *Novas regras sobre assembleias gerais: a reforma de 2010*, RDS II 2010, 1/2, 11-13; Luís Brito Correia 3 (1990), 70-79; Paulo Olavo Cunha (2019),643-646; Pedro Pais de Vasconcelos, *A participação social nas sociedades comerciais*, 2.ª ed. (2006), 117.

Índice

1. Redações anteriores 1
2. Convocação 3
3. Iniciativa da administração 4
4. Iniciativa do órgão de fiscalização 6
5. Iniciativa de acionistas (5%) 7
6. Convocação judicial 8
7. Encargos 11
8. Sanções 12

1 1. **Redações anteriores**. O 375.º/1 foi alterado pelo DL 76-A/2006, de 29-mar. (2.º), no sentido de suprimir a "direcção" e de incluir a comissão de auditoria, o conselho de administração executivo e o conselho geral e de supervisão[1].

2 O 375.º/2 foi alterado pelo DL 280/87, de 8-jul.[2] o qual, perante a redação original[3], suprimiu o final (...) ou ao valor nominal de 1000 contos.

3 2. **Convocação**. É feita pelo presidente da mesa (377.º/1 e 56.º/2, sob pena de nulidade de quanto venha a ser decidido): (a) quando a lei o determine (375.º/1)[4]; (b) a pedido da administração ou do órgão de fiscalização (*idem*); (c) a pedido de acionistas titulares de 5% do capital social (2% nas sociedades cotadas – 23.º-A/1 do CVM); (d) por iniciativa própria[5].

4 3. **Iniciativa da administração**. É a forma habitual, sendo vinculada: o presidente deve convocar, ainda que fique com margem para escolher o dia exato e para proceder à conveniente preparação.

5 Quando seja manifesto, pela ordem de trabalhos sugerida ou por qualquer outro fator, que a reunião é descabida, cabe-lhe recusar a convocação, justificando a decisão: o presidente, para mais com as garantias de independência do 374.º-A, não é um autómato nem um funcionário. Não se conformando, cabe à administração a convocação judicial (375.º/6, por interpretação extensiva).

6 4. **Iniciativa do órgão de fiscalização**. Funciona o mesmo sistema; aí, todavia, perante a recusa do presidente da mesa, pode o órgão em causa convocar diretamente os acionistas (375.º/1).

7 5. **Iniciativa de acionistas (5%)**: (a) devem possuir, pelo menos, 5% do capital social (375.º/2), podendo agrupar-se, para o efeito; (b) deve ser requerida por escrito, ao presidente da mesa, indicando-se com precisão os assuntos e a necessidade da reunião (375.º/3); (c) o presidente deve decidir em 15 dias, seja promovendo a publicação da convocatória (375.º/4), seja indeferindo o pedido, justificando (375.º/5).

8 6. **Convocação judicial**. Quando seja recusado o pedido e convocação pela minoria qualificada (376.º/6), ou quando não se incluam, na convocatória, assuntos pedidos por essa mesma minoria (378.º/4) ou, ainda, quando não sejam atendidas as solicitações do órgão de administração (376.º/6, por aplicação extensiva).

9 A convocação judicial rege-se pelo 1486.º do CPC. O juiz, em 10 dias, procede às indagações necessárias, ouve a administração se o considerar conveniente e decide (n.º 2), indicando

[1] DR I Série-A, n.º 63 (Supl.), de 29-mar.-2006, 2328-(21)/I.

[2] DR I Série, n.º 154, de 8-jul.-1987, 2665/I.

[3] DR I Série, n.º 201, de 2-set.-1986, 2361/II.

[4] *Supra*, 373.º, anot.7 a 9 e 374.º, anot 17 e 18.

[5] *Supra*, 374.º, nota 10.

a pessoa que servirá de presidente e ordenando as diligências indispensáveis à realização da reunião (n.º 3); o presidente indicado será um sócio ou um estranho, de reconhecida idoneidade (n.º 4).

O juiz não decide mecanicamente: terá de verificar as razões aduzidas para a reunião e, 10
sendo o caso, as indicadas pelo presidente da mesa para a não-convocação; espera-se dele uma decisão de mérito e não apenas uma apreciação formal dos requisitos do 375.º/5. O próprio 1486.º/2 e 3 do CPC, ao prever "diligências" e a "audição da administração", a que se deve acrescentar a do presidente da mesa, já que o CPC não foi, aqui, atualizado perante o CSC, pressupõe uma decisão de mérito[6].

7. **Encargos**. Cabem à sociedade (375.º/7), incluindo os judiciais. 11

8. **Sanções**. A recusa indevida ou a irregularidade na convocação da assembleia são punidas 12
(515.º). Exige-se dolo (527.º/1), salvo infidelidade (515.º/3).

Artigo 376.º (Assembleia geral anual)

1. A assembleia geral dos acionistas deve reunir no prazo de três meses a contar da data do encerramento do exercício ou no prazo de cinco meses a contar da mesma data quando se tratar de sociedades que devam apresentar contas consolidadas ou apliquem o método da equivalência patrimonial para:

***a*) Deliberar sobre o relatório de gestão e as contas do exercício;**

***b*) Deliberar sobre a proposta de aplicação de resultados;**

***c*) Proceder à apreciação geral da administração e fiscalização da sociedade e, se disso for caso e embora esses assuntos não constem da ordem do dia, proceder à destituição, dentro da sua competência, ou manifestar a sua desconfiança quanto a administradores;**

***d*) Proceder às eleições que sejam da sua competência.**

2. O conselho de administração ou o conselho de administração executivo deve pedir a convocação da assembleia geral referida no número anterior e apresentar as propostas e documentação necessárias para que as deliberações sejam tomadas.

3. A violação do dever estabelecido pelo número anterior não impede a convocação posterior da assembleia, mas sujeita os infratores às sanções cominadas na lei.

Bibliografia: Jorge Coutinho de Abreu, *376.º*, *Código em Comentário* 6 (2019), 70-74; António Menezes Cordeiro, *SA: assembleia geral e deliberações sociais* (2007), 121-130; *id.*, *Introdução ao Direito da prestação de contas* (2008), n.º 55 ss. ss.; David de Oliveira Festas, *Das Inibições de Voto dos Sócios por Conflito de Interesses com a Sociedade nas Sociedades Anónimas e por Quotas* (2015, policop.), 862 ss. (n. 3265).

[6] Contra, pelo menos aparentemente, RLx 23-nov.-1993 (Araújo Cordeiro), Proc. 0076951; STJ 19-out.-2004 (Oliveira Barros), Proc. 04B3095 e RPt 9-out.-2012 (Rodrigues Pires), Proc. 1012/11. Na verdade, faltando os requisitos formais, o tribunal recusará a convocação, mas, além desses, há que verificar a oportunidade da convocação: nenhum sentido faria vir o tribunal determinar uma convocação com fins fúteis, indecorosos, ilícitos ou inúteis. Os sócios devem justificar qualquer pedido de convocação: RLx 26-fev.-2004 (Maria José Mouro), Proc. 10252/2003-2, quanto a uma SPQ, num princípio aqui aplicável.

Índice

I – Redações anteriores e conteúdo geral
1. Redações anteriores 1
2. Conteúdo geral 4

II – Assembleia anual ou ordinária
3. Assembleia ordinária 5
4. Deveres da administração 8

5. Sanções 9

III – Assembleia extraordinária
6. Casos 10
7. Competência *ex bona fide* 11
8. Cumulação 12

I – Redações anteriores e conteúdo geral

1 1. **Redações anteriores**. Na versão original, o 376.º/1 dispunha simplesmente[1]:

> A assembleia geral dos accionistas deve reunir nos três primeiros meses de cada ano para: (...).

2 A atual redação do n.º 1 derivou do DL 328/95, de 9-dez. (1.º)[2] e visou atender à realidade prática da prestação de contas.

3 O DL 76-A/2006, de 29-mar. (2.º), introduziu novas alterações[3]: na alínea *a*) do n.º 1, retirou "quando a assembleia seja o órgão competente para isso"; de facto, essa mesma reforma removeu a possibilidade de as contas poderem ser aprovadas pelo (então) conselho geral; no n.º 1, *c*) e no n.º 2, esse mesmo diploma atualizou as diversas referências aos órgãos sociais.

4 2. **Conteúdo geral**. O 376.º compreende várias regras. Assim: (a) fixa a convocação periódica da assembleia ordinária; (b) aponta a competência básica da assembleia (n.º 1); (c) determina os deveres da administração, relativamente à assembleia; (d) aponta sanções para esses deveres.

II – Assembleia anual ou ordinária

5 3. **Assembleia ordinária**. Deve ser convocada no prazo de três meses a contar da data de encerramento do exercício ou no de cinco, havendo contas consolidadas (DL 238/91, de 2-jul.) ou seguindo-se o método da equivalência patrimonial (13.6.1, introduzido no POC pelo DL 238/91, 7.º).

6 A assembleia ordinária tem a competência referida nas alíneas do 376.º/1. Podemos distinguir: (a) competência normal e anual: relatório, contas, resultados e apreciação geral; (b) competência periódica: eleições; (c) competência eventual: destituições e desconfiança[4]. Em qualquer caso, salvo quanto a este último ponto, a matéria terá de constar da convocatória[5].

7 A assembleia ordinária poderá ainda deliberar sobre qualquer outra matéria que, sendo da sua competência, conste da ordem do dia.

8 4. **Deveres da administração**: (a) pedir a convocação da assembleia anual ordinária; deve fazê-lo junto do presidente da mesa com tempo e evitando factos consumados, uma vez que a este

[1] DR I Série, n.º 201, de 2-set.-1986, 2361/II.
[2] DR I Série-A, n.º 283, de 9-dez.-1995, 7693/I.
[3] DR I Série-A, n.º 63 (Supl.), de 29-mar.-2006, 2328-(21)/I.
[4] Os acionistas podem dar voto de confiança a determinados administradores ou fiscalizadores e não o dar a outros, mas *a*) o facto de um administrador ou fiscalizador não ter recebido voto de confiança não conduz necessariamente à sua destituição e *b*) a não confiança, *per se*, não constitui fundamento bastante de destituição com justa causa. Neste sentido: Jorge Coutinho de Abreu, *376.º*, 72.
[5] À semelhança do que sucede com a emissão de votos de confiança ou desconfiança e a destituição [376.º/1, *c*) e 455.º/3], os sócios podem deliberar sobre a propositura de ações de responsabilidade contra administradores ou fiscalizadores (75.º/2, 81.º/1) ainda que esse assunto não conste da ordem do dia.

cabe fixar a data exata; (b) preparar as propostas e documentação necessárias; (c) apresentá-las, com tempo, para consulta. *Vide* o 65.º.

5. **Sanções**. A violação dos deveres da administração não impede a convocação posterior da assembleia[6]: mas sujeita os responsáveis a sanções, incluindo responsabilidade civil (72.º). 9

III – **Assembleia extraordinária**

6. **Casos**. Embora a lei não o diga, trata-se de uma categoria própria e tradicional de reuniões: as extraordinárias. Em rigor: todas as que não se inscrevam no ciclo anual de reuniões destinadas a aprovar as contas. Tais assembleias podem visar[7]: (a) competência constituinte, que tenha a ver com alterações estatutárias ou com a dissolução (35.º/3, 85.º/1, 102.º, 103.º, 120.º, 133.º, 141.º/1, 142.º/3, 161.º, 281.º, 456.º/4, 463.º/1 e 464.º/1); (b) competência de gestão (28.º/1, 29.º/1, 31.º, 319.º/1, 320.º/1, 329.º/1, 344.º/1, 345.º/1 e 2, 496.º/1 e 506.º/2) com especial menção ao 182.º/3, *b*) do CVM: atos de gestão não usual, sob OPA; (c) competência sancionatória (75.º, 80.º, 81.º, 374.º-A/2, 403.º/1, 412.º, 419.º e 430.º/1). 10

7. **Competência *ex bona fide***: a assembleia poderá debruçar-se sobre questões especialmente graves, por exigência da boa-fé e sob cominação de abuso do direito[8]. 11

8. **Cumulação**: as matérias apontadas como integrando os casos de assembleias extraordinárias podem ser agendadas para as ordinárias; nessa altura, mantêm as exigências próprias, como a necessidade de quóruns reforçados (383.º). 12

Artigo 377.º (Convocação e forma de realização da assembleia)

1. As assembleias gerais são convocadas pelo presidente da mesa ou, nos casos especiais previstos na lei, pela comissão de auditoria, pelo conselho geral e de supervisão, pelo conselho fiscal ou pelo tribunal.

2. A convocatória deve ser publicada.

3. O contrato de sociedade pode exigir outras formas de comunicação aos acionistas e, quando sejam nominativas todas as ações da sociedade, pode substituir as publicações por cartas registadas ou, em relação aos acionistas que comuniquem previamente o seu consentimento, por correio eletrónico com recibo de leitura.

4. Entre a última divulgação e a data da reunião da assembleia deve mediar, pelo menos, um mês, devendo mediar, entre a expedição das cartas registadas ou mensagens de correio eletrónico referidas no n.º 3 e a data da reunião, pelo menos, 21 dias.

5. A convocatória, quer publicada, quer enviada por carta ou por correio eletrónico, deve conter, pelo menos:

***a*) As menções exigidas pelo artigo 171.º;**

***b*) O lugar, o dia e a hora da reunião;**

***c*) A indicação da espécie, geral ou especial, da assembleia;**

***d*) Os requisitos a que porventura estejam subordinados a participação e o exercício do direito de voto;**

[6] *Vide* o 67.º e as suas anotações.

[7] Desenvolvidamente: Menezes Cordeiro, *SA*, 131 ss..

[8] Menezes Cordeiro, SA, 135-139; David de Oliveira Festas, *Das Inibições de Voto dos Sócios por Conflito de Interesses com a Sociedade nas Sociedades Anónimas e por Quotas*, 862 ss. (n. 3265). *Vide* o 373.º e as suas anotações.

e) A ordem do dia;

f) Se o voto por correspondência não for proibido pelos estatutos, descrição do modo como o mesmo se processa, incluindo o endereço, físico ou eletrónico, as condições de segurança, o prazo para a receção das declarações de voto e a data do cômputo das mesmas.

6. As assembleias são efetuadas:

a) Na sede da sociedade ou noutro local, escolhido pelo presidente da mesa dentro do território nacional, desde que as instalações desta não permitam a reunião em condições satisfatórias; ou

b) Salvo disposição em contrário no contrato de sociedade, através de meios telemáticos, devendo a sociedade assegurar a autenticidade das declarações e a segurança das comunicações, procedendo ao registo do seu conteúdo e dos respetivos intervenientes.

7. O conselho fiscal, a comissão de auditoria ou o conselho geral e de supervisão só podem convocar a assembleia geral dos acionistas depois de ter, sem resultado, requerido a convocação ao presidente da mesa da assembleia geral, cabendo a esses órgãos, nesse caso, fixar a ordem do dia, bem como, se ocorrerem motivos que o justifiquem, escolher um local ou meio de reunião diverso da reunião física na sede, nos termos do número anterior.

8. O aviso convocatório deve mencionar claramente o assunto sobre o qual a deliberação será tomada. Quando este assunto for a alteração do contrato, deve mencionar as cláusulas a modificar, suprimir ou aditar e o texto integral das cláusulas propostas ou a indicação de que tal texto fica à disposição dos acionistas na sede social, a partir da data da publicação, sem prejuízo de na assembleia serem propostas pelos sócios redações diferentes para as mesmas cláusulas ou serem deliberadas alterações de outras cláusulas que forem necessárias em consequência de alterações relativas a cláusulas mencionadas no aviso.

Bibliografia: Jorge Coutinho de Abreu, *377.º*, *Código das Sociedades Comerciais em Comentário* 6 (2019), 75-83; António Menezes Cordeiro, *SA: assembleia geral e deliberações sociais* (2007), 59-78; Paulo Olavo Cunha, *Assembleias gerais de sociedades anónimas I: questões relativas à convocação, participação e funcionamento*, DSR 7 (2012), 71-96 (77 ss.); Armando Manuel Triunfante (2007), 355-360.

Índice

I – **Redação anterior e reforma de 2006**
1. Redação original ... 1
2. Reforma de 2006 ... 2

II – **Convocação**
3. Convocatória ... 3
4. Publicitação ... 4
5. Prazos ... 6
6. Conteúdo ... 7
7. Revogação e alteração ... 8

III – **Ordem do dia**
8. Clareza, desagregação e informação ... 9
9. Alteração ao contrato ... 11
10. Nulidade ... 13

IV – **Local e assembleias virtuais**
11. Local ... 14
12. Assembleias virtuais ... 15

V – **Convocações pelos órgãos de fiscalização e casuística**
13. Convocação ... 18
14. Casuística ... 19

I – Redação anterior e reforma de 2006

1. **Redação original**: na versão de 1986, o 377.º, então epigrafado, apenas, "convocação da assembleia", dispunha: 1

1. As assembleias gerais são convocadas pelo presidente da mesa ou, nos casos especiais previstos na lei, pelo tribunal, pelo conselho fiscal ou pelo conselho geral.
2. A convocatória deve ser publicada.
3. O contrato de sociedade pode exigir outras formas de comunicação aos accionistas e pode substituir as publicações por cartas registadas, quando sejam nominativas todas as acções da sociedade.
4. Entre a última publicação e a data da reunião da assembleia deve mediar, pelo menos, um mês; entre a expedição das cartas registadas referidas no n.º 3 e a data da reunião da assembleia, devem mediar, pelo menos, 21 dias.
5. A convocatória, quer publicada quer enviada por carta, deve conter, pelo menos:
a) As menções exigidas pelo artigo 171.º;
b) O lugar, o dia e a hora da reunião;
c) A indicação da espécie, geral ou especial, da assembleia;
d) Os requisitos a que porventura estejam subordinados a participação e o exercício do direito de voto;
e) A ordem do dia.
6. As assembleias devem ser efectuadas na sede da sociedade; o presidente da mesa pode escolher outro local, dentro da comarca judicial onde se encontra a sede, desde que as instalações desta não permitam a reunião em condições satisfatórias.
7. O conselho fiscal ou o conselho geral só pode convocar a assembleia geral dos accionistas depois de ter, sem resultado, requerido a convocação ao presidente da mesa da assembleia geral; fazendo essa convocação, o conselho fixa a ordem do dia e pode, se ocorrerem motivos que o justifiquem, escolher um local de reunião diverso da sede, dentro da comarca judicial onde esta se situe.
8. O aviso convocatório deve mencionar claramente o assunto sobre o qual a deliberação será tomada. Quando este assunto for a alteração do contrato, deve mencionar as cláusulas a modificar, suprimir ou aditar e o texto integral das cláusulas propostas ou a indicação de que tal texto fica à disposição dos accionistas na sede social, a partir da data da publicação, sem prejuízo de na assembleia serem propostas pelos sócios redacções diferentes para as mesmas cláusulas ou serem deliberadas alterações de outras cláusulas que forem necessárias em consequência de alterações relativas a cláusulas mencionadas no aviso.

2. **Reforma de 2006**. Alterou a epígrafe e os n.os 1, 3, 4, 5, 6 e 7[1], de modo: (a) a atualizar as designações dos órgãos sociais; (b) a permitir comunicações eletrónicas; (c) a facultar o voto por correspondência ou por via eletrónica; (d) a prever assembleias virtuais. 2

II – Convocação

3. **Convocatória**: assinada pelo presidente da mesa, ao qual todos os órgãos e interessados se devem dirigir (375.º/3 e 377.º/1 e 7); na falta da sua assinatura, todas as "deliberações" são nulas (56.º/2). 3

4. **Publicitação**: (a) deve ser publicada (377.º/2): hoje, a publicação deve ser feita na *Internet* (167.º/1); o 5.º/1 do CVM exige o uso de um meio de grande difusão em Portugal; (b) os estatutos podem exigir (ainda) outras formas de comunicação aos acionistas (377.º/3)[2]; (c) (ou) 4

[1] DR I Série-A, n.º 63 (Supl.), de 29-mar.-2006, 2328-(21)/I e II.

[2] A inobservância das exigências legais dita a nulidade; a dos suplementos estatutários, a anulabilidade: RPt 2-nov.-

sendo todas as ações nominativas, (conforme imposto por lei, visto ser inadmissível atualmente a emissão de ações ou outros valores mobiliários ao portador - Lei n.º 15/2017, de 3 de maio), substituir as publicações por cartas registadas[3]; (d) ou, perante os acionistas que deem o seu acordo prévio, por correio eletrónico com recibo de leitura[4] (*idem*), acordo prévio esse que pode resultar do contrato de sociedade.

5 Todas as alternativas à publicação exigem, assim, previsão estatutária[5].

6 5. **Prazos**: (a) um mês, havendo publicação ou equivalente; (b) 21 dias ocorrendo expedição de cartas registadas ou correio eletrónico (377.º/4)[6]. Exige-se, pois, uma preparação com antecedência, dados os prazos do 376.º/1.

7 6. **Conteúdo**, por publicação, por carta ou por correio eletrónico, a convocatória deve conter (377.º/5): (a) as menções do 171.º: firma, tipo, sede, conservatória, matrícula, identificação da pessoa coletiva, capital social e a menção de estar ou não realizado; (b) o lugar, o dia e a hora da reunião; (c) a natureza geral ou especial da assembleia; (d) os requisitos a que estejam subordinados a participação e o exercício do voto; (e) a ordem do dia; (f) o modo de votar por correspondência ou por via eletrónica.

8 7. **Revogação e alteração**. É de admitir que quem convoque a assembleia geral possa revogar a convocação ou alterar a convocatória através da mesma forma de comunicação usada para a convocação. A decisão de revogação pode ser comunicada em qualquer data anterior à da reunião, mas deve ser justificada e assentar em fundamento razoável. De outro modo, constituídos os pressupostos da responsabilidade civil, a sociedade e/ou os sócios terão direito a indemnização. À alteração da convocatória é aplicável, por analogia, o disposto no 378.º/3[7].

III – **Ordem do dia**

9 8. **Clareza, desagregação e informação**. Deve mencionar claramente os assuntos (377.º/8), isolando-os, ponto a ponto de modo a, sobre eles, poderem surgir propostas e votações. Em regra, cada assunto comporta uma proposta.

10 Sobre cada assunto devem ser disponibilizadas informações bastantes, sendo de observar o 289.º.

11 9. **Alteração ao contrato**. Deve mencionar as cláusulas a alterar, suprimir ou aditar, disponibilizando-se o seu texto na sede social, a partir da data da publicação (377.º/8, 2.ª proposição).

12 A lei admite que sejam propostas "redações diferentes" e alterações derivadas (377.º/8, 2.ª parte): este dispositivo deve ser interpretado restritivamente (apenas questões de "redação"), sob pena de contundir com o 378.º (inclusão de novos assuntos na ordem do dia) e com o próprio 377.º/8, na parte em que exige uma publicitação com antecedência de 30 dias, dos novos textos.

13 10. **Nulidade**. O presidente da mesa não pode aceitar a introdução, na assembleia, de novos assuntos, particularmente quanto a alterações estatutárias, sob pena de nulidade: deliberação sobre pontos para que a assembleia não foi convocada.

-2000 (Moreira Alves), CJ XXV (2000) 5, 175-177 (177/ /I); RLx 2-jul.-2015 (Anabela Calafate), Proc. 784/14 (relativamente a uma SPQ).

[3] A lei não exige que as cartas sejam com aviso de receção, mas o contrato de sociedade poderá exigi-lo.

[4] Quanto a documento eletrónico: Armando Lemos Triunfante (2007), 357. Em anteprojeto de reforma da CMVM, o recibo de leitura seria substituído por recibo de envio. Todavia, mostra a experiência que podem ser exibidos recibos de envio sem que, jamais, a mensagem tenha chegado ao seu destino.

[5] Paulo Olavo Cunha, *Assembleias gerais de sociedades anónimas I: questões relativas à convocação, participação e funcionamento*, 78, admite que, mesmo sem previsão estatuária, seja sempre admissível a convocatória entregue "em mão".

[6] RLx 14.5.2015 (Maria Teresa Albuquerque), Proc. 235/13.

[7] Jorge Coutinho de Abreu, *377.º*, 79.

IV – Local e assembleias virtuais

11. **Local**. A convocação é feita para a sede social ou para outro local, escolhido pelo presidente 14
da mesa, quando as instalações da sede não permitam a reunião em condições satisfatórias; o outro local ficará "dentro do território nacional" – 377.º/6, *a*); não se exige que a reunião tenha lugar no concelho da sede, mas a latitude deverá ser temperada pela razoabilidade, não devendo comprometer a participação dos sócios.

12. **Assembleias virtuais**[8]: previstas no 377.º/6, *b*), quando os estatutos o não proíbam e o pre- 15
sidente da mesa o decida; há várias hipóteses, nomeadamente: (a) assembleia paralela ou satélite: decorre, simultaneamente, em locais distintos, nos quais se concentram os acionistas; meios de telecomunicação, visuais e auditivos, permitem que todos sigam o que se passa; (b) ciber-assembleias, assembleias na *net* ou virtuais *stricto sensu*: não há contacto físico, tudo se passando via *Internet*; (c) assembleia mista: combina presenças físicas e contactos telemáticos.

O 377.º/6, *b*), determina que a sociedade assegure: (a) a autenticidade das declarações; (b) 16
a segurança das comunicações; (c) o registo do conteúdo e dos intervenientes.

O ambiente da assembleia, com todas as subtilezas e os modos analógicos de comunica- 17
ção, não é virtualmente reconstituível. Apesar disso, as assembleias virtuais têm potencialidades inequívocas, tornadas claras na pandemia de Covid-19.

V – Convocações pelos órgãos de fiscalização e casuística

13. **Convocação**. Os órgãos de fiscalização só podem convocar diretamente a assembleia geral 18
dos acionistas depois de terem, sem resultado, requerido a sua convocação ao presidente da mesa (377.º/7, 1.ª parte). Quanto a convoquem, cabe-lhes fixar a ordem do dia e o local e a forma de reunião (*idem*, 2.ª parte).

14. **Casuística**. Não é correta a convocação feita para uma morada quando se saiba que o sócio 19
estava ausente: atenta contra a boa-fé[9]; a irregularidade na convocação fica sanada se se provar que o sócio em causa aceitou, com conhecimento, que a assembleia se realizasse e nele se deliberasse[10]; estão em causa, na convocatória, aspetos de forma que não podem ser ultrapassados[11]; não há *venire contra factum proprium* do presidente que convoca a assembleia geral através de publicação na *Internet*, ainda que, durante vários anos, as assembleias tenham sido convocadas por carta registada[12].

Artigo 378.º (Inclusão de assuntos na ordem do dia)

1. O acionista ou acionistas que satisfaçam as condições exigidas pelo artigo 375.º, n.º 2, podem requerer que na ordem do dia de uma assembleia geral já convocada ou a convocar sejam incluídos determinados assuntos.

2. O requerimento referido no número anterior deve ser dirigido, por escrito, ao presidente da mesa da assembleia geral nos cinco dias seguintes à última publicação da convocatória respetiva.

[8] Menezes Cordeiro, *SA*, 65 ss..

[9] STJ 4-nov.-1993 (Araújo Ribeiro), CJ/Supremo I (1993) 5, 104-105 (105/II), relativamente a uma SPQ, mas cuja doutrina é aqui aplicável.

[10] REv 23-nov.-1995 (Sérgio Poças), BMJ 451 (1995), 534.

[11] RLx 5-jun.-1996 (Mário de Andrade Raínho), BMJ 458 (1996), 389, relativo a SPQ.

[12] RCb 26-jun.2012 (Moreira do Carmo), Proc. 468/11.

3. Os assuntos incluídos na ordem do dia por força do disposto nos números anteriores devem ser comunicados aos acionistas pela mesma forma usada para a convocação até 5 dias ou 10 dias antes da data da assembleia, conforme se trate de carta registada ou de publicação.

4. Não sendo satisfeito o requerimento, podem os interessados requerer judicialmente a convocação de nova assembleia para deliberar sobre os assuntos mencionados, aplicando-se o disposto no artigo 375.º, n.º 7.

Bibliografia: Jorge Coutinho de Abreu, *378.º*, *Código em Comentário* 6 (2019), 84-86; João Labareda, *Sobre os direitos de participação e de voto nas assembleias gerais de sociedades cotadas*, DSR 5 (2011), 89-127.

Índice

1. Requisitos 1
2. Apreciação 3
3. Processamento 6
4. Convocação judicial 7

1 1. **Requisitos**, para a inclusão de assuntos na ordem do dia: (a) uma assembleia geral já convocada ou a convocar; (b) acionistas que detenham o mínimo de 5% do capital social (378.º/1), podendo agrupar-se para o efeito; (c) um requerimento escrito ao presidente da mesa (378.º/2); (d) nos 5 dias seguintes à última publicação da convocatória (378.º/2); (e) uma indicação precisa e justificada dos assuntos a aditar (375.º/3, por interpretação extensiva).

2 O exercício do direito de inclusão de assuntos na ordem do dia em sociedades cotadas deverá observar requisitos adicionais (23.º-A/2 do Código dos Valores Mobiliários): (a) o requerimento de inclusão de assuntos na ordem do dia pode ser apresentado por acionista ou acionistas que possuam ações correspondentes a, pelo menos, 2 % do capital social; (b) o requerimento deve ser acompanhado de uma proposta de deliberação para cada assunto cuja inclusão se requeira[1]; (c) os assuntos incluídos na ordem do dia, assim como as propostas de deliberação que os acompanhem, devem ser divulgados aos acionistas pela mesma forma usada para a divulgação da convocatória logo que possível e, em todo o caso, até à data de registo referida no 23.º-C/1 do Código dos Valores Mobiliários.

3 2. **Apreciação**. O presidente da mesa não despacha automaticamente: antes deve fazer uma apreciação de forma e de fundo quanto ao que se lhe peça; quando não defira, deve justificar por escrito a sua decisão, nos 15 dias seguintes (375.º/5, por interpretação extensiva).

4 Não é possível conseguir-se, pela técnica do aditamento de assuntos, aquilo que, através da convocação de uma assembleia, não seria viável.

5 No caso de novas propostas relativas a uma revisão dos estatutos, há que seguir o esquema deste preceito com entrega dos novos textos propostos, para serem dados a conhecer (377.º/8, 1.ª parte); o do 377.º/8 (propostas em plena assembleia) só é possível quanto a (pequenas) alterações de redação.

6 3. **Processamento**: sendo deferida a inclusão, os novos assuntos devem ser comunicados pela mesma forma usada para a convocação, 5 ou 10 dias antes da assembleia, consoante se trate de carta registada (ou comunicação eletrónica) ou de publicação.

[1] Em sociedades não cotadas o requerimento não tem, em regra, que ser acompanhado de proposta de deliberação por cada assunto que se pretenda incluir na ordem do dia, mas há exceções: o requerimento de inclusão na ordem do dia de alterações estatutárias deve ser acompanhado da correspondente proposta de deliberação (377.º/8).

4. **Convocação judicial**: cabe, quando o presidente da mesa indefira a inclusão, seguindo-se o 375.º/7[2] (378.º/4). 7

Artigo 379.º (Participação na assembleia)

1. Têm o direito de estar presentes na assembleia geral e aí discutir e votar os acionistas que, segundo a lei e o contrato, tiverem direito a, pelo menos, um voto.

2. Os acionistas sem direito de voto e os obrigacionistas podem assistir às assembleias gerais e participar na discussão dos assuntos indicados na ordem do dia, se o contrato de sociedade não determinar o contrário.

3. Podem ainda estar presentes nas assembleias gerais de acionistas os representantes comuns de titulares de ações preferenciais sem voto e de obrigacionistas.

4. Devem estar presentes nas assembleias gerais de acionistas os administradores, os membros do conselho fiscal ou do conselho geral e de supervisão e, na assembleia anual, os revisores oficiais de contas que tenham examinado as contas.

5. Sempre que o contrato de sociedade exija a posse de um certo número de ações para conferir voto, poderão os acionistas possuidores de menor número de ações agrupar-se de forma a completarem o número exigido ou um número superior e fazer-se representar por um dos agrupados.

6. A presença na assembleia geral de qualquer pessoa não indicada nos números anteriores depende de autorização do presidente da mesa, mas a assembleia pode revogar essa autorização.

Bibliografia: Jorge Coutinho de Abreu, *379.º*, *Código em Comentário* 6 (2019), 87-96; António Menezes Cordeiro, *SA: assembleia geral e deliberações sociais* (2007), 97 a 102; *id.*, *A Directriz 2007/36, de 11 de Julho (accionistas de sociedades cotadas): comentários à proposta de transposição*, ROA, 2008, 503-554; *id.*, *Uma nova reforma do Código das Sociedades Comerciais?*, RDS I (2009), 11-55; *id.*, *Novas regras sobre assembleias gerais: a reforma de 2010*, RDS II (2010), 1/2, 11-33; David de Oliveira Festas, *Das Inibições de Voto dos Sócios por Conflito de Interesses com a Sociedade nas Sociedades Anónimas e por Quotas* (2015, policop.), 463-647; Francisco Mendes Correia, *Participação na assembleia*, em AAVV, *Código do Governo das Sociedades Anotado*, 2012, 67-77; Paulo Olavo Cunha (2019), 655-658; André Figueiredo, *Notas sobre o exercício de direitos de voto nas sociedades cotadas: breve balanço da vigência da Diretiva 2007/36/CE e perspetivas de revisão*, III Congresso DSR (2014), 41-66; João Labareda, *Sobre os direitos de participação e de voto nas assembleias gerais de sociedades cotadas*, DSR 5 (2011), 89-127; Pedro Pais de Vasconcelos, *A participação social nas sociedades comerciais*, 2.ª ed. (2006), 123 ss..

Índice

1. Alteração de 2006 1

I – **Acionistas**
2. Com direito de voto 2
3. Agrupamentos 4
4. Outros requisitos 5
5. Sem direito de voto 6
6. Data de registo 7

II – **Presenças obrigatórias**
7. Membros dos órgãos 9

III – **Presenças facultativas**
8. Preferenciais sem voto e obrigacionistas 11
9. Representantes comuns 12
10. Convidados 13

[2] 375.º, anotações n.os 8 a 10.

IV – **Intervenções de não-acionistas**
11. Regras gerais 14

V – **O direito de apresentar propostas**
12. A situação atual 17
13. Propostas de acionistas 18
14. As dificuldades 21
15. A prática 22
16. A Diretriz 2007/36 23
17. O anteprojeto da CMVM 24

1 1. **Alteração de 2006**. O DL 76-A/2006, de 29-mar., modificou o n.º 4, adaptando às novas orgânicas possíveis e previstas para as SA (2.º)[1].

I – Acionistas

2 2. **Com direito de voto**. Têm o direito de estar presentes, de discutir e de votar os acionistas que, pela lei ou pelo contrato, tenham direito a, pelo menos, um voto (379.º/1)[2].

3 Na origem, a cada ação corresponde um voto (384.º/1); todavia, podem os estatutos fazer corresponder um só voto a um certo número de ações, contanto que todas as ações emitidas sejam abrangidas e que fique cabendo, pelo menos, um voto a cada 1000 euros de capital – 384.º/2, *a*).

4 3. **Agrupamentos**. Os acionistas possuidores de um insuficiente número de ações podem agrupar-se e fazer-se representar por um dos agrupados (379.º/5): escolherão esse representante, indicando-o, em carta dirigida ao presidente da mesa (380.º/2).

5 4. **Outros requisitos** – 377.º/5, *d*) – por exigência dos estatutos, devem constar da convocatória. Como exemplos: estarem as ações totalmente liberadas; detenção de participação depositada e/ou anunciada com certa antecedência; serem participações regulares; estarem averbadas em nome do interessado[3]; declararem por escrito não estarem incursos em limitações de voto ou em inibições.

6 5. **Sem direito de voto**: podem assistir e participar na discussão[4], se os estatutos não disserem o contrário (379.º/2). Em regra: dizem.

7 6. **Data de registo**. A Diretriz 2007/36/CE do Parlamento Europeu e do Conselho, de 11-jul.-2007[5], relativa ao exercício de certos direitos dos acionistas de sociedades cotadas, introduziu o critério da data de registo no Direito europeu das sociedades cotadas: o DL 49/2010, de 19-mai., procedeu à sua transposição, alterando o CSC e o CVM[6].

8 A estratégia de "captura da data do registo" é uma das vias privilegiadas de dissociação do poder de voto do interesse económico na participação[7]. A adoção do critério da data de registo não deve conduzir ao acolhimento de soluções que colidam com princípios societários estruturantes: quem seja titular de ações que confiram direito de voto à data de registo e que, depois dessa data, mas antes do momento da votação, as aliene a terceiro, perde a qualidade de acionista e o direito de participar em assembleia geral[8].

[1] DR I Série-A, n.º 63 (Supl.), de 29-mar.-2006, 2328-(21).

[2] Também os usufrutários e credores pignoratícios poderão ter o direito de estar presentes na assembleia e de votar. *Vide* o 384.º e as suas anotações.

[3] RPt 12-jul.-1990 (Eduardo Martins), Proc. 0409265.

[4] RCb 12-jan.-1988 (Nunes da Cruz), BMJ 373 (1988), 613.

[5] JOCE N.º L-184, 17-24, de 14-jul.-2007 (disponível em *http://eur-lex.europa.eu*).

[6] O DL 49/2010, de 19-mai., recai sobre duas matérias: *a*) a admissibilidade de ações de sociedades anónimas sem valor nominal; e *b*) a transposição para a ordem jurídica portuguesa da Diretriz 2007/36/CE, de 11-jul..

[7] Desenvolvidamente: David de Oliveira Festas, *Das Inibições de Voto dos Sócios por Conflito de Interesses com a Sociedade nas Sociedades Anónimas e por Quotas*, 463-647.

[8] Menezes Cordeiro, *Novas regras sobre assembleias gerais: a reforma de 2010*, 30; Jorge Coutinho de Abreu, *379.º*, 8791; David de Oliveira Festas, *Das Inibições de Voto dos*

II – **Presenças obrigatórias**

7. **Membros dos órgãos.** Além da mesa, devem estar presentes, em todas as reuniões (379.º/4): os administradores; os membros do conselho fiscal; os membros do conselho geral e de supervisão; *vide* 422.º/1, *a*) (fiscal único e membro do conselho fiscal) e 423.º-G/1, *b*) (membros da comissão de auditoria). 9

Na assembleia anual (ou ordinária) os ROC que tenham examinado as contas (379.º/4, *in fine*) devem estar presentes. 10

III – **Presenças facultativas**

8. **Preferenciais sem voto e obrigacionistas** podem assistir às assembleias gerais e nelas intervir (379.º/2), se os estatutos não os excluírem. 11

9. **Representantes comuns** de titulares de ações preferenciais sem voto (343.º/1) e de obrigacionistas – 359.º/1, *c*) –, podem estar presentes, sem discutir; os primeiros apenas se os próprios titulares não estiverem lá. 12

10. **Convidados**. Podem estar presentes, desde que autorizados pelo presidente da mesa (379.º/6)[9]: uma decisão revogável pela assembleia. É de bom tom o presidente convidar os acionistas que, por razões de ordem burocrática, não possam participar ativamente. 13

IV – **Intervenções de não-acionistas**

11. **Regras gerais.** As pessoas obrigatoriamente presentes devem poder intervir, desde que lhes seja concedida a palavra. Pelo conselho de administração falará o seu presidente; este, designadamente no tocante a respostas, poderá indicar outro administrador para prestar esclarecimentos. 14

Também pelo conselho fiscal, pela comissão de auditoria ou pelo conselho geral e de supervisão falarão, à partida, os presidentes respetivos. 15

Em relação às presenças facultativas, com exceção dos convidados, que não intervêm, desde que obtida a palavra: (a) podem responder às questões pertinentes que lhes sejam postas; (b) devem pedir a palavra quando se apercebam que a assembleia labute em erro grave; (c) podem responder em defesa da própria honra, diretamente atingida, em termos sucintos e definitivos. 16

V – **O direito de apresentar propostas**

12. **A situação atual**, no tocante a propostas, diz-nos o seguinte: (a) as propostas da administração e demais elementos devem ser facultadas aos acionistas nos 15 dias anteriores à assembleia geral – 289.º/1, *c*); (b) as propostas de candidatos a membros dos órgãos sociais e informações relativas devem, também, respeitar esses 15 dias – 289.º/1, *d*); (c) todos esses elementos devem ser enviados por carta a determinados acionistas (289.º/3) e disponibilizados na Internet (289.º/4); (d) as propostas de alteração dos estatutos devem acompanhar a convocatória (377.º/8). 17

13. **Propostas de acionistas:** o 377.º/8 limita-se a permitir que, estando em causa propostas de alteração de estatutos, eles possam propor "redações diferentes para as mesmas cláusulas". Esta hipótese tem sido interpretada (muito) restritivamente, sob pena de não se conjugar com 18

Sócios por Conflito de Interesses com a Sociedade nas Sociedades Anónimas e por Quotas, 597-613; João Labareda, *Sobre os direitos de participação e de voto nas assembleias gerais de sociedades cotadas*, 117 ss.; Francisco Mendes Correia, *Participação na assembleia*, 77. Contra: António Pereira de Almeida 1 (2013), 595; André Figueiredo, *Notas sobre o exercício de direitos de voto nas sociedades cotadas*, 48 ss.

[9] RPt 3-jun.-2014 (José Carvalho), Proc. 801/06: a presença de um advogado que acompanha o acionista depende de autorização do presidente da mesa.

a primeira parte do preceito: ela não respeita qualquer antecedência, colhendo de surpresa os ausentes; por isso, estaria em causa apenas a "redação" e não propostas inovatórias.

19 O CSC impede, ainda, propostas de acionistas sobre uma série de assuntos; não lhes é permitido: (a) propor soluções quanto ao relatório de gestão, as contas de exercício e a aplicação de resultados: apenas a administração o pode fazer, salvo se os acionistas rejeitarem as contas, em assembleia – 376.º/1, *a*) e *b*) e 68.º/1; (b) propor a nomeação de ROCs ou SROCs: as propostas cabem, apenas, ao órgão de fiscalização – 420.º/2, *b*), 423.º-F, *m*) e 446.º/1; (c) propor no domínio da gestão – 373.º/3; (d) propor fora da ordem do dia – 56.º/1, *a*): sobre o tema ausente da ordem do dia, a assembleia é tida como não convocada.

20 Os acionistas podem fazer propostas: (a) de candidatos aos órgãos; (b) de alteração de estatutos; (c) de destituição; (d) de responsabilização; (e) de autorizações várias, legais e estatutárias; (f) de rejeição de contas.

21 14. **As dificuldades** das propostas de acionistas são consideráveis. Temos problemas por via: (a) do jogo de representações: numa grande anónima, a maioria do capital está representado por mandatários, que têm instruções dos acionistas, em regra entes coletivos, com processos internos de decisão complexos; não é possível surpreendê-los, em cima da hora, com propostas novas, não estudadas; (b) dos votos por correspondência: não podiam contar com novas propostas e não é justo convertê-los em votos "contra": podem ser boas propostas; (c) da praticabilidade: numa grande anónima com centenas de participantes na assembleia, haveria que, em relação a cada proposta, reproduzi-la, distribuí-la, assegurar a sua discussão e improvisar novos boletins de voto. Com meia-dúzia de propostas, tudo ficaria bloqueado.

22 15. **A prática** seguida nas grandes anónimas consiste em convolar as propostas dos acionistas para "novos assuntos", aplicando-se-lhes o 378.º. Nunca poderiam surgir em assembleia.

16. **A Diretriz 2007/36** toma duas medidas em relação às propostas de acionistas: (a) prescreve que elas sejam aditadas, logo que possível, aos documentos a apresentar à assembleia geral – 5.º/4, *b*) – o que pressupõe uma apresentação antecipada; (b) permite que os Estados-Membros possam exigir até 5% de capital social, para que as propostas possam ser apresentadas (6.º/2).

23 17. **O anteprojeto da CMVM**, de ago.-2008, limitava-se a propor a alteração do 379.º, explicitando que os acionistas podiam apresentar propostas. Tal preceito, que nada resolvia, só levantaria dúvidas. Não foi acolhido no DL 49/2010, de 19-mai., que apenas facilitou as propostas em sociedades cotadas, através de alterações no CVM.

Artigo 380.º (Representação de acionistas)

1. O contrato de sociedade não pode proibir ou limitar a participação de acionista em assembleia geral através de representante.

2. Como instrumento de representação voluntária basta um documento escrito, com assinatura, dirigido ao presidente da mesa; tais documentos ficam arquivados na sociedade pelo período obrigatório de conservação de documentos.

Bibliografia: E. Lucas Coelho, *Direito de voto dos accionistas* (1987); António Menezes Cordeiro, *SA: assembleia geral e deliberações sociais* (2007), 102-105; *id.*, *Novas regras sobre assembleias gerais: a reforma de 2010*, RDS II 2010, 1/2, 11-33; Carolina Cunha, *380.º*, *Código em Comentário* 6 (2019), 97-107; Paulo Olavo Cunha (2019), 659-669; Eduardo Vera-Cruz Pinto, *A representação do accionista para exercício do direito de voto/Nas assembleias gerais das sociedades anónimas* (1988); Armando Manuel Triunfante (2007), 362-363.

Índice

I – **Redação anterior e sistema**
1. Redação anterior ... 1
2. Reforma de 2006 ... 2
3. Sistema ... 4

II – **Mecanismo de representação**
4. Reforma de 2010 ... 7
5. A carta mandadeira ... 8
6. Processamento ... 9

I – Redação anterior e sistema

1 **1. Redação anterior**. O 380.º/1, na versão original, dispunha[1].

> O contrato de sociedade não pode proibir que um accionista se faça representar na assembleia geral, contanto que o representante seja um membro do conselho de administração ou da direcção da sociedade, o cônjuge, ascendente ou descendente do accionista ou outro accionista.

2 **2. Reforma de 2006**. O DL 76-A/2006, de 29-mar.[2], deu, ao n.º 1, a seguinte redação:

> O contrato de sociedade não pode proibir que um accionista se faça representar na assembleia geral.

3 No n.º 2, substituiu "carta" por "documento escrito": mal; e "ficarão" por "ficarem": bem.

4 **3. Sistema**. A representação é, em princípio, sempre possível: traduz uma extensão importante da esfera de atuação própria de cada um, obtida em complexa evolução histórica[3].

5 Nas sociedades, um apego tradicional ao *intuitus personae* levou a que, nas SNC, o sócio só possa fazer-se representar pelo cônjuge, por ascendente ou descendente ou por outro sócio (189.º/4); nas SPQ funciona regra semelhante, mas podendo o contrato de sociedade permitir outros representantes (249.º/5); nas SA, não podia o contrato impedir a representação através de alguma das pessoas indicadas no 380.º/1, versão original; no silêncio do pacto, poderia ser qualquer pessoa[4].

6 A reforma de 2006 pôs termo à anomalia: a representação é livre. Designadamente: é importante, em assembleias complexas, a representação por advogado. A norma é imperativa.

II – Mecanismo de representação

7 **4. Reforma de 2010**. O DL 49/2010, de 19-mai., deu, ao n.º 1, a atual redação. Visou, com isso, majorar os direitos dos acionistas.

8 **5. A carta mandadeira** é o instrumento de representação (procuração): um documento escrito e assinado e dirigido ao presidente da mesa. Subjacente estará, em regra, um mandato, com instruções para o voto. Na sua falta, o mandato será implícito, devendo o representante agir no que considere os melhores critérios para o representado.

9 **6. Processamento**. As cartas ficam arquivadas, pelo período obrigatório de conservação dos documentos: 10 anos (40.º do CCom).

[1] DR I Série, n.º 201, de 2-set.-1986, 2362/II.
[2] DR I Série-A, n.º 63 (Supl.), de 29-mar.-2006, 2328-(22)/I.
[3] Menezes Cordeiro, *Tratado de Direito civil* 1/4 (2005), 27 ss..
[4] RPt 16-dez.-1993 (Cesário de Matos), Proc. 9350535 e RPt 15-mai.-1995 (Couto Pereira), Proc. 9440679.

Artigo 381.º (Pedido de representação)

1. Se alguém solicitar representações de mais de cinco acionistas para votar em assembleia geral, deve observar-se o disposto nas alíneas e números seguintes:

_a_) A representação é concedida apenas para uma assembleia especificada, mas valerá quer ela se efetue em primeira quer em segunda convocação;

_b_) A concessão de representação é revogável, importando revogação a presença do representado na assembleia;

_c_) O pedido de representação deve conter, pelo menos: a especificação da assembleia, pela indicação do lugar, dia, hora da reunião e ordem do dia; as indicações sobre consultas de documentos por acionistas; a indicação precisa da pessoa ou pessoas que são oferecidas como representantes; o sentido em que o representante exercerá o voto na falta de instruções do representado; a menção de que, caso surjam circunstâncias imprevistas, o representante votará no sentido que julgue satisfazer melhor os interesses do representado.

2. A sociedade não pode, nem por si, nem por pessoa interposta, solicitar representações a favor de quem quer que seja, não podendo os membros da comissão de auditoria, do conselho fiscal, do conselho geral e de supervisão ou os respetivos revisores oficiais de contas solicitá-las nem ser indicados como representantes.

3. _(Revogado.)_

4. No caso de o acionista solicitado conceder a representação e dar instruções quanto ao voto, pode o solicitante não aceitar a representação, mas deverá comunicar urgentemente esse facto àquele acionista.

5. Do mesmo modo devem ser comunicados aos representados, com as devidas explicações, os votos emitidos no caso previsto na parte final da alínea _c_) do n.º 1.

6. O solicitante da representação deve enviar, à sua custa, ao acionista representado cópia da ata da assembleia.

7. Se não for observado o disposto nos números anteriores, um acionista não pode representar mais de cinco outros.

Bibliografia: António Menezes Cordeiro, *SA: assembleia geral e deliberações sociais* (2007), 105-107; Carolina Cunha, *381.º*, *Código em Comentário* 6 (2019), 108-115; Paulo Olavo Cunha (2019), 659-669; Eduardo Vera-Cruz Pinto, *A representação do accionista para exercício do direito de voto/Nas assembleias gerais das sociedades anónimas* (1988); Pedro Pais de Vasconcelos, *A participação social nas sociedades comerciais*, 2.ª ed. (2006), 127 ss..

Índice

I – Redação original e CVM
1. Redação original 1
2. O CVM 3

II – Regime
3. Pedido de representação 4
4. Restrições 6
5. Recusa pelo solicitante 7

III – Processamento e sanções
6. Informações ao representado 8
7. Sanções 9

I – Redação original e CVM

1. **Redação original**. A versão de 1986 continha um n.º 3[1]: 1

> Só podem ser indicadas como representantes pessoas que, por si ou como representantes de accionistas, possam exercer o direito de voto ou sejam administradores ou directores da sociedade.

A reforma de 2006 veio atualizar os órgãos de fiscalização visados e acrescentar os ROC respetivos. Além disso, revogou o transcrito n.º 3. 2

2. **O CVM**. É importante ter presente o seu 23.º (Procuração): 3

> 1. A convocatória de assembleia geral menciona a disponibilidade de um formulário de procuração, indicando modo de o solicitar, ou incluir esse formulário.
>
> 2. O pedido de procuração para representação em assembleia geral de sociedade aberta, que seja feito a mais de cinco accionistas ou que utilize um dos meios de contacto com o público referidos no n.º 2 e na alínea *b*) do n.º 3 do artigo 109.º, deve conter, além dos elementos referidos na alínea *c*) do n.º 1 do artigo 381.º do Código das Sociedades Comerciais, os seguintes:
>
> *a*) Os direitos de voto que são imputáveis ao solicitante nos termos do n.º 1 do artigo 20.º;
>
> *b*) O fundamento do sentido de voto a exercer pelo solicitante.
>
> 3. O formulário utilizado na solicitação de procuração é enviado à CMVM dois dias antes do envio aos titulares do direito de voto.
>
> 4. O solicitante deve prestar aos titulares do direito de voto toda a informação para o efeito relevante que por eles lhe seja pedida.

II – Regime

3. **Pedido de representação**, a mais de cinco acionistas (381.º/1): (a) a representação é concedida apenas para uma assembleia específica, em primeira ou segunda convocatória; (b) é revogável, mediante a presença, na assembleia, do representado; (c) o pedido deve conter todas as especificações dessa mesma alínea, incluindo o sentido do exercício de voto, na falta de instruções do representado e a menção de que, surgindo circunstâncias imprevistas (*v.g.* alteração de propostas no decurso dos trabalhos), o representante votará no sentido que julgue melhor satisfazer o interesse do representado. 4

Nas sociedades abertas o pedido de documento de representação em assembleia geral que seja feito a mais de cinco acionistas ou que utilize um dos meios de contacto com o público referidos nos n.ºs 2 e 3 do 109.º do CVM, deve conter os seguintes elementos adicionais: (a) indicação dos direitos de voto imputáveis ao solicitante nos termos do n.º1 do 20.º do CVM; (b) o fundamento do sentido de voto a exercer pelo solicitante. 5

4. **Restrições**. A própria sociedade não pode solicitar, por si ou por interposta pessoa, representações a favor de quem quer que seja, não podendo os membros dos órgãos de fiscalização ou os ROC fazê-lo ou ser indicados como representantes (381.º/2). 6

5. **Recusa pelo solicitante**: pode ocorrer, perante as instruções do solicitado: deve avisá-lo, com urgência (381.º/4). 7

III – Processamento e sanções

6. **Informações ao representado**: (a) o sentido do exercício de voto, quando formulado no sentido do presumível interesse do representado (381.º/5); (b) envio, à sua custa, pelo solicitante, de cópia da ata ao representado. 8

[1] DR I Série, n.º 201, de 2-set.-1986, 2363/I.

9 7. **Sanções.** Não sendo cumpridas as diversas regras, "um acionista não pode representar mais de cinco outros" (381.º/7). A entender restritivamente: (a) não se aplica quando não haja solicitação: um acionista deve poder remeter cartas mandadeiras, sem ter de saber quantos acionistas o seu eleito já representa; (b) não paralisa a representação nem invalida as deliberações, tanto mais que a observância das regras não é cognoscível pelo presidente da mesa: será uma extensão do 266.º do CC[2].

10 A sanção reside nas penas do 517.º e, eventualmente, na responsabilidade civil.

Artigo 382.º (Lista de presenças)

1. O presidente da mesa da assembleia geral deve mandar organizar a lista dos acionistas que estiverem presentes e representados no início da reunião.

2. A lista de presenças deve indicar:

***a*) O nome e o domicílio de cada um dos acionistas presentes;**

***b*) O nome e o domicílio de cada um dos acionistas representados e dos seus representantes;**

***c*) O número, a categoria e o valor nominal das ações pertencentes a cada acionista presente ou representado.**

3. Os acionistas presentes e os representantes de acionistas devem rubricar a lista de presenças, no lugar respetivo.

4. A lista de presenças deve ficar arquivada na sociedade; pode ser consultada por qualquer acionista e dela será fornecida cópia aos acionistas que a solicitem.

Bibliografia: Eduardo de Melo Lucas Coelho, *Direito de voto dos accionistas* (1987); *id. A formação das deliberações sociais – a assembleia geral das sociedades anónimas* (1994); António Menezes Cordeiro, *SA: assembleia geral e deliberações sociais* (2007), 107-108; Paulo de Tarso Domingues, *382.º*, *Código das Sociedades Comerciais em Comentário* 6 (2019), 116-121; Vasco da Gama Lobo Xavier, *Anulação de deliberação social e de deliberações conexas* (1976).

Índice

1. *Ratio* 1
2. Processamento 2
3. Força probatória 5

1 1. ***Ratio.*** A lista de presenças, mandada organizar pelo presidente da mesa visa: (a) determinar o *quorum* constitutivo; (b) o cálculo das maiorias para cada deliberação; (c) o apuramento das votações. Reporta-se aos acionistas presentes ou representados no início de cada reunião. Em caso de suspensão da assembleia geral, deverá ser organizada uma lista de presenças para cada reunião[1].

2 2. **Processamento**. A lista inclui: (a) o nome e domicílio dos acionistas presentes; (b) *idem*, de representantes e representados; (c) o número, a categoria e o valor nominal das ações respetivas (382.º/2). A lista de presenças poderá conter outros elementos (*v.g.* o número de votos que

[2] Contra: Pedro Pais de Vasconcelos, *A participação social nas sociedades comerciais*, 2.ª ed. (2006), 128-129.

[1] Vasco Lobo Xavier, *Anulação de deliberação social* (1976), 334; Paulo de Tarso Domingues, *382.º*, 118.

cabe a cada um dos acionistas) caso o contrato de sociedade o determine ou o presidente assim decida[2].

Acionistas e representantes devem rubricar (ou assinar) a lista no lugar respetivo. A rubrica 3
(ou assinatura) requerem a presença física: em assembleias virtuais, o presidente da mesa deverá encontrar soluções alternativas (*v.g.* assinatura eletrónica) de certificação da presença (virtual) dos acionistas ou dos seus representantes[3]. A cada um cabe fazer prova da sua qualidade[4], o que é facilitado pelas regras do registo de ações (55.º do CVM) e pela atuação preparatória da própria sociedade.

A lista deve ficar arquivada, podendo ser consultada por qualquer acionista, dela sendo 4
fornecida cópia aos acionistas que a solicitem (382.º/4)[5].

3. **Força probatória**: a de um simples documento particular[6]. 5

Artigo 383.º (Quórum)

1. A assembleia geral pode deliberar, em primeira convocação, qualquer que seja o número de acionistas presentes ou representados, salvo o disposto no número seguinte ou no contrato.

2. Para que a assembleia geral possa deliberar, em primeira convocação, sobre a alteração do contrato de sociedade, fusão, cisão, transformação, dissolução da sociedade ou outros assuntos para os quais a lei exija maioria qualificada, sem a especificar, devem estar presentes ou representados acionistas que detenham, pelo menos, ações correspondentes a um terço do capital social.

3. Em segunda convocação, a assembleia pode deliberar seja qual for o número de acionistas presentes ou representados e o capital por eles representado.

4. Na convocatória de uma assembleia pode logo ser fixada uma segunda data de reunião para o caso de a assembleia não poder reunir-se na primeira data marcada, por falta de representação do capital exigido pela lei ou pelo contrato, contanto que entre as duas datas medeiem mais de 15 dias; ao funcionamento da assembleia que reúna na segunda data fixada aplicam-se as regras relativas à assembleia da segunda convocação.

Bibliografia: Jorge Coutinho de Abreu, *383.º*, *Código em Comentário* 6 (2019), 122-126; E. Lucas Coelho, *Direito de voto dos accionistas* (1987); *id.*, *O quórum constitutivo das assembleias gerais – a pretexto do lançamento do 2.º Volume do "Código das Sociedades Comerciais em Comentário"*, DSR 6 (2011), 11-24; António Menezes Cordeiro, *SA: assembleia geral e deliberações sociais* (2007), 109-112; Paulo Olavo Cunha (2019), 678-681 e 694-698; David de Oliveira Festas, *Das Inibições de Voto dos Sócios por Conflito de Interesses com a Sociedade nas Sociedades Anónimas e por Quotas* (2015, policop.), 933 ss.; Armando Manuel Triunfante,

[2] Paulo de Tarso Domingues, *382.º*, 118-119.

[3] Paulo de Tarso Domingues, *382.º*, 120.

[4] RGm 15-jan.-2004 (Manso Raínho), Proc. 2376/03-2.

[5] Paulo de Tarso Domingues, *382.º*, 120-121, defende que o 382.º/4 deve ser interpretado restritivamente em face da redação atual do 288.º, resultante do DL 280/87, de 8-jul.. Mas não vemos que haja fundamento para limitar o direito de consulta da lista de presenças a acionistas que possuam ações correspondentes a, pelo menos, 1% do capital social, pelos seguintes motivos: (a) o 288.º/1, *b*) confere um direito de consulta mais lato, que abrange outros documentos (convocatórias e atas) e outras reuniões (assembleias de obrigacionistas); (b) a consulta da lista de presenças é útil para o exercício do direito de impugnação de deliberações sociais, de que também são titulares os acionistas que detenham ações correspondentes a menos de 1% do capital social.

[6] RPt 27-jun.-1995 (Matos Fernandes), Proc. 9520184.

A tutela das minorias nas sociedades anónimas/Quórum de constituição e maiorias deliberativas (2005), 339-504; *id. O quórum constitutivo e as maiorias deliberativas nas sociedades anónimas e por quotas portuguesas*, IV Congresso DSR (2016), 213-145.

Índice

1. Noção e problemática 1
2. Regra básica 4
3. Quóruns especiais 5
4. Cômputo do quórum constitutivo 9
5. Verificação e acertamento 10
6. Sanção 11

1 1. **Noção e problemática**. Quórum, do latim *quorum*, traduz a percentagem dos membros de um órgão coletivo cuja presença seja necessária para que ele se possa considerar constituído (quórum constitutivo).

2 Em abstrato, subir o quórum aumenta a representatividade do órgão ou das decisões, mas dificulta o funcionamento; baixá-lo facilita, mas permite que poucos decidam por muitos.

3 A tendência moderna vai no sentido de facilitar as regras de quórum, tanto mais que o absentismo ocasionado pela democratização do capital se veio a agravar.

4 2. **Regra básica**, fixada no 383.º/1, é a de ausência de quórum, constitutivo ou deliberativo: salvo regras especiais ou normas estatutárias diversas. Não havendo regras especiais ou normas estatutárias diversas, é suficiente que um sócio esteja presente ou representado para que a assembleia fique constituída e opere.

5 3. **Quóruns especiais**: em primeira convocação, para deliberar sobre alterações ao contrato, fusão, cisão, transformação, dissolução ou outros assuntos para que a lei exija, sem especificar, maioria qualificada, há um quórum constitutivo de 1/3 do capital (383.º/2); em segunda convocação, não há quórum (383.º/3)[1].

6 Na convocatória, pode logo ser fixada uma segunda data, caso na primeira não haja quórum: desde que entre as duas datas medeiem mais de quinze dias (384.º/4).

7 O contrato pode estabelecer quóruns mais rigorosos.

8 Quóruns legais específicos surgem ainda nos: 294.º/1 (não-distribuição de metade do lucro de exercício), 492.º/2 (contrato de grupo paritário), 496.º/1 (contrato de subordinação), 505.º e 506.º/1 e 2 (*idem*, quanto à modificação e termos) e 506.º/4 e 5 (*idem*, quanto à denúncia). No 3.º/5 (transferência de sede para o estrangeiro) a lei estabelece indiretamente um quórum constitutivo de 75% das ações representativas do capital social que confiram direito de voto[2].

9 4. **Cômputo do quórum constitutivo**. No cômputo do quórum constitutivo há que atender às ações que, em concreto, confiram direito de voto ao respetivo titular, excluindo-se as ações cujos titulares estejam inibidos de votar (quer em geral, quer no caso concreto). Não devem, assim, ser computadas: as ações preferenciais sem voto; as ações próprias; as ações em que se verifique mora no cumprimento da obrigação da entrada; e as ações cujos titulares estejam inibidos do exercício do direito de voto por conflito de interesses com a sociedade[3].

10 5. **Verificação e acertamento**. Compete ao Presidente da Mesa da Assembleia Geral verificar e acertar os quóruns. Sendo acertado, no início dos trabalhos, determinado quórum constitu-

[1] Trata-se de uma norma injuntiva. Contra: Armando Triunfante, *A tutela das minorias nas sociedades anónimas* (2005), 412.

[2] Jorge Coutinho de Abreu, *383.º*, 124.

[3] E. Lucas Coelho, *O quórum constitutivo das assembleias gerais*, 22. V. paralelamente o 386.º/5. Também não devem ser computadas as ações relativamente às quais haja inibição de voto por incumprimento do dever de lançamento de oferta pública de aquisição (192.º do CVM).

tivo legal ou contratualmente imposto, deverá o mesmo subsistir enquanto decorra a reunião da assembleia geral, particularmente quando se proceda à deliberação sobre as matérias que o requeiram[4]. As ausências e novos ingressos exigem a tarefa de atualização do quórum constitutivo no decurso da reunião. Em reuniões especialmente participadas de grandes sociedades anónimas, a execução dessa tarefa poderá ser exigente: cabe à sociedade dotar o Presidente da Mesa da Assembleia Geral dos recursos humanos e materiais necessários para o efeito.

6 **Sanção.** A inobservância das regras sobre quóruns constitutivos leva à inexistência da assembleia e, daí, à ausência de deliberação. Se, não obstante, elas forem levadas à ata e registadas, poderemos ter deliberações aparentes[5]. 11

A inobservância de quóruns deliberativos, mesmo quando previstos apenas pelo pacto, leva à não aprovação das propostas em jogo. Se, por lapso, forem proclamadas aprovadas, levadas à ata e registadas, haverá, também, deliberações aparentes[6]. 12

Artigo 384.º (Votos)

1. Na falta de diferente cláusula contratual, a cada ação corresponde um voto.

2. O contrato de sociedade pode:

***a*) Fazer corresponder um só voto a um certo número de ações, contanto que sejam abrangidas todas as ações emitidas pela sociedade e fique cabendo um voto, pelo menos, a cada € 1000 de capital;**

***b*) Estabelecer que não sejam contados votos acima de certo número, quando emitidos por um só acionista, em nome próprio ou também como representante de outro.**

3. A limitação de votos permitida na alínea *b*) do número anterior pode ser estabelecida para todas as ações ou apenas para ações de uma ou mais categorias, mas não para acionistas determinados.

4. A partir da mora na realização de entradas de capital e enquanto esta durar, o acionista não pode exercer o direito de voto.

5. É proibido estabelecer no contrato voto plural.

6. Um acionista não pode votar, nem por si, nem por representante, nem em representação de outrem, quando a lei expressamente o proíba e ainda quando a deliberação incida sobre:

***a*) Liberação de uma obrigação ou responsabilidade própria do acionista, quer nessa qualidade quer na de membro de órgão de administração ou de fiscalização;**

***b*) Litígio sobre pretensão da sociedade contra o acionista ou deste contra aquela, quer antes quer depois do recurso a tribunal;**

***c*) Destituição, por justa causa, do seu cargo de titular de órgão social;**

[4] David de Oliveira Festas, *Das Inibições de Voto dos Sócios por Conflito de Interesses com a Sociedade nas Sociedades Anónimas e por Quotas*, 933 ss.; E. Lucas Coelho, *O quórum constitutivo das assembleias gerais*, 17.

[5] Eficazes, nos termos da publicidade positiva; *vide* António Menezes Cordeiro, *Direito comercial*, 5.ª ed (2022), 456 ss..

[6] Jorge Coutinho de Abreu, *383.º*, 126, n. 12, e Pinto Furtado, CSC, 5.ª ed. (2005), 309, opinam pela anulabilidade (58.º/1). Mas não: não há deliberação aprovada; a situação é valorativamente equivalente à que ocorreria se, por erro da mesa, fosse proclamada e aprovada uma proposta contra a qual se manifestasse mais de metade dos votantes.

d) **Qualquer relação, estabelecido ou a estabelecer, entre a sociedade e o accionista, estranha ao contrato de sociedade.**

7. O disposto no número anterior não pode ser preterido pelo contrato de sociedade.

8. A forma de exercício do voto pode ser determinada pelo contrato, por deliberação dos sócios ou por decisão do presidente da assembleia.

9. Se os estatutos não proibirem o voto por correspondência, devem regular o seu exercício, estabelecendo, nomeadamente, a forma de verificar a autenticidade do voto e de assegurar, até ao momento da votação, a sua confidencialidade, e escolher entre uma das seguintes opções para o seu tratamento:

a) **Determinar que os votos assim emitidos valham como votos negativos em relação a propostas de deliberação apresentadas ulteriormente à emissão do voto;**

b) **Autorizar a emissão de votos até ao máximo de cinco dias seguintes ao da realização da assembleia, caso em que o cômputo definitivo dos votos é feito até ao 8.º dia posterior ao da realização da assembleia e se assegura a divulgação imediata do resultado da votação.**

10. Na falta de previsão dos estatutos aplica-se a alínea *a*) do número anterior.

Bibliografia: Jorge Coutinho de Abreu, *384.º*, *Código em Comentário* 6 (2019), 127-139; Carlos Osório de Castro, *Participação no capital das sociedades anónimas e poder de influência*, RDES XXXVI (1994) 4, 333--356; Eduardo de Melo Lucas Coelho, *Direito de voto dos accionistas* (1987), 40 ss.; *id.*, *Formas de deliberação e de votação dos sócios*, em AAVV (2003), 333-370; António Menezes Cordeiro, *SA: assembleia geral e deliberações sociais* (2007), 113-119; David de Oliveira Festas, *Das Inibições de Voto dos Sócios por Conflito de Interesses com a Sociedade nas Sociedades Anónimas e por Quotas* (2015, policop.), *passim*; A. Ferrer Correia, *As limitações ao poder de voto dos accionistas e as acções do Estado e do IPE*, RLJ 119 (1986), 97-101 e 164-166; Paulo Olavo Cunha (2019), 379-389; Paulo Lopes Marcelo, *A blindagem da empresa plurissocietária* (2002); Armando Manuel Triunfante (2007), 367-372; Pedro Pais de Vasconcelos, *A participação social nas sociedades comerciais*, 2.ª ed. (2006), 139 ss.; Madalena Perestrelo de Oliveira, *Direito de voto nas sociedades cotadas: da admissibilidade de categorias de ações com direito de voto plural às L-shares*, RDS VII (2015), 2, 435-470; Diogo Drago, *Loyalty shares: um meio de controlo ou o acentuar de conflitos no seio societário?*, RDCom, n.º 2, 2017 (www.revistadedireitocomercial.com).

Índice

I – **Redações anteriores, CVM e reforma de 2006**

1. Redação original 1
2. Redações de 1987, de 1998 e de 2010 2
3. O CVM (voto por correspondência) 3
4. Reforma de 2006 4

II – **O direito de voto**

5. Regra geral 8
6. Blindagem 10
7. Contitularidade 13
8. Usufruto 14
9. Penhor, reporte e outros 15

III – **Restrições quanto ao voto**

10. Voto plural 16
11. Proibições 18
12. Conflito de interesses 19
13. O caso particular do *"empty voting"* 23
14. Decisão quanto à proibição 26

IV – **Forma de voto e voto por correspondência**

15. Forma de voto 30
16. Voto por correspondência 34
17. O silêncio dos estatutos 37

I – Redações anteriores, CVM e reforma de 2006

1. **Redação original**: dispunha[1]: 1

> 2. O contrato de sociedade pode:
>
> *a*) Fazer corresponder um só voto a um certo número de acções, contanto que sejam abrangidas todas as acções emitidas pela sociedade e fique cabendo um voto, pelo menos, a cada 20.000$ de capital;
>
> *b*) Estabelecer que não sejam contados votos acima de certo número, quando emitidos por um só accionista, em nome próprio ou também como correspondente de outro.
>
> 3. A limitação de votos permitida pelo n.º 2, alínea *b*), pode ser estabelecida para todas as acções ou apenas para acções de uma ou mais categorias, mas não para accionistas determinados, e não vale em relação aos votos que pertençam ao Estado ou a entidades a ele equiparadas por lei para este efeito.
>
> (...)
>
> 6. *c*) Destituição, por justa causa, do cargo de administrador ou desconfiança no diretor.

2. **Redações de 1987, de 1998 e de 2010**. O DL 280/87, de 8-jul., substituiu, no 2, *a*), 20.000$ por 100.000$ e, no 2, *b*), "correspondente" por "representante". O DL 343/98, de 6-nov., substituiu, por seu turno, 100.000$ por € 1000[2]. Finalmente, o DL 49/2010, de 19-mai., aditou o atual n.º 10. 2

3. **O CVM (voto por correspondência)**, dispõe, no seu 22.º: 3

> 1. Nas assembleias gerais das sociedades abertas, o direito de voto sobre matérias que constem da convocatória pode ser exercido por correspondência.
>
> 2. O disposto no número anterior pode ser afastado pelos estatutos da sociedade, salvo quanto à alteração destes e à eleição de titulares dos órgãos sociais.
>
> 3. Para efeitos do n.º 1, a convocatória da assembleia geral deve incluir:
>
> *a*) Indicação de que o direito de voto pode ser exercido por correspondência;
>
> *b*) Descrição do modo por que se processa o voto por correspondência, incluindo o endereço e o prazo para a recepção das declarações de voto.
>
> 4. A sociedade deve verificar a autenticidade do voto e assegurar, até ao momento da votação, a sua confidencialidade.

4. **Reforma de 2006**: veio dar a redação atual ao n.º 3 e à alínea *c*) do n.º 6; acrescentou, ainda, o n.º 9 (2.º do DL 76-A/2006, de 29-mar.)[3]. 4

No tocante ao n.º 3, a reforma visou remover o regime especial das ações do Estado: o de não serem sensíveis à eventual blindagem dos estatutos, uma vez que, havendo limites máximos de votos por acionista, o Estado não lhes estaria sujeito. A norma era óbvia: a blindagem de estatutos não se destina a prevenir OPAs do Estado. Apenas por fundamentalismos de mercado se pretendeu a alteração, preterindo o interesse nacional da defesa contra *raiders* estrangeiros. 5

A delicadeza de algumas empresas estratégicas levou, todavia, ao esquema do 60.º do DL 76-A/2006, de 29-mar., que, no tocante às ações a privatizar, manteve a não-aplicação, ao Estado, do 384.º/2, *b*). Durante algum tempo, manter-se-á essa proteção, perante o capital estrangeiro. 6

O n.º 9, então aditado, visou regular o voto por correspondência, desenvolvendo o que já vinha do 22.º do CVM. 7

[1] DR I Série, n.º 201, de 2-set.-1986, 2363/II.

[2] DR I Série, n.º 257, de 6-nov.-1998, 5941/II.

[3] DR I Série-A, n.º 63 (Supl.), de 29-mar.-2006, 2328-(22)/I.

II – O direito de voto

8 5. **Regra geral**: a cada ação, um voto (384.º/1). Os estatutos podem – 384.º/2, *a*) – fazer corresponder um só voto a certo número de ações, desde que: (a) todas sejam abrangidas; (b) caiba um voto, pelo menos, a cada € 1000 de capital[4]. Não está em causa a mera permissão de um poder de voto proporcionalmente inferior à titularidade acionista[5]: a lei admite que alguns acionistas (aqueles que sejam titulares de um número de ações inferior ao limite mínimo) não tenham direito de voto[6].

9 O voto tem importância como voto e, ainda, por dar acesso à assembleia geral.

10 6. **Blindagem**, em sentido amplo, equivale a qualquer medida estatutária de defesa contra OPAs, incluindo ações privilegiadas e OPAs estatutárias, isto é, impostas pelos estatutos para quem alcance um certo patamar de ações[7]. Em sentido estrito, equivale ao mecanismo aberto pelo 384.º/2, *b*): não são, pelos estatutos, contados os votos emitidos por um certo acionista, em nome próprio ou em representação de outrem, acima de certo limite.

11 Essa limitação leva a que não bastem mais de metade dos votos para controlar a sociedade; com um limite, p. ex., de 10%, apenas adquirindo mais de 90% das ações o hipotético *raider* teria o pretendido domínio. É uma defesa eficaz contra OPAs, que só é ultrapassável condicionando as mesmas, à alteração dos estatutos que permita a desblindagem.

12 Podem os estatutos desenvolver o mecanismo do 384.º/2, *b*), estipulando, por exemplo, que se consideram, para efeitos do limite, como sendo do acionista, as ações pertencentes a quem, com ele, esteja numa relação de proximidade, de acordo com os critérios do 486.º, do 20.º/1 do CVM ou outros. Ainda nos estatutos, há que precaver o esquema da blindagem, mesmo perante maiorias qualificadas: dado o 386.º/5, *in fine*.

13 7. **Contitularidade**: o voto é exercido por um representante comum (303.º/1), aplicando-se, às decisões dos contitulares, os 223.º e 224.º, sobre quotas.

14 8. **Usufruto**: aplica-se, *ex vi* 23.º/2, o 1467.º do CC: o voto pertence ao usufrutuário; nas deliberações de alteração de estatutos e de dissolução, cabe conjuntamente a ele e ao titular da raiz.

15 9. **Penhor, reporte e outros**. O voto pertence ao titular da participação, no momento em que seja definido o direito de participar na assembleia, *vg*.: na data de registo.

III – Restrições quanto ao voto

16 10. **Voto plural**: proibido estabelecê-lo no contrato (384.º/5). Um efeito paralelo legítimo pode ser conseguido através de direitos especiais, consubstanciados em certas categorias de ações (24.º/4), cujo voto seja necessário para determinadas deliberações (*golden shares*). Entre nós, nos períodos em que foram utilizadas, elas foram caracteristicamente do Estado, visando defender interesses nacionais estratégicos[8]. A pretensão da Comissão Europeia de que seriam contrárias à liberdade de estabelecimento ou de concorrência, que não tem fundamento, radica no desconhecimento do seu funcionamento e da sua origem.

[4] Sobre o princípio "uma ação-um voto" e respetivos desvios: David de Oliveira Festas, *Das Inibições de Voto dos Sócios por Conflito de Interesses com a Sociedade nas Sociedades Anónimas e por Quotas*, 619 ss. O 384.º/2 prevê exceções à regra "uma ação-um voto" de natureza "oligárquica" [384.º/2, *a*)] e "anti-oligárquica" [384.º/2, *b*)]. *Vide* Carlos Osório de Castro, *Participação no capital das sociedades anónimas*, 338.

[5] Antes do CSC: José Gabriel Pinto Coelho, *Estudo sobre as acções de sociedades anónimas* (1957), 156-157, 160-161.

[6] Há direito de agrupamento (379.º/5), mas não constitui um sucedâneo do direito de voto.

[7] Paulo Lopes Marcelo, *A blindagem da empresa plurissocietária* (2002), 39 ss., 49 ss. e *passim* e Menezes Cordeiro, *OPAs estatutárias*, ROA 1998, 133-145.

[8] Nuno Cunha Rodrigues, *"Golden shares"/As empresas participadas e os privilégios do Estado enquanto accionista minoritário* (2004); Pedro de Albuquerque/Maria de Lurdes Pereira, *As "golden shares" do Estado português em empresas privatizadas: limites à sua admissibilidade e exercício* (2006) e António Menezes Cordeiro 2 (2017), 665-667.

O debate em torno da pertinência e alcance da proibição de voto plural tem sido recentemente reavivado, nomeadamente a respeito das "loyalty shares"[9]. A discussão não é recente, mas não pode deixar de ser retomada em face da ampla disseminação de poder de voto dissociado de interesse económico na participação proporcionalmente correspondente ("empty voting")[10]. Numa era de globalização e de livre circulação de capitais, joga-se, em última análise, a competitividade internacional do Direito societário português perante sistemas que permitem generosamente a criação de ações com voto plural, não apenas para premiar sócios leais, como também para permitir que sócios controladores abram o capital das sociedades ao investimento de terceiros sem perda de controlo. No plano do Direito constituído, o 384.º/5 constitui um impedimento à previsão, no contrato de sociedade, de ações com direito de voto plural. Impõe-se uma reflexão, *de jure condendo*, sobre a bondade dessa norma. 17

11. **Proibições** de voto recaem sobre o acionista em mora quanto à entrada (384.º/4) e sobre o detentor de ações próprias – 324.º/1, *a*). A lei prevê ainda outras limitações ao direito de voto: 104.º/1 e 2 (fusão); 325.º-A/1 e 325.º-B/1 (aplicação do regime das ações próprias – incluindo a privação do voto – às ações detidas por uma sociedade dependente); ações preferenciais sem voto (341.º/3)[11]; 485.º/3 (na relação de participações recíprocas, fica suspenso o direito de voto inerente às ações que excedam 10% do capital). Importa, ainda, atender ao 192.º do CVM (inibição dos direitos de voto em caso de incumprimento do dever de lançamento de oferta pública de aquisição). 18

12. **Conflito de interesses** (384.º/6 e 7), quando exista entre a sociedade e o acionista, este não pode votar: nem por si, nem por representante, nem em representação de outrem. Trata-se de uma concretização do princípio de proibição de exercício do direito de voto por sócios que estejam em situação de conflito de interesses com a sociedade, aplicável tanto às situações específicas previstas expressamente por lei, como a situações não especificadas[12]. 19

O princípio de proibição de voto por conflito de interesses com a sociedade surge também no 251.º (SQ) e no 410.º/6 (SA, administradores)[13]. A regra é imperativa (384.º/7) e assenta em vários fundamentos dogmáticos, nomeadamente o princípio de correção do processo de formação da vontade social, a proibição de atuação como "juiz em causa própria" e o dever de lealdade do sócio[14]. 20

A lei aponta exemplificativamente quatro situações (384.º/6): (a) liberação de obrigação ou de responsabilidade própria do acionista, nessa qualidade ou na de membro de algum órgão social; (b) litígio com a sociedade, antes ou depois de recurso a tribunal; (c) destituição, com justa causa, de cargo social; (d) qualquer outra relação, estabelecida ou a estabelecer, entre a sociedade e o acionista, estranha ao contrato de sociedade[15]. 21

[9] Madalena Perestrelo de Oliveira, *Direito de voto nas sociedades cotadas: da admissibilidade de categorias de ações com direito de voto plural às L-shares*, RDS VII (2015), 2, 435-470; Diogo Drago, *Loyalty shares: um meio de controlo ou o acentuar de conflitos no seio societário?*, RDCom, n.º 2, 2017 (www.revistadedireitocomercial.com), pp. 432-455.

[10] Desenvolvidamente: David de Oliveira Festas, *Das Inibições de Voto dos Sócios por Conflito de Interesses com a Sociedade nas Sociedades Anónimas e por Quotas*, 86 ss., 463-647.

[11] *Vide* o 342.º/3. O direito de voto em assembleia geral não é verdadeiramente eliminado: fica em "estado de quiescência" e pode "renascer" – José de Oliveira Ascensão, *As Acções*, in *Direito dos Valores Mobiliários* II (2000), 57-90 (71); Carlos Osório de Castro, *Acções preferenciais sem voto*, em AAVV (2002), 281-320 (301).

[12] David de Oliveira Festas, *Das Inibições de Voto dos Sócios por Conflito de Interesses com a Sociedade nas Sociedades Anónimas e por Quotas*, 716 ss.

[13] No 176.º, n.º 1, do Código Civil proíbe-se também o associado de "votar, por si ou como representante de outrem, nas matérias em que haja conflito de interesses entre a associação e ele, seu cônjuge, ascendentes ou descendentes".

[14] David de Oliveira Festas, *Das Inibições de Voto dos Sócios por Conflito de Interesses com a Sociedade nas Sociedades Anónimas e por Quotas*, 631 s., 743 ss.

[15] Sobre estas e outras situações de conflito de interesses entre sócio e sociedade: David de Oliveira Festas, *Das Inibições de Voto dos Sócios por Conflito de Interesses com a Sociedade nas Sociedades Anónimas e por Quotas*, 853 ss.

22 Esta última situação tem o alcance de uma cláusula geral, concretizando-se caso a caso. Um exemplo: um acionista lança uma OPA sobre a sociedade, condicionada à autorização, a dar em assembleia geral, para que esse acionista, como concorrente, possa deter mais de 10% do capital da sociedade-alvo; a relação de concorrência é estranha ao contrato de sociedade e os interesses em jogo são extra-societários e conflituam com o interesse social; logo, o oferente não pode votar. O problema já se colocou, tendo o presidente da mesa, perante a impressividade da comunicação social e da CMVM, optado por não impedir o voto, com sacrifício da legalidade estrita. Já quanto a um eventual voto de desblindagem: no nosso entendimento atual, estão em jogo interesses societários, pelo que o voto do oferente é possível[16].

23 13. **O caso particular do *"empty voting"***. O dever de não exercício do direito de voto por sócios que estejam em situação de conflito de interesses com a sociedade mitiga alguns dos riscos associados às situações em que um sujeito goza de um poder de voto superior ao seu interesse económico ou patrimonial na participação social (na terminologia internacionalmente reconhecida: "*empty vote*" ou "*empty voting*"). Os acionistas podem reduzir a sua exposição económica à participação social através do recurso a diversos instrumentos e estratégias (*v.g.* derivados, vendas curtas, empréstimo e reporte de ações).

24 Atendendo ao posicionamento económico do votante perante a sociedade, o "*empty voting*" (o poder de voto desconexo de um interesse económico na participação proporcionalmente correspondente) pode ser ordenado em três categorias de situações: (a) situações em que o votante executa operações que determinam uma redução do seu interesse económico líquido (positivo) na participação, nomeadamente operações que proporcionem uma cobertura parcial dos riscos económicos caracteristicamente associados à titularidade acionista – nestas hipóteses, o votante permanece com um interesse económico líquido positivo na participação, mas esse interesse é inferior ao poder de voto de que goza; (b) situações em que o votante tem um interesse económico neutro (de "zero" ou de valor aproximado) na participação, nomeadamente porque executa operações de cobertura integral dos riscos económicos associados à titularidade das ações; (c) situações em que o votante tem um interesse económico líquido negativo na participação e na sociedade no sentido em que dispõe de incentivos económicos para votar contra o desenvolvimento da sociedade ou o enriquecimento dos seus sócios (*v.g.* o sócio executa operações com derivados que lhe permitem obter ganhos quando o valor de cotação das ações desce, de tal modo que, numa ponderação patrimonial global de todos os incentivos patrimoniais do sócio, verifica-se que tem um incentivo económico para que esse valor desça).

25 Nesta terceira categoria de situações, de interesse económico líquido negativo na participação, o sócio que dispõe, genérica e estruturalmente, de incentivos económicos para o exercício do direito de voto em sentido contraditório com a prossecução do fim social, tem, em regra, o dever de não exercício do direito de voto por conflito de interesses com a sociedade[17].

26 14. **Decisão quanto à proibição**. Compete ao presidente da mesa constatar as restrições e os impedimentos de voto, decidindo-os sem recurso para a assembleia: compreende-se, a esta luz, a independência que a lei lhe assegura. Não vemos margem para que tal decisão seja tomada por entidades reguladoras.

27 Na apreciação das possíveis repercussões sobre a deliberação de eventuais erros de decisão cometidos pelo presidente da mesa, importa distinguir duas hipóteses: (a) a de votos nulos emi-

[16] David de Oliveira Festas, *Das Inibições de Voto dos Sócios por Conflito de Interesses com a Sociedade nas Sociedades Anónimas e por Quotas*, 886 ss.

[17] Desenvolvidamente: David de Oliveira Festas, *Das Inibições de Voto dos Sócios por Conflito de Interesses com a Sociedade nas Sociedades Anónimas e por Quotas*, 463-647, 899 ss.

tidos por acionistas serem indevidamente contados no apuramento da resultado da deliberação; e (b) a de votos validamente emitidos por acionistas serem indevidamente desconsiderados no apuramento da resultado da deliberação.

Na primeira hipótese, há uma deliberação tomada por maioria de votos, ainda que invalidamente emitidos: a existência de uma deliberação depende apenas da emissão de votos (ainda que inválidos) e de esses votos terem sido aceites (ainda que indevidamente) pelo presidente. Em harmonia com a regra prevista para as associações no 176.º/2 do CC, com a norma geral do processo civil (195.º/1 do CPC), com o princípio do *favor societatis* e com a solução consagrada no 58.º/1 b) do CSC (votos abusivos), a deliberação só é anulável por vício de procedimento caso os votos nulos indevidamente contados sejam indispensáveis à subsistência da maioria deliberativa. 28

Na segunda hipótese, o acionista que entenda ter sido irregularmente impedido de votar pode pedir a anulação das competentes deliberações, desde que o seu voto pudesse interferir no resultado final[18]. 29

IV – Forma de voto e voto por correspondência

15. **Forma de voto** é determinada (384.º/8): (a) pelo contrato; (b) por deliberação dos sócios; (c) pelo presidente da mesa. A deliberação prevista terá de ser genérica, resultando de um específico agendamento sobre o assunto: de outro modo, qualquer maioria circunstancial poderia escolher um tipo de voto que, concretamente, lhe conviesse, para perpetuar o seu domínio. 30

Em regra, no silêncio dos estatutos, cabe ao presidente decidir o tipo de voto, com isenção total. Poderá fazê-lo previamente ou no momento de cada decisão[19]. 31

O voto poderá ser por braço levantado, por sentados e levantados, oral, escrito ou informático. Poderá, ainda, ser presencial ou por correspondência. E pode, por fim, ser público, secreto ou reservado. Neste último caso, apenas o presidente da mesa, sob sigilo profissional, sabe quem votou nos diversos sentidos. 32

O presidente da mesa deve decidir em função dos interesses sociais e, designadamente: prevenindo, depois do fim da assembleia, a continuação de questões e de polémicas. 33

16. **Voto por correspondência**: já era praticado nas associações, nas cooperativas (52.º do CCoop), nas sociedades abertas (22.º do CVM) e nas sociedades em geral, por via estatutária ou por decisão do presidente da mesa. A reforma do DL 76-A/2006 introduziu o n.º 9, em termos de interpretação delicada. Quanto ao fator teleológico: o voto por correspondência visa associar mais acionistas às decisões sociais. Todavia, impede o acesso direto à informação e tira alcance ao debate dos problemas, potencialmente esclarecedor. A lei pretende, contudo, facilitá-lo. 34

Requisitos do voto por correspondência são, aparentemente (384.º/9): (a) os estatutos não o proibirem; (b) devendo então regulá-lo, em certos termos. Na hipótese paradigmática de os estatutos não o proibirem e não o regularem, o voto por correspondência poderá ser reintroduzido por decisão do presidente da mesa, devendo então ser regulado por este. 35

Os estatutos deverão estabelecer um esquema que: (a) assegure a autenticidade do voto; (b) assegure, até à votação (ou depois dela, se o voto for secreto) a confidencialidade. Além disso, põe-se o problema de lidar com propostas que só surjam na assembleia. A lei põe à escolha dos estatutos: (a) ou os votos por correspondência valem automaticamente como votos 36

[18] David de Oliveira Festas, *Das Inibições de Voto dos Sócios por Conflito de Interesses com a Sociedade nas Sociedades Anónimas e por Quotas*, 916 ss.

[19] Lucas Coelho, *Formas de deliberação e de votação dos sócios* cit., 364-368.

negativos em relação a propostas apresentadas depois da sua emissão; (b) ou os votos por correspondência podem ser emitidos até ao máximo de cinco dias depois da realização da assembleia, sendo o cômputo feito até oito dias após esse termo. Os inconvenientes desta última opção são evidentes.

37 17. **O silêncio dos estatutos**. Quando estes não proíbam o voto por correspondência e, não obstante, não o regulem, *quid iuris*? A hipótese da nulidade dos estatutos, por violação do 384.º/9, é de afastar: nessa eventualidade, uma interpretação global levaria a concluir pela impossibilidade (não-admissibilidade) do voto por correspondência.

38 O DL 49/2010, de 19-mai., aditou o n.º 10, o qual determina que, no silêncio dos estatutos, se aplique o 384.º/9, *a*). Resolveu-se, assim, a questão.

Artigo 385.º (Unidade de voto)

1. Um acionista que disponha de mais de um voto não pode fracionar os seus votos para votar em sentidos diversos sobre a mesma proposta ou para deixar de votar com todas as suas ações providas de direito de voto.

2. Um acionista que represente outros pode votar em sentidos diversos com as suas ações e as dos representados e bem assim deixar de votar com as suas ações ou com as dos representados.

3. O disposto no número anterior é aplicável ao exercício de direito de voto como usufrutuário, credor pignoratício ou representante de contitulares de ações e bem assim como representante de uma associação ou sociedade cujos sócios tenham deliberado votar em sentidos diversos, segundo determinado critério.

4. A violação do disposto no n.º 1 deste artigo importa a nulidade de todos os votos emitidos pelo acionista.

Bibliografia: Jorge Coutinho de Abreu, *385.º*, *Código em Comentário* 6 (2019), 140-1403; António Menezes Cordeiro, *SA: assembleia geral e deliberações sociais* (2007), 118-119.

Índice

1. Unidade do voto .... 1 2. Representação 2

1 1. **Unidade do voto** (385.º/1): o acionista que disponha de vários votos deve usá-los, em cada votação, todos no mesmo sentido. Não o fazendo, todos eles são nulos (385.º/4). Impedem-se jogos pouco claros, bem como a possibilidade de alguém, votando em certo sentido, poder mesmo assim impugnar a deliberação, por ter sido vencido[1].

2 2. **Representação** (385.º/2): o representante de vários acionistas pode votar em sentidos diversos, mas sem cindir a unidade do voto de cada um dos representados: poderá, mesmo, ter instruções precisas quanto ao voto, diferentes de acionista para acionista.

[1] RCb 18-nov.-2011 (Fonte Ramos), Proc. 127/06: o princípio da unidade do voto vale também para as SPQ, *ex vi* 248.º/1.

A mesma regra funciona perante outras situações em que alguém exerça direitos de outrem (385.º/3). 3

Artigo 386.º (Maioria)

1. A assembleia geral delibera por maioria dos votos emitidos, seja qual for a percentagem do capital social nela representado, salvo disposição diversa da lei ou do contrato; as abstenções não são contadas.

2. Na deliberação sobre a designação de titulares de órgãos sociais ou de revisores ou sociedades de revisores oficiais de contas, se houver várias propostas, fará vencimento aquela que tiver a seu favor maior número de votos.

3. A deliberação sobre algum dos assuntos referidos no n.º 2 do artigo 383.º deve ser aprovada por dois terços dos votos emitidos, quer a assembleia reúna em primeira quer em segunda convocação.

4. Se, na assembleia reunida em segunda convocação, estiverem presentes ou representados acionistas detentores de, pelo menos, metade do capital social, a deliberação sobre algum dos assuntos referidos no n.º 2 do artigo 383.º pode ser tomada pela maioria dos votos emitidos.

5. Quando a lei ou o contrato exijam uma maioria qualificada, determinada em função do capital da sociedade, não são tidas em conta para o cálculo dessa maioria as ações cujos titulares estejam legalmente impedidos de votar, quer em geral quer no caso concreto, nem funcionam, a não ser que o contrato disponha diferentemente, as limitações de voto permitidas pelo artigo 384.º, n.º 2, alínea *b*).

Bibliografia: Jorge Coutinho de Abreu, *386.º*, *Código em Comentário* 6 (2019), 144-150; Eduardo de Melo Lucas Coelho, *Direito de voto dos accionistas* (1987), 103; António Menezes Cordeiro, *SA: assembleia geral e deliberações sociais* (2007), 119 .

Índice

1. Regra geral 1
2. Maiorias qualificadas 3
3. Contagem, na maioria qualificada 5

1. **Regra geral**: a assembleia delibera por maioria dos votos emitidos, seja qual for a percentagem do capital social presente: a lei ou o contrato podem dispor de outro modo (386.º/1). As abstenções não são contadas (*idem, in fine*). Havendo empate: a proposta não é aprovada; ninguém tem voto de qualidade. 1

Tratando-se de eleições ou da escolha de pessoas que permitam mais de duas propostas, ganha a que tiver mais votos (maioria relativa), não se prevendo qualquer "segunda volta" (386.º/2). 2

2. **Maiorias qualificadas**: alterações ao contrato, fusão, cisão, transformação, dissolução ou outros pontos assim previstos, por lei ou pelos estatutos: 2/3 dos votos emitidos, em primeira ou em segunda convocação (386.º/3). 3

Mas se, em segunda convocação, estiverem presentes ou representados detentores de, pelo menos, metade do capital social, basta a maioria dos votos emitidos. 4

3. **Contagem, na maioria qualificada**: quando determinada, por lei ou pelo contrato, em função do capital social (386.º/5): (a) não são tidas em conta as ações cujos titulares estejam 5

legalmente impedidos de votar, em geral (*v.g.*: ações próprias) ou no caso concreto (*v.g.*: conflito de interesses); (b) não funciona a blindagem permitida pelo 384.º/2, *b*), a menos que o contrato disponha de outra forma.

Artigo 387.º (Suspensão da sessão)

1. Além das suspensões normais determinadas pelo presidente da mesa, a assembleia pode deliberar suspender os seus trabalhos.

2. O recomeço dos trabalhos deve ser logo fixado para data que não diste mais de 90 dias.

3. A assembleia só pode deliberar suspender a mesma sessão duas vezes.

Bibliografia: Jorge Coutinho de Abreu, *387.º*, *Código em Comentário* 6 (2019), 151-154; Paulo Olavo Cunha (2019), 698-702.

Índice

1. Tipos de suspensão 1
2. Suspensão pela assembleia 2

1 1. **Tipos de suspensão**: temos (a) suspensões normais, para café, para descanso ou para contagem de votos, ou para conversações entre acionistas, p. ex., determinadas pelo presidente; não devem ultrapassar 30/60 m., de modo a permitir a conclusão dos trabalhos no dia para que foi feita a convocação (387.º/1, 1.ª parte); (b) suspensões extraordinárias, impostas pela impossibilidade de prosseguir os trabalhos (*v.g.*, por falha informática) e decididas pelo presidente da mesa (792.º do CC, por interpretação extensiva), pelo período necessário à remoção do problema; (c) suspensão deliberada pela assembleia (387.º/1, 2.ª parte).

2 2. **Suspensão pela assembleia**: não pode ser decidida *ad nutum*, sob pena de poder pôr em crise: (a) o dever da administração de pedir a sua convocação em certos prazos, p. ex., para aprovar contas; (b) o direito das minorias de pedir a sua convocação, para certos assuntos; (c) o dever dos órgãos de fiscalização e do próprio presidente da mesa de providenciar a sua convocação.

3 Além disso, a suspensão da assembleia coloca a minoria refém da maioria: nada se decide, nem mesmo em termos de, depois, se poder impugnar. A opção pela suspensão, que pode ser conseguida tirando, por exemplo, partido do cansaço, pode deixar graves questões em aberto: ações bloqueadas; OPAs pendentes; situações de responsabilidade ou de destituição que exigiriam medidas imediatas; exposição à oscilação de cotações; alterações na composição da assembleia.

4 Embora a lei não seja explícita, cabe ao presidente da mesa apreciar qualquer proposta de suspensão, só a colocando à votação se a mesma tiver um mínimo de fundamento objetivo, perante o interesse comum dos sócios.

5 Havendo suspensão deliberada: (a) deve ser logo fixado o recomeço dos trabalhos para os 90 dias seguintes (387.º/2); (b) cada sessão só pode ser suspensa duas vezes (387.º/3).

Artigo 388.º (Atas)

1. Deve ser lavrada uma ata de cada reunião da assembleia geral.

2. As atas das reuniões da assembleia geral devem ser redigidas e assinadas por quem nelas tenha servido como presidente e secretário.

3. A assembleia pode, contudo, deliberar que a ata seja submetida à sua aprovação antes de assinada nos termos do número anterior.

Bibliografia: Jorge Coutinho de Abreu, *388.º*, *Código em Comentário* 6 (2019), 155-157; António Menezes Cordeiro, *SA: assembleia geral e deliberações sociais* (2007), 119; Paulo Olavo Cunha (2019), 712-722; *vide* as anotações ao 63.º.

Índice

1. Regime geral .... 1 2. Regras específicas.. 2

1. **Regime geral**, fixado no 63.º, tem, aqui, aplicação. Os livros de atas são obrigatórios (31.º/1 e 37.º do CCom), sendo incriminada a recusa ilícita de lavrar a ata (521.º). 1

2. **Regras específicas**: nas SA, as atas são redigidas e assinadas pelo presidente da mesa e pelo secretário (388.º/2): eventualmente, pelo secretário da sociedade – 446.º-B/1, *b*) – o qual deve certificar as cópias das deliberações – 446.º-B/1, *i*). Nas grandes anónimas, as atas somam muitas dezenas de páginas, com milhares de documentos em anexo: só são viáveis com gravação e em suporte informático. 2

A hipótese de a assembleia deliberar que a ata seja submetida à sua aprovação antes de assinada (388.º/3), embora prevista por lei, é, em muitos casos, impraticável: seria necessário convocar uma assembleia para o efeito ou, então, suspender a atividade social até à próxima reunião. Além disso, um pequeno grupo de acionistas poderia bloquear qualquer aprovação, suscitando questões de redação infindas. 3

Temos de assumir: a deliberação de aprovação pela assembleia depende de proposta que o presidente da mesa só poderá aceitar e pôr à votação se ela for exequível. O 388.º/3 cede perante o conjunto do sistema: a proposta inexequível é abusiva (334.º do CC): deve ser bloqueada pela mesa que, para isso, tem independência funcional. 4

Artigo 389.º (Assembleias especiais de acionistas)

1. As assembleias especiais de titulares de ações de certa categoria são convocadas, reúnem-se e funcionam nos termos prescritos pela lei e pelo contrato de sociedade para as assembleias gerais.

2. Quando a lei exija maioria qualificada para uma deliberação da assembleia geral, igual maioria é exigida para a deliberação das assembleias especiais sobre o mesmo assunto.

3. Não há assembleias especiais de titulares de ações ordinárias.

Bibliografia: Eduardo Lucas Coelho, *Exercícios vários acerca da presidência das assembleias especiais de categorias de accionistas*, *in Estudos em Homenagem ao Prof. Doutor Raúl Ventura* 2 (2003), 421-466; Paulo Olavo Cunha, *Os direitos especiais nas SA: as acções privilegiadas* (1993), 620-628; *id.*, (2019), 623 ss.; Elda Marques, *389.º*, *Código em Comentário* 6 (2019), 158-197.

1 As assembleias especiais regem-se, no fundamental, pelas regras, legais ou estatutárias, aplicáveis às gerais. O presidente das mesas respetivas dispõe, todavia, de latitude para, decidindo com autonomia, fazer as adaptações necessárias.

Capítulo VI – Administração, fiscalização e secretário da sociedade

Introdução

Bibliografia: Jorge Coutinho de Abreu, *Governação das sociedades comerciais*, 2.ª ed. (2010), 35-192; *id.*, *Corporate governance em Portugal*, em IDET Miscelâneas n.º 6 (2010), 7-47; *id.*, *Curso de Direito comercial*, II – *Das sociedades*, 6.ª ed. (2019), 68-71, 545-608; *id.*, em Código em Comentário,VI (2019), arts. 392.º, 397.º, 399.º, 402.º-404.º, 410.º-412.º, 419.º, 422.º-A-423.º, 423.º-D-423.º-E, 429.º-430.º, 433.º, 440.º, 445.º; *id.*, *Remuneração dos administradores e transações com partes relacionadas na Diretiva dos Direitos dos Acionistas II*, DSR, 10:19 (2018), 13-26; Miguel Cancela de Abreu, *Private benefits of control: do aproveitamento pessoal do controlo societário*, DSR 8:15 (2016), 151-195; António Pereira de Almeida, *Estrutura organizatória das sociedades*, em AA.VV., Problemas de direito das sociedades (2002), 95-118; *id.* (2013), 467-536; Pedro de Albuquerque, *A vinculação das sociedades comerciais anónimas e por quotas* (2017); José Engrácia Antunes, *A remuneração dos órgãos sociais de fiscalização das sociedades anónimas*, RDSE 58:1/4 (2017), 117-153; *id.*, *A comissão de remunerações*, DSR, 17 (2017), 61-86; *id.*, *A comissão executiva. Breves reflexões sobre a sua natureza e o seu regime jurídico*, DSR, 9:18 (2017), 81-96; *id.*, *Direito das sociedades: Parte Geral*, 8.ª ed. (2018), 277-357; Nuno Barbosa, *Delegação orgânica: as relações entre administradores "executivos" e "não executivos"*, em E depois do Código das Sociedades em Comentário 62 (2016), 255-264; Maria de Deus Botelho, *Deveres de lealdade dos administradores no período prévenda da sociedade*, em V Congresso Direito das Sociedades em Revista (2018), 33-48; Paulo Câmara, *Os modelos de governo das Sociedades Anónimas*, em António Menezes Cordeiro e Paulo Câmara (2007), 197-258; *id.*, (2007), 179-242; *id.*, *O governo das sociedades e a reforma do código das sociedades comerciais*, em Paulo Câmara e outros (2008), 9-141; *id.*, *Conflito de interesses no Direito Financeiro e Societário: um retrato anatómico*, em Paulo Câmara e outros, Conflito de interesses no Direito societário e financeiro: um balanço a partir da crise financeira (2010), 9-74; *id.*, *Vocação e influência universal do corporate governance: Uma visão transversal sobre o tema*, em Paulo Câmara e outros, O governo das organizações (2011), 13-42; *id.*, *Introdução: Designação de administradores e governo das sociedades*, em Paulo Câmara e outros, A designação de administradores (2015), 11-40; *id.*, *O governo dos bancos: uma introdução*, em Paulo Câmara e outros, A governação de bancos nos sistemas jurídicos lusófonos (2016), 13-62; Paulo Câmara e Gabriela Figueiredo Dias, *O governo das sociedades anónimas*, em Paulo Câmara e outros, O governo das organizações (2011), 43-94; António Menezes Cordeiro, *Da responsabilidade civil dos administradores das sociedades comerciais* (1996); *id.*, *Direito Europeu das Sociedades* (2005); *id.*, *A grande reforma das sociedades comerciais*, O Direito, 138:3 (2006), 445-453; *id.* (2007), 447-452, 769-821; *id.*, *A crise planetária de 2007/2010 e o governo das sociedades*, RDS, 1:2 (2009), 263-286; *id.*, *Código das Sociedades Comerciais Anotado/Clássica*, 2.ª ed. (2011), Introd. ao Cap.VI, 390.º-446.º-F; *id.* (2011), 131-137, 839-1017; Ricardo Costa, *Comissão de auditoria e «administrador-auditor»: um estatuto ambivalente*, em IV Congresso Direito das Sociedades em Revista (2016), 79-96; *id.*, *O Sócio Gestor* (2017); *id.* (2019), arts. 390.º-391.º, 393.º, 395.º, 400.º-401.º, 423.º-B-423.º-C, 423.º-H, 424.º-425.º, 434.º (com Alexandre de Soveral Martins), 435.º-438.º; Ana Sá Couto, *O (novo) código de governo das sociedades*, Actualidad Jurídica 48 (2018), 162-164; Paulo Olavo Cunha, *Limitações à atividade concorrente de gestores de sociedades comerciais*, em IV Congresso Direito das Sociedades em Revista (2016), 139-151; *id.*, *A formação das deliberações da administração da sociedade anónima*, DSR 9:17 (2017), 113-133; *id.*, *Notas sobre a vinculação das sociedades comerciais (no CSC)*, em Congresso Comemorativo dos 30 Anos do Código das Sociedades Comerciais (2017), 59-80; *id.*, *Gestão das sociedades em contexto de "crise de empresa"*, em V Congresso Direito das Sociedades em Revista (2018), 171-195; *id.* (2019), 545-555, 558-561, 562-621, 795--943; Gabriela Figueiredo Dias, *Fiscalização de sociedades e responsabilidade civil* (2006); *id.*, *Administração/fiscalização de sociedades e responsabilidade civil*, em AA.VV., Corporate governance/Reflexões I (2007), 31-71;

id., em Código em Comentário, VI (2019), arts. 413-416, 418-A, 420-422.º, 423.º-A, 423.º-F-423.º-G, 427.º, 441.º-441.º-A, 446.º; Rui Pereira Dias, *Entre a eficiência e a «parecerite»: Opiniões periciais, «reliance» e a responsabilidade dos administradores (primeiras observações)*, em IV Congresso Direito das Sociedades em Revista (2016), 29-49; Paulo de Tarso Domingues, (2019), arts. 446.º-A-446.º-F; *id.*, *Administradores trabalhadores: Breves notas*, Católica Law Review 2:2 (2018), 11-24; Rui Pinto Duarte, *A responsabilidade civil dos administradores das sociedades desportivas*, DSR 9:17 (2017), 25-60; *id.*, *Os deveres dos administradores das sociedades comerciais*, Católica Law Review 2:2 (2018), 73-98; Abel Sequeira Ferreira, *A soft law e a juridicidade dos códigos de governo das sociedades*, RDS 10:1 (2018), 181-227; J. Taveira Fonseca, *Deliberações sociais: suspensão e destituição dos membros dos órgãos de administração das sociedades por quotas e anónimas*, em V Congresso Direito das Sociedades em Revista (2018), 197-278; Manuel Carneiro da Frada, *Dever de legalidade dos administradores e responsabilidade civil societária*, em IV Congresso Direito das Sociedades em Revista (2016), 17-27; José Ferreira Gomes, *Conflito de interesses entre accionistas nos negócios celebrados entre a sociedade anónima e o seu acionista controlador*, em Paulo Câmara e outros, Conflito de interesses no Direito societário e financeiro: um balanço a partir da crise financeira (2010), 75-213 (90-121, 156-173); *id.*, *O governo dos grupos de sociedades*, em Paulo Câmara e outros, O governo das organizações (2011), 125-166; *id.*, *A discricionariedade empresarial, a business judgment rule e a celebração de contratos de swap*, CdMVM, Ensaios de homenagem a Amadeu Ferreira, 2 (2015), 57-98; *id.*, *Da Administração à Fiscalização das Sociedades* (2015); *id.*, *Os princípios da responsabilidade e da direção global*, em Paulo Câmara e outros, A governação de bancos nos sistemas jurídicos lusófonos (2016), 89-122; *id.*, *Reliance: exclusão da responsabilidade civil dos membros dos órgãos sociais com base na confiança depositada na informação recebida*, RDS 8:1 (2016), 49-81; *id.*, *O novo código de governo das sociedades do IPCG e a substituição do código da CMVM*, RDS 9:4 (2017), 979-991; *id.*, *Modelos de governo das S.A.: a difícil compreensão do modelo germânico e os requisitos de fiscalização reforçada da Lei n.º 148/2015*, RDS 10:2 (2018), 397-430; *id.*, *O sentido dos «deveres de cuidado» (art. 64.º CSC): «Once more unto the breach, my friends, once more»*, ROA, 76:1-4 (2016), 447-496; Diogo Costa Gonçalves, *Pessoa coletiva e sociedades comerciais* (2015), 807-892; Pedro Maia, *Função e funcionamento do conselho de administração da sociedade anónima* (2002); João Paulo Remédio Marques, (2019), arts. 394.º, 418.º, 426.º, 439.º; Alexandre de Soveral Martins, *"Diz-me com quem andas, dir-te-ei quem és" (ou sobre a independência dos auditores)*, em V Congresso Direito das Sociedades em Revista (2018), 141-170; *id.* (2019), arts. 398.º, 405.º-409.º, 428.º, 431.º-432.º, 442.º-444.º; Pedro Caetano Nunes, *Dever de gestão dos administradores de sociedades anónimas* (2012); *id.*, *Os modelos de governo das sociedades anónimas – Os poderes-deveres dos non-executive directors*, em IV Congresso Direito das Sociedades em Revista (2016), 51-77; Ana Perestrelo de Oliveira, *A responsabilidade civil dos administradores nas sociedades em relação de grupo* (2007); *id.*, *Administração de facto. Do conceito geral à sua aplicação aos grupos de sociedades e outras situações de controlo interempresarial*, em Paulo Câmara e outros, Designação dos Administradores (2015), 227-240; *Grupos de sociedades e deveres de lealdade* (2012); *id.* (2017); Jorge Brito Pereira e Frederico Romano Colaço, *A caução dos administradores das S.A. após a entrada em vigor do Regime Jurídico da Supervisão de Auditoria (Lei n.º 148/2015, de 9 de Setembro)*, Actualidad Jurídica 43 (2016), 130-135; Maria Elisabete Ramos, em Código em Comentário, VI (2019), art. 396.º; João Espírito Santo, *Sociedades por quotas e anónimas: vinculação, objecto social e representação plural* (2000), 323-342, 398-497; Filipe Cassiano dos Santos, *Governo de sociedades bancárias, deveres dos administradores e supervisão*, em II Congresso Direito das Sociedades em Revista (2012), 225-241; Manuel Nogueira Serens, *Notas sobre a sociedade anónima*, 2.ª ed. (1997), 54-110; João Soares da Silva, *Que papel para o contrato de sociedade na delegação orgânica de administração?*, em E depois do Código das Sociedades em Comentário (2016), 265-270; *id.*, *A propósito de corporate governance e de direito das sociedades e dos valores mobiliários: Escritos vários* (2018), 11-103; Armando Manuel Triunfante (2007), 374-500; *id.*, *A revisão do CSC e o regime das reuniões e deliberações dos órgãos de administração e de fiscalização da SA*, em CSC e governo das sociedades (2008), 181-199; José Vasques, *Estruturas e conflitos de poderes nas Sociedades Anónimas* (2007); Raúl Ventura, *Sociedades anónimas com direcção e conselho geral*, em Novos Estudos sobre sociedades anónimas e sociedades em nome coletivo (1994), 173-186.

Vide a bibliografia indicada ao 64.º, à introdução aos 65.º a 70.º-A e à introdução aos 71.º a 84.º.

Índice

I – Evolução, Direito comparado e Direito europeu

1. Primórdios 1
2. Modelos de governo 2

3. Direito europeu ... 6

II – **Experiência portuguesa**
4. Até Veiga Beirão (1888) ... 8
5. O Código Comercial ... 10
6. O CSC ... 11

III – **A reforma de 2006**
7. Condicionantes ... 12
8. *Corporate governance* ... 13
9. Os nove modelos ... 16
10. Sociedades cotadas ... 17
11. Matriz e ponderação ... 19

IV – **A configuração geral**
12. Feição inicial ... 22
13. Reforma de 1987 ... 23
14. Reforma de 1996 ... 24
15. Reforma de 1998 ... 26
16. Reforma de 2006 ... 27
17. Alteração de 2009 ... 28
18. Projetada reforma de 2008/2009 ... 29
19. Alteração de 2012 ... 30
20. Alteração de 2015 ... 31
21. Alteração de 2018 ... 32

I – Evolução, Direito comparado e Direito europeu

1 1. **Primórdios**. A SA dá corpo a uma organização estável que congrega capitais alheios e os aplica na prossecução de uma determinada atividade comercial. O nosso sistema limita a liberdade dos acionistas na configuração dessa organização. Impõe determinados órgãos com específicas competências. O órgão de administração promove a atuação da própria sociedade (gestão), agindo em nome e por conta dela (representação); o órgão de fiscalização (global)[1] fiscaliza a administração; o ROC/SROC desempenha funções de fiscalização contabilística.

2 2. **Modelos de governo**. A organização das competências societárias pode dar azo a modelos de governo distintos. Historicamente, diferentes sistemas jurídicos foram impondo diferentes soluções. É decisiva a diferença entre os sistemas anglo-saxónicos (ditos de *enabling law*) e os sistemas romano-germânicos (ditos de *mandatory law*), em termos de liberdade contratual dos acionistas para a configuração da estrutura orgânica da sociedade, em função das necessidades do correspondente projeto empresarial.

3 Atualmente, entre nós, o CSC impõe a adoção de uma das estruturas de administração e fiscalização previstas no 278.º, dando origem a subtipos de SA. Com base num critério de origem geográfica, temos (a) o **modelo clássico**[2] **ou tradicional português**[3] [278.º/1, *a*)] com origem na Lei das Sociedades Anonymas de 1867[4]; (b) o **modelo anglo-saxónico** [278.º/1, *b*)], alegadamente inspirado nos sistemas britânico e norte-americano[5]; e (g) o **modelo germânico** [278.º/1, *c*)], de origem alemã, sem prejuízo dos influxos francês e europeu[6]. Cada um deles admite submodelos[7].

[1] Na terminologia de Ferreira Gomes, *Da Administração*, 75, 78-79 e *passim*.
[2] Menezes Cordeiro, CSC Clássica[2], Introd. ao Cap. VI, anot. 2. Cfr. observações de Ferreira Gomes, *Da Administração*, 81-83.
[3] Ferreira Gomes, *Da Administração*, 77-78, 85 ss.
[4] Ferreira Gomes, *Da Administração*, 99-109 (tb. 69-77).
[5] Porém, limitou-se a incluir uma "comissão de auditoria" que não se confunde com a sua homónima nos sistemas britânico e norte-americano, imposta apenas a sociedades cotadas e centrada na fiscalização do processo de preparação e divulgação de informação financeira e na independência do auditor. Ferreira Gomes, *Da Administração*, 603-612.
[6] Ferreira Gomes, *Da Administração*, 508-514.
[7] Menezes Cordeiro, CSC *Clássica*[2], Introd. ao Cap. VI, anot. 2, afirma ser o Direito português o mais rico que conhece, em termos de alternativas. Enquadra-se esta afirmação: nos sistemas da Europa Continental. Os sistemas britânico e norte-americano são caracterizados pela liberdade contratual que permite aos sócios modelarem a estrutura orgânica da sociedade sem vinculação a modelos e submodelos legais. É expressivo o facto de, no Reino Unido, o *Companies Act 2006* não impor sequer a estruturação da administração num *board of directors*. Ferreira Gomes, *Da Administração*, 582-588, 615-626.

Todos estes modelos são "dualistas" no sentido em que incluem dois órgãos, um de administração e um de fiscalização (global), que conjuntamente promovem o interesse da sociedade, no quadro das respetivas competências. A estes soma-se o ROC/SROC[8], com funções de fiscalização contabilística. Cada um destes modelos admite submodelos, como veremos adiante[9]. 4

A opção de multiplicação de modelos pelo legislador é passível de críticas que não foram devidamente ponderadas: *(i)* a promoção da liberdade contratual dos acionistas seria mais eficaz se tivesse sido mantido um só modelo, com normas habilitantes de desvios, potenciadoras da autonomia privada; *(ii)* esta multiplicação torna o nosso sistema[10] ainda mais complexo[11], prejudicando a capacidade de financiamento das nossas SA[12]; *(iii)* a introdução de desvios imponderados face aos sistemas de origem ignora a necessidade de desenvolvimento jurisprudencial e doutrinário do Direito[13]. 5

3. **Direito europeu**. A proposta de 5.ª Diretriz relativa à estrutura das SA começou por prever, apenas, um modelo dualista de origem germânica. Mais tarde, ela foi alterada de modo a, como opção, compreender um modelo monista de tipo clássico e um modelo dualista[14]. Também o Reg 2157/2001, de 8-out., relativo à SE, admitiu esses dois modelos[15]. Trata-se de uma orientação acolhida em vários ordenamentos europeus: a de disponibilizar, às partes interessadas, diversos modelos. Esta opção contrasta com a britânica, assente não na opção por um de vários modelos pré-configurados pelo legislador, mas na total liberdade contratual das partes: estas podem adotar um modelo de estatutos supletivo ou configurar a estrutura de governo da sociedade nos termos que entenderem mais adequada[16]. 6

O Direito europeu impulsiona a orgânica das SA qualificadas como "entidades de interesse público" (EIP) através das exigências postas à fiscalização. A Diretriz 2006/43, de 17-mai., sobre revisão legal de contas, obriga à constituição de um "comité de auditoria" nas EIP, podendo os Estados membros atribuir as funções deste a um órgão colegial funcionalmente equivalente. Foi a opção do legislador português que, na reforma do CSC de 2006, imputou as funções previstas na Diretriz ao órgão de fiscalização das grandes SA. Esta opção foi depois estendida a todas as "entidades de interesse público" pelo 3.º do DL 225/2008, de 20-nov., entretanto substituído pelo 3.º da L 140/2015[17]. 7

[8] Menezes Cordeiro, CSC *Clássica*², Introd. ao Cap. VI, anot. 2, afirma que, no modelo germânico, em função dos estatutos, o CGS pode assumir poderes de gestão. Esta visão tem sido rejeitada por Ferreira Gomes: em todos os modelos, ao órgão de fiscalização estão vedadas funções de administração. Em particular, o CGS não é um órgão de "alta administração", não obstante os estatutos poderem exigir o seu consentimento prévio para a prática de determinado tipo de atos pelo conselho de administração executivo. Esta possibilidade, aliás, é transversal a todos os modelos. Cfr. "Modelos de governo das S.A.", 403-404, 406-412.

[9] Menezes Cordeiro, CSC *Clássica*², Introd. ao Cap. VI, anot. 2, afirma ser o Direito português o mais rico que conhece, em termos de alternativas. Enquadra-se esta afirmação: nos sistemas da Europa Continental. Os sistemas britânico e norte-americano são caracterizados pela liberdade contratual que permite aos sócios modelarem a estrutura orgânica da sociedade sem vinculação a modelos e submodelos legais. É expressivo o facto de, no Reino Unido, o *Companies Act 2006* não impor sequer a estruturação da administração num *board of directors*. Ferreira Gomes, *Da Administração*, 582-588, 615-626.

[10] Já apelidado "o mais complexo da Europa": Menezes Cordeiro, 1 (2011), 160, 217-218.

[11] Ferreira Gomes, *Da administração*, 531.

[12] Prejudica também a eficácia de supervisão pública, quando aplicável.

[13] Ferreira Gomes, "Modelos de governo das S.A", 398-399.

[14] Menezes Cordeiro, *Direito europeu das sociedades* (2005), 680 ss.. *Vide* os 21.º *a)* e 3.º ss., respectivamente, da proposta de 5.ª Diretriz.

[15] *Idem*, 874 ss.; *vide* o 38.º do Regulamento.

[16] *V.g.*: o *Companies Act 2006* não impõe um *board of directors*. Ferreira Gomes, *Da Administração*, 615-626.

[17] Ferreira Gomes, "Modelos de governo das S.A", 400 ss.

II – **Experiência portuguesa**

8 4. **Até Veiga Beirão (1888)**. As Companhias Coloniais do séc. XVIII pressupunham já uma certa organização. A Companhia Geral do Grão-Pará e Maranhão (1755) dispunha de uma direção entregue a (...) *hum corpo politico composto de hum Provedor, de oito Deputados e de hum Secretario* (...), eleitos por titulares de um certo número de *acçoens*.

9 O Código Ferreira Borges (1833) limitava-se a prever "administradores ou directores" como *mandatarios temporarios* (538.º e 541.º)[18]. Apenas com a Lei das Sociedades Anonymas, de 22-jun.-1867, temos o acolhimento pleno do modelo clássico (ou tradicional): a administração é entregue a *mandatarios temporarios* (13.º) eleitos pela assembleia geral (14.º); além disso, existiria um conselho fiscal composto, pelo menos, por três sócios (21.º), com funções de fiscalização. A autonomização do conselho fiscal correspondeu à liberdade de constituição de SA, introduzida por essa lei: a dispensa de autorização do Governo obriga à montagem de esquemas internos de fiscalização para autotutela dos acionistas[19].

10 5. **O Código Comercial** de Veiga Beirão (1888) acolheu esta orientação, melhorando os seus termos. A administração das SA foi confiada a uma direção e a fiscalização a um conselho fiscal, eleitos pela assembleia geral (171.º): os diretores (172.º) e os membros do conselho fiscal (175.º) seriam sócios eleitos. A evolução levou a que os "directores" fossem institucionalizados como órgão colectivo, dotado de um presidente: o conselho de administração[20]. O DL 49 381, de 15-nov.-1969, que desenvolveu o tema da responsabilidade dos administradores, veio alargar e precisar o papel do conselho fiscal[21].

11 6. **O CSC** (1986), por influência do Código das Sociedades francês (1966) e da proposta modificada de 5.ª Diretriz (1983), veio introduzir, ao lado do modelo clássico (ou tradicional), o germânico (278.º/1). O novo sistema não provou inteiramente. O modelo clássico era pouco eficaz no tocante à fiscalização, enquanto o modelo germânico se enredava nas dificuldades de relacionamento entre o conselho geral e a direção e na pouca proeminência deste último órgão. Impunha-se uma reforma.

III – **A reforma de 2006**

12 7. **Condicionantes**. A reforma de 2006[22], adotada pelo DL 76-A/2006, de 29-mar., alterou profundamente a matéria da administração e da fiscalização das SA. Assentou em condicionantes de relevo[23]: (a) a evolução interna, com fraca adesão ao modelo germânico, abandonado mesmo por SA que o haviam adotado; (b) elementos comunitários que, na sequência de diversos escândalos (Enron, Worldcom, Parmalat, etc.), pressionavam para melhores esquemas de fiscalização; (c) o estudo de Direito comparado, com relevo para o Direito anglo-saxónico; (d) a predominância da visão mobiliária das SA.

[18] Menezes Cordeiro, *Da responsabilidade civil dos administradores*, 195-204, Ferreira Gomes, *Da Administração*, 95-98.

[19] Menezes Cordeiro, *Da responsabilidade civil dos administradores*, 205-210, Ferreira Gomes, *Da Administração*, 99-105.

[20] Formalmente reconhecido, apenas, pelo 17.º/3 do DL 49 381, de 15-nov.-1969.

[21] Menezes Cordeiro, *Da responsabilidade civil dos administradores*, 211-217, Ferreira Gomes, *Da Administração*, 106-118.

[22] Para uma perspetiva crítica da reforma de 2006, cfr. Ferreira Gomes, *Da Administração*, 536-538.

[23] CMVM, *Governo das SA: propostas de alteração ao CSC/ /processo de consulta pública n.º 1/2006*, Paulo Câmara, *Os modelos de governo das SA*, 197 ss., Ferreira Gomes, *Da Administração*, 257-266.

8. ***Corporate governance***, na vertente ligada ao funcionamento da administração[24]. A profissionalização dos administradores toma corpo na autonomização de funções e de pelouros: temos o CEO (*chief executive officer*)[25] que pode ou não ser presidente do CA (PCA) e, eventualmente, o CFO (*chief financial officer*) ou diretor financeiro, o COO (*chief operating officer*) ou diretor operacional, o CMO (*chief marketing officer*) ou diretor de mercado, o CKO (*chief knowledge officer*) ou diretor dos conhecimentos, e assim por diante. 13

Por seu turno, dissemina-se, na prática, a diferenciação entre os administradores "executivos" e "não-executivos" (NED, de *non-executive director*), em termos nem sempre coerentes com a distinção mais precisa entre "delegados" e "não-delegados", sublinhando-se a relevância do papel fiscalizador dos segundos e o facto de potenciarem a presença de grandes acionistas no CA, numa certa aproximação funcional entre os modelos[26]. 14

A fiscalização recebe um especial impulso, com garantias de independência, exigências de profissionalismo, dignificação e concessão de meios, aos diversos agentes, independentemente do órgão que integrem[27]. 15

9. **Os nove modelos**. A reforma de 2006 introduziu, ao lado dos modelos clássico (ou tradicional) e germânico, que vinham de 1986, o modelo anglo-saxónico (278.º/1, nova redação). Além disso, admite, na administração, a alternativa de um CA ou de um administrador único (AU) (278.º/2), na fiscalização tradicional, as hipóteses de CF, de fiscal único (FU) ou de CF e ROC (413.º/1). Conjugando tudo, temos nove modelos à disposição, ainda que alguns dependentes de certas condições legais: (a) CA e CF; (b) *idem* e FU; (c) *idem* e CF e ROC; (d) AU e CF; (e) *idem* e FU; (f) *idem* e CF e ROC; (g) CA e CAud; (h) CAE e CGS; (i) administrador único executivo (AUE) e CGS. 16

10. **Sociedades cotadas** (ou, na linguagem oficial, sociedades emitentes de valores admitidos à negociação em mercado regulamentado) são diversas vezes autonomizadas, constituindo, nessa medida, uma categoria diferenciada. Podemos acrescentar-lhes a categoria das "grandes SA" – 413.º/2, *a*). 17

Implicam: *(a)* no modelo clássico (ou tradicional), uma estrutura de fiscalização reforçada, com dissociação entre o órgão de fiscalização (global) e o ROC/SROC, [413.º/2, *a*)]; *(b)* em todos os modelos, o órgão de fiscalização (global) deve incluir pelo menos um membro "independente" que tenha habilitação académica adequada ao exercício das suas funções e conhecimentos em auditoria ou contabilidade, os seus membros devem ter, no seu conjunto, formação e experiência prévias para o sector em que opera a sociedade, e a maioria dos seus membros, incluindo o seu presidente, deve ser considerada independente (414.º/4 a 6, 423.º-B/4 e 5, 434.º/4[28] e 3.º/2 da L 148/2015, de 9-set.); *(c)* independência dos membros da mesa da AG (374.º-A/1); e *(d)* necessidade de designação de um secretário e um suplente (446.º-A). 18

[24] Em geral, Menezes Cordeiro, *Do governo das sociedades: a flexibilização da dogmática continental*, em *Prof. Doutor Inocêncio Galvão Telles: 90 anos* (2007), 91-103.

[25] PDG (*président directeur général*) em França, AD (*amministratore delegato*), na Itália e MD (*managing director*) no RU.

[26] Sobre as dificuldades inerentes à introdução do conceito de "administrador não executivo" no CSC, cfr. Ferreira Gomes, *Da Administração*, 668-673.

[27] Para maiores desenvolvimentos, cfr. Ferreira Gomes, *Da Administração*, 257-266.

[28] Regime que é extensível, no modelo germânico, à CMF (444.º/5 e 6).

19 11. **Matriz e ponderação**. A matriz básica de organização das SA mantém-se o modelo clássico (ou tradicional). Este pode ser entendido como o modelo-base. A regulação dispensada a propósito dos restantes modelos remete, com frequência, para as inerentes regras. Além disso, é a propósito dele que surgem regras generalizáveis como princípios. Todavia, há que, caso a caso e a propósito de cada problema, prestar a maior atenção ao tecido legal.

20 Na prática, as SA portuguesas seguem, predominantemente, o modelo clássico (ou tradicional), o que se compreende: é aquele que os agentes económicos, os advogados, juízes e outros melhor conhecem.

21 A análise histórico-dogmática de cada modelo é determinante: o modelo germânico não pode ser compreendido senão à luz dos desenvolvimentos próprios do sistema alemão[29]; o modelo anglo-saxónico constitui afinal novidade do nosso sistema jurídico, dadas as significativas diferenças estruturais que o separam dos supostos sistemas de origem (o britânico e o norte-americano)[30].

IV – A configuração geral

22 12. **Feição inicial**. O capítulo VI do livro IV do CSC sofreu, desde 1986, diversas e significativas alterações. Na versão original, ele denominava-se administração e fiscalização, abrangendo 5 secções[31]: I – Conselho de administração (390.º a 412.º); II – Conselho fiscal (413.º a 423.º); III – Direcção[32] (424.º a 433.º); IV – Conselho geral (434.º a 445.º); V – Revisor oficial de contas (446.º)[33].

23 13. **Reforma de 1987**. O DL 280/87, de 8-jul., veio, no essencial, corrigir lapsos advenientes da falta de revisão do projeto. Foram alterados os 405.º/1 (deliberações dos acionistas em vez de da assembleia geral), 409.º/2 (boa fé ética em vez de psicológica), 414.º/3, *h*) (remissão explícita para o estatuto dos ROC), 415.º/1 (reelegibilidade dos membros do CF ou do FU, indicados no pacto), 416.º/3 (aplicação das incompatibilidades ao ROC nomeado oficiosamente) e 425.º (diversas precisões quanto à designação de diretores). Anote-se que a generalidade das alterações, então introduzidas, era dispensável.

24 14. **Reforma de 1996**. O DL 257/96, de 31-dez., pretendeu atualizar a lei das sociedades, agindo, designadamente, nas SQ unipessoais, na fiscalização e no secretário da sociedade; mas tocou noutros pontos. Alterou: 390.º/2 (atualizou de 20 para 30.000 contos o capital máximo compatível com um administrador único); 413.º (o FU deve ser ROC); 414.º (obriga à presença de ROC no CF); 416.º/1 (indica quem pode comunicar a falta de nomeação de ROC, à Câmara dos ROCs[34]); 420.º/2 (poderes do FU); 421.º/1 (*idem*); 422.º (deveres do FU); 423.º (voto de desempate passa para o ROC e melhora as atas). Além disso, o DL 257/96 acrescentou os 446.º-A a 446.º-F, relativos ao secretário da sociedade, com aditamento da secção VI, a ele dedicada; 420.º-A (dever de vigilância, a cargo do ROC) e 423.º-A (norma de remissão, quanto ao fiscal único).

[29] Cfr., por todos, Menezes Cordeiro, *Da responsabilidade civil dos administradores*, 86-101, 116-126, Ferreira Gomes, *Da Administração*, 441-535.

[30] Ferreira Gomes, *Da Administração*, 658-668.

[31] DR I Série, n.º 201, de 2-Set.-1986, 2364-2374. Seriam retificados os artigos 391.º/4, 416.º/2, 418.º/3, 422.º/3, 425.º/2 e 5, 427.º/3, 428.º/1 e 4 e 434.º/3; *vide* a nota seguinte.

[32] Introduzida pela Retificação de 21-nov.-1986, DR I Série, n.º 276, de 29-nov.-1986, 3602-(5)/I.

[33] Ferreira Gomes, *Da Administração*, 245-247.

[34] Hoje designada Ordem dos Revisores Oficiais de Contas.

Ao lado de efetivas alterações encontramos, aqui, questões de somenos. Na parte relativa à 25
fiscalização, o legislador demonstrou ignorância sobre os desenvolvimentos verificados noutros quadrantes, merecendo duras críticas a desvalorização do CF e a promoção sem critério do FU como opção de fiscalização global da administração[35].

15. **Reforma de 1998**. O DL 343/98, de 6-nov., procedeu à adaptação, ao euro, de diversos 26
diplomas, entre os quais o CSC; alterou, nessa linha, os 390.º, 396.º e 424.º.

16. **Reforma de 2006**. O DL 76-A/2006, de 29-mar., em obediência às diretrizes já apontadas 27
e no agora em causa, alterou os 390.º, 392.º, 393.º, 395.º a 401.º, 403.º a 405.º, 407.º, 408.º, 410.º, 412.º a 446.º-B e aditou os 374.º-A, 414.º-A, 414.º-B, 418.º-A, 422.º-A, 423.º-B a 423.º-H e 441.º-A. Praticamente todos os preceitos relativos à administração e à fiscalização das SA foram mexidos[36].

17. **Alteração de 2009**. O DL 185/2009, de 12-ago., introduziu os 420.º/5 e 6, o 423.º-F/2, 28
e o 441.º/2, impondo declarações específicas aos órgãos de fiscalização[37].

18. **Projetada reforma de 2008/2009**. A propósito da transposição da Diretriz 2007/36, 29
relativa a certos direitos dos acionistas de sociedades cotadas, a CMVM publicitou um anteprojeto de reforma que, indo muito para além da transposição, se propõe resolver "dúvidas e incongruências" do CSC, particularmente as resultantes da reforma de 2006. Preconiza diversas alterações, entre as quais, no tocante ao presente capítulo, aos 392.º, 393.º, 397.º, 398.º, 413.º, 414.º, 414.º-A, 423.º, 423.º-B, 434.º, 437.º, 441.º-A e 447.º[38]. De um modo geral, são aspetos menos relevantes, nos quais não pareceria oportuno, tão cedo em cima da reforma de 2006, vir, de novo, mexer[39]. E de facto, o DL 49/2010, de 19-mai., apenas alterou os 397.º e 423.º.

19. **Alteração de 2012**. A Lei de OE de 2013 (L 66-B/2012, de 31-dez.), introduziu o 30
396.º/5, dispensando os administradores não-executivos e não remunerados da prestação de caução. Não se compreende uma tal alteração, nem pelo seu conteúdo (contrário ao movimento de intensificação e dignificação da fiscalização das SA), nem pela sua forma (através de uma Lei de Orçamento de Estado...).

20. **Alteração de 2015**. A L 148/2015, de 9-set., alterou os critérios de delimitação das 31
"grandes SA" no 413.º/2, *a*), alargando o universo de SA abrangidas; para o efeito, modificou o 413.º.

21. **Alteração de 2018**. A L 49/2018, de 14-ago., que criou o regime jurídico do maior acom- 32
panhado, eliminando os institutos da interdição e da inabilitação, refletiu isso mesmo no regime das incompatibilidades dos membros do CF [414.º-A, *j*)].

22. **Sectores regulados**. Nas instituições que operam em sectores regulados, como a banca, os 33
seguros e os instrumentos financeiros, é essencial ponderar conjuntamente as regras gerais do CSC e as regras específicas aplicáveis às instituições de crédito (em especial, 115.º-A ss. RGICSF, às empresas de seguros e de resseguros (em especial, 63.º ss. RJAEASR) e aos intermediários financeiros (em especial, 305.º ss. CVM).

[35] Ferreira Gomes, *Da Administração*, 248-254.

[36] Menezes Cordeiro, A grande reforma das sociedades comerciais, *O Direito*, 138:3 (2006) 445-453, Ferreira Gomes, *Da Administração*, 257-266.

[37] Ferreira Gomes, Os deveres de informação sobre negócios com partes relacionadas e os recentes Decretos-Leis n.os 158/2009 e 185/2009, *RDS*, 1:3 (2009), 587-633.

[38] CMVM, *Transposição da Directiva dos direito dos accionistas e alterações ao Código das Sociedades Comerciais/Processo de Consulta Pública n.º 10/2008*, agosto de 2008 (43 ss.).

[39] Menezes Cordeiro, *Uma nova reforma do Código das Sociedades Comerciais?*, RDS, 1:1 (2009), 11-55.

Secção I – Conselho de administração

Artigo 390.° (Composição)

1. O conselho de administração é composto pelo número de administradores fixado no contrato de sociedade.

2. O contrato de sociedade pode dispor que a sociedade tenha um só administrador, desde que o capital social não exceda € 200000; aplicam-se ao administrador único as disposições relativas ao conselho de administração que não pressuponham a pluralidade de administradores.

3. Os administradores podem não ser acionistas, mas devem ser pessoas singulares com capacidade jurídica plena.

4. Se uma pessoa coletiva for designada administrador, deve nomear uma pessoa singular para exercer o cargo em nome próprio; a pessoa coletiva responde solidariamente com a pessoa designada pelos atos desta.

5. O contrato de sociedade pode autorizar a eleição de administradores suplentes, até número igual a um terço do número de administradores efetivos.

Bibliografia: António Pereira de Almeida (2013), 468-470; António Menezes Cordeiro 2 (2007), 783-785; Luís Brito Correia, *Os administradores das SA* (1991), 229-263; Ricardo Costa, *Anotação ao artigo 390.º do CSC* em *CSC/Coimbra*, VI (2013), 195-217; Paulo Olavo Cunha (2016), 777-781; Paulo de Pitta e Cunha, *As pessoas colectivas como administradores de sociedades*, ROA 1985, 5-11; João Labareda, *Direito societário português – Algumas questões* (1998), 9-63; Pedro Maia, *Função e funcionamento do conselho de administração de SA* (2002), 169-177; Manuel Nogueira Serens, *Pessoas colectivas – administradoras de SA?*, RB 1994, 75-91; Armando Manuel Triunfante, *A tutela das minorias nas SA: quórum de constituição e maiorias deliberativas (e autonomia estatutária)* (2005), 549-578; *id.*, (2007), 374-376; José Vasques, *Estruturas e conflitos de poderes nas SA* (2007); Raúl Ventura, *Nota sobre a pessoa colectiva designada administrador da SA*, O Direito 125 (1993), 267-276 = *Novos estudos sobre SA e SNC* (1994), 173-186.

Índice

I – **Origem e evolução**
1. O Código Comercial (1888) ... 1
2. O projeto (1983) ... 3
3. O CSC (1986) ... 4

II – **Conselho de administração (CA) e administrador único (AU)**
4. O CA ... 6
5. O AU ... 8

III – **Requisitos dos administradores**
6. Legais gerais ... 9
7. Legais especiais ... 11
8. Estatutários ... 12

IV – **Pessoas coletivas**
9. Regime ... 13
10. Natureza ... 15

V – **Contrato de sociedade**
11. Número ... 16
12. Suplentes ... 17

I – Origem e evolução

1 1. **O Código Comercial (1888)**, no seu 171.°, limitava-se a confiar a administração da SA a uma direção. Discutia-se se esta podia ser unipessoal (opinião dominante)[1] ou se devia ser plu-

[1] Luiz da Cunha Gonçalves 1 (1914), 419; Raúl Ventura/Brito Correia, *Responsabilidade civil dos administradores das SA e dos gerentes das SPQ*, BMJ 192 (1970), 41-42; Pinto Furtado II/1 (1979), 306.

ral[2]. E havia também dúvidas quanto à possibilidade de designação de pessoas coletivas. O CSC procurou resolver tudo isso.

Quanto à designação de pessoas coletivas para cargos sociais: o 3.º/2 do DL 49 381, de 2
15-nov.-1969, previa essa hipótese, quanto ao conselho fiscal, devendo, então, ser designada uma pessoa singular que a representasse.

2. **O projeto (1983)** tratou o tema no 395.º: (1) o CA seria composto por um número ímpar 3
de membros, fixado no pacto, podendo ser estranhos à sociedade; (2) os administradores seriam pessoas singulares; (3) a designação de uma pessoa coletiva confere a esta o direito de designar quem, em nome próprio, exercerá o cargo; (4) o contrato pode autorizar a designação de suplentes, até um terço do número de efetivos.

3. **O CSC (1986)** dispunha diferentemente da versão vigente, quanto aos n.os 1 e 2[3], manten- 4
do-se os seus n.os 3, 4 e 5[4]:

> 1. O conselho de administração é composto por um número ímpar de membros, fixado no contrato de sociedade.
>
> 2. O contrato de sociedade pode dispor que a sociedade tenha um só administrador, desde que o capital social não exceda 20.000 contos; aplicam-se ao administrador único as disposições relativas ao conselho de administração que não pressuponham a pluralidade de administradores.

O DL 257/96, de 31-dez., elevou para 30.000 c. o limite do 390.º/2[5] e o DL 343/98, de 5
6-nov., para 200.000 euros[6]. O DL 76-A/2006, de 29-mar., suprimiu, no n.º 1, a referência a "ímpar"[7]: esta alteração aproxima-se do 395.º/3, *a*), introduzido pelo mesmo DL 76-A/2006, que atribuiu ao PCA, voto de qualidade, quando o CA seja composto por um número par de elementos.

II – Conselho de administração (CA) e administrador único (AU)

4. **O CA** exige pluralidade de membros: teoricamente, em número de 2, numa hipótese que 6
tornaria inútil qualquer votação, dado o voto de qualidade do PCA[8]. A colegiabilidade fica na disposição do pacto, desde que o capital não exceda os € 200.000. De facto, ela reforça o cuidado, a atenção, a operacionalidade, a autocontenção e o controlo, sendo de norma nos tribunais superiores, nos júris académicos e nas comissões de crédito[9].

Os administradores integram um *status* definível pelo conteúdo e não pelo modo de 7
constituição, essencialmente variável: não tem, assim, natureza contratual[10]. Assume dimensões legais, estatutárias e deliberativas.

5. **O AU**, possível, pelos estatutos de sociedade cujo capital não exceda os € 200.000, segue o 8
regime do CA, no que não pressuponha a colegiabilidade. Ficam prejudicados, designadamente: 391.º/2 e 6; 392.º; 393.º, na generalidade; 395.º; 406.º, *a*) e *b*); 407.º; 410.º. Os 411.º e 412.º (deliberações do CA) devem ser adaptadas para "decisões do AU".

[2] Marcello Caetano, *Algumas notas para a interpretação da Lei n.º 2105*, O Direito 93 (1961), 80-134 (88-89, em nota).

[3] DR I Série, n.º 201, de 2-set.-1986, 2364/II.

[4] O 390.º/4 foi retificado pelo DL 280/87, de 8-jul. (DG n.º 154, de 8-jul.-1987, 2667/II): "em nome próprio" para "em nome próprio".

[5] DR I Série-A, n.º 302, de 31-dez.-1996, 4705/I.

[6] DR I Série-A, n.º 257, de 6-nov.-1998, 5942/I.

[7] DR I Série-A, n.º 63 (Supl.), de 29-mar.-2006, 2328-(22)/II.

[8] Armando Manuel Triunfante (2007), 376, suscitando dúvidas quanto à bondade da solução legal: para o conselho fiscal, o 413.º/4 impõe o mínimo de três membros.

[9] Pedro Maia, *Função e funcionamento do CA*, 197 ss., acentua a satisfação dos diversos interesses presentes e o controlo que permite.

[10] *Vide* a Introdução aos 71.º a 84.º, anotações 20 a 26.

III – **Requisitos dos administradores**

9 6. **Legais gerais**: podem não ser acionistas (390.º/3, 1.ª parte), mas devem ser pessoas singulares com capacidade plena (2.ª parte). Ficam excluídos os menores, os interditos, os inabilitados e os insolventes (*vide* 81.º/6, do CIRE)[11]. Devem regularizar a situação fiscal – 2.º/3, *a*) e 18.º/1, *b*), do CIRS – e previdencial – artigos 61.º ss. do Código dos Regimes Contributivos (DL 110/2009, de 16-set.).

10 A lei não exige habilitações literárias nem experiência: a matéria fica, em geral, na disponibilidade dos acionistas.

11 7. **Legais especiais**. As SA sujeitas a supervisão implicam, por vezes, requisitos especiais para os administradores. Nas instituições de crédito, devem ser idóneos e demonstrar experiência adequada (30.º e 31.º do RGIC), sem o que pode ser recusado o seu registo no BP (69.º/5 do RGIC). Nas seguradoras, operam regras similares (51.º do RGES).

12 8. **Estatutários**. O pacto social pode fixar outros requisitos para os administradores e, designadamente: a qualidade de acionista, a experiência profissional ou as qualificações. A inobservância de tais requisitos conduzirá, todavia, à mera anulabilidade de designação e, não, à sua nulidade, como decorre da violação dos requisitos legais – 58.º/1, *a*) e 56.º/1, *d*).

IV – **Pessoas coletivas**

13 9. **Regime**. A qualidade de administrador é pessoal: implica uma ponderação das qualidades e do perfil do visado, sendo, por excelência, *intuitu personae*. Todavia, a lei admite a designação de uma pessoa coletiva para a administração: nessa eventualidade, o verdadeiro administrador será uma pessoa singular, indicada pela pessoa coletiva visada, sendo esta solidariamente responsável pelos atos daquela.

14 A indicação do administrador, feita pela pessoa coletiva formalmente designada para o CA, é um direito potestativo, a exercer pelo órgão de gestão da visada, devendo ser formalizada em documento bastante, subscrito por quem tenha competência para a vincular. Tal indicação é livremente revogável pela pessoa coletiva designada.

15 10. **Natureza**. A pessoa coletiva indicada para a administração não é verdadeira "administradora". Administrador será, sim, a pessoa singular indicada, pessoa essa que exerce o lugar *nomine proprio* e, não, em representação. Os requisitos aplicáveis deverão mostrar-se reunidos na pessoa singular, indicada para o lugar. A designação de pessoa coletiva tem, pois, o sentido jurídico de, a ela, conferir um direito potestativo à designação do administrador.

V – **Contrato de sociedade**

16 11. **Número**. O contrato de sociedade fixa o número de administradores, podendo optar, nos termos do n.º 1, pelo administrador único. Não pode limitar-se a fixar um número mínimo e um máximo, com o que ele ficaria na disponibilidade dos acionistas, o que a lei não permite: poderia haver prejuízo para as minorias e para terceiros.

17 12. **Suplentes**, a autorizar pelos estatutos, mas só até um terço dos efetivos (390.º/5): de modo a evitar uma maioria obtida pelo esquema dos suplentes e, logo, pouco sindicada pela AG. Não sendo o número de administradores efetivos divisível, o arredondamento faz-se por defeito, sob pena de se transcender o "até número igual a um terço".

[11] Cf. Rui Pinto Duarte, *Efeitos da declaração de insolvência quanto à pessoa do devedor*, Themis, ed. esp. (2005), 131-150.

Artigo 391.º (Designação)

1. Os administradores podem ser designados no contrato de sociedade ou eleitos pela assembleia geral ou constitutiva.

2. Para efeitos de registo da designação dos administradores, deve ser apresentado documento comprovativo da designação e, quando deste não constem, declaração de aceitação da designação e declaração da qual conste não terem conhecimento de circunstâncias suscetíveis de os inibir para a ocupação do cargo.

3. No contrato de sociedade pode estipular-se que a eleição dos administradores deve ser aprovada por votos correspondentes a determinada percentagem do capital ou que a eleição de alguns deles, em número não superior a um terço do total, deve ser também aprovada pela maioria dos votos conferidos a certas ações, mas não pode ser atribuído a certas categorias de ações o direito de designação de administradores.

4. Os administradores são designados por um período fixado no contrato de sociedade, não excedente a quatro anos civis, contando-se como completo o ano civil em que os administradores forem designados; na falta de indicação do contrato, entende-se que a designação é feita por quatro anos civis, sendo permitida a reeleição.

5. Embora designados por prazo certo, os administradores mantêm-se em funções até nova designação, sem prejuízo do disposto nos artigos 394.º, 403.º e 404.º

6. A aceitação do cargo pela pessoa designada pode ser manifestada expressa ou tacitamente.

7. Não é permitido aos administradores fazerem-se representar no exercício do seu cargo, a não ser no caso previsto pelo artigo 410.º, n.º 5, e sem prejuízo da possibilidade de delegação de poderes nos casos previstos na lei.

8. O disposto no número anterior não exclui a faculdade de a sociedade, por intermédio dos administradores que a representam, nomear mandatários ou procuradores para a prática de determinados atos ou categorias de atos, sem necessidade de cláusula contratual expressa.

Bibliografia: Sofia Ribeiro Branco, *A representação de minorias accionistas no conselho de administração*, O Direito 2004, 687-769 (699 ss.); António Menezes Cordeiro, *Da responsabilidade civil dos administradores das SA* (1997), 364-365; Luís Brito Correia, *Os administradores das SA* (1991), 740-747; Paulo Olavo Cunha (2016), 784-796; Fernando Olavo, *Termo do exercício das funções dos membros dos conselhos de administração e do conselho fiscal nas SA*, CJ IX (1984) 5, 7-11.

Índice

I – **Origem**
1. Preparação 1

II – **A designação comum**
2. Formas de designação 3
3. Natureza 4
4. Regras básicas 5
5. Eleições reforçadas 8

III – **Duração do mandato**
6. A duração 10
7. Início 11
8. Termo 12
9. Suspensão 15

IV – **Representação**
10. Pessoalidade 16

I – Origem

1 1. **Preparação**. O 391.º/1 remonta ao 171.º, § único, do CCom. No restante, foi aproveitada a prática nacional, bem como elementos de Direito comparado, com relevo para o Código francês de 1966, tendo o preceito tomado corpo no 396.º do projeto de 1983[1].

2 O texto em vigor resulta da versão original do DL 262/86, de 2-set.[2], retificado, quanto ao 391.º/4, em 29-nov.-1986[3], com o acrescento das referências aos 403.º e 404.º e do aditamento do n.º 3, com renumeração dos pontos subsequentes.

II – A designação comum

3 2. **Formas de designação**. O 391.º/1 prevê: (a) designação no pacto; (b) eleição em assembleia geral; além disso, temos: (c) eleição por minorias (392.º/1 a 5); (d) eleição por minorias vencidas (392.º/6 a 8); (e) chamada de suplentes – 393.º/3, *a*); (f) cooptação – 393.º/3, *b*); (g) designação pelo conselho fiscal ou pela comissão de auditoria – 393.º/3, *c*); (h) nomeação judicial (394.º); (i) nomeação pelo Estado, quando prevista na lei (392.º/11). As duas primeiras constituem a designação comum.

4 3. **Natureza**. A designação não tem natureza contratual: não se aplica o regime próprio da formação do contrato, nem, tão-pouco, o da proposta contratual; trata-se de uma figura própria do Direito das sociedades, decalcada das nomeações públicas, e isso sem prejuízo da necessidade de aceitação (391.º/4).

5 4. **Regras básicas**. A designação no pacto equivale a um contrato especial a favor de terceiro: todos os outorgantes são, reciprocamente, promitentes e promissários (*vide* 443.º do CC), podendo a designação ser revogada, por eles, até à adesão pelo designado (448.º/1, do CC).

6 A eleição pela AG é feita por maioria simples, podendo ser meramente relativa, se houver várias propostas (386.º/2). Trata-se de uma eleição por listas unitárias, ainda que com as derrogações do 392.º.

7 À designação seguir-se-á a aceitação, a qual pode ser expressa ou tácita (391.º/6). A aceitação tácita decorre, em regra, do simples início de funções, não se exigindo nenhum ato formal de posse. A designação está, ainda, sujeita a registo comercial obrigatório – 3.º/1, *m*) e 15.º/1, do CRCom – sob pena de coimas (17.º/2) e de inoponibilidade a terceiros (14.º/1, ambos do CRCom), bem como a publicação obrigatória – 70.º/1, *a*), do CRCom[4].

8 5. **Eleições reforçadas**. O 391.º/2 admite que, nos estatutos, se possa determinar que a eleição dos administradores seja aprovada por votos correspondentes a certa percentagem do capital: em regra, metade, de modo a atingir a maioria absoluta; havendo mais de duas listas, isso poderá exigir uma eleição em duas voltas. Também é configurável a exigência de uma maioria qualificada, o que obrigará à concertação das listas com as minorias.

9 Segundo o 391.º/2, 2.ª parte, podem os estatutos prever, para a eleição de um certo número de administradores, não superior a 1/3, a aprovação pela maioria dos votos correspondentes a certas ações; tal equivale a uma categoria de ações (*vide* 302.º) capaz de vetar até 1/3 dos administradores (*golden shares*)[5]. Não admite (*in fine*) categorias de ações que possam, *ad nutum*, designar administradores.

[1] BMJ 327 (1983), 278.
[2] DR I Série, n.º 201, de 2-set.-1986, 2364-2365.
[3] DR I Série, n.º 276 (Supl.), de 29-nov.-1986, 3602-(4)/I.
[4] STJ 17-dez.-1997 (Almeida e Silva), BMJ 472 (1997), 521-526 (525-526).
[5] *Vide* António Menezes Cordeiro 2 (2007), 666.

III – **Duração do mandato**

6. **A duração** do mandato é fixada nos estatutos; não pode exceder os quatro anos civis, con- 10
tando-se como completo o da designação; supletivamente, é essa a duração, sendo possível a reeleição (391.º/4).

7. **Início**. O mandato inicia-se no momento em que a aceitação da designação chega ao poder 1
ou ao conhecimento da sociedade, tornando-se eficaz (*vide* 224.º/1, *ex vi* 295.º, ambos do CC). Na prática, as funções iniciam-se com o registo da designação: momento em que ela é oponível *erga omnes*.

8. **Termo**. O mandato termina: (a) por caducidade; (b) por destituição (403.º); (c) por renúncia 12
(404.º). A caducidade pode sobrevir: (a) pelo termo do mandato acrescido do período eventualmente necessário à substituição (391.º/5); (b) por falta definitiva (393.º/1); (c) por nomeação de um administrador judicial (394.º/3); (d) por incapacidade ou incompatibilidade supervenientes (401.º); (e) por reforma (402.º/1)[6].

Ocorrendo o termo do mandato, ele cessa (apenas) com a nova designação ou, melhor: 13
quando a nova designação se torne eficaz e isso mesmo caso, por essa via, se ultrapasse a duração para ele fixada[7] – 391.º/5, que ressalva a nomeação judicial (394.º), a destituição (403.º) e a renúncia (404.º). Visa-se, deste modo, evitar o vazio de funções, com danos para a SA[8]. A regra do 391.º/5 é generalizável aos diversos órgãos, incluindo o presidente e os vogais da mesa da assembleia geral[9].

Tratando-se de recuperação de empresas, a nomeação de nova administração faz caducar 14
a cessação, por caducidade, das funções da anterior[10].

9. **Suspensão**. Os administradores podem ser suspensos: (a) judicialmente, na hipótese da sus- 15
pensão da deliberação que os tenha designado[11]; (b) pelos órgãos de fiscalização (400.º e 430.º/3).

IV – **Representação**

10. **Pessoalidade**. O exercício de cargos sociais é pessoal. O administrador não pode fazer- 16
-se representar (391.º/7), a não ser por outro administrador, quando os estatutos o permitam (410.º/5), nos termos aí fixados. A delegação de poderes não é prejudicada (391.º/7, *in fine* e 407.º/1).

A própria sociedade, através dos administradores que a representem, pode, todavia, 17
nomear "mandatários ou procuradores" para a prática de determinados atos ou categorias de atos, sem necessidade de cláusula contratual expressa (391.º/8).

Artigo 392.º (Regras especiais de eleição)

1. O contrato de sociedade pode estabelecer que, para um número de administradores não excedente a um terço do órgão, se proceda a eleição isolada, entre pessoas propostas em listas subscritas por grupos de acionistas, contando que nenhum desses grupos possua ações representativas de mais de 20% e de menos de 10% do capital social.

[6] *Vide* as anotações aos preceitos citados.

[7] Fernando Olavo, *Termo do exercício*, 11.

[8] RLX 29-abr.-2008 (João Aveiro Pereira), Proc. 1413/2008-1.

[9] STJ 15-jan.-2004 (Duarte Soares), Proc. 03B3827 e STJ 25-mar.-2004 (Ponce de Leão), Proc. 04A407.

[10] RLx 18-abr.-2002 (Sousa Grandão), CJ XXVII (2002) 2, 116-118.

[11] RPt 12-fev.-1999 (Bessa Pacheco), CJ XXI (1996) 1, 219-222.

2. Cada lista referida no número anterior deve propor pelo menos duas pessoas elegíveis por cada um dos cargos a preencher.

3. O mesmo acionista não pode subscrever mais de uma lista.

4. Se numa eleição isolada forem apresentadas listas por mais de um grupo, a votação incide sobre o conjunto dessas listas.

5. A assembleia geral não pode proceder à eleição de outros administradores enquanto não tiver sido eleito, de harmonia com o n.º 1 deste artigo, o número de administradores para o efeito fixado no contrato, salvo se não forem apresentadas as referidas listas.

6. O contrato de sociedade pode ainda estabelecer que uma minoria de acionistas que tenha votado contra a proposta que fez vencimento na eleição dos administradores tem o direito de designar, pelo menos, um administrador, contanto que essa minoria represente, pelo menos, 10% do capital social.

7. Nos sistemas previstos nos números anteriores, a eleição é feita entre os acionistas que tenham votado contra a proposta que fez vencimento na eleição dos administradores, na mesma assembleia, e os administradores assim eleitos substituem automaticamente as pessoas menos votadas da lista vencedora ou, em caso de igualdade de votos, aquela que figurar em último lugar na mesma lista.

8. Nas sociedades com subscrição pública, ou concessionárias do Estado ou de entidade a este equiparada por lei, é obrigatória a inclusão no contrato de algum dos sistemas previstos neste artigo; sendo o contrato omisso, aplica-se o disposto nos precedentes n.os 6 e 7.

9. A alteração do contrato de sociedade para inclusão de algum dos sistemas previstos no presente artigo pode ser deliberada por maioria simples dos votos emitidos na assembleia.

10. Permitindo o contrato a eleição de administradores suplentes, aplica-se o disposto nos números anteriores à eleição de tantos suplentes quantos os administradores a quem aquelas regras tenham sido aplicadas.

11. Os administradores por parte do Estado ou de entidade pública a ele equiparada por lei para este efeito são nomeados nos termos da respetiva legislação.

Bibliografia: Jorge Manuel Coutinho de Abreu, *Governação das sociedades comerciais* (2006), 74-81; Sofia Ribeiro Branco, *A representação de minorias accionistas no conselho de administração*, O Direito 2004, 687-769; António Menezes Cordeiro 2 (2007), 784-787; Luís Brito Correia, *Os administradores das SA* (1991), 748-751; Pedro Maia, *Função e funcionamento do conselho de administração na SA* (2002), 295-312; Manuel António Pita, *A protecção das minorias*, em *Novas perspectivas do Direito comercial* (1988), 355-373 (363-364); Armando Manuel Triunfante, *A tutela das minorias nas SA/Direitos de minoria qualificada/Abuso do direito* (2004), 284-294; *id.*, (2007), 378-380; Raúl Ventura, *Nota sobre regras especiais de eleição de administradores de SA*, O Direito 124 (1992), 179-188; *id.*, *Estudos vários sobre SA* (1992), 515-528.

Índice

I – **Origem e evolução**

1. Origem 1
2. Projeto e versão original 3
3. Reforma de 2006 4

II – **Primeiro sistema: eleição separada**

4. Propostas minoritárias 5
5. Processamento 6

III – **Segundo sistema: eleição pelos vencidos**

6. Pressupostos 9
7. Processamento 10

IV – **Outros aspetos**
8. Obrigatoriedade 14
9. Alteração do contrato 15
10. Suplentes 16
11. Administradores por parte do Estado 17
12. Problemas 18

I – Origem e evolução

1. **Origem**. O 392.º, salvo o n.º 11, tem a ver com a eleição de administradores por acionistas minoritários. Trata-se de uma ocorrência desenvolvida no Direito estrangeiro, designadamente em Itália, por via estatutária[1] e em Espanha, na Lei de 1951[2]. Documentam-se diversas soluções, como a da co-gestão (Alemanha), o voto múltiplo (Brasil) e o voto cumulativo (EEUU). 1

O Direito europeu, designadamente a proposta de 5.ª Diretriz sobre a estrutura das SA, admitia, de modo implícito (36.º), tal tipo de eleição. 2

2. **Projeto e versão original**. O projeto de CSC continha já um preceito (o 397.º)[3] próximo do que viria a transitar para o Código. Este, na versão original, equivalia ao texto vigente, salvo quanto aos n.os 1 e 7, que dispunham[4]: 3

> 1. O contrato de sociedade pode estabelecer que, para um número de administradores não excedente a um, dois ou três, conforme o número total for de três, cinco, ou mais de cinco, se proceda a eleição isolada, entre pessoas propostas em listas subscritas por grupos de accionistas, contanto que nenhum desses grupos possua acções representativas de mais de 20% e de menos de 10% do capital social.
>
> 7. Para execução do disposto no número anterior, a eleição será feita por votação entre os accionistas da referida minoria, na mesma assembleia, e o administrador assim eleito substitui automaticamente a pessoa menos votada da lista vencedora ou, em caso de igualdade de votos, aquela que figurar em último lugar na mesma lista.

3. **Reforma de 2006**. O DL 76-A/2006, de 29-mar., alterou os transcritos n.os 1 e 7, dando-lhes a redação vigente[5]. A CMVM explicou a alteração ao n.º 1 como uma decorrência da modificação do 390.º, pelo qual o CA pode ter um número par de membros. Quanto ao n.º 7: a modificação é formal e não foi justificada pela CMVM. E saiu mal, entrado em conflito com o n.º 5, inalterado, o que levantou dúvidas que, antes, não existiam. Há que aplicá-lo restritivamente: apenas ao sistema do n.º 6[6]. 4

II – Primeiro sistema: eleição separada

4. **Propostas minoritárias**. O primeiro sistema, a consagrar eventualmente nos estatutos, postula que, para um número de administradores que não exceda um terço do total, se proceda a uma eleição isolada, entre pessoas propostas em listas subscritas por grupos que detenham, pelo menos 10% e não menos de 20% do capital. A eleição é feita pela assembleia geral, no seu todo: mas recai sobre pessoas propostas pelos minoritários. 5

[1] Pedro Maia, *Função e funcionamento do conselho de administração na SA*, 297 ss..
[2] Sofia Ribeiro Branco, *A representação de minorias*, 703 ss..
[3] BMJ 327 (1983), 278-279.
[4] DR I Série, n.º 201, de 2-set.-1986, 2365/I.
[5] DR I Série-A, n.º 63 (Supl.), de 29-mar.-2006, 2328-(22)/II.
[6] Nesse sentido, Coutinho de Abreu, *Governação das sociedades comerciais* (2006), 75; contra, Armando Manuel Triunfante (2007), 380. Na projetada reforma de 2008/2009, o problema seria resolvido, mas de modo algo confuso; *vide* António Menezes Cordeiro, *Uma nova reforma do Código das Sociedades Comerciais?*, RDS 2009, 11-55 (35 ss.).

6 5. **Processamento**. Para cada lugar, a lista dos "minoritários" deve propor, pelo menos, duas pessoas (392.º/2) ou a assembleia geral não teria possibilidade de escolha[7]. Nada impede que uma mesma pessoa seja proposta em mais de uma lista.

7 O mesmo acionista não pode subscrever mais de uma lista (392.º/3); poderá fazê-lo se representar vários acionistas, em nome e por conta de sócios diferentes. Havendo várias listas, a votação incide sobre o conjunto (392.º/4).

8 A assembleia geral não pode eleger os restantes administradores (portanto: a maioria) enquanto não ocorrer a eleição isolada, salvo se, para esta, não houver lista alguma (392.º/5): de outro modo, a eleição isolada poderia nem ocorrer, frustrando os estatutos e a lei.

III – **Segundo sistema: eleição pelos vencidos**

9 6. **Pressupostos**. Os estatutos podem estabelecer que uma minoria que tenha votado contra a proposta que fez vencimento, tenha o direito de designar, pelo menos, um administrador, desde que ela represente, pelo menos, 10% do capital social (392.º/6). Os estatutos poderão elevar o número de administradores a designar por essa via, indexando-o, por exemplo, à percentagem do capital vencido (dois administradores para 20%, etc.).

10 7. **Processamento**. O 392.º/7 (a aplicar, por interpretação restritiva, apenas a este segundo sistema) prevê que a eleição seja feita entre os acionistas que tenham votado contra a proposta vencedora, na mesma assembleia (2.ª parte). Pareceria que, aí, não seria possível nem o voto secreto nem o reservado e, ainda, que, numa assembleia e em *continuum*, acionistas desgarrados, que podem nem se conhecer, seriam capazes de organizar, entre si, uma eleição, apresentando propostas coerentes. E a confusão atingiria o máximo quando se tratasse de uma SA sujeita a supervisão, cujos administradores devam reunir determinados requisitos.

11 A lei não teve em conta o funcionamento das grandes anónimas. O segundo sistema só faz sentido quando, a uma eleição, se apresentem mais de duas listas: a vencida fará entrar um administrador, se alcançar os 10%. Os estatutos podem prevê-lo, assim dando cumprimento à lei. Na falta de estatutos, a solução terá de ser encontrada, no momento, pelo presidente da mesa. Este terá de, salvo melhor reflexão: (a) recorrer à votação reservada; (b) havendo votos expressos e válidos contra a lista eleita num montante que atinja 10% do capital social (e não 10% dos votos expressos), fará um curto intervalo para que surjam propostas apresentadas pela "minoria" e nas quais apenas esta poderá votar; (c) explicar que apenas a "minoria" poderá propor e votar, nesta segunda eleição, sob pena de responsabilidade; (d) explicar os requisitos que devem ter os administradores a eleger; (e) mandar escrutinar (o que em regra só *a posteriori* é possível) os votos, de modo a confirmar que apenas os vencidos intervieram na designação "minoritária".

12 Ninguém é obrigado nem a propor seja o que for, nem a votar. Pode acontecer que a eleição minoritária fique deserta, por falta de candidaturas ou de candidaturas válidas.

13 Os administradores eleitos pela minoria substituem os menos votados pela maioria ou, no caso (normal) de igualdade de votos, o(s) que figurar(em) no(s) último(s) lugar(es) da lista vencedora (392.º/7, 2.ª parte). A pessoa a substituir pode, todavia, ser eleita pela minoria[8].

IV – **Outros aspetos**

14 8. **Obrigatoriedade**. Nas SA com subscrição pública ou concessionárias do Estado ou de entidade a ele equiparada, por lei, é obrigatória a inclusão, nos estatutos, de algum dos dois sistemas; sendo eles omissos, aplica-se o segundo (392.º/8).

[7] Raúl Ventura, *Regras especiais*, 521.

[8] RCb 30-nov.-2004 (Coelho de Matos), Proc. 2446/04.

9. **Alteração do contrato**, para inclusão de algum dos sistemas: é deliberada por maioria simples dos votos emitidos na assembleia (392.º/9). 15

10. **Suplentes**, quando previstos nos estatutos: aplica-se o disposto nos números anteriores a tantos quantos os administradores a que eles tenham sido aplicados (392.º/10). 16

11. **Administradores por parte do Estado**: são eleitos nos termos da legislação respetiva (392.º/11)[9]. 17

12. **Problemas**. A eleição de administradores por minorias, particularmente nas sociedades cotadas, é uma forma de atrair capital e de manter a transparência[10], sendo especialmente interessante para os investidores institucionais[11]. Todavia: (a) ela pode quebrar a lógica de uma equipa; (b) pode colocar, no coração da SA, um administrador da concorrência. O problema pode ser minorado prevendo-se uma comissão executiva, logicamente afeta à maioria. 18

Artigo 393.º (Substituição de administradores)

1. Os estatutos da sociedade devem fixar o número de faltas a reuniões, seguidas ou interpoladas, sem justificação aceite pelo órgão de administração, que conduz a uma falta definitiva do administrador.

2. A falta definitiva de administrador deve ser declarada pelo órgão de administração.

3. Faltando definitivamente um administrador, deve proceder-se à sua substituição, nos termos seguintes:

_a_) Pela chamada de suplentes efetuada pelo presidente, conforme a ordem por que figurem na lista submetida à assembleia geral dos acionistas;

_b_) Não havendo suplentes, por cooptação, salvo se os administradores em exercício não forem em número suficiente para o conselho poder funcionar;

_c_) Não tendo havido cooptação dentro de 60 dias a contar da falta, o conselho fiscal ou a comissão de auditoria designa o substituto;

_d_) Por eleição de novo administrador.

4. A cooptação e a designação pelo conselho fiscal ou pela comissão de auditoria devem ser submetidas a ratificação na primeira assembleia geral seguinte.

5. As substituições efetuadas nos termos do n.º 1 duram até ao fim do período para o qual os administradores foram eleitos.

6. Só haverá substituições temporárias no caso de suspensão de administradores, aplicando-se então o disposto no n.º 1.

7. Faltando administrador eleito ao abrigo das regras especiais estabelecidas no artigo 392.º, chama-se o respetivo suplente e, não o havendo, procede-se a nova eleição, à qual se aplicam, com as necessárias adaptações, aquelas regras especiais.

Bibliografia: Luís Brito Correia, *Os administradores das SA* (1991), 758-764; Paulo Olavo Cunha (2016), 796-801; Ricardo Costa, *Anotação ao artigo 393.º do CSC* em *CSC/Coimbra*, VI (2013), 256-287; Dias, Maria João, *A substituição de administradores*, IDET/Miscelânea, 7 (2011), 209-266; Armando Manuel Triun-

[9] STJ 12-jan.-1999 (Machado Soares), Proc. 98A864.

[10] Não há uma "defesa" democrática: o administrador eleito por 10% de votos poderá preterir um outro que tenha obtido 90% …

[11] Pedro Maia, *Função e funcionamento do CA*, 304 ss..

fante (2007), 380-383; Raúl Ventura, *Nota sobre a substituição de órgãos de SA*, em *Novos estudos sobre SA e SNC* (1994), 161-196.

Índice

1. Redação inicial ... 1
2. Reforma de 2006 ... 3
3. A falta definitiva ... 4
4. Substituição ... 5
5. Substituições temporárias ... 8
6. Eleição por minorias ... 9

1 1. **Redação inicial**. Na versão original do DL 262/86, de 2-set., o 393.º/1 e 2, dispunha[1]:

> 1. Faltando definitivamente algum administrador, procede-se à sua substituição, nos termos seguintes:
>
> *a*) Pela chamada de suplentes efectuada pelo presidente, conforme a ordem por que figurem na lista submetida à assembleia geral dos accionistas;
>
> *b*) Não havendo suplentes, por cooptação, salvo se os administradores em exercício não forem em número suficiente para o conselho poder funcionar;
>
> *c*) Não tendo havido cooptação dentro de 60 dias a contar da falta, o conselho fiscal pode designar o substituto;
>
> *d*) Por eleição de novo administrador.
>
> 2. A cooptação e a designação pelo conselho fiscal devem ser submetidas a ratificação, na primeira assembleia geral seguinte.

2 Os n.os 3, 4 e 5 correspondem aos atuais 5, 6 e 7, respetivamente.

3 2. **Reforma de 2006**. O DL 76-A/2006, de 29-mar., aditou novos n.os 1 e 2, alterou o anterior n.º 1 (agora n.º 3) e alterou o anterior n.º 2 (agora n.º 4)[2]. No essencial, pretendeu-se explicitar a "falta definitiva", bem como atualizar a referência à comissão de auditoria.

4 3. **A falta definitiva** de um administrador verifica-se quando ultrapasse o número de faltas injustificadas a reuniões fixado nos estatutos: seguidas ou interpoladas (393.º/1). Cabe ao próprio CA aceitar justificações (393.º/1)[3] e declarar a falta definitiva (393.º/2). Admitimos, de tais decisões, recurso direto para o Tribunal[4].

5 4. **Substituição**: (a) pela chamada de suplentes, pelo presidente (ou por quem o deva substituir, se este for o "faltoso") e pela ordem da lista submetida à assembleia geral; (b) por cooptação, salvo se não houver quórum; (c) não tendo havido cooptação ao fim de 60 dias, por designação do conselho fiscal ou da comissão de auditoria; (d) por nova eleição – 393.º/3.

6 As hipóteses (b) e (c) devem ser submetidas a ratificação na primeira assembleia geral seguinte (393.º/4).

7 As substituições efetuadas nos termos do n.º 3[5] destinam-se a completar mandatos: duram até ao fim do período para o qual os administradores foram eleitos.

[1] DR I Série, n.º 201, de 2-set.-1986, 2365/II.

[2] DR I Série-A, n.º 63 (Supl.), de 29-mar.-2006, 2328-(22)-2328-(23).

[3] Armando Manuel Triunfante (2007), 381, nota 383, admite que o CA, embora não vinculado a tal, possa atender às regras que resultem do CT: 225.º, 228.º e 229.º, quanto a faltas dos trabalhadores.

[4] *Vide* a anotação ao 412.º.

[5] A lei diz "n.º 1", por não ter sido atualizado o n.º 5, depois da renumeração levada a cabo pela reforma de 2006: um lapso não retificado; cf. a Declaração de Retificação n.º 28-A/2006, de 24-mai., DR I Série-A, n.º 102 (Supl.), de 26-mai.-2006, 3572-(2)-3572-(3).

5. **Substituições temporárias** operam nos casos de suspensão dos administradores (*vide* 400.º), aplicando-se, então, o n.º 3[6]. 8
6. **Eleição por minorias**: faltando o administrador eleito ao abrigo das regras especiais do 392.º, chama-se o respetivo suplente e, não o havendo, recorre-se a nova eleição, à qual se aplicam, com as necessárias adaptações, aquelas regras especiais (393.º/7). Caberá ao presidente da mesa tomar, quando instado, as medidas necessárias. 9

Artigo 394.º (Nomeação judicial)

1. Quando durante mais de 60 dias não tenha sido possível reunir o conselho de administração, por não haver bastantes administradores efetivos e não se ter procedido às substituições previstas no artigo 393.º, e, bem assim, quando tenham decorrido mais de 180 dias sobre o termo do prazo por que foram eleitos os administradores sem se ter efetuado nova eleição, qualquer acionista pode requerer a nomeação judicial de um administrador, até se proceder à eleição daquele conselho.

2. O administrador nomeado judicialmente é equiparado ao administrador único, permitido pelo artigo 390.º, n.º 2.

3. Nos casos previstos no n.º 1, os administradores ainda existentes terminam as suas funções na data da nomeação judicial de administrador.

Bibliografia: Luís Brito Correia, *Os administradores das SA* (1991), 772-779; Paulo Olavo Cunha (2016), 788; Teresa Anselmo Vaz, *Contencioso societário* (2006), 155-160.

Índice

1. Pressupostos 1
2. Procedimento.. 2
3. Consequências.. 3
4. Casuística 4

1. **Pressupostos**. A nomeação judicial pode ser pedida: (a) por qualquer acionista; (b) quando, durante mais de 60 dias, não tenha reunido o CA por não haver bastantes administradores efetivos e não se tiver procedido às substituições *ex* 393.º; (c) ou tiverem decorrido mais de 180 dias sobre o termo do mandato, sem que se tenha procedido a nova eleição. 1
2. **Procedimento**. Rege o 1484.º do CPC: (a) o requerente justifica o pedido de nomeação e indica a pessoa que repute idónea; (b) o tribunal pode colher as informações convenientes e ouvir o CA, quando este esteja em funcionamento; (c) o tribunal decide a remuneração, podendo ordenar as diligências indispensáveis. 2
3. **Consequências**. O administrador judicial é equiparado a administrador único (394.º/2), enquanto os administradores ainda existentes terminam as suas funções na data da nomeação deste (394.º/3), por caducidade do seu mandato. A nomeação judicial caduca com a eleição do respetivo órgão social[1]. 3
4. **Casuística**: (a) apenas a administração pode representar a SA; logo, na sua falta, há que requerer, mesmo em situações de recuperação ou falência (insolvência) a nomeação judicial[2]; 4

[6] Vale a nota anterior.
[1] STJ 5-mar.-2002 (Lopes Pinto), Proc. 02A061.
[2] STJ 25-out.-1990 (Cura Mariano), Proc. 079756.

(b) é de suspender a instância em providência tendente à nomeação de administrador se, entretanto, a assembleia elegeu dois administradores e esta deliberação foi impugnada[3]; (c) a nomeação judicial de administrador pode subir ao Supremo se estiverem em causa critérios de legalidade estrita[4]; (d) a nomeação judicial de administrador caduca com a eleição do respetivo órgão social[5].

Artigo 395.º (Presidente do conselho de administração)

1. O contrato de sociedade pode estabelecer que a assembleia geral que eleger o conselho de administração designe o respetivo presidente.

2. Na falta de cláusula contratual prevista no número anterior, o conselho de administração escolherá o seu presidente, podendo substituí-lo em qualquer tempo.

3. Ao presidente é atribuído voto de qualidade nas deliberações do conselho nas seguintes situações:

***a*) Quando o conselho seja composto por um número par de administradores;**

***b*) Nos restantes casos, se o contrato de sociedade o estabelecer.**

4. Nos casos referidos na alínea *a*) do número anterior, nas ausências e impedimentos do presidente, tem voto de qualidade o membro de conselho ao qual tenha sido atribuído esse direito no respetivo ato de designação.

Bibliografia: Luís Brito Correia, *Os administradores das SA* (1991), 265-269; Ricardo Costa, *Anotação ao artigo 393.º do CSC* em *CSC/Coimbra*,VI (2013), 295-302; Pedro Maia, *Função e funcionamento do conselho de administração da SA* (2002), 223-227, nota 300; Armando Manuel Triunfante (2007), 383-385; José Vasques, *Estruturas e conflitos de poderes nas SA* (2007), 137-140.

Índice

1. Redação original 1
2. Reforma de 2006 2
3. A escolha 3
4. Poderes 4
5. Substituição 6

1 1. **Redação original**. Os n.ºs 1 e 2 mantêm-se desde 1986; o n.º 3, versão original do DL 262/86, de 2-set., dispunha[1]:

> O contrato de sociedade pode atribuir ao presidente voto de qualidade nas deliberações do conselho.

2 2. **Reforma de 2006**. A atual redação do n.º 3 e o n.º 4 foram introduzidos pelo DL 76-A/2006, de 29-mar.[2]: para enfrentar o problema da permissão, então assumida, de conselhos de administração com número par de membros.

[3] RLx 14-dez.-1995 (Adélio André), Proc. 006202.
[4] RPt 25-set.-2001 (Afonso Correia), Proc. 0120832.
[5] STJ 25-set.-2001 (Lopes Pinto), Proc. 02A061.

[1] DR I Série, n.º 201, de 2-set.-1986, 2366/I.
[2] DR I Série-A, n.º 63 (Supl.), de 29-mar.-2006, 2328-(23)/I.

3. **A escolha** do PCA pode advir da assembleia geral, quando o contrato social o preveja (395.º/1) ou do próprio CA, quando isso não suceda, altura em que o mesmo o poderá substituir, em qualquer tempo (395.º/2). 3

4. **Poderes**: (a) voto de qualidade (395.º/3 e 4); (b) chamada de suplentes, no caso de falta definitiva de administradores – 393.º/3, *a*); (c) convocação do CA (410.º/1); (d) nos termos gerais: dirigir o CA e organizar o seu expediente. Os estatutos podem, ainda, atribuir-lhe outras funções e, designadamente, um poder de veto, definitivo ou suspensivo, no tocante a várias matérias societárias. 4

O voto de qualidade não obteve, do legislador de 2006, soluções coerentes[3]. Nos termos gerais, o PCA teria, sempre, voto de qualidade, se necessário. O 395.º/3, *a*), só opera se estiverem todos presentes; o 395.º/3, *b*), terá de ser desconsiderado se, no silêncio do contrato, faltar algum administrador, estando presente um número par. Melhor seria que o 395.º/3 se limitasse a atribuir voto de qualidade ... em caso de empate. E é essa a ideia que deve prevalecer, se necessário por via do 10.º/3, do CC. 5

5. **Substituição**. Na falta do PCA, podem os estatutos prever um vice. Não o fazendo? O 395.º/4 é obscuro, dando lugar a várias interpretações[4]. Perfilhamos a de Armando Manuel Triunfante: o ato de designação do PCA deve indicar o seu substituto. E se o não fizer? Presidirá o mais antigo como administrador ou, havendo igual antiguidade, o mais velho (374.º/4, *in fine*, por analogia). Isto posto: pode ser agendada a eleição de um substituto, caso os estatutos o não vedem. 6

Artigo 396.º (Caução)

1. A responsabilidade de cada administrador deve ser caucionada por alguma das formas admitidas na lei, na importância que seja fixada no contrato, mas não podendo ser inferior a € 250000 para as sociedades emitentes de valores mobiliários admitidos à negociação em mercado regulamentado nem para as sociedades que cumpram os critérios da alínea *a*) do n.º 2 do artigo 413.º e a € 50000 para as restantes sociedades.

2. A caução pode ser substituída por um contrato de seguro, a favor dos titulares de indemnizações, cujos encargos não podem ser suportados pela sociedade, salvo na parte em que a indemnização exceda o mínimo fixado no número anterior.

3. Exceto nas sociedades emitentes de valores mobiliários admitidos à negociação em mercado regulamentado e nas sociedades que cumpram os critérios da alínea *a*) do n.º 2 do artigo 413.º, a caução pode ser dispensada por deliberação da assembleia geral ou constitutiva que eleja o conselho de administração ou um administrador e ainda quando a designação tenha sido feita no contrato de sociedade, por disposição deste.

4. A responsabilidade deve ser caucionada nos 30 dias seguintes à designação ou eleição e a caução deve manter-se até ao fim do ano civil seguinte àquele em que o administrador cesse as suas funções por qualquer causa, sob pena de cessação imediata de funções.

[3] Armando Manuel Triunfante (2007), 384-385.

[4] *Idem*, 385.

5. É dispensada a prestação de caução aos administradores não executivos e não remunerados.

Bibliografia: Luís Brito Correia, *Os administradores das SA* (1991), 593-594; Paulo Olavo Cunha (2016), 810-815; *id.*, *A alteração do regime da caução dos administradores*, DRS 2013, 297-304; Gabriela Figueiredo Dias, *Administração/fiscalização de sociedades e responsabilidade civil*, em *Corporate Governance/Reflexões* I (2007), 31-71 (52-57); Maria Elisabete Ramos, *O seguro de responsabilidade civil dos administradores – entre a exposição ao risco e a delimitação da cobertura* (2010); *id. Anotação ao artigo 396.º do CSC* em *CSC/Coimbra*, VI (2013), 303-324; Armando Manuel Triunfante (2007), 386-387; Pedro Pais de Vasconcelos, *D & O Insurance: o seguro de responsabilidade civil dos administradores e outros dirigentes da SA*, em *Homenagem da FDL ao Professor Doutor Inocêncio Galvão Telles: 90 anos* (2007), 1153-1182; Raúl Ventura, *Nota sobre a caução de responsabilidade dos administradores*, em *Novos estudos sobre SA e SNC* (1994), 197-205.

Índice

1. Redação original 1
2. A reforma de 1998 2
3. A reforma de 2006 3
4. A reforma de 2012 4
5. A caução 5
6. Obrigações garantidas 8
7. Seguro 9
8. Dispensa 12
9. Prazos e sanções 13

1 1. **Redação original**. O n.º 4 mantém-se intocado; quanto aos restantes, a versão do DL 262/86, de 2-set., dispunha[1]:

> 1. A responsabilidade de cada administrador deve ser caucionada por alguma das formas admitidas por lei, na importância que for fixada pelo contrato de sociedade, mas não inferior a 500000$00.
>
> 2. A caução pode ser substituída por um contrato de seguro, a favor da sociedade, cujos encargos não podem ser suportados por esta, salvo na parte em que a indemnização exceda o mínimo fixado no número anterior.
>
> 3. Excepto nas sociedades com subscrição pública, a caução pode ser dispensada por deliberação da assembleia geral ou constitutiva que eleja o conselho de administração ou um administrador e ainda quando a designação tenha sido feita no contrato de sociedade, por disposição deste.

2 2. **A reforma de 1998**. O DL 343/98, de 6-nov., que fez a transição para o euro, substituiu o final do 396.º/1 por (…) *num valor nunca inferior a 5 000 euros*[2]

3 3. **A reforma de 2006**. O DL 76-A/2006, de 29-mar., alterou bastante o preceito[3]: atualizou os valores; fixou cifras diversas para as sociedades cotadas ou grandes SA e para as restantes; alargou o seguro de responsabilidade.

4 4. **A reforma de 2012**. A Lei 66-B/2012, de 31-dez., introduziu um novo número (n.º 5), excecionando os administradores não executivos e os administradores não remunerados das exigências relativas à prestação de caução.

5 5. **A caução** vem regulada nos 623.º a 626.º do CC[4]: trata-se de uma garantia, que pode ser prestada (…) *por meio de depósito em dinheiro, títulos de crédito, pedras ou metais preciosos, ou por*

[1] DR I Série, n.º 201, de 2-set.-1986, 2366/I.

[2] DR I Série-A, n.º 257, de 6-nov.-1998, 5942/I.

[3] DR I Série-A, n.º 63 (Supl.), de 29-mar.-2006, 2328-(23).

[4] *Vide* António Menezes Cordeiro, *Direito das obrigações* 2 (1986), 502-503.

penhor, hipoteca ou fiança bancária (623.º/1, do CC). A idoneidade da caução deve ser constatada por acordo entre o administrador e a sociedade; na falta de tal acordo, cabe ao tribunal apreciar (623.º/3, do CC).

Forma tradicional de caucionar a responsabilidade dos administradores para com a sociedade era a entrega de ações da própria sociedade, a título de penhor. O 325.º/1 consagra, mesmo, um regime de favor, nesse domínio: tais ações não contam para o limite do 317.º/2: 10% de ações próprias. 6

O montante da caução é fixado nos estatutos; não pode, todavia, ser inferior a € 250000, para as sociedades cotadas ou para as grandes anónimas, ou a € 50000, para as restantes. 7

6. **Obrigações garantidas**. A caução dos administradores visava, tradicionalmente, garantir a sua responsabilidade para com a sociedade. Em rigor, só aí faz sentido; não se vê por que razão deveriam ser mais garantidos os terceiros que contactem com sociedades de que os que o façam com quaisquer outras entidades. Por influência norte-americana, a reforma de 2006 alargou a garantia a todos os eventuais titulares de indemnizações (*vide* 306.º/2), cabendo seguir o guião dos 72.º e ss.. 8

7. **Seguro**. A caução pode ser substituída por seguro, a favor dos titulares de indemnizações; os prémios não podem ser suportados pela sociedade, salvo na parte em que excedam o mínimo dos € 250 000 e dos € 50000, previstos no 396.º/1 (396.º/2). 9

O seguro profissional dos administradores, conhecido por seguro D & O ou *D & O Insurance* (de *Directors' and Officers' Insurance*), desenvolvido nos EEUU, veio a alargar os danos cobertos: passou da simples responsabilidade perante a sociedade para as diversas situações de responsabilização. Pode assumir três vertentes ou coberturas: (a) despesas com litígios, com condenações ou com transações não cobertas pela sociedade ou *side A coverage*; (b) despesas suportadas pela sociedade, por via da atuação dos administradores ou *side B coverage*; (c) responsabilidades da própria sociedade ou *side C coverage*. 10

A intensificação dos seguros D & O, nos EEUU, levou a uma acrescida litigiosidade e a uma certa irresponsabilidade de atuação, com grandes danos para as seguradoras. Daí resultaram exclusões de responsabilidades e a própria *business judgement rule*, hoje presente, em certa forma, no 72.º/2, após a reforma de 2006. 11

8. **Dispensa**. Salvo quanto a sociedades cotadas e a grandes SA, a caução pode ser dispensada, caso a caso: (a) pela assembleia geral ou pela assembleia constitutiva que eleja o CA ou o administrador; (b) por disposição do contrato de sociedade, quando designe a administração. O n.º 5 dispensa ainda a caução, independentemente da natureza mobiliária da sociedade, aos administradores não executivos e não remunerados. 12

9. **Prazos e sanções**. A caução deve ser prestada nos 30 dias subsequentes à designação, mantendo-se ao fim do ano civil seguinte ao da cessação das funções (396.º/4). *In fine*, esse preceito determina "sob pena de cessação imediata de funções". Esta regra, que provém do próprio projeto de 1983[5], deve ser aplicada dentro da lógica do sistema: não pode manter-se em funções o administrador cuja responsabilidade não se mostre caucionada; todavia, a situação fica integralmente reparada logo que, ainda que supervenientemente, toda a eventual responsabilidade se mostre garantida. Nem a sociedade nem terceiros podem ser prejudicados pela falta de caução: isso ficaria totalmente fora do espírito da lei. 13

[5] BMJ 327 (1983), 285 (407.º/4).

14 A falta de prestação de caução ou o seu levantamento antecipado obrigam a cessar funções. Mas não são, tecnicamente, uma causa de caducidade do mandato do administrador: apenas permitem a destituição, se não forem corrigidas[6]. Os atos entretanto praticados são válidos.

Artigo 397.º (Negócios com a sociedade)

1. É proibido à sociedade conceder empréstimos ou crédito a administradores, efetuar pagamentos por conta deles, prestar garantias a obrigações por eles contraídas e facultar-lhes adiantamentos de remunerações superiores a um mês.

2. São nulos os contratos celebrados entre a sociedade e os seus administradores, diretamente ou por pessoa interposta, se não tiverem sido previamente autorizados por deliberação do conselho de administração, na qual o interessado não pode votar, e com o parecer favorável do conselho fiscal ou da comissão de auditoria.

3. O disposto nos números anteriores é extensivo a atos ou contratos celebrados com sociedades que estejam em relação de domínio ou de grupo com aquela de que o contraente é administrador.

4. No seu relatório anual, o conselho de administração deve especificar as autorizações que tenha concedido ao abrigo do n.º 2 e o relatório do conselho fiscal ou da comissão de auditoria deve mencionar os pareceres proferidos sobre essas autorizações.

5. O disposto nos n.os 2, 3 e 4 não se aplica quando se trate de ato compreendido no próprio comércio da sociedade e nenhuma vantagem especial seja concedida ao contraente administrador.

Bibliografia: João Sousa Gião, *Conflito de interesses entre administradores e os accionistas na sociedade anónima: os negócios com a sociedade e a remuneração dos administradores* em *Conflito de interesses no Direito societário e financeiro: um balanço a partir da crise financeira* (2010), 215-291; José Ferreira Gomes, *Conflito de interesses entre accionistas nos negócios celebrados entre a sociedade anónima e o seu acionista controlador* em *Conflito de interesses no Direito societário e financeiro: um balanço a partir da crise financeira* (2010), 75-213; *id.*, *Da administração à fiscalização das sociedades: a obrigação de vigilância dos órgãos da sociedade anónima* (2015), 349-383; Diogo Costa Gonçalves, *O governo de sociedades por quotas: breves reflexões sobre a celebração de negócios entre o gerente e a sociedade* em *O governo das organizações: a vocação universal do corporate governance* (2011), 95-123; Armando Manuel Triunfante (2007), 387-388.

Índice

1. Alterações 1
2. Negócios com a sociedade 2
3. Proibição de crédito 5
4. Contratos com a sociedade 8
5. Atos normais 10

1 **1. Alterações**. O 397.º, correspondente ao 403.º do projeto de 1983[1], conserva, praticamente, a redação do início[2]. O DL 76-A/2006, de 29-mar., pretendeu alterar os seus n.os 2 e 4, por forma

[6] Luís Brito Correia, *Os administradores*, 718. *Vide*, também, Raúl Ventura, *Novos estudos*, 203 e Paulo Olavo Cunha (2016), 813-814.

[1] BMJ 327 (1983), 282-283.

[2] DR I Série, n.º 201, de 2-set.-1986, 2366/I.

a, junto ao conselho fiscal, referir a comissão de auditoria[3]. Por lapso, acabou por modificar, apenas, o n.º 4.

2. **Negócios com a sociedade** são os concluídos entre a SA e o seu próprio administrador. Trata-se de negócios que merecem o desfavor da lei: o administrador, só ou em conjunto com os seus pares, representa e gere a sociedade; poderia, assim, prejudicar esta, bem como os seus credores e os acionistas, em benefício próprio; e quando isso não suceda: ficaria a dúvida na comunidade jurídica, com danos para a transparência e a (boa) imagem das sociedades. 2

O negócio com a sociedade pode, ainda, redundar num negócio consigo mesmo, anulável nos termos do 261.º/1, do CC[4]. 3

O 397.º densifica o dever de lealdade dos administradores – 64.º/1, *b*) – fixando, em sucessivos recortes, os negócios proibidos (397.º/1), os nulos (397.º/2 e 3), o procedimento a seguir (397.º/4) e os negócios aproveitáveis (397.º/5). 4

3. **Proibição de crédito**. Na base, o 397.º/1 proíbe, à SA, conceder crédito aos administradores: inclui pagamentos por conta deles, prestação de garantias e adiantamentos de remunerações superiores a um mês. 5

Tratando-se de instituições de crédito, a proibição é precisada pelo 85.º do RGIC, na redação do DL 201/2002, de 26-set., que especifica: (a) crédito sob qualquer forma ou modalidade; (b) direta ou indiretamente; (c) como tal se presumindo (presunção ilidível) a concessão de crédito ao cônjuge e parentes ou afins em 1.º grau. O 85.º/5 a 7, ressalvam certas operações. 6

A celebração de negócios proibidos, por via do 397.º/1, conduz à sua nulidade (294.º, do CC), além de eventuais responsabilizações. 7

4. **Contratos com a sociedade**, diretamente ou por interposta pessoa: são nulos, exceto se (397.º/2): (a) forem previamente autorizados pelo CA, em deliberação na qual o interessado não pode votar[5]; (b) houver parecer favorável do conselho fiscal ou da comissão de auditoria[6]. Este dispositivo aplica-se a contratos com sociedades em relação de domínio ou de grupo com aquela em que o contraente seja administrador (397.º/3). 8

As autorizações concedidas, neste âmbito, pelo CA, devem constar do seu relatório anual e os pareceres do conselho fiscal ou da comissão de auditoria nessa matéria, dos respetivos relatórios (397.º/4). 9

5. **Atos normais**: as restrições do 397.º/2 e 4 não se aplicam quando se trate: (a) de ato compreendido no próprio comércio da SA; (b) e nenhuma vantagem especial seja concedida ao contraente administrador (397.º/5). São "vantagens especiais" as que se afastem das vantagens normais na forma legítima de negociar, fazendo entrar diretamente, no todo ou em parte, no património do administrador, aquilo que, no todo ou em parte, seria dirigido à sociedade[7]. 10

[3] DR I Série-A, n.º 63 (Supl.), de 29-mar.-2006, 2328-(23)/I.

[4] António Menezes Cordeiro, *Tratado de Direito civil* V (2015), 125 ss.. *Vide* RCb 4-out.-2005 (Monteiro Casimiro), Proc. 2158/05.

[5] *Vide* 410.º/6.

[6] Visto o 423.º-H e a remissão nele feita; em qualquer caso, não se exige parecer do ROC. O DL 49/2010, de 19-mai., para que não restassem dúvidas, alterou o 397.º/2, de modo a referir expressamente a comissão de auditoria.

[7] Fórmula de RPt 5-dez.-1995 (Mário Cruz), CJ XX (1995) 5, 216-219 (218/I).

Artigo 398.º (Exercício de outras atividades)

1. Durante o período para o qual foram designados, os administradores não podem exercer, na sociedade ou em sociedades que com esta estejam em relação de domínio ou de grupo, quaisquer funções temporárias ou permanentes ao abrigo de contrato de trabalho, subordinado ou autónomo, nem podem celebrar quaisquer desses contratos que visem uma prestação de serviços quando cessarem as funções de administrador.

2. Quando for designado administrador uma pessoa que, na sociedade ou em sociedades referidas no número anterior, exerça qualquer das funções mencionadas no mesmo número, os contratos relativos a tais funções extinguem-se, se tiverem sido celebrados há menos de um ano antes da designação, ou suspendem-se, caso tenham durado mais do que esse ano.

3. Na falta de autorização da assembleia geral, os administradores não podem exercer por conta própria ou alheia atividade concorrente da sociedade nem exercer funções em sociedade concorrente ou ser designados por conta ou em representação desta.

4. A autorização a que se refere o número anterior deve definir o regime de acesso a informação sensível por parte do administrador.

5. Aplica-se o disposto nos n.os 2, 5 e 6 do artigo 254.º.

Bibliografia: J. M. Coutinho de Abreu, *Administradores e trabalhadores de sociedades (cúmulos ou não)*, em *Temas societários* (2006), 9 a 21; *id.*, *Governação de sociedades comerciais* (2006), 64-74; António Menezes Cordeiro 2 (2007), 181-187; A. Barreto Menezes Cordeiro, *Doutrina das oportunidades societárias* (Corporate opportunities doctrine), RDS 2013, 741-778; Luís Brito Correia, *Os administradores das SA* (1991), 575-593; Armando Manuel Triunfante (2007), 388-390; Raúl Ventura, *Nota sobre o desempenho de outras funções como administrador de SA*, em *Novos estudos sobre SA e SNC* (1994), 187-196.

Índice

I – **Redação inicial e objetivo**
1. Redação inicial 1
2. Objetivo geral 3

II – **Atividades para com a própria sociedade**
3. A proibição 4
4. Contratos pendentes 6

III – **Atividades concorrentes**
5. A proibição 11
6. O âmbito 14
7. Critério geográficos 15
8. Sanções 16

I – Redação inicial e objetivo

1 1. **Redação inicial**. Na versão do DL 262/86, de 2-set., dispunham os n.os 3 e 4 do preceito[1]:

> 3. Os administradores não podem, sem autorização da assembleia geral exercer, por conta própria ou alheia, actividade concorrente com a sociedade.
> 4. Aplica-se o disposto nos n.os 2 a 6 do artigo 254.º.

[1] DR I Série, n.º 201, de 2-set.-1986, 2366/II.

O DL 76-A/2006, de 29-mar., alterou o n.° 3, aditou o n.° 4 e passou o anterior n.° 4 a n.° 5, de modo a melhor precisar o esquema aplicável[2]. 2

2. **Objetivo geral**. O 398.° rege o exercício, pelos administradores, de outras atividades. Configura: (a) atividades junto da própria sociedade, as quais são vedadas (398.°/1 e 2); (b) atividades concorrentes, sujeitas a autorização (398.°/3 a 5). São situações distintas, com valorações próprias e regimes diferentes. 3

II – **Atividades para com a própria sociedade**

3. **A proibição**. O 398.°/1 proíbe o exercício de quaisquer atividades (que não a da própria administração) perante a sociedade ou perante sociedades que, com ela, estejam em relação de domínio ou de grupo (1.ª parte). Ficam abrangidas: (a) funções temporárias ou permanentes; (b) por contrato de trabalho subordinado ou autónomo. A lei visa: (a) assegurar a livre destituibilidade dos administradores; (b) defender a sua total independência[3]. 4

Proibida é, também, a celebração de contratos de trabalho, subordinado ou autónomo[4], para surtir efeitos após a cessação das funções de administrador[5]. Fora da proibição fica, porém, o exercício de funções de administrador em sociedade que esteja em relação de grupo com aquela em que a pessoa considerada já seja administradora[6]. 5

4. **Contratos pendentes**, aquando da designação como administrador, sejam de trabalho subordinado ou autónomo: extinguem-se (caducam), quando celebrados há menos de um ano antes da designação ou suspendem-se, quando tenham durado mais do que esse ano (398.°/2). Na verdade, a celebração de tais contratos dentro do ano anterior ao da designação deixa pairar a suspeita de que se visou assegurar a posição do (futuro) administrador, contornando a proibição do 398.°/1. 6

O 398.°/2, na parte em que considera extintos os contratos de trabalho celebrados há menos de um ano pelo administrador com a própria sociedade, já foi julgado inconstitucional, por violação dos 55.°, *d*) e 57.°/2, *a*), da CR[7]: tendo natureza laboral, o preceito em causa foi aprovado sem a audição prévia dos organismos representativos dos trabalhadores (inconstitucionalidade orgânica). Discordamos: o 398.°/2 é uma norma materialmente comercial[8], que apenas visa evitar que se contorne a proibição do 398.°/1, pacifica nos diversos países: a da prestação de serviço contratada, pelo administrador, à sociedade. 7

O mesmo 398.°/2, na parte em que (apenas) suspende o contrato de trabalho, foi julgado constitucional[9]: essa solução já era defendida, anteriormente, na doutrina[10] e na jurisprudência[11], não é inovatória, dispensando a audição prévia. 8

[2] DR I Série-A, n.° 63 (Supl.), de 29-mar.-2006, 2328--(23)/II.

[3] RLx 28-mai.-2003 (Paula Sá Fernandes), Proc. 0079344 e STJ 9-abr.-2008 (Sousa Grandão), Proc. 0751695.

[4] Há, então, tecnicamente, um contrato de prestação de serviço.

[5] Bem como o contrato antedatado: STJ 11-fev.-2004 (Ferreira Neto), AcD 516 (2004), 1911-1923.

[6] Raúl Ventura, *Nota sobre o desempenho de outras funções*, 190-191.

[7] TC n.° 1018/96, de 9-out.-1996 (Bravo Serra), AcTC 35 (1996), 207-214 (213). Também STJ 22-out.-1997 (Vítor Almeida Devesa), AcD 435 (1998), 406-419 (417-418), podendo resultar responsabilidade do Estado – STJ 26-set.-2000 (Lopes Pinto; vencido: Aragão Seia), BMJ 499 (2000), 323-342 (331). No sentido da inconstitucionalidade formal, Coutinho de Abreu, *Administradores e trabalhadores de sociedades*, 16, defendendo (nota 15), que os contratos celebrados há menos de um ano se devem considerar, também, suspensos.

[8] Contra: Coutinho de Abreu, *Governação das sociedades comerciais*, 66, nota 163, que entende tratar-se de uma norma primordialmente laboral.

[9] TC n.° 259/01, de 30-mai.-2001 (Vítor Nunes de Almeida), AcTC 50 (2001), 505-514 (513).

[10] P. ex., Monteiro Fernandes, *Noções fundamentais de Direito do trabalho*, 1, 4.ª ed. (1981), 65; esta edição, já antiga, do clássico *Direito do trabalho* de Monteiro Fernandes, refere-se, todavia, apenas à possibilidade de cumulação da gerência com a relação laboral.

9 Durante a suspensão, não se mantém o poder disciplinar da entidade empregadora[12], exceto se o trabalhador se mantiver em funções em sociedades do grupo[13]. Ainda durante a suspensão: o contrato de trabalho transmite-se com o estabelecimento[14]; não há direito à rescisão por não pagamento de salários[15]; extingue-se por confusão quando o trabalhador seja cessionário[16].

10 A suspensão do contrato de trabalho cessa no termo do desempenho das funções de administrador: o agora trabalhador readquire o direito à qualidade que tinha antes da suspensão[17].

III – **Atividades concorrentes**

11 5. **A proibição** de concorrência surge também como uma concretização do dever de lealdade – 64.º/1, *b*). Visa defender a sociedade e os sócios perante a drenagem de negócios que àquela caberiam e procura manter um ambiente de lisura e de confiança. O 398.º/3 abarca as várias hipóteses de atuações concorrentes: (a) por conta própria; (b) por conta alheia; (c) funções em sociedade concorrente; (d) atuação por conta ou em representação desta.

12 A concorrência pode ser autorizada pela assembleia geral (398.º/3), a qual definirá ainda o regime de acesso à informação sensível (398.º/4): o administrador autorizado a concorrer poderá ver-se arredado de informações que não devam chegar à concorrência.

13 A proibição abrange a concorrência direta – colocação no mercado de produtos idênticos – e a concorrência indireta – colocação no mercado de produtos sucedâneos. O exercício de atos isolados poderá consubstancia uma atuação concorrencial, sendo como tal, proibida: irá depender da dimensão do mercado, da dimensão da própria empresa, da escassez dos bens ou serviços transacionados e das consequências jurídicas subjacentes aos seu exercício[18].

14 6. **O âmbito** da atividade concorrente equivale a qualquer atuação abrangida no objeto social, desde que exercida ou desde que o seu exercício tenha sido deliberado pelos sócios (254.º/2, *ex vi* 398.º/5). Haverá ainda violação da proibição sempre que o exercício de atividade não prevista no objeto social, pela sociedade, seja anterior à sua prossecução, por parte do administrador[19].

15 7. **Critério geográficos**. A proibição de concorrência circunscreve-se, por princípio, à área geográfica na qual a sociedade desenvolve as suas atividades. Contudo, atendendo às dimensões do País e ao crescimento do comércio eletrónico, o exercício de uma atividade em zona geográfica distintas pode não bastar para afastar uma possível violação do dever de não concorrência[20].

16 8. **Sanções**. A violação da proibição de concorrência constitui justa causa de destituição e obriga o administrador a indemnizar todos os danos que a sociedade sofra (254.º/5, *ex vi* 398.º/5). Os direitos da sociedade prescrevem 90 dias após o momento em que todos os sócios tenham conhecimento da atividade do administrador ou, em qualquer caso, cinco anos desde o início (254.º/6, *ex vi* 398.º/5).

[11] P. ex., STJ 16-dez.-1983 (Miguel Caeiro), BMJ 332 (1983), 418-412 (quanto à incompatibilidade trabalho subordinado/gerência, em SPQ) e STJ 7-fev.-1986 (Correia de Paiva), BMJ 354 (1986), 380-390 (389).

[12] STJ 26-fev.-1997 (Loureiro Pipa), CJ/Supremo V (1997) 1, 286-288 (287/II).

[13] STJ 27-mar.-2001 (Mário Torres), AcD 476-477 (2001), 1221-1245 (1244-1245).

[14] STJ 24-abr.-2002 (José Mesquita), CJ/Supremo X (2002) 2, 255-259 (258/II).

[15] STJ 16-mar.-2005 (Fernandes Cadilha), Proc. 04S2264.

[16] STJ 8-jun.-2005 (Paiva Gonçalves), AcD 530 (2005), 343-354 (353).

[17] STJ 23-out.-2013 (António Leones Dantas), proc. 70/ /11.6TTSLB.

[18] Barreto Menezes Cordeiro, *Doutrina das oportunidades societárias* cit., 756-757.

[19] Menezes Cordeiro, 2 (2007), 185.

[20] Barreto Menezes Cordeiro, cit., 756.

Artigo 399.º (Remuneração)

1. Compete à assembleia geral de acionistas ou a uma comissão por aquela nomeada fixar as remunerações de cada um dos administradores, tendo em conta as funções desempenhadas e a situação económica da sociedade.

2. A remuneração pode ser certa ou consistir parcialmente numa percentagem dos lucros de exercício, mas a percentagem máxima destinada aos administradores deve ser autorizada por cláusula do contrato de sociedade.

3. A percentagem referida no número anterior não incide sobre distribuições de reservas nem sobre qualquer parte do lucro do exercício que não pudesse, por lei, ser distribuída aos acionistas.

Bibliografia: Jorge Manuel Coutinho de Abreu, *Governação das sociedades comerciais* (2006), 82-97; Paulo Câmara, *A comissão de remunerações*, RDS 2011, 9-52; António Menezes Cordeiro 1 (2011), 931-936; *id.*, *SA: assembleia geral e deliberações sociais* (2007), 141-145; Inês Sousa Guedes, *A remuneração dos administradores: perspetiva a partir da crise 2008* (2011); António Fernandes de Oliveira, *Remuneração de administradores e planos de aquisição de acções*, CadMVM 19 (2004), 28-44; Armando Manuel Triunfante (2007), 390-391.

Índice

1. Alterações 1
2. Fixação 2
3. Composição 4
4. Comissão de vencimentos 5
5. *Corporate governance* 7
6. Casuística 9

1. **Alterações**. O 399.º corresponde quase à versão inicial[1]. O DL 76-A/2006, de 29-mar., alterou o n.º 1, substituindo "dos acionistas" por "de acionistas" e o n.º 2, trocando "percentagem global" por "percentagem máxima"[2]. 1

2. **Fixação**. A remuneração é fixada, administrador a administrador, pela assembleia geral ou por uma comissão de vencimentos, por ela nomeada. Nas grandes anónimas, a fixação em causa é delicada: pode envolver o recrutamento de especialistas muito solicitados, mediante compensações adequadas que, no interesse da sociedade, não podem ser discutidas em público. A comissão de vencimentos tem, assim, um papel delicado. A fixação de remuneração, mesmo que adicional, pelos próprios administradores padece do vício de nulidade[3]. 2

O 399.º/1 aponta, como elementos a ter em conta: (a) as funções desempenhadas; (b) a situação económica da sociedade. Podem-se acrescentar: (c) as habilitações do administrador; (d) as características do mercado; (e) os resultados obtidos[4]. A fixação das remunerações dos administradores tem-se prestado a lamentável *voyeurismo* e a fáceis demagogias. P. ex.: pode fazer todo o sentido pagar prémios a administradores, mesmo quando a sociedade acumule prejuízos: sem especiais empenho e competência, os prejuízos poderiam ser bem maiores. 3

3. **Composição**. A remuneração pode ser certa ou pode consistir, parcialmente, numa percentagem de lucros de exercício: a percentagem máxima destinada aos administradores deve ser fixada 4

[1] DR I Série, n.º 201, de 2-set.-1986, 2366/II.

[2] DR I Série-A, n.º 63 (Supl.), de 29-mar.-2006, 2328-(23)/II.

[3] STJ 27-mar.-2014 (Fernando Bento), Proc. 9836/09.6TBMAI.P1; RPt 12-abr.-2012 (Leonel Serôdio), Proc. 9836/09.6TBMAI.P1.

[4] RLx 15-mar.-2007 (Manuel Gonçalves), Proc. 9007/2006-6.

por cláusula dos estatutos (399.º/2). Tal percentagem não incide sobre a distribuição de reservas nem sobre lucros não distribuíveis aos acionistas (399.º/3).

5 4. **Comissão de vencimentos**. Peça-chave na fixação das remunerações dos administradores (bem com na dos demais órgãos sociais: 374.º-A/3, 422.º-A, 429.º e 440.º/2) é a comissão de vencimentos. A lei não impõe, para ela, especiais requisitos[5]: é uma emanação da assembleia geral, sem duração determinada e cujo mandato ela pode fazer cessar a todo o tempo. Os estatutos podem, todavia, disciplinar essa matéria.

6 A comissão de vencimentos exerce, a título definitivo, uma competência própria da assembleia. Assim, as suas deliberações provam-se, apenas, pelas respetivas atas, delas cabendo recurso direto para os tribunais[6]. Quaisquer combinações havidas entre a administração e os candidatos a administradores, relativas à retribuição, não vinculam a sociedade, até que sejam formalizadas em deliberação adequada[7]. O interessado a quem tenham sido criadas expectativas, verosimilhantes mas infundadas, poderá prevalecer-se da *culpa in contrahendo*, verificados os requisitos.

7 5. ***Corporate governance***. A fixação das remunerações da administração pertence ao núcleo forte do (bom) governo das sociedades. Nos EEUU instalou-se uma prática de remunerações muito elevadas, sempre que a gestão levasse a bons resultados e valorizasse a sociedade (as ações). Daí três óbices: (a) retribuições exageradas, para mais coincidindo com despedimentos e retrações de despesas; (b) valorizações *ad hoc* não correspondentes à criação sustentada de riqueza; (c) fraudes contabilísticas destinadas a empolar resultados.

8 Procurando prevenir escândalos, têm-se apontado: (a) a publicitação das remunerações; (b) a profissionalização na sua fixação; (c) a ponderação da produtividade efetiva; (d) os incentivos a médio e a longo prazo. Caberia dotar as comissões de vencimentos de autonomia, de meios próprios e de especialistas.

9 6. **Casuística**: o tribunal competente é o cível (ou o comercial) e não o do trabalho[8]; todavia, a remuneração pode ser fixada em termos laborais[9]; a percentagem nos resultados não tem natureza de dividendo[10]; a comissão de vencimentos pode, ainda, ser incumbida da fixação de um suplemento de reforma[11].

10 Os diversos estatutos societários revelam, ainda, outras possíveis soluções: por exemplo, prever uma comissão de vencimentos e reformas e reservar, para o conselho geral e de supervisão, a fixação da remuneração dos membros do conselho de administração executivo.

Artigo 400.º (Suspensão de administradores)

1. O conselho fiscal ou a comissão de auditoria pode suspender administradores quando:

***a*) As suas condições de saúde os impossibilitem temporariamente de exercer as funções;**

[5] RLx 18-dez.-2002 (Salazar Casanova), CJ XXVII (2002) 5, 106-111 (109/II).

[6] STJ 27-jun.-2002 (Moitinho de Almeida), Proc. 02B1998.

[7] RCb 19-mar.-1996 (Cardoso Albuquerque), CJ XXI (1996) 2, 16-18 (17-18); *vide* STJ 17-abr.-2007 (Sousa Inês), Proc. 96B826.

[8] RPt 15-fev.-1993 (Azevedo Ramos), BMJ 424 (1996), 739 (o sumário).

[9] RLx 15-dez.-1993 (Lopes Pinto), Proc. 0080102.

[10] RLx 26-mai.-1994 (Nascimento Gomes), CJ XIX (1994) 3, 103-105.

[11] STJ 1-mar.-2007 (João Camilo), Proc. 07A080.

***b*) Outras circunstâncias pessoais obstem a que exerçam as suas funções por tempo presumivelmente superior a 60 dias e solicitem ao conselho fiscal ou à comissão de auditoria a suspensão temporária ou este entenda que o interesse da sociedade a exige.**

2. O contrato de sociedade pode regulamentar a situação dos administradores durante o tempo de suspensão; na falta dessa regulamentação, suspendem-se todos os seus poderes, direitos e deveres, exceto os deveres que não pressuponham o exercício efetivo de funções.

Bibliografia: Ricardo Costa, *Anotação ao artigo 400.º do CSC* em *CSC/Coimbra*, VI (2013), 361-367; Paulo Olavo Cunha (2016), 824-826; Dias, Maria João, *A substituição de administradores*, IDET/Miscelânea, 7 (2011), 209-266.

Índice

1. Alterações 1
2. Requisitos 2
3. Consequências 3

1. **Alterações**. O DL 76-A/2006, de 29-mar., alterou o corpo do n.º 1 e a alínea *b*) do mesmo preceito de modo a referir a "comissão de auditoria"[1]. De notar que, nas sociedades dualistas, a suspensão cabe ao conselho geral e de supervisão, nos termos do 430.º/3. 1

2. **Requisitos**. A suspensão é decidida pelo conselho fiscal ou pela comissão de auditoria: (a) quando as condições de saúde dos administradores visados os impossibilitem, temporariamente, de exercer as suas funções, altura em que ela não poderá ser negada; (b) quando outras circunstâncias pessoais obstem a esse exercício por tempo presumivelmente superior a 60 dias e o solicitem, impondo-se uma ponderação da situação[2]; (c) quando o interesse da sociedade o exija, estando-se então em face de um poder discricionário (400.º/1). 2

3. **Consequências** da suspensão: podem ser fixadas no contrato de sociedade; não o fazendo, apenas se mantêm os deveres que não pressuponham o exercício de funções (400.º/2), com relevo para o de lealdade. 3

Artigo 401.º (Incapacidade superveniente)

Caso ocorra, posteriormente à designação do administrador, alguma incapacidade ou incompatibilidade que constituísse impedimento a essa designação e o administrador não deixe de exercer o cargo ou não remova a incompatibilidade superveniente no prazo de 30 dias, deve o conselho fiscal ou a comissão de auditoria declarar o termo das funções.

[1] DR I Série-A, n.º 63 (Supl.), de 29-mar.-2006, 2328-(23)/II.

[2] Em RLx 8-out.-1998 (Gonçalves Rodrigues), Proc. 0075206, entendeu-se que o 1.º/1 do DL 467/79, de 7-dez. (os membros do Governo não podem ser prejudicados na sua colocação permanente), não tem aplicação.

Bibliografia: Ricardo Costa, *Anotação ao artigo 401.º do CSC* em *CSC/Coimbra*, VI (2013), 368-373; Armando Manuel Triunfante (2007), 391.

Índice

1. Redação inicial 1
2. Incapacidade ou incompatibilidade 3

1 1. **Redação inicial**. Segundo a versão aprovada pelo DL 262/86, de 2-set.[1]:

> Caso ocorra, posteriormente à designação do administrador, alguma incapacidade ou incompatibilidade que constituísse impedimento a essa designação e o administrador não deixe de exercer o cargo, pode o conselho fiscal declarar o termo das funções.

2 A modificação de 2006 visou introduzir a referência à comissão de auditoria, bem como o prazo de 30 dias para que o visado possa afastar o problema.

3 2. **Incapacidade ou incompatibilidade** supervenientes, que impeçam a designação, levam a que o conselho fiscal ou a comissão de auditoria declarem o termo das funções (caducidade). Desde que: (a) o administrador continue no cargo; (b) não remova o óbice superveniente no prazo de 30 dias (401.º).

Artigo 402.º (Reforma dos administradores)

1. O contrato de sociedade pode estabelecer um regime de reforma por velhice ou invalidez dos administradores, a cargo da sociedade.

2. É permitido à sociedade atribuir aos administradores complementos de pensões de reforma, contanto que não seja excedida a remuneração em cada momento percebida por um administrador efetivo ou, havendo remunerações diferentes, a maior delas.

3. O direito dos administradores a pensões de reforma ou complementares cessa no momento em que a sociedade se extinguir, podendo, no entanto, esta realizar à sua custa contratos de seguro contra este risco, no interesse dos beneficiários.

4. O regulamento de execução do disposto nos números anteriores deve ser aprovado pela assembleia geral.

Bibliografia: Jorge Manuel Coutinho de Abreu, *Governação das sociedades comerciais* (2006), 93-97; Luís Brito Correia, *Os administradores das SA* (1991), 633-635, 639-640 e 786-788; Luís Carvalho Fernandes/ /João Labareda, *Do regime jurídico do direito à reforma dos administradores a cargo das sociedades anónimas*, RDS 2010, 531-555; Filipe Cassiano dos Santos, *A reforma dos administradores societários e a relação de administração – notas (breves) a propósito do regime do art. 402.º do CSC*, DSR 23 (2020), 99-123.

Índice

1. Reforma 1
2. Complementos 3
3. Cessação 4
4. Regulamento 5

[1] DR I Série, n.º 201, de 2-set.-1986, 2366/II.

1. **Reforma**. O contrato de sociedade pode estabelecer um regime de reforma por velhice ou 1
invalidez a cargo dela e a favor dos administradores (402.°/1)[1]. Trata-se de matéria delicada: as reformas representam encargos significativos, que exigem uma prévia constituição de reservas adequadas, devendo ser geridas por entidades capazes e especializadas. Recomenda-se, pois, o recurso à constituição de fundos de pensões ou o apelo ao sistema geral. Por isso, há que interpretar toda esta matéria em termos restritivos.

Não é válida a cláusula estatutária que se limite a prever que a assembleia geral crie, em 2
qualquer altura, um regime de reforma[2].

2. **Complementos**. A sociedade pode atribuir complementos de pensões de reforma, desde que 3
não seja excedida a remuneração em cada momento percebida por um administrador efetivo ou, havendo várias, a maior delas (402.°/2). Trata-se, aqui, de mais um traço do regime de reforma, razão por que, também ele, deve constar do pacto social (402.°/1).

3. **Cessação**. O direito à reforma ou aos seus complementos cessa com a extinção da sociedade; 4
podem, todavia, ser celebrados, pela sociedade, contratos de seguro, contra esse risco, no interesse dos beneficiários (402.°/3). A alteração dos estatutos da sociedade após a aquisição do direito à pensão de reforma não afeta o direito adquirido pelo administrador[3].

4. **Regulamento** sobre os diversos aspetos anteriores: deve ser aprovado pela assembleia geral 5
(402.°/4).

Pode a assembleia geral delegar esta competência numa comissão de vencimento? STJ diz 6
que sim[4]. Coutinho de Abreu não.

Artigo 403.° (Destituição)

1. Qualquer membro do conselho de administração pode ser destituído por deliberação da assembleia geral, em qualquer momento.

2. A deliberação de destituição sem justa causa do administrador eleito ao abrigo das regras especiais estabelecidas no artigo 392.° não produz quaisquer efeitos se contra ela tiverem votado acionistas que representem, pelo menos, 20% do capital social.

3. Um ou mais acionistas titulares de ações correspondentes, pelo menos, a 10% do capital social podem, enquanto não tiver sido convocada a assembleia geral para deliberar sobre o assunto, requerer a destituição judicial de um administrador, com fundamento em justa causa.

4. Constituem, designadamente, justa causa de destituição a violação grave dos deveres do administrador e a sua inaptidão para o exercício normal das respetivas funções.

5. Se a destituição não se fundar em justa causa o administrador tem direito a indemnização pelos danos sofridos, pelo modo estipulado no contrato com ele

[1] Pode ser atribuída uma pensão que não de reforma: RPt 1-fev.-1990 (Lúcio Teixeira), Proc. 0408450; o 402.° não revoga regimes de reforma estabelecidos nas cláusulas estatutárias anteriores: STJ 15-jan.-1991 (Brochado Brandão), Proc. 079574.

[2] STJ 10-mai.-2000 (Francisco Lourenço), CJ/Supremo VIII (2000) 2, 52-54 (54/I): a assembleia geral não pode aprovar um regulamento sem que o contrato de sociedade tenha estabelecido um regime.

[3] RLx 19-dez.-2013 (Tomé Romão), proc. 1706.10.1TVLSB.

[4] STJ 1-mar.-2007 (João Camilo), proc. 07A080.

celebrado ou nos termos gerais de direito, sem que a indemnização possa exceder o montante das remunerações que presumivelmente receberia até ao final do período para que foi eleito.

Bibliografia: António Caeiro, *Assembleia totalitária ou universal/Direito do administrador a uma percentagem dos lucros/Indemnização do administrador destituído sem justa causa*, RDE 1982, 339-406 = *Temas de Direito das sociedades* (1984), 467-492; António Menezes Cordeiro, *A responsabilidade civil dos administradores das SA* (1997), 375-383; *id.*, 1 (2011), 947-958; Luís Brito Correia, *Os administradores das SA* (1991), 663--716; Paulo Olavo Cunha (2016), 827-834; Jorge Pinto Furtado II/1 (1979), 377-379; João Labareda, *A cessação da relação de administração*, em *Direito societário português – Alguns problemas* (1998), 65-166; Ilídio Duarte Rodrigues, *A administração das sociedades por quotas e anónimas* (1990), 242-258; Armando Manuel Triunfante (2007), 393-395.

Índice

I – **Antecedentes e evolução**
1. O Código Comercial (1888) 1
2. O projeto 2
3. A versão original 4
4. A reforma de 2006 6

II – **Livre destituibilidade**
5. O princípio 7
6. Procedimentos 8
7. Regras especiais 10

III – **A exigência de justa causa**
8. Problema 11
9. Noção 13
10. Casuística (incluindo SPQ) 15

IV – **A indemnização**
11. Fixação contratual 17
12. Fixação nos termos gerais 20

I – Antecedentes e evolução

1 1. **O Código Comercial (1888)**, no 171.°, § único, referia a designação da primeira direção (administração) no instrumento de constituição da sociedade, pelo máximo de três anos, "sem prejuízo do direito de revogação nos termos do artigo seguinte". Por seu turno, o corpo do 172.° previa a eleição dos diretores (administradores), "sem prejuízo da revogabilidade do mandato, sempre que qualquer assembleia geral o julgue conveniente". Era o princípio da livre destituibilidade dos administradores, habitual nos diversos Direitos.

2 2. **O projeto**. A matéria surge mais elaborada no 410.° do projeto de 1983[1], sendo de reter o n.° 2 desse preceito:

> 2. Se a destituição não se fundar em justa causa o administrador tem direito a indemnização pelo prejuízos sofridos, não excedente ao montante que presumivelmente receberia até ao final do período para que foi eleito.

3 Este preceito, útil e justo, foi suprimido do Código publicado em 1986: com o argumento inatendível de que, à época, a questão era discutida em tribunal.

4 3. **A versão original**. Os 403.°/2 e 3 mantêm-se intocados. O n.° 5 foi aditado em 2006. Os n.° 1 e n.° 4, versão original, dispunham[2]:

[1] BMJ 327 (1983), 286.

[2] DR I Série, n.° 201, de 2-set.-1986, 2367/I.

1. Qualquer membro do conselho de administração que não tenha sido nomeado pelo Estado ou entidade a ele equiparada por lei para este efeito pode ser destituído por deliberação da assembleia geral, em qualquer momento.

4. Relativamente a administradores nomeados pelo Estado ou entidades a ele equiparadas por lei para este efeito, pode a assembleia geral, na apreciação anual da sociedade, manifestar a sua desconfiança, devendo a deliberação ser transmitida pelo presidente da mesa ao ministro competente.

O problema era o seguinte: mercê da supressão do n.º 2 do projeto, feita impensadamente e à última hora, ficou uma lacuna, uma vez que não se distinguia, nas SA, entre destituições com ou sem justa causa. Havia, então, que recorrer a uma integração por analogia com os 257.º/6 (SPQ) e 430.º/3 (SA dualista): a destituição seria sempre possível mas, na falta de justa causa, obrigava a indemnizar[3]. 5

4. **A reforma de 2006**. O DL 76-A/2006, de 29-mar., deu, ao 403.º, a sua configuração atual[4]. 6
No essencial: foi apresentado e precisado o conceito de justa causa (n.º 4) e foi predisposto que, na falta desta, a destituição dá azo à indemnização (n.º 5).

II – **Livre destituibilidade**

5. **O princípio** da livre destituibilidade está solenemente consagrado no 403.º: atinge "qualquer membro" e em "qualquer momento". Ela é possível *ad nutum*, isto é, sem justificação, mas também sem prejuízo de, na falta de justa causa, obrigar a indemnizar. 7

6. **Procedimentos**. A destituição, embora livre – e salvo o 376.º/1, *c*), 2.ª parte – tem de ser devidamente agendada. Os acionistas interessados deverão lançar mão do 375.º/2 (convocação a pedido de 5%) e ou do 378.º/1 (inclusão de assuntos na ordem do dia), para requerer ao presidente da mesa o debate da destituição. 8

No caso de estar agendada a apreciação geral da administração e da fiscalização, opera o referido 376.º/1, *c*): os administradores podem ser destituídos, mesmo que esse assunto não conste da ordem do dia. O agendar da apreciação tem, agregado e *ex lege*, o tema da destituição. 99

7. **Regras especiais**. Os administradores eleitos ao abrigo das regras especiais do 392.º não são destituídos sem justa causa se, contra a destituição, tiverem votado acionistas que representem, pelo menos, 20% do capital social. De outro modo, ficaria sem base o administrador das minorias. 10

III – **A exigência de justa causa**

8. **Problema**. A justa causa vem definida no 257.º/6 (gerentes) e na versão inicial do 430.º/2. 11
Agora (após 2006) surge, também, no 403.º/4. Na origem, duas teorias: (a) noção civilista, segundo a qual "justa causa" seria qualquer motivo justificado[5]; (b) noção laboral, que exige uma violação grave de deveres.

No Direito das sociedades, a justa causa não condiciona a destituição: apenas a indemnização. Por outro lado, os administradores não devem ser totalmente desamparados e conduzidos à insegurança: ou os mais aptos evitarão esses cargos. É, pois, adequado subscrever a noção laboral, equiparando a justa causa à conduta ilícita e culposa. 12

[3] Esta orientação, com dúvidas e injustiças, veio a impor-se na jurisprudência – p. ex., RPt 12-dez.-1994 (Ribeiro de Almeida), CJ XIX (1994) 5, 228-232, e na doutrina – p. ex., António Menezes Cordeiro, *Da responsabilidade civil*, 382-383.

[4] DR I Série-A, n.º 63 (Supl.), de 29-mar.-2006, 2328-(23)-2328-(24).

[5] Pinto Furtado II/1 (1979), 378, pelo Direito anterior.

13 9. **Noção**. O 403.º/4 refere, exemplificativamente, como justa causa: (a) a violação grave dos deveres do administrador; (b) a sua inaptidão (o 257.º/6 diz "incapacidade") para o exercício normal das respetivas funções. Outros casos ocorrem: o 254.º/5, *ex vi* 398.º/5, que considera justa causa a violação da proibição da concorrência e o 447.º/8, que afirma como tal a falta culposa de publicitação das participações dos membros dos órgãos de administração e de fiscalização.

14 A justa causa dispensa, aqui, a indemnização. Tal só é justo e sistematicamente compaginável perante condutas ilícitas e culposas graves. A mera mudança de orientação da sociedade, designadamente perante novas maiorias, que pode levar à dispensa de administradores, não é "justa causa": representa um risco normal da própria sociedade. Justa causa será, assim, um facto ilícito, grave, imputável ao administrador a título de dolo ou de negligência e que torne inexigível a atribuição de qualquer indemnização.

15 10. **Casuística (incluindo SPQ)**. Têm sido julgados "justa causa" de destituição: desvio de cheques em proveito próprio e de documentação de suporte[6]; condenação por abuso de confiança, cometido contra a sociedade[7]; cumprimento tardio (2 ou 3 anos) do dever de relatar a gestão e de apresentar contas[8]; deixar caducar alvarás de construção, anular seguros de trabalhadores e passar faturas falsas[9].

16 Não são "justa causa": não-lançamento imediato de cheques pré-datados, quando não resulte que não tenham sido efetivamente lançados[10]; o ser sócio de sociedade concorrente, com 10% do capital, quando aí não exerça atividade[11]; o não se ter apresentado a renúncia ao cargo, mau grado uma nova composição acionista[12].

IV – **A indemnização**

17 11. **Fixação contratual**. Na falta de justa causa, o administrador destituído tem direito a uma indemnização pelos danos sofridos, "pelo modo estipulado no contrato com ele celebrado" (403.º/5, 1.ª parte). Trata-se de um contrato, por vezes concluído após a eleição ou tendo esta como condição suspensiva, e que regula direitos e deveres do administrador e, eventualmente, metas a atingir, por este. Inclui-se, aí, por vezes, a compensação devida pela saída antes do termo do mandato, saída essa que, em regra, nem passa pela assembleia geral, mas apenas por contactos com os acionistas de referência.

18 Cabe ao administrador alegar e provar os prejuízos sofridos[13].

19 A compensação combinada é livre e deve ser respeitada (405.º/1 e 406.º/1, do CC)[14]. Quanto muito, poder-se-ia encarar uma redução equitativa, nos termos do 812.º do CC: mas sem demagogias. A presença de cláusulas compensatórias elevadas poderá ter sido decisiva para a aceitação de certo lugar: não pode ser esvaziada, *a posteriori*.

[6] STJ 9-jul.-1998 (Aragão Seia), BMJ 349 (1998), 634-645 (643-644).

[7] STJ 10-fev.-2000 (Abel Freire), BMJ 494 (2000), 353-358.

[8] RPt 9-abr.-2002 (M. Fernanda Pais Sousa), CJ XXVII (2002) 2, 216-219 (218/II).

[9] RPt 24-mar.-2003 (Pinto Ferreira), CJ XXVIII (2003) 2, 180-183 (182-183).

[10] STJ 20-jan.-1999 (Garcia Marques), CJ/Supremo VII (1999) 1, 37-41 (40/I e 40/II).

[11] RLx 12-jun.-2001 (Azadinho Loureiro), CJ XXVI (2001) 3, 114-116 (116/I), quanto a uma SPQ.

[12] RLx 15-dez.-2005 (Maria Manuela Gomes), CJ XXX (2005) 5, 116-121 (120/II), confirmado, nesta parte, por STJ 11-jul.-2006 (Azevedo Ramos), CJ/Supremo XIII (2006) 2, 141-144 (142/II).

[13] RCb 2-fev.-2016 (António Magalhães), Proc. 2493/ /12.4TBVIS.C1; STJ 14-dez.-2006 (Azevedo Ramos), Proc. 06A3803: cabe ao administrador demonstrar e provar os prejuízos sofridos.

[14] Paulo Olavo Cunha (2016), 829.

12. **Fixação nos termos gerais**. Na falta de fixação contratual, observar-se-ão os "termos gerais 20
de direito". O administrador destituído *ad nutum* tem o ónus de alegar e de provar os danos sofridos. Podemos ter, como danos patrimoniais: (a) maiores despesas: alojamento, mudança de escola dos filhos, transportes e custos familiares; (b) danos derivados: busca de novo emprego e maior onerosidade do que consiga; (c) lucros cessantes: as retribuições (em sentido amplo), que iria receber até ao fim do mandato, incluindo todas as regalias; (d) danos morais: perda de imagem, atentado à honra, sofrimento psicológico e familiar. Por vezes, a destituição *ad nutum* (p. ex., uma semana antes do termo do mandato) é, antes do mais, um grave atentado moral.

O 403.º/5, 2.ª parte, ao limitar a indemnização, é inconstitucional: todos os danos patri- 21
moniais, que podem ser muito superiores aos lucros cessantes e que fiquem por ressarcir, traduzem a violação do 62.º/1, da CR; e os danos morais, que fiquem por atender, contraditam o 26.º/1, da mesma CR.

Artigo 404.º (Renúncia)

1. O administrador pode renunciar ao seu cargo mediante carta dirigida ao presidente do conselho de administração ou, sendo este o renunciante, ao conselho fiscal ou à comissão de auditoria.

2. A renúncia só produz efeito no final do mês seguinte àquele em que tiver sido comunicada, salvo se entretanto for designado ou eleito o substituto.

Bibliografia: Jorge Manuel Coutinho de Abreu, *Anotação ao artigo 404.º do CSC* em *CSC/Coimbra*, VI (2013), 396-398; Paulo Olavo Cunha (2016), 834-835.

Índice

1. Origem e evolução 1
2. A renúncia 2
3. Efeitos 3
4. Renúncia abusiva 6
5. Casuística 7

1. **Origem e evolução**. O 404.º deriva do 411.º do projeto[1]. Mantém a redação de origem[2], 1
salvo a referência, no final do n.º 1, à comissão de auditoria, aditada pela reforma de 2006[3].

2. **A renúncia** é um ato unilateral que põe termo a uma situação jurídica. O 404.º/1 fixa a 2
regra da livre renunciabilidade ao cargo; a competente declaração deve, todavia, ser feita por escrito ("mediante carta") dirigida ao PCA ou, sendo este o renunciante (ou não o havendo), ao conselho fiscal ou à comissão de auditoria (404.º/1). Na falta destes órgãos, a carta será dirigida ao presidente da mesa da assembleia geral (10.º/3, do CC).

3. **Efeitos**. A renúncia só produz efeito no final do mês seguinte àquele em que tiver sido 3
comunicada (404.º/2, 1.ª parte): trata-se de permitir designar o substituto. Se este for designado antes disso, ela produz efeitos com tal designação (404.º/2, 2.ª parte).

[1] BMJ 327 (1983), 286.
[2] DR I Série, n.º 201, de 2-set.-1986, 2367/I.
[3] DR I Série-A, n.º 63 (Supl.), de 29-mar.-2006, 2328-(24)/I.

4 Não é possível manter em funções alguém contra a sua própria vontade: por isso, a renúncia quebra a regra de que os anteriores titulares se mantêm em funções até à designação dos novos (391.º/4).

5 A renúncia está sujeita a registo obrigatório – 3.º/1, *m*), e 15.º/1, do CRCom – sob pena de não produzir efeitos perante terceiros (*idem*, 14.º/1). Dá, ainda, azo a publicação obrigatória – 70.º/1, *a*), do mesmo Código.

6 4. **Renúncia abusiva**. Embora livre, a renúncia não pode ser abusiva: não pode ocorrer *ad nutum*, quebrando a palavra previamente dada e a confiança daí decorrente e causando danos à sociedade (334.º do CC). Caso isso suceda, o administrador deve indemnizar.

7 5. **Casuística**. A renúncia eficaz antes da declaração de falência evita que o renunciante seja abrangido pela inibição[4]. A citação feita a renunciante, quando o competente registo tenha caducado por dúvidas não removidas, é eficaz[5]. A renúncia é eficaz quando remetida por carta ao conselho fiscal; não por ser aceite pela assembleia geral[6].

Artigo 405.º (Competência do conselho de administração)

1. Compete ao conselho de administração gerir as atividades da sociedade, devendo subordinar-se às deliberações dos acionistas ou às intervenções do conselho fiscal ou da comissão de auditoria apenas nos casos em que a lei ou o contrato de sociedade o determinarem.

2. O conselho de administração tem exclusivos e plenos poderes de representação da sociedade.

Bibliografia: António Pereira de Almeida (2013), 476-491; António Menezes Cordeiro 1 (2011), 845-849 e 2 (2007), 789-790; Luís Brito Correia, *Deliberações do conselho de administração das SA*, AAVV (2002), 399-419; Pedro Maia, *Função e funcionamento do conselho de administração da SA* (2002), 137-168; Alexandre Soveral Martins, *Os poderes de representação dos administradores de SA* (1998); Armando Manuel Triunfante (2007), 396; José Vasques, *Estruturas e conflitos de poderes nas SA* (2007), 124-137.

Índice

1. Origem e evolução 1
2. A gestão ou administração 2
3. A representação 4

1 1. **Origem e evolução**. O 405.º deriva do 391.º do projeto que, todavia, referia, no n.º 1, os poderes de representação e, no n.º 2, os de gestão[1]. A redação original[2] era próxima da atual: a reforma de 2006 limitou-se a acrescentar a referência, no n.º 1, à comissão de auditoria[3].

2 2. **A gestão ou administração** é um direito potestativo funcional: traduz a permissão normativa de decidir e de agir, em termos materiais e jurídicos, no âmbito dos direitos e dos deveres da sociedade. Compete ao CA, sendo desenvolvida nos 406.º e 407.º.

[4] RCb 4-mar.-1997 (Maria da Glória Lemos), CJ XXII (1997) 2, 18-19.
[5] RPt 2-dez.-1999 (Gonçalo Silvano), Proc. 9931419.
[6] RCb 24-out.-2000 (Gil Roque; vencido: Artur Dias), CJ XXV (2000) 4, 39-41.

[1] BMJ 327 (1983), 274-275.
[2] DR I Série, n.º 201, de 2-set.-1986, 2367/I.
[3] DR I Série-A, n.º 63 (Supl.), de 29-mar.-2006, 2328-(24)/I.

A lei, na tradição da reforma alemã de 1937, pretende concentrar a gestão no CA. Assim, este apenas se subordina à assembleia geral (*vide* 373.º/3), ao conselho fiscal ou à comissão de auditoria nos casos previstos na lei ou no contrato. 3

3. **A representação** traduz novo direito potestativo funcional: a permissão de, agindo em nome e por conta da sociedade, produzir efeitos jurídicos que se projetam imediata e automaticamente na esfera desta. Compete exclusivamente ao CA, estando desenvolvido nos 408.º e 409.º. 4

Artigo 406.º (Poderes de gestão)

Compete ao conselho de administração deliberar sobre qualquer assunto de administração da sociedade, nomeadamente sobre:

a) **Escolha do seu presidente, sem prejuízo do disposto no artigo 395.º;**
b) **Cooptação de administradores;**
c) **Pedido de convocação de assembleias gerais;**
d) **Relatórios e contas anuais;**
e) **Aquisição, alienação e oneração de bens imóveis;**
f) **Prestação de cauções e garantias pessoais ou reais pela sociedade;**
g) **Abertura ou encerramento de estabelecimentos ou de partes importantes destes;**
h) **Extensões ou reduções importantes da atividade da sociedade;**
i) **Modificações importantes na organização da empresa;**
j) **Estabelecimento ou cessação de cooperação duradoura e importante com outras empresas;**
l) **Mudança de sede e aumentos de capital, nos termos previstos no contrato de sociedade;**
m) **Projetos de fusão, de cisão e de transformação da sociedade;**
n) **Qualquer outro assunto sobre o qual algum administrador requeira deliberação do conselho.**

Bibliografia: *vide* a do 405.º.

Índice

I – **Origem e preparatórios**
1. O Código Comercial ... 1
2. O projeto ... 2
3. O Código ... 3

II – **O elenco dos poderes**
4. Poderes gerais ... 5
5. Escolha do seu presidente ... 6
6. Cooptação de administradores ... 7
7. Pedido de convocação de assembleias gerais ... 8
8. Relatórios e contas anuais ... 9
9. Aquisição, alienação e oneração de imóveis ... 10
10. Cauções e garantias ... 11
11. Estabelecimentos ... 12
12. Extensões ou reduções de atividade ... 13
13. Modificações na organização ... 14
14. Cooperação duradoura ... 15
15. Mudança de sede e aumentos de capital ... 16
16. Fusão, cisão e transformação ... 17

III – **Outros aspetos**
17. Supervisão geral ... 18
18. Competência residual ... 19
19. Exercício não delegável ... 20

I – Origem e preparatórios

1 1. **O Código Comercial** limitava-se a atribuir, à direção da SA, a sua administração (171.º). Nessa base, a doutrina entendia que lhe cabiam todas as operações sociais, sem limitações[1]. Contra, Pinto Furtado, segundo o qual apenas lhe caberia a gestão normal: quanto ao resto (p. ex., alienação de um ramo da empresa), haveria que recorrer à assembleia geral[2].

2 2. **O projeto** de 1983 concentrava, no 392.º, os atuais 406.º e 407.º[3]. No n.º 2, elencava competências. Não compreendia as atuais alíneas *g*), *h*), *i*) e *j*), acrescentadas na revisão final. Infelizmente, não são conhecidos nem os preparatórios do projeto, nem as justificações da revisão, feita em cima da hora.

3 3. **O Código** definitivo acusa as alterações finais[4]. As alíneas *g*), *h*), *i*) e *j*), introduzidas nessa ocasião, reportam-se a certos aspetos "importantes". Com isso pretendeu-se contraditar a doutrina de Pinto Furtado, segundo a qual a matéria "importante" caberia à assembleia. Não é essa a função da lei.

4 O que seja "importante" é conceito indeterminado, variável em função de imensas coordenadas e que, a ter conteúdo precetivo, deveria ser explicitado na lei. Quanto à matéria "não importante": é óbvio que compete, igualmente, ao CA: nunca à assembleia ou ao conselho fiscal.

II – O elenco dos poderes

5 4. **Poderes gerais**. O CA tem o conjunto das competências relativas a uma sociedade, que não sejam atribuídos, por lei ou pelos estatutos, a outro órgão. O corpo do 406.º refere "qualquer assunto de administração" e a alínea *n*) "qualquer outro assunto". Além disso, é a lógica da moderna SA, que mantém os acionistas, enquanto tais, fora da gestão, considerada técnica e reservada a especialistas.

6 5. **Escolha do seu presidente** – *a*). Fica exceptuada a eventualidade de os estatutos cometerem esse papel à assembleia geral (395.º/1). Quando possa escolher pode, em regra, substituí-lo a todo o tempo (395.º/2).

7 6. **Cooptação de administradores** – *b*). Quando não haja suplentes e salvo se não houver administradores suficientes para o conselho funcionar – 393.º/3, *b*).

8 7. **Pedido de convocação de assembleias gerais** – *c*). Sempre que o entenda conveniente (375.º/1), em pedido (normalmente: carta) dirigida ao presidente da mesa, que convoca (377.º/1). Implícito está o poder de indicar os assuntos sobre os quais a assembleia irá deliberar, assuntos esses que, salvo irregularidade patente e inultrapassável, serão acolhidos na convocatória.

9 8. **Relatórios e contas anuais** – *d*). Trata-se, mesmo, de um dever que assiste aos membros do CA: elaborar e submeter, aos órgãos competentes, o relatório de gestão, as contas do exercício e os demais documentos da prestação de contas (65.º/1), cabendo à assembleia deliberar – 376.º/1, *a*) e *b*).

10 9. **Aquisição, alienação e oneração de imóveis** – *e*). Supletivamente, nas SPQ, essa competência cabe à assembleia – 246.º/2, *c*). Nas SA, ela é remetida para o CA, em consonância com o pensamento que lhes subjaz. Por maioria de razão, fica incluída matéria menos significativa, como a constituição de direitos pessoais de gozo, com relevo para o arrendamento.

[1] Ferrer Correia II (1968), 333-337.
[2] Pinto Furtado II/1 (1979), 309; anteriormente, Luiz da Cunha Gonçalves 1 (1914), 420.
[3] BMJ 327 (1983), 275-278.
[4] DR I Série, n.º 201, de 2-set.-1986, 2367/II.

10. **Cauções e garantias** pessoais ou reais, pela sociedade – *f*). Trata-se de matéria restritivamente tratada no 6.°/3; na medida em que seja possível, o CA delibera. 11

11. **Estabelecimentos** ou parte importante deles – *g*): a sua abertura e o seu encerramento cabem ao CA; por maioria de razão: as partes "não importantes" também lhe competem. 12

12. **Extensões ou reduções de atividade** da empresa, desde que importantes – *h*): vale para as não importantes. Neste ponto como noutros há, sempre, que atentar nos estatutos. 13

13. **Modificações na organização** da empresa, também importantes – *i*): opera a mesma consideração. Pode suceder que tais modificações envolvam alterações de estatutos, altura em que a assembleia é competente. 14

14. **Cooperação duradoura** e importante com outras empresas – *j*): qualquer cooperação decidida passa pelo CA; tratando-se de contratos de subordinação, o CA limita-se a preparar propostas que serão submetidas à assembleia geral (492.°/2). 15

15. **Mudança de sede e aumentos de capital** – *l*): quanto à sede manda, hoje, o 12.°/2, remetendo a competência supletiva para o CA; quanto a aumentos: observa-se o 456.°. 16

16. **Fusão, cisão e transformação** – *m*): a elaboração dos seus projetos cabe ao CA (98.°/1, 119.° e 132.°, respetivamente). 17

III – **Outros aspetos**

17. **Supervisão geral**. O CA tem a supervisão geral da SA: cabe-lhe respeitar e fazer respeitar a lei e os estatutos, respondendo perante a sociedade, os sócios, os terceiros e o Estado, quando o não faça. O CA assume, assim, um papel fiscalizador, que se traduz no dever de cada administrador de seguir, atenta e criticamente, quanto se faça na sociedade. 18

18. **Competência residual.** Toda a matéria que não seja reservada, por lei, a outros órgãos, cabe ao CA – *vide* 406.°, corpo e *n*) e 373.°/3. Podemos considerar que este órgão encarna a efetiva atuação da SA. 19

19. **Exercício não delegável**. A matéria inserida nas diversas alíneas do 406.° não pode ser entregue a algum ou alguns administradores (407.°/1). Além disso, a das alíneas *a*) a *d*), *f*), *l*) e *m*) não pode ser delegada (407.°/4): cabe, ao CA, em plenário. 20

Artigo 407.° (Delegação de poderes de gestão)

1. A não ser que o contrato de sociedade o proíba, pode o conselho encarregar especialmente algum ou alguns administradores de se ocuparem de certas matérias de administração.

2. O encargo especial referido no número anterior não pode abranger as matérias previstas nas alíneas *a*) a *m*) do artigo 406.° e não exclui a competência normal dos outros administradores ou do conselho nem a responsabilidade daqueles, nos termos da lei.

3. O contrato de sociedade pode autorizar o conselho de administração a delegar num ou mais administradores ou numa comissão executiva a gestão corrente da sociedade.

4. A deliberação do conselho deve fixar os limites da delegação, na qual não podem ser incluídas as matérias previstas nas alíneas *a*) a *d*), *f*), *l*) e *m*) do artigo 406.° e, no caso de criar uma comissão, deve estabelecer a composição e o modo de funcionamento desta.

5. Em caso de delegação, o conselho de administração ou os membros da comissão executiva devem designar um presidente da comissão executiva.

6. O presidente da comissão executiva deve:

a) Assegurar que seja prestada toda a informação aos demais membros do conselho de administração relativamente à atividade e às deliberações da comissão executiva;

b) Assegurar o cumprimento dos limites da delegação, da estratégia da sociedade e dos deveres de colaboração perante o presidente do conselho de administração.

7. Ao presidente da comissão executiva é aplicável, com as devidas adaptações, o disposto no n.º 3 do artigo 395.º

8. A delegação prevista nos n.os 3 e 4 não exclui a competência do conselho para tomar resoluções sobre os mesmos assuntos; os outros administradores são responsáveis, nos termos da lei, pela vigilância geral da atuação do administrador ou administradores-delegados ou da comissão executiva e, bem assim, pelos prejuízos causados por atos ou omissões destes, quando, tendo conhecimento de tais atos ou omissões ou do propósito de os praticar, não provoquem a intervenção do conselho para tomar as medidas adequadas.

Bibliografia: Jorge Manuel Coutinho de Abreu, *Governação das sociedades comerciais* (2006), 97 ss.; António Pereira de Almeida, *Os administradores independentes*, AAVV (2007), 153-172; Luís Brito Correia, *Os administradores das SA* (1991), 275-289; Isabel Mouzinho de Figueiredo, *O administrador delegado (A delegação de poderes de gestão no Direito das sociedades)*, O Direito 2005, 547-549; Pedro Maia, *Função e funcionamento do conselho de administração da SA* (2002), 247-294; Alexandre de Soveral Martins, *Os poderes de representação dos administradores de SA* (1998), 343-392; *id.*, *Comissão executiva, comissão de auditoria e outras comissões na administração*, em *Reformas do Código das Sociedades* (2007), 243-275; Albino Matos, *Constituição de sociedades*, 5.ª ed. (2001), 255-256; Rui de Oliveira Neves, *Os administradores independentes*, em *CSC e governo das sociedades* (2008), 143-194; João Calvão da Silva, *Responsabilidade civil dos administradores não executivos, da comissão de auditoria e do conselho geral e de supervisão*, AAVV (2007), 103-151; Armando Manuel Triunfante (2007), 397-400.

Índice

1. Alterações ... 1
2. Entrega de matérias ... 2
3. Delegação ... 4
4. Comissão executiva ... 7
5. Relações CE/CA ... 9
6. Sociedades cotadas e administrador independente ... 11
7. Outras comissões ... 12

1 1. **Alterações**. O 407.º apresenta a redação dada pelo DL 76-A/2006, de 29-mar., o qual, em relação à versão de 1986[1], veio[2]: alterar o n.º 3, de modo a retirar a exigência de composição ímpar da CE; acrescentar os n.os 5, 6 e 7, destinados a densificar a figura do presidente da CE; passar a n.º 8 o anterior n.º 5.

2 2. **Entrega de matérias**. No sistema do 407.º, é decisiva a contraposição entre a entrega de matérias a algum ou alguns administradores (n.º 1) e a delegação da gestão corrente (n.º 3). Quanto à entrega: (a) não tem de estar prevista nos estatutos podendo, apenas e aí, ser proibida

[1] DR I Série, n.º 201, de 2-set.-1986, 2367/II.

[2] DR I Série-A, n.º 63 (Supl.), de 29-mar.-2006, 2328-(24)/I.

(407.°/1); (b) não pode abranger o elenco do 406.°, *a*) a *m*) (407.°/2, 1.ª parte); (c) não exclui a competência normal dos outros administradores ou do conselho, nem a responsabilidade daqueles (407.°/2, 2.ª parte).

A entrega de matérias pode respeitar: (a) à preparação de assuntos a submeter ao conselho; (b) à execução de decisões aí tomadas; (c) à prática de atos que não surjam inovadores em relação ao já decidido. A entrega pode ser dobrada pela concessão de poderes de representação, em moldes semelhantes aos dos representantes voluntários (procuração). 3

3. **Delegação**, num ou mais administradores ou numa comissão executiva: (a) deve estar prevista nos estatutos, sendo decidido pelo CA (407.°/3); (b) deve ser regulada na deliberação competente, com os seus limites, não podendo incluir as matérias do 406.°, *a*) a *d*), *f*), *l*) e *m*) e estabelecendo, sendo o caso, a composição e o funcionamento da CE (407.°/4); (c) não exclui a competência do CA, nem a responsabilidade dos demais administradores, pela vigilância geral da sociedade (407.°/8). 4

A delegação envolve a gestão corrente (407.°/3); tal gestão reporta-se a tudo exceto, segundo o elenco do 406.°: *a*) escolha do PCA; *b*) cooptação de administradores; *c*) pedido de convocação de assembleias gerais; *d*) aprovação de relatórios e contas; *f*) prestação de cauções e garantias; *l*) mudanças de sede e aumentos de capital; *m*) projetos de fusão, cisão e transformação. 5

Os próprios estatutos podem atribuir poderes de representação aos administradores-delegados (408.°/2). 6

4. **Comissão executiva**, habitual nas grandes anónimas, de tipo tradicional ou anglo-saxónico, tem a composição e o perfil resultantes dos estatutos. Em regra, é o próprio CA que indica os administradores executivos. O CA ou os membros da CE devem indicar o presidente (PCE), cujo papel foi enfatizado pela reforma de 2006. O próprio CA pode destituir a CE, pondo termo à delegação. 7

O PCE dirige as reuniões da comissão, distribui tarefas, convoca-a e representa-a, para o exterior. Segundo o 407.°/6 cabe-lhe ainda: assegurar que seja prestada toda a informação aos restantes membros do CA, relativamente à atividade e às deliberações do CE – *a*); assegurar o cumprimento dos limites da delegação, da estratégia da SA e dos deveres de colaboração perante o PCA – *b*). 8

5. **Relações CE/CA**. A articulação entre a CE e o CA constitui um ponto delicado da *corporate governance*. A questão pode ser facilitada designando-se, como PCE, o próprio PCA. Quando isso não suceda, dependendo das personalidades envolvidas, pode haver um dualismo de lideranças, desfavorável para a SA. 9

A lei fixa uma preponderância do CA sobre o CE: (a) há deveres de colaboração perante o PCA – 407.°/6, *b*); (b) o CA pode avocar os assuntos (407.°/8, 1.ª parte); (c) os administradores não-executivos têm um dever de vigilância sobre a CE (ou outros administradores delegados, quando existam), dever esse pelo qual são responsáveis e que os obriga, perante prejuízos causados por atos ou omissões de que tenham conhecimento, a provocar a intervenção do CA para tomar as medidas adequadas (407.°/8, 2.ª parte). 10

6. **Sociedades cotadas e administrador independente** será o que, por transposição do 414.°/5, não esteja associado a qualquer grupo de interesses específico e não se encontre em alguma circunstância suscetível de afetar a sua isenção de análise. No modelo clássico, não é obrigatória a sua nomeação. Nas sociedades cotadas, a Recomendação 7/2001, da CMVM[3], 11

[3] No sítio da CMVM, R da CMVM n.° 4/2013, Governo das sociedades cotadas.

manda divulgar quais os administradores executivos e não-executivos e, entre estes, quais os independentes[4].

12 7. **Outras comissões**. O 407.º refere, apenas, a comissão executiva; e de facto, a delegação genérica de todos os poderes de gestão corrente, da sociedade, só é possível nessa comissão e nas condições do 407.º/3 a 8. Todavia, uma vez que o CA pode encarregar, especialmente, algum ou alguns administradores para se ocuparem de certas matérias da administração (407.º/1), nada impede que, por essa via, ele constitua comissões especializadas[5].

13 Entre as comissões possíveis avulta a comissão de remunerações que, entre nós, irá colaborar com a comissão de vencimentos indicada pela assembleia geral e a comissão de avaliação do próprio CA, do CE e dos administradores, com poderes de aconselhamento no tocante ao recrutamento de novos administradores[6].

14 Tais comissões têm, fundamentalmente, poderes consultivos e de preparação: as suas deliberações devem ser retomadas pelo próprio CA ou pela assembleia geral (nomeadamente através da comissão de vencimentos). Nada impede que a sua composição seja completada, caso a caso, com administradores especialmente vocacionados para os concretos pontos aí discutidos, por decisão do presidente do CA. Repare-se que, nos termos gerais, todos os administradores são corresponsáveis pelo que, nelas, se faça.

Artigo 408.º (Representação)

1. Os poderes de representação do conselho de administração são exercidos conjuntamente pelos administradores, ficando a sociedade vinculada pelos negócios jurídicos concluídos pela maioria dos administradores ou por eles ratificados, ou por número menor destes fixado no contrato de sociedade.

2. O contrato de sociedade pode dispor que esta fique também vinculada pelos negócios celebrados por um ou mais administradores-delegados, dentro dos limites da delegação do conselho.

3. As notificações ou declarações de terceiros à sociedade podem ser dirigidas a qualquer dos administradores, sendo nula toda a disposição em contrário do contrato de sociedade.

4. As notificações ou declarações de um administrador cujo destinatário seja a sociedade devem ser dirigidas ao presidente do conselho de administração ou, sendo ele o autor, ao conselho fiscal ou à comissão de auditoria.

Bibliografia: J. M. Coutinho de Abreu, *Vinculação das sociedades comerciais*, Estudos Oliveira Ascensão II (2008), 1213-1239; Rita Albuquerque, *A vinculação das SA e a limitação de poderes de representação dos administradores*, O Direito 2007, 103-140; Paulo Olavo Cunha (2016), 843-848; Alexandre de Soveral Martins, *Os poderes de representação dos administradores de SA* (1998); Rui Rangel, *A vinculação das SA* (1998); João Espírito Santo, *Sociedades por quotas e anónimas – vinculação: objecto social e representação plural* (2000), 421-497.

Vide a bibliografia indicada quanto ao 6.º.

[4] Elementos europeus: Jorge Coutinho de Abreu, *Governação de sociedades*, 79-81.

[5] Jorge Coutinho de Abreu, *Governação de sociedades*, 192 ss.; Alexandre de Soveral Martins, *Comissão executiva*, 270 ss..

[6] As comissões especializadas surgem em textos nacionais, comunitários e estrangeiros de *corporate governance*; assim: CMVM, *Código de Processo das Sociedades* (2007), ponto II e II.5.1; *Greenbury Report* (1995), ponto 4; Recomendação da Comissão de 15-fev.-2005, JOCE n.º 52, 51-63, de 25-fev.-2005, ponto 6; *Final NYSE Corporate Governance Rules* (2003), ponto 4; *Higgs Report* (2006), ponto 13 e anexo F.

Índice

1. Alteração ... 1
2. Os estatutos ... 2
3. Supletivamente ... 3
4. Representação passiva ... 4
5. Representação ativa ... 5

1. **Alteração**. O preceito corresponde à versão inicial[1]; a alteração de 2006 cifrou-se no acrescento, no final do n.º 4, da comissão de auditoria[2]. 1

2. **Os estatutos**: cabe-lhes fixar o número de administradores cuja intervenção é necessária para a vinculação da sociedade (408.º/1, *in fine*), bem como os poderes de representação dos administradores-delegados, dentro da delegação do CA (408.º/2)[3]. 2

3. **Supletivamente**, a sociedade vincula-se pelos negócios concluídos pela maioria dos administradores (representação conjunta) ou por eles ratificada (408.º/1, 1.ª parte)[4]. 3

4. **Representação passiva**: as notificações ou declarações de terceiros à sociedade podem ser dirigidas a qualquer dos administradores, sendo nula toda a disposição em contrário do contrato de sociedade (408.º/3): trata-se de proteger terceiros. Assim, é nula a notificação feita a um gerente de agência bancária[5]. 4

5. **Representação ativa**: embora o 408.º contenha regras gerais de representação, a representação ativa (vinculação) consta do 409.º, estando profundamente moldada pelo Direito europeu. 5

Artigo 409.º (Vinculação da sociedade)

1. Os atos praticados pelos administradores, em nome da sociedade e dentro dos poderes que a lei lhes confere, vinculam-na para com terceiros, não obstante as limitações constantes do contrato de sociedade ou resultantes de deliberações dos acionistas, mesmo que tais limitações estejam publicadas.

2. A sociedade pode, no entanto, opor a terceiros as limitações de poderes resultantes do seu objeto social, se provar que o terceiro sabia ou não podia ignorar, tendo em conta as circunstâncias, que o ato praticado não respeitava essa cláusula e se, entretanto, a sociedade o não assumiu, por deliberação expressa ou tácita dos acionistas.

3. O conhecimento referido no número anterior não pode ser provado apenas pela publicidade dada ao contrato de sociedade.

4. Os administradores obrigam a sociedade, apondo a sua assinatura, com a indicação dessa qualidade.

Bibliografia: *vide* a dos 6.º e 408.º.

[1] DR I Série, n.º 201, de 2-set.-1986, 2368/I.

[2] DR I Série-A, n.º 63 (Supl.), de 29-mar.-2006, 2328-(24)/II.

[3] Não pode o PCA, preterindo o 406.º, *f)* e o 497.º/2, prestar garantias: STJ 11-jan.-2001 (Neves Ribeiro), CJ/Supremo IX (2001), 63-65 (64/II).

[4] RCb 11-nov.-2003 (Artur Dias), Proc. 2074/03.

[5] RLx 30-nov.-1995 (Luís Fonseca; vencido: Noronha Nascimento), CJ XX (1995) 5, 129-130.

Índice

1. Alteração 1
2. Direito europeu 3
3. A vinculação 4
4. Limitações estatutárias 6
5. A assinatura 8

1 1. **Alteração**. Na versão original, o n.º 2 dispunha[1]:

> A sociedade pode, porém, opor a terceiros as limitações de poderes resultantes do seu objecto social, se provar que o terceiro tinha conhecimento de que o acto praticado não respeita essa cláusula do contrato e se, entretanto, a sociedade o não assumir, por deliberação expressa ou tácita dos accionistas.

2 A redação atual adveio do DL 280/87, de 8-jul.[2]: visou frisar a natureza ética da boa fé do terceiro (sabia ou não podia ignorar), em detrimento de uma fórmula puramente psicológica (tinha conhecimento), merecendo aplauso.

3 2. **Direito europeu**. O 409.º efetua a transposição do 9.º da 1.ª Diretriz de Direito das sociedades. Remete-se para as anotações 4 a 6 ao 6.º, com indicações.

4 3. **A vinculação** opera quando: (a) administradores, indicando agir nessa sua qualidade (*vide* 409.º/4); (b) em nome da sociedade (409.º/1, início); (c) pratiquem atos dentro dos poderes que a lei lhes confere (409.º/1, seguinte)[3].

5 A vinculação não opera se se tratar de uma atuação fora dos poderes legais (p. ex., matéria reservada, por lei, à assembleia geral ou ao conselho fiscal).

6 4. **Limitações estatutárias**, bem como as resultantes de deliberações de acionistas, são irrelevantes, mesmo quando publicadas (409.º/1, *in fine*)[4]. Todavia, tais limitações serão operacionais caso se mostre que o terceiro as conhecia ou devia conhecer: se necessário sob invocação de abuso do direito (334.º, do CC).

7 As limitações resultantes do objeto social também são inoponíveis a terceiros, salvo se estes conheciam ou deviam conhecer a limitação (409.º/3)[5]; ressalvada fica, naturalmente, a assunção, por deliberação expressa ou tácita dos acionistas (409.º/2, *in fine*): está em causa uma espécie de alteração dos estatutos. A mera publicação não prova o conhecimento pelo terceiro (409.º/3). O ónus da prova do conhecimento cabe, como é lógico, à sociedade[6].

8 5. **A assinatura** dos administradores, com a indicação dessa qualidade, obriga a sociedade (409.º/4)[7]. Em qualquer dos casos, o administrador que vincule a sociedade fora do que a lei ou os estatutos o permitam, é responsável[8].

[1] DR I Série, n.º 201, de 2-set.-1986, 2368/I.

[2] DR I Série, n.º 154, de 8-jul.-1987, 2665/II.

[3] RPt 19-dez.-1996 (Oliveira Vasconcelos), CJ XXI (1996) 5, 222-226 (224/I); STJ 27-mar.-2001 (Silva Paixão), CJ/Supremo IX (2001) 1, 183-184; STJ 3-out.-2006 (Paulo Sá), Proc. 06A2006.

[4] STJ 3-mai.-1995 (Costa Marques), BMJ 447 (1995), 520-527 (525); STJ 17-out.-1995 (Fernando Fabião), Proc. 087015; STJ 17-dez.-1997 (Costa Soares), Proc. 97B404.

[5] RPt 22-nov.-2001 (Pinto de Almeida), Proc. 0130970; RLx 10-set.-2009 (Maria Manuela Gomes), Proc. 1783/08-6; RLx 25-out.-2012 (Ana de Azeredo Coelho), Proc. 9334/11.8TBOER-B.L1.

[6] RLx 27-jun.-2000 (Ferreira Girão), Proc. 0028657; RLx 27-mai.-2003 (Mário Ruas Dias), CJ XXVIII (2003), 3, 88-91 (90/I).

[7] RLx 5-nov.-1992 (Nascimento Gomes), Proc. 0048786; RPt 13-jul.-1993 (Norberto Brandão), CJ XVIII (1993) 4, 200-203 = BMJ 429 (1993), 877; RLx 20-jan.-1994 (Mário Ruas Dias), Proc. 0077812; RP 18-abr.-1996 (Passos Lopes), Proc. 9630057; RLx 28-mar.-2000 (Roque Nogueira), Proc. 0080301.

[8] STJ 14-mar.-2006 (Azevedo Ramos), Proc. 06A195.

Artigo 410.º (Reuniões e deliberações do conselho)

1. O conselho de administração reúne sempre que for convocado pelo presidente ou por outros dois administradores.

2. O conselho deve reunir, pelo menos, uma vez em cada mês, salvo disposição diversa do contrato de sociedade.

3. Os administradores devem ser convocados por escrito, com a antecedência adequada, salvo quando o contrato de sociedade preveja a reunião em datas prefixadas ou outra forma de convocação.

4. O conselho não pode deliberar sem que esteja presente ou representada a maioria dos seus membros.

5. O contrato de sociedade pode permitir que qualquer administrador se faça representar numa reunião por outro administrador, mediante carta dirigida ao presidente, mas cada instrumento de representação não pode ser utilizado mais de uma vez.

6. O administrador não pode votar sobre assuntos em que tenha, por conta própria ou de terceiro, um interesse em conflito com o da sociedade; em caso de conflito, o administrador deve informar o presidente sobre ele.

7. As deliberações são tomadas por maioria dos votos dos administradores presentes ou representados e dos que, caso o contrato de sociedade o permita, votem por correspondência.

8. Se não for proibido pelos estatutos, as reuniões do conselho podem realizar-se através de meios telemáticos, se a sociedade assegurar a autenticidade das declarações e a segurança das comunicações, procedendo ao registo do seu conteúdo e dos respetivos intervenientes.

Bibliografia: Luís Brito Correia, *Deliberações do conselho de administração de SA*, em AAVV (2002), 399-419; Paulo de Tarso Domingues, *Os meios telemáticos no funcionamento dos órgãos sociais. Uma primeira aproximação ao regime do CSC*, em *Reformas do Código das Sociedades* (2007), 87-118; Luís Menezes Leitão, *Voto por correspondência e realização telemática de reuniões de órgãos sociais*, em AAVV (2007), 269-277; Armando Manuel Triunfante (2007), 401-404; *id.*, *A revisão do CSC e o regime das reuniões e deliberações dos órgãos de administração e fiscalização de SA*, em *Jornadas/Sociedades abertas, valores mobiliários e intermediação financeira* (2007), 181-189; Raúl Ventura, *Reuniões e deliberações do conselho de administração de SA*, em *Estudos vários sobre SA* (1992), 529-565.

Índice

1. Alteração 1
2. Convocação 3
3. Funcionamento 5
4. Meios telemáticos 9

1. **Alteração**. Na versão inicial, o 410.º/8 dispunha[1]: 1

> 8. De cada reunião deve ser lavrada acta no livro respectivo, assinada por todos os que nela tenham participado.

[1] DR I Série, n.º 201, de 2-set.-1986, 2362/II.

2 A redação atual, dada pelo DL 76-A/2006, de 29-mar., visou introduzir a referência à reunião por meios telemáticos[2].

3 2. **Convocação**. O CA é um órgão coletivo. Como tal, ele deve ser convocado com uma ordem de trabalhos, deve ser presidido e deve ser secretariado – 446.º/1, *a*) –, com elaboração de ata. A convocação é feita pelo PCA ou por outros dois administradores (410.º/2). Nos termos gerais, a convocatória terá uma ordem do dia. Poderá ser dispensada se a reunião for universal – *vide* 411.º/1, *a*).

4 O CA deve reunir, pelo menos, mensalmente, salvo disposição diversa dos estatutos (410.º/3). A impossibilidade de reunião por falta de administradores pode conduzir à sua nomeação judicial (394.º/1).

5 3. **Funcionamento**. Deve haver quórum deliberativo (410.º/4). A representação é possível, desde que: (a) permitida pelos estatutos; (b) assegurada por outro administrador; (c) estabelecida por carta dirigida ao PCA; (d) a utilizar apenas uma vez (410.º/5). O ROC (420.º-A/3) pode, no âmbito do seu dever de vigilância, requerer a convocação do CA ou do CAE, estando, depois, presente da reunião.

6 A propósito de cada assunto, deve ser disponibilizada a informação correta, completa e suficiente para permitir opções conscienciosas. Os *dossiers* devem ser instruídos. Os próprios administradores têm o direito e o dever de se esclarecerem. Todavia, perante informações inexatas ou insuficientes, podem-lhes faltar elementos para requerer suplementos de informação. Cabe ao presidente, em princípio, tomar as medidas necessárias.

7 O administrador não pode votar quando haja conflito de interesses com a SA: direto ou indireto; deve, dele, informar o PCA (410.º/6). Exemplo: o do 397.º/2 (negócios com a sociedade).

8 As deliberações são tomadas por maioria dos presentes ou representados e dos que, quando os estatutos o permitam, votem por correspondência (410.º/7). Das deliberações é lavrada ata, assinada pelos presentes (248.º/6, por analogia), e que constitui a única forma de provar a deliberação (63.º/1)[3].

9 4. **Meios telemáticos** podem ser usados para as reuniões (410.º/8) desde que: (a) não sejam proibidos pelos estatutos; (b) a sociedade assegure a autenticidade das declarações e a segurança das comunicações; (c) e proceda ao registo do seu conteúdo e dos respetivos intervenientes.

Artigo 411.º (Invalidade de deliberações)

1. São nulas as deliberações do conselho de administração:

a) Tomadas em conselho não convocado, salvo se todos os administradores tiverem estado presentes ou representados, ou, caso o contrato o permita, tiverem votado por correspondência;

b) Cujo conteúdo não esteja, por natureza, sujeito a deliberação do conselho de administração;

c) Cujo conteúdo seja ofensivo dos bons costumes ou de preceitos legais imperativos.

[2] DR I Série-A, n.º 63 (Supl.), de 29-mar.-2006, 2328-(24)/II.

[3] A favor: Raúl Ventura, *Reuniões e deliberações do CA*, 555; na verdade, o 63.º/1 não é excecional; além disso, operam aqui precisamente os mesmos elementos que justificam o teor do 63.º/1, em causa.

2. É aplicável, com as necessárias adaptações, o disposto nos n.os 2 e 3 do artigo 56.º

3. São anuláveis as deliberações que violem disposições quer da lei, quando ao caso não caiba a nulidade, quer do contrato de sociedade.

Bibliografia: António Menezes Cordeiro 2 (2007), 790-792; Carlos Osório de Castro, *Valores mobiliários*, 2.ª ed. (1998), 76; Paulo Olavo Cunha (2016), 866-870; Raúl Ventura, *Reuniões e deliberações do conselho de administração de SA*, em *Estudos vários sobre SA* (1992), 529-565 (555-563).

Índice

1. Preparatórios 1
2. Nulidade 2
 α) Conselho não convocado 3
 β) Natureza do conteúdo 5
 γ) Bons costumes e normas legais imperativas. 6
3. Anulabilidade.. 7
 α) Votos abusivos.. 9
 β) Falta de informação 10

1. **Preparatórios**. O 411.º adveio do 402.º do projeto[1]: um preceito que compreendia regras hoje presentes no 411.º e no 412.º. A matéria não foi precedida por estudos doutrinários: ocasiona, ainda hoje, muitas dúvidas. 1

2. **Nulidade**. A invalidade das deliberações do CA está próxima da correspondente matéria, quanto a deliberações dos sócios. Todavia, há que ponderar sempre, ponto por ponto, cada problema e a sua solução. Na base, temos a nulidade e a anulabilidade, sendo que, ao contrário do que sucede no Direito civil, esta última figura é a residual, aplicando-se sempre que a lei não determine a nulidade: é o *favor societatis*, destinado a não fragilizar o porte sócio-económico das sociedades. 2

α) **Conselho não convocado** – 411.º/1, *a*): assim se entendendo: (a) aviso convocatório não assinado por quem tenha essa competência; (b) convocatória sem local, dia ou hora; (c) reunião em local, dia ou hora diversos dos da convocatória (56.º/2, *ex vi* 411.º/2). Fica ressalvada a hipótese do conselho universal ou totalitário: todos os administradores presentes ou representados ou em condições de votar por correspondência – 411.º/1, *a*), *in fine*. Todos deverão, nessa hipótese, concordar com a reunião e com o seu teor (54.º/1, por analogia). 3

O regime do conselho não convocado é de aplicar às deliberações que recaiam sobre matéria não constante da ordem do dia: é a mesma realidade. 4

β) **Natureza do conteúdo** – 411.º/1, *b*), retomando o enigmático 56.º/1, *c*); também aqui propendemos para considerar que se tratará de matéria alheia à capacidade da sociedade[2]. A hipótese de o CA invadir a competência da assembleia geral conduzirá a mera anulabilidade. 5

γ) **Bons costumes e normas legais imperativas** – 411.º/1, *c*): a sua violação conduz à nulidade; normas legais imperativas são as que não admitem afastamento pelos estatutos. Fica incluída a boa fé e, logo, o abuso do direito que resulte da sua violação. 6

3. **Anulabilidade**: advém da violação de preceitos legais não imperativos ou de regras estatutárias (411.º/3). Caso estas se limitem a reproduzir normas legais, estas são as violadas (58.º/2, por analogia e *rerum natura*). 7

Poderemos aqui incluir, à imagem do 58.º/1, as deliberações tomadas com votos abusivos e aquelas que não tenham sido precedidas pela prestação das informações necessárias. 8

[1] BMJ 327 (1983), 282.

[2] *Vide* a anotação 13 ao 56.º.

9 α) **Votos abusivos**: serão designadamente aqueles que ocorrem em conflito de interesses com a sociedade ou através dos quais os administradores tenham procurado efeitos estranhos ao próprio sentido da deliberação; perante votos abusivos, admite-se a prova de resistência: verificar se, sem os votos em causa, a deliberação não seria aprovada.

10 β) **Falta de informação**: o conselho que delibere sem informação bastante ou com informação falsa, está, seguramente, a violar a lei; pode admitir-se que não seja caso de nulidade, pois a deliberação vitimada por falta de informação pode, não obstante, revelar-se favorável, sendo de manter; mas há anulabilidade, nos termos gerais e isso sem prejuízo de se poder responsabilizar a pessoa (administrador ou não) a quem seja imputável a falta ou a deficiência da informação.

Artigo 412.º (Arguição da invalidade de deliberações)

1. O próprio conselho ou a assembleia geral pode declarar a nulidade ou anular deliberações do conselho viciadas, a requerimento de qualquer administrador, do conselho fiscal ou de qualquer acionista com direito de voto, dentro do prazo de um ano a partir do conhecimento da irregularidade, mas não depois de decorridos três anos a contar da data da deliberação.

2. Os prazos referidos no número anterior não se aplicam quando se trate de apreciação pela assembleia geral de atos de administradores, podendo então a assembleia deliberar sobre a declaração de nulidade ou anulação, mesmo que o assunto não conste da convocatória.

3. A assembleia geral dos acionistas pode, contudo, ratificar qualquer deliberação anulável do conselho de administração ou substituir por uma deliberação sua a deliberação nula, desde que esta não verse sobre matéria da exclusiva competência do conselho de administração.

4. Os administradores não devem executar ou consentir que sejam executadas deliberações nulas.

Bibliografia: a referida quanto ao 411.º.

Índice

1. Invalidação pelo conselho 1
2. Invalidação pela assembleia geral 3
3. Ratificação e substituição 5
4. Deveres dos administradores 6
5. Invalidação judicial 7

1 1. **Invalidação pelo conselho**. O próprio CA pode declarar a nulidade ou anular as suas deliberações viciadas (412.º/1): (a) a requerimento de qualquer administrador, salvo se, não estando presente, tiver dado o seu assentimento, no caso de não convocação (56.º/3, *ex vi* 411.º/2)[1]; (b) *idem*, do conselho fiscal (ou da comissão de auditoria, por analogia); (c) *idem*, de qualquer acionista, por via da letra e do espírito da lei.

[1] Um administrador pode sempre requerer a anulação de quaisquer deliberações, quando estas tenham sido tomadas com falta de informação ou com informações inexatas. Evidentemente: não haverá lugar à invalidação quando se verifique que a falta não interferiu na deliberação.

A invalidação deve ocorrer no prazo de um ano a contar do conhecimento da invalidade, mas não depois de três sobre a deliberação (412.º/1, parte final). Aflora, de novo, o *favor societatis*. 2

2. **Invalidação pela assembleia geral.** Também a AG pode declarar a nulidade ou anular as deliberações do CA, nas mesmas condições (412.º/1). Para tanto, a matéria terá de ser agendada, nos termos gerais, salvo o 412.º/2. 3

Quando a assembleia aprecie os atos dos administradores – 376.º/1, *c*) – não se aplicam os prazos apontados; além disso, ela pode deliberar mesmo quando o assunto não conste da convocatória: digamos que, ao agendar-se a apreciação da administração, fice, *ex lege*, envolvida a faculdade de invalidar deliberações do CA. 4

3. **Ratificação e substituição**. A assembleia pode ratificar qualquer deliberação anulável (quando não, seria nula), bem como substituir, por uma sua, qualquer deliberação nula, desde que não caia em matéria de exclusiva competência do CA (412.º/3). Em rigor, "ratificar" opera perante o vício que tenha consistido na invasão, pelo conselho, dos poderes da assembleia; nos restantes casos, o termo tecnicamente correto é "confirmar" (288.º do CC). 5

4. **Deveres dos administradores**: não devem executar ou permitir que sejam executadas deliberações nulas. 6

5. **Invalidação judicial**. A doutrina e a jurisprudência dividem-se: (a) qualquer interessado pode recorrer, nos termos gerais, à via judicial, para obter a anulação ou a declaração de nulidade de deliberações do CA[2]; (b) a invocação teria de ser feita perante a AG podendo recorrer-se, do que esta viesse a decidir, para os tribunais[3]. O TC considerou constitucional a via de só permitir, ao interessado, o acesso aos tribunais depois de passar pela AG: mas tendo o cuidado de não se pronunciar quanto ao fundo[4]. 7

Nesta matéria como noutras, há que conhecer o terreno e as consequências do que se decida, sob pena de errada interpretação da lei. Numa grande SA, o acionista com menos de 5% não terá hipótese, sequer, de fazer agendar seja o que for para a AG. E mesmo tendo-a: nada conseguiria em prazos úteis. Finalmente, a invalidade – *maxime*, a nulidade – não pode ficar na disponibilidade da maioria. Além disso, a nulidade dá lugar a um dever de não execução, pelos administradores. Como aguardar pela AG e com que vantagens? O próprio interesse da sociedade exige o acesso aos tribunais. 8

Por via do 2.º/2 do CPC, que é estruturante e do 20.º/1 da CR, a nulidade da deliberação do CA pode sempre ser invocada judicialmente por qualquer interessado o qual pode, ainda, pedir a competente declaração. Quanto à anulabilidade: não se configurando uma "ratificação" (aliás: confirmação) em prazo útil, está, também, aberta a via judicial. 9

[2] Raúl Ventura, *Reuniões e deliberações*, 558 ss.; RPt 20-nov.-2003 (Oliveira Vasconcelos), CJ XXVIII (2003) 5, 198-199 (199/I); RPt 20-abr.-2004 (Marques de Castilho), Proc. 0220836; STJ 21-fev.-2006 (Pinto Monteiro), CJ/Supremo XIV (2006) 1, 71-73 (72-73), decisivo.

[3] Carlos Osório de Castro, *Valores mobiliários*, 2.ª ed. (1998), 76, que admite o recurso direto aos tribunais, em casos extremos; RPt 11-dez.-1997 (Pires Condesso), Proc. 9730158; RPt 4-fev.-2003 (Pelayo Gonçalves), Proc. 0222397; RPt 15-mar.-2004 (Marques Pereira), Proc. 0354886; RLx 13-mar.-2014 (Maria Manuela Gomes), proc. 1535/13.0TYLSB: embora reconhecendo ser esse o princípio geral, admite exceções

[4] TC n.º 415/2003, de 24-set.-2003 (Artur Maurício), Proc. 245/03, 1.ª Secção, www.tribunalconstitucional.pt.

Secção II – Fiscalização

Artigo 413.º (Estrutura e composição quantitativa)

1. A fiscalização das sociedades que adotem a modalidade prevista na alínea *a*) do n.º 1 do artigo 278.º compete:

_a_) A um fiscal único, que deve ser revisor oficial de contas ou sociedade de revisores oficiais de contas, ou a um conselho fiscal; ou

_b_) A um conselho fiscal e a um revisor oficial de contas ou uma sociedade de revisores oficiais de contas que não seja membro daquele órgão.

2. A fiscalização da sociedade nos termos previstos na alínea *b*) do número anterior:

_a_) É obrigatória em relação a sociedades que sejam emitentes de valores mobiliários admitidos à negociação em mercado regulamentado e a sociedades que, não sendo totalmente dominadas por outra sociedade que adote este modelo, durante dois anos consecutivos, ultrapassem dois dos seguintes limites:

_i_) Total do balanço – € 20 000 000;

_ii_) Volume de negócios líquido – € 40 000 000;

iii) Número médio de empregados durante o período – 250;

_b_) É facultativa, nos restantes casos.

3. O fiscal único terá sempre um suplente, que será igualmente revisor oficial de contas ou sociedade de revisores oficiais de contas.

4. O conselho fiscal é composto pelo número de membros fixado nos estatutos, no mínimo de três membros efetivos.

5. Sendo três os membros efetivos do conselho fiscal, deve existir um ou dois suplentes, havendo sempre dois suplentes quando o número de membros for superior.

6. O fiscal único rege-se pelas disposições legais respeitantes ao revisor oficial de contas e subsidiariamente, na parte aplicável, pelo disposto quanto ao conselho fiscal e aos seus membros.

Bibliografia geral relativa a esta secção: AA.VV., *Código em comentário* 6 2.ª ed. (2019), 413.º-423.º-A; Jorge Coutinho de Abreu, *Governação das sociedades comerciais*, 2.ª ed. (2010), 175-192; *id.*, *Curso de Direito Comercial*, 2, 6.ª ed. (2019), 68-71, 472-482, 509-510 e 524-526; António Pereira de Almeida, *Sociedades Comerciais, Valores Imobiliários, Instrumentos Financeiros e Mercados*, 7.ª ed. (2013), 498-513; António Menezes Cordeiro, *CSC/Clássica*, 2.ª ed. (2011), 413.º-423.º-A; 1, 3.ª ed. (2011), 131-137 e 1001-1014; *id.*, 2, 2.ª ed. (2007), 447-452 e 793-797; Paulo Olavo Cunha, *Direito das Sociedades* Comerciais, 7.ª ed. (2019), 555-563, 580-620, 786-806 e 913-925; José Ferreira Gomes, *Da Administração à Fiscalização das Sociedades: A obrigação de vigilância dos órgãos da sociedade anónima* (2015), §§ 22-38.

Bibliografia relativa ao 413.º: Paulo Câmara, *Os modelos de governo das sociedades anónimas"*, in AA.VV., *A reforma do código das sociedades comerciais: Jornadas em homenagem ao Prof. Doutor Raúl* Ventura (2007), 222; Paulo Câmara/Gabriela Figueiredo Dias, *O Governo das Sociedades* Anónimas, in AAVV, *O Governo das Organizações: A vocação universal do corporate* governance (2011), 69-76; António Menezes Cordeiro, *CSC/ /Clássica*, 2.ª ed. (2011), 413.º; Ricardo Costa, *Código em comentário*, 6, 2.ª ed. (2019), 423.º-B ss., 697 ss.; Gabriela Figueiredo Dias, *Fiscalização de sociedades e responsabilidade civil* (2006), 13-36; *id.*, *A fiscalização das sociedades redesenhada*, in AAVV, *Reformas do Código das Sociedades* (2007), 279-334; *id.*, *Código em comentário* 6^2 (2019), 413.º, 541-555; José Ferreira Gomes, *A fiscalização externa das sociedades comerciais e a independência dos auditores:*

A reforma europeia, a inflência norte-americana e a transposição para o direito português, *CadMVM*, 24 (2006), 180--216; *id.*, *Da Administração à Fiscalização das Sociedades: A obrigação de vigilância dos órgãos da sociedade anónima* (2015), n.os 180-320, 542-630, 941-1016, 1076-1090, 1763-1809; *id.*, *A reforma do sistema de supervisão pública da atividade de auditoria em Portugal*, Revista Lex Mercatoria, 1:1 (2016) 38-41; Tiago Estevão Marques, *Responsabilidade civil dos membros de órgãos de fiscalização das sociedades anónimas* (2009), 47-48.

Vide a introdução ao presente capítulo.

Índice

I – Antecedentes e evolução
1. Do CCom de 1833 ao CCom de 1888 1
2. DL 49.381, de 15-nov.-1969 2
3. Regulação da profissão de ROC antes do CSC 3

II – Código das Sociedades Comerciais, o DL 225/2008 e a Lei 148/2015
4. Redação inicial 5
5. Reforma de 1996 6
6. Reforma de 2006 7
7. DL 225/2008 10
8. Lei 148/2015 11

III – Âmbito de aplicação e submodelos
9. Âmbito de aplicação 13
10. Modelo tradicional simples 14
11. Modelo tradicional reforçado 15

IV – Composição quantitativa
12. Composição quantitativa 19

V – Revisor oficial de contas (ROC)
13. O ROC como órgão social 20
14. Regulação da profissão de ROC: antes da reforma de 2015 22
15. Cont.: reforma de 2015 25
16. Cont.: Regulamento (UE) de Revisão de Contas de EIP 26

VI – Regime aplicável ao FU
17. Aplicação *subsidiária* (?) do disposto quanto ao CF ao FU (n.º 6) 27

I – Antecedentes e evolução

1. **Do CCom de 1833 ao CCom de 1888.** A imposição do CF surge associada à passagem do sistema de concessão (do CCom Ferreira Borges de 1833) para o sistema normativo da Lei das Sociedades Anonymas, de 22-jun.-1867 (LSA). A liberdade de constituição de SA, *i.e.*, sem autorização prévia do Estado, foi compensada por mecanismos de autotutela, incluindo este, como *«salutar garantia para os associados e para o publico»*. As matérias da administração e fiscalização foram desenvolvidas pelo CCom de Veiga Beirão (1888) (171.º a 178.º), mantendo os traços essenciais da LSA. O CF era composto por pelo menos três sócios, eleitos pela AG (175.º), tendo as competências previstas no 176.º[1]. 1

2. **DL 49.381, de 15-nov.-1969.** Instituiu um sistema híbrido: o CF ou fiscal único (FU)[2], com as competências do 10.º, podia em princípio ser substituído por uma sociedade de revisores oficiais de contas (SROC). Os fiscais podiam ser sócios da sociedade ou não e eram designados nos estatutos ou pela AG (1.º/3). Refere-se pela primeira vez o revisor oficial de contas (ROC): um dos membros do CF (ou o FU) tinha de ser ROC (1.º/3). Não tinha competências específicas; apenas os poderes e deveres imputados a qualquer fiscal. Não era ainda um órgão social autónomo[3]. 2

3. **Regulação da profissão de ROC antes do CSC[4].** Primeiro pelo DL 1/72, de 3-jan., atenta a sua importância *«quer para as próprias sociedades e para os interesses dos seus sócios e credores, quer ainda para o interesse público»*. Exigiam-se conhecimentos técnicos adequados e *«sérias garan-* 3

[1] Ferreira Gomes, *Da Administração*, n.os 245-301.
[2] Ferreira Gomes, *Da Administração*, n.os 302-320.
[3] Ferreira Gomes, *Da Administração*, n.os 545-561.
[4] Ferreira Gomes, *Da Administração*, n.os 562-581.

tias de boa formação moral e de competência profissional» (4.º). Sugiram então as primeiras regras destinadas a assegurar a independência deste profissional. A título de balanço, este diploma não isolou os ROC sobre si mesmos, em contraste com o puro sistema de *peer review* que se lhe seguiria.

4 Seguiu-se o DL 519-L2/79, de 29-dez., que primeiro qualificou a atividade do ROC como de "interesse público" e o autonomizou como órgão social, ao imputar-lhe deveres específicos de certificação legal de contas [1.º/1, *a*) e 2.º], de elaboração de relatório anual sobre a sua atividade fiscalizadora (distinto do exigido ao CF), e de documento sobre a conformidade do relatório de gestão com as contas do exercício [10.º/1, *a*) e *c*)]. O ROC passou a estar sujeito não só ao *status* de membro do CF, mas ainda a deveres próprios, característicos de uma função especializada. Mexeu nas regras de independência. Sobrepôs-se ao DL 49.381 em determinadas matérias, com destaque para a designação do ROC: na falta de proposta para designação pela AG, cabia ao presidente da mesa fazê-la e, caso o não fizesse, podia fazê-lo o sócio detentor da maior participação (7.º/2). Desastrosamente, entre reuniões da AG a competência caberia à mesa e, na sua falta, ao órgão de gestão (7.º/3). Numa nota positiva, este diploma não fechou os ROC sobre si mesmos num puro sistema de *peer review*.

II – Código das Sociedades Comerciais, o DL 225/2008 e a Lei 148/2015

5 4. **Redação inicial**[5]. Na versão resultante do DL 262/86, de 2-set., o 413.º tinha a seguinte redação:

(Composição do órgão de fiscalização)

1. A fiscalização da sociedade compete a um conselho fiscal ou um fiscal único.
2. O conselho fiscal é composto por três membros efectivos; o contrato de sociedade pode aumentar esse número para cinco.
3. Sendo três os membros efectivos do conselho fiscal, haverá um ou dois suplentes.
4. As sociedades cujo capital seja inferior a 20000 contos podem, no respectivo contrato, adoptar o regime de fiscal único.
5. Ao fiscal único aplica-se, com as necessárias adaptações, o disposto quanto ao conselho fiscal.

6 5. **Reforma de 1996**[6]. O legislador parece ter esquecido a razão de ser do CF, ao reconduzir, no preâmbulo do DL 257/96, de 31-dez., a composição do CF exclusivamente por acionistas (só abandonada pelo DL 49.381) a uma questão de *«preservação do sigilo comercial»* e apresentando a sua função como limitada ao controlo contabilístico. A composição por acionistas (abandonada em 1969), decorria da configuração do CF como comissão de acionistas destinada a suprir a incapacidade destes para, no seu todo, acompanhar permanentemente a atividade da sociedade e assegurar uma adequada fiscalização da administração. A função do CF vai muito além da fiscalização contabilística[7]. Reconhecida a ineficácia e ineficiência prática do CF[8], o legislador optou não pela sua dinamização, mas pela sua desvalorização. Apostou no ROC, ignorando que este não era adequado para exercer o leque de competências do CF[9]. O CF (enquanto

[5] Ferreira Gomes, *Da Administração*, n.os 545-561.
[6] Ferreira Gomes, *Da Administração*, n.os 562-581.
[7] V. anot. ao 420.º.
[8] Gabriela Figueiredo Dias, *Código em comentário*, 6², 413.º, n.º 1.1, 543-544, "A fiscalização societária redesenhada", 280-282, *Fiscalização de sociedades* 13-16, Coutinho de Abreu, *Governação*², 175-191, Paulo Câmara e Gabriela Figueiredo Dias, "O Governo das Sociedades Anónimas", 69-70, Paulo Olavo Cunha, *Direito das Sociedades*, 7.ª ed., 916-917.
[9] Gabriela Figueiredo Dias, "A fiscalização societária redesenhada", 15.

órgão colegial)[10] passou a poder ser livremente substituído por um FU, que devia ser um ROC, independentemente da dimensão da sociedade (413.º/1). O 413.º passou, então, a ter a seguinte redação (mantendo-se inalterados os n.os 2 e 3 que passaram a n.os 3 e 4):

(Composição do órgão de fiscalização)

1. A fiscalização da sociedade compete a um fiscal único, que deve ser revisor oficial de contas, ou a um conselho fiscal.
2. O fiscal único terá sempre um suplente, que será igualmente revisor oficial de contas ou sociedade de revisores oficiais de contas.
3. O conselho fiscal é composto por três membros efectivos; o contrato de sociedade pode aumentar esse número para cinco.
4. Sendo três os membros efectivos do conselho fiscal, haverá um ou dois suplentes.
5. O fiscal único rege-se pelas disposições legais respeitantes ao revisor oficial de contas e subsidiariamente, na parte aplicável, pelo disposto quanto ao conselho fiscal e aos seus membros.

6. **Reforma de 2006**[11]. O DL 76-A/2006, de 29-mar., alterou profundamente o regime da fiscalização das SA[12], redefinindo o papel do CF e, em particular, a sua relação com o ROC, invertendo o paradigma subjacente à reforma de 1996. No 413.º, alterou a epígrafe e deu a redação atualmente em vigor. A evolução do Direito da UE[13] – *maxime*, o 41.º da Diretriz de Revisão de Contas (2006/43/CE), exigia um regresso ao sistema de fiscalização plural, pelo menos ao nível das chamadas "entidades de interesse público" (EIP) (definidas no 13.º/2). Nestas, exigia-se um "comité de auditoria" – ou outro órgão plural funcionalmente equivalente, como o CF – que operasse como fórum de discussão com o ROC, sobre todos os assuntos considerados relevantes na revisão das contas da sociedade e sobre possíveis fraudes de que suspeitasse ou tivesse conhecimento, em particular, aquando do envolvimento de altos funcionários ou administradores da sociedade. A nossa lei não se adequava a esta perspetiva[14]. 7

Com reforma de 2006, o CSC passou a prever, no modelo tradicional, soluções distintas consoante a dimensão da SA, destacando-se a separação – obrigatória nas SA cotadas e nas grandes SA – entre o CF e o ROC, possibilitando o cumprimento das novas funções de fiscalização do segundo pelo primeiro [420.º/2, *b*) a *d*)]. Tratou-se de uma extensão do regime das EIP da Diretriz 2006/43/CE às SA que, pela sua dimensão, têm um impacto mais significativo no seu meio económico, suscitando acrescidas preocupações de interesse público. 8

Entre 2006 e 2015, eram "grandes SA" [al. *a*) do n.º 2] aquelas que, não sendo totalmente dominadas por outra sociedade que adopte este modelo, durante dois anos consecutivos, ultrapassassem dois dos seguintes limites: i) total do balanço: €100.000.000; ii) total das vendas líquidas e outros proveitos: €150.000.000; iii) número de trabalhadores empregados em média durante o exercício: 150. 9

7. **DL 225/2008**[1]. Em transposição da Diretriz de Revisão de Contas (2006/43/CE), a dissociação entre o CF e o ROC foi estendida a todas as EIP pelo 3.º/1 do DL 225/2008, de 20-nov., tal como definidas pelo 2.º do mesmo, que muito estendeu o leque de EIP previsto na Diretriz. Mal. 10

[10] Até então obrigatório para as SA com capital igual ou superior a 20.000 contos (413.º/4).

[11] Ferreira Gomes, *Da Administração*, n.os 588-614.

[12] Sobre os propósitos da reforma, cf. CMVM, *Governo das sociedades anónimas: Propostas*.

[13] Ferreira Gomes, "A fiscalização externa", 180-216.

[14] Ferreira Gomes, "A fiscalização externa", 202.

11 8. **Lei 148/2015**. A alteração da Diretriz de Revisão de Contas pela Diretriz 2014/56/UE, de 16 de abril de 2014, complementada pelo Regulamento (UE) n.º 537/2014, do Parlamento Europeu e do Conselho, de 16 de abril de 2014[16], reformou o regime jurídico da revisão legal de contas, de forma mais intensa no caso das EIP, e do respetivo sistema de supervisão pública. Esta Diretriz foi transposta pelas Lei n.º 140/2015, de 7-set., que aprovou o novo EOROC, e pela Lei 148/2015, de 9-set., que, entre outros aspetos, aprovou o novo Regime Jurídico de Supervisão de Auditoria (RJSA)[17].

12 A Lei 148/2015 revogou o DL 225/2008, incluindo a definição de EIP que agora consta do 3.º RJSA. Mantém-se um leque de EIP muito mais extenso do que o previsto na Diretriz. É um aspecto a rever, atentos os custos que dele decorrem para os agentes económicos. A proposta de revisão do RJSA, apresentada a público pela CMVM[18], vai nesse sentido.

III – Âmbito de aplicação e submodelos

13 9. **Âmbito de aplicação**. Numa técnica legislativa criticável, a Secção II, iniciada pelo 413.º, tem por epígrafe "Fiscalização", própria de um critério *funcional*, afastando-se do critério *orgânico* que preside à identificação das demais secções deste Capítulo VI. Parece incluir uma regulação geral, mas não: regula apenas o *status* do CF (e FU) e dos seus membros (incluindo o ROC, quando seja o caso), nas SA com modelo tradicional português [278.º/1, *a*)]. Porém, várias normas são aplicáveis, por remissão, às SA com modelos anglo-saxónico [278.º/1, *b*)] e germânico [278.º/1, *c*)]. Neste contexto, o modelo tradicional constitui o "modelo-base"[19].

14 10. **Modelo tradicional simples.** Nas pequenas e médias sociedades (413.º/2) é maior a autonomia contratual: a fiscalização pode caber a *(i)* um FU (ROC/SROC) [413.º/1, *a*), 1.ª parte], a *(ii)* um CF no qual se integra o ROC [413.º/1, *a*), 2.ª parte], ou a *(iii)* um CF no qual não se integra o ROC [413.º/1, *b*)] [*vide* tb. 278.º/1 e 3 , 413.º/2, *b*) e 414.º]. As duas primeiras modalidades configuram o modelo tradicional simples, no qual o ROC integra o CF.

15 11. **Modelo tradicional reforçado**. Nas sociedades cotadas e nas grandes SA, sobretudo por razões de interesse público, impõe-se uma fiscalização reforçada[20] [413.º/2, *a*)]: exige-se separação entre o CF e o ROC, para potenciar a fiscalização do segundo pelo primeiro [420.º/2, *b*) a *d*)] e assim assegurar a competência técnica e a independência do ROC face à administração e ao acionista controlador[21]. Nas pequenas e médias sociedades (413.º/2), a adoção deste submodelo reforçado é facultativa [413.º/2, *b*)].

16 Esta distinção entre submodelos (simples v. reforçado) releva apenas para a articulação do CF com o ROC (420.º/2). Não tem implicações na competência do CF de fiscalização da administração (420.º/1). Nos dois submodelos exige-se uma fiscalização global da administração (segundo critérios de legalidade, regularidade, economicidade e adequação), que inclui também uma dimensão contabilística [420.º/1, *c*) a *g*)][22].

17 O ROC, no modelo tradicional reforçado, deixa de estar sujeito ao *status* de membro do CF, mas continua obrigado *(i)* a praticar os atos de verificação previstos no 420.º/1, *c*) a *f*), *ex*

[15] Ferreira Gomes, *Da Administração*, n.ºs 594, 596, 614.

[16] Relativo aos requisitos específicos para a revisão legal de contas das EIP.

[17] Ferreira Gomes, "A reforma do sistema de supervisão pública", 38-41.

[18] Consulta pública n.º 8/2018.

[19] Ferreira Gomes, *Da Administração*, n.º 156.

[20] Referindo-se a um "tipo reforçado", Menezes Cordeiro, *CSC Clássica*[2], 413.º, n.ºs 10-11, e a um "modelo latino reforçado", *v.g.*, Paulo Câmara, *Os modelos*, 222, Paulo Câmara e Gabriela Figueiredo Dias, *O governo das sociedades anónimas*, 74.

[21] Ferreira Gomes, *Da Administração*, n.º 605.

[22] *V.* anot. ao 420.º *infra*.

vi 446.º/3; *(ii)* a desenvolver todos os exames e verificações necessários à revisão e certificação legais de contas (420.º/4); *(iii)* a apreciar o relatório de gestão e completar o exame das contas com vista à sua certificação legal (451.º/´2); e *(iv)* a emitir documento de certificação legal das contas (451.º/3). Para além disso, está adstrito a um dever de colaboração com o CF e ao dever de comunicação *up the ladder* de factos que revelem graves dificuldades na prossecução do objeto da sociedade (420.º-A), deveres estes que vinculam o ROC à prossecução dos interesses da sociedade, extravasando a mera certificação contabilística[23].

O ROC está sujeito aos atos de fiscalização que o CF entenda praticar *ex vi* 420.º/2, *b*), 18
c) e *d*)[24].

IV – **Composição quantitativa**

12. **Composição quantitativa**. Pode ser adaptada às circunstâncias de cada SA, com um 19
mínimo de três membros[25]. Admite-se número par ou ímpar de membros; sendo par, o presidente tem voto de qualidade em caso de empate (395.º/3 *ex vi* 414.º-B/2). No modelo tradicional simples, o ROC integra o CF [413.º/1, *a*)]; no modelo reforçado, não [413.º/1, *b*)]. Devem ser designados suplentes: um ou dois se forem três os membros efetivos; dois se o número de efetivos for superior (413.º/5).

V – **Revisor oficial de contas (ROC)**

13. **O ROC como órgão social**. Desde o DL 519-L2/79, de 29-dez., o ROC surge autono- 20
mizado como órgão social[26], com deveres específicos de certificação legal de contas [1.º/1, *a*) e 2.º] e de elaboração de relatório anual sobre a sua atividade fiscalizadora, distinto do relatório exigido ao CF, e de documento sobre a conformidade do relatório de gestão com as contas do exercício [10.º/1, *a*) e *c*)]. Desaconselha-se assim a sua qualificação como "auditor externo"[27] e a qualificação das suas funções como de "fiscalização externa"[28].

No modelo tradicional simples, é simultaneamente *órgão singular* e *membro de um órgão* 21
social coletivo, o CF (ou novamente órgão singular, quando seja FU)[29]. A mesma pessoa desempenha dois cargos distintos, com áreas de sobreposição funcional[30]. No modelo tradicional reforçado, estando arredado do CF, é apenas *órgão singular*.

14. **Regulação da profissão de ROC: antes da reforma de 2015**[31]. O EOROC, aprovado 22
pela Lei n.º 140/2015, de 7-set., é o sucessor dos DL 1/72, DL 519-L2/79 (já analisados), DL 422-A/93 e DL 487/99.

O DL 422-A/93, de 30-set., revogou o DL 519-L2/79 e fechou os revisores sobre si 23
mesmos num modelo de *self-regulation* e *peer review* que a história viria a demonstrar ser inade-

[23] Ferreira Gomes, *Da Administração*, n.os 990-994.

[24] Ferreira Gomes, *Da Administração*, n.os 995-997.

[25] Com a reforma de 2006, foi abandonada a solução anterior, rígida, de composição do CF por 3 ou 5 membros, passando o 413.º a exigir apenas um número mínimo de 3 membros.

[26] Ferreira Gomes, *Da Administração*, n.os 943-951. No mesmo sentido, cf., *v.g.*, Estevão Marques, *Responsabilidade civil*, 47-48, Paulo Câmara e Gabriela Figueiredo Dias, *O governo das sociedades anónimas*, 76 (n. 88) e Paulo Olavo Cunha, *Direito das sociedades*[7], 925. Neste sentido tb., STJ 16-mai.-2000 (Silva Paixão), proc. 259/2000, *CJ*, 8:2, 64-67.

[27] Poupando aliás a confusão com o auditor registado na CMVM: 9.º CVM, na redação anterior à Lei 148/2015, de 9-set.

[28] Como em tempos sustentámos em"A fiscalização externa das sociedades comerciais", 183-184.

[29] Ferreira Gomes, *Da Administração*, n.os 949-951.

[30] *V.* anot. 6 ao 414.º.

[31] Ferreira Gomes, *Da Administração*, n.os 962-979, 986--989.

quado[32]. Fragilizou o processo de controlo de qualidade da revisão legal de contas. Regulou a independência (40.º) e determinou a incompatibilidade da profissão com outra que pudesse diminuir a sua independência, prestígio ou dignidade ou ofender outros princípios de ética e deontologia profissional (66.º). Porém, continuaram a ser insuficientes os mecanismos para a assegurar[33]. No seu todo, traduz uma progressiva deterioração da capacidade do ROC para desempenhar o papel que dele se esperava no sistema nacional, dados os parcos mecanismos para assegurar a qualidade da revisão legal de contas e a independência dos revisores[34].

24 O DL 422-A/93 foi revogado pelo DL 487/99, de 16-set., mantendo o quadro já crítico. Destaca-se apenas, relativamente à independência do ROC, a regra segundo a qual a fixação de honorários não pode pôr em causa a sua independência profissional (60.º/5) e o impedimento do exercício de funções em entidade na qual preste serviços remunerados que ponham em causa a sua independência [78.º/1, *c*)]. Aplauso também para a revisão da proibição do exercício de funções nas entidades cujas contas foram revistas nos três anos anteriores (79.º). Pela negativa, não se compreende a redução do prazo de prescrição do procedimento disciplinar a um ano a contar da data da prática do facto (88.º/1), quando o prazo anterior de três anos (79.º DL 422--A/93) era já manifestamente curto.

25 15. **Cont.: reforma de 2015**. O DL 487/99 foi revogado pela Lei n.º 140/2015, de 7-set. que aprovou o atual EOROC e deve ser lida em conjunto com a Lei 148/2015, de 9-set., que aprovou o RJSA. Foram aprofundadas as exigências aplicáveis ao sistema de supervisão pública[35], agora encabeçado pela CMVM, que veio substituir o Conselho Nacional de Supervisão de Auditoria (CNSA). A OROC continua a ter um leque de competências próprias[36], mas a CMVM é última responsável pela supervisão da atividade de revisão de contas, com todos os poderes de regulação e supervisão, a exercer em articulação com a OROC, e com a possibilidade de intervenção direta sobre os ROC/SROC em quaisquer matérias relacionadas com o acesso e o exercício da profissão[37].

26 16. **Cont.: Regulamento (UE) de Revisão de Contas de EIP**. O Regulamento (UE) n.º 537/2014, de 16-abr.-2014, reconhecendo a relevância pública significativa das EIP, atenta a sua dimensão e complexidade e a natureza das suas atividades, regulou direta e profundamente diversos aspetos da revisão legal das suas contas. As Leis 140/2015 (que aprovou o EOROC) e 148/2015 (que aprovou o RJSA) contêm várias normas de execução deste Regulamento, destacando-se o reforço da independência do ROC/SROC[38].

[32] Ferreira Gomes, "A reforma do sistema de supervisão pública".

[33] *V.* Ferreira Gomes, *Da Administração*, n.os 976-978.

[34] *V.* Ferreira Gomes, *Da Administração*, n.º 979.

[35] Cf. 32.º/1 Diretriz de Revisão de Contas.

[36] Destaque para etapas do acesso à profissão, formação e controlo de qualidade dos ROC/SROC que não reveem contas de EIP.

[37] Ferreira Gomes, "A reforma do sistema de supervisão pública".

[38] Destaca-se (i) a rotação obrigatória ao fim de 2 ou 3 mandatos, consoante estes tenham a duração de 4 ou 3 anos (*i.e.*, 8 ou 9 anos; eventualmente 10 anos, mediante autorização do órgão de fiscalização) (54.º/3 e 4 EOROC); (ii) a proibição de prestação simultânea de serviços de auditoria e determinados serviços distintos da auditoria (77.º/8 EOROC); (iii) o estabelecimento de limites ao peso que os serviços prestados a uma mesma entidade pode representar no volume de negócios do auditor (77.º/1 a 3 EOROC); (iv) a imposição de determinados deveres procedimentais para assegurar a verificação, pelo próprio ROC/SROC, do cumprimento dos requisitos de independência, bem como de um dever de confirmação e discussão deste perante o órgão de fiscalização (73.º-76.º EOROC); (v) a imposição de revisões de controlo de qualidade da revisão legal de contas por outro ROC num momento anterior à certificação legal de contas (77.º/4 e 80.º EOROC); (vi) a previsão de deveres de fundamentação da certificação legal de contas (75.º/9 EOROC); (vii) a imposição de um diálogo entre o ROC/SROC e o órgão de fiscalização da entidade auditada, reforçado pelo dever daqueles de apresentar, ao órgão de fiscalização desta, um relatório adicional, pormenorizado, sobre os resultados da revisão legal de contas (79.º EOROC, 24.º RJSA); (viii) a imposição de

VI – **Regime aplicável ao FU**

17. **Aplicação *subsidiária* (?) do disposto quanto ao CF ao FU (n.º 6).** Numa solução incompreensível, o 413.º/6 dita que o FU se rege pelas disposições legais respeitantes ao ROC e apenas *«subsidiariamente, na parte aplicável, pelo disposto quanto ao CF e aos seus membros»*. Decorre do criticado DL 257/96 e assenta nos pressupostos (já rejeitados) de que as funções do CF se resumem ao controlo da legalidade e regularidade contabilística e de que o ROC é o profissional mais adequado para assegurar a fiscalização da sociedade. 27

Sempre que a ROC (enquanto perito contabilista) ocupe dois cargos na sociedade (ROC órgão da sociedade e FU), deve cumprir diligentemente os deveres inerentes a cada um deles. Havendo sobreposição, prevalece a mais completa subordinação do mesmo à prossecução dos interesses da sociedade, subjacente ao *status* de FU. Esta é a leitura que resulta necessariamente da articulação deste n.º 6 com o 423.º-A, segundo o qual, não havendo CF, todas as referências que lhe são feitas devem considerar-se referidas ao FU, desde que não pressuponham a pluralidade de membros. Esta leitura é reforçada pelo propósito e o alcance da reforma de 2006, devendo considerar-se tacitamente revogado o advérbio "subsidiariamente". 28

Artigo 414.º (Composição qualitativa)

1. O fiscal único e o suplente têm de ser revisores oficiais de contas ou sociedade de revisores oficiais de contas e não podem ser acionistas.

2. O conselho fiscal deve incluir um revisor oficial de contas ou uma sociedade de revisores oficiais de contas, salvo se for adotada a modalidade referida na alínea *b*) do n.º 1 do artigo anterior.

3. Os restantes membros do conselho fiscal podem ser sociedades de advogados, sociedades de revisores oficiais de contas ou acionistas, mas neste último caso devem ser pessoas singulares com capacidade jurídica plena e devem ter as qualificações e a experiência profissional adequadas ao exercício das suas funções.

4. Nos casos previstos na alínea *a*) do n.º 2 do artigo anterior, o conselho fiscal deve incluir pelo menos um membro que tenha curso superior adequado ao exercício das suas funções e conhecimentos em auditoria ou contabilidade e que seja independente.

5. Considera-se independente a pessoa que não esteja associada a qualquer grupo de interesses específicos na sociedade nem se encontre em alguma circunstância suscetível de afetar a sua isenção de análise ou de decisão, nomeadamente em virtude de:

***a*) Ser titular ou atuar em nome ou por conta de titulares de participação qualificada igual ou superior a 2% do capital social da sociedade;**

***b*) Ter sido reeleita por mais de dois mandatos, de forma contínua ou intercalada.**

um diálogo entre o ROC/SROC e as autoridades competentes pela supervisão das entidades de interesse público, reforçado pelo dever daqueles de prestar informação sobre factos ou decisões suscetíveis de constituir violação das regras que regem as atividades da entidade auditada ou comprometer a continuidade das operações desta (81.º EOROC); (ix) a densificação dos deveres do órgão de fiscalização das entidades de interesse público, em particular no âmbito da seleção e proposta de designação do ROC//SROC pelo órgão competente da entidade auditada (3.º da L 148/2015).

6. Em sociedades emitentes de ações admitidas à negociação em mercado regulamentado, o conselho fiscal deve ser composto por uma maioria de membros independentes.

Bibliografia: Jorge Coutinho de Abreu, *Corporate Governance em Portugal*, in IDET, Miscelâneas n.º 6 (2010), 9-47; Pedro de Albuquerque, *A independência e a compatibilidade da mesa da assembleia geral das sociedades emitentes de valores mobiliários em mercado regulamentado e de "grandes sociedades anónimas"*, in *Estudos em homenagem "Centenário do nascimento do Professor Doutor Paulo Cunha"* (2012), 983, 988; António Menezes Cordeiro, *CSC/Clássica*, 2.ª ed. (2011), 414.º; Gabriela Figueiredo Dias, *Código em comentário* 6, 2.ª ed. (2019), 414.º, 556-581; José Ferreira Gomes, *Da Administração à Fiscalização das Sociedades: A obrigação de vigilância dos órgãos da sociedade anónima* (2015), 545-598, 855-865, 948, 991, 1080-1090, 1680-1686; *id.*, *Conflitos de interesses entre accionistas nos negócios celebrados entre a sociedade anónima e o seu accionista* controlador, in AA.VV, *Conflito de interesses no direito societário e financeiro: Um balanço a partir da crise financeira* (2010); *id.*, "Modelos de governo das S.A.: a difícil compreensão do modelo germânico e os requisitos de fiscalização reforçada da Lei n.º 148/2015", *RDS*, 10:2 (2018), 397-430; Rui Oliveira Neves, *O administrador independente*, in AA.VV., *CSC e governo das sociedades* (2008), 143-194; Paula Costa e Silva, *O administrador independente*, in *Direito dos Valores Mobiliários* (2006).
Vide a bibliografia geral indicada no 413.º.

Índice

I – **Origem e alterações**
1. DL 49.381, de 15-nov.-1969 1
2. Versão de 1986 2
3. Alteração de 1996 3
4. Alteração de 2006 4

II – **Composição qualitativa**
5. Exigência de ROC/SROC e sua *ratio* 5
6. Cont.: casos em que o ROC integra o CF 8
7. Cont.: casos em que o ROC não integra o CF 9
8. Sociedades de advogados e SROC 10
9. Independência do ROC/SROC 11
10. Restantes membros (acionistas e não acionistas) 12
11. Qualificações e experiência 13
12. Independência 16
13. Critérios de independência do 414.º/5 21
14. Recuperação da independência 26
15. Composição do CF das EIP 27

III – **Consequências**
16. Nulidade 30
17. Caducidade 32

I – Origem e alterações

1 1. **DL 49.381, de 15-nov.-1969**. Segundo o 1.º, um dos membros do CF ou o FU tinha de estar inscrito na lista de ROC referida no 43.º.

2 2. **Versão de 1986**. O 414.º, na versão original, era epigrafado "requisitos e incompatibilidades"[1]. Dispunham os seus dois primeiros números:

> 1. Os membros do conselho fiscal e os fiscais únicos podem não ser accionistas, mas devem ser pessoas singulares com capacidade jurídica plena, excepto se foram sociedades de advogados ou sociedades de revisores oficiais de contas.
>
> 2. O fiscal único, um membro efectivo do conselho fiscal e um dos suplentes têm de ser revisores oficiais de contas ou sociedades de revisores de contas.

3 3. **Alteração de 1996**. Estes números foram alterados pelo DL 257/96, de 31-dez.[2]:

[1] A estas dedicava os n.os 3 a 8 que, em 2006, foram autonomizados no 414.º-A.

[2] *V.* anot. 5 ao 413.º.

1. O fiscal único e o suplente ou, no caso de existência de conselho fiscal, um membro efectivo e um dos suplentes, têm de ser revisores oficiais de contas ou sociedades de revisores oficiais de contas e não podem ser accionistas.

2. Os restantes membros do conselho fiscal podem não ser accionistas, mas devem ser pessoas singulares com capacidade jurídica plena, excepto se forem sociedades de advogados ou sociedades de revisores oficiais de contas.

4 4. **Alteração de 2006**. O DL 76-A/2006, de 29-mar., procurando reforçar a fiscalização, alterou profundamente o preceito: (a) retirou-lhe a matéria das incompatibilidades, que passou para um artigo próprio (o 414.º-A), centrando-o nos requisitos para o cargo de fiscal; (b) melhorou a redação de 1996; (c) densificou o regime das SA com fiscalização reforçada obrigatória [413.º/2, *a*)].

II – **Composição qualitativa**

5 5. **Exigência de ROC/SROC**. O FU e o suplente devem ser ROC ou SROC (414.º/1). O CF deve incluir um ROC ou uma SROC, salvo nos casos do submodelo de fiscalização reforçada do 413.º/1, *b*) (414.º/2).

6 A polissemia do termo ROC e a sua integração no CF impõem cautela: nas sociedades com modelo tradicional simples [413.º/1, *a*)], um ROC (profissional inscrito como tal na OROC e registado na CMVM para o exercício de funções de interesse público) surge simultaneamente investido no *status* de ROC[3] e no *status* de membro do órgão de fiscalização global singular (FU) ou coletivo (CF). A *ratio*: permitir que o CF/FU reúna também as competências técnicas necessárias à fiscalização contabilística[4].

7 Em todo o caso, as funções de fiscalização contabilística do ROC (revisão legal de contas, 420.º/4 e 451.º) *não se confundem* com as do CF [420.º/1, *c*) a *f*)]; *articulam-se*. O sistema proposto por Raul Ventura, claro e harmonioso, foi substituído por um outro mais complexo e obscuro, agravado pelas alterações de 2006[5]. Importa distinguir consoante o ROC integre ou não o CF.

8 6. **Cont.: casos em que o ROC integra o CF** [413.º/1, *a*)]. O CSC não exige que os membros do CF atuem *sempre* em modo colegial. Importa distinguir entre as atividades *cognitiva* (obtenção de informação), *valorativa* (avaliação da informação) e *reativa* (reação em função da avaliação). A atividade *cognitiva* cabe a cada um dos fiscais (incluindo o ROC), aos quais são diretamente imputados os poderes-deveres de obtenção de informação e de inspeção, devendo a informação recolhida por cada um aproveitar ao coletivo. No entanto, as tarefas de *avaliação* da informação e de *reação* face às conclusões alcançadas devem ser desenvolvidas pelo CF em modo colegial. Da discussão colegial decorre um maior cuidado e ponderação, bem como uma maior independência do órgão[6], necessárias à avaliação dos factos conhecidos e à deliberação sobre a reação a eventuais irregularidades. Pretende-se também assegurar uma reação uniforme às irregularidades[7]. Assim, quando o ROC integre o CF, pode este aproveitar a atividade cognitiva desenvolvida por aquele para efeitos da certificação legal das contas (451.º). Porém, exige-se do CF uma avaliação da informação recolhida e uma reação adequada às conclusões alcançadas. Não pode aceitar-se uma atitude passiva do CF[8].

[3] Orgão social sujeito a um complexo de poderes e deveres próprios, centrados sobretudo – mas não só – na revisão legal de contas, 420.º/4 e 451.º.

[4] Neste sentido também Gabriela Figueiredo Dias, *Código em comentário*, 6², 414.º, n.º 2.

[5] Ferreira Gomes, *Da Administração*, § 33.1.A.

[6] É mais difícil pressionar um conjunto de pessoas reunidas num órgão plural do que um indivíduo isolado.

[7] O mesmo não vale para a recolha da informação: na medida em que o conselho é chamado a analisar a informação recolhida, pode sempre exigir a recolha de informações adicionais se concluir pela sua insuficiência.

[8] Ferreira Gomes, *Da Administração*, n.ºs 1080-1085, bem como § 62.7 sobre a legitimidade da confiança na informação recebida.

9 7. **Cont.: casos em que o ROC não integra o CF** [413.º/1, *b)*]. Neste caso, a atividade do ROC não exonera o CF do cumprimento dos deveres do 420.º/1, *c)* a *f)*. Também não deve admitir-se a possibilidade de o CF (em representação da sociedade) contratar o ROC da sociedade como perito coadjuvante [420.º/1, *l)*]. Tendo a reforma de 2006 dissociado o ROC do CF, para assegurar que este fiscaliza a revisão legal de contas, não faria sentido admitir a sua integração por um mecanismo funcionalmente equivalente. Nestas sociedades temos, portanto, uma dupla função de fiscalização contabilística[9]. Isso não obsta a que o CF aproveite o trabalho realizado pelo ROC, que deve ser conhecido e criticamente analisado pelo CF[10].

10 8. **Sociedades de advogados e SROC** (n.º 3). A referência a estas sociedades constitui, historicamente, um desvio à regra da inelegibilidade de pessoas coletivas[11]. A redação anterior a 2006 era mais esclarecedora. Deve articular-se com o 414.º-A/4 e 5, relativos à representação destas sociedades no exercício do cargo.

11 9. **Independência do ROC/SROC**. Constitui um pressuposto fundamental para o exercício da profissão[12] (71.º). No CSC temos: o FU não pode ser acionista (414.º/1, *in fine*); os fiscais estão sujietos às incompatibilidades do 414.º-A/1. É nula a designação de ROC/SROC que não cumpra os requisitos aplicáveis (414.º-A/3).

12 10. **Restantes membros (acionistas e não acionistas)** (n.º 3). A referência não é clara, mas deve ser interpretada no sentido de permitir a participação dos acionistas no CF, mas não no sentido de limitar a participação de não-acionistas[13].

13 11. **Qualificações e experiência**. Independentemente de serem ou não acionistas, *todos os seus membros*[14] devem ser *«pessoas singulares com capacidade jurídica plena»*[15] e ter *«as qualificações e a experiência profissional adequadas ao exercício das suas funções»*. Articula-se com o 64.º/1, *a)* e 2. A concretização só é possível perante as específicas circunstâncias de cada sociedade: áreas de atividade da sociedade, dimensão e complexidade dessa atividade, tipo de regulação a que está sujeita, situação económica, etc.[16]. Todos os fiscais têm de estar habilitados a compreender a atividade desenvolvida pela sociedade e, em particular, os principais riscos envolvidos[17]. Independentemente das demais concretizações casuísticas, exige-se que todos os fiscais tenham a *literacia financeira* necessária ao cumprimento dos deveres de fiscalização contabilística[18].

14 Nas EIP, o art. 3.º da Lei 148/2015 exige *(i) que o CF inclua pelo menos um membro com habilitação académica adequada ao exercício das suas funções e conhecimentos em auditoria ou contabilidade; e (ii)* que os seus membros devem ter, no seu conjunto, formação e experiência prévias para o sector em que opera a entidade. Este último ponto concretiza a ideia geral de que, para lá dos *requisitos mínimos* impostos *ex lege* a todos os fiscais, deve o CF identificar as competências e a experiência *adicionais* que os seus membros, no seu conjunto, deverão ter, para assegurar o

[9] Ferreira Gomes, *Da Administração*, n.os 1680-1686.

[10] Ferreira Gomes, *Da Administração*, n.os 1086-1090.

[11] Gabriela Figueiredo Dias, *Código em comentário*, 6², 414.º, n.º4.

[12] Ferreira Gomes, "A fiscalização externa", 187-189.

[13] Paulo Olavo Cunha, *Direito das sociedades*⁷, 918 (nota 1387), Paulo Câmara e Gabriela Figueiredo Dias, "O governo das sociedades anónimas", 78.

[14] Gabriela Figueiredo Dias, *Código em comentário*, 6², 414.º, n.os 4-5, 562-566.

[15] Afasta-se a regra da ilegibilidade de pessoas coletivas que, depois, indicariam o membro singular (390.º/4): pretende-se uma escolha *intuitu personae*, sem intermediários.

[16] Gabriela Figueiredo Dias, *Código em comentário*, 6², 414.º, n.º 3, 561-562.

[17] Gabriela Figueiredo Dias, *Código em comentário*, 6², 414.º, n.º 5, 563-566.

[18] Devem saber ler e compreender demonstrações fi-nanceiras e ser capazes de realizar uma análise crítica (básica) das mesmas. Ferreira Gomes, "A fiscalização externa", 199-200.

cumprimento eficaz e eficiente das suas funções, bem como a sua repartição por cada um dos seus membros[19].

Faltando o conhecimento técnico necessário ao desenvolvimento das suas funções, *ab* 15
initio ou *a posteriori* (*v.g.*, em função do crescimento da sociedade ou da maior complexidade da sua atividade), deve o fiscal tomar as providências necessárias para o obter. O incumprimento deste dever constitui justa causa de destituição e fundamento de responsabilidade civil.

12. **Independência**. A afirmação da "independência" enquanto qualidade necessária de um 16
determinado número de membros de um órgão social coletivo tem origem nos EUA, no movimento de reconstrução normativa do papel do *board of directors* e de afirmação prática dos deveres dos administradores, espelhada na transição do modelo de *advisory board* para o modelo de *monitoring board* das *publicly traded corporations*. Estes administradores teriam maior capacidade de vigilância da equipa de gestão, assim reduzindo os *managerial agency costs*. O conceito de independência foi sendo restringido ao longo dos anos 1990 e, mais ainda, após os escândalos da Enron e outras sociedades no início do novo milénio. Não obstante, são muitas as críticas dirigidas à confiança depositada nos administradores independentes, não só pela dificuldade de aferição da sua independência em termos objetivos, mas também pelas dificuldades em estabelecer empiricamente uma necessária correlação entre a inclusão de independentes no *board* e o bom desempenho da sociedade.

Por influência norte americana, no Reino Unido, o Relatório Cadbury (1992) reco- 17
mendou que a maioria dos não-executivos fosse independente, promovendo a sua função de *vigilância*, sem desconsiderar a sua contribuição para a liderança da sociedade, como membros paritários do conselho (§§ 4.10-4.11)[20].

Este relatório, por sua vez, influenciou o Direito da UE: o Relatório Winter II (2002) 18
explicitou que o bom governo das sociedades depende de um conselho de administração forte e equilibrado, como corpo fiscalizador da equipa de gestão da sociedade. Realça o papel dos administradores não-executivos, a quem compete preencher o vazio existente entre os acionistas mal informados (*principais*) e os gestores executivos (*agentes*), a quem devem vigiar de perto. Nas sociedades com acionistas controladores, o seu papel assume uma particular relevância no controlo dos conflitos de interesses entre estes e os minoritários[21].

As propostas deste relatório foram refletidas no Plano de Ação da Comissão Europeia, 19
relativo à modernização do Direito das sociedades e ao reforço do governo das sociedades (2003) e, depois disso, na Recomendação de 15 de fevereiro de 2005, relativa ao papel dos administradores não-executivos ou membros do conselho de supervisão *de sociedades cotadas* e às

[19] Ferreira Gomes, *Da Administração*, n.os 855-865.

[20] Devem contribuir com um juízo independente em matérias de estratégia, desempenho, recursos, incluindo nomeações-chave, e padrões de conduta. Relatório Cadbury, 22, § 4.11. Hoje, lê-se no UK Corporate Governance Code (2018) que o *board* deve incluir uma combinação apropriadado de administradores executivos e não executivos e, em particular, de administradores independentes (Principle G). Este princípio é concretizado na proposição de que pelo menos metade do *board* deve ser composto por administradores que o mesmo considera independentes (§ 11). Não obstante, também no RU existem dúvidas sobre a eficácia do controlo dos executivos pelos não-executivos, principalmente quando não são escolhidos nem apoiados pelos acionistas (*maxime*, institucionais).

[21] Deveriam participar especialmente em três áreas onde são manifestos os conflitos de interesses dos executivos: a nomeação de administradores, a remuneração de administradores e a revisão das contas que permitem determinar o desempenho da sociedade. Esta participação poderia ser concretizada através da criação, *nas sociedades cotadas*, de comissões de nomeações, de remunerações e de auditoria, compostas por administradores não-executivos, na sua maioria independentes.

comissões do conselho de administração ou de supervisão. De acordo com o considerando (18) e o § 13 desta Recomendação,

> *Um administrador deve ser considerado independente se não tem quaisquer relações comerciais, familiares ou outras – com a sociedade, o accionista que detém o controlo ou com os órgãos de direcção de qualquer um deles – que possam originar um conflito de interesses susceptível de prejudicar a sua capacidade de apreciação.*

20 Nesta Recomendação, a CE enfrentou o desafio da diversidade de sistemas e modelos de governo jus-societários nos vários Estados-membros. Apresentou a referência a "administradores não executivos" como um paralelo de "membros do conselho de supervisão", cobrindo modelos monistas e dualistas[22]. Neste contexto, a independência, qualidade inicialmente imputada a administradores, passou a ser imputável também a fiscalizadores, como se verificou em vários diplomas europeus subsequentes, com destaque para a Diretriz de Revisão de Contas (2006/43/CE) que esteve na base da reforma do CSC de 2006. Esta impôs a criação de um "comité de auditoria" nas EIP, composta exclusivamente por administradores não-executivos, sendo pelo menos um destes independente e com competência nos domínios da contabilidade e/ou da revisão ou auditoria (41.º/1)[23]. Fazendo uso da opção prevista no art. 41.º/5 da Diretriz, as funções deste comité foram imputadas ao CF e assim surge o 414.º/5 CSC.

21 13. **Critérios de independência do 414.º/5.** Considera-se independente a pessoa não associada a qualquer grupo de interesses específico da sociedade, nem se encontre em situação que possa afetar a sua isenção de análise ou de decisão, designadamente: (a) por deter, direta ou indiretamente, 2% ou mais do capital; (b) por ter sido reeleito por mais de dois mandatos, contínuos ou intercalados (414.º/5). Temos uma cláusula geral[24], a concretizar casuisticamente, e duas especificações normativas.

22 O enquadramento histórico ajuda a clarificar o sentido da cláusula geral[25]. Releva em particular a Recomendação da CE de 15-fev.-2005: devem ser considerados independentes se não tiverem quaisquer relações comerciais, familiares ou outras – *com a sociedade, o acionista que detém o controlo ou com os órgãos de direção de qualquer um deles* – que possam originar um conflito de interesses suscetível de prejudicar a sua capacidade de apreciação [considerando (18) e § 13][26]. Esta recomendação, referência de *leges artis,* constitui um ponto de apoio na concretização das coordenadas legais[27].

23 A al. *a)* suscita estranheza[28] ao apresentar, no contexto jus-societário, um conceito próprio do direito mobiliário: o de "participação qualificada" (16.º CVM). Dela resulta uma presunção inilidível de ligação a interesses significativos na sociedade que prejudica a objetividade, impar-

[22] Para uma crítica desta visão de que os sistemas são reconduzíveis ou a um modelo monista como o britânico – inexistente entre nós – ou a um modelo dualista como o alemão, *V.* José Ferreira Gomes, Novas regras sobre o governo das instituições de crédito: Primeiras impressões e densificação da obrigação de administração de acordo com o "princípio da responsabilidade global", *RDS*, 7:1 (2015) 7-49 (44-46).

[23] Artigo 39.º/1 na versão atual desta Diretriz.

[24] Aparentemente são duas, mas materialmente é uma só cláusula geral.

[25] A referência a "grupos de interesses específicos" tem provavelmente origem no 1.º/2 e 3 do Regulamento CMVM 7/2001. Também se encontra na recom. 6 das Recomendações da CMVM de 2003, no ponto 18.1 do Regulamento CMVM 4/2013, na recom. II.1.7 do Código de Governo das Sociedades da CMVM (2013) e, finalmente, na recom. III.4 do Código de Governo das Sociedades do IPCG (2018).

[26] Para uma análise dos critérios de independência desenvolvidos a nível internacional, cf. Rui Oliveira Neves, "O administrador independente", 143-194.

[27] Ferreira Gomes, *Da Administração,* 726-729, n. 2577.

[28] Como oportunamente sublinhou Paulo Olavo Cunha, *Direito das Sociedades*[7], 584, n. 898.

cialidade ou isenção do sujeito, no grau pretendido para o sujeito qualificado como independente. A crítica de Coutinho de Abreu[29] é correta: na generalidade das sociedades portuguesas, com um elevado grau de concentração de capital, pode ser um exagero qualificar como não independente um administrador (não executivo) só porque possui (ou atua por conta de quem possui) 2% do capital[30]. Esta percentagem pode ser relevante numa sociedade aberta (em particular, se esta tiver uma elevada dispersão de capital, o que é raro entre nós), mas dificilmente o será numa sociedade fechada[31].

Sobre a al. *b*): três mandatos são o máximo admissível. A pessoa pode ser *reeleita* para um quarto mandato, mas já não como "independente"[32]. Traduz uma presunção inilidível de que o exercício do cargo social por determinado período de tempo[33] comporta um risco de compromisso da objetividade, imparcialidade ou isenção no cumprimento da obrigação de vigilância, no grau pretendido para o sujeito qualificado como independente. Visa reduzir a cumplicidade que se desenvolve em relações contínuas que geram laços profissionais e pessoais e, logo, uma crescente cumplicidade[34]. Nesta medida, deve a mesma ser interpretada extensivamente: por "mandatos" devem entender-se os exercidos em qualquer cargo social: de administração, de fiscalização ou na mesada assembleia geral. *V.g.*, não pode qualificar-se como "independente" aquele que, tendo cumprido três mandatos como presidente da mesa (independente, 414.º/5, *ex vi* 374.º-A/1), passe depois a exercer o cargo de fiscal[35]. 24

Estas normas apresentam vantagens de objetividade e segurança jurídica e desvantagens de inflexibilidade e impossibilidade de adaptação em função das circunstâncias do caso concreto[36]. Acrecenta-se ser discutível a opção de imposição de critérios adicionais de independência para além das incompatibilidades previstas no 414.º-A[37]. 25

14. **Recuperação da independência**. No anteprojeto de alterações do CSC de 2008/2009 vindo a público[38] incluía-se a previsão de que os ex-titulares retomassem a sua independência ao fim de seis anos sem mandato[39]. Esta alteração não foi incluída no DL 49/2010, de 19-mai. Decorridos todos estes anos sobre a reforma de 2006, é tempo de revisitar esta questão da recuperação da independência[40]: não deve admitir-se a perpetuação da qualificação de não-inde- 26

[29] "Corporate Governance em Portugal", 22.

[30] Menos correta é a afirmação subsequente do autor de que só deveria ser considerado não independente o acionista que fosse controlador ou que integrasse o grupo de controlo.

[31] Gabriela Figueiredo Dias, *Código em comentário*, 6², 414.º, n.º 5, 563-566.

[32] Menezes Cordeiro, *CSC Clássica*², 414.º, n.ºs 8-9. No mesmo sentido, Paulo Olavo Cunha, *Direito das Sociedades Comerciais*⁷, 582-584, "Independência", 279-280, Gabriela Figueiredo Dias, *Código em comentário*, 6², 414.º, n.º 7.2.

[33] Veja-se a crítica certeira de Paulo Olavo Cunha, "Independência", 265, à opção do legislador em centrar o computo do tempo em "mandatos" e não em "exercícios".

[34] Sobre esta questão a propósito da rotação dos revisores de contas, cf. Ferreira Gomes, "A fiscalização externa", 210.

[35] Paulo Olavo Cunha, "Independência", 264, id., *Direito das Sociedades*⁷, 583-584. Contra, Gabriela Figueiredo Dias, *Código em comentário*, 6², 414.º, n.º 7.2, 571-574. A autora admite que o sujeito possa ser qualificado como não independente ao abrigo da cláusula geral, mas não automaticamente, por aplicação da referida alínea *b*). Apesar de compreendermos as preocupações da autora quanto à automaticidade desta solução normativa, parece-nos que a solução não pode ser outra senão a defendida no corpo do texto, por imperativo de coerência interna do sistema: este não pode admitir soluções diversas para problemas materialmente idênticos.

[36] Gabriela Figueiredo Dias, *Código em comentário*, 6², 414.º, n.º 7.2, 571-574. Não podemos acompanhar Pedro de Albuquerque, "A independência e incompatibilidade", *passim*, 983-988, na afirmação de que o 414.º/5 se limita a consagrar uma presunção de independência, não contendo qualquer regra de desqualificação, não podendo condicionar ou impedir um advogado, independente segundo o EOA, de exercer o cargo de fiscal.

[37] No sistema alemão a opção foi contrária. Ferreira Gomes, "Modelos de governo", 416-417.

[38] CMVM, *Transposição da Directiva dos direitos dos accionistas e alterações ao Código das Sociedades Comerciais/Processo de Consulta Pública n.º 10/2008*, agosto 2008, 54.

[39] Menezes Cordeiro, "Uma nova reforma do Código das Sociedades Comerciais?", *RDS*, 1:1 (2009), 11-55 (41).

pendente[41]. O Código de Governo das Sociedades prevê um *cooling-off period* de apenas 3 anos (recom. III.5), o que nos parece curto.

27 15. **Composição do CF das EIP.** O 414.º/6 corresponde à versão original do 39.º/1, 4.º para., da Diretriz de Revisão de Contas (2006/43/CE) que estabelece regras para as EIP. Enquadra-se num conjunto mais vasto, introduzido em 2006, para provocar uma alteração profunda dos comportamentos tipicamente verificados no nosso meio empresarial. O seu mérito não se traduziu na previsão de soluções realisticamente adaptadas ao cenário então existente[42], mas à conformação futura do mesmo. Inevitavelmente, na prática a afirmação da independência assenta em critérios puramente formais[43]. Esta situação só sofrerá alterações relevantes se e quando a aplicação da lei a casos concretos pelos tribunais e o consequente desenvolvimento jurisprudencial permitir reduzir o fosso existente entre a *law in the books* e a *law in action*, ultrapassando a sistemática sensação de impunidade associada ao cumprimento meramente formal dos requisitos legais[44].

28 Articula-se hoje com o 3.º/2 da Lei 148/2015, de 9-set., segundo o qual o órgão de fiscalização das EIP (definidas pelo 3.º RJSA):

> *a*) Deve incluir pelo menos um membro que tenha habilitação académica adequada ao exercício das suas funções e conhecimentos em auditoria ou contabilidade;
> *b*) Os seus membros devem ter, no seu conjunto, formação e experiência prévias para o sector em que opera a entidade; e
> *c*) A maioria dos seus membros, incluindo o seu presidente, deve ser considerada independente, nos termos do n.º 5 do artigo 414.º do Código das Sociedades Comerciais.

29 Face ao CSC, acrescenta: (i) a positivação da exigência de competências e experiência adicionais que os membros do CF, *no seu conjunto*, devem ter, para assegurar o cumprimento eficaz e eficiente das suas funções; e (ii) a exigência de que o presidente do CF seja independente. O demais resulta já do 414.º.

III – **Consequências**

30 16. **Nulidade.** A eleição de um fiscal que não respeite os requisitos apontados viola preceitos legais que não podem ser afastados, nem mesmo por vontade unânime dos sócios: é nula – 56.º/1, *d*)[45]. Está em causa a proteção não só da sociedade, mas também dos seus sócios (atuais e futuros), dos seus credores e do interesse público em geral.

31 Os requisitos de natureza quantitativa são aplicáveis ao CF como um todo (e não um ou mais dos seus membros individualmente considerados) pelo que, caso não se verifiquem, a eleição de todos os membros da lista proposta é nula. A eleição corresponde a um negócio jurídico deliberativo sobre uma lista proposta (386.º/2), ferido de nulidade sempre que essa mesma lista não cumpra os requisitos legalmente exigidos. Se a eleição é nula, não podem os membros dessa

[40] Paulo Olavo Cunha, *Independência*, 276.

[41] Paulo Olavo Cunha, *Independência*, 286.

[42] Para Menezes Cordeiro, *CSC Clássica*[2], 414.º, anot. 7, a solução é irrealista atento o nosso universo empresarial.

[43] Em todo o caso, atente-se no contrassenso do sistema apontado por Paulo Olavo Cunha, *Direito das Sociedades*[7], 581, 580-581, id., *Independência*, 261: os cargos sociais envolvem uma *uberrima fides*; é natural que sejam escolhidas para os mesmos pessoas de confiança (*i.e.*, próximas) e não independentes, cuja distância não permite a formação do laço fiduciário. Mais: os acionistas controladores tendem a não ter interesse na presença de *verdadeiros* independentes que os questionem.

[44] Sobre o papel e importância da jurisprudência no desenvolvimento do Direito das sociedades em Portugal, cf. Ferreira Gomes, "Conflitos de interesses", 203 ss.

[45] Paulo Olavo Cunha, *Direito das Sociedades*[7], 583-584, invoca o 294.º CC.

lista constituir o órgão, não podendo este validamente deliberar ou praticar qualquer outro ato. Também tais atos são nulos[46].

17. **Caducidade.** A verificação *superveniente* da falta de requisitos quanto a um fiscal determina a caducidade do respetivo mandato[47]. Quando tal implique o incumprimento dos requisitos quantitativos do órgão como um todo, ficará este impedido de se constituir e validamente deliberar ou praticar qualquer outro ato. Para defesa da sociedade, a caducidade só ocorre quando ela tenha conhecimento dos competentes factos e isso sem prejuízo da responsabilidade do designado, que tem o dever de informar *ex vi* 64.º/2 e *ex bona fide*[48]. 32

Sendo a deliberação de eleição nula ou caso, supervenientemente, deixem de estar verificados os requisitos legais de composição do órgão, fica a sociedade em situação ilegal[49]. Constitui dever dos membros dos órgãos sociais, perante a sociedade, promover a regularização da solução no quadro das respetivas competências. 33

Artigo 414.º-A (Incompatibilidades)

1. Não podem ser eleitos ou designados membros do conselho fiscal, fiscal único ou revisor oficial de contas:

a) Os beneficiários de vantagens particulares da própria sociedade;

b) Os que exercem funções de administração na própria sociedade;

c) Os membros dos órgãos de administração de sociedade que se encontrem em relação de domínio ou de grupo com a sociedade fiscalizada;

d) O sócio de sociedade em nome coletivo que se encontre em relação de domínio com a sociedade fiscalizada;

e) Os que, de modo direto ou indireto, prestem serviços ou estabeleçam relação comercial significativa com a sociedade fiscalizada ou sociedade que com esta se encontre em relação de domínio ou de grupo;

f) Os que exerçam funções em empresa concorrente e que atuem em representação ou por conta desta ou que por qualquer outra forma estejam vinculados a interesses da empresa concorrente;

g) Os cônjuges, parentes e afins na linha reta e até ao 3.º grau, inclusive, na linha colateral, de pessoas impedidas por força do disposto nas alíneas *a*), *b*), *c*), *d*) e *f*), bem como os cônjuges das pessoas abrangidas pelo disposto na alínea e);

h) Os que exerçam funções de administração ou de fiscalização em cinco sociedades, exceptuando as sociedades de advogados, as sociedades de revisores oficiais de contas e os revisores oficiais de contas, aplicando-se a estes o regime do artigo 76.º do Decreto-Lei n.º 487/99, de 16 de novembro;

[46] Gabriela Figueiredo Dias, *Código em comentário*, 6², 414.º, n.º 7.3, 574-577, sustenta que tais atos são ineficazes.

[47] *V.* anot. 21 ao 414.º-A.

[48] Menezes Cordeiro, *CSC Clássica*², 414.º-A, anot. 16. Para a determinação das situações em que se pode afirmar o conhecimento da sociedade, veja-se José Ferreira Gomes e Diogo Costa Gonçalves, *Imputação de conhecimento às sociedades comerciais*, 2017.

[49] Gabriela Figueiredo Dias, *Código em comentário*, 6², 414.º, n.º 7.3, 574-577. Fica por determinar qual a consequência dessa qualificação na medida em que a mesma não figura entre as causas de dissolução administrativa ou por deliberação dos sócios, enunciadas pelo 142.º.

i) Os revisores oficiais de contas em relação aos quais se verifiquem outras incompatibilidades previstas na respetiva legislação;

j) Os maiores acompanhados dependentes de representação ou de autorização prévia para a prática de atos patrimoniais, os insolventes e os condenados a pena que implique a inibição, ainda que temporária, do exercício de funções públicas.

2. A superveniência de algum dos motivos indicados nos números anteriores importa caducidade da designação.

3. É nula a designação de pessoa relativamente à qual se verifique alguma das incompatibilidades estabelecidas no n.º 1 do artigo anterior ou nos estatutos da sociedade ou que não possua a capacidade exigida pelo n.º 3 do mesmo artigo.

4. A sociedade de revisores oficiais de contas que fizer parte do conselho fiscal deve designar até dois dos seus revisores para assistir às reuniões dos órgãos de fiscalização e de administração e da assembleia geral da sociedade fiscalizada.

5. A sociedade de advogados que fizer parte do conselho fiscal deve, para os efeitos do número anterior, designar um dos seus sócios.

6. Os revisores designados nos termos do n.º 4 e os sócios de sociedades de advogados designados nos termos do número anterior ficam sujeitos às incompatibilidades previstas no n.º 1.

Bibliografia: Pedro de Albuquerque, *Os limites à pluriocupação dos membros do conselho geral e de supervisão e do conselho fiscal* (2007); José Engrácia Antunes, *Os grupos de sociedades: Estrutura e organização jurídica da empresa plurissocietária* (2002), 754-758; António Menezes Cordeiro, *CSC/Clássica*, 2.ª ed. (2011), 414.º-A; Ricardo Costa/Alexandre Soveral Martins, *Código em comentário*, 2.ª ed. (2019), 434.º, 810 812; Paulo Olavo Cunha, *Independência e inexistência de incompatibilidades para o desempenho de cargos sociais*, in I Congresso Direito das Sociedades em Revista (2011); Gabriela Figueiredo Dias, *Código em comentário*, 2.ª ed. (2019), 414.º A, 582 593; José Ferreira Gomes, *Da Administração à Fiscalização das Sociedades: A obrigação de vigilância dos órgãos da sociedade anónima* (2015), n.os 598, 650, 658, 764, 802, 1277, 1310, 1384-1391, 1409, 1432, 1441, 2323-2326; *id.*, *Novas regras sobre o governo das instituições de crédito: Primeiras impressões e densificação da obrigação de administração de acordo com o "princípio da responsabilidade global, RDS*, 7:1 (2015) 9-51; *id.*, *Os princípios da responsabilidade e da direção global*, in AA.VV., *A governação de bancos nos sistemas jurídicos lusófonos* (2016), 89-122.

Vide a bibliografia geral indicada no 413.º.

Índice

I – **Origem e alterações**
1. DL 49.381 ... 1
2. Versão de 1986 ... 2
3. Alteração de 1987 ... 3
4. Alteração de 1996 ... 4
5. Reforma de 2006 ... 5
6. Alteração de 2018 ... 6

II – **As incompatibilidades**
7. Escopo ... 7
8. Interpretação estrita ... 8
9. Beneficiários de vantagens particulares da própria sociedade [al. *a*)] ... 9
10. Os que exercem funções de administração na própria sociedade [al. *b*)] ... 10
11. Os que exercem funções de administração em sociedade em relação de domínio ou de grupo [al. *c*)] ... 13
12. O sócio de SNC que se encontre em relação de domínio com a sociedade fiscalizada [al. *d*)] ... 15
13. Os que prestam serviços ou estabeleçam relação comercial significativa com a sociedade fiscalizada ou sociedade que com esta se encontre em relação de domínio ou de grupo [al. *e*)] ... 16
14. Os que exerçam funções em empresa concorrente e que atuem em representação ou

por conta desta ou que por qualquer outra forma estejam vinculados a interesses da empresa concorrente [al. *f*)] ... 23
15. Os cônjuges, parentes e afins na linha reta e até ao 3.º grau [al. *g*)] ... 26
16. Os que exerçam funções de administração ou de fiscalização em cinco sociedades [al. *h*)] ... 27
17. Os ROC em relação aos quais se verifiquem outras incompatibilidades previstas na respetiva legislação [al. *i*)] ... 31
18. Os maiores acompanhados dependentes de representação ou de autorização prévia para a prática de atos patrimoniais, os insolventes e os condenados a pena que implique a inibição, ainda que temporária, do exercício de funções públicas [al. *j*)] ... 32

III – **SROC e sociedades de advogados**
19. Designação de pessoas singulares para exercício do cargo ... 33

IV – **Consequências**
20. Nulidade ... 37
21. Caducidade ... 39

I – Origem e alterações

1. **DL 49.381**. O 414.º-A remonta ao 2.º do DL 49 381, de 15-nov.-1969. 1

2. **Versão de 1986**. O 414.º-A, introduzido formalmente em 2006, corresponde, com alterações, ao 414.º/3 a 8, da versão original: 2

> 3. Não podem ser eleitos ou designados membros do conselho fiscal ou fiscal único:
> *b*) Os que exercem funções de administração da própria sociedade ou as exerceram nos últimos três anos;
> *c*) Os membros dos órgãos de administração e de fiscalização de sociedade que se encontre em relação de domínio ou de grupo com a sociedade fiscalizada;
> *e*) Os que prestem serviços remunerados com carácter permanente à sociedade fiscalizada ou sociedade que com esta se encontre em relação de domínio ou de grupo;
> *f*) Os que exerçam funções em empresa concorrente;
> *h*) Os que exerçam funções de administração ou fiscalização em cinco sociedades, exceptuando as sociedades de advogados e as sociedades de revisores oficiais de contas;
> 5. É nula a designação de pessoa que não possua a capacidade exigida pelo n.º 1 ou relativamente à qual se verifique alguma das incompatibilidades estabelecidas no n.º 2.
> 7. A sociedade de advogados que fizer parte do conselho fiscal deve, para os efeitos do número anterior, designar um dos seus sócios.

3. **Alteração de 1987**. O DL 280/87, de 8-jul., alterou o então 414.º/3, *h*), no sentido de mandar aplicar aos ROC/SROC o 9.º do Decreto-Lei n.º 519-L2/79, de 29-dez., que limitava a pluriocupação dos ROC/SROC com base num sistema de pontos. 3

4. **Alteração de 1996**. O DL 257/96, de 31-dez., visando corrigir os lapsos do DL 262/86, de 2-set., deu a seguinte redação ao então n.º 5: 4

> 5. É nula a designação de pessoa relativamente à qual se verifique alguma das incompatibilidades estabelecidas no n.º 3 ou que não possua a capacidade exigida pelo n.º 2.

5. **Reforma de 2006**. O DL 76-A/2006, de 29-mar., veio autonomizar a matéria das incompatibilidades, no 414.º-A e desenvolveu alguns pontos. 5

6. **Alteração de 2018**. O 10.º da Lei 49/2018, de 14-ago., que criou o regime jurídico do maior acompanhado, eliminando os institutos da interdição e da inabilitação, alterou a al. *j*) do n.º 1 deste preceito em conformidade. A solução de fundo mantém-se intocada. 6

II – As incompatibilidades

7 7. **Escopo.** Visam assegurar que os fiscais estão em condições de exercer adequadamente as suas funções, *(i)* promovendo o interesse social de forma objetiva, imparcial e isenta [als. *a)* a *g)*], *(ii)* com disponibilidade [al. *h)*], *(iii)* sem restrições decorrentes de qualquer incapacidade, insolvência ou condenação em pena que implique inibição do exercício de funções públicas [al. *j)*]. Para os ROC valem ainda as causas de incompatibilidade previstas no EOROC [al. *i)* e 88.º-89.º, 91.º EOROC][1].

8 8. **Interpretação estrita.** As incompatibilidades são limitativas da liberdade, seja a dos particulares, seja a da própria sociedade, enquanto organização privada. Em termos constitucionais, está em causa a liberdade de escolha e de exercício de profissão (47.º/1 CRP), a liberdade de iniciativa económica (61.º/1 CRP) e o direito à propriedade privada (62.º/1 CRP). Nessa medida, as normas que fixam incompatibilidades devem ser interpretadas de modo estrito, sem alargamentos e nunca por analogia[2]. Os valores constitucionais e societários em presença exigem segurança. A sua aplicação obedece ao princípio da proibição de excesso (18.º/2 CRP): a restrição dos referidos direitos fundamentais só pode ser feita de forma necessária, adequada e proporcional.

9 9. **Beneficiários de vantagens particulares da própria sociedade [al. *a)*].** Visa assegurar a objetividade, imparcialidade e isenção do fiscal perante eventuais pressões ou aliciamentos da administração: evita a sua paralisação por receio de perder a vantagem; evita a criação de incentivos perversos a que o fiscal atue neste ou naquele sentido, na expectativa de uma vantagem atribuída pela administração da sociedade. Em princípio, estarão apenas em causa benefícios auferidos ao tempo da designação e/ou do exercício do cargo, mas não deve admitir-se uma leitura formalista do preceito: não pode exercer o cargo aquele que tenha beneficiado de uma vantagem particular no *passado* que ponha em causa a sua objetividade, imparcialidade e isenção *presentes*. Da mesma forma, não pode exercer o cargo aquele que tenha fundada expectativa de beneficiar de vantagens particulares *no futuro* que ponham em causa a sua objetividade, imparcialidade e isenção *presentes*. São coordenadas gerais a concretizar caso a caso; o simples facto de o sujeito ter beneficiado no passado, *v.g.*, de um patrocínio ou de uma bolsa de estudo atribuídos pela sociedade não constitui, só por si, causa de incompatibilidade[3].

10 10. **Os que exercem funções de administração na própria sociedade [al. *b)*].** Concretiza o princípio jus-societário da dissociação das funções de administração e fiscalização que caracteriza os modelos de governo tradicional [278.º/1, *a)*] e germânico [278.º/1, *c)*] das SA. Sem prejuízo das críticas que se lhe podem apontar, visa assegurar uma maior objetividade do órgão fiscalizador, evitando fenómenos de auto-fiscalização. Porém, limita a sua operacionalidade: o órgão de fiscalização pode ficar *de facto* (ainda que não *de iure*) arredado do processo decisório inerente à gestão empresarial, limitando o seu acesso à informação relevante para efeitos de fiscalização[4].

11 A afirmação de que o sistema português assenta (ou assentava) numa diferenciação e segregação das funções de administração e fiscalização[5] deve ser entendida *cum grano salis*.

[1] Não está, portanto, em causa apenas a independência dos fiscais, como refere Gabriela Figueiredo Dias, *Código em comentário*, 6[2], 414.º-A, n.º 2, 585-586, ou Paulo Olavo Cunha, *Independência*, 276, *Direito das Sociedades*[7], 597.

[2] Menezes Cordeiro, *CSC Clássica*[2], 414.º-A, anot. 6.

[3] Em sentido contrário, Gabriela Figueiredo Dias, *Código em comentário*, 6[2], 414.º-A, n.º 5, 587.

[4] Ferreira Gomes, *Da Administração*, n.os 342 (n. 576), 650, 658, 764, 802, 1277, 1310, 1384-1387, 1388-1391, 1409, 1432, 1441, 2323-2326.

[5] Gabriela Figueiredo Dias, *Fiscalização de sociedades e responsabilidade civil* (2006), 8.

A dissociação funcional é mais aparente do que real, sendo fluídas as fronteiras entre as atividades de administração e de fiscalização. A fiscalização é um todo, assente na articulação da conduta dos diferentes órgãos sociais, e não uma função perfeitamente autonomizável e imputada exclusivamente a um único órgão. O primeiro fiscalizador é, necessariamente, o órgão de administração[6], com o qual se deve articular o órgão de fiscalização global. O papel deste, por sua vez, não pode ser adequadamente desenvolvido senão em estreita colaboração com o revisor oficial de contas[7].

Com a reforma de 2006, desapareceu a anterior incompatibilidade relativa às pessoas que 12
tivessem exercido funções de administração nos últimos três anos.

11. **Os que exercem funções de administração em sociedade em relação de domí- 13
nio ou de grupo [al. *c*)].** Aplica-se tanto nas relações de sentido ascendente, como nas de sentido descendente. Nos casos em que a sociedade se apresenta como *sociedade-mãe* numa relação de domínio (486.º) ou de grupo (488.º-508.º), terá um poder de direção *de facto* ou *de iure* (respetivamente) sobre as sociedades-filhas, exercido pelo seu órgão de administração. Não pode admitir-se a sua fiscalização por quem se encontra sujeito à sua direção, *de facto* ou *de iure* (503.º/1, *ex vi* 491.º)[8].

Nos casos em que a sociedade se apresenta como *sociedade-filha* numa relação de domínio 14
ou de grupo, estará sujeita a um poder de direção de facto ou de direito (respetivamente) da sociedade-mãe, exercido pelo respetivo órgão de administração. Na medida em que o CF da sociedade-filha deve assegurar que o respetivo órgão de administração sobreordena os interesses desta (perante relações de domínio, evitando a instrumentalização da sociedade pelo acionista controlador) ou fiscalizar a legalidade das instruções da sociedade-mãe (perante relações de grupo, em que esta tem um poder legal de direção, 503.º/1, *ex vi* 491.º)[9], não poderia admitir-se que nele tivessem assento administradores da sociedade-mãe.

12. **O sócio de SNC que se encontre em relação de domínio com a sociedade fis- 15
calizada [al. *d*)].** Vale o exposto no ponto anterior, adicionando um nível de complexidade inerente à maior diluição de fronteiras entre a sociedade e a pessoa do sócio, refletida no regime de responsabilidade deste pelas dívidas daquela (175.º/1).

13. **Os que prestem serviços ou estabeleçam relação comercial significativa com a 16
sociedade fiscalizada ou sociedade que com esta se encontre em relação de domínio ou de grupo [al. *e*)].** Visa assegurar a objetividade, imparcialidade e isenção do fiscal perante a administração da sociedade, assim promovendo o interesse desta. Obstando ao exercício do cargo por quem esteja numa posição de dependência económica (ainda que relativa) perante a sociedade – e, logo, fragilizado no exercício do cargo – evita o risco de pressão ou aliciamento pela administração que é chamado a fiscalizar. Evita a eventual paralisação do fiscal no cumprimento dos seus deveres, por receio de prejudicar a relação comercial significativa existente, e promove a capacidade do órgão que o mesmo integra para "[f]iscalizar a administração da sociedade" [420.º/1, *a*) CSC].

[6] Ferreira Gomes, *Da Administração,* §§ 13-21.

[7] Ferreira Gomes, "Novas regras sobre o governo das instituições de crédito", 46.

[8] A restrição apontada por Gabriela Figueiredo Dias, *Código em comentário,* 6², 414.º-A, n.º 5, 588, às relações de grupo, afastando as relações de domínio, contraria o sentido e a letra da lei.

[9] Engrácia Antunes, *Os grupos de sociedades*², 754-758, a propósito do dever de recusa de execução de instruções ilícitas pelos administradores da sociedade-filha, cujo cumprimento deve ser fiscalizado pelo respetivo CF.

17 Não se deve diferenciar entre prestação de serviços e qualquer outra relação comercial (incluindo fornecimento de bens): qualquer relação comercial *significativa* pode colocar em causa a objetividade do fiscal[10].

18 Só relevam as relações comerciais *significativas*. A significância, verificada na esfera do parceiro comercial da sociedade[11], traduz uma dependência (ainda que relativa) deste face à sociedade: estão em causa relações que pela sua projeção no tempo (relações duradouras) e dimensão relativa dos valores envolvidos[12], poderiam condicionar a atuação do fiscal nos termos já referidos[13].

19 Em princípio, não fica abrangido o serviço esporádico (*v.g.*, elaboração de um parecer, por definição independente e que até pode concluir em sentido desfavorável à sociedade), mas sim relações de avença ou fornecimento contínuo que possam afetar a objetividade, isenção e imparcialidade do sujeito[14]. Há exceções.

20 Da mesma forma, não fica abrangida a prática corrente, sem significado (*v.g.*, numa sociedade de distribuição, não é impeditivo o facto de o interessado se abastecer no supermercado da mesma ou, num banco, o facto de o mesmo interessado ter conta aberta e praticar atos bancários correntes, incluindo operações de crédito banais)[15].

21 A incompatibilidade abrange as relações diretas e indiretas, *i.e.*, com interposição de pessoas, real ou fictícia[16]. A relevância das relações indiretas depende de um "critério de dupla significância": (i) dependência económica da pessoa interposta relativamente à sociedade e (ii) dependência económica do candidato relativamente à pessoa interposta, em termos tais que a variação no primeiro nível seja suscetível de afetar o segundo.

22 Segundo a Ordem dos Advogados[17], este preceito não inclui a prestação de serviços de advocacia à sociedade por advogado, *«por força dos princípios deontológicos consagrados no EOC, a que este se encontra legalmente vinculado»*. Não faz sentido. Tem razão Paulo Olavo Cunha[18] quando sustenta que a interpretação da Ordem é hábil, mas desloca o problema, e também Gabriela Figueiredo Dias quando afirma que *«a citada independência com que os advogados devem exercer a advocacia não é garantia de isenção no exercício de uma diferente atividade – a de fiscalização de sociedades –, pelo que o critério (...) deve ser rigorosamente o mesmo»*[19].

23 14. **Os que exerçam funções em empresa concorrente e que atuem em representação ou por conta desta ou que por qualquer outra forma estejam vinculados a interesses da empresa concorrente [al. *f*)].** Também visa assegurar a objetividade, imparcialidade e isenção do fiscal perante o risco de subordinação do interesse da sociedade ao interesse de empresa concorrente. É, portanto, uma manifestação do dever de lealdade[20], segundo o qual os titulares dos órgãos sociais devem sobreordenar o interesse da sociedade a outros interesses.

[10] Neste sentido, Paulo Olavo Cunha, *Independência*, 279, Gabriela Figueiredo Dias, *Código em comentário*, 6[2], 414.º-A, n.º 5, 589.

[11] Paulo Olavo Cunha, *Independência*, 279-280.

[12] Paulo Olavo Cunha sugere um limiar de 5% (se a relação comercial for regular) ou 10% (se a relação for esporádica) do total de serviços prestados pelo designado ou através de sociedade que este integre (*Independência*, 280). Parece-nos que a fixação, em abstrato, de um tal limiar seria arbitrária.

[13] Gabriela Figueiredo Dias, *Código em comentário*, 6[2], 414.º-A, n.º 5, 589, dá como exemplos o produtor de tomate que vende *toda* a produção uma sociedade que produz concentrado de tomate e o engenheiro informático que presta serviços e é remunerado em exclusividade por uma empresa de telecomunicações.

[14] Menezes Cordeiro, *CSC Clássica*[2], 414.º-A, anot. 9, Paulo Olavo Cunha, *Independência*, 280, Gabriela Figueiredo Dias, *Código em comentário*, 6[2], 414.º-A, n.º 5, 589.

[15] Menezes Cordeiro, *CSC Clássica*[2], 414.º-A, anot. 9.

[16] Menezes Cordeiro, *CSC Clássica*[2], 414.º-A, anot. 9.

[17] Parecer E-15/05 do Conselho Geral da Ordem dos Advogados, disponível *online*.

[18] Paulo Olavo Cunha, *Direito das Sociedades*[7], 602-603 (em particular, nota 915).

[19] Gabriela Figueiredo Dias, *Código em comentário*, 6[2], 414.º-A, n.º 5, 589. Contra: Pedro de Albuquerque, "A independência e incompatibilidade", *passim*, em especial, 978, 982.

[20] Ricardo Costa e Alexandre Soveral Martins, *Código em comentário*, 6[2], 434.º, 811.

Abrange os casos dos que exerçam funções em empresa concorrente, bem como os que a representem, atuem por conta dela ou estejam vinculados aos seus interesses. Também aqui se pressupõe, em princípio, uma relação duradoura e não um ato esporádico, mas haverá exceções. Por maioria de razão, abrange os casos de atuação concorrente por conta própria (direta ou indiretamente). 24

A solução inversa poderia determinar restrições aos fluxos de informação para o CF, por receio de que a informação fosse usada pelo concorrente, em prejuízo da sociedade. 25

15. **Os cônjuges, parentes e afins na linha reta e até ao 3.º grau [al. *g*)]**. Ficam abrangidos, pelas alíneas *a*) a *d*) e *f*), os cônjuges, parentes ou afins na linha reta e até ao 3.º grau na colateral (tios/sobrinhos) e, pelo final da alínea *g*), os cônjuges dos interessados[21]. Visa assegurar o efeito prático das alíneas referidas. Constitui, porém, uma solução formal muitas vezes afastada da realidade material subjacente[22]. 26

16. **Os que exerçam funções de administração ou de fiscalização em cinco sociedades [al. *h*)]**. Visa, através de um critério formal – sujeito a severas críticas[23] –, assegurar a disponibilidade dos fiscais para o exercício das suas funções. Constitui reação (apressada) do legislador a uma prática infeliz de sobreposição inadmissível de cargos. Apesar das limitações da norma, que é excessivamente formalista, por um lado, e deixa muitas situações de fora, por outro, o seu propósito é claro, articulando-se com o dever de revelar disponibilidade para o exercício do cargo, hoje positivado no 64.º/1, *a*) e 2 como "dever de cuidado"[24]. 27

Esta norma deve ser interpretada restritivamente, não se aplicando à sobreposição de cargos de fiscalização num mesmo grupo de sociedades (*de facto* ou *de iure*), sempre que a atividade das sociedades-filhas, ainda que formalmente distinta da da sociedade-mãe, não se dissocie materialmente desta, no contexto da empresa plurisocietária[25]. Na medida em que a atividade das sociedades-filhas seja uma mera extensão da atividade da sociedade-mãe, não deve admitir-se a prevalência de um critério formalista sobre a materialidade subjacente. A fiscalização exigida aos fiscais abrangerá a atividade da administração exercida também através de sociedades-filhas, não se verificando a dispersão da atenção do fiscal que o legislador procurou evitar. 28

[21] Menezes Cordeiro, *CSC Clássica*², 414.º-A, anot. 9.

[22] Gabriela Figueiredo Dias, *Código em comentário*, 6², 414.º-A, n.º 5, 591.

[23] Pedro de Albuquerque, acompanhado por Menezes Cordeiro, sustenta que o escopo da norma não pode ser o de garantir a disponibilidade do eleito: não se distingue entre administradores executivos e não-executivos, nem se atende às efetivas funções em causa; além disso, há outros tipos de ocupação extra-societária que poderiam prejudicar. Tratar-se-ia de evitar, pela multiplicação dos cargos, conflitos reais ou potenciais de interesses. Nessa medida, sustentam interpretação restritiva: quando haja situações de domínio ou de grupo, as sociedades envolvidas deveriam ser contadas como apenas uma, porque, segundo os autores, (a) não há conflitos de interesses, estando salvaguardado o fim da norma; (b) há vantagens funcionais, uma vez que a fiscalização ou administração do grupo se faz em conjunto; (c) é a solução mais racional e económica, limitando os custos. *V.* Pedro de Albuquerque, *Os limites à pluriocupação dos membros do conselho geral e de supervisão e do conselho fiscal* (2007), Menezes Cordeiro, *CSC Clássica*², 414.º-A, anot. n.º 12. Como resulta do texto, concordamos com a interpretação restritiva, mas não concordamos com o escopo atribuído à norma, nem como a afirmação de que, em relações de grupo, não há conflitos de interesses (cf. anot. 11 *supra*).

[24] Cf. Ferreira Gomes, "O sentido dos 'deveres de cuidado' (art. 64.º CSC): «once more unto the breach, my friends, once more»", ROA, 76 (2016), 447-496.

[25] Gabriela Figueiredo Dias, *Código em comentário*, 6², 414.º-A, n.º 5, 592, sustenta apenas que não devem ser contabilizadas as sociedades incluídas no mesmo grupo, contando-se estas como uma só, mas não fundamenta. Esta afirmação, apresentada desta forma irrestrita, pode levar ao não computo, por exemplo, de sociedades-filhas que, não obstante serem do mesmo grupo, apresentam na verdade uma atividade materialmente tão distinta que reduzem efetivamente a aptidão do sujeito para o exercício do cargo, comprometendo o escopo desta norma. Na sua decisão RLx 28-mai.-2015, Proc. 915/13.6TVLSB. L1,-2ª a Relação de Lisboa sustenta a posição de Gabriela Figueiredo Dias, mas com argumentos pouco relevantes.

29 Às sociedades de advogados não se aplica esta causa de incompatibilidade, mas aplica-se o dever de revelar a disponibilidade para o exercício do cargo, que deve ser assegurada pelo sócio designado para o exercício do cargo (414.º-A/5).

30 Quanto às SROC e ROC, a remissão para o 76.º DL 487/99 deve hoje ler-se para o 91.º/2 do EOROC, sem prejuízo do seu dever de revelar a disponibilidade para o exercício do cargo [64.º/1, *a)* e 2 e 414.º-A/4].

31 17. **Os ROC em relação aos quais se verifiquem outras incompatibilidades previstas na respetiva legislação [al. *i*)]**. Está em causa o disposto nos 88.º-89.º, bem como no 91.º EOROC, que se soma ao disposto no CSC.

32 18. **Os maiores acompanhados dependentes de representação ou de autorização prévia para a prática de atos patrimoniais, os insolventes e os condenados a pena que implique a inibição, ainda que temporária, do exercício de funções públicas [al. *j*)]**. São considerados inaptos para o exercício do cargo de fiscal em geral e não apenas nesta ou naquela sociedade em concreto[26].

III – **SROC e sociedades de advogados**

33 19. **Designação de pessoas singulares para exercício do cargo**. De acordo com o 414.º-A/4, a SROC que seja membro do CF (ou FU) deve designar dois dos seus revisores para assistir às reuniões dos órgãos de fiscalização e de administração e da AG. A redação é infeliz: o preceito deve ser articulado sistematicamente com o 75.º/1 e 2 EOROC[27], segundo o qual a SROC deve designar um dos seus sócios ROC como responsável pela revisão legal de contas ("sócio principal"), ao qual cabe representá-la no exercício do cargo (incluindo na assistência a reuniões). Tem poderes para, em nome da SROC, assinar os documentos relativos à revisão legal de contas (128.º/2 EOROC).

34 De acordo com o 414.º-A/5, a sociedade de advogados que seja membro do CF deve designar um dos seus sócios para assistir às mesmas reuniões. Também é infeliz: a este sócio cabe representar a sociedade no exercício do cargo em toda a sua amplitude e não apenas nas reuniões. Não faz sentido dissociar as atividades cognitivas (nas quais se inclui a presença naquelas reuniões) das valorativas (avaliação da informação) e das reativas (reação às irregularidades eventualmente detetadas) que, em conjunto, estruturam a obrigação de vigilância que recai sobre cada um dos fiscais.

35 A representação destas sociedades no exercício do cargo é um tema delicado. Só a estabilidade na representação permite o conhecimento adequado da sociedade e um acompanhamento permanente da sua atividade.

36 As pessoas indicadas devem exercer pessoalmente[28] o cargo no seu todo, cumprindo todos os deveres inerentes. Impõe-se unidade no exercício do cargo[29].

IV – **Consequências**

37 20. **Nulidade**. A designação de pessoa ferida de incompatibilidade conduz à nulidade da deliberação respectiva: viola normas legais que não podem ser afastadas, nem mesmo por vontade unânime dos sócios (56.º/1, d) e 414.º-A/3)[30]. Está em causa a proteção não só da sociedade, mas também dos seus sócios (atuais e futuros), dos seus credores e do interesse público em geral.

[26] Gabriela Figueiredo Dias, *Código em comentário*, 6², 414.º-A, n.º 5, 593.

[27] Tal como aprovado pela Lei 140/2015, de 7-set.

[28] Menezes Cordeiro, *CSC Clássica*², 414.º-A, anot. 15.

[29] Ferreira Gomes, *Da Administração*, §§ 23-28.

[30] Menezes Cordeiro, *CSC Clássica*², 414.º-A, anot. 17. Como alerta o Professor, *«o 414.º-A/3, está gralhado: quando muito, queria dizer-se "no n.º 1 do presente artigo"*,

Segundo Menezes Cordeiro, não faz sentido cominar a nulidade por violação de regras estatutárias (414.º-A/3): aí caberia a anulabilidade. Da interpretação sistemática decorreria a competente redução teleológica[31]. 38

21. **Caducidade**. Quando a incompatibilidade ocorra supervenientemente, caduca a designação (414.º-A/2). Para defesa da sociedade, deve entender-se que essa caducidade só ocorre quando ela tenha conhecimento dos competentes factos e isso sem prejuízo da responsabilidade do designado, que tem o dever de informar *ex vi* 64.º/2 e *ex bona fide*[32]. 39

Artigo 414.º-B (Presidente do conselho fiscal)

1. Se a assembleia geral não o designar, o conselho fiscal deve designar o seu presidente.

2. Aplica-se, com as devidas adaptações, o disposto no n.º 3 do artigo 395.º.

Bibliografia: António Menezes Cordeiro, *CSC Clássica*, 2.ª ed. (2011), 414.º-B; Gabriela Figueiredo Dias, *Código em comentário*, 6, 2.ª ed. (2019), 414.º-B, 594-600; Paulo Olavo Cunha, Independência e inexistência de incompatibilidades para o desempenho de cargos sociais (2012), 281-282; José Ferreira Gomes, *Da Administração à Fiscalização das Sociedades: A obrigação de vigilância dos órgãos da sociedade anónima* (2015), n.os 610-613, 839-848; Armando Manuel Triunfante, *Código das Sociedades Comerciais Anotado* (2007), 419-421.

Vide a bibliografia geral indicada no 413.º.

Índice

1. Origem e *ratio* 1
2. Designação pelo CF 2
3. Competência 3
4. Articulação com o 415.º/2 5

1. **Origem e *ratio***. O 414.º-B foi introduzido pelo DL 76-A/2006, de 29-mar. Visou enquadrar a supressão da exigência de composição ímpar (413.º/4), atribuindo voto de qualidade ao presidente. Paralelamente, foi eliminada, bem, a disposição (introduzida pelo DL 257/1996, de 31-dez.) que conferia voto de qualidade ao ROC que antes integrava necessariamente o CF (antigo 423.º/3). Na versão original do 423.º/3, tal como, antes disso, no 14.º/3 do DL 49.381, era conferido voto de qualidade ao presidente do CF[1]. 1

2. **Designação pelo CF**. Enquadra-se no dever de organização interna do CF, nos termos do qual este se deve organizar da forma mais adequada ao desenvolvimento da sua função, de acordo com as específicas características da sociedade, dentro dos limites da lei e dos estatutos, sob responsabilidade própria[2]. 2

enquanto a "capacidade exigida" surgia no 414.º/1, versão de 1986, tendo desaparecido: hoje rege o 414.º/1, j), que gera incompatibilidade. Mas ficam de fora as regras do 414.º … Retemos, pois, a regra geral: nulidade em todos os casos, por violação de normas indisponíveis». Sobre os efeitos da incompatibilidade, cf. tb. Paulo Olavo Cunha, *Independência*, 281-282, e *Direito das Sociedades*[7], 604-605.

[31] Menezes Cordeiro, *CSC Clássica*[2], 414.º-A, anot. 17.

[32] Menezes Cordeiro, *CSC Clássica*[2], 414.º-A, anot. 16. Para a determinação das situações em que se pode afirmar o conhecimento da sociedade, veja-se José Ferreira Gomes e Diogo Costa Gonçalves, *Imputação de conhecimento às sociedades comerciais*, 2017.

[1] Ferreira Gomes, *Da Administração*, n.os 610-613.

[2] *V*. anot. 4 ao 421.º. Ferreira Gomes, *Da Administração*, n.os 839-848.

3 3. **Competência**. Ao presidente do CF aplicam-se as regras ínsitas neste tipo de cargo. Para além do voto de qualidade cabe-lhe: (a) convocar e dirigir as reuniões; (b) tomar todas as medidas necessárias para a preparação das reuniões, (c) assegurar o fluxo de informação interorgânico, dentro e fora das reuniões (sem prejuízo do exercício individual dos poderes-deveres de obtenção de informação e de inspeção por cada um dos fiscais), (d) representar o CF junto dos demais órgãos e perante o exterior (sem prejuízo da possibilidade de o CF designar outro(s) membro(s) para o efeito); (e) chamar os suplentes; (f) mandar organizar as atas; (g) assegurar o cumprimento da lei e dos estatutos.

4 Dentro dos limites da lei e dos estatutos, o próprio CF pode regular o exercício do cargo de presidente, em cumprimento do seu dever de organização interna[3].

5 4. **Articulação com o 415.º/2.** Aparentemente, o 414.º-B/1 conflitua com o 415.º/2, no qual não se atentou em 2006. Há que aplicá-los cumulativamente: a eleição interna sobrevém quando o contrato não designe o presidente do CF e os sócios não o escolham.

Artigo 415.º (Designação e substituição)

1. Os membros efetivos do conselho fiscal, os suplentes, o fiscal único e o revisor oficial de contas são eleitos pela assembleia geral, pelo período estabelecido no contrato de sociedade, mas não superior a quatro anos, podendo a primeira designação ser feita no contrato de sociedade ou pela assembleia constitutiva; na falta de indicação do período por que foram eleitos, entende-se que a nomeação é feita por quatro anos.

2. O contrato ou a assembleia geral designam aquele dos membros efetivos que servirá como presidente; se o presidente cessar as suas funções antes de terminado o período para que foi designado ou eleito, os outros membros escolherão um deles para desempenhar aquelas funções até ao termo do referido período.

3. Os membros efetivos do conselho fiscal que se encontrem temporariamente impedidos ou cujas funções tenham cessado são substituídos pelos suplentes, mas o suplente que seja revisor oficial de contas substitui o membro efetivo que tenha a mesma qualificação.

4. Os suplentes que substituam membros efetivos cujas funções tenham cessado mantêm-se no cargo até à primeira assembleia anual, que procederá ao preenchimento das vagas.

5. Não sendo possível preencher uma vaga de membro efetivo por faltarem suplentes eleitos, os cargos vagos, tanto de membros efetivos como de suplentes, são preenchidos por nova eleição.

Bibliografia: António Menezes Cordeiro, *CSC/Clássica*, 2.ª ed. (2011), 415.º, 446.º; Gabriela Figueiredo Dias, *Código em comentário,* 6, 2.ª ed. (2019), 415.º, 601-612; José Ferreira Gomes, *Da Administração à Fiscalização das Sociedades: A obrigação de vigilância dos órgãos da sociedade anónima* (2015), n.os 545-556, 610-613, 955-959, 969, 971, 974.

Vide a bibliografia geral indicada no 413.º.

[3] *Idem.*

Índice

1. Origem e alterações 1
2. Designação 2
3. Proposta de ROC/SROC pelo CF nas grandes SA e EIP 4
4. Mandato 9
5. Presidente 10
6. Substituição 11

1 1. **Origem e alterações**. O 415.º provém da versão inicial, a qual remonta, por seu turno, ao 3.º do DL 49 381, de 15-nov.-1969. O DL 280/87, de 8-jul., inseriu, no final do n.º 1, "sendo reelegíveis". Esse aditamento, porventura por lapso, desapareceu da versão adotada pelo DL 76-A/2006: da parte dispositiva e da republicação. O DL 76-A/2006 alterou o n.º 1, para introduzir a referência ao ROC, e o n.º 3, para trocar "que for revisor" por "que seja revisor".

2 2. **Designação**. Os fiscais e o ROC/SROC podem *e devem* ser: (a) em primeira designação, designados no contrato ou pela assembleia constitutiva; (b) subsequentemente, eleitos pela coletividade de sócios (415.º/1). A designação no contrato de sociedade ou pela assembleia constitutiva é obrigatória: a sociedade não pode funcionar sem órgão de fiscalização global e sem ROC/SROC. Fica por determinar qual a consequência da sua preterição[1] na medida em que a mesma não figura entre as causas de dissolução administrativa ou por deliberação dos sócios, enunciadas no 142.º.

3 A eleição pela assembleia constitutiva ou pela coletividade de sócios obedece ao 386.º/2: sendo apresentadas várias listas de candidatos, vencerá aquela que tiver a seu favor maior número de votos.

4 3. **Proposta de ROC/SROC pelo CF nas grandes SA e EIP**. Nas grandes SA, sujeitas a fiscalização reforçada [413.º/2, *a*)], bem como nas EIP (3.º da Lei 148/2015, de 9-set. e 3.º do RJSA), a eleição do ROC/SROC depende de seleção prévia e proposta pelo CF [420.º/2, *b*) e 446.º/1].

5 Nas grandes SA, se o CF apresentar apenas uma proposta, os sócios limitam-se a aprová-la ou rejeitá-la. Se apresentar mais do que uma opção[2], escolhem uma.

6 Nas EIP, salvo quando esteja em causa a renovação do mandato do ROC/SROC, a proposta do CF *(i)* inclui necessariamente pelo menos duas opções, com indicação fundamentada da preferência por uma delas, e *(ii)* é acompanhada da declaração do CF de que tal proposta não foi condicionada por influência de terceiros e que não lhe foi imposta nenhuma cláusula contratual que limitasse a sua escolha [16.º/2 e 5 Regulamento de Revisão de Contas de EIP[3]].

7 Nas EIP que não sejam "pequenas e médias empresas"[4] nem "sociedades com capitalização bolsista reduzida"[5], a proposta do CF *(iii)* é preparada na sequência de um processo de

[1] A designação não constitui elemento obrigatório do contrato de sociedade (7.º e 272.º), pelo que a preterição da mesma não prejudica a validade do contrato: em tal caso, a designação deve caber à assembleia constitutiva.

[2] Solução possível. Menezes Cordeiro, *CSC Clássica*², 446.º, anot. 3.

[3] Regulamento (UE) 537/2014.

[4] Segundo definição do art. 2.º/1, *f)* da Diretriz dos Prospetos (2003/71/CE): *«qualquer empresa que, de acordo com as suas últimas contas anuais ou consolidadas, preencha pelo menos dois dos três critérios seguintes: número médio de trabalha dores ao longo do exercício financeiro inferior a 250, um activo total que não exceda 43 000 000 de euros e um volume de negócios anual líquido que não ultrapasse 50 000 000 de euros».*

[5] Segundo definição do art. 2.º/1, *t)* da Diretriz dos Prospetos (2003/71/CE): *«uma sociedade admitida à negociação num mercado regulamentado com uma capi talização bolsista média inferior a 100 000 000 EUR com base na cotação no final do ano nos três anos civis precedentes».*

seleção concursal de seleção que respeite determinados critérios legais [16.º/3 e 4 Regulamento de Revisão de Contas de EIP].

8 A imposição destas soluções *ex lege* visa assegurar a competência técnica e a independência do ROC/SROC face não só à administração, mas também ao acionista controlador. Por isso, deve ser afastada a possibilidade de os acionistas proporem a designação de outro ROC quando a proposta do CF tenha sido rejeitada. A eleição de ROC/SROC não proposto pelo CF é nula [56.º/1, *d*)], não podendo o presidente da mesa aceitar proposta de outrem[6].

9 4. **Mandato**. O mandato resulta dos estatutos, não podendo ser superior a quatro anos, tempo esse que se aplica supletivamente (415.º/1, 446.º/2). Sendo os fiscais eleitos com base numa mesma lista proposta aos sócios, vale a regra (não escrita) de que os respetivos mandatos têm a mesma duração[7]. Tal como os administradores, não obstante designados por prazo certo, os fiscais mantêm-se em funções até nova designação (391.º/4, por analogia)[8]: a sociedade não pode ficar sem órgão de fiscalização.

10 5. **Presidente**. É designado no contrato (ou pela assembleia constitutiva) ou eleito em pelos sócios, de entre os efetivos (415.º/2, 1.ª parte). Em articulação com o 414.º-B/1: se os sócios não o designarem ou cessando funções antes do termo do mandato, é designado pelo CF. Esta solução enquadra-se no dever de organização interna do CF[9].

11 6. **Substituição**: Pelos suplentes (sendo o ROC pelo ROC suplente), os quais se mantêm até ao fim do mandato. Recorre-se a nova eleição quando faltem suplentes (415.º/5).

Artigo 416.º (Nomeação oficiosa do revisor oficial de contas)

1. A falta de designação do revisor oficial de contas pelo órgão social competente, no prazo legal, deve ser comunicada à Ordem dos Revisores Oficiais de Contas nos 15 dias seguintes, por qualquer acionista ou membro dos órgãos sociais.

2. No prazo de 15 dias a contar da comunicação referida no número anterior, a Ordem dos Revisores Oficiais de Contas deve nomear oficiosamente um revisor oficial de contas para a sociedade, podendo a assembleia geral confirmar a designação ou eleger outro revisor oficial de contas para completar o respetivo período de funções.

3. Aplica-se ao revisor oficial de contas nomeado nos termos do número anterior o disposto no artigo 414.º-A.

Bibliografia: António Menezes Cordeiro, *CSC/Clássica*, 2.ª ed. (2011), 416.º; Gabriela Figueiredo Dias, *Código em comentário* 6² (2019), 416, 613-618; José Ferreira Gomes, *Da Administração à Fiscalização das Sociedades: A obrigação de vigilância dos órgãos da sociedade anónima* (2015), n.ºs 314-316, 957-959, 971-976. *Vide* a bibliografia geral indicada no 413.º.

[6] Menezes Cordeiro, *CSC Clássica*², 446.º, anot. 3.

[7] Gabriela Figueiredo Dias, *Código em comentário*, 6², 415.º, n.º 3, 607 (nota 16), convoca o paralelo do 395.º/5, no qual se refere o *«período para o qual os administradores foram eleitos»*, para afirmar que se presume que todos os administradores são eleitos por igual período de tempo, o mesmo valendo para os fiscais.

[8] No mesmo sentido, STJ 25-mar.-2004 (Ponce de Leão), Proc. 04A407, e Gabriela Figueiredo Dias, *Código em comentário*, 6², 415.º, n.º3

[9] Cf. anot. 2 ao 414.º-B.

Índice

I – **Origem e alterações**
1. DL 49.381, de 15-nov.-1969, e regime jurídico dos ROC 1
2. Versão inicial do CSC e alterações 3

II – **Procedimento e incompatibilidades**
3. Procedimento 5
4. Incompatibilidades 6

III – **O regime jurídico dos ROC**
5. Articulação com o EOROC 7

I – Origem e alterações

1. **DL 49.381, de 15-nov.-1969, e regime jurídico dos ROC.** O legislador de 1969 previu modelos de nomeação dos fiscais que assegurassem a independência deste face à administração: não sendo os fiscais eleitos pela AG (3.º/1), *devia* a administração e *podia* qualquer acionista requerer a sua nomeação judicial (7.º/1). Não existia regra específica para designação do ROC membro do CF. A solução de nomeação judicial do ROC viria a constar também do 55.º/2 da proposta de 5.ª Diretriz, relativa à estrutura das SA, na versão de 1983[1], que nunca chegou a ser aprovada. 1

O DL 519 L2/79, de 29 dez., que regulou a profissão de ROC, baralhou coordenadas: a competência para a designação continuava a caber à AG, passando a prever-se que, na falta de proposta para designação, cabia ao presidente da mesa fazê-la e, caso o não fizesse, podia fazê-lo o sócio presente detentor da maior participação de capital (7.º/2). O problema estava no 7.º/3 que atribuía competência para a designação entre reuniões da AG à mesa desta e, na sua falta, ao órgão de gestão (7.º/3). Esta solução – que se perpetuaria – era duplamente incompreensível: (i) os poderes de fiscalização do presidente da mesa destinam-se apenas a assegurar a regularidade das reuniões da AG; (ii) a designação pelo órgão de gestão compromete independência do fiscalizador perante o fiscalizado[2]. 2

2. **Versão inicial do CSC e alterações.** A versão inicial do CSC salvaguardava independência dos fiscais (417.º) e do ROC em particular (416.º) face à administração, mas legislação avulsa (regime do ROC) voltaria depois a baralhar as coordenadas. O 416.º introduziu a nomeação do ROC pela Câmara dos ROC (CROC) – hoje dita Ordem dos ROC (EORC) –, mais expedita do que a nomeação judicial anteriormente vigente[3]: 3

> 1. A falta de designação do revisor oficial de contas pelo órgão social competente, no prazo legal, deve ser comunicado à Câmara dos Revisores Oficiais de Contas nos quinze dias seguintes.
>
> 2. No prazo de quinze dias a contar da comunicação referida no número anterior, a Câmara dos Revisores Oficiais de Contas deve nomear oficiosamente um revisor oficial de contas para a sociedade, podendo a assembleia geral confirmar a designação ou eleger outro revisor oficial de contas para completar o respectivo mandato.

O DL 257/1996, de 31-dez., aditou, no final do n.º 1, "por qualquer sócio ou membro dos órgãos sociais". A reforma de 2006 atualizou a terminologia e remeteu para o novo 414.º-A. 4

[1] Ferreira Gomes, *Da Administração*, n.º 956.
[2] Ferreira Gomes, *Da Administração*, n.os 314-316.
[3] Ferreira Gomes, *Da Administração*, n.os 957-959.

II – **Procedimento e incompatibilidades**

5 3. **Procedimento.** O procedimento de designação pela OROC difere da nomeação judicial dos demais fiscais, quando a AG os não eleja (417.º).

6 4. **Incompatibilidades.** Aplicam-se as do 414.º-A (416.º/3).

III – **Regime jurídico dos ROC**

7 5. **Articulação com o EOROC.** O DL 422-A/93, de 30-set., que substituiu o DL 519 L2/79 na regulação da profissão, também tratou esta matéria. Designação cabia à AG, mas, na fala de proposta para designação, esta cabia sucessivamente: (i) ao presidente da mesa; (ii) na falta desta, ao sócio presente detentor da maior participação de capital, (iii) havendo igualdade de participações, sucessivamente, à maior antiguidade como sócio e à idade (41.º/1). Para além disso, manteve a solução de, entre duas AG, a designação caber à mesa e, na sua falta, ao órgão de gestão (sujeita a ratificação pela AG seguinte). Valem as críticas já apontadas. Se o órgão de gestão não designasse, devia comunicá-lo à Câmara dos ROC (CROC), a quem caberia designá-lo[4]. O DL 422-A/93 foi revogado pelo DL 487/99, de 16-nov., que manteve inalterado este quadro no 50.º. Este cenário só foi corrigido pela Lei 140/2015, de 7-set., que revogou o DL 487/99 e aprovou o novo Estatuto da OROC[5].

Artigo 417.º (Nomeação judicial a requerimento da administração ou de acionistas)

1. Se a assembleia geral não eleger os membros do conselho fiscal, ou o fiscal único, efetivos e suplentes, não referidos no artigo anterior, deve a administração da sociedade e pode qualquer acionista requerer a sua nomeação judicial.

2. Os membros judicialmente nomeados têm direito à remuneração que o tribunal fixar em seu prudente arbítrio e cessam as suas funções logo que a assembleia geral proceda à eleição.

3. Constituem encargos da sociedade as custas judiciais e o pagamento das remunerações a que se refere o número anterior.

Bibliografia: António Menezes Cordeiro, *CSC/Clássica*, 2.ª ed. (2011), 417.º; José Ferreira Gomes, "Nomeação judicial de titulares de órgãos sociais", *Estudos em homenagem do Prof. Doutor Germano Marques da Silva* (2019); *id.*, *Da Administração à Fiscalização das Sociedades: A obrigação de vigilância dos órgãos da sociedade anónima* (2015), n.os 545-556, 955-959; *id.*, "O sentido dos «deveres de cuidado» (art. 64.º CSC): *«Once more unto the breach, my friends, once more»*", *ROA*, 76:1-4 (2016), 447-496; *id.*, "Nomeação judicial de titulares de órgãos sociais", *Estudos em homenagem do Prof. Doutor Germano Marques da Silva*, 2019; João Labareda, *Notícia sobre os processos destinados ao exercício de direitos sociais*, Direito e Justiça, 13:1 (1999), 43-111; J.P. Remédio Marques *Código em comentário,* 6ª (2019), 417.º, 619-621; Armando Manuel Triunfante (2007), 423-424, *A tutela das minorias nas sociedades anónimas. Direito de minoria qualificada, abuso de direito* (2004), 427; Teresa Anselmo Vaz, *Contencioso societário* (2006), 155-157.

Vide a bibliografia geral indicada no 413.º.

[4] Ferreira Gomes, *Da Administração*, n.os 971-975.

[5] *V.* o atual 50.º/1.

Índice

I – Origem e alterações
1. DL 49.381, de 15-nov.-1969 1
2. Versão inicial do CSC e alteração aparente de 2006 2
3. Caso do FU 3

II – Procedimento e cessação de funções
4. Procedimento 4
5. Competência 10
6. Critérios de avaliação ou escolha 11
7. Status do fiscal nomeado 12
8. Cessação de funções 13

I – Origem e alterações

1. **DL 49.381, de 15-nov.-1969**. Não sendo os fiscais eleitos pela assembleia (3.º/1), *devia* a administração, e *podia* qualquer acionista, requerer a sua nomeação judicial (7.º/1). 1

2. **Versão inicial do CSC e alteração aparente de 2006**. A versão original de 1986 corresponde à atualmente em vigor. O DL 76-A/2006, de 29-mar., pretendeu alterar o 417.º/1, mas reproduziu o texto anterior[1]. 2

3. **Caso do FU**. Este é necessariamente ROC (414.º/1), pelo que fica excluído deste artigo. É designado nos termos do 416.º[2]. 3

II – Procedimento e cessação de funções

4. **Procedimento**. Se a AG não designar *todos* ou *alguns* dos fiscais exigidos pelos estatutos, *deve* a administração e *pode* qualquer acionista requerer a nomeação judicial (417.º/1). No primeiro caso, os membros designados pelo tribunal não convivem com membros eleitos; no segundo sim. Este último cenário aproxima-se do previsto para os gerentes no art. 253.º/3 CSC, afastando-se da solução do art. 394.º CSC[3]. 4

No 439.º, relativo ao CGS no modelo germânico, admite-se expressamente a legitimidade de qualquer membro deste órgão para requerer a nomeação judicial. É um dever de cumprimento estrito, sempre que o preenchimento das vagas não seja promovido pela administração. Esta solução aplica-se por analogia no preenchimento das vagas do CF, no modelo tradicional[4]. 5

Segue-se o 1053.º do CPC[5]: (a) o requerente justifica o pedido e indica a pessoa que repute idónea; (b) o tribunal colhe informações e ouve o órgão de administração; (c) fixa, precedendo diligências, a remuneração: o 417.º/2 fala em "prudente arbítrio", nessa fixação. Na sua recolha de informações (1053.º/2), deve o tribunal ouvir não só o órgão de administração, mas também o requerente[6]. 6

Sendo este um processo de jurisdição voluntária, o tribunal deve sindicar a alegada não eleição dos membros do CF, independentemente de falta de oposição do órgão de administração ao requerimento apresentado (não se aplicando o 293.º/3 CPC), gozando de ampla margem de discricionariedade probatória (986.º/2 CPC)[7]. 7

[1] Compare-se DR I Série, n.º 201, de 2-set.-1986, 2369/ /II com o DR I Série-A, n.º 63 (Supl.), de 29-mar.-2006, 2328-(25)/II. Armando Triunfante (2007), 423-424, especula que o legislador teria querido incluir no n.º 1, sem o fazer, o ROC que não pertença ao CF. Mas não, como bem sublinhou Menezes Cordeiro, *CSC Clássica*[2], 417.º, anot. 1. Tal ROC cai na previsão do 416.º e do 50.º do EOROC, sob pena de desarticulação sistemática.

[2] Não vale a solução sugerida por João Labareda, "Notícia", 74, n. 4, que J.P. Remédio Marques, *Código em comentário*, 6[2], 417.º, 620 (n. 2), acompanha.

[3] Ferreira Gomes, "Nomeação judicial", ponto 7.

[4] Ferreira Gomes, "Nomeação judicial", ponto 7.

[5] Antigo 1484.º CPC.

[6] J.P. Remédio Marques, *Código em comentário*, 6[2], 417.º, 620.

[7] João Labareda, "Notícia", 63, J.P. Remédio Marques, *Código em comentário*, 6[2], 417.º, 620-621.

8 Se o requerente não indicar a pessoa que reputa idónea, deve o tribunal convidá-lo a fazê-lo num prazo razoável (necessariamente curto). Se ainda assim não for feita tal indicação no prazo fixado pelo tribunal, deve este escolher a pessoa a preencher o cargo. Está em causa o interesse da sociedade e não um interesse próprio do requerente, não devendo por isso o tribunal proferir um *non liquet*[8].

9 As custas e as remunerações dos designados são encargo da sociedade, nos termos do 417.º/3. Este preceito deve ser interpretado extensivamente, de modo a cobrir a remuneração do mandatário judicial do requerente acionista: a designação judicial tem lugar na sequência de omissão ilícita da sociedade, em benefício da sociedade, justificando-se a imputação deste custo à sociedade[9] (sem prejuízo dos desvios que se imponham perante casos de abuso[10]).

10 5. **Competência**. É competente a secção de comércio da instância central, por estar em causa o exercício de direitos sociais [128.º/1, *c*) LOSJ]. Nas comarcas onde não haja secção de comércio, é competente a secção cível da instância central se o valor da ação for superior a € 50.000 [117.º/1, *a*) e 2 LOSJ]; se for igual ou inferior, é competente a secção cível [130.º/2 LOSJ] ou a seção de competência genérica [130.º/1, *a*) LOSJ] da instância local.

11 6. **Critérios de avaliação ou escolha**. Na avaliação da idoneidade da pessoa indicada ou, na falta de indicação, na sua escolha da pessoa a designar, o tribunal deve recordar que a sociedade comercial dá forma jurídica a um projeto empresarial dos sócios e é um mecanismo institucionalizado de gestão de conflitos de interesses entre estes, pelo que as pessoas a nomear têm de ser idóneas para cumprir o seu papel neste específico contexto, ter competência técnica e disponibilidade (64.º/2)[11], não estarem sujeitas a incompatibilidades (414.º-A), e cumprirem os demais critérios aplicáveis, incluído os de independência (414.º/3-6)[12].

12 7. **Status do fiscal nomeado**. Os fiscais designados pelo tribunal têm o mesmo estatuto dos demais fiscais, participando no cumprimento do papel do CF nos termos gerais. A diferença reside no seu estatuto remuneratório: têm necessariamente direito a remuneração, a fixar pelo tribunal[13].

13 8. **Cessação de funções**. Ocorre logo que a AG proceda à eleição em falta, sem prejuízo das regras gerais relativas à caducidade do mandato.

Artigo 418.º (Nomeação judicial a requerimento de minorias)

1. A requerimento de acionistas titulares de ações representativas de um décimo, pelo menos, do capital social, apresentado nos 30 dias seguintes à assembleia geral que tenha elegido os membros do conselho de administração e do conselho fiscal, pode o tribunal nomear mais um membro efetivo e um suplente para o conselho fiscal, desde que os acionistas requerentes tenham votado contra as propostas que fizeram vencimento e tenham feito consignar na ata o seu voto, começando o prazo a correr da data em que foi realizada a última assembleia, se a eleição dos membros do conselho de administração e do conselho fiscal foi efetuada em assembleias diferentes.

[8] João Labareda, "Notícia", 76-77.

[9] Contra, J.P. Remédio Marques, *Código em comentário*, 6², 417.º, 621.

[10] Armando Triunfante, *A tutela das minorias*, 427, J.P. Remédio Marques, *Código em comentário*, 6², 417.º, 621.

[11] Ferreira Gomes, "O sentido dos «deveres de cuidado»".

[12] Com desenvolvimento, Ferreira Gomes, "Nomeação judicial", pontos 1-4.

[13] Ferreira Gomes, "Nomeação judicial", ponto 7.

2. Havendo várias minorias que exerçam o direito conferido no número anterior, o tribunal pode designar até dois membros efetivos e os respetivos suplentes, apensando-se as ações que correrem simultaneamente; no caso de fiscal único, só pode designar outro e o respetivo suplente.

3. Os membros judicialmente nomeados cessam as suas funções com o termo normal das funções dos membros eleitos; podem cessá-las em data anterior, se o tribunal deferir o requerimento que com esse fim lhe seja apresentado pelos acionistas que requereram a nomeação.

4. O conselho fiscal pode, com fundamento em justa causa, requerer ao tribunal a substituição do membro judicialmente nomeado; a mesma faculdade têm os acionistas que requereram a nomeação e o conselho de administração da sociedade, se esta não tiver conselho fiscal.

5. Para o efeito do n.º 1 deste artigo, apenas contam as ações de que os acionistas já fossem titulares três meses antes, pelo menos, da data em que se tiverem realizado as assembleias gerais.

Bibliografia: António Menezes Cordeiro, *CSC Clássica*, 2.ª ed. (2011), 418.º; José Ferreira Gomes, "Nomeação judicial de titulares de órgãos sociais", *Estudos em homenagem do Prof. Doutor Germano Marques da Silva* (2019); *id.*, *Da Administração à Fiscalização das Sociedades: A obrigação de vigilância dos órgãos da sociedade anónima* (2015), n.os 650-826; J.P. Remédio Marques, *Código em comentário*, 6 (2019), 418.º, 622-630; Manuel Nogueira Serens, *Notas sobre a sociedade anónima* (1997), 103; Armando Manuel Triunfante, *Código das Sociedades Comerciais Anotado* (2007), 424-425.

Vide a bibliografia geral indicada no 413.º.

Índice

I – **Origem e alterações**
1. Origem e *ratio* ... 1
2. Alteração de 2006 ... 4

II – **Regime**
3. Procedimento ... 5
4. Competência ... 8
5. Designação de FU: atuação singular v. atuação colegial ... 9
6. Designação de FU: funções de ROC? ... 13
7. Mandato e destituição ... 14
8. Remuneração ... 15

I – Origem e alterações

1 **1. Origem e *ratio*.** O 418.º remonta ao 5.º do DL 49 381, de 15-nov.-1969, que continha duas soluções diversas: o n.º 1, sem paralelo no 418.º, previa a possibilidade de designação judicial de um ou mais membros do CF ou FU em substituição dos eleitos, quando tal fosse *«exigido por motivo respeitante à pessoa ou pessoas destes»* [os eleitos pela maioria][1]; o n.º 2 é o antecedente do atual 418.º e previa a designação de mais um membro efetivo e um suplente, para acrescer aos eleitos pela maioria (ou à SROC referida no 4.º), quando os requerentes provassem que os seus

[1] Este requisito foi suprimido, criando todo um ciclo jurisprudencial no sentido do seu efetivo desaparecimento. RLx 29-set.-1992 (Sousa Inês), Proc. 0059051; RCb 20-abr.-1993 (Virgílio de Oliveira), CJ XVIII (1993) 2, 47-48 (48/I); STJ 1-jul.-1993 (Costa Raposo), CJ/ /Supremo I (1993) 2, 177-178 (178/II); STJ 22-fev.-1994 (Machado Soares), Proc. 084645; STJ 10-mar.-1994 (Figueiredo de Sousa), CJ/Supremo II (1994) 1, 151-152 (152/II); RLx 28-abr.-1994 (Ferreira Mesquita), Proc. 0080082; RLx 2-mai.-2006 (Rosa Ribeiro Coelho), Proc. 10492/2005-7; RCb 15-mai.-2007 (Hélder Roque), CJ XXXII (2007) 3, 7-9 (8/II); RLx 08-nov.-2007 (Vaz Gomes), Proc. 7374-2007-2. *V.* Menezes Cordeiro, *CSC Clássica*[2], 418.º, anot. 1.

interesses não se encontravam eficazmente acautelados. O n.º 3 corresponde ao atual n.º 2; o n.º 4 ao atual n.º 5, o n.º 5 à primeira parte do atual n.º 3.

2 Andou bem o legislador de 1986 ao não impor aos acionistas, no 418.º, o requisito de provar que os seus interesses não se encontravam eficazmente acautelados (como antes constava do 5.º/2 do DL 49 381)[2]. Basta agora que tenham votado contra as propostas que fizeram vencimento e tenham feito consignar o seu voto na ata. Está em causa a promoção do interesse da sociedade através da proteção das minorias. Estas, através desta sua participação no quadro político-orgânico da sociedade, têm melhores condições para promover a conformidade da atuação dos órgãos sociais com o interesse da sociedade. Beneficiam os minoritários e, reflexamente (espera-se), a sociedade[3].

3 Do ponto de vista económico, a proteção dos acionistas é vista como causa de redução do custo de financiamento da sociedade no mercado: a proteção dos investidores reduz assimetrias informativas, reduz os custos de agência[4], aumenta a confiança no mercado e, com isso, reduz a contrapartida exigida para os investimentos.

4 2. **Alteração de 2006**. O DL 76-A/2006, de 29-mar., alterou o n.º 1, no final: suprimiu o ponto e vírgula, inserindo um gerúndio. Substituiu ainda o n.º 4 por um texto idêntico: *ergo*, sem alterações[5].

II – Regime

5 3. **Procedimento**. Temos: (a) acionistas que representem, pelo menos, 1/10 do capital social detidos três meses antes da assembleia[6] (418.º/5); (b) que tenham votado contra as propostas que fizeram vencimento e tenham feito consignar, em ata, o seu voto; (c) podem requerer ao Tribunal a nomeação de mais um membro efetivo e um suplente, para o CF; (d) nos 30 dias seguintes à assembleia que elegeu o CA e o CF (418.º/1)[7]. Segue-se o 1053.º do CPC[8]. Havendo várias minorias, apensam-se os processos e o Tribunal pode designar até dois efetivos e dois suplentes.

6 O 1053.º/1 CPC – de âmbito mais geral – manda justificar o pedido. Porém, a jurisprudência tem entendido, bem, que neste caso específico *«o tribunal não tem que emitir qualquer juízo sobre a razoabilidade e oportunidade da pretensão»*[9]. Depõe nesse sentido a eliminação, no 418.º, do requisito de prova que antes constava do 5.º/2 do DL 49 381, de 15-nov.-1969[10]. A Relação

[2] No mesmo sentido, J.P. Remédio Marques, *Código em comentário*, 6[2], 418.º, 623, n. 1, considerando que se tratava de uma prova quase diabólica.

[3] J.P. Remédio Marques, *Código em comentário*, 6[2], 418.º, 625.

[4] Ferreira Gomes, *Da Administração*, n.os 47-63.

[5] Menezes Cordeiro, *CSC Clássica*[2], 418.º, anot. 2. Comparar DR I Série, n.º 201, de 2-set.-1986, 2370/I com o DR I Série-A, n.º 63 (Supl.), de 29-mar.-2006, 2328-(25)/II.

[6] Com esta exigência temporal, visa evitar-se a intervenção e desestabilização de "minorias instáveis" (ou "em trânsito"). Manuel Nogueira Serens, *Notas sobre a sociedade anónima*, 2.ª ed. (1997), 103.

[7] RCb 4-mai.-1993 (Ruy Varela), BMJ 427 (1993). O 418.º não é inconstitucional: RPt 11-jun.-2002 (Emídio Costa), Proc. 0220670.

[8] O 40.º do DL 49 381, de 15-nov.-1969 foi revogado pelo DL 262/86, de 2-set. *Vide*, todavia, STJ 7-dez.-1993 (Martins da Costa), BMJ 432 (1993), 303-306 (306). Hoje opera o 1053.º do CPC na versão de 2013, que substituiu o anterior 1484.º CPC; 15.º Juízo de Lx 3-mai.-1996 (Salazar Casanova), CJ XXI (1996) 3, 310-312 (311); STJ 31-mai.-1998 (Lemos Triunfante), BMJ 475 (1998), 600-608 (606).

[9] RLx 8-nov.-2007 (Vaz Gomes), Proc. 7374-2007-2. Veja-se também RL 29-set.-1992 (Sousa Inês), Proc. 0059051, RL 2-mai.-2006 (Ribeiro Coelho), Proc. 10492/2005-7. Como bem refere J.P. Remédio Marques, *Código em comentário*, 6[2], 418.º, 623, n. 1, não releva o argumento do risco da irresponsabilidade das minorias e a necessidade de serem adotadas cautelas, a fim de evitar a verificação de circunstâncias suscetíveis de obstacularizar ao normal funcionamento da sociedade anónima.

[10] RL 2-mai.-2006 (Ribeiro Coelho), Proc. 10492/2005-7.

de Lisboa sublinha a extrema dificuldade de que tal prova estaria revestida, sustentando que *«o legislador presumiu que um voto de vencido expresso na eleição em assembleia geral evidencia um insuficiente acautelamento dos interesses da minoria vencida»*. Assim, a justificação referida pelo 1053.º corresponde à *«demonstração do preenchimento dos requisitos exigidos na lei substantiva para a nomeação em causa»*[11].

O 1053.º/1 do CPC manda ainda que o requerente *indique «a pessoa que reputa idónea para o exercício do cargo»*. Deverá então o requerente juntar os elementos necessários para demonstrar a idoneidade, como o seu *curriculum vitae*[12]. Se não indicar, deve o tribunal convidá-lo a fazê-lo num prazo razoável. Se ainda assim não for feita tal indicação no prazo fixado pelo tribunal, deve este escolher a pessoa a preencher o cargo[13]. A pretendida proteção das minorias visa a promoção do interesse da sociedade. O fiscal nomeado pelo tribunal integra um órgão social, vinculado à promoção deste interesse. Não "representa" nenhum acionista ou grupo de acionistas[14]. Apesar de a legitimidade para requerer a sua nomeação seja imputada aos minoritários, não está em causa (apenas) um interesse próprio destes, como sucede, *v.g.*, na nomeação judicial do representante comum de sócios contitulares de participações. Não deve por isso o tribunal proferir um *non liquet*. 7

Antes de proceder à nomeação, o tribunal pode colher as informações convenientes, e, respeitando o pedido a sociedade cujo órgão de administração esteja em funcionamento, deve este ser ouvido (1053.º/2 CPC). A sociedade pode então opor-se, invocando "factos e argumentos que, uma vez apurados, levem o juiz a proferir decisão baseada em critérios de oportunidade e conveniência, como é próprio da jurisdição voluntária"[15]. A falta de oposição não deve significar, sem mais, a aceitação da versão dos factos apresentada pelo requerente (não se aplica o 293.º/3 CPC)[16]. 8

4. **Competência**. É competente a secção de comércio da instância central, por estar em causa o exercício de direitos sociais [128.º/1, *c*) LOSJ[17]]. Nas comarcas onde não haja secção de comércio, é competente a secção cível da instância central se o valor da ação for superior a € 50.000 [117.º/1, *a*) e 2 LOSJ]; se for igual ou inferior, é competente a secção cível [130.º/2 LOSJ] ou a seção de competência genérica [130.º/1, *a*) LOSJ] da instância local. 9

5. **Designação de FU: atuação singular v. atuação colegial**. Apesar de o n.º 1 não prever a possibilidade de nomeação judicial de um FU a pedido dos minoritários, essa possibilidade é admitida pelo n.º 2, nos termos do qual o Tribunal pode designar um (e apenas um) FU efetivo e um (e apenas um) suplente. 10

Sendo nomeado outro FU, este deve articular-se com o eleito pela maioria. Aplicam-se as regras gerais do CF (e seus membros) por analogia[18]: há posições jurídicas imputadas dire- 11

[11] *Idem*. Justificando o equilíbrio desta solução, afirma o Tribunal que *«a sociedade sempre poderá invocar, na oposição que deduza, factos e argumentos que, uma vez apurados, levem o juiz a proferir decisão baseada em critérios de oportunidade e conveniência, como é próprio da jurisdição voluntária»*.

[12] J.P. Remédio Marques, *Código em comentário*, 6[2], 418.º, 627.

[13] Em sentido contrário, mas sem justificar, João Labareda, "Notícia sobre os processos destinados ao exercício de direitos sociais", *Direito e Justiça*, 13-1 (1999), 43-111 (76-77).

[14] Contrariamente ao que parece resultar da exposição de J.P. Remédio Marques, *Código em comentário*, 6[2], 418.º, 624-625.

[15] RL 2-mai.-2006 (Ribeiro Coelho), Proc. 10492/2005-7.

[16] João Labareda, *Notícia*, 63, J.P. Remédio Marques, *Código em comentário*, 6[2], 418.º, 628.

[17] Aprovada pela Lei 62/2013, de 26-ago.

[18] Em sentido contrário, não andou bem o STJ 29-out.-2009 (Serra Baptista), proc. 414/09.OYFLSB, disponível em www.dgsi.pt, ao afirmar que o FU designado pelo Tribunal, a pedido das minorias, *«mantém o seu estatuto próprio de revisor oficial de contas e funciona, com plena autonomia, em relação ao fiscal único eleito em assembleia geral»*. A posição do Tribunal, porém, parece ter sido condicionada pela forma como a questão foi apresentada pelos autores, segundo os quais *«o membro adicional do órgão de fiscalização, nomeado pelo tribunal, não irá exercer tais funções [de ROC], limitan-*

tamente aos fiscais em modo singular[19]; outras ao CF em modo coletivo (colegial). Muitas das posições imputadas ao CF não podem ser exercidas por dois FU atuando disjuntamente (374.º/3, 375.º/1, 377.º/1 e 7, 393.º/3, *c*), 397.º/2, 400.º, 401.º, 412.º/1), sob pena de eventual contradição insanável de posições. Assim, por exemplo, haverá apenas um relatório anual sobre a ação fiscalizadora e um parecer sobre o relatório, contas e propostas apresentados pela administração [420.º/1, *g*)], que devem ser subscritos pelos dois. Mais: o 418.º não visa permitir aos minoritários a constituição de um órgão de fiscalização autónomo. Tal conferir-lhes-ia um poder que não tem cabimento na *ratio* da norma.

12 Em caso de conflito na avaliação e determinação da reação adequada, o FU eleito pela maioria tem voto de qualidade[20]. Vale o paralelo com as regras aplicáveis à designação (pela assembleia, deliberando por maioria) e aos poderes do presidente do CF (414.º-B/1, 415.º/1, 386.º/2 e 395.º/3 *ex vi* 414.º-B/2).

13 Perante a posição do *coletivo* assim alcançada, o FU designado pelo Tribunal só pode reagir, a título individual, quando o coletivo *manifestamente* não tenha tomado as medidas adequadas à salvaguarda dos interesses da sociedade, interpelando a administração [422.º/1, *d*)] e, não corrigindo esta o que houver a corrigir, informando os acionistas [422.º/1, *e*)][21].

14 6. **Designação de FU: funções de ROC**? O FU designado pelo Tribunal não exerce funções de ROC, órgão social que, sem prejuízo de outros deveres, efetua a revisão legal de contas, com vista à certificação legal de contas. O *status* de FU não se confunde com o de ROC (órgão social), apesar de, à luz das regras gerais, tais funções serem desempenhadas pela mesma pessoa: uma é dirigida à *fiscalização global* da administração; a outra é dirigida a uma mera *fiscalização contabilística*[22]. O 418.º diz respeito apenas à designação de um FU a requerimento de minorias, que desempenha funções de CF (423.º-A)[23].

15 7. **Mandato e destituição**. Os membros judicialmente nomeados cessam funções com os eleitos; podem cessar antes, a requerimento dos acionistas requerentes (418.º/3). O Tribunal pode, por justa causa, substituir os membros judicialmente indicados: a pedido do CF, dos acionistas requerentes e do CA, se a sociedade não tiver CF.

16 8. **Remuneração**. Os membros judicialmente nomeados são remunerados pela sociedade e não pelos requerentes: 417.º/3, por interpretação extensiva[24]. A remuneração deve ser idêntica à dos eleitos[25], salvo no caso de nomeação de FU, porquanto o eleito desempenha funções de ROC que o nomeado não desempenha. Só a remuneração devida pelo exercício das funções de FU

do-se a coadjuvar o fiscal único no exercício dos seus poderes de fiscalização». Obviamente, o FU designado pelo Tribunal não se limita a "coadjuvar" o eleito pela maioria. Perante tal binómio – atuação coadjuvante v. atuação autónoma – o Tribunal optou pela segunda interpretação. Na doutrina, também em sentido contrário ao sustentado no texto, J.P. Remédio Marques, *Código em comentário*, 6[2], 418.º, 627, n. 22.

[19] Os poderes-deveres de obtenção de informação e de inspeção, subjacentes à atividade cognitiva de fiscalização, são imputados diretamente a cada fiscal *individualmente considerado* e não ao CF (420.º/3, 421.º e 422.º). Para além disso, não obstante os poderes de reação serem imputados ao *coletivo* do CF, não deixa de se reconhecer uma margem de atuação significativa a cada fiscal individualmente considerado. *V.* Ferreira Gomes, *Da administração*, n.os 650-826.

[20] Menezes Cordeiro, *CSC Clássica*[2], 418.º, anot. 3. O TC n.º 47/2003, de 29-jan.-2003 (Bravo Serra), DR II Série, n.º 67, de 20-mar.-2003, 4409-4412 (4412/I), pronunciou-se pela constitucionalidade do 418.º/2, mesmo nos casos em que a SA tenha um FU. Sobre a aplicação do 418.º/2, cf. tb., *v.g.*, RL 2-mai.-2006 (Ribeiro Coelho), Proc. 10492/2005-7.

[21] Ferreira Gomes, *Da administração*, n.º 826.

[22] Ferreira Gomes, *Da administração*, §§ 23 ss.

[23] Como vimos já, andou mal o STJ 29-out.-2009 (Serra Baptista), proc. 414/09.OYFLSB, disponível em www.dgsi.pt, ao afirmar que o FU designado pelo Tribunal, a pedido das minorias, *«mantém o seu estatuto próprio de revisor oficial de contas»*.

[24] STJ 17-nov.-1994 (Costa Raposo), Proc. 086004.

[25] *Idem*; STJ 29-out.-2009 (Serra Baptista), Proc. 414-09.0YFLSB.

deve ser tida em consideração como paralelo para a fixação da remuneração do fiscal nomeado pelo tribunal.

Artigo 418.º-A (Caução ou seguro de responsabilidade)

1. A responsabilidade de cada membro do conselho fiscal deve ser garantida através de caução ou de contrato de seguro, aplicando-se, com as devidas adaptações, o disposto no artigo 396.º.

2. O seguro de responsabilidade dos revisores oficiais de contas rege-se por lei especial.

Bibliografia: António Menezes Cordeiro, *CSC/Clássica*, 2.ª ed. (2011), 418.º-A; Gabriela Figueiredo Dias, *Fiscalização de sociedades e responsabilidade civil* (2006), 104-110; *id.*, *Código em comentário,* 6, 2.ª ed. (2019), 418.º-A, 631-648; Paulo Olavo Cunha, *A alteração do regime da caução dos administradores*, DSR (2013) 297-304; Elisabete Gomes Ramos, *Código em comentário* 6, 2.ª ed. (2019), 322-340; Armando Manuel Triunfante, *Código das Sociedades Comerciais Anotado* (2007), 425-426.

Vide a bibliografia geral indicada no 413.º.

Índice

1. Origem e *ratio* 1
2. Dispensa de prestação de caução 2
3. Crítica e proposta de revisão 4
4. Seguro de ROC 5

1. **Origem e *ratio*.** Introduzido pelo DL 76-A/2006, de 29-mar.[1], para garantir a responsabilidade civil dos fiscais no âmbito da densificação do seu papel fiscalizador. Abrange a responsabilidade não apenas perante a sociedade, mas também perante os demais (eventuais) titulares de indemnizações (396.º/2, na redação dada em 2006)[2]. 1

2. **Dispensa de prestação de caução.** Aplica-se aos fiscais *não remunerados*[3] por remissão para o 396.º/5, introduzido pela Lei 66-B/2012, de 31-dez. (Lei do Orçamento de Estado de 2013!), em termos muito criticáveis[4]. 2

Esta norma, a reverter com urgência, deve ser interpretada restritivamente, não se aplicando aos fiscais das sociedades cotadas e das grandes SA, nas quais a caução não pode sequer ser dispensada por deliberação da AG (396.º/3): prevalece o interesse público subjacente e a coerência do sistema interno. Os interesses subjacentes ao seu sistema de fiscalização reforçado não são disponíveis. 3

[1] DR I Série-A, n.º 63 (Supl.), de 29-mar.-2006, 2328-(36)/II.

[2] Gabriela Figueiredo Dias, *Código em comentário,* 6², 418.º-A, n.º 2, 637-638.

[3] No mesmo sentido, Gabriela Figueiredo Dias, *Código em comentário,* 6², 418.º-A, n.º 3.2, 642-643. Em sentido contrário, Paulo Olavo Cunha, *A alteração do regime da caução*, 303, M.ª Elisabete Ramos, *Código em comentário,* 6², 396.º, 325-327. O 396.º/5 dispensa de prestação de caução, *ex lege*, sem necessidade de deliberação da AG, os administradores não executivos que não sejam remunerados (somam-se os pressupostos de não exercício de funções executivas e de não remuneração).

[4] Paulo Olavo Cunha, A alteração do regime da caução dos administradores, *DSR*, 5:9 (2013) 297-304 (301), qualifica como "infeliz aditamento", tecendo justas críticas. Acrescentamos: há desorientação do legislador que ora reforça (2006), ora diminui a eficácia dos mecanismos de responsabilização dos fiscalizadores.

4 3. **Crítica e proposta de revisão.** A fixação de um montante mínimo de caução há muito que deixou de servir os seus propósitos, dada a sua ineficácia prática[5]. Se esse montante for muito elevado, estaremos perante um entrave à atração de pessoas talentosas para os cargos sociais; por outro, se for muito reduzido, não servirá de garantia à sociedade e aos seus *stakeholders* (*maxime*, aos acionistas). *De iure condendo*: para as EIP seria preferível um dever de contratar seguro, individual e obrigatório para cada um dos fiscais, com um valor mínimo proporcional à faturação da sociedade (por exemplo) e à remuneração do fiscal (rácio de cobertura), conjugado com a definição de valores mínimos e máximos de franquia proporcionais aos danos causados.

5 4. **Seguro de ROC.** Ao seguro do ROC aplica-se o 87.º do EOROC e não este 418.º-A. Se o ROC for fiscal, aplicam-se os dois regimes. Nada obsta a que o mesmo contrato de seguro dê cumprimento aos dois regimes cumulativamente. Segundo o 87.º EOROC, o seguro é obrigatório para todos os ROC, ainda que integrados numa SROC. Esta solução articulada-se com o 136.º EOROC, de acordo com o qual os sócios que assinam os documentos produzidos no exercício de funções de interesse público respondem solidariamente com a SROC pelos danos culposamente causados a clientes ou terceiros. Esta responsabilidade tem de ser garantida por seguro.

Artigo 419.º (Destituição)

1. A assembleia geral pode destituir, desde que ocorra justa causa, os membros do conselho fiscal, o revisor oficial de contas ou o fiscal único que não tenham sido nomeados judicialmente.

2. Antes de ser tomada a deliberação, as pessoas visadas devem ser ouvidas na assembleia sobre os factos que lhes são imputados.

3. A pedido da administração ou daqueles que tiverem requerido a nomeação, pode o tribunal destituir os membros do conselho fiscal, o revisor oficial de contas ou o fiscal único judicialmente nomeados, caso para isso haja justa causa, devendo proceder-se a nova nomeação judicial, se o tribunal ordenar a destituição.

4. Os membros do conselho fiscal e os revisores destituídos são obrigados a apresentar ao presidente da mesa da assembleia geral, no prazo de 30 dias, um relatório sobre a fiscalização exercida até ao termo das respetivas funções.

5. Apresentado o relatório, deve o presidente da mesa da assembleia geral facultar, desde logo, cópias à administração e ao conselho fiscal e submetê-lo oportunamente à apreciação da assembleia.

Bibliografia: António Menezes Cordeiro, *CSC/Clássica*, 2.ª ed. (2011), 419.º; Gabriela Figueiredo Dias, *Código em comentário*, 6, 2.ª ed. (2019), 419.º, 645-648; Ricardo Costa, *Código em comentário*, 6 (2013), 694 695; José Ferreira Gomes, *Da Administração à Fiscalização das Sociedades: A obrigação de vigilância dos órgãos da sociedade anónima* (2015), n.os 146, 545-556, 1952.

Vide a bibliografia geral indicada no 413.º.

[5] Tal como sustentámos no processo de consulta pública que precedeu a reforma de 2006, a propósito da garantia da responsabilidade civil dos administradores.

Índice

1. Origem e alterações.................................... 1
2. Justa causa.. 2
3. Casuística.. 4
4. Procedimento.. 5

1. **Origem e alterações**. O 419.º adveio do 9.º do DL 49 381, de 15-nov.-1969. O DL 76-A/2006, de 29-mar., introduziu alterações: nos n.os 1 e 3, a referência ao ROC; no n.º 4, a referência ao ROC e mudanças de estilo; no n.º 5, publicando um texto idêntico ao pretensamente alterado[1]. 1

2. **Justa causa**. Ao contrário do que sucede com os administradores, os fiscais e o ROC só podem ser destituídos com justa causa[2], sob pena de nulidade [56.º/1, *d*)][3], com vista à promoção da sua independência e da sua força na fiscalização orientada à salvaguarda do interesse social e, *reflexamente*, dos interesses de terceiros[4]. Se assim não fosse, o acionista controlador poderia facilmente determinar a sua destituição, somando à sua pressão sobre a administração a pressão sobre os fiscais. 2

Justa causa traduz a violação grave e culposa dos deveres funcionais ou de deveres significativos com eles conexos[5], bem como a inaptidão para o exercício normal das respetivas funções: vale o paralelo com os 257.º/6 e 403.º/4[6]. 3

3. **Casuística**: Foram consideradas "justa causa" para a destituição de membros do CF: falta de comparência a uma reunião do CA, para que foram convocados, sem motivo atendível[7]; falta de confiança, mas desde que alicerçada em factos justificativos[8]; total falta de deslocação às instalações sociais, durante nove meses[9]. 4

4. **Procedimento.** No caso de fiscais eleitos, a destituição cabe aos sócios (419.º/1), com audição prévia dos visados (419.º/2). Este requisito, tal como o de apresentar relatório (419.º/4), constituem um mecanismo de *noisy withdrawal*[10]: forçam o fiscal destituído a expor a sua versão dos acontecimentos e o presidente da mesa a circulá-la, expondo eventuais divergências com a administração e o acionista de controlo, em benefício da sociedade e, indiretamente, dos seus *stakeholders*. 5

[1] DR I Série, n.º 201, de 2-set.-1986, 2370/I e DR I Série-A, n.º 63 (Supl.), de 29-mar.-2006, 2328-(25)/II e 2328-(2)/I.

[2] RPt 18-abr.-2002 (Oliveira Vasconcelos), Proc. 0230560, quanto ao ROC.

[3] RCb 12-abr.-1994 (Cardoso de Albuquerque), CJ XIX (1994) 2, 27-31.

[4] Ferreira Gomes, *Da Administração,* n.os 121-143 (em especial n.º 140), 198-201. *V.* tb RCb 12-abr.-1994 (Cardoso de Albuquerque), CJ XIX (1994) 2, 27-31, no qual o Tribunal afirma expressamente que o CF tutela, além dos interesses dos sócios e da sociedade, os de terceiros em geral.

[5] RPt 18-abr.-2002 (Oliveira Vasconcelos), Proc. 0230560, e RLx 14-mai.-2015 (Maria Teresa Albuquerque), Proc.23513.6YXLSB.L1-2.

[6] RCb 12-abr.-1994 (Cardoso de Albuquerque), CJ XIX (1994) 2, 27-31 (31/I) e RLx 14-mai.-2015 (Maria Teresa Albuquerque), Proc.23513.6YXLSB.L1-2.

[7] STJ 30-mai.-1978 (Oliveira Carvalho), BMJ 277 (1978), 282-285 (284) ao abrigo do 9.º do DL 49 381, de 15-nov.-1969, embora sem, ao caso, fazer aplicação.

[8] STJ 4-jul.-1995 (César Marques), BMJ 449 (1995), 351-356 (355) = CJ/Supremo III (1995) 2, 159-161 (160/III): *in casu*, não se demonstram tais factos; RLx 14-mai.-2015 (Maria Teresa Albuquerque), Proc.23513.6YXLSB.L1-2.

[9] STJ 21-nov.-2002 (Quirino Soares), Proc. 02B3430, relativo a um fiscal único e ROC.

[10] Diferentemente, Ricardo Costa, *Código em comentário*, 6, 423.º-E, 694-695, reconduz estes deveres a um exercício de contraditório, em defesa dos próprios fiscais. Não parece ser esse o sentido, porquanto os fiscais não merecem mais proteção do que os administradores, que podem ser destituídos sem justa causa e sem serem ouvidos. O que está em causa é o interesse da sociedade (e, reflexamente, dos *stakeholders*) numa fiscalização imparcial e objetiva, livre de pressões por parte da administração e do acionista controlador.

6 Quanto aos judicialmente nomeados, a destituição cabe ao Tribunal, o qual pode proceder a nova nomeação judicial (419.º/3). A referência ao ROC no 419.º/3 não tem razão de ser: o ROC não eleito é nomeado pela OROC (416.º), e não judicialmente (417.º e 418.º), cabendo a sua destituição à AG nos termos gerais.

Artigo 420.º (Competência do fiscal único e do conselho fiscal)

1. Compete ao fiscal único ou conselho fiscal:

_a_) Fiscalizar a administração da sociedade;

_b_) Vigiar pela observância da lei e do contrato de sociedade;

_c_) Verificar a regularidade dos livros, registos contabilísticos e documentos que lhe servem de suporte;

_d_) Verificar, quando o julgue conveniente e pela forma que entenda adequada, a extensão da caixa e as existências de qualquer espécie dos bens ou valores pertencentes à sociedade ou por ela recebidos em garantia, depósito ou outro título;

_e_) Verificar a exatidão dos documentos de prestação de contas;

_f_) Verificar se as políticas contabilísticas e os critérios valorimétricos adotados pela sociedade conduzem a uma correta avaliação do património e dos resultados;

_g_) Elaborar anualmente relatório sobre a sua ação fiscalizadora e dar parecer sobre o relatório, contas e propostas apresentados pela administração;

_h_) Convocar a assembleia geral, quando o presidente da respetiva mesa o não faça, devendo fazê-lo;

_i_) Fiscalizar a eficácia do sistema de gestão de riscos, do sistema de controlo interno e do sistema de auditoria interna, se existentes;

_j_) Receber as comunicações de irregularidades apresentadas por acionistas, colaboradores da sociedade ou outros;

_l_) Contratar a prestação de serviços de peritos que coadjuvem um ou vários dos seus membros no exercício das suas funções, devendo a contratação e a remuneração dos peritos ter em conta a importância dos assuntos a eles cometidos e a situação económica da sociedade;

_m_) Cumprir as demais atribuições constantes da lei ou do contrato de sociedade.

2. Quando seja adotada a modalidade referida na alínea _b_) do n.º 1 do artigo 413.º, para além das competências referidas no número anterior, compete ainda ao conselho fiscal:

_a_) Fiscalizar o processo de preparação e de divulgação de informação financeira;

_b_) Propor à assembleia geral a nomeação do revisor oficial de contas;

_c_) Fiscalizar a revisão de contas aos documentos de prestação de contas da sociedade;

_d_) Fiscalizar a independência do revisor oficial de contas, designadamente no tocante à prestação de serviços adicionais.

3. O fiscal único ou qualquer membro do conselho fiscal, quando este exista, devem proceder, conjunta ou separadamente e em qualquer momento do ano, a

todos os atos de verificação e inspeção que considerem convenientes para o cumprimento das suas obrigações de fiscalização.

4. O revisor oficial de contas tem, especialmente e sem prejuízo da atuação dos outros membros, o dever de proceder a todos os exames e verificações necessários à revisão e certificação legais das contas, nos termos previstos em lei especial, e bem assim os outros deveres especiais que esta lei lhe imponha.

5. No caso de sociedades que sejam emitentes de valores mobiliários admitidos à negociação em mercado regulamentado, o fiscal único ou o conselho fiscal devem atestar se o relatório sobre a estrutura e práticas de governo societário divulgado inclui os elementos referidos no artigo 245.º-A do Código dos Valores Mobiliários.

6. No parecer a que se refere a alínea *g*) do n.º 1, o fiscal único ou o conselho fiscal devem exprimir a sua concordância ou não com o relatório anual de gestão e com as contas do exercício, para além de incluir a declaração subscrita por cada um dos seus membros, prevista na alínea *c*) do n.º 1 do artigo 245.º do Código dos Valores Mobiliários.

Bibliografia: Engrácia Antunes, *Os direitos dos sócios da sociedade-mãe na formação e direcção dos grupos societários* (1994), 148; *id.*, *A fiscalização das sociedades comerciais: Estudo preparatório de reforma legislativa, inédito* (1997), 150-152; *id.*, *Os grupos de sociedades: Estrutura e organização jurídica da empresa plurissocietária* (2002), 731; Paulo Bandeira, in *Código de Governo das Sociedades anotado* (2012), 2.1.4, n.º 29; António Menezes Cordeiro, *CSC/Clássica*, 2.ª ed. (2011), 420.º; *id.*, *SA: Assembleia Geral e Deliberações Sociais* (2009), 60-63; Tânia Meireles da Cunha, *Da responsabilidade dos gestores de sociedades perante os credores sociais: A culpa na responsabilidade civil e tributária*, 2.ª ed. (2009), 66; Gabriela Figueiredo Dias, *Código em comentário* 6, 2.ª ed. (2019), 421.º, 672 677; Paulo Tarso Domingues, *Código em comentário* 6, 2.ª ed. (2019), 374.º, 29-55; José Ferreira Gomes, *Da Administração à Fiscalização das Sociedades: A obrigação de vigilância dos órgãos da sociedade anónima* (2015), §§ 22-28; Pedro Maia, *Voto e corporate governance: Um novo paradigma para a sociedade anónima* (2010); *id.*, *O presidente das assembleias de sócios*, in AA.VV., *Problemas do Direito das Sociedades* (2002), 423-425, 459-460; Ana Perestrelo de Oliveira, *Grupos de sociedades e deveres de lealdade* (2012), n.º 295; Armando Manuel Triunfante, *Código das Sociedades Comerciais Anotado* (2007), 427-431.

Vide a bibliografia geral indicada no 413.º.

Índice

I – **Origem e alterações**
1. Origem e versão inicial ... 1
2. Reforma de 1996 ... 2
3. Reforma de 2006 ... 3
4. Reforma de 2009 ... 4

II – **A fiscalização da administração**
5. Obrigação de fiscalização da administração como conceito-síntese ... 5
6. Vigilância repressiva (retrospetiva) e vigilância preventiva (prospetiva) ... 6
7. Vigilância formal e vigilância de mérito ... 7
8. Concretização da obrigação de vigilância ... 10
9. Poderes-deveres de informação do CF e seus membros (420.º/3) ... 11
10. Cont.: nos grupos de sociedades: considerações gerais ... 17
11. Cont.: nos grupos *de iure* (subordinação e domínio total) ... 18
12. Cont.: em caso de consolidação de contas ... 19
13. Cont.: noutros grupos ... 20
14. Dever de avaliação do CF e seus membros (critérios) ... 21
15. Poderes-deveres de reação do CF ... 22
16. Cont.: necessária articulação do CF com a AG 23
17. Cont.: necessária articulação do CF com o CA 28
18. Poderes-deveres de reação dos fiscais ... 30
19. Variável intensidade da obrigação de vigilância 37
20. Legitimidade da confiança na informação recebida (*reliance*) ... 38

III – **A fiscalização contabilística**
21. Fiscalização contabilística pelo CF [n.º 1, als. *c*) a *f*)] ... 40
22. Espaço de discricionariedade técnica do CF ... 41
23. Fiscalização contabilística pelo ROC: a dupla função de controlo ... 42

24. Poderes-deveres de informação do ROC (420.º/4) 47
25. Cont.: nos grupos de sociedades.......... 48
26. Dever de avaliação do ROC 49
27. Espaço de discricionariedade técnica do ROC 53
28. Poderes-deveres de reação do ROC.......... 54
29. Articulação das competências cumulativas de fiscalização contabilística do ROC e do CF... 55

IV – **A receção das comunicações de irregularidades (*whistleblowing*)**

30. Competência do CF para receber as comunicações.......... 59
31. Proteção dos trabalhadores: a política de comunicação de irregularidades.......... 60
32. Regras específicas para as instituições de crédito.......... 62

V – **A fiscalização da revisão legal de contas**

33. Nas SA sujeitas a fiscalização reforçada.......... 63
34. Nas EIP: densificação dos poderes do CF..... 64

VI – **Outras atribuições**

35. Elaboração de relatório e parecer [n.º 1, al. *g*)] 67
36. Convocatória da AG [n.º 1, al. *h*)].......... 69
37. Contratação de peritos coadjuvantes [n.º 1, al. *l*)].......... 73
38. Outras atribuições constantes da lei ou do contrato de sociedade [n.º 1, al. *m*)].......... 76
39. Dever de organização interna.......... 77

I – Origem e alterações

1 1. **Origem e versão inicial**. O 420.º remonta, através do projeto (413.º)[1], ao 10.º do DL 49 381, de 15-nov.-1969. Na versão inicial do CSC (retirando as alíneas que se mantêm em vigor, sem alterações), dispunha[2]:

> 1. Compete ao conselho fiscal:
>
> *e*) Verificar a exactidão do balanço e da demonstração dos resultados;
>
> *f*) Verificar se os critérios valorimétricos adoptados pela sociedade conduzem a uma correcta avaliação do património e dos resultados;
>
> *i*) Cumprir as demais atribuições constantes da lei ou do contrato de sociedade.
>
> 2. Os membros do conselho fiscal devem proceder, conjunta ou separadamente e em qualquer época do ano, a todos os actos de verificação e inspecção que considerem convenientes para o cumprimento das suas obrigações de fiscalização.
>
> 3. O revisor oficial de contas membro do conselho fiscal tem, especialmente e sem prejuízo da actuação dos outros membros, o dever de proceder a todos os exames e verificações necessários à revisão e certificação legais das contas, nos termos previstos em lei especial, e bem assim os outros deveres especiais que esta lei lhe imponha.

2 2. **Reforma de 1996**. O DL 257/96, de 31- dez., deu, ao n.º 2, a sua redação atual, hoje como n.º 3[3]. Apesar de não ter alterado o n.º 1, traduziu uma desvalorização criticável do CF, permitindo a sua livre substituição pelo FU[4].

3 3. **Reforma de 2006**. O DL 76-A/2006, 29-mar., que visou reforçar a fiscalização das SA[5], teve um impacto profundo no CF[6]. As suas competências foram ora ampliadas, ora clarificadas[7] ou concretizadas[8].

4 4. **Reforma de 2009**. O DL 185/2009, de 12-ago., acrescentou os n.ºs 5 e 6, em transposição da Diretriz n.º 2006/46/CE[9], que visou melhorar a qualidade da informação financeira

[1] BMJ 327 (1983), 287-288.
[2] DR I Série, n.º 201, de 2-set.-1986, 2370/II.
[3] DR I Série-A, n.º 302, de 31-dez.-1996, 4705/II--4706/I.
[4] *V.* anot. 5 ao 413.º *supra*.
[5] CMVM, *Governo das SA – Propostas de alteração do CSC: Processo de Consulta Pública n.º 1/2006* (2006), § 3.º.
[6] Ferreira Gomes, *Da administração*, § 22.4.
[7] Cf., *e.g.*, a nova redação da al. *e*).
[8] Cf., *e.g.*, a al. *f*).
[9] Dirigida à modernização do Direito das sociedades europeu, à clarificação da responsabilidade conjunta dos membros dos órgãos de administração e fiscalização pelas contas das sociedades, ao reforço da transparência das transações

da sociedade. A ampliação dos deveres de informação do CA nos documentos de prestação de contas implicou uma concomitante ampliação dos deveres de avaliação do CF, na medida necessária à preparação do parecer exigido pelos 420.º/1, *g*) e 452.º.

II – A fiscalização da administração

5. **Obrigação de fiscalização da administração como conceito-síntese.** A correta interpretação sistemática das várias competências previstas no 420.º/1 permite identificar a *obrigação de fiscalização da administração* [al. a)] não só como vínculo obrigacional principal e geral, mas como verdadeiro conceito-síntese (*Inbegriff*). À fiscalização global da administração soma-se a fiscalização da legalidade das deliberações acionistas e da independência e qualidade da revisão legal de contas. 5

6. **Vigilância repressiva (retrospetiva) e vigilância preventiva (prospetiva).** A construção da vigilância pelo CF como meramente *repressiva* encontra-se ultrapassada. Exige-se também uma vigilância preventiva: caso o CF tome conhecimento da *intenção* da prática de algum ato objetável[10], deve manifestar a sua posição ao CA e, se necessário, exercer os seus demais poderes-deveres de reação. Quando tais atos sejam potencialmente danosos para a sociedade, deve atuar tempestivamente para evitar a produção do dano ou a assunção do risco desadequado[11]. 6

7. **Vigilância formal e vigilância de mérito.** O controlo exercido pelo CF, seja repressivo ou preventivo, não é de cariz meramente formal[12]: *é também de mérito*. A tanto depõem a evolução histórico-dogmática, com paralelo nos sistemas jus-societários que nos servem de referência em reação aos sucessivos escândalos societários e financeiros, os trabalhos preparatórios da reforma de 2006 e o Direito da UE que esteve na sua base, bem como as atuais coordenadas sistemáticas. Em particular, não há razão para distinguir, neste ponto, entre as soluções do modelo germânico e do modelo tradicional português, face ao paralelo entre os 420.º/1, *a*) e o 441.º/1, *d*)[13]. Por fim, face à redação do 420.º/1 – que enumera, lado a lado, as obrigações do CF de *«vigiar pela observância da lei e do contrato de sociedade» [al. b)] e de «fiscalizar a administração da sociedade»* [al. *a*)] – deve entender-se que a sua fiscalização não se limita ao controlo da legalidade. Qualquer outro entendimento esvaziaria de conteúdo a al. *a*). 7

Impõe-se, portanto, não só uma avaliação da regularidade e legalidade da administração, mas também da sua economicidade e adequação[14]. 8

A afirmação de um tal controlo de mérito pelo CF não colide com o reconhecimento de um espaço próprio de atuação do CA, assegurado pela articulação da competência deste (405.º), com a delimitação dos poderes-deveres de reação daquele[15]. 9

8. **Concretização da obrigação de vigilância.** O conteúdo da obrigação de vigilância do CF (e dos seus membros) é *a priori* parcialmente indeterminado, mas determinável no caso concreto, em função do padrão de diligência normativa[16]. Como qualquer obrigação de vigilância 10

com partes relacionadas e das operações extrapatrimoniais, e à melhoria da informação divulgada sobre as práticas de governo societário.

[10] Sobre os critérios subjacentes ao dever de avaliação do CF, cf. Ferreira Gomes, *Da administração,* § 25.

[11] Ferreira Gomes, *Da administração,* § 26.

[12] Como afirma alguma doutrina: M.ª Augusta França, *A estrutura,* 109, Paulo Olavo Cunha, *Direito das sociedades comerciais*[7] 917, 546-547, 790, Gabriela Figueiredo Dias, *Fiscalização de sociedades,* 14, Paulo Câmara, *O governo das sociedades e a reforma,* 47-48. Em sentido favorável ao controlo de mérito, Menezes Cordeiro, *CSC Clássica,* 420.º, anot. 4, Jorge Coutinho de Abreu, *Governação*[2], 185. Com desenvolvimento, *V.* Ferreira Gomes, *Da administração,* n.º 639-641 (em especial, n. 933).

[13] Lido à luz dos desenvolvimentos operados no sistema alemão. Ferreira Gomes, *Da administração,* § 26.2.

[14] Ferreira Gomes, *Da administração,* § 25.

[15] Ferreira Gomes, *Da administração,* n.ºs 643, 647, 799 e § 26.

[16] Ferreira Gomes, *Da administração,* § 62.3.

societária[17], decompõe-se em[18]: *(i)* poderes-deveres de obtenção de informação e de inspeção; *(ii)* dever de avaliação da informação obtida; e *(iii)* poderes-deveres de reação face às irregularidades detetadas. Estas situações jurídicas devem ser construídas como um todo, pois só como um todo caracterizam adequadamente a relação obrigacional estabelecida entre o devedor e a sociedade[19].

11 9. **Poderes-deveres de informação do CF e seus membros (420.º/3).** O acesso à informação constitui um importante desafio à operacionalidade do CF. De acordo com o princípio jus-societário de dissociação das funções de administração e fiscalização (*aktienrechtliches Trennungsprinzip*), o CF está arredado da gestão empresarial, pelo que o seu acesso à informação não é imediato. Neste contexto, assumem especial relevância os mecanismos destinados a assegurar um adequado fluxo de informação sobre *(i)* o desempenho (*performance*) de cada uma das unidades da empresa; *(ii)* os riscos associados ao desenvolvimento da atividade empresarial; e *(iii)* os factos que evidenciem uma violação de deveres por parte dos sujeitos cuja atividade é vigiada, que permita ao CF compreender e controlar a atividade empresarial e reagir quando assim o exija o interesse social. Este fluxo de informação deve compreender a atividade não só da sociedade, mas de todas as suas sociedades-filhas.

12 O CSC prevê diferentes mecanismos, enquadrados pelo disposto no 420.º/3[20]. Em primeiro lugar, *(i)* os fiscais *devem* assistir às AG[21] e às reuniões da administração[22] para que o presidente da mesma os convoque *ou* em que se apreciem as contas do exercício [422.º/1, *a*)] e 379.º/4]. *Podem* ainda assistir às demais reuniões da administração[23] quando as circunstâncias assim o exijam ou aconselhem [421.º/1, *d*)]. O primeiro caso traduz uma vinculação de cumprimento estrito[24]; o segundo permite uma margem de apreciação[25].

13 Em segundo lugar, *pode* qualquer fiscal *obter da administração* a apresentação, para exame e verificação, dos livros, registos e documentos da sociedade que entender necessários ou conve-

[17] Ferreira Gomes, *Da administração,* § 62.6.

[18] Ferreira Gomes, *Da administração,* §§ 24-27, 62.6.

[19] Ferreira Gomes, *Da administração,* n.º 1941. Em sentido contrário ao sustentado, o poder de informação é frequentemente apresentado como autónomo, mas funcionalmente dirigido à habilitação do sujeito ao adequado exercício de outras situações jurídicas. Entre nós, *v.g.*, Gabriela Figueiredo Dias, *Código em comentário*, 6², 421.º, n.º 2.1, 675.

[20] Cada fiscal tem uma certa margem de discricionariedade para decidir, em função das circunstâncias de cada caso, se se justifica o acesso direto à informação ou se basta a informação prestada pelo CA. Este comando é completado por várias normas que devem ser ponderadas em conjunto. Ferreira Gomes, *Da administração,* § 24.6.

[21] Justifica-se pelo direito dos acionistas a obter, dos órgãos sociais habilitados para o efeito, as informações que lhes permitam formar opinião sobre os assuntos sujeitos a deliberação (290.º/1).

[22] "Administração" em sentido amplo, incluindo todos os órgãos da sociedade com competências originárias ou delegadas de administração. Cobre reuniões do CA, comissão executiva (ou outra comissão do CA) ou dos administradores delegados. A presença dos fiscais permite a sua fiscalização preventiva, manifestando a sua oposição perante a intenção da prática de atos que contrários aos interesses da sociedade. A falta de convocação dos fiscais constitui violação de dever por quem estava incumbido da convocação. Não constitui causa de invalidade das deliberações.

[23] Deve ser interpretada em sentido amplo (cf. n. anterior). A este poder corresponde um dever de informação, por quem seja chamado a convocar a reunião, para dar conhecimento atempado das reuniões e das correspondentes ordens de trabalho. Ferreira Gomes, *Da Administração,* 283, n.º 962.

[24] O CF, no exercício do seu poder de organização interna, pode fazer-se representar apenas por um dos seus membros. A presença dos demais fiscais será facultativa e não obrigatória, salvo nas reuniões em que se apreciem as contas do exercício. No caso da convocatória para assistir às reuniões da AG, devem prevalecer os deveres de prestação de contas e de informação aos acionistas sobre o poder de organização interna do CF.

[25] Caso os fiscais não assistam às reuniões da administração, podem ficar dependentes das informações disponibilizadas pela administração. Estando presentes, podem pedir imediatamente os esclarecimentos que entendam convenientes, tornando mais eficiente a sua atividade fiscalizadora. Podem ainda colaborar consultivamente na formação das deliberações da administração e alertar para a existência de irregularidades e, quando o seu alerta não seja atendido, manifestar a sua oposição e exigir o seu registo em ata (fiscalização preventiva)

nientes, bem como verificar a existência de qualquer classe de valores, designadamente dinheiro, títulos e mercadorias [421.º/1, *a*)]. Estes poderes estendem-se a todos os bens e documentos (262.º, 2.ª parte CC) da sociedade, incluindo registos informáticos[26], a quaisquer instalações e atividades da sociedade. Não existem limites objetivos a estes poderes-deveres de inspeção, que são imputados diretamente aos fiscais (em modo singular).

Em terceiro lugar, os fiscais *podem*, conjunta ou separadamente, exigir da administração ou de qualquer dos administradores informações ou esclarecimentos sobre o curso das operações ou atividades da sociedade ou sobre qualquer dos seus negócios [421.º/1, *b*)]. Devem partilhar com os seus colegas as informações que recebam a título individual. O contrato de sociedade ou o próprio CF [ao abrigo do 421.º/1, *b*)] podem exigir a prestação periódica da informação pelo CA. Em particular, o CF deve exigir da administração o cumprimento do seu dever de criação de sistemas de informações adequados às concretas circunstâncias da sociedade (e do grupo, quando aplicável), participando na sua concreta configuração. 14

Em quarto lugar, o 421.º/1, *c*) habilita os fiscais a obter de terceiros que tenham realizado operações por conta da sociedade as informações de que necessitem para o conveniente esclarecimento de tais operações. Por maioria de razão, têm acesso *direto* aos trabalhadores e colaboradores da sociedade[27]. 15

Deve reconhecer-se uma ampla margem de manobra aos fiscais, sob pena de ficarem reféns da circunscrição da informação considerada "necessária" pela administração. A recusa de acesso ou de prestação da informação pretendida pelos fiscais, bem como a recusa de acesso a reuniões da administração, constituem delito de impedimento à fiscalização (522.º), punível com pena de prisão e multa, sem prejuízo de responsabilidade civil nos termos gerais. 16

10. **Cont.: nos grupos de sociedades: considerações gerais.** As competências orgânicas são *aparentemente* delimitadas pelas fronteiras da sociedade. Porém, sendo o interesse da sociedade-mãe prosseguido de forma indireta, através de uma ou mais sociedades-filhas, colocam-se em causa tais fronteiras. Na medida em que seja titular de um *poder* de direção (*de facto* ou *de iure*) sobre outras sociedades, estende-se a competência do seu CA à atividade desenvolvida por estas, sob a modalidade da direção e controlo global do grupo. As participações sociais são parte do ativo da sociedade-mãe, devendo ser geridas eficientemente na prossecução dos seus interesses, sendo essencial identificar, quantificar e gerir os riscos no contexto da empresa plurisocietária. O CSC é praticamente omisso quanto a fluxos de informação intra-grupo. Devem distinguir-se diferentes situações: (i) grupos *de iure* emergentes de contratos de subordinação e de domínio total; (ii) casos de consolidação de contas; e (iii) outros grupos (*de iure* e *de facto*)[28]. 17

11. **Cont.: nos grupos *de iure* (subordinação e domínio total).** Nestes, a extensão da competência do CA da sociedade-mãe para além das suas fronteiras originárias (através do poder *de iure* de direção, 503.º/1), abrangendo a atividade desenvolvida pelas sociedades-filhas, determina uma idêntica extensão da competência de fiscalização do CF. A direção unitária de outras sociedades constitui também administração da sociedade-mãe, objeto de vigilância [420.º/1, *a*)]. Sendo a sociedade-mãe responsável pelas dívidas das sociedades-filhas (501.º), o seu CA pode exigir a prestação das informações e realizar as inspeções necessárias ou convenientes ao conhecimento da sua situação em todos os momentos (181.º por analogia). O mesmo vale para o CF 18

[26] A propósito desta norma, Engrácia Antunes, *A fiscalização*, 154.

[27] Ferreira Gomes, *Da Administração*, § 24.6.

[28] Ferreira Gomes, *Da Administração*, § 24.2.

e os seus membros (em modo singular) vêm os seus poderes (420.º/3 e 421.º) estendidos em função da competência do conselho que integram[29].

19 12. **Cont.: em caso de consolidação de contas**. O CA da sociedade consolidante deve submeter o relatório e as contas consolidadas a exame do ROC e do CF desta sociedade, antes da sua submissão à AG para aprovação (508.º-D e 508.º-A). Não são definidos, contudo, os meios ao dispor destes órgãos para a realização deste exame. Do 508.º-A/3 decorre um direito de informação da sociedade consolidante relativamente às sociedades consolidadas que, nos termos gerais (405.º/2), só pode ser exercido pelo seu CA. Caso o seu CF (ou algum dos seus membros) necessite de informação que não seja prestada voluntariamente, deve pedi-la ao CA [421.º/1, *a*) e *b*)]. Só este poderá (e deverá) então exigir das consolidadas as informações que lhe tenham sido solicitadas e de que não disponha (508.º-A/3), assegurando a sua transmissão imediata ao solicitante[30].

20 13. **Cont.: noutros grupos**. Nos demais grupos (*de iure* e *de facto*), nem o CF da sociedade-mãe, nem os seus membros, têm poderes jurídicos de obtenção de informação e de inspeção sobre as sociedades-filhas. Resta-lhes exigir informações à administração da sociedade-mãe não só sobre as relações da sociedade-mãe com as sociedades-filhas, mas também sobre qualquer questão interna das sociedades-filhas que possa ser relevante para a sociedade-mãe. Quando tenham dúvidas ou seja insuficiente a informação prestada pelos administradores, devem aceder a outras fontes de informação disponíveis[31].

21 14. **Dever de avaliação do CF e seus membros (critérios)**. A informação obtida deve ser avaliada, para aferição não só da sua veracidade, pertinência e completude, mas também da necessidade de reação em função dos fins prosseguidos[32]. A *avaliação* pelo CF não é, em si mesma, substancialmente diferente da desenvolvida pelo CA: também o CF tem de concretizar, ainda que implicitamente, quais os melhores interesses da sociedade em cada caso, formulando um padrão face ao qual deve contrapor a decisão ou atuação da administração. Ao fazê-lo, reconstrói as decisões da administração, aferindo se, face às circunstâncias do caso, correspondem aos melhores interesses da sociedade. Estamos perante um controlo não só formal, mas também de mérito, assente numa avaliação da licitude (*Rechtsmäßigkeit*), da regularidade (*Ordnungsmäßigkeit*), da economicidade (*Wirtschaftlichkeit*) e da adequação (*Zweckmäßigkeit*) da atividade de gestão[33].

22 15. **Poderes-deveres de reação do CF**. É neste contexto que encontramos a mais profunda diferença entre as prestações devidas pelos órgãos de administração e de fiscalização. Ao CA compete gerir as atividades da sociedade, devendo praticar os atos necessários à promoção do fim ou interesse social, tomando a iniciativa na condução da atividade social. Ao CF não cabe tomar a iniciativa, mas apenas assegurar que o fazem os órgãos de administração e as estruturas administrativas aos mesmos subordinadas. O CF não pode corrigir *diretamente* as irregularidades detetadas; pode apenas tomar medidas destinadas a assegurar que as mesmas são corrigidas pela administração[34].

23 16. **Cont.: necessária articulação do CF com a AG**. O CF opera apenas como estrutura institucional intermédia entre a administração da sociedade e os seus acionistas. A competência para aplicação de sanções face a irregularidades detetadas cabe apenas à AG. O poder do CF é limitado à prestação de informação sobre os factos apurados ou à apresentação de propostas de

[29] Ferreira Gomes, *Da Administração*, § 24.3.

[30] Ferreira Gomes, *Da Administração*, § 24.4.

[31] Ferreira Gomes, *Da Administração*, § 24.5.

[32] Ferreira Gomes, *Da Administração*, §§ 18, 62.6.

[33] Estes critérios são desenvolvidos em Ferreira Gomes, *Da Administração*, § 25.2.

[34] Ferreira Gomes, *Da Administração*, § 26.

deliberação. Assim, a funcionalidade do CF pressupõe sempre a funcionalidade da assembleia. Tudo depende desta e das suas decisões.

24 Pode *(i)* requerer ao presidente da mesa a convocação da AG quando o entenda conveniente (375.º/1 e 377.º/1), *(ii)* convocar a AG quando o presidente da mesa o não faça, devendo fazê-lo [377.º/7 e 420.º, n.º1, *h*)] e *(iii)* informar os acionistas na primeira AG que se realize [422.º/1, *e*)]. Deve admitir-se a apresentação de propostas de deliberação dirigidas à resolução do problema verificado[35] ou à propositura de ações sociais de responsabilidade civil *ut universi* (75.º/1). Para além disso, o CF deve requerer ao CA ou à AG que declare a nulidade ou anule deliberações do conselho viciadas, nos termos do 412.º/1. Deve ainda apresentar o seu relatório anual sobre a sua atividade fiscalizadora e o seu parecer sobre o relatório, contas e propostas apresentadas pela administração [420.º/1, *g*)][36].

25 O único meio de reação *direta* do CF é a suspensão de administradores quando o interesse da sociedade o exija [400.º/1, *b*) *in fine*]. Estamos perante uma medida preventiva, destinada a salvaguardar o efeito útil da intervenção dos acionistas.

26 A negação de adequados poderes-deveres de reação face a problemas detetados não é coerente com a limitação da liberdade contratual, traduzida na imposição de um duplo grau de fiscalização. A conjugação deste quadro normativo com a típica concentração acionista constitui um forte desincentivo à operacionalidade do CF como órgão autónomo de fiscalização: os seus membros tendem a perspetivar a sua função como parcialmente inútil; prolifera a convicção de que, submetendo um qualquer problema à consideração dos acionistas, estes nada farão contra a administração que, regra geral, cumpre as instruções do acionista controlador[37].

27 Há, no entanto, que considerar: a denúncia de irregularidades pelo CF à AG pode fundamentar ações de responsabilidade dos minoritários contra o controlador, nos termos do 83.º/4 ou, mais genericamente, por violação do seu dever de lealdade[38], bem como ações sociais *ut singuli* contra administradores[39].

28 17. **Cont.: necessária articulação do CF com o CA**. A submissão de um problema à AG deve ser vista como um mecanismo de último recurso, quando o diálogo e a pressão institucional sobre o CA não tenham permitido encontrar soluções adequadas para o problema detetado. O mecanismo previsto nos n.os 1 a 4 do 420.º-A aplica-se, nos seus termos literais, apenas ao ROC, mas dele pode extrair-se um princípio de diálogo institucional *up the ladder*, com vista à resolução dos problemas verificados, aplicável também ao CF, com base no seu dever de leal cooperação interorgânica [422.º/1, *d*)]. Assim, caso um fiscal tome conhecimento de um problema que entenda relevante, deve comunicá-lo aos demais membros CF. Caso o coletivo entenda que o problema é relevante, deve dialogar com o CA com vista à sua resolução e prestar os conselhos que se imponham[40]. Somente perante o silêncio ou resposta inadequada do CA, deverá o CF suscitar a intervenção da AG.

[35] Com respeito pelo 373.º/3.

[36] A AG poderá reagir, por exemplo, *(i)* aprovando a propositura de uma ação social *ut universi* (75.º), *(ii)* não aprovando as contas anuais, a proposta de aplicação de resultados e ou a administração da sociedade (e destituir um ou mais administradores ou manifestar a sua desconfiança quanto aos mesmos, 376.º), *(iii)* proceder à destituição de um ou mais administradores (403.º/1), ou *(iv)* refletir a sua avaliação da administração na futura remuneração da mesma (399.º).

[37] Este fenómeno está na base do chamado *controlling shareholder agency problema*. Ferreira Gomes, *Da Administração*, § 3.2.E.

[38] Ferreira Gomes, *Conflitos de interesses*, 121-152.

[39] Ferreira Gomes, *Da Administração*, § 26.1.

[40] Segundo o BGH 25-mar.-1991, *BGHZ* 114: vigilância e aconselhamento são apenas dois aspetos de uma mesma realidade.

29 Só assim não será nos casos em que o CF suspeite do envolvimento do CA numa fraude ou problema semelhante, e considere imprescindível levar a questão diretamente ao conhecimento dos acionistas, após devida ponderação dos custos e benefícios dessa atuação para a sociedade (e apenas para a sociedade, com limite nas regras do abuso de direito, na modalidade de desequilíbrio no exercício)[41].

30 18. **Poderes-deveres de reação dos fiscais**. Em geral, o CSC não imputa poderes-deveres de reação diretamente aos membros do CF, assentando a fiscalização no seu funcionamento colegial[42]: ao CF cabe avaliar a conduta da administração e decidir sobre as reações que se imponham[43]. Isto não invalida a necessidade de um juízo prévio do fiscal sobre a relevância dos factos apurados para o coletivo. Também não invalida que, na sequência dessa avaliação, possam ser devidas condutas específicas pelos fiscais (em modo singular).

31 Caso um fiscal tome conhecimento de uma irregularidade relevante, deve comunicá-la aos demais e convocar uma reunião do CF para a sua avaliação[44]. Caso a gravidade e a urgência da questão não o justifique, o fiscal pode limitar-se a informar o CF na primeira reunião que tiver lugar. Não obstante a redação do 422.º/1, *d*), a comunicação das *«verificações, fiscalizações e diligências que tenham feito e do resultado das mesmas»* à administração cabe, em princípio, ao CF em modo coletivo[45].

32 Na reunião do CF, cada fiscal deve zelar pelos melhores interesses da sociedade e, sendo vencido na votação, deve verter na ata os motivos da sua discordância (423.º/2).

33 Os fiscais devem comunicar ao ROC, por carta registada, os factos que revelem dificuldades na prossecução normal do objeto social (420.º/7).

34 Sem prejuízo disso, quando a urgência da situação o justifique, não sendo possível a intervenção do CF em tempo útil, deve o fiscal que se aperceba de um problema expor a situação direta e imediatamente ao administrador encarregue do pelouro respetivo, com vista a evitar a prática de atos danosos ou eliminar ou diminuir os efeitos danosos de atos já praticados[46] (985.º/5 CC por analogia)[47].

35 Quando o CF não reúna ou *manifestamente* não tome as medidas adequadas, pode e deve qualquer dos seus membros reagir, a *título individual*, perante o CA [422.º/1, *d*)].

36 Não havendo resposta adequada pelo CA – e o CF *manifestamente* não tenha tomado medidas adequadas –, em função das circunstâncias do caso, os fiscais *podem* e *devem* informar os acionistas, na primeira reunião que se realize, de todas as irregularidades e inexatidões verificadas [422.º/1, *e*)].

37 19. **Variável intensidade da obrigação de vigilância**. Sem prejuízo das concretizações legais, as obrigações de vigilância do CF e dos fiscais apresentam uma intensidade variável de acordo com as específicas circunstâncias do caso concreto: em princípio traduzem a vinculação a um controlo geral, que se torna mais intenso ou pormenorizado perante situações de crise ou

[41] *A* propósito dos limites da discricionariedade do órgão de fiscalização, *v.* BGH 21-abr.-1997, *BGHZ* 135, 244 (*ARAG/Garmenbeck*): não cabe a ponderação dos interesses dos administradores envolvidos.

[42] Engrácia Antunes, *A fiscalização*, 102-103.

[43] O equilíbrio do sistema repousa na articulação da atividade cognitiva individual com a ponderação e intervenção colegiais.

[44] Ferreira Gomes, *Da Administração*, § 37.3.

[45] Sob pena de retirar espaço de manobra ao CF na sua apreciação dos problemas detetados na atividade cognitiva desenvolvida pelos seus membros a título individual.

[46] Engrácia Antunes, *A fiscalização*, 103 opõe-se à intervenção individual dos fiscais *dissidentes*, com fundamento no 423.º/2. Não nos parece que a objeção abarque a intervenção cautelar sugerida.

[47] Com idêntica solução a propósito dos administradores, Ferreira Gomes, *Da Administração*, n.º 494.

motivos de suspeita. A intensificação da vigilância pode ainda decorrer de uma adequada construção da vigilância preventiva e da concretização do dever de leal cooperação interorgânica[48].

20. **Legitimidade da confiança na informação recebida (*reliance*).** No exercício das suas funções, os membros dos órgãos sociais baseiam-se frequentemente em informações, conselhos e opiniões de colegas seus, de membros de outros órgãos sociais, de trabalhadores e colaboradores da sociedade e de terceiros que a esta prestam os seus serviços (contabilistas, revisores de contas, advogados e jurisconsultos, etc.). Em todos estes casos, coloca-se a questão de saber se, e em que medida, podem confiar na informação recebida. 38

Esta confiança é legítima se o sujeito *(i)* estava *razoavelmente* convicto de que aquele que prestava informações, conselhos ou opiniões era fiável e competente; *(ii)* transmitiu a quem lhe prestou informações, conselhos ou opiniões todos os dados relevantes para o efeito, quando estes tenham sido pedidos (por quem não tinha acesso direto a essa informação); *(iii)* obteve informações, conselhos ou opiniões errados; *(iv)* analisou criticamente as informações, conselhos ou opiniões recebidos (*controlo de plausibilidade*), mas não detetou o erro; e *(v)* atuou de acordo com tais informações, conselhos ou opiniões[49]. 39

III – A fiscalização contabilística

21. **Fiscalização contabilística pelo CF [n.º1, als. *c*) a *f*)].** O CF não se limita a uma fiscalização contabilística, mas esta não deixa de ser importante. Articula-se com o dever de dar parecer sobre o relatório anual de gestão e as contas do exercício [n.º 1, *g*)], no qual deve exprimir a sua concordância ou não com os mesmos (n.º 6), e incluir uma declaração de cada um dos seus membros de conformidade das contas com as normas contabilísticas aplicáveis (n.º 6 e 245.º CVM)[50]. Neste contexto, são especialmente relevantes as questões da qualificação técnica dos fiscais[51] e da articulação entre o CF e o ROC[52]. 40

22. **Espaço de discricionariedade técnica do CF.** É certeira a afirmação de Menezes Cordeiro de que *«estamos numa área em que são legalmente possíveis vários critérios de avaliação da realidade, cabendo à sociedade escolher os concretamente mais adequados. Trata-se de um domínio técnico, mas no qual jogam já opções político-empresariais próximas da gestão»*[53]. Na medida em que o CF é chamado a sindicar estas opções da administração, tem de reconstruir os seus diversos passos. Tal como no caso da administração, também o seu processo decisório é determinado pela limitação da informação disponível e pelos mesmos fatores de pressão, com destaque para os constrangimentos temporais. Tudo isto releva no juízo sobre o cumprimento da sua obrigação de vigilância. Na concretização *ex post* da obrigação de vigilância, para aferição do seu cumprimento, reconhecem-se frequentemente alternativas de ação normativamente admissíveis (espaço de discricionariedade). Em todo o caso, a margem de discricionariedade é um resultado normativo, determinável em cada caso concreto, e não um dado apriorístico que se imponha ao intérprete-aplicador[54]. 41

23. **Fiscalização contabilística pelo ROC: a dupla função de controlo.** O ROC desempenha uma *dupla função de controlo*[55]. Por um lado, uma *função de controlo externa*[56], traduzida 42

[48] Este tema é desenvolvido em Ferreira Gomes, *Da Administração*, § 27.

[49] Este tema é desenvolvido em Ferreira Gomes, *"Reliance"*, 49-81, e *Da Administração*, n.os 1958-1989.

[50] 420.º/6 aplica-se a todas as SA.

[51] Ferreira Gomes, *Da Administração*, n.os 595-598, 855--865.

[52] Ferreira Gomes, *Da Administração*, n.os 848-851, 1076--1090.

[53] *Direito das sociedades*, 1³, 1015. Veja-se Ferreira Gomes, *Da Administração*, § 63.

[54] Ferreira Gomes, "A discricionariedade empresarial, a *business judgment rule* e a celebração de contratos de *swap* (e outros derivados)", *Estudos em Homenagem ao Dr. Amadeu Ferreira*, 2 (2015) 57-98 (67-76); *Da Administração à Fiscalização das Sociedades*, § 63.

[55] Ferreira Gomes, *Da Administração*, n.º 1000-1016.

[56] Ferreira Gomes, *Da Administração*, n.º 1000.

na sinalização da situação da sociedade ao mercado através da certificação das contas anuais (451.º/3), divulgada através do registo comercial (42.º/1, *c*) e 2, *c*) CRCom). Habilita os terceiros que contactam com ou sobre a sociedade a tomar conhecimento da situação económico-financeira desta e, nessa medida, a tomar medidas para salvaguardar a sua posição na contratação com ou sobre a mesma. A *revisão legal de contas* é uma função de interesse público [41.º/1, *a*) e 42.º/*a*) EOROC].

43 Por outro lado, uma *função de controlo interna*[57], que constituiu um dos pilares do governo das SA, lado a lado com as funções de administração e de fiscalização (global). Traduz-se na sua colaboração com o CF, com o CA e, eventualmente, com a AG, assegurando um fluxo de informação *neutra*[58] sobre irregularidades detetadas na administração da sociedade[59]. Nesta função, destaca-se a colaboração com o CF. O CSC não prevê expressamente deveres de prestação de informação pelo ROC ao CF, mas estes existem. *Quando o ROC integre o CF* [413.º/1, *a*)], resultam dessa mesma integração: os membros do CF devem participar no cumprimento das funções deste. *Quando o revisor não integre o CF* [413.º/1, *b*)], este surge como fórum de discussão sobre todos os assuntos considerados relevantes na revisão das contas da sociedade e sobre possíveis fraudes de que o ROC suspeite ou tenha conhecimento, em particular, aquando do envolvimento de altos funcionários ou administradores da sociedade, no contexto das suas competências de fiscalização sobre a revisão legal de contas [420.º/2, *c*)] e de receção das comunicações de irregularidades [420.º/2, *j*)]. Este silêncio da lei resulta da omissão de transposição do 41.º/4 da Diretriz 2006/43/CE pelo nosso legislador[60]. Uma interpretação sistemática e conforme à Diretriz permite o reconhecimento desta norma entre nós[61].

44 Este quadro normativo é completado pelo disposto nas Normas Internacionais de Auditoria, em particular, pelo disposto na ISA 260, relativa às comunicações com os responsáveis pela supervisão da direção estratégica da entidade auditada[62].

45 Paralelamente, nas EIP, é particularmente relevante o relatório anual do ROC sobre a sua ação fiscalizadora, dirigido ao CF (e apenas ao CF) (11.º do Regulamento de Revisão de Contas de EIP, 24.º do RJSA)[63].

46 Ao CF caberá analisar criticamente a informação prestada pelo ROC, para efeitos do cumprimento das suas funções, devendo ponderar-se até que ponto pode legitimamente confiar nessa mesma informação[64].

47 24. **Poderes-deveres de informação do ROC (420.º/4)**, enquanto órgão singular autónomo. São os mesmos dos fiscais em geral, mas ordenados à revisão e certificação legais de contas (420.º/4). Deve atender não apenas às exigências legais (e, eventualmente, do contrato de sociedade e do contrato celebrado com a sociedade), mas também às normas de auditoria da OROC e da CMVM. Estas são, pelo seu detalhe e desenvolvimento, particularmente relevantes na concretização da conduta diligente devida pelo ROC no desenvolvimento das suas funções. A sua observância constitui presunção *iuris tantum* do cumprimento da correspondente obri-

[57] Ferreira Gomes, *Da Administração*, n.os 1001-1004.

[58] No sentido de independente face às perspetivas da equipa de gestão.

[59] RLx 14-mai.-2015 (Maria Teresa Albuquerque), Proc. 235/13.6YXLSB.L1-2

[60] Nos termos do qual, "o revisor oficial de contas ou a sociedade de revisores oficiais de contas deve informar o comité de auditoria sobre as questões fundamentais resultantes da revisão legal de contas, nomeadamente sobre insuficiências materiais de controlo interno do processo de informação financeira".

[61] Ferreira Gomes, *Da Administração*, n.os 1069-1071.

[62] *V.* n.º 10(a) ISA 260, 216.

[63] Ferreira Gomes, *Da Administração*, n.os 1001-1002.

[64] Ferreira Gomes, *Da Administração*, § 62.7.

gação de vigilância, permitindo ao ROC mitigar o seu risco de responsabilidade civil. Paralelamente, a sua inobservância constitui uma presunção de incumprimento. Tanto uma como outra são ilidíveis por referência a desvios impostos por específicas circunstâncias do caso concreto[65].

25. **Cont.: nos grupos de sociedades.** No contexto dos grupos de sociedades, os poderes-deveres de obtenção de informação e de inspeção do ROC têm alcance idêntico ao dos fiscais, já analisados. Porém, na densificação da dimensão passiva desses poderes-deveres, releva ainda o disposto no 46.º do EOROC, nas Recomendações Técnicas da OROC e nas Normas Internacionais de Auditoria[66]. 48

26. **Dever de avaliação do ROC.** O revisor deve apreciar o relatório de gestão e completar o exame das contas com vista à sua certificação legal (420.º/4 e 451.º/2). A avaliação é dirigida a tal certificação e, nessa medida, pauta-se por critérios de *legalidade* e *regularidade contabilística*, densificados pela lei (*maxime*, 451.º/3 a 5) e pelas normas de auditoria aplicáveis. 49

O ROC não tem de avaliar *diretamente* a administração da sociedade[67]. Tem de avaliar apenas se as contas do exercício dão uma imagem verdadeira e apropriada da sociedade. Assim, mesmo nos casos em que as opções da administração ponham em causa a situação da sociedade, a sua rentabilidade ou mesmo a sua continuidade, o revisor não deixará de certificar sem reservas as contas da sociedade, se estas refletirem com clareza a situação da sociedade. 50

Na medida em que não traduz um juízo independente sobre as circunstâncias económicas da empresa ou sobre a qualidade da sua administração, a certificação legal das contas não constitui garantia da futura viabilidade da sociedade, nem da eficiência ou eficácia com que a administração conduziu a sua atividade (ISA 200). 51

A circunscrição dos critérios de avaliação pelo revisor à legalidade e regularidade contabilística não prejudicam o seu dever de, acessoriamente, comunicar de imediato ao CF os factos de que tome conhecimento e que possam ser relevantes para o desempenho das funções deste. Para além disso, caso tome conhecimento de "factos que revelem graves dificuldades na prossecução do objeto da sociedade", deve confirmar essa avaliação e comunicá-los segundo o 420.º-A[68]. 52

27. **Espaço de discricionariedade técnica do ROC.** A apreciação das contas pelo ROC comporta uma importante *margem de discricionariedade técnica* que importa ter em consideração[69]. 53

28. **Poderes-deveres de reação do ROC.** Destaca-se a certificação legal de contas (451.º/3 CSC e 45.º EOROC). À margem desta, as circunstâncias poderão determinar a intervenção do revisor a outros níveis, seja perante o CF (nos termos do dever de colaboração já analisado), perante o CA ou perante a AG [420.º-A e 422.º/1, *d*) e *e*)]. 54

29. **Articulação das competências cumulativas de fiscalização contabilística do ROC e do CF.** Para além do dever de comunicação e discussão de irregularidades com o CF, o dever de colaboração do ROC com o CF opera ainda a um segundo nível, mais geral, de articulação das *competências cumulativas de fiscalização contabilística* [420.º/1, *c*) a *f*), para o CF, e 420.º/4 e 451.º/2 e 3, para o ROC]. Deve questionar-se o sentido desta duplicação de funções: devem o CF e o ROC praticar autonomamente, sobrepondo-se mutuamente, os atos de verificação 55

[65] As próprias ISAs referem frequentemente a necessidade de adaptação do seu conteúdo em função das circunstâncias do caso concreto.

[66] Este tema é desenvolvido em Ferreira Gomes, *Da Administração*, § 35.2.

[67] Em sentido contrário, mas sem justificação, Paulo Câmara e Gabriela Figueiredo Dias, *O governo das sociedades anónimas*, 79.

[68] Ferreira Gomes, *Da Administração*, § 37.3.

[69] Ferreira Gomes, *Da Administração*, n.os 1057-1060.

previstos nas als. *c)* a *f)* do n.º1? Ou, pelo contrário, deve considerar-se que a prática de tais atos pelo ROC exonera o CF e seus membros relativamente à sua prática?

56 *No caso de o ROC integrar o CF*, a articulação de competências exige uma prévia decomposição das competências previstas nas als. *c)* a *f)* do 420.º/1. O princípio da colegialidade não exige que os membros do CF atuem colegialmente em todos os momentos: a própria lei imputa a atividade cognitiva do CF a cada um dos fiscais (a título individual, incluindo o ROC, 420.º/3), devendo a informação recolhida por cada um aproveitar ao coletivo[70]. Já as tarefas de avaliação da informação e de reação face às conclusões alcançadas não podem senão ser desenvolvidas pelo CF, enquanto órgão colegial: a discussão colegial promove um maior cuidado e ponderação, uma maior independência do órgão, e uma maior uniformidade na reação às irregularidades. Assim, quando o ROC integre o CF, pode este aproveitar a atividade cognitiva desenvolvida por aquele para efeitos da certificação legal das contas, exigindo-se contudo do CF uma atividade valorativa da informação recolhida, bem como as reações adequadas às conclusões alcançadas.

57 *Nos casos em que o ROC não integre o CF* [413.º/1, *b)*], a questão é mais complexa: a atividade desenvolvida pelo revisor não exonera o CF do cumprimento dos deveres que lhe são imputados pelo 420.º/1, *c)* a *f)*, devendo este assegurar a prática dos atos cognitivos necessários ao conhecimento dos factos relevantes, por um ou mais dos seus membros, se necessário com auxílio de um ou mais peritos [420.º/1, *l)*]. Não deve admitir-se a possibilidade de o CF (em representação da sociedade) contratar o ROC da sociedade como perito para coadjuvar os seus membros no exercício das suas funções [420.º/1, *l)*], na medida em que uma tal prática comprometeria o cumprimento do seu dever de fiscalização da revisão legal de contas [420.º/2, *c)*]. Tendo o legislador dissociado o ROC do CF [413.º/1, *b)*], não faria sentido admitir a sua integração por um mecanismo funcionalmente equivalente. Nestas sociedades temos, portanto, uma dupla função de fiscalização contabilística, devendo o CF cumprir os deveres expressos nas als. *c)* a *f)* do 420.º/1 e, em geral, o dever de fiscalizar o processo de preparação e divulgação de informação financeira, previsto na *a)* do 420.º/2. Isso não obsta, porém, a que o CF aproveite o trabalho realizado pelo ROC, que deve ser conhecido e criticamente analisado pelo conselho.

58 Tanto num caso como noutro, o CF deve estar em condições de analisar criticamente não só o relatório de gestão e as contas de exercício, mas também a própria certificação legal de contas (pelo ROC), para poder declarar se concorda ou não com os mesmos [420.º/1, *g)* e 6, 452.º].

IV – **A receção das comunicações de irregularidades (*whistleblowing*)**

59 30. **Competência do CF para receber as comunicações**. Serve a sociedade e, indiretamente, o interesse público[71], através da proteção daqueles que denunciam irregularidades.

60 31. **Proteção dos trabalhadores: a política de comunicação de irregularidades**. A denúncia de irregularidades a quem tenha competência para as receber[72] não constitui fundamento válido para despedimento ou aplicação de sanções ao trabalhador, mas poderá ser difícil ao trabalhador provar que essa foi a causa do despedimento, quando outro fundamento

[70] sem prejuízo dos limites gerais à legitimidade da confiança na informação recebida. Ferreira Gomes, *Da Administração*, § 62.7.

[71] Ferreira Gomes, *Da Administração*, § 24.7.

[72] A denúncia de irregularidades a terceiros que não tenham competência para apreciar das mesmas (com destaque para os meios de comunicação social) pelo trabalhador constitui violação do seu dever de lealdade [128.º/1, *f)* CTrab].

(legítimo) seja invocado. Para além da óbvia solução da demonstração de ausência de justa causa para o despedimento, pode o trabalhador fazer uso da proibição de discriminação (23.º CTrab), mas esta solução não é suficiente na prática: cabe à sociedade formular políticas/procedimentos de comunicação de irregularidades que assegurem a proteção dos denunciantes, quando tal seja necessário ou conveniente em função das concretas circunstâncias da sociedade.

Esta política tem um duplo alcance: por uma lado, estrutura a forma como as irregula- 61 ridades devem ser comunicadas ao CF e, por outro, o tratamento a dar a essas comunicações pelo CF. Tanto numa dimensão como noutra, afeta a organização interna do CF no exercício da suas competências. É, portanto, uma questão da exclusiva competência do CF (e não do CA)[73]. Não pode aceitar-se que seja o órgão fiscalizado a determinar a organização do órgão fiscalizador, sob pena de manifesto comprometimento da sua independência e da sua eficácia fiscalizadora. Assim, da competência do CF para organizar o seu funcionamento e para receber as comunicações de irregularidades [420.º/1, *j*)] decorre a competência para aprovar a política de comunicação de irregularidades[74].

32. **Regras específicas para as instituições de crédito (IC)**. Nestas, para além dos deveres 62 de comunicação que incidem sobre os ROC (121.º RGIC), valem os 116.º-Z e 116.º-AA RGIC.

V – **A fiscalização da revisão legal de contas**

33. **Nas SA sujeitas a fiscalização reforçada**. Nas SA incluídas no 413.º/1, *b*)], com separa- 63 ção do ROC e do CF, este último tem ainda as competências previstas no 420.º/2[75]. Apresenta-se como um fórum de discussão com o ROC sobre todos os assuntos considerados relevantes na revisão das contas da sociedade e sobre possíveis fraudes de que suspeitem ou tenham conhecimento, à margem da pressão exercida pela administração e pelos acionistas controladores. Confirma igualmente a qualificação do ROC como órgão auxiliar do CF no desenvolvimento de uma fiscalização global e, através desta, na prossecução do interesse social[76]. Para além disso, promove a competência técnica e a independência do ROC não só face à administração, mas também face ao acionista controlador[77].

34. **Nas EIP: densificação dos poderes do CF**. O 3.º/1 da Lei 148/2015, de 9-set., exige 64 que as "entidades de interesse público" (EIP), tal como definidas no 3.º do RJSA, adotem um modelo de fiscalização reforçada, valendo o exposto na anotação anterior. O 3.º/3 densifica os deveres do CF[78]. Este preceito desenvolve as regras gerais, sem quebras sistemáticas. As dificuldades surgem na sua articulação com o 45.º/2, *g*) do RJSA.

Várias normas do EOROC e do Regulamento (UE) de Revisão de Contas de EIP 65 (537/2014), que visam assegurar a independência do ROC, conformam a conduta devida pelo CF na fiscalização da revisão legal de contas (RLC) de EIP. Particularmente importante é o dever de apresentação de um "relatório adicional" pelo ROC ao CF [11.º do Regulamento (UE) de Revisão de Contas de EIP][79]. É dirigido apenas ao CF, destinando-se a melhorar a

[73] Em sentido contrário, Paulo Bandeira, in *Código de Governo das Sociedades anotado*, recomend. 2.1.4., n.º 29.

[74] Pode admitir-se que o CA elabore e apresente propostas ao CF sobre esta matéria, as quais poderão, por exemplo, articular a prestação de informação ao CA e ao CF, mas a competência última para a sua aprovação só pode caber ao CF.

[75] *V.* 41.º da Diretriz 2006/43/CE, na redação original.

[76] Ferreira Gomes, *Da Administração*, § 24.7.

[77] Menezes Cordeiro, *CSC Clássica*[2], 420.º, anot. 11.

[78] Em transposição do 39.º/6 da Diretriz de Auditoria (Diretriz 2006/43/CE).

[79] Foi assim reintroduzido – ainda que só para as EIP – o relatório anual do ROC sobre a sua atividade fiscalizadora, previsto na versão original do CSC no 452.º e, depois do DL 328/95, de 9-dez., no 451.º/2 e 4, e incompreensivel-

coordenação e a troca de informações entre o ROC e o CF. Neste sentido, o 24.º/3 do RJSA obriga o ROC/SROC a debater com o CF as questões fundamentais decorrentes da revisão legal das contas referidas no relatório adicional e, em particular, as referidas no 11.º/2, i) do Regulamento de Revisão de Contas de EIP.

66 Destacam-se ainda, *v.g.*, o 63.º, o 77.º, o 79.º EOROC que, não obstante preverem normas dirigidas aos ROC, conformam, no verso da medalha, a obrigação de fiscalização da revisão legal de contas pelo CF.

VI – **Outras atribuições**

67 35. **Elaboração de relatório e parecer [n.º 1, al. *g*)]**. O relatório sobre a ação fiscalizadora corresponde à prestação de contas, pelo CF aos acionistas, sobre o cumprimento da sua obrigação de vigilância. Cobre a fiscalização da administração da sociedade no seu sentido mais amplo (*fiscalização global*), e não apenas a fiscalização contabilística.

68 O parecer sobre o relatório e contas[80] enquadra-se na fiscalização contabilística: depende da atividade cognitiva desenvolvida ao abrigo das als. *c*) a *f*) e da avaliação crítica não só do relatório e contas, mas também da certificação legal de contas pelo ROC (452.º).

69 36. **Convocatória da AG [n.º 1, al. *h*)]**. Deve articular-se com o 377.º/7, nos termos do qual o CF só pode convocar a AG depois de ter, sem resultado, requerido a convocação ao presidente da mesa[81]: só quando este não cumpra o seu dever, pode o CF convocar a AG, caso em que deve fixar a ordem do dia e, se ocorrerem motivos que o justifiquem, escolher um local ou meio de reunião diverso da reunião física na sede (377.º/6).

70 No juízo sobre o cumprimento do dever pelo presidente da mesa, deve atender-se ao papel que lhe é normativamente imputado, enquanto centro de poder instituído na SA, independente do CA (especialmente nas sociedades cotadas, 374.º-A/1), de zelar pelo regular e ordenado funcionamento da AG. Deve garantir o cumprimento das regras legais e estatutárias relativas ao processo deliberativo, mas também os direitos individuais dos acionistas (*maxime*, o direito de informação), reconhecendo-se-lhe todos os poderes-deveres necessários para o desempenho desta função[82]. Em particular, deve assegurar *(a)* que a ordem de trabalhos não viola a lei ou os estatutos e *(b)* que foi atempada e corretamente prestada aos acionistas toda a informação de que estes necessitam para decidir sobre os assuntos nela incluídos. Existindo uma causa de *nulidade* das deliberações, o presidente está adstrito a um dever específico de não permitir a concretização da assembleia; existindo uma causa de *anulabilidade* das mesmas, deve o presidente ponderar, com uma certa margem de discricionariedade vinculada, se o risco de impugnação deve ser aceite. Na sua ponderação, deve o presidente da mesa considerar ainda o enquadramento contraordenacional da conduta da sociedade, determinada também pela sua própria atuação.

71 Assim, a convocação da AG a requerimento do CA ou do CF não é inteiramente vinculada: não deve o presidente convocá-la quando conclua que as suas deliberações serão nulas, nem quando entenda que o risco de impugnação não é aceitável[83]. Neste sentido, sendo os

mente eliminado pela reforma de 2006. Ferreira Gomes, *Da Administração*, n.º 1002, em particular, n. 1373.

[80] RLx 17-abr.-2007 (Santos Nascimento), Proc. 20342006-7, sustenta a obrigação de assinatura por parte de todos os membros do CF, mesmo que discordem do seu conteúdo, sob pena de anulabilidade deste último.

[81] Menezes Cordeiro, *S.A.*: Assembleia Geral e Deliberações Sociais (2007), 60-61.

[82] Pedro Maia, "O presidente das assembleias de sócios", in AA.VV., *Problemas do Direito das Sociedades* (2002), 423-425, Paulo Tarso Domingues, *Código em comentário*, 6², 374.º, 33-34.

[83] Menezes Cordeiro defende tratar-se de uma conduta "vinculada", mas logo sustenta que *«mesmo quando (...) os poderes do presidente sejam vinculados, não pode deixar de haver, da sua parte, uma sindicância mínima sobre o que lhe*

vícios sanáveis, deve o presidente tomar as medidas necessárias (incluindo o adiamento da AG) para assegurar que, quando reunir, a AG está em condições de deliberar validamente[84]. Impõe-se o exercício independente e imparcial das suas funções enquanto meio de proteção da sociedade e dos acionistas, por via da garantia da legalidade das deliberações sociais.

Dito isto, o CF só pode convocar a AG quando a conduta do presidente da mesa, caindo fora da sua margem de discricionariedade[85], traduza um incumprimento do seu dever de convocação. 72

37. **Contratação de peritos coadjuvantes [n.º 1, al. *l*)]**. Imputa excecionalmente poderes de representação ao CF, a quem cabe escolher os peritos e negociar as condições contratuais aplicáveis, em função da importância dos assuntos e da situação económica da sociedade [420.º/1, *l*) e 421.º/3 a 5][86]. Este poder do CF é exercido pelos seus membros nos termos dos 408.º e 409.º, *ex vi* 421.º/5. 73

Estes peritos podem "coadjuvar", mas não "substituir" os fiscais no exercício das suas funções. 74

Esta solução visa assegurar a independência do CF face ao CA: o contrário deixaria o órgão de fiscalização à mercê do órgão fiscalizado que, tendo competência para negociar a contratação e remuneração dos peritos, poderia exercer uma pressão decisiva sobre os mesmos, condicionando a sua atuação[87]. 75

38. **Outras atribuições constantes da lei ou do contrato de sociedade [n.º 1, al. *m*)]**. Inclui, *v.g.*, dar a conhecer aos sócios a nulidade de qualquer deliberação anterior (57.º/1); promover a declaração judicial da sua nulidade (57.º/2); arguir a anulabilidade de deliberações (59.º); emitir parecer sobre projetos de fusão (99.º/1), de cisão (120.º) e de transformação (132.º/3); pedir, ao presidente da mesa, a convocação da AG, quando o entenda conveniente (375.º/1); designar, sendo necessário, administradores [393.º/3, *c*)]; dar parecer quanto a negócios entre administradores e a sociedade (397.º/2); participar na AG (379.º/4); suspender administradores (400.º/1); declarar a incapacidade superveniente de administradores (401.º); receber a renúncia do presidente do CA (404.º/1); arguir a invalidade das deliberações do CA (412.º/1); dar parecer quanto a projetos de contratos de subordinação (496.º/1). 76

39. **Dever de organização interna**. O CF tem o dever de se organizar internamente da forma mais adequada ao desenvolvimento da sua função, de acordo com as específicas características da sociedade[88]. Inclui, quando necessário ou conveniente, a repartição interna de tarefas e a constituição de comissões no seu seio. Só esta organização permite *(i)* clarificar o papel de cada fiscal e a sua responsabilidade perante o coletivo, *(ii)* minorar assimetrias informativas entre os vários fiscais. Naturalmente, o CF é responsável pela atuação das suas comissões internas, devendo tomar as medidas necessárias à direção e controlo das mesmas. 77

Para além disso, o CF deve promover, através de propostas aos acionistas, uma sua composição adequada às circunstâncias da sociedade, *i.e.*, que os seus membros, no seu conjunto, 78

seja pedido». Assim como não deve convocar a assembleia quando entenda existir razão ponderosa [*ibidem*, 63, 60-61], também não deve admitir a sua concretização se essa mesma razão é superveniente à convocação. Cf. *SA: Assembleia Geral e Deliberações Sociais*, 2009, 60-63.

[84] Assegurando, em particular, o respeito pelos direitos de informação. Menezes Cordeiro, *SA: Assembleia Geral e Deliberações Sociais*, 2009, 213.

[85] Ferreira Gomes, *Da Administração*, § 63, 802-821.

[86] CMVM, *Governo das SA – Propostas de alteração do CSC: Processo de Consulta Pública n.º 1/2006* (2006), n.º 30.

[87] Ferreira Gomes, *Da Administração*, n.º 601.

[88] Ferreira Gomes, *Da Administração*, n.os 839-848.

reúnam as competências e a experiência necessárias ao mais eficaz e eficiente cumprimento das suas funções[89].

Artigo 420.º-A (Dever de vigilância)

1. Compete ao revisor oficial de contas comunicar, imediatamente, por carta registada, ao presidente do conselho de administração ou do conselho de administração executivo os factos de que tenha conhecimento e que considere revelarem graves dificuldades na prossecução do objeto da sociedade, designadamente reiteradas faltas de pagamento a fornecedores, protestos de título de crédito, emissão de cheques sem provisão, falta de pagamento de quotizações para a segurança social ou de impostos.

2. O presidente do conselho de administração ou do conselho de administração executivo deve, nos 30 dias seguintes à receção da carta, responder pela mesma via.

3. Se o presidente não responder ou a resposta não for considerada satisfatória pelo revisor oficial de contas, este requer ao presidente, nos 15 dias seguintes ao termo do prazo previsto no número anterior, que convoque o conselho de administração ou o conselho de administração executivo para reunir, com a sua presença, nos 15 dias seguintes, com vista a apreciar os factos e a tomar as deliberações adequadas.

4. Se a reunião prevista no n.º 3 não se realizar ou se as medidas adotadas não forem consideradas adequadas à salvaguarda do interesse da sociedade, o revisor oficial de contas, nos oito dias seguintes ao termo do prazo previsto no n.º 3 ou à data da reunião, requer, por carta registada, que seja convocada uma assembleia geral para apreciar e deliberar sobre os factos constantes das cartas referidas nos n.os 1 e 2 e da ata da reunião referida no n.º 3.

5. O revisor oficial de contas que não cumpra o disposto nos n.os 1, 3 e 4 é solidariamente responsável com os membros do conselho de administração ou do conselho de administração executivo pelos prejuízos decorrentes para a sociedade.

6. O revisor oficial de contas não incorre em responsabilidade civil pelos factos referidos nos n.os 1, 3 e 4.

7. Qualquer membro do conselho fiscal, quando este exista, deve, sempre que se aperceba de factos que revelem dificuldades na prossecução normal do objeto social, comunicá-los imediatamente ao revisor oficial de contas, por carta registada.

Bibliografia: António Menezes Cordeiro, *CSC/Clássica*, 2.ª ed. (2011), 420.º-A; Paulo Câmara e Gabriela Figueiredo Dias, *O governo das sociedades anónimas*, in AA.VV., *O governo das organizações: A vocação universal do corporate governance* (2011), 79; Gabriela Figueiredo Dias, *Código em comentário*, 6, 2.ª ed. (2019), 420.º-A, 659-671; José Ferreira Gomes, *Da Administração à Fiscalização das Sociedades: A obrigação de vigilância dos órgãos da sociedade anónima* (2015), n.os 572-575, 600, 744-745, 817, 983-985, 994, 1023, 1055, 1091-1102, 1335, 2061; Tiago Estevão Marques, *Responsabilidade civil dos membros de órgãos de fiscalização das sociedades anónimas* (2009), 126-130.

Vide a bibliografia geral indicada no 413.º.

[89] Ferreira Gomes, *Da Administração*, n.os 855-865.

Índice

1. Origem e alteração 1
2. Dever de comunicação *up the ladder* 2
3. Conflito de competências com o CF 4
4. Responsabilidade civil 7

1. **Origem e alteração**. Introduzido pelo DL 257/96, de 31-dez. O DL 76-A/2006, de 29-mar., alterou os seus n.os 1, 2, 3 e 5, para redenominar a "direção" como conselho de administração executivo (CAE). Também pretendeu mudar o n.º 7, substituindo-o por uma redação precisamente idêntica à anterior. 1

2. **Dever de comunicação *up the ladder***. Quando o ROC tenha conhecimento de factos que considere revelarem graves dificuldades na prossecução do objeto da sociedade deve reagir diretamente perante o CA, com vista à solução do problema; caso este não solucione o problema, deve submeter a questão à AG. 2

Deste artigo não resulta um dever de vigilância, mas apenas sucessivos deveres de comunicação[1]: se e quando o ROC tomar conhecimento destes factos no desenvolvimento da sua fiscalização contabilística, deve avaliá-los e comunicá-los nos termos legais, mas não está obrigado a desenvolver uma atividade cognitiva especificamente dirigida à sua deteção[2] e prevenção[3]. 3

3. **Conflito de competências com o CF**. Cf. 420.º-A e 420.º/1, *a*), embora o ROC só tenha de reagir (enquanto órgão autónomo) quando os factos sejam reveladores de "graves dificuldades". Em face das atuais coordenadas sistemáticas, não pode aceitar-se que o ROC se sobreponha ao CF numa tarefa que vai muito para além da manutenção da legalidade e regularidade contabilística. Na prática, estamos perante um *mecanismo de pressão* para a resolução dos problemas detetados, porquanto caso o CA não resolva o problema de forma considerada satisfatória pelo ROC, este terá de submeter a questão diretamente à AG (420.º-A/3). 4

Perante o exposto, não obstante a letra do 420.º-A/1, o sistema impõe uma cuidadosa articulação interorgânica: quando o ROC tenha conhecimento de irregularidades, deve primeiro comunicá-las ao CF [420.º/1, *j*)] (e não ao CA), permitindo que este analise os factos e avalie a necessidade ou conveniência de uma reação. Só quando a urgência do problema o justifique ou quando entenda que o CF não reagiu adequada e atempadamente, deve o ROC intervir diretamente junto do CA (e, eventualmente, junto da AG). Este entendimento é o mais coerente com a Diretriz 2006/43/CE, segundo a qual os revisores *«[p]oderão informar a entidade examinada das questões suscitadas pela revisão ou auditoria mas deverão abster-se dos processos de decisão internos da entidade examinada»*[4]. 5

Estes deveres de comunicação não se confundem os de denúncia a autoridades externas, dirigidos à realização de distintos interesses públicos. 6

4. **Responsabilidade civil**. O ROC que não cumpra o disposto no 420.º-A/1, 3 e 4, é solidariamente responsável com os membros do CA ou do CAE pelos prejuízos decorrentes para a 7

[1] Ferreira Gomes, *Da Administração,* §§ 35.3 e 36. Em sentido contrário, afirmando (mas sem fundamentar) que compete ao revisor, em todos os modelos de governo das sociedades anónimas, o dever de vigiar a atividade da administração, Paulo Câmara e Gabriela Figueiredo Dias, *O governo das sociedades anónimas*, 79.

[2] Neste sentido, Tiago Estevão Marques, *Responsabilidade civil*, 129.

[3] Gabriela Figueiredo Dias, *Código em comentário*, 6[2], 420.º-A, n.º 1, 662-664. Erradamente, Tiago Estevão Marques, *Responsabilidade civil*, 128-129, afirma que o 420.º-A impõe um procedimento de atuação que *«resulta já das obrigações de fiscalização dos membros dos órgãos de fiscalização»*.

[4] *V.* considerando 11.

sociedade (420.º-A/5), mas não responde pelas comunicações feitas nos termos daqueles números (420.º-A/6).

8 O n.º 5 traduz uma mera concretização do 82.º: responsabilidade subjetiva, por facto próprio, correspondente à inobservância dos deveres de comunicação previstos neste artigo, relevando a delimitação do *dever-ser* já apresentada.

9 O n.º 6 visa salvaguardar o ROC, perante o receio – infundado ou não – de ser responsabilizado pelos danos eventualmente decorrentes das comunicações realizadas, incluindo eventuais danos à reputação da sociedade (relativa, *v.g.*, à sua solidez financeira) resultantes da comunicação de determinados factos aos acionistas, com o inerente risco de divulgação pública. No confronto entre o interesse da sociedade na promoção de adequados fluxos de informação *neutra* (sem interferência da administração) e aqueloutro interesse da sociedade em proteger a sua reputação, a lei dá prevalência ao primeiro. Trata-se de uma preferência pela solidez financeira da sociedade a longo prazo, em preterição de uma reputação sem substrato.

Artigo 421.º (Poderes do fiscal único e dos membros do conselho fiscal)

1. Para o desempenho das suas funções, pode o fiscal único, o revisor oficial de contas ou qualquer membro do conselho fiscal, conjunta ou separadamente:

***a*) Obter da administração a apresentação, para exame e verificação, dos livros, registos e documentos da sociedade, bem como verificar as existências de qualquer classe de valores, designadamente dinheiro, títulos e mercadorias;**

***b*) Obter da administração ou de qualquer dos administradores informações ou esclarecimentos sobre o curso das operações ou atividades da sociedade ou sobre qualquer dos seus negócios;**

***c*) Obter de terceiros que tenham realizado operações por conta da sociedade as informações de que careçam para o conveniente esclarecimento de tais operações;**

***d*) Assistir às reuniões da administração, sempre que o entendam conveniente.**

2. O disposto na alínea *c*) do n.º 1 não abrange a comunicação de documentos ou contratos detidos por terceiros, salvo se for judicialmente autorizada ou solicitada pelo revisor oficial de contas, no uso dos poderes que lhe são conferidos pela legislação que rege a sua atividade. Ao direito conferido pela mesma alínea não pode ser oposto segredo profissional que não pudesse ser também oposto à administração da sociedade.

3. Para o desempenho das suas funções, pode o conselho fiscal deliberar a contratação da prestação de serviços de peritos que coadjuvem um ou vários dos seus membros no exercício das suas funções.

4. A contratação e a remuneração dos peritos referidos no número anterior têm em conta a importância dos assuntos a ele cometidos e a situação económica da sociedade.

5. Na contratação dos peritos referidos nos números anteriores, a sociedade é representada pelos membros do conselho fiscal, aplicando-se, com as devidas adaptações e na medida aplicável, o disposto nos artigos 408.º e 409.º.

Bibliografia: Sofia Leite Borges, *O governo dos bancos*, in AA.VV, *O Governo das organizações: A vocação universal do corporate governance* (2011); Paulo Câmara, *A auditoria interna e o governo das sociedades*, in *Estudos em Homenagem ao Professor Doutor Paulo de Pitta e Cunha* 3 (2010); Ana Rita Almeida Campos, *O governo das seguradoras*, in AA.VV, *O Governo das organizações: A vocação universal do corporate governance* (2011); António Menezes Cordeiro, *CSC/Clássica*, 2.ª ed. (2011), 421.º; José Ferreira Gomes, *Da Administração à Fiscalização das Sociedades*, n.os 532-534, 704-730, 833-836, 1789-1790; *id.*, *Novas regras sobre o governo das instituições de crédito: primeiras impressões e densificação da obrigação de administração de acordo com o "princípio da responsabilidade global"*, in RDS (2015); *Os princípios da responsabilidade e da direção global*, in AA.VV., A governação de bancos nos sistemas jurídicos lusófonos (2016); Pedro Caetano Nunes, *Dever de Gestão dos Administradores de Sociedades Anónimas* (2012), 68-69, 132, 146.

Vide a bibliografia geral indicada no 413.º.

Índice

1. Origem, redação inicial e alterações 1
2. Poderes-deveres de obtenção de informação e de inspeção (n.º 1) 2
3. Acesso direto à informação (sem intervenção da administração) 3
4. Articulação com o dever de organização interna do CF 8
5. Articulação com o dever de participar na criação de sistemas de informação 9
6. Obtenção de informação junto de terceiros [n.º 1, al. *c*)] 11
7. Contratação de peritos coadjuvantes (n.os 3 a 5) 15
8. Legitimidade da confiança na informação recebida (*reliance*): remissão 16

1. **Origem, redação inicial e alterações**. Advém do 11.º do DL 49 381, de 15-nov.-1969, através do 414.º do projeto[1]. Na versão inicial, limitava-se aos dois primeiros números, tinha por epígrafe apenas "Poderes do conselho", e o seu n.º 1 atribuía os poderes apenas aos membros do CF, sem referência ao FU e ao ROC. O DL 257/96, de 31-dez., alterou a epígrafe para "Poderes do fiscal único e dos membros do conselho fiscal" e passou a incluir o FU no proêmio do n.º 1. Alteração inútil perante o 423.º-A então introduzido. O DL 76-A/2006, de 29-mar., por sua vez, passou a imputar os poderes referidos no n.º 1 também ao ROC, salvaguardando a sua posição nos casos em que não seja membro do CF [413.º/1, *b*)], e incluiu os n.os 3 a 5, que se articulam com a competência do CF prevista no 420.º/1, *l*). 1

2. **Poderes-deveres de obtenção de informação e de inspeção (n.º 1).** São *poderes-deveres potestativos*, ordenados à prossecução do interesse social. A vinculação dos fiscais ao seu exercício inclui-se na *obrigação de vigiar a administração* da sociedade segundo "elevados padrões de diligência profissional" [420.º/1, *a*) e 64.º/2]. O seu conteúdo é conformado pelo 420.º/3[2]. O seu exercício determina a constituição de específicos deveres de prestação de informação na esfera dos interpelados, sejam estes o CA, a CE, administradores a título individual, trabalhadores e colaboradores da sociedade ou terceiros que tenham realizado operações por conta da sociedade[3]. 2

3. **Acesso direto à informação (sem intervenção da administração)**. Perante o disposto no 420.º/3, não existe fundamento para restringir o acesso direto dos fiscais à informação societária (*i.e.*, sem intervenção da administração). Em primeiro lugar, do confronto dos 420.º/1, *c*) e *d*) e 3, e 421.º/1, *a*) e *b*) não resulta qualquer limitação. Os poderes de exigir informações ao CA e de realizar inspeções para obter diretamente informações não são mutuamente excludentes. 3

[1] BMJ 327 (1983), 288-289.

[2] Anots. 9 a 13 ao 420.º.

[3] Diferentemente: Menezes Cordeiro, *CSC Clássica*², 421.º, anot. 2, segundo a qual o exercício destes poderes faz surgir, «*a cargo da sociedade* (...) as inerentes obrigações» (itálico nosso). *V.*, com desenvolvimento, Ferreira Gomes, *Da Administração*, § 61, em especial, n.os 1789-1790.

O controlo aleatório deve ser admissível mesmo sem uma suspeita fundada sobre a conduta da administração[4].

4 Em segundo lugar, não há fundamento para equiparar o acesso direto à informação a uma manifestação de desconfiança: o CA que cumpra os seus deveres de informação perante o CF não deve ter receio do exame dos dados subjacentes. Trata-se de uma questão de cultura empresarial, que deve ser melhorada por medidas apropriadas de colaboração eficiente entre os dois órgãos. Na medida em que o CA tenha de contar com a obtenção de informação independente pelo CF, deixa de se verificar o carácter de exceção das suas inspeções e consultas e, com isso, fundamento para a suposição de uma declaração de desconfiança.

5 Em terceiro lugar, não se pode aceitar o argumento de que os atos de inspeção e exame, sendo conhecidos dos colaboradores da sociedade, se tornam do conhecimento quase público, são suscetíveis de causar danos à reputação da sociedade (com reflexos negativos, nas sociedades cotadas, na cotação das ações da sociedade em bolsa). Não obstante o risco reputacional a curto prazo, a intervenção do CF é essencial para assegurar o sucesso empresarial a longo prazo, afastando danos maiores ou restituindo a confiança perdida dos investidores. Nesta perspetiva, o acesso direto à informação pelo CF não prejudica a sociedade, mas apenas, quanto muito, o CA, cuja posição orgânica não beneficia de proteção[5].

6 Em quarto lugar, o contacto direto com trabalhadores e colaboradores da sociedade é essencial à cabal e atempada compreensão dos documentos e registos da sociedade. Admitindo-se expressamente o contacto direto com terceiros que tenham realizado operações por conta da sociedade, de forma a obter informações sobre essas operações [421.º/1, *c*)], por maioria de razão deve admitir-se o contacto direto com quaisquer trabalhadores e colaboradores da sociedade sobre assuntos nos quais estes tenham estado envolvidos.

7 Em suma, deve reconhecer-se um amplo *poder* de qualquer fiscal de aceder direta e livremente a quaisquer informações sobre a atividade empresarial conduzida pela sociedade, tanto autonomamente, como no contexto da empresa plurisocietária. Não dependem de prévio consentimento do CA. Os trabalhadores e colaboradores não podem recusar-se a apresentar documentos ou a prestar as informações e os esclarecimentos que lhes sejam solicitados. Não pode condicionar-se o acesso dos fiscais em função de qualquer pretensão de prévia fundamentação dos pedidos de informação, situação que seria particularmente gravosa para a sociedade nos casos em que o CF (ou algum dos seus membros) suspeitasse do envolvimento direto de um ou mais administradores nos problemas detetados[9].

8 4. **Articulação com o dever de organização interna do CF.** Sendo a tarefa de obtenção de informação expressamente imputada a cada um dos fiscais, e não ao coletivo, só uma adequada organização interna e distribuição de tarefas permite clarificar o papel de cada fiscal e a sua responsabilidade perante o coletivo e reduzir assimetrias informativas entre fiscais[7].

9 5. **Articulação com o dever de participar na criação de sistemas de informação.** No contexto do seu dever de organização interna e externa[8], cabe ao CA (e não ao CF) criar os sistemas de informação que sejam necessários ou convenientes à manutenção de adequados fluxos de informação *(i)* para o CA, *(ii)* dentro do CA e *(iii)* entre cada um dos órgãos sociais, sem os

[4] Ferreira Gomes, *Da Administração*, n.os 711-712.

[5] Também o ROC realiza inspeções anuais, sem que a sua atuação seja limitada por considerações semelhantes. Ferreira Gomes, *Da Administração*, n.os 714-716.

[6] Não se admite, porém, uma *sistemática sobreposição* do CF ao CA na criação de fluxos de informação. Ferreira Gomes, *Da Administração*, n.os 722-730.

[7] *V.* anot. 39 ao 420.º.

[8] Ferreira Gomes, *Da Administração*, § 21.

quais não podem cumprir as respetivas obrigações. A organização destes sistemas serve não apenas a direção da atividade empresarial (*stricto sensu*), mas também a sua vigilância, constituindo uma tarefa a desempenhar diretamente pelo plenário do CA.

Deve entender-se que da obrigação de diligente administração pode decorrer um dever 10
de criação e gestão de adequados sistemas de informação, se as específicas características da sociedade (incluindo a sua dimensão, a complexidade da sua atividade e os riscos a que está exposta) assim o exigirem[9]. Ao CF cabe *avaliá-los* e *assegurar-se da sua adequação* [ou *eficácia*, nas palavras do 420.º/1, *i*)]. Ao abrigo do 421.º/1, *pode* e *deve* o CF exigir a *prestação periódica* das informações que sejam necessárias ao adequado acompanhamento da atividade empresarial e, neste contexto, *pode* e *deve* exigir o cumprimento, pelo CA, do dever de criação de sistemas de informações adequados às concretas circunstâncias da sociedade (e, quando aplicável, do grupo no qual se integra), participando na sua concreta configuração[10].

6. **Obtenção de informação junto de terceiros [n.º 1, al. *c*)]**. Os fiscais podem exigir 11
informação aos terceiros tenham realizado operações por conta da sociedade. Incluem-se os mandatários sociais, mesmo sem poderes de representação (*i.e.*, comissários no sentido do 266.º CCom e 1180.º ss. CC), como sejam agentes comerciais, bancos, intermediários financeiros, procuradores "*ad hoc*", etc.[11]. Incluem-se também outros consultores e colaboradores externos da sociedade.

O exercício deste poder não fica dependente de uma qualquer apreciação, pelos terceiros 12
ou pela administração da sociedade, relativamente à necessidade ou conveniência das informações em causa para o desempenho da função fiscalizadora. O terceiro não conhece, nem deve conhecer, o teor das investigações desenvolvidas pelos fiscais, pelo que abrir a porta à recusa de informação – ainda que limitada aos casos de alegada "manifesta" falta de pertinência – pode comprometer a própria função fiscalizadora. Se o fiscal tivesse de justificar a relevância do pedido de informações a cada terceiro que pede informações, rapidamente seria exposta a sua investigação e comprometido o seu sucesso.

O exercício deste poder também não pode ser condicionado pela invocação de segredo 13
profissional pelo terceiro. Os fiscais têm acesso livre a todos os segredos da sociedade.

Este poder, contrariamente ao verificado para o ROC[12], não abrange a comunicação de 14
documentos (incluindo contratos escritos), salvo autorização judicial. A diferença justifica-se pelo diferente perfil do ROC, sujeito a específicos requisitos de independência (entre outros, 49.º/1, 61.º/2, 71.º EOROC).

7. **Contratação de peritos coadjuvantes (n.os 3 a 5)**. A competência do CF para a contra- 15
tação de peritos coadjuvantes é regulada não só pelo 421.º/3 a 5, mas também pelo 420.º/1, *l*), para cuja anotação remetemos[13].

8. **Legitimidade da confiança na informação recebida (*reliance*): remissão**. A propósito 16
do 421.º convém reter quanto foi dito, a propósito do 420.º, sobre a legitimidade da confiança na informação recebida[14].

[9] Paulo Câmara, *A auditoria interna*, 311-312.

[10] Anot. 9 ao 420.º. Cf. Ferreira Gomes, *Da Administração*, § 21 e § 27, n.os 833-836.

[11] Engrácia Antunes, *A fiscalização*, 157.

[12] Para este, vale o 52.º/3 a 5 (*maxime*, o n.º 4) EOROC.

[13] *V.* anot. 37 ao 420.º.

[14] *V.* anot. 20 ao 420.º.

Artigo 422.º (Deveres do fiscal único e dos membros do conselho fiscal)

1. O fiscal único, o revisor oficial de contas ou os membros do conselho fiscal, quando este exista, têm o dever de:

a) Participar nas reuniões do conselho e assistir às assembleias gerais e bem assim às reuniões da administração para que o presidente da mesma os convoque ou em que se apreciem as contas do exercício;

b) Exercer uma fiscalização conscienciosa e imparcial;

c) Guardar segredo dos factos e informações de que tiverem conhecimento em razão das suas funções, sem prejuízo do dever enunciado no n.º 3 deste artigo;

d) Dar conhecimento à administração das verificações, fiscalizações e diligências que tenham feito e do resultado das mesmas;

e) Informar, na primeira assembleia que se realize, de todas as irregularidades e inexatidões por eles verificadas e bem assim se obtiveram os esclarecimentos de que necessitaram para o desempenho das suas funções;

f) Registar por escrito todas as verificações, fiscalizações, denúncias recebidas e diligências que tenham sido efetuadas e o resultado das mesmas.

2. O fiscal único, o revisor oficial de contas e os membros do conselho fiscal não podem aproveitar-se, salvo autorização expressa da assembleia geral, de segredos comerciais ou industriais de que tenham tomado conhecimento no desempenho das suas funções.

3. O fiscal único, o revisor oficial de contas e os membros do conselho fiscal devem participar ao Ministério Público os factos delituosos de que tenham tomado conhecimento e que constituam crimes públicos.

4. Perdem o seu cargo o fiscal único, o revisor oficial de contas e os membros do conselho fiscal que, sem motivo justificado, não assistam, durante o exercício social, a duas reuniões do conselho ou não compareçam a uma assembleia geral ou a duas reuniões da administração previstas na alínea a) do n.º 1 deste artigo.

Bibliografia: Engrácia Antunes, *A fiscalização das sociedades comerciais, Estudo de reforma legislativa* (1997), 28; António Menezes Cordeiro, *CSC/Clássica*, 2.ª ed. (2011), 422.º; Gabriela Figueiredo Dias, *Código em comentário*, 6, 2.ª ed. (2019), 422.º, 678 685; Manuel Carneiro da Frada, *Teoria da confiança e responsabilidade civil* (2004), 544-552; José Ferreira Gomes, *Da Administração à Fiscalização das Sociedades: A obrigação de vigilância dos órgãos da sociedade anónima* (2015), §§ 24-26 e n.ºs 1859-1863; Tiago Estêvão Marques, *A responsabilidade civil dos membros de órgãos de fiscalização das sociedades anónimas* (2009), 114; Ana Perestrelo de Oliveira, *Grupos de sociedades e deveres de lealdade: Por um critério unitário de solução do "conflito de grupo"* (2012) *Vide* a bibliografia geral indicada no 413.º.

Índice

1. Origem e redação inicial, alteração 1
2. Dever de participar nas reuniões do CF, da AG e da administração [n.º 1, al. a)] 2
3. Dever de exercer uma fiscalização consciencioso e imparcial [n.º 1, al. b)] 7
4. Dever de guardar segredo [n.º 1, al. c)] 11
5. Dever de dar conhecimento ao CA sobre atos de fiscalização e seus resultados [n.º 1, al. d)] . 15
6. Dever de informar a AG de irregularidades e inexatidões [n.º 1, al. e)] 16
7. Dever de registar por escrito atos de fiscalização, denúncias, diligências e resultado das mesmas [n.º 1, al. f)] 22
8. Dever de não aproveitamento de segredos comerciais ou industriais (n.º 2) 23
9. Dever de participação ao MP (n.º 3) 24
10. Perda do cargo por faltas (n.º 4) 25

1. **Origem, redação inicial, alteração.** O 422.º provém do 12.º do DL 49 381, de 15-nov.-1969, através do 415.º do projeto. Na redação de 1986, o preceito estava próximo da sua redação atual. A reforma de 2006 acrescentou a al. *f)* no n.º 1 e a referência ao ROC nos n.os 2 a 4. 1

2. **Dever de participar nas reuniões do CF, da AG e da administração [n.º 1, al. *a*)].** Este dever foi já analisado detalhadamente a propósito da obrigação de fiscalização da administração [420.º/1, *a*)][1]. Acrescentamos algumas notas. 2

O dever de participar nas reuniões do CF é elemento essencial da colegialialidade deste. Os poderes-deveres de obtenção de informação e de inspeção são imputados diretamente aos fiscais a título individual (e não ao órgão coletivo). Porém, em princípio, a avaliação dos factos apurados e a determinação da reação adequada em cada caso cabe ao coletivo, em modo colegial[2]. 3

O dever de assistir às reuniões da AG visa assegurar o direito dos acionistas a obter, dos órgãos sociais habilitados para o efeito, as informações que lhes permitam formar opinião sobre os assuntos sujeitos a deliberação (290.º/1)[3]. Habilita ainda os fiscais a tomar conhecimento, *in loco*, dos termos das deliberações sociais, pressuposto essencial do controlo da respetiva legalidade pelo CF (57.º e 59.º)[4]. O controlo da legalidade cabe ao CF (enquanto *órgão coletivo*), sem prejuízo da obtenção de informação pelos seus membros[5], mas isso não obsta a que os fiscais presentes alertem desde logo os acionistas para os riscos ou possíveis irregularidades de determinada deliberação[6]. 4

O dever de participar nas reuniões da administração para que o presidente da mesma os convoque[7] traduz um dever de colaboração interorgânico: sendo convocados, os fiscais devem estar presentes não só para obter informação, mas também para oferecer a sua perspetiva sobre os temas em discussão (aconselhando), no contexto da sua função de fiscalização preventiva[8]. O ROC que não seja fiscal [413.º/1, *b*)] só será convocado e só deverá estar presente quando tal seja relevante no quadro das suas competências de fiscalização contabilística. 5

O dever de participar nas reuniões da administração em que se apreciem as contas do exercício visa assegurar uma articulação fluida entre administradores e fiscalizadores, a quem 6

[1] Anots. 9 a 13 ao 420.º.

[2] Ferreira Gomes, *Da Administração,* §§ 24-26. Naturalmente, este dever não é aplicável ao ROC que *não* integre o CF [413.º/1, *b*)].

[3] Na ausência dos fiscais, pode ficar prejudicado o direito dos acionistas à informação em AG, caso em que deve ser admitida a anulação da deliberação eventualmente tomada, dado o paralelo face à recusa injustificada de informações (290.º/3). Qualquer acionista pode exigir do presidente da mesa a convocação destes, para que nesta possa exigir-lhes as informações e os esclarecimentos que entender adequados. Ferreira Gomes, *Da Administração,* n.º 655 (n. 958)

[4] Ferreira Gomes, *Da Administração,* n.os 852-854.

[5] Não esclarecendo a articulação entre o modo coletivo e a atuação dos fiscais a título individual, Gabriela Figueiredo Dias, *Código em comentário,* 6², 422.º, n.º 2, 680, parece imputar o dever de impugnação de deliberações (57.º/1) aos fiscais.

[6] Gabriela Figueiredo Dias, *Código em comentário,* 6², 422.º, n.º 2, 680.

[7] "Administração" deve ser interpretada em sentido amplo, incluindo reuniões de todos os órgãos da sociedade com competências originárias ou delegadas de administração. Afirmando que deve ser *permitida* a assistência dos fiscais às reuniões da comissão executiva, Raul Ventura, *Estudos vários,* 548. *V.* Ferreira Gomes, *Da Administração,* n.º 655 (n. 959).

[8] Segundo Raul Ventura, a presença dos fiscais nestas reuniões justifica-se pela informação a receber e não pela informação a prestar pelos mesmos, razão pela qual a falta da sua convocação ou comparência não é causa de invalidade das deliberações do CA. *V.* Raul Ventura, *Estudos vários,* 547. Esta perspetiva é redutora: a presença dos fiscais nas reuniões habilita-os também ao desenvolvimento da sua função de fiscalização preventiva, manifestando a sua oposição perante a intenção da prática de atos que considerem contrários aos interesses da sociedade. A falta de convocação dos fiscais constitui violação de dever por quem estava incumbido da convocação, mas a ausência daqueles não é causa de invalidade das deliberações da administração. Ferreira Gomes, *Da Administração,* n.º 655 (n. 959). Reconhecendo uma dimensão preventiva da fiscalização, Gabriela Figueiredo Dias, *Código em comentário,* 6², 422.º, n.º 2, 680.

cabe uma importante função de fiscalização contabilística[9]. Uma vez mais, a presença dos fiscais (e mesmo do ROC quando não seja fiscal) nestas reuniões habilita-os não só a tomar conhecimento das discussões tidas pela administração sobre quaisquer dificuldades inerentes à preparação das contas, mas também a manifestar imediatamente a sua oposição perante a intenção da prática de atos que considerem contrários aos interesses da sociedade (fiscalização preventiva).

7 3. **Dever de exercer uma fiscalização conscienciosa e imparcial [n.º 1, al. *b*)].** Até 2006, este dever traduzia, por um lado, a bitola de diligência normativa aplicável à atuação dos fiscais e, por outro, uma concretização do seu dever de lealdade. Hoje, traduz uma concretização do 64.º/2, do qual resulta o critério da sua atuação (*elevados padrões de diligência profissional*) que qualifica a sua obrigação de vigilância, a remissão para as concretizações operadas no n.º 1 (os *deveres de cuidado*[10]) e a expressa positivação do seu dever de lealdade.

8 A duplicação de bitolas – "gestor criterioso e ordenado" e "elevados padrões de diligência profissional" – é inútil; deve-se ao facto de legislador de 2006 não ter querido apelidar os fiscalizadores de gestores. O alcance de uma e outra fórmula é o mesmo[11]. É padrão mais exigente do que a bitola comum (*bonus pater familias*), por se dirigir a especialistas fiduciários encarregues, consoante o caso, da gestão de bens alheios ou da vigilância desta: deveres devem ser concretizados e cumpridos com o grau de diligência próprio de uma pessoa razoável e prudente, mas ciente de que gere (ou vigia a gestão de) bens que lhe não pertencem. Como tal, podem ser-lhe exigidos atos que não praticaria na gestão (ou na vigilância da gestão) dos seus próprios bens[12].

8 Também o dever de lealdade, previsto desde 2006 no 64.º/2, é concretizado no 422.º/1, *b*) pela exigência de imparcialidade: pretende-se que o fiscal sobreordene os interesses da sociedade a outros interesses em presença, não se subordinando, no cumprimento das suas funções legais, a qualquer outro órgão social[13].

10 O mesmo vale para o ROC que não seja fiscal [413.º/1, *b*)].

11 4. **Dever de guardar segredo [n.º 1, al. *c*)].** Decorre do dever de lealdade. Está estruturalmente relacionado com o acesso à informação. Sem a garantia de que esta será tratada de forma confidencial, cessam os fluxos de informação essenciais ao controlo da administração. Assim, os fiscais podem aceder a toda e qualquer informação, mas devem guardar segredo sobre a mesma. Nenhum funcionário, colaborador ou administrador da sociedade pode opor a um fiscal reserva de segredo da sociedade, recusando a prestação de informações, mas o fiscal deve assegurar a sua confidencialidade. Não só não pode comunicá-las a terceiros, como não pode permitir o seu conhecimento por funcionários da sociedade que, de acordo com a política estabelecida para os fluxos internos de informação, não devam ter acesso à mesma.

12 A confidencialidade não tem de ser mantida perante aqueles a quem deva ser prestada informação nos termos legais. Por isso, não colide com o dever de informar a administração sobre todos os factos de que tomem conhecimento e que possam ser relevantes para o cumprimento dos seus deveres [422.º/1, *d*)]; com o dever de informar a AG [422.º/1, *e*)], face ao qual deverá usar de particulares cautelas para assegurar os interesses da sociedade; e face ao dever de participar ao MP os factos delituosos de que tenha tomado conhecimento e que constituam

[9] *V*. anot. 21 a 29 ao 420.º.

[10] Os "deveres de cuidado" traduzem concretizações da obrigação de diligente administração (no caso dos administradores) ou de diligente fiscalização (no caso dos fiscais). *V*. Ferreira Gomes, *Da Administração*, § 62.5.

[11] Calvão da Silva, *A responsabilidade civil dos administradores não executivos* (ROA), 145.

[12] Ferreira Gomes, *Da Administração*, n.os 1859-1863.

[13] Engrácia Antunes, *A fiscalização*, 28, vê no 422.º/1, *b*) um comando de absoluta imparcialidade e independência face aos demais órgãos sociais.

crimes públicos (422.º/3); ou com quaisquer outros deveres de informação de base legal ou contratual.

13 Este dever mantém-se após o termo do mandato dos fiscais, na medida em que se mantenha o carácter reservado da informação a que tiveram acesso durante o mandato[14].

14 O dever de segredo dos ROC é regulado pelo 84.º EOROC, com eficácia para além do termo das funções (n.º 6).

15 5. **Dever de dar conhecimento ao CA sobre atos de fiscalização e seus resultados [n.º 1, al. *d*)]**. Concretização do dever de leal cooperação interorgânica (CF-CA). Não obstante o teor literal do preceito, a comunicação prescrita deve, em princípio, ser feita em modo coletivo, pelo CF (e não pelos fiscais a título individual), sob pena de lhe retirar espaço de manobra na apreciação dos problemas detetados na atividade cognitiva desenvolvida pelos seus membros a título individual. Este ponto já foi desenvolvido a propósito do 420.º[15].

16 6. **Dever de informar a AG de irregularidades e inexatidões [n.º 1, al. *e*)]**. Não obstante o teor literal deste preceito, a comunicação prescrita deve, em princípio, ser feita em modo coletivo – pelo CF e não pelos fiscais a título individual[16]. Este dever traduz a necessária articulação entre o CF e a AG, enquanto poder-dever de reação às irregularidades detetadas na fiscalização da administração[17].

17 Não valem aqui os "limites" do direito de informação dos acionistas previstos, *v.g.*, no 290.º/2 e 291.º/4[18]. As normas que habilitam o órgão social a recusar informações que possam *(i)* causar grave prejuízo à sociedade ou *(ii)* violar segredo imposto por lei *permitem* recusar a prestação de informação, mas *não impõem* a recusa da mesma. A proibição de prestação de informação, quando exista, resultará de outras normas legais, como as que impõem determinado segredo. Assim, o dever de cumprir o 422.º/1, *e*) cede, em princípio, perante normas que imponham o segredo[19], mas já não cede *automaticamente* perante o risco de causação de graves prejuízos. Cabe ao CF contrapor e ponderar as potenciais consequências da comunicação e da omissão da comunicação [422.º/1, *e*)], e atuar no sentido da promoção dos melhores interesses da sociedade.

18 Não está em causa a determinação dos limites de uma posição ativa dos acionistas, mas sim o funcionamento do sistema de fiscalização da administração, assente na perspetiva do CF como estrutura institucional intermédia entre a administração da sociedade e os seus acionistas. Na medida em que o CF não tem outros poderes de reação perante irregularidades na administração que não sejam a sua articulação com o CA e com a AG[20], poderá concluir-se, em função das circunstâncias do caso concreto, que a omissão da comunicação devida nos termos do 422.º/1, *e*) esvazia de sentido a fiscalização societária: as irregularidades da administração ficariam sem sanção.

19 Em princípio, entre os interesses subjacentes à não comunicação – tipicamente, manutenção da reputação da sociedade a curto prazo[21] – e aqueloutros, de longo prazo, subjacentes

[14] Gabriela Figueiredo Dias, *Código em comentário*, 6², 422.º, n.º 5, 682-683, Tiago Estevão Marques, *Responsabilidade civil*, 114.

[15] Anot. 17 ao 420.º.

[16] *V.* anot. anterior.

[17] *V.* anot. 16 ao 420.º *supra*.

[18] Contra, Gabriela Figueiredo Dias, *Código em comentário*, 6², 422.º, n.º 6, 683-684.

[19] Essa obrigação legal de segredo só poderia ser ultrapassada nos termos previstos na lei aplicável. *V.g.*, no caso do sigilo bancário ou segurador, nos casos previstos na lei e com intervenção do juiz. Menezes Cordeiro, 1, 728.

[20] Anot. 16 e 17 ao 420.º.

[21] Não podem ser tidos em consideração nesta ponderação os interesses pessoais dos administradores, salvo enquanto limite do abuso de direito, na modalidade de desequilíbrio no exercício.

à fiscalização e responsabilização da administração, prevalecem estes últimos[22]. Vale o paralelo do 291.º/2, segundo o qual não pode ser recusada a prestação de informação destinada a apurar responsabilidade de membros dos órgãos sociais.

20 Tipicamente, concluir-se-á pela existência de uma margem de discricionariedade do CF na sua apreciação[23].

21 Quanto aos ROC: este dever tem de ser articulado com o disposto no 420.º-A. Se o ROC não integrar o CF [413.º/1, *b*)] estará sujeito *diretamente* a este dever [422.º/1, *d*)]; não está limitado pelos imperativos do modo coletivo a este inerente.

22 7. **Dever de registar por escrito atos de fiscalização, denúncias, diligências e resultado das mesmas [n.º 1, al. *f*)]**. Este dever, constituindo um possível excesso burocrático e desnecessária heterolimitação do dever de organização interna do CF, visa assegurar o suporte documental da atividade fiscalizadora. Reforça a dimensão institucional do CF para além da sucessão dos seus membros, permitindo uma memória institucional futura e uma atuação do CF mais eficaz e eficiente. Reforça igualmente as possibilidades de produção de prova, para efeitos de responsabilização dos membros dos órgãos sociais[24].

23 8. **Dever de não aproveitamento de segredos comerciais ou industriais (n.º 2)**. Concretiza dever de lealdade dos fiscais (e também do ROC quando não seja fiscal) (64.º/2), o qual, visando garantir a sobreordenação dos interesses da sociedade e as condições da sua prossecução, os impede de exercer as suas competências em proveito próprio ou em benefício de terceiros influentes[25]. Os segredos comerciais ou industriais constituem ativos da sociedade que, em princípio, só devem ser usados na prossecução dos melhores interesses desta. Isso não obsta a que a AG autorize (expressamente) o seu uso pelos fiscais, quando entenda que tal é conforme ao interesse da sociedade.

24 9. **Dever de participação ao MP (n.º 3)**. Tem subjacente um interesse público e não o interesse da sociedade. Esgota-se na comunicação dos factos delituosos de que tenham tomado conhecimento e que constituam crimes públicos. Articula-se, porém, com o dever de *«[v]igiar pela observância da lei e do contrato de sociedade»* [420.º/1, *b*)] que, servindo indiretamente o interesse público, constitui uma vinculação dos fiscais para com a sociedade.

25 10. **Perda do cargo por faltas (n.º 4)**. Norma sancionatória do incumprimento do dever de participar nas reuniões do CF e de assistir às reuniões da AG e dos órgãos de administração para as quais sejam convocados ou em que se apreciem as contas do exercício [n.º 1, *a*)].

Artigo 422.º-A (Remuneração)

1. A remuneração dos membros do conselho fiscal deve consistir numa quantia fixa.

2. É aplicável o disposto no n.º 1 do artigo 399.º, com as necessárias adaptações.

[22] Se assim não se entendesse, em última análise não seriam possíveis ações sociais *ut universi* que, nos termos do 75.º, dependem de deliberação dos sócios, precedidas de prestação de adequada informação sobre as irregularidades detetadas.

[23] A discricionariedade é um resultado normativo, apurado no caso, e não um dado apriorístico. Ferreira Gomes, *Da Administração*, §§ 63-65.

[24] Gabriela Figueiredo Dias, *Código em comentário*, 6[2], 422.º, n.º 6, 683-684.

[25] Carneiro de Frada, *Direito Civil*, 120-121, Ferreira Gomes, *Conflitos de interesses*, 167-170.

Bibliografia: J. M. Coutinho de Abreu, *Código em comentário*, 6, 2.ª ed. (2019), 422.º A, 686 688; António Menezes Cordeiro, *CSC/Clássica*, 2.ª ed. (2011), 422.º-A; Gabriela Figueiredo Dias, *Código em comentário*, 6 (2013), 422.º-A.

Vide a bibliografia geral indicada no 413.º.

Índice

1. Origem e *ratio* 1
2. Critérios para a fixação da remuneração......... 3
3. Senhas de presença 5
4. Comissão de vencimentos............................. 6

1 1. **Origem e *ratio*.** Aditado pelo 3.º do DL 76-A/2006, de 29-mar. A fixação de uma remuneração fixa (mensal ou anual) visa pôr cobro a funções gratuitas ou a retribuições por gratificação ou senhas de presença. Pretende-se dignificar a função e incrementar a sua independência[1]. Porém, nos trabalhos preparatórios, a CMVM[2], legislador material desta disposição, centrou-se apenas na questão da independência. Parece-nos que é isso que se pretende: *independência*[3]. Ou seja, que os fiscais mantenham a sua objetividade perante as opções da administração; que a sua atuação não seja condicionada por perspetivas de ganho em função das opções mais ou menos arriscadas, mais ou menos corretas, da administração. A possibilidade de ganhar em função dos mesmos critérios dos administradores, se admissível, constituiria um incentivo para a conivência dos fiscais com as condutas dos administradores, em prejuízo do interesse da sociedade.

2 Não se impõe a remuneração: o exercício do cargo pode ser gratuito se os estatutos assim o previrem. Porém, a solução supletiva é a remuneração: se os estatutos não a afastarem, os fiscais terão direito à mesma, nos termos a fixar por deliberação dos sócios ou da comissão de vencimentos. Em última análise, podem exigir judicialmente a fixação de uma remuneração[4].

3 2. **Critérios para a fixação da remuneração**. Constam do 399.º/1, *ex vi* 422.º-A/1: a remuneração deve ser consentânea com as funções desempenhadas e a situação económica da sociedade. A multiplicação de incompatibilidades e de exigências de qualificação e de experiência[5], por um lado, e a progressiva densificação da obrigação de vigilância, por outro, tendem a determinar um incremento da remuneração dos fiscais. Trata-se de mais um encargo para as SA, que deve ser justificado através de uma fiscalização lesta e eficaz[6].

4 Quando exista, a remuneração deve consistir numa quantia fixa, *i.e.*, não variável em função dos resultados da sociedade (EBITDA, lucros, etc.)[7].

5 3. **Senhas de presença**. Não são admissíveis[8]. O fundamento não reside na imposição de que a remuneração consista numa quantia fixa: em última análise, poderia admitir-se uma quantia fixa por reunião, sem qualquer variabilidade em função dos resultados da sociedade[9]. A inad-

[1] Menezes Cordeiro, *CSC Clássica*[2], 422.º-A, anot. 1.

[2] CMVM, *Governo das Sociedades Anónimas: Proposta de articulado modificativo do CSC, Complemento ao processo de consulta pública n.º 1/2006*, 2006, 37.

[3] Gabriela Figueiredo Dias, *Código em comentário*, 6, 422.º-A, n.º1.

[4] Gabriela Figueiredo Dias, *Código em comentário*, 6, 422.º-A, 653-654.

[5] Menezes Cordeiro, *CSC Clássica*[2], 422.º-A, anot. 1.

[6] Menezes Cordeiro, *CSC Clássica*[2], 422.º-A, anot. 1, refere-se ainda a uma fiscalização não perturbante da atuação social produtiva. Esta referência é suscetível de gerar equívoco sobre o papel dos fiscais perante a administração da sociedade.

[7] Gabriela Figueiredo Dias, *Código em comentário*, 6, 422.º-A, 655, refere-se a um *«certo valor em dinheiro predeterminado por referência a uma unidade de tempo (mês, ano, todo o período por que forem designados)»*.

[8] Neste sentido, Menezes Cordeiro, *CSC Clássica*[2], 422.º-A, anot. 1, Gabriela Figueiredo Dias, *Código em comentário*, 6[2], 422.º-A, 655, Paulo Olavo Cunha, *Direito das sociedades comerciais*[7], 618-619. Em sentido contrário, CMVM, *Governo das Sociedades Anónimas: Proposta de articulado*, 37.

[9] Em sentido contrário, Gabriela Figueiredo Dias, *Código em comentário*, 6, 422.º-A, 655.

missibilidade deste tipo de remuneração decorre do critério da consentaneidade com as funções desempenhadas (399.º/1, *ex vi* 422.º-A/1): porque a obrigação de vigilância dos fiscais (*maxime*, 420.º) não pode ser resumida à presença nas reuniões do CF, também a sua remuneração não pode ser assim resumida. A remuneração dos fiscais em função da sua presença em determinadas reuniões é redutora e degradante da sua função legal. A remuneração deve ser consentânea com um exercício efetivo e constante da fiscalização devida, em todas as suas dimensões e projeções temporais.

6 4. **Comissão de vencimentos**. A remuneração é fixada pela AG ou pela comissão de vencimentos (399.º). Esta última solução é particularmente recorrente em sociedades de maior dimensão.

Artigo 423.º (Reuniões e deliberações)

1. O conselho fiscal deve reunir, pelo menos, todos os trimestres sendo aplicável o disposto no n.º 8 do artigo 410.º.

2. As deliberações do conselho fiscal são tomadas por maioria, devendo os membros que com elas não concordarem fazer inserir na ata os motivos da sua discordância.

3. De cada reunião deve ser lavrada a ata no livro respetivo ou nas folhas soltas, assinada por todos os que nela tenham participado.

4. Das atas deve constar sempre a menção dos membros presentes à reunião, bem como um resumo das verificações mais relevantes a que procedam o conselho fiscal ou qualquer dos seus membros e das deliberações tomadas.

5. *(Revogado)*

Bibliografia: António Menezes Cordeiro, *CSC/Clássica*, 2.ª ed. (2011), 423.º; Gabriela Figueiredo Dias, *Código em comentário*, 6, 423.º; José Ferreira Gomes, *Da Administração à Fiscalização das Sociedades* (2015), n.º 484, 826; Pedro Maia, *Função e funcionamento do conselho de administração da sociedade anónima* (2002), 271-272; Armando Manuel Triunfante, *Código das Sociedades Comerciais Anotado* (2007), 438-439.
Vide a bibliografia geral indicada no 413.º.

Índice

1. Origem e alteração 1
2. Reuniões 3
3. Deliberações 7
4. Atas 9
5. Invalidades das deliberações 10

1 1. **Origem e alteração**. O 423.º equivale ao 14.º do DL 49381, de 15-nov.-1969, através do 420.º do projeto. A versão original é quase idêntica à vigente: foi suprimido o anterior n.º 3, que dava voto de qualidade ao presidente (agora no 414.º-B/2); foram renumerados os 4 e 5 (agora: 3 e 4) e foi acrescentado o n.º 5.

2 A reforma de 2006 visou apenas pequenos ajustamentos e permitir o uso de novas tecnologias. A reforma pelo DL 49/2010, de 19-mai., revogou o n.º 5 e acrescentou, no n.º 1, a remissão para o 410.º/8: as reuniões podem decorrer por via telemática, de acordo com as regras aí fixadas.

2. **Reuniões**. O CF é um órgão colegial que delibera em reunião dos seus membros, sem prejuízo de as atividades cognitivas (de obtenção de informação) serem desenvolvidas pelos fiscais a título individual, no exercício dos seus poderes-deveres de informação (420.º/3, 421.º e 422.º). As reuniões são, pelo menos, trimestrais (423.º/1). Pode ser exigido maior número de reuniões pelos estatutos, pelo regimento do CF ou por deliberação deste. Terão ainda lugar *(i)* sempre que regularmente convocadas e *(ii)* sempre que todos os fiscais estejam presentes e manifestem unanimemente vontade de que o CF se constitua para deliberar sobre determinado assunto (54.º/1 por analogia). 3

Em princípio, tem competência para a convocatória o presidente do CF ou quaisquer dois fiscais (410.º/1 por analogia)[1]. Porém, do 407.º/8 resulta o poder excecional de qualquer fiscal para convocar uma reunião do CF quando tal seja necessário para evitar a prática de atos danosos ou para eliminar ou diminuir os efeitos danosos de atos já praticados[2]. 4

Aplicam-se ainda por analogia os n.os 3 a 5 do 410.º: os fiscais devem ser convocados por escrito, com a antecedência adequada, salvo quando o contrato de sociedade preveja a reunião em datas prefixadas ou outra forma de convocação; o CF não pode deliberar sem que esteja presente ou representada a maioria dos seus membros; o contrato de sociedade pode permitir que qualquer fiscal se faça representar numa reunião por outro fiscal, mediante carta dirigida ao presidente, mas cada instrumento de representação não pode ser utilizado mais do que uma vez. 5

O quórum constitutivo pode ser agravado pelo contrato de sociedade. O risco de bloqueio do coletivo pela ausência de fiscais é contrabalançado pelo regime de perda do cargo dos fiscais que, sem motivo justificado, não assistam, durante o exercício social, a duas reuniões (422.º/4), de convocatória do CF e de reunião por meios telemáticos (410.º/8 *ex vi* 423.º/1)[3]. 6

3. **Deliberações**. Por maioria, tendo cada fiscal um voto. No apuramento não se consideram as abstenções, os votos nulos ou os votos em branco: as propostas são aprovadas quando os votos a favor superam os votos contra[4]. A regra da maioria simples pode ser agravada pelos estatutos[5] ou pelo regimento do CF. 7

O fiscal que vote contra deve consignar em ata o seu voto de vencido, explicando os motivos da sua discordância. Este dever enquadra-se no dever de oposição às deliberações que considere contrárias ao interesse social: a consignação em ata traduz uma modalidade de exteriorização dessa oposição. Ficando por escrito, pode ter um peso significativo na ponderação das consequências dos atos em causa pelos demais fiscais, face a riscos de responsabilidade política perante os acionistas (que poderão alegar justa causa para a destituição) e de responsabilidade civil. 8

4. **Atas**. De cada reunião deve ser lavrada a ata com, pelo menos, os elementos básicos do n.º 4, a assinar por todos os participantes (423.º/3). Constitui a única forma de provar as deliberações (63.º/1). 9

5. **Invalidades das deliberações**. Aplicam-se os 411.º e 412.º por analogia. 10

[1] Ferreira Gomes, *Da administração*, n.º 826. No mesmo sentido, Gabriela Figueiredo Dias, *Código em comentário*, 6², 423.º, 690, recorrendo primeiro ao 445.º/2.

[2] Ferreira Gomes, *Da administração*, n.º 826 e, para solução paralela no quadro do CA, n.º 484, acompanhando Pedro Maia, *Função e funcionamento*, 271-272, n. 327.

[3] Gabriela Figueiredo Dias, *Código em comentário*, 6², 423.º, 690.

[4] Contra, Gabriela Figueiredo Dias, *Código em comentário*, 6², 423.º, 691.

[5] Assim tb. Gabriela Figueiredo Dias, *Código em comentário*, 6², 423.º, 692.

Artigo 423.º-A (Norma de remissão)

Não havendo conselho fiscal, todas as referências que lhe são feitas devem considerar-se referidas ao fiscal único, desde que não pressuponham a pluralidade de membros.

Bibliografia: *Vide* bibliografia geral referida no 413.º.

Índice

1. Origem 1
2. Regime do FU 2
3. Conjugação com o 413.º/6 3

1 1. **Origem**. Trata-se de um preceito introduzido pelo 4.º do DL 257/96, de 31-dez..

2 2. **Regime do FU**. Deve ser aferido norma a norma a partir do regime do CF que não pressuponha a colegialidade.

3 3. **Conjugação com o 413.º/6**. Poderia gerar dificuldades que devem ser ultrapassadas nos termos já sugeridos na anotação ao 413.º/6.

Secção III – Comissão de auditoria

Artigo 423.º-B (Composição da comissão de auditoria)

1. A comissão de auditoria a que se refere a alínea *b*) do n.º 1 do artigo 278.º é um órgão da sociedade composto por uma parte dos membros do conselho de administração.

2. A comissão de auditoria é composta pelo número de membros fixado nos estatutos, no mínimo de três membros efetivos.

3. Aos membros da comissão de auditoria é vedado o exercício de funções executivas na sociedade e é-lhes aplicável o artigo 414.º-A, com as necessárias adaptações, com exceção do disposto na alínea *b*) do n.º 1 do mesmo artigo.

4. Nas sociedades emitentes de valores mobiliários admitidos à negociação em mercado regulamentado e nas sociedades que cumpram os critérios referidos na alínea *a*) do n.º 2 do artigo 413.º, a comissão de auditoria deve incluir pelo menos um membro que tenha curso superior adequado ao exercício das suas funções e conhecimentos em auditoria ou contabilidade e que, nos termos do n.º 5 do artigo 414.º, seja independente.

5. Em sociedades emitentes de ações admitidas à negociação em mercado regulamentado, os membros da comissão de auditoria devem, na sua maioria, ser independentes.

6. É aplicável o n.º 3 do artigo 414.º.

Bibliografia geral relativa a esta secção: AA.VV., *Código em comentário* 6, 2.ª ed. (2019), 423.º-B a 423.º-H, 647-745; Jorge Coutinho de Abreu, *Governação das sociedades comerciais*, 2.ª ed. (2010), 175-192; *id.*, *Curso de Direito Comercial*, 2, 6.ª ed. (2019), 68-71, 472-482, 509-510, 524-526; 567-568, 585-593;

António Pereira de Almeida, *Sociedades Comerciais, Valores Imobiliários, Instrumentos Financeiros e Mercados*, 7.ª ed. (2013), 513-520; Paulo Câmara, *Os modelos de governo das SA*, AAVV (2007), 197-258; CMVM, *Governo das sociedades anónimas: Propostas de alteração do código das sociedades comerciais (processo de consulta pública n.º 1/2006)* (2006), 34 ss.; *id.*, *Governo das sociedades anónimas, Proposta de articulado* (2006); António Menezes Cordeiro, *CSC/Clássica*, 2.ª ed. (2011), 423.º-B a 423.º-H; *id.*, 1, 3.ª ed. (2011), 131-137 e 1001-1014; *id.*, 2, 2.ª ed. (2007), 799-801; Paulo Olavo Cunha, *Direito das Sociedades Comerciais*, 7.ª ed. (2019), 546-547, 563-570, 580-620, 795-798, 927-942; Gabriela Figueiredo Dias, *Fiscalização de sociedades e responsabilidade civil* (2006), 24-30; José Ferreira Gomes, *Da Administração à Fiscalização das Sociedades: A obrigação de vigilância dos órgãos da sociedade anónima* (2015), §§ 54-60; Alexandre de Soveral Martins, *Comissão executiva, comissão de auditoria e outras comissões na administração*, em AA.VV., *Reformas do Código das Sociedades* (2007), 243-275; Armando Manuel Triunfante (2007), 440-454; José Vasques, *Estruturas e conflitos de poderes nas SA* (2007), 152-159.

Bibliografia relativa ao 423.º-B: Jorge Coutinho de Abreu, *Governação das Sociedades Anónimas*, 2.ª ed. (2010), 39-42; *id.*, *Responsabilidade civil dos administradores de sociedades* (2010), 56; António Pereira de Almeida, *Administradores independentes*, AAVV (2007), 153-172; António Menezes Cordeiro, *CSC/ /Clássica*, 2.ª ed. (2011), 423.º-B; *id.*, 2, 2.ª ed. (2007), 482 ss.; *id.*, *Uma nova reforma do Código das Sociedades Comerciais?*, ROA (2008), n.º 25; Ricardo Costa, *Código em comentário* 6, 2.ª ed. (2019), 423.º-B, 697-722; Gabriela Figueiredo Dias, *Fiscalização de sociedades e responsabilidade civil* (2006), 89; *id.*, *A fiscalização societária redesenhada: independência, exclusão de responsabilidade e caução obrigatória*, in AA.VV., *Reformas do Código das Sociedades* (2007), 277-334; Isabel Mouzinho de Figueiredo, *O administrador delegado: A delegação de poderes de gestão no Direito das sociedades*, O Direito, 137:3 (2005), 568 ss.; José Ferreira Gomes, *Da Administração à Fiscalização das Sociedades: A obrigação de vigilância dos órgãos da sociedade anónima* (2015), §§ 4-21, 55.3, 56.3, 59, 61; *Os princípios da responsabilidade e da direção global*, in AA.VV., *A Governação de Bancos nos Sistemas Jurídicos Lusófonos* (2016), 89-122; Pedro Maia, *Função e funcionamento do conselho de administração da sociedade anónima* (2002), 18-19; Alexandre de Soveral Martins, *Comissão executiva, comissão de auditoria e outras comissões na administração*, in AA.VV., *Reformas do Código das Sociedades Comerciais* (2007), 257 ss.; *id.*, *Código em comentário* 6, 2.ª ed. (2019), 409.º, 483; Rui de Oliveira Neves, *O administrador independente*, em AA.VV., *CSC e governo das sociedades* (2008), 143-194.

Índice

1. Origem: crítica 1
2. Terminologia 7
3. Autonomia da CAud 8
4. Composição: requisitos 11
5. Proibição de exercício de funções executivas .. 15
6. Cont.: nas sociedades em relação de grupo ou domínio 28
7. Outros membros não independentes 30
8. Suplentes 32

1. **Origem: crítica.** O 423.º-B, tal como toda a secção a que ele pertence, foi introduzido pelo DL 76-A/2006, de 29-mar.. Está em causa o chamado modelo anglo-saxónico [278.º/1, *b*)], por vezes indevidamente designado modelo monista[1]. Assentou nos estudos da CMVM[2] e no projeto pela mesma elaborado[3]. 1

Segundo a CMVM, daria continuidade ao sinal de abertura dado pelo legislador nacional ao introduzir o modelo germânico [278.º/1, *c*)] em 1986. Seguindo o exemplo francês e italiano, visava-se, por um lado, permitir que as sociedades nacionais cotadas em mercados estrangeiros pudessem seguir os modelos de governo aí vigentes, e, por outro, facilitar a atração 2

[1] Todos os modelos de governo da SA (278.º/1) são dualistas (*two-tier systems*): implicam necessariamente dois conselhos, um de administração e um de fiscalização, com competências imperativamente fixadas por lei e com membros designados pela AG.

[2] CMVM, *Governo das SA: Propostas de alteração*, 34 ss..

[3] CMVM, *Governo das SA: Proposta de articulado*, 38-40.

de sociedades estrangeiras que quisessem constituir em Portugal SA dominadas com o mesmo figurino organizativo da sociedade-mãe[4]. A novidade prendeu-se com a introdução da comissão de auditoria (CAud) como órgão autónomo, composto por administradores, com um leque de competências próprias fixadas imperativamente por lei e com membros designados pela AG.

3 Os princípios estruturantes do nosso Direito das sociedades mantêm-se inalterados. Sem prejuízo do aumento de número de opções normativamente disponíveis, mantém-se praticamente intocado o equilíbrio entre a regulação injuntiva e a liberdade de estipulação no contrato de sociedade. Contrariamente, nos sistemas anglo-saxónicos prevalece a liberdade contratual e, na prática, a administração e fiscalização das sociedades assentam no CA[5].

4 A CAud surgiu e desenvolveu-se nestes sistemas como mecanismo de governo das *sociedades cotadas*: como resposta à necessidade de assegurar um maior controlo, por um lado, sobre o processo de preparação e divulgação da informação financeira ao mercado e, por outro, sobre a independência do *auditor* face à equipa de gestão[6]. Só num segundo momento, passou a imputar-se à comissão de auditoria a função de fiscalização dos sistemas de auditoria interna e de gestão de riscos.

5 No mesmo sentido, a regulação da CAud na UE tem um restrito âmbito de aplicação subjetiva – as "entidades de interesse público" (EIP) – e delimita as competências da mesma em linha com o verificado no sistema britânico (o qual é, todavia, mais exigente).

6 Contrariamente, em Portugal, a CAud aparece como um mecanismo de fiscalização global dirigido a SA de qualquer dimensão, incluindo sociedades sem impacto no interesse público. O legislador de 2006, ainda que reforçando o leque de possibilidades de estruturação da administração e fiscalização, manteve o paradigma da constituição obrigatória de um órgão de fiscalização global, autónomo e independente perante o CA, independentemente da dimensão da SA.

7 2. **Terminologia**. Alguma doutrina[7] refere-se aos membros da CAud como "administradores--auditores", opção que recusamos expressamente. A designação desta comissão justifica-se pela (alegada) receção do *audit committee* dos sistemas norte-americano e britânico, por intermédio dos desenvolvimentos verificados a nível europeu. Porém, na medida em que, entre nós, a CAud surge como um órgão de fiscalização global e não meramente contabilística, a sua designação é infeliz, mas inevitável perante a lei. O mesmo não se pode dizer dos seus membros: não sendo nominados pela lei, deve evitar-se a sua designação por "administradores-auditores"; é redutora e geradora de equívocos. Em coerência, referimo-nos simplesmente a "membros da CAud".

8 3. **Autonomia da CAud**. A CAud surge no nosso sistema jurídico como um órgão da sociedade[8] autónomo face aos demais, com destaque para o CA[9]. Por um lado, é um órgão imposto

[4] CMVM, *Governo das SA: Propostas de alteração*, 12.

[5] Sem prejuízo de o CA estar no centro do governo das sociedades nos sistemas anglo-saxónicos, a sua existência e regulação não são injuntivas porque, na perspetiva dos respetivos legisladores, constitui um mecanismo que aproveita apenas aos sócios da sociedade, não devendo o legislador substituir as opções destes pelas suas. Diferentemente, o auditor, responsável por uma fiscalização contabilística, é imposto por lei (Direito das sociedades no RU; Direito dos valores mobiliários nos EUA), atento o interesse público subjacente. Ferreira Gomes, *Da administração*, §§ 4, 11 (n.ºs 251-301), 12.

[6] Isto justifica a sua designação. *V.* anot. 2 *infra*.

[7] *V.g.*, Menezes Cordeiro, *CSC Clássica*[2], anots. aos arts. 423.º-B ss, Ricardo Costa, *Código em comentário*, 6[2], 423.º-B ss., 697 ss.

[8] Sobre o conceito de órgão social, cf. Ferreira Gomes, *Da Administração*, § 61.

[9] Em sentido contrário, Ricardo Costa, *Código em comentário*, 6[2], 423.º-B, 700-701, sustenta que os poderes dos membros da CAud *«derivam interorganicamente do conselho de administração (como fonte originária dos poderes) e são funcionalmente* exercidos, *individualmente ou colegialmente, no âmbito do conselho de administração»*. Em coerência, sustenta que

ex lege: a sua constituição e as suas competências não estão na disposição dos acionistas ou do CA; são imperativamente fixadas pelo CSC (423.º-F), devendo ser exercidas sob responsabilidade própria. Tem, portanto, uma legitimidade própria *ex lege*, e não derivada da AG ou do CA.

Por outro lado, diferentemente do verificado nos "sistemas de origem" (EUA, RU), nos quais a CAud surge como comissão auxiliar do CA, constituída por este – que designa os seus membros e determina a sua estrutura e regras de funcionamento – em Portugal, a CAud surge como órgão autónomo, com um leque de competências próprias, constituído por disposição dos acionistas nos estatutos [272.º, *g*) e 278.º/1, *b*)], sendo os acionistas que designam e destituem (com justa causa) os seus membros 423.º-C e 423.º-E) e determinam a sua remuneração (399.º)[10]. A eleição dos seus membros assenta em lista que discrimina os administradores que se destinam a integrar a CAud (423.º-C/2). Os membros da CAud têm, portanto, uma legitimidade própria e não derivada da do CA[11]. 9

Não é portanto admissível qualquer instrução do CA (fiscalizado) à CAud (fiscalizador); não há dependência estrutural[12] ou hierárquica do primeiro ao segundo. 10

4. **Composição: requisitos**. A CAud é composta por parte dos administradores (423.º-B/1), em número (par ou ímpar) fixado nos estatutos, mas não inferior a três (423.º-B/2)[13]. Os seus membros são administradores: razão pela qual não é possível a solução do administrador único (278.º/5). Nada impede, porém, que haja apenas um administrador executivo, a somar aos não executivos que compõem a CAud[14]. O CSC exige uma composição plural do CA nas sociedades de maior dimensão (com capital social superior a €200.000, 390.º/2), mas não impõe a gestão plural, porquanto admite a delegação de poderes de gestão do CA num único administrador delegado (407.º/1 e 3). A imperatividade da pluripessoalidade do CA não visa a pluripessoalidade na gestão, mas sim a pluripessoalidade na vigilância assegurada pelo CA enquanto primeiro fiscalizador[15]. 11

A fiscalização por administradores é tipicamente apontada simultaneamente como a maior vantagem e a maior desvantagem dos sistemas anglo-saxónicos: como vantagem, potencia fluxos de informação essenciais ao conhecimento da atividade da sociedade e à ponderação dos riscos inerentes, através do envolvimento dos administradores nos processos decisórios; como desvantagem, implica tipicamente uma menor isenção dos administradores no processo de fiscalização. 12

Aos membros da CAud são aplicáveis as causas de incompatibilidade dos membros do CF (414.º-A), com as necessárias adaptações, salvo a do n.º 1, *b*), relativa às funções de administração[16]. Nas sociedades cotadas e nas grandes SA – 413.º/2, *a*) – a CAud deve incluir, pelo menos, um membro com curso superior adequado, com conhecimentos em auditoria e contabilidade e que, nos termos do 414.º/5, seja independente [423.º-B/4 e 3.º/2, *a*) da L 148/2015, de 9-set.]. Nas sociedades cotadas e demais "entidades de interesse público", a maioria dos membros do 13

a CAud é um "subórgão" do CA, mas logo em seguida (669), sustenta que a "faceta fiscalizadora" da CAud revela claramente a sua a autonomia orgânico-funcional.

[10] Ferreira Gomes, *Da Administração*, n.º 1711.

[11] Alexandre Soveral Martins, "Comissão executiva, comissão de auditoria e outras comissões na administração", in AA.VV., *Reformas do Código das Sociedades Comerciais*, 2007, 257-258.

[12] Em sentido contrário, Ricardo Costa, *Código em comentário*, 6², 423.º-B, 702; mas logo em seguida (703), sustenta que a "faceta fiscalizadora" da CAud revela claramente a sua a autonomia orgânico-funcional.

[13] A discussão sobre a determinação do número de administradores nos estatutos tem aqui aplicação.

[14] Neste sentido, Menezes Cordeiro, *CSC Clássica*², 423.º-B, anot. 2.

[15] Ferreira Gomes, *Da Administração*, n.ºs 334-338, Pedro Maia, *Função e funcionamento do conselho de administração da sociedade anónima*, 2002, 18-19.

[16] *V*. anots. ao 414.º-A. Cf. Menezes Cordeiro, *Uma nova reforma do Código das Sociedades Comerciais?*, ROA 2008, n.º 25.

CA deve ser independente (423.º-B/5) incluindo o presidente [3.º/2, *c*) da L 148/2015, de 9-set.]. No seu conjunto, os membros devem ter formação e experiência prévias para o sector em que opera a entidade [3.º/2, *b*) da L 148/2015, de 9-set.].

14 Remetemos para as anotações ao 414.º/4-6[17].

15 5. **Proibição de exercício de funções executivas.**[18] Até 2006, a distinção entre administradores executivos e não-executivos não tinha base legal, como aliás não tem no RU ou nos EUA[19]. Tradicionalmente, entre nós, estabelece-se correspondência entre os administradores executivos e os administradores delegados (*i.e.*, aqueles nos quais foi delegada a gestão corrente da sociedade, 407.º/3), em linha com a definição das versões portuguesa, francesa ou alemã da Recomendação da CE sobre esta matéria[20], bem como das Recomendações da CMVM sobre o Governo das Sociedades Cotadas (2005)[21]. Por contraposição, os administradores não-executivos são tradicionalmente entendidos como aqueles que não recebem poderes delegados, nem integram a comissão executiva (CExec).

16 O fundamento apontado para esta distinção residiria na alteração do complexo de situações jurídicas imputadas ao administrador não-delegado que, em virtude da delegação da gestão corrente da sociedade numa CExec ou num ou mais administradores delegados, não mais seria responsável pela mesma, passando a responder apenas por uma "vigilância geral" (e não analítica) da atuação dos delegados (407.º/8). Esta é uma perspetiva que temos vindo a criticar.

17 Esta distinção não permite explicar a posição dos administradores não-executivos que, no nosso modelo anglo-saxónico, devem integrar a CExec. Este modelo não pressupõe necessariamente uma delegação da gestão corrente da sociedade, mas pressupõe a existência de "administradores sem funções executivas" (423.º-B/3), pelo que fica afastada a hipótese de fazer coincidir o conceito de administrador não-executivo com o de administrador não-delegado.

18 Parece verificar-se uma aproximação aos sistemas anglo-saxónicos, onde a qualificação como administrador executivo não pressupõe uma delegação *expressa* da gestão corrente da sociedade, correspondendo simplesmente ao *exercício de funções executivas*[22] ou à prestação de serviços à sociedade ao abrigo de um outro vínculo contratual que não o de mero administrador. A diferente perspetiva dos sistemas anglo-saxónicos ficou refletida – por coincidência ou não – na versão inglesa da Recomendação da CE sobre esta matéria, na qual, contrariamente ao verificado nas versões portuguesa, francesa ou alemã, o "administrador executivo" é definido como *«any member of the administrative body (unitary board) who is* engaged *in the daily management of the company»*[23]. Ficou ainda refletida no sistema italiano, na última concretização prevista no art. 2409-*octiesdecies* (2) *Codice Civile*: só podem compor o *comitato per il controllo sulla gestione* os administradores que não sejam membros da CExec, a quem não tenham sido delegados poderes ou atribuídos encargos ou que exerçam, ainda que apenas *de facto*, funções atinentes à gestão da empresa social ou de sociedade que controle a sociedade ou seja por esta controlada. Em suma, tal como no sistema italiano, o 423.º- B/3 parece excluir da composição da CAud tanto os administradores que componham a CExec ou a quem tenham sido delegados poderes de gestão (407.º/1 e 3), como aqueles que exerçam funções executivas *de facto*, independentemente de qualquer delegação *de iure*.

[17] Anots. 11 a 15 ao 414.º.

[18] Ferreira Gomes, *Da Administração*, § 59.

[19] Ferreira Gomes, *Da Administração*, §§ 55.3 e 56.3.

[20] *Recomendação relativa ao papel dos administradores não executivos*, § 2.3, no qual se define o administrador executivo como o administrador *encarregue* da gestão corrente da sociedade.

[21] As que antecederam a reforma do CSC de 2006.

[22] Esta é a redação do 423.º-B/3, segundo o qual aos membros da CAud é vedado o exercício de funções executivas.

[23] *"Engaged"* deve traduzir-se, neste contexto, como "envolvido" na gestão corrente da sociedade, afastando-se de "encarregue", *"chargé"* e *"zuständiges"* que traduzem uma vinculação jurídica específica.

Esta última parte coloca sérias dificuldades hermenêuticas: implica delimitar *a priori* quais as funções desempenhadas pelos administradores qualificáveis como "executivas" e como "não-executivas"[24]. Cabendo a designação dos membros da CAud à AG, é necessário identificar um critério geral que permita, *a priori*, distinguir as condutas lícitas e ilícitas. 19

A *ratio* do preceito é assegurar a adequada vigilância da administração por administradores, mas sem risco de autovigilância[25]. 20

Em geral, a expressa delegação de poderes de gestão (407.º/1 e 3), como a simples criação de estruturas administrativas subordinadas ao CA, determinam uma modelação das obrigações de administração tanto deste, como dos seus membros. Os não-delegados não deixam de estar adstritos a *participar ativamente* na gestão da sociedade (em modo coletivo e em modo individual). Essa participação ou intervenção é, porém, *subsidiária:* deve verificar-se quando a atuação dos delegados, da CExec ou das estruturas subordinadas não seja adequada ou suficiente à prossecução dos melhores interesses da sociedade. Este dever de intervenção, modelado pelas circunstâncias do caso concreto, deve ser dogmaticamente reconduzido à *obrigação de vigilância* dos administradores (que, por sua vez, decorre da obrigação de diligente administração da sociedade)[26]. 21

Aplicando esta construção ao modelo anglo-saxónico, concluímos que aos membros CAud *é vedada a iniciativa primária* na condução da atividade empresarial, estando adstritos a uma participação ativa, mas *subsidiária*, traduzida no acompanhamento da atividade da empresa e na intervenção/reação sempre que a atuação dos administradores executivos não seja adequada ou suficiente à prossecução dos melhores interesses da sociedade. Para este efeito, os não-executivos têm ao seu dispor os meios de intervenção/reação de qualquer administrador[27]. 22

A delimitação de competências *não determina uma exclusão dos membros da CAud face a quaisquer matérias subsumíveis à competência do CA*, mas apenas uma modelação da sua participação na administração da sociedade, de tal forma que a sua intervenção é necessariamente de natureza subsidiária e enquadrada na sua obrigação de vigilância. Assim, não se coloca qualquer obstáculo à sua participação nas deliberações do CA, incluindo as destinadas a dirigir a atividade empresarial de acordo com as propostas dos executivos[28]. 23

Não podemos aceitar as distinções entre "administração gestionária (gestão estrita e representação)" e "administração de funcionamento intrassocietário e organizatória"[29], no sentido de vedar aos membros da CAud *«a "gestão-corrente" da sociedade, que executa ou desenvolve através de aos "técnico-operativos quotidianos" as opções de "alta direcção»*[30]. A "gestão corrente da sociedade", enquanto conceito normativo delimitado pelos n.os 3 e 4 do 407.º, não corresponde à expressão coloquial de "gestão corrente"[31]. Em primeiro lugar, o leque de poderes abarcáveis pela delega- 24

[24] O critério frequentemente exposto pela doutrina e jurisprudência norte-americana – o exercício de funções ao abrigo de um outro vínculo contratual que não o de mero administrador – não pode ser acolhido entre nós (398.º/1).
[25] Ferreira Gomes, *Da Administração,* §§ 13 ss..
[26] Ferreira Gomes, *Da Administração,* §§ 13, 19.
[27] Ferreira Gomes, *Da Administração,* § 19.
[28] Em sentido contrário, Gabriela Figueiredo Dias, *Fiscalização de sociedade e responsabilidade civil* (2006), 89, Alexandre Soveral Martins, "Comissão executiva, comissão de auditoria e outras comissões na administração", in AA.VV. *Reformas do Código das Sociedades Comerciais*, 2007, 259 ss. De forma menos restritiva, Coutinho de Abreu, *Responsabilidade civil dos administradores de sociedades*², 56 (n. 110), bem como Ricardo Costa, *Código em comentário*, 6², 423.º-B, 713-714, admitem a participação dos membros da CAud nas deliberações do CA, vedando-lhes porém a prática de atos daquilo que designam "administração gestionária".
[29] Coutinho de Abreu, *Governação das Sociedades*², 39-42.
[30] Coutinho de Abreu, *Governação das Sociedades*², 40, Ricardo Costa, *Código em comentário*, 6², 423.º-B, 712.
[31] Que se aproxima de administração ordinária, por contraposição a administração extraordinária. Em sentido contrário, Ricardo Costa, *Código em comentário*, 6², 423.º-

ção da gestão corrente é de extensão variável, dependendo dos limites fixados na própria deliberação (407.º/3). Em segundo lugar, o 407.º/3 admite, no nosso sistema jus-societário, a derrogação parcial do princípio da direção global (corolário do princípio da responsabilidade global). Contrariamente ao verificado no "encargo especial" (407.º/1 e 2), admite-se, nos termos do 407.º/3 e 4, a delegação de amplos poderes relacionados com (i) o planeamento estratégico, (ii) a organização e (iii) a coordenação da atividade empresarial[32]. A admissibilidade da delegação destas matérias afasta qualquer pretensão de restrição do conceito de "gestão corrente" (407.º/3) a atos "técnico-operativos quotidianos" de execução ou desenvolvimento das opções de "alta direção". Este conceito é, portanto, no nosso sistema jurídico, inoperacional para a delimitação da atuação dos membros da CAud enquanto administradores. Perante as referidas coordenadas legais, de nada valem as referências a instrumentos de *soft law*[33].

25 Em todo o caso, mesmo que assim não fosse, não poderia admitir-se uma tal restrição do *status* do administrador, com as consequências que daí decorreriam para o funcionamento colegial do CA, segundo o princípio da responsabilidade global.

26 Em suma, os administradores que sejam membros da CAud podem participar em quaisquer deliberações do CA, incluindo as destinadas a dirigir a atividade empresarial de acordo com as propostas dos executivos, e praticar quaisquer atos a título individual, mas no quadro da sua obrigação de vigilância (de forma subsidiária)[34]. Podem inclusive representar a sociedade nos termos gerais, sempre que necessário[35].

27 O desempenho *regular* de funções executivas por estes administradores, em violação do 423.º-B/3, determina a caducidade da sua designação como membros da CAud e como administradores[36].

28 6. **Cont.: nas sociedades em relação de grupo ou domínio**. É igualmente vedado aos membros da CAud o exercício de *funções executivas* em sociedades que se encontrem em relação de domínio ou de grupo com a sociedade fiscalizada. Nos termos do 414.º-A/1, *c)*, *ex vi* 423.º-B/3, não podem ser designados membros da CAud os membros dos órgãos de administração de sociedade que se encontre em relação de domínio ou de grupo com a sociedade fiscalizada.

-B, 712, Isabel Mousinho de Figueiredo, O administrador delegado: A delegação de poderes de gestão no Direito das sociedades, *O Direito*, 137:3 (2005), 568 ss.

[32] Ferreira Gomes, "Os princípios da responsabilidade e da direção global", in AA.VV., *A Governação de Bancos nos Sistemas Jurídicos Lusófonos* (2016), 89-122, bem como *Da Administração*, §§ 14, 15.

[33] Como a Recomendação da CE n.º 2005/162/CE, de 15-fev., relativa ao papel dos administradores não executivos, ou as recomendações da CMVM sobre o governo das sociedades cotadas. Ricardo Costa, *Código em comentário*, 6, 423.º-B, 677 (n. 52).

[34] Fazendo uso dos meios de intervenção/reação de qualquer administrador. Ferreira Gomes, *Da Administração*, §§ 13, 19.

[35] Alexandre Soveral Martins, *Código em comentário*, 6², 409.º, 483, e Ricardo Costa, *Código em comentário*, 6², 423.º-B, 716-718, admitem o exercício de poderes de representação apenas em matérias não executivas. Não podemos acompanhar a imposição de um ónus aos terceiros que se relacionam com a sociedade de determinar se o administrador em causa é "executivo" ou "não-executivo", para daí retirar as consequências quanto à vinculação da sociedade. Por um lado, a lei não restringe os poderes de representação dos membros da CAud, para efeitos do 409.º/1; por outro, a "natureza" do administrador (executivo *v.* não-executivo), da qual poderia decorrer a restrição dos seus poderes (mas não decorre) resulta da deliberação acionista de eleição, sendo por isso inoponível a terceiros de boa fé (6.º/4). A posição de Soveral Martins contradiz a sua afirmação anterior (*Código em comentário*, 6², 408.º, 467-468), que acompanhamos, de que «todos *os administradores devem ter a* possibilidade de exercer *os poderes de representação. Não se pode por isso falar de administradores com e sem poderes de representação, visto que qualquer deles, só por o ser, pode exercer aqueles poderes*» (itálicos do autor).

[36] Exercício "regular" de funções executivas, porquanto o exercício "eventual" de funções executivas, *e.g.*, perante a ausência ou impossibilidade temporária de atuação dos executivos, deve *em princípio* ser admitido, sob pena de paralisação da sociedade. Esta atuação eventual deve, porém, limitar-se ao mínimo indispensável à salvaguarda dos interesses da sociedade até ao regresso dos executivos. Ferreira Gomes, *Da Administração*, n.os 1747-1749.

A remissão operada para o regime do CF deve salvaguardar as necessárias adaptações. Tal como no modelo tradicional se admite o exercício simultâneo de funções no CF de várias sociedades em relação de domínio ou de grupo, também se deve admitir o exercício de funções não-executivas de administração, na CAud de várias sociedades sujeitas ao modelo anglo-saxónico. 29

7. **Outros membros não independentes**. Por remissão para o 414.º/3 (423.º-B/6), os membros não independentes podem ser SROC, sociedades de advogados ou acionistas: pessoas singulares com capacidade jurídica plena e com qualificações e experiência profissional adequadas. Remetemos para a análise anterior[37]. Acrescentamos apenas que a participação de não-acionistas na CAud é expressamente admitida pela remissão do 423.º-H para o 390.º/3. 30

A referência às sociedades de advogados e SROC no 414.º/3 constitui, historicamente, um desvio à regra da inelegibilidade de pessoas coletivas para o CF. No caso da CAud, porém, as pessoas coletivas são genericamente elegíveis, atenta a remissão do 423.º-H para o 390.º/4. Quando designadas, as pessoas coletivas devem indicar uma pessoa singular para desempenhar o cargo em nome próprio, respondendo solidariamente pelos atos desta. No caso das SROC e das sociedades de advogados aplicam-se os n.ºs 4 a 6 do 414.º-A, por remissão expressa do 423.º-B/3. As SROC eleitas como membros da CAud não se confundem com o ROC/SROC órgão social que desempenha funções de fiscalização contabilística [278.º/1, *b*) *in fine*][38]. 31

8. **Suplentes**. Os estatutos podem prever suplentes, até 1/3 do total de efetivos (390.º/5 *ex vi* 423.º-H). 32

Artigo 423.º-C (Designação da comissão de auditoria)

1. Os membros da comissão de auditoria são designados, nos termos gerais do artigo 391.º, em conjunto com os demais administradores.

2. As listas propostas para o conselho de administração devem discriminar os membros que se destinam a integrar a comissão de auditoria.

3. Se a assembleia geral não o designar, a comissão de auditoria deve designar o seu presidente.

4. Aplica-se, com as devidas adaptações, o disposto no n.º 3 do artigo 395.º.

Bibliografia: Luís Filipe Araújo, *Comissão de auditoria*: regras especiais de eleição e substituição de administradores (falta definitiva e cooptação), *II Congresso Direito das Sociedades em Revista* (2012), 172 ss; Paulo Câmara, "Os modelos de governo das sociedades anónimas", in AA.VV., *Reformas do Código das Sociedades Comerciais: Jornadas em homenagem ao Prof. Raul Ventura* (2007), 219; António Menezes Cordeiro, *CSC/ /Clássica*, 2.ª ed. (2011), 423.º-C; Ricardo Costa, *Código em comentário* 6, 2.ª ed. (2019), 423.º-C, 723-727; Paulo Olavo Cunha, *Direito das Sociedades Comerciais*, 7.ª ed. (2019), 546-547, 563-570, 580-620, 795-798, 927-942, Alexandre de Soveral Martins, "Comissão executiva, comissão de auditoria e outras comissões na administração", in AA. VV., *Reformas do Código das Sociedades Comerciais* (2007), 257-258; Armando Manuel Triunfante (2007), 443-445.

Vide a bibliografia geral indicada no 423.º-B.

[37] Anots. 8-11 ao 414.º.

[38] Numa perspetiva que não podemos acompanhar, Ricardo Costa, *Código em comentário*, 6², 423.º-B, 706-707, parece entender que a SROC referida no 414.º/3 é necessariamente a mesma que é titular do órgão social de fiscalização contabilística no modelo tradicional, razão pela qual sustenta, no modelo anglo-saxónico, uma restrição da remissão do 423.º-B/6 para o 414.º/3, no sentido de não abranger a elegibilidade de SROC.

Índice

1. Designação 1
2. Discriminação nas listas 2
3. Presidente 3
4. Eleição por minoritários 5

1 1. **Designação**. Diferentemente do verificado nos "sistemas de origem" (EUA, RU)[1], em Portugal, a comissão de CAud é constituída pelos acionistas[2], que designam e destituem (com justa causa) os seus membros (423.º-C e 423.º-E) e determinam a sua remuneração (399.º). Estes são eleitos nos termos aplicáveis aos restantes administradores (391.º *ex vi* 423.º-C/1). Pode haver designação no contrato ou em assembleia constitutiva. Os estatutos podem requerer maiorias especiais (391.º/2), bem como submeter a eleição a "veto", em número não superior a 1/3, de certas categorias de ações (391.º/2, 2.ª parte).

2 2. **Discriminação nas listas**. As listas propostas a votação devem discriminar os administradores que se destinam a integrar a CAud (423.º-C/2). É um importante elemento informativo, uma vez que a eleição é feita em bloco[3], mas não só. Esta discriminação traduz a autonomia da CAud perante o CA[4].

3 3. **Presidente**. O presidente da comissão de auditoria é designado pela AG (constando a indicação da lista) ou pela própria CAud (423.º-C/3). Em qualquer caso, a CAud poderá substituir o presidente perante falta definitiva; o substituto desempenhará a função até ao termo do mandato em curso, salvo deliberação em contrário dos acionistas (415.º/2, II parte, por analogia)[5].

4 Desempenha papel idêntico ao presidente do CF[6]. No caso das EIP, tem de ser independente [3.º/2, *c)* Lei 148/2015, de 9-set.].

5 4. **Eleição por minoritários**. O CSC prevê diferentes soluções para os vários modelos de governo das SA: no modelo tradicional, as minorias podem elegar membros do CA (quando os estatutos o prevejam, até 1/3 dos seus membros, 392.º) e requerer nomeação judicial de membros do CF (1 ou 2 membros, 418.º); no modelo germânico, as minorias podem eleger membros do CGS (quando os estatutos o prevejam; o 435.º remete para 392.º), mas não do CAE. No modelo anglo-saxónico, o 392.º aplica-se diretamente ao CA, mas não se prevê nenhuma regra específica para a CAud.

6 Os administradores eleitos pelos minoritários (que votaram contra a lista dos maioritários) nos termos do 392.º podem integrar a CAud[7]. Substituem automaticamente os candidatos

[1] V. anot. 3 ao 423.º-B.
[2] A comissão de auditoria é necessariamente constituída por disposição estatutária [272.º, *g)* e 278.º/1, *b)*].
[3] Menezes Cordeiro, *CSC Clássica*², 423.º-C, anot. 1.
[4] *V.* anot. 3 ao 423.º-B.
[5] Ricardo Costa, *Código em comentário*, 6², 423.º-C, 726.
[6] *V.* anots. ao 414.º-B.
[7] Paulo Câmara, "Os modelos de governo das sociedades anónimas", in AA.VV., *Reformas do Código das Sociedades* (2007), 197-258 (235-236, 246, 257). Em sentido contrário, Menezes Cordeiro, *CSC Clássica*², 423.º-C, anot. 3, que admite a aplicação do 392.º à eleição de administradores, mas não de membros da CAud. Justifica a diferença de soluções com o facto de, nas sociedades que adotem o modelo anglo-saxónico, haver sempre um "ROC exterior" pelo que *«não valia a pena multiplicar instâncias de controlo»*. Não é correto este entendimento porquanto o ROC está necessariamente presente em todos os modelos de governo, não se alterando as suas competências próprias consoante integre também o órgão de fiscalização global ou não. O seu papel claramente não se confunde com o da CAud. Nada disso releva para efeitos do equilíbrio de poderes pretendido com a admissibilidade de eleição por minoritários. Menezes Cordeiro acrescenta que a eleição por minoritários não reforça a fiscalização; transpõe as guerras de acionistas para o seio do CA. Este é um risco que as partes deverão ter presente ao prever, no contrato de sociedade, a possibilidade de eleição por minoritários (quando a lei não a imponha). É um risco frequentemente contrabalançado pela proteção dos minoritários e pela

menos votados da lista vencedora ou, em caso de igualdade de votos, os que figurarem em último lugar da lista. Se os candidatos a substituir estavam discriminados para integrar a CAud, os administradores eleitos pelos minoritários integram a CAud. Se não estavam, não[8].

O cenário complica-se se tomarmos em consideração os critérios de composição da 7
CAud, relativos a habilitações académicas, conhecimentos técnicos específicos e independência dos seus membros (423.º-B/4 e 5 e 3.º/2 Lei 148/2015, de 9-set.). Os estatutos devem regular a apresentação de listas pelas minorias de forma a acautelar a correta composição da CAud. Se a substituição do candidato da lista maioritária a substituir colocar em causa o cumprimento dos referidos critérios legais pelo órgão, só pode ser substituído por pessoa que permita cumprir esses mesmos critérios. Esta dificuldade deve ser tida em consideração pelos minoritários na apresentação das suas listas e pelo presidente da mesa da AG na apreciação das mesmas, aquando da preparação da AG[9].

Quando os minoritários não possam designar membros CAud, seja porque os estatutos 8
não fazem uso da opção conferida pelo 392.º, seja porque a aplicação deste artigo no caso concreto determinou a susbstituição de administradores que não integram a CAud, deve admitir-se a aplicação analógica do 418.º[10].

Artigo 423.º-D (Remuneração da comissão de auditoria)

A remuneração dos membros da comissão de auditoria deve consistir numa quantia fixa.

Bibliografia: J. M. Coutinho de Abreu, *Código em comentário*, 6, 2.ª ed. (2019), 728 729; António Menezes Cordeiro, *CSC/Clássica*, 2.ª ed. (2011), 423.º-D; Ricardo Costa, *Código em comentário* 6 (2013), 423.º-D. *Vide* a bibliografia geral indicada no 423.º-B.

Índice

1. Remissão 1

1. **Remissão.** Tal como a dos membros do CF, a remuneração dos membros da CAud deve ser 1
fixa. Remetemos para a correspondente anotação.

O preceito não remete para o 399.º/1 (competência da AG ou da comissão de vencimen- 2
tos para fixar a cifra), ao contrário do que sucede com o CF (422.º-A/2). Nem era preciso: os membros da CAud são administradores; o 399.º tem aplicação direta[1].

inerente redução do custo de capital no financiamento da sociedade. Caberá aos acionistas decidir se as vantagens se sobrepõem ou não às desvantagens.

[8] Não podemos acompanhar Luís Filipe Araújo, "Comissão de auditoria", 176, que sustenta a aplicação do 392.º diretamente à composição da CAud, de tal forma que a substituição de membros do CA deveria fazer-se pelo último de entre os membros indicados na lista vencedora para integrar a CAud, ainda que não seja o último da lista, tomada na sua globalidade.

[9] Em sentido parcialmente coincidente, Paulo Olavo Cunha, *Direito das Sociedades*[7], 590-592. As diferenças estão *(i)* nos poderes que reconhece ao presidente da mesa e à AG em determinadas situações, os quais me parecem incoerentes com o processo deliberativo imposto *ex lege*; e *(ii)* na possibilidade de, em determinados casos, o administrador eleito pela minoria poder ocupar um lugar no CA, mas não na CAud.

[10] Em sentido contrário, Menezes Cordeiro, *CSC Clássica*[2], 423.º-C, anot. 3.

[1] Menezes Cordeiro, *CSC Clássica*[2], anot. ao 423.º-D.

Artigo 423.º-E (Destituição dos membros da comissão de auditoria)

1. A assembleia geral só pode destituir os membros da comissão de auditoria desde que ocorra justa causa.

2. É aplicável aos membros da comissão de auditoria, com as devidas adaptações, os n.os 2, 4 e 5 do artigo 419.º.

Bibliografia: J. M. Coutinho de Abreu, *Código em comentário*, 6, 2.ª ed. (2019), 730-732; António Menezes Cordeiro, *CSC/Clássica*, 2.ª ed. (2011), 423.º-E; Ricardo Costa, *Código em comentário* 6 (2013), 423.º-E. *Vide* a bibliografia geral indicada no 423.º-B.

Índice

1. Justa causa 1
2. Procedimento.. 3
3. Destituição como administrador 4

1 1. **Justa causa**. Contrariamente aos demais administradores (403.º/1 e 5), os membros da CAud só podem ser destituídos com justa causa: é um penhor de independência, essencial ao desenvolvimento da sua atividade fiscalizadora. Tem paralelo no 419.º/1, para os membros do CF, para cuja anotação remetemos[1].

2 A destituição sem justa causa é nula [56.º/1, *d*)]. Justa causa traduz, aqui, a violação grave e culposa dos deveres funcionais ou de deveres significativos com eles conexos[2], bem como a inaptidão para o exercício normal das respetivas funções: vale o paralelo com os 257.º/6 e 403.º/4[3].

3 2. **Procedimento**: Aplica-se o 419.º/2, 4 e 5. Remetemos para a sua anotação.

4 3. **Destituição como administrador**. Sendo incindíveis as posições de administrador e de membro da CAud, pelo que destituição de um cargo implica necessariamente a destituição do outro[4].

Artigo 423.º-F (Competência da comissão de auditoria)

1. Compete à comissão de auditoria:

***a*) Fiscalizar a administração da sociedade;**

***b*) Vigiar pela observância da lei e do contrato de sociedade;**

***c*) Verificar a regularidade dos livros, registos contabilísticos e documentos que lhes servem de suporte;**

***d*) Verificar, quando o julgue conveniente e pela forma que entenda adequada, a extensão da caixa e as existências de qualquer espécie dos bens ou valores**

[1] *V.* anot. 2 ao 419.º.

[2] RPt 18-abr.-2002, (Oliveira Vasconcelos), Proc. 0230560, e RLx 14-mai.-2015 (Maria Teresa Albuquerque), Proc. 23513.6YXLSB.L1-2.

[3] RCb 12-abr.-1994 (Cardoso de Albuquerque), CJ XIX (1994) 2, 27-31 (31/I), e RLx 14-mai.-2015 (Maria Teresa Albuquerque), Proc. 23513.6YXLSB.L1-2.

[4] Alexandre Soveral Martins, "Comissão executiva, comissão de auditoria e outras comissões na administração", in AA.VV., *Reformas do Código das Sociedades Comerciais*, 2007, 257-258, Ricardo Costa, *Código em comentário*, 6, 423.º-E, 695.

pertencentes à sociedade ou por ela recebidos em garantia, depósito ou outro título;

e) **Verificar a exatidão dos documentos de prestação de contas;**

f) **Verificar se as políticas contabilísticas e os critérios valorimétricos adotados pela sociedade conduzem a uma correta avaliação do património e dos resultados;**

g) **Elaborar anualmente relatório sobre a sua ação fiscalizadora e dar parecer sobre o relatório, contas e propostas apresentados pela administração;**

h) **Convocar a assembleia geral, quando o presidente da respetiva mesa o não faça, devendo fazê-lo;**

i) **Fiscalizar a eficácia do sistema de gestão de riscos, do sistema de controlo interno e do sistema de auditoria interna, se existentes;**

j) **Receber as comunicações de irregularidades apresentadas por acionistas, colaboradores da sociedade ou outros;**

l) **Fiscalizar o processo de preparação e de divulgação de informação financeira;**

m) **Propor à assembleia geral a nomeação do revisor oficial de contas;**

n) **Fiscalizar a revisão de contas aos documentos de prestação de contas da sociedade;**

o) **Fiscalizar a independência do revisor oficial de contas, designadamente no tocante à prestação de serviços adicionais;**

p) **Contratar a prestação de serviços de peritos que coadjuvem um ou vários dos seus membros no exercício das suas funções, devendo a contratação e a remuneração dos peritos ter em conta a importância dos assuntos a eles cometidos e a situação económica da sociedade;**

q) **Cumprir as demais atribuições constantes da lei ou do contrato de sociedade.**

2. É aplicável à comissão de auditoria, com as devidas adaptações, o disposto nos n.os 5 e 6 do artigo 420.º.

Bibliografia: CMVM, *Governo das sociedades anónimas: Proposta de articulado modificativo do CSC* (2006), 12; António Menezes Cordeiro, *CAC/Clássica*, 2.ª ed. (2011), 423.º-F; Gabriela Figueiredo Dias, *Código em comentário* 6, 2.ª ed. (2019), 423.º-F; José Ferreira Gomes, *Da Administração à Fiscalização das Sociedades: A obrigação de vigilância dos órgãos da sociedade anónima* (2015), § 60; João Calvão da Silva, "A responsabilidade civil dos administradores não executivos", in *A Reforma do Código das Sociedades Comerciais: Jornadas em Homenagem ao Professor Doutor Raul Ventura* (2007), 122.

Vide a bibliografia geral indicada no 423.º-B.

Índice

1. Análise crítica e remissão 1
2. Dever de organização interna 2

1 1. **Análise crítica e remissão.** A CAud apresenta um leque de competências próprio de um órgão de fiscalização global. O 423.º-F reproduz as competências do CF no modelo tradicional (420.º/1 e 2). Afasta-se assim dos sistemas de origem (EUA e RU), do Direito da UE, da matriz italiana apontada pela CMVM como referência na reforma de 2006[1], bem como da Recomen-

[1] CMVM, *Governo das SA: Propostas de alteração*, 12.

dação da CE relativa ao papel dos administradores não-executivos ou membros do conselho de supervisão de sociedades cotadas e aos comités do conselho de administração ou de supervisão[2]. Por isso, o estabelecimento de paralelos com os sistemas norte-americano ou britânico deve ser feito com cautela. As diferenças entre estes sistemas e o nosso "modelo anglo-saxónico" não correspondem a uma mera "adaptação" da solução normativa de origem às específicas condições do país de destino. Pelo contrário, trata-se de uma adaptação de uma solução nacional: a CAud afinal mais não é do que um CF composto por administradores, no pressuposto de que isso determinará fluxos de informação mais eficientes[3]. Remetemos assim para as anotações ao 420.º/1 e 2.

2 2. **Dever de organização interna**. A imposição normativa da CAud como órgão social com competências próprias, com membros designados diretamente pelos sócios, atribui-lhe uma legitimidade própria, sublinhando a sua autonomia perante o CA, em oposição ao verificado nos sistemas anglo-saxónicos. É composta por administradores, mas tem plena autonomia face ao CA. Esta autonomia determina a competência exclusiva da CAud para organizar o seu próprio funcionamento, dentro dos limites fixados pelos acionistas nos estatutos. O CA não pode determinar a sua organização e funcionamento[4].

3 Deve admitir-se, porém, a possibilidade de delegação de poderes *adicionais* do CA na CAud, no contexto da fiscalização societária (407.º/1)[5].

Artigo 423.º-G (Deveres dos membros da comissão de auditoria)

1. Os membros da comissão de auditoria têm o dever de:

a) Participar nas reuniões da comissão de auditoria, que devem ter, no mínimo, periodicidade bimensal;

b) Participar nas reuniões do conselho de administração e da assembleia geral;

c) Participar nas reuniões da comissão executiva onde se apreciem as contas do exercício;

d) Guardar segredo dos factos e informações de que tiverem conhecimento em razão das suas funções, sem prejuízo do disposto no n.º 3 do presente artigo;

e) Registar por escrito todas as verificações, fiscalizações, denúncias recebidas e diligências que tenham sido efetuadas e o resultado das mesmas.

2. Ao presidente da comissão de auditoria é aplicável o disposto no artigo 420.º-A, com as devidas adaptações.

3. O presidente da comissão de auditoria deve participar ao Ministério Público os factos delituosos de que tenha tomado conhecimento e que constituam crimes públicos.

[2] Desenvolvidamente, Ferreira Gomes, *Da Administração*, § 58.

[3] Mesmo assumindo como certa a ideia de que os "sistemas de origem" permitem um mais adequado fluxo de informação e, logo, um mais eficiente controlo da atividade empresarial, o mesmo não pode ser afirmado relativamente ao modelo anglo-saxónico em Portugal, enquanto "sistema de destino", sem uma adequada análise empírica que o comprove.

[4] Sobre este dever de organização interna, vale o exposto a propósito do CF, com as necessárias adaptações. *V.* anot. 39 ao 420.º e, para mais desenvolvimentos, Ferreira Gomes, *Da Administração*, n.os 839-848.

[5] Ferreira Gomes, *Da Administração*, n.º 1712.

Bibliografia: José Engrácia Antunes, *A fiscalização das sociedades comerciais: Estudo preparatório de reforma legislativa* (1997), 103; António Menezes Cordeiro, *CSC/Clássica*, 2.ª ed. (2011), 423.º-G; *SA: Assembleia geral e deliberações sociais* (2007), 100-101; Gabriela Figueiredo Dias, *Código em comentário*, 6, 2.ª ed. (2019), 423.º-G; José Ferreira Gomes, *Da Administração à Fiscalização das Sociedades: A obrigação de vigilância dos órgãos da sociedade anónima* (2015), § 60; Armando Manuel Triunfante (2007), 449-451.

Índice

1. Enquadramento ... 1
2. Dever de participação nas reuniões da CAud [n.º 1, al. *a*)] ... 4
3. Dever de participação nas reuniões do CA [n.º 1, al. *b*)] ... 6
4. Dever de participação nas reuniões da AG [n.º 1, al. *b*)] ... 7
5. Dever de participação nas reuniões da CExec em que se apreciem as contas do exercício [n.º 1, al. *c*)] ... 8
6. Deveres de reação a irregularidade detetadas.. 9
7. Dever de guardar segredo [n.º 1, al. *d*)] ... 11
8. Dever de registar por escrito atos de fiscalização, denúncias, diligências e resultado das mesmas [n.º 1, al. *e*)] ... 12
9. Dever de comunicação *up the ladder* (n.º 3).... 13
10. Dever de participação ao MP (n.º 4)... 15
11. Dever de exercer uma fiscalização consciençiosa e imparcial? ... 16

1. **Enquadramento**. Os membros da CAud, contrariamente aos fiscais no modelo tradicional [414.º-A/1, *b*)], são simultaneamente administradores, estando por isso sujeitos a dois complexos de situações jurídicas que importa articular. Podem ser estruturados de acordo com uma matriz comum: *(i)* poderes-deveres de obtenção de informação (*atividade cognitiva*), *(ii)* dever de avaliação dos factos apurados (*atividade valorativa*) e *(iii)* dever de reação perante as irregularidades detetadas (*atividade reativa*). 1

No exercício da sua atividade cognitiva, os membros da CAud beneficiam da sua qualidade de administradores. Os poderes-deveres de obtenção de informação e de inspeção que lhes são imputados *nessa qualidade*[1] não variam significativamente dos reconhecidos aos fiscais no modelo tradicional[2]. Beneficiam, porém, da participação constante na discussão sobre as opções de gestão que tenha lugar no CA. 2

Os factos apurados devem ser avaliados segundo os critérios de legalidade, regularidade, economicidade e adequação[3]. Na sequência dessa avaliação, caso o membro da CAud conclua pela existência de uma irregularidade, deverá reagir para salvaguardar os melhores interesses da sociedade. Essa reação é conformada pela sua integração na CAud. 3

2. **Dever de participação nas reuniões da CAud [n.º 1, al. *a*)]**. O dever de participar nas reuniões da CAud é elemento essencial da colegialialidade desta. Os poderes-deveres de obtenção de informação e de inspeção são imputados diretamente aos administradores a título individual (e não ao órgão coletivo). Porém, em princípio, a avaliação dos factos apurados e a determinação da reação adequada em cada caso cabe ao coletivo, em modo colegial. 4

O legislador de 2006 optou por uma periodicidade "bimensal". Este adjetivo pode significar "que se realiza duas vezes por mês" ou "que se realiza de dois em dois meses" (neste caso, sinónimo de "bimestral")[4]. Atento o paralelo com o 423.º/1, relativo às reuniões do CF, o sentido deve ser o segundo: a CAud deve reunir pelo menos de dois em dois meses[5]. 5

[1] Ferreira Gomes, *Da Administração*, §§ 17 ss.
[2] *V.* anots. 9 a 13 ao 420.º.
[3] *V.* anot. 14 ao 420.º.
[4] *V.* Dicionário Priberam online (consultado 22-mar.-2016).
[5] Gabriela Figueiredo Dias, *Código em comentário*, 6², 423.º-G, n.º 1, 739-740.

6 3. **Dever de participação nas reuniões do CA [n.º 1, al. *b*)]**. Serve um duplo propósito, coerente com a dupla qualidade de membro do conselho e de membro da comissão: exige-se a participação no cumprimento tanto das funções do conselho (donde, o disposto no 393.º/1), como das funções da comissão.

7 4. **Dever de participação nas reuniões da AG [n.º 1, al. *b*)]**. É tautológico, na medida em que esse dever já é imputado aos membros da CAud na sua qualidade de administradores (379.º/4). Por um lado, visa assegurar a prestação de informações aos acionistas[6] e, por outro, facilitar a obtenção de informação e permitir o cumprimento do dever de promover a declaração de nulidade das deliberações sociais que padeçam desse vício (art. 57.º).

8 5. **Dever de participação nas reuniões da CExec em que se apreciem as contas do exercício [n.º 1, al. *c*)]**. A imputação de um *dever* de participação nas reuniões da CExec (caso esta exista) em que se apreciem as contas do exercício não colide com o reconhecimento do *poder* de assistir às demais reuniões desta comissão, quando as circunstâncias assim o exijam ou aconselhem. Aplica-se analogicamente o 421.º/1, *d*), nos termos do qual qualquer fiscal pode assistir às reuniões da *administração* sempre que o entenda conveniente[7]. Visa permitir o acompanhamento da atividade da sociedade por aqueles a quem é exigida, em especial, a sua fiscalização[8].

9 6. **Deveres de reação a irregularidade detetadas**. Caso o membro da CAud (individualmente considerado) detete irregularidades, deve reagir. Não obstante ser administrador, a reação devida pelo mesmo é conformada pela sua integração na CAud enquanto órgão colegial: não pode simplesmente provocar, por si, *individualmente*, a intervenção do CA para que este tome as medidas adequadas, nos termos que temos sustentados a propósito da obrigação de vigilância dos administradores (407.º/8 e 410.º/1)[9]. A reação deve ser precedida de uma *ponderação coletiva* da CAud, nos termos sustentados a propósito dos membros do CF, no modelo tradicional[10].

10 Portanto, em primeira linha, cabe à CAud, enquanto órgão colegial, avaliar os factos apresentados por cada um dos seus membros – à luz dos referidos critérios de legalidade, regularidade, economicidade e adequação – e determinar a reação mais adequada ao caso. Os meios de reação ao seu dispor são idênticos aos do CF, passando necessariamente pela sua articulação com o CA e com a AG[11]. Essa articulação será assegurada pelo presidente da CAud enquanto

[6] Menezes Cordeiro, *SA: Assembleia Geral*, 100-101.

[7] Esta referência à "administração" deve ser interpretada em sentido amplo, incluindo as reuniões de todos os órgãos da sociedade com competências originárias ou delegadas de administração. *V.* anot. 9 ao 420.º (n. 24).

[8] A imputação deste poder aos membros da comissão de auditoria exige o reconhecimento de um dever, na esfera de quem convoca a reunião, de lhes prestar informação atempada sobre as reuniões e as correspondentes ordens de trabalho.

[9] Ferreira Gomes, *Da administração*, n.ºs 478-491.

[10] Anots. 15 a 18 ao 420.º. Armando Manuel Triunfante (2007), 451, e Gabriela Figueiredo Dias, *Código em comentário*, 6[2], 423.º-G, n.º 2, 741-742, sustentam que os membros da CAud devem primeiro comunicar eventuais irregularidades aos executivos e, só quando esgotado este *«primeiro nível de reporte e atuação»*, é que podem comunicá-las à AG. Como defendemos no corpo do texto, deve atender-se ao modo coletivo de funcionamento da CAud e ao dever de leal cooperação interorgânica, que impõe uma cooperação desta com o CA, no sentido de tentar resolver as irregularidades, antes da comunicação aos acionistas. A submissão de um problema à AG deve ser vista como um mecanismo de último recurso, quando o diálogo e a pressão institucional sobre o CA não tenham permitido encontrar soluções adequadas para o problema detetado. *V.* anot. 18 ao 420.º. Em sentido contrário, Menezes Cordeiro, CSC *Clássica*[2], 423.º-G, anot. 2, sustenta não existir aqui dever paralelo ao 422.º/1, *e*). A informação aos acionistas caberia (apenas) ao CA e ao seu presidente. Essa seria uma vantagem do modelo anglo-saxónico: maior coesão e autocontenção. Não podemos acompanhar esta posição de restrição do âmbito da vinculação e, logo, da inerente responsabilidade de cada administrador individualmente considerado. A maior coesão traduz-se afinal numa menor atitude crítica e numa menor sindicância das irregularidades que lesam o interesse da sociedade, como escândalos recentes têm posto a nu, uma vez mais.

[11] *V.* anots. 15 a 17 ao 420.º.

porta-voz desta: é esse o comando do 423.º-G/3, segundo o qual lhe é aplicável o disposto no artigo 420.º-A, com as devidas adaptações.

7. **Dever de guardar segredo [n.º 1, al. *d*)]**. Decorre do dever de lealdade e está estruturalmente relacionado com o acesso à informação. Remetemos para quanto foi dito a propósito dos deveres dos membros do CF, no modelo tradicional. 11

8. **Dever de registar por escrito atos de fiscalização, denúncias, diligências e resultado das mesmas [n.º 1, al. *e*)]**. Visa documentar a atividade fiscalizadora, promovendo a dimensão institucional da CAud para além da sucessão dos seus membros e uma atuação mais eficaz e eficiente. Reforça igualmente as possibilidades de produção de prova, para efeitos de responsabilização dos membros dos órgãos sociais. 12

9. **Dever de comunicação *up the ladder* (n.º 3)**. O n.º 3 comete ao presidente da CAud o "dever de vigilância" previsto no 420.º-A, para cujas anotações se remete. Em princípio cabe ao presidente da CAud articular as comunicações com o CA e com a AG, mas sempre em cumprimento das deliberações da comissão a que preside. Ao coletivo cabe a ponderação dos factos e a determinação da reação adequada a cada caso. 13

Esta solução sobrepõe-se à aplicação direta do 420.º-A ao ROC[12]. 14

10. **Dever de participação ao MP (n.º 4)**. Imputado apenas ao presidente da CAud. Solução é criticável por desresponsabilizar os demais membros da CAud num ponto tão delicado[13]. Remetemos para anotação ao 422.º[14]. 15

11. **Dever de exercer uma fiscalização conscienciosa e imparcial?**. O 423.º-F não inclui norma paralela à resultante do 422.º/1, *b*). Não faz falta. Este último preceito traduz hoje uma concretização do 64.º/2 que positiva expressamente o seu dever de lealdade[15]. Aos membros da CAud, administradores, aplica-se já o 64.º/1. 16

Artigo 423.º-H (Remissões)

Tem igualmente aplicação, com as devidas adaptações, o disposto nos n.ºs 3, 4 e 5 do artigo 390.º, no artigo 393.º, no n.º 3 do artigo 395.º e nos artigos 397.º e 404.º.

Bibliografia: Luís Filipe Araújo, *Comissão de auditoria: regras especiais de eleição e substituição de administradores (falta definitiva e cooptação), II Congresso Direito das Sociedades em Revista* (2012), 178-179; António Menezes Cordeiro, *CSC/Clássica*, 2.ª ed. (2011), 423.º-H; Ricardo Costa, *Código em comentário* 6 (2013), 423.º-H; José Ferreira Gomes, *Da Administração à Fiscalização das Sociedades: A obrigação de vigilância dos órgãos da sociedade anónima* (2015), §§ 58-60; Armando Manuel Triunfante (2007), 452-454.

Índice

1. Remissões ... 1
2. Composição ... 2
3. Falta definitiva e substituição ... 3
4. Voto de qualidade ... 7
5. Negócios com a sociedade ... 8
6. Renúncia ... 9

[12] Diferentemente, mas sem fundamentar, Gabriela Figueiredo Dias, *Código em comentário, 63*, 423.º-G, n.º 2, entende que os deveres de comunicação do presidente da CAud substituem os do ROC. Não acompanhamos: do n.º 3 não resulta qualquer restrição dos deveres do ROC.

[13] Gabriela Figueiredo Dias, *Código em comentário,* 6², 423.º-G, n.º 2, parece concordar com esta solução, sustentando que a mesma evita *«a proliferação e dispersão de comunicações, porventura incidentes sobre os mesmos factos»*. A desvantagem da desresponsabilização sobrepõe-se a esta vantagem.

[14] *V*. anot. 9 ao 422.º.

[15] Anot. 3 ao 422.º.

1 1. **Remissões**. O 423.º-H procede a remissões explícitas, com as devidas adaptações. Deve entender-se que, quanto à demais matéria, não operam tais remissões: hipotéticas lacunas devem ser resolvidas de acordo com os critérios gerais.

2 2. **Composição**. A remissão para o 390.º/3 esclarece quaisquer dúvidas que pudessem subsistir quanto à elegibilidade de não-acionistas para a CAud[1]. A remissão para o 390.º/4 contraria o disposto para o CF, no modelo tradicional, estabelecendo a genérica elegibilidade das pessoas coletivas para a CAud[2]. Estas devem indicar uma pessoa singular para desempenhar o cargo em nome próprio, respondendo solidariamente pelos atos desta (390.º/4). Os estatutos podem prever suplentes, até 1/3 do total de efetivos (390.º/5).

3 3. **Falta definitiva e substituição**. Aplica-se o 393.º com as necessárias adaptações, para cujas anotações se remete.

4 Quanto a adaptações: sendo a mesma pessoa administrador e membro da CAud, pode verificar-se falta definitiva quanto aos dois cargos ou apenas quanto a um deles. Os critérios podem ser diversos: para cada cargo, os estatutos devem fixar o número de faltas a reuniões, seguidas ou interpoladas, sem justificação aceite pelo respetivo órgão, que conduz à falta definitiva[3]. Em todo o caso, sendo os dois cargos indissociáveis, a falta definitiva num deles determina igualmente a extinção da relação subjacente ao outro[4]. Isto sem prejuízo da ineficácia da declaração do CA que seja abusiva, colocando em causa a independência dos membros da CAud.

5 Quanto à substituição: sendo os cargos de administrador e de membro da CAud indissociáveis, impõe-se a adaptação da al. *b*) do 393.º/3: a cooptação deve ser aprovada tanto pelo CA como pela CAud, o que pressupõe a existência de quórum constitutivo nos dois órgãos. Não poderia admitir-se que o CA (fiscalizado) impusesse um membro à CAud (fiscalizador); o inverso seria possível, à imagem do que sucede no modelo germânico, mas não parece admissível perante o equilíbrio interorgânico próprio do modelo anglo-saxónico[5].

6 A al. *c*) do 393.º/3 não tem aqui aplicação: se tivesse, a CAud teria um incentivo perverso para não chegar a acordo com o CA sobre a cooptação nos termos da al. *b*), porquanto na falta de acordo no prazo de 60 dias, caber-lhe-ia em exclusivo a competência para a designação[6].

7 4. **Voto de qualidade**. Assiste ao presidente da comissão de auditoria, nos termos do 395.º/3. Temos uma duplicação inútil, porquanto esta remissão consta também do 423.º-C/4.

8 5. **Negócios com a sociedade**. A remissão para o 397.º é tautológica. Os membros da CAud são administradores pelo que os negócios que celebrem com a sociedade estão diretamente abrangidos pelo 397.º, independentemente de qualquer remissão. O interessado, em conflito de interesses, não pode votar: nem na comissão de auditoria nem, depois, no CA[7].

[1] *V.* anot. 7 ao 423.º-B.

[2] *V.* anot. 7 ao 423.º-B.

[3] Contrariamente ao que afirma Luís Filipe Araújo, *Comissão de auditoria*, 178, o 423.º-H remete para *todo* o 393.º e não apenas para o seu n.º 3 (o n.º 3 referido na norma é o do 395.º). Nessa medida, os estatutos devem fixar o n.º de faltas para cada órgão.

[4] Se bem percebemos, em sentido idêntico, Luís Filipe Araújo, *Comissão de auditoria*, 178-179. Em sentido divergente, Ricardo Costa, *Código em comentário*, 6², 423.º-H, 744-745, entende que a cessação da relação subjacente ao cargo de membro da CAud depende necessariamente de declaração de falta definitiva pela CAud.

[5] Em sentido concordante, Armando Manuel Triunfante (2007), 453, Luís Filipe Araújo, *Comissão de auditoria*, 179. Diferentemente, Ricardo Costa, *Código em comentário*, 6², 423.º-H, 745, sustenta que a cooptação é feita apenas pela comissão de auditoria.

[6] Ricardo Costa, *Código em comentário*, 6, 423.º-H, 707, entende não ser aplicável esta al. *c*).

[7] Para uma análise exaustiva da problemática dos negócios com conflitos de interesses (e, em particular, do 397.º), cf. Ferreira Gomes, *Da Administração*, §§ 29-32.

6. **Renúncia**. Aplica-se o 404.º. Na medida em que os cargos de administrador e de membro da CAud são indissociáveis, a renúncia só produz efeitos quando comunicada tanto ao presidente da CAud como ao presidente do CA[8]. 9

Se o renunciante for o presidente da CAud, deve a sua comunicação ser dirigida ao presidente do CA e à CAud (com comunicação direta aos membros remanescentes)[9]. 10

Secção IV – Conselho de administração executivo

Artigo 424.º (Composição do conselho de administração executivo)

1. O conselho de administração executivo, a que se refere a alínea *c*) do n.º 1 do artigo 278.º, é composto pelo número de administradores fixado nos estatutos.
2. A sociedade só pode ter um único administrador quando o seu capital não exceda e 200000.

Bibliografia (sobre toda a secção IV): António Pereira de Almeida (2013), 521-526; Paulo Câmara, *Os modelos de governo das SA*, em AAVV, *A reforma do CSC* (2007), 197-267 (237-245); *id.*, *O governo das sociedades e a reforma do CSC*, em *CSC e governo das sociedades* (2008), 9-141 (110-119); CMVM, *Governo de SA: propostas de alteração ao CSC/Processo de consulta pública n.º 1/2006* (2006), n.os 31 a 47; António Menezes Cordeiro 2 (2007), 803-805; Armando Manuel Triunfante (2007), 454-473; José Vasques, *Estruturas e conflitos de poderes nas SA* (2007), 159-165; Raúl Ventura, *Novos estudos sobre SA e SNC* (1994), 13-39 (pelo Direito anterior).
Bibliografia alemã: Holger Fleischer (org.), *Handbuch des Vorstandsrechts* (2006).

Índice

1. Versão original	1	3. Composição	5
2. A reforma de 2006	3	4. Administrador único	6

1. **Versão original**. Na versão aprovada pelo DL 262/86, de 2-set., o 424.º dispunha, sob a epígrafe "composição da direção"[1]: 1

> 1. A direcção, a que se refere a alínea *b*) do n.º 1 do artigo 278.º, é composta por um número impar de directores, no máximo de cinco.
> 2. O contrato de sociedade deve fixar o número de directores, mas a sociedade só pode ter um único director quando o seu capital for inferior a 20 000 contos.

[8] Diferentemente, Ricardo Costa, *Código em comentário*, 6[2], 423.º-H, 744-745, sustenta que a declaração deve ser dirigida somente ao presidente da CAud. Não pode ser: se é membro do CA, não pode deixar de comunicar a sua renúncia ao respetivo presidente para que este tome as medidas necessárias à salvaguarda do regular funcionamento do órgão e dos interesses da sociedade.

[9] Também neste ponto não podemos acompanhar Ricardo Costa, *Código em comentário*, 6[2], 423.º-H, 745, que sustenta comunicação apenas ao presidente do CA. Sendo membro da CAud, não pode deixar de comunicar a esta a sua renúncia, para que esta possa salvaguardar o seu regular funcionamento (particularmente afetado dada a função do renunciante na coordenação dos seus trabalhos) e os interesses da sociedade.

[1] DR I Série, n.º 201, de 2-set.-1986, 2371/II.

2 O DL 343/98, de 6-nov., relativo à transposição do euro, alterou o 424.°/2: para 200.000 euros[2].

3 2. **A reforma de 2006**. O DL 76-A/2006, de 29-mar., assumiu que o modelo dualista era prejudicado pela designação "diretores": meros funcionários aos quais fosse entregue a chefia de um serviço. Por todo o CSC, a expressão "diretores" foi substituída pela "administradores executivos" o que, só por si, envolveu muitas dezenas de alterações. A expressão nova também levanta problemas: o "administrador executivo" pode ser o membro da CE, no modelo tradicional ou o administrador não-auditor, no anglo-saxónico.

4 A reforma de 2006 decidiu, ainda, enfrentar uma série de outros óbices apontados ao regime inicial do CSC: limitação máxima do número de membros; omissão quanto a suplentes e representações; legitimidade indireta; regime restritivo de impedimentos; competência exclusiva do conselho geral para designar o presidente; exigência de administrador encarregue das relações com os trabalhadores[3].

5 3. **Composição**: o número de administradores executivos fixado nos estatutos (424.°/1): não há limite máximo, nem exigência de número impar.

6 4. **Administrador único**: apenas quando o capital social não exceda os € 200.000. "Só pode ter" quer dizer que terá ou não, conforme a opção dos estatutos; se tiver mais de € 200.000 de capital, "não pode ter" ... A reforma de 2006 conservou a desastrada redação de 1986.

7 Na presença de dois administradores, fica satisfeita a colegiabilidade, embora o presidente, com o seu voto de qualidade, possa tudo decidir, sozinho. Será insólito[4], mas é possível.

Artigo 425.° (Designação)

1. Se não forem designados nos estatutos, os administradores são designados:

***a*) Pelo conselho geral e de supervisão; ou**

***b*) Pela assembleia geral, se os estatutos o determinarem.**

2. A designação tem efeitos por um período fixado no contrato de sociedade, não excedente a quatro anos civis, contando-se como completo o ano civil em que o conselho de administração executivo for nomeado, entendendo-se que a designação é feita por quatro anos civis, na falta de indicação do contrato.

3. Embora designados por prazo certo, os administradores mantêm-se em funções até nova designação e, a não ser nos casos de destituição ou renúncia, são reelegíveis.

4. Em caso de falta definitiva ou de impedimento temporário de administradores, compete ao conselho geral e de supervisão providenciar quanto à substituição, sem prejuízo da possibilidade de designação de administradores suplentes, nos termos previstos no n.° 5 do artigo 390.°, e, no caso da alínea *b*) do n.° 1, da necessidade de ratificação daquela decisão de substituição pela assembleia geral seguinte.

5. Os administradores não podem fazer-se representar no exercício do seu cargo, sendo-lhes aplicável, todavia, o disposto no n.° 8 do artigo 391.° e no n.° 5 do artigo 410.°.

[2] DR I Série-A, n.° 257, de 6-nov.-1998, 5942/I.

[3] CMVM, *Governo de SA*, n.° 31; a enumeração prossegue com os óbices do conselho geral.

[4] Armando Manuel Triunfante (2007), 455.

6. Os administradores podem não ser acionistas, mas não podem ser:

***a*) Membros do conselho geral e de supervisão, sem prejuízo do disposto nos n.os 2 e 3 do artigo 437.º;**

***b*) Membros dos órgãos de fiscalização de sociedades que estejam em relação de domínio ou de grupo com a sociedade considerada;**

***c*) Cônjuges, parentes e afins na linha reta e até ao 2.º grau, inclusive, na linha colateral, das pessoas referidas na alínea anterior;**

***d*) Pessoas que não sejam dotadas de capacidade jurídica plena.**

7. As designações feitas contra o disposto no número anterior são nulas e a superveniência de alguma das circunstâncias previstas nas alíneas *b*), *c*) e *d*) do número anterior determina a imediata cessação de funções.

8. Se uma pessoa coletiva for designada para o cargo de administrador, aplica-se o disposto no n.º 4 do artigo 390.º.

Bibliografia: Ricardo Costa, *Anotação ao artigo 425.º do CSC* em *CSC/Coimbra*, VI (2013), 710-720; Armando Manuel Triunfante (2007), 455-461; Raúl Ventura, *Novos estudos sobre SA e SNC* (1994), 15-21 (pelo Direito anterior).

Índice

1. Redação inicial 1
2. Designação 3
3. Mandato 5
4. Substituição 7
5. Requisitos e impedimentos 8
6. Representação 10
7. Pessoa coletiva 11

1. **Redação inicial**. Derivada do DL 262/86, de 2-set., dispunha[1]: 1

1. Os directores são designados no contrato de sociedade ou pelo conselho geral, por um período fixado no contrato de sociedade, não excedente a quatro anos civis, contando-se como completo o ano civil em que a direcção for nomeada; na falta de indicação do contrato, entende-se que a designação é feita por quatro anos civis.

2. Embora designados por prazo certo, os directores mantêm-se em funções até nova designação e são reelegíveis.

3. Compete ao conselho geral providenciar quanto à substituição de directores, em caso de falta definitiva ou de impedimento temporário.

4. Os directores não podem fazer-se representar no exercício do seu cargo.

5. Os directores podem não ser accionistas, mas não podem ser:

a) Pessoas colectivas;

b) Membros do conselho geral;

c) Membros dos órgãos de administração e de fiscalização de sociedades que estejam em relação de domínio ou de grupo com a sociedade considerada;

d) Cônjuges, parentes e afins na tinha recta e até ao terceiro grau, inclusive, na linha transversal, das pessoas referidas nas alíneas *b*) e *e*);

e) Pessoas que não sejam dotadas de capacidade jurídica plena.

[1] DR I Série-A, n.º 257, de 6-nov.-1998, 5942/I.

6. As designações feitas contra o disposto no número anterior são nulas e a superveniência de alguma das circunstâncias previstas nas alíneas *c*), *d*) e *e*) do número anterior determina a imediata cessação de funções.

2 Embora haja algumas regras que se mantiveram, ainda que sob diversa numeração, o preceito foi muito alterado, em 2006. O DL 109-D/2021, de 9-dez., retocou o n.º 5, de modo a atualizar a remissão para o 391.º/7, que passou a 391.º/8.

3 2. **Designação**: (a) pelos estatutos; (b) pela assembleia constitutiva (por analogia); (c) pelo conselho geral e de supervisão; (d) pela assembleia geral, se os estatutos o disserem (425.º/1). A designação pelo conselho geral e de supervisão (CGS) é, pois, a solução supletiva. Podem ser designados suplentes, se os estatutos assim o estabelecerem (390.º/5, por analogia e 425.º/4, que os refere[2]).

4 Assinale-se que a designação pela assembleia geral, aparentemente apetitosa, tem levantado conflitos de funcionamento entre o CAE e o CGS, ambos com legitimidade e sem que o segundo possa destituir o primeiro. Esta solução vai, de resto, contra a tradição e a lógica dualistas.

5 3. **Mandato**: tem a duração fixada nos estatutos, mas não mais de quatro anos, sendo mesmo de quatro anos se os estatutos forem omissos; conta-se como inteiro o ano no qual ocorra a eleição (425.º/2).

6 Embora por prazo certo, os administradores mantêm-se em funções até nova designação (425.º/3, 1.ª parte). São reelegíveis, salvo destituição ou renúncia (425.º/3, 2.ª parte): neste último caso, não se percebe porquê; pode a renúncia visar um voto de confiança (reeleição) dos acionistas.

7 4. **Substituição**: (a) recorre-se aos suplentes, se os houver; (b) são designados novos administradores pelo CGS, sujeitos a ratificação da assembleia geral, se esta for a competente para a sua eleição (425.º/5).

8 5. **Requisitos e impedimentos**. Surgem no 425.º/6: podem não ser acionistas e não devem: (a) ser membros do CGS, salvo para substituições temporárias; (b) ser membros de órgãos de fiscalização de sociedades em domínio ou em grupo com a considerada; (c) ser cônjuges, parentes e afins na linha reta e até ao 2.º grau, na colateral (irmãos), de tais membros; (d) incapazes.

9 A inobservância de tais requisitos determina a nulidade da designação; a sua superveniência envolve a caducidade do mandato (427.º/7).

10 6. **Representação**: só através de outro administrador, se os estatutos o permitirem (410.º/5, *ex vi* 425.º/5); além disso, podem nomear mandatários ou procuradores para certos atos, sem necessidade de cláusula expressa (391.º/7, *ex vi* 425.º/5).

11 7. **Pessoa coletiva**: se for eleita, indicará uma pessoa singular permanente, pela qual responde: 390.º/4, *ex vi* 425.º/8.

Artigo 426.º (Nomeação judicial)

Aplica-se à nomeação judicial de administradores o disposto no artigo 394.º, com as necessárias adaptações.

[2] Armando Manuel Triunfante (2007), 457.

Alteração e remissão. A reforma de 2006 apenas alterou a denominação "diretores". Remete-se para a anotação ao 394.°. 1

Artigo 427.° (Presidente)

1. Se não for designado no ato de designação dos membros do conselho de administração executivo, este conselho escolhe o seu presidente, podendo neste caso substituí-lo a todo o tempo.

2. Aplica-se, com as devidas adaptações, o disposto nos n.os 3 e 4 do artigo 395.°.

3. (*Revogado*.)

Bibliografia: Armando Manuel Triunfante (2007), 462-463; Raúl Ventura, *Novos estudos sobre SA e SNC* (1994), 21-23 (pelo Direito anterior).

Índice

1. Redação original 1
2. A reforma de 2006 3
3. Presidente 4
4. Voto de qualidade 5

1. **Redação original**. Na versão do DL 262/86, de 2-set., o 427.°, então epigrafado "presidente e diretor do trabalho", dispunha[1]: 1

> 1. O presidente da direcção é designado e destituído pelo conselho geral.
> 2. No acto de designação do presidente, o conselho geral pode conceder-lhe voto de qualidade nas deliberações da direcção.
> 3. Quando haja vários directores, o conselho geral deve designar o director do trabalho, mais especialmente encarregado das relações com os trabalhadores.

Esta orientação decorre da lógica dualista, particularmente presente na Alemanha e divulgada pela proposta de 5.ª Diretriz sobre a estrutura de SA[2]. O "diretor de trabalho" era uma decorrência da co-gestão, por ela postulada. Não havendo (como nunca houve) co-gestão entre nós, o "diretor de trabalho" do 427.°, versão original, era uma curiosidade. 2

2. **A reforma de 2006** modificou muito o preceito. Diminuiu o papel do CGS e suprimiu o "diretor de trabalho". 3

3. **Presidente**: é designado: (a) no ato de eleição, pelo CGS, se este for o competente; (b) *idem*, pela assembleia geral; (c) pelo próprio CAE, o qual poderá, então, destituí-lo a todo o tempo (427.°/1). 4

4. **Voto de qualidade**. Assiste-lhe, por remissão (427.°/2) para o 395.°/3: *vide* a anotação a esse preceito. 5

[1] DR I Série, n.° 201, de 2-set.-1986, 2371/II.

[2] António Menezes Cordeiro, *Direito europeu das sociedades* (2005), 681 (o 3.° da 5.ª Diretriz).

Artigo 428.° (Exercício de outras atividades e negócios com a sociedade)

Aplica-se aos administradores o disposto nos artigos 397.° e 398.°, competindo ao conselho geral e de supervisão as autorizações aí referidas.

Bibliografia: Armando Manuel Triunfante (2007), 463-465; Raúl Ventura, *Novos estudos sobre SA e SNC* (1994), 23-26.

Índice

1. Redação inicial .... 1 2. Reforma de 2006 3

1 1. **Redação inicial.** A versão de 1986, do 428.°, era imponente. Dispunha[1]:

> 1. Os directores não podem, sem autorização do conselho geral, exercer qualquer outra actividade comercial, por conta própria ou alheia, ou ser membros de órgão de administração ou de fiscalização de qualquer sociedade, ressalvadas aquelas que estejam em relação de domínio ou de grupo com a sociedade em que exercem funções.
>
> 2. A autorização do conselho geral deve ser dada para cada caso e só pode ser concedida para o exercício de funções em mais duas sociedades.
>
> 3. Quando a actividade exercida pelo director, sem autorização do conselho geral, for concorrente com a da sociedade, deve aquele indemnizar os prejuízos sofridos por esta, os quais se consideram, pelo menos, de montante igual aos lucros ou proventos auferidos pelo director.
>
> 4. Aplica-se aos directores o disposto no artigo 397.°, competindo ao conselho geral a autorização ali referida.

2 Trata-se de um preceito inspirado no § 88 do AktG alemão e que se pretendeu transpor para um meio totalmente diverso do da sua origem. Repare-se que a lógica dualista era a de um forte controlo do conselho geral sobre a direção[2].

3 2. **Reforma de 2006**: desaparecem as especificidades dos (agora) administradores executivos. A lei remete para os 397.° e 398.°, para cujas anotações se reenvia. Com uma especificidade: as autorizações que neles se atribuem ao conselho de administração (397.°) ou à assembleia geral (398.°) cabem, agora, ao CGS.

Artigo 429.° (Remuneração)

À remuneração dos administradores aplica-se o disposto no artigo 399.°, competindo a sua fixação ao conselho geral e de supervisão ou a uma sua comissão de remuneração ou, no caso em que o contrato de sociedade assim o determine, à assembleia geral de acionistas ou a uma comissão por esta nomeada.

Bibliografia: Armando Manuel Triunfante (2007), 465-466; Raúl Ventura, *Novos estudos sobre SA e SNC* (1994), 27-28 (pelo Direito anterior).

[1] DR I Série, n.° 201, de 2-set.-1986, 2372.

[2] *Vide* a trad. port. em Raúl Ventura, *Novos estudos*, 24, nota 1.

Índice

1. Redação inicial ... 1
2. Reforma de 2006 ... 3

1. **Redação inicial**. Dispunha o preceito, na versão de 1986[1]: 1

1. A remuneração dos directores é estabelecida pelo conselho geral, tendo em conta as funções desempenhadas e a situação económica da sociedade.

2. À remuneração fixa pode acrescer uma percentagem dos lucros do exercício, se o contrato de sociedade o autorizar; neste caso, o contrato estabelecerá a percentagem máxima.

3. A percentagem referida no número anterior não incide sobre distribuições de reservas nem sobre qualquer parte do lucro do exercício que não pudesse, por lei, ser distribuída aos accionistas.

A matéria das remunerações era totalmente controlada pelo conselho geral, dentro da 2
lógica geral dualista.

2. **Reforma de 2006**. Foi feita a aproximação ao tipo clássico, com remissão para o 399.°: *vide* 3
as competentes anotações.

Temos, agora, várias soluções possíveis, em função dos estatutos: a fixação pode ser feita: 4
(a) pelo CGS; (b) por uma comissão do CGS; (c) pela assembleia; (d) por uma comissão de vencimentos. Supletivamente: as soluções (a) ou (b).

Artigo 430.° (Destituição e suspensão)

1. Qualquer administrador pode a todo o tempo ser destituído:

***a*) Pelo conselho geral e de supervisão, no caso previsto na alínea *a*) do n.° 1 do artigo 425.°; ou**

***b*) Na situação prevista na alínea *b*) do n.° 1 do artigo 425.°, pela assembleia geral, caso em que o conselho geral e de supervisão pode propor a destituição e proceder à suspensão, até dois meses, de qualquer membro do conselho de administração executivo.**

2. Aplica-se o disposto nos n.os 4 e 5 do artigo 403.°

3. À suspensão de administrador aplica-se o disposto no artigo 400.°, competindo a sua decisão ao conselho geral e de supervisão.

Índice

1. Redação inicial ... 1
2. Reforma de 2006 ... 3
3. Livre destituibilidade ... 4
4. Justa causa ... 5
5. Suspensão ... 6

1. **Redação inicial**. O 430.°, na versão do DL 262/86, de 2-set., dispunha, então sob a epígrafe 1
"destituição":

[1] DR I Série, n.° 201, de 2-set.-1986.

1. O conselho geral pode destituir qualquer director, com fundamento em justa causa.

2. Constituem, designadamente, justa causa de destituição a violação grave dos deveres do director, a sua incapacidade para o exercício normal das respectivas funções e a retirada de confiança pela assembleia geral.

3. Se a destituição não se fundar em justa causa, o director tem direito a indemnização pelos danos sofridos, pelo modo estipulado no contrato com ele celebrado ou nos termos gerais de direito, sem que a indemnização possa exceder o montante das remunerações que presumivelmente receberia até ao final do período para que foi eleito.

2 Ficamos com saudades dessa versão, mau grado as suas anomalias. Com efeito e numa altura em que a lei era omissa, quanto aos administradores em geral, esse preceito: (a) exigia justa causa; (b) definia "justa causa"; (c) referia o contrato de administração.

3 2. **Reforma de 2006**: no sentido de restringir o papel do CGS, a nova versão veio redistribuir a competência para a destituição por este órgão e pela assembleia geral. Além disso, ela veio agora ocupar-se da suspensão. Faz numerosas remissões para o regime do modelo clássico, assim aproximando os administradores executivos dos administradores do modelo clássico.

4 3. **Livre destituibilidade**: é de regra, sendo efetivada: (a) pelo CGS, quando este seja o órgão competente para a eleição; (b) pela assembleia, na hipótese inversa, podendo, então, a competente proposta vir do CGS.

5 4. **Justa causa**: faltando, cabe indemnização (403.º/5); quanto à noção: vale a do 403.º/4, tudo por remissão do 430.º/2.

6 5. **Suspensão**: tendo em vista a destituição, ela pode ser decidida, até dois meses, pelo CGS – 430.º/1, *b*), *in fine*.

7 Além disso, ela pode operar nos termos gerais do 400.º, para cujas anotações se remete: por decisão do CGS.

Artigo 431.º (Competência do conselho de administração executivo)

1. Compete ao conselho de administração executivo gerir as atividades da sociedade, sem prejuízo do disposto no n.º 1 do artigo 442.º

2. O conselho de administração executivo tem plenos poderes de representação da sociedade perante terceiros, sem prejuízo do disposto na alínea *c*) do artigo 441.º

3. Aos poderes de gestão e de representação dos administradores é aplicável o disposto nos artigos 406.º, 408.º e 409.º, com as modificações determinadas pela competência atribuída na lei ao conselho geral e de supervisão.

Bibliografia: José Ferreira Gomes, *Da administração à fiscalização das sociedades: a obrigação de vigilância dos órgãos da sociedade anónima* (2015), 536-538; Armando Manuel Triunfante (2007), 469-470; Raúl Ventura, *Novos estudos sobre SA e SNC* (1994), 30-33 (pelo Direito anterior).

Índice

1. Alterações 1
2. Gestão 2
3. Representação 3
4. Remissões 4

1. **Alterações**. O 431.° está bastante próximo da redação inicial. Foi redenominado o órgão e, no n.° 3, desapareceu a inicial remissão para o 407.° (mas não para o 408.°/2, que pressupõe o 407.° ...). 1

2. **Gestão**. Compete ao CAE, sem prejuízo dos poderes de gestão que caibam ao CGS (431.°/1). 2

3. **Representação**. Cabe exclusivamente ao CAE, ressalvando (escassos) poderes do CGS (433.°/2). 3

4. **Remissões** (431.°/3): para o 406.°, que elenca poderes de gestão do conselho de administração clássico; para o 408.°, relativo à representação; e para o 409.°, quanto à vinculação da sociedade; remete-se para as competentes anotações. Ficam sempre ressalvadas as competências do CGS, entre as quais outras, atinentes à representação – 441.°, *p*) e 443.°/2, p. ex. 4

As remissões deixaram de abranger o 407.°. Não se percebe qual a razão[1]. Pela nossa parte, admitimos que os estatutos possam continuar a autorizar uma comissão executiva: mas haverá fatais dúvidas. Quanto à delegação em administradores: mau grado a não-remissão expressa para o 407.°, ela é possível, por via do 408.°/2. 5

Artigo 432.° (Relações do conselho de administração executivo com o conselho geral e de supervisão)

1. O conselho de administração executivo deve comunicar ao conselho geral e de supervisão:

a) Pelo menos uma vez por ano, a política de gestão que tenciona seguir, bem como os factos e questões que fundamentalmente determinaram as suas opções;

b) Trimestralmente, antes da reunião daquele conselho, a situação da sociedade e a evolução dos negócios, indicando designadamente o volume de vendas e prestações de serviços;

c) Na época determinada pela lei, o relatório completo da gestão, relativo ao exercício anterior.

2. O conselho de administração executivo deve informar o presidente do conselho geral e de supervisão sobre qualquer negócio que possa ter influência significativa na rentabilidade ou liquidez da sociedade e, de modo geral, sobre qualquer situação anormal ou por outro motivo importante.

3. Nas informações previstas nos números anteriores incluem-se as ocorrências relativas a sociedades em relação de domínio ou de grupo, quando possam refletir-se na situação da sociedade considerada.

4. Além da fiscalização exercida pela comissão referida no n.° 2 do artigo 444.° pode o presidente do conselho geral e de supervisão exigir do conselho de administração executivo as informações que entenda convenientes ou que lhe sejam solicitadas por outro membro do conselho.

5. O presidente do conselho geral e de supervisão, um membro delegado designado por este órgão para o efeito e os membros da comissão prevista no n.°

[1] No projeto da CMVM (p. 42), a remissão continuava a abranger o 407.°; estamos, de novo, perante alterações de última hora, nunca assumidas nem explicadas. *Vide*, também, a surpresa de Armando Triunfante (2007), 469.

2 do artigo 444.° têm o direito de assistir às reuniões do conselho de administração executivo.

6. Os membros da comissão prevista no n.° 2 do artigo 444.° devem assistir às reuniões do conselho de administração executivo em que sejam apreciadas as contas de exercício.

7. Todas as informações recebidas do conselho de administração executivo, nalguma das circunstâncias previstas nos n.os 2, 3 e 4, bem como informações obtidas em virtude da participação nas reuniões previstas nos n.os 5 e 6, devem ser transmitidas a todos os outros membros do conselho geral e de supervisão, em tempo útil, e o mais tardar na primeira reunião deste.

Bibliografia: Armando Manuel Triunfante (2007), 469-472; Raúl Ventura, *Novos estudos sobre SA e SNC* (1994), 33-37 (pelo Direito anterior).

Índice

1. Alterações 1
2. Aspetos gerais 2
3. Deveres gerais de informar 4
4. Deveres específicos 5
5. Assistir a reuniões 7
6. Transmissão ao CGS 9

1 1. **Alterações**. A reforma de 2006 manteve o 432.° próximo da redação inicial. Foi redenominado o CAE e introduzido um novo n.° 6, relativo à comissão para os assuntos financeiros.

2 2. **Aspetos gerais**. O CGS é um órgão de fiscalização. Mas além disso, assume, determinados poderes próximos da gestão. As suas relações com o CAE tornam-se importantes, sendo lógico que a lei lhes tenha consagrado regras expressas.

3 Podemos incluir, no acervo das relações CGS/CAE: (a) deveres gerais de informação, a cargo deste; (b) *idem*, deveres específicos; (c) participação em reuniões do CAE.

4 3. **Deveres gerais de informar** (432.°/1); abrangem: (a) anualmente, a política de gestão e suas razões; (b) trimestralmente, antes da reunião do CGS, a situação da sociedade, a evolução dos negócios, o volume de vendas e de prestação de serviços; (c) na época determinada, o relatório completo de gestão, relativo ao ano anterior. Incluem-se os elementos relativos a sociedades em domínio ou em grupo (432.°/3).

5 4. **Deveres específicos** (432.°/2): informar o presidente do CGS: (a) sobre qualquer negócio que possa influenciar significativamente a rendibilidade ou a liquidez; (b) em geral, sobre qualquer situação anormal ou motivo importante. Incluem-se, também, os elementos relativos a sociedades em domínio ou grupo (432.°/3).

6 Além do 442.°/2, pode ainda o presidente do CGS pedir ao CAE as informações que entenda convenientes ou que lhe sejam pedidas por outro membro do mesmo CGS (432.°/4).

7 5. **Assistir a reuniões**. O presidente do CGS, um membro delegado indicado pelo mesmo CGS e os membros da comissão para as matérias financeiras têm o direito (funcional) de assistir às reuniões do CAE (432.°/5): cabe-lhes, pois, decidir quanto à sua presença.

8 Os membros da comissão para as matérias financeiras (444.°/2) têm o dever de assistir às reuniões do CAE em que sejam apreciadas as contas do exercício.

9 6. **Transmissão ao CGS**. Todas as informações obtidas do CAE ou conseguidas através da participação nas reuniões do CAE devem ser retransmitidas a todos os membros do CGS, em tempo útil e, o mais tardar, até à primeira reunião deste.

Artigo 433.º (Remissões)

1. Às reuniões e às deliberações do conselho de administração executivo aplica-se o disposto nos artigos 410.º e 411.º e nos n.os 1 e 4 do artigo 412.º, com as seguintes adaptações:

_a_) A declaração de nulidade e a anulação compete ao conselho geral e de supervisão;

_b_) O pedido de declaração de nulidade ou de anulação pode ser formulado por qualquer administrador ou membro do conselho geral e de supervisão.

2. À caução a prestar pelos administradores aplica-se o disposto no artigo 396.º, mas a dispensa de caução compete ao conselho geral e de supervisão.

3. À reforma dos administradores aplica-se o disposto no artigo 402.º, mas a aprovação do regulamento compete ao conselho geral e de supervisão ou, se os estatutos o determinarem, à assembleia geral.

4. À renúncia do administrador aplica-se, com as necessárias adaptações, o disposto no artigo 404.º.

Bibliografia: Armando Manuel Triunfante (2007), 472-473; Raúl Ventura, *Novos estudos sobre SA e SNC* (1994), 37-38 (pelo Direito anterior).

Índice

1. A Reforma de 2006	1	4. Caução	4
2. Remissões para o CGS	2	5. Reforma dos administradores	5
3. Reuniões e deliberações	3	6. Renúncia	6

1. **A reforma de 2006** manteve, em geral, a redação do 433.º: procedeu a redenominações e atualizações. 1

2. **Remissões para o CGS**: o sentido geral das remissões do 433.º é o de apelar a preceitos próprios do tipo clássico, remetendo, depois, a competência da assembleia geral (ou do conselho fiscal) para o CGS. 2

3. **Reuniões e deliberações** do CAE: aplicam-se os 410.º, 411.º e 412.º/1 e 4, cabendo a declaração de nulidade e a anulação ao CGS e podendo o competente pedido ser formulado por qualquer administrador ou membro do CGS. 3

4. **Caução**: aplica-se o 396.º, mas a sua dispensa (396.º/3) cabe ao CGS (433.º/2). 4

5. **Reforma dos administradores**: funciona o 402.º, mas o regulamento (402.º/4) é aprovado pelo CGS; ou pela assembleia, se os estatutos o determinarem (433.º/3). 5

6. **Renúncia**: aplica-se o 404.º; mas a comunicação que deva ser feita ao conselho fiscal (404.º/2), sê-lo-á ao CGS. 6

Secção V – Conselho geral e de supervisão

Artigo 434.º (Composição do conselho geral e de supervisão)

1. O conselho geral e de supervisão, a que se refere a alínea _c_) do n.º 1 do artigo 278.º, é composto pelo número de membros fixado no contrato de sociedade, mas sempre superior ao número de administradores.

2. (*Revogado*.)

3. Aplica-se o disposto na segunda parte do n.º 3 e nos n.os 4 e 5 do artigo 390.º.

4. À composição do conselho geral e de supervisão são aplicáveis os n.os 4 a 6 do artigo 414.º e o artigo 414.º-A, com exceção do disposto na alínea *f*) do n.º 1 deste último artigo, salvo no que diz respeito à comissão prevista no n.º 2 do artigo 444.º.

5. Na falta de autorização da assembleia geral, os membros do conselho geral e de supervisão não podem exercer por conta própria ou alheia atividade concorrente da sociedade nem exercer funções em sociedade concorrente ou ser designados por conta ou em representação desta.

6. A autorização a que se refere o número anterior deve definir o regime de acesso a informação sensível por parte do membro do conselho.

7. Para efeitos do disposto nos n.os 4 e 5, aplica-se o disposto nos n.os 2, 5 e 6 do artigo 254.º.

Bibliografia geral relativa a esta secção: AA.VV., *Código em comentário* 6 (2013), 434.º-445.º; Jorge Coutinho de Abreu, *Governação de sociedades comerciais*, 2.ª ed. (2010), 175-192; *Id.*, *Curso de Direito Comercial*, 2, 6.ª ed. (2019), 68-71, 472-482, 509-510 e 524-526; António Pereira de Almeida, *Sociedades Comerciais, Valores Imobiliários, Instrumentos Financeiros e Mercados*, 7.ª ed. (2013), 520-533; Paulo Câmara, *Os modelos de governo das sociedades anónimas*, in Reformas do Código das Sociedades (2007), 197-267 (237-245); *Id.*, *O governo das sociedades e a reforma do CSC*, in *CSC e governo das sociedades* (2008), 9-141 (110-119); CMVM, *Governo das sociedades anónimas*, *Propostas de alteração do código das sociedades comerciais (processo de consulta pública n.º 1/2006)* (2006), 38-47; António Menezes Cordeiro, *CSC/Clássica*, 2.ª ed. (2011), 434.º-445.º; *Id.*, 1 (2011), 131-137 e 1001-1014; *Id.*, 2 (2007), 447-452, 793-797, 807-810; Paulo Olavo Cunha, *Direito das Sociedades Comerciais*, 6.ª ed. (2016), 534-592, 754-771 e 870-877; José Ferreira Gomes, "Modelos de governo das S.A.: a difícil compreensão do modelo germânico e os requisitos de fiscalização reforçada da Lei n.º 148/2015", *RDS*, 10:2 (2018), 397-430; *Id.*, *Da Administração à Fiscalização das Sociedades: A obrigação de vigilância dos órgãos da sociedade anónima* (2015), §§ 39-53; Armando Manuel Triunfante (2007), 474-493; José Vasques, *Estruturas e conflitos de poderes nas SA* (2007), 165-178; Raul Ventura, *Novos estudos sobre sociedades anónimas e sociedades em nome colectivo* (1994), 10-15, 39-62

Bibliografia relativa ao 434.º: Jorge Coutinho de Abreu, *Curso de Direito Comercial*, 2 6.ª ed. (2019), 120; António Pereira de Almeida *Sociedades Comerciais, Valores Imobiliários, Instrumentos Financeiros e Mercados*, 7.ª ed. (2013), 526-527; Paulo Câmara, *Os modelos de governo das sociedades anónimas*, in Reformas do Código das Sociedades (2007), 227-228, *Id. O governo das sociedades e a reforma do código das sociedades comerciais"*, in AA.VV., *Código das Sociedades Comerciais e Governo das Sociedades* (2008), 79; Eduardo Lucas Coelho, *Reflexões epigramáticas sobre a nova governação de sociedades*, ROA, 68:1 (2008), 393-394; António Menezes Cordeiro, *CSC/Clássica*, 2.ª ed. (2011), 390.º, 434.º; *Id.*, 1 (2011), 160, 217-218; *Id. Direito europeu das sociedades*, 679-717; Ricardo Costa e Alexandre Soveral Martins, *Código em comentário* 6 (2013), 390.º, 434.º; Paulo Olavo Cunha, *Designação de pessoas colectivas para os órgãos de sociedades anónimas e por quotas*, DSR, 1 (2009) 165-213, *Id.*, *Direito das sociedades comerciais*, 6.ª ed. (2016), 777, 779, 878; Gabriela Figueiredo Dias, *Fiscalização da sociedade e responsabilidade civil (após a reforma do código das sociedades comerciais)* (2006), 30; José Ferreira Gomes, *Da Administração à Fiscalização das Sociedade: A obrigação de vigilância dos órgãos da sociedade anónima* (2015), n.os 1296, 1337-1357; Pedro Maia, *Função e funcionamento do conselho de administração da sociedade anónima* (2002), 173-177; Alexandre Soveral Martins, *Os poderes de representação dos administradores de sociedades anónimas* (1998), 102-103; Albino Matos, *Constituição de sociedades*, 5.ª ed. (2001), 251; Ilídio Duarte Rodrigues, *A administração das sociedades por quotas e anónimas* (1990), 85, João Espírito Santo, *Sociedades por quotas e anónimas: vinculação: objecto social e representação plural* (2000), 406; Manuel Nogueira Seréns, *Notas sobre a sociedade anónima* (1997), 55; Armando Manuel Triunfante (2007), 475-476.

Índice

1. Origem do modelo germânico 1
2. Conselho geral e de supervisão (CGS) 6
3. Origem e redação inicial do 434.º 8
4. Reforma de 2006: crítica 9
5. Composição (n.os 1 e 3) 14
6. Requisitos (n.º 4) 20
7. Incompatibilidades (n.º 4) 21
8. Não exercício de atividades concorrentes (n.os 5 a 7) 23

1. **Origem do modelo germânico**. O sistema alemão de administração e fiscalização das SA expandiu a sua influência para além das fronteiras tudescas, tendo sido adotado como modelo alternativo em diferentes países[1]. A nível comunitário, foi acolhido logo na 1.ª proposta de 5.ª Diretriz de Direito das sociedades[2], relativa à estrutura das SA, apresentada pela CE a 9-out.-1972. Esta proposta impunha o modelo germânico (juntamente com a codeterminação), no pressuposto de que seria preferível aos modelos ditos monistas. Atentas as críticas, foi substituída por uma 2.ª proposta, apresentada a 19-ago.-1983[3], que previa a possibilidade de manutenção dos sistemas monista e dualista e referindo, de forma mais flexível, a participação dos trabalhadores. Também esta proposta foi alvo de fortes críticas[4], motivando ainda uma segunda e uma terceira propostas modificadas (de 13-dez.-1990 e de 20-nov.-1991), com igual insucesso e posterior abandono pela CE. 1

A inclusão deste modelo no CSC teve manifesta influência da lei francesa de 1966[5] e da proposta de 5.ª Diretriz. Segundo Raul Ventura, a Diretriz viria a ser aprovada, mais dia menos dia, pelo que se imporia *«oferecer a investidores estrangeiros a possibilidade de constituírem em Portugal sociedades com estruturas a que estejam habituados nos seus países»*[6]. 2

A *Aktiengesetz 1965* (AktG) apresenta um modelo de governo assente no princípio jus-societário de dissociação das funções de administração e de fiscalização, imputadas respetivamente ao *Vorstand* e ao *Aufsichtsrat*. O papel do *Abschlussprüfer* (revisor de contas) vem regulado no Código Comercial (HGB). Ao *Vorstand* cabe a direção e representação da sociedade [§§ 76(1) e 78(1) AktG]. Estas funções decorrem diretamente da lei e são desempenhadas sob responsabilidade própria, pelo que o *Vorstand* não está sujeito a instruções do *Aufsichtsrat* ou da *Hauptversammlung* [§ 119(2) AktG]. O *Aufsichtsrat* é, por excelência, o órgão responsável pela *vigilância* (*Überwachung*) da gestão (*Geschäftsführung*) da sociedade [§ 111(1) AktG]. Esta competência compreende os poderes de nomeação e destituição dos membros do *Vorstand* [§ 84(1) AktG], e para sujeitar determinados negócios ao seu consentimento [§ 111(4) AktG]. Através destes poderes (ou da simples ameaça do seu exercício), o *Aufsichtsrat* pode exercer uma influência determinante sobre o *Vorstand*, sem paralelo nos nossos modelos tradicional (CF) e anglo-saxónico (CAud). O papel do *Aufsichtsrat* só pode ser verdadeiramente apreendido numa dimensão histórico-dogmática, nos termos da qual evoluiu de uma comissão de acionistas para 3

[1] Ferreira Gomes, *"Modelos de governo das S.A."*, 397-398, *Da administração*, n.º 1296.

[2] Visava harmonizar as garantias exigidas aos Estados-membros para proteger os interesses tanto dos associados como dos terceiros, no que respeita à estrutura das SA, aos poderes e atribuições dos seus órgãos. Cf. preâmbulo da proposta (49-50) e Menezes Cordeiro, *Direito europeu*, 714-717.

[3] Tradução em Menezes Cordeiro, *Direito europeu*, 679-713; críticas a 715-716.

[4] Cf. Menezes Cordeiro, *Direito europeu*, 716-717.

[5] *Loi n.º 66-537 du 24 juillet 1966 sur les sociétés commerciales*. Raul Ventura, *Novos estudos*, 10-11.

[6] Raul Ventura, *Novos estudos*, 12-13.

uma plataforma de interligação da sociedade com parceiros financeiros e comerciais e, depois, nas maiores sociedades, também de ponderação dos interesses dos trabalhadores.

4 A vigilância da gestão pelo *Aufsichtsrat* não compreende apenas uma apreciação retrospetiva e formal de eventos passados. Tanto a direção (*Leitung*) como a vigilância (*Überwachung*) da sociedade constituem atividades empresariais, devendo os órgãos referidos colaborar na determinação dos fins, do planeamento das operações e da sua concretização. Ao *Vorstand* cabe a iniciativa para o efeito, tendo competências exclusivas para aprovar a estratégia empresarial e as medidas de organização e de coordenação da empresa. Ao *Aufsichtsrat* cabe pronunciar-se sobre as opções do *Vorstand*, num sentido também prospetivo: deve exercer influência sobre os eventos futuros, transmitindo ao *Vorstand* a sua visão sobre projetos mais importantes.

5 É neste sentido que o § 120(2) AktG dispõe que o *Vorstand* e o *Aufsichtsrat* "administram" (*verwalten*) conjuntamente a sociedade. Apesar de "*Verwaltung*" se traduzir para português como "administração", a lei alemã é clara, como sublinham unanimemente a doutrina e os tribunais, no sentido de o *Aufsichtsrat* não ter competências de gestão. Neste sentido, dispõe o § 111(4) que *«[n]ão podem ser atribuídas responsabilidades de gestão ao Aufsichtsrat»*. Em Portugal, esta norma foi reproduzida no 442.º/1, segundo o qual o *«[o] conselho geral e de supervisão não tem poderes de gestão das actividades da sociedade»*. O sentido funcional do termo alemão "*verwalten*" é de "colaboração" interorgânica, tal como desenvolvido pelo § 3 do *Deutscher Corporate Governance Kodex* (DCGK)[7].

6 2. **Conselho geral e de supervisão (CGS).** Reproduz a experiência do *Aufsichtsrat* no sistema alemão até ao início dos anos 1980, não tendo acompanhado a sua rica evolução desde então. O legislador usou uma má técnica legislativa, apresentando a *obrigação de fiscalizar as atividades do CAE* [441.º/1, *c*)] ao lado de vínculos mais específicos que a concretizam. Porém, uma correta interpretação sistemática permite identificá-la como verdadeiro conceito síntese (*Inbegriff*) do complexo normativo a que está sujeito o CF.

7 O CGS é responsável por uma ampla fiscalização global da administração, competência esta a que se soma às relativas à fiscalização da legalidade das deliberações acionistas e da independência e qualidade da revisão legal de contas.

8 3. **Origem e redação inicial do 434.º.** Segundo o DL 262/86, de 2-set., o 434.º, com origem no § 95 AktG, tinha a redação seguinte:

> 1. O conselho geral, a que se refere a alínea *b*) do n.º 1 do artigo 278.º, é composto por um número impar de membros, a fixar no contrato de sociedade, mas sempre superior ao número de diretores e não superior a quinze.
> 2. Os membros do conselho geral devem ser accionistas titulares de acções nominativas ou ao portador registadas ou depositadas, em número fixado no contrato de sociedade, não inferior ao necessário para conferir um voto na assembleia geral; a alienação das acções importa a cessação de funções.
> 3. Aplica-se o disposto nos n.os 3, 4 e 5 do artigo 390.º.

9 4. **Reforma de 2006: crítica**[8]. A reforma de 2006 assentou na proposta da CMVM que visou atualizar o modelo germânico e eliminar determinadas diferenças face ao modelo tradicio-

[7] Por isso, não são corretas afirmações como as de Pedro Maia, "Tipos de sociedades comerciais", 28, de que no modelo germânico *«a administração compete a dois órgãos distintos, o conselho geral e de supervisão (...) e o conselho de administração executivo (...)»*.

[8] José Ferreira Gomes, *"Modelos de governo das S.A.*, 398-400.

nal[9]. Redenominou a direção, que passou a conselho de administração executivo (CAE) e o conselho geral, que passou a conselho geral e de supervisão (CGS), e reforçou a autonomia privada, o que implicou, nalguns pontos, o distanciamento face a traços característicos do sistema alemão[10].

Andou mal a CMVM. Em primeiro lugar, ignorou a necessidade de desenvolvimento jurisprudencial do Direito. A nossa jurisprudência é parca sobre o modelo tradicional, praticamente inexistente sobre o modelo germânico e mais ainda sobre o modelo anglo-saxónico. Perante as dúvidas interpretativas que surgem na prática, ao intérprete-aplicador resta o recurso à jurisprudência dos sistemas de origem. Ora, quanto maiores forem as diferenças entre o nosso sistema e os sistemas de origem, mais se prejudica essa possibilidade, perdendo-se importantes elementos de apoio não só na aplicação de soluções já consolidadas naqueles sistemas, como no contínuo desenvolvimento jurisprudencial e doutrinal do Direito face aos novos desafios. 10

Em segundo lugar, a multiplicação de modelos torna o nosso Direito das sociedades comerciais – já apelidado "o mais complexo da Europa"[11] –, ainda mais complexo. Desnecessariamente. As alterações introduzidas permitem a sua aproximação ao modelo tradicional, tal como a CAud, no modelo anglo-saxónico, se aproxima do CF, mas com administradores. Perante a pretendida aproximação de modelos, não seria mais simples conjugar a sua regulação num só modelo, eliminando as referências a múltiplos órgãos e a múltiplos modelos e submodelos que pouco clarificam? No sistema atual, a vantagem da regulação típica de modelos de governo, traduzida na clarificação das funções de cada órgão pela mera referência da sua designação legal[12], deve ser vista *cum grano salis*: tudo depende do que for estabelecido nos estatutos e da dimensão da sociedade; afinal, a mera identificação de um órgão pelo seu *nomen iuris* não permite ao intérprete-aplicador conhecer, num golpe de vista, o complexo de situações jurídicas que lhe é imputado, nem a concreta estruturação do poder dentro da sociedade. 11

É necessária cautela: no sistema alemão, o equilíbrio de soluções resulta de um século e meio de evolução progressiva, com tudo o que isso implica. Não devem alterar-se soluções historicamente comprovadas em função de um modelo concebido *a priori* como ideal, forçando uma convergência *real* de soluções. O movimento patente a nível internacional é de convergência *funcional* e não *real*: mecanismos diferentes podem desempenhar funções idênticas. 12

Tendo o CSC mantido aspetos estruturantes do sistema alemão como soluções supletivas (antes injuntivas), os sócios devem ser cautelosas no uso da sua liberdade contratual. Devem recordar que o sistema alemão, não sendo perfeito, está testado: tem méritos comprovados ao longo de um século e meio de hegemonia económica da Alemanha na Europa[13]. 13

5. **Composição (n.os 1 e 3)**. Depende dos estatutos. Exigência de que tem de ter um número de membros superior ao de administradores (434.º/1) vem da redação inicial do preceito. Justifica-se pela visão do CGS como um espaço de debate mais amplo (sobre as questões estruturais da sociedade) do que a restrita equipa de gestão. Pretende-se que o maior número de membros de alguma forma assegure a não sobreposição prática do CAE ao CGS. Trata-se da positivação de uma prática empresarial do sistema alemão, consolidada ao longo do tempo[14]. 14

Já não há número máximo, nem exigência de número par. A eliminação do número máximo deve ser vista com cautela, perante o risco de ineficácia e ineficiência de órgãos excessivamente grandes[15]. 15

[9] CMVM, *Governo das sociedades anónimas*, 38-39.

[10] CMVM, *Governo das sociedades anónimas*, 41.

[11] Menezes Cordeiro, 1, 160, 217-218.

[12] Paulo Câmara, *O governo das sociedades e a reforma*, 79.

[13] Ferreira Gomes, *Da administração*, n.os 1337-1357.

[14] Ferreira Gomes, *Da administração*, n.º 1345 (n. 1836).

[15] Ferreira Gomes, *Da administração*, n.º 1345 (n. 1836).

16 Discute-se se é válida a cláusula estatutária que indica apenas um intervalo entre um n.º mínimo e um n.º máximo de membros (entre 4 e 6) ou alternativas (4, 5 ou 6)[16]. Não obstante o teor literal do preceito, não tem de indicar-se um número exato. Os terceiros são igualmente protegidos pelo registo comercial e pela publicação obrigatória[17].

17 Tão-pouco se exige que se trate de acionistas (revogação do n.º 2), embora a (estranha) remissão para a 2.ª parte do 390.º/3 (excluindo a 1.ª parte, que diz *«os administradores podem não ser accionistas»*) possa levantar dúvidas. Estamos perante Direito privado, pelo que, revogada a restrição normativa, vale o princípio da autonomia privada: admite-se a composição por não acionistas[18].

18 Se for eleita uma pessoa coletiva, esta deve designar uma singular que exerça o cargo em nome próprio, sendo solidária com o escolhido (390.º/4, *ex vi* 434.º/3).

19 Também é possível a eleição de membros suplentes, quando prevista nos estatutos, até 1/3 do total (390.º/5, *ex vi* 434.º/3).

20 6. **Requisitos (n.º 4)**. Quando seja obrigatória a fiscalização reforçada (sociedades cotadas e grandes SA), um dos membros deve ter diploma adequado e ser independente (414.º/4 e 5, *ex vi* 434.º/4); nas sociedades cotadas e demais "entidades de interesse público", a maioria dos membros do CGS deve ser independente (414.º/6, *ex vi* 434.º/4) incluindo o presidente (3.º/2, c) Lei 148/2015, de 9-set.). No seu conjunto, os membros devem ter formação e experiência prévias para o sector em que opera a entidade [3.º/2, b) Lei 148/2015, de 9-set.]. Remetemos para as anotações ao 414.º. Solução deve ser articulada com 3.º/2 da Lei 148/2015, de 9-set., aplicável às EIP.

21 7. **Incompatibilidades (n.º 4)**. Aplicam-se as do 414.º-A, com exceção da al. *f)* (funções em empresa concorrente). Esta exceção não se aplica à composição da comissão para as matérias financeiras (CMF) (444.º/2). Remetemos para as anotações correspondentes.

22 Quanto à exceção da al. *f)*: não se compreende a disparidade face ao modelo tradicional. É um dos "mistérios" do processo legislativo de 2006[19]. A solução devia ser a mesma para o CF e para o CGS. Ou se entendia como possível, nos dois modelos, a participação de pessoas que

[16] Esta é a prática societária. A propósito dos 252.º, 390.º/1 ou 410.º, admitindo a fixação de um mero intervalo, Ilídio Duarte Rodrigues, *A administração*, 85, Raul Ventura, *Sociedades por quotas*, 3, 10-11, *Id.*, *Novos estudos*, 14, Albino Matos, *Constituição de sociedades*, 5.ª ed. (2001), 251, Paulo Olavo Cunha, *Designação*, 165-213, *Id.*, *Direito das sociedades*[7], 812, 826. A propósito dos 390.º e 434.º, Ricardo Costa, *Código em comentário*, 6[2], 390.º, 202-204, Ricardo Costa e Alexandre Soveral Martins, *Código em comentário*, 6[2], 434.º, 805-806, admitem a mera fixação de alternativas ou de um intervalo. Diferentemente, sustentando a necessária determinação pelo contrato de sociedade, Nogueira Serens, *Notas*, 55, Soveral Martins, *Os poderes de representação*, 102-103 (n. 183), João Espírito Santo, *Sociedades*, 406, Pedro Maia, *Função*, 173-177, Lucas Coelho, *Reflexões*, 393-394, Coutinho de Abreu, *Curso*, 2 (2019), 118-119, Menezes Cordeiro, *CSC Clássica*[2], 390.º, anot. 11. Em geral, a propósito do 390.º/1, é invocado o argumento literal, e convocada a necessidade de tutela de terceiros (atenta a regra supletiva de vinculação da sociedade pela intervenção da maioria dos administradores) e dos minoritários.

[17] Ricardo Costa e Alexandre Soveral Martins, *Código em comentário*, 6[2], 390.º, 205-206, 434.º, 805-806.

[18] Neste sentido, Menezes Cordeiro, *CSC Clássica*[2], 434.º, anot. 3, Gabriela Figueiredo Dias, *Fiscalização*, 30 (n. 45), Armando Triunfante (2007), 475-476, Paulo Câmara, Os modelos de governo, 227-228, Pereira de Almeida (2013), 526, Paulo Olavo Cunha, *Direito das sociedades*[7], 826, Ricardo Costa e Alexandre Soveral Martins, *CSC em comentário*, 6[2], 434.º, 804. Parece ter sido este o sentido pretendido pelo legislador de 2006: CMVM, *Governo das sociedades anónimas: propostas*, 45.

[19] A proposta inicial da CMVM, *Governo das sociedades anónimas: propostas*, 46, era de impedimento de "membros de empresas concorrentes", no sentido preconizado na Alemanha pelo Relatório Baums, permitindo, no contexto nacional, *«repor a simetria de regimes em relação a outros modelos de governação»*. Alegadamente, a mudança de sentido foi sugerida pela Iberdrola, que pretendia estar representada no CGS da EDP. Em 2006, a Iberdrola era o segundo maior acionista da EDP. Segundo o Caderno de Institucional e de Governo da Sociedade de 2005, tinha uma participação no capital de 5,7% (5% de direitos de voto) que, de acordo com o relatório de governo societário de 2006, passou para 9,5% (5% de direitos de voto).

exercem funções em empresa concorrente, mediante autorização da AG e regulação do acesso a informação "sensível" (434.º/5 e 6, em paralelo com o 398.º/3 e 4), ou se entendia, nos dois modelos, que tal é inaceitável, por permitir ao órgão de administração negar informações sensíveis[20]. Não há nenhuma razão para uma tal disparidade de soluções. É um ponto a rever.

8. **Não exercício de atividades concorrentes (n.os 5 a 7)**. Não constitui impedimento, mas dever dos membros do CGS, salvo autorização da AG (n.º 5), a qual deve definir o acesso à informação sensível (434.º/6): retoma-se o 398.º/3 e 4. 23

Abrange o exercício de atividade concorrente por conta própria, direta ou indireta (por interposta pessoa), e alheia e, neste último caso, tanto em nome próprio como alheio (representação): trabalhador, representante legal, voluntário ou orgânico. Abrange igualmente o exercício de funções em empresa concorrente, ainda que tais funções não consubstanciem em si atividade concorrente. O mesmo vale para a designação por conta ou em representação da empresa concorrente[21]. 24

Por remissão para o 254.º/2, 5 e 6 (434.º/7), paralela à do 398.º/5: *(a)* concorrente é qualquer atividade abrangida no objeto da sociedade, que esteja a ser exercida ou cujo exercício tenha sido deliberado; *(b)* a violação da proibição de concorrência é justa causa de destituição e obriga a indemnizar; *(c)* aplica-se o regime da prescrição do 254.º/6[22]. Remetemos para as correspondentes anotações. 25

No 434.º/7 refere-se que esta remissão é para efeitos do disposto nos n.os 4 e 5: trata-se de um lapso a corrigir; o n.º 4 diz respeito à composição. A remissão não abrange os n.os 3 e 4 do 254.º, relativamente à participação em sociedade corrente e à presunção de consentimento dos acionistas[23]. Esta remissão foi copiada do 398.º/5 aquando da reforma de 2006; a mesma que restringiu a remissão do 398.º para o 254.º: onde se lia *«Aplica-se o disposto nos n.os 2 a 6 do artigo 254.º»*, passou a ler-se *«Aplica-se o disposto nos n.os 2, 5 e 6 do artigo 254.º»*. Foi intenção clara do legislador eliminar a aplicação dos n.os 3 e 4 às SA. Terá entendido que esse regime se justifica em sociedades de cariz mais pessoal, mas não nas anónimas. Andou mal o legislador no caso do n.º 3, bem no caso do n.º 4. 26

Artigo 435.º (Designação)

1. Os membros do conselho geral e de supervisão são designados no contrato de sociedade ou eleitos pela assembleia geral ou constitutiva.

2. À designação dos membros do conselho geral e de supervisão aplica-se o disposto nos n.os 3 a 6 do artigo 391.º.

3. Aplicam-se ainda à eleição dos membros do conselho geral e de supervisão as regras estabelecidas pelo artigo 392.º, com as necessárias adaptações.

Bibliografia: António Menezes Cordeiro, *CSC/Clássica*, 2.ª ed. (2011), 435.º; Ricardo Costa, *Código em comentário* 6 (2013), 435.º.

Vide a bibliografia geral indicada no 434.º.

[20] Neste último sentido, Menezes Cordeiro, *CSC Clássica*², 434.º, anot. 5.

[21] Ricardo Costa e Alexandre Soveral Martins, *Código em comentário*, 6, 434.º, 769-770.

[22] Menezes Cordeiro, *CSC Clássica*², 434.º, anot. 6.

[23] Em sentido contrário, Ricardo Costa e Alexandre Soveral Martins, *Código em comentário*, 6, 434.º, 770, 773-774.

Índice

1. Origem .... 1 2. Designação 2

1 1. **Origem e reforma de 2006** A versão original do nosso modelo germânico assentava no sistema alemão, com influência da lei francesa de 1966 e da 2.ª proposta de 5.ª Diretriz da CE de 19-ago.-1983[1]. É um paralelo do § 96 AktG. A versão de 2006 corresponde, com pequenas alterações ou redenominações, à versão inicial. O DL 109-D/2021, de 9-dez., atualizou a remissão para o 391.º: n.os 3 a 6, em vez de 2 a 5.

2 2. **Designação**. Faz-se no contrato de sociedade ou por eleição na AG e constitutiva. Quanto a maiorias reforçadas para a eleição, à duração do mandato, à manutenção em funções até à substituição e à aceitação, expressa ou tácita, aplica-se o 391.º/2 a 5, para cujas anotações se remete (435.º/2). Também têm aplicação as regras especiais de eleição do 392.º (435.º/3) e pode haver lugar a designação judicial (439.º).

Artigo 436.º (Presidência do conselho geral e de supervisão)

À designação do presidente do conselho geral e de supervisão aplica-se o regime previsto no artigo 395.º, com as devidas adaptações.

Bibliografia: António Menezes Cordeiro, *CSC/Clássica*, 2.ª ed. (2011), 414.º-B, 436.º; Ricardo Costa, *Código em comentário*, 6 (2013), 436.º.

Vide a bibliografia geral indicada no 434.º.

Índice

1. Origem e redação inicial 1
2. Reforma de 2006: crítica 2
3. Remissão para o 395.º 3
4. Competências 5

1 1. **Origem e redação inicial**. Na sua versão original, o 436.º, com paralelo no § 107 AktG, tinha a seguinte redação:

> O conselho geral designa aquele dos seus membros que servirá de presidente.

2 2. **Reforma de 2006: crítica**. A reforma de 2006 passou a permitir que os acionistas escolham o presidente do CGS, contrariando a lógica do sistema alemão. Andou mal o legislador. O presidente tem um importante papel de coordenação do coletivo, em particular, na garantia dos fluxos de informação (432.º). A restrição da competência para a sua designação ao CGS enquadrava-se no respetivo dever de organização interna[1]. Recuperamos aqui a crítica já enunciada à reforma de 2006[2].

3 3. **Remissão para o 395.º**. O contrato de sociedade pode estabelecer que a AG que eleger os membros do CGS designa o respetivo presidente. Na falta de tal cláusula contratual, o CGS

[1] Cf. anot. 1 ao 434.º.

[1] Cf. § 107(1) AktG.

[2] Cf. anot. 2 ao 434.º.

designa o seu próprio presidente, podendo substituí-lo em qualquer momento. Havendo tal cláusula, o CGS pode substituir o presidente perante falta definitiva, caso em que o substituto desempenha a função até ao termo do mandato em curso, salvo deliberação em contrário dos acionistas (415.º/2, II parte, por analogia).

Ao presidente é atribuído voto de qualidade nas deliberações do CGS: *(a)* quando o CGS seja composto por n.º par de membros; *(b)* nos restantes casos, se o contrato de sociedade o estabelecer. 4

4. **Competências.** Ao presidente do CGS aplicam-se as regras ínsitas nesse tipo de cargo. Para além do voto de qualidade (395.º/3 *ex vi* 436.º) cabe-lhe: *(a)* convocar e dirigir as reuniões (410.º/1 *ex vi* 445.º/2); *(b)* tomar todas as medidas necessárias para a preparação das reuniões, *(c)* assegurar o fluxo de informação interorgânico, dentro e fora das reuniões (432.º/2-5 e 7 *ex vi* 445.º/1), *(d)* representar o CGS junto dos demais órgãos e perante o terceiros [sem prejuízo da possibilidade de o CGS designar outro(s) membro(s) para o efeito][3]; *(e)* chamar os suplentes; *(f)* mandar organizar atas; *(g)* assegurar o cumprimento da lei e dos estatutos[4]. 5

O dever de assegurar os fluxos de informação é particularmente relevante no modelo germânico, atento o facto de os poderes-deveres de informação e de inspeção serem imputados ao CGS, enquanto órgão coletivo, à imagem do que sucede no sistema alemão, e não aos seus membros individualmente considerados, como sucede nos nossos modelos tradicional e anglo-saxónico[5]. 6

Dentro dos limites da lei e dos estatutos, pode o próprio CGS regular o exercício do cargo de presidente, em cumprimento do seu dever de organização interna. 7

Artigo 437.º (Incompatibilidade entre funções de administrador e de membro do conselho geral e de supervisão)

1. Não pode ser designado membro do conselho geral e de supervisão quem seja administrador da sociedade ou de outra que com aquela se encontre em relação de domínio ou de grupo.

2. O conselho geral e de supervisão pode nomear um dos seus membros para substituir, por período inferior a um ano, um administrador temporariamente impedido.

3. O membro do conselho geral e de supervisão nomeado para substituir um administrador, nos termos do número anterior, não pode simultaneamente exercer funções no conselho geral e de supervisão.

Bibliografia: António Menezes Cordeiro, *CSC/Clássica*, 2.ª ed. (2011), 437.º, 438.º; Ricardo Costa, *Código em comentário* 6 (2013), 437.º; Pinto Furtado (2007), 437; José Ferreira Gomes, *Da Administração à Fiscalização das Sociedade: A obrigação de vigilância dos órgãos da sociedade anónima* (2015), n.º 1388-1431; Abílio Neto (2007), 918; Armando Triunfante (2007), 480; Raul Ventura, *Novos estudos sobre sociedades anónimas e sociedades em nome colectivo* (2003), 48.

Vide a bibliografia geral indicada no 434.º.

[3] A representação do órgão não se confunde com a representação da sociedade, nos casos previstos no 443.º.

[4] Cf. Menezes Cordeiro, *CSC Clássica*[2], 414.º-B, anot. 2.

[5] Ferreira Gomes, *Da Administração*, n.os 1388-1431.

Índice

1. Origem e reforma de 2006 1
2. Incompatibilidade (n.º 1) 2
3. Substituição (n.ºs 2 e 3) 3

1 1. **Origem e reforma de 2006**. Tem origem no § 105 AktG. A reforma de 2006 limitou-se a redenominar os órgãos[1], mantendo o resto intocado. Mas atenção: tal como no início, ele não trata uma mera incompatibilidade, antes versando, também, um importante poder de substituição.

2 2. **Incompatibilidade (n.º 1)**. A incompatibilidade com as funções de administrador é pleonástica, na medida em que já resulta do 414.º-A/1, *b*) e *c*), *ex vi* 434.º/4. Remetemos para as correspondentes anotações ao 414.º-A.

3 3. **Substituição (n.ºs 2 e 3)**. Caso um administrador esteja temporariamente impedido[2], pode ser substituído por um membro do CGS, por decisão do próprio CGS, por um período inferior a um ano (437.º/2): a partir daí, a substituição será definitiva[4], cabendo ao próprio CGS ou à assembleia o preenchimento da vaga. Trata-se de um "meio expedido"[4], a usar quando não haja suplentes[5]. O membro assim indicado verá as suas funções no CGS *suspensas* por um período máximo de um ano (437.º/3)[6].

Artigo 438.º (Substituição)

1. Na falta definitiva de um membro do conselho geral e de supervisão, deve ser chamado um suplente, conforme a ordem por que figurem na lista submetida à assembleia geral dos acionistas.

2. Não havendo suplentes, a substituição efetua-se por eleição da assembleia geral.

3. As substituições efetuadas nos termos dos números antecedentes duram até ao fim do período para o qual o conselho geral e de supervisão foi eleito.

Bibliografia: António Menezes Cordeiro, *CSC/Clássica*, 2.ª ed. (2011), 438.º; Ricardo Costa, *Código em comentário* 6 (2013), 438.º.

Vide a bibliografia geral indicada no 434.º.

[1] A epígrafe foi alterada, na parte dispositiva, sendo, aí, substituído "director" por "administrador" – DR I Série-A, n.º 63 (Supl.), de 29-mar.-2006, 2328-(29)/I –, ao contrário do que sucedeu na republicação do CSC, onde se mantém "director" – idem, 2328-(146)/II. O lapso da republicação não foi retificado. Os anotadores têm optado: ora por "directores" (Pinto Furtado, 2007, 437) ora por "administradores (Armando Triunfante, 2007, 480, e Abílio Neto, 2007, 918). Esta última forma é a correta: a parte dispositiva do DL 76-A/2006 prevalece sobre a republicação. Mas veja-se o cuidado que tudo isto requer. Menezes Cordeiro, *CSC Clássica*[2], 437.º, anot. 1 (n. 1).

[2] *Vide*, quanto à substituição em geral (sem ser por membro do CGS), o 425.º/4.

[3] Raul Ventura, *Novos estudos*, 48, Menezes Cordeiro, *CSC Clássica*[2], 437.º, anot. 3, Ricardo Costa, *Código em comentário*, 6, 437.º, 782.

[4] Raul Ventura, *Novos estudos*, 48.

[5] Ricardo Costa, *Código em comentário*, 6, 437.º, 782.

[6] Neste sentido, Raul Ventura, *Novos estudos*, 48, Ricardo Costa, *Código em comentário*, 6, 437.º, 782-783. Diferentemente, Menezes Cordeiro, *CSC Clássica*[2], 437.º, anot. 3, entende que cessam as suas funções.

Índice

1. Origem e reforma de 2006 1
2. Substituição 2
3. Duração 3

1. **Origem e reforma de 2006.** Tem origem no § 104 AktG. A reforma de 2006 limitou-se a redenominar o órgão. 1

2. **Substituição.** Ocorre perante a falta definitiva de um membro do CGS: por falecimento, por renúncia, destituição ou caducidade do mandato, em virtude de superveniência de incompatibilidade ou de incapacidade[1]. Segue-se o seguinte: (a) chamada de suplente, pela ordem da lista eleita[2] (438.º/1); a chamada é feita pelo presidente do CGS – 393.º/3, *a*), por analogia; (b) eleição pela AG, na falta de suplentes (438.º/2). 2

3. **Duração.** Os substitutos completam o mandato dos substituídos (438.º/3). 3

Artigo 439.º (Nomeação judicial)

1. Se já não fizer parte do conselho geral e de supervisão o número de membros necessários para ele poder reunir-se, o tribunal pode preencher esse número, a requerimento do conselho de administração executivo, de um membro do conselho geral e de supervisão ou de um acionista.

2. O conselho de administração executivo deve apresentar o requerimento previsto no número anterior logo que tenha conhecimento da referida situação.

3. As nomeações efetuadas pelo tribunal caducam logo que as vagas forem preenchidas, nos termos da lei ou do contrato de sociedade.

4. Os membros nomeados pelo juiz têm os direitos e deveres dos outros membros do conselho geral e de supervisão.

Bibliografia: António Menezes Cordeiro, *CSC/Clássica*, 2.ª ed. (2011), 439.º; José Ferreira Gomes, "Nomeação judicial de titulares de órgãos sociais", *Estudos em homenagem do Prof. Doutor Germano Marques da Silva* (2019); João Paulo Remédio Marques, *Código em comentário* 6 (2013), 439.º; Raul Ventura, Novos estudos sobre sociedades anónimas e sociedades em nome coletivo (1994), 169-170.
Vide a bibliografia geral indicada no 434.º.

Índice

1. Origem e reforma de 2006 1
2. Pressupostos e procedimento 2
3. Competência 3
4. Duração 4
5. Direitos e deveres dos nomeados 5

1. **Origem e reforma de 2006.** Tem origem no § 104 AktG. A reforma de 2006 limitou-se a redenominar os órgãos. 1

[1] Menezes Cordeiro, *CSC Clássica*[2], 438.º, anot. 2.

[2] Ricardo Costa, *Código em comentário*, 6, 438.º, 785, admite a possibilidade de previsão de um outro critério nos estatutos da sociedade, acompanhando a posição defendida por Raul Ventura, *Novos estudos*, 169-170, quanto ao CF.

2 2. **Pressupostos e procedimento**. Ocorre quando não haja quórum no órgão, a requerimento do CAE, de um membro do CGS ou de um acionista (439.º/1). O CAE deve requerer a nomeação logo que tenha conhecimento da situação (439.º/2). Não o fazendo atempadamente, ficam os demais membros do CGS obrigados a fazê-lo, para assegurar o regular funcionamento do órgão que integram. Seguem-se as regras processuais do 1053.º do CPC (2013)[1]: (a) o requerimento deve ser justificado com indicação de uma pessoa reputada idónea; (b) pode o tribunal recolher informações; (c) deve ser ouvido o CAE, não sendo este o requerente; (d) ordenando-se as diligências necessárias para a fixação da remuneração: em regra idêntica aos demais (n.º 4)[2]. Remetemos para as anotações ao 417.º.

3 3. **Competência**. Remetemos para as anotações ao 417.º[3].

4 4. **Duração**. As nomeações judiciais caducam logo que as vagas sejam preenchidas, nos termos da lei ou dos estatutos (439.º/3).

5 5. **Direitos e deveres dos nomeados**. São idênticos aos dos outros membros do CGS (439.º/4).

Artigo 440.º (Remuneração)

1. Na falta de estipulação contratual, as funções de membro do conselho geral e de supervisão são remuneradas.

2. A remuneração é fixada pela assembleia geral ou por uma comissão nomeada por esta, tendo em conta as funções desempenhadas e a situação económica da sociedade.

3. A remuneração deve consistir numa quantia fixa e a assembleia geral pode, em qualquer tempo, reduzi-la ou aumentá-la, tendo em conta os fatores referidos no número anterior.

Bibliografia: Jorge Coutinho de Abreu, *Código em comentário* 6 (2013), 440.º; CMVM, *Governo das Sociedades Anónimas: Proposta de articulado*, 37; António Menezes Cordeiro, *CSC/Clássica*, 2.ª ed. (2011), 440.º, 422.º-A; Paulo Olavo Cunha, *Direito das sociedades comerciais*, 6.ª ed. (2016), 589-590; Gabriela Figueiredo Dias, *Código em comentário* 6 (2013), 422.º-A; Armando Manuel Triunfante (2007), 482-483; Raúl Ventura, *Novos estudos sobre SA e SNC* (1994), 51-52.

Vide a bibliografia geral indicada no 434.º.

Índice

1. Origem e redação inicial 1
2. Reforma de 2006: regra supletiva (n.º 1) 3
3. Fixação: critérios (n.º 2) 4
4. Alteração (n.º 3) 5

1 1. **Origem e redação inicial**. Na versão original, que tinha origem no § 113 AktG, dispunha[1]:

> As funções de membro do conselho geral não são necessariamente remuneradas, mas, se o contrato mandar remunerá-las, o montante é fixado pela assembleia geral ou por uma comissão nomeada por esta, tendo em conta as funções desempenhadas e a situação económica da sociedade.

[1] Antigo 1484.º CPC.
[2] Menezes Cordeiro, *CSC Clássica*[2], 439.º, anot. 2.
[3] V. ainda Ferreira Gomes, "Nomeação judicial", ponto 7.
[1] DR I Série, n.º 201, de 2-set.-1986, 2373/II.

A remuneração deve consistir numa quantia fixa e a assembleia geral pode, em qualquer tempo, reduzi-la ou aumentá-la, tendo em conta os fatores referidos no número anterior.

As funções podiam ser gratuitas, sendo esta a solução supletiva, solução imaginável apenas porque os membros do então CG eram, então, necessariamente, acionistas (434.º/2, da versão de 1986). Seriam remunerados nessa qualidade[2]. 2

2. **Reforma de 2006: regra supletiva (n.º 1).** A regra passou a ser a remuneração dos membros do CGS (440.º/1). A gratuitidade tende a corresponder a um exercício não profissional do cargo e, naturalmente, pode ter consequências na disponibilidade e na diligência dos membros do CGS para cumprir eficazmente as suas funções[3]. 3

3. **Fixação: critérios (n.º 2).** Cabe à AG ou a uma comissão de vencimentos, tendo em conta as funções desempenhadas e a situação económica da sociedade (440.º/2, 2.ª parte, na linha do 399.º/1). A remuneração deve ser fixa (440.º/3, 1.ª parte): não variável em função dos resultados da sociedade (EBITDA, lucros, etc.). É solução clara uma vez que se trata de um órgão de fiscalização[4]. Remetemos para as anotações ao 422.º-A (sobre o CF), sobre a tendência evolutiva e sobre a proibição de senhas de presença. 4

4. **Alteração (n.º 3).** Se a remuneração é "fixa", não pode a AG, a todo o tempo, aumentá-la ou diminuí-la, no que poderia ser um meio de pressão sobre um órgão independente[5]. Só o pode fazer se, com isso, não prejudicar expectativas legítimas, nem perturbar a independência do órgão[6]. Caso contrário, é anulável [58.º/1, *a*) ou *b*)][7]. 5

Artigo 441.º (Competência do conselho geral e de supervisão)

1. Compete ao conselho geral e de supervisão:

a) Nomear e destituir os administradores, se tal competência não for atribuída nos estatutos à assembleia geral;

b) Designar o administrador que servirá de presidente do conselho de administração executivo e destituí-lo, se tal competência não for atribuída nos estatutos à assembleia geral, sem prejuízo do disposto no artigo 436.º;

c) Representar a sociedade nas relações com os administradores;

d) Fiscalizar as atividades do conselho de administração executivo;

e) Vigiar pela observância da lei e do contrato de sociedade;

f) Verificar, quando o julgue conveniente e pela forma que entenda adequada, a regularidade dos livros, registos contabilísticos e documentos que lhes servem de suporte, assim como a situação de quaisquer bens ou valores possuídos pela sociedade a qualquer título;

[2] Menezes Cordeiro, *CSC Clássica*², 440.º, anot. 1.

[3] Menezes Cordeiro, *CSC Clássica*², 440.º, anot. 2, equipara a gratuitidade a *«esquema destinado a inviabilizar a escolha de elementos competentes para a fiscalização»*.

[4] *V.* 422.º/1 (CF) e 423.º-D (CAud).

[5] Para Coutinho de Abreu, *Código em comentário*, 6, 440.º, 771 (n. 6), o preceito parece inspirado no § 113(1) AktG que, na sua frase 4, dispõe que, quando a remuneração seja fixada nos estatutos, a assembleia geral pode, por maioria simples, deliberar alterar os estatutos para reduzir essa remuneração. Enquanto a solução alemã visa suprir a rigidez dos estatutos, a nossa parece atribuir à AG um meio de pressão inadmissível sobre os membros do CGS.

[6] Menezes Cordeiro, *CSC Clássica*², 440.º, anot. 3.

[7] Nomeadamente, quando trate diferentemente os membros do CGS, sem fundamento objetivo. Coutinho de Abreu, *Código em comentário*, 6, 440.º, 771.

***g*) Verificar se as políticas contabilísticas e os critérios valorimétricos adotados pela sociedade conduzem a uma correta avaliação do património e dos resultados;**

***h*) Dar parecer sobre o relatório de gestão e as contas do exercício;**

***i*) Fiscalizar a eficácia do sistema de gestão de riscos, do sistema de controlo interno e do sistema de auditoria interna, se existentes;**

***j*) Receber as comunicações de irregularidades apresentadas por acionistas, colaboradores da sociedade ou outros;**

***l*) Fiscalizar o processo de preparação e de divulgação de informação financeira;**

***m*) Propor à assembleia geral a nomeação do revisor oficial de contas;**

***n*) Fiscalizar a revisão de contas aos documentos de prestação de contas da sociedade;**

***o*) Fiscalizar a independência do revisor oficial de contas, designadamente no tocante à prestação de serviços adicionais;**

***p*) Contratar a prestação de serviços de peritos que coadjuvem um ou vários dos seus membros no exercício das suas funções, devendo a contratação e a remuneração dos peritos ter em conta a importância dos assuntos a eles cometidos e a situação económica da sociedade;**

***q*) Elaborar anualmente um relatório sobre a sua atividade e apresentá-lo à assembleia geral;**

***r*) Conceder ou negar o consentimento à transmissão de ações, quando este for exigido pelo contrato;**

***s*) Convocar a assembleia geral, quando entenda conveniente;**

***t*) Exercer as demais funções que lhe sejam atribuídas por lei ou pelo contrato de sociedade.**

2. É aplicável ao conselho geral e de supervisão, com as devidas adaptações, o disposto nos n.os 5 e 6 do artigo 420.º.

Bibliografia: José Engrácia Antunes, *A fiscalização das sociedades comerciais: Estudo preparatório de reforma legislativa,* inédito (1997), 167; António Menezes Cordeiro, *CSC/Clássica,* 2.ª ed. (2011), 441.º; Paulo Olavo Cunha, *Direito das sociedades comerciais,* 6.ª ed. (2016), 879; José Ferreira Gomes, *Da Administração à Fiscalização das Sociedade: A obrigação de vigilância dos órgãos da sociedade anónima* (2015), §§ 42-52; Pedro Maia, *Tipos de sociedades comerciais, Estudos de Direito das Sociedades,* 10.ª ed. (2010), 26; João Calvão da Silva, *"Corporate governance": A responsabilidade civil dos administradores não executivos, da comissão de auditoria e do conselho geral e de supervisão,* RLJ, 136:3940 (2006), 50; Armando Manuel Triunfante (2007), 474-475, 483-486; José Vasques, *Estruturas e conflitos de poderes nas sociedades anónimas* (2007), 167, 174-176; Raul Ventura, *Novos estudos sobre SA e SNC* (1994), 54-57.

Vide a bibliografia geral indicada no 434.º.

Índice

I – **Origem e evolução**
1. Origem e redação inicial: crítica 1
2. Reformas de 2006 e de 2009 3

II – **A fiscalização da administração**
3. A obrigação de vigilância como conceito-síntese 4
4. Conteúdo da obrigação de vigilância: remissão 5
5. Poderes-deveres de informação do CGS 7
6. Poderes-deveres de reação do CGS 13

III – **A fiscalização contabilística**
7. A fiscalização contabilística pelo CGS [n.º 1, als. *f*) a *h*), *l*)] 16
8. A fiscalização contabilística pelo ROC 17

IV – **A receção das comunicações de irregularidades (*whistleblowing*)**
9. Remissão 18

V – **A fiscalização da revisão legal de contas**
10. Remissão 19

VI – **Outras atribuições**
11. Designação, destituição e fixação da remuneração dos administradores [n.º 1, al. *a*), 429.º] 20
12. Designação do presidente do CAE [n.º 1, al. *b*)] 21
13. Representação da sociedade nas relações com administradores [n.º 1, al. *c*)] 22
14. Elaboração de parecer [n.º 1, al. *h*)] 23
15. A contratação de peritos coadjuvantes [n.º 1, al. *p*)] 24
16. Elaboração de relatório [n.º 1, al. *q*)] 25
17. Prestação de consentimento à transmissão de ações [n.º 1, al. *r*)] 26
18. Convocatória da AG [n.º 1, al. *s*)] 27
19. Outras atribuições constantes da lei ou do contrato de sociedade [n.º 1, al. *t*)] 28
20. O dever de organização interna 29

I – Origem e evolução

1. Origem e redação inicial: crítica. O seu paralelo no sistema alemão é o § 111(1) AktG, no qual se lê simplesmente que o *Aufsichtsrat* deve vigiar a gestão (*Geschäftsführung*). Esta não foi, porém, a base do 441.º, que reproduz o leque de competências imputado ao CF. Melhor, o 434.º do Projeto de Código das Sociedades Comerciais (1983) evitava a duplicação e assegurava maior coerência sistemática, imputando ao CG *«[a]s funções de fiscalização atribuídas ao conselho fiscal pelo artigo 413.º e quaisquer outras funções atribuídas por lei àquele conselho»* [al. *a*)]. Enunciavam-se depois os deveres específicos do CG, sem paralelo no nosso modelo tradicional. Infelizmente, o legislador de 1986 não acompanhou Raul Ventura. Na sua versão original, o 441.º dispunha: 1

> Compete ao conselho geral:
> *a*) Nomear e destituir os diretores;
> *b*) Designar o director que servirá de presidente e destituí-lo;
> *c*) Representar a sociedade nas relações com os directores;
> *d*) Fiscalizar as actividades da direcção;
> *e*) Verificar, quando o julgue conveniente e pela forma que entenda adequada, a regularidade dos livros, registos contabilísticos e documentos que lhes servem de suporte, assim como a situação de quaisquer bens ou valores possuídos pela sociedade a qualquer título;
> *f*) Aprovar o relatório e as contas elaborados pela direcção;
> *g*) Elaborar anualmente um relatório sobre a sua actividade e apresentá-lo à assembleia geral;
> *h*) Conceder ou negar o consentimento à transmissão de acções, quando este for exigido pelo contrato;
> *i*) Convocar a assembleia geral, quando entenda conveniente;
> *j*) Exercer as demais funções que lhe sejam atribuídas por lei ou pelo contrato de sociedade.

Estas competências deviam ser articuladas com as relativas à reserva de consentimento (*Zustimmungsvorbehalt*) (442.º/1), à autorização para a celebração de negócios entre a sociedade e os seus diretores (428.º/4 e 397.º), ao parecer sobre os negócios entre a sociedade e os membros do CG (445.º/1 e 397.º), e à autorizaração para o exercício de outras atividades comerciais pelos diretores (428.º/1 a 3)[1]. Eram poderes que, no modelo tradicional, cabiam à AG, de acordo com a perspetiva de que os acionistas minoritários são tipicamente abstencionistas e de que os interesses da sociedade eram melhor assegurados pela intervenção de um órgão intermédio 2

[1] Solução que se mantém na atualidade.

entre a direção e os acionistas. Os seus poderes de fiscalização habilitavam o CG a interferir na gestão desenvolvida pela direção, sem paralelo no modelo tradicional (sem que isso interferisse com a sua natureza de poderes de *fiscalização*)[2].

3 2. **Reformas de 2006 e de 2009**. Para além das redenominações, a reforma de 2006 adaptou o preceito à possibilidade de caber à AG a escolha do CAE e eliminou a competência do CGS para aprovar o relatório e as contas. Trata-se do afastamento de aspetos estruturantes do sistema alemão já criticado[3]. As demais alterações são paralelas às operadas no regime do CF (420.º), para o qual remetemos. O DL 185/2009, de 12-ago., acrescentou o número 2.

II – A fiscalização da administração

4 3. **A obrigação de vigilância como conceito-síntese**. Apesar da má técnica legislativa, a *obrigação de fiscalizar as atividades do CAE* [441.º/1, *c*)] é o conceito síntese (*Inbegriff*) do complexo normativo a que está sujeito o CGS[4], no qual se enquadram também as competências para a nomeação, destituição e fixação da remuneração dos administradores [441.º/1, *a*) e 429.º], para a designação do administrador que servirá de presidente do CAE [441.º/1, *b*)] e para prestar consentimento prévio à prática de determinas categorias de atos delimitadas nos estatutos (442.º/1). À fiscalização global da administração soma-se a fiscalização da legalidade das deliberações acionistas e da independência e qualidade da revisão legal de contas.

5 4. **Conteúdo da obrigação de vigilância: remissão**. Remetemos para as anotações ao 420.º sobre *(i)* vigilância repressiva (retrospetiva) e vigilância preventiva (prospetiva); *(ii)* vigilância formal e vigilância de mérito; e *(iii)* concretização da obrigação de vigilância[5].

6 A partir da decomposição da obrigação de vigilância, para efeitos analíticos, em vinculações a atividades cognitivas, valorativas e reativas, estamos em condições de apontar as diferenças mais significativas entre os regimes do CF e do CGS no que respeita aos *poderes-deveres de obtenção de informação e de inspeção*, por um lado, e os *poderes-deveres de reação às irregularidades detetadas*. Quanto ao demais, vale o exposto quanto ao CF[6].

7 5. **Poderes-deveres de informação do CGS**. O acesso à informação constitui já não *um dos* mais importantes desafios à operacionalidade do CGS, mas *o* mais importante de todos os seus desafios. Em primeiro lugar, os poderes-deveres de obtenção de informação são imputados apenas ao CGS *enquanto órgão coletivo* e não aos seus membros a título individual (432.º/1 e 2)[7].

8 Em segundo lugar, o destinatário da informação é o presidente do CGS, que assegura o fluxo interno de informação no CGS: cabe-lhe avaliar a informação recebida, solicitar os esclarecimentos adicionais que se imponham (432.º/4) e, em função da urgência e da importância do assunto em causa, convocar uma reunião extraordinária do CGS para o discutir ou aguardar pela primeira reunião deste para o expor[8]. Incluem-se as ocorrências relativas a sociedades em relação de domínio ou de grupo, quando possam refletir-se na situação da sociedade considerada (432.º/3). Este regime pode ser desenvolvido no contrato de sociedade, no regimento do conselho de administração executivo ou mesmo num acordo interorgânico, de forma a adaptar o fluxo de informação às específicas circunstâncias da empresa. Caso *qualquer* membro do CGS

[2] Ferreira Gomes, "Modelos de governo", 406-412; *id.*, *Da Administração*, n.os 1320-1324.

[3] Cf. anot. 4 ao 434.º.

[4] Cf. anot. 5 ao 420.º

[5] Anots. 6 a 8 ao 420.º.

[6] Cf. anotações ao 420.º.

[7] Paralelo do § 90(1)1(4) AktG.

[8] Em todo o caso, todas as informações recebidas pelo presidente devem ser por este transmitidas aos demais membros do CGS (432.º/7). O 432.º recebeu o § 90(1) AktG no início dos anos 1980, não tendo sido alterado desde então para refletir a rica evolução do sistema alemão.

necessite de informações adicionais, deve exigi-las ao presidente que, por sua vez, os deve exigir ao CAE (432.º/4 *in fine*)[9]. Sendo constituída uma comissão para as matérias financeiras (CMF) (444.º/2), pode esta dirigir os seus pedidos diretamente ao CAE (432.º/4).

Em terceiro lugar, só têm "direito" (*rectius*, poder-dever de cumprimento estrito[10]) de 9
assistência às reuniões do CAE o presidente do CGS e um dos membros deste, designado para o efeito (432.º/5). Devem transmitir as informações obtidas aos demais membros do CGS, em tempo útil, e o mais tardar na primeira reunião deste (432.º/7). Sendo constituída uma CMF, todos os seus membros podem e devem assistir às reuniões do CAE em que sejam apreciadas as contas de exercício (432.º/6)[11]. Este mecanismo visa assegurar o acesso do CGS à informação necessária ao adequado cumprimento das suas funções, obviando aos obstáculos criados pela dissociação das funções de administração e fiscalização. Simultaneamente, visa limitar o número de fiscalizadores presentes nas reuniões do CAE, assegurando o adequado funcionamento deste. É uma solução desnecessariamente formalista e rígida, especialmente desadequada para pequenas e médias empresas. Não se justifica a limitação da autonomia privada neste ponto.

Em quarto lugar, os poderes-deveres de inspeção são imputados apenas ao CGS [441.º/1, 10
f)]. A este caberá designar um ou mais dos seus membros para exercer esta competência em cada caso[12].

Em quinto lugar, não se prevê a possibilidade de o CGS contactar e inquirir diretamente 11
os trabalhadores e colaboradores da sociedade, para obter as informações e esclarecimentos que entenda necessários ou convenientes. Este poder, de crucial importância prática, coloca algumas questões de articulação interorgânica já analisadas a propósito do modelo tradicional[13]. O facto de não existir, no modelo germânico, uma norma paralela ao 420.º/3, não obsta à aplicação das conclusões então alcançadas, porquanto esta norma é uma mera concretização da obrigação de vigilância, nos termos das als *a*), *c*) e *d*) do 420.º/1, que conhecem paralelo, no modelo germânico, nas als. *d*) e *f*) do 441.º/1. Na sua base está sempre a vinculação do CGS à realização da mais eficiente e adequada fiscalização da administração.

Em sexto lugar, não se prevê expressamente a possibilidade de exigir a terceiros que tenham 12
realizado operações por conta da sociedade informações necessárias ao conveniente esclarecimento de tais operações. Aplica-se analogicamente o 421.º/1, *c*), mas, por coerência sistemática, este poder é imputado ao CGS e não a cada um dos seus membros.

6. **Poderes-deveres de reação do CGS**. Contrariamente ao verificado a propósito do CF, o 13
CGS tem importantes poderes-deveres de reação face ao CAE. Não pode assumir a *iniciativa* na condução da atividade empresarial e substituir o CAE na resolução dos problemas detetados, mas *pode* e *deve* fazer uso dos seus poderes para conformar a conduta da administração, quando tal se justifique perante as circunstâncias do caso concreto. Destacam-se os relativos à designação, destituição e fixação da remuneração dos administradores [441.º/1, *a*) e 429.º], de designação do administrador que servirá de presidente do CAE [441.º/1, *b*)], mas também o relativo à autorização para a prática de determinadas categorias de atos (442.º/1). Soma-se o poder de declarar a nulidade e de anular deliberações do CAE, a pedido de qualquer administrador ou de qualquer dos seus membros (433.º/1)[14].

[9] Dever de cumprimento estrito.

[10] Contrariamente ao verificado no modelo tradicional.

[11] A recusa de acesso às reuniões da administração constitui delito jurídico-societário de impedimento à fiscalização (522.º).

[12] A designação de membros para este efeito deve ser enquadrada no cumprimento do seu dever de organização interna. Ferreira Gomes, *Da administração*, n.os 1480-1498.

[13] Cf. anot. 3 ao 421.º e Ferreira Gomes, *Da administração*, n.os 703-730.

[14] Ferreira Gomes, *Da administração*, n.os 1440-1442.

14 Tal como o CF no modelo tradicional, o CGS *pode* e *deve* ainda *(i)* requerer ao presidente da mesa a convocação da AG quando o entenda conveniente (375.º/1), (ii) convocar a AG quando o presidente da mesa o não faça, devendo fazê-lo [441.º/1, *s*)][15] e *(iii)* informar os acionistas na primeira AG que se realize [422.º/1, *e*) por analogia][16]. Pode ainda apresentar propostas de deliberação dos acionistas dirigidas à resolução do problema verificado (no contexto das competências da AG) ou à propositura de ações sociais *ut universi* contra os administradores (75.º/1)[17]. O CGS pode ainda reagir perante os acionistas, através do parecer sobre o relatório de gestão e as contas do exercício e do seu relatório anual sobre a atividade por si desenvolvida [441.º/1, *h*) e *q*) CSC e 245.º/1, *c*) CVM, *ex vi* 420.º/6 *ex vi* 441.º/2 CSC][18]. Paralelamente, o CGS deve prestar os conselhos que se imponham com vista à conformação da conduta da administração à prossecução dos melhores interesses da sociedade[19].

15 Na escolha dos meios de reação em cada caso concreto, o CGS deve atender ao princípio da proporcionalidade[20]. Na medida em que os poderes que lhe são supletivamente imputados lhe conferem um grande potencial de interferência na esfera de atuação própria do CAE, deve atuar com especial cautela. Não lhe competindo tarefas de gestão (442.º/1) e não tendo poder de direção, não pode o CGS exercer os seus poderes de reação com vista à substituição das opções empresariais do órgão de administração pelas suas[21].

III – A fiscalização contabilística

16 7. **A fiscalização contabilística pelo CGS [n.º 1, als. *f*) a *h*), *l*)]**. O CGS não se limita a uma fiscalização das contas da sociedade, mas esta é importante. Remetemos para o exposto a propósito do CF[22].

17 8. **A fiscalização contabilística pelo ROC**. À fiscalização contabilística pelo CGS soma-se a desenvolvida pelo ROC (446.º). Vale quanto expusemos a propósito do CF, no modelo tradicional[23], com a especificidade de que, no modelo germânico, o ROC está necessariamente dissociado do CGS[24]. Nessa medida, a atividade desenvolvida pelo revisor não exonera o CGS do cumprimento dos deveres que lhe são imputados pelas als. *f*) a *h*) *e l*) do n.º 1, devendo este assegurar a prática dos atos cognitivos necessários ao conhecimento dos factos relevantes, por um ou mais dos seus membros, se necessário com auxílio de um ou mais peritos[25].

IV – A receção das comunicações de irregularidades (*whistleblowing*)

18 9. **Remissão**. A competência para receber as comunicações de irregularidades [n.º 1, *j*)] assumiu uma centralidade indiscutível em 2006. Tendo sido já tratada a propósito do CF, remetemos para as anotações ao 420.º[26].

[15] Não deve sobrepor-se ao presidente da mesa (375.º), só convocando quando este não convoque a AG, devendo fazê-lo (377.º/7).

[16] Tendo mais poderes para resolver os problemas detetados, deve ponderar se no caso concreto se justifica a convocação da AG, considerando, *v.g.*, os custos de reputação da sociedade no mercado, o risco de exposição de fragilidades face a credores ou concorrentes, etc.

[17] *V.* caso ARAG/Garmenbeck, BGH 21-abr.-1997, *BGHZ* 135, 244. Ferreira Gomes, *Da Administração*, n.º 807 (n. 1132).

[18] Ferreira Gomes, *Da administração*, n.os 1444-1446.

[19] BGH 25-mar.-1991, *BGHZ* 114, 127. Ferreira Gomes, *Da Administração*, n.os 1447-1449

[20] Ferreira Gomes, *Da administração*, n.os 1452-1455.

[21] Ferreira Gomes, *Da administração*, n.os 1457-1461.

[22] Cf. anots. 21-22 ao 420.º.

[23] Cf. anots. 23-28 ao 420.º.

[24] Não tem aqui paralelo a integração do ROC no CF [413.º/1, *a*)] nos casos não abrangidos pelo 413.º/2, *a*).

[25] Cf. anot. 29 ao 420.º.

[26] Cf. anots. 30 a 32 ao 420.º.

V – **A fiscalização da revisão legal de contas**

10. **Remissão.** À fiscalização global da administração soma-se a fiscalização da revisão legal de contas [als. *m*) a *o*) do n.º 1]. Vale o exposto a propósito do CF[27]. 19

VI – **Outras atribuições**

11. **Designação, destituição e fixação da remuneração dos administradores [n.º 1, al. *a*), 429.º].** Estas competências são, juntamente com a designação do administrador que servirá de presidente do CAE [441.º/1, *b*)] e a reserva de consentimento que, nos termos do 442.º/1, pode ser prevista nos estatutos, os pilares diferenciadores do papel do CGS perante aqueloutro do CF, no modelo tradicional. Traduzem a perspetiva de que os minoritários são tipicamente abstencionistas e de que os interesses da sociedade são melhor assegurados pela intervenção de um órgão intermédio entre o CAE e os acionistas[28]. 20

12. **Designação do presidente do CAE [n.º 1, al. *b*)].** Vale quanto foi referido na anotação anterior, para a qual remetemos. 21

13. **Representação da sociedade nas relações com administradores [n.º 1, al. *c*)].** Articula-se com o 443.º/1, nos termos do qual, nas relações com os seus administradores, a sociedade é representada pelos dois membros do CGS por este designados. 22

14. **Elaboração de parecer [n.º 1, al. *h*)].** Em 2006, a competência para a aprovação das contas transitou do CGS para a AG. Em coerência, previu-se o dever de dar parecer sobre as contas a submeter aos acionistas. 23

15. **A contratação de peritos coadjuvantes [n.º 1, al. *p*)].** Vale o exposto a propósito do CF[29]. A sociedade fica vinculada pela intervenção dos membros do CGS, aplicando-se, com as necessárias adaptações, os 408.º e 409.º (443.º/2). O leque de poderes excecionais de representação do CGS é mais amplo do que o do CF (443.º). 24

16. **Elaboração de relatório [n.º 1, al. *q*)].** O relatório sobre a ação fiscalizadora [al. *q*)] corresponde à prestação de contas pelo CGS aos acionistas, sobre o cumprimento da sua obrigação de vigilância. Cobre toda a fiscalização global e não apenas a fiscalização contabilística. 25

17. **Prestação de consentimento à transmissão de ações [n.º 1, al. *r*)].** O CGS foi historicamente concebido como uma comissão de acionistas destinada a cobrir um espaço que estes, pela sua dispersão e falta de incentivos para uma participação mais ativa na vida da sociedade, não estavam em condições de ocupar com eficácia. Traduz a perspetiva de que os minoritários são tipicamente abstencionistas e de que os interesses da sociedade são melhor assegurados pela intervenção de um órgão intermédio entre o CAE e os acionistas. A prestação de consentimento pelo CGS (e não pela AG) é uma solução mais célere e eficiente. 26

18. **Convocatória da AG [n.º 1, al. *s*)].** Remetemos para quanto já foi referido em cima[30], bem como na anotação ao 420.º[31]. 27

19. **Outras atribuições constantes da lei ou do contrato de sociedade [n.º 1, al. *t*)].** Inclui, *v.g.*, dar a conhecer aos sócios, em AG, a nulidade de qualquer deliberação anterior (57.º/1); promover a declaração judicial da sua nulidade (57.º/2); intentar ações de anulação de deliberações (59.º); emitir parecer sobre projetos de fusão (99.º/1), de cisão (120.º) e de transformação (132.º/3); pedir, ao presidente da mesa, a convocação da AG, quando o entenda conveniente (375.º/1); substituir administradores em caso de falta definitiva ou de impedimento 28

[27] Cf. anots. 33-34 ao 420.º.

[28] Cf. anots. 1 ao 434.º e 3 ao presente artigo.

[29] Cf. anot. 37 ao 420.º.

[30] Cf. anot. 8 *supra*.

[31] Cf. anot. 36 ao 420.º.

(425.º/4); autorizar os administradores a celebrar negócios com a sociedade ou a fazer concorrência (428.º); suspender os administradores [430.º][32]; declarar a nulidade ou anular as deliberações inválidas do CAE (433.º/1); dispensar os administradores de caução (433.º/2); aprovar o regulamento de reforma dos administradores (433.º/3); prestar consentimento prévio à prática de determinadas categorias de atos (442.º/1); representar a sociedade nos atos de registo comercial relativos aos seus próprios membros (443.º/3); dar parecer quanto a projetos de contratos de subordinação (496.º/1).

29 20. **O dever de organização interna**. Este dever é tão importante quanto olvidado: o CGS tem o dever de se organizar internamente da forma mais adequada ao desenvolvimento da sua função, de acordo com as específicas características da sociedade[33]. Vale o exposto a propósito do CF[34], com os desenvolvimentos impostos pelo 441.º quanto à constituição de comissões internas, para o qual remetemos.

Artigo 441.º-A (Dever de segredo)

Os membros do conselho geral e de supervisão estão obrigados a guardar segredo dos factos e informações de que tiverem conhecimento em razão das suas funções.

Bibliografia: CMVM, *Transposição da Directiva dos direitos dos accionistas e alterações ao Código das Sociedades Comerciais/Processo de Consulta Pública n.º 10/2008*, agosto 2008, 56; António Menezes Cordeiro, *CSC/Clássica*, 2.ª ed. (2011), 441.º-A; *Id.*, *Uma nova reforma do Código das Sociedades Comerciais?*, RDS (2009), 11-55 (45-46); José Ferreira Gomes, *Da Administração à Fiscalização das Sociedade: A obrigação de vigilância dos órgãos da sociedade anónima* (2015), n.os 665, 704, 717, 826, 1400-1404, 1440-1461.

Vide a bibliografia geral indicada no 434.º.

Índice

1. Origem e paralelo 1
2. Projetada reforma de 2008/2009 2

1 1. **Origem e paralelo**. Aditado pelo DL 76-A/2006, de 29-mar. Equivale aos 422.º/1, *c*) e 423.º-G/1, *d*), relativos ao CF (no modelo tradicional) e à CAud (no modelo anglo-saxónico). Remetemos para as correspondentes anotações.

2 2. **Projetada reforma de 2008/2009**. Para o que ora importa, a Proposta da CMVM de Transposição da Diretriz dos direitos dos acionistas e alterações ao CSC, de ago.-2008, visava *«estabelecer uma simetria no acesso à informação entre todos os modelos de governo admitidos no Código das Sociedades»*. Para o efeito, propôs a alteração da epígrafe do 441.º-A para "Acesso à informa-

[32] À luz do Direito anterior, já se entendeu (bem) que o CG podia suspender os diretores, mesmo sem justa causa – STJ 16-mai.-2000 (Silva Paixão), BMJ 497 (2000), 396-404 (402/I) = CJ/Supremo VIII (2000) 2, 64-67 (65/II). Parece-nos que não tem razão Menezes Cordeiro, *CSC Clássica*², 441.º, anot. 3 (n. 2), quando sustenta que *«[p]erante o Direito actual, a suspensão pelo CGS só é possível se lhe couber a destituição»*. Mesmo quando não lhe caiba a competência para a destituição, cabe-lhe a competência para suspender os administradores, mas apenas por um prazo de 2 meses [430.º/1, *b*)].

[33] Cf. Ferreira Gomes, *Da Administração*, n.os 839-848, 1480-1498.

[34] Cf. anot. 39 ao 420.º.

ção e dever de segredo" e a aplicação do 421.º/1 e 2 aos membros do CGS[1]. Caso esta proposta tivesse visto a luz do dia, teria alterado o paradigma do modelo germânico, nos termos do qual os poderes-deveres de obtenção de informação e de inspeção são imputados ao CGS, enquanto órgão coletivo, e não aos seus membros a título individual.

A solução atualmente em vigor é um dos principais óbices (normativos) ao efetivo funcionamento do CGS. Por isso, atualmente, no sistema alemão, o § 90(3)(2) prevê o poder de qualquer membro do *Aufsichtsrat* de requerer a prestação de informações pelo *Vorstand*, sem prejuízo de a informação individualmente requerida ser sempre comunicada a todos os membros do *Aufsichtsrat*[2]. Teria sido preferível que o nosso modelo germânico tivesse acompanhado, em 2008/2009, a evolução do seu sistema de origem (o alemão), no 432.º e não neste 441.º-A. 3

Artigo 442.º (Poderes de gestão)

1. O conselho geral e de supervisão não tem poderes de gestão das atividades da sociedade, mas a lei e o contrato de sociedade podem estabelecer que o conselho de administração executivo deve obter prévio consentimento do conselho geral e de supervisão para a prática de determinadas categorias de atos.

2. Sendo recusado o consentimento previsto no número anterior, o conselho de administração executivo pode submeter a divergência a deliberação da assembleia geral, devendo a deliberação pela qual a assembleia dê o seu consentimento ser tomada pela maioria de dois terços dos votos emitidos, se o contrato de sociedade não exigir maioria mais elevada ou outros requisitos.

3. Para efeito do disposto no número anterior, os prazos referidos no n.º 4 do artigo 377.º são reduzidos para 15 dias.

Bibliografia: Pedro de Albuquerque, *A vinculação das sociedades comerciais por garantia de dívidas de terceiros*, ROA, 55:3 (1995), 692-695, 702; Rita Albuquerque, *A vinculação, das sociedades comerciais e a limitação dos poderes de representação dos administradores,* O Direito, 139:1 (2007), 114-139; António Menezes Cordeiro, *CSC/Clássica*, 2.ª ed. (2011), 442.º; *Id.*, I (2011), 849; Paulo Olavo Cunha, *Direito das sociedades comerciais*, 6.ª ed. (2016), 879; José Ferreira Gomes, "Modelos de governo das S.A.: a difícil compreensão do modelo germânico e os requisitos de fiscalização reforçada da Lei n.º 148/2015", *RDS*, 10:2 (2018), 397-430; *id.*, *Da Administração à Fiscalização das Sociedades: A obrigação de vigilância dos órgãos da sociedade anónima* (2015), n.ºs 45-120, 1473-1474; Pedro Maia, *Tipos de sociedades comerciais*, Estudos de Direito das Sociedades, 12.ª ed. (2015), 28; Alexandre de Soveral Martins, *Código em comentário* 6 (2013), 442.º; *Id.*, *Os poderes de representação dos administradores de sociedades anónimas* (1998), 206-215, 235-241; João Calvão da Silva, "Corporate governance": A responsabilidade civil dos administradores não executivos, da comissão de auditoria e do conselho geral e de supervisão, *RLJ*, 136:3940 (2006), 50, 47; Armando Triunfante (2007), 474-475; José Vasques, *Estruturas e conflitos de poderes nas sociedades anónimas* (2007), 167, 174-176; Raul Ventura, *Adaptação do Direito português à 1.ª Directiva do Conselho da CEE sobre Direito das Sociedades, Documentação e* direito comparado, 2 (1980), 135 ss; *Id.*, *Estudos vários, sobre sociedades anónimas: Comentário ao Código das Sociedades Comerciais* (2003), 56.

Vide a bibliografia geral indicada no 434.º.

[1] CMVM, *Transposição da Directiva dos direitos dos accionistas e alterações ao Código das Sociedades Comerciais/Processo de Consulta Pública n.º 10/2008*, agosto 2008, 56.

[2] Ferreira Gomes, *Da Administração,* n.ºs 665, 704, 717, 1400-1404. Até ao TransPuG (2002), caso o *Vorstand* recusasse a informação individualmente solicitada, a mesma só podia ser exigida se o pedido fosse secundado por outro membro do *Aufsichtsrat*. Entendeu-se em 2002 que este era um limite inaceitável no acesso à informação pelos membros do órgão de fiscalização.

Índice

I – **Origem e alterações**
1. Redação inicial 1
2. Reforma de 2006 2

II – **Reserva de consentimento**
3. O CGS não tem poderes de gestão (n.º 1) 3
4. Fiscalização preventiva (n.º 1) 5
5. Estatutos *v.* deliberação do CGS 6
6. Reservas admissíveis 8
7. Consequências da preterição de consentimento 10
8. Delegação dos poderes de consentimento 12
9. Consentimento pela AG (n.os 2 e 3) 13

I – Origem e alterações

1 1. **Redação inicial**. Na versão de 1986, dispunha:

> 1. O conselho geral não tem poderes de gestão das actividades da sociedade, mas a lei, o contrato de sociedade e o próprio conselho podem estabelecer que a direcção deve obter prévio consentimento do conselho geral para a prática de determinadas categorias de actos.
>
> 2. Sendo recusado o consentimento previsto no número anterior, a direcção pode submeter a divergência a deliberação da assembleia geral. A deliberação pela qual a assembleia dê o seu consentimento deve ser tomada pela maioria de dois terços dos votos emitidos, se o contrato de sociedade não exigir maioria mais elevada ou outros requisitos.

2 2. **Reforma de 2006**. Procedeu à redenominação dos órgãos e, incompreensivelmente, suprimiu a possibilidade de o próprio CGS estabelecer a necessidade de prévio consentimento da sua parte[1]. Foi também aditado o n.º 3.

II – Reserva de consentimento

3 3. **O CGS não tem poderes de gestão (n.º 1)**[2]. A atividade de administração é caracterizada pela *iniciativa* na promoção do interesse social, iniciativa essa que o CGS não tem, nem pode ter[3]. A sua influência *de facto* sobre a administração pode ser maior ou menor, consoante os poderes que lhe sejam imputados e um sem número de outras variáveis (a cultura da empresa, a personalidade dos titulares dos órgãos sociais, etc.), mas sempre no contexto da sua fiscalização da administração[4].

4 Rejeitamos assim as qualificações do CGS como órgão "híbrido", "bifronte", "intermédio", "de competências mistas"[5] que assentam numa perspetiva redutora da fiscalização global da administração: porque o CGS teria meios mais eficazes de influenciar o curso da administração, a sua atividade não poderia ser de "mera fiscalização"; teria de ser algo mais. Exige-se, hoje mais do que nunca, uma fiscalização atenta, ativa, informada, interveniente; não apenas formal, mas também de mérito; não apenas repressiva, mas também preventiva. Numa palavra:

[1] Cf. anot. 5 *infra*.

[2] Contrariamente ao que alguma doutrina tem afirmado entre nós. Assim, *v.g.*, Menezes Cordeiro, *CSC Clássica*[2], 441.º, anot. 11, 442.º, anot. 3.

[3] Ferreira Gomes, *Da administração*, n.os 1462-1465. Assim tb. Soveral Martins, *Código em comentário*, 6, 442.º, 805.

[4] A incorreta compreensão do papel do CGS levou a CMVM a autonomizar, no seu Código de Governo das Sociedades, o CGS relativamente aos demais órgãos de fiscalização, prevendo inclusive recomendações específicas para o CGS, sem que essa especificidade tenha qualquer sustentação normativa.

[5] Cf. João Calvão da Silva, "Corporate governance", 50, Armando Triunfante (2007), 474-475, Paulo Olavo Cunha, *Direito das sociedades*[6], 879, José Vasques, *Estruturas e conflitos de poderes nas sociedades anónimas* (2007), 167, 174-176, Pedro Maia, "Tipos de sociedades comerciais", 28.

diligente[6]. Neste sentido, os diferentes meios de intervenção do CGS sobre a administração devem ser sistematicamente reconduzidos à sua obrigação de diligente vigilância[7].

4. **Fiscalização preventiva (n.º 1).** O consentimento do CGS para a prática de determinados atos pelo CAE consubstancia uma forma de *fiscalização preventiva* da administração[8]. Estando sujeito à intervenção prévia do CGS, o CAE vê-se forçado a fundamentar as suas opções e iniciativas, de forma a assegurar o consentimento daquele, potenciando o cuidado e a atenção colocados no processo. Por seu turno, o CGS tem a oportunidade de verificar *ex ante* a licitude, a regularidade, a economicidade e a adequação das medidas propostas, incluindo, em particular, a solidez do *iter* decisional do CAE e a gestão dos riscos associados, face às concretas circunstâncias da empresa[9]. Estamos perante um *poder de veto*[10]; não se traduz na possibilidade (*de iure*) de impor alternativas da sua preferência. 5

5. **Estatutos *v.* deliberação do CGS.** Antes de 2006, tal como no Direito alemão, o próprio CG podia estabelecer reservas de consentimento *ad hoc*. Incompreensivelmente, em 2006, o legislador eliminou esta possibilidade, restringindo gravemente a eficácia deste mecanismo de fiscalização preventiva, criando mais uma importante divergência sistemática face ao Direito alemão, com consequências na compreensão do equilíbrio interorgânico no nosso modelo germânico. 6

Como é sublinhado no sistema alemão, a definição de um catálogo de atos sujeito a consentimento nos estatutos é desaconselhada, sendo preferida a sua delimitação pelo órgão de fiscalização. Em primeiro lugar, os acionistas têm um menor contacto com o desenvolvimento da atividade da sociedade, estando por isso em piores condições para delimitar os atos que, pela sua importância, devem estar sujeitos a consentimento. Em segundo lugar, a delimitação estatutária é menos flexível, porquanto a reação aos desenvolvimentos verificados na atividade da sociedade ficam dependentes de alterações estatutárias. 7

6. **Reservas admissíveis.** A lei não delimita os tipos de atos que podem ser sujeitos a consentimento do CGS. Os desenvolvimentos jurisprudenciais e doutrinários no sistema alemão oferecem pontos de apoio[11]: *(i)* podem incluir-se atos de fundamental importância, concretizados em função do sector empresarial em causa, do tamanho e da complexidade da sociedade[12]; *(ii)* só pode sujeitar-se a consentimento do CGS a prática de "determinadas categorias de atos", não sendo admissíveis reservas genéricas, relativas a todos os atos importantes ou a um catálogo que abranja a maioria das decisões do CAE[13]; (iii) as reservas de consentimento podem abranger 8

[6] Cf. anots. ao 420.º.

[7] Com desenvolvimento, Ferreira Gomes, "Modelos de governo", 406-412.

[8] BGH 21-abr.-1997 (*ARAG/Garmenbeck*), *BGHZ* 135, 244, 254-255. Cf. Ferreira Gomes, *Da administração*, n.º 1463 (n. 1936). Diversamente, parece-nos que Soveral Martins, *Código em comentário*, 6, 442.º, 801, não configura a prestação do consentimento como uma forma de fiscalização preventiva, afirmando que o uso deste mecanismo pode limitar o CGS na fiscalização dos atos em causa. Não acompanhamos: na análise dirigida à prestação do consentimento já está a fiscalizar.

[9] Cf. Ferreira Gomes, *Da Administração*, n.º 1463 (n. 1937).

[10] Esta afeta a margem de discricionariedade do CAE porque, na prática, perante reservas de consentimento, a administração vê-se confrontada com a necessidade de procurar consensos (assim limitando o seu leque de opções), de forma a assegurar a aprovação pelo CGS dos atos que pretende praticar.

[11] Ferreira Gomes, *Da Administração*, n.º 1469, Soveral Martins, *Código em comentário*, 6, 442.º, 807-808.

[12] Contrariamente ao sistema alemão (§ 111(4) AktG), não existe um *dever* de delimitação das categorias de atos sujeitos ao consentimento. De acordo com o BGH, a discricionariedade do *Aufsichtsrat* sobre esta matéria é reduzida a zero nos casos em que a prática de um ato ilegal só pode ser evitada pela sujeição da sua prática ao seu consentimento. BGH 15-nov.-1993, *BGHZ* 124, 111, 127. Segundo o n.º 3.3.3 DCGK, *devem* ser sujeitas a consentimento as decisões ou medidas que alterem fundamentalmente a situação patrimonial, financeira ou dos proveitos da empresa.

[13] OLG Stuttgart 27-fev.-1979, *WM* 1979, 1296, 1300. Não são igualmente aceitáveis reservas de consentimento

tanto negócios jurídicos como atos jurídicos em sentido estrito[14]; (iv) são admissíveis reservas de não só para a prática de atos *externos* (perante terceiros), mas também para atos *internos* (*v.g.*, dirigidos à organização interna da sociedade ou à criação ou extinção de sucursais); (v) são admissíveis reservas para a prática de atos sobre as sociedades-filhas, porque configuram igualmente um ato de gestão da sociedade-mãe[15].

9 A sujeição de determinadas matérias a consentimento do CGS deve pautar-se pela moderação, sob pena de *(i)* este assumir, *de facto*, competências em matérias de gestão (contrariando o 442.º/1); *(ii)* a sua influência sobre a administração se tornar excessiva, com assunção de parte da responsabilidade pela administração; *(iii)* tornar impossível a administração da sociedade pelo CAE sob sua própria responsabilidade[16].

10 7. **Consequências da preterição de consentimento.** A exigência de intervenção do CGS limita os *poderes de gestão,* mas não os *poderes de representação* do CAE. Este tem plenos poderes de representação da sociedade perante terceiros (431.º/2) e os atos praticados pelos administradores, em nome da sociedade e dentro dos poderes que a lei lhes confere, vinculam-na para com terceiros, não obstante as limitações constantes do contrato de sociedade (409.º/1, *ex vi* 431.º/3)[17]. Mesmo que limitasse os poderes de representação, seria ineficaz perante terceiros (novamente, 409.º/1, *ex vi* 431.º/3)[18].

11 A prática de um ato pelos administradores, em representação da sociedade, sem consentimento devido, consubstancia violação dos seus deveres para com a sociedade, mas o ato não deixa de produzir os seus efeitos perante terceiros[19]. Estes não têm de averiguar se o ato praticado em nome da sociedade foi precedido de autorização interna ou de qualquer outro condicionamento interno[20].

12 8. **Delegação dos poderes de consentimento.** O CGS pode delegar o poder de prestação do consentimento numa sua comissão (444.º/1).

13 9. **Consentimento pela AG (n.os 2 e 3).** Quando o CGS recuse o consentimento, pode o CAE submeter o assunto à AG, a qual pode dar o consentimento por uma maioria de 2/3 dos votos emitidos, se os estatutos não fixarem percentagem superior. Estamos perante um mecanismo de *checks and balances*: a última palavra cabe aos "credores residuais" da sociedade: os acionistas[21]. A maioria de 2/3 justifica-se para dificultar a "captura" do órgão de fiscalização pelo acionista de controlo[22]. O 442.º/3 agiliza o procedimento, reduzindo para 15 dias os prazos de convocação da AG (377.º/4).

para negócios isolados ou específicos. Raul Ventura, *Estudos vários*, 56.

[14] Como resulta da letra do 442.º/1.

[15] *V.g.*: designação e destituição de órgãos sociais das sociedades-filhas, decisões de investimento e desinvestimento, alterações substanciais na produção, aumentos de capital, alterações de estatutos.

[16] Ferreira Gomes, *Da Administração*, n.º 1470.

[17] Cf. 9.º/1 da 1.ª Diretriz de Direito das Sociedades (68/151/CEE), relativa às garantias dos sócios e de terceiros, bem como Raul Ventura, *Adaptação do Direito português à 1.ª Diretiva*, 135 ss.; Pedro de Albuquerque, *A vinculação das sociedades comerciais por garantia*, 692-695, recordando a aproximação à teoria alemã da aparência e, mais recentemente, Rita Albuquerque, *A vinculação*, 114-139.

[18] Ferreira Gomes, *Da Administração*, n.os 1471-1472, Soveral Martins, *Os poderes de representação*, 206-215 (208), Rita Albuquerque, *A vinculação*, 120-123.

[19] Soveral Martins, *Código em comentário*, 6, 442.º, 810-811, sustenta que, quando o consentimento do CGS seja exigido por lei, o ato praticado sem a mesma é nulo ou ineficaz em relação à sociedade (inclinando-se para esta segunda solução).

[20] Como salienta o RLx 22-jan.-2002 (Abrantes Geraldes), *CJ*, 27:1, 2002. Cf. Ferreira Gomes, *Da Administração*, n.os 1473-1474, Soveral Martins, *Os poderes de representação*, 235-241 (238-239), Menezes Cordeiro, 1, 849, Pedro de Albuquerque, *A vinculação das sociedades comerciais*, 702, Rita Albuquerque, *A vinculação*, 119-120.

[21] Sobre os acionistas enquanto "credores residuais", cf. Ferreira Gomes, *Da administração,* n.º 54. Não partilhamos a perspetiva crítica de Menezes Cordeiro, *CSC Clássica*[2], 442.º, anot. 4.

[22] O § 111(4) AktG estabelece injuntivamente uma maioria de pelo menos 3/4.

Artigo 443.º (Poderes de representação)

1. Nas relações da sociedade com os seus administradores a sociedade é obrigada pelos dois membros do conselho geral e de supervisão por este designados.
2. Na contratação dos peritos, nos termos da alínea *p*) do artigo 441.º, a sociedade é representada pelos membros do conselho geral e de supervisão, aplicando-se, com as devidas adaptações, o disposto nos artigos 408.º e 409.º.
3. O conselho geral e de supervisão pode requerer atos de registo comercial relativos aos seus próprios membros.

Bibliografia: António Menezes Cordeiro, *CSC/Clássica*, 2.ª ed. (2011), 443.º; José Ferreira Gomes, *Da Administração à Fiscalização das Sociedade: A obrigação de vigilância dos órgãos da sociedade anónima* (2015), n.º 902; Alexandre de Soveral Martins, *Código em comentário* 6 (2013), 443.º; Raul Ventura, *Código das Sociedades (Projecto)*, 429.º/5, 260-263.

Índice

1. Redação inicial 1
2. Reforma de 2006 2
3. Relações com os administradores (n.º 1) 3
4. Extensão aos casos de interposição de pessoas (n.º 1) 5
5. Não extensão aos negócios do 397.º/5 (n.º 1). 6
6. Contratação de peritos (n.º 2) 7
7. Registo comercial (n.º 3) 8

1. **Redação inicial**. Na versão de 1986, dispunha: 1

> 1. Nas relações da sociedade com os seus directores a sociedade é obrigada pelos dois membros do conselho geral por este designados.
> 2. O conselho geral pode requerer actos de registo comercial relativos aos seus próprios membros.

2. **Reforma de 2006**. Redenominou os órgãos e regulou a representação para contratação de peritos (n.º 3). 2

3. **Relações com os administradores (n.º 1)**. Traduz um desvio (injuntivo)[1] à regra geral da representação da sociedade pelo órgão de administração que se justifica por imperativos de imparcialidade e objetividade[2]. 3

A solução de representação por dois membros do CGS, por este designados, que constava já do Projeto de Raul Ventura[3], gera dúvidas, afastando-se do § 112 AktG[4]. Ao CGS cabe autorizar a celebração do negócio com administradores, com base em informação adequada sobre o mesmo, pelo menos sobre as suas condições essenciais, e sobre os inerentes conflitos de interesses. Aos dois membros designados cabe desenvolver a vontade assim manifestada, completando a negociação do contrato e representando a sociedade na sua celebração. A imposição da intervenção de dois membros parece justificar-se pela desconfiança do legislador face à mar- 4

[1] Soveral Martins, *Código em comentário*, 6, 443.º, 813.
[3] Soveral Martins, *Código em comentário*, 6, 443.º, 813.
[3] *Código das Sociedades (Projecto)*, 260-263.

gem conferida aos legitimados para desenvolver a vontade manifestada pelo CGS. A ser assim, não se compreende a disparidade de soluções no modelo tradicional e no modelo germânico.

5 4. **Extensão aos casos de interposição de pessoas (n.º 1).** Tal como os requisitos de aprovação dos contratos a celebrar entre a sociedade e um ou mais administradores (397.º/2 *ex vi* 428.º), também a norma de representação constante do 443.º/1 se aplica não apenas aos contratos a celebrar *diretamente* com administradores, mas também aos contratos celebrados com administradores *por interposta pessoa*[5]. Destacam-se os negócios celebrados com sociedades controladas por administrador[6]. A extensão da norma relativa à representação tem de coincidir com a relativa à aprovação dos negócios.

6 5. **Não extensão aos negócios do 397.º/5 (n.º 1).** Havendo correspondência entre as normas relativas à representação e à aprovação dos negócios, o n.º 1 não se aplica aos atos compreendidos no próprio comércio da sociedade e nenhuma vantagem seja concedida ao contraente administrador (397.º/5 *ex vi* 428.º)[7].

7 6. **Contratação de peritos (n.º 2).** Aqui a representação é assegurada por todos, aplicando-se a regra supletiva dos 408.º e 409.º: a sociedade fica vinculada pelos negócios concluídos ou ratificados pela *maioria* dos membros do CGS. É desejável que os estatutos simplifiquem[8].

8 7. **Registo comercial (n.º 3).** Os atos relativos aos seus membros [3.º, *m*), do CRCom] podem ser requeridos pelo próprio CGS. Vale aqui também a regra supletiva de vinculação da sociedade pela intervenção da *maioria* dos seus membros, bem como a possibilidade de solução diversa no contrato de sociedade (408.º/1 *ex vi* 443.º/2, por analogia).

Artigo 444.º (Comissões do conselho geral e de supervisão)

1. Quando conveniente, deve o conselho geral e de supervisão nomear, de entre os seus membros, uma ou mais comissões para o exercício de determinadas funções, designadamente para fiscalização do conselho de administração executivo e para fixação da remuneração dos administradores.

2. Nas sociedades emitentes de valores mobiliários admitidos à negociação em mercado regulamentado e nas sociedades que cumpram os critérios referidos na alínea *a*) do n.º 2 do artigo 413.º, o conselho geral e de supervisão deve constituir uma comissão para as matérias financeiras, especificamente dedicada ao exercício das funções referidas nas alíneas *f*) a *o*) do artigo 441.º.

3. Sem prejuízo do disposto no artigo 434.º, à comissão para as matérias financeiras é aplicável a alínea *f*) do n.º 1 do artigo 414.º-A.

4. A comissão para as matérias financeiras elabora anualmente relatório sobre a sua ação fiscalizadora.

5. A comissão referida no número anterior deve incluir pelo menos um membro que tenha curso superior adequado ao exercício das suas funções e conheci-

[4] Não tem igualmente paralelo na lei francesa de 1966, nem na Proposta modificada de 5.ª Diretriz de 1983.

[5] Ferreira Gomes, *Da Administração*, n.º 902.

[6] Não se trata aqui, em rigor, de levantamento ou desconsideração da personalidade jurídica, como sustenta Soveral Martins, *Código em comentário*, 6, 443.º, 816.

[7] Soveral Martins, *Código em comentário*, 6, 443.º, 816, vai mais longe, defendo a restrição do n.º 1 de modo a não o aplicar às relações que não envolvam um risco de conflito de interesses.

[8] Menezes Cordeiro, *CSC Clássica*[2], 443.º, anot. 4.

mentos em auditoria ou contabilidade e que seja independente, nos termos do n.º 5 do artigo 414.º.

6. Em sociedades emitentes de ações admitidas à negociação em mercado regulamentado, os membros da comissão referida no n.º 3 devem, na sua maioria, ser independentes.

Bibliografia: António Menezes Cordeiro, *CSC/Clássica*, 2.ª ed. (2011), 444.º; José Ferreira Gomes, *Da Administração à Fiscalização das Sociedade: A obrigação de vigilância dos órgãos da sociedade anónima* (2015), n.ºs 1480-1498; Alexandre de Soveral Martins, *Comissão executiva, comissão de auditoria e outras comissões na administração*, in Reformas do Código das Sociedades Comerciais (2007), 274; *Id.*, *Código em comentário* 6 (2013), 444.º; João Calvão da Silva, *"Corporate Governance": Responsabilidade civil de administradores não executivos, da comissão de auditoria e do conselho geral e de supervisão*, RLJ, 136 (2006), 51; Armando Manuel Triunfante (2007), 488-491.

Índice

I – **Origem e alterações**
1. Origem e redação inicial 1
2. Reforma de 2006 2

II – **Comissões comuns**
3. Comissões comuns 4
4. Comissões preparatórias 5
5. Comissões de fiscalização 6
6. Comissões decisórias 8
7. Poderes indelegáveis 10

III – **Comissão para as matérias financeiras**
8. Imposição normativa: crítica 13
9. A CMF como comissão auxiliar do CGS 14
10. Requisitos de composição 18

I – Origem e alterações

1. Origem e redação inicial. Tem como paralelo o § 107(3) AktG e dispunha na versão de 1986: 1

> 1. O conselho geral pode nomear, de entre os seus membros, uma ou mais comissões para preparar as suas deliberações ou para fiscalizar a execução destas.
>
> 2. No primeiro mês após a sua eleição, deve o conselho nomear uma comissão especialmente encarregada de exercer permanentemente as funções de fiscalização da direcção, previstas no artigo 441.º, alíneas *d*) e *e*).

2. Reforma de 2006. Complicou desnecessariamente. O n.º 1 era mais claro na versão original. 2
Densificava o dever de organização interna do CG: sendo este numeroso, podia justificar-se a preparação e a fiscalização da execução das suas deliberações por uma comissão. O n.º 2 justificava-se se o CG fosse demasiado numeroso para assegurar um acompanhamento permanente da direção.

Em 2006, o legislador entendeu que o cumprimento das competências previstas na Diretriz de Revisão de Contas (2006/43/CE) para o "comité de auditoria" das EIP devia ser assegurado por uma comissão para as matérias financeiras. Passámos assim a ter a imposição normativa, ao CGS das grandes SA e das sociedades cotadas, de constituição de uma comissão auxiliar (a CMF) com poderes de fiscalização do processo contabilístico e da revisão legal de contas[1]. 3

[1] Ferreira Gomes, "Modelos de governo", 422. Cf. anot. 8 *infra*.

II – Comissões comuns

4 3. **Comissões comuns**. Prevê-se *expressamente* a possibilidade de o CGS (e não o contrato de sociedade ou a AG[2]) constituir comissões comuns[3], compostas por membros seus. Podem ser constituídas e suprimidas a todo o tempo, avocando o CGS as tarefas que lhes tenha confiado[4]. Trata-se de uma concretização do seu dever de organização interna: quando as circunstâncias do caso assim o exijam, *deve* distribuir tarefas entre os seus membros e constituir comissões que o auxiliem no cumprimento das suas tarefas. As dúvidas centram-se na delimitação dos poderes suscetíveis de delegação.

5 4. **Comissões preparatórias**[5]. Certamente podem ser criadas *comissões preparatórias* dos trabalhos a desenvolver pelo plenário, nos termos sugeridos por Raul Ventura e refletidos na versão original deste preceito. A estas cabe o tratamento da informação, de avaliação e de aconselhamento do plenário, agilizando o seu processo deliberativo.

6 5. **Comissões de fiscalização**[6]. Parecem ser genericamente admissíveis as *comissões de fiscalização da execução das deliberações* do CGS, nos termos propostos no Projeto de Raul Ventura e refletidas na versão original deste preceito. Porém, as suas funções parecem não divergir das já enunciadas para as comissões preparatórias. Também a estas cabem funções de tratamento de informação, de avaliação e de aconselhamento ao plenário.

7 Estas comissões não se confundem com a comissão de "fiscalização do conselho de administração executivo" (444.º/1). Esta tem o acesso à informação condicionado, nos termos já referidos. Deve avaliar a informação recolhida e suscitar a intervenção do plenário do CGS para reagir quando isso se justifique. Com exceção do diálogo com o CAE (a quem pode prestar os conselhos que se imponham no caso), as reações às irregularidades detetadas estão reservadas ao plenário do CGS. A este, e só a este, pode caber o exercício dos *poderes-deveres de reação* imputados diretamente ao CGS[7]. Em suma, a esta comissão de fiscalização podem ser atribuídas funções de tratamento de informação, de avaliação e de aconselhamento ao plenário, bem como na função de diálogo com CAE própria de uma fiscalização preventiva.

8 6. **Comissões decisórias**[8]. A sua admissibilidade é discutível[9]. Deve admitir-se a delegação de poderes para: *(i)* aprovar a remuneração dos administradores (429.º e 444.º/1); *(ii)* dar parecer sobre o relatório de gestão e as contas do exercício [441.º/1, *h*)][10] e selecionar e propor à AG a designação do ROC [441.º/1, *m*)], poderes estes que podem (e devem) ser exercidos pela CMF, quando existente (444.º/2); *(iii)* prestar aconselhamento ao CAE, inerentes à tarefa de fiscalização preventiva; *(iv)* contratar peritos coadjuvantes [441.º/1, *p*)]; *(v)* conceder ou negar consentimento à transmissão de ações [441.º/1, *r*)]; *(vi)* emitir parecer sobre o limite da emissão de obrigações (349.º/3); *(vii)* conceder ou negar autorização para a celebração de negócios entre a sociedade e os administradores, para o exercício de atividade concorrente da sociedade

[2] Soveral Martins, *Código em comentário*, 6, 444.º, 823.

[3] Por contraposição à CMF. Menezes Cordeiro, *CSC Clássica*², 444.º, anot. 3.

[4] Menezes Cordeiro, *CSC Clássica*², 444.º, anot. 3.

[5] Ferreira Gomes, *Da Administração*, n.ºs 1480-1486.

[6] Ferreira Gomes, *Da Administração*, n.ºs 1487-1493.

[7] Cf. a anot. 6 ao 441.º.

[8] Ferreira Gomes, *Da Administração*, n.ºs 1494-1495.

[9] Face à redação anterior a 2006, Raul Ventura negava esta possibilidade porque a letra da lei só referia comissões preparatórias e de fiscalização da execução das deliberações do CG, preterindo o advérbio "nomeadamente" que consta do § 107(3) AktG. Depois de 2006, negando esta possibilidade, Calvão da Silva, "Corporate Governance", 51. Diferentemente, admitindo genericamente a atribuição destas funções que qualifica como "deliberativas", Soveral Martins, *Código em comentário*, 6, 444.º, 824, *id.*, "Comissão executiva", 274.

[10] Incluindo a declaração sobre a conformidade das contas com as normas contabilísticas aplicáveis. Cf. 245.º/1, *c*) CVM, *ex vi* 420.º/6.

e para o exercício de funções em sociedade concorrente (397.º/2 e 398.º/4, *ex vi* 428.º); e *(viii)* conceder ou negar consentimento para a prática de determinadas categorias de atos (442.º/1).

Sem prejuízo das imposições legais, a delegação deste tipo de poderes deve restringir-se aos casos em que a necessidade de salvaguardar a eficaz e eficiente operacionalidade do CGS assim o imponha, nomeadamente, em virtude da sua dimensão e composição. Havendo delegação de poderes-deveres, fica o plenário vinculado à vigilância do seu exercício/cumprimento. A delegação não desresponsabiliza. 9

7. **Poderes indelegáveis**[11]. Pela sua importância estrutural no equilíbrio interorgânico, são insuscetíveis de delegação[12] os poderes relativos às relações do CGS com o CAE e com os acionistas, a saber, os poderes de: *(i)* designação e destituição dos administradores [441.º/1, *a*)]; *(ii)* designação do presidente do CAE [441.º/1, *b*)]; *(iii)* declaração da nulidade e de anulação de deliberações do CAE (433.º/1); *(iv)* requerer ao presidente da mesa a convocação da AG e de convocar a AG quando o presidente da mesa o não faça [375.º/1, 377.º/1 e 7, e 441.º/1, *s*)]; *(v)* informar os acionistas de todas as irregularidades e inexatidões verificadas [422.º/1, *e*), por analogia]; *(vi)* apresentar relatório anual [441.º/1, *h*) e *q*)]; *(vii)* dar parecer sobre as propostas da administração à AG [420.º/1, *g*), por analogia]. 10

Estas matérias, em geral, não justificam a restrição do processo decisório a um núcleo mais restrito de membros do CGS. Pode justificar-se a preparação dos trabalhos do plenário por uma comissão preparatória, mas não a delegação da competência para a decisão em si. 11

São igualmente reservadas ao CGS, de acordo com o princípio da colegialidade e da paridade dos seus membros, as decisões sobre a sua organização interna, incluindo a escolha do seu presidente (395.º/2, *ex vi* 436.º) e a constituição de comissões (444.º). 12

III – **Comissão para as matérias financeiras**

8. **Imposição normativa: crítica**. Em 2006, o n.º 2 passou a impor ao CGS das grandes SA [413.º/2, *a*)] e das sociedades cotadas que constituísse uma comissão auxiliar (a CMF) com poderes de fiscalização do processo contabilístico e da revisão legal de contas. Impôs aquilo que no sistema alemão era apenas recomendado pelo DCGK (ponto 5.3), dedicado à formação de comissões auxiliares pelo *Aufsichtsrat*. Foi uma opção legislativa que seguramente não é isenta de críticas. Foi provavelmente motivada pela preocupação de previsão de uma solução eficaz numa área de tão acentuada especialização técnica, partindo da ideia de que a existência de uma pequena comissão especializada aumenta o profissionalismo, a eficiência e a eficácia das atividades de fiscalização[13]. Não se compreende, porém, a restrição da autonomia privada, sem paralelo nos demais modelos de governo da SA. É uma solução injustificadamente rígida, com custos para as sociedades que adotem este modelo. 13

9. **A CMF como comissão auxiliar do CGS.** A constituição da CMF, a designação e destituição (com ou sem justa causa[14]) dos seus membros, a delimitação das suas competências – sem prejuízo da imposição normativa das previstas nas als. *f*) a *o*) do 441.º (444.º/2), relativas sobretudo à fiscalização contabilística e à fiscalização da revisão legal de contas – e das 14

[11] Ferreira Gomes, *Da Administração*, n.os 1496-1498.

[12] Deve atender-se ao catálogo desenvolvido pela doutrina e pela jurisprudência no sistema alemão, hoje refletido no § 107(3)2 AktG, sem paralelo entre nós. Ferreira Gomes, *Da Administração*, n.º 1496 (n. 1968).

[13] Ferreira Gomes, "Modelos de governo", 422.

[14] A lei não exige justa causa. Bem, porque, sendo a CMF uma comissão interna do CGS, deve este poder determinar livremente a sua estrutura e composição, para desempenhar em primeira linha funções que são do próprio CGS.

regras relativas ao seu funcionamento é da *competência exclusiva do CGS*[15]. Tal como no sistema alemão, o exercício desta competência não está na disponibilidade dos sócios, que assim não a podem condicionar por disposição estatutária ou por deliberação[16]. Estamos perante um espaço de autodeterminação do CGS, a quem cabe determinar a sua própria organização interna, sob responsabilidade própria. Só este tem a habilitação normativa para a produção dos efeitos jurídicos relevantes.

15 Este espaço é delimitado apenas pelas normas legais que impõem ao CGS a aprovação de uma deliberação dirigida à constituição da CMF, ao cumprimento de determinados requisitos na sua composição e à delegação das referidas competências relativas à fiscalização contabilística e à fiscalização da revisão legal de contas (444.º/2, 3, 5 e 6 CSC, confirmadas pelo 3.º/3 DL 225/2008 para as EIP, entretanto substituído pela Lei n.º 148/2015)[17].

16 Constituída a comissão nos termos legais e delegados (pelo menos) os poderes impostos por lei, vale o esquema geral de articulação interorgânica, entre o CGS e a CMF. A divisão de tarefas em qualquer órgão coletivo, através da constituição de comissões e da especialização dos seus membros está numa relação de tensão com o princípio jus-societário da colegialidade e da (assim garantida) igualdade dos membros do órgão coletivo. A delegação de poderes não o desresponsabiliza: continua a ser coletivamente responsável pela forma como os mesmos são exercidos pelo órgão delegado. A delegação modela o conteúdo da sua obrigação de vigilância, tanto mais intensa quanto mais ampla for a delegação em causa. Assim, com a delegação, o CGS não deixa de participar no desempenho das funções delegadas. Simplesmente, essa participação é de natureza subsidiária: o CGS pode e deve intervir sempre que a atuação da CMF não seja adequada ou suficiente[18].

17 Por isso, tanto o CGS como a CMF desempenham as funções imputadas pela Diretriz de Revisão de Contas ao "comité de auditoria" das EIP, estando sujeitos aos requisitos de composição que tal Diretriz associou ao desempenho das mesmas[19].

18 10. **Requisitos de composição.** Em geral, os membros da CMF estão sujeitos aos requisitos gerais do 434.º e não podem ser concorrentes, direta ou indiretamente [414.º-A/1, *f)* *ex vi* 444.º/3]. A CMF deve incluir pelo menos um membro com curso superior adequado ao exercício das funções, com conhecimentos em auditoria ou contabilidade e que seja independente, no sentido do 414.º/5 (444.º/5).

19 Nas EIP, incluindo sociedades cotadas, também à CMF se exige *(i)* que os seus membros tenham, no seu conjunto, formação e experiência prévias para o sector em que opera a entidade e *(ii)* que a maioria dos seus membros, incluindo o seu presidente, seja independente [3.º/2, *b)* e *c)* da Lei 148/2015; cf. tb. 444.º/6 e 414.º/5][20].

20 A CMF elabora anualmente um relatório sobre a sua atividade (444.º/4).

[15] Estamos perante um órgão estruturalmente dependente do CGS, mas com um leque de competências próprias, coerente com o sistema de origem [§107(3) AktG]. Não podemos aceitar a aplicação analógica do regime da CAud, nos termos sustentados por Menezes Cordeiro, *CSC Clássica*², 444.º, anot. 6. A CAud *não* está para o CA tal como a CMF está para o CGS.

[16] São nulas cláusulas estatutárias, como a do artigo 23.º/2 e 3 dos estatutos da EDP, por contrariedade à lei (artigo 280.º/1 CC).

[17] Ferreira Gomes, "Modelos de governo", 422.

[18] Ferreira Gomes, "Modelos de governo", 421-422.

[19] Cf. anot. seguinte.

[20] Ferreira Gomes, "Modelos de governo", 424.

Artigo 445.º (Remissões)

1. Aos negócios celebrados entre membros do conselho geral e de supervisão e a sociedade aplica-se, com as necessárias adaptações, o disposto no artigo 397.º.

2. Às reuniões e às deliberações do conselho geral e de supervisão aplica-se o disposto nos artigos 410.º a 412.º, com as seguintes adaptações:

a) O conselho geral e de supervisão deve reunir, pelo menos, uma vez em cada trimestre;

b) A convocação pode ser feita pelo conselho de administração executivo, se o presidente do conselho geral e de supervisão não o tiver convocado para reunir dentro dos 15 dias seguintes à receção do pedido por aquele formulado;

c) O pedido de declaração de nulidade de deliberação pode ser formulado por qualquer administrador ou membro do conselho geral e de supervisão.

3. A responsabilidade de cada membro do conselho geral e de supervisão deve ser garantida através de caução ou de contrato de seguro, aplicando-se, com as devidas adaptações, o disposto no artigo 396.º.

Bibliografia: Jorge Coutinho de Abreu, *Código em comentário* 6 (2013), 445.º; António Menezes Cordeiro, *CSC/Clássica*, 2.ª ed. (2011), 445.º, João Sousa Gião, *Conflitos de interesses entre administradores e os accionistas na sociedade anónima: Os negócios com a sociedade e a remuneração dos administradores*, in Conflito de interesses no direito societário e financeiro: Um balanço a partir da crise financeira (2010), 258-263; José Ferreira Gomes, *Da Administração à Fiscalização das Sociedade: A obrigação de vigilância dos órgãos da sociedade anónima* (2015), n.os 869-940; Armando Manuel Triunfante (2007), 493; Raul Ventura, *Estudos vários sobre sociedades anónimas* (2003), 61.

Índice

1. Redação inicial e reforma de 2006 1
2. Negócios entre a sociedade e membros do CGS (n.º 1) 2
3. Reuniões e deliberações do CGS (n.º 2) 4
4. Caução ou seguro (n.º 3) 6
5. Destituição dos membros do CGS 7

1. **Redação inicial e reforma de 2006**. A redação vigente, resultante da reforma de 2006, está próxima da original. Em 2006 foram apenas redenominados os órgãos sociais e acrescentado o n.º 3, na linha do que sucedeu com o CF (418.º-A/1). 1

2. **Negócios entre a sociedade e membros do CGS (n.º 1).** Aplica-se, com as necessárias adaptações, o disposto no 397.º *ex vi* 445.º/1. A sociedade não pode conceder empréstimos ou crédito a administradores, efetuar pagamentos por conta deles, prestar garantias a obrigações por eles contraídas e facultar-lhes adiantamentos de remunerações superiores a um mês. A violação desta norma injuntiva determina a nulidade do negócio (397.º/1). 2

Os demais contratos entre a sociedade e membros do CGS são nulos, salvo *(i)* se incluídos no próprio comércio da sociedade e nenhuma vantagem especial seja concedida ao contraente administrador (397.º/5)[1] ou *(ii)* se aprovados pelo CAE, com parecer favorável do CGS (397.º/2 e 445.º/1)[2]. 3

[1] Ferreira Gomes, *Da Administração*, n.os 932-940.

[2] Ferreira Gomes, *Da Administração*, n.os 869-940. Contra, Raul Ventura, *Estudos vários*, 61, defende a aprovação apenas pelo CGS, posição que criticamos com desenvolvimento (*loc. cit*). Afastamo-nos igualmente de João Gião, *Conflitos de interesses*, 258-263, para quem estes negócios

4 3. **Reuniões e deliberações do CGS (n.º 2)**. Aplicam-se, com as necessárias adaptações, os 410.º a 412.º, com adaptações (445.º/2). Quanto ao 410.º: o CGS deve reunir sempre que convocado pelo presidente ou por outros dois membros do CGS (410.º/1). Deve também reunir quando convocado pelo CAE, se o presidente do CGS não o tiver convocado para reunir dentro dos 15 dias seguintes à receção do pedido por aquele formulado [445.º/2, *b*)]. Deve reunir pelo menos uma vez em cada trimestre [445.º/2, *a*)]. A convocatória deve ser feita por escrito, com antecedência adequada, salvo quando o contrato de sociedade preveja reunião em datas prefixadas ou outra forma de convocação (410.º/3). Não pode deliberar sem a presença ou representação da maioria dos seus membros (410.º/4). O contrato de sociedade pode permitir que qualquer membro do CGS se faça representar por outro membro do CGS, mediante carta dirigida ao presidente (cada instrumento só pode ser usado uma vez) (410.º/5). Os membros do CGS não podem votar sobre assuntos em que tenham, por conta própria ou de terceiro, um interesse em conflito com o da sociedade e, em caso de conflito, devem informar o presidente do CGS (410.º/6). As deliberações do CGS são tomadas por maioria dos votos dos membros presentes ou representados e dos que, caso o contrato de sociedade o permita, votem por correspondência (410.º/7). Se não for proibido pelos estatutos, as reuniões podem realizar-se através de meios telemáticos, se a sociedade assegurar a autenticidade das declarações e a segurança das comunicações, procedendo ao registo do seu conteúdo e dos respetivos intervenientes (410.º/8).

5 Quanto aos 411.º e 412.º: o 445.º/2, *c*) esclarece que o pedido de declaração de nulidade pode ser apresentado por qualquer administrador ou membro do CGS, a este conselho ou à AG. Deve estender-se esta norma para incluir o pedido de anulação[3]. Deve entender-se que o 445.º/2, *c*) não preclude a possibilidade de pedido por qualquer acionista com direito de voto (412.º/1).

6 4. **Caução ou seguro (n.º 3)**. Vale o disposto no 396.º quanto ao regime da caução, possibilidade de substituição por contrato de seguro, possibilidade de dispensa pela AG, prazo e dispensa no caso de membros do CGS não remunerados. Remetemos para anotações ao 418.º-A, sobre o CF.

7 5. **Destituição dos membros do CGS**. Faltou uma qualquer remissão: aplica-se 419.º, por analogia, nos termos do qual a destituição pode ser deliberada pela AG, desde que com justa causa, seguindo-se o aí previsto[4].

Secção VI – Revisor oficial de contas

Artigo 446.º (Designação)

1. Nas sociedades com as estruturas referidas nas alíneas *b*) e *c*) do n.º 1 do artigo 278.º ou com a estrutura referida na alínea *b*) do n.º 1 do artigo 413.º, sob proposta da comissão de auditoria, do conselho geral e de supervisão, da comissão para as matérias financeiras ou do conselho fiscal, a assembleia geral deve designar

devem ser aprovados pelo CGS com o parecer favorável da CMF ou, caso esta não exista, pelo ROC, como já tivemos oportunidade de desenvolver.

[3] Coutinho de Abreu, *Código em comentário*, 6, 445.º, 834-835.

[4] Menezes Cordeiro, *CSC Clássica*[2], 445.º, anot. 3, Armando Manuel Triunfante (2007), 493.

um revisor oficial de contas ou uma sociedade de revisores oficiais de contas para proceder ao exame das contas da sociedade.

2. A designação é feita por tempo não superior a quatro anos.

3. O revisor oficial de contas exerce as funções previstas nas alíneas *c*), *d*), *e*) e *f*) do n.º 1 do artigo 420.º.

4. *(Revogado.)*

Bibliografia: António Pereira de Almeida *Sociedades Comerciais, Valores Imobiliários, Instrumentos Financeiros e Mercados*, 7.ª ed. (2013), 509-513, 519-520, 531-533; António Menezes Cordeiro, *CSC/Clássica*, 2.ª ed. (2011), 446.º; Gabriela Figueiredo Dias, *Código em comentário*, 6, 2.ª ed. (2019), 446.º; José Ferreira Gomes, *Da Administração à Fiscalização das Sociedades: A obrigação de vigilância dos órgãos da sociedade anónima*, (2015), n.os 1329-1333, 1335, 1357; Armando Manuel Triunfante (2007), 493-495; José Vasques, *Estruturas e conflitos de poderes nas SA* (2007), 185-189.

Índice

1. Redação inicial 1
2. Reforma de 2006 3
3. Âmbito de aplicação (n.º 1) 4
4. Limitação das propostas (n.º 1) 5
5. Mandato (n.º 2) 8
6. Competência (n.os 1 e 3) 10
7. Poderes-deveres de obtenção de informação e de inspeção 11
8. "Dever de vigilância" (420.º-A) 12
9. Remissão 13

1. **Redação inicial**. Na versão de 1986, dispunha o 446.º: 1

1. Nas sociedades com a estrutura referida na alínea *b*) do n.º 1 do artigo 278.º a assembleia geral deve designar um revisor oficial de contas ou uma sociedade de revisores oficiais de contas para proceder ao exame das contas da sociedade.

2. A designação é feita por tempo não superior a três anos.

3. Aplica-se a este revisor oficial de contas e à sociedade de revisores oficiais de contas o disposto no artigo 414.º.

4. O revisor oficial de contas designado tem os poderes e deveres atribuídos por esta lei ao conselho fiscal e aos seus membros.

O n.º 4 era particularmente desastroso, ao atribuir ao ROC/SROC os poderes e deveres do CF e dos seus membros. No projeto de Raul Ventura atribuíam-se ao ROC apenas os poderes de exame, inspeção e informação dos membros do CF, bem como o dever de lançamento da "nota final", nos termos regulados para o ROC/SROC integrado no CF, no modelo tradicional. Assegurava-se assim o acesso à informação necessária à avaliação das contas, à preparação do correspondente relatório e lançamento da nota final. Sublinhe-se que, no modelo germânico, contrariamente ao verificado a propósito do modelo tradicional, o ROC/SROC era (e é) um órgão autónomo, não integrado no CG[1]. 2

2. **Reforma de 2006**. O 446.º só foi revisto em 2006. No n.º 1 passou a incluir-se o modelo anglo-saxónico e o modelo tradicional reforçado, com indicação (tautológica) de que a designação pela AG assenta numa proposta do órgão de fiscalização global (ou da CMF, quando aplicável). No n.º 2 alinhou-se a duração máxima do mandato com o disposto no 415.º. A introdução 3

[1] Ferreira Gomes, *Da administração*, n.os 1329-1333.

do n.º 3, associada à eliminação do n.º 4, esclareceu a circunscrição do papel do ROC/SROC à fiscalização contabilística, sem prejuízo da sua colaboração com o CGS[2]. Ficaram por esclarecer os poderes-deveres de obtenção de informação e de inspeção do ROC/SROC que, no modelo tradicional, resultam do 420.º/4, 421.º e 422.º.

4 3. **Âmbito de aplicação (n.º 1)**. O 446.º visa as SA organizadas segundo o modelo tradicional reforçado [413.º/2, *b*)], modelo anglo-saxónico [278.º/1, *b*)] ou modelo germânico [278.º/1, *c*)], nas quais o ROC/SROC, enquanto órgão social de fiscalização contabilística, surge dissociado do órgão de fiscalização global.

5 4. **Limitação das propostas (n.º 1)**. O 446.º/1 sublinha o que já resultava do 420.º/2, *b*), quanto ao CF, 423.º-F, *m*), quanto à CAud, e 441.º, *m*), quanto ao CGS: a designação do ROC pela AG tem de assentar numa proposta do órgão de fiscalização global. Trata-se de uma medida destinada a promover a independência do ROC/SROC não só perante a administração, mas também perante grupos de pressão de acionistas (*maxime*, o acionista controlador), bem como a qualidade da revisão legal de contas.

6 Não se admite a possibilidade de um ou mais acionistas proporem a designação de outro revisor quando a proposta do órgão de fiscalização global tenha sido rejeitada[3]. A eventual eleição de um ROC/SROC proposto por acionistas seria nula [56.º/1, *d*), *in fine*], não podendo tal proposta ser aceite pelo presidente da mesa da AG[4].

7 Quando o 386.º/2 refere a possibilidade de, na eleição do ROC/SROC, surgirem mais do que uma proposta, pressupõe que todas provenham do órgão competente. Nada impede o órgão de fiscalização global de apresentar propostas alternativas. No caso das EIP, isso é obrigatório (16.º/2 Regulamento de Revisão de Contas de EIP[5]). Assim se consegue uma interpretação integrada dos preceitos que, de outro modo, pareceriam desavindos[6].

8 5. **Mandato (n.º 2)**. O mandato do ROC/SROC não pode ser superior a quatro anos, seguindo o previsto nos estatutos (446.º/2). Trata-se de solução paralela à do 415.º.

9 Ainda quanto a esta matéria, deve atender-se ao limite de mandatos dos ROC/SROC nas EIP, nos termos do Regulamento de Revisão de Contas de EIP e do 54.º/3 e 4 do NEOROC[7].

10 6. **Competência (n.ºs 1 e 3)**. Desde a sua autonomização enquanto órgão social, em 1979, o ROC desempenha uma *dupla função de controlo*, já analisada[8]. O n.º 3 concretiza a obrigação de fiscalização contabilística ao remeter para o 420.º/1, *c*) a *f*). Remetemos para as correspondentes anotações ao 420.º[9].

11 7. **Poderes-deveres de obtenção de informação e de inspeção**. Não sendo regulado o acesso do ROC/SROC à informação nos modelos anglo-saxónico e germânico – essencial para o cumprimento das suas funções –, aplicam-se, por analogia, os poderes-deveres de obtenção de informação e de inspeção previstos no 420.º/4, 421.º e 422.º, para o modelo tradicional[10].

12 8. **"Dever de vigilância" (420.º-A)**. O dever de comunicação *up the ladder* de factos que revelem graves dificuldades na prossecução do objeto da sociedade aplica-se, por analogia, ao

[2] Ferreira Gomes, *Da administração*, n.ºs 1357.

[3] Contra, Gabriela Figueiredo Dias, *Código em comentário*, 6², 446.º, n.º 1-2

[4] Menezes Cordeiro, *CSC Clássica²*, 446.º, anot. 3.

[5] Regulamento (UE) 537-2014, de 16-abr.-2014, relativo aos requisitos específicos para revisão legal de contas de EIP.

[6] Menezes Cordeiro, *CSC Clássica²*, 446.º, anot. 3. Não acompanhamos Gabriela Figueiredo Dias, *Código em comentário*, 6², 446.º, n.º1, para quem a designação pela AG não assenta numa *eleição*, mas numa *ratificação* da opção do órgão de fiscalização.

[7] Aprovado pela Lei n.º 140/2015, de 7-set.

[8] Anot. 23 ao 420.º.

[9] Cf. anots. 23-28 ao 420.º.

[10] Cf. anots. 24-25 ao 420.º.

ROC/SROC nos modelos anglo-saxónico e germânico. A tanto impõe a coerência do sistema interno[11].

9. **Remissão.** O regime do ROC/SROC, enquanto órgão social autónomo, foi já analisado no contexto do modelo tradicional, com destaque para as anotações ao 414.º e 420.º, para as quais remetemos[12]. 13

Secção VII – Secretário da sociedade

Artigo 446.º-A (Designação)

1. As sociedades emitentes de ações admitidas à negociação em mercado regulamentado devem designar um secretário da sociedade e um suplente.

2. O secretário e o seu suplente devem ser designados pelos sócios no ato de constituição da sociedade ou pelo conselho de administração ou pelo conselho de administração executivo por deliberação registada em ata.

3. As funções de secretário são exercidos por pessoa com curso superior adequado ao desempenho das funções ou solicitador, não podendo exercê-las em mais de sete sociedades, salvo nas que se encontrem nas situações previstas no título VI deste Código.

4. Em caso de falta ou impedimento do secretário, as suas funções são exercidas pelo suplente.

Bibliografia: António Pereira de Almeida (2011), 193-194; António Menezes Cordeiro 2 (2007), 819 ss.; Miguel J. A. Pupo Correia (2007), 251 ss.; Paulo Olavo Cunha (2007), 139, 510 ss.; Paulo de Tarso Domingues, *Código em Comentário* VI (2013), 850-871; Jorge Henrique Pinto Furtado (2004), 437; José Vasques, *Estruturas e conflitos de poderes nas SA* (2007), 191.

Índice

1. Origem e justificação 1
2. Designação do secretário 4

1. **Origem e justificação.** Trata-se de uma figura aditada pelo DL 257/96, de 31-dez. (3.º/2), com o intuito de valorar uma realidade de facto já existente nas sociedades de maior dimensão e de aumentar a eficácia da vida societária, ao evitar a então contínua sobrecarga dos cartórios notariais e das conservatórias do registo comercial com a emissão reiterada e sistemática de certidões de mera repetição de elementos que, entretanto, não sofreram qualquer alteração (cf. preâmbulo do diploma[1]). 1

A atual redação do 446.º-A/1 e 2 foi introduzida pelo DL 76-A/2006, de 29-Mar., sendo a formulação anterior (do DL 257/96) a seguinte: 2

> 1. As sociedades cotadas em bolsa de valores devem designar um secretário da sociedade e um suplente.

[11] Ferreira Gomes, *Da Administração*, n.º 1335

[12] Anots. 13-16 ao 414.º e 23-28 ao 420.º.

[1] DR I Série-A, n.º 302, de 31-dez.-1996, 4703-4704.

O secretário e o seu suplente devem ser designados pelos sócios fundadores no acto de constituição da sociedade ou pelo conselho de administração ou pela direcção por deliberação registada em acta.

3 Esta alteração visou sobretudo a atualização da expressão "sociedades cotadas em bolsa de valores", que foi substituída por "sociedades emitentes de ações admitidas à negociação em mercado regulamentado", atentas as alterações entretanto sofridas no CVM, onde foram suprimidas todas as referências às bolsas (pelo DL 52/2006, de 15-Mar.).

4 2. **Designação do secretário.** O secretário é designado pelos sócios, no próprio ato de constituição da sociedade, podendo igualmente ser designado mais tarde pelo conselho de administração ou pelo conselho de administração executivo.

5 A lei estabelece alguns exigências para o desempenho do cargo: qualitativas – a pessoa tem que estar habilitada com um curso superior adequado ou ser solicitador; quantitativas – estabelecendo-se um máximo de 7 sociedades, salvo se coligadas.

6 Nas faltas ou impedimentos do secretário, exerce as suas funções o suplente, designado nos mesmos termos do secretário.

7 Trata-se de um cargo vinculativo para as sociedades emitentes de ações admitidas à negociação em mercado regulamentado, sendo facultativo nas demais (446.º-D).

Artigo 446.º-B (Competência)

1. Para além de outras funções estabelecidas pelo contrato social, compete ao secretário da sociedade:

a) Secretariar as reuniões dos órgãos sociais;

b) Lavrar as atas e assiná-las conjuntamente com os membros dos órgãos sociais respetivos e o presidente da mesa da assembleia geral, quando desta se trate;

c) Conservar, guardar e manter em ordem os livros e folhas de atas, as listas de presenças, o livro de registo de ações, bem como o expediente a eles relativo;

d) Proceder à expedição das convocatórias legais para as reuniões de todos os órgãos sociais;

e) Certificar as assinaturas dos membros dos órgãos sociais apostas nos documentos da sociedade;

f) Certificar que todas as cópias ou transcrições extraídas dos livros da sociedade ou dos documentos arquivados são verdadeiras, completas e atuais;

g) Satisfazer, no âmbito da sua competência, as solicitações formuladas pelos acionistas no exercício do direito à informação e prestar a informação solicitada aos membros dos órgãos sociais que exercem funções de fiscalização sobre deliberações do conselho de administração ou da comissão executiva;

h) Certificar o conteúdo, total ou parcial, do contrato de sociedade em vigor, bem como a identidade dos membros dos diversos órgãos da sociedade e quais os poderes de que são titulares;

i) Certificar as cópias atualizadas dos estatutos, das deliberações dos sócios e da administração e dos lançamentos em vigor constantes dos livros sociais,

bem como assegurar que elas sejam entregues ou enviadas aos titulares de ações que as tenham requerido e que tenham pago o respetivo custo;

j) **Autenticar com a sua rubrica toda a documentação submetida à assembleia geral e referida nas respetivas atas;**

l) **Promover o registo dos atos sociais a ele sujeitos.**

2 – As certificações feitas pelo secretário referidas nas alíneas *e*), *f*) e *h*) do n.º 1 deste artigo substituem, para todos os efeitos legais, a certidão de registo comercial.

Índice

1. Origem ... 1
2. Competência ... 5
3. Perfil ... 9
4. Interesse prático ... 10

1. **Origem.** Este artigo foi aditado pelo DL 257/96, de 31-dez. (3.º/2), aquando da instituição da figura do secretário da sociedade, mas sofreu alterações no n.º 1, *a*), *g*) e *l*) e no n.º 2, com o DL 76-A/2006, de 29-Mar., sendo a sua redação anterior a seguinte: 1

> 1. (...)
> *a*) Secretariar as reuniões da assembleia geral, da administração, da direcção e do conselho geral;
> *g*) Satisfazer, no âmbito da sua competência, as solicitações formuladas pelos accionistas no exercício do direito de informação;
> *l*) Requerer a inscrição no registo comercial dos actos sociais a ele sujeitos.
> 2. As funções referidas nas alíneas *e*), *f*) e *h*) do n.º 1 deste artigo são exercidas sem prejuízo da competência de verificação da conformidade de tais poderes para o acto que caibam às entidades públicas e, em especial, aos notários e aos conservadores.

Foram operadas algumas alterações de pormenor: na alínea *a*), deixou de se fazer uma referência detalhada aos diversos órgãos sociais, devido à proliferação de órgãos possíveis nas sociedades anónimas com a reforma de 2006; na alínea *l*) substitui-se registo comercial apenas por registo, provavelmente para englobar o registo online, que apesar de previsto no DL 76-A/2006, de 29-Mar., só foi concretizado pela Portaria 1416-A/2006, de 19-dez. 2

Na alínea *g*), na sua versão anterior, o secretário tinha o dever de prestar informação aos acionistas nos termos da lei e do contrato, passando agora a ter, além dessa, outra incumbência prevista na segunda parte da mesma norma. 3

O atual n.º 2 corresponde ao anterior n.º 3 do artigo, que foi eliminado com o DL 76-A/2006, de 29-Mar., suprimindo a referência específica à competência dos notários. 4

2. **Competência.** Na competência do secretário destacam-se, entre outras, as funções de secretariado dos órgãos sociais, de redação das atas, de conservação e guarda dos respetivos livros da sociedade, de certificação de certos eventos sociais, de garantia do exercício do direito de informação dos acionistas e de promoção do registo comercial. 5

No que respeita às reuniões da assembleia geral, o secretário da sociedade só deve, a nosso ver, exercer as suas funções na falta do secretário da mesa ou se este se encontrar a dirigir os trabalhos[1]. 6

[1] No mesmo sentido, Paulo Olavo Cunha (2007), 510 e 511; *vide* as anotações 32 e 33 ao 374.º.

7 Atendendo às funções desempenhadas e à responsabilidade inerente ao cargo (446.º-F), são atribuídos ao secretário poderes de certificação de assinaturas, cópias ou transcrições dos livros da sociedade ou dos documentos arquivados e do conteúdo do contrato de sociedade, certificações essas que têm o mesmo valor legal da certidão do registo comercial.

8 A segunda parte da alínea *g*), aditada pelo DL 76-A/2006, tem suscitado algumas dúvidas interpretativas. Armando Manuel Triunfante[2] defende que esta norma se refere à informação solicitada pelos membros dos órgãos de fiscalização. Ou seja, estes membros seriam os sujeitos ativos do pedido de informação e não os seus sujeitos passivos, como a letra da lei poderia parecer apontar. E essa informação versa sobre as deliberações do conselho de administração ou da comissão executiva, não se mencionado as do conselho de administração executivo. De resto, este tipo de informação fará mais sentido no modelo clássico, pois nos restantes modelos de governação, os membros dos órgãos de fiscalização têm outros mecanismos ao seu dispor para assegurar as informações em causa. No modelo anglo-saxónico, a comissão de auditoria é composta por administradores, pelo que assistem às reuniões do conselho de administração – 423.º-B e 423.º-G/1, *b*). No modelo germânico, estão previstos deveres especiais de informação do conselho de administração executivo ao conselho geral e de supervisão (432.º). As informações a prestar pelo secretário devem compreender-se no âmbito das matérias que o secretário possa conhecer no desempenho da sua função, *maxime* por secretariar as reuniões dos órgãos sociais e lavrar as respetivas atas.

9 3. **Perfil.** Trata-se de um elemento instrumental que apoia os diversos órgãos sociais[3]. Não é um órgão, porque não tem competência para formar a vontade social, nem para a representar externamente[4], mas sim um funcionário altamente qualificado, podendo equiparar-se a um "notário interno" da sociedade[5].

10 4. **Interesse prático.** Sobretudo nas sociedades de grande dimensão, é possível perceber o especial interesse prático da figura do secretário.

Artigo 446.º-C (Período de duração das funções)

A duração das funções do secretário coincide com a do mandato dos órgãos sociais que o designarem, podendo renovar-se por uma ou mais vezes.

Índice

1. Origem 1
2. Duração.. 2

1 1. **Origem.** Redação introduzida pelo DL 257/96, de 31-dez.

2 2. **Duração.** A duração das funções do secretário está indexada à duração dos órgãos sociais que o designaram, sendo renovável por número indeterminado de vezes.

[2] *CSC Anotado,* 498 e 499.
[3] Menezes Cordeiro 2 (2007), 821.
[4] Pereira de Almeida (2008), 173; contra, Paulo Olavo Cunha (2007), 510-511.
[5] Pupo Correia (2007), 252.

Artigo 446.º-D (Regime facultativo de designação do secretário)

1. As sociedades anónimas relativamente às quais se não verifique o requisito previsto no n.º 1 do artigo 446.º-A, bem como as sociedades por quotas, podem designar um secretário da sociedade.

2. Nas sociedades por quotas compete à assembleia geral designar o secretário da sociedade.

Índice

1. Origem .... 1 2. Designação facultativa 2

1. **Origem.** Redação introduzida pelo DL 257/96, de 31-dez.. 1

2. **Designação facultativa.** O cargo de secretário apenas é vinculativo para as sociedades emitentes de ações admitidas à negociação em mercado regulamentado, sendo facultativo para as demais sociedades anónimas e para as sociedades por quotas. 2

Nas sociedades por quotas, a designação do secretário compete aos sócios (246.º/1). Nas sociedades anónimas, deve ser nomeado pelo órgão de administração (446.º-A/2, *in fine*) se não tiver sido nomeado logo aquando da constituição da sociedade. 3

Artigo 446.º-E (Registo do cargo)

A designação e cessação de funções do secretário, por qualquer causa que não seja o decurso do tempo, está sujeita a registo.

Índice

1. Origem .... 1 2. Sujeição a registo 3

1. **Origem.** A versão primitiva da norma (introduzida pelo DL 257/96, de 31-dez.) dispunha que: 1

> 1. A designação e cessação de funções, por qualquer causa que não seja o decurso do tempo, do secretário está sujeita a registo, nos termos do Código do Registo Comercial.
>
> 2. A inscrição inicial dos actos de registo previstos no número anterior fica isenta do pagamento de emolumentos.

O DL 76-A/2006, de 29-Mar., deu-lhe a redação atual. Tratou-se de uma alteração meramente formal, sem grandes implicações de fundo, que procedeu à eliminação da referência ao Código do Registo Comercial, tendo em conta a modalidade do registo online, concretizada pela Portaria 1416-A/2006, de 19-dez. 2

2. **Registo do cargo.** A designação e a cessação do cargo de secretário estão sujeitas a registo, exceto no caso de a cessação se ficar a dever ao fim do mandato para o qual foi designado – 3.º/1, *m*) CRCom. Neste caso, o registo é efetuado por transcrição – 53.º/1 e 5, *a*), *a contrario*. 3

Artigo 446.º-F (Responsabilidade)

O secretário é responsável civil e criminalmente pelos atos que praticar no exercício das suas funções.

Índice

1. Origem .... 1 2. Responsabilidade 2

1 1. **Origem.** Redação introduzida pelo DL 257/96, de 31-dez. A reforma de 2006 não aproveitou para esclarecer que o secretário só poderá ser responsabilizado pelos atos ilícitos.

2 2. **Responsabilidade.** O secretário é responsável, civil e criminalmente, pelos atos que pratica no exercício das suas funções.

Capítulo VII – Publicidade de participações e abuso de informações

Artigo 447.º (Publicidade de participações dos membros de órgãos de administração e fiscalização)

1. Os membros dos órgãos de administração e de fiscalização de uma sociedade anónima devem comunicar à sociedade o número de ações e de obrigações da sociedade de que são titulares, e bem assim todas as suas aquisições, onerações ou cessações de titulares por qualquer causa, e de ações e de obrigações da mesma sociedade e de sociedades com as quais aquela esteja em relação de domínio ou de grupo.

2. O disposto no número anterior é extensivo às ações e obrigações:

***a)* Do cônjuge não separado judicialmente, seja qual for o regime matrimonial de bens;**

***b)* Dos descendentes de menoridade;**

***c)* Das pessoas em cujo nome as ações ou obrigações se encontrem, tendo sido adquiridas por conta das pessoas referidas no n.º 1 e nas alíneas *a)* e *b)* deste número;**

***d)* Pertencentes a sociedade de que as pessoas referidas no n.º 1 e nas alíneas *a)* e *b)* deste número sejam sócios de responsabilidade ilimitada, exerçam a gerência ou algum dos cargos referidos no n.º 1 ou possuam, isoladamente ou em conjunto com pessoas referidas nas alíneas *a)*, *b)* e *c)* deste número, pelo menos metade do capital social ou dos votos correspondentes a este.**

3. Às aquisições ou alienações referidas nos números anteriores equiparam-se os contratos de promessa, de opção, de reporte ou outros que produzam efeitos semelhantes.

4. A comunicação deve ser feita:

***a)* Relativamente a ações e obrigações possuídas à data da designação ou eleição, nos 30 dias seguintes a este facto;**

b) **Nos 30 dias seguintes a algum dos factos referidos nos n.ºs 1 e 3 deste artigo, mas sempre a tempo de ser dado cumprimento ao disposto no n.º 5.**

5. Em anexo ao relatório anual do órgão de administração, será apresentada, relativamente a cada uma das pessoas referidas no n.º 1, a lista das suas ações e obrigações abrangidas pelos n.ºs 1 e 2, com menção dos factos enumerados nesses mesmos números e no n.º 3, ocorridos durante o exercício a que o relatório respeita, especificando o montante das ações ou obrigações negociadas ou oneradas, a data do facto e a contrapartida paga ou recebida.

6. São abrangidas pelo disposto neste artigo as aquisições e alienações em bolsa e as que porventura estejam sujeitas a termo ou condição suspensiva.

7. As comunicações são feitas, por escrito, ao órgão de administração e ao órgão de fiscalização.

8. A falta culposa de cumprimento do disposto nos n.ºs 1 e 2 deste artigo constitui justa causa de destituição.

Bibliografia: Paulo Câmara, Manual de Direito dos Valores Mobiliários[2], (2011); *id.*, *O governo das bolsas*, em *Direito dos Valores Mobiliários*, VI, (2006), 187-228; António Menezes Cordeiro 2 (2007), 825-826; Gabriela Figueiredo Dias, *Código em Comentário* VI (2013), 872-885; J. Pinto Furtado (2007), 362-363; Raúl Ventura, *Publicidade de participações e abuso de informação*, em *Novos estudos sobre sociedades anónimas e sociedades em nome colectivo* (1994), 65-87.

Índice

I – **Generalidades**
1. Finalidade da informação 1
2. A estrutura do preceito 4

II – **O dever de comunicação**
3. Âmbito subjetivo; o seu alargamento indireto 5
4. Âmbito objetivo do dever de comunicação 9
5. Cumprimento do dever 14
6. Incumprimento do dever 16

III – **O dever de divulgação anual**
7. Conteúdo 18

IV – **Regime especial das sociedades emitentes de valores mobiliários negociados em mercado regulamentado**
8. O regime europeu 19
9. Comparação do regime mobiliário com o regime societário 21

I – Generalidades

1 1. **Finalidade da informação** sobre valores mobiliários na titularidade de membros de órgãos sociais. As regras sobre prestação de informação sobre valores mobiliários detidos por membros de órgãos de administração e de fiscalização constituem uma novidade do Código societário de 1986.

2 Estas visam, em primeira linha, funcionar como antídoto contra o abuso de informação privilegiada. Servem não apenas de mecanismo preventivo de utilizações assimétricas de informação não pública – dado que a informação sobre transações desencoraja *a priori* as que sejam ilícitas[1] –, mas também de um instrumento facilitador da deteção *a posteriori* de condutas

[1] Disso dá conta o preâmbulo do DL 262/86, de 2-set., no seu n.º 30, que admite que tais deveres de informação visam prevenir *operações especulativas*. Cf. em geral Louis Loss, *Disclosure as Preventive Enforcement*, em Klaus Hopt/ /Gunther Teubner (org.), *Corporate Governance and Directors' Liabilities* (1985), 327-337.

delituais. Neste sentido, deteta-se aqui alguma influência do Direito dos valores mobiliários norte-americano[2].

3 A acrescer, a identificação da titularidade de ações detidas por membros dos órgãos de fiscalização releva no plano do governo das sociedades, dado que a detenção de participação qualificada, igual ou superior a 2%, se presume, *iuris et de iure*, causa de falta de independência – 414.º/5, *a*).

4 2. **A estrutura do preceito**. O conteúdo do 447.º decompõe-se em dois deveres distintos, embora interligados: o dever de comunicação de ações ou obrigações detidas, adquiridas, oneradas ou alienadas, a cargo do titular; e o dever de divulgação anual das comunicações recebidas, a cargo da sociedade. Nessa medida, a epígrafe do preceito sobre o dever de comunicação destes negócios sobre valores mobiliários emitidos pela sociedade revela-se desajustada em diversos sentidos. A um tempo, o seu conteúdo não cura de publicidade em sentido técnico[3]. A outro tempo, não afeta apenas participações sociais detidas por membros dos órgãos sociais, mas também obrigações.

II – **O dever de comunicação**

5 3. **Âmbito subjetivo; o seu alargamento indireto**. O dever de comunicação atinge os membros dos órgãos de administração e de fiscalização da sociedade. Queda fora da previsão da norma o presidente da mesa da assembleia geral, apesar de a lei fixar exigências de independência, quando estejam em causa sociedades emitentes de valores mobiliários admitidos à negociação em mercado regulamentado e sociedades anónimas de elevada dimensão (374.º-A)[4]. A lei deixa igualmente de fora os altos dirigentes da sociedade que não sejam titulares de órgãos de administração, pese embora estes também sejam usualmente detentores de informação sensível sobre a sociedade[5].

6 Em ordem a evitar a circunvenção dos deveres informativos, o legislador procede a um duplo alargamento do dever de prestação de informação à sociedade – seja ao estender o perímetro de pessoas relevantes na constituição do dever, além dos titulares dos órgãos sociais de administração e de fiscalização, seja ao fazer relevar, não apenas a titularidade de valores mobiliários emitidos pela sociedade, mas também outras situações jurídicas como constitutivas do dever de comunicação.

7 Embora o dever incida unicamente sobre os membros dos órgãos de administração e de fiscalização, este tem por referência as aquisições e os negócios de outras pessoas com aqueles relacionados. São incluídos na lista de pessoas cuja esfera jurídica também é tida em conta pelo dever, pela sua relação de proximidade com o titular do órgão social: o cônjuge não separado judicialmente, seja qual for o regime matrimonial de bens; os descendentes de menor idade; as pessoas em cujo nome as ações ou obrigações se encontrem, tendo sido adquiridas por conta das pessoas anteriormente referidas; as sociedades de que as pessoas anteriormente referidas sejam sócios de responsabilidade ilimitada, exerçam a gerência ou algum dos cargos referidos no n.º 1 ou possuam, isoladamente ou em conjunto com pessoas referidas nas alíneas *a*), *b*) e *c*) deste número, pelo menos metade do capital social ou dos votos correspondentes a este. A técnica

[2] Cf. *Section* 16 (a) do *Securities Exchange Act* (1934).

[3] Pinto Furtado (2007), 362-363; Raúl Ventura, *Publicidade de participações e abuso de informação*, em *Novos estudos sobre sociedades anónimas e sociedades em nome colectivo* (1994), 65-87.

[4] Menezes Cordeiro, *SA: assembleia geral e deliberações sociais* (2007), 53-55.

[5] Diversa é a abordagem mobiliária, que faz incluir alguns dirigentes, ainda que não sejam administradores, no âmbito do dever de comunicação previsto no 12.º-B do CVM: cf. *infra*, o ponto IV da anotação ao presente artigo.

aqui utilizada é a do recurso a uma ficção legal, baseada no perigo abstrato de influência do dirigente ou fiscalizador societário em relação ao terceiro aqui visado. Por outras palavras, vale o dever informativo ainda que se logre, em concreto, demonstrar que o titular do órgão social não goza de influência alguma sobre a pessoa abrangida pela malha do 447.º/2, sobre as suas aquisições ou sobre os negócios que esta tenha celebrado. Devido a razões de certeza jurídica, a tipologia contida neste preceito deve considerar-se taxativa.

Não sendo embora explícita, está subjacente a esta solução normativa a necessidade de uma articulação organizativa entre o titular do órgão de administração ou de fiscalização e os terceiros que lhe estão próximos, de modo a permitir que as aquisições e os negócios destes sejam comunicados àquele, para efeitos da prestação de informação à sociedade. Em qualquer dos casos, o dever impende apenas sobre o titular do órgão de administração ou fiscalização: em caso de incumprimento, apenas este se tem como responsável[6]. 8

4. **Âmbito objetivo do dever de comunicação**: O alargamento do dever informativo é também operado por via objetiva, dado que ficam cobertas não apenas a titularidade de ações ou obrigações (independentemente da causa da correspondente aquisição), mas ainda a celebração de outros contratos translativos da titularidade ou dos efeitos económicos a esta associada (n.º 3), ainda que sujeitos a termo ou condição suspensiva (n.º 6). A lei exemplifica com os contratos-promessa, os contratos de opção, os contratos de reporte (envolvendo um acordo simultâneo de compra e revenda temporalmente diferida da mesma categoria de valores mobiliários) – mas admite outros contratos de efeitos semelhantes. 9

No perímetro de contratos aqui contemplados, pode suscitar-se a dúvida de saber se estão igualmente incluídos, em toda a sua extensão, os contratos derivados relativos a ações, tais como *swaps* de ações ou contratos diferenciais que as tomem como referência[7]. Parece indiscutível a sua inclusão se os contratos em questão admitirem, ainda de forma condicionada, a entrega de ações (i.e. se possibilitarem *liquidação física*, na gíria financeira), dada a proximidade com os exemplos de tipos contratuais diretamente apontados na lei. Não sendo esse o caso, apenas deve considerar-se incluído na previsão do n.º 3 os contratos que sejam instrumentais de uma posição de influência, ainda que parcial, do sujeito passivo do dever de prestação de informação. 10

Os valores mobiliários tidos como referência do dever de comunicação são as ações e as obrigações, quer emitidas pela sociedade, quer por outra que com ela se encontre em relação de domínio ou de grupo (n.º 1, *in fine*)[8]. 11

A inclusão das obrigações no dever de prestação de informação, embora coerente com a previsão do 449.º/1, que também as considera, é menos comum em sistemas jurídicos próximos. O legislador estará certamente mais preocupado com obrigações convertíveis ou obrigações com direito de subscrição, mas outras modalidades de obrigações, ainda que clássicas (*plain vanilla*), devem igualmente considerar-se aqui abrangidas. 12

O dever de prestação de informação toma como objeto qualquer aquisição, seja a título oneroso ou gratuito. A aquisição deve ser comunicada, independentemente de ter por base um negócio presencial ou decorrer de negociação em mercado – irrelevando, neste último caso, a estrutura de negociação (mercado regulamentado, sistema de negociação multilateral ou inter- 13

[6] Cf. *infra*, ponto 6 da anotação ao presente artigo.

[7] Sobre estes, cf. o 2.º/1, *d*) e *e*) do CVM, que os qualifica como instrumentos financeiros. Uma ilustração sobre estas figuras pode também encontrar-se em Paulo Câmara, *Manual de Direito dos Valores Mobiliários*, (2009), 197-205.

[8] A redação da norma, nesta parte, foi aperfeiçoada pelo DL 257/96, de 31-dez..

nalização sistemática) através da qual o negócio se celebre. O legislador refere-se diretamente à inclusão das aquisições *em bolsa*, expressão abandonada entretanto pelo Código dos Valores Mobiliários[9]. Deve, por isso, a expressão deixada na lei societária ser interpretada por referência às aquisições em mercado regulamentado (199.º e 202.º ss. do CVM).

14 5. **Cumprimento do dever**. O dever de informação deve ser cumprido através de comunicação dirigida ao órgão de administração e ao órgão de fiscalização, nos termos do 447.º/7. Esta deve ser feita no prazo de 30 dias contados a partir da data de designação ou eleição (para valores mobiliários adquiridos ou objeto de contrato celebrado antes desse facto) ou do facto aquisitivo ou do contrato relevante. A comunicação deve observar a forma escrita, valendo para o caso o disposto no 4.º-A.

15 Para participações existentes à data da entrada em vigor do Código, mandava o 539.º efetuar a correspondente comunicação até ao semestre seguinte do início da vigência do diploma.

16 6. **Incumprimento do dever**. O incumprimento do dever informativo constitui justa causa de destituição, nos termos do 447.º/8. No entanto, à semelhança de outras previsões normativas, ao longo do diploma, igualmente estabelecendo fundamentos de justa causa de destituição, estas devolvem ao intérprete uma cuidadosa valoração do comportamento em causa ante as consequências possíveis da subsunção ao conceito de justa causa de destituição. Assim, importa interpretar habilmente o preceito, no sentido que a omissão informativa apenas pode conduzir à cessação do vínculo do titular do órgão se for relevante – isto é, se o incumprimento respeitar a uma transação ou aquisição cujo montante ou circunstâncias da sua negociação se revelem significativas. Por outras palavras, repugna considerar que para uma omissão de comunicação de uma aquisição de um lote ínfimo de valores mobiliários (mais ainda tratando-se de obrigações), transacionado sem utilização de informação assimétrica, haja uma direta destituição do membro incumpridor.

17 O incumprimento do dever de comunicação é ainda punido através de coima, nos termos do 528.º/ 5. A prestação de informações falsas, por seu turno, constitui um tipo penal previsto no 519.º do CSC.

III – O dever de divulgação anual

18 7. **Conteúdo.** Na lei societária, não se estabelece nenhum dever de divulgação pública imediata das comunicações recebidas. Antes se prevê o anexo ao relatório anual, como meio de divulgação de tal acervo informativo. Deste modo, a informação em causa fica sujeita ao regime dos documentos de prestação de contas, quanto ao registo comercial, efetuado através de depósito – 3.º/1, *n*) e 53.º-A/4, *a*), do CRCom.

IV – Regime especial das sociedades emitentes de valores mobiliários negociados em mercado regulamentado

19 8. **O regime europeu**. Deve ainda ter-se presente que o Direito europeu adita significativas exigências no tocante à comunicação das transações de dirigentes de emitentes de valores mobiliários negociados em mercado regulamentado. Se o emitente for sociedade anónima, estas somam-se, e não substituem, as regras gerais constantes do 447.º do CSC[10].

[9] Na sequência da Diretriz 2004/39/CE, relativa aos mercados de instrumentos financeiros, transposta através do DL 357-A/2007, de 31-Out.. Idêntica categorização foi mantida com a DMIF II, transposta através da Lei 35/2018, de 20 de julho. Sobre o abandono do conceito de bolsa, cf. Paulo Câmara, *O governo das bolsas*, DVM VI (2006), 187-228 (209-211); Id. , *Manual de Direito dos Valores Mobiliários 4*, (2018), 274-276, 557-570.

[10] Menezes Cordeiro 2 (2007), 825-826.

A sede normativa da matéria encontrava-se originariamente na Diretriz 2003/6/CE, do Parlamento Europeu e do Conselho, de 28-jan., sobre abuso de mercado[11]. O 6.º/4 deste diploma europeu consagrava o dever de comunicação de transações de dirigentes e pessoas relacionadas à autoridade de supervisão competente no respeitante a transações de ações ou de derivados com estas relacionadas[12]. A partir de 3 de julho de 2016, a matéria passou a ser regulada através do artigo 19.º do Regulamento (UE) n.º 596/2014 do Parlamento Europeu e do Conselho de 16 de abril de 2014 ("Regulamento relativo ao abuso de mercado"), que estabelece regras de pormenor quanto ao conteúdo, prazo e destinatário da comunicação. Deixa, ainda, aberta a permissão para os Estados-membros dispensarem a comunicação de transações se estas, ao longo de um ano, forem inferiores a 5.000 euros, dado o menor relevo informativo de negócios de pequenos montantes (*Bagatellgeschäfte*)[13]. O Regulamento admite que o limiar anual mínimo de comunicação possa ser aumentado para 20.000 euros[14], o legislador interno não fez uso desta opção. 20

9. **Comparação do regime mobiliário com o regime societário**. O regime da comunicação de transações de dirigentes é ainda complementado através do Regulamento de Execução (UE) 2016/523, de 10 de março de 2016, no tocante ao respetivo modelo de comunicação e divulgação pública. 21

Na disciplina mobiliária, duas principais diferenças se assinalam em contraste com o regime geral societário. De um lado, o âmbito subjetivo do dever é mais amplo, ao adotar uma aceção alargada do conceito de dirigente, que abrange não apenas os membros dos órgãos de administração e de fiscalização do emitente mas também os responsáveis que, não sendo membros daqueles órgãos, possuem um acesso regular a informação privilegiada e têm o poder de tomar decisões de gestão que afetem a evolução futura e as perspetivas da sociedade. São, além disso, abrangidas as pessoas estritamente relacionadas com estes[15]. De outro lado, há uma diferente delimitação do âmbito objetivo do dever mobiliário, uma vez que esta comunicação se liga a transações efetuadas relativas às ações ou ???? de dívida daquele emitente ou aos instrumentos financeiros com estas relacionados. Por fim, seguindo a tradição norte-americana[16], o regime faz ainda intervir a autoridade de supervisão nacional – a CMVM – como destinatária da informação (artigo 19.º, n.º 2 do Regulamento (UE) n.º 596/2014). 22

[11] JO L 96, 12.4.2003, 16-25.

[12] Niamh Moloney, *EC Securities and Financial Markets Regulation* (2014) 738 ss., Helena Bolina, *Market Manipulation and Insider Dealing in the New Market Abuse Directive (2003/6/EC)*, *Euredia* (2001-2002/4), 555-576; *id.*, *A manipulação de mercado e o abuso de informação privilegiada na nova Directiva sobre Abuso de Mercado (2003/6(CE)*, *Cadernos MVM* n.º 18 (ago. 2004), 62-71.

[13] A expressão foi cunhada por Uwe Schneider, *Meldepflichtige Wertpapiergeschäfte von Organmitgliedern ("Directors' Dealings") im Konzern*, *AG* (2002), 474.

[14] Em defesa de fasquia mais elevada do que os 5.000 euros: European Securities Markets Experts (ESME), *Market Abuse EU legal framework and its implementation by Member States: a first evaluation*, (6-jul.-2007), 13-14, acessível em http://ec.europa.eu/internal_market/securities/docs/esme/mad_070706_en.pdf .

[15] Art. 3.º, n.º 1 25) e 26) do Regulamento (UE) n.º 596//2014.

[16] Remonta à *Section* 16 (a) do *Securities Exchange Act* (1934) a prescrição originária sobre a matéria, já então se prevendo que a comunicação se dirigiria à *Securities and Exchange Commission* (autoridade de supervisão norte-americana).

Artigo 448.º (Publicidade de participações de acionistas)

(Revogado)

Bibliografia: José Engrácia Antunes, *Os grupos de sociedades*, 2.ª ed. (2002), 329 ss.; António Menezes Cordeiro 2 (2007), 613 ss., 826; Gabriela Figueiredo Dias, *Código em Comentário* VI (2013), 886-891; Raúl Ventura, *Publicidade de participações e abuso de informação*, em *Novos estudos sobre sociedades anónimas e sociedades em nome colectivo* (1994), 65-87.

Índice

I – **Redação original e revogação**
1. Redação original ... 1
2. Revogação ... 2

II – **Anotações ao preceito revogado**
3. Antecedentes ... 3
4. Finalidade da informação ... 6
5. Âmbito do dever de comunicação ... 7
6. Cumprimento ... 11
7. Incumprimento ... 12
8. Regimes especiais ... 13
9. Conteúdo da informação divulgada ... 15

I – Redação original e revogação

1 *1.* ***Redação original****. Na versão de 1986, dispunha o 448.º:*

1. O acionista que for titular de ações ao portador não registadas representativas de, pelo menos, um décimo, um terço ou metade do capital de uma sociedade deve comunicar à sociedade o número de ações de que for titular, aplicando-se para este efeito o disposto no artigo 447.º, n.º 2.

2. A informação prevista no número anterior deve ser também comunicada à sociedade quando o acionista, por qualquer motivo, deixar de ser titular de um número de ações ao portador não registadas representativo de um décimo, um terço ou metade do capital da mesma sociedade.

3. As comunicações previstas nos números anteriores são feitas, por escrito, ao órgão de administração e ao órgão de fiscalização, nos 30 dias seguintes à verificação dos factos neles previstos.

4. Em anexo ao relatório anual do órgão de administração será apresentada a lista dos acionistas que, na data do encerramento do exercício social e segundo os registos da sociedade e as informações prestadas, sejam titulares de, pelo menos, um décimo, um terço ou metade do capital, bem como dos acionistas que tenham deixado de ser titulares das referidas frações do capital.

2 *2. A* ***revogação*** *deste preceito foi levada a cabo pelo 6.º da L 15/2017, de 3-mai., que visou suprimir os valores mobiliários ao portador. Consequentemente, o preceito tornou-se desnecessário, no entendimento do legislador. Todavia, afigura-se relevante manter, nesta obra, as anotações ao preceito original.*

II – Anotações ao preceito revogado

3 *3.* ***Antecedentes****. O 448.º previa um dever de comunicação da titularidade de participações qualificadas à sociedade e um dever de divulgação pública das mesmas, em anexo ao relatório anual da sociedade*[1].

[1] Menezes Cordeiro 2 (2007), 826.

Estes deveres não tinham antecedentes no nosso Direito societário comum. Duas explicações possíveis para este facto podem alvitrar-se: a um tempo, o menor grau de exigência genericamente colocado nas prescrições sobre informação nas codificações oitocentistas; a outro tempo, a diminuída relevância no conhecimento de participações acima de 20% dado o condicionamento imposto ao voto acionista no 183.º CCom de 1888, que impedia – na sua letra[2] *– os acionistas de exercerem mais que um décimo dos votos representados na sociedade ou mais que um quinto dos votos apurados em assembleia geral, independentemente do número de ações detidas.* 4

No projeto divulgado em 1983, o regime de comunicação de participações qualificadas circunscrevia-se às sociedades com subscrição pública[3]*, hoje sociedades abertas (13.º do CVM*[4]*). A versão final do diploma passou a abranger todas as anónimas. Não é conhecida nenhuma explicação pública para este alargamento. Admite-se que tenha jogado a teleologia da norma, que vale para todas as anónimas.* 5

4. ***Finalidade da informação*** *sobre participações acionistas qualificadas. O dever de comunicação de participações qualificadas cumpre funções internas, dado que a administração está vinculada aos interesses de longo prazo dos sócios – 64.º/1, b) – e em atenção ao facto de o exercício de alguns direitos sociais depender da percentagem detida pelo acionista*[5]*. Além disso, a titularidade de participação qualificada constitui causa de falta de independência dos membros dos órgãos de fiscalização – 414.º/5, a). Há, por outro lado, um relevo externo desta informação, útil para sócios potenciais, credores e outras pessoas interessadas. A todos interessa saber quem pode influenciar os processos decisórios na sociedade. Apesar da responsabilidade limitada dos sócios, o valor das participações sociais depende também da composição do quadro acionista.* 6

5. ***Âmbito do dever de comunicação.*** *O dever de comunicação abrangia os titulares de ações ao portador. É certo que a letra da lei restringe o regime às ações ao portador* não registadas. *Mas o regime de registo de ações ao portador foi revogado pelo diploma que aprovou o CVM. Daqui resultou a conversão obrigatória das ações ao portador registadas em ações nominativas*[6]*.* 7

Os titulares de ações nominativas não se incluíam no âmbito do preceito por dois motivos distintos. Tratando-se de ações nominativas não integradas em sistema centralizado, a transmissão implica a declaração no título e o registo transmissivo junto da sociedade ou de intermediário financeiro que a represente (102.º/1 do CVM). Seria uma duplicação desnecessária obrigar ainda a que nestes casos a sociedade recebesse comunicações de participações qualificadas, uma vez que necessariamente tem conhecimento da transmissão. Tratando-se, ao invés, de ações nominativas integradas em sistema centralizado, a transmissão opera através de registo na conta do adquirente (80.º ex vi *do 105.º do CVM), mas a sociedade mantém a faculdade de conhecer, a todo o tempo, a identidade dos titulares (52.º do CVM).* 8

A comunicação devia ser feita sempre que o acionista ultrapassasse as fasquias de 10%, um terço ou metade do capital social ou quando, pela alienação de ações, desça algum destes limiares. O regime dos limiares constitutivos do dever era imperfeito ao não englobar a comunicação da aquisição de 90%, fasquia determinante para aquisição tendente ao domínio total, ao abrigo do 490.º, e de crítica relevância para os acionistas, para efeitos do exercício do direito de alienação potestativa[7]*.* 9

[2] O DL 154/72, de 10-mai., ao alterar o § 3.º do 183.º do CCom refere-se explicitamente, no seu preâmbulo, à inoperabilidade da solução anterior.

[3] Cf. 446.º do *Código das Sociedades (Projecto)*, BMJ n.º 327 (1983), 304.

[4] Veja-se, a propósito, o 7.º do DL 486/99, de 13-nov..

[5] Cf. por exemplos nos 74.º/2, 76.º/1, 77.º/1, 116.º/3, *d*), 288.º/1, 289.º/3, *a*), 291.º/1, 375.º/2, 392.º e 403.º.

[6] 10.º e 15.º/1, l) do DL 486/99, de 13-nov..

[7] Paulo Câmara, *Operações de saída de mercado*, DVM V (2004), 161-162.

10 *O cômputo das participações qualificadas, para efeitos deste artigo, devia ter em atenção não apenas as aquisições e alienações diretas, mas também as das pessoas que lhe são próximas, nos termos do 447.º/2, aqui aplicável por via da parte final do 448.º/1. Inexistia aqui norma remissiva para o 447.º/3 e 6, o que conduzia a supor que os contratos referentes à transmissão futura de ações não eram aqui abrangidos*[8].

11 *6.* ***Cumprimento****. A comunicação devia ser efetuada no prazo de 30 dias contados desde o facto aquisitivo. Em relação a sociedades com participação igual ou superior a 10% acresce o dever de comunicação de cada aquisição e alienação à sociedade participada ao abrigo do 484.º*[9]*. Para participações existentes à data da entrada em vigor do Código, rege o 539.º.*

12 *7.* ***Incumprimento****. A violação do dever informativo é punida através de coima, nos termos do 528.º/5. Além disso, o 519.º tipifica o crime de prestação de informações falsas. Na versão do projeto previa-se um regime de inibição de direitos de voto semelhante ao que vigora hoje no 105.º RGIC e no 16.º/7 CVM*[10]*. Mas o texto oficial publicado eliminou tais referências.*

13 *8.* ***Regimes especiais.*** *Há deveres de comunicação de participações qualificadas estabelecidos em diversas leis especiais. Estas denotam por regra uma maior exigência quanto às fasquias relevantes, o âmbito subjetivo de aplicação e os correspondentes prazos de comunicação.*

14 *Por vezes, o regime informativo surge associado ao exercício da supervisão prudencial das sociedades participadas, sendo instrumental de processos de autorização (ou não oposição) de aquisição de participações qualificadas. No Direito financeiro, tal verifica-se em relação às participações em instituições de crédito e sociedades financeiras (43.º-A, 102.º a 108.º e 196.º/2 do RGIC), em empresas seguradoras (43.º a 48.º do DL 94-B/98, de 17-abr.), em sociedades gestoras de mercado regulamentado, sociedades gestoras de sistemas de liquidação, sociedades gestoras de sistemas centralizados e sociedades gestoras de sistema de negociação multilateral (9.º do DL 357-C/2007, de 31-out.) e em sociedades de consultoria para investimento (12.º do DL 357-B/2007, de 31-out.). Em outros casos, os deveres de comunicação visam sobretudo ampliar a informação de conhecimento público, estando os factos comunicados desligados de processos autorizativos. Merece destaque, neste contexto, o regime de comunicação de participações qualificadas em sociedades abertas (16.º a 21.º CVM)*[11].

15 *9.* ***Conteúdo da informação divulgada.*** *O conteúdo do dever de prestação de informação sobre participações qualificadas era estabelecido, em preceito de estrutura muito semelhante à do 447.º, englobando um dever de comunicação e um dever de divulgação anual das comunicações recebidas. No entanto, o conteúdo de um e do outro dever não era exatamente coincidente, havendo uma maior extensão da informação a divulgar publicamente do que a que é diretamente objeto de informação comunicada nos termos do 448.º/1 e 2. Basta notar, a este propósito, não haver um mimetismo exato entre a formulação do atual 447.º/5 e a do revogado 448.º/4 do CSC.*

16 *O dever de divulgação a cargo da sociedade abrangia a informação sobre titularidade de todos os acionistas qualificados, sejam estes titulares de ações nominativas ou ao portador. Para o efeito, devia a sociedade consultar os seus registos ou, no caso de ações integradas em sistema centralizado, deve solicitar a informação em causa à sociedade gestora de sistema centralizado.*

17 *Uma prática interessante a este propósito, de algumas sociedades, era a da recolha de informação atualizada no final de cada ano, junto dos titulares de participações qualificadas, de modo a inculcar maior*

[8] Em sentido contrário, a favor da aplicação: Raúl Ventura, *Publicidade de participações e abuso de informação*, em *Novos estudos sobre SA e SNC* (1994), 72.

[9] Engrácia Antunes, *Os grupos de sociedades*, 2.ª ed. (2002), 358-373.

[10] *Código das Sociedades (Projecto)*, BMJ n.º 327 (1983), 305.

[11] Paulo Câmara, *Manual de Direito dos Valores Mobiliários*, (2011), 528-530.

rigor e atualização na lista divulgada ao abrigo do 448.º. É facto que a letra deste preceito, ao referir-se às informações prestadas *pelos acionistas não assinala diretamente um dever positivo de recolha atualizada desta informação. No entanto, essa leitura revelava-se mais conforme com o número reduzido de fasquias determinantes do dever de comunicação. O 7.º do CVM, aliás, favorece esta solução, ao impor a divulgação de informação atualizada sobre valores mobiliários.*

Artigo 449.º (Abuso de informação)

1. O membro do órgão de administração ou do órgão de fiscalização de uma sociedade anónima, bem como a pessoa que, por motivo ou ocasião de serviço permanente ou temporário prestado à sociedade, ou no exercício de função pública, tome conhecimento de factos relativos à sociedade aos quais não tenha sido dada publicidade e sejam suscetíveis de influenciarem o valor dos títulos por ela emitidos e adquira ou aliene ações ou obrigações da referida sociedade ou de outra que com ela esteja em relação de domínio ou de grupo, por esse modo conseguindo um lucro ou evitando uma perda, deve indemnizar os prejudicados, pagando-lhes quantia equivalente ao montante da vantagem patrimonial realizada; não sendo possível identificar os prejudicados, deve o infrator pagar a referida indemnização à sociedade.

2. Respondem nos termos previstos no número anterior as pessoas nele indicadas que culposamente revelem a terceiro os factos relativos à sociedade, ali descritas, bem como o terceiro que, conhecendo a natureza confidencial dos factos revelados, adquira ou aliene ações ou obrigações da sociedade ou de outra que com ela esteja em relação de domínio ou de grupo, por esse modo conseguindo um lucro ou evitando uma perda.

3. Se os factos referidos no n.º 1 respeitarem à fusão de sociedades, o disposto nos números anteriores aplica-se às ações e obrigações das sociedades participantes e das sociedades que com elas estejam em relação de domínio ou de grupo.

4. O membro do órgão de administração ou do órgão de fiscalização que pratique alguns dos factos sancionados no n.º 1 ou no n.º 2 pode ainda ser destituído judicialmente, a requerimento de qualquer acionista.

5. Os membros do órgão de administração devem zelar para que outras pessoas que, no exercício de profissão ou atividade exteriores à sociedade, tomem conhecimento de factos referidos no n.º 1 não se aproveitem deles nem os divulguem.

Bibliografia: Helena Bolina, *Market Manipulation and Insider Dealing in the New Market Abuse Directive (2003/6/EC)*, *Euredia* (2001-2002/4), 555-576; *id.*, *A manipulação de mercado e o abuso de informação privilegiada na nova Directiva sobre Abuso de Mercado (2003/6/CE)*, Cadernos MVM n.º 18 (ago. 2004), 62-71; Paulo Câmara, *Manual de Direito dos Valores Mobiliários* (2009), 865-877; *id.*, *O governo de grupos bancários*, em *Estudos de Direito bancário* (1999), 190-195; António Menezes Cordeiro 2 (2007), 827-837; José Faria da Costa e Maria Elisabete Ramos, *O crime de abuso de informação privilegiada (insider trading): a informação enquanto problema jurídico-penal?* (2006); Fátima Gomes, *Insider Trading* (1996); Miguel Pedrosa Machado, *A entrada em vigor das incriminações de abuso de informação e da manipulação do mercado do Código do Mercado de Valores Mobiliários*, em *Revista Portuguesa de Ciência Criminal*, I, n.º 4, 601 ss.; *id.*, *Sobre a tutela penal da informação nas sociedades anónimas: problemas da reforma legislativa*, em O Direito (1974-1987), 271 ss. = *Temas de legislação penal especial* (1992), 27-106; J. J. Vieira Peres, *O delito de "insider trading" e a obrigação de informação*, *problemas societários e fiscais do mercado de valores mobiliários* (1992), 79-99; Frederico Costa Pinto, *O direito de informar e os crimes de mercado*, em *Cadernos do Mercado de Valores Mobiliários*, n.º 2 (1998), 95-108; *id.*, *O novo regime dos crimes e contra-ordenações no Código dos Valores Mobiliários* (2000), 33-81; Maria Elisabete Ramos, *Código em Comentário* VI (2013), 892-919; Raúl Ventura, *Publicidade de participações e abuso de informação*, em *Novos estudos sobre sociedades anónimas e sociedades em nome colectivo* (1994), 65-87.

A bibliografia estrangeira pode ser confrontada nas obras acima citadas.

Índice

I – História e teleologia da norma
1. Antecedentes ... 1
2. Finalidade da proibição de abuso de informação 3
3. Consequências do abuso de informação: quadro geral ... 6

II – Responsabilidade civil pelo abuso de informação privilegiada
4. A ressarcibilidade dos danos ... 7
5. Âmbito subjetivo ... 8
6. Delimitação dos factos ilícitos ... 11
7. Conceito de informação privilegiada ... 13
8. Cômputo do dano ... 15
9. A indemnização a favor da sociedade ... 18

III – Outras consequências
10. Abuso de informação como justa causa de destituição ... 20
11. O dever de salvaguarda da confidencialidade ... 21

IV – O crime de abuso de informação privilegiada
12. O contexto internacional e europeu ... 24
13. Evolução e situação atual do Direito interno . 25
14. Diferenças entre os pressupostos do 449.º CSC e do 378.º CVM ... 27
15. As cláusulas europeias de exclusão de ilicitude 30

I – História e teleologia da norma

1 1. **Antecedentes**. O CSC antecedeu, em cinco anos, o CVM (1991). Por isso, ele tratou alguns temas ligados ao mercado, depois transladados para o domínio mobiliário: nomeadamente a disciplina das OPAs, a manipulação do mercado e também, em parte, o regime do abuso de informação privilegiada.

2 Quanto a este, a versão originária do CSC inaugurou as intervenções legislativas no âmbito do abuso de informação privilegiada ao regular a reparação de danos provocados pelos aproveitamento e comunicação de informação privilegiada, no seu 449.º. À semelhança de todo o Título VII, a criminalização do abuso de mercado foi objeto de aditamento ao Código, através da consagração do 524.º pelo DL 184/87, de 21-abr.[1]. O CVM retirou da órbita do CSC a criminalização do *insider trading*, revogando o 529.º, com dois aperfeiçoamentos, já no CVM (em 1999 e em 2006)[2]. Ao mesmo tempo, permaneceu intocado o regime indemnizatório com um âmbito e pressupostos dissemelhantes. No plano do âmbito subjetivo, o quadro não é satisfatório: coexistem um normativo sobre responsabilidade civil por abuso de informação privilegiada em sociedades anónimas, na lei societária e uma tipificação criminal que atinge todos os emitentes de instrumentos financeiros, no CVM, a complementar a proibição estabelecida no Regulamento europeu sobre abuso de mercado.

[1] Frise-se, porém, que a matéria sancionatória havia sido divulgada anteriormente como parte integrante do projeto de Código societário, incluindo já uma previsão sobre o crime do abuso de informações: cf. 511.º do *Código das Sociedades (Projecto)*, BMJ n.º 327 (1983), 335.

[2] Sobre o regime penal, cf. *infra*, ponto III da presente anotação.

2. **Finalidade da proibição de abuso de informação**. Embora questionada por algumas correntes ligadas à análise económica do Direito[3], a interdição da utilização e da comunicação de informação assimétrica concita hoje largo consenso. Duas vertentes principais fundamentam a *ratio* da proibição. 3

Numa vertente microjurídica, a proibição serve a confiança dos acionistas nos dirigentes societários e representa, em relação a estes, uma extensão do dever fiduciário de lealdade – 64.º/1, *b*). Além disso, ela protege os acionistas de celebrarem inadvertidamente negócios sobre valores mobiliários a preços desajustados[4]. 4

Numa vertente macrojurídica, a proscrição do *insider trading* evita custos de transação advenientes dos mercados mais opacos, em que os instrumentos financeiros são tendencialmente negociados a desconto[5]. Induz um funcionamento mais eficiente dos mercados, diminuindo os custos de capital[6]. Por fim, se tomarmos a informação como um bem público ou, ao menos, coletivo (societário), a prevenção do seu aproveitamento impede a sua apropriação para finalidades privadas e favorece o respetivo acesso em condições de paridade por parte dos acionistas. 5

3. **Consequências do abuso de informação: quadro geral.** Em Portugal, ele sujeita o infrator a sanções de diferente natureza: responsabilidade penal (387.º do CVM), responsabilidade civil (449.º), destituição (449.º/4) e inibição temporária do exercício de cargos na sociedade e em sociedades em relação de domínio e de grupo com estas (450.º/5). Cada uma destas consequências será examinada adiante, na presente anotação e na anotação ao 450.º. 6

II – Responsabilidade civil pelo abuso de informação privilegiada

4. **A ressarcibilidade dos danos**. O Direito nacional superou, com vantagem, a tese de que o *insider trading*, assentando em negociações voluntárias, não implicaria dano[7]. É certo que nas transmissões em mercado regulamentado com base em informação assimétrica, duas características da negociação dificultam a determinação do lesado: a intermediação obrigatória (as partes não estabelecem um contacto direto); e o tendencial anonimato (as partes não se conhecem)[8]. A lei resolve de modo adequado esta dificuldade, ao estipular – como à frente se retoma – a sociedade como credora da indemnização, se não for possível identificar os lesados (449.º/1, *in fine*). 7

5. **Âmbito subjetivo.** O Código determina como sujeitos passivos abrangidos, a título de *insiders* primários[9]: os membros da administração e da fiscalização de sociedade anónima e as 8

[3] O título fundamental é creditado a Henry G. Manne, *Insider Trading and the Stock Market* (1966). Para uma colocação mais recente do tema: Stephen Bainbridge, *Insider Trading, Encyclopedia of Law and Economics* 5650 (1999), 777-794; *id.*, *Corporation Law and Economics*, New York (2002), 583-607; Wolfgang Krauel, *Insiderhandel* (2000), 20-59.

[4] Jonathan R. Macey, *Insider Trading: Economics, Politics, and Policy* (1991), 7-10; Frederico Costa Pinto, *O direito de informar e os crimes de mercado, Cadernos do Mercado de Valores Mobiliários*, n.º 2 (1998), 95-108; *id.*, *O novo regime dos crimes e contra-ordenações no Código dos Valores Mobiliários* (2000), 66-68.

[5] Guido Ferrarini, *La nuova disciplina europea dell'abuso di mercato, Rivista delle Società* (2004), 46-48.

[6] Paolo Carbone, *Tutela Civile del Mercato e Insider Trading* (1993), 35-48.

[7] Klaus Hopt, *Ökonomische Theorie und Insiderrecht, AG* (1995), 354-355; Piergaetano Marchetti, *Profili privatistici dell'insider trading, in* Carla Rabitti Bedogni (org.), *Il dovere di reservatezza nel mercato finanziario l' insider trading* (1992), 156-158.

[8] Há, por isso, quem conteste a natureza contratual da negociação em bolsa. Mas o ponto não pode ser aqui examinado. Cfr. a propósito Paulo Câmara, *Manual de Direito dos Valores Mobiliários*, (2009), 347-352.

[9] Sobre a distinção entre *insider* primário (que, pelas funções que desempenha ou qualidade que possua, tem acesso direto à fonte da informação) e *insider* secundário (ou *tippee*): Niamh Moloney, *EC Securities Regulation* (2002) 758-761; Carsten Peter Claussen, *Insider-handelsverbot und Ad hoc-Publizität* (1996), 10-13.

pessoas que, em serviço permanente ou temporário prestado à sociedade, ou no exercício de função pública, tomem conhecimento de informação privilegiada. Além disso, como *tippees*, incluem-se os terceiros que, conhecendo a natureza confidencial dos factos que lhes sejam revelados, adquiram ou alienem ações ou obrigações. Verifica-se a inclusão, na previsão da norma, de colaboradores externos à sociedade: analistas, consultores, advogados, sociedades de notação de risco ou intermediários financeiros.

9 A qualidade de colaborador societário releva para a obtenção da informação privilegiada ainda que à data da sua utilização, tais funções tenham cessado. O ponto releva na medida em que no direito societário inexistem proibições que impeçam os administradores de, após o termo do mandato, assumirem funções em sociedades concorrentes: a proibição de utilização de informação privilegiada, contudo, prolonga-se pelo mandato exercido na nova sociedade.

10 O crime de *insider trading* mostra-se apenas aplicável a pessoas singulares[10]. Na lei societária, as pessoas coletivas relativamente às quais se possa imputar o delito (v.g. pessoas coletivas que integrem os órgãos sociais[11]) quedam-se, contudo, submetidas a este regime.

11 6. **Delimitação dos factos ilícitos.** A lei tipifica as condutas ilícitas relevantes para efeitos do regime de responsabilidade civil. São três: a aquisição ou alienação de ações ou obrigações, por parte de *insiders* primários, com base em informação privilegiada, conseguindo lucro ou evitando perda; a transmissão de informação a terceiro (o que abrange qualquer tipo de informação, ainda que sob a forma de conselho ou recomendação); a aquisição ou alienação de ações ou obrigações, por terceiros, com base em informação privilegiada comunicada por *insiders* primários conseguindo lucro ou evitando perda. Entende-se, a partir daqui, que não é ilícito o simples acesso a informação privilegiada[12].

12 Como valores mobiliários abrangidos pelas proibições incluem-se também os emitidos por sociedades em relação de domínio ou de grupo (449.º/1) e, no caso de fusão, os emitidos pelas sociedades participantes e pelas sociedades que com esta estejam em relação de domínio ou de grupo (449.º/3).

13 7. **Conceito de informação privilegiada**. Em causa estão factos não públicos relativos à sociedade. Ao referir-se a factos, a lei exige um grau razoável de concretização da informação atingida: não cobre rumores[13]. O facto em causa, por seu turno, pode ter origem na própria sociedade ou em terceiro[14]. Demais, uma vez que o legislador não distingue, supõe-se abrangida a informação relacionada direta ou indiretamente com a sociedade: ponto é, naturalmente, a sua idoneidade a produzir alterações, positivas ou negativas, no preço dos valores mobiliários emitidos pela sociedade.

14 A idoneidade para influenciar os preços é avaliada em termos objetivos através de uma prognose prévia[15]. A menção aos "títulos" deve ser interpretada em termos atualísticos, de modo a abranger os valores mobiliários sob forma titulada e sob forma escritural.

[10] Frederico Costa Pinto, *O novo regime dos crimes e contra-ordenações no Código dos Valores Mobiliários*, cit., 34-37; José Faria da Costa e Maria Elisabete Ramos, *O crime de abuso de informação privilegiada (insider trading): a informação enquanto problema jurídico-penal?* (2006), 88-90.

[11] Reenvia-se para os 390.º/4, 413.º/1, 414.º/1, 425.º/8 e 434.º/3.

[12] Trata-se de doutrina pacífica: Frederico Costa Pinto, *O novo regime dos crimes e contra-ordenações no Código dos Valores Mobiliários*, cit., 43.

[13] Uma proposta para uma leitura mais extensiva da relevância dos rumores como informação privilegiada pode encontrar-se em Holger Fleischer/Klaus Ulrich Schmolke, *Gerüchte im Kapitalmarktrecht. Insiderrecht, Ad-hoc-Publizität, Marktmanipulation*, AG 27 (2007), 846-849.

[14] Neste sentido: RLx 23-Out.-2007 (Ricardo Cardoso), com referências jurisprudenciais ao tratamento da matéria, acessível em http://www.cmvm.pt.

[15] Carsten Peter Claussen, *Insider-handelsverbot und Ad hoc-Publizität*, cit., 20-25.

8. **Cômputo do dano.** Visa a dupla dimensão que fundamenta a ilicitude do *insider trading*: a um tempo microjurídica, ou relativa à tutela individual da confiança da contraparte, e a outro tempo macrojurídica, no que concerne à defesa do eficaz e eficiente funcionamento do mercado[16]. 15

Em resposta a esta dupla preocupação, e dada a dificuldade em avaliar o dano causado ao mercado pelo abuso informativo[17], a lei utiliza uma técnica peculiar que não se centra no cálculo e reparação dos danos causados à contraparte, como é regra na obrigação de indemnização (564.º do CC). Ao invés, para reconstituição da situação que teria ocorrido se não houvesse delito (562.º do CC), obriga-se o infrator a pagar aos lesados o montante da vantagem patrimonial realizada. O projeto de 1983 fixava o montante devido aos lesados equivaleria no equivalente ao "*lucro conseguido ou da perda evitada*" pelo infrator[18]. O texto final deixou cair tal explicitação mas no essencial é essa a ideia que, de forma mais elítica, está consagrada na lei. Esse montante corresponderá usualmente à diferença entre o preço de mercado caso a informação fosse pública e o preço pago ou recebido. A demonstração de uma relação causal entre a utilização de informação privilegiada e a obtenção de benefícios levanta, no entanto, dificuldades probatórias não despiciendas[19]. 16

Além deste regime, há que ter em conta a sujeição a apreensões e perdas das vantagens do crime, ao abrigo do 380.º-A do CVM. Embora consagrado a propósito da incriminação penal, este preceito procede a uma extensão dos efeitos civis do *insider trading* que deve ser tido em conta: determina que o valor apreendido é afeto à reparação dos lesados que tenham feito valer a sua pretensão no processo crime, sendo 60% do rendimento declarado perdido a favor do Estado e 40% a favor do sistema de indemnização dos investidores. 17

9. **A indemnização a favor da sociedade.** Na sua parte final, prevê ainda o 449.º/1 que, na impossibilidade de identificar os lesados, a indemnização deve ser paga à sociedade. Este mecanismo supõe a demonstração da existência de prejuízo causado pela atuação ilícita do *insider* ou do *tippee*. 18

A indemnização a favor da sociedade distingue-se da apreensão das vantagens do crime, fixado no 380.º-A do CVM[20]. Esta é decidida oficiosamente pelo juiz, como consequência direta do crime, ao passo que a indemnização depende do competente pedido judicial. Além disso, a repartição dos benefícios é diferente nos dois casos, revertendo em parte para o Estado e para o sistema de indemnização dos investidores no caso do 380.º-A do CVM. A apreensão oficiosa das vantagens do crime apenas opera subsidiariamente em relação ao pedido indemnizatório a favor da sociedade. 19

III – **Outras consequências**

10. **Abuso de informação como justa causa de destituição.** Resulta do 449.º/4, em caso de *insider trading*, a destituição do dirigente infrator pode ser decidida judicialmente, bastando o requerimento de um acionista. A destituição pode ser igualmente deliberada, pelo mesmo motivo, sem aguardar o desfecho do processo judicial, pela assembleia geral – 403.º e 419.º/1, 423.º-E e 430.º/1, *b*) – ou, no caso dos administradores no modelo dualista com designação pelo conselho geral e de supervisão, por este órgão – 430.º/1, *a*). 20

[16] Cf. *supra*, ponto 1 da presente anotação e também Klaus Peter Weber, *Insiderrecht und Kapitalmarktschutz* (1999), 28-30, 38.

[17] Paolo Carbone, *Tutela Civile del Mercato e Insider Trading*, cit., 190-191.

[18] *Código das Sociedades (Projecto)*, BMJ n.º 327 (1983), 307.

[19] Como nota, a propósito do anterior regime penal, Helena Bolina, *A manipulação de mercado e o abuso de informação privilegiada na nova Directiva sobre Abuso de Mercado (2003/6/CE)*, *Cadernos MVM* n.º 18 (ago. 2004), 65.

[20] Trata-se de regra especial em relação à norma geral contida no 111.º do CP.

21 11. **O dever de salvaguarda da confidencialidade.** A proibição de abuso de informação assimétrica apresenta implicações profundas ao nível da governação e da organização societária[21]. Com efeito, os sistemas de controlo de cumprimento em sociedades anónimas tomam invariavelmente como referência central a disciplina interna sobre o acesso e a utilização de informação sensível[22]. Disso dá conta o 449.º/5: incumbe à administração zelar para que outras pessoas que, no exercício de profissão ou atividade exteriores à sociedade, tomem conhecimento de informação privilegiada, não façam uso da mesma nem a divulguem.

22 Não sendo um dever de garantia (notando-se que formulação diversa é por exemplo a prevista, a propósito da manipulação de mercado, no 379.º/5 do CVM), o dever de vigilância aqui estatuído estabelece de modo claro um objetivo, embora não identificando em concreto os meios de o atingir. A intensidade dos deveres será naturalmente maior em sociedades de elevada dimensão ou que tenham valores admitidos à negociação em mercado regulamentado. Nestas últimas, tem sido identificada a prática da atribuição de opções de aquisição de ações (*stock options*) como uma das que reclama mais cuidados organizativos para prevenir o abuso informativo[23].

23 Entre as possíveis medidas organizativas figuram a adoção de separações informativas inter-departamentais (*chinese walls*), para prevenir a circulação de informação sensível fora do núcleo de pessoas estritamente necessário[24]. A acrescer, na negociação de contratos sensíveis ou importantes para a sociedade impõe-se naturalmente a celebração de acordos de confidencialidade para disciplinar a comunicação de informação. Em sociedades cotadas, é obrigatória a elaboração de listas de *insiders,* para apuramento, a cada momento, do perímetro de pessoas com acesso à informação privilegiada[25].

IV – O crime de abuso de informação privilegiada

24 12. **O contexto internacional e europeu.** A crescente internacionalização dos mercados tem impulsionado uma convergência crescente de soluções relacionadas com o tratamento normativo do insider trading[26]. O Direito europeu reflete bem essa tendência na atenção dedicada ao assunto. O tema foi primeiro tratado na Diretriz de insider trading 89/592/CEE, de 13-nov.[27], e depois retomado através da Diretriz 2003/6/CE, sobre abuso de mercado[28], e respetivos textos europeus de execução – Diretriz 2003/124/CE, de 22-dez., Diretriz 2003/125/CE, de 22-dez. e Diretriz 2004/72/CE, de 29-abr. e Regulamento (CE) 273/2003, de 22-dez.. A partir de 3 de julho de 2016, a matéria passou a ser regulada através do Regulamento (UE) n.º 596/2014 do Parlamento Europeu e do Conselho de 16 de abril de 2014 (Regulamento sobre abuso de mercado).

25 13. **Evolução e situação atual do Direito interno.** O CSC consagrou o abuso de informação privilegiada como tipo penal, no seu 524.º. O preceito foi revogado pelo CVM, em 1991.

[21] Heinz-Dieter Assmann, *The Impact of Insider Trading Rules on Company Law*, em Klaus Hopt/Eddy Wymeersch, *Capital Markets and Company Law* (2003), 529-547.

[22] Carsten Peter Claussen, *Insider-handelsverbot und Ad hoc--Publizität*, cit., 67-73.

[23] Heinz-Dieter Assmann, *The Impact of Insider Trading Rules on Company Law*, cit., 542.

[24] Donald Langevoort, *Insider Trading: Regulation, Enforcement and Prevention*, Deerfield et al (1996), 12-4-12-11; Paulo Câmara, *O governo de grupos bancários*, em *Estudos de Direito Bancário* (1999), 190-195; *id.*, *Manual de Direito dos Valores Mobiliários*, (2009), 381-382.

[25] 248.º/6 e 7 CVM.

[26] Donald Langevoort, *Insider Trading: Regulation, Enforcement and Prevention*, cit., 14-01-ss; Guido Ferrarini, *La nuova disciplina europea dell'abuso di mercato*, cit., 36.

[27] Sobre esta Diretriz: Niamh Moloney, *EC Securities Regulation*, cit., 742-772; Klaus Peter Weber, *Insiderrecht und Kapitalmarktschutz*, cit., 132-159.

[28] Acerca das razões que conduziram à atual Diretriz: Niamh Moloney, *EC Securities Regulation*, cit., 780-802.

A norma que o substituiu – o 666.º deste primeiro código mobiliário[29] – aproveitou para transpor a Diretriz 89/592/CEE, de 13-nov., para a ordem jurídica interna[30].

26 Volvidos oito anos, a incriminação do abuso de informação privilegiada foi retomada através do 378.º do CVM[31], sua sede atual. Este, por seu turno, foi revisto na sequência da transposição para o sistema jurídico nacional das Diretrizes relativas ao Abuso de Mercado, através do DL 52/2006, de 15-mar.. À L 28/2009, de 19-jun., coube agravar as correspondentes molduras sancionatórias e discriminalizar a tentativa de *insider*, através, respetivamente das novas redações aos n.ºs 1 e 2 e da revogação do 378.º/6 do CVM. Por fim, o art. 378.º do CVM resultou ainda alterado pela Lei 28/2017, de 30 de maio, que transpôs nomeadamente a Diretiva 2014/57/UE, do Parlamento Europeu e do Conselho, de 16 de abril de 2014, relativa às sanções penais aplicáveis ao abuso de mercado.

27 14. **Diferenças entre os pressupostos do 449.º CSC e do 378.º CVM.** As soluções contidas nesses preceitos são separadas por duas décadas e por plúrimas diferenças, quanto ao seu conteúdo. O âmbito subjetivo do regime penal do *insider trading* é mais amplo do que o civil, na medida em que aquele abrange a informação respeitante a qualquer sociedade anónima (ainda que de estrutura acionista fechada) e, além disso, a respeitante a qualquer tipo de emitente de instrumento financeiro. Todos os valores mobiliários, instrumentos de mercado monetário e derivados são tidos em consideração no regime penal, ao passo que o CSC se refere apenas a sociedades anónimas e às ações e obrigações por elas emitidas.

28 Além disso, a lei societária apenas qualifica como *insiders* primários os membros de órgãos de administração e de fiscalização, ao passo que o CVM inclui, além destes, os que detenham informação privilegiada devido à titularidade de uma participação no capital ou os que obtenham por qualquer facto ilícito ou que suponha a prática de facto ilícito.

29 A acrescer, o conceito de informação privilegiada apresenta-se mais densificado no CVM do que o conceito homólogo na lei societária. O regime criminal, por último, é rodeado de mecanismos preventivos mais robustos (cfr. nomeadamente 305.º-F e 382.º, n.º 2 do CVM e 17.º, n.º 2 do Regulamento do Abuso de Mercado) do que os encontrados na lei societária (449.º/5).

30 15. **As cláusulas europeias de exclusão de ilicitude.** As operações de aquisição de ações próprias e de estabilização estão excluídas da proibição do abuso de informação privilegiada desde que cumpram os requisitos enunciados no artigo 5.º do Regulamento (UE) 596/2014 do Parlamento Europeu e do Conselho de 16-abr.-2014 e no Regulamento Delegado (UE) n.º 2016/908 da Comissão de 8 de março de 2016. O não cumprimento destes requisitos não torna a operação automaticamente ilícita; tudo depende da subsunção (ou não) aos critérios de imputação decorrentes da lei (449.º do CSC, 378.º do CVM ou Regulamento (UE) 596/2014). Mas fora da previsão do mencionado Regulamento europeu deixa a operação de beneficiar desta cláusula de exclusão da ilicitude. O Regulamento europeu acrescenta também outras cláusulas de exclusão de ilicitude nos seus artigos 6.º, 9.º e 13.º.

[29] J.J. Vieira Peres, *O delito de "Insider Trading" e a obrigação de informação, Problemas societários e fiscais do Mercado de Valores Mobiliários* (1992), 82-93; Fátima Gomes, *Insider Trading* (1996), 63-91; Miguel Pedrosa Machado, *A entrada em vigor das incriminações de abuso de informação e da manipulação do mercado do Código do Mercado de Valores Mobiliários*, em *Temas de legislação penal especial* (1992), 93-106.

[30] Sobre a técnica legislativa utilizada: Frederico Costa Pinto, *O novo regime dos crimes e contra-ordenações no Código dos Valores Mobiliários*, cit., 42.

[31] Sobre a constitucionalidade desta norma, e designadamente sobre a sua compatibilidade com o princípio de proporcionalidade, com o princípio de livre iniciativa privada e com o princípio de igualdade, veja-se o Acórdão TC 494/03, de 22-Out.-2003 (Gil Galvão), acessível em www.tribunalconstitucional.pt.

Artigo 450.º (Inquérito judicial)

1. Para os efeitos dos n.os 1 e 2 do artigo anterior, qualquer acionista pode requerer inquérito, em cujo processo será ordenada a destituição do infrator, se disso for caso.

2. No mesmo processo pode o infrator ser condenado a indemnizar os prejudicados, nos termos previstos no artigo anterior.

3. O inquérito pode ser requerido até seis meses depois da publicação do relatório anual da administração de cujo anexo conste a aquisição ou alienação.

4. Durante cinco anos a contar da prática dos factos justificativos da destituição, as pessoas destituídas não podem desempenhar cargos na mesma sociedade ou noutra que com ela esteja em relação de domínio ou de grupo.

Bibliografia: Daniel Andrade, *O direito à informação nas sociedades por quotas e sociedades anónimas. O inquérito judicial*, em Fundação Bissaya Barreto, *Colóquio "Os Quinze Anos de Vigência do Código das Sociedades Comerciais* (2003), 101-122; J. P. Remédio Marques, *Código em Comentário* VI (2013), 920-923; Carlos M. Pinheiro Torres, *O direito à informação nas sociedades comerciais* (1998), 233-240; Armando Triunfante, *A tutela das minorias nas sociedades anónimas. Direitos individuais* (2004), 215-223; Raúl Ventura, *Publicidade de participações e abuso de informação*, em *Novos estudos sobre sociedades anónimas e sociedades em nome colectivo* (1994), 65-87.

Índice

1. Estrutura e evolução do preceito 1
2. Inquérito judicial e abuso de informação privilegiada 3
3. Legitimidade e prazo para apresentação do requerimento judicial 4
4. Inibição temporária de cargos 7

1 1. **Estrutura e evolução do preceito.** Em prolongamento do regime fixado no preceito anterior, cura-se aqui da tutela judicial do acionista (nos n.os 1 a 3) e da interdição temporária de exercício de cargos por parte do infrator (no n.º 4).

2 Assinale-se que o n.º 3 foi, por motivos formais, alterado através do DL 76-A/2006, de 29-mar., para eliminar a referência à direção, anterior designação do órgão executivo no modelo dualista. No mais, a redação vigente permanece intocada desde o texto originário do Código.

3 2. **Inquérito judicial e abuso de informação privilegiada.** A lei designa como inquéritos judiciais os expedientes processuais estabelecidos na lei para a efetivação, em juízo, de direitos dos membros da administração (31.º/3 e 68.º/2), de direitos de qualquer interessado (67.º/5) ou de direitos dos sócios (67.º/1, 181.º/6, 216.º, 255.º/2, 292.º)[1]. É nesta última categoria que se insere o 450.º, que representa novidade, já que surge como primeira intervenção a tomar o inquérito judicial como modo de apuramento de responsabilidade quanto ao abuso de informação privilegiada, de condenação ao dever de indemnizar os lesados e de destituição do dirigente infrator[2], caso se comprove a infração. O aproveitamento do mesmo procedimento judicial para esta tripla finalidade apresenta vantagem: ocorre lembrar que o processo de inquérito e o processo de destituição judicial de titular de órgão social são tratados no Código de Processo

[1] Em geral: Armando Triunfante, *A tutela das minorias nas sociedades anónimas. Direitos individuais* (2004), 215-223.

[2] Recorde-se o 449.º/4.

Civil em locais separados – respetivamente nos 1479.º-1482.º[3] e 1484.º-B do CPC. Previna-se, contudo, que a circunstância de o inquérito judicial constituir processo de jurisdição voluntária, com aplicação, em regra, de critérios de decisão segundo a equidade (1410.º do CPC) não pode fazer postergar os critérios indemnizatórios fixados no 449.º CSC.

3. **Legitimidade e prazo para apresentação do requerimento judicial.** A evolução do regime do inquérito societário mostra uma tendência geral de progressivo alargamento da legitimidade para lançar mão deste expediente. 4

O CCom exigia que o inquérito fosse requerido por acionistas representativos de, pelo menos, um quinto do capital social (149.º), ao passo que DL 49.381, de 15-nov.-1969 bastava-se com a titularidade de 10%. É no culminar desta evolução que o 450.º faculta o acesso a este meio a qualquer acionista[4]. Não existem desvios a esta generosa regra sequer para sociedades abertas. 5

É estabelecido um prazo (de caducidade) para requerimento do inquérito – de seis meses contados desde a publicação do relatório anual em cujo anexo conste a aquisição ou alienação. 6

4. **Inibição temporária de cargos.** O 450.º/5 comina uma sanção adicional aos agentes que utilizem informação privilegiada, a somar-se à responsabilidade criminal e civil. O preceito impõe uma inibição de titularidade de cargos por um prazo de cinco anos desde a prática do facto ilícito, na mesma sociedade ou em sociedade em relação de domínio ou de grupo. 7

Uma vez que o *cooling-off period* aqui imposto se refere, em termos amplos, à proibição do exercício de *cargos*, queda-se abrangido não apenas o exercício de funções em órgãos sociais mas de qualquer função na sociedade ou em outras em relação de domínio ou de grupo. 8

Dada a teleologia sancionatória do preceito, deve entender-se que esta inibição vale mesmo que as funções desempenhadas no novo mandato sejam diferentes das vigentes à data da prática do facto, e mesmo que à data da infração o agente não fosse dirigente da sociedade. O intervalo temporal entre o ato ilícito do *insider* e o (re)início de funções foi fixado em 5 anos, o que coincide com o prazo de prescrição aplicável ao abuso de informação privilegiada decorrente do 118.º/1, *c*), do CP. 9

Capítulo VIII – Apreciação anual da situação da sociedade

Artigo 451.º (Exame das contas nas sociedades com conselho fiscal e com comissão de auditoria)

1. Até 30 dias antes da data da assembleia geral convocada para apreciar os documentos de prestação de contas, o conselho de administração deve apresentar ao conselho fiscal e ao revisor oficial de contas o relatório da gestão e as contas do exercício.

2. O membro do conselho fiscal que for revisor oficial de contas ou, no caso das sociedades que adotem as modalidades referidas nas alíneas *a*) e *b*) do n.º 1 do artigo 278.º e na alínea *b*) do n.º 1 do artigo 413.º, o revisor oficial de contas deve

[3] Cf. as anotações de Daniel Andrade, *O direito à informação nas sociedades por quotas e sociedades anónimas. O inquérito judicial*, em Fundação Bissaya Barreto, *Colóquio "Os Quinze Anos de Vigência do Código das Sociedades Comerciais* (2003), 116-122; e de Carlos M. Pinheiro Torres, *O direito à informação nas sociedades comerciais* (1998), 235-238.

[4] Solução que, aliás, já valia para as sociedades por quotas (47.º/3 do DL 49.381, de 15-nov.-1969).

apreciar o relatório de gestão e completar o exame das contas com vista à sua certificação legal.

3. Em consequência do exame das contas, o revisor oficial de contas deve emitir documento de certificação legal das contas, o qual deve incluir:

a) **Uma introdução que identifique, pelo menos, as contas do exercício que são objeto da revisão legal, bem como a estrutura de relato financeiro utilizada na sua elaboração;**

b) **Uma descrição do âmbito da revisão legal das contas que identifique, pelo menos, as normas segundo as quais a revisão foi realizada;**

c) **Um parecer sobre se as contas do exercício dão uma imagem verdadeira e apropriada de acordo com a estrutura do relato financeiro e, quando apropriado, se as contas do exercício estão em conformidade com os requisitos legais aplicáveis, sendo que o parecer de revisão pode traduzir uma opinião sem ou com reservas, uma opinião adversa ou, se o revisor oficial de contas não estiver em condições de expressar uma opinião, revestir a forma de escusa de opinião;**

d) **Uma referência a quaisquer questões para as quais o revisor oficial de contas chame a atenção mediante ênfases, sem qualificar a opinião de revisão;**

e) **Um parecer em que se indique se o relatório de gestão é ou não concordante com as contas do exercício, se o relatório de gestão foi elaborado de acordo com os requisitos legais aplicáveis e se, tendo em conta o conhecimento e a apreciação da empresa, identificou incorreções materiais no relatório de gestão, dando indicações quanto à natureza das mesmas;**

f) **Data e assinatura do revisor oficial de contas.**

4. No caso de sociedades que sejam emitentes de valores mobiliários admitidos à negociação em mercado regulamentado, o revisor deve atestar se o relatório sobre a estrutura e as práticas de governo societário divulgado inclui os elementos referidos no n.º 1 do artigo 245.º-A do Código dos Valores Mobiliários, que lhe sejam exigíveis e emitir parecer sobre o cumprimento das alíneas *c*), *d*), *f*), *h*), *i*) e *m*) do mesmo artigo.

5. O âmbito do parecer a que se refere a alínea *e*) do n.º 3 deve igualmente incluir as matérias referidas nas alíneas *c*), *d*), *f*), *h*), *i*) e *m*) do n.º 1 do artigo 245.º-A do Código dos Valores Mobiliários, no caso dos emitentes abrangidos pelas disposições em causa.

6. No caso de sociedades que estejam obrigadas a apresentar uma demonstração não financeira, nos termos do artigo 66.º-B ou do artigo 508.º-G, o revisor oficial de contas deve apenas atestar que a mesma ou o relatório separado foram apresentados.

7. A alínea *e*) do n.º 3 do presente artigo não é aplicável à demonstração não financeira referida no n.º 1 do artigo 66.º-B, nem à demonstração não financeira consolidada referida no n.º 1 do artigo 508.º-G, nem aos relatórios separados referidos nos n.os 8 e 9 do artigo 66.º-B e nos n.os 8 e 9 do artigo 508.º-G.

Bibliografia: Ana Maria Rodrigues/Rui Pereira Dias, *Artigo 451.º*, em *Código das Sociedades Comerciais em comentário – VI* (2019), 977-992; João Macedo Vitorino/Helena Mendonça/Pedro Dias, *As recentes alterações à Quarta e Sétima Directivas e respectivos reflexos no CSC*, CadMVM 25 (2006), 43-59.

Vide a bibliografia indicada na *Introdução* aos 65.º a 70.º-A.

Índice

I – **Origem e evolução**
1. Redação original 1
2. Reforma de 1995 3
3. Reforma de 2005 6
4. Reforma de 2006 7
5. Reforma de 2009 8
6. Reforma de 2015 9
7. Reforma de 2017 10

II – **Regime**
8. Sequência 11
9. Revisão legal das contas e certificação legal das contas 12
(a) Revisão legal das contas 13
(b) Certificação legal das contas 14
10. Certificação legal das contas e invalidade da deliberação 16
11. Valores admitidos à negociação 18

I – Origem e evolução

1. **Redação original**. Em 1986, o 451.º estava epigrafado "apreciação geral da administração e da fiscalização". Dispunha[1]: 1

> 1. A assembleia geral referida no 376.º deve proceder à apreciação geral da administração e fiscalização da sociedade.
>
> 2. Essa apreciação deve concluir ou por uma deliberação de confiança em todos ou alguns dos órgãos de administração e de fiscalização e respectivos membros ou por destituição de algum ou de alguns destes; nas sociedades com conselho geral ou tratando-se de administradores nomeados pelo Governo, pode a assembleia votar a desconfiança em directores ou nesses administradores.
>
> 3. As destituições e votos de confiança previstos no número anterior podem ser deliberados independentemente de menção na convocatória da assembleia.

O preceito era importante e tinha, no fundamental, a ver com o funcionamento da assembleia, relativamente à apreciação da administração e da fiscalização. 2

2. **Reforma de 1995**. O DL 328/95, de 9-dez., que procedeu à transposição das Diretrizes 90/605 e 92/101, aproveitou para "melhorar" as redações dos 451.º a 456.º, realinhando-os e para alterar o 451.º/3 (anterior 452.º), coadunando-o com o 37.º do RJROC[2]. No fundo, procurou-se arranjar espaço para incluir a intervenção do ROC, tendo o 451.º passado para o 455.º. 3

O 451.º, agora epigrafado "exame das contas nas sociedades com conselho fiscal", veio dispor[3]: 4

> 1. Até 30 dias antes da data da assembleia geral convocada para apreciar os documentos de prestação de contas, o conselho de administração deve apresentar ao conselho fiscal o relatório da gestão e as contas do exercício.
>
> 2. O membro do conselho fiscal que for revisor oficial de contas deve apreciar o relatório de gestão, completar o exame das contas com vista à sua certificação legal e elaborar relatório anual sobre a fiscalização efectuada.
>
> 3. Em consequência do exame das contas, o revisor oficial de contas deve emitir documento de certificação legal das contas, com ou sem reservas, certificação adversa, ou declaração de impossibilidade de certificação legal, nos termos da lei.

[1] DR I Série, n.º 201, de 2-set.-1986, 2375/II.

[2] Preâmbulo, DR I Série-A, n.º 283, de 9-dez.-1995, 7692/II.

[3] *Idem*, 7693/I e II.

4. O relatório anual do revisor oficial de contas sobre a fiscalização efectuada deve ter o conteúdo exigido pela lei respectiva.

5 Corresponde ao 452.º, versão original, embora com redação diversa.

6 3. **Reforma de 2005**. O DL 35/2005, de 17-fev., que veio transpor as Diretrizes 78/660, 83/349, 86/635 e 91/674, relativas a contas anuais e a contas consolidadas[4], alterando vários diplomas, introduziu o atual n.º 3[5].

7 4. **Reforma de 2006**. A redação vigente foi adotada pela reforma do DL 76-A/2006, de 29-mar., sendo de notar: (a) a adaptação aos novos figurinos de SA, com relevo para o anglo-saxónico; (b) a remissão para a "lei respetiva"[6]. Foi revogado o anterior n.º 4.

8 5. **Reforma de 2009**. Resultou da transposição, já tardia, da Diretriz 2006/46, de 14-jul. (que altera diversas diretrizes de prestação de contas[7]), pelo DL 185/2009, de 12-ago., que acrescentou os n.os 4 e 5.

9 6. **Reforma de 2015**. O DL 98/2015, de 2-jun., que transpôs a Nova Diretriz da Contabilidade (2013/34, de 26-jun.), veio alterar diversos diplomas com o objetivo de simplificação e redução das divulgações exigidas pelas normas contabilísticas e de relato financeiro[8]. Aproveitou o legislador o ensejo para, com base nos 34.º e 35.º da Diretriz, alterar a alínea *e*) do n.º 3 e o n.º 4[9].

10 7. **Reforma de 2017**. O DL 89/2017, de 28-jul., que transpôs a Diretriz n.º 2014/95/UE do Parlamento Europeu e do Conselho, de 22-out, no que se refere à divulgação de informações não financeiras e de informações sobre a diversidade por parte de certas grandes empresas e grupos, em matéria de responsabilidade social das empresas, veio incluir os n.os 6 e 7 deste artigo. Dispõem estes sobre a obrigação de o ROC atestar que as sociedades obrigadas a apresentar uma demonstração não financeira (nos termos do 66.º-B ou do 508.º-G) o fizeram (ou que apresentaram o relatório em separado), bem como sobre a inaplicabilidade do 451.º/3, *e*) a determinadas demonstrações não financeiras.

II – Regime

11 8. **Sequência**. O 451.º visa as SA com conselho fiscal ou com comissão de auditoria. Isto posto, fixa a seguinte sequência: (a) o conselho de administração, até 30 dias antes da assembleia geral convocada para a prestação de contas (e sem prejuízo de disponibilizar, desde logo, tais documentos aos sócios[10]), tem o dever de apresentar, ao conselho fiscal e ao ROC (quando o ROC não é membro do conselho fiscal), o relatório de gestão e as contas do exercício; (b) o membro do conselho fiscal que for ROC ou, nos casos do 278.º/1, *a*) e *b*) e 413.º/1, *b*), o ROC, devem apreciar o relatório e completar o exame das contas, com vista à sua certificação legal (451.º/1 e 2), emitindo, depois, documento de certificação legal das contas (451.º/3).

[4] Preâmbulo: DR I Série-A, n.º 34, de 17-fev.-2005, 1186/I.

[5] *Idem*, 1189/II.

[6] DR I Série-A, n.º 63 (Supl.), de 29-mar.-2006, 2328-(31)/I e II.

[7] Anteproposta de diploma de transposição parcial da diretiva 2007/46/CE do Parlamento Europeu e do Conselho, de 14 de junho de 2006, que altera a Diretiva 78/660/CEE do Conselho relativa às contas anuais de certas formas de sociedades, a Diretiva 83/349/CEE do Conselho relativa às contas consolidadas, a Diretiva 86/635/CEE do Conselho relativa às contas anuais e às contas consolidadas dos bancos e outras instituições financeiras e a Diretiva 91/674/CEE do Conselho relativa às contas anuais e às contas anuais e às contas consolidadas das empresas de seguros.

[8] JOUE n.º L-182, 19-76, de 29-jun.-2013.

[9] DR I Série-A, n.º 106, de 2-jun.-2015, 3476/II.

[10] Estes documentos de prestação de contas devem ser facultados à consulta dos acionistas durante os 15 dias anteriores à data da assembleia geral [289.º/1, *e*)]; todavia, a certificação legal das contas e o relatório do ROC só têm de estar disponíveis quando aqueles elementos são submetidos à assembleia – *vide* RPt 21-dez.-1993 (Emérico Soares), Proc. 9340288.

9. **Revisão legal das contas e certificação legal das contas.** Trata-se de uma atividade exclusiva e específica do ROC, de interesse público (41.º/1 EOROC[11]), resultante de uma imposição legal às sociedades a ela sujeitas[12]. Para além do 451.º, a revisão legal e a certificação legal das contas estão reguladas nos artigos 42.º a 47.º EOROC, bem como em normas técnicas de auditoria emitidas ou adotadas pela OROC[13]. O exame das contas divide-se em dois momentos: a *revisão legal das contas* e a *certificação legal das contas.* 12

(a) A **revisão legal das contas** corresponde a uma fase de análise: com base nas normas técnicas de revisão legal de contas aplicáveis e, se necessário, com recurso a técnicas de amostragem autorizadas, o ROC realiza um exame, verificando a conformidade do relatório de gestão e as contas do exercício com a realidade contabilística e financeira da sociedade, exame esse que deve proporcionar um nível de segurança aceitável que lhe permita expressar a sua "opinião", que irá integrar o documento de certificação legal de contas. 13

(b) Na **certificação legal das contas**, o ROC, como resultado do exercício da revisão legal das contas, elabora um documento final escrito (45.º/2 EOROC), de conteúdo normalizado, que goza de fé pública, fazendo prova plena, só podendo ser impugnado por via judicial por invocação de fundamentos de falsidade[14]. O documento da certificação legal das contas deve conter os elementos descritos no 451.º/3 e no 45.º/2 EOROC[15], onde se destaca "o parecer em que se indique se o relatório de gestão é ou não concordante com as contas do exercício" [451.º/3, *e*)] e a "opinião de auditoria" referida no 45.º/2, *c*) EOROC [equivalente ao "parecer de revisão" mencionado no 451.º/3, *c*)], a qual responde às questões sobre se as contas dão uma imagem verdadeira e apropriada e se as contas cumprem os requisitos legais aplicáveis[16]. 14

Dispunha a Diretriz de Revisão/Auditoria (DRA) 700, de fev.-2001., que a "opinião de auditoria" deveria revestir uma das seguintes modalidades: (a) *opinião com ou sem reservas*: aqui se inclui (i) a designada "opinião limpa", quando as demonstrações financeiras não merecem qualquer reparo (§ 7.º DRA 700), ou quando é emitida com ênfases (§ 24.º a § 28.º DRA 700), e (ii) a opinião com reservas por limitação do âmbito da revisão/auditoria (§ 30.º e § 31.º DRA 700) ou por desacordo (§ 32.º a § 34.º DRA 700); (b) *opinião adversa*: quando o efeito do desacordo é de tal modo significativo ou influente nas demonstrações financeiras que estas, no seu todo, estão erradas (§ 29.º DRA 700); (c) *escusa de opinião*: quando, devido à limitação do âmbito da revisão/auditoria, o ROC não obtém prova adequada e suficiente (§ 29.º DRA 15

[11] Estatuto da Ordem dos Revisores Oficiais de Contas (EOROC), aprovado pela L 140/2015, de 7-set., em DR I Série-A, n.º 174, de 7-set.-2015, 7135/II-7177/I.

[12] De forma mais genérica, a atividade de *auditoria às contas* reporta-se à *revisão legal das contas* (exercida em cumprimento de disposição legal ou estatutária), à *revisão voluntária de contas* (exercida em cumprimento de vinculação contratual) e aos serviços com estas relacionados, quando tenham uma finalidade ou um âmbito específicos ou limitados (42.º EOROC).

[13] Sobre as fontes internacionais e nacionais do Direito da prestação de contas e respetivo valor jurídico, *vide* a análise incluída na *Introdução* aos artigos 65.º a 70.º-A.

[14] Tal resultava expressamente do 44.º/7 do anterior Estatuto da Ordem dos Revisores Oficiais de Contas, aprovado pelo DL n.º 487/99, de 16-nov., embora – o que se crê ser um lapso do legislador – não conste no atual EOROC.

[15] A certificação legal de contas de entidades de interesse público inclui ainda os elementos previstos no artigo 10.º do Regulamento (UE) 537/2014, de 16-abr. (45.º/3 EOROC).

[16] Contrariamente ao verificado para o conselho fiscal, o ROC não tem de avaliar diretamente a administração da sociedade: se as contas do exercício dão uma imagem verdadeira e apropriada da sociedade, o ROC não deixará de as certificar sem reservas, ainda que as opções da administração ponham em causa a situação da sociedade – neste sentido, José Ferreira Gomes, *Da administração à fiscalização das sociedades* (2015), 419. Por essa razão, a revisão legal das contas não inclui uma garantia quanto à viabilidade futura da entidade auditada, nem quanto à eficiência ou eficácia com que o órgão de administração conduziu as atividades da entidade auditada (44.º/5 EOROC). Todavia, tal não isenta o ROC dos seus deveres de comunicação de irregularidades ao conselho fiscal [420.º/1, *a*), e 420.º/2, *c*)] e ao presidente do conselho de administração ou do conselho de administração executivo (420.º-A/1) (*idem*, 420-421).

700); e (d) *declaração de impossibilidade de certificação*: quando o ROC conclua ser inexistente, ser significativamente insuficiente ou ter sido ocultada matéria de apreciação (45.º/4 EOROC e § 50.º DRA 700). Revogada essa Diretriz, as modalidades mantêm-se hoje em moldes semelhantes, por via da aplicação da ISA 700 *(Formar uma opinião e relatar sobre demonstrações financeiras)* e da ISA 701 *(Comunicar matérias relevantes de auditoria no relatório do auditor independente)*.

16 10. **Certificação legal das contas e invalidade da deliberação.** As hipóteses de certificação legal das contas com escusa de opinião, com opinião adversa ou com declaração da impossibilidade de certificação distinguem-se das hipóteses de não emissão do documento de certificação legal ou de emissão de documento a que falte algum dos elementos legalmente exigidos.

17 Nos primeiros casos, não está em causa, em princípio, qualquer falha no exercício de revisão das contas por parte do ROC: trata-se tão-só, como visto, de diferentes modalidades de certificação legal, pelas quais se sinalizam irregularidades nas contas ou dificuldades na emissão da opinião de auditoria. Havendo, não obstante, aprovação das contas pelos sócios, será a deliberação *anulável* sempre que, não sendo possível a reforma das contas, estas enfermem de graves irregularidades (em princípio, detetadas na certificação legal das contas) insuscetíveis de correção (69.º/2)[17]. Relativamente aos segundos casos, assinale-se que o documento de certificação legal das contas se inclui obrigatoriamente na prestação de contas: os sócios não deliberam sobre a certificação legal das contas, mas esta deve *acompanhar* os documentos de prestação de contas e o relatório de gestão[18]. Por isso, quando a certificação legal das contas não acompanhe os documentos de prestação de contas, ou quando a esta falte algum dos elementos legalmente exigidos, será considerada uma "violação dos preceitos legais relativos à elaboração" dos "demais documentos de prestação de contas", aplicando-se o 69.º/1, que aponta para a anulabilidade da deliberação. Todavia, sempre que em causa esteja a violação de normas reguladoras da revisão das contas que se encontrem teleologicamente orientadas à proteção do interesse público (41.º/1 EOROC), será nula a deliberação de aprovação tomada pelos sócios (69.º/3) [19].[19].

18 11. **Especialidades das sociedades emitentes de valores mobiliários admitidos à negociação em mercado regulamentado**. Tais especialidades, introduzidas nos n.ºs 4 e 5 do 451.º com a Reforma de 2009, merecem hoje atenção reforçada devido à entrada em vigor do Regime Jurídico da Supervisão de Auditoria (RJSA), aprovado pela L 148/2015, de 9-set.[20], na sequência do Regulamento (UE) 537/2014, de 16-abr.[21]. O RJSA regula a atividade de supervisão pública dos ROC's, das SROC's, de auditores e entidades de auditoria de Estados-Membros da UE e de países terceiros registados em Portugal, definindo a competência, a organização e o funcionamento desse sistema de supervisão (1.º RJSA), e que é aplicável quando esteja em

[17] Apontando a possível consumpção desta norma pelo n.º 1 do 69.º, dado que a "irregularidade das contas, salvo casos muitos excepcionais, encontra-se associada à violação de preceitos legais, que poderão não ser preceitos legais de natureza societária, mas sê-lo-ão necessariamente de natureza contabilística", *vide* Ana Maria Rodrigues, *Prestação de contas e o regime especial de invalidade das deliberações*, em *Miscelâneas*, 6 (2010), 161, nt. 70.

[18] *Vide* o 70.º/2, *c)* e, expressamente para as SQ, o 263.º/5. Também assim, Ana Maria Rodrigues/Rui Pereira Dias, *Artigo 451.º*, 990.

[19] *Idem*, 990. Relembre-se que no 69.º se alarga o âmbito da anulabilidade, em detrimento da nulidade, que só funcionará, nesta sede, dentro da sua estrita previsão, não se bastando com o critério da *inderrogabilidade por vontade unânime dos sócios* contido no 56.º/1, *d)*. Neste sentido, e apesar da qualificação expressa da função do ROC como de "interesse público" (41.º/1 EOROC), há que precisar que nem todas as irregularidades na revisão legal de contas resultam da violação de preceitos que têm como finalidade "exclusiva ou principal" (69.º/3) a proteção do interesse público (*v.g.*, a norma que estabelece a obrigação de identificação, na certificação legal de contas, do local onde está estabelecido o ROC ou a SROC – 45.º/2, *g)* EOROC). Não cabe, nestes casos, a sanção da nulidade (69.º/3) – nem mesmo da anulabilidade, sempre que a irregularidade seja "de pouca gravidade ou fácil correção" (69.º/2).

[20] DR I Série-A, n.º 176, de 9-set.-2015, 7501/I-7516/I.

[21] JOUE n.º L-158, 77-112, de 27-mai.-2014.

causa a revisão legal de contas de entidades de interesse público [4.º/4, *a*) RJSA]. As sociedades emitentes de valores mobiliários admitidos à negociação em mercado regulamentado são qualificadas como *entidades de interesse público* [3.º, *a*), RJSA]; nestes casos, fica, assim, toda a atividade de auditoria do ROC sujeita à supervisão da CMVM.

Para além dos elementos previstos no artigo 10.º do Regulamento (UE) n.º 537/2014, 19
de 16-abr. – que devem, pelo 45.º/3 EOROC, integrar o documento de certificação legal de contas de entidades de interesse público –, os n.os 4 e 5 do 451.º vêm, quanto a estas sociedades, alargar o espetro de informações que devem constar desse documento. Esse alargamento do perímetro informativo traduz-se na obrigatoriedade de o ROC (a) emitir uma declaração em que "ateste" se o relatório anual sobre governo das sociedades, regulado no 245.º-A CVM, inclui os elementos referidos nesse preceito (n.º 4, 1.ª parte), e (b) incluir no âmbito do parecer mencionado no 451.º/3, *e*), as matérias referidas nas alíneas *c*), *d*), *f*), *h*), *i*) e *m*) do 245.º-A/1 CVM, desde que aplicáveis à sociedade emitente em causa (n.º 5).

Artigo 452.º (Apreciação pelo conselho fiscal e pela comissão de auditoria)

1. O conselho fiscal e a comissão de auditoria devem apreciar o relatório de gestão, as contas do exercício, a certificação legal das contas ou de impossibilidade de certificação.

2. Se o conselho fiscal ou a comissão de auditoria concordar com a certificação legal das contas ou com a declaração de impossibilidade de certificação, deve declará-lo expressamente no seu parecer.

3. Se discordar do documento do revisor oficial de contas referido no número anterior, o conselho fiscal ou a comissão de auditoria deve consignar no relatório as razões da sua discordância, sem prejuízo do declarado pelo revisor oficial de contas.

4. O relatório e parecer do conselho fiscal e da comissão de auditoria devem ser remetidos ao conselho de administração, no prazo de 15 dias a contar da data em que tiver recebido os referidos elementos de prestação de contas.

Bibliografia: Ana Maria Rodrigues/Rui Pereira Dias, *Artigo 452.º*, em *Código das Sociedades Comerciais em comentário – VI* (2019) 993-995.

Vide a bibliografia indicada na *Introdução* aos 65.º a 70.º-A e na anotação ao 451.º.

Índice

I – **Origem e evolução**
1. Redação original 1
2. Reforma de 2005 2
3. Reforma de 2006 3

II – **Regime**
4. Objeto da apreciação 4
5. Resultado da apreciação 5
6. Parecer e invalidade da deliberação 6
7. Prazo 7

I – Origem e evolução

1 **1. Redação original.** Na versão de 1986, o 452.º, epigrafado "exame das contas nas sociedades com conselho fiscal"[1], dispunha:

[1] DR I Série, n.º 201, de 2-set.-1986, 2375/II.

1. Nas sociedades que tenham conselho fiscal, o membro que for revisor oficial de contas deve proceder ao exame do relatório e das contas apresentados pelo conselho de administração e elaborar relatório anual sobre a fiscalização efectuada, distinto do relatório ou do parecer exigido por lei ao órgão de fiscalização em que se integra, nos mesmos prazos legais que vinculam este último, a apresentar ao conselho de administração e, se o entender, à assembleia geral.

2. O relatório deve ter o conteúdo exigido pela lei respectiva.

3. Em consequência do exame das contas a que procedeu, o revisor oficial de contas deve emitir documento de certificação legal das contas, com ou sem reservas, ou declaração de recusa de certificação legal ou declaração de impossibilidade de certificação, nos termos da lei.

2 2. A **reforma de 2005**. O DL 328/95, de 9-dez., na sua linha clarificadora, alterou a redação do preceito, agora epigrafado "apreciação pelo conselho fiscal"[2]; foi absorvido o (anterior) 453.º:

1. O conselho fiscal deve apreciar o relatório de gestão, as contas do exercício, o relatório anual do revisor oficial de contas e a certificação legal das contas ou a declaração de impossibilidade de certificação.

2. Se o conselho concordar com a certificação legal das contas ou com a declaração de impossibilidade de certificação, deve declará-lo expressamente no seu relatório.

3. Se discordar do documento referido no número anterior, o conselho deve consignar no relatório as razões da sua discordância; se esta for no sentido de recusar a aprovação ou de a conceder com reservas, deve lançar essa menção; se a discordância for no sentido de aprovar plenamente as contas ou de as aprovar com reservas diferentes das propostas, não pode tal menção ser lançada e, em vez dela, deve ser declarado que, pelas razões especificadas, o conselho não chegou a acordo sobre a aprovação das contas.

4. O relatório e parecer do conselho fiscal devem ser remetidos ao conselho de administração, no prazo de 15 dias a contar da data em que tiver recebido os referidos documentos de prestação de contas.

3 3. **Reforma de 2006**. A redação vigente[3], aprovada pelo DL 76-A/2006, de 29-mar., veio adaptar o preceito à comissão de auditoria, e modificar o n.º 3, de modo a melhor jogar com o ROC.

II – **Regime**

4 4. **Objeto da apreciação**. Está em causa a competência de fiscalização financeira e contabilística do conselho de fiscalização ou da comissão de auditoria (dependendo do modelo de governação em questão). A apreciação deve recair sobre: (a) o relatório de gestão; (b) as contas de exercício; (c) a certificação legal ou a declaração de impossibilidade de certificação (452.º/1).

5 5. **Resultado da apreciação**. Devem ser elaborados um relatório[4] e um parecer (referidos no 452.º/4) pelo conselho de fiscalização [420.º/1, *g*)] ou pela comissão de auditoria [423.º-F/1, *g*)], dos quais deve constar o resultado da apreciação. A apreciação pode ser *concordante* com a certificação legal das contas ou com a declaração de impossibilidade de certificação; esta concordância deve ser expressamente declarada no parecer (452.º/2). Se a apreciação for *discordante* da certificação legal das contas ou da declaração de impossibilidade de certificação, deve ficar

[2] DR I Série-A, n.º 283, de 9-dez.-1995, 7693/II.

[3] DR I Série-A, n.º 63 (Supl.), de 29-mar.-2006, 2328-(31).

[4] Este relatório, que descreve a natureza e a extensão do trabalho conduzido pelo órgão de fiscalização, consta do mesmo documento do parecer, antecedendo-o; não se confunde com o relatório de gestão elaborado pela administração (65.º/1 e 66.º) nem com o relatório constante do documento de certificação legal de contas (451.º/3).

consignado no relatório as competentes razões (453.º/2), não podendo o órgão de fiscalização simplesmente aderir à motivação declarada pelo ROC na certificação legal das contas[5].

6. **Parecer do órgão de fiscalização e invalidade da deliberação de aprovação das contas**. À semelhança do que sucede com a certificação legal das contas[6], também o parecer do órgão de fiscalização se inclui obrigatoriamente na prestação de contas: os sócios não deliberam sobre tal parecer, mas este deve *acompanhar* os documentos de prestação de contas e o relatório de gestão[7]. Quando esse parecer não acompanhe os documentos de prestação de contas, ou quando a este lhe falte algum dos elementos legalmente exigidos[8], estará em causa uma "violação dos preceitos legais relativos à elaboração" dos "demais documentos de prestação de contas", com a consequente aplicação do 69.º. Neste caso, diversamente do que se concluiu a propósito da certificação legal das contas, por não estar em causa, à partida, a violação de normas teleologicamente orientadas – de forma "exclusiva ou principal" – à prossecução dos credores ou do interesse público (69.º/3), será *anulável* (e não *nula*) a deliberação de aprovação tomada pelos sócios (69.º/1)[9]. 6

7. **Prazo**: a entrega do parecer deve ocorrer no prazo de 15 dias a contar da data em que tiver recebido os elementos da prestação de contas, remetidos pela administração. 7

Artigo 453.º (Exame das contas nas sociedades com conselho geral e de supervisão)

1. Até 30 dias antes da data da assembleia geral convocada para apreciar os documentos de prestação de contas, o conselho de administração executivo deve apresentar ao revisor oficial de contas o relatório de gestão e as contas do exercício, para os efeitos referidos nos números seguintes, e ao conselho geral e de supervisão.

2. O revisor oficial de contas deve apreciar o relatório de gestão e completar o exame das contas com vista à sua certificação legal.

3. Aplica-se o disposto no n.º 3 do artigo 451.º e nos n.os 2 a 4 do artigo 452.º, com as necessárias adaptações.

Bibliografia: Ana Maria Rodrigues/Rui Pereira Dias, *Artigo 453.º*, em *Código das Sociedades Comerciais em comentário – VI* (2019), 996-998.

Vide a bibliografia indicada na *Introdução* aos 65.º a 70.º-A e na anotação ao 451.º.

Índice

I – Origem e evolução
1. Redação original 1
2. Reforma de 1995 2
3. Reforma de 2006 3

[5] Para Pedro Pais de Vasconcelos (2006), 91, tanto no caso de concordância como de discordância deve o órgão de fiscalização "fundamentar a sua posição, embora a lei só exija expressamente em caso de discordância".

[6] *Vide* a anotação ao 451.º.

[7] 70.º/2, *c*). Neste sentido, Ana Maria Rodrigues/Rui Pereira Dias, *Artigo 451.º*, 990.

[8] No sentido de que falta de assinatura do parecer do conselho fiscal por um dos seus vogais, sem que se mostre justificada a eventual recusa de assinatura por discordância (423.º/2), conduz à anulabilidade da deliberação que violou as normas atinentes ao regular funcionamento daquele órgão de fiscalização – *vide* RLx 17-abr.-2007 (Orlando Nascimento), Proc. 2034/2006-7. Acresce que, como corretamente se decidiu neste acórdão, a invalidade da deliberação de aprovação das contas não determina a invalidade da deliberação que elegeu o novo conselho de administração e o novo conselho fiscal.

[9] Trata-se de uma solução em linha com a apertada previsão de casos que fundamentam a nulidade das deliberações neste regime especial de invalidade plasmado no 69.º, em que se alarga o âmbito da anulabilidade, em detrimento da nulidade.

II – **Regime**
4. Âmbito de aplicação 4
5. Remissão 5

I – Origem e evolução

1 1. **Redação original**. No CSC derivado do DL 262/86, de 2-set., o 453.º reportava-se à apreciação geral pelo conselho fiscal: um preceito que, em 1995, passaria para o 452.º. Dispunha[1]:

> 1. O conselho fiscal deve apreciar o relatório referido no artigo anterior, o qual fica fazendo parte integrante do seu próprio relatório.
>
> 2. Se o conselho concordar com a certificação legal das contas ou com a declaração de impossibilidade de certificação legal das contas, deve declarar expressamente tal concordância no seu relatório.
>
> 3. Se discordar dela, o conselho deve consignar as razões da sua discordância; se esta for no sentido de recusar a aprovação ou de a conceder com reservas, deve lançar essa menção; se a discordância for no sentido de aprovar plenamente as contas ou de as aprovar com reservas diferentes das propostas, não pode tal menção ser lançada e, em vez dela, deve ser declarado que, pelas razões especificadas, o conselho não chegou a acordo sobre a aprovação das contas.

2 2. **Reforma de 1995**. O DL 328/95, de 9-dez., alterou o preceito, destinando-o à "apreciação das contas nas sociedades com conselho geral"[2], isto é: sociedades de tipo dualista. Veio dispor:

> 1. Até 30 dias antes da data da assembleia geral convocada para apreciação geral da administração e fiscalização, a direcção deve apresentar ao revisor oficial de contas o relatório de gestão e as contas do exercício.
>
> 2. O revisor oficial de contas deve apreciar o relatório de gestão, completar o exame das contas do exercício, elaborar o relatório anual e emitir o documento de certificação legal das contas, com ou sem reservas, certificação adversa, ou declaração de impossibilidade de certificação, apresentando-os ao conselho geral e, se o entender, pode também apresentar à assembleia geral o seu relatório anual.

3 3. **Reforma de 2006**. O DL 76-A/2006, de 29-mar., alterou de novo o preceito[3]: para o adequar à nova terminologia, procedendo a uma uniformização por remissões.

II – Regime

4 4. **Âmbito de aplicação**. O 453.º rege a matéria da revisão legal e da certificação legal das contas (e sua consequente apreciação e emissão de parecer) das sociedades de tipo dualista ou germânico, estruturadas em conselho de administração executivo, conselho geral e de supervisão e revisor oficial de contas [278.º/1, *c*)].

5 5. **Remissão**. A matéria é regulada em termos paralelos com os prescritos para o conselho fiscal ou a comissão de auditoria. Assim, os n.os 1 e 2 do 453.º são o equivalente, para as sociedades de modelo dualista ou germânico, aos n.os 1 e 2 do 451.º; o 453.º/3, por sua vez, estabelece a remissão para o 451.º/3 (não se compreendendo, contudo, a ausência da remissão para os n.os 4 e 5 do 451.º, aplicáveis sempre que estejam em causa sociedades emitentes de valores mobiliários admitidos à negociação em mercado) e para o 453.º/2 a 4 (sendo aplicável, não obstante igual ausência de remissão, o n.º 1 do 453.º, dadas as competências do conselho geral e de supervisão,

[1] DR I Série, n.º 201, de 2-set.-1986, 2376/I.
[2] DR I Série-A, n.º 283, de 9-dez.-1995, 7693/II.
[3] DR I Série-A, n.º 63 (Supl.), de 29-mar.-2006, 2328-(31)/II.

plasmadas no 441.º/1, *h*) e *n*), para a emissão de parecer sobre as contas, da qual a apreciação das mesmas é pressuposto[4]).

Artigo 454.º (Deliberação do conselho geral)

(Revogado)

Índice

1. Redação original 1
2. Reforma de 1995 2
3. A revogação de 2006 3

1. **Redação original**. Em 1986, o 454.º, epigrafado "exame das contas nas sociedades com conselho geral", dispunha[1]: 1

> Nas sociedades que tenham conselho geral, o revisor oficial de contas deve proceder ao exame do relatório e das contas apresentados pela direcção e elaborar relatório anual nos termos previstos no artigo 452.º, a apresentar ao conselho geral e, se o entender, à assembleia geral.

2. **Reforma de 1995**. O DL 328/95, de 9-dez., agora sob o epíteto "deliberação do conselho geral"[2], deu-lhe a seguinte configuração: 2

> 1. O conselho geral deve apreciar o relatório anual do revisor oficial de contas e a certificação legal das contas, deliberar sobre o relatório e as contas do exercício apresentados pela direcção e elaborar um relatório anual sobre a sua actividade, que será apresentado à assembleia geral.
>
> 2. A deliberação do conselho geral que aprove sem reservas as contas do exercício pode ser declarada nula pelo tribunal a requerimento de qualquer accionista ou, verificando-se ofensa de normas destinadas a proteger interesses de credores, também a requerimento destes, no prazo de três anos.
>
> 3. Se o conselho geral, de acordo com a certificação legal das contas ou com a declaração de impossibilidade de certificação legal das contas do revisor oficial de contas, não aprovar as contas ou as aprovar com reservas, a sua deliberação é definitiva.
>
> 4. Se o conselho geral, em desacordo com tal certificação do revisor oficial de contas, não aprovar as contas ou as aprovar com reservas diferentes, a divergência deve ser submetida à assembleia geral que delibera sobre os pontos de discordância entre as contas apresentadas pela direcção, a certificação ou declaração do revisor oficial de contas e a deliberação do conselho geral.

3. **A revogação de 2006** foi levada a cabo pelo 61.º, *b*), do DL 76-A/2006, de 29-mar.[3]. As alterações introduzidas no modelo dualista, com a supressão da competência do conselho geral e de supervisão de aprovar as contas – limita-se, agora, a dar parecer, segundo o 441.º, *h*) –, explicam a revogação. 3

[4] Também assim, Ana Maria Rodrigues/Rui Pereira Dias, *Artigo 453.º*, 997.

[1] DR I Série, n.º 201, de 2-set.-1986, 2376/I.

[2] DR I Série-A, n.º 283, de 9-dez.-1995, 7693/II-7694/I.

[3] DR I Série-A, n.º 63 (Supl.), de 29-mar.-2006, 2328-(65)/II.

Artigo 455.º (Apreciação geral da administração e da fiscalização)

1. A assembleia geral referida no artigo 376.º deve proceder à apreciação geral da administração e fiscalização da sociedade.

2. Essa apreciação deve concluir por uma deliberação de confiança em todos ou alguns dos órgãos de administração e de fiscalização e respetivos membros ou por destituição de algum ou alguns destes, podendo também a assembleia votar a desconfiança em administradores designados nos termos da alínea *a*) do n.º 1 do artigo 425.º.

3. As destituições e votos de confiança previstos no número anterior podem ser deliberados independentemente de menção na convocatória da assembleia.

Bibliografia: Jorge Coutinho de Abreu, *Governação das sociedades comerciais* (2010), 159-168; *id.*, *Artigo 376.º*, em *Código das Sociedades Comerciais em comentário – VI* (2019), 70-74; António Menezes Cordeiro, *Da responsabilidade civil dos administradores das sociedades comerciais* (1997), 379-380; *id.*, *Sociedades* 1 (2011), 947-952; Luís Brito Correia, *Os administradores de sociedades anónimas* (1993), 438; Diogo Lemos e Cunha, *Destituição de administradores de sociedades anónimas: em particular o alcance e o sentido da justa causa de destituição*, ROA, 74/II (2014), 576-623; Joaquim Taveira da Fonseca, *Suspensão e destituição dos membros dos órgãos de administração das sociedades por quotas e anónimas*, in *V Congresso direito das sociedades em revista* (2018), 199--280; Jorge Pinto Furtado, *Deliberações de sociedades comerciais* (2005), 155-158 e 387-388; José Carlos Soares Machado, *A deliberação de confiança na apreciação anual da situação da sociedade*, ROA, 55/II (1995), 597-611; Ana Maria Rodrigues/Rui Pereira Dias, *Artigo 455.º*, em *Código das Sociedades Comerciais em comentário – VI* (2019), 992-1002; Vasco da Gama Lobo Xavier, *Anulação de deliberação social e deliberações conexas* (1975).

Vide a bibliografia indicada na *Introdução* aos 65.º a 70.º-A e na anotação aos 376.º e 451.º.

Índice

I – Origem e evolução
1. Redação de 1986 1
2. Reforma de 1995 2
3. Reforma de 2006 3

II – Regime
4. Coordenadas gerais 4
5. Motivos 5
6. Natureza 6
7. Efeitos da deliberação de confiança 8
8. Efeitos da deliberação de desconfiança. A destituição 9
9. Impugnação 11
10. Dispensa de convocatória 12
11. Dever de deliberar 13
12. Deliberação tácita 14
13. Maioria 15
14. Sujeitos 16
15. Momento 17

I – Origem e evolução

1 1. **Redação de 1986**. Na versão original, o 455.º tinha a ver com a deliberação do conselho geral, quanto às contas[1]. Dispunha:

> 1. A deliberação do conselho geral que aprove sem reservas as contas da sociedade pode ser declarada nula pelo tribunal a requerimento de qualquer accionista ou, verificando-se ofensa de normas destinadas a proteger interesses de credores, também a requerimento destes, no prazo de três anos.
>
> 2. Se o conselho geral, de acordo com a certificação legal das contas ou com a declaração de impossibilidade de certificação legal das contas do revisor oficial de contas, não aprovar as contas ou as aprovar com reservas, a sua deliberação é definitiva.

[1] DR I Série, n.º 201, de 2-set.-1986, 2376/I.

3. Se o conselho geral, em desacordo com tal certificação ou declaração do revisor oficial de contas, não aprovar as contas ou as aprovar com reservas diversas, a divergência deve ser submetida à assembleia geral, que delibera sobre os pontos de discordância entre as contas apresentadas pela direcção, a certificação ou declaração do revisor oficial de contas e a deliberação do conselho geral.

2. **Reforma de 1995**. O DL 328/95, de 9-dez., no realinhamento que introduziu, dirigiu este preceito para a "apreciação geral da administração e da fiscalização"[2]. Tratava-se do 451.º, na versão original, acima reproduzido. 2

3. **Reforma de 2006**. O DL 76-A/2006, de 29-mar.[3], deu-lhe a sua feição atual, alterando o n.º 3, para evitar a referência aos administradores nomeados pelo Governo. 3

II – Regime

4. **Coordenadas gerais**. Na sua reunião ordinária anual (376.º), e na sequência da prestação de contas por parte da administração, da apreciação destas pela fiscalização e da subsequente deliberação da assembleia geral sobre as mesmas e sobre a aplicação de resultados [376.º/1, *a*) e *b*)], deve a assembleia geral proceder à apreciação geral da administração e fiscalização da sociedade [376.º/1, *c*), 1.ª parte, e 455.º/1], que deverá concluir com uma avaliação *positiva* (a deliberação de confiança) ou *negativa* (a deliberação de desconfiança ou com efeitos jurídicos próprios que extravasam os de uma avaliação, a deliberação de destituição). 4

5. **Motivos**. Apesar de inserida num *iter* de deliberações e no contexto da apreciação geral anual – o ideal, pelas informações aí veiculadas, para a formação de uma opinião dos sócios –, não faz a lei depender uma avaliação positiva ou negativa da aprovação ou não aprovação das contas. Há uma correlação tendencial, mas não necessária, entre estas deliberações: os fatores que influem na avaliação podem assentar em qualquer aspeto, referente a qualquer momento (não só daquele exercício social), do desempenho dos membros da administração e da fiscalização, ou até, assentando noutros motivos, ser alheios a esse desempenho[4]. Não é, assim, exigida uma pretensa coerência entre tais deliberações[5]: não são unidas por uma conexão necessária (a deliberação pode sobreviver à ineficácia da anterior, sem que se verifique um caso de impossibilidade jurídica)[6], ainda que possa existir entre elas um nexo de motivação[7]. Diversamente do que sucede noutros ordenamentos jurídicos[8], não é sindicável o motivo que funda a deliberação de confiança ou de desconfiança (sem prejuízo dos limites a uma atuação em abuso de direito)[9]. Tratando-se a apreciação geral frequentemente de uma antecâmara da destituição dos administradores, esta ideia encontra-se alinhada com as regras que disciplinam a destituição destes, pelas quais se admite a destituição livre (403.º). 5

[2] DR I Série-A, n.º 283, de 9-dez.-1995, 7694/I.

[3] DR I Série-A, n.º 63 (Supl.), de 29-mar.-2006, 2328-(31)/II.

[4] *V.g.*, quando os membros do órgão de administração ou de fiscalização assumiram funções há pouco tempo e não há base para associar o seu desempenho às contas e aos resultados do exercício; ou quando a deliberação de desconfiança assenta na impopularidade das medidas tomadas com administradores, ainda que alinhadas com o interesse social.

[5] Noutro sentido, José Carlos Soares Machado, *A deliberação de confiança*, 602.

[6] Pode, contudo, existir uma *conexão voluntária* – *vide* ponto 9, nt. 28 *infra*.

[7] *Vide* ponto 9, nt. 28 *infra*.

[8] Veja-se, a título de exemplo, o ordenamento jurídico alemão, em que no § 84 (3) AktG se exige, sob pena de a destituição dos administradores não produzir quaisquer efeitos, que a "retirada de confiança" (*Vertrauensentzug*) pela assembleia geral não seja arbitrária.

[9] Decidindo que "perante a clara letra da lei [...] não é possível discutir-se a competência da assembleia geral para, em qualquer momento, manifestar a sua desconfiança ou destituir qualquer administrador com ou sem justa causa [...]. E face a tamanho poder de destituição não pode invocar-se abuso de direito, que o poder discricionário não consente a averiguação dos motivos do seu exercício, salvo, se for caso disso, para fixação de indemnização" – *vide* RPt 17-jun.-1997 (Afonso Correia), Proc. 9720001, CJ XXII (1997) 3, 220-224.

6 6. **Natureza**. Pela deliberação de confiança ou de desconfiança os sócios não se limitam a exteriorizar um sentimento ou um estado subjetivo imputável à sociedade: dotada de performatividade, esta produz um complexo de efeitos jurídicos correspondentes ao seu significado[10] [11]. Veiculando uma opinião ou uma avaliação, trata-se de uma declaração que, por regra, parte do conhecimento de factos *pretéritos* ou *presentes* com vista à produção de efeitos no *futuro*.

7 A deliberação de confiança ou de desconfiança não é confundível com os chamados votos de louvor, votos de gratificação ou votos de pesar (figurinos frequentes em textos de atas de órgãos sociais): através destes comunica-se um sentimento gerado na sequência da verificação de um facto pretérito ou presente, posicionando-se no âmago da regulação de trato social e de relacionamento empresarial[12]; são, assim, em princípio, desprovidos de relevância jurídica. Tal não obsta, porém, a que amiúde se detetem nestes votos afloramentos no sentido de uma deslocação para o campo da juridicidade: seja porque assim foi convencionado[13], seja porque, em determinados contextos, constituem um *plus* com relevância para a interpretação de deliberações que as antecedem ou sucedem. É, por exemplo, o que sucede quando, por ocasião da apreciação anual, à deliberação de confiança se segue um voto de louvor à administração (de emissão voluntária). A deliberação de confiança ou de desconfiança tratada neste preceito diferencia-se também, malgrado certa homonímia, dos votos de confiança e das moções de censura próprias da disciplina constitucional, cujos efeitos jurídicos não são transponíveis para o domínio societário[14].

8 7. **Efeitos da deliberação de confiança**. A deliberação de confiança resulta de uma avaliação positiva pela qual, de forma livre, se exprime, mediante o apoio à sua continuidade, a confirmação no cargo[15]. Os seus efeitos são limitados. Por um lado, sendo convencionado, pode uma parte da remuneração dos membros do órgão de administração ou fiscalização estar dependente da emissão de uma deliberação de confiança. É suscetível, por outro lado, de relevar na responsabilidade civil dos membros por ela abrangidos: não se extraindo dela qualquer imediato efeito liberatório, pode esta, seguindo-se à "deliberação pela qual a assembleia geral aprove as contas ou a gestão", reforçar os casos em que, pelo 74.º/3, tal efeito liberatório se verifica, enquanto facto concludente (a par de outros) revelador de uma deliberação tácita de renúncia do crédito indemnizatório. Por fim, ainda que não resulte da *confirmação* no cargo uma obrigação de *manutenção* no cargo[16], poderá a deliberação de confiança tornar abusiva[17] a destituição do membro por ela abrangido, quando a mesma se funde em justa causa cujos factos constitutivos tenham sido expressamente levados ao conhecimento dos sócios antes da deliberação.

[10] Sobre estes efeitos jurídicos, *vide* pontos 7 e 8 *infra*.

[11] Jorge Pinto Furtado (2005), 157, afirma que esta deliberação "não exprime certamente um *querer*, nem, bem vistas as coisas, apenas um *saber* – mas, essencialmente, aquilo que se *sente* em presença de determinado *saber*".

[12] Jorge Pinto Furtado (2005), 387. Segundo o A., "o próprio vocábulo *voto* é sintomático para exprimir um simples *desejo* ou *sentimento*, a revelar o carácter *ajurídico* que semelhantes *deliberações de pesar* ou de *congratulação* em geral apresentam" (387, nt. 530).

[13] É o que sucede quando, *v.g.*, em caso de emissão de um voto de louvor, se constitui na esfera dos administradores visados o direito a uma determinada remuneração adicional.

[14] *Vide* 192.º a 195.º CRP.

[15] José Carlos Soares Machado, *A deliberação de confiança*, 602-603.

[16] Na mesma assembleia geral, a deliberação de confiança nos membros da administração emitida a seguir a uma deliberação de não destituição de certo administrador, não permite, só por si, sustentar a manutenção desse administrador no cargo quando, mais tarde, a deliberação de não destituição, tendo sido impugnada, vem a ser declarada nula – vide RPt 10-dez.-2019 (João Diogo Rodrigues), Proc. 3735/17.

[17] Sem limitação aos casos do 58.º/1, *b*), e também com referência ao 334.º CC.

8. **Efeitos da deliberação de desconfiança. A destituição.** Pela deliberação de desconfiança (ou "retirada de confiança") expressa a assembleia geral uma avaliação negativa – ainda que assente em motivos não relacionados com a aprovação das contas ou alheios ao desempenho dos administradores e/ou dos membros do órgão de fiscalização. Tem, como efeito, servir de aviso ou recomendação, aos membros por ela abrangidos, da conveniência de alterar a respetiva orientação, desempenho ou comportamento (o que fará sobretudo sentido nos casos em que a deliberação de desconfiança seja motivada), ou até servir para sinalizar a iminência de uma destituição (com ou sem justa causa) – sem que se pretenda (pelo menos, naquele momento) a destituição. Esta deliberação poderá ainda, se convencionado nesse sentido, obrigar o membro a que respeita a renunciar ao respetivo cargo (obviando-se os custos inerentes a um processo de destituição), ou mesmo constituir justa causa convencional de destituição. Num plano prático, a deliberação de desconfiança poderá ter consequências nefastas na reputação profissional (*maxime*, nos designados *track records*) dos membros por ela abrangidos. Diversamente de alguns entendimentos[18] e do que resulta do teor literal do 455.º/2[19], não se vê razão para que a deliberação de desconfiança não abranja membros designados fora dos casos do 425.º/1, *a*), sem que a ela se suceda a destituição desses membros. A favor da admissibilidade deste meio-termo entre a deliberação de confiança e a destituição invoca-se que podem os sócios, também quanto aos membros designados fora do disposto do 425.º/1, *a*), pretender expressar o tal aviso aos ditos membros, sem querer a sua destituição imediata[20]. Efeito este que não se retira da mera falta de uma deliberação de confiança[21]. 9

Contrariamente ao que, a locução "desconfiança" sugeriria, e assim não sendo convencionado, esta deliberação não constitui, por si só, justa causa de (futura) destituição[22-23] – ainda que possa, em concreto, fundar-se numa situação de justa causa, à luz do 403.º/4 e do 430.º/2. Nesse sentido militam, como razões, (a) o facto de, a ser assim, a justa causa passar a depender unicamente da vontade maioritária da sociedade, esvaziando-se o seu conteúdo[24] (prejudicando-se, consequentemente, o direito à indemnização dos membros destituídos); e (b) o facto de a deliberação de desconfiança poder ser imotivada ou, não o sendo, não assentar em motivos constitutivos de uma situação de justa causa. A deliberação de desconfiança também não determina que o membro seja destituído naquela mesma assembleia. 10

[18] Nesse sentido, que não acompanhamos, José Carlos Soares Machado, *A deliberação de confiança*, p. 603.

[19] Estipula o 455.º/2 que "essa apreciação *deve concluir* por uma deliberação de confiança [...], ou por destituição [...], *podendo* também a assembleia votar a desconfiança em administradores designados nos termos da alínea a) do n.º 1 do 425".

[20] Também assim, Jorge Coutinho de Abreu, *Artigo 376.º*, 69.

[21] Noutro sentido, parecendo fazer equivaler a ausência de uma deliberação de confiança (ou a falta de menção de alguns membros na deliberação de confiança) à manifestação da desconfiança, cf. Jorge Coutinho de Abreu, *Artigo 376.º*, 69. Acresce que, *a fortiori*, não se extrai da ausência dessa deliberação a destituição dos membros nesse cargo.

[22] Contrariamente ao que sucedia quando o 430.º/2, na sua redação anterior à alteração efetuada pelo DL 76-A/2006, de 29-mar., estipulava que "constituem, designadamente, justa causa de destituição a violação grave dos deveres do director, a sua incapacidade para o exercício normal das respectivas funções *e a retirada de confiança pela assembleia geral*". Esta redação, próxima da do § 84 (3) AktG, já não vigora entre nós – o que reforça o entendimento explanado em texto. Em qualquer caso, a deliberação de desconfiança não se confunde com a mera alusão a "quebras de confiança" para fundar a destituição por justa causa. Em sentido similar (embora quanto a SQ), na análise de uma deliberação de destituição por justa causa, decidiu a Relação do Porto que "o recurso a uma expressão tal como "...quebra da imprescindível relação de confiança entre a sociedade e o gerente (...), tendo em conta, entre outros, os obstáculos por este colocados ao normal desenvolvimento da atividade social..." não constituiu mais do que um elemento discursivo, tendente a contextualizar a deliberação de destituição, mas sem que lhe pretendesse conferir a aptidão para revelar uma justa causa para esse efeito" (RPt 14-mar.-2017, Rui Moreira, Processo 2541/16.9T8AVR.P1).

11 9. **Impugnação.** Já por diversas vezes testada nos tribunais portugueses[25], será de admitir; todavia, podendo ser as deliberações de confiança ou de desconfiança imotivadas, com limitações quanto aos fundamentos materiais dessa impugnação (designadamente, quanto à invocação do abuso do direito ou de deliberações abusivas[26]). Questão diferente, também suscitada a este propósito – e à qual se responde negativamente[27] –, é a de saber se a invalidade da deliberação de aprovação de contas determina necessariamente a invalidade da deliberação de confiança: por regra, como referido, esta não é deliberação conexa[28] – ainda que não se negue a pertinência da deliberação de aprovação (ou não aprovação) das contas como facto concludente indiciário de uma deliberação (tácita) de confiança ou de desconfiança[29].

12 10. **Dispensa de convocatória.** As deliberações de confiança, de desconfiança ou de destituição podem ter lugar mesmo quando tais assuntos não constem da ordem do dia [455.º/3, retomando o 376.º/1, *c*), e em linha com os 75.º/2 e 81.º/1]. Tal afigura-se justificado: por um lado, deliberando-se previamente sobre as contas [376.º/1, *a*)], é a assembleia geral anual um fórum fértil na revelação de factos que facilitam a tomada destas deliberações[30] (embora, como referido,

[23] No mesmo sentido, Jorge Coutinho de Abreu (2010), 159 ss.; *id.*, *Artigo 376.º*, 72; Diogo Lemos e Cunha, *Destituição de administradores*, 583, nt. 17. Contra (embora à luz da redação anterior do 430.º), José Carlos Soares Machado, *A deliberação de confiança*, 607.

[24] REv 13-fev.-2014 (Francisco Xavier), Proc. N.º 802/09.2TBSLV.E1., decidindo que, "a assim não se entender, fica aberto o campo para a total arbitrariedade [na destituição com justa causa], podendo a qualquer momento retirar-se a confiança ao administrador".

[25] *Vide* RPt 21-jul.-1967 (Abel de Campos), JR, 1967, 714-718, (em que, na sequência da anulação da deliberação de aprovação do balanço, se considerou também anulável um "voto de louvor" ao conselho de administração (aqui, manifestamente, com o valor da deliberação de confiança prevista no 455.º/2 e 3, admitindo-se, neste contexto, a sua relevância jurídica); RPt 17-jun.-1997 (Afonso Correia), Proc. 9720001, CJ XXII (1997) 3, 220-224, em que, apesar de se considerar não haver fundamento para invalidar uma deliberação de desconfiança, se admitiu, como ponto de partida, a suscetibilidade de impugnação da mesma. Menos claramente quanto ao conteúdo da deliberação, por apontar para um mero voto de louvor e não para uma deliberação de confiança, *vide* STJ 24-jul.-1962 (Alfredo José da Fonseca), Proc. 59121, BMJ 119, 549-555, em que se considerou anulável uma "moção laudatória" do presidente da mesa do conselho de administração, por não terem sido observadas as regras da convocação da assembleia geral.

[26] RPt 17-jun.-1997 (Afonso Correia), Proc. 9720001, CJ XXII (1997) 3, 220-224.

[27] Noutro sentido, e na sequência da anulação da deliberação de aprovação de contas, entendendo que "se a proposta [de aprovação de contas] não era lícita, é claro que também esta deliberação [de confiança] o não será, justificando-se por si mesmo o pedido da sua anulação; se o era, o seu carácter de simples reforço, elogioso, da proposta de aprovação dos atos da gerência, subordina-a, evidentemente, ao que sobre esta for deliberado, não podendo conceber-se sequer que se reprovasse a actuação da administração, louvando-a simultaneamente" – *vide* o já referido acórdão RPt 17-jun.-1997 (Afonso Correia), Proc. 9720001, CJ XXII (1997) 3, 220-224.

[28] Todavia, a anulabilidade da deliberação de aprovação das contas já contaminará a deliberação de confiança ou de desconfiança quando exista uma *conexão voluntária* entre estas deliberações sociais, *i.e.*, quando a deliberação de confiança seja tomada pelos sócios em consideração da deliberação de aprovação das contas anterior e haja uma intenção expressa ou tácita de se fazer depender da sorte dessa a eficácia da deliberação de confiança – caso em que se evidencia o papel dos critérios interpretativos a utilizar – *vide* Vasco Lobo Xavier (1975), 547 ss. Ainda assim, com apoio no pensamento do A. (*idem*, 581 ss.), poderá suceder que, por aplicação de tais critérios interpretativos, não possa interpretar-se a deliberação de confiança de modo a ver aí manifestada a intenção de esta se tornar dependente da deliberação anterior, ainda que entre elas exista um *nexo de motivação* (*i.e.*, quando os sócios que aprovaram a deliberação de confiança o fizeram no pressuposto de que a deliberação de aprovação de contas tinha plena eficácia e não existia qualquer irregularidade que inquinasse as contas); se tanto, este nexo de motivação será atendível para efeitos de invocação de *erro relativo aos motivos do voto* na deliberação de confiança, em circunstâncias em que o mesmo seja suscetível de relevar.

[29] Sobre as deliberações tácitas de confiança e de desconfiança, *vide* ponto 12 *infra*.

[30] Assim, Coutinho de Abreu (2010), 166-167. É precisamente o contexto da apreciação anual que explica que só nestes casos possa ser deliberada a destituição de administradores (e membros do órgão de fiscalização) sem que tal assunto conste da convocatória. Noutros casos, ainda que a destituição possa ser deliberada a todo o tempo (403.º/1 e 430.º/1), deve esta constar da ordem do dia, seja na convocatória (ainda que, pelo 378.º, com a posterior inclusão de pontos), seja no decurso da assembleia, estando todos os sócios ou seus representantes presentes na reunião e

estas não dependam da aprovação ou não das contas); por outro, estão em causa deliberações que integram, por exigência legal (376.º/1), a ordem de trabalhos da assembleia geral anual; ora, servindo a exigência plasmada no 377.º/8 o fim último de permitir que os convocados se preparem para a discussão e deliberação dos temas da ordem do dia, de modo que não venham a ser surpreendidos quanto às matérias a deliberar, não estará em causa qualquer assunto "surpresa" que justifique a invalidade da deliberação tomada [58.º/1, *c*) e 58.º/4, *a*)].

11. **Dever de deliberar.** Devem os sócios, em assembleia geral, deliberar num determinado sen- 13
tido: (a) a confiança, (b) a desconfiança, ou (c) a destituição[31]. Releva, aqui, o papel do presidente da mesa. Tem este, no âmbito da sua competência para a convocação da assembleia geral (377.º/1), o dever de incluir esse ponto na ordem do dia. E ainda que não conste da ordem do dia, deve o presidente da mesa, uma vez tomadas as deliberações referidas nas alíneas *a*) e *b*) do 376.º/1, convidar os acionistas a apresentar propostas e a pronunciarem-se sobre a forma de votação[32]; perante a inércia dos acionistas, deve o presidente da mesa submeter à votação destes a proposta de deliberação de confiança, em bloco, do órgão de administração e do órgão de fiscalização. Caso todos os acionistas decidam abster-se de votar, não se forma qualquer deliberação de confiança (386.º/1, *in fine*); e ainda que, na sequência da não formação dessa deliberação, o presidente da mesa proponha a votação da desconfiança, pode também verificar-se a abstenção de todos os acionistas – assim se esgotando os poderes e deveres do presidente de mesa na sanação dessa situação de inércia. Um cenário destes não traduz necessariamente apatia ou indiferença dos acionistas (nem constitui, à partida, a violação de deveres de lealdade por parte destes): podem estes, não querendo assumir uma posição relativamente à gestão e fiscalização, pretender não desencadear os efeitos da deliberação de confiança ou de desconfiança. Por ser um dever cominado à assembleia geral, não estaremos, neste caso, perante um incumprimento de cada um dos sócios. Neste plano, queda sem sanção a inobservância desse dever (trata-se de *leges imperfectae*). Quanto às consequências pela ausência da deliberação: são apenas as da não produção dos efeitos jurídicos desta, não se retirando da ausência da deliberação de confiança os efeitos de uma deliberação de desconfiança, nem vice-versa.

12. **Deliberação tácita.** Questão diferente da ausência de uma deliberação derivada da inação 14
dos acionistas é a da existência de uma deliberação tácita de confiança. Em linha com estabilizado entendimento jurisprudencial, não se rejeita que a deliberação de confiança seja tomada tacitamente, sempre que se possa deduzir com toda a probabilidade a expressão dessa confiança. São factos indiciários de uma deliberação de confiança aqueles em que, *v.g.*, em assembleia geral anual regularmente convocada, não havendo deliberação expressa sobre o ponto da ordem de trabalhos respeitante à apreciação geral da administração e da fiscalização, se verifica a aprovação por unanimidade (ou larga maioria) do relatório de gestão e contas do exercício anterior e da aplicação dos resultados [376.º/1, *a*) e *b*)], mencionando-se na respetiva ata que o conselho de administração agradeceu a manifestação de confiança dos acionistas[33]. No plano oposto, também serão de admitir deliberações tácitas de desconfiança, não sendo, porém, suficiente como facto indiciário de tal deliberação a não aprovação do relatório e das contas[34].

nenhum deles se oponha a que sobre isso se delibere (contra a exigência de a destituição constar da ordem do dia, *vide* Luís Brito Correia [1993], 715). Mas a convocatória não tem de conter o teor da proposta a apresentar à assembleia (designadamente, o nome do administrador), bastando a identificação do *thema deliberandum*.

[31] *Vide* ponto 8 *supra*.

[32] José Carlos Soares Machado, *A deliberação de confiança*, 604.

[33] STJ 31-mai.-2012 (João Trindade), Proc. 750/05.

[34] Diversamente, afirmando que "ao rejeitar a aprovação do relatório e contas, há quase que uma verdadeira descon-

15 13. **Maioria**. A deliberação de confiança ou de desconfiança é votada por maioria dos votos emitidos, não sendo contadas as abstenções (386.º/1)[35]. Trata-se de uma deliberação da assembleia geral, e não de uma declaração individual dos sócios[36]: havendo propostas de deliberação de confiança e de deliberação de desconfiança relativamente aos mesmos órgãos ou membros, fará vencimento a proposta que tiver a seu favor maior número de votos (386.º/2)[37]. Esta maioria não se confunde com a necessária à deliberação de destituição dos administradores ou membros do órgão de fiscalização, onde, tratando-se de destituição sem justa causa, releva a minoria de bloqueio do 403.º/2[38].

16 14. **Sujeitos**. A deliberação de confiança ou de desconfiança pode visar os órgãos de administração e de fiscalização ou concretos membros desses órgãos (455.º/2), independentemente, como visto, do modo de designação destes[39]. São conjeturáveis as seguintes hipóteses (integrantes, ou não, da mesma deliberação): (a) em bloco – deliberação de confiança ou de desconfiança em todos os órgãos e seus membros; (b) órgão a órgão – deliberação de confiança num órgão e deliberação de desconfiança noutro órgão; (c) membro a membro – deliberação de confiança num ou mais membros de um dos órgãos e desconfiança em relação aos demais.

17 15. **Momento**. Não dependendo a deliberação de confiança ou de desconfiança da deliberação de aprovação das contas, pode aquela – em coerência com o poder de destituição, que é exercível a todo o tempo (403.º/1) – ser emitida em assembleia geral que não seja assembleia geral anual[40]. Contudo, não procedendo agora as razões justificativas invocadas para tal, já não se admitirá, salvo nos casos permitidos por lei, a dispensa de convocatória (455.º/3).

Capítulo IX – Aumento e redução do capital

Artigo 456.º (Aumento do capital deliberado pelo órgão de administração)

1. O contrato de sociedade pode autorizar o órgão de administração a aumentar o capital, uma ou mais vezes, por entradas em dinheiro.

2. O contrato de sociedade estabelece as condições para o exercício da competência conferida de acordo com o número anterior, devendo:

a) Fixar o limite máximo do aumento;

b) Fixar o prazo, não excedente a cinco anos, durante o qual aquela competência pode ser exercida, sendo que, na falta de indicação, o prazo é de cinco anos;

c) Mencionar os direitos atribuídos às ações a emitir; na falta de menção, apenas é autorizada a emissão de ações ordinárias.

fiança implícita no órgão de administração que as subscreveu e apresentou, bem como no órgão de fiscalização se eventualmente este lhes dera parecer favorável", *vide* José Carlos Soares Machado, *A deliberação de confiança*, 604, nt. 9.

[35] José Carlos Soares Machado, *A deliberação de confiança*, 605.

[36] *Idem*, 606.

[37] É o processo de votação aplicável à designação de administradores – *idem*, 606, nt. 14.

[38] Nestes casos, a deliberação de destituição apenas será eficaz se, para além da obtenção da maioria necessária (que, salvo cláusula diversa no contrato de sociedade, é a maioria dos votos emitidos – 386.º/1), contra a proposta de destituição não tenham votado acionistas que representem, pelo menos, 20% do capital social.

[39] *Vide* ponto 8 *supra*.

[40] RPt 17-jun.-1997 (Afonso Correia), Proc. 9720001, CJ XXII (1997) 3, 220-224.

3. O projeto de deliberação do órgão de administração é submetido ao conselho fiscal, à comissão de auditoria ou ao conselho geral e de supervisão, podendo o órgão de administração submeter a divergência a deliberação da assembleia geral se não for dado parecer favorável.

4. A assembleia geral, deliberando com a maioria exigida para a alteração do contrato, pode renovar os poderes conferidos ao órgão de administração.

5. Ao aumento do capital, deliberado pelo órgão de administração, é aplicável o disposto no artigo 88.º, com as devidas adaptações.

Bibliografia: António Menezes Cordeiro, *Direito europeu das sociedades* (2005), 228-231; *id.*, 2 (2007), 839-840; Paulo de Tarso Domingues, *Código em Comentário* 6 (2013), 952-962; Jorge Pinto Furtado (2004), 520-522; Nogueira Serens, *Notas sobre a sociedade anónima*, 116-123; Maria Ângela Bento Soares, *Aumento do capital*, em AAVV (2002), 240-243; Raúl Ventura, *Adaptação do Direito Português à Segunda Directiva do Conselho da Comunidade Económica Europeia sobre o Direito das Sociedades* (1980), 67-72; *id.*, *Alterações do contrato de sociedade* (2003), 153-167.

Índice

I – **Enquadramento geral**
1. Aspetos europeus, âmbito de aplicação e história do preceito 1

II – **Sentido material**
2. Fonte e titularidade da competência cumulativa para o aumento 7
3. Limites da competência cumulativa 10
4. Deliberação de aumento e deliberação de renovação 12

I – Enquadramento geral

1 **1. Aspetos europeus, âmbito de aplicação e história do preceito.** A competência para a alteração do contrato de sociedade pertence aos sócios, de forma quase exclusiva. Com efeito, a última parte do 85.º/1 (*salvo quando a lei permita atribuir cumulativamente essa competência a outro órgão*) permite confirmar que a competência de qualquer outro órgão em matéria de alteração estatutária é sempre *excecional* e *cumulativa* com a da assembleia geral[1].

2 A fonte europeia do 456.º.º reside na 2.ª Diretriz, que permite em sede de aumento do capital que a legislação dos Estados-membros contemple a hipótese de *os estatutos, o ato constitutivo ou a assembleia geral* autorizarem um outro órgão da sociedade (i.e., que não a assembleia geral) a aumentar o capital *até um montante máximo por eles fixado* (25.º/2)[2]. Esta faculdade, prevista na Diretriz, já era conhecida em alguns dos ordenamentos comunitários, de que são exemplo o alemão (§ 202 AktG) ou o italiano (2443.º do *Codice*) e foi transposta através do artigo comentado, respeitando-se o âmbito traçado pelo legislador comunitário: esta faculdade apenas se oferece às sociedades anónimas.

3 Na esteira de Raúl Ventura[3], deve chamar-se a atenção para a diferença entre esta possibilidade, acolhida no artigo agora comentado, e o sistema de *capital autorizado* do Direito inglês.

[1] *Vide* as anotações ao 85.º.

[2] Eis o texto completo do 25.º/2 da 2.ª Diretriz: Todavia, os estatutos, o ato constitutivo ou a assembleia geral, cuja deliberação deve ser objeto de publicidade nos termos do n.º 1, podem autorizar o aumento do capital subscrito até um montante máximo por eles fixado, com observância do montante máximo eventualmente previsto na lei. O órgão da sociedade designado competente para esse efeito decidirá, se for caso disso, aumentar o capital subscrito, dentro dos limites do montante fixado. Este poder do órgão tem um prazo máximo de exercício de cinco anos, e pode ser renovado uma ou mais vezes pela assembleia geral, por um período que, para cada renovação, não pode ultrapassar cinco anos.

[3] Raúl Ventura, *Adaptação*, 68.

Nos sistemas continentais, como o nosso, o capital é parte integrante dos estatutos, e cada alteração implica uma alteração reflexa dos estatutos. A norma comentada apenas estende a competência para o aumento do capital a um órgão que normalmente dela não disporia, rodeando esta possibilidade de cautelas, de entre as quais se destaca a fixação de um limite máximo. No sistema inglês, segundo entendemos, o capital autorizado fixa o limite máximo até ao qual a sociedade pode emitir ações. Representa assim um capital potencial estatutariamente previsto, pelo que a concretização desta possibilidade não implica alteração dos estatutos.

4 Cumpre ainda salientar que, pese embora a generalidade da previsão do 25.º/2 da 2.ª Diretriz, o legislador português limitou esta possibilidade de competência cumulativa à modalidade de aumento de capital *por novas entradas* e, dentro desta, ao aumento por entradas em dinheiro. Fica assim excluída a possibilidade de conceder competência equiparável ao órgão de administração para os aumentos de capital *por incorporação de reservas*[4] e para os aumentos de capital *por novas entradas em espécie*[5].

5 A redação do preceito mantém-se praticamente inalterada desde a sua aprovação, pelo DL 262/86, de 2-set.. A redação original, por sua vez, era em quase tudo idêntica ao articulado proposto pelo Prof. Raúl Ventura no estudo de adaptação do direito societário português à 2.ª Diretriz[6].

6 A recente reforma de 2006, através do DL 76-A/2006, de 29-mar., além de ligeiras alterações de estilo no proémio do n.º 2 e na respetiva alínea *b*), apenas estendeu a competência para emitir parecer sobre o projeto da deliberação do órgão de administração à comissão de auditoria e ao conselho geral e de supervisão (n.º 3), e adaptou a forma da referida deliberação à atualmente prevista para o aumento do capital em geral (n.º 5, que remete para o artigo 88.º).

II – Sentido material

7 2. **Fonte e titularidade da competência cumulativa para o aumento.** A única fonte da competência cumulativa para o aumento do capital *por novas entradas em dinheiro* parece ser o contrato, segundo os termos literais do 456.º. O 25.º/2 da 2.ª Diretriz é no entanto mais amplo, possibilitando que os Estados-membros estabeleçam como fonte da competência cumulativa *os estatutos, o ato constitutivo ou a assembleia geral.* O legislador português não terá sido tão generoso, pelo menos de forma expressa[7], e levanta-se por isso a questão de saber se a assembleia geral

[4] Justificando esta opção, Raúl Ventura, *Adaptação*, 72: "não é curial que uma resolução dos administradores faça submeter ao regime de capital reservas que, ou constituem fundos disponíveis para distribuição aos acionistas, ou têm finalidades específicas marcadas pela lei ou pelos estatutos".

[5] A este propósito, Raúl Ventura, *Adaptação*, 72, explicava que em princípio "não caberá aos administradores, mesmo agindo como gerentes diligentes e cautelosos, decidir sobre a escolha de coisas que, a título de capital ou por via este, devem ingressar no património da sociedade, mas podem ocorrer hipóteses em que, por qualquer motivo, não convenha tomar na assembleia uma decisão final e, portanto, a competência será atribuída aos administradores. Os accionistas não têm, se forem cuidadosos, prejuízos com isso, uma vez que podem redigir a deliberação deixando aos administradores o mínimo de liberdade necessária, quanto às coisas a admitir como entradas, por quem serão feitas as entradas, etc.". No entanto, tendo em conta a letra do 456.º/1, combinada com a excecionalidade das normas atributivas de competência cumulativa para alterações estatutárias, deve hoje concluir-se que esta possibilidade apenas se aplica aos aumentos *por novas entradas em dinheiro*. Raúl Ventura, em texto posterior (*Alterações*, 158), justificava esta solução: "A exclusão das entradas em espécie explica-se por os sócios na altura do contrato não poderem prever quais os bens que no futuro podem interessar à sociedade em aumentos de capital e ainda pela porta que ficaria aberta para a entrada de novos sócios ou aumento de participação de alguns dos antigos".

[6] Raúl Ventura, *Adaptação*, 145.

[7] Pode retirar-se uma justificação, indiretamente, das páginas de Raúl Ventura, *Alterações*, 156: "Neste quadro, não se justifica que seja uma assembleia geral a autorizar o órgão de administração a aumentar o capital; a morosidade da assembleia geral é igual quer para autorizar o conselho de administração a aumentar o capital quer para proceder diretamente ao aumento; se os sócios estão, na totalidade e inicialmente, convencidos da necessidade de aumentar o

pode conceder, sem cláusula estatutária que o permita, uma autorização para que o órgão de administração aumente o capital.

8 A resposta parece dever ser negativa. Com efeito, não se encontram motivos para sustentar que as palavras tenham traído o legislador, e que o sentido da norma ultrapasse a respetiva letra. A previsão da competência cumulativa nos estatutos assegura publicidade, nomeadamente aos novos sócios, que no cenário alternativo poderiam ser surpreendidos por um aumento do capital promovido pelo órgão de administração, em execução de uma deliberação da assembleia geral anterior à sua entrada. Por outro lado, duvida-se da utilidade desta alternativa, já que a admitir-se, ter-se-ia sempre de concluir pela sujeição da deliberação autorizativa da assembleia geral à maioria necessária para a alteração dos estatutos, bem como uma decisão sobre a limitação ou supressão do direito de preferência (460.º).

9 No que à titularidade da competência cumulativa se refere, e muito embora o 25.º/2 da 2.ª Diretriz não especifique qual o órgão da sociedade (que não a assembleia geral) que pode ser investido na competência cumulativa relativa ao aumento de capital, parece clara a sua atribuição ao órgão de administração, enquanto titular da competência de gestão da atividade societária (cfr. 278.º, 405.º ss., 431.º).

10 3. **Limites da competência cumulativa**. O legislador da União Europeia preocupou-se de forma evidente com a limitação dos poderes atribuídos ao órgão de administração em sede de aumento do capital. Acolhendo essas preocupações, o legislador português obriga a que a cláusula estatutária que atribua competência cumulativa em matéria de aumento do capital estabeleça, como conteúdo necessário, o limite máximo do aumento – n.º 2, *a*)[8]. A cláusula estatutária que não o faça deve ser considerada nula[9]. O contrato de sociedade deve também pronunciar-se sobre o prazo em que a competência deve ser exercida e sobre os direitos a atribuir às novas ações. No entanto, quando não o faça, aplica-se o prazo supletivo de cinco anos – n.º 2, *b*) – e fica limitado o aumento à emissão de ações ordinárias – n.º 2, *c*).

11 Por ocasião do aumento do capital deliberado pelo órgão de administração, no exercício da competência cumulativa em análise haverá, regra geral, direito de subscrição preferencial dos acionistas. Com efeito, no 461.º/3, 4 e 5, para o qual se remete, não parece que a limitação ou supressão seja genericamente concedida nos estatutos. Assim sendo, quando o órgão de administração entenda que é conveniente a limitação ou supressão do direito de preferência num aumento a deliberar, deve apresentar uma proposta à assembleia geral, acompanhada de relatório escrito, donde conste a justificação desta medida (460.º/5).

capital não necessitam de se reunir novamente em assembleia geral para conceder ao conselho de administração a referida autorização."

[8] Raúl Ventura, *Alterações*, 159-160, sugere que será desconforme ao n.º 2, *a*) uma cláusula que reporte o aumento do capital "a circunstâncias contingentes, como «o montante a pagar pela sociedade como preço da compra do prédio para instalação de uma fábrica», «um montante igual àquele em que tiver sido aumentado o capital da sociedade X», etc.". Segundo o Ilustre Autor, o legislador teria revelado preocupações complementares de certeza do montante aumentado. Não parece ser, no entanto, de acompanhar esta interpretação restritiva, já que o principal propósito de exigir um montante máximo é o de limitar a competência do órgão de administração (que também fica limitado na fixação *indireta* ou *por remissão*) e permitir aos sócios antever os contornos da alteração estatutária futura. Se estes, por maioria qualificada, aceitam *indexar* o possível aumento, não se vê como recusar essa possibilidade, tanto mais que, sendo a competência *cumulativa*, os sócios podem decidir deliberar um aumento inferior ou mesmo alterar a cláusula estatutária, se o *indexante* se revelar entretanto desadequado. Acresce que, tendo em conta a complexidade das operações de aumento do capital nas grandes sociedades anónimas, será em certos casos mais *transparente* limitar o aumento *por remissão* a um facto objetivo ou a um valor ainda por determinar, desde que essa *remissão* não transfira para o órgão de administração o poder discricionário de decidir do montante do aumento.

[9] Neste sentido, Raúl Ventura, *Alterações*, 160.

12 4. **Deliberação de aumento e deliberação de renovação.** O projeto de deliberação do órgão de administração deve ser submetido ao conselho fiscal, à comissão de auditoria ou ao conselho geral e de supervisão, consoante a estrutura de governo adotada pela sociedade. Se não for dado parecer favorável, o órgão de administração terá duas opções: abandona o projeto de aumento (ou volta a submeter um projeto renovado aos órgãos referidos) ou submete a diferença de opiniões à assembleia geral. A deliberação da assembleia geral será, nestes casos, por maioria simples, não sendo exigida a maioria deliberativa das alterações estatutárias.

13 Uma vez deliberado o aumento, e configurando este, como os demais, uma alteração estatutária, manda aplicar o n.º 5 do artigo comentado o disposto no 88.º, em matéria de eficácia interna desta operação.

14 Findo o prazo máximo estabelecido no contrato, a assembleia geral pode deliberar a renovação da competência cumulativa do órgão de administração para o aumento, com a maioria exigida para as alterações estatutárias (n.º 4).

Artigo 457.º (Subscrição incompleta)

1. Não sendo totalmente subscrito um aumento de capital, considera-se a deliberação da assembleia ou do conselho sem efeito, salvo se ela própria tiver previsto que em tal caso o aumento fica limitado às subscrições recolhidas.

2. O anúncio de aumento do capital, referido no artigo 459.º, n.º 1, deve indicar o regime que vigora para a subscrição incompleta.

3. Ficando a deliberação de aumento sem efeito, por ter sido incompleta a subscrição, o órgão de administração avisará desse facto os subscritores nos 15 dias seguintes ao encerramento da subscrição e restituirá imediatamente as importâncias recebidas.

Bibliografia: Paulo de Tarso Domingues, *Código em Comentário* 6 (2013), 963-967; Raúl Ventura, *Adaptação do Direito Português à Segunda Directiva do Conselho da Comunidade Económica Europeia sobre o Direito das Sociedades* (1980), 74-76; *id.*, *Alterações do contrato de sociedade* (2003), 169-175.

Índice

1. História do preceito 1
2. Antecedentes e aspetos europeus 2
3. Sentido material 3

1 1. **História do preceito.** A redação do artigo mantém-se inalterada desde a sua aprovação, pelo DL 262/86, de 2-set..

2 2. **Antecedentes e aspetos europeus.** O 28.º da 2.ª Diretriz dispõe que *quando um aumento de capital não for inteiramente subscrito, o capital só será aumentado até à concorrência das subscrições recolhidas, se as condições de emissão tiverem expressamente previsto essa possibilidade* e destinou-se a harmonizar os regimes díspares aplicáveis nos vários Estados-membros com vista a dissipar a incerteza dos subscritores em caso de subscrição parcial[1].

[1] Raúl Ventura, *Adaptação* 74.

3. **Sentido material.** Nos aumentos de capital com subscrição meramente parcial, sempre se levantaria a questão de saber, na ausência de norma expressa, qual o destino das obrigações dos subscritores. O 457.º vem resolver a questão, estabelecendo um critério supletivo: na falta de previsão na deliberação ou resolução de aumento, este último fica sem efeito (n.º 1). Donde se retira, também, que a deliberação da assembleia geral ou a resolução do órgão de administração que haja aprovado o aumento pode prever regras de sentido diferente, expressamente, salvaguardando as subscrições realizadas, e limitando o aumento à medida da subscrição parcial. 3

Como a *ratio* da norma é, pelo menos em parte, fornecer aos sócios e destinatários do anúncio de aumento o critério de decisão utilizado em caso de subscrição parcial, o n.º 2 do artigo comentado manda que o anúncio a que se refere o 459.º explicite quais as regras a aplicar nestes casos. O anúncio do 459.º (prazo e demais condições do direito de preferência) deve então esclarecer os respetivos destinatários, estabelecendo se as respetivas obrigações, decorrentes da subscrição, subsistem ou perdem o efeito, quando a mesma seja parcial. 4

Nos casos em que a deliberação fique sem efeito, por ser o regime supletivo ou porque assim foi estipulado pela assembleia geral ou pelo órgão de administração, os subscritores devem ser avisados nos 15 dias seguintes ao encerramento da subscrição, sendo-lhes imediatamente restituídas as importâncias recebidas. A competência, neste caso, é do órgão de administração. 5

Artigo 458.º (Direito de Preferência)

1. Em cada aumento de capital por entradas em dinheiro, as pessoas que, à data da deliberação de aumento de capital, forem acionistas, podem subscrever as novas ações, com preferência relativamente a quem não for acionista.

2. As novas ações serão repartidas entre os acionistas que exerçam a preferência pelo modo seguinte:

***a*) Atribui-se a cada acionista o número de ações proporcional àquelas de que for titular na referida data ou o número inferior a esse que o acionista tenha declarado querer subscrever;**

***b*) Satisfazem-se os pedidos superiores ao número referido na primeira parte da alínea *a*), na medida que resultar de um ou mais rateios excedentários.**

3. Não tendo havido alienação dos respetivos direitos de subscrição, caduca o direito de preferência das ações antigas às quais não caiba número certo de ações novas; aquelas que, por esse motivo, não tiverem sido subscritas são sorteadas uma só vez, para subscrição, entre todos os acionistas.

4. Havendo numa sociedade várias categorias de ações, todos os acionistas têm igual direito de preferência na subscrição das novas ações, quer ordinárias, quer de qualquer categoria especial, mas se as novas ações forem iguais às de alguma categoria especial já existente, a preferência pertence primeiro aos titulares de ações dessa categoria e só quanto a ações não subscritas por estes gozam de preferência os outros acionistas.

Bibliografia: Pedro de Albuquerque, *Direito de preferência dos sócios em aumentos de capital nas sociedades anónimas e por quotas* (2004); António Pereira de Almeida (2008), 739-745; António Caeiro, *Aumento do capital e acções próprias*, em *Temas de Direito das sociedades* (1984), 287-300; Carlos Osório de Castro, *Valores mobiliários: conceito e espécies* (1998), 209-239; António Menezes Cordeiro, *Da preferência dos accionistas na subscrição de novas acções: exclusão e violação*, em *Banca, bolsa e crédito* (1990), 135-150; *id.*, *Direito europeu das* *sociedades* (2005), 215-216 e 228-231; *id.*, 2 (2007), 840-849; Ferrer Correia/António Caeiro, *Aumento de capital, preferência dos accionistas e sobrepreço das acções*, Separata da RDES, Ano XV, 1/2 (1968); Paulo Olavo Cunha, *Direito das Sociedades Comerciais* (2007), 450-456; Paulo de Tarso Domingues, *Código em Comentário* 6 (2013), 968-991; Bruno Ferreira, *Tendências recentes em torno do direito de preferência em aumentos de capital*, RDS I (2009), 739-749); Jorge Pinto Furtado (2004), 518-520; Nogueira Serens, *Notas sobre a sociedade anónima* (1997), 117-123; *id.*, *Direito de preferência dos accionistas em aumentos de capital – apontamento sobre o modo do seu exercício*, DSR 1 (2009), 153-163; João Soares da Silva, *Igualdade de tratamento e limitação do direito de preferência dos accionistas para oferta de subscrição exclusiva a um accionista*, CadMVM 29 (2008), 7-16; Maria Ângela Bento Soares, *Aumento do capital*, em AAVV (2002), 237-255; Maria João Pestana de Vasconcelos, *Do direito de preferência dos sócios em aumentos de capita nas sociedades anónimas e por quotas*, AAVV, *Nos 20 anos do CSC*, 3 (2007), 503-558; Raúl Ventura, *Adaptação do Direito Português à Segunda Directiva do Conselho da Comunidade Económica Europeia sobre o Direito das Sociedades* (1980), 76-96; *id.*, *Alterações do Contrato de Sociedade* (2003), 177-210.

Índice

I – **Enquadramento geral**
1. História do preceito 1
2. Antecedentes e aspetos europeus 2

II – **Teleologia e âmbito**
3. Teleologia geral 5
4. Estrutura do direito de preferência 12
5. Âmbito de aplicação 13

III – **A titularidade do direito de preferência**
6. Regra geral 18
7. Suspensão de direitos 19
8. Categorias de ações 25

IV – **Repartição do aumento de capital (458.º/2 e 3)**
9. Repartição e rateio 28

I – Enquadramento geral

1 1. **História do preceito**. A redação do artigo mantém-se inalterada desde a sua aprovação, pelo DL 262/86, de 2-set..

2 2. **Antecedentes e aspetos europeus**. Apenas o CSC criou um direito de preferência dos sócios por ocasião do aumento de capital com traços de generalidade. Anteriormente, os CCom de 1833 (Ferreira Borges) e de 1888 (Veiga Beirão) não referiam a figura, que tampouco foi regulada na LSA de 1867 ou na LSQ de 1901. Apenas em legislação especial ocorria esse direito, com exemplo no D 1645, de 15-jul.-1915, com a subscrição preferencial dos acionistas na emissão de ações privilegiadas ou o DL 397/71, de 22-set., com o direito de subscrição preferencial de obrigações convertíveis. A doutrina maioritária não se mostrava favorável à existência de um *direito geral* de preferência[1], pelo que na prática ele era objeto de previsão estatutária[2].

3 Assim, o direito de subscrição preferencial dos sócios em sede de aumento de capital tem origem comunitária, como o revela a análise do 29.º/1 da 2.ª Diretriz[3] em matéria de sociedade: *[e]m todos os aumentos do capital subscrito por entradas em dinheiro, as ações devem ser oferecidas com preferência aos acionistas, proporcionalmente à parte do capital representada pelas suas ações*.

4 A transposição da 2.ª Diretriz foi precedida de um longo estudo do Prof. Raúl Ventura[4], onde podem ser coligidos elementos que ilustram as opções do legislador. A redação do artigo comentado segue, no essencial, a proposta do Prof. Raúl Ventura por ocasião da apresentação do estudo já referido[5].

[1] Por todos, Ferrer Correia/António Caeiro, *Aumento de capital*, 5.

[2] Por todos, Raúl Ventura, *Adaptação*, 80.

[3] Diretriz 77/91/CEE, JOCE N.º L-26, 1-13, de 31-jan.-1977.

[4] Raúl Ventura, *Adaptação*, 80.

[5] Raúl Ventura, *Adaptação*, 146 (Artigo *AJ*).

II – Teleologia e âmbito

3. **Teleologia geral.** A doutrina nacional tem-se ocupado extensamente do direito de prefe- 5
rência, em especial das suas finalidades[6]. Ele serve três funções: (a) a manutenção das posições relativas dos sócios, (b) a conservação na esfera da sociedade do valor acrescentado através da atividade societária entretanto ocorrida (desde a constituição ou desde a última modificação incidente sobre o capital social) e (c) a proteção dos sócios contra a entrada de terceiros.

Os sócios intervêm política e economicamente na atividade societária tendo como 6
medida a sua participação. Num aumento do capital subscrito pelos sócios existentes de forma não proporcional às participações já detidas, as posições relativas são alteradas, e nessa medida a participação política e económica de cada um. A preferência assegura que, se o sócio puder subscrever uma participação proporcional à detida, o seu peso relativo na sociedade mantém-se incólume. Este em especial se for maioritário, ou se tiver uma posição de bloqueio.

Quanto à segunda função: se o ativo líquido da sociedade exceder o montante do capital 7
social na altura do respetivo aumento, e as novas ações forem emitidas sem prémio de emissão, os novos sócios vão apropriar-se de mais-valias latentes, sem compensarem os antigos.

No que toca à terceira função: um ou mais sócios podem ter um interesse legítimo em 8
não se associar a terceiros, serem concorrentes diretos ou indiretos da sociedade, ou por outro qualquer motivo. Atribuído o direito de subscrição preferencial, qualquer um deles pode assegurar-se que a totalidade das novas participações se mantém nas mãos dos antigos acionistas, propondo-se a subscrever mais do que a regra da proporcionalidade ditaria.

Nem a segunda nem a terceira função têm como mecanismo *natural* ou *principal* o direito 9
de subscrição preferencial no aumento do capital. A função de conservação do valor acrescentado na esfera da sociedade tem como mecanismo principal de tutela a exigência de pagamento de um prémio emissão – o ágio do 87.º/1, *e*) – aos novos acionistas: compensam assim os antigos, contribuindo para o património social com um sobrepreço ao valor nominal das ações. Acresce que os antigos acionistas podem alienar o seu direito de subscrição preferencial, e com isso ver remunerada a expectativa que detinham antes do aumento, de distribuição de meios económicos acumulados na sociedade.

Já a função de proteção dos sócios contra a entrada de estranhos tem no direito de exo- 10
neração o seu mecanismo técnico-jurídico de eleição. Com efeito, o 240.º/1, *a*) concede ao sócio discordante o direito de exoneração quando a sociedade por quotas delibere um aumento de capital a subscrever parcial ou totalmente por terceiros. Não existe igual mecanismo nas sociedades anónimas, porque o legislador terá tido em conta na configuração da *participação social* o seu carácter capitalístico (em detrimento do cariz pessoal associativo), permitindo a saída do sócio discordante com a entrada de estranhos através da alienação da participação social. Aliás, basta atentar nas cautelas com que o legislador admitiu a limitação da transmissão de ações (328.º e 329.º) para verificar que a proteção contra a entrada de terceiros não pode ser configurada como um *princípio geral* em matéria de sociedades de capitais.

[6] Para Raúl Ventura, *Adaptação*, 76, o direito de preferência visa a conservação da percentagem de participação de cada sócio no património e na gestão da sociedade, bem como a exclusão de estranhos da sociedade; para Pedro de Albuquerque, *Direito de preferência*, 20-66, o núcleo essencial do direito de preferência é a proteção das "vantagens económicas proporcionadas pela operação de modificação do capital societário", sendo a tutela das posições relativas uma consequência deste desiderato principal (65); Menezes Cordeiro 2 (2007), enumera "o interesse dos sócios na conservação do peso relativo de que disfrutavam desde o início" e a "manutenção, na esfera da sociedade de (eventuais) mais-valias correspondentes ao valor de mercado das acções", como ordens de razões geralmente admitidas pelos autores nacionais e estrangeiros que a este propósito se debruçam (842).

11 A manutenção das posições relativas dos sócios é o único princípio *geral* principalmente tutelado pelo direito de subscrição preferencial[7].

12 4. **Estrutura do direito de preferência**: é dupla[8]. Uma primeira *dimensão abstrata* do direito corresponde à "posição genérica que qualquer sócio, pelo simples facto de o ser, tem de poder subscrever futuros e eventuais aumentos de capital"[9]; uma segunda *dimensão concreta* do direito, consolida-se e revela-se por ocasião de um determinado aumento de capital "concretamente deliberado e em curso de verificação"[10].

13 5. **Âmbito de aplicação.** O direito de subscrição preferencial está expressamente consagrado nos regimes das SPQ (266.º) e das SA (458.º). Gozam também do direito de subscrição preferencial os sócios comanditários nas SCA, *ex vi* 478.º.

14 A preferência prevista neste artigo aplica-se aos aumentos por entradas *em dinheiro*[11]. Nos aumentos por novas entradas *em espécie*, tem-se entendido que os sócios não estão em pé de igualdade, já que nem todos eles quererão ou poderão contribuir com bens do tipo deliberado[12]. O âmbito de aplicação do direito de preferência restringe-se aos aumentos em dinheiro, deixando de fora os aumentos em espécie. Opção diversa seria viável perante o 29.º da 2.ª Diretriz (*vide* o § 186 da AktG) e tutelaria melhor o princípio da manutenção das posições relativas. Tendo em conta a possibilidade de a assembleia geral limitar ou suprimir o direito de preferência *desde que o interesse social o justifique* (460.º/2), o legislador poderia ter devolvido aos sócios a decisão última sobre esta questão[13].

15 Assim, sendo os bens destinados ao aumento fungíveis – pense-se em ações cotadas em bolsa –, e mau grado o elemento literal, pode questionar-se se não seria adequado considerar aplicável o direito de preferência. Nestes casos, os terceiros não ficam em condições de entregar à sociedade bens ou direitos cuja contribuição pelos sócios seja impossível. Podendo a assembleia suprimir ou limitar a preferência (460.º/2), a discussão deve ser mantida em aberto, interpretando-se extensivamente o 458.º/1.

16 O 418.º do CC pode desempenhar um papel de auxiliar interpretativo para tutela de minoritários, quando a entrada em espécie seja deliberada apenas para afastar a sua preferência. No entanto, os limites *especificamente societários* terão aqui o papel mais relevante[14].

[7] Na nossa doutrina, de forma exclusiva, ou entre outras finalidades, a manutenção das posições relativas é eleita como função principal do direito de preferência por Raúl Ventura, *Adaptação*, 76; António Menezes Cordeiro 2 (2007), 842; Nogueira Serens, *Notas*, 121; Maria Ângela Bento Soares, *Aumento*, 249; Pinto Furtado (2004), 519; Maria João Pestana de Vasconcelos, *Do direito de preferência*, 505-507. Posição divergente é defendida por Pedro de Albuquerque, *Direito de preferência*, ao sustentar que a principal função do direito de preferência é a de "reservar, para aqueles a quem é reconhecido, as vantagens económicas proporcionadas pela operação de modificação do capital societário".

[8] Com indicações bibliográficas, Maria João Pestana de Vasconcelos, *Do direito de preferência* 513-515.

[9] Menezes Cordeiro 2 (2007), 843.

[10] Menezes Cordeiro 2 (2007), 843.

[11] No aumento do capital resultante da conversão de obrigações com essa faculdade não é reconhecido direito de preferência aos acionistas, mas estes tiveram oportunidade de tutelar os seus interesses por ocasião da subscrição das próprias obrigações, nos termos do 367.º/1 (o mesmo se diga das obrigações com *warrants*, por força da remissão operada pelo 372.º/5.

[12] Esta é, pelo menos, a justificação tradicional na doutrina portuguesa; por todos, Raúl Ventura, *Adaptação*, 80 e Menezes Cordeiro 2 (2007), 844: na realização do capital em espécie "há uma situação semelhante à da troca, em que o preferente não pode oferecer exatamente o que propõe – ou o que se solicita – ao terceiro interessado".

[13] Sugerindo, *de iure condendo*, que seria esta a melhor solução, Maria João Pestana de Vasconcelos, *Do direito de preferência*, 508-513.

[14] Sugerindo, a este propósito, a aplicação do limite consagrado no 58.º/1, *b*), nos casos em que a maioria delibere um aumento do capital por entradas em espécie "com o único intuito de afastar o direito de preferência dos restantes sócios", Maria João Pestana de Vasconcelos, *Do direito de preferência*, 512.

Nos aumentos de capital por incorporação de reservas, funciona supletivamente a regra da proporcionalidade (92.º/1), pelo que a preservação das posições relativas está assegurada, não havendo que acautelar o perigo da entrada de terceiros. 17

III – **Titularidade**

6. **Regra geral**. O 458.º/1 estipula a subscrição preferencial, por ocasião do aumento de capital, *às pessoas que, na data da deliberação de aumento de capital, forem acionistas.* 18

7. **Suspensão de direitos**. Segundo o 324.º/1, *a*), consideram-se suspensos os direitos inerentes às ações, exceto o direito de receber novas participações, em caso de aumentos por incorporação de reservas. Acresce que o 316.º veda em absoluto a subscrição de ações próprias pela sociedade. Não se advinham assim argumentos para contestar a posição unânime da doutrina portuguesa, segundo a qual a sociedade não pode beneficiar do direito de subscrição preferencial nos aumentos por novas entradas[15]. 19

O consenso dissipa-se quando a sociedade, detendo ações próprias, aliene a terceiros o direito de preferência delas emergente. Em sentido positivo – admitindo a alienação a terceiros do direito de preferência decorrente da titularidade de ações próprias – pronunciou-se, entre outros, Raúl Ventura, esclarecendo que dita alienação não se encontra no escopo proibitivo do 316.º/1, por um lado, e que em termos materiais nenhuma das razões que levam à suspensão dos direitos das ações próprias aqui se aplica[16]. Em sentido negativo, pronunciou-se, entre outros, Pedro de Albuquerque argumentando que a sociedade "não pode alienar tal direito porque não chega a nascer nenhum direito de participar preferencialmente num concreto aumento de capital, visto estar suspenso o direito (abstrato) das quotas ou ações próprias à subscrição preferencial"[17]. 20

Subscrevemos esta última posição[18]: estando suspensos todos os direitos inerentes às ações – 324.º/1, *a*) –, não chega a nascer, na esfera da sociedade uma posição jurídica ativa para alienar. Acresce que nenhum dos interesses relativos à subscrição preferencial tem aqui relevância: os sócios podem decidir prescindir da participação das ações próprias da sociedade no aumento do capital por incorporação de reservas (91.º/2) para comprovar que não é digno de tutela o interesse da sociedade, enquanto titular de participações próprias, em preservar a posição relativa. Os restantes sócios preferem em relação à parte do novo capital que corresponderia às ações detidas pela própria sociedade nos termos do 458.º/2, *a*)[19]. 21

Problema diferente coloca o 485.º/2, que proíbe, a sociedade que mais tardiamente tenha efetuado a comunicação de existência de relação de simples participação (recíproca), de adquirir participações na correspondente sociedade coligada. Na doutrina portuguesa a solução tem sido dada de forma unânime: a referida sociedade não pode exercer o direito de preferência, mas pode aliená-lo a terceiros[20]. 22

Mas há outra saída. Ainda que não se admita a dissociação entre *direito de preferência abstrato* e *direito de preferência concreto,* deve aceitar-se que a faculdade de subscrever preferencialmente 23

[15] Por todos, com extensas indicações bibliográficas, Pedro de Albuquerque, *Direito de preferência*, 205-208. Mais recentemente, Maria João Pestana de Vasconcelos, *Do direito de preferência*, 518.

[16] Raúl Ventura, *Alterações* 191.

[17] Pedro de Albuquerque, *Direito de preferência*, 210-222 (214).

[18] No mesmo sentido, mais recentemente, Maria João Pestana de Vasconcelos, *Do direito de preferência*, 519.

[19] Neste sentido, Pedro de Albuquerque, *Direito de preferência*, 221-222; mais recentemente, no mesmo sentido, Maria João Pestana de Vasconcelos, *Do direito de preferência*, 519-520 (nota 47).

[20] Raúl Ventura, *Alterações*, 192-193; Pedro de Albuquerque, 222-224.

se ativa *em cada aumento*, pelo que a transmissão da participação ou a alteração em determinadas qualidades dos sócios podem influenciar a capacidade de participarem num aumento *concreto* do capital. Basta atentar na letra do 267.°/1 para o comprovar: o objeto da alienação é o direito de *participar preferencialmente num aumento de capital,* já que a alienação da *fonte* desse direito corresponderia à alienação da participação social.

24 Dificilmente se entenderia que a preferência fosse *ativada* para um aumento concreto, em violação de disposições legais de conteúdo imperativo (i.e., o 485.°/2): ou. consolidar-se-ia, na esfera jurídica do sócio, um direito a participar, *em concreto*, num aumento do capital, em violação de normas de conteúdo imperativo. Correspondendo a subscrição preferencial a uma *faculdade específica* que se concretiza em cada aumento, é possível afirmar que, nos casos em apreço, ela também não chega a nascer, pelo que não pode ser alienada.

25 8. **Categorias de ações.** Nas SA levanta-se a questão da titularidade da preferência quando coexistam várias categorias de ações (458.°/4)[11]. O 302.° estabelece uma *categoria de ações* para cada conjunto que atribua direitos iguais, nomeadamente em matéria de distribuição de dividendos ou do ativo resultante da liquidação. Temos duas linhas interpretativas na doutrina portuguesa. Uma, mais próxima da letra (n.° 4), sustenta que no aumento do capital por emissão de ações ordinárias, todos os sócios têm igual direito de preferência, independentemente da categoria de ações que detenham[22].

26 Outra, apelando a uma interpretação restritiva do n.° 4 em apreço, sugere que nos casos em que o aumento consista simultaneamente na emissão de ações ordinárias e de uma ou mais categorias especiais existentes, os acionistas apenas têm direito de preferência de 1.° grau (ver *infra*) em relação às ações da própria categoria. Nas ações de cada categoria sobrantes poderiam os detentores de ações das restantes categorias exercer um direito de preferência de 2.° grau[23].

27 O 462.° regula a titularidade do direito de preferência, quando sobre as ações incida o direito de usufruto.

IV – **Repartição do aumento de capital (458.°/2 e 3)**

28 9. **Repartição e rateio**. A lei podia ter conferido o direito de preferência *apenas* através da atribuição, por ocasião do aumento, de um número de ações a cada sócio que fosse proporcional à respetiva participação no capital (a chamada *preferência de 1.° grau*[24]). Mas, foi mais além, e destinou ,na alínea *b*), as ações sobrantes (i.e., as ações em relação às quais os acionistas com direito a subscrevê-las preferencialmente não o tenham feito) aos sócios que tenham formulado pedidos superiores àqueles que resultariam da regra da proporcionalidade (*preferência de 2.° grau*).

29 Se a preferência de 1.° grau, baseada na proporcionalidade, se destina sobretudo a permitir que cada sócio mantenha a respetiva posição relativa, já na preferência de segundo grau, que permite aos sócios subscrever com prioridade as ações sobrantes, se desenha a função acessória

[21] Embora não resulte expressamente do regime do aumento do capital nas sociedades anónimas (i.e. apenas pode extrair-se do 24.°/5 e 6), deve considerar-se vigente no direito societário português o princípio plasmado no 25.°/3 da 2.ª Diretriz: *quando existam várias categorias de ações, a deliberação da assembleia geral relativa ao aumento do capital indicado no n.° 1, ou à autorização para aumentar o capital, referida no n.° 2, ficarão subordinadas, pelo menos, a uma votação separada, a efetuar por cada uma das categorias de acionistas cujos direitos sejam afetados pela operação.*

[22] Por todos, Pedro de Albuquerque, *Direito de preferência*, 186-202; Raúl Ventura, *Alterações*, 202-203.

[23] Esta posição, inicialmente defendida por Vieira Peres, *Acções preferenciais sem voto*, RDES, out.-dez. 1988, foi posteriormente seguida por Osório de Castro, *Valores mobiliários*, 218-225 e Maria João Pestana de Vasconcelos, *Do direito de preferência*, 520-522.

[24] Osório de Castro, *Valores mobiliários*, 211.

de impedir a entrada de estranhos na sociedade e de conservar na respetiva esfera as mais-valias eventualmente latentes, geradas antes do aumento.

As duas preferências, constantes do n.º 2, *a*) e *b*), aplicam-se de forma diferente. Até preencher o seu quinhão de subscrição proporcional, a alínea *a*) utiliza como critério de referência a participação do sócio no capital pré-aumento. Como se trata de um direito, e não de uma obrigação, o sócio pode optar por não o exercer, ou por, exercendo-o, não subscrever a totalidade da importância que resultaria desta regra de proporcionalidade. 30

Quanto às ações sobrantes, o n.º 2, *b*) do artigo comentado não presta qualquer auxílio quanto à referência para o rateio (*na medida que resultar de um ou mais rateios excedentários*), nem tampouco o faz a 2.ª Diretriz. No entanto, a norma *espelho* em matéria de sociedades por quotas – 266.º/2, *b*) – avança um critério de rateio para a preferência de 2.º grau: *na proporção do excesso das importâncias pedidas*. Nestes casos, torna-se irrelevante a participação relativa de cada sócio. 31

A maioria da doutrina tem entendido que a *proporção do excesso das importâncias pedidas*, expressamente prevista para as sociedades por quotas, deve também ser aplicada analogicamente às sociedades anónimas[25] [26]. 32

Artigo 459.º (Aviso e prazo para o exercício da preferência)

1. Os acionistas devem ser avisados, por anúncio, do prazo e demais condições de exercício do direito de subscrição.

2. O contrato de sociedade pode prever comunicações adicionais aos acionistas e, no caso de todas as ações emitidas pela sociedade serem nominativas, pode o anúncio ser substituído por carta registada.

3. O prazo fixado para o exercício do direito de preferência não pode ser inferior a 15 dias, contados da publicação do anúncio, ou a 21 dias, contados da expedição da carta, dirigida aos titulares de ações nominativas.

Bibliografia: Paulo de Tarso Domingues, *Código em Comentário* 6 (2013), 993-995; Nogueira Serens, *Direito de preferência dos accionistas em aumentos de capital – apontamento sobre o modo do seu exercício*, DSR 1 (2009), 153-163); Raúl Ventura, *Adaptação do Direito Português à Segunda Directiva do Conselho da Comunidade Económica Europeia sobre o Direito das Sociedades* (1980), 76-88; *id.*, *Alterações do contrato de sociedade* (2003), 211-214.

[25] Raúl Ventura, *Alterações do contrato*, 198; Pedro de Albuquerque, *Direito de preferência*, 262 (nota 3); Maria Ângela Bento Soares, *Aumento*, 251; Contra, sustentando que o critério implícito no 458.º/2, *b*) é a proporção das participações anteriores (por oposição às importâncias pedidas), "pois só isso se coaduna com o princípio geral de que a variação quantitativa dos direitos dos sócios de uma sociedade anónima, quando existente, tem por base o maior o menor peso da sua participação", Osório de Castro, *Valores mobiliários*, 212.

[26] Ilustra-se o funcionamento das duas regras com um exemplo simples: As 50.000 ações representativas da totalidade do capital da Sociedade Anónima A, com o valor nominal de € 1 cada, são detidas em partes iguais pelos sócios B, C, D, E e F. Por ocasião de um aumento do capital, em € 100.000, cada um deles tem o direito de subscrever preferencialmente 20.000 ações. No entanto, os sócios B e C decidiram subscrever apenas 5.000 novas ações. Os sócios D, E e F declararam querer subscrever, respetivamente 20.000, 40.000 e 60.000 novas ações. As 30.000 ações que não foram subscritas por força do exercício das *preferências de 1.º grau* serão objeto de rateio, nos termos do n.º 2, *b*), do artigo comentado. A quantidade total de ações pedidas em excesso ascende a 60.000. Neste *excesso de importâncias pedidas* – 266.º/2, *b*), aplicável por analogia –, o sócio E participa em 1/3 e o sócio F em 2/3. Assim sendo, por força do exercício da *preferência de 2.º grau*, ao sócio E serão atribuídas mais 10.000 ações para subscrição, e ao sócio F as restantes 20.000. Verifica-se assim que repartição das *ações sobrantes* não é proporcional à participação no capital, já que neste exemplo ambos os sócios (E e F) eram inicialmente titulares do mesmo número de ações.

Índice

1. História do preceito 1
2. Aspetos europeus 2
3. Sentido material 3

1 1. **História do preceito**[1]. A redação do artigo mantém-se inalterada desde a sua aprovação, pelo DL 262/86, de 2-set..

2 2. **Aspetos europeus.** O 29.º/3 da 2.ª Diretriz dispõe que *a oferta da subscrição a título preferencial, bem como o prazo no qual este direito deve ser exercido, devem ser objeto de publicação no boletim nacional designado em conformidade com a Diretiva n.º 68/151/CEE. Todavia, a legislação de um Estado-membro pode deixar de exigir esta publicação sempre que todas as ações da sociedade forem nominativas. Neste caso, todos os acionistas devem ser informados por escrito. O direito de preferência deve ser exercido em prazo que não deve ser inferior a catorze dias, a contar da publicação da oferta ou do envio das cartas aos acionistas.* A Diretriz n.º 68/151/CEE foi entretanto sucessivamente alterada, assim como os 166.º ss., relativos à publicidade de atos sociais, viabilizando o recurso a meios eletrónicos para este efeito, no sentido da simplificação e celeridade.

3 3. **Sentido material.** O prazo e demais condições de exercício do direito de subscrição preferencial devem ser objeto de publicação, a expensas da sociedade, em sítio da internet de acesso público[2] (167.º/1). Este anúncio pode ser substituído por carta registada, quando todas as ações emitidas pela sociedade forem nominativas[3] (n.º 2). Os acionistas dispõem de um prazo mínimo de 15 ou 21 dias para exercer o seu direito, consoante o anúncio tenha sido publicado ou remetido por carta registada (n.º 3).

Artigo 460.º (Limitação ou supressão do direito de preferência)

1. O direito legal de preferência na subscrição de ações não pode ser limitado nem suprimido, a não ser nas condições dos números seguintes.

2. A assembleia geral que deliberar o aumento de capital pode, para esse aumento, limitar ou suprimir o direito de preferência dos acionistas, desde que o interesse social o justifique.

3. A assembleia geral pode também limitar ou suprimir, pela mesma razão, o direito de preferência dos acionistas relativamente a um aumento de capital deliberado ou a deliberar pelo órgão de administração, nos termos do artigo 456.º.

[37] RPt 19-out.-2000 (Moreira Alves), CJ XXV (2000) 4, 217-221: I – Tendo a (…) Sociedade (S.A.) deliberado um aumento de capital, reservado a accionistas, cuja subscrição devia ter lugar até ao dia 7 de abril e devendo a realização do capital a subscrever ser efectuado integralmente no acto da subscrição mediante depósito à ordem da sociedade em determinada conta bancária, não foi exercido validamente o direito de subscrição preferencial quando um accionista apresentou a sua ordem de subscrição no último dia do prazo, mas não realizou o capital subscrito até essa data mediante o competente depósito, limitando-se a informar a sociedade que o capital necessário existia, estava disponível e seria transferido para a conta da sociedade no dia seguinte (ao fim do prazo); II – Em tais condições era legítimo à sociedade recusar a ordem de subscrição, ainda que o depósito viesse a ser efectuado no dia seguinte ao fim do prazo, visto que o accionista modificou unilateralmente as condições estipuladas na proposta em subscrição.

[2] Atualmente, o sítio em apreço é o www.mj.gov.pt/publicacoes.

[3] É de acompanhar a sugestão de Paulo Olavo Cunha, *Direito das sociedades comerciais*, 451, admitindo também aqui a possibilidade de realização do anúncio por correio eletrónico com recibo de leitura, em relação aos acionistas que comuniquem previamente o seu consentimento (377.º/3).

4. As deliberações das assembleias gerais previstas nos números anteriores devem ser tomadas em separado de qualquer outra deliberação, pela maioria exigida para o aumento de capital.

5. Sendo por ele apresentada uma proposta de limitação ou supressão do direito de preferência, o órgão de administração deve submeter à assembleia um relatório escrito, donde constem a justificação da proposta, o modo de atribuição das novas ações, as condições da sua liberação, o preço de emissão e os critérios utilizados para a determinação deste preço.

Bibliografia: Pedro de Albuquerque, *Direito de preferência dos sócios em aumentos de capital nas sociedades anónimas e por quotas* (2004), 299-387; Carlos Osório de Castro, *Valores mobiliários: conceito e espécies* (1998), 225-239; António Menezes Cordeiro, *Da preferência dos accionistas na subscrição de novas acções: exclusão e violação*, em *Banca, bolsa e crédito* (1990), 135-150; *id.*, 2 (2007), 843-849; Paulo de Tarso Domingues, *Código em Comentário* 6 (2013), 996-1008; Nogueira Serens, *Notas sobre a sociedade anónima* (1997), 117-123; João Soares da Silva, *Igualdade de tratamento e limitação do direito de preferência dos accionistas para oferta de subscrição exclusiva a um accionista*, CadMVM 29 (2008), 7-16; Maria Ângela Bento Soares, *Aumento do capital*, em AVVV (2002), 252-254; Maria João Pestana de Vasconcelos, *Do direito de preferência dos sócios em aumentos de capital nas sociedades anónimas e por quotas*, AAVV, *Nos 20 anos do CSC*, 3 (2007), 528-549; Raúl Ventura, *Adaptação do Direito Português à Segunda Directiva do Conselho da Comunidade Económica Europeia sobre o Direito das Sociedades* (1980), 76-96; *id.*, *Alterações do contrato de sociedade* (2003), 215-228.

Índice

I – Enquadramento geral
1. História do preceito 1
2. Aspetos europeus 2

II – Sentido normativo
3. Teleologia geral 3
4. Competência para a limitação ou supressão do direito de preferência 4
5. Condições para a limitação ou supressão 6

I – Enquadramento geral

1. **História do preceito**. A redação do artigo mantém-se inalterada desde a sua aprovação, pelo DL 262/86, de 2-set.. 1

2. **Aspetos europeus**. A fonte de direito comunitário desta norma pode encontrar-se no 29.º/4 da 2.ª Diretriz, quando estabelece que *o direito de preferência não pode ser limitado nem suprimido pelos estatutos ou pelo ato constitutivo. A limitação ou supressão deste direito podem, todavia, ser decididas pela assembleia geral. O órgão de direção ou administração deve apresentar a essa assembleia um relatório escrito que indique os motivos para limitar ou suprimir o direito de preferência e justifique o preço de emissão proposto. A assembleia delibera segundo as regras de quórum e maioria prescritas no artigo 40.º. A deliberação deve ser objeto de publicidade, a efetuar segundo as modalidades previstas pela legislação de cada Estado-membro, nos termos do artigo 3.º da Diretiva 68/151/CEE*. 2

II – Sentido material

3. **Teleologia geral**. Tal como quanto ao 458.º, distingue-se entre direito *abstrato* e direito *concreto* de subscrição preferencial. O primeiro é inerente à participação social. Deriva do 458.º, transpondo o princípio imperativo constante do 29.º/1 da 2.ª Diretriz. É indisponível e inalienável. Estas características são confirmadas pelo 450.º, quando permite, em casos muito restritos e mediante a verificação de condições materiais, a supressão ou limitação do direito *concreto* de subscrição preferencial, deixando incólume a dimensão *abstrata* desse direito (*A assembleia geral* 3

que deliberar o aumento de capital pode, para esse aumento, limitar ou suprimir o direito de preferência dos acionistas). Perante um aumento determinado e deliberado, o direito de subscrição preferencial pode ser *excecionalmente limitado* ou até totalmente *suprimido,* em homenagem a um interesse contingente da sociedade[1], i.e., a um interesse dos sócios "em modo coletivo"[2].

4 4. **Competência para a limitação ou supressão do direito de preferência.** O 460.º/5 sujeita à apreciação da assembleia geral a proposta de limitação ou supressão do direito de preferência formulada pelo órgão de administração, mesmo nos casos em que a competência para o aumento seja, com ele, partilhada. Não foi utilizada a possibilidade criada pelo 29.º/5 da referida Diretriz, quando admite que a *legislação de um Estado-membro pode estabelecer que os estatutos, o ato constitutivo ou a assembleia geral (...) possam conceder o poder de limitar ou de suprimir o direito de preferência ao órgão da sociedade autorizado a decidir o aumento de capital subscrito, nos limites do capital autorizado.* O 460.º/5 não faz mais que clarificar que – mormente nos casos de competência cumulativa – o órgão de administração pode *sugerir* a limitação ou supressão. A palavra final, porém, é dos sócios[3]. Assim, o órgão de administração está obrigado a submeter à assembleia geral um relatório justificativo, quando a iniciativa da *supressão* ou *limitação* seja sua. Sugerir que esta norma apenas se aplica aos casos em que não exista competência cumulativa implica, salvo melhor opinião, admitir que nos casos em que ela exista, o órgão de administração está dispensado de fundamentar a decisão de *suprimir* ou *limitar* o direito de preferência, o que não parece ser admissível.

5 Os sócios não podem estipular imediata e genericamente, por ocasião da constituição da sociedade, ou através de alteração estatutária, a limitação ou supressão do direito de subscrição preferencial. Apenas perante um aumento concreto, através de deliberação da assembleia geral, podem exercer esta competência (n.º 1). Fica afastada a *limitação* ou *supressão* estatutária do direito de preferência[4], pelo menos na sua dimensão *abstrata.* Nada parece impedir, no entanto, que os sócios introduzam nos estatutos regras *concretas* sobre um aumento a realizar no futuro, em termos pré-determinados. Nesse caso, e estando por natureza garantida a unanimidade (ou o respeito pela maioria necessária à alteração), não se vê como negar competência aos sócios para limitar ou suprimir o direito de preferência em relação a esse aumento, pois o objeto da cláusula estatutária é um direito *concreto* de subscrição preferencial[5] e não o direito *abstrato,* intangível, de preferência.

6 5. **Condições para a limitação ou supressão.** As hipóteses *excecionais* de limitação ou supressão do direito de subscrição preferencial previstas no 460.º apenas se verificam mediante a reunião de condições *materiais* e *formais.*

[1] Podem enumerar-se, de forma genérica, muitos e variados exemplos, recolhidos na doutrina portuguesa, que, porém, devem ser aferidos e testados no caso concreto: oferta de ações para subscrição de trabalhadores, estabelecimento de cooperação com outra sociedade, alargamento da base acionista da sociedade.

[2] Menezes Cordeiro 2 (2007), 844.

[3] Sobre esta escolha e sobre as alternativas de transposição da 2.ª Diretriz, Raúl Ventura, *Adaptação,* 90. Sufragando esta posição, Pedro de Albuquerque, *Direito de preferência,* 229-300 (nota 2), sublinha que a supressão ou limitação da preferência não é um *menos* em relação à competência para o aumento, e não está, por isso, implícita no *mais,* quando seja atribuída competência cumulativa ao órgão de administração. No mesmo sentido, Maria João Pestana de Vasconcelos, *Do direito de preferência,* 530-531. Contra, Menezes Cordeiro 2 (2007), 846 bem como Osório de Castro, *Valores mobiliários,* 226-227, que sublinha, no entanto, que a autorização ao órgão de administração não pode configurar a atribuição de um poder livre e discricionário.

[4] Raúl Ventura, *Alterações,* 217.

[5] Menezes Cordeiro 2 (2007), 848-849. Sufragando esta posição, Osório de Castro, *Valores mobiliários,* 227 e Maria João Pestana de Vasconcelos, *Do direito de preferência,* 5532-534.

Embora a 2.ª Diretriz não exigisse expressamente qualquer condição *material*, o CSC optou por subordinar estas hipóteses à existência de um *interesse social* que as justifique (n.º 2, última parte)[6]. A supressão ou limitação do direito em apreço nunca é um fim em si mesmo, mas sempre um "meio instrumental para o aumento de capital não ter destinatário forçado e, reflexamente, poder ser subscrito por entidades diferentes dos titulares daquele direito"[7]. 7

A maioria da doutrina repudia a perspetiva institucionalista para delimitar o conceito de *interesse social* a este propósito. O facto de o *interesse social* a que se refere o 460.º/2 não *obrigar* mas apenas *viabilizar* a supressão é um dos argumentos comummente utilizados[8]. A unanimidade dissipa-se, no entanto, quando é abordada a intensidade a exigir à relação de instrumentalidade entre o *interesse social* e a *supressão* ou *limitação do direito de preferência*. A este propósito cumpre sublinhar, no entanto, que não parece haver sustentação no regime legal para exigir uma relação de absoluta *necessidade*, que apenas se verificaria quando a *supressão* ou a *limitação* fosse o único meio para atingir os interesses coletivos dos sócios[9]. Bastará, parece, que entre o *interesse dos sócios em modo coletivo* e a *supressão* ou *limitação* do direito de preferência de cada um possa ser estabelecido um nexo de proporcionalidade e adequação[10]. 8

Erigido o *interesse social* em condição *material* da deliberação que limite ou suprima o direito de subscrição preferencial, não parece ser possível negar o seu escrutínio judicial[11]. 9

Quando às condições *formais*, o artigo em apreço exige, por um lado, uma deliberação *autónoma*, tomada pela maioria exigida para o aumento do capital (n.º 4), por ocasião da assembleia que deliberar o aumento (n.º 1). 10

Por outro lado, requer-se a apresentação de um relatório escrito, *donde constem a justificação da proposta, o modo de atribuição das novas ações, as condições da sua liberação, o preço de emissão e os critérios utilizados para a determinação deste preço* (n.º 5). Muito embora a referência ao *relatório escrito* apenas conste do n.º 5 do artigo em apreço, que cobre os casos em que o aumento é proposto pelo órgão de administração, a necessidade de fundamentação da proposta deve verificar-se em todas as deliberações cujo objeto seja a *supressão* ou *limitação* do direito de preferência. Opera a aplicação analógica do 460.º/5 aos casos em que a proposta de *supressão* ou *limitação* parta dos sócios, feita na doutrina portuguesa[12]. Quem a apresenta tem o ónus de fundamentá-la, através de uma exposição com o conteúdo mínimo estabelecido no n.º 5 (justificação, modo de atribuição das novas ações, condições de liberação, preço de emissão e critérios utilizados para a respetiva determinação). 11

Artigo 461.º (Subscrição indireta)

1. A assembleia geral que deliberar o aumento de capital pode também deliberar que as novas ações sejam subscritas por uma instituição financeira, a qual

[6] Sobre esta opção, por todos, Raúl Ventura, *Alterações*, 219.

[7] Raúl Ventura, *Alterações*, 221.

[8] Pedro de Albuquerque, *Direito de preferência*, 303-342 (340-342); Maria João Pestana de Vasconcelos, *Do direito de preferência*, 535-537.

[9] Defendendo a *absoluta necessidade*, Pedro de Albuquerque, *Direito de preferência*, 342-349.

[10] Neste sentido, Maria Augusta França, *A estrutura das sociedades anónimas em relação de grupo* (1990), 154; Maria João Pestana de Vasconcelos, *Do direito de preferência*, 538-547.

[11] Neste sentido, Pedro de Albuquerque, *Direito de preferência*, 350-360; Maria Augusta França, *A estrutura*, 255 e ss.; Maria João Pestana de Vasconcelos, *Do direito de preferência*, 538-547. Contra, Osório de Castro, *Valores Mobiliários*, 229-239.

[12] Pedro de Albuquerque, *Direito de preferência*, 357-360; Osório de Castro, *Valores Mobiliários*, 228-229. Contra, aparentemente, Raúl Ventura, *Alterações*, 224-227.

assumirá a obrigação de as oferecer aos acionistas ou a terceiros, nas condições estabelecidas entre a sociedade e a instituição, mas sempre com respeito pelo disposto nos artigos anteriores.

2. O disposto no número anterior é aplicável aos aumentos de capital deliberados pelo órgão de administração.

3. Os acionistas serão avisados pela sociedade, por meio de anúncio, da deliberação tomada, de harmonia com os números antecedentes.

4. O disposto no artigo 459.º aplica-se à instituição financeira subscritora das novas ações nos termos previstos no n.º 1 deste artigo.

Bibliografia: Pedro de Albuquerque, *Direito de preferência dos sócios em aumentos de capital nas sociedades anónimas e por quotas* (2004), 366-370; Osório de Castro, *Valores mobiliários* (1998), 239-242; Paulo de Tarso Domingues, *Código em Comentário* 6 (2013), 1009-1014; Maria João Pestana de Vasconcelos, *Do direito de preferência dos sócios em aumentos de capital*, em AAVV (2002), 549-552; Raúl Ventura, *Adaptação do Direito Português à Segunda Directiva do Conselho da Comunidade Económica Europeia sobre o Direito das Sociedades* (1980), 93-95; *id.*, *Alterações do contrato de sociedade* (2003), 229-241.

Índice

1. História do preceito 1
2. Aspetos europeus 2
3. Sentido material 3

1 1. **História do preceito**. A redação do artigo mantém-se inalterada desde a sua aprovação, pelo DL 262/86, de 2-set..

2 2. **Aspetos europeus**. A fonte europeia desta norma reside no 29.º/7 da 2.ª Diretriz, que dispõe que *não se verifica a exclusão do direito de preferência, na aceção dos n.os 4 e 5, quando, de acordo com a deliberação de aumento do capital subscrito, as ações forem emitidas em favor de bancos ou outras instituições financeiras, para que estes as ofereçam aos acionistas da sociedade, nos termos dos n.os 1 e 3.*

3 3. **Sentido material**. Esta modalidade *indireta* de subscrição do aumento do capital, que motiva, por consequência, um exercício *indireto* da preferência, destina-se a conceder maior agilidade e/ou projeção à operação em causa[1]. Em vez de desencadear e assumir a sucessão de atos implicados pelo aumento (i.e., receber as comunicações dos acionistas, liquidar o aumento, interpelar os acionistas inadimplentes), a sociedade faz intervir uma instituição financeira, que subscreve as novas ações e se compromete a oferecê-las aos acionistas ou a terceiros, em condições estabelecidas negocialmente (n.º 1).

4 A escolha desta modalidade deve ser contemporânea da deliberação de aumento que pode ser decidida pela assembleia geral ou pelo órgão de administração (456.º). Quanto a esta última possibilidade, o n.º 2 em apreço confirma a combinação: o órgão de administração também pode escolher a *subscrição indireta* no exercício da sua competência cumulativa.

5 O final do n.º 1 manda aplicar a esta modalidade *indireta* de aumento o disposto nos artigos anteriores, confirmando o conteúdo normativo do 29.º/7 da 2.ª Diretriz (i.e., a *subs-*

[1] Quanto à agilidade, Raúl Ventura, *Adaptação*, 93: "a sociedade por essa forma evita os incómodos e custos das operações de subscrição das novas ações por cada um dos antigos accionistas e, por outro lado, consegue obter imediatamente e de uma só vez ou pelo menos de uma só entidade as entradas correspondentes ao aumento de capital deliberado". No que à projeção se refere, Menezes Cordeiro 2 (2007), 850, salienta as boas condições geralmente reunidas pela instituição interveniente "para colocar a emissão junto dos mais diversos investidores".

crição indireta não afeta, em princípio, o direito de preferência dos acionistas) e esclarecendo o teor do n.º 1, na parte em que refere a oferta das novas ações *a terceiros,* e que poderia gerar alguma perplexidade. Com efeito, aplicando-se também a esta modalidade o 460.º, a mesma deliberação da assembleia que delibera o aumento por subscrição *indireta* pode também decidir a limitação ou supressão da preferência. Nestes casos, a oferta das novas ações pela instituição de crédito pode destinar-se a terceiros. Se a iniciativa da subscrição *indireta* tiver partido do órgão de administração, a proposta de limitação ou supressão deve ser submetida à assembleia, nos termos do 460.º/5.

Os 456.º/3 e 4 ocupam-se da publicidade dos vários atos compreendidos nesta modalidade. A deliberação de aumento que adote a modalidade de subscrição *indireta* deve ser publicada pela sociedade (n.º 3). Isto permitirá que os sócios tomem conhecimento de que o aumento do capital aprovado pela assembleia ou pelo órgão de administração será primeiramente subscrito por uma instituição financeira, informando-os também da sua identidade, bem como doutros aspetos relevantes. Posteriormente, a própria instituição promove o *anúncio* do prazo e demais condições de exercício do direito de preferência, por força do n.º 4, que remete para o 459.º. 6

A doutrina maioritária entende que entre a sociedade e a instituição financeira é celebrado um contrato a favor de terceiro. A instituição financeira subscreve as ações em nome próprio e por conta própria, para depois as oferecer aos acionistas, em cumprimento da promessa convencionada. Diminui assim consideravelmente a tutela dos acionistas que, segundo esta posição, tem natureza meramente contratual. Podem recorrer à execução específica, mas em caso de alienação das ações a terceiro pela instituição financeira, carecem dos meios de defesa que teriam se fosse a sociedade a violar o direito de subscrição preferencial[2] [3]. 7

[2] Raúl Ventura, *Alterações*, 239-241; Osório de Castro, *Valores mobiliários*, 239-242; Maria Ângela Bento Soares, *Aumento do capital*, 254-255; Maria João Pestana de Vasconcelos, *Do direito de preferência*, 551-552. Contra, sustentando a natureza fiduciária do negócio celebrado entre a sociedade e a instituição financeira, Pedro de Albuquerque, *Direito de preferência*, 366-370.

[3] Esta deveria ter sido, com o devido respeito, uma aplicação prática a tomar em conta para o abandono da proposta dogmática comentada. Com efeito, o sentido da Diretriz é claro: a subscrição indireta não exclui o direito de preferência. Se assim é, e o legislador não podia afastar-se deste princípio normativo, a solução que redunda na substituição de um direito *legal* de preferência por um direito *convencional* não é admissível. Além do mais, esta proposta é também insatisfatória, porque se baseia na assimilação da *subscrição* feita pela instituição de crédito a uma aquisição definitiva, devendo depois a instituição de crédito retransmitir as ações aos sócios. Antes de o fazer, porém, as ações integram o respetivo património, e estão à mercê dos credores da instituição de crédito. Acresce que a subscrição *indireta* pode ser decidida pelo órgão de administração, pelo que, a admitir-se a tese do contrato a favor de terceiro, ter-se-ia de aceitar que a substituição de um direito *legal* por um direito *convencional* nem sequer implicava o consentimento do sócio afetado. Com o devido respeito, esta configuração dogmática parece esquecer qual o propósito da subscrição indireta quando os sócios não tenham decidido suprimir ou limitar o direito de preferência. Nestes casos, na parte do aumento reservada aos sócios, a intervenção da instituição financeira tem apenas o propósito de facilitar a *liquidação* do aumento, que será tanto mais complexa quanto disperso esteja o capital. Se assim é, e quanto a esta parte – que é afinal a única que interessa a propósito deste artigo – a sociedade celebra com a instituição de crédito um contrato atípico que pode assumir conformações diversas, mas que inclui sempre um mandato com representação. Com efeito, a instituição de crédito recebe as comunicações de preferência em nome e por conta da sociedade, pelo que o direito exercido pelos sócios mantém incólume a sua natureza. Em alguns casos, o mandatário cumprirá antecipadamente a obrigação decorrente do 1161.º, *e*), do CC. Em caso de subscrição incompleta, a sociedade devolverá os montantes entregues, nos termos do 473.º/2 CC (*em vista de um efeito que não se verificou*). A instituição, as mais das vezes, terá ainda assim direito à remuneração do mandato, pois já cumpriu as obrigações relativas ao anúncio e liquidação do aumento.

Artigo 462.º (Aumento de capital e direito de usufruto)

1. Se a ação estiver sujeita a usufruto, o direito de participar no aumento do capital é exercido pelo titular da raiz ou pelo usufrutuário ou por ambos, nos termos que entre si acordarem.

2. Na falta de acordo, o direito de participar no aumento de capital pertence ao titular da raiz, mas se este não o exercer no prazo de 8 ou de 10 dias, contados, respetivamente, do anúncio ou da comunicação escrita referidos no n.º 3 do artigo 459.º, o referido direito devolve-se ao usufrutuário.

3. Quando houver de efetuar-se a comunicação prescrita pelo n.º 3 do artigo 459.º, deve ela ser enviada ao titular da raiz e ao usufrutuário.

4. A nova ação fica a pertencer em propriedade plena àquele que tiver exercido o direito de participar no aumento do capital, salvo se os interessados tiverem acordado em que ela fique também sujeita a usufruto.

5. Se nem o titular da raiz, nem o usufrutuário quiserem exercer a preferência no aumento, pode qualquer deles vender os respetivos direitos, devendo ser repartida entre eles a quantia obtida, na proporção do valor que nesse momento tiver o direito de cada um.

Bibliografia: Margarida Costa Andrade, *Código em Comentário* 6 (2013), 1015-1025; Raúl Ventura, *Alterações do contrato de sociedade* (2003), 243-256. Pedro de Albuquerque, *Direito de preferência dos sócios em aumentos de capital nas sociedades anónimas e por quotas* (2004), 224-226.

Índice

1. História do preceito 1
2. Âmbito de aplicação 2
3. Sentido material 4

1 1. **História do preceito**. A redação do preceito é baseada nos projetos de Vaz Serra e de Ferrer Correia, que no entanto apenas visavam as sociedades por quotas[1]. O artigo não sofreu quaisquer alterações desde a sua aprovação em 1986.

2 2. **Âmbito de aplicação**. Como se pode facilmente verificar pela leitura do n.º 1 do artigo comentado, as normas aí constantes pressupõem a existência de um *direito de participar no aumento* (o n.º 5, aliás, refere expressamente o exercício da *preferência no aumento*). Assim sendo, as regras que em seguida se descrevem apenas se aplicam quando exista direito de subscrição preferencial no aumento, pelo que deve apelar-se às considerações feitas a propósito do âmbito de aplicação do 458.º/1, para o qual se remete.

3 Segundo a leitura tradicional que tem vindo a ser feita deste 458.º/1, apenas existe direito de preferência nos aumentos *por novas entradas em dinheiro*. Ficam assim de fora os aumentos por *novas entradas em espécie*, bem como os aumentos *por incorporação de reservas*, sobre os quais versa o 92.º/4.

4 3. **Sentido material**. O preceito vem resolver uma questão *especial* de titularidade do direito de subscrição preferencial, quando sobre a ação que lhe dá origem incida um direito de usufruto.

[1] Raúl Ventura, *Alterações*, 245-246.

A epígrafe do artigo é, por isso, enganadora, pois no fundo o artigo não regula a participação na deliberação de aumento – ambos devem exercer esse direito conjuntamente, nos termos do 1467.º/2 CC e do 23.º/2 –, nem em deliberações conexas (ex. consentimento da sociedade à alienação do direito de preferência). O objeto de regulação da norma em apreço é, assim, a titularidade do direito de subscrição preferencial, quando a participação social que lhe dá origem esteja onerada com um direito de usufruto.

O n.º 1 do artigo concede liberdade ao usufrutuário e ao titular da raiz para acordarem a 5
titularidade e os termos da participação preferencial no aumento de capital. Os *termos que entre si acordarem,* no entanto, não correspondem, segundo parece, a um acordo *ad-hoc,* mas antes ao disposto no título constitutivo do usufruto (1440.º CC) que, as mais das vezes, estará formulado em termos gerais e não em referência a um aumento de capital concreto.

Na falta de acordo entre usufrutuário e proprietário de raiz, a este último é atribuída a 6
titularidade do direito de subscrição preferencial (n.º 2, 1.ª parte). O proprietário da raiz deve, no entanto, exercê-lo no prazo de 8 ou 10 dias, contados respetivamente do anúncio ou comunicação através do qual os acionistas sejam avisados do prazo e demais condições de exercício do direito de subscrição. Caso contrário, o usufrutuário poderá exercer livremente o direito de subscrição preferencial (n.º 2, *in fine*). Para que estas normas sejam operativas, o n.º 3 do artigo comentado junta o usufrutuário e o proprietário da raiz na lista de destinatários do aviso ou comunicação aos quais faz referência o 459.º.

Nos termos do n.º 4, as novas participações ficam a pertencer em propriedade plena a 7
quem tenha exercido o direito de subscrição preferencial. No entanto, o título constitutivo do usufruto pode dispor em sentido contrário (*salvo se os interessados tiverem acordado em que ela fique também sujeita a usufruto*). Em bom rigor, parece que esta exceção apenas se refere aos casos em que o proprietário da raiz tenha exercido o direito de subscrição preferencial: após a subscrição, apenas incidirá o direito de usufruto sobre a nova quota se o título constitutivo assim o dispuser, ou se o mesmo for alterado, no sentido de alargar o objeto do direito de usufruto. *A contrario,* se for o usufrutuário a exercer o direito de subscrição preferencial, a propriedade da nova ação será plena, já que não é de esperar que o título constitutivo em que figurava como usufrutuário contemplasse a criação de um direito de usufruto sobre bens que viessem a integrar no futuro a sua propriedade.

Caso ambas partes – usufrutuário e nu-proprietário – decidam não exercer o direito de 8
subscrição preferencial, pode ainda assim qualquer um deles alienar o referido direito, repartindo-se o produto resultante por ambos, *na proporção dos valores que nesse momento tiverem os respetivos direitos* (n.º 5, 2.ª parte). Como sugeria o Prof. Raúl Ventura, ficará "ao mais diligente a iniciativa da venda"[2].

Artigo 463.º (Redução do capital por extinção de ações próprias)

1. A assembleia geral pode deliberar que o capital da sociedade seja reduzido por meio de extinção de ações próprias.

2. À redução do capital aplica-se o disposto no artigo 95.º, exceto:

***a*) Se forem extintas ações inteiramente liberadas, adquiridas a título gratuito depois da deliberação da assembleia geral;**

[2] Raúl Ventura, *Alterações*, 255.

***b*) Se forem extintas ações inteiramente liberadas, adquiridas depois da deliberação da assembleia geral, unicamente por meio de bens que, nos termos dos artigos 32.º e 33.º, pudessem ser distribuídos aos acionistas; neste caso, deve ser levada a reserva especial, sujeita ao regime da reserva legal, quantia equivalente ao valor nominal total das ações extintas.**

Bibliografia: António Pereira de Almeida (2006), 704-706; António Menezes Cordeiro, *Direito europeu das sociedades* (2005), 228-231; *id.*, 2 (2007), 851; Paulo Olavo Cunha, *A redução do capital nas sociedades anónimas*, em AAVV, *Estudos em Homenagem ao Professor Doutro Inocêncio Galvão Telles*, IV (2003), 659-693; Paulo de Tarso Domingues, *Código em Comentário* 6 (2013), 1026-1031; Jorge Pinto Furtado (2004), 527-528; Nogueira Serens, *Notas sobre a sociedade anónima* (1997), 123-127; Raúl Ventura, *Adaptação do Direito Português à Segunda Directiva do Conselho da Comunidade Económica Europeia sobre o Direito das Sociedades* (1980), 96-130; *id.*, *Alterações do contrato de sociedade* (2003), 473-477.

Índice

1. História do preceito 1
2. Antecedentes e aspetos europeus 2
3. Âmbito de aplicação 3
4. Conexões relevantes 6
5. Sentido material 7

1 1. **História do preceito**. A redação do artigo mantém-se inalterada desde a sua aprovação, pelo DL 262/86, de 2-set..

2 2. **Antecedentes e aspetos europeus**. O artigo comentado tem como fonte comunitária o 37.º da 2.ª Diretriz em matéria societária. As questões suscitadas pela necessidade de transposição desta norma foram precedidas, como se disse, por um estudo do Prof. Raúl Ventura[1], que deve ser consultado a este propósito. Nos traços normativos essenciais, a redação do artigo comentado segue a proposta de articulado sugerida pelo Prof. Raúl Ventura por ocasião da apresentação do estudo já referido[2].

3 3. **Âmbito de aplicação**. Como já foi avançado a propósito do comentário ao 94.º, para o qual se remete, a redução do capital pode ser realizada por três formas: por redução do valor nominal de parte ou da totalidade das participações, por reagrupamento das mesmas ou pela respetiva extinção.

4 O presente artigo estabelece um regime especial para a redução do capital *por extinção de participações*, aplicável quando estas últimas correspondam a ações próprias. A especialidade do regime consiste na não aplicação do disposto no 95.º a este tipo de redução, e mesmo assim apenas em casos especiais – previstos no n.º 2, *a*) e *b*). Deve sublinhar-se, porém, que por se tratar de uma redução do capital, a *esta extinção de ações próprias* são aplicáveis as normas constantes dos 94.º e 96.º.

5 Nas restantes formas de redução do capital das sociedades anónimas, i.e., nas reduções que operem por redução do valor nominal das ações ou pelo respetivo reagrupamento, e bem assim nas reduções por extinção que não incidam sobre ações próprias, terão aplicação as regras gerais dos 94.º, 95.º e 96.º, combinadas com as regras deliberativas próprias das sociedades anónimas (ex.: 383.º/2 e 386.º/3), qualquer que seja a sua finalidade (cobertura de prejuízos, libertação de excesso de capital, ou outra finalidade especial).

[1] Raúl Ventura, *Adaptação* 126-127.

[2] Raúl Ventura, *Adaptação*, 146 (Artigo *BA*).

4. **Conexões relevantes**. São especialmente relevantes, para a aplicação deste artigo, as normas constantes dos 316.º ss., que estabelecem as condições que devem estar verificadas para que uma sociedade possa adquirir e deter ações próprias. 6

5. **Sentido material.** O conteúdo normativo do preceito comentado pode ser decomposto: uma primeira norma constante do n.º 1, que concede e sublinha a competência exclusiva da assembleia geral para deliberar a redução do capital por meio de extinção de ações próprias. A exclusividade, no entanto, sempre resultaria do 85.º/1, já que esta modalidade de redução não parece configurar uma exceção à competência exclusiva dos sócios aí estipulada. Pelo que o conteúdo verdadeiramente útil deste normativo é o de tornar clara a possibilidade de recurso a esta operação na ausência de previsão estatutária específica[3]. 7

A segunda norma, constante do n.º 2, isenta da aplicação do 95.º as reduções do capital por extinção de ações próprias quando esteja verificada uma das condições previstas nas alíneas *a*) ou *b*). Pode no entanto questionar-se se o conteúdo útil desta norma não se terá perdido nas malhas da recente reforma do regime da redução do capital (DL 8/2007, de 17-jan.). 8

Da articulação entre os 463.º e 95.º. segundo as respetivas redações iniciais, resultava uma norma clara: verificadas condições que asseguravam os interesses dos credores (i.e., ações próprias inteiramente liberadas, adquiridas a título gratuito ou através de recursos económicos distribuíveis aos sócios), era dispensada a autorização judicial. O Prof. Raúl Ventura sustentava até, na vigência da redação inicial do 95.º, que o 463.º apenas deveria ter remetido para o n.º 1 daquela norma, pois apenas aí se exigia a intervenção judicial por ocasião da redução do capital[4]. 9

Atualmente, revogada a exigência de autorização judicial, o 95.º deve considerar-se aplicável na sua totalidade, ainda que a redução se processe por extinção de ações próprias e estejam reunidas as condições do n.º 2, *a*) e *b*). Com efeito, não se vê porque dispensar esta modalidade de redução do requisito estabelecido atualmente no 95.º/1 (a situação líquida deve exceder em 20% o capital pós-redução). 10

O sentido útil da norma que subsiste será, então, o de obrigar os sócios a levarem a reserva especial, sujeita ao regime da reserva legal, *quantia equivalente ao valor nominal total das ações existentes*. 11

Capítulo X – Dissolução da sociedade

Artigo 464.º (Dissolução)

1. A deliberação de dissolução da sociedade deve ser tomada nos termos previstos no artigo 383.º, n.os 2 e 3, e no artigo 386.º, n.os 3, 4 e 5, podendo o contrato exigir uma maioria mais elevada ou outros requisitos.

2. A simples vontade de sócio ou sócios, quando não manifestada na deliberação prevista no número anterior, não pode constituir causa contratual de dissolução.

3. As sociedades anónimas podem ser dissolvidas por via administrativa quando, por período superior a um ano, o número de acionistas for inferior ao mínimo exigido por lei, exceto se um dos acionistas for pessoa coletiva pública ou entidade a ela equiparada por lei para esse efeito.

[3] Cf. Raúl Ventura, *Alterações*, 375.

[4] Raúl Ventura, *Alterações*, 376.

Bibliografia: António Menezes Cordeiro 2 (2007), 851-852; Ricardo Costa, Código em comentário, VI, 2.ª ed. (2019), 1084-1088.

Índice

1. Redação inicial 1
2. Reformas de 1987 e de 2006 2
3. Regime 4
4. Proibição de dissoluções arbitrárias 6
5. Dissolução administrativa 7

1 1. **Redação inicial**. Na versão resultante do DL 262/86, de 2-Set., o 464.°/3 a 5, tinha a seguinte configuração[1]:

> 3. As sociedades anónimas podem ser judicialmente dissolvidas se durante mais de um ano o número de accionistas for inferior a cinco, mesmo que seja um único.
> 4. O disposto no número anterior não é aplicável se um dos accionistas for o Estado ou entidade a ele equiparada por lei para este efeito.
> 5. No caso previsto no n.° 3 e até ao fim do prazo aí referido, qualquer accionista pode requerer ao tribunal que lhe seja concedido um prazo razoável a fim de regularizar a situação, suspendendo-se entretanto a dissolução da sociedade.

2 2. **Reformas de 1987 e de 2006**. O DL 280/87, de 8-Jul., veio suprimir o n.° 5 e dar, aos n.os 3 e 4, a redação seguinte[2]:

> 3. As sociedades anónimas podem ser judicialmente dissolvidas quando, por período superior a um ano, o número de accionistas for inferior ao mínimo exigido por lei, excepto se um dos accionistas for o Estado ou entidade a ele equiparada por lei para este efeito.
> 4. No caso previsto no número anterior, e até ao fim do prazo nele referido, qualquer accionista pode requerer ao tribunal que lhe seja concedido um prazo razoável a fim de regularizar a situação, suspendendo-se, entretanto, a dissolução da sociedade.

Procurou-se uma certa flexibilização: pouco mais.

3 O DL 76-A/2006, de 29-Mar., deu, ao 464.°, a redação atual[3]. As novidades têm a ver com a dissolução por via administrativa e com a referência à pessoa coletiva pública, em vez do Estado.

4 3. **Regime**. O 464.° dá corpo ao 141.°/1, *c*), que permite a dissolução discricionária por deliberação dos sócios. Fá-lo recordando o 383.°/2 e 3 (quórum constitutivo de 1/3, na primeira convocatória) e 386.°/3, 4 e 5 (maioria qualificada de 2/3 ou, em certos casos, maioria simples).

5 O contrato de sociedade pode exigir maiorias mais elevadas ou acrescentar outros requisitos (464.°/1, 2.ª parte).

6 4. **Proibição de dissoluções arbitrárias**. O 464.°/2, à semelhança do 270.°/2, para as SPQ, veda cláusulas estatutárias, que facultam a dissolução por mera vontade de um sócio, à margem da deliberação prevista no n.° 1. Esta regra insere-se no princípio geral que se manifesta, também, na proibição dos pactos leoninos (22.°/3), de doação de bens futuros (942.°/1 do CC) e

[1] DR I Série, n.° 201, de 2-set.-1986, 2378/I.
[2] DR I Série, n.° 154, de 8-jul.-1987, 2666/I.
[3] *Vide* DR I Série-A, n.° 63 (Supl.), de 29-mar.-2006, 2328-(152)/II.

de renúncia antecipada nos direitos (809.° do CC). A sociedade que pudesse ser dissolvida, *ad nutum*, por qualquer sócio deixaria os demais numa posição inerme e aleatória.

5. **Dissolução administrativa**. O 464.°/3 prevê a dissolução administrativa por falta, 7
durante mais de um ano, do número mínimo de acionistas, exigido por lei, salvo se um deles for pessoa coletiva pública ou equiparada. Trata-se de um *relictum*: a evolução vai no sentido de admitir a unipessoalidade.

TÍTULO V – SOCIEDADES EM COMANDITA

INTRODUÇÃO

Bibliografia: Adriano Anthero, *Comentario ao Codigo Commercial Portuguez*, I (1913), 387-397; J. A. de Figueiredo, *O contrato comercial de dinheiro a ganho, no antigo Direito português*, RFDUL XVII (1964), 249-282; J. Pinto Furtado, II/2 (1979), 712-743; Luiz da Cunha Gonçalves, 1 (1914), 526-540; Fernando Olavo/Gil Miranda, *Sociedade em comandita/Notas justificativas*, BMJ 221 (1972), 11-42, 223 (1973), 15-65 e 224 (1973), 5-79; Diogo Pereira Forjaz de Sampaio Pimentel, *Annotações ou Synthese Annotada do Codigo de Commercio* II (1875), 82-83; José Tavares, *Sociedades e empresas comerciais*, 2.ª ed. (1924), 284-295.

Bibliografia alemã (de referência): Tobias Bürgers/Torsten Fett, *Die Kommanditgesellschaft auf Aktien*, 2.ª ed., C. H Beck (2015); Levin Goldschmidt, *Universalgeschichte des Handelsrechts* (1891), 254 ss.; Christof Lehnen, *Vom Grundsatz der komplementärgleichen Kommanditistenhaftung*, Mohr Siebeck (2013); *Münchener Handbuch des Gesellschaftsrechts*, 2, 4.ª ed., *Kommanditgesellschaft – GmbH & Co. KG – Publikum – KG – Stille Kommanditgesellschaft auf Aktien zwischen Personengesellschaftsrecht und Aktienrecht* (2014); Nicolas Potsch, *Grundfragen der Kommanditistenhaftung*, Nomos (2012).

***Id.*, italiana**: Maria Ada Benedetto, *Commenda*, NssDI III (1959), 607-613; Mario Bussoletti, *Società in accomandita semplice*, ED XLII (1990), 961-977; Francesco Galgano, *Società in accomandita semplice*, NssDI XVII (1970), 565-570.

Índice

I – **Origem e evolução**
1. Origem 1
2. A *commenda* 2
3. Codificação 4

II – **Experiência portuguesa**
4. Dinheiro a ganho 5
5. O Código Ferreira Borges 6
6. O Código Veiga Beirão 7

III – **Papel e reforma**
7. Papel e importância 9
8. Preparatórios 13
9. O CSC 15

IV – **Aspetos dogmáticos**
10. Os dois tipos 16
11. A regulação 17
12. As vantagens das SC 18

I – Origem e evolução

1. **Origem.** Com antecedentes romanos, as SC remontam à *commenda* desenvolvida nas cidades mercantis italianas, a partir do séc. XII. Pela *commenda* um capitalista ou investidor (*commendator*) entregava a um comerciante (*tractator*) mercadorias ou dinheiro, que este geria, normalmente em expedições de comércio marítimo, a troco de uma participação nos lucros. O esquema estabelecido levava a que o *commendator* apenas corresse o risco de perder o seu investimento, enquanto o *tractator* jogava toda a sua fortuna. 1

2 2. **A *commenda*** (com esta ou outras designações) foi ainda usada na Idade Média, para contornar a proibição de os nobres se dedicarem ao comércio. O investidor mantinha-se, assim, oculto, surgindo, no giro, apenas o nome do *tractator*.

3 A *commenda* esteve na origem de duas distintas figuras: a (atual) associação em participação[1] e as sociedades em comandita. A separação operou pela publicidade: enquanto na associação em participação, o parceiro capitalista se manteve na sombra (sociedade oculta), na comandita a associação foi assumida, surgindo um sujeito de Direito distinto dos seus sócios.

4 3. **Codificação**. A Ordenança francesa de 1673 reconheceu a figura, tendo a sociedade em comandita sido acolhida no Código de Comércio de Napoleão, de 1807. Esse mesmo Código criou a figura da comandita por ações: um desenvolvimento que permitiu reforçar a componente comanditária. A comandita por ações teve um papel importante: permitia a limitação da responsabilidade (não havia, na época, SPQ) e dispensava a autorização do Governo, necessária para a constituição de SA. A ideia foi acolhida em leis subsequentes, designadamente nas alemãs.

II – Experiência portuguesa

5 4. **Dinheiro a ganho**. No Direito das Ordenações era conhecido o contrato "de dinheiro a ganho", semelhante à *commenda*. Trata-se de uma figura na origem da associação em participação e das sociedades em comandita e que permitia, justamente, uma associação entre um capitalista e um comerciante operacional.

6 5. **O Código Ferreira Borges** (1833) tratava, no Título XII da Parte I, Livro II, *Das companhias, sociedades e parcerias commerciais*, a *parceria mercantil* (secção VI, 577.º a 585.º). Esta traduzia uma associação entre comerciantes em que um deles poderia limitar a sua responsabilidade ao quinhão da sua entrada. Aí surgia a chamada "sociedade em comandita", considerada uma parceria e não uma sociedade (580.º, 2.ª parte).

7 6. **O Código Veiga Beirão** (1888) veio restabelecer as SC como sociedades formais, dotadas de personalidade coletiva (199.º a 206.º), distintas do contrato de conta em participação (224.º a 229.º), hoje revogados e substituídos pelo DL 231/81, de 28-jul., que criou a associação em participação.

8 O CCom veio distinguir a comandita simples e a comandita por ações (199.º), em função do modo de representação do capital dos comanditários. Versava, depois: a estrutura das comanditas (200.º), o Direito subsidiário (201.º), a firma (202.º), a gerência (203.º), a responsabilidade dos comanditários (204.º), a exclusão do gerente nas comanditas por ações (205.º) e a designação de novo gerente (206.º).

III – Papel e reforma

9 7. **Papel e importância**. A SC teve um papel histórico fundamental: permitiu dirigir, para o comércio, recursos que, de outra forma, não teriam uma aplicação produtiva. A presença de um comerciante capaz de empenhar todo o seu património no giro comercial dava, aos interessados comanditários e aos terceiros, uma especial confiança no empreendimento a que a SC daria forma.

10 Todavia, as facilidades dadas à constituição de SA, na 2.ª metade do século XIX e a criação, na passagem para o século XX, das SPQ vieram retirar importância às SC. Em 1939 havia, apenas, 43 SC, número esse que, em 1969, passou a 5. Em 2006, o seu número subiu para 32:

[1] António Menezes Cordeiro, *Direito comercial*, 2.ª ed. (2007), 625 ss..

a comparar com 604 SNC, 22.886 SA e 317.262 SPQ, a que podemos somar 65.571 SPQ unipessoais. Há uma ligeira retoma, pela sua associação a SPQ.

A decadência das SC também se observa nas outras ordens jurídicas. A concorrência das 11
SPQ tem sido o fator para tanto apontado: os interessados preferiam a responsabilidade limitada. Tal explicação opera a nível psicológico: nas SPQ, qualquer operação de crédito leva o banqueiro a pedir a garantia pessoal dos sócios, pelo que a responsabilidade limitada é teórica. Mais ponderosa é a complicação jurídica inerente às SC: elas operam numa justaposição de regras próprias de SNC ou de SA com esquemas da própria SC. Além disso, são rígidas, no tocante a certas posições sociais.

Todavia, as SC mantêm interesse prático e teórico. Na Alemanha, são frequentes as 12
GmbH & Co. KG e, portanto: as comanditas cujo sócio comanditado é uma SPQ. Consegue-se, assim, uma estrutura dotada de responsabilidade limitada, mas onde se pratica uma cisão entre um núcleo gestor – a GmbH (SPQ) – e um núcleo investidor. Pela sua estrutura típica e perfil funcional, as sociedades em comandita aproximam-se das estruturas de investimento em capital de risco. Por imperativo legal, porém, as sociedades assumem, neste domínio, o tipo da sociedade anónima (11.º da Lei n.º 18/2015, de 4-Mar.), o que exclui a presença das SC no desenvolvimento da atividade de investimento em capital de risco: com inconvenientes[2].

8. **Preparatórios**. A área das SC foi, aquando da preparação do CSC, confiada a Fernando 13
Olavo. Este, com a colaboração de Gil Miranda, publicou um importante estudo: ainda hoje, a única monografia existente, na nossa literatura, sobre SC.

Foi, aí, ponderada a eventualidade da supressão das SC, no então futuro CSC. Optou- 14
-se, tudo visto, pela manutenção, apenas, das comanditas simples[3]. No projeto, por pressão do Direito comparado, foi reintroduzida a figura das comanditas por ações[4].

9. **O CSC** acabaria por salvar as SC, colocando-as como um tipo societário disponível, em pé de 15
igualdade com as SNC, as SPQ e as SA. Dedicou-lhes o Título V – repartido por três capítulos: (I) Disposições comuns (465.º a 473.º); (II) Sociedades em comandita simples (474.º a 477.º); (III) Sociedades em comandita por ações (478.º a 480.º).

IV – **Aspetos dogmáticos**

10. **Os dois tipos**. O Direito das SC vive dominado por dupla remissão: das comanditas simples 16
para as SNC (474.º) e das comanditas por ações para as SA (478.º). Não oferece dúvidas, perante esta contraposição de regimes, a presença de dois distintos tipos societários: o das comanditas simples e o das comanditas por ações. Mas a tradição justifica plenamente que se refiram as SC, em moldes unitários.

11. **A regulação**. Feita a remissão para as SNC ou para as SA, coube ao CSC, no essencial, regu- 17
lar a firma (467.º), a transmissão de partes dos comanditados (468.º) e a gerência (470.º). Tudo o mais traduz (pequenas) adaptações do regime geral.

12. **As vantagens das SC**. O Direito das sociedades é Direito privado. Como tal, ele traduz 18
um diálogo construtivo entre a tradição e a cultura, por um lado, e as realidades da vida sócio-económica. Tanto basta para que as SC se devam manter na lei, sendo estudadas.

A atual prática societária, com a ideia, sempre larvar mas em crescendo, particularmente 19
nas SA cotadas, de uma igualdade entre os sócios, nem sempre é satisfatória. É óbvia a existência

[2] Para uma crítica da solução Pedro Pais de Vasconcelos, O acionista de capital de risco – dever de gestão, *II Congresso de Direito das Sociedades em Revista* (2012), 157 e ss. (162-3).

[3] Fernando Olavo/Gil Miranda, *Sociedade em comandita*, 40-42; contra: Jorge Pinto Furtado, II/2 (1979), 718-719.

[4] BMJ 327 (1983), 310-315 (315: 469.º a 471.º).

de sócios interessados no concreto comércio desenvolvido, perante outros que, apenas, procedem a colocações financeiras. Tal pode significar a recuperação das comanditas, na fórmula alemã das GmbH & Co. KG ou equivalente e que a lei portuguesa permite: uma SPQ ou uma SA podem ser sócios comanditados (465.º/2).

20 Uma solução desse tipo pode facultar a institucionalização do *management* como "sócio" dotado de poderes especiais, fixados nos estatutos e agrupado numa SPQ comanditada, com um recurso ao mercado de capitais, para capitalizar a SC, através de emissões de ações.

Capítulo I – Disposições comuns

Artigo 465.º (Noção)

1. Na sociedade em comandita cada um dos sócios comanditários responde apenas pela sua entrada; os sócios comanditados respondem pelas dívidas da sociedade nos mesmos termos que os sócios da sociedade em nome coletivo.

2. Uma sociedade por quotas ou uma sociedade anónima podem ser sócios comanditados.

3. Na sociedade em comandita simples não há representação do capital por ações; na sociedade em comandita por ações só as participações dos sócios comanditários são representadas por ações.

Índice

1. Características ... 1
(a) Sócios comanditários ... 3
(b) Sócios comanditados ... 4
2. Sociedades comanditadas ... 5
3. Comanditas simples ou por ações ... 6
4. Natureza ... 7

1 1. **Características**. Nas sociedades em comandita (SC), o Código optou por uma "noção" em vez de "características", como fez com as SNC (175.º), as SPQ (197.º) e as anónimas (271.º). Além disso, desenvolveu, ainda como "noção", o tipo de sócios admissíveis (465.º/2) e o modo material de representação do capital (465.º/3). Documenta-se a diversidade de peritos que intervieram na feitura do CSC e a insuficiência de revisão final que, ao conjunto, deveria ter dado uma unidade.

2 Quanto às características em si: a lei, tal como fez com os demais tipos, acentuou o regime da responsabilidade por dívidas. Tudo arranca, aí, de uma dualidade de sócios.

3 (a) **Sócios comanditários**: cada um deles responde, apenas, pela realização da sua entrada (465.º/1, 1.ª parte). Apesar de o preceito não o afirmar de forma expressa, uma SQ ou uma SA podem ser sócios comanditários[1]. Não vemos, aliás, razões para não admitir a mesma solução quanto à SNC: a responsabilidade limitar-se-á à obrigação de entrada, pela qual respondem, subsidiária e solidariamente, os sócios.

[1] Elisabete Ramos, *Código em Comentário*, 2, 465.º, 1095.

(b) **Sócios comanditados**: respondem, todos, pelas dívidas da sociedade, nos mesmos termos em que o fazem os sócios das SNC (465.º/1, 2.ª parte), isto é: subsidiariamente em relação à sociedade e solidariamente entre si (175.º/1). 4

2. **Sociedades comanditadas**: a SPQ e a SA podem ser sócios comanditados[2]; trata-se de uma figura muito frequente na Alemanha: a GmbH & Co. KG ou sociedade por quotas em comandita. Tem vindo a surgir entre nós. A aquisição, por uma SQ ou de uma SA, de uma participação como sócio comanditado carece, em regra, de autorização prévia no contrato de sociedade (11.º/5). 5

3. **Comanditas simples ou por ações**: (a) nas SC simples, o capital não está representado por ações; (b) nas SC por ações, as participações dos sócios comanditários – e apenas essas – são representadas por ações. A proibição da representação do capital por ações está associada à limitação da transmissibilidade das participações sociais, a qual constitui, por sua vez, uma manifestação da natureza *intuitu personae* da situação dos sócios comanditados e da prevalência do elemento personalístico nas comanditas simples[3]. 6

4. **Natureza**: a SC tem natureza dupla: de pessoas, relativamente ao comanditado e de capitais, quanto ao comanditário. Assim, podem dois cônjuges constituir uma SC, desde que sejam ambos (ou um deles) comanditário, dado o regime da responsabilidade envolvido (8.º/1)[4]. 7

Artigo 466.º (Contrato de sociedade)

1. No contrato de sociedade devem ser indicados distintamente os sócios comanditários e os sócios comanditados.

2. O contrato deve especificar se a sociedade é constituída como comandita simples ou como comandita por ações.

Índice

1. Modo de constituição 1
2. Elementos gerais 2
3 Elementos específicos.................................... 3

1. **Modo de constituição**. Além do contrato, a SC pode constituir-se por negócio jurídico unilateral, por ex., nos casos de cisão (118.º e ss.) ou de transformação (130.º e ss.), ou por deliberação social consequente a um ato de subscrição pública, hipótese admissível na constituição de uma SC por ações[1]. 1

2. **Elementos gerais**: do contrato de SC devem constar todos os elementos gerais constantes do 9.º. Já daí resultarão, como próprios da SC, o tipo – 9.º/1, *b*) – e a firma – 9.º/1, *c*). 2

3. **Elementos específicos**: (a) indicação distinta dos sócios comanditários e dos sócios comanditados; (b) especificação de se tratar de uma comandita simples ou de uma comandita por ações. 3

Na hipótese de uma comandita por ações, o contrato deverá ainda conter os elementos obrigatórios próprios das SA (272.º, *ex vi* 478.º, com exceção da al. g), relativa à estrutura adotada para a administração e a fiscalização da sociedade). 4

[2] Se fosse uma SNC, todo o conjunto soçobraria, numa espécie de SNC, uma vez que nenhum sócio teria a responsabilidade limitada.

[3] Elisabete Ramos, *Código em Comentário*, 2, 465.º, 1098.

[4] *Vide* STJ 1-out.-1996 (Mário Cancela), Proc. 079301 (em *obiter dictum*).

[1] *Vide* António Menezes Cordeiro/Adelaide Menezes Leitão, *Código das Sociedades Comerciais Anotado*, 279º, 813.

Artigo 467.º (Firma)

1. A firma da sociedade é formada pelo nome ou firma de um, pelo menos, dos sócios comanditados e o aditamento «em comandita» ou «& comandita», «em comandita por ações» ou «& comandita por ações».

2. Os nomes dos sócios comanditários não podem figurar na firma da sociedade sem o seu consentimento expresso e, neste caso, aplica-se o disposto nos números seguintes.

3. Se o sócio comanditário ou alguém estranho à sociedade consentir que o seu nome ou firma figure na firma social, fica sujeito, perante terceiros, à responsabilidade imposta aos sócios comanditados, em relação aos atos outorgados com aquela firma, salvo se demonstrar que tais terceiros sabiam que ele não era sócio comanditado.

4. O sócio comanditário, ou o estranho à sociedade, responde em iguais circunstâncias pelos atos praticados em nome da sociedade sem uso expresso daquela firma irregular, exceto se demonstrar que a inclusão do seu nome na firma social não era conhecida dos terceiros interessados ou que, sendo-o, estes sabiam que ele não era sócio comanditado.

5. Ficam sujeitos à mesma responsabilidade, nos termos previstos nos números antecedentes, todos os que agirem em nome da sociedade cuja firma contenha a referida irregularidade, a não ser que demonstrem que a desconheciam e não tinham o dever de a conhecer.

Índice

1. Firma da SC 1
2. Nome do comanditário 3
3. Responsabilidade do comanditário e de terceiros 6
4. Responsabilidade de representantes 8
5. Justificação 9

1 1. **Firma da SC**: (a) comandita simples: é formada pelo nome ou firma de, pelo menos, um dos sócios comanditados, acrescido de "em comandita", ou "& comandita"; (b) comandita por ações: *idem*, pelo nome ou firma de, pelo menos, um dos sócios comanditados, acrescido de "em comandita por ações"ou "& comandita por ações" (467.º/1).

2 A ideia básica da lei é a de que surja, público, o nome de pelo menos um dos sócios cuja responsabilidade seja ilimitada; tal a lógica das SNC (177.º/1).

3 2. **Nome do comanditário**: não deve figurar na firma sem o seu consentimento expresso (467.º/2); se ele consentir na aposição do seu nome fica sujeito, perante terceiros e aquando da utilização da firma em causa, à responsabilidade própria dos comanditados (subsidiária e solidária): salvo se provar que os terceiros sabiam que ele não era comanditado (467.º-B). O preceito tem o seu antecedente no 202.º do CCom, que dispunha: «*o sócio commanditário que consentir que o seu nome figure na firma social, e os que assim fizerem uso d'ella, serão pessoal, ilimitada e solidariamente responsáveis pelos actos em que essa firma intervier*».

4 Temos, aqui, uma extensão da responsabilidade patrimonial assente na aparência, que funciona perante terceiros de boa-fé. O mesmo regime tem aplicação a terceiros que consintam o seu nome na firma de uma SC.

É duvidoso que o consentimento ao uso do nome ou firma, quando prestado *tácita* ou 5
concludentemente pelo sócio comanditário, não deva também conduzir ao alargamento da responsabilidade: a tutela da confiança, operando em ambiente de mobilidade sistemática, pode fundamentar a solução em face da especial intensidade da confiança e do investimento que com base nela for realizado. De resto, a exigência estrita do consentimento expresso compreender-se-ia mal em face da amplitude com que é admitida a imputação com base na aparência ao abrigo do n.º 5.

3. **Responsabilidade do comanditário e de terceiros**: além de responderem pela aparên- 6
cia resultante do uso do seu nome na firma, como vimos (467.º/3), eles respondem, em geral, independentemente do uso da firma, em termos subsidiários e solidários, salvo se provarem que a inclusão do seu nome na firma não era conhecida dos terceiros interessados ou que, sendo-o, eles sabiam que ele não era comanditado.

Não se trata em rigor, de colocar o sócio comanditário ou o terceiro na posição jurídica 7
própria do sócio comanditado, mas de uma imputação fundada na confiança. Consequentemente, se, na falta ou insuficiência do património social, os terceiros fizerem atuar a responsabilidade patrimonial contra aquele que tiver consentido o seu nome na firma, este dispõe de direito de regresso contra os sócios comanditados.

4. **Responsabilidade de representantes**. A mesma responsabilidade aplica-se aos que agirem 8
em nome da sociedade cuja firma contenha a irregularidade em causa (representantes), salvo se mostrarem que a desconheciam e não tinham o dever de a conhecer (467.º/5). Este preceito deve ser interpretado com cautelas, sob pena de se admitir a respondência patrimonial, como sócio, de qualquer representante da SC, ainda que o representante seja estranho à organização societária (por ex., um representante voluntário). A preocupação com a tutela da confiança de terceiros terá de encontrar resposta consistente com os dados gerais do sistema: uma equiparação geral dos representantes aos sócios comanditados não surge com a resposta mais adequada a um problema que gravita na órbita da responsabilidade civil, seja na responsabilidade fundada na violação de um dever pré-contratual, *ie.*, da *culpa in contrahendo* (227.º CC), seja na responsabilidade "pura" pela confiança criada no declaratário quanto à responsabilidade ilimitada do sócio ou de terceiro. A ocorrência de um dano na esfera do lesado pressuporá a insuficiência do património da SC e dos sócios comanditados para satisfazer o seu crédito.

5. **Justificação**. Este regime, aparentemente rigoroso, deve ser explicado: como sócio coman- 9
ditário pode surgir uma entidade de grande porte ou prestígio (p. ex., um banco); a presença do seu nome ou da sua firma na firma da SC pode induzir terceiros em grave erro, quanto à solidez da SC em causa. Donde os cuidados da lei, que são tradicionais.

Artigo 468.º (Entrada de sócio comanditário)

A entrada de sócio comanditário não pode consistir em indústria.

Índice

1. Participações 1
2. Entradas 2
3. Capital social 3

1 1. **Participações**. Nas SC simples, as participações sociais dizem-se partes; podem sê-lo do comanditado ou do comanditário. Nas SC por ações, o comanditado tem partes e o comanditário ações.

2 2. **Entradas**. As do comanditado podem, nos termos gerais aplicáveis às SNC, consistir em dinheiro, em espécie ou em indústria; já as entradas do comanditário terão de consistir sempre ou em dinheiro, ou em espécie: nunca em indústria (468.º). As razões de ser da proibição das entradas em indústria para o sócio comanditário são aquelas que encontramos, em geral, nas sociedades de capitais (*vide* o 202.º/1 para as SQ e o 277.º/1 para as SA).

3 3. **Capital social**: consequentemente, as SC têm, sempre, o seu capital social – 9.º/1, *f*).

Artigo 469.º (Transmissão de partes de sócios comanditados)

1. A transmissão entre vivos da parte de um sócio comanditado só é eficaz se for consentida por deliberação dos sócios, salvo disposição contratual diversa.

2. À transmissão por morte da parte de um sócio comanditado é aplicável o disposto a respeito da transmissão de partes de sócios de sociedades em nome coletivo.

Índice

1. Natureza pessoal ... 1
2. Transmissão entre vivos ... 2
3. Transmissão por morte ... 3

1 1. A **natureza pessoal** da participação do sócio comanditado é estruturante: ele é escolhido pelo(s) sócio(s) comanditário(s) justamente em função do seu perfil patrimonial e das suas qualidades de competência e de seriedade. Por isso, a transmissão da parte exige cautelas atentas.

2 2. **Transmissão entre vivos** da parte do comanditado só é eficaz se for consentida por deliberação dos sócios, salvo cláusula estatutária diversa (469.º/1). Dada a natureza solidária da responsabilidade envolvida, o consentimento deve ser dado por unanimidade (182.º/1, por analogia).

3 3. **Transmissão por morte**: aplica-se o regime do falecimento do sócio em SNC (184.º), para cujas anotações se remete (469.º/2).

Artigo 470.º (Gerência)

1. Só os sócios comanditados podem ser gerentes, salvo se o contrato de sociedade permitir a atribuição da gerência a sócios comanditários.

2. Pode, porém, a gerência, quando o contrato o autorize, delegar os seus poderes em sócio comanditário ou em pessoa estranha à sociedade.

3. O delegado deve mencionar esta qualidade em todos os atos em que intervenha.

4. No caso de impedimento ou falta dos gerentes efetivos, pode qualquer sócio, mesmo comanditário, praticar atos urgentes e de mero expediente, mas deve declarar a qualidade em que age e, no caso de ter praticado atos urgentes, convocar

imediatamente a assembleia geral para que esta ratifique os seus atos e o confirme na gerência provisória ou nomeie outros gerentes.

5. Os atos praticados nos termos do número anterior mantêm os seus efeitos para com terceiros, embora não ratificados, mas a falta de ratificação torna o autor desses atos responsável, nos termos gerais, para com a sociedade.

Índice

1. Antecedente	1	3. Delegação	3
2. Administração	2	4. Atos urgentes	5

1. **Antecedente**. O 203.º do CCom de 1888, hoje revogado, dispunha: 1

> Só podem ser gerentes effetivos os socios em nome collectivo que o contracto designar.
>
> § 1. Os actos de administração praticados por socios commanditarios sem expressa delegação dos gerentes auctorizada em reunião dos socios ou pella assembléa não obrigam a sociedade, e envolvem a responsabilidade exclusiva e pessoal de quem os practicar.
>
> § 2. Salvo estipulação em contrário, poderá o conselho fiscal, em caso de impedimento ou falta temporaria dos gerentes effectivos, designar de entre os socios commanditarios os que os devam substituir nos actos urgentes ou de mero expediente, pedindo immediatamente a convocação dos socios ou da assembléa geral, a fim de os confirmar na gerencia provisoria ou nomear outros.
>
> § 3. Os gerentes provisorios só respondem pela execução do seu mandato, sem assumir responsabilidade illimitada.

2. **Administração**, aqui dita gerência, recai sempre sobre os sócios comanditados (470.º/1). 2
Trata-se da solução natural, uma vez que eles, sendo pessoalmente responsáveis, serão certamente as pessoas melhor colocadas para conhecer o sector em que a SC atue. Todavia, podem os estatutos dispor de outra forma (470.º/1, 2.ª parte).

3. **Delegação**. A gerência pode delegar, quando o contrato o autorize, os seus poderes, em sócio comanditário ou em estranho (470.º/2). Apesar de a lei não o referir expressamente, a delegação pode igualmente ocorrer nos sócios comanditados[1]: para tal não parece exigir-se, sequer, a autorização no contrato de sociedade. Trata-se de uma fórmula arcaica: "delegação" só opera dentro do mesmo órgão (*vide* 407.º). Visa-se, aqui, a designação de representantes, com plenos poderes. 3

O delegado deve mencionar a sua qualidade nas atas em que intervenha (470.º/3). 4

4. **Atos urgentes**. Podem ser praticados por qualquer sócio, mesmo comanditário, desde que: (a) faltem ou estejam impedidos os gerentes; (b) se trate de mero expediente. Quando isso suceda, deve-se convocar imediatamente a assembleia geral para que ela ratifique os atos e (a) confirme o praticante na gerência; (b) ou nomeie outros gerentes (470.º/4)[2]. 5

A falta ou o impedimento não tem que atingir todos os gerentes, basta que se verifique quanto a um número de gerentes que impossibilite, na prática, a atividade de gestão: visa-se, aqui, prevenir a paralisação da administração, fonte de prejuízos potencialmente avultados para 6

[1] Ricardo Costa/Alexandre de Soveral Martins, *Código em Comentário*, 2, 470.º, 1115.

[2] Apesar de a redação do n.º 4 não ser inequívoca, deve entender-se que estão sujeitos a ratificação em assembleia geral tanto os atos urgentes quanto os atos de mero expediente; note-se que o n.º 5, ao regular os efeitos dos atos não ratificados, não estabelece qualquer distinção em função do tipo de ato.

a sociedade[3] Atos urgentes são aqueles que, para um gestor criterioso e diligente, surjam *ex ante* como idóneos a evitar um prejuízo para a sociedade; os atos de mero expediente caracterizam-se pela sua diminuta relevância económica para a sociedade, sendo normalmente recorrentes e periodicamente renováveis[4]. Ambos podem compreender tanto atos materiais quanto atos jurídicos, inclusivamente, negócios jurídicos concluídos com terceiros.

7 Os atos praticados são eficazes perante terceiros, mesmo quando não ratificados: altura em que responsabilizam, nos termos gerais, o seu autor, para com a sociedade (470.º/5). O regime aplicável à responsabilidade pelos danos causados no exercício da gestão de facto prevista no n.º 4 é aquele que se encontra previsto nos 72.º e ss. CSC: a situação de proximidade com a sociedade e a aparência do exercício da gestão para terceiros conjugam-se mal com a responsabilidade aquiliana, apta a regular a imputação de danos provocados por interações entre estranhos no tráfego.

8 O n.º 4 deste preceito institui, assim, uma norma de legitimação excecional para a realização de atos de gestão corrente e urgente[5], que não pressupõe nem a titularidade de poderes de administração do sócio ou de terceiro nem o preenchimento das previsões relativas à gestão de negócios (464.º e ss. CC), que com ele podem concorrer, nos termos gerais.

Artigo 471.º (Destituição de sócios gerentes)

1. O sócio comanditado que exerça a gerência só pode ser destituído desta, sem haver justa causa, por deliberação que reúna dois terços dos votos que cabem aos sócios comanditados e dois terços dos votos que cabem aos sócios comanditários.

2. Havendo justa causa, o sócio comanditado é destituído da gerência por deliberação tomada por maioria simples dos votos apurados na assembleia.

3. O sócio comanditário é destituído da gerência por deliberação que reúna a maioria simples dos votos apurados na assembleia.

Índice

1. Destituibilidade 1
2. Gerentes comanditados 4
3. Gerentes comanditários 6
4. Indemnização 7

1 1. **Destituibilidade.** A destituição dos gerentes é, em princípio, livre: trata-se de um vetor geral do Direito das sociedades, que apenas conhece o desvio da exigência de justa causa para quando, interrompido injustificadamente um mandato, se arbitrar uma indemnização[1].

2 No caso das SC, o princípio mantém-se, embora apresente algumas adaptações. A lei distingue em função de duas coordenadas: o tratar-se, ou não, de um sócio comanditado e o haver, ou não, justa causa.

[3] Neste sentido, Ricardo Costa/Alexandre de Soveral Martins, *Código em Comentário*, 2, 470.º, 1131-1132.

[4] Ricardo Costa/Alexandre de Soveral Martins, *Código em Comentário*, 2, 470.º, 1131-1132.

[5] A sua razão de ser remonta à opção seguida pelo legislador quanto à exigência de um ato de designação do sócio comanditado como gerente, ao invés do que sucede na sociedade em nome coletivo, em que todos os sócios serão, em princípio, administradores (*vide* o 191.º/1 CSC).

[1] *Vide* as anotações aos 257.º e 403.º, relativas às SPQ e às SA, respetivamente.

Este regime não prejudica a possibilidade de destituição judicial dos gerentes (1055.º CPC)[2]. No caso de a SC simples ter dois sócios (um sócio comanditado e um sócio comanditário), a destituição de um algum deles da gerência com fundamento em justa causa só pode ocorrer por via judicial, em ação intentada pelo outro contra a sociedade (191.º/7, *ex vi* 474.º). Nas SC por ações, a destituição judicial de gerente fundada em justa causa pode ser requerida por um sócio titular de uma participação de, pelo menos, 10% do capital social, enquanto não tiver sido convocada assembleia geral para deliberar sobre o assunto (403.º/3, por remissão do 478.º). 3

2. **Gerentes comanditados**: sem justa causa, só podem ser destituídos por deliberação da assembleia que reúna 2/3 dos votos que caibam aos comanditados e 2/3 dos que caibam aos comanditários (471.º/1). 4

Com justa causa, são destituídos pela maioria simples dos votos da assembleia (471.º/2). Por justa causa, entender-se-á, nos termos gerais (257.º/6 e 403.º/4), a violação grave e culposa dos deveres de gerência e a sua incapacidade para o exercício das funções. 5

3. **Gerentes comanditários**. Podem ser destituídos, com ou sem justa causa, pela maioria simples dos votos apurados em assembleia (471.º/3). 6

4. **Indemnização**: embora a lei não o diga, a destituição sem justa causa, que ocasione danos patrimoniais e ou morais, dá lugar ao direito a uma indemnização cabal. No caso da destituição de gerente de uma SC simples, a indemnização deve ser calculada nos termos do 257.º/7; nas SC por ações, a prestação indemnizatória está sujeita ao limite previsto no 403.º/5 (aplicável por via da remissão constante do 478.º). 7

Artigo 472.º (Deliberações dos sócios)

1. As deliberações dos sócios são tomadas ou unanimemente, nos termos do artigo 54.º, ou em assembleia geral.

2. O contrato de sociedade deve regular, em função do capital, a atribuição de votos aos sócios, mas os sócios comanditados, em conjunto, não podem ter menos de metade dos votos pertencentes aos sócios comanditários, também em conjunto.

3. Ao voto de sócios de indústria aplica-se o disposto no artigo 190.º, n.º 2.

Índice

1. Princípio geral 1
2. Votos 2
3. Sócio de indústria 3

A1. **Princípio geral**: as deliberações dos sócios seguem o quadro geral: (a) em assembleia convocada; (b) em assembleia universal; (c) unânimes, por escrito (54.º e 472.º/1). 1

2. **Votos**: torna-se melindroso determinar os votos dos comanditados, que não subscrevem propriamente capital e dos comanditários, que o fazem. Cabe aos estatutos regular essa matéria, em função do capital; todavia, o conjunto dos comanditados não pode ter menos de metade dos votos dos comanditários (472.º/2). 2

[2] J. Coutinho de Abreu, *Código em Comentário*, 2, 471.º, 1137.

3 3. **Sócio de indústria**: terá, pelo menos, votos em número igual ao menor número de votos atribuídos a sócios de capital (190.º/2, *ex vi* 472.º/3).

Artigo 473.º (Dissolução)

1. A deliberação de dissolução da sociedade é tomada por maioria que reúna dois terços dos votos que cabem aos sócios comanditados e dois terços dos votos que cabem aos sócios comanditários.

2. Constitui fundamento especial de dissolução das sociedades em comandita o desaparecimento de todos os sócios comanditados ou de todos os sócios comanditários.

3. Se faltarem todos os sócios comanditários, a sociedade pode ser dissolvida por via administrativa.

4. Se faltarem todos os sócios comanditados e nos 90 dias seguintes a situação não tiver sido regularizada, a sociedade dissolve-se imediatamente.

Índice

1. Alteração 1
2. Deliberação 2
3. Fundamento especial 3

1 1. **Alteração**. O 473.º/3 é o único preceito, relativo a SC, alterado desde 1986[1]. A alteração, feita pelo DL 76-A/2006, de 28-mar., cifrou-se em substituir "dissolvida judicialmente" por "dissolvida por via administrativa"[2]: uma novidade geral dessa reforma.

2 2. **Deliberação** de dissolução: deve reunir 2/3 dos votos que caibam aos comanditados e 2/3 dos conferidos aos comanditários (473.º/1).

3 3. **Fundamento especial**. Para além dos fundamentos gerais (141.º a 143.º), a SC dissolve-se se desaparecerem todos os sócios comanditados ou todos os comanditários (473.º/2). Mas com regimes diferentes: faltando os comanditários, segue-se a dissolução administrativa (473.º/3); faltando os comanditados, há 90 dias para regularizar a situação, sob pena de dissolução imediata (473.º/4).

Capítulo II – Sociedades em comandita simples

Artigo 474.º (Direito subsidiário)

Às sociedades em comandita simples aplicam-se as disposições relativas às sociedades em nome coletivo, na medida em que forem compatíveis com as normas do capítulo anterior e do presente.

[1] DR I Série, n.º 201, de 2-set.-1986, 2379.

[2] DR I Série-A, n.º 63 (Supl.), de 29-mar.-2006, 2328-(32)/I.

Índice

1. O regime das SNC 1
2. Ressalva 2
3. Justificação 4

1 1. **O regime das SNC** é, efetivamente, o que melhor se adapta às comanditas simples. Com efeito, trata-se, em regra, de pequenas sociedades, fortemente *intuitu personae* e marcadas por uma especial proximidade entre os intervenientes. A remissão do 474.º é global, devendo, de todo o modo, ser conferida, na prática, ponto por ponto. Exemplos de normas previstas no regime das SNC e que são aplicáveis às SC simples são os seguintes: (a) responsabilidade pelo valor das entradas (179.º)[1]; (b) regime aplicável à participação do sócio (comanditado) de indústria (178.º); (c) direito dos sócios à informação (181.º); (d) execução sobre a parte do sócio (183.º); (e) exoneração (185.º) e exclusão so sócio (186.º); (f) destino da parte social extinta (187.º), (g) liquidação da parte (188.º); (h) registo das partes sociais (188.º-A).

2 2. **Ressalva**. São especialmente afastadas as regras relativas (a) à responsabilidade por dívidas (465.º/1); (b) ao conteúdo do contrato (466.º); (c) à firma (467.º); (d) à entrada do comanditário (468.º); (e) à gerência (470.º); (f) à destituição de gerentes (471.º); (g) às deliberações de sócios (472.º); (h) à dissolução; (i) às alterações (476.º).

3 O regime de transmissão das partes dos comanditados, mau grado o 469.º, é o das SNC.

4 3. **Justificação**. As regras ressalvadas visam a adaptação do regime das SNC à presença de sócios comanditários, que obedecem a uma lógica de capital. Há que ponderar, ainda, a presença de estilos diversos, mercê do modo de elaboração do CSC.

Artigo 475.º (Transmissão de partes de sócios comanditários)

À transmissão entre vivos ou por morte da parte de um sócio comanditário aplica-se o preceituado a respeito da transmissão de quotas de sociedade por quotas.

Índice

1. Partes do comanditário 1
2. Remissão para as SPQ 2

1 1. **Partes do comanditário**: trata-se de participações sociais que traduzem uma entrada em dinheiro ou em espécie e pela qual o sócio comanditário é responsável (465.º/1, 1.ª parte). Assim sendo, compreende-se que ela seja transmissível, embora com determinadas cautelas[1].

2 2. **Remissão para as SPQ**. Numa certa injustiça histórica (já que as SC são muito anteriores às SPQ), o CSC remete a transmissão das partes dos sócios comanditários para o regime da

[1] Admitindo a possibilidade de substituir a verificação das entradas em espécie por declaração de assunção, no contrato de sociedade, da responsabilidade solidária dos sócios pelo valor atribuído aos bens, Maria Elisabete Ramos, *Código em Comentário*, 474.º, 1090.

[1] O Código não acolheu, neste ponto, a proposta de Fernando Olavo/Gil Miranda, *Sociedade em Comandita* (1973), p. 59, de sujeitar a transmissibilidade das participações dos sócios comanditários aos termos gerais de direito, salvo estipulação restritiva do contrato de sociedade. Com boas razões: o comanditário não é um mero investidor, antes participa no escopo comum da prossecução do objeto social, compreendendo-se, pois, que o desinvestimento não seja insensível a limitações societárias.

transmissão de quotas (475.º): 225.º a 227.º para a transmissão *mortis causa* e 228.º a 231.º, para a transmissão entre vivos.

3 Desta remissão resulta que a transmissão *inter vivos* está sujeita a forma escrita e a sua eficácia perante a sociedade depende, em regra, do consentimento desta, podendo o contrato de sociedade proibir a cessão, dispensar o consentimento ou condicionar a eficácia societária da cessão à observância de requisitos específicos. A transmissão da quota produz efeitos em relação à sociedade logo que lhe for comunicada por escrito ou por ela reconhecida.

4 A parte do sócio comanditário transmite-se *mortis causa*, salvo se o contrato de sociedade dispuser em contrário, quer no sentido da proibição ou condicionamento da transmissão à verificação de determinados requisitos, quer pela atribuição aos sucessores o direito a exigir a amortização da parte social ou a condicionar a transmissão à sua vontade.

5 Remete-se para as competentes anotações para maiores desenvolvimentos.

Artigo 476.º (Alteração e outros factos relativos ao contrato)

As deliberações sobre a alteração do contrato de sociedade, fusão, cisão ou transformação devem ser tomadas unanimemente pelos sócios comanditados e por sócios comanditários que representem, pelo menos, dois terços do capital possuído por estes, a não ser que o contrato de sociedade prescinda da referida unanimidade ou aumente a mencionada maioria.

Índice

1. Valores em presença .... 1 2. Regime 2

1 1. **Valores em presença**. Nas SC lidamos com uma dupla realidade: a dos sócios comanditados, próximos do sócio em nome coletivo, pessoalmente responsável e, em regra, diretamente embrenhado no comércio e o sócio comanditário, mero investidor. As alterações ao contrato exigem, assim, uma conciliação entre esses valores: o primeiro, que requer a unanimidade (194.º) e o segundo que se contenta com uma maioria, ainda que qualificada (265.º/1 e 386.º/3).

2 2. **Regime**. A alteração do contrato de SC (que envolve, também, a fusão, a visão e a transformação) exige a unanimidade dos comanditados e a maioria de 2/3 do capital dos comanditários. Todavia, pode o contrato prescindir da unanimidade ou agravar a maioria, acima referidas (476.º). O contrato de sociedade já não pode, porém, reduzir o quórum deliberativo para a aprovação de uma deliberação modificadora de um elemento estruturante da sociedade.

Artigo 477.º (Proibição de concorrência)

Os sócios comanditados são obrigados a não fazer concorrência à sociedade, nos termos prescritos para os sócios de sociedades em nome coletivo.

Índice

1. Fundamento .... 1 3. Quanto aos gerentes 6
2. Quanto aos sócios 2

1. **Fundamento.** A obrigação de não concorrer que impende sobre os comanditados visa prevenir o surgimento de conflitos de interesses entre o sócio e a sociedade. O seu fundamento está no dever de lealdade do sócio que se reconduz, por sua vez, à boa-fé[1]. 1

2. **Quanto aos sócios**: o 477.º proíbe aos comanditados fazer concorrência à sociedade, remetendo para as SNC (180.º). Quer isso dizer que tal concorrência só é lícita com o consentimento de todos os sócios (180.º/1)[2], dando a prevaricação azo a indemnização e ao subingresso (180.º/2)[3]. 2

Já aos sócios comanditários não se impõe qualquer restrição concorrencial. 3

A proibição de concorrência compreende qualquer atividade abrangida pelo objeto social – mesmo que a sociedade não se encontre, de facto, a exercê-la (180.º/3)[4]. A norma compreende, por outro lado, a atividade efetivamente desenvolvida pela sociedade, ainda que não contemplada no contrato de sociedade, exceto quando o sócio já exercesse a atividade questionada antes de a sociedade se abalançar a ela e não tiver havido a intenção de a transferir para o ente societário[5]. Proibida está não apenas a concorrência exercida de forma direta, mas também a concorrência exercida de forma indireta, por ex., por terceiro que atue por conta do sócio comanditado ou através de sociedade em que este assuma responsabilidade limitada detendo participação de, pelo menos, 20% no capital ou nos lucros (180.º/4)[6]. Vedado encontra-se também o exercício de atividade concorrente com a sociedade por conta de terceiro e, bem assim, a assunção de responsabilidade ilimitada por via de participação noutra sociedade (180.º/1). A violação do dever de não concorrer não pressupõe a prática de uma multiplicidade de atos, podendo concretizar-se com um ato isolado[7]. Todavia, a alteração do contrato de sociedade que leve a incluir no objeto social atividade coincidente com aquela que for desenvolvida por um dos sócios ou por sociedade em que detenha uma participação de 20% do capital social ou dos lucros, constitui, em princípio, um incumprimento da obrigação de não concorrência. 4

A proibição de concorrência deve obedecer, também a coordenadas *geográficas* – se uma sociedade vende postais em Lisboa, não haverá violação da concorrência se o sócio iniciar a venda de postais no Porto - e *cronológicas*, estendendo-se às fases pré e pós-societária[8]. 5

3. **Quanto aos gerentes**: a lei é omissa; todavia, aplica-se-lhes, também, o 180.º, sejam eles comanditados ou comanditários (474.º). 6

[1] António Menezes Cordeiro, *Direito das Sociedades* II (2007), 183; Id., *A lealdade no direito das sociedades*, ROA, 66 (2006), 1033 e ss..

[2] Apesar da letra do n.º 1, o consentimento dos restantes sócios pode ser expresso ou tácito, nos termos gerais; António Menezes Cordeiro, *Direito das Sociedades* II (2007), 186.

[3] António Menezes Cordeiro, *Direito das Sociedades* II (2007), 187; Manuel Carneiro da Frada, *Sobre a obrigação de restituir dos administradores*, Direito das Sociedades em Revista, 2010, 353 e ss.; Alexandre de Soveral Martins, *Código em Comentário*, 477.º, 1110.

[4] Alexandre de Soveral *Martins, Código em Comentário*, 2, 477.º, 1158.

[5] António Menezes Cordeiro, *Direito das Sociedades* II (2007), 184; Raúl Ventura, *Novos estudos sobre sociedades anónimas e sociedades em nome colectivo* (1994), 245 vai mais longe, considerando sempre ilícita a atuação *de facto* concorrente com a sociedade; contra, Alexandre de Soveral Martins, *Código em Comentário*, 2, 477.º, 1160-1161.

[6] A proibição abrange as situações em que a sociedade de responsabilidade limitada na qual o sócio tiver participação de, pelo menos, 20% do capital social ou dos lucros apresentar um objeto social total ou parcialmente coincidente com o da sociedade considerada; em sentido diverso, Alexandre de Soveral Martins, *Código em Comentário*, 2, 477.º, 1162 ss..

[7] Raúl Ventura, *Sociedades por quotas*, III (1991), 56.

[8] António Menezes Cordeiro, *Direito das Sociedades* II (2007), 185.

Capítulo III – Sociedades em comandita por ações

Artigo 478.º (Direito subsidiário)

Às sociedades em comandita por ações aplicam-se as disposições relativas às sociedades anónimas, na medida em que forem compatíveis com as normas do capítulo I e do presente.

Índice

1. O regime das SA .... 1 2. Ressalva 2

1 1. **O regime das SA** opera, naturalmente, perante as comanditas por ações. Historicamente, aliás, as grandes leis sobre SA dirigiam-se, também, às comanditas por ações, que fizeram a sua época. A remissão do 478.º é global, impondo-se, porém e sempre, uma verificação, ponto por ponto. Exemplos de normas previstas no regime das SNC e que são aplicáveis às SC simples são os seguintes: (a) normas relativas ao valor nominal do capital e das ações (276.º); (b) normas relativas à obrigação de entrada (277.º, 285.º e 286.º); (c) regime relativo à constituição com apelo à subscrição pública (279.º-282.º); (d) obrigação de prestações acessórias (287.º); (e) direito aos lucros (294.º e 297.º); (f) regime relativo às reservas (295.º-296.º); (g) normas relativas às ações (298.º-305.º); (h) ações próprias (316.º-325.º-B); (i) ações preferenciais sem voto (341.º-344.º-A); (j) ações preferenciais remíveis (345.º); (l) amortização de ações (346.º-7); (m) regime aplicável às obrigações (348.º-359.º); (n) normas relativas à fiscalização (413.º-423.º-A); (o) aumento e redução do capital (456.º-463.º).

2 2. **Ressalva**. As regras especialmente afastadas são as seguintes: (a) responsabilidade por dívidas (465.º/1); (b) conteúdo do contrato (466.º); (c) firma (467.º); (d) transmissão de partes de comanditados (469.º); (e) gerência (470.º); (f) destituição de sócios gerentes (471.º); (g) deliberações de sócios (472.º/2); (h) dissolução (473.º); (i) fiscalização e informação (480.º).

Artigo 479.º (Número de sócios)

A sociedade em comandita por ações não pode constituir-se com menos de cinco sócios comanditários.

1 **Alcance da norma**: a exigência de cinco sócios comanditários para a constituição de uma comandita por ações aproxima-se do 273.º/1. Não oferecerá dúvidas a exceção do n.º 2 desse preceito, que também aqui será aplicável: na presença do Estado ou similar, bastarão dois.

2 Em compensação, as hipóteses legalmente previstas de constituição inicial só com um sócio (*vide* 488.º/1) são inaplicáveis: na comandita, *ex rerum natura*, terá de haver, pelo menos, dois sócios. A sociedade em comandita por ações pode, em qualquer caso, ter apenas um sócio comanditado (473.º/2).

Artigo 480.º (Direito de fiscalização e de informação)

Os sócios comanditados possuem sempre o direito de fiscalização atribuído a sócios de sociedades em nome coletivo.

Índice

1. Justificação 1
2. Remissão 2
3. Informação e fiscalização 3

1. **Justificação**. Os sócios comanditados respondem pessoalmente, em termos subsidiários e solidários, pelas dívidas da sociedade (474.º e 175.º/1). Natural, pois, que lhe sejam facultados amplos meios de fiscalização e de informação. 1

2. **Remissão**. O 480.º remete para o 181.º – direito à informação nas SNC –, mais amplo do que o relativo às SA (288.º a 291.º), o qual se aplica aos sócios comanditários[1]. Em princípio, o gerente não pode recusar a prestação de informações no tocante a negócios da sociedade, sendo-lhe lícita a invocação do segredo quanto a elementos confidenciais relativos a terceiros e que nada tenham a ver com o giro comercial. 2

3. **Informação e fiscalização**. O 480.º regula, em termos exaustivos, o direito à informação e à fiscalização: no primeiro, cabem o acesso à informação propriamente dita (181.º/1 e 2), o direito de consulta da escrituração, livros e documentos (181.º/3) e o direito a inspecionar bens sociais (181.º/4); a fiscalização compreende, por ex., a competência para a apreciação do relatório de gestão e contas do exercício e o direito a requerer a realização de inquérito judicial à sociedade (181.º/6 e 450.º)[2]. A recusa injustificada de informações, bem como a prestação de informações falsas, pode originar responsabilidade criminal (518.º e 519.º). Por outro lado, o sócio que utilizar ilicitamente as informações obtidas de modo a prejudicar a sociedade ou outros sócios é responsável pelos danos que lhes causar, ficando sujeito à exclusão (181.º/5). 3

[1] António Menezes Cordeiro, *Direito das Sociedades* II (2007), 189 e ss. (para as SNC) e 585 e ss. (para as SA).

[2] Alexandre de Soveral Martins, *Código em Comentário*, 2, 480.º, 1177 ss..

Título VI – Sociedades coligadas

Capítulo I – Disposições gerais

Artigo 481.º (Âmbito de aplicação deste título)

1. O presente título aplica-se a relações que entre si estabeleçam sociedades por quotas, sociedades anónimas e sociedades em comandita por ações.

2. O presente título aplica-se apenas a sociedades com sede em Portugal, salvo quanto ao seguinte:

a) A proibição estabelecida no artigo 487.º aplica-se à aquisição de participações de sociedades com sede no estrangeiro que, segundo os critérios estabelecidos pela presente lei, sejam consideradas dominantes;

b) Os deveres de publicação e declaração de participações por sociedades com sede em Portugal abrangem as participações delas em sociedades com sede no estrangeiro e destas naquelas;

c) A sociedade com sede no estrangeiro que, segundo os critérios estabelecidos pela presente lei, seja considerada dominante de uma sociedade com sede em Portugal é responsável para com esta sociedade e os seus sócios, nos termos do artigo 83.º e, se for caso disso, do artigo 84.º;

d) A constituição de uma sociedade anónima, nos termos dos n.os 1 e 2 do artigo 488.º, por sociedade cuja sede não se situe em Portugal.

Bibliografia: José A. Engrácia Antunes, *Os grupos de sociedades*, 2.ª ed. (2002), 292-316; *id.*, *O âmbito de aplicação do sistema das sociedades coligadas*, em *Estudos de Homenagem à Professora Doutora Isabel de Magalhães Collaço* 2 (2002), 95-116; José de Oliveira Ascensão (2000), 575-577; Carlos Osório de Castro, *A relação de domínio total: diagnóstico e remédios*, DSR IX (2017), v. 18, 26-79; António Menezes Cordeiro 1 (2007), 989-994; *id.*, *Direito europeu das sociedades* (2005), 751-785; Rui Pereira Dias, em *Código em comentário* (2014), 15-42; Luís A. Carvalho Fernandes e João Labareda, *A situação dos accionistas perante dívidas da sociedade anónima no Direito português*, em DSR II (2010), v. 2, 11-74; Ministério da Justiça, *Código das Sociedades Comerciais (Projecto)*, BMJ 327 (1983), 43-339; Ana Perestrelo de Oliveira, *Manual de grupos de sociedades* (2016), 57-66; Luís de Lima Pinheiro, *Direito internacional privado* II, 4.ª ed. (2015); Maria da Graça Trigo, *Grupos de sociedades*, O Direito 1991, 59 e 60.

Índice

1. Preparação e fontes 1
2. Teleologia geral 4
3. Âmbito de aplicação pessoal (481.º/1)
   a) Sujeitos abrangidos 7
   b) Regime aplicável aos sujeitos não abrangidos 8
4. Âmbito de aplicação espacial (481.º/2)
   a) Regra geral 11

b) Conceito de sede 13
c) Coligação por via indireta 14
d) Regras excecionais 15
α) Proibição de aquisição de participações (487.º) 16
β) Deveres de publicação de participações sociais 17
γ) Responsabilidade do sócio controlador e do sócio único 18
δ) Constituição de sociedade anónima unipessoal 19

1 1. **Preparação e fontes**. O 481.º corresponde, sem alterações, ao 472.º do Projeto de CSC de 1983[1], não tendo sofrido qualquer modificação até ao DL 76-A/2006, de 29-mar., que acrescentou, ao n.º 2, a atual alínea *d)* (cf. *infra* anot. 19).

2 O Título VI do CSC – que regula *ex novo*, de forma sistemática, a matéria das coligações societárias (sem prejuízo de anteriores referências esparsas a aspetos meramente parcelares do fenómeno) – apresenta clara influência da lei alemã (cf. §§ 15-22 e §§ 291-328 do AktG de 1965), em cuja receção desempenhou papel importante o projeto de *Nona Diretriz das Sociedades Comerciais*, sobre grupos de sociedades[2], que nunca chegaria a ser aprovada. O CSC colheu ainda elementos da *Lei das Sociedades Anónimas* brasileira de 1976 e da Proposta de Lei *Cousté* francesa de 1978[3].

3 No tocante ao âmbito de aplicação (subjetivo e espacial) deste Título, fixado no 481.º, o legislador optou por solução que não encontra paralelo na Lei alemã ou em qualquer outra das fontes referidas: por um lado, no ordenamento alemão, apenas os grupos em que intervenha uma sociedade anónima encontram regulamentação legal especial; por outro lado, e sobretudo, a forma jurídica do sujeito ativo da coligação não releva à luz da lei alemã, podendo (acertadamente) consistir em qualquer "empresa" (cf. *infra* anot. 9); por fim, quanto ao âmbito de aplicação espacial, não encontramos em qualquer das fontes apontadas restrição similar à constante do 481.º/2. A solução do CSC é, pois, em boa medida, original.

4 2. **Teleologia geral**. O 481.º define o âmbito aplicativo, pessoal e espacial, do Título VI do CSC (quanto ao âmbito material, cf. 482.º), em termos que permitem, todavia, duvidar da coerência normativa e da constitucionalidade da solução adotada (cf. *infra* anot. 9-12).

5 O n.º 1 limita a aplicação das regras sobre sociedades coligadas aos sujeitos que revistam determinada forma jurídica, contrariando a regra geral de *neutralidade* ou *independência* da forma, vigente noutros ordenamentos jurídicos, que melhor permitiria tutelar os interesses envolvidos.

6 Em prejuízo do escopo garantístico dos 483.º ss.[4], o 481.º/2 exige, por seu lado, para a aplicação do Título VI, que as diversas sociedades envolvidas na coligação societária tenham a sua sede em Portugal, estabelecendo, nas alíneas *a)* a *d)*, um conjunto de situações em que, excecionalmente, este elemento de conexão é dispensado. Sobre a contrariedade da delimitação

[1] *Código das Sociedades Comerciais (Projecto)*, BMJ 327 (1983), 43-339.

[2] O texto traduzido da última versão do projeto (1984) pode consultar-se em António Menezes Cordeiro, *Direito europeu das sociedades* (2005), 751 ss..

[3] *Proposition de Loi sur les groupes de sociétés et la protection des actionnaires, du Personnel et des Tiers*, cuja última versão data de 1978. O texto da proposta, nunca aprovada, está disponível em Klaus Hopt, *Groups of companies in European laws*, em *Legal and Economic Analysis on Multinational Enterprises*, 2 (1982), 296-319.

[4] O Título VI do CSC prevê, sobretudo, regras de proteção ao nível da sociedade-filha (participada, dominada ou subordinada) – incluindo dos seus sócios minoritários e credores –, apenas acessoriamente prevendo formas de tutela ao nível da sociedade-mãe (participante, dominante ou diretora). Cf., sobretudo, 484.º/1 (relação de simples participação), 485.º/2 e 3 (relação de participações recíprocas), 486.º/3 (relação de domínio), 494.º/1, 501.º e 502.º (relação de grupo).

pessoal e espacial do campo aplicativo do regime das sociedades coligadas com o respetivo sentido e fim, cf. *infra* anot. 4 ss. e 8 ss..

3. **Âmbito de aplicação pessoal (481.º/1)**

a) **Sujeitos abrangidos**. Nos termos do 481.º/1, as regras do Título VI aplicam-se apenas no caso de as diversas sociedades envolvidas revestirem a forma de sociedades por quotas (197.º ss.), sociedades anónimas (271.º ss.) ou sociedades em comandita por ações (465.º ss. e 478.º ss.)[5]. As relações intersocietárias em que intervenham sociedades em nome coletivo (175.º ss.) e sociedades em comandita simples (465.º ss. e 474.º ss.) não estão sujeitas ao regime dos 483.º ss., o mesmo sucedendo com aquelas relações em que um ou mais sujeitos sejam pessoas singulares ou pessoas coletivas não previstas no 481.º/1[6]. 7

b) **Regime aplicável aos sujeitos não abrangidos**. A limitação pessoal estabelecida pelo 481.º/1 não se fundamenta objetivamente numa menor necessidade de regulação do fenómeno das participações e do controlo interempresariais nos casos em que o sujeito, ativo ou passivo, reveste forma jurídica distinta daquelas que se encontram previstas nessa norma: pelo contrário, os riscos que o regime das sociedades coligadas visa prevenir (cf. 483.º ss.) verificam-se independentemente da forma dos sujeitos envolvidos, de tal modo que esta, coerentemente, deveria irrelevar. 8

Correta seria a solução de proteger a sociedade participada ou dominada (*sujeito passivo*) independentemente do tipo adotado; *do lado ativo*, o regime legal deveria aplicar-se a qualquer sociedade ou pessoa coletiva e, inclusivamente, à pessoa singular capaz de exercer influência determinante noutra sociedade[7]. 9

A opção legislativa deixa em aberto importante lacuna legal, que só poderá lograr preenchimento através de um adequado desenvolvimento dos deveres que vinculam o sócio perante a sociedade. Cf., também, não obstante o grau de proteção inferior conferido, os 83.º e 84.º, quanto à responsabilidade do sócio controlador e à responsabilidade do sócio único, respetivamente. 10

4. **Âmbito de aplicação espacial (481.º/2)**

a) **Regra geral**. O regime do CSC sobre sociedades coligadas aplica-se quando as diversas sociedades intervenientes tenham, todas elas, sede em Portugal, com consequente exclusão das relações de coligação internacionais (sem prejuízo da relevância que estas podem apresentar para efeitos de outros preceitos do CSC, não integrantes do Título VI)[8]. 11

[5] O regime do CSC sobre sociedades coligadas aplica-se quer as sociedades em causa sejam de capitais privados quer sejam de capitais públicos: às empresas públicas que, nos termos do DL 558/99, de 17-dez., revistam a forma de sociedades comerciais aplica-se, na realidade, o Direito societário, incluindo as regras sobre sociedades coligadas. Cf. RLx 26-abr.-1990 (Cardona Ferreira), CJ XV (1990) 2, 161-166.

[6] A participação social detida por pessoa singular ou coletiva não prevista no 481.º/1 terá relevância, tão-somente, para efeitos da sua eventual imputação a sociedade por quotas, anónima ou em comandita por ações que se configure como sua titular material nos termos do 483.º/2.

[7] É a solução que tem prevalecido, sem contestação, noutros ordenamentos jurídicos, como o germânico, onde a expressão legal *Unternehmen* ("empresa"), constante dos §§ 15-19 do AktG, tem sido interpretada com o sentido referido no texto; também em Itália, por exemplo, a doutrina e a jurisprudência tendem a aceitar, dominantemente, que a empresa controladora (cf. 2359 do CIt) possa consistir num ente não societário e até numa pessoa singular (a "*holding* pessoa física").

[8] Só pode ser esse o sentido da norma quando confrontado com o 3.º. Já se sustentou na doutrina [Carvalho Fernandes/João Labareda, *A situação dos accionistas perante dívidas da sociedade anónima no Direito português* (2010), 21] que apenas a sociedade-filha teria de ter a sua sede em Portugal, harmonizando assim o âmbito de aplicação do Título VI com o âmbito geral de aplicação do Código. Todavia, é claro que a lei – bem ou mal – pretendeu fixar um diferente âmbito de aplicação. Só assim se explica a própria existência do 481.º/2, bem como o conjunto de exceções que prevê.

12 Altera-se, deste modo, o âmbito aplicativo que decorreria do 3.º[9]: uma vez que as sociedades com sede em Portugal têm como lei pessoal a portuguesa e se regem, consequentemente, pelo CSC, as relações de coligação em que intervêm seriam reguladas, em princípio, pelos 483.º ss., independentemente da sede dos restantes intervenientes. O elemento adicional de conexão espacial previsto pelo 481.º/2 discrimina, todavia, infundadamente, o regime a aplicar às coligações societárias internas e internacionais[10], criando até regime mais favorável para as sociedades estrangeiras que atuam em Portugal e desprotegendo, do mesmo passo, as filais portuguesas[11].

13 *b*) **Conceito de sede**. É aplicável o conceito de sede previsto no 3.º: em causa está a sede real ou efetiva, entendida como *lugar onde as decisões fundamentais da direção são convertidas em atos de administração corrente*[12] [13] e não como *lugar onde se forma a vontade dos órgãos de direção* ou *centro de decisão superior ou final*: de outro modo haveríamos de concluir que, sempre que a sociedade-mãe exercesse um poder de direção sobre a filial (cf. 503.º), esta última não disporia da sua própria sede, ficando sistematicamente sujeita à lei pessoal da sociedade-mãe.

14 *c*) **Coligação por via indireta**. No caso de participações indiretas (483.º/2), é irrelevante a sede das sociedades interpostas (titulares formais da participação social). A relevância da titularidade material visa evitar a defraudação do sistema de proteção legalmente instituído (cf. 483.º/2, anot. 7 e 15 ss.), pelo que a aplicabilidade do regime do título VI do CSC depende apenas de a sociedade indiretamente participante, dominante ou totalmente dominante (cf. 483.º, 486.º, 488.º e 489.º, respetivamente), bem como a sociedade indiretamente participada, dominada ou totalmente dominada, terem sede em território português.

15 *d*) **Regras excecionais**. O 481.º/2 estabelece quatro exceções à regra geral que exige que os diversos sujeitos envolvidos tenham a sua sede em território nacional, a saber:

16 α) **Proibição de aquisição de participações (487.º)**. Nos termos da alínea *a*), a proibição, estabelecida no 487.º, de aquisição de quotas[14] da sociedade dominante (cf. 486.º) aplica-se mesmo quando esta sociedade tem sede no estrangeiro. Portanto, mesmo quando a lei portuguesa não é competente para reger o estatuto pessoal da sociedade dominante (norma de aplicação necessária)[15]. Já não se proíbe, todavia, a aquisição de quotas de sociedade dominante portuguesa por sociedade dominada estrangeira: considerando o escopo protetor do 487.º, bem se vê que se agrava, deste modo, a desproteção e a discriminação das sociedades portuguesas face às sociedades estrangeiras (*supra* anot. 12)[16], de forma que se opõe totalmente à regra vertida no 325.º-A/3, sobre a aquisição de ações de sociedade anónima.

[9] Qualificando a norma do 481.º/2 como norma material espacialmente autolimitada, cf. Engrácia Antunes, *O âmbito de aplicação do sistema das sociedades coligadas*, em *Estudos de Homenagem à Professora Doutora Isabel de Magalhães Collaço*, 2.º vol (2002), 106.

[10] Cf., v.g., RLx 11-mai.-2017 (Teresa Albuquerque), Proc. 254/09, sustentando interpretação corretiva do 481.º/2.

[11] Cf. António Menezes Cordeiro, *Direito europeu das sociedades* (2005), 785; Oliveira Ascensão, *Direito comercial*, IV – *Sociedades comerciais. Parte geral* (2000), 576; e, desenvolvidamente, Engrácia Antunes, *O âmbito*, 106 e ss., que refere ser esta solução contrária ao princípio europeu da não discriminação em função da nacionalidade e, porventura, à própria Constituição – 13.º/2 e 81.º/1, *e*). A potencial contrariedade ao princípio europeu da liberdade de estabelecimento foi afastada pelo TJUE (acórdão Impacto Azul - C-186/12, de 20-jun.-2013): o 49.º TJUE não é posto em causa porque as sociedades estrangeiras não encontram obstáculo à operação em Portugal.

[12] Cf. anotação ao 3.º e, desenvolvidamente, Lima Pinheiro, *Direito internacional privado*, 157.

[13] Não podendo, todavia, a sociedade que tenha a sua sede estatutária em Portugal opor a terceiros a sua sujeição a lei diferente da portuguesa (3.º/1).

[14] Quanto à aquisição de ações de sociedade anónima, cf. 325.º-A/3. O âmbito pessoal de aplicação do 487.º foi tacitamente derrogado pelo DL 328/95, de 9-dez., que aprovou os 325.º-A e 325.º-B.

[15] Cf. Lima Pinheiro, *Direito internacional privado*, 180, nota 349.

[16] Cf. Lima Pinheiro, *Direito internacional privado*, 180; Engrácia Antunes, *Os grupos*, 314.

β) **Deveres de publicação de participações sociais.** A alínea *b)* estende aparentemente os deveres de publicação e declaração de participações aos casos em que a sociedade participante ou a sociedade participada têm sede em Portugal. Todavia, tais deveres não se encontram previstos no Título VI do CSC[17], pelo que, já à partida, não estariam sujeitos à restrição do corpo do 481.º/2 (cf., *v.g.*, 65.º ss. e 447.º/5). 17

γ) **Responsabilidade do sócio controlador e do sócio único.** A alínea *c)* determina a aplicabilidade do regime dos 83.º e 84.º às sociedades estrangeiras dominantes de sociedade com sede em Portugal. A aplicabilidade deste regime já resultaria do âmbito geral de aplicação do Código, fixado no 3.º, não consubstanciando qualquer exceção ao campo aplicativo do sistema de sociedades coligadas fixado pelo corpo do n.º 2[18]. 18

δ) **Constituição de sociedade anónima unipessoal.** A alínea *d)* prevê, finalmente, como exceção à regra de que as sociedades têm de ter a sua sede em Portugal "a constituição de uma sociedade anónima, nos termos dos n.os 1 e 2 do artigo 488.º por sociedade cuja sede não se situe em Portugal". 19

A regra foi introduzida no contexto da reforma de 2006 do Código das Sociedades Comerciais e permite que as sociedades estrangeiras constituam sociedade anónima sem aplicação da regra do 273.º, relativo ao número mínimo de acionistas. Ou seja, admite-se expressamente a constituição de relações de domínio total inicial em que a sociedade totalmente dominante é estrangeira. Coloca-se a questão de saber se estas relações são regidas pelo Código das Sociedades Comerciais. Boa parte da doutrina tem respondido negativamente: a exceção seria apenas aplicável quanto à *constituição* de sociedade anónima unipessoal mas não quanto ao respetivo *regime*[19]. A ser assim, torna-se, porém, inevitável concluir pela inconstitucionalidade do regime e pela sua desconformidade com o direito europeu (no caso das sociedades com sede em Estados-Membros da União), por inobservância da liberdade de estabelecimento (49.º, 54.º TFUE) e da proibição de discriminação em função da nacionalidade (18.º TFUE)[20]. Do ponto de vista constitucional, é o próprio princípio da igualdade que é, desde logo, violado. Um exemplo concreto ilustra facilmente a situação. A sociedade anónima **A** com sede em Portugal é constituída pela sociedade anónima **B** também com sede em Portugal, sendo esta a única acionista: os credores da sociedade **A** podem demandar **B** pelas dívidas e **B** responde também pelas perdas (501.º e 502.º). Já se a mesma sociedade anónima **A** for constituída não pela sociedade **B** com sede em Portugal, mas sim pela sociedade **C**, com sede em Espanha, a sociedade espanhola não responde pelas dívidas nem pelas perdas. O exemplo torna claro que o 481.º/2, interpretado nos termos expostos, discrimina, infundadamente, o regime aplicável às coligações societárias internas e internacionais, criando até regime mais favorável para as socie- 20

[17] Estes não se confundem com o dever de comunicação previsto no 484.º, como atestam o 485.º/5 e o 486.º/3.

[18] Esta alínea apenas teria efeito útil se fosse admissível que a sociedade dominante estrangeira não fosse sócia da sociedade com sede em Portugal, caso em que o 82.º e o 83.º não seriam aplicáveis. Todavia, o controlo externo (não assente em participação social – cf. 486.º, anot. 21) é necessariamente organizado jus-societariamente, de tal modo que só poderia resultar da celebração de contrato de subordinação (cf. 493.º). Ora, de acordo com o CSC, este tipo contratual encontra-se reservado às sociedades com sede em Portugal. Resta, pois, concluir pelo carácter redundante do preceito.

[19] Cf., com mais indicações, Rui Pereira Dias, 481.º, *Código em comentário*, 33 e 34.

[20] Cf., porém, o acórdão Impacto Azul do TJUE de 20-jun.-2013 (C-186/12), que se pronunciou pela compatibilidade da autolimitação espacial do 481.º com o direito da União Europeia. Criticamente, cf. Rui Pereira Dias, 481.º, *Código em comentário*, 38 e *A responsabilidade das sociedades-mães estrangeiras no regime dos grupos: os* cinzentos *do acórdão* Impacto Azul (TJUE, C-186/12, de 20.6.2014), *III Congresso Direito das Sociedades em Revista*, 2014.

dades estrangeiras que atuam em Portugal e desprotegendo as filais portuguesas[21]. O intuito de favorecer o investimento estrangeiro não pode traduzir-se num tratamento discriminatório de desfavor para as sociedades portuguesas[22]. Nem se diga também que a diferença de regime se justifica porque o 503.º não seria também, ele próprio, aplicável, de tal forma que a sociedade totalmente dominante não poderia dar instruções desvantajosas: é evidente que, detendo uma sociedade 100% do capital da outra, não é preciso qualquer formal permissão para exercer esse poder de instrução, que atinge em tal situação a sua máxima intensidade. Portanto, o 481.º/2, *d*) é inconstitucional na interpretação segundo a qual uma sociedade estrangeira que constitua em Portugal uma sociedade estrangeira não se sujeita ao regime da lei portuguesa.

21 Perante a alternativa entre uma interpretação que determina a inconstitucionalidade e outra que salva a constitucionalidade da norma – aquela segundo a qual do 481.º/2, *d*) resulta a aplicação do regime das relações de domínio total (491.º) no caso de a acionista única ser sociedade estrangeira –, não deve haver dúvidas quanto à opção pela segunda: trata-se, pois, de interpretação conforme à Constituição. Naturalmente que a constitucionalidade só é ressalvada se se entender que a regra do 481.º/2 deve ser interpretada no sentido de determinar também a aplicação do regime do Código às relações de grupo por domínio total superveniente. Caso contrário, a desigualdade e, consequentemente, a inconstitucionalidade manter-se-iam. Contra a solução que defendemos não joga o 489.º/4, *a)*, que tem de se considerar tacitamente revogado com a introdução da alínea *d*) do 481.º/2[23].

22 De resto, não se invoque que os problemas apontados são apenas de política legislativa e não, na verdade, de constitucionalidade. Segundo esta perspetiva, o legislador teria liberdade de fixar o âmbito de aplicação das regras que determina, no caso através de uma norma espacial autolimitada. A não aplicação do regime do Título VI significaria apenas, quando muito, que se abrem lacunas, cujo preenchimento se impõe; não implicaria, designadamente, a inexistência de outros mecanismos de proteção. Afinal, nos termos do 3.º, o Código das Sociedades Comerciais permanece aplicável desde que a sociedade-filha seja portuguesa e com ele todo o direito societário geral (levantamento da personalidade, responsabilidade civil e demais instrumentos de tutela). Simplesmente, é bem sabido que estes instrumentos societários gerais não são capazes de conferir tutela equivalente à que resulta do Título VI, mantendo-se a inconstitucionalidade: a proteção dos interesses em jogo ao nível da sociedade controlada não pode depender da sede da sociedade controladora.

23 Continua naturalmente a não existir uma relação de domínio total relevante para efeitos do CSC quando uma sociedade com sede em Portugal domina integralmente sociedade com sede no estrangeiro.

[21] Cf., embora à luz da redação anterior à reforma de 2006, Oliveira Ascensão, *Direito comercial*, 576; Menezes Cordeiro, *Direito europeu* cit., 785; e, desenvolvidamente, Engrácia Antunes, *O âmbito de aplicação do sistema das sociedades coligadas*, em *Estudos em homenagem à Professora Doutora Isabel de Magalhães Collaço* II, 2002, 97-116 (106 ss.), que considera, com razão, esta solução contrária ao direito europeu, por inobservância do princípio da não discriminação em função da nacionalidade, e, porventura, à própria Constituição da República Portuguesa [13.º/2 e 81.º/1, *e*)].

[22] Cf., porém, Rui Pereira Dias, 481.º, *Código em comentário*, 37, para quem se trataria de opção político-legislativa porventura fundada intuito de favorecer o investimento estrangeiro (embora incompatível, quanto às sociedades europeias com o Direito da União, da perspetiva do Autor).

[23] Carlos Osório de Castro, *A relação de domínio total: diagnóstico e remédios*, DSR IX (2017), v. 18,. 26-79 (43 ss.) considera não existir inconstitucionalidade na não aplicação do regime às sociedades estrangeiras, mas porque entende que as próprias sociedades portuguesas podem optar pela não constituição da relação de grupo. Inconstitucionalidade existiria, isso sim, se não pudessem deter 100% do capital sem sujeição ao regime da relação de grupo quando o mesmo não se aplica às pessoas singulares e outras pessoas coletivas.

Artigo 482.º (Sociedades coligadas)

Para os efeitos desta lei, consideram-se sociedades coligadas:
***a*) As sociedades em relação de simples participação;**
***b*) As sociedades em relação de participações recíprocas;**
***c*) As sociedades em relação de domínio;**
***d*) As sociedades em relação de grupo.**

Bibliografia: José A. Engrácia Antunes, *Os Grupos de Sociedades*, 2.ª ed. (2002), 51-291; José de Oliveira Ascensão (2000), 588-592; Francisco Pereira Coelho, *Grupos de sociedades. Anotação preliminar aos arts. 488.º a 508.º do Código das Sociedades Comerciais*, BFDUC LXIV (1988), 297-353; António Menezes Cordeiro 1 (2007), 989-1019; *id.*, *Direito europeu das sociedades* (2005), 751-785; Eliseu Figueira, *Disciplina jurídica dos grupos de sociedades*, CJ XV (1990), 36-59; Maria Augusta França, *A estrutura das sociedades em relação de grupo* (1990), 7-26; Ana Perestrelo de Oliveira, *Manual de grupos de sociedades* (2016), 38-57; Maria da Graça Trigo, *Grupos de sociedades*, O Direito 1991, 42-114; Raúl Ventura, *Contrato de subordinação*, em *Novos estudos sobre sociedades anónimas e sociedades em nome colectivo* (1994), 91-127; *id.*, *Grupos de sociedades – uma introdução comparativa a propósito de um projecto preliminar de directiva da CEE*, ROA 41 (1981), 23-81 e 305-362.

Índice

1. Preparação e fontes 1
2. Conteúdo e fim da norma 7
3. Aspetos terminológicos
   a) Grupos de sociedades em sentido amplo e em sentido estrito 8
   b) Grupos de direito e grupos de facto 9
   c) Grupos de subordinação verticais e grupos de coordenação horizontais 10
4. Caracterização geral e remissão
   a) Sociedades em relação de simples participação 11
   b) Sociedades em relação de participações recíprocas 12
   c) Sociedades em relação de domínio 13
   d) Sociedades em relação de grupo 14
5. Relação com regime jurídico das SGPS 17

1. **Preparação e fontes**. O sistema material de regulação dos grupos de sociedades encontrava-se já definido no Projeto de CSC de 1983[1]: o 482.º corresponde ao 473.º do Projeto, sem qualquer divergência. 1

O Título VI, sobre sociedades coligadas – que regula inovadoramente no Direito português a matéria dos grupos de sociedade –, teve como principais fontes a lei das sociedades anónimas alemã de 1965 (cf. §§ 15-22 e §§ 291-328), os projetos de *Nona Diretriz das Sociedades Comerciais*, sobre grupos de sociedades[2], a qual não chegou a ser aprovada[3], bem como a *Lei das Sociedades Anónimas* brasileira de 1976 (243.º-277.º) e a Proposta de Lei *Cousté* francesa de 1978[4]. 2

[1] *Código das Sociedades Comerciais (Projecto)*, BMJ 327 (1983), 43-339.

[2] O texto traduzido da última versão do projeto (1984) pode consultar-se em António Menezes Cordeiro, *Direito europeu das sociedades* (2005), 751 ss..

[3] António Menezes Cordeiro, *Direito europeu*, 784.

[4] *Proposition de Loi sur les groupes de sociétés et la protection des actionnaires, du Personnel et des Tiers*, cuja última versão data de 1978. O texto da proposta, que não chegou a ser aprovada, está disponível em Klaus Hopt, *Groups of companies in European laws*, em *Legal and Economic Analysis on Multinational Enterprises*, 2 (1982), 296-319.

3 O CSC concebeu, todavia, um modelo original de regulação dos grupos de sociedades, sem correspondência direta em qualquer das legislações apontadas. Não obstante, muitas das soluções concretas do CSC são inspiradas naquelas regulamentações, com as quais não deixa de apresentar afinidades mesmo no que respeita ao sistema geral adotado.

4 A regulamentação levada a cabo pela lei alemã assenta na separação primária entre grupos contratuais (*Vertragskonzerne*) e grupos de facto (*faktischer Konzerne*): os primeiros são aqueles cuja constituição resulta de instrumento especificamente previsto na lei (em especial, contrato de subordinação – *Beherrschungsvertrag*), enquanto os segundos ocorrem sempre que a direção unitária resulta de instrumento não legalmente tipificado. Os grupos contratuais estão regulados nos §§ 291 a 310 e os grupos de facto nos §§ 311 a 318: só naqueles está legitimada a subordinação dos interesses da sociedade-filha aos interesses da sociedade-mãe, movendo-se os grupos fácticos nos quadros do direito societário geral, ao qual foi acrescentado um conjunto de disposições especiais tendentes a garantir uma proteção suplementar da sociedade dependente, respetivos sócios e credores sociais.

5 A mesma separação entre grupos de direito e grupos de facto ocorre na lei brasileira e no projeto de lei francês: também nestes se legitima a subordinação dos interesses da sociedade filial aos interesses sociedade-mãe no caso de ser celebrada "convenção de grupo" (265.º-277.º LSA brasileira) ou "contrat d'affiliation" (7.º-33.º da Proposta *Cousté*).

6 O mesmo sucede no CSC: o exercício de um poder de direção pela sociedade-mãe apenas é legítimo se tiver sido concluído contrato de subordinação (ou existir domínio total) – cf. 493.º, 503.º e 491.º. Neste ponto se aproxima o sistema português das regulamentações referidas, não obstante o seu carácter marcadamente original.

7 2. **Conteúdo e fim da norma**. O 482.º constitui uma típica norma de enquadramento[5], que delimita o âmbito material de aplicação do Título VI do CSC (sobre o âmbito de aplicação pessoal e espacial, cf. 481.º): abrangidas pelo regime legal dos 483.º ss. ficam apenas as modalidades de coligação societária expressamente enunciadas na lei (sociedades em relação de simples participação, em relação de participações recíprocas, em relação de domínio e em relação de grupo)[6]. Os restantes vínculos intersocietários, não previstos no 482.º, encontram-se sujeitos às regras jurídico-societárias gerais.

3. **Aspetos terminológicos**

8 *a*) **Grupos de sociedades em sentido amplo e em sentido estrito**. Em sentido amplo – não técnico – utiliza-se a expressão "grupos de sociedades" para designar a generalidade das sociedades coligadas enunciadas no 482.º. Em sentido estrito, o grupo caracteriza-se pela direção económica unitária de duas ou mais sociedades, que conservam a sua personalidade jurídica autónoma[7], bem como, formalmente, a respetiva estrutura e organização[8]. A "relação de grupo" será, então, um "grupo" em sentido estrito.

[5] António Menezes Cordeiro 1 (2007), 989.

[6] Cf. RPt 24-jan.-2005 (Domingos Morais), Proc. 0411080 ("não é suficiente para a qualificação de 'grupo societário'...a identidade de corpos sociais, de localização da sede das empresas e a prossecução de fins sociais comuns").

[7] Cf. STJ 24-fev.-1999 (Silva Graça), Proc. 99A010 ("não são sucursais – com personalidade jurídica nos termos do artigo 7 do CPC – as sociedades que se incluam num grupo a que também pertença a que é parte na relação em causa, visto haver entre elas autonomia jurídica").

[8] Cf. RPt. 2-jul.-2002 (Lemos Jorge), Proc. 0220802: a direção unitária não implica substituição de órgãos diretivos nem decisões conjuntas; as sociedades mantêm a sua personalidade, concentrando-se na pluralidade. Cf., todavia, também STJ 8-abr.-1997 (Torres Paulo), Proc. 96A233: "a coligação corresponde a uma alteração em elementos estruturais das sociedades coligadas: a participação no capital; o direito de voto; o sentido da administração; a definição dos fins ou interesses a prosseguir".

b) **Grupos de direito e grupos de facto.** Fala-se em "grupos de direito" para referir os grupos em que a direção económica unitária resulta de um instrumento expressamente previsto na lei: no caso do CSC, os grupos de direito podem resultar de contrato de grupo paritário, de contrato de subordinação ou da detenção de participação totalitária no capital de outra sociedade (cf. 488.º ss.). Existe, em contrapartida, um "grupo de facto" quando a direção unitária assenta em instrumento não tipificado na lei: no CSC, sempre que uma sociedade dispõe de influência dominante sobre outra, verifica-se uma relação de domínio (486.º); ora, se a sociedade dominante exercer uma direção económica unitária das sociedades envolvidas, existirá um grupo de facto, que, todavia, não dispõe de regulamentação expressa na lei portuguesa (cf. 486.º, anot. 16-19). 9

c) **Grupos de subordinação (verticais) e grupos de coordenação (horizontais).** Tanto os grupos de direito como os grupos de facto podem ser grupos de subordinação (ou verticais) ou grupos de coordenação (ou horizontais): no primeiro caso, as sociedades integrantes do grupo encontram-se numa relação hierárquica de dependência, sendo a direção económica unitária acompanhada de dependência societária (é o que acontece, no direito português, com os grupos assentes em contrato de subordinação – 493.º ss. – e em domínio total – 488.º ss.); no segundo caso, os membros do grupo encontram-se horizontalmente colocados, sendo a direção económica exercida em comum e inexistindo, por isso, dependência societária (é o caso do grupo decorrente de contrato de grupo paritário: 492.º). 10

4. **Caracterização geral e remissão**

a) **Sociedades em relação de simples participação** (483.º e 484.º). A relação de simples participação, modalidade elementar de coligação, ocorre quando uma sociedade é titular de participação igual ou superior a 10% do capital social de outra, sem que entre as duas sociedades exista qualquer outra relação prevista no 482.º (483.º). A regulamentação legal estabelecida é, também ela, elementar, centrando-se em deveres de comunicação da participação social (484.º) tendo em vista, sobretudo, a tutela preventiva da sociedade participada, sujeita a eventual futuro controlo por parte da sociedade participante. 11

b) **Sociedades em relação de participações recíprocas** (485.º). Ocorre uma relação de participações recíprocas quando duas sociedades participam em 10% ou mais no capital social uma da outra. A tutela legal dirige-se à prevenção do risco que as participações recíprocas envolvem para a conservação do capital social das sociedades envolvidas, bem como do risco de controlo recíproco dos órgãos de administração sobre os órgãos de deliberação. 12

c) **Sociedades em relação de domínio** (486.º). A noção legal de relação de domínio centra-se na suscetibilidade de exercício de influência dominante por uma sociedade sobre outra. A lei limita-se a estabelecer regras de publicidade das participações sociais ou outros instrumentos de controlo, omitindo qualquer tutela preventiva ou sucessiva das sociedades em relação de domínio. Apenas se proíbe a aquisição de participações da sociedade dominante pela dominada: cf. 487.º (quanto às sociedades por quotas) e 325.º-A e 325.º-B (quanto às sociedades anónimas). 13

d) **Sociedades em relação de grupo**. A relação de grupo pode resultar da titularidade de participação totalitária no capital de uma sociedade (relação de grupo por domínio total – 488.º a 491.º) ou da celebração de contrato de subordinação (cf. 493.º a 508.º) ou ainda de contrato de grupo paritário (492.º). 14

Nos dois primeiros casos, encontra-se legitimado o exercício de um poder de direção da sociedade-mãe sobre a sociedade-filha, traduzido no poder de lhe dirigir instruções, *inclusive* de carácter desvantajoso (503.º). Prevê-se, em consequência, a responsabilidade da sociedade-mãe pelas dívidas das filiais (501.º), bem como a obrigação de compensar as respetivas perdas 15

(502.º), protegendo-se, assim, direta ou indiretamente, a própria sociedade subordinada, os seus credores e sócios livres (494.º/2). A proteção direta dos sócios livres, nos grupos constituídos por contrato de subordinação, é prosseguida através da concessão de um direito de alienação potestativa das respetivas quotas ou ações e, em alternativa, de um direito à garantia de lucros (494.º/1, 499.º e 500.º). Protege-se, ainda, simultaneamente, os sócios da sociedade subordinada e da sociedade diretora através da exigência de intervenção legitimadora das assembleias gerais de ambas as sociedades no processo de constituição do grupo (496.º).

16 A relação de grupo decorrente de contrato de grupo paritário não conhece, no Direito português, um verdadeiro regime jurídico: apenas é regulado o regime do contrato em si mesmo (492.º).

17 5. **Relação com regime jurídico das SGPS**. Nos termos do DL 495/88, de 30-dez.[9], as sociedades gestoras de participações (SGPS) são sociedades cujo único objeto social consiste na gestão de participações sociais noutras sociedades, como forma indireta de exercício de atividades económicas (1.º/1), o que ocorre quando a participação não tem carácter ocasional e atinge, pelo menos, 10 % do capital com direito de voto da sociedade participada, quer por si só quer através de participações de outras sociedades de que a SGPS seja dominante (1.º/2).

18 A SGPS é uma sociedade *holding*[10] (embora não esgote o universo geral das *holdings*[11]) e, concretamente, uma "*holding* de direção", já que o seu objeto exclusivo consiste na detenção de participações sociais de outras sociedades, com o objetivo de intervir no desenvolvimento das respetivas atividades.

19 As regras referentes às SGPS não dispensam a aplicação das regras sobre sociedades coligadas, como resulta expressamente do 11.º/1 (cf. quanto à responsabilidade por dívidas, 501.º anot. 16).

CAPÍTULO II – Sociedades em relação de simples participação, de participações recíprocas e de domínio

Artigo 483.º (Sociedades em relação de simples participação)

1. Considera-se que uma sociedade está em relação de simples participação com outra quando uma delas é titular de quotas ou ações da outra em montante igual ou superior a 10% do capital desta, mas entre ambas não existe nenhuma das outras relações previstas no artigo 482.º.

2. À titularidade de quotas ou ações por uma sociedade equipara-se, para efeito do montante referido no número anterior, a titularidade de quotas ou ações por uma outra sociedade que dela seja dependente, direta ou indiretamente, ou com ela esteja em relação de grupo, e de ações de que uma pessoa seja titular por conta de qualquer dessas sociedades.

[9] Alterado pelos DDLL 318/94, de 24-dez., 378/98, de 27-nov. e 109-B/2001, de 27-dez..

[10] Cf. STJ 29-set.-1998 (Ferreira Ramos), BMJ 479 (1998), 647-665.

[11] António Menezes Cordeiro 1 (2007), 1014.

Bibliografia: José A. Engrácia Antunes, *Autoparticipações e cômputo de participações intersocietárias*, em *Estudos em Homenagem ao Professor Doutor Raúl Ventura* II (2003), 275-291; *id.*, *Os Grupos de Sociedades*, 2.ª ed. (2002), 327-373; José de Oliveira Ascensão (2000), 595-600; António Menezes Cordeiro 1 (2007), 989-994; *id.*, *Direito europeu das sociedades* (2005), 751-785; Luís Brito Correia, *Grupos de sociedades*, em *Novas Perspectivas do Direito Comercial* (1988), 382-385; Ministério da Justiça, *Código das Sociedades Comerciais (Projecto)*, BMJ 327 (1983), 43-339; Maria da Graça Trigo, *Grupos de sociedades*, O Direito 1991, 62-68; Raúl Ventura, *Grupos de sociedades – Uma introdução comparativa a propósito de um projecto preliminar de directiva da CEE*, ROA 41 (1981), 23-81 e 305-362.

Índice

I – **Origem**
1. Preparação e fontes 1

II – **Teleologia e âmbito de aplicação**
2. Conteúdo e fim da norma 4
3. Âmbito de aplicação
a) Âmbito pessoal e espacial 8
b) Relevância do 483.º/2 por via remissiva 9

III – **Conceito de relação de simples participação**
4. Participação igual ou superior a 10% do capital social 10
5. Inexistência de outra relação de coligação 12

IV – **Participação direta e indireta**
6. Participação direta 14
7. Participação indireta 15
a) Participação através de sociedade dependente 16
b) Participação através de sociedade em relação de grupo 17
c) Participação através de interposta pessoa 18
8. Soma de todas as participações diretas e indiretas 20
9. Relevância concomitante da titularidade formal e da titularidade material 21

I – Origem

1. **Preparação e fontes.** A regulamentação da matéria das sociedades coligadas foi empreendida, pela primeira vez com carácter sistemático, pelo CSC. O 483.º corresponde ao 474.º do projeto de CSC de 1983[1], não tendo sofrido, até hoje, quaisquer alterações. 1

O conceito de "sociedades em relação de simples participação" – e, em especial, o limiar de relevância das participações intersocietárias (10%) – terá como fonte o conceito materialmente equivalente de "sociedades coligadas" previsto no 243.º da Lei das Sociedades Anónimas brasileira (1976) – "são coligadas as sociedades quando uma participa, com dez por cento ou mais, do capital da outra sem controlá-la" –, bem como o projeto de *Nona Diretriz das Sociedades Comerciais*, sobre grupos de sociedades, cuja última versão data de 1984[2] (cf. 3.º/1)[3]. Todavia, a detenção de 10% do capital não corresponde, no projeto europeu, a modalidade autónoma de relação entre empresas, ao contrário do que sucede na LSA e no CSC. 2

O relevo conferido pelo 483.º/2 à titularidade material das participações apresenta, por seu lado, evidente afinidade com 3.º/2, do projeto de Diretriz, e o § 20(2) do AktG. 3

[1] *Código das Sociedades Comerciais (Projecto)*, BMJ 327 (1983), 43-339.

[2] O texto, traduzido, do projeto (que nunca atingiu o estádio de proposta) pode consultar-se em António Menezes Cordeiro, *Direito europeu das sociedades* (2005), 751 ss..

[3] A Lei alemã de 1965 – porventura a principal fonte do Direito português dos grupos de sociedades em geral – elege a fasquia de 25% como limiar mínimo de relevância das participações (§ 20 do AktG).

II – **Teleologia e âmbito de aplicação**

4 2. **Conteúdo e fim da norma**. Define-se o conceito de sociedades em relação de simples participação, modalidade incipiente de coligação societária – cf. 482.º, *a*) –, que ocorre quando uma sociedade é titular de 10% ou mais do capital social de outra, sem que entre as duas exista uma relação de participações recíprocas (485.º), de domínio (486.º)[4] ou de grupo (488.º ss.).

5 A sociedade participante não detém qualquer influência na condução ou gestão da sociedade participada, relevando esta modalidade de coligação, não pelos riscos associados ao exercício ou sequer à potencialidade de exercício de um poder de controlo – que não existe ainda –, mas pelo facto de a detenção de participação igual ou superior a 10% constituir, para o legislador, indício de que, subjacente à detenção das quotas ou ações, estará o objetivo da participante de vir a adquirir o controlo da participada, face ao qual a relação de simples participação

6 constitui normalmente estádio intermédio.

A definição desta modalidade de coligação é, por essa razão, dirigida ao estabelecimento de mecanismos de proteção preventiva dos sujeitos suscetíveis de serem afetados por um (futuro) controlo a exercer pela sociedade dominante ou totalmente dominante (a própria sociedade participada, os seus sócios e credores), concretamente através da estipulação de deveres de comunicação e publicidade das participações sociais (484.º).

7 Com vista a garantir a efetividade prática dos mecanismos de tutela estabelecidos, o 483.º/2 faz relevar a titularidade material das participações, ao lado da titularidade meramente formal (participação indireta).

3. **Âmbito de aplicação**

8 *a*) **Âmbito pessoal e espacial**. Existe uma relação de simples participação relevante para efeitos do CSC quando tanto a sociedade participante como a sociedade participada sejam sociedades por quotas, anónimas ou em comandita por ações (481.º/1 – âmbito pessoal) com sede em Portugal (481.º/2 – âmbito espacial). No caso de participações indiretas (483.º/2), não releva o tipo ou sede da titular formal (cf. 481.º, anot. 14);

9 *b*) **Relevância do 483.º/2 por via remissiva**. O conceito de participação indireta consagrado no n.º 2 para efeitos da qualificação da relação de simples participação releva ainda para efeitos de diversas outras disposições: cf. as remissões constantes dos 486.º/1, 487.º/1, 489.º/1, 490.º/1, 494.º/2, *b*), 507.º/1.

III – **Conceito de relação de simples participação**

10 4. **Participação igual ou superior a 10% do capital social**. Nos termos do n.º 1, primeiro requisito para a existência de uma relação de simples participação é a detenção por uma sociedade de participação social igual ou superior a 10% do capital social de outra: releva, por um lado, a participação social em si, independentemente dos direitos de voto que confira[5], e, por outro lado, o capital social nominal total (independentemente das auto-participações eventualmente existentes[6]).

[4] A detenção de 10% do capital social de uma sociedade, quando este se encontre muito disperso, é suficiente, por si só, para conferir à participante "influência dominante" sobre a participada, nos termos do 486.º/1. Em tal hipótese, existirá uma relação de domínio e não uma relação de simples participação.

[5] Diferentemente sucede noutros lugares da ordem jurídica, em que releva, não a titularidade da participação, mas a titularidade dos direitos de voto. Cf., *v.g.*, 17.º do RGIC e 20.º do CVM.

[6] Cf. Engrácia Antunes, *Os grupos de sociedades* (2002), 338; *id.*, *Autoparticipações e cômputo de participações intersocietárias*, em *Estudos em Homenagem ao Professor Doutor Raúl Ventura*, II (2003), 275-291.

A qualificação desta modalidade de coligação assenta, pois, num critério puramente formal, diferentemente do que sucede com a relação de domínio, em que releva, *ultima ratio*, um critério funcional (cf. 486.º, anot. 25)[7]. Compreende-se a opção: o sistema de publicidade instituído pelo legislador exige absoluta clareza e segurança jurídica no seu funcionamento, apenas compatível com critérios formais de atuação. 11

5. **Inexistência de outra relação de coligação**. Nos termos da parte final do n.º 1, só existe uma relação de *simples* participação quando entre sociedade participante e sociedade participada não exista outra relação prevista no 482.º, *i.e.*, uma relação de participações recíprocas, de domínio ou de grupo. 12

Mesmo quando se verifique uma destas outras relações, o regime de publicidade previsto no 484.º deve funcionar como *minimum* de tutela, sendo o preceito aplicável às referidas modalidades de coligação (cf. 484.º, anot. 9, e 486.º, anot. 26). 13

IV – **Participação direta e indireta**

6. **Participação direta**. Uma sociedade participa diretamente no capital da outra quando é titular, sem qualquer interposição, de quotas ou ações desta sociedade: titularidade formal e material coincidem. 14

7. **Participação indireta**. Ao lado da titularidade direta de participações, o 483.º/2 confere relevância à participação meramente indireta no capital de outra sociedade. *I.e.*, existe relação de simples participação não só quando uma sociedade é titular direta da participação relevante, mas também quando é titular sociedade por ela dominada ou que com ela se encontra em relação de grupo, bem como nos casos de interposição de pessoas. Por força do 483.º/2, é imputada a uma sociedade a titularidade de participações formalmente detidas por outra pessoa, com vista a evitar a defraudação do sistema de proteção legalmente instituído. 15

a) **Participação através de sociedade dependente**. À participação direta é, em primeiro lugar, equiparada a participação detida – *direta ou indiretamente* – por uma sociedade dependente. Nos termos do 486.º, a sociedade diz-se dependente se outra exercer sobre ela – *direta ou indiretamente* – influência dominante. A referência ao domínio indireto nos 483.º/2 e 486.º/1 e 2 representa um reenvio recíproco, a corrigir pelo intérprete-aplicador: o 483.º/2 remeterá, simplesmente, para o conceito de domínio tal como definido no 486.º[8]. 16

b) **Participação através de sociedade em relação de grupo**. Equipara-se à titularidade direta de quotas ou ações por uma sociedade a titularidade por sociedade totalmente dominada ou subordinada (grupos verticais) ou por sociedade com a qual foi concluído contrato de grupo paritário (grupo horizontal)[9]. 17

[7] Não obstante o carácter fundamentalmente formal das presunções estabelecidas no 486.º/2, tendente a proporcionar um funcionamento claro do sistema de sociedades coligadas (cf. 486.º, anot. 24).

[8] **Ex. 1:** Se **A** detém 90% do capital de **B** e **B** detém 10% do capital de **C**, há uma relação de domínio (direto) entre **A** e **B** (486.º) e uma relação de simples participação (483.º), não só entre **B** e **C** (decorrente da titularidade formal), mas também entre **A** e **C** (decorrente da titularidade material). **Ex. 2:** Se **A** detém 90% do capital de **B**, **B** detém 60% do capital de **C** e **C** detém 10% do capital de **D**, existe uma relação de domínio direto entre **A** e **B** e idêntica relação entre **B** e **C**, havendo entre **C** e **D** uma relação de simples participação (direta): entre **B** e **D** existe uma relação de simples participação por ser imputada a **B** a participação da sua dependente direta (**C**); entre **A** e **D** existe também uma relação de simples participação por ser imputada a **A** a titularidade da participação da sua dominada indireta (**C**).

[9] **Ex. 3:** se **A** tem 100% do capital de **B** ou concluiu com **B** contrato de subordinação ou contrato de grupo paritário (relação de grupo: 488.º ss.) e **B** detém 10% do capital de **C**, existe uma relação de simples participação tanto entre **B** e **C** (por participação direta) como entre **A** e **C** (por participação indireta).

18 *c)* **Participação através de interposta pessoa.** Última hipótese de participação indireta é aquela que ocorre por interposta pessoa (singular ou coletiva): a participação formalmente detida por quem atua por conta de outrem (*v.g.*, através de mandato sem representação) é imputada a esta última (titular material)[10].

19 Apesar de a letra da lei circunscrever a hipótese de relevância da titularidade através de interposta pessoa à detenção de *ações* (sociedades anónimas e sociedades em comandita por ações), o preceito deve interpretar-se extensivamente, em função da sua *ratio*, abrangendo também as sociedades por quotas.

20 8. **Soma de todas as participações diretas e indiretas.** Se uma sociedade participar diretamente no capital social de outra e, simultaneamente, detiver participações indiretas nesta, relevam todas as participações simultaneamente[11].

21 9. **Relevância concomitante da titularidade formal e da titularidade material.** Quando exista participação indireta, a imputação da participação ao titular material não exclui a relevância da titularidade formal para os diversos efeitos previstos na lei[12].

Artigo 484.º (Dever de comunicação)

1. Sem prejuízo dos deveres de declaração e de publicidade de participações sociais na apresentação de contas, uma sociedade deve comunicar, por escrito, a outra sociedade todas as aquisições e alienações de quotas ou ações desta que tenha efetuado, a partir do momento em que se estabeleça uma relação de simples participação e enquanto o montante da participação não se tornar inferior àquele que determinar essa relação.

2. A comunicação ordenada pelo número anterior é independente da comunicação de aquisição de quotas exigida pelo artigo 228.º, n.º 3, e do registo de aquisição de ações, referido nos artigos 330.º e seguintes, mas a sociedade participada não pode alegar desconhecimento do montante da participação que nela tenha outra sociedade, relativamente às aquisições de quotas que lhe tiverem sido comunicadas e às aquisições de ações que tiverem sido registadas, nos termos acima referidos.

Bibliografia: José A. Engrácia Antunes, *Autoparticipações e cômputo de participações intersocietárias*, em *Estudos em homenagem ao Professor Doutor Raúl Ventura* II (2003), 275-291; *id.*, *Os grupos de sociedades*, 2.ª ed. (2002), 327-373; José de Oliveira Ascensão (2000), 595-600; Carlos Osório de Castro, *Sociedades anónimas em relação de participações recíprocas: alguns aspectos do regime legal*, RDES XXXI (1989), 118-121; António Menezes Cordeiro 1 (2007), 989-994; *id.*, *Direito europeu das sociedades* (2005), 751-785; Ministério da Justiça, *Código das Sociedades Comerciais (Projecto)*, BMJ 327 (1983), 43-339; Maria da Graça Trigo, *Grupos de sociedades*, O Direito 1991, 62-68.

[10] Podem servir de suporte a esta modalidade de participação todos os negócios jurídicos através dos quais uma pessoa se vincula a agir por conta (mas não em nome) de outra, nos termos gerais. Caso paradigmático será o do mandato sem representação (havendo representação não há já verdadeira interposição de pessoa).

[11] **Ex. 4: A** tem 5% do capital social de **B** e 90% do capital de **C**, que, por sua vez, é titular de 5% do capital de **B. A** encontra-se em relação de simples participação com **B,** já que detém 10% do seu capital social (5% diretamente e os outros 5% indiretamente, através da sua dependente **C**).

[12] **Ex. 5:** Se **A** detém 100% do capital de **B**, **B** 60% do capital de **C,** e **C** 10% do capital de **D,** relevam simultaneamente as seguintes modalidades de coligação societária: **(i)** relação de grupo por domínio total entre **A** e **B**; **(ii)** relação de domínio (direto) entre **B** e C; **(iii)** relação de domínio (indireto) entre **A** e **C**; **(iv)** relação de simples participação (direta) entre **C** e **D**; **(v)** relação de simples participação (indireta) entre **B** e **D** (por imputação da participação da sua dependente direta); **(vi)** relação de simples participação (indireta) entre **A** e **D** (por imputação da participação da sua dependente indireta).

Índice

I – **Origem**
1. Preparação e fontes 1

II – **Teleologia e âmbito de aplicação**
2. Conteúdo e fim da norma 5
3. Âmbito de aplicação
a) Âmbito pessoal e espacial 8
b) Âmbito objetivo 9

III – **Requisitos da comunicação**
4. Requisitos subjetivos 10
5. Requisitos materiais 12
6. Requisitos temporais 13
7. Requisitos formais 15
8. Publicidade 16

IV – **Outros deveres de publicidade e comunicação**
9. Cumulação com outros deveres 17

V – **Incumprimento**
10. Consequências do incumprimento 19

I – Origem

1 **1. Preparação e fontes**. O 484.º corresponde ao 475.º do Projeto de CSC de 1983[1], tendo passado ao DL 262/86, de 2-set. (que aprovou o CSC) sem alterações. A sua redação manteve-se, até hoje, inalterada, não obstante a revogação dos 330.º ss., para os quais o n.º 2 remete.

2 O dever de comunicação previsto nesta norma tem como fonte principal a lei alemã das sociedades anónimas de 1965 (§ 20), que inspirou também o 3.º/1, do projeto de *Nona Diretriz das Sociedades Comerciais*, sobre grupos de sociedades (1984)[2], que, todavia, nunca atingiu o estádio de proposta.

3 Nos termos do § 20 do AktG (*Mitteilungspflichten*), logo que uma empresa adquira mais de 25% do capital de uma sociedade anónima com sede na Alemanha, deve comunicar-lhe esse facto por escrito. Similarmente, segundo o 3.º/1, do projeto de Diretriz, quando uma pessoa singular ou coletiva adquira, direta ou indiretamente, mais de 10% do capital social de uma sociedade (anónima: cf. 1.º do projeto) deve comunicar por escrito a esta sociedade a aquisição que origine a ultrapassagem da referida percentagem; qualquer subsequente aquisição de ações da sociedade pela qual a participação aumente escalões de 5% deve ser também objeto de comunicação; o mesmo se aplica em todos os casos nos quais a participação desça abaixo da percentagem de 10% ou cada vez que diminua de um escalão de 5%.

4 Apesar da clara inspiração da lei portuguesa nestas normas, o dever de comunicação é previsto no CSC em termos consideravelmente mais amplos (cf., *v.g.*, quanto ao objeto da comunicação, *infra* anot. 7).

II – Teleologia e âmbito de aplicação

5 **2. Conteúdo e fim da norma**. O 484.º estabelece um dever de comunicação das aquisições e alienações de participações sociais que ocorram a partir do momento em que se constitua uma relação de simples participação entre duas sociedades (483.º).

6 A regra tem em vista a proteção preventiva da sociedade participada, dos seus sócios externos e credores sociais. Apesar de a sociedade participante não deter (ainda) influência na gestão da participada, a titularidade de 10% ou mais do capital desta sociedade é vista, pelo legis-

[1] *Código das Sociedades Comerciais (Projecto)*, BMJ 327 (1983), 43-339.

[2] O texto, traduzido, pode consultar-se em António Menezes Cordeiro, *Direito europeu das sociedades* (2005), 751 ss..

lador, como um estado intermédio na relação entre as duas sociedades, a qual, previsivelmente, evoluirá para uma relação de domínio (486.º): cf. 483.º, anot. 5.

7 O 484.º prevê, concretamente, um dever de comunicação da aquisição ou alienação de participações sociais: (a) quanto à *aquisição* que originalmente criou a relação de simples participação[3]; (b) quanto a todas as *aquisições* ocorridas posteriormente, até à cessação dessa relação; (c) quanto a todas as *alienações* ocorridas na vigência da relação de simples participação e, finalmente, (d) quanto à *alienação* que determine o termo da relação em causa.

3. **Âmbito de aplicação**

9 *a*) **Âmbito pessoal e espacial**. O dever de comunicação aplica-se sempre que exista uma relação de simples participação relevante para efeitos do CSC (cf. 483.º, anot. 8), *i.e.*, quando tanto a sociedade participante como a sociedade participada sejam sociedades por quotas, anónimas ou em comandita por ações (481.º/1: âmbito de aplicação pessoal) com sede em Portugal (481.º/2: âmbito de aplicação espacial). No caso de participações indiretas (483.º/2), não releva o tipo ou sede da titular formal (cf. 481.º, anot. 14).

9 *b*) **Âmbito objetivo**. O dever de comunicação aplica-se, diretamente, apenas às relações de simples participação. Quanto às restantes modalidades de coligação societária (*v.g.*, relações de domínio), não existe norma equivalente: no entanto, se a lei exige a comunicação para a modalidade de integração menos intensa, por maioria de razão valerá essa exigência quanto às formas de integração mais intensas. O 484.º funciona, assim, como *minimum* comum de proteção preventiva das sociedades participadas, bem como dos respetivos sócios externos e credores sociais.

III – **Requisitos da comunicação**

10 4. **Requisitos subjetivos**. A comunicação deve ser efetuada pela sociedade que adquira ou detenha, direta ou indiretamente (483.º/2), participação superior a 10% no capital social de outra sociedade.

11 Nos casos de participações indiretas, uma vez que tanto o titular formal como o titular material estão numa relação juridicamente relevante de simples participação (cf. 483.º, anot. 21), a obrigação de comunicação abrange os diversos envolvidos.

12 5. **Requisitos materiais**. Para garantir a efetividade da tutela legal, a comunicação especificará, pelo menos, o montante da participação adquirida ou alienada e a percentagem de capital social que o adquirente ou alienante fica a deter na sociedade, bem como a data da aquisição ou alienação.

13 6. **Requisitos temporais**. A comunicação deve ser efetuada num prazo razoável logo após a aquisição ou alienação das participações, a determinar caso a caso[4].

14 Se a comunicação não for feita e, entretanto, a sociedade participada adquirir, ela própria, uma participação superior a 10% no capital da participante, comunicando-lhe o facto, fica esta última sociedade sujeita à proibição de aquisição de novas quotas ou ações prevista no 485.º/2, não obstante a precedência da sua aquisição: releva a data da comunicação e não a data da aquisição.

[3] O preceito não impõe, literalmente, a comunicação de que se constituiu uma participação igual ou superior a 10%. O legislador terá incorrido no equívoco de supor que a notificação do estabelecimento de uma relação de simples participação decorria já do dever de declaração do 448.º: o 484.º deve, todavia, ser interpretado no sentido de impor a comunicação da própria aquisição que origina a relação de simples participação. Cf. Carlos Osório de Castro, *Sociedades anónimas em relação de participações recíprocas: alguns aspectos do regime legal*, RDES XXXI (1989), 118-121.

[4] Sobre o problema, cf. Engrácia Antunes, *Os grupos de sociedades* (2002), 361 e 362.

7. **Requisitos formais**. Nos termos do 484.º/1, a comunicação deve ser feita por escrito. Cf., 15
todavia, a regra de equiparação formal do 4.º-A.

8. **Publicidade**. A lei portuguesa não obriga à publicitação da comunicação efetuada nos ter- 16
mos do 484.º, em prejuízo da tutela dos sócios e credores sociais. A única publicidade que existe é a que resulte do 448.º/4. Diferentemente, o 5.º/1, do projeto de Nona Diretriz previa a obrigação de a sociedade enumerar, no anexo ao relatório anual de contas, as comunicações recebidas por força do 3.º/1 e, para além disso, o dever de assegurar que cada comunicação sobre uma nova participação ou modificação é publicitada segundo o procedimento previsto nas disposições dos Estados-membros.

IV – **Outros deveres de publicidade e comunicação**

9. **Cumulação com outros deveres**. A comunicação não é dispensada mesmo quando tenha 17
havido comunicação da cessão das quotas ao abrigo do 228.º/3 ou registo da aquisição das ações, nos termos do CVM[5] (43.º, 59.º, 61.º, 95.º ss.), ou, por identidade de razão, registo da aquisição das quotas, previsto no 242.º-A ss. do CSC e no 3.º/1, *c*), do CRC: é o que resulta do n.º 2 do 484.º[6].

A 2.ª parte do 484.º/2 dispõe que a sociedade participada não pode alegar desconheci- 18
mento do montante da participação que nela tenha outra sociedade quando tenha havido a comunicação ou o registo referidos. Trata-se de norma com particular utilidade para efeitos da proibição da aquisição de novas participações no caso de participações recíprocas: se a comunicação prevista no 228.º/3 ou o registo das quotas ou ações teve lugar não obstante a falta da comunicação exigida pelo 484.º, a sociedade participada que comunique posteriormente a aquisição de quotas ou ações da sua participante da qual resulte a detenção de 10% do respetivo capital social, fica proibida de adquirir novas quotas ou ações da sociedade, nos termos do 485.º/2. Regra idêntica deve valer sempre que a sociedade conhecesse o montante da participação, independentemente da fonte do conhecimento.

V – **Incumprimento**

10. **Consequências do incumprimento**. O 484.º não associa qualquer consequência ao 19
incumprimento do dever de comunicação, diferentemente do que sucede no projeto de Nona Diretriz e na lei alemã: o 4.º do projeto e o § 20(7) do AktG preveem a suspensão do exercício dos direitos inerentes às ações cuja aquisição devia ter sido comunicada, enquanto a comunicação não for feita. Trata-se de consequência idêntica à prevista no 485.º/3 para a violação da obrigação de comunicação no caso de participações recíprocas, a qual deve ser aplicada analogicamente à violação do 484.º[7], sem prejuízo da responsabilidade civil dos administradores (72.º ss.).

485.º (Sociedades em relação de participações recíprocas)

1. As sociedades que estiverem em relação de participações recíprocas ficam sujeitas aos deveres e restrições constantes dos números seguintes, a partir do momento em que ambas as participações atinjam 10% do capital da participada.

[5] Que revogou os 330.º e ss.. A remissão contida no 484.º/2 para estes últimos preceitos deve, pois, ser atualizada.

[6] Embora esta norma não refira o registo das quotas previsto nos 242.º-A e ss. – introduzidos pelo DL 76-A/2006, de 29-mar. – deve ser interpretada atualisticamente, de forma a abranger também a independência da comunicação face ao registo das quotas.

[7] Neste sentido, cf. Engrácia Antunes, *Os grupos*, 368 ss..

2. A sociedade que mais tardiamente tenha efetuado a comunicação exigida pelo artigo 484.º, n.º 1, donde resulte o conhecimento do montante da participação referido no número anterior, não pode adquirir novas quotas ou ações na outra sociedade.

3. As aquisições efetuadas com violação do disposto no número anterior não são nulas, mas a sociedade adquirente não pode exercer os direitos inerentes a essas quotas ou ações na parte que exceda 10% do capital, excetuado o direito à partilha do produto da liquidação, embora esteja sujeita às respetivas obrigações, e os seus administradores são responsáveis, nos termos gerais, pelos prejuízos que a sociedade sofra pela criação e manutenção de tal situação.

4. Cumulando-se as relações, o disposto no artigo 487.º, n.º 2, prevalece sobre o n.º 3 deste artigo.

5. Sempre que a lei imponha a publicação ou declaração de participações, deve ser mencionado se existem participações recíprocas, o seu montante e as quotas ou ações cujos direitos não podem ser exercidos por uma ou por outra das sociedades.

Bibliografia: José A. Engrácia Antunes, *Os Grupos de Sociedades*, 2.ª ed. (2002), 375-442; José de Oliveira Ascensão (2000), 593-595; Carlos Osório de Castro, *Sociedades anónimas em relação de participações recíprocas: alguns aspectos do regime legal*, RDES XXXI (1989), 109-141; António Menezes Cordeiro 1 (2007), 989-994; *id.*, *Direito europeu das sociedades* (2005), 751-785; Luís Brito Correia, *Grupos de sociedades*, em *Novas Perspectivas do Direito Comercial* (1988), 390-392; Ministério da Justiça, *Código das Sociedades Comerciais (Projecto)*, BMJ 327 (1983), 43-339; Maria da Graça Trigo, *Grupos de sociedades*, O Direito 1991, 68-70; Raúl Ventura, *Grupos de sociedades – uma introdução comparativa a propósito de um projecto preliminar de directiva da CEE*, ROA 41 (1981), 23-81 e 305-362; *id.*, *Participações Recíprocas de Sociedades em Sociedades*, Separata SI, XXVII, n.ºs 153-156 (julho-dezembro 1978).

Índice

I – **Origem**
1. Preparação e fontes 1

II – **Teleologia e âmbito de aplicação** ....
2. Conteúdo e fim da norma 6
3. Âmbito de aplicação
a) Âmbito pessoal e espacial 8
b) Âmbito temporal 9
c) Concurso de relações 10

III – **Cômputo e modalidades de participações recíprocas**
4. Cômputo das participações 11
5. Participações diretas e indiretas 12

IV – **Regime jurídico**
6. Proibição de aquisição de novas participações. 13
7. Aquisição que estabelece a relação de participações recíprocas 14
8. Consequências do incumprimento
a) Interdição do exercício dos direitos sociais... 16
b) Responsabilidade civil e penal do membro do órgão de administração 17
9. Publicidade 18

I – Origem

1 1. **Preparação e fontes.** O texto do 485.º encontrava-se já no Projeto de CSC de 1983[1], daí tendo passado, sem alterações, para a versão definitiva do Código, aprovada pelo DL 262/86, de 2-set.. O preceito não sofreu, desde 1986, qualquer modificação.

[1] *Código das Sociedades Comerciais (Projecto)*, BMJ 327 (1983), 43-339.

O 485.º regula *ex novo*, no Direito português, a matéria das participações recíprocas: ao contrário de outros ordenamentos jurídicos, apenas com a elaboração do Direito dos grupos de sociedades foram introduzidas, entre nós, regras aplicáveis ao fenómeno. 2

Nos ordenamentos estrangeiros, identificam-se dois modelos principais de regulação da matéria, conhecidos do legislador de 1986[2]: o modelo francês, contido, então, na Lei de 24 de julho de 1966 (358.º e 482.º) – hoje revogada –, nos termos da qual uma sociedade por ações não podia possuir participações de sociedade que detivesse uma fração do seu capital superior a 10%, prevendo-se, quando isso sucedesse, uma *obrigação de alienação* das ações; e o modelo alemão, que prevê uma mera *suspensão dos direitos* inerentes às ações que excedam 25% do capital social (§§ 19 e 328 do AktG de 1965, aplicável quando pelo menos uma das sociedades em relação de participações recíprocas – *wechselseitig beteiligte Unternehmen* – reveste o tipo de sociedade anónima ou em comandita por ações). 3

O primeiro anteprojeto de *Nona Diretriz das Sociedades Comerciais*, sobre grupos de sociedades (1974)[3] previa, por seu lado, que, estando duas sociedades ligadas por participações recíprocas de montante superior a 10%, a sociedade que posteriormente tenha comunicado a aquisição tem a obrigação de reduzir a sua participação a um máximo de 10% (no prazo de um ano a contar da comunicação), ficando impedida de, entretanto, exercer os direitos inerentes à participação na parte excedente a essa percentagem. 4

O legislador do CSC elegeu, quanto ao montante mínimo que as participações recíprocas devem assumir para se aplicar o regime do 485.º, critério equivalente ao previsto no anteprojeto de diretriz (10%), bem como nas leis francesa e italiana (Lei de 7 de junho de 1974)[4]. Todavia, a solução de fundo do 485.º – interdição do exercício dos direitos sociais inerentes às quotas ou ações que excedam o limiar legal – decorre da lei alemã das sociedades anónimas. 5

II – **Teleologia e âmbito de aplicação**

2. **Conteúdo e fim da norma**. Resulta do n.º 1 que existe uma relação de participações recíprocas juridicamente relevante – modalidade de coligação – 482.º, *b*) – quando duas sociedades participam em 10% ou mais no capital social uma da outra. Na sequência da obrigação de comunicação prevista no 484.º, o 485.º/2 vem estabelecer uma proibição de aquisição de novas quotas ou ações pela sociedade que mais tardiamente tenha efetuado a comunicação, cominando o n.º 3 a inibição de exercício dos direitos sociais inerentes às quotas ou ações que excedam 10% do capital social no caso de violação da proibição do n.º 2. O n.º 4 estabelece uma regra relevante em caso de concurso de relações de participações recíprocas e de domínio, visando, finalmente, o n.º 5, assegurar um sistema eficaz e completo de publicidade das participações sociais. 6

Estabelece-se, deste modo, um sistema de proteção contra os riscos decorrentes da existência de participações recíprocas: de um lado, o risco para a conservação do capital das sociedades em jogo[5] – decorrente dos efeitos substancialmente equivalentes à aquisição de participações próprias que as participações recíprocas produzem[6] (cf. 220.º e 317.º ss., relativos às quotas 7

[2] Cf. Raúl Ventura, *Participações recíprocas de sociedades em sociedades*, Separata SI, XXVII, n.os 153-156 (julho-dezembro 1978).

[3] Este anteprojeto daria origem ao projeto de 1984, cujo texto, traduzido, pode consultar-se em António Menezes Cordeiro, *Direito europeu das sociedades* (2005), 751 ss.. Neste, não se prevê, todavia, regra idêntica à constante do anteprojeto.

[4] A opção por uma ou outra percentagem (*v.g.*, 10%, 25%) é considerada "inexplicável" por Raúl Ventura, *Participações*, 28.

[5] Sobre a conservação do capital social, cf. 33.º ss..

[6] Uma eventual permissão de a sociedade investir o seu património em ações da participante faria, na realidade, perigar o princípio da conservação do capital social quanto a ambas as sociedades: no património da participante figu-

próprias e às ações próprias, respetivamente) –; do outro lado, o risco de controlo recíproco dos órgãos de administração sobre os órgãos deliberativos das sociedades em relação de participações recíprocas, resultante de o voto em assembleia geral ser exercido pela administração, de acordo com as regras gerais.

3. **Âmbito de aplicação**

8 *a*) **Âmbito pessoal e espacial**. O 485.º aplica-se quando as sociedades reciprocamente participantes revestem, ambas, o tipo de sociedade por quotas, anónima ou em comandita por ações (481.º/1 – âmbito pessoal) e têm a sua sede em território nacional (481.º/2 – âmbito espacial). No caso de participações indiretas (483.º/2), não releva o tipo ou sede da titular formal (cf. 481.º, anot. 14). O 481.º/2, *b*) prevê que os deveres de publicação e declaração de participações (cf. 485.º/5) por sociedades com sede em Portugal abrangem as participações delas em sociedades com sede no estrangeiro e destas naquelas (cf. 481.º, anot. 17).

9 *b*) **Âmbito temporal**. Cf. 540.º.

10 *c*) **Concurso de relações**. Caso se verifique simultaneamente uma relação de participações recíprocas e uma relação de domínio, determina o 485.º/4 que o disposto no 487.º/2 prevalece sobre o 485.º/3. Nestes termos, se uma sociedade adquire participações noutra sociedade que sobre ela exerce influência dominante, a aquisição é nula (independentemente do montante da participação). A regra do 487.º/2 não deixa, naturalmente, de se aplicar quando, para além da relação de domínio, exista também uma relação de grupo (cf. 486.º, anot. 13 quanto ao concurso de relações).

III – **Cômputo e modalidades de participações recíprocas**

11 4. **Cômputo das participações**. Ao cômputo das participações para efeitos do 485.º aplicam-se as regras previstas no 483.º (cf. 483.º, anot. 10 ss.).

12 5. **Participações diretas e indiretas**. Da aplicação do 483.º/2 resulta que relevam tanto as participações diretas como as participações indiretas (cf. 483.º, anot. 14 ss.). Para o cômputo das participações recíprocas, atende-se ao total das participações, as e/ou indiretas, de que uma sociedade seja titular noutra (cf. 483.º, anot. 20)[7].

IV – **Regime jurídico**

13 6. **Proibição de aquisição de novas participações**. Como mecanismo de proteção face aos perigos inerentes às participações recíprocas (cf. *supra* anot. 7), o 485.º/2 proíbe novas aquisições de quotas ou ações da participada pela sociedade que por último tenha feito a comunicação da aquisição exigida pelo 484.º. Nos termos do 484.º/2, 2.ª parte, a sociedade participada não pode alegar desconhecimento do montante da participação que nela tenha outra sociedade, relativamente às aquisições de quotas que lhe tenham sido comunicadas ou registadas, nos ter-

riam as ações da participada cujo valor depende do valor do património desta última sociedade, ao mesmo tempo que, neste, figurariam as ações da própria participante: tudo se passaria como se, indiretamente, a sociedade se tornasse sócia de si própria, com a inerente redução da garantia conferida pelo capital social.

[7] **Ex. 1**: a sociedade **A** participa em 10% no capital da sociedade **B**, que, por seu lado, participa em 15% no capital de **A** – existe uma relação de participações recíprocas em que ambas as participações são diretas. **Ex. 2**: a sociedade **A** participa em 10% no capital da sociedade **B**, a qual detém 55% do capital da sociedade **C**, que, por seu lado, participa em 15% no capital de **A**. Existe uma relação de participações recíprocas entre **A** e **B**, sendo a participação de **A** em **B** direta e a participação de **B** em **A** meramente indireta (decorrente do domínio sobre **C**); **Ex. 3**: se, no exemplo anterior, a sociedade **C** detivesse apenas 5% do capital de **A**, mas **B** detivesse ainda 60% do capital de **D**, que, por seu lado, era titular de outros 5% do capital social de **A**, haveria ainda uma relação de participações recíprocas entre **A** e **B**, já que **B** disporia de 10% do capital de **A** (devido à relação de domínio com **C** e com **D**).

mos dos 228.º/3 (cessão de quotas) e 330.º ss. (hoje substituídos pelo CVM, sobre registo de ações) e ainda – por interpretação extensiva – de que tenha tomado conhecimento por qualquer outro meio (cf. 484.º, anot. 18)[8]. Assim, mesmo que a sociedade participada seja a primeira a fazer a comunicação, fica sujeita à proibição do 485.º/2 quando tenha conhecimento da participação que no seu capital social detém a sociedade participante.

7. **Aquisição que estabelece a relação de participações recíprocas.** Se entre duas sociedades não existem participações cruzadas mas uma das sociedades é titular de 10% do capital social da outra (e efetuou a comunicação prevista no 484.º/1), coloca-se o problema de saber se a aquisição, pela sociedade participada, *de uma só vez*, de mais de 10% do capital social da participante deve considerar-se realizada em contravenção da proibição do 485.º/2. A relação de participações recíprocas é constituída apenas com esta aquisição, questionando-se o tratamento a dar à situação em face da redação do 485.º/1: "as sociedades que estiverem em relação de participações recíprocas ficam sujeitas às restrições constantes do número seguinte *a partir do momento em que ambas as participações atinjam 10% do capital da participada*". 14

Sob pena de fraude à lei, deve entender-se que a própria aquisição que estabelece a reciprocidade fica abrangida pelo regime do 485.º: a comunicação da existência de uma participação de 10% produz imediatamente o efeito de vedar à sociedade participada a aquisição de participações em fasquia superior à legalmente admitida[9]. 15

8. **Consequências do incumprimento**

a) **Interdição do exercício dos direitos sociais.** A aquisição de participações em violação do 485.º/3 é válida mas, enquanto vigorar a relação de participações recíprocas, a sociedade adquirente vê suspensos os direitos (pessoais e patrimoniais) inerentes às quotas ou ações (apenas) *na parte que exceda 10% do capital social*, permanecendo, porém, intactos os deveres (pessoais e patrimoniais) respetivos: o legislador estabeleceu, pois, como limiar de aceitabilidade jurídica das relações de participações recíprocas o montante de *10% do capital social*[10]; excedido esse montante, o único direito inerente às quotas ou ações que pode ser exercido é o direito à partilha do produto da liquidação, quando a ela haja lugar[11]. 16

b) **Responsabilidade civil e penal dos membros do órgão de administração.** Os administradores aos quais seja imputável a aquisição ilícita das quotas ou ações são responsáveis civil e penalmente (cf. 485.º/3, 72.º ss. e 510.º). 17

9. **Publicidade.** O 485.º/5 determina que, sempre que a lei imponha a publicação ou declaração de participações (cf. *v.g.* 448.º do CSC), deve ser mencionado se existem participações recíprocas, o seu montante e as quotas ou ações cujos direitos não podem ser exercidos por uma ou por outra das sociedades. 18

[8] Sobre o problema, cf. Carlos Osório de Castro, *Sociedades anónimas em relação de participações recíprocas: alguns aspectos do regime legal*, RDES XXXI (1989), 123-130, para quem o regime das sociedades em relação de participações recíprocas intervém a partir do momento em que uma das sociedades comunica à outra a existência da sua participação igual ou superior a 10% (e não só depois de a sociedade retardatária proceder à comunicação); à comunicação equipara-se o registo das ações e o averbamento da transmissão de ações nominativas, não bastando, porém, uma notificação operada verbalmente.

[9] Cf. Carlos Osório de Castro, *Sociedades*, 131 e 132.

[10] Não é procedente a interpretação de Carlos Osório de Castro, *Sociedades*, 136 e 137, segundo a qual a violação da proibição de aquisição de novas participações só acarreta a paralisação dos direitos inerentes a essas participações na parte em que elas, *em si mesmas*, ultrapassem 10% do capital social da participada, devendo abstrair-se, no cômputo de tais 10%, das ações antigas. Contra esta interpretação, cf. também Engrácia Antunes, *Os grupos*, 413.

[11] Duvidando da adequação do regime jurídico à finalidade de evitar os riscos patrimoniais inerentes às participações recíprocas, cf. Engrácia Antunes, *Os grupos*, 421, que sustenta, *de jure condendo*, a necessidade de, cumulativamente, se prever "uma restrição que gravasse a (...) própria titularidade" das participações.

Artigo 486.º (Sociedades em relação de domínio)

1. Considera-se que duas sociedades estão em relação de domínio quando uma delas, dita dominante, pode exercer, diretamente ou por sociedades ou pessoas que preencham os requisitos indicados no artigo 483.º, n.º 2, sobre a outra, dita dependente, uma influência dominante.

2. Presume-se que uma sociedade é dependente de uma outra se esta, direta ou indiretamente:

***a*) Detém uma participação maioritária no capital;**

***b*) Dispõe de mais de metade dos votos;**

***c*) Tem a possibilidade de designar mais de metade dos membros do órgão de administração ou do órgão de fiscalização.**

3. Sempre que a lei imponha a publicação ou declaração de participações, deve ser mencionado, tanto pela sociedade presumivelmente dominante, como pela sociedade presumivelmente dependente, se se verifica alguma das situações referidas nas alíneas do n.º 2 deste artigo.

Bibliografia: José A. Engrácia Antunes, *Os Grupos de Sociedades*, 2.ª ed. (2002), 443-606; *id.*, *Participações qualificadas e domínio conjunto – A propósito do caso "António Champalimaud – Banco Santander"* (2000); José de Oliveira Ascensão (2000), 600-608; Carlos Osório de Castro, *Participação no capital das sociedades anónimas e poder de influência*, RDES XXXVI (1994), 333-356; António Menezes Cordeiro 1 (2007), 989-994; *id.*, *Direito europeu das sociedades* (2005), 751-785; Luís Brito Correia, *Grupos de sociedades*, em *Novas Perspectivas do Direito Comercial* (1988), 392-393; Diogo Pereira Duarte, *Aspectos do levantamento da personalidade colectiva nas sociedades em relação de domínio* (2007); *Eliseu Figueira, Disciplina jurídica dos grupos de sociedades*, CJ XV (1990), 47-49; Ministério da Justiça, *Código das Sociedades Comerciais (Projecto)*, BMJ 327 (1983), 43-339; Ana Perestrelo de Oliveira, *Grupos de sociedades e deveres de lealdade* (2012), 49 ss.; Ana Perestrelo de Oliveira/Miguel Sousa Ferro, *The sins of the son. Parent company liability for competition law infringements*, C&R n.º 3 (2010), 53-92. Maria da Graça Trigo, *Grupos de sociedades*, O Direito 1991, 70 e 71.

Índice

I – **Origem**
1. Preparação e fontes 1

II – **Teleologia e âmbito de aplicação**
2. Conteúdo e fim da norma 7
3. Âmbito de aplicação
a) Âmbito pessoal e espacial 10
b) Concurso entre relações de domínio e de grupo 13

III – **A influência dominante**
4. Núcleo conceptual 15
5. Concretização e delimitação
a) Influência dominante e direção unitária 16
b) Influência sobre a administração e influência sobre a assembleia 20
c) Influência interna e influência externa 21
d) Influência direta e indireta. Concurso de relações de domínio 22
e) Domínio conjunto 23
6. Instrumentos de influência dominante
a) Presunções 24
b) Prevalência de um critério funcional de domínio 25

IV – **Regime jurídico**
7. Dever de publicação e declaração 26
8. Proibição de subscrição e aquisição 27
9. Relevância das relações de domínio no Direito societário geral 28
10. *Modus* aplicativo das regras jurídico-societárias gerais 29
11. Institutos gerais de proteção ao nível da sociedade dependente 32
12. Proteção ao nível da sociedade dominante? ... 34

I – Origem

1 1. **Preparação e fontes**. O 486.º prevê inovadoramente no Direito português uma noção de "relação de domínio" com alcance geral. O seu texto continha-se já no projeto de CSC de 1983[1] (477.º). No Direito anterior ao CSC encontravam-se, apenas, algumas referências esparsas ao fenómeno do controlo (cf., *v.g.*, a noção de sociedade dominada, constante do 39.º do DL 49381, de 15-nov.-1969, sobre fiscalização de sociedades anónimas, ou a noção de "empresa controlada", prevista no 23.º/2, do DL 56/86, de 18-mar., sobre sociedades de *factoring*).

2 O 486.º terá tido como fontes a lei alemã das sociedades anónimas – recebida também pelo projeto de *Nona Diretriz das Sociedades Comerciais*, sobre grupos de sociedades (1984)[2] – e a Proposta de Lei *Cousté* francesa (1978)[3].

3 O § 17(1) do AktG define o conceito de sociedades dependentes com recurso à ideia de "influência dominante" (*beherrschenden Einfluss*), que se presume, nos termos do § 17(2), quando uma das sociedades detém a maioria do capital da outra: o domínio, por sua vez, faz presumir a existência de um grupo (§ 18), ao qual se aplicam os §§ 311-318 se não existir contrato de subordinação (grupos de facto).

4 O projeto de diretriz, por seu lado, prevê também a "influência determinante" de uma sociedade no processo de decisão do órgão de direção de outra sociedade (9.º/2), estabelecendo, em tal caso, uma "responsabilidade por controlo de facto" (9.º/1), a par de outras medidas de proteção (11.º).

5 Por fim, a proposta *Cousté* trata da "influência que permite exercer o poder de decisão" (1.º), que faz presumir a existência de um grupo entre sociedades dominante e dependente (3.º/2); os 34.º a 37.º da proposta de lei preveem, por seu lado, esquemas de proteção da sociedade dependente, dos seus sócios e credores[4].

6 Embora inspirada nas regulamentações referidas, a lei portuguesa afasta-se delas em dois aspetos decisivos: por um lado, a "influência dominante" não permite presumir a existência de um grupo de sociedades, o qual só existe, à face do CSC, nos casos de domínio total (488.º-491.º) e de contrato de subordinação (493.º-508.º), bem como de contrato de grupo paritário (492.º); por outro lado, ressalvando os deveres de publicitação e de aquisição de participações, previstos no 486.º/3 e 487.º, respetivamente, o CSC não associa qualquer regime jurídico à situação de domínio, o que dá origem a importantes lacunas na matéria (cf. *infra* anot. 18 ss.).

II – Teleologia e âmbito de aplicação

7 2. **Conteúdo e fim da norma**. O n.º 1 delimita o conceito de sociedades em relação de domínio apelando ao conceito indeterminado de "influência dominante", posteriormente precisado através da construção de presunções de domínio (n.º 2): procura-se, por esta via, ultrapassar a indefinição conceptual do n.º 1 e alcançar critérios objetivos, precisos e claros, no seu

[1] *Código das Sociedades Comerciais (Projecto)*, BMJ 327 (1983), 43-339.

[2] O texto, traduzido, do projeto (que não chegou a assumir a forma de proposta) pode consultar-se em António Menezes Cordeiro, *Direito europeu das sociedades* (2005), 751 ss..

[3] *Proposition de Loi sur les groupes de sociétés et la protection des actionnaires, du Personnel et des Tiers*, cuja última versão data de 1978. O texto da proposta, que não chegou a ser aprovada, está disponível em Klaus Hopt, *Groups of companies in European laws*, em *Legal and Economic Analysis on Multinational Enterprises*, 2 (1982), 296-319.

[4] O 243.º/1, da LSA brasileira de 1976 considera controlada "a sociedade na qual a controladora, diretamente ou através de outras sociedades, é titular de direitos de sócio que lhe assegurem, de modo permanente, preponderância nas deliberações sociais e o poder de eleger a maioria dos administradores".

funcionamento, sem os quais todo o sistema normativo sobre coligações societárias ficaria em grave crise[5].

8 O n.º 3 estabelece um dever de publicidade das participações suscetíveis de fazer operar a presunção de influência dominante: ao lado da norma do 487.º é esta uma das escassas consequências jurídicas legalmente associadas ao domínio intersocietário.

9 Na realidade, omite a lei portuguesa qualquer tutela preventiva ou sucessiva das sociedades em relação de domínio, bem como dos respetivos sócios externos e credores – diferentemente do que sucede nas relações de grupo (cf. 488.º ss.) –, não obstante a situação de perigo, potencial ou real, decorrente da suscetibilidade ou até efetividade da situação de controlo (cf. *infra* anot. 18 ss.).

3. **Âmbito de aplicação**

10 *a*) **Âmbito pessoal e espacial**. O 486.º aplica-se quando a sociedade dominante e a sociedade dominada revestem, ambas, o tipo de sociedades por quotas, anónimas ou em comandita por ações (481.º/1: âmbito pessoal) e têm a sua sede em Portugal (481.º/2: âmbito espacial).

11 No caso de participações indiretas (483.º/2, *ex vi* do 486.º/1), não releva o tipo ou sede da titular formal (cf. 481.º, anot. 14).

12 O 481.º/2, *b*) prevê que os deveres de publicação e declaração de participações (cfr. 486.º/3) por sociedades com sede em Portugal abrangem as participações delas em sociedades com sede no estrangeiro e destas naquelas (cf. 481.º, anot. 17).

13 *c*) **Concurso entre relações de domínio e de grupo**. Se uma sociedade detiver uma participação totalitária no capital de outra sociedade (488.º) ou com esta concluir um contrato de subordinação (493.º), verifica-se, simultaneamente, uma relação de domínio e uma relação de grupo: não havendo incompatibilidade de regimes jurídicos, aplicam-se, cumulativamente, as regras relativas às duas modalidades de coligação.

14 No caso de uma sociedade deter mais de 90% do capital social de outra sociedade, haverá relação de grupo por domínio total e não apenas uma relação de domínio (simples) sempre que a sociedade dominante tenha previamente detido uma participação totalitária no capital da dependente: com efeito, nos termos do 489.º/4, *c*), a relação de grupo por domínio total só cessa se a sociedade dominante alienar mais de 10% do capital social da dependente (cf. 489.º, anot. 21).

III – **A influência dominante**

15 4. **Núcleo conceptual**. *Influência dominante* exprime, nuclearmente, a suscetibilidade ou potencialidade de uma sociedade (dita dominante) impor, com intensidade variável, decisões ou comportamentos a outra sociedade (dominada); traduz um poder direcional sobre a sociedade dominada – que releva independentemente do respetivo exercício efetivo –, a identificar casuisticamente, com recurso a um critério material, mas com o concomitante auxílio de padrões formais (cf. n.º 2). De modo incisivo: a influência dominante traduz a *suscetibilidade* de exercício de uma direção unitária das sociedades controladas que, *obtendo eficiência operativa*, tenderá a originar um *grupo de facto* (cf. *infra* anot. 17 ss.)[6].

[5] António Menezes Cordeiro 1 (2007), 991.

[6] Sobre os conceitos de controlo, domínio e influência dominante, cf. Ana Perestrelo de Oliveira, *Grupos de sociedades*, 106 ss.

5. **Concretização e delimitação**

a) **Influência dominante e direção unitária**. Quando uma sociedade dispõe de influência dominante sobre uma ou mais sociedades (em virtude, *v.g.*, dos instrumentos referidos no n.º 2) encontra-se em condições de exercer a direção unitária das sociedades envolvidas. 16

Embora a direção unitária implique um *quid pluris* face ao simples controlo (ou influência dominante), este legitima, *de facto* – embora não *de jure* –, um poder de direção unitária, o que explica que, em diversas legislações estrangeiras, se presuma tal direção unitária – e, por essa via, a existência de um *grupo* (de facto) – a partir da influência dominante ou controlo[7]. 17

Existindo, *de facto* (e não apenas *em potência*), uma atividade de direção unitária por parte da sociedade dominante ("grupo de facto"), surgem, no sistema português de sociedades coligadas, complexos problemas regulativos: à falta de uma disciplina jurídica preventiva ou de proteção face à *mera situação de perigo* decorrente da *potencialidade da direção unitária* ("influência dominante"), vem, na realidade, somar-se a total ausência de regras aplicáveis à *efetiva atividade de direção unitária* e, portanto, aos *grupos de facto*[8]. Quer o poder de direção unitária seja apenas potencial quer seja efetivamente exercido, encontramo-nos, sempre, no âmbito das relações de domínio, dotadas de regime jurídico marcadamente insuficiente. 18

A insuficiência da disciplina vigente torna-se clara, sobretudo, se se atentar na presença, no real panorama societário, de *grupos de facto qualificados*: grupos fortemente centralizados, em que a intensidade da direção unitária é idêntica àquela que é exercitável no âmbito das relações de grupo (cf. 503.º), e em que não é possível individualizar concretas intervenções lesivas sobre a sociedade-filha, de tal maneira que os mecanismos gerais de tutela têm dificuldade em operar de forma eficaz. 19

b) **Influência sobre a administração e influência sobre a assembleia:** a suscetibilidade de direção da sociedade dependente significa, por definição, *o poder de influir sobre a gestão*[9] desta sociedade, seja, *v.g.*, pelo poder de diretamente escolher os administradores – cf. 486.º/2, *c*) –, seja pelo poder exercido sobre a assembleia geral da controlada e inerente "força persuasiva" sobre o comportamento dos administradores – cf., *v.g.*, 486.º/3, *b*) –, seja ainda por meio diverso; o controlo sobre a assembleia releva, pois, mas indiretamente. A influência dominante surge, em suma, como o poder que assiste à sociedade dominante de (imediata ou mediatamente) agir sobre o *governo societário* da dependente. 20

c) **Influência interna e influência externa**. A influência dominante diz-se *interna* quando resulta de uma participação social (controlo acionista); diz-se *externa* quando resulta de contratos concluídos entre as sociedades (controlo contratual): em ambos os casos se exigirá, todavia, que o domínio seja jurídico-societariamente organizado, traduzindo o tipo de conexão de que 21

[7] Exemplo paradigmático é o do Direito alemão: cf. §§ 17 e 18 do AktG de 1965. Presume-se (*juris tantum*) que a sociedade que dispõe da *potencialidade* de exercício da direção unitária (influência dominante) a exerce *efetivamente* (direção unitária, base do grupo de sociedades). Daí o papel central efetivamente desempenhado pelo conceito de "influência dominante" ou de "controlo", sem paralelo na lei portuguesa.

[8] Apenas a direção unitária fundada em contrato de subordinação (493.º ss.) ou em participações totalitárias (488.º ss.) dá origem, no CSC, a um regime jurídico diferenciado face ao regime societário geral, o qual opera, inclusivamente, sem dependência da verificação da direção unitária efetiva: assim, enquanto que a sociedade que exerce *de facto* uma direção unitária (*i.e.*, fora do contexto de uma relação legal de grupo) não fica sujeita à obrigação de compensação das perdas da sociedade controlada (502.º) ou à responsabilidade perante os credores (501.º), por exemplo, a sociedade que dispõe do poder de controlo através de contrato de subordinação *mas que nunca fez uso efetivo de tal poder* fica sujeita ao referido regime: bem se vê, pois, a incongruência normativa do regime português vigente.

[9] Conceito distinto de *participar* na gestão ou de *substituir* na gestão os administradores da sociedade subordinada.

o Direito societário se ocupa (diferentemente sucede, *v.g.*, com a situação de dependência económica[10]).

22 *d*) **Influência direta e indireta. Concurso de relações de domínio**. A influência dominante pode ser amente exercida por uma sociedade sobre outra, mas pode sê-lo, também, de forma tão-somente indireta: cf. 486.º/1 e 483.º/2. Neste caso, o domínio indireto concorre, mas não substitui nem elimina, o domínio direto, aplicando-se, nos vários níveis da cadeia de domínios, o regime jurídico respetivo.

23 *e*) **Domínio conjunto**. É também admissível o exercício conjunto da influência dominante por duas ou mais sociedades independentes entre si, que isoladamente não dispõem de um poder de controlo, mas que coordenam as respetivas atuações (*v.g.*, através de contrato de grupo paritário) de modo a fazer surgir uma situação de controlo *conjunto* ou de contitularidade da influência dominante[11]. As "filiais comuns" ou "empresas comuns" constituem importante manifestação deste fenómeno[12] [13].

6. **Instrumentos de influência dominante**

24 *a*) **Presunções**. Com vista a atenuar a indefinição do conceito de influência dominante, procurando a segurança jurídica necessária, o 486.º/2 estabelece presunções (ilidíveis – 350.º/2 do CC) de domínio, assentes em critérios fundamentalmente formais: as presunções das alíneas *a*) e *b*) traduzem a verificação empírica de que os administradores seguem as diretrizes ("confidenciais") dos acionistas detentores de mais de 50% das participações ou dos direitos de voto (devido ao poder de determinar a sua destituição ou reeleição – cf. 252º/2, 257.º/1, 386.º/2); a presunção da alínea *c*) tem fundamento próximo: se uma sociedade pode designar mais de metade dos membros do órgão de administração (*maxime*, em virtude da detenção de direitos especiais: cf. 24.º) por essa via controlará também, eficazmente, o governo da sociedade; por fim, a possibilidade de designar mais de metade dos membros do órgão de fiscalização constitui, também, indício do referido controlo.

25 *b*) **Prevalência de um critério funcional de domínio**. A concretização da noção de "influência dominante" oferecida pelas presunções de domínio fixadas no n.º 2 não permite esgotar o respetivo universo[14], nem esconde a necessidade de, ao critério puramente formal, se fazer sobrepor um critério funcional de domínio, que atenda ao real equilíbrio de poderes na sociedade e não à formal detenção da maioria do capital ou dos direitos de voto (tomando em consideração, *v.g.*, o grau de dispersão do capital e consequente redução da percentagem do

[10] Cf. STJ 3-mai.-2000 (Dinis Nunes), www.dgsi.pt, que determinou que, se existe uma relação entre sociedades comerciais que passa sobretudo por um controlo em termos económicos de uma das sociedades sobre a outra, subsistindo esta em função das encomendas que a primeira lhe proporciona, inexiste uma relação jurídica de domínio (total ou parcial) ou de subordinação, o que afasta o seu enquadramento no quadro legalmente definido de grupos de sociedades.

[11] Diferente é a situação em que, por via de pactos parassociais respeitantes ao direito de voto, seja atribuído a (apenas) uma sociedade o poder de determinar as decisões fundamentais em matéria societária: haverá, então, controlo singular e não conjunto (sobre os acordos parassociais como instrumento de domínio, cf. Engrácia Antunes, *Os grupos*, 499). Controlo conjunto já existirá, todavia, quando o acordo parassocial se dirija ao exercício coordenado dos direitos de voto das diversas sociedades, em termos que facultem a influência dominante de ambas, em regime de contitularidade.

[12] Cf. Luís de Lima Pinheiro, *Joint venture. Contrato de empreendimento comum em Direito internacional privado* (1998); Luís Morais, *Empresas comuns. Joint ventures no Direito comunitário da concorrência* (2006).

[13] Cf. Engrácia Antunes, *Participações qualificadas e domínio conjunto – A propósito do caso "António Champalimaud – Banco Santander"* (2000), 74 ss..

[14] A título meramente exemplificativo, merecem consideração as interconexões de pessoal, *maxime* a existência de administradores duplos ou comuns, as participações minoritárias em contexto de dispersão do capital, para além, naturalmente, dos contratos de domínio ou subordinação, que originam, simultaneamente, uma relação de grupo (cf. 493.º ss.).

capital necessária ao controlo): relevam, assim, para efeitos do reconhecimento de uma relação de domínio, todos os meios capazes de facultar o poder de influenciar a gestão dos assuntos societários.

IV – **Regime jurídico**

7. **Dever de publicação e declaração**. O 486.º/3 – similarmente ao 485.º/5, relativo à 26
relação de participações recíprocas – determina que, sempre que a lei imponha a publicação ou declaração de participações (cf., *v.g.*, 448.º/4), deve ser mencionado pela sociedade presumivelmente dominante e pela sociedade presumivelmente dependente se se verifica alguma das situações que fazem presumir o domínio, nos termos do 486.º/2. Trata-se de dever que acresce ao dever de comunicação das participações previsto no 484.º, o qual deve ser interpretado como consagração de um *minimum* de tutela comum às diversas modalidades de coligação (cf. 484.º, anot. 9).

8. **Proibição de subscrição e aquisição**. Ao lado do dever de publicidade imposto no 27
486.º/3, a única consequência jurídica específica que a lei associa às relações de domínio é a proibição de subscrição e aquisição de participações prevista no 487.º.

9. **Relevância das relações de domínio no Direito societário geral**. Para além das normas 28
do Título VI, relativo às sociedades coligadas, a relação de domínio releva para efeitos das seguintes regras gerais: 6.º/3 (capacidade); 28.º/2, 398.º, 414.º-A/1, *c*), *d*), e *e*), 425.º/6, 437.º (incompatibilidades); 104.º/2 (imputação de participações); 432.º/3 (dever de informação – cf. também 290.º/1, referente às relações de coligação em geral); 397.º/3, 447.º, 449.º/1, 2 e 3, 450.º/4 (transparência: negócios com a sociedade, publicidade de participações e abuso de informação).

10. ***Modus* aplicativo das regras jurídico-societárias gerais**. Perante a omissão de regu- 29
lamentação específica das relações de domínio, mantém-se naturalmente aplicável o Direito societário geral: a respetiva interpretação e aplicação – condicionadas pelo reconhecimento das relações de coligação no Título VI do CSC – devem operar de forma favorável à extensão do espaço de operatividade do poder de direção da sociedade dominante, dentro dos limites da compatibilidade com a tutela da sociedade dominada, dos seus sócios minoritários e credores.

O poder de influência sobre a sociedade dependente e, consequentemente, o poder de 30
efetiva direção da sociedade dominante surge, na realidade, como dado de facto, absolutamente natural e fisiológico[15] no panorama societário, capaz mesmo de favorecer a obtenção de um máximo de eficiência produtiva intrasocietária. Nenhum juízo de desvalor lhe é lançado, consequentemente, pelo ordenamento jurídico: não deverão, por essa razão, os instrumentos de Direito societário geral constituir entrave ao exercício efetivo da influência dominante (nem, consequentemente, à gestão unitária que esta possibilita) para além da necessidade de tutela efetivamente reclamada pelos interesses em jogo.

Dito de outro modo: movendo-se embora a simples influência dominante prevista no 31
486.º num perímetro operativo mais limitado que o poder de direção unitária assente em participação totalitária ou em contrato de subordinação (488.º ss.) – *maxime* pela ilicitude da emissão de instruções desvantajosas (cf. 503.º/2) –, é, em todo o caso, lícita a construção de um espaço de legitimação jurídica do exercício do referido poder de facto, através da interpretação

[15] Trata-se de aspeto particularmente sublinhado pelo legislador italiano, na *Relazione Illustrativa* da Reforma de 2003 do *CIt*.

das normas jus-societárias gerais em sentido favorável à relevância da relação de domínio, num exercício a realizar caso a caso[16].

32 11. **Institutos gerais de proteção ao nível da sociedade dependente**. A proteção da sociedade dependente, dos respetivos sócios externos (cf. 494.º/2) e credores realiza-se, designadamente, através dos seguintes institutos principais: (a) responsabilidade civil da sociedade dominante por violação de deveres decorrentes do respetivo *status socii* (no caso de controlo interno); (b) responsabilidade civil (solidária) da sociedade por *culpa in eligendo* ou *in instruendo* nos termos do 83.º; (c) responsabilidade civil da sociedade como administradora (de facto) da sociedade dependente, por violação de deveres decorrentes do *status* de administradora; (d) responsabilidade, em caso de insolvência, como administradora de facto nos termos do 82.º/2, *a*), do CIRE; (e) abuso de direito, *maxime* na tomada de deliberações em assembleia geral – cf. 334.º do Código Civil; 58.º/1, *b*), e 3, do CSC; (f) levantamento da personalidade jurídica, a título excecional e perante a verificação dos pressupostos respetivos[17 18].

33 Para além destes mecanismos, tem sido igualmente debatida, sobretudo no direito estrangeiro, a suscetibilidade de proteção dos interesses em jogo ao nível da sociedade dependente com apelo, *v.g.*, à responsabilidade perante os credores fundada na frustração da confiança originada pela situação de controlo intersocietário (responsabilidade pela confiança no grupo – *Konzernvertrauenshaftung*)[19] ou em *culpa in contrahendo*, bem como através da imposição de deveres de informação acrescidos com vista à tutela (preventiva) dos acionistas externos da sociedade dominante; perante grupos de facto qualificados (cf. *supra* anot. 19), equaciona-se ainda (sobretudo no ordenamento alemão, mas numa via a perder crescentemente terreno em favor de esquemas alternativos[20]) a possibilidade de aplicação analógica de determinadas regras legais previstas para os grupos de direito (*maxime*, quanto aos grupos de facto constituídos por sociedades de responsabilidade limitada (*GmbH*), que não encontram regulamentação legal no ordenamento alemão). Cf. 501.º, anot. 12 e 502.º, anot. 9, sobre a aplicabilidade analógica, no direito português, destas regras aos grupos de facto qualificados. Cf. 501, anot. 32 para o elenco dos mecanismos de proteção alternativos.

34 12. **Proteção ao nível da sociedade dominante?** A necessidade de proteção dos sócios externos e credores da sociedade-mãe é reconhecida há muito nos diversos ordenamentos jurídicos; hoje não oferece dúvidas significativas no âmbito das sociedades em relação de grupo, devendo aceitar-se idêntico princípio perante relações de domínio. De entre os esquemas de tutela dos sócios externos da sociedade dominante ponderados nos direitos estrangeiros merecem relevo dois: (a) o instrumento norte-americano do *pass through*, através do qual, perante

[16] *V.g.*: à definição do interesse social da sociedade dependente não é indiferente, dada a especial relação intersocietária, o interesse da dominante ou o "interesse do grupo"(cf. 504.º, anot. 13).

[17] Cf. RLx 5-jul.-2000 (Seara Paixão), www.dgsi.pt: "a reconstrução da 'unidade social e económica' que pode estar por detrás do grupo de empresas ou de sociedades só se justifica quando o grupo apresente características tais que permitam detetar a presença de uma especial unidade, que se mantém apesar das personalizações das várias componentes e que, em termos de boa fé, exija a desconsideração dessa personalidade". Quanto ao levantamento em geral, cf. 5.º; em especial quanto ao levantamento da personalidade em situações de domínio intersocietário, cf. Diogo Pereira Duarte, *Aspectos do levantamento da personalidade colectiva nas sociedades em relação de domínio* (2007).

[18] Sobre o levantamento nos grupos de sociedades, cf. Ana Perestrelo de Oliveira, *A insolvência nos grupos de sociedades. Notas sobre a consolidação patrimonial e a subordinação de créditos intragrupo*, RDS I (2008), 4, 995-1028.

[19] Trata-se de via que logrou desenvolvimento sobretudo no direito suíço.

[20] Nomeadamente, através da responsabilização da sociedade dominante por colocação em risco da capacidade de sobrevivência da sociedade dependente (*Lebenfähigkeitsverletzung*), figura cuja real natureza jurídica ainda está por esclarecer definitivamente.

decisões estratégicas, os direitos de voto na assembleia da controlada são distribuídos entre os acionistas da controlante, proporcionalmente ao valor da respetiva participação no capital desta sociedade, e (b) a expansão *ex bona fide* da competência da assembleia geral, através da imposição aos administradores de submeterem a este órgão decisões relativas à controlada que impliquem uma grave ingerência nos direitos e interesses dos sócios da controladora (no sistema alemão)[21]. Trata-se de tema em aberto no quadro da legislação portuguesa.

Artigo 487.º (Proibição de aquisição de participações)

1. É proibido a uma sociedade adquirir quotas ou ações das sociedades que, diretamente ou por sociedades ou pessoas que preencham os requisitos indicados no artigo 483.º, n.º 2, a dominem, a não ser aquisições a título gratuito, por adjudicação em ação executiva movida contra devedores ou em partilha de sociedades de que seja sócia.

2. Os atos de aquisição de quotas ou ações que violem o disposto no número anterior são nulos, exceto se forem compras em bolsa, mas neste caso aplica-se a todas as ações assim adquiridas o disposto no artigo 485.º, n.º 3.

Bibliografia: José A. Engrácia Antunes, *Os Grupos de Sociedades*, 2.ª ed. (2002), 422-442; António Menezes Cordeiro 1 (2007), 989-994; *id.*, *Direito europeu das sociedades* (2005), 751-785; Ministério da Justiça, *Código das Sociedades Comerciais (Projecto)*, BMJ 327 (1983), 43-339; Maria da Graça Trigo, *Grupos de sociedades*, O Direito 1991, 70 e 71.

Índice

I – Origem
1. Preparação e fontes ... 1

II – Teleologia e âmbito de aplicação
2. Conteúdo e fim da norma ... 4
3. Âmbito de aplicação
a) Âmbito subjetivo ... 7
b) Âmbito espacial ... 8
c) Concurso de relações ... 10

III – Regime jurídico
4. Proibição absoluta de aquisição (originária ou derivada) de quotas ... 11
5. Exceções ... 13
6. Consequências do incumprimento ... 14

I – Origem

1 **1. Preparação e fontes**. O 487.º não encontra correspondência no Direito português anterior ao CSC. O seu texto encontrava-se já no Projeto de CSC de 1983[1], não tendo sofrido alterações quando transitou para o diploma definitivo.

2 Embora o preceito se tenha mantido formalmente inalterado desde 1986, o respetivo âmbito de aplicação viria a ser implicitamente derrogado pelo DL 328/95, de 9-dez., que transpôs para o Direito interno a Diretriz 92/101/CEE do Conselho, de 23-nov.-1992 (que alterou a Diretriz 77/91/CEE relativa à constituição da sociedade anónima, bem como à conservação e

[21] Cf., sobre a extensão da competência *ex bona fide* no Direito português em geral, António Menezes Cordeiro, *SA: Assembleia Geral e Deliberações Sociais* (2006), 135-139.

[1] *Código das Sociedades Comerciais (Projecto)*, BMJ 327 (1983), 43-339.

às modificações do seu capital social): desta forma, à aquisição das ações de sociedade dominante que revista o tipo de sociedade anónima ou de sociedade em comandita por ações (478.º) passou a ser aplicável o regime dos 325.º-A e 325.º-B (cf. *infra* anot. 7).

3 A proibição de aquisição de participações de sociedade dominante pela dominada, prevista no 487.º, filia-se na matéria das "participações recíprocas"[2], partilhando, por isso, da origem do 485.º (cf. 485.º, anot. 1 ss.). Em especial, a matéria das participações recíprocas *qualificadas* surge no Direito alemão, no § 19(2) e (3) do AktG de 1965: a primeira destas regras trata da participação recíproca qualificada *unilateral*, que ocorre quando duas sociedades participam no capital uma da outra em mais de 25% e, em acréscimo, uma delas é dependente da outra; a segunda prevê situações de dependência recíproca entre as sociedades. O § 56(2) estabelece uma proibição de aquisição de ações da dominante pela dependente, encontrando-se restrições paralelas nos §§ 71 ss., a respeito das ações próprias.

II – Teleologia e âmbito de aplicação

4 2. **Conteúdo e fim da norma**. O n.º 1 proíbe que uma sociedade adquira participações de SPQ que, direta ou indiretamente, a domine, nos termos do 486.º (quanto às SA e em comandita, regem os 325.º-A e 325.º-B: cf. *infra* anot. 7, 12). A proibição aplica-se independentemente do montante da participação a adquirir e apenas é excluída nos casos especificamente previstos na parte final do preceito. O ato aquisitivo praticado em violação da proibição é nulo, nos termos do n.º 2, 1.ª parte.

5 Quando a relação de domínio assente em participação da dominante no capital social da dominada – cf., *v.g.*, 486.º/2, *a*) –, a aquisição de uma participação por esta última no capital da primeira origina uma relação de *participações recíprocas (qualificadas)*: a proibição da aquisição justifica-se pelo risco para a conservação do capital social decorrente do efeito substancialmente equivalente à aquisição de participações próprias produzido pelas participações recíprocas[3] (cf. 220.º e 317.º ss., relativos às quotas próprias e às ações próprias, respetivamente) –, bem como pelo risco de controlo recíproco dos órgãos de administração sobre os órgãos deliberativos das sociedades em relação de participações recíprocas. Acessoriamente, o legislador terá ainda pretendido evitar que a sociedade dominante utilize a sua influência sobre a dominada para induzir esta sociedade a adquirir participações no seu próprio capital.

6 No caso de controlo externo (não assente em participação social: *v.g.*, contrato de subordinação), a proibição justifica-se apenas em função dos dois últimos fatores apontados: inexistindo participações recíprocas, não há, naturalmente, qualquer perigo para a conservação do capital social.

3. **Âmbito de aplicação**

7 *a*) **Âmbito subjetivo**. Na sua versão originária, o 487.º aplicava-se tanto às sociedades por quotas como às sociedades anónimas e em comandita por ações, nos termos do 481.º/1. O DL 328/95, de 9-dez. veio, porém, introduzir dois novos preceitos em matéria de ações próprias: os 325.º-A e 325.º-B, que equiparam a ações próprias as ações de sociedade anónima subscritas, adquiridas ou detidas por sociedade daquela dependente, direta ou indiretamente, nos termos do

[2] Em causa estão, fundamentalmente, participações recíprocas *qualificadas*, as quais, todavia, não esgotam o âmbito de aplicação do preceito: cf. *infra*, no texto, anot. 5-6.

[3] Se a sociedade investir o seu património em quotas ou ações da participante, no património da participante figurarão as ações da participada cujo valor depende do valor do património desta última sociedade, ao mesmo tempo que, neste, figurarão as ações da própria participante: tudo se passa como se, indiretamente, a sociedade se tornasse sócia de si própria, com a inerente redução da garantia conferida pelo capital social.

486.º. Assim, apesar de formalmente se manter a redação do 487.º, a norma aplica-se atualmente apenas às sociedades por quotas. Consequentemente, todas as referências a "ações", assim como a parte final do n.º 2 (exceção à sanção da nulidade), perderam sentido.

b) **Âmbito espacial**. Nos termos da regra geral do corpo do 481.º/2, o 487.º aplica-se à aquisição de participações sociais de sociedades com sede em Portugal por sociedades cuja sede se situe também neste país. O 481.º/2, *a*) dispõe, por seu lado, que o 487.º se aplica também à aquisição de participações de sociedades com sede no estrangeiro que, de acordo com o CSC, sejam consideradas dominantes (desde que a dominada tenha sede em Portugal – cf. também 325.º-A/3). 8

Já a aquisição de participações de sociedade dominante com sede em Portugal por sociedade com sede no estrangeiro não se encontra – inexplicavelmente – sujeita à proibição do 487.º: desprotege-se as sociedades nacionais e consagra-se solução oposta à do 325.º-A, cujo n.º 3 é claro ao determinar a aplicabilidade da proibição de aquisição de ações aos casos em que "a sociedade dependente tenha a sede efetiva ou a sede estatutária no estrangeiro, desde que a sociedade dominante esteja sujeita à lei portuguesa". 9

c) **Concurso de relações**. Caso se cumulem relações de participações recíprocas e de domínio, o 485.º/4 determina a prevalência do regime do 487.º: a aquisição é nula; o 487.º aplica-se ainda quando, para além da relação de domínio, exista simultaneamente uma relação de grupo: as consequências jurídicas previstas para esta modalidade de relação não excluem a relevância da relação de domínio (cf. 486.º, anot. 13). 10

III – **Regime jurídico**

4. **Proibição absoluta de aquisição (originária ou derivada) de quotas**. O n.º 1 estabelece uma proibição de aquisição de quotas de sociedade (direta ou indiretamente) dominante por parte da sociedade dependente, sendo irrelevante se essa aquisição é originária (subscrição) ou se é derivada: em ambos os casos se verificam os riscos que o legislador pretendeu evitar com o regime previsto (cf. *supra* anot. 5 ss.). Por outro lado, não obstante a falta de referência expressa da lei, é proibida a aquisição de quotas por interposta pessoa ou através de outro titular meramente formal, nos termos do 483.º/2. 11

Trata-se de regime acentuadamente mais exigente do que o previsto para as sociedades anónimas e em comandita por ações (cf. 325.º-A e 325.º-B), para as quais vigora um princípio de proibição absoluta apenas quanto à aquisição originária de ações e não já quanto à aquisição derivada, a qual é lícita nos casos do 317.º. 12

5. **Exceções**. O 487.º estabelece como exceções à regra geral da proibição de aquisição de quotas da sociedade dominante as aquisições a título gratuito, por adjudicação em ação executiva movida contra devedores ou em partilha de sociedades de que seja sócia[4]. 13

6. **Consequências do incumprimento**. A aquisição de quotas em violação da proibição do 487.º/1 determina a nulidade do ato aquisitivo, nos termos do n.º 2 (a exceção constante da segunda parte do 487.º/2 encontra-se tacitamente revogada, devido à inaplicabilidade da norma às sociedades anónimas e em comandita por ações). O administrador que adquira quotas em violação da proibição legal é responsável civil e penalmente (cf. 72.º ss. e 510.º/2, respetivamente). 14

[4] STJ 8-abr.-1997 (Torres Paulo), Proc. 96A233 e RPt 5-jul.-1993 (Simões Freire), Proc. 9340248: a proibição estabelecida pelo 487.º não tem também aplicação no processo de recuperação de empresas.

Capítulo III – Sociedades em relação de grupo

Secção I – Grupos constituídos por domínio total

Artigo 488.º (Domínio total inicial)

1. Uma sociedade pode constituir uma sociedade anónima de cujas ações ela seja inicialmente a única titular.

2. Devem ser observados todos os demais requisitos da constituição de sociedades anónimas.

3. Ao grupo assim constituído aplica-se o disposto nos n.os 4, 5, e 6 do artigo 489.º.

Bibliografia: José A. Engrácia Antunes, *Os grupos de sociedades* (2002), 843-868 e 899-910; *id.*, *Os direitos dos sócios da sociedade-mãe na formação e direcção dos grupos societários* (1994); José de Oliveira Ascensão (2000), 580-585; Francisco Pereira Coelho, *Grupos de sociedades. Anotação preliminar aos arts. 488.º a 508.º do Código das Sociedades Comerciais*, BFDUC LXIV (1988), 297-353; Carlos Osório de Castro, *A relação de domínio total: diagnóstico e remédios*, DSR IX (2017), v. 18, 26-79; António Menezes Cordeiro 1 (2007), 989-994; *id.*, *Direito europeu das sociedades* (2005), 751-785; Luís Brito Correia, *Grupos de sociedades*, em *Novas Perspectivas do Direito Comercial* (1988), 393-394; Ricardo Alberto Santos Costa, *A sociedade por quotas unipessoal no direito português* (2002), 511-544; Eliseu Figueira, *Disciplina jurídica dos grupos de sociedades*, CJ XV (1990), 57-58; Maria Augusta França, *A estrutura das sociedades em relação de grupo* (1990), 125; Ministério da Justiça, *Código das Sociedades Comerciais (Projecto)*, BMJ 327 (1983), 43-339; Ana Perestrelo de Oliveira, *Grupos de sociedades e deveres de lealdade* (2012), 406 ss.; Maria da Graça Trigo, *Grupos de sociedades*, O Direito 1991, 74-76; Raúl Ventura, *Grupos de sociedade – uma introdução comparativa a propósito de um projecto preliminar de diretiva da CEE*, ROA 41 (1981), 305-313.

Índice

I – **Origem**
1. Preparação e fontes ... 1

II – **Teleologia e âmbito de aplicação**
2. Conteúdo e fim da norma ... 5
3. Âmbito de aplicação ...
a) Âmbito subjetivo
α) Sujeitos ativos ... 12
β) Sujeitos passivos ... 13
b) Âmbito espacial ... 16
c) Concurso de relações ... 17

III – **Domínio total inicial direto e indireto** .
4. Domínio total inicial direto ... 18
5. Domínio total inicial indireto ... 19

IV – **Requisitos de constituição**
6. Requisitos gerais ... 24
7. Deliberação social? ... 25

V – **Regime jurídico**
8. A remissão do 491.º ... 26

VI – **Termo da relação de grupo**
9. A remissão do 488.º/3 ... 27

I – Origem

1 1. **Preparação e fontes**. A permissão de constituição de sociedades anónimas unipessoais por outras sociedades (que assumam o tipo de sociedade por quotas, anónima ou em comandita por ações – cf. 481.º) consta do CSC desde a sua versão originária, não encontrando paralelo

no Direito português anterior. A norma tem origem no 479.º do Projeto de CSC de 1983[1], relativamente ao qual não apresenta modificações.

2 O 488.º constituía, de resto, a única situação de unipessoalidade societária admitida pela versão originária do DL 262/86, de 2-set.: a figura da sociedade por quotas unipessoal apenas seria introduzida pelo DL 256/96, de 31-dez., que transpôs a 12.ª Diretriz Comunitária relativa às sociedades unipessoais[2] e acrescentou ao título III do CSC os 270.º-A ss..

3 A atual redação do 488.º foi introduzida pelo DL 280/87, de 8-jul., que alterou o n.º 1, eliminando a referência à sede da sociedade totalmente dominante. Na versão anterior dizia esta norma que "uma sociedade *com sede em Portugal* pode constituir, mediante escritura pública por ela outorgada, uma sociedade anónima de cujas ações ela seja inicialmente a única titular"[3]. A Reforma de 2006 (DL 76-A/2006, de 29-mar.) veio alterar amente o âmbito de aplicação do preceito, ao acrescentar ao 481.º/2 uma nova alínea *d*), permitindo "a constituição de uma sociedade anónima, nos termos dos n.os 1 e 2 do artigo 488.º, por sociedade cuja sede não se situe em Portugal" (cf. *infra* anot. 16).

4 O regime do 488.º ter-se-á inspirado, fundamentalmente, nas regras dos 251.º a 253.º da Lei das Sociedades Anónimas brasileira: tal como no CSC (488.º e 489.º), também nesta lei se prevê a sociedade anónima unipessoal – designada "subsidiária integral" –, constituída quer originária quer supervenientemente. O CSC afasta-se, em contrapartida, da opção seguida pelas duas principais fontes gerais do seu Título VI: a lei alemã das sociedades anónimas (AktG de 1965) e o projeto de *Nona Diretriz das Sociedades Comerciais*, sobre grupos de sociedades (1984)[4], o qual nunca ultrapassou o estádio do projeto, que optam por não autonomizar o controlo integral de uma sociedade sobre outra, a não ser na medida em que este decorra de "integração" ou "anexação"[5].

II – Teleologia e âmbito de aplicação

5 2. **Conteúdo e fim da norma**. Estabelece-se o conceito de domínio total inicial, que ocorre quando uma sociedade constitui outra sociedade de cujo capital social é inicialmente a única titular. O domínio total origina, *ex vi legis*, uma relação de grupo entre a sociedade totalmente dominante e a sociedade totalmente dominada[6] [7].

[1] *Código das Sociedades Comerciais (Projecto)*, BMJ 327 (1983), 43-339.

[2] Diretriz 89/667/CEE, de 21-dez.-1989.

[3] Sobre o significado da alteração ao 488.º, cf. Raúl Ventura, *O contrato de subordinação*, em *Novos estudos sobre sociedades anónimas e sociedades em nome colectivo* (1994), 108, nota 3. Tendo em conta que o 481.º/2 se manteve, então, intacto, não era correta a interpretação – feita à luz da nova redação do 488.º – segundo a qual uma sociedade com sede fora de Portugal podia constituir, neste país, uma sociedade anónima unipessoal. Essa possibilidade foi depois consagrada pelo DL 76-A/2006, de 29-mar..

[4] O texto, traduzido, pode consultar-se em António Menezes Cordeiro, *Direito europeu das sociedades* (2005), 751 ss..

[5] Na lei alemã, a participação totalitária surge como instrumento de domínio (§ 17) – não referido autonomamente –, por permitir o exercício de uma influência dominante (*beherrschenden Einfluss*), que faz presumir a direção unitária (*einheitlichen Leitung*) e, nessa medida, a existência de um grupo (*Konzern*). A participação totalitária no capital de uma sociedade anónima origina, em geral, um grupo de facto, sujeito ao regime dos §§ 311-317. Todavia, no caso de uma sociedade se encontrar "integrada" (*eingegliedert*) noutra, nos termos do § 319, são aplicáveis as regras dos §§ 319 a 327. Também no projeto de Diretriz a figura que mais se aproxima do domínio total será a do grupo constituído por "declaração unilateral". Cf., sobre estes institutos, 490.º, anot. 5-6.

[6] Cf., para além da própria epígrafe do capítulo III em que se enquadra o 488.º ("sociedades em relação de grupo"), o n.º 3 desta norma ("ao grupo assim constituído..."). Diferentemente do 489.º/1, que refere que a sociedade que domine totalmente outra sociedade forma um grupo com esta "por força da lei", o 488.º não determina expressamente que a relação de grupo resulta diretamente da lei. Todavia, é evidente, que, sendo constituída uma sociedade anónima unipessoal, se desencadeiam automaticamente os efeitos legalmente associados à relação de grupo, independentemente de qualquer outra manifestação de vontade.

[7] No caso de haver concomitantemente uma relação de grupo por contrato de subordinação (493.º ss.), o 493.º/2

6 Nos termos da letra do preceito, existe domínio total para os efeitos legais (cf. 501.º a 504.º, *ex vi* do 491.º) quando uma sociedade por quotas, anónima ou em comandita por ações (cf. 481.º/1) detém 100% do capital social de uma *sociedade anónima* (sociedade anónima unipessoal). Existirá também, todavia, uma relação de grupo por domínio total caso o sujeito passivo seja uma *sociedade por quotas* (sociedade por quotas unipessoal – cf. 270.º-A ss.).

7 A possibilidade de constituição de sociedade anónima unipessoal pelos entes societários referidos no 481.º/1 constitui derrogação à regra do 273.º/1, que determina a existência de um número mínimo de cinco acionistas neste tipo social: estabelece-se, pois, uma clara cisão entre aquilo que é permitido às pessoas singulares e às pessoas coletivas em geral, por um lado, e aquilo que é permitido às sociedades por quotas, anónimas e em comandita por ações, por outro lado.

8 Ao prever a sociedade anónima integralmente detida por outra *sociedade*, o legislador terá pretendido corresponder à necessidade prática de recurso à figura como forma de integração e de estruturação empresarial, particularmente sentida no universo das sociedades comerciais, ultrapassando, assim, o dogma da pluralidade necessária de sócios[8]. Não obstante, é duvidoso o fundamento da exclusão da sociedade anónima unipessoal detida por pessoas singulares ou outras pessoas coletivas.

9 A relação de grupo por domínio total constitui a forma mais intensa de coligação societária prevista no CSC – 482.º, *d)*[9] –, pois, para além do controlo exercido sobre o órgão de gestão, a sociedade totalmente dominante exerce, na qualidade de sócia única, todas as competências pertencentes à assembleia geral da dependente, o que constitui diferença qualitativa relevante face à situação de grupo assente em contrato de subordinação.

10 O regime legal estabelecido para o domínio total diverge, por outro lado, significativamente, das (parcas) consequências jurídicas associadas ao mero domínio societário (cf. 486.º e 487.º): nos termos dos 501.º a 504.º, *ex vi* do 491.º, a sociedade-mãe responde pelas dívidas das filiais, está obrigada a compensar as respetivas perdas, pode dirigir instruções vinculativas, *inclusive* desfavoráveis, ao órgão de administração desta última, aplicando-se, consequentemente, o regime especial de responsabilidade dos administradores do 504.º. Diferentemente, na relação de domínio, na ausência de lei especial, os direitos e obrigações das sociedades coligadas são fundamentalmente determinados pelo regime societário geral (cf. 486.º, anot. 29 ss.).

11 O formalismo e rigidez característicos do sistema estabelecido pelo legislador português, fazendo assentar a fronteira da aplicação do regime especial dos grupos societários na detenção de 100% do capital social, garante, inequivocamente, a segurança jurídica indispensável ao funcionamento do sistema[10], mas coloca, simultaneamente, em evidência o carácter insuficiente da regulamentação das relações de domínio, particularmente no que toca ao domínio qualificado.

determina que a sociedade diretora forma um grupo com todas as sociedades por ela dirigidas, mediante contrato de subordinação, e com todas as sociedades por ela integralmente dominadas, direta ou indiretamente.

[8] Cf. António Menezes Cordeiro 1 (2007), 245 ss..

[9] O que explica a decisão do STJ 29-abr.-1999 (Ferreira de Almeida), Proc. 99B131, que, a propósito de uma fiança *omnibus*, entendeu que, sendo a "garantia prestada por uma sociedade integrada numa espécie de *holding*, na qual a totalidade do capital de ambas as sociedade, fiadora e afiançada, é detida pela empresa-mãe, e com um núcleo comum de administração (...) não é, pois, de crer que a fiadora, apesar de formalmente pessoa jurídica distintas da sua afiançada, não tivesse acesso a informação detalhada e por isso não conhecesse os montantes envolvidos ou mesmo os 'programas' das obrigações a garantir através da fiança por si subscrita, pelo menos os decorrentes das obrigações de pretérito".

[10] Cf. António Menezes Cordeiro 1 (2007), 991.

3. Âmbito de aplicação

a) Âmbito subjetivo

α) **Sujeitos ativos.** Podem formar uma sociedade anónima unipessoal e, assim, constituir *sujeitos ativos* da relação de domínio os entes referidos no 481.º/1: sociedades por quotas, sociedades anónimas e sociedades em comandita por ações. Para além deles, a Lei 53-F/2006, de 29-dez., sobre o novo regime jurídico do sector empresarial local, prevê também expressamente a possibilidade de os entes públicos locais (municípios, associações de municípios e áreas metropolitanas de Lisboa e Porto) constituírem sociedades anónimas de cujas ações sejam inicialmente os únicos titulares (4.º)[11]. 12

β) **Sujeitos passivos**. Do lado *passivo* da relação de domínio total, podem ser consideradas sociedades totalmente dominadas não só sociedades anónimas como também sociedades por quotas. Não obstante a restrição da letra do 488.º à constituição de sociedade anónima unipessoal – diferentemente do que sucede no 489.º –, qualquer das sociedades previstas no 481.º pode constituir, nos termos dos 270.º-A ss., uma sociedade por quotas unipessoal[12], formando-se, quando isso suceda, uma relação de grupo por domínio total, com consequente aplicação do regime jurídico decorrente do 491.º (501.º a 504.º)[13]. 13

Diferente interpretação conduziria à conclusão de que a sociedade que detém a totalidade do capital de uma *sociedade por quotas* não responderia pelas dívidas sociais da subsidiária integral, nem estaria obrigada a compensar as suas perdas, por exemplo, quando é certo que essas obrigações já existiriam no caso de a subsidiária ser uma *sociedade anónima*. Por outro lado, e mais gravemente, dado que o 489.º, relativo ao domínio total superveniente, permite que este se constitua tanto em face de sociedades anónimas como de sociedades por quotas, não seria explicável a radical divergência de regime consoante o capital da sociedade anónima fosse originariamente subscrito, na sua totalidade, pela sociedade-mãe ou apenas posteriormente adquirido por ela[14]. 14

Naturalmente, já não pode ser sujeito passivo de uma relação de domínio total a sociedade em comandita por ações, pois a unipessoalidade é conceptualmente incompatível com este tipo societário (cf. 465.º). 15

b) **Âmbito espacial**. Nos termos do 481.º/2, as regras sobre domínio total inicial aplicam-se, em regra, quando as sociedades totalmente dominante e totalmente dominada têm a sua sede em Portugal. Todavia, o 481.º/2, *d*), introduzido pelo DL 76-A/2006, de 29-mar., determina a aplicabilidade da lei portuguesa à constituição de uma sociedade anónima nos termos do 488.º por sociedade cuja sede se situe no estrangeiro. Assim, o regime estabelecido pelo CSC para as sociedades constituídas por domínio total (501.º a 504.º, *ex vi* do 491.º) aplica-se (a) à sociedade 16

[11] Trata-se de regra que vai mais longe que o regime estabelecido no 273.º/2 (aplicável aos entes locais *ex vi* da equiparação prevista no 545.º), o qual exigia um mínimo de dois acionistas para a sociedade anónima constituída por aqueles sujeitos. No que toca às empresas públicas estaduais, continua a não estar prevista, com âmbito geral, a sociedade anónima unipessoal (cf. DL 558/99, de 17-dez., mesmo após a alteração introduzida pelo DL 300/2007, de 23-ago.), ainda que a prática de criação destas empresas por decreto-lei permita a derrogação do número mínimo de dois acionistas, fixado no CSC.

[12] A possibilidade de constituição de sociedades por quotas unipessoais está aberta a qualquer pessoa singular ou coletiva (270.º-A/1) e, nessa medida, às sociedades anónimas, às sociedades em comandita por ações e às sociedades por quotas, referidas no 481.º/1.

[13] Neste sentido, cf. também Oliveira Ascensão (2000), 581; Engrácia Antunes, *Os grupos de sociedades* (2002), 850; Ricardo Costa, *A sociedade por quotas unipessoal no direito português* (2002), 520 ss.. Contra, cf. Carlos Osório de Castro, *A relação de domínio total: diagnóstico e remédios*, DSR IX (2017), v. 18, 32 ss..

[14] Todavia, nos termos do 270.º-C/2, a sociedade por quotas unipessoal não pode ter como sócia única outra sociedade por quotas unipessoal. Já nada impede, porém, que aquela sociedade constitua uma sociedade anónima unipessoal (488.º/1), que, por sua vez, pode adquirir a totalidade do capital de uma sociedade por quotas (unipessoal).

com sede em Portugal integralmente detida por sociedade com sede também em Portugal e (b) à sociedade com sede em Portugal integralmente detida por sociedade com sede no estrangeiro. Mas já não existe uma relação de domínio total, relevante para efeitos do CSC, quando uma sociedade portuguesa domina integralmente uma sociedade com sede no estrangeiro.

17 *c*) **Concurso de relações**. Sempre que existe uma relação de grupo há, simultaneamente, a possibilidade de exercício de uma influência dominante sobre a sociedade dependente e, nessa medida, uma relação de domínio (486.º). Uma vez que as consequências jurídicas associadas a ambas as modalidades de coligação societária não se excluem mutuamente, aplicam-se, a par dos 488.º e 501.º a 504.º (*ex vi* do 491.º), os 486.º e 487.º, bem como os 325.º-A e 325.º-B.

III – **Domínio total inicial direto e indireto**

18 4. **Domínio total inicial direto**. Se uma sociedade constitui uma sociedade anónima (ou por quotas) de cujo capital ela é inicialmente a única titular, há domínio total inicial direto.

19 5. **Domínio total inicial indireto**. O 488.º, diferentemente do 489.º (domínio total superveniente) ou dos 483.º, 485.º e 486.º (relações de simples participação, de participações recíprocas e de domínio), não refere a suscetibilidade de a relação de domínio total resultar de participações indiretas no capital social da dependente. Por outro lado, a doutrina que se pronuncia sobre o tema fá-lo em sentido contrário à verificação do domínio total inicial indireto[15].

20 Não se compreende, todavia, o corte sistemático que desta forma se opera: a lei adota, nas diversas normas relativas às coligações de sociedades, um conceito material de participação social; o próprio 489.º, por seu lado, fixa também um conceito material e não meramente formal de unipessoalidade. A omissão legislativa no 488.º não tem, por isso, significado excludente do conceito material acolhido em geral pelo CSC, não se devendo senão à particular técnica utilizada pelo legislador nesta regra, a qual se configura como norma autorizativa da constituição de sociedades anónimas unipessoais, mais do que como regra de definição do conceito de relação de grupo por domínio total inicial (diferentemente do que sucede no 489.º, quanto ao domínio total superveniente).

21 Assim, haverá domínio total inicial indireto quando uma sociedade constituir, através de outras sociedades ou pessoas que preencham os requisitos indicados no 483.º/2, uma sociedade de cujas ações estas últimas sejam inicialmente as únicas titulares: a subscrição ou aquisição originária da totalidade do capital social da sociedade anónima ou por quotas é imputável à sociedade dominante ou em relação de grupo com a titular formal[16]. Sobre as situações em que a sociedade é constituída por sociedade que se encontra em relação de domínio mas não de grupo, cf. 489.º, anot. 12.

[15] Cf., *v.g.*, Engrácia Antunes, *Os grupos*, 855, afirmando que poderá haver domínio superveniente; Ricardo Costa, *A sociedade*, 529; Carlos Osório de Castro, *A relação* cit., 52 ss. (não poderiam coexistir dois domínios totais pois as instruções poderiam ser contraditórias).

[16] Confirme-se esta solução através do confronto dos seguintes exemplos: **Ex. 1:** a sociedade **B** é titular de 100% do capital da sociedade **C**. A sociedade **A** vem, posteriormente, a adquirir a totalidade do capital social de **B**. Há domínio total inicial direto entre **B** e **C** e domínio total superveniente indireto entre **A** e **C**. **Ex. 2:** a sociedade **A** é titular de 100% do capital da sociedade **B**. Posteriormente, **B** constitui a sociedade **C**, subscrevendo a totalidade do seu capital. Há domínio total inicial direto entre **B** e **C**. Entre **A** e **C** há domínio total inicial *indireto*, já que, devido à relação de domínio total entre **A** e **B**, a percentagem de capital subscrito por **B** na sociedade **C** é imputada a **A**. Assim, a constituição originária da sociedade **C** por **B** faz nascer, *ipso facto*, uma relação de domínio total entre **A** e **C**: com a constituição originária da sociedade anónima origina-se, simultaneamente, uma relação de domínio total entre a titular formal das participações (**B**) e a sociedade **C**, e entre a titular material das participações (**A**) e **C**. Trata-se de domínio total inicial e não superveniente, já que decorre da *imputação* a **A** das participações subscritas *originariamente* por **B** no

Em suma, para efeitos de cômputo das participações sociais, com vista ao apuramento da existência de domínio total, haverá que atender tanto às participações as como às participações indiretas, relevando umas e outras simultaneamente. 22

Valendo um conceito de unipessoalidade material e não meramente formal, pode perguntar-se se a sociedade anónima pode ser constituída por um número de acionistas inferior a cinco (cf. 273.º/1), desde que entre eles se verifiquem as relações previstas no 483.º/2. A resposta é negativa: a relevância da titularidade material não afasta a relevância da titularidade formal (cf. 483.º/2, anot. 21); ora, no caso descrito, haveria, é certo, unipessoalidade originária material, permitida pelo 488.º, mas haveria, simultaneamente, pluralidade formal de sócios, sujeita ao número mínimo fixado pelo 273.º/1[17]. 23

IV – **Requisitos de constituição**

6. **Requisitos gerais**. Para a constituição de sociedade anónima unipessoal devem ser observados todos os requisitos da constituição de sociedades anónimas, nos termos do 488.º/2: cf., designadamente, 7.º ss. e 271.º ss.. Quando o sujeito passivo seja uma sociedade por quotas, são aplicáveis os 270.º-A ss.. 24

7. **Deliberação social?** Tendo em conta as amplas consequências jurídicas e patrimoniais associadas pelo legislador à relação de grupo (cf. 491.º), os sócios da (futura) sociedade totalmente dominante devem ser chamados a deliberar sobre a constituição da sociedade totalmente dominada. Caso a dominante seja uma sociedade por quotas, a solução resulta do 246.º/2, *d*); se, diferentemente, a dominante é uma sociedade anónima, apesar de a subscrição de participações sociais ser matéria de gestão, competindo ao órgão de administração da sociedade (cf. 405.º e 406.º), devem os administradores, por força dos deveres de lealdade da sociedade perante os acionistas[18], submeter a matéria à deliberação destes[19] [20]. A esta deliberação social é aplicável por analogia o regime decorrente do 496.º[21]. 25

V – **Regime jurídico**

8. **A remissão do 491.º**. O 491.º determina a aplicação, com as necessárias adaptações, das regras dos 501.º (responsabilidade por dívidas da sociedade totalmente dominada perante os credores sociais), 502.º (obrigação de compensação das perdas sociais da sociedade totalmente dominada), 503.º (possibilidade de emissão pela sociedade totalmente dominante de instruções, *inclusive* desvantajosas, dirigidas à administração da dependente) e 504.º (responsabilidade dos administradores). 26

capital de C. Diferentemente, pronunciando-se no sentido de haver domínio total superveniente em hipótese paralela cf., Engrácia Antunes, *Os grupos*, 855 e 856, nota 1685 e 859. Ricardo Costa, *A sociedade*, 529, considera que não existe domínio inicial ou superveniente.

[17] Maria da Graça Trigo, *Grupos de sociedades*, O Direito ano 123.º, I (1991), 76, responde também em sentido negativo, embora com fundamento diverso.

[18] Cf., sobre os deveres de lealdade, António Menezes Cordeiro, *A lealdade no Direito das sociedades*, ROA 66 (2006), 1033-1065 e, no âmbito dos grupos de sociedades, Ana Perestrelo de Oliveira, *A responsabilidade civil dos administradores nas sociedades em relação de grupo* (2007), 127 ss..

[19] Sobre o alargamento *ex bona fide* da competência da assembleia geral, cf. António Menezes Cordeiro, *SA: assembleia geral e deliberações sociais* (2006), 135-139.

[20] No mesmo sentido, mas com diverso fundamento, Engrácia Antunes, *Os grupos*, 845, nota 1665, e 856-857 e, já antes, *Os direitos dos sócios da sociedade-mãe na formação e direcção dos grupos societários* (1994), 44 ss..

[21] Cf. Ana Perestrelo de Oliveira, *Grupos de sociedades e deveres de lealdade* (2012), 414 ss.. Neste sentido, cf. também Engrácia Antunes, *Os direitos*, 56-57, embora sem apelo aos deveres de lealdade.

VI – **Termo da relação de grupo**

27 9. **A remissão do 488.º/3**. Dispõe o 488.º/3 que ao grupo constituído por domínio total inicial se aplicam os n.os 4, 5 e 6 do 489.º. Resulta desta remissão que a relação de grupo por domínio total inicial cessa nas três situações previstas no 489.º/4, *i.e.*, (a) nos termos da alínea *a*), se a sociedade dominada deixar de ter a sua sede em Portugal – o 489.º/4, *a*), menciona ainda como causa extintiva o facto de a sociedade dependente deixar de ter a sua sede neste território, hipótese que não pode, hoje, aplicar-se ao domínio total inicial, devido ao disposto no 481.º/2, *d*); (b) nos termos da alínea *b*), se a sociedade dominante for dissolvida (ou, por identidade de razão, se o mesmo suceder à sociedade dominada: cf. 489.º, anot. 20); e (c) nos termos da alínea *c*), se mais de 10% do capital da sociedade dependente deixar de pertencer à sociedade dominante ou às sociedades e pessoas referidas no 483.º/2 (sobre a *ratio* desta percentagem, cf. 489.º anot. 21). Neste caso, o 488.º/5 fixa a obrigação de comunicação do facto à sociedade dependente.

28 O 489.º/6, parte final[22] estabelece a obrigação de a administração da sociedade dependente pedir o registo do termo da relação de grupo – cf. 3.º/1, *u*), e 15.º/1, do CRC –, o qual está sujeito a publicação obrigatória (70.º ss. do CRC). Sobre o registo e publicações obrigatórias e respetivos efeitos, cf. também 166.º ss..

Artigo 489.º (Domínio total superveniente)

1. A sociedade que, diretamente ou por outras sociedades ou pessoas que preencham os requisitos indicados no artigo 483.º, n.º 2, domine totalmente uma outra sociedade, por não haver outros sócios, forma um grupo com esta última, por força da lei, salvo se a assembleia geral da primeira tomar alguma das deliberações previstas nas alíneas *a*) e *b*) do número seguinte.

2. Nos seis meses seguintes à ocorrência dos pressupostos acima referidos, a administração da sociedade dominante deve convocar a assembleia geral desta para deliberar em alternativa sobre:

a) Dissolução da sociedade dependente;

b) Alienação de quotas ou ações da sociedade dependente;

c) Manutenção da situação existente.

3. Tomada a deliberação prevista na alínea *c*) do número anterior ou enquanto não for tomada alguma deliberação, a sociedade dependente considera-se em relação de grupo com a sociedade dominante e não se dissolve, ainda que tenha apenas um sócio.

4. A relação de grupo termina:

a) Se a sociedade dominante ou a sociedade dependente deixar de ter a sua sede em Portugal;

b) Se a sociedade dominante for dissolvida;

c) Se mais de 10% do capital da sociedade dependente deixar de pertencer à sociedade dominante ou às sociedades e pessoas referidas no artigo 483.º, n.º 2.

[22] A parte inicial do preceito só pode aplicar-se ao domínio total superveniente, única hipótese em que se prevê a deliberação de manutenção da situação de grupo (ratificação).

5. Na hipótese prevista na alínea *c*) do número anterior, a sociedade dominante deve comunicar esse facto, imediatamente e por escrito, à sociedade dependente.

6. A administração da sociedade dependente deve pedir o registo da deliberação referida na alínea *c*) do n.º 2, bem como do termo da relação de grupo.

Bibliografia: José A. Engrácia Antunes, *Os grupos de sociedades* (2002), 843-868 e 899-910; *id.*, *Os direitos dos sócios da sociedade-mãe na formação e direcção dos grupos societários* (1994); José de Oliveira Ascensão (2000), 586-588; Francisco Pereira Coelho, *Grupos de sociedades. Anotação preliminar aos arts. 488.º a 508.º do Código das Sociedades Comerciais*, BFDUC LXIV (1988), 297-353; António Menezes Cordeiro 1 (2007), 989-994; *id.*, *Direito europeu das sociedades* (2005), 751-785; Luís Brito Correia, *Grupos de sociedades*, em *Novas Perspectivas do Direito Comercial* (1988), 393-394; Eliseu Figueira, *Disciplina jurídica dos grupos de sociedades*, CJ XV (1990), 57-58; Maria Augusta França, *A estrutura das sociedades em relação de grupo* (1990), 125; Ministério da Justiça, *Código das Sociedades Comerciais (Projecto)*, BMJ 327 (1983), 43-339; Maria da Graça Trigo, *Grupos de sociedades*, O Direito 1991, 75-76; Ana Perestrelo de Oliveira, *Grupos de sociedades e deveres de lealdade* (2012), 406 ss.; Raúl Ventura, *Grupos de sociedade – uma introdução comparativa a propósito de um projecto preliminar de directiva da CEE*, ROA 41 (1981), 305-313.

Índice

I – **Origem**
1. Preparação e fontes 1

II – **Teleologia e âmbito de aplicação**
2. Conteúdo e fim da norma 4
3. Âmbito de aplicação
a) Âmbito subjetivo 6
b) Âmbito espacial 7
c) Concurso com outras relações 9

III – **Domínio total superveniente direto e indireto**
4. Domínio total superveniente direto 10
5. Domínio total superveniente indireto 11

IV – **Constituição da relação de grupo por domínio total superveniente**
6. Aquisição da participação totalitária 13
7. Deliberação dos sócios da sociedade totalmente dominante 14
8. Publicidade 16

V – **Início e termos da relação de grupo**
9. Início 18
10. Termo 19
a) Mudança da sede para o estrangeiro 20
b) Dissolução da sociedade dominante 21
c) Perda da participação totalitária em montante superior a 10% 22
d) Taxatividade do elenco legal? 23
e) Registo do termo da relação de grupo 24

VI – **Regime aplicável**
11. A remissão do 491.º 25

I – Origem

1 **1. Preparação e fontes**. A relação de grupo por domínio total superveniente encontra-se prevista no 489.º desde a versão originária do DL 262/86, de 2-set., não tendo sofrido, entretanto, quaisquer alterações. A norma, sem paralelo no Direito português anterior, decorre do 480.º do Projeto de CSC de 1983[1].

2 O domínio total de sociedades anónimas, admitido nos 488.º e 489.º, constituiu, até ao DL 256/96, de 31-dez.[2], a única forma de unipessoalidade societária admitida pela lei portuguesa.

[1] *Código das Sociedades Comerciais (Projecto)*, BMJ 327 (1983), 43-339.

[2] Este diploma transpôs a 12.ª Diretriz Comunitária relativa às sociedades unipessoais (Diretriz 89/667/CEE, de 21-dez.-1989), tendo acrescentado ao título III do CSC os 270.º-A ss., relativos às sociedades por quotas unipessoais.

3 Tal como sucede com o 488.º (domínio total inicial), o regime do 489.º tem como principal fonte a Lei das Sociedades Anónimas brasileira, que, nos 251.º a 253.º, se ocupa da figura da "subsidiária integral", constituída originária ou supervenientemente. O CSC afasta-se, assim, da opção seguida pelas duas principais fontes gerais do seu Título VI – a lei alemã das sociedades anónimas (1965) e o projeto de *Nona Diretriz das Sociedades Comerciais*, sobre grupos de sociedades (1984)[3] –, que não autonomizam o controlo integral de uma sociedade por outra (salvo na hipótese de este decorrer de "integração" ou "anexação"[4]).

II – **Teleologia e âmbito de aplicação**

4 2. **Conteúdo e fim da norma**. Na sequência do 488.º, relativo ao domínio total inicial, o 489.º/1 estabelece o conceito de domínio total superveniente, que ocorre quando uma sociedade adquire, derivada ou supervenientemente (direta ou indiretamente), a totalidade das participações sociais de outra, originando-se, *ex vi legis*, uma relação de grupo entre ambas – modalidade de coligação societária: 482.º, *d*). Os n.os 2 e 3 estabelecem a necessidade de intervenção dos sócios da sociedade totalmente dominante no processo de constituição do grupo. O termo da relação de grupo é regulado no 489.º/4, 5 e 6.

5 A relação de grupo por domínio total constitui a forma mais intensa de coligação societária prevista no CSC: para além do controlo exercido sobre o órgão de gestão da sociedade dependente (cf. 503.º, *ex vi* do 491.º) – com as inerentes consequências em termos de responsabilidade (cf. 501.º, 502.º e 504.º, *ex vi* do 491.º) –, a sociedade totalmente dominante exerce, sozinha, todas as competências pertencentes ao órgão deliberativo, por inexistirem outros sócios. Sobre o formalismo e rigidez do sistema estabelecido pelo legislador português, cf. 488.º, anot. 11.

3. **Âmbito de aplicação**

6 *a*) **Âmbito subjetivo**. Podem ser sujeitos ativos ou passivos da relação de grupo por domínio total superveniente as sociedades anónimas e as sociedades por quotas[5], nos termos do 481.º/1. As sociedades em comandita por ações podem ser sujeitos ativos, mas não passivos, desta relação de grupo, dado que a unipessoalidade é estruturalmente incompatível com o conceito acolhido no 465.º.

7 *b*) **Âmbito espacial**. Resulta do 481.º/2 que o domínio total superveniente de uma sociedade por outra só releva para efeitos do CSC quando ambas as sociedades tenham a sua sede em território português, de tal maneira que o 489.º/4, *a*) determina a cessação da relação de grupo "se a sociedade dominante ou a sociedade dependente deixar de ter a sua sede em Portugal" (cf. *infra* anot. 19).

8 Não obstante, quanto ao domínio total inicial, o 481.º/2, *d*) (introduzido pelo DL 76-A/2006, de 29-mar.) prevê a aplicabilidade do 488.º e, consequentemente, do regime dos 501.º a 504.º (por remissão do 491.º) às sociedades anónimas constituídas em Portugal por

[3] O projeto nunca chegou a assumir a forma de proposta. O seu texto, traduzido, pode ser consultado em António Menezes Cordeiro, *Direito europeu das sociedades* (2005), 751 ss..

[4] Na lei alemã, a participação totalitária é um instrumento de domínio a par dos demais, dando origem a um grupo de facto (§ 18 e §§ 311-317), salvo quando a sociedade se encontra "integrada" (*eingegliedert*) noutra, nos termos do § 319: nesse caso são aplicáveis as regras dos §§ 319 a 327. No projeto de Diretriz o domínio total também não é autonomamente regulado, salvo no que se refere à "declaração unilateral" de constituição de grupo, equivalente ao 490.º do CSC. Cf., sobre estes institutos, 490.º, anot. 5-6.

[5] *Inclusive* sociedades por quotas unipessoais (cf. 270.º-A e ss.), desde que o sujeito passivo não seja também uma sociedade por quotas unipessoal, dada a proibição do 270.º-C/2. Nada impede, por outro lado, que a sociedade por quotas unipessoal adquira a totalidade das ações de uma sociedade anónima e que esta, por sua vez, adquira 10% do capital de uma sociedade por quotas.

sociedade cuja sede se situe no estrangeiro. Do regime introduzido pela Reforma de 2006 resulta, aparentemente, a estranha conclusão de que o regime do CSC se aplica às relações de grupo por domínio total quando este é contemporâneo da constituição da sociedade, mas não já quando este é adquirido supervenientemente – levantando a dúvida sobre a legitimidade de uma interpretação extensiva da regra do 481.º/2, *d*).

c) **Concurso com outras relações**. No caso de uma sociedade ser titular de 100% do capital social de outra, existe, simultaneamente, uma relação de grupo por domínio total (488.º) e uma relação de domínio (486.º). Inexistindo incompatibilidade de consequências jurídicas, aplicam-se ambos os regimes simultaneamente. Na hipótese de concurso com uma relação de grupo por contrato de subordinação, resulta do 507.º que, se a sociedade adquirente se encontrar previamente ligada à dependente por contrato de subordinação, passa a ser aplicável o regime relativo ao domínio total, terminando o contrato de subordinação. 9

III – **Domínio total superveniente direto e indireto**

4. **Domínio total superveniente direto**. Existe domínio total superveniente direto quando uma sociedade adquire, ela própria e sem interposições, 100% do capital social de outra. 10

5. **Domínio total superveniente indireto**. Nos termos da lei, existe domínio total superveniente indireto quando uma sociedade adquire 100% do capital social de outra, não amente, mas através de sociedade que dela é dependente, direta ou indiretamente, ou que com ela está em relação de grupo, ou ainda de pessoa que é titular por conta de qualquer destas sociedades (483.º/2, *ex vi* do 489.º/1). Para a determinação do domínio total relevam simultaneamente todas as participações detidas, quer a quer indiretamente, por uma sociedade no capital social de outra; a relevância da participação material não exclui a relevância da participação formal[6]. 11

Apesar de o 489.º remeter para o 483.º/2 em bloco, é razoável a dúvida sobre se existe uma relação de grupo por domínio total indireto quando a sociedade diretamente participante não é detida a 100% ou existe contrato de subordinação: não há poder de dar instruções desvantajosas nem responsabilidade por dívidas ou perdas da sociedade diretamente dominada mas já haveria tais poderes e deveres em relação à sociedade detida a 100% por esta última[7]. Não pode ser assim: se a sociedade-mãe não domina totalmente a filha também não domina totalmente a neta. É certo que tem o poder de influência dominante sobre a dominada direta o que lhe permite controlar os 100% do capital detido por esta na outra sociedade: todavia, tal controlo é próprio da relação de domínio e não atinge a intensidade da relação de grupo por domínio total (que exige que não existam quaisquer outros sujeitos envolvidos, o que sucede no presente 12

[6] Sobre o ponto, cf. 483.º/2, anot. 21. Confronte-se os seguintes exemplos: **Ex.1**. A sociedade **A** constitui a sociedade anónima **B**, subscrevendo 100% do seu capital social; posteriormente, esta sociedade vem a adquirir 100% do capital social de **C**. Há domínio total inicial (direto) entre **A** e **B**; domínio total superveniente (direto) entre **B** e **C**; e domínio total superveniente (indireto) entre **A** e **C**. Haveria igualmente domínio total superveniente indireto caso existisse entre **A** e **B** uma relação de domínio. **Ex. 2**. A sociedade **B** constitui a sociedade anónima **C**, subscrevendo a totalidade do seu capital social; posteriormente, a sociedade **A** adquire 100% do capital social de **B**: existe uma relação de domínio total inicial entre **B** e **C**; domínio total superveniente direto entre **A** e **B** e domínio total superveniente indireto entre **A** e **C** (através de **B**, **A** detém 100% do capital de **C** – o mesmo sucederia se entre **A** e **B** existisse uma relação de domínio e não de grupo). **Ex. 3**. A sociedade por quotas **D** é constituída pelas sociedades **A** (50%), **B** (25%) e **C** (25%). A sociedade **A** vem a adquirir mais de 50% do capital social de **B** e de **C**: existe uma relação de domínio entre **A** e **B** e entre **A** e **C**. Entre **A** e **D** existe uma relação de grupo por domínio total, já que **A** detém, materialmente, a totalidade do capital social de **D**: é titular de uma participação direta de 50% e de participações indiretas (através das sociedades por ela dominadas) equivalentes aos restantes 50%.

[7] Pereira Coelho, *Grupos de sociedades*, 336; contra Engrácia Antunes, *Os grupos*, 861, nota 1692.

caso). De resto, o poder de instrução, nos grupos multinível, nunca é exercido diretamente sobre a sociedade-neta mas antes através do poder de instrução sobre a sociedade-filha (cf. 503.º, anot. 10). Assim, não há poder de instrução sobre a dominada indireta se não houver sobre a dominada direta. Consequentemente, tal poder sobre a sociedade-neta depende de vigorar idêntico poder na relação com a sociedade-filha, o que pressupõe a relação de grupo (domínio total ou contrato de subordinação). Não havendo poder de direção (i.e. não se aplicando o 503.º) também não se aplica qualquer dos outros aspetos de regime relativos ao domínio total, *maxime* a responsabilidade por dívidas e perdas, visto que estes só se justificam em função do poder de dar instruções desvantajosas. Assim, se é certo que em princípio as participações detidas por sociedade dependente são imputáveis à sociedade-mãe, no caso específico das relações de grupo por domínio total, este não é compatível com a titularidade indireta através de sociedade detida a menos de 100%, o que geraria uma desarmonia no regime legal. Impõe-se, pois, a interpretação restritiva da remissão para o 483.º no sentido de relevarem apenas, para efeitos de imputação, as relações de grupo.

IV – **Constituição da relação de grupo por domínio total superveniente**

13 6. **Aquisição da participação totalitária**. A relação de grupo por domínio total constitui-se, "por força da lei" (489.º/1), com a aquisição da totalidade das participações sociais de uma sociedade por outra.

14 7. **Deliberação dos sócios da sociedade totalmente dominante**. A aquisição de uma participação totalitária no capital social de uma sociedade exige a prévia deliberação dos sócios da futura sociedade totalmente dominante. Sendo esta uma sociedade por quotas, a exigência resulta, em regra, do 246.º/2, *d*); tratando-se de sociedade anónima, não obstante a aquisição de participações sociais ser, em princípio, matéria de gestão (cf. 405.º e 406.º), o impacto estrutural da aquisição do domínio total e as consequências de regime que acarreta (cf. 501.º a 504.º, *ex vi* do 491.º) exigem que os administradores, por força dos deveres de lealdade que vinculam a sociedade perante os sócios, submetam a aquisição a deliberação da assembleia geral[8] [9]. A deliberação fica sujeita ao regime resultante do 496.º, por analogia[10]. Não sendo respeitada a exigência de deliberação, a unipessoalidade superveniente constituiu-se ilicitamente, podendo a sociedade ser dissolvida nos termos gerais previstos no 142.º/1, *a*), para a redução dos sócios a número inferior ao mínimo legal (7.º/2, 273.º/1), ficando os administradores sujeitos a responsabilidade civil (72.º ss.) e contraordenacional (515.º). Quanto à exigência de deliberação para se aplicar 501.º, cf. 501.º, anot. 13.

15 A aquisição do domínio total deve ser precedida de deliberação dos sócios da futura sociedade totalmente dominante, razão por que o regime previsto na parte final do 489.º/1 e no 489.º/2 e 3 perde campo de aplicação, devendo ser objeto de interpretação ab-rogante. Se, por imposição da lei (no caso das sociedades por quotas) ou da boa fé (no caso das sociedades anónimas), a assembleia geral da sociedade totalmente dominante já se pronunciou sobre a aquisição do domínio, não poderia compreender-se que, no prazo de seis meses após a constituição

[8] Sobre idêntico problema no âmbito da relação de grupo por domínio total inicial, cf. 488.º, anot. 25.

[9] Cf. Ana Perestrelo de Oliveira, *Grupos de sociedades e deveres de lealdade*, 417. Defendendo a necessidade de atribuição de efeito constitutivo à deliberação dos sócios da sociedade totalmente dominante, pelo menos *de lege ferenda*, cf. Engrácia Antunes, *Os grupos*, 868, e *Os direitos dos sócios da sociedade-mãe na formação e direcção dos grupos societários* (1994), 57 ss..

[10] Neste sentido, cf. Engrácia Antunes, *Os grupos*, 864.

do domínio total, a mesma assembleia geral fosse chamada a pronunciar-se sobre a manutenção (ou não) da situação existente, que previamente decidira constituir.

8. **Publicidade**. A aquisição da participação totalitária deve ser comunicada, por escrito, pela 16
sociedade totalmente dominante à sociedade dependente, imediatamente após essa aquisição. A exigência vem prevista para a aquisição de simples participações (484.º), aplicando-se também às relações de domínio (cf. 486.º, anot. 26) e, nessa medida, também às relações de grupo por domínio total, em que existe, simultaneamente, uma relação de domínio. Pela mesma razão, é aplicável o 486.º/2, do qual resulta que a existência de uma participação totalitária deve ser mencionada sempre que a lei imponha a publicação ou declaração de participações.

Em matéria de publicidade, o 3.º/1, *u*), do CRC sujeita a registo obrigatório (cf. tam- 17
bém 15.º do CRC) a "deliberação de manutenção do domínio total de uma sociedade sobre outra", reportando-se, assim, à deliberação prevista no 489.º/2, *c*), preceito que deve ser objeto de interpretação ab-rogante (cf. *supra* anot. 14). Resta, nestes termos, concluir que a norma do 3.º/1, *u*) só poderá reportar-se à deliberação social de aquisição do domínio total, que assim ficará sujeita a registo[11].

V – Início e termo da relação de grupo

9. **Início**. A relação de grupo por domínio total superveniente inicia-se com a aquisição, por 18
uma sociedade, da participação social que determina a titularidade de 100% do capital social de outra.

10. **Termo**. A relação de grupo termina nos casos previstos no 489.º/4. 19

a) **Mudança de sede para o estrangeiro**. O primeiro facto extintivo, previsto no 489.º/4, 20
a), consiste na mudança da sede da sociedade dominante ou da sociedade dependente para o estrangeiro, em consonância com o âmbito espacial de aplicação do 489.º (cf. 481.º/2), tal como originariamente definido. A introdução da alínea *d*) no 481.º/2 determinou, porém a derrogação tácita do 489.º/4, *a*): sendo aplicável, como defendemos (cf. 481.º, 19 ss.) o regime do CSC, não cessa, naturalmente, a relação de grupo.

b) **Dissolução da sociedade dominante.** Se a sociedade dominante se dissolver (cf. 141.º 21
ss.) cessa a relação de grupo – 489.º/4, *b*) –, à semelhança do que prevê o 506.º/3, *a*) quanto ao termo do contrato de subordinação. Por identidade de razão[12], a relação de grupo termina também com a dissolução da sociedade dependente.

c) **Perda da participação totalitária em montante superior a 10%.** A relação de grupo 22
cessa ainda no caso de a sociedade dominante perder a titularidade (direta ou indireta) de mais de 10% do capital da dependente[13]. Não é suficiente, para cessar a relação, a perda de qualquer

[11] Poderia entender-se que a solução propugnada não acautela as exigências de publicidade inerentes à relação de grupo, já que a deliberação social ocorre em momento prévio à aquisição do domínio total. Todavia, a exigência de registo desta deliberação, mesmo quando não se aceite a interpretação ab-rogante defendida *supra* anot. 14, levanta, já de si, problemas significativos: a exigência de registo levaria a crer que só a partir deste ou da publicação obrigatória (70.º do CRC) se iniciaria a produção dos efeitos tipicamente associados à relação de grupo (501.º a 504.º, *ex vi* do 491.º), pelo menos no que toca ao regime do 503.º ("a partir da publicação..."); porém, o 489.º/3 é expresso ao afirmar que "enquanto não for tomada nenhuma deliberação, a sociedade dependente considera-se em relação de grupo com a sociedade dominante", de tal maneira que teria que considerar-se aplicável o regime legal respetivo. A solução seria confirmada pelo 489.º/1, nos termos do qual a sociedade que detenha 100% do capital de outra "forma com esta um grupo por força da lei, salvo se a assembleia geral da primeira tomar alguma das deliberações previstas nas alíneas *a*) e *b*) do número seguinte".

[12] E, se necessário, por analogia com o 506.º/3, *a*), que determina o termo do contrato de grupo quando se dissolver qualquer das sociedades contratantes.

[13] A alienação de participações sociais que origine a perda do domínio total deve ser decidida pelos sócios da socie-

participação: desde que a participação detida pela sociedade dominante continue a ser equivalente a, pelo menos, 90% do capital social da dependente, a relação de grupo mantém-se. É o que resulta do 489.º/4, *c*). Deste modo, perante uma participação igual ou superior a 90% do capital social de uma sociedade (mas inferior a 100%), haverá relação de grupo ou relação de domínio consoante a sociedade participante tenha sido previamente titular de 100% do capital da dependente ou essa situação nunca se tenha verificado. A solução da lei portuguesa, justificada pelo regime do 490.º (aquisição tendente ao domínio total), determina, porém, um tratamento diferenciado de situações materialmente idênticas[14]. Nos termos do n.º 5, a sociedade dominante deve comunicar, imediatamente e por escrito, a perda de mais de 10% do capital social à sociedade dependente.

23 *d*) **Taxatividade do elenco legal?** O elenco do 489.º/4 não é taxativo, podendo ocorrer outras causas de cessação da relação de grupo, de que constituem exemplos claros a fusão por incorporação da sociedade totalmente dominada na dominante (116.º) ou a transformação que altere a forma de umas das sociedades para um dos tipos não previstos no 481.º/1, entre outros.

24 *e*) **Registo do termo da relação de grupo**. De acordo com os 3.º/1, *u*), e 15.º/1, do CRC, o termo da situação de grupo por domínio total está sujeito a registo obrigatório. Independentemente da aplicabilidade das regras gerais em matéria de legitimidade (29.º/1, do CRC: legitimidade de qualquer interessado, incluindo, *v.g.*, a sociedade dominante), o 489.º/6 constitui os administradores da sociedade dependente no *dever* de requerer o registo. O termo da relação de grupo está ainda sujeito a publicação obrigatória (70.º ss. do CRC). O registo e a publicação são condição de oponibilidade da cessação da relação a terceiros (168.º).

VI – **Regime aplicável**

25 11. **A remissão do 491.º**. O 491.º determina a aplicação, com as necessárias adaptações, das regras dos 501.º (responsabilidade por dívidas da sociedade totalmente dominada perante os credores sociais), 502.º (obrigação de compensação das perdas sociais da sociedade totalmente dominada), 503.º (possibilidade de emissão pela sociedade totalmente dominante de instruções, *inclusive* desvantajosas, dirigidas à administração da dependente) e 504.º (responsabilidade dos administradores).

Artigo 490.º (Aquisição tendente ao domínio total)

1. Uma sociedade que, por si ou conjuntamente com outras sociedades ou pessoas mencionadas no artigo 483.º, n.º 2, disponha de quotas ou ações correspondentes a, pelo menos, 90% do capital de outra sociedade, deve comunicar o facto a esta nos 30 dias seguintes àquele em que for atingida a referida participação.

dade totalmente dominante: com efeito, tendo em conta a relevância da matéria para a sociedade e respetivos sócios, os administradores estão vinculados, por força do dever de lealdade da sociedade para com os sócios, a submeter a matéria a deliberação da assembleia geral, mesmo quando a competência para a alienação pertencesse em princípio ao órgão de administração (como sucede na sociedade anónima): trata-se de uma forma de alargamento, *ex bona fide*, da competência da assembleia geral. Cf. António Menezes Cordeiro, *SA: assembleia geral e deliberações sociais* (2006), 135-139.

[14] Reconhecendo a desigualdade de tratamento, mas entendendo que "tal não se apresenta porém arriscado para os interesses de terceiros, uma vez que a situação de grupo de subordinação se encontra registada (cf. artigo 489.º, n.º 6)", Maria da Graça Trigo, *Grupos de sociedades*, O Direito, ano 123.º (1991), I, 78-79.

2. Nos seis meses seguintes à data da comunicação, a sociedade dominante pode fazer uma oferta de aquisição das participações dos restantes sócios, mediante uma contrapartida em dinheiro ou nas suas próprias quotas, ações ou obrigações, justificada por relatório elaborado por revisor oficial de contas independente das sociedades interessadas, que será depositado no registo e patenteado aos interessados nas sedes das duas sociedades.

3. A sociedade dominante pode tornar-se titular das ações ou quotas pertencentes aos sócios livres da sociedade dependente, se assim o declarar na proposta, estando a aquisição sujeita a registo por depósito e publicação.

4. O registo só pode ser efetuado se a sociedade tiver consignado em depósito a contrapartida, em dinheiro, ações ou obrigações, das participações adquiridas, calculada de acordo com os valores mais altos constantes do relatório do revisor.

5. Se a sociedade dominante não fizer oportunamente a oferta permitida pelo n.º 2 deste artigo, cada sócio ou acionista livre pode, em qualquer altura, exigir por escrito que a sociedade dominante lhe faça, em prazo não inferior a 30 dias, oferta de aquisição das suas quotas ou ações, mediante contrapartida em dinheiro, quotas ou ações das sociedades dominantes.

6. Na falta da oferta ou sendo esta considerada insatisfatória, o sócio livre pode requerer ao tribunal que declare as ações ou quotas como adquiridas pela sociedade dominante desde a proposição da ação, fixe o seu valor em dinheiro e condene a sociedade dominante a pagar-lho. A ação deve ser proposta nos 30 dias seguintes ao termo do prazo referido no número anterior ou à receção da oferta, conforme for o caso.

7. A aquisição tendente ao domínio total de sociedade com o capital aberto ao investimento do público rege-se pelo disposto no Código dos Valores Mobiliários.

Bibliografia: Jorge Coutinho de Abreu/Alexandre Soveral Martins, *Grupos de sociedades. Aquisições tendentes ao domínio total* (2003); Ana Filipa Morais Antunes, *O instituto da aquisição tendente ao domínio total (artigo 490º do CSC): um exemplo de uma "expropriação legal" dos direitos dos minoritários?*, em CSC/20 anos, 2 (2007), 203-253; José Engrácia Antunes, *Os grupos de sociedades*, 2.ª ed. (2002), 869-888; *id.*, *A Aquisição tendente ao domínio total. Da sua constitucionalidade* (2001); *id.*, *O artigo 490.º do CSC e a Lei Fundamental – "Propriedade corporativa", propriedade privada, igualdade de tratamento*, em *Estudos em Comemoração dos Cinco Anos (1995-2000) da Faculdade de Direito da Universidade do Porto* (2001), 147-276; Nelson Raposo Bernardo, *A aquisição do domínio total das sociedades comerciais*, tese de mestrado, FDL (1997); Francisco Pereira Coelho, *Grupos de sociedades. Anotação preliminar aos arts. 488.º a 508.º do Código das Sociedades Comerciais*, BFDUC LXIV (1988), 339-342; António Menezes Cordeiro 1 (2007), 989-994; *id.*, *Direito europeu das sociedades* (2005), 751-785; *id.*, *Aquisições tendentes ao domínio total: constitucionalidade e efectivação da consignação em depósito (artigo 490.º/3 e 4 do Código das Sociedades Comerciais)*, O Direito 2005, 449-463; *id.*, *Da constitucionalidade das aquisições tendentes ao domínio total (artigo 490.º, n.º 3, do Código das Sociedades Comerciais)*, BMJ 480 (1998), 5-30; Mariana Melo Egídio, *A aquisição tendente ao domínio total. Breves reflexões sobre o art. 490.º do CSC*, O Direito 2008, 923-968; Ministério da Justiça, *Código das Sociedades Comerciais (Projecto)*, BMJ 327 (1983), 43-339; José Menéres Pimentel, *O 490.º, n.º 3, do Código das Sociedades Comerciais será inconstitucional?*, em *Estudos em homenagem a Cunha Rodrigues* (2001), 515-525; Pedro Pais de Vasconcelos (2006), 242-246; Maria da Graça Trigo, *Grupos de sociedades*, O Direito 1991, 76-79; Hugo Moredo Santos, *Aquisição tendente ao domínio total de sociedades abertas*, em DVM VII (2007), 275-402; Raúl Ventura, *Estudos Vários sobre Sociedades Anónimas* (1992), 161-173; *Grupos de sociedade – uma introdução comparativa a propósito de um projecto preliminar de directiva da CEE*, ROA 41 (1981), 23-81 e 305-362.

Índice

I – Origem
1. Preparação e evolução legislativa 1
2. Fontes 3

II – Teleologia e âmbito de aplicação
3. Conteúdo e fim da norma 7
4. Constitucionalidade 10
5. Âmbito de aplicação
a) Âmbito pessoal 11
b) Âmbito espacial 12
c) Âmbito temporal 13

III – Direito de aquisição potestativa
6. Pressupostos 14
a) Titularidade de 90% do capital social 15
b) Comunicação à sociedade dominada
α) Sujeitos 16
β) Forma 17
γ) Prazo 18
δ) Incumprimento 19
7. Oferta de aquisição 20
a) Competência 21
b) Prazo 22
c) Forma e publicidade 23
d) Conteúdo 24
e) Contrapartida
α) Modalidades 25
β) Fixação da contrapartida 27
γ) Avaliação das participações 28
δ) Momento relevante 29
ε) Princípio do tratamento igualitário 30
f) Consignação em depósito da contrapartida ... 31
g) Registo da aquisição potestativa e publicação 32
8. Caracterização 33

IV – Direito de alienação potestativa
9. Pressupostos 34
10. Exigência da oferta à sociedade dominante
a) Forma 35
b) Prazo 36
c) Conteúdo 37
11. Oferta de aquisição 38
12. Aceitação e concretização da alienação 39
13. Falta da oferta ou carácter insatisfatório. Ação judicial 40
14. Caracterização 45

V – Aquisições tendentes ao domínio total de sociedades abertas
15. Remissão para o CVM 46

I – Origem

1 1. **Preparação e evolução legislativa**. O 490.º tem origem no 481.º do Projeto de CSC[1]. Todavia, a redação do projeto não coincide integralmente com a versão aprovada, que veio melhorar a proteção dos sócios livres: para além de aspetos de cariz formal, não se previa, no Projeto, que a contrapartida oferecida pela sociedade dominante fosse objeto de relatório de revisor oficial de contas (cf. atual 490.º/2), nem se exigia a sua consignação em depósito previamente à aquisição potestativa pela sociedade dominante (cf. atual 490.º/4); no caso das sociedades anónimas, previa-se, por outro lado, que a aquisição potestativa ocorresse imediata e não diferidamente ("logo que a oferta for apresentada": 481.º/2), apenas sendo exigida a escritura pública no caso das sociedades por quotas. As regras dos atuais n.os 5 e 6 (alienação potestativa) não divergem dos n.os 3 e 4 do Projeto[2].

2 A redação originária do 490.º, aprovada pelo DL 262/86, de 2-set., veio a ser objeto de posteriores retificações e alterações: o DL 257/96, de 31-dez., corrigiu a remissão constante do n.º 5 para o n.º 2 (inicialmente prevista, incorretamente, para o n.º 1); o DL 486/99, de 13-nov., que aprovou o CVM, introduziu o n.º 7, salvaguardando a aplicação deste diploma às

[1] *Código das Sociedades Comerciais (Projecto)*, BMJ 327 (1983), 43-339.

[2] Com exceção do recurso ao plural no n.º 5 da versão aprovada ("...mediante contrapartida em dinheiro, quotas ou ações *das sociedades dominantes*"), expressão que, no Projeto, surgia no singular ("...*sociedade dominante*"). Tratar-se-á, todavia, de simples lapso do legislador de 1986.

sociedades abertas; por último, o DL 76-A/2006, de 29-mar. alterou os n.os 3 e 4, eliminando as referências à escritura pública, em conformidade com opção geral da Reforma de 2006 (cf. *infra* anot. 32).

2. **Fontes**. Identificam-se, nos ordenamentos jurídicos estrangeiros, diferentes institutos jurí- 3
dico-societários próximos do 490.º (*v.g.* a *Eingliederung* alemã, a *subsidiária integral* brasileira, a *compulsory acquisition* britânica, a *offre de retrait obligatoire* francesa, a *offerta d'acquisto residuale* italiana, o *freeze out* e o *squeeze out* norte-americanos; *de jure condendo*, recorde-se, ainda, *v.g.*, a *intégration* da Proposta de Lei *Cousté* francesa de 1978[3])[4].

Historicamente, a norma portuguesa ter-se-á inspirado no 209.º do *Companies Act* britâ- 4
nico de 1948, vigente ao tempo da preparação do CSC (cf., no *Companies Act* atualmente em vigor, 428.º a 430.º-F)[5] [6]. Objetivamente, o 490.º aproxima-se, porém, do sistema da *Eingliederung* alemã (§§ 319 a 327 do AktG) e do projeto de *Nona Diretriz das Sociedades Comerciais*, sobre grupos de sociedades, de 1984[7] [8] – que situam a aquisição do domínio total no campo dos grupos de sociedades –, mais do que da *compulsory acquisition* britânica, filiada num sistema de aquisição do domínio total que ocorre apenas na sequência de oferta pública de aquisição, à semelhança do que sucede com a *offre publique de retrait* e a *retrait obligatorie* francesas (cf. 236-3/4 e 237-1 do *Règlement Général*) ou com o *diritto di acquisto* italiano (cf. 111.º do *Testo Unico*). Sobre a aquisição do domínio total na sequência de OPA no Direito português, cf. *infra* anot. 47.

Nos termos do § 320 do AktG, a assembleia geral de uma sociedade anónima pode 5
deliberar (por maioria qualificada de 75%) a incorporação (*Eingliederung*) da sociedade noutra sociedade com sede no país, quando se encontre na titularidade da futura sociedade dominante pelo menos 95% do capital social da outra. Com a inscrição no registo comercial, todas as ações que não se encontram na titularidade da sociedade principal passam para ela (§ 320a, introduzido pela *Umwandlungsgesetz*, de 28-out.-1994), tendo os acionistas direito a uma compensação adequada, que pode ser judicialmente comprovada, e, ainda, à indemnização por outros danos. Diferença importante entre a *Eingliederung* e o 490.º consiste, entre outras, no facto de aquela ser tratada pelo legislador alemão como modalidade autónoma de grupo de sociedades, ao passo

[3] *Proposition de Loi sur les groupes de sociétés et la protection des Actionnaires, du Personnel et des Tiers*, cuja última versão data de 1978. O texto da proposta, que não chegou a ser aprovada, pode consultar-se em Klaus Hopt, *Groups of companies in European laws*, em *Legal and Economic Analysis on Multinational Enterprises*, 2 (1982), 296-319.

[4] Sobre estes institutos, cf. António Menezes Cordeiro, *Da constitucionalidade das aquisições tendentes ao domínio total (artigo 490.º, n.º 3, do Código das Sociedades Comerciais)*, BMJ 480 (1998), 14 ss.; cf. também Engrácia Antunes, *Os grupos de sociedades* (2002), 870 ss. e Nelson Raposo Bernardo, *A aquisição do domínio total das sociedades comerciais*, tese de mestrado, FDL (1997), 64 ss..

[5] O texto do 270.º do *Companies Act* de 1948 pode ser consultado em Raúl Ventura, *Estudos vários sobre sociedades anónimas* (1992), 167 ss..

[6] Neste sentido se pronuncia o próprio autor do projeto: Raúl Ventura, *Estudos*, 163.

[7] O texto, traduzido, do projeto (que nunca revestiu a forma de proposta) pode consultar-se em António Menezes Cordeiro, *Direito europeu das sociedades* (2005), 751 ss..

[8] Cf. António Menezes Cordeiro, *Da constitucionalidade*, 22. Pereira Coelho, *Grupos de sociedades. Anotação preliminar aos arts. 488.º a 508.º do Código das Sociedades Comerciais*, BFDUC LXIV (1988), 340, nota 111, considera que o 490.º se moldou fundamentalmente sobre o projeto de Diretriz; Maria da Graça Trigo, *Grupos de sociedades*, O Direito, ano 123.º (1991), I, 78 e 79, afirma que é manifesta a inspiração do CSC na *Eingliederung* alemã, na *intégration* da proposta *Cousté* francesa e na anexação do projeto de Diretriz. Engrácia Antunes, *Os grupos*, 870, menciona como figuras próximas do 490.º português a *Eingliederung* prevista no Direito alemão e a *subsidiária integral* do Direito brasileiro, bem como, no plano do Direito a constituir, a *intégration* do Direito francês, a *transmisión forcoza* do Direito espanhol e a *declaração unilateral* do Direito comunitário (o Autor menciona ainda, quanto à aquisição potestativa no âmbito de ofertas públicas de aquisição, a *compulsory acquisition* do Direito inglês, a *offre de retrait obligatoire* do Direito francês, a *offerta d'acquisto residuale* do Direito italiano e as técnicas de *squeeze out* e de *freeze out* do Direito norte-americano).

que a aquisição potestativa do Direito português constitui, tão-somente, instrumento tendente a instituir uma relação de grupo por domínio total[9] (superveniente: cf. 489.º)[10].

6 O projeto de *Nona Diretriz* aproxima-se significativamente do alemão: o 33.º, sob a epígrafe "declaração unilateral", permite, no n.º 1, que uma empresa que detenha 90% ou mais do capital de uma sociedade emita, perante o órgão de administração desta última, uma declaração unilateral constitutiva de uma relação de grupo, a qual deve ser publicitada, por aquele órgão, nos dois meses subsequentes à sua receção, nos termos previstos no n.º 2 do 33.º. Se houver acionistas livres, essa declaração contém a aquisição potestativa das respetivas ações e fixa as condições aplicáveis (33.º/1, 2.ª parte). Prevê-se, depois, por força da remissão do 34.º, compensações adequadas.

II – **Teleologia e âmbito de aplicação**

7 3. **Conteúdo e fim da norma**. O 490.º atribui à sociedade que seja titular de, pelo menos, 90% do capital de outra sociedade o direito à aquisição potestativa das participações dos sócios livres (n.os 1 a 4), atribuindo a estes últimos um paralelo direito de alienação potestativa (n.os 5 e 6).

8 O esquema traçado pelo legislador é o seguinte: atingida uma participação de 90%, o facto deve ser comunicado à dominada no prazo de trinta dias; nos seis meses seguintes, a dominante pode fazer uma proposta de aquisição do "capital livre", mediante contrapartida calculada por revisor oficial de contas; feita a proposta, a sociedade dominante pode adquirir o capital livre, potestativamente, desde que o tenha declarado na proposta e consignado em depósito a contrapartida; a aquisição está sujeita a registo por depósito e publicação. Se, decorridos seis meses, a sociedade dominante não tiver feito a oferta, qualquer sócio livre pode, a todo o tempo, exigir que aquela adquira as suas quotas ou ações; caso decorram trinta dias sem que a sociedade formule a proposta exigida ou se a proposta for considerada insatisfatória, o sócio livre pode requerer ao tribunal que declare as participações adquiridas pela dominante, fixe o seu valor em dinheiro e condene a sociedade a pagar-lho.

9 O 490.º promove, assim, a transição de uma relação de domínio (486.º) – qualificado – para uma relação de grupo por domínio total superveniente (489.º) e a consequente aplicação do regime dos 501.º a 504.º (*ex vi* do 491.º), tutelando, desde logo, o interesse geral: este complexo normativo dirige-se, com efeito, primariamente, à proteção das sociedades envolvidas e dos credores sociais, sendo esta proteção em absoluto omitida no caso de relações de domínio, ainda que de carácter qualificado (cf. 486.º, anot. 19). O 490.º protege, por outro lado, a sociedade dominante, permitindo-lhe aprofundar o processo de concentração societária e prevenir minorias suscetíveis de onerar o funcionamento da sociedade e de constituir fator de bloqueio na sua condução. Também os interesses dos sócios livres, titulares de "posições mortas", insuscetíveis de permitir influenciar uma votação em assembleia geral[11], são prosseguidos pela regulamentação legal[12].

[9] Cf. RLx 3-fev.-2000 (Gonçalves Rodrigues), www.dgsi.pt (o 490.º "limita-se a abrir o caminho para a formação de uma relação de grupo embora não constitua em si mesmo uma modalidade autónoma dessa formação").

[10] Sobre a incorporação de sociedade totalmente pertencente a outra, cf., no Direito português, o 116.º, que trata, todavia, de modalidade de fusão.

[11] Com a evidente ressalva dos casos em que o capital da sociedade se encontra muito disperso, nos quais 10% poderão mesmo corresponder a uma posição de controlo.

[12] Cf. António Menezes Cordeiro, *Da constitucionalidade*, 22 ss..

4. **Constitucionalidade.** A hipótese de inconstitucionalidade do 490.º, por violação do 13.º 10
(igualdade), 18.º/2 (proporcionalidade) e 62.º (propriedade privada), bem como do 165.º/1, *b*) (reserva relativa da Assembleia da República), todos da Constituição, foi levantada na doutrina e na jurisprudência, mas deve ter-se, hoje, por afastada[13]. O 490.º desempenha uma função valorativa ajustada, limitando-se, em nome dos valores em jogo (cf. *supra* anot. 9), a permitir uma conversão patrimonial da participação social, mediante contrapartida equitativa, e isto como mera decorrência do *status socii* (respeita-se a propriedade privada e a exigência de proporcionalidade); acresce que situações de conversão patrimonial, por decisão da maioria, ocorrem noutros domínios do Direito societário – fusão, cisão, transformação e dissolução: cf. 103.º/1, 120.º, 133.º e 141.º/1, *b*), respetivamente –, sendo, por outro lado, conservada a igualdade (formal e substancial) dos intervenientes no processo: permite-se tanto a aquisição potestativa pela sociedade dominante (490.º/1-4), como a alienação potestativa pelos sócios livres da dominada (490.º/5 e 6). Por fim, não há inconstitucionalidade orgânica, por não estar em jogo um tema "direitos, liberdades e garantias" mas, essencialmente, um aspeto técnico-mercantil[14].

5. **Âmbito de aplicação**

a) **Âmbito pessoal.** O 490.º aplica-se quando ambas as sociedades revestem um dos tipos 11
enunciados no 481.º/1 – sociedade por quotas, anónima ou em comandita por ações –, desprotegendo-se, nos demais casos os valores em jogo[15] (*v.g.* sócio singular titular de 90% do capital social). Tratando-se de sociedade aberta, o regime do 490.º cede perante o 194.º do CVM, conforme o disposto no n.º 7 (cf. *infra* anot. 47).

b) **Âmbito espacial.** Nos termos do 481.º/2, o regime do 490.º apenas se aplica quando ambas 12
as sociedades têm a sua sede em Portugal.

c) **Âmbito temporal.** O 490.º aplica-se quando a participação de 90% foi adquirida após o 13
início de vigência do CSC (cf. 541.º).

III – **Direito de aquisição potestativa**

6. **Pressupostos.** O direito de aquisição das participações sociais dos sócios livres pela sociedade 14
dominante depende, nos termos do 490.º/1, da titularidade de, pelo menos, 90% do capital social da dominada e do cumprimento do dever de comunicação de tal facto a esta sociedade.

a) **Titularidade de 90% do capital social.** O 490.º/1 faz relevar, simultaneamente, a titula-
ridade a e a titularidade indireta do capital social, aferida segundo os critérios do 483.º/2 (cf. 15
483.º, anot. 15 ss.), sendo irrelevante, por um lado, o modo por que se alcance essa fasquia e, por outro, a percentagem de direitos de voto a ela associados[16].

[13] A favor da inconstitucionalidade: STJ 2-out.-1997 (Lúcio Teixeira), BMJ 470 (1997), 619-624, com anot. desfavorável de António Menezes Cordeiro, Da *constitucionalidade*; RLx 23-mai.-1996 (Ruth Garcês), Proc. 0010936; cf. também a sentença do 7.º Juízo Cível da Comarca de Lisboa, publicada nos CadMVM 6 (1999), 241-252, com anot. de Fazenda Martins e Botelho da Silva. A favor da não inconstitucionalidade pronunciaram-se: RLx 6-jun.-2002 (Sousa Magalhães), CJ XXVII (2002) 3, 92-96; RLx 29-out.-2002 (Abrantes Geraldes), CJ XXVII (2002) 4, 106-119; STJ 10-abr.-2003 (Moitinho de Almeida), CJ/Supremo XI (2003) 2, 26-28; RPt. 20-abr.-2004 (Emídio Costa), Proc. 0420948; RPt. 30-set.-2004 (João Vaz), Proc. 0433021; STJ 3-fev.-2005 (Oliveira Barros), CJ/Supremo XIII (2005), 1, 64-71; RPt 8-jan.-2008 (Anabela Dias da Silva), Proc. 0725170. Também o Tribunal Constitucional se pronunciou no sentido da não inconstitucionalidade: TC 491/2002 (Paulo Mota Pinto), publicado no DR II Série, n.º 18, de 22-jan.-2003, 1057-1070: votaram vencidos os conselheiros Luís Nunes de Almeida, Maria Fernanda Palma e Guilherme da Fonseca, com fundamento na existência de inconstitucionalidade orgânica. Este acórdão é anotado por Rui Pinto Duarte, *Vida Judiciária*, 72, 2003, 42 ss..

[14] Cf., desenvolvidamente, António Menezes Cordeiro, *Da constitucionalidade*, 13 ss. e *Aquisições*, 450 ss..

[15] Cf. 481.º, anot. 4 ss., sobre a crítica a esta restrição do âmbito pessoal de aplicação do título VI do CSC.

[16] Diferentemente sucede no caso do 194.º do CVM.

b) **Comunicação à sociedade dominada**

16 α) **Sujeitos.** Por imposição do n.º 1, é dever da sociedade dominante comunicar à sociedade dominada a obtenção de uma participação igual ou superior a 90% do capital social: a comunicação é feita (pelo órgão de administração da dominante) à própria sociedade dominada, *i.e.*, ao respetivo órgão de administração, e não aos sócios. Não se prevê, inclusivamente, o dever de informação destes últimos por parte da sociedade dominada, o qual constitui, todavia, expressão do dever de lealdade dos administradores, consagrado no 64.º.

17 β) **Forma.** A lei não contém qualquer regra quanto à forma que deve revestir a comunicação: ela revestirá, em princípio, a forma escrita, em paralelismo com a exigência dos 448.º/3 e 484.º/1.

18 γ) **Prazo.** A comunicação é feita no prazo de 30 dias a contar do momento em que foi atingida a participação de 90% do capital.

19 δ) **Incumprimento.** O incumprimento do dever de comunicação preclude o direito de aquisição potestativa previsto no n.º 2, sem prejuízo da eventual responsabilidade civil dos administradores (72.º ss.).

20 7. **Oferta de aquisição.** O n.º 2 permite que a sociedade dominante faça oferta de aquisição das participações dos sócios livres e atribui-lhe, sob determinados pressupostos, um verdadeiro direito potestativo à referida aquisição.

21 *a*) **Competência.** A decisão sobre a oferta de aquisição das quotas ou ações dos sócios livres da sociedade dominada e, consequentemente, a decisão de transição da relação de domínio (486.º) para a relação de grupo (488.º ss.) exige a intervenção do colégio dos sócios, à semelhança do defendido a respeito dos 488.º e 489.º (cf. 488.º, anot. 25; 489.º, anot. 13): tendo em conta as consequências jurídicas e patrimoniais associadas pelo legislador à relação de grupo (cf. 491.º e 501.º a 504.º), os sócios da (futura) sociedade totalmente dominante devem ser chamados a deliberar sobre a matéria. Caso a dominante seja uma sociedade por quotas, a solução já resulta do 246.º/2, *d*); se, diferentemente, a dominante é uma sociedade anónima, apesar de a subscrição de participações sociais ser matéria de gestão, competindo ao órgão de administração da sociedade (cf. 405.º e 406.º), devem os administradores, por força dos deveres de lealdade que vinculam a sociedade perante os acionistas, submeter a matéria à deliberação destes. A esta deliberação deve aplicar-se, por analogia, o regime decorrente do 496.º. O mesmo parece dever valer para a própria decisão de aquisição da participação de 90% do capital social, dada a situação de sujeição em que a dominante fica colocada: por força do n.º 5 do 490.º, os minoritários da dependente adquirem o direito potestativo de alienação das suas quotas ou ações, surgindo, por iniciativa destes, uma relação de domínio total, no caso de todos exercerem o seu direito.

22 *b*) **Prazo.** A oferta deve ser feita nos seis meses seguintes à data da comunicação prevista no 490.º/1 (cf. 490.º/2).

23 *c*) **Forma e publicidade.** Não se exige, aparentemente, qualquer forma especial para a oferta, de tal maneira que se diria aplicável a regra geral de liberdade de forma, prevista no 219.º do CC. Todavia, o 490.º/3 dispõe que a aquisição potestativa está "sujeita a registo, por depósito": a forma escrita impõe-se indiretamente, pelo menos nos casos em que a sociedade dominante pretenda adquirir potestativamente as quotas ou ações dos sócios livres da dominada. Neste último caso, prevê-se também a publicação da "proposta". O 490.º/2, por seu lado, impõe que o relatório do revisor oficial de contas seja depositado no registo e patenteado aos interessados na sede da sociedade (490.º/2).

24 *d*) **Conteúdo.** A oferta deve conter, designadamente, a identificação do oferente e dos alienantes, a discriminação do objeto, a identificação da modalidade e valor da contrapartida oferecida, justificada por relatório de revisor oficial de contas. Caso a sociedade pretenda adquirir potesta-

tivamente as quotas ou ações dos sócios livres, deve declará-lo na proposta (490.º/3); na falta de declaração, a aquisição fica dependente da aceitação daqueles sócios.

e) **Contrapartida**

α) **Modalidades.** A aquisição das quotas ou ações dos sócios livres pela sociedade dominante é feita mediante contrapartida equitativa, a fixar em dinheiro ou nas suas próprias quotas, ações ou obrigações. Nada impede, também, a conjugação de mais que uma modalidade de contrapartida. 25

Do 490.º parece resultar a liberdade de a dominante escolher a contrapartida a oferecer. Tal como sucede a respeito do 499.º (cf. 499.º, anot. 11), é discutível se, no caso de contrapartida mobiliária, não deve ter-se por imperativa a oferta alternativa de contrapartida pecuniária: assim sucederá, inequivocamente, se a sociedade adquirente for ela própria subordinada ou dependente de outra sociedade – sob pena de os sócios da dominada serem novamente reconduzidos à qualidade de sócios minoritários ou mesmo credores obrigacionistas de uma sociedade dominada –; o mesmo princípio deve ser generalizado às restantes hipóteses de aquisição potestativa, com vista a garantir a efetiva tutela dos sócios livres, que de outro modo se veriam limitados a aceitar como contrapartida participações sociais ou mesmo obrigações que podem não lhes interessar. De resto, a contrapartida em dinheiro é a solução geral aplicável à aquisição tendente ao domínio total de sociedade aberta, nos termos do 194.º/1 do CVM[17]. Ela é, também, a única via em aberto para a aquisição das participações dos acionistas que não possuem ações em número suficiente para receber uma única ação da sociedade dominante, devido à relação de troca estabelecida. 26

β) **Fixação da contrapartida.** A contrapartida é fixada mediante avaliação realizada por revisor oficial de contas independente – face às sociedades dominante e dominada e ao grupo em que estas se insiram –, sendo o relatório registado por depósito e patenteado aos "interessados" (*i.e.*, a quaisquer titulares de posições jurídicas suscetíveis de serem afetadas pelos termos da transmissão: *v.g.*, sócios e credores) na sede das duas sociedades. Caso o sócio considere insatisfatória a contrapartida oferecida, pode requerer a sua fixação jurisdicional: a solução, para além de indispensável à tutela dos sócios minoritários, impõe-se por identidade de razão com o disposto no 490.º/6 e no 497.º. A ação judicial não suspende, todavia, o efeito aquisitivo potestativo[18]: *i.e.*, as quotas ou ações consideram-se adquiridas pela sociedade dominante desde que tal tenha sido declarado na proposta e a contrapartida (cujo valor é controvertido) tenha sido consignada em depósito, exigindo-se, finalmente, o registo e a publicação. 27

γ) **Avaliação das participações.** A fixação da contrapartida exige a avaliação das participações sociais da sociedade dependente, bem como, no caso de contrapartida mobiliária, das participações da sociedade dominante. A lei é omissa quanto aos critérios a utilizar nessa avaliação. O mesmo sucede no 499.º. Cf., todavia, o 188.º do CVM, aplicável, *ex vi* dos 194.º e 196.º, à aquisição e à alienação potestativa de ações no caso de sociedades cotadas; cf., também, o 105.º, relativo à fusão, que remete para o 1021.º do CC, bem como os 137.º/2 e 120.º, que, em matéria de transformação e cisão, contêm uma remissão para o regime da fusão. O preenchimento da lacuna deverá ter como referência estes últimos preceitos. 28

[17] O DL 219/2006, de 2-nov. alterou o 194.º/1, do CVM, de tal maneira que o adquirente potestativo parece obrigado a apresentar contrapartida só em dinheiro. Criticando, com razão, o regime legal, Hugo Moredo Santos, *Aquisição tendente ao domínio total*, em *Direito dos valores mobiliários*, VII (2007), 382 ss..

[18] Diferentemente, nos termos do 497.º, o exercício do direito de oposição judicial impede as administrações das sociedades de celebrarem o contrato de subordinação até haver trânsito em julgado da sentença.

29 δ) **Momento relevante.** O valor da participação social deve ser fixado, em termos definitivos (mas sem prejuízo da revisão jurisdicional), com referência ao momento da deliberação da sociedade dominante que aprova a aquisição do domínio total (cf. *supra* anot. 21 quanto à exigência de intervenção dos sócios), por analogia com o 105.º/2. Cf. sobre problema idêntico a respeito do contrato de subordinação, 499.º, anot. 11.

30 ε) **Princípio do tratamento igualitário.** Não obstante a falta de consagração expressa no 490.º, a fixação da contrapartida deve respeitar o princípio do tratamento igualitário dos sócios, que implica a aplicação a todas as participações de um critério único de avaliação. Por identidade de razão com o 497.º/4, no caso de revisão jurisdicional da contrapartida fixada, esta aproveita a todos os sócios livres, tenham ou não recorrido à via jurisdicional.

31 *f)* **Consignação em depósito da contrapartida.** A tutela dos sócios livres não depende apenas do cálculo equitativo da contrapartida: impõe-se, ainda, que ela seja efetivamente paga, razão pela qual a lei exige que, antes do registo da aquisição, se tenha procedido à consignação em depósito do dinheiro, das ações ou das obrigações devidas como contrapartida (490.º/4). Por analogia com o 194.º/5, do CVM, o depósito deve ser feito em instituição de crédito, à ordem dos sócios livres. Em alternativa, o adquirente potestativo pode lançar mão do processo especial de consignação em depósito previsto nos 916.º ss. do CPC: a importância fica consignada, para efeitos do 490.º/4, assim que se efetive o depósito inicial, deferido pelo juiz perante o requerimento adequado, sem exigência de sentença transitada em julgado[19].

32 *g)* **Registo da aquisição potestativa e publicação.** Nos termos do 490.º/3, na redação introduzida pelo DL 76-A/2006, de 29-mar., a sociedade dominante pode tornar-se titular das ações ou quotas pertencentes aos sócios livres da sociedade dependente, se assim o declarar na proposta, *"estando a aquisição sujeita a registo por depósito e publicação"*. Em conformidade com o objetivo geral de simplificação formal que caracterizou a Reforma de 2006, desapareceu, no 490.º/3, a exigência de escritura pública: até à entrada em vigor da nova redação desta norma, a aquisição potestativa resultava da referida escritura, funcionando o registo e a publicação como requisitos de oponibilidade a terceiros, nos termos do 168.º. Na atual versão do 490.º/3, o efeito aquisitivo potestativo opera com a própria "proposta" – sem necessidade de escritura pública –, mantendo o registo, que opera agora por depósito (cf. também 53.º-A/3, do CRC)[20], o anterior efeito indutor de eficácia (168.º); mantém-se, também, a exigência de publicação, atualmente realizada em sítio da Internet de acesso público, em conformidade com o 167.º do CSC e os 70.º ss. do CRC. Deste modo, a aquisição das ações tituladas nominativas não depende da declaração de transmissão aposta no título (102.º/1, do CVM) nem a aquisição das ações tituladas ao portador depende da entrega dos títulos (101.º/1, do CVM); do mesmo modo, a aquisição das ações escriturais é independente do registo em conta de registo individualizada (80.º/1, do CVM).

33 8. **Caracterização.** O direito de adquirir as quotas ou ações dos sócios externos constitui, para a sociedade dominante, um direito potestativo (de exercício extrajudicial[21]): a alienação não

[19] Desenvolvidamente sobre a questão, cf. António Menezes Cordeiro, *Aquisições*, 454 ss.. No sentido de que a consignação em depósito não tem de ser judicial, cf. STJ 3-fev.-2005 (Oliveira Barros), CJ/Supremo XIII (2005) 1, 64-71; RPt 20-abr.-2004 (Emídio Costa), Proc. 0420948; RPt 8-jan.-2008 (Anabela Dias da Silva), 0725170. No sentido inverso, exigindo decisão no processo de consignação em depósito, cf. RLx 6-jun.-2002 (Sousa Magalhães), CJ XXVII (2002) 3, 92-96.

[20] O registo referido no 490.º/3 é o registo da própria "proposta" de aquisição no registo comercial. Não se confunde com o registo junto da sociedade ou junto do emitente.

[21] Diferentemente, o direito de alienação resultante do 490.º/5 e 6 é de exercício judicial.

resulta de um acordo de vontade das partes (este só será necessário nos casos em que falte, na proposta, a declaração prevista no 490.º/3) mas sim da manifestação unilateral de vontade do adquirente. A alienação compulsiva das quotas ou ações do sócio minoritário aproxima-se, mas não se confunde, com a "exclusão" (cf., *v.g.*, 204.º/1 e 2, 212.º/1, 214.º/6, 241.º e 242.º): tal como aquela, a exclusão envolve a perda da participação do sócio, sem o seu consentimento[22], mas, diferentemente dela, apresenta um carácter eminentemente sancionatório, ao qual o 490.º é absolutamente alheio (cf. *supra* anot. 9 valores tutelados).

IV – **Direito de alienação potestativa**

9. **Pressupostos.** Nos termos do 490.º/5, se a sociedade dominante não fizer a oferta de aquisição no prazo de seis meses previsto no 490.º/2, "cada" sócio ou acionista livre pode exigir que aquela sociedade faça oferta de aquisição das suas quotas ou ações, mediante contrapartida equitativa. Constituem, pois, pressupostos do direito à alienação (i) a qualidade de sócio livre de sociedade que seja dominada por outra sociedade titular de, pelo menos, 90% do respetivo capital[23] [24], bem como (ii) o decurso do prazo de seis meses sem que tenha lugar a oferta de aquisição prevista no 490.º/2. Não obstante a imediata degradação da posição do sócio livre, em consequência da concentração do capital social, a solução da lei portuguesa impede o exercício imediato – após a comunicação da aquisição da fasquia de 90% do capital social (490.º/1) – do direito à alienação. No caso de violação do dever de comunicação da aquisição de 90% do capital, o sócio livre que, por outro meio, tome conhecimento do facto não pode ficar impedido de exercer o direito previsto no 490.º/5, sob pena de violação do princípio da boa fé (*tu quoque*). 34

10. **Exigência da oferta à sociedade dominante**

a) **Forma**. Nos termos do 490.º/5, o sócio livre deve exigir *por escrito* que a sociedade formule a oferta. 35

b) **Prazo**. O sócio pode exigir a oferta de aquisição "em qualquer altura". Os pressupostos do 174.º/3 não se verificam[25]. 36

c) **Conteúdo**. O sócio livre que exija à sociedade dominante a oferta de aquisição deve indicar todos os elementos necessários a instruir a proposta a formular. 37

11. **Oferta de aquisição**. A oferta de aquisição deve ser feita no prazo estabelecido pelo sócio livre na proposta, o qual não pode ser inferior a trinta dias (490.º/5). À oferta de aquisição – incluindo a contrapartida[26] – aplica-se o regime definido para a aquisição potestativa (cf. *supra* anot. 20 ss.). 38

[22] António Menezes Cordeiro 2 (2007), 329.

[23] Cf. REv 15-mar.-2007 (Sérgio Abrantes Mendes), Proc. 2806/06-3: o sócio minoritário de uma sociedade (com uma participação de 10% no capital social) tem o direito de exigir à sociedade maioritária dominante (com 90% do capital social) oferta de aquisição das suas quotas ou ações, mesmo quando tal distribuição do capital social se achava já feita desde o início da constituição da sociedade detida.

[24] O pressuposto deve considerar-se preenchido mesmo nos casos em que, após a comunicação prevista no 490.º/1, a sociedade dominante vem a alienar ações da dominada, passando a ser titular de menos de 90% do capital social.

[25] Cf., no entanto, Engrácia Antunes, *Os grupos*, 881. Único limite, mas de ordem geral, será a proibição do abuso de direito (334.º do CC): o sócio livre não pode, *v.g.*, manipular o momento em que exige a aquisição pela sociedade dominante agindo contra as exigências do sistema (princípio da primazia da materialidade subjacente) ou de outro modo frustrando a confiança criada (princípio da tutela da confiança).

[26] A remissão inclui, naturalmente, as modalidades da contrapartida, a qual, por identidade de razão com o 490.º/2, pode consistir em dinheiro, em quotas ou ações, ou em obrigações da sociedade dominante. A omissão, no 490.º/5, da referência às obrigações constituiu lapso do legislador, devendo ser corrigida por via interpretativa. Também o recurso ao plural ("...dinheiro, quotas ou acções *das sociedades dominantes*"), que não constava do Projeto de CSC, será devida a lapso legislativo não corrigido entretanto (quando muito, o plural apresentaria sentido útil no caso de grupos verticais, em que a sociedade dominante é ela própria dominada por outra sociedade).

39 12. **Aceitação e concretização da alienação**. Uma vez formulada a oferta pela sociedade dominante, o sócio livre pode aceitá-la ou rejeitá-la. O 490.º nada dispõe sobre o modo pelo qual se concretiza a alienação das participações no caso de aceitação da proposta: resta concluir pela aplicabilidade das regras gerais. No que toca à cessão de quotas, cf. 228.º e 242.º-A ss.: a cessão deve ser reduzida a escrito (228.º/1) e comunicada à sociedade (228.º/3), só produzindo efeitos após ter sido solicitada a promoção do registo comercial (242.º-A) pelo transmissário ou transmitente (242.º-B/2). Quanto às ações, cf. 80.º, 101.º e 102.º do CVM, que revogaram os 326.º e 327.º: as ações escriturais transmitem-se pelo registo na conta do adquirente (80.º/1, do CVM); as ações tituladas ao portador transmitem-se por entrega do título ao adquirente ou ao depositário por ele indicado (101.º/1, do CVM); as ações tituladas nominativas transmitem-se por declaração de transmissão, escrita no título, a favor do transmissário, seguida de registo junto do emitente ou junto do intermediário financeiro que o represente (102.º/1, do CVM).

40 13. **Falta da oferta ou carácter insatisfatório**. **Ação judicial**. No caso de a sociedade dominante não fazer a oferta no prazo estabelecido ou de esta ser considerada insatisfatória, o sócio livre pode provocar a aquisição potestativa (por via judicial): nos termos do 490.º/6, o sócio livre pode requerer ao tribunal que declare a sua quota ou as suas ações como adquiridas pela sociedade dominante desde a proposição da ação judicial, fixe o seu valor em dinheiro e condene a sociedade a pagar-lho.

41 O prazo para a propositura da ação é de trinta dias a contar do termo do prazo previsto no 490.º/5 ou da recepção da oferta considerada insatisfatória.

42 A fonte aquisitiva da participação social é a própria sentença judicial, ocorrendo a transmissão com o respetivo trânsito em julgado, independentemente dos requisitos gerais previstos por lei para a transmissão das quotas ou ações (sobre estes, cf. *supra* anot. 32).

43 A exigência de fixação da contrapartida *em dinheiro* deve ser devidamente interpretada: quando a sociedade dominante tenha feito oferta de contrapartida mobiliária (cumulativamente com contrapartida pecuniária – cf. *supra* anot. 26) e o sócio livre apenas questionar o montante da mesma, não deve o tribunal alterar a natureza da contrapartida, restringindo-a a dinheiro.

44 O valor da contrapartida fixada judicialmente aproveita aos demais sócios, em nome do princípio do tratamento igualitário, em paralelismo com o disposto no 497.º/4. Cf. idêntica solução *supra* anot. 30, a respeito da aquisição potestativa.

45 14. **Caracterização**. O direito do sócio livre à aquisição das suas quotas ou ações pela sociedade diretora aproxima-se, materialmente, do direito à exoneração[27], não obstante o Código não o referir expressamente e o direito ser exercido, atipicamente, contra a sociedade dominante e não contra a própria sociedade da qual é sócio[28]: em causa está um direito potestativo de fazer cessar unilateralmente a qualidade de sócio, com fundamento na inexigibilidade de permanência na sociedade[29], decorrente da fragilidade da posição do sócio livre, totalmente privado da

[27] Sobre o problema da qualificação da alienação potestativa de quotas ou ações como direito à exoneração, cf., a título exemplificativo, Raúl Ventura, *Grupos de sociedade – uma introdução comparativa a propósito de um projecto preliminar de diretiva da CEE*, ROA 41 (1981), 343, e *Sociedades por quotas*, 2 (1989), 17; Pereira Coelho, *Grupos*, 324 a 326; Engrácia Antunes, *Os Grupos*, 789; Pais de Vasconcelos (2006), 242-246; José de Oliveira Ascensão (2000), 373; Armando Triunfante, *A tutela das minorias nas sociedades anónimas. Direitos individuais* (2004), 312 e 313; Maria Augusta França, *Direito à exoneração*, em *Novas perspectivas de direito comercial* (1988), 209.

[28] Neste ponto se afastando, significativamente, do direito à exoneração em sentido estrito, previsto noutras normas do CSC.

[29] Sobre a inexigibilidade de manutenção do *status socii* como fundamento da exoneração, cf. António Menezes Cordeiro 2 (2007), 323 ss..

capacidade de influenciar, com o seu voto, as deliberações em assembleia geral e, assim, relegado à situação de mero *outsider*. Nestes termos, o direito à alienação potestativa das quotas ou ações pelo sócio ou acionista externo radica ainda, teleologicamente, no instituto da exoneração dos sócios, não obstante assentar na aquisição compulsiva das participações sociais por sociedade diferente daquela da qual o sócio se separa[30]. O mesmo sucede na hipótese regulada pelo 499.º.

V – **Aquisições tendentes ao domínio total de sociedades abertas**

15. **Remissão para o CVM**. O 490.º/7 remete a regulação da aquisição tendente ao domínio total de sociedade aberta para o disposto no CVM: cf. 194.º a 197.º. Nos termos do 194.º, as regras em causa são aplicáveis sempre que a sociedade visada é sociedade aberta cuja lei pessoal é a portuguesa, seja qual for o sujeito ativo do domínio. Constituem pressupostos do direito de aquisição potestativa previsto no CVM o prévio lançamento pelo adquirente de OPA geral, bem como a detenção de, pelo menos, 90% dos direitos de voto correspondentes ao capital social da visada até ao apuramento dos resultados da oferta e de 90% dos direitos de voto abrangidos pela oferta. Tomada a decisão, o sócio dominante deve publicar de imediato o anúncio preliminar e enviá-lo à CMVM, para efeitos de registo (194.º/3 e 4) e consignar em depósito, junto de instituição de crédito, a contrapartida, à ordem dos titulares das ações remanescentes (194.º/5), calculada nos termos do 188.º do CVM. A aquisição torna-se eficaz a partir da publicação, pelo interessado, do registo na CMVM (195.º/1). Em resultado da oferta, a sociedade aberta privatiza-se, transformando-se em fechada, deixando as suas ações de estar admitidas à negociação (*going private*)[31]. Não sendo o direito de aquisição potestativa tempestivamente exercido, pode cada um dos titulares de ações remanescentes dirigir por escrito, ao sócio dominante, convite para, no prazo de trinta dias, lhe fazer proposta de aquisição das suas ações (196.º/1). Na falta de proposta, cada interessado pode provocar a alienação potestativa, nos termos do 196.º/2. 46

Artigo 491.º (Remissão)

Aos grupos constituídos por domínio total aplicam-se as disposições dos artigos 501.º a 504.º e as que por força destes forem aplicáveis.

Bibliografia: José A. Engrácia Antunes, *Os Grupos de Sociedades*, 2.ª ed. (2002), 889-899; José de Oliveira Ascensão (2000), 580-592; Carlos Osório de Castro, *A relação de domínio total: diagnóstico e remédios*, DSR IX (2017), v. 18, 26-79; Francisco Pereira Coelho, *Grupos de sociedades. Anotação preliminar aos arts. 488.º a 508.º do Código das Sociedades Comerciais*, BFDUC LXIV (1988), 297-353; António Menezes Cordeiro 1 (2007), 989-994; *id.*, *Direito europeu das sociedades* (2005), 751-785; Ministério da Justiça, *Código das Sociedades Comerciais (Projecto)*, BMJ 327 (1983), 43-339; Maria da Graça Trigo, *Grupos de sociedades*, O Direito 1991, 74-79; Raúl Ventura, *Grupos de sociedade – uma introdução comparativa a propósito de um projecto preliminar de directiva da CEE*, ROA 41 (1981), 305-313.

[30] Diferentemente, no caso do direito à exoneração em sede de fusão e transformação (cf. 105.º e 137.º, respetivamente), atribui-se ao sócio que tenha votado contra a proposta o direito de exigir que a sociedade adquira (ou faça adquirir) a sua participação social.

[31] Sobre as aquisições tendentes ao domínio total de sociedade aberta, cf. Hugo Moredo Santos, *Aquisição*, 275 ss..

Índice

1. Preparação e fontes 1
2. Teleologia geral 5
3. Âmbito de aplicação 6
4. Regras aplicáveis 7

1 1. **Preparação e fontes**. O texto do 491.º corresponde, sem modificações, ao 482.º do projeto de CSC de 1983[1].

2 O domínio total de uma sociedade sobre outra não se encontra previsto como modalidade autónoma de grupo nas principais legislações que serviram de fonte ao Título VI do CSC (cf. 488.º, anot. 4 e 489.º, anot. 3), com exceção da Lei das Sociedades Anónimas brasileira de 1976. Assim sucede, nomeadamente, com a AktG de 1965 e com o o projeto de *Nona Diretriz das Sociedades Comerciais*, sobre grupos de sociedades (cuja versão final é de 1984)[2], que constituíram as duas principais fontes do Direito português dos grupos de sociedades. O regime (remissivamente) estabelecido no 491.º para os grupos constituídos por domínio total aproxima-se, todavia, do regime dos *grupos integrados* da lei alemã e do projeto comunitário.

3 No ordenamento alemão, o domínio total, na ausência de "integração" de uma sociedade na outra (*Eingliederung*), inclui-se na categoria geral dos "grupo de facto" (*faktischer Konzerne*), regida pelos §§ 311 a 318 do AktG: a empresa dominante não pode exercer a sua influência em sentido prejudicial à sociedade dominada, devendo compensar esta última pelos prejuízos causados em violação da referida proibição. Diferentemente sucede no caso das "empresas integradas" (*eingeglierte Gesellschaften*)[3]: nestas, a sociedade principal tem o direito de dar instruções à administração da sociedade incorporada, nos termos do § 323; segundo o § 324(3), a sociedade principal é obrigada a compensar qualquer prejuízo demonstrado no balanço da sociedade incorporada, na medida em que exceda o montante da reserva legal (norma que se aproxima do 502.º), consagrando os §§ 321 e 322, respetivamente, o direito dos credores de exigirem caução e a responsabilidade solidária da sociedade principal para com os credores da sociedade integrada (norma paralela à do 501.º).

4 No projeto de diretriz, o domínio total não é, igualmente, autonomizado, incluindo-se a sociedade dominada no conceito geral de "sociedades afiliadas", previsto no 2.º, com consequente aplicação do regime geral de tutela da sociedade dependente (7.º-12.º). Exceciona-se o caso em que tenha lugar a "declaração unilateral para a constituição de um grupo subordinado" (similar à *Eingliederung* alemã), consagrada nos 33.º ss. (cf. 6.º), ao qual são aplicáveis, por remissão do 35.º, as regras dos 24.º a 30.º (previstas para contrato de subordinação), as quais apresentam acentuadas similitudes com as regras dos 501.º ss., aplicáveis ao grupo constituído por domínio total por força da remissão do 491.º.

5 2. **Teleologia geral**. O 491.º remete a totalidade da *disciplina* e *consequências do exercício do poder de direção*[4] da sociedade diretora sobre a sociedade subordinada para as regras previstas para o contrato de subordinação (501.º a 504.º), não obstante a falta de tradição e de aplicação prática deste instrumento no nosso país: a opção legislativa – fundada embora na acomodação do

[1] *Código das Sociedades Comerciais (Projecto)*, BMJ 327 (1983), 43-339.

[2] O projeto nunca chegou a assumir a forma de proposta. O seu texto, traduzido, pode, todavia, consultar-se em António Menezes Cordeiro, *Direito europeu das sociedades* (2005), 751 ss..

[3] Sobre a figura, cf. 490.º, anot. 5.

domínio total e do contrato de subordinação numa comum modalidade de coligação [a relação de grupo: cf. 482.º, *d)*][5] – merece, por isso, ser revista[6].

3. **Âmbito de aplicação.** As regras dos 501.º a 504.º aplicam-se, por remissão do 491.º, a todas as relações de grupo por domínio total regidas pelo CSC[7]. Sobre o concurso com a relação de grupo por contrato de subordinação, cf. 507.º. 6

4. **Regras aplicáveis.** São aplicáveis à relação de grupo por domínio total todas as regras previstas para o contrato de subordinação que não dependem intrinsecamente da pluralidade de sócios[8], com exceção daquelas que respeitam à própria preparação, celebração, modificação e termo do contrato[9]. Quanto ao problema da possibilidade de celebração de convenção de atribuição de lucros numa situação de domínio total, cf. 508.º, anot. 7 ss.. 7

Através da remissão do 491.º, atribui-se, concretamente, à sociedade totalmente dominante o direito de dar instruções vinculativas (*inclusive* desvantajosas) ao órgão de administração da sociedade dependente (503.º), legitimando-se, desta forma, o poder de direção daquela sociedade (equivalente ao que decorre da celebração de um contrato de subordinação[10]). 8

Este poder de direção, e, em si mesma, a situação de controlo societário integral, justificam a responsabilidade da sociedade-mãe pelas dívidas da sua filial (501.º), bem como a obrigação de compensação das perdas por esta sofridas na vigência do domínio total (502.º). A aplicação do regime especial de responsabilidade dos administradores estabelecido no 504.º explica-se também pelo poder de instrução da sociedade-mãe e consequente dever de obediência dos administradores da sociedade-filha[11]. 9

Secção II – Contrato de grupo paritário

Artigo 492.º (Regime do contrato)

1. Duas ou mais sociedades que não sejam dependentes nem entre si nem de outras sociedades podem constituir um grupo de sociedades, mediante contrato pelo qual aceitem submeter-se a uma direção unitária e comum.

2. O contrato e as suas alterações e prorrogações devem ser reduzidos a escrito e precedidos de deliberações de todas as sociedades intervenientes, tomadas sobre proposta das suas administrações e pareceres dos seus órgãos de fiscalização, pela maioria que a lei ou os contratos de sociedade exijam para a fusão.

[4] A constituição do grupo está regulada nos 488.º ss..

[5] Nos termos do 493.º/2, a relação de grupo pode envolver simultaneamente vínculos fundados no domínio total e vínculos assentes em contrato de subordinação: "a sociedade diretora forma um grupo com todas as sociedades por ela dirigidas, mediante contrato de subordinação, e com todas as sociedades por ela integralmente dominadas, direta ou indiretamente".

[6] António Menezes Cordeiro, *Direito europeu*,785.

[7] Contra, Carlos Osório de Castro, *A relação de domínio total: diagnóstico e remédios*, DSR IX (2017), v. 18, 26-79 (72 ss.), defendendo redução teleológica de forma a excluir a aplicação do 502.º por não haver sócios livres e a proteção dos credores ser assegurada pelo 501.º.

[8] Em particular, não são, naturalmente, aplicáveis as regras respeitantes aos direitos dos sócios minoritários, de alienação potestativa das suas quotas ou ações e à garantia de lucros (cf. 494.º, 497.º 499.º, 500.º).

[9] Cf. 493.º a 496.º, 498.º, 505.º e 506.º.

[10] Fora do contexto do domínio total ou do contrato de subordinação, o exercício do poder de influência da sociedade-mãe sobre a sociedade-filha (relação de domínio simples: cf. 486.º) está limitado às possibilidades conferidas pelo Direito societário geral.

[11] Sobre as adaptações dos 501.º a 504.º (eventualmente) impostas pelas características próprias da relação de grupo por domínio total – *maxime* pela unipessoalidade societária – cf. anotações aos artigos correspondentes.

3. O contrato não pode ser estipulado por tempo indeterminado, mas pode ser prorrogado.

4. O contrato não pode modificar a estrutura legal da administração e fiscalização das sociedades. Quando o contrato instituir um órgão comum de direção ou coordenação, todas as sociedades devem participar nele igualmente.

5. Ao termo do contrato aplica-se o disposto no artigo 506.º.

6. Ficam ressalvadas as normas legais disciplinadoras da concorrência entre empresas.

Bibliografia: José A. Engrácia Antunes, *Os grupos de sociedades*, 2.ª ed. (2002), 327-373; José de Oliveira Ascensão (2000), 592-593; António Menezes Cordeiro 1 (2007), 989-994; *id.*, *Direito europeu das sociedades* (2005), 751-785; Luís de Lima Pinheiro, *Joint venture. Contrato de empreendimento comum em Direito Internacional Privado* (1998), 173-194; Maria Augusta França, *A estrutura das sociedades em relação de grupo* (1990), 23; Ministério da Justiça, *Código das Sociedades Comerciais (Projecto)*, BMJ 327 (1983), 43-339; Maria da Graça Trigo, *Grupos de sociedades*, O Direito 1991, 62-68; Raúl Ventura, *Grupos de sociedade – uma introdução comparativa a propósito de um projecto preliminar de directiva da CEE*, ROA 41 (1981), 326-328.

Índice

I – **Origem**
1. Preparação e fontes 1

II – **Teleologia e âmbito de aplicação**
2. Conteúdo e fim da norma 4
3. Figuras afins 7
4. Âmbito de aplicação
a) Âmbito pessoal 8
b) Âmbito espacial 9
c) Concurso com outras relações 10

III – **Celebração, modificação e extinção do contrato**
5. Fases do processo constitutivo 14
a) Projeto de contrato 15
b) Fiscalização 16
c) Deliberação 17
d) Celebração 20
e) Registo e publicação 21
6. Modificação 22
7. Extinção 23

IV – **Objeto e efeitos do contrato**
8. Exercício comum da direção unitária 24
9. Instruções vinculativas 25
10. Instruções desvantajosas? 26
11. Tutela dos sócios, das sociedades agrupadas e dos credores 33

V – **Conexão com outras leis**
12. Regras de Direito da concorrência 34
13. Regras de Direito contabilístico 35

I – Origem

1 1. **Preparação e fontes**. O contrato de grupo paritário é regulado *ex novo* no Direito português pelo 492.º. A norma decorre amente do 483.º do Projeto de CSC de 1983[1], do qual passou, inalterada, para o DL 262/86, de 2-set., que aprovou o Código. O 492.º manteve a sua redação originária, apenas alterada pelo DL 76-A/2006, de 29-mar., que eliminou a exigência de escritura pública e a substituiu pela simples forma escrita (n.º 2), em conformidade com o objetivo essencial de desformalização que caracterizou a Reforma de 2006.

[1] *Código das Sociedades Comerciais (Projecto)*, BMJ 327 (1983), 43-339.

O 492.º aproxima-se significativamente do "contrato para a constituição de um grupo paritário", previsto nos 40.º e 41.º do projeto de *Nona Diretriz das Sociedades Comerciais*, sobre grupos de sociedades (1984)[2], que nunca passou ao estádio de proposta. Tal como no CSC, estipula-se aí que "uma sociedade independente e uma ou mais outras empresas independentes podem acordar, por contrato escrito, submeter-se a uma direção unitária, sem que, com isso, uma parte no contrato fique submetida às outras" (40.º), regulando o 41.º o processo de celebração do contrato. 2

O 492.º inspira-se, ainda, nos grupos horizontais (*Gleichordnungskonzerne*) do Direito alemão. Todavia, na medida em que apenas admite o grupo paritário contratual, a lei portuguesa – tal como o projeto de diretriz – afasta-se da solução da lei das sociedades anónimas alemã (1965), cujo § 18(2) não estabelece qualquer instrumento específico de direção unitária (comum), podendo esta resultar de contrato ou de outro meio (*v.g.*, união pessoal dos órgãos de administração). 3

II – **Teleologia e âmbito de aplicação**

2. **Conteúdo e fim da norma**. É definido o conceito de contrato de grupo paritário, modalidade de contrato de organização[3] pelo qual duas ou mais sociedades independentes entre si, mantendo embora formalmente as suas estruturas orgânicas, se submetem a uma direção unitária e comum (n.º 1). Estabelece-se, por esta via, uma relação de grupo – 482.º, *d*) – de carácter horizontal, distinta das relações de grupo fundadas em participação totalitária ou em contrato de subordinação (cf. 488.º-491.º e 493.º ss., respetivamente), as quais, por assentarem no poder de direção de uma sociedade sobre outra, apresentam natureza vertical. 4

Os grupos horizontais ou paritários cuja fonte não seja o contrato regulado pelo 492.º (grupos paritários de facto: *v.g.*, direção unitária exercida através de administradores comuns) não ficam abrangidos pela lei – devido ao modelo de regulação adotado pelo CSC (cf. 482.º, anot. 3 ss.) – mas a sua validade não é afetada se forem respeitados os limites do Direito societário geral. 5

O 492.º limita-se a regular o regime do *contrato* de grupo paritário, sem nada dispor sobre o regime da relação de grupo em si mesma, diferentemente do que sucede a respeito do contrato de subordinação (cf. 493.º ss.). Surgem, por essa razão, importantes lacunas quanto, *v.g.*, à suscetibilidade de emissão de instruções desvantajosas, à responsabilidade das sociedades agrupadas ou ainda aos direitos dos sócios (*v.g.* direito de exoneração). 6

3. **Figuras afins**. O contrato de grupo paritário não se confunde com outros acordos igualmente tendentes a estabelecer formas de colaboração ou cooperação entre as partes, mas nos quais (i) apenas são abrangidos determinados sectores de atividade dos sujeitos contratantes e não a totalidade das matérias de gestão, (ii) os intervenientes mantêm intacta a respetiva liberdade de autodeterminação (faltando a direção económica unitária) – *v.g.* consórcio (DL 271/81, de 28-jul.) –, ou (iii) surge um ente jurídico autónomo, distinto dos sujeitos contratantes – *v.g.*, ACE (Lei 4/73, de 4-jun. e DL 430/73, de 25-ago.) e AEIE (Regulamento CEE 2137/85, de 25-jul.). 7

[2] O texto, traduzido, pode consultar-se em António Menezes Cordeiro, *Direito europeu das sociedades* (2005), 751 ss..

[3] Sobre o conceito de contrato de organização, cf. António Menezes Cordeiro, *Direito Comercial*, 2.ª ed. (2007), 625 ss..

4. **Âmbito de aplicação**

8 *a*) **Âmbito pessoal**. Ficam abrangidos os contratos celebrados por sociedades por quotas, anónimas ou em comandita por ações, nos termos do 481.º/1, independentemente do respetivo objeto social.

9 *b*) **Âmbito espacial**. O 492.º aplica-se aos contratos celebrados entre sociedades com sede em território nacional, nos termos do 481.º/2.

10 *c*) **Concurso com outras relações**. Pretendendo assegurar a independência das sociedades – característica essencial dos grupos horizontais –, o 492.º estabelece como requisito da celebração do contrato que as sociedades "não sejam dependentes entre si nem de outras sociedades": *i.e.*, que nenhuma das sociedades contratantes seja *sujeito passivo* de uma relação de domínio (486.º) ou de grupo (fundado em domínio total – 488.º ss. – ou em contrato de subordinação – 493.º ss.), independentemente de o sujeito ativo ser ou não a sociedade contratante.

11 Nada impede, porém, que as sociedades sejam materialmente dominadas por pessoa singular ou coletiva não abrangida no conceito de "sociedade" relevante para efeitos do 492.º (cf. também 481.º/1)[4].

12 É igualmente admissível que sociedade contratante seja *sujeito ativo* de uma relação de domínio ou de grupo estabelecida com terceiro[5].

13 Entre as sociedades contratantes (ou entre estas e terceiros) poderá ainda existir uma relação de simples participação (483.º e 484.º) ou de participações recíprocas (485.º), aplicando-se, cumulativamente com o 492.º, o regime respetivo.

III – **Celebração, modificação e extinção do contrato**

14 5. **Fases do processo constitutivo**. A celebração do contrato de grupo paritário, devido aos efeitos jurídicos que acarreta, está sujeita a um processo complexo – similar ao previsto e pormenorizadamente regulado para a celebração do contrato de subordinação (cf. 493.º) –, com várias fases: 1.º Elaboração do projeto de contrato; 2.º Parecer dos órgãos de fiscalização; 3.º Aprovação pelas assembleias gerais das sociedades contratantes; 4.º Celebração do contrato.

15 *a*) **Projeto de contrato**. Não obstante a falta de referência expressa do 492.º (diferentemente do 495.º, relativo ao contrato de subordinação), o projeto de contrato de grupo paritário é elaborado em conjunto pelos órgãos de administração das sociedades contratantes, devendo conter todos os "elementos necessários ou convenientes para o perfeito conhecimento da operação visada" (cf. 495.º, por analogia).

16 *b*) **Fiscalização**. O projeto de contrato é objeto de exame pelos órgãos de fiscalização das sociedades contratantes, antes de ser submetido a deliberação dos sócios. Por analogia com o regime do contrato de subordinação (cf. 496.º e 99.º), o projeto deve ser examinado por revisores oficiais de contas independentes, cumulativamente com o exame pelo órgão de fiscalização ou em substituição dele, quando não exista.

17 *c*) **Deliberação**. O 492.º/2 exige que o contrato de grupo paritário seja aprovado por deliberação de todas as sociedades intervenientes, tomada sob proposta das administrações, pela maioria que a lei ou os contratos de sociedade exijam para a fusão. A exigência de aprovação

[4] Sobre a crítica ao âmbito de aplicação do sistema português de sociedades coligadas, cf. 481.º, anot. 4 ss..

[5] O contrato de grupo paritário pode, *v.g.*, funcionar como instrumento tendente a assegurar o controlo conjunto ou contitularidade da influência dominante, para efeitos do 486.º. Cf. 486.º, anot. 23.

pelos sócios e a remissão para o regime da fusão compreendem-se atendendo à modificação estrutural e organizativa das sociedades envolvidas (cf. *infra* anot. 24), a qual reclama a proteção dos respetivos sócios (pelo menos) na fase da constituição do grupo.

A remissão abrangerá, por analogia com o 496.º, todo o regime das deliberações sociais e, em especial, (a) a convocação das assembleias gerais (cf. 100.º/2-4; quanto às menções da convocatória, cf. 377.º/8), (b) a consulta de documentos e o direito à informação (cf. 101.º e 102.º/4) e (c) o quórum deliberativo e constitutivo (cf., *ex vi* do 103.º, as regras aplicáveis à alteração do contrato de sociedade: quanto às sociedades anónimas, 386.º/3-5 e 383.º/2; quanto às sociedades por quotas, 265.º e 383.º/2, *ex vi* do 248.º/1; quanto às sociedades em comandita por ações, cf. 478.º). 18

Por analogia com o regime do 117.º e atendendo aos interesses prosseguidos, a falta de deliberação dos sócios gera a nulidade do contrato (idêntica consequência ocorre no caso do contrato de subordinação: cf. 496.º, anot. 17). Faltando a deliberação por omissão da convocação, haverá responsabilidade penal (cf. 515.º) e civil (72.º ss.) do administrador. 19

d) **Celebração**. O contrato de grupo paritário – à semelhança do contrato de subordinação – é celebrado pelos administradores de ambas as sociedades, na qualidade de seus representantes, e reveste a forma escrita, sob pena de nulidade (220.º do CC). Cf., todavia, 4.º-A do CSC. 20

e) **Registo e publicação.** Não se exige o registo e a publicação do contrato de grupo paritário, diferentemente do que sucede com o contrato de subordinação (498.º). 21

6. **Modificação**. O 492.º estabelece um princípio geral de paralelismo entre a modificação do contrato e a sua celebração, garantindo a eficácia da proteção conferida aos sócios das sociedades contratantes. Assim, cabe aos órgãos de administração das sociedades agrupadas a iniciativa de modificação do contrato, preparando o projeto a submeter a deliberação das assembleias gerais, aplicando-se à convocação, reunião e deliberação as regras relativas à fusão. A modificação é igualmente reduzida a escrito, sem prejuízo do disposto no 4.º-A. 22

7. **Extinção**. O 492.º/5 remete a regulação do termo do contrato para o 506.º. Assim, o contrato de grupo paritário cessa por (a) revogação (506.º/1); (b) dissolução das sociedades intervenientes – 506.º/3, *a*); (c) caducidade – 506.º/3, *b*) –, sem prejuízo da faculdade de prorrogação, sujeita a procedimento equivalente ao previsto para a celebração e modificação do contrato (cf. 492.º/2); (d) resolução, por via judicial – 506.º/3, *c*). O contrato cessa ainda caso sobrevenha relação de domínio ou de grupo em que seja sujeito passivo uma das sociedades agrupadas (cf. 492.º/1). A denúncia – cf. 506.º/3, *d*) – não é admissível uma vez que o contrato não pode ser estipulado por tempo indeterminado (492.º/3). 23

IV – **Objeto e efeitos do contrato**

8. **Exercício comum da direção unitária**. Constitui objeto essencial do contrato o exercício de uma direção unitária e comum das sociedades agrupadas: a *gestão social* (global e total[6]) das sociedades intervenientes passa a ser exercida em conjunto, seja através da instituição de órgão comum de direção ou coordenação (no qual todas as sociedades participam em termos paritários – cf. 492.º/4, 2.ª parte), seja através de outro meio (*v.g.*, administradores comuns, 24

[6] O acordo pelo qual as sociedades exercem em comum a direção de determinado sector da atividade social não configura já um contrato de grupo paritário, não estando sujeito ao regime do 492.º. Todavia, tem-se entendido que, para haver direção unitária, é suficiente a coordenação de sectores estratégicos, como o do financiamento ou o do planeamento dos investimentos.

consultas recíprocas, reuniões periódicas). Em ambos os casos a estrutura legal da administração e fiscalização permanece formalmente inalterada – como impõe o 492.º/4, 1.ª parte – ainda que, materialmente, essa modificação estrutural seja inevitável, razão pela qual a lei prevê um regime especial para a celebração do contrato.

25 9. **Instruções vinculativas**. Com vista ao exercício em comum da direção unitária, é admissível a emissão de instruções vinculativas para as sociedades agrupadas (*maxime*, quando tiver sido constituído órgão comum de direção e coordenação)[7], naturalmente circunscritas à área da gestão social (*i.e.*, as competências do órgão deliberativo mantêm-se inalteradas).

26 10. **Instruções desvantajosas?** O 492.º, diferentemente do 503.º/1 (contrato de subordinação), não reconhece a possibilidade de as instruções serem desvantajosas para uma das sociedades agrupadas, mesmo quando vantajosas para outra sociedade do grupo. Todavia, mesmo nestes grupos, podem ser emitidas instruções vinculativas para as sociedades agrupadas (*maxime*, quando tiver sido constituído órgão comum de direção e coordenação)[8] ou praticados atos que, no limite, poderão assumir natureza desvantajosa para uma ou mais empresas[9]. Não se pense que nestes casos já há relação de domínio por haver o poder de influenciar a gestão das sociedades agrupadas. A subordinação pontual, limitada no tempo, de uma ou mais empresas à vontade de outra ou outras não significa que o grupo perde a sua natureza horizontal. Pode, assim, uma sociedade ser pontualmente sacrificada desde que se trate de lesão temporária, tendo em vista o "interesse do grupo", enquanto interesse comum ou concertado das sociedades horizontalmente colocadas. Nesta hipótese, o controlo não assume o caráter de estabilidade que permitiria concluir pela existência de um grupo organizado verticalmente: existe dependência relativamente à gestão comum do grupo mas não face a determinada sociedade. Assim, mesmo os grupos horizontais não são em absoluto "grupos sem controlo", podendo surgir casos pontuais de dependência.

27 A emissão de instruções desvantajosas pressupõe a adoção de instrumentos de tutela preventiva e exige o respeito por mecanismos compensatórios da lesão do interesse das sociedades agrupadas, os quais não estão previstos na lei. Sendo a direção unitária exercida em conjunto – ainda que possa ser através de órgão ou sociedade especialmente constituídos para o efeito e eventualmente com decisões tomadas por maioria – os diversos atos de direção do grupo são imputáveis a todas as sociedades agrupadas.

28 É à instância responsável pela direção, quando exista, que cabe providenciar formas de compensação, mas a obrigação recai sempre sobre as diferentes sociedades do grupo: perante eventual incumprimento, são responsáveis todos os membros do grupo e não, afinal, a instância de direção ou empresa gestora, que constitui mero instrumento de formação da vontade imputável às diversas componentes do grupo. Sujeitos do dever de compensação são, pois, inequivocamente, todas as empresas do grupo.

29 O direito positivo não contém qualquer disposição no que respeita a essa obrigação nem é possível recorrer à analogia com a regra do 502.º, concebida para grupos de tipo estruturalmente

[7] Contra, Lima Pinheiro, *Joint venture. Contrato de empreendimento comum em Direito internacional privado* (1998), 271.

[8] Rejeitando a possibilidade de emissão de instruções vinculativas (mesmo que não desfavoráveis), cf. Lima Pinheiro, *Joint ventures. Contrato de empreendimento comum em direito internacional privado* (1998), 271.

[9] Contra a suscetibilidade de emissão de instruções prejudiciais, cf., *v.g.*, na doutrina portuguesa, Engrácia Antunes, *Os grupos*, 928.

[10] A admissibilidade de instruções desvantajosas é, no grupo paritário, pontual e limitada no tempo, requerendo-se a sua compensação.

muito diverso (*maxime*, onde o controlo assume características de estabilidade)[10] e que, mesmo quanto a estes, é proteção ineficiente.

É certo que, no ordenamento alemão, por exemplo, a compensação tem sido defendida 30
com fundamentos variáveis, entre os quais a analogia com os §§ 302 ou 311 ss. AktG. Mas, mesmo aí, a hipótese de aplicação da regra do § 302, pensada para os casos em que existe contrato de subordinação, é contrariada pelo envolvimento da sociedade lesada no processo de formação da vontade "do grupo" ou do órgão de gestão, o qual determina a inexistência de exata coincidência substantiva entre os perigos envolvidos no grupo vertical e os perigos do grupo horizontal; por seu lado, a visão da empresa-irmã como empresa dominante para efeitos de aplicação dos §§ 311 e 317, com base na ideia de dependência económica ou fáctica de uma empresa-irmã face às outras, contraria claramente o conceito de dependência do § 17 AktG.

A existência de uma empresa dominante é, pois, condição estrutural do recurso aos §§ 31
302 ss. ou 311 ss.: nos grupos de tipo paritário, a dependência não existe relativamente a uma sociedade individualizada – nem sequer face à sociedade que exerce a gestão (mero instrumento das restantes) – mas antes perante o conjunto das sociedades, sendo a própria sociedade lesada responsável, em parte, pelo prejuízo sofrido. Por esse motivo, apesar de a intensidade dos conflitos de interesses poder ser equiparada, em muitos casos, àquela que apresentam os conflitos nos grupos verticais, a verdade é que, do ponto de vista qualitativo, são evidentes as diferenças do "conflito do grupo" num caso e noutro.

A lacuna da lei obriga a procurar resposta nos princípios gerais, tendo especial utilidade 32
o recurso ao princípio da boa fé. Tal como vimos nas relações verticais, também no plano do relacionamento horizontal vigoram deveres de lealdade: a integração comum justifica deveres de lealdade recíprocos entre sociedades-irmãs. De resto, o exercício de uma direção unitária em conjunto aproxima-se significativamente do exercício comum da atividade económica que caracteriza a própria sociedade. Os deveres de lealdade entre sociedades-irmãs constituem fundamento e limite da obrigação de compensação[11].

11. **Tutela dos sócios, das sociedades agrupadas e dos credores.** À exceção da proteção 33
conferida, na fase da formação do contrato, pela exigência de deliberação dos sócios (492.º/1), a lei omitiu, em absoluto, a previsão de quaisquer mecanismos destinados à tutela dos sócios (*v.g.* direito de alienação potestativa das participações), das sociedades agrupadas (*v.g.*, compensação de perdas), ou dos credores sociais (*v.g.* responsabilidade por dívidas). Diferentemente sucede no caso dos grupos de subordinação: o legislador terá, nos grupos horizontais, considerado desnecessária essa proteção dado o exercício *comum* da direção económica unitária do grupo. Havendo instruções lesivas para alguma sociedade existe obrigação de compensação (cf. *supra* anots. 27-32).

V – **Conexão com outras leis**

12. **Regras de Direito da concorrência.** O 492.º/6 ressalva a aplicabilidade das regras disci- 34
plinadoras da concorrência entre empresas: cf. Lei 19/2012, de 13-jan..

[11] Para maiores desenvolvimentos, cf. Ana Perestrelo de Oliveira, *Grupos de sociedades e deveres de lealdade* (2012), 649 ss., 659 ss..

[1] Ministério da Justiça, *Código das Sociedades Comerciais (Projecto)*, BMJ 327 (1983), 43-339.

35 13. **Regras de Direito contabilístico**. O DL 238/91, de 2-jul. (alterado pelo DL 127/95, de 1-jun. e pelo DL 35/2005, de 17-fev.) não inclui na obrigação de consolidação os grupos paritários, numa opção a rever *de jure condendo*.

Secção III – Contrato de subordinação

Artigo 493.º (Noção)

1. Uma sociedade pode, por contrato, subordinar a gestão da sua própria atividade à direção de uma outra sociedade, quer seja sua dominante, quer não.

2. A sociedade diretora forma um grupo com todas as sociedades por ela dirigidas, mediante contrato de subordinação, e com todas as sociedades por ela integralmente dominadas, direta ou indiretamente.

Bibliografia: José A. Engrácia Antunes, *Os grupos de sociedades*, 2.ª ed. (2002), 611-842; José de Oliveira Ascensão (2000), 588-592; Francisco Pereira Coelho, *Grupos de sociedades. Anotação preliminar aos arts. 488.º a 508.º do Código das Sociedades Comerciais*, BFDUC LXIV (1988), 297-353; António Menezes Cordeiro 1 (2007), 989-994; *id.*, *Direito europeu das sociedades* (2005), 751-785; Eliseu Figueira, *Disciplina jurídica dos grupos de sociedades*, CJ XV (1990), 49-57; Maria Augusta França, *A estrutura das sociedades em relação de grupo* (1990); Ministério da Justiça, *Código das Sociedades Comerciais (Projecto)*, BMJ 327 (1983), 43-339; Maria da Graça Trigo, *Grupos de sociedades*, O Direito 1991, 79-95; Raúl Ventura, *O contrato de subordinação*, em *Novos estudos sobre sociedades anónimas e sociedades em nome colectivo* (1994), 91-127; *id.*, *Grupos de sociedades – uma introdução comparativa a propósito de um projecto preliminar de directiva da CEE*, ROA 41 (1981), 313-325, 328-362.

Índice

1. Preparação e fontes 1
2. Conteúdo e fim da norma 3
3. Figuras afins 7
a) Contrato de atribuição total ou parcial de lucros 8
b) Contrato de comunhão de lucros 9
c) Contrato de gestão de empresa 10
4. Âmbito de aplicação
a) Âmbito pessoal 11
b) Âmbito espacial 12
c) Concurso com outras relações
α) Relação de simples participação 13
β) Relação de participações recíprocas 14
γ) Relação de domínio 15
δ) Relação de domínio total 16
d) Grupos plurais 17
5. Celebração do contrato (remissão) 20
6. Objeto (remissão) 21
7. Efeitos (remissão) 22

1 1. **Preparação e fontes**. O 493.º prevê, inovadoramente no Direito português, o contrato de subordinação. O preceito encontrava-se já no Projeto de CSC de 1983[1], com a redação apro-

[2] Raúl Ventura, *O contrato de subordinação*, em *Novos estudos sobre sociedades anónimas e sociedades em nome colectivo* (1994), 103.

[3] *Proposition de Loi sur les groupes de sociétés et la protection des Actionnaires, du Personnel et des Tiers*, cuja última versão data de 1978. O texto da proposta, que não chegou a ser

vada pelo DL 262/86, de 2-set., correspondendo, então, ao 484.º. A sua redação manteve-se inalterada desde a versão originária do CSC.

Constituiu fonte do contrato de subordinação 0português o *Beherrschungsvertrag* previsto na Lei alemã das Sociedades Anónimas (§ 291 do AktG 1965)[2], definido como o contrato através do qual uma sociedade anónima ou em comandita por ações submete a sua respetiva direção a uma outra empresa. A lei portuguesa aproxima-se, ainda, da Lei das Sociedades Anónimas brasileira de 1976, que regula o "contrato de grupo" (265.º-267.º), da Proposta de Lei *Cousté* francesa de 1978[3] ("contrat d'affiliation": 7.º-33.º) e do projeto de *Nona Diretriz das Sociedades Comerciais*, sobre grupos de sociedades (versão de 1984)[4], que nunca passou ao estádio de proposta ("contrato de subordinação": 13.º-22.º). 2

2. **Conteúdo e fim da norma**. É definido o conceito de contrato de subordinação, modalidade de contrato de organização[5] pelo qual uma sociedade (*subordinada*), mantendo embora formalmente a respetiva estrutura orgânica[6], subordina a sua gestão a outra sociedade (*diretora*), que adquire, por essa via, um poder de direção sobre a primeira, concretizado no direito de lhe dar instruções vinculativas, inclusivamente de carácter desvantajoso (503.º). Justifica-se, deste modo, a aplicação de um complexo regime legal, derrogatório das regras jurídico-societárias gerais (494.º ss.): estabelece-se regras de proteção dos sócios livres (cf. 494.º, 497.º, 499.º e 500.º), dos credores sociais (cf. 501.º) e da própria sociedade subordinada (cf. 502.º), associadas, ainda, a um regime especial de responsabilidade civil dos administradores (cf. 504.º). 3

O 493.º/2 estabelece o conceito legal de grupo de sociedades, determinando que a sociedade diretora forma um grupo não só com todas as sociedades que dirige por contrato de subordinação, mas também com as sociedades por ela integralmente dominadas, direta ou indiretamente. Admite-se, assim, a título excecional, a plurilateralidade da relação de grupo: a lei atribui relevância jurídica não só à relação existente entre a sociedade-mãe e cada uma das suas filiais, mas também aos vínculos que ligam estas sociedades (sociedades-irmãs) entre si, conforme é comprovado pelo regime dos 503.º/2, 504.º/1 e 508.º/1[7]. 4

O grupo constituído por contrato de subordinação surge, no sistema do CSC – ainda que não na realidade societária[8] –, como a mais relevante modalidade de relação de grupo e, enquanto tal, de coligação societária – cf. 482.º, *d*) –, sendo os grupos constituídos por domínio total regulados apenas por remissão para o regime dos 501.º a 504.º (cf. 491.º). 5

Do regime especial previsto para os grupos contratuais e para os grupos de direito em geral não beneficiam, todavia, os grupos de facto, *maxime*, os grupos de facto qualificados, que continuam, no sistema do CSC, sujeitos ao regime jurídico-societário geral (cf. 486.º, anot. 17 ss.). 6

3. **Figuras afins**. O contrato de subordinação distingue-se de outros "contratos de empresa" previstos no ordenamento jurídico português ou em ordenamentos estrangeiros, entre os quais o contrato de atribuição ou atribuição parcial de lucros, o contrato de comunhão de lucros ou o contrato de gestão de empresa: nestes tipos contratuais não existe o poder de direção de uma sociedade sobre outra, característico do contrato de subordinação. 7

a) **Contrato de atribuição total ou parcial de lucros**. É o contrato pelo qual uma sociedade se obriga a transferir a totalidade ou parte dos seus lucros para outra sociedade ou empresa. Ao contrário de outras legislações (*v.g.*, a lei alemã de 1965, que prevê autonomamente o *Gewinnabführungsvertrag* e o *Teilgewinnabführungsvertrag*: §§ 291(1) e 292(1), 2, do AktG), este contrato 8

aprovada, está disponível em Klaus Hopt, *Groups of companies in European laws*, em *Legal and Economic Analysis on Multinational Enterprises*, 2 (1982), 296-319.

não é admissível entre nós senão no contexto mais amplo da celebração de um contrato de subordinação, enquanto cláusula nele integrada – cf. 508.º e 485.º, *f*).

9 *b*) **Contrato de comunhão de lucros**. Através deste contrato, duas sociedades obrigam-se a pôr em comum a totalidade ou parte dos seus lucros ou dos lucros de certos negócios, tendo em vista a partilha do lucro comum.

10 *c*) **Contrato de gestão de empresa**. Uma sociedade obriga-se a gerir empresa de outra sociedade por conta e eventualmente em nome desta, mediante retribuição. No Direito português, este contrato constitui objeto das "sociedades gestoras de empresas", reguladas pelo DL 82/98, de 2-abr.

4. **Âmbito de aplicação**

11 *a*) **Âmbito pessoal.** Ficam abrangidos os contratos celebrados por sociedades por quotas, anónimas ou em comandita por ações, nos termos do 481.º, sem qualquer limitação quanto ao objeto social das mesmas. Os contratos em que intervenha uma sociedade abrangida pelo CSC e outro ente não societário ou sociedade não prevista no CSC serão nulos (294.º do CC) na medida em que violem as regras do Direito societário geral[9].

12 *b*) **Âmbito espacial.** De acordo com a regra geral do 481.º/2, o 493.º abrange apenas os contratos celebrados entre sociedades com sede em território nacional. Os contratos celebrados com sociedade com sede no estrangeiro serão nulos (294.º do CC) se violarem as regras gerais do CSC.

c) **Concurso com outras relações**

13 α) **Relação de simples participação.** O contrato de subordinação pode ser celebrado por sociedades que se encontram entre si numa relação de simples participação (483.º e 484.º), mas esta cessa com a celebração do contrato (constitui requisito negativo da relação de simples participação a inexistência de qualquer outra relação de coligação: cf. 483.º, anot. 12).

14 β) **Relação de participações recíprocas**. Nada impede, por outro lado, a celebração de contrato de subordinação entre sociedades em relação de participações recíprocas (485.º)[10]. A aquisição do controlo contratual faz nascer entre as sociedades contratantes não só uma relação de grupo (493.º) mas também uma relação de domínio (486.º), com a consequente aplicação do 487.º (sociedades por quotas) e dos 325.º-A e 325.º-B (sociedades anónimas).

15 γ) **Relação de domínio**. Podem ser sujeitos do contrato de subordinação sociedades que se encontram entre si em relação de domínio (493.º/1, parte final): cumulando-se as relações, e inexistindo incompatibilidade de efeitos, aplicam-se, simultaneamente, os regimes correspondentes às relações de domínio (*maxime* 486.º/3) e de grupo. Quando o contrato de subordinação seja celebrado entre sociedades dominante e dominada, a lei prevê, no 496.º/2, um regime especial de tutela da sociedade dominada.

[4] O texto, traduzido, pode consultar-se em António Menezes Cordeiro, *Direito europeu das sociedades* (2005), 751 ss..

[5] Sobre o conceito de contrato de organização, cf. António Menezes Cordeiro, *Direito Comercial* (2007), 625 ss..

[6] Cf. RPt. 2-jul.-2002 (Lemos Jorge), Proc. 0220802.

[7] Sobre as relações plurilaterais de coligação, cf. Engrácia Antunes, *Os grupos de sociedades* (2002), 323 e 324.

[8] O papel central no panorama societário pertence aos grupos constituídos por domínio total.

[9] *V.g.*, obrigação de os administradores atuarem no interesse da sociedade que administram (64.º); direitos dos sócios (em especial, o direito aos lucros), etc..

[10] Cf. Maria da Graça Trigo, *Grupos de sociedades*, O Direito, ano 123.º, I (1991), 81.

[11] Em sentido diverso, Luís Brito Correia, *Grupos de sociedades*, em *Novas perspectivas do Direito comercial* (1988), 394, admite que o contrato de subordinação seja celebrado entre sociedades em relação de domínio, *integral* ou parcial.

[12] **Ex.1.:** A sociedade **A** dirige a sociedade **B** através de contrato de subordinação e domina integralmente as

δ) **Relação de domínio total.** A celebração de um contrato de subordinação entre sociedades totalmente dominante e dominada não é compatível com o sistema legal. O 507.º, prevendo a hipótese de a sociedade diretora, na vigência do contrato de subordinação, adquirir a totalidade das ações da subordinada, determina a aplicação, a partir desse momento, do regime do domínio total: em consequência, é inadmissível a celebração de um contrato de subordinação quando preexiste uma relação de domínio total, tanto mais que o regime legalmente associado à celebração do contrato visa, fundamentalmente, a tutela dos sócios livres da sociedade subordinada (494.º, 497.º, 499.º e 500.º)[11]. 16

d) **Grupos plurais.** Nos termos do 493.º/2, constitui-se um único grupo entre a sociedade-mãe e todas as sociedades por ela dirigidas (através de contrato de subordinação) ou por ela integralmente dominadas, direta ou indiretamente (cfr. *supra* anot. 4)[12]. 17

Em particular, é possível uma sociedade assumir a direção de mais que uma sociedade, através da celebração de diversos contratos de subordinação[13], caso em que as diversas sociedades se integram no mesmo grupo. É igualmente admissível a celebração em cadeia de diversos contratos de subordinação[14]. Levantam-se, nestes casos, problemas particulares de regime (cf. 496.º, anot. 7; 499.º, anot. 11; 501.º, anot. 11; 502.º, anot. 6 ss.; 503.º, anot. 10; 508.º, anot. 10). 18

Em contrapartida, uma sociedade está impedida de subordinar, por contrato, a sua gestão a mais que uma sociedade, devido à possibilidade, que então ocorreria, de emissão de instruções contraditórias. Exceciona-se a hipótese de as sociedades coordenarem o exercício do respetivo poder de direção, *v.g.*, através de contrato de grupo paritário, acordo parassocial ou outro instrumento[15]. 19

5. **Celebração do contrato (remissão).** A celebração do contrato de subordinação, devido aos amplos efeitos jurídicos que acarreta, está sujeita a um complexo processo, com várias fases: 1.º Elaboração do projeto contratual (cf. 495.º); 2.º Fiscalização do projeto (cf. 99.º e 496.º); 3.º Convocação e deliberação das assembleias gerais (cf. 100.º/2 e ss., 101.º, 102.º e 103.º) 4.º Oposição *eventual* do sócio livre (cf. 497.º); 4.º Celebração, registo e publicação (cf. 498.º). A modificação do contrato está prevista no 505.º. 20

6. **Objeto (remissão).** Constitui objeto essencial do contrato a *subordinação*, "global e total"[16] *da gestão* de uma sociedade a outra[17] e a inerente atribuição a esta última de um *poder de direção* sobre a primeira[18]. O contrato de subordinação produz, assim, uma deslocação do poder de direção da sociedade-filha para a sociedade-mãe, operando uma transferência *de facto*, embora não *de jure*, das competências legais do órgão de gestão da sociedade subordinada para a sociedade diretora. 21

7. **Efeitos (remissão).** Do contrato de subordinação nasce um conjunto importante de direitos e deveres para as sociedades intervenientes e seus administradores, traduzidos em esquemas de proteção das sociedades envolvidas, bem como dos respetivos sócios e credores. Destacam-se, em particular, (i) o direito de a sociedade diretora, através dos seus administradores, dar instruções (*maxime* desvantajosas) à administração da sociedade subordinada (503.º), a qual, por sua vez, está obrigada à respetiva execução; (ii) o dever da sociedade diretora de compensar as perdas da sociedade subordinada (502.º) e de responder pelas dívidas sociais desta perante os respetivos credores (501.º); (iii) o dever da sociedade diretora de adquirir as quotas ou ações dos sócios livres da sociedade subordinada – 494.º/1, *a*) e 497.º – e o dever de garantia do lucro – 22

sociedades **C** e **D**: **A, B, C** e **D** formam um grupo; **Ex. 2:** a sociedade **A** dirige **B** através de contrato de subordinação e **B** domina integralmente **C:** visto que **A** domina integralmente **C** por via indireta (cf. 493.º/2, 489.º e 483.º/2), as três sociedades formam um grupo.

494.º/1, *b*) e 500.º; (iv) o dever de os administradores da sociedade diretora adotarem, relativamente ao grupo, a diligência exigida por lei para a gestão da sua própria sociedade (504.º e 64.º).

23 Quanto ao início da produção dos efeitos do contrato, cf. 498.º, anot. 9. Quanto ao seu termo, cf. 506.º

Artigo 494.º (Obrigações essenciais da sociedade diretora)

1. No contrato de subordinação é essencial que a sociedade diretora se comprometa:

_a_) A adquirir as quotas ou ações dos sócios livres da sociedade subordinada, mediante uma contrapartida fixada ou por acordo ou nos termos do artigo 497.º;

_b_) A garantir os lucros dos sócios livres da sociedade subordinada, nos termos do artigo 499.º.

2. Sócios livres são todos os sócios ou acionistas da sociedade subordinada, excetuados:

_a_) A sociedade diretora;

_b_) As sociedades ou pessoas relacionadas com a sociedade diretora, nos termos do artigo 483.º, n.º 2, ou as sociedades que estejam em relação de grupo com a sociedade diretora;

_c_) A sociedade dominante da sociedade diretora;

_d_) As pessoas que possuam mais de 10% do capital das sociedades referidas nas alíneas anteriores;

_e_) A sociedade subordinada;

_f_) As sociedades dominadas pela sociedade subordinada.

Bibliografia: José A. Engrácia Antunes, *Os grupos de sociedades*, 2.ª ed. (2002), 760-796; José de Oliveira Ascensão (2000), 588-592; Francisco Pereira Coelho, *Grupos de sociedades. Anotação preliminar aos arts. 488.º a 508.º do Código das Sociedades Comerciais*, BFDUC LXIV (1988), 297-353; António Menezes Cordeiro 1 (2007), 989-994; *id.*, *Direito europeu das sociedades* (2005), 751-785; Ministério da Justiça, *Código das Sociedades Comerciais (Projecto)*, BMJ 327 (1983), 43-339; Maria da Graça Trigo, *Grupos de sociedades*, O Direito 1991, 83-90; Raúl Ventura, *O contrato de subordinação*, em *Novos Estudos sobre sociedades anónimas e sociedades em nome colectivo* (1994), 10-11 e 121-123; *id.*, *Grupos de sociedades – uma introdução comparativa a propósito de um projecto preliminar de directiva da CEE*, ROA 41 (1981), 23-81 e 305-362.

[13] Já não será possível a pluralidade passiva num mesmo contrato de subordinação: cf. Engrácia Antunes, *Os grupos*, 625-628, que refere, em sentido contrário, a posição de Raúl Ventura, *Contrato*, 108. Este Autor reporta-se, contudo, à celebração *não de um único contrato de subordinação*, mas *de vários contratos de subordinação* com diversas sociedades, hipótese também admitida por Engrácia Antunes, *Os grupos*, 323.

[14] Pense-se na celebração de um contrato de subordinação entre a sociedade **A** e a sociedade **B** e entre esta e a sociedade **C** (**ex. 3**): neste caso, a sociedade **A** dirige diretamente a sociedade **B** e dirige também, embora indiretamente, a sociedade **C**, já que pode exercer o seu poder de direção sobre **B**, instruindo-a de modo a que esta, por sua vez, instrua **C**.

[15] Cf. Raúl Ventura, *Contrato*, 109, e Engrácia Antunes, *Os grupos*, 624 e 632.

[16] Raúl Ventura, *Contrato*, 110.

[17] Trata-se de objeto *necessário* do contrato: é inadmissível a exclusão do poder de direção da sociedade subordinada, sob pena de descaracterização do contrato (cf. Engrácia Antunes, *Os grupos*, 639-642). É lícita, todavia, a exclusão do poder de emitir *instruções desfavoráveis* (cf. 503.º).

[18] Sobre o âmbito, conteúdo e formas de exercício do poder de direção, cf. 503.º, anot. 7 ss..

Índice

1. Preparação e fontes 1
2. Conteúdo e fim da norma 5
3. Âmbito de aplicação 6
4. Conceito de sócio livre 7
5. Direitos fundamentais dos sócios livres
a) Direito à alienação potestativa das participações (remissão) 8
b) Direito à garantia dos lucros 9
6. Incumprimento 10
7. Exercício do direito de opção 11

1. **Preparação e fontes**. O 494.º, concretizando as obrigações essenciais da sociedade diretora, constitui preceito inovador no Direito português: o próprio contrato de subordinação não era conhecido na nossa ordem jurídica antes do DL 262/86, de 2-set., que aprovou o Código. O texto da norma constava já do Projeto de CSC de 1983[1] (485.º) e manteve-se, até hoje, inalterado. 1

O 494.º tem como fonte principal os §§ 304(1) e 305(1) da lei alemã das sociedades anónimas de 1965, que estipulam, respetivamente, a necessidade de o contrato de subordinação (*Beherrschungsvertrag*) prever a obrigação de a sociedade diretora pagar periodicamente uma adequada compensação (*Ausgleichzahlung*) aos acionistas que permaneçam na sociedade, bem como a obrigação de adquirir, mediante contrapartida adequada, as ações daqueles que pretendam sair da mesma. 2

O 13.º da Proposta de Lei *Cousté* francesa de 1978[2] obriga também o "contrato de afiliação" (*contrat d'affiliation*) a estipular uma compensação (*allocation compensatoire*) e a promessa de aquisição das ações. 3

De modo similar, o 14.º do projeto de *Nona Diretriz das Sociedades Comerciais*, sobre grupos de sociedades (versão de 1984)[3], de clara inspiração alemã, prevê no 14.º/1 o direito de o acionista livre optar entre a aquisição das suas ações, nos termos do 15.º, e uma compensação anual, segundo o 16.º. O 14.º/2 fixa o conceito de acionista livre, em termos similares ao 494.º/2. 4

2. **Conteúdo e fim da norma**. O n.º 1 prevê, como cláusulas injuntivas do contrato de subordinação, a obrigação da sociedade diretora adquirir as participações dos sócios livres – cujo conceito o n.º 2 define –, bem como a obrigação de garantir os respetivos lucros, nos termos do 500.º[4]. Visa-se criar as condições para o exercício do direito de os sócios livres optarem entre permanecer na sociedade (beneficiando da garantia de lucros) ou fazerem cessar a sua qualidade de sócios (mediante alienação potestativa das quotas ou ações): a proteção assim conferida constitui resposta ao amplo impacto que a integração no grupo tem sobre os direitos sociais, patrimoniais e participativos, dos sócios externos da sociedade subordinada – resultante do poder de direção conferido à sociedade diretora (cf. 493.º e 501.º) – e que torna inexigível a permanência do sócio na sociedade contra a sua vontade. 5

[1] *Código das Sociedades Comerciais (Projecto)*, BMJ 327 (1983), 43-339.

[2] *Proposition de Loi sur les groupes de sociétés et la protection des actionnaires, du Personnel et des Tiers*, cuja última versão data de 1978. O texto da proposta, que não chegou a ser aprovada, está disponível em Klaus Hopt, *Groups of companies in European laws*, em *Legal and Economic Analysis on Multinational Enterprises*, 2 (1982), 296-319.

[3] O texto traduzido do projeto (que nunca ultrapassou esse estádio) pode consultar-se em António Menezes Cordeiro, *Direito europeu das sociedades* (2005), 751 ss..

[4] Como nota Raúl Ventura, *O contrato de subordinação*, em *Novos estudos sobre sociedades anónimas e sociedades em nome colectivo* (1994), 111, estas obrigações poderiam nascer *ex vi legis*, sem necessidade de constarem do contrato: seguiu-se, todavia, o modelo da lei alemã.

6 3. **Âmbito de aplicação**. O 494.º aplica-se a todos os contratos de subordinação regulados pelo CSC (cf. 493.º, anot. 11 ss.).

7 4. **Conceito de sócio livre**. Nos termos do 494.º/2, é sócio livre (ou sócio externo) todo o sócio da sociedade subordinada exceto a sociedade diretora – alínea *a)* – e as sociedades ou pessoas com esta relacionadas nos termos das alíneas *b)* a *d)*, bem como a sociedade subordinada – alínea *e)* – e as sociedades por ela dominadas – alínea *f)*. No caso das alíneas *a)* a *d)*, a exclusão deve-se, fundamentalmente, a razões funcionais, sendo orientada por uma avaliação das necessidades de tutela em jogo[5]. Não carecem, com efeito, da proteção conferida pelo 494.º/1 a sociedade diretora – que é parte no contrato de subordinação e que dele amente beneficia (*maxime* em virtude do poder de direção resultante dos 493.º e 501.º) – nem as sociedades que indiretamente podem também dele retirar vantagens, devido à relação que mantêm com a sociedade diretora: é o caso das pessoas que sejam titulares de participações por conta da diretora – 483.º/2, *in fine*, *ex vi* do 494.º/2, *b)* –, das sociedades dominadas ou dominantes desta – 483.º/2, *ex vi* do 494.º/2, *b)*, e 494.º/2, *c)*, respetivamente –, bem como das sociedades que com ela se encontrem em relação de grupo – 494.º/2, *b)*[6] –, e ainda das sociedades que possuam mais de 10% do capital de qualquer destas outras sociedades – 494.º/2, *d)*. A exclusão da sociedade subordinada e das suas dominadas, por seu lado, enquadra-se na linha geral de limitação dos direitos associados à titularidade de participações próprias (cf. 324.º)[7].

5. **Direitos fundamentais dos sócios livres**

8 *a)* **Direito à alienação potestativa das participações (remissão)**. Nos termos do 494.º/1, *a)*, a sociedade diretora obriga-se, no contrato de subordinação, a adquirir as participações dos sócios livres mediante contrapartida fixada por acordo ou pelo tribunal (em caso de oposição judicial fundada no 497.º)[8]. Cf., ainda, 495.º, *d)*, *e)*, *f)* e *h)*. Atendendo às amplas repercussões da constituição do grupo sobre a situação do sócio livre, a lei confere-lhe um direito a sair da sociedade, obrigando a sociedade diretora a adquirir-lhe as participações respetivas[9]. Constituem lugares paralelos o 490.º/5 e 6, o 105.º e o 137.º/2.

9 *b)* **Direito à garantia dos lucros (remissão)**. O 494.º/1, *b)* determina ainda que, cumulativamente com a obrigação de aquisição das participações dos sócios livres, o contrato de subordinação deve contemplar a obrigação de a sociedade diretora garantir os lucros dos sócios livres nos termos do 500.º[10]. Cf. também 495.º, *i)*.

[5] Engrácia Antunes, *Os grupos de sociedades* (2002), 765 e 766, salienta, também, o objetivo de evitar a instrumentalização da tutela legal pela sociedade diretora (ou por outra que se lhe situe a montante), através de transferências camufladas e ilícitas de recursos financeiros entre as sociedades coligadas.

[6] A última parte do 494.º/2, *b)* seria, aparentemente, redundante face ao 483.º/2, do qual já resultaria a exclusão do conceito de "sócio livre" das sociedades que se encontram em relação de grupo com a sociedade diretora. Todavia, o 483.º/2 só abrange a titularidade indireta de participações por sociedade *totalmente dominada* ou *subordinada*, pretendendo o legislador, no 494.º/2, *b)*, deixar claro que também não é sócio livre a sociedade *diretora* ou *totalmente dominante* da sociedade diretora contratante.

[7] O elenco do 494.º/2 é taxativo: são os sócios aí definidos (pela negativa) – e só eles – que beneficiam da proteção prevista pelo CSC.

[8] Raúl Ventura, *Contrato*, 122, considera que, "uma vez que a obrigação de adquirir as quotas ou acções tem de constar do contrato, este configura-se neste aspecto como um contrato estipulado em benefício de terceiros, contrato esse que não é um mero contrato-promessa, mas sim um contrato de opção para compra ou troca das quotas ou acções, de modo que a manifestação de vontade da adquirente consta do contrato de subordinação e o contrato de troca ou compra torna-se perfeito pela aceitação (opção) do sócio livre".

[9] É controvertida a qualificação deste direito como direito de exoneração. Sobre o problema, cf. 499.º, anot. 7.

[10] O 494.º/1, *b)* refere-se ao 499.º. Trata-se de lapso do legislador: a garantia dos lucros está regulada no 500.º.

6. **Incumprimento.** O contrato de subordinação que não preveja ambas as obrigações referidas no 494.º/1 é nulo nos termos gerais (294.º do CC), podendo o sócio exercer o direito de oposição judicial previsto no 497.º. 10

7. **Exercício do direito de opção.** O 499.º esclarece que os sócios livres têm o direito de optar entre a alienação potestativa das suas participações e a garantia dos lucros, fixando a forma e o prazo para o exercício desse direito: a opção é formulada por escrito e comunicada à sociedade diretora no prazo fixado para a oposição (cf. 499.º/1 e 497.º/1) ou, para os sócios que hajam deduzido oposição, no prazo de três meses a contar do trânsito em julgado da respetiva sentença (cf. 499.º/2). 11

Artigo 495.º (Projeto de contrato de subordinação)

As administrações das sociedades que pretendam celebrar contrato de subordinação devem elaborar, em conjunto, um projeto donde constem, além de outros elementos necessários ou convenientes para o perfeito conhecimento da operação visada, tanto no aspeto jurídico como no económico:

***a*) Os motivos, as condições e os objetivos do contrato relativamente às duas sociedades intervenientes;**

***b*) A firma, a sede, o montante do capital, o número e data da matrícula no registo comercial de cada uma delas, bem como os textos atualizados dos respetivos contratos de sociedade;**

***c*) A participação de alguma das sociedades no capital da outra;**

***d*) O valor em dinheiro atribuído às quotas ou ações da sociedade que, pelo contrato, ficará a ser dirigida pela outra;**

***e*) A natureza da contrapartida que uma sociedade oferece aos sócios da outra, no caso de estes aceitarem a proposta de aquisição das suas quotas ou ações pela oferente;**

***f*) No caso de a contrapartida mencionada na alínea anterior consistir em ações ou obrigações, o valor dessas ações ou obrigações e a relação de troca;**

***g*) A duração do contrato de subordinação;**

***h*) O prazo, a contar da celebração do contrato, dentro do qual os sócios livres da sociedade que ficará a ser dirigida poderão exigir a aquisição das suas quotas ou ações pela outra sociedade;**

***i*) A importância que a sociedade que ficará a ser diretora deverá entregar anualmente à outra sociedade para manutenção de distribuição de lucros ou o modo de calcular essa importância;**

***j*) A convenção de atribuição de lucros, se a houver.**

Bibliografia: José A. Engrácia Antunes, *Os Grupos de Sociedades*, 2.ª ed. (2002), 656-659; José de Oliveira Ascensão (2000), 588-592; Francisco Pereira Coelho, *Grupos de sociedades. Anotação preliminar aos arts. 488.º a 508.º do Código das Sociedades Comerciais*, BFDUC LXIV (1988), 297-353; António Menezes Cordeiro 1 (2007), 989-994; *id.*, *Direito europeu das sociedades* (2005), 751-785; Maria Augusta França, *A estrutura das sociedades em relação de grupo* (1990), 146-149; Ministério da Justiça, *Código das Sociedades Comerciais (Projecto)*, BMJ 327 (1983), 43-339; Maria da Graça Trigo, *Grupos de sociedades*, O Direito 1991, 83-84; Raúl Ventura, *O contrato de subordinação*, em *Novos estudos sobre sociedades anónimas e sociedades em nome colectivo*

(1994), 112-113; *id.*, *Grupos de sociedades – uma introdução comparativa a propósito de um projecto preliminar de directiva da CEE*, ROA 41 (1981), 313-325, 328-362.

Índice

I – Origem
1. Preparação e fontes 1

II – Teleologia e âmbito de aplicação
2. Conteúdo e fim da norma 3
3. Âmbito de aplicação 4

III – Competência
4. Iniciativa conjunta dos órgãos de administração das sociedades contratantes 5
5. Responsabilidade dos administradores 6

IV – Conteúdo do projeto
6. Elementos necessários 7
7. Elementos eventuais 10
8. Consequência da falta de elementos 11

V – Publicidade
9. Registo do projeto 12
10. Publicação 13

I – Origem

1 1. **Preparação e fontes**. O contrato de subordinação não se encontrava previsto no Direito português anterior ao CSC, pelo que o 495.º, que concretiza o conteúdo do projeto de contrato, contém regulamentação inovadora na nossa ordem jurídica. O texto da norma constava já do Projeto de CSC de 1983[1], correspondendo, então, ao 486.º. A regra manteve-se, até hoje, inalterada.

2 O legislador do CSC optou por enunciar, num artigo único, os diversos elementos que devem constar do projeto de contrato a submeter a deliberação da assembleia geral. Apesar de não se identificar norma equivalente nas regulamentações que serviram de fonte às regras do CSC em matéria de contrato de subordinação – em especial, a lei das sociedades anónimas alemã, que também inspirou o projeto de *Nona Diretriz das Sociedades Comerciais*, sobre grupos de sociedades[2] (cf. 493.º, anot. 1) –, os elementos previstos no 495.º resultam, indiretamente, dos §§ 291 ss. do AktG e dos 14.º ss. do projeto europeu.

II – Teleologia e âmbito de aplicação

3 2. **Conteúdo e fim da norma**. O 495.º regula a elaboração e o conteúdo do projeto de contrato de subordinação (1.ª fase do processo constitutivo: cf. 493.º, anot. 19), que será posteriormente objeto de fiscalização (99.º e 496.º) e de aprovação pelas assembleias gerais das sociedades contratantes (100.º-103.º, 496.º), só depois podendo ter lugar a respetiva celebração, registo e publicação (498.º). A atribuição da iniciativa do projeto aos órgãos de administração das sociedades envolvidas reflete a vocação executiva destes, não pondo em causa a intervenção dos sócios (prevista no 496.º), decisiva para o sucesso do contrato. O carácter conjunto da iniciativa das administrações assegura, por seu lado, a efetiva formação da vontade por parte de ambas as sociedades, sendo a definição do conteúdo mínimo do projeto condição de efetividade dos direitos de informação dos sócios, que sobre aquele se pronunciarão em assembleia geral.

[1] *Código das Sociedades Comerciais (Projecto)*, BMJ 327 (1983), 43-339.

[2] O texto traduzido da última versão do projeto (1984) pode consultar-se em António Menezes Cordeiro, *Direito europeu das sociedades* (2005), 751 ss.. O projeto nunca alcançou a forma de proposta.

3. **Âmbito de aplicação**. O 495.º aplica-se a todos os contratos de subordinação regulados pelo CSC (cf. 493.º, anot. 11 ss.). 4

III – **Competência**

4. **Iniciativa conjunta dos órgãos de administração das sociedades contratantes**. Nos termos do 495.º, as administrações das sociedades que pretendam celebrar o contrato devem elaborar, em conjunto, o respetivo projeto, quer se trate de sociedades anónimas, de sociedades em comandita por ações ou de sociedades por quotas. A intervenção do colégio dos sócios fica, pois, dependente da prévia aprovação do projeto pela administração social. No caso das sociedades por quotas, é, no entanto, admissível o exercício pelos sócios do poder de instrução dos gerentes, que resulta do 259.º[3]. 5

5. **Responsabilidade dos administradores**. Os membros dos órgãos de administração de cada uma das sociedades contratantes são responsáveis[4] pelos danos culposamente causados com a celebração do contrato, nos termos do 114.º, aplicável analogicamente (cf. também 72.º ss.). 6

IV – **Conteúdo do projeto**

6. **Elementos necessários**. As alíneas *a*) a *f*), *h*) e *i*) do 495.º definem o conteúdo mínimo obrigatório do projeto do contrato de subordinação. 7

A alínea *a*) exige a fundamentação do projeto, decisiva para a formação da vontade dos sócios na deliberação de aprovação do projeto; a alínea *b*) visa a identificação dos contratantes; a alínea *c*) exige a divulgação das participações detidas por qualquer das sociedades no capital social da outra, relevante, em geral, para o conhecimento das relações entre as sociedades (sobre o concurso da relação de grupo assente em contrato de subordinação com outras modalidades de coligação, cf. 493.º, anot. 13 ss.), e para a aplicação de determinadas regras especiais (*v.g.*, 496.º/2, conjugado com o 486.º/2). 8

Por seu lado, as alíneas *d*) a *f*), *h*) e *i*) visam dar execução ao 494.º: estando a futura sociedade diretora obrigada a adquirir as quotas ou ações dos sócios livres mediante contrapartida (cf. também 499.º), bem como a garantir os lucros dos sócios livres que optem por permanecer na sociedade (cf. também 500.º), a lei exige a avaliação das quotas ou ações da futura sociedade subordinada – alínea *d*) –, a determinação da natureza da contrapartida oferecida – alínea *e*) – e, no caso de esta consistir em ações, quotas[5] ou obrigações, o valor que lhes é atribuído e a relação de troca – alínea *f*); a alínea *g*) acrescenta ainda como elemento essencial do contrato o prazo de que os sócios livres dispõem para exigir a aquisição das suas participações pela sociedade diretora; a alínea *i*), por fim, estabelece como menção necessária a importância (ou forma do respetivo cálculo) a entregar pela sociedade diretora à sociedade subordinada para efeitos de garantia dos lucros[6]. 9

[3] Engrácia Antunes, *Os grupos de sociedades* (2002), 656, nota 1276, entende que, no caso de sociedades por quotas, os gerentes apenas deterão os poderes de iniciativa e negociação do referido projeto contratual *no caso de existir cláusula expressa do pacto social*: a solução seria justificada pelos amplos poderes da assembleia geral neste tipo de sociedade, bem patente nos 246.º e 259.º, e, em particular, por analogia com a solução encontrada para problema paralelo no contexto das relações de grupo por domínio total. Parece, todavia, que a intervenção legitimadora dos sócios é assegurada através do poder que lhes é concedido de (negativamente) "vetar" o projeto de contrato, bem como de (positivamente) instruir o órgão de administração no sentido da respetiva elaboração: os sócios detêm, afinal, o controlo do processo de celebração do contrato de subordinação.

[4] Solidariamente com os membros do órgão de fiscalização.

[5] A lei não menciona, por lapso, a possibilidade de a contrapartida consistir em quotas.

[6] Sobre estas diversas alíneas, cf. 494.º, 499.º e 500.º.

10 7. **Elementos eventuais**. Nos termos da alínea *g*), o projeto deve mencionar a duração do contrato, quando esta seja estabelecida (nada impede, todavia, que o contrato seja celebrado por tempo indeterminado, podendo, nesse caso, cessar por denúncia: cf. 506.º, anot. 21)[7]; também a convenção de atribuição de lucros (508.º), de carácter facultativo, deve constar do projeto de contrato, o mesmo sucedendo com a proibição de emissão de instruções desvantajosas, quando convencionada nos termos do 503.º/2. Para além destes, devem constar do projeto de contrato de subordinação quaisquer outros elementos necessários ou convenientes para o perfeito conhecimento da operação visada, tanto no aspeto jurídico como económico, conforme dispõe o corpo do 495.º.

11 8. **Consequência da falta de elementos**. O projeto de contrato de subordinação que não preveja os elementos exigidos pelo 495.º é nulo nos termos gerais (294.º do CC). Se, apesar disso, for aprovado em assembleia geral, pode o sócio exercer o direito de oposição judicial previsto no 497.º.

V – **Publicidade**

12 9. **Registo do projeto**. Não obstante a lacuna da lei, o projeto de contrato de subordinação está sujeito a registo, por analogia com o 100.º/1, do CSC, e o 3.º/1, *p*), do CRC.

13 10. **Publicação**. O projeto de contrato está, consequentemente, sujeito a publicação obrigatória, nos termos do 70.º/1, *a*), do CRC.

Artigo 496.º (Remissão)

1. À fiscalização do projeto, à convocação das assembleias, à consulta dos documentos, à reunião das assembleias e aos requisitos das deliberações destas aplica-se, sempre que possível, o disposto quanto à fusão de sociedades.

2. Quando se tratar da celebração ou da modificação de contrato celebrado entre uma sociedade dominante e uma sociedade dependente, exige-se ainda que não tenha votado contra a respetiva proposta mais de metade dos sócios livres da sociedade dependente.

3. As deliberações das duas sociedades são comunicadas aos respetivos sócios por meio de carta registada, tratando-se de sócios de sociedades por quotas ou de titulares de ações nominativas; nos outros casos, a comunicação é feita por meio de anúncio.

Bibliografia: José A. Engrácia Antunes, *Os Grupos de Sociedades*, 2.ª ed. (2002), 656-683; José de Oliveira Ascensão (2000), 588-592; Francisco Pereira Coelho, *Grupos de sociedades. Anotação preliminar aos arts. 488.º a 508.º do Código das Sociedades Comerciais*, BFDUC LXIV (1988), 297-353; António Menezes Cordeiro 1 (2007), 989-994; *id.*, *Direito europeu das sociedades* (2005), 751-785; Maria Augusta França, *A estrutura das sociedades em relação de grupo* (1990), 146-149; Ministério da Justiça, *Código das Sociedades Comerciais (Projecto)*, BMJ 327 (1983), 43-339; Maria da Graça Trigo, *Grupos de sociedades*, O Direito 1991, 79-95; Raúl Ventura, *O contrato de subordinação*, em *Novos estudos sobre sociedades anónimas e sociedades em nome colectivo* (1994), 113-114; *id.*, *Grupos de sociedades – uma introdução comparativa a propósito de um projecto preliminar de directiva da CEE*, ROA 41 (1981), 313-325, 328-362.

[7] Caso o contrato seja celebrado por tempo determinado, cessa, em princípio, por caducidade: cf. 506.º, anot. 17.

Índice

I – **Origem**
1. Preparação e fontes 1

II – **Teleologia e âmbito de aplicação**
2. Conteúdo e fim da norma 3
3. Âmbito de aplicação 6

III – **Fiscalização do projeto e deliberação dos sócios**
4. Fiscalização do projeto 8
5. Deliberação dos sócios 9
a) Convocação das assembleias gerais 10
b) Consulta de documentos e direito à informação 11
c) Reunião da assembleia 12
d) Quórum constitutivo e deliberativo 13
e) Regras gerais 15
f) Publicidade 16
g) Consequência da falta ou invalidade das deliberações sociais 17

I – Origem

1. **Preparação e fontes**. O 496.º corresponde ao texto do 487.º do Projeto de CSC de 1983[1], 1
que transitou sem modificações para a versão definitiva do Código. O preceito não conheceu, depois, qualquer alteração. O contrato de subordinação não se encontrava previsto no Direito português anterior ao CSC, pelo que o 487.º regula *ex novo* a matéria.

Constituiu fonte principal do 495.º a lei alemã das sociedades anónimas de 1965, que 2
estabelece a exigência de deliberação da assembleia geral por maioria qualificada e o direito de informação dos acionistas: cf. §§ 293(3) e (4). Também o projeto de *Nona Diretriz das Sociedades Comerciais*, sobre grupos de sociedades[2], contém regras importantes na matéria: em especial, o 17.º sobre fiscalização e o 19.º sobre aprovação pelo conselho de vigilância e pela assembleia geral.

II – Teleologia e âmbito de aplicação

2. **Conteúdo e fim da norma**. Resulta do 496.º/1 a obrigatoriedade de fiscalização do 3
projeto de contrato de subordinação elaborado nos termos do 495.º[3], bem como de posterior deliberação das assembleias gerais das sociedades contratantes. A remissão para o regime jurídico da fusão (cf. 97.º ss.) compreende-se atendendo à modificação prática, estrutural e organizativa, das sociedades envolvidas, resultante do regime jurídico associado ao contrato de subordinação (cf. 493.º, anot. 21).

A fiscalização do projeto visa assegurar a sua licitude, nomeadamente no que toca às 4
contrapartidas oferecidas nos termos dos 494.º e 497.º. Por seu lado, a exigência de deliberação favorável dos sócios, tomada por maioria qualificada, tem em vista a tutela dos sócios das sociedades diretora e subordinada. O n.º 2 pretende garantir a efetividade da proteção dos sócios livres da sociedade subordinada no caso de a futura sociedade diretora ser já dominante da primeira, nos termos do 486.º.

Finalmente, o n.º 3 reforça a publicidade das deliberações sociais, através de uma regra 5
especial de comunicação aos sócios.

[1] *Código das Sociedades Comerciais (Projecto)*, BMJ 327 (1983), 43-339.

[2] O texto traduzido da última versão do projeto (1984) – o qual nunca assumiu a forma de proposta – pode consultar-se em António Menezes Cordeiro, *Direito europeu das sociedades* (2005), 751 ss..

[3] Cf. 493.º, anot. 19 para uma visão sintética das fases do processo de constituição do grupo por contrato de subordinação.

6 3. **Âmbito de aplicação**. A remissão do 496.º aplica-se a todos os contratos de subordinação admitidos e regulados nos termos do CSC (cf. 493.º).

7 No caso dos grupos verticais (cf. 493.º, anot. 17), a exigência de deliberação social aplica-se não só às sociedades contratantes as (sociedade-mãe e sociedade-filha) mas também à futura sociedade indiretamente diretora ou totalmente dominante (sociedade-avó), sobre a qual recaem, igualmente, as consequências da integração societária: embora aparentemente o órgão de administração da sociedade indiretamente diretora possa exercer o seu poder de direção sobre a sua dominada a determinando-lhe a iniciativa de celebração do contrato de subordinação[4], os deveres de lealdade que vinculam a sociedade perante os respetivos sócios exigem a submissão da matéria a prévia deliberação social[5]; do mesmo modo, os deveres de lealdade da sociedade-filha perante a sociedade-avó impedem-na de celebrar o contrato de subordinação na ausência de expresso acordo desta última. Mais problemática é a celebração de contrato de subordinação entre sociedade-avó e sociedade-mãe quando preexista a esta relação um contrato de subordinação entre sociedade-filha e sociedade-neta[6].

III – Fiscalização do projeto e deliberação dos sócios

8 4. **Fiscalização do projeto**. Da remissão do 496.º/1 para o 99.º resulta a necessidade de fiscalização do projeto de contrato de subordinação pelo órgão de fiscalização de cada uma das sociedades envolvidas, caso exista (99.º/1); para assegurar uma fiscalização independente, cada sociedade designa ainda um revisor oficial de contas (99.º/2), salvo se existir acordo quanto à designação de um único revisor (99.º/3). Caso os membros dos órgãos de fiscalização das sociedades contratantes não atuem com a diligência devida na verificação da situação patrimonial das sociedades são responsáveis[7] pelos danos causados pelo contrato à sociedade e aos seus sócios e credores, por analogia com o 114.º (cf. também 81.º). A responsabilidade dos revisores oficiais de contas resulta do 82.º.

9 5. **Deliberação dos sócios**. Devido ao impacto organizativo-estrutural e patrimonial que a celebração do contrato de subordinação tem nas sociedades envolvidas, o CSC exige uma deliberação favorável dos sócios das sociedades diretora e subordinada (quanto aos grupos verticais, cf. *supra* anot. 7). O regime aplicável a estas deliberações é fixado por remissão para o regime da fusão.

10 *a*) **Convocação das assembleias gerais**. Cf. 100.º/2-4. Quanto às menções da convocatória, é aplicável, por identidade de razão ou analogia, o 377.º/8[8].

11 *b*) **Consulta de documentos e direito à informação**. Cf. 101.º (consulta de documentos) e 102.º/4 (informação em assembleia geral)[9] [10].

12 *c*) **Reunião da assembleia**. Cf. 102.º.

[4] A iniciativa do processo contratual é, inequivocamente, matéria de gestão, coberta pelo poder de direção da sociedade diretora.

[5] Defendendo a necessidade de deliberação da assembleia geral da sociedade-avó mas com fundamento não totalmente coincidente, cf. Engrácia Antunes, *Os grupos de sociedades* (2002), 681.

[6] *I.e.*: **C** e **B** pretendem celebrar um contrato de subordinação quando entre **A** e **B** existe já uma relação de grupo. Sobre a questão, Engrácia Antunes, *Os grupos*, 683.

[7] Solidariamente com os membros do órgão de administração: cf. 495.º.

[8] No sentido da aplicação analógica do 377.º/8, ver também Engrácia Antunes, *Os grupos*, 661, nota 1283. O aviso deve juntar uma cópia do projeto de contrato de subordinação ou indicar que este se encontra à disposição dos sócios na sede da sociedade.

[9] Cf. também 102.º/1, que contempla uma obrigação de informação concreta.

[10] Sobre o dever de informação em geral, cf. António Menezes Cordeiro 1 (2007), 661; no âmbito dos grupos de sociedades, cf. Ana Perestrelo de Oliveira, *A responsabilidade civil dos administradores nas sociedades em relação de grupo* (2007), 234 ss..

d) **Quórum constitutivo e deliberativo**. Cf., *ex vi* do 103.º, as regras aplicáveis à alteração do contrato de sociedade: (a) quanto sociedades anónimas, cf. 386.º/3-5 (quórum deliberativo) e 383º/2; (b) quanto às sociedades por quotas, cf. quanto ao quórum deliberativo, 265.º; e, quanto ao quórum constitutivo, 383.º/2, *ex vi* do 248.º/1; (c) quanto às sociedades em comandita por ações, cf. o regime aplicável às sociedades anónimas *ex vi* da remissão genérica do 478.º. 13

Quando se tratar da celebração ou da modificação de contrato celebrado entre uma sociedade dominante e uma sociedade dependente, exige-se ainda, nos termos do 496.º/2, que não tenham votado contra a respetiva proposta mais de metade dos sócios livres (494.º/2) da sociedade dependente. Pretende-se reforçar a tutela dos sócios livres da futura sociedade subordinada, de forma a garantir que a sociedade dominante não utiliza o poder de que dispõe na assembleia geral da dominada para ver aprovada a celebração do contrato, frustrando, por essa via, a tutela concedida pelo 496.º/1. Se é certo que a solução legal facilita o aparecimento de minorias de bloqueio, também é verdade que o regime do 491.º, associado aos deveres de lealdade dos sócios minoritários[11], permite contornar os efeitos negativos da solução legal. De notar ainda que o regime do 496.º/2 difere consideravelmente da solução prevista para a fusão no 104.º. 14

e) **Regras gerais**. Ao lado das regras especiais referidas, são aplicáveis todas as regras gerais sobre deliberações dos sócios (*v.g.* 56.º ss., em matéria de ineficácia). 15

f) **Publicidade**. O 496.º/3 estabelece uma regra especial de publicidade das deliberações sociais, cuja finalidade é, sobretudo, permitir o exercício pelos sócios livres dos respetivos direitos, nos termos do 497.º. O incumprimento ou cumprimento tardio da exigência não afeta a validade ou eficácia da deliberação, determinando, porém, que o prazo do 494.º/1 não começa a correr. 16

g) **Consequência da falta ou invalidade das deliberações sociais.** Tendo em conta o regime do 117.º, que determina a nulidade da fusão em caso de falta ou invalidade da deliberação social, e atendendo aos interesses prosseguidos pela exigência de participação do colégio dos sócios, a deliberação deve ser considerada elemento constitutivo do contrato e não apenas requisito de produção de efeitos, de tal maneira que a sua falta gera a invalidade daquele[12]. Faltando a deliberação por falta de convocação, haverá responsabilidade penal (cf. 515.º) e civil (72.º e ss.) dos administradores. 17

Artigo 497.º (Posição dos sócios livres)

1. Nos 90 dias seguintes à última das publicações do anúncio das deliberações ou à receção da carta registada pode o sócio livre opor-se ao contrato de subordinação, com fundamento em violação do disposto nesta lei ou em insuficiência da contrapartida oferecida.

2. A oposição realiza-se pela forma prevista para a oposição de credores, em casos de fusão de sociedades; o juiz ordenará sempre que a sociedade diretora informe o montante das contrapartidas pagas a outros sócios livres ou acordadas com eles.

[11] Sobre estes, cf. António Menezes Cordeiro, *A lealdade no Direito das sociedades*, ROA 66 (2006), 1033-1065.

[12] Engrácia Antunes, *Os grupos*, 674 e 685, nota 1329, entende que a deliberação é apenas limite aos poderes de representação dos administradores e, nessa medida, um requisito de eficácia absoluta do contrato de subordinação, já que, sem ela, os órgãos de administração não poderão outorgar e registar o contrato.

3. É vedado às administrações das sociedades celebrarem o contrato de subordinação antes de decorrido o prazo referido no n.º 1 deste artigo ou antes de terem sido decididas as oposições de que, por qualquer forma, tenham conhecimento.
4. A fixação judicial da contrapartida da aquisição pela sociedade diretora ou dos lucros garantidos por esta aproveita a todos os sócios livres, tenham ou não deduzido oposição.

Bibliografia: José A. Engrácia Antunes, *Os Grupos de Sociedades*, 2.ª ed. (2002), 769-773; *id.*, *O direito de oposição judicial dos sócios livres*, em *Estudos dedicados ao Professor Doutor Mário Júlio de Almeida Costa* (2002), 839-860; José de Oliveira Ascensão (2000), 588-592; Francisco Pereira Coelho, *Grupos de sociedades. Anotação preliminar aos arts. 488.º a 508.º do Código das Sociedades Comerciais*, BFDUC LXIV (1988), 297-353; António Menezes Cordeiro 1 (2007), 989-994; *id.*, *Direito europeu das sociedades* (2005), 751-785; Ministério da Justiça, *Código das Sociedades Comerciais (Projecto)*, BMJ 327 (1983), 43-339; Maria da Graça Trigo, *Grupos de sociedades*, O Direito 1991, 79-95; Raúl Ventura, *O contrato de subordinação*, em *Novos estudos sobre sociedades anónimas e sociedades em nome colectivo* (1994), 114-116; *id.*, *Grupos de sociedades – uma introdução comparativa a propósito de um projecto preliminar de directiva da CEE*, ROA 41 (1981), 338-346.

Índice

I – **Origem**
1. Preparação e fontes 1

II – **Teleologia e âmbito de aplicação**
2. Conteúdo e fim da norma 4
3. Âmbito de aplicação 5

III – **Exercício do direito de oposição judicial**
4. Legitimidade 6
5. Fundamento 7
6. Prazo 8
7. Processo 9

IV – **Efeitos**
8. Suspensão da celebração do contrato de subordinação 11
9. Direito de desistência da celebração do contrato 12
10. Aproveitamento da fixação judicial da contrapartida por todos os sócios livres 13
11. Suspensão do exercício do direito de opção previsto no 499.º 15

I – Origem

1 1. **Preparação e fontes**. O 497.º encontrava-se já no Projeto de CSC de 1983[1], correspondendo aí, com meras correções linguísticas, ao 488.º. O preceito – tal como em geral a regulação do contrato de subordinação – tem conteúdo inovador no Direito português (cf. 493.º, anot. 1 ss.). A sua redação não foi alterada desde a versão de 1986. Todavia, a partir de 1995, a oposição judicial passou a contar com um processo especial de jurisdição voluntária, introduzido no CPC pelo DL 329-A/95, de 12-dez. (cf. 1488.º e 1489.º do CPC).

2 O direito de oposição judicial dos sócios livres aparece consagrado nas principais fontes que inspiraram a regulamentação do contrato de subordinação no CSC, nomeadamente, para além da Proposta de Lei *Cousté* francesa de 1978[2], na lei das sociedades anónimas alemã de 1965, da qual é também largamente tributário o projeto de *Nona Diretriz das Sociedades Comerciais*,

[1] *Código das Sociedades Comerciais (Projecto)*, BMJ 327 (1983), 43-339.

[2] *Proposition de Loi sur les groupes de sociétés et la protection des actionnaires, du Personnel et des Tiers*, cuja última versão data de 1978. O texto da proposta, que não chegou a ser aprovada, pode consultar-se em Klaus Hopt, *Groups of companies in European laws*, em *Legal and Economic Analysis on Multinational Enterprises*, 2 (1982), 296-319.

sobre grupos de sociedades[3]: o § 305(5), 2, do AktG 1965 determina que, se a contrapartida prevista no contrato não for adequada, o tribunal deve fixar a contrapartida devida, mediante requerimento de qualquer acionista externo, de acordo com o processo regulado no § 306; também o § 304(3), 3, do AktG prevê o controlo judicial da compensação a pagar; o 22.º do projeto europeu consagra igualmente a "verificação judicial" da adequação do valor da aquisição e da compensação anual, que pode ser requerida por qualquer acionista livre.

Não obstante a clara inspiração da lei portuguesa nestas normas, o 497.º prevê a oposição fundada em violação do disposto no CSC *ou* em insuficiência da contrapartida oferecida, pelo que são mais amplos os fundamentos da oposição na lei portuguesa (cf. *infra* anot. 7). 3

II – **Teleologia e âmbito de aplicação**

2. **Conteúdo e fim da norma**. O 497.º consagra o direito de oposição judicial do sócio livre ao contrato de subordinação, cujo projeto (495.º) foi previamente fiscalizado e aprovado pelas assembleias gerais das sociedades contratantes (496.º). Com vista a garantir a efetividade da proteção dos sócios livres, permite-se o controlo judicial da legalidade do contrato e, em particular, da adequação da contrapartida oferecida pela aquisição das quotas ou ações do sócio livre que não pretenda manter o seu *status socii* (cf. 494.º/1, *a*) e 499.º). 4

3. **Âmbito de aplicação**. O 497.º aplica-se a todos os contratos de subordinação regulados pelo CSC (cf. 493.º). 5

III – **Exercício do direito de oposição judicial**

4. **Legitimidade**. Tem legitimidade para deduzir oposição judicial ao contrato de subordinação qualquer sócio livre da sociedade subordinada (494.º/2). 6

5. **Fundamento**. Resulta do n.º 1 que a oposição judicial pode ser exercida com fundamento em violação das regras aplicáveis ao contrato de subordinação ou em insuficiência da contrapartida oferecida. A efetivação da proteção dos sócios livres reclama que a oposição possa assentar na violação de quaisquer regras relativas ao contrato de subordinação e não apenas daquelas que afetam o direito à contrapartida patrimonial do sócio no caso de alienação potestativa das suas quotas ou ações[4]. 7

6. **Prazo**. Nos termos do 497.º/1, o prazo para o exercício do direito de oposição judicial é de 90 dias a contar da última das publicações das deliberações ou à receção da carta registada, previstas no 496.º/3. 8

7. **Processo**. À oposição judicial corresponde um processo especial de jurisdição voluntária, regulado nos 1059º ss. do CPC O n.º 2 do 497.º determina que a oposição se realiza pela forma prevista para a oposição de credores em caso de fusão de sociedades (cf., em termos substantivos, 101.º-A) regulada no referido 1059.º do CPC, para o qual remete o 1060.º do CPC. 9

O 497.º/2 impõe, ainda, que o juiz ordene, sempre, que a sociedade informe o montante das contrapartidas pagas a outros sócios livres ou acordadas com eles. Nos termos do 495.º, o valor em dinheiro atribuído às quotas ou ações da sociedade subordinada é fixado no projeto de contrato – alínea *d*) –, não sendo objeto de negociação individual[5]: aos sócios livres é oferecida 10

[3] O texto traduzido da última versão do projeto (1984) está disponível em António Menezes Cordeiro, *Direito europeu das sociedades* (2005), 751 ss..

[4] Contra, Engrácia Antunes, *Os grupos de sociedades* (2002), 770, nota 1501.

[5] A contrapartida devida pela sociedade diretora é, em princípio, fixada por acordo entre a sociedade diretora e a sociedade subordinada, como resulta do 494.º/1, *a*) e do 495.º. A fixação da contrapartida exige a avaliação das participações sociais da sociedade subordinada, bem como,

uma contrapartida unitariamente fixada, que apenas variará em função das participações detidas por cada sócio livre, em nome de um princípio de tratamento igualitário[6], que encontra clara manifestação no n.º 4 do 497.º.

IV – **Efeitos**

11 8. **Suspensão da celebração do contrato de subordinação.** O n.º 3 proíbe as administrações das sociedades contratantes de celebrarem o contrato de subordinação antes de decorrido o prazo de 90 dias previsto no n.º 1 ou, caso sejam deduzidas oposições, antes de estas terem sido decididas.

12 9. **Direito de desistência da celebração do contrato.** O 499.º/3 atribui à sociedade que pelo contrato seria diretora a faculdade de desistir da sua celebração, na sequência da fixação judicial das contrapartidas devidas[7].

13 10. **Aproveitamento da fixação judicial da contrapartida por todos os sócios livres.** Em concretização de um princípio de tratamento igualitário dos sócios (*supra* anot. 10), o n.º 4 determina que a fixação judicial da contrapartida aproveita a todos os sócios livres, tenham ou não deduzido oposição.

14 Tendo em conta que o valor da compensação influi sobre a opção de permanecer ou abandonar a sociedade (cf. 499.º), deve reconhecer-se ao sócio o direito de alterar a opção previamente efetuada, mediante nova comunicação escrita, dirigida à sociedade diretora, exercida no prazo previsto no 499.º/2 (cf. 499.º, anot. 23).

15 11. **Suspensão do exercício do direito de opção previsto no 499.º.** Independentemente do resultado da oposição, o sócio que se tenha oposto ao contrato mantém, nos termos do 499.º/2, o direito de optar entre a alienação potestativa das suas quotas ou ações ou a manutenção do *status socii* com a garantia de lucros prevista no 500.º, devendo exercer este direito no prazo de três meses a contar do trânsito em julgado da sentença.

Artigo 498.º (Celebração e registo do contrato)

O contrato de subordinação deve ser reduzido a escrito, devendo ser celebrado por administradores das duas sociedades, registado por depósito pelas duas sociedades e publicado.

Bibliografia: José A. Engrácia Antunes, *Os Grupos de Sociedades*, 2.ª ed. (2002), 683-693; José de Oliveira Ascensão (2000), 588-592; Francisco Pereira Coelho, *Grupos de sociedades. Anotação preliminar aos arts. 488.º a 508.º do Código das Sociedades Comerciais*, BFDUC LXIV (1988), 297-353; António Menezes Cordeiro 1 (2007), 989-994; *id.*, *Direito europeu das sociedades* (2005), 751-785; Eliseu Figueira, *Disciplina jurídica dos grupos de sociedades*, CJ XV (1990), 49; Ministério da Justiça, *Código das Sociedades Comerciais (Projecto)*, BMJ 327 (1983), 43-339; Maria da Graça Trigo, *Grupos de sociedades*, O Direito 1991, 79-95; Raúl Ventura, *O contrato de subordinação*, em *Novos estudos sobre sociedades anónimas e sociedades em nome colectivo* (1994), 114; *id.*, *Grupos de sociedades – uma introdução comparativa a propósito de um projecto preliminar de directiva da CEE*, ROA 41 (1981), 313-325, 328-362.

no caso de contrapartida mobiliária, das participações da sociedade diretora.

[6] Sobre o princípio da igualdade no Direito das sociedades, cf. António Menezes Cordeiro 1 (2007), 239.

[7] Sobre a faculdade de desistência e a necessidade de prévia deliberação dos sócios, cf. 499.º, anot. 25 ss..

Índice

1. Preparação e fontes 1
2. Teleologia geral 4
3. Âmbito de aplicação 5
4. Competência e forma 6
5. Registo
a) Obrigatoriedade 7
b) Legitimidade e prazo 8
c) Efeitos 9
6. Publicação
a) Obrigatoriedade 10
b) Efeitos 11

1. **Preparação e fontes**. O 498.º corresponde, sem alterações, ao 489.º do Projeto de CSC de 1983[1]. A redação originária do DL 262/86, de 2-set. seria alterada pelo DL 76-A/2006, de 29-mar., que substituiu a exigência de escritura pública pela de simples forma escrita, em consonância com a desformalização pretendida pela Reforma de 2006. 1

As normas relativas ao contrato de subordinação – e ao Direito dos grupos em geral – foram introduzidas *ex novo* no ordenamento português pelo CSC (cf. 493.º, anot. 1 ss.), não tendo, por isso, o 498.º correspondência no Direito anterior. 2

A exigência especial de forma e de publicidade do contrato de subordinação decorre das principais fontes do Título VI do CSC: da lei das sociedades anónimas alemã de 1965, cujos §§ 293 (3) e 294 exigem a forma escrita e o registo (condicionante da eficácia do contrato), da Proposta de Lei *Cousté* francesa de 1978[2] (38.º) e do projeto de *Nona Diretriz das Sociedades Comerciais*, sobre grupos de sociedades[3] (cf. 13.º e 22.º da versão de 1984). 3

2. **Teleologia geral**. A celebração, registo e publicação do contrato de subordinação, nos termos do 498.º e do CRC, representam o último momento do processo de constituição do grupo de sociedades (cf. 493.º, anot. 19). A forma escrita obrigatória explica-se em função das amplas modificações estruturais e patrimoniais resultantes da constituição do grupo. A exigência de celebração do contrato pelos administradores da sociedade diretora e da sociedade subordinada não é mais do que a aplicação das regras gerais em matéria de representação (cf. 252.º; 405.º e 431.º; 470.º e 478.º). Por seu lado, o registo, por ambas as sociedades, acrescido da publicação obrigatória, garantem a publicidade indispensável à efetivação da tutela dos sócios livres e credores das duas sociedades, bem como dos terceiros em geral. 4

3. **Âmbito de aplicação**. A regra do 498.º aplica-se a todos os contratos de subordinação abrangidos pelo CSC (cf. 493.º). 5

4. **Competência e forma**. O contrato de subordinação, celebrado pelos administradores de ambas as sociedades, na qualidade de seus representantes, reveste, sob pena de nulidade (220.º do Código Civil), a forma escrita (cf., todavia, 4.º-A), só podendo ser celebrado após a aprovação do projeto de contrato pelas assembleias gerais das duas sociedades envolvidas (cf. 496.º, anot. 17, quanto às consequências da falta ou invalidade da deliberação). 6

[1] *Código das Sociedades Comerciais (Projecto)*, BMJ 327 (1983), 43-339.

[2] *Proposition de Loi sur les groupes de sociétés et la protection des actionnaires, du Personnel et des Tiers*, cuja última versão data de 1978. O texto da proposta, que não chegou a ser aprovada, pode consultar-se em Klaus Hopt, *Groups of companies in European laws*, em *Legal and Economic Analysis on Multinational Enterprises*, 2 (1982), 296-319.

[3] O texto traduzido da última versão do projeto (1984) – que nunca atingiu o estádio de proposta – está disponível em António Menezes Cordeiro, *Direito europeu das sociedades* (2005), 751 ss..

5. **Registo**

7 *a*) **Obrigatoriedade**. O registo, por depósito (cfr. 53.º-A do CRC), é obrigatório (para ambas as sociedades), nos termos do 498.º CSC, bem como dos 3.º/1, *v*) e 15.º do CRC. Cf., também, 166.º ss..

8 *b*) **Legitimidade e prazo**. Nos termos do 29.º/1, conjugado com o 15.º/2, ambos do CRC, o registo deve ser requerido pelos administradores de cada uma das sociedades no prazo de dois meses a contar da data do contrato.

9 *c*) **Efeitos**. Não é clara, à luz do CSC e do CRC, a eficácia do registo do contrato de subordinação[4]: antes mesmo do registo, encontramos, na realidade, uma série de efeitos desencadeados com a própria elaboração do projeto de contrato (495.º), que se desenvolvem em vários procedimentos subsequentes (496.º ss.)[5]; todavia, os principais efeitos do contrato – *v.g.*, emissão de instruções, responsabilidade por dívidas e perdas (501.º-503.º) – só se produzem após o registo e publicação (cf. *infra* anot. 11). O registo tem, assim, um efeito condicionante da eficácia plena[6].

6. **Publicação**

10 *a*) **Obrigatoriedade**. A publicação do contrato de subordinação é obrigatória nos termos do 498.º do CSC e do 70.º/1, *a*), do CRC. Cf., também, 71.º e 72.º do CRC e 167.º ss. do CSC.

11 *b*) **Efeitos**. Resulta do 503.º que só "a partir da publicação do contrato de subordinação" adquire a sociedade diretora o direito de dar instruções vinculativas à administração da sociedade subordinada. Este constitui o instrumento principal do poder de direção da sociedade-mãe (cf. 503.º, anot. 11 ss.) e, assim, o efeito jurídico central do contrato de subordinação, condicionando a produção dos demais efeitos do mesmo (*v.g.*, responsabilidade por dívidas e compensação de perdas: cf. 501.º e 502.º)[7]. Não obstante a letra do 501.º, só "a partir da publicação do contrato de subordinação" a sociedade-mãe é responsável por dívidas da subordinada[8], do mesmo modo que a obrigação de cobrir as perdas da filial apenas abrange aquelas que se verifiquem após esse momento. Obtém-se, deste modo, um sistema coerente no tocante à eficácia do contrato de subordinação[9].

[4] Se em geral não é possível construir, no Direito português, um sistema coerente de registo, a incerteza agrava-se em face do regime legal previsto para o contrato de subordinação. Em geral, recorde-se que (a) a eficácia imediata dos contratos constitui princípio geral do Direito português (408.º do Código Civil); o ato sujeito a registo e não registado poderá ter uma eficácia mais reduzida (13.º/1, do CRC) mas não deixa de existir; (b) a lei prevê, pontualmente, hipóteses de registo constitutivo no domínio das sociedades comerciais; trata-se, em rigor, de efeito condicionante da eficácia plena: é o caso do registo da fusão (112.º) e, por remissão (120.º), do registo da cisão; (c) existem situações análogas às hipóteses referidas que não dependem de registo, como sucede com a alteração do contrato (cf., *v.g.*, 88.º) e a transformação da sociedade (como resulta do 140.º-A); (d) todavia, o 13.º/2, do CRC deixa margem para alargar por analogia as hipóteses de efeito condicionante de eficácia plena. Cf. António Menezes Cordeiro, *Direito Comercial* (2007), 398.

[5] É o que também sucede com a fusão; cf. António Menezes Cordeiro 1 (2007), 537.

[6] Reforça este entendimento a remissão do 496.º para o regime da fusão, cujo registo tem efeito condicionante da eficácia plena, segundo o 112.º: fica aberta, na realidade, a hipótese de interpretação extensiva da remissão, de modo a abranger esta última regra.

[7] É o poder de a sociedade-mãe subordinar a gestão da sociedade-filha aos seus próprios interesses que justifica a redistribuição do risco da exploração empresarial no seio do grupo, com a responsabilização da sociedade diretora perante os credores da subordinada (cf. 501.º) e a obrigação de compensação das perdas desta sociedade (cf. 502.º). Assim sendo, não seria razoável que a sociedade diretora fosse obrigada a cobrir as perdas da sociedade subordinada e a responder perante os respetivos credores sociais quando ainda não possui qualquer poder de direção sobre a subordinada.

[8] Ainda que a responsabilidade abranja a totalidade das dívidas da sociedade subordinada, sejam elas anteriores ou posteriores ao contrato de subordinação e respetiva publicação.

[9] Referindo, embora *de jure condendo*, a importância de fazer com que os efeitos do contrato de subordinação se comecem a produzir num único momento, cf. Engrácia Antunes, *Os grupos de sociedades* (2002), 691.

Artigo 499.º (Direitos dos sócios livres)

1. Os sócios livres que não tenham deduzido oposição ao contrato de subordinação têm direito de optar entre a alienação das suas quotas ou ações e a garantia de lucro, contanto que o comuniquem, por escrito, às duas sociedades dentro do prazo fixado para a oposição.

2. Igual direito têm os sócios livres que tenham deduzido oposição nos três meses seguintes ao trânsito em julgado das respetivas sentenças.

3. A sociedade que pelo contrato seria diretora pode, mediante comunicação escrita à outra sociedade, efetuada nos 30 dias seguintes ao trânsito em julgado da última das sentenças sobre oposições deduzidas, desistir da celebração do contrato.

Bibliografia: José A. Engrácia Antunes, *Os Grupos de Sociedades*, 2.ª ed. (2002), 611-842; José de Oliveira Ascensão (2000), 588-592; Francisco Pereira Coelho, *Grupos de sociedades. Anotação preliminar aos arts. 488.º a 508.º do Código das Sociedades Comerciais*, BFDUC LXIV (1988), 297-353; António Menezes Cordeiro 1 (2007), 989-994; *id.*, *Direito europeu das sociedades* (2005), 751-785; Ministério da Justiça, *Código das Sociedades Comerciais (Projecto)*, BMJ 327 (1983), 43-339; Maria da Graça Trigo, *Grupos de sociedades*, O Direito 1991, 79-95; Pedro Pais de Vasconcelos (2006), 242-246; Raúl Ventura, *O contrato de subordinação*, em *Novos estudos sobre sociedades anónimas e sociedades em nome colectivo* (1994), 121-122; *id.*, *Grupos de sociedades – uma introdução comparativa a propósito de um projecto preliminar de directiva da CEE*, ROA 41 (1981), 313-325, 328-362.

Índice

I – Origem
1. Preparação e fontes 1

II – Teleologia e âmbito de aplicação
2. Conteúdo e fim da norma 3
3. Âmbito de aplicação 6

III – Direito à alienação das quotas ou ações
4. Caracterização 7
5. Contrapartida 8
   a) Modalidades 9
   b) Fixação da contrapartida e avaliação da participação social
      α) Fixação contratual 13
      β) Fixação judicial (remissão) 15
      γ) Critérios de avaliação 16
      δ) Momento relevante para a avaliação 17
      ε) Momento do exercício do direito de alienação potestativa 19

IV – Direito à garantia dos lucros
6. Remissão 20

V – Exercício do direito de opção
7. Forma e prazo 21
8 Falta de exercício do direito de opção 24

VI – Desistência da celebração do contrato
9. Fundamento 25
10. Necessidade de deliberação 26
11. Forma e prazo 29

I – Origem

1. Preparação e fontes. O direito de opção do sócio livre, consagrado no 499.º, corresponde ao 490.º do Projeto de CSC de 1983[1] – relativamente ao qual não apresenta modificações – e tem como fonte principal a lei alemã das sociedades anónimas de 1965, que, no caso de celebra- 1

[1] *Código das Sociedades Comerciais (Projecto)*, BMJ 327 (1983), 43-339.

ção de contrato de subordinação (*Beherrschungsvertrag*), impõe à sociedade diretora o pagamento periódico de uma adequada compensação (*Ausgleichzahlung*) ao sócio livre ou, mediante requerimento deste, a aquisição das suas ações mediante uma contrapartida (§§ 304 e 305). Idêntico direito de opção decorre da Proposta de Lei *Cousté* francesa de 1978[2] (cf. 13.º e 18.º), bem como do 14.º do projeto de *Nona Diretriz das Sociedades Comerciais*, sobre grupos de sociedades (versão de 1984)[3].

2 As normas relativas ao contrato de subordinação – e ao Direito dos grupos em geral – foram introduzidas *ex novo* no ordenamento português pelo CSC (cf. 493.º, anot. 1 ss.), pelo que o 499.º não tem correspondência no Direito anterior.

II – **Teleologia e âmbito de aplicação**

3 2. **Conteúdo e fim da norma**. O n.º 1 consagra o direito de os sócios livres, perante o contrato de subordinação (cf. 493.º), optarem entre exonerarem-se da sociedade subordinada, mediante alienação potestativa das respetivas participações à sociedade diretora, ou manterem o seu *status socii*, beneficiando, neste caso, de uma garantia de lucros. Define-se ainda a forma e o prazo para o exercício do direito de opção (n.os 1 e 2), consagrando o n.º 3 o direito de desistência do contrato de subordinação por parte da sociedade que, nos termos deste, seria diretora, na sequência das sentenças sobre as oposições deduzidas nos termos do 497.º.

4 O direito de alienação potestativa – cf. também 494.º/1, *a*) e 495.º, *d*), *e*), *f*) e *h*) –, juntamente com a garantia de lucros – cf. 494.º/1, *b*), 500.º e 495.º, *i*) – constituem os principais mecanismos de tutela dos sócios minoritários da sociedade subordinada, que se veem confrontados com uma radical mudança patrimonial e organizativa da sociedade a que pertencem, em resultado do poder de direção adquirido pela sociedade-mãe, que envolve, designadamente, o direito de dirigir instruções desvantajosas, com carácter vinculativo, à administração da sociedade subordinada (cf. 493.º, 494.º e 501.º).

5 Aos instrumentos principais de tutela previstos no 499.º/1 acresce o direito de os sócios livres se pronunciarem sobre o contrato de subordinação em assembleia geral (cf. 496.º), exigindo mesmo o 496.º/2 que, no caso de a sociedade subordinada ser já uma sociedade dependente, não tenham votado contra a deliberação mais de metade dos sócios livres. O 497.º reconhece ainda aos sócios livres um direito de oposição ao contrato de subordinação.

6 3. **Âmbito de aplicação**. O 499.º aplica-se no caso de celebração de contrato de subordinação regulado pelo CSC (cf. 493.º).

[2] *Proposition de Loi sur les groupes de sociétés et la protection des actionnaires, du Personnel et des Tiers*, cuja última versão data de 1978. O texto da proposta, que não chegou a ser aprovada, está disponível em Klaus Hopt, *Groups of companies in European laws*, em *Legal and Economic Analysis on Multinational Enterprises*, 2 (1982), 296-319.

[3] O texto traduzido do projeto (que nunca ultrapassou esse estádio) pode consultar-se em António Menezes Cordeiro, *Direito europeu das sociedades* (2005), 751 ss..

[4] Sobre o problema da qualificação da alienação potestativa de quotas ou ações como direito à exoneração, cf., a título exemplificativo, Raúl Ventura, *Grupos de sociedades – uma introdução comparativa a propósito de um projecto preliminar de diretiva da CEE*, ROA 41 (1981), 343; *id.*, *Sociedades por quotas*, 2 (1989), 17; *id.*, *Contrato de subordinação*, em *Novos estudos sobre sociedades anónimas e sociedades em nome colectivo* (1994); Francisco Pereira Coelho, *Grupos de sociedades. Anotação preliminar aos arts. 488.º a 508.º do Código das Sociedades Comerciais*, BFDUC LXIV (1988), 324 a 326; José de Oliveira Ascensão (2000) 373; Engrácia Antunes, *Os grupos de sociedades* (2002), 789; Pais de Vasconcelos (2006), 242-246; Armando Triunfante, *A tutela das minorias nas sociedades anónimas. Direitos individuais* (2004), 312 e 313; Maria Augusta França, *Direito à exoneração*, em *Novas perspectivas do Direito comercial* (1988), 209.

III – **Direito à alienação das quotas ou ações**

4. **Caracterização.** O direito do sócio livre à aquisição das suas quotas ou ações pela sociedade diretora consubstancia-se, materialmente, num direito à exoneração[4], não obstante o Código não o referir expressamente e o direito ser exercido, atipicamente, contra a sociedade diretora e não contra a própria sociedade da qual é sócio[5]: trata-se, em rigor, de um direito potestativo de fazer cessar unilateralmente a qualidade de sócio, com fundamento na inexigibilidade de permanência na sociedade, decorrente da profunda alteração estrutural, organizativa e patrimonial desta, produto do poder de direção da sociedade-mãe sobre a sociedade-filha (cf. 493.º e 501.º). Nestes termos, o direito à alienação potestativa das quotas ou ações pelo sócio ou acionista externo radica ainda, teleologicamente, no instituto da exoneração dos sócios, não obstante assentar na aquisição compulsiva das participações sociais por sociedade diferente daquela da qual o sócio se separa. O mesmo sucede nas hipóteses reguladas pelo 490.º/5 e 6. 7

5. **Contrapartida.** A aquisição das quotas ou ações dos sócios livres pela sociedade diretora é feita mediante uma contrapartida, sujeita, na sua determinação e conteúdo, a certos requisitos. 8

a) **Modalidades.** A contrapartida pode revestir carácter pecuniário ou consistir em ações, quotas[6] ou obrigações da sociedade diretora ou de outra sociedade, designadamente de sociedade com a qual se encontre em relação de domínio ou de grupo. Nada impede, também, a combinação das duas modalidades. 9

Nos termos do 495.º, *e*), o projeto de contrato deve indicar a natureza da contrapartida oferecida pela sociedade diretora, sugerindo o preceito a respetiva liberdade de escolha da modalidade a oferecer. 10

Tal como a respeito do 490.º, é, todavia, discutível se, no caso de contrapartida mobiliária, não deve ter-se por imperativa a oferta alternativa de contrapartida pecuniária: assim sucederá, inequivocamente, se a sociedade diretora for ela própria subordinada ou dependente doutra sociedade[7], devendo este princípio ser generalizado às restantes hipóteses de alienação potestativa: só assim se garante a efetiva tutela dos sócios livres, que de outro modo se veriam limitados a aceitar como contrapartida quotas, ações ou mesmo obrigações que podem não lhes interessar. De resto, a oferta de contrapartida em dinheiro é a solução que resulta do CSC para o direito de exoneração (cf., *v.g.*, 105.º, 137.º/2, 185.º/5, 240.º/5) e constitui a regra geral aplicável à aquisição e alienação potestativas no caso de sociedade aberta, nos termos do 194.º/1 do CVM[8]. Em suma, a contrapartida em dinheiro é sempre obrigatória, sob pena de subversão do desígnio de proteção do legislador. 11

A contrapartida em dinheiro é, de resto, a única solução para os acionistas que pretendem exercer o direito de alienação potestativa mas não possuem ações em número suficiente 12

[5] Neste ponto se afastando significativamente do direito à exoneração em sentido estrito, previsto noutras normas do CSC. Para a visão sintética das regras vigentes em matéria de exoneração, cf. António Menezes Cordeiro 1 (2007), 323-329.

[6] O 495.º, *f*) apenas menciona "acções ou obrigações", não fazendo qualquer referência às quotas. Trata-se de mero lapso do legislador, que, aliás, já não ocorre no 490.º/2.

[7] Sob pena de os sócios serem novamente reconduzidos à qualidade de sócios minoritários ou mesmo credores obrigacionistas de uma sociedade subordinada. Seria exigível, neste caso, que as quotas, ações ou obrigações fossem de sociedade dominante ou diretora daquela que, pelo contrato, ficará a dirigir a outra. Cf. Engrácia Antunes, *Os grupos*, 796, nota 1562.

[8] O DL 219/2006, de 2-nov., alterou o 194.º/1, do CVM, de tal maneira que o adquirente potestativo parece obrigado a apresentar contrapartida só em dinheiro. Criticando, com razão, o regime legal, Hugo Moredo Santos, *Aquisição tendente ao domínio total*, em *Direito dos valores mobiliários*, VII (2007), 382 ss..

para receber uma única ação da sociedade diretora, devido à relação de troca estabelecida no contrato – cf. 495.º, *f*)[9].

b) **Fixação da contrapartida e avaliação da participação social**

13 α) **Fixação contratual.** A contrapartida devida pela sociedade diretora é, por regra, fixada por acordo entre esta e a sociedade subordinada, nos termos do 494.º/1, *a*) e do 495.º, que exige que do projeto de contrato de subordinação conste o valor em dinheiro atribuído às quotas ou ações da sociedade subordinada – alínea *d*) –, a natureza da contrapartida oferecida – alínea *e*) –, bem como, no caso de esta ter natureza mobiliária, o valor das ações ou obrigações e a relação de troca – alínea *f*).

14 Todavia, o 99.º, *ex vi* do 496.º, exige, previamente à deliberação dos sócios, a fiscalização do projeto contratual, não só pelos órgãos de fiscalização da sociedade diretora e subordinada, mas também por revisores oficiais de contas independentes – face às sociedades e ao grupo em que estas se insiram – designados por cada sociedade, ou por um revisor comum, designado por acordo de ambas. Esta fiscalização abrangerá, designadamente, a adequação da contrapartida prevista no projeto de contrato de subordinação.

15 β) **Fixação judicial (remissão).** Não obstante a prévia avaliação por entidade independente, o 497.º permite ao sócio livre opor-se ao contrato de subordinação com fundamento em insuficiência da contrapartida oferecida, caso em que esta será fixada judicialmente, de acordo com um processo de jurisdição voluntária (cf. 497.º, anot. 9).

16 γ) **Critérios de avaliação.** A fixação da contrapartida – por via contratual ou judicial – exige a avaliação das participações sociais da sociedade subordinada, bem como, no caso de contrapartida mobiliária, das participações da sociedade diretora. A lei é omissa quanto aos critérios a utilizar nessa avaliação. O mesmo sucede no 490.º/5. Cf., todavia, o 188.º do CVM, aplicável, *ex vi* dos 194.º e 196.º, à aquisição e à alienação potestativa de ações no caso de sociedades cotadas; cf., também, 105.º, relativo à fusão, que remete para o 1021.º do Código Civil, bem como os 137.º/2 e 120.º, que, em matéria de transformação e cisão, contêm uma remissão para o regime da fusão[10]. O preenchimento da lacuna deverá ter como referência estes últimos preceitos[11].

17 δ) **Momento relevante para a avaliação.** O valor da participação social deve ser fixado, em termos definitivos, com referência ao momento da deliberação da sociedade subordinada que aprova a celebração do contrato de subordinação, por analogia com o 105.º/2: por um lado, é nesse momento que surge a causa da exoneração[12] e, por outro, garante-se o tratamento igualitário dos sócios livres[13], que se não alcançaria caso relevasse o momento do exercício da opção de alienação pelo sócio (que torna perfeito o contrato de compra ou troca das quotas ou ações)[14], o que, de resto, determinaria a impraticabilidade da avaliação, por se referir a facto

[9] Sobre o problema, cf. Engrácia Antunes, Aquisições, *Os grupos*, 795.

[10] Para referir apenas as bases legais mais próximas. Também remetem para o regime da fusão o 185.º/5 e o 240.º/5, por exemplo.

[11] Defendendo a aplicação do regime da fusão, cf., *v.g.*, Raúl Ventura, *Contrato*, 122, que refere o exemplo paralelo do ordenamento jurídico alemão (cf. § 305 do AktG), e Engrácia Antunes, *Os grupos*, 792, que, todavia, considera também questão em aberto a de saber se os critérios de avaliação previstos no CVM poderão considerar-se analogicamente aplicáveis (885, nota 1744).

[12] É a decisão da sociedade de se submeter ao poder de direção de outra sociedade, tomada em assembleia geral, que justifica o direito potestativo de alienação, ainda que este só se concretize com a efetiva celebração do contrato, como resulta do 495.º, *h*).

[13] Trata-se de princípio com expressão no 497.º/4. Cf., quanto às sociedades abertas, o 197.º (igualdade de tratamento nos processos de aquisição tendente ao domínio total).

[14] Como refere Raúl Ventura, *Contrato*, 122, o contrato de subordinação, no que toca à obrigação e aquisição das participações, configura-se como um contrato estipulado em

futuro. Por essa razão não poderia também relevar o momento da celebração do contrato de subordinação (o que, aliás, inutilizaria a avaliação a efetuar nos termos do 497.º).

Havendo alteração do valor da participação entre o momento da avaliação que serviu de base ao valor proposto no projeto e o momento da deliberação, esta deve ser declarada expressamente pela administração no início da reunião (cf. 102.º/1, *ex vi* do 496.º), tornando-se necessário a renovação do processo (102.º/2). Se o valor constante do projeto não for atualizado, pode o sócio eventualmente prejudicado opor-se ao contrato, nos termos do 497.º. 18

ε) **Momento do exercício do direito de alienação potestativa**. O 495.º, *h*) dispõe que do projeto do contrato de subordinação consta o prazo, a contar da celebração do contrato, dentro do qual os sócios livres da sociedade subordinada poderão exigir a aquisição das suas quotas ou ações pela sociedade diretora[15]. O exercício deste direito pressupõe a prévia comunicação pelo sócio da opção de alienar a respetiva participação, no prazo previsto no 499.º. 19

IV – Direito à garantia de lucros

6. **Remissão**. Em alternativa a exonerar-se da sociedade, mediante alienação potestativa das suas participações, o sócio livre pode optar por nela permanecer, beneficiando, nesse caso, da garantia de lucros prevista no 500.º. 20

V – Exercício do direito de opção

7. **Forma e prazo.** Nos termos do 499.º/1, o sócio livre deve comunicar, por escrito, a sua opção à sociedade diretora e à sociedade subordinada, dentro do prazo fixado pelo 497.º para a oposição ao contrato de subordinação, *i.e.*, nos 90 dias seguintes à última das publicações do anúncio das deliberações que aprovam a celebração do contrato de subordinação ou à receção da carta registada, no caso dos sócios de sociedades por quotas ou de titulares de ações nominativas (cf. 496.º/3). 21

O sócio que se tenha oposto ao contrato nos termos do 497.º, *maxime* com fundamento em insuficiência da contrapartida oferecida pela sociedade diretora, mantém o direito de opção previsto no 499.º, devendo exercê-lo nos três meses seguintes ao trânsito em julgado da respetiva sentença. 22

Uma vez que a fixação judicial da contrapartida aproveita a todos os sócios livres, tenham ou não deduzido oposição (497.º/3), e considerando que o valor da compensação influi sobre a opção de permanecer ou abandonar a sociedade, resta concluir pela impossibilidade de negar aos sócios o direito de alterarem a opção previamente efetuada, mediante nova comunicação escrita, exercida no prazo previsto no 499.º/2. A favor da solução depõe também a faculdade que o 499.º/3 reconhece à sociedade que pelo contrato seria diretora de desistir da respetiva celebração no prazo de 30 dias após o trânsito em julgado da última das sentenças sobre oposições deduzidas. 23

benefício de terceiros: deparamo-nos não com um mero contrato-promessa, mas com um contrato de opção para compra ou troca das quotas ou ações. A manifestação de vontade da sociedade adquirente consta já do contrato de subordinação, tornando-se o contrato de troca ou compra perfeito com a aceitação (opção) do sócio livre.

[15] Rigorosamente, não se trata de "exigir a aquisição" mas de exercer a opção que torna perfeito o contrato, sem necessidade de qualquer outra manifestação de vontade da sociedade diretora, para além daquela que já consta do contrato (cf. nota anterior).

24 8. **Falta de exercício do direito de opção.** Caso o sócio não exerça o seu direito de opção, ou o não faça tempestivamente, resta concluir que este mantém o seu *status socii*, beneficiando da garantia de lucros injuntivamente prevista no 500.º[16].

VI – **Desistência da celebração do contrato**

25 9. **Fundamento**. O 499.º/3[17] atribui à sociedade que pelo contrato seria diretora a faculdade de desistir da sua celebração, na sequência da fixação judicial das contrapartidas devidas. A solução legal é, aparentemente, justificada: a contrapartida a pagar aos sócios da futura subordinada desempenha papel central na decisão de aprovação do projeto de contrato (cf. 496.º); alterando-se o respetivo valor, a proteção dos sócios da sociedade diretora – que determina a exigência de deliberação social – ficaria prejudicada.

26 10. **Necessidade de deliberação**. Coerentemente com a *ratio* da faculdade de desistência, a decisão sobre o seu exercício deve ser tomada, não pelos administradores, mas pelo colégio dos sócios da sociedade diretora – a quem pertence a competência, paralela, para decidir da celebração do contrato (496.º) e do seu termo (506.º) –, aplicando-se, com as necessárias adaptações, as regras previstas para a deliberação de celebração do contrato (cf. 496.º).

27 Dificuldade evidente é colocada pela antecedência imposta por lei para a convocação da assembleia geral (pelo menos um mês a contar da publicação da convocatória, nos termos do 100.º/2, *ex vi* do 496.º), antecedência tornada inaplicável pelo prazo de 30 dias estabelecido pelo 499.º/3. Resta concluir pela necessidade de convocação com antecedência menor, o que não lesa os direitos de participação dos sócios, que se confrontam agora com questão menos complexa que a inicial; todavia, a assembleia não pode reunir antes de decorridos 15 dias sobre a convocação: esse é o prazo geral previsto para as sociedades por quotas (248.º/3) e é o prazo mínimo excecionalmente admitido pelo legislador no caso das sociedades anónimas (cf. 375.º/4).

28 Aprovada a desistência do contrato, cabe aos administradores, na qualidade de representantes da sociedade diretora, efetuarem a comunicação prevista no 499.º/3.

29 11. **Forma e prazo**. Nos termos do 499.º/3, a comunicação é feita por escrito (cf. também 4.º-A) nos 30 dias seguintes ao trânsito em julgado da última das sentenças sobre oposições deduzidas.

Artigo 500.º (Garantia de lucros)

1. Pelo contrato de subordinação, a sociedade diretora assume a obrigação de pagar aos sócios livres da sociedade subordinada a diferença entre o lucro efetivamente realizado e a mais elevada das importâncias seguintes:

a) A média dos lucros auferidos pelos sócios livres nos três exercícios anteriores ao contrato de subordinação, calculada em percentagem relativamente ao capital social;

[16] A alienação das quotas ou ações, visando a proteção do sócio livre, de modo algum poderia operar sem a sua manifestação de vontade, solução que seria particularmente gravosa tendo em conta o prazo legal para a manifestação de vontade do sócio.

[17] O 499.º/3, do CSC tem como fonte o §304(5) do AktG.

b) O lucro que seria auferido por quotas ou ações da sociedade diretora, no caso de terem sido por elas trocadas as quotas ou ações daqueles sócios.
2. A garantia conferida no número anterior permanece enquanto o contrato de grupo vigorar e mantém-se nos cinco exercícios seguintes ao termo deste contrato.

Bibliografia: José A. Engrácia Antunes, *Os Grupos de Sociedades*, 2.ª ed. (2002), 773-787; José de Oliveira Ascensão (2000), 588-592; Francisco Pereira Coelho, *Grupos de sociedades. Anotação preliminar aos arts. 488.º a 508.º do Código das Sociedades Comerciais*, BFDUC LXIV (1988), 297-353; António Menezes Cordeiro 1 (2007), 989-994; *id.*, *Direito europeu das sociedades* (2005), 751-785; Ministério da Justiça, *Código das Sociedades Comerciais (Projecto)*, BMJ 327 (1983), 43-339; Maria da Graça Trigo, *Grupos de sociedades*, O Direito 1991, 79-95; Raúl Ventura, *O contrato de subordinação*, em *Novos estudos sobre sociedades anónimas e sociedades em nome colectivo* (1994), 122-123; *id.*, *Grupos de sociedades – uma introdução comparativa a propósito de um projecto preliminar de directiva da CEE*, ROA 41 (1981), 313-325, 328-362.

Índice

I – **Origem**
1. Preparação e fontes 1

II – **Teleologia e âmbito de aplicação**
2. Conteúdo e fim da norma 4
3. Âmbito de aplicação 6

III – **Cálculo da garantia**
4. Modalidades 7
5. Relação com o 508.º 10

IV – **Extinção**
6. Sobrevigência da garantia de lucros 11

I – Origem

1 **1. Preparação e fontes.** A garantia de lucros, figura sem correspondência no Direito português anterior – no qual era desconhecido o próprio contrato de subordinação, – encontrava-se já prevista no Projeto de CSC de 1983[1] (491.º), tendo passado ao texto definitivo do Código sem alterações. A sua redação não conheceu qualquer modificação desde a versão originária.

2 A garantia de lucros é fortemente inspirada na solução da lei das sociedades anónima alemã de 1965, na Proposta de Lei *Cousté* francesa de 1978[2], bem como no projeto de *Nona Diretriz das Sociedades Comerciais*, sobre grupos de sociedades (versão de 1984)[3], que constituíram, de resto, as principais fontes do Título VI do CSC em geral.

3 Todavia, a solução portuguesa é, em diversos pontos, original: assim sucede, em particular, no que toca ao método de cálculo da garantia e ao respetivo termo. O § 304(2), 2, do AktG e o 16.º/1, do projeto europeu obrigam a atender não só aos lucros obtidos no passado pela sociedade, mas também aos lucros que ela previsivelmente obteria no futuro, num comando sem paralelo na lei portuguesa. Por sua vez, a regra do 500.º/2 não tem correspondência na lei alemã, embora o projeto de Diretriz preveja uma "compensação subsequente ao termo do contrato".

[1] *Código das Sociedades Comerciais (Projecto)*, BMJ 327 (1983), 43-339.

[2] *Proposition de Loi sur les groupes de sociétés et la protection des actionnaires, du Personnel et des Tiers*, cuja última versão data de 1978. O texto da proposta, que não chegou a ser aprovada, está disponível em Klaus Hopt, *Groups of companies in European laws*, em *Legal and Economic Analysis on Multinational Enterprises*, 2 (1982), 296-319.

[3] O texto traduzido do projeto (que nunca ultrapassou esse estádio) pode consultar-se em António Menezes Cordeiro, *Direito europeu das sociedades* (2005), 751 ss..

II – Teleologia e âmbito de aplicação

4 2. **Conteúdo e fim da norma**. A garantia de lucros visa prevenir a degradação da posição patrimonial dos sócios livres da sociedade subordinada que optem por manter o respetivo *status socii*, em detrimento da alienação (potestativa) das suas quotas ou ações (cf. 494.º/2, sobre o conceito de sócio livre, e 499.º, sobre o direito de escolha).

5 A constituição do grupo atribui à sociedade diretora o direito de dar instruções vinculativas (*inclusive* desvantajosas) à administração da sociedade subordinada (503.º) – que podem mesmo envolver transferências intragrupo (cf. 503.º, anot. 20 ss.) –, produzindo-se uma radical transformação patrimonial da sociedade subordinada, potencialmente agravada pela (eventual) celebração de uma convenção de atribuição de lucros, prevista no 508.º. O 500.º visa, por isso, assegurar o *direito aos lucros* – cf. 21.º/1, *a*) e 22.º – dos sócios minoritários da sociedade subordinada[4], através de uma garantia cuja vigência se prolonga para além da cessação do contrato (n.º 2).

6 3. **Âmbito de aplicação**. O 500.º aplica-se a todos os contratos de subordinação regulados pelo CSC (cf. 493.º).

III – Cálculo da garantia

7 4. **Modalidades**. A sociedade diretora está obrigada a pagar aos sócios livres da sociedade subordinada o diferencial entre o lucro efetivamente realizado por esta sociedade e a mais elevadas das duas importâncias definidas nas alíneas *a*) e *b*) do 500.º/1. Para garantir a efetiva tutela dos sócios livres – e por paralelismo com o 500.º/1, *a*) –, deve entender-se por "lucro efetivamente realizado" o *lucro distribuível* da sociedade subordinada (*i.e.*, o lucro total, deduzidas as importâncias referidas no 33.º).

8 Quanto ao segundo termo da comparação, o 500.º/1, *a*), refere-se à média dos lucros *efetiva ou realmente* recebidos pelos sócios livres nos três exercícios anteriores ao contrato de subordinação, consagrando, pois, uma garantia que se mantém imutável durante todo o período em que vigora, acarretando a sua inevitável erosão e consequente redução da proteção legal dispensada aos sócios livres da sociedade subordinada[5].

9 Já a alínea *b*) contém uma garantia de lucros variável: partindo da determinação do valor de troca das quotas ou ações das duas sociedades, calcula-se as participações da sociedade diretora que corresponderiam ao sócio livre e o lucro que, nesse caso, ele receberia: a sociedade diretora fica, então, obrigada a pagar a diferença entre a parte do sócio livre no lucro *distribuível* da sociedade subordinada e o lucro que as quotas ou ações da sociedade diretora teriam auferido "no caso de terem sido por elas trocadas as quotas ou ações daqueles sócios"[6].

[4] Como instrumento de proteção (embora de natureza diversa) configura-se também o direito de os sócios livres se pronunciarem sobre o contrato de subordinação em assembleia geral (cf. 496.º), exigindo o 496.º/2 que, no caso de a sociedade subordinada ser já uma sociedade dependente, não tenha votado contra a deliberação mais de metade dos sócios livres. O 497.º reconhece ainda aos sócios livres um direito de oposição ao contrato de subordinação.

[5] Constituem estas as principais desvantagens desta modalidade de cálculo. Cf. Engrácia Antunes, *Os grupos de sociedades* (2002), 778. Importante redução da proteção dos sócios livres da sociedade subordinada poderá também ocorrer na hipótese de a sociedade diretora ser previamente sua dominante, exercendo, *de facto*, o seu poder de influência sobre a sociedade subordinada em termos desfavoráveis à mesma.

[6] No caso de a sociedade-mãe ser, ela própria, subordinada de outra sociedade (sociedade-avó), a sociedade-avó pode exercer o seu poder de direção através da emissão de instruções desfavoráveis dirigidas ao órgão de administração da sociedade-mãe, cujos lucros (distribuíveis) são, assim, negativamente afetados. Por outro lado, no caso de existir uma convenção de atribuição de lucros acessória do contrato de subordinação celebrado entre a sociedade-mãe e a sociedade-avó, a sociedade-mãe poderá não dispor dos

5. **Relação com o 508.º**. Caso a sociedade subordinada se tenha obrigado, nos termos do 10
508.º, a atribuir os seus lucros anuais à sociedade diretora ou a outra sociedade do grupo, a garantia de lucros dos sócios livres daquela sociedade substitui integralmente os lucros desta (os quais são inexistentes para efeitos de distribuição pelos sócios da filial). A garantia dos lucros abrange, nos termos do 500.º/1, a diferença entre "o lucro efetivamente realizado" que seja *distribuível* e a maior das importâncias das alíneas *a*) e *b*): ora, se a totalidade do lucro distribuível for atribuída a outra sociedade, o valor a considerar, para efeitos do corpo do n.º 1 do 500.º, será zero, de tal maneira que os sócios receberão o valor total equivalente à média do lucro que efetivamente receberam nos três exercícios anteriores ou, caso seja superior, o lucro que seria auferido por quotas ou ações da sociedade diretora[7]; no caso de convenção de atribuição parcial de lucros, o valor a considerar corresponde à totalidade do lucro distribuível *menos* o lucro atribuído a outra sociedade.

IV – **Extinção**

6. **Sobrevigência da garantia de lucros**. Nos termos do n.º 2, a garantia de lucros só cessa 11
decorridos cinco exercícios sobre o termo do contrato de subordinação (cf. 496.º): esta norma constitui o expresso reconhecimento do enfraquecimento da capacidade de sobrevivência económica da sociedade subordinada em resultado do poder de direção exercido pela sociedade diretora durante a vigência do contrato[8].

Artigo 501.º (Responsabilidade para com os credores da sociedade subordinada)

1. A sociedade diretora é responsável pelas obrigações da sociedade subordinada, constituídas antes ou depois da celebração do contrato de subordinação, até ao termo deste.

2. A responsabilidade da sociedade diretora não pode ser exigida antes de decorridos 30 dias sobre a constituição em mora da sociedade subordinada.

3. Não pode mover-se execução contra a sociedade diretora com base em título exequível contra a sociedade subordinada.

Bibliografia: José A. Engrácia Antunes, *Os Grupos de Sociedades*, 2.ª ed. (2002), 796-820; José de Oliveira Ascensão (2000), 588-592; Francisco Pereira Coelho, *Grupos de sociedades. Anotação preliminar aos arts. 488.º a 508.º do Código das Sociedades Comerciais*, BFDUC LXIV (1988), 297-353; António Menezes Cordeiro, *A responsabilidade da sociedade com domínio total (501.º/1, do CSC) e o seu âmbito*, RDS III (2011), 1, 83-115; *id.*, 1 (2007), 989-994; *id.*, *Direito europeu das sociedades* (2005), 751-785; *id.*, *Levantamento da personalidade colectiva no Direito civil e comercial* (2000), 75-82; Diogo Pereira Duarte, *Aspectos do levantamento da personalidade colectiva nas sociedades em relação de domínio* (2007); Eliseu Figueira, *Disciplina jurídica dos grupos de sociedades*, CJ XV (1990), 51; Manuel Januário da Costa Gomes, *A sociedade com domínio total como garante*.

fundos necessários para cumprir a garantia de lucros dos sócios da sociedade-filha (*maxime* se a convenção de atribuição de lucros afetar a totalidade dos mesmos). Sobre as soluções que têm sido encontradas nos direitos estrangeiros para problema equivalente (e outros paralelos), cf. Engrácia Antunes, *Os grupos*, 786 e 787.

[7] Maria da Graça Trigo, *Grupos de sociedades*, O Direito, ano 123.º, I (1991), 88 e 89, entende que os sócios teriam direito a receber a garantia prevista no 500.º "mais" o quinhão que lhes caberia a título de dividendo no montante dos lucros transferidos para a sociedade diretora. Não é essa, porém, a solução que resulta da lei.

[8] Sobre a capacidade de sobrevivência enquanto limite ao poder de instrução da sociedade diretora, cf. 503.º, anot. 28.

Breves notas, RDS I (2009), 4, 865-883; Orlando Vogler Guiné, *A responsabilização solidária nas relações de domínio qualificado*, ROA 66, 1 (2006), 294-325; Ministério da Justiça, *Código das Sociedades Comerciais (Projecto)*, BMJ 327 (1983), 43-339; Ana Perestrelo de Oliveira, *Manual de grupos de sociedades* (2016), 205 ss.; *id.*, *Insolvência nas sociedades em relação de grupo: de novo pela consolidação substantiva das massas patrimoniais*, em *I Congresso de Direito da Insolvência 2012* (2013), 290-306; *id.*, *Grupos de sociedades de deveres de lealdade* (2012), 603 ss.; *id.*, *Questões avulsas em torno dos artigos 501.º e 502.º do Código das Sociedades Comerciais*, RDS IV (2012), 4, 871-898; *id.*, *Ainda sobre a liquidação conjunta das sociedades em relação de domínio total e os poderes do administrador da insolvência: a jurisprudência recente dos tribunais nacionais*, RDS III (2011), 3; *id.*, *A insolvência nos grupos de sociedades: notas sobre a consolidação patrimonial e a subordinação de créditos intragrupo*, RDS I (2009), 4, 995-1028; Maria da Graça Trigo, *Grupos de sociedades*, O Direito 1991, 79-95; Raúl Ventura, *O contrato de subordinação*, em *Novos estudos sobre sociedades anónimas e sociedades em nome colectivo* (1994), 123; *id.*, *Grupos de sociedades – uma introdução comparativa a propósito de um projecto preliminar de directiva da CEE*, ROA 41 (1981), 313-325, 328-362.

Índice

I – **Origem**
1. Preparação e fontes 1

II – **Teleologia e âmbito de aplicação**
2. Conteúdo e fim da norma 7
3. Âmbito de aplicação: aspetos gerais 10
4. Aplicabilidade à sociedade totalmente dominante: exigência de deliberação 13
5. Aplicabilidade em caso de aquisição passiva ou involuntária e a aquisição no *iter* de processo de reestruturação 14
6. Aplicabilidade às SGPS 16

III – **Conteúdo, âmbito e regime da responsabilidade**
7. Responsabilidade *ipso jure* pela totalidade do passivo 17
8. Responsabilidade direta e ilimitada 22
9. Subsidiariedade (fraca) e acessoriedade 23
10. Constituição, exigibilidade e cessação 24
11. Título executivo 28
12. Irrenunciabilidade 29
13. Direito de regresso sobre a sociedade-filha 30
14. Responsabilidade em caso de insolvência simultânea da sociedade-mãe e da sociedade-filha 31

IV – **Responsabilidade nos grupos de facto**
15. Inaplicabilidade do 501.º e institutos alternativos 32

I – Origem

1 1. **Preparação e fontes**. O 501.º decorre do 492.º do Projeto de CSC de 1983[1], no qual não foi introduzida qualquer modificação. A redação originária da norma manteve-se em vigor até hoje.

2 A matéria dos grupos de sociedades foi inovadoramente regulada no ordenamento jurídico português pelo CSC, pelo que as regras dos 481.º ss. em geral, e, em particular, o 501.º, não têm correspondência no Direito anterior.

3 O preceito tem como fonte principal o anteprojeto de *Nona Diretriz das Sociedades Comerciais*, sobre grupos de sociedades, de 1974, que daria origem ao projeto de 1984[2], que, todavia, nunca veio a assumir a forma de proposta: o 21.º do anteprojeto e o 29.º do projeto, aplicáveis no caso de ter sido celebrado contrato de subordinação, impõem, com efeito, à sociedade diretora a responsabilidade pelas dívidas da sociedade subordinada surgidas antes da conclusão

[1] *Código das Sociedades Comerciais (Projecto)*, BMJ 327 (1983), 43-339.

[2] O texto traduzido da versão de 1984 pode consultar-se em António Menezes Cordeiro, *Direito europeu das sociedades* (2005), 751 ss..

do contrato e durante a sua vigência; a responsabilidade só é exigível decorridos 30 dias sobre a interpelação da sociedade subordinada, pondo-a em mora. Este regime é ainda aplicável no caso de "declaração unilateral de grupo", levada a cabo, nos termos do 33.º, por sociedade que detenha, direta ou indiretamente, 90% ou mais do capital de uma sociedade: havendo declaração unilateral de grupo – que conduz à concentração de 100% do capital da subordinada na sociedade dominante (33.º/1, 2.ª parte) – o 29.º torna-se aplicável, por força do 35.º.

A responsabilidade da sociedade dominante por dívidas da filial, no caso de haver "contrato de afiliação", encontra-se também prevista no 24.º da Proposta de Lei *Cousté* francesa de 1978[3], outra importante fonte das regras do CSC sobre contrato de subordinação. 4

Diferente é a solução da lei das sociedades anónimas alemã, na qual a regulamentação aplicável ao contrato em apreço fortemente se inspirou em geral: o § 303 do AktG (1965) prevê, na realidade, mecanismo distinto de proteção (direta) dos credores, dispondo que "no final de um contrato de subordinação..., o outro contraente tem de prestar caução a favor dos credores da sociedade cujos direitos se tenham constituído antes de a inscrição do termo do contrato no registo se considerar anunciada nos termos do § 10 do Código Comercial, se estes se lhe dirigirem, para este fim, dentro de seis meses após o anúncio da inscrição". 5

A responsabilização direta da sociedade-mãe pelas dívidas da sociedade-filha apenas ocorre, na lei alemã, no caso de "integração" (*Eingliederung*), prevista nos §§ 319 e 320 do AktG (cf. 490.º, anot. 5): dispõe o § 322 que "a partir da incorporação, a sociedade principal responde solidariamente para com os credores da sociedade incorporada pelas obrigações constituídas antes dessa data. A mesma responsabilidade tem lugar relativamente a todas as obrigações da sociedade incorporada que se tenham constituído após a incorporação". 6

II – **Teleologia e âmbito de aplicação**

2. **Conteúdo e fim da norma**. Sendo uma sociedade integralmente controlada por outra, em virtude de contrato de subordinação (493.º) ou de participação totalitária (488.º e 489.º), a sociedade diretora ou totalmente dominante responde, pura e simplesmente, pelas dívidas da subordinada ou dependente, seja qual for a sua fonte (501.º/1)[4]. Tal responsabilidade é exigível decorridos 30 dias sobre a constituição em mora da sociedade subordinada (501.º/2). Nos termos do n.º 3, não pode mover-se ação executiva contra a sociedade diretora com base em título exequível contra a sociedade subordinada. 7

Subjacente à responsabilização da sociedade diretora, de forma pessoal e ilimitada, pelas dívidas da sociedade subordinada está o objetivo de proteção dos credores desta sociedade, que passa a ser gerida em função dos interesses da sociedade-mãe: o poder de direção da sociedade diretora, concretizado no direito de dar instruções – *inclusive* desvantajosas – à administração da sociedade subordinada (cf. 503.º), é, na realidade, suscetível de agravar a posição dos credores, reclamando-se, por isso, uma redistribuição do risco da exploração empresarial no seio dos grupos societários[5]. Assim, à proteção indireta resultante da obrigação de compensação das perdas, prevista no 502.º, e à responsabilidade por instruções, decorrente do 504.º, o 501.º vem juntar um mecanismo de proteção direta dos credores da sociedade subordinada ou totalmente dominada. 8

[3] *Proposition de Loi sur les groupes de sociétés et la protection des Actionnaires, du Personnel et des Tiers*, cuja última versão data de 1978. O texto da proposta, que não chegou a ser aprovada, está disponível em Klaus Hopt, *Groups of companies in European laws*, em *Legal and Economic Analysis on Multinational Enterprises*, 2 (1982), 296-319.

[4] Cf. António Menezes Cordeiro, *Levantamento da personalidade colectiva no Direito civil e comercial* (2000), 81.

[5] STJ 31-mai.-2005 (Fernandes Magalhães), Proc. 05A1413.

9 O legislador reconhece, assim, que, sendo uma sociedade integralmente controlada por outra, desaparecem os valores que implicam a total separação de patrimónios. Embora não se ponha em crise a personalidade jurídica autónoma das duas sociedades, procede-se ao levantamento da personalidade coletiva para o específico aspeto da responsabilidade por dívidas[6].

10 3. **Âmbito de aplicação: aspetos gerais**. O 501.º/1 aplica-se diretamente aos grupos assentes em contrato de subordinação – 493.º ss. – e, por remissão do 491.º, aos grupos constituídos por domínio total – 488.º ss. – (âmbito material), desde que regulados pelo CSC (quanto ao âmbito pessoal e espacial, cf. 481.º). Se a relação de domínio total tiver sido estabelecida antes da entrada em vigor do CSC, a responsabilização da sociedade dominante pelas obrigações da sociedade só é regulada pelo Código se estas forem posteriores à sua entrada em vigor (âmbito temporal)[7].

11 O 501.º abrange também a responsabilidade por dívidas nos grupos multinível: no caso de celebração de contratos de subordinação em cadeia e/ou de participações totalitárias sucessivas, responde pelas dívidas da sociedade dependente não só a dominante direta, mas também a(s) dominante(s) indiretas, que estendem o seu poder de direção a todo o grupo, devendo sobre elas recair, por isso, o risco da exploração do grupo[8].

12 Fora do âmbito de aplicação do 501.º ficam as sociedades em relação de domínio (486.º), mesmo quando formem um grupo de facto qualificado (cf. 486.º, anot. 19). O sistema do CSC não permite, na realidade, a aplicação analógica ou por maioria ou identidade de razão do 501.º às relações de domínio: esta norma assenta no reconhecimento da *legitimidade* do poder de direção da sociedade-mãe sobre a sociedade-filha, suscetível de ser exercido em sentido desvantajoso a esta última (503.º/2), o que não sucede na relação de domínio. Nesta, o exercício da influência dominante em sentido prejudicial à sociedade dominada ocorre *contra legem*. Apesar da necessidade de tutela dos credores da sociedade dominada, não é legítimo o apelo ao 501.º por faltar a analogia de situações[9]. Cf infra anot. 32.

[6] Cf. Ana Perestrelo de Oliveira, *Manual de grupos de sociedades* (2016), 214. Já se considerou, na jurisprudência, que a obrigação da sociedade diretora tem "natureza legal, decorrente de uma norma prevista na lei societária, e não da desconsideração da personalidade jurídica da sociedade-filha, que permite, na falta de norma legal expressa, a imputação de dado efeito jurídico para além da própria pessoa colectiva a que formalmente respeita": cf. STJ 31-mai.-2005 (Fernandes Magalhães), Proc. 05A1413. Naturalmente que, havendo norma específica, não está em causa o levantamento da personalidade coletiva imposto por necessidades do sistema: tanto não altera, todavia, a natureza jurídica última da figura. Cf. também Diogo Pereira Duarte, *Aspectos do levantamento da personalidade colectiva nas sociedades em relação de domínio* (2007), 27. Contra a natureza jurídica apontada, cf. Engrácia Antunes, *Os grupos de sociedades* (2002), 798 e 799.

[7] STJ 23-jan.-1996 (Lopes Pinto), Proc. 087747.

[8] *I.e.*, desde que se verifiquem, em todos os níveis do grupo, os pressupostos da responsabilidade da sociedade diretora ou totalmente dominante, a sociedade-avó, por exemplo, responde, não só pelas dívidas da sociedade-filha, mas também pelas dívidas da sociedade-neta, pelas quais é simultaneamente responsável a dominante direta desta.

[9] Orlando Vogler Guiné, *A responsabilização solidária nas relações de domínio qualificado*, ROA 66, 1 (2006), 295-325, entende que, se o 501.º impõe a responsabilidade da sociedade diretora quando esta tem o poder de dar instruções desfavoráveis à administração da sociedade subordinada mas pode nunca tê-lo exercido efetivamente, *por maioria de razão* se imporá a responsabilização da sociedade dominante quando esta tenha exercido de facto um poder de direção sobre a dominada em prejuízo desta e em seu próprio benefício. Simplesmente, sendo o exercício fáctico do poder de instrução *ilícito*, falha metodologicamente o argumento de maioria de razão, que contraria, de resto, o sistema de regulação das sociedades coligadas previsto no Título VI do CSC. Acresce que, mesmo nos ordenamentos jurídicos onde, perante contextos legais mais favoráveis, se pretendeu aplicar aos grupos de facto qualificados determinadas regras previstas para os grupos de direito (*v.g.*, o § 302 da lei das sociedades anónimas alemã), a solução foi abandonada em favor de outros esquemas de proteção.

4. **Aplicabilidade à sociedade totalmente dominante: exigência de deliberação.** Pergunta-se se, para a aplicação aos grupos constituídos por domínio total, tem de ter tido lugar a deliberação social a que alude o 489.º ou se, pelo contrário, a simples concentração do capital na titularidade de um acionista determina a responsabilização. No caso do contrato de subordinação, apenas a publicação do contrato – cuja celebração tem de ser deliberada pelos sócios – desencadeia o efeito responsabilizante do 501.º, uma vez que resulta do 503.º que só "a partir da publicação do contrato de subordinação" adquire a sociedade diretora o direito de dar instruções vinculativas à administração da sociedade subordinada e a responsabilidade por dívidas é contrapartida deste poder. Por paralelismo, deve entender-se que, tanto no caso do 489.º como no do 490.º, os efeitos do domínio total só se produzem havendo deliberação[10]. 13

5. **Aplicabilidade em caso de aquisição passiva ou involuntária e a aquisição no *iter* de processo de reestruturação.** No caso em que o domínio total tenha sido adquirido (i) à margem da vontade da sociedade dominante ou (ii) sem uma vontade especificamente dirigida à sua instituição (*v.g.* em resultado de amortização de ações), é provável que a sociedade não venha a exercer o domínio. Ora, perante a mera abstrata hipótese de vir a fazê-lo, seria desproporcional impor-lhe a responsabilidade por todo o passivo da sociedade dominada. Não se verifica a *ratio* do 501.º, sendo este inaplicável. Se, por outro lado, a sociedade totalmente dominante adquire essa qualidade sem qualquer manifestação de vontade a tanto dirigida (além de faltar esse elemento legalmente exigido para a constituição da relação) e se também não pratica atos dos quais seja possível objetivamente deduzir que a concentração do capital representa um agravamento dos riscos patrimoniais para os credores da sociedade totalmente dominada fica, então, por fundamentar objetivamente o referido risco e a aplicação do 501.º 14

Pode afirmar-se ainda um princípio de neutralidade da detenção temporária do controlo no contexto de um processo reorganizativo[11]. Além de a proteção dos credores da sociedade-filha não ser reclamada do ponto de vista *subjetivo* (da necessidade de proteção) dos credores da sociedade temporariamente dominada, também *objetivamente* se deve sublinhar que o regime da lei não pretende travar reorganizações ou reajustamentos das participações sociais nos grupos. A esse resultado poderia chegar-se, todavia, se operassem imediata e irreversivelmente os efeitos da concentração do capital, mesmo sem fundamento real numa situação de perigo. Se, no momento em que o pagamento é exigido, se conclui que a detenção da participação totalitária foi mera fase transitória num processo mais amplo de reorganização sem qualquer indício de exercício sequer potencial do controlo, estar-se-ia não só a impor a responsabilidade quando é certo que não houve a criação de um risco, avaliado segundo critérios objetivos de razoabilidade, mas também a prejudicar as reorganizações das estruturas do grupo, atingindo ou não o *ultimate beneficial owner*. Para os credores da sociedade não há qualquer mudança ou prejuízo objetivamente apreciado, razão pela qual a neutralidade da medida faz cessar o fundamento da aplicação do 501.º. 15

6. **Aplicabilidade às SGPS.** O 11.º do DL 495/88, de 30-dez. (Regime Jurídico das SGPS) determina expressamente que "o disposto neste diploma não prejudica a aplicação das normas respeitantes a sociedade coligadas, as quais constam do título VI do Código das Sociedades Comerciais". Alguma doutrina sustenta que, apesar desta regra, o 503.º e, consequentemente, os 501.º e 502.º, não seriam aplicáveis no caso de titularidade de 100% do capital social por parte de SGPS, pois esta, se desse instruções à sociedade-filha, estaria a exercer diretamente a atividade 16

[10] Mais desenvolvidamente, cf. Ana Perestrelo de Oliveira, *Manual de grupos*, 216.

[11] Mais desenvolvidamente, cf. Ana Perestrelo de Oliveira, *Manual de grupos*, 219.

comercial e industrial em questão[12]. Se o poder de instrução desaparecesse, desapareceria a razão de ser da aplicação da responsabilidade por dívidas e perdas. Todavia: (i) o 11.º do DL 495/88, de 30-dez., é claro ao estabelecer que a regulamentação prevista nesse diploma não prejudica a aplicação das normas respeitantes às sociedades coligadas constantes do Código das Sociedades Comerciais; (ii) a configuração da SGPS no sistema português como "*holding* de direção" permite esse exercício do poder de influência, o qual não implica qualquer desenvolvimento direto da atividade económica: poder de direção não se confunde com "substituição na administração" ou "administração de facto"; (iii) ainda que o exercício do poder de direção não fosse legítimo, seria contrário ao sistema legal negar a aplicação do regime protetor dos 501.º e 502.º quando é certo que a proteção se reclama então com tanta ou mais intensidade do que nos casos de legítimo exercício do poder de direção e a própria lei ressalva a aplicação do regime em causa; (iv) o simples facto de a sociedade deter 100% do capital social implica riscos para a sociedade dominada (o "perigo do grupo"): não é a configuração como SGPS que reduz tais riscos e que justifica que o CSC deixe de se aplicar, quando, para mais, é a própria lei que determina essa aplicação; (v) a *holding* surge, por fim, como beneficiária económica última do grupo (*ultimate beneficial owner*), pelo que é justo que seja também a responsável última, em conformidade com a necessária inerência entre vantagens e riscos[13].

III – **Conteúdo, âmbito e regime da responsabilidade**[14]

17 7. **Responsabilidade *ipso jure* pela totalidade do passivo**. Por força da mera existência da relação de grupo – 482.º, *c*), 488.º ss. –, a sociedade-mãe é automaticamente responsável pela totalidade das dívidas das filiais, constituídas antes ou depois da celebração do contrato de subordinação[15] ou da aquisição do domínio total[16], até à cessação da relação de grupo (cf. 496.º)[17], *rectius* até a inscrição do termo da relação de grupo no registo – cf. 3.º/1, *u*) e *v*) – seguida da respetiva publicação (cf. 70.º/1 do CRC): o registo e publicação são, com efeito, condições de oponibilidade da cessação do contrato a terceiros (168.º).

18 Uma vez constituída, a responsabilidade não termina mesmo que termine a relação de grupo (cf. *infra* anot. 27).

19 A responsabilidade ocorre independentemente de as dívidas terem resultado do concreto exercício do poder de direção sobre a sociedade-filha (493.º e 503.º) e, portanto, independentemente também de qualquer ilicitude ou culpa[18], sendo igualmente indiferente o conteúdo e fonte das obrigações em apreço.

[12] Assim, Menezes Cordeiro, *Sociedades Gestoras de Participações Sociais* (2001), 577. Contra, expressamente, cf. Engrácia Antunes, *As Sociedades Gestoras de Participações Sociais* (2009), 108 e 109.

[13] Mais desenvolvidamente, cf. Ana Perestrelo de Oliveira, *Manual de grupos*, 222.

[14] Cf. STJ 31-mai.-2005 (Fernandes Magalhães), Proc. 05A1413.

[15] Cf. RLx. 6-abr.-1995 (Rodrigues Condeço), Proc. 0079796.

[16] "Pretendendo uma sociedade estabelecer uma relação total de domínio sobre outra, passa a dominante a controlar a vida da dominada e assume a responsabilidade derivada dos negócios efectuados por esta no passado e ainda não cumpridos": STJ 23-jan.-1996 (Lopes Pinto), www.dgsi.pt.

[17] As dívidas contraídas posteriormente à cessação do contrato não são abrangidas, apesar da potencial afetação da capacidade de sobrevivência económica autónoma da sociedade dependente, que o legislador expressamente reconhece no 500.º/2. Única forma de tutela (indireta) dos credores, em tal hipótese, consiste na proibição de, na pendência do contrato, serem emitidas instruções capazes de afetar essa capacidade de sobrevivência autónoma da sociedade subordinada. Cf. também 502.º, anot. 17 ss..

[18] Verifica-se, pois, um "sistema de imputação automática do risco de exploração empresarial no âmbito dos grupos societários": cf. STJ 31-mai.-2005 (Fernandes Magalhães),

Visando o 501.º a tutela dos credores, é indiferente, *inclusive*, que a dívida tenha sido 20
contraída em contravenção de instruções vinculativas da sociedade-mãe (neste caso, haverá,
porém, responsabilidade da sociedade-filha e dos seus administradores pelos danos causados,
nos termos do 504.º). 21

Também não releva a causa do incumprimento pela sociedade-filha. 22

8. **Responsabilidade direta e ilimitada.** A sociedade-mãe responde pessoal e imediatamente perante os credores da sociedade-filha, em derrogação da regra da limitação da responsabilidade nas sociedades por quotas e anónimas (197.º/3 e 271.º).

9. **Subsidiariedade (fraca) e acessoriedade.** A obrigação da sociedade-mãe só pode ser exi- 23
gida pela sociedade-filha decorridos 30 dias sobre a constituição desta em mora, o que consubstancia caso de subsidiariedade fraca. A obrigação da sociedade-mãe está, por outro lado, estritamente dependente da obrigação da sociedade-filha, sendo esta a razão pela qual à sociedade-mãe é permitido invocar os meios de defesa próprios da sociedade-filha[19]. A responsabilidade do devedor secundário é, pois, acessória. Cumprindo a sociedade-mãe a obrigação, fica sub-rogada nos direitos dos credores contra a sociedade-filha, nos termos gerais.

10. **Constituição, exigibilidade e cessação.** Apesar de o 501.º não o referir expressamente, a 24
responsabilidade da sociedade-mãe constitui-se, *quanto às dívidas preexistentes,* com a publicação do contrato de subordinação[20] ou, no caso de domínio total, com a constituição da sociedade unipessoal ou com a aquisição da participação social que determina a titularidade de 100% do capital social de outra (cf. 488.º e 489.º); *quanto às dívidas contraídas já na vigência da relação de grupo*, a responsabilidade da sociedade diretora constitui-se no próprio momento da constituição das dívidas da sociedade subordinada.

A responsabilidade é exigível decorridos 30 dias sobre a constituição em mora da filial 25
(501.º/2; quanto à mora e à contagem do prazo: 805.º e 279.º do Código Civil, respetivamente).

O decurso do processo de insolvência não impede a demanda (519.º/1 do Código Civil)[21] 26

A responsabilidade relativa às obrigações constituídas antes ou na vigência da relação de 27
grupo mantém-se não obstante a cessação desta relação. Como dissemos, a obrigação da sociedade-mãe constitui-se ou no momento do início da relação de grupo (quanto às dívidas anteriores a ela) ou no momento da constituição da obrigação da sociedade-filha (no que respeita às dívidas contraídas já na vigência da relação). A partir deste(s) momento(s), existe uma dívida própria da sociedade-mãe, que segue o processo extintivo normal das obrigações, não sendo afetada pelo desaparecimento da relação de grupo. I.e., a existência dessa relação é pressuposto constitutivo da responsabilidade da sociedade-mãe: uma vez constituída a responsabilidade na esfera jurídica da sociedade, o respetivo regime é equivalente ao das demais obrigações, sendo irrelevante que se mantenha ou não a relação de grupo. A solução é, de resto, justa, porquanto a *ratio* do 501.º continua a aplicar-se: mesmo depois de cessar a relação de grupo, a sociedade-filha

Proc. 05A1413. A simples integração no grupo e, portanto, o mero "poder de influência", independentemente do seu exercício concreto, é relevante no sistema do CSC e constitui fundamento suficiente da tutela dos credores. (cf. também 502.º, anot. 12 ss.).

[19] Cf. Januário Gomes, *A sociedade com domínio total como garante. Breves notas*, RDS I (2009), 4, 865-883 (874 ss.). Como aponta o Autor, a solução de Engrácia Antunes, *Os grupos* cit., 798 ss., no sentido da solidariedade "sui generis" não difere, porém, no resultado.

[20] É a partir da publicação do contrato que a sociedade diretora passa a dispor, nos termos do 503.º, do direito de dar instruções vinculativas à sociedade-filha. Sendo este direito o fundamento da responsabilidade prevista no 501.º, esta só se constitui, também, com a publicação. Cf. 498.º, 9 ss., sobre a eficácia do registo e publicação.

[21] STJ 31-mai.-2005 (Fernandes Magalhães), Proc. 05A1413.

continua a sofrer os efeitos do poder de direção exercido pela sociedade-mãe na vigência dessa relação, não sendo a cessação da relação de grupo capaz, por si só, de restaurar as garantias dos credores. O momento arbitrário – que o credor não controla nem tem hipótese de controlar – da cessação da relação de grupo não pode ter o efeito de extinguir a proteção dos credores. Acresce que estaria encontrada a forma de defraudar o regime de proteção pretendido pelo 501.

28 11. **Título executivo**. Nos termos do 501.º/3, o título executivo exclusivamente contra a sociedade subordinada não serve como título contra a sociedade diretora, o que implica um acréscimo da dificuldade na cobrança do crédito e a redução de alcance do 501.º[22].

29 12. **Irrenunciabilidade**. É nulo por violação de preceito legal imperativo (294.º do Código Civil) o acordo ou a cláusula do contrato de subordinação que exclua a responsabilidade da sociedade-mãe perante os credores sociais[23].

30 13. **Direito de regresso sobre a sociedade-filha.** A sociedade-filha é a devedora primária da obrigação: cumprindo a sociedade-mãe a obrigação, fica sub-rogada nos direitos dos credores contra a sociedade-filha[24]. Uma vez que o 501.º constitui regra de proteção dos credores – não pretendendo funcionar como forma indireta de atribuição patrimonial à sociedade-filha –, a sub-rogação ocorre nos termos gerais. A proteção da sociedade-filha é levada a cabo através do 502.º e não, de forma alguma, do 501.º, que visa, estritamente, assegurar ou facilitar o exercício dos direitos de crédito de terceiros, afetados pela integração no grupo. A sociedade-mãe só no âmbito do 502.º está obrigada a compensar a sociedade-filha: esta obrigação surge – recorde-se – como produto do mero poder de direção da sociedade-mãe sobre a sociedade-filha e não de concretas intervenções da primeira, não ficando, assim, dependente da efetiva execução da relação contratual, através da emissão de instruções; é suficiente a vigência do contrato de subordinação ou a verificação do domínio total, ainda que a faculdade de emitir instruções desvantajosas possa ter sido afastada pelo contrato de subordinação, conforme permitido pelo 503.º/2. Foi através desta norma que o legislador entendeu dever proteger a sociedade-filha, sendo o 501.º alheio a tal intuito. É aplicável o 592.º do Código Civil, que dispõe que "fora dos casos previstos nos artigos anteriores ou noutras disposições da lei, o terceiro que cumpre a obrigação só fica sub-rogado nos direitos do credor quando tiver garantido o cumprimento, ou quando, por outra causa, estiver amente interessado na satisfação do crédito". Bem se vê que, assente na natureza do 501.º como forma de garantir o cumprimento perante os credores da sociedade-filha, não se coloca qualquer dúvida sobre a aplicação da norma. Havendo sub-rogação, o crédito mantém a sua natureza e, em caso de eventual insolvência da sociedade-filha, é um crédito comum e não subordinado. O crédito é, na verdade, detido em termos sub-rogatórios pela sociedade-mãe, não se verificando os pressupostos que, noutros casos, fundamentam a subordinação.

31 14. **Responsabilidade em caso de insolvência simultânea da sociedade-filha e da sociedade-mãe.** Em certos casos, as massas insolventes da sociedade-mãe e da sociedade-filha devem ser liquidadas em conjunto, operando a sua "consolidação substantiva", que constitui condição da realização do princípio *par conditio creditorum*. Sendo o grupo uma unidade, as fron-

[22] Como aponta Januário Costa Gomes, *A sociedade* cit., nota 14, o legislador optou "por deixar 'sucumbir' a lógica substantiva ou material à lógica processual", acabando, "em certa medida, por retirar (conquanto não em termos definitivos) com a 'mão processual' do art. 501.º/3 o que dera com a 'mão substantiva' do art. 501.º/1".

[23] Engrácio Antunes, *Os grupos*, 813, nota 1593, admite que, ao abrigo da autonomia privada, a sociedade diretora convencione com os credores da sociedade subordinada o afastamento do regime do 501.º. Todavia, tal afastamento só poderá ocorrer com respeito pelas regras gerais (*v.g.*, proibição de renúncia antecipada a direitos: 809.º).

[24] Cf. Ana Perestrelo de Oliveira, *Grupos de sociedades de deveres de lealdade* (2012), 602.

teiras da personalidade perdem a sua eficácia limitadora, pelo que a igualdade entre os credores pressupõe que, também na fase da liquidação, seja tratado como unidade[25].

IV – **Responsabilidade nos grupos de facto**

15. **Inaplicabilidade do 501.º e institutos alternativos.** O 501.º é inaplicável aos grupos 32
de facto (cf. *supra* anot. 3), mesmo por analogia ou identidade de razão (cf. *supra* anot. 12), o que obriga a preencher as lacunas de proteção dos credores com recurso a outros institutos: (i) levantamento da personalidade jurídica; (ii) responsabilidade pela confiança; (iii) responsabilidade ao abrigo do 83.º/4, do CSC; (iv) responsabilidade da sociedade-mãe como "administradora de facto" da sociedade-filha[26]; (v) responsabilidade da sociedade-mãe por violação de deveres de lealdade perante a sociedade-filha com eficácia de proteção dos credores[27].

Artigo 502.º (Responsabilidade por perdas da sociedade subordinada)

1. A sociedade subordinada tem o direito de exigir que a sociedade diretora compense as perdas anuais que, por qualquer razão, se verifiquem durante a vigência do contrato de subordinação, sempre que estas não forem compensadas pelas reservas constituídas durante o mesmo período.

2. A responsabilidade prevista no número anterior só é exigível após o termo do contrato de subordinação, mas torna-se exigível durante a vigência do contrato, se a sociedade subordinada for declarada falida.

Bibliografia: José A. Engrácia Antunes, *Os Grupos de sociedades*, 2.ª ed. (2002), 820-842; José de Oliveira Ascensão (2000), 588-592; Francisco Pereira Coelho, *Grupos de sociedades. Anotação preliminar aos arts. 488.º a 508.º do Código das Sociedades Comerciais*, BFDUC LXIV (1988), 297-353; António Menezes Cordeiro 1 (2007), 989-994; *id.*, *Direito europeu das sociedades* (2005), 751-785; Ministério da Justiça, *Código das Sociedades Comerciais (Projecto)*, BMJ 327 (1983), 43-339; Ana Perestrelo de Oliveira, *Manual de grupos de sociedades* (2016), 230 ss.; *id.*, *Questões avulsas em torno dos artigos 501.º e 502.º do Código das Sociedades Comerciais*, RDS IV (2012), 4, 871-898; Maria da Graça Trigo, *Grupos de sociedades*, O Direito 1991, 92-95; Raúl Ventura, *O contrato de subordinação*, em *Novos estudos sobre sociedades anónimas e sociedades em nome colectivo* (1994), 124; *id.*, *Grupos de sociedades – uma introdução comparativa a propósito de um projecto preliminar de directiva da CEE*, ROA 41 (1981), 313-325, 328-362.

Índice

I – **Origem**
1. Preparação e fontes 1

II – **Teleologia e âmbito de aplicação**
2. Conteúdo e fim da norma 4
3. Âmbito de aplicação
a) Âmbito objetivo, pessoal e espacial 5
b) Grupos plurais e multinível 6
c) Aplicação analógica aos grupos de facto? 9

III – **Conteúdo e âmbito da obrigação de compensação**
4. Perdas relevantes
a) Conceito de perda 10

[25] Cf., desenvolvidamente, Ana Perestrelo de Oliveira, *Manual de grupos*, 377 ss..

[26] Cf. Ana Perestrelo de Oliveira, *Administração de facto. Do conceito geral à sua aplicação aos grupos de sociedades e outras situações de controlo interempresarial*, em Paulo Câmara (org.), *A nomeação dos administradores*, Coimbra (2015).

[27] Para mais desenvolvimentos, cf. Ana Perestrelo de Oliveira, *Grupos de sociedades de deveres de lealdade* (2012), 603 ss.; *id.*, *Manual de grupos de sociedades* (2016), 247 ss.

b) Compensação por reservas........................ 11
c) Irrelevância da causa da perda e da efetiva execução do contrato 12
d) Perdas a compensar (502.º) e danos a indemnizar (504.º)...................................... 15
5. Período relevante... 16
6. Tutela da sociedade subordinada após a cessação do contrato 17

IV – **Constituição e exigibilidade do crédito**
7. Regra geral.. 20
8. Insolvência.. 21

V – **Legitimidade**
9. Legitimidade passiva....................................... 22
10. Legitimidade ativa.. 23
11. Legitimidade em caso de insolvência 26
12. Legitimidade do administrador da insolvência para requerer a insolvência da sociedade devedora 27
13. Falta de aprovação das contas pela assembleia geral da sociedade dominante 28

I – Origem

1 1. **Preparação e fontes**. A obrigação de compensação das perdas verificadas na vigência do contrato de subordinação – regulado *ex novo* pelo CSC – constava já do Projeto de 1983[1] (então 493.º), não tendo correspondência no Direito português precedente. O 502.º não conheceu, até hoje, qualquer alteração.

2 O preceito tem como fonte a lei alemã das sociedades anónimas (§ 302 do AktG 1976), que inspirou também o projeto de *Nona Diretriz das Sociedades Comerciais*, sobre grupos de sociedades, de 1984[2] (30.º), e, antes dele, o anteprojeto de 1974 (22.º).

3 O § 302 do AktG determina que, "se existir um contrato de subordinação ou um contrato de transferência de lucros, o outro contraente tem de compensar as perdas anuais que, por qualquer razão, se verifiquem durante a vigência do contrato, sempre que estas não forem compensadas por terem sido retiradas das reservas livres quantias que nelas tenham sido investidas durante o mesmo período". A semelhança com 502.º/1 é evidente. O mesmo já não sucede, todavia, em relação ao 502.º/2: com efeito, não se prevê, na lei alemã, o diferimento da exigibilidade da obrigação. Tal diferimento surge, porém, no projeto de *Nona Diretriz*: nos termos do 30.º/1, 1.ª parte, "a sociedade, *aquando do termo do contrato*, tem, contra a outra parte, uma pretensão de indemnização por cada diminuição do seu património ocorrida durante a vigência do contrato".

II – Teleologia e âmbito de aplicação

4 2. **Conteúdo e fim da norma**. Prevê-se uma obrigação legal, a cargo da sociedade diretora, de compensação das perdas anuais sofridas pela sociedade subordinada na vigência do contrato de subordinação, sempre que estas não possam ser compensadas pelas reservas constituídas no mesmo período. Pretende-se contrabalançar, deste modo, o enfraquecimento da vinculatividade do princípio da conservação do capital social (31.º ss.), bem como o "realinhamento de interesses" típico da relação de grupo, com vista a proteger (amente) a sociedade subordinada e, indiretamente, os respetivos sócios livres (cf. 494.º/2) e credores[3] [4].

[1] *Código das Sociedades Comerciais (Projecto)*, BMJ 327 (1983), 43-339.

[2] O texto traduzido do projeto – que nunca passaria a proposta – pode consultar-se em António Menezes Cordeiro, *Direito europeu das sociedades* (2005), 751 ss..

[3] A lei prevê, igualmente, mecanismos de proteção direta dos sócios livres e dos credores: quanto aos primeiros, cf. 494.º a 500.º (direito de alienação potestativa das participações, direito à garantia de lucros e direitos instrumentais: *v.g.*, direito de oposição judicial); quanto aos últimos, cf. 501.º (responsabilidade por dívidas da sociedade subordinada).

[4] A relação de grupo caracteriza-se, com efeito, pela susceptibilidade de interferência da sociedade-mãe na gestão da sociedade-filha, através da emissão de instruções vinculativas, *inclusive* de carácter desvantajoso, dirigidas ao órgão

3. Âmbito de aplicação

a) **Âmbito objetivo, pessoal e espacial**. O 502.º aplica-se diretamente às relações de grupo 5
constituídas por contrato de subordinação e, por remissão do 491.º, às situações de domínio total, reguladas nos 488.º ss. (âmbito objetivo). Quanto ao âmbito pessoal e espacial: cf. 481.º/1 e 2. Já tem sido alegado que o 502.º não poderia aplicar-se no caso de sociedade totalmente dominada, onde não existem, naturalmente, sócios minoritários, pois a função do preceito seria a proteção do valor contabilístico da quota de liquidação dos sócios minoritários[5]. Todavia, o 502.º tem em vista a proteção da sociedade-filha perante o poder de direção da sociedade de topo como via para a proteção quer dos respetivos sócios minoritários (quando existam: caso do contrato de subordinação) quer dos seus credores[6].

b) **Grupos plurais e multinível**. O 502.º aplica-se também aos grupos de sociedades com 6
pluralidade de sujeitos.

No caso de celebração de um único contrato de subordinação com duas ou mais socie- 7
dades cuja atuação se encontra coordenada através de contrato de grupo paritário (492.º) ou de instrumento diverso (cf. 493.º, anot. 18), as sociedades diretoras respondem solidariamente pelas perdas da filial comum: a proteção da sociedade subordinada, visada pelo 502.º, assim o reclama.

No caso de relações de grupo em cadeia, fundadas na celebração de contratos de subordi- 8
nação sucessivos e/ou em participações totalitárias (grupos multinível), a sociedade-avó estende, indiretamente embora (cf. 503.º, anot. 10), o seu poder de direção à sociedade-neta, justificando-se a direta aplicação do 502.º: esta sociedade pode exigir, não só à sociedade-mãe, mas também à sociedade-avó – *verdadeira titular material do poder de direção* –, a compensação das perdas sofridas, sendo a responsabilidade de ambas as sociedades solidária[7] [8].

c) **Aplicação analógica aos grupos de facto?** O sistema do CSC não permite a aplicação 9
analógica do 502.º às relações de domínio, ainda que de carácter qualificado (cf. 486.º, anot. 19): o 502.º assenta no reconhecimento da *legitimidade* do poder de direção da sociedade-mãe sobre a sociedade-filha, suscetível de ser exercido em sentido desvantajoso a esta última (503.º/2), o que não sucede na relação de domínio. Nesta, o exercício da influência dominante em sentido prejudicial à sociedade dominada ocorre *contra legem*. Apesar da necessidade de tutela da sociedade dominada, não existe, no sistema do Código, analogia de situações: num caso trata-se de *compensar* perdas *lícitas potencialmente* provocadas (ativa ou passivamente[9]); no outro, de *indemnizar* perdas *ilícitas efetivamente* causadas[10]. A sociedade-filha e os seus sócios são protegidos, no grupos de facto, através da responsabilidade por violação de deveres de lealdade[11].

de administração desta sociedade (493.º e 503.º), as quais podem até envolver diretas reafetações patrimoniais no seio do grupo – cf. 503.º, anot. 14; cf. também 508.º e 495.º, *j*), sobre a convenção de atribuição de lucros. Ora, no sistema da lei, a sociedade que beneficia das vantagens decorrentes do poder de direção sobre outra deve também assumir os respetivos riscos.

[5] Contra já se pronunciou o STJ no ac. 31-mai.-2005 (Salazar Casanova) cit.

[6] Cf. Ana Perestrelo de Oliveira, *Manual de grupos*, 237 ss.

[7] A obrigação da cúpula do grupo é exigível quando cesse o contrato de subordinação celebrado com a sua subordinada direta ou celebrado por esta com a subordinada indireta, pois em ambos os casos cessa o poder de direção daquela sociedade. As perdas a compensar são todas aquelas que se tenham verificado enquanto a cúpula do grupo dispôs do poder de direção em apreço.

[8] Engrácia Antunes, *Os grupos de sociedades* (2002), 836, nota 1644, defende que, no caso de grupos societários verticais, a sociedade-mãe da sociedade diretora poderá vir a responder pelas perdas da sociedade subordinada *nos termos gerais do 501.º*.

[9] Cf. *infra* nota 11 sobre os "efeitos passivos do grupo".

[10] A inaplicabilidade analógica do 502.º não esconde a incoerência do sistema português de sociedades coligadas: no caso de relação de grupo, a *mera suscetibilidade* de exercício do poder de direção obriga à compensação das perdas da sociedade subordinada, ainda que esse poder nunca seja efetivamente exercido; em contrapartida, o exercício *de facto* – mas juridicamente ilegítimo – da influência domi-

III – Conteúdo e âmbito da obrigação de compensação

4. Perdas relevantes

10 *a)* **Conceito de perda**. Por "perdas anuais" deve entender-se o saldo negativo dos resultados líquidos de exercício tal como constam do balanço anual. Trata-se de conceito de cariz contabilístico, que pode não ter correspondência na situação patrimonial e financeira real da sociedade, tanto mais que são conhecidas as técnicas de manipulação do balanço, cujo uso é facilitado não só pela margem de liberdade conferida pelas normas contabilísticas aplicáveis, mas também pelo controlo exercido pela sociedade-mãe sobre a administração da sociedade-filha. Quando ocorra tal situação, e esta se prove, a obrigação de compensação é, naturalmente, aferida em função das perdas sociais que um balanço fidedigno teria registado.

11 *b)* **Compensação por reservas**. Nos termos da parte final do 502.º/1, a obrigação de compensar abrange apenas as perdas que "não forem compensadas pelas reservas constituídas durante o mesmo período".

12 *c)* **Irrelevância da causa da perda e da efetiva execução do contrato**. A obrigação de compensação existe independentemente da causa da perda ("perdas anuais que, por qualquer razão, se verifiquem")[12], sendo, assim, produto do mero poder de direção da sociedade-mãe sobre a sociedade-filha e não de concretas intervenções levadas a cabo pela primeira.

13 Por essa razão, esta obrigação não fica dependente da efetiva execução da relação contratual, através da emissão de instruções: é suficiente a vigência do contrato de subordinação ou a verificação do domínio total; do mesmo modo, a obrigação de compensação existe ainda que a faculdade de emitir instruções desvantajosas tenha sido afastada pelo contrato de subordinação, conforme permitido pelo 503.º/2.

14 Em todos os casos, a sociedade-mãe assume totalmente o risco empresarial da sociedade-filha, ficando obrigada a compensar também aquelas perdas que continuariam a verificar-se mesmo na ausência de relação de grupo[13]. No sistema legal traçado está implícita a ideia de que a simples integração no grupo – independentemente do exercício efetivo da influência dominante da sociedade-mãe – é suscetível de acarretar desvantagens para a sociedade-filha[14], as quais, apesar de não terem expressão contabilística direta, permitem explicar a solução da transferência global do risco empresarial para a sociedade diretora: os efeitos da integração no grupo ultrapassam, sempre, os efeitos cumulados de cada intervenção concreta da sociedade-mãe sobre a filial, influindo em termos mais profundos sobre a gestão desta sociedade, de tal modo que a obrigação de compensação não podia ficar dependente da demonstração da causa da perda.

15 *d)* **Perdas a compensar (502.º) e danos a indemnizar (504.º)**. A articulação entre a responsabilidade civil por danos causados na esfera da sociedade subordinada (504.º) e a obrigação de compensar as perdas sofridas por esta sociedade (502.º) pode suscitar dúvidas: as perdas a compensar de acordo com o 502.º são perdas *licitamente* provocadas, não permitindo excluir o dever de indemnizar os danos *ilicitamente* causados (cf. 504.º).

nante em sentido desfavorável à sociedade dominada não faz nascer obrigação equivalente.

[11] Cf. Ana Perestrelo de Oliveira, *Grupos de sociedades e deveres de lealdade* (2012), 554 ss.; *Manual de grupos*, 293 ss.

[12] Também no 501.º, a sociedade-mãe responde por todas as dívidas da sociedade-filha independentemente da sua causa.

[13] Trata-se de solução que, embora comum a outros ordenamentos (*v.g.*, ao ordenamento alemão: cf. § 302 do AktG), tem levantado dúvidas *de jure condendo*.

[14] Fala-se, a este respeito, em *efeitos passivos do grupo*: têm sido apontados deveres acrescidos de publicidade e documentação, deveres de suportar intervenções fiscalizadoras, perda de direitos sociais, desvantagens comerciais, efeitos económicos passivos, como a perda da neutralidade, alteração do *status* da sociedade, *inter alia*.

5. **Período relevante**. As perdas a compensar pela sociedade-mãe são aquelas que se verificam "durante a vigência do contrato de subordinação" ou da relação de domínio total. Quando a cessação da relação de grupo não coincida com o fim do período de exercício (cf. 65.º-A), a solução adequada ao fim da norma consiste em impor a elaboração de um balanço intercalar que permitirá determinar as perdas sociais ocorridas no período relevante[15]. 16

6. **Tutela da sociedade subordinada após a cessação do contrato**. A obrigação de compensação não abrange as perdas verificadas após a cessação da relação de grupo. 17

No entanto, a compensação relativa às perdas verificadas na vigência do contrato de subordinação não é, frequentemente, suficiente para repor a competitividade e a capacidade de sobrevivência económica autónoma da sociedade-filha no mercado (daí a regra do 500.º/2). 18

Equaciona-se, por isso, a existência de uma proibição de a sociedade-mãe fazer cessar o contrato em tais circunstâncias ou de um dever desta sociedade de restaurar a competitividade da sociedade-filha. Ambas as hipóteses devem ser rejeitadas: a primeira contraria a lógica da cessação do contrato prevista no 506.º; a segunda imporia um esforço desproporcionado à sociedade-mãe, podendo, no limite, pôr em causa a sua própria competitividade. Restará apelar aos limites ao exercício do direito de dar instruções: serão ilícitas, por violação de deveres de lealdade (boa fé), as instruções que comprometam a capacidade de sobrevivência da sociedade-filha após o termo da relação de grupo (cf. 503.º, anot. 35). 19

IV – Constituição e exigibilidade do crédito

7. **Regra geral**. O crédito à compensação constitui-se no termo do exercício anual no qual se registaram as perdas; porém, a respetiva exigibilidade é, regra geral, diferida, nos termos do n.º 2, para o termo do contrato de subordinação. Deste modo, o legislador permite a acumulação de perdas anuais enquanto vigorar a relação de grupo, pondo em causa a eficácia da proteção da sociedade subordinada. Trata-se de solução criticável, mas incontornável *de jure condito*[16]. 20

8. **Insolvência**. O n.º 2, 2.ª parte estabelece uma exceção à regra geral do vencimento da obrigação de compensação no termo do contrato de subordinação: a responsabilidade "torna-se exigível durante a vigência do contrato, se a sociedade subordinada for declarada falida" (hoje: insolvente). Literalmente interpretada, a norma causa surpresa: no caso de declaração de insolvência, a sociedade subordinada dissolve-se imediata e automaticamente – 141.º/1, *e*) –, cessando o contrato de subordinação – 506.º/3, *a*); não há, aí, qualquer exceção à regra geral do 502.º/2, 1.ª parte, não obstante a letra da lei: o crédito à compensação é exigível, nos termos gerais, porque cessou o contrato de subordinação. O sentido material da exceção do 502.º/2, 2.ª parte só pode, pois, ser outro: alargar a tutela conferida pelo preceito à sociedade-filha, para prevenir, quando possível, a situação de insolvência. Assim, a correta interpretação da norma revela que ocorre o vencimento antecipado da obrigação de compensação quando a insolvência se verifique materialmente ou se encontre iminente, apesar de não haver ainda declaração judicial. A consideração dos deveres de lealdade que vinculam a sociedade-mãe perante a sociedade-filha confirma a justeza desta solução, interpretativamente obtida[17]. 21

[15] Engrácia Antunes, *Os grupos*, 828.

[16] Cf. Engrácia Antunes, *Os grupos*, 839-840.

[17] A solução que se propõe tem paralelo em ordenamentos estrangeiros: assim, por exemplo, no direito alemão, o § 302 do AktG prevê uma obrigação de compensação *anual* das perdas da sociedade subordinada: como regra, a obrigação vence-se apenas com o encerramento do exercício social anual; porém, tem atingido elevado grau de consenso a solução que admite o *vencimento antecipado* da obrigação de compensação (no decurso do exercício social) precisamente naqueles casos em que a insolvência da sociedade-filha esteja iminente. Engrácia Antunes, *Os grupos*, 836 ss., defende tutela preventiva similar, no ordenamento português, mas apenas *de jure condendo*.

V – **Legitimidade**

22 9. **Legitimidade passiva.** A ação destinada a obter o cumprimento da obrigação de compensação deve ser proposta contra a sociedade diretora ou totalmente dominante. No caso de pluralidade de responsáveis solidários (cf. *supra* anot. 6 ss.), a ação poderá ser proposta contra as sociedades responsáveis em litisconsórcio voluntário.

23 10. **Legitimidade ativa.** Tem legitimidade para propor a ação a sociedade subordinada ou totalmente dependente, através dos seus representantes legais.

24 Quando o não faça, é admissível o exercício de ação sub-rogatória pelos respetivos sócios livres (494.º/2), sem prejuízo da eventual responsabilidade civil dos administradores (72.º/1, 79.º): apesar da lacuna legal, é correta a aplicação analógica do 77.º/1[18], já que se verificam idênticas razões de tutela das minorias, especialmente reforçadas, aliás, no âmbito dos grupos de sociedades.

25 Quanto aos credores sociais, o regime do 501.º garante suficientemente os seus direitos, não se verificando os pressupostos gerais do recurso à ação sub-rogatória.

26 11. **Legitimidade em caso de insolvência.** A declaração de insolvência implica limitações quanto aos poderes dos administradores da sociedade insolvente e a sua transferência para o administrador da insolvência. O 82.º/3, do CIRE torna claro que a lei da insolvência pretendeu transferir para o administrador da insolvência os poderes para propor todas as ações contra terceiros que possam influenciar o valor da massa insolvente, incluindo, portanto, a ação de responsabilidade por perdas prevista no 502.º. O 82.º/3, *b)* só refere, é certo, *ações destinadas a indemnização dos prejuízos,* o que, do ponto de vista literal, implicaria a circunscrição da legitimidade às ações de responsabilidade civil. A norma abrange, contudo, por interpretação extensiva, a proposição de ação de compensação das perdas com fundamento no 502.º do CSC.

27 12. **Legitimidade do administrador da insolvência para requerer a insolvência da sociedade devedora.** Sendo a sociedade totalmente dominante insolvente, o administrador da insolvência da dominada tem, por inerência, legitimidade para requerer a insolvência da mesma, de acordo com as regras gerais do Código da Insolvência (20.º). O crédito da sociedade-filha sobre a sociedade-mãe é um crédito comum e não subordinado. Apesar de vigorar um princípio geral da subordinação dos créditos da sociedade controlada (em virtude da especial ligação entre as partes), é evidente que não pode recusar-se determinadas exceções, *maxime* quando o crédito é legalmente atribuído como meio de proteção da própria sociedade subordinada, como sucede, paradigmaticamente, no caso do 502.º: a subordinação anularia o intuito de tutela da sociedade-filha (e, indiretamente, dos seus sócios e credores).

28 13. **Falta de aprovação das contas pela assembleia geral da sociedade dominante.** Problema particular que surge, por vezes, é a ausência de contas aprovadas nos termos legais. Perante a situação, perguntar-se-á se a falta de aprovação das contas torna inexigível o crédito por perdas sobre a sociedade dominante. A resposta é evidentemente negativa: só o *quantum* da compensação poderá, quando muito, estar em causa, nunca a existência do direito, a qual não é condicionada pela atuação do próprio obrigado. O problema é, pois, de índole meramente probatória. A prova do montante das perdas a compensar pertence, nos termos gerais, à sociedade dominada, o que, em princípio, não suscitaria quaisquer dificuldades, atento basear-se, pura e simplesmente, no balanço e nas perdas que este regista. A falta de aprovação das contas introduz, todavia, problemas particulares, para os quais a lei não tem direta solução[19].

[18] Neste sentido, cf. Engrácia Antunes, *Os grupos*, 835.

[19] Sobre estes, cf. Ana Perestrelo de Oliveira, *Manual de grupos de sociedades*, 243 ss.

Artigo 503.º (Direito de dar instruções)

1. A partir da publicação do contrato de subordinação, a sociedade diretora tem o direito de dar à administração da sociedade subordinada instruções vinculantes.

2. Se o contrato não dispuser o contrário, podem ser dadas instruções desvantajosas para a sociedade subordinada, se tais instruções servirem os interesses da sociedade diretora ou das outras sociedades do mesmo grupo. Em caso algum serão lícitas instruções para a prática de atos que em si mesmos sejam proibidos por disposições legais não respeitantes ao funcionamento de sociedades.

3. Se forem dadas instruções para a administração da sociedade subordinada efetuar um negócio que, por lei ou pelo contrato de sociedade, dependa de parecer ou consentimento de outro órgão da sociedade subordinada e este não for dado, devem as instruções ser acatadas se, verificado a recusa, elas forem repetidas, acompanhadas do consentimento ou parecer favorável do órgão correspondente da sociedade diretora, caso esta o tenha.

4. É proibido à sociedade diretora determinar a transferência de bens do ativo da sociedade subordinada para outras sociedades do grupo sem justa contrapartida, a não ser no caso do artigo 502.º

Bibliografia: José A. Engrácia Antunes, *Os Grupos de sociedades*, 2.ª ed. (2002), 717-760; José de Oliveira Ascensão (2000), 588-592; Francisco Pereira Coelho, *Grupos de sociedades. Anotação preliminar aos arts. 488.º a 508.º do Código das Sociedades Comerciais*, BFDUC LXIV (1988), 297-353; António Menezes Cordeiro 1 (2007), 989-994; *id.*, *Direito europeu das sociedades* (2005), 751-785; Eliseu Figueira, *Disciplina jurídica dos grupos de sociedades*, CJ XV (1990), 50-51; Maria Augusta França, *A estrutura das sociedades em relação de grupo* (1990), 31-47; Ministério da Justiça, *Código das Sociedades Comerciais (Projecto)*, BMJ 327 (1983), 43-339; Ana Perestrelo de Oliveira, *Manual de grupos de sociedades* (2016), 161 ss. ; *id.*, *Grupos de sociedades e deveres de lealdade* (2012), 476 ss.; *id.*, *Responsabilidade civil dos administradores nas sociedades em relação de grupo* (2007); Maria da Graça Trigo, *Grupos de sociedades*, O Direito 1991, 90-92; Raúl Ventura, *O contrato de subordinação*, em *Novos estudos sobre sociedades anónimas e sociedades em nome colectivo* (1994), 116-121; *id.*, *Grupos de sociedades – uma introdução comparativa a propósito de um projecto preliminar de directiva da CEE*, ROA 41 (1981), 313-325, 328-362.

Índice

I – **Origem**
1. Preparação e fontes 1

II – **Teleologia e âmbito de aplicação**
2. Conteúdo e fim da norma 3
3. Âmbito de aplicação 4

III – **Sujeitos**
4. Emitente das instruções
   a) Titularidade e competência para o exercício 5
   b) Delegação 6
   c) Constituição de mandatários 7
5. Recetor das instruções
   a) Órgão de administração da sociedade subordinada 8
b) "Delegação" 9
6. Grupos multinível 10

IV – **Instruções**
7. Noção 11
8. Natureza jurídica 12
9. Vinculatividade 13
10. Dever de emissão de instruções? Remissão ... 14
11. Instruções como único instrumento de direção unitária? 15

V – **Conteúdo e limites**
12. Direção da sociedade 16
13. Instruções desvantajosas 18
14. Transferências patrimoniais intragrupo 20
15. Empréstimos intragrupo em especial. *Cash pooling* e *cash management* 23

16. Garantias intragrupo 24
17. Apropriação de oportunidades de negócio e concorrência 25
18. Colisão do poder de direção da sociedade diretora com a esfera de competência de outros órgãos da sociedade subordinada 26
19. Colisão com o poder de instrução dos sócios nas sociedades por quotas 27
20. Limites gerais 28
21. Limites decorrentes dos deveres de lealdade da sociedade-mãe 31
22. Capacidade de sobrevivência da sociedade subordinada 35
VI – **Vigência**
23. Início e termo 36

I – **Origem**

1 1. **Preparação e fontes**. O 503.º corresponde, sem modificações, ao 494.º do Projeto de CSC de 1983[1]. O contrato de subordinação não se encontrava previsto no Direito português anterior ao CSC, pelo que também o direito de dar instruções, decorrente deste contrato, foi introduzido *ex novo* com o DL 262/86, de 2-set..

2 O 503.º segue de perto o § 308 da lei das sociedades anónimas alemã de 1965, do qual se aproxima também o 24.º do projeto de *Nona Diretriz das Sociedades Comerciais*, sobre grupos de sociedades (1984)[2] – e, já antes, o respetivo anteprojeto (1974) –; constituiu, ainda, fonte do 503.º a Proposta de Lei *Cousté* francesa de 1978[3] (27.º ss.).

II – **Teleologia e âmbito de aplicação**

3 2. **Conteúdo e fim da norma**. Concretiza-se o modo e âmbito de exercício do poder de direção unitária por parte da sociedade diretora, esclarecendo-se o significado da "subordinação da gestão da atividade de uma sociedade à direção de outra" (493.º): o n.º 1 prevê o direito de emissão de instruções pela sociedade-mãe, fixando a respetiva natureza vinculativa; o n.º 2 admite a emissão de instruções desvantajosas e fixa os limites gerais ao exercício do direito de dar instruções; os n.ºs 3 e 4 tratam dos negócios dependentes de consentimento e da transferência de ativos, respetivamente.

4 3. **Âmbito de aplicação**. O 503.º aplica-se diretamente aos grupos constituídos por contrato de subordinação e, por remissão do 491.º, aos grupos constituídos por domínio total, nos termos dos 488.º ss. (âmbito objetivo). Quanto ao âmbito de aplicação pessoal e espacial, cf. 481.º/1 e 2, respetivamente.

III – **Sujeitos**

4. **Emitente das instruções**

5 *a)* **Titularidade e competência para o exercício**. A sociedade diretora é titular do direito de dar instruções à sociedade subordinada, sendo o exercício desse direito da competência do seu órgão de administração, inserindo-se no âmbito dos respetivos poderes de gestão e representação (252.º, 405.º/2, 431.º/2, 470.º).

6 *b)* **Delegação**. A direção unitária do grupo exige, frequentemente, a delegação do poder de emitir instruções: a matéria é delegável num ou mais membros do órgão de administração da

[1] *Código das Sociedades Comerciais (Projecto)*, BMJ 327 (1983), 43-339.

[2] O texto traduzido do projeto (que nunca ultrapassou esse estádio) pode consultar-se em António Menezes Cordeiro, *Direito europeu das sociedades* (2005), 751 ss..

[3] *Proposition de Loi sur les groupes de sociétés et la protection des Actionnaires, du Personnel et des Tiers*, cuja última versão data de 1978. O texto da proposta, que não chegou a ser aprovada, está disponível em Klaus Hopt, *Groups of companies in European laws*, em *Legal and Economic Analysis on Multinational Enterprises*, 2 (1982), 296-319.

sociedade-mãe, ao abrigo dos 261.º/2 (sociedades por quotas), 407.º e 431.º/1 (sociedades anónimas). Quanto às sociedades em comandita por ações, cf. 478.º.

c) **Constituição de mandatários**. É legalmente admissível investir um empregado ou mesmo terceiro estranho à sociedade na qualidade de mandatário, com ou sem representação, para a prática de determinados atos de direção, nomeadamente a emissão de instruções concretas dirigidas à sociedade subordinada. 7

5. **Recetor das instruções**

a) **Órgão de administração da sociedade subordinada**. Destinatários das instruções são os membros do órgão de administração da sociedade subordinada. A regra é a da ilegitimidade da instrução direta de outros colaboradores ou empregados da sociedade-filha (*v.g.*, diretores funcionais ou outro pessoal dirigente). 8

b) **"Delegação"**. É controvertida a possibilidade de o órgão de administração da sociedade subordinada instruir os seus colaboradores no sentido do cumprimento direto das instruções recebidas, ou, em termos próximos, a admissibilidade de as partes no contrato de subordinação acordarem especificamente na faculdade de instrução direta dos empregados da sociedade subordinada. Deve admitir-se a legitimidade da instrução direta, condicionada ao cumprimento de uma obrigação de informação dos administradores acerca das instruções recebidas, conferindo-lhes oportunidade para o exercício do poder/dever de controlo da licitude das mesmas (cf. 504.º, anot. 26 ss.), o que não afasta um concomitante dever de controlo por parte do "delegado". 9

6. **Grupos multinível**. No caso de grupos multinível, a sociedade-mãe da sociedade diretora ou totalmente dominante de outra sociedade não pode instruir diretamente esta última, mas pode fazê-lo indiretamente, através da sua subordinada direta (que assim mantém intacto o respetivo poder-dever de controlo das instruções recebidas). 10

IV – **Instruções**

7. **Noção**. As instruções constituem o meio para a direção unitária das empresas do grupo: abrangidos pelo conceito ficam, pois, todos os atos da sociedade diretora – independentemente da forma assumida – destinados a influir sobre a gestão da sociedade subordinada, determinando-lhe a adoção de um comportamento ativo ou passivo (*v.g*, ordens concretas, diretrizes genéricas); apenas se exige que a vinculatividade seja pretendida, expressa ou tacitamente, pelos membros do órgão de administração da sociedade diretora e assim interpretada pela administração da sociedade subordinada. 11

8. **Natureza jurídica**. As instruções têm sido qualificadas como atos similares a negócios, aplicando-se-lhes as disposições legais sobre negócios jurídicos. 12

9. **Vinculatividade**. Nos termos do 503.º/1, as instruções (lícitas) da sociedade-mãe são vinculativas para a sociedade-filha, existindo um dever de execução das mesmas, a cargo dos administradores desta sociedade. 13

10. **Dever de emissão de instruções? Remissão**. Não existe um dever de emissão de instruções à sociedade subordinada (cf. 504.º, anot. 9). 14

11. **Instruções como único instrumento de direção unitária?** É controvertida a legitimidade do recurso a outros meios para assegurar uma direção uniforme das sociedades em relação de grupo: é o caso das interconexões de pessoal e, em especial, dos "administradores comuns"[4], 15

[4] Sobre estes, cf., *v.g.*, RCb. 12-set.-2006 (Hélder Roque), Proc. 69/04.9TBACN.C1.

bem como da influência sobre a assembleia geral da sociedade-filha: o exercício da posição de acionista, embora legítimo, não equivale a "direção do grupo", a qual se reporta apenas às matérias de gestão social, da competência do órgão administrativo; no tocante aos administradores comuns, nada impede que se aceite a existência de uma verdadeira instrução (na atuação do administrador da sociedade diretora no órgão de administração da sociedade subordinada podem ser vistas as instruções gerais daquela sociedade no sentido de serem seguidas as instruções do membro da administração "enviado" para a filial)[5].

V – **Conteúdo e limites**

16 12. **Direção da sociedade**. A emissão de instruções constitui meio para o exercício da atividade de direção económica unitária a cargo da sociedade-mãe, incidindo exclusivamente sobre matérias de gestão: fica abrangida a generalidade das matérias da competência do órgão de administração e apenas estas (quanto às sociedades anónimas, cf. 405.º e 406.º)[6].

17 Mesmo quando a sociedade-mãe se encontre, simultaneamente, em situação de *controlar* o órgão deliberativo da sociedade-filha, o exercício do poder de direção através da emissão de instruções influi exclusivamente nas competências de gestão do órgão administrativo da sociedade dominada. Continua a valer a repartição legal de competências e, em particular, no que toca às sociedades anónimas, a competência exclusiva do órgão de administração em matéria de gestão (405.º, 406.º, 373.º/3).

18 13. **Instruções desvantajosas**. Contanto que o contrato de subordinação não disponha diferentemente, à sociedade-mãe assiste, nos termos do 503.º/2, o direito de dar instruções desvantajosas à sociedade subordinada (*i.e.*, instruções que têm em vista medidas que um gestor criterioso e ordenado, numa situação de independência societária, não tomaria), desde que tais instruções tenham contrapartida (*relação causal; proporcionalidade*[7]) em vantagens para aquela sociedade ou para outra sociedade do grupo (cf. conceito de grupo: 493.º/2), de tal forma que, no final, o grupo se encontre, globalmente, numa situação mais favorável ou, pelo menos, idêntica àquela em que se achava. Abreviadamente, diz-se que são legítimas as instruções que sirvam um denominado "interesse do grupo" (cf. 504.º, anot. 13).

19 Cabe ao órgão de administração da sociedade emitente avaliar se a instrução serve os interesses referidos, devendo adotar, na formulação do juízo correspondente, a diligência exigida por lei quanto à administração da sua própria sociedade (504.º/1, 64.º, 72.º ss.).

20 14. **Transferências patrimoniais intragrupo**. Limite específico existiria, aparentemente, para a emissão de instruções (desvantajosas) cujo conteúdo consistisse na transferência de bens do ativo da sociedade subordinada para outras sociedades do grupo, já que, nos termos do 503.º/4, tais instruções dependeriam de "justa contrapartida".

21 Resulta, porém, da interpretação teleológica e sistemática da norma que tal "justa contrapartida" pode, também ela, consistir numa vantagem para a sociedade diretora ou para outra sociedade do grupo, não devendo proceder-se à sua apreciação em termos isolados (*i.e.*, circunscritos à sociedade subordinada), o que contrariaria o sistema normativo do 503.º e impediria, contra a teleologia legal, uma afetação eficiente dos recursos e o consequente acréscimo de rentabilidade do grupo. A autonomização da regra do 503.º/4 é, pois, objetivamente desnecessária e, nessa medida, injustificada.

[5] Cf. Ana Perestrelo de Oliveira, *A responsabilidade civil dos administradores nas sociedades em relação de grupo* (2007), 113.

[6] STJ 29-nov.-2005 (Reis Figueira), CJ/Supremo XIII (2005), 140-143.

[7] Engrácia Antunes, *Os grupos de sociedades* (2002), 741.

Do mesmo modo, a ressalva da aplicação do 502.º, constante da parte final do preceito, é incompreensível, devendo, na falta de sentido útil, ser objeto de interpretação ab-rogante[8]. 22

15. **Empréstimos intragrupo em especial. *Cash pooling* e *cash management***[9]. O grupo representa uma unidade financeira, sendo frequente a prática de empréstimos *downstream* (da sociedade-mãe à sociedade-filha), empréstimos *upstream* (da sociedade-filha à sociedade-mãe) e empréstimos *sidestream* (entre sociedades-irmãs, controladas por sócio comum). Frequentemente os empréstimos intragrupo ocorrem no contexto de sistemas de gestão centralizada de tesouraria ou *cash-pooling*. Estes sistemas têm como característica comum a consolidação dos saldos credores e dos saldos devedores das diversas empresas do grupo num saldo único junto de determinada instituição bancária. Numa primeira modalidade – o *notional* ou *virtual cash-pooling* –, calcula-se um saldo virtual, por agregação dos saldos das diversas contas bancárias (saldo único consolidado), e, para efeitos de apuramento dos juros (devedores e credores), apenas releva o saldo líquido do grupo: as sociedades participantes que estabeleceram a relação contratual com o banco mantêm a titularidade das suas contas bancárias mas contratam com este a consolidação dos saldos, positivos e negativos, para efeitos de cálculo dos juros. Também mediante acordo das sociedades participantes, os juros são debitados ou creditados à entidade centralizadora, que os reparte pelas diversas sociedades participantes proporcionalmente aos saldos de partida, atuando em nome e por conta das sociedades intervenientes. Numa segunda estrutura de *cash-pooling* – o *cash-concentration* ou *zero-balancing* –, procede-se diariamente a uma efetiva transferência "física" de fundos das "sub-contas" (*junior accounts*) das diversas sociedades para uma única conta bancária (*master account, Zielkonto*), detida normalmente pela empresa-mãe ou por uma holding ou sociedade de financiamento criada para o efeito (*cash-pool leader* ou sociedade operadora ou centralizadora), apurando-se um saldo único, ao qual se debitam ou creditam juros. As contas de todas as entidades incluídas são levadas a "zeros" no final de cada dia útil, através das referidas transferências (*zero-balancing*). Podem, igualmente, ser fixados limites inferiores e máximos aos saldos de cada conta bancária compreendida na gestão centralizada, com vista a manter determinado nível de liquidez do grupo, sem que seja aplicada a regra de transferências de fundos para e da conta global (*flexible balancing*). 23

16. **Garantias intragrupo**[10]. Tradicionalmente, é controvertida o alcance da concessão de garantias intragrupo, sobretudo do ponto de vista do princípio da especialidade enquanto princípio delimitador da capacidade das sociedades[11]. Com a perda dos pilares históricos deste princípio e, com eles, do seu alcance prático[12], as dúvidas sobre a validade das garantias passaram a respeitar à sua compatibilidade com as regras gerais e societárias em vigor. Entende-se hoje maioritariamente que vigora, na ordem jurídica portuguesa, uma regra de ilimitação da capacidade das sociedades, com a ressalva das situações incompatíveis com a personalidade coletiva. 24

[8] Ou, pelo menos, de interpretação corretiva: quando muito, estar-se-á a ressalvar a hipótese de o contrato de subordinação incluir uma convenção de atribuição de lucros, prevista no 508.º (caso em que se dispensará mesmo a existência de uma contrapartida para a sociedade diretora ou para outra sociedade do grupo). Neste sentido, Raúl Ventura, *Contrato de subordinação*, em *Novos estudos sobre sociedades anónimas e sociedades em nome colectivo* (1994), 116 e 117. Contra, Engrácia Antunes, *Os grupos*, 745, nota 1447.

[9] Cf., desenvolvidamente, Ana Perestrelo de Oliveira, *Grupos de sociedades*, 502 ss.; *id.*, *Manual de grupos*, 173; Paulo Olavo Cunha, *Os empréstimos intragrupo no contexto da insolvência: em especial o* cash pooling, em Catarina Serra (org.), *III Congresso de Direito da Insolvência*, 2015, 345-360.

[10] Cf. Ana Perestrelo de Oliveira, *Grupos de sociedades*, 522 ss.; *id.*, *Manual de grupos*, 173 ss.

[11] Em rigor, os empréstimos a título gratuito colocariam problemas análogos, ainda que normalmente não sejam sob essa perspetiva analisados.

[12] Cf. *supra* anot. ao 6.º. Além dos acórdãos aí citados, cf., em especial, STJ 17-set.-2009 (Fonseca Ramos), publicado, com anotação de Menezes Cordeiro, na RDS I (2009), 3, 797-809.

Assim, o "justificado interesse próprio" referido no 6.º do CSC apenas à sociedade compete determinar[13], e, por outro lado, a possibilidade de prestação de garantias intragrupo é genericamente consagrada no 6.º/3. Perante a amplitude da referência legal à "relação de domínio ou de grupo" e a realidade económica do grupo, é admissível a prestação de garantias tanto *downstream* como *upstream*, seja no caso de relação de grupo ou de relação de domínio. As posições em sentido contrário não são procedentes: assentam na ideia de que não há qualquer interesse da dominada na subsistência e prosperidade da dominante, que possa justificar semelhante garantia, a qual seria inválida, pelo menos fora do contexto da relação de grupo. Todavia, não pode ignorar-se a unidade económica representada pelo grupo, de direito ou de facto, bem como a intensidade dos fluxos financeiros que nestes tipicamente se identificam, com a dissolução da autonomia patrimonial das sociedades. Igualmente as garantias *sidestream* devem considerar-se válidas, em nome da interligação dos interesses empresariais das sociedades-irmãs[15].

25 17. **Apropriação de oportunidades de negócio e concorrência**[162]. Nos grupos colocam-se dificuldades específicas na determinação da afetação de oportunidades de negócio intragrupo. De qualquer maneira, aplicando-se o 503.º, a sociedade-mãe pode afetar uma oportunidade de negócio que deveria pertencer a uma subsidiária a outra, tal como pode determinar concorrer ou determinar a concorrência entre sociedades, contanto, sempre, que as desvantagens infligidas tenham contrapartida em vantagens para si ou outra sociedade do grupo.

26 18. **Colisão do poder de direção da sociedade diretora com a esfera de competência de outros órgãos da sociedade subordinada**. Quando, por força dos estatutos ou da lei (*v.g.*, 442.º/1), o negócio a que a instrução se dirige dependa de consentimento ou parecer de órgão da sociedade subordinada distinto do órgão de gestão, urgia evitar a concessão àquele órgão de um poder absoluto de veto sobre a instrução emitida, suscetível de paralisar a direção unitária do grupo. Como mecanismo para ultrapassar o conflito, prevê o 503.º/3 que, em face da recusa de consentimento ou de parecer desfavorável, pode ser repetida a instrução, a qual assume carácter vinculativo desde que acompanhada do consentimento ou parecer favorável do órgão funcionalmente equivalente da sociedade-mãe, quando exista.

27 19. **Colisão com o poder de instrução dos sócios nas sociedades por quotas**. Detendo a assembleia geral da sociedade por quotas o poder de dar instruções à gerência (cf. 259.º/1), é possível (embora não frequente) o conflito entre este poder e o poder de instrução da sociedade diretora, prevalecendo o último (devido ao vínculo contratual existente)[17].

28 20. **Limites gerais**. Nos termos do 503.º/2, são ilícitas as instruções para a prática de atos em si mesmos proibidos por disposições legais não respeitantes ao funcionamento das sociedades (*v.g.*, normas laborais, fiscais, de concorrência), do mesmo modo que são, naturalmente, ilícitas as instruções que afastem disposições de direito societário quando, não obstante a integração societária, tal derrogação não seja permitida por lei.

29 Ao lado destes limites, de tipo legal, os administradores da sociedade diretora estão obrigados a respeitar os limites resultantes do contrato social da sociedade subordinada, nomeadamente no que toca ao objeto social.

[13] Cf. *supra* anot. ao 6.º; Pedro de Albuquerque, *A vinculação de sociedades comerciais por garantia de dívidas de terceiros*, ROA 55 (1955), 706 ss.

[14] Cf. Osório de Castro, *Da prestação de garantias por sociedades a dívidas de outras entidades*, ROA 56 (1996) 565-593 (580, nota 28).

[15] Sobre outros limites, cf. Ana Perestrelo de Oliveira, *Manual de grupos*, 188 ss.

[16] Cf. Ana Perestrelo de Oliveira, *Grupos de sociedades*, 532 ss.; *id.*, *Manual de grupos*, 192 ss.

[17] Engrácia Antunes, *Os grupos*, 636, nota 1239.

Valem ainda os limites gerais impostos pelo cumprimento dos deveres que incumbem aos administradores da sociedade dominante na emissão de instruções (cf. 504.º), assumindo relevância particular os deveres de lealdade. 30

21. **Limites decorrentes dos deveres de lealdade da sociedade-mãe**. Para além dos limites apontados, o exercício do poder de direção da sociedade-mãe está sujeito ao respeito pelos deveres de lealdade que vinculam esta sociedade[18]. A integração no grupo (a "conexão do grupo"), independentemente da sua fonte, gera deveres de lealdade com caráter multilateral, uma vez que as diversas sociedades se encontram, em relação às outras sociedades do grupo, numa posição especial, que gera uma teia de deveres. Naturalmente que não existem deveres de lealdade em face do grupo: não sendo este pessoa jurídica autónoma, distinta das sociedades que o compõem, o grupo não surge sujeito ativo de deveres de lealdade. A sociedade-mãe tem, sim, deveres de lealdade face às sociedades-filhas. Note-se que a inversa também é verdadeira: deve rejeitar-se uma orientação unilateral dos deveres de lealdade, pois a integração no grupo coloca a própria sociedade controlada numa especial posição para causar danos à sociedade controladora, justificando-se, por isso, a sua vinculação a deveres de lealdade 31

No caso da sociedade-mãe, o que explica a atuação dos deveres de lealdade é a susceti- 32
bilidade de exercício de influência no grupo. Seja *de jure*, seja em termos puramente fácticos, a controladora ocupa uma particular posição de poder não só perante a sociedade controlada mas também perante os restantes sócios desta última, justificando-se, pois, a imposição de deveres de lealdade, mais intensos do que os que resultam do dever geral de evitar danos para terceiros, cuja violação é sancionada no plano (meramente) delitual. Naturalmente que estes deveres não se traduzem numa proibição absoluta de causar danos: a possibilidade de emissão de instruções desvantajosas para a sociedade controlada e, consequentemente, para os seus sócios não afeta o reconhecimento de deveres de lealdade da sociedade dominante face à sociedade dominada, nem depõe contra a admissão de deveres desse tipo na relação com os sócios das dominadas. Em tais hipóteses em que são causados danos legitimamente, os deveres de lealdade revestirão até alcance reforçado, por deles poderem dimanar deveres de atuação capazes de reequilibrar os diversos interesses em jogo e de "compensar" a intervenção lesiva. Repare-se que é a integração no grupo e não o estatuto de sócio ou o contrato (*v.g.*, contrato de subordinação,) que serve de base à atuação do princípio da lealdade.

O reconhecimento de deveres de lealdade da empresa totalmente dominante (sócia única) 33
perante a sociedade totalmente dominada é controverso mas deve ser aceite. Na base está a ideia de que é possível identificar um interesse próprio da sociedade unipessoal distinto do interesse do sócio único: a sociedade totalmente dominante e, em geral, o sócio único estariam vinculados, consequentemente, a prosseguir tal interesse, preferindo-o ao seu interesse individual, com o qual não se confundiria. É a personalização da sociedade e a sua autonomia face aos sócios que sustentam a conclusão: negar neste caso deveres para com a sociedade levaria, por razões de coerência, a afirmar, nas hipóteses de pluralidade de sócios, que os deveres de lealdade apenas existiriam perante os sócios e não perante a sociedade em si, conclusão que não é aceitável. Também a ausência de sócios minoritários não poderia afetar a tutela dos credores, beneficiários dos deveres de lealdade em face da sociedade-filha e tão ou mais dignos de proteção, aqui, do que na sociedade pluripessoal. Em suma, os deveres de lealdade da sociedade-mãe não são

[18] Cf. Ana Perestrelo de Oliveira, *Grupos de sociedades e deveres de lealdade* (2012), 476 ss.

eliminados em virtude da unipessoalidade, sendo apenas, neste caso, mais claramente funcionalizados à tutela dos credores sociais, também incluídos no respetivo âmbito de proteção.

34 Nestes casos, o dever de lealdade traduzir-se-á, pelo menos, numa proibição de "liquidação a frio": o sócio, com respeito pelas regras legais, pode deliberar a dissolução da sociedade, mas não lhe é permitido adotar medidas capazes de conduzir à sua liquidação informal em prejuízo dos credores.

35 22. **Capacidade de sobrevivência da sociedade subordinada.** Limite específico às instruções emitidas, derivado ele próprio do dever de lealdade, é imposto pela obrigação de respeito pela capacidade de sobrevivência económica da sociedade subordinada após a cessação do contrato, dada a insuficiência dos mecanismos legalmente previstos de tutela desta sociedade no período pós-contratual[19] (cf. 502.º, anot. 17 ss.).

VI – **Vigência**

36 23. **Início e termo.** O direito de dar instruções nasce com a publicação (498.º) do contrato de subordinação (503.º/1) ou, no caso de domínio total, com a constituição da sociedade unipessoal ou com a aquisição da participação social que determina a titularidade de 100% do capital social de outra (cf. 488 e 489.º), contanto que tenha existido deliberação dos sócios (cf. 501.º, anot. 13). O direito cessa quando, por qualquer motivo, termine o contrato (506.º) ou a relação de domínio total (488.º/2 e 489.º/4). Com o termo da relação de grupo caducam as instruções que tenham sido entretanto emitidas[20].

Artigo 504.º (Deveres e responsabilidades)

1. Os membros do órgão de administração da sociedade diretora devem adotar, relativamente ao grupo, a diligência exigida por lei quanto à administração da sua própria sociedade.

2. Os membros do órgão de administração da sociedade diretora são responsáveis também para com a sociedade subordinada, nos termos dos artigos 72.º a 77.º desta lei, com as necessárias adaptações; a ação de responsabilidade pode ser proposta por qualquer sócio ou acionista livre da sociedade subordinada, em nome desta.

3. Os membros do órgão de administração da sociedade subordinada não são responsáveis pelos atos ou omissões praticados na execução de instruções lícitas recebidas.

Bibliografia: Pedro de Albuquerque, *Os limites à pluriocupação dos membros do conselho geral e de supervisão e do conselho fiscal* (2007), 33-35; José A. Engrácia Antunes, *Os Grupos de Sociedades*, 2.ª ed. (2002), 717-760; José de Oliveira Ascensão (2000), 588-592; Francisco Pereira Coelho, *Grupos de sociedades. Anotação preliminar aos arts. 488.º a 508.º do Código das Sociedades Comerciais*, BFDUC LXIV (1988), 297-353; António Menezes Cordeiro 1 (2007), 989-994; *id.*, *Direito europeu das sociedades* (2005), 751-785; José Marques Estaca, *O interesse da sociedade nas deliberações sociais* (2003), 47-56; Eliseu Figueira, *Disciplina jurídica dos*

[19] Em especial, o 502.º apenas abrange as perdas verificadas na vigência do contrato de subordinação. A necessidade de tutela para além do contrato é reconhecida, no que respeita aos sócios livres, pelo 500.º/2.

[20] STJ 29-nov.-2005 (Reis Figueira), CJ/Supremo XIII (2005), 140-143.

grupos de sociedades, CJ XV (1990), 50-57; Maria Augusta França, *A estrutura das sociedades em relação de grupo* (1990), 48-100; Ministério da Justiça, *Código das Sociedades Comerciais (Projecto)*, BMJ 327 (1983), 43-339; Ana Perestrelo de Oliveira, *Grupos de sociedades e deveres de lealdade* (2012), 298 ss.; *Responsabilidade civil dos administradores nas sociedades em relação de grupo* (2007); Maria da Graça Trigo, *Grupos de sociedades*, O Direito 1991, 90-95; Raúl Ventura, *O contrato de subordinação*, em *Novos estudos sobre sociedades anónimas e sociedades em nome colectivo* (1994), 119-121; *id.*, *Grupos de sociedades – uma introdução comparativa a propósito de um projecto preliminar de directiva da CEE*, ROA 41 (1981), 313-325, 328-362.

Índice

I – **Origem**
1. Preparação e fontes ... 1

II – **Teleologia e âmbito de aplicação**
2. Conteúdo e fim da norma ... 6
3. Âmbito de aplicação ... 7

III – **Deveres dos administradores da sociedade diretora**
4. Dever de administração e representação
a) Administração do grupo ... 8
b) Dever de emissão de instruções? ... 9
c) Representação do grupo? ... 10
5. Dever de diligência "relativamente ao grupo" ... 11
6. Dever de prossecução do interesse do grupo? ... 13
7. Outros deveres ... 14
8. Os deveres de lealdade em especial ... 15
9. *Culpa in eligendo* e *culpa in instruendo* ... 20
10. Incumprimento e responsabilidade
a) Natureza ... 21
b) Pressupostos ... 23
c) Legitimidade passiva ... 25
d) Legitimidade ativa
α) Danos na esfera da sociedade subordinada ... 26
β) Danos na esfera da sociedade diretora ... 27
γ) Danos causados diretamente na esfera dos sócios ou credores ... 28
e) Custas processuais ... 29

IV – **Deveres dos administradores das sociedades subordinadas**
11. Dever de cumprimento das instruções lícitas. Exclusão da responsabilidade ... 30
12. Dever de não cumprimento das instruções ilícitas ... 31
13. Delegação ... 33
14. Dever de atuação no "interesse do grupo" na ausência de instruções? ... 34
15. Outros deveres ... 35
16. Incumprimento e responsabilidade
a) Incumprimento de instruções lícitas ... 36
b) Cumprimento de instruções ilícitas ... 37
c) Concurso de responsabilidades ... 38

V – **Outros sujeitos responsáveis**
17. Responsabilidade do órgão de fiscalização? ... 39
18. Responsabilidade da própria sociedade-mãe ... 40

I – Origem

1 **1. Preparação e fontes**. A matéria dos deveres e responsabilidades dos administradores nos grupos de sociedades foi inovatoriamente introduzida no ordenamento jurídico português pelo Código das Sociedades Comerciais de 1986, que pela primeira vez previu e regulou o contrato de subordinação, até então desconhecido (cf. 493.º, anot. 1 ss.).

2 O 504.º corresponde ao 495.º do Projeto de CSC de 1983[1]: apenas o n.º 3 se afasta do texto do Projeto, que dispunha que "os gerentes ou administradores da sociedade subordinada não são responsáveis pelos atos ou omissões correspondentes a instruções lícitas recebidas, *mas têm o ónus da prova dessa correspondência*".

3 O 504.º, tal como aprovado pelo DL 262/86, de 2-set., não sofreu alterações, embora tenha sido indiretamente afetado, no seu conteúdo, pela modificação do 64.º (pelo DL 76-A/2006, de 29-mar.), para o qual o n.º 1 implicitamente remete.

[1] *Código das Sociedades Comerciais (Projecto)*, BMJ 327 (1983), 43-339.

4 O preceito tem como fonte principal a lei alemã das sociedades anónimas de 1965, que inspirou também o projeto de *Nona Diretriz das Sociedades Comerciais*, sobre grupos de sociedades, de 1984[2], que, todavia, nunca veio a assumir a forma de proposta. De facto, o 504.º é decalcado do § 309 do AktG, aproximando-se, igualmente, das regras dos 25.º, 26.º e 27.º do projeto europeu.

5 O § 309 do AktG prevê a responsabilidade solidária dos administradores da sociedade diretora pelos danos causados pela emissão de instruções sem observância da diligência de um ordenado homem de negócios, permitindo que a ação seja exercida *ut singuli* por qualquer acionista e, em certos casos, pelos credores. De modo similar, o 25.º do projeto de Diretriz determina que a sociedade diretora deve exercer o seu poder de dar instruções "com o cuidado de um administrador consciencioso e no interesse do grupo", sendo responsável, nos termos do 26.º, quando o não faça. O 27.º isenta de responsabilidade os administradores da sociedade subordinada por atos ou omissões provocados por instruções recebidas, cabendo-lhes o ónus da prova da ocorrência.

II – **Teleologia e âmbito de aplicação**

6 2. **Conteúdo e fim da norma**. O 504.º regula os deveres e responsabilidades dos administradores no grupo, estabelecendo a sua correta imputação conforme o princípio da *correlação poder--responsabilidade*: a deslocação, total ou parcial, do poder de direção da sociedade subordinada para a sociedade diretora – em virtude do poder de instrução consagrado no 503.º – implica um acréscimo dos deveres e da responsabilidade do órgão de administração da sociedade-mãe (504.º/1 e 2) e a simultânea diminuição dos deveres e da responsabilidade do órgão de administração da sociedade-filha (504.º/3). Os n.os 1 e 2 determinam, assim, a responsabilidade dos administradores da sociedade diretora ou totalmente dominante, prevendo o n.º 3 a isenção de responsabilidade dos administradores da sociedade subordinada ou totalmente dominada pelos atos ou omissões praticados no exercício de instruções lícitas recebidas.

7 3. **Âmbito de aplicação.** O 504.º aplica-se diretamente aos grupos constituídos por contrato de subordinação e, por remissão (491.º), aos grupos constituídos por domínio total (488.º ss.). Inexistem especificidades relevantes a apontar quanto aos últimos: a configuração da responsabilidade dos administradores é, fundamentalmente, tributária da estrutura e do modo de organização do grupo, e não do instrumento de constituição do mesmo, assistindo sempre à sociedade-mãe, independentemente da fonte do poder de direção, o direito de dar instruções vinculativas ao órgão de administração da sociedade-filha (503.º). As especificidades de regime existentes – decorrentes do poder de a sociedade-mãe tomar, sozinha, as decisões da competência da assembleia geral – assumem, por isso, carácter lateral, não essencial.

III – **Deveres dos administradores da sociedade diretora**

4. **Dever de administração e representação**

8 *a)* **Administração do grupo**. Dever principal fundamental dos administradores da sociedade diretora é a administração *do grupo*. Importante manifestação deste dever é a obrigação que recai sobre o administrador do grupo, *na relação com a sociedade-mãe*, de desenvolver um conjunto de tarefas tendentes a promover a "integração" ou unificação económica das sociedades envolvidas. Como núcleo (concretamente variável na sua intensidade e configuração) aponta-se: o

[2] O texto traduzido do projeto pode consultar-se em António Menezes Cordeiro, *Direito europeu das sociedades* (2005), 751 ss..

alinhamento estratégico do grupo (*v.g.*, definição de campos de negócio estratégicos, objetivos financeiros, etc.), o estabelecimento de uma estrutura de grupo expedita e adequada à realidade e fins concretos visados, a direção financeira e a supervisão geral do grupo. A coordenação da área financeira ao nível do grupo tem sido considerada suficiente para a existência de direção unitária.

b) **Dever de emissão de instruções?** Do contrato de subordinação não emerge para a sociedade diretora um dever de emissão de instruções, nem um correlativo direito da sociedade subordinada a receber tais instruções: os administradores da sociedade diretora não estão, consequentemente, vinculados *perante a sociedade subordinada* a dar instruções ao órgão de administração desta[3]. *Perante a sociedade diretora*, já existirá, todavia, responsabilidade pela omissão de instruções quando o exercício diligente da administração do grupo obrigasse à respetiva emissão. 9

c) **Representação do grupo?** Não existe um poder de representação das sociedades subordinadas por parte dos administradores da sociedade diretora, continuando aquelas a ser representadas pelo respetivo órgão de administração. Não é inclusivamente admissível uma autorização da sociedade subordinada à sociedade diretora para esta agir em vez daquela: semelhante modelo organizativo inviabilizaria o direito (inalienável) do órgão de administração da primeira de examinar as instruções recebidas; uma "transferência" geral dos poderes de representação para a sociedade-mãe violaria, por outro lado, a obrigação de exercício pessoal do cargo que recai sobre os administradores. 10

5. **Dever de diligência "relativamente ao grupo".** O n.º 1 impõe que o administrador da sociedade-mãe adote, relativamente ao grupo, a diligência exigida por lei na administração da sua própria sociedade, remetendo, implicitamente, para o 64.º: deparamos não apenas com uma bitola de culpa, mas também com a imposição de deveres de conduta concretos (*v.g.*, deveres de lealdade), suscetíveis de serem violados por si e de constituírem fonte autónoma de ilicitude. 11

Tais deveres carecem de ser adaptados ao contexto de cada grupo singularmente considerado, atendendo às diferenças estruturais existentes e, em particular, ao grau de integração ou centralização do grupo. É inviável a determinação abstrata do respetivo conteúdo. Tendencialmente, porém, a uma maior centralização corresponderá uma maior ingerência dos administradores da sociedade diretora nas decisões das filiais e, portanto, uma maior responsabilidade em face destas, e vice-versa. 12

6. **Dever de prossecução do interesse do grupo?** Da conjugação do 504.º/1, que remete para o 64.º, com o 503.º/2 retira-se, comummente, um dever, a cargo dos administradores da sociedade-mãe, de prossecução do "interesse do grupo"[4] [5]. Em rigor, os administradores da sociedade diretora encontram-se ao serviço da sociedade que administram (*rectius*, dos seus 13

[3] Perante a sociedade subordinada, apenas existirá responsabilidade nos casos em que do contrato de subordinação resulte uma distribuição de tarefas entre sociedades do grupo suscetível de permitir afirmar uma transferência de responsabilidades para a sociedade-mãe (cf. Ana Perestrelo de Oliveira, *A Responsabilidade dos administradores nas sociedades em relação de grupo* (2007), 113 ss.).

[4] Cf. *v.g.* Engrácia Antunes, *Os grupos de sociedades* (2002), 738 e 739; Maria Augusta França, *A estrutura das sociedades anónimas em relação de grupo* (1990), 45 ss.; José Marques Estaca, *O interesse da sociedade nas deliberações sociais* (2003), 47 ss..

[5] Referindo-se ao "interesse do grupo de sociedades", mas a respeito do 6.º/3, cf. STJ 17-jun.-2004 (Quirino Soares), Proc. 04B1773.

[6] Podem, por isso, emitir instruções desvantajosas para as sociedades subordinadas, desde que (direta ou indiretamente) vantajosas para a sociedade que administram (503.º/2). Limite único à prossecução do interesse da sociedade-mãe será o respeito pela "capacidade de sobrevivência económica" da sociedade-filha (cf. 503.º, anot. 28). Inexiste, assim, um verdadeiro "interesse do grupo", sendo, quando muito, lícito ver neste o interesse da sociedade-mãe no êxito económico do grupo.

sócios)[6], devendo, todavia, agir em *em modo grupo*[7], adequando-se ao contexto da empresa plurissocietária. O denominado "interesse do grupo" será, quando muito, o interesse da sociedade-mãe na obtenção do êxito económico do grupo[8].

14 7. **Outros deveres**. A integração societária reflete-se em geral no conteúdo e intensidade, tendencialmente acrescidos, dos demais deveres dos administradores da sociedade-mãe (*v.g.*, deveres de lealdade, deveres de informação), a verificar caso a caso[9].

15 8. **Os deveres de lealdade em especial**. Os administradores da sociedade diretora estão vinculados a um dever de lealdade em face da respetiva sociedade mas também da sociedade subordinada: não só esses deveres são impostos pela boa fé, dada a relação especial existente entre aqueles sujeitos e as demais sociedades integrantes do grupo, como o 64.º do CSC é plenamente aplicável às relações de grupo, por remissão (implícita) do 504.º/1, *mutatis mutandis*[10].

16 O Código nada dispõe, diretamente, a respeito dos deveres de lealdade dos administradores no grupo. Todavia, o 504.º determina que "os membros do órgão de administração da sociedade diretora devem adotar, relativamente ao grupo, a diligência exigida por lei quanto à administração da sua própria sociedade". A norma não pode deixar de ser interpretada como norma de extensão da generalidade dos deveres dos administradores, incluindo do dever de lealdade, sem prejuízo da necessidade de atender ao grau de centralização/descentralização do grupo para aferir o alcance e o conteúdo concreto destes deveres. Esta interpretação está em consonância com o fundamento da lealdade nos grupos de sociedades e o poder de influência alargado de que o administrador dispõe.

17 Os deveres de lealdade da sociedade-mãe acompanham, tendencialmente, a pluridimensionalidade do respetivo âmbito de atuação no grupo, incluindo (i) o plano do grupo como um todo; (ii) o plano da sociedade-mãe; (iii) o plano das diversas sociedades-filhas e, eventualmente, das sociedades-netas, etc. Tal como os administradores têm o dever de atuar com a diligência de um gestor criterioso e ordenado relativamente ao grupo como um todo, estando obrigados a utilizar idêntico padrão de diligência na gestão da sociedade-mãe e no exercício do seu poder de direção sobre as diversas sociedades do grupo, também quanto aos deveres de lealdade caberá reconhecer que os administradores da sociedade-mãe não estão apenas vinculados a uma atuação leal perante a sociedade que diretamente administram mas também face ao universo das sociedades sobre as quais exercem o seu poder de influência ou domínio. Já em relação ao grupo em si, não é possível, como vimos, afirmar a existência de deveres de lealdade, por falta do correspondente suporte jurídico. Note-se, por outro lado, que a multidirecionalidade não respeita apenas aos deveres de lealdade dos administradores da sociedade de topo, antes se reporta também aos deveres equivalentes dos restantes administradores do grupo.

18 Em suma, vale a regra segundo a qual o âmbito de proteção dos deveres de lealdade dos administradores no grupo acompanha o âmbito dos deveres das próprias sociedades que

[7] Sobre o "modo coletivo", cf. António Menezes Cordeiro 1 (2007), 241; referindo a atuação em "modo grupo", cf. Pedro Albuquerque, *Os limites à pluriocupação dos membros do conselho geral e de supervisão e do conselho fiscal* (2007), 33 ss., nota 49; Ana Perestrelo de Oliveira, *A responsabilidade*, 103.

[8] Cf. Ana Perestrelo de Oliveira, *Grupos de sociedades e deveres de lealdade* (2012), 225 ss.

[8] No que toca, *v.g.*, aos deveres de lealdade, as proibições de concorrência e de apropriação de oportunidades de negócio estendem-se tendencialmente à dimensão do grupo, surgindo particularidades importantes. O mesmo sucede com o dever de informação, que obriga o administrador a divulgar todos os factos relevantes para o exercício dos direitos de fiscalização dos acionistas da sociedade-mãe e da sociedade-filha, variando a sua extensão em concreto. Sobre estes deveres cf. António Menezes Cordeiro, *A lealdade no Direito das sociedades*, ROA 66 (2006), 1033-1065; no âmbito dos grupos, cf. Ana Perestrelo de Oliveira, *A Responsabilidade*, 127 ss..

[10] Sobre todo este ponto, cf. Ana Perestrelo de Oliveira, *Grupos de sociedades*, 298 ss..

administram. Esta asserção poderá, porém, suscitar dúvidas se considerarmos que é exigível um fundamento de imputação pessoal dos deveres, de tal maneira que nem toda a violação de deveres de lealdade da sociedade é simultaneamente imputável aos administradores, cuja atuação se repercute direta e imediatamente na esfera da sociedade, sem intermediação: não só os administradores podem ser alheios à violação (imputável, *ultima ratio*, aos sócios), como, mesmo quando decidem e executam o ato lesivo, fazem-no em nome e por conta da sociedade, sem possibilidade da sua autónoma responsabilização. Por outro lado, a preterição de deveres de lealdade do administrador por vezes nem representa, mesmo potencialmente, uma violação de deveres de lealdade da sociedade, por em causa estarem mandamentos especificamente dirigidos ao próprio administrador e não à sociedade, a qual necessariamente atua através desses sujeitos.

Ainda assim, como princípio, os deveres de lealdade dos administradores veem o seu 19
âmbito de proteção delimitado essencialmente a partir da eficácia protetora dos deveres de lealdade da sociedade que administram, pelo menos quanto à sua extensão para a dimensão do grupo. Deste modo, a conexão do grupo não só fundamenta a pluridimensionalidade dos deveres de lealdade da sociedade-mãe como justifica idêntica valência dos deveres de lealdade dos respetivos administradores, o mesmo devendo aceitar-se para os administradores das outras sociedades do grupo.

9. ***Culpa in eligendo* e *culpa in instruendo***. Em caso de delegação do direito de dar instruções 20
(cf. 503.º, anot. 6), o delegante é responsável, nos termos do 504.º, pela escolha, supervisão e instrução do delegado, por violação do dever de diligência na direção do grupo. O delegado é igualmente responsável (pela violação do dever de diligência previsto no 504.º).

10. **Incumprimento e responsabilidade**

a) **Natureza**. A responsabilidade dos administradores da sociedade diretora perante esta socie- 21
dade (por danos sofridos na respetiva esfera jurídica, através do exercício do poder de direção do grupo: cf. 503.º) tem natureza obrigacional, por resultar da violação de deveres específicos (legais ou estatutários).

O mesmo sucede quanto à responsabilidade perante a sociedade subordinada: inexistindo 22
embora qualquer vínculo contratual entre administradores da sociedade-mãe e sociedade-filha, o 504.º/1 impõe-lhes deveres específicos "relativamente ao grupo" e, nessa medida, também relativamente a esta última sociedade.

b) **Pressupostos**. Aplicam-se os pressupostos gerais da responsabilidade civil (cf. 72.º ss.; 798.º 23
ss. do CC). Assume especialidade, sobretudo, o pressuposto do *dano*, que tem que ser valorado à luz do resultado compreensivo da atividade do grupo. Dúvidas pode suscitar, em particular, a articulação entre a responsabilidade civil por danos causados na esfera da sociedade subordinada (504.º) e a obrigação de compensar as perdas sofridas por esta sociedade (502.º): as perdas a compensar de acordo com o 502.º são perdas *licitamente* provocadas, não permitindo excluir o dever de indemnizar os danos *ilicitamente* causados.

Nos termos do 72.º (*ex vi* do 504.º/2), presume-se a *culpa* do administrador (trata-se, em 24
rigor, de uma presunção de *faute* – misto de ilicitude, culpa e nexo de causalidade).

c) **Legitimidade passiva**. A ação social deve ser interposta contra os membros do órgão de 25
administração da sociedade-mãe.

d) **Legitimidade ativa**

α) **Danos na esfera da sociedade subordinada**. A ação social pode ser proposta pela própria 26
sociedade subordinada (ação social *ut universii*: 504.º/2 e 75.º) ou por qualquer sócio livre (cf. 494.º/2) desta sociedade (ação social *ut singuli*: 504.º/2, 2.ª parte: afasta-se a regra de legitimidade do 77.º/1, mais exigente); não obstante a inexistência de remissão expressa para o 78.º,

pode ser proposta ação sub-rogatória pelo credor, nos termos dos 606.º a 609.º do CC, quando se verifiquem os respetivos pressupostos.

27 β) **Danos na esfera da sociedade diretora**. A ação pode ser proposta pela sociedade diretora (ação social *ut universii*), por sócios que preencham as exigências do 77.º (inaplicabilidade do 504.º/2), e ainda pelos credores sociais, nos termos do 78.º/2.

28 γ) **Danos causados diretamente na esfera dos sócios ou credores**. São aplicáveis, nos termos gerais, o 78.º/1 e o 79.º.

29 *e*) **Custas processuais**. Quando se trate de ação proposta por danos sofridos na esfera da sociedade-mãe valem as regras gerais; quando a ação tenha em vista a indemnização de dano sofrido pela sociedade-filha, as custas correm por conta desta sociedade, mesmo quando a ação seja proposta por sócio livre "em nome desta" (cf. 503.º/2, *in fine*).

IV – **Deveres dos administradores das sociedades subordinadas**

30 11. **Dever de cumprimento das instruções lícitas. Exclusão da responsabilidade**. Os membros do órgão de administração da sociedade subordinada estão vinculados a cumprir as instruções lícitas (cf. 503.º) da sociedade-mãe, mesmo quando desvantajosas para aquela sociedade, não sendo, consequentemente, responsáveis pelos danos causados pela respetiva execução (504.º/3).

31 12. **Dever de não cumprimento das instruções ilícitas**. Os administradores da sociedade subordinada têm o direito e o dever de recusar o cumprimento das instruções ilícitas.

32 O § 308(2) da lei alemã das sociedades anónimas circunscreve o direito de recusa aos casos em que é "manifesta" a ilicitude da instrução, por esta não servir os interesses da empresa dominante ou das empresas do grupo[11]. A lei portuguesa não contém restrição similar: quando em causa esteja um puro controlo da legalidade (*v.g.*, cumprimento de regras de direito da concorrência, de direito fiscal, laboral, ou outro) o dever de recusa da execução existe, quer a ilicitude seja manifesta quer não; quando estiver envolvido um controlo de mérito da instrução, o dever de recusa só existe no caso de "manifesta" ilicitude, dada a margem de liberdade de que dispõem na sua emissão os administradores da sociedade diretora[12].

33 13. **Delegação**. No caso de delegação do dever de cumprimento das instruções (cf. 503.º, anot. 9), os administradores da sociedade-filha são responsáveis por *culpa in eligendo* ou *in instruendo*.

34 14. **Dever de atuação no "interesse do grupo" na ausência de instruções?** Na ausência de instruções, os administradores da sociedade-filha estão obrigados a prosseguir o interesse social próprio, estando, porém, limitados pelos deveres de lealdade que lhes incumbem perante a sociedade-mãe e as restantes sociedades do grupo[13].

35 15. **Outros deveres**. A integração no grupo repercute-se sobre a generalidade dos deveres dos administradores da sociedade subordinada, influindo, muito particularmente, na intensidade e extensão dos deveres de lealdade e de informação.

[11] Engrácia Antunes, *Os grupos*, 757 defende a importação para o ordenamento jurídico português de solução paralela à da lei alemã.

[12] No caso de a ilicitude não ser "manifesta", havendo dúvidas, deve o órgão de administração da sociedade-filha indicá-las à administração da sociedade-mãe, a quem caberá fazer prova da licitude das instruções emitidas. Caso a prova não seja feita, a instrução deve ser recusada.

[13] Neste sentido, cf. Raúl Ventura, *O contrato de subordinação*, em *Novos estudos sobre SA e SNC* (1994), 120. Contra, Engrácia Antunes, *Os grupos*, 759

16. **Incumprimento e responsabilidade**

a) **Incumprimento de instruções lícitas.** O incumprimento de instruções lícitas constitui fonte de responsabilidade civil obrigacional dos administradores da sociedade subordinada diretamente perante a sociedade diretora. 36

b) **Cumprimento de instruções ilícitas.** No caso de cumprimento de instruções ilícitas, os administradores da sociedade subordinada respondem apenas perante a respetiva sociedade pelos danos causados, e não também perante a sociedade diretora: haverá abuso de direito quando a sociedade-mãe pretenda responsabilizar os administradores da sociedade-filha pelo cumprimento de instruções emitidas pelo respetivo órgão de administração. À sociedade-mãe apenas será lícito responsabilizar os próprios administradores. 37

c) **Concurso de responsabilidades.** No caso de danos causados por instruções ilícitas, os administradores da sociedade-filha, que indevidamente tenham executado as instruções, respondem solidariamente com os administradores da sociedade-mãe. 38

V – **Outros sujeitos responsáveis**

17. **Responsabilidade do órgão de fiscalização?** O 504.º apenas abrange a responsabilidade dos membros dos órgãos de administração. Os membros dos órgãos de fiscalização respondem, porém, solidariamente com aqueles, nos termos do 81.º, quando a sua atuação pudesse ter bloqueado a emissão/execução da instrução. 39

18. **Responsabilidade da própria sociedade-mãe.** Não obstante a ausência de previsão legal expressa, a sociedade diretora responde, ela própria, civilmente perante a sociedade subordinada pelos danos causados pelos seus representantes legais (responsabilidade obrigacional). 40

Artigo 505.º (Modificação do contrato)

As modificações do contrato de subordinação são deliberadas pelas assembleias gerais das duas sociedades, nos termos exigidos para a celebração do contrato, e devem ser reduzidas a escrito.

Bibliografia: José A. Engrácia Antunes, *Os Grupos de Sociedades*, 2.ª ed. (2002), 693-700; José de Oliveira Ascensão (2000), 588-592; Francisco Pereira Coelho, *Grupos de sociedades. Anotação preliminar aos arts. 488.º a 508.º do Código das Sociedades Comerciais*, BFDUC LXIV (1988), 297-353; António Menezes Cordeiro 1 (2007), 989-994; *id.*, *Direito europeu das sociedades* (2005), 751-785; Ministério da Justiça, *Código das Sociedades Comerciais (Projecto)*, BMJ 327 (1983), 43-339; Maria da Graça Trigo, *Grupos de sociedades*, O Direito 1991, 79-95; Raúl Ventura, *O contrato de subordinação*, em *Novos estudos sobre sociedades anónimas e sociedades em nome colectivo* (1994), 125; *id.*, *Grupos de sociedades – uma introdução comparativa a propósito de um projecto preliminar de directiva da CEE*, ROA 41 (1981), 313-325, 328-362.

Índice

I – **Origem**
1. Preparação e fontes 1

II – **Teleologia e âmbito de aplicação**
2. Conteúdo e fim da norma 4
3. Âmbito de aplicação 5

III – **Processo de modificação**
4. Projeto de modificação 6
5. Deliberação dos sócios 7
6. Celebração, registo e publicação 9

I – **Origem**

1 1. **Preparação e fontes**. O 505.º corresponde ao 496.º do Projeto de CSC de 1983[1], cuja redação clarificou.

2 O DL 76-A/2006, de 29-mar. substituiu a exigência de escritura pública pela de simples forma escrita, em paralelismo com a alteração do 498.º, relativo à celebração do contrato, e em conformidade, de resto, com o objetivo de desformalização que presidiu à Reforma do CSC de 2006.

3 A matéria da modificação do contrato de subordinação encontra-se regulada autonomamente nas principais fontes do Título VI do CSC (cf. 493.º, anot. 1 ss.): o 505.º aproxima-se, em especial, do § 295 do AktG (1965) e do 31.º do projeto de *Nona Diretriz das Sociedades Comerciais*, sobre grupos de sociedades (versão de 1984)[2].

II – **Teleologia e âmbito de aplicação**

4 2. **Conteúdo e fim da norma**. Estabelece-se um princípio geral de paralelismo entre a modificação do contrato de subordinação e a sua celebração, garantindo-se a efetividade do regime resultante do 496.º e, assim, a tutela dos sócios das sociedades contratantes.

5 3. **Âmbito de aplicação.** O 505.º aplica-se a todos os contratos de subordinação regulados pelo CSC (cf. 493.º, anot. 11 ss.).

III – **Processo de modificação**

6 4. **Projeto de modificação**. Cabe aos órgãos de administração da sociedade diretora e da sociedade subordinada a iniciativa de modificação do contrato, preparando o projeto a submeter a deliberação das assembleias gerais de ambas as sociedades. Os deveres de lealdade que vinculam a sociedade diretora perante a sociedade subordinada impedem-na de utilizar o seu direito de dar instruções previsto no 501.º para determinar a iniciativa de modificação contratual[3]

7 5. **Deliberação dos sócios**. À convocação das assembleias gerais, consulta de documentos e direito à informação, reunião e quórum constitutivo e deliberativo aplicam-se as regras relativas à fusão, *ex vi* do 496.º.

8 No caso de a sociedade diretora ser, simultaneamente, dominante da sociedade subordinada, a regra especial do 496.º/2 exige a aprovação da modificação por mais de metade dos sócios livres. Por identidade de razão ou analogia, a mesma exigência deve valer sempre que as modificações afetarem os direitos garantidos aos acionistas livres, ainda que não preexista ao contrato de subordinação uma relação de domínio[4] [5].

[1] *Código das Sociedades Comerciais (Projecto)*, BMJ 327 (1983), 43-339.

[2] O texto traduzido do projeto (que nunca ultrapassou esse estádio) pode consultar-se em António Menezes Cordeiro, *Direito europeu das sociedades* (2005), 751 ss..

[3] O § 299 do AktG consagra expressamente essa solução: "com base num contrato de empresa não podem ser dadas instruções à sociedade para alterar, manter em vigor ou fazer cessar o contrato".

[4] Engrácia Antunes, *Os grupos de sociedades* (2002), 699, defende a aplicação direta do 496.º/2. Raúl Ventura, *Contrato de subordinação*, em *Novos estudos sobre sociedades anónimas e sociedades em nome colectivo* (1994), 125, entende, por seu lado, dever aplicar-se analogicamente as regras relativas às assembleias especiais de acionistas, apesar de as ações pertencentes aos acionistas livres não constituírem uma categoria de ações para a qual seja lícito reunir assembleias especiais.

[5] Solução paralela resulta expressamente da lei das sociedades anónimas alemã e do projeto de Diretriz: nos termos do § 295(2) do AktG, a autorização da assembleia geral para uma alteração das cláusulas do contrato, que obrigue ao pagamento de uma compensação aos acionistas externos ou à aquisição das suas ações, necessita, para ser eficaz, de uma deliberação especial daqueles acionistas, tomada por maioria qualificada; similarmente, o 31.º/2, do projeto europeu dispõe que "as propostas feitas no contrato aos acionistas só podem, contudo, ser modificadas com o assentimento deles".

6. **Celebração, registo e publicação.** Nos termos do 505.º, as modificações do contrato de subordinação devem ser reduzidas a escrito[6] (forma equivalente à do contrato: cf. 498.º), sob pena de nulidade (220.º do CC), estando sujeitas a registo – 3.º/1, *u*), e 15.º do CRC – e publicação obrigatória – 70.º/1, *a*), do CRC. 9

Artigo 506.º (Termo do contrato)

1. As duas sociedades podem resolver, por acordo, o contrato de subordinação, depois de este ter vigorado um exercício completo.

2. A resolução por acordo é deliberada pelas assembleias gerais das duas sociedades, nos termos exigidos para a celebração do contrato.

3. O contrato de subordinação termina:

a) Pela dissolução de alguma das duas sociedades;

b) Pelo fim do prazo estipulado;

c) Por sentença judicial, em ação proposta por alguma das sociedades com fundamento em justa causa;

d) Por denúncia de alguma das sociedades, nos termos do número seguinte, se o contrato não tiver duração determinada.

4. A denúncia por alguma das sociedades não pode ter lugar antes de o contrato ter vigorado cinco anos; deve ser autorizada por deliberação da assembleia geral, nos termos do n.º 2, é comunicado à outra sociedade, por carta registada, e só produz efeitos no fim do exercício seguinte.

5. A denúncia prevista no n.º 3, alínea a), é autorizada por deliberação tomada nos termos do n.º 2.

Bibliografia: José A. Engrácia Antunes, *Os grupos de sociedades*, 2.ª ed. (2002), 700-716; José de Oliveira Ascensão (2000), 588-592; Francisco Pereira Coelho, *Grupos de sociedades. Anotação preliminar aos arts. 488.º a 508.º do Código das Sociedades Comerciais*, BFDUC LXIV (1988), 297-353; António Menezes Cordeiro 1 (2007), 989-994; *id.*, *Direito europeu das sociedades* (2005), 751-785; Ministério da Justiça, *Código das Sociedades Comerciais (Projecto)*, BMJ 327 (1983), 43-339; Maria da Graça Trigo, *Grupos de sociedades*, O Direito 1991, 79-95; Raúl Ventura, *O contrato de subordinação*, em *Novos estudos sobre sociedades anónimas e sociedades em nome colectivo* (1994), 125-127; *id.*, *Grupos de sociedades – uma introdução comparativa a propósito de um projecto preliminar de directiva da CEE*, ROA 41 (1981), 313-325, 328-362.

Índice

I – Origem
1. Preparação e fontes 1

II – Teleologia e âmbito de aplicação
2. Conteúdo e fim da norma 4
3. Âmbito de aplicação 7

III – Causas de cessação
4. Revogação 8
5. Dissolução 14
6. Caducidade 17
7. Resolução 18
8. Denúncia 21
9. Aquisição do domínio total 22
10. Outras causas 23

[6] Quanto à forma escrita, cf., também, 4.º-A.

I – Origem

1 1. **Preparação e fontes**. O 506.º corresponde, sem modificações substanciais, ao 497.º do Projeto de CSC de 1983[1]. A versão aprovada pelo DL 262/86, de 2-set., não corrigiu – pelo contrário, agravou – os lapsos constantes do projeto, que transitaram para o texto definitivo e do qual não foram, até hoje, expurgados[2].

2 O contrato de subordinação foi introduzido e regulado pela primeira vez no nosso Direito pelo CSC (cf. 493.º, anot. 1 ss.): o 506.º – não obstante consubstanciar a aplicação das regras gerais sobre a cessação dos contratos – constitui, por isso, preceito inovador no ordenamento jurídico português.

3 A cessação do contrato de subordinação encontra-se regulada expressamente nas principais fontes dos 493.º ss., em especial na lei das sociedades anónimas alemã (1965) e no projeto de *Nona Diretriz das Sociedades Comerciais*, sobre grupos de sociedades[3]: cf. §§ 296 a 299 do AktG e, sobretudo, 32.º do projeto europeu. A inspiração da lei portuguesa nestas normas é evidente.

II – Teleologia e âmbito de aplicação

4 2. **Conteúdo e fim da norma**. O 506.º regula o termo do contrato de subordinação, prevendo cinco causas distintas de cessação do mesmo: revogação, dissolução, caducidade, resolução e denúncia.

5 Em todos os casos em que a cessação depende de manifestação de vontade da(s) sociedade(s) vinculada(s) (*maxime*, revogação e denúncia), o 506.º impõe a intervenção do colégio dos sócios, à semelhança do que sucede com a celebração e a modificação do contrato: a solução é justificada não só por um princípio de paralelismo de competências, mas também pelas consequências que o termo do contrato acarreta para a sociedade diretora – que perde o poder de direção previsto nos 493.º e 503.º – e para a sociedade subordinada – cuja capacidade de sobrevivência económica autónoma é potencialmente afetada –, bem como para os respetivos sócios.

6 Não obstante a cessação do contrato de subordinação, alguns dos seus efeitos prolongam-se para lá do termo da relação de grupo: o sócio livre da sociedade subordinada mantém o direito à garantia de lucros nos cinco exercícios seguintes (500.º/2); a sociedade diretora continua a responder pelas dívidas da sociedade subordinada contraídas antes ou na vigência do contrato de subordinação (501.º); e a obrigação de compensação das perdas da sociedade subordinada torna-se exigível (502.º).

7 3. **Âmbito de aplicação**. O 506.º aplica-se a todos os contratos de subordinação regulados pelo CSC (cf. 493.º, anot. 11).

[1] *Código das Sociedades Comerciais (Projecto)*, BMJ 327 (1983), 43-339.

[2] Particular relevo merece o n.º 5, que, na redação em vigor, dispõe que a "denúncia prevista no n.º 3, alínea *a*), é autorizada por deliberação tomada nos termos do n.º 2". Todavia, o n.º 3, *a*) não prevê qualquer hipótese de denúncia, a qual está prevista no n.º 3, *d*) e no 506.º/4. Mesmo reportada à alínea *d*), a regra do 506.º/5 não obteria efeito útil, uma vez que a exigência de deliberação para a denúncia está já prevista no n.º 4. O texto do projeto determinava que "a acção prevista no n.º 3, alínea *d*) deve ser autorizada por deliberação tomada nos termos do n.º 2". O n.º 3, *d*) não previa, contudo, qualquer ação, a qual surgia, antes, na alínea *c*). Assim, interpretando corretamente o 497.º do projeto, conclui-se que o legislador pretendia, na realidade, determinar que a propositura da ação de resolução do contrato, prevista no n.º 3, *c*), devia ser precedida de deliberação (tal como previsto para a revogação ou a denúncia). Em vez de corrigir o lapso do projeto, o legislador de 1986 agravou, ainda mais, as dificuldades interpretativas da norma.

[3] O texto traduzido da última versão do projeto (1984) pode consultar-se em António Menezes Cordeiro, *Direito europeu das sociedades* (2005), 751 ss..

III – **Causas de cessação**

4. **Revogação**. O 506.º/1 prevê a cessação do contrato de subordinação por mútuo acordo: não obstante a letra da lei ("resolução por acordo"), deparamo-nos, tecnicamente, com hipótese de revogação. 8

O prazo mínimo de vigência – um exercício completo (cf. 64.º-B) – justifica-se em função das consequências de regime associadas ao contrato (*v.g.*, 500.º e 502.º), que perderiam efetividade prática caso este tivesse duração inferior ao exercício social. 9

A iniciativa de revogação pertence aos órgãos de administração das sociedades vinculadas, devendo estes, todavia, submeter a matéria a deliberação dos sócios, aos quais compete a decisão final (506.º/2). 10

A sociedade diretora está impedida de instruir os administradores da sociedade subordinada no sentido de proporem a revogação do contrato, mercê dos deveres de lealdade que ligam as duas sociedades[4]; quanto a problema paralelo, relativo à modificação, cf. 505.º, anot. 6). 11

Nos termos do n.º 2, aplica-se à convocação, consulta de documentos, reunião e quórum constitutivo e deliberativo as regras previstas para a celebração do contrato, fixadas por remissão para o regime jurídico da fusão (cf. 496.º, anot. 9 ss.). A regra especial do 496.º/2, relativa à tutela dos sócios livres da sociedade subordinada em caso de cumulação da relação de grupo com uma relação de domínio, está igualmente compreendida na remissão operada pelo 506.º/2. A falta ou invalidade da deliberação social determina a invalidade da revogação do contrato de subordinação: o paralelismo com a falta ou invalidade de deliberação relativa à celebração do contrato é justificado (cf. 496.º, anot. 17)[5]. 12

Não existindo regra especial de forma, diferentemente do que sucede com a celebração e modificação do contrato (cf. 498.º e 505.º), aplica-se o princípio geral da liberdade de forma (219.º do CC). Todavia, a revogação está sujeita a registo obrigatório, nos termos do 3.º/1, *v*) e 15.º do CRC, bem como a publicação – 70.º/1, *a*), do CRC. A revogação só é oponível a terceiros após a inscrição no registo, seguida da respetiva publicação (168.º). 13

5. **Dissolução**. A segunda causa de cessação do contrato prevista na lei é a dissolução da sociedade diretora ou da sociedade subordinada, nos termos do 506.º/3, *a*). A dissolução (cf. 141.º ss.) determina a liquidação da sociedade (146.º ss.), não se justificando a manutenção do contrato, cujos efeitos não são compatíveis com a liquidação[6]. 14

A extinção do contrato de subordinação opera automaticamente com a dissolução (imediata ou diferida), a qual está sujeita a registo – 3.º/1, *r*), do CRC – e publicação (70.º/1 do CRC). 15

Não obstante, não fica dispensado o registo e publicação do termo do contrato, nos termos do 3.º/1, *v*), e 70.º/1 do CRC, que constituem condições de oponibilidade a terceiros do termo do contrato (cf. 168.º). 16

6. **Caducidade**. O 506.º/3, *b*) enuncia como causa extintiva a caducidade do contrato celebrado por tempo determinado. 17

7. **Resolução**. O 506.º/3, *c*) prevê a resolução do contrato de subordinação, operada por via judicial: havendo justa causa, objetiva ou subjetiva, que torne inexigível a manutenção da relação contratual, qualquer das partes pode propor ação tendente a obter a cessação do contrato 18

[4] O § 299 da lei das sociedades anónimas alemã prevê expressamente que "com base num contrato de empresa não podem ser dadas instruções à sociedade para alterar, manter em vigor ou *fazer cessar* o contrato".

[5] Em sentido diverso, cf. Engrácia Antunes, *Os grupos de sociedades* (2002), 704, nota 1364.

[6] Cf. Engrácia Antunes, *Os grupos*, 712.

por sentença judicial, eventualmente cumulada com pedido de indemnização, caso se verifiquem os pressupostos da responsabilidade civil.

19 O contrato cessa com o trânsito em julgado da sentença que declare a resolução; o termo do contrato está sujeito a registo e publicação nos termos gerais – 3.º/1, *v*), e 70.º/1 do CRC –, dos quais depende a respetiva oponibilidade a terceiros (168.º).

20 A lei não obriga expressamente a que a ação seja autorizada por deliberação dos sócios. Todavia, a solução resulta da interpretação do preceito: por um lado, o 497.º/5, do projeto de CSC de 1983 (correspondente ao atual 507.º) previa a deliberação[7], exigência que apenas por lapso do legislador não transitou para o n.º 5 em vigor (o qual perdeu qualquer sentido útil); por outro lado, a deliberação é exigida sempre que a cessação do contrato depende de algum ato de vontade da sociedade (revogação, denúncia), devido às amplas consequências que o termo do contrato acarreta: ainda que a cessação assente em justa causa e dependa de intervenção judicial, é aos sócios que compete, sempre, aferir da conveniência da promoção do termo do contrato, comparando os respetivos benefícios e inconvenientes.

21 8. **Denúncia**. O 506.º/3, *d*) e o 506.º/4 preveem, por fim, a cessação do contrato de subordinação celebrado por tempo indeterminado por denúncia *ad nutum*, a qual não pode operar antes de o contrato ter vigorado cinco anos. A iniciativa da denúncia compete ao órgão de administração da sociedade denunciante; no caso de esta ser a sociedade subordinada, os deveres de lealdade da sociedade diretora impedem-na de instruir o órgão de administração da filial no sentido de propor a denúncia do contrato. A denúncia deve, de qualquer forma, ser autorizada por deliberação da assembleia geral, tomada nos termos previstos para a revogação do contrato (cf. *supra* anot. 12) e ser comunicada à outra sociedade por carta registada. A produção de efeitos ocorre no final do exercício seguinte.

22 9. **Aquisição do domínio total**. Nos termos do 507.º, a aquisição, pela sociedade diretora, do domínio total sobre a sociedade subordinada, na pendência do contrato de subordinação, faz cessar o contrato, passando a ser aplicável o regime do domínio total.

23 10. **Outras causas**. O elenco do 506.º não é taxativo, podendo ocorrer outras causas de cessação da relação de grupo, de que constituem exemplos claros a fusão das sociedades contratantes ou a transformação que altere o tipo de umas delas (ou de ambas) para um dos tipos não previstos no 481.º/1.

Artigo 507.º (Aquisição do domínio total)

1. Quando por força do disposto no artigo 499.º ou de aquisições efetuadas durante a vigência do contrato de subordinação a sociedade diretora possua, só por si ou por sociedades ou pessoas que preencham os requisitos indicados no artigo 483.º, n.º 2, o domínio total da sociedade subordinada, passa a ser aplicável o regime respetivo, caducando as deliberações tomadas ou terminando o contrato, conforme o caso.

2. A existência de projeto ou de contrato de subordinação não obsta à aplicação do artigo 490.º.

[7] Cf. *supra* nota 1.

Bibliografia: José A. Engrácia Antunes, *Os grupos de sociedades*, 2.ª ed. (2002), 714-715 e 900; José de Oliveira Ascensão (2000), 588-592; Francisco Pereira Coelho, *Grupos de sociedades. Anotação preliminar aos arts. 488.º a 508.º do Código das Sociedades Comerciais*, BFDUC LXIV (1988), 297-353; António Menezes Cordeiro 1 (2007), 989-994; *id.*, *Direito europeu das sociedades* (2005), 751-785; Ministério da Justiça, *Código das Sociedades Comerciais (Projecto)*, BMJ 327 (1983), 43-339; Maria da Graça Trigo, *Grupos de sociedades*, O Direito 1991, 79-95; Raúl Ventura, *O contrato de subordinação*, em *Novos estudos sobre sociedades anónimas e sociedades em nome colectivo* (1994), 108; *id.*, *Grupos de sociedades – uma introdução comparativa a propósito de um projecto preliminar de directiva da CEE*, ROA 41 (1981), 313-325, 328-362.

Índice

I – Origem
1. Preparação e fontes 1

II – Teleologia e âmbito de aplicação
2. Conteúdo e fim da norma 4
3. Âmbito de aplicação 7

III – Transformação da relação de grupo
4. A aquisição do domínio total 8
5. Natureza e regime jurídico 11

I – Origem

1 **1. Preparação e fontes**. O 507.º corresponde, sem alterações, ao 498.º do Projeto de CSC de 1983[1]. Tal como o Título VI do CSC em geral, a regra não tem correspondência no Direito anterior, que não conhecia a figura do contrato de subordinação nem a generalidade dos institutos previstos nos 481.º ss. do CSC.

2 Na lei alemã das sociedades anónimas (1965), principal fonte das regras do CSC sobre o contrato de subordinação (cf. 493.º, anot. 1 ss.), não se prevê expressamente norma paralela ao 507.º. O domínio total não é autonomizado, neste ordenamento, salvo quando tenha lugar a "incorporação" (*Eingliederung*) de uma sociedade na outra, mediante a declaração prevista nos §§ 319 ss., que pode ter lugar quando a sociedade principal (*Hauptgesellschaft*) seja titular de todas as ações de outra sociedade ou, mediante deliberação da assembleia geral, de, pelo menos, 95% do capital social desta[2] (cf. 490.º, anot. 5). No caso de preexistir contrato de subordinação (§ 291), não se prevê, diretamente, as consequências da integração da sociedade dependente na sociedade dominante: todavia, existe unanimidade em entender que o contrato cessa, por perder a sua razão de ser.

3 Essa solução é consagrada, de modo expresso, no projeto de *Nona Diretriz das Sociedades Comerciais*, sobre grupos de sociedades (1984)[3], que nunca assumiu a forma de proposta: o 36.º regula a passagem de contrato de subordinação à declaração unilateral de grupo[4], dispondo o 32.º/6, por seu lado, que a produção de efeitos desta declaração põe automaticamente termo ao contrato e conduz à aplicação dos preceitos da 6.ª secção, relativa à "aquisição unilateral para a constituição de um grupo subordinado".

[1] *Código das Sociedades Comerciais (Projecto)*, BMJ 327 (1983), 43-339.

[2] Sobre a "incorporação", cf. 490.º, anot. 5.

[3] O texto, traduzido, do projeto pode consultar-se em António Menezes Cordeiro, *Direito europeu das sociedades* (2005), 751 ss..

[4] No projeto de Diretriz também não se autonomiza o controlo integral de uma sociedade sobre outra, salvo na hipótese de este decorrer de "declaração unilateral de grupo", regulada na 6.ª secção, figura com correspondência no 490.º do CSC.

II – **Teleologia e âmbito de aplicação**

4 2. **Conteúdo e fim da norma**. O 507.º/1 acrescenta ao elenco do 506.º uma causa adicional de cessação do contrato de subordinação: a aquisição do domínio total (direto ou indireto) pela sociedade diretora; em consequência, se o contrato não foi ainda celebrado mas o projeto foi já aprovado pelas assembleias gerais das sociedades contratantes (cf. 496.º), caducam as correspondentes deliberações.

5 Torna-se, pois, aplicável o regime do domínio total, fixado por remissão para os 501.º a 504.º (cf. 491.º), afastando-se as regras dos 494.º a 499.º, especificamente dirigidas à proteção dos sócios externos (494.º/2) da sociedade subordinada, que deixam de existir.

6 O 507.º/2 esclarece que a existência de projeto ou de contrato de subordinação não afasta o instituto da aquisição tendente ao domínio total: incidindo o poder de direção da sociedade-mãe apenas sobre o órgão de gestão da sociedade-filha (cf. 493.º e 503.º), e não também sobre o órgão deliberativo, continua a verificar-se a *ratio* do 490.º.

7 3. **Âmbito de aplicação.** O 507.º aplica-se a todos os grupos constituídos por contrato de subordinação abrangidos pelo CSC (cf. 481.º e 493.º).

III – **Transformação da relação de grupo**

8 4. **A aquisição do domínio total**. A sociedade pode adquirir o domínio total sobre a sociedade subordinada por transmissão voluntária ou potestativa das participações sociais dos sócios livres desta sociedade.

9 Com efeito, a aquisição do domínio total entre o momento da aprovação das deliberações sociais incidentes sobre o projeto de contrato e a celebração deste pode resultar do exercício, por todos os sócios livres, do direito de alienação potestativa previsto nos 494.º/1, *a*) e 499.º/1.

10 Por outro lado, o 507.º/2 ressalva a aplicabilidade do 490.º não obstante a existência de projeto ou contrato de subordinação: o sócio externo que optou por permanecer na sociedade – cf. 494.º/1, *b*), 499.º e 500.º –, em vez de exercer o direito de alienação potestativa, pode ainda, mesmo após a celebração do contrato, exigir da sociedade diretora a aquisição da sua participação se se verificarem os pressupostos do 490.º (cf. 490.º/5 e 6). Do mesmo modo, a sociedade diretora que possua 90% do capital social da sociedade subordinada pode exercer o direito de aquisição potestativa previsto no 490.º/1 a 4, perdendo o sócio livre o direito de optar por permanecer na sociedade, beneficiando, em contrapartida, da garantia de lucros.

11 5. **Natureza e regime jurídico**. Sempre que a sociedade diretora adquira a totalidade do capital social da sociedade subordinada, a relação de grupo mantém-se, modificando-se, todavia, o instrumento da direção unitária, que perde a natureza contratual para passar a assentar na detenção de participação totalitária[5].

12 Dispõe o 507.º/1 que, no caso de aquisição do domínio total, "*passa a ser aplicável* o regime respetivo", *i.e.*, as regras do 501.º a 504.º (*ex vi* do 491.º). Todavia, considerando que estas regras eram já aplicáveis (diretamente) ao contrato de subordinação, o sentido útil do 507.º/1 é apenas o de determinar a inaplicabilidade das normas do 494.º a 500.º, que pressupõem a pluralidade de sócios.

[5] Cf. RLx 3-fev.-2000 (Gonçalves Rodrigues), Proc. 0075758: opera-se, juridicamente, a transformação novatória da anterior relação numa nova relação de grupo constituída por domínio total.

Artigo 508.º (Convenção de atribuição de lucros)

1. O contrato de subordinação pode incluir uma convenção pela qual a sociedade subordinada se obriga a atribuir os seus lucros anuais à sociedade diretora ou a outra sociedade do grupo.

2. Os lucros a considerar para o efeito do número anterior não podem exceder os lucros do exercício, apurados nos termos da lei, deduzidos das importâncias necessárias para a cobertura de perdas de exercícios anteriores e para atribuição a reserva legal.

Bibliografia: José A. Engrácia Antunes, *Os grupos de sociedades*, 2.ª ed. (2002), 649-655; José de Oliveira Ascensão (2000), 588-592; Francisco Pereira Coelho, *Grupos de sociedades. Anotação preliminar aos arts. 488.º a 508.º do Código das Sociedades Comerciais*, BFDUC LXIV (1988), 297-353; António Menezes Cordeiro 1 (2007), 989-994; *id.*, *Direito europeu das sociedades* (2005), 751-785; Ministério da Justiça, *Código das Sociedades Comerciais (Projecto)*, BMJ 327 (1983), 43-339; Maria da Graça Trigo, *Grupos de sociedades*, O Direito 1991, 79-95; Raúl Ventura, *O contrato de subordinação*, em *Novos estudos sobre sociedades anónimas e sociedades em nome colectivo* (1994), 124-125; *id.*, *Grupos de sociedades – uma introdução comparativa a propósito de um projecto preliminar de directiva da CEE*, ROA 41 (1981), 313-325, 328-362.

Índice

I – **Origem**
1. Preparação e fontes 1

II – **Teleologia e âmbito de aplicação**
2. Conteúdo e fim da norma 3
3. Âmbito de aplicação 6

III – **Lucros transferíveis**
4. Limite máximo 11
5. Limite mínimo? 13

IV – **Tutela da sociedade subordinada**
6. Mecanismos de tutela 14

I – Origem

1. **Preparação e fontes**. A convenção de atribuição de lucros encontrava-se já prevista no 499.º do Projeto de CSC de 1983[1]. A norma transitou, sem alteração, para o DL 262/86, de 2-set., que introduziu a figura no Direito português: esta era, na realidade, desconhecida até então, tal como sucedia com o próprio contrato de subordinação (cf. 493.º, anot. 1 ss.). 1

A convenção de atribuição de lucros tem como fonte o *Gewinnabführungsvertrag* previsto na lei alemã das sociedades anónimas de 1965 (§ 291(1) do AktG), modalidade de "contrato de empresa" (*Unternehmensvertrag*) pelo qual uma sociedade se obriga a pagar os seus lucros a uma outra empresa, admitindo-se também, nos termos do § 292(1), 2, uma transferência meramente parcial dos lucros (*Teilgewinnabführungsvertrag*). A lei alemã inspirou igualmente o anteprojeto preliminar de *Nona Diretriz das Sociedades Comerciais*, sobre grupos de sociedades, de 1974[2], que regulava autonomamente o contrato de atribuição de lucros (58.º), numa norma que não passou à versão final do projeto. Diferença importante da lei portuguesa face às duas regulamentações referidas é a acessoriedade da convenção de atribuição de lucros, face ao contrato de subordinação, imposta pelo 508.º do CSC. 2

[1] *Código das Sociedades Comerciais (Projecto)*, BMJ 327 (1983), 43-339.

[2] O texto traduzido da última versão do projeto, de 1984 (que nunca passou a proposta), pode consultar-se em António Menezes Cordeiro, *Direito europeu das sociedades* (2005), 751 ss..

II – **Teleologia e âmbito de aplicação**

3 2. **Conteúdo e fim da norma**. Permite-se a transferência intragrupo de resultados, desde que prevista no contrato de subordinação: alarga-se, desta forma, em grau importante, o leque de instrumentos ao serviço da cúpula do grupo destinados a promover a direção unitária e a maximização da eficiência e rentabilidade do grupo[3], assumindo a política financeira papel fundamental nesse âmbito[4]. Assim se intensifica, portanto, o nível de integração do grupo, que atingirá, no caso do 508.º, o seu expoente máximo.

4 Em conformidade, são implicitamente derrogadas algumas regras de direito societário geral em matéria de distribuição de lucros: afasta-se a aplicação das normas sobre distribuição obrigatória de lucros (217.º/1 e 294.º/1), reduzindo-se o alcance prático do direito aos lucros (22.º) dos sócios livres, bem como a aplicação das normas respeitantes à competência da assembleia geral em matéria de afetação dos resultados – 246.º/1 e 376.º/1, *b*).

5 Já as regras sobre a conservação do capital social respeitantes ao cálculo dos lucros distribuíveis mantêm aplicação, não obstante a redação do 508.º/2, que define o limite máximo dos lucros a transferir para a sociedade diretora ou outra sociedade do grupo (cf. 493.º/2 sobre o conceito de grupo relevante).

6 3. **Âmbito de aplicação**. A convenção de atribuição de lucros é concebida no CSC como cláusula (eventual) integrante do contrato de subordinação – 508.º/1 e 495.º, *j*) –, ficando, portanto, assegurada a tutela dos interesses dos sócios livres (494.º/2) através da necessária sujeição à disciplina própria deste contrato. Assim se justifica a derrogação (de outra forma ilegítima) do regime geral vigente em matéria de direito aos lucros.

7 Torna-se claro, por isso, que, perante a inexistência de regime especial aplicável, a conclusão de convenções *isoladas* de transferência de lucros não é admissível no ordenamento jurídico português, mesmo quando ocorra entre sociedades em relação de domínio total[5].

8 Fora dessa hipótese, à sociedade totalmente dominante – tal como à sociedade diretora – será lícito, quando muito, dirigir instruções à sociedade totalmente dominada que impliquem uma reafetação patrimonial no seio grupo, desde que com respeito pelos limites (aparentemente mais restritivos) do 503.º (cf. 503.º, anot. 20 ss.).

9 Por outro lado, é naturalmente admissível, também, que a sociedade totalmente dominante seja *beneficiária* de transferências acordadas entre a sociedade totalmente dominada e outra sociedade por esta última controlada através de contrato de subordinação (o 508.º/1 admite, com efeito, a transferência de lucros não só para a sociedade diretora mas também para outra sociedade do grupo: *v.g.*, a sociedade-avó totalmente dominante).

10 Sendo legítima a celebração sucessiva de contratos de subordinação entre diversas sociedades colocadas em cadeia (grupo vertical), bem como a celebração de um único contrato de subordinação com diversas sociedades coligadas entre si através de um contrato de grupo paritário (cf. 493.º, anot. 17 ss.), qualquer destes contratos de subordinação pode conter, nos termos gerais do 508.º, uma cláusula de transferência de lucros[6].

[3] Cf. anotações aos 503.º e 504.º.

[4] Cf., todavia, a aparente limitação ao desenvolvimento de uma política económico-financeira global constante do 503.º/4.

[5] Naturalmente que esta hipótese só poderia ter relevância quando se tratasse de transferências para outras sociedades do grupo e não para a sociedade totalmente dominante, que, enquanto sócia ou acionista única, já beneficia da totalidade dos lucros distribuíveis

[6] Apenas se exigirá que as cláusulas de atribuição de lucros não sejam incompatíveis entre si. Cf. Engrácia Antunes, *Os grupos de sociedades* (2002), 653.

III. **Lucros transferíveis**

4. **Limite máximo**. Nos termos do 508.º/2, o limite máximo dos lucros anuais a redistribuir no seio do grupo corresponde aos "lucros do exercício, apurados nos termos da lei, deduzidos das importâncias necessárias para a cobertura das perdas de exercícios anteriores e para atribuição a reserva legal". De acordo com a letra do preceito, os lucros transferíveis não coincidiriam com os lucros distribuíveis nos termos do 33.º[7]. Não se encontra, todavia, fundamento substantivo para a diferença de regime, devendo o 508.º/2 ser interpretado sistematicamente, em conformidade com as regras gerais de conservação do capital social: os lucros *transferíveis* intragrupo coincidirão, pois, com os lucros *distribuíveis* aos sócios, não podendo excedê-los. 11

A omissão, no 508.º/2, da referência às reservas contratuais – salvaguardadas no 33.º – será devida à suscetibilidade da respetiva desafetação ou extinção por via de alteração estatutária: sendo o contrato de subordinação aprovado pela maioria necessária à modificação do contrato social, o legislador terá entendido que era admissível o afastamento das reservas contratuais por via da cláusula de atribuição de lucros: estas reservas não surgiriam, assim, como limite insuperável à reafetação dos lucros anuais. Todavia, estando em causa uma modificação do contrato, exigir-se-á *sempre* a expressa referência à cláusula (que prevê a reserva) a alterar, não resultando a sua eliminação tacitamente da aprovação do contrato de subordinação[8]. 12

5. **Limite mínimo?** O 508.º não estabelece qualquer limite mínimo aos lucros a distribuir, podendo a convenção abranger a totalidade dos lucros transferíveis ou apenas parte destes, a determinar pelos contraentes (contrato de transferência parcial de lucros). 13

IV. **Tutela da sociedade subordinada**

6. **Mecanismos de tutela**. O 508.º admite que a sociedade subordinada se obrigue a transferir os respetivos lucros anuais para a sociedade diretora ou para outra sociedade do grupo, independentemente de qualquer contrapartida[9] [10]. Não se aplicam, assim, os limites gerais à emissão de instruções desvantajosas (cf. 503.º e 504.º). 14

Única forma de tutela da sociedade subordinada é a obrigação de compensação das perdas consagrada no 502.º, cuja eficácia é, já em geral, limitada[11]: à acrescida integração das sociedades do grupo decorrente das transferências patrimoniais acordadas não corresponde, na realidade, qualquer acréscimo da proteção legal oferecida. Restará, pois, apelar aos deveres de lealdade (boa fé) que vinculam a sociedade diretora perante a sociedade subordinada, *maxime* no que respeita à proibição de afetação da capacidade de sobrevivência autónoma da sociedade subordinada (cf. 503.º, anot. 28). 15

[7] Em particular. as reservas contratuais (bem como as reservas ocultas) não seriam suscetíveis de distribuição aos sócios mas já poderiam ser atribuídas à sociedade diretora ou a outra sociedade do grupo.

[8] Com interpretação diferente, cf. Engrácia Antunes, *Os grupos*, 652 e 653, nota 1268.

[9] Diferentemente, no caso de faltar a convenção de atribuição de lucros, as transferências intragrupo, não sendo embora interditas, dependem de justa contrapartida, nos termos do 503.º/4.

[10] Distinta é a chamada convenção de comunhão de lucros, em que duas ou mais sociedades colocam em comum os respetivos lucros anuais, com vista à sua redistribuição (cf. 493.º, anot. 9).

[11] Cf. 502.º, anot. 10: o cômputo das perdas a compensar assume cariz meramente contabilístico, podendo não ter correspondência material efetiva, sendo, aliás, conhecidas as práticas de manipulação dos balanços, em sentido mais favorável à sociedade diretora. O mesmo poderá suceder quanto ao cômputo dos lucros, agravando o desequilíbrio no seio grupo e a desproteção da sociedade subordinada.

Capítulo IV – Apreciação anual da situação de sociedades obrigadas à consolidação de contas

Introdução

Bibliografia: José Engrácia Antunes, *A consolidação das contas*, RCEJ 19 (2011), 185-199; *id.*, *Direito da Contabilidade* (2018); António Menezes Cordeiro, *Direito europeu das sociedades* (2005), 344-373 e 435-442; *id.*, *Manual de direito bancário*, 6.ª ed. (2016), 1109-1111; David Ferreira, *A consolidação das contas dos grupos de sociedades – alguns problemas*, em *Fisco* 57 (1993), 3-16; Rogério M. Fernandes Ferreira, *O SNC e os juízos de valor: comentário final*, em *O SNC e os juízos de valor – Uma perspetiva crítica e multidisciplinar* (2013), 349-351; José Ferreira Gomes, *Da administração à fiscalização de sociedades* (2015), 411-417; José Silva Jorge, *Consolidação fiscal e consolidação contabilística – críticas e sugestões*, em *Fisco* 43/44 (1992), 62-68; Carlos António Rosa Lopes, *Consolidação de contas – De acordo com o SNC e Normas Internacionais de Contabilidade (IAS/IFRS)* (2011); Maria dos Prazeres Lousa, *Consolidação de contas*, CTF 373 (1994), 47-59; Ana Maria Rodrigues, *O* goodwill *nas contas consolidadas* (2006); Ana Maria Rodrigues/Rui Pereira Dias, *Comentário geral aos arts. 508.º-A a 508.º-F*, em *Código das Sociedades Comerciais em comentário – VII* (2014), 329-369; Catarina Martins da Silva, *Os grupos bancários no regime geral das instituições de crédito e sociedades financeiras*, ROA 57/III (1997), 1099-1185 (1070 ss.); Augusto Jorge Ribeiro Simões, *Consolidação de contas e o método da equivalência patrimonial* (2014); João Macedo Vitorino/Helena Mendonça/Pedro Dias, *As recentes alterações à Quarta e Sétima Directivas e respectivos reflexos no CSC*, CadMVM 25 (2006), 43-59.

Índice

I – **Aspetos gerais**
1. Noções básicas 1
2. Métodos de consolidação 3
3. «Grupo» em sentido contabilístico 4
4. Escopo 5

II – **Direito europeu**
5. A 7.ª Diretriz 6
6. A Nova Diretriz da Contabilidade 7
7. Revisão e auditoria 10

III – **Transposição**
8. O DL 238/91, de 2-jul. 11
9. O DL 158/2009, de 13-jul. 12
10. O DL 98/2015, de 2-jun. 13
11. O CSC 14
12. Alterações ao CSC
a) Reforma de 1995 15
b) Reforma de 2005 16
c) Reforma de 2006 17
d) Reforma de 2007 18
e) Reforma de 2009 19
f) A reforma de 2017 20

IV – **Consideração final**
13. Natureza jurídica 21

I – Aspetos gerais

1 1. **Noções básicas**. Consolidação de contas é o conjunto de operações contabilísticas tendentes a exprimir, em termos unitários, a situação real de um grupo de sociedades. Perante um grupo no qual cada sociedade apresente as suas contas, torna-se muito difícil apurar a sua situação real, sobretudo quando nessas contas se integrem relações negociais entre as empresas nele incluídas, bem como quando existem participações cruzadas entre estas, muitas vezes com diferentes percentagens.

2 As operações de consolidação podem passar pela agregação das contas individuais das sociedades dominadas (consolidadas) às da sociedade dominante (consolidante), através do adicionar dos saldos das contas, constantes de cada rubrica do balanço e da demonstração de resultados e da eliminação dos valores correspondentes às operações realizadas entre as entidades do grupo.

2. **Métodos de consolidação.** Apontam-se três, cuja aplicação dependerá do tipo de participação detido pela empresa consolidante: (a) consolidação integral ou global: procede-se à elaboração do balanço e da conta de resultados consolidados através da junção simples de todos os elementos homónimos individuais da empresa-mãe e das empresas subsidiárias; (b) consolidação proporcional: a junção opera apenas na proporção da participação detida pela dominante sobre a dominada; (c) equivalência patrimonial: o valor (nominal) das participações sociais da dominante nas dominadas é substituído pelo valor dos capitais próprios que lhe correspondam. 3

3. **«Grupo» em sentido contabilístico.** Numa aceção mais ampla do que a noção jurídico-societária de «grupo», releva, para efeitos de consolidação contabilística, a noção de «grupo» resultante dos 2.º/1, *g)* e 6.º/1 do DL 158/2009, de 13-jul.: o grupo é constituído por uma empresa-mãe e por todas as suas subsidiárias, com as quais aquela estabeleça as relações descritas no 6.º/1 desse diploma. 4

4. **Escopo.** A consolidação visa exprimir a situação efetiva do grupo societário, dando uma imagem fidedigna, verdadeira e apropriada da posição patrimonial e financeira do grupo e dos resultados deste, numa abordagem unitária, como se de uma só entidade se tratasse – imagem esta que uma abordagem isolada das contas individuais das várias sociedades do grupo não conseguiria transmitir. A lei fiscal interessa-se: donde a tributação pelo lucro consolidado. Também as leis das sociedades podem apelar à consolidação, como meio de permitir – sobretudo no plano da normalização contabilística internacional – uma melhor fiscalização e uma mais cabal informação do mercado e dos operadores, seja num plano externo (revelando a qualquer interessado – os diversos *stakeholders* – a situação patrimonial e financeira do grupo societário), seja num plano interno (facilitando a gestão e controlo internos do grupo, ao permitir o acesso a informação interna normalizada sobre todas as empresas – tanto numa perspetiva agregada como desagregada –, possibilitando-se a mensuração da *performance* global do grupo)[1]. O escopo da consolidação não pode, contudo, ser perspetivado sem considerar as limitações inerentes à informação financeira consolidada: destaca-se, em particular, (a) a complexidade na definição do perímetro de consolidação e (b) a eleição, pela sociedade consolidante, dos métodos de consolidação mais convenientes à apresentação dos resultados no sentido mais favorável aos seus próprios interesses[2]. 5

II – Direito europeu

5. **A 7.ª Diretriz** (83/349, de 13-jun.), relativa às contas consolidadas[3], veio aprovar uma série de regras relevantes sobre a consolidação. Designadamente, fixou a obrigação de consolidação e precisou os seus métodos, tendo sido transposta para a ordem jurídica nacional pelo DL 238/91, de 2-jul. Até à sua revogação, a 7.ª Diretriz foi alterada diversas vezes: por último, pela Diretriz 2006/46, de 14-jun.[4]. 6

6. **A Nova Diretriz da Contabilidade** (2013/34, de 26-jun.), relativa às demonstrações financeiras anuais, às demonstrações financeiras consolidadas e aos relatórios conexos de certas formas de empresas[5], alterou a Diretriz 2006/46, de 14-jun. e revogou, entre outras, a 7.ª Diretriz. 7

[1] José Engrácia Antunes, *Direito da Contabilidade*, 134-135.

[2] Desenvolvidamente, *vide* Ana Maria Rodrigues/Rui Pereira Dias, *Comentário geral aos arts. 508.º-A a 508.º-F*, 339 ss.

[3] António Menezes Cordeiro, *Direito europeu das sociedades*, 344-373, com o texto. Anote-se que a versão portuguesa da 7.ª Diretriz é muito descuidada, obrigando, para o seu entendimento, a recorrer às versões alemã e francesa.

[4] JOCE n.º L 224, 1-7, de 16-ago.-2006.

[5] JOUE n.º L-182, 19-76, de 29-jun.-2013.

8 A Nova Diretriz da Contabilidade abrange onze capítulos: (1) âmbito de aplicação, definições e categorias de empresas e de grupos (1.º a 3.º); (2) disposições e princípios gerais (4.º a 8.º); (3) balanço e demonstração de resultados (9.º a 14.º); (4) notas às demonstrações financeiras (15.º a 18.º); (5) relatório de gestão (19.º a 20.º); (6) demonstrações financeiras e relatórios consolidados (21.º a 29.º); (7) publicação (30.º a 33.º); (8) revisão ou auditoria (34.º a 35.º); (9) disposições relativas a isenções e a restrições sobre isenções (36.º a 40.º); (10) relato de pagamentos efetuados a administrações públicas (41.º a 48.º); (11) disposições finais (49.º a 55.º).

9 O impacto da Nova Diretriz da Contabilidade na matéria da consolidação de contas verifica-se sobretudo na dispensa da obrigação de consolidação para grupos de pequenas empresas – o que se afigura especialmente significativo no panorama empresarial nacional[6]. Por outro lado, o *princípio da materialidade*, vigente neste domínio, leva a que estejam excluídas do perímetro de consolidação aquelas empresas quanto às quais se demonstre que não será materialmente relevante a observância das exigências de reconhecimento, mensuração, apresentação, divulgação e consolidação das demonstrações financeiras (ou seja, quando o efeito do cumprimento dessas exigências for insignificante, por não corrigir nenhuma distorção - seja em termos quantitativos, seja em termos qualitativos - que possa alterar o juízo e a decisão dos destinatários das demonstrações financeiras [Considerando 17 e 6.º/1, *j*), do diploma].

10 7. A **revisão e auditoria** das contas consolidadas deve ser elaborada por pessoas competentes (34.º e 35.º da Nova Diretriz da Contabilidade). Deve, aqui, imperar um especial profissionalismo.

III – **Transposição**

11 8. O **DL 238/91, de 2-jul.**[7], procedeu à transposição da 7.ª Diretriz. Fê-lo na seguinte base: (a) ele próprio continha regras quanto à consolidação e, designadamente, quanto às empresas a ela obrigadas; (b) alterou o CSC, introduzindo, no Título VI, relativo às sociedades coligadas, um capítulo IV, sobre o tema; (c) modificou o CRCom; (d) mudou o POC, aprovado pelo DL 410/89, de 21-nov.

12 9. O **DL 158/2009, de 13-jul.**[8], veio aprovar o Sistema de Normalização Contabilística (SNC), recodificando toda esta matéria e revogando, entre outros, o DL 410/89, de 21-nov., e o DL 239/91, de 2-jul. Destacam-se, neste diploma, como regras próprias, em vigor, do regime jurídico da consolidação, os seus 2.º, e 4.º a 8.º.

13 10. O **DL 98/2015, de 2-jun.**[9], que transpôs a Nova Diretriz da Contabilidade, veio alterar diversos diplomas com o objetivo de simplificação e redução das divulgações exigidas pelas normas contabilísticas e de relato financeiro; entre esses diplomas, e com os impactos referentes à consolidação de contas assinalados no ponto 6 *supra*, operou profundas alterações no DL 158/2009, de 13-jul.

14 11. **O CSC** ficou, com o DL 238/91, de 2-jul., dotado de cinco artigos relativos às contas consolidadas: 508.º-A (Obrigação de consolidação); 508.º-B (Princípios gerais); 508.º-C (Relatório consolidado de gestão); 508.º-D (Fiscalização das contas consolidadas); 508.º-E (Depósitos). O 508.º-F foi aditado com a Reforma de 2009, contando hoje o regime com seis artigos.

[6] Ana Maria Rodrigues/Rui Pereira Dias, *Comentário geral aos arts. 508.º-A a 508.º-F*, 367-368.

[7] DR I Série-A, n.º 149, de 2-jul.-1991, 3364/II-3389/II.

[8] DR I Série-A, n.º 133, de 13-jul.-2009, 4375/I-4384/I.

[9] DR I Série-A, n.º 106, de 2-jun.-2015, 3470/II-3493/II.

12. **Alterações ao CSC**

a) **Reforma de 1995**. O DL 328/95, de 9-dez., ocupado com transposições de Diretrizes, alterou os 508.º-A, 508.º-B e 508.º-D[10]: aparentemente, no sentido de uma melhor integração da matéria. 15

b) **Reforma de 2005**. O DL 35/2005, de 17-fev., que transpôs outras Diretrizes e introduziu as NIC, alterou os 508.º-C e 508.º-D[11], no sentido de densificar o relatório consolidado de gestão e de ampliar o papel dos responsáveis pela sua certificação legal. 16

c) **Reforma de 2006**. Visou redenominar os órgãos sociais, em função da nova tipologia então introduzida, alterando o 508.º-A[12]. 17

d) **Reforma de 2007**. O DL 7/2007, de 17-jan.[13], tomou diversas medidas simplificadoras, alterando o 508.º-E. 18

e) **Reforma de 2009**. O DL 185/2009, de 12-ago.[14], alterou o 508.º-C e introduziu o 508.º-F. 19

f) **A reforma de 2017**. O DL 89/2017, de 28-jul., aditou o 508.º-G. 20

IV – **Consideração final**

13. **Natureza jurídica**. As regras sobre consolidação de contas, a integrar no Direito da prestação de contas, têm, conforme explicado em sede própria[15], segura natureza jurídica. Nessa medida, devem ser objeto da Ciência do Direito. Embora os juristas, de um modo geral, revelem pouca apetência pela matéria – veja-se a escassa bibliografia publicada, entre nós –, ela não tem qualquer dificuldade. 21

Verifica-se, ainda, que a matéria revela uma grande instabilidade legislativa. Com isso, a prestação de contas perde a sua utilidade, uma vez que dificulta as tarefas de comparação. Além disso, implica encargos para as empresas, obrigadas a contratar especialistas e a readaptar os seus métodos. 22

Artigo 508.º-A (Obrigação de consolidação de contas)

1. Os gerentes ou administradores de uma sociedade obrigada por lei à consolidação de contas devem elaborar e submeter aos órgãos competentes o relatório consolidado de gestão, as contas consolidadas do exercício e os demais documentos de prestação de contas consolidadas.

2. Os documentos de prestações de contas referidos no número anterior devem ser apresentados e apreciados pelos órgãos competentes no prazo de cinco meses a contar da data de encerramento do exercício.

3. Os gerentes ou administradores de cada sociedade a incluir na consolidação que seja empresa filial ou associada devem, em tempo útil, enviar à sociedade consolidante o seu relatório e contas e a respetiva certificação legal ou declaração de impossibilidade de certificação a submeter à respetiva assembleia geral, bem como prestadas as demais informações necessárias à consolidação de contas.

[10] DR I Série-A, n.º 283, de 9-dez.-1995, 7694/I-7694/II.

[11] DR I Série-A, n.º 34, de 17-fev.-2005, 1190/I-1190/II.

[12] DR I Série-A, n.º 63 (Supl.), de 29-mar.-2006, 2328-(32)/II-2328-(33)/I.

[13] DR I Série-A, n.º 12, de 17-jan.-2007, 382/I-382/II.

[14] DR I Série-A, n.º 155, de 12-ago.-2009, 5233/II-5234/II.

[15] Remete-se para a análise do elenco de fontes internacionais e nacionais do Direito da prestação de contas incluída na *Introdução* aos artigos 65.º a 70.º-A.

Bibliografia: Ana Maria Rodrigues/Rui Pereira Dias, *Artigo 508.º-A*, em *Código em comentário – VII* (2014), 370-382.

Vide a bibliografia indicada na *Introdução* aos 508.º-A a 508.º-G.

Índice

I – Origem e evolução

1. Redação inicial ... 1
2. Reforma de 1995 ... 2
3. Reforma de 2006 ... 3

II – Regime

4. Documentos de prestação de contas consolidadas ... 4
5. Obrigação de consolidação ... 5
6. Prazo ... 7
7. Sociedades obrigadas à consolidação ... 8
8. Dispensa e exclusão da obrigação de consolidação ... 10

I – Origem e evolução

1 1. **Redação inicial**. O DL 238/91, de 2-jul., que introduziu este preceito, deu-lhe a seguinte redação:

> 1. Os gerentes, administradores ou directores de uma sociedade obrigada por lei à consolidação de contas (sociedade consolidante) devem elaborar e submeter aos órgãos competentes, em conjunto com os documentos de prestação de contas do exercício, o relatório consolidado de gestão, o balanço consolidado, a demonstração consolidada de resultados e o anexo ao balanço e demonstração de resultados consolidados, nos termos do presente capítulo e da lei.
>
> 2. Os gerentes, administradores ou directores de sociedades a consolidar que sejam empresas filiais devem prestar em tempo útil à sociedade ou empresa consolidante todas as informações necessárias à consolidação de contas.

2 2. **Reforma de 1995**. Visando clarificar a matéria, o DL 328/95, de 9-dez., adotou o seguinte texto para o preceito em causa:

> 1. Os gerentes, administradores ou directores de uma sociedade obrigada por lei à consolidação de contas devem elaborar e submeter aos órgãos competentes o relatório consolidado de gestão, as contas consolidadas do exercício e os demais documentos de prestação de contas consolidadas.
>
> 2. Os documentos de prestações de contas referidos no número anterior devem ser apresentados e apreciados pelos órgãos competentes no prazo de cinco meses a contar da data de encerramento do exercício.
>
> 3. Os gerentes, administradores ou directores de cada sociedade a incluir na consolidação que seja empresa filial ou associada devem, em tempo útil, enviar à sociedade consolidante o seu relatório e contas e a respectiva certificação legal ou declaração de impossibilidade de certificação a submeter à respectiva assembleia geral, bem como prestar as demais informações necessárias à consolidação de contas.

3 3. **Reforma de 2006**. Redenominou os órgãos, suprimindo a referência aos diretores.

II – Regime

4 4. **Documentos de prestação de contas consolidadas**. Num elenco aberto, o 508.º-A/1 faz referência ao relatório consolidado de gestão (508.º-C), às contas consolidadas do exer-

cício e aos demais documentos de prestação de contas consolidadas[1] – correspondendo estas duas últimas às demonstrações financeiras consolidadas, compostas por balanço consolidado, demonstração consolidada de resultados por naturezas, demonstração consolidada das alterações no capital próprio, demonstração consolidada de fluxos de caixa, e anexo às contas consolidadas.

5. **Obrigação de consolidação**. A sociedade consolidante tem o dever de relatar a gestão e 5
de apresentar contas, tanto numa base individual (65.º/1), como numa base consolidada (508.º-A/1). As contas consolidadas não dispensam, assim, a sociedade consolidante de elaborar, apresentar e fazer aprovar as suas contas individuais; não ficam também dispensadas deste dever de elaborar, apresentar e fazer aprovar as respetivas contas individuais as sociedades do perímetro de consolidação.

Sujeitos passivos da obrigação de consolidar são os gerentes ou administradores da socie- 6
dade consolidante, devendo elaborar e submeter aos órgãos competentes os documentos de prestação de contas (508.º-A/1). Por seu turno, à luz do 508.º-A/3, os gerentes ou administradores de cada sociedade a consolidar devem remeter, em tempo útil, à consolidante, o relatório de gestão, as demonstrações financeiras e a respetiva certificação (ou declaração de impossibilidade de a obter), elaborados numa base individual, e que serão submetidos à respetiva assembleia geral; devem, ainda, prestar as demais informações necessárias à consolidação de contas que sejam requeridas pelos gerentes ou administradores da sociedade consolidante – podendo estes últimos, por sua vez, informar-se para informar: é o que sucede quando solicitam tais informações na sequência de pedidos que lhes foram dirigidos pelo ROC da sociedade consolidante relativos a informações e documentos relevantes para efeitos de certificação das contas consolidadas, quando tais informações não estejam já cobertas pelos poderes-deveres de informação e inspeção do ROC (508.º-D)[2].

6. **Prazo**. Os documentos de prestações de contas consolidadas devem ser apresentados ao 7
órgão competente (assembleia geral da consolidante) no prazo de cinco meses a contar da data do encerramento do exercício (508.º-A/2 e 65.º/5, 2.ª parte). Este prazo mais alargado – quando comparado com o prazo geral de três meses (65.º/5, 1.ª parte) – encontra justificação no facto de a preparação e apresentação das contas consolidadas requererem que sejam remetidos previamente, "em tempo útil" (508.º-A/3), aos gerentes e administradores da sociedade consolidante, as contas individuais das sociedades do perímetro da consolidação (que, por sua vez, têm de ser apreciadas pelos órgãos competentes, em regra, no prazo de três meses – 65.º/5, 1.ª parte).

7. **Sociedades obrigadas à consolidação**. O 508.º-A/1 remete para a "lei" a determinação 8
das sociedades obrigadas à consolidação de contas. A matéria consta do 6.º/1 do DL 158/2009, de 13-jul., que disciplina a obrigatoriedade de elaboração e apresentação de contas consolidadas, a dispensa e a exclusão desta obrigação. A delimitação do universo de empresas obrigadas à consolidação de contas assenta em aspetos de essência económica e de controlo[3]: estão obrigadas as empresas que, segundo os critérios plasmados no 6.º/1 do DL 158/2009, de 13-jul., sejam dominantes em relação a outras (as "filiais"), a consolidar. Não releva, nesta delimitação, a forma das empresas integrantes do perímetro de consolidação [compreende, entre outras,

[1] Congratulando a opção do legislador em não inserir na lei societária um elenco taxativo dos documentos de prestação de contas consolidadas, dada a contínua evolução que se vem registando neste domínio, *vide* Ana Maria Rodrigues/Rui Pereira Dias, *Artigo 508.º-A*, 379.

[2] *Vide* anotação ao 508.º-D.

[3] Ana Maria Rodrigues/Rui Pereira Dias, *Artigo 508.º-A*, 373.

sociedades comerciais, sociedades civis, ACE's, AEIE's, cooperativas ou fundações – 2.º/1, *c*) e *d*), do DL 158/2009, de 13-jul.], nem a nacionalidade destas empresas (a empresa-mãe deve estar "sujeita ao direito nacional" e as subsidiárias podem ter sede estatutária em Portugal ou no estrangeiro – 6.º/1 do DL 158/2009, de 13-jul.)[4].

9 Para além da obrigação de consolidação, cominada a estas empresas, resultante do DL 158/2009, de 13-jul., cabe assinalar a obrigação de consolidação: (a) cominada às empresas plurissocietárias, "cujos títulos são negociados publicamente", indicadas no 4.º do Regulamento (CE) 1606/2002, 19-jul.[5] (*i.e.*, cujos valores mobiliários estejam admitidos à negociação num mercado regulamentado de qualquer Estado-Membro), de acordo com o método de consolidação regulado na IFRS 10 (Demonstrações financeiras consolidadas)[6-7]; e (b) cominada às instituições de crédito e sociedades financeiras referidas no 2.º do DL 36/92, de 28-mar.[8], sendo a estrutura e conteúdo das contas consolidadas, bem como os métodos e critérios utilizados na sua elaboração, fixados por aviso do BdP[9].

10 8. **Dispensa e exclusão da obrigação de consolidação.** A sociedade consolidante fica dispensada de elaborar demonstrações financeiras consolidadas sempre que se verifiquem os casos descritos no 7.º do DL 158/2009, de 13-jul. Por outro lado, são várias as situações de exclusão de sociedades do perímetro da consolidação elencadas no 8.º desse diploma: relevam os casos (a) em que a consolidação não é materialmente relevante para a realização do escopo desta (8.º/1 e 2); (b) em que restrições severas e duradouras prejudiquem substancialmente o exercício do controlo pela sociedade consolidante sobre a sociedade a excluir [8.º/3, *a*)]; (c) em que a participação na sociedade a excluir tenha sido adquirida exclusivamente tendo em vista a sua cessão posterior, e enquanto se mantenha classificada como detida para venda [8.º/3, *b*)]; (d) que as informações necessárias para elaborar as demonstrações financeiras consolidadas não possam ser obtidas sem custos desproporcionados ou sem demora injustificada [8.º/3, *c*)].

Artigo 508.º-B (Princípios gerais sobre a elaboração das contas consolidadas)

1. A elaboração do relatório consolidado de gestão, das contas consolidadas do exercício e dos demais documentos de prestação de contas consolidadas deve obedecer ao disposto na lei, podendo o contrato de sociedade e os contratos entre empresas a consolidar complementar, mas não derrogar, as disposições legais aplicáveis.

2. É aplicável à elaboração das contas consolidadas, com as necessárias adaptações, o disposto nos artigos 65.º, n.ºs 3 e 4, 67.º, 68.º e 69.º.

[4] José Engrácia Antunes, *A consolidação das contas*, 194-195.

[5] JOCE n.º L-243, 1-4, de 11-set.-2002. Este regulamento teve como objetivo tornar obrigatória a elaboração e apresentação das normas internacionais de contabilidade (também conhecidas como IAS/IFRS), para as contas consolidadas das sociedades com valores mobiliários admitidos em mercados regulamentados.

[6] A IFRS 10 integra o conjunto de *International Accounting Standards* adotadas na União Europeia – neste caso, aprovada pelo Regulamento (UE) 1254/2012, 11-dez. (JOUE n.º L-360, 1-77, de 29-dez.-2012).

[7] Esta matéria era regulada na Instrução do BdP n.º 71/96, 17-jun., tendo sido revogada pelo Aviso do BdP n.º 5/2015, 30-dez., relativo à contabilidade das entidades sujeitas à supervisão do BdP, que agora também disciplina a matéria da consolidação de contas. Sobre a obrigação de consolidação cominada às instituições de crédito e sociedades financeiras, *vide* o 245.º CVM (em especial, o seu n.º 3) e o Regulamento n.º 5/2008 da CMVM.

[8] DR I Série-A, n.º 74, de 28-mar, 1482/I-1484/II.

[9] Cfr. Aviso do BdP n.º 5/2015, 30-dez. No âmbito da consolidação de contas no domínio bancário e da supervisão em base consolidada, *vide* ainda os 130.º a 138.º do RGIC. Desenvolvidamente sobre o tema, *vide* Menezes Cordeiro (2016), 1109-1111.

Bibliografia: Ana Maria Rodrigues/Rui Pereira Dias, *Artigo 508.º-B*, em *Código em comentário – VII* (2014), 383-385.

Vide a bibliografia indicada na *Introdução* aos 508.º-A a 508.º-G.

Índice

1. Alteração 1
2. Imperatividade 2
3. Remissão 3

1. **Alteração**. A versão inicial do DL 238/91, de 2-jul., referia, no n.º 2, o 65.º/3, 4 e 5; a referência ao n.º 5 foi retirada pelo DL 329/95, de 9-dez.: isso deve-se ao facto de o próprio n.º 5 em causa ter sido alterado, tornando-se inaplicável. 1

2. **Imperatividade**. Similarmente ao disposto no 65.º/2, as regras legais sobre elaboração de documentos de prestação de contas e sobre consolidação podem ser complementadas pelos estatutos e por acordos entre a sociedade consolidante e as sociedades consolidadas, mas não podem ser afastadas (508.º-B/1). 2

3. **Remissão**: feita no 508.º-B/2 para preceitos que regulam, em geral, a prestação de contas individuais: o 65.º/3 e 4 (Assinatura e elaboração dos relatórios e contas), 67.º (Falta de apresentação sobre as contas e de deliberação sobre elas), 68.º (Recusa de aprovação) e 69.º (Regime especial de invalidade). 3

Artigo 508.º-C (Relatório consolidado de gestão)

1. O relatório consolidado de gestão deve conter, pelo menos, uma exposição fiel e clara sobre a evolução dos negócios, do desempenho e da posição das empresas compreendidas na consolidação, consideradas no seu conjunto, bem como uma descrição dos principais riscos e incertezas com que se defrontam.

2. A exposição prevista no número anterior deve incluir uma análise equilibrada e global da evolução dos negócios, do desempenho e da posição das empresas compreendidas na consolidação, consideradas no seu conjunto, conforme com a dimensão e complexidade da sua atividade.

3. Na medida do necessário para a compreensão da evolução do desempenho ou da posição das referidas empresas, a análise prevista no número anterior deve abranger tanto os aspetos financeiros como, quando adequado, referências de desempenho não financeiro relevantes para as atividades específicas dessas empresas, incluindo informações sobre questões ambientais e questões relativas aos trabalhadores.

4. Na apresentação da análise prevista no n.º 2 o relatório consolidado de gestão deve, quando adequado, incluir uma referência aos montantes inscritos nas contas consolidadas e explicações adicionais relativas a esses montantes.

5. No que se refere às empresas compreendidas na consolidação, o relatório deve igualmente incluir indicação sobre:

***a*) Os acontecimentos importantes ocorridos depois do encerramento do exercício;**

***b*) A evolução previsível do conjunto destas empresas;**

c) **As atividades do conjunto destas empresas em matéria de investigação e desenvolvimento;**

d) **O número, o valor nominal ou, na falta de valor nominal, o valor contabilístico do conjunto das partes da empresa mãe, detidas por esta mesma empresa, por empresas filiais ou por uma pessoa agindo em nome próprio mas por conta destas empresas, a não ser que estas indicações sejam apresentadas no anexo ao balanço e demonstração de resultados consolidados;**

e) **Os objetivos e as políticas da sociedade em matéria de gestão dos riscos financeiros, incluindo as políticas de cobertura de cada uma das principais categorias de transações previstas para as quais seja utilizada a contabilização de cobertura, e a exposição por parte das entidades compreendidas na consolidação aos riscos de preço, de crédito, de liquidez e de fluxos de caixa, quando materialmente relevantes para a avaliação dos elementos do ativo e do passivo, da posição financeira e dos resultados, em relação com a utilização dos instrumentos financeiros;**

f) **A descrição dos principais elementos dos sistemas de controlo interno e de gestão de riscos do grupo relativamente ao processo de elaboração das contas consolidadas, quando os valores mobiliários da sociedade sejam admitidos à negociação num mercado regulamentado.**

6. Quando para além do relatório de gestão for exigido um relatório consolidado de gestão, os dois relatórios podem ser apresentados sob a forma de relatório único.

7. Na elaboração do relatório único pode ser adequado dar maior ênfase às questões que sejam significativas para as empresas compreendidas na consolidação, consideradas no seu conjunto.

8. No caso de sociedades que sejam emitentes de valores mobiliários admitidos à negociação em mercado regulamentado e que apresentem um único relatório, a informação constante da alínea *f*) do n.º 5 deve ser incluída na secção do relatório sobre o governo das sociedades que contém a informação constante da alínea *m*) do n.º 1 do artigo 245.º-A do Código dos Valores Mobiliários.

Bibliografia: Ana Maria Rodrigues/Rui Pereira Dias, *Artigo 508.º-C*, em *Código em comentário – VII* (2014), 386-388.

Vide a bibliografia indicada na *Introdução* aos 508.º-A a 508.º-G.

Índice

1. Origem e alteração 1
2. O relatório consolidado de gestão. Remissão.. 2

1 1. **Origem e alteração.** O 508.º-C, com origem no DL 239/91, de 2-jul., foi alterado pelo DL 88/2004, de 20-abr., pelo DL 35/2005, de 17-fev., e pelo DL 185/2009, de 12-ago..

2 2. **O relatório consolidado de gestão. Remissão.** A consolidação de contas determina a elaboração de um relatório consolidado de gestão, cujo conteúdo, regulado extensivamente no 508.º-C, se deverá reportar a todas as empresas integrantes do perímetro da consolidação. À administração da sociedade consolidante é conferida a faculdade de apresentar o relatório

individual de gestão e o relatório consolidado de gestão sob a forma de um relatório único (508.º-C/6), devendo, nesse relatório, quando adequado, evidenciar os aspetos mais significativos para as empresas do perímetro da consolidação, globalmente consideradas (508.º-C/7). São aplicáveis ao relatório consolidado de gestão as exigências constantes do 66.º, relativas ao relatório de gestão integrante das contas individuais, para aí se remetendo.

Artigo 508.º-D (Fiscalização das contas consolidadas)

1. A entidade que elabora as contas consolidadas deve submetê-las a exame pelo revisor oficial de contas e pelo seu órgão de fiscalização, nos termos dos artigos 451.º a 454.º, com as necessárias adaptações.

2. Caso tal entidade não tenha órgão de fiscalização, deve mandar fiscalizar as contas consolidadas, nos termos do número anterior, por um revisor oficial de contas.

3. A pessoa ou pessoas encarregadas da fiscalização das contas consolidadas devem também emitir, na respetiva certificação legal das contas, parecer acerca da concordância, ou não, do relatório consolidado de gestão com as contas consolidadas do mesmo exercício.

4. Quando forem anexadas às contas consolidadas as contas individuais da empresa mãe, a certificação legal das contas consolidadas poderá ser conjugada com a certificação legal das contas individuais da empresa.

Bibliografia: Ana Maria Rodrigues/Rui Pereira Dias, *Artigo 508.º-D*, em *Código em comentário – VII* (2014), 389-391.

Vide a bibliografia indicada na *Introdução* aos 508.º-A a 508.º-G e nos artigos 451.º a 453.º.

Índice

1. Versão inicial 1
2. Reforma de 1995 e de 2005 3
3. Regime 4

1. **Versão inicial**. O 508.º-D, tal como resultou do DL 238/91, de 2-jul., dispunha: 1

> 1. A entidade que elabora as contas consolidadas deve submetê-las a exame pelo seu órgão de fiscalização, nos termos dos artigos 452.º a 455.º, com as necessárias adaptações.
> 2. Caso tal entidade não tenha órgão de fiscalização, deve mandar fiscalizar as contas consolidadas, nos termos do número anterior, por um revisor oficial de contas.
> 3. A pessoa ou pessoas encarregadas da fiscalização das contas consolidadas devem igualmente verificar a concordância do relatório consolidado de gestão com as contas consolidadas do exercício.

O n.º 2 mantém-se, como no original. 2

2. **Reforma de 1995 e de 2005**. O DL 328/95, de 9-dez., acrescentou, no n.º 1, a referência ao revisor oficial de contas, enquanto o DL 35/2005, de 17-fev., deu, ao n.º 3, a sua redação atual, acrescentando ainda o n.º 4. 3

4 3. **Regime**. É o regime comum da fiscalização de contas (451.º a 453.º), adaptado à situação de consolidação[1]. Assim, similarmente ao que sucede com as contas individuais, os documentos de prestação de contas consolidadas devem ser objeto de fiscalização pelo ROC e pelo órgão de fiscalização da sociedade consolidante; não tendo a sociedade consolidante órgão de fiscalização, será a fiscalização executada por um ROC (508.º-D/2).

5 O relatório da certificação legal de contas consolidadas deverá conter um parecer acerca da concordância, ou não, do relatório consolidado de gestão com as contas consolidadas do mesmo exercício (508.º-D/3) – em linha com a exigência, relativa às contas individuais, resultante do 451.º/3, *e*). Considerando que ROC do grupo tem "inteira responsabilidade"[2] pela certificação legal das contas consolidadas [46.º/1, *a*), EOROC[3]], assume, neste âmbito, particular relevância a articulação entre este e os ROC's das sociedades individuais integrantes do perímetro de consolidação: esta articulação é moldada, no lado dos ROC's das sociedades individuais, por intensos deveres de informação; no lado do ROC da sociedade consolidante, por poderes-deveres de obtenção de informação e de inspeção[4] – afastando-se, nestes casos, o dever de segredo profissional [46.º e 84.º/3, *c*), e 84.º/7 e 8 EOROC]. No resto, pode o ROC da sociedade consolidante solicitar ao conselho de administração desta – que assumirá, aqui, à luz do 508.º-A/3, o papel de mediador da informação – quaisquer informações e documentos relevantes para efeitos de certificação das contas consolidadas[5].

6 No relatório da certificação legal de contas consolidadas poder-se-á conjugar a certificação legal das contas consolidadas com a certificação legal das contas individuais da sociedade consolidante, desde que sejam anexadas às contas consolidadas as contas individuais (508.º-D/4).

7 Exclui-se a aplicação do 455.º, que disciplina a apreciação geral da administração e da fiscalização: tal apreciação – até por ser independente do conteúdo dos documentos de prestação de contas e da sua aprovação[6] – deve ser deliberada em assembleia geral anual de cada uma das sociedades (consolidadas e consolidante) integrantes do perímetro de consolidação[7].

Artigo 508.º-E (Prestação de contas consolidadas)

1. A informação respeitante às contas consolidadas, à certificação legal de contas e aos demais documentos de prestação de contas consolidadas, regularmente aprovados, está sujeita a registo comercial, nos termos da lei respetiva.

2. A sociedade deve disponibilizar aos interessados, sem encargos, no respetivo sítio da Internet, quando exista, e na sua sede cópia integral dos seguintes documentos:

[1] Não releva a remissão para o 454.º constante da parte final do 508.º-D/1, por se encontrar aquele preceito revogado desde 2006.

[2] Desenvolvidamente, sobre esta "inteira responsabilidade" do ROC, *vide* José Ferreira Gomes (2015), 414-417.

[3] Estatuto da Ordem dos Revisores Oficiais de Contas (EOROC), aprovado pela L 140/2015, de 7-Set., em DR I, Série-A, n.º 174, de 7-set.-2015, 7135/II-7177/I.

[4] Estes poderes-deveres de informação e inspeção do ROC da sociedade consolidante encontravam-se densificados na Recomendação Técnica n.º 9 (set.-1991), relativa à "revisão de demonstrações financeiras consolidadas" e na Recomendação Técnica n.º 19 (ago.-1996), relativa à "utilização do trabalho de outros revisores/auditores e de técnicos ou peritos", emitidas pela OROC. Para José Ferreira Gomes (2015), 411-413, ainda que de tais recomendações não resultassem quaisquer poderes-deveres adicionais de informação e de inspeção sobre as sociedades consolidadas, estas permitiam densificar a conduta devida pelo ROC da sociedade consolidante, com relevância no plano da responsabilidade subjetiva deste (82.º). Atualmente, a matéria está regulada em Guias de Aplicação Técnica (GAT) emitidas pela OROC, nomeadamente, na GAT n.º 1 (revista).

[5] *Idem*, 413.

[6] *Vide* anotação ao 455.º.

[7] Ana Maria Rodrigues/Rui Pereira Dias, *Artigo 508.º-D*, 390.

a) Relatório consolidado de gestão;
b) Certificação legal das contas consolidadas;
c) Parecer do órgão de fiscalização, quando exista.

3. Caso a empresa que tenha elaborado as contas consolidadas esteja constituída sob uma forma que não seja a de sociedade anónima, sociedade por quotas ou sociedade em comandita por ações e desde que ela não esteja sujeita por lei à obrigação de registo de prestação de contas consolidadas, deve colocar à disposição do público, na sua sede, os documentos de prestação de contas consolidadas, os quais podem ser obtidos por simples requisição, mediante um preço que não pode exceder o seu custo administrativo.

Bibliografia: Ana Maria Rodrigues/Rui Pereira Dias, *Artigo 508.º-E*, em *Código em comentário – VII* (2014), 392-393.

Vide a bibliografia indicada na *Introdução* aos 508.º-A a 508.º-G e no artigo 70.º.

Índice

1. Redação inicial 1
2. Retificação de 1996 e reforma de 2007 2
3. Regime. Remissão 3

1. **Redação inicial**. Na versão resultante do DL 238/91, de 2-jul., o 508.º-E tinha a seguinte configuração, sob a epígrafe "depósitos": 1

> 1. O relatório consolidado de gestão, as contas consolidadas, a certidão legal de contas e os demais documentos de prestação de contas consolidadas, regularmente aprovados, devem ser depositados na conservatória do registo comercial, nos termos da lei respectiva.
>
> 2. Caso a empresa que tenha elaborado as contas consolidadas esteja constituída sob uma forma que não seja a de sociedade anónima, sociedade por quotas ou sociedade em comandita por acções e desde que ela não esteja sujeita por lei à obrigação de depósito dos documentos de prestação de contas consolidadas, a referida empresa deve, pelo menos, colocá-los à disposição do público na sua sede e, ainda, entregar cópia desses documentos a quem o peça, mediante um preço que não pode exceder o seu custo administrativo.

2. **Retificação de 1996 e reforma de 2007**. O DL 257/96, de 31-dez., retificou o n.º 1: onde se lia «a certidão legal das contas», lê-se agora «a certificação legal das contas». A versão vigente foi adotada pelo DL 8/2007, de 17-jan., responsável pelo sistema de informação empresarial simplificada (IES) e por diversas simplificações. No essencial, esse diploma veio, no n.º 1 e no n.º 2 (atual 3), substituir a referência ao "depósito" por "registo"; na verdade, após a reforma de 2006, o registo passou a fazer-se, em regra, por depósito. A novidade reside no novo n.º 2, que obriga à publicitação das contas consolidadas no respetivo sítio, na Internet, caso exista. 2

3. **Regime. Remissão**. Impõe-se a publicidade dos documentos de prestação de contas consolidadas, ficando estes sujeitos a registo comercial (508.º-E/1), em convergência com o 70.º, para aí se remetendo. Refira-se, com pertinência para a publicidade de contas consolidadas, a Portaria 208/2007, de 16-fev., que contém, entre os seus anexos, modelos declarativos de IES para contas consolidadas. Não estando a sociedade consolidante constituída sob a forma de SA, SQ ou SCA, e não estando obrigada, por lei, a registo de prestação de contas consolidadas, a 3

publicidade das contas consolidadas concretiza-se pela disponibilização das mesmas ao público, na sua sede, cuja obtenção depende, porém, de requisição, que poderá ter um custo administrativo associado (508.º-E/3).

Artigo 508.º-F (Anexo às contas consolidadas)

1. As sociedades devem prestar informação, no anexo às contas:

a) Sobre a natureza e o objetivo comercial das operações não incluídas no balanço e o respetivo impacte financeiro, quando os riscos ou os benefícios resultantes de tais operações sejam relevantes e na medida em que a divulgação de tais riscos ou benefícios seja necessária para efeitos de avaliação da situação financeira das sociedades incluídas no perímetro de consolidação;

b) Separadamente, sobre os honorários totais faturados durante o exercício financeiro pelo revisor oficial de contas ou pela sociedade de revisores oficiais de contas relativamente à revisão legal das contas anuais, e os honorários totais faturados relativamente a outros serviços de garantia de fiabilidade, os honorários totais faturados a título de consultoria fiscal e os honorários totais faturados a título de outros serviços que não sejam de revisão ou auditoria.

2. As sociedades que não elaboram as suas contas de acordo com as normas internacionais de contabilidade adotadas nos termos de regulamento comunitário devem ainda proceder à divulgação, no anexo às contas, de informações sobre as operações, com exceção das operações intragrupo, realizadas pela sociedade mãe, ou por outras sociedades incluídas no perímetro de consolidação, com partes relacionadas, incluindo, nomeadamente, os montantes dessas operações, a natureza da relação com a parte relacionada e outras informações necessárias à avaliação da situação financeira das sociedades incluídas no perímetro de consolidação, se tais operações forem relevantes e não tiverem sido realizadas em condições normais de mercado.

3. Para efeitos do disposto no número anterior:

a) A expressão 'partes relacionadas' tem o significado definido nas normas internacionais de contabilidade adotadas nos termos de regulamento comunitário;

b) As informações sobre as diferentes operações podem ser agregadas em função da sua natureza, exceto quando sejam necessárias informações separadas para compreender os efeitos das operações com partes relacionadas sobre a situação financeira das sociedades incluídas no perímetro de consolidação.

Bibliografia: Ana Maria Rodrigues/Rui Pereira Dias, *Artigo 508.º-F*, em *Código em comentário – VII* (2014), 383-385.

Vide a bibliografia indicada na *Introdução* aos 508.º-A a 508.º-G e no artigo 66.º-A.

1 **Remissão**. O 508.º-F foi aditado pelo DL 185/2009, de 12-ago.. Corresponde, quanto a contas consolidadas, ao 66.º-A, aditado por esse mesmo diploma, e para cujas anotações se remete.

Artigo 508.º-G (Demonstração não financeira consolidada)

1. As empresas-mãe de um grande grupo que sejam entidades de interesse público, que à data de encerramento do seu balanço consolidado excedam um número médio de 500 trabalhadores durante o exercício anual, devem incluir no seu relatório de gestão consolidado uma demonstração não financeira consolidada, nos termos do presente artigo.

2. A demonstração não financeira consolidada a que se refere o número anterior deve conter as informações bastantes para uma compreensão da evolução, do desempenho, da posição e do impacto das atividades do grupo, referentes, no mínimo, às questões ambientais, sociais e relativas aos trabalhadores, à igualdade entre mulheres e homens, à não discriminação, ao respeito dos direitos humanos, ao combate à corrupção e às tentativas de suborno, incluindo:

***a*) Uma breve descrição do modelo empresarial do grupo;**

***b*) Uma descrição das políticas seguidas pelo grupo em relação a essas questões, incluindo os processos de diligência devida aplicados;**

***c*) Os resultados dessas políticas;**

***d*) Os principais riscos associados a essas questões, ligados às atividades do grupo, incluindo, se relevante e proporcionado, as suas relações empresariais, os seus produtos ou serviços suscetíveis de ter impacto negativo nesses domínios e a forma como esses riscos são geridos pelo grupo;**

***e*) Indicadores-chave de desempenho relevantes para a sua atividade específica.**

3. Caso o grupo não aplique políticas em relação a uma ou mais questões referidas no número anterior, a demonstração não financeira consolidada deve apresentar uma explicação clara e fundamentada para esse facto.

4. A demonstração não financeira consolidada referida no n.º 1 deve incluir também, se adequado, uma referência aos montantes inscritos nas contas consolidadas e explicações adicionais relativas a esses montantes.

5. Em casos excecionais, podem ser omitidas informações relativas a factos iminentes ou a assuntos em curso de negociação, se existir um parecer dos membros do órgão de administração, de direção e de fiscalização devidamente fundamentado e assinado nos termos dos n.os 3 e 4 do artigo 65.º, considerando que a divulgação de tais informações é suscetível de prejudicar gravemente a posição comercial do grupo e desde que essa omissão não constitua obstáculo à compreensão correta e equilibrada da evolução, do desempenho, da posição e do impacto das atividades do grupo.

6. Para cumprimento do presente artigo, a empresa-mãe pode recorrer a sistemas nacionais, da União Europeia ou internacionais, devendo, nesse caso, ser especificado o sistema utilizado.

7. Uma empresa-mãe que seja também uma filial fica isenta da obrigação prevista no n.º 1, desde que a informação não financeira sobre essa empresa-mãe e as respetivas filiais seja incluída no relatório de gestão consolidado de outra empresa, elaborado nos termos do artigo 508.º-C e do presente artigo, ou de disposições equivalentes previstas no ordenamento jurídico de outros Estados-Membros da União Europeia.

8. Uma empresa-mãe que elabore um relatório separado do relatório de gestão consolidado, correspondente ao mesmo exercício anual, que inclua as informações

exigidas para a demonstração não financeira consolidada previstas no n.º 2 e seja elaborado nos termos previstos nos n.os 3 a 6, fica isenta da obrigação de elaborar a demonstração não financeira consolidada prevista no n.º 1.

9. O relatório separado referido no número anterior deve ser:

a) Publicado juntamente com o relatório de gestão consolidado; ou

b) Disponibilizado ao público no sítio na Internet da empresa, num prazo não superior a seis meses após a data de encerramento do balanço, e ser referido no relatório de gestão consolidado.

10. Uma empresa-mãe que apresente a demonstração não financeira consolidada referida no n.º 1 ou o relatório separado referido no n.º 8 fica dispensada da apresentação das referências de desempenho não financeiro previstas no n.º 3 do artigo 66.º e no n.º 3 do artigo 508.º-C.

11. Para efeitos do presente artigo, consideram-se:

a) Entidades de interesse público, as assim qualificadas pelo artigo 3.º do Regime Jurídico de Supervisão de Auditoria, aprovado nos termos do artigo 2.º da Lei n.º 148/2015, de 9 de setembro;

b) Grandes grupos, os constituídos pela empresa-mãe e pelas empresas filiais a incluir na consolidação e que, em base consolidada, excedam pelo menos dois dos três limites definidos no n.º 3 do artigo 9.º, apurados nos termos do artigo 9.º-A, ambos do Decreto-Lei n.º 158/2009, de 13 de julho, com a redação dada pelo Decreto-Lei n.º 98/2015, de 2 de junho.

Índice

1. A reforma de 2017 1
2. Entidades de interesse público e grandes grupos 2
3. O regime 3

1 1. **A reforma de 2017**. O presente preceito foi aditado ao CSC pelo DL 89/2017, de 28-jul., no que se refere à divulgação de informações não-financeiras e de informações sobre a diversidade, por parte de certas grandes empresas e grupos. A iniciativa invoca a responsabilidade social das empresas, a análise do seu desempenho e do seu impacto na sociedade, a identificação dos riscos de sustentabilidade e a confiança dos consumidores. Pretende-se, ainda, a comparabilidade entre todos os Estados-Membros, a transparência e a coerência da informação. A matéria tem registado desenvolvimentos. O Regulamento (UE) 2020/852, de 18-jun., relativo ao estabelecimento de um regime para a promoção do investimento sustentável, introduz, no 8.º, novas regras para estas empresas e grupos respeitantes à transparência nas demonstrações não financeiras, em particular, no que respeita à qualificação das respetivas atividades económicas como sustentáveis do ponto de vista ambiental, de acordo com critérios fixados nesse Regulamento (em particular, nos 3.º e 9.º).

2 2. **Entidades de interesse público e grandes grupos** são os definidos no n.º 11 do preceito, por remissão. Os competentes textos podem ser confrontados na anotação ao 66.º-B, que dispõe um regime paralelo para as sociedades não integradas em grupo.

3 3. **O regime** resultante do 508.º-G é autoexplicativo e descritivo. Tal como a propósito do 66.º-B, remetemos para o seu teor: uma leitura atenta vale mais do que resumos ou explicações. E também aqui, pelo estilo como pelo conteúdo, o preceito melhor ficaria em diploma sobre Auditoria do que no Código em anotação.

Título VII – Disposições penais e de mera ordenação social[1]

Introdução

Bibliografia: José Manuel Merêa Pizarro Beleza, *Notas sobre o Direito penal especial das sociedades comerciais*, RDE 3 (1977), 267-299 e, sem alterações, agora em AAVV, *Direito penal económico e europeu – Textos doutrinários*, II (1999), 101-124; Eduardo Correia, *A punibilidade da simulação nas deliberações sociais (A propósito do Acórdão do STJ de 31 de Julho de 1963)*, RLJ 97.° (1964/1965), 17-19, 33-36 e 49-51; *id.*, *Introdução ao Direito penal económico*, RDE 3 (1977), 3-35, e, sem alterações, agora em AAVV, *Direito penal económico e europeu – Textos doutrinários*, I (1998), 292-318; *id.*, *Notas críticas à penalização de actividades económicas*, RLJ 116.° (1983/1984), 361-363, e 117.° (1984/1985), 33-36, e, sem alterações, em AAVV, *Ciclo de estudos de Direito penal económico* (1985), 9-23, e, sem alterações, agora em AAVV, *Direito penal económico e europeu – Textos doutrinários*, I (1998), 365-373; José de Faria Costa/Manuel da Costa Andrade, *Sobre a concepção e os princípios do Direito penal económico: notas a propósito do colóquio preparatório da AIDP (Freiburg, Setembro de 1982)*, RDE 8 (1982), 277-298, e, sem alterações, agora em AAVV, *Direito penal económico e europeu – Textos doutrinários*, I (1998), 347-364; Jorge de Figueiredo Dias, *Para uma dogmática do Direito penal secundário: um contributo para a reforma do Direito penal económico e social português*, RLJ 116.° (1983/1984), 263 ss., e 117.° (1984/1985), 7 ss., e, essencialmente imodificado, agora em AAVV, *Direito penal económico e europeu – Textos doutrinários*, I (1998), 35-74, *id.*, *Breves considerações sobre o fundamento, o sentido e a aplicação das penas em Direito penal económico*, em AAVV, *Ciclo de estudos de Direito penal económico* (1985), 25-42, e, sem alterações, em AAVV, *Direito penal económico e europeu – Textos doutrinários*, I (1998), 375-386, e, sem alterações, agora em AAVV, *Direito penal especial, processo penal e direitos fundamentais – Visão luso-brasileira* (2006), 57-71; Gabriela Páris Fernandes, *O crime de distribuição ilícita de bens da sociedade*, DJ XV/2 (2001), 231-331; Miguel Nuno Pedrosa Machado, *Sobre a tutela penal da informação nas sociedades anónimas: problemas da reforma legislativa*, O Direito 106.°/119.° (1974/1987), 271-336, e, com nota preliminar, agora em AAVV, *Direito penal económico e europeu – Textos doutrinários*, II (1999), 171-226; *id.*, *A entrada em vigor das incriminações de abuso de informação e de manipulação do mercado do Código do Mercado de Valores Mobiliários: chamada de atenção para mais um erro de técnica legislativa*, RPCC 4 (1991), 609-625, e, com correcções, agora em AAVV, *Direito penal económico e europeu – Textos doutrinários*, II (1999), 287-300; Cláudia Maria Cruz Santos, *O crime de colarinho branco: da origem do conceito e sua relevância criminológica à questão da desigualdade na administração da justiça penal* (2001); Germano Marques da Silva, *Disposições penais do CSC: considerações gerais*, em AAVV, *Textos – Sociedades comerciais* (1994/1995), 39-49; Susana Aires de Sousa, *Direito penal das sociedades comerciais: qual o bem jurídico?*, RPCC 12 (2002), 49-77. Germano Marques da Silva, *Responsabilidade penal das sociedades e dos seus administradores e representantes* (2009); Fernando Torrão, *Societas delinquere potest? Da responsabilidade individual e coletiva nos "crimes de empresa"* (2010); AAVV, *Comentário das leis penais extravagantes*, I (2010) e II (2011); Teresa Quintela de Brito, *Relevância dos mecanismos de "compliance" na responsabilização penal das pessoas coletivas e dos seus dirigentes*, Anatomia do Crime 0 (2014), 75-91; AAVV, *Comparticipação, pessoas coletivas e responsabilidade – 11 Estudos de Direito penal e Direito de mera ordenação social* (2015); Helena Morão, *Acerca da responsabilidade dos dirigentes das pessoas coletivas*, Anatomia do Crime 4 (2016), 73-92; AAVV, *Estudos sobre Law enforcement, compliance e Direito penal* (2.ª ed., 2018); Anabela Miranda Rodrigues, *Direito penal económico – Uma política criminal na era compliance* (2019).

[1] A própria denominação do Título VII foi retificada no DR I Série, de 31-jul.-1987, 3012-(4): onde se lia "Disposições penais" deve ler-se "Disposições penais e de mera ordenação social". Por lapso, a republicação feita pelo DL 76-A/2006, de 19-mai., não teve isso em conta.

Bibliografia estrangeira básica: AAVV, *I nuovi reati societari – Diritto e processo* (2002); Jean-Marie Coulon, *La dépénalisation de la vie des affaires* (2008); Patrícia Faraldo Cabana, *Los delitos societarios* (2.ª ed., 2015); Harro Otto, *Aktienstrafrecht – Erläuterungen zu den §§ 399-410 AktG* (4.ª ed., 1997); Michel Véron, *Droit pénal des affaires* (11.ª ed., 2016).

Índice

I – A elaboração das disposições penais e de mera ordenação social do CSC
1. Incidentes legislativos ... 1
2. Antecedentes ... 4
3. A polémica da descodificação ... 6

II – Direito comparado
4. Direito francês ... 9
5. Direito alemão ... 10
6. Direito italiano ... 13
7. Direito espanhol ... 14
8. Comparação ... 15

III – Bem jurídico
9. Economia pública ... 16
10. Crimes pluri-ofensivos ... 19
11. Classificação dos tipos de crime ... 20

IV – Natureza processual dos crimes societários
12. Crimes públicos ... 21
13. Consequências da natureza pública ... 22
14. Assistente em processo-crime ... 23

I – A elaboração das disposições penais e de mera ordenação social do CSC

1 1. **Incidentes legislativos**. O articulado do título relativo a disposições penais e de mera ordenação social não constava da versão inicial do Código. Conforme explicou o Ministro da Justiça da altura, Mário Raposo, na reunião plenária da Assembleia da República, em 22-jul.-1986, onde se discutiu a proposta de lei que autorizava o Governo a definir ilícitos criminais e respetivas sanções no âmbito do CSC[2], a premência na publicação do Código fez com que o Governo, não obstante a metodologia inicialmente figurada de fazer coincidir no tempo a publicação do CSC e a do seu domínio especificamente punitivo, tenha propendido para um tratamento faseado ou escalonado no tempo das duas publicações[3]. Desta feita, o Governo aprovou simplesmente o CSC sem normas penais e, quanto a estas, tratou de obter a necessária autorização legislativa (já que se trata de matéria da reserva relativa da Assembleia da República[4]), evitando outras delongas. De qualquer forma, as disposições penais e de mera ordenação social destinavam-se a engrossar o CSC, enquanto aditamento não apenas material mas formal ao texto do próprio Código, embora em diploma autónomo. Segundo o Ministro da Justiça, a dilação da publicação deste corpo legislativo complementar acabaria até trazendo a vantagem de facultar aos destinatários do Código e aos mediadores da respetiva aplicação, principalmente os advogados, um razoável período de adaptação às novas regras, antes mesmo de se passar à cominação e correspondente aplicação de sanções penais e de mera ordenação social[5].

2 A autorização legislativa fora pedida em fim de janeiro para, no Código, a publicar, definir ilícitos criminais e respetivas sanções[6]. Entretanto, já em julho ou fim de junho o Governo facultou, oficiosamente, à Assembleia da República um anteprojeto do CSC[7] sem normas penais

[2] Proposta de Lei 12/IV, aprovada pelo Governo em 2-jan.-1986.

[3] Cf. DAR, IV Legislatura, 1.ª Sessão Legislativa (1985-1986), I Série, n.º 100 (23-jul.-1986), 3794-3796.

[4] 165.º/1, *c*) e *d*), da CR, na versão em vigor.

[5] Cf. DAR, IV Legislatura, 1.ª Sessão Legislativa (1985-1986), I Série, n.º 100 (23-jul.-1986), 3797.

[6] Cf. DAR, IV Legislatura, 1.ª Sessão Legislativa (1985-1986), II Série, n.º 29 (5-fev.-1986), 899-899.

[7] Cf. Parecer da Comissão de Assuntos Constitucionais, Direitos, Liberdades e Garantias sobre a proposta de lei n.º 12/IV, que autoriza o Governo a definir ilícitos criminais e respetivas sanções no âmbito do Código das Sociedades Comerciais, DAR, IV Legislatura, 1.ª Sessão Legislativa (1985-1986), I Série, n.º 100 (23-jul.-1986), 3792-3793.

e mesmo sem normas definidoras dos ilícitos de mera ordenação social. No entanto, manteve-se o agendamento do pedido de autorização e a alegação de urgência. Porquê a premência na publicação do Código sem normas penais? E porquê a urgência da autorização, se o Código, assim truncado, já podia ser publicado sem ela? Perante tais perplexidades, alguns deputados de diferentes grupos parlamentares interrogaram-se sobre se as normas incriminatórias não correriam o risco de ser descodificadas e separadas das normas cujo cumprimento pretendiam proteger[8]. As palavras do Ministro da Justiça negando, de todo, essa possibilidade tranquilizaram os interlocutores e garantiram a aprovação da proposta de lei, com votos contra apenas do PCP[9], aliás por motivos que tiveram antes a ver com a falta de conhecimento atempado e discussão das opções do próprio Código por parte da Assembleia da República, o que se julgava imprescindível para um debate informado sobre as correlativas opções de política criminal[10].

O diploma autorizado viria, de facto, a surgir: foi o DL 184/87, de 21-abr.-1987[11], no uso 3
da autorização conferida pelo 1.° da Lei 41/86, de 23-set.-1987[12]. Através dele foi introduzido o atual Título VII no CSC, fazendo passar o antigo Título VII a VIII.

2. **Antecedentes.** Do projeto de Código das Sociedades de 1983 constava já um conjunto de 4
disposições penais (500.° a 514.°)[13]. Essas disposições penais nunca chegariam a vigorar, dadas as circunstâncias políticas adversas. Com efeito, o Governo, por intermédio do Ministério da Justiça, durante a vigência do VII Governo Constitucional, solicitara autorização para legislar sobre disposições penais e isenções fiscais, no âmbito do Código. A Assembleia da República chegou mesmo a votar a autorização legislativa, só que a queda do Governo fez caducar a proposta. Já na vigência do VIII Governo Constitucional, o Ministro da Justiça Meneres Pimentel renovou o pedido de autorização, mas a Assembleia da República não chegou a discuti-lo por causa da demissão do Primeiro-Ministro Pinto Balsemão[14].

As disposições penais em vigor assemelham-se, ainda assim, às do projeto supracitado 5
num número significativo de tipos de crime.

3. **A polémica da descodificação.** É problemática a inclusão de disposições penais e de mera 6
ordenação social num Código de Direito privado, como é o CSC. É verdade que assim se torna mais fácil a consulta da matéria, mas, em termos científicos, a junção é mais compilatória do que codificadora, quem sabe se por não haver ainda instrumentos aperfeiçoados para, em conjunto, tratar matéria civil e penal[15]. De facto, o Título VII do CSC contém pouca coisa mais do que a previsão dos tipos de crime e de contraordenação. Nada inclui sobre os desvios às regras gerais do Código Penal e do regime geral do ilícito de mera ordenação social que a sua aplicação porventura implicará[16]. Daí que se compreenda a alegação de que um diploma extravagante teria

[8] Neste sentido, veja-se as intervenções de Nogueira de Brito (CDS) e Almeida Santos (PS), DAR, IV Legislatura, 1.ª Sessão Legislativa (1985-1986), I Série, n.° 100 (23-jul.-1986), 3796, 3800-3801.

[9] A proposta de lei foi aprovada com votos a favor do PSD, do PS, do PRD, do CDS, do MDP/CDE e dos deputados independentes Rui Oliveira e Costa e Ribeiro Teles, votos contra do PCP e abstenções do deputado do PRD Vasco da Gama Fernandes e da deputada independente Maria Santos.

[10] Neste sentido, veja-se a intervenção de Odete Santos (PCP), DAR, IV Legislatura, 1.ª Sessão Legislativa (1985-1986), I Série, n.° 100 (23-jul.-1986), 3798-3799.

[11] DR I Série, n.° 92, de 21-abr.-1987, 1607, com declaração de retificação no DR I Série, de 31-jul.-1987, 3012-(4).

[12] DR I Série, n.° 219, de 23-set.-1986, 2667.

[13] Cf. BMJ 327 (1983), 331-336.

[14] Cronologia retirada da nota preambular do Código das Sociedades (Projeto), BMJ 327 (1983), 43-44.

[15] Neste sentido, Menezes Cordeiro, na introdução ao presente *CSC Anotado*. Também Germano Marques da Silva, *Disposições penais do CSC: considerações gerais*, em AAVV, *Textos – Sociedades comerciais* (1994/1995), 49.

[16] Apesar de o legislador ter pretendido que o direito penal societário fosse, tanto quanto possível, um subsistema do direito penal comum, de maneira a manter-se a coerência global do sistema. Assim, veja-se o n.° 3, *in fine*, do

dado melhor conta das complexidades da matéria penal e de mera ordenação social[17], como, de resto, estava na mente dos autores do anteprojeto de CSC facultado à Assembleia da República em 1986 e assim ficou prometido, em letra de forma, no preâmbulo do DL 262/86, de 2-set.-1986[18], que aprovou o CSC[19], mas não na mente do Governo, nem nos termos da proposta de lei pela qual este pretendia ser autorizado a tipificar crimes e a definir sanções no Código e não fora dele[20]. Mas na Assembleia da República, todos, desde o relator do Parecer da Comissão de Assuntos Constitucionais, Direitos, Liberdades e Garantias[21] até aos deputados que intervieram sobre esse tópico nos debates[22], incluindo o relator do Parecer, concordaram com o Governo acerca da dita vantagem de inclusão das disposições de Direito sancionatório no CSC.

7 Outra discussão visava saber, caso as disposições penais e de mera ordenação social ficassem de fora do CSC, se não deveriam ser integradas no próprio Código Penal. A questão foi debatida no Parlamento, mas essa hipótese foi sempre afastada[23].

8 São discussões que foram ultrapassadas por força da opção que o legislador tomou e que só regressarão à atualidade se a revisão do Direito penal societário entrar na agenda político-legislativa.

II – **Direito comparado**

9 4. **Direito francês.** O direito francês foi o primeiro de todos a criar infrações penais – delitos[24] – em matéria societária, através das leis de 17-jul.-1856, sobre as sociedades em comandita por ações, e de 24-jul.-1867, sobre as sociedades anónimas. Essas leis cominavam penas correcionais para determinadas irregularidades na constituição de sociedades, bem como para a publicação de informações falsas e para a distribuição de dividendos fictícios. Tais infrações passaram depois para a lei de 24-jul.-1867, alterada por várias vezes, especialmente nos anos de 1935 a 1938. Seguiu-se a Lei 66/537, de 24-jul.-1966, conhecida por Lei das Sociedades Comerciais (*Loi des Sociétés Commerciales – LSC*), várias vezes modificada (mais de quarenta modificações entre 1967 e 1997[25]), que continha mais de seis dezenas de artigos com disposições penais (423.° a 489.°). Não será de mais notar que nunca se chegou a acordo na doutrina sobre o número de delitos aí previstos (entre 120 e 250 tipos de delito, conforme as opiniões)[26]. Seja como for, surgiu recentemente a tendência contrária para a despenalização no âmbito da vida dos negócios, a partir da lei de 15-mai.-2001 (*Nouvelles Régulations Économiques – NRE*), que eliminou uma vintena de delitos societários, continuando com as leis de 1-ago.-2003 (*Loi sur la Sécurité Financière – LSF*

preâmbulo do DL 184/87, de 21-abr.-1987, que aprovou as disposições penais e de mera ordenação social (DR I Série, n.° 92, de 21-abr.-1987, 1607).

[17] É a posição de Menezes Cordeiro, na introdução ao presente *CSC Anotado*.

[18] DR I Série, n.° 201, de 2-set.-1986, 2293.

[19] Com efeito, o preâmbulo remetia, no seu n.° 35, a edição das disposições penais e de mera ordenação social para um futuro "diploma especial".

[20] Cf. Parecer da Comissão de Assuntos Constitucionais, Direitos, Liberdades e Garantias sobre a proposta de lei n.° 12/IV, que autoriza o Governo a definir ilícitos criminais e respetivas sanções no âmbito do Código das Sociedades Comerciais, DAR, IV Legislatura, 1.ª Sessão Legislativa (1985-1986), I Série, n.° 100 (23-jul.-1986), 3792-3793.

[21] *Ibid.*

[22] Neste sentido, veja-se as intervenções de Nogueira de Brito (CDS) e Almeida Santos (PS), DAR, IV Legislatura, 1.ª Sessão Legislativa (1985-1986), I Série, n.° 100 (23-jul.-1986), 3796, 3800-3801.

[23] Neste sentido, veja-se as intervenções do Ministro da Justiça e de Nogueira de Brito (CDS), DAR, IV Legislatura, 1.ª Sessão Legislativa (1985-1986), I Série, n.° 100 (23-jul.-1986), 3794, 3796.

[24] No direito francês vigora a classificação tripartida das infrações penais, a saber: o crime (*crime*), o delito (*délit*) e a contravenção (*contravention*). Por todos, Bernard Bouloc, *Droit penal général* (20.ª ed., 2007), 175-181, em especial 178, n. 2.

[25] Cf. Susana Aires de Sousa, *Direito penal das sociedades comerciais: qual o bem jurídico?*, RPCC 12 (2002), 62.

[26] (Grupo de trabalho presidido por) Jean-Marie Coulon, *La dépénalisation de la vie des affaires* (2008), 12.

e *Loi pour l'Initiative Économique – LIE*), que suprimiram outros tantos, e terminando, até mais ver, com os decretos de 25-mar.-2004 (*Ordonnance sur la Simplification du Droit et des Formalités pour les Entreprises – OSDFE*) e de 25-jun.-2004 (*Ordonnance sur les Valeurs Mobilières – OVM*), que extinguiram cerca de quarenta delitos[27]. De resto, é uma tendência que promete continuar, apoiada por amplos sectores da doutrina, mas já não cabe aqui explicar os instrumentos jurídicos de que o Direito francês se tem vindo a socorrer, enquanto sucedâneos da maior parte dos delitos societários. Apesar disso, ninguém defende a eliminação de todos os delitos societários, devendo manter-se um núcleo duro.

5. **Direito alemão**[28]. O Direito alemão, ainda ao tempo da Confederação da Alemanha do 10
Norte[29], previu pela primeira vez infrações penais na Emenda à Lei das Sociedades por Ações (*Aktiennovelle*), de 11-jun.-1870, que tornou punível a falsificação ou ocultação de balanços, bem como a omissão de avisos sobre excesso de dívidas da sociedade. Quando deu para perceber que essas disposições eram insuficientes, o que ficou claro após um largo período de crise e colapso de numerosas sociedades por ações por força de atuações ilícitas dos respetivos gestores, o legislador optou por criar disposições penais mais severas, através da Lei das Sociedades em Comandita por Acções e das Sociedades Anónimas, de 18-jul.-1884, que alterou o Código Comercial (*Handelsgesetzbuch – HGB*) de 1861, nele incluindo os tipos de delitos societários. Cabe aqui destacar a criação dos delitos de infidelidade comercial (*Art.* 249), emissão de ações e aumentos de capital fraudulentos (*Art.* 249a) e, ainda, negociação fraudulenta de ações (*Art.* 249d *Nr.* 1, 2). Com exceção deste último, que passou para a Lei da Bolsa (*Börsengesetz*), os demais tipos de delito foram, no essencial, integrados no *HGB* de 10-mai.-1897 (§§ 312-319). Tais tipos foram depois complementados com disposições penais relativas à violação do dever de relatar e à infração do dever de guardar segredo da empresa ou do negócio, através do Decreto Presidencial de 19-set.-1931. Posteriormente, todos esses tipos de delito foram também incluídos na Lei das Sociedades por Ações (*Aktiengesetz – AktG*), de 30-jan.-1937, mas com penas agravadas (§§ 294-304). Mudanças importantes surgiram com o novo *AktG*, de 6-set.-1965[30], em vigor até hoje, o qual contém seis parágrafos com delitos societários (§§ 399 a 404) e outro (§ 405) com inúmeras contraordenações[31]. Designadamente, o tipo de infidelidade comercial (*aktienrechtliche Untreue*) desapareceu, por ser considerado supérfluo como tipo especial. De grande significado se revestiu a criação de contraordenações, na medida em que deu corpo a uma certa tendência para a descriminalização neste âmbito. A Lei de 2-mar.-1974 adaptou o Direito penal societário às exigências decorrentes das grandes mudanças da Parte Geral do Código Penal[32]. Outras alterações se sucederam no tempo, tais como a resultante da transposição da Segunda Diretriz das

[27] *Id.*, 31-32. Entretanto, o decreto de 25-mar.-2007 operou um reagrupamento importante de textos de origem legal e regulamentar no *Code de commerce* (cf. Michel Véron, *Droit pénal des affaires* (7.ª ed., 2007), 2-4).

[28] A evolução histórica do Direito penal societário na Alemanha foi retirada de Harro Otto, *Aktienstrafrecht – Erläuterungen zu den §§ 399-410 AktG* (4.ª ed., 1997), 3-5 (antes do § 399, n.os ms. 1-4).

[29] A Confederação da Alemanha do Norte foi formada em 1867, extinguindo-se com a fundação do Império Alemão, em 1871.

[30] Há tradução portuguesa por Alberto Pimenta, *A nova lei alemã das sociedades por ações*, Separata do BMJ 175-176-177 (1968).

[31] O regime geral das contraordenações (*Gesetz über Ordnungswidrigkeiten – OwiG*) já existia desde 15-mar.-1952.

[32] Com a reforma de 1-jan.-1975 do Código Penal (*Strafgesetzbuch – StGB*) de 1871, que é o código ainda vigente, o direito alemão adotou uma dicotomia na classificação das infrações penais, a saber: o crime (*Verbrechen*) e o delito (*Vergehen*). Todas as velhas transgressões (*Übertretungen*) de inspiração francesa foram transformadas em contraordenações (*Ordnungswidrigkeiten*). Para mais explicações, cf. Claus Roxin, *Strafrecht – Allgemeiner Teil*, I (4.ª ed., 2006), 12-13 (§ 2, n.os ms. 60-62), 272-277 (§ 9, n.os ms. 1-15).

Sociedades Comerciais, de 13-dez.-1976, que impôs, entre outras coisas, a alteração do § 405 *Abs.* 1 *Nr.* 3 e 4 do *AktG*. A Lei das Diretrizes Contabilísticas (*Bilanzrichtliniengesetz*), de 19-dez.-1985, implicou a deslocação para o *HGB*, inclusive a partir do *AktG*, das disposições penais relativas aos deveres de divulgação e exame de relatórios e contas, além de que o § 405 *Abs.* 1 *Nr.* 5 do *AktG* foi revogado. Através da Lei de 2-ago.-1994, o § 399 *Abs.* 1 *Nr.* 1 do *AktG* foi emendado. Através da Lei de 28-out.-1994, o § 399 *Abs.* 2 do *AktG* foi alterado. A Lei de Introdução ao Regulamento de Insolvência, de 5-out.-1994, que só entrou em vigor em 1-jan.-1999, substituiu, no § 401 *Abs.* 1 *Nr.* 2 do *AktG*, a expressão "processo de falência" (*Konkursverfahren*) pelas palavras "processo de insolvência" (*Insolvenzverfahren*).

11 Dadas as sobreposições que existem entre as disposições penais do *HGB* e do *AktG*, a aplicação deste último prevalece por força das penas mais graves.

12 Em suma, o modelo alemão persegue uma estratégia de política criminal assaz seletiva, cominando penas somente para falsas indicações, exposições inexatas, infração dos deveres em caso de prejuízos, excesso de dívidas e falência, falsificação de certificados com vista a exercer fraudulentamente direito de voto em assembleia social, infração da obrigação de relatar e, por fim, infração do dever de guardar segredo da empresa ou do negócio.

13 6. **Direito italiano**. No ordenamento jurídico italiano, o Código Civil (*codice civile – c.c.*) de 1942 previa uma série de delitos societários[33], nos artigos 2621 a 2635. Entretanto, o regime dos ilícitos penais relativos às sociedades comerciais foi trazido para o primeiro plano dos debates jurídicos, políticos e até mediáticos, em resultado do novo complexo normativo introduzido pelo Decreto legislativo 61, de 11-abr.-2002, que deu execução à Lei de autorização 366, de 5-out.-2001, alterando assim o *codice civile*. A discussão concentrou-se sobretudo na mudança dos elementos típicos do delito de falsas comunicações sociais, vulgarmente designado por falsificação do balanço (*falso in bilancio*), dantes p. e p. no 2621 *c.c.* e agora separado em dois, consoante as comunicações falsas provoquem dano aos sócios ou aos credores sociais, o que constitui delito, ainda que dependente de queixa (*querela di parte*)[34], p. e p. no novo 2621 *c.c.*, ou não, o que constitui mera contravenção, p. e p. no novo 2622 *c.c.*. O novo regime do *falso in bilancio* é paradigmático do sentido geral da reforma, que deu uma feição de lesão patrimonial a todos os delitos societários, ao passo que transformou em contravenção os perigos criados por meio da violação dos deveres próprios dos membros de órgãos sociais. Tal transformação foi muito criticada por amplos sectores da doutrina vernácula (de resto, a literatura sobre o tema é muito abundante)[35].

14 7. **Direito espanhol**. Importa destacar, pela sua originalidade, a opção do legislador espanhol, que integrou os delitos societários[36], criados em 1995, no próprio *Código penal* (*CP*)[37].

15 8. **Comparação**. O legislador português aproximou-se do Direito alemão quanto à previsão de um reduzido número de crimes societários[38] e à previsão complementar de ilícitos de mera ordenação social, mas depois acabaram sendo escassos os tipos de crime realmente inspirados no *AktG*. As semelhanças com os ilícitos típicos previstos no *AktG*, mas não só (também com o

[33] No sistema italiano vigora uma classificação bipartida dos ilícitos penais (*reati*), a saber: o delito (*delitto*) e a contravenção (*contravvenzione*). Por todos, Sergio Vinciguerra, *Diritto penale italiano – Concetto, fonti, validità, interpretazione*, I (1999), 31, 35.

[34] Salvo se for uma sociedade cotada em bolsa, caso em que o delito é público.

[35] Por todos, Luigi Foffani, *La nuova disciplina delle false comunicazioni sociali* (artt. 2621 e 2622), em AAVV, *I nuovi reati societari – Diritto e processo* (2002), 231-323.

[36] No sistema espanhol vigora uma classificação bipartida das infrações penais, que são o *delito* e a *falta* e que se distinguem consoante se lhes aplique uma pena grave ou leve.

[37] Em concreto, no Capítulo XIII, Título XIII, Livro II, do novo Código Penal espanhol de 1995, aprovado pela LO 10/1995, de 23 de novembro.

[38] É sabido que os crimes são as únicas infrações penais atualmente existentes na lei portuguesa.

Direito francês), são visíveis apenas na participação fraudulenta em assembleia social (517.°), nas informações falsas (519.°) e na violação do dever de propor a dissolução da sociedade ou redução do capital (523.°). Os demais tipos de crime previstos no CSC tomaram como modelo outros ordenamentos jurídicos estrangeiros: por exemplo, a aquisição ilícita de quotas ou ações (510.°), a distribuição ilícita de bens da sociedade (514.°) e o impedimento de fiscalização (522.°) já existiam, também como infracções penais, nos Direitos francês, antes de mais, e italiano.

III – **Bem jurídico**

9. **Economia pública.** Entende-se hoje que as sociedades comerciais têm um valor na vida económica e social de um país que ultrapassa os interesses dos diferentes grupos ligados à sorte das empresas (sócios, credores sociais, "quadros", trabalhadores assalariados, etc.). Por exemplo, o desaparecimento de uma empresa privada implica, de algum modo, o empobrecimento da vida económica e social de um país. Tudo aquilo que diz respeito à vida de uma empresa privada acaba assim tendo repercussão pública[39]. Daí que o Estado deva incentivar a atividade empresarial, como resulta, aliás, da Constituição económica (86.°/1). 16

O interesse geral no desenvolvimento da atividade empresarial, que a Constituição reconhece, faz com que se possa identificar, como bem jurídico supra-individual comum a todas as incriminações previstas no CSC, a economia pública (*i.e.*, a ordem sócio-económica)[40]. 17

Mas é preciso dizer que a importância atribuída pela Constituição à economia pública não é argumento suficiente para a criação dos crimes societários. Não podemos deduzir da ordem valorativa constitucional um imperativo de criminalização dirigido ao legislador ordinário[41]. 18

[39] Neste sentido, veja-se a intervenção de Magalhães Mota (PRD), DAR, IV Legislatura, 1.ª Sessão Legislativa (1985-1986), I Série, n.° 100 (23-jul.-1986), 3800.

[40] Neste sentido, Germano Marques da Silva, *Disposições penais do CSC: considerações gerais*, em AAVV, *Textos – Sociedades comerciais* (1994/1995), 44-45. Também Gabriela Páris Fernandes, *O crime de distribuição ilícita de bens da sociedade*, DJ XV/2 (2001), 245-250. Tem o mesmo significado identificar como bem jurídico a "função económica da empresa", desde que essa visão funcionalista tenha como teleologia a economia pública, como é defendido por José Manuel Merêa Pizarro Beleza, *Notas sobre o Direito penal especial das sociedades comerciais*, RDE 3 (1977), 286-287. Mas é completamente diferente identificar como bens jurídicos, aliás direta e imediatamente tutelados pelas normas de Direito penal societário, o "regular funcionamento da sociedade comercial e a sua transparência", como é defendido por Susana Aires de Sousa, *Direito penal das sociedades comerciais: qual o bem jurídico?*, RPCC 12 (2002), 66-71. Discordamos absolutamente desta última posição, pois não nos podemos esquecer de que o bom funcionamento das sociedades comerciais e a sua transparência não têm valor por si mesmos, mas só em função da economia pública e dos diversos interesses patrimoniais ligados às sociedades comerciais em causa.

[41] Algumas indicações sobre a questão de saber se existem verdadeiros imperativos constitucionais de criminalização podem ser vistas em Jorge de Figueiredo Dias/Manuel da Costa Andrade, *Criminologia – O homem delinquente e a sociedade criminógena* (3.ª reimp., 1997), 439-440. Aceitando o princípio de que não existe uma obrigação de criminalizar os atos ofensivos de bens constitucionalmente protegidos, mas sem querer absolutizar o princípio, José Francisco de Faria Costa, *O perigo em direito penal* (1992), p. 206. Pelo contrário, pronunciando-se claramente no sentido de haver tutela penal obrigatória decorrente da Constituição, mormente em relação a bens pessoais que estão no topo da ordem constitucional de bens jurídicos, mas defendendo a ideia de que as incriminações ficam sempre com os seus contornos dependentes do arbítrio legislativo, Rui Pereira, *A incriminação do aborto na reforma penal de 1991*, em AAVV, *Estudos Comemorativos do 150.° Aniversário do Tribunal da Boa-Hora* (1995), 153-154. Também defendendo a capacidade e a legitimidade impositivas de criminalização da Constituição, Maria da Conceição Ferreira da Cunha, *Constituição e crime – Uma perspectiva da criminalização e da descriminalização* (1995), 417-424. Igualmente defendendo a existência de injunções constitucionais de criminalização, até porque a Constituição implica, por razões de igualdade e proporcionalidade, uma lógica de justiça material que respeite a proporção valorativa não só de penas, mas também de crimes, Teresa Pizarro Beleza, *A revisão da Parte Especial na reforma do Código Penal: legitimação, reequilíbrio, privatização, 'individualismo'*, em AAVV, *Jornadas sobre a revisão do Código Penal – FDUL* (1998), 90.

[42] Aqui foi adotada a locução "merecimento de pena", que corresponde à tradução literal da expressão italiana *meritevolezza di pena*, em vez da locução "dignidade penal",

A Constituição só pode estabelecer o merecimento de pena[42]. Caberá ao legislador ordinário, para além disso, averiguar se existe a necessidade de pena, tendo presente o princípio da subsidiariedade, que obriga à abstenção do Direito penal em todos os casos de suficiência de outras modalidades de tutela jurídica. Não parece que o legislador português tenha feito mais do que dar de barato a necessidade de pena, limitando-se a seguir os passos dos ordenamentos jurídicos estrangeiros, que, como vimos, recorrem à previsão de delitos societários[43]. Convenhamos, porém, que se justificaria uma discussão científica sobre a necessidade, e a própria eficácia, da tutela penal nesta área, tanto mais que, entre nós, a previsão legal de crimes societários não tem passado, até hoje, de letra-morta. A isto se chama Direito penal simbólico[44].

19 10. **Crimes pluri-ofensivos.** A identificação da economia pública como bem jurídico comum a todas as incriminações em apreço não impede que mais bens jurídicos sejam tutelados, inclusivamente de forma mais direta e imediata. A existência de crimes pluri-ofensivos nada tem de extraordinário. Cabe assim ao intérprete verificar, relativamente a cada tipo incriminador, se existem outros bens jurídicos tutelados. Por exemplo, "as disposições que estabelecem as regras de constituição das sociedades ou impõem aos responsáveis pela gestão social (ou pelo seu controle) a obrigação de informarem sobre determinados aspetos da atividade social, na medida em que o seu objetivo principal é o de garantir a formação de um património e o conhecimento da verdadeira situação económico-financeira da empresa, representam formas de proteção do acionista ou de terceiro contra prejuízos que eventualmente poderiam vir a ser causados por operações levadas a cabo pela sociedade"[45].

20 11. **Classificação dos tipos de crime.** Da identificação do bem jurídico tutelado se retira a resposta para muitos dos problemas dogmáticos colocados pelas normas em questão, tais como a classificação dos tipos de crime quanto ao perigo ou efetiva lesão do bem ou bens protegidos[46]. Em relação à economia pública, os crimes societários são delitos de perigo abstrato. Quer dizer, crimes em que o perigo para a economia pública é presumido, segundo o que é normal acon-

que é a tradução do termo *Strafwürdigkeit*, apesar de a versão portuguesa do termo alemão já ter ganho algum favor na nossa doutrina. Mas é pura questão de gosto, que não carece de especial justificação.

[43] Veja-se as curtas reflexões sobre a necessidade de editar normas penais sobre matéria da vida das sociedades comerciais no n.º 2 do preâmbulo do DL 184/87, de 21-abr.-1987, que aprovou as disposições penais e de mera ordenação social (DR I Série, n.º 92, de 21-abr.-1987, 1607).

[44] É claro que todo o direito penal desempenha uma função simbólica, na medida em que serve para reafirmar a importância de certos bens jurídicos. Mas quando falamos de direito penal simbólico queremos significar antes que se trata de um direito penal fortemente impregnado de conotações programáticas e até ideológicas, mas desprovido de consequências práticas. Todo o direito penal simbólico é socialmente inútil, na melhor das hipóteses, se não for mesmo contraproducente, na hipótese mais provável. Qualquer direito penal com tais características falha na prossecução dos fins de prevenção geral. Desde logo, falha na realização dos objetivos de prevenção geral negativa, visto que nenhuma intimidação é eficaz quando é conhecido de todos que a lei padece de aplicação crassamente deficitária. Por outro lado, o direito penal simbólico também não cumpre os objetivos de prevenção geral positiva, o que é ainda mais grave. Na verdade, esse direito penal começa por assumir que é tarefa sua inculcar novos valores na consciência dos cidadãos. Até pode ser que consiga, de início, criar expectativas relativamente à tutela desses valores, potenciando a normal atitude respeitosa do cidadão comum para com a mensagem do legislador. Para quê, se o mais que se segue é a verificação de que a lei afinal não tem aplicação? Fracassando a reafirmação contrafáctica das expetativas sociais violadas, acabará por se instalar um perigoso sentimento de frustração na comunidade jurídica. Bem pior ainda é poder vir a verificar-se que a distância que vai da frustração ao desrespeito coletivo é curta. Na verdade, a aplicação deficitária do Direito pode tornar-se num convite para que quem atua dentro da lei deixe de o fazer. Seja o caso de ocorrer esta transição do desencanto para a animosidade à lei e o direito penal simbólico terá contribuído afinal para o recrutamento de infratores.

[45] José Manuel Merêa Pizarro Beleza, *Notas sobre o Direito penal especial das sociedades comerciais*, RDE 3 (1977), 286-287.

[46] Cf. Susana Aires de Sousa, *Direito penal das sociedades comerciais: qual o bem jurídico?*, RPCC 12 (2002), 50.

tecer (*id quod plerumque accidit*), sendo indiferente haver ou não perigo no caso concreto. Assim é porque a economia pública serviu apenas de motivo de incriminação, não configurando um elemento do próprio tipo incriminador em nenhum dos crimes societários[47]. Em relação aos bens jurídicos direta e imediatamente protegidos por cada um dos tipos incriminadores, a classificação como delitos de perigo ou de dano será feita adiante, em comentário a cada um deles.

IV – **Natureza processual dos crimes societários**

12. **Crimes públicos.** Todos os crimes do Título VII do CSC são públicos. A decisão do legislador de qualificar como públicos tais crimes teve necessariamente em conta a natureza do bem jurídico tutelado: a economia pública[48]. 21

13. **Consequências da natureza pública.** "A natureza pública destes crimes tem consequências importantes que importa relevar. Os agentes não podem agora confiar que os factos não transpirem para o exterior, porque a liberdade de acesso aos livros da sociedade pelos fiscais dos impostos constitui um meio eficaz de denúncia e os fiscais têm o dever de denunciar todos os crimes de que tomem conhecimento no exercício e por causa do exercício das suas funções de fiscalização. Por outra parte evita-se que a ameaça de queixa possa atuar como instrumento de coação, nomeadamente para a realização de negócios atinentes à vida societária, ofendidos pelo crime, uma vez que ele sempre poderá vir a ser conhecido pelo Ministério Público. A natureza pública do crime evita também, em grande parte, que o processo possa ser utilizado como meio de coação negocial sobre o agente, uma vez que, feita a denúncia, o assistente não mais a pode *negociar*, o processo fica nas mãos da justiça"[49]. 22

14. **Assistente em processo-crime.** A natureza pública dos crimes societários não impede que os particulares se constituam como assistentes. O 68.°/1 CPP regula a legitimidade para a constituição como assistente. Nos crimes públicos, o ofendido é, em princípio, quem tem legitimidade para se constituir como assistente. Uma vez que os crimes societários são pluri-ofensivos, o facto de poder haver bens jurídicos individuais afetados pelo crime permite a identificação de particulares ofendidos com legitimidade para se constituírem como assistentes. Já não colhe o velho conceito restrito de ofendido, segundo o qual o ofendido seria só o titular do interesse direta, imediata ou predominantemente protegido pela incriminação, o que faria com que, no processo por crimes societários, não pudesse haver assistentes, dado a economia pública, enquanto bem jurídico predominantemente protegido, ser de titularidade coletiva. De resto, a jurisprudência tem vindo, paulatina mas seguramente, a abandonar o velho conceito restrito de ofendido[50]. Mais radical, embora claramente minoritário na doutrina e ainda desconhecido na jurisprudência, é o conceito amplo de ofendido, segundo o qual os particulares têm legitimidade para se constituir como assistentes mesmo nos processos por crimes contra bens jurídicos coletivos ou interesses difusos, de titularidade intersubjetiva, tais como a saúde pública, o ambiente, a qualidade de vida, a proteção do consumo de bens e serviços, o património cultural e o domínio público e, já agora, a economia pública. Nesses casos, qualquer pessoa se poderia constituir assistente, assim se exprimindo uma nova dimensão da cidadania no quadro das sociedades modernas vistas como sociedades de massas e de risco[51]. 23

[47] Cf. Gabriela Páris Fernandes, *O crime de distribuição ilícita de bens da sociedade*, DJ XV/2 (2001), 247-249, 323.

[48] Cf. Germano Marques da Silva, *Disposições penais do CSC: considerações gerais*, em AAVV, *Textos – Sociedades comerciais* (1994/1995), 44.

[49] *Id.*, 45, itálicos no original.

[50] Desde o acórdão de fixação de jurisprudência do STJ n.° 1/2003, proferido a propósito do crime de falsificação de documento (DR I Série A, de 27-jan.-2003, 1049). Veja-se Paulo Pinto de Albuquerque, *Comentário do Código de Processo Penal* (2.° ed., 2008), 203-210.

[51] Como é defendido por Augusto Silva Dias, *A tutela do ofendido e a posição do assistente no processo penal português*, em

24 Na medida em que os crimes societários podem afetar os interesses patrimoniais dos sócios no seu conjunto (*i.e.*, a sociedade), também se coloca a questão de saber se poderá haver uma intervenção social de grupo, como assistente, no processo-crime. A jurisprudência geralmente não tem admitido uma intervenção social de grupo, como assistente, em processo-crime, por alegados furto, furto de uso de veículo, infidelidade e abuso de confiança[52]. Mas também aqui se pode notar alguma evolução, que é digna de aplauso, como se pode ver por vários exemplos em que foram admitidas pessoas coletivas como assistentes no processo-crime: o Instituto de Gestão Financeira da Segurança Social pelo crime de abuso de confiança contra a segurança social (acórdão de fixação de jurisprudência do STJ n.º 2/2005), a Ordem dos Médicos Veterinários, em relação ao crime de usurpação de funções (RPt 23-abr.-2003, em CJ, XXVIII, 2, 212), o sindicato pelo crime de abuso de confiança por não lhe terem sido entregues as quotizações descontadas pela entidade patronal a trabalhadores sindicalizados (RPt 16-mai.-2007, em CJ, XXXII, 3, 208) ou as pessoas coletivas, incluindo as instituições de solidariedade social, pelos crimes contra a honra e a consideração (RCb 21-jan.-2000, em CJ, XXV, 1, 44; REv 11-nov.-2004, em CJ, XXIX, 5, 260)[53].

25 Seja como for, a sociedade terá sempre legitimidade, enquanto lesada, para deduzir um pedido de indemnização civil no processo-crime[54]. O lesado corresponde ao autor na ação declarativa de condenação em processo civil e os demandados serão os réus nessa mesma ação civil ou quaisquer terceiros intervenientes, que são também partes nos termos do 320.º CPC (diferentemente do velho CPP de 1929, que não aceitava a possibilidade de responsabilidades civis apuradas no âmbito do processo penal relativamente a estes meros responsáveis civis). O lesado e todas as pessoas com responsabilidade civil são partes civis. Tais partes civis são sujeitos processuais do processo penal apenas em sentido formal, não em sentido material, porque a natureza da ação é civil. Antes do CP de 1982 fazia todo o sentido discutir qual era o estatuto dos lesados no processo penal, já que a indemnização, nos termos da lei penal antiga, fazia parte da pena criminal e era arbitrada oficiosamente pelo próprio julgador. Pelo contrário, o CP de 1982, no antigo 128.º e atual 129.º, dá agora claramente à indemnização uma natureza civil, ao dizer que "[a] indemnização de perdas e danos emergentes de um crime é regulada pela lei civil". Ademais, há agora uma total autonomia da responsabilidade civil perante a responsabilidade penal, pois pode haver absolvição relativamente à questão penal e condenação no pedido civil, como resulta dos 84.º e 377.º CPP. Enfim, é preciso apenas que a causa de pedir no pedido de indemnização civil se tenha baseado nos mesmos factos que são pressuposto do processo penal[55]. Quanto ao apuramento da responsabilidade civil, o CPP consagrou o sis-

AAVV, *Jornadas de Direito processual penal e direitos fundamentais* (2004), 55-65.

[52] Por exemplo: TRLx 6-abr.-2000 (Nuno Gomes da Silva), Proc. 0015199.

[53] Todos os acórdãos foram citados por Paulo Pinto de Albuquerque, *Comentário do Código de Processo Penal* (2.º ed., 2008), 206-207.

[54] Há que distinguir o ofendido do lesado. O ofendido é a vítima do crime, no sentido de que é o titular dos interesses que a lei penal visa proteger. O lesado é quem sofre o prejuízo. Por exemplo, na burla é necessário que haja um prejuízo efetivo do enganado ou de terceiro, em função do ato de disposição patrimonial motivado pelo engano. Assim, o lesado é o prejudicado, mas a vítima da burla não é necessariamente o prejudicado, pois pode ter praticado o ato de disposição relevante em nome de outrem (a chamada burla triangular). Portanto, o lesado e o ofendido nem sempre coincidem. Por isso se diz na lei que o lesado é "a pessoa que sofreu danos ocasionados pelo crime, ainda que se não tenha constituído ou não possa constituir-se assistente" (74.º/1 CPP). Neste último caso, dir-se-á que não pode constituir-se assistente porque não foi ofendida. O pedido de indemnização civil é deduzido pelo lesado. O pedido pode ser deduzido pelo lesado contra quaisquer pessoas com responsabilidade civil relacionada com o facto que é objeto do processo-crime ao qual adere a acção civil.

[55] Não há total coincidência na forma como se refere a indemnização civil na lei penal e na lei processual penal.

tema de interdependência. De mais a mais, a lei impõe a adesão da ação cível à ação penal (o chamado princípio de adesão), embora com as exceções constantes do 72.º/1 CPP, em que o pedido pode ser apresentado em separado (só que as exceções são tantas que cabe perguntar se o princípio ainda vigora realmente). Quanto à representação judiciária, houve uma alteração. Na versão primitiva do CPP de 1987 era possível ao lesado requerer ao MP que o representasse. Este ponto foi sempre muito discutido na doutrina, dadas as funções do MP, pois o respetivo dever de objetividade podia ficar prejudicado por causa da representação do lesado. Ainda bem que este sistema, entretanto, acabou. Agora não cabe ao MP representar o lesado em caso algum, embora lhe pertença, nos termos do 76.º/3 CPP, formular o pedido em representação do Estado ou de outras pessoas e interesses cuja representação lhe esteja atribuída por lei[56].

Artigo 509.º (Falta de cobrança de entradas de capital)

1. O gerente ou administrador de sociedade que omitir ou fizer omitir por outrem atos que sejam necessários para a realização de entradas de capital será punido com multa até 60 dias.

2. Se o facto for praticado com intenção de causar dano, material ou moral, a algum sócio, à sociedade, ou a terceiro, a pena será de multa até 120 dias, se pena mais grave não couber por força de outra disposição legal.

3. Se for causado dano grave, material ou moral, e que o autor pudesse prever, a algum sócio que não tenha dado o seu assentimento para o facto, à sociedade, ou a terceiro, a pena será a da infidelidade.

Bibliografia: António Menezes Cordeiro 2 (2007); Paulo de Tarso Domingues, *Do capital social – Noção, princípios e funções*, 2.ª ed. (2004), 132-146; Gabriela Páris Fernandes, *O crime de distribuição ilícita de bens da sociedade*, DJ XV/2 (2001), 231-331; Germano Marques da Silva, *Disposições penais do CSC: considerações gerais*, em AAVV, *Textos – Sociedades comerciais* (1994/1995), 39-49.

Índice

1. Versão original e alterações ... 1
2. Trabalhos preparatórios ... 2
3. Elementos de Direito comparado ... 3
4. Bem jurídico ... 4
5. Tipo objetivo de ilícito ... 9
6. Tipo subjetivo de ilícito ... 11
7. Autoria e comparticipação ... 16
8. Tentativa ... 21

O CP fala na "indemnização de perdas e danos emergentes de crime". O CPP, no 71.º, diz que o "pedido de indemnização civil fundado na prática de um crime é deduzido no processo penal respetivo". Germano Marques da Silva diz que a expressão "fundado na prática de um crime" é infeliz. Atendendo à definição dogmática de crime como ação típica, ilícita, culposa e eventualmente punível, não se compreende, de facto, como é que poderá haver sentença absolutória e ainda assim haver lugar a condenação em indemnização civil, já que, se houver sentença absolutória, isso dever-se-á, na maior parte das vezes, ao reconhecimento de que não houve crime, pelo que não poderia haver indemnização fundada na prática do crime. Em última análise, a responsabilidade civil e a responsabilidade criminal só se relacionam porque a causa de pedir no pedido cível tem de se basear nos mesmos factos que desencadearam o processo penal respetivo, o que é diferente de dizer que houve crime (cf. Germano Marques da Silva, *Curso de Processo Penal*, I (5.ª ed., 2008), 125-129).

[56] Em vez disso, foi criado um sistema em que pode ser arbitrada a indemnização "a título de reparação pelos prejuízos sofridos quando particulares exigências de protecção da vítima o imponham", nos termos do 82.º-A CPP.

1 1. **Versão original e alterações**. O 509.º não tem precedentes normativos históricos. A versão original de 1987[1] foi alterada pelo DL 76-A/2006, de 29-mar.[2], no sentido de suprimir, no n.º 1, a referência a "diretores".

2 2. **Trabalhos preparatórios**. Do projeto de Código das Sociedades de 1983 constava já a previsão da falta de cobrança de entradas (501.º/1)[3], que dispunha o seguinte:

> O gerente, administrador ou director que, com intenção de prejudicar a sociedade, sócios ou terceiros, ou de beneficiar certos sócios, não usar dos meios estabelecidos na lei para a cobrança de entradas de capital vencidas e não pagas será punido com prisão até um ano e multa até cem dias.

3 3. **Elementos de Direito comparado**. O 509.º não tem paralelo nos Direitos francês, alemão, italiano e espanhol.

4 4. **Bem jurídico**. O 509.º tutela a economia pública, os interesses dos credores sociais e os interesses patrimoniais dos sócios, considerados individualmente e no seu conjunto.

5 A realização do capital social é indispensável para que este possa desempenhar, de facto, a sua função de garantia para terceiros, uma vez que o capital social, em sentido nominal, é apenas um número, uma cifra formal e abstrata[4]. A garantia geral dos credores terá necessariamente de se consubstanciar num fundo patrimonial, num conjunto de bens suscetíveis de penhora[5]. Donde, percebe-se que a falta de cobrança das entradas de capital prejudica a formação do capital social real e, por conseguinte, mina a garantia geral dos credores, criando assim um perigo para os interesses patrimoniais destes[6]. Enfim, é um perigo abstrato, que se prende com a possibilidade de os credores virem a ser confrontados com situações em que a sociedade não lhes paga os seus créditos, o que pode nunca acontecer. Assim, o 509.º configura um delito de perigo abstrato contra os interesses dos credores sociais.

6 Também é possível ver na realização do capital social uma função de proteção dos interesses patrimoniais dos sócios, individualmente considerados[7]. Há uma série de direitos e expetativas dos sócios, cuja satisfação e realização dependem do facto de a sociedade ter património, o que explica, aliás, o regime das entradas. Portanto, se o gerente ou administrador impedir a realização desse lucro, por falta de cobrança de entradas de capital, isso poderá comprometer, em princípio, a satisfação desses direitos e a realização dessas expetativas. Assim se compreende que o 509.º constitua também um delito de perigo abstrato contra os interesses dos sócios.

7 Pelas mesmas razões, a falta de cobrança de entradas de capital pode comprometer a realização dos interesses patrimoniais dos sócios no seu conjunto ou, vale o mesmo, da sociedade.

8 Por último, mas não menos importante, a realização do capital social corresponde ao interesse da "economia nacional na manutenção da capacidade patrimonial da empresa para realizar os seus fins societários, considerando o papel fundamental que as sociedades comerciais

[1] DR I Série, n.º 92, de 21-abr.-1987, 1609.

[2] DR I Série-A, n.º 63, de 29-mar.-2006, 2328-(160).

[3] Cf. BMJ 327 (1983), 331.

[4] Não é preciso entrar aqui na controvérsia sobre qual será a melhor definição jurídica de capital social. Para desenvolvimentos sobre as principais aceções de capital social, cf. Paulo de Tarso Domingues, *Do capital social – Noção, princípios e funções*, 2.ª ed. (2004), 35-55.

[5] *Id.*, 45-46. Chamando, porém, a atenção para o facto de poder haver bens patrimoniais insuscetíveis de penhora representados no capital social e, como tal, inscritos no ativo do balanço da sociedade, mas que não garantem os interesses dos credores sociais, cf. Germano Marques da Silva, *Disposições penais do CSC: considerações gerais*, em AAVV, *Textos – Sociedades comerciais* (1994/1995), 46.

[6] Cf. António Menezes Cordeiro 1 (2007), 592-593.

[7] Neste sentido, cf. José Manuel Merêa Pizarro Beleza, *Notas sobre o Direito penal especial das sociedades comerciais*, RDE 3 (1977), 286-287, e Germano Marques da Silva, *Disposições penais do CSC: considerações gerais*, em AAVV, *Textos – Sociedades comerciais* (1994/1995), 46.

desempenham numa economia de mercado"[8]. Também neste tocante se pode dizer que o 509.º constitui um delito de perigo abstrato, desta feita contra a economia pública.

5. **Tipo objetivo de ilícito**. O 509.º pune o gerente ou administrador que omitir ou fizer omitir por outrem atos que sejam necessários para a realização de entradas de capital. Este crime está, pois, relacionado com os deveres impostos pelos 202.º e seguintes, nas sociedades por quotas, e 285.º e seguintes, nas sociedades por ações. 9

São questões não resolvidas, por exemplo, saber a partir de que momento é que o gerente comete o crime do 509.º por falta de interpelação ao sócio. No dia seguinte ao do termo do prazo fixado no contrato de sociedade? Mas o 203.º/3 dispõe que, não obstante a fixação de prazos no contrato de sociedade para o sócio efetuar o pagamento do capital, ele só entra em mora depois de interpelado pela sociedade para efetuar o pagamento. Ora, se o sócio tiver sido interpelado e não pagar, quando deve ser avisado de que fica sujeito a exclusão e a perda total ou parcial da quota? A partir de que momento se deve considerar que há já omissão do gerente?[9] 10

6. **Tipo subjetivo de ilícito**. Por força do 527.º/1, as condutas previstas no 509.º só são puníveis a título doloso. 11

No 509.º/2 acresce ao dolo uma intenção especial de causar dano (aquilo que, por influência da doutrina italiana, se costuma por vezes designar por dolo específico[10]). 12

O 509.º/3 é um crime agravado pelo resultado. A lei exige que, neste caso, o agente pudesse prever o dano que resultaria do seu comportamento. É o regime geral estabelecido no 18.º CP, que exige que a imputação do resultado ao agente se faça pelo menos a título de negligência. Ora, a negligência consiste precisamente na previsibilidade do dano e na falta de cuidado para o evitar. Mas subjaz um comportamento doloso. Ou seja, o comportamento típico há de ser doloso e o dano grave, material ou moral, causado por este comportamento é que tem de ser, pelo menos, culposo[11]. 13

Não se percebe a remissão que o legislador faz para a pena da infidelidade (224.º/1 CP), já que este crime é totalmente doloso, ademais exigindo que o agente cause um prejuízo patrimonial de forma intencional e com grave violação dos deveres que lhe incumbem. Nada tem a ver, portanto, com a lógica da agravação pelo resultado. Teria sido melhor que o legislador se tivesse limitado a cominar pena de prisão até três anos ou pena de multa, que é a pena do 224.º/1 CP, sem necessidade de remeter para lá. 14

Cabe aqui antecipar que, se o autor, antes de instaurado o procedimento criminal, reparar integralmente os danos materiais e der satisfação suficiente dos danos morais causados, sem prejuízo ilegítimo para terceiros, esses danos não serão considerados na determinação da pena aplicável (527.º/4). 15

7. **Autoria e comparticipação**. A falta de cobrança de entradas de capital é um crime específico próprio, já que é a qualidade especial do agente – gerente ou administrador – que fundamenta a ilicitude da conduta. 16

Por ser um crime específico próprio, coloca-se necessariamente a questão de saber se pode haver comunicação da ilicitude aos comparticipantes que não sejam gerentes ou administradores da sociedade comercial em causa, conforme a regra geral do 28.º/1 CP, ou se, pelo 17

[8] Germano Marques da Silva, *Disposições penais do CSC: considerações gerais*, em AAVV, *Textos – Sociedades comerciais* (1994/1995), 46.

[9] Todas essas questões foram colocadas, aliás *expressis verbis*, por Germano Marques da Silva, *Disposições penais do CSC: considerações gerais*, em AAVV, *Textos – Sociedades comerciais* (1994/1995), 49.

[10] *Id.*, 42.

[11] *Ibid.*

contrário, deve funcionar a exceção mencionada na parte final desse mesmo artigo, onde se diz que não há comunicação da ilicitude "se for outra a intenção da norma incriminadora". Cabe perguntar: será que se pode encontrar essa outra intenção da norma incriminadora no 509.º?

18 Ora, o 509.º não manda punir o sócio remisso, causa primeira deste crime, ao passo que há preceitos que cominam expressamente uma pena para o sócio, como sucede no 512.º/2. Isso é suscetível de revelar que o legislador, no caso do 509.º, quis apenas punir os agentes mencionados na norma incriminadora, enquanto titulares de especiais deveres funcionais na vida da sociedade[12]. Portanto, acaba por funcionar a exceção prevista no 28.º/1, *in fine*, CP.

19 Em suma, só pode haver comparticipação criminosa, a qualquer título (*i.e.*, coautoria, instigação e cumplicidade), entre agentes que possuam igualmente a qualidade de gerentes ou administradores da sociedade comercial em causa.

20 São questões polémicas, por exemplo, saber quem responde pelo crime, tratando-se de um órgão coletivo de gestão: "Todos os membros do órgão? E se tiver havido deliberação no sentido de serem omitidos os atos necessários à realização de entradas de capital e a deliberação não for unânime? Respondem apenas os membros do órgão que votaram pela omissão ou respondem todos? [Dir-se-á] que a questão se há de resolver tendo em atenção os poderes de cada membro do órgão de gestão para por si praticarem o ato ou impedirem a sua prática, mas nem assim as dificuldades ficam de todo resolvidas. [P]ensemos só no gerente [ou] administrador [...] que nada faz na sociedade, omitindo os seus próprios deveres da função, confiando a gestão a outros. Neste caso parece que nunca será penalmente responsável, pois a lei não admite a responsabilização pela atuação ou omissão simplesmente culposa. Mas será a solução justa? Será, como frequentemente sucede nos crimes contra a economia, que são aqueles que melhor ou pior vão cumprindo os seus deveres sociais os únicos que poderão ser incriminados, mesmo em caso de simples omissão?"[13].

21 8. **Tentativa**. Do 527.º/2 decorre que só seria punível a tentativa do 509.º/3, dado que este crime é, efetivamente, ameaçado com pena de prisão até três anos ou pena de multa (quer dizer, a pena da infidelidade, nos termos do 224.º/1 CP). Mas a tentativa do 509.º/3 não é conceptualmente possível, já que não se consegue conceber uma hipótese em que o agente tentasse omitir ou fazer omitir por outrem os atos necessários à realização de entradas de capital e, não obstante falhar os seus intentos, ainda assim causasse dano grave, material ou moral, a algum sócio, à sociedade ou a terceiro[14].

Artigo 510.º (Aquisição ilícita de quotas ou acções)

1. O gerente ou administrador de sociedade que, em violação da lei, subscrever ou adquirir para a sociedade quotas ou acções próprias desta, ou encarregar outrem de as subscrever ou adquirir por conta da sociedade, ainda que em nome próprio, ou por qualquer título facultar fundos ou prestar garantias da sociedade para que outrem subscreva ou adquira quotas ou acções representativas do seu capital, é punido com multa até 120 dias.

[12] *Id.*, 47.

[13] *Id.*, 48.

[14] Isso não quer dizer que seja de todo inconcebível que um crime na forma tentada possa ser agravado pelo resultado. Por exemplo, é possível a violação meramente tentada em que a vítima morre por bater com a cabeça numa pedra enquanto se debate contra o agressor, dando assim lugar a uma punição agravada pelo resultado morte, nos termos do 177.º/4 CP.

2. O gerente ou administrador de sociedade que, em violação da lei, adquirir para a sociedade quotas ou acções de outra sociedade que com aquela esteja em relação de participações recíprocas ou em relação de domínio é, igualmente, punido com multa até 120 dias.

Bibliografia: António Menezes Cordeiro 2 (2007); Paulo de Tarso Domingues, *Do capital social – Noção, princípios e funções*, 2.ª ed. (2004), 140-146; Gabriela Páris Fernandes, *O crime de distribuição ilícita de bens da sociedade*, DJ XV/2 (2001), 231-331; Germano Marques da Silva, *Disposições penais do CSC: considerações gerais*, em AAVV, *Textos – Sociedades comerciais* (1994/1995), 39-49.

Índice

1. Versão original e alterações 1
2. Trabalhos preparatórios 2
3. Precedentes comparativos 3
4. Bem jurídico 4
5. Tipo objetivo de ilícito 7
6. Tipo subjetivo de ilícito 8
7. Autoria e comparticipação 9
8. Tentativa 11

1. **Versão original e alterações**. O 510.º não tem precedentes normativos históricos. A versão original de 1987[1] foi alterada pelo DL 76-A/2006, de 29-mar.[2], no sentido de eliminar, nos n.º 1 e n.º 2, a referência a "diretores". 1

2. **Trabalhos preparatórios**. Do projeto de Código das Sociedades de 1983 constava já a previsão do crime de aquisição de ações próprias (501.º/2) e de participações recíprocas (501.º/3)[3], como se segue: 2

> 2. O gerente, administrador ou director que adquira, em nome da sociedade, acções próprias desta, ou amortize acções ou quotas fora dos casos em que tal é permitido ou para esses efeitos utilize fundos a que esta lei não permite dar essa aplicação será punido com multa de cem a trezentos dias.
> 3. O gerente, administrador ou director que adquira quotas ou acções doutras sociedades com violação do disposto no artigo 476.º, n.º 2, será punido com multa de cem a trezentos dias.

3. **Precedentes comparativos**. O 510.º tem paralelos nos Direitos francês (atual *Code de commerce*: L. 225-206, para a aquisição de ações próprias, e L. 233-29 a L. 233-31, para as participações recíprocas)[4] e italiano (atual 2628 *c.c.*)[5]. Aliás, são incriminações clássicas nesses Direitos (no caso italiano, antigos 2630-1, 2, e 2630-*bis c.c.*)[6]. A aquisição de ações próprias é perseguida penalmente também nos Direitos inglês e belga[7]. 3

4. **Bem jurídico**. O 510.º tutela a economia pública e os interesses de terceiros que lidam com a sociedade, nomeadamente os credores sociais. Na verdade, a aquisição onerosa de participações próprias pela sociedade representa um perigo latente para os credores, na medida em que as participações próprias detidas pela sociedade não constituem, nem asseguram uma garantia para 4

[1] DR I Série, n.º 92, de 21-abr.-1987, 1609.
[2] DR I Série-A, n.º 63, de 29-mar.-2006, 2328-(160).
[3] Cf. BMJ 327 (1983), 331.
[4] Cf. Michel Véron, *Droit pénal des affaires* (7.º ed., 2007), 236-238.
[5] Cf. Alessandra Rossi, *Le illecite operazioni sulle azioni o quote sociali (art. 2628)*, em AAVV, *I nuovi reati societari – Diritto e processo* (2002), 397-411.
[6] *Id.*, 405.
[7] Cf. (Grupo de trabalho presidido por) Jean-Marie Coulon, *La dépénalisation de la vie des affaires* (2008), 125.

eles[8]. Assim, o 510.º configura um delito de perigo abstrato não só contra a economia pública, mas também contra os interesses dos credores sociais, supondo a possibilidade de estes serem confrontados com situações em que a sociedade não lhes paga os seus créditos[9].

5 O princípio da intangibilidade (ou integridade) do capital social implica, como um dos seus principais corolários, a proibição, exceto nos casos previstos na lei, da aquisição de participações próprias por parte da sociedade[10]. Nem por isso se pode defender uma qualificação do 510.º como delito, não de perigo, mas de lesão da própria intangibilidade do capital social[11]. Na verdade, a intangibilidade do capital social não tem valor por si, mas só na medida em que garante as funções do capital social *ad extra*. A simples ideia de lesão da intangibilidade do capital social implica considerar como bem jurídico uma mera função, em vez de um autêntico bem, o que não é admissível do ponto de vista de um conceito de bem jurídico materialmente fundado[12].

6 A aquisição onerosa de participações próprias equivale, nos seus efeitos, à restituição das entradas aos sócios[13]. Apresenta, pois, um desvalor equiparável ao da distribuição ilícita de bens da sociedade. Não se percebe, assim, a diferença de penas entre o 510.º/1 e o 514.º/2.

7 5. **Tipo objetivo de ilícito**. O 510.º/1, primeira parte, pune o gerente ou administrador de sociedade que, em violação da lei, subscrever ou adquirir para a sociedade quotas ou ações próprias desta. Neste caso, a violação da lei tem de ser aferida tomando em consideração os regimes diferentes para a aquisição de quotas próprias (220.º)[14] e de ações próprias (316.º a 325.º-B)[15].

8 6. **Tipo subjetivo de ilícito**. Por força do 527.º/1, as condutas previstas no 510.º só são puníveis a título doloso.

9 7. **Autoria e comparticipação**. A aquisição ilícita de quotas ou ações é um crime específico próprio, já que é a qualidade especial do agente – gerente ou administrador – que fundamenta a ilicitude da conduta.

10 Só pode haver comparticipação criminosa, a qualquer título (*i.e.*, coautoria, instigação e cumplicidade), entre agentes que possuam igualmente a qualidade de gerentes ou administradores da sociedade comercial em causa[16].

11 8. **Tentativa**. Não é punível.

Artigo 511.º (Amortização de quota não liberada)

1. O gerente de sociedade que, em violação da lei, amortizar, total ou parcialmente, quota não liberada será punido com multa até 120 dias.

[8] Cf. António Menezes Cordeiro 2 (2007), 357. Também cf. Paulo de Tarso Domingues, *Do capital social – Noção, princípios e funções*, 2.ª ed. (2004), 142.

[9] Enfim, o capital social não é adequado ao pagamento dos credores, mas poderá ser visto como garantia indireta ou de segundo grau, já que a garantia direta dos credores tem necessariamente que se reconduzir a bens concretos que constem do património social (*id.*, 201).

[10] *Id.*, 140.

[11] Como defende Gabriela Páris Fernandes, *O crime de distribuição ilícita de bens da sociedade*, DJ XV/2 (2001), 286-287, n. 138.

[12] Atualmente está em discussão a importância e a valia do conceito de bem jurídico para fundar e delimitar materialmente a intervenção do Direito penal, no quadro do Estado de direito liberal. Por todos, cf. AAVV (org.: Roland Hefendhel), *La teoría del bien jurídico: ¿Fundamento de legitimación del Derecho penal o juego de abalorios dogmático?* (2007), *passim*.

[13] Cf. Paulo de Tarso Domingues, *Do capital social – Noção, princípios e funções*, 2.ª ed. (2004), 144, n. 499.

[14] Cf. António Menezes Cordeiro 2 (2007), 361-362.

[15] *Id.*, 679-681.

[16] Veja-se a anotação ao 509.º, ponto 7.

2. Se for causado dano grave, material ou moral, e que o autor pudesse prever, a algum sócio que não tenha dado o seu assentimento para o facto, à sociedade, ou a terceiro, a pena será a da infidelidade.

Bibliografia: António Menezes Cordeiro 2 (2007); Paulo de Tarso Domingues, *Do capital social – Noção, princípios e funções*, 2.ª ed. (2004), 2004), 132-146; Gabriela Páris Fernandes, *O crime de distribuição ilícita de bens da sociedade*, DJ XV/2 (2001), 231-331; Germano Marques da Silva, *Disposições penais do CSC: considerações gerais*, em AAVV, *Textos – Sociedades comerciais* (1994/1995), 39-49.

Índice

1. Versão original em vigor .... 1 2. Trabalhos preparatórios 2

1. **Versão original em vigor**. O 511.º não tem antecedentes legislativos. A versão original de 1987[1] nunca sofreu alterações. 1

2. **Trabalhos preparatórios**. Do projeto de Código das Sociedades de 1983 nada constava a este propósito. 2

Artigo 512.º (Amortização ilícita de quota dada em penhor ou que seja objeto de usufruto)

1. O gerente de sociedade que, em violação da lei, amortizar ou fizer amortizar, total ou parcialmente, quota sobre a qual incida direito de usufruto ou de penhor, sem consentimento do titular deste direito, será punido com multa até 120 dias.

2. Com a mesma pena será punido o sócio titular da quota que promover a amortização ou para esta der o seu assentimento, ou que, podendo informar do facto, antes de executado, o titular do direito de usufruto ou de penhor, maliciosamente o não fizer.

3. Se for causado dano grave, material ou moral, e que o autor pudesse prever, ao titular do direito de usufruto ou de penhor, a algum sócio que não tenha dado o seu assentimento para o facto, ou à sociedade, a pena será a da infidelidade.

Bibliografia: António Menezes Cordeiro 2 (2007); Paulo de Tarso Domingues, *Do capital social – Noção, princípios e funções*, 2.ª ed. (2004), 132-146; Gabriela Páris Fernandes, *O crime de distribuição ilícita de bens da sociedade*, DJ XV/2 (2001), 231-331; Germano Marques da Silva, *Disposições penais do CSC: considerações gerais*, em AAVV, *Textos – Sociedades comerciais* (1994/1995), 39-49.

Índice

1. Versão original em vigor .... 1 2. Trabalhos preparatórios 2

[1] DR I Série, n.º 92, de 21-abr.-1987, 1609.

1 1. **Versão original em vigor**. O 512.° não tem antecedentes legislativos. A versão original de 1987[1] nunca sofreu alterações.

2 2. **Trabalhos preparatórios**. Do projeto de Código das Sociedades de 1983 nada constava a este propósito.

Artigo 513.° (Outras infrações às regras da amortização de quotas ou ações)

1. O gerente de sociedade que, em violação da lei, amortizar ou fizer amortizar quota, total ou parcialmente, e por modo que, à data da deliberação, e considerada a contrapartida da amortização, a situação líquida da sociedade fique inferior à soma do capital e da reserva legal, sem que simultaneamente seja deliberada redução do capital para que a situação líquida se mantenha acima desse limite, será punido com multa até 120 dias.

2. O administrador de sociedade que, em violação da lei, amortizar ou fizer amortizar ação, total ou parcialmente, sem redução de capital, ou com utilização de fundos que não possam ser distribuídos aos acionistas para tal efeito, é, igualmente, punido com multa até 120 dias.

3. Se for causado dano grave, material ou moral, e que o autor pudesse prever, a algum sócio que não tenha dado o seu assentimento para o facto, à sociedade, ou a terceiro, a pena será a da infidelidade.

Bibliografia: António Menezes Cordeiro 2 (2007); Paulo de Tarso Domingues, *Do capital social – Noção, princípios e funções*, 2.ª ed. (2004), 132-146; Gabriela Páris Fernandes, *O crime de distribuição ilícita de bens da sociedade*, DJ XV/2 (2001), 231-331; Germano Marques da Silva, *Disposições penais do CSC: considerações gerais*, em AAVV, *Textos – Sociedades comerciais* (1994/1995), 39-49.

Índice

1. Versão original e alterações 1
2. Trabalhos preparatórios 4

1 1. **Versão original e alterações**. O 513.° não tem antecedentes legislativos. A redação do 513.°/2 na versão original de 1987[1] foi alterada pelo DL 76-A/2006, de 29-mar.[2] no sentido de suprimir a referência ao "diretor".

2 Na versão original de 1987, dispunha o seu n.° 2[3]:

> Com a mesma pena será punido o administrador ou director de sociedade que, em violação da lei, amortizar ou fizer amortizar acção, total ou parcialmente, sem redução de capital, ou com utilização de fundos que não possam ser distribuídos aos accionistas para tal efeito.

3 O DL 76-A/2006, de 29-mar., além de suprimir a referência ao "diretor", introduziu assim ligeiras alterações formais no n.° 2.

[1] DR I Série, n.° 92, de 21-abr.-1987, 1609.
[1] DR I Série, n.° 92, de 21-abr.-1987, 1607.
[2] DR I Série-A, n.° 63, de 29-mar.-2006, 2328-(2).
[3] DR I Série, n.° 92, de 21-abr.-1987, 1609.

2. **Trabalhos preparatórios**. Do projeto de Código das Sociedades de 1983 nada constava a este propósito. 4

Artigo 514.º (Distribuição ilícita de bens da sociedade)

1. O gerente ou administrador de sociedade que propuser à deliberação dos sócios, reunidos em assembleia, distribuição ilícita de bens da sociedade é punido com multa até 60 dias.

2. Se a distribuição ilícita chegar a ser executada, no todo ou em parte, a pena será de multa até 90 dias.

3. Se a distribuição ilícita for executada, no todo ou em parte, sem deliberação dos sócios, reunidos em assembleia, a pena será de multa até 120 dias.

4. O gerente ou administrador de sociedade que executar ou fizer executar por outrem distribuição de bens da sociedade com desrespeito por deliberação válida de assembleia social regularmente constituída é, igualmente, punido com multa até 120 dias.

5. Se, em algum dos casos previstos nos n.os 3 e 4, for causado dano grave, material ou moral, e que o autor pudesse prever, a algum sócio que não tenha dado o seu assentimento para o facto, à sociedade, ou a terceiro, a pena será a da infidelidade.

Bibliografia: António Menezes Cordeiro 2 (2007); Paulo de Tarso Domingues, *Do capital social – Noção, princípios e funções*, 2.ª ed. (2004), 132-146; Gabriela Páris Fernandes, *O crime de distribuição ilícita de bens da sociedade*, DJ XV/2 (2001), 231-331; Evaristo Mendes, *Lucros de exercício*, RDES 1-2-3-4 (1996), 257-364; Germano Marques da Silva, *Disposições penais do CSC: considerações gerais*, em AAVV, *Textos – Sociedades comerciais* (1994/1995), 39-49.

Índice

1. Versão original e alterações 1
2. Trabalhos preparatórios 4
3. Precedentes comparativos 5
4. Bem jurídico 7
5. Tipo objetivo de ilícito 9
6. Tipo subjetivo de ilícito 14
7. Autoria e comparticipação 19
8. Tentativa 23
9. Condutas não abrangidas 24

1. **Versão original e alterações**. O 514.º não tem precedentes normativos históricos. A versão original de 1987[1] foi alterada pelo DL 76-A/2006, de 29-mar.[2], no sentido de suprimir, nos n.º 1 e n.º 4, a referência ao "diretor". 1

2 Na versão original de 1987, dispunha o seu n.º 4[3]:

> Com a mesma pena será punido o gerente, administrador ou director de sociedade que executar ou fizer executar por outrem distribuição de bens da sociedade com desrespeito de deliberação válida de assembleia social regularmente constituída.

[1] DR I Série, n.º 92, de 21-abr.-1987, 1607.
[2] DR I Série-A, n.º 63, de 29-mar.-2006, 2328-(2).
[3] DR I Série, n.º 92, de 21-abr.-1987, 1609.

3 O DL 76-A/2006, de 29-mar., além de suprimir a referência ao "diretor", introduziu assim ligeiras alterações formais no n.° 4.

4 2. **Trabalhos preparatórios**. Do projeto de Código das Sociedades de 1983 constava já a previsão da atribuição ilícita de bens da sociedade (502.°)[4], que dispunha o seguinte:

> O gerente, administrador ou director que, em casos, circunstâncias ou montantes não permitidos por lei e tanto por forma patente como dissimulada, proponha para deliberação dos sócios e esta seja tomada, ou efectue sem deliberação dos sócios, a atribuição, à generalidade dos sócios, de bens da sociedade será punido com prisão até seis meses e multa até cem dias.
>
> A apresentação da proposta referida no número anterior, quando a deliberação não for tomada, e a execução de deliberação abrangida pelo mesmo número, quando proposta por outra pessoa, serão punidas com multa de cem a trezentos dias.

5 3. **Precedentes comparativos**. O 514.° assemelha-se ao delito de distribuição de dividendos fictícios do Direito francês (antigo 425-2 e 437-1 *LSC*[5]), considerando que toda a repartição de dividendos fictícios priva abusivamente a sociedade de uma parte dos seus fundos, e ao delito de repartição ilegal de bens ou de antecipação de lucros do Direito italiano (antigo 2621 n. 2[6] e n. 3[7] *c.c.*, atualmente substituído pelo 2627 *c.c.*[8]).

6 O Direito alemão não incrimina, através de norma especial, a distribuição ilícita de bens da sociedade, mas tal facto acaba sendo punível com recurso à previsão do crime de infidelidade (*Untreue*), no *StGB*. O Direito penal societário espanhol, aliás mais recente do que o português, não contém normas incriminadoras especialmente orientadas para a proteção da integridade do capital social[9].

7 4. **Bem jurídico**. O 514.° tutela a economia pública e os interesses de terceiros que lidam com a sociedade, nomeadamente os credores sociais. Na verdade, a distribuição ilícita de bens da sociedade prejudica a integridade do capital social e, nessa medida, afeta negativamente a garantia geral dos credores sociais. Assim, o 514.° configura um delito de perigo abstrato não só contra a economia pública, mas também contra os interesses dos credores sociais, supondo a possibilidade de estes serem confrontados com situações em que a sociedade não lhes paga os seus créditos. Enfim, o capital social não é adequado ao pagamento dos credores, mas poderá ser visto como garantia indireta ou de segundo grau, já que a garantia direta dos credores tem necessariamente que se reconduzir a bens concretos que constem do património social[10].

8 Não faz sentido defender que o 514.° tutela o bem jurídico da integridade do capital social[11]. Por consequência, tão-pouco se pode caracterizar os 514.°/2, 3 e 4 como delitos, não de perigo, mas de lesão desse alegado bem jurídico[12]. É que a intangibilidade do capital social não tem valor por si, mas só na medida em que garante as funções do capital social *ad extra*.

[4] Cf. BMJ 327 (1983), 332.

[5] Lei 66/537, de 24-jul.-1966.

[6] O 2621 n. 2 *c.c.* na redacção de 1942.

[7] O 2621 n. 3 *c.c.* foi introduzido em 1986.

[8] O atual 2627 *c.c.* representa uma alteração muito significativa do tipo de delito, como referido por Alessandra Rossi, *L'illegale ripartizione di utili e riserve (art. 2627)*, em AAVV, *I nuovi reati societari – Diritto e processo* (2002), 379-395.

[9] Cf. Gabriela Páris Fernandes, *O crime de distribuição ilícita de bens da sociedade*, DJ XV/2 (2001), 260.

[10] Cf. Paulo de Tarso Domingues, *Do capital social – Noção, princípios e funções*, 2.ª ed. (2004), 201.

[11] A afirmação em texto vale como crítica à posição defendida por Gabriela Páris Fernandes, *O crime de distribuição ilícita de bens da sociedade*, DJ XV/2 (2001), 251, 277-282, 286, 323.

[12] Mais uma vez se critica a posição de Gabriela Páris Fernandes, *O crime de distribuição ilícita de bens da sociedade*, DJ XV/2 (2001), 281, 324.

A simples ideia de lesão da intangibilidade do capital social implicaria considerar como bem jurídico uma mera função, em vez de um autêntico bem, o que não é admissível do ponto de vista de um conceito de bem jurídico materialmente fundado[13].

5. **Tipo objetivo de ilícito**. O 514.º parece conferir uma particular proteção aos 31.º e seguintes do CSC, mas isso não implica que o legislador tenha considerado como penalmente relevante toda a distribuição de bens sociais feita em desrespeito das normas privatísticas reguladoras desta distribuição. Em última análise, o conceito penal de distribuição ilícita de bens da sociedade não abrange a distribuição de bens que é civilmente ilícita por violar as normas de procedimento estabelecidas nos 31.º/2, *c*), 65.º ss., 263.º ss. e 451.º ss.[14]. Isso porque o princípio da intervenção mínima do Direito penal impõe a incorporação no âmbito da ilicitude penalmente relevante apenas das infrações mais graves e particularmente intoleráveis, que são só as relativas à violação das normas que definem quais os bens que podem ser distribuídos[15]. 9

O conceito de distribuição ilícita de bens que é pressuposto pelo 514.º acaba assim coincidindo com a definição da distribuição de bens da sociedade em violação dos 32.º e 33.º[16]. O 32.º visa permitir a distribuição aos sócios apenas de bens que constituam lucros da sociedade, desta feita proibindo que, a pretexto da distribuição de bens sociais, o valor das entradas seja restituído aos sócios. Mas não só, posto que as atribuições irregulares ou encobertas de vantagens patrimoniais também resultam proibidas pelo mesmo preceito[17]. Por seu turno, o 33.º determina especificamente quais são os lucros e reservas não distribuíveis. 10

O 514.º não indica os possíveis destinatários da distribuição ilícita de bens da sociedade. Não identificando os sócios como os destinatários necessários da distribuição de bens da sociedade, o legislador terá querido "abranger também as distribuições de bens da sociedade que, embora executadas a título de remuneração dos membros dos órgãos sociais, derivem da aplicação de resultados, como tal estando sujeitas ao princípio da intangibilidade do capital social"[18]. 11

O n.º 1 incrimina o ato de propor à deliberação dos sócios a distribuição ilícita de bens sociais. O n.º 2 determina a pena aplicável para o caso de a distribuição chegar a ser executada. O n.º 3 pune a distribuição ilícita executada sem deliberação dos sócios, reunidos em assembleia. O n.º 4 pune a distribuição de bens sociais executada com desrespeito de deliberação válida da assembleia. O n.º 5 determina a aplicação da pena da infidelidade no caso de se verificar a produção de danos a algum sócio, à sociedade ou a terceiro. 12

"Na construção do tipo incriminador, e numa perspetiva de antecipação da tutela penal, o legislador considerou autonomamente punível a proposta dos gerentes [ou] administradores [...] de distribuição ilícita de bens da sociedade apresentada aos sócios, reunidos em assembleia (artigo 514.º, n.º 1/CSC); mas o núcleo central da incriminação traduz-se na punição da execução de distribuição ilícita de bens da sociedade (artigo 514.º, n.os 2, 3 e 4/CSC), diferentemente valorada pelo legislador, para efeitos de determinação da medida da pena, em razão da circunstância de a execução da distribuição ter sido ou não acompanhada da violação, pelos gerentes [ou] administradores [...], do princípio fundamental de repartição de competências entre os sócios e o órgão de administração"[19]. 13

6. **Tipo subjetivo de ilícito**. Por força do 527.º/1, as condutas previstas no 514.º só são puníveis a título doloso. 14

[13] Veja-se a anotação ao 510.º, ponto 4.

[14] Cf. Gabriela Páris Fernandes, *O crime de distribuição ilícita de bens da sociedade*, DJ XV/2 (2001), 296-309.

[15] *Id.*, 307.

[16] *Id.*, 282-286, 324.

[17] *Ibid.*

[18] *Id.*, 287.

[19] *Id.*, 324.

15 Por força do 527.º/3, a intenção de enriquecimento para si ou para terceiro (cônjuge, parentes ou afim até ao 3.º grau) constitui uma circunstância modificativa agravante da pena.

16 O 514.º/5 constitui um crime agravado pelo resultado. Para que o resultado mais grave possa ser imputado ao agente, não tem de ser querido por ele, pois basta que o possa prever. É o regime geral estabelecido pelo 18.º CP, que exige que a imputação do resultado mais grave se faça pelo menos a título de negligência. Há negligência sempre que o agente age sem o cuidado a que, segundo as circunstâncias, está obrigado e de que é capaz para evitar o dano previsível. Nos casos de crime agravado pelo resultado, basta, pois, a previsibilidade do dano[20].

17 "[N]ão se percebe qual a razão que levou o legislador a não prever uma agravação em função do resultado também para a situação descrita no n.º 2 do mesmo preceito legal: nesta situação, em que a distribuição ilícita chega a ser executada, podem vir a ser causados os danos que a conduta prevista pelos n.os 3 e 4 do artigo 514.º/CSC é suscetível de causar"[21].

18 Também não se percebe a remissão que o legislador faz para a pena da infidelidade (224.º/1 CP), já que este crime é totalmente doloso, ademais exigindo que o agente cause um prejuízo patrimonial de forma intencional e com grave violação dos deveres que lhe incumbem. Nada tem a ver, portanto, com a lógica da agravação pelo resultado. Teria sido melhor que o legislador se tivesse limitado a cominar pena de prisão até três anos ou pena de multa, que é a pena do 224.º/1 CP, sem necessidade de remeter para lá.

19 7. **Autoria e comparticipação.** A distribuição ilícita de bens da sociedade é um crime específico próprio, já que é a qualidade especial do agente – gerente ou administrador – que fundamenta a ilicitude da conduta.

20 Por ser um crime específico próprio, coloca-se necessariamente a questão de saber se pode haver comunicação da ilicitude aos comparticipantes que não sejam gerentes ou administradores da sociedade comercial em causa, conforme a regra geral do 28.º/1 CP, ou se, pelo contrário, deve funcionar a exceção mencionada na parte final desse mesmo artigo, onde se diz que não há comunicação da ilicitude "se for outra a intenção da norma incriminadora". Cabe perguntar: será que se pode encontrar essa outra intenção da norma incriminadora no 514.º?

21 "[N]o artigo 514.º pune-se o gerente [ou] administrador [...] que propuser à deliberação dos sócios, reunidos em assembleia geral, distribuição ilícita de bens da sociedade, mas nada diz sobre a responsabilidade dos sócios que, reunidos em assembleia, aprovarem aquela proposta"[22]. Isto revela "que a lei quis apenas punir os agentes sobre os quais recai primariamente a responsabilidade pelos atos tipificados, enquanto titulares de especiais deveres funcionais na vida da sociedade"[23]. Portanto, acaba por funcionar a exceção prevista no 28.º/1, *in fine*, CP.

22 Em suma, só pode haver comparticipação criminosa, a qualquer título (*i.e.*, co-autoria, instigação e cumplicidade), entre agentes que possuam igualmente a qualidade de gerentes ou administradores da sociedade comercial em causa.

23 8. **Tentativa.** Do 527.º/2 resulta que será punível a tentativa do 514.º/3 e 4. A pena da tentativa goza necessariamente de atenuação especial, nos termos dos 23.º/2 e 73.º CP.

24 9. **Condutas não abrangidas.** Há condutas que, embora configurando uma distribuição ilícita de bens sociais, são penalmente irrelevantes à luz do 514.º. Assim:

[20] Cf. Germano Marques da Silva, *Disposições penais do CSC: considerações gerais*, em AAVV, *Textos – Sociedades comerciais* (1994/1995), 42. Igualmente, Gabriela Páris Fernandes, *O crime de distribuição ilícita de bens da sociedade*, DJ XV/2 (2001), 316-317.

[21] Gabriela Páris Fernandes, *O crime de distribuição ilícita de bens da sociedade*, DJ XV/2 (2001), 317.

[22] Germano Marques da Silva, *Disposições penais do CSC: considerações gerais*, em AAVV, *Textos – Sociedades comerciais* (1994/1995), 47.

[23] *Ibid.*

"O artigo 514.º parece não prever a distribuição ilícita de bens da sociedade, deliberada pelos sócios, reunidos em assembleia, e executada pelo órgão de administração, embora não por este órgão proposta. A hipótese, manifestamente extravasando o âmbito dos n.os 3 e 4 do artigo 514.º/CSC, em que se pressupõe a inexistência de deliberação ou a existência de uma deliberação válida, só poderia caber no n.º 2 do artigo 514.º/CSC. No entanto, a formulação deste preceito parece afastar decididamente tal inclusão. A expressão 'chegar a ser executada' [...] refere-se necessariamente à distribuição anteriormente proposta"[24]. 25

E que fazer no caso em que foi executada uma distribuição ilícita de bens da sociedade sem prévia deliberação dos sócios, mas não sendo esta deliberação exigível? "Este caso não cabe nas situações descritas nos n.os 1, 2 e 4 do artigo 514.º/CSC nem cabe, quanto a nós, na previsão contida no n.º 3 do mesmo preceito. Em especial relativamente ao n.º 3, assim é porque não existe o desvalor, que a pena prevista pressupõe, por confronto com a pena prevista no n.º 2, da violação não só do princípio da intangibilidade do capital social, mas também do princípio fundamental de repartição de competências entre os sócios e o órgão de administração. O legislador, ao redigir o artigo 514.º, teve em consideração a regra geral constante do n.º 1 do artigo 31.º do mesmo Código, que submete a prévia deliberação dos sócios a distribuição de bens sociais. Simplesmente, não considerou que esta norma comporta exceções – pressupostas, desde logo, na primeira parte do n.º 1 do artigo 31.º/CSC e que se traduzem no regime da distribuição antecipada de lucros e na situação prevista no artigo 263.º, n.º 2, do mesmo Código – e que, nesta conformidade, pode haver lugar a distribuições de bens sociais substantivamente ilícitas mas não resultantes de deliberações dos sócios, por não haver deliberação exigível no caso"[25]. 26

As duas situações acima referidas configuram verdadeiras lacunas de punibilidade, mas nem por isso podem ser integradas por analogia, dado que a isso se opõe – e bem – o princípio da legalidade penal. 27

Questão diferente – que já não envolve quaisquer lacunas de punibilidade, mas decisões de política e técnica legislativa – é saber se os atos de gestão danosa ou de representação da sociedade em violação dos deveres de fidelidade que incumbem aos gerentes ou administradores podem ou não caber no 514.º. Particularmente adequado à punição destas condutas abusivas parece ser antes o tipo legal do crime de infidelidade, que é um crime contra o património em geral, introduzido pela primeira vez no nosso ordenamento jurídico em 1982[26]. 28

Artigo 515.º (Irregularidade na convocação de assembleias sociais)

1. Aquele que, competindo-lhe convocar assembleia geral de sócios, assembleia especial de acionistas ou assembleia de obrigacionistas, omitir ou fizer omitir por outrem a convocação nos prazos da lei ou do contrato social, ou a fizer ou mandar fazer sem cumprimento dos prazos ou das formalidades estabelecidas pela lei ou pelo contrato social, será punido com multa até 30 dias.

2. Se tiver sido presente ao autor do facto, nos termos da lei ou do contrato social, requerimento de convocação de assembleia que devesse ser deferido, a pena será de multa até 90 dias.

[24] *Id.*, 318.
[25] *Id.*, 319.
[26] *Id.*, 289-296, 323.

3. Se for causado dano grave, material ou moral, e que o autor pudesse prever, a algum sócio que não tenha dado o seu assentimento para o facto, à sociedade, ou a terceiro, a pena será a da infidelidade.

Bibliografia: António Menezes Cordeiro 1 (2007); *id.*, 2 (2007); Germano Marques da Silva, *Disposições penais do CSC: considerações gerais*, em AAVV, *Textos – Sociedades comerciais* (1994/1995), 39-49.

Índice

1. Versão original em vigor 1
2. Trabalhos preparatórios 2

1 1. **Versão original em vigor**. O 515.º não tem antecedentes legislativos. A versão original de 1987[1] nunca sofreu alterações.

2 2. **Trabalhos preparatórios**. Do projeto de Código das Sociedades de 1983 constava já a previsão, não de um crime, mas de uma contraordenação relativa à falta de convocação ou de preparação de assembleias (504.º/1 e 2)[2], como se segue:

> 1. Aquele a quem competir convocar a assembleia geral dos sócios, assembleias especiais de accionistas ou assembleia geral de obrigacionistas que, tendo recebido requerimento que deva deferir, não efectuar a convocação nos prazos e condições da lei será punido com coima até 100 000$00.
>
> 2. Quem, com intenção de impedir ou dificultar a preparação para o exercício do direito de voto, não envie a tempo a qualquer dos sócios ou não mantenha à sua disposição para consulta, conforme a lei determinar, os elementos exigidos, ou dê à convocatória uma redacção enganosa será punido com coima até 100000$00.

Artigo 516.º (Perturbação de assembleia social)

1. Aquele que, com violência ou ameaça de violência, impedir algum sócio ou outra pessoa legitimada de tomar parte em assembleia geral de sócios, assembleia especial de acionistas ou assembleia de obrigacionistas, regularmente constituída, ou de nela exercer utilmente os seus direitos de informação, de proposta, de discussão ou de voto, será punido com pena de prisão até 2 anos e multa até 180 dias.

2. Se o autor do impedimento, à data do facto, for membro de órgão de administração ou de fiscalização da sociedade, o limite máximo da pena será, em cada uma das espécies, agravado de um terço.

3. Se o autor do impedimento for, à data do facto, empregado da sociedade e tiver cumprido ordens ou instruções de algum dos membros dos órgãos de administração ou de fiscalização, o limite máximo da pena será, em cada uma das espécies, reduzido a metade e o juiz poderá, consideradas todas as circunstâncias, atenuar especialmente a pena.

4. A punição pelo impedimento não consumirá a que couber aos meios empregados para o executar.

[1] DR I Série, n.º 92, de 21-abr.-1987, 1610.

[2] Cf. BMJ 327 (1983), 332.

Bibliografia: António Menezes Cordeiro 1 (2007); *id.*, 2 (2007); Germano Marques da Silva, *Disposições penais do CSC: considerações gerais*, em AAVV, *Textos – Sociedades comerciais* (1994/1995), 39-49.

Índice

1. Versão original em vigor 1
2. Trabalhos preparatórios 2

1. **Versão original em vigor**. O 516.º não tem antecedentes legislativos. A versão original de 1987[1] nunca sofreu alterações. 1

2. **Trabalhos preparatórios**. Do projeto de Código das Sociedades de 1983 constava já, entre as infrações penais relativas ao funcionamento da assembleia (505.º)[2], o seguinte: 2

> Quem, em assembleia geral de sócios, assembleia especial de accionistas ou assembleia geral de obrigacionistas, ou por ocasião delas:
> *a*) Impeça qualquer sócio de nela participar, intervir na discussão ou votar, quando a tal tenha direito;
> [...] será punido com prisão até um ano.

Artigo 517.º (Participação fraudulenta em assembleia social)

1. Aquele que, em assembleia geral de sócios, assembleia especial de acionistas ou assembleia de obrigacionistas, se apresentar falsamente como titular de ações, quotas, partes sociais ou obrigações, ou como investido de poderes de representação dos respetivos titulares, e nessa falsa qualidade votar, será punido, se pena mais grave não for aplicável por força de outra disposição legal, com prisão até 6 meses e multa até 90 dias.

2. Se algum dos membros dos órgãos de administração ou fiscalização da sociedade determinar outrem a executar o facto descrito no número anterior, ou auxiliar a execução, será punido como autor, se pena mais grave não for aplicável por força de outra disposição legal, com prisão de 3 meses a 1 ano e multa até 120 dias.

Bibliografia: António Menezes Cordeiro 1 (2007); *id.*, 2 (2007); Germano Marques da Silva, *Disposições penais do CSC: considerações gerais*, em AAVV, *Textos – Sociedades comerciais* (1994/1995), 39-49.

Índice

1. Versão original em vigor 1
2. Trabalhos preparatórios 2

1. **Versão original em vigor**. O 517.º não tem antecedentes legislativos. A versão original de 1987[1] nunca sofreu alterações. 1

[1] DR I Série, n.º 92, de 21-abr.-1987, 1610.
[2] Cf. BMJ 327 (1983), 333.
[1] DR I Série, n.º 92, de 21-abr.-1987, 1610.

2 2. **Trabalhos preparatórios**. Do projeto de Código das Sociedades de 1983 constava já, entre as infrações penais relativas ao funcionamento da assembleia (505.°)[2], o seguinte:

> Quem, em assembleia geral de sócios, assembleia especial de accionistas ou assembleia geral de obrigacionistas, ou por ocasião delas:
>
> [...];
>
> *b)* Se apresente falsamente como titular de acções, quotas, partes sociais ou obrigações e participe na votação; será punido com prisão até um ano.

Artigo 518.° (Recusa ilícita de informações)

1. O gerente ou administrador de sociedade que recusar ou fizer recusar por outrem a consulta de documentos que a lei determinar que sejam postos à disposição dos interessados para preparação de assembleias sociais, ou recusar ou fizer recusar o envio de documentos para esse fim, quando devido por lei, ou enviar ou fizer enviar esses documentos sem satisfazer as condições e os prazos estabelecidos na lei, é punido, se pena mais grave não couber por força de outra disposição legal, com prisão até 3 meses e multa até 60 dias.

2. O gerente ou administrador de sociedade que recusar ou fizer recusar por outrem, em reunião de assembleia social, informações que esteja por lei obrigado a prestar, ou, noutras circunstâncias, informações que a lei deva prestar e que lhe tenham sido pedidas por escrito, é punido com multa até 90 dias.

3. Se, no caso do n.° 1, for causado dano grave, material ou moral, e que o autor pudesse prever, a algum sócio que não tenha dado o seu assentimento para o facto, ou à sociedade, a pena será a da infidelidade.

Bibliografia: António Menezes Cordeiro 1 (2007); *id.*, 2 (2007); Germano Marques da Silva, *Disposições penais do CSC: considerações gerais*, em AAVV, *Textos – Sociedades comerciais* (1994/1995), 39-49; Armando Manuel Triunfante, *A tutela das minorias nas sociedades anónimas – Direitos individuais* (2004), 128-129.

Índice

1. Versão original e alterações 1
2. Trabalhos preparatórios 2
3. Precedentes comparativos 3
4. Bem jurídico 4

1 1. **Versão original e alterações**. O 518.° não tem precedentes normativos históricos. A versão original de 1987[1] foi alterada pelo DL 76-A/2006, de 29-mar.[2], no sentido de suprimir, nos n.° 1 e n.° 2, a referência a "diretores".

2 2. **Trabalhos preparatórios**. Do projeto de Código das Sociedades de 1983 não constava qualquer preceito relativo a recusa ilícita de informações.

[2] Cf. BMJ 327 (1983), 333.

[1] DR I Série, n.° 92, de 21-abr.-1987, 1610.

[2] DR I Série-A, n.° 63, de 29-mar.-2006, 2328-(161).

3. **Precedentes comparativos**. Nos direitos francês, alemão e italiano, há delitos de informações falsas, os quais incluem a dissimulação ou ocultação de informação, mas não há propriamente a recusa ilícita de informações[3]. No direito alemão, veja-se os delitos de falsas indicações (§ 399 *AktG*) e exposições inexatas (§ 400 *AktG*)[4]. 3

4. **Bem jurídico**. O 518.º tutela a economia pública e os interesses patrimoniais dos destinatários da informação, designadamente dos sócios que a tiverem pedido[5]. 4

Artigo 519.º (Informações falsas)

1. Aquele que, estando nos termos deste Código obrigado a prestar a outrem informações sobre matéria da vida da sociedade, as der contrárias à verdade, será punido com prisão até 3 meses e multa até 60 dias, se pena mais grave não couber por força de outra disposição legal.

2. Com a mesma pena será punido aquele que, nas circunstâncias descritas no número anterior, prestar maliciosamente informações incompletas e que possam induzir os destinatários a conclusões erróneas de efeito idêntico ou semelhante ao que teriam informações falsas sobre o mesmo objeto.

3. Se o facto for praticado com intenção de causar dano, material ou moral, a algum sócio que não tenha conscientemente concorrido para o mesmo facto, ou à sociedade, a pena será de prisão até 6 meses e multa até 90 dias, se pena mais grave não couber por força de outra disposição legal.

4. Se for causado dano grave, material ou moral, e que o autor pudesse prever, a algum sócio que não tenha concorrido conscientemente para o facto, à sociedade, ou a terceiro, a pena será de prisão até 1 ano e multa até 120 dias.

5. Se, no caso do n.º 2, o facto for praticado por motivo ponderoso, e que não indicie falta de zelo na defesa dos direitos e dos interesses legítimos da sociedade e dos sócios, mas apenas compreensão errónea do objeto desses direitos e interesses, poderá o juiz atenuar especialmente a pena ou isentar dela.

Bibliografia: António Menezes Cordeiro 1 (2007); *id*., 2 (2007); Miguel Nuno Pedrosa Machado, *Sobre a tutela penal da informação nas sociedades anónimas: problemas da reforma legislativa*, O Direito 106.º/119.º (1974/1987), 271-336, e, com nota preliminar, agora em AAVV, *Direito penal económico e europeu – Textos doutrinários*, II (1999), 171-226; Helena Isabel Gonçalves Moniz, *O crime de falsificação de documentos: da falsificação intelectual e da falsidade em documento* (1993, 2.ª reimp., 2004); *id*., *Comentário ao 256.º CP*, em AAVV, *Comentário Conimbricense do CP*, Parte Especial/II (1999), 674-692; Germano Marques da Silva, *Disposições penais do CSC: considerações gerais*, em AAVV, *Textos – Sociedades comerciais* (1994/1995), 39-49; Susana Aires de Sousa, *Direito penal das sociedades comerciais: qual o bem jurídico?*, RPCC 12 (2002), 49-77; Carlos Maria Pinheiro Torres, *O direito à informação nas sociedades comerciais* (1998), 285; Armando Manuel Triunfante, *A tutela das minorias nas sociedades anónimas – Direitos individuais* (2004), 128-129.

[3] Cf. (Grupo de trabalho presidido por) Jean-Marie Coulon, *La dépénalisation de la vie des affaires* (2008), 126.

[4] Cf. Alberto Pimenta, *A nova lei alemã das sociedades por acções*, Separata do BMJ 175-176-177 (1968), 325-327.

[5] Sobre o direito dos sócios à informação, cf. António Menezes Cordeiro 1 (2007), 661-684, especialmente 682.

Índice

1. Versão original em vigor 1
2. Trabalhos preparatórios 2
3. Precedentes comparativos 4
4. Bem jurídico 5

1 1. **Versão original em vigor**. O 519.º não tem precedentes normativos históricos. A versão original de 1987[1] nunca sofreu alterações.

2 2. **Trabalhos preparatórios**. Do projeto de Código das Sociedades de 1983 não constava qualquer preceito relativo à prestação de informações falsas. Previa-se, isso sim, um crime de escrituração fraudulenta (508.º/1 e 2)[2], o qual, de alguma forma, se pode assemelhar a uma espécie de informações falsas. O 508.º do projeto dispunha o seguinte:

> 1. O gerente, administrador ou director que conscientemente elaborar ou apresentar para apreciação ou deliberação quaisquer peças que sirvam de base à prestação de contas de exercício, ou, no seu conjunto, a constituam, em que, com ofensa dos sãos princípios de contabilidade ou de regras legais de escrituração mercantil, se omita, aumente ou diminua qualquer elemento do activo ou do passivo, ou se adopte qualquer outro procedimento susceptível de induzir em erro acerca da composição, valor e liquidez do património ou acerca das previsíveis oscilações dos mesmos elementos será punido com prisão até um ano.
>
> 2. Na mesma pena incorrem os membros dos órgãos de fiscalização que no seu relatório conscientemente omitam a menção de irregularidades referidas no número anterior.

3 As afinidades são, no entanto, ténues, já que só a muito custo se poderá incluir a mera escrituração fraudulenta no atual 519.º, uma vez que este pressupõe não só a falsidade das informações, mas que estas sejam efetivamente comunicadas a outrem[3]. Não quer dizer que a escrituração fraudulenta fique por punir. Em última análise, será punida a título de falsificação de documentos (256.º CP)[4]. Mas isso significa que todas as informações erróneas ou inexatas prestadas através de documentos comerciais falsificados acabam sendo puníveis, não pelo 519.º, mas pelo 256.º CP, a fim de evitar assimetrias punitivas. Trata-se de uma relação de subsidiariedade do 519.º com respeito à falsificação de documentos, aliás enquadrável nos termos do 519.º/1, *in fine*, que manda aplicar a pena mais grave que ao caso couber por força de outra disposição legal (a falsificação de documento é punível com pena de prisão até 3 anos ou com pena de multa).

4 3. **Precedentes comparativos**. O 519.º é comparável, de certa forma, aos delitos vulgarmente chamados de falsificação do balanço do direito francês (atuais L. 241-3, 3.º, L. 242-6, 2.º, L. 243-1 e L. 246-2 do *Code de commerce*)[5]. Tem pontos de contacto com os delitos de exposições inexatas do direito alemão (§ 331 *HGB* e § 400 *AktG*)[6]. Tem paralelo na velha previsão do delito de falsificação do balanço do direito italiano (antigo 2621 n. 1 *c.c.* de 1942)[7]. Embora posterior

[1] DR I Série, n.º 92, de 21-abr.-1987, 1610-1611.

[2] Cf. BMJ 327 (1983), 334.

[3] Neste sentido, cf. Susana Aires de Sousa, *Direito penal das sociedades comerciais: qual o bem jurídico?*, RPCC 12 (2002), 72.

[4] Susana Aires de Sousa sugere que, perante um direito penal societário especial face às normas gerais, talvez fosse desejável a previsão de uma incriminação semelhante à do projeto (*ibid.*).

[5] Cf. Michel Véron, *Droit pénal des affaires* (7.º ed., 2007), 217.

[6] Cf. Alberto Pimenta, *A nova lei alemã das sociedades por acções*, Separata do BMJ 175-176-177 (1968), 327.

[7] Cf. Luigi Foffani, *La nuova disciplina delle false comunicazioni sociali* (artt. 2621 e 2622), em AAVV, *I nuovi reati societari – Diritto e processo* (2002), 234.

à lei portuguesa, a lei espanhola também contém a previsão de um delito de falsas informações sociais (290 *CP* de 1995)[8]. Há delitos similares nos direitos inglês e belga[9]. Em suma, é difícil de encontrar um núcleo de delitos societários com maior expressão no direito comparado do que o relativo às informações sociais, apesar de os elementos dos tipos de delito variarem muito de um para outro ordenamento jurídico.

4. **Bem jurídico**. O 519.º tutela a economia pública, na medida em que visa garantir a credibi- 5
lidade da informação social, além de que tutela o património dos destinatários dessa informação (*i.e.*, a sociedade, os sócios e terceiros).

Posto que se presume que a simples falsidade da informação social prestada põe em perigo 6
a confiança da coletividade no regular funcionamento do mundo dos negócios, o 519.º/1 configura um delito de perigo abstrato contra a economia pública. Também se presume o perigo para o património da sociedade, dos sócios ou de terceiros, dado que a informação social não é neutra e, por conseguinte, a falsidade da mesma pode condicionar a ocorrência de danos para algum dos patrimónios referidos. Donde, o 519.º/1 representa ainda um delito de perigo abstrato contra o património. O 519.º/1 constitui assim uma antecipação da tutela penal, em que o direito penal intervém num estádio anterior à lesão dos bens jurídicos protegidos[10]. Do mesmo passo, o 519.º/1 constitui o tipo-base, a partir do qual se organizam as circunstâncias modificativas agravantes especiais[11].

Dentro destas, o 519.º/4 constitui um delito de dano contra o património. 7

Não parece correto defender que o 519.º proteja, direta e imediatamente, a sociedade 8
comercial enquanto instrumento económico[12]. Por consequência, tão-pouco se pode aceitar que os diversos números do 519.º constituam delitos, não de perigo, mas de lesão do regular funcionamento da sociedade comercial[13]. É que o regular funcionamento da sociedade comercial não tem valor por si, mas só na medida em que satisfaça os interesses patrimoniais dos sócios, considerados no seu conjunto e individualmente, bem como os dos credores sociais, já para não falarmos de outros interesses. A simples ideia de lesão do regular funcionamento da sociedade comercial acarretaria considerar como bem jurídico uma mera função, em vez de um autêntico bem, o que não é admissível do ponto de vista de um conceito de bem jurídico materialmente fundado.

[8] Na verdade, o *CP* espanhol de 1928 já continha um delito de falsas informações sociais (734.º *CP*), mas essa previsão desapareceu, entretanto, nos Códigos de 1932 e 1944 (cf. Patrícia Faraldo Cabana, *Los delitos societarios* (1995), 359-360).

[9] Cf. (Grupo de trabalho presidido por) Jean-Marie Coulon, *La dépénalisation de la vie des affaires* (2008), 126.

[10] Há quem defenda, no entanto, que o 519.º/1 constitui um crime de dano contra o regular funcionamento da sociedade e a sua transparência (neste sentido, cf. Susana Aires de Sousa, *Direito penal das sociedades comerciais: qual o bem jurídico?*, RPCC 12 (2002), 73).

[11] Para esclarecimentos sobre o conceito de circunstâncias modificativas agravantes especiais, cf. Jorge de Figueiredo Dias, *Direito penal português – Parte geral*, vol. II (1993), 202-203.

[12] Não é de aceitar, portanto, a posição defendida por Susana Aires de Sousa, *Direito penal das sociedades comerciais: qual o bem jurídico?*, RPCC 12 (2002), 68, 72-73.

[13] Novamente se critica a tese de Susana Aires de Sousa, *Direito penal das sociedades comerciais: qual o bem jurídico?*, RPCC 12 (2002), 72-73. Em certo sentido, a ideia de regular funcionamento da sociedade e a sua transparência, enquanto bens jurídicos, já fora aflorada por Germano Marques da Silva, *Disposições penais do CSC: considerações gerais*, em AAVV, *Textos – Sociedades comerciais* (1994//1995), 46.

Artigo 520.º (Convocatória enganosa)

1. Aquele que, competindo-lhe convocar assembleia geral de sócios, assembleia especial de acionistas ou assembleia de obrigacionistas, por mão própria ou a seu mandado fizer constar da convocatória informações contrárias à verdade será punido, se pena mais grave não couber por força de outra disposição legal, com pena de prisão até 6 meses e multa até 150 dias.

2. Com a mesma pena será punido aquele que, nas circunstâncias descritas no número anterior, fizer maliciosamente constar da convocatória informações incompletas sobre matéria que por lei ou pelo contrato social ela deva conter e que possam induzir os destinatários a conclusões erróneas de efeito idêntico ou semelhante ao de informações falsas sobre o mesmo objeto.

3. Se o facto for praticado com intenção de causar dano, material ou moral, à sociedade ou a algum sócio, a pena será de prisão até 1 ano e multa até 180 dias.

Bibliografia: António Menezes Cordeiro 1 (2007); Germano Marques da Silva, *Disposições penais do CSC: considerações gerais*, em AAVV, *Textos – Sociedades comerciais* (1994/1995), 39-49.

Índice

1. Versão original em vigor 1
2. Trabalhos preparatórios 2

1 1. **Versão original em vigor**. O 520.º não tem precedentes normativos históricos. A versão original de 1987[1] nunca sofreu alterações.

2 2. **Trabalhos preparatórios**. Do projeto de Código das Sociedades de 1983 constava já a previsão de uma contraordenação relativa à falta de preparação de assembleias (504.º/2)[2], como se segue:

> 2. Quem, com intenção de impedir ou dificultar a preparação para o exercício do direito de voto, não envie a tempo a qualquer dos sócios ou não mantenha à sua disposição para consulta, conforme a lei determinar, os elementos exigidos, ou dê à convocatória uma redacção enganosa será punido com coima até 100 000$00.

3 Só passou para o CSC a previsão da convocatória enganosa, desta feita como crime.

Artigo 521.º (Recusa ilícita de lavrar ata)

Aquele que, tendo o dever de redigir ou assinar ata de assembleia social, sem justificação o não fizer, ou agir de modo que outrem igualmente obrigado o não possa fazer, será punido, se pena mais grave não couber por força de outra disposição legal, com multa até 120 dias.

[1] DR I Série, n.º 92, de 21-abr.-1987, 1611.
[2] Cf. BMJ 327 (1983), 332.

Bibliografia: António Menezes Cordeiro 1 (2007); Germano Marques da Silva, *Disposições penais do CSC: considerações gerais*, em AAVV, *Textos – Sociedades comerciais* (1994/1995), 39-49.

Índice

1. Versão original em vigor 1
2. Trabalhos preparatórios 2

1. **Versão original em vigor**. O 521.º não tem precedentes normativos históricos. A versão original de 1987[1] nunca sofreu alterações. 1

2. **Trabalhos preparatórios**. Do projeto de Código das Sociedades de 1983 constava já a previsão de uma contraordenação e de um crime relativos à redacção de atas (506.º/1 e 2)[2], como se segue: 2

> 1. Quem, competindo-lhe, por força da lei ou do contrato de sociedade lavrar a acta duma assembleia, se recuse a fazê-lo, depois de tal lhe ser solicitado por algum sócio, gerente, administrador, director ou liquidatário será punido com coima até 100000$00.
>
> 2. Quem lavrar acta de assembleia onde, com intenção de prejudicar a sociedade ou outrem, omita ou deturpe a data e o lugar da reunião, as pessoas que presidiram e secretariaram, o modo de convocação, a ordem de trabalhos, o número de sócios ou obrigacionistas com direito a voto, os sócios ou obrigacionistas presentes ou representados, os protestos, o texto das propostas submetidas a votação e o resultado desta será punido nos termos do artigo 228.º, n.os 1 e 4, do Código Penal [*i.e.*, falsificação de documentos, no CP 1982].

Só passou para o CSC a previsão da recusa ilícita de lavrar ata, desta feita como crime. 3

Artigo 522.º (Impedimento de fiscalização)

O gerente ou administrador de sociedade que impedir ou dificultar, ou levar outrem a impedir ou dificultar, atos necessários à fiscalização da vida da sociedade, executados, nos termos e formas que sejam de direito, por quem tenha por lei, pelo contrato social ou por decisão judicial o dever de exercer a fiscalização, ou por pessoa que atue à ordem de quem tenha esse dever, é punido com prisão até 6 meses e multa até 120 dias.

Bibliografia: António Menezes Cordeiro 1 (2007); *id.*, 2 (2007); Gabriela Figueiredo Dias, *Fiscalização de sociedades e responsabilidade civil* (2006); Germano Marques da Silva, *Disposições penais do CSC: considerações gerais*, em AAVV, *Textos – Sociedades comerciais* (1994/1995), 39-49.

Índice

1. Versão original e alterações 1
2. Trabalhos preparatórios 2

[1] DR I Série, n.º 92, de 21-abr.-1987, 1611.

[2] Cf. BMJ 327 (1983), 333.

1 1. **Versão original e alterações**. O 522.° não tem precedentes normativos históricos. A versão original de 1987[1] foi alterada pelo DL 76-A/2006, de 29-mar.[2], no sentido de eliminar a referência a "diretor".

2 2. **Trabalhos preparatórios**. Do projeto de Código das Sociedades de 1983 constava já a previsão da oposição à fiscalização (509.°)[3], que dispunha o seguinte:

> O gerente, administrador ou director que impeça ou dificulte a fiscalização por parte daqueles que, por lei ou decisão judicial, tenham o dever de a exercer será punido com prisão até um ano.

Artigo 523.° (Violação do dever de propor dissolução da sociedade ou redução do capital)

O gerente ou administrador de sociedade que, verificando pelas contas de exercício estar perdida metade do capital, não der cumprimento ao disposto nos n.os 1 e 2 do artigo 35.° é punido com prisão até 3 meses e multa até 90 dias.

Bibliografia: António Menezes Cordeiro 1 (2007); *id.*, 2 (2007); Paulo de Tarso Domingues, *Do capital social – Noção, princípios e funções*, 2.ª ed. (2004), 132-146; Gabriela Páris Fernandes, *O crime de distribuição ilícita de bens da sociedade*, DJ XV/2 (2001), 231-331; Germano Marques da Silva, *Disposições penais do CSC: considerações gerais*, em AAVV, *Textos – Sociedades comerciais* (1994/1995), 39-49.

Índice

1. Versão original e alterações 1
2. Trabalhos preparatórios 2
3. Precedentes comparativos 3

1 1. **Versão original e alterações**. O 523.° não tem precedentes normativos históricos. A versão original de 1987[1] foi alterada pelo DL 76-A/2006, de 29-mar.[2], no sentido de eliminar a alusão ao "diretor".

2 2. **Trabalhos preparatórios**. Do projeto de Código das Sociedades de 1983 constava já a previsão da emissão irregular de acções ou obrigações (513.°)[3], que dispunha o seguinte:

> O gerente, administrador ou director que, no caso de perda de metade do capital, não dê cumprimento ao disposto no artigo 37.°, n.os 1 e 2, será punido com prisão até seis meses.

3 3. **Precedentes comparativos**. Há delitos relativos a excesso de dívidas e perda do capital social nos direitos francês, alemão e italiano[4]. No direito alemão, o facto é punível mesmo se o agente atuar com negligência (§ 402, 2 *AktG*)[5].

[1] DR I Série, n.° 92, de 21-abr.-1987, 1611.
[2] DR I Série-A, n.° 63, de 29-mar.-2006, 2328-(2).
[3] Cf. BMJ 327 (1983), 334.
[1] DR I Série, n.° 92, de 21-abr.-1987, 1611.
[2] DR I Série-A, n.° 63, de 29-mar.-2006, 2328-(162).
[3] Cf. BMJ 327 (1983), 333.
[4] Cf. (Grupo de trabalho presidido por) Jean-Marie Coulon, *La dépénalisation de la vie des affaires* (2008), 125.
[5] Cf. Alberto Pimenta, *A nova lei alemã das sociedades por acções*, Separata do BMJ 175-176-177 (1968), 327-328.

Artigo 524.º (Abuso de informações)

(Revogado)

Índice

1. O preceito original.. 1 2. A revogação... 2

1. **O preceito original**. O 524.º foi introduzido pelo DL 184/87, de 21-abr., dispondo da forma seguinte[1]: 1

> *1. Aquele que, sendo membro de órgão de administração, fiscalização ou liquidação de sociedade anónima, revelar ilicitamente a outrem factos relativos à sociedade aos quais não tenha sido dada previamente publicidade, e que sejam susceptíveis de influir no valor dos títulos por ela emitidos, será punido com prisão até seis meses e multa até 120 dias.*
>
> *2. Com a mesma pena será punido aquele que, sendo membro de órgão de administração ou de órgão de fiscalização de sociedade anónima, revelar ilicitamente a outrem factos relativos à fusão desta com outras sociedades, aos quais não tenha sido dada previamente publicidade, e que sejam susceptíveis de influir no valor dos títulos das sociedades que participarem na fusão, ou de sociedades que com elas estejam em relação de domínio.*
>
> *3. Se o facto for cometido com intenção de causar dano, material ou moral, a algum sócio que para o mesmo não concorrer conscientemente, à sociedade, ou a terceiro, a pena será de prisão até um ano e multa até 150 dias.*
>
> *4. Aquele que revelar ilicitamente a outrem factos de que haja tomado conhecimento em razão de serviço permanente ou temporário prestado à sociedade, ou por ocasião dele, ocorrendo quanto aos factos revelados as circunstâncias descritas nos n.os 1 e 2, será punido com prisão até três meses e multa até 90 dias.*

2. **A revogação**. O 524.º foi revogado pelo 24.º do DL 142-A/91, de 10-abr., que aprovou o CodMVM. De facto, o seu teor passou para o 666.º do CodMVM, com mais desenvolvimento, surgindo no 378.º do atual CVM. 2

Artigo 525.º (Manipulação fraudulenta de cotações de títulos)

(Revogado)

Índice

1. O preceito original.. 1 2. A revogação... 2

1. **O preceito original**. O 525.º foi introduzido pelo DL 184/87, de 21-abr., dispondo da forma seguinte[1]: 1

[1] DR I Série, n.º 92, de 21-abr.-1987, 1611/II.

[1] DR I Série, n.º 92, de 21-abr.-1987, 1611/II-1612/I.

1. O administrador, director ou liquidatário de sociedade que, mediante simulação de subscrição ou de pagamento, difusão pública de notícias falsas ou qualquer outro artifício fraudulento, der causa a que aumente ou diminua a cotação de acções ou de obrigações, ou de outros títulos com cotação na bolsa, emitidos pela sociedade, ou para o mesmo fim receber ou tentar receber, pessoalmente ou por outrem, subscrição ou pagamento de título, será punido com prisão até seis meses e multa até 120 dias.

2. Se o facto for praticado com intenção de causar dano, material ou moral, a algum sócio que para o mesmo facto não concorrer conscientemente, à sociedade, ou a terceiro, a pena será de prisão até um ano e multa até 150 dias.

3. O administrador, director ou liquidatário que, tendo conhecimento de factos praticados por outrem nas circunstâncias e para os fins descritos no n.º 1, omitir ou fizer omitir por outrem as diligências que forem convenientes para evitar os seus efeitos será punido, se pena mais grave não couber por força de outra disposição legal, com prisão até três meses e multa até 90 dias.

2 2. **A revogação**. O 524.º foi revogado pelo 24.º do DL 142-A/91, de 10-abr., que aprovou o CodMVM. De facto, o seu teor passou para o 667.º do CodMVM, com mais desenvolvimento, surgindo no 379.º do atual CVM.

Artigo 526.º (Irregularidades na emissão de títulos)

O administrador de sociedade que apuser, fizer apor, ou consentir que seja aposta, a sua assinatura em títulos, provisórios ou definitivos, de ações ou obrigações emitidos pela sociedade ou em nome desta, quando a emissão não tenha sido aprovada pelos órgãos sociais competentes, ou não tenham sido realizadas as entradas mínimas exigidas por lei, é punido com prisão até 1 ano e multa até 150 dias.

Bibliografia: António Menezes Cordeiro 1 (2007); *id.*, 2 (2007); Germano Marques da Silva, *Disposições penais do CSC: considerações gerais*, em AAVV, *Textos – Sociedades comerciais* (1994/1995), 39-49.

Índice

1. Versão original e alterações 1
2. Trabalhos preparatórios 2
3. Precedentes comparativos 3

1 1. **Versão original e alterações**. O 526.º não tem precedentes normativos históricos. A versão original de 1987[1] foi alterada pelo DL 76-A/2006, de 29-mar.[2], no sentido de suprimir a alusão ao "diretor".

2 2. **Trabalhos preparatórios**. Do projeto de Código das Sociedades de 1983 constava já a previsão da emissão irregular de acções ou obrigações (513.º)[3], que dispunha o seguinte:

> O administrador ou director que apuser ou consentir que seja aposta a sua assinatura em títulos, provisórios ou definitivos, de acções ou de obrigações, quando a emissão desses títulos não tenha sido deliberada pelo órgão competente ou não tenham sido efectuadas as entradas mínimas exigidas pela lei será punido com prisão até um ano e multa até cem dias.

[1] DR I Série, n.º 92, de 21-abr.-1987, 1612.
[2] DR I Série-A, n.º 63, de 29-mar.-2006, 2328-(2).
[3] Cf. BMJ 327 (1983), 335.

3. **Precedentes comparativos**. Há delitos de emissão irregular de títulos nos direitos francês e italiano[4].

Artigo 527.º (Princípios comuns)

1. Os factos descritos nos artigos anteriores só serão puníveis quando cometidos com dolo.

2. Será punível a tentativa dos factos para os quais tenha sido cominada nos artigos anteriores pena de prisão ou pena de prisão e multa.

3. O dolo de benefício próprio, ou de benefício de cônjuge, parente ou afim até ao 3.º grau, será sempre considerado como circunstância agravante.

4. Se o autor de um facto descrito nos artigos anteriores, antes de instaurado o procedimento criminal, tiver reparado integralmente os danos materiais e dado satisfação suficiente dos danos morais causados, sem outro prejuízo ilegítimo para terceiros, esses danos não serão considerados na determinação da pena aplicável.

Bibliografia: Jorge de Figueiredo Dias, *Comentário ao artigo 206.º do CP*, em AAVV, *Comentário Conimbricense do Código Penal – Parte Especial*, II (1999), 115-122; Germano Marques da Silva, *Disposições penais do CSC: considerações gerais*, em AAVV, *Textos – Sociedades comerciais* (1994/1995), 39-49.

Índice

1. Versão original em vigor 1
2. Exigência de dolo 2
3. Punição da tentativa 3
4. Circunstância modificativa agravante 4
5. Diminuição extraordinária da pena 6

1. **Versão original em vigor**. A versão original de 1987[1] nunca sofreu alterações. 1

2. **Exigência de dolo**. O 527.º/1 afigura-se redundante, dado que a Parte Geral do CP é 2
aplicável ao Direito penal societário, nos termos do 529.º/1. Ora, o 13.º do CP já diz que a negligência só é punível nos casos especialmente previstos na lei, o que, de resto, não sucede em nenhum dos tipos legais de crime previstos no Título VII do CSC. Não se vê, pois, qual possa ser a utilidade marginal do 527.º/1.

3. **Punição da tentativa**. O regime do 527.º/2 é mais gravoso do que o regime geral de puni- 3
ção da tentativa, previsto no 23.º/1 do CP. Segundo o regime geral, a tentativa, salvo disposição em contrário, só é punível se ao crime consumado respetivo corresponder pena superior a três anos de prisão. Não obstante as penas aplicáveis aos crimes do Título VII do CSC nunca ultrapassarem os três anos de prisão, acontece que a tentativa é punível em muitos deles, por força do 527.º/2. Este afastamento do regime geral só se explica pelo facto de o legislador ter procurado reforçar o efeito intimidatório da eventual abertura de um processo criminal, prevendo que "[a] ameaça de instauração de processo criminal terá o efeito de pressionar os gestores para o pontual cumprimento das normas de funcionamento das sociedades"[2].

[4] Cf. (Grupo de trabalho presidido por) Jean-Marie Coulon, *La dépénalisation de la vie des affaires* (2008), 125.

[1] DR I Série, n.º 92, de 21-abr.-1987, 1611.

[2] Cf. Germano Marques da Silva, *Disposições penais do CSC: considerações gerais*, em AAVV, *Textos – Sociedades comerciais* (1994/1995), 44.

4 4. **Circunstância modificativa agravante**. O dolo de benefício próprio, do cônjuge, parentes ou afim até ao 3.º grau é antes uma intenção de enriquecimento para si ou para terceiro, a exemplo da intenção de enriquecimento que se exige na burla (217.º/1 do CP). Só que tal intenção na burla é um elemento subjetivo especial do tipo de crime, ao passo que nos crimes societários é uma mera circunstância modificativa agravante[3].

5 O termo "dolo" usado pelo legislador neste contexto não é cientificamente correto, pois pode dar impressão de que se quis abranger os três graus de dolo previstos no 14.º do CP. Na verdade, o "dolo" em apreço só pode existir como intenção ou finalidade do agente.

6 5. **Diminuição extraordinária da pena**. O 527.º/4 estabelece um regime de diminuição extraordinária da medida legal da pena, o qual é aplicável se o agente, antes de instaurado o procedimento criminal, tiver reparado integralmente os danos materiais e dado satisfação suficiente dos danos morais causados, sem outro prejuízo ilegítimo para terceiros. O relevo dado pelo legislador à reparação dos danos e à satisfação moral do ofendido é completamente bem fundado, por isso mesmo que revela consideração pela vítima, enquanto destinatária da política criminal. De resto, o próprio CP contém regimes comparáveis, designadamente o da restituição ou reparação no âmbito dos crimes contra o património, nos termos do 206.º do CP[4].

7 Trata-se de uma diminuição de pena obrigatória e automática, desde que verificados os respetivos pressupostos[5]. É diferente do relevo concedido pelo CP aos atos demonstrativos de arrependimento sincero do agente, nomeadamente a reparação dos danos causados, como motivo de atenuação especial da pena, segundo o 72.º/2, *c*), do CP. Neste caso, a atenuação não é obrigatória, pois implica a formulação de um juízo discricionário sobre as circunstâncias objetivas e subjetivas da reparação, nem automática, pois depende da avaliação da atitude moral do agente no pós-facto[6]. Essa diferente fundamentação explica que os regimes do 527.º/4 do CSC e 72.º/2, *c*), do CP sejam cumuláveis[7].

8 Quanto aos danos morais, quem decide se a satisfação moral é ou não suficiente? O ofendido ou apenas o ofendido? Em princípio, deverá ser apenas o ofendido, dado que as razões de política criminal que justificam a diminuição da pena passam, precisamente, pelo respeito dos sentimentos da vítima. Há paralelismo com a dispensa de pena nos crimes contra a honra, em que os esclarecimentos ou explicações dados pelo agente em juízo só relevam se o ofendido os aceitar como satisfatórios, nos termos do 186.º/1 do CP[8].

Artigo 528.º (Ilícitos de mera ordenação social)

1. O gerente ou administrador de sociedade que não submeter, ou por facto próprio impedir outrem de submeter, aos órgãos competentes da sociedade, o relatório de gestão, incluindo a demonstração não financeira, as contas do exercício e os demais documentos de prestação de contas previstos na lei, cuja apresentação lhe esteja cometida por lei ou pelo contrato social, ou por outro título, até ao fim do prazo previsto no n.º 1 do artigo 376.º, ou não submeter, ou por facto próprio impedir outrem de submeter, aos órgãos competentes da sociedade, o relatório

[3] *Id.*, 41.
[4] Cf. Jorge de Figueiredo Dias, *Comentário ao artigo 206.º do CP*, em AAVV, *Comentário Conimbricense do Código Penal – Parte Especial*, t. II (1999), 115-122.
[5] *Id.*, 116-117.
[6] *Ibid.*
[7] *Id.*, 122.
[8] Neste sentido, Germano Marques da Silva, *Disposições penais do CSC: considerações gerais*, em AAVV, *Textos – Sociedades comerciais* (1994/1995), 43.

separado, incluindo a demonstração não financeira, até ao fim do prazo previsto na alínea *b*) do n.º 9 do artigo 66.º-B e alínea *b*) do n.º 9 do artigo 508.º-G, quando aplicáveis, bem como viole o disposto no artigo 65.º-A, é punido com coima de € 50 a € 1500.

2. A sociedade que omitir em atos externos, no todo ou em parte, as indicações referidas no artigo 171.º deste Código será punida com coima de € 250 a € 1.500.

3. A sociedade que, estando a isso legalmente obrigada, não mantiver livro de registo de acções nos termos da legislação aplicável, ou não cumprir pontualmente as disposições legais sobre registo e depósito de acções, será punida com coima de € 500 a € 49.879,79.

4. (*Revogado pelo DL 486/99, de 13-nov.*)

5. Aquele que estiver legalmente obrigado às comunicações previstas nos artigos 447.º e 448.º deste Código e as não fizer nos prazos e formas da lei será punido com coima de € 25 a € 1.000 e, se for membro de órgão de administração ou de fiscalização, com coima de € 50 a € 1.500.

6. Nos ilícitos previstos nos números anteriores será punível a negligência, devendo, porém, a coima ser reduzida em proporção adequada à menor gravidade da falta.

7. Na graduação da pena serão tidos em conta os valores do capital e do volume de negócios das sociedades, os valores das acções a que diga respeito a infracção e a condição económica pessoal dos infratores.

8. A organização do processo e a decisão sobre aplicação da coima competem ao conservador do registo comercial da conservatória situada no concelho da área da sede da sociedade, bem como ao diretor-geral dos Registos e do Notariado, com possibilidade de delegação.

9. O produto das coimas reverte para a Direção-Geral dos Registos e do Notariado.

Bibliografia: Manuel da Costa Andrade, *Contributo para o conceito de contraordenação (A experiência alemã)*, RDE 6-7 (1980/1981), 81-121, e, sem alterações, agora em AAVV, *Direito penal económico e europeu – Textos doutrinários*, I (1998), 75-107; Eduardo Correia, *Direito penal e Direito de mera ordenação social*, BFD XLIX (1973), 257-281, e, sem alterações, agora em AAVV, *Direito penal económico e europeu – Textos doutrinários*, I (1998), 3-18; José de Faria Costa, *A importância da recorrência no pensamento jurídico, um exemplo: a distinção entre o ilícito penal e o ilícito de mera ordenação social*, RDE 9 (1983), 3-51, e, sem alterações, agora em AAVV, *Direito penal económico e europeu – Textos doutrinários*, I (1998), 109-143; Jorge de Figueiredo Dias, *O movimento da descriminalização e o ilícito de mera ordenação social*, em AAVV, *Jornadas de Direito criminal – O novo CP português e legislação complementar*, I (1983), 317-336, e, sem alterações, agora em AAVV, *Direito penal económico e europeu – Textos doutrinários*, I (1998), 19-33; Miguel Pedrosa Machado, *Elementos para o estudo da legislação portuguesa sobre contraordenações*, Scientia Ivridica (1986), 59-134, e, sem alterações, agora em AAVV, *Direito penal económico e europeu – Textos doutrinários*, I (1998), 145-207; *id.*, *Sobre a tutela penal da informação nas sociedades anónimas: problemas da reforma legislativa*, O Direito 106.º/119.º (1974/1987), 271-336, e, com nota preliminar, agora em AAVV, *Direito penal económico e europeu – Textos doutrinários*, II (1999), 171-226; Frederico de Lacerda da Costa Pinto, *O ilícito de mera ordenação social e a erosão do princípio da subsidiariedade da intervenção penal*, RPCC 7 (1997), 7-100, e, sem alterações, agora em AAVV, *Direito penal económico e europeu – Textos doutrinários*, I (1998), 209-274; Armando Manuel Triunfante, *Código das Sociedades Comerciais anotado* (2007), 538-547. Nuno Brandão, *Crimes e contraordenações – Da cisão à convergência material*, 2016; Augusto Silva Dias, *Direito das contraordenações*, 2018.

Índice

1. Versão original e alterações ... 1
2. Trabalhos preparatórios ... 6
3. Precedentes comparativos ... 8

1 1. **Versão original e alterações**. A versão original de 1987[1] foi alterada pelo DL 76-A/2006, de 29-mar.[2], no sentido de eliminar, no n.º 1, a referência a "diretor". No mesmo n.º 1, foram também adequadas as referências monetárias à nova moeda com curso legal em Portugal. Assim, a medida legal da coima prevista entre 10.000$00 e 300.000$00 passou para € 50 a € 1.500.

2 Mas o 528.º tinha outros números que continuavam a fazer referência a escudos e que apenas por lapso não foram alterados pelo DL 76-A/2006, de 29 de março. O legislador viu-se assim obrigado a proceder a uma segunda intervenção nesse artigo, que foi levada a cabo através do DL 8/2007, de 17 de janeiro[3]. Nos n.os 2, 3 e 5, foram feitas as devidas conversões das coimas para euros, sem que os montantes tenham sido alterados[4].

3 Também o n.º 8 foi alterado, alargando-se a competência para o processo e a aplicação de coimas ao diretor-geral dos Registos e do Notariado, que a pode delegar. O DL 8/2007, de 17-jan., aditou um novo n.º 9 ao 528.º, o qual passou a prever, pela primeira vez, o organismo para onde deve reverter o produto das coimas, a saber: a Direção-Geral dos Registos e do Notariado.

4 O n.º 4 foi revogado pelo 15.º/1, *c)*, do DL 486/99, de 13-nov.[5], que aprovou o CVM.

5 O n.º 1 foi alterado pelo DL 89/2017, de 28-jul., no sentido de aditar as referências à demonstração não-financeira e aos 66.º-B e 508.º-G, por ele inseridas no Código. Remete-se para as anotações a esses preceitos.

6 2. **Trabalhos preparatórios**. O projeto de Código das Sociedades de 1983 não continha qualquer preceito com a epígrafe de ilícitos de mera ordenação social, mas já tinha várias contraordenações. Assim, os 503.º, 504.º, 506.º/1 e 510.º previam tipos de contraordenação, a punir com coimas que atingiam o valor máximo de 100.000$00 para pessoas singulares e, no caso do 510.º/1, o máximo de 1.000.000$00 para infracções cometidas por uma sociedade relativamente aos deveres para ela estabelecidos a respeito do registo ou depósito de ações[6].

7 Algumas das contra-ordenações do projeto foram transformadas em crimes no CSC, designadamente a falta de convocação ou de preparação de assembleias (504.º/1 e 2 do Projeto), que se transformou nos crimes de irregularidade na convocação de assembleias sociais (515.º/1 do CSC) e de convocatória enganosa (520.º/1 e 2 do CSC).

8 3. **Precedentes comparativos**. O projeto de Código das Sociedades de 1983 e, mais ainda, o próprio CSC foram influenciados pelo modelo alemão do *AktG*, de 6-set.-1965, no sentido de incluírem, a par dos tipos penais, a previsão de tipos contraordenacionais[7]. Apesar disso, os tipos de contraordenação do 528.º não correspondem aos do § 405 do *AktG*[8].

[1] DR I Série, n.º 92, de 21-abr.-1987, 1612.
[2] DR I Série-A, n.º 63, de 29-mar.-2006, 2328-(162).
[3] DR I Série, n.º 12, de 17-jan.-2007, 378.
[4] Cf. Armando Manuel Triunfante, *Código das Sociedades Comerciais anotado* (2007), 547.
[5] DR I Série-A, n.º 265, de 13-nov.-1999, 7968.
[6] Cf. BMJ 327 (1983), 333.
[7] Cf. Miguel Pedrosa Machado, *Sobre a tutela penal da informação nas sociedades anónimas: problemas da reforma legislativa*, O Direito 106.º/119.º (1974/1987), 315-316, e, com nota preliminar, agora em AAVV, *Direito penal económico e europeu – Textos doutrinários*, II (1999), 210.
[8] Cf. Alberto Pimenta, *A nova lei alemã das sociedades por acções*, Separata do BMJ 175-176-177 (1968), 330-331.

Artigo 529.° (Legislação subsidiária)

1. Aos crimes previstos neste Código são subsidiariamente aplicáveis o Código Penal e legislação complementar.

2. Aos ilícitos de mera ordenação social previstos neste Código é subsidiariamente aplicável o regime geral do ilícito de mera ordenação social.

Bibliografia: Jorge de Figueiredo Dias, *Direito penal – Parte geral*, I (2.ª ed., 2007).

Índice

1. Versão original em vigor 1
2. Trabalhos preparatórios 2

1. **Versão original em vigor**. A versão original de 1987[1] nunca sofreu alterações. 1

2. **Trabalhos preparatórios**. O projeto de Código das Sociedades de 1983 não continha qualquer disposição sobre legislação subsidiária. 2

[176] DR I Série, n.° 92, de 21-abr.-1987, 1612.

Título VIII – Disposições finais e transitórias

Introdução

Índice

1. Origem e alterações 1
2. Conteúdo geral 4
3. Teor das soluções 6
4. Relevo 8

1. **Origem e alterações**. O DL 262/86, de 2-set., que aprovou o CSC, previa, para este, um Título VII, *Disposições finais e transitórias* e que abrangia os então 509.° a 524.°[1]. 1

O DL 184/87, de 21-abr., que veio inserir um novo Título VII, relativo às disposições penais, fez passar o então Título VII a VIII e renumerou os seus 509.° a 524.° como 530.° a 545.°. 2

De então para cá, apenas houve alterações no 533.°/4, tendo ainda sido aditado o n.° 6 ao mesmo preceito: ambos pelo DL 76-A/2006, de 29-mar.[2], com o fito de mandar regularizar os capitais mínimos, envolvidos em alterações legislativas. 3

2. **Conteúdo geral**. Embora epigrafado "disposições finais e transitórias", o Título VIII em estudo compreende, praticamente, apenas disposições transitórias. Trata-se de preceitos de Direito transitório material, que visam adaptar determinadas situações societárias à lei nova, prevendo, para elas, um regime adequado. 4

O regime do Título VIII funciona em detrimento das regras do 12.° do CC, regras essas que operam como normas de conflitos intertemporais: remetendo ora para a lei nova, ora para a lei velha, mas sem prever uma adaptação material das situações envolvidas pela sucessão de leis. 5

3. **Teor das soluções**. O Título VIII tem um conteúdo díspar. Todavia, podemos reter, como linha de fundo, o respeito por diversas situações constituídas ao abrigo da lei velha e que, pela lei nova, teriam de ser alteradas. 6

Por vezes, fixou-se ainda um prazo para a sua alteração ou procedeu-se a uma modificação imediata, *ope legis*, quando, daí, não resultem danos para os interessados: assim sucedeu com a passagem da sigla SARL a SA. De todo o modo, caso a caso há que verificar a solução cabendo, no omisso, recorrer ao 12.°. 7

4. **Relevo**. Com a passagem do tempo, o Título VIII vem perdendo o seu relevo prático. A jurisprudência que o ilustra é já, de um modo geral, antiga. Todavia: há, ainda, situações em que os preceitos transitórios são chamados a intervir. Por outro lado, os 530.° a 545.° mantêm 8

[1] DR I Série, n.° 201, de 2-set.-1986, 2384/I-2385/II.

[2] DR I Série, n.° 92, de 21-abr.-1987, 1612/II.

um especial relevo dogmático, exibindo, de modo concreto, os valores organizativos próprios do Direito das sociedades.

Artigo 530.º (Cláusulas contratuais não permitidas)

1. As cláusulas dos contratos de sociedade celebrados, na forma legal, antes da entrada em vigor desta lei que não forem por ela permitidas consideram-se automaticamente substituídas pelas disposições de carácter imperativo da nova lei, sendo lícito recorrer à aplicação das disposições de carácter supletivo que ao caso convierem.

2. O disposto no n.º 1 não prejudica os poderes que a lei reconhece aos sócios para deliberarem alterações ao contrato de sociedade.

Índice

1. Princípio geral ... 1
2. Normas imperativas ... 3
3. Normas supletivas ... 6
4. Normas novas ... 7

1 1. **Princípio geral**. O CSC dirige-se a sociedades e, assim, *grosso modo*, a situações derivadas de contratos de sociedade. Visa o conteúdo de situações jurídicas, independentemente dos factos que as originaram pelo que, pelas regras gerais, se aplicará às situações constituídas ao abrigo da lei anterior e que subsistam (12.º/2, 2.ª parte, do CC).

2 Deparamos com um obstáculo jurídico: falar em situações (duradouras) societárias faz-se, em regra, pela referência às cláusulas contratuais de onde elas derivem. Ora a validade de tais cláusulas, mesmo quando sejam contrariadas pela lei nova, não está em causa; discute-se, sim, a subsistência das situações que elas tenham originado.

3 2. **Normas imperativas**, presentes na lei nova (o CSC) substituem automaticamente as cláusulas dos estatutos que se lhes oponham. A substituição opera independentemente de quaisquer alterações (530.º/1)[1].

4 Podemos, a tal propósito, falar numa conversão legal. Pergunta-se se, a ela, não poderiam as partes opor-se, invocando a oposição do novo regime com o fim por elas prosseguido (293.º, do CC). A resposta é negativa: para decorrências desse tipo, queda aos sócios deliberar alterações aos estatutos (530.º/2) ou, no limite, optar pela dissolução.

5 Cabe ainda ponderar a hipótese de a lei nova inviabilizar, logicamente, a sociedade. De um modo geral, os preceitos subsequentes (531.º ss.) visaram, precisamente, enfrentar soluções em que o automatismo na substituição de regras não era viável. Não havendo normas desse tipo e ocorendo um efetivo bloqueio, queda a dissolução da sociedade por impossibilidade superveniente da sua atividade – hoje: 142.º/1, *b*) – numa hipótese quase académica.

6 3. **Normas supletivas**, presentes na lei nova (o CSC) e que contrariem cláusulas estatutárias, não prejudicam estas (530.º/1, *in fine*, em termos algo elípticos)[2]. Na verdade, as normas dispositivas (supletivas) podem ser afastadas pelos estatutos (9.º/3)[3].

[1] STJ 19-set.-2006 (Azevedo Ramos), Proc. 06A2395 (exigência de deliberação dos sócios para a amortização da quota por morte do sócio, nos termos do 225.º).

[2] Com uma interpretação diversa, *vide* Alexandre de Soveral Martins, *Código em comentário*, Anot. ao 530.º, 562, que entende que a parte final do n.º 1 tem ainda em vista a

4. **Normas novas**. Finalmente, podem surgir normas (imperativas ou supletivas) que venham regular situações antes omissas na lei. Assim sucedeu com o 402.º, quanto à reforma dos administradores[4] e com o 243.º/1, relativo ao contrato de suprimento[5]. Em ambos os casos se decidiu que ficam ressalvadas as situações anteriores, podendo a lei nova assumir dimensão interpretativa.

Artigo 531.º (Voto plural)

1. Os direitos de voto plural constituídos legalmente antes da entrada em vigor desta lei mantêm-se.

2. Tais direitos podem ser extintos ou limitados por deliberação dos sócios tomada nos termos previstos para a alteração do contrato, sem necessidade de consentimento dos sócios titulares desses direitos.

3. Todavia, caso tais direitos tenham sido concedidos em contrapartida de contribuições especiais para a sociedade, para além das entradas, a sociedade deve pagar uma indemnização equitativa pela sua extinção ou limitação.

4. A indemnização referida no número anterior pode ser pedida judicialmente no prazo de 60 dias a contar da data em que o sócio teve conhecimento da deliberação ou, se esta for impugnada, do trânsito em julgado da respetiva sentença.

Índice

1. A proibição ... 1
2. A manutenção ... 3
3. Indemnização ... 5

1. **A proibição**. Voto plural é a faculdade, reconhecida a algum sócio, de dispor de votos em percentagem superior à que resultaria da participação social por ele detida. Tal situação, exageradamente usada na Alemanha dos anos 30 do séc. XX, introduzia uma distorção entre a detenção do capital e o poder de intervenção na sua gestão. Foi sendo combatida pelas leis dos diversos países. 1

O CSC proíbe, em geral, esse tipo de voto. O 250.º/2 admite o voto duplo, nas SPQ, mas apenas até ao total de 20% dos votos: um direito especial. Nas SA, o voto plural é proibido (384.º/1). 2

hipótese de as cláusulas do contrato de sociedade serem proibidas pelo CSC. Quanto a nós, das duas uma: ou a disposição do contrato de sociedade colide com uma norma imperativa e opera automaticamente a conversão legal, ou se apresenta como desconforme com uma norma meramente supletiva, hipótese em que deve, à partida, prevalecer a solução estatutária. É do segundo tipo de casos que se ocupou o legislador na última parte do n.º 1. Nos casos do primeiro tipo, poderá suceder que a norma imperativa seja insuficiente para regular cabalmente a situação material; mas já estaremos, ali, fora do campo da conversão legal, havendo que integrar a lacuna dando primazia à boa-fé e à vontade hipotética das partes, nos termos gerais (239.º CC): António Menezes Cordeiro, *Tratado de Direito civil* II, 4.ª ed. (2014), 761 ss..

[3] Note-se, porém, que não se deve considerar como integrada no conteúdo dos estatutos a solução prevista num regime supletivo que tiver sido ulteriormente modificado pela lei nova. Assim, os sócios de uma sociedade de quotas constituída ao abrigo da LSQ, em que não tiver sido afastado o regime supletivo da livre transmissibilidade das participações sociais, passam, com a entrada em vigor do CSC, a estar sujeitos às normas previstas nos 228.º ss. do Código. *Vide* Alexandre de Soveral Martins, *Código em Comentário*, Anot. ao 530.º, 564, n. 12; STJ 4-mai.-1999 (Pinto Monteiro), Proc. 99A800 = BMJ 492 (1999), 458; STJ 30-mai.-2006 (Urbano Dias), Proc. 06A1482.

[4] STJ 15-jan.-1991 (Brochado Brandão), Proc. 079574.

[5] RCb 10-nov.-1992 (Pereira da Graça), CJ XVII (1992) 5, 43-46 (45).

3 2. **A manutenção.** Os direitos de voto plural, legalmente constituídos ao abrigo da lei velha[1], mantém-se (531.º/1): um desvio em relação aos 12.º/2, 2.ª parte, do CC. Todavia, o 531.º previu um esquema para a sua supressão, por deliberação dos sócios.

4 Com efeito, os sócios podem deliberar a extinção ou a limitação, por alteração do contrato, sem necessidade de consentimento dos titulares de tais direitos (531.º/2) e, portanto: com desvio perante o 24.º/5. De notar, todavia, que, nessa aprovação, os direitos de voto plural ainda existem e podem ser usados contra a proposta de alteração.

5 3. **Indemnização.** Os votos plurais podem ter sido concedidos a troco de contribuições especiais, para além das entradas: nessa altura, a sua extinção envolve o pagamento, pela sociedade, de uma indemnização equitativa (531.º/3): de outro modo, aliás, haveria inconstitucionalidade (62.º/1, da CR).

6 A indemnização deve ser pedida no prazo de 60 dias sobre o conhecimento da deliberação pelo sócio atingido: ou sobre o trânsito em julgado da sentença, se a deliberação for impugnada (531.º/4).

Artigo 532.º (Firmas e denominações)

As sociedades constituídas antes da entrada em vigor desta lei podem manter as firmas ou denominações que até então vinham legalmente usando, mas as sociedades anónimas passarão a usar a abreviatura «S.A.», em vez de «S.A.R.L.», independentemente de alteração do contrato.

Índice

1. A manutenção 1
2. SA 2

1 1. **A manutenção** das firmas (o 532.º refere também "denominações" as quais, todavia, competem a não comerciantes e, logo, nunca a sociedades[1]) é uma regra comercial óbvia: é sob elas que se gera o aviamento e se forma a clientela.

2 2. **SA.** Todavia, a passagem de SARL para SA, inofensiva já que deixa intocada a parte significante da firma, opera de modo automático: independentemente de alteração dos estatutos.

Artigo 533.º (Capital mínimo)

1. As sociedades constituídas antes da entrada em vigor desta lei cujo capital não atinja os montantes mínimos nela estabelecidos devem aumentar o capital, pelo menos até aos referidos montantes mínimos, no prazo de três anos a contar daquela entrada em vigor.

[1] Assim sucedia, p. ex., ao abrigo do 1.º, § 1.º do Decreto 1:645, de 15-jun.-1915 (COLP 1915, 389/I):
Nos estatutos poderá também estabelecer-se, em favor dos acionistas possuidores de acções privilegiadas, desigual representação de votos nas assembleias gerais.

[1] António Menezes Cordeiro, *Direito comercial*, 5.ª ed. (2022), 359 ss. e 307 ss..

2. Para o aumento de capital exigido pelo número anterior podem as sociedades deliberar por maioria simples a incorporação de reservas, incluindo reservas de reavaliação de bens do ativo.

3. Para a liberação total do capital, aumentado por novas entradas em cumprimento do disposto no n.º 1 deste artigo, podem ser fixados prazos até cinco anos.

4. As sociedades que não tenham procedido ao aumento do capital e à liberação deste, em conformidade com os números anteriores, devem ser dissolvidas nos termos previstos no artigo 143.º.

5. Podem ser mantidos os valores nominais de quotas ou ações estipulados de harmonia com a legislação anterior, embora sejam inferiores aos valores mínimos estabelecidos nesta lei, os quais, porém, passarão a ser aplicáveis desde que o capital seja aumentado por força deste artigo ou por outras circunstâncias.

6. O disposto no n.º 4 é aplicável às sociedades que não tenham procedido ao aumento do capital até ao montante mínimo previsto no artigo 201.º ou no n.º 3 do artigo 276.º, na redação dada pelo Decreto-Lei n.º 343/98, de 6 de novembro.

Índice

1. Redação inicial e alteração ... 1
2. Montantes mínimos ... 3
3. Dever de aumento ... 4
4. Dissolução ... 8
5. O DL 343/98, de 6-nov. ... 10
6. O DL 33/2011, de 7-mar. ... 12
7. Casuística ... 13

1. **Redação inicial e alteração**. Na redação do DL 262/86, de 2-set., o n.º 4 dispunha[1]: 1

> 4. As sociedades que não tenham procedido ao aumento do capital e à liberação deste, em conformidade com os números anteriores, devem ser dissolvidas a requerimento do Ministério Público, mediante participação do conservador do Registo Comercial.

O DL 76-A/2006, de 29-mar., deu a atual redação ao n.º 4 em causa, e aditou-lhe o n.º 6[2]. Vamos ver. 2

2. **Montantes mínimos**. Nas SPQ, o capital mínimo, inicialmente de "5 contos de réis"[3], passou a 50.000$, pelo DL 43.843, de 5-ago.-1961[4]. O CSC elevou-o para 400.000$00 (201.º, versão inicial). Nas SA, não havia capital mínimo; o CSC fixou-o em 5000 contos (276.º/3, versão inicial). 3

3. **Dever de aumento**. O 533.º/1 concedeu, para as sociedades que não atingissem o capital mínimo imposto pelo CSC, em 1986, um prazo de três anos, a contar da data da entrada em vigor (1-nov.-1986, pelo 2.º/2 do DL 262/86, de 2-set.). 4

Ainda como medidas de auxílio: (a) o 533.º/2 permitiu que, para o aumento, se pudesse deliberar, por maioria simples, a incorporação de reservas, incluindo as de reavaliação de bens do ativo; (b) o 533.º/3 facultou que, havendo novas entradas em cumprimento do n.º 1, estas pudessem ser liberadas em prazos fixados até 5 anos. 5

[1] DR I Série, n.º 201, de 2-set.-1986, 2384/II.

[2] DR I Série-A, n.º 63 (Supl.), de 29-mar.-2006, 2328-(34)/I.

[3] Lei de 11-abr.-1901, 4.º (COLP 1901, 97/II).

[4] DR I Série, n.º 191, de 5-ago.-1961, 978-980 (978/II).

6 O DL 418/89, de 30-nov.[5], prorrogou por mais um ano o prazo do 533.º/1: expirou, pois, em 31-out.-1990.

7 Os valores nominais das quotas e das ações, de harmonia com a lei velha, poderiam ainda manter-se mesmo que inferiores aos novos mínimos, adaptando-se, todavia, logo que o capital fosse aumentado (533.º/5).

8 4. **Dissolução.** As sociedades que, com todas as apontadas facilidades, não tivessem procedido ao aumento e à liberação do capital, deveriam ser dissolvidas, nos termos do 143.º: o serviço de registo competente instauraria o competente processo.

9 Não é concebível que falhassem aumentos por falta de dinheiro: os montantes mínimos eram (e mantêm-se) exageradamente baixos. O aumento exigia, sim, uma série de operações burocráticas; foram apanhadas nas margens da lei sociedades com pouca ou nenhuma atividade e que não acompanharam as novas regras.

10 5. **O DL 343/98, de 6-nov.**, que fez a transição para o euro, aproveitou para atualizar os capitais sociais (3.º): nas SPQ, de 400.000$ (cerca de € 2.000) para € 5.000 (201.º) e nas SA, de 5.000.000$ (cerca de € 25.000) para € 50.000 (276.º/3), para entrar em vigor em 1-jan.-2002 – 29.º/1, *a*).

11 Não havia sanção: o 533.º/6, reforma de 2006, mandou aplicar, pela sua não-observância, o n.º 4: dissolução (533.º/6).

12 6. **O DL 33/2011, de 7-mar.**, veio permitir aos sócios fixarem livremente, no contrato, o capital social de uma SQ[6]. Note-se, porém, que não desapareceu o requisito do capital social mínimo para este tipo de sociedade, na medida em que este corresponde à soma das quotas subscritas pelos sócios[7], não podendo a quota ter um valor nominal inferior a um euro (219.º/3). Em qualquer caso, o n.º 4 passou a ter um alcance limitado no campo das SQ, ficando a dissolução administrativa reservada às hipóteses em que o valor do capital social não reflita, em dado momento, o cômputo do valor nominal das quotas de todos os sócios[8].

13 7. **Casuística**: os tribunais decidiram, designadamente: (a) a dissolução pedida pelo MP não era imediata podendo, na pendência de ação, a sociedade demonstrar que procedera ao aumento[9]; a partir do prazo (1-nov.-1990), o aumento já teria de ser decidido por maioria qualificada – e não por maioria simples[10].

Artigo 534.º (Irregularidade por falta de escritura ou de registo)

O disposto nos artigos 36.º a 40.º é aplicável, com ressalva dos efeitos anteriormente produzidos, de harmonia com lei então vigente, às sociedades que, à data da entrada em vigor desta lei, se encontrem nas situações ali previstas.

Índice

1. Sociedades irregulares 1
2. Aplicação imediata 2

[5] DR I Série, n.º 276, de 30-nov.-1989, 5222/I.
[6] DR I Série, n.º 46, de 7-mar.-2011, 1309-1311.
[7] *Vide* o 201.º e a anotação respetiva.
[8] Neste sentido, P. Tarso Domingues, *Código em comentário*, Anot. ao 533.º, 576.
[9] RLx 4-mai.-1995 (Nascimento Gomes), CJ XX (1995) 3, 92-93; RPt 9-nov.-2011 (M. Pinto dos Santos), Proc. 809/08 (a mera omissão do registo do aumento de capital não fundamenta a dissolução prevista no n.º 4).
[10] STJ 26-nov.-1996 (Fernando Fabião), CJ/Supremo IV (1996) 3, 114-115.

1. **Sociedades irregulares** tinham, ao abrigo do Direito anterior, um regime menos claro e pouco sistematizado[1]. De todo o modo, ficam ressalvados os efeitos então produzidos. 1

2. **Aplicação imediata**: feita a ressalva, o 534.º manda aplicar os 36.º a 40.º, às situações pré-existentes[2]. 2

Artigo 535.º (Pessoas coletivas em órgãos de administração ou fiscalização)

As pessoas coletivas que, à data da entrada em vigor desta lei, exercerem funções que por esta lei não lhes sejam permitidas cessá-las-ão no fim do ano civil seguinte àquele em que esta lei entrar em vigor, se por outro motivo não as tiverem cessado antes daquela data.

Índice

1. A situação pretérita 1
2. A lei nova 2
3. O regime transitório 3

1. **A situação pretérita**. A LSQ não impedia que uma pessoa coletiva exercesse funções de gerente ou de conselho fiscal (quando existente). Tão-pouco o CCom proibia situação paralela, quanto a SAs: era lógico, de resto, que a pessoa coletiva, mesmo ao abrigo do princípio da especialidade, pudesse assumir tais funções. 1

2. **A lei nova**. O 252.º/1 obriga a que os gerentes sejam pessoas singulares; o 390.º determina que, sendo uma pessoa coletiva designada como administrador, ela indique, para o cargo, uma pessoa singular que o exercerá *nomine proprio*; a mesma solução funciona para os membros do CAE (425.º/8). Quanto aos órgãos de fiscalização, vigora um princípio de inelegibilidade de pessoa coletiva para o cargo, com exceção das sociedades de revisores oficiais de contas (SROC) e das sociedades de advogados (414.º/3), aplicável às sociedades anónimas de estrutura monista [278.º/1, *a*) e 413.º/1] e, por remissão, às sociedades por quotas que possuam um órgão de fiscalização (262.º/1). Note-se que, nestes casos, o conselho fiscal deve integrar um ROC ou SROC, a não ser que a sociedade adote a estrutura de fiscalização "dualista", compreendendo, ao lado do conselho fiscal, um ROC ou SROC que não seja membro daquele órgão [413.º/1, *b*)]. Estas normas são extensíveis à composição da comissão de auditoria na hipótese de sociedades com a estrutura prevista no do 278.º/1, *b*) (423.º-B/6). Relativamente às sociedades anónimas de tipo germânico, a composição do conselho geral e de supervisão está sujeita à mesma solução que vimos valer para o conselho de administração (390.º/3 e 4 *ex vi* 434.º/3)[1]. 2

3. **O regime transitório**. O 535.º determinou que as pessoas coletivas no exercício de cargos não permitido pela lei nova, as cessassem no final do ano civil seguinte ao da sua entrada em vigor: 31-dez.-1987. 3

[1] António Menezes Cordeiro 1 (2011), 522-3.

[2] Caso da SPQ constituída, por escritura pública, mas não registada: RCb 7-mai.-1996 (Jaime Guapo), CJ XXI (1996) 3, 8-9.

[1] Ricardo Costa, *Código em comentário*, Anot. ao 535.º, 585-6.

Artigo 536.º (Sociedades de revisores oficiais de contas exercendo funções de conselho fiscal)

As sociedades de revisores oficiais de contas que, ao abrigo do artigo 4.º do Decreto-Lei n.º 49 381, de 15 de novembro de 1969, estiverem, à data da entrada em vigor desta lei, a exercer funções de conselho fiscal manterão essas funções até que a sociedade tenha conselho fiscal ou conselho geral, devendo a respetiva eleição ser realizada até ao fim do ano civil seguinte ao da entrada em vigor desta lei.

Índice

1. O DL 49 381, de 15-nov.-1969 1
2. A lei nova 2
3. O regime transitório 3

1 1. **O DL 49381, de 15-nov.-1969**, dispunha, no seu 4.º/1[1]:

> A assembleia geral, salvo disposição estatutária em contrário, pode confiar a uma sociedade de revisão de contas o exercício das funções de conselho fiscal, não procedendo então à eleição deste.

2 2. **A lei nova** deixou de permitir essa solução. A existência de CF passou a seguir regras próprias, de tipo imperativo (413.º e outros).

3 3. **O regime transitório**. O 536.º permite que as SROC em funções de CF se mantenham até que a sociedade considerada se dote de CF ou de (então) conselho geral: a respetiva eleição deveria ser realizada até ao fim do ano civil seguinte ao da entrada em vigor da lei (31-dez.-1987). A disposição deve ser sujeita a uma interpretação atualista, de modo a abranger as hipóteses em que o órgão de fiscalização adotado é a comissão de auditoria[2].

Artigo 537.º (Distribuição antecipada de lucros)

Na aplicação do artigo 297.º às sociedades constituídas antes da entrada em vigor deste diploma é dispensada a autorização pelo contrato de sociedade.

Índice

1. O 297.º CSC 1
2. O regime transitório 2

1 1. **O 297.º CSC** dispõe que o adiantamento sobre os lucros só seja possível, entre outros requisitos, quando esteja autorizado pelos estatutos. Trata-se de uma solução inovadora, já que a lei anterior era omissa.

2 2. **O regime transitório**. O 537.º dispensa as sociedades constituídas antes da entrada em vigor do CSC desse requisito estatutário. Naturalmente: recomenda-se que, quando possível, se faça a competente alteração ao pacto social.

[1] DR I Série, n.º 268, de 15-nov.-1969, 1608/II.

[2] Gabriela Figueiredo Dias, *Código em comentário*, Anot. ao 536.º, 594.

Artigo 538.º (Quotas amortizadas. Ações próprias)

1. As quotas amortizadas anteriormente à entrada em vigor desta lei podem continuar a figurar no balanço como tais, independentemente da existência de estipulação contratual.

2. As sociedades anónimas que, à data da entrada em vigor desta lei, possuírem ações próprias podem conservá-las durante cinco anos a contar da referida data.

3. As alienações de ações próprias a terceiros, durante os cinco anos referidos no número anterior, podem ser decididas pelo conselho de administração.

4. As ações próprias que a sociedade conservar ao fim dos cinco anos referidos no n.º 2 serão nessa data automaticamente anuladas na parte em que excedam 10% do capital.

Índice

1. Quota amortizada 1
2. Regime transitório 2
3. Ações próprias 3
4. Regime transitório 4

1. **Quota amortizada**: o 237.º/3, dispõe que o contrato de sociedade possa estipular que a quota amortizada figure, nessa qualidade, no balanço (1.ª parte). Essa exigência não existia, na lei anterior. 1

2. **Regime transitório**. O 538.º/1 permite que as quotas amortizadas ao abrigo da lei velha possam manter-se no balanço como tais, independentemente de estipulação contratual. 2

3. **Ações próprias**. O 317.º admite ações próprias, em termos restritivos, que não resultavam da lei velha. Algumas anónimas foram apanhadas pela nova regulação. 3

4. **Regime transitório**: fixado pelo 538.º/2 a 4, assenta em três pontos: (a) as ações próprias (fora do ora permitido) podem conservar-se durante cinco anos a contar da vigência do CSC; (b) as alienações de ações próprias a terceiros pode ser decidida pelo CA (*vide* 320.º/2) e não, necessariamente, pela assembleia geral (320.º/1): todavia, deve entender-se que o CA fica obrigado ao igual tratamento dos acionistas (322.º); (c) passados os 5 anos, as ações próprias que excedam os 10% de capital são "automaticamente anuladas". 4

Artigo 539.º (Publicidade de participações)

1. As comunicações, nos termos dos artigos 447.º e 448.º, de participações existentes até à data da entrada em vigor desta lei devem ser efetuadas durante o 1.º semestre seguinte.

2. As sociedades devem avisar os acionistas, pelos meios adequados, do disposto no número anterior.

Índice

1. As comunicações 1
2. Regime transitório 2

1 1. **As comunicações** previstas nos 447.º e 448.º dizem respeito, respetivamente, às participações de que membros dos órgãos de administração e de fiscalização sejam titulares, na própria sociedade ou a sociedades em domínio ou grupo e às participações qualificadas de acionistas. Elas devem ser feitas à própria sociedade no prazo de 30 dias a contar dos requisitos que obrigam às comunicações (447.º/4 e 448.º/3, respetivamente).

2 2. **Regime transitório**, aplicável às situações pré-existentes, sendo que a lei aplicável não previa comunicações: permite que elas sejam efetuadas no 1.º semestre seguinte à entrada em vigor (seis meses) (539.º/1).

3 Essa regra deve ser informada, pelas sociedades e aos acionistas, pelos meios adequados. Pressupõe-se que os administradores e os membros dos órgãos de fiscalização não careçam de informações.

Artigo 540.º (Participações recíprocas)

1. O disposto no artigo 485.º, n.º 3, começa a aplicar-se às participações recíprocas existentes entre sociedades à data da entrada em vigor desta lei a partir do fim do ano civil seguinte à referida data, se nessa altura ainda se mantiverem.

2. A proibição de exercício de direitos aplica-se à participação de menor valor nominal, salvo acordo em contrário entre as duas sociedades.

3. As participações existentes à data da entrada em vigor desta lei contam-se para o cálculo dos 10% de capital.

Índice

1. Participações recíprocas 1
2. Regime transitório 3

1 1. **Participações recíprocas**: há participação simples quando uma sociedade detenha 10% do capital de outra (483.º/1); deve, a partir daí, comunicar à participada todas as aquisições e alienações (484.º/1); a participação é recíproca quando o fenómeno surja cruzado e ambas as envolvidas detenham 10% do capital da participada (485.º/1).

2 Nessa altura, a sociedade que mais tardiamente efetue a comunicação do 484.º/1, incorre em várias consequências: (a) não pode adquirir novas quotas ou ações na participada (485.º/2); (b) se o fizer, a aquisição não é nula, mas a participante não pode, no que exceder os 10% exercer os seus direitos, exceto quanto à partilha do produto da liquidação; (c) os administradores são responsáveis (485.º/3).

2. **Regime transitório**: o referido 485.º/3, no tocante às participações recíprocas existentes à
3 data da vigência do CSC, só se aplica se se mantiverem no termo do ano civil seguinte (540.º/1). Por seu turno, a proibição do exercício dos direitos aplica-se à participação de menor valor nominal, salvo acordo entre ambas (540.º/2): de facto, não há como penalizar a comunicação mais tardia, já que ela não era obrigatória. Finalmente: as participações existentes contam-se para o cômputo dos 10% de capital (540.º/3).

Artigo 541.º (Aquisições tendentes ao domínio total)

O disposto no artigo 490.º não é aplicável se a participação de 90% já existia à data da entrada em vigor desta lei.

Bibliografia: J. Coutinho de Abreu/A. Soveral Martins, *Grupos de sociedades/Aquisições tendentes ao domínio total* (2003); Ana Filipa Morais Antunes, *O instituto da aquisição tendente ao domínio total (artigo 490.º do CSC: um exemplo de uma "expropriação legal" dos direitos dos minoritários?*, em Homenagem aos Profs. Doutores A. F. Correia, O. Carvalho e V. L. Xavier II (2007), 203-253; José Engrácia Antunes, *A aquisição tendente ao domínio total/Da sua constitucionalidade* (2001), *id.*, *O artigo 490.º do CSC e a Lei Fundamental*, em *Estudos em Comemoração dos Cinco Anos (1995-2000) da FDP* (2001), 147-276; C. Osório de Castro, *A relação de domínio total: diagnóstico e remédios*, DSR 2017, 26-75; António Menezes Cordeiro, *Da constitucionalidade das aquisições tendentes ao domínio total (artigo 490.º, n.º 3, do CSC)*, BMJ 380 (1999), 5-30; *id.*, *Aquisições tendentes ao domínio total: constitucionalidade e efectivação da consignação em depósito (artigo 490.º/3 e 4 do CSC)*, O Direito 2005, 449-463; Mariana Melo Egídio, *A aquisição tendente ao domínio total. Breves reflexões sobre o artigo 490.º do Código das Sociedades Comerciais*, O Direito 2008, 923-968; M. Januário da Costa Gomes, *A sociedade com domínio total como garante. Breves notas*, Estudos Carolos Ferreira de Almeida, IV (2011), 197-216..

Vide a bibliografia ao 490.º.

Índice

1. O 490.º do CSC 1
2. Regime transitório 2

1. **O 490.º do CSC** prevê aquisições e alienações potestativas de ações em certas circunstâncias, mediante compensação. Trata-se de um preceito agressivo, admissível por razões societárias e que pressupõe que, *ab initio*, qualquer pessoa conheça a possibilidade da sua ocorrência. 1

2. **Regime transitório**. Visando, precisamente, salvaguardar as posições adquiridas, o 541.º considera o 490.º inaplicável às participações de 90% já existentes à data da entrada em vigor do CSC. 2

Artigo 542.º (Relatórios)

Os Ministros das Finanças e da Justiça, em portaria conjunta, podem completar o conteúdo obrigatório do relatório anual dos órgãos de administração ou de fiscalização e do revisor oficial de contas, sem prejuízo da imediata aplicação do disposto nesta lei.

Índice

1. Portaria 1
2. Relatório anual 2

1. **Portaria** conjunta dos Ministros das Finanças e da Justiça: o 542.º previa que, por via de Portaria, se complementasse o regime fixado no Código quanto ao conteúdo obrigatório do relatório anual dos órgãos de administração e de fiscalização. 1

2. Porém, não tendo sido aprovada qualquer portaria com aquele fim, deve entender-se que o **relatório anual** dos órgãos de administração e de fiscalização se encontra sujeito às regras 2

constantes dos 65.º ss., 263.º e 455.º, e às demais fontes relevantes em matéria de prestação de contas (para as sociedades abertas, *vide* os 245.º ss. CVM).

Artigo 543.º (Depósitos de entradas)

Os depósitos de entradas de capital ordenados por esta lei continuam a ser efetuados na Caixa Geral de Depósitos, enquanto os Ministros das Finanças e da Justiça, em portaria conjunta, não autorizarem que o sejam noutras instituições de crédito.

Índice

1. A Caixa Geral de Depósitos 1
2. A Portaria 2

1 1. **A Caixa Geral de Depósitos**, como instituição de crédito exclusivamente detida pelo Estado, dispôs, durante muito tempo, de um regime especial[1]. Esse regime incluía o dever de, nela, serem efetuados os depósitos obrigatórios, previstos na lei. Entre tais depósitos contava-se o das entradas, num regime que, transitoriamente, o 543.º manteve.

2 2. **A Portaria** conjunta, prevista no 543.º, seria publicada passados seis anos: Portaria 228/92, de 25 de julho[2], segundo a qual:

> Os depósitos de entradas de capital ordenados pelo Código das Sociedades Comerciais podem ser efectuados em quaisquer bancos, bem como em outras instituições de crédito autorizadas a receber depósitos do público e que possuam fundos próprios não inferiores a 3,5 milhões de contos.

Artigo 544.º (Perda de metade do capital)

Enquanto não entrar em vigor o artigo 35.º desta lei, os credores de uma sociedade anónima podem requerer a sua dissolução, provando que, posteriormente à época dos seus contratos, metade do capital social está perdido, mas a sociedade pode opor-se à dissolução, sempre que dê as necessárias garantias de pagamento aos seus credores.

Índice

1. Origem 1
2. O 35.º do CSC 2
3. Regime transitório 3

1 1. **Origem**. O 544.º remonta ao 120.º do CCom, sendo aplicável às SPQ na via do 42.º da LSQ. Esse preceito visava proteger os credores, perante graves perdas sociais, conferindo-lhes a possibilidade de requerer a dissolução, se não lhes forem prestadas garantias bastantes.

[1] *Vide* António Menezes Cordeiro, *Direito bancário*, 6.ª ed., com a col. de A. Barreto Menezes Cordeiro (2018), 1208 ss..

[2] DR II Série, n.º 170, de 25-jul.-1992, 6855/II-6856/I. *Vide* António Menezes Cordeiro 1 (2011), 640-1.

2. **O 35.º do CSC**, relativo à perda de metade do capital social, foi redigido em termos radicais, de tal modo que o 2.º do DL 262/86, de 2-set., veio remeter a sua entrada em vigor para um futuro diploma legal. Tal diploma tardou e o 35.º foi sendo repetidamente alterado[1]. 2

3. **Regime transitório**. Enquanto se mantivesse a suspensão do 35.º, o 544.º fixou o regime aí consignado: podem os credores, no caso de perda de metade do capital social posterior aos seus créditos, requerer a dissolução da sociedade; esta pode opor-se dando as garantias necessárias de pagamento aos seus credores[2]. 3

Artigo 545.º (Equiparação ao Estado)

Para os efeitos desta lei são equiparados ao Estado as Regiões Autónomas, as autarquias locais, a Caixa Geral de Depósitos, o Instituto de Gestão Financeira da Segurança Social e o IPE – Investimentos e Participações do Estado, S.A.

O DL 209/2000, de 2-set., inclui, na série, a Parpública – Participações Públicas (SGPS), SA: 3.º[1]. 1

Artigo 546.º (Sistema de Certificação de Atributos Profissionais)

1. Os membros do Conselho de Administração, Gerentes ou Direções, das Sociedades Anónimas, Sociedades por Quotas ou Cooperativas, podem assinar e autenticarem-se eletronicamente, validando a respetiva qualidade profissional, através do recurso ao Sistema de Certificação de Atributos Profissionais (SCAP).

2. Aqueles a quem sejam delegados poderes podem igualmente assinar ou autenticarem-se eletronicamente com recurso ao SCAP, nos termos do número anterior.

3. Os atos praticados através da utilização dos certificados digitais de assinatura e autenticação constantes do Cartão de Cidadão e da Chave Móvel Digital, em que seja invocada pelo seu titular a qualidade verificada através do recurso ao SCAP, presumem-se da sua autoria.

4. Os atos praticados nos sítios na Internet da Administração Pública através da utilização dos certificados digitais de autenticação constantes do Cartão de Cidadão e da Chave Móvel Digital, em que seja invocada pelo seu titular a qualidade verificada através do recurso ao SCAP, presumem-se da sua autoria, dispensando-se a sua assinatura.

5. A qualidade invocada, os poderes e as competências delegadas são verificados pelos serviços de registo, advogados, solicitadores e notários, através do recurso ao SCAP, nos termos e nas condições fixadas pela portaria dos membros do Governo responsáveis pelas áreas da modernização administrativa e da justiça.

6. O SCAP é implementado e gerido pela AMA, I. P.

[1] *Vide* as anotações ao 35.º.
[2] STJ 5-jul.-2001 (Barata Figueira), CJ/Supremo IX (2001) 2, 170-172 (171/II).

[1] DR I Série-A, n.º 203, de 2-set.-2000, 4622/I.

Índice

1. Origem .... 1 2. SCAP 2

1 1. **Origem**. O 546.º foi introduzido pelo 3.º do DL 89/2017, de 28-jul.: um diploma que visou algumas transposições de regras europeias, alterando os artigos 65.º, 451.º e 528.º e aditando os 66.º-B, 508.º-G e o 546.º, agora presente.

2 2. O **SCAP** ou Sistema de Certificação de Atributos Profissionais visa simplificar a prática de atos, validando eletronicamente a identidade e a qualidade de determinados signatários com funções de administração. Ele vem regulado na P 73/2018, de 12-mar., em vigor no dia 1-abr. desse ano.

DLA
(Dissolução e Liquidação Administrativas)

Regime jurídico dos procedimentos administrativos de dissolução e de liquidação de entidades comerciais[1]

* * *

Introdução

Bibliografia: F. Cassiano dos Santos, *Dissolução e liquidação administrativas de sociedades*, em AAVV, *Reformas do Código das Sociedades* (2007), 139-162; Paula Costa e Silva, *A dissolução e a liquidação das sociedades comerciais: nótula*, em António Menezes Cordeiro/Paulo Câmara, *A reforma do CSC* (2006), 289-293; Raúl Ventura, *Dissolução e liquidação de sociedades comerciais* (1987).

Vide a bibliografia indicada nos 141.º e ss..

Índice

1. Objeto	1	7. Direito à tutela jurisdicional	21
2. Direito anterior	2	8. Atividade administrativa	26
3. Aspetos gerais da reforma de 2006	5	9. O critério material da distinção	31
4. Natureza jurídica	7	10. Aplicação do critério	34
5. Coordenadas constitucionais	11	11. Aspetos conclusivos	41
6. Distinção entre funções jurisdicional e administrativa	16		

1. **Objeto**. O DLA, de 2006, regula dois procedimentos administrativos diferentes, correspon- 1
dentes a outros tantos objetos: (a) o procedimento de dissolução de entidades comerciais e (b) o procedimento de liquidação de entidades comerciais. Pelo primeiro põe-se termo à existência de uma entidade comercial; pelo segundo, procede-se à alienação do património social para terceiros, credores e não credores.

2. **Direito anterior**. No Direito anterior, a dissolução e liquidação assentavam na distinção 2
entre dissolução imediata e dissolução diferida.

[1] Aprovado pelo DL 76-A/2006, de 29-mar. e publicado como seu anexo III – DR I Série-A, n.º 63 (Supl.), de 29-mar.-2006, 2328-(184) a 2328-(190) –, com as rectificações resultantes dos 19.º e 20.º da Declaração 28-A/2006, de 26-mai. – DR I Série-A, n.º 102 (Supl.), de 26-mai.-2006, 3572-(3)/I – e com as alterações introduzidas pelos 18.º e 19.º do DL 318/2007, de 26-set. – DR I Série, n.º 186, de 26-set.-2007, 6828-6834, que alteraram os 5.º, 8.º, 9.º, 11.º, 15.º, 20.º, 24.º e 25.º e aditaram o 3.º-A, DL 209/2012, de 19-set. – DR, I série, nº 182, de 19-set.-2012, 5267-5278, que alterou o 29.º e DL 250/2012, de 23-nov. – DR I série, nº 227, de 23-nov.-2012, 6741-6744, que alterou os 5.º e 15.º.

3 A dissolução imediata (141.º/1 do CSC/86[2]) produzia o seu efeito por si própria, mas implicava o seu ulterior reconhecimento por deliberação social ou por justificação notarial (141.º/2 do CSC/86). A dissolução diferida dava-se também por deliberação social – carente de ser consignada em escritura pública, caso a respetiva ata não tivesse sido lavrada por notário ou pelo secretário da sociedade (145.º/1 do CSC/86, *a contrario*) – ou por decisão judicial – mediante pedido de sócio, credor, credor de sócio de responsabilidade ilimitada, deduzido seis meses a "contar da data em que o autor tomou conhecimento da ocorrência do facto", mas "não depois de decorridos dois anos sobre a verificação do facto" ou pelo MP "em qualquer tempo" (144.º do CSC/86) – constitutivas da extinção (142.º do CSC/86).

4 Sucessivamente a liquidação ou era feita extrajudicialmente ou segundo o processo especial dos 1122.º e ss. do CPC/61 (liquidação judicial do património das sociedades, quer comerciais, quer civis), como dependência da ação de dissolução, declaração de inexistência, nulidade ou anulação do contrato (cf. 52.º/1 do CSC/86, igual à versão em vigor[3]). Eliminado, no CPC/13, o processo especial de liquidação judicial de sociedades, coloca-se a questão de determinar qual a via adequada para proceder à liquidação anteriormente por si regulada, ora sendo propugnado que "o meio processual que agora melhor se adequa, tendo em consideração os fins em vista, é o incidente da liquidação posterior à sentença", previsto no 358.º/2 do CPC, "ainda que se não prescinda do cumprimento do dever de adequação formal" consagrado no 547.º do CPC (RGm 7-out.-2018 (Fernando Fernandes Freitas), Proc. 3898/17), ora considerando que a eliminação do processo especial de liquidação é ultrapassada "aplicando-se o processo comum (art. 546º, nº 2 do CPC) e observando-se a pertinente adequação formal" (STJ 18-jan.-2018 (Maria Olinda Garcia), Proc. 2153/13).

5 3. **Aspetos gerais da reforma de 2006**. Como melhor se verá mais adiante (cf. anotação ao 4.º) se, no essencial, a distinção entre dissolução imediata e dissolução diferida permanece nos seus fundamentos e justificação funcional, a reforma de 2006 procurou simplificar os respetivos procedimentos.

6 A título meramente introdutório aponte-se: (a) a supressão da escritura pública para a dissolução por deliberação social (cf. 145.º/1 do CSC e anotação ao 4.º); (b) a desjudicialização[4], seja da liquidação, antes também judicial, através da substituição dos respetivos procedimentos judiciais por procedimentos administrativos, incluindo a substituição da competência do juiz por uma competência do conservador, corporizados neste DLA; (c) a oficiosidade na instauração de procedimentos dissolutórios e de liquidação em certos casos (cf. as anotações aos 5.º e 15.º do DLA); (d) a oficiosidade dos registos, tanto de dissolução, como de entrada e de encerramento da liquidação (cf. as anotações aos 13.º, 16.º, 25.º e 29.º); (e) o alargamento do âmbito subjetivo dos procedimentos dissolutório e de liquidação a outras entidades que não as sociedade comerciais: sociedades civis sob forma comercial, cooperativas e EIRL (cf. anotação ao 2.º).

7 4. **Natureza jurídica**. A questão que imediatamente avulta perante os novos procedimentos respeita à natureza jurídica dos denominados procedimentos administrativos de dissolução e de liquidação. *Prima facie*, dir-se-ia que a própria denominação tiraria todo o sentido à interrogação: o legislador qualifica tais procedimentos como administrativos, numa clara intenção de os apartar da reserva de juiz.

[2] O CSC de 1986, na versão anterior à reforma de 2006.

[3] Pode-se ter uma boa visão desse sistema pretérito compulsando Raúl Ventura, *Dissolução e liquidação*.

[4] Paula Costa e Silva, *A dissolução e liquidação*, 289.

No entanto, a qualificação não vincula o aplicador do Direito, que terá de discernir se os procedimentos de dissolução e liquidação são material e institucionalmente administrativos ou não. Ora, o aplicador, ao partir para a análise dos dados que vão concorrer para uma resposta a esta interrogação, sabe situar-se num ordenamento em que os procedimentos de liquidação universal de patrimónios continuam afetos a magistrados judiciais. 8

A verdadeira natureza dos procedimentos regulados em anexo ao CSC só poderá resultar da análise do objeto de apreciação e decisão do conservador já que, como é evidente, estaremos perante sucessões ordenadas de atos. O problema está, porém, em saber se estamos em face de uma "sucessão ordenada de atos e formalidades tendentes à formação e manifestação da vontade da Administração Pública ou à sua execução", como enuncia o 1.º/2 do DL 4/2015, 7-jan., (CPA), ou antes de uma sucessão ordenada de atos e formalidades tendentes à defesa dos direitos subjetivos e interesses legalmente protegidos (20.º/1 da CRP), desde que colocados numa situação de conflito (202.º/2, *in fine*, da CRP). 9

Consoante o sentido da resposta, e em face de uma dúvida interpretativa ou de uma lacuna legal, se aplicarão ou os princípios e, subsidiariamente, as normas do CPC, ou os princípios e, subsidiariamente, as normas do CPA. 10

5. **Coordenadas constitucionais.** Quanto à natureza jurídica suscitada, Paula Costa e Silva escreve[5] que "no respectivo contexto [dos procedimentos de dissolução e liquidação de sociedades], o juiz exercia essencialmente a função de controlo da legalidade dos actos e de investidura em cargos" e que se "não estava imediatamente em causa a prática de actos reconduzíveis ao núcleo da função jurisdicional, não eram, evidentemente, funções pouco importantes aquelas que cabiam ao magistrado". Sobretudo, mesmo que em torno da liquidação e extinção da pessoa coletiva não eclodisse qualquer litígio, a intervenção do magistrado poderia ser justificada pela necessidade interferem com uma pluralidade de interesses", da sociedade, dos associados e dos credores da sociedade". Ora, seria essa "necessidade de tutela dos diversos interesses em tensão que impunha o controlo das diversas actividades por um agente altamente qualificado, *scilicet*, um juiz". Este seria o paradigma do juiz garante dos interesses relevantes de terceiro. Apesar do claríssimo movimento de contração deste tipo de intervenções dos magistrados judiciais, dele ainda temos como exemplo a regulação do poder paternal quando, não obstante ser o divórcio por mútuo consentimento, houver filhos menores. Nesta hipótese, mesmo que os cônjuges acordem em todos os aspetos do regime que regerá as suas relações após a dissolução do casamento relativamente aos filhos, ou seja, mesmo que não haja qualquer litígio quanto ao exercício do poder paternal após a dissolução do casamento, o procedimento é da competência de um juiz, desde que o acordo em questão não acautele devidamente os interesses dos menores. Quer 11
isto dizer que, se o núcleo da função jurisdicional se situa na resolução de conflitos, nem toda a intervenção do magistrado judicial pode ser explicada e justificada por se movimentar neste núcleo. Como decorre da atribuição da competência ao juiz para homologar um divórcio por mútuo consentimento quando haja filhos menores, não é a presença de um litígio, mas a necessidade de salvaguarda de interesses particularmente sensíveis de terceiros – o superior interesse dos filhos menores – que aconselha e justifica a intervenção do juiz. 12

Transpondo estas observações para os procedimentos de liquidação e dissolução, haveria, segundo Paula Costa e Silva, que colocar duas questões: uma no plano da legalidade estrita, outra, no da oportunidade. Em primeiro lugar, deveria determinar-se se os procedimentos 13

[5] Paula Costa e Silva, *A dissolução e liquidação*, 290.

de dissolução ou liquidação implicam a resolução de conflitos de interesses através da prática de atos heterónomos. Se a resposta a esta interrogação for positiva, estarão tais procedimentos sujeitos a reserva de juiz. Em segundo lugar, e sendo a resposta à primeira questão negativa, ou seja, não se concluindo pela natureza jurisdicional da função exercida em processos de dissolução e liquidação de entidades comerciais, deveria perguntar-se se, não obstante esta resposta e atendendo à necessidade de salvaguarda de interesses sensíveis de terceiros não deverão tais procedimentos ser submetidos a controlo por magistrados judiciais. Neste plano, as razões são de oportunidade e não de legalidade estrita.

14 Por seu lado, Cassiano dos Santos[6] escreve que "ao limitar-se (...) a mudar a entidade competente para a dissolução, mantendo (...) as causas de dissolução" o legislador chegou ao resultado de o conservador ter "competência para decretar a dissolução em um caso em que há violação directa de norma legal e a dissolução é a sanção correspondente" e para "a decretar em casos em que é preciso fazer um juízo de facto e um juízo de direito que são típicos da função jurisdicional". Assim sucede quando há que produzir juízos de facto sobre a ausência de atividade durante dois anos e juízos de subsunção/interpretação ao 142.º/1, *c*) ("por exemplo, se a sociedade arrendou instalações ou cedeu a terceiros a exploração da empresa, exerce actividade?").

15 Adicionalmente, há "interesses conflituantes que se põem, de sócios entre si, de credores entre si e com sócios, etc."[7]. Por tudo isto, estar-se-ia, para Cassiano dos Santos, no "exercício da função jurisdicional" a qual não pode ser reservada para os tribunais apenas em recurso, mas primariamente[8]. Haverá, por isso, "inconstitucionalidade, nesta parte, do CSC e do DLA".

16 6. **Distinção entre funções jurisdicional e administrativa**. A questão da distinção entre função jurisdicional e função administrativa tem sido exaustivamente tratada pela doutrina e pela jurisprudência[9]. O sentido e o âmbito da função jurisdicional apenas podem ser apurados no quadro constitucional, dominado pelo princípio do Estado de Direito, enquanto função estatal de substituição da auto-defesa, i.e., de reação ou de prevenção do sujeito jurídico perante ingerências alheias, que repute de ilícitas na sua esfera jurídica. Tendo em conta as técnicas jurídicas de expressão formal do conteúdo da esfera jurídica subjetiva, esta encerra direitos subjetivos e interesses legalmente protegidos

17 O conceito de litígio – oposição de pretensões quanto ao exercício de direitos subjetivos ou quanto a um interesse legalmente protegido – consegue abranger esta relação entre dois ou mais sujeitos. Efetivamente, aquele princípio da proibição da auto-defesa dita que não cabe aos particulares, salvo excecionalmente, chamarem a si a resolução dos litígios, mesmo até que aqueles não pretendessem usar a força: o Estado tem o monopólio dessa resolução (cf. 202.º/2 da CRP), por meio de órgãos que bebem a sua legitimidade numa administração da justiça em nome do povo (202.º/1 da CRP).

18 Rui Medeiros/Maria João Fernandes[10] dizem-nos serem atos que se integram na função jurisdicional: aqueles que "(i) vão dirigidos à resolução de uma questão jurídica pela via da extrinsecação e da declaração do direito que é, (ii) são praticados segundo perspetiva estrita e exclusivamente jurídica; (iii) prosseguem o interesse público da realização da justiça".

[6] F. Cassiano dos Santos, *Dissolução e liquidação*, 148.
[7] *Idem*, 149.
[8] *Idem*, loc.cit., seguindo J.J. Gomes Canotilho, *Direito constitucional e teoria da Constituição*, 7.ª reimp. (2003), 664.
[9] Por todos, *vide* a resenha que se acha em Rui Medeiros/Maria João Fernandes, *CPanot* 3 (dir. Jorge Miranda/Rui Medeiros) (2007), 9 ss.
[10] *Idem*, 24.

A questão jurídica a que aludem estes Autores deverá ser entendida precisamente como a nossa referida oposição de pretensões quanto ao exercício de direitos subjetivos ou quanto a um interesse legalmente protegido[11]. Parece ser esse, aliás, o epicentro normativo do 202.º/2 da CRP ("dirimir os conflitos de interesses públicos e privados"), já que a "defesa dos direitos e interesses legalmente protegidos dos cidadãos" e "reprimir a violação da legalidade democrática" são escopos que se acham também na função administrativa. É este também o entendimento utilizado pelo Tribunal Constitucional ao negar que certos atos tenham natureza jurisdicional[12]. 19

Já a via "da extrinsecação e da declaração do direito" aponta para a posição externa ou heterónoma do ente que resolverá a questão jurídica e para o método para essa resolução. A primeira não será apenas nominal mas também material: o órgão jurisdicional deve estar numa posição de terceiro perante os direitos ou interesses contrapostos, i.e., o decisor deve ser imparcial[13] perante os interesses em causa[14] traduzida numa "indiferença pessoal quanto ao resultado do processo". A segunda aponta para um conjunto sequencial de atos – o processo – sujeito a um complexo esquema de garantias constitucionais, entre as quais a do processo equitativo (cf. 20.º/4 da CRP). 20

7. **Direito à tutela jurisdicional**. Este entendimento quanto ao conteúdo objetivo da função jurisdicional acha, depois, o seu correlato no direito à tutela jurisdicional do 20.º/1 da CRP – a garantia da via judiciária[15] – com a natureza de direito fundamental[16] ou de natureza análoga a direito fundamental[17], a uma prestação de defesa ou tutela[18]; falando em direito prestacional[19]. Não uma tutela genérica, mas que se impõe havendo um conflito de interesses. 21

Deste modo, por um prisma subjetivo, pode definir-se a função jurisdicional como o conjunto das atividades do Estado de realização do direito, fundamental ou análogo, a uma prestação de tutela dos direitos e interesses legalmente protegidos, ao estarem colocados numa situação de conflito. 22

Esta abordagem subjetiva é imprescindível, pois explica porque é que na noção de Rui Medeiros/Maria João Fernandes o interesse público da realização da justiça é colocado em último lugar. Efetivamente, por meio desta atividade de composição heterónoma de conflitos entre os sujeitos da ordem jurídica são satisfeitos interesses públicos relevantes, como o da paz jurídica e o da eficácia do direito objetivo. Contudo, esse não é o seu escopo imediato. Não são estes interesses públicos que justificam a propositura de uma ação, que se submete, quer quanto ao seu impulso, quer quanto ao seu objeto, a princípios de livre disponibilidade e conforma- 23

[11] Neste sentido, cf. a posição, fundadora do entendimento preconizado, de Rodrigues Queiró, *A função administrativa*, 31.

[12] A título de exemplo, cf. TC 104/85, de 26-jun. (Raúl Mateus), ATC 5, 633, TC 443/91, de 20-nov. (Bravo Serra), ATC 20, 327, TC 179/92, de 7-mai. (Bravo Serra), ATC, 20, 407, TC 226/95, de 9-mai. (Messias Bento), DR II Série, n.º 172, de 27-jul.-1995, TC 452/95, de 6-jul. (Alves Correia), DR II Série, de 21-nov.-1995, TC 630/95, de 8-nov. (Monteiro Diniz), DR II Série, n.º 92, de 18-abr.-1996; mais recentemente, cf., apud www.tribunalconstitucional.pt, TC 568/98, de 7-out. (Luís Nunes de Almeida), TC 152/2002, de 17-abr.-2002 (Helena Brito), TC 263/2002, de 18-mai.-2002 (Tavares da Costa), TC 347/2002, de 12-jul.-2002 (Tavares da Costa), e TC 80/2003, de 12-fev.-2003 (Benjamim Rodrigues).

[13] Andolina/Vignera, *I fondamenti costituzionali della giustizia civile. Il modello costituzionale del processo civile italiano*, 2.ª ed. (1997), 35; Trocker, *Il nuovo articolo della costituzione e il "giusto processo" in materia civile: profili generali*, RTDPC 55/2 (2001), 385-386; R. Caponi/P. Pisani, *Lineamenti di diritto processuale civile* (2001), 53.

[14] Andolina/Vignera, *idem*, 40.

[15] Gomes Canotilho, *Direito* cit., 497.

[16] Segado, *El sistema constitucional español* (1992, reimp., 1995), 265; Lopes do Rego, *Acesso ao direito e aos tribunais, Estudos sobre a jurisprudência do Tribunal Constitucional* (1993), 43; Starck, Mangoldt/Klein/Starck I, *19*, 1999, Rdn. 378.

[17] Jorge Miranda, *CPanot* 1 (2005), 17.º, 144; parcialmente e ambiguamente: Stern, *Staatsrecht* III/2 (1994), 1440, 1448, 1463-1465.

[18] Stern, *Staatsrecht* III/1 (1988), 706-707.

[18] Gomes Canotilho/Vital Moreira, CRPAnot I, 4.ª ed. (2007), 409.

ção. É isso que resulta do referido 20.º/1 da CRP: aquela resolução heterónoma de conflitos está funcionalmente limitada à realização e manutenção de direitos subjetivos e de interesses legalmente protegidos e não de preocupações publicistas de ingerência na esfera autónoma dos sujeitos da ordem jurídica.

24 Será "ao assegurar a tutela das situações subjetivas que garante também a eficácia do ordenamento jurídico"[20]. Deste modo, apesar de o direito objetivo ser aplicado pelo Tribunal ao caso concreto, em "primeiro plano está o cidadão singular que litiga pelo seu direito e esta finalidade subjetivo-individual trespassa pelo processo civil em todos os seus estádios"[21].

25 Resulta daqui que a função jurisdicional não valha por si mesma mas antes cumpra uma função de serviço ou instrumental perante o Direito material: a sua necessidade mede-se pela existência deste último.

26 8. **Atividade administrativa**. Nesta sucede diversamente. O seu escopo imediato é a prossecução de interesses públicos, como se declara no 4.º do CPA – *v.g.*, a proteção dos direitos consumidores, a segurança, a saúde – nos termos que lhe estão legalmente fixados. Esses interesses implicam um conjunto de atividades por parte Estado que não são a resolução de conflitos.

27 Esta prossecução de interesses públicos traduz-se em atos de direito material, que funcionalmente não compõem conflitos mas corporizam as tarefas do Estado: os atos administrativos. Em suma: a função administrativa vale por si mesma e justifica-se em si mesma, não tendo carácter instrumental.

28 É certo que tal como na função jurisdicional, também os atos administrativos podem ser produzidos após um conjunto sequencial de atos – o procedimento administrativo. E identicamente este procedimento está sujeito a garantias que se abrem nos primeiros preceitos do CPA: legalidade (3.º), igualdade (6.º), proporcionalidade (7.º), justiça e razoabilidade (8.º), imparcialidade (9.º), boa fé (10.º), participação (12.º), decisão (13.º), entre outras.

29 Mas este paralelismo entre as duas funções é meramente formal e termina, por isso, aqui: enquanto, na função jurisdicional, o procedimento é um instrumento para a produção de um ato de resolução de conflitos, segundo o Direito material – a decisão judicial ou um ato com igual função (v.g., uma injunção de pagamento) – na função administrativa o procedimento é um instrumento para a produção de atos administrativos, i.e., atos de Direito material.

30 Esta oposição entre ato administrativo, enquanto ato material, e atos de delimitação de direitos materiais ou, no plano formal, entre procedimento administrativo e processo ou contencioso administrativo é, aliás, um postulado implícito da própria contraposição entre atos da Administração e justiça administrativa.

31 9. **O critério material da distinção**. Dado este paralelismo entre as duas funções no plano formal, para se distinguir em concreto se o ato que é produzido no final do processo/procedimento é um ato administrativo ou um ato de delimitação de esferas jurídicas há que apelar para o direito material, inevitavelmente.

32 Um bom critério prático para apurar em concreto a natureza desse ato pode ser o proposto pelas reflexões de Assunção Esteves, acerca da fronteira jurisdição/administração. Esta Autora[22] escreve, apoiada em jurisprudência constitucional, que "não basta (...) dizer que há um

[20] Teixeira de Sousa, *O fim do processo declarativo*, sep. RDES 25/3-4 (1980), 271. Identicamente: Pawlowski, *Aufgabe des Zivilprozesses*, ZZP 80/5-6 (1967), 345 e Grunsky, *GVR*, 2.ª ed. (1974), 5.

[21] Schumann, *Bundesverfassungsgericht, Grundgesetz und Zivilprozess*, ZZP 96/2 (1983), 153.

[22] *Função administrativa ou função jurisdicional? As providências cautelares da administração no DL 234/99, de 25 de Junho*, *Estudos de Direito Constitucional* (2001), 134.

interesse público a envolver a atividade executiva da administração para se afastar a reserva de juiz", pois "se um iniludível conflito de interesses existe concomitantemente" com a "actividade executiva da Administração" e "tais interesses têm uma inequívoca aptidão de subjectivação (...) então está-se já no domínio da função jurisdicional". Ou seja, Assunção Esteves usa um duplo critério para descobrir a existência da função jurisdicional num concreto procedimento: o critério do conflito de interesses cumulado com a presença de direitos subjetivos ou de interesses legalmente protegidos (aptidão de subjetivação).

Esse é afinal e, justamente, o nosso critério atrás adotado: a ocorrência cumulada quer de uma situação de ingerência mútua, quer da presença de direitos subjetivos ou de interesses legalmente protegidos. Estes são determinados em face do direito material. 33

10. **Aplicação do critério**. Do exposto resulta que a resposta às interrogações deixadas em aberto quanto à natureza jurídica dos procedimentos regulados no presente diploma assenta em apurar se a decisão de dissolução (cf. 11.º) e a decisão que declara encerrada a liquidação (cf. 25.º) são, em si mesmos, atos administrativos ou se denunciam a presença de direitos subjetivos ou de interesses legalmente protegidos existentes nas esferas jurídicas dos sujeitos envolvidos, carentes de delimitação heterónoma, por estarem em conflito. 34

Em nossa opinião os procedimentos em questão não só envolvem direitos e interesses privados, eventualmente de terceiros – o pedido do sócio de dissolução, *v.g.*, nos termos do 4.º/1, *b*), por impossibilidade de facto da a atividade da sociedade, pode ser contestado pela própria sociedade/cooperativa, por outros sócios/cooperadores, gerentes ou administradores nos termos dos 8.º/2, *c*) e 17.º/3 – como consubstanciam, em certos casos, um direito potestativo à extinção da entidade comercial, e, em qualquer caso, um interesse legalmente protegido à manutenção da atividade da empresa, carentes de delimitação heterónoma. 35

Assim, nos processos iniciados voluntariamente (cf. 4.º e 15.º) parece-nos ser manifesta a existência daquele direito potestativo à extinção da entidade comercial do lado do requerente, oposto ao interesse à manutenção da atividade da empresa por parte da entidade comercial e seus membros ou respetivos sucessores (cf. 8.º/1 e 17.º). Tal é confirmado seja pela possibilidade de impugnação judicial do despacho que indefira liminarmente o requerimento (cf. 7.º/3), seja pela possibilidade de aqueles notificados contestarem o pedido deduzido no requerimento – cf. 8.º/2, *c*) – seja por a decisão final ser de procedência ou de improcedência do pedido (cf. anotação ao 11.º) e, novamente, passível de controle judicial, nos termos do 12.º. 36

A inexistência *in concreto* desse conflito – *maxime*, por falta dessa contestação ou, mesmo, graças a uma transação entre todos – não altera a natureza material inicial do *thema decidendum* como, aliás, sucede no processo civil (cf. 283.º/2 do CPC). O mesmo se diga quando esse contraditório esteja, em certos casos – assim, os referidos no 8.º/2 – restringido à demonstração da regularização da causa de dissolução ou da sua não verificação originária (cf. anotação ao 8.º, na sua remissão para o 9.º/1). Na verdade, a existência de procedimentos de contraditório restringido também sucede no processo civil, sendo exemplo típico bem recente o incidente do despejo imediato previsto no 14.º/4 e 5 da L 6/2006, de 27-fev. (Novo Regime do Arrendamento Urbano). 37

Contra a qualificação dos procedimentos em apreço como jurisdicionais poder-se-ia invocar que, também no procedimento administrativo, têm os particulares legitimidade para deduzirem requerimentos (cf. 68.º do CPA), pelo que este não poderia servir de indício diferenciador. Ora a questão é que, no procedimento administrativo, se pode haver promoção do procedimento pelo interessado, isso não é sinónimo da não produção final de um ato administrativo – *v.g.*, assim, concede-se uma licença de construção (ato administrativo) não por o requerente ter um direito subjetivo mas porque a pretensão respeita as normas administrativas 38 que garantem a salvaguarda do interesse público e também a audição de interessados (cf. 100.º do CPA) serve para apurar o sentido decisório que melhor servirá o interesse público na emissão desse ato administrativo – *v.g.*, quanto à construção de um *resort* numa zona ecológica sensível – e não para determinar de um direito subjetivo do requerente.

39 Já quando o procedimento tenha um início oficioso dos procedimentos (cf. 5.º e 15.º/5) o impulso do conservador, avançando unilateralmente por razões de interesse público, dispensa o particular da invocação de um direito potestativo à extinção da entidade comercial e cuja procedência deva ser decidida. Em rigor, nenhuma pretensão é deduzida por um interessado.

40 Contudo, iniciado assim o procedimento dissolutório, pode abrir-se um conflito, pois, a despeito do impulso oficioso, há um interesse na manutenção da atividade da empresa por parte da entidade comercial, seus membros ou respetivos sucessores. Estes sujeitos terão 30 dias a contar da notificação – cf. 9.º/1, *b*) – para a regularização da situação geradora de dissolução ou a demonstração de que a regularização já foi efetuada. Ora aqui bem pode não haver nenhuma contestação, caso em que estaremos em plena função administrativa, como pode haver contestação à existência da causa de dissolução ou, mesmo, oposição entre as posições afirmadas pelos notificados.

41 11. **Aspetos conclusivos**. Em ambos os casos – de procedimento por impulso particular e de procedimento oficioso contestado – estamos perante um procedimento que começa por ser administrativo e que pode ganhar natureza jurisdicional, mal sobrevenha uma eventual contestação. Nestes últimos casos, a decisão do conservador é uma decisão de resolução de um conflito, i.e., jurisdicional. Tal entra já na reserva do juiz, sendo de negar uma distinção entre reserva absoluta e reserva relativa, absolutamente inexistente na letra e no sentido do 202.º/2 da CRP[23] e onde se pudesse incluir o decretamento da dissolução de uma entidade comercial.

42 A ser assim, a opção legislativa vigente, ao restringir a garantia da reserva do juiz, do 202.º/2 da CRP, apenas poderá ser constitucional se for compaginável com o 18.º da CRP, i.e., se for necessária, adequada e proporcional[24].

43 Mais importante, no plano normativo imediato, resulta que se, por um lado, com a qualificação legal de procedimentos administrativos, o legislador terá pretendido avocar o uso do CPA, o seu uso pode ser não totalmente adequado quando o procedimento passe a jurisdicional. Mas é uma questão que se resolve em termos que expomos na anotação ao 11.º.

Secção I – Disposições gerais

Artigo 1.º (Objeto)

É criado o regime jurídico dos procedimentos administrativos de dissolução e de liquidação de entidades comerciais.

Índice

1. Aprovação 1
2. Sistemática 2
3. Outras fontes 3
4. Manutenção do regime judicial 5
5. Aplicação no tempo 9
6. Segue; dissoluções e liquidações pendentes 14
7. DL 235/2001, de 30-ago. 17

[23] Nesse sentido, Rui Medeiros/Maria João Fernandes, ob.cit., 28-31.

[24] Por todos, cf. Gomes Canotilho, *Direito* cit., 226-273 e Jorge Miranda, *CPanot* 1 cit., Artigo 18.º, 162.

1. **Aprovação e entrada em vigor**. O regime jurídico em presença foi aprovado pelo 1.º/3, do DL 76-A/2006, de 29-mar., e publicado como seu Anexo III. A sua entrada em vigor ocorreu em 30-jun.-2006, por força do disposto no 64.º/1, do mesmo diploma. 1

2. **Sistemática**. No plano sistemático, abrem-se neste Anexo III quatro secções: (a) uma Secção I, contendo três artigos gerais definidores do objeto e âmbito destes procedimentos, incluindo a resolução de concurso de normas com os procedimentos de insolvência; (b) uma Secção II, integrando a regulação do procedimento de dissolução (4.º a 14.º); (c) uma Secção III, respeitante ao procedimento de liquidação, regulado em termos específicos nos 15.º a 26.º; (d) uma Secção IV que, nos 27.º a 30.º, prevê um procedimento sumário de dissolução e liquidação. 2

3. **Outras fontes**. Os preceitos referidos não esgotam o campo normativo relevante, quanto às matérias da dissolução e da liquidação. Efetivamente, importa ainda tomar em consideração normas constantes do CSC e do CRCom sobre legitimidade, validade, publicidade e procedimentos. Assim sucede: (a) em matéria de dissolução, com os 25.º/3, 35.º/3, *a*) , 141.º a 145.º, 184.º/1, 5 e 6, 194.º/1, 195.º/1, 226.º/2, 227.º/3, 240.º/4, 6 e 7, 246/1, *i*), 270.º, 270.º-C/3, 292.º/2, *c*), 345.º/10, 383.º/2, 386.º/2, 464.º, 473.º, 489.º/2, *a*), 523.º, 533.º/4 e 6, 544.º; e 3.º/1, *r*) e 2, *g*), 4.º, *e*), 6.º, *f*), 7.º, *h*) e 79.º-A do CRCom; (b) em matéria de liquidação, com os 4.º/3, 146.º a 165.º, 171.º/1, 172.º, 183.º/2, 184.º/5, 195.º/2, 196.º, 359.º/1, *b*); e 3.º/1, *s*) e *t*), e 2, *h*), 4.º, *e*), 5.º, *f*), 6.º, *f*), 7.º, *i*) e *j*), 8.º, *g*) e *h*), 70.º/4 e 72.º/3 do CRCom. 3

Originalmente, a vigência deste novo regime não foi acompanhada da revogação do já referido[1] processo especial de liquidação judicial de sociedades dos 1122.º e ss. do CPC/61, a qual só veio a acorrer com a entrada em vigor do CPC/13. 4

4. **Manutenção do regime judicial**. Na verdade, o que o legislador pretendeu foi tornar, tanto quanto possível, desnecessário o recurso à via judicial sempre que a dissolução ou a liquidação não possam ser realizadas pelos próprios sócios (cf. a anotação ao 4.º). Com esse escopo, estão expressamente previstas, no CSC, as situações de uso da via administrativa, nomeadamente: os 142.º e 143.º (causas comuns de dissolução administrativa, incluindo a título oficioso); o 146.º/4 (liquidação administrativa contratualmente estipulada); o 150.º/3 (liquidação administrativa por falta de registo de encerramento de liquidação privada); o 151/4 (liquidação administrativa por falta de liquidatário); os 184.º/6 e 226.º/2 (dissolução administrativa em caso de falecimento de um sócio); o 240.º/4, 6 e 7 (dissolução administrativa em caso de exoneração de um sócio); o 270.º-C/3 (causas especiais de dissolução administrativa de sociedade unipessoal); o 345/10 (dissolução administrativa em caso de incumprimento de obrigação de remissão); o 464.º/3 (causa especial de dissolução administrativa de sociedade anónima); o 473.º/3 (causa especial de dissolução administrativa de sociedade em comandita); o 533.º/4 e 6 (dissolução administrativa por falta de liberação do capital societário). 5

Deste modo, o regime judicial permanece com aptidão para ser usado residualmente sempre que se trate de um caso não expressamente reservado à via administrativa ou quando expressamente o legislador assim o determine. 6

Vários exemplos demonstram esta afirmação. Assim, quanto à dissolução, o 292.º/2, *c*), do CSC, estatui que o juiz pode ordenar, conforme o disposto no CPC, a dissolução de uma sociedade por ações, se forem apurados factos que constituam causa de dissolução, nos termos da lei ou do contrato, e ela tenha sido requerida. A dissolução não constitui o pedido principal da ação: esta destina-se à realização de inquérito judicial à sociedade, na sequência de recusa 7

[1] DLA/Introdução, anotação 4.

de prestação de informações, por esta, a sócio que as haja requerido. Ora, é perante os factos alegados ou apurados que o juiz, ao invés de ordenar o inquérito, pode ordenar a dissolução da sociedade. Nesta hipótese, a dissolução não é resultado de um procedimento administrativo mas de um procedimento judicial de jurisdição voluntária.

8 Quanto à liquidação, devem ser referidos os 4.º/3, 146.º e 172.º do CSC. O 4.º/3 do CSC estatui que em relação a uma sociedade, com sede efetiva no estrangeiro e que deseje exercer a sua atividade em Portugal por mais de um ano, mas que não cumpra as obrigações estatuídas no n.º 1 do mesmo artigo – "instituir uma representação permanente e cumprir o disposto na lei portuguesa sobre registo comercial" – , pode "o tribunal (…), a requerimento de qualquer interessado ou do Ministério Público, ordenar que a sociedade (...) cesse a sua atividade no País e decretar a liquidação do património situado em Portugal.". Por seu lado, o 146.º estatui que, salvo "quando a lei disponha de forma diversa, a sociedade dissolvida entra imediatamente em liquidação (...) aplicando-se ainda, nos casos de insolvência e nos casos expressamente previstos na lei de liquidação judicial, o disposto nas respetivas leis de processo". Também o 172.º enuncia que se o "contrato de sociedade não tiver sido celebrado na forma legal ou o seu objeto for ou se tornar ilícito ou contrário à ordem pública, deve o Ministério Público requerer, sem dependência de ação declarativa, a liquidação judicial da sociedade, se a liquidação não tiver sido iniciada pelos sócios ou não estiver terminada no prazo legal".

9 5. **Aplicação no tempo**. São de suma importância as disposições transitórias, constantes dos 57.º a 59.º do DL 76-A/2006, de 29-mar., e também vigentes desde 30-jun.-2006, por força do disposto no 64.º/1.

10 A regra primária é a da aplicabilidade imediata e irrestrita do regime jurídico, bastando a verificação dos requisitos de que depende essa aplicação (cf. 59.º do DL 76-A/2006). Há, contudo, que distinguir os procedimentos pendentes à data da entrada em vigor do novo regime daqueles que serão instaurados depois dessa data.

11 Quanto aos procedimentos a instaurar, cumpre saber se devem ou não ser atualizadas as referências feitas em contratos de sociedade pretéritos à dissolução ou liquidação judicial como atualmente referidas à dissolução e à liquidação administrativas. A questão não é muito diversa daquela outra – porventura meramente académica – de futuros contratos de sociedade, em vez de previrem o uso da via administrativa (cf. o exemplo no 146.º/4) o fazerem para a via judicial.

12 Embora se pudesse defender uma conversão automática dessas estipulações, tanto pretéritas, quanto futuras[2], tal apenas faria sentido se a via judicial tivesse sido efetivamente revogada, o que não é o caso, como já dissemos. E por assim não ser, a solução há de encontrar-se nos princípios e regras gerais do processo civil e será a mesma que rege a eventualidade de ser instaurada uma ação judicial de dissolução ou de ser aberto um processo judicial de liquidação quando a lei comine a via administrativa.

13 Ora, em boa verdade, terá lugar um uso desnecessário de um meio judicial, o que, no nosso Direito processual, não dá lugar a absolvição da instância e, muito menos, a um indeferimento do pedido do fundo[3]. Ao contrário, a ação deve ser aceite e condenado o autor a pagar as custas, por falta de interesse processual, aplicando-se o 535.º do CPC.

[2] Neste sentido, Armando Triunfante, *CSCAnot* (2007), 160.

[3] Castro Mendes, *Direito processual civil* II (1987), 234; contra: Anselmo de Castro, *Direito processual civil declaratório* II (1982), 255 e Teixeira de Sousa, *O interesse processual na acção declarativa* (1989), 13 = *As partes, o objecto e a prova na acção declarativa* (1995), 99, 102 ss., na esteira de um regime legal germânico – cf. Schönke, *Das Rechtsschutzbedürfnis* (1950), 13 ss.; Stephan, *Das Rechtsschutzbedürfnis* (1967), 12, 17; Grunsky, *GVR*, 2.ª ed. (1974), 392; Paulus, *ZPR*, 3.ª ed. (2004), 49 ss.; Jauernig, *ZPR*, 29.ª ed. (2007), 113 – cuja aplicabilidade entre nós é negada pelo Direito positivo.

6. **Segue; dissolução e liquidação pendentes**. Já as dissoluções e liquidações judiciais pendentes seguirão seus termos até ao fim, não havendo fundamento legal para uma extinção oficiosa e sucessiva abertura da via administrativa. É certo que esta solução de passagem para o procedimento administrativo está prevista para as ações de liquidação iniciadas ao abrigo do DL 235/2001, de 30-ago., e ainda pendentes, mas sem decisão proferida à data de entrada em vigor do DL 76-A/2006, de 29-mar.. Contudo, em nossa opinião, estes casos são não somente residuais, como foi necessário a lei apontar-lhes um regime expresso, pelo que não se deve concluir pelo carácter geral deste. Neste sentido, cf. STJ 10-set.-2009 (João Bernardo), Proc. 361/09, no qual se considerou que o regime previsto no DL 235/2001 "se trata dum regime com razões muito específicas", pelo que "[n]ão as havendo, há que atender aos desenhos legal da figura do RJPADLEC e dele concluímos pela forte inadequação relativamente à situação que representaria a remessa do processo judicial", invocando para o efeito (i) um argumento de natureza literal, sustentado pelas diversas disposições que se referem ao momento inicial de um procedimento administrativo (cf. 4.º/1, 5.º/1, 7.º/1 e 3), num "quadro em que é impensável a pendência simultânea de processo judicial e de procedimento administrativo"; e (ii) um argumento de natureza sistemática, "resultante da simplicidade da alusão a 'situações' no mencionado artigo 59.º, contraposto a estatuição, até detalhada, relativamente aos processos pendentes constante do artigo anterior". Conclui, deste modo, que "a entrada em vigor do Decreto-Lei n.º 76 – A/2006, de 29.3, não fez cessar a jurisdição do tribunal relativamente a acção para dissolução e subsequente liquidação duma sociedade, não baseada em insuficiência do capital, que naquele pendia à data da referida entrada em vigor." 14

Na verdade, seria irrazoável tanto em termos de interesse público da justiça, que todas as ações judiciais de dissolução e liquidação ainda pendentes tivessem obrigatoriamente de ser enviadas para os serviços de registo. 15

No entanto, pode o autor da ação judicial desistir da ação de dissolução judicial pendente – cf. 277.º, *d*), e 285.º/2 do CPC –, promovendo um procedimento administrativo de dissolução (v.g., nos casos do 142.º/1, do CSC). Mas, por aquelas mesmas razões, trata-se de uma faculdade e não de um ónus, pelo que ele não poderá ser condenado a pagar as custas por falta superveniente de interesse processual. 16

7. **DL 235/2001, de 30-ago.**. Como casos especiais, devem ser ainda considerados os procedimentos que possam ser objeto do DL 235/2001, de 30-ago., relativos à cominação do incumprimento da obrigação de aumento e atualização do capital social por sociedades e cooperativas para os montantes mínimos impostos pelo curso legal do euro, até 1-jan.-2002. Nestes casos, a dissolução e a liquidação judiciais deveriam ser promovidas pelo MP. Quanto a eles, têm vigência dois regimes especiais transitórios. 17

Se à data de entrada em vigor do DL 76-A/2006, de 29-mar., ainda não estivesse pendente um processo de dissolução ou de liquidação judicial nos procedimentos tramitados ao abrigo do DL 235/2001, de 30-ago., aplicam-se de imediato os novos procedimentos administrativos (57.º/1 do DL 76-A/2006, de 29-mar.). E isto mesmo "nos casos em que já tenha sido efetuada pelo conservador a participação a que se refere os n.ºs 1 a 3 do artigo único do DL 235/2001, de 30 de Agosto" e quando "não tenha ainda sido requerido ou promovido pelo Ministério Público o processo de dissolução ou de liquidação judicial", ficando este "impossibilitado de o requerer ou promover" (57.º/2). Há, então, um procedimento específico de transição: o Ministério Público deve comunicar ao conservador a impossibilidade de requerimento ou promoção judicial (ainda o mesmo n.º 2), após o que o "conservador profere imediatamente decisão, declarando a dissolução da sociedade ou da cooperativa, ou a entrada em liquidação 18 do estabelecimento individual de responsabilidade limitada, seguindo-se os termos ulteriores previstos no regime jurídico dos procedimentos administrativos de dissolução e de liquidação de entidades comerciais" (57.º/3). Mas se ocorreu já a notificação a que "alude o n.º 5 do artigo único do Decreto-Lei n.º 235/2001, de 30 de Agosto" (i.e., para regularização em três meses de ausência de aumento do capital social para os mínimos legais), o "conservador só profere aquela decisão depois de decorrido o prazo de regularização previsto nesse preceito (57.º/4 e 5).

19 Se à data de entrada em vigor do DL 76-A/2006, de 29-mar., já estivesse pendente processo de dissolução ou de liquidação judicial nos procedimentos tramitados ao abrigo daquele DL 235/2001, de 30 -ago., importa distinguir ainda se já foi ou não proferida decisão judicial: (a) se já foi proferida decisão, mas está ainda pendente recurso, nada há alterar, correndo o processo judicial até ao trânsito em julgado (58.º/1 do DL 76-A/2006, de 29-mar., *a contrario*); (b) se ainda não foi proferida decisão, então aplicam-se de imediato os novos procedimentos administrativos (58.º/1 do DL 76-A/2006, de 29-mar.), para o que o "juiz determina o envio do processo ao serviço de registo competente, apenas ficando registada a identificação do processo remetido" (58.º/2). Esta identificação pode ser feita em despacho genérico quando existam vários processos nas condições previstas. Através do despacho genérico determinar-se-á "o envio conjunto dos processos para os diversos serviços de registo competentes (n.º 3)". Recebido o "processo judicial, o conservador, tendo em conta os atos já praticados no âmbito do processo judicial de dissolução ou de liquidação, declara quais os atos do procedimento administrativo que se devem considerar já cumpridos e determina a passagem do procedimento à fase imediatamente posterior à do último ato praticado" (58.º/4).

Artigo 2.º (Âmbito)

1. Os procedimentos administrativos de dissolução e de liquidação de entidades comerciais são aplicáveis, consoante os casos, às sociedades comerciais, às sociedades civis sob forma comercial, às cooperativas e aos estabelecimentos individuais de responsabilidade limitada, designados no presente diploma como entidades comerciais.

2. As referências no presente diploma a membros de entidades comerciais entendem-se como feitas a sócios e cooperadores.

3. Excetuam-se do disposto no n.º 1 as empresas de seguros, as instituições de crédito, as sociedades financeiras, as empresas de investimento prestadoras de serviços que impliquem a detenção de fundos ou de valores mobiliários de terceiros e os organismos de investimento coletivo, na medida em que a sujeição aos procedimentos administrativos de dissolução e de liquidação de entidades comerciais seja incompatível com os regimes especiais previstos para tais entidades.

Índice

1. Âmbito positivo 1
2. Segue; inclusão das sociedades irregulares...... 5
3. Âmbito negativo.......... 8

1 1. **Âmbito positivo.** O artigo define o âmbito positivo e o âmbito negativo de aplicação dos procedimentos administrativos de dissolução e de liquidação.

O *âmbito positivo*, enunciado no n.º 1, ultrapassa o âmbito do próprio CSC. Este, por injunção do seu 1.º, aplicar-se-á às *sociedades comerciais* (*i.e.*, àquelas que tenham por objeto a prática de atos de comércio e adotem uma das formas societárias típicas a que se refere o 1.º/2) e às *sociedades civis sob forma comercial* (*i.e.*, àquelas que, embora tenham por objeto exclusivo a prática de atos não comerciais, adotam uma das formas societárias típicas a que se refere o 1.º/2). 2

Ora, os procedimentos administrativos de dissolução e liquidação aplicar-se-ão ainda às *cooperativas*, reguladas pelo CCoop (L 119/2015, de 31-ago., alterada pela L 66/2017, de 9-ago.) e ao EIRL, regulado pelo DL 248/86, de 25-ago., alterado pelos DL 343/98, de 6-nov. e 36/2000, de 14-mar.. Em conformidade foram alterados os respetivos regimes de dissolução e liquidação (77.º, 78.º, 81.º, 89.º e 91.º do CCoop então vigente, aprovado pela L 51/96, de 25-ago.) ou apenas de liquidação (24.º, 25.º, 26.º e 28.º do DL 248/86, de 25-ago., pelo 14.º do DL 76-A/2006, de 29-mar.). 3

Para o efeito de aplicação dos procedimentos administrativos de dissolução e de liquidação todos eles são qualificados como *entidades comerciais* por força do n.º 1 do presente artigo. 4

2. **Segue; inclusão das sociedades irregulares.** A aplicação deste preceito não é sensível à regularidade ou irregularidade do processo de constituição da entidade comercial: vale plenamente a jurisprudência consolidada de também ela estar sujeita a dissolução e a liquidação. Efetivamente, segundo STJ 26-fev.-1992 (Martins da Fonseca), Proc. 081076 "de há muito, se vinha entendendo que logo que fosse denunciada a irregularidade da constituição duma sociedade esta tinha de se dissolver, para se proceder a sua liquidação que obedeceria aos princípios da liquidação das sociedades regulares". Ou seja, ela pode "ser dissolvida judicialmente, ou extrajudicialmente por acordo dos sócios, ou por realização do objeto social, ou por este se ter tornado impossível" e "só depois da dissolução poderá haver liquidação e partilha do património da sociedade" (STJ 27/6/2000 (Aragão Seia), Proc. 00A424). 5

Assim, e por exemplo, se o "objetivo pretendido aquando da constituição duma sociedade irregular se tornar impossível, esta terá que ser dissolvida" e a "dissolução duma sociedade implica a sua liquidação, onde se verificara quanto à falta de constituição da *affectio societatis* por parte dos sócios" (REv 19-fev.-2004 (Gaito das Neves), Proc. 2400/03). 6

No mesmo sentido seguem, ainda que implicitamente, RPt 6-out.-1997 (Abílio Vasconcelos), Proc. 9750643, RLx 1-jul.-1999 (Marcolino de Jesus), Proc. 0032222, RGm 27-nov.-2002 (Silva Rato), Proc. 801/02-1, RPt 21-abr.-2016 (Fernando Baptista), Proc. 12700/09. 7

3. **Âmbito negativo**. O *âmbito negativo de aplicação* resulta, por um lado, *a contrario* do enunciado no n.º 1 – a exclusão das sociedades civis sob forma civil (cf. 980.º ss. do CC) e a sua sujeição ao regime civil de dissolução (cf. 1007.º a 1009.º do CC) e liquidação (cf. 1010.º a 1021.º CC) – e, por outro, da exclusão operada no n.º 3. 8

Ficam fora do âmbito da aplicação do DLA: (a) as empresas de seguros, tal como estão delimitadas pelos 7.º e 8.º do DL 94-B/98, de 17-abr. (alterado pelos DL 8-C/2002, de 11-jan., 169/2002, de 25-jul., e 90/2003, de 30-abr.): estas seguem um regime específico, dos 4.º ss. do L 147/2015, de 09-set. e dos 20.º/5, 88.º/5, 96.º/1, *g*) e 2, *a*), 120.º-A a 120.º-L, 121.º, 158.º/2, 159.º/2, *b*) e 5, 200.º, 227.º/2 e 239.º do DL 94-B/98, de 17-abr.; (b) as instituições de crédito e as sociedades financeiras, cujos processos de dissolução e liquidação são regulados pelo DL 298/92, de 31-dez., na redação dada pelo DL 1/2008, de 3-jan.; c) as empresas de investimento prestadoras de serviços que impliquem a detenção de fundos ou de valores mobiliários de terceiros, regidas pelo DL 163/94, de 4-jun., na versão do DL 99/98, de 21-abr.; (d) os organismos de investimento coletivo, regidos pela L 16/2015, de 24-fev., na redação da L 35/2018, de 20-jul.. 9

10 Estas exclusões não são absolutas, antes dependem da verificação casuística da incompatibilidade dos procedimentos administrativos ora instituídos com os regimes especiais previstos para tais entidades. Trata-se de uma exclusão em tudo semelhante, incluindo na letra, à operada pelo 2.º/2, *b*) do CIRE.

Artigo 3.º (Pedido de declaração de insolvência da entidade comercial)

Se, durante a tramitação dos procedimentos administrativos de dissolução e de liquidação de entidades comerciais, for pedida a declaração de insolvência da entidade comercial, os atos praticados ao abrigo dos procedimentos ficam sem efeito, seguindo o processo de insolvência os termos previstos no Código da Insolvência e da Recuperação de Empresas.

1 O estatuído no artigo é uma consequência da natureza universal do processo de insolvência (cf. 1.º CIRE): todos os créditos e débitos devem ser apurados, incluindo os que seriam apurados em sede de liquidação societária administrativa, em ordem a determinar o património da sociedade tendo em vista "a satisfação dos credores pela forma prevista num plano de insolvência, baseado, nomeadamente, na recuperação da empresa compreendida na massa insolvente, ou, quando tal não se afigure possível, na liquidação do património do devedor insolvente e a repartição do produto obtido pelos credores" (1.º CIRE).

Quanto à submissão de sociedades comerciais, sociedades civis sob forma comercial, coo-
2 perativas e estabelecimentos individuais de responsabilidade limitada a liquidação universal através de processo de insolvência, cfr. 2.º/1, *e*), *f*) e *g*) do CIRE, respetivamente.

O disposto no artigo rege tanto os casos em que à data do pedido de declaração de insol-
3 vência a entidade comercial ainda não se encontrava dissolvida, como os casos em que a entidade comercial, embora dissolvida, se encontrava em liquidação. Porém, se a entidade estava já extinta, em consequência de registo de encerramento da liquidação (cfr. 23.º/3), não pode ser pedida a declaração de insolvência. Veja-se RPt 15-out.-2015 (Carlos Portela), Proc. 1132/13.

Secção II – Procedimento administrativo de dissolução

Artigo 4.º (Início voluntário do procedimento)

1. As entidades comerciais, os membros de entidades comerciais, os respetivos sucessores, os credores das entidades comerciais e os credores de sócios e cooperadores de responsabilidade ilimitada podem iniciar o procedimento administrativo de dissolução mediante a apresentação de requerimento no serviço de registo competente quando a lei o permita e ainda quando:

- ***a*) Por período superior a um ano, o número de sócios da sociedade for inferior ao mínimo exigido por lei, exceto se um dos sócios for uma pessoa coletiva pública ou entidade a ela equiparada por lei para esse efeito;**
- ***b*) A atividade da sociedade que constitui o objeto contratual se torne de facto impossível;**
- ***c*) A sociedade não tenha exercido qualquer atividade durante dois anos consecutivos;**

***d*) A sociedade exerça de facto uma atividade não compreendida no objeto contratual;**

***e*) Uma pessoa singular seja sócia de mais do que uma sociedade unipessoal por quotas;**

***f*) A sociedade unipessoal por quotas tenha como sócio único outra sociedade unipessoal por quotas;**

***g*) Se verifique a impossibilidade insuperável da prossecução do objeto da cooperativa ou a falta de coincidência entre o objeto real e o objeto expresso nos estatutos da cooperativa;**

***h*) Ocorra a diminuição do número de membros da cooperativa abaixo do mínimo legalmente previsto por um período de tempo superior a 90 dias e desde que tal redução não seja temporária ou ocasional.**

2. No requerimento o interessado deve:

***a*) Pedir o reconhecimento da causa de dissolução da entidade;**

***b*) Apresentar documentos ou requerer diligências de prova úteis para o esclarecimento dos factos com interesse para a decisão.**

3. Caso o requerimento seja apresentado pela entidade comercial, e esta optar pela forma de liquidação prevista na secção seguinte, pode indicar um ou mais liquidatários, comprovando a respetiva aceitação, ou solicitar a sua designação pelo conservador.

4. A apresentação do requerimento por outro interessado que não a entidade comercial implica que a liquidação se faça por via administrativa.

5. Com a apresentação do requerimento deve efetuar-se o pagamento das quantias correspondentes aos encargos devidos pelo procedimento, sob pena de a sua apresentação ser rejeitada.

6. Os interessados podem exigir da entidade comercial o reembolso dos encargos pagos nos termos do número anterior.

Índice

1. Permanência da personalidcade jurídica 1
2. Natureza jurídica da dissolução 3
3. Momento da dissolução 7
4. Factos dissolutivos imediatos 9
5. Segue; dissolução por deliberação social, em especial 16
6. Factos dissolutivos não imediatos 25
7. Segue; sujeição à dissolução administrativa 32
8. Tramitação e legitimidade ativa 35
9. Segue; membros de entidades comerciais 43
10. Competência 47
11. Estrutura e requisitos externos do requerimento 50
12. Emolumentos 54
13. Recebimento e recusa 56

1. **Permanência da personalidade jurídica**. A extinção de uma pessoa coletiva pressupõe uma pluralidade de factos e de atos pelo que se comporta como um procedimento. A verificação do facto legal ou contratualmente previsto enquanto *causa de dissolução* é o primeiro momento desse procedimento que atinge a entidade comercial: a dissolução não determina a extinção do contrato de sociedade, mas sim a da pessoa coletiva[1]. 1

[1] Neste sentido, Cassiano dos Santos, *Dissolução*, 141-142.

2 Implicando a extinção de um ente coletivo uma pluralidade de operações (cf. 11.º/4, 24.º/2 e 6, e 27.º do DLA) ela apenas se consuma concluída a liquidação do património societário[2]. Até lá, a personalidade jurídica coletiva *mantém-se* mas é prioritariamente *funcionalizada à extinção da pessoa jurídica* (cf. o 146.º/2 do CSC). Neste sentido vão, entre outros, os acórdãos STJ 2-dez.-1966 (Gonçalves Pereira), Proc. 061457, RLx 28-fev.-1991 (Eduardo Baptista), Proc. 0036972, RLx 18-abr.-1991 (Almeidas Valadas), Proc. 0027916, STJ 19-mai.-1992 (Beça Pereira), Proc. 081516, STJ 10-mai.-1994 (Pereira Cardigos), Proc. 085425, STJ 12-jan.-1999 (Garcia Marques), Proc. 98A1091, RPt 28-mai.-2003 (Borges Martins), Proc. 0310495, RLx 28-jun.-2007 (Fátima Galante), Proc. 4067/2007-6, RLx 12-jul.-2007 (Fátima Galante), Proc. 4609/2007, STJ 15-nov.-2007(Salvador da Costa), Proc. 07B3960, RPt 27-mar.-2008 (Fernando Baptista), Proc. 0831264, e RLx 29-mai.-2008 (Fernanda Isabel Pereira), Proc. 6598/2007)[3], RPt 14-fev.-2011 (António José Ramos), Proc. 85/10.

3 2. **Natureza jurídica da dissolução.** Por esta razão poderia qualificar-se o facto que desencadeia a dissolução como facto *modificativo*: a sua verificação colocaria a sociedade em processo de liquidação que, desse modo, veria restringida toda a sua atividade social – o acórdão STJ 2-dez.-1966 (Gonçalves Pereira), Proc. 061457, alude a uma "capacidade restrita". Nesta linha enuncia o acórdão RLx 12-jul.-2007 (Fátima Galante), Proc. 4609/2007 = RL 18-abr.-1991(Almeidas Valadas), Proc. 0027916 = que a "dissolução de uma sociedade é a modificação (e não a extinção) da relação jurídica constituída pelo contrato de sociedade" e o acórdão RLx 28-fev.-1991 (Eduardo Baptista), Proc. 0036972 que a "dissolução de uma sociedade é, não a extinção desta, mas somente uma alteração da mesma, que deixa de ter como objetivo a realização do seu objeto social, para passar a ter como finalidade a sua própria liquidação". Cf., ainda no mesmo sentido, RPt 27-mar.-2008 (Fernando Baptista), Proc. 0831264 e RLx 16-mar.-2016 (Paula Santos), Proc. 921/14[4].

4 Tal, todavia, não é rigoroso, seja porque nem sempre tem lugar a liquidação, seja porque a liquidação é uma mera fase económico-contabilística que permite a concretização de um facto extintivo que lhe é prévio – o facto da dissolução. Efetivamente, se pode haver dissolução sem dependência temporal de diligências de liquidação (cf. 27.º ss.), nunca pode haver liquidação sem dissolução (neste sentido, o acórdão STJ 28-abr.-1994 (Zeferino Faria), Proc. 085288.

5 Por isso, concluir que a "dissolução só mediatamente leva à extinção, pois imediatamente apenas conduz a liquidação" (STJ 2-dez.-1966 (Gonçalves Pereira), Proc. 061457) é desconsiderar os fundamentos para uma dissolução como verdadeiros factos jurídico extintivos e a função meramente instrumental a esse efeito que é desempenhada pela liquidação. Nesta linha, vale a afirmação de que a "dissolução não é automática e instantânea, mas vai adquirindo expressão num conjunto de atos procedimentais subsequentes" (RPt 28-mai.-2003 (Borges Martins), Proc. 0310495).

6 Deste modo, o termo *dissolução* designa o efeito de um facto jurídico *extintivo*, *eventualmente* sujeito à condição suspensiva da liquidação. A pendência dessa condição traduz-se na referida *funcionalização à extinção da pessoa jurídica* que, eventualmente, ocorrerá.

7 3. **Momento da dissolução.** A dissolução tanto se pode produzir autonomamente com a simples ocorrência do facto previsto na lei ou em contrato (*dissolução imediata*), como pode ocor-

[2] Neste sentido, Cassiano dos Santos, *Dissolução*, 142: a dissolução "só se consuma plenamente com o termo do processo de liquidação".

[3] Na doutrina: Pereira de Almeida, *Sociedades Comerciais*, 4.ª ed. (2006), 729 e Menezes Cordeiro 1 (2007), 983.

[4] Cf. ainda, implicitamente, Pereira de Almeida, ob. loc. cits.

rer apenas após um ato, simples ou procedimental privado ou público (*dissolução diferida*). No primeiro caso, qualquer ato posterior apenas irá *declarar* ou reconhecer uma prévia dissolução, enquanto no segundo caso o procedimento terá de natureza *constitutiva* pois será pela respetiva decisão final que se irá produzir a própria dissolução, conhecido os factos que lhe servem de causa do requerimento de dissolução. Por esta última razão, apenas quanto aos segundos se pode falar em *processo* ou *procedimento*, judicial ou administrativo, *de dissolução*.

Na verdade, é a própria lei que distingue factos com efeito dissolutivo *imediato* e factos 8
com efeito dissolutivo *não imediato* nos 141.º e 142.º/2 do CSC. Alguma jurisprudência distingue entre causas de dissolução das sociedades "ipso jure" e causas de dissolução "facultativas" – assim, STJ 3-out.-2002 (Nascimento Costa), Proc. 02B2474 –, mas esta contraposição alude a uma diferença que tem suporte naqueles 141.º e 142.º mas que é incompleta por não ter em consideração o 143.º do CSC (cf., por isso, a anotação ao 5.º).

4. **Factos dissolutivos imediatos.** Constituem, em primeiro lugar, *factos jurídicos* com efeitos 9
dissolutivos *imediatos*, os previstos de modo taxativo[5]: (a) no corpo e alíneas do 141.º/1 do CSC: *facto previsto no contrato de sociedade*, seja o decurso de um prazo – alínea *a)* –, seja qualquer outro facto (corpo do n.º 1), desde que aquele lhe fixe um efeito imediato, que a lei não proíba; a *realização completa ou a ilicitude superveniente do objeto contratual* – alíneas *c)* e *d)* – *v.g.*, fazer publicidade no Euro 2004[6]; a *declaração de insolvência* – alínea *e)*; (b) no 473.º/4 do CSC: *falta de todos os sócios comanditados*, sem regularização nos 90 dias seguintes; (c) no 112.º/1 do CCoop, na parte em que se refere ao *esgotamento do objeto*, e no 112.º/1, *b)*, *c)*, *e)* e *f)*, por força do 113.º/2, ambos do CCoop.

Verificado um destes factos extintivos com efeitos imediatos, a dissolução prescinde de 10
qualquer ato societário, administrativo ou judicial para operar. Se estes últimos ocorrerem terão uma função meramente certificadora da verificação daquele facto extintivo imediato, útil seja para efeitos de certeza jurídica, seja para efeitos de oponibilidade a terceiros.

E assim sucede, efetivamente, com os *factos previstos* no 141.º/1, *a)*, *c)* e *d)* do CSC e, dada 11
a identidade de natureza jurídica, com o *facto previsto* no 473.º/4 do CSC: mediante *deliberação*, tomada por maioria simples dos votos produzidos na assembleia, descontando as abstenções[7], pode esta proceder ao respetivo *reconhecimento* e, bem assim, pode qualquer sócio, sucessor de sócio, credor da sociedade ou credor de sócio de responsabilidade ilimitada promover a *justificação notarial* ou o *procedimento simplificado de justificação*" (n.º 2 do mesmo artigo). Estes últimos são procedimentos administrativos.

A *justificação notarial* está prevista no 94.º/2 do CNot e o seus trâmites nos 95.º ss. CNot. 12
O ato de justificação deve ser celebrado por escritura pública, como impõe o 80.º/2, *a)* do CNot e se confirma pela leitura do 98.º/4 CNot respeitante à "escritura de justificação para fins do registo comercial"[8].

Por seu lado, o *procedimento simplificado de justificação* está previsto no 79.º-A CRCom. 13
Corre na conservatória do registo comercial – qualquer uma, independentemente da sua localização geográfica, pois foi suprimida a distribuição territorial de competência entre as conservatórias (cf. 28.º/2 do DL 87/2001, de 17-mar., modificado pelo 33.º do DL 76-A/2006, de 29-mar., sem prejuízo das disposições transitórias a vigorarem até 31-dez.-2006, previstas nos 43.º ss. desse mesmo diploma) – e inicia-se "mediante requerimento escrito [pedido] dos interessados com alegação da situação que fundamenta a dissolução imediata [causa de pedir] e con-

[5] Neste sentido, Cassiano dos Santos, *Dissolução*, 144.
[6] Menezes Cordeiro 1 (2007), 977.
[7] Armando Triunfante (2007), 143.
[8] Neste sentido, Armando Triunfante (2007), 159.

firmação do facto por três declarantes que o conservador considere dignos de crédito [prova]" (n.º 2 do artigo), mas que pode ser oral quando "seja efetuado presencialmente perante funcionário competente", que o reduzirá a auto (n.º 3). Se entender procedente o requerimento, *i.e.*, se entender que está demonstrado o fundamento alegado, o "conservador profere decisão pela qual declara justificada a dissolução da sociedade, lavra o registo da dissolução e promove as comunicações previstas no regime jurídico do procedimento administrativo de dissolução de entidades comerciais" (cf. a anotação ao 14.º).

14 O seu custo emolumentar é de € 150 (22.º, ponto 5.2. do DL 322-A/2001, de 14-dez. (Regulamento Emolumentar dos Registos e Notariado (RERN)), na versão do DL 201/2015, de 17-set.).

15 Quanto à *sentença judicial de insolvência* bastará o seu registo, nos termos do 9.º, *i*) do CRCom.

16 5. **Segue; dissolução por deliberação social, em especial.** Em segundo lugar, mas da maior importância, é a *dissolução provocada por deliberação social*, prevista no 141.º/1, *b*) do CSC, com efeitos dissolutivos *imediatos*, manifestação clara da autonomia privada[9].

17 Sendo próxima, na sua *função*, da revogação dos contratos por *vontade* das partes[10], não se confunde com aquela. Por outro lado, esta *deliberação social de dissolução* não deve ser confundida com aquela outra *deliberação social de reconhecimento da dissolução por verificação de facto jurídico*, admitida pelo 141.º/2 do CSC e que referimos atrás. Aquela é um *facto extintivo*; esta é uma *certificação* de um facto extintivo[11].

18 A dissolução por deliberação social pode ser produzida a todo o tempo, sem prejuízo de a lei individualizar certas hipóteses em que a *apreciação* da opção pela dissolução *deve* ter lugar, mas sem que isso signifique que a deliberação final seja no sentido dissolutório – assim, por *perda de metade do capital* – 35.º/3, *a*) –, por *falecimento de um sócio* (184.º/5) – ou *pode* ter lugar – assim, por *privação* ou *ineficácia de entrada em espécie* (25.º/4), *falecimento de um sócio* (184.º/1); *domínio total superveniente* – 489.º/2, *a*), todos do CSC.

19 Ela deve ser tomada: (a) por unanimidade nas sociedades em nome coletivo, como impõe o 194.º/1 do CSC, "a não ser que o contrato autorize a deliberação por maioria, que não pode ser inferior a três quartos dos votos de todos os sócios"; (b) por "maioria de três quartos dos votos correspondentes ao capital social, a não ser que o contrato exija maioria mais elevada ou outros requisitos", nas sociedades por quotas (270.º/1 do CSC), sendo certo que a "simples vontade de sócio ou sócios, quando não manifestada na deliberação prevista no número anterior, não pode constituir causa contratual de dissolução" (270.º/2 do CSC); (c) por "dois terços dos votos emitidos, quer a assembleia reúna em primeira quer em segunda convocação" (386.º/3), devendo "estar presentes ou representados acionistas que detenham, pelo menos, ações correspondentes a um terço do capital social." (383.º/2 do CSC), salvo se "na assembleia reunida em segunda convocação, estiverem presentes ou representados acionistas detentores de, pelo menos, metade do capital social", caso em que a deliberação "pode ser tomada pela maioria dos votos emitidos" (386.º/4 do CSC); contudo, pode o contrato exigir uma maioria mais elevadas ou outros requisitos (464.º/1 do CSC), sendo certo que a "simples vontade de sócio ou sócios, quando não manifestada na deliberação prevista no número anterior, não pode constituir causa contratual de dissolução." (464.º/2 do CSC); (d) por "maioria que reúna dois terços dos votos que cabem aos sócios comanditados e dois terços dos votos que cabem aos sócios

[9] Menezes Cordeiro 1 (2007), 976.

[10] Neste sentido, Cassiano dos Santos, *Dissolução*144.

[11] Cf., a propósito, Cassiano dos Santos, *Dissolução*144.

comanditários" (473.º/1 do CSC); mas se faltarem todos os sócios comanditários pode optar-se pela via administrativa (473.º/3 do CSC) enquanto se faltarem todos os sócios comanditados e a situação não se regularizar em 90 dias ocorre imediata dissolução (n.º 4).

De notar que se, nos termos do 8.º do CSC, *ambos os cônjuges detiverem uma participação social*, em virtude da integração do bem na comunhão conjugal, a "dissolução da sociedade não carece do consentimento de ambos os cônjuges, não podendo ser equiparada à alienação de qualquer quota" (RP 4-out.-2007 (Ana Paula Lobo), Proc. 0733893). Na verdade, valerá aí a regra de que "será considerado como sócio, nas relações com a sociedade, aquele que tenha celebrado o contrato de sociedade ou, no caso de aquisição posterior ao contrato, aquele por quem a participação tenha vindo ao casal" (8.º/2 do CSC). Será esse cônjuge que poderá participar da deliberação de dissolução. 20

Já nas situações de contitularidade não conjugal, valerão as regras que a lei contenha sobre a matéria. Assim, por exemplo, nas sociedades por quotas e nas sociedades por ações os contitulares exercem os direitos inerentes à participação social por meio de um *representante comum* (cf. 222.º/1 e 303.º/1 do CSC), o que implica um procedimento interno de apuramento da vontade a comungar (cf. 223.º, 224.º e 303.º/4 do CSC). 21

Tratando-se de sócio menor é necessária autorização judicial para os pais votarem a deliberação de dissolução, como impõe o 1889.º/1, *b*) do CC. 22

No plano formal, a deliberação de dissolução, não obstante a sua redução a escrito, não precisa de assumir a forma de documento autêntico (cf. 145.º/1 do CSC), ao contrário de se impunha no anterior 145.º/1 do CSC/86 e, bem assim, na versão anterior do 80.º/1, *e*) do CNot. Nesta última alínea, após a alteração trazida pelo 20.º do DL 76-A/2006, de 29-mar., com a retificação trazida pelo ponto 18 da Declaração de Retificação 28-A/2006, onde antes se lia como devendo ser celebrados por escritura pública "os atos de constituição, *dissolução* e liquidação de sociedades comerciais, sociedades civis sob a forma comercial e sociedades civis das quais façam parte bens imóveis, bem como os atos de alteração dos respetivos contratos sociais" lê-se agora "os atos de constituição de sociedades comerciais, sociedades civis sob a forma comercial e sociedades civis, se essa for a forma exigida para a transmissão dos bens com que os sócios entram para a sociedade". 23

Finalmente, a deliberação deverá ser registada – 3.º/1, *r*) e 4.º, *e*) do CRCom –, cabendo a promoção desse registo à administração da sociedade ou aos liquidatários, sem prejuízo do direito de qualquer sócio a promovê-lo, a expensas da sociedade (145.º/2 do CSC). 24

6. **Factos dissolutivos não imediatos.** Constituem factos dissolutivos *com eficácia diferida* os previstos nas diversas alíneas do 142.º/1 do CSC, aqueles a que lei conferira avulsamente *essa eficácia* ou sobre a qual nada diga (cf. 142.º/2 do CSC[12]). 25

Assim, têm efeito extintivo diferido: (a) **quanto à estrutura societária**: os casos previstos no 142.º/1, *a*) do CSC = 4.º/1, *a*) (*número de sócios inferior ao mínimo exigido por lei, por período superior a um ano* exceto se um dos sócios for uma pessoa coletiva pública ou entidade a ela equiparada por lei para esse efeito), nos 184.º/6 (*falecimento de um sócio sendo incapaz algum dos seus sucessores* e sem ulterior deliberação quanto ao destino dos seus direitos), 195.º/1 do CSC (*impossibilidade legal de liquidação de parte social de sócio falecido ou que pretenda exonerar-se*), 226.º/2 do CSC (*ausência de deliberação sobre o destino de quota* após não aceitação da sua transmissão pelos 26

[12] Cf., Pereira de Almeida, *Sociedades*, 729-730; Menezes Cordeiro 2 (2007), 220-221; Armando Triunfante, *CSCAnot*, 149.

sucessores do sócio falecido), 240.º/4 do CSC (*exoneração de sócio*, sem ulterior deliberação quanto ao destino da quota) e 7 (*falta de pagamento de contrapartida ao sócio por exoneração*), 270.º-C/3 do CSC – *efeitos da* unipessoalidade = 4.º/1, *e*) e *f*)[13] –, 464.º/3 do CSC (*número de acionistas inferior ao mínimo legal sociedade anónima*, por período superior a um ano) e 473.º/3 do CSC (*falta de todos os sócios comanditários*);

27 (b) **quanto ao capital social**: os casos previstos nos 533.º/4 e 6 do CSC = 5.º, *d*) (*falta de aumento e liberação do capital societário*) e 544.º do CSC (*perda de metade do capital*) (cf., afirmando expressamente o carácter não imediato, desta causa de dissolução, RLx 4-mai.-1995 (Nascimento Gomes), Proc. 0082066).

28 (c) **quanto à atividade social efetiva**, definida esta como "uma sequência de atos estruturada e estável" e não apenas como meros "atos isolados ou desgarrados"[14]: *a atividade que constitui o objeto contratual tornar-se de facto impossível* – 142.º/1, *b*) do CSC = 4.º/1, *b*) – *i.e.*, a "impossibilidade de **todas as atividades**" e não apenas de uma parte do objecto[15], **imputáveis à esfera jurídica da própria sociedade** (não releva por isso, *incompatibilidade irredutível dos sócios* – STJ 3-out.-2002 (Nascimento Costa), Proc. 02B2474 ou a impossibilidade de cumprimento de obrigações assumidas por algum destes (RPt 10-dez.-1992 (Almeida e Silva), Proc. 9150217), **e que seja definitiva** e não apenas removível (STJ 29-nov.-1974 (Almeida Borges), Proc. 065019) –, a *ausência absoluta de atividade durante dois anos consecutivos* – 142.º/1, *c*) do CSC = 4.º/1, *c*) –, o *exercício de facto de uma atividade não compreendida no objeto contratual* – 142.º/1, *d*) do CSC = 4.º/1, *s*); ainda o disposto no n.º 1 do 112.º/1, *a*) do CCoop, na parte que se refere à *impossibilidade insuperável da prossecução do objeto* ou de *falta de coincidência entre o objeto real e o objeto expresso nos estatutos* – 4.º/1, *g*) –, e nas als. *d*) – 4.º/1, *h*), *i*), *j*) e *k*) do 112.º/1 do CCoop – 5.º, *f*), *g*), *h*), *ex vi* 112.º/2 *a contrario* – 5.º, *f*), *g*), *h*);

29 (d) **quanto ao exercício de direitos sociais**: os casos previstos nos 292.º/2, *c*) do CSC (*inquérito judicial após recusa de informação a acionista*) e 345.º/10 do CSC (*incumprimento de obrigação de remissão*);

30 (e) **quanto ao cumprimento de obrigações externas**, segundo algumas das alíneas do 5.º: a *falta de depósito, durante dois anos consecutivos, dos documentos de prestação de contas* e a administração tributária tenha comunicado ao serviço de registo competente a *omissão de entrega da declaração fiscal de rendimentos pelo mesmo período* – alínea *a*) = 143.º, *a*) do CSC; cf. 83.º/2, *a*) do CPPT, após a alteração trazida pelo 30.º do DL 76-A/2006, de 29-mar. –, a *comunicação da administração tributária* ao serviço de registo competente da *ausência de atividade efetiva da sociedade*, verificada nos termos previstos na legislação tributária – alínea *b*) = 143.º, *b*) do CSC; cf. 83.º/1 do CPPT, na versão dada pelo 30.º do DL 76-A/2006, de 29-mar. –, a *comunicação da administração tributária* ao serviço de registo competente da declaração oficiosa da *cessação de atividade da sociedade*, nos termos previstos na legislação tributária – alínea *c*) = 143.º, *c*) do CSC; cf. 83.º/2, *b*) do CPPT, alterado pelo 30.º do DL 76-A/2006, de 29-mar. –, a *ausência de atos de registo comercial obrigatório durante mais de 20 anos* – alínea *e*) – e a *falta de atualização de capital registado* – alínea *i*).

[13] Cassiano dos Santos, *Dissolução*, 146 defende que este efeito dissolutório da unipessoalidade apenas se abate sobre a segunda e as sucessivas sociedades, enquanto a primeira sociedade permaneceria constituída licitamente, o que não nos parece ser defensável já que mesmo a primeira sociedade tornou-se *supervenientemente* ilegal por violar tais disposições legais, sendo certo que o 270.º-C/3 do CSC não distingue as várias sociedades entre si ou se restringe na sua aplicação.

[14] Cassiano dos Santos, *Dissolução*, 145.

[15] Cassiano dos Santos, *ob. e loc. cits.*

Constituem ainda factos com efeitos dissolutivos *diferidos* os previstos *no contrato de sociedade*, sem fixação de efeito ou com efeito de sentido dúbio (142.º/2 do CSC), ou com fixação expressa de efeito diferido. A respeito continuará a valer o entendimento de que a "cláusula do pacto social, estabelecendo que `a sociedade poderá dissolver-se pela simples vontade de um dos sócios, desde que a sociedade ou terceiro a indicar pelo sócio não cedente não comprem a quota que se pretende obter, pelo valor a determinar num balanço a levar a efeito nessa altura, é nula por consubstanciar a chamada vontade arbitrária de um sócio" (RPt 8-nov.-1999 (Pinto Ferreira), Proc. 9950900). 31

7. **Segue; sujeição à dissolução administrativa**. É quanto a estes factos com efeitos dissolutivos diferidos que se aplica o procedimento administrativo de dissolução de entidade comerciais, como resulta do 142.º/1, corpo, do CSC ("Pode ser requerida a dissolução administrativa da sociedade..."), do 143.º do CSC ("O serviço de registo competente deve instaurar oficiosamente o procedimento administrativo de dissolução...") ou do 113.º/3 e 4 do CCoop ("a dissolução é declarada em procedimento administrativo de dissolução"). 32

Contudo, o 142.º/3 do CSC estatui que "podem os sócios, por maioria absoluta dos votos expressos na assembleia, dissolver a sociedade, com fundamento no facto ocorrido". Esta faculdade abrange "os casos previstos no n.º 1" ou seja, se quisermos, *todos os que poderiam ser objeto de procedimento administrativo*, sejam eles os individualizados nas alíneas do 142.º/1 do CSC, sejam os previstos avulsamente na lei, sejam os previstos em contrato de sociedade. Deste modo, foi clara a intenção do legislador de dar *prevalência à autonomia privada*, evitando o recurso à via administrativa. Nesta eventualidade, a "sociedade considera-se dissolvida a partir da data da deliberação", mas "se a deliberação for judicialmente impugnada, a dissolução ocorre na data do trânsito em julgado da sentença" (142.º/3 do CSC). 33

Trata-se, portanto, de um alargamento das situações de auto-dissolução, que já decorrem genericamente do 141.º/1, *b*) do CSC, autonomizado dado o concurso com a via administrativa. Contudo, há uma diferença importante: se no caso do 141.º/1, *b*) do CSC a maioria necessária para a deliberação é variável, estando prevista casuisticamente (cf. o ponto 5 desta anotação), nos casos do 142.º/1 do CSC exige-se a "maioria absoluta dos votos expressos na assembleia" (142.º/3 do CSC). 34

8. **Tramitação e legitimidade ativa**. O procedimento administrativo de dissolução comporta quatro fases: *fase liminar*, regulada nos 4.º a 7.º; *participação da entidade comercial e dos interessados*, regulada nos 8.º e 9.º; *audição de testemunhas*, regulada no 11.º/2; *decisão*, prevista no 11.º/3 a 5. O procedimento pode começar *voluntariamente*, por requerimento de interessado, ou *oficiosamente*, por auto do conservador, consoante resulte da lei e ainda nos casos previstos nos 4.º/1 e 5.º/1. 35

O presente artigo trata do *início voluntário* mediante a apresentação de um requerimento de dissolução administrativa de entidade comercial. Os pressupostos de admissibilidade do requerimento que resultam do 4.º/1 são a *legitimidade* do requerente e a *competência* da conservatória de registo. 36

Em termos pouco compreensíveis, afirma-se no n.º 1 uma *legitimidade ativa* para um largo espectro de interessados, embora por razões diferentes: entidades comerciais, membros de entidades comerciais, os respetivos sucessores, credores das entidades comerciais e credores de sócios e cooperadores de responsabilidade ilimitada. Ora, uma pergunta que se pode colocar é se estamos perante uma *norma de extensão* do que já resulta de outros preceitos, ou se estamos perante uma simples *norma de receção* desses outros preceitos. 37

38 Na *primeira interpretação*, qualquer daqueles sujeitos teria legitimidade para requerer a dissolução não apenas nos casos a que fazem menção as alíneas do n.º 1, mas desde que houvesse uma razão para dissolução prevista noutras normas legais, *mesmo que não referisse esses sujeitos*. A expressão *"quando a lei **o** permita"* significaria "quando a lei permita **a dissolução**".

39 Assim, e por exemplo, se no 184.º/6 do CSC se fixa que "se os sócios não tomarem nenhuma das deliberações previstas no número anterior, deve o *representante do incapaz* requerer a exoneração judicial do seu representado ou, se esta não for legalmente possível, a dissolução da sociedade por via administrativa", então, por força do n.º 1, a própria sociedade ou outro sócio teriam, adicionalmente, legitimidade para requerer essa dissolução. Outrossim, se no 240.º/4 do CSC se estatui que, em caso de *exoneração de sócio*, sem ulterior deliberação quanto ao destino da quota, "o sócio [pode] requerer dissolução da sociedade por via administrativa", então, novamente *ex vi* n.º 1 do presente artigo, atribuir-se-ia legitimidade a um credor dessa sociedade para requerer a sua dissolução, fosse qual fosse a situação e o montante do seu crédito

40 Em nossa opinião, assim não pode ser, manifestamente: a legitimidade, como pressuposto processual para a produção diferida da extinção de um ente comercial por dissolução, pretende garantir o uso de recursos estatais apenas àqueles cujo direito é afetado pela permanência da sociedade, *carecendo de tutela*. Trata-se, assim, de um *nexo de interesse direto* entre um sujeito e a produção do efeito extintivo que não pode ser abstratamente presumido, sem mais, para aqueles que são referidos no n.º 1 do presente artigo.

41 Deste modo, a *melhor interpretação* é a de que o leque de sujeitos enunciados no corpo do n.º 1 apenas terá legitimidade nos estritos termos que já constem das diversas regras legais substantivas, quer individualmente (assim, cf. o 240.º/4 do CSC, para a legitimidade do sócio), quer coletivamente (assim, cf. o 112.º/3 do CCoop). A expressão *"quando a lei **o** permita"* significa "quando a lei **lhes** permita **requerer a** dissolução".

42 Mas a nossa argumentação, embora razoável, prova de mais pois deixaria por resolver o problema da legitimidade ativa quanto às normas em que a mesma não está estabelecida, *maxime*, as situações das alíneas do 142.º/1 do CSC, as causas contratualmente fixadas, para as quais se remete no corpo desse mesmo 142.º/1 e, bem assim, no 142.º/2 do CSC. Apenas novamente o uso de *nexo de interesse direto* entre um sujeito e a obtenção do efeito extintivo permitirá resolver o problema, nos termos gerais do 30.º do CPC.

43 9. **Segue; membros de entidades comerciais**. Mas há outra questão que pode ser suscitada: a expressão "membros de entidades comerciais" está-se a referir ao sócio ou cooperador *concretos* ou está-se a referir *à participação social* que eles encabeçam? Assim, se uma quota social for detida em contitularidade por duas ou mais pessoas, pode qualquer delas requerer a dissolução singularmente, há lugar a um litisconsórcio necessário ativo nos termos gerais do 33.º/1 do CPC ou será de pugnar por uma terceira solução?

44 No direito anterior já se entendia quanto à legitimidade ativa para uma ação de anulação "tem que ser proposta por todos os contitulares", pelo que a "falta de algum desses contitulares é motivo de ilegitimidade" (RLx 13-out.-1994 (Freitas de Carvalho), Proc. 0090752). Porquê? Porque, diríamos nós, nesses casos o sujeito físico ou coletivo *X* sozinho não é por si mesmo membro da entidade comercial, mas co-sócio da sociedade ou, genericamente, co-membro da entidade comercial.

45 Contudo, em nossa opinião, resulta do direito vigente que essa estruturação da titularidade da participação social apenas se traduzirá em litisconsórcio necessário, como se defende naquela jurisprudência, *se a lei não dispuser diversamente*. Ora assim sucederá, pensamos, nas sociedades por quotas e nas sociedade por ações onde se devem recuperar as regras relativas à con-

titularidade da participação social, já atrás referidas na anotação 20: terá legitimidade ativa para requerer a dissolução administrativa o cônjuge que tenha celebrado o contrato de sociedade ou, no caso de aquisição posterior ao contrato, aquele por quem a participação tenha entrado no património comum do casal (8.º/2 do CSC) e nas situações de contitularidade não conjugal, o representante comum (cf. 222.º/1 e 303.º/1 e, ainda, 223.º, 224.º e 303.º/4, todos do CSC). Está assim excluída a legitimidade do outro cônjuge pois apenas aquele é que "será considerado como sócio, nas relações com a sociedade" (8.º/2 do CSC).

Tratando-se de sócio menor de idade, no direito anterior não era necessária autorização judicial para os pais requererem a dissolução porque, ao contrário do que impõe o 1889.º/1, *b*) do CC quanto à deliberação de dissolução, pois estava "garantida ao menor a fiscalização do Tribunal e a vigilância sobre a atuação do representante, não existindo identidade de razão" com aquela hipótese" de deliberação (STJ 6-jun.-1975 (Arala Chaves), Proc. 065138, BMJ 248 (1975), 423). No novo direito, afastada a presença funcional de um juiz, em detrimento de um conservador, que não tem competências em matéria cível não se pode manter esta mesma doutrina. Por isso, é necessária uma autorização judicial para os pais requerem a dissolução, sob pena de indeferimento do requerimento. 46

10. **Competência.** O serviço de registo competente para o procedimento de dissolução é, aparentemente, *qualquer Conservatória.* É o que parece resultar da supressão a distribuição territorial de competência entre estes serviços (cf. 28.º/2 do DL 87/2001, de 17-mar., modificado pelo 33.º do DL 76-A/2006, de 29-mar., sem prejuízo das disposições transitórias a vigorarem até 31-dez.-2006, previstas nos 43.º ss. desse mesmo diploma[16]. 47

A questão não é de resposta óbvia, contudo, pois *a matéria do procedimento de dissolução não é de natureza registal*, pelo que não se pode considerar abrangida pelas normas de competência dos 24.º ss. do CRCom ou, *rectius*, pelo historial de revogação legislativa dessas mesmas normas pelo 28.º/2 do DL 87/2001, de 17-mar., modificado pelo 33.º do DL 76-A/2006, de 29-mar.. Por esta razão, Pereira de Almeida[17] defende que a competência residiria na conservatória da sede da sociedade. 48

Supomos não haver fundamento legal expresso e específico para a proposta de solução de Pereira de Almeida pelo que ela apenas decorrer dos princípios gerais vigentes em matéria de competência jurisdicional. Neste contexto, invocar-se-á um princípio de benefício do réu, *i.e.*, do destinatário dos efeitos negativos de um procedimento *declarativo*, expresso no 80.º/1 do CPC e no 4.º/1 do Regulamento (UE) n.º 1215/2012 do Parlamento Europeu e do Conselho, de 12-dez.-2012, e um princípio de proximidade entre o procedimento e os direitos que virão a ser objeto de diligências de individualização e transmissão forçada em procedimento *executivo* (cf. 89.º/2 a 5 e 90.º do CPC). Ora não apenas é duvidosa a existência geral de tais princípios, como em especial eles parecem ser negados pela *ratio* que nos parece estar por detrás tanto da verificação de que o procedimento de *liquidação* pode correr *em qualquer conservatória* – em virtude de qualquer conservatória ser competente para o registo da liquidação (cf. 15.º/7) –, como da própria revogação das normas de competência territorial do registo comercial: *a inexistência de uma fixação geográfica do comércio e dos bens jurídicos*. A solução legal aponta, assim, no sentido de o procedimento de dissolução poder ser instaurado em qualquer serviço de registo comercial. 49

11. **Estrutura e requisitos externos do requerimento.** Quanto à *estrutura* e *requisitos externos* do requerimento além do pouco que se estatui no n.ºs 2 e 3, devem-se aplicar as regras gerais do 102.º do CPA, semelhantes, aliás, ao 552.º do CPC. 50

[16] Neste sentido, Armando Triunfante (2007), 154.

[17] *Sociedades*, 731

51 Efetivamente o que decorre do presente 4.º é tão somente que o requerimento comporta um pedido de reconhecimento da causa de dissolução e que, acessoriamente, pode ser acompanhado por um pedido de diligência(s) de prova desde que seja(m) pertinente(s) ("úteis para o esclarecimento dos factos com interesse para a decisão") e junta a prova documental. Cumulativamente, se o requerente for a "entidade comercial, e esta optar pela forma de liquidação prevista na secção seguinte, pode indicar um liquidatário ou mais solicitar a sua designação pelo conservador".

52 Importa, por isso, fazer a articulação com aquele 102.º do CPA e deduzir que o requerimento de dissolução deve conter *necessariamente*: um *cabeçalho*, com identificação da conservatória e identificação do requerente, pelo nome, profissão e domicílio; uma *causa de pedir, i.e.*, factos em que se baseia o pedido incluindo (cf. o lugar paralelo do artigo seguinte), a entidade comercial a dissolver, o facto extintivo e, se possível, os respetivos fundamentos de direito; o *pedido de dissolução*; *data e assinatura do requerente*; a indicação do domicílio escolhido para nele ser notificado; a indicação do número de telefax ou telefone ou a identificação da sua caixa postal eletrónica.

53 *Eventualmente*, poderá o requerente deduzir o já referido pedido de diligências probatórias ou/e designar liquidatário. Enfim, quanto aos *requisitos externos* devem valer os princípios de economia de forma e recursos, de segurança quanto à autenticidade, e de sentido inequívoco do conteúdo e do Português como língua de comunicação, que se deduzem do 102.º/1, *d*) do CPA, como aliás dos 131.º e 133.º do CPC.

54 12. **Emolumentos**. Quanto aos emolumentos devidos pelo procedimento, prevê-se que eles devem ser pagos "com a apresentação do requerimento", sob pena de rejeição da sua apresentação, *i.e.*, de não recebimento pelos serviços de registo – algo diverso de um eventual e posterior despacho de indeferimento liminar do conservador. Quando o requerente não seja a entidade comercial, constitui-se, *ipso facto*, um direito de regresso perante esta, a favor do requerente.

55 O seu valor consta do 22.º, ponto 7.1. do RERN, sendo de € 350, incluindo tramitação, decisão e registos.

56 13. **Recebimento e recusa.** Se o requerimento não satisfizer os requisitos legalmente previstos o "requerente será convidado a suprir as deficiências existentes" (108.º/1 do CPA), salvo se for um "requerimento (...) não identificado (...)" ou "cujo pedido seja ininteligível" (108.º/3) ou se não for feito o pagamento dos emolumentos ou a junção do documento comprovativo do mesmo (n.º 5). Apenas se os vícios não foram sanados haverá lugar a recusa de recebimento do requerimento apresentado.

57 Do ato de recusa cabe reclamação para o conservador, nos termos dos 191.º ss. do CPA.

Artigo 5.º (Início oficioso do procedimento)

O procedimento administrativo de dissolução é instaurado oficiosamente pelo conservador, mediante auto que especifique as circunstâncias que determinaram a instauração do procedimento e que identifique a entidade e a causa de dissolução, quando resulte da lei e ainda quando:

- ***a*) Durante dois anos consecutivos, a sociedade não tenha procedido ao depósito dos documentos de prestação de contas;**
- ***b*) A administração tributária tenha comunicado ao serviço de registo competente a ausência de atividade efetiva da sociedade, verificada nos termos previstos na legislação tributária;**

c) **A administração tributária tenha comunicado ao serviço de registo competente a declaração oficiosa da cessação de atividade da sociedade, nos termos previstos na legislação tributária;**

d) **As sociedades não tenham procedido ao aumento do capital e à liberação deste, nos termos dos n.ºs 1 a 3 e 6 do artigo 533.º do Código das Sociedades Comerciais;**

e) **A sociedade não tenha sido objeto de atos de registo comercial obrigatórios durante mais de 20 anos;**

f) **Ocorra a omissão de entrega da declaração fiscal de rendimentos da cooperativa durante dois anos consecutivos comunicada pela administração tributária ao serviço de registo competente;**

g) **Ocorra a comunicação da ausência de atividade efetiva da cooperativa verificada nos termos da legislação tributária, efetuada pela administração tributária junto do serviço de registo competente;**

h) **Ocorra a comunicação da declaração oficiosa de cessação de atividade da cooperativa nos termos previstos na legislação tributária, efetuada pela administração tributária junto do serviço de registo competente;**

i) **As cooperativas não tenham procedido ao registo do capital social atualizado nos termos previstos nos n.ºs 3 e 4 do artigo 91.º do Código Cooperativo.**

j) **A entidade competente para a concessão da licença para operar no âmbito institucional da Zona Franca da Madeira comunique à conservatória do registo comercial privativa a caducidade ou revogação da respetiva licença.**

Índice

1. Natureza jurídica: proposta doutrinal ... 1
2. Segue; posição: alíneas *a*), *b*) e *c*) do 5.º do DLA ... 5
3. Segue; alíneas *e*), *f*), *g*), *h*) e *i*) do 5.º do DLA ... 14
4. Segue; alíneas *d*) e *i*) do 5.º do DLA ... 17
5. Segue; conclusão ... 20
6. Auto do conservador ... 23
7. Emolumentos ... 26

1. **Natureza jurídica: proposta doutrinal**. Enuncia o 5.º as causas de dissolução que não são comuns a toda e qualquer entidade comercial, mas restritas a sociedades e a cooperativas, ficando excluídos do seu âmbito de aplicação os EIRL. Contudo, estes estão, com fundamentos idênticos, sujeitos a procedimento administrativo de *liquidação*, nos termos do 15.º/1, *c*) a *f*). 1

Pergunta Cassiano dos Santos[1] se as circunstâncias previstas neste artigo "são verdadeiras *causas autónomas de dissolução* ou são apenas *pressupostos* em que o Conservador deve suscitar a dissolução, tendo a mais delas que verificar uma das causas do 142.º do Código" das Sociedades Comerciais. O Autor propende para uma resposta que vai no segundo sentido, antes de mais porque o n.º 1 revela, na sua literalidade, uma separação funcional entre "causa da dissolução" e "circunstâncias que determinaram a instauração do procedimento". O 143.º do CSC seria, 2

[1] *Dissolução*, 153.

aliás, expresso nesse sentido: ao procedimento é dado início oficiosamente "caso não tenha sido ainda iniciado pelos interessados"[2].

3 Ademais, e no plano material, as circunstâncias constantes das alíneas *a*), segunda parte, *b*) e *c*) "não podem por natureza deixar de ser pressupostos". É que, nelas "é a comunicação [tributária] que está em causa", sendo "bom de ver que a comunicação em si mesma não é, não pode ser, razoavelmente, causa de dissolução: (...) se (...) o fosse, a comunicação que se verificaria depois ser infundada ou que foi (ou é) impugnada nos termos da lei tributária daria, em qualquer caso, origem, sem mais, à dissolução" (*ob. loc. cits.*). Além disso, não seria "razoável que se extingam sociedades que exercem efectivamente actividade" por "simples violação de deveres relativos a contas ou a irregularidade fiscal"[3].

4 Cassiano dos Santos[4] concede, no entanto, que "contra isto, pode invocar-se a epígrafe do 143.º" do CSC – *Causas de dissolução oficiosa* –, mas seria um argumento que não colheria, atento o facto de o 5.º apresentar uma "epígrafe bem distinta e que vai no sentido oposto" – *Início oficioso do procedimento*.

5 2. **Segue; posição: alíneas *a*), *b*) e *c*) do 5.º do DLA**. Os argumentos aduzidos por Cassiano dos Santos devem ser ponderados: a intervenção oficiosa justifica-se por razões de interesse público – manutenção de uma sã concorrência, eliminação de empresas inviáveis – que seriam corporizadas nas ditas "circunstâncias". Essas razões dariam uma legitimidade à administração registal para iniciar o procedimento administrativo. Porém, para o Autor têm somente essa função.

6 O sentido da intervenção legislativa é inquestionável – "depurar o tecido económico de falsas sociedades ou de sociedades que não têm qualquer actividade, veio a lei consagrar causas de dissolução oficiosa da sociedade" (Paula Costa e Silva[5]). Não nos pronunciamos sobre a eventual *falta de razoabilidade* de uma extinção por violação de deveres relativos a contas ou por irregularidade fiscal, pois cabe ao intérprete procurar o sentido da vontade legislativa e não o que, a seus olhos, se afigura como mais bondoso, no plano dos efeitos. Na verdade, nada impede o legislador de ter optado por sancionar empresas que, no plano fiscal, estejam numa situação de *clandestinidade*. É uma opção que a ele e não ao intérprete compete. Também ignoraremos a dissonância entre as epígrafes do 143.º do CSC e do 5.º, uma vez que não se pode dela retirar um sentido inequívoco.

7 Ora seguro mesmo é que o legislador impõe o início do procedimento *verificadas* aquelas circunstâncias: o "procedimento administrativo de dissolução *é instaurado* oficiosamente pelo conservador (...) *quando resulte da lei* e ainda *quando*:" (5.º), o "serviço de registo competente *deve instaurar* oficiosamente o procedimento administrativo de dissolução (...) *quando*:" (143.º do CSC). Há, portanto, uma clara *estatuição* – obrigação de iniciar o procedimento – associada a uma *previsão* – "quando" – que está concretizada no rol constante das alíneas destes dois artigos.

8 No rol constante do 5.º, *primeiro grupo,* as previsões das alíneas *a*), *b*) e *c*) coincidem com aquelas que estão enunciadas no 143.º do CSC e podem ser sub-divididas nos seguintes termos: (a) uma previsão estruturalmente complexa, integrante de *dois factos jurídicos*: *falta de depósito, durante dois anos consecutivos, dos documentos de prestação de contas* (na sua versão original, o preenchimento da alínea em apreço dependia da verificação de dois factos jurídicos como requisitos cumulativos da dissolução: a falta de registo da prestação de contas durante dois anos consecutivos e a comunicação pela Administração Tributária da omissão de entrega da declaração fiscal de rendimentos pelo mesmo período. Com a redação introduzida pelo DL 250/2012, de 13-nov.,

[2] *Idem*, 154.

[3] Cassiano dos Santos, *ob. e loc. cits.*

[4] *Ob. e loc. cits.*

[5] *A dissolução e liquidação*, 292.

passou a bastar a falta de registo da prestação de contas durante dois anos consecutivos. Não obstante, tendo em conta que o 143.º, a) do CSC se manteve inalterado, poderia sustentar-se que seria ainda de exigir a verificação de ambos os elementos. Todavia, é de considerar que "já não [há] necessidade prática da predita comunicação da Administração Tributária aos serviços de registo comercial da omissão de entrega da declaração fiscal de rendimentos", pois "o depósito da prestação de contas é feito eletrónica e automaticamente, em simultâneo com o cumprimento de outras obrigações de natureza fiscal e estatística e os restantes passos são dados pela aplicação informática, que promove imediatamente o registo do ato e gera o texto para publicação no site das Publicações do Ministério da Justiça" (RPt 21-fev.-2018 (Maria Cecília Agante), Proc. 4317/17) – alínea *a*); (b) uma previsão estruturalmente simples, mas temporalmente prolongada: *ausência de atividade efetiva da sociedade* – alínea *b*); (c) uma previsão estruturalmente simples e temporalmente instantânea: *declaração oficiosa de cessação de atividade da sociedade* – alínea *c*).

Ora, na verdade, nenhuma delas é *exatamente* uma das causas de dissolução invocáveis 9
por interessados particulares (cf. anotações ao 4.º). Mas, ao mesmo tempo, a *ausência absoluta de atividade durante dois anos consecutivos* referida no 142.º/1, *c*) do CSC = 4.º/1, *c*) corresponde, *grosso modo*, ao mesmo quadro fáctico de uma empresa *fictícia* ou *morta,* expresso das alíneas *b*) e *c*) do presente artigo.

Daqui resultam dois efeitos: (a) que aquilo que o conservador terá de identificar no auto 10
como causa de dissolução é a verificação de alguma das alíneas *b*) e *c*) do 5.º = 143.º *b*) e *c*) do CSC, **e não a** *ausência absoluta de atividade durante dois anos consecutivos*[6]; segundo, pode o procedimento dissolutório já ter avançado, como se admite expressamente no corpo do 143.º do CSC, impulsionado por um interessado que invoque o 142.º/1, *c*) do CSC = 4.º/1, *c*). Deste modo, a causa *económico-material* é sempre a mesma – a ausência diretamente verificada ou indiciada de atividade efetiva –, mas a sua *expressão formal,* enquanto elemento de uma previsão normativa, assume contornos diferentes: para o particular será a *ausência absoluta de atividade durante dois anos consecutivo,* facto que ele terá de *provar;* para o conservador será a *ausência de atividade originária* – alínea *b*) – ou *superveniente* – alínea *c*) –, mas que *não terá de provar* – pois não se trata de fundamentar uma pretensão jurídico-processual, ao contrário do particular – porque a administração tributária faz a atestação desse facto.

Mas também a falta de depósito, durante dois anos consecutivos, dos documentos de 11
prestação de contas, (e, até 2012, cumulada com a omissão de entrega da declaração fiscal de rendimentos pelo mesmo período) – alínea *a*) = 143.º, *a*) do CSC) pode ser expressão indiciária de uma empresa estar sem atividade. Por isso, valerá o que se acabou de dizer quanto ao concurso com o 142.º/1, *c*) do CSC e quanto ao papel de atestação da comunicação tributária, substituindo a prova que um particular teria de fazer.

Em suma, e em conclusão: o 5.º, *a*) a *c*) = 143.º, *a*) a *c*) do CSC são causas autónomas 12
de dissolução, embora potencialmente concorrentes com aquela outra do 142.º/1, *c*) do CSC. A ser assim, elas mesmas **não são fundamentos** de invocação autónoma pelos próprios particulares: estes terão de usar este último 142.º/1, *c*) do CSC, sob pena de improcedência do seu requerimento.

No entanto, claro que nada impede os particulares de abrirem um processo de dissolução 13
com base *em outros fundamentos* que nada tenham a ver com o do 142.º/1, *c*) do CSC. Também por aqui se explica a ressalva do 143.º do CSC de o procedimento já ter sido "iniciado pelos interessados."

[6] Contra, Cassiano dos Santos, *Dissolução*, 155.

14 3. **Segue; alíneas *e*), *f*), *g*), *h*) e *i*) do 5.º do DLA.** O que acaba de se concluir vale, *mutatis mutandis*, para um *segundo grupo de previsões* que já não coincidem com as alíneas do 143.º do CSC, em razão de já dizerem respeito a cooperativas, mas cujos conteúdos são correlativos do 143.º do CSC; a saber, as alíneas *f*), *g*), *h*) e *i*). E por isso, também eles são fundamentos de dissolução, suficientes para invocação autónoma pelo conservador, mas não passíveis de invocação pelos interessados.

15 Estes deverão alegar a *ausência absoluta de atividade durante dois anos consecutivos*, nos termos do 4.º/1, *c*).

16 E o mesmo se diga para a previsão, já isolada, constante da alínea e) (*ausência de atos de registo comercial obrigatórios durante mais de 20 anos*) que também ela é, manifestamente, um indício daquele quadro fáctico de empresa *fictícia* ou *morta*, seja sociedade, seja cooperativa. Novamente o conservador não vai, obviamente, invocar como fundamento uma *ausência absoluta de atividade durante dois anos consecutivos*, mas aquela constante da alínea *e*). E, novamente, bem pode suceder que, entretanto, ou supervenientemente os interessados aleguem uma *ausência absoluta de atividade durante dois anos consecutivos*, nos termos do 4.º/1, *c*) ou mesmo qualquer outro fundamento.

17 4. **Segue; alíneas *d*) e *i*) do 5.º do DLA**. Finalmente, e em *terceiro* lugar, sabe-se que, *ex vi* 533.º/4 e 6 do CSC, tanto as sociedades que não tenham procedido ao aumento de capital, imposto no 533.º/1 a 3 do CSC, quanto as sociedades que não tenham procedido ao aumento do capital até ao montante mínimo previsto no 201.º ou no 276.º/3, ambos do CSC, devem ser objeto de procedimento *oficioso* administrativo de dissolução como decorre da remissão para o 143.º do CSC. Caso se tenha procedido ao aumento de capital previsto nos referidos artigos mas não se tenham cumprido as obrigações registrais associadas, a consequência não poderá ser a dissolução do ente societário (cf. RPt 9-nov.-2010 (M. Pinto dos Santos), Proc. 809/08). O 5.º, *d*), em anotação limita-se a repetir e confirmar essa mesma estatuição normativa, cabendo à já referida alínea *i*) alargar a mesma solução para as cooperativas não tenham procedido ao registo do capital social atualizado nos termos do 91.º/3 e 4 do CCoop/96, sem paralelo no CCoop atualmente em vigor.

18 Aqui não há lugar a dúvidas: tratam-se de fundamentos de dissolução, de função claramente sancionatória, que *apenas competem ao conservador*, dada a sua exclusão do 4.º e a sua inclusão no 5.º. Não é, por isso, de estranhar que Cassiano dos Santos[7] afirme, impropriamente, em nosso ver, que "nesse caso, pressuposto e causa são coincidentes".

19 E, ao contrário dos fundamentos arrolados nas restantes alíneas do 5.º, este fundamento não concorre com o do 142.º/1, *c*) do CSC, pois não está em causa uma ausência de atividade. Contudo, e como sempre, podem os interessados, autonomamente, abrirem um processo de dissolução com base em algum fundamento que a lei lhes reserve – cf. anotações ao 4.º.

20 5. **Segue; conclusão**. Portanto, *todas as alíneas do artigo em anotação apresentam a função de causas autónomas de dissolução*, e não de meros pressupostos de uma legitimidade, secundária ou indireta, para o conservador.

21 Decorre, então, que essas alíneas configuram, para efeitos do auto a que alude o corpo do 5.º, a "causa de dissolução" e, não, as "circunstâncias", como pretende Cassiano dos Santos. A referência autónoma, ao lado da causa de dissolução, à *especificação* das "circunstâncias que determinaram a instauração do procedimento", traduz, em nosso entendimento, o dever de junção ao auto dos elementos documentais atestam oficiosamente uma das causas de dissolução

[7] *Ob. e loc. cits.*

(*v.g.*, comunicação da administração tributária), de modo a demonstrarem a legalidade do ato do conservador. Serão estes os "elementos probatórios que lhe sejam remetidos pelas entidades que tomam conhecimento da existência ou da inexistência de actividade social" a que Paula Costa e Silva[8] faz referência como base para o desencadear do procedimento oficiosamente.

A não ser assim, bem poderia este abrir um processo sem possibilidade de controlo da sua 22 conformidade com a lei.

6. **Auto do conservador**. O auto do conservador será, então, o ato de impulso do procedi- 23 mento, nele devendo ser identificada uma causa de dissolução oficiosa e a entidade comercial a extinguir.

A abertura do procedimento em tais circunstâncias constitui, não uma faculdade discricio- 24 nária, mas, antes, um dever funcional do conservador, uma vez verificados os pressupostos legais de que depende a dissolução oficiosa. Por isso, a expressão "o procedimento administrativo de dissolução **é** instaurado" tem o sentido de "o procedimento administrativo de dissolução **deve ser** instaurado"[9], o que, aliás, está consagrado expressamente no corpo do 143.º do CSC.

Daqui resulta que se tanto o 142.º como o 143.º preveêm causas de dissolução diferida, 25 porém as abrangidas por aquele são de invocação facultativa e as segundas de relevância necessária (cf. a referência às «causas de dissolução "facultativas"» segundo o STJ 3-out.-2002 (Nascimento Costa), Proc. 02B2474, na anotação ao 4.º).

7. **Emolumentos**. Os emolumentos devidos pelo procedimento com início oficioso são tam- 26 bém € 350, como no procedimento com início voluntário (cf. a anotação ao artigo anterior), mas agravados em 50% (ponto 7.2. do 22.º do RERN), incluindo tramitação, decisão e registos.

Artigo 6.º (Averbamento de pendência da dissolução)

1. Iniciado o procedimento, o conservador lavra oficiosamente averbamento da pendência da dissolução, reportando-se a este momento os efeitos dos registos que venham a ser lavrados na sequência do procedimento.

2. O averbamento é oficiosamente cancelado mediante a decisão que indefira o pedido de dissolução ou declare findo o procedimento, logo que tal decisão se torne definitiva.

Índice

1. Pendência 1
2. Pendência de providência cautelar 3
3. Sujeição a registo 5

1. **Pendência**. O procedimento tem-se por iniciado na data do *recebimento* do requerimento 1 pelos serviços de registo ou na data em que o *auto foi exarado* pelo conservador, consoante o início seja voluntário ou oficioso.

O despacho liminar de deferimento ou de indeferimento, a que se refere o artigo seguinte, 2 integra já o procedimento de dissolução, ocorre na sua pendência.

[8] *A dissolução e liquidação*, 293.

[9] Neste sentido, Cassiano dos Santos, *Dissolução*, 153.

3 2. **Pendência de providência cautelar**. Permanece, em nosso ver, atual a jurisprudência anterior que preconizava que a "pendência de acção [agora, procedimento administrativo], em que se pede a dissolução da sociedade não justifica a suspensão" da providência cautelar de suspensão de deliberação social (RPt 20-jan.-1992 (Azevedo Ramos), Proc. 9120716).

4 Esta mantém toda a sua justificação para o requerente, já que a mera pendência de um procedimento dissolutório não toca na vida da entidade comercial. Diferentemente, se na pendência do procedimento de dissolução ou já antes dele, a própria sociedade deliberar a sua dissolução (cf. anotação ao 4.º) "há inutilidade superveniente da lide (...) o que gera a extinção da instância" (RLx 3-out.-1991 (Pires Salpico), Proc. 0025456).

5 3. **Sujeição a registo**. A sujeição a registo da instauração de uma ação – aqui procedimento – que importe constituição, modificação ou extinção de direitos cujas vicissitudes estejam sujeitas a registo constitui uma regra cardinal dos sistemas registais. Cf., como exemplo matricial desta regra, o disposto nos 9.º e 43.º do CRCom.

6 Uma decisão que ponha termo, de modo definitivo (cf. a anotação ao 11.º), ao procedimento de dissolução ditará, em qualquer caso, a provisoriedade deste averbamento por cancelamento oficioso. Se for uma decisão de não dissolução apenas se cancelará a inscrição da pendência do procedimento; se for uma decisão de dissolução, será este facto registado singularmente ou cumulado com o registo do encerramento da liquidação (cf. 13.º), reportado ao momento do registo da pendência (n.º 1).

Artigo 7.º (Indeferimento liminar)

1. Sempre que o pedido seja manifestamente improcedente ou não tenham sido apresentados os documentos comprovativos dos factos com interesse para a decisão que só documentalmente possam ser provados e cuja verificação constitua pressuposto da procedência do pedido, o conservador indefere liminarmente o pedido, por decisão fundamentada, que é notificada ao requerente.

2. O conservador só pode indeferir liminarmente o pedido no caso da não apresentação dos documentos comprovativos dos factos com interesse para a decisão quando não seja possível o acesso do serviço de registo competente, por meios informáticos, à informação constante de base de dados de entidade ou serviço da Administração Pública que permita comprovar esses factos.

3. O interessado pode impugnar judicialmente a decisão de indeferimento liminar nos termos previstos no artigo 12.º, com as necessárias adaptações.

4. Tornando-se a decisão de indeferimento liminar definitiva, o serviço de registo competente procede à devolução de todas as quantias cobradas nos termos do n.º 5 do artigo 4.º.

Índice

1. Indeferimento liminar 1
2. Aperfeiçoamento 5

1 1. **Indeferimento liminar**. O presente artigo apenas tem sentido em relação a procedimento iniciado voluntariamente mediante requerimento que os serviços não hajam recusado receber

desde início, nos termos do 78.º/1 do CPA (cf. anotação ao 4.º e o lugar paralelo do 559.º do CPC).

O artigo trata de um *despacho de indeferimento liminar* do pedido feito no requerimento, mas em termos tais que parecem fazer concluir que apenas por uma razão é que aquele poderá ter lugar: a *manifesta improcedência do pedido.* Efetivamente, resulta do preceito que a conclusão por parte do conservador de que os dados constantes do requerimento são suficientes para sumariamente, sem necessidade de mais diligências e averiguações, se puder concluir de modo final que não se verifica a causa de dissolução alegada pelo requerente (improcedência) tanto pode ter lugar quando: (a) ainda que haja sido junta prova documental dos elementos de facto da dissolução – pois pode não ser sequer exigível essa prova, se for um facto que não careça alegação ou de prova conhecimento oficioso nos termos gerais do 115.º/2 do CPA –, resulte logo da apreciação dessa mesma prova a não verificação; (b) ou não haja sido junta prova documental dos factos constitutivos do pedido de dissolução que não possam ser demonstrados por outro meio de prova e não seja possível o acesso do serviço de registo competente, por meios informáticos, à informação constante de base de dados de entidade ou serviço da Administração Pública que permita comprovar esses factos. 2

Importa contudo, notar, que não podem deixar de ocorrer outras razões para o indeferimento liminar, nos termos gerais do 109.º do CPA (cf. o lugar paralelo do 590.º/1 do CPC). Por exemplo e na medida em que forem aplicáveis, a incompetência do serviço de registo (cf. anotação ao 4.º) ou a ilegitimidade do requerente. Já a caducidade do direito ou a extemporaneidade do pedido – 109.º, *b*) e *d*) do CPA – parecem não ter cabimento. 3

Da decisão de indeferimento é feita notificação ao requerente, cabendo, no prazo de 10 dias a contar dessa notificação, impugnação judicial, com efeito suspensivo, nos termos previstos no 12.º, com as necessárias adaptações (cf. a respetiva anotação), sob pena de a decisão se tornar definitiva. Neste caso os emolumentos pagos serão devolvidos ao requerente. 4

2. **Aperfeiçoamento.** Não havendo lugar a indeferimento liminar, mas subsistir alguma irregularidade do requerimento ou vício sanável – v.g., falta junção de procuração pelo mandatário do sócio requerente ou de documento comprovativo da qualidade de credor da sociedade – a notificação a ter lugar será de *fixação de um prazo para o requerente aperfeiçoar o requerimento ou eliminar o vício,* sob pena de indeferimento sucessivo por parte do conservador. 5

Em qualquer outro caso, seguirá o procedimento para a fase da *participação da entidade e dos interessados.* 6

Artigo 8.º (Notificação e participação da entidade e dos interessados)

1. Quando não sejam requerentes, são, consoante o caso, notificados para os efeitos do procedimento:

a) A sociedade e os sócios, ou os respetivos sucessores, e um dos seus gerentes ou administradores;

b) A cooperativa e os cooperadores, ou os respetivos sucessores, e um dos membros da sua direção.

2. A notificação deve dar conta do início dos procedimentos administrativos de dissolução e de liquidação, exceto no caso em que o requerimento seja apresentado pela entidade comercial e esta não tenha optado pela liquidação por via administrativa, e conter os seguintes elementos:

a) Cópia do requerimento ou do auto e da documentação apresentada;

b) Ordem de comunicação ao serviço de registo competente, no prazo de 10 dias a contar da notificação, do ativo e do passivo da entidade comercial e de envio dos respetivos documentos comprovativos, caso esses elementos ainda não constem do processo;

c) Concessão de um prazo de 10 dias, a contar da notificação, para dizerem o que se lhes oferecer, apresentando os respetivos meios de prova.

3. Nos casos em que a causa de dissolução consista na diminuição do número legal de membros da entidade comercial ou corresponda às previstas nas alíneas *e*) ou *f*) do n.º 1 do artigo 4.º, a notificação deve conter os elementos referidos nas alíneas *a*) e *b*) do número anterior e ainda os referidos no n.º 1 do artigo 9.º

4. A notificação realiza-se através da publicação de aviso nos termos do n.º 1 do artigo 167.º do Código das Sociedades Comerciais, dando conta de que os documentos estão disponíveis para consulta no serviço de registo competente.

5. A realização da publicação prevista no número anterior é comunicada à entidade comercial e aos respetivos membros que constem do registo, por carta registada.

6. *(Revogado)*

7. Nos casos previstos na alínea *e*) do artigo 5.º a comunicação prevista no n.º 5 é efetuada apenas à sociedade.

8. Deve ser igualmente publicado um aviso, nos termos do n.º 1 do artigo 167.º do Código das Sociedades Comerciais, dirigido, consoante os casos, aos credores da entidade comercial e aos credores de sócios e cooperadores de responsabilidade ilimitada, comunicando que:

a) Tiveram início os procedimentos administrativos de dissolução e de liquidação, exceto no caso em que o requerimento seja apresentado pela entidade comercial e esta não tenha optado pela liquidação por via administrativa;

b) Devem informar, no prazo de 10 dias, os créditos e direitos que detenham sobre a entidade comercial em causa, bem como o conhecimento que tenham dos bens e direitos de que esta seja titular.

9. Não são devidas quaisquer taxas pelas publicações referidas nos n.ºs 4 e 8.

Índice

1. Conteúdo da notificação dos interessados: dissolução por diminuição do número legal de membros ou pelas causas das alíneas *e*) e *f*) do n.º 1 do 4.º do DLA 1
2. Segue; dissolução por qualquer outra causa 5
3. Forma 8
4. Notificação dos credores 11
5. Falta ou irregularidade de notificação 13

1 1. **Conteúdo da notificação dos interessados: dissolução por diminuição do número legal de membros ou pelas causas das alíneas *e*) e *f*) do n.º 1 do 4.º do DLA**. Se não houver lugar a despacho liminar, deverão ser notificados os interessados que não sejam requerentes, individualizados no n.º 1 do artigo. Essa notificação deverá ser acompanhada de cópia do requerimento ou auto e da documentação apresentada.

2 Mas, mais do que o simples *conteúdo* dessa notificação, este 8.º estatui, juntamente, com o 9.º duas diferentes vias de procedimento consoante a causa de dissolução.

Assim, se a causa de dissolução consistir em *diminuição do número legal de membros* da entidade comercial, em *uma pessoa singular ser sócia de mais do que uma sociedade unipessoal por quotas* ou em *a sociedade unipessoal por quotas ter como sócio único outra sociedade unipessoal por quotas*, a notificação deverá, segundo o n.º 3: (a) *dar a conhecer a data de início dos procedimentos* administrativos de dissolução e de liquidação (em regra, o início daquele acarreta o início deste, *ex vi* 15.º/4) ou, apenas a data do início da dissolução caso a liquidação não haja sido pedida e o requerimento for apresentado pela entidade comercial – n.º 2, *a*); (b) determinar: (i) *a comunicação dos elementos de facto e de direito quanto ao ativo e ao passivo da entidade comercial*, em 10 dias, acompanhados dos respetivos documentos comprovativos – n.º 2, *b*); (ii) *a apresentação de documentos úteis para a decisão* – 9.º/1, *a*); (iii) *a regularização da situação geradora de dissolução* ou a *demonstração de que a regularização já foi efetuada*, ou por ***maioria de razão*** *de que o vício nunca existiu*, num prazo de 30 dias a contar da notificação – 9.º/1, *b*) – solução que é um sucedâneo mais feliz do anterior 143.º do CSC/86 que previa que o "sócio ou qualquer dos sócios restantes" pudesse "requerer ao tribunal que lhe seja concedido um prazo razoável" de regularização, o que levava à suspensão da dissolução judicial; (c) avisar que: (i) se dos elementos do processo resultar a *inexistência de ativo e passivo a liquidar* ou se os notificados não comunicarem ao serviço de registo competente o ativo e o passivo da entidade comercial, o conservador declarará simultaneamente a dissolução e o encerramento da liquidação da entidade comercial – 9.º/1, *c*); (ii) se dos elementos do processo resultar a *existência de ativo e passivo a liquidar*, após a declaração da dissolução da entidade comercial pelo conservador, se segue o procedimento administrativo de liquidação (cf. 15.º ss.), sem que ocorra qualquer outra notificação – 9.º/1, *d*). 3

Tem-se defendido que, apesar da falta de remissão do 8.º/3 para o 9.º/2, o prazo *para a regularização da situação geradora de dissolução* poderia ser alargado de 30 para 90 dias, mediante requerimento dos interessados[1]. Esta construção parece colidir com os dados legais quer porque, efetivamente, se verifica que o legislador apenas remete para o 9.º/1, como, sobretudo, porque a prorrogação prevista neste artigo parece justificar-se pela oficiosidade do início do procedimento e, por isso, por alguma surpresa em que a mesma possa consistir. 4

2. **Segue; dissolução por qualquer outra causa**. Se *a causa de dissolução for qualquer outra*, a notificação deve igualmente *dar a conhecer a data de início* dos procedimentos administrativos de dissolução e de liquidação, salvo se a liquidação não foi pedida no início da dissolução e o requerimento for apresentado pela entidade comercial, e *determinar a comunicação dos elementos de facto e de direito quanto ao ativo e ao passivo* da entidade comercial, acompanhados dos respetivos documentos comprovativos. Adicionalmente, os interessados têm o *direito a alegar o que se lhes oferecer*, apresentando os respetivos meios de prova no prazo de 10 dias – n.º 2, *c*). A prova possível é qualquer uma das legalmente admissíveis, nos termos gerais dos 362.º ss. do CC. 5

Daqui resulta que, enquanto na primeira variante, cabe ao interessado apenas tratar da regularização do facto gerador de dissolução, com a cominação de esta ser decretada (cf. 11.º/1), na segunda variante cabe ao interessado não requerente exercer o contraditório sobre os factos constantes do requerimento, alegando e provando o que lhe convir. 6

Do exposto resulta que a notificação da entidade comercial e dos interessados cumpre uma dupla e diferente função, mesmo quando a requerente foi a entidade comercial e esta não pediu liquidação administrativa: (a) para o procedimento de dissolução: exercício do contraditório, *i.e.*, do direito constitucional (cf. a introdução a estas anotações) de participação dos 7

[1] Assim, Menezes Cordeiro 1 (2007), 988.

interessados na produção das decisões judiciais e administrativas que atinjam os seus direitos subjetivos e interesses legalmente protegidos; (b) para o procedimento de liquidação: apuramento do ativo e do passivo da entidade comercial.

8 3. **Forma**. Quanto à *forma*, a notificação realiza-se através da publicação de aviso nos termos do 167.º/1 do CSC, *i.e.*, em sítio na Internet de acesso público, dando conta de que os documentos estão disponíveis para consulta no serviço de registo competente.

9 Como garantia adicional, a realização da publicação deve ser comunicada à entidade comercial e aos respetivos membros que constem do registo, por carta registada, salvo, quanto a estes, se a causa de dissolução for a sociedade não ter sido objeto de atos de registo comercial obrigatórios durante mais de 20 anos (n.º 7). Não se exige ao conservador que diligencie no sentido de apurar a morada actual e completa dos sócios, mas apenas que proceda à notificação, com base nos elementos de que dispõe, i.e. da morada constante no registo. Estando esta morada manifestamente incompleta o sócio não tem de ser notificado pessoalmente por carta registada (RLx 24-jan.-2019 (Pedro Martins), Proc. 9631/18).

10 Tratando-se de sociedade anónima, apenas se terá de proceder à notificação dos administradores através da publicação do aviso previsto no 8.º/1, alínea a) e 4, uma vez que não é possível "englobar na exigência de comunicação prevista no nº 5 do art.º 8º os accionistas da sociedade anónima, quer porque a sua identificação não constará do Registo Comercial, já que à detenção de acções, sendo estas valores mobiliários, é aplicável o CVM, quer porque, atento o potencial número de accionistas, tal exigência seria absurda". Interpretar o 8.º/5 como exigindo, na impossibilidade de identificar os sócios acionistas, a comunicação individualizada, por carta registada, aos administradores da sociedade seria "ir além do texto da Lei, que podendo prevê-lo o não previu" (RGm 7-jun.-2018 (Eva Almeida), Proc. 169/17).

11 4. **Notificação dos credores**. Mas a lei prevê uma outra notificação no n.º 8, realizada nos termos do 167.º/1 do CSC, da data de início dos procedimentos administrativos de dissolução e de liquidação ou, apenas a data do início da dissolução caso a liquidação não haja sido pedida e requerimento for apresentado pela entidade comercial: aos *credores da entidade comercial* ou aos *credores de sócios e cooperadores de responsabilidade ilimitada*. Poderão, então, no prazo de 10 dias, reclamar os créditos e direitos que detenham sobre a entidade comercial em causa, bem como indicar bens e direitos de que esta seja titular.

12 Por conseguinte, trata-se, novamente, de uma notificação para efeitos de apuramento do ativo e do passivo da entidade comercial, base do subsequente procedimento de liquidação.

13 5. **Falta ou irregularidade de notificação**. A falta ou irregularidade destas notificações é causa de nulidade, arguível pelo interessado ou credor que espontaneamente intervenha no processo, nos termos gerais do 162.º do CPA (cf. o paralelismo com os 188.º ss. do CPC).

Artigo 9.º (Especificidades da notificação, participação dos interessados e solicitação de informações em procedimento oficioso)

1. Quando o procedimento seja instaurado oficiosamente, a notificação deve conter os elementos referidos no n.º 2 do artigo 8.º, excepto o que consta da alínea *c*), e ainda os seguintes:

_a_) Solicitação da apresentação de documentos que se mostrem úteis para a decisão;

b) Concessão de um prazo de 30 dias, a contar da notificação, para a regularização da situação ou para a demonstração de que a regularização já se encontra efetuada;

c) Aviso de que, se dos elementos do processo resultar a inexistência de ativo e passivo a liquidar ou se os notificados não comunicarem ao serviço de registo competente o ativo e o passivo da entidade comercial, o conservador declara simultaneamente a dissolução e o encerramento da liquidação da entidade comercial;

d) Advertência de que, se dos elementos do processo resultar a existência de ativo e passivo a liquidar, após a declaração da dissolução da entidade comercial pelo conservador, se segue o procedimento administrativo de liquidação, sem que ocorra qualquer outra notificação.

2. O prazo referido na alínea *b*) do número anterior pode ser prorrogado até 90 dias, a pedido dos interessados.

3. Devem ser solicitadas, preferencialmente por via eletrónica, à Inspeção-Geral do Trabalho e aos serviços competentes da segurança social informações sobre eventuais registos de trabalhadores da entidade comercial nos dois anos anteriores à instauração do procedimento.

4. No caso de a entidade comercial ter trabalhadores registados, a sua identificação e residência devem ser comunicadas ao serviço de registo competente no prazo de 10 dias a contar da solicitação referida no número anterior, para notificação de que o procedimento teve início, nos termos dos n.ºs 4, 5 e 9 do artigo 8.º.

5. Na falta de resposta da Inspeção-Geral do Trabalho e dos serviços competentes da segurança social no prazo referido no número anterior pode o procedimento administrativo de dissolução prosseguir e vir a ser decidido sem essa resposta.

6. A notificação aos trabalhadores da entidade comercial prevista no n.º 5, bem como, consoante os casos, aos credores da entidade comercial e aos credores de sócios e cooperadores de responsabilidade ilimitada, deve conter:

a) Os elementos referidos no n.º 8 do artigo anterior;

b) O aviso e a advertência a que se referem as alíneas *c*) e *d*) do n.º 1;

c) A informação de que a comunicação da existência de créditos e direitos que detenham sobre a entidade comercial em causa, bem como da existência de bens e direitos de que esta seja titular, determina a sua responsabilidade pelo pagamento dos encargos com os liquidatários e peritos nomeados pelo conservador, sem prejuízo da aplicação do disposto no n.º 6 do artigo 4.º.

7. Nas situações a que se refere a alínea *e*) do artigo 5.º, são apenas solicitadas informações à administração tributária e somente nos casos em que a sociedade tiver número de identificação de pessoa coletiva, preferencialmente por via eletrónica, para, no prazo de 10 dias, ser comunicada a situação tributária da sociedade, podendo o procedimento administrativo de dissolução prosseguir e vir a ser decidido na ausência de resposta.

8. Nos casos referidos no número anterior, se a situação da sociedade perante a administração tributária estiver regularizada, o prazo previsto na alínea *b*) do n.º 1 pode ser prorrogado até 90 dias.

Índice

1. Notificação dos interessados 1
2. Segue; contraditório 5
3. Notificação dos credores e trabalhadores 6
4. Segue; participação 11
5. Desnecessidade de notificação dos credores e trabalhadores na dissolução por causa da alínea *e*) do 5.º do DLA 14

1 1. **Notificação dos interessados**. Se for oficioso o início do procedimento administrativo de dissolução (cf. anotação ao 5.º) a notificação deverá ser feita à *entidade comercial* (sociedade/ /cooperativa) e a todos os demais *interessados* designados na regra geral do 8.º/1: os *membros da entidade comercial* (sócios/cooperadores) ou os respetivos *sucessores*, um dos seus *gerentes/administradores/membros da direção*.

2 Por força ainda do 8.º/2, *a*), esta notificação deverá ser acompanhada de cópia do requerimento ou auto e da documentação apresentada. A notificação terá o mesmo conteúdo que aquando de procedimento voluntário previsto no 8.º/2, cumprindo uma função de participação no procedimento e de preparação do procedimento de liquidação. Mas sem possibilidade de os notificandos "dizerem o que se lhe oferecer", dada a não remissão para o 8.º/2, *c*).

3 2. **Segue; contraditório**. Os interessados podem operar a regularização da situação geradora de dissolução ou demonstrar que a regularização já foi efetuada, ao abrigo do n.º 1, *b*). A justificação, em nosso ver, percebe-se se relembrarmos os termos do início oficioso do procedimento dissolutório, ao abrigo do 5.º: o conservador avança escorado em documentos da administração fiscal, i.e., em documentos autênticos (cf. 363.º/2 do CC), pelo que caberá aos notificandos demonstrar que, em sede de processo tributário, foi procedente a impugnação da declaração tributária ou que, na a falta dessa impugnação, produzir a prova do facto contrário àquele que se comunica.

4 Essa demonstração deve ser feita no prazo de 30 dias – n.º 1, *c*) – admitindo-se que o respetivo prazo possa ser alargado para 90 dias, mediante requerimento. Como bem salienta Armando Triunfante[1], o termo "prorrogado até 90 dias" exprime bem que não se trata de uma renovação alargada do prazo original (i.e., de 90 dias a acrescer a 30 dias).

5 A prorrogação pode ser inferior, seja porque assim foi requerido, seja porque o conservador o determinou. A circunstância de "conservador não [ser] uma autoridade judiciária"[2], não impede que a lei lhe atribua poderes discricionários para a adequação da prorrogação. Assim será para que a prorrogação corresponda às reais necessidades dos interessados, em homenagem ao princípio da celeridade processual. Ademais, dificilmente se compreenderia que o mesmo conservador que dispõe de um poder-dever de produzir juízos probatórios, que claramente interferem com os direitos dos interessados (cf. a anotação ao 11.º), não pudesse fixar um prazo processual.

6 3. **Notificação dos credores e trabalhadores**. Tal como no procedimento com início voluntário, prevê-se a notificação dos credores *da entidade comercial* ou aos *credores de sócios e cooperadores de responsabilidade ilimitada*, em tudo semelhante à do n.º 8 do artigo anterior, e ainda dos *trabalhadores* da entidade comercial.

7 Para tal, será necessário, primeiro que tudo, que estes últimos sejam identificados pelo que os serviços de registo deverão solicitar, preferencialmente por via eletrónica, à Inspeção-Geral

[1] Assim, Armando Triunfante (2007), 148.

[2] *Ob. loc. cits.*

do Trabalho e aos serviços competentes da segurança social, informações, no prazo de 10 dias, sobre eventuais registos de trabalhadores da entidade comercial nos dois anos anteriores à abertura do procedimento (n.º 3).

Findo o prazo de 10 dias, a notificação não terá lugar e o procedimento de dissolução prosseguirá se a Inspeção-Geral do Trabalho e os serviços competentes da segurança social comunicaram que a entidade comercial não tem trabalhadores registados ou se houve falta de resposta da sua parte. Mas nada impede que um trabalhador não registado intervenha espontaneamente até ao momento imediatamente anterior ao do proferimento da decisão pelo conservador. 8

Diversamente, se aqueles serviços comunicarem a existência de trabalhadores registados, manda o n.º 4 que, nos termos do 8.º/4, aqueles sejam notificados, nos termos do 167.º/1 do CSC, da data de início dos procedimentos administrativos de dissolução e de liquidação ou, apenas da data do início da dissolução, caso a liquidação não haja sido pedida e o requerimento for apresentado pela entidade comercial. Deverá ser prestada a informação de que os documentos estão disponíveis para consulta no serviço de registo competente – 8.º/8, *a*), *ex vi* n.º 6, *a*). O mesmo modo de notificação vale para os credores, por aplicação da regra geral do 8.º/8, corpo. 9

Não são devidas quaisquer taxas pela publicação, como decorre do 8.º/9. 10

4. **Segue; participação.** A função destas notificações a credores e trabalhadores é idêntica, em qualquer caso: permitir a *reclamação de créditos e direitos* de que sejam titulares contra a entidade comercial em causa, bem como a *indicação de bens e direitos de que esta seja titular*. Estas intervenções deverão ocorrer no prazo de 10 dias a contar da notificação – 8.º/8, *b*), *ex vi* n.º 6, *a*). Mas isso implica responsabilidade pelo pagamento dos encargos com os liquidatários e peritos nomeados pelo conservador, sem prejuízo de os interessados poderem exigir da entidade comercial o reembolso dos encargos pagos nos termos do número anterior – 4.º/6, *ex vi* n.º 6, *c*). Claramente, trata-se de um ónus que poderá, feitas as contas, aconselhar os notificados a nada indicarem e, desse modo, permitir-se a imediata dissolução e encerramento da liquidação da entidade comercial, como disso são eles informados nos termos do n.º 1, *c*), *ex vi* n.º 6, *b*). Enfim, avisa-se ainda que se dos elementos do processo resultar a *existência de ativo e passivo a liquidar*, após a declaração da dissolução da entidade comercial pelo conservador, se segue o procedimento administrativo de liquidação, sem que ocorra qualquer outra notificação – n.º 1, *d*), *ex vi* n.º 6, *b*). 11

Por conseguinte, trata-se, novamente, de uma notificação para efeitos de apuramento do ativo e do passivo da entidade comercial, base do subsequente procedimento de liquidação. 12

A realização da diligência deve ser comunicada à entidade comercial e aos respetivos membros que constem do registo, por carta registada (8.º/5). 13

5. **Desnecessidade de notificação dos credores e trabalhadores na dissolução por causa da alínea *e*) do 5.º do DLA.** Tudo se passa de modo diverso quando a causa de dissolução reside em a sociedade não ter sido objeto de atos de registo comercial obrigatórios durante mais de 20 anos – 5.º, *e*) –, não havendo que notificar nem trabalhadores, nem credores. 14

Na verdade, são apenas solicitadas informações à administração tributária e somente nos casos em que a sociedade tenha número de identificação de pessoa coletiva. As informações são solicitadas, preferencialmente, por via eletrónica para, no prazo de 10 dias, ser comunicada ao processo a situação tributária da sociedade, podendo o procedimento administrativo de dissolução prosseguir e vir a ser decidido na ausência de resposta. 15

Se a situação da sociedade perante a administração tributária estiver regularizada, o prazo previsto no n.º 1. *b*), *i.e.* o prazo para operar a regularização da falta de atos de registo comercial ou demonstrar que a regularização já foi efetuada, pode ser prorrogado até 90 dias. 16

Artigo 10.º (Indicação de liquidatários em procedimento voluntário)

No âmbito do procedimento voluntário de dissolução, as entidades comerciais, quando não sejam requerentes, podem, no prazo previsto para dizerem o que se lhes oferecer e apresentar os respetivos meios de prova, indicar um ou mais liquidatários, desde que comprovem a respetiva aceitação.

1 Refere-se o artigo ao prazo previsto no 8.º/2, *c*). Lembre-se que se fosse a entidade comercial a deduzir o requerimento de dissolução poderia esta indicar ou solicitar a designação de liquidatário (cf. 4.º/3). A junção do original ou de cópia do documento de aceitação é a prova exigida como condição de nomeação do liquidatário no procedimento.

Artigo 11.º (Decisão)

1. Sendo regularizada a situação no prazo concedido para o efeito, o conservador declara findo o procedimento.

2. Caso tenham sido indicadas testemunhas, o conservador procede à sua audição, sendo os respetivos depoimentos reduzidos a escrito.

3. A decisão é proferida no prazo de 15 dias após o termo dos prazos para os interessados dizerem o que se lhes oferecer e apresentarem os respetivos meios de prova ou para a regularização da situação.

4. Se do requerimento apresentado, do auto elaborado pelo conservador ou dos demais elementos constantes do processo não for apurada a existência de qualquer ativo ou passivo a liquidar, o conservador declara simultaneamente a dissolução e o encerramento da liquidação da entidade comercial.

5. Os interessados são imediatamente notificados da decisão pela forma prevista nos n.ºs 4, 5 e 7 do artigo 8.º.

Índice

1. Diferenciação de tramitação 1
2. Estrutura e conteúdo da decisão 4
3. Notificação da decisão 9

1 1. **Diferenciação de tramitação**. Relevam, aqui, as duas diferentes vias de procedimento consoante a causa de dissolução a que se fez referência na anotação ao 8.º.

2 Lembre-se que se a causa de dissolução consistir em diminuição do número legal de membros da entidade comercial, em uma pessoa singular ser sócia de mais do que uma sociedade unipessoal por quotas ou em a sociedade unipessoal por quotas ter como sócio único outra sociedade unipessoal por quotas ou se for uma causa que conduziu ao procedimento oficiosamente (cf. 5.º), os interessados têm 30 dias a contar da notificação – 8.º/3 e 9.º/1, *b*), respetivamente – para a regularização da situação geradora de dissolução ou a demonstração de que a regularização já foi efetuada. Findo esse prazo, passa-se diretamente da fase da participação da entidade e dos interessados para a fase da decisão final a ser proferida em 15 dias após o termo desse prazo para regularização.

3 Em todos os demais casos, i.e., de procedimento de início voluntário por causa que não seja um das referidas no 8.º/3, há lugar a audição de testemunhas pelo conservador que deverá

reduzir os seus depoimentos a escrito, sendo a decisão final dada em 15 dias após o termo do prazo previsto no 8.º/2, *c*).

2. **Estrutura e conteúdo da decisão.** A decisão do conservador deve apresentar, apesar do silêncio do presente diploma uma *estrutura* e um conteúdo *adequados à funcionalidade que prossegue e aos princípios processuais constitucionais gerais*. Efetivamente, também aqui, neste momento central do procedimento administrativo de dissolução, deve funcionar a *garantia de processo equitativo* (cf. a introdução), em particular o direito a um processo[1] – logo, a uma decisão estruturada em intróito, fundamentos e em conclusões – e o direito a decisões fundamentadas tanto no plano de facto, como no plano de direito. Acresce, precisamente, que devem ser integradas referências e conclusões sobre a prova produzida ou não produzida com os documentos, testemunhas e demais meios de prova apresentados. 4

A natureza administrativa do procedimento não altera esta conclusão, atenta a *relevância constitucional geral, das regras relativas às organizações destinadas à produção de um resultado*, não apenas judicial, mas mesmo administrativo e legislativo, *em exercício das funções do Estado*[2], como são as regras de procedimento. Aliás, tal acha acolhimento, embora algo programático, no próprio CPA, tanto através do princípio de legalidade (3.º do CPA), como pelo princípio da boa fé (10.º do CPA), como sobretudo pelo princípio da decisão (13.º do CPA). 5

Deste modo, torna-se inevitável, em nosso entendimento, alguma semelhança com o que no Processo Civil se estatui nos 607.º a 609.º, por esse aquele a melhor concretização desses princípios. 6

A decisão do conservador deve, assim, conter: (a) uma *introdução* moldada sobre o requerimento/auto com a identificação da conservatória, do requerente/auto, da entidade comercial e da causa de dissolução a declarar; (b) *fundamentos de facto e de direito* pertinentes para a decisão (*i.e.*, de que se retira se há lugar ou não à causa de dissolução pretendida), incluindo-se aí os juízos probatórios e se foi regularizado o vício ou não, nos casos atrás referidos; (c) *decisão*, propriamente dita, de: (i) improcedência do pedido/não confirmação dos factos extintivos descritos nos autos, (ii) declaração da dissolução, por procedência do pedido deduzido no requerimento/ /confirmação dos factos descritos no auto do conservador, simples ou cumulada com a declaração de encerramento da liquidação da entidade comercial se do requerimento apresentado, do auto elaborado pelo conservador ou dos demais elementos constantes do processo não for apurada a existência de qualquer ativo ou passivo a liquidar. 7

Por outro lado, quer o procedimento haja tido início por requerimento, quer por auto, o conservador não pode deixar de se pronunciar sobre o pedido ou sobre a causa autuada e não pode fundar a decisão em fundamento que não conste daqueles. Tal decorre tanto do mencionado princípio da decisão (cf. 13.º/1 do CPA), como ainda do 94.º/7 do CPA (cf. o lugar paralelo do 608.º/2 do CPC). 8

3. **Notificação da decisão.** Os interessados, *i.e.*, todos aqueles que, consoante os casos, deveriam ter sido notificados ao longo do procedimento – requerente (7.º/1), *entidade comercial* e *todos os demais interessados* designados na regra geral do 8.º/1, credores (8.º/8 e 9.º/8), e trabalhadores (9.º/4) – devem ser notificados pelos já referidos meios dos n.ºs 4 (aviso nos termos do 167.º/1 do CSC), 5.º e 7.º (comunicação à entidade comercial e aos respetivos membros que constem do registo, por carta registada) do 8.º. 9

[1] Sobre o direito ao processo, cf. Gomes Canotilho, *Direito*, 498.

[2] Neste sentido, Stern, *Staatsrecht* III/2, 953 ss. e Vieira de Andrade, *Os direitos fundamentais na Constituição Portuguesa de 1976*, 3.ª ed. (2004), 150 ss..

Artigo 12.º (Impugnação judicial)

1. Qualquer interessado pode impugnar judicialmente a decisão do conservador, com efeito suspensivo, no prazo de 10 dias a contar da notificação da decisão.
2. A ação judicial considera-se proposta com a sua apresentação no serviço de registo competente em que decorreu o procedimento, sendo de seguida o processo remetido ao tribunal judicial competente.

3. Após o trânsito em julgado da decisão judicial proferida o tribunal comunica-a ao serviço de registo competente e devolve a este os documentos constantes do procedimento administrativo.

4. Todos os atos e comunicações referidos nos n.ºs 2 e 3 devem ser obrigatoriamente efetuados por via eletrónica, sempre que tal meio se encontre disponível, em termos a definir por portaria do Ministro da Justiça

Índice

1. Legitimidade, tramitação, efeitos e competência 1
2. Reclamação, retificação, aclaração e reforma... 6

1 1. **Legitimidade, tramitação, efeitos e competência**. Garante-se a tutela dos direitos de "[q]ualquer interessado", mediante a abertura de ação judicial, a propor na Conservatória em que correu o procedimento, no prazo de 10 dias a contar da notificação da decisão final. Como se apontou na anotação ao artigo anterior, o "interessado" é toda a pessoa cuja notificação a lei impõe ao longo do procedimento – *requerente* (7.º/1), *entidade comercial* e *todos os demais interessados* designados na regra geral do 8.º/1, *credores* (8.º/8 e 9.º/8), e *trabalhadores* (9.º/4). Cf. RLx 30-jun.-2011 (Pedro Brighton), Proc. 1335/09.

2 A propositura da ação judicial considera-se feita na data da apresentação do requerimento de impugnação e tem efeito suspensivo, impedindo quer o cancelamento do registo do procedimento de dissolução, no caso de improcedência, quer o registo do facto da dissolução e, eventualmente, do encerramento da liquidação, quer o prosseguimento da liquidação em caso de improcedência.

3 Uma vez recebida a impugnação são expedidos para o tribunal competente tanto a petição inicial quanto os autos do procedimento administrativo cuja decisão é objeto da impugnação. O tribunal competente é o do comércio, como estatui o 128.º/2, *b*) da LOFTJ, apesar de a atribuição dessa competência ter sido já uma vez declarada contrária ao 165.º/1, *p*) da CRP, em sede de fiscalização concreta, pelo TC 690/2006, de 19-dez.-2006.

4 Após o trânsito em julgado da decisão judicial proferida, o tribunal comunica-a ao serviço de registo competente, juntamente com a devolução a este dos documentos constantes o procedimento administrativo.

5 O sentido da decisão judicial pode ser o de decretar a dissolução, como negá-la.

6 2. **Reclamação, retificação e reforma**. Não há razão para no mesmo prazo de 10 dias a decisão do conservador seja objeto de reclamação por nulidade (*v.g.*, falta de fundamentação), nem para ser objeto de requerimentos de retificação e reforma (cf. os termos gerais dos 614.º ss. do CPC).

Artigo 13.º (Registo da dissolução)

Tornando-se a decisão definitiva, o conservador lavra oficiosamente o registo da dissolução e, nos casos a que se refere o n.º 4 do artigo 11.º, lavra simultaneamente o registo do encerramento da liquidação.

Índice

1. Efeitos materiais 1
2. Efeitos processuais 4
3. Registo 12

1. **Efeitos materiais**. A decisão de dissolução não determina a extinção da personalidade da sociedade (cf. anotação ao 4.º; cf. STJ 26-jun.-2008 (Santos Bernardino), Proc. 08B1184). Por esta razão, a ulterior entrada em liquidação *não torna inútil ou impossível e, por isso, não extingue* a " lide em que um sócio visa obter a declaração de nulidade de deliberações tomadas e contrárias à lei e aos estatutos" (STJ 23-set.-1997 (Mário Cancela), Proc. 97B507), a "acção ordinária em que figura como ré" (RLx 13-out.-1994 (Silva Pereira), Proc. 0083032), a ação "onde se pede a destituição dos gerentes dessa mesma sociedade" (mais a mais que "se tal acção proceder, não poderão eles ser nomeados liquidatários") (RLx 18-abr.-1991 (Almeida Valadas), Proc. 0027916), e a ação de prestação de contas (RLx 28-fev.-1991 (Eduardo Baptista), Proc. 0036972). Concomitantemente, a "dissolução da sociedade mandante *não implica* a extinção automática do mandato judicial" (STJ 13-nov.-1997 (Lúcio Teixeira), Proc. 97B152). 1

Também como consequência da manutenção da personalidade jurídica, "antes de ser considerado extinta, subsiste a responsabilidade criminal da sociedade comercial pelos crimes previstos no artigo 7.º/1, do Regime Jurídico das Infrações Fiscais Não Aduaneiras quando cometidos pelos seus órgãos ou representantes, em seu nome e interesse colectivo", não havendo "analogia com a morte prevista no artigo 127.º do CP" (RPt 28-mai.-2003 (Borges Martins), Proc. 0310495). 2

Contudo, a decisão de dissolução "faz cessar logo o exercício da atividade objecto da sociedade"[1] no sentido de não mais poderem ser abertos novos negócios. Pelo contrário: toda a atividade será, então, gradualmente encerrada através da liquidação. E, por isso, apenas excecionalmente e por deliberação social pode o ulterior liquidatário "continuar temporariamente a atividade anterior da sociedade" – 152.º/2, *a)* do CSC. 3

2. **Efeitos processuais**. A decisão do conservador torna-se definitiva logo que não seja suscetível de recurso ordinário, ou de reclamação nos termos do 12.º/1 (cf. anotação). Mas já antes disso, a decisão do conservador conheceu um primeiro momento de estabilidade, com o seu o proferimento, como impõe dada a vigência do princípio constitucional de processo equitativo. 4

Ou seja, e como se retira, com as devidas adaptações, do 613.º do CPC, proferida a decisão, fica imediatamente esgotado o poder de apreciação do conservador quanto à matéria da causa. Efetivamente, aquele princípio constitucional impõe, não apenas uma garantia de caso julgado[2], mas, mais latamente, uma garantia de estabilidade. O valor constitucional da segurança jurídica, ínsito ao Estado de Direito[3], seria também postergado. 5

[1] Cassiano dos Santos, *Dissolução*, 142.

[2] Assim, Gomes Canotilho, *Direito*, 265.

[3] Gomes Canotilho, *Direito*, 257; Reis Novais, *Os princípios constitucionais estruturantes da República Portuguesa* (2004), 261.

6 Por outro lado, a despeito da omissão da lei, a decisão definitiva de dissolução ou de não dissolução não pode deixar de ter o duplo sentido, tradicionalmente associado ao caso julgado: por um lado, não pode aquele conservador voltar a apreciar a mesma questão já que ela tem força obrigatória dentro do procedimento de dissolução e liquidação (definitividade ou caso julgado formal); por outro lado, ela tem força obrigatória para qualquer outro conservador (definitividade ou caso julgado material).

7 Esta questão é particularmente importante, atenta a circunstância de atualmente qualquer conservatória ser competente para as tarefas que a lhe atribui ao registo comercial.

8 A ser assim, será de equacionar a aplicação, com as devidas adaptações, dos conceitos de litispendência e de caso julgado (cf. 580.º do CPC), para efeitos de indeferimento liminar de um requerimento de dissolução ou de alegações dos interessados. De outro modo, não se evitaria que em duas conservatórias corressem dois procedimentos de dissolução idênticos ou que, após, uma decisão final de um, logo outro viesse a ser instaurado. Pelo contrário, a necessidade de a pendência do procedimento ter de ser registada permite, precisamente, uma atuação em conformidade dos serviços ou dos interessados.

9 Fará, então, todo o sentido afirmar que, uma vez que litispendência e caso julgado exigem a repetição de uma causa (cf. 580.º/1 do CPC), repete-se um procedimento administrativo de dissolução quando se ele seja idêntico a outro quanto à entidade comercial a dissolver, à causa da dissolução e ao pedido (necessariamente de dissolução).

10 Mais: atenta a natureza constitutiva da decisão de dissolução (cf. a anotação ao 4.º) sempre que em dois procedimentos forem invocadas diferentes causas de dissolução não há litispendência, nem caso julgado já que, tal como nas ações judiciais constitutivas, o que releva não é apenas o efeito extintivo comum ao factos invocados (idêntico nos dois procedimentos), mas também o facto *concreto* que se invoca para obter o efeito pretendido (cf. 581.º/4, parte final, do CPC). Mudando este, muda a causa.

11 Daqui decorre que, proferida decisão num dos procedimentos, ou ela é de dissolução, implicando a extinção do procedimento ainda pendente por inutilidade superveniente, ou ela é de não dissolução, devendo o procedimento ainda pendente correr até final.

12 3. **Registo**. Tornada definitiva a decisão do conservador, o facto extintivo da dissolução e, nos casos do 11.º/4 (cf. anotação), o facto da verificação da condição suspensiva da liquidação, carecem então de serem levados a registo, conforme resulta também dos 3.º/1, *r*) e *t*) e 2, *g*) e *h*) e 4.º, *e*) do CRCom. É óbvio que esta obrigação de registo da dissolução não é privativa da dissolução administrativa, sendo comum a qualquer via seguida: reconhecimento por deliberação social, justificação notarial, procedimento simplificado de justificação ou auto-dissolução (cf. 4.º).

13 No anterior 145.º/2 do CSC/86 a promoção do registo da dissolução impunha-se como um ónus à administração da sociedade ou aos liquidatários, podendo, ainda, qualquer sócio o fazer também, a expensas da sociedade. No caso de a dissolução ter sido promovida por credor social ou credor de sócio de responsabilidade ilimitada, também esses poderiam requerer o registo, também a expensas da sociedade (145.º/3 do CSC/86). Tal mudou como se deduz da leitura deste 13.º: é o conservador quem tem o dever funcional de lavrar oficiosamente o registo da dissolução.

14 Trata-se de um registo efetuado por transcrição (cf. 53.º-A/2 e 5, *a contrario* do CRCom) da decisão definitiva e que deve ser obrigatoriamente objeto de publicação nos termos do 70.º/1, *a*) e *b*) do CRCom, sob pena de inoponibilidade a terceiros (cf. 14.º/2 do CRCom).

Artigo 14.º (Comunicações subsequentes ao registo da dissolução)

Efetuado o registo da dissolução, o serviço de registo competente procede de imediato à comunicação do facto, por via eletrónica, às seguintes entidades:

***a*) Ao Registo Nacional de Pessoas Coletivas, para efeitos da inscrição do facto no ficheiro central de pessoas coletivas;**

***b*) À administração tributária e à segurança social, para efeitos de dispensa de apresentação das competentes declarações de alteração de situação jurídica.**

Trata-se de uma norma interna de simplificação administrativa e que poupa aos interessados qualquer ulterior atividade. Deste modo, qualquer prejuízo apenas causado pela omissão seja da inscrição no ficheiro central de pessoas coletivas, seja da alteração da situação jurídica será de imputar ao Estado. 1

Secção III – Procedimento administrativo de liquidação

Artigo 15.º (Início do procedimento e competência)

1. O procedimento administrativo de liquidação inicia-se mediante requerimento da entidade comercial, dos seus membros, dos respetivos sucessores, dos credores das entidades comerciais ou dos credores de sócios e cooperadores de responsabilidade ilimitada quando resulte da lei que a liquidação deva ser feita por via administrativa.

2. No requerimento apresentado pela entidade comercial devem ser indicados um ou mais liquidatários, comprovando a respetiva aceitação, ou ser solicitada a sua nomeação pelo conservador.

3. Nos requerimentos apresentados por outros interessados a designação de liquidatários compete ao conservador, salvo indicação de liquidatários pela entidade comercial.

4. Nos casos em que a dissolução tenha sido declarada no âmbito do procedimento administrativo de dissolução, o pedido de liquidação considera-se efetuado no requerimento de dissolução, salvo nos casos em que a dissolução tenha sido requerida pela entidade comercial e esta não tenha optado nesse momento pela liquidação por via administrativa.

5. O procedimento administrativo de liquidação é instaurado oficiosamente pelo conservador, mediante auto que especifique as circunstâncias que determinaram a instauração do procedimento e no qual nomeie um ou mais liquidatários, quando:

***a*) A dissolução tenha sido realizada em procedimento administrativo de dissolução instaurado oficiosamente pelo conservador;**

***b*) Se verifique terem decorrido os prazos previstos no artigo 150.º do Código das Sociedades Comerciais para a duração da liquidação sem que tenha sido requerido o respetivo registo de encerramento;**

c) **Durante dois anos consecutivos, o titular do estabelecimento individual de responsabilidade limitada não tenha procedido ao depósito dos documentos de prestação de contas;**

d) **A administração tributária tenha comunicado ao serviço de registo competente a ausência de atividade efetiva do estabelecimento individual de responsabilidade limitada, verificada nos termos previstos na legislação tributária;**

e) **A administração tributária tenha comunicado ao serviço de registo competente a declaração oficiosa da cessação de atividade do estabelecimento individual de responsabilidade limitada, nos termos previstos na legislação tributária;**

f) **Se verifique que o titular do estabelecimento individual de responsabilidade limitada não procedeu ao aumento de capital do estabelecimento, nos termos do artigo 35.º-A do Decreto-Lei n.º 248/86, de 25 de agosto;**

g) **O estabelecimento individual de responsabilidade limitada não tenha sido objeto de atos de registo comercial obrigatórios durante mais de 20 anos;**

h) **Tenha ocorrido o óbito do titular do estabelecimento individual de responsabilidade limitada, comprovado por consulta a base de dados de serviço da Administração Pública;**

i) **O tribunal que decidiu o encerramento de um processo de insolvência por insuficiência da massa insolvente tenha comunicado esse encerramento ao serviço de registo competente, nos termos do n.º 4 do artigo 234.º do Código da Insolvência e da Recuperação de Empresas.**

6. Os n.ºs 5 e 6 do artigo 4.º são aplicáveis ao procedimento administrativo de liquidação.

7. O procedimento corre os seus termos em serviço de registo competente para o registo da liquidação.

8. No caso previsto na alínea *a*) do n.º 5, é competente para o procedimento o serviço de registo competente que procedeu ao registo da dissolução.

Índice

1. Noção e natureza jurídica 1
2. Permanência da personalidade jurídica 3
3. Liquidação administrativa: quando tem lugar 4
4. Segue; tramitação e impulso voluntário 6
5. Segue; estrutura do requerimento 13
6. Segue; emolumentos 14
7. Segue; impulso oficioso 16
8. Segue; emolumentos 17
9. Liquidação judicial 18
10. Liquidação privada 22

1 1. **Noção e natureza jurídica.** Segundo a regra geral do 146.º/1 do CSC, salvo "quando a lei disponha de forma diversa, a sociedade dissolvida entra imediatamente em liquidação", momento a partir do qual "à firma da sociedade deve ser aditada a menção «sociedade em liquidação» ou «em liquidação»" (146.º/3 do CSC).

2 A liquidação consiste no apuramento do ativo e o passivo de uma entidade comercial e ulterior solvência dos seus débitos e partilha do remanescente pelos seus membros, se o houver. Sem o encerramento da liquidação ou a verificação da desnecessidade desta – pois pode haver

dissolução sem diligências de liquidação, como se depreende dos 27.º ss. – não se produz o efeito extintivo da dissolução. Por esta razão a liquidação pode ser qualificada como uma *condição suspensiva* da dissolução.

2. **Permanência da personalidade jurídica.** A sociedade em liquidação mantém a personalidade jurídica até ao encerramento desta (146.º/1, primeira parte, do CSC) e, em regra, "continuam a ser-lhe aplicáveis, com as necessárias adaptações, as disposições que regem as sociedades não dissolvidas" (146.º/2, segunda parte, do CSC). 3

3. **Liquidação administrativa: quando tem lugar.** Há vários regimes de liquidação: a liquidação administrativa, a liquidação judicial e a liquidação privada. 4

A *liquidação administrativa* apenas pode ter lugar nos casos expressos de: (a) *estipulação contratual* (146.º/4 do CSC); (b) *deliberação social* com a maioria que seja exigida para a alteração do contrato (146.º/4 do CSC; 265.º/1, 386.º/3 e 4 e 476.º do CSC); (c) apresentação do *requerimento de dissolução por outro interessado* que não a entidade comercial (4.º/4)[1]; (d) ter havido *procedimento administrativo de dissolução*, desde que promovido por *via oficiosa* – 146.º/6 do CSC = 15.º/5, *a*); cf. 5.º; (e) *decurso do prazo de dois anos* (ou outro convencionado ou deliberado) *a contar da data em que a sociedade se considere dissolvida* sem requerimento do registo de encerramento da liquidação particular – 150.º/3 do CSC = 15.º/5, *b*); cf. STJ 30-jun.-1988 (Joaquim Gonçalves), Proc. 076056; (f) *encerramento de um processo de insolvência por insuficiência da massa insolvente*, comunicado pelo tribunal ao serviço de registo competente, nos termos do 234.º/4 do CIRE; (g) *razões apenas específicas de um EIRL*, idênticas às que são causa de dissolução oficiosa de sociedades e cooperativas (cf. 143.º do CSC e 5.º): *falta de depósito, durante dois anos consecutivos, dos documentos de prestação de contas* (e, até 2012, a administração tributária tivesse comunicado ao serviço de registo competente a omissão de entrega da declaração fiscal de rendimentos pelo mesmo período) – 15.º/1, *c*); cf. 83.º/2, *a*) do CPPT; comunicação da administração tributária ao serviço de registo competente da *ausência de atividade efetiva*, verificada nos termos previstos na legislação tributária – 15.º/5, *d*); cf. 83.º/1 do CPPT; comunicação da administração tributária ao serviço de registo competente da declaração oficiosa da *cessação de atividade*, nos termos previstos na legislação tributária – 15.º/5, *e*); cf. 83.º/2, *b*) do CPPT; *falta de aumento de capital* e a sua *liberação*, nos termos do 533.º/1 a 3 do CSC – 15.º/5, *f*); *ausência de atos de registo comercial obrigatórios* durante mais de 20 anos – 15.º/5, *g*); *óbito do titular do EIRL*, comprovado por consulta a base de dados de serviço da Administração Pública – 15.º/5, *h*). 5

4. **Segue; tramitação e impulso voluntário.** O procedimento administrativo de liquidação comporta quatro fases: *fase liminar*, regulada nos 15.º e 16.º; *participação da entidade comercial e dos interessados*, regulada no 17.º; *liquidação*, regulada nos 18.º, 19.º, 21.º e 22.º; *partilha*, prevista nos 20.º e 21.º. A respetiva tramitação é, da fase da liquidação em diante, decalcada sobre a tramitação da liquidação judicial na parte dos 1125.º ss. do CPC. 6

O impulso pode ser *voluntário*, por requerimento de interessado, ou *oficioso*, por auto do conservador. Os seus termos são, no essencial, idênticos aos da fase liminar do procedimento administrativo de dissolução. 7

O *início voluntário* faz-se mediante a apresentação de um requerimento de liquidação administrativa de entidade comercial dissolvida (n.º 1). Para tal têm legitimidade os mesmos sujeitos que poderiam requerer dissolução, nos termos do 4.º/1: entidades comerciais, membros de entidades comerciais (*maxime*, sócios e cooperadores), os respetivos sucessores, credores das 8

[1] Cf., no sentido, da não oficiosidade da subsequente liquidação, Armando Triunfante (2007), 161.

[69] *CSCAnot*, 168-169.
[70] Armando Triunfante, *CSCAnot*, 169.

entidades comerciais e credores de sócios e cooperadores de responsabilidade ilimitada (cf. a anotação ao 4.º).

9 A expressão "quando resulte da lei que a liquidação *deva* ser feita por via administrativa" é, assim, manifestamente infeliz pois literalmente apenas permitiria um início voluntário nos casos de liquidação administrativa obrigatória, mas não oficiosa, i.e., no caso c). O que se quer dizer é "quando resulte da lei que a liquidação deva ser ou possa ser feita por via administrativa e não haja de ser oficiosa".

10 A apresentação de requerimento dispensa-se, porém, se a dissolução foi administrativamente declarada nos termos do 4.º/4 – o que sucederá as mais da vezes –, presumindo-se no requerimento de dissolução, salvo nos casos em que a dissolução tenha sido requerida pela entidade comercial e esta não tenha optado nesse momento pela liquidação por via administrativa (cf. 4.º/3).

11 Quanto à *competência*, consagra-se uma regra de não coincidência entre o local do registo da dissolução e o local do registo da dissolução, pois o procedimento corre os seus termos em serviço de registo competente para o registo da liquidação, i.e., em qualquer conservatória (cf. anotação ao 4.º). A este propósito Armando Triunfante fala em "liberdade de escolha dos serviços de registo"[2].

12 Apenas no caso ter havido procedimento administrativo de dissolução, desde que promovido por via oficiosa – 146.º/6 do CSC = 15.º/5, *a*); cf. 5.º), é que o serviço de registo competente tem de ser o mesmo que procedeu ao registo da dissolução.

13 5. **Segue; estrutura do requerimento**. A *estrutura* do requerimento, quando não exista modelo legal, há de, por razões expressas na anotação ao 4.º, conter um *cabeçalho*, identificando a conservatória, requerente e domicílio deste, uma *causa de pedir, i.e.*, o facto da dissolução, e o *pedido* de liquidação. Se o requerimento for apresentado pela entidade comercial devem ser indicados um ou mais *liquidatários*, comprovando a respetiva aceitação, ou ser solicitada a sua nomeação pelo conservador; se o requerimento for apresentado por outros interessados a designação é da competência exclusiva do conservador, salvo indicação de liquidatários pela entidade comercial.

14 6. **Segue; emolumentos**. Por força da remissão para o 4.º/5 e 6 os *emolumentos* devem ser pagos "com a apresentação do requerimento", sob pena de não recebimento pelos serviços de registo. Quando o requerente não seja a entidade comercial, constitui-se, *ipso facto*, um direito de regresso perante esta, a favor do requerente

15 O seu valor é de € 350, incluindo tramitação, decisão e registos (22.º, ponto 8.1. do RERN).

16 7. **Segue; impulso oficioso.** Por seu turno, o *início oficioso do procedimento administrativo de liquidação* tem lugar nos casos listados sob a alínea *d*) e seguintes., em termos semelhantes aos do 5.º. Também aqui o auto do conservador dará impulso ao procedimento, contendo uma causa de abertura do processo que se subsuma a um daqueles casos e a identificação da entidade comercial já dissolvida e, agora, a liquidar. Novamente, a referência autónoma à *especificação* das "circunstâncias que determinaram a instauração do procedimento", parece implicar o dever de junção ao auto de elementos documentais (*v.g.*, comunicação da administração tributária) que demonstrem a legalidade do ato do conservador.

[2] Armando Triunfante (2007), 163.

8. **Segue; emolumentos.** Os emolumentos devidos pelo procedimento com início oficioso são os mesmos € 350 a pagar em procedimento com início voluntário, mas agravados em 50% (22.º, ponto 8.2. do RERN), incluindo tramitação, decisão e registos 17

9. **Liquidação judicial.** A *liquidação judicial* constituiu, até 2013, um processo especial de liquidação judicial, que se encontrava previsto nos 1122.º ss. do CPC/61, aplicando-se às "sociedades, quer comerciais, quer civis" (1122.º do CPC/61). A seu respeito, o 146.º/1 estatui que ela se aplica nos casos expressamente previstos na lei de liquidação judicial. 18

Assim, o 4.º do CSC estatui que a " sociedade que não tenha a sede efetiva em Portugal, mas deseje exercer aqui a sua atividade por mais de um ano", e não institua uma "representação permanente", nem cumpra o "disposto na lei portuguesa sobre registo comercial," *o "tribunal pode*, a requerimento de qualquer interessado ou do MP, *ordenar que a sociedade (...) cesse a sua atividade no País e decretar a liquidação* do património situado em Portugal". E também o 172.º do CSC enuncia que se o " contrato de sociedade não tiver sido celebrado na forma legal ou o seu objeto for ou se tornar ilícito ou contrário à ordem pública, deve o Ministério Público requerer, sem dependência de ação declarativa, a *liquidação judicial da sociedade*, se a liquidação não tiver sido iniciada pelos sócios ou não estiver terminada no prazo legal". 19

Ainda o 113.º/6 do CCoop dispõe que é aplicável, "com as devidas adaptações, o regime do *processo de liquidação judicial* de sociedades", constante dos referidos artigos do Código de Processo Civil, à dissolução de cooperativa por "decisão judicial transitada em julgado em que se verifique que a cooperativa não respeita no seu funcionamento os princípios cooperativos, que utiliza sistematicamente meios ilícitos para a prossecução do seu objeto ou que recorre à forma de cooperativa para alcançar indevidamente benefícios legais" – 112.º/1, *h*) do CCoop. 20

Por outro lado, importa relembrar que se, por força do 3.º, coordenado com o mesmo 146.º/1, for pedida a declaração de insolvência a liquidação fica sem efeito, prevalecendo a *liquidação universal* própria do processo de insolvência (cf. 1.º do CIRE), regulada nos 156.º ss. do CIRE. Trata-se de regime que vale também para as cooperativas, "com as necessárias adaptações" (113.º/5 do CCoop, para a *liquidação* em consequência de dissolução de cooperativa por "decisão judicial transitada em julgado que declare a insolvência da cooperativa" – 112.º/1, *g*) do CCoop). 21

10. **Liquidação privada**. Finalmente, a *liquidação privada*[3] ou *interna*[4] é aquela que é levada a cabo pela própria entidade comercial, sem a intervenção de autoridade externa. Trata-se do regime residual, que vigora se não houver lugar à aplicação dos demais. 22

A sua sede legal é a constante dos 147.º ss. do CSC, como resulta da disposição geral do 146.º/1, mas o "contrato de sociedade e as deliberações dos sócios podem regulamentar a liquidação em tudo quanto não estiver disposto" nesse regime legal (146.º/5). Fazemos, por isso, remissão para as anotações feitas nessa sede. 23

Artigo 16.º (Registo de entrada em liquidação)

Tratando-se da liquidação de estabelecimento individual de responsabilidade limitada, a instauração do procedimento determina o registo oficioso de entrada em liquidação do estabelecimento.

[3] Armando Triunfante (2007), 171. [4] Pereira de Almeida, *Sociedades*, 729.

Índice

1. Início da liquidação .... 1 2. Desnecessidade de registo 3

1 1. **Início da liquidação.** O procedimento de liquidação tem-se por iniciado na data do *recebimento* do requerimento pelos serviços de registo (sobre a recusa, pelos serviços, de recebimento do requerimento, cf. as anotações ao 6.º) ou na data em que o *auto foi exarado* pelo conservador, consoante o início seja voluntário ou seja oficioso.

2 No caso do EIRL o seu início será sempre oficioso, nos termos do 15.º/1, *c*) a *h*) e oficioso será também o registo de entrada em liquidação, imposto pelo 8.º, *g*) do CRCom. Trata-se de um registo efetuado por transcrição (cf. 53.º-A/2 e 5, *a contrario*, do CRCom) do auto de abertura da liquidação oficiosa.

3 2. **Desnecessidade de registo**. Já para as demais entidade comerciais, não há que fazer registo da *entrada* em liquidação, mas, sim, do *encerramento* da liquidação, no final – cf. 3.º/1, *t*) e 2, *h*) e 4.º, *e*) do CRCom. Em qualquer caso, quanto a elas já estará inscrita a dissolução no registo comercial, independentemente de esta ter sido feita administrativamente ou não (cf. anotação ao 12.º).

Artigo 17.º (Notificação e participação da entidade e dos interessados)

1. Só há lugar a notificação no procedimento administrativo de liquidação nos seguintes casos:

a) Quando a dissolução não tiver sido declarada por via administrativa; e

b) Quando a dissolução tenha sido requerida pela entidade comercial e esta não tenha optado nesse momento pela liquidação por via administrativa.

2. A notificação deve dar conta do início do procedimento administrativo de liquidação e conter os seguintes elementos:

a) Cópia do requerimento ou do auto e da documentação apresentada;

b) Ordenar a comunicação ao serviço de registo competente, no prazo de 10 dias a contar da notificação, do ativo e do passivo da entidade comercial.

3. O artigo 8.º, exceto os n.ºs 2 e 3, é aplicável, com as devidas adaptações.

Índice

1. Necessidade de despacho liminar 1
2. Dissolução declarada administrativamente 3
3. Dissolução não declarada administrativamente 5
4. Remissão para o 8.º 7

1 1. **Necessidade de despacho liminar**. A despeito da omissão legal, antes das notificações, e ainda na fase da introdução, tem de haver lugar a despacho liminar sobre o requerimento de liquidação administrativa. Impõe-se, por outras palavras, que o conservador afira sumariamente da legalidade e da procedência do pedido e, assim, a aplicação analógica do 7.º.

2 Deste modo, as notificações a que alude o 17.º, apenas podem ter lugar após o despacho liminar, a menos que se trate de liquidação administrativa oficiosa.

2. **Dissolução declarada administrativamente**. Mas o conteúdo das disposições apenas deste artigo é plenamente entendido se for articulado com o que sucede em sede de dissolução. *Prima facie*, importa distinguir se a dissolução *foi declarada administrativamente* ou *não foi declarada administrativamente*. 3

Se a dissolução foi *declarada administrativamente* de duas uma: ou foi a *requerimento* ou foi mediante *auto*. Tendo sido a *requerimento*, se o requerente *não foi a entidade comercial* então, por força do 4.º/4, a liquidação seguirá necessariamente a via administrativa, mas a entidade comercial e os interessados já terão sido notificados quanto à liquidação – cf. 8.º/2, *b*) e 8; o mesmo se pode dizer no caso de o requerente ter sido a *entidade comercial* e esta optou imediatamente pela via administrativa. Apenas se esta não optou por esta via é que há lugar às referidas notificações, conforme dispõe o n.º 1, *b*), já que ainda não houve nenhum momento procedimental para a audição dos interessados sobre a matéria. 4

O ponto não é claro. Porém, atente-se na circunstância de, em sede de procedimento de dissolução, mesmo quando a escolha da liquidação administrativa não tiver sido feita, deverem os credores ser citados para reclamarem créditos e indicarem os bens da entidade comercial (cf. 8.º/8). Este regime indicia que o aviso também feito nos termos do 8.º/2, *b*) aos demais interessados tem lugar mesmo quando apenas foi pedida a dissolução. 5

Deste modo, e aparentemente, há aqui uma *duplicação* de comunicações para efeitos de liquidação, pois as notificações em sede de dissolução parecem conter, em qualquer caso, aspetos relativos à liquidação. Essa duplicação apenas poderá ser superada se se interpretar o conteúdo das notificações previstas no 8.º no sentido da exclusão do aviso de início do procedimento de liquidação, nos termos do 8.º/2, *b*) e 8.º, *b*), restando apenas o aviso do início do procedimento de dissolução. 6

3. **Dissolução não declarada administrativamente**. Diversamente, já se compreende que quando a dissolução não foi *declarada administrativamente – maxime*, ocorreu por auto-dissolução (cf. anotação ao 4.º) –, uma vez que ainda não houve nenhum pronunciamento sobre a questão, devam os interessados ser citados para tomarem conhecimento do início da liquidação e dos termos alegados em requerimento ou em auto e, bem assim *determinar a comunicação dos elementos de facto e de direito quanto ao ativo e ao passivo da entidade comercial*. 7

Por outro lado, e apesar da expressa afirmação constante do n.º 1 ("Só há lugar (...) nos seguintes casos"), a verdade é que também "nos casos previstos nas alíneas *c*) a *h*) do n.º 5 do artigo 15.º aplica-se o disposto nos n.ºs 2 e 3 do artigo 17.º", como resulta do 24.º/3, para onde se remete. 8

4. **Remissão para o 8.º**. As matérias de espécies de notificandos, formalidades e comunicações são reguladas por remissão para o 8.º, salvos os seus n.ºs 2 e 3. 9

Artigo 18.º (Nomeação dos liquidatários e fixação do prazo de liquidação)

1. O conservador nomeia os liquidatários que lhe tenham sido indicados pela entidade comercial desde que verifique estar comprovada a aceitação dos mesmos.

2. Quando competir ao conservador a designação de liquidatários ou quando a entidade comercial não tenha procedido à sua indicação, o conservador deve nomear um ou mais liquidatários de reconhecida capacidade técnica e idoneidade para o cargo.

3. Se para o cargo de liquidatário não for designado revisor oficial de contas ou sociedade de revisores oficiais de contas, o conservador pode designar como perito uma de tais entidades, com base em indicação dada pela Ordem dos Revisores Oficiais de Contas, designadamente para fundamentação da decisão no procedimento.

4. A remuneração dos liquidatários e dos peritos nomeados pelo conservador é a prevista para os liquidatários e peritos nomeados judicialmente, sendo os respetivos encargos suportados pelo requerente do procedimento, sem prejuízo do disposto no n.º 6.

5. Nos casos de liquidação oficiosa, o pagamento dos encargos com a remuneração dos liquidatários e dos peritos é da responsabilidade da entidade comercial ou dos credores da entidade comercial ou de sócios e cooperadores de responsabilidade ilimitada que comuniquem a existência de créditos e direitos que detenham sobre a entidade comercial em causa, bem como a existência de bens e direitos de que esta seja titular, sem prejuízo da aplicação do disposto no n.o 6 do artigo 4.º.

6. No caso de os liquidatários nomeados terem sido indicados pela entidade comercial, a definição da respetiva remuneração e a responsabilidade pelo pagamento desta cabem exclusivamente à entidade comercial, não podendo a remuneração ser mais elevada do que a prevista para os liquidatários e peritos nomeados judicialmente.

7. O conservador deve fixar o prazo para a liquidação, com o limite máximo de um ano, podendo ouvir os membros da entidade comercial ou o titular do estabelecimento individual de responsabilidade limitada, bem como os administradores, gerentes ou membros da direção da cooperativa.

8. No prazo de 10 dias após o decurso do prazo referido no número anterior sem que a liquidação se tenha concluído, os liquidatários podem requerer a sua prorrogação por idêntico prazo por uma única vez, justificando a causa da demora.

Índice

1. Fixação de prazo de liquidação 1
2. Designação do liquidatário 5
3. Registo 7
4. Estatuto remuneratório 8
5. Segue; devedores dos emolumentos 11

1 1. **Fixação de prazo de liquidação**. Trata este artigo de diferentes matérias. Em primeiro lugar, estatui-se para o conservador um dever legal de fixação de prazo para a liquidação, *até ao máximo* um ano, com faculdade discricionária de audição dos membros da entidade comercial ou do titular do EIRL, bem como administradores, gerentes ou membros de direção (n.º 7).

2 Trata-se de um claro decalque do regime anteriormente previsto no 1124.º do CPC/61, com a diferença de que há um limite ao prazo estipulado, sendo a competência de um conservador.

3 De notar que importa não confundir este prazo administrativamente fixado com o prazo de dois anos a que alude o 150.º/1 do CSC: o primeiro vigora em sede de *liquidação administrativa* e o segundo em sede de *liquidação privada*.

Importa ainda ter em conta a possibilidade de ser requerida prorrogação pelo mesmo espaço de tempo primeiramente atribuído, segundo o n.º 8. A falta de justa causa para a demora importa a sanção prevista no 22.º/3. 4

2. **Designação do liquidatário**. Em segundo lugar, determina-se o regime de designação do liquidatário. Este tanto pode ser: (a) *designado* pela entidade comercial e *nomeado* pelo conservador, desde que se haja junto documentação de aprovação da designação (n.º 1; cf. 4.º/3, 10.º e 15.º/2); (b) *nomeado* pelo conservador, a pedido da entidade comercial (n.º 2, primeira parte, remetendo para os 4.º/3, 15.º/2); (c) *nomeado* pelo conservador, oficiosamente (n.º 2, segunda parte), em todos os demais casos, tanto de ausência de pedido da entidade comercial, como, por maioria de razão, de liquidação oficiosa[1]. 5

O n.º 3 mostra que *não é sempre vinculativa* a designação feita pela entidade comercial: se para o cargo de liquidatário não for designado revisor oficial de contas ou sociedade de revisores oficiais de contas, o conservador pode, fundamentado em indicação da Ordem dos ROC, designar como perito alguém com aquelas qualidades. 6

3. **Registo**. Decorre da regra geral do 3.º/1, *s*) do CRCom que a designação de liquidatário de sociedade comercial deve ser registada, sob pena de inoponibilidade a terceiros (cf. 14.º/1 do CRCom). 7

4. **Estatuto remuneratório**. Finalmente, define-se uma regra de equiparação de estatuto remuneratório entre liquidatários e peritos judiciais e liquidatários e peritos nomeados pelo conservador. 8

Não se trata do regime remuneratório dos administradores de insolvência (cf. 60.º do CIRE), mas do regime remuneratório dos intervenientes acidentais, regulado no 34.º do CCJ, aprovado pelo DL 34/2008, de 26-fev., com a redação do DL 126/2013, de 30-ago.. Assim, os "liquidatários (...) "recebem a quantia fixada pelo tribunal, até 5 % do valor da causa [opção a excluir dado não haver um valor para a liquidação administrativa] ou dos bens vendidos ou administrados, se este for inferior" – 17.º/6 do RCJ. 9

Na "fixação dos emolumentos, dentro dos limites referidos (...) há que utilizar um critério de equidade em que se tenha na devida conta, nomeadamente: a) o tempo e despesas efectuadas; b) a maior ou menor complexidade dos problemas resolvidos; c) o valor dos bens vendidos ou administrados; d) a utilidade da actividade desenvolvida; e) o saldo disponível" – RLx 14-jan.-1993 (Cruz Broco), Proc. 0052036. 10

5. **Segue; devedores dos emolumentos**. Esta equiparação é acompanhada da obrigação de pagamento desses emolumentos pelo requerente do procedimento ou, no caso de liquidação oficiosa, pela entidade comercial ou – conjunção alternativa que indica uma obrigação solidária – dos credores da entidade comercial ou de sócios e cooperadores de responsabilidade ilimitada, notificados nos termos do 8.º/8, *ex vi* 17.º/3 e que hajam efetivamente reclamado créditos e direitos e indicado bens da titularidade da entidade comercial. A expressão "*bem como* a existência" significa "*ou a* existência", pois tanto pode um credor reclamar um crédito e não indicar bens, com pode um sócio não deter um crédito e comunicar direitos da sociedade. 11

Mesmo quando os liquidatários nomeados foram indicados pela entidade comercial, se é certo que a definição da respetiva remuneração e o pagamento cabem exclusivamente à entidade comercial, contudo aquela não pode ser mais elevada do que a prevista para os liquidatários e peritos nomeados judicialmente. 12

[1] Com resultado semelhante, Armando Triunfante (2007), 164-165.

Artigo 19.º (Operações de liquidação)

1. Os liquidatários nomeados pelo conservador têm, para a liquidação, a mesma competência que a lei confere aos liquidatários nomeados contratualmente ou por deliberação do órgão competente da entidade a liquidar.

2. Os atos dos liquidatários que dependam de autorização da sociedade ou da cooperativa ficam sujeitos a autorização do conservador, que pode solicitar a emissão de parecer ao perito nomeado, o qual deve ser emitido no prazo de 20 dias, findo o qual o procedimento deve obrigatoriamente prosseguir.

3. A autorização do conservador referida no número anterior pode ser impugnada judicialmente nos termos do artigo 12.º.

4. Se aos liquidatários não forem facultados os bens, livros e documentos da entidade ou as contas relativas ao último período da gestão, a entrega pode ser requerida judicialmente, nos termos dos artigos 1500.º e 1501.º do Código de Processo Civil.

Índice

1. Operações 1
2. Liquidação *stricto sensu* 3
3. Preparação e partilha 6
4. Autorização do conservador 8

1 1. **Operações**. Na medida em que toda a referência a "*competência*" é, ao mesmo tempo, imprecisa e vaga, melhor teria sido que a lei dispusesse no n.º 1 que "a liquidação é feita nos termos dos 152.º ss. CSC."

2 Efetivamente, o liquidatário tem os mesmos deveres, poderes e responsabilidade dos membros do órgão de administração da sociedade (152.º/1 do CSC). Mas aqueles devem ser exercidos segundo uma sequência de três operações: (a) ultimar os negócios pendentes, cumprir as obrigações e cobrar os créditos da sociedade – 152.º/3, *a*) a *c*) do CSC; (b) reduzir a dinheiro o património residual, salvo se estiver previsto no contrato ou se os sócios unanimemente o deliberarem de que devem ser partilhados em espécie – 152.º/3, *d*) do CSC; cf. 156.º/1 do CSC; (c) propor a partilha dos haveres sociais – 152.º/3, *e*) do CSC.

3 2. **Liquidação *stricto sensu***. Quanto à primeira operação, *i.e.*, a liquidação *stricto sensu* (a) o liquidatário deve pagar todas as dívidas da sociedade para as quais seja suficiente o ativo social (154.º/1 do CSC), eventualmente solvendo a obrigação mediante consignação em depósito (154.º/2 do CSC) ou prestando caução (154.º/3 do CSC; neste sentido: STJ 25-mai.-1999 (Afonso de Melo), Proc. 99A269), podendo antecipar o pagamento das dívidas, ainda que os prazos tenham sido estabelecidos em benefício dos credores (153.º/1 do CSC); (b) deverá também reclamar os créditos sobre terceiros e sobre sócios (salvo os incluídos no 153.º/3 do CSC), ainda que os prazos tenham sido estabelecidos em benefício da sociedade (153.º/2 do CSC).

4 No cumprimento de obrigações, cabe ainda a restituição a sócios e a terceiros de bens cujo uso haja sido cedido por estes à sociedade, nos termos supletivos do 1017.º/1 do CC. Assim, e por exemplo, quando um estabelecimento comercial *não integre o património* de uma sociedade "não tendo, por isso, de ser partilhado aquando da sua dissolução", dissolvida a sociedade, o "estabelecimento deverá voltar à posse dos respectivos donos" (STJ 15-mar.-1977 (Ferreira da Costa), Proc. 066513).

Também apenas nesse momento deverá ser feito o reembolso dos suprimentos, isto é, 5
"na fase da liquidação, por *não gozar* de qualquer prioridade no pagamento" (STJ 27-jan.-1993 (Santos Monteiro), Proc. 081869).

3. **Preparação e partilha**. Quantos às demais operações de preparação da partilha e de partilha, 6
propriamente dita, importa ter também em consideração o que em especial se dispõe nos artigos seguintes, para onde se remete.

Mas, deste artigo, já resulta que, se houver uma recusa ou omissão de entrega ou de acesso 7
aos bens, livros e documentos da entidade ou às contas relativas ao último período da gestão, a sua entrega pode ser requerida judicialmente, nos termos dos 1700.º e 1701.º do processo especial de investidura em cargos sociais do CPC. Aparentemente, a legitimidade ativa para esse processo competirá ao liquidatário já que este tem os mesmos poderes que os membros do órgão de administração da sociedade (152.º/1 do CSC; cf., por exemplo, o 259.º do CSC).

4. **Autorização do conservador**. Os atos dos liquidatários que dependem de autorização da sociedade ou da cooperativa são, nomeadamente, os atos referidos no 152.º/2 do CSC que incorporam ou auxiliam as operações atrás referidas: continuar temporariamente a atividade anterior da sociedade, contrair empréstimos necessários à efetivação da liquidação; proceder à alienação em globo do património da sociedade; proceder ao trespasse do estabelecimento da sociedade.

Contudo, neste caso de liquidação administrativa, a autorização compete ao conservador, 8
sindicada em eventual impugnação judicial nos termos do 12.º.

Artigo 20.º (Operações posteriores à liquidação)

1. Efetuada a liquidação total, os liquidatários apresentam, no prazo de 30 dias, as contas e o projeto de partilha do ativo restante.

2. Caso se verifique o incumprimento da obrigação prevista no número anterior, qualquer membro da entidade comercial e o titular do estabelecimento individual de responsabilidade limitada podem requerer judicialmente a prestação de contas, nos termos dos artigos 1014.º e seguintes do Código de Processo Civil.

3. Os membros da entidade comercial e o titular do estabelecimento individual de responsabilidade limitada são notificados da apresentação das contas e do projeto de partilha do ativo restante, nos termos dos n.ºs 4, 5 e 7 do artigo 8.º podendo dizer o que se lhes oferecer sobre aqueles atos no prazo de 10 dias.

4. A decisão do conservador sobre a resposta apresentada ao abrigo do disposto no número anterior pode ser impugnada judicialmente nos termos do artigo 12.º.

5. Aprovadas as contas e liquidado integralmente o passivo social, é o valor do ativo restante partilhado entre os membros da entidade comercial de harmonia com a lei aplicável.

6. Se aos membros da entidade comercial forem atribuídos bens para a transmissão dos quais seja exigida forma especial ou outra formalidade, os liquidatários executam essas formalidades.

Índice

1. Obrigações do liquidatário 1
2. Notificações 4
3. Incumprimento 6
4. Operações finais 8

1 1. **Obrigações do liquidatário.** A obrigação de prestação de contas, surge como um ato de fecho da liquidação pelo liquidatário, a apresentar em 30 dias após o termo da liquidação total. Não se aplica, em princípio, a regra dos relatórios anuais do 155.º do CSC porquanto a liquidação não pode se prolongar por mais de um ano, nos termos do 18.º/7. Contudo, atenta a possibilidade de prorrogação da liquidação por mais um ano (cf. n.º 8 do mesmo 18.º), terá aí todo o cabimento a invocação do 155.º do CSC pelos interessados, caso o conservador, ao autorizar a prorrogação, não tenha imposto a prestação daquele relatório.

2 Por seu turno, deve ao mesmo tempo ser cumprida a obrigação de apresentação do projeto de partilha do ativo restante, salvo, naturalmente, se houver a referida prorrogação. Neste caso, só no termo do segundo ano é que contas e projeto de partilha deverão ser presentes.

3 Em caso de incumprimento destas obrigações, qualquer membro da entidade comercial ou o titular do estabelecimento individual de responsabilidade limitada pode requerer judicialmente a prestação de contas, nos termos dos 941.º ss. do CPC.

4 2. **Notificações**. Destas apresentações devem, depois, ser notificados os membros da entidade comercial e o titular do EIRL, segundo as formalidade do 8.º/4, 5 e 7, em ordem a poderem dizer o que se lhes oferecer sobre aqueles atos no prazo de 10 dias.

5 Estas respostas serão depois apreciadas pelo conservador na sua decisão final de aprovação ou não aprovação da contas e do projeto de partilha, podendo a decisão ser impugnada judicialmente nos termos do 12.º.

6 3. **Incumprimento**. O incumprimento das obrigações impostas no n.º 1 do artigo tanto se pode entender que deve ser oficiosamente conhecido pelo conservador e comunicado àqueles interessados, como se pode defender que serão estes, decorrido o prazo de um ano para a conclusão da liquidação, a oficiar o conservador para confirmar ou infirmar a ausência da notificação de que deram entrada as apresentações devidas.

7 Claramente terá de ser a primeira opção pois o incumprimento ocorre com o decurso do prazo de 30 dias após o termo da liquidação e não com o decurso de um ano sobre o seu início, não sendo obrigação dos interessados estarem periodicamente a consultar o processo para apurarem se aquela está concluída ou não.

8 4. **Operações finais**. Aprovadas as contas e liquidado integralmente o passivo social, é o valor do ativo restante partilhado, segundo o projeto aprovado, entre os membros da entidade comercial "de harmonia com a lei aplicável". Concretizando, a ordem a seguir será a seguinte: (a) *redução a dinheiro do património residual*, salvo se estiver previsto no contrato ou se os sócios unanimemente deliberarem de que devem ser partilhados em espécie – 152.º/3, *d*) do CSC; cf. 156.º/1 do CSC –, na forma e segundo as formalidades devidas (n.º 6); (b) *eventual exclusão das importâncias estimadas para encargos de liquidação* até à extinção da sociedade (156.º/5 do CSC); (c) *reembolso do montante das entradas efetivamente realizadas, i.e.*, da fração de capital correspondente a cada sócio, sem prejuízo do que dispuser o contrato quanto aos bens com que se realizou a entrada terem valor superior àquela fração nominal (156.º/2 do CSC).

0 Este reembolso pode ser *integral* (156.º/2 do CSC), caso em que um eventual saldo sobrante será repartido na proporção aplicável à distribuição dos lucros (156.º/4 do CSC).

Diversamente, se for impossível de se fazer na íntegra o reembolso será realizado um reembolso *sucedâneo* através da distribuição do ativo existente pelos sócios, por forma a que a diferença para menos recaia em cada um deles na proporção da parte que lhe competir nas perdas da sociedade, tendo em conta a parte das entradas devida pelos sócios (156.º/3 do CSC).

Artigo 21.º (Liquidação parcial e partilha em espécie)

1. Se aos liquidatários parecer inconveniente ou impossível a liquidação da totalidade dos bens e for legalmente permitida a partilha em espécie, o conservador promove a realização de uma conferência de interessados, para a qual são convocados os credores não pagos, se os houver, a fim de se apreciarem os fundamentos invocados para a liquidação parcial e as contas da liquidação efetuada e se deliberar sobre o pagamento do passivo ainda existente e a partilha dos bens remanescentes.

2. À apreciação das contas da liquidação e à aprovação da partilha dos bens remanescentes é aplicável o disposto nos n.ºs 5 e 6 do artigo anterior.

3. Na falta de acordo sobre a partilha dos bens remanescentes o conservador é competente para decidir.

4. A decisão do conservador pode ser impugnada judicialmente nos termos do artigo 12.º, aplicando-se o disposto nos n.ºs 2 a 4 do artigo 1127.º do Código de Processo Civil.

Índice

1. Inconveniência e impossibilidade 1
2. Conferência de interessados 3
3. Execução de acordo de pagamento 6
4. Falta de acordo de pagamento 7

1. **Inconveniência e impossibilidade**. Mais uma vez replica-se o sistema de processo civil vigente no CPC/61, a saber, o que se dispunha nos 1127.º/1 e 1128.º do CPC. Vale, aqui, com as devidas adaptações, a jurisprudência proferida ao abrigo destes dispositivos legais. 1

Efetivamente, se a liquidação for inconveniente (*v.g.*, os bens são de escasso valor comercial) ou impossível (*v.g.*, não são encontrados bens móveis indicados pelos interessados) então apenas se for legalmente permitida a partilha em espécie é que se abre a via alternativa estatuída neste artigo. A conveniência da liquidação parcial compete aos liquidatários (STJ 28-05-1997 (Costa Soares), Proc. 97B244). 2

2. **Conferência de interessados**. A solução possível é um acordo entre interessados, obtido em conferência, incluindo credores não pagos, quanto ao pagamento do passivo ainda existente e quanto à partilha dos bens ainda não usados em liquidação. A solução da dação em pagamento ou a compra dos bens pelos próprios interessados são hipóteses a considerar. 3

A data da realização da conferência de interessados só poderá ser decidida pelo conservador "perante a apresentação parcial das contas e a sua justificação por parte dos liquidatários" (STJ 28-05-1997 (Costa Soares), Proc. 97B244. Os interessados terão de ser, obviamente, notificados, valendo por analogia quer as normas que impõem um conteúdo de dar conhecimento de um ato em que o notificando tem interesse em participar (realização de conferência em data indicada; cf. 8.º/2, corpo e 17.º/2, corpo), quer as normas que exigem a junção dos documentos necessárias para o interessado poder efetivamente exercer o seu direito à participação – a 4 apresentação parcial das contas e a justificação para a falta de liquidação da totalidade do património; cf. 8.º/2, *a*) e 17.º/2, *a*) –, quer, finalmente, as normas sobre formalidades (comunicação nos termos do 167.º/1 e carta registada; cf. 8.º/4 e 5).

5 O liquidatário, enquanto "terceiro interessado" deve ser notificado da data da conferência de interessados (STJ 23-mar.-1994 (Martins Fonseca), Proc. 085239).

6 3. **Execução do acordo de pagamento**. Apenas depois de ter sido executado o acordo de pagamento é que será o valor do ativo restante partilhado entre os membros da entidade comercial de harmonia com a lei aplicável (20.º/5, para onde remete o n.º 2; cf. ainda o n.º 6 daquele artigo para onde se faz também remissão). O significado de um e outros números foi já comentado no artigo anterior.

7 4. **Falta de acordo de pagamento**. Mas se não tiver havido acordo quanto a essa partilha deverá ser o conservador a decidir, sujeito a impugnação judicial nos termos do 12.º.

8 Aparentemente, o recurso ao 1127.º/2 a 4 do CPC, apenas fazia sentido se a impugnação fosse procedente, pois impunha-se uma solução supletiva na decisão do tribunal: a entrega dos bens a um administrador nomeado pelo conservador, podendo qualquer sócio licitar sobre esses bens, enquanto os que não forem vendidos serão vendidos, organizando-se em seguida o mapa da partilha, que é homologado por sentença.

9 À licitação, venda de bens e partilha são, neste caso, aplicáveis as disposições do processo de inventário, com as necessárias adaptações.

Artigo 22.º (Destituição de liquidatários)

1. Os liquidatários podem ser destituídos por iniciativa do conservador ou a requerimento do órgão de fiscalização da entidade, de qualquer membro da entidade comercial, dos credores da entidade comercial ou dos credores de sócios e cooperadores de responsabilidade ilimitada sempre que ocorra justa causa.

2. Na avaliação da justa causa para a destituição, o conservador pode solicitar ao perito nomeado nos termos do n.º 3 do artigo 18.º a emissão de um parecer no prazo de 20 dias, findo o qual o procedimento deve obrigatoriamente prosseguir.

3. Se, terminado o prazo para a liquidação sem que esta se encontre concluída, os liquidatários não tiverem requerido a prorrogação do prazo ou as razões invocadas para a demora forem injustificadas, considera-se existir justa causa de destituição e de substituição daqueles.

4. A decisão do conservador sobre a destituição deliquidatários pode ser impugnada judicialmente nos termos do artigo 12.º

Índice

1. Justa causa ... 1
2. Atraso na liquidação ... 5

1 1. **Justa causa**. Muito do que aqui se acha encontra fonte no processo civil. O conceito de justa causa é vago e indeterminado (cf. no sentido de que a "lei não fornece qualquer conceito de justa causa"[1] mas deve beber do idêntico uso que lhe era dado no 1130.º do CPC/61.

[1] Armando Triunfante (2007), 165.

No entanto, pode procurar-se como critério mínimo o da "natural diligência de um gestor prudente, criterioso e ordenado", que exerce poderes que "têm em vista a satisfação de interesses que não lhe são próprios, assumindo a natureza de verdadeiros poderes funcionais" (RCb 19-abr.-2005 (António Piçarra), Proc. 808/05). Lugares legislativos de onde se podem retirar algumas concretizações desse critério são o 12.º da Lei n.º 22/2013, de 26-fev. (Estatuto do Administrador Judicial) e o 760.º/1 do CPC (deveres do depositário judicial). 2

Mais: será de entender que estes deveres do depositário valem também para o liquidatário – neste sentido, RLx 14-mar.-1995 (Pais do Amaral), Proc. 0020911, para o processo especial de liquidação. 3

E, tal como no 1129.º/2 do CPC/61, a falta injustificada de liquidação dentro do prazo é cominada no n.º 3 como justa causa de destituição e de substituição pelo conservador. Novamente, a decisão deste pode ser impugnada judicialmente. 4

2. **Atraso na liquidação**. Mas o que sucede depois se o procedimento não puder ser concluído dentro dos prazos estabelecidos por lei? 5

Se o incumprimento for devido a uma justa causa, *i.e.*, a uma inconveniência ou a uma impossibilidade objetiva, então vale o regime da liquidação em espécie do 21.º. 6

Se não houve uma tal justificação então, uma vez que não há impossibilidade objetiva, não há razão legal para uma, nem sempre permitida, partilha em espécie. Aliás, não se compreenderia como a atuação negligente ou mesmo dolosa do liquidatário depois do atraso a que deu causa ainda fosse premiada com uma completa postergação da liquidação. E isto independentemente de eventual responsabilidade civil por dano. 7

A solução deve ser, por isso, a nomeação de novo liquidatário pelo conservador ou após nova designação pela entidade comercial ou oficiosamente, conforme os casos (cf. anotação ao 18.º). Ou seja: é "competente para a substituição do liquidatário (...) quem for competente para a sua nomeação" (STJ 18-jan.-1996 (Miranda Gusmão), Proc. 087770). 8

Um novo prazo para a conclusão da liquidação deverá, de seguida, ser fixado pelo conservador, nos termos do 18.º/7. 9

Artigo 23.º (Publicitação de atos referentes aos liquidatários)

Estão sujeitas a registo comercial as decisões do conservador que titulem:
***a*) A nomeação dos liquidatários;**
***b*) A autorização para a prática pelos liquidatários dos atos referidos no n.º 2 do artigo 19.º;**
***c*) A destituição dos liquidatários.**

Justificação. As três alíneas correspondem aos 3.º/1, *s*), 4.º, *b*) e 8.º, *h*) do CRCom. 1

Trata-se de um registo efetuado por transcrição (cf. 53.º-A/2 e 5, *a contrario*, do CRCom) e que deve ser obrigatoriamente objeto de publicação nos termos do 70.º/1, *a*) e *b*) do CRCom, como condição de inoponibilidade a terceiros (cf. 14.º/2). 2

Artigo 24.º (Regime especial de liquidação oficiosa)

1. Aos casos de liquidação oficiosa promovidos nos termos das alíneas *b*) a *i*) do n.º 5 do artigo 15.º, é aplicável o regime previsto neste artigo.

2. No caso previsto na alínea *b*) do n.º 5 do artigo 15.º, o conservador declara imediatamente o encerramento da liquidação da entidade comercial:

***a*) Se tendo sido efetuada a notificação prevista no artigo 8.º, os interessados não tiverem comunicado ao serviço de registo competente o ativo e o passivo da entidade comercial; ou**

***b*) Se após a notificação a que se referem os n.ºs 2 e 3 do artigo 17.º não for apurada a existência de qualquer ativo ou passivo a liquidar.**

3. Nos casos previstos nas alíneas *c*) a *h*) do n.º 5 do artigo 15.º aplica-se o disposto nos n.ºs 2 e 3 do artigo 17.º.

4. Cumpridas as diligências previstas no número anterior, se não for apurada a existência de qualquer bem ou direito de que a entidade em liquidação seja titular, o conservador declara imediatamente o encerramento da liquidação do estabelecimento individual de responsabilidade limitada.

5. No caso de verificar a existência de bens ou direitos da titularidade do estabelecimento individual de responsabilidade limitada, o procedimento segue os trâmites previstos nos artigos 18.º a 23.º.

6. No caso da alínea *i*) do n.º 5 do artigo 15.º o conservador deve declarar imediatamente o encerramento da liquidação da entidade comercial, salvo se do processo de insolvência resultar a existência de ativos que permitam suportar os encargos com o procedimento administrativo de liquidação.

Índice

1. Tramitação sumária 1
2. Tramitação ordinária 4

1 1. **Tramitação sumária**. O *início oficioso* a que se refere o n.º 1 corresponde aos casos (d) a (g) da lista que consta da anotação ao 15.º.

2 O procedimento de liquidação oficiosa apresenta-se com duas tramitações.

3 Na *tramitação sumária não chega a haver liquidação* e o conservador declara imediatamente o encerramento da liquidação da entidade comercial. Isso sucede: (a) para o fundamento do *decurso do prazo de dois anos* (ou outro convencionado ou deliberado) *a contar da data em que a sociedade se considere dissolvida* sem requerimento do registo de encerramento da liquidação particular – cf. 15.º/5, *b*) –, se os interessados citados, nos termos do 8.º ou nos termos dos n.ºs 2 e 3 do 17.º, consoante, não comunicaram ao serviço de registo competente *o ativo e o passivo da entidade comercial*; (b) para um dos fundamentos privativos da liquidação administrativa *de um EIRL* – cf. 15.º/5, *c*) a *h*) – se não for apurada a *titularidade de qualquer bem ou direito*, após a notificação a que alude o n.º 3; (c) para o fundamento do *encerramento de um processo de insolvência por insuficiência da massa insolvente*, comunicado pelo tribunal ao serviço de registo competente, nos termos do 234.º/4 do CIRE – cf. 15.º/5, *i*) –, se do processo não resultar a existência de ativos que permitam suportar os encargos com o procedimento administrativo de liquidação.

4 2. **Tramitação ordinária**. Em *qualquer outra circunstância*, ocorre a *liquidação nos termos dos 18.º e ss.*, mas quanto ao EIRL isso apenas sucede caso se apure a existência de bens ou direitos da titularidade do estabelecimento individual de responsabilidade limitada, *não bastando o apuramento de passivo*.

Artigo 25.º (Decisão e registo de encerramento da liquidação)

1. A decisão que declare encerrada a liquidação é proferida no prazo de cinco dias após a conclusão dos atos de liquidação e partilha do património da entidade e dela são imediatamente notificados os interessados, sendo aplicáveis, consoante os casos, os n.ºs 4, 5 e 7 do artigo 8.º ou o n.º 5 do artigo 11.º

2. A decisão referida no número anterior pode ser impugnada judicialmente nos termos do artigo 12.º.

3. Tornando-se a decisão definitiva, o conservador lavra oficiosamente o registo do encerramento da liquidação.

Índice

1. Período anterior à definitividade da decisão 1
2. Efeitos da definitividade da decisão de encerramento: extinção da pessoa jurídica. 3
3. Segue: efeitos sobre as ações judiciais. 4
4. Segue: efeitos sobre os contratos. 10
5. Efeitos do registo 11
6. Cessação da atividade de liquidatário 12
7. Interrupção voluntária da liquidação 13

1. **Período anterior à definitividade da decisão.** A decisão de encerramento da liquidação pressupõe a aprovação das contas de liquidação, apenas, ou também a aprovação da execução do projeto de partilha do remanescente (cf. 20.º). Sobre a estrutura, limites e eficácia da decisão remetemos para a anotação ao 11.º. 1

Até essa decisão de encerramento da liquidação se tornar definitiva, não há razão jurídica para a entidade comercial deixar de ser condenada a cumprir as suas obrigações contratuais nas ações que estejam entretanto pendentes contra si (cf. a anotação ao 13.º). – *v.g.*, a reintegração de trabalhador despedido [contra, STJ 6-jan.-1993 (Dias Simão), Proc. 003050]. Igualmente manter-se-ão os vínculos contratuais resultantes do contrato [cf. neste sentido, implicitamente, STJ 12-jan.-1999 (Garcia Marques), Proc. 98A1091]. 2

2. **Efeitos da definitividade da decisão de encerramento: extinção da pessoa jurídica.** Tornando-se definitiva a decisão de encerramento da liquidação *extingue-se a personalidade jurídica da entidade comercial* e, com ela, as participações sociais dos sócios[1] [cf. neste sentido, RLx 28-jun.-2007 (Fátima Galante), Proc. 4067/2007], sendo que "[s]ó uma vez efectivado o registo do encerramento da liquidação é que a sociedade se considera extinta" (RGm 18-jan.-2018 (Jorge Teixeira), Proc. 181/16; RPt 4-nov.-2013 (António José Ramos), Proc. 506/12). 3

3. **Segue: efeitos sobre as ações judiciais.** Decorre do 162.º/1 que, extinta a sociedade comercial, as ações em que ela seja parte *continuam após a extinção desta*, que se considera substituída pela generalidade dos sócios, representados pelos liquidatários [cfr. STJ 26-jun.-2008 (Santos Bernardino), Proc. 08B1184]. 4

Assim, nas *execuções* em que a dissolvida era *executada* o "registo do encerramento da liquidação da sociedade executada impede o prosseguimento da execução contra a sociedade extinta, por falta de personalidade jurídica", mas a extinção daquela não importa "automaticamente, a extinção da instância", pois que a execução "*deverá prosseguir contra a generalidade dos sócios*, representada pelo liquidatário, procedendo-se à citação daqueles na pessoa deste" (RLx 5

[1] Cassiano dos Santos, *Dissolução*, 142.

[71] Armando Triunfante (2007), 170.

8-mai.-2012 (Maria João Areias), Proc. 5799/09). Decorre ainda do 162.º/2 que "*não há que suspender* a instância para potenciar a habilitação pelo exequente da generalidade dos sócios representados pelos liquidatários (ou, no caso da dissolução ter resultado do procedimento de extinção imediata consagrado no RJPADL, a habilitação dos membros do anterior orgão de administração), antes devendo aqueles, ou estes, *substituírem-se automaticamente* à sociedade executada", *sem necessidade de habilitação* segundo o ac. RLx 12-jun.-2014 (Maria Teresa Albuquerque), Proc. 20802/07 [cf., no mesmo sentido, RCb 5-mai.-2015 (Falcão de Magalhães), Proc. 119/14 e RLx 8-mar.-2017 (Maria João Romba), Proc. 449/08, RPt 4-jun.-2013 (Fernando Samões), Proc. 5475/11].

6 Diferentemente, se o ente societário for objecto de registo de encerramento da liquidação antes de ter dado entrada em juízo o requerimento executivo, a questão é mais controversa, verificando-se uma multiplicidade de sentidos jurisprudenciais: *ora considerando que terá aplicação o regime do 163.º/2 do CSC*, visto que, "[t]ratando-se de execução em que se mostram penhorados bens à sociedade, e apurando-se que a mesma se extinguiu em data anterior à propositura da execução, a mesma deverá prosseguir contra a generalidade dos sócios, representada pelo liquidatário, procedendo-se à citação daqueles na pessoa deste", pois "os bens que não tiverem sido partilhados pertencem aos sócios, que sucedem à sociedade na titularidade desses bens" (RLx 8-mai-2012 (Maria João Areias), Proc. 5799/09); ora entendendo que não terá aplicação o 162.º do CSC, ressalvado pelo 269.º/2, alínea a) do CPC, porquanto aquele "só se aplica aos casos em que a extinção da sociedade ocorre na pendência do processo", concluindo, deste modo, que *teria aplicação a regra geral do 269.º do CPC*, que determina que a instância deve ser suspensa por força da extinção do exequente, recorrendo ao incidente de habilitação "porque a situação é em tudo semelhante à prevista no art. 351.º, n.º 3, do CPC, o qual se aplica igualmente ao caso da extinção de pessoas coletivas" (RLx 26-mar.-2019 (Carlos Oliveira), Proc. 432/14); *ora concluindo pela absolvição da instância*, por entender que "não há que fazer qualquer interpretação analógica ao art. 162.º do CSC, cujo âmbito de aplicação abrange apenas as ações pendentes em que a sociedade seja parte e venha a ser declarada extinta na pendência dessas ações, desde logo por inexistir qualquer lacuna na lei, a qual prevê expressamente que as ações propostas contra quem não tem personalidade judiciária ficam submetidas ao regime do art. 278.º/1, al. c), do C. P. Civil, regime diverso daquele, e, por outro lado, por inexistir qualquer analogia, por não procederem as razões justificativas da regulamentação do caso previsto no art. 162.º do CSC", acrescendo ainda a natureza excecional deste artigo "face ao regime regra contido na alínea c) do n.º 1 do art. 278.º do C. P. Civil, o que afasta o recurso a esse instituto, como flui expressamente do art.11.º do C. Civil" (REv. 24-mai.-2018 (Tomé Ramião), Proc. 614/17.0T8SSB.E1.).

7 De igual modo, a "extinção da sociedade executada não torna ilegal a *penhora*, se os bens penhorados lhe pertenciam e se por força da sua cisão-dissolução ficaram a pertencer às sociedades resultantes dessa cisão, entretanto habilitadas como suas sucessoras" (RPt 13-dez.-1999 (Sousa Peixoto), Proc. 9911008).

8 Mas, extinta a entidade comercial, a "*ação que visa a impugnação de deliberações* tomadas numa assembleia geral realizada antes de uma outra assembleia geral que, com o voto concordante do próprio agravante, deliberou por unanimidade, a dissolução da sociedade e *depois se operou a respectiva liquidação* e se encerraram as contas, o que foi definitivamente registado na respectiva Conservatória, torna-se *inútil*" (STJ 26-abr.-1995 (Faria de Sousa), Proc. 084729). Ainda, extinta a entidade, em consequência de registo de encerramento da liquidação (cfr.

23.º/3), não pode ser pedida a *declaração de insolvência* (RPt 15-out.-2015 (Carlos Portela), Proc. 1132/13).

Finalmente, a extinção da entidade comercial acarreta, também, a extinção dos *processos contraordenacionais*, nomeadamente tributários, que estivessem pendentes contra ela, segundo RLx 21-nov.-2012 (José Eduardo Sapateiro), Proc. 670/11 e STA 1-jun.-2016 (Isabel Marques da Silva), Proc. 0515/16. 9

4. **Segue: efeitos sobre os contratos.** Pela mesma razão – a verificação do efeito extintivo que estava dependente do encerramento da liquidação (cf. a anotação ao 4.º) –, só então é que caducam os contratos de que a sociedade é parte, *maxime* o contrato de trabalho com os seus funcionários (cf., contra, defendendo a caducidade logo por efeito da dissolução, STJ 6-jan.-1993 (Dias Simão), Proc. 003050). Já o contrato de arrendamento para fins não habitacionais *não caduca* nem com a extinção da entidade comercial, como resulta do 1113.º/1 do CC, na versão em vigor após a L 6/2006, de 27-fev. (cf., neste sentido, STJ 30-set.-1999 (Miranda Gusmão), Proc. 99B615). 10

5. **Efeitos do registo**. O registo desse encerramento não é uma condição dessa extinção, mas de oponibilidade a terceiros (cf. o 13.º). 11

6. **Cessação da atividade de liquidatário**. Ao mesmo tempo cessa a atividade do liquidatário (RCb 5-abr.-2005 (Isaías Pádua), Proc. 374/05), a propósito do liquidatário da massa falida) e é calculada a remuneração a que tem direito "pois só então é possível formular um juízo global sobre o seu desempenho", para efeitos de fixação de um valor pelo conservador "até 5% (...) dos bens vendidos" – 17.º/6 do RCJ (ainda o mesmo RCb 5-abr.-2005, a propósito do liquidatário da massa falida). 12

7. **Interrupção voluntária da liquidação**. Pode perguntar-se se a todo o tempo do procedimento de liquidação, os sócios podiam ter usado do poder previsto no 161.º/1 do CSC: "deliberar, observado o disposto" nesse artigo que "termine a liquidação da sociedade e esta retome a sua atividade" (161.º do CSC). 13

Trata-se de um preceito previsto para *liquidação privada* (cf. anotação ao 15.º) e, por isso, dir-se-ia que não. No sentido negativo concorreria, ainda, a natureza administrativa do procedimento que retiraria a instância à disponibilidade do requerente, pois o interesse público seria o valor prevalecente pelo que, uma vez iniciado o conservador deveria levá-lo até ao fim. 14

Mas não tem que ser assim: não cuidando agora da natureza do procedimento, abordada na Introdução a estas anotações, pode afirmar-se que, quando o procedimento administrativo de dissolução teve início *por que os sócios o quiseram, i.e.*, por *deliberação social* com a maioria que seja exigida para a alteração do contrato (146.º/4 do CSC; 265.º/1, 386.º/3 e 4 e 476.º do CSC), também os sócios podem deliberar requerer a desistência da instância do procedimento administrativo. Já se a liquidação se iniciou em conformidade com *estipulação contratual* (146.º/4 do CSC) a deliberação de retoma da atividade social apenas será lícita se essa estipulação contratual a admitir, expressa ou tacitamente. 15

Diversamente, a liquidação não pode ser terminada por deliberação social quando haja sido iniciada a *requerimento de outro interessado* que não a entidade comercial (cf. 4.º/4). Apenas este poderá desistir da respetiva instância. 16

Já nos casos de *início oficioso da liquidação* (cf. anotação ao 15.º) é dever funcional do conservador cumprir o procedimento até ao fim. 17

Artigo 26.º (Comunicações subsequentes ao registo do encerramento da liquidação)

Efetuado o registo do encerramento da liquidação, o serviço de registo competente procede de imediato à comunicação do facto, por via eletrónica, às seguintes entidades:

a) Ao Registo Nacional de Pessoas Coletivas, para efeitos da inscrição do facto no ficheiro central de pessoas coletivas;

b) À administração tributária e à segurança social, para efeitos de dispensa de apresentação das competentes declarações de cessação de atividade;

c) Aos serviços que gerem o cadastro comercial, para efeito de dispensa de apresentação da competente declaração de encerramento de estabelecimento comercial;

d) À Inspeção-Geral do Trabalho.

Índice

1. Justificação 1

2. Vicissitudes posteriores ao encerramento da liquidação 2

1 1. **Justificação**. Esta norma tem a mesma finalidade de simplificação e de celeridade daquela que resulta do 15.º.

2 2. **Vicissitudes posteriores ao encerramento da liquidação**. Apesar de extinta com o registo do encerramento da liquidação (146.º/2 do CSC, *a contrario*), há vicissitudes posteriores, ainda atinentes à entidade comercial, que são juridicamente relevantes: a legitimidade em ação ainda pendente de que a entidade comercial fosse parte, o passivo superveniente e o ativo superveniente.

3 Os 163.º, 164.º e 165.º do CSC têm aptidão para serem aplicados, por analogia, em ordem a regerem essas vicissitudes.

Secção IV – Procedimento especial de extinção imediata de entidades comerciais

Artigo 27.º (Pressupostos)

1. A dissolução e liquidação das sociedades e das cooperativas deve processar-se de forma imediata desde que se verifiquem cumulativamente os seguintes pressupostos:

a) Instauração do procedimento de dissolução e liquidação por qualquer pessoa, desde que apre sentado requerimento subscrito por qualquer dos membros da entidade comercial em causa ou do respetivo órgão de administração, e apresentada ata de assembleia geral que comprove deliberação unânime nesse sentido tomada por todos os membros da entidade comercial;

***b*) Declaração, expressa na ata referida na alínea anterior, da não existência de ativo ou passivo a liquidar.**

2. O requerimento e a ata previstos no número anterior podem ser substituídos por requerimento subscrito por todos os membros da entidade comercial e apresentado por qualquer pessoa.

3. Quando o pedido seja efetuado presencialmente perante funcionário competente por qualquer dos membros da entidade comercial em causa ou do respetivo órgão de administração, ou por todos os membros da entidade comercial, esse pedido é sempre verbal, não havendo lugar a qualquer requerimento escrito.

4. O disposto nos números anteriores é aplicável, com as necessárias adaptações, à liquidação imediata dos estabelecimentos individuais de responsabilidade limitada.

Índice

1. Justificação 1
2. Início e legitimidade 5
3. Exigência de deliberação unânime 10
4. Incongruência constitucional: falta de participação de interessados 14
5. Segue; manutenção dos direitos dos credores.... 16
6. Segue; responsabilidade pela dívidas 20
7. Conclusão. 24

1. **Justificação**. Tanto o procedimento de dissolução da secção I, quanto o procedimento de liquidação secção II exigem sempre, em maior ou em menor grau, a realização de atos ou fases que culminarão na decisão final. 1

Por outro lado, esses procedimentos têm por fundamento material um leque, de extensão variável, de razões, algumas de relevância oficiosa (cf. anotações aos 4.º, 5.º e 15.º). O mais célere que pode ser produzido é a *decisão de dissolução cumulada com encerramento imediato*, se "do requerimento apresentado, do auto elaborado pelo conservador ou dos demais elementos constantes do processo não for apurada a existência de qualquer ativo ou passivo a liquidar" (11.º/4) e a *decisão de liquidação oficiosa após tramitação sumária* nos termos do 24.º/2 e 6. 2

Ora, o que se prevê nesta secção III é, tal como no 11.º/4, a cumulação de decisão dissolução e de liquidação, mas mediante a realização de *um só ato* pelo interessado e um *só ato* pela administração. Trata-se, assim, de um verdadeiro *procedimento sumaríssimo de dissolução e liquidação*, dada a sua simplicidade de tramitação e a putativa celeridade que lhe está associada. Alguma doutrina designa-a, informalmente, por dissolução "na hora"[1]. 3

No caso do EIRL este procedimento reduz-se ao pedido, operações e efeito da liquidação (n.º 4). 4

2. **Início e legitimidade**. O seu início é *sempre* voluntário mediante requerimento. 5

A legitimidade para o mesmo está enunciada de modo tecnicamente infeliz pois refere-se, de um lado, que o procedimento pode ser instaurado "*por qualquer pessoa*" – n.ºs 1, *a*) e 2) e, ao mesmo tempo, esta teria de apresentar "*requerimento subscrito por qualquer dos membros da entidade comercial* em causa ou do *respetivo órgão de administração*" ou "requerimento subscrito por *todos os membros da entidade comercial*" (n.º 2). 6

[1] Assim, Menezes Cordeiro 1 (2007), 988.

7 Entendamo-nos: por muito que o legislador tenha descurado o assunto há que saber quem é, afinal, o requerente, i.e., a pessoa jurídica a quem é assacada a pretensão de dissolução e liquidação. Ora, a resposta, em face da literalidade daqueles preceitos é a de que o requerente é o *membro da entidade comercial, i.e.*, um sócio ou um cooperador (cf. 2.º/2), ou a *totalidade desses membros*, ou um *membro do respetivo órgão de administração*.

8 A pessoa que *instaura* o procedimento é um mero *apresentante* do requerimento, podendo ser *o(s) próprio(s) requerente(s)* ou podendo ser um seu *representante* ou *mandatário*, como se confirma pela leitura do 28.º/1. A primeira possibilidade oferece a vantagem de o pedido ser sempre verbal, não havendo lugar a qualquer requerimento escrito (n.º 4). A segunda possibilidade é, aliás, a adequada quando os requerentes sejam a *totalidade desses membros* e não se queiram deslocar à conservatória. Não há, neste mandato, nada de diverso do já sucede nos procedimentos das secções I e III, em que haja uma pluralidade de requerentes (cf. 4.º/1, corpo e 15.º/1).

9 Deste modo, eventuais problemas de falta de legitimidade respeitarão aos requerentes e não ao apresentante. Quanto a este o que se exige é que justifique os seus poderes através de procuração.

10 3. **Exigência de deliberação unânime**. Lê-se ainda que deve ser "apresentada ata de assembleia geral que comprove *deliberação unânime* nesse sentido tomada por todos os membros da entidade comercial". Ora, no plano material, está-se, afinal, perante uma *auto-dissolução qualificada* quando comparada com as maiorias exigidas, por exemplo, nos 194.º ou 270.º/1 do CSC (cf. a anotação ao 4.º), mas mais: como bem nota Armando Triunfante, a "unanimidade tem de se referir à totalidade do capital social e não apenas ao capital presente em assembleia geral"[2].

11 Qual seja a razão dessa deliberação, *i.e.*, se é uma daquelas subjacentes ao 141.º/1, *b)* do CSC (cf. a respetiva anotação) ou outra avulsa, é irrelevante em face da exigência desta formalidade.

12 Por outro lado, enquanto a auto-dissolução do 141.º tem efeitos imediatos, esta auto-dissolução tem efeito diferido, ficando sujeita à condição suspensiva da decisão do conservador. Esta tem, por isso, efeitos constitutivos sobre o estado jurídico da entidade comercial, à semelhança do que sucede com os demais procedimentos administrativos.

13 Essa mesma deliberação unânime deve conter uma "declaração, expressa (...), da não existência de ativo ou passivo a liquidar". Deste modo, basta a mera declaração (...) não sendo a veracidade daquela controlável por nenhum mecanismo"[3].

14 4. **Incongruência constitucional: falta de participação de interessados**. O mecanismo simplificado gera dificuldades que se traduzem numa violação das garantias processuais constitucionais. Para chegarmos a esta conclusão temos de perceber as consequências reais de uma extinção fundada na mera declaração, pelos próprios interessados, de inexistência de dívidas.

15 Se os sócios declararem a inexistência de ativo e de passivo, mesmo que esta declaração não corresponda à verdade, o ente comercial deve *ter-se extinto*, pois a declaração, feita em acta, de que a sociedade não tem nem activo nem passivo, ainda que impugnada por falsidade, "não colide com o objectivo de dissolução da sociedade, não abalando ou anulando essa sua finalidade" (RLx 16-mar.-2016 (Paula Santos), Proc. 921/14.3 T8LRS.L1-4). Mais grave, a lei não prevê que a falta de veracidade da declaração possa ser objeto de alegação por interessado ou, ao menos, de atuação oficiosa do conservador. Como o legislador não prevê a citação, ainda que edital, de credores e, em geral, de interessados, como se previa para o processo civil no 864.º do CPC até

[2] *CSCAnot*, 168-169.

[3] Armando Triunfante, *CSCAnot*, 169.

à reforma de 2003, o procedimento ocorre sem contraditório e sem possibilidade de invocação de créditos contra o ente comercial. Tampouco se prevê que o conservador possa promover diligências de determinação de dívidas ou de bens sociais junto de bases de dados públicas.

5. **Segue; manutenção dos direitos dos credores.** Haverá que mitigar os efeitos de seme- 16
lhante regime legal simplificado. E, em primeiro lugar, assente-se em que *os direitos dos credores não se extinguem só porque os seus devedores declaram a sua não existência.* A correção desta afirmação dispensa demonstração, dada a sua evidência. Contudo, não podemos deixar de notar que ela se torna particularmente clara quando a declaração for feita já depois de a "sociedade [ter sido] condenada no pagamento de um determinado crédito do requerente, por sentença transitada em julgado" (RCb 19-dez.-2000 (Custódio Costa), Proc. 3117/2000).

No plano processual, nenhum caso julgado se formou em relação à questão da existência/ 17
/inexistência de bens e dívidas da sociedade, seja porque ela é um pressuposto – não sindicado – da decisão de extinção, mas não é objeto desta, seja porque não há contraditório como já dissemos. Deste modo, o caminho está aberto para que em qualquer outro processo judicial – *maxime*, condenatório, executivo – ou administrativo seja alegada a existência desses bens ou seja feita prova relativamente à existência de créditos de terceiro sobre o ente comercial.

Na verdade, também já no direito anterior se considerava que uma declaração feita em 18
escritura pública de que não há ativo ou passivo a liquidar "é *res inter alios acta*, não vinculando os credores sociais" (RLx 28-jun.-2007 (Fátima Galante), Proc. 4067/2007-6), além de que, no plano probatório, a "prova plena não vai alem da veracidade da declaração que dela consta quanto a tal inexistência, mas não que esta, na verdade, corresponda a realidade – artigo 371.º, n.º 1 do Código Civil" (STJ 28-jul.-1987 (Tinoco de Almeida), Proc. 074535) e RLx 16-mar.-2016 (Paula Santos), Proc. 921/14).

A "verdade patrimonial de uma sociedade não se demonstra com uma simples declara- 19
ção unilateral dos seus sócios, dizendo que não há activo, principalmente quando tal declaração é proferida já depois de se sentirem acossados com o pedido de declaração de falência" afirmava-se, muito justamente, em RCb 19-dez.-2000 (Custódio Costa), Proc. 3117/2000). Isso não implica, porém, que tal declaração seja inconsequente, já se tendo entendido que a declaração proferida pelo sócio único da sociedade e que pretende proceder à dissolução e liquidação, afirmando expressamente que a mesma não possuía activo nem passivo a liquidar vale como forma de "renunciar a todos os créditos que pudessem emergir da sua actividade societária", consistindo, portanto, numa "remissão abdicativa que, nos termos do citado artº. 863º, do Código Civil, fez extinguir a obrigação reclamada nos presentes autos" (RPt 19-out.-2015 (Oliveira Abreu), Proc. 122702/13).

6. **Segue; responsabilidade pelas dívidas.** Uma vez que a entidade comercial está extinta, 20
perguntar-se-á quem deverão os credores demandar ou, mais radicalmente, se as dívidas não se extinguiram com a extinção do ente comercial.

A resposta foi já dada, no passado, pela jurisprudência para o caso de os sócios fazerem 21
constar de escritura pública de dissolução a declaração de que no património desta não havia bens a partilhar. Segundo o tribunal, "deve ter-se por extinta tal sociedade a partir da data da dissolução", como nós defendemos, mas haverá lugar a "responsabilidade pessoal daqueles sócios para com os credores sociais" se "estes alegarem e provarem que aquela declaração da falta de bens no património da sociedade dissolvida não é verdadeira, designadamente por existirem bens partilháveis à data da dissolução" (RPt 30-abr.-1998 (Teixeira Ribeiro), Proc. 9750786).

22 Concretizando esta solução, afirma Armando Triunfante que "serão aplicáveis os 162.º e segs. CSC no caso de ser apurada, nomeadamente, a existência de passivo superveniente"[4]. A saber: os "*antigos sócios* respondem pelo passivo social não satisfeito ou acautelado, até ao *montante que receberam na partilha*, sem prejuízo do disposto quanto a sócios de responsabilidade ilimitada" (163.º/1 do CSC). As ações judiciais deverão ser propostas não contra o liquidatário – "figura que não existe no processo especial de extinção de sociedades", como bem nota Armando Triunfante[5] – mas contra a generalidade dos sócios (cf. 163.º/2 do CSC) diretamente. Não nos parece haver base legal para se defender que estes sejam representados pelos "membros do anterior órgão de administração", como defende Armando Triunfante[6].

23 Propugnando que seria inaplicável o disposto nos 163.º e 164.º do CSC aos casos em que a extinção da pessoa coletiva ocorra sem o encerramento de uma fase de liquidação, STJ 18-jan.-2018 (Maria Olinda Garcia), Proc. 2153/13, argumentando, por um lado, estar afastada a possibilidade de invocar o 163.º/1 tendo em conta que o artigo se refere a uma responsabilidade "até ao montante que receberam na partilha", o que não seria viável "dado que os antigos sócios nada receberam da extinta sociedade (porque não existiu partilha)"; por outro lado, seria igualmente improcedente a aplicação do disposto no 164.º visto que esta norma pressuporia que tivesse existido partilha e que a mesma fosse acionada pelos liquidatários, não prevendo, deste modo, "a hipótese de não ter existido liquidação; tal como não prevê, em tais circunstâncias, a hipótese de os credores da sociedade promoverem a liquidação de bens não partilhados". A solução alcançada foi, enfim, a aplicação analógica do 165.º/2, que permitiria aos credores de contrato de sociedade declarado nulo ou anulado requerer a liquidação judicial. Nestes termos, "[c]onstatando-se a abertura do sistema à via judicial, feita pelo n.º 2 do art.165º do CSC, deverá concluir-se que essa via se manterá igualmente aberta quando esteja em causa a reclamada tutela de interesses materialmente idênticos, como se verifica no caso concreto".

24 7. **Segue; conclusão**. Do exposto resulta, pensamos, que conscientemente ou não, o legislador aceitou que o problema das dívidas da sociedade que *inocentemente* se autoextinguiu na hora, assistida pelo conservador, fosse despromovido a uma questão externa à extinção e, na verdade, a um problema dos credores. Por sua vez, nos casos em que a extinção imediata da sociedade, sem fase de liquidação, não possa ser atribuída a um comportamento inocente dos sócios, é verificando-se que estes prescindiram "intencionalmente da nomeação de um liquidatário para evitar aquele que seria o objectivo legal da actuação deste: proceder à satisfação ou ao acautelamento do passivo social", o credor social poderá "beneficiar da aplicação (analógica) do art 158º e obter por essa via a responsabilização pessoal dos sócios", desde que alegue e prove "que este(s) indicaram falsamente que não havia passivo (isto é, que os «direitos de todos os credores da sociedade estavam satisfeitos ou acautelados») e que essa falsa indicação consubstanciou uma actuação dolosa desses sócios" (RLx 19-nov.-2015 (Teresa Albuquerque), Proc. 319/12). É certo que eles podem ainda responsabilizar os sócios mas terão de ser os credores a ter o ónus de demonstrar a sua posição jurídica. É esse, afinal, o regime da liquidação privada, constante dos já referidos 162.º ss.. Nesse sentido, tem-se considerado que compete ao credor "alegar e provar que os sócios receberam bens na partilha da sociedade executada para efeitos de prosseguimento da acção contra os mesmos sócios" nos termos do 163.º CSC (STJ 25-out.-2018 (Maria Graça Trigo), Proc. 3275/15), uma vez que "[o] direito do credor sobre o sócio depende do facto deste ter partilhado, perante o que a existência de partilha é

[4] Armando Triunfante (2007), 170.
[5] *Ob. loc. cits.*
[6] *Ob. loc. cits.*

um facto constitutivo desse direito e não um facto modificativo, impeditivo ou extintivo do direito em questão." (RPt 5-fev.-2018 (Correia Pinto), Proc. 3275/15; também nesse sentido, cf. RPt 22-out.-2018 (Augusto de Carvalho) Proc. 582/15, RGm. 4-abr.-2019 (Conceição Sampaio), Proc. 228/16 e RLx 12-jul.-2018 (Eduardo Petersen), Proc. 9097/14, embora aqui reconhecendo a presença de uma efectiva dificuldade de prova em casos de "liquidação meramente formal ou de simples constatação"). Diferentemente, uma corrente minoritária tem vindo a considerar que o ónus da prova competirá aos sócios devedores, uma vez que fazer "impender sobre os credores o ónus da prova de que a sociedade tinha bens e que esses bens foram partilhados entre os sócios, em detrimento da satisfação do seu crédito, implica que lhes resulte exigida uma prova que supõe o conhecimento da situação económica da sociedade a que eles, muito dificilmente, terão acesso". Deste modo, ao credor apenas incumbiria a prova do seu direito sobre a sociedade, "cabendo aos sócios provar, nos termos do art. 342.º/2 do CC, que da liquidação da sociedade não resultou qualquer saldo ou não resultou saldo suficiente para satisfazer o crédito peticionado" (RLx 12-jun-2014 (Maria Teresa Albuquerque), Proc. 20802/07).

Sucede, porém, que não estamos em sede de liquidação privada, mas em sede de um procedimento. E neste vale a garantia de processo equitativo, imposta pelo 20.º, n.º4 CRP, não obstante não se tratar de um procedimento judicial, mas de um procedimento administrativo – cf. os 3.º/2 e 3 do CPC e 110.º/1 do CPA, respetivamente. 25

Do que antecede, resulta uma conclusão: o procedimento hiper-simplificado contraria comandos constitucionais já que envolve direitos de terceiro não sendo estes ouvidos. A possibilidade de reação ulterior ou *a posteriori* não permite conclusão inversa. 26

Artigo 28.º (Documentos a apresentar e encargos)

1. Os interessados devem apresentar os documentos comprovativos da sua identidade, capacidade e poderes de representação para o ato.

2. Com o requerimento ou pedido verbal os interessados devem liquidar uma quantia única que inclui os encargos emolumentares e os custos com as publicações devidos pelo processo, bem como o imposto do selo devido.

3. Não são devidos emolumentos pelo indeferimento do pedido nem são devidos emolumentos pessoais pelos atos compreendidos no processo.

Índice

1. Documentos 1
2. Emolumentos 2

1. **Documentos.** O requerimento, escrito ou presencial, deve ser instruído com os documentos que demonstrem a sua identidade, a deliberação social e o poderes de representação, no caso de se tratar um apresentante. 1

2. **Emolumentos.** O valor emolumentar ascende a € 300, como fixa o 22.º, ponto 9 do RERN. 2

Artigo 29.º (Decisão e registos imediatos)

1. Apresentado o pedido, o conservador ou o oficial de registos em quem aquele delegar poderes para o efeito profere de imediato decisão de declaração da dissolução e do encerramento da liquidação da entidade.

2. Proferida a decisão, o conservador ou o oficial com competência delegada lavra oficiosa e imediatamente o registo simultâneo da dissolução e do encerramento da liquidação e disponibiliza aos interessados uma certidão permanente gratuita, válida por três meses.

Índice

1. Justificação 1
2. Efeitos processuais 3

1 1. **Justificação**. A referência a "aquele delegar poderes para o efeito" é absolutamente redundante, pois é uma possibilidade comum a todo o procedimento administrativo que, nos termos do presente diploma deva ser decidido por conservador, enquanto "de imediato" significa, "sem mais atos".

2 O registo oficioso, imediato e simultâneo de dissolução e de encerramento de liquidação é, em tudo, idêntico ao admitido no 13.º, exceto a sua imediação em quanto ao momento do requerimento.

3 2. **Efeitos processuais**. Apesar da sua simplicidade formal, o significado material do procedimento não pode, nem deve ser postergado. Decidida favoravelmente a dissolução e a liquidação, não mais pode outra conservatória pronunciar-se a sobre a mesma questão. Mas, recusado liminarmente não mais pode *aquela* conservatória rever o pedido se as condições se mantiverem.

Artigo 30.º (Comunicações subsequentes ao registo)

Efetuado o registo previsto no n.º 2 do artigo anterior, o serviço de registo competente procede de imediato à comunicação do facto, por via eletrónica, às entidades e para os efeitos previstos no artigo 26.º.

Índice

1. Remissão 1
2. Efeitos da falsidade da declaração de inexistência de património 2

1 1. **Remissão**. Cf. a anotação ao 26.º.

2 2. **Efeitos da falsidade da declaração de inexistência de património**. *Quid iuris* se se vier, posteriormente, a apurar a falsidade da "declaração, expressa (...), da não existência de ativo ou passivo a liquidar", apresentada nos termos do 27.º/1, *b*)? Uma vez que a entidade comercial já se encontra extinta a solução passa pela aplicação, por analogia[1], do regime dos 163.º do CSC (passivo superveniente) e 164.º do CSC (ativo superveniente).

[1] Cf., em termos semelhantes, Armando Triunfante (2007), 170.

Ficam também abertas a *responsabilidade civil dos sócios e cooperadores nos termos gerais* do 483.º do CC (e não nos termos do 798.º do CC, pois o incumprimento de obrigações contratuais não se deve à entidade comercial, mas aos seus membros) e, bem assim, a responsabilidade criminal. 3

Cf., sobre estes, o lugar paralelo do 158.º do CSC. 4

ÍNDICE IDEOGRÁFICO

Os ordinais reportam-se a artigos e os cardinais às anotações; a introdução geral, as diversas introduções e o DLA (o regime da dissolução e liquidação administrativa) estão assinalados.

abuso de informação: 214.º, 15-16
abuso de informação privilegiada
– crime: 449.º, 24-39
– finalidade: 449.º, 3-5
– inquérito judicial: 450.º
– responsabilidade civil: 449.º
abuso de personalidade: 5.º, 49
ação (de SA)
– amortização: 346.º e 347.º
– categorias: 302.º
– – especiais: 302.º, 4-8
– – ordinárias: 302.º, 3
– conversão: 298.º, 23; 300.º; 344.º; 346º, 30-33
– contitularidade: 303.º
– cupões: 301.º
– de lealdade: 344.º-A, 12
– emissão: 298.º, 22-23; 302.º, 9-13; 304.º, 23
– especiais: 302.º, 4-17; 344.º-A
– formas de representação: 299.º, 17-20
– – escriturais: 299.º, 16, 20
– – titulada: 299.º, 16-17; 304.º
– fração do capital social: 298.º, 10
– fruição: 302.º, 8; 346.º, 28-32
– livro de registo: 305.º
– modalidades: 299.º, 10-18
– – liberdade de escolha: 298.º, 17-18
– – nominativa: 299.º, 21-29, 30-36
– – portador: 299.º, 21-25
– significados: 298.º, 9
– títulos definitivos: 304.º, 23-24
– títulos provisórios: 304.º, 11-22
– *tracking stocks*: 344.º-A, 9
– valor de emissão: 25.º, 4; 298.º, 24-32, 48
– valor nominal: 25.º, 4; 298.º, 11-13, 25--30
ações
– ações preferenciais remíveis: 345.º
– ações preferenciais sem direito de voto: 341.º-344.º
– ações preferenciais sem voto: 341.º-344.º
– consentimento para a transmissão: 272.º, 5; 274.º, 3-4; 328.º, 13; 329.º
– conversão de ações: 344.º
– limitações à transmissão: 328.º
– oferta pública: intr. 306.º a 315.º
– ordinárias: 302.º, 3
– registo e depósito: 328.º, 1-2
– transmissão: 328.º-329.º; intr., 326.º//340.º
– transmissão de ações ao portador: 326.º (revogado)
– transmissão de ações nominativas: 302.º, 7
ações próprias
– aceitação em penhor ou caução: 325.º, 1-3
– aquisição nula: 317.º e 318.º, 4; 319.º, 7
– anulação por excederem o tempo de detenção legalmente permitido: 323.º, 5
– aquisição por sociedade em relação de domínio: 325.º-A, 1, 3-5, 7; 325.º-B, 1-3

– casos de aquisição lícita: 317.º, 1, 3; 318.º, 1
– concessão de empréstimos e garantias para aquisição: 232.º, 1-4
– contrapartida pela aquisição: 317.º, 4
– deliberação de alienação: 320.º, 1, 2, 4; 321.º, 2
– deliberação de aquisição: 319.º, 1, 4; 320.º, 4; 321.º, 4
– deliberação de aquisição em caso de relação de domínio: 325.º-B, 2
– evolução histórica: intr. 316.º a 325.º-B, 1, 3; 325.º-B, 1
– execução de deliberação de aquisição: 319.º, 5
– proibição contratual de aquisição: 317.º, 3
– publicitação: 324.º, 5
– redução de capital em virtude de anulação: 323.º, 5
– regime: 324.º, 1, 3, 5
– reserva para ações próprias: 324.º, 4
– responsabilidade dos administradores pela sua anulação ou falta dela: 323.º, 6
– responsabilidade dos administradores que as aceitem em penhor ou caução: 325.º, 3
– suspensão dos direitos inerentes: 324.º, 3; 325.º-B, 3
– tempo de detenção: 323.º, 1-4

ações sem valor nominal: 276.º, 12-14
– e regime das ações preferenciais sem direito de voto: 29-33

acordos parassociais: 17.º
– admissibilidade: 17.º, 12, 25-27
– conceito: 17.º, 1
– Direito europeu: 17.º, 3-4
– Direito português: 17.º, 5-10
– e inadmissibilidade do pacto leonino, 22.º, 12
– evolução: 17.º, 2
– interesse da sociedade: 17.º, 26
– incumprimento: 17.º, 32-33
– limites: 17.º, 29-31
– modalidades: 17.º, 22-23
– omnilaterais: 17.º, 18-19, 28
– relevância: 17.º, 34-35
– sociedades abertas: 17.º, 8-9

adiantamentos sobre lucros: 217.º16-17, 297.º
– *vide* sócios/direito aos lucros

administração
– nos grupos de sociedades: 504.º

alteração ao contrato
– alterabilidade: 85.º, 13-20
– competência opcional do órgão de administração: 85.º, 21-22; 456.º, 7-11
– deliberação: 85.º, 21-25; 265.º, 2-4
– divisão e cessão de quotas: 265.º, 6-8
– em geral: 85.º
– eficácia retroativa: 86.º, 3-6
– forma: 85.º, 26-28;
– proteção dos sócios: 86.º, 2-19
– publicidade: 85.º, 29
– registo: 85.º, 29; 86.º, 6
– sociedades anónimas: 383.º, 386.º, 456.º ss.
– sociedades em nome coletivo: 85.º, 19; 194.º, 1-2
– sociedades por quotas: 265.º

amortização (ações)
– com redução: 347.º
– – imposta: 347.º, 6, 8-9
– – permitida: 347.º, 6, 10-13
– sem redução: 346.º
– – contrapartida: 346.º, 19-21
– – deliberação: 346.º, 7-12
– – efeitos: 346.º, 22-26
– – modalidades: 346.º, 5-6
– – regime: 346.º, 27-36

amortização (quota): 232.º-239.º
– causas:
– com redução do capital social: 232.º, 8; 237.º, 14-17
– contitularidade quota: 238.º
– contrapartida: 234.º, 12; 235.º, 3-22
– deliberação: 234.º, 9-29
– efeitos (capital social): 237.º
– funções: 232.º, 6
– modalidades: 232.º, 7-16
– – com redução do capital social: 232.º, 8; 237.º, 14-17

– – compulsiva: 232.º, 10; 233.º, 1-13; 234.º, 13
– – facultativa: 232.º, 11-17
– – gratuita: 232.º, 16
– – integral: 232.º, 9
– – obrigatória: 232.º, 11
– – parcial: 232.º, 9; 235.º, 21-22
– – sem redução do capital social: 232.º, 8; 237.º, 3-13
– – voluntária: 232.º, 10; 233.º, 14-25
– noção: 232.º, 5
– órgão competente: 234.º, 1-3
– pressupostos: 233.º
– responsabilidade dos gerentes: 233.º, 29-30; 236.º, 13-14
– ressalva do capital social: 236.º, 2-6
– *vide* quota
aplicação no tempo: 1º, 9-13 (DLA)
apreciação anual
– da administração e da fiscalização: 455.º
– das contas: *vide* contas
apreciação anual da situação da SPQ: 263.º
aprovação da fusão
– em assembleia geral: 100.º, 21 e ss.
– – convocatória: 100.º, 25-28
– – declaração inicial da administração: 102.º,3-6
– – deliberação de apreciação da proposta: 102.º, 9-12
– – direito de informação: 102.º, 13-14
– – deliberação da fusão: 103.º, 4-8
– pelos credores obrigacionistas: 101.º-C
aquisição de bens a acionistas: 29.º
aquisição de quota própria: *vide* quota
aquisição tendente ao domínio total
– alienação potestativa 483.º, 15; 490.º, 34-35
– – aceitação da oferta: 490.º, 40
– – caracterização do direito de: 490.º, 46
– – concretização: 490.º, 46
– – exigência da oferta à sociedade dominante: 490.º, 36-38
– – – forma: 490.º, 36
– – – prazo: 490.º, 37
– – – conteúdo: 490.º, 38
– – falta da oferta ou carácter insatisfatório: 490.º, 41-45
– – oferta (prazo e regime): 490.º, 39
– – pressupostos: 490.º, 34
– âmbito de aplicação do CSC: 490.º, 11-13
– aquisição potestativa: 490.º, 14-33
– – caracterização: 490.º, 33
– – oferta
– – – competência: 490.º, 21
– – – consignação em depósito: 490.º, 31
– – – conteúdo: 490.º, 24
– – – contrapartida: 490.º, 25-30
– – – forma: 490.º, 23
– – – prazo: 490.º, 22
– – – publicidade: 490.º, 23
– – pressupostos: 490.º, 14-19
– – publicação: 490.º, 32
– – registo: 490.º, 32
– constitucionalidade: 490.º, 10
– evolução: 490.º, 1-2
– fontes: 490.º, 3-6
– sociedade aberta: 490.º, 47
atas da assembleia geral: 63.º
– antecedentes: 63.º, 1-11
– conteúdo: 63.º, 12
– função: 63.º, 26-28
– modalidades: 63.º, 13-15
– natureza: 63.º, 29-30
– sociedades anónimas: 388.º
– sociedades por quotas: 248.º, 4
atos gratuitos: 6.º, 41 e ss.
atentado a terceiros: 5.º, 45
aumento do capital
– ações próprias: 87.º, 13; 92.º, 7-10
– aquisição de bens a acionistas: 89.º, 18
– aumento por incorporação de reservas: 91.º-93.º
– aumento por novas entradas: 87.º-90.º
– compensação: 89.º, 15-17
– competência excecional do órgão de administração: *vide* aumento do capital pelo órgão de administração
– deliberação: 87.º, 4-7; 88.º, 12-15; 91.º, 14-17

– direito de preferência: *vide* direito de preferência
– e exoneração do quotista discordante: 240.º, 25
– e responsabilidade de antigos quotistas: 207.º, 8
– eficácia: 88.º
– em geral: intr. 85.º a 96.º; 87.º-93.º
– entradas: 89.º
– fiscalização: 90.º, 93
– forma: 87.º, 8
– insolvência: 87.º, 5; 89.º, 9
– novos sócios: 268.º
– operação acordeão: *vide* redução do capital/operação acordeão
– princípio da proporcionalidade: 92.º, 4-6
– publicidade: 87.º, 9; 88.º, 8
– revogação da deliberação: 88.º, 12-15
– sociedades anónimas: 456.º-462.º
– sociedades por quotas: 87.º, 14-16; 89.º, 14 e 19-20; 266.º-269.º
– subscrição incompleta: 457.º
– subscrição indireta: 461.º
– transmissão de participações antes do registo: 88.º, 9-11
– usufruto: 23.º, 12 e 19; 269.º; 462.º
aumento do capital pelo órgão de administração
– âmbito de aplicação: 456.º, 1-6
– deliberação: 456.º, 12-14
– fonte da competência: 87.º, 4; 456.º, 7-9
– limites: 456.º, 10-11
autonomia estatutária
– e direitos sociais: 21.º, 43-44
avaliação de entradas: 28.º, 6-13
aviso de credores (fusão): 100.º, 29 e ss.

bilhetes do tesouro
– noção: intr., 38, 43, 348.º, 8

capacidade de gozo: intr. 5.º e 6.º, 49 e ss., 84 e ss., 6.º
– e escopo lucrativo: 6.º, 3-5
– limitações extrínsecas: 6.º, 9 e ss.
– desenvolvimento jurisprudencial: 6.º, 28-33
– e violação dos deveres dos administradores: 6.º, 34 e ss.
– *vide* princípio da especialidade
capital
– aumento: *vide* aumento do capital
– redução: *vide* redução do capital
capital social
– amortização com redução (ações): 347.º
– amortização sem redução (ações): 346.º
– conservação: 32.º
– efeitos (amortização de ações): 346.º, 22-26; 347.º, 14-19
– efeitos (amortização de quotas): 237.º
– expressão: 14.º
– montante: 201.º, 1, 10; 276.º, 4, 15
– sociedades anónimas: 388.º
– ressalva (amortização quotas): 236.º
causas de dissolução administrativa ou por deliberação dos sócios: 142.º, 7
– a inatividade durante dois anos consecutivos: 142.º, 15
– considerações gerais: 142.º, 1-7
– deliberação dispositiva: 142.º, 7
– inobservância de mínimo legal de sócios por mais de um ano: 142.º, 8
– o exercício de atividade não compreendida no objeto social: 142.º, 18
– objeto contratual impossível: 142.º, 11
– reforma de 2006: 142.º, 3
causas de dissolução imediata: 141.º, 12-26
– declaração de insolvência: 141.º, 26
– decurso do prazo: 141.º, 14-15, 27-31
– deliberações dos sócios: 141.º, 16-19
– ilicitude superveniente do objeto contratual: 141.º, 24-25, 27-31
– realização completa do objeto contratual: 141.º, 20-23, 27-31
– sentido e alcance das principais alterações: 141.º, 5-8
causas de dissolução oficiosa
– considerações preliminares: 132.º, 4
– falta de aumento de capital e de liberação deste: 143.º, 11
– falta de depósito dos documentos de prestação de contas durante dois anos: 143.º, 7

– reforma de 2006: 143.º, 10
– verificação tributária da cessação de atividade da sociedade: 143.º, 10
– verificação tributária de ausência de atividade efetiva da sociedade: 143.º, 9
cessão de quota: *vide* quota
cisão de sociedades
– exclusão da novação: 121.º
– modalidades
– – cisão-fusão: 118.º, 46-50
– – de sociedades dissolvidas: 118.º, 53
– – destaque de participações sociais: 124.º, 12-18
– – destaque de unidades económicas: 124.º, 19-22
– – dissolução: 118.º, 42-45
– – heterogénea: 118.º, 51-52
– – parcial: 118.º, 33
– – requisitos gerais: 123.º
– – simples: 118.º, 37-41
– – total: 118.º, 34
– – transfronteiriça: 117.º-A a 117.º-L, 27-29
– – unidade económica da sociedade cindida: 124.º, 23-25
– – – critério de repartição de ativos: 126.º, 6-13
– – – extensão patrimonial: 126.º, 5
– – – participação dos sócios: 127.º
– natureza jurídica: 118.º, 30
– noção: 118.º, 27-29
– remissão para a fusão: 120.º
codificações: intr./SA, 13
Código das Sociedades Comerciais
– alterações: intr., 34-76
– ambito: 1.
– Direito da crise: intr., 12-14
– e SA: intr./SA, 17-20
– e SPQ: intr./SPQ, 6, 10, 12
– elaboração: intr., 1-7
– fontes: intr./12-14
– legislação revogada: intr., 11
– reforma de 2006: intr., 77-92
– reforma de 2007: intr., 93-95
– sistema: intr., 15-24
– trabalhos preparatórios: intr., 5-7
coligação de sociedades: *vide* grupos de sociedades coligadas
coligações de sociedades
– direito aplicável: intr. 3.º e 4.º, 26-36
– direito aplicável à filial: intr. 3.º e 4.º, 14-15
– *vide* sociedades coligadas
colocação firme: 298.º, 35-47
comissários: intr., 390.º/446.º-F, 421.º, 11
companhias coloniais: intr., 1; intr., 271.º/464.º, 3, 12, 17, 29; 278.º, 1; intr., 390.º/446.º-F
confusão de esferas: 5.º, 46; intr., 85.º/96.º, 3
cônjuges: 8.º
consentimento do sócio
– falta: 55.º
– na fusão
– – prejudicado, 103.º, 9
– – – afetação de direitos especiais, 103.º, 20-33
– – – alteração da proporcionalidade, 103.º, 34-38
– – – aumento das obrigações, 103.º, 16-19
– – – forma, 103.º, 11-15
– – – na atribuição de 10% do capital: 97.º, 68-71
– para a supressão de direitos especiais: 24.º, 10
conservação do capital: 31.º; 32.º, 4-10
consolidação
– regime jurídico: intr., 40; 65.º, 12
– *vide* contas e relatório consolidado de gestão
constituição *on line*: intr., 63-80; 4.º-A, 6; 18.º, 4, 19.º, 9; 272.º, 8
constituição da sociedade
– e contrato: 9.º
– e registo: 5.º
– imediata: 18.º, 11
– *on line*: 18.º, 11
– *vide* cisão fusão
contas
– consolidação
– – Demonstração não financeira: 508.º-G

– – Direito europeu: intr. 508.º-A a 508.º-G, 6-10
– – evolução: intr. 508.º-A a 508.º-G, 11-20
– – fiscalização das contas consolidadas: 508.º-D
– – métodos: intr. 508.º-A a 508.º-G, 3
– – natureza: intr. 508.º-A a 508.º-G, 21-22
– – noção e escopo: intr. 508.º-A a 508.º-G, 1, 5
– – obrigação: 508.º-A
– – prestação: 508.º-E
– – princípios: 508.º-B
– exame
– – havendo conselho geral e de supervisão: 453.º
– – não havendo conselho fiscal ou comissão de auditoria: 451.º, 452.º
contas anuais dos liquidatários
– da prestação de contas: 155.º, 1
– do modo de prestação de contas: 155.º, 2
contas do exercício
– *vide* apreciação anual da situação da sociedade
contitularidade
– contitularidade (representante comum): *vide* quota
– de ação: 303.º
– – representante comum: 303.º, 5-16
– de quota: 222.º-224.º; 233.º, 24-25; 238.º
– deliberação dos contitulares: *vide* quota (deliberação dos contitulares)
– participação social: 7.º
contrapartida em dinheiro por efeito da fusão
– a posição dos sócios: 97.º, 72-80
– admissibilidade: 97.º, 59 e ss.
– cálculo: 97.º, 68-71
– limitações: 97.º, 64-67
– natureza: 97.º, 81 e ss.
contrato de grupo paritário
– âmbito de aplicação do CSC: 492.º, 8-13
– conceito: 492.º, 4
– extinção: 492.º, 23
– figuras afins: 492.º, 7
– fontes: 492.º, 1-3
– figuras afins: 492.º, 7
– e grupos paritários de facto: 492.º, 5
– instruções vinculativas: 492.º, 25
– – desvantajosas: 492.º, 26
– modificação: 492.º, 22
– objeto: 492.º, 24
– processo constitutivo (fases): 492.º, 14-21
contrato de sociedade
– conteúdo
– – geral: 9.º
– – nas SA: 272.º, 3-4
– – nas SC: 466.º
– – nas SNC: 176.º
– – nas SPQ: 199.º, 1-2; 217.º, 8-9
– duração: 15.º
– elementos: 9.º
– forma: 7.º
– partes: 7.º, 13-17
– vantagens: 16.º
contrato de subordinação
– âmbito de aplicação do CSC: 493.º, 11-18
– e aquisição do domínio total: 507.º
– celebração: 493.º, 19; 498.º, 1-6
– – desistência da: 499.º, 25-29
– cláusulas obrigatórias: 494.º, 5
– conceito: 493.º, 3
– efeitos: 493.º, 21-22
– figuras afins: 493.º, 7-10
– fontes: 493.º, 1-2
– forma: 498.º, 6
– garantia de lucros: 494.º, 9; 500.º
– instruções vinculativas: 503.º
– – conteúdo e limites: 503.º-16-28
– – dever de emissão: 503.º, 14; 504.º, 9
– – natureza jurídica: 503.º, 12
– – noção: 503.º, 11
– – sujeitos: 503.º, 5-10
– – vigência: 503.º, 29
– modificação: 505.º
– objeto: 493.º, 20
– obrigações da sociedade diretora no contrato: 494.º
– oposição judicial dos sócios livres: 497.º

– publicação: 498.°, 10-11
– projeto: 495.°, 496.°
– registo: 498.°, 7-9
– termo: 506.°
– *vide* convenção de atribuição de lucros
– *vide* sócios livres
convenção de atribuição de lucros: 508.°
credor pignoratício: 214.°, 7; 233.°, 22; 288.°, 12; 290.°, 4
cupão: 301.°, 2-7
CVM: 284.°, 2

Decreto 19:638: 200.°, 3
Decreto-Lei n.° 262/86: intr., 8-10
deliberação
– amortização ações: 346.°, 7-18
– – conteúdo: 346.°, 11-13
– – forma: 346.°, 9-10
– – maioria: 346.°, 14
– – órgão competente: 346.°, 7-8
– – publicação: 346.°, 18
– – registo: 346.° 18
– – ressalva do capital social: 346.°, 17
– – voto do acionista: 346.°, 15-16
– amortização quota: 234.°, 1-29
– – conteúdo: 234.°, 11-15
– – eficácia: 234.°, 25-29
– – forma: 234.°, 9-10
– – maioria: 234.°,16-24
– – órgão competente: 234.°, 1-3
– – prazo: 234.°, 4-8
deliberação
– de alienação de ações próprias: *vide* ações próprias
– de aquisição de ações próprias: *vide* ações próprias
– dos contitulares: *vide* quota (deliberação dos contitulares)
deliberações de emissão de obrigações
– anulabilidade: 350.°, 10;
– conselho de administração: 350.°, 7-9; 366.°, 17
– emissão de obrigações: 350.°; 363.°; 366.°
– nulidade: 350.°,
– obrigacionistas: 355.°, 356.°, 357.°; 358.°;
deliberações do conselho de administração: 401.° a 412.°
deliberações do conselho fiscal: *vide* conselho fiscal (deliberações)
deliberações do conselho geral e de supervisão: *vide* conselho geral e de supervisão (deliberações)
deliberações da comissão de auditoria: *vide* comissão de auditoria (deliberações)
deliberações sociais e SA: 289.°-290.°; 343.°; 373.°-389.°
deliberações sociais e SPQ
– assembleias gerais: 248.°
– competência: 246.°
– deliberações por voto escrito: 247.°, 4-6
– formas: 247.°
– impedimento de voto: 251.°
– representação de sócios: 249.°
– votos: 250.°
deliberações sociais em geral: 53.° a 63.°
– antecedentes: intr. 53.° a 63.°, 7-9
– forma: 53.°
– interpretação: intr. 53.° a 63.°, 22
– invalidades
– – anulabilidade: 58.° e 60.°
– – – ação de anulação: 59.°, 60.°, 61.°
– – – causas: 58.°
– – nulidade: 56.°
– – – causas: 56.°
– – – declaração: 57.°, 60.°, 61.°
– – regime especial: 282.°
– natureza: intr. 53.° a 63.°, 1-2
– renovação: 62.°
– – das deliberações anuláveis: 62.°, 6
– – das deliberações nulas: 62.°, 3-5
– suspensão: 60.°, 8-17
– unânimes: 54.°, 6-8
– unânimes por escrito: 54.°, 9-10
desconsideração: *vide* levantamento
dever de lealdade
– dos administradores: 64.°; 252.°, 5
– dos sócios: 20.°, 4-6; 58.°, 20; 64.°, 8; 215.°, 15; 251.°, 4; 303.°, 12

dever de prevenção: 262.º-A
deveres dos administradores: 64.º
– cuidado: 64.º, 21-23
– diligência: 64.º, 11-12
– gestão e representação: 64.º, 9-10
– interesses a acautelar: 64.º, 13-15
– lealdade: 64.º, 16-20
deveres dos titulares de órgãos de fiscalização: 64.º, 27-30
– lealdade: 422.º, 23
– *vide* comissão de auditoria (deveres), conselho fiscal (deveres), conselho geral e de supervisão (deveres)
deveres, poderes e responsabilidade dos liquidatários
– atos sujeitos a autorização: 153.º, 3
– deveres específicos: 152.º, 4
– regra geral sobre os deveres poderes e responsabilidades: 152.º, 1-2
diretrizes: intr., 101, 104-107
Direito aplicável
– coligações de sociedades: intr. 3.º e 4.º, 26-36
– constituição da sociedade: intr. 3.º e 4.º, 18-19
– *vide* lei pessoal
direito à informação em geral: 21.º, 14-18
– abuso: 21.º, 38
– dogmática geral: 21.º, 14-39
– na fusão
– – consulta dos documentos relevantes para a fusão: 101.º, 14 e ss.
– – dos sócios não-sócios: 101.º, 28 e ss.
– – limitações
– – – *ex bona fide*: 101.º, 27
– – – extrínsecas: 101.º, 20-22
– – – intrínsecas: 101.º, 23-26
– nas SA: 288.º a 293.º
– nas SPQ: 214.º-216.º
– natureza: 21.º, 37
– pública: 21.º, 24
– qualificada: 21.º, 29-30
– regime: 21.º, 33-36
– reservada: 21.º, 25-28
– secreta: 21.º, 31
– *vide* sócios/direito à informação
direito à participação nas deliberações: 21.º, 8-13
– nas SA: 379.º, 2-8
direito a ser designado: 21.º, 40-42
direito aos lucros: *vide* sócios/direito aos lucros
direito aos lucros: 21.º, 2-6; 22.º
– nas SA: 294.º, 297.º.
– nas SPQ: 217.º
– e pacto leonino, 22.º, 7-13
– penhor de participações sociais: 23.º, 23
– usufruto de participações sociais: 23.º, 8
direito aos lucros em geral: 31.º-34.º
direito de exoneração
– na fusão: 105.º, 1-58
– – contrapartida: 105.º, 16, 17, 29-37
– – – critério de determinação: 105.º, 38-47
– – – segunda avaliação: 105.º, 43
– – efeitos: 105.º, 29-47
– – exercício do direito: 105.º, 19-24
– – inoponibilidade das limitações à transmissão de participações sociais: 105.º, 48-58
– – natureza: 105.º, 3-8
– na transformação: 137.º, 1-9
– nas SNC:
– – natureza: 185.º, 2
– – justa causa:185.º, 7 e 8
– – contrapartida: 185.º, 13
– – efeitos: 185.º, 11
– – titularidade: 185.º, 4-8
– nas SPQ:
– – natureza: 240.º, 10
– – contrapartida: 240.º, 34
– – efeitos: 240.º, 31
– – titularidade: 22.º/1, 2; 240.º, 25 e 26
– nas fusões transfronteiriças: 117.º-F, 11-14
– no regresso à atividade: 161.º, 9-12
– no regresso à atividade da sociedade dissolvida: 161.º/5, 9-21
– por vício da vontade nas sociedades de capitais: 45.º, 11, 14; 49.º, 4; 50.º, 5
direito de preferência
– na aquisição de ações: 302.º, 7

– na aquisição de quotas: 229.º, 5
– na aquisição social de quota de sócio: 231.º, 9
– na cessão de quota: 229.º, 5
– na subscrição de obrigações: 367.º
– no aumento de capital
– – alienação do direito de preferência: 267.º
– – âmbito de aplicação: 266.º, 4; 458.º, 13-17
– – categorias de ações: 458.º, 25-27
– – estrutura: 458.º, 12
– – exercício: 266.º, 11-14; 267.º, 459.º
– – funções: 458.º, 5-11
– – limitação e supressão: 266.º, 15-16; 460.º
– – processamento: 458.º, 28-32; 459.º
– – sociedades anónimas: 458.º-460.º
– – sociedades por quotas: 266.º
– – supressão: *vide* direito de preferência/limitação e supressão
– – titularidade: 266.º, 5-10; 458.º, 18-27; 462.º
– – usufruto: 23.º, 19; 269.º, 462.º
Direito europeu das sociedades: intr., 97-117; 2.º, 3
Direito subsidiário: 2.º
direitos dos sócios: intr. 20.º/24.º, 5-9; 21.º
– como posições patrimoniais privadas, 21.º, 43
– dispositividade: 21.º, 43-44
– especiais
– – afetados: *vide* assegurados
– – assegurados: 25.º, 5; 98.º, 48
– – evolução: 24.º, 1-5.
– – na transformação: 131.º, 9
– – nas SA: 344.º-A
– – noção: 24.º, 6-8.
– – regime: 24.º, 11-23.
– *vide* direito à informação direito à participação nas deliberações direito a ser designado e direito aos lucros
disposições penais: 509.º-529.º
– amortização de quota não liberada: 511.º
– amortização ilícita de quota dada em penhor ou que seja objeto de usufruto: 512.º
– aquisição ilícita de quotas ou ações: 510.º
– convocatória enganosa: 520.º
– distribuição ilícita de bens da sociedade: 514.º
– falta de cobrança de entradas de capital: 509.º
– ilícitos de mera ordenação social: 528.º
– impedimento de fiscalização: 522.º
– informações falsas: 519.º
– irregularidade na convocação de assembleias sociais: 515.º
– irregularidades na emissão de títulos: 526.º
– legislação subsidiária: 529.º
– outras infrações às regras da amortização de quotas ou ações: 513.º
– participação fraudulenta em assembleia social: 517.º
– perturbação de assembleia social: 516.º
– recusa ilícita de informações: 518.º
– recusa ilícita de lavrar ata: 521.º
– violação do dever de propor dissolução da sociedade ou redução do capital: 523.º
dissolução
– de SA: 473.º
– de SNC: 195.º
– de SPQ: 270.º
– em geral: 141.º-145.º
– forma: 145.º, 4-9
dissolução administrativa (sociedade por quotas): 235.º, 23
dissolução (procedimento administrativo) (DLA)
– âmbito subjetivo de aplicação: 2.º, 1-10
– competência: 4.º, 47-49
– decisão
– – proferimento: 11.º, 1-9
– – impugnação judicial: 12.º, 1-6
– deliberação: 4.º, 16-24
– emolumentos: 4.º, 54; 5.º, 26
– entidades comerciais: 2.º, 1-9
– fundamentos: 4.º, 25-34; 5.º, 1-22
– legitimidade: 4.º, 36-46

– natureza
– – do facto: 4.º, 3-6
– – procedimento: intr., 7-42
– oficiosa: 5.º, 1-26
– procedimento: 4.º, 35-36, 50-57; 5.º, 23-25; 6.º, 1-4; 7.º, 1-6; 8.º, 1-13; 9.º, 1-16; 11.º, 1-9
– registo: 6.º, 5-6; 13.º, 1-14
– *vide* quota
distribuição de bens sociais
– competência: 31.º
– limites: 32.º-33.º
– restituição de distribuições ilícitas: 34.º
dividendos:
– ações com direitos especiais a dividendos atípicos: 344.º-A, 7
– autonomia do crédito ao dividendo: 294.º, 22-24
– dividendos prioritários (nas ações preferenciais sem direito de voto): 341.º, 21-41, 342.º
– participação dos titulares de órgãos sociais nos lucros, 294.º, 20-21
– política de dividendos: 294.º, 13
– vencimento do crédito ao dividendo: 294.º, 18-19
– *vide* sócios de SA/direito aos lucros
domínio: *vide* sociedades coligadas
domínio total: *vide* sociedades coligadas
duração da liquidação
– inobservância do prazo: 150.º, 5
– prazo: 150.º, 3
– principais alterações: 150.º, 6-7
– prorrogação do prazo: 150.º, 4
– sentido e alcance da norma: 150.º, 2

Empty voting: 384.º, 23-25
entrada de ativos (na cisão): 118.º, 39
entrada em vigor: 1º, 1 (DLA)
entradas
– em geral: 20.º; 25.º a 30.º
– – cumprimento: 27.º
– – direitos dos credores: 30.º
– – tempo: 26.º
– – valor: 25.º, 28.º
– nas SA
– – acionistas remissos: 285.º, 9
– – diferimento: 285.º, 7
– – responsabilidade dos antecessores: 286.º
– – tipos: 277.º, 2
– nas SNC: 175.º, 1-4
– nas SPQ: 197.º, 2; 199.º, 1, 4; 202.º, 1-11
– – diferimento: 202.º, 203.º
– – incumprimento: 204.º-207.º
– – levantamentos: 202.º, 13
– – objeto: 202.º, 9
– – processamento: 202.º, 10
– – tempo: 203.º, 1-10
Estado
– entidades equiparadas: 545.º
evolução histórica das SNC: intr., 175.º-196.º, 1-6
exclusão: *vide* sócio/exclusão
exoneração: *vide* sócio/exoneração
exigibilidade de débitos e créditos da sociedade
– créditos de entradas: 153.º, 2
– efeitos da dissolução: 153.º, 1
extinção imediata de entidades comerciais (DLA)
– decisão: 29.º, 1-2
– emolumentos: 28.º, 2
– instrução: 28.º, 1
– pressupostos: 27.º, 1-26
– procedimento: 27.º, 1-5; 28.º, 1-2; 29.º, 1-2; 30.º, 1-4
– registo: 29.º, 2

ficta societas
– natureza: 114.º e 115.º, 59 e ss.
– origem: 114.º e 115.º, 1-7
firma
– nas SA: 275.º, 1-5
– nas SC: 467.º
– nas SNC: 200.º, 1, 7-9
– nas SPQ: 200.º,7-8
– princípios: 10.º, 10-12
– requisitos: 10.º
fiscalização
– deveres dos órgãos: 64.º, 27

– nas SA: 413.º-423.º-A
– nas SC: 480.º
– nas SNC: 181.º
– nas SPQ: 262.º
– *vide* comissão de auditoria, conselho fiscal, conselho geral e de supervisão, revisor oficial de contas, dever de prevenção, inquérito judicial, prestação de contas
formas locais de representação: 13.º
função administrativa: intr., 15-19, 25-32 (DLA)
função jurisdicional: intr., 15-24, 30-32 (DLA)
fungibilidade de obrigações: intr. 348.º/372.º-B, 1, 3
fusão de sociedades
– condição: 113.º
– dimensão objetiva: 97.º, 28
– dimensão subjetiva: 97.º, 29
– forma: 106.º
– ineficácia: 103.º, 10, 17
– modalidades
– – de cooperativas: 97.º, 53-58
– – de sociedades dissolvidas: 97.º, 45-48
– – heterogénea: 97.º, 40-44
– – interna: 97.º, 49-50
– – internacional: 97.º, 49-50
– – por concentração: 97.º, 37-39
– – por incorporação: 97.º, 35-36
– – transfronteiriça: 97.º, 51-52
– – – *vide* fusões transfronteiriças
– natureza jurídica: 97.º, 30 e ss.
– – como ato modificativo: 97.º, 28-30
– – *estinzione-creazione-successione universale*: 97.º, 31
– – *totale Universalsukzession*: 97.º, 31
– noção: 97.º, 27-29
– nulidade
– – causas: 117.º, 4-8
– – efeitos: 117.º, 19 e ss.
– – legitimidade: 117.º, 16
– – prazo: 117.º, 9-15
– termo: 113.º
fusão de sociedades coligadas
– atribuição de participações próprias: 104.º, 26 e ss.
– direito de voto da sociedade dominante: 104.º, 17 e ss.
– incorporação de sociedade detida pelo menos a 90% por outra: 116.º
– – direito de exoneração: 116.º, 23-35
fusão transfronteiriça
– âmbito de aplicação: 117.º-A, 4-12
– – tipos sociais excluídos: intr. 117.º-A, 13
– de sociedades coligadas: 117.º-I e 117.º-J
– Direito europeu
– – a 10.ª Diretriz: intr. 117.º-A a 117.º-L, 30
– – a primeira proposta de 10.ª Diretriz: intr. 117.º-A a 117.º-L, 13
– – proposta de 18-nov.-2003: intr. 117.º-A a 117.º-L, 18
– fiscalização
– – prévia: 117.º-G, 5-11
– – sucessiva: 117.º-G, 12-22
– noção: 117.º-A, 2
– projeto comum: 117.º-C
– – aprovação: intr. 117.º-F
– regime: 117.º-B
– transnacionalidade da fusão: intr. 117.º-A a 117.º-L, 1
– transposição da 10.ª Diretriz
– – Lei n.º 19/2009: intr. 117.º-A a 117.º-L, 49 e ss.
– – modelo germânico: intr. 117.º-A a 117.º-L, 45-48
– – modelo italiano: intr. 117.º-A a 117.º-L, 43-44

garantias: 245.º, 4
gerência nas sociedades em nome coletivo
– competência: 192.º, 3-4
– composição: 191.º, 2-4
– funcionamento: 193.º, 3-4
gerência nas sociedades por quotas
– competência: 252.º, 4-6; 259.º
– composição: 252.º, 5
– concorrência: 254.º, 2-10
– constituição: 252.º, 15-19
– deliberação de destituição: 257.º, 5-6
– deliberações: 261.º, 4-5

– designação: 252.º, 15-19
– destituição: 257.º, 4-9
– direito especial à gerência: 257.º, 7
– duração
– – duração do mandato: 256.º, 2-4
– – incapacidade superveniente: 257.º, 8
– gerência plural: 261.º
– gerente-delegado: 252º, 22; 261.º
– indemnização pela destituição: 257.º, 10
– justa causa de destituição: 257.º, 8
– negócios com a sociedade: 252.º, 7
– pessoa coletiva: 252,º, 13-14
– poderes
– – de administração: 252.º, 4-5; 259º
– – de representação: 252.º, 3; 260.º; 261.º, 6-13
– remuneração: 255.º, 3
– renúncia: 258.º, 4-7
– representação no exercício do cargo: 252.º, 21-22
– representação voluntária: 252.º, 22
– sócio-gerente: 252.º, 10-12; 255.º, 4-5
– substituição: 253.º, 4-9
– suspensão: 257.º, 9
– transmissibilidade: 252.º, 20
– vinculação: 260.º
– vinculação em atos escritos: 260.º, 16-17
golden shares: 24.º, 24-25.
grupos de sociedades
– administração: 504.º
– conceito: 482.º, 8-9
– – legal: 493.º, 4
– consolidação de contas: 482.º, 20; 508.º-A a 508.º-G
– constituídos por domínio total: 488.º; *vide* sociedades coligadas
– constituídos por contrato de grupo paritário: *vide* contrato de grupo paritário
– constituídos por contrato de subordinação: *vide* contrato de subrodinação
– de coordenação: 482.º, 10; 492.º
– de direito: 482.º, 3-6
– de facto: 482.º, 3-6; 486.º, 18
– – paritários ou horizontais: 492.º, 5
– de facto qualificados: 486.º, 19
– de subordinação: 482.º, 10; 493.º-508.º
– horizontais: 482.º, 10; 492.º
– instruções: *vide* contrato de subordinação
– modalidades: 482.º, 9-15
– paritários: 482.º, 10; 492.º
– responsabilidade por dívidas nos: 501.º
– responsabilidade por perdas nos: 502.º
– sentido amplo e sentido restrito: 482.º, 8
– plurais: 493.º, 17-18
– *vide* sociedades coligadas
IAS/IFRS: 32.º, 2
informação
– participações de acionistas: 448.º
– valores mobiliários na titularidade de órgãos sociais: 447.º
– *vide* direito à informação
insider trading: *vide* abuso de informação privilegiada
insolvência da sociedade
– prestações suplementares: 213.º, 5
– suprimentos: 245.º, 3-5
interesse
– da sociedade e dos sócios: 64.º, 13-15
– dos obrigacionistas: 355.º, 11; 356.º, 5; 359.º, 2
interesse do grupo: 504.º, 13
investidores profissionais
– ações preferenciais sem direito de voto: 341.º, 38-41
joint stock companies: intr. 271.º/464.º, 15
jurisprudência europeia: intr., 109-110
juro nas obrigações
– fixo: 360.º
– noção: intr., 20-23; 369.º
– suplementar: 360.º, 361.º; 362.º, 363.º; 364.º;
– variável: 360.º,
juros
– atribuídos por participações sociais: 21.º, 19-22
justo valor: 32.º, 13
Lei da Boa Razão: intr., 117; 1.º, 1
Lei 11-abr.-1901: intr./SPQ, 4

Lei 20-abr.-1892: intr./SPQ, 1
lei pessoal
– âmbito: intr. 3.º e 4.º, 3-5; 3.º, 4-6
– direito aplicável: intr. 3.º e 4.º, 20-25; 3.º, 7-16
– relações com terceiros: 3.º, 7-12 e 15-16
– sede da administração: intr. 3.º e 4.º, 13-17
– "sociedades" da União Europeia: intr. 3.º e 4.º, 21-25; 3.º, 20-29
– teoria da constituição: intr. 3.º e 4.º, 7
– teoria da sede: intr. 3.º e 4.º, 8-11
– transferência internacional da sede: 3.º, 17-29
levantamento da personalidade: 198.º, 2
levantamento da personalidade
– fisionomia do levantamento
– – levantamento de imputação: 5.º, 58
– – levantamento da limitação de responsabilidade: 5.º, 59-61
– – levantamento de organização: 5.º, 62-63
– grupos de casos: 5.º, 45-49
– inverso: 5.º, 52-54
liberalidades: 6.º
liberdade contratual: intr. 390.º/446.º-F, 2-5
liquidação da sociedade
– procedimento: 146., 5
– reforma de: 146.º, 2
– regras gerais: 146.º, 3-4
liquidação das SNC: 195.º 2
liquidação do passivo social
– consignação em depósito: 154.º, 2
– dívidas litigiosas: 154.º, 3
– extinção do passivo: 154.º, 1
liquidação em geral
– ativo superveniente: 164.º
– dogmática: intr., 146.º/165.º, 10-20
– em caso de invalidade do contrato de sociedade: 165.º
– entrega dos bens partilhados: 159.º
– evolução histórica: intr. 146.º/165.º, 1-9
– extinção da sociedade: *vide* registo do encerramento
– operações preliminares: 149.º
– partilha imediata: 147.º
– passivo superveniente: 163.º
– registo do encerramento da: 160.º
– regras gerais: 146.º
– relatório e contas finais: 157.º
– responsabilidade dos liquidatários: 158.º
– transmissão global: 148.º
liquidação por transmissão global
– acordo dos credores: 148.º, 2-3
– transferência global: 148.º, 1
liquidação (procedimento administrativo) (DLA)
– âmbito subjetivo de aplicação: 2.º, 1-9
– competência: 15.º, 11-12
– comunicações subsequentes ao registo de encerramento: 26.º, 1-3
– decisão de encerramento: 25.º, 1-3
– deliberação: 15.º, 5
– emolumentos: 15.º, 14-15, 17
– encerramento: 25.º, 1-9
– fundamentos: 15.º, 4-5
– interrupção voluntária: 25.º, 13-17
– judicial: 15.º, 18-21
– liquidatário
– – destituição: 22.º, 1-9
– – indicação: 4.º, 53, 10.º, 1
– – nomeação: 18.º, 5-6
– natureza: 15.º, 1-2
– oficiosa: 24.º, 1-4
– operações de: 19.º, 1-8
– operações posteriores à: 20.º, 1-9
– parcial: 21.º, 1-9
– partilha em espécie: 21.º, 1-9
– prazo: 18.º, 1-4
– privada: 15.º, 22-23; 17.º, 7-8
– procedimento: 15.º, 6-17; 17.º, 1-10
– publicações: 23.º, 1-2
– registo: 16.º, 1-3; 25.º, 8
liquidatários
– cessação de funções: 151.º, 7
– destituição e nomeação de liquidatários: 151.º, 4
– natureza: 151.º, 8
– poderes de representação: 151.º, 5
– principais alterações: 151.º, 2-3
– remuneração: 151.º, 6
litigância de má-fé: 31.º, 13

livro de registo de ações: 305.º
lucro
– distribuível: 32.º, 8-10
– *vide* direito ao lucro

modelos de governo: intr. 390.º/446.º-F, 2-5, 413.º, 13-18, 422.º-B, 1-10, 444.º, 13

natureza jurídica do DLA: intr., 7-10, 33-42 (DLA)
notação de risco
– da emissão de obrigações: intr., 30, 40; 349.º, 14, 22
normas internacionais de contabilidade: 32.º, 2
objeto social: 11.º
obrigacionistas
– assembleia: 355.º;
– deliberações: 355.º; 356.º
– representante comum: 355.º; 356.º; 357.º, 358.º, 359.º
obrigações (valores mobiliários)
– aumento do capital: 365.º; 366.º; 368.º; 370.º; 371.º
– convertíveis: 295.º; 315.º; 349.º; 360.º; 365.º; 370.º; 371.º
– cupão-zero: intr., 22; 360.º, 5, 16
– de caixa: intr., 29
– do Tesouro: intr., 10, 18
– em séries: 350.º
– hipotecárias: intr., 25, 30, 32, 33, 35; 349.º, 11 357.º, 7
– juro: intr., 20-23; 360.º; 361.º; 362.º; 363.º; 364.º, 369.º
– limite de emissão: 349.º
– modalidades: 360.º
– noção: intr., 348.º
– participantes: 350.º, 8; 360.º, 6, 8, 9; 361.º, 363.º,
– perpétuas: intr., 15, 18, 19
– próprias: 354.º
– reembolso: intr. 14-15;
– regime fiscal especial: intr., 46
– sobre o sector público: intr., 33; 358.º, 3, 7
– titularizadas: intr., 34
– *warrants*: 360.º; 372.º-A; 372.º-B
obrigações dos liquidatários (DLA)
– prestação de contas: 20.º, 1-3
– notificação: 20.º, 4-5
– incumprimento: 20.º, 6-7
– *vide* entradas e perdas
obrigações dos sócios
– deveres de lealdade, 20.º, 3
– *vide* entradas e perdas
oferta pública de aquisição: intr. 306.º/314.º
operações preliminares de liquidação: 149.º, 1-3
oposição à fusão
– dos credores
– – efeitos: 101.º-B
– – prazo: 101.º-A, 20-21
– – processo: 101.º-A, 47 e ss.
– – requisitos: 101.º-A, 22 e ss.
– dos credores obrigacionistas: 101.º-C

pactos leoninos: 22.º, 7-12
papel comercial
– noção: intr. 348.º/372.º-B, 39-41
parte social
– execução: 183.º, 1-7
– extinção: 187.º, 1-3
– liquidação: 188.º, 1-3
– registo: 188.º-A
– transmissão entre vivos: 182.º, 1-11
participação social: intr. 20.º/24.º, 1-4
– diminuída, 21.º, 44; 24.º
– natureza: intr. 20.º/24.º, 13-17
– penhor: 23.º 24-41
– regime: intr. 20.º/24.º, 13-20
– usufruto: 23.º, 5-23
partilha do ativo restante
– objeto da partilha: 156.º, 2
– ordem dos reembolsos: 156.º, 3
– pressupostos da partilha: 156.º, 1
partilha imediata
– regra básica: 147.º, 1
– ressalva fiscal: 147.º, 2-3
penhor de participações: 23.º, 24-41
perda de metade do capital social: 35.º
– antecedentes: 35.º, 1-4, 12-13
– direito europeu: 35.º, 9-11

– entrada em vigor: 35.º, 5
– regime: 35.º, 17-29
– medidas: 35.º, 27-29
perdas: 20.º, 3; 22-.º, 4-6
personalidade coletiva
– aquisição: 5.º
– – efeitos do registo: 5.º, 10 e ss.
– *vide* levantamento
– *vide* pessoa coletiva
pessoa coletiva
– como conceito-síntese: intr. ao 5.º e 6.º, 30-33
– como modelo de decisão: intr. ao 5.º e 6.º, 14-16
– dupla dimensão sistemática
– – como conceito classificatório: intr. ao 5.º e 6.º, 47-48
– – como tipo: intr. ao 5.º e 6.º, 41-46
– núcleos jurídico-problemáticos: intr. ao 5.º e 6.º, 34 e ss.
– – pessoa-capacidade: intr. ao 5.º e 6.º, 20-23
– – pessoa-imputação: intr. ao 5.º e 6.º, 17-19
– – pessoa-organização: intr. ao 5.º e 6.º, 24-26
– – pessoa-responsabilidade: intr. ao 5.º e 6.º, 27-29
portadores de outros títulos: 99.º, 45
preferência
– acionistas: 366.º; 372.º-B
– obrigacionistas: 368.º
– *vide* direito de preferência
prémio
– nas ações: 295.º, 13
– nas obrigações
– – emissão: 360.º, 2, 3, 6, 16
– – reembolso: 360.º, 6, 8-10, 16; 361.º; 363º; 364.º
prescrição
– direitos contra a sociedade: 174.º, 9
– direitos da sociedade: 174.º, 9
– direitos de terceiros: 174.º, 10
– direitos dos sócios: 174.º,10
– facto criminoso: 174.º, 12
– responsabilidade civil em sede de fusão: 174.º, 11
prestação de contas: intr. 65.º a 70.º-A
– aprovação
– – falta de: 67.º, 6-7
– – invalidade da deliberação: 69.º
– – recusa de: 68.º
– dever de: 65.º
– direito da: intr., 1-4
– direito português: intr., 22-36
– falta de apresentação: 67.º, 2
– origem da contabilidade: intr., 5-11
– período do exercício: 65.º-A
– regras internacionais: intr., 12-21
– registo: 70.º
– – SNC e SCS, 70.º-A
– relatório da gestão: 66.º
prestações acessórias: *vide* sócios/prestações acessórias
prestações suplementares: *vide* sócios/prestações suplementares
princípio
– da equiparação: 101.º, 34-36; 102.º, 14
– da especialidade: 6.º, 8-14
– – formulação positiva (do princípio): intr. 5.º e 6.º, 108 e ss.
– – no Código Civil: intr. 5.º e 6.º, 91-92
– – no CSC: intr. 5.º e 6.º, 93 e ss.
– – origem: intr. 5.º e 6.º, 87-90
– – superação por via dogmática: intr. 5.º e 6.º, 100 e ss.
– – superação por via pragmática: intr. 5.º e 6.º, 95 e ss.
– – superação pura: intr. 5.º e 6.º, 111 e ss.
proibição de concorrência: 398.º
projeto de cisão
– elaboração: 119.º
projeto de fusão
– consulta: 101.º, 9
– elaboração: 98.º, 7-9
– forma: 98.º 17 e ss.
– formalidades: 98.º, 17-18
– natureza: 98.º, 10-11
– negociações: 98.º, 10 e ss.

– registo: 100.º, 18-20
publicações: 166.º, 21-22; 167.º, 5-8

quota
– cessão de quota: 228.º, 1-7; 229.º, 1-6; 230.º, 1-6; intr. 242.º-A a 242.º-F, 13
– cessão de quota (recusa de consentimento): 231.º, 1-8
– contitularidade: 219.º, 4; 222.º, 1-4, 6, 7; 233.º, 21; 238.º
– contitularidade (direitos e obrigações inerentes a quota indivisa): 222.º, 5
– contitularidade (representante comum): 222.º, 5; 223.º, 1-7
– de capital: 219.º, 9
– de participação: 219.º, 9
– deliberação dos contitulares de quota: 224.º, 1-3
– divisão: 219.º, 4; 221.º, 1, 2, 3, 4
– divisão (natureza da quota após divisão): 221.º
– montante: 219.º, 9
– pluralidade superveniente da quota: 219.º, 4
– proibição de emissão de títulos representativos e certificados: 219.º, 9
– própria (aquisição): 220.º, 1-5
– própria (aquisição em casos não permitidos): 220.º, 6
– própria (aquisição por sociedade dependente): 220.º, 7
– transmissão entre vivos: 227.º, 1-4, 7
– transmissão por morte: 225.º, 1-3, 5-8; 226.º, 1-8; 227.º, 1-7
– – amortização da quota: 226.º, 3, 5-8; 227.º, 1-4
– – cláusulas de impedimento da transmissão *mortis causa* por vontade dos sucessores: 226.º, 3
– – contrapartida pela aquisição: 225.º, 7; 226.º, 8
– – deveres da sociedade em relação aos direitos dos sucessores: 226.º, 6
– – direito de voto na pendência da amortização ou aquisição: 227.º, 6
– – dissolução administrativa por falta de amortização ou aquisição: 226.º, 7
– – forma da aquisição: 225.º, 8
– – outorgantes em caso de aquisição pela sociedade, sócios ou terceiros: 225.º, 5
– – participação na assembleia geral na pendência da amortização ou aquisição por morte de sócio: 227.º, 5
– – prazo e forma da declaração de não aceitação: 226.º, 5
– – restrição à transmissibilidade: 225.º, 4
– – retroatividade da aquisição ou amortização na sequência de morte de sócio: 227.º, 3, 7
– – suspensão dos direitos dos sócios na pendência de aquisição ou amortização por de morte de sócio: 227.º, 3
– – titularidade antes da transmissão: 225.º, 6
– – titularidade na pendência de amortização ou aquisição): 227.º, 4
– – transmissão precária: 226.º, 4
– – tutela da posição jurídica dos sucessores: 227.º, 3
– união de quotas: 219.º, 4, 5, 6, 7, 8
– unidade da quota: 219.º, 1, 2, 3, 4
quotas
– amortização: 232.º-238.º; 241.º, 14-16
– cessão: intr. 242.º-A a 242.º-F, 20-32
– contitularidade: 238.º
– de substituição: 237.º, 9-13
– divisão: 238.º, 3-7
– execução: 239.º
– penhora: 239.º, 4-16
– – âmbito: 239.º, 6-8
– – penhorabilidade: 239.º, 4
– – transmissão: 239.º, 9
– – tutela da sociedade: 239.º, 10-16
– registo: intr. 242.º-A a 242.º-F

redução do capital
– deliberação: 95.º
– e ações preferenciais sem voto: 341.º, 19

– e emissão de obrigações: 349.º, 5; 368.º, 3, 4
– em geral: 94.º
– em virtude de anulação de ações próprias: *vide* ações próprias
– extinção de ações próprias: 463.º
– finalidade: 94.º, 8-10
– forma: 94.º, 11
– impugnação pauliana: 96.º, 10-15
– operação acordeão: 95.º, 7 e 11-13
– sociedades anónimas: 463.º
– transformação: 95.º, 13-14
– tutela dos credores: 95.º, 5-7; 96.º
reembolso de obrigações
– antecipado: 363.º, 7; 366.º, 8; 372.º, 3-4
– noção: intr., 14-19
– prémio: 360.º; 361.º; 364.º
regime do procedimento administrativo de dissolução:
– *vide* DLA
registo comercial
– âmbito: 166.º, 6
– assunção pela sociedade de negócios anteriores ao registo definitivo do contrato:
– de quotas: 242.º-A a 242.º-F
– de SA: 279.º, 10; 283.º
– discordâncias de publicidade: 169.º
– efeitos: 168.º
– – constitutivo: 168.º, 4-6
– – indutor de eficácia: 168.º, 7
– – presuntivo: 168.º, 2-3
– eliminação da competência territorial: 18.º, 13
– fins: 166.º, 5
– obrigatório: 166.º, 11
– por depósito: 18.º, 16-17; 166.º, 14-19
– por transcrição: 18.º, 15 e 17-19; 166.º, 15-19
– prévio: 18.º, 2-10
– princípios
– – da instância: 18.º, 20
– – da legalidade: 18.º, 20
– – da obrigatoriedade: 18.º, 20
– publicidade negativa: 168.º, 7-14
– publicidade positiva: 168.º, 15-29
registo da dissolução:
registo da emissão de obrigações: 351.º; 353.º
registo da fusão
– efeitos
– – aquisição da qualidade de sócio: 112.º, 25-35
– – extintivo: 112.º, 36 e ss.
– – – limitações: 112.º, 43 e ss.
– – transmissão do património: 112.º, 11-24
– em geral: 161.º
– natureza: 112.º, 7-10
– promoção: 111.º, 6
– – oficiosa: 111.º, 7-15
regulamentos: intr., 108
relação de domínio: *vide* sociedades coligadas
relação de grupo: *vide* grupo sociedades coligadas
relação de participações recíprocas: *vide* sociedades coligadas
relação de simples participação: *vide* sociedade coligadas
relatório contas finais e deliberações dos sócios
– aprovação e arquivo: 157.º, 2
– organização das contas: 157.º, 1
relatório da fusão
– avaliação das participações:
– dispensa: 99.º, 32 e ss.
– elaboração: 99.º, 7 e ss.
– órgãos da sociedade: 99.º, 10-12
– – perito independente: 99.º, 13-15
– relação de troca de participações: 99.º, 22 e ss.
relatório de gestão: *vide* apreciação anual da situação da sociedade
relatório do ROC: 25.º, 4; 28.º
representação permanente de sociedade de estatuto pessoal estrangeiro: 4.º, 1-13
– liberdade europeia de prestação de serviços: 4.º, 10-13
representante
– representante comum: *vide* quota (contitularidade representante comum)
representante comum: *vide* contitularidade (ação)
representante comum de obrigacionistas: 355.º; 356.º; 357.º, 358.º, 359.º

reserva legal: 32.º, 12, 20; 70.º, 9; 91.º, 6; 123.º, 7; 218.º; 295.º
reservas
– disponíveis: 91.º, 8
– em geral: 33.º 7
– ocultas: 33.º 8
– *vide* reserva legal
responsabilidade
– – *pro societate*: 75.º
– – social *ut singuli*, 77.º
– – social *ut universi*, 75.º, 2-7
– – representante especial, 76.º
– ações de responsabilidade: 246.º, 10
– da sociedade: 6.º, 28-29; 197.º, 8-9; 242.º-F
– do sócio único: 84.º
– dos administradores: intr. 71.º a 84.º
– – *business judgement rule*: 72.º, 8-14
– – exoneração de responsabilidade: 72.º, 15-19
– – para com os credores sociais: 78.º
– – para com os sócios e terceiros: 79.º
– – pressupostos: 72.º, 3-7
– dos membros dos órgãos de fiscalização: 81.º
– – do ROC: 82.º
– dos sócios: 197.º, 2, 8-9; 198.º; 206.º-207.º
– quanto à constituição da sociedade: 71.º
– solidária do sócio: 83.º
– *vide* ações próprias
responsabilidade dos administradores
– nos grupos de sociedades: 504.º
responsabilidade emergente da fusão
– danos resultantes da fusão: 114.º e 115.º, 20-33
– – destino da indemnização: 114.º e 115.º, 55-58
– representante especial: 114.º e 115.º, 45 e ss.
– sujeitos passivos
– – na fusão por concentração: 114.º e 115.º, 8-11
– – na fusão por incorporação: 114.º e 115.º, 12-13
– – o ROC independente: 114.º e 115.º, 14-19
– vide *ficta societas*
responsabilidade por dívidas
– na cisão dissolução: 122.º, 10-13
– na cisão parcial-fusão: 122.º, 9
– na cisão simples: 122.º, 8
– na cisão total-fusão: 112.º, 14
– outros casos de cisão parcial: 112.º, 15-16
responsabilidade por dívidas da sociedade subordinada: 501.º
responsabilidade por perdas da sociedade subordinada: 502.º
ROC
– relatório para entradas em espécie: 28.º, 4

secretário da sociedade: 446.º-A a 446.º-F
sede
– sede da administração: intr. 3.º e 4.º, 13-17
– sede da administração da filial: intr. 3.º e 4.º, 14-15
– sede estatutária: intr. 3.º e 4.º, 16-17; 3.º, 7-13 e 15-16
– sede estatutária situada no estrangeiro: 3.º, 15-16
– transferência internacional: 3.º, 17-29
– transferência internacional da sede das "sociedades" da União Europeia: 3.º, 20-29
Segunda Diretriz de Direito das Sociedades
– âmbito: 32.º, 5-10
sistema de fontes: 2.º, 5
sociedade anónima unipessoal: 270.º-C, 3; 273.º, 4; 481.º, 19
sociedades anónimas
– administração: 278.º
– – *corporate governance*: 398.º, 7-8
– – Direito europeu: intr. 390.º/446.º-F, 6-7
– – evolução: intr. 390.º/446.º-F, 1, 6-21
– – modelos de governo: intr. 390.º/446.º-F, 2-5
– – sociedades cotadas: intr. 390.º/446.º-F, 7, 17-18
– – *vide* conselho de administração e conselho de administração executivo
– assembleia constitutiva: 281.º

– assembleia geral
– – ata: 388.º
– – anual: 376.º, 5-7; 455.º
– – competência: 31.º, 1-6; 373.º, 3-10; 376.º
– – convocação: 375.º, 3-10; 377.º, 3-8, 18-19
– – extraordinária: 376.º, 10-12
– – lista de presenças: 382.º
– – local: 377.º, 14
– – maioria: 386.º
– – mesa
– – – cessação: 374.º, 15
– – – designação: 374.º, 7-9
– – – destituição: 374.º, 14; 374.º-A, 9-10
– – – evolução: 374.º, 1-6; 374.º-A, 13
– – – incompatibilidades: 374.º-A, 7-8
– – – independência: 374.º-A
– – – presidente: 374.º, 16-31
– – – remuneração: 374.º, 11-13; 374.º-A, 11-12
– – – requisitos: 374.º, 10
– – – secretário: 374.º, 32-33
– – ordem do dia: 377.º, 9-13;
– – inclusão de assuntos: 378.º
– – ordinária: 376.º, 5-9
– – participação: 379.º
– – quórum (constitutivo): 383.º
– – representação: 380.º; 381.º
– – sociedades abertas: intr. 373.º a 389.º, 6
– – sociedades cotadas: intr. 373.º a 389.º, 7
– – suspensão: 387.º
– – virtual: 377.º, 15-17
– – *vide* deliberações sociais
– – *vide* voto
– assembleias especiais: 389.º
– características: 271.º
– comissão de auditoria
– – autonomia: 423.º-B, 8-10
– – competência: 423.º-F
– – composição: 423.º-B
– – designação: 423.º-C
– – destituição: 423.º-F
– – deveres: 423.º-G
– – origem histórica: 423.º-B, 1-7
– – presidente: 423.º-H, 7
– – remuneração: 423.º-D
– – substituição: 423.º-H, 3-6
– conselho de administração
– – atividades concorrentes: 398.º, 10-13
– – administrador independente: 407.º, 11
– – caução: 396.º
– – composição: 390.º
– – convocação: 410.º, 3-4
– – delegação: 407.º
– – deliberações: 411.º, 412.º
– – designação: 425.º, 3-4
– – destituição: 403.º
– – duração do mandato: 391.º, 10-15
– – incapacidade superveniente: 401.º
– – meios telemáticos: 410.º, 9
– – negócios com a sociedade: 397.º
– – nomeação judicial: 394.º
– – outras atividades perante a sociedade: 398.º, 4-9
– – poderes
– – – de gestão: 406.º
– – – de representação: 408.º
– – presidente: 395.º
– – reforma: 402.º
– – regras especiais de eleição: 392.º
– – remuneração: 399.º
– – renúncia: 404.º
– – representação do administrador: 391.º, 16-17
seguro: 396.º, 8-10
– – substituição: 393.º
– – suspensão: 400.º
– – vinculação da sociedade: 391.º, 15; 400.º
– conselho de administração executivo
– – atividades concorrentes: 428.º
– – competência: 431.º
– – composição: 424.º
– – designação: 425.º, 3-4
– – destituição: 430.º, 4-5

– – duração do mandato: 425.º, 5-6
– – impedimentos: 425.º, 8-9
– – nomeação judicial: 426.º
– – outras atividades perante a sociedade: 428.º
– – pessoa coletiva: 425.º, 11
– – presidente: 427.º
– – relações com o conselho geral e de supervisão: 432.º
– – remuneração: 429.º
– – representação dos administradores: 425.º, 10
– – substituição: 425.º, 7, 437.º, 3
– – suspensão: 431.º, 6-7
– conselho fiscal
– – caução: 418.º-A
– – competência: 420.º
– – composição: 413.º, 19, 414.º
– – designação: 415.º, 2-8
– – deliberações: 423.º
– – destituição: 419.º
– – deveres: 422.º
– – incompatibilidades: 414.º-A
– – independência: 414.º, 16-30
– – mandato: 415.º, 9
– – nomeação judicial: 417.º; 418.º
– – origem histórica: 413.º, 1-12
– – poderes: 421.º
– – presidente: 414.º-B; 415.º, 10
– – remuneração: 422.º-A
– – reuniões: 423.º
– – seguro: 418.º-A
– – substituição: 415.º, 11
– conselho geral e de supervisão
– – caução: 445.º, 6
– – comissão para as matérias financeiras: 444.º, 13-20
– – comissões: 444.º
– – competência: 441.º
– – composição: 434.º
– – consentimento: *vide* reserva de consentimento
– – deliberações: 445.º, 4-5
– – designação: 435.º
– – destituição: 445.º, 7
– – incompatibilidade: 437.º
– – natureza de órgão de fiscalização: 434.º, 1-7, 441.º, 1-2, 442.º, 3-5
– – negócios com a sociedade: 443.º, 3-6, 445.º, 2-3
– – nomeação judicial: 439.º
– – origem histórica: 434.º, 1-13
– – poderes de representação, 443.º
– – presidente: 436.º
– – remuneração: 440.º
– – reserva de consentimento: 442.º, 3-1
– – reuniões: 445.º, 4-5
– – segredo: 441.º-A, 1-3
– – seguro: 445.º, 6
– – substituição: 438.º
– – substituição de administrador: 437.º, 3
– deliberações sociais
– – âmbito: 373.º, 3-10
– – direito à participação: 379.º
– – Direito europeu: intr. 373.º a 389.º, 8-11
– – forma: 373.º, 1-2
– – maioria: 386.º
– – quórum: 383.º
– – representação: 380.º, 381.º
– – sociedades abertas: intr. 390.º/446.º-F, 6
– – sociedades cotadas: intr. 390.º/446.º-F, 7
– – *vide* assembleia geral
– Direito comparado: intr./SA, 3-4
– disposições finais
– – ações próprias: 538.º
– – aquisições tendentes ao domínio total: 541.º
– – capital mínimo: 533.º
– – cláusulas contratuais não permitidas: 530.º
– – depósito de entradas: 543.º
– – distribuição antecipada de lucros: 297.º; 537.º
– – falta de escritura ou de registo: 534.º
– – firmas e denominações: 532.º
– – participações recíprocas: 540.º
– – perda de metade do capital: 544.º

– – pessoas coletivas em órgãos de administração ou fiscalização: 535.º
– – publicidade de participações: 448.º (revogado); 539.º
– – quotas amortizadas: 538.º
– – relatórios: 542.º
– – sistema de certificação de atributos profissionais: 546.º
– – sociedades de ROCs: 536.º
– – voto plural: 531.º
– evolução histórica: intr./SA, 10, intr. 390.º/446.º-F, 6-21
– experiência portuguesa: intr./SA, 28
– fiscalização
– – modelos: intr. 390.º/446.º-F, 2-5, 21; 413.º, 423.º-B, 441.º
– – *vide* conselho fiscal, comissão de auditoria, conselho geral e de supervisão, revisor oficial de contas
– modelos de organização societária: 278.º, 10-13, intr. 390.º/446.º-F, 2-5, 413.º, 13--18, 422.º-B, 1-10, 444.º, 13
– número de acionistas: 273.º
– relatório consolidado de gestão: 508.º-C
– revisor oficial de contas
– – competência: 420.º, 42-58, 446.º, 10
– – designação: 415.º, 2-8, 446.º, 1-7
– – destituição: 419.º, 2-6
– – dever de vigilância: 420.º-A, 446.º, 12
– – deveres: 422.º, 2-25
– – exigência: 413.º, 20-21, 414.º, 5-9
– – incompatibilidades: 414.º-A, 7-36
– – independência: 413.º, 3-4, 15, 23-26, 414.º, 11
– – mandato: 415.º, 9, 446.º, 8-9
– – origem histórica: 413.º, 3-12
– – poderes: 421.º, 2-7, 11-14, 446.º, 11
– – qualificações e experiência: 414.º, 13-15
– – seguro: 418.º-A, 5
– – substituição: 415.º, 11
– – *vide* conselho fiscal
– secretário da sociedade: 446.º-A
– tipo societário: inr./SA, 1
– subscrição incompleta: 280.º, 13; 281.º
– subscrição pública: 271.º, 1
– voto
– – blindagem: 384.º, 10-12
– – conflito de interesses: 384.º, 19-22
– – contitularidade: 384.º, 13
– – forma: 384.º, 30-33
– – penhor: 23.º, 22; 384.º, 15
– – plural: 384.º, 16-17
– – por correspondência: 384.º, 34-36
– – proibições: 384.º, 18
– – regra geral: 384.º, 8-9
– – reporte: 384.º, 15
– – restrições: 384.º, 16-29
– – unidade: 385.º
– – usufruto: 23.º, 13-15; 384.º, 14
sociedades civis sob forma comercial: 1.º, 16
sociedades coligadas
– âmbito de aplicação do CSC
– – espacial: 481.º, 11-21
– – material: 482.º
– – pessoal: 481.º, 7-10
– Código da Insolvência e da Recuperação de Empresas: 502.º, 27; DLA/3.º; DLA/15.º
– dever de comunicação de participações: 484.º
– deveres dos administradores
– – sistema geral: 504.º, 6-7
– – da sociedade diretora: 504.º, 8-24
– – da sociedade subordinada: 504.º, 25--30
– direção unitária
– – e grupo de facto: 486.º, 18
– – e grupo de facto qualificado: 486.º, 19
– – e influência dominante: 486.º, 16
– fontes do sistema português de: 482.º, 1-6
– grupos de facto: 486.º, 18
– grupos de facto qualificados: 486.º, 19
– influência dominante
– – conceito: 486.º, 15
– – conjunta: 486.º, 23
– – e direção unitária: 486.º, 16-19
– – direta e indireta: 486.º, 22
– – instrumentos de: 486.º, 24-25

– – interna e extena: 486.º, 21
– – presunções: 486.º, 24
– – sobre a administração e sobre a assembleia: 486.º, 20
– instruções vinculativas: *vide* contrato de subordinação
– participações recíprocas: ver relação de participações recíprocas
– relação de domínio
– – âmbito de aplicação do CSC: 486.º, 10-12
– – concurso com relação de grupo: 486.º, 13-14
– – critério funcional: 486.º, 25
– – dever de publicação e declaração: 486.º, 26
– – fontes do sistema português: 486.º, 1-6
– – instrumentos gerais de proteção: 486.º, 32-34
– – – e *modus* aplicativo das regras jurídico-societárias gerais: 486.º, 29-31
– – lacunas de regulação: 486.º, 6, 9, 17--19
– – presunções: 486.º, 24
– – proibição de subscrição e aquisição: 486.º, 27
– – proteção
– – – ao nível da sociedade dependente: 486.º, 32-33
– – – ao nível da sociedade dominante: 486.º, 34
– – sistema geral: 486.º, 7-9
– – *vide* influência dominante
– relação de grupo
– – domínio total inicial
– – – âmbito de aplicação do CSC: 488.º, 12-17
– – – constituição: 488.º, 24-25
– – – direto: 488.º, 18
– – – fontes e evolução: 488.º. 1-4
– – – indireto: 488.º, 19-23
– – – noção e sistema: 488.º, 5-11
– – – regime: 488.º, 26; 491.º; 501.º-504.º
– – – termo: 488.º, 27-28
– – domínio total superveniente
– – – âmbito de aplicação do CSC: 489.º, 6-9
– – – constituição: 489.º, 12-16
– – – direto: 489.º, 10
– – – indireto: 489.º, 11
– – – início da relação de grupo por: 489.º, 17
– – – noção e sistema: 489.º, 4-5
– – – regime: 489.º, 24; 491.º; 501.º-504.º
– – – termo da relação de grupo por: 489.º, 18-23
– – instruções vinculativas: *vide* contrato de subordinação
– – responsabilidade por dívidas: 501.º
– – responsabilidade por perdas: 502.º
– – *vide* sócios livres
– relação de simples participações
– – âmbito de aplicação do CSC: 483.º, 8-9
– – conceito: 483.º,10-13
– – dever de comunicação: 484.º
– – participação direta: 483.º, 14, 20-21
– – participação indireta: 483.º, 15-21
– relação de participações recíprocas
– – âmbito de aplicação do CSC: 485.º, 8-10
– – cômputo das participações: 485.º, 11-12
– – fontes: 485.º, 1-5
– – proibição de aquisição: 485.º, 13-18
– – sistema de proteção: 485.º, 6-7
sociedades comerciais: 1.º, 8-10
– antecedentes: 1.º, 1-6
– capacidade: 6.º
– – limitações: 6.º, 11-16
– – *vide* princípio da especialidade
– personalidade: 5.º
– – aquisição: 5.º
– – cessação: 145.º
– – levantamento: 5.º, 44-54
– – *vide* personalidade coletiva
– – *vide* pessoa coletiva
– – *vide* levantamento: 5.º, 44-54

– tipicidade: 1.º, 13-15
sociedades em comandita
– contrato de: 466.º
– deliberações dos sócios: 472.º
– dissolução: 473.º
– firma: 467.º
– gerência
– – delegação: 470.º, 3-4
– – destituição do sócio gerente: 471.º
– – proibição de concorrência: 477.º, 2-5
– natureza: 465.º, 7
– origem e evolução: intr. 465.º a 480.º, 1-8
– papel e importância: intr. 465.º a 480.º, 9-20
– por ações
– – conceito: 465.º, 6
– – número de sócios: 479.º
– – regime: 478.º
– simples
– – alterações do contrato de: 476.º
– – conceito: 465º, 6
– – regime: 474.º
– sócios comanditados
– – direito de fiscalização e informação: 480.º
– – noção: 465.º, 4
– – proibição de concorrência: 477.º, 2-5
– sócios comanditários
– – conceito: 465.º, 3
– – entrada: 468.º
– transmissão
– – de partes de sócios comanditado: 469.º
– – de partes de sócios comanditários: 475.º
sociedades em nome coletivo
– características: intr./SNC, 1-16; 175.º, 1-12
– evolução histórica: intr./SNC, 1-6
– contrato: 194.º, 1-2; 176.º, 1-6
– dissolução: 195.º, 1
– entradas: 175.º, 1-4
– firma: 177.º, 1-3
– gerência: 191.º, 2-4; 192.º, 3-4; 193.º,
– liquidação: 195.º, 2
– natureza: intr./SNC, 10
– parte social: 183.º, 1-7; 187.º, 1-3; 188.º, 1-3; 188.º-A; 182.º, 1-10
– regresso à atividade: 196.º, 1-2
sociedades gestoras de participações sociais: 482.º, 17-19
sociedades irregulares
– por incompletude, 36.º a 40.º
– por invalidade, 41.º a 52.º
sociedades por quotas
– aplicação: intr./SPQ, 13-15
– características: intr./SPQ, 16; 197.º, 1-9; 198.º, 1-3
– natureza: 197.º, 3
– origem: intr./SPQ, 1-2
– responsabilidade (externa): intr./SPQ, 16; 197.º, 8-9
– responsabilidade interna: 197.º, 2; 207.º
– tipo societário: intr./SPQ, 16-17
sociedades por quotas unipessoais
– âmbito: intr. 270.º-A a 270.º-G, 28-30
– antecedentes: intr. 270.º-A a 270.º-G, 1-6
– assembleia geral: 270.º-E, 1-8
– ata: 270.º-E, 10-13
– auto-contratação: 270.º-F, 2-11
– constituição originária: 270.º-A, 1-2
– constituição superveniente: 270.º-A, 3
– decisões: 270.º-E, 9
– Direito comparado: intr. 270.º-A a 270.º-G, 11-12
– Direito europeu: intr. 270.º-A a 270.º-G, 7-10
– disposições subsidiárias: 270.º-G
– dissolução: 270.º-C, 9-10
– efeitos: 270.º-C
– evolução: intr. 270.º-A a 270.º-G, 13-17
– extinção: 270.º-G, 5
– firma: 270.º-B
– limitações: 270.º-C, 4-8
– natureza: intr. 270.º-A a 270.º-G, 20-26
– regularização: 270.º-C, 11
– restrições: 270.º-C, 2-3
– sanções: 270.º-F, 14

– teleologia: intr. 270.º-A a 270.º-G, 27
– tipo: intr. 270.º-A a 270.º-G, 18-19
– transformação: 270.º-A, 4-9
societas: intr./SA, 28
societé par actions simplifiée: intr./SA, 25
sócios de SA
– aquisição da qualidade: 274.º, 1
– direito à informação: 288.º-293.º.
– direito aos lucros: 294.º, 297.º
– natureza: 209.º, 15-16
– prestações acessórias: 287.º
– prestações suplementares: 210.º, 8-11
– regime: 209.º, 8-14
– responsabilidade: 286.º, 2-7
– *status*: 274.º, 3
– suprimentos: 245.º, 14-16
sócios de SNC
– de indústria: 178.º, 1-7
– deliberações: 189.º, 1-9
– direito à informação: 181.º, 1-8
– direito de voto: 190.º, 1-2
– exclusão: 186.º, 1-6
– exoneração: 185.º, 1-5
– falecimento: 184.º
– proibição de concorrência: 180.º, 1-7
– responsabilidade dos sócios: 175.º, 5-8; 178.º, 4-7; 179.º, 1-4
sócios de SPQ
– direito à informação: 214.º-216.º; 263.º, 3-5.
– direito aos lucros: 217.º
– exclusão: 205.º; 206.º; 207.º; 208.º; 241.º
– – natureza: 241.º, 7 e 8
– – contrapartida: 241.º, 14-19
– exoneração: *vide* direito de exoneração
– prestações acessórias: 209.º
– – natureza: 209.º, 15-16
– – regime: 209.º, 8-14
– prestações suplementares: 210.º a 213.º
– – exigibilidade: 211.º
– – regime: 210.º, 4-7
– – restituição: 213.º
– sócio remisso: 204.º; 212.º, 1-2
– suprimentos: 243.º-245.º
sócios livres
– conceito: 494.º, 7
– direito
– – à alienação das quotas ou ações: 499.º, 7-20
– – à garantia de lucros: 499.º, 20; 500.º
– – de opção: 499.º, 21-24
– – de oposição judicial ao contrato de subordinação: 497.º
– tutela: 494.º, 8-9; 495.º
subcapitalização: 5.º, 45, 47
subscrição de obrigações
– incompleta: 353.
– particular: 351.º; 366.º
– pública: 351.º; 352.º
– suprimentos: *vide* sócios de SPQ/suprimentos
subscrição incompleta: 280.º
subscrição pública: 279.º

Teilrecht: 97.º, 87 e ss.
títulos de participação
– noção: intr., 44-45
transferências intragrupo: 503.º, 20-22; 508.º
transformação
– ACE: 130.º, 23-24
– antecedentes: 130.º, 1-4
– associações: 130.º, 22
– cooperativas: 130.º, 20-21
– credores obrigacionistas: 138.º
– deliberação: 132.º, 7, 133.º-134.º
– direitos especiais: 131.º, 9 e 11
– direitos sobre as participações: 140.º
– exoneração dos sócios: 137.º
– forma: 135.º
– fundações: 130.º, 25-26
– impedimentos: 131.º, 132.º, 13-14
– modalidades: 130.º, 8-10
– noção: 130.º, 7
– obrigações convertíveis: 131.º, 10
– participações dos sócios: 136.º, 140.º
– proteção dos credores: 138.º-139.º
– proteção dos sócios: 133.º, 9-12; 136.º, 5-8, 137.º
– redução do capital: 95.º, 13-14
– registo: 140.º-A
– relatório justificativo: 132.º

– responsabilidade dos sócios: 133.º, 9-12; 139.º
– sociedades civis puras: 130.º, 12-14
– sociedades comerciais: 130.º, 11
– sociedades unipessoais por quotas: 130.º, 15
– *societas europaea*: 130.º, 16-19
– transformação extintiva: 130.º, 9-10
– transformação formal: 130.º, 8

ultra vires: 6.º

usufruto
– de participações: 23.º, 5-15
– de quotas: 269.º
usufrutuário: 233.º, 19

valores mobiliários
– transmissão: 328.º 2-9
voto
– acionista (amortização): 346.º, 15-16
– titular da quota (amortização): 234.º, 21-24

